WILLIAM L. SHIRER

AUFSTIEG UND FALL DES DRITTEN REICHES

William L. Shirer

Aufstieg und Fall des Dritten Reiches

KOMET

Titel der Originalausgabe
THE RISE AND FALL OF THE THIRD REICH.
A HISTORY OF NAZI GERMANY.
Aus dem Amerikanischen von
Wilhelm und Modeste Pferdekamp.

Genehmigte Lizenzausgabe für die KOMET MA-Service und
Verlagsgesellschaft mbH, Frechen.

Umschlaggestaltung: Sabine Kauf.

Gesamtherstellung: KOMET MA-Service und Verlagsgesellschaft mbH.

Printed in Germany.

ISBN 3-86150-350-6

Dieses Buch gibt es nur bei Zweitausendeins im Versand. Postfach, D-60381 Frankfurt am Main, Telefon 069-420 8000 oder 01805-23 2001, Fax 069-415 003 oder 01805-24 2001.
Internet www.zweitausendeins.de. E-Mail info@zweitausendeins.de.
Oder in den Zweitausendeins-Läden in Berlin, Düsseldorf, Essen, Frankfurt, Freiburg, 2 x in Hamburg, in Hannover, Köln, Mannheim, München, Nürnberg, Saarbrücken, Stuttgart.

In der Schweiz über buch 2000, Postfach 89, CH-8910 Affoltern a. A.

Inhalt

DRITTES BUCH · DEM KRIEG ENTGEGEN

VIERTES BUCH · DER KRIEG: FRÜHE SIEGE UND WENDEPUNKT

FÜNFTES BUCH · DER ANFANG VOM ENDE

SECHSTES BUCH · UNTERGANG DES DRITTEN REICHES

Ich habe oft einen bitteren Schmerz empfunden bei dem Gedanken an das deutsche Volk, das so achtbar im einzelnen und so miserabel im ganzen ist.

GOETHE

Hitler war Deutschlands Schicksal, und dieses Schicksal war nicht abzuwenden.

GENERALFELDMARSCHALL WALTER VON BRAUCHITSCH
Oberbefehlshaber des deutschen Heeres 1938–1941

Tausend Jahre werden vergehen und diese Schuld von Deutschland nicht wegnehmen.

HANS FRANK *Generalgouverneur von Polen, vor seiner Hinrichtung in Nürnberg*

Die sich des Vergangenen nicht erinnern, sind dazu verurteilt, es noch einmal zu erleben.

SANTAYANA

Vorwort des Verfassers

Obwohl ich durch meine berufliche Tätigkeit die erste Hälfte des kurzlebi[illegible]n Dritten Reiches in Deutschland miterlebte und aus der Nähe beobachten konnte, wie Adolf Hitler seine Macht als Diktator über die große und rätselhafte deutsche Nation festigte und sie dann zu Krieg und Eroberung führte, wäre ich doch nicht auf den Gedanken gekommen, an Hand meines persönlichen Erlebens dieses Buch zu schreiben. Hierzu veranlaßte mich vielmehr ein Ereignis, das wohl einmalig in der Geschichte ist:

Am Ende des Zweiten Weltkrieges fiel den Siegermächten der größte Teil der deutschen Geheimarchive in die Hände, darunter die Geheimarchive des Auswärtigen Amtes, des Heeres und der Marine, der NSDAP und der Himmlerschen Geheimpolizei. Ein so unermeßlicher Schatz hat meines Wissens nie zuvor der Zeitgeschichte zur Verfügung gestanden. Bis dahin hatten große Staaten, auch wenn sie besiegt und ihre Regierungen durch Revolutionen gestürzt worden waren, wie z. B. 1917/18 Rußland und Deutschland, ihre Archive retten und bewahren können. Allenfalls waren solche Dokumente veröffentlicht worden, die den nachfolgenden Regierungssystemen zweckdienlich erschienen.

Das Dritte Reich brach im Frühjahr 1945 so schnell zusammen, daß nicht nur eine Unmenge von Geheimakten, sondern auch anderes außerordentlich wertvolles Material im Stich gelassen wurde, z. B. private Tagebücher, vertrauliche Briefe, Protokolle von streng geheimen Reden und Konferenzen und sogar Aufzeichnungen von Telefongesprächen zwischen NS-Führern, die von einer besonderen Stelle in Hermann Görings Luftfahrtministerium abgehört worden waren.

So führte z. B. General Halder ein Tagebuch in Gabelsberger Kurzschrift, in das er nicht nur Tag für Tag, sondern sogar Stunde für Stunde stichwortartige Notizen eintrug. Für die Zeit vom 14. August 1939 bis zum 24. September 1942, in der Halder Generalstabschef des Heeres war und täglich mit Hitler und anderen NS-Größen zusammenkam, ist dieses Tagebuch eine einzigartige Informationsquelle. Außerdem sind sehr aufschlußreich die Tagebücher von Dr. Joseph Goebbels, dem Reichspropagandaminister, und General Alfred Jodl, dem Chef des Wehrmachtführungsstabes, ferner das Kriegstagebuch des Wehrmachtführungsstabes und das Tagebuch der Seekriegsleitung. Die im Schloß Tambach bei Coburg erbeuteten Akten des deutschen Marinearchivs enthalten nahezu sämtliche Signalbücher, Logbücher, Kriegstagebücher, Denkschriften usw. der deutschen Kriegsmarine seit dem Jahr 1868, in dem der Grundstein für die moderne deutsche Flotte gelegt wurde.

485 Tonnen Akten aus dem Auswärtigen Amt wurden von der 1. amerikanischen Armee in mehreren Schlössern und Bergwerken im Harz in dem Augenblick beschlagnahmt, als sie auf Befehl von Berlin verbrannt werden sollten. Diese Akten stammen nicht nur aus der Hitlerzeit, sie reichen über die Zeit der Weimarer Republik bis in die Anfänge des Bismarckreiches zurück. Noch viele Jahre nach dem Kriege lagen NS-Dokumente stapelweise verschlossen in einem großen Magazin der amerikanischen Armee in Alexandria (Virginia), ohne daß die amerikanischen Regierung Interesse gezeigt hätte, die Kisten auch nur zu öffnen und nachzusehen, ob sie historisch wertvolles Material enthalten könnten. 1955 endlich, zehn Jahre nach ihrer Sicherstellung, wurden diese Kisten mit den Alexandria-Dokumenten dank der Initiative der *American Historical Association* und dank großzügiger finanzieller Hilfe einiger privater Stiftungen geöffnet. Dann begab sich eine ganz kleine Forschergruppe mit unzulänglichen Hilfskräften und unzureichender Ausrüstung daran, das Material zu sichten und zu photographieren, ehe es die amerikanische Regierung – die hierbei große Eile an den Tag legte – an Deutschland zurückgab. Die Alexandria-Akten erwiesen sich als eine Fundgrube.

Das gleiche gilt für andere Dokumente, z. B. für die teilweise erhaltenen stenographischen Protokolle von 51 »Lagebesprechungen« im Führerhauptquartier, die ein Nachrichtenoffizier der amerikanischen 101. Luftlandedivision in Berchtesgaden aus den verkohlten Überresten von Hitlers Akten hervorholte, sowie für die umfangreichen Aufzeichnungen von Hitlers Tischgesprächen mit alten Parteigenossen, Sekretären und Sekretärinnen während des Krieges, die sich unter Martin Bormanns Papieren befanden.

Hunderttausende erbeutete Dokumente wurden in Nürnberg eilig als Beweisunterlagen für den Prozeß gegen die Hauptkriegsverbrecher zusammengetragen. Als Berichterstatter in Nürnberg sammelte ich in der ersten Zeit des Prozesses stapelweise hektographierte Abschriften der Unterlagen, dazu später die in 42 Bänden veröffentlichten Sitzungsprotokolle und Beweisurkunden, die noch ergänzt wurden durch zehn Bände mit vielen wichtigen, ins Englische übertragenen Dokumenten. Wertvoll war für mich auch die über die zwölf nachfolgenden Nürnberger Prozesse herausgegebene fünfzehnbändige Serie mit anderen Dokumenten, obwohl in dieser Ausgabe viele Urkunden und Aussagen fehlen.

Neben dieser nie dagewesenen Dokumentenfülle standen mir schließlich noch die Niederschriften der eingehenden Vernehmungen deutscher Offiziere, Partei- und Regierungsbeamter zur Verfügung, sowie die Niederschriften ihrer späteren eidesstattlichen Aussagen in den verschiedenen Nachkriegsprozessen. Sie stellen ein Quellenmaterial dar, wie es nach früheren Kriegen, soweit mir bekannt ist, niemals vorhanden war.

Natürlich habe ich von der schwindelerregenden Zahl der Dokumente nicht alle lesen können – das würde weit über die Kraft eines einzelnen gehen. Aber durch einen sehr erheblichen Teil habe ich mich hindurchgearbeitet, allerdings unter großen Schwierigkeiten, denn es fehlte mir ein brauchbares Register.

Erstaunlich ist, wie wenig wir Journalisten und Diplomaten, die wir während der Hitlerzeit in Deutschland tätig waren, von dem Geschehen hinter den Fassaden des Dritten Reiches wirklich wußten. Es gehört freilich zum Wesen einer totalitären Diktatur, hinter verschlossenen Türen zu arbeiten und Geheimnisse vor den spähenden Blicken Außenstehender verborgen zu halten. Zwar war es verhältnismäßig einfach, über die offen zutage liegenden, erregenden und oft umwälzenden Vorgänge im Dritten Reich zu berichten: Über Hitlers Machtergreifung, den Reichstagsbrand, das Blutbad vom 30. Juni 1934, den »Anschluß« Österreichs, über Chamberlains Kapitulation in München, die Besetzung der Tschechoslowakei, die Angriffe auf Polen, Skandinavien, den Westen, den Balkan und Rußland, über die Schrecken der NS-Besatzung und der Konzentrationslager und über die Liquidierung der Juden; aber die im geheimen getroffenen schicksalhaften Beschlüsse und die ihnen zugrundeliegenden Intrigen, heimtückischen Akte, Beweggründe und Abirrungen, was von den Protagonisten hinter den Kulissen gespielt wurde, welchen Umfang der von ihnen ausgeübte Terror angenommen hatte und wie vieler Terrormethoden sie sich bedienten – das und noch vieles andere blieb uns weitgehend verborgen, bis die deutschen Geheimdokumente ans Tageslicht kamen.

Viele meinen, es sei viel zu früh, eine Geschichte des Dritten Reiches zu schreiben, und man solle diese Aufgabe einer späteren Generation überlassen, die die Dinge dann aus einem größeren Zeitabstand betrachten könnte. Dieser Auffassung begegnete ich vor allem in Frankreich, als ich dort einige Recherchen für mein Buch anstellte. Lediglich mit der Geschichte bis zur Zeit Napoleons, sagte man mir, solle sich der Historiker heute befassen.

Diese Ansicht hat viel für sich. Die meisten Historiker warteten fünfzig, hundert oder mehr Jahre, ehe sie über ein Land, über ein Reich, über eine Epoche schrieben. Aber geschah dies nicht hauptsächlich deshalb, weil es solange dauerte, bis die einschlägigen Dokumente, die ihnen das erforderliche authentische Material lieferten, ans Licht kamen? Der Abstand war dann vorhanden. Aber war es nicht auch ein Verlust, daß die Autoren die Atmosphäre und die Gestalten der Epoche, über die sie schrieben, nicht aus persönlichem Miterleben kannten?

Im Falle des Dritten Reiches – und das ist ein einzigartiger Fall – stand nach dem Untergang fast das gesamte Dokumentenmaterial zur Verfügung. Es wurde bereichert durch die Aussagen aller überlebenden politischen und militärischen Führer, auch derjenigen, die später hingerichtet wurden. Angesichts dieses unvergleichlichen und so bald zugänglichen Quellenmaterials sowie angesichts meiner noch frischen, starken und lebendigen Erinnerung an das Leben im nationalsozialistischen Deutschland, an das Auftreten, das Verhalten und den Charakter seiner führenden Männer, vor allem Adolf Hitlers, beschloß ich, auf alle Fälle den Versuch zu unternehmen, die Geschichte vom Aufstieg und Fall des Dritten Reiches niederzuschreiben.

»Was mich betrifft«, bemerkt Thukydides in seiner Geschichte vom Peloponnesischen Krieg, »so habe ich ihn ganz miterlebt, war auch in dem geeigneten Alter, um alles zu verstehen, und richtete meine Aufmerksamkeit darauf, zuverlässige Kunde zu erlangen.«

Zuverlässige Kunde über Hitler-Deutschland zu erlangen, fand ich äußerst schwierig und mitunter unmöglich. Zwar half mir die Lawine dokumentarischen Materials, auf dem Wege zur Wahrheit schneller voranzukommen, als man das vor zwanzig Jahren für möglich gehalten hätte. Aber gerade die Fülle des Materials war oft verwirrend. Und alles, was von Menschen berichtet und bezeugt wird, enthält zwangsläufig Widersprüche, die irritieren.

Zweifellos machen sich auf den Seiten dieses Buches bisweilen eigene vorgefaßte Meinungen geltend, Meinungen, die sich unvermeidlich aus meiner Erfahrung und aus meiner Entwicklung ergaben. Grundsätzlich verabscheue ich totalitäre Diktaturen, und diese hier lernte ich um so mehr hassen, je länger ich in ihrem Bereiche lebte und ihren bösartigen Sturmlauf gegen den menschlichen Geist beobachtete. Dennoch habe ich mich in diesem Buch bemüht, streng objektiv zu sein, indem ich die Tatsachen selber sprechen ließ und in jedem Fall die Quelle angab. Keines der geschilderten Ereignisse, kein Vorfall, kein Zitat ist meiner Phantasie entsprungen. Dieses Buch stützt sich auf Dokumente, Augenzeugenberichte oder auf eigene Beobachtung. In den wenigen Fällen, in denen Mutmaßungen angestellt wurden, weil ausreichendes Tatsachenmaterial nicht vorhanden ist, wird deutlich darauf hingewiesen.

Meine Auslegung der Geschehnisse wird, daran zweifle ich nicht, von vielen bestritten werden. Das läßt sich nicht vermeiden, da keines Menschen Meinung unfehlbar ist. Die Ansichten, die ich hier zu äußern wagte, um meiner Darstellung Klarheit und Plastizität zu geben, habe ich mir nach bestem Vermögen aus den Unterlagen und aus eigenem Wissen und Erleben gebildet.

Adolf Hitler ist wahrscheinlich der letzte der großen Abenteurer-Eroberer in der Tradition Alexanders, Cäsars und Napoleons, und das Dritte Reich das letzte der Imperien, die den von Makedonien, Rom und Frankreich eingeschlagenen Weg verfolgten. Über diese Phase der Geschichte hat sich durch die Erfindung der Wasserstoffbombe, der ferngelenkten Geschosse und der Mondraketen der Vorhang gesenkt.

In unserem neuen Zeitalter, dem Zeitalter furchtbarer, todbringender Erfindungen, das so schnell das alte abgelöst hat, wird der erste große Angriffskrieg, falls er kommen sollte, dadurch ausgelöst werden, daß irgendein kleiner selbstmörderischer Wahnwitziger auf einen Elektronenknopf drückt. Ein solcher Krieg wird nicht lange dauern, und er wird der letzte sein. Es wird keine Eroberer und keine Eroberungen mehr geben, sondern nur noch verkohlte Gebeine auf einem ausgestorbenen Planeten.

Vorwort zur deutschen Ausgabe

William L. Shirers Bericht vom *Aufstieg und Fall des Dritten Reiches* ist in Amerika ein gewaltiger Erfolg beschieden gewesen, und er ist verdient. Denn obgleich wir für einzelne Phasen und Fragen der Hitlerzeit tiefer in die Forschung eingreifende Studien haben, gibt es, meines Wissens, kein anderes Werk, das in einem einzigen Band ein so vollständiges Bild des Menschen und der Epoche zeichnete; so bis zum Rande gefüllt mit aus erster Quelle geschöpften Fakten und Gedanken; so sachnahe und so leidenschaftlich. Fünfeinhalb Jahre hat Shirer an seinem Buch gearbeitet, und das glauben wir gern. Er hat Reisen getan, mit überlebenden Personen des Dramas gesprochen und Berge von unveröffentlichten Dokumenten studiert.

Vorwiegend deutsche Dokumente; jene, die nach 1945, Hunderte von Tonnen schwer, nach Amerika geschafft wurden und worunter sich so aufschlußreiche wie die Kriegstagebücher General Halders und – um ein anderes Extrem zu nennen – die geheimen Papiere Heinrich Himmlers befanden. Dagegen sind die von Shirer benutzten Veröffentlichungen vornehmlich die angelsächsischen; zum Beispiel mag auffallen, daß er von den so wertvollen deutschen *Vierteljahrsheften für Zeitgeschichte* keinen Gebrauch gemacht hat. Tatsächlich ist die Literatur über das Dritte Reich schon heute so ungeheuer mannigfaltig, daß ihre volle Beherrschung durch einen Einzelnen kaum noch möglich ist, noch auch für diesen Zweck notwendig war.

Und Shirer hat selber erlebt. Er war Reporter, ein scharfblickender Beobachter, in Deutschland und Deutsch-Europa von 1925 bis Dezember 1940. Die persönliche Erlebnisbasis gibt dem Buch seinen besonderen Charakter. Der Journalist wird zum Historiker; erzählt noch einmal, und ganz anders, was er als Journalist schon erzählt hatte, und kann doch wieder und wieder auf eigene Beobachtungen zurückgreifen. Wie lebenswahr ist zum Beispiel die Beschreibung Hitlers bei den Waffenstillstands-Verhandlungen in Compiègne; da war Shirer dabei, das hat er gesehen. Aber er, der so lange im Zuschauerraum saß, kann nun auch hinter die Kulissen sehen, und Erkenntnismittel stehen ihm zur Verfügung, die er zur Zeit seines *Berliner Tagebuches* nicht besaß. Der Unterschied zwischen dem alten, journalistischen Werk und dem neuen, geschichtswissenschaftlichen ist merkwürdig genug. Shirer muß eingestehen, wie wenig selbst sie, die Freien, die eingeweihtesten ausländischen Journalisten, im Grunde von dem wußten, was damals hinter den Kulissen in Deutschland vorging. Er gesteht ein, wie selbst er, der skeptische Amerikaner, sich am 31. August 1939 von dem anscheinend vernünftigen letzten Hitlerschen Friedensangebot an Polen übertölpeln ließ, dessen »Alibi«-Zweck er später erkannte. Man könnte darin etwas wie eine Entlastung des deutschen Volkes sehen, das zu entlasten Shirer sonst wenig geneigt ist.

Die Erzählung beginnt nicht mit 1933, sondern mit dem Jahr von Hitlers Geburt, 1889; beginnt also wie eine Biographie, und das ist sachgemäß, denn ohne den *einen* Menschen hätte es das Dritte Reich nicht gegeben. Von da, bis zum Ende, steht Hitler im Mittelpunkt. Shirer leugnet nicht, und es hätte ja keinen Sinn sie zu leugnen, die große Begabung des Mannes, nicht sein Genie, wenn nämlich Genie etwas ist, das mit Moral nichts zu tun hat und auch auf der tiefsten überhaupt vorstellbaren moralischen Stufe wirksam sein kann. Er hat selber sich dem Bann von Hitlers lügenhaften aber schlauen »Friedensreden« mitunter nicht entziehen können. Er unterstreicht die brutal-simplistische, aber willensstarke, für den Augenblick vielleicht rettende Leistung des »Feldherrn« während des ersten russischen Winters, 1941/42. Er nennt ihn den letzten der großen Abenteurer-Eroberer im Stil der Alexander, Caesar und Napoleon – womit er ihm eher zuviel als zuwenig Ehre antut. Wie er denn überhaupt gerecht sein will. Gerecht ist seine Darstellung der kriegerischen Intervention der Vereinigten Staaten. Die Amerikaner, meint er, nicht die Deutschen, taten hier den ersten Schuß und provozierten den Zusammenstoß in einem Augenblick, in dem Hitler ihn entschieden nicht wollte, gleichgültig, was er für später plante. Trotzdem weiß Shirer, daß auch er kein gottgleicher Richter, sondern ein Mensch mit seinen Vorurteilen ist. Er bekämpft sie, meist, aber nicht immer erfolgreich. Etwa scheint mir, daß sein Überblick über die deutsche Geschichte, *bevor* beide Potenzen, das Land und der Eine, sich begegneten, nicht frei ist von konventionellen Vorurteilen; daß er Preußen und einzelne preußische Gestalten wie Friedrich und Bismarck, übrigens auch den deutschen Fürsten-Staaten, nicht voll gerecht wird; daß er den Zusammenhang zwischen der deutschen philosophischen Tradition und dem Nationalsozialismus dichter, direkter und einfacher macht als er ist. Indessen kommt es auf diesen einleitenden Überblick wenig an. Nicht eine Geschichte Deutschlands, eine Geschichte des Nationalsozialismus hat Shirer geben wollen. Und das Dritte Reich und seine Gründer aus tiefster Seele zu hassen, das ist nicht Vorurteil. Es ist Urteil, auf Grund von Wertmaßstäben, die kein Mensch und kein Volk ungestraft preisgibt.

Es heißt wohl manchmal, unsere jungen Leute interessieren sich nicht mehr für jene blutigen Geschichten, mit denen sie selber gar nichts zu tun hätten; statt ihnen so viel von der »unbewältigten Vergangenheit« zu erzählen, sollte man sie lieber einführen in ihre eigene Zeit und deren Aufgaben. Ich kann, was mich betrifft, einer solchen nüchternen, praktischen Gesinnung meine Sympathie nicht versagen. Und doch haben wir Älteren ihr Widerstand zu leisten, obgleich ja gerade von unseren eigenen Irrungen, wenn nicht aktiven, dann passiven, die Rede sein muß, wenn von jener Vergangenheit die Rede ist. Die deutsche Jugend soll sie trotzdem kennen; weil ohne sie die gegenwärtige Lage samt allen ihren Gefährdungen nicht verstanden, nicht gerecht bewertet werden kann. Wohl leben wir in ganz anderen Zeiten und wirkt der Stil jener Jahre fremd bis zum Grotesken. Wohl haben wir seit 1945 vernünftig und gut sein wollen und sind es, alles in allem, auch gewesen. Aber das kann eine schlimme Vergangenheit nicht aufheben; der Fluch, den wir selber halfen in die Welt zu bringen, verschwindet nicht so leicht wieder aus ihr. Im Moment, in dem dies niedergeschrieben wird, sind wir alle, mit gutem Grund, empört über den Berliner Gewaltstreich vom 13. August 1961. Was wir in Shirers Buch lesen, kann ihn weder rechtfertigen noch begründen. Aber es kann seine geschichtliche Herkunft, die Herkunft der gegenwärtigen Wirren, verständlich machen.

Unser Gedächtnis ist schwach und es hat keine Phantasie. Der Unterzeichnete befaßt sich mit Geschichte von Berufs wegen; und doch muß ich gestehen, daß ich manches, was ich hier las, nicht wußte – oder daß ich es wieder vergessen hatte. So Hitlers Befehl, die Stadt Leningrad samt ihren Einwohnern ins Nichts zu befördern, wonach dann der öde Boden den Finnen überlassen werden sollte, da nach Erledigung der Sowjetunion eine solche Hauptstadt keinen Sinn mehr hätte. So Einzelheiten vom Planen der terroristischen Ausbeutung Rußlands, der kühlen Vorauskalkulierung des Hungertodes vieler Millionen – zu einer Zeit, als noch freundliche Botschaften zwischen den Regierungen hin- und hergingen. So eine Rede Himmlers, in der er der Ausmordung der polnischen Intelligenz Erwähnung tut; seine Zuhörer sollten das wissen, aber sollten es gleich wieder vergessen. Es ist in der letzten Zeit, gelegentlich eines Prozesses, wieder viel von der »Endlösung der Judenfrage« die Rede gewesen. Daneben wird dem, was Hitlers »Neuordnung« in Polen, in Rußland war (und immer bleiben sollte) vergleichsweise nicht genügend Beachtung geschenkt. Es steht moralisch auf der gleichen Stufe des Verbrechens; praktisch muß das Nicht-Vergessen-Können einer mächtigen Nation wie der russischen schärfer nachwirken als das Nicht-Vergessen-Können einer schwachen Volksgruppe wie der jüdischen. Warum haben Amerikaner und Engländer nicht gleich nach Hitlers Tod, im Mai 1945, mit Deutschland gemeinsame Sache gemacht, wie die »Regierung Dönitz« das hoffte, um dem russischen Vordringen nach Westen einen Riegel vorzuschieben? Im Lichte späterer Ereignisse mag noch heute mancher sich das fragen. Wir finden die Antwort darauf in den authentischen Dokumenten, auf Grund derer Shirer Hitlers »Neuordnung« darstellt. Zu tief, zu furchtbar war damals die deutsche Nation kompromittiert, als daß eine solche plötzliche »Umkehr der Allianzen« möglich gewesen wäre.

Die deutsche Schuld – wohl ist Shirer behutsam in der Unterscheidung zwischen den Nazigangstern und dem Großteil der Nation, zwischen Lügnern und Belogenen; wie er denn selbst gelegentlich erfolgreich belogen wurde. Aber er staunt doch über den Gehorsam, den Mangel an Widerstand, das emsige, protestlose Mitmachen der Bürokraten, ziviler wie militärischer, bei den die Zukunft Rußlands betreffenden Plan-Arbeiten. Und er scheint mir den Nerv der Sache zu treffen, wenn er die deutsche Staatstradition für diesen Gehorsam verantwortlich macht. Man gehorchte, weil es der Staat, die »legale« Regierung waren, die geboten. Auch den Zusammenbruch des Staatsstreiches vom 20. Juli 1944 erklärt Shirer nicht so sehr durch alle die unseligen Zufälle, die hier zusammentrafen, wie durch die Kohärenz des deutschen Staates; noch in diesem Augenblick des von allen Seiten hereinbrechenden Chaos der Niederlagen war sie stärker als aller guter Wille und alle freie Vernunft der Rebellen.

Sie, die Männer des deutschen Widerstandes, werden jedoch, meiner Meinung nach, von Shirer nicht ganz gerecht beurteilt. Er nennt sie tapfere Männer, er achtet ihr Martyrium, und das ist gut. Aber er unterstreicht allzu sehr den verspäteten Charakter des Unternehmens, des elf Stunden währenden Staatsstreiches in elfter Stunde nach elf Jahren, während er doch selber die frühen, auf das Jahr 1938 zurückgehenden Anfänge der Verschwörung sehr wohl kennt, und weiß, woran sie damals, in den Tagen von »München« scheiterte. Er macht viel Aufhebens von dem technischen Ungeschick, mit dem der Staatsstreich organisiert wurde, aber längst nicht genug von den schier unvorstellbaren Hindernissen, welche die Verschwörer zu überwinden hatten. Nicht bloß physischen Hindernissen, obgleich die wahrlich genügt hätten. Auch Widerständen im Herzen derer, die man mitzureißen hoffte, und im eigenen Herzen. Mitten im Kriege, und in einem solchen Krieg, der erst von Triumph zu Triumph und dann von Niederlage zu Niederlage und zu einer tödlichen Bedrohung des Vaterlandes geführt hatte, die eigene Regierung, die eigene Heerführung zu stürzen, die mit diesem Krieg nun einmal auf Gedeih und Verderb identifiziert war – das war das Schwerste, was je den Patrioten irgend einer Nation aufgegeben war. Ihr Zögern und Schwanken sollte man nicht aus ihrer menschlichen Schwäche erklären, ein schwacher Mann kann der ja nicht gewesen sein, der die Zeitbombe neben Hitlers Füße schob, sondern aus der unglücklich-widerspruchsvollen Situation, in der sie sich befanden.

Sie wurde ihnen durch die Alliierten, durch deren Weigerung, den Männern des deutschen Widerstandes auch nur ein einziges ermutigendes Wort zu sagen, durch die Politik des *unconditional surrender*, nicht leichter gemacht. Auch dieser Frage gegenüber erscheint mir Shirers Stellungnahme ein wenig vereinfachend. Er zeichnet Hitler und seine Leute schwarz in schwarz, und die waren so schwarz wie Menschen sein können. Er zeichnet die Russen nicht weiß, und das waren sie wirklich nicht. Aber er sieht die Politik Roosevelts und Churchills als nahezu weiß, er mißt die Verhärtung dieser Politik, die Barbarisierung dieser Kriegführung – gleichgültig, wie sehr sie von Hitler provoziert wurde – mit einem anderen Maßstab. Er wirft der englischen Vorkriegspolitik, Chamberlains »Beschwichtigungspolitik«, nichts anderes vor, als daß sie dumm und blind war, wo sie gescheit und hellsichtig hätte sein sollen, ohne die moralischen Widersprüche zu würdigen, in denen Chamberlain sich verfing. »München«, weist er nach, sei nicht einmal notwendig gewesen, weil die deutsche Armee einem Krieg gegen die Tschechoslowakei und die Westmächte, von Rußland zu schweigen, nicht gewachsen gewesen wäre. Das mag, rein militärisch beurteilt, ganz richtig sein. Aber es läßt das Unrecht im ursprünglichen Aufbau des tschechoslowakischen Staates außer acht, eines Nationalitätenstaates, der ein Nationalstaat sein wollte; es läßt die Tatsache außer acht, daß die Deutsch-Böhmen sich in diesem Staat wirklich nicht wohlfühlten und nicht wohlzufühlen Grund hatten, daß das nationale Selbstbestimmungsrecht für ihren Protest sprach und der Betrug, den Hitler mit diesem Recht trieb, damals nicht so deutlich war, wie er demnächst werden sollte. England konnte seinen Krieg gegen Hitlers Tyrannei nicht als einen Krieg gegen das nationale Selbstbestimmungsrecht beginnen. Diese Unmöglichkeit hat zu »München« wenigstens so sehr beigetragen, wie die Fehleinschätzung von Hitlers Charakter oder die eigene mangelnde militärische Vorbereitung.

In ähnlichem Sinn möchte zum Verständnis von Polens Weigerung im August 1939, ein Militärbündnis mit Rußland zu schließen, der Vorwurf »unglaublicher Dummheit« nicht ganz ausreichen. Daß Oberst Beck ein kurzsichtiger, aufgeblasener Politiker war, glaube ich auch. Aber spätere Ereignisse haben nur zu klar gezeigt, wie guten Grund Polen hatte, die russische Freundschaft zu fürchten; sie konnte nicht viel anderes bedeuten, als was, wenige Wochen später, die russische Feindschaft bedeutete. Will sagen: das Problem von Polens Politik war im Sommer 1939 nicht mehr lösbar, weil es eingeschlossen war zwischen zwei übermächtigen Nachbarn, die als Freunde oder Feinde ihm gleich verderblich werden mußten.

Solche Unlösbarkeiten, solche eigentlich tragische Situationen sind unserem Historiker fremd. Er sieht Torheit und Verbrechen, er sieht Güte und Tapferkeit. Aber verschuldet-unverschuldete Ausweglosigkeit, den *Zwang* zu irren, da wo es den rechten Weg nicht gibt – das sieht er nicht. Denn er ist ein angelsächsischer Liberaler, dessen Bildung aus den zwanziger Jahren stammt und dessen Reportertätigkeit ihren Höhepunkt in den dreißiger Jahren erreichte. Ein solcher, im Glücksfall eines William L. Shirer, kann viel wissen und viel erkennen, nur das Tragische in der Geschichte nicht.

Vielleicht wird der Leser sich darüber wundern, daß ich in meiner Einleitung auf diese, nicht Schwächen, aber Begrenztheiten des Buches, hinweisen zu müssen meinte. Aber nichts anderes zu sagen als gut und groß, groß und gut, das hätte ja keinen Sinn. Es ist ein gutes, ja ein großes Buch, das ich hier dem deutschen Publikum vorzustellen die Ehre habe; es ist, um es noch einmal zu sagen, das am besten gelungene unter jenen vergleichbaren Vorsatzes, die es über den Gegenstand überhaupt gibt. Wenn es *eines* Geistes Kind ist, so ist dies eine Selbstverständlichkeit eher denn ein Einwand, und eine gute Selbstverständlichkeit auch; weil eine Gesinnung, eine Hoffnung, ein »Vorurteil« zusamt den Grenzen, die sie mit sich bringen, besser sind als keine.

GOLO MANN

ERSTES BUCH

Adolf Hitlers Aufstieg

I

Geburt des Dritten Reiches

Unmittelbar vor dem Anbruch des Dritten Reiches herrschte in Berlin eine fieberhafte Spannung. Den meisten war es klar, daß die Weimarer Republik im Begriff war, ihr Leben auszuhauchen. Seit mehr als einem Jahr war es mit ihr rasch bergab gegangen. General Kurt von Schleicher, der ebenso wie sein unmittelbarer Vorgänger, Franz von Papen, für die Republik wenig und für die Demokratie noch weniger übrig hatte und der, wiederum wie Papen, als Reichskanzler auf Grund von Notverordnungen und unter Umgehung des Parlaments regiert hatte, war nach 57tägiger Amtszeit am Ende seines Lateins angekommen.

Am Sonnabend, dem 28. Januar 1933, war er von dem bejahrten Präsidenten der Republik, Generalfeldmarschall von Hindenburg, kurzerhand entlassen worden. Adolf Hitler, Führer der Nationalsozialisten, der größten deutschen Partei, forderte für sich das Kanzleramt der demokratischen Republik, die zu vernichten er sich geschworen hatte.

An jenem schicksalhaften Wochenende liefen in der Hauptstadt die wildesten Gerüchte über den möglichen Hergang der Ereignisse um, und die alarmierendsten waren, wie sich zeigen sollte, nicht völlig unbegründet. Es ging die Rede, Schleicher bereite zusammen mit General Kurt von Hammerstein, dem Chef der Heeresleitung, und mit Hilfe der Potsdamer Garnison einen Putsch mit dem Ziel vor, den Reichspräsidenten in Haft zu setzen und eine Militärdiktatur zu errichten. Man sprach auch von einem Putsch der Nationalsozialisten. Die Berliner SA, hieß es, wolle mit Hilfe von nationalsozialistisch gesinnten Angehörigen der Polizei die Wilhelmstraße besetzen, an der das Präsidentenpalais und die meisten Ministerien lagen. Ebenfalls wurde von einem Generalstreik gesprochen. Am Sonntag, dem 29. Januar, versammelten sich hunderttausend Arbeiter im Lustgarten, um gegen eine Kanzlerschaft Hitlers zu demonstrieren. Ein führender Sozialdemokrat bemühte sich, Verbindung mit General von Hammerstein aufzunehmen und ihm ein gemeinsames Vorgehen des Heeres mit der organisierten Arbeiterschaft vorzuschlagen, falls Hitler zum Chef einer neuen Regierung ernannt werden sollte [1]. Schon einmal hatte ein Generalstreik – zur Zeit des Kapp-Putsches im Jahre 1920 – die Republik gerettet, nachdem die Regierung bereits aus der Hauptstadt geflohen war.

Fast die ganze Nacht vom Sonntag zum Montag schritt Hitler in seinem Zimmer im Hotel *Kaiserhof* am Wilhelmplatz, schräg gegenüber der Reichskanzlei, auf und ab [2].

Trotz seiner Nervosität war er fest überzeugt, seine Stunde sei gekommen. Seit nahezu vier Wochen stand er in geheimen Verhandlungen mit Papen und anderen Führern der Rechten. Er hatte Kompromisse machen müssen. Er konnte zwar keine nur aus Nationalsozialisten zusammengesetzte Regierung bilden, wohl aber Kanzler einer Koalitionsregierung werden, deren Mitglieder – nur drei von elf würden NSDAP-Mitglieder sein – sich mit ihm über die Beseitigung des demokratischen Regimes einig waren. Das einzige Hindernis, das ihm im Weg zu stehen schien, war der hochbetagte, starrsinnige Präsident. Erst kürzlich, am 26. Januar, zwei Tage vor diesem entscheidenden Wochenende, hatte der greise Feldmarschall zu General von Hammerstein gesagt: »Ich habe nicht die geringste Absicht, den österreichischen Gefreiten zum Wehrminister oder zum Reichskanzler zu machen[3].«

Doch unter dem Einfluß seines Sohnes, Major Oskar von Hindenburg, des Staatssekretärs Otto Meißner, der das Büro des Reichspräsidenten leitete, Papens und anderer Mitglieder der Kamarilla wurde der Präsident schließlich weich. Er war 86 Jahre alt und begann senil zu werden. Am Sonntagnachmittag, dem 29. Januar, als Hitler mit Goebbels und anderen hohen Parteigenossen bei Kaffee und Kuchen saß, platzte Hermann Göring, Reichstagspräsident und nach Hitler zweiter Mann in der NSDAP, herein und brachte die kategorische Nachricht, daß Hitler am nächsten Tage zum Reichskanzler ernannt werden würde[4].

Am Montag, dem 30. Januar 1933, kurz vor Mittag, fuhr Hitler zu einer Besprechung mit Hindenburg in die Reichskanzlei hinüber. Diese Besprechung sollte sich für ihn, für Deutschland und die übrige Welt als schicksalhaft erweisen. Von einem Fenster des Hotels *Kaiserhof* aus behielten Goebbels, Röhm und andere führende Männer der Partei gespannt die Tür der Reichskanzlei im Auge, aus der ihr Führer bald wieder herauskommen mußte. »Man wird es seinem Gesicht ansehen, ob es gelungen ist«, schrieb Goebbels in sein Tagebuch. Denn ganz sicher waren sie sich auch in diesem Augenblick noch nicht. »Unsere Herzen werden hin und her gerissen zwischen Zweifel, Hoffnung, Glück und Mutlosigkeit. Wir sind zu oft enttäuscht worden, um uneingeschränkt an das große Wunder glauben zu können[5].«

Ein paar Minuten später war das Wunder geschehen. Der Mann mit dem Charlie-Chaplin-Schnurrbart, der in seiner Jugend in Wien, völlig heruntergekommen, im Obdachlosenasyl gelandet war, ein unbekannter Soldat des Ersten Weltkrieges, ein treibendes Wrack der ersten düsteren Nachkriegstage in München, der leicht komische Anführer des Bürgerbräu-Putsches, dieser Volksredner, der nicht einmal Deutscher, sondern Österreicher und erst 43 Jahre alt war, war soeben als Kanzler des Deutschen Reiches vereidigt worden.

Er fuhr die hundert Meter zum Hotel *Kaiserhof* zurück und befand sich bald wieder unter seinen alten Kumpanen Goebbels, Göring, Röhm und den anderen Braunhemden, die mit ihm zusammen den steinigen, von Krakeel erfüllten Weg zur Macht zurückgelegt hatten. »Er sagt nichts, und wir alle sagen auch nichts«, schrieb Goebbels. »Aber seine Augen stehen voll Wasser[6].«

Am Abend dieses Tages, von Anbruch der Dunkelheit bis lange nach Mitternacht, veranstaltete die SA zur Feier des Sieges einen riesigen Fackelzug. Zu Zehntausenden tauchten sie in geschlossenen Kolonnen aus den Tiefen des Tiergartens hervor, zogen unter dem Triumphbogen des Brandenburger Tors her und marschierten durch die Wilhelmstraße. Zum dumpfen Schlag ihrer Trommeln schmetterten ihre Kapellen die alten Militärmärsche; sie sangen mit lauten Stimmen das neue Horst-Wessel-Lied sowie andere, alte deutsche Weisen, wobei vom Asphalt der rhythmische Marschtritt ihrer Stiefel widerhallte. Ihre hochgehaltenen Fackeln bildeten ein endloses Flammenband, das die Nacht erleuchtete und bei den auf den Bürgersteigen dichtgedrängten Zuschauern Jubelrufe entzündete. Von einem Fenster des Reichspräsidentenpalais aus blickte Hindenburg hinab auf die marschierenden Massen und schlug mit seinem Stock zu den Militärmärschen den Takt, offenbar erfreut, daß er endlich einen Kanzler gefunden hatte, der die Begeisterung des Volkes für alte deutsche Traditionen zu wecken verstand. Ob der alte Mann in seiner Greisenhaftigkeit auch nur ahnte, was er an diesem Tage angerichtet hatte, ist fraglich. Bald erzählte man sich in Berlin die – wahrscheinlich erfundene – Geschichte, Hindenburg habe sich mitten während des Fackelzuges zu einem alten General umgewandt und gesagt: »Ich wußte nicht, daß wir soviel Russen gefangengenommen hatten.«

Einen Steinwurf weit entfernt, in der Reichskanzlei, stand Adolf Hitler am offenen Fenster, vor Aufregung und Freude außer sich, auf- und niederhüpfend, immer wieder den Arm zum »Hitler«-Gruß erhebend, strahlend und lachend, bis sich seine Augen wieder mit Tränen füllten.

Ein Ausländer beobachtete die Vorgänge jenes Abends mit anderen Gefühlen. »Der Feuerstrom«, schrieb André François-Poncet, der französische Botschafter, »zieht an der französischen Botschaft vorüber, von wo ich seiner leuchtenden Spur mit den Blicken folge, das Herz bedrückt und von dunkler Vorahnung erfüllt[7].«

Müde, aber glücklich kehrte Goebbels nachts um 3 Uhr nach Hause zurück. Ehe er sich niederlegte, kritzelte er noch in sein Tagebuch: »Es ist fast wie ein Traum ... ein Märchen ... Das neue Reich ist entstanden ... Eine vierzehnjährige Arbeit wurde vom Sieg gekrönt ... Die deutsche Revolution beginnt[8]!«

Das am 30. Januar 1933 ins Leben gerufene Dritte Reich sollte, wie Hitler großsprecherisch verkündete, tausend Jahre dauern[9], und im Volksmund wurde es oft ironisch das »Tausendjährige Reich« genannt. Es währte indes zwölf Jahre und vier Monate, aber in dieser, geschichtlich gesehen, verschwindend kurzen Zeit verursachte es eine Eruption auf dieser Erde, die gewaltiger und erschütternder war als jede andere vorher. Das deutsche Volk stieg zu einer Machthöhe empor, wie es sie seit mehr als tausend Jahren nicht gekannt hatte, es wurde für eine Zeitlang Herr Europas vom Atlantik bis zur Wolga, vom Nordkap bis zum Mittelmeer und stürzte dann am Ende eines kaltblütig entfesselten Weltkrieges in die Abgründe der Vernichtung und Verwüstung. Im Verlauf des Krieges hatte das Dritte Reich eine Schreckensherrschaft über die besiegten Völker errichtet, die in ihrer kühl berechneten Abschlachtung menschlichen Lebens und

Abtötung menschlichen Geistes alle barbarischen Unterdrückungen vergangener Zeitalter in den Schatten stellte.

Der Mann, der das Dritte Reich gründete, der es erbarmungslos und oft mit ungewöhnlicher Verschlagenheit regierte, der es zu schwindelnden Höhen und zu einem so traurigen Ende führte, war unbestreitbar talentiert, wenn auch ein böser Geist. Es trifft zwar zu, daß er in dem deutschen Volk, so wie es eine unerforschliche Vorsehung und die Jahrhunderte bis zu jener Zeit herausgebildet hatten, ein naturgegebenes Instrument vorfand, das er für seine eigenen unheilvollen Zwecke formen konnte. Aber ohne Adolf Hitler, ohne seine dämonische Besessenheit, seinen eisernen Willen, seinen unheimlichen Instinkt, seine Erbarmungslosigkeit, seinen bemerkenswerten Intellekt, seine blühende Phantasie und seine erstaunliche Fähigkeit, Menschen einzuschätzen und Situationen zu erfassen, bis er sich schließlich, trunken von Macht und Erfolg, übernahm, – ohne all dies würde es wohl nie ein Drittes Reich gegeben haben.

»[Es] ist«, schrieb Friedrich Meinecke, der hervorragende deutsche Historiker, »eines der großen Beispiele für die singuläre und unberechenbare Macht der Persönlichkeit im geschichtlichen Leben[10].«

Für viele Deutsche und zweifellos für fast alle Ausländer sah es so aus, als sei in Berlin ein Scharlatan an die Macht gekommen. Für die meisten Deutschen jedoch hatte Hitler – oder sollte er bald erhalten – den Glorienschein eines wahrhaft begnadeten Führers. Sie sollten ihm blindlings folgen, zwölf stürmische Jahre hindurch, so als sei er im Besitz göttlicher Erkenntnis.

ADOLF HITLERS HERKUNFT

Denkt man an Hitlers Herkommen und Jugend, so fällt es einem schwer, sich als Nachfolger Bismarcks, der Hohenzollernkaiser und des Präsidenten Hindenburg eine unwahrscheinlichere Gestalt als diesen ausgefallenen Österreicher vorzustellen, der am 20. April, abends halb sieben, im Gasthof *Zum Pommer*, einem bescheidenen Gasthaus in der Stadt Braunau am Inn, dicht an der bayrischen Grenze, geboren wurde.

Daß Hitler an der deutsch-österreichischen Grenze zur Welt kam, sollte sich als bedeutungsvoll erweisen, denn schon in seiner frühen Jugend beherrschte ihn die Vorstellung, daß zwischen den beiden deutschsprechenden Völkern keine Grenze bestehen dürfe und sie einem und demselben Reich angehören müßten. Diese Empfindung war so stark und dauerhaft, daß er im Alter von 35 Jahren, als er in einem deutschen Gefängnis jenes Buch diktierte, das eine Art Grundriß für das Dritte Reich werden sollte, mit den allerersten Zeilen auf die symbolische Bedeutung seines Geburtsortes hinwies:

Als glückliche Bestimmung gilt es mir heute, daß das Schicksal mir zum Geburtsort gerade Braunau am Inn zuwies. Liegt doch dieses Städtchen an der Grenze jener zwei deutschen Staaten, deren Wiedervereinigung mindestens uns Jüngeren als eine mit allen Mitteln durchzuführende Lebensaufgabe erscheint[11].

Adolf Hitler war das dritte Kind aus der dritten Ehe eines kleinen österreichischen Zollbeamten, der unehelich geboren war und die ersten 39 Jahre seines Lebens den mütterlichen Namen *Schicklgruber* getragen hatte. Der Name *Hitler* taucht ebenso in der väterlichen wie in der mütterlichen Linie auf. Sowohl Hitlers Großmutter mütterlicherseits wie sein Großvater väterlicherseits hießen Hitler, Hiedler, Hütler oder Hüttler, denn der Familienname wurde verschieden geschrieben. Adolfs Mutter war eine Kusine zweiten Grades seines Vaters, so daß für die Eheschließung ein kirchlicher Dispens beschafft werden mußte.

Die beiderseitigen Vorfahren des künftigen deutschen *Führers* lebten seit Generationen im Waldviertel, einem Landstrich in Niederösterreich. Als ich in Wien lebte, bin ich auf meinen Fahrten nach Prag oder Deutschland häufig durch dieses Gebiet gekommen. Es ist ein bergiges, waldreiches Land mit Bauerndörfern und kleinen Höfen und wirkt, obwohl es nur 80 km von Wien entfernt liegt, ärmlich und abgelegen, so als seien die Hauptströme des österreichischen Lebens an ihm vorbeigeflossen. Die Bevölkerung neigt, ebenso wie die unmittelbar nördlich lebenden tschechischen Bauern, zur Dickschädeligkeit. Verwandtenheiraten sind, wie im Falle von Hitlers Eltern, weit verbreitet, und uneheliche Geburten kommen häufig vor.

In der Familie der Mutter herrschte eine gewisse Beständigkeit. Seit vier Generationen war Klara Pölzls Familie auf der Häuslerstelle Nr. 37 im Dorfe Spital ansässig[12]. Ganz anders war es mit Hitlers Vorfahren väterlicherseits. Nicht allein die Schreibweise des Familiennamens änderte sich häufig, sondern auch der Wohnort. Unter den Hitlers herrschte ein Geist der Ruhelosigkeit, ein Drang, von Dorf zu Dorf, von Arbeitsplatz zu Arbeitsplatz zu wechseln, feste menschliche Bindungen zu meiden und in den Beziehungen zu Frauen eine Art Zigeunerleben zu führen.

Johann Georg Hiedler, Adolfs Großvater, war ein nicht seßhafter Müllergeselle, der seinen Beruf in den verschiedensten Orten Niederösterreichs ausübte. 1842 heiratete er die aus dem Dorfe Strones stammende 47jährige Maria Anna Schicklgruber. Bereits fünf Jahre vor der Eheschließung, am 7. Juni 1837, hatte Maria einen unehelichen Sohn zur Welt gebracht, den sie Alois nannte. Das war Adolf Hitlers Vater. Aller Wahrscheinlichkeit nach, wenn auch nicht restlos erwiesen, war Johann Hiedler der Vater des Kindes Alois. Jedenfalls heiratete er schließlich die Frau, gab sich aber nicht die Mühe, das Kind, wie es in solchen Fällen üblich ist, nach der Eheschließung zu legitimieren. Der Junge wuchs als Alois Schicklgruber auf.

Maria starb 1847, worauf Johann Hiedler dreißig Jahre lang verschwand. Erst als 84jähriger tauchte er in der Stadt Weitra wieder auf, um vor einem Notar in Anwesenheit von drei Zeugen zu bekunden, daß er der Vater des Alois Schicklgruber sei. Diesmal schrieb er sich: Hitler. Warum der alte Mann so lange mit diesem Schritt gewartet hatte oder warum er ihn schließlich überhaupt tat, geht aus den vorhandenen Unterlagen nicht hervor. Nach Heiden gestand Alois später einmal einem Freunde gegenüber, er habe sich um Legitimierung und Namensänderung bemüht, um teilzuhaben an der Erbschaft eines Bruders seines Vaters, in dessen Haus er aufgewachsen war[13]. Wie dem auch sei, am 23. November 1876 änderte der Gemeindepfarrer von Döllersheim auf Grund der notariellen Erklärung im Taufregister den Namen Alois Schicklgruber in Alois Hitler um.

Von dieser Zeit an hieß Adolfs Vater rechtmäßig Alois Hitler, und der Familienname ging natürlich auf seinen Sohn über. Erst in den dreißiger Jahren entdeckten unternehmungslustige Wiener Journalisten in den Kirchenarchiven die Zusammenhänge von Hitlers Herkunft und versuchten – ohne die späte Legitimierung des unehelichen Sohnes durch den alten Johann Georg Hiedler zu berücksichtigen –, dem Führer der NSDAP den Namen Adolf Schicklgruber anzuhängen.

Es hat in Adolf Hitlers Leben viele seltsame Schicksalsverflechtungen gegeben, aber keine ist so seltsam wie diese, die sich dreizehn Jahre vor seiner Geburt ereignete. Wäre der 84jährige Müllergeselle nicht unerwartet wiederaufgetaucht, um seinen 39 Jahre alten Sohn fast dreißig Jahre nach dem Tod der Mutter anzuerkennen, wäre Adolf Hitler als Adolf Schicklgruber zur Welt gekommen. An dem Wort *nomen est omen* mag nicht viel dran sein, aber ich habe gehört, wie Deutsche Betrachtungen darüber anstellten, ob Hitler jemals Herr über Deutschland geworden wäre, wenn er Schicklgruber geheißen hätte. Dieser Name wirkt im deutschen Sprachraum leicht komisch. Kann man sich etwa vorstellen, daß die fanatisierten deutschen Massen »Heil Schicklgruber!« geschrien hätten? Das wagnerisch klingende, ans Germanische erinnernde »Heil Hitler!« wurde nicht nur bei den Festaufmärschen und riesigen Kundgebungen der Partei gerufen, es wurde im Dritten Reich auch der obligatorische Gruß unter den Deutschen und ersetzte sogar am Telefon das herkömmliche »Hallo!« »Heil Schicklgruber?« Nein, es läßt sich kaum vorstellen[14].

Da Alois' Eltern offenbar niemals zusammenlebten, auch nicht nach ihrer Heirat, wuchs Adolf Hitlers Vater bei seinem Onkel auf, der sich, obwohl ein Bruder von Johann Georg Hiedler, Johann von Nepomuk Hütler schrieb. In Anbetracht des unauslöschlichen Hasses, den Hitler von Jugend auf gegen die Tschechen hegte, verdient der Vorname seines Onkels Beachtung. Johann von Nepomuk ist der Nationalheilige des tschechischen Volkes, und einige Historiker haben in der Tatsache, daß ein Hitler diesen Taufnamen erhielt, ein Anzeichen für tschechisches Blut in der Hitler-Familie gesehen.

Alois Schicklgruber erlernte zunächst im Dorfe Spital das Schuhmacherhandwerk, begab sich aber bald, wie sein Vater, auf die Wanderschaft, um in Wien sein Glück zu machen. Doch mit achtzehn Jahren trat er in der Nähe von Salzburg in den österreichischen Zollwachdienst ein, wurde nach neun Jahren zum Amtsassistenten befördert und heiratete kurz darauf Anna Glasl-Hörer, die Adoptivtochter eines Zolleinnehmers. Sie brachte ihm eine kleine Mitgift mit, und wie die Dinge im alten Österreich nun einmal lagen, bedeutete die Heirat zusammen mit seiner Beförderung eine Verbesserung des sozialen Standes. Aber die Ehe war nicht glücklich. Anna war vierzehn Jahre älter als er und leidend. Die Ehe blieb kinderlos. Nach sechzehn Jahren trennten sie sich, und drei Jahre später, 1883, starb Anna.

Vor der Scheidung hatte Alois, inzwischen rechtmäßiger Träger des Namens Hitler,

Beziehungen mit einer jungen Gasthausköchin, Franziska Matzelsberger, unterhalten, die ihm 1882 einen Sohn – Alois – geboren hatte. Einen Monat nach dem Tod seiner Frau heiratete er die Köchin, und drei Monate darauf gebar sie ihm eine Tochter, Angela. Die zweite Ehe dauerte nicht lange. Ein Jahr nach der Geburt ihrer Tochter starb Franziska an Tuberkulose. Sechs Monate danach heiratete Alois Hitler zum dritten und letzten Male.

Die neue Frau, Klara Pölzl, die Adolf Hitlers Mutter werden sollte, war 25, ihr Mann 48 Jahre alt. Sie kannten sich schon lange. Klara stammte aus Spital, dem Heimatdorf der Hitlers. Ihr Großvater war jener Johann von Nepomuk Hütler gewesen, in dessen Haus Alois Schicklgruber-Hitler aufgewachsen war. Also waren Alois und Klara Vetter und Kusine zweiten Grades und benötigten, wie bereits erwähnt, für ihre Eheschließung einen Dispens.

An eine Verbindung mit Klara, die der Zollbeamte während seiner ersten, kinderlosen Ehe als Pflegetochter ins Haus genommen hatte, scheint Alois schon Jahre vorher gedacht zu haben. Das Kind lebte jahrelang bei den Schicklgrubers in Braunau, und als Alois' erste, um vierzehn Jahre ältere Frau kränkelte, trug er sich offenbar mit der Absicht, Klara zu heiraten, sobald seine Frau starb. Diese aber lebte, wie wir sahen, nach der Trennung noch drei Jahre, und Klara verließ, wahrscheinlich weil Alois inzwischen ein Verhältnis mit Franziska Matzelsberger eingegangen war, mit zwanzig Jahren das Haus und ging nach Wien in Stellung.

Vier Jahre später kehrte sie, da auch Franziska ihre letzten Lebensmonate nicht mehr im Hause ihres Mannes verbrachte, zu ihrem Vetter zurück, um ihm den Haushalt zu führen. Alois Hitler und Klara Pölzl heirateten am 7. Januar 1885, und vier Monate und zehn Tage darauf kam ihr erstes Kind, Gustav, zur Welt. Gustav starb im Kindesalter, ebenso die 1886 geborene Tochter Ida. Adolf war das dritte Kind dieser dritten Ehe. Sein jüngerer, 1894 geborener Bruder Edmund lebte nur sechs Jahre. Das fünfte und letzte Kind, Paula, geboren 1896, blieb am Leben und überlebte ihren berühmten Bruder.

Adolfs Halbbruder Alois und seine Halbschwester Angela, die Kinder von Franziska Matzelsberger, wuchsen ebenfalls im Hause auf. Angela, eine hübsche junge Frau, heiratete einen Zollbeamten mit Namen Raubal und arbeitete nach dessen Tod in Wien als Haushälterin, eine Zeitlang auch, sofern Heidens Information stimmt, als Köchin in einer jüdischen Wohlfahrtsküche[15]. 1928 holte Hitler sie zur Führung seines Haushalts nach Berchtesgaden, und die wundervollen Wiener Mehlspeisen, die sie ihm bereitete, erlangten bald großen Ruf in Hitlers Umgebung. 1936 verließ sie sein Haus, um einen Architekturprofessor in Dresden zu heiraten, und Hitler, inzwischen Kanzler und Diktator geworden, war über ihren Fortgang so erzürnt, daß er ihr kein Hochzeitsgeschenk machte. Sie war der einzige Mensch seiner Familie, dem er noch nach seinen Jugendjahren nähergestanden zu haben scheint – mit einer Ausnahme. Angela hatte eine Tochter, Geli Raubal, eine hübsche Blondine, die, wie wir noch sehen werden, Hitlers einzige wahre Liebe gewesen ist.

Von seinem Halbbruder sprach Adolf Hitler nicht gern. Alois Matzelsberger, später als Alois Hitler legitimiert, wurde Kellner und geriet mehrmals in seinem Leben mit dem Gesetz in Konflikt. Heiden berichtet, Alois sei mit achtzehn Jahren wegen Diebstahls zu fünf Monaten Gefängnis verurteilt worden; mit zwanzig Jahren mußte er wegen des gleichen Delikts noch einmal acht Monate einsitzen. Schließlich ging er nach Deutschland, wo er aber wiederum in Schwierigkeiten geriet. Im Jahre 1924, zu der Zeit, in der Adolf Hitler wegen des Münchner Novemberputsches in Haft saß, wurde Alois Hitler von einem Hamburger Gericht wegen Bigamie zu sechs Monaten Gefängnis verurteilt. Danach ging er, Heiden zufolge, nach England, wo er sehr bald eine Familie gründete und sie dann im Stich ließ[16].

Die nationalsozialistische Machtergreifung brachte auch Alois Hitler bessere Zeiten. Er eröffnete eine Bierstube in einem Berliner Vorort, von wo er kurz vor dem Krieg zum Wittenbergplatz im Berliner Westen übersiedelte. In seinem Lokal verkehrten viele NSDAP-Mitglieder, und in den ersten Kriegsjahren, als die Lebensmittel knapp wurden, gab es dort immer noch reichlich zu essen. Zu dieser Zeit kehrte auch ich hin und wieder bei ihm ein. Alois ging damals auf die sechzig zu, war ein stattlicher, schlichter, liebenswürdiger Mann, der mit seinem berühmten Halbbruder äußerlich wenig Ähnlichkeit hatte und von Dutzenden anderer kleiner Gastwirte, wie man sie in Deutschland und Österreich sah, nicht zu unterscheiden war. Das Geschäft ging gut, und was er auch immer in seiner Vergangenheit angestellt haben mochte, er erfreute sich jetzt sichtlichen Wohlstandes. Er hatte nur eine einzige Sorge: daß sein Halbruder ihm in einem Augenblick von Mißstimmung oder Zorn seine Konzession entziehen könnte. Mitunter kam in dem Restaurant am Wittenbergplatz die Rede darauf, daß dem Führer und Reichskanzler dieser Zeuge seiner bescheidenen Herkunft ein Dorn im Auge sei. Alois selbst jedoch ließ sich, wie ich mich erinnere, in keinerlei Gespräch über seinen Halbbruder ein – eine kluge Vorsichtsmaßnahme, aber enttäuschend für alle diejenigen von uns, die versuchten, von ihm etwas über das frühere Leben des Mannes zu erfahren, der bereits im Begriff war, Europa zu erobern.

Außer in *Mein Kampf*, wo die kärglichen biographischen Angaben oft irreführend sind und sehr viel verschwiegen wird, sprach Hitler über seine Herkunft und Jugend selten, und er ließ dieses Gesprächsthema in seiner Gegenwart kaum zu. Wie es mit seiner Herkunft aussah, haben wir nun gesehen. Wie stand es mit seiner Jugendzeit?

ADOLF HITLERS JUGEND

Im Jahre 1895, als sein Vater sich im Alter von 58 Jahren zur Ruhe setzte, trat der sechsjährige Adolf Hitler in die Volksschule von Fischlham bei Linz ein. In den folgenden vier bis fünf Jahren zog der rastlose alte Pensionär in der Umgebung von Linz von einem Ort zum anderen um. Als sein Sohn fünfzehn Jahre alt war, konnte er auf siebenfachen Wohnungs- und fünffachen Schulwechsel zurückblicken. Zwei Jahre lang besuchte Adolf die Klosterschule des alten Benediktinerstifts Lambach, in dessen Nähe sein Vater einen Bauernhof erworben hatte. In Lambach wurde er Chorknabe, nahm Gesangsunterricht und träumte nach seiner eigenen Darstellung davon, eines Tages Abt zu werden [17].

Schließlich ließ sich der pensionierte Zollbeamte für die restliche Zeit seines Lebens in Leonding, einem der südlichen Vororte von Linz, nieder, wo die Familie ein bescheidenes Haus mit Garten bewohnte.

Im Alter von elf Jahren wurde Adolf auf die Linzer Staatsrealschule geschickt. Dies bedeutete für den Vater ein finanzielles Opfer, was auf den Ehrgeiz schließen läßt, daß der Sohn in die Fußstapfen des Vaters treten und Beamter werden sollte. Das aber war das Letzte, was sich der Junge erträumte.

»Zum ersten Male in meinem Leben«, schrieb Adolf Hitler später, »wurde ich, damals noch kaum Elfjähriger, in Opposition gedrängt ... Ich wollte nicht Beamter werden [18].«

Die Geschichte des erbitterten Kampfes, den der Knabe gegen seinen harten und – wie er sagte – herrischen Vater führte, ist eine der wenigen biographischen Einzelheiten, über die Hitler sich mit offensichtlicher Aufrichtigkeit und Wahrhaftigkeit in *Mein Kampf* ausführlich ergeht. Bei diesem Konflikt brach zum erstenmal jene wilde, unbändige Willenskraft hervor, die ihn später trotz scheinbar unüberwindlicher Hindernisse so weit bringen sollte und die, ein Fluch für alle, die ihm im Wege standen, in Deutschland und Europa unauslöschliche Spuren hinterlassen sollte.

Ich wollte nicht Beamter werden, nein und nochmals nein. Alle Versuche, mir durch Schilderungen aus des Vaters eigenem Leben Liebe oder Lust zu diesem Berufe erwecken zu wollen, schlugen in das Gegenteil um. Mir wurde gähnend übel bei dem Gedanken, als unfreier Mann einst in einem Bureau sitzen zu dürfen; nicht Herr sein zu können der eigenen Zeit, sondern in auszufüllende Formulare den Inhalt eines ganzen Lebens zwängen zu müssen.

... eines Tages war es mir klar, daß ich Maler werden würde, Kunstmaler ... Der Vater war zunächst sprachlos.

»Maler? Kunstmaler?«

Er zweifelte an meiner Vernunft, glaubte vielleicht auch nicht recht gehört oder verstanden zu haben. Nachdem er allerdings darüber aufgeklärt war und besonders die Ernsthaftigkeit meiner Absicht fühlte, warf er sich denn auch mit der ganzen Entschlossenheit seines Wesens dagegen ...

»Kunstmaler, nein, solange ich lebe, niemals.«

... Auf beiden Seiten blieb es dabei stehen. Der Vater verließ nicht sein »Niemals«, und ich verstärkte mein »Trotzdem« [19].

Eine der Folgen dieser Auseinandersetzung war, daß Hitler, wie er späterhin erklärte, mit dem Lernen in der Schule aufhörte. »Ich glaubte, daß, wenn der Vater erst den mangelnden Fortschritt in der Realschule sähe, er gut oder übel eben doch mich meinem erträumten Glück würde zugehen lassen [20]«.

Diese nach 34 Jahren geschriebenen Sätze dürften zum Teil eine Entschuldigung für sein Versagen auf der Schulbank sein. In der Volksschule hatte er zwar noch durchweg gute Zensuren erhalten. Aber auf der Linzer Realschule waren sie so schlecht, daß er nicht versetzt wurde und in eine andere Schule übertreten mußte, die Staatsrealschule in Steyr, nahe bei Linz, die er nach kurzer Zeit verließ, ohne die mittlere Reife erreicht zu haben.

Daß sein Mißerfolg in der Schule auch im späteren Leben immer noch an Hitler fraß, zeigte sich, wenn er die »Herren Akademiker« mit ihren Titeln und Diplomen und ihrem schulmeisterlichen Gehabe lächerlich machte. Selbst noch in seinen letzten drei oder vier Lebensjahren, als er sich im Führerhauptquartier mit allen Einzelheiten militärischer Strategie, Taktik und Kommandoführung befaßte, pflegte er an freien Abenden im Kreise alter Parteigenossen über die Stupidität seiner Lehrer herzuziehen. Einige der Arabesken dieses Wahnwitzigen, der nun als Oberster Befehlshaber persönlich die riesigen Armeen von der Wolga bis zum Ärmelkanal lenkte, sind erhalten geblieben[21]:

Wenn man sich das Lehrermaterial an den Schulen näher anschaut, muß man sagen, daß ein gewisser Prozentsatz davon irrsinnig war. Sie töteten die Kinderseele. Nur die paar anderen hatten Erfolge ... Wenn man sich nun vorstellt, daß so ein Mensch von Lehrer ein ganzes Leben soll [bestimmen] können, dann darf man die Führung der Nation nicht aufbauen auf der Basis der Schulzeugnisse. – 3. März 1942.

An die Lehrer, die durch seine Jugend gegangen seien, habe er überwiegend unerfreuliche Erinnerungen. Schon in ihrem Äußeren seien sie schmutzig gewesen und durch dreckige Kragen, ungepflegte Bärte und dergleichen aufgefallen ... daß es sich bei ihnen um ein ganz besonders unselbständiges geistiges Proletariat handelt, so richtig dazu beschaffen, eine Säule des Gott sei Dank überwundenen Systems darzustellen. – 12. April 1942.

Unsere Lehrer ... hatten kein Gefühl für die Jugend. Ihr einziges Ziel war, uns die Köpfe vollzustopfen und aus uns gelehrte Affen zu machen, wie sie selbst waren. Wenn ein Schüler die geringste Originalität zeigte, verfolgten sie ihn unbarmherzig, und die wenigen Musterschüler, die ich kannte, sind in ihrem späteren Leben lauter Versager gewesen. – 7. September 1942.

Wie man sieht, hat Hitler bis in seine letzten Tage hinein seinen Lehrern niemals verziehen – noch vergessen –, daß sie ihm schlechte Zensuren erteilt hatten. Aber er rächte sich, indem er sie lächerlich machte.

Nachdem Hitler weltberühmt geworden war, hat man nun auch den Eindruck festzuhalten versucht, den er bei seinen Lehrern hinterließ. Einer der wenigen, die Hitler geschätzt zu haben scheint, war sein Naturgeschichtslehrer Professor Theodor Gissinger. Gissinger erinnerte sich später: »Hitler ist für mich in Linz weder im guten noch im schlechten Sinne hervorgetreten. Er war auch nicht etwa Anführer der Klasse. Seine Gestalt war schlank und aufrecht, sein Gesicht meist blaß und mager, beinahe wie das eines Lungenkranken, sein Blick ungeheuer offen, die Augen leuchtend[22].«

Professor Eduard Huemer, offenbar einer derjenigen Lehrer, die von Hitler später als »Dummköpfe« bezeichnet wurden – er unterrichtete in Französisch –, trat im Hitler-Prozeß nach dem Bürgerbräu-Putsch von 1923 als Zeuge auf. Obwohl er mit Hitlers Zielen sympathisierte und sagte, er wünsche von ganzem Herzen die Verwirklichung seiner Ideale, gab er doch von dem Realschüler folgende Porträtskizze:

Hitler war entschieden begabt, wenn auch einseitig, hatte sich aber wenig in der Gewalt, zum mindesten galt er auch für widerborstig, eigenmächtig, rechthaberisch und jähzornig, und es fiel ihm sichtlich schwer, sich in den Rahmen einer Schule zu fügen. Er war auch nicht fleißig; denn sonst hätte er bei seinen unbestreitbaren Anlagen viel bessere Erfolge erzielen können[23].

Auf der Linzer Realschule gab es allerdings einen Lehrer, der auf den jungen Adolf Hitler einen, wie sich zeigen sollte, schicksalhaften Einfluß ausübte. Es war der Geschichtslehrer Dr. Leopold Pötsch, der aus dem Süden des Landes, einem gemischten deutsch-slawischen Sprachraum stammte und durch den dortigen Rassenkampf zu einem fanatischen deutschen Nationalisten geworden war. Ehe er nach Linz kam, hatte er in Marburg, dem späteren jugoslawischen Maribor, unterrichtet.
Mochte Dr. Pötsch seinem Schüler auch nur ein »ziemlich gut« in Geschichte gegeben haben, er war doch der einzige Lehrer, den Hitler in *Mein Kampf* lobend erwähnte:

Es wurde vielleicht bestimmend für mein ganzes späteres Leben, daß mir das Glück einst gerade für Geschichte einen Lehrer gab, der es als einer der wenigen verstand, ... diesen Gesichtspunkt [Wesentliches zu behalten, Unwesentliches zu vergessen] zum beherrschenden zu machen. In meinem damaligen Professor Dr. Leopold Pötsch, an der Realschule zu Linz, war diese Forderung in wahrhaft idealer Weise verkörpert. Ein alter Herr, von ebenso gütigem als aber auch bestimmtem Auftreten, vermochte er besonders durch eine blendende Beredsamkeit uns nicht nur zu fesseln, sondern wahrhaft mitzureißen. Noch heute erinnere ich mich mit leiser Rührung an den grauen Mann, der uns im Feuer seiner Darstellung manchmal die Gegenwart vergessen ließ, uns zurückzauberte in vergangene Zeiten und aus dem Nebelschleier der Jahrtausende die trockene geschichtliche Erinnerung zur lebendigen Wirklichkeit formte. Wir saßen dann da, oft zu heller Glut begeistert, mitunter sogar zu Tränen gerührt... Unser kleiner nationaler Fanatismus ward ihm ein Mittel zu unserer Erziehung, indem er öfter als einmal an das nationale Ehrgefühl [appellierte]...
Mir hat dieser Lehrer Geschichte zum Lieblingsfach gemacht. Freilich wurde ich, wohl ungewollt von ihm, auch damals zum jungen Revolutionär[24].

Etwa 35 Jahre später, nach dem erzwungenen Anschluß Österreichs an das Dritte Reich im Jahre 1938, unterbrach der Reichskanzler Hitler seine Triumphfahrt in Klagenfurt, um seinen inzwischen im Ruhestand lebenden alten Lehrer zu besuchen. Zu seinem Entzücken erfuhr er, daß der würdige Herr der vorher in Österreich verbotenen, als Untergrundorganisation tätigen SS angehört hatte. Er sprach mit ihm eine Stunde lang unter vier Augen und sagte nachher zu seinen Vertrauten: »Sie ahnen nicht, was ich diesem alten Herrn verdanke[25].«

Am 3. Januar 1903 starb Hitlers Vater im Alter von 65 Jahren an einer Lungenblutung. Er war auf seinem Morgenspaziergang zusammengebrochen und endete einige Minuten später in einer nahegelegenen Gastwirtschaft in den Armen eines Nachbars. Sein dreizehnjähriger Sohn brach an der Bahre des Vaters in fassungsloses Schluchzen aus[26].

Die Mutter, zu diesem Zeitpunkt erst 42 Jahre alt, siedelte nach Linz über, wo sie eine bescheidene Wohnung bezog und sich bemühte, von den kleinen Ersparnissen und der kärglichen Pension sich und ihre Kinder Adolf und Paula durchzubringen. Sie fühlte sich verpflichtet, wie Hitler in *Mein Kampf* bemerkt, »gemäß dem Wunsche des Vaters meine Erziehung weiter zu leiten, das heißt, also mich für die Beamtenlaufbahn studieren zu lassen«. Aber obwohl die junge Witwe ihrem Sohne gegenüber nachsichtig war und er sie sehr geliebt zu haben scheint, war er »mehr als je zuvor entschlossen, unter keinen Umständen Beamter zu werden«. Und so gab es trotz der zärtlichen Liebe zwischen Mutter und Sohn Reibungen, und Adolf vernachlässigte weiterhin seine Studien.

Da kam mir plötzlich eine Krankheit zu Hilfe und entschied in wenigen Wochen über meine Zukunft und die dauernde Streitfrage des väterlichen Hauses[27].

Weil seine Lungen angegriffen waren, mußte der sechzehnjährige Hitler mindestens ein Jahr der Schule fernbleiben. Seine Mutter schickte ihn in ihr Heimatdorf Spital, wo er sich im Hause ihrer Schwester, Therese Schmidt, einer Bäuerin, erholte. Nach seiner Genesung kehrte er für kurze Zeit auf die Staatsrealschule in Steyr zurück. Sein letztes Zeugnis, datiert am 16. September 1905, weist folgende Zensuren auf: Deutsch, Chemie, Physik, Geometrie »ausreichend«, Geographie und Geschichte »befriedigend«, Zeichnen »sehr gut«*. Daß er die Schule nun endlich hinter sich hatte, erregte Hitler dermaßen, daß er sich zum ersten und letzten Male in seinem Leben betrank. Diese Geschichte erzählte er selbst im Führerhauptquartier in der Nacht vom 8. zum 9. Januar 1942, als er wieder einmal in Erinnerungen schwelgte: Im Morgengrauen habe ihn ein Milchmädchen auf einer Landstraße vor Steyr aufgelesen und nach Hause gebracht; damals habe er sich geschworen, niemals wieder zu trinken. Hierin zumindest hat er sein Wort gehalten, denn er wurde Abstinenzler, Nichtraucher und obendrein noch Vegetarier, anfänglich aus Armut, da es ihm in Wien und München an Geld fehlte, und später aus Überzeugung.

Von den folgenden zwei oder drei Jahren hat Hitler öfter als von seinen glücklichsten Jahren gesprochen[28]. Während seine Mutter ihm nahelegte – und die anderen Verwandten ihn bedrängten –, sich eine Arbeit zu suchen und einen Beruf zu erlernen,

* Lt. Heiden, *Adolf Hitler, eine Biographie*, Bd. I [Zürich 1936] S. XX hatte Hitler in seinem letzten Zeugnis in Deutsch »nicht genügend«.

beschränkte er sich darauf, von seiner Zukunft als Künstler zu träumen und die Tage im müßigen Umherstreifen am Donauufer zu verbringen. Wie er selbst schrieb, gab er sich im Alter von 16 bis 19 Jahren »der Hohlheit des gemächlichen Lebens« hin, als »Muttersöhnchen« eingebettet in »weiche Daunen«[29]. Obwohl es für die kränkelnde Witwe schwer war, mit ihrer mageren Pension auszukommen, dachte der junge Adolf nicht daran, sich nach einer Arbeit umzusehen und zum Haushalt beizusteuern. Schon der Gedanke an irgendeine regelmäßige Tätigkeit war ihm zuwider – und so sollte es sein ganzes Leben hindurch bleiben.

Über diesen Abschnitt in Hitlers Leben berichtet ein Jugendfreund, August Kubizek, der mit ihm gemeinsam durch Linz und Umgebung streifte, ins Theater ging, wo sie beide die ersten Wagner-Opern sahen und hörten, und der auch von der Leidenschaft des siebzehnjährigen Hitler für die schöne, unnahbare Stephanie wußte, ein Mädchen aus gutem Hause, dem sich Hitler allerdings nie zu nähern wagte[30].

Wiewohl Hitler entschlossen war, Künstler zu werden, am liebsten Maler oder zumindest Architekt, fesselte ihn doch die Politik schon im Alter von sechzehn Jahren. Damals empfand er bereits einen starken Haß gegen die Habsburger Monarchie und alle nichtdeutschen Völker innerhalb der Doppelmonarchie und eine nicht minder starke Liebe für alles, was deutsch war. Mit sechzehn Jahren war er schon, was er bis zum letzten Atemzug bleiben sollte: ein fanatischer deutscher Nationalist.

Von der Sorglosigkeit der Jugend scheint er trotz allen Bummelns wenig besessen zu haben. Er empfand die Probleme des Lebens als Bürde. Kubizek schrieb später:

Überall sah er nur Hemmung und Hindernis, alle verkannten ihn nur ... Dauernd stieß er sich an den Dingen und war mit aller Welt überworfen ... Ich habe niemals erlebt, daß er sich leichterhand über etwas hinweggesetzt hätte ...[31].

In dieser Zeit wurde aus dem jungen Mann, dem die Schule unerträglich gewesen war, ein begieriger Leser, der sich aus den öffentlichen Bibliotheken zahllose Bücher entlieh. Wie Kubizek sich erinnert, hatte Hitler stets haufenweise Bücher bei sich zu Hause; am liebsten las er Werke über deutsche Geschichte und deutsche Mythologie[32].

Nun war Linz aber eine Provinzstadt, und so dauerte es nicht lange, bis Wien, die strahlende Barockstadt, einen jungen Mann von solchem Ehrgeiz und solcher Einbildungskraft anzulocken begann. 1906, kurz nach seinem siebzehnten Geburtstag, begab Hitler sich, von seiner Mutter und anderen Verwandten mit Geld versehen, für zwei Monate in die große Metropole. Die Stadt, die später Schauplatz seiner trübsten Jahre werden sollte, in denen er buchstäblich in der Gosse landete, begeisterte ihn bei seinem ersten Aufenthalt. Tagelang streifte er durch die Straßen, ganz erfüllt vom Anblick der imposanten Gebäude am Ring und beständig in Ekstase über das, was er in den Museen, in der Oper, in den Theatern zu sehen bekam.

Bei dieser Gelegenheit erkundigte er sich auch über die Aufnahmebedingungen der Wiener Akademie der Bildenden Künste, und ein Jahr später, im Oktober 1907, kehrte er in die Hauptstadt zurück, um sich an den Aufnahmeprüfungen zu beteiligen und damit den ersten Schritt zur Erfüllung seiner Träume zu tun. Er war achtzehn Jahre alt und voll von hochfliegenden Plänen. Doch erlebte er eine Enttäuschung. In der »Classifikationsliste« der Akademie steht vermerkt:

Die Probezeichnung machten mit ungenügendem Erfolg oder wurden nicht zur Probe zugelassen ... Adolf Hitler, Braunau am Inn, 20. April 1899, deutsch, kath., Vater Oberoffizial, 4 Realschulklassen. Wenig Köpfe. Probezeichnung ungenügend[33].

Im Jahre darauf machte Hitler einen neuen Versuch, und diesmal waren seine Zeichnungen so dürftig, daß er nicht einmal zur Prüfung zugelassen wurde. Die Ablehnung traf den jungen Mann, wie er später schrieb, wie »ein jäher Schlag aus heiterem Himmel«. Er war felsenfest überzeugt gewesen, daß er diesmal aufgenommen werden würde. Nach eigener Darstellung bat Hitler den Rektor der Akademie um eine Erklärung.

Der Herr versicherte mir, daß aus meinen mitgebrachten Zeichnungen einwandfrei meine Nichteignung zum Maler hervorgehe, da meine Fähigkeit doch ersichtlich auf dem Gebiete der Architektur liege; für mich käme niemals die Malerschule, sondern nur die Architekturschule der Akademie in Frage[34].

Hitler sah das zwar ein, erkannte jedoch bald zu seiner Betrübnis, daß ihm für die Aufnahme in die Architekturschule das Abgangszeugnis einer Mittelschule fehlte.
Unterdessen lag daheim seine an Brustkrebs leidende Mutter im Sterben, und er kehrte nach Linz zurück. Seit seinem Schulabgang hatten Klara Hitler und ihre Verwandten den jungen Mann drei Jahre lang unterhalten, ohne daß sie irgendein Ergebnis gesehen hätten. Am 21. Dezember 1908 starb Adolf Hitlers Mutter; zwei Tage später wurde sie in Leonding an der Seite ihres Mannes beigesetzt. Ihr Tod war für den Neunzehnjährigen

... ein entsetzlicher Schlag. Ich hatte den Vater geehrt, die Mutter jedoch geliebt ... [Ihr Tod machte] all den schönen Plänen ein jähes Ende ... Not und harte Wirklichkeit zwangen mich nun, einen schnellen Entschluß zu fassen ... Also war ich nun angewiesen, mir irgendwie mein Brot selber zu verdienen.

Irgendwie! Er hatte nichts gelernt. Er hatte Handarbeit immer verachtet. Er hatte sich niemals bemüht, auch nur einen Pfennig selber zu verdienen. Doch er war unverzagt. Als er von seinen Verwandten Abschied nahm, erklärte er, er werde nicht eher zurückkehren, bis er es zu etwas gebracht habe.

Einen Koffer mit Kleidern und Wäsche in den Händen, mit einem unerschütterlichen Willen im Herzen fuhr ich so nach Wien. Was dem Vater fünfzig Jahre vorher gelungen, hoffte auch ich dem Schicksal abzujagen; auch ich wollte »etwas« werden, allerdings – auf keinen Fall Beamter[35].

»DIE TRAURIGSTE ZEIT MEINES LEBENS«

In den letzten Jahren vor dem Sturz der Habsburger war Wien, die Hauptstadt eines 52-Millionen-Reiches im Herzen Europas, von einem Charme und einer Heiterkeit erfüllt, wie sie in der Welt einzigartig waren. Nicht nur in ihrer Architektur, ihren Bildwerken, ihrer Musik, auch in dem leichtlebigen, vergnügungssüchtigen, kultivierten Geist ihrer Bevölkerung hatte sich die Stadt eine barocke Atmosphäre bewahrt, die in anderen westlichen Metropolen unbekannt war.

Aber Wien hatte natürlich auch eine Schattenseite. Es gab hier, wie überall, Armut: schlecht ernährte, schlecht gekleidete, in armseligen Behausungen wohnende Menschen. Allerdings war es das größte Industriezentrum Mitteleuropas, und der hieraus resultierende Wohlstand hatte sich bis in die untersten Schichten ausgewirkt. Politisch wurde die Stadt von der großen Masse des Kleinbürgertums beherrscht; die Arbeiter waren nicht allein in Gewerkschaften organisiert, sie hatten auch eine eigene mächtige Partei, die sozialdemokratische. In der nunmehr auf zwei Millionen Köpfe angewachsenen Bevölkerung gärte es. Die Demokratie war im Begriff, die alte Autokratie der Habsburger zu verdrängen. Der Zugang zu Bildung und Kultur stand den Massen offen, so daß im Jahre 1909, als Hitler nach Wien kam, auch ein mittelloser junger Mann Möglichkeiten hatte, etwas zu lernen oder auf anständige Weise seinen Unterhalt zu verdienen und als einer von einer Million Lohnempfängern teilzuhaben an dem, was die Stadt ihren Einwohnern an kulturellem Leben zu bieten hatte. Schickte sich nicht bereits der ebenso arme und unbekannte Kubizek an, sich auf dem Wiener Konservatorium einen Namen zu machen?

Aber der junge Adolf Hitler verfolgte sein Ziel, Architekt zu werden, nicht weiter. Dabei stand ihm die Architekturschule trotz fehlenden Abgangszeugnisses immer noch offen. »Besonders begabte« junge Leute wurden auch ohne Abschlußzeugnis zugelassen. Aber soweit bekannt ist, bemühte er sich nicht um Aufnahme. Er zeigte auch keine Neigung, einen Beruf zu erlernen oder irgendeiner regelmäßigen Beschäftigung nachzugehen. Statt dessen zog er es vor, sich mit Gelegenheitsarbeiten durchzubringen: Schneeschaufeln, Teppichklopfen, Koffertragen am Westbahnhof, gelegentlich auch Bauhilfsarbeit. Im November 1909, kaum ein Jahr nach seiner Ankunft in Wien, war er aus Geldmangel gezwungen, sein möbliertes Zimmer in der Simon-Denk-Gasse aufzugeben. Für die nächsten vier Jahre lebte er in Obdachlosenasylen und in dem fast ebenso elenden Männerheim in der Meldemannstraße 27, im XX. Bezirk, dicht an der Donau. Seinen Hunger stillte er in den Wohlfahrtsküchen der Stadt.

Kein Wunder, daß Hitler etwa zwei Jahrzehnte später schrieb:

Wien, die Stadt, die so vielen als Inbegriff harmloser Fröhlichkeit gilt, als festlicher Raum vergnügter Menschen, ist für mich leider nur die lebendige Erinnerung an die traurigste Zeit meines Lebens.

Auch heute noch kann diese Stadt nur trübe Gedanken in mir erwecken. Fünf Jahre

Elend und Jammer sind im Namen dieser Phäakenstadt für mich enthalten. Fünf Jahre, in denen ich erst als Hilfsarbeiter, dann als kleiner Maler mir mein Brot verdienen mußte; mein wahrhaft kärglich Brot, das doch nie langte, um auch nur den gewöhnlichen Hunger zu stillen. Er war damals mein getreuer Wächter, der mich als einziger fast nie verließ, der in allem redlich mit mir teilte ... Es war ein dauernder Kampf mit meinem mitleidlosen Freunde[36].

Allerdings trieb ihn sein Freund, der Hunger, auch niemals dazu, sich um eine regelmäßige Tätigkeit zu bemühen. Wie er in *Mein Kampf* erläutert, nagte an ihm die Angst des Kleinbürgers, »wieder zurückzusinken in den alten, wenig geachteten Stand« der Handarbeiter – die gleiche Angst, die er später ausnutzte, die nationalsozialistische Partei auf der breiten Grundlage der bis dahin führerlosen, schlecht besoldeten, vernachlässigten Klasse der Stehkragenproletarier aufzubauen, deren Millionen sich von der Illusion nährten, sie seien wenigstens sozial besser gestellt als die »Arbeiter«.
Nun sagt Hitler zwar, er habe sich »als kleiner Maler« durchgeschlagen, doch gibt er in seiner Autobiographie keine Einzelheiten, abgesehen von der Bemerkung, in den Jahren 1909 und 1910 habe sich seine Lage insofern etwas gebessert, als er nun nicht mehr als Hilfsarbeiter hätte tätig zu sein brauchen:

Ich arbeitete damals schon selbständig als kleiner Zeichner und Aquarellist[37].

Dies ist, wie so manches andere Biographische in *Mein Kampf*, etwas irreführend. Wenn auch die Aussagen von Personen, die Hitler zu jener Zeit gekannt haben, kaum zuverlässiger sein dürften[38], so ist doch genug Material zusammengetragen worden, aus dem sich ein wahrscheinlich genaueres und sicherlich vollständigeres Bild ergibt.
Daß Adolf Hitler niemals Anstreicher gewesen war, ist so gut wie sicher, mochten es seine politischen Gegner auch noch so gern behaupten. Zumindest gibt es keinen Beweis dafür, daß er dieses Handwerk jemals ausübte. Was er malte oder zeichnete, waren dilettantische Bildchen von bekannten Wiener Baudenkmälern, wie dem Stephansdom, der Oper, dem Burgtheater, dem Schloß von Schönbrunn oder den römischen Ruinen im Schönbrunner Park. Seinen damaligen Bekannten zufolge waren seine Bilder Kopien älterer Werke; offenbar konnte er nicht nach der Natur zeichnen.
Wahrscheinlich verkaufte Hitler hunderte dieser jämmerlichen Erzeugnisse an Trödler, die damit ihre Wände schmückten, an kleine Händler, die Bilderrahmen verkauften und sie mit etwas füllen mußten, und an Möbelhändler, die sie nach der damaligen Wiener Mode auf den Rücklehnen billiger Sofas und Sessel anbrachten. Häufig zeichnete Hitler auch Plakate für Kramläden, die Produkte wie z. B. *Teddy-Schweißpuder* anpriesen. Auf einem anderen Plakat sah man St. Nikolaus als Verkäufer bunter Kerzen, auf einem weiteren den über einen Berg von Seifenstücken hinausragenden gotischen Turm des Stephansdoms, den zu kopieren Hitler nie müde wurde.
Das war Hitlers ganze »künstlerische« Leistung, was ihn nicht hinderte, sich bis an sein Lebensende als »Künstler« zu betrachten.

In jenen Wiener Jahren sah er gewiß verkommen aus. Die ihn damals kannten, erinnern sich noch seines langen schäbigen Gehrocks, der ihm fast bis an die Knöchel reichte und einem Kaftan glich. Dieses Kleidungsstück war das Geschenk eines ungarischen Juden, der mit alten Kleidern handelte, ebenfalls in dem trübseligen Männerheim lebte und sich mit Hitler angefreundet hatte. Sie erinnern sich auch noch seines spekkigen schwarzen Melonenhuts, den er das ganze Jahr über trug, an sein zotteliges Haar, das er vorne – wie in späteren Jahren – in die Stirne fallen ließ und das ihm hinten bis auf den schmutzigen Kragen herabhing. Backen und Kinn waren gewöhnlich von den schwarzen Stoppeln eines werdenden Bartes bedeckt. Wenn man Hanisch glauben kann, war Hitler »eine Erscheinung, wie sie eigentlich bei uns Christen selten vorkommt[39]«.

Im Gegensatz zu den gestrandeten jungen Leuten, unter denen er lebte, hatte Hitler keines ihrer Laster. Er rauchte nicht, er trank nicht, er hatte auch nichts mit Frauen, und zwar nicht, so weit bekannt, wegen irgendeiner Anormalität, sondern ganz einfach wegen einer ihm angeborenen Scheu.

»Ich glaube, meine Umgebung von damals hielt mich wohl für einen Sonderling«, bemerkte Hitler später in einer bei ihm seltenen Anwandlung von Humor[40].

Seine Umgebung von damals erinnerte sich, ebenso wie seine Lehrer, der weitaufgerissenen, starrblickenden Augen, die das Gesicht beherrschten und etwas zum Ausdruck brachten, das mit der elenden Erscheinung des verwahrlosten Stromers nicht übereinstimmen wollte. Und sie erinnerte sich, daß der junge Mann bei aller Trägheit im Fall von Handarbeit ein gieriger Leser war, der den größten Teil seiner Tage und Abende mit dem Verschlingen von Büchern zubrachte.

Ich las damals unendlich viel, und zwar gründlich. Was mir so an freier Zeit von meiner Arbeit übrigblieb, ging restlos für mein Studium auf. In wenigen Jahren schuf ich mir damit die Grundlagen eines Wissens, von denen ich auch heute noch zehre[41].

In *Mein Kampf* ergeht sich Hitler lang und breit über die Kunst des Lesens:

Freilich verstehe ich unter »Lesen« vielleicht etwas anderes als der große Durchschnitt unserer sogenannten »Intelligenz«.

Ich kenne Menschen, die unendlich viel »lesen« ... und die ich doch nicht als »belesen« bezeichnen möchte. Sie besitzen freilich eine Unmenge von »Wissen«, allein ihr Gehirn versteht nicht, eine Einteilung und Registratur dieses in sich aufgenommenen Materials durchzuführen ... Wer aber die Kunst des richtigen Lesens inne hat, den wird das Gefühl ... auf all das aufmerksam machen, was seiner Meinung nach für ihn zur dauernden Festhaltung geeignet ist, weil entweder zweckmäßig oder allgemein wissenswert ... Die Kunst des Lesens wie des Lernens ist auch hier: Wesentliches behalten, Unwesentliches vergessen. *... Nur so hat das Lesen dann Sinn und Zweck ... Und in solchem Sinne betrachtet, war für mich besonders die Wiener Zeit fruchtbar und wertvoll*[42].

Wertvoll in welcher Hinsicht? Hitlers Antwort auf diese Frage lautet, daß er aus seiner

Lektüre und aus seinem Zusammenleben mit den Armen und Enterbten Wiens alles lernte, was er für sein späteres Leben zu wissen brauchte.

Wien aber war und blieb für mich die schwerste, wenn auch gründlichste Schule meines Lebens. Ich hatte diese Stadt einst betreten als ein halber Junge noch und verließ sie als still und ernst gewordener Mensch.
In dieser Zeit bildeten sich mir ein Weltbild und eine Weltanschauung, die zum granitenem Fundament meines derzeitigen Handelns wurden. Ich habe zu dem, was ich mir so einst schuf, nur weniges hinzulernen müssen, zu ändern brauchte ich nichts[43].

Von welcher Art war nun, was er in dieser harten Erziehung gelernt hatte, die ihm Wien in so reichem Maße geboten? Welcher Art waren die Ideen, die er sich aus Lektüre und Erfahrung aneignete und an denen er, wie er sagte, im wesentlichen nichts zu ändern brauchte? Daß sie größtenteils schal und fadenscheinig, grotesk und widersinnig waren, durchsetzt von absonderlichen Vorurteilen, wird schon bei einer ganz flüchtigen Überprüfung offenbar. Daß sie für eine Darstellung seines Lebens bedeutsam sind und auch für die Welt bedeutsam werden sollten, ist ebenso offenkundig, denn sie bildeten teilweise die Grundlage des Dritten Reiches, das dieser unstete Bücherwurm eines Tages errichten sollte.

DIE KEIMENDEN IDEEN ADOLF HITLERS

Sie stammten – von einer einzigen Ausnahme abgesehen – nicht von ihm selbst; er las sie vielmehr, ohne sie zu verdauen, aus dem Strudel des politischen Lebens Österreichs der ersten Jahre des 20. Jahrhunderts auf. Die Donaumonarchie lag im Sterben, da sie sich übernommen hatte. Jahrhundertelang hatte eine deutsche Minorität über ein Völkergemisch geherrscht und ihm Sprache und Kultur aufgeprägt. Aber ihr Griff hatte sich seit 1848 gelockert; sie vermochte die vielen anderen Nationalitäten nicht aufzusaugen, Österreich war kein Schmelztiegel. In den sechziger Jahren des 19. Jahrhundert hatten sich die Italiener abgesondert, und 1867 hatten die Ungarn unter der sogenannten Doppelmonarchie den gleichen Status wie die Deutschen erhalten. Nun, zu Beginn des 20. Jahrhunderts, forderten auch die verschiedenen slawischen Völkerschaften, die Tschechen, Slowaken, Serben, Kroaten und andere, Gleichberechtigung oder zumindest nationale Autonomie. Die österreichische Politik wurde fortan beherrscht von dem erbitterten Nationalitätenstreit.
Doch das war nicht alles. Es gab auch soziale Unruhe, die oft auf den Völkerkampf übergriff. Die nicht wahlberechtigten unteren Schichten forderten das Wahlrecht, und die Arbeiter verlangten beharrlich das Recht, sich gewerkschaftlich zu organisieren und zu streiken, nicht allein, um höhere Löhne und bessere Arbeitsbedingungen zu erzwingen, sondern auch um ihre demokratischen Ziele durchzusetzen. Schließlich hatte denn auch ein Generalstreik den Männern das allgemeine Wahlrecht gebracht und da-

mit den Völkerschaften das Ende der Vorherrschaft der österreichischen Deutschen, die in der österreichischen Hälfte der Doppelmonarchie nur ein Drittel der Bevölkerung ausmachten.

Hitler, der junge fanatische deutschösterreichische Nationalist, war ein scharfer Gegner dieser Entwicklungen. In seinen Augen war das Kaiserreich im Begriff, in einen »fauligen Sumpf« abzusinken. Nach seiner Meinung konnte es nur gerettet werden, wenn das Herrenvolk, die Deutschen, seine alte absolute Autorität behauptete. Die nichtdeutschen Völker, insbesondere die Slawen und von diesen vor allem die Tschechen, galten ihm als minderwertig. Es stehe den Deutschen zu, sie mit eiserner Hand zu regieren. Das Parlament müsse abgeschafft und überhaupt allem demokratischen »Unsinn« ein Ende gesetzt werden.

Wiewohl er an der Politik nicht aktiv Anteil nahm, verfolgte Hitler aufmerksam die Tätigkeit der drei großen Parteien Altösterreichs: der Sozialdemokraten, der Christlich-Sozialen und der Alldeutschen. Und damit begann nun im Gehirn des ungekämmten Wohlfahrtsküchenbesuchers ein politischer Scharfsinn aufzukeimen, der ihn befähigte, die Stärken und Schwächen der damaligen politischen Bewegungen mit erstaunlicher Klarheit zu erkennen, und der ihn, als er zur Entfaltung kam, zum führenden Politiker Deutschlands machen sollte.

Gegen die Sozialdemokratie entstand schon ein wütender Haß bei seiner ersten Berührung mit ihr: »Was mich am meisten abstieß, war ihre feindselige Stellung gegenüber dem Kampf um die Erhaltung des Deutschtums, das jämmerliche Buhlen um die Gunst der slawischen ›Genossen‹ ... Und was sonst vielleicht erst nach Jahrzehnten eingetreten wäre, erhielt ich jetzt im Laufe weniger Monate: das Verständnis für eine unter der Larve sozialer Tugend und Nächstenliebe wandelnde Pestilenz[44].«

Immerhin war er bereits so klug, seinen Zorn gegen diese Arbeiterpartei zu unterdrücken, um sorgfältig nach dem Grunde ihrer Popularität zu forschen. Er gelangte zu dem Schluß, daß es mehrere Gründe waren. Jahre später sollte er sich an sie erinnern und sie beim Aufbau der Nationalsozialistischen Deutschen Arbeiterpartei berücksichtigen.

Eines Tages sah er sich, wie er in *Mein Kampf* erzählt, eine Massendemonstration Wiener Arbeiter an. »Fast zwei Stunden lang stand ich so da und beobachtete mit angehaltenem Atem den ungeheuren menschlichen Drachenwurm, der sich da langsam vorbeiwälzte. In banger Gedrücktheit verließ ich endlich den Platz und wanderte heimwärts[45].«

Fortan las er die Presse der Sozialdemokraten, untersuchte die Reden ihrer Führer, studierte ihre Organisation, dachte über ihre Psychologie und politischen Taktiken nach und zog aus alledem seine Schlüsse. Aus drei Ursachen heraus erklärte er sich den Erfolg der Sozialdemokraten: sie verstünden es, die Masse in Bewegung zu setzen, ohne die jede politische Partei sinnlos sei; sie hätten sich die Kunst der Massenbeeinflussung angeeignet; und schließlich hätten sie die Bedeutung dessen erkannt, was er die Anwendung »geistigen und körperlichen Terrors« nannte.

Diese dritte Lektion, mochte sie auch sicherlich auf falscher Beobachtung beruhen und seine ungeheuren Vorurteile widerspiegeln, beschäftigte den jungen Hitler besonders. Zehn Jahre später sollte er für seine eigenen Zwecke guten Gebrauch von ihr machen.

Ich begriff den infamen geistigen Terror, den diese Bewegung vor allem auf das solchen Angriffen weder moralisch noch seelisch gewachsene Bürgertum ausübt, indem sie auf ein gegebenes Zeichen immer ein förmliches Trommelfeuer von Lügen und Verleumdungen gegen den ihr am gefährlichsten erscheinenden Gegner losprasseln läßt, so lange, bis die Nerven der Angegriffenen brechen ... Es ist eine unter genauer Berechnung aller menschlichen Schwächen gefundene Taktik, deren Ergebnis fast mathematisch zum Erfolge führen muß ...
Nicht minder verständlich wurde mir die Bedeutung des körperlichen Terrors dem einzelnen, der Masse gegenüber ... Denn während in den Reihen ihrer Anhänger der erlangte Sieg nunmehr als ein Triumph des Rechtes der eigenen Sache gilt, verzweifelt der geschlagene Gegner in den meisten Fällen am Gelingen eines weiteren Widerstandes überhaupt[46].

Dies ist die beste Definition der Taktik der Nationalsozialisten, so wie sie von Hitler entwickelt werden sollte, die je gegeben wurde.
Es gab indes zwei Parteien, von denen sich der junge Hitler in Wien stark angezogen fühlte, und beide unterzog er einer scharfsinnigen, kühlen Untersuchung. Zunächst, sagt er, habe er sich mit der von dem ebenfalls aus Niederösterreich stammenden Georg Ritter von Schönerer gegründeten Alldeutschen Vereinigung näher befaßt. Die Alldeutschen befanden sich damals im letzten Handgemenge um die deutsche Vorherrschaft in dem Vielvölkerstaat. Und wenn Hitler auch Schönerer für einen »tiefen Denker« hielt und dessen Grundprogramm – glühender Nationalismus, Antisemitismus, Antisozialismus, Vereinigung mit Deutschland, Opposition gegen die Habsburger und den Heiligen Stuhl – begeistert zustimmte, so erfaßte er doch rasch die Ursachen für den Mißerfolg der Vereinigung.

Das geringe Verständnis dieser Bewegung für die Bedeutung des sozialen Problems kostete sie die wahrhaft kampfkräftige Masse des Volkes; das Hineingehen in das Parlament nahm ihr den gewaltigen Schwung und belastete sie mit allen dieser Institution eigenen Schwächen; der Kampf gegen die katholische Kirche ... raubte ihr ... unzählige der besten Elemente, die die Nation überhaupt ihr eigen nennen kann[47].

Eine der Lehren seiner Wiener Jahre, die Hitler zwar vergaß, als er in Deutschland zur Macht kam, die er aber in *Mein Kampf* ausführlich erörtert, war die, daß eine politische Partei keine Aussichten hat, wenn sie kirchenfeindlich eingestellt ist. »Auch wenn an der einzelnen Konfession noch soviel wirklich auszustellen wäre«, sagt er, um zu erläutern, warum Schönerers Los-von-Rom-Bewegung einen taktischen Fehler beging, »so darf die politische Partei doch nicht einen Augenblick die Tatsache aus dem Auge verlieren, daß es nach aller bisheriger Erfahrung der Geschichte noch niemals einer rein politischen Partei in ähnlichen Lagen gelungen war, zu einer religiösen Reformation zu kommen[48].«

Doch den größten Fehler der Alldeutschen sah Hitler in deren Unvermögen, die Massen in Bewegung zu setzen und psychologisch auf die einfachen Leute einzugehen. Diesen Kardinalfehler vermied Hitler, als er selber eine politische Bewegung gründete.

Er vermied auch einen weiteren Fehler der Alldeutschen: Sie versäumten es, sich um die Unterstützung wenigstens einer der mächtigen, bereits bestehenden Institutionen zu bemühen – sei es die der Kirche oder der Armee, sei es die des Kabinetts oder des Staatsoberhauptes. Solange eine politische Bewegung, erkannte der junge Mann, keine solche Rückendeckung gewinne, wäre es schwer, wenn nicht unmöglich für sie, an die Macht zu gelangen. Genau diese Unterstützung war es, für die der schlaue Hitler in den entscheidenden Januartagen des Jahres 1933 in Berlin gesorgt hatte und die allein es ihm und seiner Partei ermöglichte, die Herrschaft über eine große Nation anzutreten.

In Hitlers Wiener Tagen gab es indes einen führenden Politiker, der dies und ebenso die Notwendigkeit begriffen hatte, daß sich eine Partei auf die Massen stützen mußte. Es war Dr. Karl Lueger, Bürgermeister von Wien und Führer der Christlich-Sozialen Partei. Obwohl Hitler ihm niemals begegnete, wurde Lueger mehr als irgend sonst jemand sein politischer Mentor. Er sah in ihm stets »den gewaltigsten deutschen Bürgermeister aller Zeiten ... [einen] größeren Staatsmann, als die sogenannten ›Diplomaten‹ es alle zusammen damals waren ... Hätte Dr. Karl Lueger in Deutschland gelebt, würde er in die Reihe der großen Köpfe unseres Volkes gestellt worden sein[49].«

Zwischen dem späteren Hitler und diesem großen, aufrechten, genialen Idol des Wiener Kleinbürgertums bestand sicherlich wenig Ähnlichkeit. Es trifft zwar zu, daß Lueger als Führer einer aus unzufriedenen Kleinbürgern sich rekrutierenden Partei zum mächtigsten Politiker in Österreich wurde und – wie später auch Hitler – aus einem groben Antisemitismus politisches Kapital schlug. Aber Lueger, der aus bescheidenen Verhältnissen aufgestiegen war und sich sein Universitätsstudium erkämpft hatte, war ein Mann von bemerkenswertem geistigen Niveau, und selbst seine Gegner, darunter auch die Juden, erkannten bereitwillig seine Anständigkeit, Ritterlichkeit, Großzügigkeit und Toleranz an. Der österreichische Schriftsteller Stefan Zweig, der selbst Jude war und damals in Wien aufwuchs, hat bezeugt, daß Lueger sich durch seinen offiziellen Antisemitismus niemals davon abhalten ließ, den Juden hilfreich und freundlich zu begegnen. »Seine Stadtverwaltung«, schrieb Zweig, »blieb tadellos gerecht und sogar vorbildlich demokratisch; die Juden, die vor diesem Triumph der antisemitischen Partei gezittert hatten, lebten ebenso gleichberechtigt und angesehen weiter[50].«

Dies allerdings gefiel dem jungen Hitler nicht. Er meinte, Lueger sei zu tolerant und erkenne nicht das Rassenproblem. Er verübelte dem Bürgermeister auch, daß er sich nicht mit den Alldeutschen zusammentat, und betrachtete dessen Klerikalismus und Treue zu den Habsburgern mit Skepsis: Hatte es der alte Kaiser Franz Joseph nicht zweimal abgelehnt, Luegers Wahl zum Bürgermeister zu sanktionieren?

Aber letzten Endes war Hitler doch gezwungen, das Genie dieses Mannes, der die Massen zu gewinnen verstand und die modernen sozialen Probleme und die Bedeutung der Massenbeeinflussung durch Propaganda und Reden begriff, anzuerkennen. Hitler konnte nicht umhin, Luegers »unendlich klug ausgestaltetes Verhältnis zur katholischen Kirche« zu bewundern. Und schließlich war Lueger »geneigt, sich all der einmal schon vorhandenen Machtmittel zu bedienen, bestehende mächtige Einrichtungen sich geneigt zu machen, um aus solchen alten Kraftquellen für die eigene Bewegung möglichst großen Nutzen ziehen zu können[51].«

Hier haben wir *in nuce* die Ideen und die Technik, die Hitler später anwenden sollte, um seine eigene politische Partei aufzubauen und zur Macht zu führen. Originell war er nur insofern, als er der einzige Politiker der Rechten war, der sie nach dem Ersten Weltkrieg auf dem deutschen Schauplatz anwandte. Unter den nationalistischen und konservativen Parteien war es allein die Hitler-Bewegung, die eine große Masse hinter sich brachte und, nachdem dies erreicht war, die Unterstützung der Armee, des Reichspräsidenten und der Wirtschaftsverbände – drei »bestehende mächtige Einrichtungen« – erlangte, die Hitler zur Kanzlerschaft verhalfen. Die Wiener Lehren erwiesen sich wahrhaftig als nützlich.

Dr. Lueger war ein glänzender Redner gewesen. Der Alldeutschen Vereinigung dagegen fehlte es an Leuten, die eine Zuhörerschaft mit sich reißen konnten. Das wurde von Hitler erkannt, und in *Mein Kampf* stellte er die Bedeutung der Redegabe in der Politik stark heraus:

Die Macht aber, die die großen historischen Lawinen religiöser und politischer Art ins Rollen brachte, war seit urewig nur die Zauberkraft des gesprochenen Wortes.

Die breite Masse eines Volkes vor allem unterliegt immer nur der Gewalt der Rede. Alle großen Bewegungen aber sind Volksbewegungen, sind Vulkanausbrüche menschlicher Leidenschaften und seelischer Empfindungen, aufgerührt entweder durch die grausame Göttin der Not oder durch die Brandfackel des unter die Masse geschleuderten Wortes und sind nicht limonadige Ergüsse ästhetisierender Literaten und Salonhelden[52].

Obwohl Jung-Hitler darauf verzichtete, aktiv an der österreichischen Politik teilzunehmen, begann er bereits, seine Redegabe an einem Publikum zu erproben, das er in den Obdachlosenasylen und Wohlfahrtsküchen und an den Straßenecken Wiens fand. Wie der Verfasser dieses Buches, der später zahlreiche der wichtigsten Reden Hitlers anhörte, bezeugen kann, gab es zwischen den Kriegen in Deutschland keine gewaltigere Redegabe als die Hitlers. Sie sollte in hohem Maße zu seinem erstaunlichen Erfolg beitragen.

Zu Hitlers Wiener Erfahrungen gehören schließlich noch die Juden. In Linz, sagt er, habe es nur ein paar Juden gegeben. »Im väterlichen Hause erinnere ich mich überhaupt nicht, zu Lebzeiten meines Vaters das Wort [Jude] auch nur gehört zu haben.«

In der Realschule »lernte ich wohl einen jüdischen Knaben kennen ... [aber] irgendein Gedanke kam mir dabei so wenig wie den anderen ... Ja, ich hielt [die Juden] sogar für Deutsche[53].«
Das entspricht, Hitlers Jugendfreund zufolge, nicht der Wahrheit. »Als ich Adolf Hitler kennenlernte«, schreibt August Kubizek im Gedenken an die gemeinsamen Linzer Tage, »war er bereits ausgesprochen antisemitisch eingestellt ... Meiner Erinnerung nach ist Adolf Hitler bereits als ausgeprägter Antisemit nach Wien gekommen. Er brauchte es nicht erst zu werden, wenngleich die Erlebnisse in Wien ihn über diese Fragen noch radikaler denken ließen als bisher[54].«

»Dann«, schreibt Hitler, »kam ich nach Wien.«

Befangen von der Fülle der Eindrücke ..., niedergedrückt von der Schwere des eigenen Loses, besaß ich in der ersten Zeit keinen Blick für die innere Schichtung des Volkes in der Riesenstadt. Trotzdem Wien in diesen Jahren schon nahe an die zweihunderttausend Juden unter seinen zwei Millionen Menschen zählte, sah ich diese nicht ... Noch sah ich im Juden nur die Konfession und hielt deshalb aus Gründen menschlicher Toleranz die Ablehnung religiöser Bekämpfung auch in diesem Falle aufrecht. So erschien mir der Ton, vor allem der, den die antisemitische Wiener Presse anschlug, unwürdig der kulturellen Überlieferung eines großen Volkes[55].

Eines Tages jedoch streifte Hitler, wie er erzählt, durch die innere Stadt.

Plötzlich stieß ich auf eine Erscheinung in langem Kaftan mit schwarzen Locken. Ist dies auch ein Jude? war mein erster Gedanke. So sahen sie freilich in Linz nicht aus. Ich beobachtete den Mann verstohlen und vorsichtig, allein je länger ich in dieses fremde Gesicht starrte und forschend Zug um Zug prüfte, um so mehr wandelte sich in meinem Gehirn die erste Frage zu einer anderen Frage:
Ist dies auch ein Deutscher?[56].

Hitlers Antwort ist leicht zu erraten. Er behauptet zwar, daß er zunächst versucht habe, »die Zweifel durch Bücher zu beheben«. Er vergrub sich in antisemitische Broschüren, die zu jener Zeit in Wien viel verkauft wurden. Dann ging er wieder auf die Straße, um die »Erscheinung« noch näher zu beobachten.

Wo immer ich ging, sah ich nun Juden, und je mehr ich sie sah, um so schärfer sonderten sie sich für das Auge von den anderen Menschen ab ... Mir wurde bei dem Geruche dieser Kaftanträger später manchmal übel.

Als nächstes entdeckte er »die moralischen Schmutzflecken des auserwählten Volkes«.

Gab es denn da einen Unrat, eine Schamlosigkeit in irgendeiner Form, vor allem des kulturellen Lebens, an der nicht wenigstens ein Jude beteiligt wäre? Sowie man nur vorsichtig in eine solche Geschwulst hineinschnitt, fand man, wie die Made im faulenden Leibe, oft ganz geblendet vom plötzlichen Lichte, ein Jüdlein.

Die Juden waren, wie er festzustellen glaubte, in hohem Maße verantwortlich für Prostitution und Mädchenhandel.

Als ich zum ersten Male den Juden in solcher Weise als den ebenso eisig kalten wie schamlos geschäftstüchtigen Dirigenten dieses empörenden Lasterbetriebes des Auswurfes der Großstadt erkannte, lief mir ein leichtes Frösteln über den Rücken[57].

Hitlers Wüten gegen die Juden liegt ein gut Teil krankhafter Sexualität zugrunde. Für den damaligen Wiener Antisemitismus war die sexuelle Note ebenso charakteristisch wie später für das obszöne Nürnberger Wochenblatt *Der Stürmer*, das von Julius Streicher, dem Gauleiter von Franken, einem notorischen Pervertierten und einer der abstoßendsten Gestalten des Dritten Reiches, herausgegeben wurde. In *Mein Kampf* finden sich düstere Andeutungen, wie satanische Judenjungen ahnungslose Christenmädchen verführen und so deren Blut schänden. Hitler bringt es fertig, von der »Alpdruckvision der Verführung von Hunderten und Tausenden von Mädchen durch widerwärtige, krummbeinige Judenbastarde« zu sprechen. Rudolf Olden hat gesagt, man könne eine der Wurzeln von Hitlers Antisemitismus in quälendem Sexualneid sehen. Obwohl er während seines Wiener Aufenthaltes über die Zwanzig hinaus war, hatte er doch, so weit bekannt, keinerlei Beziehung zu Frauen.

»Ich begann«, erzählt Hitler, »[die Juden] allmählich zu hassen ... Es war für mich die Zeit der größten Umwälzung gekommen, die ich im Inneren jemals durchzumachen hatte. Ich war vom schwächlichen Weltbürger zum fanatischen Antisemiten geworden[58].«

Er blieb ein blinder, fanatischer Antisemit bis zum bitteren Ende; in seinem letzten, wenige Stunden vor seinem Tod verfaßten Testament sprach er auch ein letztes Verdammungsurteil gegen die Juden aus: er schob ihnen die Schuld an dem Kriege zu, den er selbst entfesselt hatte und der nun ihn und das Dritte Reich untergehen ließ. Dieser brennende Haß, mit dem er so viele Deutsche ansteckte, sollte schließlich zu einem Massaker führen, das in seinem riesigen Umfang und in seiner Grauenhaftigkeit für alle Zeiten einen Schandfleck auf der menschlichen Zivilisation hinterlassen wird.

Im Frühjahr 1913 verließ Hitler Wien für immer und ging nach Deutschland, dem seine innere Liebe, wie er sagt, schon immer gegolten habe. Er war 24 Jahre alt und muß jedem – nur sich selbst nicht – als totaler Versager erschienen sein. Er war weder Maler noch Architekt, er war, so weit jedermann sehen konnte, überhaupt nichts geworden: ein Vagabund, freilich ein sonderlicher, der Bücher las. Er hatte keine Freunde, keine Familie, keinen Beruf, kein Heim. Eines allerdings besaß er: ein unerschütterliches Selbstvertrauen und den tiefen, glühenden Glauben, eine Mission erfüllen zu müssen.

Wahrscheinlich verließ er Österreich, um sich dem Militärdienst zu entziehen[59]. Nicht aus Feigheit, sondern weil ihm der Gedanke zuwider war, mit Juden, Slawen und anderen Nichtdeutschen zusammen zu dienen. In *Mein Kampf* gibt Hitler an, er sei schon im Frühjahr 1912 nach München übergesiedelt. Doch das stimmt nicht. Nach den Wiener Polizeiakten lebte er bis Mai 1914 in Wien.

Er selbst führt für das Verlassen Wiens ziemlich pompöse Gründe an:

Meine innere Abneigung aber dem habsburgischen Staat gegenüber wuchs in dieser Zeit immer mehr an ... Widerwärtig war mir das Rassenkonglomerat, das die Reichshauptstadt zeigt, widerwärtig dieses ganze Völkergemisch von Tschechen, Polen, Ungarn, Ruthenen, Serben und Kroaten usw., zwischen allem aber als ewiger Spaltpilz der Menschheit – Juden und wieder Juden. Mir erschien die Riesenstadt als Verkörperung der Blutschande ... Je länger ich in dieser Stadt weilte, um so mehr stieg mein Haß gegen das fremde Völkergemisch, das diese alte deutsche Kulturstätte zu zerfressen begann ... Aus all diesen Gründen entstand immer stärker die Sehnsucht, endlich dorthin zu gehen, wo seit so früher Jugend mich heimliche Wünsche und heimliche Liebe hinzogen[60].

In welche Höhen ihn das Schicksal in diesem heißgeliebten Lande einmal führen sollte, dürfte er sich damals selbst in seinen kühnsten Träumen nicht vorgestellt haben. Im Deutschen Reich war und blieb er bis kurz vor seiner Kanzlerschaft nach dem Gesetz Ausländer. Er war Österreicher, und nur als solcher ist er zu begreifen: Er war im letzten Jahrzehnt vor dem Zusammenbruch des Habsburger Reiches mündig geworden, er hatte in der kultivierten Hauptstadt Österreichs nicht Wurzeln schlagen können, er hatte die ganze Fülle widersinniger Vorurteile und Haßgefühle der deutschsprechenden Extremisten in sich aufgenommen, er hatte nicht erkannt, was an der großen Mehrzahl seiner Mitbürger, ob Tschechen, Juden oder Deutsche, ob Arme oder Reiche, ob Künstler oder Handwerker, anständig und aufrecht und ehrenhaft war. Es ist sehr die Frage, ob irgendein Norddeutscher, ein Rheinländer, ein Ostpreuße oder auch ein Bayer in Blut und Geist und an möglichem Erleben gerade die Mischung von Komponenten mit sich gebracht hätte, die Adolf Hitler schließlich zu den höchsten Höhen hinauftrug. Hinzu kam freilich noch, daß er ein unvorhersehbares Maß an Begabung entwickelte.

Doch im Frühjahr 1913 zeigte sich noch nichts von seiner Begabung. In Wien und später auch in München war er ohne Geld, ohne Freund, ohne geregelte Tätigkeit. Dann aber, im Sommer 1914, geriet er wie Millionen andere Menschen in die unerbittlichen Klauen des Krieges. Am 3. August bat er in einer Eingabe an König Ludwig III. von Bayern um Erlaubnis, als Freiwilliger in ein bayrisches Regiment eintreten zu dürfen, was ihm gewährt wurde.

Das war eine vom Himmel gesandte Gelegenheit. Nun konnte der junge Vagabund seinem leidenschaftlich geliebten Adoptivvaterland dienen, von dem er glaubte, wie er sagt, daß es einen Kampf »um Sein oder Nichtsein« führte, er konnte jetzt auch all den vereitelten Hoffnungen, den Fehlschlägen, der Not seines persönlichen Lebens entrinnen.

Mir selber kamen die damaligen Stunden wie eine Erlösung aus den ärgerlichen Empfindungen der Jugend vor. Ich schäme mich auch heute nicht, es zu sagen, daß ich, überwältigt von stürmischer Begeisterung, in die Knie gesunken war und dem Himmel aus übervollem Herzen dankte, daß er mir das Glück geschenkt, in dieser Zeit leben zu dürfen ... So, wie wohl für jeden Deutschen, begann nun auch für mich die unvergeßlichste und größte Zeit meines irdischen Lebens. Gegenüber den Ereignissen dieses gewaltigsten Ringens fiel alles Vergangene in ein schales Nichts zurück[61].

Das Vergangene mit all seiner Ärmlichkeit, seiner Einsamkeit und seinen Enttäuschungen versank zwar für Hitler in ein schales Nichts, und doch hatte es seinen Geist und Charakter für immer geformt. Der Krieg, der vielen Millionen den Tod bringen sollte, bedeutete für Hitler, den jetzt 25jährigen, einen neuen Start ins Leben.

II

Entstehung der Nationalsozialistischen Deutschen Arbeiterpartei

Am 10. November 1918, einem trüben Herbstsonntag, erlebte Hitler, was er aus der Tiefe seines Hasses und seiner Enttäuschung heraus die größte Schurkerei des Jahrhunderts nannte[1]. In das Lazarett von Pasewalk, wo Hitler wegen einer vier Wochen vorher bei einem britischen Gasangriff in der Nähe von Ypern erlittenen zeitweisen Erblindung lag, war ein Pfarrer gekommen, der den Verwundeten eine Nachricht brachte, die Hitler unfaßlich erschien.

An diesem Sonntagmorgen teilte ihnen der Pastor des Kaisers Abdankung und Flucht nach Holland mit. Am Tage vorher, fuhr er fort, habe man in Berlin die Republik ausgerufen, und am Montag, dem 11. November, würde in Compiègne der Waffenstillstand unterzeichnet werden. Der Krieg sei verloren und Deutschland auf Gnade und Ungnade den siegreichen Alliierten ausgeliefert. Der Pastor begann zu schluchzen.

Da hielt ich es nicht mehr aus [sagt Hitler in der Schilderung dieser Szene]. Während es mir um die Augen wieder schwarz ward, tastete und taumelte ich zum Schlafsaal zurück, warf mich auf mein Lager und grub den brennenden Kopf in Decke und Kissen ... Es war also alles umsonst gewesen. Umsonst all die Opfer und Entbehrungen, ... vergeblich die Stunden, in denen wir, von Todesangst umkrallt, dennoch unsere Pflicht taten, und vergeblich der Tod von zwei Millionen ... Waren sie dafür gestorben? ... Geschah dies alles dafür, daß nun ein Haufen elender Verbrecher die Hand an das Vaterland zu legen vermochte[2]?

Zum erstenmal, seit er am Grabe seiner Mutter gestanden, habe er wieder geweint, wie er sagt. »Nun aber konnte ich nicht mehr anders.« Gleich Millionen seiner Landsleute, damals und später, vermochte er die nackte Tatsache, daß Deutschland auf dem Schlachtfeld besiegt worden war und den Krieg verloren hatte, nicht zu akzeptieren.

Auch Hitler war, gleich den Millionen anderer Deutscher, ein guter, tapferer Soldat gewesen. Von politischen Gegnern wurde ihm später vorgeworfen, er sei im Kampf ein Feigling gewesen, aber die Gerechtigkeit gebietet zu sagen, daß dieser Behauptung jegliche Grundlage fehlt. Er kam Ende Oktober 1914 nach kaum drei Monaten Ausbildung an die Front und war Meldegänger der 1. Kompanie des 16. Bayrischen Reserve-Infanterie-Regiments. Seine Einheit wurde in der ersten Ypern-Schlacht fast völlig aufgerieben.

Zweimal wurde Hitler im Laufe des Krieges verwundet, das eine Mal im Oktober 1916, während der Somme-Schlacht, das andere Mal – er war inzwischen zum Gefreiten befördert worden – im Oktober 1918 in der letzten Ypern-Schlacht, bei einem schweren englischen Gasangriff.

Im Dezember 1914 erhielt er das Eiserne Kreuz II. Klasse und im August 1918 das EK I, das in der alten kaiserlichen Armee nur selten an einen einfachen Soldaten verliehen wurde. Für welche Tat er diese ungewöhnliche Auszeichnung erhielt, ist in der offiziellen Regimentsgeschichte nicht verzeichnet. Jedenfalls ist nicht daran zu zweifeln, daß der Gefreite Hitler das EK I erhielt. Er trug es mit Stolz bis ans Ende seines Lebens.

Bei seinen Kameraden war er zwar nicht unbeliebt, doch fanden sie ihn seltsam. Er erhielt nicht wie die anderen Briefe und Päckchen von zu Hause. Er kam niemals um Urlaub ein und hatte nicht einmal das übliche Frontsoldateninteresse an Frauen. Er murrte nie, wie die anderen, über die Läuse, den Dreck, den Schlamm im Schützengraben. Er war passionierter Soldat, und wenn er sein Schweigen brach, so nur um todernst die Kriegsziele und Deutschlands Schicksal zu erörtern und gegen dessen »unsichtbare Feinde« – die Juden und Marxisten – zu wettern. Hatte er nicht in Wien erlebt, daß sie die Quelle allen Übels waren?

Und hatte er es nicht sogar in Deutschland erlebt? Als er nach seiner ersten Verwundung aus dem Lazarett in Beelitz bei Berlin entlassen worden war, hatte er in seinem Genesungsurlaub die Reichshauptstadt und München besucht. Überall war er »Lumpen« begegnet, die den Krieg verfluchten und sein rasches Ende herbeiwünschten. »Die Drückebergerei galt schon fast als ein Zeichen höherer Klugheit.« Und wer betrieb sie am meisten? Die Juden. »Die Kanzleien waren mit Juden besetzt. Fast jeder Schreiber ein Jude und jeder Jude ein Schreiber ... So befand sich tatsächlich schon im Jahre 1916/17 fast die gesamte Produktion unter der Kontrolle des Finanzjudentums ... Der Jude bestahl die gesamte Nation und preßte sie unter seine Herrschaft ... In dieser Zeit sah ich mit Entsetzen ein Verhängnis herannahen[3].« Das alles war für Hitler unerträglich, und wie er schreibt, war er froh, wieder an die Front zu kommen.

Noch unerträglicher war für ihn die Katastophe, die im November 1918 sein geliebtes Vaterland befiel. Sie galt ihm, wie vielen Deutschen, als »ungeheuerlich« und unverdient. Die deutsche Armee war nicht im Felde geschlagen worden. Die Heimat war ihr in den Rücken gefallen.

So entstand in Hitler, wie bei vielen anderen Deutschen, ein fanatischer Glaube an die »Dolchstoß«-Legende, die wesentlich zur Untergrabung der Weimarer Republik und zu Hitlers schließlichem Aufstieg beitragen sollte. Diese Legende war ein Schwindel. Der eigentliche Herr in der Obersten Heeresleitung, General Ludendorff, hatte am 28. September 1918 auf »sofortigem« Waffenstillstand bestanden, und sein nomineller Vorgesetzter, Generalfeldmarschall von Hindenburg, hatte ihm darin beigepflichtet. In einer Kronratssitzung in Berlin am 2. Oktober unter Vorsitz Kaiser Wilhelms II. hatte Hindenburg die Forderung der Obersten Heeresleitung nach Abschluß eines sofortigen Waffenstillstands wiederholt. »Die Armee«, hatte er gesagt, »kann nicht 48 Stunden warten«. In einem am gleichen Tage geschriebenen Briefe erklärte Hindenburg rundheraus, die *militärische* Lage ließe eine »Beendigung der Kämpfe« als zwingend erscheinen. Von einem »Dolchstoß in den Rücken« war keine Rede. Erst später verschrieb sich Deutschlands großer Kriegsheld dieser Legende. Am 18. November 1919, ein Jahr nach Kriegsende, bei einer Vernehmung durch den Untersuchungsausschuß der Nationalversammlung, erklärte Hindenburg: »Wie ein englischer General sehr richtig gesagt hat, wurde dem deutschen Heer ein Dolchstoß in den Rücken versetzt[4].« Tatsache war, daß die Zivilregierung unter Prinz Max von Baden, die von der Obersten Heeresleitung über die Verschlechterung der militärischen Lage nicht vor Ende September unterrichtet worden war, noch mehrere Wochen lang Ludendorffs Waffenstillstandsforderung gegenüber standhielt.

Man muß in der Zwischenkriegszeit in Deutschland gelebt haben, um zu wissen, in welch weiten Kreisen des deutschen Volkes diese falsche Legende geglaubt wurde. Die Tatsachen, die die Legende Lügen strafen, lagen sichtlich auf der Hand. Doch wer in Deutschland politisch rechts stand, wollte sie nicht sehen. Die Schuldigen waren, so wurde immerzu laut verkündet, die »Novemberverbrecher« – ein Wort, das Hitler den Menschen ins Bewußtsein einhämmerte. Daß die militärischen Führer dringend die Kapitulation gefordert, mit List und Tücke die republikanische Regierung dahin gebracht hatten, sie zu unterzeichnen, und daß sie nachher der Regierung empfahlen, den Versailler Vertrag anzunehmen, das alles zählte nicht. Es zählte offenbar auch nicht, daß die Sozialdemokratische Partei 1918 nur widerstrebend und um die Nation vor Chaos und Bolschewismus zu bewahren, die Macht übernommen hatte. Sie war für den deutschen Zusammenbruch wirklich nicht verantwortlich. Die Schuld lag einwandfrei bei dem alten Regime[5].

Aber Millionen Deutsche wollten das nicht wahrhaben. Sie mußten daher Sündenböcke für Niederlage, Demütigung und Elend finden. Sie in den »Novemberverbrechern« zu suchen, lag für sie nahe: diese hatten das »Diktat« unterzeichnet und anstelle der alten Autokratie eine demokratische Regierung errichtet. Nun ist die Leichtgläubigkeit der Deutschen ein Thema, auf dem Hitler in *Mein Kampf* weidlich herumreitet. Aber er selbst sollte bald vollen Nutzen aus ihr ziehen.

Nachdem jener Pastor am Abend des 10. November 1918 das Lazarett in Pasewalk verlassen hatte, folgten für Adolf Hitler »entsetzliche Tage und noch bösere Nächte«.

Ich wußte, daß alles verloren war. Auf die Gnade des Feindes zu hoffen, konnten höchstens Narren fertigbringen oder – Lügner und Verbrecher. In diesen Nächten wuchs mir der Haß, der Haß gegen die Urheber dieser Tat ... Elende und verkommene Verbrecher! Je mehr ich mir in dieser Stunde über das ungeheure Ereignis klar zu werden versuchte, um so mehr brannte mir die Scham der Empörung und der Schande in der Stirn. Was war der ganze Schmerz [meiner] Augen gegen diesen Jammer?

In den Tagen darauf wurde mir auch mein Schicksal bewußt.

Ich aber beschloß, Politiker zu werden[6].

Wie sich ergeben sollte, war dies ein schicksalhafter Beschluß – für Hitler und für die Welt.

DIE ANFÄNGE DER NSDAP

Die Aussichten, Politiker zu werden, waren für den dreißigjährigen, mittel- und berufslosen Österreicher, der niemals einer ordentlichen Beschäftigung nachgegangen war und keinerlei politische Erfahrungen hatte, alles andere als verheißungsvoll. Darüber war er sich selbst zunächst auch im klaren: »Tagelang überlegte ich, was man nur überhaupt tun könne, allein immer war das Ende jeder Erwägung die nüchterne Feststellung, daß ich als Namenloser selbst die geringste Voraussetzung zu irgendeinem zweckmäßigen Handeln nicht besaß[7].«

Ende November 1918 war er nach München zurückgekehrt, das er kaum wiedererkannte. Auch hier war die Revolution ausgebrochen, auch hier hatte der König abgedankt. Am 7. November hatte der renommierte Journalist Kurt Eisner, mit seinem langen grauen Bart, seinem Pincenez, seinem riesigen schwarzen Hut und seiner winzigen Figur eine stadtbekannte Erscheinung in München, die Republik ausgerufen. An der Spitze von ein paar hundert Mann hatte er, ohne einen Schuß abzugeben, Parlaments- und Regierungsgebäude besetzt und eine Regierung aus Unabhängigen und Mehrheitssozialisten gebildet. Drei Monate später wurde er von einem jungen nationalistischen Offizier, Graf Anton Arco-Valley, ermordet. Darauf errichteten die Arbeiter eine Räterepublik, die aber von kurzer Dauer war. Am 1. Mai 1919 marschierten von Berlin entsandte Reichswehrverbände zusammen mit bayerischen Freikorps in München ein, setzten die kommunistische Regierung ab und töteten als Vergeltung für die Erschießung von einem Dutzend Geiseln viele hundert Personen, darunter auch Nichtkommunisten. Zunächst wurde zwar eine gemäßigte sozialdemokratische Regierung unter Johannes Hoffmann nominell wiedereingesetzt, doch ging die wirkliche Macht in der bayerischen Politik an die Rechte über.

Woraus setzte sich nun in dieser chaotischen Zeit die Rechte in Bayern zusammen? Aus Reichswehrangehörigen, aus Monarchisten, die die Wittelsbacher wieder auf dem Thron sehen wollten, aus Konservativen, die die in Berlin errichtete demokratische Republik verabscheuten, und nach und nach vor allem aus der großen Masse entlassener Soldaten, die 1918 den Boden unter den Füßen verloren hatten, aus Entwurzelten also, die sich ins normale friedliche Leben nicht mehr hineinfinden konnten und die, wie Hitler, der damals selber einer von ihnen war, später sagen sollte, »Revolutionäre geworden [sind], die der Revolution als Revolution huldigen und in ihr einen Dauerzustand sehen möchten[8]«.

Militärische Verbände, sogenannte Freikorps, schossen überall in Deutschland aus dem Boden und wurden heimlich von der Reichswehr ausgerüstet. Zunächst setzte man sie hauptsächlich im Kampf um die umstrittenen Ostgrenzen gegen Polen und die sich gerade bildenden baltischen Staaten ein, doch bald bedienten sich ihrer auch Verschwörer, um das republikanische Regime zu stürzen. Im März 1920 besetzte ein Freikorps, die berüchtigte Brigade Ehrhardt, Berlin und unterstützte den Putsch Wolfgang Kapps, eines mittelmäßigen Politikers der extremen Rechten, der sich selbst zum Reichskanzler ausrief. Während der Reichspräsident und die Reichsregierung aus Berlin flohen, verhielt sich die Reichswehr zunächst abwartend. Erst ein Generalstreik der Gewerkschaften stellte die republikanische Regierung wieder her.

In München fand zur gleichen Zeit – und mit mehr Erfolg – ein anders gearteter militärischer Staatsstreich statt. Am 14. März 1920 setzte die Reichswehr die sozialdemokratische Regierung Hoffmann ab und eine Rechtsregierung unter Gustav von Kahr ein. Von da an wurde die bayerische Hauptstadt der Magnet für all jene Elemente in Deutschland, die die Republik stürzen, ein autoritäres Regime errichten und das Versailler *Diktat* nicht gelten lassen wollten. Hier war es nun, wo die Condottieri der Freikorps, darunter auch Kapitän Ehrhardt und seine Leute, Zuflucht fanden, wo General Ludendorff sich mit einer Schar anderer murrender, entlassener Offiziere niederließ[9], wo Attentate ausgeheckt und organisiert wurden auf Matthias Erzberger, den gemäßigten katholischen Politiker, der den Mut besessen hatte, den Waffenstillstand zu unterzeichnen (was nach allem Vorhergegangenem Sache der Obersten Heeresleitung gewesen wäre), und auf Walter Rathenau, den hervorragenden, kultivierten Außenminister, den die Nationalisten haßten, weil er Jude war und sich bemüht hatte, wenigstens einige der Bestimmungen des Versailler Vertrags zu erfüllen.

Auf diesem fruchtbaren Münchner Boden setzte Adolf Hitler zum Start an.

Als er Ende November 1918 nach München zurückgekehrt war, hatte er feststellen müssen, daß sich sein Ersatzbataillon in der Hand der Soldatenräte befand. »Der ganze Betrieb war mir so widerlich, daß ich mich sofort entschloß, wenn möglich wieder fortzugehen.« Den Winter über versah er Wachdienst in einem Gefangenenlager in Traunstein. Im Frühjahr war er wieder in München. In *Mein Kampf* erzählt er, er habe sich das »Mißfallen« der Linksregierung zugezogen und sei der Verhaftung nur dadurch entgangen, daß er drei »Burschen«, die ihn abholen wollten, geistesgegenwärtig seinen Karabiner vorgehalten habe. Gleich nach dem Sturz des kommunistischen Regimes begann für Hitler, was er seine »erste mehr oder weniger rein politische aktive Tätigkeit« nannte. Diese bestand darin, der vom 2. Infanterieregiment eingerichteten Untersuchungskommission Informationen über die an der kurzlebigen Räterepublik in München Beteiligten zu beschaffen.

Allem Anschein nach erschienen der Reichswehr die von Hitler in diesem Zusammenhang geleisteten Dienste wertvoll genug, um ihn weiterhin zu beschäftigen. Er wurde der »Presse- und Propagandabteilung des Bayerischen Reichswehrgruppenkommandos« zugeteilt, aus dem später das (Bayerische) Wehrkreiskommando VII hervorging. Gerade in Bayern, wo sie endlich eine Regierung nach ihrem Geschmack installiert hatte, steckte die Reichswehr ihre Finger tief in die Politik. Zur Verbreitung ihrer antidemokratischen Ansichten richtete sie für die Soldaten »politische Kurse« ein. Einer der gelehrigsten Schüler war Adolf Hitler. Eines Tages griff er, »als einer der Teilnehmer glaubte, für die Juden eine Lanze brechen zu müssen«, wie er selbst erzählt, in die Diskussion ein. Offenbar gefiel seine antisemitische Standpauke den Vorgesetzten so gut, daß sie ihm den Posten eines »Bildungsoffiziers« bei einem Münchner Regiment gaben. Seine Hauptaufgabe war, die Soldaten vor einer Ansteckung durch gefährliche Ideen zu bewahren, worunter die Reichswehr, die der demokratischen Republik den Eid geschworen hatte, Pazifismus, Sozialismus und Demokratie verstand.

Das war ein wichtiger Anfang für Hitler, die erste Anerkennung auf politischem Gebiet, das er zu betreten gedachte. Vor allem wurde ihm hier die Möglichkeit gegeben, seine Redegabe zu erproben, die – wie er immer betont hatte – erste Voraussetzung für den Erfolg in der Politik: »Bot sich mir doch jetzt mit einem Male die Gelegenheit, vor einer größeren Zuhörerschaft zu sprechen; und was ich früher immer, ohne es zu wissen, aus dem reinen Gefühl heraus einfach angenommen hatte, traf nun ein: ich konnte ›reden‹.« Diese Entdeckung, mochte sie auch keine große Überraschung sein, erfreute ihn außerordentlich. Er hatte schon befürchtet, daß seine Stimme infolge der an der Front erlittenen Gasvergiftung für dauernd Schaden genommen hätte. Jetzt aber stellte er fest, daß sich seine Stimme wesentlich gebessert hatte und »ich wenigstens in kleinen Mannschaftsräumen überall genügend verständlich blieb [10]«.

Im September 1919 erhielt Hitler von der Politischen Abteilung der Reichswehr den Auftrag, sich eine winzige politische Gruppe anzusehen, die sich *Deutsche Arbeiterpartei* nannte. Arbeiterparteien galten den Militärs im allgemeinen als verdächtig, da sie überwiegend sozialistisch oder kommunistisch waren. Doch in diesem Falle, so glaubten sie, handele es sich möglicherweise um etwas anderes. Hitler sagt, die Partei sei ihm »ganz unbekannt« gewesen. Nichtsdestoweniger kannte er bereits einen der Männer, der in der Versammlung sprechen sollte, über die er zu berichten hatte.

Wenige Wochen vorher hatte er in einem der Reichswehrkurse den Vortrag eines Bauingenieurs und Wirtschaftsphantasten mit Namen Gottfried Feder gehört. Feder war von der Idee besessen, ein großer Teil der wirtschaftlichen Schwierigkeiten Deutschlands sei auf das »spekulative« Kapital zurückzuführen. Er trat für dessen Abschaffung und für die Einführung »schöpferischen« und »produktiven« Kapitals ein und hatte 1917 zu diesem Zweck den *Deutschen Kampfbund zur Brechung der Zinsknechtschaft* gegründet. Hitler, der von Wirtschaft keine Ahnung hatte, war von Feders Vortrag stark beeindruckt gewesen. Er sah im Bestreben, »die Zinsknechtschaft zu brechen«, eine »der wesentlichsten Voraussetzungen zur Gründung einer neuen Partei«. »In Feders Vortrag spürte ich eine gewaltige Parole für dieses kommende Ringen [11].«

Aber zunächst maß er der Deutschen Arbeiterpartei keinerlei Bedeutung bei. Von ihrer Versammlung, die in einem trüben Zimmer des Sterneckerbräus stattfand und an der kaum 25 Personen teilnahmen, war er nicht besonders angetan. »Eine Neugründung, wie eben so viele andere auch«, schreibt er. »Es war gerade damals die Zeit, in der sich jeder berufen fühlte, eine neue Partei aufzumachen, der mit der bisherigen Entwicklung nicht zufrieden war ... So schossen denn überall diese Vereine nur so aus dem Boden, um nach einiger Zeit sang- und klanglos wieder zu verschwinden ... Nicht anders beurteilte ich ... die ›Deutsche Arbeiterpartei‹.« Nachdem Feder gesprochen hatte, schickte Hitler sich an zu gehen. Doch in diesem Augenblick meldete sich ein »Professor« zu Wort, bezweifelte die Richtigkeit der Federschen Behauptungen und schlug als Programmpunkt der Partei Bayerns Lostrennung von Preußen und seinen Anschluß an Deutschösterreich vor. Diese Idee war damals in München sehr populär, doch bei Hitler erregte sie Zorn. Er sprang auf, um »dem gelahrten Herrn meine Meinung über diesen Punkt zu sagen«. Das tat er offenbar so heftig, daß der Professor – Hitler zufolge – »wie ein begossener Pudel das Lokal verließ«, während die übrigen Zuhörer den unbekannten jungen Sprecher »mit erstaunten Gesichtern« anstarrten. Als er sich entfernte, »kam mir noch ein Mann nachgesprungen, stellte sich vor (ich hatte den Namen gar nicht richtig verstanden) und drückte mir ein kleines Heftchen ... in die Hand [12].«

Dieser Mann war Anton Drexler, ein Schlosser, den man den eigentlichen Begründer des Nationalsozialismus nennen könnte. Drexler, ein kränklicher, kurzsichtiger Mann, dem es an Bildung fehlte, ein unbeholfener Schriftsteller und noch unbeholfenerer Redner mit selbständigem, aber engem und konfusem Denken, arbeitete damals in den Münchner Eisenbahnwerkstätten. Am 7. März 1918 hatte er, um den Marxismus innerhalb der Freien Gewerkschaften zu bekämpfen und für einen »gerechten« Frieden für Deutschland einzutreten, einen Ausschuß Unabhängiger Arbeiter gegründet.

Drexler hatte indes nie mehr als vierzig Mitglieder zusammengebracht, und im Januar 1919 verschmolz er seinen Ausschuß mit einer ähnlichen Gruppe, dem von dem Journalisten Karl Harrer geleiteten *Politischen Arbeiterzirkel.* Der neue, kaum hundert Mitglieder starke Verein erhielt den Namen *Deutsche Arbeiterpartei.* Harrer wurde 1. Vorsitzender. Hitler, der in *Mein Kampf* seiner inzwischen vergessenen Parteigenossen kaum gedenkt, zollt immerhin Harrer den Tribut, er sei »redlich« und »sicher umfassend gebildet« gewesen, bemängelt jedoch dessen »fehlende rednerische Begabung«. Vielleicht liegt Harrers flüchtiger Ruhm darin begründet, daß er hartnäckig behauptete, Hitler sei ein schlechter Redner, ein Urteil, das den Naziführer, wie aus seiner Autobiographie hervorgeht, später immer noch wurmte. Jedenfalls scheint Drexler die treibende Kraft in dieser kleinen, unbekannten Deutschen Arbeiterpartei gewesen zu sein.

Am nächsten Morgen nahm Hitler sich die Broschüre vor, die ihm Drexler in die Hand gedrückt hatte. Er schildert die Szene eingehend in *Mein Kampf.* Es war fünf Uhr früh. Hitler war wach geworden und beobachtete von seinem Lager in der Kaserne des 2. Infanterieregiments aus, wie die Mäuse an den Brotrinden nagten, die er ihnen abends vorher auf den Fußboden zu legen pflegte. »Ich hatte in meinem Leben«, meditiert er, »schon soviel Not gehabt, daß ich mir den Hunger und auch das Vergnügen der kleinen Wesen nur zu gut vorzustellen vermochte.« Da fiel ihm Drexlers Heftchen ein, und er begann zu lesen. Es hatte den Titel: *Mein politisches Erwachen.* Zu seiner Überraschung fand er darin eine Menge Ideen wieder, die er sich selbst im Laufe der Jahre angeeignet hatte. Drexler sah sein Hauptziel im Aufbau einer Partei, die sich auf die Arbeitermassen stützte, aber im Gegensatz zu der Sozialdemokratie streng nationalistisch sein sollte. Er war Mitglied der *Vaterländischen Front* gewesen, doch bald von ihr enttäuscht worden, da ihm ihre Einstellung zu bürgerlich erschien und sie mit der breiten Masse keinen Kontakt hatte. Aus dem gleichen Grunde war, wie erinnerlich, Hitler zur Mißachtung des Bürgertums gelangt: es fehle ihm an jedem Sinn für die Probleme der Arbeiterschaft. So war denn Hitler von Drexlers Ideen sehr angetan.

Noch keine Woche später erhielt Hitler zu seinem Erstaunen eine Postkarte des Inhalts, er sei in die Deutsche Arbeiterpartei aufgenommen. »Ich wußte nicht, ob ich mich darüber ärgern oder ob ich dazu lachen sollte«, schrieb er später. »Ich dachte ja gar nicht daran, zu einer fertigen Partei zu gehen, sondern wollte meine eigene gründen. Dieses Ansinnen kam für mich wirklich nicht in Frage[13].« Er war schon im Begriff, eine Absage zu schreiben, doch dann »siegte die Neugierde«, und er beschloß, an der Ausschußsitzung, zu der er eingeladen war, teilzunehmen und persönlich zu erklären, warum er dieser »lächerlich kleinen Schöpfung« nicht beitreten könne.

Im Zwielicht einer halb demolierten Gaslampe saßen an einem Tisch vier junge Menschen, darunter auch der Verfasser der kleinen Broschüre, der mich sofort auf das freudigste begrüßte und mich als neues Mitglied der »Deutschen Arbeiterpartei« willkommen hieß.

Ich war nun doch etwas verblüfft ... Es wurde das Protokoll der letzten Sitzung verlesen und dem Schriftführer das Vertrauen ausgesprochen. Dann kam der Kassenbericht an die Reihe – es befanden sich in dem Besitze des Vereins 7 Mark und 50 Pfennig –, wofür der Kassier die Versicherung allseitigen Vertrauens erhielt. Dies wurde wieder zu Protokoll gebracht ...

Fürchterlich, fürchterlich! Das war ja eine Vereinsmeierei allerärgster Art und Weise. In diesen Klub also sollte ich eintreten[14]?

Dennoch gab es etwas an diesen ärmlich gekleideten Menschen in dem schlecht erleuchteten Hinterzimmer, das ihn anzog: »Die Sehnsucht nach einer neuen Bewegung, die mehr sein sollte als Partei im bisherigen Sinne des Wortes.« Am Abend kehrte er in seine Kaserne zurück und stand »vor der wohl schwersten Frage meines Lebens: sollte ich hier beitreten, oder sollte ich ablehnen?« Die Vernunft riet ihm, wie er sagt, zur Ablehnung. Und doch: gerade weil die Organisation so unbedeutend war, würde sie einem jungen Mann mit Tatkraft und Ideen »die Möglichkeit einer wirklichen persönlichen Tätigkeit« bieten. Hitler begann zu überlegen, welche Vorbedingungen er »denn selber zu dieser Aufgabe« mitbrachte.

Daß ich mittellos und arm war, schien mir noch das am leichtesten zu Ertragende zu

sein, aber schwerer war es, daß ich nun einmal zu den Namenlosen zählte, einer von den Millionen war, die der Zufall eben leben läßt oder aus dem Dasein wieder ruft, ohne daß auch nur die nächste Umwelt davon Kenntnis zu nehmen geruht. Dazu kam noch die Schwierigkeit, die sich aus meinem Mangel an Schulen ergeben mußte...
Nach zweitägigem qualvollen Nachgrübeln und Überlegen kam ich endlich zur Überzeugung, den Schritt tun zu müssen.
Es war der entscheidendste Entschluß meines Lebens. Ein Zurück konnte und durfte es nicht mehr geben[15].

So trat Adolf Hitler als Mitglied Nr. 7 der Deutschen Arbeiterpartei bei.

Zwei Mitglieder des kleinen Vereins verdienen hier erwähnt zu werden, denn beide spielten bei Hitlers Aufstieg eine wichtige Rolle. Der eine war Hauptmann Ernst Röhm vom Münchner Wehrkreiskommando, der schon vor Hitler eingetreten war. Dieser stämmige, stiernackige Berufssoldat mit den Schweinsäuglein und dem durch eine Kriegsverletzung entstellten Gesicht besaß politischen Spürsinn und eine angeborene Organisationsgabe. Wie Hitler haßte er glühend die demokratische Republik und die »Novemberverbrecher«. Sein Ziel war die Wiedergeburt eines starken nationalistischen Deutschland, und er glaubte ebenso wie Hitler, daß es sich nur mit Hilfe einer Partei erreichen lasse, die sich auf die unteren Schichten stütze, aus denen er selbst im Gegensatz zu den meisten aktiven Offizieren herstammte. Ein zäher, rücksichtsloser, tatkräftiger Mann, wenn auch – wie so manche frühere NSDAP-Mitglieder – homosexuell, half er mit, die ersten Kampfgruppen der Partei aufzubauen, aus denen die spätere *Sturmabteilung* (SA) entstehen sollte, deren Stabschef er war, bis ihn Hitler im Jahre 1934 ermorden ließ. Röhm führte nicht nur der werdenden Partei zahlreiche frühere Soldaten und Freikorpsangehörige zu, die in den ersten Jahren das Rückgrat der Organisation bildeten, er verschaffte auch als Offizier der Reichswehr, die Bayern kontrollierte, Hitler und seiner Bewegung den Schutz und bisweilen den Beistand der Behörden. Ohne diese Hilfe wäre Hitler wahrscheinlich niemals imstande gewesen, das Volk zum Sturz der Republik aufzuhetzen. Jedenfalls wäre er mit seinen Terror- und Einschüchterungsmethoden ohne die Toleranz der bayerischen Regierung und Polizei nicht durchgekommen.
Der andere war Dietrich Eckart, der vielfach der geistige Begründer des Nationalsozialismus genannt worden ist. Er war 21 Jahre älter als Hitler, ein witziger Journalist, mittelmäßiger Dichter und Dramatiker, Übersetzer von Ibsens *Peer Gynt* und Verfasser einer Reihe unaufgeführter Stücke. In Berlin hatte er eine Zeitlang, so wie Hitler in Wien, ein unstetes Bohèmeleben geführt. Er war Trinker und Morphinist geworden und – nach Heiden – zeitweise in einer Nervenheilanstalt gewesen, wo er endlich seine Dramen hatte aufführen können – mit den Insassen der Anstalt als Schauspielern. Nach Kriegsende war er in seine Heimat Bayern zurückgekehrt, wurde Stammgast in der Schwabinger Weinstube *Brennessel* und verbreitete sich dort vor einem Kreise von Bewunderern über die Überlegenheit der arischen Rasse und über die Not-

wendigkeit, die Juden auszurotten und die »Schweine« in Berlin zu beseitigen. Heiden, der damals an einer Münchner Zeitung arbeitete, hat notiert, was Eckart vor den Stammgästen der *Brennessel* im Jahre 1919 deklamierte:

Ein Kerl muß an die Spitze, der ein Maschinengewehr hören kann. Das Pack muß Angst in die Hosen kriegen. Einen Offizier kann ich nicht brauchen, vor denen hat das Volk keinen Respekt mehr. Am besten wäre ein Arbeiter, der das Maul auf dem richtigen Fleck hat. Herrgott, wenn Noske nicht solch ein ... [hier kam ein Kraftausdruck] gewesen wäre ...! Verstand braucht er nicht viel, die Politik ist das dümmste Geschäft auf der Welt, und soviel wie die in Weimar weiß bei uns in München jedes Marktweib. Ein eitler Affe, der den Roten eine saftige Antwort geben kann und nicht vor jedem geschwungenen Stuhlbein davonläuft, ist mir lieber als ein Dutzend gelehrte Professoren, die zitternd auf dem feuchten Hosenboden der Tatsachen sitzen ... Es muß ein Junggeselle sein, dann kriegen wir die Weiber[16]*!*

Was lag für den trunksüchtigen Dichter näher[17], als in Adolf Hitler genau den Mann zu sehen, nach dem er Ausschau hielt? Er wurde sein engster Berater, lieh ihm Bücher, verbesserte seine mündliche und schriftliche Ausdrucksweise und führte ihn in dem großen Kreis seiner Freunde ein, zu denen nicht nur gewisse wohlhabende Leute gehörten, die dazu bewogen wurden, zur Parteikasse und zu Hitlers Lebensunterhalt beizusteuern, sondern auch künftige Stützen wie Rudolf Heß und Alfred Rosenberg. Hitler hat niemals aufgehört, Eckart zu bewundern. Im letzten Satz von *Mein Kampf* huldigt er in Dankbarkeit seinem unsteten Mentor, »der als der Besten einer sein Leben dem Erwachen seines, unseres Volkes gewidmet hat im Dichten und im Denken und am Ende in der Tat[18]«.

Diese seltsame Gesellschaft von Außenseitern gründete also den Nationalsozialismus, der sich ungeahnt zu einer Bewegung zu entwickeln begann, die dreizehn Jahre später das Land überschwemmen und Deutschland das Dritte Reich bringen sollte. Der konfuse Schlosser Drexler lieferte den Kern, der trunksüchtige Dichter Eckart die »geistige« Grundlage, der Phantast Feder so etwas wie eine Wirtschaftsideologie, der Homosexuelle Röhm den Beistand der Reichswehr und der Kriegsteilnehmer. Die Führung aber übernahm der frühere Vagabund Adolf Hitler, noch nicht ganz 31 Jahre alt und völlig unbekannt. Er machte aus dem, was bisher nicht mehr als ein Debattierklub im Hinterzimmer gewesen war, bald eine gewaltige politische Partei.

Alle die Ideen, die seit seinen Hungertagen in Wien in seinem Hirn gegärt hatten, fanden nun ein Ventil, und er entwickelte eine Energie, die man ihm nach seinem Äußeren nicht zugetraut hätte. Er drängte den Ausschuß, größere Versammlungen zu veranstalten. Er selbst tippte und verteilte die Einladungen. »Ich erinnere mich noch, wie ich selber ... an die achtzig dieser Zettel ausgetragen hatte, und wie wir nun am Abend auf die Volksmassen warteten, die da kommen sollten. Mit einstündiger Verspätung mußte endlich der ›Vorsitzende‹ die ›Versammlung‹ eröffnen. Wir waren wieder sieben Mann, die alten Sieben.« Aber er ließ sich nicht entmutigen. Er ging dazu über, die Einladungszettel zu hektographieren, und sammelte ein paar Mark, um eine Zeitungsanzeige aufzugeben. »Der Erfolg war dieses Mal allerdings erstaunlich... Um 7 Uhr waren 111 Personen anwesend...« In dieser Versammlung hielt Hitler zum erstenmal eine öffentliche Rede. Er sprach dreißig Minuten lang. Wie er behauptet, waren die Menschen »elektrisiert«, und die Begeisterung habe sich darin geäußert, daß von den Anwesenden insgesamt 300 Mark gespendet wurden[19].

Anfang 1920 übernahm Hitler die Propaganda der Partei, eine Tätigkeit, über die er viel nachgedacht hatte, seitdem ihm in Wien klar geworden war, welch bedeutende Rolle sie bei der Sozialdemokratischen und der Christlich-Sozialen Partei gespielt hatte. Er begann unverzüglich mit der Vorbereitung einer ganz großen Massenversammlung, die sich die kleine Partei nicht im Traume hätte einfallen lassen. Sie sollte am 24. Februar 1920 in dem fast 2000 Menschen fassenden Festsaal des berühmten Hofbräuhauses stattfinden. Die anderen Ausschußmitglieder dachten nun, Hitler sei verrückt geworden. Harrer legte aus Protest sein Amt nieder, aber der an seine Stelle tretende Drexler blieb ebenfalls skeptisch[20]. Hitler hebt hervor, daß er persönlich alle Vorbereitungen getroffen habe. Diese erste große Massenversammlung erschien ihm denn auch so bedeutungsvoll, daß er mit ihrer Schilderung den ersten Band von *Mein Kampf* abschloß, und zwar deshalb, wie er erklärt, »weil mit ihr die Partei den engen Rahmen eines kleinen Vereins sprengte und an Stelle dessen zum ersten Male bestimmend auf den gewaltigsten Faktor unserer Zeit, die öffentliche Meinung, einwirkte«.

Hitler war nicht einmal als Hauptredner vorgesehen. Diese Rolle war einem gewissen Dr. Johannes Dingfelder vorbehalten, einem homöopathischen Arzt und Schwätzer, der unter dem Pseudonym »Germanus Agricola« Wirtschaftsartikel für Zeitungen schrieb und bald in Vergessenheit geraten sollte. Aber nach ihm ergriff Hitler das Wort.

Wenige Minuten später hagelte es Zwischenrufe, im Saal kam es zu heftigen Zusammenstößen, eine Handvoll treuester Kriegskameraden und sonstige Anhänger schlugen sich mit den Störenfrieden – Kommunisten und Unabhängigen [Sozialisten] – und vermochten erst nach und nach einige Ruhe herzustellen. Ich konnte wieder weitersprechen. Nach einer halben Stunde begann der Beifall das Schreien und Brüllen langsam zu übertönen... Als sich nach fast vier Stunden der Raum zu leeren begann und die Masse sich Kopf an Kopf wie ein langsamer Strom dem Ausgange zuwälzte, ... da wußte ich, daß nun die Grundsätze einer Bewegung in das deutsche Volk hinauswanderten, die nicht mehr zum Vergessen zu bringen waren[21].

Im Laufe seiner Rede hatte Hitler zum erstenmal das 25-Punkte-Programm der Deutschen Arbeiterpartei verkündet. Es war von ihm, Drexler und Feder in aller Hast entworfen worden. Bei den Attacken gegen Hitler innerhalb der Partei hatte es sich größtenteils um dieses Programm gehandelt, aber nichtsdestoweniger stellte er es in seiner Rede so dar, als seien alle Punkte angenommen worden. Und diese 25 Punkte wurden am 1. April 1920, als der Name der Partei in *Nationalsozialistische Deutsche Arbeiterpartei* umgewandelt wurde, das offizielle Parteiprogramm. Sie seien »unabänderlich«, erklärte Hitler 1926 sogar, aus taktischen Gründen.

Die 25 Punkte waren freilich ein Mischmasch, der zugleich Arbeiter, Kleinbürger und Bauern ködern sollte, und die meisten waren in Vergessenheit geraten, als die Partei an die Macht kam. Ein großer Teil der Autoren, die über Deutschland schrieben, hat sich über sie lustig gemacht, und Hitler selbst wurde späterhin verlegen, wenn man ihn an einige der Punkte erinnerte. Dennoch wurden die wichtigsten, ebenso wie die in *Mein Kampf* niedergelegten Hauptgrundsätze im Dritten Reich verwirklicht – mit katastrophalen Folgen für Millionen Menschen innerhalb und außerhalb Deutschlands.

Der allererste Punkt forderte den Zusammenschluß aller Deutschen in einem Großdeutschland. War es nicht genau dasselbe, was später auch der Reichskanzler Hitler forderte – und durchsetzte, als er Österreich mit sechs Millionen Deutschen und das Sudetenland mit drei Millionen annektierte? Und war es nicht seine Forderung auf Rückgabe Danzigs und der überwiegend von Deutschen bewohnten Gebiete Polens, die zum Angriff auf Polen führte und den Zweiten Weltkrieg auslöste? Und muß man nicht hinzufügen, daß es für die Welt von Unheil war, wenn so viele Menschen in den Jahren zwischen den Weltkriegen die von Hitler schriftlich niedergelegten Ziele der Nationalsozialisten entweder ignorierten oder verlachten? Fraglos stellten auch diejenigen Punkte des am 24. Februar im Hofbräuhaus verkündeten Programms, die den Antisemitismus der Partei deutlich machten, eine grausige Warnung dar. Den Juden sollten öffentliche Ämter, Tätigkeit in der Presse, ja sogar die deutsche Staatsbürgerschaft verwehrt werden. Alle Juden, die nach dem 2. August 1914 in Deutschland eingewandert waren, sollten ausgewiesen werden.

Ein großer Teil der Programmpunkte diente freilich rein demagogischen Zwecken und wandte sich an die unteren Schichten zu einer Zeit, in der es ihnen schlecht ging und sie für radikale oder gar sozialistische Schlagworte empfänglich waren. Punkt 11 forderte beispielsweise die Abschaffung des arbeitslosen Einkommens, Punkt 13 die Verstaatlichung der Trusts, Punkt 14 die staatliche Gewinnbeteiligung an Großbetrieben, Punkt 17 die Abschaffung des Bodenzinses und Verhinderung jeder Bodenspekulation. Punkt 18 forderte die Todesstrafe für Landesverräter, Wucherer und Schieber, Punkt 16 die Schaffung und Erhaltung »eines gesunden Mittelstandes«, Verstaatlichung der Warenhäuser und deren Verpachtung zu billigen Preisen an Kleingewerbetreibende. Diese Punkte waren auf Beharren Drexlers und Feders aufgenommen worden, die offenbar wirklich an den »Sozialismus« des Nationalsozialismus glaubten. Hitler waren sie späterhin lästig, als die Großindustriellen und Großgrundbesitzer begannen, die Parteikasse aufzufüllen, und so wurden sie natürlich niemals verwirklicht.

Schließlich gab es noch zwei Programmpunkte, die Hitler verwirklichte, sobald er Kanzler geworden war. Punkt 2 forderte die Aufhebung der Friedensverträge von Versailles und St. Germain und Punkt 25, der letzte, »die Schaffung einer starken Zentralgewalt des Reiches«. Diese beiden Punkte sowie Punkt 1, der die Zusammenfassung aller Deutschen in einem Reich forderte, waren auf Verlangen von Hitler in das Programm aufgenommen worden, was beweist, daß er sogar schon damals, als seine Partei kaum über München hinaus bekannt war, seine Blicke auf fernere Horizonte richtete, und das selbst auf die Gefahr hin, in seinem eigenen Kreis Anhänger zu verlieren.

Zu jener Zeit nämlich herrschte in Bayern ein starker Separatismus, und die Bayern, die sich mit der Berliner Zentralregierung ständig in den Haaren lagen, verlangten ein geringeres, nicht ein größeres Maß an Zentralisierung, damit Bayern sich selbst verwalten konnte. In Wirklichkeit tat es das bereits, denn Berlin hatte wenig Autorität in den Ländern. Hitler indes strebte nicht nur die Macht in Bayern, sondern im ganzen Reich an, und für die Ausübung und Aufrechterhaltung eines diktatorischen Regimes, wie er es schon damals im Sinne hatte, war eine starke Zentralgewalt erforderlich, die mit den halbautonomen Ländern und ihren Parlamenten aufräumte. So bestand denn auch eine seiner ersten Handlungen nach dem 30. Januar 1933 in der unverzüglichen Verwirklichung von Punkt 25 des Parteiprogramms, das so wenige beachtet oder gar ernst genommen hatten. Niemand konnte behaupten, Hitler habe seine Absichten nicht zu erkennen gegeben. Er tat es von Anfang an, in reichem Maße, sogar Schwarz auf Weiß.

So wichtig nun auch zündende Reden und ein radikales, jedermann alles versprechendes Programm für eine neue, an die Massen sich wendende Partei sein mochten, sie reichten nach Hitlers Meinung nicht aus. Die Masse brauche noch mehr – viel mehr. Nicht nur ein paar simple, ihr unaufhörlich einzuhämmernde Ideen, sondern auch ihr Gemüt ansprechende Symbole, Farben, Gepränge und dazu die Zurschaustellung physischer Stärke in Gestalt von Gewalt- und Terrorakten, die, wenn erfolgreich, Mitläufer anziehen und ihnen ein Gefühl der Macht über die Schwächeren geben würden.

In Wien hatte Hitler, wie wir sahen, beobachtet haben wollen, daß die Sozialdemokratie sich ihren politischen Gegnern gegenüber eines »infamen geistigen und körperlichen Terrors« bediente. Jetzt schritt er mit seiner antisozialistischen Partei selber zur Anwendung solchen Terrors. Zunächst wurde aus ehemaligen Soldaten ein »Saalschutz« zusammengestellt, der bei den Versammlungen Störenfriede zum Schweigen zu bringen und notfalls hinauszuwerfen hatte. Im Sommer 1920, kurz nachdem aus der Deutschen Arbeiterpartei die Nationalsozialistische Deutsche Arbeiterpartei oder NSDAP geworden war, faßte Hitler die Rauhbeine des Saalschutzes zu einer sogenannten »Ordnertruppe« zusammen, die er einem vorbestraften Uhrmacher mit Namen Emil Maurice unterstellte. Für eine Zeit mußte diese Truppe unter der Bezeichnung »Turn- und Sportabteilung« getarnt werden, damit sie nicht von der Berliner Regierung verboten wurde, doch am 5. Oktober 1921 erhielt sie offiziell den Namen *Sturmabteilung* (SA). Die SA-Leute, die sich zu einem großen Teil aus ehemaligen Freikorpsangehörigen zusammensetzten, wurden in braune Uniformen gekleidet und dem Befehl von Johann Ulrich Klintzsch unterstellt, einem Unterführer des berüchtigten Kapitäns Ehrhardt, der noch kurz zuvor in Zusammenhang mit der Ermordung Erzbergers im Gefängnis gesessen hatte.

Diese uniformierten Raufbolde beschieden sich indes nicht mit dem Ordnungsdienst in Naziversammlungen, sondern gingen bald dazu über, die Versammlungen anderer Parteien zu sprengen. Im Jahre 1921 führte Hitler einmal persönlich seine SA bei der Störung einer Versammlung an, in der ein bayerischer Separatist namens Ballerstedt sprechen sollte. Der Redner wurde verprügelt, wofür Hitler zu drei Monaten Gefängnis verurteilt wurde, von denen er allerdings nur einen Monat absaß. Das war seine erste Bekanntschaft mit dem Gefängnis, das er als eine Art Märtyrer verließ und mithin populärer denn je wurde. »Schön«, erklärte er der Polizei, »der Zweck war ja erreicht. Ballerstedt hat nicht mehr gesprochen.« Einige Monate vorher hatte Hitler in einer Versammlung gesagt: »Die nationalsozialistische Bewegung wird in Zukunft rücksichtslos alle Veranstaltungen und Vorträge verhindern – wenn es sein muß, mit Gewalt –, die geeignet sind, zersetzend auf unsere ohnehin schon kranken Volksgenossen einzuwirken[22]«.

Im Sommer 1920 kam der gescheiterte Künstler Hitler, der sich jetzt zu einem Meisterpropagandisten entwickelte, auf einen glücklichen Einfall. Er erkannte, daß der Partei ein Emblem, ein Banner, ein Symbol fehlte, das den Geist der neuen Bewegung zum Ausdruck brachte. Die Masse, meinte Hitler, brauche ein sinnfälliges Banner, dem sie folgen und unter dem sie kämpfen werde. Nach vielem Überlegen und zahlreichen Versuchen mit verschiedenen Entwürfen entschied er sich für eine rote Fahne mit weißem, rundem Feld in der Mitte, auf dem ein schwarzes Hakenkreuz stand. Diese Fahne sollte zum mächtigen, gefürchteten Symbol der NSDAP und schließlich Hitler-Deutschlands werden.

Das Hakenkreuz ist fast so alt, wie es Menschen auf unserem Planeten gibt. Es ist in den Ruinen von Troja, in Ägypten und China, vor allem aber in alten indischen Tempeln gefunden worden. Obwohl es also über die ganze Welt verbreitet war, sahen vor dem Ersten Weltkrieg deutsche völkische Verbände in ihm ein Kennzeichnen der sogenannten arischen Rasse, da es bei den semitischen Völkern unbekannt war. So wurde es zum Abzeichen antisemitischer Gruppen. Als die Brigade Ehrhardt zur Zeit des Kapp-Putsches in Berlin einrückte, war das Hakenkreuz auf ihre Stahlhelme gemalt. Hitler kannte es fraglos als Abzeichen antisemitischer Verbände. Wie er schreibt, seien ihm zahlreiche Entwürfe von Parteigenossen vorgelegt worden, die »meistens das Hakenkreuz in die alte Fahne hineingezeichnet hatten«. Schließlich habe »ein Zahnarzt aus Starnberg einen gar nicht so schlechten Entwurf geliefert, der übrigens dem meinen ziemlich nahe kam«.

Was die Farben anging, so lehnte Hitler natürlich das Schwarz-Rot-Gold der verhaßten Weimarer Republik ab. Er neigte mehr zum Schwarz-Weiß-Rot aus der Kaiserzeit, und zwar nicht nur wegen seiner »jugendfrischen Farbenzusammenstellung«, sondern weil es auch die Fahne war, unter der er für Deutschland gekämpft hatte. Aber sie mußte eine neue Form erhalten, und so wurde das Hakenkreuz hinzugefügt.

Schwärmerisch bemerkt Hitler: »*Und ein Symbol ist dies wahrlich!* Im *Rot* sehen wir den sozialen Gedanken der Bewegung, im *Weiß* den nationalistischen, im *Hakenkreuz* die Mission des Kampfes für den Sieg des arischen Menschen ...[23].«
Bald zierte das Hakenkreuz die Abzeichen der Parteigenossen und die Armbinden der SA, und zwei Jahre später entwarf Hitler die Nazistandarten, die bei Kundgebungen vorangetragen wurden und bei Massenversammlungen die Bühne schmückten. Altrömischen Feldzeichen nachgebildet, zeigten sie an der Spitze ein schwarzes Hakenkreuz aus Metall, umgeben von einem Silberkranz, über dem ein Adler schwebte, darunter eine viereckige, mit Fransen und Troddeln behangene Hakenkreuzfahne, auf der die Initialen NSDAP sowie »Deutschland erwache!« standen.
Mit »Kunst« hatte das gewiß nichts zu tun, aber es war propagandistisch höchst wirksam. Die Nationalsozialisten hatten jetzt ein Symbol, wie es keine andere Partei besaß. Das unsichere Kleinbürgertum, das in der Ungewißheit der ersten chaotischen Nachkriegsjahre richtungslos hin- und hergeschwankt hatte, schien in ihm einen geheimnisvollen Wegweiser zu erblicken. In Massen scharte es sich unter diesem Banner.

AUS ADOLF HITLER WIRD »DER FÜHRER«

Im Sommer 1921 übernahm der aufsteigende junge Agitator, der nicht nur als Redner, sondern auch als Organisator und Propagandist so erstaunliche Gaben entfaltet hatte, die Gesamtleitung der Partei. Dabei gab er seinen Parteigenossen einen Vorgeschmack von der Rücksichtslosigkeit und Verschlagenheit, mit denen er späterhin in viel schwereren Krisen so große Erfolge erringen sollte.
Zu Beginn des Sommers war Hitler nach Berlin gefahren, um Fühlung mit norddeutschen Nationalisten aufzunehmen und dort im *Nationalen Klub* zu sprechen. Er wollte die Möglichkeiten einer Ausbreitung seiner Bewegung auf ganz Deutschland erkunden, und vielleicht gelang es ihm auch, diesem Zweck dienende Verbindungen anzuknüpfen. Seine Abwesenheit von München wurde jedoch von den anderen Mitgliedern des Parteiausschusses als günstige Gelegenheit betrachtet, seine Führerschaft anzufechten. Er war ihnen zu diktatorisch geworden. Sie ihrerseits schlugen den Zusammenschluß mit in Süddeutschland agierenden nationalistischen Gruppen vor, insbesondere mit der *Deutschen Sozialistischen Partei,* die ein erbitterter Gegner und Nebenbuhler Hitlers, der berüchtigte Judenhasser Julius Streicher in Nürnberg aufzubauen im Begriff war. Die Ausschußmitglieder waren überzeugt, daß Hitler die Flügel gestutzt werden würden, wenn sich diese von ehrgeizigen Leuten geführten Gruppen mit den Nationalsozialisten verschmelzen ließen.
Hitler, der spürte, daß seine Stellung bedroht war, eilte nach München zurück, um die Intrige dieser »Phantasten«, wie er in *Mein Kampf* sagt, im Keim zu ersticken. Er bot seinen Austritt aus der Partei an. Das wiederum konnte sich die Partei nicht leisten, wie die anderen Ausschußmitglieder alsbald erkannten. Hitler war nicht allein ihr

wirkungsvollster Redner, er war auch ihr bester Organisator und Propagandist. Außerdem war er es, der jetzt den größten Teil der Geldmittel herbeischaffte – aus Sammlungen bei Massenveranstaltungen, in denen er sprach, und auch aus anderen Quellen, darunter der Reichswehr. Wenn er austrat, würde die gerade aufblühende Partei sicherlich zerfallen. So lehnte es der Ausschuß ab, sein Rücktrittsangebot anzunehmen. Hitler, der hierdurch seine Stellung wieder gestärkt sah, zwang nunmehr die anderen Führer der Partei zu vollständiger Kapitulation. Er forderte für sich die alleinige Führung der Partei mit diktatorischen Vollmachten, die Abschaffung des Ausschusses und die Beendigung der Konspiration mit anderen Gruppen, vor allem der Streicherschen. Dies ging den anderen Ausschußmitgliedern zu weit. Auf Veranlassung des Parteigründers Anton Drexler setzten sie eine Anklageschrift gegen Hitler auf und verteilten sie als Flugblatt. Es waren die drastischsten Vorwürfe, die ihm jemals aus den Reihen der eigenen Partei gemacht wurden, d. h. von Leuten, die seinen Charakter und seine Art zu handeln aus nächster Nähe beobachtet hatten.

Machtdünkel und persönlicher Ehrgeiz haben Herrn Adolf Hitler nach seiner sechswöchigen Reise von Berlin, über deren Zweck er sich bis heute noch nicht ausgesprochen hat, auf den Posten gerufen. Er glaubt die Zeit gekommen, um im Auftrag seiner dunklen Hintermänner Uneinigkeit und Zersplitterung in unsere Reihen zu tragen und dadurch die Geschäfte des Judentums und seiner Helfer zu besorgen. Es zeigt sich immer mehr, daß sein Zweck kein anderer war, als die Nationalsozialistische Deutsche Arbeiterpartei nur als Sprungbrett für unsaubere Zwecke zu benutzen, um deren Führung an sich zu reißen und sie im geeigneten Augenblick auf ein anderes Geleise zu schieben. Das beweist am besten ein Ultimatum, das er vor einigen Tagen an die Parteileitung stellte und in dem er unter anderem vollständige und alleinige Diktatur und den Rücktritt des Ausschusses und des Gründers der Partei, Werkzeugschlosser Anton Drexler, als erster Vorsitzender fordert ...
Und wie führt er den Kampf? Echt jüdisch. Er verdreht alle Tatsachen ... Nationalsozialisten, urteilt selbst über solche Charaktere! Laßt euch nicht irreführen, Hitler ist ein Demagoge ... Er glaubt damit, ... euch besondere Dinge aufzuschwätzen, die alles andere sind als die Wahrheit[24].

Mochte auch der alberne Antisemitismus (Hitler echt jüdisch!) die Anschuldigungen abschwächen, sie trafen doch den Nagel auf den Kopf. Aber ihre Veröffentlichung brachte den Rebellen nicht den gewünschten Erfolg. Hitler reichte sofort Klage gegen die Verfasser des Flugblatts ein, und Drexler sah sich gezwungen, die Vorwürfe in einer öffentlichen Versammlung zu widerrufen. In zwei Sondersitzungen der Partei diktierte Hitler seine Friedensbedingungen. Die Statuten wurden dahingehend geändert, daß fortan ein Ausschuß entfiel und Hitler als erster Vorsitzender diktatorische Vollmachten erhielt. Der gedemütigte Drexler fiel die Treppe hinauf, wurde Ehrenvorsitzender und verschwand bald von der Bildfläche[25]. Heiden meint, es sei der Sieg der Kavaliere über die Puritaner in der Partei gewesen. Aber es war mehr. Damals, im

Juli 1921, wurde das »Führerprinzip« eingeführt, das zunächst in der NSDAP, dann im Dritten Reich zum Gesetz erhoben werden sollte. Der »Führer« hatte den deutschen Schauplatz betreten.

Dieser »Führer« schickte sich nun an, die Partei zu reorganisieren. Die in einem finsteren Hinterzimmer des *Sterneckerbräus* befindliche Geschäftsstelle der Partei, die nach Hitler »mehr den Eindruck einer Gruft als den eines Büros« machte, wurde aufgegeben, und man bezog hellere und größere Räume in einem anderen Lokal in der Corneliusstraße. Auf Ratenzahlungen wurde eine alte Adler-Schreibmaschine erworben, man schaffte nach und nach einen Kassenschrank, Aktenschränke, Möbel und ein Telefon an und beschäftigte ganztägig einen Sekretär.

Unterdessen kamen auch mehr Gelder herein. Fast ein Jahr vorher, im Dezember 1920, hatte die Partei eine heruntergewirtschaftete, schwer verschuldete Zeitung gekauft, den *Völkischen Beobachter*, ein zweimal wöchentlich erscheinendes antisemitisches Klatschblatt. Woher die für den Ankauf erforderlichen 60 000 Mark kamen, war ein Geheimnis, das Hitler streng hütete. Doch man weiß heute, daß Röhm und Eckart den Generalmajor Ritter von Epp, Röhms Kommandeur und ebenfalls Parteimitglied, überredet hatten, die Summe zu beschaffen. Sehr wahrscheinlich stammte sie aus Geheimfonds der Reichswehr. Mit dem Beginn des Jahres 1923 kam der *Völkische Beobachter* als Tageszeitung heraus, so daß Hitler die Möglichkeit hatte, alltäglich das Parteievangelium zu predigen. Die Herausgabe einer Tageszeitung erforderte indes weitere Geldsummen, und diese brachten Persönlichkeiten auf, die gewissen Rauhbeinen in der Partei zumindest seltsam erscheinen mußten. Die eine war Frau Helene Bechstein, Gattin des reichen Klavierfabrikanten. Sie hatte schon bei der ersten Begegnung Gefallen an dem jungen Feuerkopf gefunden, lud ihn ein, im Hause der Bechsteins zu wohnen, wenn er nach Berlin kam, veranstaltete Gesellschaften, um ihn mit reichen Leuten zusammenzubringen, und stiftete beträchtliche Beträge für die Bewegung. Ein Teil des Geldes für die neue Tageszeitung kam von Frau Gertrud von Seidlitz, einer Baltin, die an florierenden finnischen Papierfabriken beteiligt war.

Im März 1923 gab Ernst (Putzi) Hanfstaengl aus der wohlhabenden, kultivierten Familie des Münchener Kunstverlegers der Partei für den *Völkischen Beobachter* ein Darlehen von tausend Dollar. Hanfstaengl, dessen Mutter Amerikanerin war, hatte in Harvard studiert[26]. Tausend Dollar waren damals, in der Inflationszeit, eine phantastische Summe und eine gewaltige Hilfe für die Partei und ihre Zeitung. Doch die Bekanntschaft mit den Hanfstaengls brachte Hitler noch mehr als geldliche Hilfe. Sie waren eine der ersten angesehenen Münchner Familien, die dem lärmenden jungen Politiker ihre Pforten öffneten. »Putzi« wurde ein guter Freund Hitlers, der ihn schließlich zum Leiter des Auslandspresseamtes der Partei machte. Hanfstaengl, ein exzentrischer Mann, dessen sarkastischer Witz bis zu einem gewissem Grade seine Oberflächlichkeit ausglich, spielte sehr gut Klavier. Nachdem sein Freund in Berlin an die Macht gekommen war, wurde er so manchen Abend aus dem geselligen Kreise, zu dem auch ich gehörte, zu seinem Führer abberufen. Es hieß, sein Klavierspiel – er hämmerte wild auf dem Instrument herum – und seine Späße hätten Hitler nach anstrengenden Tagen beruhigt oder gar erheitert. Später mußte dieser sonderbare, aber begabte Harvard-Mann gleich so manchem anderen alten Bekannten Hitlers außer Landes fliehen, um sein Leben zu retten[27].

1923 waren die meisten Männer, die später Hitlers Paladine werden sollten, bereits in der Partei oder traten kurz danach ein. Rudolf Heß war 1920 Mitglied geworden. Bis zu seinem 14. Lebensjahr hatte er in Ägypten gelebt, wo sein Vater als Großkaufmann lebte, und war dann in ein rheinisches Internat gebracht worden. Im Ersten Weltkrieg hatte er eine Zeitlang bei dem gleichen Regiment wie Hitler gestanden, ohne ihn freilich damals schon kennenzulernen, und wurde später, nachdem er zweimal verwundet worden war, Flieger. Nach dem Kriege studierte er in München Wirtschaftswissenschaft, doch scheint er mehr Zeit darauf verwandt zu haben, antisemitische Flugblätter zu verteilen und an den Schlägereien der damals in Bayern ihr Unwesen treibenden bewaffneten Organisationen teilzunehmen. Beim Sturz der Münchner Räteregierung am 1. Mai 1919 kämpfte er mit und trug eine Beinverwundung davon. Ein Jahr später hörte er eines Abends Hitler sprechen. Er war von dessen Rede hingerissen, trat der Partei bei und wurde bald ein enger Freund, treuer Gefolgsmann und der Sekretär des Führers. Er war es, der Hitler mit den Ideen des Geopolitikers General Haushofer bekanntmachte, der damals an der Münchner Universität lehrte.

Heß hatte Hitler durch eine preisgekrönte Arbeit über das Thema: »Wie muß der Mann beschaffen sein, der Deutschland wieder zur Höhe führen soll?« imponiert. In Heß' Preisarbeit hieß es:

Wo alle Autorität geschwunden, schafft Volkstümlichkeit allein Autorität ... Je tiefer der Diktator ursprünglich in der breiten Masse gewurzelt, desto besser versteht er sie psychologisch zu behandeln, desto weniger Mißtrauen werden ihm die Arbeiter entgegenbringen, desto mehr Anhänger gewinnt er sich aus diesen energischen Reihen des Volkes. Er selbst hat mit der Masse nichts gemein, ist ganz Persönlichkeit wie jeder Große ... Wenn die Not es gebietet, scheut er auch nicht davor zurück, Blut zu vergießen. Große Fragen werden immer durch Blut und Eisen entschieden ... Sein Ziel zu erreichen, stampft er auch dabei über seine nächsten Freunde hinweg ... Der mit abschreckender Härte vorgehende Gesetzgeber scheut nicht davor zurück ..., mit dem Tode zu bestrafen ... Je nach Bedarf vermag er mit Kürassierstiefeln [Völker und Einzelne] niederzutreten ...[28].

Kein Wunder, daß Hitler an dem jungen Mann Gefallen fand. Noch war er zwar nicht der Führer, den Heß hier porträtiert hatte, aber er wollte es werden – und wurde es. Trotz allen Studierens blieb Heß ein Mann begrenzter Intelligenz, stets empfänglich für phantastische Ideen, die er mit großem Fanatismus zu vertreten pflegte. Bis zu seinem überraschenden Flug nach England im Jahre 1941 blieb er einer der treuesten und vertrauenswürdigsten Anhänger Hitlers, einer der wenigen, die nicht von persönlichem Ehrgeiz verzehrt wurden.

Auch Alfred Rosenberg, der zwar oft als »geistiger Führer«, ja als der »Philosoph« der NSDAP gepriesen wurde, war von mittelmäßiger Intelligenz. Er war Balte und wurde 1893 als Sohn eines Schuhmachers in Reval geboren, das seit 1721 zum Zarenreich gehörte. Er studierte Architektur auf der Mokauer Universität und hatte 1917 sein Diplom erhalten. Während der bolschewistischen Revolution lebte er in Moskau, und es mag durchaus zutreffend sein, daß er, wie später seine Gegner in der NSDAP behaupteten, mit dem Gedanken gespielt hat, Bolschewist zu werden. Doch im Februar 1918 kehrte er nach Reval zurück, meldete sich, als die deutsche Armee in die Stadt einrückte, freiwillig, wurde aber als »Russe« abgelehnt und begab sich Ende 1918 schließlich nach München, wo er sich zunächst in weißrussischen Emigrantenkreisen aktiv betätigte.

Dann machte er die Bekanntschaft Dietrich Eckarts, lernte durch ihn Hitler kennen und trat Ende 1919 in die Partei ein. Es konnte nicht ausbleiben, daß ein Mann, der sein Architekturstudium wirklich abgeschlossen hatte, auf Hitler, dem es nicht einmal gelungen war, in die Architekturschule aufgenommen zu werden, Eindruck machte. Ihm imponierte auch Rosenbergs »Wissen«, und ihm gefiel der Juden- und Bolschewistenhaß des jungen Balten. Kurz vor Eckarts Tod Ende 1923 machte Hitler Rosenberg zum Herausgeber des *Völkischen Beobachters*. Jahrelang blieb Hitler dabei, diesen Wirrkopf, diesen konfusen und seichten »Philosophen« als geistigen Mentor der nationalsozialistischen Bewegung und als Hauptsachverständigen in außenpolitischen Fragen zu stützen.

Einige Zeit nach dem Krieg kam auch Hermann Göring nach München, um auf der dortigen Universität, wie Rudolf Heß, Wirtschaftswissenschaft zu studieren. Und auch er geriet bald in den Bann Adolf Hitlers. Für ihn, den Kriegshelden, den letzten Kommandeur des berühmten Jagdgeschwaders Richthofen und Inhaber des *Pour le Mérite*, der höchsten deutschen Kriegsauszeichnung, war es noch schwerer als für die meisten Kriegsteilnehmer, ins Einerlei friedlichen Zivillebens zurückzukehren. Kurz nach dem Krieg war er eine Zeitlang Verkehrsflieger in Dänemark und danach in Schweden gewesen. Eines Tages brachte er den Grafen Eric von Rosen im Flugzeug auf dessen Gut und verliebte sich dort in die Schwägerin des Grafen, Karin von Kantzow, geborene Baronin Fock, eine der Schönheiten Schwedens. Es ergaben sich indes Schwierigkeiten. Karin von Kantzow war verheiratet, Mutter eines achtjährigen Jungen und Epileptikerin. Aber sie war dann in der Lage, ihre Ehe zu lösen und den tapferen jungen Flieger zu heiraten. Da sie sehr vermögend war, lebte sie mit ihrem neuen Ehemann in München, wohin sie ihm gefolgt war, in ziemlich großem Stil, während er nebenbei an der Universität Vorlesungen hörte.

Bei seinen Studien hielt er sich indes nicht lange auf. 1921 lernte er Hitler kennen, trat der Partei bei, steuerte großzügig zur Parteikasse (und zu Hitlers persönlichen Bedürfnissen) bei, half Röhm mit rastloser Energie beim Aufbau der SA und wurde ein Jahr später, 1922, deren Befehlshaber.

Allerdings scharte sich auch ein ganzer Schwarm weniger bekannter und zum Teil übelbeleumundeter Individuen um den Parteidiktator. Max Amann, einst Hitlers Hauptfeldwebel im Regiment List, ein zäher, grobschlächtiger Bursche, doch tüchtiger Organisator, wurde Geschäftsführer der Partei und des *Völkischen Beobachters* und brachte bald beider Finanzen in Ordnung. Zu seinem persönlichen Leibwächter bestimmte Hitler Ulrich Graf, einen Fleischergesellen, Amateurringkämpfer und bekannten Krakeeler. »Hofphotograph« war Heinrich Hoffmann, ein Mann von hündischer, allerdings auch einträglicher Treue, denn er war jahrelang der einzige, der Hitler photographieren durfte, was ihn schließlich zum Millionär machte. Ein anderer, in Hitlers Gunst stehender Krakeeler war Christian Weber, ehemals Pferdehändler, dann »Rausschmeißer« in einer Münchner Kaschemme und allezeit ein großer Biertrinker. Zu Hitlers engerem Kreis gehörte damals auch Hermann Esser, der als Volksredner dem Führer wenig nachstand und dessen antijüdische Artikel großen Raum im *Völkischen Beobachter* einnahmen. Er machte kein Hehl daraus, daß er sich eine Zeitlang von seinen Geliebten hatte aushalten lassen. Als berüchtigter Erpresser, der sich nicht einmal scheute, ihm mißliebige Parteigenossen unter »Druck« zu setzen, wurde Esser eines Tages den anständigeren Elementen der Bewegung so widerwärtig, daß sie seinen Ausschluß aus der Partei forderten. »Ich weiß, daß Esser ein Lump ist«, entgegnete Hitler, »und doch brauche ich ihn nur, so lange ich ihn für meine Zwecke nötig habe[29].« Diese Haltung sollte er gegenüber fast all seinen Kumpanen einnehmen, ganz gleich, wie dunkel ihre Vergangenheit oder gar ihr derzeitiges Leben sein mochte. Mörder, Zuhälter, Homosexuelle, Rauschgiftsüchtige oder auch nur simple Rowdies, er ließ sie alle gelten, so lange sie seinen Zwecken dienten.

So ließ er zum Beispiel auch Julius Streicher Jahre hindurch nicht fallen. Dieser Sadist, der einmal Volksschullehrer gewesen war, war einer der verrufensten Männer um Hitler in der Zeit von 1922 bis 1939, als endlich sein Stern verblaßte. Er brüstete sich damit, als Schürzenjäger bekannt zu sein, erpreßte selbst die Männer von Frauen, die seine Geliebten waren, und sein blinder, fanatischer Judenhaß brachte ihm Ruhm und Vermögen ein. Sein berüchtigtes Wochenblatt *Der Stürmer* war voll von finsteren Geschichten über jüdische Sexualverbrechen und »Ritualmorde« und erregte durch seine Obszönität sogar bei vielen Nazis Übelkeit. Streicher war auch ein bekannter Sammler von pornographischen Schriften. In Nürnberg, dem Zentrum seiner Macht, wo sein Wort Gesetz war und wo niemand, der ihm mißfiel, vor Gefängnis und Folter sicher war, galt er als »ungekrönter König Frankens«. Außer auf seiner Anklagebank in Nürnberg, wo er als Kriegsverbrecher um sein Leben kämpfte, sah ich ihn niemals ohne eine Peitsche in der Hand oder am Gürtel.

Solcher Art waren die Leute, die Hitler in den ersten Jahren um sich versammelte, um Diktator eines Volkes zu werden, das der Welt einen Luther, einen Kant, einen Goethe, einen Schiller, einen Bach, einen Beethoven und einen Brahms geschenkt hatte.

Am 1. April 1920, dem Tage, an dem aus der *Deutschen Arbeiterpartei* die *Nationalsozialistische Deutsche Arbeiterpartei* wurde, trat Hitler aus der Reichswehr aus. Fortan wollte er seine ganze Zeit der NSDAP widmen, von der er weder damals noch später irgendein Gehalt annahm.

Wovon also lebte er? möchte man fragen. Dasselbe fragten sich auch mitunter seine Mitarbeiter in der Partei. In dem Flugblatt, das im Juli 1921 von den meuternden Mitgliedern des Parteiausschusses verfaßt wurde, hieß es ganz offen:

Auf Fragen seitens einzelner Mitglieder, von was er denn eigentlich lebe und welchen Beruf er früher gehabt habe, geriet er jedesmal in Zorn und Erregung. Eine Beantwortung dieser Fragen ist bis heute noch nicht erfolgt. Sein Gewissen kann also nicht rein sein, zumal sein übermäßiger Damenverkehr, bei denen er sich des öfteren schon als »König von München« bezeichnete, sehr viel Geld kostet.

Hitler antwortete auf die Frage in dem Prozeß, den er gegen die Verfasser des Flugblattes angestrengt hatte. Als der Richter um genaue Auskunft über seinen Lebensunterhalt bat, erwiderte Hitler:

Wenn ich für die nationalsozialistische Partei spreche, dann nehme ich kein Geld für mich. Aber ich spreche auch als Redner in anderen Organisationen ... Dann nehme ich natürlich Honorar ... Ich esse auch abwechselnd bei einzelnen Parteigenossen zu Mittag. Außerdem werde ich von einigen Parteigenossen in bescheidener Weise unterstützt[30].

Vermutlich kam dies der Wahrheit sehr nahe. Gutsituierte Freunde wie Dietrich Eckart, Göring und Hanfstaengl »liehen« ihm zweifelsohne Geld für Essen, Miete und Bekleidung. Er hatte sicherlich bescheidene Bedürfnisse. Bis 1929 bewohnte er zwei Zimmer in der Thierschstraße, einer kleinbürgerlichen Wohngegend unweit der Isar. Im Winter trug er einen alten Trenchcoat, an den sich später noch viele Leute in Deutschland von den zahlreichen Fotos her erinnerten. Im Sommer erschien er häufig in bayerischen Lederhosen. 1923 machten Eckart und Esser den *Platterhof* ausfindig, einen Gasthof bei Berchtesgaden, in dem Hitler und seine Freunde fortan die Sommerferien verbrachten. Hier verliebte sich Hitler in die herrliche Berglandschaft, und hier ließ er später den geräumigen *Berghof* errichten, den er zu seinem Heim machte und in dem er sich bis in die Kriegsjahre hinein häufig aufhielt.

In den stürmischen Jahren von 1921 bis 1923 blieb ihm freilich wenig Zeit für Ruhe und Erholung. Es mußte eine Partei aufgebaut und gegen eifersüchtige Konkurrenten, die ebenso skrupellos waren wie er, abgeschirmt werden. Die NSDAP war nämlich nur eine von vielen nationalistischen Bewegungen in Bayern, die um die Aufmerksamkeit und Gunst der Öffentlichkeit rangen; und im übrigen Deutschland gab es noch andere.

Die Ereignisse nahmen einen schwindelerregenden Verlauf, die Situation wechselte ständig, so daß ein Politiker auf der Hut sein mußte, um die jeweilige Lage richtig einzuschätzen und auszunutzen. Im April 1921 setzten die Alliierten die Reparationsschuld Deutschlands auf 132 Milliarden Goldmark fest, die die Deutschen, wie sie sagten, unmöglich aufbringen konnten. Unterdessen hatte die Inflation eingesetzt. Im August 1921 wurde Erzberger ermordet. Im Juni 1922 erfolgte ein Mordanschlag auf Philipp Scheidemann, den Sozialdemokraten, der die Republik ausgerufen hatte. Im gleichen Monat, am 24. Juni, wurde Außenminister Rathenau in fahrenden Wagen erschossen. In allen drei Fällen gehörten die Attentäter der extremen Rechten an. Die auf schwachen Füßen stehende Reichsregierung reagierte schließlich auf die Herausforderung mit einem besonderen Gesetz zum Schutz der Republik, das politischen Terror unter schwere Strafe stellte. Berlin verlangte Auflösung der zahlreichen bewaffneten Verbände und Beendigung des politischen Bandentums. In Bayern regierte zwar nicht mehr der Extremist Kahr, der 1921 von dem Grafen Lerchenfeld abgelöst worden war, aber selbst dessen gemäßigte Regierung hielt es für angebracht, die Weisungen der Reichsregierung zu desavouieren. Als sie dann schließlich das Republikschutzgesetz durchzusetzen versuchte, verschworen sich die bayerischen Rechtsparteien, von denen Hitler jetzt als einer der Führer anerkannt wurde, zur Absetzung Lerchenfelds und zum Marsch auf Berlin, um die Republik zu stürzen.

Die junge Weimarer Republik war in großer Not, sie sah sich in ihrer Existenz ständig bedroht, und zwar nicht nur von seiten der extremen Rechten, sondern auch der extremen Linken.

III

Versailles, Weimar und der Bürgerbräu-Putsch

Die meisten Menschen in den Ländern der siegreichen westlichen Alliierten sahen in der Ausrufung der Republik in Berlin am 9. November 1918 den Anbruch einer neuen Epoche für das deutsche Volk und sein Staatswesen. In dem vor dem Waffenstillstand geführten Notenwechsel hatte Woodrow Wilson auf die Abschaffung der unumschränkten, militaristischen Herrschaft der Hohenzollern gedrängt, und die Deutschen waren, wenn auch widerstrebend, seiner Forderung nachgekommen. Man hatte den Kaiser zu Abdankung und Flucht gezwungen, es wurden die Monarchie aufgelöst, alle Dynastien in Deutschland rasch beseitigt und die Republik ausgerufen.

Aber die Proklamierung der Republik war ein Zufall! Am Nachmittag des 9. November, nach dem Rücktritt des Reichskanzlers Prinz Max von Baden, versammelten sich im Reichstagsgebäude die sogenannten Mehrheitssozialisten unter Führung von Friedrich Ebert und Philipp Scheidemann. Sie waren ziemlich ratlos. Prinz Max von Baden hatte soeben die Abdankung des Kaisers bekanntgegeben. Ebert, der ehemalige Sattler, war der Ansicht, die Thronnachfolge könne irgendeiner der Söhne Wilhelms II. – nur nicht der leichtlebige Kronprinz – antreten, denn Ebert trat für eine konstitutionelle Monarchie nach englischem Vorbild ein. Obwohl er der Führer der Sozialdemokraten war, verabscheute er die soziale Revolution. »Ich hasse sie wie die Sünde«, hatte er einmal geäußert.

Aber in Berlin lag die Revolution in der Luft. Die Hauptstadt war durch einen Generalstreik lahmgelegt. Am anderen Ende der Linden, im Berliner Schloß, bereiteten sich die von Rosa Luxemburg und Karl Liebknecht geführten Spartakisten darauf vor, die Räteregierung auszurufen. Als dies den Sozialdemokraten im Reichstagsgebäude zu Ohren kam, waren sie bestürzt. Es mußte sofort etwas geschehen, um den Spartakisten zuvorzukommen. Scheidemann dachte darüber nach. Dann stürzte er, ohne sich mit seinen Genossen zu beraten, zu dem auf den Königsplatz hinausgehenden Fenster, unter dem sich eine große Menschenmenge versammelt hatte, beugte sich hinaus und rief aus eigenen Stücken, so als sei es ihm gerade erst eingefallen, die Republik aus! Ebert war wütend. Er hatte gehofft, die Hohenzollernmonarchie in irgendeiner Form erhalten zu können.

So wurde, gewissermaßen wie rein zufällig, die deutsche Republik ins Leben gerufen. Wenn schon die Sozialdemokraten keine überzeugten Republikaner waren, so ließ es sich auch kaum von den Konservativen erwarten. Aber diese hatten sich ihrer Verantwortung entledigt. Sie und die Armeeführer Hindenburg und Ludendorff hatten die politische Macht den widerstrebenden Sozialdemokraten zugeschoben. Damit gelang es ihnen auch, die Verantwortung nach außen für die Unterzeichnung des Waffenstillstands und späteren Friedensvertrages auf die Schultern dieser demokratischen Arbeiterführer abzuwälzen und ihnen damit die Schuld an Deutschlands Niederlage und allen aus dem verlorenen Krieg und einem diktierten Frieden für das deutsche Volk sich ergebenden Leiden zuzuschieben. Das war ein schäbiger Streich – jedes Kind hätte ihn durchschauen können – aber in Deutschland tat er seine Wirkung. Er verurteilte die Republik von Anfang an zum Scheitern.

Es hätte vielleicht nicht dahin zu kommen brauchen. Im November 1918 hätten die Sozialdemokraten, die die absolute Macht innehatten, rasch die Grundlagen für eine dauerhafte demokratische Republik legen können. Allerdings hätten sie dabei die Kräfte, auf die sich die Hohenzollernherrschaft gestützt hatte und von denen Loyalität gegenüber einem demokratischen Deutschland nicht zu erwarten war, dauernd unterdrücken oder zumindest dauernd in Schach halten müssen: die feudalen Junker und andere bisher herrschende Kasten, die Magnaten, die die großen Industrietrusts beherrschten, die unruhigen Condottieri der Freikorps, die hohen Beamten der kaiserlichen Zivilverwaltung und vor allem die Militärkaste und die Angehörigen des Generalstabs. Sie hätten einen großen Teil der unwirtschaftlich arbeitenden großen Güter aufteilen, die Industriemonopole und -kartelle sprengen und die Beamtenschaft, das Rechtswesen, die Polizei, die Universitäten und die Armee von allen säubern müssen, die dem neuen demokratischen Regime nicht treu und ehrlich zu dienen bereit waren.

Dies zu tun, konnten die Sozialdemokraten – größtenteils wohlmeinende Gewerkschaftler mit der gleichen, den Deutschen anderer Schichten eingefleischten Gewohnheit, sich altbestehender Autorität zu beugen – nicht über sich bringen. Statt dessen begannen sie, ihre Macht an diejenige Kraft abzutreten, die im neuzeitlichen Deutschland stets dominierend gewesen war, an die Armee. Denn diese, mochte sie auch im Felde geschlagen worden sein, hoffte noch, im Innern bestehen bleiben und die Revolution niederschlagen zu können. Um ihre Ziele zu erreichen, ging die Armee rasch und kühn vor.

In der Nacht vom 9. November 1918, wenige Stunden nach »Ausrufung« der Republik, läutete in Eberts Arbeitszimmer in der Reichskanzlei das Telefon. Es war ein ganz besonderer Apparat, denn er verband über eine direkte Geheimleitung die Reichskanzlei mit der Obersten Heeresleitung in Spa. Ebert war allein. Er nahm den Hörer auf. »Hier Groener«, meldete sich eine Stimme. Der frühere Sattler, noch verwirrt durch die Tagesereignisse, die so plötzlich seinen widerstrebenden Händen aufgezwungen hatten, was noch in dem zusammenbrechenden Deutschland an politischer Macht verblieben war, war beeindruckt. General Wilhelm Groener war Erster Generalquartiermeister, der Nachfolger Ludendorffs. Im früheren Verlauf des Tages war er es gewesen, der in Spa dem Kaiser – Generalfeldmarschall von Hindenburg brachte es nicht fertig – rundheraus erklärt hatte, das Feldheer stehe nicht mehr hinter dem Träger der Krone – ein mutiger Schritt, den ihm die Militärkaste nie verzieh. Ebert und Groener hatten seit 1916, als der General als Leiter des Kriegsamts die Kriegswirtschaft leitete und mit dem sozialdemokratischen Führer eng zusammenarbeitete, einander schätzen gelernt. Anfang November, also wenige Tage vorher, hatten sie in Berlin gemeinsam beraten, wie Monarchie und Vaterland zu retten seien.

Nun führte sie, im dunkelsten Augenblick des Vaterlands, eine geheime Telefonleitung zusammen. Fernmündlich schlossen der sozialdemokratische Führer und der zweite Mann der deutschen Armee einen Pakt, der, obwohl er erst viele Jahre später öffentlich bekannt wurde, für das Geschick der Nation bestimmend sein sollte. Ebert willigte ein, daß die Armee in ihrer traditionellen Form erhalten blieb und Anarchie und Bolschewismus bekämpfte. Groener sagte daraufhin die Unterstützung der Armee zu; sie werde der neuen Regierung helfen, sich zu etablieren und ihre Absichten zu verwirklichen.

»Wird der Herr Generalfeldmarschall [Hindenburg] das Kommando behalten?« fragte Ebert.

General Groener bejahte.

»Übermitteln Sie dem Herrn Generalfeldmarschall den Dank der Regierung«, erwiderte Ebert[1].

Die deutsche Armee war gerettet, aber die Republik war schon an ihrem Geburtstag verloren. Die Generale, abgesehen von dem ehrenhaften Groener selbst und einigen wenigen anderen, dienten ihr niemals loyal. Zu guter Letzt verrieten sie sie, allen voran Hindenburg, an die Nationalsozialisten.

Allerdings muß gesagt werden, daß Ebert und seine sozialdemokratischen Genossen in diesem Augenblick unter der Wirkung der jüngsten Vorgänge in Rußland standen. Sie wollten keine deutschen Kerenskys werden. Sie wollten nicht von den Bolschewisten verdrängt werden. Wie vorher in Rußland, bildeten sich überall in Deutschland Arbeiter- und Soldatenräte, die die Macht übernahmen. Diese Räte wählten am 10. November einen *Rat der Volksbeauftragten* mit Ebert an der Spitze als vorläufige Regierung. Im Dezember fand in Berlin der erste *Allgemeine Kongreß der Arbeiter- und Soldatenräte Deutschlands* statt. Der Kongreß forderte Entlassung Hindenburgs, Auflösung des stehenden Heeres und Aufstellung einer Volkswehr, deren Offiziere von der Truppe zu wählen und dem Rat der Volksbeauftragten als oberste Behörde zu unterstellen seien.

Das war Hindenburg und Groener zuviel. Sie lehnten ab, die Autorität des Rätekongresses anzuerkennen. Ebert seinerseits unternahm zwar nichts, um die Forderungen des Kongresses zu erfüllen. Aber die um ihre Existenz kämpfende Armee verlangte von der Regierung, die zu unterstützen sie versprochen hatte, ein entschiedeneres Vorgehen. Zwei Tage vor Weihnachten besetzte die jetzt unter kommunistisch-spartakistischer Kontrolle stehende Volksmarinedivision die Wilhelmstraße, brach in die Reichskanzlei ein und schnitt die Telefonleitungen durch. Allerdings blieb die Geheimleitung zur

Obersten Heeresleitung intakt, und Ebert benutzte sie, um die Armee um Hilfe anzurufen. Man versprach, daß die Regierung von den in Potsdam liegenden Truppen befreit werden würde, doch bevor diese eintreffen konnten, zogen sich die meuternden Matrosen in ihre Quartiere, d. h. in den von den Spartakisten gehaltenen kaiserlichen Marstall zurück.

Die Spartakisten, voran Karl Liebknecht und Rosa Luxemburg, die beiden aktivsten Agitatoren in Deutschland, wollten nach wie vor eine Räterepublik durchsetzen. Ihre bewaffneten Kräfte in Berlin vermehrten sich. Am Weihnachtsabend hatte die Volksmarinedivision einen Versuch der regulären Potsdamer Truppe, sie aus dem Marstall zu vertreiben, leicht zurückgeschlagen. Hindenburg und Groener setzten Ebert zu, den mit ihnen geschlossenen Pakt einzuhalten und die Kommunisten zu unterdrücken. Dies tat Ebert nur zu gern. Am 28. Dezember berief er Gustav Noske in den *Rat der Volksbeauftragten* und betraute ihn mit der Reichsverteidigung. Von diesem Augenblick an liefen die Dinge mit einer Zwangsläufigkeit ab, die alle, die Noske kannten, nicht anders erwartet haben dürften.

Noske, von Beruf Holzarbeiter, hatte sich in der Gewerkschaftsbewegung und in der Sozialdemokratischen Partei hinaufgearbeitet, war 1906 Reichstagsabgeordneter geworden und galt in seiner Partei als Fachmann für militärische Fragen. Er galt auch als Nationalist und energischer Mann. Prinz Max von Baden hatte ihn in den ersten Novembertagen dazu auserwählt, die Matrosenmeuterei in Kiel niederzuschlagen, und das hatte er getan. Ein stämmiger Mann mit starkem Kinn und von großer Körperkraft und Entschlossenheit, wenn auch mäßiger Intelligenz – für seinen Beruf typisch, wie seine Gegner sagten – erklärte Noske kurz nach seiner Ernennung: »Einer muß ja der Bluthund werden.«

Anfang Januar 1919 schlug er zu. Zwischen dem 10. und 17. Januar, in der sogenannten Blutwoche, wurden die Spartakisten von regulären Truppen und Freikorpsverbänden unter Leitung von Noske und unter Befehl von General von Lüttwitz[2] vernichtet. Rosa Luxemburg und Karl Liebknecht wurden nach ihrer Gefangennahme von Offizieren der Gardekavalleriedivision ermordet.

Bald nach Beendigung der Kämpfe in Berlin, am 19. Januar 1919, wurden in Deutschland Wahlen für die *Nationalversammlung* abgehalten. Das Wahlergebnis zeigte, daß die Ober- und Mittelschichten in den seit der »Revolution« verflossenen zwei Monaten wieder Mut gefaßt hatten. Die Sozialdemokraten (Mehrheitssozialisten und Unabhängige Sozialisten), die allein regiert hatten, weil keine andere Gruppe an der Bürde teilhaben wollte, erlangten 13,8 Millionen Stimmen (von den insgesamt abgegebenen 30 Millionen) und 185 (von insgesamt 421) Sitzen in der Nationalversammlung, womit sie aber von einer Mehrheit weit entfernt waren. Offensichtlich sollte das neue Deutschland nicht allein von der Arbeiterklasse aufgebaut werden. Zwei Parteien der Mitte, das Zentrum, das die politische Bewegung der römisch-katholischen Kirche darstellte, und die Demokratische Partei, die im Dezember aus der Verschmelzung der alten Deutschen Fortschrittspartei mit dem linken Flügel der Nationalliberalen hervorgegangen war, brachten es zusammen auf 11,5 Millionen Stimmen und erhielten 166 Sitze in der Nationalversammlung. Beide Parteien traten für eine gemäßigte demokratische Republik ein, wenn sie auch gefühlsmäßig nach einer etwaigen Wiederherstellung der Monarchie hin tendierten.

Die Konservativen, deren Führer im November zum Teil untergetaucht waren oder, wie Graf Westarp, an Ebert um Schutz appelliert hatten, zeigten, daß sie von einer Auflösung weit entfernt waren, mochten sie auch zahlenmäßig reduziert sein. Sie gewannen unter ihrem neuen Namen Deutschnationale Volkspartei über drei Millionen Stimmen und 44 Sitze. Ihre Verbündeten, die Nationalliberalen, die sich jetzt Deutsche Volkspartei nannten, erhielten fast eineinhalb Millionen Stimmen und 19 Sitze. Obwohl die beiden konservativen Parteien entschieden in der Minderheit waren, hatten sie doch genug Sitze in der Nationalversammlung, um Gewicht zu haben. Ja, kaum war die Nationalversammlung am 6. Februar 1919 in Weimar zusammengetreten, als die Führer dieser beiden Parteien aufsprangen, um Kaiser Wilhelm II., seine Kriegsführung und die seiner Generale zu verteidigen. Gustav Stresemann, Führer der Deutschen Volkspartei, vertrat noch andere Auffassungen als später, nach seinem Sinnes- und Gesinnungswechsel. 1919 galt er noch als der Mann, der im Reichstag als heftiger Verfechter der Annexionspolitik und fanatischer Verteidiger des uneingeschränkten U-Bootkrieges das Sprachrohr der Obersten Heeresleitung gewesen war. »Ludendorffs junger Mann« nannte man ihn.

Die Verfassung, die nach sechsmonatiger Debatte von der Nationalversammlung am 31. Juli 1919 angenommen und am 11. August vom Reichspräsidenten vollzogen wurde, war auf dem Papier die liberalste und demokratischste Urkunde ihrer Art im 20. Jahrhundert, technisch nahezu vollkommen, voll sinnreicher und bewundernswerter Vorkehrungen, die das Funktionieren einer fast makellosen Demokratie zu garantieren schienen. Die Idee der Kabinettsregierung war von England und Frankreich entlehnt, die eines starken plebiszitären Präsidenten von den Vereinigten Staaten und die der Volksabstimmung von der Schweiz. Man führte ein kompliziertes Verhältnis- und Listenwahlsystem ein, damit keine Stimme verloren ging und kleine Minderheiten das Recht erhielten, im Parlament vertreten zu sein[3].

Der Wortlaut der Weimarer Verfassung mußte jedem demokratisch gesinnten Menschen angenehm im Ohr klingen. Das Volk wurde für souverän erklärt: »Die Staatsgewalt geht vom Volke aus.« Das Wahlrecht erhielten alle Männer und Frauen über zwanzig. »Alle Deutschen sind vor dem Gesetze gleich ... Die Freiheit der Person ist unverletzlich ... Jeder Deutsche hat das Recht ... seine Meinung ... frei zu äußern ... Alle Deutschen haben das Recht, ... Vereine oder Gesellschaften zu bilden ... Alle Bewohner des Reiches genießen volle Glaubens- und Gewissensfreiheit ...« Es gab auf der Welt keinen freieren Menschen als den Deutschen, keine demokratischere und liberalere Regierung als die deutsche – wenigstens auf dem Papier.

IM SCHATTEN VON VERSAILLES

Ehe noch der Verfassungsentwurf fertiggestellt war, trat ein unvermeidliches Ereignis ein, das einen Schatten des Verhängnisses auf die Weimarer Verfassung und die auf ihr beruhende Republik warf. Es war die Vorlage des Versailler Vertrags. In den ersten chaotischen, von Aufruhr erfüllten Friedenstagen und auch noch nach Eröffnung der Nationalversammlung in Weimar machten sich die Deutschen offenbar wenig Gedanken über die Folgen ihrer Niederlage. Oder wenn sie es taten, so schienen sie doch darauf zu bauen, daß sie, nachdem sie auf Drängen der Alliierten die Hohenzollern abgesetzt, die Kommunisten unterdrückt und sich an die Errichtung einer demokratischen Republik begeben hatten, Anspruch auf einen gerechten, nicht auf der Tatsache ihrer Niederlage, sondern auf Präsident Wilsons berühmten *Vierzehn Punkten* basierenden Frieden hatten.

Offenbar reichte das Erinnerungsvermögen der Deutschen nicht bis zum 3. März 1918 zurück, als die damals siegreiche Oberste Heeresleitung in Brest-Litowsk dem geschlagenen Rußland einen Friedensvertrag auferlegte, den ein englischer Historiker zwei Jahrzehnte später, nachdem sich die Kriegsleidenschaften abgekühlt hatten, »eine Demütigung ohne Beispiel in der modernen Geschichte« nannte[4]. Rußland verlor durch ihn ein Gebiet, das nahezu einen Umfang hatte wie Österreich-Ungarn und die Türkei zusammen, mit 56 Millionen Einwohnern, d. h. 32 Prozent der Gesamtbevölkerung, es verlor ein Drittel seiner Eisenbahnstrecken, 73 Prozent seiner Eisenerz- und 89 Prozent seiner Kohlenförderung und überdies noch über 5000 Fabrik- und Industrieanlagen. Außerdem mußte Rußland an Deutschland eine Kriegsentschädigung in Höhe von sechs Milliarden Mark zahlen.

Im späten Frühjahr 1919 wurde den Deutschen die Rechnung präsentiert. Am 7. Mai wurden in Berlin die von den Alliierten ohne Verhandlung mit Deutschland abgefaßten Bedingungen des Versailler Vertrags veröffentlicht. Sie waren für ein Volk, das sich bis zum letzten Augenblick beharrlich Selbsttäuschungen hingegeben hatte, ein betäubender Schlag. Im ganzen Lande veranstaltete man zornige Protestversammlungen gegen den Vertrag und verlangte, daß Deutschland seine Unterzeichnung ablehnen solle. Scheidemann, der inzwischen Reichskanzler geworden war, rief aus: »Möge die Hand verdorren, die diesen Vertrag unterzeichnet!« Am 8. Mai brandmarkten Ebert, der vorläufige Reichspräsident, und die Reichsregierung die Vertragsbestimmungen öffentlich als »undurchführbar und untragbar«. Am nächsten Tag schrieb die deutsche Delegation in Versailles dem unbeugsamen Clemenceau, ein solcher Vertrag sei »für jede Nation unerträglich«.

Was war daran so unerträglich? Frankreich erhielt Elsaß-Lothringen zurück, Belgien einen Gebietsstreifen, Dänemark – nach einer Volksabstimmung – einen ähnlich großen Streifen in Schleswig, das Bismarck den Dänen im vergangenen Jahrhundert nach einem verlorenen Krieg abgenommen hatte. Polen erhielt die Gebiete zurück – teilweise erst nach einer Volksabstimmung – die ihm die Deutschen bei der Teilung Polens entrissen hatten. Dies war eine der Bestimmungen des Vertrags, die die Deutschen am meisten erregte, nicht allein deshalb, weil Ostpreußen vom Reich durch einen Korridor getrennt wurde, der den Polen Zugang zur Ostsee gab, sondern auch, weil sie die Polen, die sie für ein minderwertiges Volk hielten, verachteten. Kaum weniger entrüstete es die Deutschen, daß der Vertrag sie zwang, die Kriegsschuld auf sich zu nehmen, und von ihnen die Auslieferung des Kaisers und etwa 800 anderer »Kriegsverbrecher« an die Alliierten verlangte.

Die Höhe der Reparationsschuld sollte erst später festgesetzt, doch zwischen 1919 und 1921 eine erste Abschlagszahlung von zwanzig Milliarden Goldmark geleistet werden, und gewisse Sachlieferungen – Kohle, Schiffe, Holz, Vieh usw. – anstelle von Reparationszahlungen sollten erfolgen.

Was die Deutschen aber am tiefsten verletzte, war, daß Deutschland dem Vertrag zufolge praktisch entwaffnet[5] und ihm damit, jedenfalls für absehbare Zeit, der Weg zur Hegemonie in Europa versperrt wurde. Und doch ließ der Versailler Vertrag, im Gegensatz zu dem, den Deutschland Rußland aufgezwungen hatte, das Reich geographisch und wirtschaftlich weitgehend unversehrt, und es behielt seine politische Einheit und die potentielle Stärke einer großen Nation.

Die Provisorische Reichsregierung war entschieden dagegen, den von nun an *Diktat* genannten Versailler Vertrag zu akzeptieren, nur Erzberger empfahl dringend seine Annahme, und zwar mit der Begründung, daß sich seine Bestimmungen leicht umgehen ließen. Hinter der Regierung stand die überwältigende Mehrheit der Bürger von Rechts bis Links.

Und die Armee? Konnte das Heer, wenn der Vertrag abgelehnt wurde, einem dann mit Sicherheit zu erwartenden militärischen Vorgehen der westlichen Alliierten Widerstand leisten? Ebert legte die Fragen der Obersten Heeresleitung vor, die inzwischen nach Kolberg übergesiedelt war. Generalfeldmarschall von Hindenburg gab auf Drängen Groeners, der die Vergeblichkeit militärischen Widerstandes erkannte, am 17. Juni die Antwort:

Wir sind bei Wiederaufnahme der Feindseligkeiten militärisch in der Lage, im Osten die Provinz Posen zurückzuerobern und unsere Grenzen zu halten. Im Westen können wir bei ernstlichem Angriff unserer Gegner angesichts der numerischen Überlegenheit der Entente und deren Möglichkeit, uns auf beiden Flügeln zu umfassen, kaum auf Erfolg rechnen.

Ein günstiger Ausgang der Gesamtoperation ist daher sehr fraglich, aber ich muß als Soldat den ehrenvollen Untergang einem schmählichen Frieden vorziehen[6].

Der Schlußsatz des verehrten Marschalls entsprach bester deutscher Soldatentradition, aber wie weit er aufrichtig gemeint war, läßt sich an der dem deutschen Volk unbekannten Tatsache ermessen, daß Hindenburg Groener darin beigepflichtet hatte, ein Widerstand gegen die Alliierten sei nicht nur aussichtslos, sondern würde auch die

Beseitigung des liebevoll gehegten Offizierkorps, ja den Untergang des Reiches zur Folge haben.

Inzwischen forderten die Alliierten eine definitive Antwort Deutschlands. Am 16. Juni, einen Tag vor Hindenburgs schriftlicher Antwort an Ebert, hatten sie den Deutschen ein Ultimatum gestellt: Wenn der Vertrag nicht bis zum 24. Juni angenommen wäre, würde das Waffenstillstandsabkommen endigen, und die Alliierten würden »die Schritte unternehmen, die sie für erforderlich halten, um die Annahme ihrer Bedingungen durchzusetzen«.

Wiederum wandte Ebert sich an Groener. Wenn die Oberste Heeresleitung glaube, es bestehe die geringste Möglichkeit eines erfolgreichen militärischen Widerstandes gegen die Alliierten, so werde er, Ebert, versuchen, die Nationalversammlung zur Ablehnung des Vertrages zu veranlassen. Allerdings müsse er das unverzüglich wissen. Es war bereits der 24. Juni, der Tag, an dem das Ultimatum ablief. Und das Kabinett sollte um 16.30 Uhr zusammentreten, um die endgültige Entscheidung zu treffen. Abermals berieten sich Hindenburg und Groener. »Sie wissen ebensogut wie ich, daß bewaffneter Widerstand unmöglich ist«, sagte der verhärmte alte Feldmarschall. Und abermals, wie am 9. November 1918 in Spa, als er es nicht fertig brachte, dem Kaiser die letzte Wahrheit zu sagen, und diese unangenehme Aufgabe Groener überließ, lehnte er es ab, dem provisorischen Reichspräsidenten die Wahrheit zu sagen. »Sie können Ebert die Antwort ebenso gut geben wie ich«, sagte er zu Groener[7]. Und wiederum nahm der mutige General dem Feldmarschall die letzte Verantwortung ab, obwohl ihm bewußt gewesen sein muß, daß ihn das Offizierkorps eines Tages so gut wie sicher zum Sündenbock machen würde. Er rief Ebert an und teilte ihm die Auffassung der Obersten Heeresleitung mit.

Erleichtert darüber, daß die Generalität die Verantwortung übernommen hatte – eine in Deutschland bald vergessene Tatsache – billigte die Nationalversammlung mit großer Mehrheit die Unterzeichnung des Friedensvertrags, und ihre Entscheidung wurde neunzehn Minuten vor Ablauf des alliierten Ultimatums Clemenceau übermittelt. Vier Tage später, am 28. Juni 1919, wurde der Vertrag im Spiegelsaal des Versailler Schlosses unterzeichnet.

EIN HAUS DER ZWIETRACHT

Von jenem Tage an wurde Deutschland ein Haus der Zwietracht.

Die Konservativen erkannten weder den Friedensvertrag noch die Republik an, die ihn ratifiziert hatte. Auf die Dauer tat es auch – mit Ausnahme von General Groener – die Armee nicht, obwohl sie einen Eid auf die neue Verfassung geleistet hatte und sie es gewesen war, die den Ausschlag bei dem Beschluß, den Versailler Vertrag zu unterzeichnen, gegeben hatte. Trotz der November-»Revolution« hatten die Konservativen noch die wirtschaftliche Macht. Sie besaßen die Industriewerke, die großen Güter und den größten Teil des Kapitals. Sie konnten ihren Reichtum dazu benutzen – und taten es auch – politische Parteien und eine politische Presse zu subventionieren, die von nun an die Republik unterhöhlen sollte.

Die Tinte des Friedensvertrags war kaum getrocknet, da begann die Reichswehr mit der Umgehung der militärischen Bestimmungen. Und dank der Zaghaftigkeit und Kurzsichtigkeit der sozialdemokratischen Führer gelang es dem Offizierkorps, nicht nur die alten preußischen Traditionen in der Armee aufrechtzuerhalten, sondern auch das wirkliche Zentrum politischer Macht in dem neuen Deutschland zu werden. Die Reichswehr band sich zwar mit ihren Geschicken bis in die letzten Tage der kurzlebigen Republik hinein nicht an eine politische Bewegung. Doch wurde sie, so klein sie auch war, unter General Hans von Seeckt, dem hervorragenden Schöpfer des 100 000-Mann-Heeres, ein Staat im Staate und übte in wachsendem Maße Einfluß auf die Außen- und Innenpolitik aus, bis schließlich der Punkt erreicht war, an dem das Weiterbestehen der Republik vom Willen des Offizierkorps abhing.

Als Staat im Staate bewahrte sie ihre Unabhängigkeit von der Reichsregierung. Nach der Weimarer Verfassung hätte die Reichswehr, so wie es auch mit den Armeen der anderen westlichen Demokratien der Fall war, Kabinett und Parlament unterstellt werden können. Aber das geschah nicht. Auch wurde das Offizierkorps nicht von antirepublikanisch gesinnten Monarchisten gesäubert. Zwar drängten ein paar führende Sozialdemokraten wie Scheidemann und Grzesinski auf »Demokratisierung« der Streitkräfte, da sie die Gefahr erkannten, die Armee wieder dem in der alten autoritären, kaiserlichen Tradition aufgewachsenen Offizierkorps zu überantworten. Aber nicht nur die Generale, auch ihre sozialdemokratischen Gesinnungsfreunde, allen voran Reichswehrminister Noske, traten ihnen erfolgreich entgegen. Das Versäumnis der rechtmäßig gewählten Regierung, eine neue Armee aufzubauen, die dem demokratischen Geist ergeben und Kabinett und Reichstag unterstellt war, erwies sich, wie die Zeit lehren sollte, als verhängnisvoller Fehler.

Ein anderer Fehler war das Versäumnis, die Justiz zu säubern. Die Justizverwaltung wurde eines der Zentren der Gegenrevolution. Richter legten das Recht zugunsten reaktionärer politischer Zwecke aus. »Man kann sich unmöglich der Schlußfolgerung entziehen«, schreibt der Historiker Franz L. Neumann, »daß die politische Rechtsprechung eine der schwärzesten Seiten im Buche der deutschen Republik ist[8].« Nach dem Kapp-Putsch vom Jahre 1920 leitete die Regierung ein Hochverratsverfahren gegen 705 Personen ein; nur einer, der Polizeipräsident von Berlin, wurde verurteilt – zu fünf Jahren »Festung«. Als der preußische Staat ihm seine Pension entzog, entschied das Reichsgericht in entgegengesetztem Sinne. Im Dezember 1926 wurde General von Lüttwitz, dem militärischen Führer des Kapp-Putsches, von einem deutschen Gericht die Nachzahlung seiner Pension nicht allein für die Zeit, in der er sich gegen die Regierung erhoben hatte, sondern auch für die fünf Jahre zuerkannt, die er, einem Gerichtsverfahren sich entziehend, in Ungarn zugebracht hatte.

Dagegen wurden Hunderte von liberalen Deutschen wegen Hochverrats zu langjährigen

Gefängnisstrafen verurteilt, weil sie in der Presse oder in öffentlicher Rede die fortgesetzten Verstöße der Reichswehr gegen den Versailler Vertrag enthüllt oder angeprangert hatten. Der Hochverratsparagraph fand rücksichtslose Anwendung auf Anhänger der Republik, während Leute der Rechten, die die Republik zu stürzen versuchten, entweder frei ausgingen oder mit leichtesten Strafen davonkamen, wie zum Beispiel Adolf Hitler. Selbst Attentäter, wenn sie der Rechten angehörten und ihre Opfer Demokraten waren, wurden von den Gerichten milde behandelt. Häufig kam es auch vor, daß ihnen Reichswehroffiziere oder Rechtsradikale zur Flucht aus der Haft verhalfen.

Und so waren die sanftmütigen Sozialdemokraten, die Demokraten und das katholische Zentrum die einzigen Stützen der von Anfang an auf schwachen Füßen stehenden Republik. Sie nahmen den Haß, die Beschimpfungen, ja bisweilen die Kugeln ihrer Gegner auf sich, die an Zahl und Entschlossenheit zunahmen. Innerlich habe das Volk bereits sein Urteil über die Weimarer Verfassung gesprochen, rief Oswald Spengler aus, der durch sein Buch *Untergang des Abendlandes* über Nacht berühmt geworden war. In Bayern erkannte der junge Aufwiegler Adolf Hitler die Gewalt der neuen nationalistischen, antidemokratischen, antirepublikanischen Strömung. Und er begann sie zu nutzen.

Vor allem zwei Ereignisse kamen ihm zu Hilfe: die Geldentwertung und die französische Ruhrbesetzung. 1921 war der Wert der Mark im Verhältnis zum Dollar auf 75:1 gesunken; im nächsten Jahre fiel er auf 400:1 und Anfang 1923 auf 7000:1. Bereits im Herbst 1922 hatte die Reichsregierung die Alliierten gebeten, ein Moratorium für die Reparationszahlungen zu gewähren. Die Poincaré-Regierung in Frankreich lehnte dies glatt ab. Als Deutschland mit seinen Holzlieferungen in Verzug geriet, ordnete der ungerührte Ministerpräsident Poincaré, der während des Krieges Präsident der französischen Republik gewesen war, die Besetzung des Ruhrgebiets durch französische Truppen an. Das Industriezentrum Deutschlands, das seit dem Verlust Oberschlesiens vier Fünftel der deutschen Kohle- und Stahlproduktion hervorbrachte, war vom übrigen Reich abgeschnitten.

Der die deutsche Wirtschaft lähmende Schlag rief im Volk eine spontane Einigkeit hervor, wie sie seit 1914 nicht dagewesen war. Die Ruhrarbeiter riefen den Generalstreik aus und erhielten finanzielle Unterstützung von der Berliner Regierung, die ihrerseits zum passiven Widerstand aufrief. Mit Hilfe der Reichswehr wurden Sabotageakte und ein Guerillakrieg organisiert. Die Gegenmaßnahmen der Franzosen bestanden in Verhaftungen, Deportationen und Verhängung von Todesstrafen. Aber an der Ruhr standen die Räder still.

Das Abwürgen der deutschen Wirtschaft beschleunigte den Währungsverfall der Mark. Im Januar 1923, nach der Besetzung des Ruhrgebiets, stand der Dollar auf 18000 Mark, am 1. Juli auf 160000, am 1. August auf eine Million. Im November, als Hitler glaubte, seine Stunde sei gekommen, galt ein Dollar gleich vier Milliarden Mark. Und danach wurden es Trillionen. Deutsches Geld war wertlos geworden, die Kaufkraft von Gehältern und Löhnen auf ein Nichts gesunken. Die Ersparnisse des Mittelstandes und der Arbeiterschaft waren hinweggeschmolzen. Doch es war noch etwas Wichtigeres zerstört worden: der Glaube des Volkes an die wirtschaftliche Struktur der deutschen Gesellschaft. Was taugten noch die Maßstäbe und Praktiken einer solchen Gesellschaft, die zum Sparen und Investieren aufrief und dann ihre Verbindlichkeiten nicht einhielt? War das nicht Volksbetrug?

Und war nicht an dieser Katastrophe die demokratische Republik schuld, die sich dem Feind ergeben und die Reparationslast akzeptiert hatte? Tatsächlich traf die Republik, zu ihrem Schaden, eine gewisse Schuld. Die Inflation hätte durch eine Ausbalancierung des Staatshaushalts aufgehalten werden können, was zwar schwierig, jedoch nicht unmöglich gewesen wäre. Dies hätte sich durch angemessene Besteuerung erreichen lassen, aber die neue Regierung wagte keine Steuererhöhungen. Schließlich waren die Kriegskosten – 164 Milliarden Mark – nicht einmal teilweise aus direkten Steuern bestritten worden, sondern 93 Milliarden Mark aus Kriegsanleihen, 29 Milliarden Mark aus Schatzanweisungen und der Rest aus vermehrter Notenausgabe. Statt die Steuern für diejenigen, die sie aufbringen konnten, drastisch zu erhöhen, setzte die republikanische Regierung sie im Jahre 1921 herab.

Fortan ließ die Regierung – angespornt von den Großunternehmern und Großgrundbesitzern, die dabei nur zu gewinnen hatten, während die Masse des Volkes finanziell ruiniert wurde – den Markwert absichtlich verfallen, um den Staat von seiner öffentlichen Schuld zu befreien, sich den Reparationszahlungen zu entziehen und die französische Ruhrbesetzung zu sabotieren. Überdies ermöglichte es der Währungsverfall der deutschen Schwerindustrie, ihre Obligationen in wertloser Papiermark zurückzuzahlen und dadurch ihre Schulden loszuwerden. Der Generalstab, der unter Umgehung des Friedensvertrages unter dem Tarnnamen »Truppenamt« weiterbestand, nahm zur Kenntnis, daß die Kriegsschulden durch die Geldentwertung getilgt waren und Deutschland somit finanziell unbelastet einem neuen Krieg entgegensehen konnte.

Die Masse des Volkes jedoch erkannte nicht, welchen Gewinn die Industriemagnaten, die Armee und der Staat aus dem Zusammenbruch der Währung zogen. Sie sah nur eines: Ein großes Bankkonto reichte nicht aus, um ein Bündel Mohrrüben, einen Korb voll Kartoffeln, ein Pfund Zucker oder ein Pfund Mehl zu kaufen. Sie sah, daß der einzelne bankrott war. Und sie kannte den Hunger, der sie täglich quälte. In ihrem Elend und ihrer Hoffnungslosigkeit machte sie für alles, was geschehen war, die Republik verantwortlich.

Solche Zeiten waren ein Gottesgeschenk für Adolf Hitler.

AUFRUHR IN BAYERN

Der Staat, rief Hitler aus, sei ein Räuberstaat und selbst der größte Schwindler und Hochstapler. Wenn die Menschen merkten, daß sie mit ihren Billionen verhungern könnten, müßten sie zu dem Schluß kommen, sich nicht länger einem Staat zu unterwerfen, der auf der betrügerischen Idee der Mehrheit gegründet sei, und eine Diktatur fordern. Zweifellos trieben die durch die hemmungslose Inflation hervorgerufenen Härten und die Ungewißheit Millionen von Deutschen zu der gleichen Schlußfolgerung, und Hitler war bereit, sie zu führen. Tatsächlich glaubte er, in den chaotischen Zuständen des Jahres 1923 eine nie wiederkehrende Gelegenheit zum Sturz der Republik vor sich zu sehen. Allerdings: Wenn er die Gegenrevolution selbst anführen wollte – und andernfalls interessierte sie ihn nicht – dann mußten gewisse Hindernisse aus dem Wege geräumt werden.

Zunächst einmal war die NSDAP, mochte sie auch täglich mehr Zulauf erhalten, bei weitem nicht die bedeutendste politische Bewegung in Bayern. Außerhalb dieses Landes war sie sogar so gut wie unbekannt. Wie sollte eine solch kleine Partei die Republik stürzen können? Hitler, der sich von der Übermacht anderer nicht so leicht erschrecken ließ, glaubte indes einen Weg zu erkennen. Vielleicht ließen sich unter seiner Führung sämtliche antirepublikanischen, rechtsradikalen Kräfte in Bayern vereinigen. War das gelungen, dann konnte er möglicherweise mit Hilfe der bayerischen Regierung, der Kampfverbände und der in Bayern stationierten Reichswehr nach Berlin marschieren – so wie ein Jahr vorher Mussolini nach Rom – und die Weimarer Republik zu Fall bringen. Mussolinis leicht errungener Erfolg hatte ihm offensichtlich zu denken gegeben.

Sodann wurde die Aufgabe, die Hitler sich gestellt hatte, durch die französische Ruhrbesetzung erschwert, obwohl sie im deutschen Volk den Haß gegen den traditionellen Feind und damit den Nationalismus wiederbelebt hatte. Der Beschluß der Reichsregierung, den Franzosen die Stirn zu bieten, hatte nämlich dazu geführt, daß sich das deutsche Volk einmütig hinter die republikanische Regierung in Berlin stellte. Das war nun das Letzte, was Hitler sich wünschte. Sein erstes Ziel war, die Republik abzuschaffen. Mit Frankreich konnte man später abrechnen, nachdem die nationalistische Revolution stattgefunden und man in Deutschland eine Diktatur errichtet hatte. Und so wagte es Hitler, der vorherrschenden Strömung in der öffentlichen Meinung zum Trotz einen unpopulären Ton anzuschlagen: »Nein, nicht nieder mit Frankreich... Nieder mit den Vaterlandsverrätern, nieder mit den Novemberverbrechern! *Das* muß unsere Parole sein[9].«

Während der ganzen ersten Monate des Jahres 1923 widmete sich Hitler der Aufgabe, dieser Parole Geltung zu verschaffen. Unter seiner Führung schlossen sich im Februar, hauptsächlich dank der organisatorischen Talente Röhms, vier der rechtsradikalen Verbände Bayerns mit den Nationalsozialisten zur *Arbeitsgemeinschaft der Vaterländischen Verbände* zusammen. Im September wurde der noch größere *Deutsche Kampfbund* gegründet, in dem Hitler zum Triumvirat gehörte. Diese Organisation ging aus einer riesigen Massenkundgebung hervor, die am 2. September, dem Jahrestag der Schlacht von Sedan, in Nürnberg abgehalten wurde. Hier waren fast alle nationalistischen Gruppen Süddeutschlands vertreten, und Hitler erntete mit einer heftigen Rede gegen die Reichsregierung stürmischen Beifall. Der neue Kampfbund bekannte sich ganz offen zu seinen Zielen: Sturz der Republik und Aufhebung des Versailler Vertrags.

Auf der Nürnberger Kundgebung hatte Hitler beim Vorbeimarsch der Demonstranten neben General Ludendorff gestanden. Das war kein Zufall. Schon seit geraumer Zeit pflegte der junge Führer der NSDAP sorgsam die Beziehung zu dem Feldherrn. Hatte Ludendorff seinerzeit nicht die Urheber des Kapp-Putsches mit seinem berühmten Namen gedeckt? Vielleicht konnte er, der nach wie vor für eine Gegenrevolution war, dazu bewogen werden, eine Aktion zu unterstützen, wie sie in Hitlers Gehirn jetzt langsam Gestalt annahm. Politischen Verstand freilich besaß der alte General nicht; obwohl er in der Nähe von München lebte, machte er kein Hehl aus seiner Verachtung für die Bayern, für den Kronprinzen Rupprecht und – in diesem erzkatholischen Lande – für die katholische Kirche. Das alles war Hitler bekannt, aber es paßte in seine Pläne. Ludendorff sollte ja auch nicht politischer Führer der Gegenrevolution werden, mochte er auch, wie jedermann bekannt, darauf erpicht sein. Diese Rolle hatte Hitler sich selber zugedacht. Aber der Name Ludendorff und das Ansehen, das der General in Offizierskreisen und bei den Konservativen ganz Deutschlands genoß, mußten für einen außerhalb Bayerns noch weithin unbekannten Provinzpolitiker Aktivposten sein. So begann Hitler, Ludendorff in seine Pläne einzuschließen.

Im Herbst 1923 erreichte die kritische Situation im Reich und in Bayern ihren Höhepunkt. Am 26. September verkündete der neue Reichskanzler, Gustav Stresemann, die Beendigung des passiven Widerstands an der Ruhr und die Wiederaufnahme der deutschen Reparationszahlungen. Stresemann war zu der Schlußfolgerung gelangt, daß Deutschland, sollte es vor dem Ruin bewahrt, geeinigt und wieder stark gemacht werden, sich mit den Alliierten verständigen und zur Ruhe gelangen mußte, um sich wirtschaftlich erholen zu können. Ein weiteres Sichtreibenlassen, meinte er, könne nur zum Bürgerkrieg und möglicherweise zum Untergang der Nation führen.

Die Aufgabe des passiven Widerstands an der Ruhr und die Wiederaufnahme der Reparationszahlungen lösten unter den deutschen Nationalisten hysterische Zornesausbrüche aus. In ihre Schmähungen gegen die Republik stimmten auch die Kommunisten ein. So sah Stresemann sich einem drohenden Aufruhr von Rechts und von Links gegenüber. Allerdings hatte er vorgebeugt. Genau an dem Tage, an dem er den Kurswechsel in der Ruhr- und Reparationspolitik bekanntgab, erklärte Präsident Ebert den Ausnahmezustand. Auf Grund des Artikels 48 der Verfassung übertrug Ebert dem Reichswehrminister Geßler und dem Chef der Heeresleitung, General von Seeckt, bis zum Februar 1924 Exekutivvollmacht. Damit waren der General und die Reichswehr die eigentlichen Machthaber im Reich.

Bayern war jedoch nicht willens, solch eine Lösung hinzunehmen. Das bayerische Kabinett unter Eugen von Knilling proklamierte am gleichen Tag selbst den Staatsnotstand und ernannte Gustav von Kahr, den monarchistischen ehemaligen Ministerpräsidenten, zum Staatskommissar mit diktatorischen Machtbefugnissen. In Berlin befürchtete man, Bayern werde sich vom Reich lösen, die Wittelsbacher Monarchie wiederherstellen und möglicherweise mit Österreich eine süddeutsche Union eingehen. Ebert berief eilig eine Kabinettssitzung ein, an der auch General von Seeckt teilnahm. Der Reichspräsident wollte wissen, wo die Reichswehr stehe. Seeckt sagte es ihm unverblümt: »Die Reichswehr, Herr Präsident, steht hinter mir[10].«

Der eisige Ton, in dem der monokeltragende, arrogante preußische General sprach, entsetzte weder den Reichspräsidenten noch seinen Kanzler. Sie waren sich längst bewußt, daß das Heer wieder ein Staat im Staate war. Die Frage war nur: Wo stand Seeckt?

Zum Glück für die Republik stand er diesmal hinter ihr. Nicht, weil er an republikanische oder demokratische Grundsätze glaubte, sondern weil er erkannte, daß im Augenblick die Unterstützung des bestehenden Regimes für die Erhaltung der Reichswehr, die sich bei einem Aufstand in Bayern und im Norden selbst bedroht sah, und zur Verhütung eines für Deutschland katastrophalen Bürgerkriegs notwendig war. Seeckt wußte, daß die hohen Offiziere der Münchner Reichswehrdivision auf Seiten der bayerischen Separatisten standen. Er wußte auch von einer Verschwörung der »Schwarzen Reichswehr« unter einem Major Buchrucker, der Berlin besetzen und die republikanische Regierung stürzen wollte. Kühl und entschlossen unternahm Seeckt jetzt Schritte, um Ordnung in der Reichswehr zu schaffen und die Gefahr eines Bürgerkriegs zu beseitigen.

In der Nacht vom 30. September 1923 besetzten Truppen der »Schwarzen Reichswehr« unter dem Befehl von Major Buchrucker drei Küstriner Forts. Seeckts setzte reguläre Truppen zur Belagerung ein, und Buchrucker kapitulierte nach zwei Tagen. Er wurde wegen Hochverrats zu zehn Jahren Festungshaft verurteilt. Die »Schwarze Reichswehr«, die Seeckt einst selber unter dem Decknamen »Arbeitskommandos« aufgestellt hatte, um das 100 000-Mann-Heer insgeheim zu verstärken, wurde aufgelöst[11].

Als nächstes wandte Seeckt seine Aufmerksamkeit den in Sachsen, Thüringen, Hamburg und an der Ruhr drohenden kommunistischen Aufständen zu. Bei der Unterdrückung der Linken konnte man der Loyalität der Reichswehr sicher sein. In Sachsen wurde die sozialdemokratisch-kommunistische Koalitionsregierung von dem dortigen Reichswehrkommandeur in Haft genommen und ein Reichskommissar eingesetzt. In Hamburg und den anderen Gebieten waren die Kommunisten bald niedergeschlagen. In Berlin glaubte man, mit der verhältnismäßig leichten Unterdrückung der Kommunisten die Verschwörer in Bayern des Vorwands beraubt zu haben, sie seien in Wirklichkeit darauf bedacht, das Reich vor dem Kommunismus zu bewahren, und man hoffte, sie würden nun die Autorität der Reichsregierung anerkennen. Doch es kam anders.

Bayern bot Berlin weiterhin die Stirn. Es wurde jetzt diktatorisch regiert von einem Triumvirat, bestehend aus Kahr, dem Staatskommissar, General Otto von Lossow, dem Reichswehrkommandeur in Bayern, und Oberst Hans von Seißer, dem Chef der Bayerischen Landespolizei. Kahr erklärte, der von Ebert proklamierte Ausnahmezustand habe für Bayern keine Gültigkeit. Er weigerte sich, irgendwelche Befehle von Berlin entgegenzunehmen. Als die Reichsregierung das Verbot des *Völkischen Beobachters* verlangte, der in pöbelhafter Weise die Republik im allgemeinen und Seeckt, Stresemann und Geßler im besonderen angriff, lehnte Kahr verächtlich ab.

Auch eine zweite Anweisung aus Berlin, der Befehl, die berüchtigten Freikorpsführer Hauptmann Heiß, Kapitän Ehrhardt (»Held« des Kapp-Putsches) und Leutnant Roßbach zu verhaften, wurde von Kahr ignoriert.

Seeckt, am Ende seiner Geduld, befahl nun General von Lossow, die Zeitung der NSDAP zu verbieten und die drei Freikorpsleute zu verhaften. Lossow, ebenfalls Bayer, ein leicht beeinflußbarer Mann, hatte sich von Hitlers Beredsamkeit und Kahrs Überredungskunst einfangen lassen und zögerte, dem Befehl nachzukommen. Am 24. Oktober enthob ihn Seeckt seines Kommandos und setzte den General Kreß von Kressenstein an seine Stelle. Kahr ließ sich jedoch von Berlin nichts diktieren. Er erklärte, Lossow bleibe Kommandeur der Reichswehr in Bayern, und zwang die Offiziere und Mannschaften, einen besonderen Eid auf die bayerische Regierung abzulegen, womit er nicht nur Seeckt trotzte, sondern auch gegen die Reichsverfassung verstieß.

Berlin sah sich nun einer sowohl politischen wie militärischen Rebellion gegenüber, und Seeckt beschloß, einzugreifen.

Er gab dem bayerischen Triumvirat, Hitler und den Kampfverbänden die deutliche Warnung, daß er jedem Aufstand ihrerseits mit Waffengewalt begegnen würde. Doch für Hitler gab es kein Zurück mehr. Seine rabiaten Anhänger forderten Aktion. Wilhelm Brückner, einer der SA-Führer, drängte Hitler, sofort loszuschlagen. »Der Tag nähert sich«, warnte er Hitler, »an dem ich nicht mehr in der Lage bin, die Leute zurückzuhalten. Wenn jetzt nichts passiert, werden sie uns davonlaufen.«

Auch Hitler war sich darüber im klaren, daß die günstige Gelegenheit für ihn bald dahinschwinden würde, wenn es Stresemann gelang, Zeit zu gewinnen und die Ruhe im Land wiederherzustellen. Er beschwor Kahr und Lossow, nach Berlin zu marschieren, ehe Berlin nach München marschiere. Ihm kam jedoch mehr der Verdacht, daß das Triumvirat entweder Angst vor der eigenen Courage bekam oder einen separatistischen Staatsstreich ohne ihn plante, um Bayern vom Reich zu lösen. Das aber widersprach Hitlers Vorstellungen von einem starken, nationalistischen geeinten Reich, an denen er fanatisch festhielt.

Tatsache war, daß Kahr, Lossow und Seißer nach Seeckts Warnung den Mut verloren. An einer vergeblichen Demonstration, bei der sie zugrunde gehen konnten, waren sie nicht interessiert. Am 6. November teilten sie den Kampfbundführern, unter denen Hitler die Hauptrolle spielte, mit, sie ließen sich nicht zu übereiltem Handeln drängen, und sie allein würden den Zeitpunkt zum Losschlagen bestimmen. Das war für Hitler ein Signal, daß er selber die Initiative ergreifen müsse. Sein Anhang war jedoch nicht groß genug, um allein einen Putsch durchzuführen. Er brauchte die Hilfe des bayerischen Staates, der Reichswehr und der Polizei – das war die Lehre, die ihm in seinen Elendstagen die Wiener Politik erteilt hatte. Auf irgendeine Weise mußte er Kahr, Lossow und Seißer in eine Situation bringen, aus der es für sie kein Zurück gab und in der sie mit ihm zusammen handeln würden. Das erforderte Kühnheit, ja Rücksichtslosigkeit, und Hitler besaß beides, wie er jetzt zeigen sollte. Er beschloß, das Triumvirat zu entführen und es zu zwingen, nach seiner Pfeife zu tanzen.

Die Idee stammte ursprünglich von Rosenberg und einem anderen Rußlandflüchtling, Scheubner-Richter. Für den 4. November, den Totengedenktag, war eine Militärparade angekündigt worden, die nicht nur Kahr, Lossow und Seißer, sondern auch der beliebte Kronprinz Rupprecht in einer engen, zur Feldherrnhalle führenden Straße abnehmen sollten. Scheubner-Richter und Rosenberg hatten nun Hitler vorgeschlagen, auf Lastwagen ein paar hundert SA-Leute heranzuschaffen und die enge Straße abzuriegeln, ehe die Truppen eintrafen. Hitler sollte dann die Tribüne besteigen, die Revolution ausrufen und die Notabeln mit vorgehaltener Pistole zum Mitmachen zwingen. Hitler war von dem Plan begeistert. Doch als Rosenberg am Totengedenktag frühmorgens zu Erkundungszwecken am Schauplatz erschien, entdeckte er zu seinem Entsetzen, daß die ganze Straße von einer starken, gutbewaffneten Polizeitruppe besetzt war. Der Putsch, ja die »Revolution«, mußte aufgegeben werden.

Das heißt, er wurde nur aufgeschoben. Man heckte einen zweiten Plan aus, mit dem es sich vermeiden ließ, an strategischen Punkten auf starke Polizeiverbände zu stoßen. In der Nacht vom 10. zum 11. November sollten die SA und andere bewaffnete Banden des Kampfbundes auf der Fröttmaninger Heide im Norden Münchens konzentriert werden, am Morgen des 11. November, dem Jahrestag des verhaßten, schmachvollen Waffenstillstands, in die Stadt einmarschieren, strategische Punkte besetzen, die nationale Revolution ausrufen und die zögernden Kahr, Lossow und Seißer vor vollendete Tatsachen stellen.

Doch in diesem Augenblick veranlaßte eine nicht gerade wichtige Nachricht Hitler, den Plan fallen zu lassen und einen neuen zu improvisieren. In der Presse erschien die kurze Notiz, daß Kahr auf Bitten Münchner Wirtschaftsverbände am Abend des 8. November in einer Versammlung im *Bürgerbräukeller* über das Programm der bayerischen Regierung sprechen werde. Auch General von Lossow, Oberst Seißer und andere führende Persönlichkeiten würden anwesend sein.

Aus zwei Überlegungen heraus kam Hitler zu einem raschen Entschluß. Erstens hatte er Kahr im Verdacht, die Gelegenheit der öffentlichen Versammlung zu benutzen, um die Unabhängigkeit Bayerns zu proklamieren und die Wittelsbacher wieder auf den Thron zu setzen. Am 8. November bemühte sich Hitler den ganzen Tag lang vergebens um eine Unterredung mit Kahr, der ihn auf den 9. vertröstete. Das alles bestärkte Hitler nur in seinem Verdacht. Er mußte Kahr zuvorkommen. Zweitens bot die Versammlung im *Bürgerbräu* die ihm am 4. November entgangene Gelegenheit: die Möglichkeit, alle drei Mitglieder des Triumvirats an die Kandare zu nehmen und sie mit vorgehaltener Pistole zu zwingen, mit der NSDAP zusammen die Revolution durchzuführen. Hitler beschloß, unverzüglich zu handeln. Er widerrief die für den 10. November vorgesehene Mobilisierung, und die SA wurde in aller Eile alarmiert und zum *Bürgerbräu* beordert.

DER BÜRGERBRÄU-PUTSCH

Am 8. November 1923, gegen 20.45 Uhr, nachdem Kahr bereits eine halbe Stunde lang vor 3000 durstigen, vor ihren Bierseideln an Holztischen sitzenden Bürgern gesprochen hatte, umstellte die SA den *Bürgerbräukeller*. Kurz darauf betrat Hitler den Saal. Während seine Leute am Eingang ein Maschinengewehr aufstellten, sprang er auf einen Tisch und schoß aus seiner Pistole in die Decke, um die Aufmerksamkeit auf sich zu lenken. Kahr unterbrach seine Rede. Das Publikum wandte sich um, um festzustellen, woher die Störung kam. Mit Hilfe von Heß und Ulrich Graf, dem Amateurringkämpfer und nunmehrigen Leibwächter seines Führers, bahnte Hitler sich einen Weg zum Podium. Ein Polizeimajor versuchte ihn aufzuhalten, aber Hitler bedrohte ihn mit der Pistole und drängte weiter. Kahr war inzwischen – einem Augenzeugen zufolge – »bleich und konfus« geworden. Er trat vom Podium zurück, das nun Hitler einnahm.

Die nationale Revolution ist ausgebrochen! [schrie Hitler]. Der Saal ist von sechshundert Schwerbewaffneten besetzt. Niemand darf den Saal verlassen. Die bayerische und die Reichsregierung sind gestürzt. Eine provisorische nationale Regierung ist gebildet worden. Die Kasernen der Reichswehr und der Landespolizei sind besetzt. Reichswehr und Polizei rücken bereits unter den Hakenkreuzfahnen heran.

Das letztere stimmte nicht, es war reiner Bluff. Aber in der allgemeinen Verwirrung wußte niemand, ob es nun Bluff war oder nicht. Hitlers Pistole hingegen war eine Realität. Er hatte einen Schuß abgegeben. Realität waren auch die SA-Leute mit ihren Gewehren und Maschinengewehren. Hitler forderte jetzt Kahr, Lossow und Seißer auf, ihm in einen Nebenraum zu folgen. Von SA-Leuten vorangestoßen, taten die drei höchsten Beamten Bayerns, wie ihnen geheißen wurde, während die Menge verblüfft zusah. Allerdings wuchs auch ihr Groll. Viele Geschäftsleute sahen in Hitler immer noch eine Art Emporkömmling. Einer von ihnen rief der Polizei zu: »Nun seid nicht so feige wie 1918. Schießt!« Aber die Polizei, die ihren eigenen Chef so folgsam und den Saal von SA umstellt sah, rührte sich nicht. Im übrigen hatte Hitler vorgesorgt: Sein Agent im Polizeipräsidium, Wilhelm Frick, hatte dem im Saal diensttuenden Offizier telefonisch befohlen, sich nicht einzumischen, sondern nur zu berichten. Inzwischen war die Menge so widerspenstig geworden, daß Göring es für notwendig hielt, aufs Podium zu steigen und sie beruhigen. »Keine Angst«, rief er, »wir haben die besten Absichten. Sie haben deshalb keinen Grund zu murren, Sie haben ja ihr Bier!« Und er teilte ihnen mit, daß im Nebenraum eine neue Regierung gebildet werde.

Nachdem Hitler seine Gefangenen in den Nebenraum gedrängt hatte, sagte er zu ihnen: »Niemand verläßt lebend das Zimmer ohne meine Erlaubnis!« Dann gab er ihnen bekannt, daß er im Begriff sei, mit Ludendorff eine neue bayerische und eine neue Reichsregierung zu bilden und daß sie entweder in der einen oder der anderen Schlüsselstellungen erhalten würden. Mit Ludendorff? Hitler hatte vorsorglich am späten Nachmittag Scheubner-Richter nach Ludwigshöhe geschickt, um den berühmten General – der im übrigen von der Verschwörung der NSDAP nichts wußte – in den *Bürgerbräukeller* holen zu lassen.

Die drei Gefangenen weigerten sich zunächst, mit Hitler auch nur ein Wort zu wechseln. Er fuhr fort, sie zu bedrängen. Sie alle müßten gemeinsam mit ihm die Revolution ausrufen und die neuen Regierungen bilden; jeder von ihnen müsse den Posten übernehmen, den Hitler ihm zugedacht habe, andernfalls gebe es für sie »keine Daseinsberechtigung« mehr. Kahr werde Regent in Bayern, Lossow Reichswehrminister, Seißer Reichsinnenminister. Keiner der drei schien von der Aussicht auf einen solch hohen Posten beeindruckt zu sein. Sie gaben keine Antwort. Und ihr fortgesetztes Schweigen machte Hitler nervös. Schließlich schwenkte er wieder seine Pistole vor ihnen hin und her. »Vier Schuß habe ich in meiner Pistole, drei für meine Mitarbeiter, wenn sie mich verlassen, die letzte Kugel für mich!« Dann setzte er die Pistole an seine Schläfe und rief: »Wenn ich nicht morgen nachmittag Sieger bin, bin ich ein toter Mann.«

Kahr war zwar kein heller Kopf, besaß aber Mut. »Herr Hitler«, sagte er, »Sie können mich verhaften oder erschießen. Ob ich sterbe oder nicht, ist bedeutungslos.«

Auch Seißer tat nun den Mund auf. Er warf Hitler vor, seine ehrenwörtliche Versicherung, keinen Putsch gegen die Polizei zu unternehmen, gebrochen zu haben. »Ja, das tat ich«, erwiderte Hitler, »verzeihen Sie mir; ich habe um des Vaterlandes willen so handeln müssen.«

General von Lossow hatte bis dahin geschwiegen. Als ihm aber Kahr jetzt etwas zuflüsterte, fuhr Hitler dazwischen: »Halt! Ohne meine Erlaubnis darf nicht gesprochen werden.«

So viel er auch redete, er kam nicht weiter. Nicht einmal im Anblick von Hitlers Pistole waren die drei Männer, die die Macht im bayerischen Staat hatten, bereit, mit ihm zusammenzugehen. Der Putsch verlief nicht planmäßig. Da folgte Hitler einer plötzlichen Eingebung. Wortlos stürzte er in den Saal, bestieg das Podium und verkündete der unruhigen Menge, die im Nebenraum befindlichen Mitglieder des Triumvirats hätten mit ihm gemeinsam eine neue nationale Regierung gebildet:

Die bayerische Regierung ist abgesetzt... Die Regierung der Novemberverbrecher in Berlin wird für abgesetzt erklärt. Eine neue deutsche nationale Regierung wird in Bayern, hier in München, heute noch ernannt. Es wird sofort gebildet eine deutsche nationale Armee... Ich schlage vor: bis zum Ende der Abrechnung mit den Ver-

brechern, die heute Deutschland zugrunde richten, übernehme ich die Leitung der Politik der provisorischen nationalen Regierung. Exzellenz Ludendorff übernimmt die Leitung der deutschen nationalen Armee ... Die Aufgabe der provisorischen deutschen nationalen Regierung ist, mit der ganzen Kraft dieses Landes und der herbeigezogenen Kraft aller deutschen Gaue den Vormarsch anzutreten in das Sündenbabel Berlin, das deutsche Volk zu retten ... Der Morgen findet entweder in Deutschland eine deutsche nationale Regierung oder uns tot.

Es war weder die erste noch die letzte von Hitlers meisterhaften Lügen, und sie tat ihre Wirkung. Als die Versammlung hörte, Kahr, Lossow und Seißer seien mit Hitler übereingekommen, vollzog sich ein rascher Stimmungsumschwung. Die im Nebenzimmer immer noch eingeschlossenen drei Männer vernahmen laute Beifallsrufe.

In diesem Augenblick erschien, wie herbeigezaubert, General Ludendorff. Er war allerdings wütend, weil Hitler ihn völlig überrascht hatte, und als er, ins Nebenzimmer geführt, erfuhr, daß der ehemalige Gefreite und nicht er Diktator in Deutschland sein solle, wurde sein Zorn noch größer. Er sprach kaum ein Wort mit dem ungestümen jungen Mann. Aber das machte Hitler nichts aus, solange Ludendorff seinen Namen für das desperate Unternehmen hergab und die drei widerstrebenden Männer, die er selbst bisher trotz aller Drohungen nicht zum Nachgeben hatte bringen können, auf seine Seite zog. Das tat Ludendorff denn auch. Es gehe um eine große nationale Sache, sagte er, und er rate den Herren, sich nicht zu versperren. Aus Ehrfurcht vor dem berühmten Feldherrn gab das Trio dann offenbar nach, obwohl Lossow später bestritt, sich dem Befehl Ludendorffs unterstellt zu haben. Kahr erging sich ein paar Minuten lang über die ihm so sehr am Herzen liegende Frage der Wiederherstellung der Wittelsbacher Monarchie. Schließlich sagte er, er wolle als »Stellverteter des Königs« mitmachen.

Ludendorffs rechtzeitiges Erscheinen hatte Hitler gerettet. Überglücklich über diese Wendung führte er die anderen in den Saal zurück, wo jeder eine kurze Ansprache hielt und alle einander und dem neuen Regime Treue schworen. Aus Begeisterung sprangen die Leute im Saal auf Tische und Stühle. Hitler strahlte. Er betrat wieder das Podium und sprach sein Schlußwort:

Ich will jetzt erfüllen, was ich mir heute vor fünf Jahren als blinder Krüppel im Lazarett gelobte: nicht zu ruhen und zu rasten, bis die Novemberverbrecher zu Boden geworfen sind, bis auf den Trümmern des heutigen jammervollen Deutschlands wiederauferstanden sein wird ein Deutschland der Macht und der Größe, der Freiheit und der Herrlichkeit.

Die Versammlung begann auseinanderzuströmen. An den Ausgängen hielten SA-Leute unter Führung von Heß eine Reihe bayerischer Kabinettsmitglieder und andere führende Persönlichkeiten zurück, die in der Menge zu entkommen versuchten. Hitler selbst behielt Kahr, Lossow und Seißer im Auge. Doch kam die Nachricht von einem

Zusammenstoß zwischen Sturmabteilungen des Bundes *Oberland* und Reichswehrverbänden in der Pionierkaserne. Hitler beschloß, hinzufahren und den Streit persönlich zu schlichten, und überließ den Saal der Obhut Ludendorffs.

Das war ein fataler Fehler. Lossow war der erste, der sich davonmachte. Er sagte Ludendorff, er müsse in seine Dienststelle, um die nötigen Befehle zu erteilen. Als Scheubner-Richter Einwände erhob, gab ihm Ludendorff einen strengen Verweis: »Ich verbiete Ihnen, am Wort eines deutschen Offiziers zu zweifeln.« Dann verschwanden auch Kahr und Seißer.

Als Hitler in gehobener Stimmung zum Bürgerbräukeller zurückkehrte, stellte er fest, daß die Vögel ausgeflogen waren. Das war der erste ihn betäubende Schlag. Er hatte zuversichtlich damit gerechnet, seine »Minister« bereits am Werk und Ludendorff und Lossow mit der Ausarbeitung der Pläne für den Marsch auf Berlin vorzufinden. Doch nichts dergleichen war geschehen. Zwar hatte Röhm mit Angehörigen des Verbandes *Reichskriegsflagge* das Wehrkreiskommando in der Schönfeldstraße besetzt, aber von anderen strategischen Punkten stand kein einziger unter der Kontrolle revolutionärer Kräfte, ja nicht einmal das Telegraphenamt, über dessen Drähte Nachrichten nach Berlin und zurück liefen, darunter General von Seeckts Befehl an die Reichswehr in Bayern, den Putsch niederzuschlagen.

Wenn es auch unter den jüngeren Offizieren und unter den Soldaten ein paar mit Hitler und Röhm sympathisierende Abtrünnige gab, so waren doch die höheren Offiziere, voran General von Danner, der Kommandeur der Münchner Garnison, bereit, Seeckts Befehl nachzukommen. Außerdem waren sie erzürnt über die Behandlung, die General von Lossow zuteil geworden war – eine Schmach für das Offizierkorps. Von der Kaserne des 19. Infanterieregiments aus, in der Lossow zu Danner gestoßen war, wurden eiligst Verstärkungen aus anderen Garnisonen angefordert. Beim Morgengrauen war Röhm mit seinen Leuten im Wehrkreiskommando von Reichswehrtruppen umstellt.

Bevor dies geschah, hatten Hitler und Ludendorff Röhm aufgesucht, um die Lage zu besprechen. Röhm war erschrocken gewesen, daß außer ihm niemand mit Waffengewalt vorgegangen und Schlüsselstellungen besetzt hatte. Hitler bemühte sich dann verzweifelt, wieder in Kontakt mit Lossow, Kahr und Seißer zu kommen. Im Namen Ludendorffs wurden Boten in die Kaserne des 19. Infanterieregiments geschickt, aber sie kehrten nicht zurück. Pöhner, der frühere Polizeipräsident Münchens und jetzt Anhänger Hitlers, wurde zusammen mit Major Hühnlein und einer Gruppe SA-Männer ausgeschickt, um das Polizeipräsidium zu besetzen. Sie wurden dort sofort verhaftet.

Und was tat Gustav von Kahr, der Chef der bayerischen Regierung? Bald nach Verlassen des *Bürgerbräukellers* hatte er seine Fassung und auch seinen Mut wiedergewonnen. Da er nicht noch einmal Gefahr laufen wollte, in die Hände Hitlers und seiner Rowdies zu geraten, verlegte er die Regierung nach Regensburg. Doch vorher ließ er in ganz München Plakate mit folgender Proklamation anschlagen:

Trug und Wortbruch ehrgeiziger Gesellen haben aus einer Kundgebung für nationales Wiedererwachen eine Szene widerwärtiger Vergewaltigung gemacht. Die mir, General von Lossow und Oberst Seißer mit vorgehaltenem Revolver abgepreßten Erklärungen sind null und nichtig. Die Nationalsozialistische Deutsche Arbeiterpartei sowie die Kampfverbände »Oberland« und »Reichskriegsflagge« sind aufgelöst.

von Kahr
Generalstaatskommissar.

Der Sieg, der Hitler am Abend vorher so greifbar nahe erschienen war, hatte sich über Nacht verflüchtigt. Das Fundament, das er stets als unerläßlich für eine erfolgreiche politische Revolution erachtet hatte – nämlich die Unterstützung bestehender Institutionen wie der Armee, der Polizei und der jeweils mächtigsten politischen Gruppe –, brach nun zusammen. Nicht einmal Ludendorffs magischer Name hatte, wie sich jetzt zeigte, die Armee gewinnen können. Hitler glaubte, die Situation ließe sich vielleicht retten, wenn er und der General sich nach Rosenheim absetzten, um dort seine bewaffneten Anhänger zu sammeln und auch die Bauern zum Marsch nach München aufzurufen, aber Ludendorff lehnte den Gedanken ab.

Doch vielleicht gab es noch einen anderen Ausweg, der zumindest die Katastrophe verhüten würde. Kronprinz Rupprecht, ein erbitterter Feind Ludendorffs, hatte sofort nach der Benachrichtigung über den Putsch eine knappe Erklärung abgegeben, worin er sofortige Gegenmaßnahmen empfahl. Hitler beschloß nun, an den Kronprinzen zu appellieren, damit dieser sich für eine ehrenvolle friedliche Regelung mit Kahr und Lossow verwende. Leutnant Neunzert, ein Freund sowohl Hitlers wie des Kronprinzen, wurde in dieser delikaten Mission eiligst zum Schloß der Wittelsbacher bei Berchtesgaden geschickt. Da er kein Auto auftreiben konnte, mußte er den Zug nehmen und gelangte erst gegen Mittag an sein Ziel. Um diese Stunde jedoch nahmen die Ereignisse eine Wendung, die Hitler nicht vorausgesehen und Ludendorff nicht im Traum für möglich gehalten hatte.

Hitler hatte einen Putsch geplant, nicht einen Bürgerkrieg. Trotz seiner fieberhaften Aufregung hatte er sich genügend in der Gewalt, um zu erkennen, daß er nicht stark genug war, Polizei und Armee zu überwältigen. Er wünschte eine Revolution *mit* der Reichswehr, nicht *gegen* sie. Mochten seine jüngsten Reden auch blutrünstig geklungen haben, so schreckte er doch vor gegenseitigem Blutvergießen von Menschen zurück, die sich in ihrem Haß gegen die Republik einig waren.

Ebenso dachte Ludendorff. Er schlug nunmehr dem schwankenden jungen Führer der NSDAP einen Plan vor, mit dessen Hilfe man immer noch siegen und trotzdem Blutvergießen vermeiden könne. Deutsche Soldaten und deutsche Polizisten, meinte er zuversichtlich, würden es niemals wagen, auf den legendären Feldherrn zu schießen, der sie einst an der Ost- und Westfront zu großen Siegen geführt habe. Er wolle, sagte er, mit Hitler und den Kampfverbänden in die Stadtmitte ziehen und sie besetzen. Er sei überzeugt, daß Soldaten und Polizisten ihm nicht nur nicht entgegentreten, sondern zu ihm stoßen und unter seinem Befehl kämpfen würden. Hitler war zwar etwas skeptisch, stimmte aber zu. Offenbar gab es keinen anderen Ausweg, zumal der Kronprinz allem Anschein nach auf seine Bitte um Vermittlung nicht reagiert hatte.

Etwa um elf Uhr am Vormittag des 9. November, des Jahrestages der Ausrufung der deutschen Republik, führten Hitler und Ludendorff eine rund 3000 Mann starke Marschkolonne vom Bürgerbräukeller aus in Richtung Stadtmitte. Neben ihnen an der Spitze des Zuges marschierten Göring, Scheubner-Richter, Rosenberg, Ulrich Graf und ein halbes Dutzend andere NSDAP- und Kampfbundführer. Vorangetragen wurden die Hakenkreuzfahne und das Banner des *Bundes Oberland*. Nicht weit hinter den ersten Reihen fuhr langsam ein Lastwagen mit Maschinengewehren und MG-Schützen. Die SA-Leute trugen Karabiner, zum Teil mit aufgepflanztem Bajonett. Hitler selbst schwang seine Pistole. Es war keineswegs eine imposante Streitkraft, aber Ludendorff, der einmal Millionen bester deutscher Soldaten unter seinem Befehl gehabt hatte, hielt sie offenbar für den Zweck für ausreichend.

Ein paar hundert Meter nördlich des *Bürgerbräukellers* stießen die Rebellen auf das erste Hindernis. An der Ludwigsbrücke, die über die Isar in Richtung Stadtmitte führt, stand eine bewaffnete Polizeitruppe und versperrte den Weg. Göring sprang vor und sagte dem Polizeioffizier, in der Kolonne befänden sich einige Geiseln, die erschossen würden, wenn die Polizei das Feuer eröffne. Tatsache war, daß Heß und andere NSDAP-Mitglieder im Lauf der Nacht für den Notfall ein paar Geiseln, darunter zwei Kabinettsmitglieder, zusammengetrieben hatten. Ob nun Göring bluffte oder nicht, der Polizeioffizier glaubte seinen Worten und ließ die Kolonne ungehindert die Brücke passieren.

Auf dem Marienplatz stieß der Zug auf eine große Menschenmenge, die sich gerade eine Rede des Nürnberger Judenhassers Julius Streicher anhörte, der auf die erste Nachricht von dem Putsch hin nach München geeilt war. Streicher, der die Revolution nicht versäumen wollte, brach seine Rede ab, gesellte sich zu den Rebellen und trat in die zweite Reihe unmittelbar hinter Hitler.

Kurz nach Mittag näherte sich die Kolonne ihrem Ziel, dem Wehrkreiskommando, in dem Röhm und seine Leute von Reichswehrsoldaten belagert wurden. Bislang hatten weder Belagerer noch Belagerte einen Schuß abgegeben. Auf beiden Seiten des Stacheldrahts standen ehemalige Soldaten und Kriegskameraden, die keine Neigung hatten, aufeinander zu schießen.

Um zum Wehrkreiskommando zu gelangen und Röhm zu befreien, führten Hitler und Ludendorff jetzt ihren Zug durch die enge Residenzstraße, die sich hinter der Feldherrnhalle zu dem geräumigen Odeonsplatz erweitert. Doch am Ende dieser schluchtartigen Straße blockierte eine etwa hundert Mann starke und mit Karabinern ausgerüstete Polizeiabteilung den Durchgang. Und diesmal gab die Polizei die Bahn nicht frei.

Doch wiederum versuchten es die Anhänger Hitlers mit Überredung. Einer von ihnen, Hitlers treuester Leibwächter Ulrich Graf, lief voraus und rief dem diensthabenden Polizeioffizier zu: »Nicht schießen! Exzellenz Ludendorff und Hitler kommen!« Selbst in diesem gefährlichen Augenblick versäumte dieser deutsche Revolutionär, dieser frühere Ringkämpfer und »Rausschmeißer«, nicht, einen hohen Herrn beim gebührenden Titel zu nennen. Hitler schrie: »Ergebt euch!« Aber der unbekannte Polizeioffizier ergab sich nicht. Offenbar übte Ludendorffs Name auf ihn keine magische Wirkung aus. Von welcher Seite der erste Schuß fiel, wurde nie klargestellt. Jede schob die Schuld auf die andere. Ein Augenzeuge sagte später aus, Hitler habe aus seiner Pistole den ersten Schuß abgegeben. Ein anderer meinte, es sei Streicher gewesen. Wie es auch gewesen sein mag, es fiel jedenfalls ein Schuß, und im nächsten Augenblick hagelten die Kugeln von beiden Seiten, zum Verhängnis für Hitlers Hoffnungen. Scheubner-Richter brach tödlich getroffen zusammen. Göring erlitt eine schwere Hüftverletzung. Schon nach einer Minute hörte das Feuer auf, aber auf der Straße lagen sechzehn NSDAP-Mitglieder und drei Polizisten tot oder sterbend, viele andere verwundet. Die übrigen, darunter Hitler, hatten sich, um ihr Leben zu retten, zu Boden geworfen.

Nur einer machte eine Ausnahme, und wäre man seinem Beispiel gefolgt, hätten die Dinge vielleicht einen anderen Verlauf genommen. Ludendorff war nicht in Deckung gegangen. Aufrecht und stolz, seinen Adjutanten Major Streck an der Seite, marschierte er ruhig zwischen den Läufen der Polizeigewehre hindurch bis zum Odeonsplatz, eine einsame, wunderliche Gestalt. Kein einziger Nationalsozialist folgte ihm. Nicht einmal deren oberster Führer Adolf Hitler.

Der künftige Kanzler des Dritten Reiches war der erste, der sich in Sicherheit brachte. Er war mit Scheubner-Richter Arm in Arm (eine seltsame, aber vielleicht aufschlußreiche Geste) der Polizeikette entgegenmarschiert; und als Scheubner-Richter zusammengebrochen war, hatte er Hitler mit sich zu Boden gerissen. Vielleicht glaubte Hitler, ebenfalls getroffen zu sein; er hatte große Schmerzen, die aber, wie sich später herausstellte, von einer Schulterverrenkung herrührten. Tatsache bleibt, daß Hitler, wie einer seiner eigenen Anhänger, der Arzt Dr. Walter Schulz, sowie mehrere andere Zeugen bekundeten, »der erste war, der sich erhob und zurückzog« und seine toten und verwundeten Parteigenossen auf der Straße liegen ließ. Man schob ihn eilends in einen bereitstehenden Wagen und brachte ihn nach Uffing ins Landhaus der Hanfstaengls, wo er von »Putzis« Frau und Schwester gepflegt und nach zwei Tagen verhaftet wurde.

Ludendorffs Festnahme erfolgte an Ort und Stelle. Voller Verachtung für die Rebellen, die nicht den Mut gehabt hatten, hinter ihm herzumarschieren, und voller Erbitterung gegen die Reichswehr, die nicht zu ihm übergetreten war, erklärte er, für ihn gäbe es fortan keine deutschen Offiziere mehr, und er selbst werde niemals mehr eine Offiziersuniform anlegen. Der schwerverwundete Göring erhielt erste Hilfe von dem jüdischen Besitzer einer nahegelegenen Bank, in die man ihn hineingetragen hatte, und wurde dann von seiner Frau über die österreichische Grenze geschmuggelt und in ein

Innsbrucker Krankenhaus gebracht. Auch Heß floh nach Österreich. Röhm kapitulierte zwei Stunden nach dem Zusammenbruch an der Feldherrnhalle. Innerhalb weniger Tage saßen alle Aufständischen, außer Göring und Heß, hinter Schloß und Riegel. Die Partei wurde aufgelöst, und der Nationalsozialismus war allem Anschein nach tot. Der Führer Adolf Hitler, der bei der ersten Salve davongelaufen war, schien gänzlich diskreditiert und seine meteorhafte politische Laufbahn am Ende zu sein.

Es stellte sich jedoch heraus, daß diese Laufbahn lediglich – und nicht einmal für lange – unterbrochen worden war. Hitler war schlau genug zu erkennen, daß das gegen ihn eingeleitete Gerichtsverfahren keineswegs das Ende, sondern vielmehr eine neue Plattform sein würde, von der aus er einerseits die Behörden, die ihn verhaftet hatten, bloßstellen und andererseits – was noch viel wichtiger war – zum erstenmal seinen Namen über Bayerns und sogar Deutschlands Grenzen hinaus bekannt machen konnte. Er war sich durchaus bewußt, daß sich bei dem Hochverratsprozeß Berichterstatter der führenden deutschen Presse wie der Weltpresse in München einfinden würden. Die Verhandlungen begannen am 26. Februar 1924 vor einem Sondergericht in der alten Infanterieschule in der Blutenburgstraße. Sie dauerten 24 Tage, in deren Verlauf Hitler seine Niederlage in einen Triumph verwandelte, Kahr, Lossow und Seißer in den Augen der Öffentlichkeit zu Mitschuldigen machte, dem deutschen Volk mit seiner Beredsamkeit und seinem glühenden Nationalismus imponierte und seinen Namen in die Schlagzeilen der Weltpresse brachte.

Natürlich war Ludendorff der berühmteste der zehn Angeklagten, aber Hitler drängte sich sofort ins Scheinwerferlicht. Von Anfang bis Ende beherrschte er den Gerichtssaal. Der bayerische Justizminister Franz Gürtner, ein alter Freund und Gönner Hitlers, hatte dafür gesorgt, daß die Richter wohlwollend und nachgiebig waren. Hitler durfte sooft er wollte die Verhandlungen unterbrechen, Zeugen nach Belieben ins Kreuzverhör nehmen und jederzeit ohne Begrenzung der Rededauer sprechen. Seine einleitende Erklärung nahm volle vier Stunden in Anspruch, und es war nur die erste von vielen.

Er hatte nicht die Absicht, wie er einige Jahre später sagte, den Fehler der Kapp-Putschisten vor Gericht zu begehen: »Da hob jeder den Schwurfinger empor: er habe nichts gewußt. Er habe nichts beabsichtigt und nichts gewollt. Das hat die bürgerliche Welt vernichtet, daß sie nicht den Mut hatten, einzustehen für ihre Tat, vor den Richterstuhl hinzutreten und zu sagen: ›Ja, das haben wir gewollt, wir wollten diesen Staat stürzen ...‹[12].«

Jetzt, vor den Richtern und den Vertretern der Weltpresse, verkündete Hitler stolz: »Ich trage die Verantwortung ganz allein, erkläre aber eines: Verbrecher bin ich deshalb nicht, und als Verbrecher fühle ich mich auch nicht. Ich kann mich nicht schuldig bekennen, aber ich bekenne mich zur Tat. Es gibt keinen Hochverrat gegen die Landesverräter von 1918[13].«

Wenn sein Unternehmen Hochverrat gewesen wäre, dann müßten auch die Spitzen der bayerischen Regierung, der Reichswehr und der Polizei neben ihm auf der Anklagebank sitzen, statt im Zeugenstand zu stehen, denn sie hätten sich mit ihm zusammen gegen die Reichsregierung verschworen:

Eins ist sicher: die ganze Zeit haben Kahr, Lossow und Oberst Seißer mit uns das gleiche Ziel verfolgt, nämlich die Reichsregierung ... zu beseitigen. [Sie haben] die ganze Zeit über von nichts anderem als davon gesprochen ...

Die drei Männer konnten das kaum leugnen, denn es stimmte. Kahr und Seißer waren zudem Hitlers Beredsamkeit nicht gewachsen. Nur von Lossow verteidigte sich heftig. »Ich war doch kein berufsloser *Komitatschi*«, sagte er den Richtern. »Ich bekleidete einen hohen Staatsposten«. Und dann goß der General den ganzen Spott des hohen Offiziers über diesen ehemaligen Gefreiten, diesen berufslosen Emporkömmling aus, den ein brennender Ehrgeiz zu dem Versuch verleitet habe, Reichswehr und Staat Vorschriften zu machen. Vor noch nicht langer Zeit sei dieser skrupellose Demagoge lediglich »der Trommler« einer patriotischen Bewegung gewesen.
Lediglich ein Trommler? Hitler wußte, was er zu entgegnen hatte:

Wie klein denken doch kleine Menschen! Nehmen Sie die Überzeugung hin, daß ich die Erringung eines Ministerpostens nicht als erstrebenswert ansehe. Ich halte es eines großen Mannes nicht für würdig, seinen Namen der Geschichte nur dadurch überliefern zu wollen, daß er Minister wird. Da könnte man auch Gefahr laufen, neben anderen Ministern begraben zu werden ... Was mir vor Augen stand, das war vom ersten Tage an tausendmal mehr, als Minister zu werden. Ich wollte der Zerbrecher des Marxismus werden. Ich werde diese Aufgabe lösen, und wenn ich sie löse, dann wäre der Titel eines Ministers für mich eine Lächerlichkeit.

Er beschwor Wagner herauf:

Als ich zum erstenmal vor Wagners Grab stand, da quoll mir das Herz über vor Stolz, daß hier ein Mann ruht, der es sich verbeten hat, hinauf zu schreiben: Hier ruht Geheimrat Musikdirektor Exzellenz Baron Richard von Wagner. Ich war stolz darauf, daß dieser Mann und so viele Männer der deutschen Geschichte sich damit begnügen, ihren Namen der Nachwelt zu überliefern, nicht ihren Titel. Nicht aus Bescheidenheit wollte ich damals »Trommler« sein; das ist das Höchste, das andere ist eine Kleinigkeit.

Es sei ihm vorgeworfen worden, vom Trommler zum Diktator aufsteigen zu wollen. Nun wohl, er leugne das auch nicht. Er sei vom Schicksal dazu bestimmt:

Wer zum Diktator geboren ist, der wird nicht gedrängt, sondern der will; der wird nicht vorgedrängt, sondern drängt selber vor. Es ist nicht an dem, daß so etwas unbescheiden wäre; ist es etwa unbescheiden von einem Arbeiter, der sich zur schweren Arbeit drängt; ist es vielleicht vermessen von einem Manne mit hoher Denkerstirne, daß er nächtelang grübelt, bis er endlich der Menschheit eine Erfindung schenkt? Wer sich berufen fühlt, ein Volk zu regieren, hat nicht das Recht zu sagen: Wenn ihr mich wünscht oder holt, tue ich mit. Er hat die Pflicht, das zu tun.

Obwohl Hitler wegen Hochverrats mit einer langen Gefängnishaft zu rechnen hatte, war der Glaube an seine Berufung, »ein Volk zu regieren«, unerschüttert. Schon während seiner Untersuchungshaft hatte er über die Ursachen des Scheiterns des Putsches nachgedacht und sich geschworen, die gleichen Fehler nicht noch einmal zu machen. Dreizehn Jahre später, nachdem er sein Ziel erreicht hatte, erklärte er vor seinen im *Bürgerbräukeller* zum Gedenken des 9. November 1923 versammelten alten Kameraden: »Wir erkannten, daß es nicht genügt, den alten Staat zu stürzen, sondern daß zuvor der neue Staat praktisch ausgebaut sein muß. Damals faßte ich daher, wenige Tage nach dem Zusammenbruch, sofort einen neuen Entschluß: nun in aller Ruhe die Voraussetzungen zu schaffen, die ein neuerliches Scheitern ausschließen mußten... 1933 handelte es sich nicht mehr darum, einen Staat durch einen Gewaltakt zu stürzen, sondern der neue Staat war unterdes gebaut worden und hatte nur die letzten Reste des alten Staates in wenigen Stunden zu beseitigen [14].«

Wie der neue Staat aufzubauen sei, stand ihm bereits vor Augen, als er mit seinen Richtern und Anklägern die Klingen kreuzte. Vor allem mußte er beim nächsten Mal die Reichswehr nicht *gegen* sich, sondern *neben* sich haben. In seiner Schlußrede ließ er den Gedanken an Versöhnung mit der Armee aufklingen. Mit keinem Wort machte er ihr Vorwürfe:

Ich glaube, daß die Stunde kommen wird, da die Massen, die heute mit unserer Hakenkreuzfahne auf der Straße stehen, sich vereinen werden mit denen, die am 9. November auf uns geschossen haben... Als ich erfuhr, daß die grüne Polizei es war, die geschossen hat, hatte ich das glückliche Gefühl: wenigstens nicht das Reichsheer war es, das sich befleckt hat... Einmal wird die Stunde kommen, daß die Reichswehr an unserer Seite stehen wird.

Eine zutreffende Voraussage! Aber an dieser Stelle unterbrach ihn der Vorsitzende des Gerichtshofs: »Herr Hitler, Sie sagen, die grüne Polizei habe sich befleckt. Das kann ich nicht zulassen.«

Der Angeklagte beachtete den Verweis überhaupt nicht. Wie gebannt lauschten die Zuhörer im Gerichtssaal seinen Schlußworten:

Die Armee, die wir herangebildet haben, die wächst von Tag zu Tag... Gerade in diesen Tagen habe ich die stolze Hoffnung, daß einmal die Stunde kommt, da diese wilden Scharen zu Bataillonen, die Bataillone zu Regimentern, die Regimenter zu Divisionen werden, da die alte Kokarde aus dem Schmutz hervorgeholt wird, da die alten Fahnen wieder voranflattern, da die Versöhnung kommt beim ewigen letzten Gottesgericht, zu dem anzutreten wir willens sind...

Mit glühenden Augen wandte er sich unmittelbar an die Richter:

Denn nicht Sie, meine Herren, sprechen das Urteil über uns; das Urteil spricht das ewige Gericht der Geschichte. Ihr Urteil, das Sie fällen werden, kenne ich. Aber jenes Gericht wird uns nicht fragen: Habt Ihr Hochverrat getrieben oder nicht? Jenes Gericht wird über uns richten, über den Generalquartiermeister der alten Armee [Ludendorff], über seine Offiziere und Soldaten, die als Deutsche das Beste gewollt haben für ihr Volk und Vaterland, die kämpfen und sterben wollen. Mögen Sie uns tausendmal schuldig sprechen, die Göttin des ewigen Gerichts der Geschichte wird lächelnd den Antrag des Staatsanwaltes und das Urteil des Gerichtes zerreißen; denn sie spricht uns frei.

Die Urteilssprüche der irdischen Richter waren, wie Konrad Heiden bemerkt, nicht so weit vom Urteil der »Göttin des ewigen Gerichts der Geschichte« entfernt. Ludendorff wurde freigesprochen. Die anderen Angeklagten wurden zwar für schuldig befunden, doch erhielt Hitler als Strafe nur fünf Jahre Gefängnishaft, die er in der alten Festung Landsberg absitzen sollte. Trotzdem protestierten die Geschworenen noch gegen die Strenge des Urteils, worauf ihnen der Vorsitzende versicherte, der Angeklagte werde nach sechsmonatiger Haft auf Ehrenwort entlassen werden können. Bemühungen der Polizei, einen Ausweisungsbefehl für Hitler – der immer noch die österreichische Staatsbürgerschaft besaß – zu erlangen, blieben erfolglos. Am 1. April 1924 trat Hitler seine Strafe an, wurde indes nach kaum neun Monaten, am 20. Dezember, aus der Haft entlassen, so daß er seinen Kampf zum Sturz des demokratischen Staats wiederaufnehmen konnte. Wer als Rechtsradikaler Hochverrat beging, brauchte also keine allzu schweren Konsequenzen zu befürchten, was sich viele Antirepublikaner merkten.
Obwohl der Putsch ein Fiasko gewesen war, machte er in den Augen zahlreicher Menschen aus Hitler einen Patrioten und Nationalhelden. Die Parteipropaganda münzte ihn bald in die große Legende der Bewegung um. Nachdem Hitler zur Macht gekommen war, sprach er jedes Jahr, selbst noch nach Ausbruch des Zweiten Weltkriegs, am 8. November im Münchner *Bürgerbräukeller* vor seinen »alten Kämpfern«, die dem Führer in jenes groteske Abenteuer gefolgt waren. 1935 ließ der Reichskanzler Hitler die sterblichen Überreste der bei dem kurzen Feuergefecht gefallenen sechzehn Nationalsozialisten in der Feldherrnhalle beisetzen, die somit zum Nationalheiligtum wurde. »Sie gehen nun ein in die deutsche Unsterblichkeit«, sagte Hitler. »Hier stehen sie für Deutschland und wachen über unser Volk. Hier liegen sie als treue Zeugen für unsere Bewegung[15].« Was er nicht erwähnte und woran sich auch niemand zu erinnern schien, war die Tatsache, daß Hitler jene Zeugen sterbend auf der Straße liegen gelassen hatte, während er selbst die Flucht ergriff.

In der alten, hoch über dem Lech gelegenen Festung Landsberg, wo Hitler als eine Art Ehrengast behandelt wurde, ein Zimmer mit herrlicher Aussicht allein bewohnte und nach Belieben Besucher empfing, die ihm huldigten und ihm Geschenke brachten, begann er seinem getreuen Rudolf Heß, der freiwillig aus Österreich zurückgekehrt war, um die ihm zudiktierte Festungshaft mit seinem Führer zu teilen, Kapitel für Kapitel sein Buch zu diktieren[16].

IV

Hitlers Gedankengänge und die Wurzeln des Dritten Reiches

Hitler wollte seinem Buch den Titel geben: *Viereinhalb Jahre Kampf gegen Lüge, Dummheit und Feigheit.* Doch Max Amann, der dickköpfige Geschäftsführer des Parteiverlages, in dem das Buch erscheinen sollte, wehrte sich gegen einen so schwerfälligen – und unverkäuflichen – Titel und reduzierte ihn auf *Mein Kampf.* Davon abgesehen, war Amann von dem Inhalt des Buches schwer enttäuscht. Zunächst einmal hatte er gehofft, Hitler werde darin zügig erzählen, wie er vom »unbekannten Arbeiter« zum weltberühmten Mann aufgestiegen war. Doch das Buch enthielt, wie bereits erwähnt, wenig Autobiographisches. Sodann hatte Amann mit einer eingehenden Schilderung des *Bürgerbräu*-Putsches gerechnet, deren Dramatik und Doppelzüngigkeit, wie er meinte, aus dem Buch eine spannende Lektüre machen würde. Aber Hitler war zu schlau, gerade zu jenem Zeitpunkt, als es um die Geschicke der Partei schlecht bestellt war, alte Geschichten aufzuwärmen [1]. In *Mein Kampf* ist von dem gescheiterten Putsch kaum die Rede.

Der erste Band erschien im Herbst 1925, ein Werk von rund 400 Seiten, das 12 Mark kostete, etwa doppelt soviel wie die meisten vergleichbaren Bücher. Es war keineswegs sofort ein Bestseller. Amann behauptete zwar, im ersten Jahr seien 23 000 Stück verkauft worden und die Auflage stiege weiter an, aber in Kreisen der Gegner Hitlers war man skeptisch.

Dank der Tatsache, daß den Alliierten 1945 die Honorarabrechnungen des *Eher-Verlags* in die Hände fielen, läßt sich nunmehr Amanns Behauptung richtigstellen. 1925 wurden 9473 Exemplare verkauft. 1926 sank der Absatz auf 6913, 1927 auf 5607, 1928 auf 3015, in den beiden letzten Jahren unter Einschluß des zweiten Bandes. 1929 betrug die Verkaufsziffer 7664; mit dem Anwachsen der NSDAP und nach Erscheinen einer wohlfeilen Ausgabe in einem Bande für acht Mark erhöhte sie sich 1930 auf 54 086, sank im Jahr darauf auf 50 808 ab und stieg 1932 steil auf 90 351 an.

Hitlers Honorare – seine Haupteinnahmequelle ab 1925 – waren also, im Durchschnitt der sieben Jahre gerechnet, erheblich. Und doch sind sie nichts im Vergleich zu seinen Tantiemen nach 1933. Im ersten Jahr seiner Kanzlerschaft stieg die Auflage von *Mein Kampf* auf eine Million, und Hitlers Einkommen aus den Honoraren, die ab 1. Januar 1933 von zehn Prozent auf 15 Prozent erhöht wurden, betrug über eine Million Mark. Damit war er zum bestverdienenden Autor Deutschlands und zum Millionär geworden[2]. Außer der Bibel gab es während der Nazizeit kein anderes Buch, das sich so gut verkaufte, denn die meisten Familien fühlten sich nur sicher, wenn sie ein Exemplar im Haus hatten. Bei fast jeder Eheschließung wurde dem jungen Paar vom Standesamt *Mein Kampf* überreicht, und viele Schüler erhielten das Buch beim Schulabgang. Bis 1940 waren in Deutschland sechs Millionen Exemplare der nationalsozialistischen Bibel verkauft[3]*.

Nicht jeder Deutsche, der *Mein Kampf* kaufte, las das Buch auch. So manchen überzeugten Anhänger Hitlers habe ich klagen hören, es sei eine schwierige Lektüre, und insgeheim gaben viele zu, daß sie niemals durch die 782 schwülstigen Seiten bis zum Ende durchgekommen seien. Aber man darf wohl sagen, daß vielleicht Deutschland und die Welt vor der Katastrophe bewahrt geblieben wären, hätten vor 1933, als es noch Zeit war, eine größere Zahl deutscher Hitler-Gegner und die ausländischen Staatsmänner in der ganzen Welt das Buch sorgfältig studiert. Denn welche Anklagen sich auch immer gegen Adolf Hitler erheben lassen, man kann ihm nicht vorwerfen, daß er es unterlassen hat, Schwarz auf Weiß niederzulegen, was er mit Deutschland und der Welt vorhatte, sobald er einmal an der Macht wäre. Die Grundrisse des Dritten Reiches und – mehr noch – der barbarischen Neuordnung, die Hitler in den Jahren zwischen 1939 und 1945 den besiegten Völkern Europas auferlegte, sind mit unverblümter Rohheit lang und breit in diesem aufschlußreichen Buch aufgezeichnet.

Wie wir sahen, bildeten sich Hitlers Grundideen in Wien heraus, als er Anfang zwanzig war, und nach seinen eigenen Worten hat er später »weniges hinzulernen müssen, zu ändern brauchte ich nichts«. Als er 1913 im Alter von 24 Jahren von Österreich nach Deutschland ging, erfüllten ihn ein leidenschaftlicher Nationalismus, ein tiefer Haß gegen Demokratie, Marxismus und Judentum und die Gewißheit, daß die Vorsehung das deutsche Volk, da es zur arischen Rasse gehöre, zum Herrenvolk ausersehen habe.

In *Mein Kampf* verbreitete er sich über seine Ansichten und insbesondere über das Problem, dem geschlagenen, im Chaos versunkenen Deutschland nicht allein einen Platz an der Sonne wiederzugeben, größer als es ihn jemals gehabt hatte, sondern auch eine neue Art von Staat auf rassischer Grundlage und unter Einschluß aller außerhalb der Reichsgrenzen lebenden Deutschen zu schaffen, einen hierarchisch aufgebauten Staat mit einem Führer – ihm selbst – als absolutem Diktator an der Spitze. So enthält das Buch erstens die Umrisse des künftigen deutschen Staates unter Nennung der Mittel, durch die dieser Staat »eines Tages zum Herrn der Erde« werden könne, wie Hitler auf der allerletzten Seite seines Buches darlegt, und zweitens – um eines seiner Lieblingsworte zu benutzen – seine »Weltanschauung«. Daß für jeden normalen Menschen im 20. Jahrhundert diese Weltanschauung als unvergorenes Gebräu eines unreifen, neurotischen Halbgebildeten sofort erkenntlich ist, versteht sich von selbst. Be-

* Anm. d. Übersetzers: Nach Hermann Hammer, *Die deutschen Ausgaben von Hitlers ›Mein Kampf‹, Vierteljahreshefte für Zeitgeschichte*, Heft 2/1956, S. 161 ff., wurde in der 815.–820. Auflage von *Mein Kampf* im Jahr 1943 angegeben, die Gesamtauflage sämtlicher Ausgaben habe 9 840 000 Exemplare erreicht.

deutsam daran ist, daß sie von vielen Millionen Deutschen so fanatisch übernommen wurde und daß sie nicht nur sie selbst, sondern auch viele Millionen unschuldiger, anständiger Menschen innerhalb und vor allem außerhalb Deutschlands in den Untergang führte.

Wie sollte nun das neue Reich seine Stellung als Weltmacht wiedererlangen und dann die Weltherrschaft erringen? Dieser Frage ging Hitler in seinem ersten, größtenteils während der Haftzeit im Jahre 1924 geschriebenen Band nach, um in dem 1926 beendeten zweiten Band noch ausführlicher auf sie einzugehen.

An erster Stelle müsse die Abrechnung mit Frankreich, dem »unerbittlichen Todfeind des deutschen Volkes« stehen. Frankreichs Ziel werde stets ein »aufgelöstes und zertrümmertes Deutschland... ein Gemengsel von Kleinstaaten« sein. Das sei durchaus verständlich, fügte Hitler hinzu: »Wäre ich selbst Franzose..., so könnte und wollte auch ich nicht anders handeln, als es am Ende ein Clemenceau tut.« Daher müsse es zu »einer endgültigen aktiven Auseinandersetzung mit Frankreich... einem letzten Entscheidungskampf« kommen. »Erst dann wird man imstande sein, das ewige und an sich so unfruchtbare Ringen zwischen uns und Frankreich zum Abschluß zu bringen; allerdings unter der Voraussetzung, daß Deutschland in der Vernichtung Frankreichs nur ein Mittel sieht, um danach unserem Volke endlich an anderer Stelle die mögliche Ausdehnung geben zu können[4].«

Ausdehnung an anderer Stelle? An welcher? Damit kommt Hitler zum Kern seiner Gedanken über die deutsche Außenpolitik, die er so treulich in die Tat umzusetzen versuchte, als er Herrscher des Reiches geworden war. *Deutschland,* sagte er klipp und klar, *müsse sich nach Osten hin ausdehnen, hauptsächlich auf Kosten Rußlands.*

Im ersten Band von *Mein Kampf* ergeht Hitler sich ausführlich über das Problem des Lebensraumes, ein Thema, das ihn bis zum letzten Atemzug beschäftigte. Das Kaiserreich, erklärte er, habe den Fehler begangen, nach afrikanischen Kolonien zu streben. »Bodenpolitik kann nicht etwa in Kamerun ihre Erfüllung finden, sondern heute fast ausschließlich nur mehr in Europa.« Aber der Boden in Europa war bereits vergeben. »Gewiß«, gab Hitler zu, »ebenso aber ist es auch richtig, daß dieser Boden nicht von der Natur an und für sich einer bestimmten Nation oder Rasse als Reservatfläche für die Zukunft aufgehoben wurde, sondern er ist Land und Boden für das Volk, das die Kraft besitzt, ihn zu nehmen...« Was aber, wenn die gegenwärtigen Besitzer des Bodens sich wehren? »Dann tritt das Recht der Selbsterhaltung in seine Wirkung; und was der Güte verweigert wird, hat eben die Faust sich zu nehmen[5].«

Der Erwerb neuen Bodens, fuhr Hitler in seiner Kritik an der Außenpolitik der Vorkriegszeit fort, sei nur im Osten möglich gewesen:

Wollte man in Europa Grund und Boden, dann konnte dies im großen und ganzen nur auf Kosten Rußlands geschehen, dann mußte sich das neue Reich wieder auf der Straße der einstigen Ordensritter in Marsch setzen, um mit dem deutschen Schwert dem deutschen Pflug die Scholle, der Nation aber das tägliche Brot zu geben[6].

Als habe er sich im ersten Band nicht klar genug ausgedrückt, kam Hitler im zweiten noch einmal auf das Thema zurück:

Nur ein genügend großer Raum auf dieser Erde sichert einem Volke die Freiheit des Daseins... [Die nationalsozialistische Bewegung] muß dann, ohne Rücksicht auf »Traditionen« und Vorurteile, den Mut finden, unser Volk und seine Kraft zu sammeln zum Vormarsch auf jener Straße, die aus der heutigen Beengtheit des Lebensraumes dieses Volkes hinausführt zu neuem Grund und Boden und damit auch für immer von der Gefahr befreit, auf dieser Erde zu vergehen oder als Sklavenvolk die Dienste anderer besorgen zu müssen. Die nationalsozialistische Bewegung muß versuchen, daß Mißverhältnis zwischen unserer Volkszahl und unserer Bodenfläche – diese als Nährquelle sowohl wie auch als machtpolitischer Stützpunkt angesehen – ... zu beseitigen... Wir müssen unverrückbar an unserem außenpolitischen Ziele festhalten, nämlich dem deutschen Volk den ihm gebührenden Grund und Boden auf dieser Erde zu sichern[7].

Welchen Umfang hat nun der dem deutschen Volk gebührende Grund und Boden? Das Bürgertum, sagt Hitler verächtlich, das »auch hier nicht einen einzigen tragenden politischen Gedanken für die Zukunft besitzt«, strebe nach Wiederherstellung der deutschen Grenzen von 1914.

Die Forderung nach Wiederherstellung der Grenzen des Jahres 1914 ist ein politischer Unsinn von Ausmaßen und Folgen, die ihn als Verbrechen erscheinen lassen. Ganz abgesehen davon, daß die Grenzen des Reiches im Jahre 1914 alles andere eher als logische waren. Denn sie waren in Wirklichkeit weder vollständig in bezug auf die Zusammenfassung der Menschen deutscher Nationalität noch vernünftig in Hinsicht auf ihre militärgeographische Zweckmäßigkeit. Sie waren nicht das Ergebnis eines überlegten politischen Handelns, sondern Augenblicksgrenzen eines in keinerlei Weise abgeschlossenen politischen Ringens... Man könnte mit demselben Recht und in vielen Fällen mit mehr Recht irgendein anderes Stichjahr der deutschen Geschichte herausgreifen, um in der Wiederherstellung der damaligen Verhältnisse das Ziel einer außenpolitischen Betätigung zu erblicken[8].

Hitlers »Stichjahr« führte um etwa sechs Jahrhunderte zurück in eine Zeit, in der die Deutschen die Slawen nach Osten abdrängten. Diese »Ostland«-Politik müsse wieder aufgenommen werden. »Heute zählen wir achtzig Millionen Deutsche in Europa! Erst dann wird jene Außenpolitik als richtig anerkannt werden, wenn nach kaum hundert Jahren zweihundertfünfzig Millionen Deutsche auf diesem Kontinent leben werden[9]«, und zwar innerhalb des neuen, größeren Reiches.
Daß einige andere Völker so zahlreichen Deutschen würden Platz machen müssen, lag auf der Hand. Und welche anderen Völker?

Wir [Nationalsozialisten] setzen dort an, wo man vor sechs Jahrhunderten endete. Wir stoppen den ewigen Germanenzug nach dem Süden und Westen Europas und weisen den Blick nach dem Land im Osten... Wenn wir aber heute in Europa von neuem

Grund und Boden reden, können wir in erster Linie nur an Rußland und die ihm untertanen Randstaaten denken [10].

Das Schicksal, bemerkt Hitler, habe Deutschland hier einen Fingerzeig gegeben. Es habe Rußland dem Bolschewismus, d. h. in Wirklichkeit den Juden überantwortet. »Das Riesenreich im Osten ist reif zum Zusammenbruch. Und das Ende der Judenherrschaft in Rußland wird auch das Ende Rußlands als Staat sein.« So könnten beim Zusammenbruch Rußlands, gibt Hitler implizite zu verstehen, die großen Steppen im Osten leicht und ohne allzu große Menschenverluste von den Deutschen übernommen werden.
Wer möchte da bestreiten, daß hier nicht alles klar und deutlich vorgezeichnet ist? Frankreich wird vernichtet werden, aber nur damit Deutschland sich nach Osten ausdehnen kann. Zunächst werden die überwiegend von Deutschen bewohnten Gebiete genommen werden. Und das sind? Doch offensichtlich Österreich, das Sudetenland und die Westprovinzen Polens mit Danzig. Danach – Rußland selbst. Warum also war die Welt so überrascht, als der Kanzler Hitler wenige Jahre später an die Verwirklichung genau dieser Ziele ging?

Über das Wesen des künftigen NS-Staates ließ Hitler sich in *Mein Kampf* weniger bestimmt aus. Doch gab er deutlich zu erkennen, daß es im Dritten Reich keinen »demokratischen Unsinn«, sondern nur das Führerprinzip, d. h. eine Diktatur geben werde. Über Wirtschaftsfragen ist in dem Buch fast nichts enthalten. Das Thema langweilte Hitler, und er gab sich nicht die geringste Mühe, sich über das zu unterrichten, was über die sonderlichen Ideen des Wirtschaftsdilettanten Gottfried Feder, des Brechers der »Zinsknechtschaft«, hinausging.
Hitler interessierte nur die politische Macht; das Wirtschaftliche ergäbe sich irgendwie von selbst.
Der Staat hat mit einer bestimmten Wirtschaftsauffassung oder Wirtschaftsentwicklung gar nichts zu tun ... Der Staat ist ein völkischer Organismus und nicht eine wirtschaftliche Organisation ... Die innere Stärke eines Staates [fällt] nur in den allerseltensten Fällen mit der sogenannten wirtschaftlichen Blüte zusammen ..., wohl aber [scheint] diese in unendlich vielen Beispielen den bereits nahenden Verfall des Staates anzuzeigen ... Gerade Preußen erweist in wundervoller Schärfe, daß nicht materielle Eigenschaften, sondern ideelle Tugenden allein zur Bildung eines Staates befähigen. Erst unter ihrem Schutz vermag dann auch die Wirtschaft emporzublühen ... Stets, wenn in Deutschland ein Aufschwung machtpolitischer Art stattfand, begann sich auch die Wirtschaft zu heben; immer aber, wenn die Wirtschaft zum einzigen Inhalt des Lebens unseres Volkes wurde und darunter die ideellen Tugenden erstickte, brach der Staat wieder zusammen und riß in einiger Zeit die Wirtschaft mit sich ... Noch niemals wurde ein Staat durch friedliche Wirtschaft gegründet ... [11].

Daher müsse, wie Hitler 1923 in einer Rede in München sagte, die Politik den Vorrang vor der Wirtschaft haben, denn »eine Wirtschaftspolitik ohne Schwert, eine Industrialisierung ohne Macht ist nicht möglich.« Abgesehen von diesem vagen, primitiven Philosophieren und der flüchtigen Erwähnung von »Wirtschaftskammern«, »Ständekammern« und eines »zentralen Wirtschaftsparlaments«, denen »die Inbetriebhaltung der nationalen Wirtschaft obliegen«, enthält sich Hitler in *Mein Kampf* jeglicher Äußerung über die wirtschaftlichen Grundlagen des Dritten Reiches.

Noch unbestimmter drückt sich Hitler über die Art von »Sozialismus« aus, die er für das neue Deutschland ins Auge faßte, obwohl sich seine Partei »sozialistisch« nannte. Das ist weiter nicht erstaunlich, wenn man bedenkt, in welcher Weise Hitler in einer Rede vom 28. Juil 1922 den »Sozialisten« definierte:

Wer bereit ist, für sein Volk so vollständig einzutreten, daß er wirklich kein höheres Ideal kennt als nur das Wohlergehen dieses seines Volkes, wer unser großes Lied »Deutschland, Deutschland über alles« so erfaßt hat, daß nichts auf dieser Welt ihm höher steht als dieses Deutschland, Volk und Land, Land und Volk, der ist ein Sozialist[12].

Hitler hatte drei Helfer bei der Abfassung von *Mein Kampf*, die zwar überflüssiges Beiwerk strichen, ihn aber nicht davon abbringen konnten, von einem Thema zum andern zu springen. Rudolf Heß, der erst in Landsberg, dann in *Haus Wachenfeld* bei Berchtesgaden den größten Teil des Diktats aufnahm, bemühte sich nach Kräften, das verworrene Manuskript zu ordnen, aber er war nicht der Mann, seinem Führer zu widersprechen. Erfolgreicher war in dieser Hinsicht Pater Bernhard Stempfle, ehemals Mitglied des Hieronymus-Ordens und Herausgeber eines antisemitischen Blättchens in Miesbach. Dieser sonderbare Priester, von dem wir noch mehr hören werden, verbesserte Hitlers schlechte Orthographie, glättete seinen Stil, so gut er konnte, und strich auch einige Stellen, die, wie er Hitler überzeugen konnte, politisch anfechtbar waren. Der dritte Ratgeber war Josef Czerny, ein Tscheche, der im *Völkischen Beobachter* tätig war und sich durch antisemitische Gedichte bei Hitler beliebt gemacht hatte. Czerny revidierte die zweite Auflage des ersten Bandes von *Mein Kampf*, indem er peinliche Worte und Sätze entfernte oder abänderte, und las sorgfältig die Korrekturbogen von Band II.

Dennoch blieb das Buch ein Labyrinth. Hitler beharrte darauf, sich wahllos Luft zu machen über fast jedes nur denkbare Thema, über Kultur, Erziehung, Theater, Film, Kunst, Literatur, Geschichte, Liebe und Ehe, Prostitution und Syphilis. Der Syphilis widmet Hitler sogar zehn schwülstige Seiten. Ihre Bekämpfung sei »*die* Aufgabe der Nation«, nicht »*auch* eine Aufgabe«, und zu diesem Zweck müßten alle propagandistischen Hilfsmittel der Nation mobilisiert werden. Von der Lösung dieser Frage hinge alles ab, »Zukunft oder Untergang«. Der Syphilis und der Prostitution müsse man auch mit der Ermöglichung frühzeitiger Heiraten zu Leibe rücken, erklärt er, und gibt damit einen Vorgeschmack von der Eugenetik des Dritten Reichs: »Auch die Ehe kann nicht Selbstzweck sein, sondern muß dem einen größeren Ziele, der Vermehrung und Erhaltung der Art und Rasse, dienen. Nur das ist ihr Sinn und ihre Aufgabe[13].«

Und mit diesem Hinweis auf »Erhaltung der Art und Rasse« gelangen wir zu dem zweiten wesentlichen Gesichtspunkt in Hitlers »Weltanschauung«, den einige Historiker, vor allem in England, als primitiven Darwinismus gedeutet haben, der aber auch seine Wurzeln in der deutschen Geschichte und Philosophie hat. Wie Darwin und gewisse deutsche Philosophen sah Hitler das gesamte Leben als einen ewigen Kampf ums Dasein, in dem »der Stärkere, Fähigere gewinnt, während der Unfähigere, der Schwache verliert«.

Mein Kampf ist durchsetzt von solchen Aussprüchen:

Am Ende siegt ewig nur die Sucht der Selbsterhaltung ... Im ewigen Kampf ist die Menschheit groß geworden – im ewigen Frieden geht sie zugrunde ... Die Natur ... setzt die Lebewesen zunächst auf diesen Erdball und sieht dem freien Spiel der Kräfte zu. Der Stärkste an Mut und Fleiß erhält dann als ihr liebstes Kind das Herrenrecht des Daseins ... Der Stärkere hat zu herrschen und sich nicht mit dem Schwächeren zu verschmelzen, um so die eigene Größe zu opfern. Nur der geborene Schwächling kann dies als grausam empfinden ... [Die Erhaltung der Kultur] ist gebunden an das eherne Gesetz der Notwendigkeit und des Rechts des Sieges des Besten und Stärkeren. Wer leben will, der kämpfe also, und wer nicht streiten will in dieser Welt des ewigen Ringens, verdient das Leben nicht. Selbst wenn dies hart wäre – es ist nun einmal so[14]*!*

Und wer ist der Natur »liebstes Kind, der Stärkste an Mut und Fleiß«, dem die Vorsehung das »Herrenrecht des Daseins« zuerkannt hat? Der Arier! Hier in *Mein Kampf* stoßen wir auf den Kern der nationalsozialistischen Vorstellung von rassischer Überlegenheit, der Konzeption des Herrenvolkes, auf der das Dritte Reich und Hitlers europäische Neuordnung beruhten.

Was wir heute an menschlicher Kultur, an Ergebnissen von Kunst, Wissenschaft und Technik vor uns sehen, ist nahezu ausschließlich schöpferisches Produkt des Ariers. Gerade diese Tatsache aber läßt den nicht unbegründeten Rückschluß zu, daß er allein der Begründer höheren Menschentums überhaupt war, mithin den Urtyp dessen darstellt, was wir unter dem Worte »Mensch« verstehen ... Von ihm stammen die Fundamente und Mauern aller menschlichen Schöpfungen ...[15].

Und wie gelangte der Arier zu solchen Leistungen und solcher Überlegenheit? Hitlers Antwort: Indem er die anderen niedertrampelte. Gleich gewissen deutschen Denkern des 19. Jahrhunderts schwelgt Hitler in einem Sadismus [und Masochismus], der Ausländern, die den deutschen Geist zu erforschen trachteten, stets so schwer verständlich gewesen ist.

So war für die Bildung höherer Kulturen das Vorhandensein niederer Menschen eine der wesentlichsten Voraussetzungen ... Sicher fußte die erste Kultur der Menschheit weniger auf dem gezähmten Tier als vielmehr auf der Verwendung niederer Menschen. Erst nach der Versklavung unterworfener Rassen begann das gleiche Schicksal auch Tiere zu treffen ... Denn zuerst ging der Besiegte vor dem Pfluge – erst nach ihm das

Pferd ... Es ist also kein Zufall, daß die ersten Kulturen dort entstanden, wo der Arier im Zusammentreffen mit niederen Völkern diese unterjochte und seinem Willen untertan machte ... Solange er den Herrenstandpunkt rücksichtslos aufrechterhielt, blieb er nicht nur wirklich der Herr, sondern auch der Erhalter und Vermehrer der Kultur[16].

Dann geschah etwas, das Hitler den Deutschen als Warnung vorhielt:

Sowie die Unterworfenen sich selber zu heben begannen und wahrscheinlich auch sprachlich dem Eroberer sich näherten, fiel die scharfe Scheidewand zwischen Herr und Knecht.

Ja noch schlimmer:

Der Arier gab die Reinheit seines Blutes auf und verlor dafür den Aufenthalt im Paradiese, das er sich selbst geschaffen hatte. Er sank unter in der Rassenvermischung, verlor allmählich immer mehr seine kulturelle Fähigkeit.

Und darin sah der Führer der NSDAP den Kardinalfehler:

Die Blutvermischung und das dadurch bedingte Senken des Rassenniveaus ist die alleinige Ursache des Absterbens aller Kulturen; denn die Menschen gehen nicht an verlorenen Kriegen zugrunde, sondern am Verlust jener Widerstandskraft, die nur dem reinen Blute zu eigen ist. Was nicht gute Rasse ist auf dieser Welt, ist Spreu[17].

Spreu waren die Juden und die Slawen, und Hitler wollte, wenn er einmal Diktator geworden war, die Eheschließung von Deutschen mit Angehörigen dieser Völker verbieten, obwohl ihm jeder Dorfschullehrer hätte sagen können, daß viele Deutsche, zumal in den Ostprovinzen, eine Menge slawischen Blutes hatten. Man muß zugeben, daß Hitler auch bei der Verwirklichung seiner Rassenideen Wort hielt. Im Rahmen der Neuordnung, die er während des Krieges den Slawen aufzuerlegen begann, waren die Tschechen, die Polen, die Russen die Holzhacker und Wasserträger für ihre deutschen Herren, und sie wären es geblieben, wenn die groteske Neuordnung von Dauer gewesen wäre.

Für einen Ignoranten wie Hitler, der von Geschichte und Anthropologie keine Ahnung hatte, war es ein leichtes, aus den Deutschen die modernen Arier – und damit das Herrenvolk zu machen. Für Hitler sind die Deutschen »Wahrer höchsten Menschentums auf dieser Erde« und werden es bleiben, wenn sie »sich außer der Zucht von Hunden, Pferden und Katzen auch des eigenen Blutes erbarmen[18].«

Der Rassenfanatismus macht Hitler zum Verfechter des *völkischen* Staates. Was für eine Art Staat dies war – oder sein sollte – habe ich niemals genau verstanden, obwohl ich *Mein Kampf* mehrfach gelesen und Hitler selbst Dutzende von Malen über dieses Thema reden gehört habe. Mehr als einmal vernahm ich, wie der Diktator erklärte, es sei der Mittelpunkt seines ganzen Denkens. Das deutsche Wort *Volk* läßt sich nicht genau ins Englische übersetzen. Gewöhnlich gibt man es mit »nation« oder »people« wieder, aber es hat im Deutschen eine tiefere und insofern andere Bedeutung, als damit gleichzeitig eine aus Blut und Boden kommende urtümliche Stammesgemeinschaft zum Ausdruck gebracht wird. In *Mein Kampf* gibt Hitler sich große Mühe, den völkischen Staat zu definieren. Zum Beispiel verspricht er auf Seite 415, den »Begriff ›völkisch‹« klar abzustecken, doch weicht er einer präzisen Klärung aus und schweift seitenlang auf andere Themen ab. Schließlich wagt er sich heran:

[Gegenüber der bürgerlichen und der marxistisch-jüdischen Welt] erkennt die völkische Weltanschauung die Bedeutung der Menschheit in deren rassischen Urelementen. Sie sieht im Staat prinzipiell nur ein Mittel zum Zweck und faßt als seinen Zweck die Erhaltung des rassischen Daseins der Menschen auf. Sie glaubt somit keineswegs an eine Gleichheit der Rassen, sondern erkennt mit ihrer Verschiedenheit auch ihren höheren oder minderen Wert und fühlt sich durch diese Erkenntnis verpflichtet, gemäß dem ewigen Wollen, das dieses Universum beherrscht, den Sieg des Besseren, Stärkeren zu fördern, die Unterordnung des Schlechteren und Schwächeren zu verlangen. Sie huldigt damit prinzipiell dem aristokratischen Grundgedanken der Natur und glaubt an die Geltung dieses Gesetzes bis herab zum letzen Einzelwesen. Sie sieht nicht nur den verschiedenen Wert der Rassen, sondern auch den verschiedenen Wert der Einzelmenschen. Aus der Masse schält sich für sie die Bedeutung der Person heraus, dadurch aber wirkt sie ... organisatorisch. Sie glaubt an die Notwendigkeit einer Idealisierung des Menschentums, da sie wiederum nur in dieser die Voraussetzung für das Dasein der Menschheit erblickt. Allein sie kann auch einer ethischen Idee das Existenzrecht nicht zubilligen, sofern diese Idee eine Gefahr für das rassische Leben der Träger einer höheren Ethik darstellt; denn in einer verbastardierten und vernegerten Welt wären auch alle Begriffe des menschlich Schönen und Erhabenen sowie alle Vorstellungen einer idealisierten Zukunft unseres Menschentums für immer verloren ...
Damit entspricht die völkische Weltanschauung dem innersten Wollen der Natur, da sie jenes freie Spiel der Kräfte wiederherstellt, das zu einer dauernden gegenseitigen Höherzüchtung führen muß, bis endlich dem besten Menschentum, durch den erworbenen Besitz dieser Erde, freie Bahn gegeben wird zur Betätigung auf Gebieten, die teils über, teils außer ihr liegen werden.
Wir alle ahnen, daß in ferner Zukunft Probleme an den Menschen herantreten können, zu deren Bewältigung nur eine höchste Rasse als Herrenvolk, gestützt auf die Mittel und Möglichkeiten des ganzen Erdballs, berufen sein wird[19].

»Somit«, erklärt Hitler ein paar Seiten weiter, »ist der höchste Zweck des völkischen Staates die Sorge um die Erhaltung derjenigen rassischen Urelemente, die, als kulturspendend, die Schönheit und Würde eines höheren Menschentums schaffen[20].« Das wiederum führt ihn zum Thema »Rassenhygiene«:

Der völkische Staat ... hat die Rasse in den Mittelpunkt des allgemeinen Lebens zu setzen. Er hat für ihre Reinerhaltung zu sorgen ... Er muß dafür Sorge tragen, daß nur, wer gesund ist, Kinder zeugt; daß es nur eine Schande gibt: bei eigener Krank-

heit und eigenen Mängeln dennoch Kinder in die Welt zu setzen, doch eine höchste Ehre: darauf zu verzichten. Umgekehrt aber muß es als verwerflich gelten: gesunde Kinder der Nation vorzuenthalten. Der [völkische] Staat muß dabei als Wahrer einer tausendjährigen Zukunft auftreten, der gegenüber der Wunsch und die Eigensucht des einzelnen als nichts erscheinen und sich zu beugen haben ... Ein völkischer Staat wird damit in erster Linie die Ehe aus dem Niveau einer dauernden Rassenschande herauszuheben haben, um ihr die Weihe jener Institution zu geben, die berufen ist, Ebenbilder des Herrn zu zeugen und nicht Mißgeburten zwischen Mensch und Affe[21].

Die phantastische Vorstellung vom völkischen Staat führt Hitler zu einer Menge anderer Gedanken, die, wenn man sie befolgt, dem deutschen Volk das Herrenrecht auf Erden bringen werden – er war besessen von der deutschen Weltherrschaft. An einer Stelle seines Buches behauptet er, das Versäumnis, die germanische Rasse von Vermischungen freizuhalten, »hat uns um die Weltherrschaft gebracht. Würde das deutsche Volk in seiner geschichtlichen Entwicklung jene herdenmäßige Einheit besessen haben, wie sie anderen Völkern zugute kam, dann würde das Deutsche Reich heute wohl die Herrin des Erdballs sein[22].« Da die Rasse die Grundlage eines völkischen Staates zu sein habe, müsse »das Deutsche Reich ... als Staat alle Deutschen umschließen« – hier liegt der Kernpunkt seines Argumentierens, ein Punkt, nach dem zu handeln er nicht vergaß, als er zur Macht gelangte.
Der völkische Staat beruht indes auch auf dem »aristokratischen Grundgedanken der Natur«. Folglich kommt eine Demokratie nicht in Frage, sondern vielmehr das *Führerprinzip*. Die autoritäre Verfassung des preußischen Heeres müsse im Dritten Reich Anwendung finden: »Autorität jedes Führers nach unten und Verantwortlichkeit nach oben.«

Es gibt keine Majoritätsentscheidungen, sondern nur verantwortliche Personen ... Jedem Manne stehen wohl Berater zur Seite, allein die Entscheidung trifft ein Mann *[Hervorhebung durch Hitler] ... Nur dieser allein [darf] die Autorität und das Recht des Befehls [besitzen] ... Auch dann wird man nicht jener Korporationen entbehren können, die wir heute als Parlamente bezeichnen. Allein ihre Räte werden dann wirklich [nur] beraten ... In keiner Kammer und in keinem Senate findet jemals eine Abstimmung statt. Sie sind Arbeitseinrichtungen und keine Abstimmungsmaschinen ... Dieser Grundsatz unbedingter Verbindung von absoluter Verantwortlichkeit mit absoluter Autorität wird allmählich eine Führerauslese heranzüchten, wie dies heute im Zeitalter des verantwortungslosen Parlamentarismus gar nicht denkar ist*[23].

Solcherart waren die Ideen Adolf Hitlers, die er mit all ihrer erschreckenden Radikalität zu Papier brachte, während er durch das Fenster seiner Zelle in Landsberg auf einen blühenden Obstgarten am Lechufer blickte[24] oder später – 1925/26 – auf dem Balkon eines behaglichen Gasthofes in Berchtesgaden mit dem Blick auf die Alpengipfel seinem getreuen Rudolf Heß einen Sturzbach von Worten diktierte und vom

Dritten Reich träumte, das er auf jenen fragwürdigen Grundlagen zu errichten und mit eiserner Hand zu regieren gedachte. Daß er es eines Tages errichten und beherrschen würde, daran zweifelte er nicht, denn er war von jenem verzehrenden Gefühl besessen, eine Mission erfüllen zu müssen, ein Gefühl, das so vielen Genies, die im Laufe der Jahrhunderte hin und wieder aus dem scheinbaren Nichts auftauchten, zu eigen war. Er wollte seine Rasse reinigen. Er wollte ein auserwähltes Volk einigen, das niemals vorher eine politische Einheit gebildet hatte. Er wollte es stark machen. Er wollte es zum Herrn der Erde machen.

Unverdauter Darwinismus? Sadistische Phantasie? Unverantwortlicher Egoismus? Größenwahn? Wohl von jedem etwas. Aber es war noch etwas mehr als das. Denn Hitlers Gedankengänge und Passionen – alle Verirrungen seines fieberhaft tätigen Gehirns – waren tief verwurzelt in der deutschen Vergangenheit und Gedankenwelt. Der Nationalismus und das Dritte Reich waren in der Tat nur eine logische Fortsetzung deutscher Geschichte.

DIE HISTORISCHEN WURZELN DES DRITTEN REICHES

Während der alljährlich Anfang September in Nürnberg stattfindenden Reichsparteitage wurde mir gewöhnlich von Postkartenverkäufern eine Ansichtspostkarte angeboten, auf der Hitler zusammen mit Friedrich dem Großen, Bismarck und Hindenburg abgebildet war. Der Text lautete etwa: »Was der König erwarb, der Fürst gestaltete, der Generalfeldmarschall verteidigte, rettete und einte der Soldat.« So wurde Hitler, der Soldat, nicht nur als Retter und Einiger Deutschlands hingestellt, sondern auch als Nachfolger jener erlauchten Gestalten, die das Land groß gemacht hatten. Der Hinweis auf die Kontinuität der deutschen Geschichte mit Hitlers Herrschaft als Höhepunkt verfehlte nicht seine Wirkung auf die Masse. Allein schon der Name »Drittes Reich« diente der Festigung dieser Konzeption. Das Erste Reich war das mittelalterliche Heilige Römische Reich Deutscher Nation gewesen; das Zweite Reich war das von Bismarck 1871 nach Preußens Sieg über Frankreich geschaffene Reich. Beide hatten dem deutschen Namen Ruhm verliehen. Die Weimarer Republik hatte, so wollte es die nationalsozialistische Propaganda, diesen anständigen Namen in den Schmutz gezogen. Das Dritte Reich stellte ihn wieder her, genau wie Hitler versprochen hatte. Hitlerdeutschland wurde also als logische Weiterentwicklung geschichtlicher Vergangenheit – zumindest soweit sie ruhmreich gewesen war – hingestellt.

Aber der ehemalige Wiener Vagabund – mochte auch in seinem Geist mancherlei durcheinandergehen – war geschichtlich beschlagen genug, um zu erkennen, daß es in der deutschen Vergangenheit Versäumnisse gegeben hatte – Versäumnisse, die den Errungenschaften Frankreichs und Englands gegenübergestellt werden mußten. Er vergaß nie, daß Deutschland am Ende des Mittelalters, aus dem Frankreich und England als geschlossene Staatsgebilde hervorgingen, ein Flickwerk von etwa 300 Einzelstaaten geblieben war. Dieses Nichtvorhandensein einer nationalstaatlichen Entwicklung war es, das weitgehend den Verlauf der deutschen Geschichte vom Ausgang des Mittelalters bis zur Mitte des 19. Jahrhunderts bestimmte und ihn von dem der Geschichte der anderen großen Nationen Westeuropas so unterschied.

Zu dem Nichtvorhandensein einer politischen und dynastischen Einheit gesellte sich im 16. und 17. Jahrhundert noch die Katastrophe der der Reformation folgenden religiösen Auseinandersetzungen. Es würde den Rahmen dieses Buches sprengen, wollte man gebührend auf den gewaltigen Einfluß eingehen, den Martin Luther auf die Deutschen und ihre Geschichte ausübte. Doch soviel mag gesagt sein, daß dieses überragende, aber exzentrische Genie, dieser wilde Antisemit und Rom-Hasser, in dessen ungestümem Wesen sich so viele der besten und schlimmsten deutschen Eigenschaften mischten – Grobheit, Heftigkeit, Fanatismus, Intoleranz, Gewaltsamkeit, aber auch Ehrlichkeit, Schlichtheit, Gewissenserforschung, Rechtschaffenheit vor Gott, Lernbegierde, Liebe zur Musik und Dichtung – das Leben der Deutschen im Guten wie im Schlechten unauslöschlicher und schicksalhafter prägte als irgendein einzelner Mensch vorher oder nachher. Durch seine Predigten und seine hervorragende Bibelübersetzung schuf Luther die moderne deutsche Sprache, erweckte im deutschen Volk nicht allein eine neue, protestantische Schau des Christentums, sondern auch einen glühenden deutschen Nationalismus und lehrte es, zumindest in der Religion, vor allem dem eigenen Gewissen zu gehorchen. Aber andererseits, und für das deutsche Volk tragisch, stärkten Luthers Parteinahme für die Fürsten während der Bauernkriege – die in hohem Maße auf ihn selbst zurückzuführen waren – und sein Hang nach politischer Autokratie einen bedenkenlosen, provinziellen politischen Absolutismus, der die große Mehrheit des deutschen Volkes zu Armut, schrecklichem Stumpfsinn und erniedrigender Unterwürfigkeit herabwürdigte. Vielleicht noch schlimmer war, daß dies zur Verewigung, ja zur Verschärfung der hoffnungslosen Spaltungen beitrug, die nicht nur zwischen einzelnen Ständen, sondern auch zwischen den verschiedenen dynastischen und politischen Gruppierungen in Deutschland bestanden. Hierdurch wurde für Jahrhunderte die Möglichkeit der deutschen Einigung vereitelt.

Der Dreißigjährige Krieg und der Westfälische Frieden von 1648 brachten Deutschland die endgültige Katastrophe, einen so vernichtenden Schlag, daß sich das Land davon niemals völlig erholte. Es war der letzte der großen europäischen Religionskriege, doch bevor er endete, artete dieser zunächst protestantisch-katholische Konflikt in ein wirres dynastisches Ringen zwischen den katholischen Habsburgern einerseits und den katholischen Bourbonen und der protestantischen schwedischen Monarchie andererseits aus. In den wilden Kämpfen wurde Deutschland selbst zur Wüste, die Städte und das Land wurden verheert und ausgeraubt, die Bevölkerung wurde dezimiert. Man hat geschätzt, daß in diesem barbarischen Krieg ein Drittel der deutschen Bevölkerung zugrunde ging.

Der Westfälische Frieden war für Deutschlands Zukunft fast ebenso verhängnisvoll, wie es der Krieg gewesen war. Die deutschen Fürsten, die auf die Seite Frankreichs und

Schwedens getreten waren, wurden als absolute Herrscher ihrer kleinen Gebiete bestätigt – es gab etwa 350 – während der Kaiser außerhalb seines eigenen Herrschaftsbereiches lediglich eine repräsentative Gestalt blieb. Die Reform- und Aufklärungsströmung, die Deutschland am Ende des 15. und zu Beginn des 16. Jahrhunderts erfaßt hatte, wurde unterbunden. Während dieses Zeitraums hatten sich die großen Freien Städte wirklicher Unabhängigkeit erfreut: Aus ihnen war der Feudalismus verschwunden, es blühten Handwerk und Handel. Selbst die deutschen Bauern hatten weit größere Freiheiten genossen als die Bauern Englands und Frankreichs. Ja, Deutschland war am Anfang des 16. Jahrhunderts, wie sich wohl behaupten läßt, eine der Nährquellen der europäischen Kultur.

Durch den Westfälischen Frieden verfiel es in eine Art moskowitischer Barbarei. Die Leibeigenschaft wurde wiederhergestellt und sogar in Gebieten, wo sie vorher unbekannt gewesen war, eingeführt. Die Städte büßten ihre Selbstverwaltung ein. Die Bauern, die Handwerker, selbst die Bürger wurden bis zum äußersten von Fürsten ausgebeutet, die sie in degradierender Knechtschaft hielten. Wissenschaftliche und künstlerische Betätigung erlosch fast völlig. Die habgierigen Herrscher hatten keinen Sinn für deutschen Nationalismus und Patriotismus, und wo diese sich bei ihren Untertanen regten, wurden sie unterdrückt. Das Reich wurde, wie ein Historiker es formuliert, »künstlich auf einem Stand mittelalterlicher Verwirrung und Schwäche niedergehalten[25]«.

Von diesem Rückschlag erholte sich Deutschland nie wieder. Tief in der Mentalität der Deutschen faßten Autoritätsgläubigkeit und blinder Gehorsam gegenüber ihren launischen fürstlichen Tyrannen Wurzeln. Der Gedanke der Demokratie, des parlamentarischen Regierens, der in England im 17. und 18. Jahrhundert so rasche Fortschritte gemacht hatte und in Frankreich 1789 zündete, breitete sich in Deutschland nicht aus. Diese politische Rückständigkeit der in vielen kleinen Einzelstaaten voneinander abgeschnitten und isoliert von den neuen Strömungen europäischen Denkens und europäischer Entwicklung lebenden Deutschen führte dazu, daß Deutschland von den anderen Ländern Westeuropas getrennt und hinter ihnen zurückblieb. Es kam nicht zu einer natürlichen Entfaltung der Nation. Dies muß man sich vor Augen halten, wenn man begreifen will, warum dieses Volk einen so verhängnisvollen Weg einschlug und warum sich bei ihm so verworrene Gedankengänge ausbreiteten. Schließlich wurde die deutsche Nation durch nackte Gewalt geschmiedet und durch nackte Aggression zusammengehalten.

Im Osten, hinter der Elbe, lag Preußen. In der zweiten Hälfte des 19. Jahrhunderts, dieses Jahrhunderts, das den traurigen Fehlschlag des Bemühens der konfusen, zaghaften Liberalen um die Schaffung eines irgendwie demokratischen, geeinten Deutschlands in der Frankfurter Nationalversammlung 1848/49 erlebt hatte, nahm Preußen das Schicksal Deutschlands in die Hand. Das schien beinahe so etwas wie eine Laune der Geschichte zu sein.

Seit Jahrhunderten hatte dieser Staat abseits von der Hauptströmung der deutschen historischen Entwicklung und Kultur gelegen. Preußen war aus der in den sandigen Gefilden östlich der Elbe gelegenen Grenzmark Brandenburg hervorgegangen, die seit dem 11. Jahrhundert nach und nach den Slawen abgerungen worden war. Unter den brandenburgischen Kurfürsten, den Hohenzollern, die kaum mehr als kriegerische Abenteurer waren, wurden die Slawen, größtenteils Polen, allmählich nach Osten abgedrängt. Diejenigen, die Widerstand leisteten, wurden entweder ausgerottet oder zu besitzlosen Hörigen gemacht. Das Reichsgesetz untersagte zwar den Fürsten die Annahme der Königswürde, doch stimmte der Kaiser 1701 zu, als Kurfürst Friedrich III. sich in Königsberg zum König *in* Preußen krönen ließ.

Inzwischen war Preußen aus eigener Kraft zu einer der ersten Militärmächte Europas geworden. Im Vergleich zu den anderen war es mittellos. Das Land war karg und dünn besiedelt, es fehlten ihm Bodenschätze. Es gab keine großen Städte, keine Industrie, wenig Kultur. Selbst der Adel war arm, und die besitzlosen Bauern lebten wie das Vieh. Dennoch gelang es den Hohenzollern durch großartige Willensstärke und geniale Organisation, einen spartanischen Militärstaat zu schaffen, dessen gut disziplinierte Armee einen Sieg nach dem anderen errang und dessen machiavellistische Diplomatie der wechselnden Bündnisse mit der jeweils am stärksten erscheinenden Macht ständig Gebietszuwachs einbrachte.

Auf diese Weise entstand ganz künstlich, nicht aus einer Volksbewegung oder gar aus einer Idee, es sei denn die der Eroberung, ein Staat, der zusammengehalten wurde durch die absolute Macht des Herrschers, durch eine engstirnige, ihm gehorsame Beamtenschaft und durch eine unbarmherzig gedrillte Armee. Zwei Drittel, manchmal an die fünf Sechstel der jährlichen Staatseinkünfte wurden für die Armee verausgabt, die, unter der Kommandogewalt des Königs, selbst zum Staat wurde. »Andere Staaten«, bemerkte Mirabeau, »haben eine Armee. In Preußen hat die Armee einen Staat.« Und der Staat war alles, er wurde wie ein auf Leistungsfähigkeit ausgerichtetes Fabrikunternehmen geleitet; der Mensch war kaum mehr als ein Rädchen in der Maschine. Dem Individuum wurde nicht nur von den Königen und Feldwebeln, sondern auch von den Philosophen beigebracht, daß seine Lebensaufgabe in Gehorsam, Arbeit, Opfer und Pflicht bestand. Selbst Kant predigte, die Pflicht sei über alle menschlichen Gefühle zu stellen, und der preußische Schriftsteller Willibald Alexis verherrlichte das Untertanentum. Lessing, der Preußen nicht liebte, nannte es das sklavischste Land Europas.

Auch die Junker, die im neuzeitlichen Deutschland eine so entscheidende Rolle spielen sollten, waren ein speziell preußisches Produkt. Sie fühlten sich als herrschende Kaste. Sie waren es, die das Land von den Slawen erobert hatten und es auf ihren großen Gütern mit Hilfe dieser Slawen bearbeiteten, die sich als besitzlose Hörige von der Landbevölkerung im Westen völlig unterschieden. Zwischen dem preußischen und den westdeutschen und westeuropäischen Agrarsystemen bestand ein wesentlicher Unterschied. Im Westen waren zwar die Bauern dem Adel, der den größten Teil des Landes besaß, zu Grundzins oder Frondiensten verpflichtet, aber sie hatten doch, wenn auch oft leibeigen, gewisse Rechte und Privilegien und konnten nach und nach eigenen Landbesitz und die bürgerliche Freiheit erwerben. Im Westen bildete die Bauernschaft einen festen Teil der Gemeinschaft; der Landadel, mochte er auch manche Schattenseiten haben, schaffte sich in seiner Muße einen Bildungsgrad, der unter anderem zu einem kultivierten Lebensstil führte, der in der Verfeinerung der Umgangsformen und des Denkens, sowie in der Pflege von Kunst und Wissenschaft seinen Ausdruck fand.

Der preußische Junker kannte keine Muße. Er arbeitete bei der Bewirtschaftung seines großen Gutes ebenso angestrengt wie heutzutage ein Fabrikmanager. Seine besitzlosen Arbeiter wurden buchstäblich wie Sklaven behandelt. Innerhalb seines großen Landbesitzes war der Junker absoluter Herr. Es gab nicht, wie im Westen, große Städte oder einen soliden Mittelstand, der zivilisierend hätte einwirken können. Im Gegensatz zu dem kultivierten *Grandseigneur* des Westens entwickelte sich der Junker zu einem rauhen, herrischen, arroganten Menschentypus ohne Bildung und Kultur: Aggressiv, eingebildet, rücksichtslos, engstirnig und jener kleinlichen Gewinnsucht hingegeben, die einige deutsche Historiker im Privatleben Otto von Bismarcks, des erfolgreichsten Junkers, feststellten.

Dieses politische Genie war es, dieser Apostel von »Blut und Eisen«, der zwischen 1866 und 1871 dem seit nahezu tausend Jahren gespaltenen Deutschland ein Ende bereitete und gewaltsam an seine Stelle Groß-Preußen oder, wie man auch sagen könnte, das preußische Deutschland setzte. Bismarcks einzigartige Schöpfung ist das Deutschland, wie wir es zu unserer Zeit kannten, das »Sorgenkind« Europas und der Welt, eine begabte, vitale Nation, der zunächst dieser hervorragende Mann, dann Kaiser Wilhelm II. und schließlich Hitler mit Hilfe einer Militärkaste und einer Reihe merkwürdiger Intellektueller ein Streben nach Macht und Herrschaft, eine Passion für hemmungslosen Militarismus, eine Verachtung der Demokratie und persönlichen Freiheit und eine Sehnsucht nach Autorität, ja nach dem Autoritären einimpften. So in Bann geschlagen, erklomm diese Nation größte Höhen, stürzte ab und stieg wieder empor, bis sie mit Hitlers Tod im Frühjahr 1945 scheinbar vernichtet wurde – scheinbar, denn es ist wohl zu früh, davon mit Bestimmtheit zu reden.

»Nicht durch Reden und Majoritätsbeschlüsse«, erklärte Bismarck 1862, als er preußischer Ministerpräsident wurde, »werden die großen Fragen der Zeit entschieden – das ist der große Fehler von 1848 und 1849 gewesen –, sondern durch Eisen und Blut.« Und genauso ging er vor, um die großen Fragen zu entscheiden; allerdings muß gesagt werden, daß er es außerdem mit einer diplomatischen Finesse von listigster Art tat. Bismarcks Ziel war es, den Liberalismus zu vernichten, die Macht des Konservatismus – d. h. der Junker, der Armee und der Krone – zu untermauern und Preußen gegen Österreich zur vorherrschenden Macht in Deutschland und, wenn möglich, auch in Europa zu machen. »Nicht auf Preußens Liberalismus sieht Deutschland«, sagte er im preußischen Abgeordnetenhaus, »sondern auf seine Macht.«

Bismarck sorgte zunächst für den Ausbau der preußischen Armee, und als ihm das Parlament zusätzliche Kredite für die Heeresreform verweigerte, beschaffte er das Geld auf eigene Faust und löste schließlich die Kammer auf. Mit der verstärkten Armee führte er dann drei erfolgreiche Kriege. Den ersten 1864 gegen Dänemark, wodurch die Herzogtümer Schleswig und Holstein unter deutsche Herrschaft kamen. Den zweiten 1866 gegen Österreich, dessen Folgen von großer Tragweite waren. Österreich, das jahrhundertelang unter den deutschen Staaten der erste gewesen war, wurde endlich von den Angelegenheiten Deutschlands ausgeschlossen. Es wurde nicht zum Norddeutschen Bund zugelassen, den Bismarck jetzt errichtete.

»1866 hörte Deutschland zu bestehen auf«, schrieb einmal der hervorragende deutsche Staatswissenschaftler Wilhelm Röpke. Preußen annektierte einfach alle deutschen Länder nördlich des Mains, die 1866 gegen Preußen gekämpft hatten, außer Sachsen; dazu gehörten Hannover, Kurhessen, Nassau, Frankfurt a. M. und die Elbherzogtümer. Alle übrigen Staaten nördlich des Mains wurden in den Norddeutschen Bund gezwungen. In diesem hatte Preußen, das sich jetzt vom Rhein bis nach Königsberg erstreckte, die Führung, und fünf Jahre später, nach dem dritten erfolgreichen Krieg, nach dem Sieg über das Frankreich Napoleons III., wurden die süddeutschen Staaten mit dem Königreich Bayern an der Spitze in das preußische Deutschland einbezogen[26].

Bismarck krönte seine Leistungen mit der Errichtung des Zweiten Reiches: Am 18. Januar 1871 wurde König Wilhelm I. von Preußen im Spiegelsaal des Versailler Schlosses zum Deutschen Kaiser proklamiert. Deutschland war durch Preußens Waffen geeint worden. Es war jetzt die größte Macht auf dem Kontinent, und sein einziger Rivale in Europa war England.

Und doch hatte es einen fatalen Mangel. Das Deutsche Reich war, wie Treitschke sagte, in Wirklichkeit nur ein erweitertes Preußen. Preußen, so betonte er, sei der dominierende Faktor, und das Wollen des Reiches könne nichts anderes als das Wollen des preußischen Staates sein. Das traf zu, und es sollte für die Deutschen selbst katastrophale Folgen haben. Von 1871 bis 1933, ja bis zu Hitlers Ende im Jahre 1945, von dem Intermezzo der Weimarer Republik abgesehen, nahm die deutsche Geschichte in Konsequenz dieses Mangels einen gradlinigen, völlig logischen Verlauf.

Trotz der demokratischen Fassade, die man sich mit dem Reichstag und den allgemeinen Wahlen gab, war das Deutsche Reich in Wirklichkeit eine Militärautokratie, in der der König von Preußen, der gleichzeitig Kaiser war, herrschte. Der Reichstag besaß wenig Befugnisse; er war kaum mehr als ein Debattierklub, in dem die Volksvertreter sich Luft machten oder für die von ihnen vertretenen Schichten Scheinvorteile einhandelten. Die Macht lag bei der Krone – auf Grund göttlichen Rechtes. Noch 1910 verkündete Wilhelm II. anläßlich einer Rede in Königsberg:

Und hier setzte sich Mein Großvater wiederum aus eigenem Recht die preußische Königskrone aufs Haupt, noch einmal bestimmt hervorhebend, daß sie von Gottes Gnaden allein ihm verliehen sei und nicht von Parlamenten, Volksversammlungen und Volksbeschlüssen, und daß er sich so als auserwähltes Instrument des Himmels ansehe und als solches seine Regenten- und Herrschaftspflichten versehe ... Als In-

strument des Herrn Mich betrachtend, ohne Rücksicht auf Tagesansichten und -meinungen, gehe ich meinen Weg...

Der Reichstag hinderte ihn nicht daran. Der von ihm ernannte Reichskanzler war ihm, nicht dem Reichstag verantwortlich. Das Parlament konnte den Kanzler weder stürzen noch beibehalten. Das war das Vorrecht des Monarchen. So konnten im Gegensatz zu der Entwicklung in anderen westlichen Ländern die Ideen von Demokratie, souveränem Volk und Hoheit des Parlaments in Deutschland niemals Fuß fassen, nicht einmal nach Beginn des 20. Jahrhunderts. Freilich waren die Sozialdemokraten bei der Reichstagswahl von 1912, nach jahrelanger Verfolgung durch Bismarck und den Kaiser, die größte politische Partei im Parlament geworden. Sie forderte lautstark die Errichtung einer parlamentarischen Demokratie. Aber vergebens. Denn obwohl sie die größte Partei waren, bildeten sie im Reichstag eine Minderheit. Der Mittelstand, wohlhabend geworden durch die verspätete, aber umwälzende industrielle Entwicklung und geblendet vom Erfolg der Bismarckschen Kriegs- und Gewaltpolitik, hatte alles Streben nach politischer Freiheit gegen materielles Wohlergehen eingetauscht[27]. Er fand sich mit der Hohenzollern-Autokratie ab. Er fügte sich der Junker-Bürokratie und machte eifrig den preußischen Militarismus mit. Der Stern Deutschlands war aufgegangen, und der Mittelstand – wie fast die gesamte Bevölkerung – war sehr darauf bedacht, das zu tun, von dem seine Herren sagten, es müsse hochgehalten werden.
Einer der Herren war schließlich Adolf Hitler, der Österreicher. In seinen Augen war Bismarcks Zweites Reich trotz seiner Fehler und seiner »Verfallsmomente in wahrhaft erschreckender Unzahl« eine Glanzleistung, durch die die Deutschen endlich zu ihrem Recht gekommen seien.

War doch gerade Deutschland ein ganz wundervolles Beispiel eines aus rein machtpolitischen Grundlagen hervorgegangenen Reiches. Preußen, des Reiches Keimzelle, entstand durch strahlendes Heldentum und nicht durch Finanzoperationen oder Handelsgeschäfte, und das Reich selber war wieder nur der herrlichste Lohn machtpolitischer Führung und soldatischen Todesmutes...
Schon die Begründung des [Zweiten] Reiches schien umgoldet vom Zauber eines die ganze Nation erhebenden Geschehens. Nach einem Siegeslauf ohnegleichen erwächst endlich als Lohn unsterblichen Heldentums den Söhnen und Enkeln ein Reich. Ob bewußt oder unbewußt, ganz einerlei, die Deutschen hatten alle das Gefühl, daß dieses Reich, das sein Dasein nicht dem Gemogel parlamentarischer Fraktionen verdankte, eben schon durch die erhabene Art der Gründung über das Maß sonstiger Staaten emporragte; denn nicht im Geschnatter einer parlamentarischen Redeschlacht, sondern im Donner und Dröhnen der Pariser Einschließungsfront vollzog sich der feierliche Akt einer Willenskundgebung, daß die Deutschen, Fürsten und Volk, entschlossen seien, in Zukunft ein Reich zu bilden und aufs neue die Kaiserkrone zum Symbol zu erheben... Nicht Deserteure und Drückeberger waren die Begründer des Bismarckschen Staates, sondern die Regimenter der Front.

Diese einzige Geburt und feurige Taufe allein schon umwoben das Reich mit dem Schimmer eines historischen Ruhmes, wie er nur den ältesten Staaten – selten – zuteil zu werden vermochte.
Und welch ein Aufstieg setzte nun ein!
Die Freiheit nach außen gab das tägliche Brot im Innern. Die Nation wurde reich an Zahl und irdischen Gütern. Die Ehre des Staates aber und mit ihr des ganzen Volkes war gehütet und beschirmt durch ein Heer, das am sichtbarsten den Unterschied zum einstigen deutschen Bunde aufzuzeigen vermochte[28].

Dieses Deutschland war es, das Hitler wiederherzustellen entschlossen war. In *Mein Kampf* erörtert er lang und breit die Gründe, die seiner Meinung nach zum Niedergang führten: Die Toleranz gegenüber Juden und Marxisten, der krasse Materialismus und Eigennutz des Bürgertums, der verheerende Einfluß der »Kriecher und Speichellecker« am Hohenzollernhof, die »unselige deutsche Bündnispolitik«, auf Grund deren sich Deutschland mit den degenierten Habsburgern und unzuverlässigen Italienern statt mit England verbunden habe, sowie das Fehlen einer grundlegenden Sozial- und Rassenpolitik. Dies seien Fehler, so versprach er, die der Nationalsozialismus korrigieren werde.

DIE GEISTIGEN WURZELN DES DRITTEN REICHES

Woher kamen die anderen, nicht aus der Geschichte bezogenen Vorstellungen Hitlers? Seine Gegner innerhalb und außerhalb Deutschlands waren wohl zu sehr mit anderen Dingen beschäftigt oder zu einfältig, sich viel darum zu kümmern, ehe es zu spät war. Aber wie so viele Deutsche hatte er ein seltsames Gemisch jener unverantwortlichen, größenwahnsinnigen Ideen in sich aufgenommen, die im Laufe des 19. Jahrhunderts aus deutschen Denkern hervorbrachen. Hitler, der sie oft aus zweiter Hand, etwa von dem pseudophilosophischen Stümper Alfred Rosenberg oder seinem trinkfreudigen Dichterfreund Dietrich Eckart übernahm, griff nach ihnen mit der ganzen fieberhaften Begeisterung des Neophyten. Schlimmer noch: Er beschloß, sie in die Praxis umzusetzen, wenn sich je die Gelegenheit dazu ergeben sollte.
Welcher Art die Ideen waren, die Hitler in seinem Kopf herumwälzte, haben wir gesehen: Verherrlichung von Krieg, Eroberung und absoluter Macht des autoritären Staates, der Glaube an die Arier oder Deutschen als das Herrenvolk und der Haß gegen Juden und Slawen, Verachtung für Demokratie und Humanität. Die Ideen selbst stammten nicht von Hitler – wohl aber die später angewandten Mittel zu ihrer Verwirklichung. Sie waren die Emanation jener seltsamen Auslese hochgelehrter, aber innerlich unausgeglichener Philosophen, Historiker und Hochschullehrer, die in dem Jahrhundert vor Hitler den deutschen Geist gefangennahmen – mit Folgen, die nicht nur für die Deutschen selbst, sondern für einen großen Teil der Menschheit so verheerend sein sollten.

Freilich hat es unter den Deutschen einige der erhabensten Geister der westlichen Welt gegeben – Leibniz, Kant, Herder, Humboldt, Lessing, Goethe, Schiller, Bach und Beethoven –, und ihre Beiträge zur westlichen Kultur sind einzigartig. Aber die Kultur, die in Deutschland im 19. Jahrhundert die Oberhand gewann und mit dem Aufstieg von Preußen-Deutschland parallel ging, sich fortsetzend von Bismarck zu Hitler, beruhte in erster Linie auf den Gedankengängen zunächst Fichtes und Hegels, dann Treitschkes, Nietzsches, Richard Wagners und einer Schar kleinerer Leuchten, zu denen nicht zuletzt, seltsam genug, ein bizarrer Franzose und ein exzentrischer Engländer zu zählen sind. Sie vollzogen einen geistigen Bruch mit dem Westen, einen bis heute nicht überwundenen Bruch.

Im Winter 1807/08, nach Preußens demütigender Niederlage bei Jena, hielt Johann Gottlieb Fichte seine berühmten *Reden an die deutsche Nation*. Sie riefen ein gespaltenes, besiegtes Volk zur Sammlung auf, und ihr Widerhall war noch im Dritten Reich zu vernehmen. Fichtes Lehren waren berauschender Wein für ein enttäuschtes Volk. Die Romanen, insbesondere die Franzosen, und die Juden galten Fichte als dekadente Völker. Nach ihm besaßen nur die Deutschen die Möglichkeit, sich zu erneuern. Ihre Sprache sei die reinste, die ursprünglichste. Unter ihnen werde eine neue geschichtliche Ära aufblühen, in der sich die Weltordnung widerspiegeln würde. Die Führung würde eine kleine, von allen moralischen Hemmungen des »Einzel-Ichs« freie Elite haben – einige dieser Gedanken legte Hitler, wie wir sahen, in *Mein Kampf* nieder.

Nach Fichtes Tod im Jahre 1814 wurde Georg Wilhelm Friedrich Hegel sein Nachfolger an der Berliner Universität. Dieser subtile, scharfsinnige Mann war es, dessen Denkmethode, die Dialektik, Marx und Lenin inspirierte und damit zur Begründung des Kommunismus beitrug, und dessen Verherrlichung des Staates als das Höchste im menschlichen Leben Bismarcks Zweitem Reich und Hitlers Drittem Reich den Weg ebnete. Für Hegel ist der Staat alles oder fast alles, die höchste Manifestation des »Weltgeistes«, das »sittliche Universum«. Der Staat ist nach Hegel dem Individuum übergeordnet, dessen höchste Pflicht es ist, Staatsbürger zu sein, »denn das Recht des Weltgeistes geht über alle besonderen Berechtigungen«.

Und wie steht es mit dem irdischen Glück des Individuums? Hegel antwortet: »Die Weltgeschichte ist nicht der Boden alles Glücks. Die Perioden des Glücks sind leere Blätter in ihr, denn sie sind die Perioden der Zusammenstimmung, des fehlenden Gegensatzes«. Der große Läuterer sei der Krieg. Er sorge für die sittliche Gesundung der durch lange Friedenszeit verderbten Völker, so wie das Wehen des Windes das Meer vor der Fäulnis bewahre, die bei langer Windstille eintreten würde.

Die herkömmlichen Begriffe von Moral und Sittlichkeit dürften den Staat und die ihn führenden »Heroen« nicht behindern:

Denn die Weltgeschichte bewegt sich auf einem höheren Boden ... Aber von diesem aus müssen gegen welthistorische Taten und deren Vollbringen sich nicht moralische Ansprüche erheben, denen sie nicht angehören. Die Litanei von Privattugenden der Be-

scheidenheit, Demut, Menschenliebe und Mildtätigkeit muß nicht gegen sie erhoben werden ... Aber solche große Gestalt [der Staat] muß manche unschuldige Blume zertreten, manches zertrümmern auf ihrem Wege[29].

Einen solchen Staat faßte Hegel für Deutschland ins Auge, wenn es einmal zu seinem gottgewollten Genius zurückgefunden habe. Er sagte voraus, daß »Deutschlands Stunde« kommen werde und daß es die Aufgabe habe, die Welt zu regenerieren. Wenn man Hegel liest, wird einem klar, wieviel Anregung Hitler, ebenso wie Marx, aus ihm bezogen hat – auch wenn er sie aus zweiter Hand empfing. Vor allem scheint Hitler – wie wir am Ende dieses Kapitels sehen werden – zu seiner übermächtigen Vorstellung, eine Mission zu erfüllen, durch Hegels Theorie der Heroen angeregt worden zu sein, die von einer geheimnisvollen Vorsehung auserwählt seien, den »Willen des Weltgeistes« auszuführen.

Später kam dann Heinrich von Treitschke an die Berliner Universität. Dort war er von 1874 bis zu seinem Tode im Jahre 1896 Geschichtsprofessor, noch dazu ein sehr populärer, und seine Vorlesungen wurden nicht nur von einer großen Schar begeisterter Studenten, sondern auch von Generalstabsoffizieren und Beamten der Junker-Bürokratie besucht. Sein Einfluß auf das deutsche Denken im letzten Viertel des Jahrhunderts war enorm und wirkte sich bis in die Tage Wilhelms II. und sogar Hitlers aus. Obwohl Sachse von Geburt, wurde er ein großer Verehrer des Preußentums; er war preußischer als die Preußen. Wie Hegel verherrlichte er den Staat und stellte ihn als das Höchste hin, aber er ist in seiner Einstellung gröber: Das Volk, die Untertanen haben im Staat kaum mehr als Sklaven zu sein. Solange jemand gehorche, sagt Treitschke, sei es gleichgültig, was er denke.

Hegel noch übertreffend, sieht Treitschke im Krieg den höchsten Ausdruck des Männlichen. In seinen Augen ist der Kriegsruhm die Grundlage aller politischen Tugenden; im reichen Ruhmesschatz Deutschlands sei der Ruhm des preußischen Militärs ein ebenso kostbares Juwel wie die Meisterwerke deutscher Dichter und Denker.

Der Krieg sei nicht nur eine praktische, sondern auch eine theoretische Notwendigkeit, ein Erfordernis der Logik. Der Begriff Staat schließe den Begriff Krieg in sich ein, denn das Wesen des Staates sei die Macht. Die Hoffnung, daß der Krieg einmal aus der Welt verbannt werde, sei nicht nur absurd, sondern tief unmoralisch. Viele wesentliche und erhabene Kräfte der menschlichen Seele würden dadurch verkümmern. Ein Volk, das sich der schimärischen Hoffnung auf ewigen Frieden hingäbe, ende unweigerlich durch Verfall in stolzer Isolierung.

Nietzsche hatte, wie Goethe, keine hohe Meinung vom deutschen Volk[30].

Ich habe [sagte Goethe einmal] oft einen bitteren Schmerz empfunden bei dem Gedanken an das deutsche Volk, das so achtbar im einzelnen und so miserabel im ganzen ist. Eine Vergleichung des deutschen Volkes mit anderen Völkern erregt uns peinliche Gefühle, über welche ich auf jegliche Weise hinwegzukommen suche ...

Und auch sonst unterscheiden sich die Auslassungen Nietzsches von denen der chauvinistischen deutschen Denker des 19. Jahrhunderts. Er sah sogar in den meisten deutschen Philosophen, auch in Fichte und Hegel, »unbewußte Schwindler«. Er machte sich lustig über die »sittsame Tartüfferie des alten Kant«. »Den Deutschen«, schrieb er in *Ecce Homo*, »geht jeder Begriff davon ab, wie gemein sie sind.« Und er gelangte zu dem Schluß: »Soweit Deutschland reicht, verdirbt es die Kultur.« Für die in der Welt vorherrschende »Sklavenmoral« machte er die Christen ebenso wie die Juden verantwortlich; Antisemit war er jedoch nie. Manchmal beängstigte ihn der Gedanke an Preußens Zukunft, und in seinen letzten Lebensjahren, vor seiner geistigen Umnachtung, spielte er sogar mit der Idee einer europäischen Union und einer Weltregierung.

Dennoch konnte sich nach meiner Meinung niemand, der das Dritte Reich miterlebte, des Eindrucks erwehren, daß in ihm Nietzsches Einfluß nachwirkte. Mochten seine Bücher auch, wie Santayana sagt, voll »genialen Schwachsinns« und »knabenhafter Blasphemie« sein. Die nationalsozialistischen Schreiberlinge jedoch wurden nicht müde, ihn zu preisen. Hitler besuchte oft das Nietzsche-Archiv in Weimar und machte seine Verehrung für den Philosophen dadurch publik, daß er sich, verzückt die Büste des großen Mannes anstarrend, den Photographen stellte.

Daß man Nietzsche zu einem der Urheber der NS-Weltanschauung machte, geschah nicht ohne Grund. Hatte der Philosoph nicht gegen Demokratie und Parlament gewettert? Hatte er nicht den Willen zur Macht gepredigt, den Krieg gepriesen und die Heraufkunft der Herrenrasse und des Übermenschen – und das in eindrucksvollsten Aphorismen – verkündet? Bei fast jedem denkbaren Thema konnte ihn ein Nationalsozialist stolz zitieren, was denn auch geschah. Über das Christentum: »Ich heiße das Christentum den Einen großen Fluch, die Eine große innerlichste Verdorbenheit ... ich heiße es den Einen unsterblichen Schandfleck der Menschheit (Antichrist) ... Das Christentum ist nichts weiter als die typische Sozialistenlehre (Wille zur Macht).« Über Staat, Macht und die »Urwaldvegetation ›Mensch‹«: »Die ›Gesellschaft‹ hat die Tugend nie anders gesehen, denn als Mittel der Stärke, der Macht, der Ordnung ... Der Staat [ist] die organisierte Unmoralität ... als Wille zur Macht, zum Kriege, zur Eroberung, zur Rache (Wille zur Macht) ... Die Gesellschaft [darf] nicht um der Gesellschaft willen dasein, sondern nur als Unterbau und Gerüst, an dem sich eine ausgesuchte Art von Wesen zu ihrer höheren Aufgabe ... emporzuheben vermag! (Jenseits von Gut und Böse) ... Man hat kein Recht, weder auf Dasein, noch auf Arbeit, noch gar auf ›Glück‹: es steht mit dem einzelnen Menschen nicht anders als mit dem niedrigsten Wurm (Wille zur Macht)[31].« Und den Übermenschen erhob er zum Raubtier: »... die prachtvolle, nach Beute und Sieg lüstern schweifende blonde Bestie.«

Und der Krieg? In dieser Hinsicht teilte Nietzsche die Auffassung der meisten anderen deutschen Denker des 19. Jahrhunderts. In *Also sprach Zarathustra*, dem in alttestamentarischer Sprache geschriebenen Werk, ruft der Philosoph aus: »Ihr sollt den Frieden lieben als Mittel zu neuen Kriegen. Und den kurzen Frieden mehr als den langen. Euch rate ich nicht zur Arbeit, sondern zum Kampf. Euch rate ich nicht zum Frieden, sondern zum Sieg ... Ihr sagt, die gute Sache sei es, die sogar den Krieg heilige? Ich

sage euch: Der gute Krieg ist es, der jede Sache heiligt. Der Krieg und der Mut haben mehr große Dinge getan als die Nächstenliebe.«
Schließlich prophezeite Nietzsche die Heraufkunft einer Elite, die die Welt beherrschen und aus der der Übermensch hervorgehen werde. In *Wille zur Macht* schreibt er: »Es bildet sich da eine verwegene herrschende Rasse... Eine Umkehrung der Werte [hat das Ziel], eine bestimmte starke Art von Menschen höchster Geistigkeit und Willenskraft vorzubereiten... die zukünftigen *Herren der Erde.*«
Solches Pathos eines der originellsten deutschen Köpfe muß in Hitlers verworrenem Geist Resonanz gefunden haben. Jedenfalls machte er es sich zu eigen; er übernahm nicht nur Gedanken des Philosophen, sondern auch dessen Hang zu grotesken Übertreibungen und häufig sogar seine Wortbildungen. In *Mein Kampf* sind die »Herren der Erde« ein immer wiederkehrender Ausdruck. Daß Hitler in sich selbst den Nietzscheschen Übermenschen sah, steht außer Zweifel.

»Wer das nationalsozialistische Deutschland verstehen will, muß Wagner kennen«, pflegte Hitler zu sagen[32]. Dabei mag er sich auf eine zum Teil irrige Ausdeutung des großen Komponisten gestützt haben, denn wenn auch Richard Wagner einen ebenso fanatischen Haß wie Hitler gegen die Juden hegte, die nach seiner Überzeugung darauf aus waren, mit ihrem Geld die Welt zu beherrschen, und wenn er auch Parlamente und Demokratie und den Materialismus und die Mediokrität des Bürgertums verachtete, so hoffte er doch inbrünstig, daß die Deutschen mit ihren besonderen Gaben nicht Beherrscher, sondern Veredler der Welt werden würden.
Es waren indes nicht seine politischen Schriften, es war sein monumentales Opernwerk, das im modernen Deutschland mythenbildend wirkte. Dieses Werk, das so lebhaft die Welt der deutschen Vorzeit heraufbeschwor, mit ihren Heldensagen, mit den kämpfenden heidnischen Göttern und Heroen, mit Dämonen und Drachen, mit ihren Blutfehden und primitiven Stammesgesetzen, mit ihrem Sinn für das Schicksalhafte, für die Liebesseligkeit und den Adel des Todes, dieses Werk gab Deutschland eine germanische *Weltanschauung*, die sich Hitler und die Nationalsozialisten zu eigen machten.
Von frühester Jugend an war Hitler Wagner-Verehrer, und noch gegen Ende seines Lebens, in dem feuchten, öden Bunker des Führerhauptquartiers an der Ostfront, als seine Welt und seine Träume zusammenzubrechen begannen, liebte er es, im Kreise der Generale und alten Parteigenossen von den Zeiten zu schwärmen, in denen er die großen Wagner-Opern gehört hatte, und zu sagen, was sie ihm bedeutet hätten und wieviel Anregung er den Bayreuther Festspielen und seinen zahlreichen Besuchen in Haus *Wahnfried* verdanke, in dem noch der Sohn des Komponisten, Siegfried Wagner, mit seiner Frau Winifred lebte, einer geborenen Engländerin, die er eine Zeitlang verehrte. Wenn Hitler auch bei solchen Monologen immer wieder betonte, *Tristan und Isolde* sei Wagners Meisterwerk, so ist es doch der stupende *Ring des Nibelungen*, ein Zyklus von vier Opern, an dem Wagner, angeregt durch das große deutsche Epos *Nibelungenlied*, 25 Jahre lang arbeitete, es ist der *Ring des Nibelungen*, der Deutschland und be-

sonders dem Dritten Reich den altgermanischen Mythos bescherte. Häufig sind die Sagen eines Volkes höchster und echtester Ausdruck seines Geistes und seiner Kultur, und dies trifft auf kein Volk mehr zu als auf das deutsche. Schelling behauptete sogar, eine Nation entstehe erst mit ihrer Mythologie. In ihrer Mythologie bekunde sich die Einheit ihres Denkens; daher sei in der Mythologie das Schicksal der Nation enthalten. Und Max Mell, ein zeitgenössischer Dichter, der eine moderne Fassung des Nibelungenlieds schrieb, erklärte, von der griechischen Götterwelt, die der Humanismus der deutschen Kultur habe einpflanzen wollen, sei heute wenig übriggeblieben. Doch Siegfried und Kriemhild seien stets in der Seele des Volkes gewesen.

Siegfried und Kriemhild – Brunhild und Hagen – das sind die alten Helden und Heldinnen, mit denen sich so mancher moderne Deutsche gern identifizierte, mit ihnen und der Welt der barbarischen, heidnischen Nibelungen – einer irrationalen, heroischen, mystischen Welt, voll von Verrat und Gewalttat, ertränkt in Blut und kulminierend in der *Götterdämmerung*, in der Walhalla, von Wotan nach all seinen Schicksalsschlägen angezündet, in Flammen aufgeht, in einer Orgie selbstgewollter Vernichtung, die stets faszinierend auf die deutsche Mentalität wirkte und einer Art von schrecklichem Verlangen in der deutschen Seele entsprach. Diese Heldengestalten, diese primitive dämonische Welt hatten, um mit Mell zu sprechen, in der Seele des Volkes weitergelebt. Das Ringen in dieser deutschen Seele zwischen dem Geist der Zivilisation und dem Geist der Nibelungen war spürbar, und zu der Zeit, mit der sich dieses Buch befaßt, schien der Geist der Nibelungen die Oberhand gewonnen zu haben. Es ist keineswegs überraschend, daß Hitler sich bemühte, Wotan nachzueifern, als er 1945 die Vernichtung Deutschlands wollte, damit es mit ihm zusammen in Flammen untergehe.

Wagner, dieses erstaunliche Genie, dieser unglaublich große Künstler, war indes nicht so einseitig, wie sich aus dem oben Dargestellten schließen lassen könnte. Im Nibelungen-Zyklus entzündet sich der Konflikt häufig an der Gier nach Gold, die der Komponist mit der »Tragödie des modernen Kapitalismus« gleichsetzte und die er voller Schrecken die aus alter Zeit überkommenen Tugenden auslöschen sah. Trotz seiner Vorliebe für heidnische Heldengestalten verzweifelte er nicht gänzlich am Christentum, wie es Nietzsche tat. Und er empfand großes Mitleid für die irrende, streitende Menschheit. Aber ganz falsch war es nicht, wenn Hitler sagte, um den Nationalsozialismus zu begreifen, müsse man Wagner kennen.

Wagner hatte erst Schopenhauer und dann Nietzsche kennengelernt und war von beiden beeinflußt worden; mit Nietzsche allerdings entzweite er sich, weil dieser meinte, Wagners Opern, vor allem *Parsifal*, stellten zu stark den christlichen Verzicht heraus. Im Laufe seines langen und bewegten Lebens kam Wagner mit zwei anderen Männern in Berührung, einem Franzosen und einem Engländer, die beide für unsere Darstellung von Bedeutung sind, und zwar nicht so sehr wegen des Eindrucks, den sie auf Wagner machten, obwohl er in einem Falle beträchtlich war, als deswegen, weil sie dazu beitrugen, das deutsche Denken unmittelbar für das Dritte Reich reif zu machen.

Diese beiden Persönlichkeiten waren Graf Joseph Arthur de Gobineau, ein französischer Diplomat und Literat, und Houston Stewart Chamberlain, einer der merkwürdigsten Engländer, die es je gegeben hat.

Keiner von beiden war ein Scharlatan, das sei vorweg gesagt, beide waren außerordentlich gebildet, sehr kultiviert und weitgereist. Dennoch verfochten sie so unhaltbare Rassentheorien, daß sie in keinem Lande, nicht einmal in ihrem eigenen, ernstgenommen wurden – mit einer einzigen Ausnahme: Deutschland. Für die Nationalsozialisten wurden ihre fragwürdigen Lehren zum Evangelium. Mehr als einmal habe ich Hitler-Anhänger sagen hören, Chamberlain sei der geistige Begründer des Dritten Reiches, und das dürfte nicht übertrieben sein. Dieser ungewöhnliche Engländer gelangte dazu, in den Deutschen das Herrenvolk, die Hoffnung der Zukunft zu sehen. Er vergötterte Richard Wagner und heiratete eine seiner Töchter, und er verehrte zuerst Wilhelm II. und dann Hitler, deren Mentor er war. Gegen Ende seines phantastischen Lebens konnte er noch den österreichischen Gefreiten – und zwar lange bevor Hitler an die Macht kam oder für ihn irgendeine Aussicht darauf bestand – als den Gottgesandten begrüßen, der das deutsche Volk aus der Wüste hinausführen würde. Hitler betrachtete Chamberlain verständlicherweise als Propheten, was er denn auch, wie sich herausstellen sollte, war.

Was war es nun an den Lehren dieser beiden Männer, das den Deutschen jenen wahnwitzigen Glauben an Rasse und deutsche Bestimmung einimpfte?

Gobineaus Hauptbeitrag war ein vierbändiges Werk, das zwischen 1853 und 1855 in Paris unter dem Titel *Essai sur l'inégalité des races humaines* (Über die Ungleichheit der Menschenrassen) erschien. Die Ironie des Schicksals wollte es, daß dieser französische Aristokrat nach dem Offiziersdienst in der Königlichen Garde seine Staatslaufbahn als *Chef de cabinet* von Alexis de Tocqueville begann. Dieser berühmte Verfasser des Buches *Über die Demokratie in Amerika* war im Jahre 1849 kurze Zeit französischer Außenminister. Gobineau ging dann als Diplomat nach Hannover und Frankfurt. Was ihn veranlaßte, seine Theorien über die Ungleichheit der Rassen zu entwickeln, war mehr seine Berührung mit den Deutschen als die mit Tocqueville, obwohl er einmal eingestand, er habe sein Werk zum Teil deshalb geschrieben, um die Überlegenheit seiner eigenen aristokratischen Vorfahren nachzuweisen.

Die Rasse, erklärte Gobineau in der seinem Werk vorangestellten Widmung an den König von Hannover, sei der Schlüssel zur geschichtlichen und kulturellen Entwicklung. »Die Rassenfrage beherrscht alle anderen Probleme der Geschichte ... Die Ungleichheit der Rassen erklärt zur Genüge die ganze Entfaltung der Völkergeschicke.« Es gäbe drei Hauptrassen: Die weiße, die gelbe, die schwarze, und die weiße sei die überlegene. »Die Geschichte lehrt, daß alle Kultur von der weißen Rasse kommt, daß keine Kultur bestehen kann ohne Mitwirkung dieser Rasse.« Kleinod der weißen Rasse seien die Arier, »diese erlesene, innerhalb der weißen Rasse edelste Völkerfamilie«, deren Ursprünge er nach Zentralasien verlegte. Leider hätten sich die heutigen Arier, sagt Gobineau, durch die Vermischung mit minderwertigen Rassen zu ihrem Nachteil verändert, was man in Südeuropa sehen könne. Immerhin behaupteten sich noch im Nordwesten einer etwa entlang der Seine bis zum Ostrand der Schweiz verlaufenden Linie die Arier als superiore Rasse, obwohl sie keineswegs mehr rassenrein seien. Zu ihnen gehörten ein Teil der Franzosen, alle Engländer und Iren, die Niederländer, die Völkerschaften zwischen Rhein und Hannover und die Skandinavier. Gobineau schloß offensichtlich die östlich und südöstlich dieser Linie lebende Masse der Deutschen aus – eine Tatsache, die die Nationalsozialisten beschönigten, als sie sich seinen Lehren verschrieben.

Jedoch: Nach Gobineaus Meinung waren die Deutschen oder zumindest die Westdeutschen immer noch die wahrscheinlich besten Arier, und an dieser Feststellung brauchten die Nationalsozialisten nichts zu beschönigen. Wo immer die Deutschen erschienen, fand Gobineau, bewirkten sie Verbesserungen. Dies treffe sogar auf das Römische Reich zu. Die in das Römische Reich als Eroberer eingebrochenen sogenannten barbarischen Germanenstämme hätten nämlich der Kultur einen großen Dienst erwiesen, denn die Römer des 4. Jahrhunderts wären kaum mehr als degenerierte Bastarde gewesen, die Germanen hingegen verhältnismäßig reinrassige Arier. »Der arische Deutsche«, sagte Gobineau, »ist ein kraftvolles Geschöpf ... Alles was er denkt, sagt und tut, ist daher von größter Bedeutung.«

Gobineaus Ideen wurden in Deutschland schnell aufgegriffen. Richard Wagner, der im Jahre 1876 dem Franzosen kurz vor dessen Lebensende – er starb 1882 – begegnete, machte sie sich begeistert zu eigen, und bald entstanden in ganz Deutschland Gobineau-Gesellschaften. In Frankreich allerdings nicht.

H. S. CHAMBERLAINS SELTSAMES LEBEN UND WERK

Zu den eifrigen Mitgliedern der Gobineau- Gesellschaft zählte Houston Stewart Chamberlain, dessen Leben und Schriften eine der faszinierendsten Ironien des Schicksals in der zwangsläufigen Entwicklung zu Aufstieg und Niedergang des Dritten Reiches darstellen.

Chamberlain, 1855 in Portsmouth geboren, war der Sohn eines englischen Admirals, Neffe des britischen Feldmarschalls Sir Neville Chamberlain und zweier englischer Generale, und schließlich Schwiegersohn von Richard Wagner. Er sollte in die britische Armee oder Flotte eintreten, was aber an seiner zarten Konstitution scheiterte. Er wuchs in Frankreich und Genf auf, so daß Französisch seine Hauptsprache wurde. Im Alter zwischen fünfzehn und neunzehn brachte ihn das Schicksal mit zwei Deutschen zusammen, und von da an fühlte er sich unwiderstehlich nach Deutschland hingezogen. Schließlich wurde er Staatsbürger dieses Landes und einer seiner bekanntesten Denker. Seine vielen Bücher schrieb er sämtlich in Deutsch; mehrere von ihnen übten einen nahezu betörenden Einfluß auf Wilhelm II., Adolf Hitler und zahllose weniger bekannte Deutsche aus.

Mit fünfzehn Jahren, 1870, geriet Chamberlain in die Hände eines bemerkenswerten

Erziehers mit Namen Otto Kuntze. Dieser Mann, ein Prototyp des Preußentums, prägte dem empfänglichen Geist und sensiblen Gemüt des jungen Chamberlain vier Jahre lang den Ruhmesglanz des militanten Preußen sowie auch den – offenbar war er sich des Gegensatzes nicht bewußt – von Künstlern und Dichtern wie Beethoven, Goethe, Schiller und Wagner ein. Mit neunzehn Jahren verliebte sich Chamberlain unsterblich in Anna Horst, die ebenfalls Preußin, zehn Jahre älter als er und ebenso hochgradig neurotisch wie er war. 1882, im Alter von 27, machte er von Genf aus, wo er drei Jahre lang Philosophie und Naturwissenschaften studiert hatte, eine Reise nach Bayreuth. Dort begegnete er Wagner, der, wie er sagt, die Sonne seines Lebens wurde, und dessen Frau Cosima, der er bis ans Ende seiner Tage leidenschaftlich und sklavisch ergeben sein sollte. 1885 ging er mit Anna Horst, die inzwischen seine Frau geworden war, für vier Jahre nach Dresden. Von dieser Zeit an wurde er in Denkweise und Sprache Deutscher. 1889 siedelte er für ein Jahrzehnt nach Wien und 1909 schließlich nach Bayreuth über, wo er bis zu seinem Tode im Jahre 1927 ansässig war. 1905 ließ er sich von seiner vergötterten preußischen Frau scheiden; sie war damals sechzig Jahre alt und geistig und physisch noch kränker als er; die Trennung von ihr, sagte er, sei für ihn so schmerzlich gewesen, daß er darüber beinahe wahnsinnig geworden wäre. Drei Jahre später heiratete er Eva Wagner und ließ sich in der Nähe von Haus *Wahnfried* nieder, wo er seiner Schwiegermutter, der verehrten, willensstarken Cosima nahe sein konnte.

Hypersensibel und neurotisch, häufig Gegenstand von Nervenzusammenbrüchen, verfügte Chamberlain über die Gabe, Dämonen zu sehen, die ihn, seiner eigenen Darstellung zufolge, unablässig antrieben, neue Studiengebiete zu suchen und seine erstaunlichen Schriften zu vermehren. Visionen zwangen ihn abwechselnd dazu, sich mit Biologie, Botanik, Kunst, Musik, Philosophie, Geschichte und Biographie zu befassen. Als er 1896 von einer Italienreise zurückkehrte, setzte ihm ein Dämon dermaßen zu, daß er in Gardone aus dem Zug stieg, sich für acht Tage in ein Hotelzimmer einschloß, und, ein geplantes Werk über Musik zurückstellend, fieberhaft an einer biologischen Studie arbeitete, bis er zum Kern des Themas durchgedrungen war, das in all seinen späteren Werken eine dominierende Rolle spielen sollte: Rasse und Geschichte.

Was auch immer an Chamberlains Denkweise zu bemängeln sein mag, er verfügte über eine umfassende Bildung in Literatur, Musik, Biologie, Botanik, Religion, Geschichte und Politik. Alle seine Veröffentlichungen weisen, worauf Jean Réal hingedeutet hat, große Einheitlichkeit der Inspiration auf und sind wie aus einem Guß[33]. Da er sich von Dämonen gelenkt fühlte, schrieb er seine Bücher (über Wagner, Goethe, Kant, Christentum und Rasse) wie im Fieber, in einem wahrhaften Trancezustand, im Rausch, so daß er sie, wie er in seiner Autobiographie *(Lebenswege meines Denkens)* sagt, oft nicht als eigene Werke wiedererkannte, weil sie seine Erwartungen übertrafen. Seine Rassentheorien und viele seiner Geschichtsdeutungen wurden später von Leuten mit abgewogenerem Urteil entkräftet, und der französische Deutschlandspezialist Edmond Vermeil hat Chamberlains Ideen für »grundfalsch« erklärt. Und doch war Chamberlain für den antinationalsozialistischen deutschen Hitler-Biographen Konrad Heiden, der seinen Einfluß auf die Rassenlehre beklagte, »eine der erstaunlichsten Begabungen in der Geschichte deutschen Denkens, voller Wissen und tiefer Ideen«.

Das Buch, das dieses Denken am tiefsten beeinflußte, das Wilhelm II. in Ekstase versetzte und die Nationalsozialisten zu ihrem Rassenwahn führte, hieß *Die Grundlagen des 19. Jahrhunderts*, ein Werk von 1200 Seiten, das Chamberlain, wieder einmal in den Fängen eines seiner »Dämonen«, in neunzehn Monaten in Wien niederschrieb, nämlich zwischen dem 1. April 1897 und dem 31. Oktober 1898. Es erschien im Jahre 1899. Wie der von ihm bewunderte Gobineau sah Chamberlain den Schlüssel zur Sinndeutung der Geschichte, ja die Grundlage der Kultur, in der Rasse. Um das 19. Jahrhundert, d. h. die Gegenwart, zu verstehen, müsse man zunächst die Vermächtnisse des Altertums in Betracht ziehen. Deren gäbe es drei: Griechische Philosophie und Kunst, römisches Recht und Christi Persönlichkeit. Auch seien drei Erben da: Juden und Deutsche, die »zwei reinen Rassen«, und die halbblütigen Lateiner des Mittelmeerraums, »ein Menschenchaos«. Allein die Deutschen verdienten solch ein herrliches Erbe. Sie seien zwar erst spät in die Geschichte eingetreten, doch hätten sie schon vorher mit der Vernichtung des Römischen Reiches ihren Wert bewiesen. »Es ist unwahr«, sagt Chamberlain, »daß der germanische Barbar die sogenannte ›Nacht des Mittelalters‹ heraufbeschwor; vielmehr folgte diese Nacht auf den intellektuellen und moralischen Bankrott des durch das untergehende römische Imperium großgezogenen rassenlosen Menschenchaos; ohne den Germanen hätte sich ewige Nacht über die Welt gesenkt.« Zu der Zeit, in der er dies schrieb, sah er im Germanen die einzige Hoffnung für die Welt.

Unter »Germanen« verstand Chamberlain auch Kelten und Slawen, obwohl die Germanen das wichtigste Element seien. Allerdings ist er in seiner Definition ziemlich verschwommen; an einer Stelle erklärt er: »Wer sich als Germane bewährt, ist, stamme er, woher er wolle, Germane.« Wie dem auch sei, der Germane war nach Chamberlain »die Seele unserer Kultur ... Blicken wir heute umher, wir sehen, daß die Bedeutung einer jeden Nation als lebendige Kraft von dem Verhältnis des echt germanischen Blutes in ihrer Bevölkerung abhängt ... Wahre Geschichte ... beginnt in dem Augenblick, wo der Germane das Erbe des Altertums mit kraftstrotzender Hand ergreift.«

Und die Juden? Ihnen wird in den *Grundlagen* das längste Kapitel gewidmet. Wie wir sahen, hielt Chamberlain die Juden und die Deutschen für die einzigen in Europa übriggebliebenen reinen Rassen. Und er verurteilte den »stupiden Antisemitismus«. Die Juden seien nicht »minderwertig«, sondern nur »anders« als die Germanen. Sie hätten ihre eigene Größe und die »heilige Pflicht« erkannt, die Reinheit der Rasse zu erhalten. Und doch rutscht Chamberlain bei der Analyse des Judentums in jenen Vulgärantisemitismus ab, den er bei anderen verurteilt und der schließlich in der Hitlerzeit zu den Obszönitäten in Julius Streichers *Stürmer* führte. Tatsächlich stammt ein großer Teil der »philosophischen« Grundlagen des nationalsozialistischen Antisemitismus aus diesem Kapitel.

Bald wird denn auch der Widersinn in Chamberlains Auffassungen offenbar. Erst sagt er, Christi Persönlichkeit sei eines der drei großen Vermächtnisse der Antike an die moderne Kultur. Dann versucht er zu »beweisen«, daß Jesus kein Jude gewesen sei. Daß er aus Galiläa stammte, daß er nicht imstande gewesen sei, die aramäischen Gutturallaute richtig auszusprechen, spreche für die »Wahrscheinlichkeit..., daß er keinen Tropfen echt jüdischen Blutes in den Adern hatte«. Dann sagt Chamberlain rundheraus: »Wer die Behauptung aufstellt, Christus sei ein Jude gewesen, ist entweder unwissend oder unwahr... Christus [war] kein Jude.«

Was war er dann? Chamberlains Antwort: wahrscheinlich ein Arier! Wenn er auch blutsmäßig vielleicht kein Vollarier gewesen sei, so doch unverkennbar Arier in seiner ethischen und religiösen Lehre, die dem »Materialismus und abstrakten Formalismus« der jüdischen Religion so entgegengesetzt sei. Daher sei es – zumindest für Chamberlain – nur natürlich gewesen, daß Christus zum Gott der jungen lebenstrotzenden indogermanischen Völker wurde, vor allem zum Gott der Germanen, da sie wie kein anderes Volk die Voraussetzungen besessen hätten, diese göttliche Stimme zu vernehmen.

Danach folgt eine angeblich ausführliche Geschichte der jüdischen Rasse, beginnend mit der Zeit der Vermischung der Semiten oder Wüstenbeduinen mit den rundschädeligen Hethitern, die »jüdische Nasen« gehabt hätten, und schließlich derjenigen mit den arischen Amoritern. Leider sei die arische Blutzufuhr – die Amoriter, sagt er, seien groß und blond gewesen – zu spät gekommen, um den hebräischen Einschlag auszugleichen. Von hier an widerspricht Chamberlain selbst seiner ganzen Theorie von der Reinheit der jüdischen Rasse; die Juden seien eine »negative«, eine »Bastardrasse« geworden, so daß die Arier Israel zu recht ablehnten. Er wirft sogar den Ariern vor, die Juden mit »einem falschen Glorienschein« versehen zu haben. Den Juden mangele es in beklagenswerter Weise an wahrer Religion.

Chamberlain zieht den Schluß, daß die Rettung bei den Germanen und in ihrer Kultur liegt, und unter den Germanen sind für ihn die Deutschen die begabtesten, denn sie haben die besten Eigenschaften der Griechen und Indogermanen geerbt. Damit haben sie das Recht, Herren der Welt zu sein. Gott baue heute auf die Deutschen allein. Von diesem Wissen, dieser Wahrheit, fügt Chamberlain hinzu, sei seine Seele seit Jahren erfüllt.

Die Veröffentlichung der *Grundlagen des 19. Jahrhunderts* rief so etwas wie eine Sensation hervor und machte den merkwürdigen Engländer in Deutschland plötzlich berühmt. Trotz seiner Brillanz und seines vorzüglichen Stils war das Buch keine leichte Lektüre. Dennoch griffen bald die oberen Schichten nach ihm, die offenbar in ihm genau das fanden, was sie glauben wollten. Im Laufe von zehn Jahren erreichte es acht Auflagen von insgesamt 60 000 Exemplaren, und bis zum Kriegsausbruch 1914 waren 100 000 Stück verkauft. In der NS-Zeit erlebte es eine neue Blüte; ich entsinne mich einer Anzeige aus dem Jahre 1938, in der die 24. Auflage angekündigt wurde; bis dahin waren über 250 000 Exemplare verkauft worden.

Zu den ersten und begeistertsten Lesern zählte Kaiser Wilhelm II. Er lud Chamberlain in das Potsdamer Schloß ein, und sie schlossen schon bei der ersten Begegnung eine bis zu Chamberlains Tod im Jahre 1927 währende Freundschaft. Es kam zu einem umfangreichen Briefwechsel zwischen beiden. Einige der 43 Briefe, die Chamberlain an den Kaiser richtete (Wilhelm beantwortete davon 23), waren lange Essays, von denen der Herrscher in seinen bombastischen Reden und Erklärungen mehrfach Gebrauch machte. Chamberlains Buch, schrieb der Kaiser in einem seiner ersten Briefe, sei dem deutschen Volk von Gott gesandt, und für ihn, den Kaiser, sei es Chamberlain selbst. Betrachtet man die Unterwürfigkeit, die übertriebene Schmeichelei in Chamberlains Briefen, dann kann einem schlecht werden. Der Kaiser und seine Untertanen, schrieb er einmal, seien in einem »heiligen Schrein« geboren. Er teilte Wilhelm mit, er habe in seinem Arbeitszimmer des Kaisers Porträt einem Christusbild von Leonardo gegenüber gehängt, so daß er beim Arbeiten häufig zwischen dem Antlitz seines Heilands und dem seines Souveräns auf und ab schritte.

Die Servilität hinderte indes Chamberlain nicht daran, dem eigensinnigen, zu Schwulst neigenden Monarchen fortgesetzt seinen Rat anzutragen. 1908 hatte die Opposition gegen Wilhelm einen derartigen Höhepunkt erreicht, daß er vom Reichstag wegen seines verhängnisvollen Eingreifens in die Außenpolitik angegriffen wurde. Doch Chamberlain schrieb dem Kaiser, die öffentliche Meinung werde von Idioten und Verrätern gemacht, und er solle sich nicht um sie kümmern, worauf Wilhelm erwiderte, er und Chamberlain müßten zusammenhalten: »Sie führen Ihre Feder, ich meine Zunge [und] mein breites Schwert.«

Immer wieder gemahnte der Engländer den Kaiser an Deutschlands Mission und Bestimmung. Bei Ausbruch des Ersten Weltkriegs schrieb er ihm, habe Deutschland erst einmal die Macht errungen und durch Überlegenheit auf allen Gebieten die Welt besiegt, so müsse er, ähnlich wie Augustus, sie systematisch umbauen und zu ihrem Lehrer und Lenker werden.

Für die Verkündung der glorreichen Bestimmung seines Adoptivvaterlands – Chamberlain erwarb 1916, mitten im Kriege, die deutsche Staatsbürgerschaft – verlieh ihm der Kaiser das Eiserne Kreuz.

Am stärksten jedoch wirkte sich der Einfluß dieses Engländers auf das Dritte Reich aus, das zwar erst sechs Jahre nach seinem Tode entstand, dessen Kommen er aber vorausgesagt hatte. Seine Rassentheorien und seine Vorstellung von der Aufgabe Deutschlands und der Deutschen wurden von den Nationalsozialisten übernommen, die ihn als einen ihrer Propheten herausstellten. Während des Hitler-Regimes erschienen zahlreiche Bücher, Broschüren und Aufsätze, die den »geistigen Begründer« des neuen Deutschland priesen. Rosenberg versuchte oft, seine Begeisterung für den englischen Philosophen auf Hitler zu übertragen. Es ist indes möglich, daß Hitler Chamberlains Schriften schon in seiner Wiener Zeit kennengelernt hatte, denn dort waren sie unter Alldeutschen und Antisemiten sehr verbreitet, und Hitler hatte deren Publikationen damals verschlungen.

Wahrscheinlich hatte er auch einige der chauvinistischen Artikel gelesen, die Chamberlain im Laufe des Krieges schrieb. In *Mein Kampf* äußert er sein Bedauern, daß man im Zweiten Reich so gleichgültig an Chamberlains Erkenntnissen vorübergegangen sei.
Chamberlain war einer der ersten Intellektuellen in Deutschland, die Hitler eine große Zukunft – und den Deutschen, falls sie ihm folgten, neue Möglichkeiten – voraussagten. Hitler hatte ihn 1923 in Bayreuth kennengelernt, und obwohl Chamberlain krank, halbgelähmt und enttäuscht durch Deutschlands Niederlage und den Sturz des Hohenzollernreiches – vom Zusammenbruch all seiner Hoffnungen und Prophezeiungen! – war, fühlte er sich von dem beredsamen jungen Österreicher mitgerissen. »Sie haben große Dinge zu vollbringen«, schrieb er Hitler am Tage darauf, »ich war in meinem Glauben an das deutsche Volk nicht einen Augenblick wankend geworden, doch meine Hoffnung, das muß ich bekennen, war tief gesunken. Mit einem Schlage haben Sie meinen Gemütszustand verwandelt. Daß Deutschland in seiner höchsten Not einen Hitler gebiert, das bezeugt seine Lebendigkeit ... Gott schütze Sie[34]!«
Das sagte Chamberlain zu einer Zeit, in der Adolf Hitler mit seinem Chaplin-Schnurrbart, seinen rüpelhaften Manieren und seinem heftigen, fremdartigen Extremismus von den meisten Deutschen noch als Witzfigur betrachtet wurde. Damals hatte Hitler erst wenige Anhänger. Aber die von ihm ausgehende Suggestion wirkte bestrickend auf den bejahrten, kranken Philosophen und erneuerte dessen Glauben an das Volk, das er zu seinem eigenen erwählt hatte und erhöhen wollte. Chamberlain trat der erst in den Anfängen begriffenen NSDAP bei und begann, soweit es seine Gesundheit zuließ, für deren obskure Blätter Artikel zu schreiben. In einem seiner Aufsätze, veröffentlicht im Jahre 1924, während Hitler im Gefängnis saß, begrüßte er diesen als den Mann, der von Gott bestimmt sei, das deutsche Volk zu führen. Von Gott bestimmt gewesen war einst auch Wilhelm II., nur war er gescheitert. Nunmehr aber war Adolf Hitler da.
Zum 70. Geburtstag Chamberlains, am 5. September 1925, brachte der *Völkische Beobachter* eine fünf Spalten lange Lobrede, in der die *Grundlagen des 19. Jahrhunderts* als »Evangelium der nationalsozialistischen Bewegung« gefeiert wurden. Sechzehn Monate später, am 11. Januar 1927, ging der Philosoph mit der Hoffnung ins Grab, daß alles, was er gepredigt und prophezeit hatte, unter der göttlichen Führung des neuen deutschen Messias dennoch Wahrheit werden würde.
Im Nekrolog sagte der *Völkische Beobachter*, das deutsche Volk habe einen der »großen Waffenschmiede« verloren, dessen Waffen noch nicht zur vollsten Anwendung gekommen seien. Weder der halbgelähmte, auf dem Sterbebett liegende alte Mann, noch sonst jemand in Deutschland, nicht einmal Hitler selbst, können in jenem trüben Januar 1927, als die NSDAP ihren tiefsten Stand erreicht hatte, geahnt haben, wie bald und mit welch furchtbaren Folgen diese von dem auf fremden Boden verpflanzten Engländer geschmiedeten Waffen zur vollen Anwendung gelangen sollten[35].

Dennoch war Adolf Hitler in jenen Tagen und schon vorher von einem mystischen Sendungsbewußtsein durchdrungen. »Aus dem Heer von oft Millionen [muß] ... *einer* hervortreten«, schrieb er in *Mein Kampf* (Hervorhebung von ihm selbst), »um mit apodiktischer Kraft aus der schwankenden Vorstellung der breiten Masse granitene Grundsätze zu formen und so lange den Kampf für ihre alleinige Richtigkeit aufzunehmen, bis sich aus dem Wellenspiel einer freien Gedankenwelt ein eherner Fels einheitlicher glaubens- und willensmäßiger Verbundenheit erhebt[36].«

Er ließ bei seinen Lesern keinen Zweifel darüber, daß er selbst sich bereits als diesen *einen* Mann betrachtete. *Mein Kampf* ist durchsetzt mit kleinen Abhandlungen über die Aufgabe des Genies, das von der Vorsehung erwählt wird, um ein großes Volk, mag es das Genie zunächst auch nicht begreifen oder seinen Wert nicht anerkennen, aus seinen Nöten heraus wieder zur Größe zu führen. Daß Hitler dies auf sich selbst und die derzeitige Situation bezieht, ist für den Leser klar. Nur wird er von der Welt noch nicht als der erkannt, der er bestimmt ist, aber das ist – am Anfang – stets das Schicksal der Genies gewesen. »Fast immer bedarf es irgendeines Anstoßes, um das Genie auf den Plan zu rufen«, bemerkt er. »[Die Welt] sträubt sich dann und will es nicht glauben, daß die ihr scheinbar gleiche Art plötzlich ein anderes Wesen sein soll; ein Vorgang, der sich wohl bei jedem bedeutenden Menschenkinde wiederholt ... Der Funke des Genies ist seit der Stunde der Geburt in der Stirne des wahrhaft schöpferisch veranlagten Menschen vorhanden. Wahre Genialität ist immer angeboren und niemals anerzogen oder gar angelernt[37].«

Insbesondere sei der die Geschichte formende große Mensch eine Mischung von Denker und praktischem Politiker:

Innerhalb langer Perioden der Menschheit kann es einmal vorkommen, daß sich der Politiker mit dem Programmatiker vermählt. Je inniger aber diese Verschmelzung ist, um so größer sind die Widerstände, die sich dem Wirken des Politikers dann entgegenstemmen. Er arbeitet nicht mehr für Erfordernisse, die jedem nächstbesten Spießbürger einleuchten, sondern für Ziele, die nur die wenigsten begreifen. Daher ist dann sein Leben zerrissen von Liebe und Haß. Der Protest der Gegenwart, die den Mann nicht begreift, ringt mit der Anerkennung der Nachwelt, für die er ja auch arbeitet. Denn je größer die Werke eines Menschen für die Zukunft sind, um so weniger vermag sie die Gegenwart zu erfassen, um so schwerer ist auch der Kampf ...[38].

Diese Sätze wurden im Jahre 1924 geschrieben, als nur wenige begriffen, was dieser Mann vorhatte, der damals im Gefängnis saß und durch das Scheitern seines Putschversuches diskreditiert war. Aber Hitler zweifelte nicht an sich selbst. Es ist umstritten, ob er jemals Hegel selber gelesen hat. Aber aus seinen Schriften und Reden ist ersichtlich, daß ihm die Ideen des Philosophen nicht ganz unbekannt waren, mag er sie auch nur aus Gesprächen mit Rosenberg, Eckart oder Heß aufgegriffen haben. Auf die eine oder andere Weise müssen Hegels berühmte Vorlesungen an der Berliner Universität ebenso wie zahlreiche Aussprüche Nietzsches seine Aufmerksamkeit erregt haben. Wie schon erwähnt, entwickelte Hegel eine die deutsche Mentalität sehr ansprechende Heroentheorie. In einer seiner Vorlesungen sprach er davon, daß sich der »Wille des Weltgeistes« in »weltgeschichtlichen Individuen« manifestiere:

Sie sind insofern Heroen zu nennen, als sie ihre Zwecke und ihren Beruf nicht bloß aus dem ruhigen, angeordneten, durch das bestehende System geheiligten Lauf der Dinge geschöpft haben, sondern aus einer Quelle, deren Inhalt verborgen und nicht zu einem gegenwärtigen Dasein gediehen ist, aus dem inneren Geiste, der noch unterirdisch ist, der an die Außenwelt wie an die Schale pocht und sie sprengt ... (Wie Alexander, Cäsar und Napoleon) ... Sie waren praktische und politische Menschen. Aber zugleich waren sie denkende, die die Einsicht hatten von dem, was not und was an der Zeit ist. Das ist eben die Wahrheit ihrer Zeit und ihrer Welt ... Ihre Sache war es, die allgemeine, die notwendige höchste Stufe ihrer Welt zu wissen, diese sich zum Zwecke zu machen und ihre Energie in dieselbe zu legen. Die welthistorischen Menschen, die Heroen ihrer Zeit, sind darum als die Einsichtigen anzuerkennen; ihre *Handlungen,* ihre *Reden sind das Beste der Zeit*[39].

Man beachte die Ähnlichkeit dieses mit den aus *Mein Kampf* angeführten Zitaten. Verschmelzung von Politiker und Denker – daraus entstand ein Heros, eine »welthistorische Gestalt«, ein Alexander, ein Cäsar, ein Napoleon. Konnte also Hitler, in dem, wie er inzwischen glaubte, die gleiche Verschmelzung vorhanden war, nicht nach dem Rang dieser Großen trachten?

In Hitlers Auslassungen klingt immer wieder das Motiv auf, der oberste Führer stehe oberhalb der Moralität des Durchschnittsmenschen. Das war die Ansicht Hegels und Nietzsches. Wir sahen, daß Hegel behauptete, »moralische Ansprüche« und die »Litanei der Privattugenden« dürften nicht gegen große Herrscher erhoben werden, noch dürfe man die Heroen »auf ihrem Wege« daran hindern, »manche unschuldige Blume zu zertreten«. Nietzsche ging in seiner grotesken Übertreibung noch viel weiter:

[Die Mächtigen, die Herrschenden] treten in die Unschuld des Raubtiergewissens zurück, als frohlockende Ungeheuer, welche vielleicht von einer scheußlichen Abfolge von Mord, Niederbrennung, Schändung, Folterung mit einem Übermute und seelischen Gleichgewichte davongehen, wie als ob nur ein Studentenstreich vollbracht sei ... Wer befehlen kann, wer von Natur »Herr« ist, wer gewalttätig in Werk und Gebärde auftritt – was hat der mit Verträgen zu schaffen! (Zur Genealogie der Moral) ... Um billig von der Moral zu denken, müssen wir zwei zoologische Begriffe an ihre Stelle setzen: Zähmung der Bestie und Züchtung einer bestimmten Art (Wille zur Macht).

Solche Gedanken, von Nietzsche bis ins Extrem gesteigert und von vielen Deutschen beifällig aufgenommen, scheinen Hitler stark angesprochen zu haben[40]. Ein Genie, das eine Mission zu verwirklichen hatte, stand über dem Gesetz; es brauchte sich nicht an »bürgerliche« Moralauffassungen zu halten. Damit konnte Hitler, als für ihn die Zeit des Handelns kam, alles rechtfertigen: Die ruchlosesten, kaltblütigsten Untaten, die Unterdrückung der persönlichen Freiheit, die brutale Einführung von Sklavenarbeit, die Greuel der Konzentrationslager, das Massaker an seinen eigenen Anhängern im Juni 1934, die Ermordung von Kriegsgefangenen und die Massenabschlachtung der Juden.

Als Hitler im Dezember 1924, fünf Tage vor Weihnachten, aus dem Landsberger Gefängnis entlassen wurde, fand er eine Situation vor, die wohl fast jeden anderen Menschen bewogen haben würde, sich aus der Öffentlichkeit zurückzuziehen. Die NSDAP und ihre Presse waren verboten; die früheren Führer lagen sich in den Haaren oder sprangen ab. Hitler selbst durfte in der Öffentlichkeit nicht sprechen. Noch schlimmer: Er mußte mit seiner Ausweisung nach Österreich rechnen – die bayerische Landespolizei hatte es in einem Bericht ans Innenministerium dringend empfohlen. Selbst viele seiner alten Kameraden stimmten mit der allgemeinen Ansicht überein, daß Hitler erledigt sei und nun wie so mancher andere Provinzpolitiker, der während der Jahre des Gezänks, in denen es schien, daß die Republik wankte, zu vorübergehender Berühmtheit gelangt war, in Vergessenheit geraten werde.

Aber die Republik hatte die Stürme überstanden. Sie begann zu gedeihen. Während Hitler im Gefängnis saß, war ein Zauberkünstler des Finanzwesens mit Namen Dr. Hjalmar Horace Greely Schacht aufgefordert worden, die Währung zu stabilisieren, und es war ihm gelungen. Die verheerende Inflation war vorüber. Hinsichtlich der Reparationslasten hatte der Dawes-Plan Erleichterung gebracht. Aus Amerika begann Kapital einzuströmen. Die Wirtschaft war im Begriff, sich rasch zu erholen. Stresemann hatte mit seiner Verständigungspolitik bei den Alliierten Erfolg. Die Franzosen schickten sich an, das Ruhrgebiet zu räumen. Zur Debatte stand ein Sicherheitspakt (Locarno), der eine allgemeine Regelung in Europa herbeiführen und Deutschland in den Völkerbund bringen sollte. Zum erstenmal seit der Niederlage – nach sechs Jahren der Spannung, Unruhe und Depression – begann für das deutsche Volk wieder ein normales Leben. Zwei Wochen vor Hitlers Haftentlassung hatten die Sozialdemokraten – die »Novemberverbrecher«, wie Hitler sie nannte – bei den Reichstagswahlen, in denen sie für die Republik geworben hatten, ihre Stimmenzahl um dreißig Prozent (auf fast acht Millionen) erhöhen können. Der Völkische Block dagegen, dem sich die Nationalsozialisten unter dem Decknamen *NS Deutsche Freiheitsbewegung* angeschlossen hatten, sah seine Stimmenzahl von annähernd zwei Millionen im Mai 1924 auf weniger als eine Million im Dezember absinken. Der Nationalsozialismus schien im Sterben zu liegen. Er war in der Zeit nationalen Unglücks aus dem Boden geschossen. Jetzt, da sich plötzlich die Aussichten für die Nation besserten, schwand er rapid dahin. So wenigstens dachten die meisten Deutschen; so dachten auch ausländische Beobachter.

Nicht aber Adolf Hitler! Er war nicht so leicht zu entmutigen. Er verstand es, abzuwarten. Als er während der Wintermonate von 1925 in der kleinen Zweizimmerwohnung im obersten Stockwerk des Hauses Thierschstraße 41 in München und im Sommer darauf in den verschiedenen Gasthäusern am Obersalzberg bei Berchtesgaden die Fäden seines Lebens wieder aufgriff, diente ihm die Betrachtung der vergangenen Mißgeschicke und der gegenwärtigen Verfinsterung nur dazu, seine Entschlossenheit zu stärken. Hinter den Gefängnisgittern hatte er Zeit gehabt, nicht nur über seine eigene Vergangenheit und deren Triumphe und Fehler nachzusinnen, sondern auch über die bewegte Vergangenheit des deutschen Volkes – und deren Triumphe und Fehler. Beides glaubte er jetzt deutlicher zu erkennen. Und so entstand in ihm erneut das glühende, jeden Zweifel ausschließende Gefühl seiner – und des deutschen Volkes – Sendung. In solch gehobener Stimmung diktierte er den Sturzbach von Worten zu Ende, der sich in Band I von *Mein Kampf* ergoß, und begab sich gleich danach an Band II. Das Gedankengebäude, das ihm der Allmächtige in dieser von der Sintflut heimgesuchten Welt zu errichten geboten hatte, und die Weltanschauung, die es stützen sollte, wurden nun in Gestalt nüchterner Lettern niedergelegt, damit jedermann über sie nachdenken konnte. Diese Weltanschauung, so verrückt sie auch war, hatte ihre Wurzeln, wie wir sahen, im deutschen Geistesleben. Und das Gedankengebäude dürfte den meisten denkenden Menschen im 19. Jahrhundert – auch in Deutschland – grotesk erschienen sein. Aber selbst dieses Gedankengebäude enthielt eine gewisse Logik, es bot eine Vision dar. Es verhieß eine Fortsetzung der deutschen Geschichte, mochten es damals auch wenige erkennen. Er wies den Weg zu ruhmreichen deutschen Geschicken.

ZWEITES BUCH

Triumph und Konsolidierung

V

Der Weg zur Macht

1925-1931

Die Jahre von 1925 bis 1929, bis zum Beginn der Wirtschaftskrise, waren für Adolf Hitler und seine Bewegung magere Jahre. Aber für den Mann ist es bezeichnend, daß er durchhielt und niemals Hoffnung und Zuversicht aufgab. Trotz seiner Erregbarkeit, die oft bis zu hysterischen Ausbrüchen führte, besaß er die Geduld abzuwarten und war sich völlig klar darüber, daß die Atmosphäre materiellen Wohlstands und das in jenen Jahren in ganz Deutschland verbreitete Gefühl der Entspannung seinen Absichten nicht förderlich waren.

Er baute fest darauf, daß die guten Jahre nicht ewig dauern würden. Soweit Deutschland in Betracht kam, sagte er, verdanke es die guten Jahre nicht der eigenen Stärke, sondern der anderer Völker – vor allem Amerikas, aus dessen gefüllten Kassen Anleihegelder nach Deutschland strömten. Zwischen 1924 und 1930 wuchs Deutschlands Verschuldung auf etwa 28 Milliarden Mark an. Der größte Teil des Geldes stammte von Anlage suchenden Amerikanern, die sich wenig Gedanken darüber machten, in welcher Weise es einmal zurückgezahlt werden könnte. Die Deutschen selbst machten sich noch weniger Gedanken darüber.

Die Republik nahm Anleihen auf, um die Reparationen zu bezahlen und ihre riesigen, für die Welt beispielhaften sozialen Einrichtungen auszubauen. Die Länder, die Städte, die Gemeinden finanzierten mit geborgtem Geld nicht allein notwendige Verbesserungen, sondern auch den Bau von Flugplätzen, Theatern, Sportstadien und prächtigen Schwimmbädern. Die Industrie, die durch die Inflation ihre Schulden losgeworden war, nahm Millionenkredite auf, um neue Maschinen anzuschaffen und ihre Produktion zu rationalisieren. Ihre Produktionsrate, die 1923 auf 55 Prozent gegenüber 1913 abgesunken war, stieg bis 1927 auf 122 Prozent an. Im Jahre 1928 unterschritt die Arbeitslosenzahl – 650 000 – zum erstenmal seit dem Kriege die Millionengrenze. Im selben Jahr verzeichnete der Einzelhandel eine Umsatzsteigerung von zwanzig Prozent gegenüber 1925, und im Jahr darauf betrugen die Durchschnittslöhne zehn Prozent mehr als in den vergangenen vier Jahren. Die Kleinbürger, aus denen Hitler seine Massenanhängerschaft rekrutieren mußte, die vielen Millionen Gehaltsempfänger und kleinen Ladenbesitzer hatten Teil an dem allgemeinen Wohlstand.

In jenen Tagen lernte ich Deutschland selbst kennen. Mein Standort war Paris und gelegentlich auch London. Für einen jungen Amerikaner, der froh war, der unglaublichen Leere der Coolidge-Ära entronnen zu sein, waren diese Hauptstädte gewiß faszinierend. Doch gegenüber Berlin und München verblaßten sie etwas. Deutschland befand sich in einer wundervollen Gärung. Das Leben erschien mir freier, moderner, erregender als irgendwo anders. Nirgendwo sonst schien das künstlerische und geistige Leben so lebendig zu sein. In der zeitgenössischen Literatur, Malerei, Architektur, Musik und Schauspielkunst gab es neue Strömungen und große Begabungen. Und überall lag die Betonung auf der Jugend. Man saß mit jungen Menschen nächtelang in den Cafés, in den Kneipen, in den Sommerlagern, auf einem Rheindampfer oder in einem rauchigen Künstleratelier und diskutierte über das Leben. Es war eine gesunde, unbekümmerte, lebenshungrige, von Freiheitsdrang erfüllte Schar. Der alte, autoritäre preußische Geist schien tot und begraben. Die meisten Deutschen, denen man begegnete – Politiker, Schriftsteller, Verleger, Künstler, Professoren, Studenten, Geschäftsleute, Arbeiterführer –, waren auffallend demokratisch, liberal, ja pazifistisch gesinnt.

Von Hitler oder der NSDAP hörte man kaum etwas, es sei denn in Form von Witzen – und gewöhnlich im Zusammenhang mit dem Bürgerbräu-Putsch. Bei den Reichstagswahlen vom 20. Mai 1928 erlangte die NSDAP von den insgesamt 31 Millionen Stimmen nur 810 000 und erhielt von den 491 Sitzen im Reichstag lediglich ein Dutzend. Die Deutschnationalen erlitten ebenfalls schwere Verluste: die Zahl der für sie abgegebenen Stimmen war von sechs Millionen im Jahre 1924 auf vier Millionen abgesunken, die Zahl ihrer Mandate von 103 auf 73. Die Sozialdemokraten dagegen buchten einen Stimmenzuwachs von 1,25 Millionen; insgesamt waren für sie über neun Millionen Stimmen abgegeben worden, was ihnen 153 Reichstagssitze einbrachte und sie zur stärksten politischen Partei in Deutschland machte. Zehn Jahre nach Kriegsende schien die deutsche Republik endlich Boden unter den Füßen gefunden zu haben.

In diesem Gedenkjahr – 1928 – hatte die NSDAP 108 000 Mitglieder. Das war zwar nicht viel, aber die Zahl wuchs langsam an. Anfang 1925, vierzehn Tage nach seiner Entlassung aus dem Gefängnis, hatte Hitler schleunigst den bayerischen Ministerpräsidenten Dr. Heinrich Held aufgesucht, der Vorsitzender der katholischen *Bayerischen Volkspartei* war. Nachdem Hitler versprochen hatte, sich anständig aufzuführen – er war auf Bewährung freigelassen worden –, hob Held das Verbot der NSDAP und ihrer Zeitungen auf. »Die Bestie ist gezähmt«, sagte Held zu seinem Justizminister Gürtner, »jetzt kann man die Fesseln lockern.« Der bayerische Ministerpräsident war einer der ersten, aber keineswegs der letzte deutsche Politiker, der sich diesem verhängnisvollen Fehlurteil hingab.

Am 26. Februar 1925 erschien zum erstenmal wieder der *Völkische Beobachter*, mit einem langen Leitartikel Hitlers unter dem Titel: »Ein Neuanfang.« Am nächsten Tag sprach Hitler in der ersten Massenversammlung der wiedererstandenen NSDAP im Bürgerbräukeller, den er und seine treuen Anhänger seit dem 9. November 1923, als sie ihren unglückseligen Marsch antraten, nicht mehr gesehen hatten. Viele der Getreuen fehlten. Eckart und Scheubner-Richter waren tot. Göring lebte im Exil. Ludendorff und Röhm hatten mit Hitler gebrochen. Rosenberg, der sich mit Streicher und Esser in den Haaren lag, blieb schmollend fern. Ebenso Gregor Strasser, der zusammen mit Ludendorff die *NS Deutsche Freiheitsbewegung* geführt hatte, während Hitler hinter Gittern saß und die Partei verboten war. Als Hitler den Gründer der Partei, Anton Drexler, bat, den Vorsitz in der Versammlung zu übernehmen, sagte ihm der alte Schlosser, er solle sich zum Teufel scheren. Nichtsdestoweniger fanden sich im *Bürgerbräukeller* etwa 4000 Anhänger ein, um Hitler wieder sprechen zu hören. Sie sollten nicht enttäuscht werden. Seine Beredsamkeit war so zündend wie eh und je. Als er nach zwei Stunden endete, brach die Masse in tosenden Beifall aus. Trotz der vielen Abgefallenen und der düsteren Aussichten ließ Hitler keinen Zweifel darüber, daß er sich nach wie vor als diktatorischer Führer der Partei betrachtete: »Ich führe die Bewegung allein, und die Bedingungen stellt mir niemand, solange ich persönlich die Verantwortung trage ... Und ich trage die Verantwortung wieder restlos für alles, was in der Bewegung vorfällt.«

Hitler gedachte, in Zukunft zwei Ziele zu verfolgen. Das eine war die Vereinigung der gesamten Macht in seiner Hand, das andere, die NSDAP als eine politische Organisation wieder aufzubauen, die ausschließlich auf verfassungsmäßigem Wege die Macht anstreben sollte. Noch als er im Gefängnis war, hatte Hitler die neue Taktik einem seiner Gefolgsmänner, Karl Lüdecke, auseinandergesetzt: »Wenn ich meine Tätigkeit wieder aufnehme, werde ich eine neue Politik einschlagen müssen. Statt die Macht durch Waffengewalt zu erringen, werden wir zum Ärger der katholischen und marxistischen Abgeordneten unsere Nasen in den Reichstag stecken. Wenn es auch länger dauert, sie zu überstimmen als sie zu erschießen, so wird uns schließlich ihre eigene Verfassung den Erfolg garantieren. Jeder legale Vorgang ist langsam ... früher oder später aber werden wir die Mehrheit haben – und damit Deutschland[1].« Nach seiner Entlassung aus Landsberg hatte er dem bayerischen Ministerpräsidenten versichert, er werde sich fortan an die Verfassung halten.

Dennoch hatte er sich am 27. Februar, bei seinem Wiedererscheinen im *Bürgerbräukeller*, durch die Begeisterung der Masse zu kaum verhüllten Drohungen gegen den bestehenden Staat hinreißen lassen. Ob Marxisten oder Juden, »der Feind schlechthin« sei das republikanische Regime. Zum Schluß hatte er ausgerufen: »Entweder geht der Feind über unsere Leichen, oder wir gehen über seine!«

Die »Bestie« schien bei ihrem ersten öffentlichen Wiederauftreten alles andere als »gezähmt« zu sein. Trotz allem, was er Held versprochen hatte, drohte Hitler also dem Staat wieder Gewalt an. Die bayerische Regierung untersagte ihm umgehend, in der Öffentlichkeit zu sprechen – ein Verbot, das erst zwei Jahre später aufgehoben werden sollte. Die anderen deutschen Länder schlossen sich an. Das war ein schwerer Schlag für einen Mann, der es durch seine Redegabe so weit gebracht hatte. Ein zum Schweigen verurteilter Hitler war ein geschlagener Hitler, hilflos wie ein Boxer, dem man im Ring Handschellen anlegt. Das wenigstens glaubten die meisten Menschen.

Aber wiederum täuschten sie sich. Sie vergaßen, daß Hitler ebensosehr Organisator wie Volksredner war. Seinen Zorn über das Redeverbot zähmend, stürzte er sich mit wildem Eifer auf den Neuaufbau der NSDAP. Er wollte aus ihr eine Organisation machen, wie sie Deutschland nie zuvor gesehen hatte. Sie sollte – wie die Armee – ein Staat im Staate werden. Die erste Aufgabe sah er in der Anwerbung beitragzahlender Mitglieder. Ende 1925 zählten diese kaum 27 000. Es ging mit der Werbung nur langsam voran, aber jedes Jahr brachte gewisse Fortschritte: 1926 waren es bereits 49 000 Mitglieder; 1927: 72 000; 1928: 108 000; 1929: 178 000.

Wichtiger noch war der Aufbau einer komplizierten, der deutschen Verwaltungsstruktur ungefähr entsprechenden Parteiorganisation. Das Reichsgebiet wurde in Gaue eingeteilt, deren Grenzen in etwa mit denen der 34 Reichstagswahlbezirke übereinstimmten. An die Spitze eines jeden Gaues setzte Hitler einen Gauleiter. Weitere sieben Gaue wurden für Österreich, Danzig, das Saargebiet und Sudetenland vorgesehen. Der Gau wiederum zerfiel in mehrere Kreise mit jeweils einem Kreisleiter. Die nächste Einheit nach unten war die Ortsgruppe, die in den Städten noch in Zellen und Blocks unterteilt war.

Die sogenannte Politische Organisation der Partei hatte zwei Hauptabteilungen, die PO I, deren Aufgabe es war, das bestehende Regime anzugreifen und zu unterhöhlen, und die PO II, die dem Aufbau des Staates im Staate diente. So hatte die PO I drei Unterabteilungen: Ausland, Presse, Gewerkschaftswesen. Die PO II bestand aus Unterabteilungen für Landwirtschaft, Rechtsfragen, Wirtschaft, Innenpolitik, Arbeitsdienst, Technik – und Rasse und Kultur. Für die Propaganda gab es eine besondere Abteilung.

Wiewohl die Rauhbeine, Straßenkämpfer und Biertischkrakeeler der Partei gegen die Aufnahme von Frauen und Jugendlichen waren, schuf Hitler doch bald auch für sie entsprechende Organisationen. Fünfzehn- bis Achtzehnjährige konnten in die *Hitler-Jugend* [HJ] eintreten, die eigene Abteilungen für Kultur, Schule, Presse, Propaganda, »Wehrsport« usw. hatte, und Zehn- bis Fünfzehnjährige ins *Deutsche Jungvolk* [DJ]. Für die Mädchen entstand der *Bund Deutscher Mädel* [BdM] und für die Frauen die *NS-Frauenschaft*. Studenten, Lehrer, Beamte, Ärzte, Juristen – für sie alle wurden besondere Verbände geschaffen, und um die Intellektuellen und Künstler anzuziehen, gründete man einen Kulturbund.

Die SA wurde nach erheblichen Schwierigkeiten in einen bewaffneten Verband von mehreren hunderttausend Mann umgebildet. Sie hatte die Aufgabe, Versammlungen der NSDAP zu schützen, die Versammlungen anderer Parteien zu sprengen und überhaupt alle Gegner Hitlers zu terrorisieren. Einige ihrer Führer hofften, die SA werde nach Hitlers Machtantritt an die Stelle der Reichswehr treten. Um sie darauf vorzubereiten, wurde unter General Franz Ritter von Epp das Wehrpolitische Amt eingerichtet, das sich in seinen fünf Abteilungen mit Fragen der inneren und äußeren Verteidigung befaßte. Aber die Braunhemden blieben stets nur ein buntscheckiger Haufen. Viele ihrer Führer, angefangen bei Röhm, waren als Homosexuelle bekannt. Edmund Heines, der die Münchner SA führte, war nicht nur homosexuell, sondern auch des Mordes überführt. Zwischen diesen beiden und Dutzenden anderer kam es häufig zu

Streitereien, wie sie nur bei Invertierten mit den für sie typischen Eifersüchteleien möglich sind.

Um einen zuverlässigeren Trupp zur Verfügung zu haben, gründete Hitler die *Schutzstaffel* [SS], kleidete ihre Angehörigen in ähnliche schwarze Uniformen, wie sie von den italienischen Faschisten getragen wurden, und vereidigte sie auf seine Person. Zunächst war die SS wenig mehr als eine Leibwache für Hitler. Ihr erster Chef war ein Zeitungsmann mit Namen Joseph Berchtold. Da er die relative Stille der Redaktionsstube im *Völkischen Beobachter* dem Soldatenspielen vorzog, wurde er durch Erhard Heiden, einen früheren, übelbeleumundeten Polizeispitzel, ersetzt. Erst 1929 fand Hitler den Mann, der ihm als der ideale Führer der SS erschien. Es war der Besitzer einer Hühnerfarm in dem Dörfchen Waldtrudering bei München, ein sanft aussehender Mann, den viele Menschen [darunter auch der Verfasser dieses Buches, als er ihn zum erstenmal sah] irrigerweise für den Typus eines Kleinstadtlehrers hielten. Er hieß Heinrich Himmler. Als Himmler die SS übernahm, zählte sie etwa 200 Mann. Als er seine Aufgabe beendet hatte, beherrschte die SS Deutschland, und allein schon ihr Name rief im ganzen besetzten Europa Schrecken hervor.

An der Spitze der Pyramide dieser komplizierten Parteiorganisation stand Adolf Hitler mit dem schwülstigen Titel: Partei- und Oberster SA-Führer, Vorsitzender der NSDAP. Ihm unmittelbar unterstellt war die Reichsleitung, der die höchsten Bonzen und Parteibeamte, wie der Schatzmeister und der Geschäftsführer, angehörten. Wenn man in den letzten Jahren der Republik das palastähnliche Braune Haus in München besuchte, gewann man wahrhaftig den Eindruck, daß man sich hier im Ministerium eines Staates im Staate befinde. Fraglos war es gerade dieser Eindruck, den Hitler zu erwecken wünschte: Er trug dazu bei, im Inland wie im Ausland das Vertrauen in den wirklichen deutschen Staat zu untergraben, in jenen Staat, den Hitler zu stürzen gedachte.

Aber Hitler dachte nicht allein daran, Eindruck zu machen. Er hatte mit seiner Organisation etwas Wichtigeres im Sinne. Drei Jahre nach der Machtergreifung, am 9. November 1936 im *Bürgerbräukeller*, erläuterte er in einer Rede zum Gedenken an den Marsch auf die Feldherrnhalle vor den »alten Kämpfern« eines der Ziele, das ihm beim Ausbau der Partei zu einer so gewaltigen, allumfassenden Organisation vor Augen geschwebt hatte:

Wir erkannten, daß es nicht genügt, den alten Staat zu stürzen, sondern daß zuvor der neue Staat praktisch ausgebaut sein muß ... Damals [1933] handelte es sich nicht mehr darum, einen Staat durch einen Gewaltakt zu stürzen, sondern der neue Staat war unterdes gebaut worden und hatte nur die letzten Reste des alten Staates in wenigen Stunden zu beseitigen.

Jede Organisation, mag sie noch so glänzend aufgebaut sein, besteht aus Menschen, und Menschen haben Schwächen. Während der Jahre, in denen Hitler seine Partei zusammenzimmerte, hatte er eine Fülle von Schwierigkeiten mit seinen Hauptmitarbeitern, die nicht nur untereinander, sondern auch mit ihm selbst stritten. Er, der von Natur aus so ungeheuer intolerant war, zeigte eine seltsame Toleranz gegenüber moralischen Mängeln. Keine andere Partei Deutschands zog auch nur annähernd so viele zweifelhafte Gestalten an wie die NSDAP. Doch so lange sie ihm nützlich waren, kümmerte sich Hitler nicht um ihre Laster. Als er aus dem Gefängnis zurückkehrte, stellte er fest, daß sie sich nicht nur gegenseitig an der Gurgel lagen, sondern daß auch die gesitteteren und anständigeren Leute, wie Rosenberg und Ludendorff, die Entfernung der kriminellen und pervertierten Elemente aus der Bewegung forderten. Das lehnte Hitler rundweg ab. »Ich sehe es nicht als die Aufgabe eines politischen Führers an«, schrieb er in seinem Leitartikel zum Wiedererscheinen des *Völkischen Beobachters* am 26. Februar 1925, »zu versuchen, das ihm zur Verfügung stehende Menschenmaterial zu bessern oder gar zu verschmelzen.«

Im Jahre 1926 jedoch wurden die gegenseitigen Anschuldigungen der NSDAP-Führer derart peinlich, daß Hitler einen Untersuchungs- und Schlichtungs-Ausschuß [USCHLA] einsetzte, um zu vermeiden, daß seine Parteigenossen ihre schmutzige Wäsche vor der Öffentlichkeit wuschen. Der erste Vorsitzende dieses Parteigerichts war der frühere General Heinemann, der allerdings den wahren Zweck des USCHLA nicht begriff. Der Ausschuß sollte nämlich die Vergehen angeklagter Parteigenossen möglichst vertuschen und in erster Linie dafür sorgen, daß sie nicht die Parteidisziplin störten und der Autorität des Führers schadeten. So wurde der General durch den ehemaligen Major Walter Buch ersetzt, der seine Sache besser verstand. Er erhielt zwei Beisitzer: Ulrich Graf, den früheren »Rausschmeißer« und späteren Leibwächter Hitlers, und Hans Frank, einen jungen Rechtsanwalt, von dessen blutigem Regiment als Generalgouverneur von Polen noch die Rede sein wird. Dieses saubere Kleeblatt arbeitete zur vollsten Zufriedenheit des Führers. Mochte die gegen einen Parteiführer erhobene Anklage noch so schwer sein, Buchs stehende Antwort war: »Ja, und?« Er wollte nur wissen, ob gegen die Parteidisziplin oder die Autorität des Führers verstoßen worden war.

Um die ehrgeizigen, skrupellosen größeren Fische in Schach zu halten, bedurfte es indes mehr als dieses Parteigerichts. Oft mußte Hitler persönlich eingreifen, nicht nur um den Anschein von Harmonie zu wahren, sondern um zu verhindern, daß es ihm selbst an den Kragen ging.

Während er in Landsberg seine Strafe verbüßt hatte, war in der NSDAP plötzlich ein junger Mann mit Namen Gregor Strasser emporgekommen. Von Geburt Bayer, von Beruf Apotheker, drei Jahre älter als Hitler und wie er Träger des EK I, jedoch Oberleutnant, war Strasser 1920 in die Partei eingetreten und bald Gebietsführer in Niederbayern geworden. Der von Energie berstende stämmige Mann hatte sich – eher auf Grund seiner Persönlichkeit als durch Rhetorik, wie Hitler – zu einem erfolgreichen Volksredner entwickelt. Außerdem war er der geborene Organisator. In seinem wilden Unabhängigkeitsdrang weigerte sich Strasser, vor Hitler Kotau zu machen oder den Anspruch des Österreichers auf diktatorische Führung der nationalsozialistischen Bewegung ernst zu nehmen. Das sollte ihm ebenso zum Verhängnis werden wie seine aufrichtige Begeisterung für den »Sozialismus« im Nationalsozialismus.

Gegen den Widerstand des damals noch inhaftierten Hitler hatte Strasser zusammen mit Ludendorff und Rosenberg die *NS Deutsche Freiheitsbewegung* gegründet, um im Frühjahr 1924 an den Landtags- und Reichstagswahlen teilnehmen zu können. In Bayern erhielt der völkische Block soviel Stimmen, daß er die zweitgrößte Partei im bayerischen Landtag wurde. Bei den Reichstagswahlen errang die Bewegung fast zwei Millionen Stimmen und 32 Sitze, davon einen für Strasser. Hitler betrachtete die Aktivität und noch mehr die Erfolge des jungen Mannes mit scheelen Blicken. Strasser seinerseits war nicht geneigt, Hitler als Herrn anzuerkennen, und blieb der ersten Massenversammlung der wiedererstandenen NSDAP am 27. Februar 1925 fern.

Wenn die nationalsozialistische Bewegung eine wahrhaft nationale Bewegung werden sollte, dann mußte sie, wie Hitler erkannte, in Norddeutschland Fuß fassen, und zwar vor allem in der Hochburg des Feindes, in Berlin. Während des Wahlkampfes von 1924 hatte Strasser Norddeutschland bearbeitet und Wahlbündnisse mit den rechtsradikalen Gruppen Albrecht von Graefes und Graf Ernst von Reventlows geschlossen. Infolgedessen hatte er als einziger Nationalsozialist in jenem Gebiet persönliche Kontakte aufgenommen und eine gewisse Anhängerschaft gewonnen. Zwei Wochen nach der Versammlung vom 27. Februar bestellte Hitler, seinen persönlichen Groll hinunterschluckend, Strasser zu sich, überredete ihn, zur Herde zurückzukehren, und trug ihm den Aufbau der NSDAP in Norddeutschland an. Strasser willigte ein. Hier bot sich ihm die Gelegenheit, seine Talente zu entfalten, ohne den Atem des eifersüchtigen, arroganten Führers im Nacken spüren zu müssen.

Innerhalb weniger Monate gründete er in Berlin die *Berliner Arbeiterzeitung*, die sein Bruder Otto Strasser redigierte, und die *Nationalsozialistischen Briefe*, die dazu dienten, die Parteifunktionäre zu informieren. Ferner legte er den Grundstein für eine über ganz Norddeutschland sich erstreckende Organisation. Strasser war ununterbrochen auf Reisen, hielt überall Reden, setzte Gauleiter ein und organisierte den Parteiapparat. Als Reichstagsabgeordneter hatte er Hitler gegenüber zweierlei Dinge voraus. Erstens konnte er kostenlos auf der Eisenbahn reisen; zweitens erfreute er sich parlamentarischer Immunität, so daß ihm niemand das Reden in der Öffentlichkeit verbieten und ihn kein Gericht wegen Verleumdung belangen konnte.

Als Sekretär und Redakteur der *NS-Briefe* stellte Strasser einen 28jährigen Rheinländer namens Joseph Goebbels an.

Dieser kleine, dunkelhaarige, schnell denkende und neurotische Mann, der einen Klumpfuß hatte, war in der NS-Bewegung kein Fremder. Er hatte sie für sich 1922 in München entdeckt, wo er Hitler zum erstenmal sprechen hörte, und war in die Partei eingetreten*. Aber die NS-Bewegung entdeckte ihn erst drei Jahre später, als Gregor

* Anm. d. Übersetzers: Anderen Quellen zufolge ist Goebbels erst 1925 in die NSDAP eingetreten (vgl. Fraenke/Manvell: Goebbels – Eine Biographie, Köln 1960). Diese Ansicht vertritt auch Helmut Heiber, der die Tagebücher von Goebbels herausgegeben hat. Weiterhin geht aus dem 1960 veröffentlichten Tagebuch hervor, daß Goebbels 1925/26 nicht Strassers Sekretär war.

Strasser ihn reden hörte und erkannte, daß er einen jungen Mann mit so offenkundigen Talenten gut brauchen könnte. Goebbels war damals schon ein leidenschaftlicher Redner und fanatischer Nationalist; er verfügte, wie Strasser wußte, über eine giftige Feder und eine – in den Kreisen der NSDAP seltene – akademische Ausbildung. Da Strassers bisheriger Sekretär, Heinrich Himmler, gerade seinen Posten aufgegeben hatte, um sich mehr seiner Hühnerfarm widmen zu können, stellte Strasser an Himmlers Stelle Joseph Goebbels ein. Eine schicksalhafte Wahl, wie sich zeigen sollte.

Paul Joseph Goebbels wurde am 29. Oktober 1897 in Rheydt geboren. Sein Vater war Werkmeister in einer Textilfabrik, seine Mutter die Tochter eines Grobschmieds. Beide Eltern waren fromme Katholiken. Seine Ausbildung verdankte Joseph Goebbels größtenteils kirchlicher Hilfe. Ein Stipendium der Albertus-Magnus-Gesellschaft erlaubte ihm, die Universität zu besuchen. Er studierte Philosophie, Geschichte, Literatur und Kunst und hatte die Absicht, Schriftsteller zu werden. Er verfaßte Romane und Theaterstücke, die aber keinen Verleger und keine Bühne fanden. Im Journalismus hatte er ebenfalls kein Glück. Die große liberale Tageszeitung *Berliner Tageblatt* schickte ihm Dutzende von eingereichten Artikeln zurück und lehnte auch seine Bewerbung um einen Redakteurposten ab.

Was den jungen Goebbels zu Strasser hinzog, war dessen Radikalismus, der Glaube an den »Sozialismus« im Nationalsozialismus. Beide wollten die Partei aus dem Proletariat heraus aufbauen. Goebbels' Tagebücher aus jener Zeit[3] sind voll Sympathiebekundungen für den Kommunismus. »Letzten Endes«, schrieb er am 23. Oktober 1925, »wäre es für uns besser, unsere Tage unter dem Bolschewismus zu beschließen, als die kapitalistische Sklaverei zu ertragen.« Am 31. Januar 1926 notierte er: »Ich finde es schrecklich, daß wir [die Nationalsozialisten] und die Kommunisten uns gegenseitig die Köpfe einschlagen ... Ob wir wohl einmal mit den führenden Kommunisten zusammenkommen werden?« Zu jener Zeit war es auch, daß er einen Offenen Brief an einen Kommunistenführer veröffentlichte, worin er ihm versicherte, daß Nationalsozialismus und Kommunismus im Grunde dasselbe wollten. »Sie und ich«, schrieb er »bekämpfen einander, aber wirkliche Feinde sind wir nicht.«

In Adolf Hitlers Augen war das reine Ketzerei. Mit wachsendem Unbehagen beobachtete er die Erfolge der Brüder Strasser und Goebbels' beim Aufbau eines starken, radikalen, proletarischen Flügels der Partei in Norddeutschland. Ließ man diese Männer gewähren, dann mochten sie am Ende die ganze Partei zu sich herüberziehen, und dazu noch für Ziele, denen Hitler sich heftig widersetzte. Eine Kraftprobe war unvermeidlich.

Sie wurde von Gregor Strasser und Goebbels im Herbst 1925 und noch einmal im Februar des folgenden Jahres heraufbeschworen. Anlaß gab der von Sozialdemokraten und Kommunisten eingebrachte Vorschlag, den Bodenbesitz und das Vermögen der ehemaligen deutschen Fürstenhäuser entschädigungslos zu enteignen. Nach der Weimarer Verfassung war hierzu ein Volksentscheid erforderlich. Die beiden Strasser und Goebbels wollten, daß sich die NSDAP mit den Sozialdemokraten und Kommunisten in der Enteignungskampagne zusammentat.

Hitler war wütend. Mehrere der früheren Fürsten hatten der Partei Spenden überwiesen. Außerdem begannen einige Schwerindustrielle, Hitlers wiedergeborene Bewegung finanziell zu unterstützen, weil sie sich von ihr eine wirksame Bekämpfung von Kommunisten, Sozialisten und Gewerkschaften versprachen. Wenn Strasser und Goebbels mit ihren Plänen durchkamen, mußten Hitlers Einkommensquellen alsbald versiegen.

Doch ehe er noch eingreifen konnte, hatte Strasser für den 22. November 1925 einen Kongreß der norddeutschen Parteiführer in Hannover einberufen. Hier sollten nicht nur die norddeutschen Nationalsozialisten für die Fürstenenteignung gewonnen werden, es sollte auch ein neues Wirtschaftsprogramm aufgestellt und damit das »reaktionäre« 25-Punkte-Programm vom Jahre 1920 ersetzt werden. Die beiden Strasser und Goebbels wollten die Schwerindustrie und den Großgrundbesitz verstaatlichen und an die Stelle des Reichstages eine Ständekammer nach faschistischem Muster setzen.

Hitler lehnte es ab, auf dem Kongreß zu erscheinen, schickte aber seinen treuen Gottfried Feder hin, der den Rebellen eins aufs Haupt geben sollte. Goebbels verlangte Feders Hinauswurf: »Wir wollen keine Lockspitzel!« rief er. Mehrere der später im Dritten Reich führenden Nationalsozialisten waren anwesend: Bernhard Rust, Erich Koch, Hans Kerrl, Robert Ley. Aber nur Ley, der trunksüchtige Chemiker und Kölner Gauleiter, unterstützte Hitler. Als Dr. Ley und Feder einwandten, die Tagung sei nicht ordnungsgemäß, da nichts ohne den obersten Führer Adolf Hitler getan und beschlossen werden dürfe, schrie Goebbels [Otto Strasser zufolge]: »Ich beantrage, daß der kleine Bourgeois Adolf Hitler aus der Nationalsozialistischen Partei ausgestoßen wird.« Es war eine offene Revolte.

Doch Hitler wartete seine Zeit ab und schlug am 14. Februar 1926 zurück. Er berief nun selbst eine Führertagung ein, und zwar in Bamberg. Schlauerweise wählte er dafür einen Wochentag, um es den beruflich gebundenen norddeutschen Führern zu erschweren, an der Tagung teilzunehmen. Tatsächlich konnten nur Gregor Strasser und Goebbels kommen. Gegenüber den von Hitler sorgfältig ausgesuchten süddeutschen Parteiführern waren sie stark in der Minderheit. Und sie wurden gezwungen, zu kapitulieren und ihr Programm aufzugeben. Deutsche Historiker wie Heiden und Olden, denen nichtdeutsche Autoren gefolgt sind, berichten, Goebbels habe sich auf der Bamberger Tagung offen von Strasser abgewandt und sei zu Hitler übergelaufen. Aber aus Goebbels' Tagebüchern, die entdeckt wurden, nachdem Heiden und Olden ihre Bücher geschrieben hatten, geht hervor, daß er Strasser nicht so abrupt im Stich gelassen hat. Sie zeigen vielmehr, daß Goebbels, wenn er auch gemeinsam mit Strasser vor Hitler kapitulierte, der Ansicht war, der Führer irre sich gewaltig, und daß er – im Augenblick jedenfalls – nicht die Absicht hatte, zu ihm überzutreten. Am 15. Februar, dem Tag nach der Bamberger Tagung, schrieb er in sein Tagebuch:

Hitler redet. Zwei Stunden. Ich bin wie geschlagen. Welch ein Hitler? Ein Reaktionär? ... Russische Frage: vollkommen daneben. Italien und England naturgegebene Bundes-

genossen. Grauenhaft! Unsere Aufgabe ist die Zertrümmerung des Bolschewismus ... Wir müssen Rußland beerben! 180 Millionen Fürstenabfindung! Recht muß Recht bleiben. Auch den Fürsten ... Grauenvoll! ... Ich kann kein Wort sagen! Ich bin wie vor den Kopf geschlagen ... Wohl eine der größten Enttäuschungen meines Lebens. Ich glaube nicht mehr restlos an Hitler.

Um Strasser zu zeigen, daß er zu ihm hielt, begleitete Goebbels ihn zum Bahnhof und versuchte ihn zu trösten. Eine Woche später, am 22. Februar, notierte er: »Lange Beratung [mit Strasser]. Resultat: Stark werden. Den Münchnern den Pyrrhussieg gönnen. Arbeiten, stark werden, dann für den Sozialismus kämpfen.«

Aber Hitler hatte den feurigen jungen Rheinländer richtiger eingeschätzt als Strasser. Am 29. März schrieb Goebbels in sein Tagebuch: »Heute morgen Brief von Hitler. Ich soll am 8. April in München sprechen.« In München traf Goebbels am 7. April ein. »Hitlers Auto da«, notierte er. »Welch ein nobler Empfang! ... Ich spreche im historischen *Bürgerbräu.*« Am nächsten Tag hielt er seine Rede von demselben Podium aus wie Hitler. In seiner Tagebucheintragung vom 13. April steht über den 8. April zu lesen:

Hitler hat angerufen ... Er ist [trotz Bamberg] beschämend gut zu uns ... Abends 8 Uhr im Auto zum Bürgerbräu. Hitler ist schon da. Mir klopft das Herz zum Zerspringen. In dem Saal. Tobende Begrüßung ... Und dann rede ich 2½ Stunden ... Man lärmt, man tobt. Am Schluß umarmt mich Hitler. Ich bin so etwas wie glücklich ... Hitler ist immer bei mir.

Ein paar Tage später kapitulierte Goebbels vollends. »13. April 1926: Er [Hitler] spricht drei Stunden. Glänzend. Könnte einen irre machen. Italien und England unsere Bundesgenossen. Rußland will uns fressen ... Ich liebe ihn ... Er hat das alles durchdacht. Ich bin bei ihm in allem beruhigt ... Ich beuge mich dem Größeren, dem politischen Genie[4]!«

Als Goebbels am 17. April München verließ, war er Hitler völlig ergeben und sollte es bis zum letzten Atemzug bleiben. Einen großen Teil des Sommers verbrachte er bei Hitler in Berchtesgaden, und sein Tagebuch aus dieser Zeit ist voll von Lobeshymnen auf den Führer. Im August setzte er sich, mit einem Aufsatz im *Völkischen Beobachter*, öffentlich von Strasser ab.

Ende Oktober machte Hitler Goebbels zum Gauleiter von Berlin. Er gab ihm Anweisung, die Partei von Rowdies zu säubern, die mit ihren Streitereien untereinander dem Anwachsen der Bewegung in Berlin geschadet hatten, und die Reichshauptstadt für den Nationalsozialismus zu erobern. Berlin war »rot«. Sozialdemokraten und Kommunisten hatten dort die Mehrheit der Stimmen. Unerschrocken begab sich der 29jährige Goebbels, der innerhalb von Jahresfrist aus dem Nichts zu einer der führenden Leuchten der Nationalsozialistischen Partei aufgestiegen war, an die Erfüllung seiner Aufgabe in dem großen Babel.

Die politisch mageren Jahre waren für Adolf Hitler, wie er später einmal sagte, die besten Jahre seines privaten Lebens. Da er bis 1927 nicht in der Öffentlichkeit sprechen durfte und die Absicht hatte, *Mein Kampf* zu beenden sowie über seine und die Zukunft der Partei nachzudenken, verbrachte er den größten Teil seiner Zeit auf dem Obersalzberg bei Berchtesgaden. Das war der rechte Platz für Ruhe und Entspannung.
Wenn Hitler später im Führerhauptquartier nächtens im Kreise alter Parteigenossen und treuer Sekretärinnen vergangener Zeiten gedachte, waren seine Monologe voll von wehmütigen Erinnerungen an dieses Gebirgsretiro. In einer jener Nachtsitzungen machte Hitler eine Bemerkung, die daran erinnert, daß ihn während der angenehmen Jahre in Berchtesgaden noch zwei persönliche Dinge beschäftigten.

Damals [während der Zeit auf dem Obersalzberg] kannte ich eine Menge Frauen. Davon waren mir mehrere sehr zugetan. Warum habe ich damals nicht geheiratet? Sollte ich eine Frau zurücklassen? Bei der geringsten Unvorsichtigkeit konnte es mir passieren, wieder für sechs Jahre ins Gefängnis zu kommen. Also kam für mich eine Heirat nicht in Frage. Und daher mußte ich auf gewisse sich mir bietende Gelegenheiten verzichten. – 16./17. Januar 1942.

Hitlers Sorge, wieder ins Gefängnis geschickt oder ausgewiesen zu werden, war damals, in der Mitte der zwanziger Jahre, nicht unbegründet. Seine Bewährungsfrist war noch nicht abgelaufen. Verstieß er offen gegen das Redeverbot, konnte ihn die bayerische Regierung wieder hinter Schloß und Riegel stecken oder über die Grenze nach Österreich abschieben. Einer der Gründe, weshalb er den Obersalzberg als Zufluchtsstätte gewählt hatte, war die Nähe der österreichischen Grenze; im gegebenen Augenblick hätte er hinübergehen und sich der Verhaftung durch die deutsche Polizei entziehen können. Aber eine Rückkehr nach Österreich, ob freiwillig oder erzwungen, würde seine Pläne zunichte gemacht haben. Um daher die Gefahr einer Ausweisung zu verhindern, verzichtete Hitler am 7. April 1925 offiziell auf seine österreichische Staatsbürgerschaft – was von der österreichischen Regierung unverzüglich akzeptiert wurde. Damit war er freilich staatenlos, denn deutscher Staatsbürger wurde er auch nicht. Das war ein erhebliches Hindernis für einen Politiker im Reich. Zum Beispiel konnte er weder gewählt werden noch ein öffentliches Amt bekleiden. Zwar hatte er öffentlich erklärt, er werde die Republik niemals um die Staatsbürgerschaft bitten, obwohl sie ihm wegen seiner Verdienste im Krieg ohnehin zustehe. Aber insgeheim ersuchte er die bayerische Regierung während der zweiten Hälfte der zwanziger Jahre immer wieder um Einbürgerung. Doch umsonst.
Was nun die Frauen und das Heiraten angeht, so war etwas Wahres an dem, was Hitler in jener Januarnacht 1942 erzählte. Im Gegensatz zu allgemein verbreiteten Ansichten liebte er die Gesellschaft von Frauen, vor allem, wenn sie schön waren. Auf dieses Thema kam er bei seinen Tischgesprächen im Führerhauptquartier immer wieder zurück. »Was für schöne Frauen gibt es doch in der Welt!« sagte er in der Nacht vom 25. zum 26. Januar 1942, nannte ein paar Beispiele aus seinem Leben und fügte prah-

lerisch hinzu: »In meiner Jugend in Wien kannte ich eine Menge schöner Frauen!« Heiden berichtet von Hitlers Schwärmerei für Jenny Haug, die Schwester seines Fahrers, die 1923 als sein »Gspusi« galt, für die große, stattliche Erna Hanfstaengl, »Putzis« Schwester, oder für Winifried Wagner, Richard Wagners Schwiegertochter. Aber Adolf Hitlers einzige große Liebe war, soweit bekannt, seine Nichte Geli Raubal.

Im Sommer 1928 mietete Hitler von der Witwe eines Hamburger Industriellen für 100 Mark im Monat die *Villa Wachenfeld* auf dem Obersalzberg und überredete seine verwitwete Halbschwester, Angela Raubal, von Wien nach dort zu kommen und seinen Haushalt zu führen[5]. Frau Raubal brachte ihre beiden Töchter Geli und Friedl mit. Geli war zwanzig Jahre alt, hatte glatt herabfallendes blondes Haar, angenehme Züge, eine hübsche Stimme und ein sonniges Gemüt, das sie für Männer attraktiv machte[6]. Hitler verliebte sich bald in sie. Er nahm sie zu allen Versammlungen und Sitzungen mit, machte mit ihr ausgedehnte Wanderungen im Gebirge und führte sie in die Münchener Theater und Cafés. Als er 1929 eine luxuriöse Neunzimmerwohnung in der Prinzregentenstraße mietete, erhielt Geli darin ein eigenes Zimmer. Es blieb nicht aus, daß in München wie in allen süddeutschen NS-Kreisen über den Parteiführer und seine hübsche Nichte geklatscht wurde. Einige der prüderen – oder neidischen – Parteileute verlangten, daß Hitler seine Geliebte entweder heirate oder sich nicht mehr mit ihr in der Öffentlichkeit zeige. Hitler war wütend. Als ihn der Gauleiter von Württemberg wegen der Sache zur Rede stellte, warf er ihn aus der Partei hinaus.

Wahrscheinlich hatte Hitler die Absicht, seine Nichte zu heiraten. Sicher ist, daß er sie sehr liebte. Über ihre eigenen Gefühle lassen sich nur Vermutungen anstellen. Offensichtlich fühlte sie sich durch die Aufmerksamkeiten ihres inzwischen berühmt gewordenen Onkels geschmeichelt. Aber sie litt unter seiner Eifersucht. Er argwöhnte, sie lasse sich von seinem Fahrer, Emil Maurice, den Hof machen. Er wünschte, daß sie sich nur mit ihm, Hitler, sehen lasse. Er untersagte ihr, nach Wien zu gehen, um ihre Stimme ausbilden zu lassen. Sie wehrte sich gegen seine Tyrannei.

Es gingen auch dunkle Gerüchte um, Geli fühle sich von den masochistischen Neigungen ihres Liebhabers abgestoßen – Neigungen, die, Sexualforschern zufolge, bei brutalen Tyrannen nicht ungewöhnlich sind. Heiden berichtet von einem Brief Hitlers an seine Nichte vom Jahre 1929, worin er ihr seine geheimsten Gefühle in dieser Hinsicht offenbarte. Der Brief fiel dem Sohn seiner Wirtin in die Hände – was für mehr als einen Menschen tragische Folgen haben sollte[7].

Was auch immer die Liebe zwischen Onkel und Nichte getrübt haben mag, ihre Auseinandersetzungen wurden immer heftiger, und im Herbst 1931 verkündete Geli, sie werde nach Wien zurückkehren und ihre Gesangstunden wiederaufnehmen. Hitler verbot es ihr. Am 17. September, als Hitler sich anschickte, nach Hamburg zu reisen, kam es zu einer – von Nachbarn mitangehörten – Szene zwischen beiden.

Am nächsten Morgen wurde Geli Raubal in ihrem Zimmer erschossen aufgefunden. Die Staatsanwaltschaft stellte nach gründlicher Untersuchung fest, daß Selbstmord vorlag. Der Leichenbefund hatte ergeben, daß die Kugel unterhalb der linken Schulter in die Brust eingedrungen und das Herz durchbohrt hatte: es schien kein Zweifel zu bestehen, daß Geli sich selbst erschossen hatte.

Noch Jahre danach ging in München das Gerücht, Geli Raubal sei ermordet worden: entweder von Hitler in einem Wutanfall oder aber von Himmler, der eine für die Partei peinliche Situation habe beseitigen wollen. Aber niemals sind glaubwürdige Beweise für die Richtigkeit des Gerüchtes zutage getreten.

Hitler selbst brach vor Kummer zusammen. Gregor Strasser erzählte später einmal, er sei zwei Tage und zwei Nächte lang nicht von Hitlers Seite gewichen, aus Sorge, daß er sich das Leben nehmen könnte. Monatelang war Hitler untröstlich. Drei Wochen nach Gelis Tod wurde er zum erstenmal von Hindenburg empfangen. Es war auch das erstemal, daß er sich um die Reichskanzlerschaft bewarb. Hitler war jedoch bei dieser – für ihn ungünstig ausgehenden – Besprechung nicht in bester Form, was seine Freunde der Erschütterung durch den Verlust seiner geliebten Nichte zuschrieben.

Späterhin hat Hitler seinen Freunden gegenüber immer wieder erklärt, Geli Raubal sei die einzige Frau gewesen, die er wirklich geliebt habe. Er sprach von ihr in Ausdrücken tiefster Verehrung, wobei ihm oft Tränen in den Augen standen. Gelis Zimmer in Haus Wachenfeld blieb unberührt. Ihr Bild hing stets in seinem Zimmer auf dem *Berghof* wie auch später in der Reichskanzlei und wurde alljährlich zu ihrem Geburtstag und ihrem Todestag mit Blumen geschmückt.

Diese Leidenschaft für ein junges Mädchen steht als eines der Geheimnisse in dem seltsamen Leben des brutalen Zynikers Hitler, der niemals imstande zu sein schien, ein anderes Menschenwesen zu lieben. Und wie alle Geheimnisse kann es rational nicht erklärt werden. Es ist so gut wie sicher, daß Hitler bis zu dem Tage, an dem er Hand an sich legte, nicht mehr ernsthaft an eine Eheschließung gedacht hat.

Den oben erwähnten kompromittierenden Brief Hitlers an seine Nichte brachte Pater Bernhard Stempfle an sich, der ehemalige Ordensbruder und spätere antisemitische Journalist, der dem Führer der NSDAP bei der Überarbeitung von *Mein Kampf* geholfen hatte. Er luchste ihn dem Sohn von Hitlers Wirtin ab und erhielt – nach Heiden – das hierfür erforderlich Geld von Franz Xaver Schwarz, dem Schatzmeister der Partei. So war Pater Stempfle einer der ganz wenigen Menschen, der etwas vom Geheimnis des Hitlerschen Liebesverhältnisses wußte. Offenbar hat er sein Wissen nicht völlig für sich behalten. Für diesen Fehler sollte er, als der Verfasser von *Mein Kampf* Deutschlands Diktator geworden war und eines Tages mit gewissen alten Freunden abrechnete, mit dem Leben bezahlen.

Von welchen Einkünften Hitler in jenen für ihn persönlich angenehmen Jahren lebte, woher das Geld stammte, mit dem er *Haus Wachenfeld* erwarb, eine luxuriöse Wohnung in München einrichtete und den eleganten Wagen kaufte, der 20000 Mark gekostet hatte und von einem Chauffeur gefahren wurde, ist niemals restlos geklärt worden. Einen gewissen Aufschluß geben indes die nach dem Krieg ans Tageslicht gekommenen

Steuerakten[8]. Ehe Hitler Kanzler wurde und sich selbst von der Steuer befreite, lag er in ständigem Konflikt mit den Steuerbehörden, und zwischen 1925 und 1933 sammelte sich im Münchner Finanzamt ein umfangreiches Aktenmaterial an.

Diese Behörde teilte ihm am 1. Mai 1925 mit, er habe versäumt, für das Steuerjahr 1924/25 eine Steuererklärung abzugeben. Hitler schrieb zurück: »Im Jahre 1924 (als ich im Gefängnis war) und im ersten Vierteljahr 1925 hatte ich kein Einkommen. Ich habe meinen Lebensunterhalt durch Aufnahme eines Bankdarlehens bestritten[9].« Das Finanzamt entgegnete: Woher denn die 20 000 Mark für das Automobil stammten? Hitler antwortete, auch für den Wagenkauf habe er ein Bankdarlehen aufgenommen. In allen Steuererklärungen gab Hitler als Beruf »Schriftsteller« an und versuchte, einen großen Teil seines Einkommens als Werbungskosten abzusetzen – fraglos war ihm bekannt, welche Bestimmungen für die Veranlagung von Schriftstellern galten. In seiner ersten Einkommensteuererklärung, für die Zeit vom 1. 4. bis 31. 12. 1925, gab er ein Bruttoeinkommen von 11 231 RM an, abzüglich Betriebsausgaben in Höhe von 6540 RM und Darlehenszinsen in Höhe von 2245 RM, so daß ein Nettoeinkommen von 2446 RM verblieb.

In einer dreiseitigen Erläuterung verteidigte Hitler seine hohen Betriebsausgaben. Er behauptete, diese rührten zwar zu einem großen Teil aus seiner politischen Tätigkeit her, doch biete ihm diese Arbeit das für einen politischen Schriftsteller notwendige Material und fördere dazu den Verkauf seines Buches.

Ohne meine politische Tätigkeit wäre mein Name unbekannt, und es würden mir Unterlagen für die Veröffentlichung eines politischen Werkes fehlen ... Daher können bei mir als politischem Schriftsteller die Ausgaben für meine politische Betätigung, die die notwendige Voraussetzung sowohl für meine schriftstellerische Tätigkeit wie für ihren finanziellen Erfolg ist, nicht als steuerpflichtig angesehen werden.

... Das Finanzamt kann hieraus ersehen, daß ich von den Einkünften aus meinem Buch in diesem Zeitraum nur einen geringen Bruchteil für mich selbst ausgegeben habe; Besitztümer oder Kapitalvermögen, das ich mein eigen nennen könnte, besitze ich nirgendwo. Ich beschränke meine persönlichen Bedürfnisse auf das Notwendigste, und zwar derart, daß ich mich des Alkohols und Tabaks völlig enthalte, meine Mahlzeiten in bescheidensten Restaurants einnehme und abgesehen von meiner geringfügigen Wohnungsmiete keine Ausgaben habe, die nicht zu den Werbungskosten eines politischen Schriftstellers gehören ... Auch das Auto ist für mich nur ein Mittel zum Zweck. Nur mit seiner Hilfe ist es mir möglich, meine tägliche Arbeit zu leisten.

Das Finanzamt ließ aber nur die Hälfte der Betriebsausgaben gelten, und dabei blieb es auch, nachdem Hitler sich an das Finanzpräsidium gewandt hatte. Fortan wurde ihm nur die Hälfte seiner Ausgaben als steuerlich absetzbar anerkannt. Er protestierte, zahlte aber.

Das von Hitler in seinen Steuererklärungen angegebene Bruttoeinkommen entspricht ziemlich genau den Honoraren, die er aus dem Verkauf von *Mein Kampf* bezog: 1925:

19 843 RM; 1926: 15 903 RM; 1927: 11 494 RM; 1928: 11 818 RM; 1929: 15 448 RM. Da das Finanzamt möglicherweise die Kassenbücher des Verlags überprüfte, konnte Hitler es sich nicht leisten, ein geringeres Einkommen als das aus seinen Honoraren anzugeben. Aber wie stand es mit anderen Einnahmequellen? Solche hat er niemals angegeben. Dabei war bekannt, daß er für die vielen Aufsätze, die er damals für die finanziell schwache NS-Presse schrieb, hohe Honorare forderte und erhielt. In Parteikreisen wurde über Hitlers großen Aufwand viel gemurrt. Hierüber geben seine Steuererklärungen keine Auskunft. Ende der zwanziger Jahre begannen einige bayerische und rheinische Großindustrielle, die sich von Hitlers Opposition gegen Marxisten und Gewerkschaften angezogen fühlten, der Partei Gelder zu stiften. Erhebliche Beträge kamen von Fritz Thyssen und Emil Kirdorf. Häufig wurde das Geld Hitler direkt ausgehändigt. Wieviel er davon für sich behielt, wird wahrscheinlich niemals ergründet werden. Aber sein Lebensstil in den letzten Jahren vor seiner Kanzlerschaft läßt darauf schließen, daß von dem gestifteten Geld nicht alles der Parteikasse zufloß.

Von 1925 bis 1928 klagte er allerdings, wie schwer es ihm falle, seine Einkommensteuer zu zahlen; er war beständig mit den Zahlungen im Rückstand und bat jedesmal um weitere Stundung. Im September 1926 schrieb er an das Finanzamt: »Im Augenblick bin ich nicht in der Lage, die Steuern zu zahlen; um meinen Lebensunterhalt zu bestreiten, mußte ich ein Darlehen aufnehmen.« Später behauptete er von jener Zeit, er habe jahrelang von Tiroler Äpfeln gelebt. »Es ist unglaublich, wie sehr wir sparen mußten. Jede gesparte Mark war für die Partei.« Und zwischen 1925 und 1928 gab er dem Finanzamt wiederholt an, er gerate in immer tiefere Schulden. In seiner Steuererklärung für 1926 standen Ausgaben in Höhe von 31 209 RM einem Einkommen von 15 903 RM gegenüber. Das Defizit, erklärte er, habe er mit Hilfe eines weiteren »Bankdarlehens« ausgeglichen.

1929 verschwanden plötzlich aus seiner Steuererklärung die Darlehenszinsen und -tilgungen, obwohl er ein erheblich geringeres Einkommen als für das Jahr 1925 angab. Sie erschienen nie wieder. Wie Professor Hale, dessen Untersuchungen dem oben Dargestellten zugrundeliegen, bemerkt, »war ein finanzielles Wunder geschehen, und er stand ohne Schulden da«.

Gerechterweise muß gesagt werden, daß Hitler sich aus Geld nie viel gemacht zu haben scheint – sofern er genug hatte, um bequem zu leben. Von 1930 an, als die Einnahmen aus seinem Buch sich plötzlich verdreifachten und auf etwa 50 000 RM anstiegen und als aus der Großindustrie Geld einzuströmen begann, waren die persönlichen finanziellen Sorgen, die Hitler gehabt haben mag, für immer vorbei. Nunmehr konnte er sein wilde Energie und sein ganzes Talent der Aufgabe widmen, seine Bestimmung zu erfüllen. Die Zeit für seinen letzten Ansturm auf die Macht, auf die Diktatur über eine große Nation, war gekommen.

DIE CHANCEN DER WIRTSCHAFTSKRISE

Die Ende 1929 über die ganze Welt sich ausbreitende Wirtschaftskrise bot Adolf Hitler die langersehnte Gelegenheit, und er nahm sie weidlich wahr. Wie fast alle Revolutionäre konnte auch er nur in schlechten Zeiten gedeihen. Doch in einer Hinsicht unterschied er sich von allen Revolutionären der Geschichte. Er wollte seine Revolution *nach* Erlangung der politischen Macht durchführen. Er wollte die Macht im Staate nicht durch Revolution, sondern auf legalem, d. h. konstitutionellem Wege erringen. Zur Erreichung dieses Ziels bedurfte er einer eindeutigen Stimmenmehrheit oder aber der Einwilligung derer, die im Staat die Macht innehatten. Um Stimmen zu gewinnen, brauchte Hitler nur die verzweifelte Lage auszunutzen, in der sich anfangs der dreißiger Jahre das deutsche Volk wieder einmal befand. Um die Mächtigen zu gewinnen, mußte er sie davon überzeugen, daß er der einzige Mann sei, der Deutschland aus seiner katastrophalen Lage erretten könne. In den turbulenten Jahren von 1930 bis 1933 begab sich der Führer der Nationalsozialisten mit scharfsinniger Rücksichtslosigkeit und Kühnheit daran, dieses Doppelziel zu erreichen. Von heute aus gesehen läßt sich sagen, daß die Ereignisse an sich und die Schwäche und Konfusion der Handvoll Leute, die durch ihren Treueid zur Verteidigung der von ihnen beherrschten demokratischen Republik verpflichtet waren, Hitler in die Hände spielten. Aber Anfang 1930 konnte dies kein Mensch voraussehen.

Am 3. Oktober 1929 starb Gustav Stresemann. In seinem sechsjährigen Bemühen als Außenminister, dem geschlagenen Deutschland wieder einen Platz unter den Großmächten zu verschaffen und das deutsche Volk zu politischer und wirtschaftlicher Stabilität zu führen, hatte er sich überanstrengt. Seine Erfolge waren erstaunlich gewesen. Er hatte Deutschland in den Völkerbund gebracht, den Dawes-Plan und den Young-Plan ausgehandelt und damit Deutschlands Reparationslasten auf ein erträgliches Maß heruntergebracht, und 1925 war er einer der hauptsächlichen Baumeister des Locarno-Pakts gewesen, der den kriegsmüden, von Hader heimgesuchten Völkern Westeuropas die erste ruhige Zeit seit einer Generation beschert hatte.

Am 24. Oktober, drei Wochen nach Stresemanns Tod, ereignete sich in der Wall Street der gewaltige Börsenkrach. In Deutschland machten sich seine Folgen alsbald – und auf verheerende Weise – bemerkbar. Die Eckpfeiler der deutschen Prosperität waren Auslandsanleihen, hauptsächlich aus Amerika, und der Welthandel gewesen. Als der Anleihestrom versiegte und die Rückzahlung älterer Schulden fällig wurde, sah Deutschland sich außerstande, dem finanziellen Druck standzuhalten. Und als der Welthandel infolge der allgemeinen Flaute schrumpfte, war Deutschland nicht in der Lage, soviel zu exportieren, wie für die Bezahlung wesentlicher Einfuhren an Rohstoffen und Lebensmitteln erforderlich gewesen wäre. Ohne Ausfuhren aber konnte die deutsche Industrie ihre Werke nicht in Betrieb halten, und so sank ihre Produktion von 1929 bis 1932 auf fast die Hälfte ab. Millionen Menschen wurden arbeitslos. Tausende kleiner Unternehmen brachen zusammen. Im Mai 1931 machte Österreichs größte Bank, die Kreditanstalt, Bankrott, und am 13. Juli stellte eine der wichtigsten Banken Deutschlands, die Darmstädter und Nationalbank, ihre Zahlungen ein, was die Berliner Regierung zwang, vorübergehend alle Banken zu schließen. Nicht einmal Präsident Hoovers Kriegsschuldenmoratorium, das sich auch auf deutsche Reparationszahlungen bezog, konnte die Flut eindämmen. Die ganze westliche Welt unterlag Gewalten, die ihre führenden Männer nicht begriffen und denen sie machtlos gegenüber standen. Wie war es möglich, daß inmitten des Überflusses plötzlich soviel Armut, soviel menschliches Leiden entstehen konnten?

Hitler hatte die Katastrophe vorausgesagt. Doch wodurch sie heraufbeschworen war, begriff er ebensowenig wie irgendein anderer Politiker, vielleicht sogar noch weniger, denn in wirtschaftlichen Dingen war er ein Ignorant, ja sie interessierten ihn überhaupt nicht. Sehr wohl begriff er dagegen, daß ihm die Wirtschaftskrise plötzlich günstige Gelegenheiten bot. Das Elend des deutschen Volkes, dem noch der Schock der verheerenden Markentwertung in den Gliedern steckte, erweckte keineswegs Hitlers Mitgefühl. Im Gegenteil! In den düstersten Tagen jener Zeit, als die Fabriken stillagen und die Zahl der Arbeitslosen über sechs Millionen betrug, brachte Hitler es fertig, in der NS-Presse zu schreiben: »Niemals in meinem Leben habe ich mich so wohl und innerlich zufrieden gefühlt wie in diesen Tagen. Denn die harte Wirklichkeit hat Millionen Deutschen die Augen geöffnet für den beispiellosen Schwindel, Lug und Betrug der marxistischen Volksverführer[9].« Hitler dachte nicht daran, durch Anteilnahme an den Leiden seiner deutschen Landsleute Zeit zu vergeuden. Er nutzte sie vielmehr unverzüglich und kaltblütig für seine eigenen Ziele aus.

Im März 1930 war Hermann Müller, der letzte sozialdemokratische Reichskanzler und Chef der letzten, auf einer Koalition der demokratischen Parteien beruhenden Regierung, anläßlich eines Parteienstreites wegen der Arbeitslosenversicherung zurückgetreten. An seine Stelle war Heinrich Brüning, Fraktionsführer der katholischen Zentrumspartei, getreten. Brüning war im Krieg als Hauptmann in einer MG-Kompanie mit dem Eisernen Kreuz ausgezeichnet worden. Die nüchternen, konservativen Ansichten, die er in seinen Reichstagsreden zum Ausdruck brachte, hatten ihm die wohlwollende Aufmerksamkeit der Reichswehr und vor allem eines in der deutschen Öffentlichkeit damals noch ganz unbekannten Generals mit Namen Kurt von Schleicher eingebracht. Schleicher, ein eitler, tüchtiger, ehrgeiziger »Schreibtischoffizier«, der in Militärkreisen bereits als begabter, aber skrupelloser Intrigant galt, hatte Brüning dem Reichspräsidenten Hindenburg empfohlen. Der neue Kanzler war also, wiewohl er sich darüber nicht völlig im klaren gewesen sein mag, der Kandidat der Reichswehr. Von Natur äußerst redlich, selbstlos, bescheiden, hingabefreudig und asketisch, hoffte Brüning die parlamentarische Regierung wieder zu festigen und das Land vor zunehmendem Elend und politischem Chaos zu bewahren. Es war die Tragödie dieses wohlmeinenden und demokratisch gesinnten Patrioten, daß er dabei unwissentlich der deutschen Demokratie das Grab schaufelte und somit unabsichtlich Adolf Hitler den Weg bahnte.

Brüning war nicht imstande, im Reichstag für gewisse Forderungen seines Finanzprogramms eine Mehrheit zu gewinnen. Daraufhin bat er Hindenburg, eine Notverordnung auf Grund von § 48 der Verfassung zu erlassen, wodurch Brünings Finanzvorlage zum Gesetz wurde. Der Reichstag erhob Einspruch und verlangte Aufhebung des Präsidialerlasses. Die parlamentarische Regierung brach gerade in einem Augenblick zusammen, in dem die Wirtschaftskrise eine starke Regierung dringend erforderlich machte. Um aus der Sackgasse herauszukommen, ersuchte Brüning im Juli 1930 den Reichspräsidenten um Auflösung des Reichstags. Neuwahlen wurden für den 14. September angesetzt. Wie Brüning hoffen konnte, durch Neuwahlen eine stabile Reichstagsmehrheit zu erhalten, bleibt eine offene Frage. Hitler jedoch erkannte, daß seine Chance eher gekommen war, als er erwartet hatte.

Das hartbedrängte Volk suchte einen Ausweg aus seiner mißlichen Lage. Die Millionen Arbeitslosen wollten Arbeit. Die Einzelhändler wollten Hilfe. Etwa vier Millionen inzwischen wahlberechtigt gewordene Jugendliche wollten für die Zukunft zumindest die Aussicht auf ein Existenzminimum. All diesen Millionen Unzufriedenen stellte Hitler im Wahlkampf etwas in Aussicht, an das sie sich in ihrem Elend klammern konnten. Er versprach ihnen, Deutschland wieder stark zu machen, die Reparationszahlungen einzustellen, den Versailler Vertrag für null und nichtig zu erklären, die Korruption auszurotten, die »Geldsäcke« [zumal wenn sie Juden waren] zur Strecke zu bringen und dafür zu sorgen, daß jeder Deutsche Arbeit und Brot habe. Solche Versprechungen verfehlten nicht ihre Wirkung auf hoffnungslose, hungrige Menschen, die nicht allein bessere Lebensbedingungen, sondern auch neuen Glauben und neue Götter suchten.

Hitlers hochgespannte Hoffnungen wurden noch übertroffen von den Wahlergebnissen des 14. September 1930. Zwei Jahre vorher hatte seine Partei 810 000 Stimmen und zwölf Reichstagssitze errungen. Diesmal hatte er mit viermal soviel Stimmen und etwa fünfzig Mandaten gerechnet. Doch die NSDAP gewann an diesem Tag 6 409 600 Stimmen und 107 Reichstagssitze, wodurch sie plötzlich von der kleinsten Partei im Parlament zur zweitgrößten wurde.

Auch die Kommunisten hatten zugenommen: sie errangen 4 592 000 Stimmen gegenüber 3 265 000 im Jahre 1928 und konnten anstatt 54 Abgeordnete 77 in den Reichstag schicken. Abgesehen vom Zentrum, verloren die bürgerlichen Parteien über eine Million Stimmen; ebenso erging es – trotz der vier Millionen Jungwähler – den Sozialdemokraten. Den größten Rückschlag – etwa zwei Millionen Stimmenverlust – erlitt Hugenbergs Deutschnationale Partei. Es war klar, daß die NSDAP den bürgerlichen Parteien Millionen von Anhängern weggeschnappt hatte. Es war ebenso klar, daß es für Brüning – oder jeden anderen – schwieriger denn je sein würde, über eine stabile Reichstagsmehrheit zu verfügen. Wie aber sollte die Republik ohne solche Mehrheit überleben können?

Das war eine Frage, die sich am Morgen nach der Wahl vor allem jene beiden Säulen der Nation stellten, deren Führer in der Republik nie etwas anderes als ein vorübergehendes Unglück für Deutschland gesehen hatten: Reichswehr und Schwerindustrie.

Von seinem Wahlerfolg berauscht, wandte Hitler sich nun der Aufgabe zu, diese beiden mächtigen Gruppen auf seine Seite zu ziehen. Jahre vorher, in Wien, hatte er, wie wir sahen, aus der Taktik des Bürgermeisters Karl Lueger gelernt, wie wichtig es war, »bestehende mächtige Einrichtungen« für sich zu gewinnen.

Ein Jahr zuvor, am 15. März 1929, hatte Hitler in München eine Rede gehalten, worin er an die Reichswehr appellierte, ihre feindselige Einstellung gegen den Nationalsozialismus zu revidieren:

Die Zukunft liegt nicht bei den Parteien der Zersetzung, sondern vielmehr bei den Parteien, die sich auf die Kraft des Volkes stützen, die bereit und willens sind, sich mit der Armee zu verbinden, damit sie eines Tages der Armee bei der Verteidigung der Interessen des Volkes helfen können. Im Gegensatz dazu sehen wir in unserer Armee Offiziere, die sich noch immer mit der Frage herumquälen, wie weit man mit der Sozialdemokratie gehen kann. Aber, meine lieben Herren, glauben Sie denn wirklich, daß Sie irgend etwas Gemeinsames haben mit einer Ideologie, die alles das zersetzt, was die Grundlage für die Existenz einer Armee bildet?

Das war eine sehr geschickte Werbung um Unterstützung seitens der Armee, der man – wie die meisten Offiziere glaubten und wie Hitler jetzt zum hundertsten Male wiederholte – den Dolch in den Rücken gestoßen hatte und die gerade von jener Republik betrogen worden war, die heute zwar von der Armee gestützt wurde und die darüber hinaus dennoch für die Militärkaste und alles, was mit ihr zusammenhing, nichts übrig hatte. Und dann malte Hitler an die Wand, was geschehen würde, wenn die Marxisten den Sieg über die Nazionalsozialisten davontrügen, was jedoch nicht die Marxisten, sondern er selbst eines Tages wirklich tun sollte:

Sollten die Linken ... siegen, so können Sie ein Buch schreiben über die deutsche Reichswehr mit dem Titel: »Das Ende der deutschen Reichswehr«. Denn dann, meine Herren, werden Sie bestimmt politisch werden müssen . . . Sie werden dann Henker und politische Kommissare für das Regime werden, und wenn Sie nicht parieren, werden Weib und Kind hinter Schloß und Riegel gesetzt. Und wenn Sie auch dann noch nicht parieren, werden Sie hinausgeworfen und vielleicht gegen die Wand gestellt ...[10].

Die Rede war von verhältnismäßig wenigen Personen gehört worden. Um sie aber in Armeekreisen zu verbreiten, brachte der *Völkische Beobachter* den vollen Wortlaut in einer Sonderausgabe für die Reichswehr. Außerdem wurde sie in der neuen, militärischen Angelegenheiten gewidmeten NS-Zeitschrift *Deutscher Wehrgeist* eingehend besprochen.

1927 war der Reichswehr untersagt worden, NSDAP-Mitglieder in das 100 000-Mann-Heer aufzunehmen; sie durften nicht einmal als Zivilangestellte in Arsenalen und Magazinen beschäftigt werden. Aber Anfang 1930 wurde offenkundig, daß sich die nationalsozialistische Propaganda in der Reichswehr bemerkbar machte, vor allem unter jüngeren Offizieren, von denen sich viele von Hitlers fanatischem Nationalismus angezogen fühlten. Darüber hinaus verlockte sie die von Hitler in Aussicht gestellte Wiedererrichtung der Armee in ihrem früheren Glanz und ihrer alten Größe, was für die Offiziere zugleich größere Beförderungsmöglichkeiten als in der kleinen Reichswehr verhieß. Die Infiltration der Reichswehr durch die NSDAP wurde so bedrohlich, daß Reichswehrminister General Groener sich gezwungen sah, am 22. Januar 1930 einen Tagesbefehl zu erlassen, der inhaltlich an einen Befehl erinnerte, den sieben Jahre vorher, am Vorabend des Bürgerbräu-Putsches, General von Seeckt herausgegeben hatte. Die Nationalsozialisten, erklärte Groener, seien machtgierig und »werben deshalb um die Wehrmacht. Um sie für die politischen Ziele ihrer Partei einzuspannen, versuchen sie uns zu blenden, indem sie vorgeben, daß die Nationalsozialisten allein den wahren nationalen Gedanken vertreten.« Er forderte die Soldaten auf, sich der Politik fernzuhalten und abseits vom Parteienkampf »dem Staat zu dienen«.

Daß einige der jüngeren Reichswehroffiziere der Politik – oder zumindest der NS-Politik – nicht entsagten, trat kurz darauf zutage. Diese Tatsache erregte Aufsehen in Deutschland, Uneinigkeit in den höchsten Rängen des Offizierkorps und Entzücken im Lager der NSDAP. Im Frühjahr 1930 waren drei junge Leutnants der Ulmer Garnison, Ludin, Scheringer und Wendt, verhaftet worden, weil sie im Heer nationalsozialistische Propaganda betrieben und versucht hatten, ihre Kameraden zu überreden, im Falle eines nationalsozialistischen Aufstands keinen Schuß auf die Rebellen abzugeben. Das letztere war Hochverrat. General Groener versuchte zunächst, den Fall als Disziplinarsache zu behandeln, um kein Aufsehen in der Öffentlichkeit zu erregen. Aber das trotzige Verhalten des Leutnants Scheringer, der aus seiner Zelle einen hetzerischen Artikel für den *Völkischen Beobachter* hinausschmuggelte, vereitelte Groeners Bemühen. Der Reichswehrminister war gezwungen, den Fall dem Reichsgericht in Leipzig zu übergeben. Eine Woche nach den für die NSDAP erfolgreichen Septemberwahlen standen die drei Leutnants, des Hochverrats angeklagt, vor dem Reichsgerichtshof. Zu ihren Verteidigern gehörten zwei kommende NS-Größen, Hans Frank und Dr. Karl Sack[11].

Aber es waren weder die Rechtsanwälte noch die Angeklagten, die während des Prozesses im Scheinwerferlicht standen. Es war vielmehr Adolf Hitler. Er war von Frank als Zeuge benannt worden. Sein Auftreten stellte ein gefährliches Wagnis dar. Einerseits mußte es peinlich sein, die drei Leutnants im Stich zu lassen, da ja ihre Tätigkeit ein Beweis für die in der Reichswehr wachsenden Sympathien für den Nationalsozialismus war, und Hitler wollte die Sympathisierenden nicht entmutigen. Andererseits war es nicht minder peinlich, daß die von den Nationalsozialisten betriebene Unterwanderung der Reichswehr entdeckt worden war. Und es war auch für seine derzeitige Taktik nicht förderlich, daß die Anklage seiner Partei vorwarf, eine revolutionäre Organisation zum gewaltsamen Sturz der Regierung zu sein. Um die letztere Beschuldigung zu entkräften, hatte Hitler mit Frank verabredet, als Zeuge der Verteidigung aufzutreten. Doch in Wirklichkeit verfolgte er ein noch viel wichtigeres Ziel: Als Führer einer Bewegung, die gerade erst einen überwältigenden Wahlsieg errungen hatte, wollte er der

Reichswehr und vor allem ihren höchsten Offizieren versichern, daß der Nationalsozialismus weit davon entfernt sei, eine Gefahr für die Armee zu sein, daß er vielmehr ihr Retter, ja der Retter Deutschlands sei.

Der Zeugenstand in Leipzig bot Hitler nun das nationale Forum, von dem aus er seine ganze Redegewandtheit und seinen Sinn für politische Strategie entfalten konnte. Seine Aussagen waren ein Meisterstück listiger Täuschung, aber darüber schienen sich – selbst unter den Generalen – nur wenige Leute in Deutschland im klaren zu sein. Mit sanften Worten erklärte Hitler dem Gerichtshof (und den Reichswehroffizieren), die Armee werde weder von der SA noch von der Partei bekämpft:

Ich war immer der Ansicht, daß jeder Versuch, die Reichswehr zu zersetzen, Wahnsinn wäre. Keiner von uns hat das geringste Interesse an solcher Zersetzung. Wenn wir zur Macht gekommen sind, werden wir dafür sorgen, daß aus der jetzigen Reichswehr die große deutsche Volksarmee hervorgeht.

Und noch einmal hob er vor dem Gericht (und den Generalen) hervor, daß die Partei nur auf legalem Wege nach der Macht strebe. Die Leutnants befänden sich im Irrtum, wenn sie glaubten, durch einen bewaffneten Aufstand vorgreifen zu können.

Unsere Bewegung hat die Gewalt nicht nötig. Die Zeit wird kommen, in der die deutsche Nation unsere Ideen begreifen wird, und dann werden 35 Millionen Deutsche hinter mir stehen ... Wenn wir dann im Besitz der konstitutionellen Rechte sind, werden wir den Staat so formen, wie wir das für richtig halten.
Der Präsident fragte: Auch das auf konstitutionellem Wege?
Hitler: Ja.

Aber wenn Hitler sich auch hauptsächlich an die Reichswehr und andere konservative Elemente Deutschlands wandte, so mußte er doch ebenfalls den revolutionären Eifer seiner Parteigenossen in Betracht ziehen. Er konnte sie nicht im Stich lassen, wie er es mit den drei Angeklagten getan hatte. Daher ergriff er eine Gelegenheit, die ihm der Präsident des Gerichtshofs bot. Der Präsident erinnerte ihn an eine Äußerung, die er im Jahre 1923, einen Monat vor dem mißglückten Putsch, getan hatte. Damals habe er erklärt, es würden »Köpfe rollen«. Ob er, Hitler, das heute abstreiten wolle?

Ich darf Ihnen versichern [entgegnete Hitler]: Wenn die nationalsozialistische Bewegung in ihrem Kampfgeist siegt, dann wird ein nationalsozialistischer Staatsgerichtshof kommen, dann wird der November 1918 seine Sühne finden, dann werden auch Köpfe rollen[12]*!*

Niemand kann behaupten, Hitler hätte seine Absichten für den Fall, daß er an die Macht gelangte, verheimlicht. Aber die Zuhörerschaft im Gerichtssaal begrüßte offenbar diese drohenden Äußerungen, denn sie applaudierte laut und anhaltend, und wenn auch der Gerichtspräsident an der Unterbrechung Anstoß nahm, so erhoben doch weder er noch der Ankläger Einwände gegen Hitlers Bemerkung. Sie lieferte allen deutschen und vielen ausländischen Zeitungen eine sensationelle Schlagzeile.

In der Aufregung über Hitlers Äußerungen trat der eigentliche Gegenstand des Verfahrens in den Hintergrund. Die drei jungen Offiziere, deren nationalsozialistischer Eifer von ihrem eigenen »Führer« öffentlich desavouiert worden war, wurden wegen Vorbereitung zum Hochverrat zu der milden Strafe von achtzehn Monaten Festungshaft verurteilt. Im republikanischen Deutschland wurden für dieses Vergehen nur solche Leute schwer bestraft, die der Republik anhingen[13].

Der September 1930 war eine Wendemarke auf dem Weg, der die Deutschen unerbittlich zum Dritten Reich hinführte. Der überraschende Erfolg der NSDAP bei den Reichstagswahlen brachte nicht nur Millionen Durchschnittsbürger, sondern auch viele führende Persönlichkeiten in Wirtschaft und Armee zu der Überzeugung, daß hier etwas ins Rollen gekommen sei, das möglicherweise nicht mehr aufzuhalten war. Mochten ihnen auch das Demagogische und Vulgäre der Partei mißfallen, so erweckte sie doch den alten deutschen Patriotismus und Nationalismus, die in den ersten zehn Jahren der Republik so gedämpft worden waren, zu neuem Leben. Sie verhieß, das deutsche Volk vom Kommunismus, Sozialismus, von den Gewerkschaften und den Fehlschlägen der Demokratie fortzuführen. Vor allem hatte die Bewegung im ganzen Reich gezündet. Sie war erfolgreich.

Deshalb und wegen der Zusicherungen an die Adresse der Armee, die Hitler im Leipziger Prozeß öffentlich gemacht hatte, begannen einige Generale darüber nachzusinnen, ob nicht der Nationalsozialismus gerade das sein könnte, was erforderlich wäre, um das Volk zu einigen, das alte Deutsche Reich wiederherzustellen, die Armee wieder groß und stark zu machen und die Nation von den Fesseln des demütigenden Versailler Vertrags zu befreien. Es hatte ihnen gefallen, daß Hitler auf die Frage des Gerichtspräsidenten, was er unter der Bezeichnung »deutsche nationale Revolution« verstehe, erwidert hatte:

Für die Nationalsozialisten [bedeutet der Begriff »Nationale Revolution] lediglich eine Erhebung der geknechteten deutschen Menschen von heute. Deutschland ist durch die Friedensverträge geknebelt ... Die Nationalsozialisten sehen diese Verträge nicht als Gesetz an, sondern als etwas Deutschland mit Gewalt Aufgezwungenes. Wir lassen nicht zu, daß künftige Generationen, die völlig unschuldig sind, durch sie belastet werden. Wenn wir mit allen in unserer Macht stehenden Mitteln gegen sie protestieren, befinden wir uns auf dem Wege der Revolution.

Das war auch die Ansicht des Offizierkorps. Ein Teil der höheren Offiziere hatte scharfe Kritik an Reichswehrminister Groener geübt, weil er den Fall der drei Leutnants vor das Reichsgericht gebracht hatte. General Hans von Seeckt, der ehemalige Chef der Heeresleitung, warf Groener vor, gegen den Geist der Solidarität im Offizierskorps verstoßen zu haben. Oberst Ludwig Beck, der später Chef des Generalstabs werden sollte, 1930 aber Kommandeur des 5. Artillerieregiments in Ulm war, dem die drei Leutnants angehört hatten, protestierte nicht nur bei seinem Vorgesetzten energisch gegen die Verhaftung der jungen Offiziere, sondern trat auch in Leipzig als Zeuge der Verteidigung auf.

Nachdem nun der Prozeß vorüber war und Hitler gesprochen hatte, standen die Generale seiner Bewegung, in der sie vorher eine Gefahr für die Reichswehr gesehen hatten, wohlwollender gegenüber. General Alfred Jodl, während des Krieges Chef der Abteilung Landesverteidigung im OKW, schilderte bei seiner Vernehmung im Nürnberger Prozeß, was Hitlers Erklärung in Leipzig für das Offizierskorps bedeutet habe. Bis zu diesem Zeitpunkt, sagte er, hätten die hohen Offiziere geglaubt, Hitler versuche die Armee zu zersetzen. Nun aber seien sie beruhigt gewesen. General von Seeckt verbündete sich, nachdem er 1930 in den Reichstag gewählt worden war, für eine Zeitlang ganz offen mit Hitler, und bei den Präsidentenwahlen im Jahre 1932 setzte er seiner Schwester zu, Hitler zu wählen – statt Hindenburg, seinen alten Chef.

Die politische Blindheit der deutschen Offiziere, die ihnen schließlich zum Verhängnis werden sollte, begann sich auszuwirken.

Bei den Wirtschaftsmagnaten war der Mangel an politischer Einsicht nicht geringer als bei den Militärs. Sie gaben sich dem irrigen Glauben hin, Hitler werde sich ihnen verpflichtet fühlen, wenn sie ihm genügend Geld gaben und, sobald er einmal an der Macht sei, nach ihrer Pfeife tanzen. Nach dem sensationellen Wahlerfolg der NSDAP im September 1930 begann den führenden Leuten der Wirtschaft zu dämmern, daß der österreichische Emporkömmling, als den viele von ihnen Hitler noch kurz vorher betrachtet hatten, durchaus die Macht in Deutschland erlangen konnte.

»Meine Freunde aus der Industrie und ich«, sagte Walter Funk bei seiner Vernehmung in Nürnberg, »waren in jenen Tagen [1931] überzeugt, daß die NSDAP in nicht allzu ferner Zukunft an die Macht kommen würde.«

Im Sommer 1931 gab Funk, ein dickbäuchiger kleiner Mann mit verschlagenem Blick, seinen einträglichen Posten als Hauptschriftleiter der *Berliner Börsenzeitung* auf und wurde Verbindungsmann zwischen der Partei und einer Reihe wichtiger Wirtschaftsleute. In Nürnberg erklärte er, mehrere seiner Freunde aus der Industrie, vor allem aus dem Ruhrbergbau, hätten ihn gedrängt, der NSDAP beizutreten, um auf deren Wirtschaftspolitik Einfluß zu nehmen:

Damals bestanden in der Parteiführung völlig widersprechende und konfuse Ansichten in bezug auf Wirtschaftspolitik. Um meine Mission zu erfüllen, versuchte ich, dem Führer und der ganzen Partei klarzumachen, daß die Privatinitiative, das Selbstvertrauen des Geschäftsmannes und die schöpferischen Kräfte des freien Unternehmertums als Grundlage der Partei anerkannt werden müßten. In seinen Gesprächen mit mir und mit Industriellen, bei denen ich ihn eingeführt hatte, betonte der Führer persönlich immer wieder, daß er ein Feind der Staatswirtschaft und der sogenannten Planwirtschaft sei, und daß er freies Unternehmertum und freien Wettbewerb als absolut notwendig erachte, um die höchstmögliche Produktion zu erreichen[14].

Funk zufolge, der im Dritten Reich Reichsbankpräsident und Wirtschaftsminister wurde, begann Hitler nun häufiger mit Geldleuten zusammenzutreffen, denen er mehr oder weniger vorredete, was sie zu hören wünschten. Die Partei benötigte viel Geld, um ihren Wahlkampf zu finanzieren, ihre intensive Propaganda zu bezahlen, Hunderte von Parteibeamten zu besolden und ihre Privatarmeen, die SA und SS, zu unterhalten, die Ende 1930 über 100 000 Mann zählten, also stärker als die Reichswehr waren. Die Industriellen und Bankiers waren zwar nicht die einzige Finanzierungsquelle – die Partei hatte noch erhebliche Einnahmen aus Beiträgen, Abgaben, Sammlungen und dem Verkauf von Büchern, Zeitungen und Zeitschriften – aber doch die größte. Und je mehr Geld sie Hitler und seinen Anhängern gaben, desto weniger erhielten die von ihnen bisher unterstützten anderen Rechtsparteien.

»Im Sommer 1931«, schreibt Otto Dietrich, zunächst Hitlers Pressechef, dann Reichspressechef, »faßte der Führer in München plötzlich den Entschluß, die ... maßgebenden Persönlichkeiten der Wirtschaft ... systematisch zu bearbeiten[15].«

Welche maßgebenden Persönlichkeiten?

Ihre Namen wurden geheimgehalten und waren nur in Hitlers engstem Kreise bekannt. Die Partei mußte nach beiden Seiten jonglieren. Einerseits durfte sie Strasser, Goebbels, und den Wirtschaftsphantasten Feder nicht daran hindern, die Massen mit der Parole anzulocken, die Nationalsozialisten seien »wahre Sozialisten« und gegen die »Geldsäcke«. Andererseits mußten gerade die »Geldsäcke« angezapft werden, um die Partei in Gang zu halten. In der zweiten Hälfte des Jahres 1931, sagt Dietrich, »durchquerte der Führer mit seinem Mercedes-Kompressor ganz Deutschland. Überall tauchte er auf zu vertraulichen Besprechungen mit führenden Persönlichkeiten [der Wirtschaft]«. Die Besprechungen waren zum Teil so vertraulich, daß sie »auf einsamen Waldwiesen in Gottes freier Natur« stattfanden. »Vertraulichkeit«, fügt Dietrich hinzu, »war dringend geboten, um der Presse keinen Stoff zur Hetze zu liefern. Die Wirkung blieb nicht aus.«

Das Hin und Her in der NS-Politik war beinahe komisch. Im Herbst 1930 brachten Strasser, Feder und Frick im Reichstag für die NSDAP eine Gesetzesvorlage ein, die einen Höchstzinssatz von vier Prozent, die entschädigungslose Enteignung der »Bank- und Börsenmagnaten« sowie aller »Ostjuden« und die Verstaatlichung der Großbanken forderte. Hitler war entsetzt: so etwas sei nicht allein Bolschewismus, sondern auch finanzieller Selbstmord der Partei. Er befahl sofort, den Gesetzentwurf zurückzuziehen. Daraufhin brachten die Kommunisten eine ziemlich gleichlautende Vorlage ein. Hitler zwang die Fraktion der NSDAP, dagegen zu stimmen.

Wer die »maßgebenden Persönlichkeiten« der Wirtschaft waren, wissen wir aus Funks Vernehmung in Nürnberg. Emil Kirdorf, der die Gewerkschaften haßte und die politischen Fonds des *Bergbaulichen Vereins* und des Verbandes *Eisen Nordwest* – den sogenannten »Ruhrschatz« – verwaltete, war von Hitler auf dem Parteitag im Jahre 1929 gewonnen worden. Fritz Thyssen, Chef des Stahltrusts, der später seine Torheit bereuen und ein Buch mit dem Titel *Ich bezahlte Hitler* schrieb, hatte schon früher der Partei Geld gestiftet. Er war 1923 Hitler in München begegnet und von seiner Beredsamkeit hingerissen worden; über Ludendorff ließ er dann der damals noch obskuren NSDAP 100 000 Goldmark – seine erste Stiftung – zukommen. Zu Thyssen gesellte sich Albert Voegler von den *Vereinigten Stahlwerken*. Es war also die Kohle- und Stahlindustrie, die mit ihren Geldern Hitler zwischen 1930 und 1933 über die letzten Hürden hinweghalf.

Aber Funk nannte noch andere Industriewerke und Konzerne, deren Direktoren nicht draußen vor der Tür stehen wollten, wenn Hitler es schaffte. Es ist eine lange, wenn auch bei weitem nicht vollständige Liste, denn Funks Gedächtnis hatte zur Zeit des Nürnberger Prozesses schon stark nachgelassen. Die Liste umfaßte: Georg von Schnitzler von den *I. G. Farben*, August Rosterg und August Diehn aus der *Pottasche-Industrie* (Funk sprach von der »positiven Einstellung dieser Industrie zum Führer«), Cuno von der *Hamburg-Amerika-Linie*, die mitteldeutsche Braunkohlenindustrie, die Gummiwerke *Continental*, den Kölner Bankier Baron von Schroeder, der in dem Endmanöver, das Hitler an die Macht brachte, eine Schlüsselrolle spielte, mehrere führende Banken wie die *Deutsche Bank*, die *Commerzbank*, die *Dresdener Bank*, die *Deutsche Kreditgesellschaft*, und den größten deutschen Versicherungskonzern, die *Allianz*.

Wilhelm Keppler, einer von Hitlers Wirtschaftsberatern, führte ihm eine Reihe süddeutscher Industrieller zu. Keppler gründete auch den *Freundeskreis der Wirtschaft*, eine merkwürdige Gesellschaft von Wirtschaftlern, die dem SS-Führer Himmler ergeben waren. Späterhin nannten sie sich *Freundeskreis des Reichsführers SS* und brachten Millionen für die »Ahnenforschung« dieses unheimlichen Mannes auf. Hitler war außerdem von Anfang seiner politischen Laufbahn an von Hugo Bruckmann, dem bekannten Münchner Verleger, und Carl Bechstein, dem Klavierfabrikanten, finanziell – und gesellschaftlich – gefördert worden. Die Frauen beider Männer entwickelten eine geradezu rührende Zuneigung zu dem aufsteigenden jungen NS-Führer.

Nicht alle deutschen Wirtschaftsgrößen hingen sich nach der Wahl vom September 1930 an Hitlers Wagen. Funk sagte aus, daß sich Siemens und AEG sowie der Kanonenkönig Krupp von Bohlen und Halbach abseits hielten. Fritz Thyssen schreibt in seinen Bekenntnissen, Krupp sei ein »heftiger Gegner« Hitlers gewesen und habe noch am Tage vor dessen Ernennung zum Reichskanzler Hindenburg vor solcher Torheit dringend gewarnt. Allerdings wurde Krupp, sobald er den Silberstreifen am Horizont sah, »ein Obernazi«, um mit dem reuigen Thyssen zu reden[16].

Es ist also klar, daß Hitler bei seinem letzten Ansturm auf die Macht von einem großen Teil der deutschen Wirtschaftswelt erheblich unterstützt wurde. Wie hoch die Beträge waren, die die Bankiers und Industriellen in den letzten drei Jahren vor 1933 tatsächlich der NSDAP stifteten, ist niemals festgestellt worden. Funk sagte, es habe sich »um nicht mehr als einige Millionen« gehandelt. Thyssen schätzte sie auf zwei Millionen Mark im Jahr; »ich persönlich«, schrieb er, »habe der NSDAP insgesamt eine Million Mark gestiftet«. Aber gemessen an den riesigen Summen, die die Partei in jenen Jahren – trotz Goebbels' ständiger Klage, es fehle an Geld – zur Verfügung hatte, müssen die Gesamtspenden ein Vielfaches dieser Schätzungen betragen haben. Was diese politi-

schen Kinder unter den deutschen Wirtschaftsführern mit ihren Stiftungen angerichtet haben, wird sich noch im Verlauf unserer Darstellung zeigen.
Einer von ihnen, der damals sehr begeistert war und später bitter enttäuscht wurde – war Dr. Hjalmar Schacht, der 1930 aus Opposition gegen den Young-Plan sein Amt als Reichsbankpräsident niederlegte. Im selben Jahr lernte er Göring und 1931 Hitler kennen. Während der nächsten zwei Jahre setzte er sich mit seinen erheblichen Fähigkeiten dafür ein, den Führer näher an seine Freunde aus Industrie und Bankwelt und noch näher an das große Ziel, den Reichskanzlersessel heranzubringen. 1932 schrieb dieser Zauberkünstler der Finanz, der unermeßlich viel zur Heraufkunft des Dritten Reiches und zu dessen anfänglichen Erfolgen beigetragen hat, an Hitler:

Es unterliegt für mich gar keinem Zweifel, daß die Entwicklung der Dinge nur das eine Ende haben kann, und das ist Ihre Kanzlerschaft ... Ihre Bewegung ist innerlich von so starker Wahrheit und Notwendigkeit getragen, daß der Sieg in der einen oder anderen Form nicht ausbleiben kann ... Wo immer mich die Arbeit in der nächsten Zeit hinführt – auch wenn Sie mich einmal innerhalb der Festung erblicken sollten – Sie können auf mich zählen als Ihren zuverlässigen Helfer.

Einer der beiden Briefe, denen diese Zeilen entnommen sind, schloß: »Mit einem kräftigen Heil[17]!«
Zu der »so starken Wahrheit« gehörte etwas, aus dem Hitler nie ein Geheimnis gemacht hatte: Käme die Partei einmal an die Macht, würde es aus sein mit der persönlichen Freiheit, auch mit der von Dr. Schacht und seinen Geschäftsfreunden. Es sollte einige Zeit vergehen, bis Schacht, der unter Hitler wieder Reichsbankpräsident wurde, und seinen Freunden aus der Wirtschaft die Augen aufgingen. Und da die Geschichte voll erhabener Ironie ist, sollte Schachts Prophezeiung nicht allein in bezug auf Hitlers Kanzlerschaft in Erfüllung gehen; der Führer sollte ihn tatsächlich einmal innerhalb – nicht einer Festung, sondern was schlimmer war – eines Konzentrationslagers erblicken, und zwar nicht als Hitlers »zuverlässiger Helfer« – hier irrte Schacht – sondern als das genaue Gegenteil.

Anfang 1931 hatte Hitler innerhalb der Partei eine kleine Gruppe fanatischer, bedenkenloser Leute um sich versammelt, die ihm beim Endspurt zur Macht beistehen und – mit einer Ausnahme – bei der Aufrechterhaltung dieser Macht zur Seite stehen sollten. Einer allerdings, der ihm von allen am nächsten stand und vielleicht der fähigste und brutalste dieser Gesellschaft war, sollte das zweite Jahr der NS-Herrschaft nicht überleben. Aus seiner damaligen Gefolgschaft ragten fünf Männer hervor: Gregor Strasser, Röhm, Göring, Goebbels und Frick.
Göring war Ende 1927 auf Grund einer allgemeinen politischen Amnestie, die die Kommunisten mit Hilfe der Rechtsparteien im Reichstag durchgebracht hatten, nach Deutschland zurückgekehrt. Seit 1923 hatte er den größten Teil seiner Verbannungszeit in Schweden zugebracht. Hier hatte er, der Rauschgiftsüchtige, eine Entziehungskur

im Asyl von Langbro durchgemacht und war dann in den Dienst einer schwedischen Luftfahrtgesellschaft getreten. Der schneidige Kampfflieger des Weltkrieges war inzwischen dick geworden, hatte aber nichts von seiner Energie und seinem Lebenshunger eingebüßt. In Berlin ließ er sich in einer kleinen, doch luxuriösen Junggesellenwohnung in der Badischen Straße nieder – seine epileptische Frau, die er sehr liebte, war tuberkulös geworden und als unheilbare Kranke in Schweden zurückgeblieben –, verdiente seinen Lebensunterhalt als Berater der Deutschen Lufthansa und anderer Fluggesellschaften und pflegte seine gesellschaftlichen Verbindungen. Diese hatten beträchtlichen Umfang und reichten vom ehemaligen Kronprinzen und dem Prinzen Philipp von Hessen, der mit Prinzessin Mafalda, der Tochter des Königs von Italien verheiratet war, bis zu Fritz Thyssen und anderen Industriellen sowie einer Reihe prominenter Reichswehroffiziere.

Gerade diese Beziehungen fehlten Hitler, und doch brauchte er sie. Göring entfaltete bald eine rührige Tätigkeit, um den Führer der NSDAP bei seinen Freunden einzuführen und in der guten Gesellschaft dem üblen Ruf entgegenzuwirken, der einigen der Rabauken im Braunhemd anhaftete. 1928 wurde Göring einer der zwölf nationalsozialistischen Reichstagsabgeordneten, und 1932, als die NSDAP die größte Partei geworden war, Reichstagspräsident.

Ernst Röhm hatte 1925 mit Hitler gebrochen und war kurz darauf als Instruktionsoffizier nach Bolivien gegangen. Ende 1930 rief Hitler ihn zurück und übertrug ihm erneut die Führung der SA, die im Begriff war, Hitlers Händen zu entgleiten. Offenbar glaubten die SA-Leute und auch einige SA-Führer an eine bevorstehende gewaltsame Revolution der NSDAP und gingen immer häufiger dazu über, ihre politischen Gegner auf der Straße anzufallen oder gar zu ermorden. Es gab keine Reichstags-, Landtags- oder Gemeindewahlen mehr ohne wilde Schlägereien in der Gosse.

In diesem Zusammenhang muß kurz auf einen dieser Zusammenstöße eingegangen werden, denn er verschaffte dem Nationalsozialismus seinen größten Märtyrer. Unter den SA-Führern in Berlin gab es einen Pastorensohn mit Namen Horst Wessel, der Familie und Studium aufgegeben hatte, mit einer früheren Prostituierten zusammenlebte und sich ganz dem Kampf für den Nationalsozialismus widmete. Viele Gegner der NSDAP behaupteten, der junge Mann habe seinen Lebensunterhalt durch Zuhälterei bestritten, was aber wohl übertrieben sein dürfte. Sicher ist, daß er mit Zuhältern und Prostituierten umging. Im Februar 1930 wurde er von Kommunisten umgebracht. Sicherlich wäre er gleich vielen hundert anderen Opfern, die die Straßenkämpfe von beiden Seiten forderten, in Vergessenheit geraten, hätte er nicht ein von ihm verfaßtes und vertontes Lied hinterlassen. Dieses Lied, das Horst-Wessel-Lied, wurde bald das offizielle Parteilied und später, im Dritten Reich, stets im Anschluß an die Nationalhymne gesungen. Horst Wessel selbst wurde – dank der geschickten Goebbelsschen Propaganda – einer der legendären Helden der Partei, verehrt als reiner Idealist, der sein Leben für die Bewegung hingegeben habe.

Zu der Zeit, als Röhm die SA wieder übernahm, war Gregor Strasser unbestritten der zweite Mann in der Partei. Als Leiter der Politischen Organisation hatte er großen Einfluß auf Gau- und Kreisleiter, deren Tätigkeit er überwachte. Wegen seiner gemütlichen bayerischen Art war er neben Hitler der populärste Führer in der Partei, und im Gegensatz zu Hitler erfreute er sich des persönlichen Vertrauens und sogar der Sympathie der Mehrzahl seiner politischen Gegner. Damals gab es viele Leute innerhalb und außerhalb der Partei, die glaubten, Strasser könne durchaus den launischen, unberechenbaren Österreicher ersetzen. Diese Ansicht herrschte vor allem in der Reichswehr und im Reichspräsidentenpalais vor.

Otto Strasser, Gregors Bruder, war am Wegrand liegengeblieben. Zu seinem Unglück hatte er nicht nur das Wort »sozialistisch«, sondern auch das Wort »Arbeiter« in der Bezeichnung Nationalsozialistische Deutsche Arbeiterpartei ernst genommen. Er hatte einige Streiks der sozialistischen Gewerkschaften unterstützt und von der Partei gefordert, sich für die Verstaatlichung der Großindustrie einzusetzen. Für Hitler war das natürlich Ketzerei. Er beschuldigte Otto Strasser der Todsünden »Demokratie« und »Liberalismus«. Am 21. und 22. Mai 1930 kam es zu einer Kraftprobe zwischen Hitler und seinem rebellischen Gefolgsmann. Hitler verlangte Strassers vollständige Unterwerfung. Das lehnte Otto Strasser ab, und so wurde er aus der Partei ausgeschlossen. Daraufhin versuchte er, eine wahre national-»sozialistische« Bewegung ins Leben zu rufen, die sich anfänglich *Vereinigung Revolutionärer Nationalsozialisten* und später *Schwarze Front* nannte, doch bei den Septemberwahlen der Hitlerpartei nicht den geringsten Abbruch tat.

Goebbels war seit dem Bruch mit Gregor Strasser im Jahre 1926 dessen Feind und Rivale geblieben. Zwei Jahre danach, als Strasser Leiter der Politischen Organisation geworden war, hatte Goebbels als sein Nachfolger die Propagandaleitung übernommen. Er war nach wie vor Gauleiter von Berlin. Hitler hat Strasser niemals voll vertraut; dagegen zweifelte er nicht an Goebbels' Treue. Außerdem war ihm der kleine, von Ideen überschäumende Fanatiker sehr nützlich. Goebbels' journalistische Begabung – er gab jetzt in Berlin eine eigene Zeitung, *Der Angriff*, heraus – sowie die rednerische Gewandtheit seiner bösen Zunge waren für die Partei von unschätzbarem Wert.

Wilhelm Frick war innerhalb der Gruppe die einzige farblose Persönlichkeit. Er war der Typ des deutschen Beamten. Vor 1923 war er in München einer von Hitlers Spitzeln im Polizeipräsidium gewesen, wofür ihm der Führer stets dankbar blieb. Oft mußte Frick undankbare Aufgaben übernehmen. Auf Hitlers Anregung hin übernahm er als erster Nationalsozialist ein Ministeramt, und zwar in Thüringen. Später wurde er Führer der Reichstagsfraktion der NSDAP. Nichts konnte seine Treue zu Hitler erschüttern. Er war tüchtig, ruhig und verbindlich im Umgang mit Menschen, so daß er benutzt wurde, um mit Beamten der republikanischen Regierung, die in ihrer Haltung schwankten, Fühlung aufzunehmen.

Einige der Leute, die späterhin im Dritten Reich allbekannt werden und eine erschreckende Machtfülle erlangen sollten, gehörten anfangs der dreißiger Jahre zur zweiten Garnitur in der Partei. Heinrich Himmler, der die SS, Hitlers Prätorianergarde, aufbaute, arbeitete im Schatten Röhms, der damals sowohl die SA wie die SS befehligte, und er war außerhalb Bayerns selbst in Parteikreisen wenig bekannt. Dr. Robert Ley, Gauleiter von Köln, und Hans Frank, Leiter der Rechtsabteilung der Partei, wurden bereits erwähnt. Walter Darré, 1895 in Argentinien geboren, wurde von Rudolf Heß zum Nationalsozialismus bekehrt. Sein Buch *Das Bauerntum als Lebensquell der nordischen Rasse* hatte die Aufmerksamkeit Hitlers erregt, der ihn zum Leiter der Landwirtschaftsabteilung der Partei machte. Rudolf Heß selbst, der nicht ehrgeizig und dem Führer blindlings ergeben war, führte nur den Titel Privatsekretär des Führers. Zweiter Privatsekretär war ein gewisser Martin Bormann, der es vorzog, wie ein Maulwurf im Dunkel der Parteiintrigen zu wühlen; er hatte einmal, in einen politischen Mord verwickelt, ein Jahr im Gefängnis gesessen. Reichsjugendführer war der romantische Baldur von Schirach.

Dann war da noch Alfred Rosenberg, der konfuse baltische Pseudophilosoph. Wie bereits erwähnt, war er einer der frühesten Mentoren Hitlers gewesen. Seit dem Putsch von 1923 hatte er eine Reihe von Büchern und Broschüren geschrieben, deren wirrer Inhalt und Stil in dem siebenhundertseitigen *Mythus der Zwanzigsten Jahrhunderts* kulminierten. Hitler sagte oft im Scherz, er habe sich vergeblich bemüht, dieses Buch zu lesen, was Schirach, der sich selbst für einen Schriftsteller hielt, zu der Bemerkung veranlaßte, außer Rosenberg gäbe es keinen Autor, der so viele Exemplare von einem Buch verkauft habe, das kein Mensch je gelesen hätte. Tatsächlich wurden von dem Buch in den ersten zehn Jahren nach Erscheinen über 500 000 Exemplare verkauft. Hitler hat stets, vom ersten bis zum letzen Tag, für diesen schwerfälligen, stupiden Mann etwas übrig gehabt und belohnte ihn mit den verschiedensten Parteiposten. Rosenberg war Herausgeber des *Völkischen Beobachters*, Reichstagsabgeordneter und Leiter der Auslandsabteilung der Partei.

Das war das menschliche Konglomerat um Adolf Hitler. In einem normalen Gemeinwesen würde es sicherlich als groteske Ansammlung gescheiterter Existenzen gegolten haben. Aber in den letzten, chaotischen Tagen der Republik begannen Millionen benebelter Deutschen in diesen Leuten die Retter zu sehen. Und diese hatten ihren Gegnern gegenüber zwei Vorteile. Sie wurden von einem Mann geführt, der genau wußte, was er wollte, und sie waren bedenkenlos und opportunistisch genug, vor nichts zurückzuschrecken, um ihm zu seinen Zielen zu verhelfen.

Angesichts der beunruhigenden Zustände des Jahres 1931 – die Zahl der Arbeitslosen war auf fünf Millionen angestiegen, der Mittelstand sah sich vor dem Ruin, die Bauern konnten ihre Hypothekenschulden nicht bezahlen, das Parlament war gelähmt, die Regierung mühte sich vergebens ab, der 84jährige Reichspräsident verfiel immer mehr der Senilität – wuchs bei den Führern der NSDAP die Zuversicht, daß sie nicht mehr lange zu warten brauchen würden. Gregor Strasser schrieb in den *Nationalsozialistischen Briefen:* »Alles, was dazu dient, die Katastrophe zu beschleunigen ... ist gut, sehr gut für uns und unsere deutsche Revolution.«

VI

Die letzten Tage der Republik

1931-1933

Aus der Wirrnis des chaotischen politischen Lebens in Deutschland tauchte nun eine seltsame Gestalt empor, ein Mann, der mehr als irgendein anderer bestimmt sein sollte, der Republik das Grab zu schaufeln. Er sollte für kurze Zeit ihr letzter Kanzler sein, und die Ironie wollte es, daß er in einer der letzten Windungen seiner erstaunlichen Laufbahn verzweifelt versuchte, die Republik zu retten, als es zu spät war. Sein Name gibt etwas von seinem Charakter wieder: Kurt von Schleicher.

1931 war er Generalleutnant in der Reichswehr. Geboren 1882, war er mit achtzehn Jahren als junger Offizier in Hindenburgs altes Regiment, das 3. Garderegiment zu Fuß, eingetreten, wo er mit Oskar von Hindenburg, dem Sohn des späteren Generalfeldmarschalls und Reichspräsidenten, enge Freundschaft geschlossen hatte. Eine zweite Freundschaft sollte sich als beinahe ebenso wertvoll erweisen. General Groener, der von den glänzenden Leistungen Schleichers auf der Kriegsakademie beeindruckt war, machte ihn, als er 1918 anstelle von Ludendorff Erster Generalquartiermeister in der Obersten Heeresleitung wurde, zu seinem Adjutanten. Fortan blieb Schleicher, der in erster Linie »Schreibtischoffizier« war – er hatte nur kurze Zeit Frontdienst im Osten getan –, den Machtzentren in der Armee und in der Weimarer Republik nahe, wo sein flinker Geist, seine umgängliche Art und sein Sinn für Politik sowohl den Generalen wie den Politikern imponierten. Unter General von Seeckt spielte er eine zunehmend wichtige Rolle bei der Aufstellung der illegalen Freikorps und der ebenso illegalen und äußerst geheimen »Schwarzen Reichswehr«; außerdem war er eine der Schlüsselfiguren bei den vertraulichen Verhandlungen mit Moskau, die zu der getarnten Ausbildung deutscher Panzer- und Fliegeroffiziere in Sowjetrußland sowie zur Errichtung von Rüstungswerken unter deutscher Leitung in Rußland führten. Geschickt im Manipulieren, Intrigant aus Passion, lag es Schleicher am meisten, im Verborgenen zu wirken. Der Öffentlichkeit war sein Name bis Anfang der dreißiger Jahre unbekannt, aber im Reichswehrministerium in der Bendlerstraße und in den Zivilministerien der Wilhelmstraße hatte man schon einige Zeit vorher mehr und mehr Notiz von ihm genommen.

Im Januar 1928 hatte er seinen – dank der Freundschaft mit Oskar von Hindenburg – wachsenden Einfluß auf den Reichspräsidenten dazu benutzt, seinen früheren Vorgesetzten, General Groener, auf den Posten des Reichswehrministers zu bringen, womit in der Republik zum erstenmal ein Militär dieses Amt erhielt. Groener machte Schleicher zu seiner rechten Hand und vertraute ihm das »Ministeramt« an, eine neue Abteilung im Reichswehrministerium, die die Aufgabe hatte, die Angelegenheiten von Heer und Marine zu koordinieren und damit ein gemeinsames Bindeglied zu den anderen Ministerien und zu den politischen Führern zu schaffen. »Mein Kardinal *in politicis«* – so nannte Groener seinen Assistenten. In dieser Stellung war Schleicher ein Machtfaktor, nicht nur innerhalb des Offizierkorps, sondern nach und nach auch in der Politik. In der Reichswehr entschied er über Wohl und Wehe der höheren Offiziere; so schob er 1930 durch ein Intrigenspiel General von Blomberg beiseite und sorgte dafür, daß an dessen Stelle General von Hammerstein, ein alter Freund aus dem 3. Garderegiment zu Fuß, Chef der Heeresleitung wurde. Im Frühjahr des gleichen Jahres machte er, wie wir sahen, den ersten Versuch, selber den Reichskanzler auszuwählen; von der Reichswehr unterstützt, überredete er Hindenburg, Heinrich Brüning zu berufen.

Mit diesem Erfolg auf dem Gebiet der Politik glaubte Schleicher den ersten Schritt zur Ummodelung der Republik getan zu haben – ein Plan, der ihn schon seit einiger Zeit lebhaft beschäftigte. Er erkannte deutlich – wer sah es nicht? –, welche Ursachen der Schwäche der Weimarer Republik zugrunde lagen. Es gab zuviel Parteien (1930 erlangten zehn von ihnen jeweils über eine Million Stimmen), die aneinander vorbeiredeten und zu sehr in den von ihnen vertretenen besonderen wirtschaftlichen und sozialen Interessen befangen waren, um in der Lage zu sein, ihre Differenzen zu begraben und eine dauerhafte Reichstagsmehrheit zu bilden, auf die eine stabile Regierung sich hätte stützen und so mit der anfangs der dreißiger Jahre herrschenden schweren Krise hätte fertigwerden können. Aus dem parlamentarischen Regieren war ein Kuhhandel geworden, bei dem die Parteien um Sondervorteile für ihre Wählergruppen feilschten und das Nationalinteresse außer acht ließen. Kein Wunder, daß es für Brüning, als er am 28. März 1930 Kanzler wurde, unmöglich war, für irgendeine Politik – ob der Linken, der Mitte oder der Rechten – eine Reichstagsmehrheit zu erlangen, und daß er, um die Regierungsgeschäfte durchzuführen und etwas gegen die wirtschaftliche Lähmung zu unternehmen, zu Artikel 48 der Verfassung Zuflucht nehmen und mit Notverordnungen regieren mußte, sofern der Reichspräsident sie genehmigte.

Genau das war die Art, in der Schleicher den Kanzler zu regieren sehen wünschte. Sie schien ihm der Weg zu einer starken Regierung unter der starken Hand des Präsidenten zu sein, der schließlich [so argumentierte Schleicher] vom Volke gewählt war, dessen Willen repräsentierte und von der Armee gestützt wurde. Könnte der auf demokratischem Wege gewählte Reichstag keine stabile Regierung zustande bringen, dann müßte es der auf demokratischem Wege gewählte Reichspräsident tun. Was die meisten Deutschen wollten – Schleicher glaubte es genau zu wissen –, sei eine Regierung, die eine feste Stellung beziehe und das Volk aus seiner hoffnungslosen Lage herausführe. In Wirklichkeit wollten das die meisten Deutschen nicht, wie sich im September bei der von Brüning angesetzten Reichstagswahl zeigte. Oder zumindest wollten sie nicht von *der* Regierung aus dem Elend herausgeführt werden, die Schleicher und seine Freunde in der Reichswehr und im Präsidentenpalais für richtig hielten.

In Wahrheit hatte sich Schleicher zwei katastrophalen Irrtümern hingegeben. Erstens hatte er, indem er Brüning ins Kanzleramt brachte und ihn ermutigte, durch Präsidialerlasse zu regieren, die Grundlage erschüttert, auf der die Stärke der Armee innerhalb der Nation beruhte, nämlich ihr Über-der-Politik-Stehen. Die Aufgabe dieser Grundlage sollte zu ihrer eigenen und zu Deutschlands Untergang führen. Zweitens hatte sich Schleicher in bezug auf die Wahlergebnisse schwer verrechnet. Als am 14. September 1930 nicht 810 000 Wähler, wie zwei Jahre vorher, sondern 6,5 Millionen für die NSDAP stimmten, wurde dem politischen General klar, daß er einen neuen Kurs einschlagen mußte. Bis Ende des Jahres hatte er Verbindung mit dem gerade aus Bolivien zurückgekehrten Röhm und mit Gregor Strasser aufgenommen. Es war der erste ernsthafte Kontakt zwischen den Nationalsozialisten und den Machthabern in der Republik. Diese Fühlungnahme sollte nach genau zwei Jahren dazu führen, daß Adolf Hitler sein Ziel erreichte und General Schleicher gestürzt und schließlich ermordet wurde.

Am 10. Oktober 1931, drei Wochen nach dem Selbstmord der von ihm geliebten Nichte Geli Raubal, wurde Hitler zum erstenmal von Hindenburg empfangen. Die Begegnung hatte Schleicher zustande gebracht, der eifrig dabei war, ein neues Intrigennetz zu spinnen. Einige Zeit vorher hatte er mit Hitler gesprochen und für ihn eine Zusammenkunft sowohl mit Brüning wie mit Hindenburg arrangiert. Im stillen bewegte Schleicher – und auch Brüning – die Frage, was werden sollte, wenn im Frühjahr 1932 Hindenburgs siebenjährige Amtszeit ablief. Der Generalfeldmarschall würde dann 85 sein, und die Augenblicke geistiger Klarheit wurden immer seltener. Sollte er indes nicht wieder kandidieren, so bestand, wie jedermann bewußt war, die Möglichkeit, daß Hitler, der zwar noch nicht deutscher Staatsbürger war, aber seine Einbürgerung zustandebringen konnte, sich als Kandidat aufstellen ließ, die Wahl gewann und Reichspräsident wurde.

Während des Sommers hatte Kanzler Brüning lange über Deutschlands verzweifelte Lage nachgedacht. Er war sich vollauf im klaren darüber, daß von allen Regierungen, die die Republik gehabt hatte, seine die unpopulärste geworden war. Zwecks Bekämpfung der Wirtschaftskrise hatte er durch Notverordnungen die Herabsetzung von Löhnen, Gehältern, Arbeitslosenunterstützung wie auch Preisen erwirkt und der Geschäfts- und Bankenwelt schwere Restriktionen auferlegt. Nationalsozialisten wie Kommunisten hatten ihn den »Hungerkanzler« genannt. Dennoch glaubte er einen Ausweg und an dessen Ende wieder ein stabiles, freies, prosperierendes Deutschland zu erkennen. Er wollte versuchen, mit den Alliierten über eine Streichung der auf Grund des Hoover-Moratoriums vorübergehend eingestellten Reparationszahlungen zu verhandeln. Auf der für Anfang 1932 anberaumten Abrüstungskonferenz wollte er sich bemühen, die Alliierten dahin zu bringen, entweder auf den Stand Deutschlands abzurüsten, wozu sie sich im Versailler Vertrag verpflichtet hatten, oder aber Deutschland zu gestatten, offen ein bescheidenes Rüstungsprogramm zu verwirklichen, womit insgeheim und mit Brünings stillem Einverständnis bereits begonnen worden war. Auf diese Weise würde die letzte Fessel des Friedensvertrages fallen und Deutschland unter den Großmächten gleichberechtigt dastehen. Das mußte nicht nur für die Republik segensreich sein, sondern es konnte auch, wie Brüning glaubte, eine neue Ära des Vertrauens in die westliche Welt einleiten, wodurch der Wirtschaftskrise, die soviel Elend über das deutsche Volk gebracht hatte, ein Ende bereitet werden würde. Und es würde auch den Anhängern Hitlers den Wind aus den Segeln nehmen.

In der Innenpolitik gedachte Brüning ebenfalls kühne Wege zu beschreiten; er wollte sich mit allen großen Parteien, außer den Kommunisten, über eine fundamentale Verfassungsänderung verständigen. Er dachte an eine Wiederherstellung der Hohenzollernmonarchie. Selbst wenn Hindenburg sich bewegen ließ, noch einmal zu kandidieren, so konnte doch bei seinem hohen Alter nicht damit gerechnet werden, daß er eine weitere siebenjährige Amtszeit überleben würde. Sollte er in ein oder zwei Jahren sterben, würde Hitler immer noch der Weg zur Präsidentschaft offenstehen. Um solcher Möglichkeit vorzubeugen und dem Amte des Staatsoberhauptes Dauerhaftigkeit und Stabilität zu sichern, entwickelte Brüning folgenden Plan: Man würde die 1932 fällige Präsidentenwahl ausfallen lassen und Hindenburgs Amtszeit einfach verlängern, was sich ermöglichen ließ, wenn im Reichstag und Reichsrat eine Zweidrittelmehrheit zustandekam. War dies geschafft, wollte Brüning dem Parlament vorschlagen, die Monarchie auszurufen und den Präsidenten als Regenten einzusetzen. Nach dessen Ableben sollte dann einer der Kronprinzensöhne den Hohenzollernthron besteigen. Auch damit würde man den Nationalsozialisten Wind aus den Segeln nehmen; ja es würde, wie Brüning zuversichtlich glaubte, ihr Ende als politischer Faktor bedeuten.

Aber der betagte Reichspräsident wollte hiervon nichts wissen. Er lehnte den Gedanken der Wiedereinsetzung irgendeines Hohenzollern ab, es sei denn die des Kaiser selbst, der noch in Doorn, in Holland, im Exil lebte. Als Brüning ihm auseinandersetzte, daß Sozialdemokraten und Gewerkschaften, die seinen Plan mit äußerstem Widerstreben und nur insoweit bis zu gewissem Grade gutgeheißen hätten, als er eine letzte verzweifelte Chance biete, Hitler aufzuhalten, die Rückkehr weder Wilhelms II. noch seines ältesten Sohnes dulden würden und daß darüber hinaus die wiederhergestellte Monarchie eine konstitutionelle und demokratische Monarchie nach britischem Vorbild sein müsse, geriet der greise Feldmarschall so außer sich, daß er dem Kanzler kurzerhand die Tür wies. Eine Woche später bestellte er ihn wieder zu sich und teilte ihm mit, daß er, Hindenburg, nicht wieder kandidieren werde.

Inzwischen war Adolf Hitler zum erstenmal zunächst von Brüning, dann von Hindenburg empfangen worden. Beide Unterredungen verliefen ungünstig für den NS-Führer. Er hatte sich noch nicht von dem Schlag erholt, den ihm Geli Raubal mit ihrem Selbstmord zugefügt hatte; er schweifte mit seinen Gedanken ab und war seiner selbst nicht sicher. Auf Brünings Bitten, der Verlängerung von Hindenburgs Amtszeit zuzustimmen, antwortete Hitler mit einer langen Tirade gegen die Republik, woraus deutlich hervorging, daß er die Pläne des Kanzlers nicht unterstützen würde. Bei seiner Unterredung mit Hindenburg war Hitler schlecht disponiert. Er versuchte, den alten Herrn mit einer langen, wortreichen Rede zu beeindrucken, aber es gelang ihm nicht. Bei dieser ersten Zusammenkunft imponierte der »böhmische Gefreite«, wie Hindenburg ihn nannte, dem Reichspräsidenten wenig. Solch ein Mann, sagte der Feldmarschall später zu Schleicher, könne vielleicht Postminister, niemals aber Kanzler werden – Worte, die er später zurücknehmen mußte.

Gleich nach der Audienz eilte Hitler nach Bad Harzburg, wo er am folgenden Tag, dem 11. Oktober, an einer Massenkundgebung der *Nationalen Opposition* gegen Reichsregierung und preußische Regierung teilnahm. Es war weniger eine Versammlung der durch die Nationalsozialisten vertretenen Rechtsradikalen als eine der älteren, konservativen Kräfte der Reaktion: der Deutschnationalen Partei Hugenbergs, des »Stahlhelm«, der Bismarck-Jugend, des Landbundes und einer bunten Menge früherer Generale. Aber der Führer der NSDAP war bei dieser Tagung nicht mit dem Herzen beteiligt. Er verachtete die mit Gehrock und Zylinder bekleideten, ordensgeschmückten Relikte des alten Regimes und erkannte, daß es gefährlich werden konnte, wenn sich ihnen eine »revolutionäre« Bewegung wie die seinige zu eng anschloß. Er haspelte mechanisch seine Rede herunter und verließ den Schauplatz noch vor dem Vorbeimarsch des »Stahlhelm«, der zu seinem Ärger in weit größerer Zahl angetreten war als die SA. Die an jenem Tage gegründete *Harzburger Front*, hervorgegangen aus dem Bemühen der Reaktion, die NS-Bewegung in eine gemeinsame Front zu bringen und zum Endsturm auf die Republik anzusetzen – man forderte Brünings sofortigen Rücktritt –, war also ein totgeborenes Kind. Hitler dachte nicht daran, bei diesen Herren, die nach seiner Ansicht in einer unwiederbringlichen Vergangenheit lebten, die zweite Geige zu spielen. Im Augenblick mochten sie ihm zwar nützlich sein, wenn sie mithalfen, das Weimarer Regime zu unterhöhlen, und ihm neue Geldquellen erschlossen, was sie denn auch taten. Aber er wollte sich dafür nicht von ihnen benutzen lassen. Innerhalb weniger Tage brach die Harzburger Front auseinander, und ihre verschiedenen Elemente lagen sich wieder in den Haaren.

Nur in einem Punkt bestand Einigkeit. Sowohl Hugenberg wie Hitler lehnten die von Brüning vorgeschlagene Verlängerung der Amtszeit Hindenburgs ab. Um sie zu einer Sinnesänderung zu bewegen, erneuerte der Kanzler Anfang 1932 seine Bemühungen. Unter großen Schwierigkeiten hatte er den Präsidenten überredet, für den Fall, daß das Parlament zustimme, in eine Verlängerung seiner Amtszeit einzuwilligen und sich damit die Bürde eines erbitterten Wahlkampfes zu ersparen. Brüning forderte nunmehr Hitler auf, zu neuen Besprechungen nach Berlin zu kommen. Hitler erhielt das Telegramm, während er gerade in der Redaktion des *Völkischen Beobachters* mit Heß und Rosenberg konferierte. Er hielt ihnen das Telegrammformular unter die Nase und rief: »Jetzt habe ich sie in der Tasche! Sie haben mich als Verhandlungspartner anerkannt[1].«

Am 7. Januar sprach Hitler dann mit Brüning und Schleicher. Eine weitere Verhandlung folgte am 10. Januar. Brüning wiederholte seinen Vorschlag, die NSDAP möge der Verlängerung von Hindenburgs Amtszeit zustimmen. Sei dies geschehen, dann werde er, Brüning, sobald er die Fragen der Streichung der Reparationszahlungen und der Rüstungsgleichheit geklärt habe, zurücktreten. Gewissen Quellen zufolge – die Zuverlässigkeit der Angabe ist umstritten – soll Brüning noch einen weiteren Köder ausgeworfen haben: er werde dann Hitler beim Präsidenten für das Reichskanzleramt vorschlagen[2].

Hitler hielt mit einer definitiven Antwort zurück. Er begab sich ins Hotel *Kaiserhof* und beriet mit seinen Leuten. Gregor Strasser empfahl, Brünings Vorschlag anzunehmen; er meinte, wenn die NSDAP auf der Abhaltung von Präsidentenwahlen bestünde, würde Hindenburg durchkommen. Goebbels und Röhm waren dafür, Brünings Plan rundweg abzulehnen. Goebbels schrieb am 7. Januar in sein Tagebuch: »Es handelt sich hier ja nicht um den Reichspräsidenten. Herr Brüning möchte seine eigene Position und die seines Kabinetts auf unabsehbare Zeit stabilisieren... Das Schachspiel um die Macht hat begonnen... Hauptsache ist, daß wir stark bleiben und keine Kompromisse schließen.« Am Abend vorher hatte er geschrieben: »Es gibt einen Mann in der Organisation, dem niemand traut... Dieser Mann heißt Gregor Strasser[3]!«

Hitler selbst sah keinen Anlaß, Brüning zu stärken und damit das Leben der Republik zu verlängern. Aber Hitler war raffinierter als der dickköpfige Hugenberg, der Brünings Plan am 12. Januar glatt ablehnte. Hitler ließ seine Antwort nicht an den Kanzler gehen, sondern über dessen Kopf hinweg an Hindenburg; er erklärte darin, Brünings Vorschlag verstoße gegen die Verfassung, aber er, Hitler, werde Hindenburgs Wiederwahl unterstützen, wenn der Reichspräsident Brünings Plan fallen lasse. Dem Staatssekretär Otto Meißner gegenüber, der erst unter dem Sozialisten Ebert, dann unter dem Konservativen Hindenburg Staatssekretär und Leiter des Büros des Reichspräsidenten war und nun an eine dritte Amtszeit unter einem neuen Präsidenten – vielleicht gar unter Hitler?– zu denken begann, erklärte sich der Führer der NSDAP während einer geheimen Unterredung im *Kaiserhof* bereit, Hindenburgs Wiederwahl zu unterstützen, wenn der alte Herr Brüning entlasse, der Bildung einer »nationalen« Regierung und der Neuwahl von Reichstag und preußischem Landtag zustimme.

Damit jedoch war Hindenburg nicht einverstanden. Gekränkt durch die Weigerung der Nationalsozialisten und der von ihm für Freunde und Anhänger gehaltenen Deutschnationalen, ihm die Anstrengung einer Wahlschlacht zu ersparen, erklärte Hindenburg sich bereit, noch einmal zu kandidieren. Doch zu seinem Groll gegen die Nationalisten trat nun auch eine seltsame Verärgerung über Brüning. Er glaubte, Brüning habe die ganze Sache ungeschickt gehandhabt und treibe ihn nun in einen heftigen Konflikt gerade mit jenen nationalen Kräften hinein, die ihn 1925 zum Präsidenten gewählt hatten. Jetzt konnte er die Wahl nur mit Hilfe der von ihm stets mit unverhüllter Abneigung betrachteten Sozialdemokraten und Gewerkschaften gewinnen. Er behandelte seinen Kanzler – den er noch vor kurzem »den besten seit Bismarck« genannt hatte – mit merklicher Kühle.

Kühler in seinem Verhalten gegen Brüning wurde nun auch der General, der ihm zur

Kanzlerschaft verholfen hatte. Schleicher war inzwischen enttäuscht von dem asketischen katholischen Politiker aus dem Zentrum. Brüning war unpopulär geworden wie kein Reichskanzler vor ihm. Es war ihm nicht gelungen, eine Reichstagsmehrheit zustandezubringen, die NSDAP zu zügeln oder sie zu gewinnen, und er hatte nach Schleichers Meinung die Angelegenheit der Verlängerung von Hindenburgs Amtszeit verpfuscht. Also mußte er verschwinden – und mit ihm vielleicht General Groener, Schleichers verehrter Chef, der offenbar nicht begriffen hatte, wie sich Schleicher die Zukunft vorstellte. Der intrigierende General hatte es allerdings nicht so eilig damit. Brüning und Groener, die beiden starken Männer in der Regierung, mußten solange im Amt bleiben, bis Hindenburg wiedergewählt war. Ohne ihre Hilfe schaffte es der alte Feldmarschall am Ende nicht. Nach der Wahl aber würden sie nicht mehr nötig sein.

HITLER GEGEN HINDENBURG

Adlof Hitler hat in seinem Leben mehrfach vor schwerwiegenden Entscheidungen gestanden, wo es so aussah, als könne er sich nicht zu einem Entschluß durchringen. Das traf auch diesmal zu. Im Januar 1932 stand er vor der Frage: sollte er sich als Präsidentschaftskandidat aufstellen lassen oder nicht? Hindenburg erschien unbesiegbar. Der legendäre Kriegsheld würde nicht nur viele Elemente der Rechten auf seiner Seite haben, sondern auch die demokratischen Parteien, die zwar 1925 gegen ihn gestimmt hatten, nun aber in ihm den Retter der Republik sahen. Gegenkandidat Hindenburgs zu sein und – was so gut wie sicher war – geschlagen zu werden, hieß das nicht, den Mythos der Unbesiegbarkeit gefährden, den die NSDAP seit ihrem beispiellosen Triumph bei den Reichstagswahlen von 1930, in einer Landtags- und Kommunalwahl nach der anderen um sich geschaffen hatte? Und doch: nicht zu kandidieren, hieß das nicht, mangelnde Zuversicht bekunden, daß der Nationalsozialismus an der Schwelle der Macht stünde, war es nicht ein Eingeständnis der Schwäche? Und es gab noch etwas zu bedenken: Hitler war zur Zeit nicht einmal wählbar; er besaß nicht die deutsche Staatsbürgerschaft.

Joseph Goebbels bedrängte ihn, seine Kandidatur anzumelden. Am 19. Januar reisten sie zusammen nach München, und am Abend trug Goebbels in sein Tagebuch ein: »Mit dem Führer die Reichspräsidentschaftsfrage durchgesprochen ... Noch ist keine Entscheidung gefallen. Ich plädiere stark für seine eigene Kandidatur.« Die Eintragungen des sich anschließenden Monats spiegeln das Auf und Ab in Hitlers Gedankengängen wider. 31. Januar: »Die Entscheidung des Führers fällt am Mittwoch. Sie kann nicht mehr zweifelhaft sein.« Am 2. Februar schien es, als habe Hitler sich entschlossen. Goebbels notierte: »Er entschließt sich, selbst die Kandidatur zu übernehmen.« Allerdings fügt Goebbels hinzu, die Entscheidung würde erst bekanntgegeben werden, wenn sich übersehen lasse, was die Sozialdemokraten unternähmen. Am nächsten Tag versammelten sich in München die Gauleiter, um Hitlers Beschluß zu vernehmen. »Sie warten vergebens«, schreibt Goebbels verdrießlich. »Alles ist nervös und überreizt.« Am Abend sucht der kleine Propagandachef Entspannung, schleicht sich davon, um einen Greta-Garbo-Film zu sehen und ist »ergriffen und erschüttert...« von dieser »größten lebenden Schauspielerin«. In der Nacht »kommen noch viele treue, alte Parteigenossen zu mir. Sie sind deprimiert, weil sie noch keinen Entschluß wissen. Sie haben Sorge, daß der Führer zu lange wartet.«

Möglich, daß Hitler zu lange wartete, doch sein Vertrauen in den Endsieg war nicht zu erschüttern. Eines Abends hatte er in München ein langes Gespräch mit Goebbels, wie aus dessen Tagebuch hervorgeht. Er sagte ihm, er habe vor, ihm im Dritten Reich ein Ministerium für Volkserziehung anzuvertrauen, in dem er sich mit Film, Rundfunk, Kunst, Kultur und Propaganda zu befassen habe. An einem anderen Abend führte Hitler eine lange Besprechung mit seinem Architekten, Professor Troost, über »Baupläne für einen grandiosen Umbau der Reichshauptstadt. [Der Führer] hat das Projekt fix und fertig... Er redet, handelt und empfindet so, als wenn wir schon die Macht hätten.«

Aber von seiner Kandidatur redet er noch nicht, als sei er besorgt, gegen Hindenburg aufzutreten. Am 9. Februar notiert Goebbels: »Der Führer ist wieder in Berlin. Im *Kaiserhof* aufs neue Debatten über die Präsidentenwahl. Alles bleibt noch in der Schwebe.« Drei Tage darauf stellt Goebbels mit Hitler Berechnungen über den möglichen Ausgang einer Wahl an: »Es ist ein Risiko, aber es muß gewagt werden.« Hitler fährt nach München zurück, um noch einmal über alles nachzudenken.

Schließlich nimmt ihm Hindenburg den Entschluß ab. Am 15. Februar läßt der Präsident offiziell bekanntgeben, daß er kandidieren werde. Goebbels ist glücklich: »Jetzt haben wir also freie Hand... Nun brauchen wir mit unserer Entscheidung nicht mehr hinter dem Berge zu halten.« Aber Hitler hält mit ihr noch bis zum 22. Februar hinter dem Berge. Bei einer Zusammenkunft im *Kaiserhof* »gibt mir der Führer Erlaubnis«, jubelt Goebbels, »heute abend im Sportpalast seine Kandidatur bekanntzugeben«.

Es war ein erbitterter, verworrener Wahlkampf. Im Reichstag nannte Goebbels Hindenburg den »Kandidaten der Deserteurpartei« und wurde wegen Beleidigung des Reichspräsidenten aus dem Hause gewiesen. Die *Deutsche Zeitung* in Berlin, ein nationalistisches Blatt, das sich 1925 für die Wahl Hindenburgs eingesetzt hatte, wandte sich nun heftig gegen ihn: »Es handelt sich jetzt darum, ob die internationalistischen Verräter und Pazifisten mit Hindenburgs Billigung Deutschland endgültig zum Untergang führen sollen.«

Alle herkömmlichen Partei- und Klassenbindungen gerieten in der Verwirrung und Hitze des Wahlkampfes durcheinander. Hindenburg, der Protestant, Preuße, Konservative und Monarchist, stützte sich auf die Sozialdemokraten, die Gewerkschaften, die Katholiken des Zentrums und die Reste der liberal-demokratischen bürgerlichen Parteien. Für Hitler, den Katholiken, Österreicher, früheren Obdachlosen, den »Nationalsozialisten« und Führer der kleinbürgerlichen Massen waren außer seinen eigenen Anhängern die protestantischen Oberschichten des Nordens, die konservativen Agrarier und zahlreiche Monarchisten, zu denen sich in letzter Minute der frühere Kronprinz gesellte. Die Verwirrung wurde noch vermehrt durch die Aufstellung von zwei weiteren Kandidaten, von denen zwar keiner Aussicht hatte, bei der Wahl durchzukommen, die aber beide genügend Stimmen auf sich vereinen konnten, um zu verhindern, daß keiner der beiden Hauptkonkurrenten die erforderliche absolute Mehrheit erlangte. Die Deutschnationalen brachten Theodor Düsterberg ins Rennen, den stellvertretenden Führer des *Stahlhelm* – dessen Ehrenkommandeur Hindenburg war –, einen farblosen ehemaligen Oberstleutnant, in dessen Stammbaum die Nationalsozialisten zu ihrer Freude bald eine jüdische Urgroßmutter entdeckten. Die Kommunisten, die den Sozialdemokraten vorwarfen, mit ihrem Eintreten für Hindenburg die »Arbeiterklasse zu verraten«, stellten als Kandidaten ihren Parteiführer Ernst Thälmann auf. Es war weder das erste noch das letzte Mal, daß die Kommunisten auf Befehl Moskaus das Wagnis auf sich nahmen, der NSDAP in die Hände zu spielen.

Kurz vor Beginn des Wahlkampfes löste Hitler noch die Frage seiner Staatsbürgerschaft. Am 25. Februar gab der nationalsozialistische Innenminister von Braunschweig die Ernennung des »Schriftstellers« Hitler zum braunschweigischen, der Braunschweigischen Vertretung in Berlin zugeteilten Regierungsrat bekannt. Durch dieses Operettenmanöver wurde Hitler automatisch braunschweigischer und damit deutscher Staatsbürger, so daß er sich um die Reichspräsidentenschaft bewerben konnte. Nach solch leichter Überwindung der kleinen Hürde stürzte Hitler sich mit wilder Energie in den Wahlkampf, bereiste kreuz und quer das Land, sprach in zahllosen Massenversammlungen und peitschte die Menschenmengen bis zur Raserei auf. Goebbels und Strasser, die beiden anderen Hauptredner der Partei, wickelten ein ähnliches Programm ab. Aber das war nicht alles! Die Nationalsozialisten zogen einen Propagandafeldzug auf, wie er in Deutschland noch nicht dagewesen war. Sie beklebten die Mauern in Stadt und Land mit Millionen schreiend bunter Plakate, verteilten acht Millionen Flugschriften und zwölf Millionen Extraausgaben ihrer Parteizeitungen, organisierten 3000 Versammlungen täglich und machten zum erstenmal bei einer deutschen Wahl weitgehend Gebrauch von Filmen und von Schallplatten, die sie aus fahrenden Lautsprechern ertönen ließen.

Auch Brüning arbeitete unermüdlich, um den Wahlsieg des bejahrten Präsidenten sicherzustellen. Dieses eine Mal überwand der so faire Mann seine Bedenken und stellte den gesamten Rundfunk in den Dienst seiner Sache – ein Taktik, über die Hitler in Wut geriet. Hindenburg selbst sprach nur ein einziges Mal: am 10. März, drei Tage vor der Wahl, über den Rundfunk. Es war eine der wenigen würdigen Äußerungen während des Wahlkampfes, und sie tat ihre Wirkung. Er erklärte: Die Wahl eines Parteimannes mit einseitigen, radikalen Ansichten, der die Mehrheit des Volkes gegen sich habe, werde das Vaterland schweren Unruhen aussetzen, deren Folgen nicht abzusehen seien. Die Pflicht gebiete es ihm, Hindenburg, dies zu verhüten. Werde er geschlagen, so würde er sich wenigstens nicht den Vorwurf zu machen haben, in einer Stunde der Not seinen Posten von sich aus verlassen zu haben. »Ich bitte niemanden um seine Stimme, der mich nicht wählen will.«

An den für ihn abgegebenen Stimmen fehlten 0,4 Prozent für die erforderliche absolute Mehrheit. Das Wahlergebnis vom 13. März 1932 lautete:

Hindenburg	18 651 497	Stimmen	(49,6 %)
Hitler	11 339 446	Stimmen	(30,1 %)
Thälmann	4 983 341	Stimmen	(13,2 %)
Düsterberg	2 547 729	Stimmen	(6,8 %)

Die Resultate waren für beide Seiten enttäuschend. Der alte Präsident hatte zwar über sieben Millionen Stimmen mehr erhalten als der nationalsozialistische Demagoge, aber es fehlten ihm ein paar Stimmen an der absoluten Majorität. Daraus ergab sich die Notwendigkeit einer zweiten Wahl, bei welcher der Kandidat mit den meisten Stimmen Präsident werden würde. Hitler hatte zwar gegenüber der Reichstagswahl vom September 1930 die Stimmenzahl um fast fünf Millionen, d. h. 86 Prozent, erhöhen können, war aber weit hinter Hindenburg zurückgeblieben. In der Nacht nach der Wahl herrschte in Goebbels' Berliner Wohnung tiefe Verzweiflung. Dort hatten sich die Parteiführer versammelt, um am Rundfunk die Wahlergebnisse zu hören. »Wir sind geschlagen; furchtbare Aussichten«, notierte Goebbels in jener Nacht. »Unsere Parteigenossenschaft ist auf das tiefste deprimiert und mutlos. Wir können uns jetzt nur durch einen kühnen Wurf retten.«

Aber am nächsten Morgen verkündete Hitler in einem Extrablatt des *Völkischen Beobachters:* »Der erste Wahlkampf ist beendet, der zweite hat mit dem heutigen Tage begonnen. Ich werde auch ihn mit meiner Person führen.« In der Tat führte er den Wahlkampf ebenso energisch wie vorher. In einer gecharterten Junkers-Maschine flog er vom einen Ende Deutschlands zum anderen – damals eine Novität im Wahlkampf – und hielt Tag für Tag drei oder vier große Reden in ebensovielen Städten. Schlauerweise änderte er seine Taktik, um mehr Stimmen zu gewinnen. Im ersten Wahlkampf hatte er auf dem Elend des Volkes, auf der Unfähigkeit der Republik herumgeritten. Jetzt versprach er allen Deutschen eine glückliche Zukunft, wenn sie ihn wählten: den Arbeitslosen Arbeit, den Bauern höhere Preise, den Geschäftsleuten bessere Geschäfte, den Militaristen eine große Armee. Und einmal, in einer Rede im Berliner Lustgarten, verhieß er sogar seinen Zuhörern: »Im Dritten Reich wird jedes deutsche Mädchen einen Mann finden!«

Die Deutschnationalen zogen Düsterberg aus dem Rennen und riefen ihre Anhänger auf, Hitler zu wählen. Auch der Kronprinz machte mit. »Ich wähle Hitler«, verkündete er.

Der 10. April 1932, an dem die zweite Wahl stattfand, war ein trüber, regnerischer Tag; die Wahlbeteiligung war um eine Million geringer. Spät in der Nacht wurden die Ergebnisse bekanntgegeben:

Hindenburg	19 359 983	Stimmen	(53,0 %)
Hitler	13 418 547	Stimmen	(36,8 %)
Thälmann	3 706 759	Stimmen	(10,2 %)

Obwohl Hitler zwei Millionen Stimmen und Hindenburg nur eine Million hinzugewann, hatte doch der Präsident eine klare absolute Mehrheit errungen. Damit hatte mehr als die Hälfte des deutschen Volkes ein Bekenntnis zur demokratischen Republik abgelegt; sie hatte entschieden die Radikalen von rechts und links abgelehnt. Oder jedenfalls glaubte sie das.

Hitler hatte nun über vielerlei nachzudenken. Er konnte einen eindrucksvollen Erfolg buchen, hatte er doch innerhalb von zwei Jahren die Zahl der für seine Partei abgegeben Stimmen verdoppelt. Und doch hatte er noch nicht die Mehrheit – und damit die von ihm angestrebte politische Macht erlangt. War er am Ende dieses Strebens angelangt? In den der Wahl vom 10. April folgenden Parteibesprechungen erklärte Strasser offen heraus, daß dies der Fall sei. Strasser drängte auf eine Verständigung mit den Machthabern: mit dem Reichspräsidenten, mit der Brüning-Regierung, mit General Groener, mit der Reichswehr. Hitler mißtraute zwar seinem zweiten Mann, wies aber dessen Gedanken nicht ohne weiteres von der Hand. Eine der Lehren seiner Wiener Tage hatte er nicht vergessen: Um an die Macht zu kommen, müsse man die Unterstützung einiger der »bestehenden mächtigen Institutionen« erlangen.

Ehe er sich jedoch über den nächsten Schritt schlüssig wurde, versetzte ihm eine dieser »mächtigen Institutionen« einen Schlag: die Regierung der Republik.

Vor mehr als einem Jahr waren die Reichsregierung und verschiedene Länderregierungen in den Besitz von Dokumenten gekommen, aus denen hervorging, daß eine Reihe höherer NS-Führer, besonders in der SA, sich darauf vorbereitete, die Macht in Deutschland gewaltsam an sich zu reißen und ein Terrorregime zu errichten. Am Vorabend der ersten Präsidentenwahl war die inzwischen 400 000 Mann starke SA in Alarmbereitschaft versetzt worden, während Berlin von SA-Kräften umringt war. Hauptmann Röhm, der Stabschef der SA, versicherte zwar General Schleicher, es handele sich lediglich um eine »Vorsichtsmaßnahme«. Aber die preußische Landespolizei hatte im Berliner SA-Hauptquartier Papiere beschlagnahmt, die mit ziemlicher Deutlichkeit Berichte bestätigten, denen zufolge die SA einen Staatsstreich vorbereitete für den Fall, daß Hitler die Mehrheit erreichen sollte. So eilig hatte es Röhm! Daß etwas im Gange war, läßt sich aus Goebbels' Tagebucheintragung vom 11. März ersehen: »Mit SA- und SS-Führung Verhaltungsmaßregeln für die nächsten Tage durchgesprochen. Überall herrscht eine tolle Unruhe. Das Wort Putsch geistert um.«

Reichsregierung wie Länderregierungen waren beunruhigt. Am 5. April hatten die Vertreter mehrerer Länder unter Führung von Preußen und Bayern von der Reichsregierung gefordert, die SA zu verbieten, da sie sonst selbständig gegen die SA vorgehen würden. Brüning befand sich an diesem Tag auf einer Wahlreise, aber die Ländervertreter wurden von Groener in seiner Eigenschaft als Innen- und Reichswehrminister empfangen. Groener versprach zu handeln, sobald Brüning zurückgekehrt sei. Das geschah am 10. April, dem Tag der zweiten Wahl. Brüning und Groener hatten gute Gründe für eine Auflösung der SA. Damit würde die Gefahr des Bürgerkriegs beseitigt und vielleicht der erste Schritt zur Ausschaltung Hitlers als eines Faktors in der deutschen Politik getan werden. Da sie sich der Wiederwahl Hindenburgs sicher waren, glaubten sie, daß ihnen die Wähler damit auch das Mandat gäben, die Republik gegen die Gefahr eines Umsturzes durch die NSDAP zu schützen. Die Zeit war gekommen, Gewalt mit Gewalt zu beantworten. Wenn sie nicht energisch vorgingen, würde auch die Regierung die Unterstützung der Sozialdemokraten und Gewerkschaften verlieren, deren Stimmen für Hindenburgs Wiederwahl den Ausschlag gaben.

Noch am Wahltag selbst trat das Kabinett zusammen und beschloß die sofortige Auflösung von Hitlers Privatarmeen. Es kostete einige Mühe, Hindenburgs Unterschrift für den entsprechenden Erlaß zu bekommen – Schleicher, der anfänglich für das SA-Verbot war, trug nun dem Präsidenten seine Bedenken vor –, aber am 13. April unterschrieb Hindenburg schließlich, und am Tage darauf trat die Verordnung im ganzen Reich in Kraft.

Für die Nazis war es ein betäubender Schlag. Röhm und einige Hitzköpfe in der Partei wollten sich widersetzen. Aber der schlauere Hitler ordnete an, der Verfügung nachzukommen. Es sei nicht der Augenblick für einen bewaffneten Aufstand. Außerdem habe er über Schleicher neue interessante Nachrichten erhalten. An jenem selben Tage, dem 14. April, schrieb Goebbels in sein Tagebuch: »Uns wird mitgeteilt, daß Schleicher seinen [Groeners] Kurs nicht billigt ... Später am Tag ... Anruf einer bekannten Dame, die mit General Schleicher befreundet ist. Der General will zurücktreten[4].«

Goebbels war zwar interessiert, aber skeptisch. Er fügte hinzu: »Vielleicht aber ist es nur ein Manöver.« Weder er noch Hitler noch sonst jemand, am wenigsten Brüning und am allerwenigsten Groener, dem Schleicher seinen raschen Aufstieg im Reichswehrministerium zu verdanken hatte, argwöhnten etwas von den verräterischen Fähigkeiten des intrigierenden politischen Generals. Aber bald sollten sie es erfahren.

Noch vor Inkrafttreten des SA-Verbots hatte Schleicher, nachdem er den unentschlossenen Chef der Heeresleitung, General von Hammerstein, für sich gewonnen hatte, den sieben Wehrkreiskommandeuren vertraulich mitgeteilt, die Reichswehr sei gegen das Verbot. Als nächstes bewog er Hindenburg, Groener am 16. April einen nörgelnden Brief zu schreiben, worin der Präsident fragte, warum nicht auch das *Reichsbanner*, die halbmilitärische Organisation der Sozialdemokraten, verboten worden sei. Um die Stellung seines Chefs zu unterhöhlen, ging Schleicher noch weiter. Er brachte eine boshafte Verleumdungskampagne gegen General Groener in Gang: Der Reichswehrminister sei zu krank, um sein Amt fortzuführen, er sei Marxist und sogar Pazifist geworden und habe der Reichswehr durch seine zweite Heirat und die vorzeitige Geburt eines Kindes Schande gebracht. Das Kind, sagte er zu Hindenburg, werde in Armeekreisen »Nurmi« genannt – nach dem finnischen Langstreckenläufer und vielfachen Olympiasieger.

Unterdessen nahm Schleicher seine Kontakte mit der SA wieder auf. Er führte Bespredungen sowohl mit Stabschef Röhm wie mit dem Berliner SA-Führer, Graf Helldorf. Am 26. April notierte Goebbels, Schleicher habe Helldorf gesagt, er wolle »eine Kursänderung vollziehen«. Zwei Tage später traf Schleicher mit Hitler zusammen, und Goebbels schrieb: »Das Gespräch verlief gut.«

Schon in dieser Phase wird deutlich sichtbar, daß Röhm und Schleicher hinsichtlich einer Frage hinter Hitlers Rücken konspirierten. Beide Männer wollten die SA als Volksheer der Reichswehr angliedern, was Hitler strikt ablehnte. Über diesen Punkt hatte Hitler sich oft mit dem Stabschef der SA gestritten. Röhm sah in den Sturmabteilungen eine potentielle *militärische* Macht zur Stärkung der Landesverteidigung, Hitler hingegen betrachtete sie als eine rein *politische* Macht, als einen Verband, der seine politischen Gegner terrorisieren und den politischen Enthusiasmus in den Reihen der Nationalsozialisten aufrechterhalten sollte. Doch Schleicher hatte bei seinen Kontakten mit den Führern der NSDAP etwas anderes im Auge: Er wollte die SA der Reichswehr angliedern, um sie kontrollieren zu können; aber er wollte auch Hitler, den einzigen Nationalisten mit einer Massenanhängerschaft, in die Regierung bringen, um *ihn* zu kontrollieren. Beiden Zielen stand das SA-Verbot im Wege.

Am Ende der ersten Maiwoche 1932 erreichten Schleichers Intrigen einen gewissen Höhepunkt. Am 4. Mai notierte Goebbels, daß »Hitlers Minen zu springen beginnen... Als erster muß Groener und nach ihm Brüning fallen.« Und am 8. Mai: »Der Führer hat eine entscheidende Unterredung mit General Schleicher; einige Herren aus der nächsten Umgebung des Reichspräsidenten sind dabei. Alles geht gut... Brüning soll in den nächsten Tagen schon fallen. Der Reichspräsident wird ihm sein Vertrauen entziehen.« Dann skizzierte Goebbels den zwischen Schleicher, der Kamarilla des Präsidenten und Hitler ausgeheckten Plan: Der Reichstag soll aufgelöst, ein Präsidialkabinett eingesetzt und das SA-Verbot aufgehoben werden. Um nicht Brünings Mißtrauen zu erregen, fügte Goebbels hinzu, werde Hitler sich aus Berlin entfernen. Am späten Abend veranlaßte er seinen Führer, ein sicheres Versteck in Mecklenburg aufzusuchen.

Die NSDAP sah, wie Goebbels am Tage darauf vermerkte, in dem Präsidialkabinett eine »Übergangslösung«. »Ein farbloses Übergangskabinett«, schrieb er, »wird uns den Weg freimachen. Möglichst nicht zu stark, damit wir es um so leichter ablösen können.« Das entsprach natürlich nicht Schleichers Auffassung, der bereits an eine neue, von ihm beherrschte Regierung dachte, die das Parlament bis zur vollbrachten Änderung der Verfassung beurlauben würde. Es liegt auf der Hand, daß Schleicher und Hitler glaubten, jeder könne den anderen übers Ohr hauen. Aber zunächst hatte Schleicher einen Trumpf in der Hand. Er konnte dem müden alten Präsidenten zusichern, was Brüning nicht zu bieten vermochte: Eine von Hitler gestützte Regierung, ohne daß man den unbequemen fanatischen Demagogen hineinnehmen mußte.

So war alles bereit, und am 10. Mai, zwei Tage nach der Besprechung mit Hitler und den Männern aus Hindenburgs nächster Umgebung, schlug Schleicher zu. Als Groener im Reichstag das SA-Verbot verteidigte, wurde er aufs heftigste von Göring angegriffen. Der zuckerkranke, durch Schleichers Verrat bereits im Innersten getroffene

Reichswehrminister setzte sich so gut er konnte zur Wehr, wurde aber von den Bänken der NSDAP her mit einer Flut von Schmähungen überschüttet. Erschöpft und gedemütigt verließ er den Sitzungssaal und lief ausgerechnet General Schleicher in die Arme, der ihm eiskalt mitteilte, »er genieße nicht mehr das Vertrauen der Reichswehr und müsse zurücktreten«. Groener appellierte an Hindenburg, für den er zweimal in kritischen Stunden undankbare Aufgaben – und damit späteren Tadel – auf sich genommen hatte: zum erstenmal 1918, als er an Hindenburgs Stelle dem Kaiser sagte, daß das Heer nicht mehr hinter ihm stehe, zum zweitenmal 1919, als er anstatt Hindenburg der republikanischen Regierung empfahl, den Versailler Vertrag zu unterzeichnen. Aber der alte Feldmarschall, den die Verpflichtung dem jüngeren Offizier gegenüber stets bedrückt hatte, erwiderte, er könne »zu seinem Bedauern« in der Angelegenheit nichts tun. Verbittert und enttäuscht, legte Groener am 13. Mai sein Amt nieder[5]. Am selben Abend trug Goebbels in sein Tagebuch ein: »Wir bekommen Nachricht von General Schleicher. Die Krise geht programmgemäß weiter.«

Der nächste Kopf, der nach dem Plan fallen sollte, war der Brünings, und es dauerte denn auch nicht lange, bis der konspirierende General ihn ans Fallbeil schleifte. Groeners Sturz war ein schwerer Schlag für die wankende Republik gewesen. Unter den Militärs war Groener beinahe der einzige gewesen, der der Republik in fähiger Weise und mit Hingabe gedient hatte, und es gab in der Reichswehr keinen Mann seines Formats und seiner Loyalität, der ihn hätte ersetzen können. Aber noch war der zähe, hart arbeitende Brüning an der Macht. Er hatte für Hindenburgs Wiederwahl und, wie er glaubte, für die Fortdauer der Republik die Mehrheit des deutschen Volkes gewonnen. Er schien, was die Streichung der Reparationen und die Rüstungsgleichheit für Deutschland anging, am Vorabend sensationeller Erfolge in der Außenpolitik zu stehen. Doch Hindenburg hatte, wie wir sahen, die übermenschlichen Anstrengungen des Kanzlers um Verlängerung der Amtszeit des Präsidenten mit auffallender Kühle belohnt. Noch frostiger wurde seine Haltung, als der Kanzler vorschlug, eine Reihe bankrotter ostpreußischer Güter nach großzügiger Entschädigung vom Staat übernehmen und an besitzlose Siedler verteilen zu lassen. Als Hindenburg zu Pfingsten nach Neudeck fuhr, auf sein ostpreußisches Gut, das ihm die Junker mit finanzieller Unterstützung der Industrie zum 80. Geburtstag geschenkt hatten, lagen ihm seine adligen Nachbarn in den Ohren. Sie nannten jetzt den Kanzler einen »Agrarbolschewisten« und forderten seine Entlassung.

Daß Brünings Tage gezählt waren, erfuhren die Führer der NSDAP, fraglos über Schleicher, noch vor dem Kanzler selbst. Am 18. Mai notierte der von München nach Berlin zurückgekehrte Goebbels: »Alles noch in Pfingststimmung. Nur bei Brüning scheint der Winter eingekehrt zu sein ... Und das Komische ist dabei, daß er es selbst gar nicht merkt ... Sein Kabinett lichtet sich zusehends, und er findet keine Ersatzmänner mehr ... Im allgemeinen verlassen die Ratten das sinkende Schiff.« Richtiger wäre es gewesen, zu sagen, daß die »führende Ratte« weit davon entfernt war, das sinkende Schiff zu verlassen, sondern lediglich darauf aus war, einen neuen Kapitän aufzutreiben. Am nächsten Tag vermerkte Goebbels: »General Schleicher hat die Übernahme des Reichswehrministeriums abgelehnt.« Das stimmte zwar, war aber ebenfalls nicht ganz richtig. Brüning hatte Schleicher, nachdem er ihm Vorwürfe wegen seines Verhaltens gegen Groener gemacht hatte, tatsächlich aufgefordert, das Reichswehrministerium zu übernehmen. »Das werde ich«, hatte Schleicher erwidert, »aber nicht in Ihrer Regierung[6].«

Am 19. Mai heißt es in Goebbels' Tagebuch: »Sendboten von Schleicher: Man ist schon dabei, die Ministerliste zusammenzustellen. Für den Übergang ist das nicht so wichtig.« Also wußten die NS-Führer mindestens eine Woche vorher, daß Brünings Sturz abgemachte Sache war. Am Sonntag, dem 29. Mai, rief Hindenburg den Kanzler zu sich und bat ihn brüsk, sein Rücktrittsgesuch einzureichen. Am Tage darauf erhielt er es.

Schleicher hatte gesiegt. Aber nicht nur Brüning war gefallen; mit ihm fiel auch die demokratische Republik, mochte sie sich auch noch acht Monate in Todeskämpfen dahinschleppen, ehe sie den Gnadenstoß erhielt. Fortan, d. h. vom Juni 1932 bis zum Januar 1933, sollte die Macht zwei wenig bedeutenden Männern anvertraut werden, die, obwohl sie keine Nationalsozialisten waren, dennoch kein Verlangen spürten, eine demokratische Republik aufrechtzuerhalten, zumindest nicht in ihrer derzeitigen Verfassung. Die politische Macht in Deutschland lag ohnehin nicht mehr beim Volk und bei der den Volkswillen vertretenden Körperschaft, dem Reichstag. Sie lag vielmehr in den Händen eines senilen, 85 Jahre alten Mannes und einer Gruppe schaler, aber ehrgeiziger Leute in seiner Umgebung, die ihn lenkten. Hitler erkannte dies deutlich. Es paßte in seine Absichten. Es war sehr unwahrscheinlich, daß er im Reichstag jemals die Mehrheit erlangen würde. Hindenburgs neuer Kurs hingegen bot ihm die einzige Möglichkeit, an die Macht zu kommen. Freilich nicht sofort, aber doch bald.

Von Oldenburg, wo die NSDAP am 29. Mai die absolute Mehrheit im Landtag errungen hatte, eilte er nach Berlin zurück. Am Tage darauf wurde er von Hindenburg empfangen. Dieser bestätigte ihm im einzelnen, was er am 8. Mai heimlich mit Schleicher abgesprochen hatte: Aufhebung des SA-Verbots, ein Präsidialkabinett nach Hindenburgs Wahl, Auflösung des Reichstags. Hindenburg fragte Hitler, ob er die neue Regierung unterstützen werde. Hitler bejahte. Am Abend dieses Tages, am 30. Mai, brachte Goebbels sein Tagebuch *à jour:* »[Hitlers] Unterredung mit dem Reichspräsidenten ist gut verlaufen ... v. Papen ist als Reichskanzler vorgesehen. Aber das interessiert nun nicht so. Wählen, wählen! Heran ans Volk! Wir sind alle sehr glücklich[7].«

FRANZ VON PAPENS FIASKO

Nun tauchte im Rampenlicht für kurze Zeit eine fragwürdige Persönlichkeit auf, mit der niemand gerechnet hatte. Der Mann, den General von Schleicher dem 85jährigen Präsidenten aufschwatzte und der am 1. Juni 1932 zum deutschen Reichskanzler ernannt wurde, war der 53 Jahre alte Franz von Papen. Er entstammte einer verarmten westfälischen Adelsfamilie, hatte in einem feudalen Kavallerieregiment gedient, war ein schneidiger Herrenreiter, ein wenig erfolgreicher, dilettierender Politiker des katholischen Zentrums und durch seine Ehe mit der Tochter eines Industriellen wohlhabend geworden. In der Öffentlichkeit kannte man ihn kaum. Man wußte nur, daß er im Ersten Weltkrieg, als Militärattaché in Washington, zu einer Zeit, in der die Vereinigten Staaten noch neutral waren, in Sabotagepläne verwickelt gewesen war.

»Der Entschluß des Präsidenten begegnet zuerst Ungläubigkeit«, schrieb der französische Botschafter in Berlin. »Man will nicht daran glauben, und als dann die Nachricht bestätigt wird, lacht oder lächelt man allgemein. Papen hat das Sonderbare an sich, daß weder seine Freunde noch seine Feinde ihn ganz ernst nehmen ... Man bezeichnet ihn als oberflächlich, händelsüchtig, falsch, ehrgeizig, eitel, verschlagen und intrigant[8].« Solch einem Mann – François-Poncet übertrieb nicht – hatte Hindenburg auf Schleichers Rat die Geschicke der um ihr Leben ringenden Republik anvertraut.

Papen verfügte über keinerlei politische Grundlage, auf die er sich hätte stützen können. Er war nicht einmal Reichstagsabgeordneter, sondern hatte einen Sitz im preußischen Landtag. Seine eigene Partei, das Zentrum, entrüstet über Papens Verrat an Brüning, stieß ihn nach seiner Ernennung zum Kanzler einhellig aus ihren Reihen aus. Aber der Präsident hatte ihn beauftragt, eine überparteiliche Regierung zu bilden, und das brachte er sofort fertig, da Schleicher bereits eine Ministerliste aufgestellt hatte. Es war das sogenannte »Kabinett der Barone«. Fünf Mitglieder waren adlig, zwei waren Konzerndirektoren, und einer, der Justizminister Franz Gürtner, war während der turbulenten Tage vor und nach dem Bürgerbräu-Putsch Hitlers Protektor in der bayerischen Regierung gewesen. General Schleicher wurde von Hindenburg aus der von ihm bevorzugten Stellung hinter den Kulissen hervorgezogen und zum Reichswehrminister gemacht. Für einen großen Teil des Volkes galt das »Kabinett der Barone« als ein Witz, und doch besaßen einige seiner Mitglieder, wie Freiherr von Neurath, Freiherr von Eltz-Rübenach, Graf Schwerin von Krosigk und Dr. Gürtner eine so große Seßhaftigkeit, daß sie bis weit in das Dritte Reich hinein auf ihren Posten aushielten.

Papens erste Tat bestand in der Einlösung des Wechsels, den Schleicher am 8. Mai Hitler ausgestellt hatte. Am 4. Juni löste er den Reichstag auf, setzte Neuwahlen für den 31. Juli an und hob nach einigem Drängen der argwöhnischen Nationalsozialisten am 15. Juni das SA-Verbot auf. Sofort setzte eine Welle politischer Gewalttaten und politischer Morde ein, wie sie selbst Deutschland bisher nicht erlebt hatte. Kampflustig und blutrünstig schwärmten die Sturmabteilungen durch die Straßen, und ihrer Herausforderung wurde häufig entsprochen, vor allem seitens der Kommunisten. Allein in Preußen kam es in der Zeit zwischen dem 1. und 20. Juni zu 461 Straßenschlachten, in denen 82 Menschen getötet und 400 schwer verletzt wurden. Von den im Lauf des Juli bei Zusammenstößen getöteten 86 Personen waren 38 Hitler-Angehörige und 30 Kommunisten. Am Sonntag, dem 10. Juli, fanden 18 Menschen ihren Tod auf der Straße, und am Sonntag darauf, als die NSDAP unter Polizeischutz einen Marsch durch das Arbeiterviertel von Altona veranstaltete, wurden 19 Personen erschossen und 285 verwundet. Der Bürgerkrieg, dem das Kabinett der Barone hatte Einhalt gebieten sollen, nahm von Tag zu Tag größere Ausmaße an. Alle Parteien, außer NSDAP und KPD, verlangten von der Regierung Wiederherstellung der Ordnung.

Papen reagierte darauf auf zweierlei Weise. Erstens untersagte er alle politischen Aufmärsche während der beiden Wochen vor der Reichstagswahl. Zweitens unternahm er einen Schritt, der nicht nur darauf abzielte, die NSDAP zu versöhnen, sondern auch eine der letzten verbliebenen Säulen der demokratischen Republik umzustürzen. Am 20. Juli setzte er die preußische Regierung ab und ernannte sich selbst zum Reichskommissar von Preußen. Es war ein kühner Schritt auf die Art von autoritärer Regierung zu, die er für ganz Deutschland anstrebte. Zum Vorwand nahm Papen die Altonaer Krawalle: Sie hätten gezeigt, daß die preußische Regierung nicht imstande sei, Recht und Ordnung aufrechtzuerhalten. Auch beschuldigte er – auf Grund von »Beweismaterial«, das Schleicher schleunigst beigebracht hatte – die preußischen Behörden, mit den Kommunisten unter einer Decke zu stecken. Als die preußischen Minister zu verstehen gaben, daß sie nur der Gewalt weichen würden, tat Papen ihnen den Gefallen.

In Berlin wurde der Ausnahmezustand verhängt, und General von Rundstedt, Kommandeur des Berliner Wehrkreises, schickte ein Kommando unter einem Leutnant, um die notwendigen Verhaftungen vorzunehmen. Die Entwicklung der Dinge verfehlte nicht ihren Eindruck auf die Männer der Rechten, die die Macht im Reich an sich gerissen hatten, noch entging sie Hitlers Aufmerksamkeit. Man brauchte nicht länger zu befürchten, daß die Linke oder gar die demokratische Mitte dem Sturz der Demokratie ernsthaft Widerstand leisten würde. 1920 hatte ein Generalstreik die Republik gerettet. Auch diesmal erwogen Gewerkschaftsführer und Sozialdemokraten eine solche Maßnahme, doch nur, um sie zu verwerfen; man hielt sie für zu gefährlich. So war die Absetzung der verfassungsgemäßen preußischen Regierung ein weiterer Sargnagel für die Weimarer Republik. Nur ein paar Soldaten seien notwendig gewesen, prahlte Papen.

Was Hitler und seine Getreuen anging, so waren sie entschlossen, nicht nur die Republik, sondern auch Papen und seine Barone zu beseitigen. Über diese Absicht ist in Goebbels' Tagebuch vom 5. Juni 1932 zu lesen: »Wir müssen uns von dem bürgerlichen Übergangskabinett so schnell wie möglich absentieren.« Und Papen schrieb über seine erste Zusammenkunft mit Hitler am 9. Juni: »Er ließ ... durchblicken, daß er mein Kabinett nur als Zwischenlösung betrachte und den Kampf fortsetzen werde, um seine Partei zur stärksten des Landes – und damit sich zum Kanzler zu machen[9].«

Die Reichstagswahl vom 31. Juli war die dritte der innerhalb von fünf Monaten auf Reichsebene abgehaltenen Wahlen. Doch Hitler und seine Anhänger, weit entfernt von Wahlmüdigkeit, stürzten sich mit mehr Fanatismus und Energie denn je zuvor in den Wahlkampf. Obwohl Hitler dem Reichspräsidenten die Unterstützung der Papen-Regierung zugesagt hatte, unternahm Goebbels scharfe Angriffe auf den Innenminister und Hitler beklagte sich bereits am 9. Juli bei Schleicher über die Regierungspolitik. Die riesigen Menschenmassen, die herbeiströmten, um Hitler zu sehen, waren ein Beweis dafür, daß die NSDAP an Boden gewann. An einem einzigen Tage, dem 27. Juli, sprach er in Brandenburg vor 60 000 Menschen, in Potsdam vor fast ebensovielen, in Berlin im Grunewaldstadion vor 120 000, wobei weitere 100 000 draußen standen und seine Stimme über Lautsprecher hörten.

Der 31. Juli brachte der NSDAP einen überwältigenden Wahlsieg. Sie erhielt 13 745 000 Stimmen und 230 Reichstagssitze, wodurch sie zur stärksten Partei im Parlament wurde, wiewohl sie noch weit entfernt von der Mehrheit war, denn es gab insgesamt 608 Reichstagsabgeordnete. Die Sozialdemokraten verloren 10 Mandate und rutschten damit auf 133 ab, was fraglos auf das zaghafte Verhalten ihrer Minister in Preußen zurückzuführen war. Dagegen hatten die Kommunisten 12 Sitze mehr gewonnen und waren mit 89 Reichstagsabgeordneten die drittstärkste Fraktion. Das Zentrum hatte zwar seine Mandate von 68 auf 73 erhöhen können, aber die anderen bürgerlichen Parteien und sogar Hugenbergs Deutschnationale Partei, die bei der Wahl für Papen eingetreten war, hatten gewaltig Federn lassen müssen. Es war deutlich, daß, von den Katholiken abgesehen, die Mittel- und Oberschichten zur NSDAP übergegangen waren.

Am 2. August zog Hitler in Tegernsee bei einer Zusammenkunft mit seinen Gauleitern die Bilanz aus seinem Wahlsieg. Seit der letzten Reichstagswahl (1930) hatte die NSDAP über sieben Millionen Stimmen hinzugewonnen und ihre Mandate von 107 auf 230 erhöht. Seit der Wahl von 1928 hatte sie etwa dreizehn Millionen Stimmen hinzugewonnen. Trotzdem fehlte Hitler immer noch die Majorität, die seine Partei an die Macht tragen würde. Von der Gesamtstimmenzahl hatte er nur 37 Prozent. Die meisten Deutschen waren also gegen ihn.

Bis tief in die Nacht hinein beriet er sich mit seinen Parteigenossen. Goebbels' Tagebucheintragung vom 2. August gibt über die Besprechung Aufschluß: »Der Führer ... steht vor schweren Entschlüssen. Legal? Mit dem Zentrum? [Zusammen mit dem Zentrum hätte die NSDAP die Mehrheit im Reichstag gehabt.] ... Unausdenkbar!« Und weiter notiert Goebbels: »Der Führer ... kommt aber noch zu keinem endgültigen Ergebnis. Die Situation muß erst ausreifen.«

Aber Hitler, von seinem Wahlsieg berauscht, mochte dieser auch noch nicht entscheidend gewesen sein, war ungeduldig. Am 4. August eilte er nach Berlin – nicht um Papen, sondern um General von Schleicher zu sprechen und um, wie Goebbels vermerkte, »seine Forderungen anzumelden. Er wird dabei nicht bescheiden sein.« Am 5. August traf Hitler in Fürstenberg, nördlich von Berlin, mit General von Schleicher zusammen und nannte ihm seine Forderungen: für sich selbst den Reichskanzlerposten, für seine Partei das Amt des preußischen Ministerpräsidenten, die Innenministerien im Reich und in Preußen, die Reichsministerien für Justiz, Wirtschaft und Luftfahrt sowie ein neues Ministerium für Goebbels, ein Ministerium für Volksaufklärung und Propaganda. Um Schleicher zu gewinnen, versprach Hitler ihm das Reichswehrministerium. Sodann, sagte Hitler, werde er vom Reichstag ein Ermächtigungsgesetz fordern, das ihn autorisiere, für einen bestimmten Zeitraum durch Erlasse zu regieren; im Falle der Ablehnung würde der Reichstag »nach Hause geschickt« werden.

Hitler verließ Fürstenberg in der Überzeugung, Schleicher für sein Programm eingenommen zu haben, und reiste in guter Stimmung zum Obersalzberg zurück. Der Zyniker Goebbels, der dem politischen General nie traute, war sich der Sache nicht so sicher. »Es ist gut, wenn man die weitere Entwicklung mit Skepsis beobachtet«, notierte er am 6. August, nachdem er den optimistischen Bericht seines Führers über die Besprechung mit Schleicher gehört hatte. Immerhin, von einem war Goebbels überzeugt: »Haben wir die Macht, dann werden wir sie nie wieder aufgeben, es sei denn, man trägt uns als Leichen aus unseren Ämtern heraus.«

Es stand wirklich nicht alles so gut, wie Hitler zu glauben schien. Am 8. August schrieb Goebbels: »Anruf von Berlin. Dort rumort es ... Die ganze Partei hat sich bereits auf die Macht eingestellt. Die SA verläßt ihre Arbeitsplätze, um sich bereitzumachen. Die politischen Amtswalter richten sich auf die große Stunde ein. Wenn es gut geht, dann ist alles in Ordnung. Geht es aber schlecht, dann gibt es einen furchtbaren Rückschlag.« Am nächsten Tag trafen auf dem Obersalzberg Strasser, Frick und Funk ein und brachten Nachrichten mit, die nicht gerade ermutigend waren. Schleicher wand sich bereits wieder wie ein Wurm. Jetzt bestand er darauf, daß Hitler, falls er Kanzler werde, mit Zustimmung des Reichstages regieren müsse. Funk berichtete, seine Freunde aus der Wirtschaft seien besorgt über die Zukunftsaussichten, falls eine NS-Regierung ans Ruder käme. Er überbrachte eine Botschaft von Schacht, die dies bestätigte. Schließlich befürchte die Wilhelmstraße, so meldete das Trio, einen Putsch der NSDAP.

Diese Besorgnisse waren nicht unbegründet. Am nächsten Tag, dem 10. August, erfuhr Goebbels, daß in Berlin »die SA alarmbereit steht ... Immer dichter wird die SA um Berlin zusammengezogen ... Die Wilhelmstraße ist darüber sehr nervös geworden; aber das ist ja auch der Zweck der Übung.« Am Tage darauf konnte es Hitler nicht mehr länger aushalten. Er fuhr im Wagen nach Berlin. Dort würde er sich »rar« machen, schrieb Goebbels, aber dennoch bereitstehen, wenn er gerufen würde. Wenn nicht, würde er den Präsidenten um Audienz bitten. Aber zunächst müsse er Schleicher und Papen sehen.

Die Unterredung mit Schleicher und Papen fand am 13. August statt. Sie verlief stürmisch. Schleicher stand nicht mehr zu dem, was er eine Woche vorher gesagt hatte. Er hielt Papen die Stange, als dieser sagte, Hitler könne bestenfalls damit rechnen, Vizekanzler zu werden. Hitler war außer sich. Er wollte Kanzler sein oder nichts. Papen beendete die Besprechung mit den Worten, er werde die »letzte Entscheidung« Hindenburg überlassen[10].

Hitler zog sich in den nahe gelegenen *Kaiserhof* zurück. Dort erreichte ihn um drei Uhr ein Anruf aus der Reichskanzlei. Irgend jemand – vermutlich Goebbels – nahm das Gespräch entgegen. Er berichtet in seinem Tagebuch: »Um drei Uhr nachmittags ruft

Staatssekretär Planck aus der Reichskanzlei an. Frage: ›Ist die Entscheidung schon gefallen? Dann hat es keinen Zweck mehr, daß der Führer noch kommt.‹ Antwort: ›Der Herr Reichspräsident will ihn zuerst sprechen.‹ «
Der greise Feldmarschall empfing Hitler stehend und auf seinen Stock gestützt, damit den eisigen Ton der Besprechung angebend. Für einen 85jährigen, der erst zehn Monate vorher eine Woche lang unter seniler Geistesstörung gelitten hatte, war Hindenburg in erstaunlich klarer Geistesverfassung. Er hörte geduldig zu, während Hitler wiederum die Kanzlerschaft und die volle Macht forderte. Staatssekretär Meißner und Hermann Göring, der Hitler begleitet hatte, waren die einzigen Zeugen dieser Unterredung. Wenn auch Meißner keine absolut zuverlässige Quelle ist, so bildet doch seine eidesstattliche Erklärung in Nürnberg das einzige vorhandene Zeugnis aus erster Hand. Sie klingt glaubwürdig. Meißner erklärte, Hindenburg habe Hitler erwidert, er könne es bei der gespannten Lage nicht mit seinem Gewissen vereinbaren, die Regierungsgewalt einer neuen Partei wie der NSDAP zu übertragen, die nicht die Mehrheit der Wähler repräsentiere und die unduldsam, lärmend und undiszipliniert sei:

Hier bezog sich Hindenburg mit sichtlicher Erregung auf verschiedene Vorgänge der jüngsten Zeit – Zusammenstöße zwischen den Nazis und der Polizei, Gewaltakte von Hitler-Anhängern gegen Andersgesinnte, Ausschreitungen gegen Juden und andere illegale Handlungen. Alle diese Zwischenfälle hatten ihn in seiner Überzeugung bestärkt, daß in der Partei eine Menge zügelloser Elemente waren, die man nicht genug in der Hand hatte. Konflikte mit dem Ausland müßten ebenfalls unter allen Umständen vermieden werden. Hindenburg schlug Hitler vor, mit den anderen Parteien, vor allem mit den Rechtsparteien und dem Zentrum, zusammenzuarbeiten. Er sollte den einseitigen Gedanken aufgeben, die ganze Macht haben zu müssen. Durch eine Zusammenarbeit mit anderen Parteien würde er zu zeigen vermögen, was er leisten und besser machen könne. Wenn er positive Ergebnisse aufweisen könnte, würde er selbst in einer Koalitionsregierung zunehmenden Einfluß gewinnen. Dies würde auch die weitverbreitete Befürchtung entkräften, daß eine nationalsozialistische Regierung ihre Macht mißbrauche. Hindenburg fügte hinzu, daß er bereit sei, Hitler und seine Bewegung innerhalb einer Koalitionsregierung zu akzeptieren, über deren genaue Zusammensetzung man noch verhandeln könne. Aber man könne es nicht verantworten, Hitler allein die ausschließliche Macht zu erteilen … Aber Hitler blieb felsenfest bei seiner Weigerung, sich in eine Lage zu begeben, in der er mit den Führern anderer Parteien verhandeln und einer Koalitionsregierung gegenüberstehen mußte[11].

Es kam bei der Unterredung zu keiner Übereinstimmung. Doch bevor sie zu Ende ging, hielt der alte Herr, immer noch stehend, dem Führer der NSDAP eine Standpauke. Nach dem Wortlaut des gleich hinterher herausgegebenen amtlichen Kommuniqués bedauerte Hindenburg, daß Herr Hitler sich nicht in der Lage sähe, eine vom Vertrauen des Reichspräsidenten getragene nationale Regierung zu unterstützen, wie er es vor der Reichstagswahl versprochen habe. Hitler habe nach Ansicht des Reichspräsidenten sein Wort gebrochen und solle sich in Zukunft hüten. Hindenburg, hieß es in dem Kommuniqué weiter, »ermahnte Herrn Hitler ernstlich, die Opposition der NSDAP ritterlich zu führen und sich der Verantwortung vor seinem Vaterland und dem deutschen Volk bewußt zu bleiben«.

Das Kommuniqué, das Hindenburgs Version vom Verlauf der Unterredung wiedergab und hervorhob, daß Hitler »die ausschließliche Macht im Staate« verlangt habe, gelangte so rasch an die Öffentlichkeit, daß Goebbels' Propagandamaschine überrumpelt und daß Hitlers Sache nicht nur in der Allgemeinheit, sondern auch unter den Mitgliedern der NSDAP selbst beträchtlicher Schaden zugefügt wurde. Vergebens entgegnete Hitler, er habe nicht die »ausschließliche Macht«, sondern nur die Kanzlerschaft und einige Ministerien gefordert. Hindenburgs Worten wurde allgemein mehr Glauben geschenkt.

Unterdessen lechzte die mobilisierte SA nach Taten. Noch am selben Abend rief Hitler die SA-Führer zusammen und sprach zu ihnen. »Für sie [die SA-Führer]«, schrieb Goebbels, »ist es am schwersten. Wer weiß, ob ihre Formationen gehalten werden können. Nichts ist schwieriger, als einer siegesgewissen Truppe zu sagen, daß der Sieg aus den Händen geronnen ist.« In der Nacht suchte der kleine Doktor Trost in der Lektüre der Briefe Friedrichs des Großen. Am nächsten Tag fuhr er in Urlaub nach Heiligendamm an der Ostsee. »Unter den Parteigenossen herrscht große Hoffnungslosigkeit. Ich mag gar nicht vom Zimmer heruntergehen ... Ich will eine Woche nichts von Politik hören, nur Sonne, Licht, Luft und Ruhe einatmen.«

Hitler zog sich auf den Obersalzberg zurück, um ebenfalls Sonne, Licht, Luft und Ruhe zu genießen und über die nächste Zukunft nachzudenken. Wie Goebbels es ausdrückte, war »eine erste Chance verspielt«. Hermann Rauschning, der damalige Gauleiter in Danzig, traf den Führer auf seinem Berggipfel in finsterem Brüten an. »Wir müssen rücksichtslos sein«, sagte Hitler und ließ eine Schimpfkanonade auf Papen los. Doch die Hoffnung hatte er nicht aufgegeben. Zeitweilig sprach er, als wäre er bereits Kanzler: »Meine Aufgabe ist schwieriger als die Bismarcks. Erst muß ich die Nation schaffen, ehe ich auch nur beginnen kann, an die vor uns liegenden nationalen Aufgaben heranzugehen.« Aber angenommen, eine Militärdiktatur Papen-Schleicher würde die Nazis unterdrücken? Hitler richtete nun unvermittelt an Rauschning die Frage, ob Danzig, das damals ein Freistaat unter dem Schutz des Völkerbundes war, ein Auslieferungsabkommen mit Deutschland habe. Rauschning verstand zunächst die Frage nicht. Erst später stellte sich heraus, daß Hitler nach einem Asyl Ausschau hielt[12]. In Goebbels' Tagebuch stehen die Worte: »Es gehen Gerüchte um, der Führer solle in Schutzhaft genommen werden.« Doch auch jetzt noch, nach der Abfuhr, die ihm der Reichspräsident und die Papen-Schleicher-Regierung erteilt hatten, und trotz der Befürchtung, seine Partei könne verboten werden, war Hitler entschlossen, auf dem Weg der »Legalität« zu bleiben. Er unterdrückte alles Gerede von einem SA-Putsch. Von gelegentlichen Depressionen abgesehen, blieb er zuversichtlich, daß er sein Ziel erreichen werde – nicht durch Gewalt und auch kaum durch Erlangung der Reichstagsmehrheit, sondern mit dem gleichen Mittel, das Schleicher und Papen an die Spitze gebracht hatte: durch Hintertreppenintrigen.

Daß auch er ein solches Spiel treiben konnte, dafür gab er bald ein Beispiel. Am 25. August notierte Goebbels nach einer Besprechung mit Hitler in Berchtesgaden: »Wir haben Verbindungen zum Zentrum anknüpfen lassen, wenn auch nur als Druckmittel der Gegenseite gegenüber.« Am nächsten Tag war Goebbels wieder in der Reichshauptstadt: »In Berlin stelle ich fest, daß General Schleicher bereits von unseren Fühlern zum Zentrum erfahren hat.« Um darüber Gewißheit zu erlangen, suchte er am folgenden Tag den General auf. Er hatte den Eindruck, daß Schleicher über die Möglichkeit eines Zusammengehens von NSDAP und Zentrum besorgt war, denn beide Parteien zusammen verfügten im Reichstag über eine absolute Mehrheit. Über Schleicher selbst vermerkte Goebbels: »Ich weiß nicht, was bei ihm echt oder falsch ist.«

Die Kontakte mit dem Zentrum, mochten sie auch, nach Goebbels, nur ein Druckmittel der Papen-Regierung gegenüber sein, zahlten sich immerhin in Gestalt einer Farce aus, die sich am 30. August im Reichstag abspielte und den Anfang vom Ende des Herrenreiter-Kanzlers bedeutete: Mit den Stimmen der NSDAP und des Zentrums wurde Hermann Göring zum Reichstagspräsidenten gewählt. Als der Reichstag am 12. September wieder zusammentrat, nahm zum erstenmal ein Nationalsozialist den Präsidentenstuhl ein – und Göring verstand die Chance zu nutzen. Papen hatte sich vom Reichspräsidenten im voraus einen Erlaß zur Auflösung des Reichstags geben lassen –, womit zum erstenmal vor Beginn einer Sitzungsperiode dem Reichstag der Totenschein ausgestellt worden war. Aber Papen versäumte es, den Erlaß zu dieser ersten Plenarsitzung mitzubringen. Statt dessen hatte er das Konzept einer Rede über das Regierungsprogramm bei sich; ihm war versichert worden, daß einer der deutschnationalen Abgeordneten nach Übereinkunft mit den meisten anderen Parteien einer Abstimmung über den von seiten der Kommunisten zu erwartenden Mißtrauensantrag widersprechen werde. In einem solchen Fall genügte nämlich der Einspruch eines einzigen der 600 Abgeordneten, um eine ohne vorherige Ankündigung beantragte Abstimmung zu verhindern.

Als dann der kommunistische Abgeordnete Ernst Torgler beantragte, der Regierung das Mißtrauen auszusprechen und die Tagesordnung zu ändern, erhob jedoch kein einziger Abgeordneter, weder von den Deutschnationalen noch von einer anderen Partei, dagegen Einspruch. Schließlich erhob sich Frick und beantragte eine halbstündige Vertagung.

»Der Vorgang«, schreibt Papen in seinen Memoiren, »enthüllte für mich ohne jeden Zweifel, das Barometer stehe auf Sturm.« Er sandte eiligst einen Boten in die Reichskanzlei, um den Auflösungserlaß herbeizuschaffen.

In der Zwischenzeit besprach sich Hitler mit den Fraktionsführern der NSDAP im Hause gegenüber, im Palais des Reichstagspräsidenten. Die NSDAP befand sich in einem Dilemma und war in Verlegenheit. Sie glaubte, die Deutschnationalen hätten sie, indem sie sich passiv verhielten, hintergangen. Nun würde die NSDAP, um die

Papen-Regierung zu stürzen, zusammen mit den Kommunisten einem kommunistischen Antrag beipflichten müssen. Hitler entschloß sich, diese bittere Pille zu schlucken. Er wies seine Abgeordneten an, für den kommunistischen Antrag zu stimmen und Papen zu stürzen, ehe er den Reichstag auflösen könne. Um dies zu schaffen, würde Göring sich natürlich einiger parlamentarischer Tricks bedienen müssen. Doch der ehemalige Fliegerheld, der außer Verwegenheit noch manch andere Fähigkeit besaß, wie sich später in größerem Rahmen zeigen sollte, war der Sache gewachsen.

Als die Sitzung wiederaufgenommen wurde, erschien Papen mit der bekannten roten Mappe, die traditionsgemäß den so schleunig herbeigeholten Auflösungserlaß enthielt. Doch als er, um ihn zu verlesen, ums Wort bat, tat Göring, als sehe er ihn nicht. Dabei hatte Papen sich erhoben und schwenkte, mit hochrotem Kopf, die rote Mappe in der Hand. Alle Abgeordneten sahen es. Nur Göring nicht. Er blickte lächelnd in eine andere Richtung. Er verkündete die sofortige Abstimmung. Inzwischen war Papen, Augenzeugen zufolge, bleich geworden – vor Zorn. Er schritt auf das Podium des Reichstagspräsidenten zu und warf ihm das Auflösungsdekret aufs Pult. Göring nahm keine Notiz davon und ordnete den Fortgang der Abstimmung an. Papen stapfte aus dem Raum, gefolgt von seinen Ministern, von denen kein einziger Reichstagsabgeordneter war. Der Mißtrauensantrag der Kommunisten wurde mit 513 : 32 Stimmen angenommen. Jetzt erst nahm Göring Notiz von dem Dokument, das ihm Papen so ärgerlich hingeworfen hatte. Er verlas es und entschied, daß es keine Gültigkeit habe, denn es sei gegengezeichnet von einem Kanzler, dem eine verfassungsmäßige Reichstagsmehrheit das Mißtrauen ausgesprochen habe.

Wem in Deutschland – und bis zu welchem Grade – diese Farce genutzt oder geschadet hatte, war nicht sofort ersichtlich. Daß man Papen nicht ernst genommen hatte, stand außer Zweifel; aber er wurde damals, wie Botschafter François-Poncet sagte, nicht einmal von seinen Freunden ganz ernst genommen. Daß die Reichstagssitzung gezeigt hatte, wie sehr die meisten Deutschen gegen die von Hindenburg selbst ausgesuchte Präsidialregierung waren, war deutlich genug. Aber hatte der Vorgang nicht das Vertrauen der Öffentlichkeit in das parlamentarische System noch mehr erschüttert? Hatten nicht die Nationalsozialisten, um von ihnen zu sprechen, wieder einmal gezeigt, daß sie nicht nur unverantwortlich handelten, sondern auch bereit waren, zur Erreichung ihrer Ziele mit den Kommunisten zusammenzugehen? Und ferner: Waren die Staatsbürger nicht wahlmüde und mußten daher die Anhänger Hitlers nicht bei der unvermeidlichen Neuwahl, der vierten in diesem Jahr, mit Stimmenverlusten rechnen? Gregor Strasser und sogar Frick glaubten das. Und sie glaubten auch, daß solche Verluste für die Partei katastrophal werden könnten.

Hitler jedoch war, wie Goebbels am Abend desselben Tages vermerkte, »ganz außer sich vor Freude. Wieder hat er klar und eindeutig entschieden.«

Die Neuwahlen wurden für den 6. November ausgeschrieben. Sie stellten die NSDAP vor gewisse Schwierigkeiten. Einerseits war das Volk, wie Goebbels schrieb, der politischen Reden und Propaganda müde. »Selbst die Parteiorganisation«, gab er in seinem Tagebuch am 15. Oktober zu, »ist natürlich durch die vielen Wahlkämpfe sehr nervös geworden. Sie ist überarbeitet.« Andererseits gab es finanzielle Schwierigkeiten. Die Großunternehmer standen hinter Papen, der ihnen gewisse Konzessionen gemacht hatte. Ihr Argwohn gegen Hitlers Weigerung, mit Hindenburg zusammenzuarbeiten und gegen den sichtlich zunehmenden Radikalismus der Partei sowie ihre bei der Reichstagsepisode zutage getretene Neigung, sogar mit den Kommunisten zusammenzugehen, wurde, wie schon Funk warnend gesagt hatte, immer größer. »Die Geldbeschaffung«, lesen wir in Goebbels' Tagebucheintragung vom 15. Oktober, »ist außerordentlich schwer. Die Herren von ›Besitz und Bildung‹ stehen alle bei der Regierung.«

Wenige Tage vor der Wahl hatten die Nationalsozialisten gemeinsam mit den Kommunisten in Berlin einen Verkehrsstreik inszeniert, der von den Sozialdemokraten und Gewerkschaften abgelehnt worden war. Das führte zu einem weiteren Versiegen der Geldquellen, soweit sie aus der Wirtschaft flossen, und das gerade zu einer Zeit, in der die NSDAP dringend Mittel benötigte, um den Wahlkampf gegen Ende hin zum Wirbelsturm zu verstärken. Betrübt notierte Goebbels am 2. November: »Der Geldmangel ist ... zu einer chronischen Krankheit geworden. Es fehlen die primitivsten Voraussetzungen, um den Wahlkampf sachgemäß durchzuführen. Die reaktionären, bürgerlichen Blätter haben im Streik ein willkommenes Fressen gefunden. Selbst viele unserer alten Parteigenossen werden irre.« Und am 5. November, dem Tage vor der Wahl: »Letzter Ansturm. Verzweifeltes Aufbäumen der Partei gegen die Niederlage ... Es gelingt uns in letzter Minute noch, 10 000 RM aufzutreiben, die wir am Sonnabendnachmittag noch in die Propaganda hineinpfeffern. Was getan werden konnte, das haben wir getan. Nun mag das Schicksal entscheiden.«

Das Schicksal und die deutschen Wähler trafen zwar am 6. November mehrere Entscheidungen, doch war keine ausschlaggebend für die Zukunft der zusammenbrechenden Republik. Die NSDAP verlor zwei Millionen Stimmen und 34 Reichstagssitze. Die Kommunisten erhielten 750 000 Stimmen mehr und die Sozialdemokraten ebenso viele weniger, so daß die Zahl der kommunistischen Mandate von 89 auf 100 anstieg und die der sozialdemokratischen von 133 auf 121 fiel. Die Deutschnationale Partei, die als einzige die Regierung gestützt hatte, gewann etwa eine Million Stimmen hinzu – offensichtlich auf Kosten der NSDAP – und hatte nunmehr 52 statt 37 Reichstagssitze. Mochte auch die NSDAP noch die stärkste Partei im Lande sein, so war doch der Verlust von zwei Millionen Stimmen ein schwerer Rückschlag. Zum erstenmal ebbte die große Naziflut ab, was die Partei noch weiter von einer Majorität entfernte. Der Mythos der Unbesiegbarkeit war erschüttert. Hitlers Position bei Verhandlungen um die Macht war schwächer als zu irgendeinem Zeitpunkt seit dem Monat Juli.

In Erkenntnis dieser Tatsache überwand Papen, was er seine »persönliche Abneigung« gegen Hitler nannte, und forderte ihn am 13. November schriftlich auf, mit ihm »die Lage zu besprechen.« Aber in seiner Antwort stellte Hitler so viele Bedingungen, daß

Papen alle Hoffnung auf eine Verständigung mit ihm aufgab. Von der Unnachgiebigkeit des Führers der NSDAP war der windige Kanzler nicht überrascht, wohl aber von einem neuen Kurs, den jetzt sein Freund und Mentor Schleicher in Aussicht nahm. Der glatte Königsmacher war zu dem Schluß gelangt, daß Papen, ebenso wie vor ihm Brüning, seine Schuldigkeit getan habe. Dem fruchtbaren Hirn Schleichers entsprossen neue Pläne. Sein guter Freund Papen sollte gehen. Der Präsident sollte völlig frei sein für Verhandlungen mit den politischen Parteien, insbesondere mit der größten. So legte er Papen nahe, zurückzutreten, und am 17. November legten der Kanzler und seine Minister ihre Ämter nieder. Auf Drängen Schleichers ließ Hindenburg sofort Hitler zu sich kommen.

Ihre Unterredung, die am 19. November stattfand, war weniger frostig als die vom 13. August. Der Präsident bot Hitler diesmal einen Stuhl an und erlaubte ihm, über eine Stunde zu bleiben. Hindenburg stellte Hitler zur Wahl: entweder den Kanzlerposten, sofern er eine arbeitsfähige Reichstagsmehrheit zustandebringe, oder das Amt des Vizekanzlers unter von Papen in einem neuen Präsidialkabinett, das mit Notverordnungen regieren würde. Hitler wurde am 21. noch einmal vom Präsidenten empfangen und führte außerdem einen Briefwechsel mit Meißner. Aber es kam zu keiner Übereinkunft. Hitler konnte die arbeitsfähige Reichstagsmehrheit nicht zuwege bringen. War auch das Zentrum bereit, ihn unter der Bedingung zu stützen, daß er keine Diktatur anstrebe, so wollten doch die Deutschnationalen unter Hugenberg nicht mitmachen. So forderte Hitler erneut den Kanzlerposten in einem Präsidialkabinett, wozu aber der Reichspräsident nicht bereit war. Wenn schon weiter mit Notverordnungen regiert werden sollte, dann wollte Hindenburg lieber seinen Freund Papen an der Spitze des Kabinett sehen. Hitler, schrieb Meißner im Namen des Präsidenten, könne diesen Posten nicht erhalten, weil »ein von Ihnen geführtes Präsidialkabinett sich zwangsläufig zu einer Parteidiktatur ... entwickeln würde«. Und dafür könne der Präsident angesichts seines Eides auf die Verfassung und vor seinem Gewissen nicht die Verantwortung übernehmen [13].

Hinsichtlich der Parteidiktatur war der alte Feldmarschall ein besserer Prophet als in bezug auf seine Verantwortung. Was Hitler betraf, so hatte er wieder einmal vergebens an die Tür zur Reichskanzlei geklopft; sie war ihm zwar einen Spalt weit geöffnet worden, doch nur, um sie ihm vor der Nase zuzuschlagen.

Genau damit hatte Papen gerechnet. Als er mit Schleicher am Abend des 1. Dezember Hindenburg aufsuchte, war er überzeugt, wieder als Kanzler eingesetzt zu werden. Er ahnte nicht, was der intrigierende General unternommen hatte. Schleicher war inzwischen mit Strasser in Verbindung getreten und hatte angedeutet, daß die Nationalsozialisten, wenn sie in einer Papen-Regierung nicht mitmachen wollten, vielleicht einem Kabinett beitreten könnten, in dem er, Schleicher, Kanzler sein würde. Hitler wurde zu Besprechungen mit Schleicher nach Berlin gebeten. Einer in der deutschen Presse weitverbreiteten und später von den meisten Historikern übernommenen Version zufolge bestieg Hitler tatsächlich den Nachtzug nach Berlin, wurde aber mitten in der Nacht, in Jena, von Göring aus dem Zug geholt und dazu überredet, an einer in Weimar stattfindenden Führertagung teilzunehmen. Die Version der Hitler-Anhänger ist, so überraschend es sein mag, wahrscheinlich die richtigere. Goebbels schrieb am 30. November in sein Tagebuch, Hitler sei telegrafisch nach Berlin gerufen worden, habe jedoch beschlossen, Schleicher warten zu lassen und sich unterdessen in Weimar, wo man ihn zur Eröffnung des thüringischen Wahlkampfs erwartete, mit seinen Parteigenossen zu beraten. In dieser Konferenz am 1. Dezember, an der Göring, Goebbels, Strasser, Frick und Hitler teilnahmen, traten erhebliche Meinungsverschiedenheiten auf. Von Frick unterstützt, drängte Strasser darauf, sich an einer Schleicher-Regierung zu beteiligen oder sie doch zumindest zu tolerieren. Göring und Goebbels waren entschieden dagegen, und mit ihnen Hitler. Am Tage darauf sagte Hitler einem gewissen Major Ott, den Schleicher zu ihm geschickt hatte, er gebe dem General den Rat, die Kanzlerschaft nicht zu übernehmen. Aber es war zu spät.

Papen hatte von Schleichers Manöver nicht die geringste Ahnung. Zu Beginn der gemeinsamen Unterredung mit dem Reichspräsidenten am 1. Dezember umriß er zuversichtlich seine Zukunftspläne. Er wollte weiterhin Kanzler sein, mit Präsidialerlassen regieren und den Reichstag bis zu einer vollzogenen »Verfassungsreform« beurlauben. Die von Papen gewünschte »Reform« sollte freilich das Land in die Tage des Kaiserreichs zurückversetzen und die Herrschaft der konservativen Schicht wiederherstellen. Bei seiner Vernehmung in Nürnberg und in seinen Memoiren gab Papen zu, daß seine Vorschläge »ein Abweichen von der gegenwärtigen Verfassung seitens des Reichspräsidenten« bedeuteten, aber er versicherte Hindenburg, daß »der Staatsnotstand« solch ein Abweichen »rechtfertige. Ich betonte, wie sehr ich mir bewußt sei des hohen Verantwortungsgefühls des Reichspräsidenten für die Heilighaltung seines Eides. Aber auch Bismarck habe ... dem König geraten, außerhalb der Verfassung zu regieren [14].«

Zu Papens großer Überraschung erhob Schleicher Einwände. Der General nutzte die sichtliche Abneigung des alten Herrn gegen einen Eidbruch aus. Er sei überzeugt, sagte er, daß ein Abweichen von der Verfassung vermieden werden könne. Seiner Meinung nach sei eine Regierung, die sich auf eine Reichstagsmehrheit stützen könne, möglich, sofern er, Schleicher, an ihrer Spitze stünde. Er machte sich stark, Strasser und mindestens sechzig andere Abgeordnete der NSDAP von Hitler abzubringen. Außerdem könne er noch die bürgerlichen Parteien und die Sozialdemokraten gewinnen. Er glaubte sogar, daß ihn die Gewerkschaften unterstützen würden.

Hindenburg war über solche Ideen entsetzt. Er wandte sich Papen zu und bat ihn, unverzüglich an die Bildung einer neuen Regierung heranzugehen. »Herr von Schleicher schien konsterniert«, schreibt Papen. Er hatte mit ihm eine lange Auseinandersetzung, nachdem sie den Präsidenten verlassen hatten, aber die beiden Männer gelangten nicht zu einer Verständigung. Als sie sich trennten, verabschiedete sich Schleicher von Papen mit den berühmten Worten, die einst Luther bei seiner Ankunft zum schicksalhaften Reichstag von Worms gesagt worden waren: »Mönchlein, Mönchlein, du gehst einen schweren Gang!«

Wie schwer der Gang war, sollte Papen am nächsten Morgen in der von ihm einberufenen Kabinettssitzung erfahren:

Herr von Schleicher [schreibt Papen] erhob sich und erklärte, der Auftrag, den der Reichspräsident mir gestern erteilt habe, sei undurchführbar. Er werde das Land in chaotische Verhältnisse stürzen. Die verfügbaren Polizeikräfte und die Reichswehr seien nicht in der Lage, bei eintretendem Generalstreik die lebenswichtigen Verbindungslinien innerhalb des Reiches zu schützen, noch auch bei Eintritt eines Bürgerkriegs Ruhe und Ordnung aufrechtzuerhalten. Er habe dies durch ein Kriegsspiel generalstabsmäßig erhärten lassen. Major Ott vom Generalstab habe dieses Kriegsspiel geleitet und könnte der Reichsregierung darüber berichten[15].

Daraufhin ließ der General Major Ott kommen. Hatten Schleichers Bemerkungen Papen schon erschüttert, so machte ihn der rechtzeitig vorbereitete Bericht Eugen Otts [der später Hitlers Botschafter in Tokio wurde] vollends fertig. Ott erklärte ganz einfach, »daß die Ordnungskräfte des Reiches und der Länder in keiner Weise ausreichten, um die verfassungsmäßige Ordnung gegen Nationalsozialisten und Kommunisten aufrechtzuerhalten und die Grenzen zu schützen. Es sei daher die Pflicht des Reichswehrministers, die Zuflucht der Reichsregierung zum militärischen Ausnahmezustand zu verhindern[16]«.
Zu Papens schmerzlicher Überraschung war die deutsche Armee, die einst den Kaiser in die Wüste und in jüngerer Zeit auf Schleichers Anstiften Groener und Brüning verjagt hatte, nunmehr im Begriff, auch ihn abzuhalftern. Er begab sich mit der Neuigkeit unverzüglich zu Hindenburg, in der Hoffnung, der Präsident werde Schleicher, den Reichswehrminister, entlassen und ihn, Papen, als Reichskanzler behalten. Und genau das legte er ihm denn auch nahe.
Der greise Präsident erwiderte ihm: »Sie werden mich, lieber Papen, für einen Schuft halten, wenn ich jetzt meine Meinung ändere. Aber ich bin zu alt geworden, um am Ende meines Lebens noch die Verantwortung für einen Bürgerkrieg zu übernehmen. Dann müssen wir in Gottes Namen Herrn von Schleicher sein Glück versuchen lassen.«
»Zwei dicke Tränen«, versicherte Papen, seien Hindenburg die Wangen heruntergelaufen. Ein paar Stunden später, als der abgesetzte Kanzler seinen Schreibtisch aufräumte, brachte ihm ein Bote ein Foto des Präsidenten mit der Widmung: »Ich hatt' einen Kameraden!« Am nächsten Tag erhielt er einen handgeschriebenen Brief Hindenburgs, worin stand, daß der Präsident ihn »schweren Herzens« seines Amtes enthoben habe und daß sein Vertrauen zu ihm »unvermindert bleibe«. Daß diese Äußerung aufrichtig gemeint war, sollte sich bald zeigen.
Am 2. Dezember wurde Kurt von Schleicher Reichskanzler. Mit Hilfe seiner komplizierten Intrigen hatte er es schließlich zum höchsten Amt im Staate gebracht, und zwar in einem Augenblick, in dem die Wirtschaftskrise, von der er wenig verstand, auf ihrem Höhepunkt war, in dem die Weimarer Republik, zu deren Unterhöhlung

er so viel beigetragen hatte, in den letzten Zuckungen lag und in dem ihm niemand mehr traute, nicht einmal Hindenburg, den er so lange beeinflußt hatte. Seine Tage auf dem höchsten Gipfel waren allerdings gezählt; darüber war sich fast jedermann im klaren, nur er selbst nicht. Hitler und seine Gefolgsleute waren fest davon überzeugt. In Goebbels' Tagebuch steht unter dem 2. Dezember zu lesen: »General Schleicher ist zum Kanzler ernannt... Sein Experiment wird nur von ganz kurzer Dauer sein.«

Das war auch Papens Ansicht. In seiner Eitelkeit gekränkt, dürstete er nach Rache an seinem »Freund und Nachfolger«, wie er Schleicher in seinen Memoiren nennt. Um Papen aus dem Wege zu räumen, bot Schleicher ihm den Botschafterposten in Paris an. Doch Papen lehnte ab. Der Präsident, sagte er, wünsche ihn in »Reichweite« zu haben, in Berlin. Die Reichshauptstadt war denn auch strategisch der beste Platz für ihn, um selber ein Intrigennetz gegen den Erzintriganten zu weben. Eifrig und behende wie eine Spinne, machte sich Papen ans Werk. Als sich das von Kampf und Hader heimgesuchte Jahr 1932 seinem Ende näherte, war Berlin voll von Kabalen und von Kabalen innerhalb der Kabalen. Neben der Papenschen und der Schleicherschen gab es eine weitere im Reichspräsidentenpalais, wo Oskar von Hindenburg und Staatssekretär Meißner hinter dem Thron agierten. Ferner gab es eine im Hotel *Kaiserhof*, wo Hitler und seine Leute Ränke schmiedeten, nicht nur um die Macht, sondern auch unter- und gegeneinander. Bald gab es ein derartiges Gewirr von Intrigen, daß sich um Neujahr 1933 keiner der Ränkeschmiede sicher war, wer wen hinterging. Aber es sollte nicht lange dauern, bis sie es herausfanden.

· SCHLEICHER: DER LETZTE REICHSKANZLER DER REPUBLIK

»Ich bin nur siebzig Tage an der Regierung geblieben«, bemerkte Schleicher einmal in Hörweite des aufmerksamen französischen Botschafters, »und an jedem dieser siebzig Tage bin ich siebzigmal verraten worden. Man rede mir nicht mehr von der berühmten ›deutschen Treue‹[17]!«

Nach allem, was er getan hatte, war er sicherlich eine Autorität für die Beurteilung »deutscher Treue.«

Seine erste Handlung als Kanzler war, daß er Gregor Strasser das Amt des Vizekanzlers im Reich und das des Ministerpräsidenten von Preußen anbot. Nachdem es ihm nicht gelungen war, Hitler in seine Regierung zu bekommen, versuchte Schleicher nun, die NSDAP zu spalten, indem er Strasser köderte. Er glaubte nicht ohne Grund, zum Ziel gelangen zu können. Strasser war der zweite Mann in der Partei und bei den Leuten des linken Flügels, die wirklich an einen nationalen Sozialismus glaubten, beliebter als Hitler. Als Leiter der Politischen Organisation der Partei stand er mit allen Gau- und Kreisleitern in direkter Verbindung und konnte sich anscheinend auf sie verlassen. Er war nunmehr überzeugt, Hitler habe die Bewegung in eine Sackgasse geführt. Ihre radikaleren Anhänger liefen mehr und mehr zu den Kommunisten über. Die Partei selbst war finanziell bankrott. Im November hatte Fritz Thyssen angekündigt, er könne fortan keine Zuschüsse mehr leisten. Es fehlte einfach an Geld, um Tausenden von Parteiangestellten Gehalt zu zahlen oder gar die SA aufrechtzuerhalten, die allein 2,5 Millionen Mark in der Woche verschlang. Die Drucker der NS-Presse drohten mit Arbeitsniederlegung, falls sie nicht ihren überfälligen Lohn erhielten. Am 11. November schrieb Goebbels in sein Tagebuch: »Die Kassenlage der Berliner Organisation ... ist ganz trostlos. Nur Ebbe, Schulden und Verpflichtungen.« Und im Dezember vermerkte er betrübt, daß die Gehälter in der Partei gekürzt werden müßten. Schließlich erlitt die NSDAP am 3. Dezember, genau an dem Tag, an dem Schleicher sein Angebot an Strasser machte, bei der Wahl in Thüringen einen Stimmenrückgang von nahezu vierzig Prozent. Es war – zumindest für Strasser – offenkundig, daß die Partei niemals durch Wahlen an die Regierung gelangen würde.

Daher empfahl er Hitler dringend, seine »Alles-oder-nichts«-Politik aufzugeben und durch eine Koalition mit Schleicher soviel Anteil an der Macht wie möglich zu sichern, sonst würde die Partei, wie er befürchte, auseinanderfallen. Strasser hatte schon seit Monaten in diese Richtung gedrängt; Goebbels' Tagebuch ist in der Zeit vom Sommer bis zum Dezember voll von scharfen Bemerkungen über Strassers »Treulosigkeit« gegen Hitler.

Am 5. Dezember, in einer Sitzung der Parteiführer im *Kaiserhof*, kam es zur Kraftprobe. Strasser forderte, die Schleicher-Regierung wenigstens zu »tolerieren«. Frick, der Führer der Reichstagsfraktion der NSDAP, trat ihm zur Seite, denn viele der Fraktionsmitglieder bangten um ihre Sitze und Diäten für den Fall, daß Hitler noch weitere Wahlen heraufbeschwöre. Göring und Goebbels widersprachen Strasser entschieden und gewannen Hitler für ihren Standpunkt. »Tolerieren« wollte Hitler das Schleicher-Regime nicht, wohl aber war er, wie sich herausstellte, immer noch bereit, mit ihm zu »verhandeln«. Mit dieser Aufgabe betraute er jedoch Göring: Er hatte bereits, wie Goebbels berichtet, von der zwei Tage vorher stattgefundenen Privatunterredung Strassers mit Schleicher erfahren. Am 7. Dezember hatte dann Hitler im *Kaiserhof* eine Besprechung mit Strasser, die in heftigen Streit ausartete. Hitler warf Strasser vor, er habe versucht, ihm in den Rücken zu fallen, ihn aus seiner führenden Stellung in der Partei zu verdrängen und die Bewegung zu spalten. Strasser bestritt dies entschieden, versicherte, daß er sich loyal verhalten habe, beschuldigte aber Hitler, die Partei zum Ruin zu führen. Offenbar sprach er sich dabei nicht alles vom Herzen, was ihm seit 1925 zusetzte. In sein Zimmer im Hotel *Excelsior* zurückgekehrt, schrieb er in einem Brief an Hitler das alles nieder und stellte zum Schluß alle seine Parteiämter zur Verfügung.

»Mittags platzte die Bombe«, schreibt Goebbels am 8. Dezember. »Strasser hat an den Führer einen Brief geschrieben.« Und weiter, über die Atmosphäre im *Kaiserhof:* »Alle sind in sehr gedrückter Stimmung.« Für Hitler war es der schwerste Schlag seit dem Neuaufbau der Partei im Jahre 1925. Jetzt, an der Schwelle zur Macht, hatte ihn sein wichtigster Mann verlassen und drohte, alles zu zerstören, was er in sieben Jahren aufgebaut hatte.

Abends [schrieb Goebbels] ist der Führer bei uns zu Hause. Es will keine rechte Stimmung aufkommen. Wir sind alle sehr deprimiert, vor allem im Hinblick darauf, daß nun die Gefahr besteht, daß die ganze Partei auseinanderfällt und alle unsere Arbeit umsonst getan ist ... Anruf von Dr. Ley: Die Lage in der Partei spitzt sich von Stunde zu Stunde zu. Der Führer muß augenblicklich in den Kaiserhof zurück.

Um 2 Uhr nachts wurde Goebbels von Hitler in den *Kaiserhof* gerufen. In den soeben aus der Druckerei gekommenen Morgenblättern stand die Darstellung, die Strasser der Presse gegeben hatte. Goebbels schildert Hitlers Reaktion:

Verrat! Verrat! Verrat! ...
Der Führer geht stundenlang mit langen Schritten im Hotelzimmer auf und ab ... Er ist verbittert und durch diese Treulosigkeit aufs tiefste verwundet. Einmal bleibt er stehen und sagt: Wenn die Partei einmal zerfällt, dann mache ich in drei Minuten mit der Pistole Schluß.

Die Partei zerfiel nicht, noch machte Hitler »Schluß«. Strasser hätte beides erreichen können, womit die Geschichte einen radikal anderen Verlauf genommen haben würde, aber in dieser kritischen Stunde gab er alles auf. Frick hatte ihn, mit Hitlers Erlaubnis, in ganz Berlin suchen lassen; man war sich darüber einig gewesen, daß der Streit auf irgendeine Weise bemäntelt werden müßte, um die Partei vor der Katastrophe zu bewahren. Doch Strasser, der ganzen Sache überdrüssig, hatte einen Zug südwärts zu einem Ferienaufenthalt im sonnigen Italien bestiegen. Hitler, der stets in bester Form war, wenn er bei einem Gegner Schwäche entdeckte, schlug rasch und hart zu. Die von Strasser aufgebaute politische Organisation übernahm Hitler selbst, dem als eine Art Stabschef der Kölner Gauleiter Dr. Ley, zur Seite trat. Die Partei wurde von Strassers Freunden gesäubert, und es wurden alle Parteiführer nach Berlin gerufen, damit sie eine neue Treueerklärung für Adolf Hitler unterzeichneten, was sie denn auch taten.

Der verschlagene Österreicher hatte sich wieder einmal aus einer Klemme gezogen, die leicht hätte verhängnisvoll werden können. Gregor Strasser, den viele für einen bedeutenderen Mann als Hitler gehalten hatten, war bald erledigt. »Ein toter Mann«, nannte ihn Goebbels am 9. Dezember in seinem Tagebuch. Er war es eineinhalb Jahre später, als Hitler alte Rechnungen beglich, im wahren Sinne des Wortes.

Am 10. Dezember, eine Woche, nachdem ihm General von Schleicher ein Bein gestellt hatte, begann Franz von Papen seine eigenen Fäden zu spinnen. Im Anschluß an eine Rede im exklusiven Herrenklub, aus dessen aristokratischen und wohlhabenden Mitgliedern er seinerzeit sein kurzlebiges Kabinett zusammengesetzt hatte, führte er ein Privatgespräch mit dem Kölner Bankier Kurt von Schröder, der die NSDAP geldlich unterstützt hatte. Er bat den Finanzmann, ein geheimes Zusammentreffen zwischen ihm, Papen, und Hitler zu arrangieren. In seinen Memoiren behauptet Papen zwar, der Vorschlag sei von Schröder ausgegangen, doch räumt er ein, daß er ihm zugestimmt habe. Durch eine seltsame Koinzidenz trat Wilhelm Keppler, Hitlers Wirtschaftsberater und Verbindungsmann zu Wirtschaftskreisen, im Namen seines Führers mit dem gleichen Vorschlag an Schröder heran.

Die beiden Männer, die sich noch wenige Wochen vorher so sehr bekämpft hatten, trafen sich am Vormittag des 4. Januar 1933 ganz geheim – wie sie meinten – in Schröders Haus in Köln. Papen war zwar überrascht, als er beim Betreten des Hauses von einem Photographen geknipst wurde, dachte sich aber zunächst nichts dabei. Hitler kam in Begleitung von Heß, Himmler und Keppler, ließ sie jedoch im Salon zurück und schloß sich mit Papen und Schröder für zwei Stunden im Arbeitszimmer des Gastgebers ein. Obwohl Hitler zunächst Papen bittere Vorwürfe machte, kam das Gespräch doch bald in Fluß und steuerte auf einen Punkt zu, der sich für beide Männer und für ihr Vaterland als schicksalhaft erweisen sollte. Für den Führer der NSDAP war es ein entscheidender Augenblick. Durch übermenschliche Anstrengungen hatte er nach Strassers Abfall die Partei intakt gehalten. Er war kreuz und quer durchs Land gereist und hatte täglich in drei oder vier Versammlungen gesprochen und die Parteiführer ermahnt, sich geschlossen hinter ihn zu stellen. Trotzdem blieb die Stimmung in der NSDAP gedrückt, und die Partei war finanziell bankrott. Viele meinten, sie sei am Ende. In Goebbels' Tagebuch spiegelt sich die allgemeine Stimmung jener letzten Woche des Jahres wider: »Das Jahr 1932 war eine richtige Pechsträhne ... Die Vergangenheit war schwer, und die Zukunft ist dunkel und trübe, alle Hoffnungen und Aussichten vollends geschwunden.«

Hitler war also nicht annähernd in einer so günstigen Verhandlungsposition, wie er es im Sommer und im Herbst gewesen war. Aber um Papen stand es nicht besser; er war nicht mehr im Amt. In ihrem Mißgeschick fanden sie sich.

Das Ergebnis der Unterredung ist umstritten. Im Nürnberger Prozeß und in seinen Memoiren blieb Papen bei der Behauptung, er habe sich Schleicher gegenüber loyal verhalten und Hitler lediglich vorgeschlagen, in die Regierung des Generals einzutreten. Bedenkt man jedoch die vielen Täuschungsmanöver, die auf Papens Konto stehen, seinen durchaus natürlichen Wunsch, in Nürnberg und in seinem Buch in günstigstem Lichte zu erscheinen, und die späteren Ereignisse, so scheint doch die von Schröder, ebenfalls in Nürnberg, gegebene völlig abweichende Darstellung glaubwürdiger zu sein. Der Bankier behauptete, Papen habe vorgeschlagen, die Schleicher-Regierung durch eine Hitler-Papen-Regierung zu ersetzen, in der sich beide in die Kanzlerschaft teilen wollten. Doch Hitler

... sagte, daß er, wenn er Kanzler werden würde, der alleinige Regierungschef sein müsse. Papens Anhänger könnten jedoch Ministerposten erhalten, sofern sie willens seien, eine Politik mitzumachen, die viele Dinge ändern würde. Unter den Änderungen,

die er zu diesem Zeitpunkt andeutete, waren die Entfernung aller Sozialdemokraten, Kommunisten und Juden aus führenden Stellungen und die Wiederherstellung der Ordnung im öffentlichen Leben. Papen und Hitler einigten sich grundsätzlich ... Sie kamen überein, daß weitere Einzelheiten noch zu klären seien, was in Berlin oder an einem anderen geeigneten Ort geschehen könne[18].

Und selbstverständlich unter größter Geheimhaltung! Doch zu Papens und Hitlers Bestürzung war die Kölner Unterredung am nächsten Tag Gegenstand greller Schlagzeilen in den Berliner Zeitungen, die in ihren Leitartikeln Papen der Illoyalität gegenüber Schleicher bezichtigten. Scharfsinnig wie immer, hatte der schlaue General den Kölner Gesprächspartnern Spione an die Fersen geheftet; einer von ihnen war, wie Papen erfuhr, der Photograph vor Schröders Haus gewesen.

Außer der Verständigung mit Papen brachte Hitler noch zwei andere, für ihn sehr wertvolle Dinge aus Köln mit. Erstens hatte er von Papen erfahren, daß Hindenburg Schleicher nicht ermächtigt habe, den Reichstag aufzulösen. Das bedeutete, daß die Nationalsozialisten mit Hilfe der Kommunisten zu jedem von ihnen gewünschten Zeitpunkt den General stürzen konnten. Zweitens kam in Köln eine Übereinkunft zustande, nach der westdeutsche Wirtschaftskreise die Schulden der NSDAP übernehmen sollten. Zwei Tage nach dem Kölner Zusammentreffen spricht Goebbels in seinem Tagebuch zwar von der »erfreulich fortschreitenden politischen Entwicklung«, klagt aber noch über die »schlechte Finanzlage«. Zehn Tage später, am 16. Januar, schreibt er jedoch, die Finanzlage der Partei habe sich »über Nacht grundlegend geändert«.

Unterdessen bemühte sich Schleicher mit einem Optimismus, der, gelinde gesagt, kurzsichtig war, um die Bildung einer stabilen Regierung. Am 15. Dezember hatte er in einer Rundfunkansprache an die Nation seine Zuhörer gebeten, zu vergessen, daß er General sei, und ihnen versichert, daß er Anhänger »weder des Kapitalismus noch des Sozialismus« sei und für ihn »Begriffe wie Privatwirtschaft oder Planwirtschaft ihren Schrecken eingebüßt« hätten. Er sehe seine Hauptaufgabe darin, Beschäftigung für die Arbeitslosen zu schaffen und das Land wirtschaftlich wieder auf die Beine zu bringen. Steuererhöhungen und Lohnkürzungen würde es nicht mehr geben. Tatsächlich machte er die letzten der von Papen vorgenommenen Kürzungen von Löhnen und der Arbeitslosenunterstützung rückgängig. Sodann wollte er mit der Subventionierung des Großgrundbesitzes Schluß machen und statt dessen 800 000 Morgen Land der bankrotten Güter im Osten an 25 000 Siedlerfamilien verteilen. Auch die Preise für lebenswichtige Konsumgüter, wie Kohle und Fleisch, sollten durch strenge Überwachung niedrig gehalten werden.

Damit wandte er sich, um Unterstützung bittend, gerade an die von ihm bisher bekämpften oder mißachteten Massen. Schleicher nahm dann Besprechungen mit den Gewerkschaftsführern auf, bei denen er den Eindruck zu erwecken suchte, als sähe er die beiden künftigen Säulen der Nation in der organisierten Arbeiterschaft und in der

Reichswehr. Aber die Gewerkschaften ließen sich nicht von einem Mann einspannen, dem sie tief mißtrauten; sie versagten ihm ihre Mitarbeit.

Auf der anderen Seite lehnten sich Industrie und Großgrundbesitz gegen das, wie sie es nannten, bolschewistische Programm des neuen Kanzlers auf. Die Unternehmer waren entsetzt, daß Schleicher plötzlich die Gewerkschaften umwarb, und die Großgrundbesitzer waren wütend über die Beschneidung der Subventionen und erschrocken über die in Aussicht genommene Aufteilung bankrotter Güter. Am 12. Januar griff der *Landbund* die Regierung scharf an, und seine Führer, unter denen sich zwei Nationalsozialisten befanden, wandten sich protestierend an den Reichspräsidenten. Hindenburg, jetzt ebenfalls Großgrundbesitzer, zog seinen Kanzler zur Rechenschaft. Daraufhin drohte Schleicher mit der Veröffentlichung eines geheimen Reichstagsberichtes über den Osthilfe-Skandal, in den, wie jedermann wußte, viele der ältesten Junkerfamilien, die sich an nicht zurückgezahlten »Anleihen« der Regierung bereichert hatten, verwickelt waren. Indirekt wäre auch der Reichspräsident von solcher Enthüllung betroffen worden, denn das ihm geschenkte ostpreußische Gut war zwecks Ersparung der Erbschaftssteuer unrechtmäßig auf den Namen seines Sohnes überschrieben worden.

Trotz der kühlen Zurückhaltung der Gewerkschaften und der Empörung unter den Industriellen und Großgrundbesitzern blieb Schleicher in seltsamer Weise zuversichtlich. Am 4. Januar, am Tage der Hitler-Papen-Begegnung in Köln, verschaffte er dem aus Italien zurückgekehrten Strasser eine Audienz bei Hindenburg. Als Strasser ein paar Tage später vom Präsidenten empfangen wurde, erklärte er sich bereit, ins Schleicher-Kabinett einzutreten. Im Hauptquartier der NSDAP, das in jenen Tagen in dem kleinen Staat Lippe aufgeschlagen war, wo Hitler mit seinen wichtigsten Leuten einen wilden Kampf führte, um die dortige Landtagswahl zu gewinnen und Papen gegenüber in besserer Verhandlungsposition zu stehen, rief dieser Schritt Bestürzung hervor. Goebbels schildert, wie Göring mit der schlechten Nachricht am 13. Januar um Mitternacht eintraf und die Parteiführer den Rest der Nacht über diskutierten. Sie waren sich einig, daß, wenn Strasser in die Regierung eintrete, die Partei einen schweren Rückschlag erleiden würde.

Dieser Auffassung war auch Schleicher. Als ihm am 15. Januar der damalige österreichische Justizminister Kurt von Schuschnigg einen Besuch abstattete, sagte er zu ihm: »Herr Hitler sei kein Problem mehr, die Frage gelöst, seine Bewegung bedeute keine politische Gefahr, diese Sorge sei nunmehr von gestern[19].«

Doch Strasser trat dann doch nicht ins Kabinett ein. Auch Hugenberg nicht, obwohl er es am Tage vorher, dem 14. Januar, Hindenburg zugesagt hatte. Beide Männer wandten sich bald Hitler zu, Hugenberg mit einigem Erfolg, während Strasser einen Korb erhielt. Am 15. Januar, genau an dem Tag, an dem Schleicher Kurt von Schuschnigg Hitlers Ende prophezeite, erzielte die NSDAP in Lippe einen Wahlsieg. An sich war es keine große Sache, denn es hatte sich in dem kleinen Land um nicht mehr als 90 000 Wahlberechtigte gehandelt, von denen 38 000, das heißt, etwa 39 Prozent, ihre Stimmen der NSDAP gaben. Aber unter Führung von Goebbels rührten die Parteiführer

die Trommel über ihren »Sieg«, und seltsamerweise scheint das auf viele Konservative, darunter auf Hindenburgs Umgebung und vor allem auf Staatssekretär Meißner und Oskar von Hindenburg Eindruck gemacht zu haben.
Am Abend des 22. Januar stahlen sich die beiden letzteren aus dem Präsidentenpalais fort, nahmen, um nicht bemerkt zu werden, wie Meißner sagt, eine Taxe und fuhren zu der in einem Vorort gelegenen Wohnung eines bis dahin unbekannten Nationalsozialisten mit Namen Joachim von Ribbentrop, der mit Papen befreundet war – sie waren im Kriege zusammen an der türkischen Front gewesen. Dort trafen die beiden Herren mit Papen, Hitler, Göring und Frick zusammen. Nach Meißners Darstellung war Oskar von Hindenburg bis zu diesem schicksalhaften Abend gegen jeden Handel mit den Nationalsozialisten gewesen. Hitler dürfte dies gewußt haben; jedenfalls bestand er darauf, mit ihm »unter vier Augen« zu reden, und zu Meißners Erstaunen war der junge Hindenburg einverstanden. Er zog sich mit Hitler für eine Stunde in einen anderen Raum zurück. Was Hitler dem Präsidentensohn sagte, der nicht gerade als heller Kopf oder starker Charakter galt, ist niemals bekannt geworden. In NS-Kreisen nahm man allgemein an, daß Hitler sowohl mit Angeboten wie mit Drohungen arbeitete, im Falle der letzteren mit der Andeutung, Oskars Rolle im Osthilfe-Skandal sowie die Steuerhinterziehung von Gut Neudeck zu enthüllen. Über die Angebote lassen sich nur Vermutungen anstellen auf Grund der Tatsache, daß dem Hindenburgschen Besitz einige Monate später 5000 Morgen steuerfreies Land zugeschlagen wurden und daß Oskar im August 1934 vom Oberst zum Generalmajor befördert wurde.
Jedenfalls steht außer Frage, daß Hitler auf den Präsidentensohn starken Eindruck machte. »Während der Heimfahrt«, sagte Meißner später in Nürnberg aus, »war Oskar von Hindenburg außergewöhnlich still. Seine einzige Bemerkung war, es helfe nun alles nichts mehr – die NSDAP müßte in die Regierung aufgenommen werden. Ich hatte das Gefühl, daß es Hitler gelungen war, ihn in seinen Bann zu ziehen.«
Nun blieb Hitler nur noch eins zu tun übrig: auch den Vater in seinen Bann zu ziehen. Das freilich war schwieriger, denn mochte es mit der Geistesverfassung des greisen Feldmarschalls noch so hapern, an seinem eisernen Charakter hatte das Alter nichts geändert. Es war schwieriger, aber nicht unmöglich. Papen, eifrig wie ein Biber, bearbeitete den alten Herrn täglich. Und es war leicht zu erkennen, daß Schleicher trotz all seiner Schlauheit dem Sturz entgegenging. Es war ihm mißlungen, die Nationalsozialisten zu gewinnen oder zu spalten, und die Deutschnationalen, das Zentrum und die Sozialdemokraten standen nicht hinter ihm.
So ging Schleicher am 23. Januar zu Hindenburg, um ihm mitzuteilen, daß er im Reichstag keine Mehrheit finden könne. Er bat um Ermächtigung, das Parlament aufzulösen und auf Grund von Notverordnungserlassen nach Artikel 48 der Verfassung zu regieren. Meißner zufolge forderte der General auch die »vorübergehende Ausschaltung« des Reichstages und bekannte offen, daß er seine Regierung in »eine Militärdiktatur« umwandeln müsse. Trotz aller krummen Wege stand Schleicher nun genau

dort, wo Papen Anfang Dezember gestanden hatte, nur waren ihre Rollen vertauscht. Damals hatte Papen die Ausrufung des Staatsnotstandes verlangt, und Schleicher hatte sich dagegen gewandt und in Aussicht gestellt, daß er selbst mit Hilfe der NSDAP eine Mehrheitsregierung bilden würde. Jetzt war es der General, der diktatorische Vollmachten forderte, während der schlaue Fuchs Papen dem Feldmarschall versicherte, er selbst könne Hitler für eine Regierung einfangen, die sich auf eine Mehrheit im Reichstag stützen würde. So ging es mit den Ränkeschmieden auf und ab!

Hindenburg erinnerte Schleicher an die von ihm am 2. Dezember vorgebrachten Gründe, die ihn veranlaßt hätten, Papen den Laufpaß zu geben, und sagte, sie seien immer noch gültig. Er forderte ihn auf, sich erneut um eine Reichstagsmehrheit zu bemühen. Schleicher war erledigt, und er wußte es. Auch alle anderen Eingeweihten wußten es. Einer von ihnen, Goebbels, notierte am Tage darauf: »[Schleichers] Sturz wird über Nacht kommen. Nun fällt er, so wie er so manchen anderen zu Fall gebracht hat.«

Er fiel, offiziell und endgültig, am 28. Januar. An diesem Tage begab er sich zum Präsidenten und überreichte ihm das Rücktrittsgesuch seines Kabinetts. Hindenburg sagte zu dem ernüchterten General: »Ich stehe mit einem Fuß im Grabe und weiß nicht recht, ob ich nicht diese Entscheidung später im Himmel bereuen werde.« – »Nach diesem Vertrauensbruch, Exzellenz, bin ich nicht sicher, ob Sie in den Himmel kommen werden«, entgegnete Schleicher und verschwand damit aus der deutschen Geschichte[20].

Am Mittag desselben Tages erhielt Papen von Hindenburg den Auftrag, die Möglichkeiten zur Bildung einer Regierung unter Hitler »im Rahmen der Verfassung« zu sondieren. Doch seit einer Woche liebäugelte der schlaue, ehrgeizige Papen mit dem Gedanken, Hitler doch noch zu hintergehen und selbst wieder Kanzler in einer von Hugenberg unterstützten Präsidialregierung zu werden. Am 27. Januar schrieb Goebbels: »Es besteht noch die Möglichkeit, daß Papen wieder betraut wird.« Am Tag vorher indes hatte Schleicher den Chef der Heeresleitung, General von Hammerstein, zu Hindenburg geschickt, um ihn vor einer Wiederberufung Papens zu warnen. Das Intrigengewirr war so groß, daß Schleicher noch in letzter Minute Hitler als seinen Nachfolger empfahl. Hindenburg versicherte jedoch Hammerstein, daß er nicht beabsichtige, den »österreichischen Gefreiten« zum Kanzler zu ernennen.

Der entscheidende Tag war der 29. Januar, ein Sonntag. Die Verschwörer spielten verzweifelt ihre letzten Karten aus, und durch die Hauptstadt schwirrten die beunruhigendsten und widerspruchvollsten Gerüchte, die keineswegs alle unbegründet waren. Noch einmal sandte Schleicher den getreuen Hammerstein aus, in der Suppe zu rühren. Der Chef der Heeresleitung suchte Hitler auf und warnte ihn erneut vor Papen. Es wäre durchaus möglich, daß Papen ihn draußen vor der Tür lasse, und es würde klug sein, wenn der Führer der NSDAP sich mit dem gestürzten Kanzler und der Reichswehr verbünde. Hitler war daran nicht sehr interessiert. Er kehrte in den *Kaiserhof* zurück, und während er dort mit seinen Parteigenossen bei Kaffee und Kuchen saß,

erschien Göring mit der frohen Botschaft, der Führer werde am nächsten Tag zum Kanzler ernannt werden.
Am Abend, als die Führer der NSDAP in Goebbels' Wohnung am Reichskanzlerplatz die denkwürdige Neuigkeit feierten, tauchte ein weiterer Sendbote Schleichers auf: Werner von Alvensleben, ein Mann, der so sehr Intrigen liebte, daß er, wenn gerade keine Gange im war, eine erfand. Er teilte den Feiernden mit, daß Schleicher und Hammerstein die Potsdamer Garnison – um mit seinen Worten zu sprechen – »auf die Beine« gebracht hätten und sich darauf vorbereiteten, den Reichspräsidenten nach Neudeck abzuschieben und eine Militärdiktatur zu errichten. Das war eine grobe Übertreibung. Es ist zwar möglich, daß die beiden Generale mit solchen Gedanken spielten, aber es ist so gut wie sicher, daß sie noch keinerlei Maßnahme getroffen hatten. Die Führer der NSDAP jedoch wurden vor Schreck hysterisch. Göring eilte, so rasch es ihm sein Umfang erlaubte, davon, um Hindenburg und Papen zu unterrichten. Hitler ließ sofort die Berliner SA in Alarmbereitschaft setzen und wies den nationalsozialistischen Polizeimajor Wenke an, sechs Polizeibataillone bereitzuhalten, um notfalls die Wilhelmstraße zu besetzen. Sodann traf er Vorkehrungen, daß der als Reichswehrminister in seinem Kabinett vorgesehene General Werner von Blomberg, der Deutschland auf der Genfer Abrüstungskonferenz vertreten hatte und am 30. Januar, 8 Uhr früh, in Berlin zurückerwartet wurde, gleich nach seiner Ankunft von Hindenburg empfangen und vereidigt werde, um so in der Lage zu sein, als Chef der Reichswehr jeden möglichen Staatsstreichversuch zu unterdrücken.
Hinter dem Rücken von Schleicher und Hammerstein war Blomberg – nicht von Hitler, der noch nicht an der Macht war, sondern von Hindenburg und Papen – aus Genf abberufen worden, damit er in dem neuen Hitler-Papen-Kabinett das Amt des Reichswehrministers übernähme. Er genoß bereits zu dieser Zeit Hitlers Vertrauen und stand unter dem Einfluß von Oberst Walter von Reichenau, der in Ostpreußen sein Stabschef gewesen und glühender Anhänger der NSDAP war. Als Blomberg am 30. Januar frühmorgens in Berlin eintraf, empfingen ihn auf dem Bahnhof zwei Reichswehroffiziere mit zwei verschiedenen Weisungen. Der eine war Major von Kuntzen, Hammersteins Adjutant, der ihm den Befehl überbrachte, sich beim Chef der Heeresleitung zu melden. Der andere war Oberst Oskar von Hindenburg, Adjutant seines Vaters, der den überraschten Blomberg anwies, vor dem Reichspräsidenten zu erscheinen. Blomberg begab sich zu Hindenburg, wurde sofort als Reichswehrminister vereidigt und erhielt damit die Ermächtigung, nicht nur jeden Staatsstreichversuch der Armee zu unterdrücken, sondern auch der neuen Regierung, die in wenigen Stunden antreten würde, militärischen Beistand zu sichern. Hitler ist der Reichswehr stets dankbar dafür gewesen, daß sie ihn in diesem kritischen Augenblick akzeptierte. Wenige Monate später sagte er auf dem Reichsparteitag: »Wenn das Heer nicht in den Tagen unserer Revolution auf unserer Seite gestanden hätte, dann stünden wir heute nicht hier.« Das Heer hatte damit eine Verantwortung auf sich genommen, die in späterer Zeit schwer auf ihm lasten und die es zum Schluß mehr als bereuen sollte.

An jenem Vormittag des 30. Januar 1933 vollendete sich die Tragödie der Weimarer Republik. Das vierzehn Jahre lange vergebliche Bemühen der Deutschen, eine funktionierende Demokratie zu schaffen, fand seinen Abschluß. Aber noch im allerletzten Augenblick, bevor der Vorhang endgültig fiel, führte die buntscheckige Verschwörergruppe, die sich versammelt hatte, um die Republik zu Grabe zu tragen, eine kleine Posse auf. Papen hat sie später geschildert:

Gegen 10.30 versammeln sich die Herren, die für die Regierungsbildung in Betracht kommen, in meinem Hause, und wir begeben uns durch den Garten zum Präsidentenpalais, wo wir im Büro Meißners warten. Hitler erneuert sofort den Anspruch auf die Übertragung der Vollmachten des Reichskommissars für Preußen. Es bedeute eine außerordentliche Beschneidung seiner Rechte, wenn man dieses Amt mir übertrage. Ich sagte ihm, daran sei jetzt nichts zu ändern, aber ... man könne später über diesen Punkt reden. Als Äquivalent für seine »so geringe Beteiligung« an der Regierung verlangt er jetzt plötzlich Neuwahlen zum Reichstag.
Ein völlig neues Moment ... Der Vorschlag löst eine erregte Debatte aus, und Hugenberg widersetzt sich ausdrücklich jedem Gedanken an eine Neuwahl. Hitler seinerseits versichert Hugenberg mit fast feierlicher Geste, die Wahl – wie immer ihr Ausgang sein werde – würde keinerlei Einfluß auf die personelle Zusammensetzung der jetzt zu bildenden Regierung haben ...
Inzwischen war es längst elf Uhr geworden, die Stunde, in der der Reichspräsident uns empfangen wollte. Dr. Meißner bittet mehrfach, unsere Debatte zu beenden; der Präsident wolle nicht länger warten.
Wir haben uns schon so auseinandergeredet, daß Zweifel in mir aufsteigen, ob nicht über diese Frage noch in letzter Minute die mühsam erreichte Einigung in die Brüche geht ... Schließlich betreten wir das Zimmer des Präsidenten, und ich stelle ihm die neue Regierung vor. Nach einigen würdigen Worten, mit denen Hindenburg uns verpflichtet, zum Wohle des deutschen Volkes in voller Einigkeit zusammenzustehen, erfolgt die Vereidigung. Das Hitler-Kabinett war geboren[21].

Auf diese Weise also, auf dem Wege durch die Hintertür, mittels eines politischen Kuhhandels mit den von ihm insgeheim verabscheuten Reaktionären alter Schule, wurde der frühere Wiener Vagabund, das Strandgut des Ersten Weltkrieges, der fanatische Revolutionär Reichskanzler der großen deutschen Nation.
Freilich waren die Nationalsozialisten innerhalb der Regierung entschieden in der Minderheit; sie hatten nur drei von elf Ministerposten, die – mit Ausnahme des Kanzleramtes – keine Schlüsselpositionen waren. Frick war Reichsinnenminister, hatte aber keine Befugnis über die Polizei, wie es bei den Innenministern der meisten europäischen Länder der Fall ist; in Deutschland lag die Polizeigewalt in Händen der einzelnen Länder. Das dritte nationalsozialistische Kabinettsmitglied war Göring – allerdings als Minister ohne Portefeuille; man war sich einig, daß er, sobald Deutsch-

land eine Luftwaffe erhielt, Luftfahrtminister werden würde. Ziemlich unbeachtet blieb die Tatsache, daß Göring auch zum preußischen Innenminister ernannt wurde – und damit die preußische Polizei in die Hand bekam. Im Augenblick konzentrierte sich die Aufmerksamkeit der Allgemeinheit auf das Reichskabinett. Zur Überraschung vieler stand Goebbels' Name nicht auf der Ministerliste. Er wurde vorerst auf Eis gelegt.

Die wichtigsten Ministerien erhielten die Konservativen, die überzeugt waren, die Nationalsozialisten für ihre eigenen Ziele eingespannt zu haben. Neurath blieb Außenminister, Blomberg war Reichswehrminister, Hugenberg übernahm die Ministerien für Wirtschaft und Landwirtschaft, Seldte, der Stahlhelm-Führer, wurde Arbeitsminister, und in den übrigen Ministerien saßen dieselben parteilosen »Fachleute«, die Papen acht Monate vorher berufen hatte. Papen selbst wurde Vizekanzler des Reiches und preußischer Ministerpräsident; Hindenburg hatte ihm zugesagt, daß er den Kanzler stets nur zusammen mit dem Vizekanzler empfangen werde. Dank dieser einzigartigen Stellung, so glaubte Papen fest, würde er den radikalen Führer der NSDAP bremsen können. Ja, er glaubte zuversichtlich, daß er diese Regierung, die seine Schöpfung war, mit Hilfe des ihm befreundeten, ihn bewundernden und beschützenden alten Präsidenten sowie mit Unterstützung seiner konservativen Kollegen, die gegenüber den ungebärdigen Nationalsozialisten ein Übergewicht von 8 : 3 hatten, beherrschen werde.

Aber der leichtfertige Papen kannte Hitler nicht – niemand kannte ihn wirklich –, noch hatte er begriffen, wie stark die Kräfte waren, die Hitler emporgespült hatten. Auch war sich weder Papen noch sonst jemand, außer Hitler, im klaren über die unbegreifliche, jetzt an Lähmung grenzende Schwäche der bestehenden Institutionen – der Armee, der Kirchen, der Gewerkschaften, der politischen Parteien – wie auch der breiten nichtnationalsozialistischen Mittelschicht und des stark organisierten Proletariats, die allesamt, wie Papen später kummervoll bemerken sollte, »kampflos aufgaben«.

Keine Klasse oder Gruppe oder Partei in Deutschland läßt sich freisprechen von ihrem Anteil an der Verantwortung für die Aufgabe der demokratischen Republik und die Heraufkunft Adolf Hitlers. Der Kardinalfehler der deutschen Gegner des Nationalsozialismus war das Versäumnis, sich gegen ihn zusammengeschlossen zu haben. Auf dem Gipfelpunkt ihrer Popularität, im Juli 1932, brachte die NSDAP für sich nicht mehr als 37 Prozent der Gesamtstimmenzahl auf. Doch die 63 Prozent des deutschen Volkes, die bei dieser Wahl ihre Opposition gegen Hitler bekundeten, waren zu sehr gespalten und zu kurzsichtig, um sich gegen eine gemeinsame Gefahr zu verbinden, von der sie hätten wissen müssen, daß sie von ihr überwältigt werden würden, sofern sie sich nicht, wenn auch nur vorübergehend, zusammenschlossen, um sie zu beseitigen. Die Kommunisten gaben sich, auf Geheiß Moskaus, der törichten Idee hin, sie müßten erst die Sozialdemokraten, die sozialistischen Gewerkschaften und die Reste der bürgerlich-demokratischen Kräfte vernichten. Sie hingen der zweifelhaften Theorie an, daß hierdurch, mochten auch die Nationalsozialisten vorübergehend an die Macht kommen, unausbleiblich der Zusammenbruch des Kapitalismus herbeigeführt werde, wonach die Kommunisten die Diktatur des Proletariats errichten würden. Nach der Auffassung der bolschewistischen Marxisten stellte der Faschismus die Endphase des sterbenden Kapitalismus dar; danach die kommunistische Sintflut!

Stärke und Eifer der Sozialdemokraten hatten sich in vierzehnjähriger Teilnahme an der politischen Macht in der Republik, bei dem ganzen, zur Aufrechterhaltung von Koalitionsregierungen notwendigen Kompromisseschließen derart erschöpft, daß ihre Partei kaum noch mehr war als eine in opportunistischer Weise Druck ausübende Organisation, die den Zweck hatte, Konzessionen für die Gewerkschaften auszuhandeln, auf denen ihre Stärke in erster Linie beruhte. Es mag zutreffen, daß das Glück, wie manche Sozialdemokraten sagten, ihnen nicht hold gewesen sei: Die skrupellosen, undemokratischen Kommunisten hätten die Arbeiterklasse gespalten; des weiteren habe die Wirtschaftskrise der Sozialdemokratie geschadet; die Gewerkschaften seien geschwächt worden, und Millionen Arbeitslose hätten sich von der Partei abgewandt und wären in ihrer Verzweiflung zu den Kommunisten oder Nationalsozialisten übergelaufen. Aber die Tragödie der Sozialdemokratie läßt sich nicht allein durch mangelndes Glück erklären. Sie hatte im November 1918 die Chance gehabt, die Macht in Deutschland zu übernehmen und einen Staat zu gründen, wie sie ihn immer propagiert hatte: auf sozialdemokratischer Grundlage. Doch es hatte ihr an Entschlossenheit gefehlt. Jetzt, bei Anbruch des vierten Jahrzehnts, war sie eine müde, defätistische Partei, beherrscht von alten, wohlmeinenden, aber größtenteils mittelmäßigen Leuten. Zwar blieben die Sozialdemokraten der Republik bis zum letzten Tage treu, doch waren sie am Ende zu verwirrt, zu zaghaft, um große Risiken auf sich zu nehmen, die allein die Republik hätten erhalten können. Das hatte sich an dem Tag gezeigt, an dem Papen mit einer Handvoll Soldaten die konstitutionelle Regierung in Preußen absetzte und die Sozialdemokraten nicht handelten.

In Deutschland fehlte zwischen Rechts und Links eine starke Mitte, die sich in anderen Ländern – Frankreich, England, Amerika – als Rückgrat der Demokratie erwiesen hatte. Im ersten Jahr der Republik hatten die bürgerlichen Parteien, die Demokraten, die Deutsche Volkspartei und das Zentrum, zwölf Millionen Stimmen auf sich vereinigt, nur zwei Millionen weniger als die beiden sozialistischen Gruppen zusammen. Aber später war ihre Stärke in dem Maße hingeschwunden, wie ihre Anhänger zu Hitler und den Deutschnationalen überschwenkten. 1919 hatten die Demokraten 74 Reichstagssitze inne, 1932 nur noch zwei. Die Mandatsstärke der Deutschen Volkspartei sank von 62 Sitzen im Jahre 1920 auf elf im Jahre 1932 ab. Lediglich das katholische Zentrum behielt bis zuletzt seine Stärke: 1919 hatte es 71, 1932 noch 70 Reichstagsabgeordnete. Aber mehr noch als die Sozialdemokratie hatte sich das Zentrum, und zwar schon seit der Bismarckzeit, vorwiegend opportunistisch verhalten; es unterstützte jede Regierung, die seinen Sonderinteressen entgegenkam. Und mochte es sich auch den Anschein geben, der Republik treu zu sein und der Demokratie anzuhängen, so verhandelten doch, wie wir sahen, seine Führer mit der NSDAP, um Hitler zur

Kanzlerschaft zu verhelfen, ehe sie hierin von Papen und den Deutschnationalen überboten wurden.

Mangelte es der deutschen Republik an einer politischen Mitte, so fehlte es ihr auch an jenem stabilisierenden Faktor, den in vielen anderen Ländern eine echte konservative Partei darstellt. Die Deutschnationalen waren 1924, in der Zeit ihrer größten Erfolge, mit 103 Reichstagssitzen die zweitstärkste Partei gewesen. Aber damals, wie fast während der ganzen Jahre des Weimarer Regimes, weigerten sie sich, sei es innerhalb der Regierung, sei es in der Opposition, eine verantwortliche Stellung zu beziehen; nur zweimal beteiligten sie sich in den zwanziger Jahren an – im übrigen – kurzlebigen Kabinetten. Was die weitgehend durch die Deutschnationalen vertretene deutsche Rechte wollte, war das Ende der Republik und die Wiederkehr eines kaiserlichen Deutschland, das alle ihre alten Privilegien wiederherstellen würde. Dabei hatte die Republik die Rechte, als Gruppe wie auch als Einzelpersonen, mit äußerster Großzügigkeit und, denkt man an ihre demokratischen Ziele, mit außergewöhnlicher Toleranz behandelt. Die Republik hatte zugelassen, daß die Armee ein Staat im Staate blieb, daß die Unternehmer große Gewinne machten, daß die Junker mit Hilfe von Regierungsdarlehen, die nie zurückgezahlt und selten zur Bodenverbesserung benutzt wurden, ihre unrentablen Güter behielten. Dennoch trug diese Großzügigkeit der Republik weder Dankbarkeit noch Loyalität von seiten dieser Leute ein. Mit einer Engstirnigkeit, einer Voreingenommenheit, einer Blindheit, die dem Verfasser dieses Buches, blickt er auf jene Zeit zurück, unfaßlich erscheinen, schlugen sie so lange auf die Grundlagen der Republik ein, bis sie sie, im Bunde mit Hitler, zu Fall gebracht hatten.

In dem österreichischen Vagabunden von ehedem glaubten die Konservativen einen Mann gefunden zu haben, der ihnen helfen würde, ihre Ziele zu erreichen, und dabei ihr Gefangener bliebe. Die Zerstörung der Republik war nur der erste Schritt. Als nächstes wünschten sie eine autoritäre Regierung in Deutschland, die im Innern mit dem demokratischen »Unsinn« und den Gewerkschaften Schluß machte und in der Außenpolitik das Verdikt von 1928 aus der Welt schaffte, die Fesseln des Versailler Vertrags abschüttelte, wieder eine große Armee aufbaute und dem Lande dank seiner Militärmacht einen Platz an der Sonne sicherte. Das waren auch Hitlers Ziele. Und obwohl er mitbrachte, was den Konservativen gefehlt hatte, nämlich eine Massengefolgschaft, war doch die Rechte überzeugt, daß sie ihn in der Hand behalten würde. Waren sie in der Reichsregierung nicht acht gegen drei? In solch beherrschender Stellung würden sie auch, so glaubten sie, ihre Ziele ohne die Barbarei eines unverfälschten Nationalsozialismus erreichen können. Es sei zugegeben, daß sie mehr oder weniger anständige, gottesfürchtige Leute waren.

Das Hohenzollernreich war aus den Waffensiegen Preußens hervorgegangen, die deutsche Republik aus der Niederlage nach einem großen Krieg. Aber das Dritte Reich verdankte sein Entstehen weder dem Kriegsglück noch äußerem Einwirken. Es wurde in Friedenszeiten ins Leben gerufen, und von Deutschen selbst, eine Frucht sowohl

ihrer Schwächen wie ihrer Stärke. Die Nazityrannei legten sich Deutsche selber auf. Viele von ihnen, vielleicht die meisten, waren sich dessen nicht bewußt in jener Mittagsstunde des 30. Januar 1933, als Präsident Hindenburg, vollkommen in Übereinstimmung mit der Verfassung, Adolf Hitler die Kanzlerschaft anvertraute.
Aber es sollte ihnen bald klar werden.

VII

Die Nazifizierung Deutschlands
1933-1934

Die Theorie, die Hitler sich in seinen Wiener Tagen zu eigen gemacht und nie vergessen hatte, nämlich die Theorie, daß eine revolutionäre Bewegung sich mit einigen der bestehenden mächtigen Institutionen im Staate verbünden müsse, um zur Macht zu gelangen, hatte in der Praxis seinen Erwartungen entsprechend ziemlich gut funktioniert. Der Reichspräsident, gestützt auf Armee und Konservative, hatte ihn zum Kanzler gemacht. Doch so groß seine politische Macht nun auch war, sie war nicht vollständig. Er mußte sie teilen mit diesen drei Machtfaktoren, die ihn ins Amt gebracht hatten, doch außerhalb der NS-Bewegung standen und ihr bis zu einem gewissem Grad mißtrauten.

So sah Hitler seine erste Aufgabe darin, jene drei Machtfaktoren baldigst aus dem Führersitz zu entfernen, seine Partei zum ausschließlichen Herrn im Staate zu machen und dann mit der Gewalt einer autoritären Regierung und deren Polizei die nationalsozialistische Revolution durchzuführen. Er war kaum 24 Stunden im Amt, als er den ersten entscheidenden Schritt tat, seinen leichtgläubigen konservativen »Wächtern« eine Falle stellte und eine Reihe von Ereignissen in Gang setzte, die nach Ablauf von sechs Monaten die vollständige Nazifizierung Deutschlands herbeiführten und ihn selbst zum Diktator des geeinten und zum erstenmal in der deutschen Geschichte zentralisierten Reiches machen sollten.

Am 30. Januar 1933, nachmittags fünf Uhr, fünf Stunden nach seiner Vereidigung, hielt Hitler die erste Kabinettssitzung ab. Das Sitzungsprotokoll, das in Nürnberg zusammen mit Tausenden erbeuteter Geheimdokumente vorgelegt wurde, enthüllt, wie rasch und geschickt Hitler unter Mitwirkung des listigen Göring seine konservativen Kollegen aufs Glatteis zu führen begann [1]. Hindenburg hatte Hitler nicht zum Kanzler eines Präsidialkabinettes ernannt; vielmehr sollte sich seine Regierung auf eine parlamentarische Mehrheit stützen. Doch die Nationalsozialisten und die Deutschnationalen, die beiden einzigen in der Regierung vertretenen Parteien, verfügten zusammen nur über 247 von 583 Reichstagssitzen. Um eine Mehrheit zu erlangen, brauchten sie das Zentrum mit seinen 70 Sitzen. In den allerersten Stunden der neuen Regierung war Göring von Hitler zu Besprechungen mit den Zentrumsführern entsandt worden. Jetzt berichtete er dem Kabinett, das Zentrum verlange »gewisse Zugeständnisse«. Göring schlug daher vor, den Reichstag aufzulösen und Neuwahlen abzuhalten. Hitler war damit einverstanden. Hugenberg erhob Einwände dagegen, das Zentrum in die Regierung aufzunehmen, doch andererseits war er auch gegen Neuwahlen. Er wußte nur zu gut, daß die NSDAP bei den Wahlen, für die ihr jetzt die Machtmittel des Staates zu Gebote standen, die absolute Mehrheit erringen könnte und dann in der Lage sein würde, auf die Dienste Hugenbergs und seiner konservativen Freunde zu verzichten. Sein Vorschlag ging dahin, ganz einfach die kommunistische Partei zu verbieten: Wäre sie einmal mit ihren hundert Reichstagssitzen ausgeschaltet, würden die Nationalsozialisten und die Deutschnationalen die Mehrheit haben. Aber Hitler wollte im Augenblick nicht so weit gehen, und so kam man schließlich überein, daß der Kanzler selbst am folgenden Vormittag mit den Zentrumsführern verhandele. Für den Fall, daß die Besprechungen ergebnislos verliefen, sollte das Kabinett den Reichspräsidenten um Ausschreibung von Neuwahlen ersuchen.

Für Hitler war es ein leichtes, die Verhandlungen scheitern zu lassen. Auf seine Bitte legte der Zentrumsführer, Prälat Kaas, eine Liste von Fragen vor, die als Diskussionsgrundlage dienen sollte. Die Wünsche des Zentrums gipfelten in der Forderung, Hitler solle versprechen, im Rahmen der Verfassung zu regieren. Aber Hitler, der sowohl Kaas wie seine Kabinettskollegen täuschte, berichtete dem Kabinett, das Zentrum habe unmögliche Forderungen gestellt, so daß keine Aussicht auf Verständigung bestehe. Daher schlage er vor, den Reichspräsidenten um Auflösung des Reichstages und Anberaumung von Neuwahlen zu bitten. Hugenberg und Papen saßen nun in der Falle, doch auf Hitlers feierliches Versprechen hin, an der Zusammensetzung des Kabinetts werde, ganz gleich, wie die Wahl ausfalle, nichts geändert werden, erklärten sie sich einverstanden. So wurden Neuwahlen für den 5. März angesetzt.

Bei dieser letzten noch verhältnismäßig freien Wahl, die Deutschland erleben sollte, konnten nun die Nationalsozialisten zum erstenmal die gesamten, riesigen Mittel des Staates einsetzen. Goebbels jubilierte. »Nun ist es leicht, den Kampf zu führen«, schrieb er am 3. Februar, »denn wir können alle Mittel des Staates für uns in Anspruch nehmen. Rundfunk und Presse stehen uns zur Verfügung. Wir werden ein Meisterstück der Agitation liefern. Auch an Geld fehlt es natürlich diesmal nicht[2].«

Das Großunternehmertum, erfreut über die Aussicht, daß die neue Regierung die organisierte Arbeiterschaft auf ihren Platz verweisen und es selbst in seinen Betrieben nach Belieben schalten lassen werde, wurde aufgefordert, Geld herauszurücken. Hierzu erklärte es sich am 20. Februar, bei einem Empfang in Görings Reichstagspräsidentenpalais, bereit. Schacht machte den Gastgeber, und Göring und Hitler umrissen vor zwei Dutzend führenden Industriellen die Linie, die sie einzuschlagen gedachten. Unter den Gästen befanden sich Krupp von Bohlen und Halbach, der über Nacht ein begeisterter Anhänger Hitlers geworden war, Bosch, Schnitzler von der *I. G.-Farben* und Voegler von den *Vereinigten Stahlwerken.* Das Protokoll dieser geheimen Zusammenkunft ist erhalten geblieben.

Hitler begann seine lange Rede damit, daß er den Industriellen einen Köder zuwarf: »Privatwirtschaft im Zeitalter der Demokratie ist nicht aufrechtzuerhalten; sie ist nur denkbar, wenn das Volk eine tragende Idee von Autorität und Persönlichkeit besitzt... Alle Lebensgüter, die wir besitzen, verdanken wir dem Kampfe von Auserlesenen... Wir dürfen nicht vergessen, daß alle Güter der Kultur mehr oder weniger mit harter Faust eingeführt werden mußten.« Er versprach den Wirtschaftlern, den Marxismus zu »erledigen« und die Wehrmacht wiederaufzubauen – was zu hören von besonderem Interesse für Werke wie *Krupp*, die *Vereinigten Stahlwerke* und die *I. G.-Farben* war, die von einer Wiederaufrüstung das meiste zu gewinnen hatten. »Jetzt stehen wir vor der letzten Wahl«, schloß Hitler und versprach seinen Zuhörern: »Wie auch immer ihr Resultat sein wird, es gibt kein Zurück mehr. Bringt die Wahl keine Entscheidung, so muß sie durch andere Mittel erreicht werden.« Göring, der nach ihm sprach, wurde deutlicher. Er sprach von »finanziellen Opfern«: »Das Opfer wird um so leichter zu tragen sein, wenn man sich vor Augen hält, daß diese Wahlen bestimmt die letzten sein werden, mindestens in den nächsten zehn Jahren, wahrscheinlich aber in den nächsten hundert Jahren[3].«

Das alles war deutlich genug, und die Industriellen nahmen enthusiastisch das Versprechen entgegen, daß mit der Teufelei der Wahlen, der Demokratie und der Abrüstung Schluß gemacht werde. Krupp, der Kanonenkönig, der – Thyssen zufolge – noch am 29. Januar Hindenburg bedrängt hatte, Hitler nicht zu berufen, sprang auf und drückte dem Kanzler den »Dank« der Unternehmer »für diese klare Darstellung« aus. Dann ging Dr. Schacht mit dem Hut herum. »Ich sammelte drei Millionen Mark ein«, erinnerte er sich in Nürnberg[4].

Einen Tag nach Hitlers Ernennung zum Reichskanzler schrieb Goebbels in sein Tagebuch: »In einer Unterredung mit dem Führer legen wir die Richtlinien im Kampf gegen den roten Terror fest. Vorläufig wollen wir von direkten Gegenmaßnahmen absehen. Der bolschewistische Revolutionsversuch muß zuerst einmal aufflammen. Im geeigneten Moment werden wir dann zuschlagen.«

Als der Wahlkampf einsetzte, gab es, obwohl die NS-Behörden in immer stärkerem Maße provozierten, keinerlei Anzeichen für das Aufflammen einer kommunistischen oder sozialistischen Revolution. Anfang Februar untersagte die Hitler-Regierung alle kommunistischen Veranstaltungen und unterdrückte die kommunistische Presse. Auch sozialdemokratische Versammlungen wurden entweder verboten oder von der SA gesprengt, und das Erscheinen sozialistischer Zeitungen wurde immer wieder behindert. Selbst das katholische Zentrum entging nicht dem NS-Terror. Stegerwald, Führer der katholischen Gewerkschaften, wurde von Braunhemden verprügelt, als er in einer Versammlung sprechen wollte, und Brüning sah sich nach einer anderen Veranstaltung, in der SA-Leute seine Anhänger tätlich angegriffen hatten, gezwungen, um Polizeischutz nachzusuchen. Insgesamt wurden im Laufe des Wahlkampfes 51 Hitler-Gegner ermordet, während die NSDAP behauptete, achtzehn ihrer Leute hätten den Tod gefunden.

Nunmehr begann sich auch Göring in seiner Schlüsselstellung als preußischer Innenminister bemerkbar zu machen. Unter Umgehung Papens, der ihm als preußischer Ministerpräsident offiziell vorgesetzt war, entfernte Göring Hunderte von republikanischen Beamten aus der Behörde und ersetzte sie mit NSDAP-Mitgliedern, meistenteils SA- und SS-Offizieren. Er befahl der Polizei, »unter allen Umständen« irgendwelche Feindseligkeiten gegen SA, SS und Stahlhelm zu vermeiden, dagegen »staatsfeindlichen Organisationen« gegenüber keine Gnade walten zu lassen. Sie solle gegebenenfalls »von der Waffe Gebrauch« machen, und wer »aus unangebrachter Rücksicht« seine Pflicht nicht erfülle, werde bestraft werden. Das war eine unverhüllte Aufforderung an die preußische Polizei, jeden niederzuschießen, der sich Hitler widersetzte. Um sicherzustellen, daß sein Befehl rücksichtslos durchgeführt würde, stellte Göring am 22. Februar eine Hilfspolizei in Stärke von 50000 Mann auf, von denen 40000 SA- und SS-Leute und die übrigen Stahlhelmer waren. So wurde die Polizeigewalt in Preußen weitgehend den Schlägern der NSDAP übertragen. Ein Deutscher, der sich an solch eine »Polizei« um Schutz gegen Terroristen der Hitler-Partei wandte, handelte unbesonnen.

Doch trotz des ganzen Terrors »flammte« die von Goebbels, Hitler und Göring herbeigewünschte »bolschewistische Revolution« nicht auf. Zu provozieren war sie offenbar nicht. Ließ sie sich vielleicht erfinden?

Am 24. Februar veranstaltete Görings Polizei eine Razzia im Karl-Liebknecht-Haus, dem kommunistischen Hauptquartier in Berlin. Es war zwar schon vor Wochen von den kommunistischen Führern verlassen worden, von denen eine Reihe bereits in den Untergrund oder über die Grenze nach Rußland entwichen war. Doch im Keller waren Stapel von Propagandaschriften liegen geblieben, die Göring genügten, um offiziell zu verkünden, die beschlagnahmten »Dokumente« seien ein Beweis für die von den Kommunisten geplante Revolution. Görings Verlautbarung wurde von der Öffentlichkeit und selbst von gewissen Konservativen innerhalb der Regierung mit Skepsis aufgenommen. Offensichtlich mußte etwas Sensationelleres gefunden werden, um die Allgemeinheit vor dem 5. März, dem Wahltag, aufzustacheln.

DER REICHSTAGSBRAND

Am Abend des 27. Februar war Hindenburg im exklusiven Herrenklub Gast des Vizekanzlers von Papen, während Hitler in Goebbels' Privatwohnung im Familienkreise zu Abend aß. Laut Goebbels plauderte man gemütlich und ließ Schallplatten spielen. »Plötzlich«, schrieb Goebbels nachher in sein Tagebuch, »kommt ein Anruf [von Dr. Hanfstaengl]: ›Der Reichstag brennt!‹ Ich halte das für eine tolle Phantasiemeldung und weigere mich, dem Führer davon Mitteilung zu machen[5].«

Doch im Herrenklub, der nahe beim Reichstag lag, sah man, wie Papen berichtet, durch die Fenster plötzlich einen roten Schein am Nachthimmel und hörte Stimmengewirr von der Straße. Ein Diener meldete: »Der Reichstag brennt!« Hindenburg und Papen traten ans Fenster und sahen die Reichstagskuppel wie von Scheinwerfern erleuchtet. Hin und wieder brachen Flammen empor, und die Umrisse der Kuppel verschwanden im Rauch.

Papen brachte den Präsidenten in seinem Wagen nach Hause und eilte dann zu dem brennenden Gebäude. Inzwischen hatte Goebbels sich Gedanken über »Putzi« Hanfstaengls »Phantasiemeldung« gemacht, überall herumtelefoniert und dabei erfahren, daß der Reichstag tatsächlich brannte. »Dann rasen wir im 100-Kilometer-Tempo die Charlottenburger Chaussee herunter zum Reichstag. Es besteht kein Zweifel, daß die Kommune hier einen letzten Versuch unternimmt, durch Brand und Terror Verwirrung zu stiften.«

Daß es sich um eine Tat der Kommunisten handele, war auch Görings Überzeugung, der, schwitzend und pustend und ganz außer sich vor Erregung, schon vorher an der Brandstelle eingetroffen war. Dem neuen Gestapochef Rudolf Diels hatte Göring zugerufen: »Das ist der Beginn des kommunistischen Aufstandes ... Es darf keine Minute versäumt werden! ... Es gibt jetzt kein Erbarmen ... Jeder kommunistische Funktionär wird erschossen, wo er angetroffen wird. Die kommunistischen Abgeordneten müssen noch in dieser Nacht aufgehängt werden.«

Die volle Wahrheit über den Reichstagsbrand läßt sich wahrscheinlich nicht mehr ergründen. Fast alle, die sie möglicherweise kannten, leben nicht mehr. Selbst im Nürnberger Prozeß konnte das Geheimnis nicht geklärt werden, obwohl es wenig Anlaß zu geben scheint, daran zu zweifeln, daß es die Nationalsozialisten selbst waren, die – für ihre eigenen politischen Zwecke – die Brandstiftung vorbereiteten und durchführten[6].

Zwischen Görings Dienstwohnung, dem Reichstagspräsidentenpalais, und dem Reichstagsgebäude befand sich ein unterirdischer Gang, durch den die Rohre der gemeinsamen Zentralheizungsanlage liefen. Durch diesen Gang führte, einer der Versionen zufolge, der Berliner SA-Führer Karl Ernst, ein früherer Hotelpage, in der Nacht vom 27. Februar einen kleinen SA-Trupp in das Reichstagsgebäude, wo sie selbstentzündliche Chemikalien und Benzin über Teppiche, Vorhänge und Stühle verstreuten, um dann schleunigst über den gleichen Weg zu retirieren. Zur gleichen Zeit jedenfalls war ein konfuser holländischer Kommunist, der junge Marinus van der Lubbe, in das dunkle, riesige, ihm unbekannte Gebäude eingestiegen und hatte auf eigene Faust an mehreren Stellen kleine Feuer angelegt. Einige Tage vorher hatte er schon versucht, andere öffentliche Gebäude anzuzünden. In einer Kneipe soll er sich in Gegenwart von SA-Leuten damit gebrüstet haben, daß er als nächstes den Reichstag anstecken wolle.

Es klingt unglaubwürdig, daß die Nationalsozialisten einen kommunistischen Pyromanen aufgegriffen haben sollen, der durchführte, was sie selbst im Sinne hatten, doch liegen nichtsdestoweniger Aussagen vor, die für diese These sprechen. Danach rührte die Idee, den Reichstag in Brand zu setzen, von Goebbels und Göring her. Hans Gisevius, damals Beamter im preußischen Innenministerium, erklärte in Nürnberg: »Goebbels war es, der den ersten Gedanken hatte, den Reichstag anzuzünden.«

Und der Gestapochef Rudolf Diels sagte in seiner eidesstattlichen Versicherung: »Göring wußte genau, wie der Brand anzulegen war«; er habe ihm befohlen, »vor dem Brand eine Liste von Personen anzulegen, die unmittelbar danach zu verhaften seien.« General Halder, in der ersten Zeit des Krieges Chef des Generalstabes, sagte in Nürnberg aus, er habe einmal Göring sich der Tat rühmen hören:

Anläßlich eines gemeinsamen Mittagsmahls am Geburtstag des Führers 1942 kam in der Umgebung des Führers das Gespräch auf das Reichstagsgebäude und seinen künstlerischen Wert. Ich habe mit eigenen Ohren gehört, wie Göring in das Gespräch hineinrief: »Der einzige, der den Reichstag wirklich kennt, bin ich; ich habe ihn ja angezündet.« Dabei schlug er sich mit der flachen Hand auf die Schenkel[7].

Es ist also nicht ganz von der Hand zu weisen, daß van der Lubbe möglicherweise ein Werkzeug der NSDAP war. Er wurde noch im Reichstagsgebäude verhaftet. Göring sagte später im Reichstagsbrandprozeß, er habe ihn sofort aufhängen wollen. Am nächsten Tag stellte sich Ernst Torgler, Führer der kommunistischen Reichstagsfraktion, der Polizei, nachdem er gehört hatte, daß Göring den Kommunisten die Brandstiftung zur Last legte. Einige Tage darauf wurden noch die Bulgaren Georgi Dimitroff, Popow und Tanew in Untersuchungshaft genommen. Der nachfolgende Prozeß vor dem Reichsgericht in Leipzig war eine Art Fiasko für die Nationalsozialisten und insbesondere für Göring, den Dimitroff, der sich selbst verteidigte, in scharfen Kreuzverhören so herausforderte, daß Göring sich blamierte. Einmal ließ sich Göring dazu hinreißen, den Bulgaren anzuschreien: »Sie sind ein Gauner, der längst an den Galgen gehört.«
GERICHTSPRÄSIDENT (zu den Polizisten): Sofort hinaus mit ihm!
DIMITROFF (während er von Polizisten abgeführt wird): Haben Sie Angst wegen dieser Fragen, Herr Ministerpräsident?
GÖRING: Sie werden Angst haben, wenn ich Sie erwische, wenn Sie hier aus dem Gericht 'raus sind, Sie Gauner, Sie!
Torgler und die drei Bulgaren wurden zwar freigesprochen, doch nahm man den deutschen Kommunistenführer sofort in »Schutzhaft«. Er blieb einige Jahre im Konzentrationslager. Van der Lubbe wurde für schuldig befunden und enthauptet[8].
Der Prozeß ließ trotz der servilen Haltung des Gerichtshofes gegenüber den NS-Behörden erheblichen Verdacht gegen Göring und die NSDAP aufkommen, aber er kam zu spät, um sich in der Praxis irgendwie auszuwirken. Denn Hitler hatte keinen Augenblick gesäumt, den Reichstagsbrand bis zum Äußersten auszunutzen.
Am 28. Februar, einen Tag nach dem Brand, brachte er Hindenburg dazu, eine Verordnung des Reichspräsidenten »zum Schutz von Volk und Staat« zu unterzeichnen. Die Verordnung setzte die sieben Artikel der Verfassung, welche die persönlichen und bürgerlichen Freiheiten garantierten, außer Kraft. Frisiert als Maßnahme »zur Abwehr kommunistischer staatsgefährdender Gewaltakte, ordnete der Erlaß an:

Es sind daher Beschränkungen der persönlichen Freiheit, des Rechtes der freien Mei-

nungsäußerung, einschließlich der Pressefreiheit, des Vereins- und Versammlungsrechtes, Eingriffe in das Brief-, Post-, Telegraphen- und Fernsprechgeheimnis, Anordnungen von Haussuchungen und von Beschlagnahme sowie Beschränkungen des Eigentums auch außerhalb der sonst hierfür bestimmten gesetzlichen Grenzen zulässig.

Außerdem ermächtigte die Verordnung die Reichsregierung, im Notfall die ganze Macht in den Ländern zu übernehmen und »schweren Landfriedensbruch« mit dem Tode zu bestrafen[9].

So war Hitler mit einem Schlage in der Lage, nicht nur seine Gegner auf legale Weise mundtot zu machen und nach Gutdünken verhaften zu lassen, sondern auch durch »amtliche« Aufbauschung der kommunistischen Gefahr den Millionen bürgerlichen und bäuerlichen Wählern die Angst einzujagen, die Bolschewisten könnten die Macht ergreifen, wenn man bei den in einer Woche bevorstehenden Wahlen nicht für die NSDAP stimme. Etwa 4000 kommunistische Funktionäre und viele Sozialdemokraten und Liberale wurden verhaftet, darunter auch Reichstagsabgeordnete, trotz ihrer Immunität. Damit erlebten die Deutschen zum erstenmal einen von der Regierung unterstützten NS-Terror. In ganz Deutschland fuhren SA-Trupps in dröhnenden Lastwagen durch die Straßen, brachen in Wohnungen ein, trieben ihre Opfer zusammen und brachten sie in SA-Unterkünfte, wo sie gefoltert und geschlagen wurden. Die Linkspresse und viele liberale Blätter wurden verboten, politische Versammlungen der gegnerischen Parteien entweder untersagt oder gestört. Nur die NSDAP und ihre deutschnationalen Verbündeten konnten ungehindert ihren Wahlkampf führen.

Nachdem ihnen nun alle Mittel der Reichsregierung und der preußischen Regierung zur Verfügung standen und ihre Kassen gefüllt waren von dem Geld der Großunternehmer, machte die NSDAP eine Wahlpropaganda, wie sie Deutschland nie zuvor gesehen hatte. Zum erstenmal trugen die Rundfunkwellen die Stimmen Hitlers, Görings und Goebbels' in jeden Winkel des Reiches. Die mit Hakenkreuzfahnen über und über geschmückten Straßen hallten wider vom Marschtritt der SA. Es gab Massenversammlungen, Fackelzüge, lärmende Lautsprecher auf Straßen und Plätzen. Die Anschlagsäulen waren bepflastert mit schreienden Plakaten der NSDAP, und auf den Bergen brannten Freudenfeuer. Den Wählern versprach man den Himmel auf Erden, doch gleichzeitig wurden sie durch den braunen Terror auf der Straße eingeschüchtert und mit »Enthüllungen« über die kommunistische »Revolution« in Angst und Schrekken versetzt. Am Tage nach dem Reichstagsbrand teilte der *Amtliche Preußische Pressedienst* mit, es seien kommunistische »Dokumente« gefunden worden, die »eine völlig erwiesene und akute Gefahr« bezeugten:

Durch ein unmenschliches ... System maßlosen kommunistischen Terrors sollte Deutschland in das Chaos gestürzt werden. Mordanschläge gegen einzelne Führer des Volkes und Staates, Attentate gegen Eisenbahnen, lebenswichtige Betriebe und öffentliche Gebäude, Vergiftungen ganzer Gruppen ... und das Abfangen von Geiseln,

Frauen und Kindern hervorragender Männer sollten Furcht und Entsetzen über das Volk bringen und jeden Widerstandswillen des Bürgertums lähmen.

Die in Aussicht gestellte Veröffentlichung der Dokumente, »die die Notwendigkeit aller getroffenen Maßnahmen belegen«, erfolgte niemals. Doch die Tatsache, daß sich die preußische Regierung für ihre Echtheit verbürgte, machte auf viele Deutsche Eindruck. Wer vielleicht noch schwankte, dem prägten sich Görings Drohungen ein. Auf einer Wahlversammlung in Frankfurt am Main rief er am 3. März aus:

Deutsche Volksgenossen! Meine Maßnahmen werden nicht angekränkelt sein durch juristische Bedenken ... Ich habe keine Gerechtigkeit auszuüben, sondern nur zu vernichten und auszurotten ... Gewiß, ich werde die Macht des Staates und der Polizei bis zum äußersten gebrauchen, meine lieben Kommunisten, darum macht euch keine falschen Hoffnungen; aber den Kampf auf Leben und Tod, bei dem ihr meine Faust im Nacken spüren werdet, werde ich mit denen da unten führen – mit den Braunhemden[10].

Fast ungehört verhallte die Stimme des am gleichen Tage sprechenden früheren Reichskanzlers Brüning. Er erklärte, seine Partei, das Zentrum, werde sich jedem Eingriff in die Verfassung widersetzen, verlangte eine Untersuchung über die verdächtigen Hintergründe des Reichstagsbrandes und rief Präsident Hindenburg auf, »die Unterdrückten gegen die Unterdrücker zu schützen«. Ein vergeblicher Appell! Der greise Präsident schwieg. Nunmehr lag das Wort bei dem aufgewühlten Volk.

Trotz allen Terrors und aller Einschüchterung stimmte die Mehrheit des deutschen Volkes am 5. März 1933, dem Tage der letzten demokratischen Wahl, gegen Hitler. Zwar stand die NSDAP mit 17277180 für sie abgegebenen Stimmen, 5,5 Millionen mehr als bei der letzten Wahl, an der Spitze, doch stellten diese Stimmen nur 44 Prozent der Gesamtzahl dar. Eine eindeutige Majorität fehlte Hitler immer noch. Alle Verfolgung und Unterdrückung hatte nicht verhindern können, daß das Zentrum seine Stimmenzahl von 4230600 auf 4424900 erhöhte und zusammen mit der katholischen Bayerischen Volkspartei 5,5 Millionen Stimmen erlangte. Selbst die Sozialdemokraten hatten sich, bei einem Verlust von nur 70000 Stimmen, gehalten; sie waren mit 7181620 Stimmen noch die zweitstärkste Partei. Die Kommunisten verloren zwar eine Million, erzielten aber immer noch 4848058 Stimmen. Die Deutschnationalen unter Führung von Papen und Hugenberg waren bitter enttäuscht: sie hatten ihre Stimmenzahl um nur 200000 auf 3136760 erhöhen können, was lediglich acht Prozent der Gesamtstimmenzahl ausmachte.

Immerhin hatte die Regierung mit den 288 Mandaten der Nationalsozialisten und den 52 der Deutschnationalen im Reichstag eine Mehrheit von achtzehn Sitzen. Das mochte genügen für die Erledigung der täglichen Regierungsgeschäfte, war aber noch weit entfernt von der Zweidrittelmehrheit, die Hitler benötigte, um einen neuen, kühnen Plan durchzuführen, nämlich die Errichtung seiner Diktatur mit Zustimmung des Parlaments.

DIE GLEICHSCHALTUNG

Sein Plan war verblüffend einfach und hatte den Vorteil, daß der Machtergreifung ein legales Mäntelchen umgehängt werden konnte. Der Reichstag sollte um Annahme eines Ermächtigungsgesetzes ersucht werden, das dem Hitler-Kabinett für vier Jahre unumschränkte Legislativvollmacht geben würde. Oder noch einfacher ausgedrückt: Der deutsche Reichstag sollte aufgefordert werden, seine verfassungsmäßigen Funktionen an Hitler zu übertragen und für lange Zeit in Ferien zu gehen. Aber hierfür war eine Verfassungsänderung erforderlich, und dazu bedurfte es einer Zweidrittelmehrheit. Die Frage, wie diese Zweidrittelmehrheit zu erlangen sei, bildete das Hauptthema der Kabinettssitzung vom 15. März 1933, deren Protokoll sich unter den Nürnberger Prozeßakten befindet[11]. Zum Teil ließ sich das Problem durch die »Abwesenheit« der 81 kommunistischen Abgeordneten lösen. Im übrigen, meinte Göring, könne man leicht mit der Sache fertig werden, indem man »ein paar Sozialdemokraten den Zutritt verweigere«. Hitler war gehobener, zuversichtlicher Stimmung. Schließlich konnte er auf Grund des Gesetzes zum »Schutz von Volk und Staat«, zu dessen Unterzeichnung er am Tag nach dem Reichstagsbrand Hindenburg bewogen hatte, soviel oppositionelle Abgeordnete verhaften lassen, wie für die Sicherstellung seiner Zweidrittelmehrheit notwendig war. Ein gewisses Problem bildete noch das Zentrum, das Garantien forderte, aber Hitler war dennoch überzeugt, daß es mitmachen würde. Hugenberg, der nicht die gesamte Macht in Hitlers Händen sehen wollte, forderte, dem Reichspräsidenten das Recht einzuräumen, bei der Vorbereitung von Gesetzen, die vom Kabinett auf Grund des Ermächtigungsgesetzes erlassen würden, beteiligt zu werden. Staatssekretär Meißner, der sich bereits den Nationalsozialisten verschrieben hatte, entgegnete hierauf, »die Mitwirkung des Reichspräsidenten werde nicht nötig sein«. Sehr schnell hatte er erkannt, daß Hitler sich nicht, wie vor ihm die republikanischen Kanzler, von dem starrsinnigen alten Präsidenten bremsen lassen wollte.

Doch zunächst lag Hitler daran, dem Generalfeldmarschall wie auch der Armee und den nationalistischen Konservativen gegenüber eine grandiose Geste zu machen und damit zugleich sein revolutionäres Regime mit dem ehrwürdigen Namen Hindenburg und Preußens vergangener militärischer Größe zu verbinden. Zu diesem Zweck ersannen er und Goebbels, der am 13. März Propagandaminister geworden war, ein propagandistisches Meisterstück: Hitler würde den neuen Reichstag, den zu zerstören er sich anschickte, in der Potsdamer Garnisonkirche eröffnen, im großen Heiligtum des Preußentums, das in so vielen Deutschen Erinnerungen an Glanz und Glorie des Kaiserreiches erweckte, denn hier lagen die Gebeine Friedrichs des Großen, hier hatten die Gottesdienste der Hohenzollernkönige stattgefunden, hier hatte Hindenburg im Jahre 1866, als junger Gardeoffizier aus dem preußisch-österreichischen Krieg zurückgekehrt, zum erstenmal an einem Tedeum teilgenommen.

Bedeutsam war auch das für die Zeremonie gewählte Datum, der 21. März, denn 1871 hatte Bismarck an diesem Tag den Reichstag des Zweiten Reiches eröffnet. Als die alten Generalfeldmarschälle, Generale und Admirale der Kaiserzeit in Galauniform, voran der frühere Kronprinz und der alte Mackensen, in der Garnisonkirche zusammenkamen, schwebten die Geister Friedrichs des Großen und des Eisernen Kanzlers über der Versammlung.

Hindenburg war sichtlich bewegt. Einmal standen ihm, wie der die Zeremonie und die Rundfunkübertragung leitende Goebbels beobachtete – und später in sein Tagebuch schrieb –, Tränen in den Augen. Begleitet von Hitler, der sich in seinem formellen Cut nicht recht wohl zu fühlen schien, schritt der Präsident, in feldgrauer Uniform mit Schwarzem Adlerorden, in der einen Hand den Paradehelm, in der anderen seinen Marschallstab, langsam durch den Mittelgang, hielt einen Augenblick an, um den leeren Sessel Kaiser Wilhelms II. in der Kaiserloge zu grüßen, stellte sich dann vor dem Altar auf und verlas eine kurze Ansprache, mit der er der Hitler-Regierung seinen Segen erteilte:

Möge der Geist dieser alten ehrwürdigen Stätte auf die heutige Generation übergehen, möge er uns von Selbstsucht und Parteihader befreien und uns im Nationalbewußtsein zum Segen eines stolzen, freien und geeinten Deutschland zusammenschließen.

Hitlers Entgegnung war in raffinierter Weise darauf abgestimmt, Sympathie und Vertrauen unter der glanzvollen Schar von Vertretern des alten Regimes zu wecken:

Weder der Kaiser, noch die Regierung, noch das Volk haben den Krieg [von 1914/18] gewollt. Nur der Verfall der Nation, der allgemeine Zusammenbruch, zwangen ein schwaches Geschlecht wider das eigene bessere Wissen und gegen die heiligste innere Überzeugung, die Behauptung unserer Kriegsschuld hinzunehmen.

Dann wandte er sich Hindenburg zu, der wenige Schritte vor ihm steif in seinem Sessel saß:

In einer einzigartigen Erhebung hat das Volk in wenigen Wochen die nationale Ehre wiederhergestellt, und dank Ihrem Verstehen, Herr Generalfeldmarschall, die Vermählung vollzogen zwischen den Symbolen der alten Größe und der jungen Kraft. Wir erheben uns vor Ihnen, Herr Generalfeldmarschall. Heute läßt Sie die Vorsehung Schirmherr sein über die neue Erhebung unseres Volkes[12].

Daraufhin schritt Hitler mit allen Zeichen der Demut auf den Präsidenten zu, den er noch vor Ablauf der Woche seiner politischen Macht zu berauben gedachte, verbeugte sich tief vor ihm und ergriff seine Hand. Im Blitzlicht der Fotoapparate und unter dem Surren der Filmkameras, die Goebbels zusammen mit Mikrophonen an strategischen Stellen postiert hatte, wurde der feierliche, das neue mit dem alten Deutschland verbindende Händedruck des deutschen Generalfeldmarschalls und des österreichischen Gefreiten für das Volk und die Welt aufgenommen, damit sie es sehen und hören sollten.

Wie sollte [schrieb später der bei der Zeremonie anwesende französische Botschafter] Hitlers Sprache nicht an das Herz jener Männer rühren, die sich als Hüter wahrer preußischer Tradition fühlten, an das Herz Hindenburgs und seiner Freunde, der monarchischen Junker und Barone, Hugenbergs und seiner Deutschnationalen ..., an das Herz der Reichswehroffiziere? ... Müssen sie nicht angesichts dieses wertvollen Pfandes, das Hitler ihnen in Potsdam gibt, die Befürchtungen aufgeben, die die Ausschreitungen seiner Partei ihnen einzuflößen beginnen? Werden sie noch zögern können, ihm volles Vertrauen zu schenken, alle seine Forderungen zu unterschreiben und ihm die Vollmachten zu geben, die er verlangt[13]?

Die Antwort erfolgte zwei Tage später, am 23. März, beim Zusammentritt des Reichstags in der Kroll-Oper. Zur Debatte stand das sogenannte Ermächtigungsgesetz, das »Gesetz zur Behebung der Not von Volk und Reich«, wie es offiziell hieß. Seine fünf kurzen Abschnitte nahmen dem Parlament die Befugnis der Gesetzgebung, die Kontrolle des Reichshaushalts, das Recht, Verträge mit fremden Staaten zu genehmigen, und Verfassungsänderungen einzubringen, und übertrugen alle diese Befugnisse für die Dauer von vier Jahren auf die Reichsregierung. Außerdem hieß es, daß die von der Reichsregierung beschlossenen Gesetze vom Kanzler ausgefertigt würden und »von der Reichsverfassung abweichen können«. Allerdings würden sie »die Einrichtung des Reichstags« nicht berühren – sicherlich der grausamste Witz von allen – und die Rechte des Reichspräsidenten unangetastet lassen[14].
Auf diese beiden Punkte wies Hitler mehrfach hin, als er, mit unerwarteter Zurückhaltung, vor den in der Kroll-Oper versammelten Abgeordneten sprach. Das Theater hatte sich schon lange vorher auf Operetten spezialisiert; jetzt waren in den Mittelgängen Braunhemden aufgestellt, deren derbe Gesichter deutlich anzeigten, daß sie von seiten der Volksvertreter keinen Unfug mehr dulden würden.

Die Regierung beabsichtigt [versprach Hitler], von diesem Gesetz nur insoweit Gebrauch zu machen, als es zur Durchführung der lebensnotwendigen Maßnahmen erforderlich ist. Weder die Existenz des Reichstags noch des Reichsrats soll dadurch bedroht sein. Die Stellung und die Rechte des Reichspräsidenten bleiben unberührt ... Der Bestand der Länder wird nicht beseitigt. Die Rechte der Kirchen werden nicht geschmälert, ihre Stellung zum Staat nicht geändert ... Die Zahl der Fälle, in denen eine innere Notwendigkeit vorliegt, zu einem solchen Gesetz die Zuflucht zu nehmen, ist eine begrenzte.

Es war eine sehr gemäßigte, beinahe bescheidene Rede des feurigen NS-Führers. Das Dritte Reich stand noch zu sehr am Anfang, als daß sogar Mitglieder der Opposition sich völlig bewußt geworden wären, welchen Wert Hitlers Versprechungen hatten. Dennoch stand einer von ihnen auf: Otto Wels, Führer der Sozialdemokraten, von denen ein Dutzend Abgeordnete von der Polizei »in Schutzhaft« genommen worden war. Während von draußen Sprechchöre der SA: »Wir wollen das Gesetz – sonst Mord und Totschlag!« zu hören waren, bot Otto Wels dem angehenden Diktator die Stirn. Ruhig und mit großer Würde erklärte er, die Regierung könne die Sozialisten zwar wehrlos, aber nicht ehrlos machen.

Wir deutschen Sozialdemokraten bekennen uns in dieser historischen Stunde feierlich zu den Grundsätzen der Menschlichkeit und Gerechtigkeit, der Freiheit und des Sozialismus. Kein Ermächtigungsgesetz kann Ihnen die Macht geben, Ideen zu zerstören, die ewig und unzerstörbar sind.

Wütend sprang Hitler auf, und nun sollte die Versammlung einen Vorgeschmack von seinem wahren Wesen bekommen:

Spät kommt ihr, doch ihr kommt! ... Sie werden nicht mehr gebraucht! ... Deutschlands Stern ist im Aufsteigen, der Ihre im Untergehen. Ihre Stunde hat geschlagen ... Ich brauche Ihre Stimmen nicht. Deutschland wird frei sein, aber nicht durch Sie. [Stürmischer Beifall.]

Die Sozialdemokraten, die am Niedergang der Republik mitschuldig waren, wollten wenigstens ihren Prinzipien treu bleiben und – diesmal immerhin – stolzen Hauptes untergehen. Doch nicht so das Zentrum, das einst, im Kulturkampf, erfolgreich dem Eisernen Kanzler getrotzt hatte. Prälat Kaas, der Zentrumsführer, hatte Hitler eine schriftliche Zusage abverlangt, das Vetorecht des Präsidenten zu respektieren. Sie war ihm schon vor der Wahl versprochen worden, aber er hatte sie nie erhalten. Dennoch erhob sich der Zentrumsführer, um anzukündigen, daß seine Partei für das Gesetz stimmen werde. Brüning schwieg. Die bald darauf vorgenommene Abstimmung ergab: 441 Stimmen für und 84 (sämtlich Sozialdemokraten) gegen das Gesetz. Die Abgeordneten der NSDAP sprangen von ihren Sitzen auf, trampelten vor Freude und stimmten dann zusammen mit den SA-Leuten das Horst-Wessel-Lied an, das bald neben »Deutschland, Deutschland über alles« Nationalhymne werden sollte:

Die Fahne hoch! Die Reihen fest geschlossen!
SA marschiert mit ruhig festem Schritt ...

Damit war in Deutschland die parlamentarische Demokratie endlich begraben. Abgesehen von der Verhaftung der kommunistischen und einiger sozialdemokratischen Abgeordneten war alles ganz legal vor sich gegangen, wenn auch mit terroristischer Begleitmusik. Das Parlament hatte seine verfassungsmäßigen Befugnisse an Hitler übertragen und damit Selbstmord verübt. Allerdings wurde seine einbalsamierte Leiche bis zum Ende des Dritten Reiches aufgebahrt, und die Mumie diente bisweilen als Resonanzboden für Hitlers donnernde Reden. Die Abgeordneten wurden fortan von der NSDAP ausgewählt, denn wirkliche Wahlen gab es nicht mehr. Die alleinige legale Basis für Hitlers Diktatur bildete das Ermächtigungsgesetz. Vom 23. März 1933 an war er unumschränkter Herrscher über das Reich. Allerdings blieb noch mancherlei zu tun übrig, um die ganze Nation und alle ihre Einrichtungen völlig zur Strecke zu bringen, obwohl auch dies, wie wir sehen werden, in atemloser Schnelligkeit und mit Roheit, List und Brutalität geschah.

»Die Straße«, schreibt Alan Bullock, »hatte die Herrschaft über die Machtmittel eines großen, modernen Staates angetreten, der Pöbel war an die Macht gekommen[15].« Aber »legal«, durch eine überwältigende Mehrheit des Reichstags, wie Hitler sich immer wieder brüstete. Die Deutschen konnten niemand anderen als sich selbst die Schuld geben.

Nunmehr begannen die mächtigsten Institutionen Deutschlands, eine nach der anderen, vor Hitler zu kapitulieren. Stillschweigend, ohne Widerspruch, gaben sie ihre Existenz auf.

Die Länder, die während der ganzen deutschen Geschichte hartnäckig an ihrem Eigenleben festgehalten hatten, sollten als erste fallen. Am Abend des 9. März, zwei Wochen vor Annahme des Ermächtigungsgesetzes, setzte General von Epp auf Befehl von Hitler und Frick mit Hilfe der SA die bayerische Regierung ab und ein NS-Regime ein. Eine Woche später wurden in allen Ländern außer Preußen, wo Göring bereits fest im Sattel saß, Reichskommissare eingesetzt. Am 31. März machten Hitler und Frick zum erstenmal Gebrauch von dem Ermächtigungsgesetz und erließen ein Gesetz zur Auflösung der Landtage aller Länder; sie ordneten an, neue Landtage ohne vorherige Wahlen, auf Grund der »Stimmenzahlen, die bei der [letzten] Wahl zum Reichstag innerhalb eines jeden Landes auf die Wahlvorschläge entfallen sind«, zusammenzustellen. Die Kommunisten erhielten keine Sitze. Doch diese Lösung sollte nur eine Woche Gültigkeit haben. Am 7. April erließ der in fieberhafter Eile vorgehende Hitler ein neues Gesetz, mit dem für jedes Land ein Reichsstatthalter ernannt wurde, der ermächtigt war, die Landesregierung ein- und abzusetzen, den Landtag aufzulösen und Staatsbeamte und sogar Richter einzusetzen oder zu entlassen. Alle Reichsstatthalter waren NSDAP-Mitglieder; sie hatten »die vom Reichskanzler festgelegte allgemeine Politik« zu verwirklichen.

So zerstörte Hitler innerhalb von vierzehn Tagen nach Erhalt der ihm vom Reichstag erteilten Vollmachten die alte Föderalstruktur des deutschen Reiches. Formell vollendete er sein Werk am 30. Januar 1934, dem Jahrestag seiner Machtergreifung, mit dem »Gesetz über den Neubau des Reichs«. Die »Volksvertretungen« der Länder wurden abgeschafft, ihre Hoheitsrechte gingen auf das Reich über, und die Reichsstatthalter unterstanden fortan der Dienstaufsicht des Reichsinnenministers[16]. Der letztere, Frick, erklärte: »Die Länderregierungen sind von nun an lediglich Verwaltungsorgane des Reichs.«

In der Präambel des Gesetzes vom 30. Januar 1934 hieß es, der Reichstag habe es »einstimmig beschlossen«. Das stimmte, denn bis zu diesem Zeitpunkt waren sämtliche politischen Parteien Deutschlands außer der NSDAP aufgelöst worden.

Daß sie kämpfend untergegangen wären, läßt sich nicht behaupten. Am 19. Mai 1933 billigten die Sozialdemokraten – soweit sie nicht im Gefängnis saßen oder ins Exil gegangen waren – im Reichstag einstimmig Hitlers Außenpolitik. Neun Tage vorher hatte Görings Polizei die Häuser und Zeitungen der Partei besetzt und ihr Vermögen beschlagnahmt. Nichtsdestoweniger bemühten sich die Sozialisten noch, Hitler zu beschwichtigen. Sie distanzierten sich von ihren im Ausland gegen Hitler arbeitenden Genossen. Am 19. Juni wählten sie ein neues Parteikomitee, aber schon drei Tage später machte Frick ihren Kompromißbemühungen ein Ende und löste die SPD als »volks- und staatsfeindlich« auf. Paul Löbe, der letzte verbliebene Parteiführer, und mehrere seiner Genossen wurden in Haft gesetzt. Die Kommunisten waren natürlich schon vorher unterdrückt worden.

So blieben nur noch die bürgerlichen Parteien, doch auch nicht für lange. Die Bayerische Volkspartei, deren Regierung schon am 9. März von Epp abgesetzt worden war, gab am 4. Juli ihre Auflösung bekannt. Ihrem Beispiel folgte am Tage darauf das Zentrum, so daß Deutschland zum erstenmal in neuerer Zeit ohne eine katholische politische Partei war – eine Tatsache, die den Vatikan nicht davon abhielt, vierzehn Tage später mit der Hitler-Regierung ein Konkordat abzuschließen. Stresemanns Deutsche Volkspartei beging am 4. Juli Harakiri, was die Demokraten (Staatspartei) schon eine Woche vorher getan hatten.

Und was geschah mit Hitlers Koalitionspartner, der Deutschnationalen Volkspartei, ohne deren Beistand der ehemalige österreichische Gefreite niemals an die Macht gekommen wäre? Nun, obwohl sie Hindenburg, der Reichswehr, den Junkern und der Schwerindustrie sehr nahestand und Hitler ihr verpflichtet war, ging sie den Weg aller übrigen Parteien – und mit der gleichen Gefügigkeit. Am 21. Juni besetzten Polizei und SA ihre Parteibüros im ganzen Lande, und am 29. Juni trat Hugenberg, der widerborstige Parteiführer, der kaum sechs Monate vorher mitgeholfen hatte, Hitler zum Kanzler zu machen, aus der Regierung zurück, während seine Parteifreunde die Partei »freiwillig« auflösten. So blieb als einzige Partei die NSDAP. Am 14. Juli kam folgendes Gesetz heraus:

In Deutschland besteht als einzige politische Partei die Nationalsozialistische Deutsche Arbeiterpartei.

Wer es unternimmt, den organisatorischen Zusammenhalt einer anderen politischen Partei aufrechtzuerhalten oder eine neue politische Partei zu bilden, wird, sofern nicht die Tat nach anderen Vorschriften mit einer höheren Strafe bedroht ist, mit Zuchthaus bis zu drei Jahren oder mit Gefängnis von sechs Monaten bis zu drei Jahren bestraft[17].

Der totalitäre Einparteienstaat war zustandegebracht, knapp vier Monate nach dem Verzicht des Reichstags auf seine demokratischen Befugnisse. Es hatte sich kaum Widerstand gerührt.

Der freien Gewerkschaften, die einmal den reaktionären Kapp-Putsch mit dem einfachen Mittel eines Generalstreiks erstickt hatten, entledigte man sich auf ebenso radikale Weise wie der politischen Parteien – allerdings mit Hilfe eines schlau eingefädelten Tricks. Seit einem halben Jahrhundert war der 1. Mai traditioneller Feiertag der deutschen – und europäischen – Arbeiter. Um die Arbeiter und ihre Führer einzulullen, ehe sie zupackte, erklärte die NS-Regierung den 1. Mai zum »Nationalen Feiertag« und traf Vorbereitungen, ihn wie nie zuvor zu begehen. Arbeiterführer, überrascht von der freundlichen Geste gegenüber der Arbeiterschaft, stellten sich der Regierung zur Verfügung, um den

Tag zu einem Erfolg zu machen. Aus allen Teilen Deutschlands wurden Arbeiterabordnungen in Flugzeugen nach Berlin gebracht, Tausende von Spruchbändern verkündeten die Solidarität des NS-Regimes mit den Arbeitern, und auf dem Tempelhofer Feld organisierte Goebbels die größte Massenkundgebung, die Deutschland je gesehen hatte. Vor Beginn der Veranstaltung empfing Hitler die Arbeiterabordnungen und erklärte: »Sie werden sehen, wie unwahr und ungerecht die Behauptung ist, unsere Revolution richte sich gegen die deutschen Arbeiter. Im Gegenteil!« Später, in seiner Rede vor mehr als 100000 Arbeitern auf dem Flugplatz, verkündete Hitler das Motto: »Ehret die Arbeit und achtet den Arbeiter!« Er verhieß, daß der 1. Mai »für die kommenden Jahrhunderte« der Tag der deutschen Arbeit sein werde.

Am Abend jenes Tages schilderte Goebbels in seinem Tagebuch die Begeisterung der Arbeiter bei dieser ersten von ihm so glänzend inszenierten Maifeier in den glühendsten Farben, fügte jedoch einen seltsamen Satz hinzu: »Morgen werden wir nun die Gewerkschaftshäuser besetzen. Widerstand ist nirgends zu erwarten[18].«

Und so geschah es. Am 2. Mai wurden im ganzen Land die Gewerkschaftshäuser besetzt, die Vermögen beschlagnahmt, die Gewerkschaften aufgelöst und ihre Führer verhaftet, vielfach verprügelt und ins Konzentrationslager gesteckt. Darunter befanden sich auch führende Gewerkschafter, die geglaubt hatten, die Unabhängigkeit der Gewerkschaften durch eine Zusammenarbeit mit der NS-Regierung retten zu können. Doch es half ihnen nichts, sie wurden verhaftet. »Die Leiparts und Grassmanns«, sagte Dr. Ley, der trinkfreudige Kölner Gauleiter, den Hitler beauftragt hatte, anstelle der Gewerkschaften die Deutsche Arbeitsfront aufzubauen, »mögen mit noch so viel Heuchelei dem Führer ihre Ergebenheit erklären – sie sitzen besser hinter Schloß und Riegel.« Wohin sie dann auch kamen. Zunächst freilich bemühten sich Hitler und Ley, den Arbeitern zu versichern, daß ihre Rechte unangetastet blieben. In seiner Antrittsrede als Leiter der Arbeitsfront erklärte Ley: »Arbeiter! Eure Einrichtungen sind uns Nationalsozialisten heilig. Ich selbst bin ein armer Bauernsohn und kenne die Not . . ., kenne die Ausbeutung durch die anonyme Macht des Kapitals. Arbeiter! Ich schwöre euch, ihr werdet nicht nur alles bereits Bestehende behalten, wir werden sogar noch den Schutz und die Rechte des Arbeiters weiter ausbauen[19].«

Drei Wochen später enthüllte sich auch in diesem Fall die Hohlheit nationalsozialistischer Versprechungen: Hitler erließ ein Gesetz, das mit Kollektivverhandlungen zwischen Arbeitgebern und Arbeitnehmern Schluß machte und vorsah, daß fortan von ihm selbst ernannte »Treuhänder der Arbeit« die »Bedingungen für den Abschluß von Arbeitsverträgen« regelten und den »Arbeitsfrieden« aufrechterhielten[20]. Da die Entscheidungen der Treuhänder gesetzlich bindend waren, wurden also durch dieses Gesetz Streiks unmöglich gemacht. Ley verhieß, »dem naturgegebenen Führer eines Betriebes, das heißt dem Unternehmer, die absolute Führung wiederzugeben«. Entscheiden könne nur der Unternehmer. Jahrelang hätten sich viele Unternehmer an den »Herrn im Hause« [d. h. den Betriebsrat] wenden müssen. Jetzt seien sie selbst wieder »Herr im Hause«.

Vorerst waren die Wirtschaftskreise sehr zufrieden. Die großzügigen Spenden so vieler Unternehmer an die NSDAP begannen sich bezahlt zu machen. Und doch, für ein Gedeihen der Wirtschaft war auch eine gewisse Stabilität im öffentlichen Leben vonnöten. Das Frühjahr und der Sommer brachten den Zusammenbruch von Recht und Ordnung in Deutschland. Die vom Sieg berauschten SA-Horden machten die Straßen unsicher, verhafteten, verprügelten oder ermordeten gar mitunter Menschen, die ihnen mißfielen, während sich die Polizei nicht rührte. Der Straßenterror war nicht, wie in der Französischen Revolution, die Folge des Zusammenbruchs der staatlichen Autorität, er geschah im Gegenteil mit Duldung und oft auf Befehl des Staates, dessen Autorität in Deutschland niemals größer oder straffer konzentriert gewesen war. Richter wurden eingeschüchtert; sie mußten um ihr Leben fürchten, wenn sie einen SA-Mann selbst im Fall eines kaltblütigen Mordes überführten und verurteilten. Nunmehr war Hitler das Gesetz, wie Göring es ausdrückte. Bereits im Mai und Juni 1933 sagte Hitler pathetisch: »Das Gesetz der nationalsozialistischen Revolution hat sich noch nicht durchgesetzt... Die deutsche Revolution wird nicht vollzogen sein, ehe nicht das ganze deutsche Volk umgeformt... ist.« »Umformen« hieß in der NS-Sprache »einschüchtern« – und zwar derart, daß sich alle Menschen der NS-Diktatur und ihrer Barbarei beugten. Die Juden waren für Hitler, wie er tausendmal in der Öffentlichkeit gesagt hatte, keine Deutschen, und wenn er sie auch nicht sofort ausrottete (nur relativ wenige – einige tausend, versteht sich – wurden in den ersten Monaten ausgeraubt, geprügelt oder umgebracht), so schloß er sie doch von öffentlichen Ämtern, vom akademischen Studium und von einer Reihe akademischer Berufe aus. Und am 1. April 1933 rief er zum Boykott jüdischer Geschäfte auf.

Die Wirtschaftskreise, die über die Zerschlagung der lästigen Gewerkschaften so begeistert gewesen waren, stellten nun fest, daß die Nationalsozialisten des linken Flügels, die wirklich an den Sozialismus ihrer Partei glaubten, sich darum bemühten, die Arbeitgeberverbände zu übernehmen, die großen Warenhäuser zu beseitigen und die Industrie zu verstaatlichen. Tausende von Parteifunktionären fielen über Unternehmen her, die Hitler nicht unterstützt hatten, drohten ihnen in einigen Fällen Beschlagnahme an oder verlangten gutbezahlte Posten in der Geschäftsleitung. Der Wirtschaftsphantast Dr. Gottfried Feder bestand jetzt auf Verwirklichung des Parteiprogramms: Verstaatlichung der Großindustrie, Gewinnbeteiligung, Abschaffung arbeitsloser Einkommen und »Brechung der Zinsknechtschaft«. Und als sei der Schrecken für die Wirtschaft noch nicht groß genug, versetzte der soeben zum Landwirtschaftsminister ernannte Walter Darré die Banken in gewaltige Nervosität, indem er den Bauern versprach, ihre Schulden drastisch herabzusetzen und die Zinsen für den Rest auf zwei Prozent zu beschneiden.

Warum nicht? Hitler war inzwischen unumschränkter Herr Deutschlands. Er konnte jetzt das Parteiprogramm verwirklichen. Papen saß, trotz aller Schlauheit, auf dem Trocknen. Seine ganzen Berechnungen, daß er und Hugenberg und die anderen Vertreter der alten Ordnung mit ihrer 8 : 3-Majorität im Kabinett Hitler lenken und sogar für ihre konservativen Ziele einspannen könnten, waren vor seinen Augen in nichts zerronnen. Er selbst war als preußischer Ministerpräsident ausgebootet und durch Göring ersetzt worden. Zwar blieb er Vizekanzler des Reiches, aber dieser Posten war, wie er später betrübt zugab, eine »Anomalität«. Hugenberg, der Apostel der Geschäfts- und Finanzwelt, war nicht mehr im Kabinett, seine Partei aufgelöst. Goebbels, der drittwichtigste Mann in der NSDAP, war am 13. März als Minister für Volksaufklärung und Propaganda ins Kabinett eingetreten. Darré, der als ebenso »radikal« wie Goebbels angesehen wurde, war Landwirtschaftsminister.

Dr. Hans Luther, der Reichsbankpräsident und als solcher in der Schlüsselstellung des deutschen Wirtschaftssystems, wurde von Hitler entlassen und auf den Washingtoner Botschafterposten abgeschoben. An seine Stelle trat am 17. März 1933 der forsche Dr. Schacht, Hitlers ergebener Anhänger, der die »Wahrheit und Notwendigkeit« des Nationalsozialismus erkannt hatte. Kein Mann in ganz Deutschland hat Hitler beim Aufbau der wirtschaftlichen Stärke des Dritten Reiches und bei der Finanzierung der Aufrüstung für den Zweiten Weltkrieg mehr geholfen als Schacht, der später auch Wirtschaftsminister und Generalbevollmächtigter für die Rüstungswirtschaft wurde. Freilich hat er sich kurz vor Ausbruch des Zweiten Weltkrieges von seinem Idol abgewandt und sich sogar zu den Verschwörern gegen Hitler gesellt. Aber inzwischen war es zu spät geworden, dem Führer der NSDAP Einhalt zu gebieten, dem er so lange seine Loyalität bewahrte und sein Ansehen wie auch seine offenkundige Begabung zur Verfügung stellte.

»KEINE ZWEITE REVOLUTION!«

Hitler hatte Deutschland zwar mit größter Leichtigkeit erobert, sah sich aber dennoch im Sommer 1933 noch einer Reihe von Problemen gegenüber. Es waren ihrer mindestens fünf: Er hatte eine zweite Revolution zu verhindern und die Spannung zwischen SA und Reichswehr zu beseitigen; er mußte das Land aus seinem wirtschaftlichen Elend herausführen und die sechs Millionen Arbeitslosen in Arbeit bringen; er wollte auf der Genfer Abrüstungskonferenz Rüstungsgleichheit für Deutschland erreichen und die schon in den letzten Jahren der Republik begonnene heimliche Aufrüstung des Reiches beschleunigen; schließlich mußte für den Fall von Hindenburgs Ableben über dessen Nachfolge entschieden werden.

Das Wort von der »zweiten Revolution« stammte von Röhm, dem Stabschef der SA, der nun auch auf ihrer Verwirklichung bestand. Goebbels teilte Röhms Meinung; am 18. April schrieb er in sein Tagebuch: »Überall im Volk spricht man von einer zweiten Revolution, die kommen müsse. Das heißt nichts anderes, als daß die erste Revolution noch nicht zu Ende ist. Wir werden uns jetzt bald mit der *Reaktion* auseinandersetzen müssen. Die Revolution darf nirgends haltmachen[21].«

Die Linke hatten die Nationalsozialisten zerschlagen, doch die Rechte war geblieben:

die Großunternehmer, die Finanzleute, die Aristokratie, die Großagrarier und die preußischen Generale, die die Reichswehr fest am Zügel hatten. Röhm, Goebbels und die anderen »Radikalen« der Bewegung wollten auch sie liquidieren. Röhm, dessen SA inzwischen auf etwa zwei Millionen Mann angeschwollen und damit zwanzigmal so stark wie die Reichswehr war, drohte im Juni:

Ein Sieg auf dem Wege der deutschen Revolution ist errungen... Deshalb werden die SA und die SS nicht dulden, daß die deutsche Revolution einschläft oder auf halbem Wege von den Nichtkämpfern verraten wird! ... Wenn die Spießerseelen meinen, ... daß die »nationale« Revolution schon zu lange dauert, so pflichten wir ihnen ausnahmsweise gern bei: Es ist in der Tat hohe Zeit, daß die nationale Revolution aufhört und daß daraus die nationalsozialistische wird! ... Wir werden unseren Kampf weiterführen ... und wenn es sein muß: gegen sie! *... Wir SA- und SS-Männer Hitlers sind die unbestechlichen Garanten, daß die deutsche Revolution sich vollendet ...*[22].

Und im August sagte er in einer Rede: »Es gibt heute immer noch Leute in amtlicher Stellung, die nicht die geringste Ahnung vom Geist der Revolution haben. Wir werden sie rücksichtslos entfernen, wenn sie es wagen sollten, ihre reaktionären Ideen in die Praxis umzusetzen.«

Aber Hitler dachte ganz anders. Für ihn waren die nationalsozialistischen Schlagworte reine Propaganda gewesen, ein Mittel, um auf dem Wege zur Macht die Massen zu gewinnen. Jetzt, nachdem er im Besitz der Macht war, interessierten sie ihn nicht mehr. Er brauchte Zeit, um seine und die Stellung des Landes zu festigen. Für den Augenblick zumindest mußte die Rechte – Wirtschaft, Reichswehr, Reichspräsident – beschwichtigt werden. Er hatte nicht die Absicht, Deutschland dem Bankrott entgegenzuführen und damit den Bestand seines Regimes zu gefährden. Es durfte also keine zweite Revolution geben.

Das machte er den SA- und SS-Führern am 1. Juli in einer Rede klar. Was Deutschland jetzt brauche, sagte er, sei Ordnung. Er werde jeden Versuch, die bestehende Ordnung zu stören, ebenso rücksichtslos wie die »sogenannte zweite Revolution« unterdrücken, die nur zum Chaos führen würde. Er wiederholte seine Warnung am 6. Juli in einer Rede vor den in der Reichskanzlei versammelten Reichsstatthaltern:

Die Revolution ist kein permanenter Zustand, sie darf sich nicht zu einem Dauerzustand ausbilden. Man muß den frei gewordenen Strom der Revolution in das sichere Bett der Evolution hinüberleiten ... Man darf daher nicht einen Wirtschaftler absetzen, wenn er ein guter Wirtschaftler, aber noch kein Nationalsozialist ist. Zumal dann nicht, wenn der Nationalsozialist, den man an seine Stelle setzt, von der Wirtschaft nichts versteht. In der Wirtschaft darf nur das Können Ausschlag geben ... Die Geschichte wird ihr Urteil über uns nicht danach abgeben, ob wir möglichst viele Wirtschaftler abgesetzt und eingesperrt haben, sondern danach, ob wir es verstanden haben, Arbeit zu schaffen ... Die Ideen des Programms verpflichten uns nicht, wie Narren zu handeln und alles umzustürzen, sondern klug und vorsichtig unsere Gedankengänge zu verwirklichen. Auf die Dauer wird die machtpolitische Sicherheit um so größer sein, je mehr es uns gelingt, sie wirtschaftlich zu untermauern. Die Reichsstatthalter haben dafür zu sorgen, daß nicht irgendwelche Organisationen oder Parteistellen sich Regierungbefugnisse anmaßen, Personen absetzen und Ämter besetzen, wofür allein die Reichsregierung, also in bezug auf die Wirtschaft allein der Reichswirtschaftsminister zuständig ist[23].

Niemals ist aus berufenem Munde deutlicher gesagt worden, daß die NS-Revolution eine politische, nicht aber eine wirtschaftliche war. Um seine Worte zu bekräftigen, ließ Hitler eine Anzahl »radikaler« Nationalsozialisten fallen, die versucht hatten, die Arbeitgeberverbände in die Gewalt zu bekommen. Er gab Krupp von Bohlen und Fritz Thyssen wieder ihre führende Stellung in den Verbänden, löste den *Kampfbund für den gewerblichen Mittelstand* auf, der ein Ärgernis für die großen Warenhäuser gewesen war, und machte anstelle Hugenbergs den Generaldirektor der Versicherungsgesellschaft *Allianz*, Dr. Karl Schmitt, zum Wirtschaftsminister. Schmitt, einer der orthodoxesten Wirtschaftler, verlor keine Zeit, mit den Plänen jener Nationalsozialisten aufzuräumen, die so naiv gewesen waren, das Parteiprogramm ernst zu nehmen.
Bei der großen Masse der Parteigenossen, insbesondere bei den SA-Leuten, die den Kern der Hitler-Bewegung bildeten, war die Enttäuschung groß. Sie hatten dem großen Heer der Verarmten und Unzufriedenen angehört und waren auf Grund ihrer Erlebnisse Antikapitalisten geworden. Sie hatten geglaubt, die Revolution, für die sie sich auf der Straße geschlagen, würde ihnen Beute und einträgliche Posten bringen. Nun zerrannen ihre Hoffnungen. Die alte Clique sollte Posten und Ämter behalten. Aber diese Entwicklung war nicht die einzige Ursache für die Unruhe in der SA.
Zwischen Hitler und Röhm flammte wieder der alte Streit über Stellung und Zweck der SA auf. Hitler hatte von Beginn der NS-Bewegung an die Auffassung vertreten, die SA sei eine politische, nicht aber eine militärische Kraft, der Knüppel, mit dem sich die Partei den Weg zur politischen Macht bahne. Für Röhm war die SA nicht nur das Rückgrat der NS-Bewegung, sondern auch der Kern der künftigen revolutionären Armee, einer Armee, wie sie nach der Französischen Revolution Napoleon zur Verfügung gestanden hate. Er hielt die Zeit für gekommen, die reaktionären preußischen Generale – die »alten Böcke«, wie er sie verächtlich nannte – aus dem Wege zu räumen und ein revolutionäres, von ihm selbst geführtes Volksheer aufzustellen.
Nichts konnte Hitler ferner liegen. Deutlicher als Röhm oder irgendein anderer in der Partei war er sich bewußt, daß er ohne den Beistand oder zumindest die Duldung der Reichswehrgenerale nicht an die Macht gekommen wäre und daß vorerst sein Verbleiben am Steuer des Staatsschiffes zum Teil von ihrer weiteren Unterstützung abhing, denn sie hatten physisch immer noch die Macht, ihn zu beseitigen, wenn es ihnen einfallen sollte. Auch sah Hitler voraus, daß er auf die Loyalität der Reichswehr ihm persönlich gegenüber angewiesen sein würde, wenn der 86jährige Hindenburg das Zeitliche segnete. Sodann war Hitler überzeugt, daß nur das Offizierkorps mit seiner

militärischen Tradition und Fähigkeit in der von ihm gewünschten kurzen Zeit eine starke, disziplinierte Wehrmacht aufbauen konnte. Die SA war nur ein zusammengewürfelter Haufen – gut genug für Straßenkämpfe, doch als moderne Armee von geringem Wert. Im übrigen hatte sie nun ihren Zweck erfüllt und mußte auf behutsame Weise aus dem Tableau entfernt werden. Die Ansichten Hitlers und Röhms waren unvereinbar, und so führten die beiden Veteranen der NS-Bewegung, die zudem befreundet waren, denn Ernst Röhm war der einzige Mann in der Partei, den Hitler duzte, vom Sommer 1933 bis zum 30. Juni 1934 buchstäblich einen Kampf auf Leben und Tod.

Die tiefe Enttäuschung der SA brachte Röhm am 5. November 1933, in einer Rede vor 15 000 SA-Führern im Berliner Sportpalast zum Ausdruck: »Man hört oft Stimmen…, daß die SA jede Existenzberechtigung verloren hätte«, was aber keineswegs der Fall sei. Doch Hitler war eisern. »Das Verhältnis der SA zur Armee«, hatte er am 19. August in Bad Godesberg warnend gesagt, »muß das gleiche sein wie das der politischen Führung zur Armee.« Und am 23. September hatte er sich auf dem Stahlhelm-Tag noch deutlicher ausgedrückt:

Wir wollen an diesem Tage aber auch besonders unserer Armee gedenken, denn wir wissen alle genau, wenn das Heer nicht in den Tagen unserer Revolution auf unserer Seite gestanden hätte, dann stünden wir heute nicht hier. Wir können der Armee versichern, daß wir dies niemals vergessen werden, daß wir in ihr die Trägerin der Tradition unserer alten siegreichen Armee sehen und daß wir mit ganzem Herzen und mit ganzer Kraft den Geist dieser Armee unterstützen werden.

Schon einige Zeit vorher hatte Hitler der Wehrmacht geheime Zusicherungen gemacht, die viele der höheren Offiziere auf seine Seite brachten. Am 2. Februar 1933, drei Tage nach seiner Amtsübernahme, hatte er in der Wohnung General von Hammersteins, des Chefs der Heeresleitung, eine zweistündige Ansprache vor einer auserlesenen Gruppe von Generalen und Admiralen gehalten. Über den Tenor dieser ersten Zusammenkunft zwischen Hitler und dem Offizierkorps gab in Nürnberg ein Manuskript Aufschluß, das Admiral Raeder, nach seiner Gefangennahme durch die Russen, in Moskau über sein Verhältnis zu Adolf Hitler und der Partei verfaßt hatte[24].

Hitler, schrieb Raeder, habe die Militärs von der Befürchtung befreit, daß die Wehrmacht zur Teilnahme an einem Bürgerkrieg aufgerufen werden könnte, und ihnen versichert, daß sich Heer und Marine von nun an ungehindert der Hauptaufgabe, nämlich der raschen Aufrüstung des neuen Deutschland, widmen könnten. Admiral Raeder gab zu, von dieser Aussicht hoch erfreut gewesen zu sein, und General von Blomberg schrieb später in seinen unveröffentlichten Memoiren, der Führer habe »ein Betätigungsfeld mit großen Zukunftsaussichten« eröffnet.

Noch begeisterter waren die Militärs, als Hitler, um das neue, geheime Aufrüstungsprogramm voranzutreiben, bereits am 4. April den Reichsverteidigungsrat ins Leben rief. Drei Monate später, am 20. Juli, erließ Hitler ein neues Wehrgesetz, mit dem die

Militärgerichtsbarkeit wiedereingeführt und die Einrichtung der »Vertrauensmänner«, ein Überbleibsel der Soldatenräte von 1918, abgeschafft wurde, so daß das Offizierkorps seine früheren Privilegien wiedererhielt. Sehr viele Generale und Admirale begannen nun die NS-Revolution in einem anderen, viel günstigeren Licht zu betrachten.
Um Röhm einen Bissen hinzuwerfen, machte Hitler ihn am 1. Dezember – gleichzeitig mit Rudolf Heß, dem Stellvertreter des Führers – zum Kabinettsmitglied und schrieb ihm zu Neujahr einen herzlichen, freundschaftlichen Brief. »Wenn das Heer«, so führte er darin aus, »den Schutz der Nation nach außen zu garantieren hat, dann ist es die Aufgabe der SA, den Sieg der nationalsozialistischen Revolution, den Bestand des nationalsozialistischen Staates ... im Innern zu sichern.« Es sei »in erster Linie das Verdienst« Röhms, die SA zu einem solchen Instrument ausgebaut zu haben:

Am Abschluß des Jahres der nationalsozialistischen Revolution drängt es mich daher, Dir, mein lieber Ernst Röhm, für die unvergänglichen Dienste zu danken, die Du der nationalsozialistischen Bewegung und dem deutschen Volke geleistet hast, und Dir zu versichern, wie sehr ich dem Schicksal dankbar bin, solche Männer wie Du als meine Freunde und Kampfgenossen bezeichnen zu dürfen.
In herzlicher Freundschaft und dankbarer Würdigung *Dein Adolf Hitler.*

Der Brief erschien am 2. Januar 1934 im *Völkischen Beobachter* und trug für den Augenblick viel dazu bei, die Mißstimmung in der SA zu beheben. In der Weihnachtsstimmung war ohnehin die Rivalität zwischen SA und Reichswehr in den Hintergrund getreten. Der Ruf der radikalen Nationalsozialisten nach der »zweiten Revolution« verstummte vorübergehend.

DIE ANFÄNGE DER NATIONALSOZIALISTISCHEN AUSSENPOLITIK

»Das war kein Sieg, denn die Gegner fehlten«, bemerkte Oswald Spengler, Verfasser des Werkes *Untergang des Abendlandes*, über die Leichtigkeit, mit der Hitler 1933 Deutschland erobert und nazifiziert hatte. »Ich sehe mit Bedenken, daß [diese Machtergreifung] täglich mit so viel Lärm gefeiert wird. Es wäre richtiger, wir sparten das für einen Tag wirklicher und endgültiger Erfolge auf, das heißt außenpolitischer. Es gibt keine anderen[25].«
Der Geschichtsphilosoph, für kurze Zeit eines der Idole der Nationalsozialisten, bis sie gegenseitig desillusioniert waren, hatte nicht die gebührende Geduld. Hitler mußte erst Deutschland erobern, ehe er sich an die Eroberung der Welt begeben konnte. Aber sobald seine deutschen Gegner liquidiert waren – oder sich selbst liquidiert hatten –, wandte er sich unverzüglich dem zu, was ihn stets am meisten interessiert hatte: der Außenpolitik.
Deutschlands Stellung in der Welt war im Frühjahr 1933 denkbar ungünstig. Das Dritte Reich war diplomatisch isoliert und militärisch ohnmächtig. Die ganze Welt war

empört über die Ausschreitungen der NSDAP, insbesondere über die Judenverfolgung. Deutschlands Nachbarn, vor allem Frankreich und Polen, verhielten sich feindselig und mißtrauisch; vielfach wurde dem Gerücht Glauben geschenkt, Marschall Pilsudski habe schon im März 1933 im Anschluß an eine polnische militärische Demonstration in Danzig den Franzosen nahegelegt, einen gemeinsamen Präventivkrieg gegen Deutschland zu erwägen. Selbst Mussolini, mochte er nach außen hin auch noch so sehr das Entstehen einer zweiten faschistischen Macht begrüßen, war in Wirklichkeit keineswegs begeistert über Hitlers Machtergreifung. Der Führer eines potentiell so viel stärkeren Landes als Italien stellte möglicherweise den Duce bald in den Schatten. Ein ausgesprochen pangermanistisches Reich würde sicherlich Absichten in bezug auf Österreich und den Balkan hegen, wo der italienische Diktator seine Interessensphären bereits abgesteckt hatte. Daß die Sowjetunion, die seit 1921 einer der wenigen Freunde der deutschen Republik gewesen war, einem nationalsozialistischen Deutschland gegenüber feindselig sein würde, lag auf der Hand. Wahrhaftig, das Dritte Reich stand ohne Freunde in einer feindlichen Welt da. Und es war – zumindest im Vergleich zu seinen hochgerüsteten Nachbarn – wehrlos.

Hitlers außenpolitische Strategie und Taktik wurde daher zunächst von der harten Wirklichkeit der schwachen, isolierten Stellung Deutschlands diktiert. Aber ironischerweise forderte diese Lage auch zu dem natürlichen Streben nach Zielen heraus, die dem tiefsten Verlangen Hitlers wie auch der meisten Deutschen entsprachen: Befreiung von den Fesseln des Versailler Vertrags, ohne Sanktionen heraufzubeschwören, Wiederaufrüstung ohne Kriegsgefahr. Erst nach Erreichung dieses doppelten Nahziels würde er die Bewegungsfreiheit und militärische Stärke haben, um jene außenpolitischen Fernziele anzusteuern, über die er sich in *Mein Kampf* so offen und so ausführlich geäußert hatte.

Zunächst mußte natürlich Deutschlands Gegnern in Europa Sand in die Augen gestreut werden, indem man Abrüstung und Frieden predigte und gleichzeitig nach schwachen Punkten ihrer Gesamtrüstung Ausschau hielt. Am 17. Mai 1933 hielt Hitler im Reichstag seine »Friedensrede«. Es war ein Meisterstück irreführender Propaganda, eine der größten Reden seiner Laufbahn, mit der er das deutsche Volk tief bewegte und hinter sich einigte und zugleich auf die Außenwelt einen günstigen Eindruck machte. Am Tage vorher hatte Präsident Roosevelt in einer Botschaft an die Staatsoberhäupter von 44 Nationen die Pläne der Vereinigten Staaten und die Hoffnung auf Abrüstung und Frieden umrissen und die Abschaffung aller Angriffswaffen – Bomber, Panzer, schwere Artillerie – gefordert. Hitler war schnell bei der Hand, die Aufforderung des Präsidenten aufzugreifen und sie für seine Zwecke auszunützen:

Der Vorschlag des amerikanischen Präsidenten Roosevelt, von dem ich heute nacht Kenntnis erhielt, verpflichtet die deutsche Regierung zu warmem Dank. Sie ist bereit, dieser Methode zur Behebung der internationalen Krise zuzustimmen ... Dieser Vorschlag bedeutet eine große Beruhigung für alle, die an der aufrichtigen Erhaltung des

Friedens mitarbeiten wollen ... Deutschland ist ferner ohne weiteres bereit, auf Angriffswaffen überhaupt Verzicht zu leisten, wenn ... die gerüsteten Nationen ihrerseits diese Angriffswaffen vernichten ... Deutschland wäre auch ohne weiteres bereit, seine gesamte militärische Einrichtung überhaupt aufzulösen und den kleinen Rest der ihm verbliebenen Waffen zu zerstören, wenn die anliegenden Nationen ebenso restlos das gleiche tun würden ... Deutschland ist bereit, jedem feierlichen Nichtangriffspakt beizutreten, denn Deutschland denkt nicht an einen Angriff, sondern an seine Sicherheit.

Die Rede enthielt noch mehr solcher maßvollen Bekundungen der Friedensliebe, die in der bedrückten Welt angenehme Überraschung hervorriefen. Deutschland wolle keinen Krieg. Ein Krieg sei »heller Wahnsinn«. Er würde zum »Zusammenbruch der heutigen Gesellschafts- und Staatenordnung« führen. Deutschland habe nicht den Wunsch, andere Völker zu »germanisieren«. »Die geistige Mentalität des vergangenen Jahrhunderts, aus der heraus man glaubte, vielleicht aus Polen und Franzosen Deutsche machen zu können, ist uns ... fremd ... Franzosen, Polen usw. sind unsere Nachbarvölker, und wir wissen, daß kein geschichtlich denkbarer Vorgang diese Wirklichkeit ändern könnte.«

Und doch war in der Rede auch eine Drohung enthalten. Hitler forderte für Deutschland »tatsächliche Gleichberechtigung« mit allen anderen Völkern, insbesondere »im Sinne der Abrüstung«. Wenn diese nicht zu erlangen sei, werde Deutschland es vorziehen, sich aus der Abrüstungskonferenz wie überhaupt aus dem Völkerbund zurückzuziehen.

In der allgemeinen Freude der gesamten westlichen Welt über Hitlers unerwartete Mäßigung ging die Warnung unter. Die Londoner *Times* schrieb, Hitlers Forderung nach Gleichberechtigung sei »unwiderleglich«. Der *Daily Herald*, offizielles Organ der englischen Labourpartei, forderte, Hitler beim Wort zu nehmen. Die konservative Londoner Wochenzeitung *Spectator* kam zu dem Schluß, Hitler habe in die ihm von Roosevelt dargebotene Hand eingeschlagen, was der gequälten Welt neue Hoffnungen gebe. In Washington soll, dem amtlichen deutschen Nachrichtenbüro zufolge, der Sekretär des Präsidenten gesagt haben: »Der Präsident sei begeistert, daß Hitler auf seine Vorschläge eingehe.«

Die von vielen Menschen erwarteten brutalen Drohungen waren ausgeblieben. Hitler hatte vielmehr sanftmütig und vernünftig gesprochen, und so war die Welt entzückt. Im Reichstag gesellten sich sogar Sozialdemokraten, soweit sie nicht im Gefängnis oder im Exil waren, zu der einstimmigen Billigung der Hitlerschen Außenpolitik.

Aber Hitler hatte keine leere Drohung ausgesprochen. Als sich Anfang Oktober herausstellte, daß die Alliierten darauf bestehen würden, erst nach Ablauf von acht Jahren ihren Rüstungsstand auf denjenigen Deutschlands herabzusetzen, verkündete er am 14. Oktober abrupt, Deutschland ziehe sich, da ihm in Genf die Gleichberechtigung verweigert werde, ab sofort von der Abrüstungskonferenz und aus dem Völkerbund zurück. Gleichzeitig traf er drei andere Maßnahmen. Er löste den Reichstag auf, gab bekannt, daß er seine Entscheidung, Genf zu verlassen, einem Volksentscheid unterwerfen werde, und befahl Reichsverteidigungsminister General von Blomberg, der Wehrmacht die geheime Weisung zu erteilen, im Falle von Völkerbundssanktionen jedem gegnerischen Vorgehen bewaffneten Widerstand entgegenzusetzen[26].

Dieser hastige Schritt enthüllte die Hohlheit von Hitlers »Friedensrede« im Mai. Er bedeutete nichts anderes, als daß Deutschland die Absicht hatte, unter Mißachtung jeder Abrüstungsvereinbarung und auch des Versailler Vertrags, von sich aus wiederaufzurüsten. Es war eine waghalsige Spekulation – die erste von vielen –, und die erst in Nürnberg ans Tageslicht gekommene geheime Weisung Blombergs an die Wehrmacht offenbart nicht nur, daß Hitler mit der Möglichkeit von Sanktionen rechnete, sondern auch, daß Deutschland, wären sie angewandt worden, sich in hoffnungsloser Lage befunden haben würde[27]. Nach der Weisung sollten die deutschen Streitkräfte im Westen gegen Frankreich und im Osten gegen Polen und die Tschechoslowakei bestimmte Verteidigungslinien »so lange wie möglich halten«. Blombergs Befehl läßt deutlich erkennen, daß sich zumindest die deutschen Generale keiner Illusion über die Möglichkeit einer Verteidigung des Reiches hingaben.

Dies war also die erste einer langen, über einen Zeitraum von drei Jahren und bis nach der Besetzung des entmilitarisierten Rheinlands im Jahre 1936 sich erstreckenden Reihe von Krisen, in denen die Alliierten Sanktionen hätten anwenden können – nicht wegen Hitlers Austritt aus dem Völkerbund und dem Verlassen der Abrüstungskonferenz, sondern wegen der Verstöße gegen die Abrüstungsbestimmungen des Versailler Vertrags, mit denen Deutschland im übrigen lange vor Hitler begonnen hatte. Daß die Alliierten im Oktober 1933 Deutschland leicht hätten überwältigen können, dürfte ebenso sicher sein, wie daß sie damit dem Dritten Reich noch in seinem Geburtsjahr den Garaus gemacht haben würden. Aber ein Teil der Begabung des ehemaligen österreichischen Obdachlosen bestand darin, daß er die Schwächen seiner äußeren Gegner mit ebenso unheimlicher Schläue und Treffsicherheit in Rechnung zu stellen verstand wie die seiner inneren Gegner. In dieser Krise wie auch in den größeren Krisen, die bis 1939 rasch aufeinander folgen sollten, unternahmen die Alliierten nichts. Sie waren zu uneins, zu schlaff, zu blind, um zu begreifen, was sich jenseits des Rheins zusammenzog und in welche Richtung es steuerte. Darauf baute Hitler, und seine Berechnungen waren genauso zutreffend, wie sie es in bezug auf sein eigenes Volk gewesen waren und noch waren. Er wußte auch sehr gut, wie der Volksentscheid ausfallen würde, den er zusammen mit der Reichstagsneuwahl – bei der es nur einen einzigen Wahlvorschlag, den der NSDAP gab – auf den 12. November 1933 ansetzte, also auf einen Tag nach dem Jahrestag des Waffenstillstands von 1918, der immer noch als schwarzer Tag in der Erinnerung der Deutschen lebte.

Sorgt dafür [sagte Hitler am 4. November in einer Breslauer Wahlversammlung], daß dieser Tag als der Tag der Befreiung in die Geschichte unseres Volkes eingehen wird;

daß man sagen wird: an einem 11. November verlor das deutsche Volk seine Ehre, aber dann kam fünfzehn Jahre später ein 12. November, an dem das deutsche Volk seine Ehre selbst wieder herstellte.

Die Reaktion des deutschen Volkes, das fünfzehn Jahre lang unter den Folgen eines verlorenen Krieges seelisch und materiell gelitten hatte, war fast einhellig. Etwa 96 Prozent der Wahlberechtigten nahmen an der Abstimmung teil, von denen 95 Prozent den Austritt aus dem Völkerbund billigten. Bei der am gleichen Tage stattfindenden Wahl für den Reichstag gaben 92 Prozent ihre Stimmen für die einzige Liste ab (auf der außer den NSDAP-Mitgliedern noch Hugenberg und ein halbes Dutzend Parteilose standen). Allerdings waren in zahlreichen Orten Drohungen gegen Wahlberechtigte ausgesprochen worden, die der Wahl fernbleiben oder einen ungültigen Stimmzettel abgeben würden, und so hatten viele Menschen Angst davor, gegen das Regime zu stimmen. Immerhin war es für Adolf Hitler ein rauschender Erfolg. Er konnte nun der Welt zeigen, daß er das deutsche Volk hinter sich hatte.

Drei Tage nach der Volksabstimmung bestellte Hitler den polnischen Botschafter Josef Lipski zu sich. Im Anschluß an ihre Besprechung wurde ein gemeinsames Kommuniqué herausgegeben, das nicht nur in der deutschen Öffentlichkeit, sondern auch im Ausland Verblüffung hervorrief. Die polnische und die deutsche Regierung kamen überein, »sich in den ihre gegenseitigen Beziehungen betreffenden Fragen unmittelbar zu verständigen und zwecks Festigung des Friedens in Europa auf jede Anwendung von Gewalt zu verzichten«.

In den Augen der Deutschen war Polen mehr noch als Frankreich der verhaßte, verachtete Feind. Sie sahen die größte Ungerechtigkeit des Versailler Vertrags in der Abtrennung Ostpreußens vom Reich, in dem polnischen Korridor, der Loslösung Danzigs und der Abtretung der Provinz Posen und eines Teiles der Provinz Schlesien an Polen. In der Zeit der Republik war kein deutscher Staatsmann bereit gewesen, die polnischen Gebietserwerbungen als Dauerlösung anzusehen. Stresemann hatte es abgelehnt, als Ergänzung zum Locarno-Pakt ein »Ost-Locarno« mit Polen auch nur in Betracht zu ziehen. Und General von Seeckt, Vater der Reichswehr, der sich während der ersten Jahre der Republik häufig in die Außenpolitik einmischte, hatte schon 1922 der Reichsregierung vor Augen gehalten: »Polens Existenz ist unerträglich, unvereinbar mit den Lebensbedingungen Deutschlands. Es muß verschwinden und wird verschwinden ... Dieses Ziel zu erreichen, muß einer der festesten Richtungspunkte der deutschen Politik sein ... Mit Polen fällt eine der stärksten Säulen des Versailler Friedens, die Vormachtstellung Frankreichs [28].«

Hitler erkannte, daß Polen, wenn es »verschwinden« sollte, zuerst aus seinem Bündnis mit Frankreich herausgelöst werden mußte. Der nunmehr von ihm eingeschlagene Kurs bot, außer dem Endziel, mehrere direkte Vorteile. Mit dem Verzicht auf Gewaltanwendung gegen Polen konnte er seine Friedfertigkeit bekunden und das durch seinen Austritt aus dem Völkerbund sowohl in West- wie Osteuropa entstandene Mißtrauen beschwichtigen. Indem er die Polen veranlaßte, unmittelbar mit Deutschland zu verhandeln, konnte er den Völkerbund umgehen und dann dessen Autorität schwächen. Und er konnte nicht nur der Konzeption der »kollektiven Sicherheit«, wie sie der Völkerbund vertrat, einen Stoß versetzen, sondern auch das französische Bündnissystem in Osteuropa, dessen Bastion Polen war, unterminieren. Vielleicht würde das deutsche Volk bei seiner Abneigung gegen die Polen für eine solche Politik kein Verständnis haben, aber Hitler sah einen der Vorteile der Diktatur gegenüber der Demokratie gerade darin, daß unpopuläre, doch bedeutsame Ergebnisse verheißende Entscheidungen ohne Aufsehen zu Hause getroffen werden konnten.

Am 26. Januar 1934, vier Tage vor dem Jahrestag von Hitlers Machtantritt, wurde die Unterzeichnung eines Nichtangriffspaktes zwischen Deutschland und Polen für die Dauer von zehn Jahren bekanntgegeben. Von diesem Tage an begann Polen, das unter Marschall Pilsudskis Diktatur gerade selber im Begriff war, die letzten Spuren parlamentarischer Demokratie auszulöschen, sich mehr und mehr von Frankeich, seinem Beschützer seit 1919, zu lösen und sich immer enger an das nationalsozialistische Deutschland anzulehnen. Dieser Weg sollte zu Polens Vernichtung führen, lange vor Ablauf des »Freundschafts- und Nichtangriffspakts«.

Als Hitler am 30. Januar 1934 im Reichstag sprach, konnte er auf eine Jahresleistung zurückblicken, die ohne Parallele in der deutschen Geschichte war. Im Laufe von zwölf Monaten hatte er die Weimarer Republik gestürzt, an die Stelle der Demokratie seine persönliche Diktatur gesetzt, alle politischen Parteien außer der eigenen liquidiert, die Regierungen und Parlamente der Länder beseitigt, die Gewerkschaften zerschlagen, demokratische Verbände aller Art aufgelöst, die Juden aus dem öffentlichen Leben und vielen Berufen vertrieben, Rede- und Pressefreiheit abgeschafft, die Unabhängigkeit der Gerichtshöfe zunichte gemacht und das politische, wirtschaftliche, kulturelle und soziale Leben eines alten Kulturvolkes »gleichgeschaltet«. Bei alledem und bei seinem entschlossenen Vorgehen in der Außenpolitik, mit dem er Deutschland aus der Genfer Völkerfamilie löste und den Anspruch auf Gleichberechtigung als Großmacht anmeldete, stand die überwiegende Mehrheit des deutschen Volkes, wie der Volksentscheid und die Wahl vom 12. November gezeigt hatten, hinter ihm.

Und doch zogen sich im zweiten Jahr seiner Diktatur Wolken am Himmel zusammen.

DAS BLUTBAD VOM 30. JUNI 1934

Die Trübung des Horizonts war auf drei ungelöste, untereinander in Beziehung stehende Probleme zurückzuführen: auf den fortgesetzten Ruf der radikalen Partei- und SA-Führer nach der »zweiten Revolution«, auf die Rivalität zwischen SA und Heer und auf die Frage der Nachfolge Hindenburgs, dessen Lebensuhr mit dem Frühling abzulaufen begann.

Röhm, der Stabschef der inzwischen auf 2,5 Millionen Braunhemden angewachsenen SA, hatte sich weder durch seine Hereinnahme ins Kabinett noch durch Hitlers freundschaftlichen Neujahrsbrief abspeisen lassen. Im Februar legte er dem Kabinett eine lange Denkschrift vor, worin er vorschlug, auf der Grundlage der SA ein neues Volksheer zu schaffen, und Reichswehr, SA und SS sowie alle Kriegsteilnehmerverbände einem einzigen Reichsverteidigungsministerium zu unterstellen, dessen Leitung er – eine naheliegende Schlußfolgerung – selbst übernehmen wollte. Nichts hätte größere Empörung im Offizierskorps auslösen können als solch ein Gedanke. Die hohen Offiziere lehnten nicht nur den Vorschlag einhellig ab, sie wandten sich auch um Hilfe an Hindenburg. Die ganze Tradition des Offizierskorps stand auf dem Spiel, wenn der rauhbeinige Röhm und seine lärmenden Braunhemden das Heer in die Gewalt bekommen sollten. Außerdem waren die Generale entsetzt über die sich jetzt mehr und mehr verbreitenden Geschichten von der Korruption und den Ausschweifungen der homosexuellen Clique um den SA-Stabschef. Oder wie General von Brauchitsch später aussagte: »Die Wiederaufrüstung war eine zu ernste und schwierige Sache, als daß man die Beteiligung von Kassendieben, Trunkenbolden und Homosexuellen hätte dulden dürfen.«

Im Augenblick konnte Hitler es sich nicht leisten, die Reichswehr zu reizen, und so versagte er Röhms Vorschlag seine Billigung. Ja, am 21. Februar machte er Anthony Eden, der wegen des in der Sackgasse befindlichen Abrüstungsproblems nach Berlin gekommen war, die vertrauliche Mitteilung, er werde die SA um zwei Drittel verringern und ein Überwachungssystem einführen, um sicherzustellen, daß der verbleibende Rest der SA weder militärische Ausbildung noch Waffen erhalte, ein Angebot, das, als es durchsickerte, die Verbitterung Röhms und der SA noch verstärkte. Im Laufe des Frühjahrs verschlechterten sich die Beziehungen zwischen dem SA-Stabschef und der Reichswehrführung zusehends. Im Kabinett kam es zu stürmischen Szenen zwischen Röhm und Blomberg, und im März protestierte der Wehrminister bei Hitler gegen die geheime Bewaffnung gewisser SA-Verbände mit schweren Maschinengewehren. Darin liege nicht nur eine gegen die Reichswehr gerichtete Bedrohung, fügte Blomberg hinzu, sondern auch eine Gefährdung der unter den Auspizien der Reichswehr durchzuführenden heimlichen Wiederaufrüstung.

Es ist klar, daß Hitler, im Gegensatz zu dem halsstarrigen Röhm und seinen Gefährten, zu diesem Zeitpunkt bereits dem Tage entgegensah, an dem der kränkelnde Hindenburg den letzten Atemzug tun würde. Er wußte, daß der Reichspräsident selbst wie auch die Reichswehr und andere konservative Kreise für eine Wiederherstellung der Hohenzollernmonarchie nach Ableben des Feldmarschalls waren. Hitler dagegen hatte andere Pläne, und als er und Blomberg im April aus Neudeck die vertrauliche, aber zuverlässige Nachricht erhielten, daß die Tage des Präsidenten gezählt seien, war ihm klar, daß er bald handeln müsse. Für das Gelingen seines kühnen Plans würde er die Unterstützung des Offizierskorps nötig haben, und um sie zu erlangen, war er bereit, sehr weit zu gehen.

Die Gelegenheit für vertrauliche Gespräche mit den Militärs bot sich bald. Am 11. April fuhr Hitler in Begleitung von General von Blomberg und den Chefs der Heeres- und Marineleitung, General Freiherr von Fritsch und Admiral Raeder, an Bord des Panzerschiffs *Deutschland* von Kiel nach Königsberg, um den Frühjahrsmanövern in Ostpreußen beizuwohnen. Nachdem die Chefs von Heer und Marine über Hindenburgs bedenklichen Gesundheitszustand unterrichtet worden waren, erklärte Hitler, von dem willfährigen Blomberg unterstützt, unverblümt, er selber gedenke – mit dem Einverständnis der Reichswehr – Hindenburgs Nachfolger zu werden. Als Gegenleistung für den Beistand des Militärs machte er sich erbötig, Röhms Ambitionen zu stoppen, die SA drastisch zu vermindern und zu garantieren, daß Heer und Marine die alleinigen Waffenträger im Dritten Reich bleiben würden. Man nimmt an, daß Hitler auch Fritsch und Raeder eine gewaltige Vergrößerung von Heer und Marine in Aussicht stellte, falls sie ihn bei seinem Vorhaben unterstützen würden. Raeder war hierzu bereit, doch Fritsch, ein zäherer Mann, wollte sich erst mit seinen Generalen beraten.

Diese Beratung fand am 16. Mai in Bad Nauheim statt. Nachdem den höchsten Offizieren des deutschen Heeres der »Pakt der *Deutschland*« erläutert worden war, akzeptierten sie einstimmig Hitler als Nachfolger Hindenburgs[29]. Wie sich zeigen sollte, war diese *politische* Entscheidung von historischer Bedeutung für die Armee. Indem sie sich freiwillig den seit dem Ermächtigungsgesetz ungebundenen Händen eines größenwahnsinnigen Diktators darbot, besiegelte sie ihr Schicksal. Was Hitler anging, so vollendete der Pakt die Macht seiner Diktatur. War erst der alte Präsident nicht mehr da, die Gefahr einer Wiederherstellung der Monarchie beseitigt und er selbst Staatsoberhaupt wie auch Regierungschef, dann konnte er allein und ungehindert seinen Weg gehen. Für diesen Aufstieg zur höchsten Macht zahlte er einen erbärmlichen Preis: die Opferung der SA. Im Besitz der höchsten Macht brauchte er sie ohnehin nicht mehr. Sie war ein Pöbelhaufen, der ihm nur Verlegenheiten bereitete. In jenem Frühjahr dürfte Hitlers Verachtung für die Engstirnigkeit der Generale entstanden sein. Man konnte die Generale, so muß er gedacht haben, erstaunlich billig für sich gewinnen. An diesem Urteil hielt er, von einer dunklen Stunde im Juli abgesehen, unverändert bis zum Ende fest – bis zu seinem und zu ihrem Ende.

Doch zunächst waren Hitlers Schwierigkeiten noch nicht überwunden. Als der Sommer herannahte, griff in Berlin eine unheilvolle Spannung um sich. Immer stärker wurde der Ruf nach der »zweiten Revolution« laut, und zwar nicht allein von seiten Röhms und der SA-Führer, auch Goebbels ließ diesen Ruf in seinen Reden und in der von ihm kontrollierten Presse ertönen. Auf der anderen Seite forderte die konservative Rechte um Papen und Hindenburg, der Revolution, den willkürlichen Verhaftungen, den Judenverfolgungen, den Angriffen auf die Kirchen, dem arroganten Benehmen der SA ein Ende zu setzen und dem von der NSDAP organisierten allgemeinen Terror Einhalt zu gebieten.

Innerhalb der NSDAP war ein neuer, erbarmungsloser Kampf um die Macht im Gange. Die beiden mächtigsten Gegner Röhms, Göring und Himmler, schlossen sich gegen ihn zusammen. Am 1. April wurde Himmler, Chef der schwarzuniformierten SS, die immer noch ein Teil der SA war und Röhm unterstand, von Göring zum Leiter der preußischen Geheimen Staatspolizei (Gestapo) ernannt und begab sich unverzüglich an den Aufbau eines eigenen geheimen Polizeiimperiums. Göring, im August 1933 von Hindenburg zum General der Infanterie befördert (obwohl er Luftfahrtminister war), hatte die braune SA-Uniform nur zu gern gegen die glänzendere Armeeuniform eingetauscht, und dieser Wechsel war symbolisch: Als General und Angehöriger einer Offiziersfamilie schlug er sich in seinem Kampf gegen Röhm und SA rasch auf die Seite der Reichswehr. Um sich in dem nun einsetzenden Dschungelkrieg zu schützen, stellte Göring ebenfalls eine eigene Polizeimacht auf, die *Landespolizeigruppe General Göring,* die mehrere tausend Mann stark und in der ehemaligen Kadettenanstalt Berlin-Lichterfelde garnisoniert war.

Gerüchte von Verschwörungen und Gegenverschwörungen verschärften die Spannung in der Reichshauptstadt. Schleicher, der ein ruhiges Leben im Schatten nicht ertragen konnte und vergessen hatte, daß er nicht mehr das Vertrauen Hindenburgs, der Generalität und der Konservativen genoß, also machtlos war, hatte wieder begonnen, sich in die Politik zu mischen. Er stand in Fühlung mit Röhm und Gregor Strasser, und es ging die Rede, die auch Hitlers Ohr erreichte, er bemühe sich eifrig um eine Kombination, in der er selbst Vizekanzler anstelle seines alten Feindes Papen, Röhm Verteidigungsminister und die SA mit der Reichswehr verschmolzen werden würde. Dutzende von »Kabinettslisten« zirkulierten in Berlin; es wurde davon gesprochen, daß Brüning Außenminister und Strasser Wirtschaftsminister werden solle. Diese Gerüchte waren ziemlich unbegründet, gossen aber Wasser auf die Mühlen Görings und Himmlers, die beide, jeder aus anderen Gründen, bestrebt waren, Röhm und die SA zu vernichten und gleichzeitig mit Schleicher und den mißvergnügten Konservativen abzurechnen. Sie schmückten die Gerüchte aus und brachten sie Hitler zu Gehör, dessen Mißtrauen jederzeit leicht zu erregen war. Göring und Himmler hatten nicht nur eine Säuberungsaktion gegen die SA im Sinn, sie wollten auch andere Gegner liquidieren, darunter Leute, die früher gegen Hitler aufgetreten und nun politisch nicht mehr aktiv waren. Ende Mai erhielten Brüning und Schleicher von befreundeter Seite den Wink, es sei ein Anschlag auf ihr Leben geplant. Brüning entschlüpfte verkleidet über die Grenze; Schleicher ging zur Erholung nach Bayern, kehrte aber Ende Juni nach Berlin zurück. Anfang Juni hatte Hitler eine Auseinandersetzung mit Röhm, die nach der Darstellung, die Hitler selbst später im Reichstag gab, annähernd fünf Stunden dauerte und sich »bis Mitternacht hinzog«. Sie sei, wie Hitler erklärte, sein »letzter Versuch« gewesen, sich mit seinem besten Freund in der Bewegung zu verständigen:

Ich teilte ihm mit, daß ich aus zahllosen Gerüchten und aus zahlreichen Versicherungen und Erklärungen alter treuer Parteigenossen und SA-Führer den Eindruck gewonnen hätte, daß von gewissenlosen Elementen eine nationalbolschewistische Aktion vorbereitet würde, die über Deutschland nur namenloses Unglück bringen könnte ... Ich be-

schwor ihn zum letztenmal, von sich aus diesem Wahnsinn entgegenzutreten und seine Autorität anzuwenden, um eine Entwicklung zu verhindern, die nur so oder so in einer Katastrophe enden konnte.

Hitler zufolge versicherte Röhm, »er werde alles tun, um nunmehr nach dem Rechten zu sehen«. In Wirklichkeit habe Röhm, wie Hitler später behauptete, Vorbereitungen zur »Beseitigung seiner Person« getroffen[30].
Es ist so gut wie sicher, daß dies nicht stimmte. Wenn auch der Verlauf der Röhm-Affäre wahrscheinlich niemals ganz aufgeklärt werden wird, so lassen doch alle ans Tageslicht gekommenen Unterlagen darauf schließen, daß der SA-Chef niemals einen Anschlag auf Hitlers Leben geplant hat. Leider bringen die erbeuteten deutschen Akten kein neues Licht in die Angelegenheit; es ist möglich, daß alle belastenden Dokumente auf Görings Befehl vernichtet worden sind.
Welches auch immer der wahre Inhalt der langen Unterredung zwischen Hitler und Röhm gewesen sein mag – ein paar Tage späte schickte Hitler die SA für den Monat Juli in Urlaub. Es wurde ihr untersagt, während der Dauer des Urlaubs Uniformen zu tragen und Aufmärsche und Übungen zu veranstalten. Röhm selbst nahm am 7. Juni Krankheitsurlaub, ließ aber am selben Tag eine trotzige Warnung ergehen:

Wenn die Feinde der SA sich in der Hoffnung wiegen, die SA werde aus ihrem Urlaub nicht mehr oder nur zum Teil wieder einrücken, so wollen wir ihnen diese kurze Hoffnungsfreude lassen. Sie werden zu der Zeit und in der Form, in der es notwendig erscheint, darauf die gebührende Antwort erhalten. Die SA ist und bleibt das Schicksal Deutschlands[31].

Ehe Röhm Berlin verließ, lud er Hitler für den 30. Juni zu einer SA-Führertagung in Bad Wiessee bei München ein. Hitler sagte bereitwillig zu und kam der Einladung auch nach, allerdings in einer Weise, die Röhm nicht voraussehen konnte. Vielleicht sah sie auch Hitler in diesem Augenblick nicht voraus. Denn wie er später in seiner Reichstagsrede einräumte, zögerte er »immer wieder, eine letzte Entscheidung zu treffen ... Ich hatte noch immer die stille Hoffnung, der Bewegung und meiner SA die Schande einer solchen Auseinandersetzung zu ersparen und die Schäden ohne schwerste Konflikte zu beseitigen«.
»Allerdings«, fügte er hinzu, »brachte das Ende des Monats Mai immer bedenklichere Tatsachen an das Tageslicht.« Tat es das wirklich? Später behauptete Hitler, Röhm und seine Mitverschworenen hätten Vorkehrungen getroffen, Berlin zu besetzen und ihn selbst in Gewahrsam zu nehmen. Aber wenn dem so war, warum reisten dann Anfang Juni alle SA-Führer aus Berlin ab und – noch wichtiger – warum verließ Hitler gerade in diesem Augenblick Deutschland, womit er den SA-Führern die Gelegenheit gab, während seiner Abwesenheit die Macht im Staate an sich zu reißen?
Am 14. Juni nämlich flog Hitler nach Venedig zu der ersten seiner vielen Zusammenkünfte mit dem italienischen Diktator Mussolini. Nebenbei gesagt, verlief die Begeg-

nung für den deutschen Führer nicht gerade günstig. In seinem Regenmantel und seinem weichen Hut machte er neben dem erfahrenen, in eine glitzernde, ordengeschmückte Faschistenuniform gekleideten Duce, der seinem Besucher herablassend entgegentrat, eine schlechte Figur. Verärgert kehrte Hitler nach Deutschland zurück und berief die Parteiführer für Sonntag, den 17. Juni, zu einer Tagung nach Gera, um über seine Unterredung mit Mussolini zu berichten und die im Innern sich zuspitzende Lage zu erörtern. Wie es der Zufall wollte, fand an diesem selben Sonntag in der alten Universitätsstadt Marburg eine andere Veranstaltung statt, die in Deutschland, ja in der ganzen Welt viel mehr Aufmerksamkeit erregte und noch zur Zuspitzung der kritischen Lage beitrug.

Papen, der von Hitler und Göring brutal aufs Abstellgleis geschoben wurde, aber noch Vizekanzler war und nach wie vor das Vertrauen Hindenburgs genoß, brachte genügend Mut auf, um öffentlich gegen die Ausschreitungen des von ihm selbst den Deutschen aufgeredeten Regimes zu reden. Im Mai hatte er den hinfälligen Reichspräsidenten auf den Weg nach Neudeck gebracht – wobei er seinen Protektor zum letzten Male sah –, und bei dieser Gelegenheit hatte Hindenburg zu ihm gesagt: »Die Dinge stehen nicht gut, Papen. Sehen Sie zu, was sich machen läßt, um sie in Ordnung zu bringen.«

Hierdurch ermutigt, hatte Papen die Aufforderung angenommen, am 17. Juni in der Marburger Universität zu sprechen. Seine Rede war größtenteils verfaßt worden von einem seiner persönlichen Berater, dem Protestanten Edgar Jung, einem hochbegabten Münchner Rechtsanwalt und Schriftsteller, und zwar in Zusammenarbeit mit Papens Pressereferenten Herbert von Bose und dem Führer der Katholischen Aktion, Erich Klausener – wofür alle drei bald mit ihrem Leben büßen sollten. Es war eine mutige und – dank Jung – eine stilistisch brillante und im Ton würdige Rede. Sie forderte die Beendigung der Revolution und des NS-Terrors, die Wiederherstellung von Anstand und Sitte und die Rückkehr zu einem gewissen Maß an Freiheit, insbesondere für die Presse. Auf den Propagandaminister Goebbels anspielend, sagte Papen:

Offene männliche Diskussionen wären für das deutsche Volk dienlicher als zum Beispiel der gegenwärtige Zustand der deutschen Presse. Die Regierung [sollte] an die alte Maxime denken: »Nur Schwächlinge dulden keine Kritik« ... Große Männer werden nicht durch Propaganda gemacht ... Wenn man Volksnähe und Volkverbundenheit will, so darf man die Klugheit des Volkes nicht unterschätzen, muß sein Vertrauen erwidern und es nicht unausgesetzt bevormunden wollen ... Keine Organisation, keine Propaganda, mag sie noch so ausgezeichnet sein, kann auf die Dauer das Vertrauen haben. Nicht durch Aufreizung ... nicht durch Drohungen gegenüber hilflosen Volksteilen, sondern nur durch vertrauensvolle Aussprache mit dem Volke kann die Zuversicht und Einsatzfreude gehoben werden ... Es ist an der Zeit, in Bruderliebe und Achtung vor den Volksgenossen zusammenzurücken und das Werk ernster Männer nicht zu stören und Fanatiker zum Schweigen zu bringen[32]

Die Rede, die sich in Deutschland rasch herumsprach, schlug bei den in Gera tagenden Führern der NSDAP wie eine Bombe ein. Goebbels unternahm sofort Schritte, um möglichst wenig von ihr bekannt werden zu lassen. Er untersagte die für den Abend vorgesehene Rundfunkübertragung der Rede wie auch jede Erwähnung in der Presse und veranlaßte die polizeiliche Beschlagnahme der *Frankfurter Zeitung*, die bereits einen Teil des Wortlauts gebracht hatte. Aber nicht einmal die absolute Macht des Propagandaministers reichte aus, um dem deutschen Volk und dem Ausland den Inhalt der Rede vorzuenthalten. Der schlaue Papen hatte im voraus die Auslandskorrespondenten und Diplomaten mit Kopien seiner Rede versorgt, und es wurden mehrere Tausend Exemplare eines Sonderdrucks, der eilends in Papens Zeitung *Germania* hergestellt worden war, heimlich verteilt.

Als Hitler von der Marburger Rede erfuhr, raste er vor Wut. In seiner Rede, die er am selben Tag in Gera hielt, tobte er: »Lächerlich, wenn ein kleiner Zwerg sich einbildet, durch ein paar Redensarten die gigantische Erneuerung des Volkes hemmen zu können.« Papen war ebenfalls wütend: über die Unterdrückung seiner Rede. Am 20. Juni eilte er zu Hitler und sagte ihm, er könne ein solches Verbot von seiten eines jüngeren Ministers nicht dulden. Er habe als »Treuhänder des Präsidenten« gesprochen. Dann reichte er seinen Rücktritt ein und fügte drohend hinzu, er werde Hindenburg unverzüglich in Kenntnis setzen.

Hitler war sichtlich betroffen, zumal ihm zu Ohren gekommen war, daß Hindenburg mit dem Stand der Dinge äußerst unzufrieden war und die Verhängung des Ausnahmezustands sowie die Übertragung der Macht an die Reichswehr erwog. Um festzustellen, wie weit tatsächlich der Fortbestand des NS-Regimes gefährdet war, flog er am Tage darauf, dem 21. Juni, nach Neudeck. Hier können sich seine Besorgnisse nur noch vermehrt haben. Er wurde von General Blomberg in Empfang genommen und erkannte sehr rasch, daß sich dessen Haltung ihm gegenüber plötzlich verändert hatte. Blomberg kehrte jetzt den strengen preußischen General heraus und teilte Hitler brüsk mit, er sei von Hindenburg ermächtigt, dem Kanzler zu sagen, daß der Präsident, wenn nicht bald eine Entspannung der Lage in Deutschland herbeigeführt werde, den Ausnahmezustand verhängen und der Reichswehr entsprechende Vollmachten erteilen würde. Als Hitler dann für ein paar Minuten zu Hindenburg gelassen wurde, bestätigte der Präsident in Gegenwart Blombergs das Ultimatum.

Diese Wendung der Dinge war für Hitler verheerend. Sie gefährdete nicht nur seinen Plan, Nachfolger des Präsidenten zu werden; übernähme die Reichswehr die Macht, so würde dies sein und das Ende der NS-Regierung bedeuten. Auf dem Rückflug nach Berlin dürfte er sich überlegt haben, daß ihm, wenn er überleben wollte, nur eine einzige Möglichkeit bliebe. Er mußte seinen Pakt mit der Wehrmacht einlösen, die SA in ihre Schranken weisen und der Fortsetzung der Revolution, auf die die SA-Führer drängten, Einhalt gebieten. Es war offenkundig: mit Geringerem würde sich die vom Reichspräsidenten gestützte Wehrmacht nicht zufrieden geben.

Und doch, noch in dieser letzten kritischen Juniwoche zögerte Hitler – zumindest hatte er Hemmungen, gegen die SA-Leute, denen er so viel verdankte, allzu drastisch vorzugehen. Doch nunmehr halfen ihm Göring und Himmler, sich zu Entschlüssen durchzuringen. Sie hatten bereits die Rechnungen aufgemacht, die sie zu begleichen wünschten, lange Listen mit Gegnern von heute und gestern, die sie liquidieren wollten. Sie brauchten ihren Führer nur noch von dem Umfang des gegen ihn gerichteten »Komplotts« sowie von der Notwendigkeit eines raschen, rücksichtslosen Vorgehens zu überzeugen. Nach der Aussage Wilhelm Fricks in Nürnberg war es Himmler, dem es schließlich gelang, Hitler zu überzeugen, »daß Röhm einen Putsch machen wollte. Der Führer beauftragte Himmler, den Putsch zu unterdrücken«. Himmler, fügte Frick hinzu, habe Anweisung erhalten, in Bayern durchzugreifen, und Göring in Berlin[33].

Die Armee drängte Hitler ebenfalls und übernahm damit einen Teil der Verantwortung für das kommende blutige Geschehen. Am 25. Juni setzte General von Fritsch, der Chef der Heeresleitung, die Reichswehr in Alarmzustand, verhängte eine Urlaubssperre und befahl der Truppe, in den Kasernen zu bleiben. Am 28. Juni wurde Röhm aus dem Deutschen Offiziersbund ausgeschlossen – eine deutliche Warnung, daß sich gegen den SA-Stabschef etwas zusammenbraute. Und damit sich niemand, vor allem Röhm nicht, irgendwelche Illusionen über den Standpunkt der Reichswehr machte, ließ Blomberg – ein nie dagewesener Fall – am 29. Juni im *Völkischen Beobachter* einen von ihm selbst unterzeichneten Aufsatz veröffentlichen, worin es hieß: »Die Wehrmacht [steht] ... hinter dem Führer des Reiches, Adolf Hitler, der einst aus unseren Reihen kam und stets einer der unseren bleiben wird.«

Die Wehrmacht drängte also auf Bereinigung, wollte aber ihre eigenen Hände nicht beschmutzen. Das sollten Hitler, Göring und Himmler mit der SS und Görings Landespolizeigruppe besorgen.

Am 28. Juni reiste Hitler von Berlin nach Essen, um dort an der Hochzeit des Gauleiters Josef Terboven teilzunehmen. Diese Reise und ihr Anlaß ließen kaum darauf schließen, daß eine schwere Krise im Gange war. Am selben Tag ordneten Göring und Himmler Alarmbereitschaft für Sonderabteilungen der SS und der Göringschen Polizei an. Nachdem Hitler die Hauptstadt verlassen hatte, hielten sie sich offensichtlich für befugt, auf eigene Faust zu handeln. Am Tage darauf, dem 29. Juni, besichtigte Hitler Arbeitsdienstlager in Westfalen und begab sich am Nachmittag nach Bad Godesberg in das Hotel seines Kriegskameraden Dreesen. Am selben Abend tauchte Goebbels in Godesberg auf. Anfänglich scheint er gezögert zu haben, auf welche Seite er sich schlagen solle – er hatte heimlich mit Röhm in Verbindung gestanden – brachte aber jetzt, nachdem er sich entschieden hatte, »bedrohliche Nachrichten« aus Berlin mit, wie Hitler es später ausdrückte. Der von Röhm zum Berliner SA-Führer gemachte Karl Ernst, ein ehemaliger Hotelpage und Rausschmeißer in einem von Homosexuellen besuchten Café, hatte die SA alarmiert. Ernst, ein eleganter junger Mann, aber keineswegs besonders begabt, glaubte in jenen wie auch in den letzten ihm verbleibenden 24 Stunden seines Lebens, er habe es mit einem Rechtsputsch zu tun, und rief noch, als er starb: »Heil Hitler!« aus.

Hitler behauptete später, er habe sich am Abend des 29. Juni lediglich dazu entschlossen, »den Stabschef seines Amtes zu entheben, zunächst in Verwahrung zu nehmen und eine Anzahl von SA-Führern, deren Verbrechen klar zutage lag, zu verhaften ... und in einem eindringlichen Appell die übrigen zu ihrer Pflicht zurückzurufen.«

Um ein Uhr nachts [jedoch] erhielt ich aus Berlin und München zwei dringendste Alarmnachrichten, nämlich erstens, daß für Berlin um vier Uhr nachmittags Alarm angeordnet sei ... und daß Schlag fünf Uhr die Aktion überfallmäßig mit der Besetzung der Regierungsgebäude ihren Anfang nehmen sollte ... Zweitens wurde in München die Alarmierung der SA bereits für neun Uhr abends angeordnet ... Das war Meuterei! ... Unter diesen Umständen konnte es für mich nur noch einen einzigen Entschluß geben ... Nur ein rücksichtsloses und blutiges Zugreifen war vielleicht noch in der Lage, die Ausbreitung der Revolte zu ersticken ...
Um zwei Uhr morgens flog ich nach München[54].

Hitler hat nie verraten, von wem die »dringendsten Alarmnachrichten« kamen, aber es ist naheliegend, an Göring und Himmler zu denken. Sicher ist, daß sie stark übertrieben waren. Der Berliner SA-Führer Ernst stand an jenem Sonnabend im Begriff, mit seiner jungen Frau nach Bremen zu fahren, um eine Hochzeitsreise nach Madeira anzuteten. Und wie sah es mit den »Verschwörern« in Süddeutschland aus?
Am 30. Juni, zwei Uhr morgens, als Hitler in Begleitung von Goebbels auf dem Flugplatz Hangelar bei Bonn das Flugzeug bestieg, schliefen Röhm und seine SA-Leute friedlich im Hotel *Hanslbauer* in Bad Wiessee. Edmund Heines, der SA-Obergruppenführer von Schlesien, ein überführter Mörder und berüchtigter Homosexueller, hatte einen Jüngling in seinem Bett. Die SA-Führer dachten so wenig an eine Revolte, daß Röhm sogar seine Stabswache in München gelassen hatte. Sie scheinen kräftig gezecht, aber nicht eine Verschwörung geschmiedet zu haben.
Hitler landete mit seiner kleinen Gruppe – es hatten sich noch Otto Dietrich, sein Pressechef, und Viktor Lutze, der farblose, aber treue SA-Führer von Hannover, zu ihm gesellt – um vier Uhr früh in München, wo er feststellte, daß in der Aktion schon etwas unternommen worden war. Major Walter Buch, Leiter des Parteigerichts USCHLA, und Adolf Wagner, der bayerische Innenminister, hatten mit Hilfe alter Gefährten Hitlers, wie Emil Maurice und Christian Weber, die Münchner SA-Führer verhaftet. Unter ihnen befand sich auch Obergruppenführer Schneidhuber, der gleichzeitig Chef der Münchener Polizei war. Die Verhafteten waren ins Innenministerium gebracht worden. Hitler, der sich inzwischen in hysterische Wut gesteigert hatte, riß Schneidhuber, einem ehemaligen Armeeoberst, die Parteiinsignien ab und beschimpfte ihn wegen »Verrats«.
Kurz nach Morgengrauen fuhr Hitler mit seiner Gruppe in einer langen Wagenreihe von München nach Wiessee. Röhm und seine Freunde lagen im Hotel *Hanslbauer* immer noch in tiefem Schlaf. Es gab für sie ein rauhes Erwachen. Heines und sein Jüngling wurden aus dem Bett gezerrt, hinter das Hotel gebracht und auf Befehl Hitlers

sofort erschossen. Zu Röhm ins Zimmer ging Hitler, wie Otto Dietrich berichtet, ohne Begleitung. Er brüllte ihn an und befahl seine Verbringung ins Strafgefängnis Stadelheim, wo der SA-Stabschef nach dem Bürgerbräu-Putsch von 1923 schon einmal gesessen hatte. Nach vierzehn stürmischen Jahren waren die beiden Freunde, die mehr als sonst jemand für die Heraufkunft des Dritten Reiches, für Terror und Entartung verantwortlich waren und die trotz aller Meinungsverschiedenheiten in den Augenblicken der Krise, der Niederlagen und Enttäuschungen zusammengehalten hatten, an einem Punkte angelangt, wo ihre Wege sich trennten. Der narbengesichtige, krakeelende Kämpfer für Hitler und den Nationalsozialismus stand am Ende seines von Gewalttaten erfüllten Lebens.
Hitler veranlaßte, seinem alten Gefährten eine Pistole auf den Tisch zu legen – eine letzte Geste, die er anscheinend für eine Gnade hielt. Röhm lehnte es ab, von der Waffe Gebrauch zu machen. »Das soll Adolf selbst tun«, soll er gesagt haben. Daraufhin betraten, wie 23 Jahre später, im Mai 1957, ein Polizeioffizier, der Augenzeuge war, in einem Nachkriegsprozeß zu München aussagte, zwei SS-Leute die Zelle und schossen Röhm nieder. »Röhm wollte noch etwas sagen«, erklärte dieser Zeuge, »aber die SS-Leute geboten ihm Schweigen. Dann nahm Röhm, dem man den Oberkörper entblößt hatte, mit verächtlichem Gesicht Haltung an[35].« Und so kam er, der Gewalttätige, durch Gewalt um. Er starb höchstwahrscheinlich, ebenso wie viele andere, die an diesem Tage hingemetzelt wurden – Schneidhuber soll ausgerufen haben: »Meine Herren, ich weiß überhaupt nicht, was los ist, aber zielt gut« –, ohne eine klare Vorstellung, was vor sich ging und warum es vor sich ging, es sei denn Verrat, den er, der so lange mit Verrat gelebt und ihn so oft begangen hatte, von seinem Freunde Adolf Hitler nicht erwartet hatte.
In Berlin waren unterdessen Göring und Himmler emsig am Werk gewesen. Es wurden etwa 150 SA-Führer zusammengetrieben und von Himmlers SS und Görings Sonderpolizei in der Kadettenanstalt Lichterfelde an die Wand gestellt.
Unter ihnen befand sich Karl Ernst, dessen Hochzeitsreise vor Bremen ihr Ende fand. Bewaffnete SS-Leute hielten seinen Wagen an. Seine Braut und sein Fahrer wurden verwundet; er selbst wurde bewußtlos geschlagen und im Flugzeug nach Berlin zurückgebracht – zu seiner Erschießung.

Indes waren die SA-Führer nicht die einzigen Opfer dieses blutigen Wochenendes. Am Vormittag des 30. Juni läutete eine Gruppe von SS-Leuten in Zivil an der Villentür des Generals von Schleicher. Als der General öffnete, schossen sie ihn auf der Türschwelle nieder, und als seine Frau herbeieilte, wurde auch sie auf der Stelle erschossen. General Kurt von Bredow, einen nahen Freund Schleichers, ereilte am Abend desselben Tages das gleiche Schicksal. Gregor Strasser wurde am Samstagnachmittag in seiner Berliner Wohnung verhaftet und wenige Stunden später im Gestapogefängnis in der Prinz-Albrecht-Straße hingerichtet.
Papen hatte mehr Glück. Er kam mit dem Leben davon. Aber sein Amtszimmer wurde

von SS-Leuten durchwühlt, sein Pressereferent von Bose am Schreibtisch niedergeschossen, sein Mitarbeiter Edgar Jung, der ein paar Tage vorher von der Gestapo verhaftet worden war, im Gefängnis ermordet, ein weiterer Mitarbeiter, Erich Klausener, Führer der Katholischen Aktion, in seinem Amtsraum im Verkehrsministerium umgebracht und der Rest seines Stabes, darunter seine Privatsekretärin Baronin Stotzingen, in ein Konzentrationslager eingeliefert. Als Papen sich bei Göring beschwerte, wurde er, wie er später schrieb, »mehr oder weniger« hinausgeworfen. Göring erteilte ihm Hausarrest, seine Villa wurde von schwerbewaffneten SS-Leuten bewacht, sein Telefon abgeschnitten und ihm selbst untersagt, mit der Außenwelt in Verbindung zu treten – eine neue Demütigung, die der Vizekanzler bemerkenswert leicht hinnahm. Denn kaum vier Wochen später genierte er sich nicht, von den Mördern seiner Freunde einen neuen Posten anzunehmen, nämlich den des deutschen Gesandten in Wien, wo Bundeskanzler Dollfuß gerade von Gefolgsleuten Hitlers umgebracht worden war.

Wieviel Menschen bei dem Blutbad vom 30. Juni ums Leben kamen, ist niemals genau festgestellt worden. Hitler gab in seiner Reichstagsrede vom 13. Juli bekannt, es seien 61 Personen erschossen worden, darunter neunzehn »höhere SA-Führer«, weitere dreizehn seien, als sie sich »der Verhaftung widersetzten« ums Leben gekommen, und drei hätten »Selbstmord begangen« – insgesamt also 77. Das in Paris von Emigranten herausgegebene Weißbuch nannte eine Zahl von 401 Opfern, zählte aber namentlich nur 116 Personen auf. Im Münchener Prozeß vom Mai 1957 war von »über tausend« die Rede.

Viele wurden aus reiner Rachsucht umgebracht, weil sie sich einmal Hitler widersetzt hatten, andere weil sie offenbar zu viel wußten. In einem Fall hatte man sich sogar in der Person geirrt. Die Leiche Gustav von Kahrs, der, wie erinnerlich, den Bürgerbräu-Putsch vom Jahre 1923 unterdrückte, sich jedoch schon lange aus der Politik zurückgezogen hatte, wurde im Dachauer Moor gefunden, allem Anschein nach durch Spitzhacken verstümmelt. Hitler hatte ihn weder vergessen, noch ihm verziehen. Pater Bernhard Stempfle, der einmal an der Abfassung von *Mein Kampf* mitgeholfen und später wohl etwas zuviel über die ihm bekannten Gründe für den Selbstmord Geli Raubals geplaudert hatte, wurde mit drei Herzschüssen und gebrochenem Hals im Wald von Harlaching bei München tot aufgefunden.

Einer der Morde verdient besondere Erwähnung. Am Abend des 30. Juni, 19.20 Uhr, saß Dr. Willi Schmid, der hervorragende Musikkritiker der *Münchener Neuesten Nachrichten*, am Cello, während seine Frau das Abendessen bereitete und seine drei Kinder im Alter von neun, acht und zwei Jahren im Wohnzimmer spielten, als die Türklingel ging. Es traten vier SS-Männer ein und nahmen Dr. Schmid ohne jede Erklärung mit sich. Vier Tage später brachte man seine Leiche in einem geschlossenen Sarg und die Anweisung der Gestapo, den Sarg unter keinen Umständen zu öffnen. Die SS-Schergen hatten Dr. Willi Schmid, der sich nie im Leben mit Politik befaßt hatte, mit Willi Schmidt, einem Münchener SA-Führer verwechselt, der inzwischen von einer anderen SS-Gruppe verhaftet und erschossen worden war[36].

Hat es überhaupt eine Verschwörung gegen Hitler gegeben? Darüber hat nur er selbst sich geäußert, sei es in der amtlichen Verlautbarung, sei es in seiner Reichstagsrede vom 13. Juli. Einen Beweis hat er nie erbracht, nicht einmal die Spur eines Beweises. Röhm hatte zwar kein Geheimnis aus seinem Ehrgeiz gemacht, aus der SA den Kern der neuen Armee zu machen und selbst an deren Spitze zu stehen. Über diese Frage hatte er auch sicherlich schon mit Schleicher diskutiert, als dieser noch Kanzler war. Wahrscheinlich wurde auch Gregor Strasser – um mit Hitler zu sprechen – »hinzugezogen«. Aber solche Besprechungen bildeten noch keinen Hochverrat. Hitler selbst stand noch mit Strasser in Verbindung und bot ihm, Otto Strasser zufolge, Anfang Juni den Posten des Wirtschaftsministers an.

In seiner Reichstagsrede beschuldigte Hitler zunächst Röhm und Schleicher, Unterstützung bei einer »ausländischen Macht« – offensichtlich meinte er Frankreich – gesucht zu haben, wobei General von Bredow den Mittelsmann gespielt habe. Allein schon das sei »Landesverrat«. Und wenn Hitler auch sarkastisch bemerkte, »ein ausländischer Diplomat« – mit dem er nur François-Poncet, den französischen Botschafter meinen konnte – habe ihm erklärt, »die Zusammenkunft mit Schleicher und Röhm sei völlig harmlos gewesen«, so war er doch nicht in der Lage, das Gegenteil zu beweisen. Für jeden Deutschen in verantwortlicher Stellung, sagte er, sei es ein Verbrechen, ohne sein Wissen mit ausländischen Diplomaten zusammenzutreffen:

Wenn drei Hochverräter in Deutschland mit einem auswärtigen Staatsmann eine Zusammenkunft vereinbaren und ... mir durch strengsten Befehl verheimlichen, dann lasse ich solche Männer totschießen, auch wenn es zutreffend sein sollte, daß bei einer vor mir so verborgenen Beratung nur über Witterung, alte Münzen und dergleichen gesprochen worden sein soll.

Als François-Poncet gegen solche Anspielungen energisch Einspruch erhob, teilte das deutsche Auswärtige Amt der französichen Regierung offiziell mit, die Anschuldigungen entbehrten jeder Grundlage, und die Reichsregierung hoffe, daß der Botschafter auf seinem Posten bleiben werde. Er blieb denn auch und stand, wie der Verfasser dieses Buches bezeugen kann, mit Hitler persönlich auf besserem Fuß als irgendein anderer Botschafter eines demokratischen Staates.

In den ersten Verlautbarungen, vor allem in einem schauerlichen Augenzeugenbericht des Reichspressechefs Otto Dietrich, und sogar noch in Hitlers Reichstagsrede wurde die Verderbtheit Röhms und der anderen SA-Führer mächtig hochgespielt. Und doch hatte Hitler seit langem – schon seit Gründung der Partei – gewußt, daß viele seiner engsten Gefährten und wichtigsten Anhänger Pervertierte und zum Teil überführte Mörder waren. Von Heines war es zum Beispiel allgemein bekannt, daß er SA-Leute durch ganz Deutschland zu schicken pflegte, um geeignete Objekte für seine Neigung zu finden. Solche Dinge hatte Hitler nicht nur geduldet, sondern auch verteidigt; mehr als einmal hatte er seine Parteigenossen davor gewarnt, allzu prüde gegenüber der Moral eines sonst fanatischen Kämpfers der Bewegung zu sein. Jetzt, am 30. Juni 1934, behauptete er, über die moralische Entartung einiger seiner ältesten Gefährten entrüstet zu sein.

Am Sonntagnachmittag, dem 1. Juli, als der im Nachtflugzeug nach Berlin zurückgekehrte Hitler im Garten der Reichskanzlei einen Tee-Empfang gab, war das Schlimmste vorüber. Am Montag dankte Präsident Hindenburg dem Kanzler dafür, »daß Sie durch Ihr entschlossenes Vorgehen und Ihr mutiges persönliches Eingreifen alle hochverräterischen Umtriebe im Keime erstickt haben«. Er beglückwünschte auch Göring zu seinem »energischen und erfolgreichen Vorgehen gegen die Hochverräter«. Am Dienstag überbrachte General von Blomberg dem Kanzler die Glückwünsche des Kabinetts, das das Blutbad als notwendige Maßnahme »zur Verteidigung des Staates« für »rechtens« erklärte. Blomberg erließ auch einen Tagesbefehl an die Reichswehr, worin er die Befriedigung des Oberkommandos zum Ausdruck brachte und versprach, »zu der neuen SA in herzliche Beziehung zu treten«.
Daß die Reichswehr über die Beseitigung ihres Rivalen, der SA, erfreut war, ist durchaus verständlich. Wie aber sah es mit dem Ehr- oder auch nur Anstandsgefühl eines Offizierkorps aus, das einer Regierung die Durchführung eines in der deutschen Geschichte beispiellosen Massakers, bei dem zwei hohe Offiziere, die Generale Schleicher und Bredow, als Verräter gebrandmarkt und kaltblütig umgebracht worden waren, nicht allein nachsah, sondern sie dafür noch öffentlich belobigte? Nur der 85jährige Generalfeldmarschall von Mackensen und General von Hammerstein, der frühere Chef der Heeresleitung, erhoben protestierend ihre Stimmen gegen die Ermordung ihrer beiden Kameraden und gegen die als Vorwand benutzten Verratsbeschuldigungen, und erst allmählich gewannen sie Anhänger[37]. Das Verhalten des Offizierkorps bildete nicht nur einen schwarzen Flecken auf dem Ehrenschild der Armee, es war auch ein Zeichen seiner unglaublichen Kurzsichtigkeit.
Indem die Generale Hitlers ungesetzliches, ja verbrecherisches Vorgehen vom 30. Juni 1934 auch zu ihrer Sache machten, brachten sie sich selber in eine Lage, aus der heraus sie sich in Zukunft nationalsozialistischen Terrorakten, auch wenn sie über Deutschlands Grenzen hinauszielten und sogar Angehörige des Offizierkorps betrafen, nicht mehr widersetzen konnten. Denn die Wehrmacht stellte sich hinter Hitlers Anspruch, selbst zum Gesetz geworden zu sein, oder wie er es in seiner Reichstagsrede vom 13. Juli ausdrückte: »Wenn man mir den Vorwurf macht, weshalb man nicht die ordentlichen Gerichte zur Aburteilung herangezogen hätte, dann kann ich nur sagen: In dieser Stunde war ich verantwortlich für das Schicksal der deutschen Nation und damit des deutschen Volkes oberster Gerichtsherr.« Und damit niemand im Zweifel war, fügte Hitler hinzu: »Es soll jeder für alle Zukunft wissen, daß, wenn er die Hand zum Schlag gegen den Staat erhebt, der sichere Tod sein Los ist.« An diese Warnung sollten die Generale fast auf den Tag zehn Jahre später denken, als schließlich die Verwegensten unter ihnen wagten, die Hand zum Schlag gegen ihren obersten Gerichtsherrn zu erheben.

Außerdem gab sich das Offizierkorps einer Täuschung hin, wenn es glaubte, am 30. Juni die von der NS-Bewegung ausgehende Bedrohung seiner traditionellen Vorrechte und Macht ein für allemal losgeworden zu sein. Denn an die Stelle der SA trat nun die SS. Am 26. Juli wurde die SS zum Lohn für die Durchführung der Exekutionen von der SA unabhängig gemacht, während Himmler, ihr »Reichsführer«, fortan nur Hitler verantwortlich war. Bald sollte diese viel besser disziplinierte und loyalere Formation weit mächtiger werden, als es die SA je gewesen war, und als Rivalin der Wehrmacht den Erfolg erringen, der Röhms lärmenden Braunhemden versagt geblieben war.

Für den Augenblick jedoch waren die Generale selbstzufrieden und zuversichtlich. »Im Staat gibt es nur einen Waffenträger: die Wehrmacht«, betonte Hitler noch einmal in seiner Reichstagsrede vom 13. Juli. Auf Verlangen der Wehrmacht hatte der Kanzler sich der SA, die dieses Diktum anzufechten gewagt hatte, entledigt. Nun war es an der Zeit, daß die Wehrmacht ihrerseits die im »Pakt der *Deutschland*« eingegangenen Verpflichtungen einlöste.

HINDENBURGS TOD

Im Laufe des Sommers war der scheinbar unverwüstliche Hindenburg immer hinfälliger geworden. Am 2. August, 9 Uhr vormittags, starb er im Alter von fast 87 Jahren. Drei Stunden später, um die Mittagszeit, wurde ein am *Vortage* vom Kabinett erlassenes Gesetz bekanntgegeben, demzufolge das Amt des Reichspräsidenten mit dem des Reichskanzlers vereinigt worden und infolgedessen die bisherigen Befugnisse des Reichspräsidenten, also auch die des Oberbefehlshabers der Wehrmacht, auf den »Führer und Reichskanzler« Adolf Hitler übergegangen seien. Der Titel »Reichspräsident« wurde abgeschafft. Damit war Hitlers Diktatur vollendet. Um keine Schlupflöcher offenzulassen, zwang Hitler alle Offiziere und Mannschaften, einen Treueid abzulegen – nicht auf Deutschland, nicht auf die Verfassung, gegen die er durch Nichteinberufung einer Präsidentschaftswahl verstoßen hatte, sondern auf seine Person. Er lautete:

Ich schwöre bei Gott diesen heiligen Eid, daß ich dem Führer des Deutschen Reiches und Volkes Adolf Hitler, dem Oberbefehlshaber der Wehrmacht, unbedingten Gehorsam leisten und als tapferer Soldat bereit sein will, jederzeit für diesen Eid mein Leben einzusetzen.

Vom August 1934 an waren also die Generale, die bis zu diesem Zeitpunkt, wenn sie es gewollt hätten, das NS-Regime mit Leichtigkeit hätten stürzen können, an die Person Adolf Hitlers gebunden. Sie hatten ihn als höchste Autorität im Staate anerkannt und sich ihm durch einen Treueid verpflichtet, den unter allen Umständen einzuhalten ihnen die Ehre gebot, ganz gleich wie erniedrigend es für sie selbst und ihr Vaterland sein mochte. Es war ein Eid, der, als ihr anerkannter Führer einen Weg einschlug, der nach ihrer Überzeugung nur zum Untergang der Nation führen konnte und ihnen widerstrebte, das Gewissen nur sehr weniger hoher Offiziere belasten sollte. Es war ein Gelübde, das eine weit größere Anzahl von Offizieren in die Lage versetzte, sich der persönlichen Verantwortung für die unsagbaren Verbrechen zu entziehen, die auf Befehl eines Oberbefehlshabers begangen wurden, dessen wahre Natur sie bei dem Massaker vom 30. Juni erkannt haben mußten. Eine der erschreckenden Verirrungen des deutschen Offizierkorps hatte seine Wurzeln in diesem Konflikt mit der »Eidestreue«. Sie führten das Wort »Ehre«, von dem sie eine so seltsame Auffassung hatten, häufig auf ihren Lippen, wie der Verfasser dieses Buches auf Grund persönlicher Erfahrung bezeugen kann. Später, als sie aus Ehrgefühl zu ihrem Eid hielten, entehrten sie sich selbst als Menschen und traten wiederholt den Ehrenkodex ihres Offizierkorps in den Schmutz.

Kurz nach Hindenburgs Tod gab der Propagandaminister Dr. Goebbels amtlich bekannt, im Nachlaß des Feldmarschalls sei kein Testament gefunden worden, so daß anzunehmen sei, er habe keine letztwillige Verfügung hinterlassen. Aber am 15. August, vier Tage vor der Volksabstimmung, in der das deutsche Volk seine Zustimmung zu der Übernahme der obersten Staatsführung durch Hitler geben sollte, tauchte plötzlich Hindenburgs politisches Testament auf. Es war von niemand anderem als Papen an Hitler ausgehändigt worden. Die im Testament enthaltenen Lobesworte für Hitler lieferten Goebbels großartiges Propagandamaterial für die letzten Tage vor der Volksabstimmung, wozu noch Oberst Oskar von Hindenburg durch eine Rundfunkansprache am Vorabend der Abstimmung einiges beitrug:

Mein nunmehr verewigter Vater hat in Adolf Hitler seinen unmittelbaren Nachfolger als Oberhaupt des Deutschen Reiches gesehen, und ich handle in Übereinstimmung mit meines Vaters Absicht, wenn ich alle deutschen Männer und Frauen aufrufe, für die Übergabe des Amtes meines Vaters an den Führer und Reichskanzler zu stimmen[38].

Es ist so gut wie sicher, daß dies nicht der Wahrheit entsprach. Denn soviel aus den verfügbaren Unterlagen ersichtlich ist, empfahl Hindenburg in seinem Testament die Wiederherstellung der Monarchie für die Zeit nach seinem Tod. Dieser Teil des Testaments wurde jedoch von Hitler unterdrückt.

Das Geheimnis wurde zum Teil, wenn nicht gar ganz, nach dem Kriege bei Papens Vernehmung in Nürnberg und später in seinen Memoiren gelüftet. Und wenn auch Papen als Zeuge anfechtbar ist und nicht alles gesagt habe dürfte, was er wußte, so läßt sich doch seine Aussage nicht übersehen. Er selbst verfaßte den Erstentwurf von Hindenburgs Testament, und zwar auf die Bitte des Feldmarschalls hin, wie er sagt.

Mein Testamentsentwurf [schreibt er in seinen Memoiren] empfahl, daß nach Hindenburgs Tod die konstitutionelle Monarchie wieder einzuführen sei, da sie am besten eine unabhängige Staatsspitze sichere, weil die Vereinigung der Ämter des Präsidenten und des Kanzlers aus staatsrechtlichen Gründen nicht ratsam wäre... Um Hitler die Sache möglichst zu erleichtern, enthielt der Entwurf Äußerungen über dessen politische Leistungen...

Papen sagt, er habe diesen Entwurf Hindenburg im April 1934 vorgelegt.

Später ließ er mich wieder zu sich bitten und eröffnete mir, er halte es nach reiflicher Überlegung nicht für richtig, dem deutschen Volk im Augenblick seines, Hindenburgs, Todes eine Empfehlung über eine zukünftige Staatsform zu geben. Die Zeit schiene ihm noch nicht reif, und die Nation müsse sich selbst darüber klarwerden, welche Staatsform sie letztlich haben wolle. Er habe sich daher entschlossen, als politisches Testament nur den Rechenschaftsbericht zu hinterlassen. Die Empfehlungen, zur monarchischen Staatsform zurückzukehren, werde er an Hitler persönlich in Form eines Briefes richten. Der wesentliche Inhalt meines Entwurfs war also nicht mehr in den als Testament niedergeschriebenen Zeilen enthalten, sondern in dem persönlichen Brief an Hitler. Durch diesen Entschluß Hindenburgs war die Empfehlung der Monarchie nun nicht mehr an die Nation gerichtet, sondern an den Kanzler, der sich diese Lage später zunutze machte.

Niemand in Deutschland hätte besser als Papen beobachten können, in welcher Weise Hitler die Lage ausnutzte.

Nach meiner Rückkehr von der Beisetzung Hindenburgs in Tannenberg wurde ich von Hitler in Berlin angerufen. Er fragte mich, ob es ein politisches Testament Hindenburgs gebe und ob ich wüßte, wo sich dieses befinde. [Ich] antwortete, ich würde mich sofort bei Oskar von Hindenburg erkundigen. »Dann bitte ich Sie, mich möglichst bald in den Besitz dieses Dokuments zu setzen«, erwiderte Hitler. Ich beorderte daher meinen Privatsekretär Graf Kageneck, nach Neudeck zu fahren und den Sohn Hindenburgs zu bitten, das etwa dort befindliche Testament mir zwecks Übergabe an den Kanzler auszuhändigen. Da ich den Reichspräsidenten seit seiner Abreise von Berlin Ende Mai lebend nicht mehr gesehen, war es immerhin möglich, daß er inzwischen das Testament zurückgezogen oder vernichtet hatte.

Oskar von Hindenburg, der das wichtige Dokument unmittelbar nach dem Tod seines Vaters nicht hatte finden können, fand es nun plötzlich. Daß dies nicht gerade sehr schwierig gewesen sein konnte, bestätigte Hindenburgs Adjutant Graf von der Schulenburg in seiner Zeugenaussage während Papens Entnazifizierungsverfahren. Er enthüllte, daß der Präsident am 11. Mai zwei Dokumente unterzeichnete, sein Testament und seine letztwillige Verfügung. Das eine war an »das deutsche Volk«, das andere an den »Reichskanzler Adolf Hitler« adressiert. Als Hindenburg seine letzte Fahrt von Berlin nach Neudeck antrat, nahm Schulenburg die Dokumente mit. Papen sagt, er habe zu jener Zeit nichts davon gewußt. Doch nunmehr brachte sein aus Neudeck zurückkehrender Sekretär zwei versiegelte Umschläge mit, die ihm Oskar von

Hindenburg ausgehändigt hatte. Papen übergab sie Hitler am 15. August in Berchtesgaden.

Hitler las [beide Dokumente] mit größter Aufmerksamkeit und diskutierte sie mit uns. Ganz offenbar war die Empfehlung des verstorbenen Marschalls, jetzt eine Monarchie in Deutschland zu restaurieren, seinen Wünschen vollkommen zuwider. »Diese Empfehlungen des verstorbenen Präsidenten sind an mich persönlich gerichtet«, bemerkte er. »Ich werde später entscheiden, ob und wann ich ihrer Veröffentlichung zustimmen werde.« Vergebens bat ich Hitler, doch beide Dokumente der Nation zur Kenntnis zu bringen. Die bereits von ihm geschaffenen Tatsachen verboten es ihm. Die Veröffentlichung würde auch den Lauf der Ereignisse nicht mehr haben ändern können. Den Rechenschaftsbericht Hindenburgs händigte er dem Pressechef aus mit dem Befehl, ihn sofort zur veröffentlichen[39].

Was mit dem zweiten Dokument geschah, das nicht Hitler, sondern einen Hohenzollern als Staatsoberhaupt empfahl, darüber sagte Papen nichts; vielleicht weiß er es auch nicht. Da es unter den zahllosen erbeuteten Geheimdokumenten niemals zum Vorschein kam, ist es wahrscheinlich, daß Hitler es unverzüglich vernichtete.

Vielleicht würde es wenig Unterschied gemacht haben, wenn Hitler mutig und ehrlich genug gewesen wäre, das Dokument zu veröffentlichen. Wie bereits erwähnt, hatte er schon vor Hindenburgs Tod das Kabinett veranlaßt, ein Gesetz anzunehmen, das ihm die Befugnisse des Reichspräsidenten übertrug. Dieses Gesetz wurde am 1. August, also einen Tag vor Hindenburgs Tod, erlassen. Daß es illegal war, lag auf der Hand. Denn am 17. Dezember 1932, zur Zeit der Schleicher-Regierung, hatte der Reichstag mit der erforderlichen Zweidrittelmehrheit eine Verfassungsänderung angenommen, nach welcher der Reichsgerichtspräsident, und nicht der Reichskanzler, das Amt des Reichspräsidenten interimistisch bis zur Abhaltung von Präsidentenwahlen verwalten sollte. Und wenn auch das Ermächtigungsgesetz, die »legale« Basis der Hitler-Diktatur, dem Kanzler das Recht gab, Gesetze zu erlassen, die von der Verfassung abwichen, so legte es doch ausdrücklich fest, daß die Einrichtung der Präsidentschaft unberührt bleiben sollte.

Aber wer fragte jetzt noch nach dem Gesetz? Papen, der fröhlich nach Wien ging, um als Hitlers Gesandter die durch die Ermordung des Bundeskanzlers Dollfuß aufgewühlten Wogen zu glätten, fragte nicht danach. Das taten auch nicht die Generale, die sich eifrig an den Aufbau von Hitlers Armee begaben. Es fragten auch nicht die Industriellen danach, die sich begeistert dem gewinnbringenden Aufrüstungsgeschäft zuwandten. Konservative alter Schule, »anständige« Deutsche wie Baron von Neurath im Auswärtigen Amt und Dr. Schacht in der Reichsbank, legten keineswegs ihre Ämter nieder. Niemand legte sein Amt nieder. Ja, Dr. Schacht übernahm am 2. August, dem Tage, an dem die Befugnisse des Reichspräsidenten an Hitler übergingen, noch zusätzlich das Amt des Wirtschaftsministers.

Und das deutsche Volk? Am 19. August traten etwa 95 Prozent der Wahlberechtigten an die Urnen, von denen 90 Prozent, das heißt mehr als 38 Millionen, der Usurpierung unumschränkter Macht durch Hitler zustimmten. Nur 4,25 Millionen Deutsche hatten den Mut, »Nein« zu sagen.

Kein Wunder, daß Hitler auf dem am 4. September in Nürnberg abgehaltenen Reichsparteitag selbstgefällig auftrat. Ich selbst beobachtete, wie er am Vormittag des nächsten Tages mit dem Gehabe eines siegreichen Cäsar den Mittelgang der großen, flaggengeschmückten Luitpoldhalle entlangschritt, während die Kapelle den Badenweiler Marsch schmetterte und 30 000 Hände zum »Hitlergruß« erhoben waren. Wenige Minuten später ließ er sich stolz, mit verschränkten Armen und glänzenden Augen, in der Mitte des riesigen Podiums nieder, woraufhin der bayerische Gauleiter Adolf Wagner die Führerproklamation verlas:

Das nervöse Zeitalter des 19. Jahrhunderts hat bei uns endgültig seinen Abschluß gefunden. In den nächsten tausend Jahren findet in Deutschland keine Revolution mehr statt.

Da Hitler ein Sterblicher war, konnte er nicht tausend Jahre leben. Aber solange er lebte, sollte er dieses große Volk als der erbarmungsloseste Autokrat regieren, den es je gekannt hatte. Der ehrwürdige Hindenburg, der ihm seine Autorität hätte streitig machen können, war nicht mehr da, die Armee war in seiner Hand, durch einen Treueid zum Gehorsam gezwungen. Ja, ganz Deutschland und alle Deutschen waren jetzt, nachdem die letzten Widerspenstigen und Widerstrebenden beseitigt oder verschwunden waren, in seiner blutbefleckten Hand.

»Es ist wundervoll!« rief er in Nürnberg am Ende der von Paraden, Reden, Aufmärschen angefüllten Woche den ausländischen Korrespondenten zu. Niemals hat der Verfasser dieses Buches eine begeistertere Huldigung für einen Mann des öffentlichen Lebens gesehen. Adolf Hitler hatte von der Wiener Gosse bis hierher einen weiten Weg zurückgelegt. Er war erst 45 Jahre alt, und dies hier war der Anfang. Selbst wer zum erstenmal seit dem Tode der Republik nach Deutschland zurückkehrte, konnte erkennen, daß Hitler, welche auch immer seine Verbrechen gegen die Menschlichkeit waren, eine im deutschen Volk seit langem aufgestaute dynamische Kraft von unberechenbaren Ausmaßen entfesselt hatte. Zu welchem Zweck, hatte er bereits in *Mein Kampf* und in Hunderten von Reden dargelegt. Seine Äußerungen waren von so vielen Menschen innerhalb und besonders außerhalb Deutschlands nicht bemerkt, oder nicht beachtet, ja sogar lächerlich gemacht worden.

VIII

Leben im Dritten Reich

1933-1937

Zu dieser Zeit, im Spätsommer 1934, führte mich mein Beruf für mehrere Jahre ins Dritte Reich. Für einen Ausländer gab es eine Menge zu beobachten, das ihn beeindruckte, verwunderte und nachdenklich über das neue Deutschland stimmte. Die überwältigende Mehrheit der Deutschen schien nichts dabei zu finden, daß man sie ihrer persönlichen Freiheit beraubt, einen so großen Teil ihrer Kultur vernichtet, an deren Stelle eine geistlose Barbarei gesetzt und ihr Leben und ihre Arbeit bis zu einem Grade reglementiert hatte, wie es selbst ein seit Generationen an eine Menge Reglementierung gewöhntes Volk nie zuvor erlebt hatte.

Gewiß, im Hintergrund lauerten der Terror der Gestapo und die Angst vor dem Konzentrationslager bei allen, die sich nicht einfügten oder Kommunisten und Sozialisten oder zu liberal und zu pazifistisch gewesen oder Juden waren. Das Blutbad vom 30. Juni 1934 hatte in bedrohlicher Weise gezeigt, wie erbarmungslos die neuen Herrscher sein konnten. Wenn auch in den ersten Jahren verhältnismäßig wenig Deutsche von dem Terror betroffen wurden, so war man doch als Neuankömmling überrascht zu beobachten, daß das deutsche Volk nicht zu empfinden schien, wie sehr es von einer skrupellosen und brutalen Diktatur eingeschüchtert und niedergehalten wurde. Im Gegenteil, es hing ihr mit aufrichtiger Begeisterung an. Irgendwie flößte sie ihm neue Hoffnung, neues Selbstvertrauen und einen erstaunlichen Glauben an die Zukunft seines Landes ein.

Hitler war im Begriff, die Vergangenheit mit all ihren Fehlschlägen und Enttäuschungen zu liquidieren. Schritt für Schritt, und zwar sehr rasch (wie wir noch im einzelnen sehen werden) befreite er Deutschland von den Fesseln des Versailler Vertrages, täuschte er die siegreichen Alliierten und machte Deutschland wieder militärisch stark. Das alles war nach dem Wunsch der meisten Deutschen, und sie waren bereit, dafür die von Hitler verlangten Opfer zu bringen: Aufgabe der persönlichen Freiheit, Einschränkung des Speisezettels (»Kanonen statt Butter«) und harte Arbeit. Im Herbst 1936 war das Problem der Arbeitslosigkeit größtenteils gelöst; fast jedermann hatte wieder Beschäftigung [1], und man konnte Arbeiter, denen man das Recht, sich in Gewerkschaften zu organisieren, genommen hatte, über ihren gefüllten Eßtöpfen witzeln hören, daß es unter Hitler wenigstens nicht mehr die Freiheit gebe, zu verhungern. »Gemeinnutz geht vor Eigennutz« – war in jenen Tagen ein populäres Schlagwort der

Nationalsozialisten, und wenn sich auch viele Parteiführer, allen voran Göring, im stillen bereicherten und die Profite der Wirtschaft steil anstiegen, so war doch die große Masse von dem neuen »nationalen« Sozialismus eingenommen, der nach außen hin den Gemeinnutz vor den Eigennutz stellte.

Die Rassengesetze, durch welche die Juden aus dem deutschen Gemeinwesen ausgeschlossen wurden, erschienen einem ausländischen Beobachter als erschreckender Rückfall in primitive Zeiten. Aber da die nationalsozialistischen Rassentheorien aus den Deutschen das Salz der Erde und das Herrenvolk machten, waren sie alles andere als unpopulär. Man traf freilich auch Deutsche – ehemalige Sozialisten oder Liberale oder gläubige Christen –, die über die Judenverfolgung entsetzt waren oder sich sogar offen empörten, und wenn sie auch in zahlreichen Einzelfällen Hilfe leisteten, so konnten sie doch die Flut nicht eindämmen. Was sollten sie machen? Diese Frage wurde einem oft entgegengehalten, und es war nicht leicht, sie zu beantworten.

Aus ihrer zensierten Presse und dem Rundfunk hörten die Deutschen nur wenig von der Empörung im Ausland, die, wie sie feststellten, die Ausländer nicht davon abzuhalten schien, scharenweise das Dritte Reich zu besuchen. Das Touristengeschäft blühte und brachte Hitler die so dringend benötigten Devisen ein.

Die im August 1936 in Berlin abgehaltenen Olympischen Spiele boten den Nationalsozialisten eine großartige Gelegenheit, der Welt die Leistungen des Dritten Reiches vor Augen zu führen, und sie nahmen sie aufs beste wahr. Die Schilder »Juden unerwünscht« wurden stillschweigend von Läden, Hotels, Restaurants und Vergnügungsstätten entfernt, die Verfolgung der Juden und der beiden Kirchen wurde vorübergehend ausgesetzt und die beste Seite des Landes hervorgekehrt. Nie zuvor waren Olympische Spiele so glänzend organisiert worden, noch hatte es jemals ein so verschwenderisches Aufgebot an Unterhaltung gegeben. Göring, Ribbentrop und Goebbels gaben für die ausländischen Gäste blendende Empfänge – Goebbels veranstaltete auf der Pfaueninsel im Wannsee eine »Italienische Nacht«, bei der mehr als tausend Gäste zum Festmahl geladen waren, eine Szene wie aus Tausendundeine Nacht. Die fremden Besucher, vor allem aus England und Amerika, waren von dem, was sie sahen, stark beeindruckt: anscheinend ein glückliches, gesundes, freundliches, von Hitler geeintes Volk – ein ganz anderes Bild, als sie es sich, wie sie meinten, aus den Zeitungsberichten aus Berlin gemacht hätten.

Und doch, unter der Oberfläche, vor den Augen der Touristen verborgen, die in jenen schönen Spätsommertagen der Olympischen Spiele Berlin besuchten, von den meisten Deutschen übersehen oder mit bestürzender Passivität hingenommen, ging eine – zumindest für die Begriffe eines ausländischen Beobachters – entwürdigende Verwandlung des deutschen Lebens vor sich.

Hitlers Judengesetze oder die von der Regierung gelenkte Verfolgung dieses unglücklichen Volkes ließen sich natürlich nicht verbergen. Die sogenannten Nürnberger Gesetze vom 15. September 1935 hatten den Juden die deutsche Staatsangehörigkeit genommen. Sie untersagten auch Eheschließungen sowie außereheliche Beziehungen zwischen Juden und »Ariern«; sodann durften Juden keine weiblichen Hausangestellten »deutschen oder artverwandten Blutes« unter 45 Jahren beschäftigen. In den nächsten Jahren erfuhren die Nürnberger Gesetze noch dreizehn Ergänzungen, durch die die Rechtlosigkeit der Juden besiegelt wurde. Aber bereits in jenem Sommer 1936, als Deutschland als Gastgebernation der Olympischen Spiele die Besucher aus dem Westen entzückte, waren die Juden entweder durch Gesetz oder durch Terror – wobei der Terror häufig dem Gesetz voraneilte – in einem Maße aus öffentlichen Ämtern und privaten Berufen ausgeschlossen worden, daß mindestens die Hälfte brotlos war. Im ersten Jahr des Dritten Reiches, 1933, waren sie aus der Verwaltung, dem Journalismus, dem Rundfunk, dem Theater, dem Film, aus landwirtschaftlichen und Lehrberufen vertrieben worden. 1934 wurden sie von der Börse ausgeschlossen, und wenn auch das Verbot, sich als Rechtsanwälte, Ärzte oder Geschäftsleute zu betätigen, erst 1938 Gesetz wurde, so waren sie doch praktisch aus diesen Berufen schon entfernt, als die ersten vier Jahre der NS-Herrschaft zu Ende gingen.

Darüber hinaus wurden ihnen nicht nur die meisten Annehmlichkeiten des Lebens, sondern oft wurde ihnen auch das Lebensnotwendige vorenthalten. In so mancher Stadt war es für Juden schwierig, wenn nicht unmöglich, Lebensmittel einzukaufen. An den Türen von Lebensmittelläden, Fleischereien, Bäckereien und Milchgeschäften hingen Schilder: »Für Juden kein Zutritt«. In vielen Gemeinden konnten Juden nicht einmal Milch für ihre Kinder bekommen. Es gab Apotheken, in denen sie keine Arznei erhielten, Hotels, in denen sie nicht übernachten durften. Und überall stießen sie auf Schilder wie: »In dieser Stadt ist Juden der Zutritt streng verboten«, »Juden betreten diesen Ort auf eigene Gefahr«. Vor einer scharfen Straßenkurve bei Ludwigshafen hing ein Schild: »Vorsicht! Scharfe Kurve! Juden 100 km[2].«

So sah es zu der Zeit, in der in Deutschland festlich die Olympischen Spiele abgehalten wurden, mit der Not der Juden aus. Doch sie standen erst am Anfang des Weges, der sie bald dem Massaker, ihrer Ausrottung, entgegenführen sollte.

DIE KIRCHENVERFOLGUNG

Der Kampf Hitlers und seiner Anhänger gegen die christlichen Kirchen begann in milderen Formen. Obwohl Hitler, von Haus aus Katholik, in *Mein Kampf* den politischen Katholizismus angeprangert und beide Kirchen wegen ihres Versäumnisses, das Rassenproblem zu erkennen, angegriffen hatte, stand in seinem Buch doch die Warnung: »[Eine] politische Partei [darf] nicht einen Augenblick die Tatsache aus dem Auge verlieren, daß es nach aller bisherigen Erfahrung der Geschichte noch niemals einer rein politischen Partei ... gelungen war, zu einer religiösen Reformation zu kommen.« In Artikel 24 des Parteiprogramms hieß es: »Wir fordern die Freiheit aller religiösen Bekenntnisse im Staat, soweit sie nicht ... gegen das Sittlichkeits- und Moralgefühl der germanischen Rasse verstoßen. Die Partei als solche vertritt den Standpunkt

eines positiven Christentums ...« In seiner Reichstagsrede vom 23. März 1933, am Tage der Annahme des Ermächtigungsgesetzes, huldigte Hitler den beiden christlichen Konfessionen als den »wichtigsten Faktoren zur Erhaltung unseres Volkstums«, versprach Respektierung ihrer Rechte, erklärte, die Sorge seiner Regierung gelte »dem aufrichtigen Zusammenleben zwischen Kirche und Staat« und fügte – mit einem Blick auf das katholische Zentrum, dessen Stimmen er dann auch erhielt – hinzu: »Ebenso legt die Reichsregierung ... größten Wert auf freundschaftliche Beziehungen zum Heiligen Stuhl und sucht sie auszugestalten.«
Kaum vier Monate später, am 20. Juli, unterzeichnete die NS-Regierung ein Konkordat mit dem Vatikan und garantierte die Freiheit der katholischen Konfession und das Recht der Kirche, »ihre Angelegenheiten selbst zu regeln«. Das Abkommen, im Namen Deutschlands von Papen und im Namen des Heiligen Stuhls von dem damaligen Kardinalstaatssekretär Pacelli, dem späteren Papst Pius XII. unterzeichnet, war kaum zu Papier gebracht, als es auch schon von der NS-Regierung gebrochen wurde. Aber da es zu einer Zeit zustandekam, in der die ersten Ausschreitungen des neuen Regimes weltweite Empörung hervorriefen, versah das Konkordat die Hitler-Regierung fraglos mit einer dringend benötigten Prestigekrücke.
Am 25. Juli, fünf Tage nach der Ratifikation des Konkordats, erließ die deutsche Regierung das vor allem die katholische Kirche verletzende Sterilisierungsgesetz. Weitere fünf Tage danach traf man die ersten Maßnahmen zur Auflösung der katholischen Jugendverbände. Während der folgenden Jahre wurden Tausende von katholischen Priestern, Ordensmitgliedern und Laienführern verhaftet, viele von ihnen unter der falschen Anschuldigung der »Unmoral« oder des »Devisenschmuggels«. Erich Klausener, der Führer der Katholischen Aktion, wurde, wie bereits erwähnt, am 30. Juni ermordet. Man unterdrückte zahllose katholische Publikationen, und Gestapoagenten verletzten sogar die Heiligkeit des Beichtstuhls. Bis zum Frühjahr 1937 war die katholische Geistlichkeit in Deutschland, die – wie die meisten protestantischen Geistlichen – anfänglich versucht hatte, mit dem neuen Regime zusammenzuarbeiten, gründlich desillusioniert. Am 14. März 1937 erließ Papst Pius XI. eine Enzyklika *Mit brennender Sorge*, in der er der Hitler-Regierung »Umgehung« und »Verletzung« des Konkordats vorwarf und sie beschuldigte, »Mißtrauen, Uneinigkeit, Haß, Verleumdung« zu säen sowie überhaupt »Christus und seiner Kirche« geheime und offene Feindseligkeit entgegenzubringen. Er sehe am deutschen Horizont, sagte der Papst, »die bedrohlichen Sturmwolken verheerender Religionskriege heraufziehen ..., die kein anderes Ziel als ... Vernichtung haben.«

Pastor Martin Niemöller hatte 1933 den Machtantritt der NSDAP persönlich begrüßt. Im gleichen Jahr erschien seine Autobiographie *Vom U-Boot zur Kanzel*. Dieses Buch, in dem der U-Bootkommandant des Ersten Weltkrieges schilderte, wie er einer der führenden protestantischen Geistlichen geworden war, fand in der NS-Presse besonderes Lob und wurde ein Bestseller. Für Niemöller, wie auch für viele andere evangelische

Pfarrer, waren die vierzehn Jahre der Republik, wie er sagte, »Jahre der Finsternis« gewesen[3], und im Anhang seiner Autobiographie bemerkte er befriedigt, die siegreiche nationalsozialistische Revolution habe endlich das »nationale Wiedererwachen« gebracht, für das er selbst so lange gekämpft habe – zeitweise in den Freikorps, aus denen so viele Nationalsozialisten hervorgegangen waren.

Er sollte bald eine schreckliche Enttäuschung erleben.

In Deutschland waren die Protestanten, ebenso wie in Amerika, stark gespalten. Neben mehreren freien Religionsgemeinschaften gab es 28 lutherische und reformierte Landeskirchen, von denen die Altpreußische Union die stärkste war. Mit dem Aufstieg des Nationalsozialismus kam es zu weiteren Spaltungen. Die fanatischen Nationalsozialisten unter den Protestanten gründeten 1932 die *Glaubensbewegung Deutsche Christen*, deren eifrigster Führer ein gewisser Ludwig Müller war, Armeegeistlicher im ostpreußischen Wehrkreis und ergebener Anhänger Hitlers. Er hatte seinen Wehrkreiskommandeur, General von Blomberg, zum erstenmal mit Hitler zusammengebracht. Die *Deutschen Christen* vertraten glühend die Rassenlehre und das Führerprinzip und wollten sie auf eine alle Protestanten zusammenfassende Reichskirche anwenden. 1933 waren von insgesamt 17000 Pastoren etwa 3000 *»Deutsche Christen«*; unter den Kirchgängern war wahrscheinlich der Prozentsatz höher.

Gegen die *Deutschen Christen* stand eine andere Gruppe auf, die sich die *Bekennende Kirche* nannte. Sie hatte etwa ebenso viele Pfarrer, und ihr Führer war später Niemöller. Sie widersetzte sich der Nazifizierung der evangelischen Kirchen, lehnte die Rassentheorien der Nationalsozialisten ab und wandte sich gegen die antichristlichen Lehren Rosenbergs und anderer Führer der NSDAP. Zwischen den beiden Gruppen stand die Mehrheit der Protestanten, die offenbar zu zaghaft war, sich zu der einen oder anderen Gruppe zu bekennen, sich aufs Abwarten verlegte und schließlich größtenteils in Hitlers Armen landete, autoritätsgläubig seine Einmischung in kirchliche Angelegenheiten hinnahm und sich seinen Befehlen ohne offenen Widerspruch beugte.

Staatsautorität in kirchlichen Dingen war den deutschen Protestanten nichts Neues. In der Zeit der Monarchie hatten die Landesherren das Kirchenregiment geführt. Mit wenigen Ausnahmen hatten die Geistlichen fest hinter dem König und den herrschenden Schichten gestanden und sich im 19. Jahrhundert pflichtgemäß gegen die damals entstehenden liberalen und demokratischen Bewegungen gewandt. Die Weimarer Republik war für die meisten protestantischen Geistlichen Anathema gewesen, nicht nur weil sie Könige und Fürsten abgesetzt hatte, sondern sich hauptsächlich auf Katholiken und Sozialdemokraten stützte. So wie Niemöller hatten die meisten Pfarrer Adolf Hitlers Machtantritt begrüßt.

Sehr bald schon sollten sie die Taktiken zu spüren bekommen, die Hitler an die Macht getragen hatten. Im Juli 1933 hatten Vertreter der protestantischen Kirchen eine Verfassung für eine neue »Reichskirche« aufgesetzt, die am 14. Juli vom Reichstag formell angenommen wurde. Gleich darauf entbrannte ein hitziger Kampf um die Wahl des ersten Reichsbischofs. Hitler bestand darauf, dieses höchste Kirchenamt seinem Freund

Ludwig Müller zu geben, den er auch zu seinem Berater in Kirchenfragen ernannt hatte. Die Spitzen des Kirchenbundes schlugen dagegen Pastor Friedrich von Bodelschwingh vor. Doch sie waren naiv. Die NS-Regierung griff ein, löste eine Reihe kirchlicher Organisationen auf, enthob mehrere Würdenträger der protestantischen Kirchen ihres Amtes, ließ SA und Gestapo auf widerstrebende Geistliche los – kurzum, sie terrorisierte alle, die Bodelschwingh unterstützten. Am Vorabend der Wahlen zu der Synode, die den Reichsbischof küren sollte, sprach Hitler selbst im Rundfunk und »empfahl eindringlich«, den Kandidaten der *Deutschen Christen,* also Müller, zu wählen. Die Einschüchterung hatte durchschlagenden Erfolg. Bodelschwingh war inzwischen zur Rücknahme seiner Kandidatur gezwungen worden, und die »Wahlen« ergaben eine Mehrheit für die *Deutschen Christen,* die im September auf der Synode in der Lutherstadt Wittenberg Müller zum Reichsbischof wählte.

In Wirklichkeit ging es bei dem Ringen zwischen NS-Regierung und Kirchen um die uralte Frage, was des Kaisers und was Gottes ist. Hinsichtlich der protestantischen Kirchen hatte Hitler die feste Absicht, ihre Leitung für den Fall, daß es den *Deutschen Christen* nicht gelang, sie unter Reichsbischof Müller in Reih und Glied zu bringen, von der Regierung selbst übernehmen zu lassen. Als gebürtiger Österreicher und Katholik hatte er immer eine gewisse Verachtung gegenüber den Protestanten empfunden, obwohl sie zwei Drittel der deutschen Bevölkerung ausmachten. »Man kann mit ihnen machen, was man will«, vertraute er einmal Rauschning an. »Es sind kleine dürftige Subjekte, unterwürfig bis zum Handkuß, und sie schwitzen vor Verlegenheit, wenn man sie anredet[4].« Er war sich durchaus bewußt, daß der Widerstand der protestantischen Kirchen von einer Minderheit der Geistlichen und einer noch kleineren Minderheit der Gläubigen ausging.

Bis Anfang 1934 war der enttäuschte Pastor Niemöller der *Spiritus rector* dieser Minderheit geworden, und zwar sowohl in der *Bekennenden Kirche* wie im *Pfarrer-Notbund.* Auf der Bekenntnissynode vom Mai 1934 in Barmen und auf einer Sondertagung in Niemöllers Kirche zu Berlin-Dahlem vom November 1934 erklärte die *Bekennende Kirche,* die legitime Evangelische Kirche Deutschlands zu sein, und setzte eine vorläufige Leitung ein. So gab es also jetzt zwei Kirchen – die des Reichsbischofs Müller und die Niemöllers –, die den Anspruch erhoben, die legitime Kirche zu sein.

Es war offensichtlich: dem früheren Armeegeistlichen war trotz enger Freundschaft mit Hitler der Zusammenschluß der protestantischen Kirchen mißlungen. Ende 1935, nachdem die Gestapo 700 Pastoren der *Bekennenden Kirche* verhaftet hatte, legte er sein Amt nieder und verschwand von der Bildfläche. Doch schon im Juli 1935 hatte Hitler einen ihm befreundeten nationalsozialistischen Anwalt, Dr. Hans Kerrl, zum Reichsminister für kirchliche Angelegenheiten ernannt und ihn beauftragt, einen zweiten Versuch zur Gleichschaltung der Protestanten zu unternehmen. Kerrl, einer der sanfteren Nationalsozialisten und ein vorsichtiger Mann, hatte zunächst beträchtlichen Erfolg. Es gelang ihm, nicht nur die in der Mehrheit befindlichen konservativen Geistlichen zu gewinnen, sondern auch einen Kirchenausschuß unter Leitung des ehrwürdigen, von allen Gruppen geachteten Dr. Zoellner einzusetzen, der eine allgemeine Regelung ausarbeiten sollte. Obwohl Niemöllers *Bekennende Kirche* im Ausschuß mitwirkte, bestand sie doch weiterhin darauf, die einzige legitime Kirche zu sein. Als sie im Mai 1936 mit einer höflichen, aber entschiedenen Denkschrift bei Hitler gegen die antichristlichen Tendenzen des Regimes protestierte, den Antisemitismus brandmarkte und eine Beendigung der staatlichen Einmischung in Kirchenangelegenheiten forderte, antwortete Innenminister Frick mit rücksichtslosem Vorgehen. Hunderte von Pastoren der *Bekennenden Kirche* wurden verhaftet, einer der Unterzeichner der Denkschrift, Dr. Weißler, im Konzentrationslager Sachsenhausen ermordet, die Guthaben der *Bekennenden Kirche* beschlagnahmt und ihre Kollekten verboten.

Am 12. Februar 1937 trat Dr. Zoellner aus dem Kirchenausschuß aus – er war von der Gestapo daran gehindert worden, in Lübeck neun verhaftete Pastoren zu besuchen – und begründete seinen Schritt damit, daß seine Tätigkeit vom Minister für kirchliche Angelegenheiten sabotiert worden wäre. Dr. Kerrl erwiderte hierauf am nächsten Tag in einer Rede vor einer Gruppe ergebener Kirchenmänner. Er beschuldigte Dr. Zoellner, die nationalsozialistische Lehre von Rasse, Blut und Boden mißachtet zu haben, und machte kein Hehl aus der feindseligen Einstellung der Regierung gegen die protestantische wie auch gegen die katholische Kirche.

Am 1. Juli 1937 wurde Pastor Niemöller verhaftet und ins Berliner Gefängnis Moabit eingeliefert. Am 27. Juni hatte er in seiner Kirche zu Dahlem, die stets überfüllt war, seine letzte Predigt im Dritten Reich gehalten. Nach achtmonatiger Haft kam er am 2. März 1938 vor ein Sondergericht. Obwohl er von der Hauptanklage, »gegen das Wohl des Volkes verstoßen« zu haben, freigesprochen wurde, verurteilte man ihn zu 2000 RM Geldstrafe und sieben Monaten Festungshaft wegen »Kanzelmißbrauchs« und Veranstaltung von Kollekten in seiner Kirche. Da er schon mehr als sieben Monate in Haft gewesen war, ordnete das Gericht seine Freilassung an. Doch beim Verlassen des Gerichtssaales wurde er von der Gestapo in »Schutzhaft« genommen und ins Konzentrationslager überführt. Erst kam er nach Sachsenhausen, später nach Dachau, wo ihn nach sieben Jahren alliierte Truppen befreiten.

Im Laufe des Jahres 1937 wurden weitere 807 Pastoren und führende Laien der *Bekennenden Kirche*, in den folgenden Jahren noch hunderte anderer verhaftet. War hiermit der Widerstand des Niemöller-Flügels nicht vollständig gebrochen, so war er jedenfalls gelähmt. Die Mehrheit der protestantischen Pfarrer kapitulierte, wie fast jedermann in Deutschland, angesichts des nationalsozialistischen Terrors. Gegen Ende 1937 veranlaßte Dr. Kerrl den hochgeachteten Bischof Marahrens von Hannover zu der öffentlichen Erklärung, daß die nationalsozialistische Weltanschauung als nationale und politische Lehre für das deutsche Volk bestimmend und als solche auch für deutsche Christen verpflichtend sei. Diese Erklärung muß für charakterfestere Gottesmänner wie Niemöller besonders demütigend gewesen sein. Im Frühjahr 1938 tat Bischof Marahrens den letzten Schritt und ordnete für alle Pastoren seiner Diözese an, einen persönlichen Treueid auf den Führer zu leisten. In kurzer Zeit kam die große Mehrheit der evangelischen Geistlichen der Anweisung nach und verpflichtete sich damit legal und moralisch, den Befehlen des Diktators zu gehorchen.

Man ginge fehl mit der Annahme, die Verfolgung von Protestanten und Katholiken im NS-Staat hätte das deutsche Volk entzweit oder es in seiner großen Mehrheit gar aufgerüttelt. Es geschah nichts dergleichen. Ein Volk, das so leicht seine politische und kulturelle und wirtschaftliche Freiheit aufgegeben hatte, war bis auf wenige Ausnahmen nicht bereit, für die Erhaltung der Glaubensfreiheit zu sterben oder auch nur Inhaftierung zu riskieren. Was die Deutschen der dreißiger Jahre wirklich bewegte, waren die in die Augen stechenden Erfolge Hitlers bei der Beseitigung der Arbeitslosigkeit, der Schaffung von Wohlstand, der Wiederherstellung der deutschen Militärmacht und seine aufeinander folgenden Triumphe in der Außenpolitik. Nur wenige Deutsche machten sich schlaflose Nächte wegen der Verhaftung einiger tausend Pastoren und Priester und wegen des Streits der verschiedenen protestantischen Kirchen. Und noch weniger machten sie sich Gedanken darüber, daß das NS-Regime unter Führung von Rosenberg, Bormann und Himmler mit Unterstützung Hitlers die Absicht hatte, in Deutschland das Christentum wenn möglich ganz auszurotten und ein Neuheidentum an seine Stelle zu setzen. Bormann, einer der engsten Vertrauten Hitlers, erklärte 1941 öffentlich: »Nationalsozialismus und Christentum sind unvereinbar.«

GLEICHSCHALTUNG DER KULTUR

Am Abend des 10. Mai 1933, viereinhalb Monate nach Hitlers Machtantritt, war Berlin Schauplatz einer Szene, wie die westliche Welt sie seit Ausgang des Mittelalters nicht mehr erlebt hatte. Gegen Mitternacht fand ein Fackelzug von Tausenden Studenten vor der Berliner Universität seinen Abschluß. Auf dem Platz war ein riesiger Bücherhaufen aufgeschichtet worden, an den mit den Fackeln Feuer gelegt wurde. Als die Flammen aufloderten, wurden immer noch mehr Bücher herbeigebracht, bis etwa 20 000 verbrannt waren. In anderen Städten kam es zu gleichen Kundgebungen. Die Bücherverbrennung hatte begonnen.

Viele der in jener Nacht in Berlin von fröhlichen Studenten unter den zustimmenden Blicken Dr. Goebbels' den Flammen übergebenen Bücher stammten von Autoren mit Weltruf. Es befanden sich unter ihnen Werke von Thomas und Heinrich Mann, Lion Feuchtwanger, Jakob Wassermann, Arnold und Stefan Zweig, Erich Maria Remarque, Walter Rathenau, Albert Einstein, Alfred Kerr und von Hugo Preuß, dem Verfasser der Weimarer Verfassung. Aber es wurden auch eine ganze Menge Bücher ausländischer Autoren verbrannt: Jack London, Upton Sinclair, Helen Keller, Margaret Sanger, H. G. Wells, Havelock Ellis, Arthur Schnitzler, Freud, Gide, Zola, Proust usw. Bestimmte Werke wurden von den Studenten mit verdammenden »Feuersprüchen« in die Flammen geworfen, und während die Bücher sich in Asche verwandelten, hielt Dr. Goebbels eine Ansprache: »Die deutsche Volksseele kann nun wieder selbst zum Ausdruck kommen. Diese Flammen werfen ihr Licht nicht allein auf das Ende einer vergangenen Ära, sondern auch auf den Beginn einer neuen.«

Die neue Ära der deutschen Kultur stand indes nicht allein im Flammenschein der Bücherverbrennungen und der wirksameren, wenn auch weniger symbolischen Vorschriften für Verkauf und Verleih vieler tausend Werke und für die Herausgabe vieler neuer Bücher, sie begann auch mit einer Reglementierung des kulturellen Lebens, wie sie in solchem Umfang keine moderne westliche Nation jemals erlebte. Schon am 22. September 1933 wurde unter Goebbels' Leitung die Reichskulturkammer gegründet. »Der Sinn der Reichskulturkammer, die wir dem Gesetz entsprechend heute feierlich eröffnen und konstituieren«, erklärte Goebbels in einer Rede, »[ist] der Zusammenschluß aller Schaffenden in einer geistigen Kultureinheit.« Die Organisation stehe unter der Führung des Reiches, und das Reich habe nicht nur die Richtlinien des geistigen Fortschritts zu bestimmen, sondern auch die Berufe zu lenken und zu organisieren.

Um jeden Bereich des kulturellen Lebens überwachen zu können, wurden sieben Einzelkammern eingerichtet: eine Reichskammer der bildenden Künste, eine Reichsmusikkammer, eine Reichstheaterkammer, eine Reichsschrifttumskammer, eine Reichspressekammer, eine Reichsrundfunkkammer und eine Reichsfilmkammer. Alle im Kulturleben Tätigen waren verpflichtet, der für sie in Betracht kommenden Kammer beizutreten, deren Bestimmungen und Richtlinien gesetzliche Gültigkeit hatten. Die Kammern hatten u. a. das Recht, »politisch Unzuverlässige« von der Aufnahme auszuschließen oder bereits Aufgenommene wieder auszustoßen. Das hieß: Wer dem Nationalsozialismus auch nur neutral gegenüberstand, konnte – und wurde gewöhnlich – an der Ausübung seines Berufes gehindert und damit des Lebensunterhalts beraubt.

Niemand, der in den dreißiger Jahren in Deutschland lebte und sich über die Dinge Gedanken machte, wird jemals vergessen können, wie verheerend das Kulturniveau eines einst hochstehenden Volkes absank. Das war natürlich von dem Augenblick an unvermeidlich, in dem die Führer der NSDAP entschieden, Kunst, Literatur, Presse, Rundfunk und Film hätten ausschließlich den Propagandazwecken des neuen Regimes und seiner ausgefallenen Weltanschauung zu dienen. Von keinem einzigen heute lebenden deutschen Schriftsteller von einiger Bedeutung (ausgenommen Ernst Jünger und Ernst Wiechert in den Anfangszeiten des Nationalsozialismus) wurden Schriften während der NS-Herrschaft in Deutschland verlegt. Fast alle emigrierten, voran Thomas Mann; die wenigen, die blieben, schwiegen oder wurden zum Schweigen gebracht.

Der Musik erging es noch am besten, wenn auch nur deshalb, weil sie von den Künsten die unpolitischste war und weil die Deutschen ein so reichhaltiges Repertoire an klassischer Musik hatten. Aber Mendelssohns Werke durften nicht gespielt werden, weil er Jude gewesen war, denn die Musik aller jüdischen Komponisten wurde ebenso verboten wie die moderner deutscher Komponisten, zum Beispiel Paul Hindemiths. Aus den Symphonieorchestern und Opernhäusern verschwanden die Juden sehr rasch. Im Gegensatz zu den Schriftstellern zogen es die meisten Großen der deutschen Musikwelt vor, in Deutschland zu bleiben und sogar ihr Renommee und ihre Talente zur Verfügung zu stellen. Es blieb Wilhelm Furtwängler, einer der besten Dirigenten des Jahrhunderts, und wenn er auch 1934 in Ungnade fiel, weil er Hindemith verteidigt hatte, so nahm er doch ein Jahr später seine Tätigkeit wieder auf. Es blieb Richard Strauß, der sogar eine Zeitlang Präsident der Reichsmusikkammer war. Es blieb Walter Gieseking, ein hervorragender Pianist, der viele vom Propagandaministerium zur Propagierung deutscher »Kultur« im Ausland arrangierte oder gebilligte Tourneen unternahm. Aber da die Musiker nicht emigrierten und Deutschland über einen so großen Schatz an klassischer Musik verfügte, konnte man zu Zeiten des Dritten Reiches hervorragend aufgeführte symphonische Musik und Opern hören. Das große Angebot an ausgezeichneter Musik trug viel dazu bei, im deutschen Volk das Absinken der anderen Künste und so manche andere Erscheinungen vergessen zu machen.

Das Theater behielt, wie eingeräumt werden muß, viel von seinem früheren Glanz. Max Reinhardt war natürlich, ebenso wie alle anderen jüdischen Theaterdirektoren, Regisseure und Schauspieler, außer Landes gegangen. Die Stücke nationalsozialistischer Dramatiker waren freilich so schlecht, daß das Publikum ihren Aufführungen fernblieb. Der Präsident der Reichstheaterkammer, Hanns Johst, ein erfolgloser Dramatiker, hatte einmal öffentlich erklärt, er möchte am liebsten zum Revolver greifen, wenn er das Wort »Kultur« höre. Aber selbst Johst und Goebbels, die den Spielplan sowie Regisseure und Schauspieler bestimmten, konnten nicht verhindern, daß das deutsche Theater Goethe, Schiller und Shakespeare hervorragend, ja oft ergreifend aufführte. Seltsamerweise durften Shaws Stücke in Deutschland gespielt werden – wahrscheinlich weil er sich über die Engländer mokierte und die Demokratie verulkte, vielleicht auch, weil sein Witz und seine linkspolitischen Ansichten den Nationalsozialisten entgingen.

Am merkwürdigsten war der Fall Gerhart Hauptmanns, des großen deutschen Dramatikers. Da er ein glühender Sozialist gewesen war, durften in der Zeit Wilhelms II. seine Stücke auf den Staatstheatern nicht gespielt werden. Während der Weimarer Republik war er der populärste Dramatiker in Deutschland gewesen. Er sollte es auch im Dritten Reich bleiben, wo seine Stücke weiterhin aufgeführt wurden. Ich werde nie vergessen, wie Hauptmann, eine ehrwürdige Gestalt mit wehendem weißem Haar, nach der Premiere seines neuesten Stückes, *Die Tochter der Kathedrale*, Arm in Arm mit Goebbels und Johst das Theater verließ. Hauptmann hatte, wie so mancher andere hervorragende Deutsche, mit Hitler seinen Frieden geschlossen, und der schlaue Goebbels schlachtete dies weidlich für seine Propaganda aus. Unermüdlich erinnerte er das deutsche Volk und die Außenwelt daran, daß Deutschlands größter lebender Dramatiker, ein früherer Sozialist, nicht nur im Dritten Reich geblieben sei, sondern auch weiterschriebe und nach wie vor aufgeführt werde.

Inwieweit der bejahrte Dichter aufrichtig oder opportunistisch oder ganz einfach wankelmütig gewesen war, läßt sich vielleicht aus seinem Verhalten nach dem Kriege schließen. Die amerikanische Besatzungsbehörde, die meinte, Hauptmann habe sich von den Nationalsozialisten zu stark einspannen lassen, verbannte seine Stücke von den Theatern des Berliner Westsektors. Daraufhin luden ihn die Russen nach Ostberlin ein, empfingen ihn als eine Art Helden und führten einen Galazyklus seiner Stücke auf. Und am 6. Oktober 1945 richtete Hauptmann an den von Kommunisten gelenkten *Kulturbund zur demokratischen Erneuerung Deutschlands* eine Glückwunschadresse, worin er der Hoffnung Ausdruck gab, es möge dem Bund gelingen, eine »geistige Wiedergeburt« des deutschen Volkes zuwege zu bringen.

Deutschland, das der Welt einst einen Dürer und Lucas Cranach schenkte, hatte in der modernen bildenden Kunst zwar nicht die erste Stelle eingenommen, aber doch mit dem Expressionismus und der Architektur des Dessauer Bauhauses interessante und original-deutsche Bewegungen hervorgebracht. Außerdem hatten deutsche Künstler an allen geistigen Evolutionen und Eruptionen des 20. Jahrhunderts, wie dem Impressionismus, Kubismus und Dadaismus, teilgenommen.

Für Hitler, der sich für einen echten Künstler hielt, obwohl er als solcher in Wien gescheitert war, drückte sich in der gesamten modernen Kunst nur Entartung und Sinnlosigkeit aus. *Mein Kampf* enthält lange Tiraden über dieses Thema, und sobald er an der Macht war, begab er sich an die »Säuberung« Deutschlands von der »entarteten« Kunst, die er durch eine neue »germanische« zu ersetzen suchte. Etwa 6500 moderne Bilder, nicht nur von deutschen Malern, wie Kokoschka und Grosz, sondern auch solche von Cézanne, van Gogh, Gauguin, Matisse, Picasso und vielen anderen, wurden aus den deutschen Museen entfernt.

Was an deren Stelle treten sollte, wurde in dem im Sommer 1937 von Hitler feierlich eröffneten *Haus der Deutschen Kunst* gezeigt, einem eintönigen, pseudoklassischen Gebäude, an dessen Entwurf er mitgewirkt hatte und dessen Architektur er als »unvergleichlich und unnachahmbar« bezeichnete. In dieser ersten Ausstellung nationalsozialistischer Kunst hingen dichtgedrängt 900 Bilder, eine Auswahl aus 15 000 eingereichten Werken. Es war der größte Kitsch, den der Verfasser dieses Buches jemals in irgendeinem Land der Welt gesehen hatte. Hitler selbst hatte die letzte Jurierung vorgenommen. Parteigenossen zufolge, die dabei waren, regte sich Hitler über einige von der Jury angenommene Bilder derart auf, daß er nicht nur befahl, sie abzuhängen, sondern auch in mehrere mit seinem Stiefelabsatz Löcher trat.

In einem anderen Stadtteil Münchens, in den Räumen einer baufälligen Galerie, die man nur über eine schmale Treppe betreten konnte, war eine Ausstellung »entarteter Kunst« zu sehen. Goebbels hatte sie veranstaltet, um dem Volk zu zeigen, wovor Hitler es erretten wollte. Sie enthielt eine Auswahl hervorragender moderner Malerei: Kokoschka, Chagall, Expressionisten, Impressionisten, Kubisten. Nachdem ich in den langen Hallen des *Hauses der Deutschen Kunst* herumgeirrt war, besuchte ich die Ausstellung »entarteter« Kunst. Die Galerie war brechend voll, und auf der knarrenden Treppe standen die Menschen bis auf die Straße. Ja, der Zulauf war so groß, daß Dr. Goebbels, verärgert und peinlich berührt, die Ausstellung bald schließen ließ.

ÜBERWACHUNG VON PRESSE, RUNDFUNK, FILM

Jeden Vormittag fanden sich die Redakteure der Berliner Tageszeitungen und die Korrespondenten der in anderen Städten erscheinenden Blätter im Propagandaministerium ein, wo ihnen Dr. Goebbels oder einer seiner Stellvertreter sagte, welche Nachrichten zu bringen oder zu unterdrücken seien, wie die Nachrichten abgefaßt werden und welche Schlagzeile sie erhalten sollten, ob eine Kampagne einzuleiten oder abzublasen sei, und welcher Leitartikel für den Tag gewünscht werde. Um Mißverständnissen vorzubeugen, wurden zu den mündlichen Instruktionen täglich schriftliche Anweisungen gegeben. Die kleineren Provinzzeitungen erhielten die Richtlinien telegrafisch oder mit der Post.

Wenn man im Dritten Reich Schriftleiter sein wollte, mußte man vor allem politisch und rassisch »einwandfrei« sein. Das Schriftleitergesetz vom 4. Oktober 1933, das aus dem Journalismus eine »vom Staat durch Gesetz geregelte öffentliche Aufgabe« machte, bestimmte, daß alle Schriftleiter die deutsche Reichsangehörigkeit besitzen, arischer Abstammung sein müßten und keinen nichtarischen Ehepartner haben dürften. In § 14 des Gesetzes hieß es: »Schriftleiter sind in Sonderheit verpflichtet, aus Zeitungen alles fernzuhalten, 1. was eigennützige Zwecke mit gemeinnützigen in einer für die Öffentlichkeit irreführenden Weise vermengt, 2. was geeignet ist, die Kraft des Deutschen Reiches nach außen oder im Innern, den Gemeinschaftswillen des deutschen Volkes, die deutsche Wehrhaftigkeit, Kultur oder Wirtschaft zu schwächen...« – eine Bestimmung, die, wäre sie vor 1933 in Kraft getreten, zum Verbot sämtlicher NSDAP-Publikationen in Deutschland geführt haben würde. Jetzt führte sie zur Ausschaltung jener Zeitungen und Journalisten, die nicht für Hitler eintraten oder sich weigerten, es künftig zu tun.

Als eines der ersten Blätter mußte die *Vossische Zeitung* ihr Erscheinen einstellen. Gegründet 1704, hatte sie während der 230 Jahre ihres Bestehens als führende Zeitung Beiträge von namhaftesten Persönlichkeiten gebracht, darunter von Friedrich dem Großen, Lessing und Rathenau. Aber sie war liberal und gehörte dem Hause Ullstein, einem jüdischen Verlag. Das *Berliner Tageblatt*, ebenfalls eine weltbekannte liberale Zeitung, hielt etwas länger, bis 1937, durch, wiewohl sein Verleger, Hans Lachmann-Mosse, ein Jude, schon im Frühjahr 1933 gezwungen wurde, seine Besitzanteile abzutreten. Auch das dritte große liberale Blatt, die *Frankfurter Zeitung*, konnte weiter erscheinen, nachdem es sich seiner jüdischen Besitzer und Redakteure entledigt hatte. Das Überleben dieser und anderer international bekannter Zeitungen war zum Teil dem Einfluß des Auswärtigen Amtes zu verdanken, das sie mit Rücksicht auf das Ausland erhalten sehen wollte.

Da nun allen deutschen Zeitungen vorgeschrieben wurde, was sie zu bringen und wie sie Nachrichten und Aufsätze abzufassen hatten, kam es unausbleiblich zu einer tödlichen Uniformität in der deutschen Presse. Selbst ein so reglementiertes und autoritätshöriges Volk wie das deutsche begann die Tageszeitungen langweilig zu finden. Es

sanken sogar die Auflageziffern führender Blätter der NSDAP, wie des *Völkischen Beobachters* und des *Angriffs*. Viele Zeitungen stellten ihr Erscheinen ein oder wurden von nationalsozialistischen Verlegern übernommen. In den ersten vier Jahren des Dritten Reiches verminderte sich die Zahl der Tageszeitungen von 3607 auf 2671.
Aber der Verlust von Freiheit und Mannigfaltigkeit der Presse gedieh der Partei zum Nutzen – wenigstens finanziell. Max Amann, Hitlers Hauptfeldwebel im Ersten Weltkrieg und Chef des Parteiverlages Eher, wurde der Finanzdiktator der deutschen Presse. Als Reichspresseleiter und Präsident der Pressekammer hatte er gesetzlich das Recht, jeden ihm nicht passenden Verlag zu unterdrücken, und folglich die Macht, ihn für ein Butterbrot zu kaufen. Binnen kurzem wurde der Eher-Verlag ein gigantisches Verlagsimperium, vielleicht das größte und lukrativste in der ganzen Welt[6]. Trotz des starken Auflagenrückgangs vieler NS-Publikationen bestritten die der Partei oder einzelnen ihrer Mitglieder gehörenden oder von ihnen kontrollierten Tageszeitungen bei Ausbruch des Krieges zwei Drittel der täglichen Gesamtauflage aller Zeitungen in Höhe von 25 Millionen. In seiner eidesstattlichen Erklärung in Nürnberg schilderte Amann, wie er vorgegangen war:

Nachdem die Partei im Jahre 1933 zur Macht gekommen war ... [hielten es] viele Konzerne, die wie der Ullstein-Verlag, der unter jüdischem Eigentum und Kontrolle stand, oder die aus politischen oder religiösen Interessen heraus der NSDAP feindlich gegenüberstanden, für angebracht, ihre Zeitungen und Guthaben an den Eher-Konzern zu verkaufen. Es gab keinen freien Markt für den Verkauf solcher Objekte, und der Franz-Eher-Verlag war ganz allgemein der alleinige Bieter. Auf diese Art dehnte sich das Parteiverlagswesen, das ist der Franz-Eher-Verlag, zusammen mit allen zu ihm gehörigen oder durch ihn kontrollierten Konzernen, in ein Monopol des deutschen Zeitungswesens aus ... Die Kapitalsanlage der Partei in diese Verlagsunternehmen [war] ein großer finanzieller Erfolg. Es ist eine wahre Erklärung, wenn man sagt, daß der grundlegende Zweck des Nazi-Presseprogrammes war, die gesamte Anti-Nazi-Presse auszumerzen[7].

Im Jahre 1934 appellierten einmal Amann wie auch Goebbels an die Redaktionen, die Monotonie ihrer Blätter zu beheben. Amann erklärte, er beklage »die gegenwärtige allgemeine Einförmigkeit der Presse, die nicht auf Regierungsmaßnahmen zurückzuführen ist und auch nicht dem Willen der Regierung entspricht«. Ein waghalsiger Schriftleiter, Ehm Welk von der Wochenzeitschrift *Grüne Post*, beging den Irrtum, Amann und Goebbels ernst zu nehmen. Er kritisierte das Propagandaministerium wegen seiner Bürokratie und sagte, die Presse sei gerade darum so langweilig, weil auf ihr die schwere Hand des Ministeriums ruhe. Sein Blatt wurde sofort für drei Monate verboten und er selbst von Goebbels seines Postens enthoben.

Auch Rundfunk und Film wurden rasch für die Propaganda des NS-Staates eingespannt. Goebbels hatte schon immer im Rundfunk (Fernsehen gab es damals noch nicht) das wichtigste Propagandainstrument in der modernen Massengesellschaft gesehen. Mit Hilfe der Rundfunkabteilung seines Ministeriums sowie der Reichsrundfunkkammer konnte er die Sender vollständig kontrollieren und sie nach seinen Zwecken formen. Dies war für ihn um so leichter, als in Deutschland, ebenso wie in anderen europäischen Ländern, der Staat ein Rundfunkmonopol innehatte. So kam 1933 die Reichsrundfunkgesellschaft automatisch in den Besitz der nationalsozialistischen Regierung.

Die Filmwirtschaft blieb zwar in privater Hand, doch wurde sie vom Propagandaministerium und der Reichsfilmkammer bis ins letzte kontrolliert. Es sei Aufgabe der Filmwirtschaft, hieß es in einem amtlichen Kommentar, »aus der Sphäre liberalistischen Wirtschaftsdenkens herauszutreten ..., damit sie die Aufgaben übernehmen kann, die sie im nationalsozialistischen Staat zu erfüllen hat«.

In beiden Fällen war die Folge, daß das deutsche Volk Rundfunk- und Filmprogramme über sich ergehen lassen mußte, die ebenso geistlos und inhaltsleer waren wie Tageszeitungen und Zeitschriften. Doch selbst ein Publikum, das sich normalerweise protestlos bevormunden ließ, revoltierte. Die Kinobesucher blieben den Propagandafilmen fern und strömten in Scharen zu den wenigen ausländischen Filmen, die Goebbels auf der deutschen Leinwand zuließ (größtenteils Hollywoodfilme Kategorie B). Zeitweise wurde bei deutschen Filmen so häufig gezischt, daß Innenminister Frick sich mit einer strengen Verwarnung »gegen das verräterische Verhalten der Kinobesucher« wandte. Auch an den Rundfunkprogrammen wurde so offen kritisiert, daß sich der Präsident der Reichsrundfunkkammer, Horst Dressler-Andress, zu der Erklärung veranlaßt sah, solches Nörgeln sei »eine Beleidigung für die deutsche Kultur« und könne nicht geduldet werden. Damals, in den dreißiger Jahren, konnte der deutsche Rundfunkhörer seinen Empfänger noch auf eine Reihe ausländischer Stationen einstellen, ohne – wie es nach Kriegsbeginn der Fall war – seinen Kopf zu riskieren. Einige mögen es auch dann noch getan haben, aber nach meinem Eindruck behielt Goebbels im Verlauf der Jahre recht: Der Rundfunk wurde das bei weitem wirksamste Propagandamittel des Regimes und trug mehr als irgendein anderes Instrument dazu bei, das deutsche Volk nach Hitlers Willen zu formen.

Ich selbst sollte erfahren, wie leicht man in einem totalitären Staat von den Lügen einer zensierten Presse und eines gelenkten Rundfunks eingefangen werden kann. Obwohl ich, im Gegensatz zu den meisten Deutschen, täglich ausländische Zeitungen, insbesondere aus London, Paris und Zürich erhielt, und zwar einen Tag nach Erscheinen, und obwohl ich regelmäßig die BBC und andere ausländische Sender hörte, mußte ich beruflich viele Stunden des Tages mit der Durchsicht deutscher Zeitungen und dem Abhören deutscher Sender verbringen, nationalsozialistische Beamte aufsuchen und in Parteiversammlungen gehen. Zu meiner Überraschung, ja mitunter Bestürzung, stellte ich fest, daß man trotz der, wie in meinem Fall, gebotenen Möglichkeiten, sich über die Tatsachen ins Bild zu setzen, und trotz des einem innewohnenden Mißtrauens gegen Informationen aus NS-Quellen bis zu gewissem Grade unter dem Einfluß der ständigen, jahrelangen Fütterung mit Verdrehungen und Entstellungen stand und sich oft irreführen ließ. Wer nicht viele Jahre in einem totalitär regierten Lande gelebt hat, kann sich unmöglich vorstellen, wie schwer es ist, sich den schrecklichen Wirkungen einer wohlberechneten, unaufhörlichen Propaganda zu entziehen. In deutschen Privathäusern oder in Ämtern oder auch im Restaurant oder Café bei Zufallsgesprächen mit Unbekannten stieß ich häufig selbst bei offensichtlich gebildeten und intelligenten Menschen auf die ausgefallensten Behauptungen. Es war klar, daß sie irgendeinen Unsinn, den sie im Rundfunk gehört oder in der Zeitung gelesen hatten, einfach nachplapperten. Manchmal geriet man in Versuchung, ihnen das zu sagen, und wenn man es tat, begegnete man einem so starren, ungläubigen Blick oder einem so entsetzten Schweigen, als hätte man Gott gelästert. Man wurde sich dann bewußt, wie sinnlos auch nur der Versuch war, in geistigen Kontakt mit Menschen zu treten, die verbohrt waren und für die Tatsachen sich zu dem abgewandelt hatten, was Hitler und Goebbels, diese zynischen Verächter der Wahrheit, daraus gemacht hatten.

ERZIEHUNG IM DRITTEN REICH

Am 30. April 1934 wurde Bernhard Rust, Obergruppenführer der SA, zeitweilig Gauleiter von Hannover, seit den frühen zwanziger Jahren Parteigenosse und Freund Hitlers, Reichserziehungsminister. In der bizarren, das Unterste zuoberst kehrenden Welt des Nationalsozialismus war Rust für seine Aufgabe hervorragend geeignet. 1930 war er in Hannover aus dem Schuldienst entlassen worden, weil sich bei ihm gewisse Anzeichen geistiger Gestörtheit bemerkbar machten. Zum Teil mag auch bei dem Beschluß der Schulbehörde sein fanatischer Nationalsozialismus eine Rolle gespielt haben. Denn Dr. Rust predigte das nationalsozialistische Evangelium mit dem glühenden Eifer eines Goebbels und der Verworrenheit eines Rosenberg. Als er im Februar 1933 zum preußischen Kultusminister ernannt wurde, rühmte er sich seiner Absicht, »die Schule als Stätte geistiger Akrobatik« über Nacht abzuschaffen.

Solch ein Mann erhielt nun diktatorische Gewalt über die deutsche Wissenschaft, über Schulen, Hochschulen und die Jugendorganisationen. Denn die Erziehung im Dritten Reich, wie sie sich Hitler vorstellte, sollte nicht auf stickige Klassenzimmer beschränkt bleiben, sie sollte gefördert werden durch eine spartanische, den jeweiligen Altersstufen entsprechende politische und militärische Ausbildung und weniger im Hochschulstudium gipfeln, das ohnehin nur eine Minderheit erfaßte, als in dem im Alter von achtzehn Jahren beginnenden zwangsweisen Arbeitsdienst und dem sich anschließenden Wehrdienst.

Hitlers Verachtung für »Professoren« und »Gebildete« war in *Mein Kampf* der Pfeffer gewesen, mit dem er seine Vorstellung von Erziehung gewürzt hatte. »Der völkische Staat«, hatte er geschrieben, »hat seine gesamte Erziehungsarbeit in erster Linie nicht auf das Einpumpen bloßen Wissens einzustellen, sondern auf das Heranzüchten kerngesunder Körper[8].« Aber noch wichtiger sei, so betonte er in seinem Buch, die Gewinnung der Jugend für den Dienst an »einem neuen völkischen Staat« – ein Thema, auf das er später, als deutscher Diktator, noch häufig zurückkehren sollte. In einer Rede, die er am 5. November 1933 hielt, sagte er:

Wenn der Gegner erklärt: »Ich gehe doch nicht zu euch, und ihr werdet mich auch nicht bekommen«, so sage ich ganz ruhig: Dein Kind gehört uns bereits heute! ... Was bist du? Du vergehst, aber deine Nachkommen stehen schon im neuen Lager. Sie werden in kurzer Zeit überhaupt gar nichts anderes mehr kennen als diese neue Gemeinschaft.

Und am 1. Mai 1937 erklärte er: »Dieses neue Reich wird seine Jugend niemandem geben, sondern sie selbst in seine Erziehung und in seine Bildung nehmen!« Das war kein leeres Gerede; es war genau das, was geschah.

Das ganze deutsche Schulwesen, angefangen bei der Volksschule bis zu den Universitäten, wurde rasch nazifiziert. Lehrpläne und Lehrbücher wurden schleunigst umgeändert, und *Der Deutsche Erzieher*, das amtliche Organ der Lehrerschaft, erklärte *Mein Kampf* zum »unfehlbaren Leitstern«. Wer als Lehrer diesen Stern nicht anerkannte, mußte gehen. Viele neigten indes mehr oder weniger zum Nationalsozialismus oder waren gar Parteigenossen. In Schulungskursen wurden die Lehrer ideologisch gefestigt.

Jede im Lehrberuf stehende Person, vom Kindergarten bis zur Universität, mußte dem NS-Lehrerbund beitreten, der für die »weltanschaulich-politische Gleichschaltung aller Lehrer« verantwortlich war. Juden durften natürlich nicht unterrichten. Alle Lehrer mußten Adolf Hitler Treue und Gehorsam schwören. Später konnte niemand Lehrer werden, der nicht seinen Dienst in der SA, im Arbeitsdienst oder in der Hitler-Jugend absolviert hatte. Lehramtskandidaten für die Hochschulen mußten an einem sechswöchigen Schulungslager teilnehmen, wo ihre Ansichten und ihr Charakter von Parteimitgliedern überprüft wurden; dann ging eine Personalakte ans Unterrichtsministerium, das den Kandidaten, wenn sie politisch »zuverlässig« waren, die Lehrbefugnis erteilte.

Vor 1933 hatten die deutschen Schulen im allgemeinen unter der Jurisdiktion der lokalen Behörden und die Universitäten unter der der einzelnen Länder gestanden. Jetzt kamen sie unter die eiserne Herrschaft des Reichserziehungsministers. Er ernannte die Rektoren und Dekane der Universitäten, die früher von der Professorenschaft gewählt worden waren. Er bestimmte auch die Führer des NS-Studentenbundes, dem alle Studenten angehören mußten, sowie die des alle Dozenten umfassenden Dozentenbundes. Der letztere spielte unter der straffen Führung alter Nationalsozialisten eine entscheidende Rolle bei der Auswahl des Lehrpersonals und sorgte dafür, daß nichts gelehrt wurde, das nicht in Einklang mit den Theorien der NSDAP stand.

Die Folgen waren für das deutsche Erziehungs- und Unterrichtswesen katastrophal. In den Lehrbüchern und in den Vorlesungen wurde die Geschichte bis zur Lächerlichkeit verfälscht. Noch grotesker war der Unterricht in »Rassenkunde«, die die Deutschen als Herrenvolk und die Juden als Wurzel allen Übels in der Welt hinstellte. Allein auf der Berliner Universität, wo in der Vergangenheit so viele große Wissenschaftler gelehrt hatten, führte der neue Rektor, ein SA-Mann und von Beruf Veterinär, 25 Vorlesungsreihen in Rassenkunde ein, und nachdem es ihm gelungen war, die Universität auf den Kopf zu stellen, enthielt das Vorlesungsverzeichnis 86 Vorlesungen, die mit seinem eigenen Fach zusammenhingen.

In der Naturwissenschaft, in der Deutschland seit Generationen eine so hervorragende Rolle gespielt hatte, trat ein rapider Verfall ein. Große Gelehrte, wie die Physiker Einstein und Franck, die Chemiker Haber, Willstaetter und Warburg, zogen sich zurück oder wurden davongejagt. Von denen, die blieben, fiel so mancher auf die Verirrungen der Hitler-Ideologie herein und versuchte, sie auf die Wissenschaft anzuwenden. Sie lehrten jetzt *deutsche* Physik, *deutsche* Chemie, *deutsche* Mathematik. Ab 1937 erschien sogar eine Zeitschrift mit dem Titel *Deutsche Mathematik*, die in ihrem ersten Heft feierlich erklärte, der Gedanke, daß Mathematik nicht »rassisch bedingt« sein könnte, »trage den Keim der Vernichtung der deutschen Wissenschaft in sich«.

Die Wahnvorstellungen dieser nationalsozialistischen Wissenschaftler erschienen selbst Laien unglaubwürdig. Daher schrieb der Heidelberger Professor Philipp Lenard, ein Gelehrter von internationalem Ruf: »›Deutsche Physik?‹ wird man fragen... ›Die Wissenschaft ist und bleibt international!‹ wird man mir einwenden wollen. Dem liegt aber ein Irrtum zugrunde. In Wirklichkeit ist die Wissenschaft, wie alles, was Menschen hervorbringen, rassisch, blutmäßig bedingt.« Der Dresdner Professor Rudolf Tomaschek ging noch weiter. Die moderne Physik, erklärte er, sei für das Judentum ein Werkzeug zur Zerstörung der nordischen Wissenschaft. Die wahre Physik sei eine Schöpfung deutschen Geistes, ja die gesamte europäische Wissenschaft die Frucht arischen, oder besser, deutschen Denkens. Professor Johannes Stark, Präsident der Physikalisch-Technischen Reichsanstalt, dachte genauso. Die Begründer der physikalischen Forschung, behauptete er, und die großen Entdecker von Galilei und Newton bis zu den Pionieren unserer Zeit seien fast ausschließlich Arier vorwiegend nordischer Rasse gewesen. Professor Wilhelm Müller von der Technischen Hochschule Aachen, der ein Buch über Judentum und Wissenschaft schrieb, glaubte an eine weltweite Verschwörung der Juden zur Vernichtung der Zivilisation. Für ihn war Einstein mit seiner Relativitätslehre der Erzbösewicht. In der Anerkennung, die Einstein nach Veröffentlichung seiner Theorie in der ganzen Welt gefunden hatte, sah Professor Müller nur die Freude über das Herannahen der jüdischen Weltherrschaft. Für den Berliner Professor Ludwig Bieberbach war Einstein ein »artfremder Marktschreier«. Und Professor Lenard nannte die Physik der Juden eine Entartungserscheinung der deutschen Physik[9].

Und doch: von 1905 bis 1931 erhielten zehn deutsche Juden für ihre wissenschaftlichen Leistungen den Nobelpreis.

Während des Zweiten Reiches waren die Universitäten Brutstätten eines heftigen Nationalismus und Antisemitismus gewesen. Die Weimarer Republik hatte auf vollständiger akademischer Freiheit bestanden, aber eine der Folgen war, daß die große Mehrheit der Dozenten mit ihrer antiliberalen, antidemokratischen, antisemitischen Einstellung zur Unterhöhlung der Demokratie beigetragen hatte. Die meisten Professoren waren Nationalisten, die sich die Wiederherstellung eines monarchischen Deutschlands wünschten. Und wenn auch viele von ihnen die Anhänger Hitlers vor 1934 zu rüpelhaft und zu gewalttätig fanden, so bereiteten sie doch mit ihren Lehren den Boden für den Nationalsozialismus. Die Studenten waren 1932 ganz offensichtlich zum größten Teil begeisterte Hitler-Anhänger.

Für manchen Beobachter war es überraschend, wie viele Dozenten sich nach 1933 der Nazifizierung des höheren Bildungswesens beugten. Obwohl sich nach amtlichen Statistiken die Zahl der während der ersten fünf Jahre nach Hitlers Machtantritt entlassenen Professoren und Dozenten auf 2800, das heißt ein Viertel der Gesamtzahl, belief, war doch der Anteil derer, die ihr Lehramt verloren, weil sie dem Nationalsozialismus die Stirn boten, »außerordentlich gering«, wie Professor Wilhelm Röpke sagt, der selber 1933 von der Marburger Universität entlassen wurde. Aber so gering auch die Zahl sein mochte, es gehörten dazu namhafte Persönlichkeiten der deutschen Geisteswelt: Karl Jaspers, E. I. Gumbel, Theodor Litt, Karl Barth, Julius Ebbinghaus und Dutzende anderer. Die meisten von ihnen emigrierten, erst in die Schweiz, nach England und Holland und schließlich nach Amerika. Einer von ihnen, Theodor Lessing, ging in die Tschechoslowakei, wo er von Nazis aufgespürt und am 31. August 1933 in Marienbad ermordet wurde.

Die große Mehrheit der Professoren blieb jedoch, und schon im Herbst 1933 bekannten sich 960, voran große Leuchten der Wissenschaft, wie der Chirurg Professor Sauerbruch, der Existenzphilosoph Heidegger und der Kunsthistoriker Pinder, öffentlich zu Hitler und dem Nationalsozialismus.

»Es war ein Akt der Prostitution«, schrieb Röpke später, »ein Schandfleck auf der ehrenvollen Geschichte deutscher Bildung[10].« Und Julius Ebbinghaus sagte 1945, auf jene Zeit zurückblickend: »Als es noch Zeit war, versäumten es die deutschen Universitäten, sich öffentlich mit all ihrer Macht der Zerstörung der Wissenschaft und des demokratischen Staates entgegenzustellen. Sie versäumten es, in der Nacht der Tyrannei die Flamme der Freiheit und des Rechts zu nähren[11].«

Dieses Versäumnis kam teuer zu stehen. Im Laufe der ersten sechs Jahre sank die Zahl der Universitätsstudenten um mehr als die Hälfte ab: von 127920 auf 58325. Noch stärker gingen die Immatrikulierungen auf den technischen Hochschulen zurück, aus denen einst Deutschlands große Techniker und Ingenieure hervorgegangen waren, nämlich von 20474 auf 9554. Das akademische Niveau sank in schwindelerregender Weise ab. 1937 mangelte es nicht nur an jungen Technikern und Ingenieuren, auch die Leistungen ließen nach. Schon lange vor Ausbruch des Krieges führte *Die Chemische Industrie*, das Organ der Chemiewirtschaft, Klage darüber, daß Deutschland im Begriff sei, seine führende Stellung in der Chemie zu verlieren. Hierdurch werde nicht nur die Volkswirtschaft, sondern auch die nationale Verteidigung gefährdet. Für den Mangel an Nachwuchs und für dessen Mittelmäßigkeit machte das Blatt die technischen Hochschulen und ihre mindere Qualität verantwortlich.

Wie sich zeigen sollte, zog die freie Welt Gewinn aus Deutschlands Verlusten. Das traf vor allem auf die Entwicklung der Atomenergie zu. Die erfolgreiche Lahmlegung des Atomenergie-Programms durch die Nationalsozialisten unter Führung von Himmler ist eine zu lange und verwickelte Geschichte, um hier wiedergegeben zu werden. Die Ironie des Schicksals wollte es, daß die in Amerika gelungene Entwicklung der Atombombe in hohem Maße Leuten zu verdanken war, die von Nationalsozialisten oder Faschisten ins Exil getrieben wurden, darunter Einstein und Fermi.

Um die deutsche Jugend für die Zwecke heranzubilden, die er im Sinne hatte, verließ sich Adolf Hitler indes nicht so sehr auf die Schule, die er selbst nicht geschafft hatte, als vielmehr auf die Verbände der Hitler-Jugend. In den Kampfjahren der Partei war die Hitler-Jugend nicht sehr zahlreich gewesen. 1932, im letzten Jahr der Republik, zählte sie nur 107956 Mitglieder, wohingegen den im *Reichsausschuß deutscher Jugendverbände* zusammengeschlossenen Organisationen zehn Millionen Jugendliche angehörten. Kein Land in der Welt hatte eine so lebendige und zahlenmäßig starke Jugendbewegung wie das republikanische Deutschland. Hitler erkannte dies und beschloß, sie zu übernehmen und zu nazifizieren.

Mit dieser Aufgabe betraute er einen gutaussehenden jungen Mann von banalem Wesen, aber um so größerer Energie, Baldur von Schirach, der, in Hitlers Bann geraten, 1925 im Alter von achtzehn Jahren der Partei beigetreten und 1931 zum Jugendführer der Partei ernannt worden war. Er hatte seltsamerweise etwas vom Typ des frischen, unreifen amerikanischen College-Studenten an sich, was vielleicht auf seine amerikanischen Vorfahren zurückzuführen war, von denen zwei zu den Unterzeichnern der Unabhängigkeitserklärung gehörten[12]. Im Juni 1934 wurde Schirach »Reichsjugendführer«. Die Verfahrensweisen seiner älteren Parteiführer nachäffend, hatte er nichts Eiligeres zu tun, als mit einer bewaffneten Gruppe von fünfzig strammen Hitler-Jungen die Büros des *Reichsausschusses deutscher Jugendverbände* zu besetzen und dessen Leiter, einen alten preußischen Offizier, General Vogt, an die Luft zu setzen. Dann nahm er sich einen der gefeiertsten deutschen Kriegshelden, Admiral von Trotha, vor, der im Ersten Weltkrieg Stabschef der Hochseeflotte gewesen und jetzt Präsident der Jugendverbände war. Der ehrwürdige Admiral wurde ebenfalls in die Flucht geschlagen und seine Organisation aufgelöst. Das nach Millionen zählende Vermögen der Verbände, hauptsächlich bestehend aus den über ganz Deutschland verteilten Jugendherbergen, verfiel der Beschlagnahme.

Im Konkordat vom 20. Juli 1933 war ausdrücklich der ungehinderte Fortbestand der katholischen Jugendverbände vorgesehen. Am 1. Dezember 1936 löste Hitler sie und alle anderen nichtnationalsozialistischen Jugendorganisationen auf Grund eines Gesetzes auf:

... Die gesamte deutsche Jugend innerhalb des Reichsgebietes ist in der Hitlerjugend zusammengefaßt.

Die gesamte deutsche Jugend ist außer in Elternhaus und Schule in der Hitlerjugend körperlich, geistig und sittlich im Geiste des Nationalsozialismus ... zu erziehen[13].

Schirach, der bisher dem Erziehungsministerium verantwortlich gewesen war, wurde laut Gesetz »dem Führer und Reichskanzler unmittelbar unterstellt«.
Damit war der unausgereifte Neunundzwanzigjährige, der rührselige Verse zum Ruhme Hitlers verfaßte und dem seltsamen Neuheidentum Rosenbergs wie auch dem virulenten Antisemitismus Streichers anhing, Jugenddiktator im Dritten Reich.
Vom zehnten bis zum achtzehnten Lebensjahr mußten Jungen und Mädchen den verschiedenen Gliederungen der Hitler-Jugend angehören. Wenn Eltern versuchten, ihre Kinder vom Eintritt in die Organisation zurückzuhalten, konnte es ihnen passieren, daß sie mit Gefängnis bestraft wurden.
Zwischen zehn und vierzehn Jahren gehörten die Jungen als sogenannte »Pimpfe« dem Jungvolk an. Nach bestimmten Prüfungen in Wehrsport und NS-Geschichte mußten die Kinder einen Eid auf den Führer ablegen, womit sie sich verpflichteten, dem »Retter unseres Landes, Adolf Hitler« ihre ganze Kraft zu widmen und notfalls für ihn ihr Leben zu opfern.
Mit vierzehn Jahren kamen die Knaben in die eigentliche Hitler-Jugend, in der sie bis zum 18. Lebensjahr verblieben, um dann in den Arbeitsdienst und später in die Wehrmacht überzutreten. Die Hitler-Jugend war, ähnlich wie die SA, eine riesige, halbmilitärische Organisation, in der die heranwachsende Jugend nicht nur eine systematische sportliche Ausbildung erhielt, sondern auch ideologisch und soldatisch geschult wurde.
Auch die Mädchen entgingen nicht der Erfassung durch die Hitler-Jugend. Zwischen zehn und vierzehn Jahren waren sie »Jungmädel« und trugen ebenfalls eine Tracht: weiße Bluse, blauer Rock, schwarzes Halstuch mit Lederknoten, Socken und schwere Schuhe. Sie erhielten die gleiche weltanschauliche Schulung wie die Jungen und machten an Wochenenden lange Märsche mit Gepäck. Doch vor allem wurden sie auf die primäre Aufgabe der Frau im Dritten Reich hingewiesen: gesunde Mütter von gesunden Kindern zu werden. Mit vierzehn Jahren kamen sie in den Bund deutscher Mädel (BdM), dem sie bis 21 angehörten.
Wenn sie vierzehn Jahre alt geworden waren, mußten die meisten deutschen Mädchen ein Pflichtjahr absolvieren. Mit achtzehn Jahren konnten sie in den weiblichen Arbeitsdienst eintreten. Viele BdM-Mädel machten das sog. Landjahr, d. h. sie gingen auf Bauernhöfe und halfen im Hause und auf dem Feld. Die Mädchen wohnten zum Teil bei den Bauern selbst, zum Teil in kleinen Lagern, von denen aus sie jeden Morgen mit Lastwagen zu den Höfen gebracht wurden. Bisweilen ergaben sich daraus moralische Probleme. Die Anwesenheit eines hübschen jungen Stadtmädchens konnte in den Bauernfamilien Unruhe stiften, und es kamen häufig Klagen von Eltern, ihre Töchter seien aus dem Landjahr schwanger zurückgekehrt. Oft lag auch ein Landjahrlager in der Nähe eines Arbeitsdienstlagers, woraus sich wohl ebenfalls manche Schwangerschaft erklären ließ. Damals machte in Deutschland ein auf diese Verhältnisse und

die Kraft-durch-Freude-Bewegung anspielender abgewandelter Vers eines alten Volksliedes die Runde:

Im Wald und auf der Heide,
verlor ich Kraft durch Freude.

Etwa 500000 Mädchen absolvierten ihr Pflichtjahr in städtischen Haushalten. Auch hier dürfte es in manchen Fällen zu moralischen Verwicklungen gekommen sein, an denen aber die Partei im allgemeinen keinen Anstoß nahm. Immer wieder wurden junge Mädchen und Frauen, nicht allein im BdM, darauf hingewiesen, daß es ihre patriotische Pflicht sei, dem Hitlerreich möglichst viele Kinder zu gebären.
Ende 1938 umfaßte die Hitler-Jugend 7728259 Jugendliche. Trotz dieser hohen Zahl ist es offenkundig, daß es etwa vier Millionen Jugendlichen gelungen war, der Organisation fernzubleiben. Daher erließ die Regierung im März 1939 ein Gesetz, nach dem alle Jugendlichen für den Dienst in der Hitler-Jugend in ähnlicher Weise wie für den Wehrdienst erfaßt wurden. Widerstrebenden Eltern wurde angedroht, daß ihre Kinder, wenn sie nicht der Hitler-Jugend beiträten, in Heimen untergebracht werden würden.

Die Erziehung im Dritten Reich fand ihre Krönung in der Einführung von drei Schultypen, die der Heranbildung einer Elite dienen sollten: die Adolf-Hitler-Schulen, die Nationalpolitischen Erziehungsanstalten und die Ordensburgen. Die ersteren unterstanden der Leitung der Hitler-Jugend, die beiden letzteren der Partei. Auf die Adolf-Hitler-Schulen kamen die vielversprechendsten Knaben aus dem Jungvolk, wenn sie zwölf Jahre alt waren. Sie erhielten dort eine sechsjährige intensive Ausbildung für führende Stellen in Partei und Verwaltung. In den Schulen herrschte spartanische Disziplin, und die Schüler besuchten sie bis zur Hochschulreife. Die erste Adolf-Hitler-Schule wurde 1937 gegründet. Es gab ihrer zehn; die wichtigste befand sich in Braunschweig.
Mit den Nationalpolitischen Erziehungsanstalten wollte man die Erziehungsmethode der alten preußischen Militärakademien wiederbeleben. Nach einem offiziellen Kommentar bestand diese Methode darin, die Jugend »in soldatischem Geist zu Tapferkeit, Pflichtgefühl und Einfachheit« zu erziehen. Hinzu kam natürlich noch die nationalsozialistische Schulung. Die Anstalten wurden von der SS überwacht, die die Schulleiter und die meisten Lehrer stellte. Die ersten drei Nationalpolitischen Erziehungsanstalten entstanden 1933; vor Ausbruch des Krieges gab es 31, von denen drei für Mädchen waren.
Die höchste Spitze der Pyramide nahmen die sogenannten Ordensburgen ein. Diese nach dem Vorbild der Burgen des Deutschen Ritterordens errichteten Anstalten dienten der Erziehung der nationalsozialistischen Elite. Aufgenommen wurden nur die zuverlässigsten jungen Nationalsozialisten, ausgewählt aus den besten Schülern der Adolf-Hitler-Schulen und der Nationalpolitischen Erziehungsanstalten.

DER BAUER IM DRITTEN REICH

Als Hitler 1933 zur Macht kam, befanden sich die Bauern – wie in den meisten Ländern – in verzweifelter Notlage. Nach einem Aufsatz in der *Frankfurter Zeitung* war ihre Lage schlimmer als zu irgendwelcher Zeit seit den verheerenden Bauernkriegen von 1524/25. Das landwirtschaftliche Gesamteinkommen lag 1932/33 mehr als eine Milliarde Mark unter dem von 1924/25, des ungünstigsten Nachkriegsjahres. Die Schulden der Landwirtschaft beliefen sich auf zwölf Milliarden, die größtenteils in den letzten acht Jahren entstanden waren. Die Schuldzinsen verschlangen vierzehn Prozent des gesamten landwirtschaftlichen Einkommens; hinzu kam eine ähnlich hohe Last in Form von Steuern und Sozialabgaben.

»Meine Parteigenossen, machen wir uns doch eines klar: Es gibt für das deutsche Landvolk nur eine einzige, eine letzte Chance«, warnte Hitler zu Beginn seiner Kanzlerschaft. Und im Oktober 1933 erklärte er: »Der Ruin des deutschen Bauern wird der Ruin des deutschen Volkes sein.«

Jahrelang hatte die Partei die Bauern umworben. Punkt 17 des »unabänderlichen« Parteiprogramms verhieß ihnen »Bodenreform, Schaffung eines Gesetzes zur unentgeltlichen Enteignung von Boden für gemeinnützige Zwecke, Abschaffung des Bodenzinses und Verhinderung jeder Bodenspekulation«. Vom Verbot der Bodenspekulation abgesehen, wurde das den Bauern gegebene Versprechen ebensowenig eingehalten wie die meisten anderen Punkte des Parteiprogramms. 1938, nach fünfjähriger NS-Herrschaft, war die Verteilung des Landbesitzes immer noch weniger ausgeglichen als in irgendeinem anderen westlichen Land. Nach den amtlichen Ziffern des *Statistischen Jahrbuchs* verfügten die 2,5 Millionen kleinsten Landwirtschaftsbetriebe insgesamt über weniger Nutzfläche als die 0,1 Prozent zählenden größten Betriebe. Die Hitler-Diktatur hatte ebensowenig wie die republikanischen Regierungen gewagt, die riesigen ostelbischen Feudalgüter anzutasten.

Gleichwohl inaugurierten die Nationalsozialisten ein umfassendes neues Landwirtschaftsprogramm unter der Begleitmusik einer sentimentalen Blut- und Boden-Propaganda: Der Bauer war das Salz der Erde, die Haupthoffnung des Dritten Reiches. Mit der Verwirklichung des Programms betraute Hitler Walter Darré, der im Juni 1933, nach Hugenbergs Entlassung, Reichsminister für Ernährung und Landwirtschaft wurde. Bis zum September war Darré mit seinen Plänen fertig. In diesem Monat kamen zwei Grundgesetze heraus, die die gesamte Struktur der Landwirtschaft umwandelten: das Erbhofgesetz vom 29. September 1933 und das Reichsnährstandgesetz vom 13. September 1933.

Das Erbhofgesetz, eine seltsame Mischung aus alt und neu, versetzte die Bauern einerseits in mittelalterliche Zeiten zurück und schützte sie andererseits gegen Mißbräuche der modernen Geldwirtschaft. Jedes über vierhundert Morgen große Anwesen, von dessen Ertrag eine Familie anständig leben konnte, wurde zum Erbhof erklärt. Erbhöfe konnten weder verkauft, geteilt, verpfändet noch hypothekarisch belastet werden.

Nach dem Tod des Besitzers ging der Erbhof – je nach örtlichem Brauch – an den ältesten oder jüngsten Sohn oder an den nächsten männlichen Verwandten über, die dann verpflichtet waren, für Lebensunterhalt und Erziehung der anderen Geschwister bis zur Volljährigkeit zu sorgen. Nur deutsche Reichsbürger »arischen« Geblüts, die bis ins Jahr 1800 zurück die »Reinheit« ihres Blutes nachweisen konnten, durften Besitzer solcher Höfe sein. Und nur solche Leute durften – nach dem Wortlaut des Gesetzes – den »Ehrentitel Bauer« tragen, den sie indes verwirkten, wenn sie aus Unfähigkeit oder anderen Gründen den Hof nicht mehr bewirtschaften konnten. Auf diese Weise wurde der schwer verschuldete deutsche Bauer zu Beginn des Dritten Reiches davor bewahrt, seinen Besitz durch Zwangsversteigerung zu verlieren oder ihn stückweise zusammenschrumpfen zu sehen. Gleichzeitig aber war er für alle Zeiten an die Scholle gebunden. Alle Aspekte seines Lebens und seiner Arbeit unterlagen den strikten Regeln des Reichsnährstandgesetzes. Der Reichsnährstand, an dessen Spitze Walter Darré als Reichsbauernführer stand, war eine riesige Organisation, die jeden nur denkbaren Zweig der landwirtschaftlichen Produktion, ihrer Verarbeitung und ihres Verkaufs überwachte. Ihre Hauptziele waren: für die Bauern stabile und vorteilhafte Preise zu sichern und gleichzeitig Deutschland in der Ernährung autark zu machen.

Und der Erfolg? Der Bauer, der geglaubt hatte, von einem Staat vernachlässigt worden zu sein, dessen Sorgen hauptsächlich der Industrie und den Arbeitern zu gelten schien, fühlte sich zu Anfang natürlich geschmeichelt angesichts so vieler Aufmerksamkeit, die man ihm entgegenbrachte. Er war eine Art Nationalheld und Ehrenbürger geworden. Noch mehr freute er sich freilich über das Steigen der Preise, was Darré ganz einfach dadurch erreichte, daß er sie willkürlich festsetzte. In den beiden ersten Jahren der Herrschaft der NSDAP stiegen die Erzeugerpreise in der Landwirtschaft um zwanzig Prozent, bei Gemüse, Milchprodukten und Vieh sogar noch etwas mehr. Aber dieser Vorteil wurde teilweise wieder aufgehoben durch einen ähnlichen Preisanstieg für Industrieprodukte, die der Bauer brauchte, vor allem für Maschinen und Düngemittel.

Was die von den Führern der NSDAP, die bereits, wie wir sehen werden, einen Krieg vorbereiteten, als notwendig erachtete Ernährungsautarkie anging, so ist sie niemals erreicht worden. In Anbetracht der in keinem Verhältnis zur Bevölkerungsdichte stehenden Anbaufläche und Ertragsfähigkeit des deutschen Bodens konnte sie auch nicht erreicht werden. Trotz der von den Nationalsozialisten so laut herausgeschrieenen »Erzeugungsschlacht« wurde der Bedarf im ertragreichsten Jahr nur zu 83 Prozent aus dem Lande gedeckt. Erst mit Eroberung fremden Bodens erlangten die Deutschen genügend Lebensmittel, um den Krieg so lange durchzuhalten.

WIRTSCHAFT IM DRITTEN REICH

Hitlers Erfolge in den ersten Jahren beruhten nicht nur auf seinen außenpolitischen Triumphen, die ihm so manche unblutige Eroberung einbrachten, sondern auch auf der wirtschaftlichen Erholung Deutschlands, die in Parteikreisen und sogar von einigen ausländischen Wirtschaftlern als Wunder gepriesen wurde. Für eine Menge Leute mag sie denn auch wirklich wie ein Wunder ausgesehen haben: Die Arbeitslosigkeit, diese Geißel der zwanziger und frühen dreißiger Jahre, ging im Laufe von vier Jahren, wie wir sahen, erheblich zurück. Die nationale Produktion stieg von 1932 bis 1937 um 102 Prozent, und das Nationaleinkommen verdoppelte sich. Für einen Beobachter hatte Deutschland in der Mitte der dreißiger Jahre etwas von einem riesigen Bienenstock. Die Räder der Industrie summten, und jedermann war bienenfleißig.

Im ersten Jahr galt die nationalsozialistische Wirtschaftspolitik, die weitgehend von Dr. Schacht bestimmt wurde – denn Hitler verstand nichts von wirtschaftlichen Dingen, die ihn zudem langweilten – hauptsächlich der Beseitigung der Arbeitslosigkeit durch Vergebung umfangreicher öffentlicher Arbeiten und durch Anregung privater Unternehmerinitiative. Die Regierung gab Firmen, die ihre Investitionen erhöhten und damit Arbeitsplätze schafften, Kredite und großzügige Steuererleichterung.

Aber die wirkliche Grundlage der wirtschaftlichen Erholung Deutschlands war die Aufrüstung. Ihr widmete das Hitler-Regime vom Jahre 1934 an seine ganze Energie. Die gesamte deutsche Wirtschaft wurde, um ein Schlagwort zu gebrauchen, zur Wehrwirtschaft und mit vollem Bedacht auf den Krieg ausgerichtet. Im Jahre 1935 erschien in Deutschland ein Buch von General Ludendorff mit dem Titel *Der totale Krieg*. Darin wurde hervorgehoben, die Volkswirtschaft müsse auf der gleichen totalitären Basis wie alle anderen Lebensbereiche mobilisiert werden, um sich in angemessener Weise auf den totalen Krieg vorzubereiten.

Was unter Wehrwirtschaft zu verstehen war, faßte Generalmajor Georg Thomas, Chef des Wehrwirtschaftsamtes, wie folgt zusammen:

Die Geschichte wird wenig Beispiele dafür kennen, daß ein Staat bereits im Frieden seine wirtschaftlichen Kräfte so überlegt und planmäßig auf Kriegserfordernisse ausgerichtet hat, wie das bei Deutschland zwischen den beiden Weltkriegen gezwungenermaßen der Fall war[14].

Natürlich bereitete sich Deutschland nicht »gezwungenermaßen« in solchem Ausmaß auf einen Krieg vor – es geschah auf Geheiß Hitlers. Mit dem geheimen Verteidigungsgesetz vom 21. Mai 1935 ernannte er Schacht zum Generalbevollmächtigten für die Wehrwirtschaft. Dieser, heißt es im Gesetz, »beginnt seine Arbeit bereits im Frieden [und] leitet die wirtschaftlichen Vorbereitungen für den Kriegsfall«. Doch Dr. Schacht hatte nicht bis zum Frühjahr 1935 gewartet, um die deutsche Kriegswirtschaft aufzubauen. Schon am 30. September 1934, kaum zwei Monate nach seiner Ernennung zum Wirtschaftsminister, hatte er Hitler einen »Bericht über den Stand der Arbeiten für eine wirtschaftliche Mobilmachung« vorgelegt, worin er stolz darauf hinwies, er habe seinem Ministerium »die Aufgabe gestellt, die Kriegführung wirtschaftlich vorzubereiten«. Am 3. Mai 1935, vier Wochen vor seiner Ernennung zum Generalbevollmächtigten für die Wehrwirtschaft, überreichte er Hitler eine persönliche Denkschrift, die mit den Worten begann: »Die nachfolgenden Ausführungen gehen davon aus, daß die Durchführung des Rüstungsprogramms nach Tempo und Ausmaß *die* [Hervorhebung durch Schacht] Aufgabe der deutschen Politik ist, daß demnach alles andere diesem Zweck untergeordnet werden muß...« Weiterhin führte Schacht aus: »Der Umstand, daß unsere Rüstung bis zum 16. März 1935 [dem Tag, an dem Hitler die allgemeine Wehrpflicht wiedereinführte und die Aufstellung von 36 Divisionen verkündete] völlig und seitdem immer noch zum größten Teil getarnt werden muß, hat dazu geführt, daß die Notenpresse schon am Anfang des ganzen Rüstungsprogramms in Anspruch genommen worden ist.« Mit einiger Schadenfreude wies Schacht noch darauf hin, daß die beschlagnahmten Vermögen der Staatsfeinde (größtenteils Juden) und ausländische Sperrguthaben zur Bezahlung von Hitlers Kanonen beigetragen hätten: »Unsere Rüstungen werden also zu einem Teil mit dem Guthaben unserer politischen Gegner finanziert[15].«

Wenn Schacht sich auch im Nürnberger Prozeß in aller Unschuld gegen die Beschuldigung verwahrte, an der Verschwörung der Nationalsozialisten zur Herbeiführung eines Angriffskriegs beteiligt gewesen zu sein – er habe genau das Gegenteil getan, rief er aus – so bleibt doch Tatsache, daß keiner so wie er für die *wirtschaftliche* Vorbereitung des 1939 von Hitler vom Zaune gebrochenen Krieges verantwortlich war. Das wurde von der Wehrmacht offen anerkannt. Anläßlich seines 60. Geburtstags feierte ihn das *Militärwochenblatt* in seiner Ausgabe vom 22. Januar 1937 als den »Mann, der den Wiederaufbau der Wehrmacht wirtschaftlich ermöglicht hat«. Und weiter: »Schachts Geschick und seinem großen Können verdankt die Wehrmacht, daß sie, allen Devisenschwierigkeiten trotzend, planmäßig aus dem 100 000-Mann-Heer zum heutigen Stande anwachsen konnte.«

Schachts ganze finanzielle Zauberkunst mußte dazu herhalten, das Dritte Reich auf den Krieg vorzubereiten. Der Druck von Noten war nur einer seiner Tricks. Er manipulierte die Währung mit solcher Taschenspielerkunst, daß ausländische Wirtschaftler einmal schätzten, er müsse mit 237 verschiedenen Markwährungen arbeiten. Er handelte mit Dutzenden von Ländern (für Deutschland) erstaunlich vorteilhafte Tauschabkommen aus, und bewies zur Verblüffung orthodoxer Volkswirtschaftler mit Erfolg, daß man, je mehr man einem Lande schuldet, um so mehr Geschäfte mit ihm machen kann. Seine Kreditbeschaffung in einem Land, das wenig flüssiges Kapital und fast keine Finanzreserven hatte, war das Werk eines Genies oder – wie einige meinten – eines meisterhaften Manipulators. Ein Beispiel hierfür waren die von ihm erfundenen »Mefowechsel«. Es waren einfach Reichsbankwechsel, die der Staat garantierte und die als Zahlungsmittel für Rüstungswerke dienten. Sie wurden von allen deutschen Banken in Zahlung genommen und schließlich von der Reichsbank diskontiert. Da sie weder in den publizierten Jahresabrechnungen der Reichsbank noch im Regierungsbudget erschienen, trugen sie wesentlich dazu bei, das Ausmaß der deutschen Aufrüstung zu verschleiern. Zwischen 1935 und 1938 dienten sie ausschließlich der Finanzierung der Rüstung und beliefen sich auf eine Gesamtsumme von zwölf Milliarden Mark.

Im September 1936, mit der Einführung des Vierjahresplans, ging Deutschland zur totalen Kriegswirtschaft über. Bevollmächtigter für den Vierjahresplan wurde Göring, der nun anstelle Schachts Wirtschaftsdiktator war. Der Plan hatte den Zweck, Deutschland innerhalb von vier Jahren autark zu machen, damit ihm im Kriege eine Blockade nichts anhaben könne. Die Einfuhren wurden bis auf ein absolutes Mindestmaß abgedrosselt, strenge Preis- und Lohnkontrollen eingeführt, die Dividenden auf sechs Prozent herabgesetzt, Werke zur Herstellung synthetischer Stoffe, wie Gummi, Textilien, Benzin, sowie die Hermann-Göring-Werke zur Erzeugung von Stahl aus minderwertigen einheimischen Erzen errichtet. Kurzum, die deutsche Wirtschaft wurde für den Krieg mobilisiert, und die Unternehmer waren nur noch Rädchen in der Kriegsmaschine, mochten auch ihre Gewinne in die Höhe schnellen. Ihre Arbeit wurde eingeengt von so zahlreichen Vorschriften und von so vielen auszufüllenden Formularen, daß Dr. Funk, der als Nachfolger Schachts 1937 das Wirtschaftsministerium und 1939 das Reichsbankpräsidium übernahm, einräumen mußte, der Briefwechsel mit den Behörden mache jetzt mehr als die Hälfte der Korrespondenz deutscher Firmen aus.

Unter Bergen von Formularen begraben, vom Staat angewiesen, was und wieviel und zu welchen Preisen sie produzieren durften, unter wachsender Steuerlast stöhnend und von der Partei zu nicht endenwollenden »Sonderspenden« veranlaßt, bemächtigte sich der Unternehmer, die Hitlers Regime so begeistert begrüßt hatten, weil sie von ihm die Zerschlagung der Gewerkschaften und das Gewährenlassen ungehemmter Unternehmerinitiative erwarteten, große Enttäuschung. Zu den Enttäuschten gehörte Fritz Thyssen, der als einer der ersten die Partei mit großen Geldmitteln unterstützt hatte. Als er bei Ausbruch des Krieges aus Deutschland floh, gab er zu, daß das Hitler-Regime die deutsche Industrie zugrunde gerichtet habe. Und er sagte jedem, dem er im Ausland begegnete: »Was war ich für ein Dummkopf[16]!«

Am Anfang jedoch hatten sich die Unternehmer eingeredet, die Herrschaft der Nationalsozialisten wäre die Erfüllung all ihrer Wünsche. Zwar war ihnen das »unabänderliche« Parteiprogramm mit seiner Forderung nach Verstaatlichung der Trusts, nach Gewinnbeteiligung an Großbetrieben, nach »Kommunalisierung der Groß-Warenhäuser und ihre Vermietung zu billigen Preisen an kleine Gewerbetreibende« (Punkt 16), nach Bodenreform und Abschaffung des Bodenzinses verdächtig vorgekommen. Doch die Männer der Wirtschaft erkannten bald, daß Hitler nicht die geringste Absicht hatte, sich auch nur an einen einzigen Punkt seines Wirtschaftsprogramms zu halten – die radikalen Forderungen hatten lediglich dem Stimmenfang gedient. Während der ersten Monate des Jahres 1933 versuchten freilich ein paar Parteirevolutionäre, die Wirtschaftsverbände in die Gewalt zu bekommen, die Warenhäuser zu übernehmen und eine ständische Ordnung nach dem Vorbild des faschistischen Italiens zu errichten. Aber sie wurden bald von Hitler abgeschoben und durch konservative Wirtschaftler ersetzt. Gottfried Feder, der die »Zinsknechtschaft« abschaffen wollte, erhielt zwar einen Posten als Unterstaatssekretär im Wirtschaftsministerium, aber sein Vorgesetzter Dr. Karl Schmitt, der Versicherungsmagnat, der sein Leben lang mit Geldverleihung und Einkassierung von Zinsen zu tun gehabt hatte, gab ihm keine Aufgaben, und als Schacht das Ministerium übernahm, verschwand Feder.

Die kleinen Gewerbetreibenden, die zu Hitlers Hauptanhängern gehört und von ihm große Dinge erwartet hatten, sahen sich zu einem großen Teil bald gezwungen, in die Reihen der Gehaltsempfänger zurückzukehren. Im Oktober 1937 wurden Gesetze erlassen, die für die Gründung neuer Aktiengesellschaften ein Mindestkapital von 500 000 Mark verlangten. Firmen mit weniger als 100 000 Mark Kapital konnten fortan nicht mehr als Aktiengesellschaften geführt werden. Die großen Kartelle hingegen, die schon die Republik begünstigt hatte, erfuhren eine weitere Stärkung unter Hitler. Ja, nach dem Gesetz vom 15. Juli 1933 war die Zugehörigkeit zu Kartellen obligatorisch. Das Wirtschaftsministerium war ermächtigt, neue Zwangskartelle zu gründen oder Firmen zu veranlassen, bereits bestehenden beizutreten.

Die in der Zeit der Republik entstandenen zahllosen Industrie- und Handelsverbände blieben im Dritten Reich bestehen, wurden allerdings auf Grund des Gesetzes vom 27. Februar 1934 nach dem Führerprinzip umgemodelt und unter staatliche Kontrolle gestellt. Jede Firma mußte Mitglied eines Verbandes sein. An der Spitze des unglaublich komplizierten Gebäudes stand die Reichswirtschaftskammer, deren Präsident vom Staat ernannt wurde und die sieben Reichswirtschaftsgruppen, 23 Wirtschaftskammern, 100 Industrie- und Handelskammern und 70 Handwerkskammern kontrollierte. In diesem Labyrinth und in der Vielfalt von Ämtern und Dienststellen des Wirtschaftsministeriums und des Vierjahresplans, und in der Flut von Erlassen und Gesetzen fand sich oft sogar der gewitzteste Geschäftsmann nicht mehr durch, so daß die Firmen Juristen anstellen mußten, um ihre Betriebe in Gang zu halten. Mittel und Wege, die benutzt wurden, um an maßgebliche Stellen heranzukommen oder um die endlosen Verordnungen der Regierung und der Verbände zu umgehen, nahmen Ende der dreißiger Jahre phantastische Formen an. »Eine wirtschaftliche Notwendigkeit«, erklärte einmal ein Geschäftsmann dem Verfasser dieses Buches.

Trotz all dieser Plagen machte der Unternehmer dennoch gute Geschäfte. Die Schwerindustrie, Hauptnutznießer der Aufrüstung, verzeichnete 1938 eine Gewinnerhöhung von 6½ Prozent gegenüber nur zwei Prozent im Konjunkturjahr 1926. Sogar das die Dividendenhöhe auf sechs Prozent beschränkende Gesetz wirkte sich für die Firmen selbst nicht ungünstig aus. Im Gegenteil! Theoretisch mußten zwar nach dem Gesetz von den diesen Satz überschreitenden Beträgen Regierungsanleihen gezeichnet werden – von Beschlagnahme war nicht die Rede. In Wirklichkeit jedoch investierten die meisten Firmen die nicht ausgeschütteten Gewinne, deren Gesamthöhe von 175 Millionen

Mark im Jahre 1932 auf fünf Milliarden Mark im Jahre 1938 anstieg, im eigenen Betrieb. Im selben Jahr 1938 betrug das Gesamt der Spareinlagen nicht mehr als zwei Milliarden Mark, d. h. weniger als die Hälfte der unausgeschütteten Gewinne, während sich die in Form von Dividenden ausgezahlten Gewinne auf nur insgesamt 1,2 Milliarden Mark beliefen. Von diesen Annehmlichkeiten abgesehen, begrüßte der Unternehmer auch die Art und Weise, in der unter Hitler die Arbeiterschaft auf ihren Platz verwiesen wurde. Es gab keine unvernünftigen Lohnforderungen mehr. Ja, die Löhne waren sogar ein bißchen abgesunken, obwohl die Lebenshaltungskosten um 25 Prozent gestiegen waren. Und vor allem gab es keine kostspieligen Streiks mehr. Solche ungebührlichen Kundgebungen waren im Dritten Reich verboten.

DIE HÖRIGKEIT DER ARBEITERSCHAFT

Der Arbeiter im Dritten Reich, dem man das Recht, sich zu organisieren, kollektive Tarifverträge auszuhandeln und zu streiken genommen hatte, geriet seinem Arbeitgeber gegenüber in eine ähnliche Hörigkeit, wie sie für die Bauern im Mittelalter gegenüber ihren Gutsherren bestanden hatte. Die sogenannte Arbeitsfront trat zwar theoretisch an die Stelle der alten Gewerkschaften, vertrat jedoch nicht die Interessen der Arbeiterschaft. Nach dem Gesetz vom 24. Oktober 1934 war die Deutsche Arbeitsfront »die Organisation der schaffenden Deutschen der Stirn und der Faust«. Sie umfaßte nicht allein Lohn- und Gehaltsempfänger, sondern auch die Unternehmer. In Wirklichkeit war sie eine große Propaganda-Organisation und, wie so manche Arbeiter sagten, ein riesiger Schwindel. Ihr Ziel war nicht der Schutz der Arbeiterschaft, es war, wie es im Gesetz hieß, »die Bildung einer wirklichen Volks- und Leistungsgemeinschaft aller Deutschen. Sie hat dafür zu sorgen, daß jeder einzelne seinen Platz im wirtschaftlichen Leben der Nation in der geistigen und körperlichen Verfassung einnehmen kann, die ihn zur höchsten Leistung befähigt und damit den größten Nutzen für die Volksgemeinschaft gewährleistet.« Die Arbeitsfront war keine selbständige Körperschaft, sondern wie fast alle andern Einrichtungen in Hitler-Deutschland mit Ausnahme der Wehrmacht ein integrierender Teil der NSDAP, oder wie ihr Führer Dr. Ley sagte, »ein Instrument der Partei«. Das Gesetz vom 24. Oktober sah denn auch vor, daß die Führer der Arbeitsfront »in erster Linie Mitglieder der in der NSDAP vorhandenen Gliederungen« und »Angehörige der SA und der SS« sein sollten. Und so war es auch.

Schon früher, am 20. Januar 1934, war ein »Gesetz zur Ordnung der nationalen Arbeit« erlassen worden, das den Arbeitgeber wieder in seine frühere absolute Herrenstellung einsetzte, wiewohl er selbst sich natürlich dem allmächtigen Staat zu fügen hatte. Aus dem Unternehmer wurde »der Führer des Betriebes«, aus der Angestellten- und Arbeiterschaft die »Gefolgschaft«. § 2 des Gesetzes lautete: »Der Führer des Betriebes entscheidet der Gefolgschaft gegenüber in allen betrieblichen Angelegenheiten.« Und so wie in alten Zeiten der Feudalherr für das Wohl seiner Hörigen verantwortlich war,

so war es jetzt der Unternehmer für seine Arbeiter: »Er hat für das Wohl der Gefolgschaft zu sorgen.« Dafür »hat ihm diese die in der Betriebsgemeinschaft begründete Treue zu halten« – d. h., sie mußte hart und lange arbeiten und durfte nicht widersprechen oder murren, auch nicht über Löhne.
Die Höhe der Löhne setzten die von der Arbeitsfront ernannten sogenannten Treuhänder der Arbeit fest. In der Praxis richteten sie sich dabei nach den Wünschen der Arbeitgeber: Keinerlei Bestimmung sah auch nur die Befragung der Arbeiter in Lohnfragen vor. Selbst nach 1936, als sich in der Rüstungsindustrie ein Mangel an Arbeitskräften einstellte und einige Unternehmer zwecks Anlockung von Arbeitern die Löhne zu erhöhen suchten, wurden die Lohnsätze auf Anordnung der Regierung niedrig gehalten. Hitler äußerte sich ganz offen darüber: »Nicht Erhöhung der Stundenlöhne, sondern Einkommenssteigerung allein durch Leistung ist von jeher eherner Grundsatz der nationalsozialistischen Führung gewesen[17].« In einem Lande, in dem die Löhne größtenteils auf Akkordarbeit beruhten, bedeutete dies, daß ein Arbeiter nur dann auf höheren Lohn hoffen konnte, wenn er schneller und länger arbeitete.
Obwohl 1938, im Jahr der Hochkonjunktur, fünf Millionen Menschen mehr im Arbeitsprozeß standen als im Krisenjahr 1932, sank doch in diesem Zeitraum der Anteil der deutschen Arbeiter am Nationaleinkommen von 56,9 Prozent auf 53,6 Prozent ab. In der gleichen Zeit stieg der Anteil der Einkünfte aus Kapital- und Betriebsvermögen am Nationaleinkommen von 17,4 Prozent auf 26,6 Prozent. Zwar erhöhten sich wegen der viel größeren Beschäftigtenzahl die gesamten Lohn- und Gehaltseinkünfte von 25 Milliarden auf 42 Milliarden Mark, also um 66 Prozent. Aber das Gesamteinkommen aus Kapital- und Betriebsvermögen stieg viel steiler an, nämlich um 146 Prozent. Alle Propagandisten im Dritten Reich, angefangen bei Hitler, pflegten in ihren Reden gegen Bürger und Kapitalisten zu wettern und sich mit der Arbeiterschaft solidarisch zu erklären. Aber eine nüchterne Untersuchung der amtlichen Statistiken – eine Mühe, die sich wohl wenige Deutsche gemacht haben – enthüllt, daß die vielgeschmähten Kapitalisten, und nicht die Arbeiter, von der Politik Hitlers am meisten profitierten.
Der Lohn, den der deutsche Arbeiter nach Hause brachte, war schließlich noch durch eine Reihe von Abzügen zusammengeschrumpft. Neben seiner Lohnsteuer, den Beiträgen zur Krankenkasse, Arbeitslosenversicherung und Arbeitsfront, mußte der deutsche Arbeiter – wie jedermann im Dritten Reich – Spenden für die NS-Volkswohlfahrt zahlen, insbesondere für die sogenannte Winterhilfe. Die Höhe der Abzüge wurde Mitte der dreißiger Jahre auf 15 bis 35 Prozent des Bruttolohns geschätzt. So blieb denn nicht viel übrig für Miete, Nahrung, Kleidung und Freizeit.

In Hitler-Deutschland mußten die Arbeiter feststellen, daß sie mehr und mehr an ihre Arbeitsplätze gebunden wurden. Wie wir sahen, konnte auf Grund des Erbhofgesetzes auch ein Bauer sein Land nicht verlassen. Ähnlich erging es den Landarbeitern; es war ihnen verboten, in der Stadt Arbeit zu suchen. Allerdings muß gesagt werden, daß in diesem Fall einem Gesetz der Nationalsozialisten nicht Folge geleistet wurde, denn zwischen 1933 und 1939 wanderten 1,3 Millionen Landarbeiter in Industrie und Gewerbe ab. Aber bei Industriearbeitern wurde die Einhaltung des Gesetzes erzwungen. Verschiedene Verordnungen, beginnend mit dem Gesetz vom 15. Mai 1934, schränkten die Bewegungsfreiheit der Arbeiter stark ein. Von Juni 1935 an erhielten die Arbeitsämter absolute Kontrolle; sie bestimmten darüber, in welchem Betrieb und für welche Tätigkeit jemand eingestellt werden konnte.

Im Februar 1935 war das Arbeitsbuch eingeführt worden, ohne das kein Arbeiter irgendwo beschäftigt werden konnte. In dieses Buch wurden Art und Dauer der Tätigkeit eingetragen, so daß Staat und Wirtschaft über jeden einzelnen Beschäftigten informiert waren. Davon abgesehen, wurde das Arbeitsbuch dazu benutzt, einen Arbeiter an seinen Arbeitsplatz zu binden. Wollte er seine Stelle wechseln, so konnte sein Arbeitgeber sein Arbeitsbuch zurückhalten, was bedeutete, daß er anderswo auf legale Weise nicht beschäftigt werden konnte. Am 22. Juni 1938 schließlich führte die Vierjahresplan-Behörde Arbeitszwang ein. Damit war jeder Deutsche verpflichtet, zu arbeiten, wo ihn der Staat hinstellte. Arbeiter, die ihre Arbeitsplätze ohne sehr triftige Gründe verließen, setzten sich Geld- und Gefängnisstrafen aus. Allerdings hatte diese Einrichtung auch eine gute Seite. Ein derart verpflichteter Arbeiter konnte von seinem Arbeitgeber nicht ohne Zustimmung des Arbeitsamtes entlassen werden. Sein Arbeitsplatz war ihm sicher, was er zu Zeiten der Republik kaum gekannt hatte.

Um die durch so viele Kontrollen niedergehaltenen deutschen Arbeiter abzulenken, bot man ihnen wie den Plebejern im alten Rom neben dem Brot auch Spiele. Zu diesem Zweck baute Dr. Ley die Organisation »Kraft durch Freude« auf. Was sie den Menschen bot, läßt sich nur als organisierte Freizeitgestaltung bezeichnen. Man hielt es offenbar für notwendig, nicht nur die Arbeitszeit, sondern auch die Freizeit zu kontrollieren. Für den Durchschnittsdeutschen war nun fraglos »Kraft durch Freude« besser als gar nichts. Zum Beispiel konnten Mitglieder der Arbeitsfront mit »Kraft durch Freude« spottbillige Urlaubsreisen zu Lande und zur See machen. Dr. Ley ließ zwei 25 000-t-Schiffe bauen, von denen eins nach ihm selbst benannt wurde, und charterte zehn weitere Schiffe für Kraft-durch-Freude-Seereisen. In Seebädern übernahm die Organisation weite Strandgebiete für Sommerurlauber; auf Rügen zum Beispiel wurden riesige Hotelbauten für die Unterbringung von 20 000 Personen in Angriff genommen, allerdings nicht vollendet, da inzwischen der Krieg ausbrach. Über »Kraft durch Freude« erhielten Arbeiter und Angestellte verbilligte Theater-, Opern- und Konzertkarten. Die Organisation unterhielt auch ein neunzig Mann starkes Symphonieorchester, das ständig auf Tournee war und häufig in kleineren Orten spielte, wo gute Musik nur selten zu hören war. Schließlich übernahm »Kraft durch Freude« noch die schon in der Zeit der Republik gegründeten Volksbildungsstätten oder Volkshochschulen – eine von Skandinavien ausgegangene Bewegung –, die dann natürlich mit der NS-Ideologie durchsetzt wurden.

Letztlich mußten freilich die Arbeiter für die ihnen gebotene Unterhaltung einen hohen Preis zahlen. 1937 bezog die Arbeitsfront aus den Beiträgen 400 Millionen Mark, die bis zu Kriegsbeginn auf 500 Millionen anstiegen – nach Dr. Ley. Seine Angaben waren indes außerordentlich vage, denn die Einnahmen der Arbeitsfront wurden nicht vom Staat, sondern von der Partei verwaltet, die niemals der Öffentlichkeit Abrechnungen vorlegte. Von den Beiträgen zur Arbeitsfront wurden zwar nur zehn Prozent für »Kraft durch Freude« abgezweigt, doch beliefen sich in dem Jahr vor dem Krieg die von Einzelpersonen für Reisen und Vergnügungen eingezahlten Beträge auf 3 Milliarden Mark. Noch etwas anderes kam den Lohnempfängern teuer zu stehen: Mit ihren 25 Millionen Mitgliedern die größte Parteiorganisation, wurde aus der Arbeitsfront ein aufgeblähter Verwaltungsapparat mit Zehntausenden vollbeschäftigten Angestellten. Schätzungen zufolge wurden 20 bis 25 Prozent der Einkünfte von Verwaltungskosten verschlungen.

Kurze Erwähnung verdient hier noch ein anderer Trick, mit dem Hitler den deutschen Arbeitern Sand in die Augen streute. Es handelt sich um den *Volkswagen* – ein höchstpersönlicher Einfall des Führers. Jeder Deutsche oder doch zumindest jeder deutsche Arbeiter, sagte er, müsse ebenso wie in Amerika ein Auto besitzen. Bis dahin hatte in Deutschland nur jeder fünfzigste Einwohner einen Wagen (in Amerika jeder fünfte); die Arbeiter benutzten Fahrräder oder öffentliche Verkehrsmittel. Jetzt ordnete Hitler die Konstruktion eines Wagens an, der nur 990 Mark kosten dürfe. An dem Entwurf des Wagens, der von dem österreichischen Ingenieur Dr. Ferdinand Porsche stammte, soll Hitler persönlich mitgewirkt haben.

Da die Privatindustrie kein Auto für 990 Mark herstellen konnte, verfügte Hitler, den *Volkswagen* vom Staat bauen zu lassen und betraute mit diesem Projekt die Deutsche Arbeitsfront. Dr. Leys Organisation begab sich 1938 denn auch sofort an den Bau des Volkswagenwerks in Fallersleben bei Braunschweig. Es sollte eine Produktionskapazität von 1½ Millionen Wagen im Jahr haben – »die größte Automobilfabrik der Welt, größer als Ford«, verkündeten die NS-Propagandisten. Die Arbeitsfront streckte ein Kapital von fünfzig Millionen Mark vor. Aber für die eigentliche Finanzierung hatte sich Dr. Ley einen sinnreichen Plan ausgedacht: Die Arbeiter selbst sollten durch Ratenvorauszahlungen – fünf Mark in der Woche oder auch mehr, wenn sie es sich leisten konnten – das Kapital stellen. Nach Einzahlung von 750 Mark erhielt der Anwärter eine Bestellnummer, die ihm das Recht auf Lieferung eines Wagens gab, sobald er fertiggestellt war. Aber ach, solange das Dritte Reich bestand, kam kein einziger Anwärter in den Besitz seines Wagens. Viele Millionen Mark wurden von deutschen Lohnempfängern eingezahlt, nicht einen einzigen Pfennig erhielten sie je zurück. Als der Krieg ausbrach, wurde das Volkswagenwerk auf die Erzeugung von Gütern umgestellt, die für die Wehrmacht nützlicher waren.

DAS RECHT IM DRITTEN REICH

Schon in den ersten Wochen des Jahres 1933, als die massenhaften, willkürlichen Verhaftungen, die Mißhandlungen und Morde seitens der Machthaber einsetzten, hörte Deutschland auf, ein Rechtsstaat zu sein. »Hitler ist das Gesetz!« verkündeten stolz seine Juristen, was Göring noch unterstrich, als er am 12. Juli 1934 vor preußischen Staatsanwälten erklärte: »Das Gesetz und der Wille des Führers sind eins.« Das stimmte. Gesetz war, was der Diktator sagte.

In den Tagen der Republik waren die meisten Richter – wie die Mehrzahl der Akademiker – dem Weimarer Regime herzlich abgeneigt gewesen und hatten nach Ansicht vieler mit ihren Urteilsfindungen die schwärzeste Seite im Buch der deutschen Republik gefüllt und somit an ihrem Sturz mitgewirkt. Aber unter der Weimarer Verfassung waren die Richter wenigstens unabhängig gewesen, allein dem Gesetz verpflichtet, gegen willkürliche Entlassung geschützt und nach Artikel 109 zumindest theoretisch gehalten, Gleichheit vor dem Gesetz zu gewährleisten. Die meisten Richter hatten mit dem Nationalsozialismus sympathisiert, ohne freilich zu ahnen, welche Behandlung ihnen bevorstand. Auf Grund des Gesetzes zur Wiederherstellung des Berufsbeamtentums vom 7. April 1933 wurden aus den Behörden und Gerichten nicht nur die Juden entfernt, sondern alle, deren nationalsozialistische Gesinnung fragwürdig erschien. Gewiß, von diesem Gesetz wurden nicht viele Richter betroffen, aber man machte sie doch eindringlich darauf aufmerksam, wo in Zukunft ihre Pflicht lag. Um nur keinen Zweifel aufkommen zu lassen, sagte der »Reichsrechtsführer" Dr. Hans Frank den Juristen im Januar 1936: »Grundlage der Auslegung aller Rechtsquellen ist die nationalsozialistische Weltanschauung, wie sie insbesondere in dem Parteiprogramm und den Äußerungen unseres Führers ihren Ausdruck findet.«

Außerhalb der Autorität des Reiches gibt es keine Rechtsautorität ... Sagt euch bei jeder Entscheidung, die ihr trefft: Wie würde der Führer an meiner Stelle entscheiden? Bei jeder Entscheidung, die euch obliegt, fragt euch: Ist diese Entscheidung mit dem nationalsozialistischen Gewissen des deutschen Volkes vereinbar? Dann werdet ihr eine eherne, feste Gewissensgrundlage haben, die aus der Einheit des nationalsozialistischen Volksganzen, aus der Erkenntnis der Ewigkeit des Führerwillens Adolf Hitlers heraus auch in eure eigene Entscheidungssphäre die Autorität des Dritten Reiches für alle Zeiten bringt[18].

Das war deutlich genug, nicht minder deutlich wie das ein Jahr später, am 26. Januar 1937, erlassene neue Beamtengesetz, nach dem jeder Beamte, auch Richter, wegen »politischer Unzuverlässigkeit« entlassen werden konnte. Sodann wurden alle Juristen gezwungen, dem nationalsozialistischen Juristenbund beizutreten, durch den sie im Sinn der Frankschen Richtlinien belehrt wurden.

Auf diese Richtlinien gingen indes viele Richter nicht eifrig genug ein, so antirepublikanisch sie auch gewesen sein mochten. Einige versuchten sogar, sich bei ihren Urteilen unbeirrbar an das Gesetz zu halten. Ein Beispiel hierfür – eines der schlimmsten in den Augen der NSDAP – war die Entscheidung des Reichsgerichts im Reichstagsbrandprozeß vom März 1934, das drei von vier angeklagten Kommunisten auf Grund der Unterlagen freisprach. Hitler und Göring waren darüber so aufgebracht, daß sie einen Monat später, am 24. April 1934, Hochverrats- und Landesverratsfälle, für die bisher allein das Reichsgericht zuständig gewesen war, einem neuen Gerichtshof, dem bald so gefürchteten Volksgerichtshof übertrugen. Er setzte sich aus zwei Berufsrichtern und drei anderen, aus Partei, SS und Wehrmacht ausgewählten Mitgliedern zusammen, so daß die letzteren stets die Mehrheit hatten. Gegen die Entscheidungen des Volksgerichtshofes gab es kein Rechtsmittel, und im allgemeinen fanden die Verhandlungen unter Ausschluß der Öffentlichkeit statt. Die Zahl der Todesurteile wurde nie bekanntgegeben; im Dezember 1940 allerdings behauptete Roland Freisler, der gefürchtete Vorsitzende des Volksgerichtshofes (er kam bei einem Luftangriff im Gerichtsgebäude ums Leben): »Nur vier Prozent der Angeklagten wurden zum Tode verurteilt.«

Noch vor Errichtung des Volksgerichtshofs waren Sondergerichte gebildet worden, die von den normalen Gerichtshöfen politische oder Fälle »böswilliger Angriffe auf die Regierung« übernahmen, wie es das Gesetz vom 21. März 1933 formulierte. Ein Sondergericht bestand aus drei Richtern, die vertrauenswürdige Parteigenossen sein mußten; es tagte ohne Geschworene. Ein Staatsanwalt hatte es in der Hand, einen Fall entweder vor ein normales Gericht oder vor ein Sondergericht zu bringen, und wenn er NSDAP-Mitglied war, wählte er fast stets das letztere. Die Zulassung als Verteidiger vor dem Sondergericht wie auch vor dem Volksgerichtshof bedurfte besonderer Genehmigung. Trotzdem erging es manch einem schlecht. So kamen die Anwälte, die die Witwe des am 30. Juni 1934 ermordeten Dr. Klausener in ihrem Schadenersatzfall vertraten, ins Konzentrationslager Sachsenhausen, wo sie verblieben, bis sie die Verteidigung offiziell niederlegten.

Hitler selbst griff gelegentlich in Verfahren ein. In Nürnberg kam ein Fall zutage[19], bei dem der Justizminister dringend Strafverfolgung eines hohen Gestapo-Beamten und einer Gruppe von SA-Leuten wegen erwiesener scheußlichster Folterung von Konzentrationslagerinsassen empfahl. Er reichte die Unterlagen Hitler ein. Doch der Führer schlug den Fall nieder. Auch Göring hatte anfänglich ähnliche Machtbefugnisse. Im April 1934 stoppte er ein Strafverfahren gegen einen bekannten Industriellen. Es wurde bald ruchbar, daß der Angeklagte an Göring etwa drei Millionen Mark gezahlt hatte. Hierzu bemerkte der damals in Berlin prominente Rechtsanwalt Gerhard F. Kramer späterhin: »Es war nicht festzustellen, ob Göring den Industriellen erpreßte oder ob der Industrielle den preußischen Ministerpräsidenten bestach[20].« Feststeht, daß Göring den Fall niederschlug.

Auf der anderen Seite war Rudolf Heß, der Stellvertreter des Führers, ermächtigt, gegen Angeklagte, die nach seiner Ansicht mit zu leichten Strafen davonkamen, »unbarmherzig vorzugehen«. Ihm mußten alle von Sondergerichten ausgesprochenen Urteile vorgelegt werden. Wie eingeräumt werden muß, entwickelten bisweilen die Richter der Sondergerichtshöfe einen gewissen Unabhängigkeitsgeist und sogar Gesetzestreue. In solchen Fällen griffen Heß oder die Gestapo ein, wie beispielsweise in dem bereits geschilderten Fall Pastor Niemöllers.

Die Gestapo war von Göring am 26. April 1933, ursprünglich als Ersatz für die Abteilung IA der alten preußischen Politischen Polizei, geschaffen worden. Zunächst wollte Göring sie einfach Geheimes Polizeiamt nennen, doch die Abkürzung GPA erinnerte zu stark an die russische GPU. Ein unbekannter Postbeamter, der beauftragt war, eine Frankiermaschine für das neue Amt einzurichten, empfahl die Bezeichnung Geheime Staatspolizei oder kurz GESTAPO. Auf diese Weise schuf er ungewollt einen Namen, dessen Erwähnung allein zunächst in Deutschland, später auch im Ausland Schrecken hervorrufen sollte.

Anfänglich war die Gestapo kaum mehr als ein persönliches Terrorinstrument Görings zur Verhaftung und Beseitigung politischer Gegner. Erst im April 1934, als Göring Heinrich Himmler zum stellvertretenden Chef der preußischen Geheimpolizei ernannte, begann sich die Gestapo, nunmehr ein Zweig der SS, zu einer Geißel zu entwickeln, die über Leben und Tod eines jeden Deutschen entscheiden konnte. »Der Planer, Organisator und Leiter dieses Gehirns wurde der junge Oberleutnant zur See a. D. Reinhold Heydrich, ein teuflisches Gehirn ...[21].«

Schon 1935 verfügte der preußische Staatsgerichtshof unter Druck der NSDAP, daß Anweisungen und Handlungen seitens der Gestapo gerichtlich nicht zu überprüfen seien. Am 10. Februar 1936 erließ dann die Regierung ein Gesetz, das die Gestapo grundsätzlich jeder Einmischung seitens der Gerichte entzog. Dr. Werner Best, einer von Himmlers Hauptmitarbeitern in der Gestapo, formulierte es so: »Solange die Polizei den Willen der Führung ausführt, handelt sie gesetzlich[22].«

Ein »gesetzliches« Mäntelchen gab man auch den willkürlichen Verhaftungen und Einlieferungen in die Konzentrationslager. Der Terminus hierfür war »Schutzhaft«. Die gesetzliche Grundlage für solche »Schutzhaft« bot die Verordnung zum Schutz von Volk und Staat vom 28. Februar 1933, mit der, wie bereits erwähnt, die durch die Verfassung garantierten bürgerlichen Freiheiten aufgehoben worden waren. Aber Schutzhaft bedeutete nicht, wie in anderen zivilisierten Ländern, daß ein Mensch gegen mögliches Unrecht geschützt wurde. Er kam einfach hinter Stacheldraht.

Die ersten Konzentrationslager schossen im ersten Jahr der Hitlerschen Herrschaft wie Pilze aus dem Boden. Ende 1933 gab es bereits fünfzig, die hauptsächlich von der SA eingerichtet wurden, um ihre Opfer zu mißhandeln und dann ein möglichst hohes Lösegeld von deren Verwandten oder Freunden herauszuholen. Es handelte sich weitgehend um grobe Erpressung. Doch es wurden auch Häftlinge ermordet, meist aus Sadismus und Brutalität. Im Nürnberger Prozeß kamen vier solcher Fälle, die sich bereits im Frühjahr 1933 im SS-Konzentrationslager Dachau ereignet hatten, ans Tageslicht. In jedem dieser Fälle war ein Häftling, sei es durch Prügel, sei es durch Erwürgen, kaltblütig umgebracht worden. Selbst die Münchner Staatsanwaltschaft hatte Einspruch erhoben.

Da sich nach dem Blutbad vom Juni 1934 kein Widerstand mehr gegen das Regime erhob, glaubten viele Deutsche, die Massenverhaftungen und die Festhaltung vieler tausend Menschen in Konzentrationslagern würden nun aufhören. Am Weihnachtsabend 1933 hatte Hitler sogar eine Amnestie für 27 000 Lagerinsassen verkündet. Aber Göring und Himmler umgingen seine Anordnung, so daß nur wenige wirklich freigelassen wurden. Im April 1934 hatte dann Innenminister Frick versucht, durch geheime Verfügungen die willkürlichen Verhaftungen, die Überweisungen in die Lager und die Gewalttaten der Nazischläger einzuschränken. Aber Himmler bewog ihn, die Angelegenheit fallen zu lassen. Der SS-Führer erkannte deutlicher als der Innenminister, daß die Konzentrationslager nicht nur dazu dienten, politische Gegner zu bestrafen, sondern auch allein durch ihr Vorhandensein ein Terrormittel darstellten, das dem Volk jeden Gedanken an Widerstand gegen das Regime austrieb.

Kurz nach der Röhm-Affäre unterstellte Hitler die Konzentrationslager der SS, die mit der von diesem Elitekorps erwarteten Energie und Rücksichtslosigkeit an die Organisierung der Lager heranging. Die Bewachung wurde ausschließlich Angehörigen der Totenkopfverbände übertragen, »wildesten« Anhängern Hitlers, die sich für zwölf Jahre verpflichten mußten und an ihrer schwarzen Uniform die Totenkopfinsignien trugen. Dem Kommandeur des 1. Totenkopfverbandes und ersten Kommandanten des Lagers Dachau, Theodor Eicke, wurden sämtliche Konzentrationslager unterstellt. Die zunächst als Notbehelf errichteten Lager wurden geschlossen und dafür größere angelegt. Die wichtigsten waren Dachau bei München, Buchenwald bei Weimar, Sachsenhausen (vorher Oranienburg), Ravensbrück in Mecklenburg (für Frauen) und – nach der Besetzung Österreichs im Jahre 1938 – Mauthausen bei Linz: Namen, die zusammen mit Auschwitz, Belcec und Treblinka (diese Lager wurden später in Polen errichtet) für die meisten Menschen in der Welt einen nur zu unheilvollen Klang erhalten sollten.

In den Lagern wurden Millionen unglücklicher Menschen dem Tod ausgeliefert und Millionen anderer der empörendsten, für normale Menschenwesen unausdenkbaren Erniedrigung und Marter ausgesetzt. Aber zu Anfang, in den dreißiger Jahren, befanden sich in den Konzentrationslagern vermutlich zu keiner Zeit mehr als 20 000 bis 30 000 Häftlinge, und viele der später von Himmlers Leuten ausgedachten und ausgeführten Schreckenstaten waren damals noch unbekannt. Die Vernichtungslager, die Zwangsarbeitslager, die »medizinischen Versuche« an Häftlingen kamen erst im Krieg auf. Aber auch die ersten Lager waren alles andere als menschlich. Vor mir liegt eine Abschrift der Disziplinar- und Strafordnung für das Lager Dachau vom 1. November 1933, abgefaßt von dem ersten Kommandanten Theodor Eicke und später allgemein angewandt, nachdem dieser Leiter sämtlicher Lager geworden war:

§ 11. Wer im Lager, an der Arbeitsstelle, in den Unterkünften, in Küchen und Werkstätten, Aborten und Ruheplätzen zum Zwecke der

AUFWIEGELUNG

politisiert, aufreizende Reden hält, sich mit anderen zu diesem Zweck zusammenfindet, Cliquen bildet, oder sich umhertreibt, wahre oder unwahre Nachrichten zum Zwecke der gegnerischen Greuelpropaganda über das Konzentrationslager oder dessen Einrichtungen sammelt, empfängt, vergräbt, weitererzählt, an fremde Besucher oder an andere weitergibt, mittels Kassiber oder auf andere Weise aus dem Lager hinausschmuggelt, Entlassenen oder Überstellten schriftlich oder mündlich mitgibt, in Kleidungsstücken oder anderen Gegenständen versteckt, mittels Steinen usw. über die Lagermauer wirft oder Geheimschriften anfertigt ... wird Kraft revolutionären Rechts

ALS AUFWIEGLER AUFGEHÄNGT.

§ 12. Wer einen Posten oder SS-Mann tätlich angreift, den Gehorsam oder an der Arbeitsstelle die Arbeit verweigert, andere zum Zwecke der Meuterei zu den gleichen Taten auffordert oder verleitet, als Meuterer eine Marschkolonne oder eine Arbeitsstätte verläßt, andere dazu auffordert, während des Marsches oder der Arbeit johlt, schreit, hetzt oder Ansprachen hält, wird

ALS MEUTERER AUF DER STELLE ERSCHOSSEN

oder nachträglich gehängt ...

Mit 14 Tagen strengem Arrest und mit 25 Stockhieben zu Beginn und am Ende der Strafe werden bestraft,

wer in Briefen oder sonstigen Mitteilungen abfällige Bemerkungen über nationalsozialistische Führer, über Staat und Regierung, Behörden und Einrichtungen bringt, marxistische oder liberalistische Führer oder Novemberverbrecher verherrlicht ...[23].

Hand in Hand mit der Gestapo arbeitete der Sicherheitsdienst, der unter der Kurzbezeichnung SD ebenfalls alle Deutschen – und später andere Völker – mit Furcht und Schrecken erfüllte. Von Himmler 1932 ursprünglich als Geheimdienst der SS ins Leben gerufen und der Leitung Reinhard Heydrichs, des »Henkers Heydrich«, wie er später in der ganzen Welt genannt werden sollte, unterstellt, bestand die Funktion des SD zunächst darin, Parteigenossen zu überwachen und jede verdächtige Aktivität zu melden. 1934 wurde er auch die Geheimdienstabteilung für die Gestapo, und 1938 erhielt er durch ein neues Gesetz das gesamte Reichsgebiet als Aufgabenbereich.

Unter der erfahrenen Leitung Heydrichs, eines früheren Abwehroffiziers der Marine, der 1931 im Alter von 26 Jahren von Admiral Raeder aus dem Dienst entlassen worden war, weil er sich weigerte, ein Mädchen zu heiraten, das er kompromittiert hatte, breitete der SD bald sein Netz über das ganze Land aus. Er beschäftigte etwa 100 000 nebenberufliche Informanten, die jeden Bürger zu beschnüffeln und über die geringste Bemerkung oder Handlung, die als dem Regime abträglich gedeutet werden konnte, zu berichten hatten. Niemand getraute sich, einem Menschen gegenüber, dessen Gesinnung er nicht genau kannte, Äußerungen zu tun, die als »nazifeindlich« ausgelegt werden konnten, und niemand wußte auch, ob sich nicht unter seinen besten Freunden, ja in seiner nächsten Verwandtschaft, ein SD-Agent befand.

Die Zahl der vollamtlichen SD-Spürhunde ging in den dreißiger Jahren wahrscheinlich nie über 3000 hinaus. Es waren größtenteils gescheiterte junge Intellektuelle, die keine ihrem Studium gemäße Stellung hatten finden können. Für einen Ausländer war es schwierig, mit ihnen in Kontakt zu kommen, wiewohl man den arroganten, eiskalten, rücksichtslosen Heydrich selbst hin und wieder in Begleitung einiger seiner jungen Schläger in einem Berliner Nachtlokal sehen konnte. Sie scheuten des Tageslicht, und zwar nicht allein wegen der Art ihrer Tätigkeit, sondern auch aus Angst vor der »Röhm-Rache«, wie sich eine gewisse Geheimorganisation nannte, denn einige SD-Leute, die Röhm und die SA-Führer bespitzelt hatten, waren von den Rächern umgebracht worden, die nicht versäumt hatten, an die Leichen das Etikett »Röhm-Rache« zu heften.

Eine der interessanten, wenn auch untergeordneten Aufgaben des SD war, festzustellen, wer bei den Hitlerwahlen mit »Nein« stimmte. Unter den Nürnberger Dokumenten befindet sich ein geheimer SD-Bericht aus Cochem über die Wahl vom 10. April 1938:

In der Anlage wird eine Aufstellung ... übersandt, die die Personen aufführt, die in Kappel, Kreis Simmern, Nein- oder ungültige Stimmen abgegeben haben. Die Kontrolle wurde derart durchgeführt, daß einige Personen des Wahlausschusses vorher sämtliche Stimmzettel mit Nummern versehen haben. Bei der Wahl selbst wurde dann eine Liste geführt. Da die Scheine den Nummern folgend ausgegeben wurden, war es nachher an Hand der geführten Liste möglich, die Personen herauszufinden, die eine ungültige oder Nein-Stime abgegeben hatten ... Die Kenntlichmachung erfolgte mit Hilfe entrahmter Milch auf der Rückseite.

Es ist weiter die abgegebene Stimme des evangelischen Pfarrers Alfred Wolferts beigefügt[24].

Am 16. Juni 1936 wurde die Polizei, die bis dahin Sache der einzelnen Länder gewesen war, für das gesamte Reichsgebiet vereinheitlicht und Himmler zum Chef der nunmehrigen Deutschen Polizei ernannt. Damit geriet die Polizei in die Hände der SS, die seit der Unterdrückung der »Röhmrevolte« im Jahre 1934 ihre Macht rasch vermehrt hatte. Sie war inzwischen nicht nur die Prätorianergarde geworden, sondern auch die einzige bewaffnete Organisation der Partei, nicht nur Elite, aus deren Reihen die künftigen Führer des neuen Deutschland ausgewählt wurden, sondern auch Kontrollorgan der Polizei. Das Dritte Reich war – eine unvermeidliche Entwicklung in allen totalitären Diktaturen – zum Polizeistaat geworden.

VERWALTUNG IM DRITTEN REICH

Hitler hat die Weimarer Verfassung offiziell niemals aufgehoben. In der Tat – und ironischerweise – beruhte die »Legalität« seiner Herrschaft auf der verachteten republikanischen Verfassung. So berief man sich in Tausenden von Verordnungen und Erlassen – etwas anderes gab es im Dritten Reich nicht – ausdrücklich auf die Notverordung des Reichspräsidenten zum Schutz von Volk und Staat vom 28. Februar 1933, die Hindenburg auf Grund des Artikels 48 der Reichsverfassung unterzeichnet hatte. Wie erinnerlich, hatte Hitler die Notverordnung dem bejahrten Präsidenten am Tag nach dem Reichstagsbrand unter Hinweis auf die ernste Gefahr einer kommunistischen Revolution abgeschwindelt. Die Verordnung, die alle bürgerlichen Rechte aufhob, blieb während der ganzen Dauer des Dritten Reiches in Kraft und gab Hitler die Möglichkeit, mit Hilfe einer Art ständigen Standrechts zu regieren.

Die zweite Säule für Hitlers »verfassungsmäßige« Herrschaft war das Ermächtigungsgesetz, das der Reichstag am 24. März 1933 angenommen und womit er seine Legislativfunktionen der NS-Regierung übertragen hatte. In der Folgezeit wurde das Ermächtigungsgesetz alle vier Jahre von der Attrappe, die sich immer noch Reichstag nannte, aber nichts mehr mit einer demokratischen Einrichtung zu tun hatte und im Volksmund der »bestbezahlte Gesangverein« hieß, pflichtschuldigst verlängert. Diese »Volksvertretung« trat in der Zeit bis zum Kriege vielleicht ein dutzendmal zusammen, verlieh ganzen vier Gesetzen »Gesetzeskraft«[25], hielt weder Debatten noch Abstimmungen ab und bekam niemals andere Reden zu hören als die von Adolf Hitler.

Kabinettssitzungen fanden zwar in der ersten Zeit noch statt, wurden aber nach Hindenburgs Tod immer seltener und hörten ab Februar 1938 ganz auf. Hingegen waren einzelne, mit erheblichen Befugnissen ausgestattete Kabinettsmitglieder ermächtigt, Verordnungen zu erlassen, die dann, mit Genehmigung des Führers, automatisch Gesetz wurden. Der Geheime Kabinettsrat, 1938 mit großem Trara – vermutlich, um Premierminister Chamberlain zu beeindrucken – errichtet, bestand nur auf dem Papier. Er trat niemals zusammen. Der gleich zu Beginn des Regimes unter Hitlers Vorsitz geschaffene Reichsverteidigungsrat tagte nur zweimal, obwohl einige seiner Arbeitsausschüsse außerordentlich aktiv waren.

Viele der Funktionen des Kabinetts gingen an besondere Stellen über, wie beispielsweise an das Amt des Stellvertreters des Führers (anfänglich Heß, später Martin Bormann) und an die Bevollmächtigten für die Kriegswirtschaft (Schacht), für die Verwaltung (Frick) und für den Vierjahresplan (Göring). Insgesamt gab es etwa 42 Exekutivorgane der Reichsregierung unter der direkten Jurisdiktion des Führers.

In den Ländern wurden, wie bereits erwähnt, die Landtage und Regierungen im ersten Jahr der nationalsozialistischen Herrschaft abgeschafft und von Hitler ernannte Reichsstatthalter eingesetzt. Beseitigt wurde auch die Selbstverwaltung der Gemeinden, die einzige Form der Demokratie, in der die Deutschen echte Fortschritte gemacht hatten. Durch eine Reihe von Gesetzen, die zwischen 1933 und 1935 erlassen wurden, ihrer Autonomie beraubt, kamen die Gemeinden unmittelbar unter die Kontrolle des Reichsinnenministers, der die Verwaltung nach dem Führerprinzip umbaute und in Städten bis zu 100 000 Einwohnern die Bürgermeister bestimmte. Für Berlin, Hamburg und (nach 1938) Wien behielt Hitler sich das Recht vor, die Bürgermeister zu ernennen.

Die Zentrale, über die Hitler seine Diktatur ausübte, bestand aus vier Kanzleien: Prä-

sidialkanzlei, Reichskanzlei, Parteikanzlei und Kanzlei des Führers. Letztere behandelte Personalangelegenheiten und führte Sonderaufgaben durch.
Doch in Wirklichkeit langweilten Hitler Einzelheiten der Regierungsgeschäfte, und nachdem er seine Stellung nach Hindenburgs Ableben genügend gefestigt hatte, überließ er sie weitgehend seinen Mitarbeitern. Alte Parteigenossen wie Göring, Goebbels, Himmler, Ley und Schirach erhielten freie Hand, für sich jeweils ein eigenes Imperium zu schaffen – was gewöhnlich noch mit materiellen Vorteilen verbunden war. Wann immer es zwischen diesen Leuten zu Reibereien über die Teilung von Macht und Beute kam, griff Hitler ein. An sich hatte er nichts gegen solche Streitereien. Im Gegenteil, er förderte sie oft, da sie seine Stellung als oberster Schiedsrichter stärkten und jede Gruppenbildung gegen ihn verhinderten. So ergötzte er sich sichtlich an dem Schauspiel, das ihm drei im Bemühen um die Außenpolitik rivalisierende Männer boten: Neurath, der Außenminister, Rosenberg, der Reichsleiter des Außenpolitischen Amtes der NSDAP, und Ribbentrop, der mit seinem »Büro Ribbentrop« in die Außenpolitik hineinpfuschte. Alle drei bekämpften einander, und Hitler ließ ihre rivalisierenden Ämter so lange bestehen, bis er schließlich den gefügigsten, Ribbentrop, zum Außenminister machte.
So sah die Verwaltung des Dritten Reiches aus. Sie war von oben bis unten nach dem sogenannten Führerprinzip ausgerichtet und wurde betrieben von einem riesigen, weitverzweigten Beamtenkörper, der wenig von der den Deutschen gewöhnlich zugeschriebenen Tüchtigkeit besaß, der vergiftet war von Korruption, befallen von beständiger Konfusion und Ämterrivalität, die beide noch vermehrt wurden durch die Einmischung von Parteigrößen, und der häufig durch den Terror von SS und Gestapo zur Ohnmacht verurteilt war.
An der Spitze des Gewimmels stand der ehemalige österreichische Vagabund, der jetzt, sah man von Stalin ab, der mächtigste Diktator auf Erden geworden war. Oder wie Dr. Hans Frank es auf einer Juristentagung im Frühjahr 1936 formulierte: »Es gibt heute in Deutschland nur eine Autorität, und das ist die Autorität des Führers[26].«
Mit Hilfe dieser Autorität hatte Hitler rasch seine politischen Gegner vernichtet, das Reich geeint und nazifiziert, die Institutionen des Landes und seine Kultur gleichgeschaltet, die persönliche Freiheit unterdrückt, die Arbeitslosigkeit beseitigt und die Räder der Wirtschaft in Gang gesetzt – für eine nur drei- bis vierjährige Amtszeit keine geringe Leistung. Nunmehr wandte er sich – er hatte bereits damit begonnen – den beiden Hauptpassionen seines Lebens zu: der Formung der deutschen Außenpolitik in Richtung auf Krieg und Eroberung, und der Schaffung einer mächtigen Kriegsmaschinerie zur Erreichung seines Ziels.
Und so ist es denn an der Zeit, sich damit zu befassen, auf welche Art und Weise sich dieser ungewöhnliche Mann an der Spitze einer so großen und mächtigen Nation an die Verwirklichung seiner Ziele begab. Für keine andere Epoche der modernen Geschichte gibt es eine solche Fülle von Dokumenten.

DRITTES BUCH

Dem Krieg entgegen

IX

Die ersten Schritte

1934–1937

Von Frieden reden, doch heimlich den Krieg vorbereiten und in der Außenpolitik und bei der geheimen Aufrüstung sehr vorsichtig vorgehen, um eine militärische Präventivaktion seitens der Versailler Mächte zu verhindern – das war Hitles Taktik während der ersten beiden Jahre.

Dennoch wäre er beinahe gestolpert. Am 25. Juli 1934 wurde der österreichische Bundeskanzler Dollfuß in Wien von SS-Leuten ermordet. Um die Mittagszeit dieses Tages drangen 154 Angehörige der SS-Standarte 89 in österreichischer Armeeuniform in die Bundeskanzlei ein und schossen Dollfuß aus einer Entfernung von wenig mehr als einem halben Meter in den Hals. Etwa zur selben Zeit besetzte eine andere SS-Gruppe den Rundfunksender und gab Dollfuß' Rücktritt bekannt. Hitler erhielt die Nachricht in Bayreuth, während einer Aufführung von *Rheingold* im Festspielhaus. Sie erregte ihn außerordentlich. Friedelind Wagner, Richard Wagners Enkelin, saß nahebei in der Loge ihrer Familie und beobachtete, wie Hitlers Adjutanten Schaub und Brückner an dem im Vorraum ihrer Loge befindlichen Telefon laufend weitere Nachrichten aus Wien entgegennahmen und sie Hitler zuflüsterten.

Nach der Vorstellung war der Führer sehr aufgeregt. Noch aufgeregter war er, als er uns die schreckliche Nachricht mitteilte... Obwohl er die Freude in seinem Gesicht kaum verbergen konnte, ließ er vorsichtshalber im Restaurant das übliche Abendessen bestellen. »Ich muß für eine Stunde hinüber und mich sehen lassen«, sagte er, »sonst glauben die Leute, ich hätte etwas damit zu tun[1].«

Sie wären damit von der Wahrheit nicht sehr weit entfernt gewesen. Wie erinnerlich, hatte Hitler im ersten Abschnitt von *Mein Kampf* geschrieben, die Wiedervereinigung Österreichs und Deutschlands sei »eine mit allen Mitteln durchzuführende Lebensaufgabe«. Bald nachdem er Reichskanzler geworden war, hatte er einen deutschen Reichstagsabgeordneten, Theodor Habicht, zum Landesinspektor der österreichischen NSDAP ernannt und wenige Zeit später den österreichischen Parteiführer Alfred Frauenfeld, der freiwillig im Exil lebte, nach München geholt, von wo aus er über den Rundfunk allabendlich seine Wiener Parteigenossen gegen Dollfuß aufhetzte. Schon Monate vor dem Juli 1934 hatten die aus Deutschland mit Waffen und Sprengstoff versehenen österreichischen Nationalsozialisten eine Terrorherrschaft errichtet, Eisenbahnen, Kraftstationen und Regierungsgebäude gesprengt und Anhänger des klerofaschistischen Dollfuß-Regimes ermordet. Schließlich hatte Hitler die Aufstellung einer mehrere tausend Mann starken Österreichischen Legion gebilligt, die in Bayern entlang der österreichischen Grenze lag und bereit stand, im geeigneten Augenblick Österreich zu besetzen.

Dollfuß erlag seinen Verletzungen um 6 Uhr nachmittags. Doch der Putsch mißlang, hauptsächlich wegen des Versagens der Verschwörergruppe, die die Bundeskanzlei besetzt hatte. Unter Dr. Kurt Schuschniggs Führung gewannen Regierungstruppen bald die Oberhand, und die Rebellen wurden, obwohl ihnen durch Vermittlung des deutschen Gesandten freies Geleit nach Deutschland zugesagt wurde, verhaftet, dreizehn von ihnen später gehängt. Unterdessen hatte Mussolini, dem Hitler erst vier Wochen vorher, bei ihrer Zusammenkunft in Venedig, versprochen hatte, Österreich in Ruhe zu lassen, vier Divisionen an den Brennerpaß geschickt, was in Berlin Beunruhigung hervorrief.

Hitler distanzierte sich schleunigst von den Vorgängen. Die von dem amtlichen deutschen Nachrichtenbüro DNB bereits für die Presse vorbereitete Nachricht, in der mit Genugtuung von Dollfuß' Sturz und von dem nun kommenden Großdeutschland gesprochen worden war, wurde um Mitternacht schleunigst zurückgezogen. In einer neuen Version drückte man Bedauern über den »grausamen Mord« aus und erklärte, es handele sich um eine rein österreichsiche Angelegenheit. Habicht und der deutsche Gesandte in Wien wurden abberufen, und Hitler schickte Papen, der kaum vier Wochen vorher, bei der Röhm-Affäre, mit knapper Not dem Schicksal Dollfuß' entronnen war, Hals über Kopf nach Wien, um »normale und freundschaftliche Beziehungen« wiederherzustellen.

Hitlers erste freudige Erregung war der Furcht gewichen. »Wir stehen vor einem zweiten Sarajewo«, rief er Papen zu, als er mit ihm Mittel und Wege zur Überwindung der Krise besprach[2]. Aber Hitler hatte eine Lehre empfangen. Der Wiener Putsch war, ebenso wie der Münchner Putsch von 1923, verfrüht gewesen. Deutschland war militärisch noch nicht stark genug, um ein solches Abenteuer zu unterstützen. Auch stand es diplomatisch isoliert da. Selbst das faschistische Italien bestand gemeinsam mit England und Frankreich auf der Erhaltung der Unabhängigkeit Österreichs. Außerdem zeigte die Sowjetunion zum erstenmal Interesse an einem Ost-Locarnopakt mit dem Westen, da sie Deutschland vor irgendwelchen Schritten in östlicher Richtung warnen wollte. Im Herbst trat sie dem Völkerbund bei. Die Aussicht, die Großmächte zu spalten, erschien in diesem kritischen Jahr 1934 geringer als zu irgendeinem Zeitpunkt. Hitler blieb nichts anderes übrig, als den Frieden zu predigen, seine geheime Aufrüstung voranzutreiben und auf günstige Gelegenheit zu warten.

Bei seinen Friedensbeteuerungen dem Ausland gegenüber bediente sich Hitler nicht nur der Reichstagsreden. Es kamen immer wieder Korrespondenten, Redakteure und Herausgeber ausländischer Zeitungen bei ihm um Interviews ein. Zum Beispiel stand der englische Journalist Ward Price von der *Daily Mail* auf den leistesten Wink des deutschen Diktators stets gern zur Verfügung. In einem der Interviews, die sich bis kurz vor dem Kriege fortsetzen sollten, erklärte Hitler Ward Price und damit den *Daily-Mail*-Lesern im August 1934: »Wenn es auf Deutschland allein ankommt, dann wird es keinen Krieg mehr geben ... Dieses Land hat wie kein anderes das Elend zu spüren bekommen, das der Krieg mit sich bringt. Deutschlands gegenwärtige Probleme können nicht durch einen Krieg gelöst werden[3].« Ähnlich glühende Beteuerungen äußerte Hitler im Herbst gegenüber Jean Goy, einem französischen Kammerdeputierten und Führer eines Frontkämpferverbandes, der sie in einem Aufsatz in der Pariser Tageszeitung *Le Matin* wiedergab[4].

BRUCH DES VERSAILLER VERTRAGES

Unterdessen verfolgte Hitler mit unermüdlicher Energie sein Aufrüstungsprogramm. Die Armee erhielt Anweisung, ihre Effektivstärke bis zum 1. Oktober 1934 zu verdreifachen, d. h. von 100 000 auf 300 000 Mann zu bringen. Im April des gleichen Jahres wurde dem Chef des Generalstabs, General Ludwig Beck, angedeutet, der Führer werde am 1. April 1935 die allgemeine Wehrpflicht wiedereinführen und die militärischen Bestimmungen des Versailler Vertrags für null und nichtig erklären[5]. Bis dahin sei strengste Geheimhaltung zu wahren. Goebbels wurde ausdrücklich darauf hingewiesen, daß das Wort »Generalstab« in der Presse nicht auftauchen dürfe – in Versailles war das Weiterbestehen des Generalstabs untersagt worden. Die alljährliche amtliche Rangliste der Reichswehr erschien ab 1933 nicht mehr, damit die ausländischen Geheimdienste keine Rückschlüsse aus dem raschen Anwachsen des Offizierbestandes ziehen konnten. General Keitel, Vorsitzender des Arbeitsausschusses des Reichsverteidigungsrats, ermahnte bereits am 22. Mai 1933 seine Mitarbeiter: »Kein Schriftstück darf in Verlust geraten, da sonst der feindliche Nachrichtendienst Material in die Hände bekommen kann. Mündlich übermittelte Dinge sind nicht nachweisbar, sie können ... von uns abgestritten werden[6].«
Auch der Marine wurde Schweigen geboten. Im Juni 1934 notierte Raeder nach einer langen Besprechung mit Hitler:

Anweisung des Führers: es darf nicht vom Deplacement von 25–26 000 Tonnen gesprochen werden, sondern nur von verbesserten 10 000 Tonnen ... Der Führer fordert nötige Geheimhaltung U-Bootbaus[7].

Die Marine hatte nämlich mit dem Bau von zwei 26 000 t großen Schlachtschiffen begonnen, den späteren *Scharnhorst* und *Gneisenau*, während nach dem Versailler Vertrag nur 10 000-t-Schiffe zugelassen waren. U-Boote, die nach dem Vertrag überhaupt nicht gebaut werden durften, waren schon in der Zeit der Republik heimlich in Finnland, Holland und Spanien konstruiert worden, und Raeder hatte kürzlich Rahmenwerk und Bauteile von etwa zwölf U-Booten nach Kiel schaffen lassen. Als er Hitler im November 1934 aufsuchte, bat er ihn um Genehmigung zur Zusammensetzung von sechs solcher Boote »bei kritischer politischer Lage im ersten Vierteljahr 1935«. Offensichtlich war auch Raeder über Hitlers Vorhaben im Bilde. Aber »der Führer erklärte, er würde diesen Punkt im Auge behalten und mir sagen, wenn die Lage es erforderte, mit dem Zusammenbau zu beginnen[8].«

Bei dieser Besprechung wies Raeder auch darauf hin, daß die Verwirklichung des neuen Schiffsbauprogramms (von der Verdreifachung des Personals ganz zu schweigen) mehr Geld kosten würde, als der Marine zur Verfügung stehe. Doch Hitler sagte Raeder, er solle sich darüber keine Sorgen machen: »Im Notfall werde er Dr. Ley veranlassen, der Marine 120 bis 150 Millionen von der Arbeitsfront zur Verfügung zu stellen, da ja das Geld der Arbeit wieder zugute komme[9].« Danach hätte der deutsche Arbeiter mit seinen Beiträgen zur Arbeitsfront das Flottenbauprogramm finanziert.

Auch der Aufbau der Luftwaffe wurde schon in jenen ersten beiden Jahren eifrig betrieben. Göring, der Luftfahrtminister – angeblich für ziviles Flugwesen –, ließ bei der einschlägigen Industrie Konstruktionspläne für Kriegsflugzeuge entwerfen und unter dem Deckmantel eines Luftsportverbandes militärische Piloten ausbilden.

Wer sich in jenen Tagen in den Industriegebieten an Rhein und Ruhr umgesehen hätte, würde eine auffallende Tätigkeit der Rüstungswerke, vor allem bei Krupp und den I. G.-Farben, bemerkt haben. Die Kruppwerke waren trotz des ihnen 1919 auferlegten Verbots, Kriegsmaterial herzustellen, nicht müßig gewesen. Im Jahr 1942, als die deutschen Armeen den größten Teil Europas besetzt hatten, brüstete sich Krupp damit, daß im Prinzip die Panzerbestückung und -türme schon 1926 durchkonstruiert und die wichtigsten der 1939–41 eingesetzten Geschütze bereits 1933 völlig fertig gewesen seien. Die chemische Industrie, die im Ersten Weltkrieg mit der Erfindung künstlichen Salpeters Deutschland vor einer frühen Katastrophe bewahrt hatte, ging jetzt unter Hitler daran, Deutschland von der Einfuhr zweier Rohstoffe unabhängig zu machen, ohne die eine moderne Kriegführung nicht zu denken war: Benzin und Gummi. Das Problem der Herstellung synthetischen Benzins war bereits in der Mitte der zwanziger Jahre gelöst worden. Nach 1933 wurde der I. G. Farben-Konzern beauftragt, die Erzeugung synthetischen Benzins bis 1937 auf jährlich 300 000 t zu steigern. Bis zu diesem Jahr gelang den Chemikern auch die Herstellung von künstlichem Gummi, dem sogenannten Buna, aus Kohle und anderen in Deutschland zur Genüge vorhandenen Rohstoffen. Das erste der für eine Massenproduktion von Buna vorgesehenen Werke wurde in Schkopau errichtet. Anfang 1934 hatte der Reichsverteidigungsrat Pläne zur Umstellung von etwa 240 000 Werken auf Rüstungsproduktion gebilligt. Und gegen Ende dieses Jahres war die Aufrüstung in all ihren Phasen so handgreiflich sichtbar geworden, daß sie vor den mißtrauischen Versailler Mächten nicht länger verborgen werden konnte.

Allerdings war sie ihnen nicht annähernd so verborgen geblieben, wie Hitler annahm; diese Mächte, voran England, hatten mit dem Gedanken gespielt, die deutsche Aufrüstung als *Fait accompli* hinzunehmen. Sie wollten Hitler völlige Rüstungsgleichheit

zugestehen, wenn er sich dafür zu einer allgemeinen europäischen Regelung unter Einschluß eines Ost-Locarno bereitfinde, d. h. zu einer Vereinbarung, die den Ländern des Ostens, insbesondere Rußland, Polen und der Tschechoslowakei – und natürlich auch Deutschland – die gleiche Sicherheit bieten sollte, wie sie nach dem Locarnopakt den westlichen Ländern garantiert war. So empfahl denn der britische Außenminister Sir John Simon, in seinem Unvermögen, Hitlers Mentalität zu erfassen, ein Vorläufer von Sir Neville Chamberlain, Deutschland Rüstungsgleichheit zu gewähren. Sein Vorschlag wurde zu diesem Zeitpunkt von den Franzosen strikt abgelehnt.
Doch bereits im Februar 1935 brachte die britische Regierung, diesmal zusammen mit der französischen, erneut eine allgemeine Regelung unter Einschluß von Rüstungsgleichheit und Ost-Locarno in Vorschlag. Im Monat vorher, am 13. Januar 1935, hatte die Saarbevölkerung mit überwältigender Mehrheit – 477 000 gegen 48 000 Stimmen – für die Rückkehr ihres kleinen, kohlenreichen Gebietes ins Reich gestimmt, und Hitler hatte die Gelegenheit wahrgenommen, um öffentlich zu proklamieren, Deutschland habe nun Frankreich gegenüber keinerlei territoriale Ansprüche mehr. Das hieß, es verzichtete endgültig auf Elsaß und Lothringen. Beseelt von Optimismus und gutem Willen, hervorgerufen durch die friedliche Rückkehr der Saar und Hitlers Äußerungen, überreichten England und Frankreich Hitler Anfang Februar 1935 ihre Vorschläge.
Die Antwort, die Hitler darauf am 14. Februar gab, war recht vage gehalten, was in Anbetracht seiner Einstellung verständlich war. Er begrüßte zwar einen Plan, nach dem Deutschland offen aufrüsten könnte. Doch über Deutschlands Bereitschaft, einen Ost-Locarnopakt zu unterzeichnen, äußerte er sich ausweichend. Ein solcher Pakt mußte ihm gerade für jene Gebiete die Hände binden, in denen, wie er immer gepredigt hatte, Deutschlands »Lebensraum« lag. Vielleicht ließen sich die Engländer in diesem Punkt von den auf Grund ihrer Beistandspakte mit Polen, der Tschechoslowakei und Rumänien an einem östlichen Sicherheitspakt mehr interessierten Franzosen abspalten. So etwa muß Hitler gedacht haben, denn in seiner behutsam abgefaßten Antwort ließ er durchblicken, daß ihm vor Einleitung allgemeiner Diskussionen an Vorbesprechungen mit den Engländern liege. Sir John Simon ging hierauf ein, und es wurde eine Zusammenkunft für den 6. März in Berlin vereinbart. Zwei Tage vor diesem Zeitpunkt erschien ein britisches Weißbuch, über dessen Veröffentlichung sich die Wilhelmstraße sehr entrüstet gab. Das Weißbuch enthielt indes nur die nüchterne Feststellung von Deutschlands heimlicher Aufrüstung, deren Beschleunigung die britische Regierung veranlaßt habe, die eigene Rüstung in bescheidenem Umfang zu vermehren. Aber Hitler war angeblich wütend. Neurath teilte Simon kurz vor dessen Abreise nach Berlin mit, der Führer sei »erkältet« und die Besprechungen müßten verschoben werden.
Ob nun erkältet oder nicht, in jedem Fall war Hitler ein plötzlicher Einfall gekommen, und es wäre für ihn lästig gewesen, bei der Wandlung von Einfall zu kühner Tat Simon und Eden bei sich zu haben. Hitler glaubte einen Vorwand gefunden zu haben, um dem Versailler Diktat den Todesstoß zu versetzen. Die französische Regierung hatte gerade eine Gesetzesvorlage eingebracht, derzufolge die Militärdienstzeit wegen

der geburtenschwachen Weltkriegsjahrgänge von achtzehn Monaten auf zwei Jahre verlängert werden sollte. Am 10. März ließ Hitler einen Versuchsballon los, um die Alliierten auf die Probe zu stellen. Der gefällige Ward Price wurde zu einem Interview bestellt, bei dem ihm Göring offiziell etwas mitteilte, was bereits die ganze Welt wußte, nämlich, daß Deutschland inzwischen eine Luftwaffe aufgebaut habe. Hitler wartete dann zuversichtlich die Reaktion Londons auf diesen einseitigen Bruch des Versailler Vertrags ab, und es kam genauso, wie er erwartet hatte. Sir John Simon erklärte im Unterhaus, er habe nach wie vor die Absicht, nach Berlin zu reisen.

EINE WOCHENENDÜBERRASCHUNG

Am Samstag, dem 16. März – Hitler kam mit den meisten seiner Überraschungen an Samstagen heraus –, verkündete die Reichsregierung die Wiedereinführung der allgemeinen Wehrpflicht und den Ausbau des Heeres auf 36 Divisionen – eine Friedensstärke von etwa 500000 Mann. Damit waren die Militärklauseln des Versailler Vertrags erledigt – sofern Frankreich und England nichts unternahmen. Wie Hitler erwartet hatte, protestierten die beiden Mächte wohl, handelten aber nicht. Die britische Regierung beeilte sich sogar, bei Hitler anzufragen, ob er ihren Außenminister noch empfangen wolle – worauf der Diktator mit einem gnädigen Ja antwortete.

Für die meisten Deutschen war nun die Ehre der Nation wiederhergestellt. Die Fesseln von Versailles, dieses Symbols der Erniedrigung Deutschlands, waren abgeschüttelt worden. An dem Sonntag, der jenem Samstag folgte, war Heldengedenkfeier. Ich ging vormittags in die Staatsoper und wurde Zeuge einer Zeremonie, wie sie Deutschland seit 1914 nicht mehr erlebt hatte. Das Parkett war ein einziges Meer von Uniformen, angefangen bei dem verblaßten Feldgrau und den Helmen der alten kaiserlichen Armee bis zu graublauen Uniformen der neuen Luftwaffe, die bisher nur wenige zu Gesicht bekommen hatten. Neben Hitler saß Mackensen, der letzte noch lebende Generalfeldmarschall der kaiserlichen Armee, in der dekorativen Uniform der Totenkopfhusaren. Auf der Bühne standen im Scheinwerferlicht junge Offiziere, die unbeweglich wie Marmorstandbilder die Kriegsflaggen des Reiches hielten. Auf dem Vorhang hinter ihnen strahlte schwarz-silbern ein riesiges Eisernes Kreuz. An sich galt die Zeremonie der Ehrung der Gefallenen des Weltkriegs. Sie wurde jedoch zu einer Jubelfeier über den Tod von Versailles und die Wiedergeburt der deutschen Wehrmacht. Den Generalen war die Freude am Gesicht abzulesen. Auch sie waren indes völlig überrascht worden, denn Hitler, der während der letzten Tage in Berchtesgaden gewesen war, hatte sich nicht die Mühe gemacht, sie in seine Gedankengänge einzuweihen. Wie General von Manstein später in Nürnberg aussagte, erfuhren er und General von Witzleben, Kommandeur des Berliner Wehrkreises, erst am 16. März über den Rundfunk von Hitlers Beschluß. Der Generalstab, sagte er, würde für den Anfang eine kleinere Armee vorgezogen haben:

Der Generalstab hätte, wenn er gefragt worden wäre, 21 Divisionen ... vorgeschlagen. Die Bestimmung von 36 Divisionen ist auf Grund eines spontanen Entschlusses von Hitler erfolgt[10].

Die nun einsetzende Reaktion der anderen Mächte bestand in einer Reihe leerer Gesten. Engländer, Franzosen und Italiener trafen am 11. April in Stresa zusammen, verurteilten Deutschlands Vorgehen, sicherten Österreich die Erhaltung seiner Unabhängigkeit zu und bekannten sich erneut zum Locarnopakt. Der Völkerbundsrat mißbilligte ebenfalls Hitlers voreilige Aktion und stellte pflichtgemäß einen Ausschuß zusammen, der über Mittel und Wege nachdenken sollte, wie Hitlers nächster Schritt zu verhindern sei. Frankreich schloß in der Erkenntnis, daß Deutschland niemals einem Ostpakt beitreten würde, schleunigst ein Beistandsabkommen mit Rußland ab, während Moskau ein ähnliches Abkommen mit der Tschechoslowakei traf.

In der Weltpresse fand dieser gegen Deutschland gerichtete Zusammenschluß unheilverkündende Schlagzeilen, die viele Leute im deutschen Auswärtigen Amt und sogar in der Wehrmacht beunruhigten. Doch auf Hitler machten sie offenbar keinen Eindruck. Schließlich war er bei seinem Hasardspiel heil davongekommen. Und er gedachte nicht, auf seinen Lorbeeren auszuruhen. Indem er weiterhin lautstark seine Friedensliebe beteuerte, versuchte er zu sondieren, wie weit er die neue Mächtegruppierung unterhöhlen oder gar sprengen könne.

Am Abend des 21. Mai[11] hielt er im Reichstag eine neue »Friedensrede« – eine rednerische Glanzleistung, und sicherlich eine der geschicktesten und irreführendsten Reichstagsreden, die der Verfasser dieses Buches mitangehört hat. Hitler war milde gestimmt, und aus seinen Worten klang nicht nur Zuversicht, sondern – zur Überraschung seiner Zuhörer – auch Toleranz und Konzilianz. Nichts von Groll oder Trotz gegen die Länder, die seine einseitige Aufkündigung der Militärklauseln des Versailler Vertrags verurteilt hatten. Statt dessen versicherte er, er wünsche nur Frieden und Verständigung auf der Grundlage der Gerechtigkeit für alle. Schon den Gedanken an Krieg wies er weit von sich; ein Krieg sei ebenso sinnlos und nutzlos wie furchtbar:

Das Blut, das auf dem europäischen Kontinent seit dreihundert Jahren vergossen wurde, steht außer jedem Verhältnis zu dem volklichen Ergebnis der Ereignisse. Frankreich ist am Ende Frankreich geblieben, Deutschland Deutschland, Polen Polen, Italien Italien, usw. Was dynastischer Egoismus, politische Leidenschaft und patriotische Verblendung an scheinbaren tiefgreifenden staatspolitischen Veränderungen unter Strömen von Blut erreicht haben, hat in nationaler Beziehung stets nur die Oberfläche der Völker geritzt, ihre grundsätzliche Markierung aber wesentlich kaum mehr verschoben. Hätten diese Staaten nur einen Bruchteil ihrer Opfer für klügere Zwecke angesetzt, so wäre der Erfolg sicher größer und dauerhafter gewesen.

Deutschland, rief Hitler aus, denke nicht im entferntesten daran, andere Länder zu erobern.

Unsere volkliche Lehre sieht daher in jedem Krieg zur Unterjochung und Beherrschung eines fremden Volkes einen Vorgang, der früher oder später den Sieger innerlich verändert und schwächt und damit in der Folge zum Besiegten macht ... Da es in Europa aber einen leeren Raum nicht mehr gibt, wird jeder Sieg ... höchstens eine ziffernmäßige Vermehrung der Einwohner eines Staates mit sich bringen können. Wenn aber den Völkern daran soviel liegt, dann können sie dies, statt mit Tränen, auf eine einfachere und vor allem natürlichere Weise erreichen. Eine gesunde Sozialpolitik kann bei einer Steigerung der Geburtenfreudigkeit einer Nation in wenigen Jahren mehr Kinder des eigenen Volkes schenken, als durch einen Krieg an fremden Menschen erobert ... werden könnten.
Nein! Das nationalsozialistische Deutschland will den Frieden aus tiefinnersten weltanschaulichen Überzeugungen. Es will ihn weiter aus der einfachen primitiven Erkenntnis, daß kein Krieg geeignet sein würde, das Wesen unserer allgemeinen europäischen Not zu beheben ...
Deutschland braucht den Frieden, und es will den Frieden!

Diese Worte wiederholte er immer wieder. Schließlich machte er dreizehn Einzelvorschläge zur Erhaltung des Friedens, die so wunderbar aussahen, daß sie nicht nur in Deutschland, sondern in ganz Europa einen tiefen und günstigen Eindruck hervorriefen. Er schickte indes eine Mahnung voraus:

Deutschland hat Frankreich gegenüber feierlich die nach der Saarabstimmung sich ergebende Grenze angenommen und garantiert ... Wir taten dies, trotzdem wir damit z. B. endgültig auf Elsaß-Lothringen Verzicht leisten, ein Land, um das auch wir zwei große Kriege führten ... Ohne Rücksicht auf Vergangenes hat Deutschland einen Nichtangriffspakt mit Polen abgeschlossen ... Wir anerkennen den polnischen Staat als die Heimstätte eines großen nationalfühlenden Volkes.
Deutschland hat weder die Absicht noch den Willen, sich in die inneren österreichischen Verhältnisse einzumengen, Österreich etwa zu annektieren oder anzuschließen.

Hitlers dreizehn Punkte waren recht umfassend. Deutschland könne nicht nach Genf zurückkehren, solange der Völkerbund am Versailler Vertrag festhalte. Erst wenn die volle Gleichberechtigung aller Nationen gewährleistet sei, werde Deutschland dem Völkerbund wieder beitreten. Die nichtmilitärischen Klauseln des Versailler Vertrags jedoch werde Deutschland »bedingungslos respektieren, auch die territorialen Bestimmungen. Insbesondere wird es an den aus dem Locarnopakt sich ergebenden Verpflichtungen festhalten und sie erfüllen.« Hitler versicherte auch hoch und heilig, daß es Deutschland bei der Entmilitarisierung des Rheinlandes bewenden lassen würde. Wenn er auch »jederzeit« willens sei, an einem System kollektiver Sicherheit mitzuwirken, so ziehe doch Deutschland zweiseitige Abkommen vor; es sei bereit, Nichtangriffspakte mit seinen Nachbarn abzuschließen. Auch stimme es dem Vorschlag Englands und Frankreichs zu, den Locarnopakt durch ein Luftabkommen zu ergänzen.

Bezüglich der Abrüstung erklärte sich Hitler willens, bis zum Äußersten zu gehen:

Die Deutsche Reichsregierung ist bereit, jeder Beschränkung zuzustimmen, die zu einer Beseitigung der gerade für den Angriff besonders geeigneten schwersten Waffen führt... [wie zum Beispiel] schwerste Artillerie und schwerste Tanks... Deutschland erklärt sich bereit, jeder Begrenzung der Kaliberstärken der Artillerie, der Schlachtschiffe, Kreuzer und Torpedoboote zuzustimmen. Desgleichen ist die Deutsche Reichsregierung bereit..., der Begrenzung des Tonnengehalts der U-Boote und auch ihrer vollkommenen Beseitigung... zuzustimmen.

In diesem Zusammenhang hielt Hitler einen besonderen Köder für Großbritannien parat. Er erklärte seine Bereitschaft, die Stärke der neuen deutschen Flotte auf 35 Prozent der britischen Flottenstärke zu beschränken, womit sie, wie er hinzufügte, immer noch fünfzehn Prozent unter der französischen Flottenstärke bleiben würde. Möglichen Einwänden des Auslands, daß diese Forderung nur die Einleitung weiterer Forderungen sein würde, kam Hitler mit den Worten zuvor: »Für Deutschland ist sie endgültig.« Kurz nach zehn Uhr abends schloß er seine Rede mit der Floskel:

Wer in Europa die Brandfackel des Krieges erhebt, kann nur das Chaos wünschen. Wir aber leben in der festen Überzeugung, daß sich in unserer Zeit nicht erfüllt der Untergang des Abendlandes, sondern seine Wiederauferstehung. Daß Deutschland zu diesem großen Werk einen unvergänglichen Beitrag liefern möge, ist unsere stolze Hoffnung und unser unerschütterlicher Glaube[12].

Das waren süße Friedensklänge, Worte voller Vernunft und Versöhnlichkeit. In den demokratischen Ländern Westeuropas, in denen sich Völker und Regierungen verzweifelt nach der Erhaltung des Friedens auf einer annehmbaren, ja auf fast jeder Basis sehnten, wurden sie gierig aufgegriffen. Die einflußreichste Zeitung Englands, die Londoner *Times*, begrüßte sie beinahe mit überschwenglicher Freude:

...Wie man sieht, ist die Rede maßvoll, aufrichtig und umfassend. Wer sie unvoreingenommen liest, kann nicht bezweifeln, daß die von Herrn Hitler umrissene Politik durchaus die Grundlage für eine vollständige Verständigung mit Deutschland bilden könnte – mit einem freien, gleichberechtigten, starken Deutschland an Stelle des gedemütigten Volkes, dem vor sechzehn Jahren der Frieden aufgezwungen wurde... Es ist zu hoffen, daß die Rede überall als eine aufrichtige und wohlerwogene Äußerung aufgenommen wird, die genau meint, was sie besagt[13].

Diese große Zeitung, die mit zum höchsten Ruhm des englischen Journalismus beigetragen hat, sollte in der verheerenden britischen *Appeasement*-Politik eine ähnlich fragwürdige Rolle spielen wie die Chamberlain-Regierung. Aber man kann sie, wenigstens nach meiner Ansicht, hierfür noch weniger entschuldigen als die Regierung. Denn ihr Berliner Korrespondent Norman Ebbutt war bis zu seiner Ausweisung aus Deutschland am 16. August 1937 eine Informationsquelle über Hitlers Taten und Absichten, die viel ergiebiger und aufschlußreicher war als die Berichterstattung anderer ausländischen Korrespondenten und Diplomaten, einschließlich der britischen. Wenn auch die *Times* vieles von dem, was er in jenen Tagen aus Berlin berichtete, nicht veröffentlichte[14], wie er mir gegenüber häufig klagte und was sich später bestätigen sollte, so müssen doch die Redakteure der *Times alle* seine Berichte gelesen haben und in der Lage gewesen sein zu erkennen, was wirklich in Deutschland vorging und wie hohl Hitlers grandiose Versprechungen waren.

Die britische Regierung war nicht weniger als die *Times* willens und bereit, Hitlers Vorschläge als »aufrichtig und wohlerwogen« anzusehen – insbesondere den Vorschlag hinsichtlich der Flottenstärke.

Ende März, als Sir John Simon und Eden ihren zunächst aufgeschobenen Besuch in Berlin abstatteten, hatte Hitler schon schlau angedeutet, es könne leicht ein die englische Überlegenheit garantierendes Flottenabkommen zwischen beiden Mächten abgeschlossen werden. Jetzt, am 21. Mai, hatte er in seiner Rede öffentlich ein festumrissenes Angebot – 35 Prozent der britischen Flottenstärke – gemacht und sich besonders englandfreundlich geäußert. »Deutschland«, hatte er erklärt, »hat weder die Absicht noch die Notwendigkeit oder das Vermögen, in irgendeine neue Flottenrivalität einzutreten« – eine den Engländern offensichtlich nicht entgangene Anspielung auf die Zeit vor 1914, als Tirpitz mit enthusiastischer Unterstützung durch Wilhelm II. an den Aufbau einer mit England konkurrierenden Hochseeflotte ging.

Die Deutsche Reichsregierung [fuhr Hitler fort] erkennt von sich aus die überragende Lebenswichtigkeit und damit die Berechtigung eines dominierenden Schutzes des Britischen Weltreiches zur See an ... Die Deutsche Reichsregierung hat die aufrichtige Absicht, alles zu tun, um zum britischen Volk und Staat ein Verhältnis zu finden und zu erhalten, das eine Wiederholung des bisher einzigen Kampfes zwischen beiden Nationen für immer verhindern wird.

Ähnliches hatte Hitler bereits in *Mein Kampf* geäußert, wobei er betont hatte, einer der größten Fehler des Kaisers sei der absurde Versuch, in der Flottenstärke mit England zu konkurrieren und die daraus resultierende Englandfeindlichkeit gewesen.

Mit unglaublicher Naivität und Schnelligkeit schluckte die britische Regierung Hitlers Köder. Ribbentrop, der inzwischen Hitlers Botenjunge in der Außenpolitik geworden war, wurde eingeladen, im Juni zu Flottenbesprechungen nach London zu kommen. Eitel und taktlos, wie er war, sagte er den Engländern, über Hitlers Angebot gäbe es nichts zu verhandeln; sie könnten es nur annehmen oder ablehnen. Die Engländer nahmen an. Ohne sich mit Frankreich und Italien, ihren Verbündeten in der Stresa-Front, zu beraten, die ebenfalls Seemächte und über Deutschlands Aufrüstung und seine einseitige Aufkündigung der Versailler Militärklauseln stark beunruhigt waren, und ohne auch nur den Völkerbund zu unterrichten, schickten sich die Briten an, eines

Abkommens zuliebe, das sie als vorteilhaft für sich selbst betrachteten, sich über die Flottenbeschränkungen des Versailler Vertrags hinwegzusetzen.

Dabei lag es für den simpelsten Beobachter in Berlin auf der Hand, daß London mit der Einwilligung zum Aufbau einer deutschen Flotte im Verhältnis 1:3 zur britischen Hitler freie Hand gab, auf schnellste Weise die für Deutschland größtmögliche Flotte aufzubauen – eine Aufgabe, die für die nächsten zehn Jahre die Produktionskapazität von Werften und Stahlwerken bis zum äußersten auslasten mußte. Es war also keine Beschränkung der deutschen Aufrüstung, sondern geradezu die Aufforderung, sie so rasch, wie es Deutschlands Mittel erlaubten, auf die Flotte auszudehnen.

Als wolle sie die übergangenen und gekränkten Franzosen obendrein noch verhöhnen, lehnte es die britische Regierung auf Grund eines an Hitler gegebenen Versprechens ab, ihrem engsten Verbündeten Auskunft über Anzahl und Art der von ihr Deutschland zugestandenen Schiffe zu geben. Sie teilte der französischen Regierung lediglich mit, daß die Stärke der deutschen U-Bootflotte – der Versailler Vertrag untersagte Deutschland ausdrücklich den Bau von U-Booten – sechzig Prozent der britischen betragen würde und im Falle außergewöhnlicher Umstände auf hundert Prozent erhöht werden könnte[15]. Nun, nach dem deutsch-englischen Flottenabkommen durfte Deutschland fünf Schlachtschiffe (deren Tonnage und Bestückung, was London verheimlicht wurde, umfangreicher waren als bei irgendeinem britischen Kriegsschiff), 21 Kreuzer und 64 Zerstörer bauen. Nicht alle wurden bis zum Kriegsausbruch fertig, aber zusammen mit den U-Booten reichten die vorhandenen aus, um England in den ersten Jahren des Zweiten Weltkrieges verheerende Verluste zuzufügen.

Mussolini nahm die »Perfidie Albions« gebührend zur Kenntnis. Was dem einen recht ist, ist dem anderen billig. Außerdem bestärkte ihn Englands zynische Mißachtung des Versailler Vertrags in seinem Glauben, daß London einen Verstoß gegen die Völkerbundssatzung nicht allzu tragisch nehmen würde. Am 3 .Oktober 1935 marschierten Mussolinis Armeen in das alte Königreich Abessinien ein. Auf Antrag Englands, dem sich Frankreich zögernd anschloß, da es die größere Gefahr auf die Dauer in Deutschland sah, beschloß der Völkerbund Sanktionen gegen Italien. Aber es waren nur Teilsanktionen, die zudem noch zaghaft verwirklicht wurden. Sie hinderten Mussolini nicht daran, Abessinien zu erobern, wohl aber zerstörten sie die Freundschaft zwischen dem faschistischen Italien und England und Frankreich und brachten somit die gegen das nationalsozialistische Deutschland gerichtete Stresa-Front zum Einsturz.

Wer hätte mehr Gewinn aus alledem ziehen können als Adolf Hitler? Am 4. Oktober, einen Tag nach Beginn der italienischen Invasion, sprach ich in der Wilhelmstraße mit einer ganzen Reihe von Partei- und Regierungsbeamten. Aus meiner Tagebucheintragung vom Abend jenes Tages geht hervor, wie rasch und wie treffend die Deutschen die Situation erfaßten:

In der Wilhelmstraße ist man entzückt. Entweder wird Mussolini stolpern und sich in Afrika derart festrennen, daß er in Europa stark geschwächt sein wird, woraufhin

Hitler das bisher vom Duce protegierte Österreich besetzen kann, oder er wird siegen, Frankreich und England die Stirn bieten und dann für ein Bündnis mit Hitler gegen die westlichen Demokratien reif sein. So oder so wird Hitler den Vorteil haben[16].

Was sich bald zeigen sollte!

DIE RHEINLANDBESETZUNG

In seiner »Friedensrede« vom 21. Mai 1935, die, wie wir sahen, auf die Welt und vor allem Großbritannien so großen Eindruck machte, bemerkte Hitler, durch den Abschluß des am 2. März in Paris und am 14. März in Moskau unterzeichneten französisch-russischen Beistandspaktes sei ein »Element der Unsicherheit« in den Locarnopakt hineingetragen worden. Gegen Ende des Jahres war indes der Beistandspakt noch nicht vom französischen Parlament ratifiziert. Das deutsche Auswärtige Amt machte nun Paris in Form einer Note an die französische Regierung auf jenes »Element« aufmerksam.

Am 21. November hatte François-Poncet, der französische Botschafter in Berlin, eine Unterredung mit Hitler, der »sich in einer langen Schmährede« gegen den französisch-sowjetischen Pakt erging. François-Poncet berichtete nach Paris, er sei überzeugt, daß Hitler sich mit der Absicht trage, den Pakt als Vorwand zu benutzen, um die entmilitarisierte Zone des Rheinlandes zu besetzen. »Meiner Ansicht nach«, fügte er hinzu, »will sich Hitler nur noch für den zu wählenden Augenblick entscheiden[17].«

François-Poncet, der wohl bestinformierte Botschafter in Berlin, wußte genau, was er sagte, wiewohl ihm fraglos unbekannt war, daß General vom Blomberg bereits am 2. Mai 1935, neunzehn Tage vor der von Hitler im Reichstag abgegebenen Beteuerung, er werde den Locarnopakt und die Territorialklauseln des Versailler Vertrags respektieren, den drei Wehrmachtteilen die erste Weisung erteilt hatte, Pläne zu Wiederbesetzung des entmilitarisierten Rheinlands vorzubereiten. Die Operation, die den Decknamen *Schulung* erhielt, sollte »schlagartig als Überfall zur Ausführung gelangen« und ihre Planung streng geheimgehalten werden: »Beschränkung der Mitwisserschaft auf allerkleinsten Kreis von Offizieren«. Ja, im Interesse der Geheimhaltung fertigte Blomberg die Weisung sogar handschriftlich aus[18].

Am 16. Juni, in der zehnten Sitzung des Arbeitsausschusses des Reichsverteidigungsrats, fand eine weitere Besprechung über die in Aussicht genommene Operation statt, wobei Oberst Alfred Jodl, der gerade Chef der Abteilung Innere Verteidigung geworden war, Vortrag hielt und die Notwendigkeit striktester Geheimhaltung hervorhob. Nur das unbedingt Erforderliche dürfe schriftlich niedergelegt werden. Er fügte hinzu: »Die Aufbewahrung in Panzerschränken muß ausnahmslos gewährleistet sein[19].«

Den Winter 1935/36 über wartete Hitler seine Zeit ab. Es konnte ihm nicht entgehen, daß Frankreich und England davon in Anspruch genommen waren, das italienische Vorgehen in Abessinien zu stoppen, aber Mussolini schien durchzukommen. Trotz der laut verkündeten Sanktionen erwies sich der Völkerbund als machtlos, einem entschlossenen Aggressor Einhalt zu gebieten. In Frankreich hatte das Parlament offenbar keine Eile damit, den Pakt mit der Sowjetunion zu ratifizieren, denn auf seiten der Rechten war eine stark anwachsende Gegenströmung vorhanden. Allem Anschein nach glaubte Hitler, es bestehe immer noch die Aussicht, daß der französische Senat das Bündnis mit Moskau ablehnen würde. In diesem Fall hätte er sich einen anderen Vorwand für die Operation *Schulung* einfallen lassen müssen. Aber am 27. Februar billigte die Kammer den Pakt mit 353 gegen 164 Stimmen. Zwei Tage später, am 1. März, traf Hitler seine Entscheidung – zur Bestürzung der meisten Generale, die meinten, die für die Operation bereitgestellten geringen deutschen Streitkräfte würden von den Franzosen zermalmt werden. Nichtsdestoweniger gab Blomberg am Tag darauf, den Anweisungen seines Herrn und Meisters folgend, formelle Befehle für die Rheinlandbesetzung aus. Sie solle »überraschend« vor sich gehen, sagte er den Kommandeuren. Er rechne damit, daß »der friedensmäßige Charakter der Aktion« gewahrt werden könne. Andernfalls, d. h. wenn die Franzosen kämpfen würden, »bleibt jede militärische Gegenmaßnahme meiner Entscheidung vorbehalten[20].« Die Gegenmaßnahme, die Blomberg im Sinne hatte, war: schleuniger Rückzug. Ich erfuhr es sechs Tage später, und bei der Vernehmung der Generale in Nürnberg sollte es sich als richtig herausstellen.

Das aber wußten die von innerpolitischen Kämpfen und wachsendem Defätismus bereits gelähmten Franzosen nicht, als im Morgengrauen des 7. März eine kleine deutsche Truppe über die Rheinbrücken in die entmilitarisierte Zone einrückte[21]. Um zehn Uhr vormittags bat Außenminister von Neurath die Botschafter Frankreichs, Englands und Italiens zu sich, setzte sie von der Rheinlandbesetzung in Kenntnis und überreichte ihnen eine Note, die neben der offiziellen Aufkündigung des soeben von Hitler gebrochenen Locarnopakts – neue Friedensvorschläge enthielt. »[Hitler] schlägt seinem Gegner ins Gesicht«, schrieb François-Poncet, »und sagt im gleichen Augenblick zu ihm: ›Ich schlage Ihnen Frieden vor!‹[22].«

In der Tat, zwei Stunden später stand der Führer auf der Rednertribüne des Reichstags und verbreitete sich vor seinen jubelnden Zuhörern über sein Verlangen nach Frieden und über seine neuesten Ideen darüber, wie er sich erhalten ließe. Ich sah mir das Schauspiel in der Oper an, und ich werde es nie vergessen, denn es war ebenso faszinierend wie grausig. Nach einer langen Tirade gegen die Übel von Versailles und den Bolschewismus verkündete Hitler seelenruhig, durch den Abschluß des französisch-russischen Paktes sei der Locarno-Vertrag, der von Deutschland im Gegensatz zu dem von Versailles freiwillig unterzeichnet worden war, hinfällig geworden. Die dann folgende Szene hielt ich in meinem Tagebuch fest.

»Deutschland«, sagte Hitler, »sieht sich nicht mehr als an diesen erloschenen [Locarno]-Pakt gebunden an ... Im Interesse des primitiven Rechts eines Volkes auf Sicherung seiner Grenzen und zur Wahrung seiner Verteidigungsmöglichkeiten hat daher die

deutsche Reichsregierung mit dem heutigen Tage die volle uneingeschränkte Souveränität des Reiches in der entmilitarisierten Zone des Rheinlandes wiederhergestellt.«
In diesem Augenblick sprangen die 600, samt und sonders von Hitler ernannten Abgeordneten, dickbäuchige Männer mit gestutztem Kopfhaar und in brauner Uniform und schweren Stiefeln ... wie Automaten auf, streckten die Arme zum Nazigruß aus und riefen minutenlang: »Heil! Heil! Heil!« ... Hitler gebot ihnen mit einer Handbewegung Schweigen ... Mit tiefer, widerhallender Stimme sagte er: »Männer, Abgeordnete des deutschen Reichstags!« Totenstille.
»In dieser geschichtlichen Stunde, da in den westlichen Provinzen des Reiches deutsche Truppen soeben ihre künftigen Friedensgarnisonen beziehen, vereinigen wir uns alle zu zwei heiligen inneren Bekenntnissen.«
Er muß unterbrechen. Für dieses »Parlament« kommt es überraschend, daß deutsche Soldaten im Begriff sind, ins Rheinland einzurücken ... Sie springen auf, brüllen und schreien ... Die Arme erhoben, die Münder weit geöffnet, heften sie ihre Blicke, in denen Fanatismus lodert, auf ihren neuen Gott, auf den Messias. Und der Messias spielt seine Rolle hervorragend. Den Kopf gesenkt, wie in tiefster Demut, wartet er geduldig, bis sie wieder schweigen. Dann beginnt er mit zunächst leiser, von Bewegung halb erstickter Stimme:
»Erstens zu dem Schwur, vor keiner Macht und vor keiner Gewalt in der Wiederherstellung der Ehre unseres Volkes zurückzuweichen ..., zweitens zu dem Bekenntnis, nun erst recht für eine Verständigung der Völker Europas und insbesondere für eine Verständigung mit unserem westlichen Nachbarn einzutreten ... Wir haben in Europa keine territorialen Forderungen zu stellen ... Deutschland wird niemals den Frieden brechen!«
Es dauerte lange, bis der Jubel abebbte ... Einige Generale drängten zur Tür. Unter ihrem Lächeln konnten sie jedoch eine gewisse Nervosität nicht verbergen ... Ich lief General von Blomberg in die Arme ... Er war totenbleich, seine Wangen zuckten[23].

Und das nicht ohne Grund! Der Mann, der fünf Tage vorher mit eigener Hand den Marschbefehl ausgefertigt hatte, war im Begriff, die Nerven zu verlieren. Am nächsten Tag erfuhr ich, daß er seinen Truppen Anweisung gegeben hatte, sich im Falle eines Widerstands der Franzosen über den Rhein zurückzuziehen. Aber die Franzosen rührten sich nicht. François-Poncet schreibt, daß das französische Oberkommando nach seiner Warnung vom vergangenen November bei der Regierung angefragt habe, wie es sich verhalten solle, falls der Botschafter recht behielte. Die Antwort lautete, die Regierung würde dann die Sache vor den Völkerbund bringen[24]. Als jedoch der Fall wirklich eintrat[25], war es die französische Regierung, die handeln wollte, während der französische Generalstab zurückhielt. »General Gamelin«, schreibt François-Poncet, »äußerte die Ansicht, daß selbst eine beschränkte Kriegshandlung unvorhergesehenes Risiko einschlösse und deshalb nicht ohne allgemeine Mobilmachung unternommen werden könne[26].« General Gamelin zog zwar vor der deutschen Grenze dreizehn Divisionen zusammen, aber lediglich zur Verstärkung der Maginotlinie. Das hatte indes genügt, um dem deutschen Oberkommando einen Schrecken einzujagen. Daher wollte Blomberg, und er wurde hierin von Jodl und den meisten Spitzenmilitärs unterstützt, die drei Bataillone zurückzuziehen. In Nürnberg erklärte Jodl: »Ich kann nur sagen, in dieser Lage hätte uns allein die französische *armée de couverture* hinweggeblasen[27].«

Hätte... hätte... Nahezu mit Sicherheit wäre es Hitlers Ende gewesen, und die Geschichte hätte einen ganz anderen, besseren Verlauf genommen, denn solch ein Fiasko würde der Diktator nicht überlebt haben. Das hat Hitler später selbst auch zugegeben: »Ein Rückzug unsererseits hätte Zusammenbruch bedeutet[28].« Allein Hitlers eiserne Nerven waren es, die jetzt – wie auch bei vielen späteren Krisen – die Lage retteten und, zur Verwirrung der widerstrebenden Generale, den Erfolg brachten. Aber leicht war die Sache für ihn nicht. Sein Dolmetscher, Paul Schmidt, hörte ihn später einmal sagen:

Die 48 Stunden nach dem Einmarsch ins Rheinland sind die aufregendste Zeitspanne in meinem Leben gewesen. Wären die Franzosen damals ins Rheinland eingerückt, hätten wir uns mit Schimpf und Schande zurückziehen müssen, denn die militärischen Kräfte, über die wir verfügten, hätten keineswegs auch nur zu einem mäßigen Widerstand ausgereicht[29].

Es muß hier allerdings auch vermerkt werden, daß ihm nicht nur das Zögern der Franzosen, sondern auch die Lässigkeit der Engländer zu Hilfe kam. Am 11. März flog der französische Außenminister Pierre Etienne Flandin nach London und flehte die britische Regierung an, Frankreich bei einer militärischen Gegenmaßnahme im Rheinland beizustehen. Er stieß auf taube Ohren. England wollte trotz der damaligen überwältigenden Überlegenheit der Alliierten keinen Krieg riskieren. Lord Lothian bemerkte: »Schließlich sind die Deutschen ja nur in ihren eigenen Vorgarten eingerückt.« Doch schon vor Ankunft der Franzosen in London, am 9. März, hatte Anthony Eden, der im Dezember Außenminister geworden war, im Unterhaus gesagt: »Die Besetzung des Rheinlandes durch die Reichswehr versetzt dem Prinzip der Heiligkeit von Verträgen einen schweren Schlag. Zum Glück haben wir keinen Grund anzunehmen, daß Deutschlands gegenwärtige Aktion Feindseligkeiten nach sich zieht[30].«

Und doch war Frankreich nach dem Locarnopakt berechtigt, militärisch gegen die in der entmilitarisierten Zone befindlichen deutschen Truppen vorzugehen, und England war auf Grund des gleichen Vertrages verpflichtet, Frankreich militärisch beizustehen. Die fruchtlosen Londoner Besprechungen bestätigten Hitler, daß er sein jüngstes Hasardspiel gewonnen hatte.

Die Briten scheuten indes nicht nur das Risiko eines Krieges, sie nahmen auch Hitlers neueste »Friedensvorschläge« wiederum ernst. In den Noten, die am 7. März den drei Botschaftern ausgehändigt worden waren, sowie in seiner Reichstagsrede bot Hitler einen 25jährigen Nichtangriffspakt mit Belgien und Frankreich an, der von England und Italien garantiert werden sollte, ferner seinen östlichen Nachbarn Nichtangriffspakte nach dem Muster des deutsch-polnischen Paktes, eine neue entmilitarisierte Zone, doch *beiderseits* der deutsch-französischen Grenze, und schließlich Deutschlands Rückkehr in den Völkerbund. In welchem Maße Hitler aufrichtig war, dürfte aus seinem Vorschlag zu ersehen sein, eine entmilitarisierte Zone *beiderseits* der deutsch-französischen Grenze zu errichten, denn bei Annahme eines solchen Vorschlags wäre Frankreich gezwungen gewesen, die Maginotlinie, seinen letzten Schutz gegen einen deutschen Überraschungsangriff, aufzugeben.

In London gab die hochgeschätzte *Times*, obwohl sie Hitlers übereiltes Vorgehen im Rheinland beklagte, ihrem Leitartikel die Überschrift: *Eine Chance zum Neuaufbau.*

Bei einem Rückblick auf jene Tage läßt sich deutlich erkennen, daß der geglückte Rheinlandcoup Hitler einen Sieg einbrachte, dessen Folgen weitaus verhängnisvoller sein sollten, als man damals übersehen konnte. Im Innern verstärkte er Hitlers Popularität[31] und hob ihn in eine Machtstellung empor, wie sie vor ihm kein deutscher Herrscher innehatte. Es war auch ein Sieg über seine Generale, die im kritischen Augenblick, als er festblieb, weich geworden waren. Sie mußten den Eindruck gewinnen, daß sein Urteil in außenpolitischen und sogar in militärischen Dingen dem ihrigen überlegen war. Sie hatten befürchtet, die Franzosen würden kämpfen; er hatte es besser gewußt. Schließlich und vor allem erschloß die Rheinlandbesetzung, mochte sie auch eine noch so kleine militärische Operation gewesen sein, Hitler den offenbar nur von ihm selbst (und in England allein von Churchill) erkannten Weg zu neuen gewaltigen Möglichkeiten in Europa, in einem Europa, das nicht nur erschüttert war, sondern dessen strategische Lage durch den Paradeeinmarsch von drei deutschen Bataillonen ins Rheinland grundlegend verändert wurde.

Umgekehrt läßt sich rückblickend ebenso leicht erkennen, daß das Versäumnis Frankreichs, die Wehrmachtbataillone zurückzutreiben, und das Versäumnis Englands, Frankreich bei einer Operation beizustehen, die lediglich eine Polizeiaktion gewesen wäre, für den Westen ein Verhängnis waren, aus dem alle späteren, weitaus größeren erwuchsen. Im März 1936 war den westlichen Demokratien die letzte Chance geboten, einem aggressiven, totalitären Deutschland ohne ernsthafte Kriegsgefahr Einhalt zu gebieten, ja, die nationalsozialistische Diktatur und das Regime – wie Hitler später selber zugab – zum Sturz zu bringen. Diese Chance ließen sie sich entgehen.

Für Frankreich war es der Anfang vom Ende. Seine Verbündeten im Osten, Rußland, Polen, die Tschechoslowakei, Rumänien und Jugoslawien, sahen sich plötzlich mit der Tatsache konfrontiert, daß Frankreich für das von ihm selbst und unter seiner Führung so mühevoll aufgebaute Sicherheitssystem nicht gegen eine deutsche Aggression kämpfen würde. Aber mehr noch! Seine östlichen Verbündeten begannen zu erkennen, daß Frankreich, auch wenn es energischer werden sollte, bald nicht mehr imstande sein würde, ihnen wesentlich beizustehen: Deutschland baute fieberhaft an einem Westwall entlang der französischen Grenze. Es war ihnen klar, daß diese Festungslinie die strategische Landkarte Europas sehr rasch zu ihrem Nachteil verändern würde. Sie konnten

kaum damit rechnen, daß ein Frankreich, welches nicht gewagt hatte, mit seinen hundert Divisionen gegen drei deutsche Bataillone anzutreten, seine jungen Männer an undurchdringlichen deutschen Befestigungen verbluten lassen würde, während die Wehrmacht im Osten vorging. Aber selbst wenn etwas so Unwahrscheinliches geschehen sollte, es würde vergeblich sein. In Zukunft konnte Frankreich im Westen nur einen kleinen Teil der wachsenden deutschen Wehrmacht binden. Deren Gros hingegen würde für Operationen gegen Deutschlands östliche Nachbarn zur Verfügung stehen.
Welchen Wert die Rheinlandbefestigungen für Hitlers Strategie hatten, deutete der deutsche Außenminister am 18. Mai 1936 dem ihn besuchenden amerikanischen Botschafter in Frankreich, William C. Bullitt, an:

Von Neurath sagte [berichtete Bullitt an das State Department], die Politik der deutschen Regierung sei es, auf außenpolitischem Gebiet nicht eher etwas zu unternehmen, bis das »Rheinland verdaut« sei. Das hieße, erklärte er, daß die deutsche Regierung, solange die Befestigungen entlang der französischen und belgischen Grenze nicht fertig seien, ihr möglichstes tun werde, eine Revolte der Nazis in Österreich zu verhindern und hinsichtlich der Tschechoslowakei Zurückhaltung zu üben. »Sobald unsere Befestigungsanlagen aufgebaut sind und die mitteleuropäischen Länder erkannt haben, daß Frankreich nicht mehr nach eigener Willkür in deutsches Gebiet einfallen kann, werden alle diese Länder ihre außenpolitischen Ansichten modifizieren müssen, und es wird sich eine neue Konstellation ergeben«, sagte er[32].
Diese neue Konstellation begann jetzt Wirklichkeit zu werden.

»Schon am Grabe meines ermordeten Vorgängers [Dollfuß]«, schrieb Dr. Schuschnigg in seinen Memoiren, »war mir völlig klar ... daß alles darauf ankam, diese Lage zu meistern, sollte Österreich bestehen bleiben ... Jene Politik, die Österreich erhalten wollte, mußte danach trachten, Hitler keine Angriffspunkte zu bieten und auf irgendeine Weise sich mindestens die Toleranz des Deutschen Reiches, das heißt Adolf Hitlers, zu sichern[33].«
Der jugendliche neue Bundeskanzler Österreichs war ermutigt worden durch die Erklärung, die Hitler am 21. Mai 1935 im Reichstag abgegeben hatte: »Deutschland hat weder die Absicht noch den Willen, sich in die inneren österreichischen Verhältnisse einzumengen, Österreich etwa zu annektieren oder anzuschließen.« Sodann hatte es Schuschnigg beruhigt, daß Italien, Frankreich und England in Stresa noch einmal ihre Entschlossenheit bekundeten, für Österreichs Unabhängtigkeit einzustehen. Doch dann war Mussolini, Österreichs Hauptprotektor seit 1933, in Abessinien eingedrungen und hatte mit Frankreich und England gebrochen. Nachdem die Deutschen ins Rheinland einmarschiert waren und es zu befestigen begannen, erkannte Schuschnigg, daß es an der Zeit war, sich mit Hitler zu verständigen. Er trat mit dem deutschen Gesandten in Wien, dem verschmitzten Papen, in Verhandlungen über einen neuen Vertrag ein. Obwohl Papen bei der Röhm-Affäre nur mit knapper Not mit dem Leben davongekommen war, hatte er sich

doch gleich nach seiner Ankunft in Wien daran begeben, Österreichs Unabhängigkeit zu unterminieren und Hitlers Geburtsland für den Führer zu erobern. »Der Nationalsozialismus muß und wird die neue österreichische Ideologie überwinden«, hatte er am 27. Juli 1935 in einem Bericht über das erste Jahr seiner Tätigkeit in Wien an Hitler geschrieben[34].

Der veröffentlichte Teil des deutsch-österreichischen Abkommens vom 1. Juli 1936 erweckte den Anschein ungewöhnlicher Großzügigkeit und Toleranz von seiten Hitlers. Deutschland erkannte Österreichs Souveränität an und versprach, sich nicht in die inneren Angelegenheiten des Nachbarlandes einzumischen. Dafür gelobte Österreich, in seiner Außenpolitik stets als »deutscher Staat« zu handeln und an diesem Prinzip festzuhalten.

Aber der Vertrag enthielt noch Geheimklauseln[35], und darin machte Schuschnigg Zugeständnisse, die ihm – und seinem kleinen Land – zum Verhängnis werden sollten. Er willigte ein, österreichische Nationalsozialisten, die wegen politischer Delikte in Haft saßen, zu amnestieren und Vertreter der sogenannten »Nationalen Opposition« – eine beschönigende Bezeichnung für Mitglieder der NSDAP und andere Hitler-Anhänger – in Stellen mit »politischer Verantwortung« einzusetzen. Mit anderen Worten, Hitler konnte nun in Österreich ein trojanisches Pferd aufzäumen, und bald kroch denn auch ein Wiener Rechtsanwalt hinein, der in diesem Buch noch eine Rolle spielen wird: Seyß-Inquart.

Obwohl Papen Hitlers Genehmigung für den Wortlaut des Vertrags erlangt hatte und zu diesem Zweck Anfang Juli extra nach Berlin gefahren war, wurde der Führer wütend, als Papen ihn am 16. Juli telefonisch von der Unterzeichnung des Abkommens in Kenntnis setzte.

Seine Reaktion war höchst erstaunlich [schrieb Papen später]. Anstatt mir seine Befriedigung ... auszusprechen, brach er in wüstes Geschimpfe aus. Ich hätte ihn verleitet, viel zu weitgehende Konzessionen zu machen ... Das Ganze schiene ein großer Reinfall für ihn[36].

Wie sich herausstellen sollte, war es ein Reinfall für Schuschnigg, nicht für Hitler.

Das deutsch-österreichische Abkommen war ein Anzeichen dafür, daß Mussolini sein Gewicht in Österreich verloren hatte. Man hätte nun annehmen sollen, daß sich hieraus eine Verschlechterung der Beziehungen zwischen den beiden Diktatoren ergeben haben würde. Doch genau das Gegenteil traf ein – auf Grund von Vorgängen, die gerade jetzt, im Jahre 1936, Hitler in die Hände spielten.

Am 2. Mai 1936 waren italienische Truppen in die abessinische Hauptstadt Addis Abeba eingerückt, und am 4. Juli hatte der Völkerbund kapituliert und die Sanktionen gegen Italien aufgehoben. Zwei Wochen später, am 16. Juli, brach in Spanien Francos Militärrevolte und damit der Bürgerkrieg aus.

Hitler befand sich, wie üblich zu dieser Zeit des Jahres, in Bayreuth bei den Wagner-

Festspielen. Am Abend des 22. Juli, nach seiner Heimkehr aus dem Theater, meldete sich bei ihm ein deutscher Kaufmann aus Marokko in Begleitung des dortigen Ortsgruppenleiters. Sie überbrachten einen dringenden Brief von Franco: der Rebellenführer brauchte Flugzeuge und andere Hilfe. Hitler rief sofort Göring und Blomberg zu sich, die ebenfalls in Bayreuth waren, und noch am gleichen Abend wurde beschlossen, den spanischen Aufständischen beizustehen [37].

Wenn auch Deutschland Franco nicht in dem Umfang unterstützte wie Italien, das ihm 60–70 000 Soldaten und große Mengen an Waffen und Flugzeugen schickte, so war seine Hilfe doch beträchtlich. Es steckte, wie deutscherseits späterhin geschätzt wurde, etwa 500 Millionen Mark in das Abenteuer [38]; außerdem stellte es Flugzeuge, Panzer, Techniker und die *Legion Condor* zur Verfügung, eine Luftwaffeneinheit, die sich durch die Auslöschung der spanischen Stadt Guernica und ihrer Zivilbevölkerung auszeichnete. Gemessen an Deutschlands riesigem Rüstungsarsenal war es freilich keine große Hilfe, aber Hitler bezog aus ihr ganz hübsche Dividenden.

Frankreich erhielt eine dritte, ihm nicht freundlich gesinnte faschistische Macht an seinen Grenzen. Im Innern verschärften sich die Kämpfe zwischen Rechts und Links, so daß Deutschlands Hauptgegner im Westen geschwächt wurde. Vor allem aber machte die Spanien-Affäre jede Wiederannäherung zwischen Italien einerseits und England und Frankreich andererseits, auf die Paris und London für die Zeit nach Beendigung des Abessinienkriegs gehofft hatten, unmöglich und trieb Mussolini in Hitlers Arme.

In bezug auf Spanien betrieb Hitler vom ersten Tage an eine schlaue, zielbewußte Politik. Aus den erbeuteten deutschen Akten geht klar hervor, daß eine seiner Absichten war, den spanischen Bürgerkrieg zu *verlängern*, die Spannung zwischen den Westmächten und Italien aufrechtzuerhalten und Mussolini zu sich herüberzuziehen [39]. Schon im Dezember 1936 berichtete Ulrich von Hassell, der deutsche Botschafter in Rom, dem damals die Ziele und Praktiken der Nationalsozialisten noch nicht aufgegangen waren und der später, als er sie durchschaute, für diese Erkenntnis teuer bezahlen sollte, nach Berlin:

Der spanische Konflikt kann für die Beziehungen Italiens zu Frankreich und England eine ähnliche Rolle spielen wie der abessinische insofern, als er die sich gegenüberstehenden wirklichen Interessen der Mächte klar herausstellt und damit ein Eingefangenwerden Italiens für westmächtliche Machenschaften verhindert. Der Kampf um den vorherrschenden politischen Einfluß in Spanien läßt den natürlichen Gegensatz zwischen Italien und Frankreich erkennbar werden, zugleich tritt die italienische Machtstellung im westlichen Mittelmeer in Wettbewerb zur englischen. Um so schärfer wird Italien die Zweckmäßigkeit erkennen, den Westmächten Rücken an Rücken mit Deutschland gegenüberzustehen [40].

Aus dieser Situation entstand die Achse Rom-Berlin. Am 24. Oktober, nach einer Unterredung mit Neurath in Berlin, trat Graf Galeazzo Ciano, Mussolinis Schwiegersohn und Außenminister, die erste seiner vielen Pilgerfahrten nach Berchtesgaden an. Der deutsche Diktator empfing ihn voller Freundlichkeit und nannte Mussolini den »größten Staatsmann der Welt, mit dem sich keiner auch nur entfernt vergleichen kann«. Italien und Deutschland könnten, wenn sie zusammengingen, nicht nur den Bolschewismus, sondern auch den Westen besiegen. England eingeschlossen! Die Briten, meinte Hitler, würden wahrscheinlich einem deutsch-italienischen Block gegenüber klein beigeben. Wenn nicht, könnten die beiden Länder, wenn sie gemeinsam vorgingen, leicht mit ihnen fertig werden. »In Deutschland und Italien«, sagte Hitler, »geht die Aufrüstung schneller voran, als das in Großbritannien möglich ist ... In drei Jahren wird Deutschland vorbereitet sein ...[41].«

Interessant ist das Datum der Unterredung. Drei Jahre später war es Herbst 1939.

Am 21. Oktober hatten Neurath und Ciano in Berlin ein Geheimabkommen unterzeichnet, das ein gemeinsames Vorgehen Deutschlands und Italiens in der Außenpolitik vorsah. Einige Tage später, am 1. November, hielt Mussolini in Mailand eine öffentliche Rede, in der er von dem Abkommen sprach, ohne etwas von seinem Inhalt durchblicken zu lassen. Er sagte, es sei eine »Achse« gebildet worden, der sich andere europäische Mächte anschließen könnten. Achse – das sollte ein berühmtes Wort – und für den Duce ein Verhängnis werden.

Nachdem er Mussolini gewonnen hatte, wandte Hitler sich anderen Dingen zu. Im August 1936 hatte er Ribbentrop zum Botschafter in London ernannt; er wollte die Möglichkeit einer Verständigung mit England – nach *seinen* Vorstellungen – eruieren. Für eine solche Aufgabe hätte es kaum einen ungeeigneteren Mann geben können als den unfähigen und trägen, eitlen, arroganten und humorlosen Ribbentrop. Göring hatte das erkannt. »Wenn ich Zweifel hegte an Ribbentrops Eignung«, erklärte er später, »sagte mir der Führer stets, Ribbentrop kenne eben ›Lord Sowieso‹ und den ›Minister Sowieso‹. Worauf ich erwiderte: ›Gewiß, entscheidend ist aber, daß Sie Ribbentrop kennen[42].‹«

Es stimmte freilich, daß Ribbentrop in London ein paar einflußreiche Freunde hatte, darunter, wie man in Berlin glaubte, Mrs. Simpson, die Freundin des Königs. Aber Ribbentrops erste Bemühungen waren nicht ermutigend, und im November flog er nach Berlin zurück, um eine Sache zum Abschluß zu bringen, die mit England nichts zu tun hatte, doch von ihm vorbereitet worden war. Am 25. November unterzeichnete er den Antikominternpakt mit Japan. In einer Pressekonferenz (an der auch ich teilnahm) sagte er, ohne mit der Wimper zu zucken, Deutschland und Japan hätten sich zusammengeschlossen, um die *westliche* Kultur zu verteidigen. Nach außen hin schien der Pakt nichts anderes als ein Propagandatrick zu sein, ein Versuch Deutschlands und Japans, unter Ausnutzung der weitverbreiteten Abneigung gegen den Kommunismus und des allgemeinen Mißtrauens gegen die Komintern weltweite Unterstützung zu suchen. Aber auch in diesem Vertrag gab es ein geheimes Zusatzprotokoll, das sich insbesondere gegen Rußland richtete. Im Falle eines nichtprovozierten Angriffes der Sowjetunion auf Deutschland oder Japan sollten beide Mächte »zur Wahrung der gemeinsamen Interessen« über die zu ergreifenden Schritte beraten und »keinerlei Maßnahmen ... treffen, die in ihrer Wirkung die Lage der Union der Sozialistischen Sowjet-Republiken zu entlasten geeignet sein würden.« Es wurde auch vereinbart, daß keine der beiden Nationen ohne vorherige gegenseitige Zustimmung irgendeinen, dem Geist des Abkommens widersprechenden politischen Vertrag mit Rußland abschließen sollte[43].

Zwar dauerte es nicht lange, bis Deutschland den Pakt brach und Japan – unberechtigt – beschuldigte, ihn nicht eingehalten zu haben. Aber unterdessen erfüllte der Pakt seinen Propagandazweck unter den Leichtgläubigen in der Welt und brachte zum erstenmal die drei »Habenichtse« und Angreifernationen zusammen. Italien unterzeichnete ihn im Jahre darauf.

Am 30. Januar 1937 verkündete Hitler die »Annullierung der deutschen Unterschrift« unter dem Versailler Vertrag – eine leere, aber typische Geste, denn der Vertrag war ohnehin schon ein toter Buchstabe – und gab stolz einen Überblick über seine ersten vier Amtsjahre. Sein Stolz war verzeihlich, denn er konnte auf eindrucksvolle innere und äußere Erfolge hinweisen. Er hatte die Arbeitslosigkeit beseitigt, die Wirtschaft zum Blühen gebracht, eine mächtige Armee, Flotte und Luftwaffe aufgebaut, sie mit starken Waffen versehen und ihnen eine noch umfangreichere Rüstung zugesagt. Er hatte die Ketten des Versailler Vertrags gesprengt und mit Hilfe eines Bluffs das Rheinland besetzt. Zunächst völlig isoliert, hatte er in Mussolini einen treuen Verbündeten gefunden, einen weiteren in Franco, und Polen von Frankreich getrennt. Doch am wichtigsten von allem war vielleicht, daß er die dynamischen Energien des deutschen Volkes, sein Selbstvertrauen und den Glauben an seine Mission als große, sich ausdehnende Weltmacht geweckt hatte.

War nicht für jedermann der Gegensatz zwischen diesem aufblühenden, kriegerischen, von kühner Hand geführten neuen Deutschland und den morschen Demokratien des Westens sichtbar, deren Verwirrung und Schwanken mit jedem Monat größer zu werden schien? Waren sie auch beunruhigt, so hatten doch England und Frankreich keinen Finger gerührt, um Hitler an der Verletzung des Friedensvertrags, an der Aufrüstung, an der Rheinlandbesetzung zu hindern; sie waren auch nicht imstande gewesen, Mussolini in Abessinien Einhalt zu gebieten. Und jetzt, zu Beginn des Jahres 1937, gaben sie mit ihren wirkungslosen Gesten, die Deutschland und Italien davon abhalten sollten, den Ausgang des spanischen Bürgerkriegs zu bestimmen, traurige Figuren ab. Jedermann wußte, was Deutschland und Italien zur Sicherstellung von Francos Sieg in Spanien taten. Dennoch führten Paris und London jahrelang mit Berlin und Rom nutzlose diplomatische Verhandlungen um die »Nichteinmischung« in Spanien. Es war ein Sport, der den deutschen Diktator amüsiert und seine Verachtung für die Staatsmänner Frankreichs und Englands gesteigert haben dürfte. »Diese Würstchen« sollte er sie bald bei einer historischen Gelegenheit nennen, als er die beiden westlichen Demokratien wieder einmal mit dem größten Behagen demütigte.

Weder die Regierungen und Völker Großbritanniens und Frankreichs noch die meisten Deutschen scheinen Anfang 1937 erkannt zu haben, daß alles, was Hitler in den ersten vier Jahren seiner Herrschaft getan hatte, fast ausnahmslos der Vorbereitung des Krieges diente. Aus eigener Beobachtung kann der Verfasser dieses Buches bezeugen, daß das deutsche Volk bis zum 1. September 1939 überzeugt war, Hitler werde alles erreichen, was er wollte, ohne Zuflucht zum Krieg zu nehmen. Aber unter den Leuten an der Spitze oder in Schlüsselstellungen *kann* niemand im Zweifel über Hitlers Ziele gewesen sein. Als sich die vier »Probejahre«, wie Hitler sie nannte, dem Ende näherten, sagte Göring als Beauftragter des Vierjahresplans in einer geheimen Rede vor Industriellen und hohen Beamten klipp und klar, was kommen würde:

Göring [heißt es im Protokoll] forderte den restlosen Einsatz aller Kräfte auf dem gesamten wirtschaftlichen Gebiet. Eine Beschränkung der Rüstung sei nicht vorgesehen. Es gäbe nur Sieg oder Untergang ... Wir stünden in einer Zeit, in der sich die letzten Auseinandersetzungen ankündigten. Wir stehen bereits in der Mobilmachung und im Krieg, es wird nur noch nicht geschossen[44].

Das sagte Göring am 17. Dezember 1936. Elf Monate später traf Hitler, wie wir bald sehen werden, die schicksalhafte und unabänderliche Entscheidung für den Krieg.

1937: »KEINE ÜBERRASCHUNGEN«

In seiner Reichstagsrede vom 30. Januar 1937 hatte Hitler verkündet:

Die Epoche der Überraschungen ist abgeschlossen.

Und wahrhaftig, während des Jahres 1937 gab es keine Wochenendüberraschungen[45]. Es war für Deutschland ein Jahr der Konsolidierung und weiteren Vorbereitung auf die Ziele hin, die Hitler im November schließlich einer Handvoll höchster Offiziere darlegen sollte. Es war ein Jahr weiterer Aufrüstung, vermehrter Truppenausbildung, der Erprobung der neuen Luftwaffe in Spanien[46], der Entwicklung von synthetischem Benzin und Gummi, der Zementierung der Achse Rom-Berlin und des Ausschauhaltens nach weiteren schwachen Stellen in Paris, London und Wien.
In den ersten Monaten des Jahres 1937 schickte Hitler mehrmals prominente Mitarbeiter nach Rom, um das Verhältnis mit Mussolini zu pflegen. Die Deutschen waren etwas beunruhigt über Italiens Flirt mit England – Ciano hatte am 2. Januar ein *gentleman's agreement* mit der britischen Regierung unterzeichnet, wonach jedes der beiden Länder das vitale Interesse des anderen im Mittelmeerraum anerkannte. Sie waren sich auch im klaren darüber, daß es immer noch heikel war, in Rom die Österreich-Frage anzuschneiden. Als Göring am 15. Januar den Duce besuchte und unumwunden von der Unvermeidlichkeit des Anschlusses sprach, schüttelte der italienische Diktator energisch den Kopf, wie der Dolmetscher Paul Schmidt berichtet, und Botschafter von

Hassell meldete nach Berlin, Görings Erklärung zur Anschlußfrage sei »kühl aufgenommen worden«. Im Juni eilte Neurath nach Rom, um Mussolini zu versichern, daß es Deutschland bei dem deutsch-österreichischen Abkommen vom 11. Juli 1936 belassen werde. Lediglich im Falle eines Versuchs, die Habsburger Monarchie wiederherzustellen, werde Deutschland energisch vorgehen.

Insoweit über die Österreich-Frage beruhigt, nahm Mussolini, den immer noch Englands und Frankreichs Widerstand gegen fast alle seine Ambitionen – in Abessinien, in Spanien, im Mittelmeer – kränkte, eine Einladung Hitlers zu einem Deutschlandbesuch an. Am 25. September 1937 fuhr er, in einer neuen, eigens für diese Gelegenheit geschaffenen Uniform, über die Alpen ins Dritte Reich. Von Hitler und seinen Leuten als siegreicher Held gefeiert und umschmeichelt, konnte Mussolini damals noch nicht ahnen, wie schicksalhaft diese Reise war, die erste von vielen, die zu einer fortschreitenden Schwächung seiner eigenen Machtposition und schließlich zu einem katastrophalen Ende führen sollten. Hitler hatte nicht die Absicht, sich mit seinem Gast in weitere diplomatische Besprechungen einzulassen, er wollte vielmehr Deutschlands Militärmacht demonstrieren und hierdurch dem nach der Seite des Stärkeren tendierenden Mussolini imponieren. Man schleppte den Duce von einer Ecke Deutschlands zur anderen: zu Paraden von SS-Verbänden und Truppen, zu Armeemanövern in Mecklenburg, zur Besichtigung von Rüstungswerken an der Ruhr.

Den Höhepunkt seines Besuches bildete eine Kundgebung in Berlin am 28. September, die ihn sichtlich stark beeindruckte. Eine riesige, fast eine Million Köpfe zählende Menschenmenge hatte sich auf dem Maifeld des Berliner Stadions versammelt, um die beiden faschistischen Diktatoren sprechen zu hören. Mussolini, der seine Rede in Deutsch hielt, wurde mitgerissen von ohrenbetäubendem Beifall – und von Hitlers Schmeicheleien. Der Duce, sagte Hitler, sei einer »jener einsamen Männer der Zeiten, an denen sich nicht die Geschichte erprobt, sondern die selbst Geschichte machen«. Ich vergesse nicht, wie noch vor Ende der Reden ein furchtbares Unwetter die Massen auseinandertrieb und wie in der allgemeinen Verwirrung die SS-Sicherheitskette durchbrochen wurde. Der stolze Duce, bis auf die Haut durchnäßt und sehr erschöpft, mußte mit seinem Wagen allein zu seinem Quartier zurückfinden. Doch die Ungunst des Wetters tat seiner Begeisterung darüber, Partner dieses neuen mächtigen Deutschlands zu sein, keinen Abbruch. Nach einer Militärparade, an der Verbände von Heer, Marine und Luftwaffe teilnahmen, kehrte er in der Überzeugung nach Rom zurück, seine Zukunft liege im Bündnis mit Hitler.

Es war daher nicht verwunderlich, daß der Duce, als Ribbentrop am 6. November zur feierlichen Unterzeichnung des Antikominternpakts nach Rom kam, zu erkennen gab, Italien sei an Österreich nicht mehr so lebhaft interessiert. »Lassen wir den Dingen [in Österreich] ihren natürlichen Verlauf«, sagte Mussolini. Das war das grüne Licht, auf das Hitler gewartet hatte.

Auch auf einen anderen europäischen Herrscher blieb die wachsende Macht Deutschlands nicht ohne Wirkung. Nachdem Hitler den Locarno-Vertrag gebrochen, das Rheinland besetzt und entlang der belgischen Grenze deutsche Truppen garnisoniert hatte, zog sich Belgien unter König Leopold vom Locarnopakt sowie von seiner Allianz mit England und Frankreich zurück und erklärte wieder seine Neutralität. Das war ein schwerer Schlag für die Kollektivverteidigung des Westens, doch England und Frankreich nahmen ihn hin – was beiden Ländern ebenso wie Belgien bald teuer zu stehen kommen sollte.

Ende Mai hatte die Wilhelmstraße mit Interesse den Regierungswechsel in Großbritannien zur Kenntnis genommen: Nachfolger von Premierminister Stanley Baldwin war Neville Chamberlain geworden. Die Deutschen vernahmen gern, daß der neue Premier an der Außenpolitik aktiveren Anteil nehmen wollte als sein Vorgänger und daß er entschlossen war, mit Deutschland, wenn möglich, zu einer Verständigung zu gelangen. Welche Art Verständigung für Hitler annehmbar sein würde, umriß Freiherr von Weizsäcker, der damalige Leiter der Politischen Abteilung des Auswärtiges Amtes, am 10. November in einer geheimen Denkschrift:

Wir wollen von England Kolonien und Aktionsfähigkeit im Osten ... Das englische Ruhebedürfnis ist groß. Es lohnt sich festzustellen, was England für seine Ruhe zahlen will[47].

Eine Gelegenheit, um dies herauszufinden, ergab sich im November, als Lord Halifax mit Chamberlains Billigung nach Berchtesgaden pilgerte. Am 19. November hatte er eine lange Unterredung mit Hitler, über die das Auswärtige Amt eine umfängliche Denkschrift verfaßte[48]. Aus diesem Memorandum lassen sich drei Punkte herausschälen: Chamberlain war stark interessiert an einer Regelung mit Deutschland und an den in Aussicht genommenen Verhandlungen der beiden Länder auf Kabinettsebene; England wünschte eine allgemeine europäische Regelung, wofür es bereit war, Hitler in bezug auf Kolonien und Osteuropa Konzessionen zu machen; Hitler war im Augenblick an einer deutsch-englischen Verständigung nicht mehr interessiert.

In Anbetracht des ziemlich negativen Ausgangs der Unterredung war es für die Deutschen überraschend, daß die Engländer sie anscheinend ermutigend fanden[49]. Weitaus größer wäre die Überraschung auf seiten der Engländer gewesen, hätten sie etwas von der streng geheimen Besprechung gewußt, die genau vierzehn Tage vor Halifax' Besuch in der Reichskanzlei zwischen Hitler, seinen Oberbefehlshabern und seinem Außenminister stattgefunden hatte.

DER SCHICKSALSSPRUCH VOM 5. NOVEMBER 1937

In einer »streng geheimen« Weisung vom 24. Juni 1937, von der nur vier Kopien gemacht wurden, hatte Generalfeldmarschall von Blomberg den Oberbefehlshabern der drei Wehrmachtsteile bereits angedeutet, was zu erwarten stünde und welche Vorbereitungen zu treffen seien[50]. »Die allgemeine politische Lage«, teilte der Reichskriegsminister den drei Oberbefehlshabern mit, »berechtigt zu der Vermutung, daß Deutschland mit keinem Angriff von irgendeiner Seite zu rechnen hat.« Weder die Westmächte noch Rußland wünschten einen Krieg, noch seien sie auf ihn vorbereitet.
»Trotzdem«, hieß es dann weiter, »erfordert die politisch labile und überraschende Zwischenfälle nicht ausschließende Weltlage eine stete Kriegsbereitschaft der deutschen Wehrmacht ..., um etwa sich ergebende politisch günstige Gelegenheiten militärisch ausnützen zu können. Dem müssen die Vorbereitungen der Wehrmacht für einen etwaigen Krieg im Mob.-Abschnitt 1937/38 Rechnung tragen.«
Wieso »etwaiger Krieg« – da ja Deutschland mit »keinem Angriff von irgendeiner Seite zu rechnen« hatte? Nun, Blomberg erklärte es genau. Es gäbe zwei »wahrscheinliche Kriegsfälle, die aufmarschmäßig bearbeitet werden« müßten:

I. Zweifrontenkrieg mit Schwerpunkt West (Aufmarsch »Rot«).
II. Zweifrontenkrieg mit Schwerpunkt Südost (Aufmarsch »Grün«).

Bei Fall I sei von der »Annahme« auszugehen, daß die Franzosen Deutschland überraschend angreifen würden, so daß Deutschland das Gros seiner Streitkräfte im Westen einsetzen müsse. Diese Operation erhalte den Decknamen »Rot«.
Hinsichtlich Fall II:

Um den bevorstehenden Angriff einer überlegenen feindlichen Koalition abzuwehren, kann der Krieg im Osten mit einer überraschenden deutschen Operation gegen die Tschechoslowakei beginnen. Die politischen und völkerrechtlichen Voraussetzungen für ein derartiges Vorgehen müssen vorher *geschaffen sein. [Hervorhebung durch Blomberg].*

Die Tschechoslowakei, betonte die Weisung, sei »von vornherein auszuschalten« und zu besetzen.
Es gab auch drei Fälle, für die »Sondervorbereitungen« zu treffen seien:

I. Bewaffnete Intervention gegen Österreich ... (Sonderfall »Otto«).
II. Kriegerische Verwicklungen mit Rotspanien (Sonderfall »Richard«).
III. ... daß entweder England, Polen oder Litauen oder alle drei genannten Länder ... auf die Seite unserer Gegner treten (Sonderfall »Erweiterung Rot/Grün«).

Das Deckwort »Sonderfall Otto« wird in diesem Buch noch häufig vorkommen. »Otto« meinte Otto von Habsburg, den in Belgien lebenden jungen österreichischen Thronprätendenten. Über »Fall Otto« hieß es in Blombergs Weisung vom Juni:

Ziel dieser Intervention wird sein, Österreich mit Waffengewalt zum Verzicht auf eine Restauration zu zwingen.

Hierzu ist unter Ausnutzung der innerpolitischen Spaltung des österreichischen Volkes in allgemeiner Richtung auf Wien einzumarschieren und jeder Widerstand zu brechen.

In die letzten Zeilen dieses aufschlußreichen Dokuments schlich sich ein Ton der Bedenklichkeit, ja beinahe der Hoffnungslosigkeit ein. Man machte sich keine Illusionen über England: »England wird seine gesamten ihm zur Verfügung stehenden wirtschaftlichen und militärischen Mittel gegen uns einsetzen.« Wenn es mit Polen und Litauen zusammenginge, räumte die Weisung ein, »würde unsere militärische Lage in einem unerträglichen Maße, sogar bis zur Aussichtslosigkeit verschlechtert werden. Die politische Führung wird deshalb alles unternehmen, um diese Länder, vor allem England... neutral zu halten.«

Wenn auch die Weisung von Blomberg unterzeichnet war, so stammte sie doch sichtlich von seinem Herrn in der Reichskanzlei. In diesem Nervenzentrum des Dritten Reiches versammelten sich am Nachmittag des 5. November 1937 sechs Personen, um von ihrem Führer weitere Aufklärung entgegenzunehmen: der Reichskriegsminister und Oberbefehlshaber der Wehrmacht, Generalfeldmarschall von Blomberg; der Oberbefehlshaber des Heeres, Generaloberst Freiherr von Fritsch; der Oberbefehlshaber der Kriegsmarine, Generaladmiral Dr. h. c. Raeder; der Oberbefehlshaber der Luftwaffe, Generaloberst Göring; der Reichsaußenminister, Freiherr von Neurath; und der militärische Adjutant des Führers, Oberst Hoßbach. Der Name Hoßbach gehört nicht zu den prominenten Namen im Dritten Reich. Aber an jenem dunklen Novembertag spielte der junge Oberst eine wichtige Rolle. Er notierte sich, was Hitler sagte, und verfaßte fünf Tage später eine streng geheime Aufzeichnung, die in Nürnberg unter den erbeuteten Dokumenten zum Vorschein kam und als »Hoßbach-Niederschrift« in die Geschichte einging. Denn sie stellt den entscheidenden Wendepunkt in der Geschichte des Dritten Reiches dar[51].

Die Besprechung begann um 16.15 Uhr und dauerte bis 20.30 Uhr. Sie wurde fast ausschließlich von Hitler bestritten. »Seine nachfolgenden Ausführungen«, erklärte er, »seien das Ergebnis eingehender Überlegungen und der Erfahrungen seiner viereinhalbjährigen Regierungszeit.« Was er zu sagen habe, sei »von derartiger Bedeutung«, daß er »seine Ausführungen als seine testamentarische Hinterlassenschaft für den Fall seines Ablebens anzusehen bitte«.

»Das Ziel der deutschen Politik«, fuhr er fort, »sei die Sicherung und die Erhaltung der Volksmasse und deren Vermehrung. Somit handele es sich um das Problem des [Lebens-]Raumes.« Bei den Deutschen bestehe ein »Anrecht auf größeren Lebensraum, mehr als bei anderen Völkern... Die deutsche Zukunft sei daher ausschließlich durch die Lösung der Raumnot bedingt.«

Und wo lag der Raum? Nicht in fernen afrikanischen oder asiatischen Kolonialgebieten, sondern »im unmittelbaren Anschluß an das Reich in Europa«. »Für Deutschland laute die Frage, wo größter Gewinn unter geringstem Einsatz zu erreichen sei.«

Daß jede Raumerweiterung nur durch Brechen von Widerstand und unter Risiko vor sich gehen könne, habe die Geschichte aller Zeiten – Römisches Weltreich, Englisches Empire – bewiesen. Auch Rückschläge seien unvermeidbar. Weder früher noch heute habe es herrenlosen Raum gegeben, der Angreifer stoße stets auf den Besitzer.

Zwei »haßerfüllte« Länder stünden Deutschland im Wege: England und Frankreich. Beide Länder seien gegen »jede weitere Stärkung der deutschen Machtstellung«. Der Führer hielt das britische Empire nicht für unerschütterlich. Ja, es habe viele schwache Stellen, über die er sich ausführlich erging: Schwierigkeiten mit Irland und Indien, Rivalität mit Japan im Fernen Osten und mit Italien im Mittelmeer. Die Position Frankreichs sah er zwar als günstiger an, doch ginge Frankreich innenpolitischen Spannungen entgegen. Nichtsdestoweniger müßten England, Frankreich und Rußland als Machtfaktoren in Rechnung gezogen werden. Daher könne es

zur Lösung der deutschen Frage ... nur den Weg der Gewalt geben, dieser [könne] niemals risikolos sein ... Stelle man an die Spitze der nachfolgenden Ausführungen den Entschluß zur Anwendung von Gewalt unter Risiko, dann bleibe noch die Beantwortung der Fragen »wann« und »wie«. Hierbei seien drei Fälle zu entscheiden:

FALL 1: ZEITPUNKT 1943–1945

Nach dieser Zeit sei nur noch eine Veränderung zu unseren Ungunsten zu erwarten. Die Aufrüstung der Armee, Kriegsmarine, Luftwaffe ... seien annähernd beendet. Die materielle Ausstattung und Bewaffnung seien modern, bei weiterem Zuwarten läge die Gefahr ihrer Veraltung vor. Besonders der Geheimhaltungsschutz der »Sonderwaffen« ließe sich nicht immer aufrechterhalten ... Im Verhältnis zu der bis dahin durchgeführten Aufrüstung der Umwelt nähmen wir an relativer Stärke ab ... Zudem erwarte die Welt unseren Schlag und treffe ihre Gegenmaßnahmen von Jahr zu Jahr mehr. Während die Umwelt sich abriegele, seien wir zur Offensive gezwungen.
Wie die Lage in den Jahren 1943/45 tatsächlich sein würde, wisse heute niemand. Sicher sei nur, daß wir nicht länger warten können ... Sollte der Führer noch am Leben sein, so sei es sein unabänderlicher Entschluß, spätestens 1943/45 die deutsche Raumfrage zu lösen. Die Notwendigkeit zum Handeln vor 1943/45 käme im Fall 2 und 3 in Betracht.

FALL 2:

Wenn die sozialen Spannungen in Frankreich sich zu einer derartigen innenpolitischen Krise auswachsen sollten, daß durch letztere die französische Armee absorbiert und für eine Kriegsverwendung gegen Deutschland ausgeschaltet würde, sei der Zeitpunkt zum Handeln gegen die Tschechei gekommen.

FALL 3:

Wenn Frankreich durch einen Krieg mit einem anderen Staat so gefesselt ist, daß es gegen Deutschland nicht »vorgehen« kann..., müsse ... unser erstes Ziel sein, die

Tschechei und gleichzeitig Österreich niederzuwerfen, um die Flankenbedrohung eines etwaigen Vorgehens nach Westen auszuschalten ... Sei die Tschechei niedergeworfen, eine gemeinsame Grenze Deutschland-Ungarn gewonnen, so könne eher mit einem neutralen Verhalten Polens in einem deutsch-französischen Konflikt gerechnet werden.

Was aber würden Frankreich, England, Italien und Rußland tun? Auch auf diese Frage antwortete Hitler, indem er ziemlich ins Detail ging. »An sich glaube der Führer, daß mit hoher Wahrscheinlichkeit England, voraussichtlich aber auch Frankreich die Tschechei bereits im stillen abgeschrieben hätten ... Die Schwierigkeiten des Empire und die Aussicht, in einen langwährenden europäischen Krieg erneut verwickelt zu werden, seien bestimmend für eine Nichtbeteiligung Englands an einem Kriege gegen Deutschland. Die englische Haltung werde gewiß nicht ohne Einfluß auf die Frankreichs sein. Ein Vorgehen Frankreichs ohne die englische Unterstützung und in der Voraussicht, daß seine Offensive an unseren Westbefestigungen sich festlaufe, sei wenig wahrscheinlich. Ohne die Hilfe Englands sei auch nicht mit einem Durchmarsch Frankreichs durch Belgien und Holland zu rechnen ... Naturgemäß sei eine Abriegelung im Westen in jedem Fall während der Durchführung unseres Angriffs gegen die Tschechei und Österreich notwendig.«

Hitler umriß dann einige der Vorteile bei der »Einverleibung der Tschechei und Österreichs«: strategisch bessere Grenzen für Deutschland, Freiwerden von Truppen »für andere Zwecke«, Eingliederung von etwa zwölf Millionen Deutschen, Erweiterung der Ernährungsbasis und Menschenmaterial für zwölf neue Divisionen.

Er hatte zu sagen vergessen, was Italien und Rußland tun könnten, und darauf kam er jetzt zurück. Er zweifelte an einer Intervention der Sowjetunion »angesichts der Haltung Japans«. Italien werde zwar nichts »gegen die Beseitigung der Tschechei« haben, doch sei fraglich, ob es in bezug auf Österreich die gleiche Haltung einnehmen werde. Das »sei wesentlich davon abhängig, ob der Duce noch am Leben sei«.

Für Fall 3 nahm Hitler an, daß Frankreich in einen Krieg mit Italien verwickelt werde – in einen Konflikt, auf den er zähle. Aus diesem Grund versuche er mit seiner Politik, den spanischen Bürgerkrieg zu verlängern. Einen Krieg Italiens gegen Frankreich und England sah der Führer »in gewisse Nähe ... gerückt ..., den er eintretendenfalls zu jedem Zeitpunkt, auch bereits im Jahre 1938, auszunutzen entschlossen sei«. (Bis zum Jahre 1938 waren es noch zwei Monate!) Er war überzeugt, daß Italien, wenn ihm Deutschland mit etwas Rohmaterial aushalf, England und Frankreich abwehren könnte.

Wenn Deutschland diesen Krieg zur Erledigung der tschechischen und österreichischen Frage ausnützte, so sei mit Wahrscheinlichkeit anzunehmen, daß England – im Kriege mit Italien liegend – sich nicht zu einem Vorgehen gegen Deutschland entschließen würde. Ohne die englische Unterstützung sei eine kriegerische Handlung Frankreichs gegen Deutschland nicht zu erwarten.

Der Zeitpunkt unseres Angriffs auf die Tschechei und Österreich müsse abhängig von dem Verlauf des italienisch-englisch-französischen Krieges gemacht werden ... Der

Führer . . . wolle . . . unter Ausnutzung dieser sich nur einmal bietenden Gelegenheit den Feldzug gegen die Tschechei beginnen . . ., wobei der Überfall auf die Tschechei »blitzartig schnell« erfolgen müsse.

So waren denn, als am 5. November 1937 zu beginnender Nachtzeit die Sitzung geschlossen wurde, die Würfel gefallen. Hitler hatte seinen unabänderlichen Entschluß bekanntgegeben, Krieg zu führen. Bei der Handvoll Männer, die die Kriegführung zu leiten haben würden, konnte kein Zweifel mehr bestehen. Schon lange vorher, in *Mein Kampf*, hatte der Despot gesagt, Deutschland müsse seinen Lebensraum im Osten suchen, und zwar mit Waffengewalt; aber damals war er noch ein unbekannter Agitator gewesen, und sein Buch wurde, wie Feldmarschall von Blomberg später sagte, von den Militärs – wie auch von vielen anderen Leuten – als »reine Propaganda« angesehen, dessen »Riesenumsatz Mußkäufen zu verdanken war«.
Nunmehr aber waren die Führer der Wehrmacht und der Außenminister mit präzisen Daten für eine tatsächliche Aggression gegen zwei Nachbarländer konfrontiert – ein Vorgehen, von dem sie genau wußten, daß es einen europäischen Krieg heraufbeschwören mußte. Das früheste Datum, bis zu dem sie bereit zu sein hatten, war 1938, das kommende Jahr, das späteste 1943/45.
Sie waren wie betäubt. Nicht weil sie erschlagen waren von den ungeheuerlichen Vorschlägen ihres Führers, sondern, soweit aus Hoßbachs Niederschrift hervorgeht, aus praktischeren Gründen: Deutschland war für einen großen Krieg nicht vorbereitet; ihn schon jetzt zu entfesseln, barg das Risiko einer Katastrophe in sich.
Nur deshalb wagten es Blomberg, Fritsch und Neurath, Bedenken gegen Hitlers Ausführungen zu erheben. Drei Monate später waren alle drei aus ihren Posten entfernt, und Hitler, ihrer Opposition ledig – denn Opposition war es, aber es sollte der letzte Widerspruch sein, den er noch zeit seines Lebens in seiner Anwesenheit duldete – begab sich auf den Weg des Eroberers, um sein Schicksal zu vollenden. Anfänglich war der Weg leichter, als er – oder sonst jemand – vorausgesehen haben würde.

X

Ein Zwischenspiel: Blomberg, Fritsch, Neurath und Schacht treten ab

Hitlers Entscheidung vom 5. November, gegen Österreich und die Tschechoslowakei mit Waffengewalt vorzugehen, selbst wenn Deutschland hierdurch in einen Krieg mit Großbritannien und Frankreich verwickelt würde, war für den Außenminister von Neurath, so leicht er auch sonst die Dinge nehmen mochte, ein derartiger Schock, daß er mehrere Herzanfälle erlitt[1].

»Diese Ansprache Hitlers« sagte er später vor dem Nürnberger Tribunal, »hat mich aufs äußerste erschüttert, da damit der bisher von mir konsequent verfolgte ... Kurs unserer Außenpolitik die Basis verloren hatte[2].« In dieser Verfassung und trotz seiner Herzattacken suchte er zwei Tage später die Generale Fritsch und Beck auf, um mit ihnen zu überlegen, was sich tun lasse, »um Hitler umzustimmen«. Auch auf Beck hatte Hitlers Ansprache – nach Oberst Hoßbach, der ihn darüber informiert hatte – »erschütternd« gewirkt. Man kam überein, daß Fritsch, wenn er das nächste Mal zum Führer bestellt werden würde, ihm noch einmal die seinen Plänen entgegenstehenden militärischen Bedenken darlegen und daß Neurath nachdrücklich bei Hitler auf die politischen Gefahren hinweisen sollte. Was Beck angeht, so setzte er sich gleich hin und verfaßte eine vernichtende Kritik an Hitlers Plänen, die er jedoch niemandem zeigte – ein fatales Manko an dem sonst makellosen Charakter des Generals, der zwar anfänglich den Nationalsozialismus begrüßt hatte, aber schließlich sein Leben opferte bei einem vergeblichen Versuch, ihn zu beseitigen.

Generaloberst von Fritsch suchte Hitler am 9. November auf. Es gibt kein Protokoll ihrer Besprechung, aber es ist anzunehmen, daß der Oberbefehlshaber des Heeres die Bedenken der Militärs gegen Hitlers Pläne wiederholte, ohne etwas zu erreichen. Der Führer war nicht in der Stimmung, sich die Einwände seiner Generale oder seines Außenministers anzuhören. Er weigerte sich, Neurath zu empfangen, und zog sich für längere Zeit auf den Berghof bei Berchtesgaden zurück. Erst Mitte Januar gelang es dem betroffenen Neurath, eine Unterredung mit Hitler zu arrangieren.

Hierbei versuchte ich ihm klarzumachen, daß seine Politik zum Weltkrieg führen müsse und daß ich das nicht mitmache ... Ich machte ihn auf das Risiko des Krieges und auf die ernsten Mahnungen der Generale aufmerksam ... Als er trotzdem bei seiner Auffassung blieb, erklärte ich, dann müsse er sich einen anderen Außenminister suchen[3].

Genau das hatte Hitler bereits beschlossen, wenn auch Neurath es in diesem Augenblick noch nicht wußte. In vierzehn Tagen wollte er den fünften Jahrestag seiner Machtergreifung mit einem »Großreinemachen« nicht nur im Auswärtigen Amt, sondern auch in der Wehrmacht feiern. Beide waren die letzten Zitadellen der »Reaktion«, der er insgeheim mißtraute, die ihn, wie er spürte, niemals völlig akzeptiert hatte, die kein wirkliches Verständnis für seine Ziele hatte und die, wie sich am Abend des 5. November im Verhalten Blombergs, Fritschs und Neuraths gezeigt hatte, der Verwirklichung seiner Ambitionen im Wege stand. Gerade Fritsch und Neurath, und vielleicht auch der entgegenkommendere Blomberg, sollten Dr. Schacht in die Versenkung folgen. Denn der schlaue Finanzmann, der ursprünglich Hitler und den Nationalsozialismus begeistert unterstützt hatte, war schon gestürzt.

Schacht hatte, wie wir sahen, als Bevollmächtigter für die Kriegswirtschaft wie auch als Wirtschaftsminister seine ganze Energie und Geschicklichkeit dem Aufbau von Hitlers Militärmacht gewidmet. Aber es gab eine Grenze, über die das Land nicht ohne Gefahr eines Staatsbankrotts hinausgehen konnte, und 1936 glaubte Schacht, daß Deutschland sich dieser Grenze nähere. Er warnte Hitler, Göring und Blomberg, doch ohne Erfolg, obwohl sich der Kriegsminister zeitweilig auf seine Seite stellte. Seitdem Göring im September 1936 zum Beauftragten für den Vierjahresplan ernannt worden war – der Plan sollte Deutschland in vier Jahren autark machen, was Schacht für unmöglich hielt –, war der Chef der Luftwaffe der eigentliche Wirtschaftsdiktator. Für Schacht, der voller Verachtung auf Görings Unkenntnis in wirtschaftlichen Dingen herabsah und der außerdem eitel und ehrgeizig war[4], wurde die Situation unerträglich. Nach monatelangen Kontroversen zwischen den beiden willensstarken Männern bat Schacht den Führer, die ganze Leitung der Wirtschaftspolitik in die Hand seines Rivalen zu legen und ihm selbst zu erlauben, aus dem Kabinett auszutreten. Was ihn zusätzlich entmutigt hatte, war das Verhalten vieler führender Industrieller und Wirtschaftler, die, wie er nach dem Kriege schrieb, in der Hoffnung auf Aufträge scharenweise bei Göring antichambrierten, während er selbst sich immer noch bemüht habe, der Stimme der Vernunft Gehör zu verschaffen.

Hitler war indes nicht geneigt, Schachts Rücktrittsgesuch anzunehmen: das Ausscheiden des angesehenen Finanzmanns aus der Regierung würde sicherlich im Inland und im Ausland eine ungünstige Reaktion hervorrufen. Aber Schacht blieb hart. Am 5. September 1937 nahm er Urlaub, und am 8. Dezember schließlich wurde sein Rücktritt formell angenommen. Allerdings blieb er auf Hitlers Ansuchen, der vor der Weltöffentlichkeit den Schein gewahrt wissen wollte, Minister ohne Portefeuille und vorerst auch Reichsbankpräsident. Doch mit seinem Einfluß, durch den er Hitlers fieberhafte Aufrüstung etwas hatte bremsen können, war es aus.

Das Wirtschaftsministerium wurde vorübergehend von Göring übernommen. Mitte Januar 1938 indes traf Hitler eines Abends in der Oper Walter Funk, dem er beiläufig mitteilte, er, Funk, würde Schachts Nachfolger werden. Bis zur offiziellen Berufung dieses servilen Mannes, der, wie erinnerlich, anfangs der dreißiger Jahre die Verbindung zwischen Hitler und gewissen Wirtschaftskreisen zustandegebracht hatte, vergingen jedoch mehrere Wochen. Denn unterdessen kam es innerhalb der Wehrmachtspitze zu einer zwiefachen Krise, die Hitler unmittelbar in die Hände spielte und es ihm ermöglichte, der aristokratischen Militärhierarchie einen Schlag zu versetzen, von dem sie sich nie wieder erholen sollte, einen Schlag, der nicht nur für die Wehrmacht selbst, sondern schließlich für Deutschland und die Welt furchtbare Folgen hatte.

BLOMBERGS STURZ

»Welch einen Einfluß kann eine Frau, ohne daß sie es ahnt, auf die Geschicke eines Volkes u[nd] damit d[ie] Welt ausüben!« schrieb Oberst Alfred Jodl am 26. Januar 1938 in sein Tagebuch. »Man hat das Gefühl, in einer Schicksalsstunde des deutschen Volkes zu stehen[5].«

Die Frau, auf die Jodl sich bezog, hieß Erna Gruhn. Sie selbst dürfte sich gegen Ende 1937 als den letzten Menschen in Deutschland betrachtet haben, der Einfluß auf das Schicksal des deutschen Volkes hätte nehmen können, wie Jodl meinte.

Fräulein Gruhn war Blombergs Sekretärin. Der Generalfeldmarschall, seit 1932 Witwer, hatte sich in sie verliebt und machte ihr gegen Ende 1937 einen Heiratsantrag. Da er wußte, daß das Offizierkorps an der Eheschließung des höchsten Offiziers der Wehrmacht mit einer Bürgerlichen Anstoß nehmen würde, zog er Göring zu Rate. Göring sah nichts, was sich gegen die Heirat einwenden ließ: soziale Vorurteile hätten im Dritten Reich keinen Platz mehr. Er erklärte sich sogar bereit, die Sache Hitler nahezubringen und notfalls auch sonstwie zu helfen. Zufällig gab es noch etwas, bei dem er helfen konnte. Blomberg vertraute ihm an, daß er in der Gunst von Fräulein Gruhn einen unbequemen Nebenbuhler habe. Das war für Göring kein Problem. Er erbot sich, den Rivalen nach Südamerika abzuschieben, was dann auch geschah.

Doch immer noch fühlte sich Blomberg in seiner Haut nicht ganz wohl. In Jodls Tagebuch findet sich eine seltsame Notiz vom 15. Dezember 1937: »Generalfeldm[arschall] in unerklärlicher Aufregung. Grund ist nicht zu erfahren. Anscheinend eine persönliche Angelegenheit. Er zieht sich für acht Tage an unbekannten Ort zurück[6].«

Am 22. Dezember erschien Blomberg in München zur Beisetzung General Ludendorffs in der Feldherrnhalle. Hitler nahm ebenfalls teil, lehnte es aber ab, zu sprechen. Seitdem er beim Bürgerbräuputsch vor den ersten Kugeln davongelaufen war, hatte Ludendorff nichts mehr von ihm wissen wollen. Nach der Beisetzung trug Blomberg Hitler seine Heiratsabsicht vor. Zu seiner Erleichterung gab ihm Hitler seinen Segen.

Die Hochzeit fand am 12. Januar statt; Trauzeugen waren Hitler und Göring. Kaum hatte das Brautpaar seine Hochzeitsreise nach Italien angetreten, da brach der Sturm los. Das Offizierkorps hätte die Eheschließung des Generalfeldmarschalls mit seiner Sekretärin noch hingenommen, nicht aber die Verbindung mit einer Frau, aus deren Vergangenheit jetzt erschreckende Einzelheiten ans Tageslicht kamen.

Zunächst gab es nur Gerüchte und anonyme Telefonanrufe. Am Apparat kichernd, gratulierten gewisse Damen den Generalen, daß nun auch die Wehrmacht eine aus ihren Reihen anerkannt habe. Den Gerüchten nachgehend, entdeckte ein Polizeiinspektor im Berliner Polizeipräsidium eine Akte »Erna Gruhn«. Entsetzt legte er sie dem Polizeipräsidenten Graf Helldorf vor.

Der Graf, ein ehemaliger Freikorpskämpfer und alter SA-Führer, war ebenfalls entsetzt. Denn aus der Akte ging hervor, daß die junge Frau des Feldmarschalls und Oberbefehlshabers bei der Polizei als Prostituierte geführt und einmal bestraft worden war, weil sie für unzüchtige Fotos Modell gestanden hatte.

Es war offenkundig Helldorfs Pflicht, die Akte an seinen Vorgesetzten Himmler weiterzuleiten. Da er aber selbst einmal Offizier gewesen war und sich der Tradition des Offizierkorps verbunden fühlte, ging er nicht zu Himmler. Er wußte, daß der Reichsführer-SS, der schon seit über einem Jahr das Oberkommando bekämpfte, das Aktenstück benutzen würde, um Blomberg unter Druck zu setzen und somit ein Werkzeug gegen die konservativen Generale in die Hand zu bekommen. Und so legte der mutige Helldorf die Akte General Keitel vor. Offenbar in der Überzeugung, daß Keitel, der seinen neuerlichen Aufstieg in der Wehrmacht Blomberg zu verdanken hatte und außerdem mit ihm verwandt war – Keitels ältester Sohn hatte im Jahre zuvor Blombergs jüngste Tochter geheiratet –, die Angelegenheit intern regeln und auch Blomberg vor der Gefahr, in der er schwebte, warnen würde. Aber der ehrgeizige und charakterlose Keitel hatte nicht die Absicht, seine Karriere dadurch aufs Spiel zu setzen, daß er sich mit Partei und SS anlegte. Anstatt die Dokumente seinem Vorgesetzten, General von Fritsch, zu übermitteln, gab er sie an Helldorf mit der Empfehlung, sie Göring zu zeigen. Niemand hätte sich darüber mehr freuen können als Göring. Denn es lag auf der Hand, daß Blomberg jetzt abtreten mußte, und Göring strebte schon seit langem an, selber Oberbefehlshaber der Wehrmacht zu werden. Wegen des Todes seiner Mutter unterbrach Blomberg seine Hochzeitsreise und kehrte nach Deutschland zurück. Am 20. Januar trat er, nichtsahnend, seinen Dienst im Reichskriegsministerium wieder an. Allerdings nur für kurze Zeit. Am 25. Januar legte Göring die Dokumente dem gerade aus Berchtesgaden zurückgekehrten Hitler vor, und der Führer explodierte. Blomberg, schrie er, habe ihn betrogen und dazu noch, indem er ihn zum Trauzeugen machte, zum Narren gehalten. Göring stimmte ihm hierin eifrig zu, suchte am Nachmittag Blomberg persönlich auf und eröffnete ihm, was geschehen war. Der Feldmarschall scheint von den Enthüllungen über seine Frau überwältigt gewesen zu sein: er erklärte sich zu sofortiger Scheidung bereit. Doch Göring erwiderte, damit sei die Sache nicht aus der Welt geschafft. Die Wehrmachtführung selbst verlange den Rücktritt des Kriegsministers – Jodl notierte denn auch zwei Tage später, General Beck, der Chef des Generalstabs, habe Keitel mitgeteilt, »man könne nicht dulden, daß der höchste Soldat eine Hure heirate«. Am 25. Januar erfuhr dann Jodl durch Keitel, daß Hitler den Generalfeldmarschall entlassen habe. Zwei Tage darauf kehrte der sechzigjährige Blomberg nach Capri zu seiner Frau zurück.

Auf die idyllische Insel folgte ihm indes der ihm attachierte Marineoffizier von Wangenheim, der dieser Tragikomödie das letzte Glanzlicht aufsetzte. Er war von Admiral Raeder geschickt worden, um Blomberg aufzufordern, sich um der Ehre des Offizierkorps willen von seiner Frau scheiden zu lassen. Doch der junge, übereifrige Marineoffizier ging über die ihm gegebenen Instruktionen hinaus. Anstatt die Scheidung zu verlangen (wie ihm befohlen), versuchte er seinem früheren Chef eine Pistole in die Hand zu drücken.

Trotz seines Sturzes schien jedoch der Feldmarschall noch am Leben zu hängen. Er wies die dargebotene Waffe zurück und bemerkte, wie er unmittelbar darauf an Keitel schrieb, daß sich der junge Offizier »offenbar auf einer anderen Ebene des Lebens und der Auffassungen bewege als er [7]«.

Schließlich hatte ihm der Führer in Aussicht gestellt, ihn wieder auf höchster Ebene zu verwenden, sobald der Sturm vorüber sei. »Wenn die Stunde Deutschlands schlägt«, hatte er ihm – nach Jodl – bei ihrer letzten Zusammenkunft gesagt, »dann werde ich Sie an meiner Seite sehen, und alles Vergangene soll ausgelöscht sein.« Ja, Hitler hatte ihm sogar, wie Blomberg in seinen unveröffentlichten Memoiren schreibt, »nachdrücklichst« den Oberbefehl über die Wehrmacht im Kriegsfalle versprochen[8].

Wie so viele andere Versprechen Hitlers wurde auch dieses nicht eingehalten. Blombergs Name verschwand für immer aus der Armeeliste, und nicht einmal bei Kriegsausbruch, als er seine Dienste anbot, wurde er in irgendeiner Eigenschaft wieder eingestellt. Nach Deutschland zurückgekehrt, ließ Blomberg sich mit seiner Frau in Bad Wiessee nieder, wo sie beide bis zum Ende des Krieges in völliger Abgeschiedenheit lebten. Am 13. März 1946 starb er, ein verhärmter, abgezehrter Mann, im Nürnberger Gefängnis, wo er darauf wartete, als Zeuge im Prozeß vernommen zu werden.

DER FALL FRITSCH

Als Nachfolger Blombergs wäre nach Fug und Recht in erster Linie Generaloberst Freiherr Werner von Fritsch, der Oberbefehlshaber des Heeres, in Betracht gekommen, ein begabter und unbeugsamer Offizier der alten Schule (»ein typischer Generalstäbler«, wie ihn Admiral Raeder nannte). Aber wie wir sahen, hatte Göring seinen Blick auf den höchsten Posten gerichtet. Manche Leute glaubten sogar, er habe Blomberg absichtlich in die Ehe mit einer Frau hineingedrängt, deren Vergangenheit ihm schon vorher bekannt gewesen wäre, um so den Weg für sich selber frei zu machen. Wenn dies gestimmt haben soll, so wußte doch Blomberg nichts davon, denn in seiner letzten Unterredung mit Hitler am 27. Januar schlug er zunächst Göring als seinen Nachfolger vor. Doch der Führer kannte seinen alten Parteigenossen besser; Göring, sagte er, sei zu genußsüchtig und besitze weder Fleiß noch Geduld. Hitler war auch nicht für General von Fritsch, dessen Opposition gegen die von ihm am 5. November dargelegten Pläne er noch nicht vergessen hatte. Außerdem hatte Fritsch nie ein Hehl aus seiner

Abneigung gegen die Partei und vor allem die SS gemacht – was nicht allein Hitler aufgefallen war, sondern auch Heinrich Himmler mehr und mehr zu dem Entschluß geführt hatte, diesen von ihm gefürchteten Gegner zu stürzen.

Himmlers Gelegenheit war jetzt gekommen. Besser gesagt: er schuf sie sich. Er setzte eine Intrige in Gang, die so schamlos war, daß man sie kaum für möglich hält, selbst nicht im Dritten Reich, und daß man sich fragen muß, wie die deutsche Armee, die ja immerhin ihre Traditionen hatte, sie sich gefallen lassen konnte. Im Gefolge des Blomberg-Skandals entzündete sie eine zweite und weitaus explosivere Bombe, die das Offizierkorps in den Grundlagen erschütterte und sein Schicksal besiegelte.

Am 25. Januar, am gleichen Tag, an dem Göring Hitler die Polizeiakte »Erna Gruhn« zeigte, legte er ihm ein noch tolleres Dokument vor. Dieses hatten ihm Himmler und Heydrich beschafft; es sollte beweisen, daß General von Fritsch der Homosexualität überführt sei und daß er in diesem Zusammenhang seit 1935 von einem Vorbestraften erpreßt werde. Die Gestapo-Unterlagen schienen so überzeugend zu sein, daß Hitler dazu neigte, der Beschuldigung Glauben zu schenken. Blomberg tat nichts, um ihn davon abzubringen; wahrscheinlich machte er damit seinem Groll über das Verhalten des Offizierkorps in seiner Heiratssache Luft. Fritsch, sagte er zu Hitler, sei kein Mann für Frauen und könne durchaus – der General war Junggeselle – einer absonderlichen Neigung anheimgefallen sein.

Oberst Hoßbach, der militärische Adjutant des Führers, war zugegen, als die Gestapo-Akte Hitler vorgelegt wurde. Er war entsetzt, und trotz Hitlers ausdrücklichem Befehl, nichts davon Fritsch zu sagen, suchte Hoßbach den Oberbefehlshaber unmittelbar darauf in dessen Wohnung auf, um ihn zu informieren und vorzubereiten[9]. Der schweigsame preußische Edelmann war wie betäubt. »Nichts wie gemeine Lügen!« kam es aus ihm heraus. Nachdem er sich beruhigt hatte, gab er seinem Kameraden das Ehrenwort, daß die Anschuldigungen jeglicher Grundlage entbehrten. Gleich am nächsten Morgen berichtete Hoßbach, ohne Rücksicht auf die Folgen, Hitler über seinen Besuch bei Fritsch und bedrängte ihn, dem General Gelegenheit zu geben, sich persönlich gegen die Beschuldigung zu verteidigen.

Zu Hoßbachs Überraschung willigte Hitler ein, und Fritsch wurde noch für den Abend des gleichen Tages in die Reichskanzlei bestellt. Die Unterredung fand in der Bibliothek der Reichskanzlei statt, und diesmal waren Himmler und Göring zugegen. Nachdem Hitler die Anschuldigungen resümiert hatte, gab Fritsch sein Ehrenwort als Offizier, daß von alledem kein Wort wahr sei. Aber solche Beteuerungen galten im Dritten Reich nicht viel, und Himmler, der auf diesen Augenblick seit drei Jahren gewartet hatte, ließ nun durch eine Nebentür eine heruntergekommene Gestalt hereinschlürfen, wohl eine der seltsamsten, die je die deutsche Reichskanzlei betraten. Es war ein ehemaliger Fürsorgezögling und mehrfach Vorbestrafter mit Namen Hans Schmidt, dessen Lebensgewohnheit es war, wohlhabenden Homosexuellen aufzulauern und sie zu erpressen. Er bekundete jetzt, in General von Fritsch jenen Offizier wiederzuerkennen, den er einmal in einer dunklen Straße nahe beim Potsdamer Bahnhof mit einem in der Unterwelt unter dem Namen »Bayernsepp« bekannten Homosexuellen in flagranti ertappt habe. Seit Jahren, behauptete Schmidt, erhalte er von diesem Offizier – ausgenommen die Zeiten, in denen er hinter Schloß und Riegel gesessen habe – Schweigegeld.

Fritsch konnte vor Entrüstung kein Wort hervorbringen. Die Unterlagen waren von der Gestapo gefälscht, wie sich später erweisen sollte. Aber sein Schweigen deutete Hitler als Schuldbewußtsein, und er forderte Fritsch auf, seinen Abschied zu nehmen. Das lehnte der General ab; er verlangte hingegen ein Ehrengerichtsverfahren. Aber Hitler dachte nicht daran, den Fall einem militärischen Ehrengericht zu übergeben, zumindest nicht im Augenblick. Diese Gelegenheit war für ihn ein Himmelsgeschenk: endlich konnte er den Widerstand der Generale, die sich seinem Willen und Genius nicht beugen wollten, brechen. Er befahl Fritsch kurzerhand, auf unbestimmte Zeit in Urlaub zu gehen, was gleichbedeutend war mit seiner Suspension als Oberbefehlshaber des Heeres. Am nächsten Tag beriet sich Hitler mit Keitel über die Nachfolge sowohl Blombergs wie Fritschs. Jodl, dessen Hauptinformationsquelle Keitel war, füllte von da an sein Tagebuch mit Notizen, die darauf hindeuteten, daß eine drastische Umbildung nicht nur des Oberkommandos, sondern der ganzen Wehrmacht ins Rollen gekommen war, um letztlich die Militärs zur Strecke zu bringen.

Würde sich die Generalität den letzten Rest der ihr verbliebenen Macht entreißen lassen? Als Fritsch von der Reichskanzlei in die Bendlerstraße zurückkehrte, sprach er mit General Beck, dem Chef des Generalstabes. Englische Historiker [10] berichten, Beck habe in dieser Besprechung Fritsch zu einem sofortigen Militärputsch gegen Hitler gedrängt, Fritsch sei jedoch dagegen gewesen. Aber Wolfgang Förster, Becks deutscher Biograph, dem der schriftliche Nachlaß des Generals zur Verfügung stand, stellt lediglich fest, daß Beck an diesem schicksalhaften Abend erst Hitler aufsuchte, der ihm die schweren Anschuldigungen gegen Fritsch vorhielt, danach Fritsch, der sie ableugnete, und schließlich spät am Abend noch einmal zu Hitler eilte und ihn bat, dem Oberbefehlshaber des Heeres Gelegenheit zu geben, sich vor einem militärischen Ehrengericht zu verteidigen. Auch Beck hatte, worüber sein Biograph keinen Zweifel läßt, damals die Herrscher des Dritten Reiches noch nicht durchschaut, was erst später der Fall sein sollte – als es zu spät war. Einige Tage später, als es ebenfalls schon zu spät war, als nicht nur Blomberg und Fritsch, sondern noch sechzehn weitere hohe Generale abgesetzt und vierundvierzig andere auf zweitrangige Posten versetzt worden waren, erwogen Fritsch und seine engsten Mitarbeiter, darunter auch Beck, ernsthaft militärische Gegenmaßnahmen. Es sei ihnen jedoch klar gewesen, sagt Förster, daß ein Militärputsch gleichbedeutend mit Bürgerkrieg sei und nicht mit Sicherheit zum Erfolg führen würde. Dieses Risiko wollten die Generale nicht eingehen. Sie befürchteten, wie Förster schreibt, daß sich ihnen nicht nur Görings Luftwaffe und Admiral Raeders Marine entgegenstellen würden, da diese beiden Oberbefehlshaber völlig im Banne Hitlers waren, sondern daß sich auch das Heer selbst nicht geschlossen hinter seinen Oberbefehlshaber stellen könnte [11].

Doch bot sich der Generalität eine letzte Möglichkeit, ihrerseits Hitler einen Schlag zu versetzen. Bei einer vorläufigen Untersuchung, die vom Heer zusammen mit dem Justizministerium eingeleitet wurde, stellte sich alsbald heraus, daß General von Fritsch das unschuldige Opfer einer von Himmler und Heydrich angezettelten Gestapo-Intrige geworden war. Die Untersuchung ergab zwar, daß Hans Schmidt tatsächlich einen Offizier in einer dunklen Straße nahe beim Potsdamer Bahnhof bei einer strafwürdigen Handlung überrascht und ihn dann jahrelang mit Erfolg erpreßt hatte. Aber dieser Offizier hieß nicht Fritsch, sondern Frisch und war ein pensionierter, kränkelnder Rittmeister. Das war der Gestapo genau bekannt gewesen, aber sie hatte Schmidt verhaftet und ihm den Tod angedroht, wenn er Fritsch nicht verdächtige. Auch der Rittmeister war von der Gestapo in Gewahrsam genommen worden, um ihn am Reden zu hindern, aber Organe des Heeres hatten ihn und Schmidt schließlich den Klauen der Gestapo entrissen und an einen sicheren Platz gebracht, bis sie von dem Ehrengericht als Zeugen vernommen werden konnten.

Fritsch war nun vollauf rehabilitiert, und die Generale schöpften neue Hoffnung. Mit der Aufdeckung der skrupellosen Machenschaften Himmlers und Heydrichs glaubten sie, nicht nur der SS und der Partei, sondern auch Hitler selbst einen Schlag versetzen zu können, der ihn zu Fall bringen mochte. Aber wieder einmal wurde die Generalität, wie so oft in den vergangenen fünf Jahren, von dem Gefreiten aus Österreich überlistet, der aus der Situation größere Vorteile zu ziehen verstand als die Generale.

In den letzten Januarwochen herrschte in Berlin eine ähnliche Spannung wie Ende Juni 1934. Es schwirrte von Gerüchten. Hitler, hieß es, habe die beiden höchsten Soldaten aus unbekannten Gründen entlassen. Die Generalität plane einen Militärputsch. Botschafter François-Poncet hörte, Fritsch, der ihn für den 2. Februar zum Abendessen eingeladen und dann abgesagt hatte, sei in Haft. Es ging ferner das Gerücht, das Heer wolle am 30. Januar, an dem Hitler zum fünften Jahrestag der Machtergreifung im Reichstag sprechen sollte, das Reichstagsgebäude umstellen und alle Abgeordneten mitsamt der Regierung verhaften. Das Gerücht war um so glaubwürdiger, als die Vertagung der Reichstagssitzung auf einen unbestimmten Zeitpunkt bekanntgegeben wurde. Hitler, hieß es, sei offenkundig in Schwierigkeiten. Endlich habe er in den unbeugsamen Generalen der Wehrmacht ebenbürtige Gegner gefunden. Sie selbst mögen das auch geglaubt haben, doch sie irrten sich.

Am 4. Februar 1938 trat das deutsche Kabinett zu einer Sitzung zusammen, die seine letzte sein sollte. Welche Schwierigkeiten Hitler auch immer gehabt haben mag, er überwand sie jetzt in einer Weise, durch die alle, die ihm – nicht nur in der Wehrmacht, sondern auch im Auswärtigen Amt – im Wege standen, ausgeschaltet wurden. An diesem Tage setzte er im Kabinett hastig einen Erlaß durch, der kurz vor Mitternacht über den Rundfunk dem deutschen Volk und der Welt bekanntgegeben wurde:

Die Befehlsgewalt über die gesamte Wehrmacht übe ich von jetzt an unmittelbar persönlich aus. Das bisherige Wehrmachtamt im Reichskriegsministerium tritt mit seinen

Aufgaben als »Oberkommando der Wehrmacht« und als mein militärischer Stab unmittelbar unter meinen Befehl[12].

Zum Chef des Oberkommandos der Wehrmacht (OKW) ernannte Hitler den Speichellecker Keitel, der einen den Reichsministern gleichgestellten Rang und die Befugnisse des bisherigen Reichskriegsministers erhielt. Um Göring zu beschwichtigen, der zuversichtlich damit gerechnet hatte, Blombergs Nachfolger zu werden, machte Hitler ihn zum Generalfeldmarschall und damit zum ranghöchsten Offizier des Reiches. Und um die in der Öffentlichkeit entstandene Unruhe zu dämpfen, gab er bekannt, Blomberg und Fritsch seien aus »Gesundheitsrücksichten« zurückgetreten. So war Fritsch ein für allemal aus dem Wege geräumt, ehe noch das Ehrengericht zusammentrat, das ihn, wie Hitler genau wußte, entlasten würde. Darüber war die Generalität besonders empört, aber sie konnte nun nichts mehr tun, denn auf Grund desselben Erlasses wurden einschneidende Personaländerungen vorgenommen. Sechzehn der ranghöchsten Generale, darunter von Rundstedt, von Leeb, von Witzleben, von Kluge und von Kleist, wurden ihres Kommandos enthoben und vierundvierzig andere hohe Offiziere, deren Begeisterung für den Nationalsozialismus nicht groß genug war, zu anderweitiger Verwendung versetzt.
Zum Nachfolger Fritschs als Oberbefehlshaber des Heeres erwählte Hitler nach einigem Zögern den General Walter von Brauchitsch, der bei den Generalen ziemliches Ansehen genoß. Aber es sollte sich zeigen, daß er ebenso schwach und nachgiebig war wie Blomberg, wenn es darum ging, sich gegen den unberechenbaren Hitler durchzusetzen. Ein paar Tage lang sah es so aus, als solle auch Brauchitsch das Problem Frau zum Verhängnis werden. Denn er stand im Begriff, sich scheiden zu lassen, worüber das Offizierkorps die Stirn runzelte. Der stets neugierige Jodl kommentierte die Geschichte in seinem Tagebuch. Am 30. Januar, notierte er, habe Keitel Brauchitschs Sohn zu sich kommen lassen, »um ihn zu seiner Mutter zu schicken. (Soll in die von Br. beabsichtigte Scheidung willigen).« Einige Tage später berichtet Jodl von einer Unterredung zwischen Brauchitsch, Keitel und Göring: »Zur Diskussion stehen die Familienverhältnisse.« Am selben Tage schrieb Jodl ferner: »Sohn Br. kommt mit sehr vornehmem Brief seiner Mutter zurück.« Aus dem Brief ging hervor, daß sie ihrem Manne nicht im Wege stehen wolle. Auch Göring und Hitler hatten nichts gegen eine Scheidung des neuen Oberbefehlshabers des Heeres. Denn sie wußten, daß er die Absicht hatte, Frau Charlotte Schmidt zu heiraten, eine »zweihundertprozentige, rabiate Nationalsozialistin«, wie Ulrich von Hassell bemerkt. Die Eheschließung fand im Herbst des gleichen Jahres statt, und Jodl hätte wieder einmal schreiben können: »Welch einen Einfluß kann eine Frau auf die Geschicke eines Volkes ausüben!«

Hitlers »Großreinemachen« beschränkte sich indes nicht auf die Generalität. Aus dem Auswärtigen Amt entfernte er Neurath und ersetzte ihn durch den gefügigen Ribbentrop[13]. Zwei alte Berufsdiplomaten, Ulrich von Hassell und Herbert von Dirksen, wur-

den von ihren Botschafterposten in Rom und Tokio, Papen aus Wien abberufen. Der unbedeutende Walter Funk erhielt nun offiziell das Reichswirtschaftsministerium.
Am Tage darauf, dem 5. Februar, verkündete die Schlagzeile des *Völkischen Beobachters:* »Stärkste Zusammenfassung aller Macht in den Händen des Führers.« Ausnahmsweise hatte die führende NS-Zeitung nicht übertrieben.

Der 4. Februar 1938 war ein Hauptwendepunkt in der Geschichte des Dritten Reichs, ein Markstein an seinem Weg in den Krieg. Es ließe sich sagen, daß an diesem Tag die nationalsozialistische Revolution ihren Abschluß fand. Die letzten Konservativen waren ausgeschaltet, die Hitler bei dem politischen Kurs im Wege standen, den er schon seit langem für den Tag, an dem Deutschland genügend gerüstet sein würde, einzuschlagen beschlossen hatte. Blomberg, Fritsch und Neurath waren einst von Hindenburg und den Konservativen alter Schule eingesetzt worden, um Hitler und seine Anhänger zu bremsen, und Schacht hatte sich ihnen angeschlossen. Aber in dem Kampf um die Kontrolle über Außenpolitik, Wirtschaftspolitik und Militärmacht waren sie Hitler nicht gewachsen gewesen. Sie besaßen weder genügend moralische Stärke noch politische Klugheit, um Hitler zu widerstehen, geschweige denn zu überwinden. Schacht quittierte den Dienst. Neurath trat in den Hintergrund. Blomberg nahm unter dem Druck der anderen Generale seinen Abschied. Fritsch fand sich, obwohl er auf Gangstermanier ausgebootet worden war, ohne jeden Versuch der Auflehnung mit seiner Entlassung ab. Sechzehn hohe Generale nahmen ihre – und seine – Verabschiedung ergeben hin. Im Offizierkorps redete man zwar von einem Militärputsch, aber es blieb beim Gerede. Hitlers Verachtung für die preußische Offizierskaste, die er bis zu seinem Lebensende behalten sollte, erwies sich als berechtigt. Sie hatte fast ohne Murren den amtlich gebilligten Mord an den Generalen Schleicher und Bredow hingenommen. Sie ließ sich jetzt die Absetzung ihrer höchsten Offiziere gefallen. War Berlin nicht voll von jüngeren Generalen, die eifrig darauf bedacht waren, die älteren zu ersetzen und Hitler zu dienen? Wo blieb die vielgerühmte Solidarität der Offiziere? War sie nicht eine Legende?
In den fünf Jahren, die dem 4. Februar 1938 voraufgingen, hatte die Armee die physische Macht besessen, Hitler und das Dritte Reich zu Fall zu bringen. Warum tat sie es nicht? Warum versuchte sie es nicht, als sie am 5. November 1937 erfuhr, wohin Hitler die Armee und das Volk führte? Die Antwort hierauf gab Fritsch selbst, nachdem er gestürzt war. Am Sonntag, dem 18. Dezember 1938, besuchte ihn der abgesetzte Botschafter von Hassell auf seinem Herrensitz in Achterberg bei Soltau, den ihm das Heer nach seiner Verabschiedung zur Verfügung gestellt hatte. Hassell trug an diesem Tag in sein Tagebuch ein:

Seine [Fritschs] Quintessenz: Dieser Mann – Hitler – ist Deutschlands Schicksal im Guten und im Bösen. Geht es jetzt in den Abgrund – und das glaubte auch Fritsch – so reißt er uns alle mit. Zu machen ist nichts.

Nachdem er Außen-, Wirtschafts- und Militärpolitik in seiner Hand konzentriert und die Wehrmacht unmittelbar seiner Befehlsgewalt unterstellt hatte, tat Hitler den nächsten Schritt auf seinem Weg. Für den 10. März 1938 war das Hauptverfahren im Fall Fritsch angesetzt worden, in das Hitler schließlich eingewilligt hatte. Den Vorsitz führte Göring; außer ihm gehörten dem Ehrengericht die Oberbefehlshaber von Heer und Marine, General von Brauchitsch und Admiral Raeder, sowie zwei Kriegsrichter an. Das Verfahren, von dem Presse und Publikum ausgeschlossen waren, begann zwar termingemäß am 10. März, wurde aber plötzlich nach wenigen Stunden vertagt. In der Nacht vorher waren Nachrichten aus Österreich eingetroffen, die Hitler in unbeschreibliche, an Raserei grenzende Aufregung versetzten[14]. Generalfeldmarschall Göring und General von Brauchitsch wurden dringend anderswo gebraucht.

XI

Der Anschluß: die Vergewaltigung Österreichs

Gegen Ende 1937 mußte ich, von der Zeitungs- zur Rundfunkberichterstattung überwechselnd, von Berlin nach Wien übersiedeln, das ich zehn Jahre vorher als junger Korrespondent kennengelernt hatte. Wenn ich auch die nächsten drei kritischen Jahre größtenteils in Deutschland verbrachte, so konnte ich doch dank der neuen Aufgabe – ich sollte über ganz Mitteleuropa berichten – das Dritte Reich aus einem gewissen Abstand betrachten. Der Zufall führte mich gerade in jene Nachbarländer, die Opfer der Hitlerschen Aggression werden sollten, kurz vor und während der Zeit, in der diese stattfand. Ich reiste in jenen Tagen hin und her zwischen Deutschland und dem Land, auf das in diesem Augenblick Hitlers Raserei abzielte, und konnte so aus erster Hand miterleben, was nunmehr zu schildern ist und was unabwendbar zum größten und blutigsten Krieg der Menschheitsgeschichte führen sollte. Doch wenn wir auch die Vorgänge aus nächster Nähe beobachteten, so ist es doch erstaunlich, wie wenig wir wirklich von ihrem Zustandekommen erfuhren. Die Verschwörungen und Intrigen, der Verrat, die schicksalhaften Entscheidungen und die Augenblicke der Unentschlossenheit, die dramatischen Begegnungen der Hauptbeteiligten, das alles vollzog sich im stillen, unter der Oberfläche, entzogen den spähenden Blicken ausländischer Diplomaten, Journalisten und Agenten, und blieb so jahrelang allen, bis auf ein paar Beteiligten, weitgehend unbekannt.

Wir mußten warten, bis die Geheimdokumente ans Tageslicht gezogen wurden und die überlebenden Hauptdarsteller in diesem Drama, von denen die meisten damals ihre Freiheit einbüßten – viele landeten im Konzentrationslager –, Zeugnis ablegen konnten. Das auf den folgenden Seiten Dargestellte beruht aber weitgehend auf der Unmenge des seit 1945 zusammengetragenen Beweismaterials. Doch dem Darsteller dürfte es zustatten kommen, daß er die entscheidenden Augenblicke persönlich miterlebte. Der Zufall wollte es, daß ich mich während der denkwürdigen Nacht vom 11. zum 12. März 1938, in der Österreich zu existieren aufhörte, in Wien befand.

Seit mehr als einem Monat war die schöne barocke Donaumetropole, deren Bewohner reizender, heiterer und lebensfroher waren als irgendein Volk, das ich kennengelernt habe, Beute tiefster Ängste gewesen. Dr. Kurt Schuschnigg, der österreichische Bundeskanzler, sprach später von der Zeit zwischen dem 12. Februar und 11. März als von den »vier Wochen Todeskampf«. Seit dem Abschluß des deutsch-österreichischen Abkommens vom 11. Juli 1936, mit dessen geheimen Zusatzklauseln Schuschnigg den österreichischen Nationalsozialisten weitgehende Konzessionen gemacht hatte, hatte Franz von Papen, Hitlers Sonderbotschafter in Wien, unausgesetzt daran gearbeitet, die Unabhängigkeit Österreichs zu untergraben und seine Vereinigung mit Deutschland zustande zu bringen. Ende 1936 hatte er Hitler in einer langen Denkschrift über seine Fortschritte berichtet, und ein Jahr später, in einem weiteren Bericht, hatte er hervorgehoben, »daß nur bei stärkstem Druck auf den Bundeskanzler [Schuschnigg] weitere Fortschritte zu erzielen sein werden[1]«. Dieser Rat, sofern er überhaupt notwendig war, sollte bald weitaus buchstäblicher befolgt werden, als selbst Papen es sich hätte träumen lassen.

Im Lauf des Jahres 1937 hatten die von Berlin finanzierten und aufgestachelten Nationalsozialisten ihren Terror immer weitergetrieben. Fast täglich gab es irgendwo im Lande einen Bombenanschlag, und in den Gebirgsgegenden veranstalteten die Anhänger Hitlers große, oft mit Gewaltakten verbundene Demonstrationen, die die Position der Regierung schwächten. Es wurden Attentatspläne aufgedeckt, aus denen hervorging, daß diese Rabauken Schuschnigg auf dieselbe Weise wie seinen Vorgänger beseitigen wollten. Am 25. Januar 1938 schließlich nahm die österreichische Polizei eine Hausdurchsuchung bei dem sogenannten Siebenerausschuß vor, der zusammengestellt worden war, um eine Verständigung zwischen den Nationalsozialisten und der österreichischen Regierung herbeizuführen, in Wirklichkeit jedoch eine Verschwörerzentrale war. Bei der Razzia wurden von Rudolf Heß, dem Stellvertreter des Führers, abgezeichnete Dokumente gefunden, die klipp und klar enthüllten, daß die österreichischen NSDAP-Mitglieder für das Frühjahr 1938 einen offenen Aufstand planten und daß die deutsche Wehrmacht, falls Schuschnigg versuchen sollte, die Revolte niederzuschlagen, in Österreich einmarschieren würde, um ein »Vergießen deutschen Blutes durch Deutsche« zu verhüten. Papen zufolge soll aus einem der Dokumente hervorgegangen sein, daß er selbst oder aber sein Militärattaché, Generalleutnant Muff, von österreichischen Nationalsozialisten ermordet werden sollte, um den Deutschen einen Vorwand zum Einmarsch zu geben[2].

War der muntere von Papen schon alles andere als erbaut zu hören, daß er – zum zweitenmal – auf Befehl der Berliner Parteileitung auf der Abschußliste stand, so geriet er nicht minder außer Fassung, als er am Abend des 4. Februar aus Berlin angerufen wurde. Am Apparat war Staatssekretär Hans Lammers aus der Reichskanzlei, der Papen mitteilte, seine Sondermission in Österreich sei beendet. Er war zusammen mit Neurath, Fritsch und anderen ausgeschaltet worden.

»Ich war sprachlos ... Meine Überraschung war in der Tat nicht gering«, schrieb Papen später[3]. Von seinem Erstaunen erholte er sich indes rasch genug, um zu erkennen, daß Hitler offensichtlich drastischer gegen Österreich vorgehen wollte, nachdem er Neurath, Fritsch und Blomberg abgeschoben hatte. »Daher entschloß ich mich zu dem in der Diplomatie ungewöhnlichen Weg, meine Berichterstattung an Hitler für alle

Fälle dem Zugriff der Gestapo zu entziehen.« Er brachte die Kopien seiner Korrespondenz »an einen sicheren Ort« in der Schweiz. »Die Verleumdungsmethoden des Dritten Reiches kannte ich nun zur Genüge«, fügte er hinzu. Sie hatten ihn, wie wir sahen, schon im Juni 1934 beinahe das Leben gekostet.

Papens Abberufung war auch für Schuschnigg eine Warnung. Er hatte zwar dem verbindlichen ehemaligen Kavallerieoffizier nie recht getraut, aber es war ihm sofort klar, daß Hitler etwas Schlimmeres im Sinn haben mußte, als ihm einen verschmitzten Gesandten wie Papen aufzuzwingen, der immerhin, wie er selbst, ein gläubiger Katholik und Gentleman war. In den letzten Monaten war die europäische Diplomatie für Österreich nicht günstig verlaufen. Mussolini hatte sich seit Bildung der Rom-Berlin-Achse enger an Hitler angeschlossen und war an der Erhaltung der österreichischen Unabhängigkeit nicht mehr so sehr interessiert wie zur Zeit der Ermordung Dollfuß', als er vier Divisionen zur Brennergrenze geschickt hatte. Auch England, das unter Chamberlain gerade seine *Appeasement*-Politik gegenüber Hitler eingeschlagen hatte, und Frankreich, das von schweren innenpolitischen Kämpfen heimgesucht war, zeigten neuerdings wenig Interesse an der Verteidigung der Unabhängigkeit Österreichs. Und jetzt waren aus den führenden Stellen der deutschen Wehrmacht und des Auswärtigen Amtes die konservativen Kräfte ausgeschieden, die Hitlers turmhohen Ehrgeiz immerhin noch etwas gedämpft hatten. Schuschnigg, der zwar seine Grenzen hatte, aber innerhalb dieser Grenzen ein kluger und sehr gut informierter Mann war, machte sich über die Verschärfung der Lage keine Illusionen. Er hielt, wie schon seinerzeit nach der Ermordung Dollfuß', die Zeit für gekommen, ein übriges zur Beschwichtigung des deutschen Diktators zu tun.

Eine Gelegenheit hierfür schuf ihm Papen, obwohl dieser gerade entlassen worden war. Papen, der niemals einen Schlag ins Gesicht übelnahm, sofern er von oben kam, eilte gleich am Tag seiner Abberufung zu Hitler, »um ein Bild von dem zu gewinnen, was hinter den Kulissen vorgegangen war«. Am 5. Februar fand er in Berchtesgaden den Führer noch »in zerstreutem, fast erschöpftem Zustande« nach dem Kampf mit den Generalen. Aber Hitlers Fähigkeit, sich zu erholen, war beträchtlich, und der entlassene Sendbote konnte ihn bald für einen Vorschlag interessieren, den er ihm schon vierzehn Tage vorher bei einer Zusammenkunft in Berlin unterbreitet hatte. Warum sollte man es nicht mit Schuschnigg persönlich versuchen? Warum sollte man ihn nicht zu einer Besprechung nach Berchtesgaden einladen? Hitler fand die Idee nicht übel. Trotz der Tatsache, daß er Papen soeben abberufen hatte, befahl er ihm, nach Wien zurückzukehren und die Zusammenkunft mit Schuschnigg zu arrangieren.

Schuschnigg stimmte bereitwillig zu. Allerdings stellte er, obwohl seine Position schwach war, gewisse Bedingungen. Er müsse im voraus genau wissen, welche Punkte Hitler zu erörtern wünsche, und von vornherein die Zusicherung erhalten, daß das Abkommen vom 11. Juli 1936 unangetastet bleibe, mit dem Deutschland versprochen habe, Österreichs Unabhängigkeit zu respektieren und sich nicht in dessen innere Angelegenheiten einzumischen. Darüber hinaus müsse das nach Beendigung der Besprechung herauszugebende Kommuniqué bestätigen, daß sich beide Länder weiterhin an das Abkommen von 1936 halten würden. Schuschnigg wollte kein Risiko laufen, wenn er den Löwen in seiner Höhle aufsuchte. Papen eilte zum Obersalzberg, um mit Hitler zu beraten, und kehrte dann nach Wien mit der Versicherung des Führers zurück, daß das Abkommen von 1936 unverändert bleiben würde und daß er lediglich über »noch verbliebene Mißverständnisse und Reibungspunkte« diskutieren wolle. Obwohl diese Antwort auf die Forderung des österreichischen Kanzlers nicht präzise einging, gab Schuschnigg sich mit ihr zufrieden. Die Besprechung wurde für den Vormittag des 12. Februar[4] angesetzt, und am Abend des 11. Februar fuhr Schuschnigg in Begleitung seines Unterstaatssekretärs des Äußern, Guido Schmidt, in aller Stille mit einem Sonderzug nach Salzburg, von wo aus ihn am nächsten Morgen ein Auto über die Grenze zum Obersalzberg bringen sollte. Es wurde eine schicksalhafte Fahrt.

DIE ZUSAMMENKUNFT IN BERCHTESGADEN AM 12. FEBRUAR 1938

An der Grenze nahm Papen die österreichischen Gäste in Empfang. Es war ein kalter Wintertag, doch Papen schien, so meinte Schuschnigg, „in bester Stimmung" zu sein. Hitler, versicherte er, sei heute besonders gut gelaunt. Doch dann tauchte vor Schuschnigg das erste Warnsignal auf. Der Führer hoffe, sagte Papen beiläufig, Dr. Schuschnigg werde nichts dagegen haben, daß auf dem Berghof noch drei, ganz zufällig eingetroffene Generale zugegen sein würden: Keitel, der neue Chef des OKW, Reichenau, der Kommandeur der an der bayerisch-österreichischen Grenze stationierten Truppen, und Sperrle, der Luftwaffenkommandeur in diesem Gebiet.

Papen erinnerte sich später, daß die österreichischen Gäste über diese Mitteilung wenig erbaut zu sein schienen. Schuschnigg schreibt, er habe Papen erwidert, er könne ja nicht anders als »nichts dagegen zu haben«. Von Jesuiten erzogen, nahm er sich vor, auf der Hut zu sein.

Dennoch war er auf das, was nun folgte, nicht vorbereitet. Hitler, der den braunen SA-Rock mit Hakenkreuzbinde und schwarze Hosen trug, empfing im Beisein der drei Generale den österreichischen Bundeskanzler und dessen Begleiter auf den ersten Treppenstufen zu seiner Villa. Schuschnigg bemerkte, daß die Begrüßung zwar freundlich, aber doch zeremoniell war. Wenige Minuten später sah er sich dem deutschen Diktator allein gegenüber. Sie befanden sich in dem geräumigen Arbeitszimmer, dessen große Glaswand den Blick auf die prächtigen, schneebedeckten Alpen und die Bergspitzen Österreichs, des Geburtslandes beider Männer, freigab.

Der 41 Jahre alte Kurt von Schuschnigg war, worüber sich alle, die ihn kannten, einig sind, ein Mann von untadeligen altösterreichischen Umgangsformen. So war es für ihn selbstverständlich, die Unterredung mit einer freundlichen Bemerkung über die herrliche Aussicht, das schöne Wetter und mit schmeichelhaften Worten über Hitlers

Arbeitszimmer zu beginnen, das fraglos Schauplatz so vieler entscheidenden Konferenzen gewesen sei. Aber Adolf Hitler fiel ihm ins Wort: »Wir sind ja nicht zusammengekommen, um von der schönen Aussicht und vom Wetter zu reden.« Dann brach der Sturm los. »Die nachfolgende [zweistündige] Konversation«, schrieb Schuschnigg später, »verlief zum größeren Teil einseitig[5].«
Hitler schäumte:

So, das nennen Sie eine deutsche Politik, Herr Schuschnigg? Sie haben ... alles getan, um eine deutsche Politik zu vermeiden ... Österreichs ganze Geschichte ist ein ununterbrochener Volksverrat. Das war früher nicht anders wie heute. Aber dieser geschichtliche Widersinn muß endlich sein längst fälliges Ende finden. Und das sage ich Ihnen, Herr Schuschnigg: Ich bin fest dazu entschlossen, mit dem allen ein Ende zu machen. Das Deutsche Reich ist eine Großmacht, und es kann und wird niemand dreinreden wollen, wenn es an seinen Grenzen Ordnung macht.

Von Hitlers Ausbruch schockiert, bemühte sich der österreichische Kanzler dennoch, konziliant zu bleiben und gleichzeitig seine Meinung zu äußern. Er habe, sagte er, vom Anteil Österreichs an der deutschen Geschichte eine andere Auffassung als sein Gastgeber. »Die österreichische nationale Leistung«, erklärte er, »ist sehr beträchtlich.«

HITLER: *Gleich Null! Das kann ich Ihnen sagen. Von Österreich aus bekam jede nationale Regierung seit je Prügel zwischen die Füße; das war ja auch die Haupttätigkeit der Habsburger und der katholischen Kirche.*
SCHUSCHNIGG: *Trotzdem, Herr Reichskanzler, ist manche österreichische Leistung aus dem gesamtdeutschen Kulturbild unmöglich wegzudenken. Ich denke da z. B. unter anderen an Beethoven ...*
HITLER: *So? Der ist in meinen Augen ein Niederdeutscher gewesen.*
SCHUSCHNIGG: *Ein Wahlösterreicher, wie mancher andere ...*
HITLER: *Ich kann Ihnen nur nochmals sagen, daß es so nicht weitergeht. Ich habe einen geschichtlichen Auftrag, und den werde ich erfüllen, weil mich die Vorsehung dazu bestimmt hat ... Wer nicht mittut, kommt unter die Räder ... Ich bin den schwersten Weg gegangen, den je ein Deutscher gehen mußte, und ich habe in der deutschen Geschichte das größte geleistet, was je einem Deutschen zu leisten bestimmt war. Und zwar nicht mit Gewalt. Ich bin getragen von der Liebe meines Volkes ...*
SCHUSCHNIGG: *Das glaube ich Ihnen ja gerne, Herr Reichskanzler!*

Nach einer Stunde solcher Ergüsse bat Schuschnigg seinen Gesprächspartner, »mir die konkreten Beschwerden zu sagen. Wir werden alles dazu tun, um Abhilfe zu schaffen und ... das freundschaftliche Einvernehmen herzustellen.«

HITLER: *Das sagen Sie, Herr Schuschnigg. Ich sage Ihnen, ich werde die ganze sogenannte österreichische Frage lösen, und zwar so oder so!*

Darauf ließ er eine Tirade gegen Österreich los: Es baue an der Grenze gegen Deutschland Befestigungsanlagen. Schuschnigg stritt das ab.

HITLER: *Glauben Sie doch nicht, daß Sie auch nur einen Stein bewegen können, ohne daß ich es schon am anderen Morgen in allen Einzelheiten erfahre ... Ich brauche nur einen Befehl zu geben, und über Nacht ist der ganze lächerliche Spuk an der Grenze zerstoben. Sie werden doch nicht glauben, daß Sie mich auch nur eine halbe Stunde aufhalten können? ... Wer weiß, vielleicht bin ich über Nacht auf einmal in Wien; wie der Frühlingssturm! Dann sollen Sie etwas erleben! Ich möchte es den Österreichern gerne ersparen; das wird viel Opfer kosten; nach den Truppen kommt dann die SA und die Legion; und niemand wird die Rache hindern können, auch ich nicht!*

Nach diesen Drohungen erinnerte er Schuschnigg (den Hitler in seiner Grobheit fortgesetzt mit seinem Namen, statt mit seinem Titel, wie es die diplomatische Höflichkeit erforderte, anredete) an Österreichs Isolierung und Hilflosigkeit.

HITLER: *Glauben Sie nur nicht, daß mich irgend jemand in der Welt in meinen Entschlüssen hindern wird! Italien? Mit Mussolini bin ich im reinen ... England? England wird keinen Finger für Österreich rühren ... Und Frankreich?*

Frankreich, sagte er, hätte Deutschland seinerzeit im Rheinland aufhalten können, und dann »hätten wir uns zurückziehen müssen. Aber jetzt ist es für Frankreich zu spät!«

HITLER: *Ich will Ihnen jetzt noch einmal, zum letzten Mal, die Gelegenheit geben, Herr Schuschnigg. Entweder wir kommen zu einer Lösung, oder die Dinge sollen laufen ... Überlegen Sie es sich gut, Herr Schuschnigg, ich habe nur mehr Zeit bis heute nachmittag.*

Schließlich fragte Schuschnigg: »Welches sind ihre konkreten Wünsche?« Worauf Hitler erwiderte: »Darüber können wir uns am Nachmittag weiter unterhalten.«

Bei Tisch schien Hitler, wie Schuschnigg mit einigem Erstaunen bemerkte, »guter Dinge und aufgeräumt« zu sein. Monologisierend erging er sich über Pferde und Häuser. Er sei im Begriff, den größten Wolkenkratzer zu bauen, den die Welt je gesehen habe. »Die Amerikaner«, sagte er zu Schuschnigg, »sollen, wenn sie deutschen Boden betreten, sehen, daß man in Deutschland schöner und größer baut als in den Vereinigten Staaten.« Was den gequälten österreichischen Kanzler anging, so sah er, wie Papen schreibt, »bekümmert und besorgt« aus. Ihm, dem Kettenraucher, war nicht erlaubt worden, in Hitlers Gegenwart zu rauchen. Aber nach dem Kaffee, der in einem Nebenraum getrunken wurde, entschuldigte sich Hitler, und Schuschnigg konnte sich zum erstenmal eine Zigarette anzünden. Er konnte jetzt auch seinem Unterstaatssekretär, Guido Schmidt, die schlechten Nachrichten mitteilen. Es sollte bald noch schlimmer kommen.

Nachdem die beiden Österreicher zwei Stunden lang vergeblich in einem kleinen Vorzimmer gewartet hatten, wurden sie zu Ribbentrop, dem neuen deutschen Außenminister, und zu Papen geführt. Ribbentrop legte ihnen einen zwei Schreibmaschinenseiten umfassenden Entwurf eines »Abkommens« vor und bemerkte dazu, er enthalte Hitlers endgültige Forderungen. Eine Diskussion darüber werde der Führer nicht zulassen. Die Forderungen seien unverzüglich anzunehmen. Schuschnigg schreibt, er habe zunächst Erleichterung empfunden, da er nun wenigstens etwas Konkretes erfahren sollte. Doch als er das Dokument sorgsam durchlas, schwand seine Erleichterung dahin. Denn was er in der Hand hielt, war eine ultimative deutsche Forderung an ihn, innerhalb einer Woche die österreichische Regierung effektiv den Nationalsozialisten auszuliefern.

Das Verbot der österreichischen NSDAP sei aufzuheben, alle in Haft befindlichen Anhänger Hitlers sollten amnestiert und Dr. Seyß-Inquart, ein dem Nationalsozialismus nahestehender Wiener Rechtsanwalt, solle zum Innenminister ernannt und damit für Polizei und Sicherheit zuständig werden. Ein anderer Nationalsozialist, Glaise-Horstenau, solle Kriegsminister werden, und zwischen der deutschen und der österreichischen Armee seien engere Beziehungen herzustellen, und zwar durch eine Reihe von Maßnahmen, darunter die eines systematischen Offiziersaustausches. Die letzte Forderung lautete: »Die Angleichung des österreichischen an das deutsche Wirtschaftssystem wird vorbereitet. Zu diesem Zweck wird Dr. Fischböck [wiederum ein Anhänger Hitlers] in maßgebender Position als Finanzminister eingebaut[6].«

Schuschnigg erkannte sofort, wie er später schrieb, daß die Annahme des Ultimatums das Ende der Unabhängigkeit Österreichs bedeutet haben würde.

Ribbentrop riet mir sodann, die Forderungen sofort anzunehmen. Ich erhob Widerspruch und wies auf meine früheren, vor meiner Reise nach Berchtesgaden mit von Papen getroffenen Vereinbarungen hin und machte Ribbentrop klar, daß ich nicht darauf vorbereitet war, solch undenkbaren Forderungen ... gegenübergestellt zu werden[7].

Daß Schuschnigg nicht darauf vorbereitet war, solchen Forderungen gegenübergestellt zu werden, war selbst einem so einfältigen Mann wie Ribbentrop klar. Aber die Frage war: Würde er sie annehmen und unterzeichnen? In diesem schweren, entscheidenden Augenblick begann der junge österreichische Kanzler schwach zu werden. Er fragte zahm, »ob wir auf guten Willen seitens Deutschlands rechnen könnten; das heißt, ob es wenigstens in der Absicht läge, auch die deutscherseits uns gegenüber übernommenen Verpflichtungen zu erfüllen[8]?« Ribbentrop und Papen beruhigten ihn, wie er schreibt, »mit bestimmtester Versicherung«.

Dann wurde Schuschnigg von Papen bedrängt. Der aalglatte Botschafter gibt zu, er selber sei »entsetzt« gewesen, als er das Ultimatum gelesen habe. Er spricht von einer »unverantwortlichen Einmischung in die österreichische Souveränität«. Schuschnigg schreibt, Papen habe sich bei ihm entschuldigt und gesagt, er sei »selbst völlig überrascht«. Nichtsdestoweniger empfahl er dem österreichischen Kanzler, die Forderungen zu unterzeichnen.

Er [Papen] teilte mir weiterhin noch mit, ich könne versichert sein, daß Hitler Sorge tragen würde dafür, falls ich diese Forderungen unterzeichnete und ihnen nachgäbe, daß von diesem Zeitpunkt an Deutschland dieser Vereinbarung treu bleiben werde, und daß es dann keine weiteren Schwierigkeiten für Österreich gäbe[9].

Aus der obigen Erklärung, die Schuschnigg in Nürnberg an Eides Statt gab, dürfte hervorgehen, daß er im Begriff war, nicht nur schwach zu werden, sondern sich auch von seiner Gutgläubigkeit leiten zu lassen.
Er hatte noch eine letzte Chance, festzubleiben. Hitler ließ ihn wieder zu sich rufen. Der Führer wanderte aufgeregt in seinem Arbeitszimmer auf und ab.

HITLER: *Herr Schuschnigg ..., hier ist der Entwurf. Zu diskutieren gibt es nichts mehr. Ich werde kein Jota daran ändern. Sie müssen die ... Forderungen innerhalb drei Tagen erfüllen, andernfalls werde ich den Einmarsch nach Österreich befehlen*[10].

Schuschnigg kapitulierte. Er sagte Hitler, er sei zwar zur Unterzeichnung bereit, müsse aber daran erinnern, daß nach der österreichischen Verfassung allein der Präsident der Republik die legale Befugnis habe, eine solche Vereinbarung zu akzeptieren und zu erfüllen. Infolgedessen könne er, obwohl er bereit sei, dem Präsidenten die Annahme nahezulegen, nicht dafür garantieren.
»Das müssen Sie!« schrie Hitler.
»Das kann ich nicht.«

Der Reichskanzler [schrieb Schuschnigg später] steigert sich in sichtliche Erregung, öffnet die Türen und ruft in den Vorraum: »General Keitel!« – und dann, zu mir gewandt: »Ich werde Sie dann rufen lassen[11]*.«*

Das war reiner Bluff. Aber der bedrängte Schuschnigg, der den ganzen Tag über an die Anwesenheit der Generale erinnert worden war, erkannte es wohl nicht. Papen berichtet, Keitel habe ihm nachher erzählt, wie Hitler ihm, als er fragte: »Was befehlen Sie, mein Führer?«, mit breitem Grinsen antwortete: »Gar nichts, ich wollte Sie nur hier oben haben.«
Aber auf die in einem Nebenraum wartenden Schuschnigg und Dr. Schmidt verfehlte der Bluff seine Wirkung nicht. Schmidt flüsterte Schuschnigg zu, er »würde sich nicht wundern, wenn als nächster Akt wir beide festgenommen würden«. Eine halbe Stunde später wurde Schuschnigg wieder zu Hitler gerufen.

HITLER: *Ich habe mich entschlossen – zum erstenmal in meinem Leben – von einem gefaßten Entschluß noch einmal abzugehen. Also! Ich wiederhole Ihnen: es ist der allerletzte Versuch. Innerhalb von drei Tagen erwarte ich die Durchführung*[12]*!*

Das war das Äußerste, was der deutsche Diktator konzedierte, und wenn auch der endgültige Wortlaut des Entwurfs einige Änderungen erfuhr, so waren diese doch, wie Schuschnigg später aussagte, ohne Belang. Schuschnigg unterzeichnete. Es war das Todesurteil für Österreich.
Das Verhalten von Menschen, die unter schweren Druck gesetzt werden, ist je nach Charakter verschieden und oft rätselhaft. Daß Schuschnigg (ein trotz relativer Jugend

mit allen Wassern gewaschener Politiker, der gesehen hatte, wie die Nationalsozialisten seinen Vorgänger ermordeten) ein tapferer Mann war, dürfte von wenigen bezweifelt werden. Dennoch hat seine unter Hitlers furchtbarer Drohung mit bewaffnetem Angriff erfolgte Kapitulation vom 11. Februar 1938 bei seinen Landsleuten und den Beobachtern und Historikern jener schicksalhaften Zeit einen Rückstand ungelöster Zweifel hinterlassen. War die Kapitulation notwendig? Gab es keine andere Möglichkeit? Es wäre unüberlegt, angesichts des von England und Frankreich bei den späteren Aggressionen Hitlers gezeigten Verhaltens zu behaupten, die beiden Länder würden Österreich beigestanden haben, wenn Hitler damals einmarschiert wäre. Aber andererseits hatte Hitler bis dahin noch keinen Vorstoß über die deutschen Grenzen hinaus unternommen, noch sein Volk und die Welt auf irgendeinen Akt solch unverhüllter Aggression vorbereitet. Die deutsche Wehrmacht wäre damals kaum imstande gewesen, einen Krieg zu führen, falls Frankreich und England interveniert hätten. Die Berchtesgadener »Vereinbarung« hatte indes zur Folge, daß Österreich im Lauf weniger Wochen von den Anhängern Hitlers im eigenen Land und durch deutsche Machenschaften derart zermürbt wurde, daß Hitler bei der Besetzung weit weniger eine ausländische Intervention zu befürchten hatte, als es am 11. Februar der Fall gewesen wäre. Schuschnigg selbst war sich, wie er später schrieb, im klaren darüber, daß die Annahme der Hitlerschen Forderungen nichts anderes als das Ende der Unabhängigkeit der österreichischen Regierung bedeutete.

Vielleicht war er von dem, was er durchgemacht hatte, völlig benommen. Nachdem er unter vorgehaltener Pistole die seinem Land die Freiheit raubende Unterschrift geleistet hatte, ließ er sich mit Hitler in ein seltsames Gespräch ein, über das er in seinem Buch berichtet. »Glauben Herr Reichskanzler an eine friedliche Entwicklung in der Welt und an eine Lösung der Krisen?« Hitler gab eine lächerlich anmaßende Antwort: »Wenn man mir folgen würde, wäre Frieden möglich.« Worauf Schuschnigg, offenbar ohne Sarkasmus, meinte: »Momentan sieht es doch eher nach Entspannung aus[13].« So unglaublich eine solche Äußerung in einem solchen Augenblick klingen mag, der gedemütigte österreichische Kanzler machte sie, wie er selbst berichtet. Hitler hielt noch eine weitere Demütigung für ihn parat. Als Schuschnigg an die mit Papen getroffene Vereinbarung erinnerte, daß in dem abschließenden Pressekommuniqué das Juliabkommen von 1936 als Grundlage der heutigen Diskussion zu erwähnen sei, rief Hitler: »Nein! Noch ist sie nicht durchgeführt! Es wird folgendes verlautbart: Auf dem Berghof fand heute eine Unterredung statt zwischen dem Führer und deutschen Reichskanzler und dem österreichischen Bundeskanzler. Schluß!«

Nachdem Schuschnigg und Schmidt Hitlers Einladung zum Abendessen abgelehnt hatten, fuhren sie nach Salzburg zurück. Es war ein trüber, nebliger Winterabend. Der allgegenwärtige Papen begleitete sie bis zur Grenze und fühlte sich angesichts des »bedrückenden Schweigens«, wie er sagt, etwas unbehaglich. Er konnte es sich indes nicht versagen, den Versuch zu machen, seine österreichischen Freunde aufzuheitern.

»Ja, so kann der Führer sein«, meinte er. »Nun haben Sie es selber erlebt. Aber wenn Sie das nächstemal kommen, werden Sie sich sehr viel leichter sprechen. Der Führer kann ausgesprochen charmant sein[14].«

VIER QUALVOLLE WOCHEN
12. FEBRUAR – 11. MÄRZ 1938

Hitler hatte Schuschnigg vier Tage Zeit – bis Dienstag, den 15. Februar – gegeben, ihm eine »bindende Zusage« zu übersenden, daß er das Ultimatum einhalten würde, und weitere drei Tage – bis zum 18. Februar – für die Erfüllung der in dem Ultimatum enthaltenen Forderungen. Schuschnigg kehrte am Morgen des 12. Februar nach Wien zurück und suchte umgehend Präsident Miklas auf. Von Wilhelm Miklas, einem schwerfälligen, durchschnittlichen Mann, sagten die Wiener, die Hauptleistung seines Lebens sei, daß er eine große Schar Kinder gezeugt habe. Aber er besaß eine gewisse bäuerliche Gediegenheit, und in dieser Krise, die er nach 52jährigem Staatsdienst erlebte, sollte er mehr Mut zeigen als irgendein anderer Österreicher. Er war zwar bereit, Hitler bestimmte Konzessionen zu machen, z. B. hinsichtlich der Amnestierung österreichischer Nationalsozialisten, sträubte sich aber, Seyß-Inquart die Polizei und Glaise-Horstenau die Armee zu überantworten. Papen berichtete dies am Abend des 14. Februar pflichtgemäß nach Berlin. Er sprach indes die Hoffnung aus, Schuschnigg werde »den Widerstand des Präsidenten bis morgen überwinden.«

Am gleichen Abend, 19.30 Uhr, genehmigte Hitler eine von Keitel verfaßte Weisung, die darauf abzielte, Österreich unter Druck zu setzen:

Falsche, aber glaubwürdige Nachrichten lancieren, die auf militärische Vorbereitungen gegen Österreich schließen lassen[15].

Tatsache war, daß Hitler kurz nach Schusschniggs Abreise von Berchtesgaden mit militärischen Scheinmaßnahmen begonnen hatte, damit der österreichische Kanzler auch tat, was ihm gesagt worden war. Jodl machte in seinem Tagebuch über das alles Notizen:

13. Februar. Nachm. ruft Grl. K[eitel] Admiral C[anaris] u. mich in die Wohnung, um auf Befehl d. Führers den milit. Druck durch Vorspiegelung milit. Maßnahmen noch bis zum 15. aufrechtzuerhalten.

14. Februar. 2.40 Uhr trifft Zustimmung d. Führers ein. Canaris hat sich zur Abwehrstelle VII nach München zu begeben u. leitet die einzelnen Maßnahmen ein.

Die Wirkung ist rasch und kräftig. In Österreich entsteht der Eindruck ernster milit. Vorbereitungen in Deutschland[16].

Das war keine Übertreibung von General Jodl. Angesichts des drohenden Einmarsches gab Präsident Miklas nach, und Schuschnigg teilte am 15. Februar, dem letzten Tag der Gnadenfrist, Papen mit, daß die Berchtesgadener Vereinbarung bis zum 18. Februar verwirklicht werden würde. Am 16. Februar verkündete die österreichische Regierung eine allgemeine Amnestie für Nationalsozialisten, auch für solche, die an der Ermordung Dollfuß' beteiligt waren, und gab die Umbildung des Kabinetts sowie die Ernennung von Arthur Seyß-Inquart zum Sicherheitsminister bekannt. Am Tage darauf eilte dieser nach Berlin zu Hitler, um dessen Befehle entgegenzunehmen.

Seyß-Inquart, der erste in der Reihe der Quislinge, war ein umgänglicher, intelligenter junger Wiener Anwalt, der seit 1918 von dem brennenden Wunsch besessen war, Österreich und Deutschland vereint zu sehen. Diese Einstellung war in den ersten Nachkriegsjahren sehr populär. Am 12. November 1918, nach dem Sturz der Habsburgischen Monarchie und der Ausrufung der österreichischen Republik, hatte die provisorische Nationalversammlung einstimmig ein Staatsgrundgesetz angenommen, nach dem »Deutschösterreich ein Bestandteil der Deutschen Republik« sein sollte. Die siegreichen Alliierten hatten jedoch den Anschluß nicht zugelassen, und nachdem Hitler zur Macht gekommen war, bestand kein Zweifel, daß die Mehrheit der Österreicher gegen eine Vereinigung ihres kleinen Landes mit Deutschland war. Aber für Seyß-Inquart war der Nationalsozialismus, wie er in Nürnberg aussagte, der unerbittliche Verfechter des Anschlusses, und darum habe er ihn unterstützt. Er war der Partei nicht beigetreten und hatte auch an ihren Ausschreitungen nicht teilgenommen. Er wurde vielmehr von den österreichischen Nationalsozialisten als respektables Aushängeschild benutzt. Nach Abschluß des Juliabkommens von 1936 zum Staatsrat ernannt, konzentrierte er mit Hilfe von Papen und anderen deutschen Beamten und Agenten seine Bemühungen auf die Aushöhlung des Staates von innen. Seltsamerweise scheinen ihm sowohl Schuschnigg wie Miklas fast bis zum Ende getraut zu haben. Miklas, wie Schuschnigg ein frommer Katholik, bekannte später, die Tatsache, daß Seyß-Inquart ein »eifriger Kirchgänger« war, habe einen günstigen Eindruck auf ihn gemacht. Für Schuschnigg scheint außerdem noch bestimmend gewesen zu sein, daß Seyß-Inquart ebenso wie er selbst während des Ersten Weltkriegs bei den Tiroler Kaiserjägern gewesen war. Schuschnigg war, zu seinem Verhängnis, nicht imstande, einen Menschen nach wesentlicheren Zügen zu beurteilen. Vielleicht glaubte er, er könne seinen neuen Minister durch einfache Bestechung in Zaum halten. In seinem Buch erzählt er, welche magische Wirkung er ein Jahr vorher bei Seyß-Inquart mit 2000 Mark erzielt habe; damals habe der Staatsrat mit seinem Rücktritt gedroht, davon aber, nach Erhalt dieser Summe, Abstand genommen. Doch Hitler hatte dem ehrgeizigen jungen Anwalt mehr zu bieten, wie Schuschnigg bald erfahren sollte.

Am 20. Februar 1938 hielt Hitler die zum 30. Januar erwartete, aber wegen der Blomberg-Fritsch-Krise und der Machenschaften gegen Österreich verschobene Rede. Darin sprach er zwar in warmherzigen Worten von Schuschniggs »Verständnis« und seiner »aufrichtigen Bereitschaft«, die Beziehungen zwischen Österreich und Deutschland enger zu gestalten – ein Humbug, der Premierminister Chamberlain beeindruckte –, erteilte aber gleichzeitig eine Warnung, die, mochte sie auch London noch so sehr entgehen, in Wien – und in Prag – nicht auf taube Ohren stieß:

Über zehn Millionen Deutsche leben in zwei uns benachbarten Ländern ... Über eines soll man sich klar sein. Ihre staatliche Trennung vom Reich darf nicht dazu führen, daß man sie ihrer Rechte beraubt, das heißt, des Rechtes der Selbstbestimmung. Für eine Weltmacht ist es unerträglich, vor ihren Grenzen Volksgenossen zu wissen, die ständig aufs schwerste zu leiden haben, weil sie sich dem Gesamtvolk, seinem Schicksal und seiner Weltanschauung verbunden fühlen. Zu den Interessen des Deutschen Reiches gehört der Schutz jener deutschen Volksteile an unseren Grenzen, die nicht in der Lage sind, ihre politische und geistige Freiheit aus eigener Kraft zu sichern[17].

Das war ein unverhüllter Hinweis Hitlers, daß er fortan die Zukunft der sieben Millionen Österreicher und der dreieinhalb Millionen Sudetendeutschen in der Tschechoslowakei als eine Angelegenheit betrachtete, die das Dritte Reich anging.
Schuschnigg antwortete Hitler vier Tage später, am 24. Februar, in einer Rede vor dem österreichischen Bundestag, dessen Mitglieder, ebenso wie die des deutschen Reichstags, von einer Einparteiendiktatur ausgewählt worden waren. Trotz versöhnlicher Worte gegenüber Deutschland betonte Schuschnigg, Österreich sei mit seinen Zugeständnissen bis zu der Grenze gegangen, »an der wir Halt gebieten und sagen müssen: Bis hierher und nicht weiter!« Österreich werde niemals freiwillig seine Unabhängigkeit aufgeben, sagte er und schloß mit dem Ruf: »Rot-Weiß-Rot bis in den Tod!«
»Der 24. Februar«, schrieb Schuschnigg nach dem Krieg, »war für mich der entscheidende Tag.« Gespannt wartete er darauf, wie Hitler auf seine Rede reagieren würde. Papen telegrafierte am nächsten Tag nach Berlin und empfahl dem Auswärtigen Amt, die Rede nicht allzu ernst zu nehmen. Schuschnigg habe sich so nationalistisch gebärdet, um seine Stellung in Österreich wieder zu festigen; wegen der von ihm in Berchtesgaden gemachten Konzessionen werde in Wien gegen ihn intrigiert. In Papens Telegramm hieß es ferner: »Arbeit Innenministers Seyß-Inquart ... geht planmäßig ... vorwärts[18].« Papen, dessen langjährige irreguläre Tätigkeit in Österreich nun Früchte zu tragen begann, verabschiedete sich am Tag darauf offiziell von Schuschnigg und fuhr nach Kitzbühel zum Skilaufen.
Hitlers Rede vom 20. Februar, die von den österreichischen Sendern übertragen worden war, löste in ganz Österreich eine Reihe von nationalsozialistischen Massenkundgebungen aus. Am 24. Februar, während der Rundfunkübertragung von Schuschniggs Rede, besetzten in Graz Tausende von Nationalsozialisten den Rathausplatz, rissen die Lautsprecher herunter, holten die österreichische Flagge ein und hißten die Hakenkreuzfahne. Da die Polizei jetzt Seyß-Inquart unterstand, wurde nichts unternommen, um die Ausschreitungen zu stoppen. Schuschniggs Regierung stand vor dem Zusammenbruch. Nicht nur politisch, auch wirtschaftlich begann das Chaos. In großem Umfang hoben Ausländer wie Einheimische ihre Guthaben bei den Banken ab. In Wien hagelte es Auftragsannullierungen seitens beunruhigter ausländischer Firmen. Der Touristenverkehr, eine der Haupteinnahmequellen der österreichischen Wirtschaft, versiegte. Toscanini sagte »wegen der politischen Entwicklung in Österreich« sein Auftreten im

Rahmen der Salzburger Festspiele ab. Die Lage wurde so bedrohlich, daß der im Exil lebende Thronprätendent Otto von Habsburg von Belgien aus Schuschnigg einen Brief schrieb und ihn unter Hinweis auf seinen Treueid als ehemaliger Offizier der k. u. k. Armee beschwor, ihm, Otto von Habsburg, die Kanzlerschaft zu übertragen, wenn er glaube, daß ein solcher Schritt Österreich retten könne.

In seiner Verzweiflung wandte sich Schuschnigg an die österreichischen Arbeiter, deren Gewerkschaften und Partei, die SPÖ, er, nachdem Dollfuß sie im Jahre 1934 brutal zerschlagen, stets unterdrückt hatte. Die Sozialdemokraten hatten 42 Prozent der österreichischen Wählerschaft ausgemacht. Wäre Schuschnigg während der vergangenen vier Jahre auch nur ein einziges Mal imstande gewesen, über den engen Horizont seiner klerikal-faschistischen Diktatur hinauszublicken, und hätte er die Sozialdemokraten für eine gemäßigte, antinationalsozialistische demokratische Koalition gewonnen, dann wäre er mit den Anhängern Hitlers, einer verhältnismäßig kleinen Minderheit, leicht fertig geworden. Aber Schuschnigg besaß nicht das Format zu einem solchen Schritt. Menschlich zwar aufrecht und anständig, war er doch, wie gewisse andere Leute in Europa, zum Verächter der westlichen Demokratie und zum leidenschaftlichen Verfechter des autoritären Einparteiensystems geworden.

Aus den Fabriken und den Gefängnissen, aus denen viele von ihnen jüngst zusammen mit den Nationalsozialisten entlassen worden waren, folgten die Sozialdemokraten am 4. März geschlossen dem Ruf des Bundeskanzlers. Trotz allem, was ihnen widerfahren sei, sagten sie, seien sie bereit, der Regierung in der Verteidigung der Unabhängigkeit des Landes beizustehen. Sie forderten für sich lediglich, was Schuschnigg bereits den Nationalsozialisten zugestanden hatte: das Recht, eine eigene politische Partei zu bilden und für ihre Grundsätze zu werben. Schuschnigg willigte ein. Aber es war zu spät.

Am 3. März schrieb der stets wohlinformierte General Jodl in sein Tagebuch:

Die Frage Österreich wird kritisch. 100 Offz. sollen dorthin kdt. werden. Der Führer will sie persönlich sprechen. Sie sollen nicht dafür sorgen, daß die öster. Wehrmacht besser gegen uns kämpfen kann, sondern, daß sie überhaupt nicht kämpft[19].

In diesem kritischen Augenblick entschloß sich Schuschnigg zu einem letzten, verzweifelten Schritt, den er schon seit Ende Februar, als die Nationalsozialisten in der Provinz mehr und mehr die Oberhand gewannen, erwogen hatte. Er wollte eine Volksabstimmung abhalten. Er wollte dem österreichischen Volk die Frage vorlegen: »Für ein freies und unabhängiges, deutsches und christliches Österreich – Ja oder Nein[20].«

Bei der gegebenen Lage [schrieb Schuschnigg später] hielt ich den Augenblick für eine klare Entscheidung gekommen. Es schien nicht vertretbar, zu warten, bis mit dem Ablauf der Wochen zu den gebundenen Händen auch noch die Knebelung träte. Was auf dem Spiele stand, forderte zwingend den letzten, äußersten Einsatz[21].

Kurz nach seiner Rückkehr aus Berchtesgaden hatte Schuschnigg den Beschützer Österreichs, Mussolini, von Hitlers Drohungen in Kenntnis gesetzt und vom Duce umgehend die Antwort erhalten, Italiens Stellung gegenüber Österreich sei unverändert. Jetzt, am 7. März, schickte Schuschnigg seinen Militärattaché in Rom zu Mussolini und ließ ihm mitteilen, daß er angesichts der Ereignisse »wahrscheinlich zu einer Volksabstimmung Zuflucht nehmen müsse.« Der Duce riet ab: »*C'e un errore!*« (Das ist ein Fehler!) Schuschnigg solle bei seinem bisherigen Kurs bleiben. Die Lage werde sich bald bessern; die bevorstehende Entspannung zwischen Rom und London würde viel zur Behebung des Druckes beitragen. Das war das letzte, was Schuschnigg von Mussolini hörte.

Am Abend des 9. März gab Schuschnigg im Verlauf einer Rede, die er in Innsbruck hielt, bekannt, daß vier Tage später, am Sonntag, dem 13. März, eine Volksabstimmung stattfinden werde. Die unerwartete Neuigkeit rief bei Adolf Hitler einen Wutanfall hervor. Die erste Reaktion in Berlin schildert Jodl am 10. März in seinem Tagebuch:

Schuschnigg hat überraschend und ohne Beteiligung seiner Minister einen Volksentscheid für Sonntag 13. 3. angeordnet ... Führer ist entschlossen, das nicht zu dulden. Noch in der Nacht 9/10. 3. anruft er Göring, General v. Reichenau wird aus Kairo (Olymp. Komitee) zurückgerufen, Grl. v. Schobert bestellt, ebenso Minister Glaise-Horstenau, der ... in der Pfalz ist ... Ribbentrop wird in London festgehalten. Neurath übernimmt AA[22].

Am Tage darauf, Donnerstag, den 10. März, ging es in Berlin wie in einem Bienenkorb zu. Hitler hatte beschlossen, Österreich militärisch zu besetzen. Aber seine Generale, darüber besteht kein Zweifel, waren bestürzt. Wenn die für den Sonntag angesetzte Volksabstimmung Schuschniggs verhindert werden sollte, würde die Wehrmacht bis zum Samstag in Österreich einmarschieren müssen, und für einen so übereilten Schritt lagen keine Operationspläne vor. Keitel wurde für 10 Uhr zu Hitler bestellt. Doch bevor der General zur Reichskanzlei fuhr, beriet er sich mit Jodl und General Max von Viebahn, dem Chef des Wehrmachtführungsstabs. Jodl erinnerte dabei an das für den Fall eines Versuches, Otto von Habsburg auf den österreichischen Thron zu erheben, in Aussicht genommene »Unternehmen Otto«. Da sonst kein anderer Plan für eine militärische Aktion gegen Österreich existierte, ordnete Hitler an, »Fall Otto« vorzubereiten.

Keitel eilte in die Bendlerstraße zurück, um mit General Beck, dem Chef des Generalstabes, zu konferieren. Als er nach Einzelheiten des Plans »Otto« fragte, erwiderte Beck: »Wir haben nichts vorbereitet, nichts, gar nichts.« Nunmehr wurde Beck in die Reichskanzlei bestellt. Er nahm General von Manstein mit, der Berlin gerade verlassen wollte, um ein Divisionskommando zu übernehmen. Hitler erklärte ihnen, die Wehrmacht müsse bis Samstag für den Einmarsch in Österreich bereitstehen. Keiner der Generale erhob irgendwelchen Einwand gegen diese Aggressionsabsicht. Ihre einzige Sorge galt den mit einer so kurzfristig anberaumten Stegreifoperation verbundenen Schwierigkeiten. In die Bendlerstraße zurückgekehrt, begab sich Manstein an die Ausarbeitung der erforderlichen Befehle. Nach fünf Stunden, um 18 Uhr, war er damit fertig. Eine halbe Stunde später gingen, wie Jodl notiert, Mobilmachungsbefehle an drei Armeekorps und an die Luftwaffe hinaus. In der Nacht, um 2 Uhr früh, erließ Hitler die Weisung Nr. 1 für das »Unternehmen Otto«. Seine Hast war so groß, daß er den Befehl zu unterzeichnen versäumte. Erst am 11. März, 13 Uhr, wurde seine Unterschrift eingeholt.

1. Ich beabsichtige, wenn andere Mittel nicht zum Ziele führen, mit bewaffneten Kräften in Österreich einzurücken und dort verfassungsmäßige Zustände herzustellen und weitere Gewalttaten gegen die deutschgesinnte Bevölkerung zu unterbinden.
2. Den Befehl über das gesamte Unternehmen führe ich...
4. Die für das Unternehmen bestimmten Kräfte des Heeres und der Luftwaffe müssen ab 12. 3. 38 spätestens 12 Uhr einmarsch- bzw. einsatzbereit sein...
5. Das Verhalten der Truppe muß dem Gesichtspunkt Rechnung tragen, daß wir keinen Krieg gegen ein Brudervolk führen wollen... Daher ist jede Provokation zu vermeiden. Sollte es aber zum Widerstand kommen, so ist er mit größter Rücksichtslosigkeit durch Waffengewalt zu brechen...[23].

Einige Stunden später gab Jodl im Namen des Chefs des Oberkommandos der Wehrmacht eine ergänzende »streng geheime« Weisung heraus:

1. Werden tschechoslowakische Truppen oder Milizverbände in Österreich angetroffen, so sind sie als Feind zu betrachten.
2. Die Italiener sind allerorts als Freunde zu begrüßen, zumal Mussolini sich an der Lösung der österreichischen Frage uninteressiert erklärt hat[24].

Die mögliche Reaktion Mussolinis war für Hitler Gegenstand der Besorgnis gewesen. Am Nachmittag des 10. März hatte er Prinz Philipp von Hessen mit einem Brief für den Duce im Sonderflugzeug nach Rom geschickt. In dem Brief (der übrigens das Datum vom 11. März trug) teilte er dem italienischen Diktator die geplante Aktion mit und bat ihn um Verständnis. Das Schreiben, ein einziges Lügengewebe, was seine Verhandlung mit Schuschnigg und die, wie er dem Duce versicherte, »sich der Anarchie nähernden« Zustände in Österreich betraf, begann mit einer so handgreiflich falschen Behauptung, daß Hitler sie bei der späteren Veröffentlichung des Briefes in Deutschland fallenließ[25]. Österreich und die Tschechoslowakei, schrieb er, hätten sich verschworen, die Habsburger wiedereinzusetzen, um so »ein Gewicht von mindestens zwanzig Millionen Menschen notfalls gegen Deutschland in die Waage werfen zu können«. Sodann umriß er die von ihm an Schuschnigg gestellten Forderungen, die, wie er Mussolini versicherte, »mehr als gemäßigt waren«, sprach von deren Nichterfüllung und nannte schließlich »die sogenannte Volksbefragung« einen »Hohn«:

In meiner Verantwortung als Führer und Kanzler des Deutschen Reiches und auch als Sohn dieser Scholle kann ich nicht länger dieser Entwicklung der Ereignisse untätig zusehen.

Ich bin entschlossen, nunmehr in meiner Heimat Ordnung und Ruhe wiederherzustellen und dem Willen des Volkes die Möglichkeit zu geben, über sein eigenes Schicksal in unmißverständlicher, klarer und offener Weise nach seinem Urteil zu entscheiden ...
Wie auch immer die Art sein möge, in der diese Volksabstimmung vollzogen werden soll, habe ich heute den Wunsch, Sie, Exzellenz, als den Duce des faschistischen Italiens in feierlicher Weise einer Sache zu versichern:
1. Sehen Sie in diesem Vorgehen nichts anderes als einen Akt nationaler Notwehr und daher eine Handlung, die jeder Mann von Charakter an meinem Posten in der gleichen Weise vollbringen würde. Auch Sie, Exzellenz, könnten nicht anders handeln, wenn das Schicksal von Italienern auf dem Spiel stände ...
2. In einer für Italien kritischen Stunde habe ich Ihnen die Festigkeit meiner Gefühle bewiesen. Zweifeln Sie nicht daran, daß auch in Zukunft in dieser Hinsicht nichts geändert wird.
3. Was immer auch die Folge der nächsten Ereignisse sein möge, ich habe eine klare deutsche Grenze gegenüber Frankreich gezogen und ziehe jetzt eine ebenso klare gegenüber Italien. Es ist der Brenner ...

Mit immer gleicher Freundschaft
Ihr
Adolf Hitler[26]

SCHUSCHNIGGS ZUSAMMENBRUCH

Am Abend des 10. März ging Schuschnigg zu Bett, ohne etwas von den fieberhaften Vorbereitungen jenseits der Grenze zu ahnen, doch fest überzeugt, wie er später bezeugte, daß die Volksbefragung für Österreich erfolgreich ausgehen und von den Nationalsozialisten »nicht sonderlich gestört« werden würde[27]. Ja, noch am selben Abend hatte Seyß-Inquart ihm versichert, daß er die Volksabstimmung unterstützen und sich für sie in einer Rundfunkrede einsetzen wolle.
Morgens um halb sechs Uhr wurde Schuschnigg durch einen Telefonanruf geweckt. Am Apparat meldete sich Dr. Skubl, der österreichische Polizeichef. Die Deutschen, sagte er, hätten die Grenze bei Salzburg geschlossen und den Eisenbahnverkehr zwischen beiden Ländern stillgelegt. Wie man höre, würden an der österreichischen Grenze deutsche Truppen zusammengezogen.
Eine Stunde später begab Schuschnigg sich ins Bundeskanzleramt am Ballhausplatz. Dort war alles ruhig; während der Nacht waren nicht einmal alarmierende Depeschen von österreichischen Auslandsmissionen eingetroffen. Er rief das Polizeipräsidium an und bat, rings um die Innenstadt und die Regierungsgebäude sicherheitshalber Polizeiposten aufzustellen. Dann rief er seine Kabinettskollegen zusammen. Wer nicht erschien, war Seyß-Inquart. Schuschnigg vermochte ihn nirgendwo zu erreichen. Der

Minister befand sich nämlich im Wiener Flughafen. Er hatte Papen zum Flugzeug gebracht, der am Abend vorher nach Berlin berufen worden und um 6 Uhr früh mit einer Sondermaschine abgeflogen war. Jetzt wartete Quisling Nr. 1 auf die Ankunft von Quisling Nr. 2 – Glaise-Horstenau –, der aus Berlin Hitlers Anweisungen bezüglich der Volksabstimmung überbringen sollte.

Um 10 Uhr erschienen die beiden Herren dann bei Schuschnigg. Sie teilten ihm mit, Hitler sei wütend und verlange die Absage der Volksbefragung. Nach mehrstündiger Beratung mit Präsident Miklas, seinen Kabinettskollegen und Dr. Skubl willigte Schuschnigg ein, Hitlers Forderung nachzugeben. Der Polizeichef hatte ihm widerstrebend gestanden, daß sich die Regierung nicht mehr auf die Polizei verlassen könne: Sie sei stark mit Nationalsozialisten durchsetzt, die auf Grund des Berchtesgadener Ultimatums wieder in ihre Posten eingesetzt worden seien. Andererseits war Schuschnigg überzeugt, daß die Armee und die Miliz der Vaterländischen Front – der offiziellen Regierungspartei – kämpfen würden. Aber in diesem kritischen Augenblick beschloß Schuschnigg, Hitler nicht länger die Stirn zu bieten. Wie er sagt, habe er Blutvergießen unter Deutschen vermeiden wollen.

Um 2 Uhr rief er Seyß-Inquart zu sich und sagte ihm, er werde die Volksabstimmung absagen. Seyß-Inquart stürzte anschließend ans Telefon, um Göring in Berlin zu unterrichten. Aber die Nationalsozialisten sahen in der Konzession eines nachgiebigen Opponenten nur die Einleitung von weiteren Zugeständnissen. Göring und Hitler gingen nun aufs Ganze. Was dann folgte, die ganze Reihe der von Drohungen und Lügen gespickten Telefongespräche, ist – ironischerweise – von Görings eigenem »Forschungsamt« mitstenographiert worden. Die Umschriften wurden nach dem Krieg im deutschen Luftfahrtministerium gefunden und liefern Aufschluß darüber, wie Österreichs Schicksal im Laufe von 27 Telefongesprächen besiegelt wurde[28].

Als Seyß-Inquart um 2.45 Uhr zum erstenmal anrief, sagte ihm Göring, die Vertagung der Volksabstimmung genüge nicht; nach Rücksprache mit Hitler werde er ihn wieder anrufen. Das geschah um 3.05 Uhr. Göring befahl: Schuschnigg habe zurückzutreten, und Seyß-Inquart müsse innerhalb von zwei Stunden zum Kanzler ernannt werden. Göring sprach auch von »dem verabredeten Telegramm«, das Seyß-Inquart dem Führer schicken solle. Hier wird zum erstenmal ein Telegramm erwähnt, das während der ganzen hektischen Vorgänge der nächsten Stunden eine Rolle spielen und Hitler als Rechtfertigung für seine Aggression dienen sollte.

Seyß-Inquart erhielt den Wortlaut des Telegramms von Wilhelm Keppler, Hitlers Sonderbevollmächtigten in Österreich, der am Nachmittag aus Berlin eintraf, um Papens Geschäfte zu übernehmen. Das Telegramm lautete:

Die provisorische österreichische Regierung, die nach der Demission der Regierung Schuschnigg ihre Aufgabe darin sieht, Ruhe und Ordnung in Österreich wiederherzustellen, richtet an die deutsche Regierung die dringende Bitte ... um baldmöglichste Entsendung deutscher Truppen.

Bei seiner Vernehmung in Nürnberg behauptete Seyß-Inquart, er habe sich geweigert, ein solches Telegramm abzuschicken, da Ruhe und Ordnung in Österreich nicht gestört gewesen seien. Keppler bestand jedoch darauf, eilte ins Bundeskanzleramt und besaß die Unverschämtheit, sich dort bei Seyß-Inquart und Glaise-Horstenau ein provisorisches Büro einzurichten. Wieso Schuschnigg es zuließ, daß sich Eindringlinge und Verräter im österreichischen Regierungsgebäude in dieser entscheidenden Stunde einnisteten, ist unfaßlich, aber er tat es. Wahrscheinlich kam der höfliche, aber völlig konsternierte Kanzler nicht auf den Gedanken, sie hinauszuwerfen.
Er hatte sich entschlossen, Hitlers Druck nachzugeben und zurückzutreten. Noch während seiner Besprechung mit Seyß-Inquart hatte er ein Telefongespräch nach Rom angemeldet. Aber der Duce war nicht erreichbar, und einige Zeit später ließ Schuschnigg die Gesprächsanmeldung streichen. Mussolini um Hilfe zu bitten, erschien ihm jetzt als »eine Zeitvergeudung«. Einige Minuten später, Schuschnigg befand sich bei Präsident Miklas, um ihn zu bewegen, seinen Rücktritt anzunehmen, brachte ein Beamter des Außenamts die Meldung: »Die italienische Regierung erklärt, wenn sie konsultiert wird, in der gegenwärtigen Lage keinen Rat erteilen zu können.« In der Stunde der Not wurde Österreich von seinem großsprecherischen Beschützer verlassen.
Präsident Miklas, dieser feste, aufrechte Mann, nahm zwar widerstrebend Schuschniggs Rücktrittsgesuch an, weigerte sich aber, Seyß-Inquart zum Nachfolger zu ernennen. »Das ist ganz ausgeschlossen, niederzwingen lassen wir uns nicht.« Er beauftragte Schuschnigg, den Deutschen mitzuteilen, ihr Ultimatum sei abgelehnt[29].
Das wurde um 17.30 Uhr von Seyß-Inquart prompt an Göring berichtet.

GÖRING: *Also bitte folgendes: Sie möchten sich sofort zusammen mit dem Generalleutnant Muff zum Bundespräsidenten begeben und ihm sagen, wenn nicht unverzüglich die Forderungen, wie bekannt, Sie kennen sie, angenommen werden, dann erfolgt heute nacht der Einmarsch der bereits an der Grenze aufmarschierten und anrollenden Truppen auf der ganzen Linie, und die Existenz Österreichs ist vorbei! ... Sagen Sie ihm, es gibt keinen Spaß jetzt ... Der Einmarsch wird nur dann aufgehalten, und die Truppen bleiben an der Grenze stehen, wenn wir bis 7.30 Uhr die Meldung haben, daß der Miklas die Bundeskanzlerschaft Ihnen übertragen hat ... Lassen Sie dann im ganzen Land jetzt die Nationalsozialisten hochgehen. Sie dürfen überall jetzt auf die Straße gehen. Also bis 7.30 Uhr Meldung ... Wenn der Miklas das nicht in vier Stunden kapierte, muß er jetzt eben in vier Minuten kapieren.*

Aber der resolute Präsident blieb noch standhaft.
Um 18.30 Uhr war Göring wieder am Apparat und verlangte Keppler und Seyß-Inquart zu sprechen. Beide sagten ihm, der Präsident weigere sich nach wie vor.

GÖRING: *Dann soll Seyß-Inquart ihn absetzen! Gehen Sie noch mal zu ihm rauf und sagen Sie ihm klipp und klar, ... in fünf Minuten werden auf meinen Befehl die Truppen einmarschieren.*

Muff und Keppler stellten daraufhin dem Präsidenten ein zweites Ultimatum: Wenn er nicht innerhalb einer Stunde nachgebe, würden deutsche Truppen einmarschieren. »Ich habe den beiden Herren erklärt«, sagte Miklas später, »daß ich das Ultimatum ablehne.«

Um diese Zeit beherrschten die österreichischen Nationalsozialisten bereits die Straßen um das Bundeskanzleramt. Als ich gegen 18 Uhr, aus der Klinik zurückkehrend, in der meine Frau nach einer schweren Geburt um ihr Leben rang, aus der U-Bahnstation Karlsplatz herauskam, sah ich mich umringt von einer in die Innenstadt flutenden hysterisch schreienden Menge. Es waren die verzerrten Gesichter, die ich von den Nürnberger Reichsparteitagen kannte. Man brüllte: »Sieg Heil! Heil Hitler! Hängt Schuschnigg!« Die Polizei, die ich nur wenige Stunden vorher einen kleinen NS-Trupp mühelos auseinandertreiben sah, stand jetzt grinsend abseits.
Schuschnigg hörte das Trampeln und Schreien der Menge, und der Lärm beeindruckte ihn. Er eilte zum Präsidenten und machte einen letzten Versuch, ihn umzustimmen.

Aber der Bundespräsident bleibt fest. Er will keinen Nationalsozialisten ernennen. Auf mein Drängen, Seyß-Inquart zu berufen, sagt er: »Also läßt man mich in der entscheidenden Stunde ganz allein!« Ich kann mir nicht helfen; ich sehe keinen anderen Ausweg als Seyß-Inquart; denke an all das, was er mir versichert hatte, und klammere mich als rettenden Strohhalm an den Gedanken, daß er – laut Fama – praktizierender Katholik und ein anständiger Mensch sei[30].

An diesen Strohhalm klammerte sich Schuschnigg bis zuletzt.
Er schlug nun dem Präsidenten vor, daß er, Schuschnigg, über den Rundfunk die Gründe für seinen Rücktritt bekanntgebe und sich vom österreichischen Volk verabschiede. Miklas war damit, wie Schuschnigg sagt, einverstanden, was indes der Präsident später abstritt. Es war die ergreifendste Rundfunkrede, die ich je gehört habe. Das Mikrophon stand etwa fünf Schritte von der Stelle entfernt, an der Dollfuß ermordet worden war.

... Die deutsche Regierung hat heute Bundespräsident Miklas ein zeitlich befristetes Ultimatum überreicht und von ihm verlangt, eine von der deutschen Regierung genannte Persönlichkeit zum Bundeskanzler zu ernennen, ... andernfalls würden deutsche Truppen in Österreich einmarschieren.
Ich erkläre vor der Welt, daß die von Deutschland aus lancierten Berichte von Arbeiterunruhen, Blutvergießen und einer Entwicklung, über die die österreichische Regierung keine Gewalt mehr habe, von A bis Z erlogen sind. Bundespräsident Miklas hat mich gebeten, dem österreichischen Volk zu sagen, daß wir vor der Gewalt zurückgewichen sind, weil wir selbst in dieser furchtbaren Stunde nicht bereit sind, Blut zu vergießen. Wir haben beschlossen, den Truppen zu befehlen, keinen Widerstand zu leisten[31].
So nehme ich Abschied vom österreichischen Volk mit einem Wort, das mir aus tiefstem Herzen kommt: Gott schütze Österreich.

Jetzt ging es noch um das von Hitler gewünschte Telegramm, das seinen Einmarsch rechtfertigen sollte. Nach Papen, der unterdessen in Berlin in der Reichskanzlei gewesen war, befand Hitler sich in »einem an Hysterie grenzenden Zustand«. Der hartnäckige österreichische Bundespräsident brachte ihm seine Pläne durcheinander. Aber Seyß-Inquart schickte auch nicht das geforderte Telegramm. Außer sich vor Wut, erließ er am Abend des 11. März, 20.45 Uhr, den Einmarschbefehl[32]. Drei Minuten später, um 20.48 Uhr, ließ Göring sich mit Keppler verbinden.

GÖRING: *Er [Seyß-Inquart] braucht das Telegramm ja gar nicht zu schicken, er braucht nur zu sagen: Einverstanden.*

Eine Stunde später rief Keppler wiederum in Berlin an: »Sagen Sie bitte dem Generalfeldmarschall, daß Seyß-Inquart einverstanden wäre[33].«
Als ich am Tage darauf in Berlin eintraf, sprang mir eine schreiende Schlagzeile des *Völkischen Beobachters* in die Augen: *Deutschösterreich vom Chaos errettet.* In dem Blatt standen von Goebbels erfundene unglaubliche Geschichten, Schilderungen von sozialistischen Unruhen in Wien, von Kämpfen, Erschießungen, Plünderungen. Und als DNB-Meldung war auch das »Telegramm« abgedruckt, von dem es hieß, es sei am Abend vorher von Seyß-Inquart an Hitler geschickt worden. Nach dem Krieg wurden tatsächlich zwei Exemplare des von Göring diktierten »Telegramms« im Archiv des deutschen Auswärtigen Amtes gefunden. Wie sie dorthin gelangt waren, erläuterte später Papen. Sie seien, sagt er, nachträglich vom Reichspostminister angefertigt und zu den Akten gelegt worden.

Hitler hatte den ganzen Nachmittag und Abend über voller Nervosität nicht nur auf Miklas' Kapitulation, sondern auch auf ein Wort von Mussolini gewartet. Das Schweigen des Duce wurde ihm allmählich unheimlich. Um 22.25 Uhr rief in der Reichskanzlei Prinz Philipp von Hessen aus Rom an. Hitler ergriff selbst den Hörer. Görings Forschungsamt stenographierte folgendes Gespräch mit:

PRINZ: *Ich komme eben zurück aus dem Palazzo Venezia. Der Duce hat die ganze Angelegenheit sehr freundlich aufgenommen. Er läßt Sie sehr herzlich grüßen . . .*
HITLER *(außer sich vor Erleichterung und Freude): Dann sagen Sie Mussolini bitte, ich werde ihm das nie vergessen.*
PRINZ: *Jawohl.*
HITLER: *Nie, nie, nie, es kann sein, was sein will. Ich bin bereit, ein ganz anderes Abkommen mit ihm zu treffen.*
PRINZ: *Jawohl. Das habe ich ihm auch schon gesagt.*
HITLER: *Wenn die österreichische Sache jetzt aus dem Wege geräumt ist, bin ich bereit, mit ihm durch dick und dünn zu gehen, das ist mir alles gleichgültig.*
PRINZ: *Jawohl, mein Führer.*
HITLER: *Passen Sie mal auf – ich mache jetzt auch jedes Abkommen – ich fühle mich jetzt auch nicht mehr in der furchtbaren Lage, die wir doch eben militärisch hatten für*

den Fall, daß ich in den Konflikt gekommen wäre. Sie können ihm das nur mal sagen, ich lasse ihm wirklich danken, ich werde ihm das nie, nie vergessen.

PRINZ: *Jawohl, mein Führer.*

HITLER: *Ich werde ihm das nie vergessen, es kann sein, was sein will. Wenn er jemals in irgendeiner Not oder irgendeiner Gefahr sein sollte, dann kann er überzeugt sein, daß ich auf Biegen und Brechen zu ihm stehe, da kann sein, was da will, wenn sich auch die Welt gegen ihn erheben würde.*

PRINZ: *Jawohl, mein Führer*[34].

Und was taten nun in diesem entscheidenden Augenblick Großbritannien und Frankreich und der Völkerbund, um der deutschen Aggression gegen ein friedliches Nachbarland Einhalt zu gebieten? Nichts! Frankreich war im Augenblick wieder einmal ohne Regierung. Am Donnerstag, dem 10. März, war Ministerpräsident Chautemps mit seinem Kabinett zurückgetreten. Den ganzen Freitag über, als Göring seine ultimativen Forderungen nach Wien telefonierte, gab es in Paris niemanden, der hätte handeln können. Erst am 13. März, nach vollzogenem Anschluß, kam unter Léon Blum eine neue französische Regierung zustande.

Und England? Am 20. Februar, eine Woche nach Schuschniggs Kapitulation in Berchtesgaden, war Außenminister Anthony Eden zurückgetreten, und zwar hauptsächlich, weil er mit der von Premierminister Chamberlain gegenüber Mussolini verfolgten *Appeasement*-Politik nicht einverstanden war. An Edens Stelle war Lord Halifax getreten, was in Berlin begrüßt wurde. Nicht minder beifällig wurde in Berlin die Erklärung aufgenommen, die Chamberlain nach dem Berchtesgadener Ultimatum vor dem Unterhaus abgab. Die deutsche Botschaft in London gab am 4. März in einer Depesche nach Berlin ausführlich Chamberlains Äußerungen wieder:

Was [in Berchtesgaden] geschehen sei, sei weiter nichts, als daß sich zwei Staatsmänner über gewisse Maßnahmen für die Verbesserung der Beziehungen zwischen ihren beiden Ländern geeinigt hätten ... Vom rechtlichen Standpunkt aus schien es kaum möglich, darauf zu beharren, daß, einzig deswegen, weil zwei Staatsmänner sich über gewisse interne Änderungen in einem der beiden Länder geeinigt hätten, die in dem Interesse der Beziehungen der beiden Länder zueinander wünschenswert gewesen seien, dieses eine Land sich gegenüber dem anderen seiner Unabhängigkeit begeben hätte. Er glaube vielmehr, daß diejenigen, die die Rede des österreichischen Bundeskanzlers vom 24. 11. gelesen hätten, mit ihm übereinstimmten, daß diese Rede nichts enthalte, was den Eindruck vermitteln könne, als ob der Bundeskanzler [Schuschnigg] selber an die Aufgabe der Unabhängigkeit seines Landes glaube[35].

Bedenkt man, daß die britische Gesandtschaft in Wien, wie ich mich selbst überzeugen konnte, Chamberlain über die Einzelheiten von Hitlers Berchtesgadener Ultimatum unterrichtet hatte, dann muß man sich wirklich über seine Unterhausrede vom 2. März wundern[36]. Aber für Hitler war sie erfreulich. Nunmehr wußte er, daß er in Österreich einmarschieren konnte, ohne mit Komplikationen seitens Englands rechnen zu müssen. Am 9. März war der inzwischen zum Außenminister ernannte Ribbentrop in London eingetroffen, um dort seine Geschäfte als bisheriger Botschafter abzuwickeln. Er führte lange Unterredungen mit Chamberlain, Halifax, dem König und dem Erzbischof von Canterbury. Von Chamberlain und Halifax hatte er, wie er nach Berlin berichtete, einen »sehr guten Eindruck«. Nach einer ausgedehnten Besprechung mit Lord Halifax schrieb Ribbentrop am 10. März an Hitler persönlich: »Was wird nun England tun, falls die österreichische Frage nicht friedlich gelöst werden kann?« Grundsätzlich hätten ihn seine Londoner Besprechungen davon überzeugt, »daß England gegenwärtig von sich aus nichts dagegen unternehmen will[37]«.

Am Freitag, dem 11. März, war Ribbentrop zum Lunch in der Downing Street, als ein Bote des Foreign Office Chamberlain dringende Depeschen überbrachte, die die bestürzenden Nachrichten aus Wien enthielten. Erst wenige Minuten vorher hatte Chamberlain Ribbentrop gebeten, dem Führer seinen aufrichtigen Wunsch zu übermitteln, »die deutsch-englischen Beziehungen zu bereinigen«. Jetzt, nach Empfang der schlechten Nachricht aus Österreich, hob der Premierminister die Tafel auf und begab sich mit seinen Mitarbeitern und Ribbentrop in sein Arbeitszimmer, wo er dem peinlich berührten deutschen Außenminister zwei Telegramme der Wiener britischen Gesandtschaft vorlas, in denen von Hitlers Ultimatum die Rede war. »Stimmungsmäßig«, berichtete Ribbentrop an Hitler, »fand die Aussprache in einer gespannten Atmosphäre statt, wobei der sonst so ruhige Lord Halifax erregter war als Chamberlain, der jedenfalls nach außen Ruhe und Besonnenheit zeigte.« Ribbentop bezweifelte »die Richtigkeit der Nachrichten«, womit er seine Gastgeber beschwichtigt zu haben scheint, denn »die Verabschiedung erfolgte in durchaus angenehmen Formen; auch Halifax war wieder ruhig[38]«.

Immerhin wies dann Chamberlain seinen Botschafter Henderson in Berlin an, dem amtierenden Außenminister Neurath mitzuteilen, daß die britische Regierung, falls die Berichte über das deutsche Ultimatum an Österreich auf Wahrheit beruhten, »sich zu einem energischen Protest gezwungen sehen würde«. Aber ein formeller diplomatischer Protest zu dieser späten Stunde war die geringste von Hitlers Sorgen. Am nächsten Tag, dem 12. März, während bereits deutsche Truppen in Österreich einströmten, erwiderte Neurath hochmütig, die deutsch-österreichischen Beziehungen seien allein Sache des deutschen Volkes und gingen die britische Regierung nichts an. Er wiederholte dann die Lüge, daß es kein deutsches Ultimatium an Österreich gegeben habe und daß die Truppen lediglich auf »dringendes« Ersuchen der neuen österreichischen Regierung entsandt worden seien. Er verwies den britischen Botschafter auf das »bereits in der deutschen Presse veröffentlichte« Telegramm[39].

Das einzige, was Hitler am Abend des 11. Februar ernsthafte Sorge gemacht hatte, war Mussolinis Reaktion[40]. Allerdings machte man sich in Berlin auch einige Gedanken über die mögliche Haltung der Tschechoslowakei. Doch der unermüdliche Göring schaffte bald darüber Klarheit. Obwohl er mit seinen telefonischen Direktiven für den Wiener

Staatsstreich genügend zu tun hatte, veranstaltete er am Abend im *Haus der Flieger* einen prunkvollen Empfang für rund tausend hohe Diplomaten und Beamte, bei dem das Orchester, die Sänger und das Ballett der Staatsoper auftraten. Als der tschechische Gesandte in Berlin, Dr. Mastny, erschien, nahm der ordengeschmückte Feldmarschall ihn sofort beiseite. Er gab ihm sein Ehrenwort, daß die Tschechoslowakei von Deutschland nichts zu befürchten habe, daß der Einmarsch deutscher Truppen in Österreich »lediglich eine Familienangelegenheit« sei und daß Hitler die Beziehungen zu Prag zu verbessern wünsche. Als Gegenleistung erbat er die Zusicherung, daß die Tschechoslowakei nicht mobilmachen werde. Dr. Mastny verließ den Empfang, rief den Prager Außenminister an und kehrte zurück, um Göring zu sagen, daß sein Land nicht mobilmachen werde. Die Tschechoslowakei habe nicht die Absicht, sich in die österreichischen Ereignisse einzumischen. Göring war erleichtert und wiederholte – diesmal im Auftrag Hitlers, wie er hinzufügte – die bereits gegebenen Zusicherungen.

Möglicherweise trifft es wirklich zu, daß an jenem Abend nicht einmal der scharfsinnige Präsident der Tschechoslowakei, Eduard Benesch, erkannte, daß das Ende Österreichs auch das Ende der Tschechoslowakei bedeutete. Zumindest in Europa gab es Leute, die die tschechische Regierung für kurzsichtig hielten. Die Tschechoslowakei, so argumentierten sie, gerate durch die Besetzung Österreichs, durch die sie an drei Seiten von deutschen Truppen umgeben sein würde, in eine strategisch verhängnisvolle Lage. Ihr Eingreifen zugunsten Österreichs, behauptete man weiter, hätte Rußland, Frankreich und England wie auch den Völkerbund auf den Plan gerufen und das Dritte Reich in einen Konflikt verwickelt, dem die Deutschen nicht gewachsen waren. Also hätten die Tschechen in der Nacht des 11. März handeln sollen. Aber die nachfolgenden Ereignisse, auf die wir bald eingehen werden, machen alle solche Argumente hinfällig. Einige Zeit später, als die beiden westlichen Demokratien und der Völkerbund noch größeren Anlaß hatten, Hitler Einhalt zu gebieten, schraken sie davor zurück. Wie dem auch sei, an jenem ereignisreichen Tage erging kein Appell Schuschniggs an London, Paris, Prag oder Genf. Er hielt es wohl, wie seinen Memoiren zu entnehmen ist, für Zeitvergeudung. Präsident Miklas hingegen stand, wie er später bezeugte, unter dem Eindruck, daß die österreichische Regierung, nachdem sie Paris und London unverzüglich über das deutsche Ultimatum unterrichtet hatte, mit der französischen und der britischen Regierung den ganzen Nachmittag über »im Gespräch« verblieben sei, um über deren »Einstellung« Gewißheit zu erlangen.

Als dann deutlich wurde, daß Paris und London nichts anderes als leere Proteste im Sinne hatten, gab Präsident Miklas auf. Kurz vor Mitternacht berief er Seyß-Inquart zum Bundeskanzler und akzeptierte dessen Ministerliste. »Man ließ mich ganz allein, drinnen und draußen«, bemerkte er später voller Erbitterung.

Nach Abfassung einer grandiosen Proklamation an das deutsche Volk, in der er sich, um seine Aggression zu rechtfertigen, wie üblich über die Wahrheit hinwegsetzte und den Östereichern versprach, daß sie bald in »einer wirklichen Volksabstimmung« ihr Schicksal bestimmen könnten – Goebbels verlas sie am 12. März mittags über die deutschen und österreichischen Sender –, machte sich Hitler auf den Weg in sein Geburtsland. Er wurde begeistert empfangen. In allen Dörfern, die eilig geschmückt worden waren, jubelten ihm die Massen zu. Am Nachmittag erreichte er sein erstes Ziel, Linz, wo er einst zur Schule gegangen war. Hier bereitete man ihm einen tumultuarischen Empfang, der Hitler tief bewegte. Am nächsten Tag sandte er Mussolini ein Telegramm: »Duce, das werde ich Ihnen nie vergessen« und legte anschließend einen Kranz am Grabe seiner Eltern in Leonding nieder. Dann kehrte er nach Linz zurück und hielt eine Rede.

Als ich einst aus dieser Stadt auszog, trug ich in mir genau dasselbe gläubige Bekenntnis, das mich heute erfüllt. Ermessen Sie meine innere Ergriffenheit, nach so langen Jahren dieses gläubige Bekenntnis in Erfüllung gebracht zu haben. Wenn die Vorsehung mich einst aus dieser Stadt heraus zur Führung des Reiches berief, dann muß sie mir damit einen Auftrag erteilt haben, und es kann nur ein Auftrag gewesen sein, meine teure Heimat dem Deutschen Reich wiederzugeben. Ich habe an diesen Auftrag geglaubt, habe für ihn gelebt und gekämpft, und ich glaube, ich habe ihn jetzt erfüllt.

Am Nachmittag des 12. März war Seyß-Inquart in Begleitung von Himmler zur Begrüßung Hitlers nach Linz geflogen und hatte stolz verkündet, Artikel 88 des Friedensvertrags von St. Germain – der Artikel erklärte, daß Österreichs Unabhängigkeit unantastbar sei und vom Völkerbund garantiert werde – sei nunmehr null und nichtig. Damit indes war der vom Enthusiasmus der Österreicher berauschte Hitler nicht zufrieden. Er beorderte den Unterstaatssekretär Dr. Wilhelm Stuckart, den Innenminister Frick eiligst nach Wien geschickt hatte, um ein Gesetz zu entwerfen, das Hitler zum Präsidenten von Österreich machen sollte, umgehend nach Linz. Zu seiner nicht gelinden Überraschung wurde der Staatsrechtler, wie er später in Nürnberg aussagte, vom Führer angewiesen, »ein Gesetz zu entwerfen, das den direkten totalen Anschluß beinhaltete[41]«.
Den Gesetzentwurf legte Stuckart am Sonntag, dem 13. März, an dem Schuschniggs Volksabstimmung hatte stattfinden sollen, der neugebildeten österreichischen Regierung in Wien vor. Präsident Miklas verweigerte die Unterschrift. Aber Seyß-Inquart, der mit Präsidialvollmachten ausgestattet worden war, unterzeichnete den Entwurf, flog am Abend nach Linz zurück und präsentierte ihn seinem Führer. Mit dem Gesetz wurde Österreichs Schicksal besiegelt. Artikel I lautete: »Österreich ist ein Land des Deutschen Reiches.« Hitler vergoß Freudentränen[42]. Das sogenannte Wiedervereinigungsgesetz wurde in Linz am gleichen Tag auch von der deutschen Regierung verkündet. Es trug die Unterschriften Hitlers, Görings, Ribbentrops, Fricks und Heß'. Das Gesetz sah für den 10. April »eine freie und geheime Volksabstimmung der über zwanzig Jahre alten deutschen Männer und Frauen Österreichs über die Wiedervereinigung mit dem Deutschen Reich« vor. Auch die Reichsdeutschen sollten, so verkün-

dete Hitler am 18. März, gleichzeitig mit den Neuwahlen zum Reichstag über den Anschluß abstimmen.

Seinen triumphalen Einzug in Wien, wo er so lange als Obdachloser gelebt hatte, hielt Hitler erst am Nachmittag des 14. März. Für die Verzögerung gab es zwei unvorhergesehene Anlässe. Trotz der fieberhaften Erwartung der Österreicher, den Führer in ihrer Hauptstadt zu sehen, benötigte Himmler einen Tag mehr für seine Sicherheitsvorkehrungen. Er hatte bereits Tausende von »Unzuverlässigen" verhaftet – in wenigen Wochen sollten es allein in Wien 79000 sein. Sodann waren die vielgerühmten deutschen Panzer unterwegs steckengeblieben. Nach Jodl hatten siebzig Prozent aller gepanzerten Fahrzeuge auf den Straßen zwischen Salzburg, Passau und Wien Pannen, nach General Guderian, dem Kommandeur der Panzertruppen, allerdings nur dreißig Prozent. Wie es auch gewesen sein mag, Hitler war über den Aufschub wütend. Er blieb nur eine Nacht in Wien, wo er im Hotel *Imperial* abstieg.

Doch die triumphale Rückkehr in die ehemalige Kaiserstadt, die ihn, wie er meinte, in seiner Jugend abgelehnt und zu einem Leben in der Gosse verurteilt habe, jetzt aber mit unbeschreiblichem Jubel empfing, konnte nur dazu angetan sein, seine Stimmung wieder zu heben. Der allgegenwärtige Papen, der von Berlin nach Wien geflogen war, um an den Festlichkeiten teilzunehmen, traf Hitler auf der Tribüne gegenüber der Hofburg in einem Zustand an, den man, wie Papen später schrieb, nicht anders als ekstatisch bezeichnen konnte[43].

Hitlers Ekstase behielt noch in den nächsten vier Wochen, in denen er kreuz und quer durch Deutschland und Österreich reiste, um das Volk zu einem Ja zum Anschluß aufzupeitschen, die Oberhand. Aber in seinen überschwenglichen Reden versäumte er keine Gelegenheit, Schuschnigg zu verunglimpfen und seine abgestandenen Lügen über das Zustandekommen des Anschlusses an den Mann zu bringen. In seiner Reichstagsrede vom 18. März behauptete er, Schuschnigg habe mit dem »Volksabstimmungstrick« sein »Wort gebrochen«; so etwas könne »nur ein verrückter, verblendeter Mann« tun. Am 25. März, bei einer Rede in Königsberg, war aus dem »Volksabstimmungstrick« eine »lächerliche Komödie« geworden. Es seien Briefe gefunden worden, behauptete Hitler, die bewiesen, daß Schuschnigg ihn vorsätzlich getäuscht und eine Ergänzung des Berchtesgadener Abkommens hinauszuschieben versucht habe, »um in einer günstigeren Stunde das Ausland gegen Deutschland aufzuhetzen«.

Eine Demonstration in Wien, die am 9. April, dem Vorabend der Wahl stattfand, bildete den Abschluß von Hitlers Wahlkampagne. Der Mann, der einst in dieser Stadt vagabundiert, inzwischen aber die Macht an sich gerissen hatte, die einmal die Hohenzollernkönige innehatten, und der nun auch die der habsburgischen Kaiser übernahm, fühlte sich als Gottgesandter.

Ich glaube, daß es Gottes Wille war, von hier einen Knaben in das Reich zu schicken, ihn groß werden zu lassen, ihn zum Führer der Nation zu erheben, um es ihm zu er-

möglichen, seine Heimat in das Reich hineinzuführen. Es gibt eine höhere Bestimmung, und wir alle sind nichts anderes als ihre Werkzeuge.

Als am 9. März Herr Schuschnigg sein Abkommen brach, da fühlte ich in dieser Sekunde, daß der Ruf der Vorsehung an mich ergangen war. Und was sich dann abspielte in drei Tagen, war auch nur denkbar im Vollzug eines Wunsches und Willens der Vorsehung.

In drei Tagen hat der Herr sie geschlagen ... Und mir wurde am Tage des Verrats die Gnade des Allmächtigen zuteil, der mich befähigte, mein Heimatland mit dem Reich zu vereinigen ... Möge am morgigen Tag jeder Deutsche die Stunde erkennen, sie ermessen, und möge er sich in Demut verbeugen vor dem Willen des Allmächtigen, der in wenigen Wochen ein Wunder an uns vollzogen hat[44].

Daß eine Mehrheit der Österreicher, die am 13. März zweifellos Schuschnigg ihr Ja gegeben hätte, es nun am 10. April Hitler geben würde, war vorauszusehen. Viele glaubten aufrichtig, daß ein Zusammenschluß mit Deutschland, selbst mit einem nationalsozialistischen Deutschland, wünschenswert und unausbleiblich sei und daß Österreich, dem 1918 sein großes slawisches und ungarisches Hinterland genommen worden war, auf die Dauer nicht als selbständiges Land, sondern nur als Bestandteil des Deutschen Reiches existieren könne. Hinzu kamen die Nationalsozialisten und die Konjunkturritter, die deren Reihen rasch und stark auffüllten. Sodann auch viele Katholiken, die zweifellos beeinflußt wurden durch eine weitverbreitete Erklärung des Kardinals Innitzer, in der er den Nationalsozialismus für Österreich begrüßte und empfahl, mit Ja zu stimmen[45].

Es hätte indes schon Mut dazu gehört, eine Nein-Stimme abzugeben. Wie in Deutschland fürchteten auch die österreichischen Wähler nicht ohne Grund, daß ihre Wahlzettel kontrolliert würden. Zufällig hatte ich am Abend des Wahltags, eine halbe Stunde nach Schließung der Wahllokale, als erst wenige Stimmen gezählt sein konnten, eine Rundfunksendung. Bevor ich meine Sendung durchgab, sagte mir ein nationalsozialistischer Beamter, 99 Prozent der Österreicher hätten mit Ja gestimmt. Das war fast genau die später bekanntgegebene amtliche Zahl; 99,08 Prozent in Großdeutschland, 99,75 Prozent in Österreich.

Und so verschwand Österreich – als Österreich – vorübergehend aus der Geschichte: sogar sein Name wurde von dem rachsüchtigen Österreicher ausgelöscht. Aus Österreich wurde die »Ostmark«. Doch auch diese Bezeichnung ließ man bald fallen und teilte das Land in Gaue ein, die in etwa den früheren Bundesländern, wie Tirol, Salzburg, Steiermark und Kärnten, entsprachen. Wien wurde eine Stadt wie jede andere im Reich, ein reines Verwaltungszentrum. Die Enttäuschung der Österreicher konnte nicht ausbleiben.

In den ersten paar Wochen führten sich die Wiener Nationalsozialisten schlimmer auf, als ich es irgendwo in Deutschland gesehen hatte. Es war eine Orgie des Sadismus.

Tag für Tag wurden zahlreiche Juden und Jüdinnen herangeholt, um von den Häuserwänden Schuschniggs Wahlparolen abzuschrubben und die Rinnsteine zu reinigen. Während sie unter Aufsicht höhnisch grinsender SA-Leute auf den Knien arbeiteten, sammelten sich Menschenmengen an, die sie verspotteten. Hunderte von jüdischen Männern und Frauen wurden auf der Straße ergriffen und mußten öffentliche Bedürfnisanstalten und Klosetts der SA- und SS-Quartiere säubern. Zehntausende kamen ins Gefängnis. Ihre Besitztümer wurden beschlagnahmt oder gestohlen. Ich selbst beobachtete von meiner Wohnung in der Plosslgasse aus, wie SS-Trupps aus dem benachbarten Palais Rothschild fuhrenweise Silbergegenstände, Teppiche, Gemälde und anderes Beutegut herausholten. Baron Louis Rothschild selbst konnte später seinen Auszug aus Wien durch Übertragung seiner Stahlwerke an die Hermann-Göring-Werke erkaufen. Bis zum Kriegsausbruch gelang es etwa der Hälfte der 180 000 Wiener Juden, sich ihre Auswanderung dadurch zu erkaufen, daß sie den Nationalsozialisten Besitz und Vermögen aushändigten.

Diesen lukrativen Handel mit menschlicher Freiheit besorgte ein von Heydrich im Rahmen der SS eingerichtetes Amt für jüdische Auswanderung, die einzige Stelle, die befugt war, Juden das Verlassen des Landes zu genehmigen. Geleitet wurde das Amt von Anfang bis zu Ende von einem Nationalsozialisten mit Namen Karl Adolf Eichmann, der wie Hitler in Linz zur Schule gegangen war. Aus diesem Amt für Auswanderung wurde schließlich ein Amt für Ausrottung: es organisierte die Abschlachtung von über vier Millionen Menschen, überwiegend Juden. Himmler und Heydrich hatten auch ihren Aufenthalt in Österreich während der ersten Wochen nach dem Anschluß wahrgenommen, um in Mauthausen bei Enns am nördlichen Donauufer ein riesiges Konzentrationslager anzulegen. Es machte zuviel Scherereien, Tausende von Österreichern in die deutschen Konzentrationslager zu transportieren. Gegen Ende des Dritten Reiches indes befanden sich in Mauthausen mehr Nichtösterreicher als Österreicher, und es sollte unter den deutschen Konzentrationslagern (die Vernichtungslager im Osten gehörten nicht hierzu) den zweifelhaften Ruhm erlangen, mit seinen amtlich registrierten Hinrichtungen – 35 318 in sechseinhalb Jahren – an der Spitze zu stehen.

Trotz des Gestapo-Terrors in der Zeit nach dem Anschluß strömten die Deutschen scharenweise nach Österreich hinein, wo es noch mancherlei zu kaufen gab, was in Deutschland knapp geworden war, und wo man in schönen Gebirgs- und Seenlandschaften billig Urlaub machen konnte. Deutsche Geschäftsleute und Bankiers eilten herbei, um die enteigneten Unternehmen von Juden und Gegnern des Nationalsozialismus für einen Bruchteil ihres Wertes aufzukaufen. Zu ihnen gehörte auch Dr. Schacht, der trotz seines Streits mit Hitler immer noch Reichsminister (ohne Portefeuille) und Reichsbankpräsident war. Er war hocherfreut über den Anschluß. Als er noch vor der Hitlerschen Volksabstimmung in Wien eintraf, um die österreichische Nationalbank der Reichsbank anzugliedern, hielt er eine Rede vor dem Personal der österreichischen Bank. Sich belustigend über die Kritik der ausländischen Presse an Hitlers Vorgehen gegen Österreich, behauptete Dr. Schacht, der Anschluß sei »die Folge der zahllosen Treuebrüche und brutalen Vergewaltigungen, die das Ausland uns gegenüber angewandt hat«.

Gott sei Dank... Adolf Hitler schuf eine Gemeinschaft des deutschen Wollens und Denkens, er stützte sie durch eine wiedererstarkte Wehrmacht, und damit brachte er schließlich die innere Vereinigung zwischen Österreich und Deutschland auch in ihre äußere Form...
[Kein] einziger wird bei uns seine Zukunft finden, der nicht mit vollem Herzen zu Adolf Hitler steht... Die Reichsbank wird immer nur nationalsozialistisch sein, oder ich werde nicht mehr ihr Leiter sein.

Dann nahm Dr. Schacht dem österreichischen Personal das Gelöbnis ab, »dem Führer treu und gehorsam [zu] sein«.
»Ein schlechter Kerl, der's bricht!« rief er. »Unserem Führer ein dreifaches Siegheil[46]!«

Inzwischen war Dr. Schuschnigg verhaftet und einer so schmachvollen Behandlung unterworfen worden, daß man nur annehmen kann, Hitler selbst habe sie angeordnet. Vom 12. März bis 28. Mai wurde er unter Hausarrest gehalten. Während dieser Zeit wandte die Gestapo alle nur erdenklichen Tricks an, seinen Schlaf zu stören. Dann wurde er in das Wiener Gestapo-Hauptquartier im Hotel *Metropol* überführt, wo er für die nächsten eineinhalb Jahre in einem winzigen Zimmer des fünften Stockwerks eingeschlossen blieb. Hier zwang man ihn, mit dem Handtuch, das man ihm für seinen persönlichen Gebrauch gegeben hatte, die Stuben, Waschbecken, Abfalleimer und Klosetts der SS-Wachen zu reinigen sowie andere von der Gestapo ersonnene grobe Arbeit zu verrichten. Bis zum 11. März, dem ersten Jahrestag seines Sturzes, hatte er 58 Pfund abgenommen, doch im Bericht des SS-Arztes hieß es, sein Zustand sei ausgezeichnet. Die Jahre der Einzelhaft und des späteren Lebens »unter lebenden Leichnamen« in den schlimmsten deutschen Konzentrationslagern wie Dachau und Sachsenhausen hat Dr. Schuschnigg in seinem Buch *Ein Requiem in Rot-Weiß-Rot* geschildert.
Kurz nach seiner Verhaftung wurde dem verwitweten Schuschnigg erlaubt, in Abwesenheit die Gräfin Vera Czernin zu heiraten. In den letzten Kriegsjahren durfte sie mit ihrem 1941 geborenen Kind sein Leben in den Konzentrationslagern teilen. Wie sie die Schrecken der Haft überstanden, ist ein Wunder. Gegen Ende des Krieges teilten sie ihr Los mit zahlreichen anderen prominenten Opfern des Hitlerschen Zorns, wie Dr. Schacht, Léon Blum und Frau, Pastor Niemöller, Generalen und Prinz Philipp von Hessen, dessen Gattin, Prinzessin Mafalda, die Tochter des Königs von Italien, 1944 von der SS in Buchenwald umgebracht worden war – einer der Vergeltungsakte Hitlers für Victor Emanuels Übertritt zu den Alliierten.
Am 1. Mai 1945 wurde die Gruppe der prominenten Häftlinge in aller Eile von Dachau aus nach Süden transportiert, damit sie nicht von den vorrückenden Amerikanern befreit werde. Man schaffte sie in ein Tiroler Gebirgsdorf. Die SS-Offiziere zeigten

Schuschnigg eine Liste all derer, die auf Himmlers Befehl vor Eintreffen der Alliierten liquidiert werden sollten. Auf der Liste stand auch sein Name und der Name seiner Frau. Schuschniggs Mut sank. Ein grausiger Gedanke, so viele Jahre überstanden zu haben, und dann in der letzten Minute erschossen zu werden!

Doch am 4. Mai konnte Schuschnigg in sein Tagebuch eintragen:

2 Uhr nachmittags – Alarm – die Amerikaner!

Eine amerikanische Frontkompanie übernimmt das Hotel und uns in ihre Obhut. Wir sind befreit!

Ohne einen Schuß abgegeben zu haben und ohne ein Eingreifen Großbritanniens, Frankreichs oder Rußlands, deren Streitkräfte ihn hätten überwältigen können, hatte Hitler sein Reich um sieben Millionen Untertanen vermehrt und eine strategische Position von ungeheurem Wert für seine Zukunftspläne gewonnen. Nicht nur flankierten jetzt seine Armeen die Tschechoslowakei von drei Seiten, er besaß auch mit Wien das Tor zum Südosten Europas.

Doch am wichtigsten war wohl für Hitler, daß weder England noch Frankreich einen Finger gerührt hatten. Am 14. März nahm Chamberlain im Unterhaus Stellung zu dem von Hitler in Österreich geschaffenen *Fait accompli,* und die deutsche Botschaft in London berichtete in dringenden Telegrammen fortlaufend über die sich anschließende Debatte. Von dieser Seite brauchte Hitler nicht viel zu fürchten. »Bittere Tatsache ist«, erklärte Chamberlain, »daß nichts das Geschehene hätte aufhalten können – es sei denn, unser Land und andere Länder wären bereit gewesen, Gewalt anzuwenden.«

Der britische Premierminister war jedoch, wie Hitler klar wurde, nicht nur abgeneigt, Gewalt anzuwenden, er war auch nicht willens, mit den anderen Großmächten über Maßnahmen gegen künftige deutsche Schritte zu beraten. Am 17. März hatte die Sowjetregierung eine Konferenz der Großmächte innerhalb oder außerhalb des Völkerbunds vorgeschlagen, auf der vorbeugende Mittel gegen weitere deutsche Aggressionen erwogen werden sollten. Doch Chamberlain hatte für eine solche Konferenz nichts übrig. »Solch eine Konferenz«, sagte er am 24. März im Unterhaus, »würde nur die Tendenz zur Bildung von Staatengruppen verstärken, was die Aussicht auf Frieden in Europa unvermeidlich verschlechtern würde.« Offenbar übersah er dabei die Achse Berlin-Rom und den deutsch-italienisch-japanischen Antikominternpakt, oder er nahm diese nicht ernst.

In derselben Rede verkündete Chamberlain einen Beschluß seiner Regierung, der Hitler noch mehr erfreut haben dürfte. Die britische Regierung, sagte er, lehne es rundheraus ab, der Tschechoslowakei für den Fall, daß sie angegriffen werde, Hilfe zuzusichern und Frankreich, falls es auf Grund des französisch-tschechischen Bündnisses um Beistand gebeten werde, Unterstützung zu garantieren. Diese öffentliche Erklärung kam Hitler in erheblichem Maße zustatten. Er wußte nun, daß England auch nichts unternehmen werde, wenn er sich seinem nächsten Opfer zuwandte. Und würde sich dann Frankreich nicht ebenfalls zurückhalten? Er war davon überzeugt, wie aus den Geheimdokumenten der nächsten Monate deutlich hervorgeht. Schließlich wußte er, daß nach den Verträgen zwischen Rußland, Frankreich und der Tschechoslowakei die Sowjetunion nicht verpflichtet war, den Tschechen zu helfen, solange Frankreich nicht den ersten Schritt tat.

Am 21. April, elf Tage nach der nationalsozialistischen Volksabstimmung in Österreich, ließ Hitler General Keitel, den Chef des OKW, zu sich kommen und besprach mit ihm den »Fall Grün«.

XII

Der Weg nach München

»Fall Grün« war der Deckname des Operationsplanes für einen Überraschungsangriff gegen die Tschechoslowakei. Der erste Entwurf des Plans war, wie wir sahen, am 24. Juni 1937 von Feldmarschall von Blomberg vorgelegt worden, und in der berühmten Besprechung vom 5. November 1937 hatte Hitler seinen Generalen auseinandergesetzt, es habe »der Überfall auf die Tschechei blitzartig schnell« und möglicherweise »bereits im Jahre 1938« zu erfolgen [1].

Es war klar, daß jetzt, nach der leichten Eroberung Österreichs, »Fall Grün« aktuell wurde. Der Plan mußte dem neuesten Stand der Dinge angepaßt werden. Daher bestellte Hitler am 21. April 1938 Keitel zu sich. Am Tage darauf machte Major Rudolf Schmundt, der neue militärische Adjutant des Führers, einen Vermerk über die Besprechung, die er nach drei Gesichtspunkten (»A. Politisch, B. Militärische Folgerungen, C. Propaganda«) zusammenfaßte [2].

»Strategischer Überfall aus heiterem Himmel ohne jeden Anlaß oder Rechtfertigungsmöglichkeit«, so notierte Schmundt, »wird [von Hitler] abgelehnt. Da Folge: feindliche Weltmeinung, die zu bedenklicher Lage führen kann.« Die zweite Alternative: »Handeln nach einer Zeit diplomatischer Auseinandersetzungen, die sich allmählich zuspitzen und zum Kriege führen« hielt Hitler für »unerwünscht, da ›Grün‹ [Tschechoslowakei] Sicherheitsmaßnahmen getroffen haben wird«. Er war, im Augenblick zumindest, für eine dritte Alternative: »Blitzartiges Handeln auf Grund eines Zwischenfalls (z. B. Ermordung des dtsch. Gesandten im Anschluß an eine deutschf[ein]dl[iche] Demonstration) [3].« Ein solcher »Zwischenfall« war, wie erinnerlich, eine Zeitlang als Rechtfertigung für den Einmarsch in Österreich geplant: das Opfer hatte Papen sein sollen. In Hitlers Gangsterwelt waren offenbar deutsche Diplomaten entbehrlich.

Der Oberste Kriegsherr – wie man Hitler jetzt nennen konnte, nachdem er persönlich den Oberbefehl über die Wehrmacht übernommen hatte – führte General Keitel die Notwendigkeit schnellen Vorgehens vor Augen:

Politisch sind die ersten vier Tage militärischen Handels die entscheidenden. Bleiben durchschlagende militärische Erfolge aus, so tritt mit Sicherheit eine europäische Krise ein. Vollendete Tatsachen müssen von Aussichtslosigkeit milit. Eingreifens überzeugen, Verbündete auf den Plan rufen (Teilung der Beute!), Grün demoralisieren.

Was die Propaganda anging, so war die Zeit noch nicht reif, Dr. Goebbels zu beanspruchen. Hitler sprach lediglich von »Flugblättern für das Verhalten der Deutschen im Grünland« und von Flugblättern »mit Drohungen zur Einschüchterung der Grünen«.

Die tschechoslowakische Republik, die Hitler nunmehr zu vernichten gedachte, war ein Geschöpf der den Deutschen so verhaßten Friedensverträge, aber auch ein Werk zweier bedeutender tschechischer Intellektueller: Thomas Masaryk, Sohn eines Kutschers und Autodidakt, nachmals bekannter Gelehrter und erster Präsident der Republik; und Eduard Benesch, ein Bauernsohn, der in Prag und in Frankreich studiert hatte und, nachdem er fast ununterbrochen Außenminister gewesen war, 1935 anstelle Masaryks Präsident wurde. Aus dem Habsburger Reich herausgeschnitten, das im 16. Jahrhundert das alte Königreich Böhmen erworben hatte, entwickelte sich die Tschechoslowakei in den Jahren nach ihrer Gründung zu einem der fortschrittlichsten und blühendsten Länder Mitteleuropas.

Aber da sie aus verschiedenen Nationalitäten zusammengesetzt war, hatte sie von Anfang an mit einem Problem zu tun, das sie im Lauf der zwanzig Jahre nicht völlig bewältigt hatte. Es war die Minderheitenfrage. Im Lande lebten eine Million Ungarn, eine halbe Million Ruthenen und 3,25 Millionen Sudetendeutsche. Diese Völker blickten sehnsüchtig auf ihr jeweiliges »Mutterland«, Ungarn, Rußland oder Deutschland, wobei freilich zu sagen ist, daß die Sudetendeutschen niemals zum Deutschen Reich, sondern stets zu Österreich (bzw. zum Heiligen Römischen Reich deutscher Nation) gehört hatten. Zumindest verlangten diese Minderheiten mehr Autonomie, als ihnen zugestanden worden war. Das verlangten sogar die Slowaken, die etwa ein Viertel der zehn Millionen Tschechoslowaken ausmachten.

Verglichen mit Minderheiten in anderen Ländern standen sich zwar die Minoritäten in der Tschechoslowakei nicht schlecht. Sie erfreuten sich nicht nur aller demokratischen und bürgerlichen Rechte, sondern konnten auch bis zu gewissem Grad eigene Schulen und Kulturinstitute unterhalten. Oft waren Minderheitenführer Minister in der Zentralregierung. Dennoch ließen die Tschechen, die sich noch nicht ganz von der jahrhundertelangen Unterdrückung im alten Österreich erholt hatten, in bezug auf die Lösung des Minderheitenproblems viel zu wünschen übrig. Sie waren oft chauvinistisch und taktlos. Vor allem beanstandeten die Minoritätengruppen, daß die tschechische Regierung das von Masaryk und Benesch auf der Pariser Friedenskonferenz von 1919 gegebene Versprechen, ein Kantonalsystem nach Schweizer Vorbild einzurichten, nicht erfüllt habe.

Den Sudetendeutschen ging es – ironischerweise, bedenkt man die kommenden Ereignisse – leidlich gut im tschechoslowakischen Staat – jedenfalls besser als den anderen Minderheiten im Lande und auch besser als den deutschen Minderheiten in Polen oder im faschistischen Italien. Sie erbosten sich über kleinliche Schikanen von tschechischen Subalternbeamten und über die Diskriminierung, die sie bisweilen von Prag erfuhren. Es fiel ihnen schwer, sich mit dem Verlust ihrer unter den Habsburgern genossenen dominierenden Stellung abzufinden. Aber da sie als geschlossener Bevölkerungsteil in jenen nordwestlichen und südwestlichen Gebieten der neuen Republik lebten, in denen sich der größte Teil der Landesindustrie zusammenballte, ging es ihnen wirtschaftlich gut, und im Lauf der Jahre entwickelte sich zwischen ihnen und den Tschechen ein relativ harmonisches Verhältnis, wobei sie allerdings fortgesetzt auf größere Autonomie und stärkere Berücksichtigung ihrer sprachlichen und kulturellen Rechte drängten. Bis zu Hitlers Aufstieg gab es keine ernstzunehmende politische Bewegung, die mehr gefordert hätte. Die meisten Sudetendeutschen wählten die Sozialdemokraten und andere demokratische Parteien.

1933 jedoch, als Hitler Kanzler wurde, befiel die Sudetendeutschen der nationalsozialistische Virus. In diesem Jahr wurde unter Führung des Sportlehrers Konrad Henlein die *Sudetendeutsche Partei* (SDP) gegründet. Von 1935 an erhielt die Partei vom deutschen Auswärtigen Amt geheime Zuschüsse in Höhe von 15 000 Mark monatlich[4]. Innerhalb weniger Jahre eroberte sie sich die Mehrheit der Sudetendeutschen. Nur die Sozialdemokraten und Kommunisten hielten sich abseits. Zur Zeit des Anschlusses war Henleins Partei, die seit drei Jahren von Berlin aus gelenkt wurde, bereit, zu tun, was Adolf Hitler verlangte.

Vierzehn Tage nach der Annexion Österreichs eilte Henlein zum Befehlsempfang nach Berlin, wo er am 28. März mit Hitler, Ribbentrop und Heß drei Stunden lang hinter verschlossenen Türen verhandelte. Wie aus einem Aktenvermerk des Auswärtigen Amtes zu entnehmen ist, instruierte ihn Hitler dahingehend, »daß von seiten der SDP Forderungen gestellt werden sollten, die für die tschechische Regierung unannehmbar sind«. Henlein selbst faßte die Ansicht des Führers wie folgt zusammen: »Wir müssen also immer so viel fordern, daß wir nicht zufriedengestellt werden können[5].«

So bildete denn die Notlage der deutschen Minderheit in der Tschechoslowakei für Hitler lediglich einen Vorwand, ein Land, das er begehrte, zu unterminieren, dessen Freunde zu verwirren und irrezuführen und seine wahren Absichten zu verbergen. Welche Absichten das waren, hatte er am 5. November 1937 in der Besprechung mit den Oberbefehlshabern und in den ersten Weisungen zum «Fall Grün« klargemacht: Er wollte den tschechoslowakischen Staat zerstören und sein Gebiet mitsamt der Bevölkerung dem Dritten Reich einverleiben. Das wurde trotz der Annexion Österreichs von den Staatsmännern Englands und Frankreichs nicht erkannt. Fast bis zuletzt waren Chamberlain und Daladier – wie auch der größte Teil der übrigen Welt – anscheinend des aufrichtigen Glaubens, daß Hitler lediglich Gerechtigkeit für seine Volksgenossen in der Tschechoslowakei wünsche.

Mit fortschreitendem Frühling gaben sich denn auch die Regierungen Englands und Frankreichs alle Mühe, die tschechische Regierung zur Gewährung weitreichender Konzessionen an die Sudetendeutschen zu drängen. Am 3. Mai berichtete der neue deutsche Botschafter in London, Herbert von Dirksen, nach Berlin, Lord Halifax habe ihm mitgeteilt, er werde in Kürze »einen entsprechenden Schritt in Prag unternehmen, durch den erreicht werden soll, daß Benesch den Sudetendeutschen das höchstmögliche Entgegenkommen zeige[6]«. Hitler und Ribbentrop dürften hocherfreut gewesen sein, daß die britische und die französische Regierung so eifrig bemüht waren, ihnen zu helfen. Doch in diesem Stadium war es mehr denn je notwendig, die deutschen Ziele zu verbergen. Am 12. Mai flog Henlein nach London zu Besprechungen mit Sir Robert Vansittart im Foreign Office, stattete aber vorher Ribbentrop einen geheimen Besuch ab und holte sich Instruktionen. Die zu verfolgende Richtlinie wurde von Weizsäcker schriftlich niedergelegt: »Herr Henlein wird in London ableugnen, auf Weisung von Berlin zu handeln ... Schließlich will Henlein von einer tatsächlich erfolgenden schrittweisen Dekomposition des tschechoslowakischen Staates sprechen, um dadurch diejenigen Kreise zu entmutigen, welche ihren Einsatz für dieses Staatsgebilde heute noch für nützlich halten[7].« Am selben Tag telegrafierte der deutsche Gesandte in Prag an Ribbentrop, es müsse Vorsorge dafür getroffen werden, daß seine Gesandtschaft, wenn sie Geld und Weisungen an die Sudetendeutsche Partei übermittle, gedeckt werde.

Am 14. Mai suchte Hugh R. Wilson, der amerikanische Botschafter in Berlin, Weizsäcker auf, um mit ihm die Sudetenfrage zu besprechen. Man sagte ihm, deutscherseits werde befürchtet, daß die tschechische Regierung vorsätzlich eine europäische Krise heraufbeschwöre, um die »Dekomposition der Tschechoslowakei« zu verhindern. Zwei Tage später richtete Major Schmundt im Auftrage Hitlers, der sich zu der Zeit auf dem Obersalzberg befand, an das OKW die telegrafische Anfrage: »Welche Divisionen an Grenze Grün im Mob-Fall in zwölf Stunden marschbereit?« Generalleutnant Zeitzler aus dem OKW antwortete umgehend: »Zwölf Stück in Garnisonen.« Hitler war damit nicht zufrieden. Er telegrafierte zurück: »Bitte Nummern der zwölf Divisionen.« Im Antworttelegramm wurden zehn Infanteriedivisionen mit ihren Nummern sowie eine Panzer- und eine Gebirgsjägerdivision aufgeführt[8].

Hitler drängte zum Handeln. Am 17. Mai verlangte er vom OKW präzise Auskunft über die sogenannte tschechische Maginotlinie im Sudetenland entlang der Grenze. Zeitzler gab noch am selben Tag in einem langen, »streng geheimen« Telegramm eine ins einzelne gehende Auskunft über die tschechischen Verteidigungsanlagen. Er verhehlte nicht, daß sie außerordentlich stark waren[9].

DIE ERSTE KRISE: MAI 1938

An dem mit Freitag, dem 20. Mai, beginnenden Wochenende spitzten sich die Dinge zu. Es war die sogenannte *Maikrise.* Im Lauf der folgenden 48 Stunden steigerte sich bei den Regierungen in London, Paris, Prag und Moskau die Panik derartig, daß man glaubte, Europa stehe dichter vor einem Krieg als irgendwann seit 1914. Möglicherweise waren die neuen deutschen Pläne für einen Angriff auf die Tschechoslowakei durchgesickert, die das OKW ausgearbeitet hatte und an jenem Freitag Hitler vorlegte. Jedenfalls war man zumindest in London und Prag überzeugt, daß Hitler im Begriff stehe, einen Angriff gegen die Tschechoslowakei zu unternehmen. Aus dieser Überzeugung heraus begannen die Tschechen mobilzumachen, und England, Frankreich und Rußland trugen angesichts der von ihnen befürchteten, unmittelbar bevorstehenden deutschen Aggression eine Festigkeit und Einigkeit zur Schau, wie sie sie erst wieder im Zweiten Weltkrieg zeigen sollten, als sie beinahe schon vernichtet waren.

Der »Entwurf für die neue Weisung ›Grün‹«, den Keitel am 20. Mai zum Obersalzberg schickte, ist ein interessantes und bezeichnendes Dokument. Er ist ein Musterbeispiel für die Art nationalsozialistischer Angriffsplanung, die die Welt später kennenlernen sollte. Darin heißt es:

Es liegt nicht in meiner Absicht, die Tschechoslowakei ohne Herausforderung schon in nächster Zeit durch eine militärische Aktion zu zerschlagen, es sei denn, daß eine unabwendbare Entwicklung ... innerhalb *[Hervorhebung im Original] der Tschechoslowakei dazu zwingt, oder die politischen Ereignise in Europa eine besonders günstige und vielleicht nie wiederkehrende Gelegenheit dazu schaffen*[10].

Erwogen wurden drei »politische Möglichkeiten für den Beginn der Aktion«. Die erste, »ein Überfall ohne geeigneten äußeren Anlaß«, wurde verworfen.

Die Aktion wird vielmehr ausgelöst werden entweder:
a) nach einer Zeit zunehmender diplomatischer Auseinandersetzungen und Spannungen, die mit militärischen Vorbereitungen verknüpft sind und die dazu genützt werden, die Kriegsschuld dem Gegner zuzuschieben, oder
b) durch blitzschnelles Handeln auf Grund eines ernsten Zwischenfalls, durch den Deutschland in unerträglicher Weise provoziert wird und wenigstens einem Teil der Weltöffentlichkeit gegenüber die moralische Berechtigung zu militärischen Maßnahmen gibt.
Militärisch und politisch günstiger ist der Fall b).

Was die militärische Operation an sich anging, so müsse sie in vier Tagen einen Erfolg bringen, der »den interventionslüsternen gegnerischen Staaten die Ausichtslosigkeit der tschechischen militärischen Lage vor Augen führt, sowie den Staaten, die territoriale Ansprüche an die Tschechoslowakei haben, einen Anreiz zum sofortigen Eingreifen gegen die Tschechoslowakei gibt«. Bei den letzteren Staaten dachte man an Ungarn und Polen. Ob Frankreich seinen Verpflichtungen gegenüber den Tschechen nachkommen würde, zog man in Zweifel. Aber »Versuche Rußlands, die Tschechoslowakei militärisch zu unterstützen, sind aller Voraussicht nach zu erwarten«.

Hinsichtlich Frankreichs machten sich das OKW, oder zumindest Keitel und Hitler, in der Tat wenig Sorge: »Für den Westen ist ein Mindestmaß an Kräften als etwa notwendig werdende Rückendeckung vorzusehen.«

Die Masse aller Kräfte muß für den Einbruch in die Tschechoslowakei angesetzt werden ... Die Masse des Heeres hat die Aufgabe ..., das tschechische Heer zu schlagen und Böhmen und Mähren so schnell wie möglich zu besetzen.

Es sollte ein totaler Krieg sein, und es war die erste Weisung, in der die Bedeutung der Propaganda- und Wirtschaftskriegsführung hervorgehoben wurde.

Der Propagandakrieg *[Hervorhebung im Original] muß einerseits die Tschechei durch Drohungen einschüchtern und ihre Wirtschaftskraft zermürben, andererseits den nationalen Minderheiten Anweisungen zur Unterstützung des Waffenkrieges geben und die Neutralen in unserem Sinne beeinflussen.*
Der Wirtschaftskrieg *[Hervorhebung im Original] hat die Aufgabe, alle der Wirtschaft zur Verfügung stehenden Mittel einzusetzen, um den endgültigen Zusammenbruch der Tschechei zu beschleunigen ... Im Verlauf der Operationen ist es wertvoll, durch schnelle Erkundung und Wiederingangsetzung wichtiger Betriebe möglichst bald zur Gesamtstärkung der wehrwirtschaftlichen Kraft beizutragen. Aus diesem Grunde kann Schonung der tschechischen Industrie- und Werkanlagen – soweit die militärischen Operationen es gestatten – für uns ausschlaggebende Bedeutung haben.*

Dieses nationalsozialistische Angriffsmodell sollte im wesentlichen unverändert bleiben und mit verblüffendem Erfolg so lange angewandt werden, bis – viel später – der aufgescheuchten Welt die Augen aufgingen.

Am 20. Mai, kurz nach Mittag, traf in Berlin ein dringendes Telegramm des deutschen Gesandten in Prag ein: Der tschechische Außenminister habe ihm soeben telefonisch mitgeteilt, daß seine Regierung über Meldungen von deutschen Truppenansammlungen in Sachsen beunruhigt sei. Er habe dem Außenminister erwidert, es bestehe nicht der geringste Grund zur Besorgnis, jedoch bitte er Berlin, ihn umgehend darüber zu informieren, was im Gange sei.
Damit setzte die fieberhafte diplomatische Tätigkeit an jenem Wochenende ein, das Europa in Angst und Schrecken versetzte. Woher der britische und der tschechische Geheimdienst von deutschen Truppenansammlungen an der tschechischen Grenze erfahren hatten, ist, soviel ich weiß, niemals ans Tageslicht gekommen. Doch ohnehin gab es für ein noch unter dem durch die Besetzung Österreichs hervorgerufenen Schock stehenden Europa mehrere Sturmzeichen. Am 19. Mai hatte eine Leipziger Zeitung über deutsche Truppenbewegungen berichtet. Henlein hatte bekanntgegeben, seine *Sudetendeutsche Partei* habe am 9. Mai die Verhandlungen mit der tschechischen Regierung abgebrochen, und man wußte, daß er am 14. Mai, nach seiner Rückkehr aus London, in Berchtesgaden Station gemacht hatte und immer noch bei Hitler war. Im Sudetenland war es zu Schießereien gekommen. Und Dr. Goebbels' Propagandamaschine hatte den ganzen Mai über wilde Geschichten vom »Tschechenterror« gegen die Sudetendeutschen verbreitet. Die Spannung schien auf dem Höhepunkt angelangt zu sein.
Nun gab es zwar gewisse, im Zusammenhang mit den Frühjahrsmanövern stehende deutsche Truppenbewegungen, aber auf irgendeine plötzliche Konzentration an der tschechischen Grenze deutet kein einziges der erbeuteten deutschen Dokumente hin. Im Gegenteil, unter den Akten des deutschen Auswärtigen Amtes befinden sich zwei vom

21. Mai datierte Schreiben von Oberst Jodl vom OKW, worin er der Wilhelmstraße vertraulich versichert, es habe weder in Schlesien noch in Niederösterreich, »abgesehen von friedensmäßigen Manövern«, eine derartige Truppenkonzentration gegeben. Das hieß freilich nicht, daß die Grenze zur Tschechoslowakei von deutschen Truppen entblößt gewesen wäre. Wie wir sahen, hatte das OKW Hitler auf sein Ersuchen hin am 16. Mai die Auskunft gegeben, es stünden an der »Grenze Grün« zwölf Divisionen für den Mobilmachungsfall »in zwölf Stunden marschbereit«.

Hatte vielleicht der tschechische oder der britische Geheimdienst von dem Telegrammwechsel zwischen Hitler und OKW erfahren? Und hatten sie etwa Kenntnis von Keitels »neuer Weisung ›Grün‹«, die er am 20. Mai Hitler zur Genehmigung vorlegte? Es ist möglich, denn am Tag darauf sagte der tschechische Generalstabschef Krejci zu dem deutschen Militärattaché in Prag, Oberst Toussaint, »er habe unwiderlegliche Beweise, daß in Sachsen ein Aufmarsch von acht bis zehn Divisionen erfolgt sei [11]«. Mochte die Information auch in bezug auf die Art der Truppenaufstellung ungenau sein, so stimmte doch die Zahlenangabe ungefähr. Jedenfalls fand am Nachmittag des 20. Mai im Hradschin unter Vorsitz von Präsident Benesch eine Sondersitzung des Kabinetts statt, in der die Tschechen sofortige Teilmobilmachung beschlossen. Im Gegensatz zu den Österreichern hatten sie nicht die Absicht, sich kampflos zu ergeben.

Obwohl es sich nur um eine Teilmobilmachung handelte, bekam Hitler einen Wutanfall. Und die Telegramme, die auf dem Obersalzberg vom Auswärtigen Amt eintrafen, waren nicht dazu angetan, ihn zu besänftigen. Sie berichteten von wiederholten Anrufen der Botschafter Englands und Frankreichs: Ein deutscher Angriff auf die Tschechoslowakei werde einen europäischen Krieg auslösen.

Einen so anhaltenden diplomatischen Druck, wie ihn die Briten an diesem Wochenende anwandten, hatten die Deutschen noch nicht erlebt. Sir Nevile Henderson, der britische Botschafter in Berlin, verlangte mehrfach vom deutschen Auswärtigen Amt Auskunft über deutsche Truppenbewegungen und mahnte zur Vorsicht. Fraglos wurde er hierzu von Lord Halifax und vom Foreign Office angespornt, denn Henderson selbst, ein sanftmütiger Diplomat, hatte für die Tschechen, wie man in Berlin sehr wohl wußte, nicht viel übrig. Zweimal sprach er am 21. Mai mit Ribbentrop, und am nächsten Tag, obwohl es ein Sonntag war, suchte er Staatssekretär Weizsäcker auf – Ribbentrop war inzwischen zu Hitler berufen worden – und überreichte ihm eine persönliche Botschaft von Halifax, in der nachdrücklich auf den Ernst der Lage hingewiesen wurde. Das Gleiche wurde dem deutschen Botschafter in London vom britischen Außenminister gesagt.

Eines jedoch entging den Deutschen bei diesem ganzen Hin und Her nicht, worauf denn auch Botschafter Dirksen nach seiner Besprechung mit Halifax in einer Depesche hinwies: Die britische Regierung sei zwar überzeugt, daß Frankreich der Tschechoslowakei beistehen würde, lasse aber nicht erkennen, daß England es ebenfalls tun werde. Halifax' äußerste Warnung, berichtete Dirksen, sei gewesen: »Im Falle eines europäischen Konflikts sei es unmöglich vorauszusehen, ob nicht England in ihn mit hineingezogen würde[12].« In der Tat sollte die Chamberlain-Regierung nie über diese Warnung hinausgehen – bis es zu spät war. Ich konnte mich in Berlin von diesem Augenblick an nicht mehr des Eindrucks erwehren, daß sich Hitler, hätte Chamberlain ihm klipp und klar gesagt, England werde eingreifen, also das tun, was es schließlich im Falle Polen tat, niemals auf die Abenteuer eingelassen haben würde, die den Zweiten Weltkrieg heraufbeschworen. Die Untersuchung der deutschen Geheimdokumente hat in hohem Maße die Richtigkeit meines Eindrucks bestätigt. Der wohlmeinende britische Premierminister beging einen verhängnisvollen Fehler.

Der auf dem Berghof düsteren Gedanken nachhängende Adolf Hitler fühlte sich von den Tschechen gedemütigt, weil sie teilmobilgemacht hatten, und von London, Paris und Moskau, weil sie für die Tschechen eintraten. Seine Wut war um so größer, als man ihn zu früh einer Angriffsabsicht beschuldigte, die er zwar hegte, aber noch nicht verwirklichen konnte. Gerade an jenem Wochenende war er den von Keitel vorgelegten neuen Plan für »Fall Grün« durchgegangen und hatte erkennen müssen, daß die Operation längerer Vorbereitungen bedurfte. Seinen Stolz überwindend, gab er am Montag, dem 23. Mai, dem Auswärtigen Amt Anweisung, dem tschechischen Gesandten mitzuteilen, daß Deutschland keine Angriffsabsichten habe und daß die Berichte über Truppenansammlungen an der tschechischen Grenze der Grundlage entbehrten. In Prag, London, Paris und Moskau atmete man erleichtert auf. Die Krise war überwunden. Man hatte Hitler eine Lektion erteilt. Er wußte nun, daß er bei einer neuen Aggression nicht so leicht davonkommen würde wie im Fall Österreich. Das wenigstens glaubten die Staatsmänner in jenen Ländern.

Aber sie kannten Adolf Hitler schlecht.

Nach ein paar weiteren Tagen des verdrießlichen Brütens auf dem Berghof tauchte er am 28. Mai plötzlich in Berlin auf und bestellte die Oberbefehlshaber der Wehrmacht in die Reichskanzlei, um ihnen einen folgenschweren Beschluß mitzuteilen. Acht Monate später, in einer Reichstagsrede, sagte er selbst hierüber:

Ich hatte mich ... entschlossen, die sudetendeutsche Frage endgültig und nunmehr radikal zu lösen. Ich gab am 28. Mai

1. den Befehl zur Vorbereitung des militärischen Einschreitens gegen diesen Staat mit dem Termin des 2. Oktober.

2. Ich befahl den gewaltigen und beschleunigten Ausbau unserer Verteidigungsfront im Westen.

Für die Auseinandersetzung ... war die sofortige Mobilmachung von zunächst 96 Divisionen vorgesehen ...[13].

In jener Besprechung vom 28. Mai donnerte er Göring, Keitel, Brauchitsch, Beck, Raeder, Ribbentrop und Neurath an: »Es ist mein unerschütterlicher Wille, die Tschechoslowakei von der Landkarte auszulöschen[14]!« Die Weisung »Grün« sei erneut zu revidieren.

Aus Jodls Tagebuch läßt sich entnehmen, was in dem rachsüchtigen Hitler vor sich ging:

Die Absicht des Führers, das tschechische Problem noch nicht anzurühren, wird durch den tschechischen Aufmarsch am 21. Mai, der ohne jede deutsche Bedrohung, und ohne jeden auch nur scheinbaren Anlaß vor sich geht, geändert. Es führt in seinen Folgeerscheinungen durch das Stillhalten Deutschlands zu einem Prestigeverlust des Führers, den er nicht noch einmal hinzunehmen gewillt ist. Daher ergeht am 30. 5. die neue Weisung für »Grün« [15].

In den Details unterscheidet sich die neue Weisung für »Grün« nicht wesentlich von der früheren Version. Wohl aber gab es da zwei bedeutsame Änderungen. In der Weisung vom 21. Mai hieß es: »Es liegt nicht in meiner Absicht, die Tschechoslowakei ... schon in nächster Zukunft ... zu zerschlagen«, in der neuen dagegen: *»Es ist mein unabänderlicher Entschluß, die Tschechoslowakei in absehbarer Zeit durch eine militärische Aktion zu zerschlagen.«*
Was mit »absehbarer Zeit« gemeint war, erläuterte Keitel in einem Begleitschreiben. »Ihre Ausführung«, befahl er, und das war die zweite Änderung, »muß spätestens ab 1. Oktober 1938 sichergestellt sein [16].«
An diesem Termin sollte Hitler durch alle Krisen hindurch, durch dick und dünn, hart am Rand des Krieges vorbei, unnachgiebig festhalten.

DAS SCHWANKEN DER GENERALE

Am 30. Mai, nachdem Hitler die neue Weisung unterzeichnet hatte, schrieb Jodl in sein Tagebuch: »Die bisherigen Absichten des Heeres müssen erheblich geändert werden im Sinne eines sofortigen starken Einbruchs in die Tschechei, schon am X-Tag.« Er fügte dann folgenden Satz hinzu:

Noch einmal flammt der ganze Gegensatz auf, der sich ergibt aus der Erkenntnis des Führers, wir müssen noch in diesem Jahre, und der Auffassung des Heeres, wir können noch nicht, da sicherlich die Westmächte eingreifen und wir ihnen noch nicht gewachsen sind [17].

Jodl legt hier den Finger auf einen wunden Punkt: Zwischen Hitler und einigen Generalen des Oberkommandos tat sich eine neue Kluft auf. An der Spitze der Gegner von Hitlers grandiosen Angriffsplänen stand General Ludwig Beck, Chef des Generalstabes, der fortan die Führung des Widerstandes gegen Hitler übernahm, soweit ein solcher im Dritten Reich möglich war. Später führte dieser sensible, intelligente, anständige, aber unentschlossene General seinen Kampf gegen den Diktator auf breiterer Basis. Im Frühjahr 1938 jedoch widersetzte sich Beck dem Führer nur aus militärischen Gründen: Deutschland sei noch nicht stark genug, gegen die Westmächte und unter Umständen gleichzeitig gegen Rußland zu kämpfen.

Beck hatte erfahren, daß Hitler am 21. April Keitel befohlen hatte, die Operationspläne für einen Angriff auf die Tschechoslowakei voranzutreiben. Am 5. Mai schrieb er die erste einer Reihe von Denkschriften für General von Brauchitsch, den neuen Oberbefehlshaber des Heeres, worin er sich entschieden gegen eine solche Aktion aussprach[18]. Sie sind glänzend geschrieben, ohne Scheu vor unangenehmen Tatsachen, und voll von vernünftigen Überlegungen und logischen Schlußfolgerungen. Wenn Beck auch die Entschlossenheit Englands und Frankreichs, die politische Klugheit ihrer Staatsmänner und die Stärke der französischen Armee überschätzte und zunächst durch den tatsächlichen Ausgang des tschechischen Abenteuers widerlegt wurde, so erwiesen sich doch, was Deutschland betraf, seine langfristigen Voraussagen als absolut zutreffend.

In seiner Denkschrift vom 5. Mai sprach Beck die Überzeugung aus, daß ein Angriff auf die Tschechoslowakei einen europäischen Krieg heraufbeschwören werde, in dem England, Frankreich und Rußland Deutschlands Gegner und die Vereinigten Staaten die Waffenlieferanten der westlichen Demokratien sein würden. Deutschland könne einen solchen Krieg einfach nicht gewinnen. Ein Sieg sei allein schon wegen des Mangels an Rohstoffen ausgeschlossen. Ja, in dieser Hinsicht befinde sich Deutschland in einer schlimmeren Lage als 1917/18.

Bei der Besprechung vom 28. Mai, bei der auch Beck zugegen war, machte er sich Notizen über Hitlers Auslassungen, und zwei Tage später, genau an dem Tag, an dem Hitler die neue Weisung für »Grün« mit dem Termin des 1. Oktober unterzeichnete, verfaßte er für Brauchitsch eine zweite, noch schärfere Denkschrift, in der er an Hitlers Programm Punkt für Punkt Kritik übte. Um sicherzugehen, daß der furchtsame Brauchitsch sich mit dem Inhalt des Memorandums ganz vertraut mache, las Beck es ihm selber vor. Zum Schluß betonte er, innerhalb der Wehrmachtführung sei bereits eine Krise ausgebrochen, und wenn diese nicht gemeistert werde, sähe er schwarz. Wenige Tage später, am 3. Juni, übergab Beck dem Oberbefehlshaber des Heeres eine weitere Denkschrift; darin erklärte er, die neue Weisung für »Grün« sei militärisch nicht vertretbar, und der Generalstab lehne sie ab.

Doch Hitler trieb den »Fall Grün« voran. Aus den erbeuteten »Grün«-Akten geht hervor, daß er um so hektischer vorging, je weiter der Sommer fortschritt. Er befahl die Vorverlegung der Herbstmanöver, damit das Heer für den Angriff in entsprechender Form sei, sowie besondere Übungen »im überraschenden Einnehmen von Festungen«. In einer Instruktion für General Keitel heißt es: »Notwendigkeit scharfen Vortreibens der Befestigungsarbeiten im Westen wird vom Führer wiederholt betont.« Am 9. Juni verlangte Hitler weitere Auskunft über die tschechische Rüstung und erhielt umgehend einen detaillierten Bericht darüber. Am selben Tag fragte er an: »Sind die Befestigungen der Tschechoslowakei noch unvermindert stark besetzt?« Inzwischen wieder auf dem Berghof, erließ er am 18. Juni neue »Allgemeine Richtlinien« für »Grün«:

Die Gefahr eines Präventivkrieges fremder Staaten gegen Deutschland besteht nicht ... Ich will mich aber zur Aktion gegen die Tschechoslowakei nur entschließen, wenn ich ... der festen Überzeugung bin, daß Frankreich nicht marschiert und damit auch England nicht eingreift.

Am 7. Juli jedoch gab Hitler seine »Überlegungen« für den Fall zu Papier, daß Frankreich und England doch eingreifen sollten. »Es kommt hierbei zunächst darauf an, die Westbefestigungen zu halten«, meinte er, bis die Tschechoslowakei zerschlagen sei und die Truppen an die Westfront verlegt werden könnten. Der Gedanke, daß keine Truppen vorhanden sein würden, um die Westbefestigungen zu halten, scheint ihm bei seinen fieberhaften »Überlegungen« nicht eingefallen zu sein. »Von den Ostmächten könnte in erster Linie ein Eingreifen Rußlands in Frage kommen.« Auch war er sich inzwischen Polens nicht mehr ganz sicher. Einem solchen Eingreifen müsse man begegnen – auf welche Weise, sagte er allerdings nicht.
In seiner Abgeschiedenheit auf dem Obersalzberg hatte Hitler offenbar noch nichts von dem Murren im Generalstab vernommen. Jedenfalls war Beck sich darüber im klaren, daß Brauchitsch, obwohl er ihm mit seinen Denkschriften arg zusetzte, seine, Becks, Ansichten dem Führer nicht zur Kenntnis brachte. Mitte Juli entschloß er sich daher, einen letzten verzweifelten Versuch zu machen. Am 16. Juli verfaßte er seine letzte Denkschrift für Brauchitsch. Er ersuchte darin den Oberbefehlshaber des Heeres, Hitler zu veranlassen,

die von ihm befohlenen Kriegsvorbereitungen einzustellen und die Absicht der gewaltsamen Lösung der tschechischen Frage so lange zurückzustellen, bis sich die militärischen Voraussetzungen dafür grundlegend geändert haben. Zur Zeit halte ich sie für aussichtslos, und diese meine Auffassung wird von allen mir unterstellten Oberquartiermeistern und Abteilungschefs des Generalstabs ... geteilt.

Beck brachte seine Denkschrift persönlich zu Brauchitsch und machte zudem noch mündlich den Vorschlag, daß sich die Generale, falls Hitler nicht einlenke, zusammenschließen sollten. Hierbei schnitt er – zum erstenmal im Dritten Reich – eine Frage an, die später durch den Nürnberger Prozeß geisterte: War ein Offizier einer höheren Instanz als dem Führer verantwortlich? In Nürnberg verneinten Dutzende von Generalen diese Frage, um sich zu entlasten: Sie hätten Befehlen Folge leisten müssen. Beck vertrat in seiner Denkschrift vom 16. Juli eine andere Auffassung, mit der er sich bis zum Ende – meist erfolglos – durchzusetzen versuchte:

Ihr [der Wehrmachtskommandeure] soldatischer Gehorsam hat dort eine Grenze, wo ihr Wissen, ihr Gewissen und ihre Verantwortung die Ausführung eines Befehls verbietet. Finden ihre Ratschläge und Warnungen in solcher Lage kein Gehör, dann haben sie das Recht und die Pflicht vor dem Volke und vor der Geschichte, von ihren Ämtern abzutreten. Wenn sie alle in einem geschlossenen Willen handeln, ist die Durchführung einer kriegerischen Handlung unmöglich.

Nie in seinem Leben war Beck so aufgewühlt wie in diesen Tagen. Ihm fielen die Schuppen von den Augen. Es wurde ihm, der einst den Nationalsozialismus begrüßt hatte, endlich klar, daß es für das deutsche Volk um mehr ging als um die Durchkreuzung der Absichten eines hysterischen Staatsoberhauptes, das aus Ressentiments ein kleines Nachbarland angreifen wollte und damit einen Großkrieg riskierte. Beck ging plötzlich der ganze Wahnsinn des Dritten Reiches, seine Tyrannei, sein Terror, seine Korruption, seine Mißachtung christlicher Grundsätze auf.

Drei Tage später, am 19. Juli, suchte er noch einmal Brauchitsch auf und erklärte ihm, die Generale müßten nicht nur streiken, sondern auch mithelfen, das deutsche Volk vom SS-Terror und den Bonzen der NSDAP zu befreien. Die Verfolgung der Kirchen müsse aufhören, freie Meinungsäußerung garantiert, Recht und Gesetz wiederhergestellt werden.

Doch zunächst ging es Beck vor allem darum, den zögernden Brauchitsch zu veranlassen, im Namen des Heeres Hitler ultimativ aufzufordern, seine Kriegsvorbereitungen einzustellen. Zu diesem Zweck arrangierte er für den 4. August eine Geheimkonferenz der kommandierenden Generale. Er bereitete für Brauchitsch eine beschwörende Rede vor, mit der die Generalität aufgefordert werden sollte, gemeinsam zu verhindern, daß Hitlers Abenteuer zu einem Krieg führten. Aber ach, Brauchitsch hatte nicht den Mut, die Rede zu verlesen. So mußte Beck sich darauf beschränken, sein eigenes Memorandum vom 16. Juli vorzulesen, das bei den meisten Generalen einen tiefen Eindruck hinterließ. Es kam zwar zu keinem Beschluß, doch raffte sich jetzt Brauchitsch dazu auf, Becks Denkschrift vom 16. Juli Hitler vorzulegen.

Als Antwort berief Hitler für den 10. August eine Konferenz auf dem Berghof ein. Und zwar bestellte er nicht die hinter der Denkschrift stehenden höchsten Generale zu sich, sondern die ihnen unmittelbar unterstellten Offiziere der jüngeren Generation, von denen er glaubte, sie durch seine Überredungskunst einfangen zu können. Seine Rede dauerte drei Stunden. Jodl berichtet über sie in seinem Tagebuch. Aber diesmal wirkte Hitler mit seiner Beredsamkeit nicht so überzeugend, wie er gehofft hatte. Wie Jodl sprach auch Manstein später von einem ernsten, unangenehmen Zusammenstoß zwischen General von Wietersheim und Hitler. Wietersheim, Chef des Stabes in der Heeresgruppe West unter General Wilhelm Adam, wagte es, das von Hitler in seiner Rede übergangene Kernproblem anzuschneiden. Wenn fast alle Truppen, sagte er, gegen die Tschechoslowakei eingesetzt würden, dann wäre Deutschland im Westen schutzlos und werde von Frankreich überrannt werden. Der Westwall könne nicht länger als drei Wochen gehalten werden.

Der Führer [schreibt Jodl] ward sehr ungehalten und braust auf mit den Worten, dann würde die ganze Armee nichts mehr taugen. »Ich sage Ihnen, Herr General [schrie Hitler], die Stellung wird nicht drei Wochen, sondern drei Jahre gehalten[19]!«

Womit, sagte er allerdings nicht. In der von Beck arrangierten Konferenz vom 4. August hatte General Adam gesagt, er habe im Westen nur fünf aktive Divisionen zur Verfügung. Vermutlich nannte Wietersheim jetzt dieselbe Zahl, aber Hitler wollte davon nichts wissen. Jodl, ein an sich tüchtiger Generalstäbler, stand nunmehr so stark unter dem Bann des Führers, daß er die Besprechung in tiefer Niedergeschlagenheit verließ. Die Generale, meinte er, begriffen offenbar Hitlers Genie nicht:

Die Ursache dieser kleinmütigen Auffassung [Wietersheims], die leider im Generalstab des Heeres sehr weit verbreitet ist, liegen in Verschiedenem begründet.
Zunächst fühlt [der Generalstab] sich in früheren Reminiszenzen befangen, auch für politische Entschließungen für verantwortlich, anstatt zu gehorchen u. seine milit. Aufgaben zu erfüllen. Letzteres tut er sicher mit althergebrachter Hingabe, aber die Kraft des Gemüts fehlt ihm, weil er letzten Endes an das Genie des Führers nicht glaubt. Man vergleicht ihn wohl mit Karl XII. [von Schweden].
Und da die Wasser von oben nach unten fließen, erwächst aus dieser Miesmacherei nicht nur unter Umständen ein ungeheuerlicher politischer Schaden, – denn den Gegensatz zwischen der Auffassung der Generale u. der des Führers pfeifen die Spatzen von den Dächern – sondern auch eine Gefahr für die Stimmung der Truppe.
Ich habe aber keinen Zweifel, daß diese wie die Stimmung des Volkes den Führer in ungeahnter Weise zur rechten Zeit emporreißen wird[20].

Jodl hätte noch hinzufügen können, daß Hitler auch in der Lage sein würde, eine Revolte unter den Generalen zu ersticken. Manstein sagte 1946 in Nürnberg aus, nach dieser Besprechung auf dem Berghof habe Hitler niemals mehr eine Diskussion oder Fragen von seiten der Militärs geduldet. Am 15. August, bei einer Truppenbesichtigung in Jüterbog, betonte Hitler den Generalen gegenüber aufs neue, er sei entschlossen, die tschechische Frage mit Gewalt zu lösen, und keiner wagte, ein Wort dagegen zu sagen.
Beck sah ein, daß er – hauptsächlich wegen der Rückgratlosigkeit seiner eigenen Kameraden – verloren hatte, und trat am 18. August von seinem Posten als Chef des Generalstabs zurück. Er bemühte sich noch, Brauchitsch zu bewegen, mit ihm zurückzutreten. Aber Brauchitsch lehnte das ab; er geriet jetzt immer mehr in den Bann Hitlers. Hassell sagt von ihm: »Brauchitsch schlägt den Kragen hoch und sagt: ›Ich bin Soldat und habe zu gehorchen‹[21].«
Der mitten in einer Krise erfolgende Rücktritt eines so hochgestellten und angesehenen Offiziers wie Beck mußte, wäre es mit rechten Dingen zugegangen, einen Sturm in Militärkreisen und sogar Rückwirkungen im Ausland zur Folge haben. Doch auch in diesem Fall bewies Hitler wieder seine Schläue. Er untersagte jede Erwähnung des Rücktritts von Beck, und zwar nicht allein in der Presse, sondern auch im *Reichsanzeiger* und in Militärzeitschriften, und befahl Beck und seinen Kameraden, bis Ende Oktober striktes Schweigen zu bewahren. Hätten Paris und London eher von Becks Rücktritt erfahren, so ließe sich denken, daß die Geschichte einen anderen Verlauf genommen haben würde. Vielleicht wäre man dann in der *Appeasement*-Politik gegenüber Hitler nicht so weit gegangen.

Beck selbst machte aus Patriotismus und Treue zur Armee keinerlei Versuch, die Aufmerksamkeit der Öffentlichkeit auf seinen Rücktritt zu lenken. Allerdings war er tief enttäuscht, daß kein einziger jener Generale, die mit ihm einer Meinung waren und seinen Widerstand gegen Hitlers Angriffsabsichten gutgeheißen hatten, seinem Beispiel folgte. Seine größte Verbitterung galt Brauchitsch, weil dieser, der Oberbefehlshaber des Heeres, ihn in einer entscheidenden Stunde der deutschen Geschichte im Stich gelassen hatte.

Becks Nachfolger wurde der 54jährige, aus einer alten bayerischen Offiziersfamilie stammende Franz Halder. Er war seit einem Jahr stellvertretender Chef des Generalstabs, und Beck selbst hatte ihn Brauchitsch empfohlen, weil er überzeugt war, daß Halder seine Absichten teilte. Halder war der erste Bayer und Katholik, der Chef des Generalstabs wurde – ein Bruch mit der alten preußisch-protestantischen Tradition des Offizierkorps. Als ein Mann von vielseitigen geistigen Interessen, mit besonderer Neigung für Mathematik und Botanik, und als gläubiger Christ war er seiner Gesinnung und seinem Wesen nach ein echter Nachfolger Becks. Die Frage war nur, ob es ihm nicht auch wie Beck an der Fähigkeit fehlte, im geeigneten Augenblick entschlossen zu handeln, oder ob er den Charakter besaß, sich trotz seines Eides auf den Führer energisch gegen ihn zu stellen. Denn Halder wußte, wie Beck, von der wachsenden Verschwörung gegen Hitler, obwohl er zunächst nicht an ihr beteiligt war, und war offensichtlich, wiederum wie Beck, bereit, sie zu unterstützen. Als neuer Generalstabschef wurde er die Schlüsselfigur in der ersten ernsthaften Verschwörung zum Sturz des Diktators.

ERSTE VERSCHWÖRUNG GEGEN HITLER

Für die deutschen Gegner Hitlers lag es auf der Hand, daß nach fünfeinhalb Jahren Nationalsozialismus nur noch die Armee die Mittel besaß, ihn zu stürzen. Hierzu waren weder die Arbeiter noch die Bürger noch die Oberschicht in der Lage, selbst wenn sie es gewollt hätten. Sie konnten sich außerhalb der NSDAP nicht organisieren und hatten natürlich keine Waffen. Wenn auch später viel über den deutschen Widerstand geschrieben worden ist, so blieb er doch von Anfang bis Ende eine kleine, schwache Bewegung. Gewiß, an seiner Spitze standen mutige, anständige Männer, aber es fehlte die Anhängerschaft. Wie man zugeben muß, wäre es in einem Polizeistaat, der mit Terror und Spitzelwesen arbeitete, sehr schwierig gewesen, die Widerstandsbewegung allein schon durchzuhalten. Wie sollte zudem eine winzige – oder auch eine große – Gruppe sich gegen die Maschinengewehre, Panzer und Flammenwerfer der SS erheben?

Soweit es eine Opposition gegen Hitler gab, ging sie anfänglich von Zivilisten aus. Die Generalität war, wie wir sahen, nur zu sehr angetan von einem Regierungssystem, das die Beschränkungen des Versailler Vertrags abschüttelte und sie wieder mit dem

Aufbau einer großen Armee betraute. Die Ironie wollte es, daß unter den Zivilisten die führenden Persönlichkeiten des Widerstands anfänglich wichtige Ämter im Dritten Reich bekleidet hatten, ja daß die meisten von ihnen den Nationalsozialismus zunächst begeistert begrüßt hatten. Ihr Enthusiasmus wurde erst im Jahre 1937 gedämpft, als ihnen zu dämmern begann, daß Hitler das Land einem Krieg entgegenführe, den es so gut wie sicher verlieren müßte.

Einer der ersten, dem die Augen aufgingen, war Carl Goerdeler, Oberbürgermeister von Leipzig, der zunächst unter Brüning und dann noch weitere drei Jahre unter Hitler Preiskommissar gewesen war. Goerdeler, von Haus aus konservativ, ein tüchtiger, energischer und intelligenter Mann, hatte 1936 mit den Nationalsozialisten wegen ihres Antisemitismus und ihrer wahnwitzigen Aufrüstung gebrochen. Er trat von beiden Ämtern zurück und begab sich daran, mit Leib und Seele gegen Hitler zu arbeiten. Als erstes reiste er 1937 nach Frankreich, England und Amerika, um dort heimlich vor der nationalsozialistischen Gefahr zu warnen.

Ein wenig später ging Johannes Popitz, dem preußischen Finanzminister, und Dr. Schacht ein Licht auf. Beide hatten für ihre Verdienste um die Umstellung der deutschen Friedenswirtschaft auf Kriegswirtschaft das Goldene Parteiabzeichen erhalten. Beide erkannten Hitlers wahre Ziele im Jahr 1938. Im innersten Kreise des Widerstandes traute man keinem von beiden völlig. Schacht galt als Opportunist; Hassell bemerkte in seinem Tagebuch, der Reichsbankpräsident habe die Eigenschaft, anders zu handeln als zu reden, eine Auffassung, die, wie Hassell sagt, auch von Beck und Fritsch geteilt wurde. Popitz war zwar ein glänzender Kopf, aber labil. Er gehörte mit Beck und Hassell der *Mittwochsgesellschaft* an, einer Gruppe von sechzehn Intellektuellen, die einmal in der Woche zusammenkamen, um über Philosophie, Geschichte, Kunst und Wissenschaft zu diskutieren, und die schließlich eines der Widerstandszentren bildeten.

Ulrich von Hassell wurde eine Art außenpolitischer Berater für die Widerstandsführer. Er war Botschafter in Rom gewesen und hatte, wie wir sahen, während des Abessinienkrieges und des spanischen Bürgerkriegs Berlin viele gute Ratschläge gegeben, wie sich zum Vorteil Deutschlands die Spannung zwischen Italien und den beiden Westmächten schüren lassen könne. Später begann er zu fürchten, daß für Deutschland ein Bündnis mit Italien nicht minder verhängnisvoll sein würde als ein Krieg mit Frankreich und England. Allerdings gab er seinen Botschafterposten nicht freiwillig auf. Er wurde bei Hitlers Großreinemachen am 4. Februar 1938 aus dem diplomatischen Dienst entlassen. Ein Edelmann alter Schule, bedurfte Hassell offenbar, wie so viele andere seiner Gesellschaftsschicht, des mit dem Hinauswurf verbundenen Schocks, um etwas gegen die Nationalsozialisten zu unternehmen, für deren Vulgarität er im übrigen nur Verachtung empfand. Dann aber widmete sich der sensible, intelligente Mann dieser Aufgabe mit großer Hingabe bis zu seiner barbarischen Ermordung.

Es gab dann noch andere, weniger bekannte und meist jüngere Leute, die von Anfang an gegen die Nationalsozialisten gewesen waren und sich nach und nach in verschiedenen Widerstandszirkeln zusammenfanden. In einer der Gruppen war Ewald von Kleist führend, ein Landedelmann und Nachkomme des großen Dichters. Er arbeitete eng zusammen mit Ernst Niekisch, einem früheren Sozialdemokraten, Herausgeber der Zeitschrift *Widerstand,* und Fabian von Schlabrendorff, einem jungen Rechtsanwalt, Urenkel des Leibarztes der Kronprinzessin Viktoria. Dem Widerstand gehörten auch frühere Gewerkschaftsführer an, wie Julius Leber, Jakob Kaiser und Wilhelm Leuschner. Zwei Gestapobeamte, Arthur Nebe und Hans Bernd Gisevius, leisteten bei den sich anbahnenden Verschwörungen wertvolle Hilfe. Gisevius wurde später der Favorit des amerikanischen Anklägers in Nürnberg und schrieb ein Buch, das manches Licht auf die Verschwörungen gegen Hitler wirft, aber ebenso wie sein Verfasser von den meisten Historikern mit ziemlicher Reserve betrachtet wird.

Gegner des nationalsozialistischen Regimes gab es sodann unter den Angehörigen namhafter Geschlechter in Deutschland: Graf Helmuth von Moltke, Großneffe des berühmten Feldmarschalls und Mittelpunkt des sogenannten *Kreisauer Kreises,* einer Widerstandsgruppe junger Idealisten; Graf Albrecht von Bernstorff, Neffe des deutschen Botschafters in Washington während des Ersten Weltkriegs; Freiherr Karl Ludwig von Guttenberg, Herausgeber einer unerschrockenen katholischen Monatszeitschrift; und Pastor Dietrich Bonhoeffer, väterlicher- wie mütterlicherseits Nachkomme hervorragender Geistlicher, der in Hitler den Antichrist sah und es für Christenpflicht hielt, ihn »zu beseitigen«.

Fast alle diese tapferen Männer sollten durchhalten, bis sie, nach Verhaftung und Folterung, durch Strang oder Beil hingerichtet oder ganz einfach von der SS ermordet wurden.

Lange Zeit bemühte sich dieser kleine Widerstandskern von Zivilisten mit geringem Erfolg, die Armee für seine Tätigkeit zu interessieren. Ein gewisser Kontakt bestand zwischen Goerdeler und General von Hammerstein, aber der frühere Chef der Heeresleitung lebte seit 1934 im Ruhestand und hatte wenig Einfluß auf aktive Generale. Schlabrendorff hatte schon zu Beginn des NS-Regimes Fühlung mit Oberst Hans Oster von der Abwehr aufgenommen und festgestellt, daß der Oberst nicht nur ein entschiedener Gegner Hitlers, sondern auch zu dem Versuch bereit war, eine Verbindung zwischen Militärs und Zivilisten herzustellen. Das geschah jedoch erst im Winter 1937/38, als die Generale von Hitlers Kriegsabsichten, von seiner Umbildung des Oberkommandos, bei der er sich selbst zum Obersten Befehlshaber machte, von der schändlichen Behandlung des Generals von Fritsch nacheinander erschüttert und einige von ihnen sich der Gefährlichkeit des Diktators bewußt wurden. Hinzu kam dann später noch Becks Rücktritt im Zusammenhang mit der Tschechenkrise, und obwohl keiner seiner Kameraden seinem Beispiel gefolgt war, lag es doch auf der Hand, daß der zurückgetretene Chef des Generalstabs die einzige Persönlichkeit war, um die sich sowohl die widerspenstigen Generale wie die zivilen Widerstandsführer scharen konnten. Beck genoß die Achtung und das Vertrauen beider Gruppen.

Noch eine andere Überlegung drängte sich beiden Gruppen auf. Um Hitler Halt zu gebieten, war Anwendung von Gewalt erforderlich, und dazu war allein die Wehrmacht imstande. Wer aber innerhalb der Wehrmacht konnte Truppen aufbieten? Beck jetzt gewiß nicht mehr. Und Halder, der neue Generalstabschef, hatte kein Truppenkommando. Brauchitsch befehligte zwar das ganze Heer, aber es war ihm nicht ganz zu trauen. Seine Autorität, so dachten die Verschwörer, werde wohl von Nutzen sein, doch könne man ihn erst in letzter Minute in die Sache hineinziehen. Was gebraucht wurde, waren Generale, die zur Zeit in Berlin und Umgebung Truppen befehligten und somit auf ein gegebenes Zeichen hin handeln könnten.

Sehr bald stellten die Verschwörer fest, daß es einige Generale in Schlüsselstellungen gab, die bereit waren, mitzumachen. Drei von ihnen hatten Posten inne, die für den Erfolg des Unternehmens von entscheidender Bedeutung waren: General Erwin von Witzleben, Kommandeur des ungemein wichtigen Berliner Wehrkreises, General Graf Erich von Brockdorff-Ahlefeld, Kommandeur der in Potsdam liegenden 23. Infanteriedivision, und General Erich Hoepner, der eine Panzerdivision in Thüringen befehligte, die gegebenenfalls irgendwelchen von München aus zum Entsatz Berlins entsandten SS-Truppen den Weg versperren konnte.

Bis gegen Ende August hatten die Verschwörer den Plan entwickelt, Hitler gefangenzusetzen, sobald er den endgültigen Befehl zum Angriff auf die Tschechoslowakei gebe, und ihn wegen des Versuchs, Deutschland bedenkenlos in einen europäischen Krieg zu treiben, vor einen Volksgerichtshof zu bringen. Nach einer kurzfristigen Militärdiktatur sollte eine provisorische, von einem Zivilisten geleitete Regierung eingesetzt und zu gegebener Zeit eine konserative demokratische Regierung gebildet werden.

Der Erfolg des Staatsstreichs, so überlegte man, würde von zwei Faktoren abhängen. Zunächst ging es darum, zur richtigen Zeit zu handeln. Halder vereinbarte mit dem OKW, daß er 48 Stunden vor Hitlers endgültigem Angriffsbefehl persönlich unterrichtet werde. Er würde dann Zeit haben, den Staatsstreich auszuführen, ehe noch die Truppen die tschechische Grenze überschreiten konnten. Und auf diese Weise würde er in der Lage sein, nicht nur Hitler gefangenzusetzen, sondern auch den verhängnisvollen, zum Kriege führenden Schritt zu verhindern.

Der zweite Faktor verband sich mit der Person Becks. Es mußte ihm gelingen, zunächst die Generalität und später (während des in Aussicht genommenen Prozesses gegen Hitler) das deutsche Volk davon zu überzeugen, daß ein Angriff auf die Tschechoslowakei England und Frankreich auf den Plan rufen und somit zu einem europäischen Krieg führen würde, auf den Deutschland nicht vorbereitet sei und den es mit Sicherheit verlieren müsse.

Zum Unglück für Beck und für den größten Teil der Welt war es Hitler, und nicht Beck, der die Möglichkeit eines Großkrieges schlauer abschätzte. Beck, ein gebildeter Mann mit ausgeprägtem historischem Sinn, vermochte sich nicht vorzustellen, daß England und Frankreich im Fall eines deutschen Angriffs auf die Tschechoslowakei ihre eigenen Interessen außer acht lassen und nicht eingreifen würden. Beck dachte zwar in geschichtlichen, nicht aber in Begriffen der Tagespolitik. Dies aber tat Hitler.

Zudem wurde er seit einiger Zeit in seiner Meinung bestärkt, daß Premierminister Chamberlain eher die Tschechen opfern als in den Krieg ziehen, und daß dann auch Frankreich seine Verpflichtungen Prag gegenüber nicht erfüllen werde.

Die bereits am 14. Mai von New Yorker Zeitungen gebrachten Meldungen ihrer Londoner Berichterstatter über eine »inoffizielle« Äußerung Chamberlains bei einem Lunch im Hause von Lady Astor, waren der Wilhelmstraße nicht entgangen. Chamberlain hatte, wie die Korrespondenten berichteten, gesagt, weder England noch Frankreich, und wahrscheinlich auch Rußland nicht, würden im Fall eines deutschen Angriffs der Tschechoslowakei beistehen, der tschechische Staat sei in seiner gegenwärtigen Form nicht existenzfähig, und England sei dafür, das Sudetenland im Interesse des Friedens an Deutschland zu übertragen. Trotz erzürnter Anfragen im Unterhaus hatte Chamberlain die amerikanischen Meldungen nicht dementiert. Auch das entging den Deutschen nicht.

Am 1. Juni gab der britische Premier englischen Journalisten ein halbamtliches Interview, und zwei Tage später brachte die *Times* den ersten jener Leitartikel, die dazu beitragen sollten, die Position der Tschechen zu schwächen. Das Blatt empfahl der tschechischen Regierung dringend, den Minderheiten ihres Landes »Selbstbestimmung« zu gewähren, »auch wenn sich hieraus deren Loslösung von der Tschechoslowakei ergeben sollte«, und zum erstenmal schlug es, um festzustellen, was die Sudetendeutschen und andere Minderheiten wünschten, Volksbefragung vor. Ein paar Tage später meldete die deutsche Botschaft nach Berlin, der Aufsatz in der *Times* basiere auf inoffiziellen Auslassungen Chamberlains und gebe seine persönlichen Ansichten wieder. Am 8. Juni gab Botschafter Dirksen in einem politischen Bericht englische Stimmen wieder, England solle mit der Abtrennung des Sudetenlandes von der Tschechoslowakei einverstanden sein, sofern sie auf Grund einer Volksabstimmung und nicht durch Gewaltmaßnahmen seitens Deutschlands erfolge[22].

Für Hitler müssen das erfreuliche Nachrichten gewesen sein. Auch die Meldungen aus Moskau waren nicht schlecht. Ende Juni gab der deutsche Botschafter in Rußland, Graf von der Schulenburg, Berlin den Hinweis, daß die Sowjetunion aller Wahrscheinlichkeit nach nicht marschieren werde, um einen bürgerlichen Staat, d. h. die Tschechoslowakei zu verteidigen[23]. Am 3. August konnte Ribbentrop den wichtigsten deutschen Auslandsmissionen mitteilen, hinsichtlich der Tschechoslowakei sei ein Eingreifen Englands, Frankreichs oder Rußlands kaum zu befürchten[24].

Am gleichen Tag schickte Chamberlain Lord Runciman mit einem seltsamen Auftrag nach Prag: Er sollte in der Sudetenkrise »vermitteln«. Nach seiner Ankunft gab Lord Runciman eine Pressekonferenz, an der ich teilnahm, und nachdem ich mit einigen seiner Begleiter gesprochen hatte, schrieb ich in mein Tagebuch: »Runcimans ganze Mission ist eine faule Sache.« Schon bei deren Ankündigung im Unterhaus hatte Chamberlain selbst zu Ausflüchten gegriffen, die wohl einzigartig in der Geschichte des englischen Parlaments dastehen dürften. Runciman, hatte er gesagt, sei »auf Ersuchen der tschechoslowakischen Regierung« entsandt worden. In Wirklichkeit hatte Chamberlain den Tschechen Runciman aufgezwungen. Doch dieser Täuschung lag noch eine größere zugrunde. Jedermann, auch Chamberlain, wußte, daß Runcimans Aufgabe, zwischen der tschechischen Regierung und den Sudetenführern zu »vermitteln«, absurd und unausführbar war. Jedermann wußte, daß Henlein kein freier Mann war und nicht verhandeln konnte, daß es jetzt um eine Auseinandersetzung zwischen Berlin und Prag ging. Die Tschechen waren sich völlig darüber im klaren, daß Runciman geschickt worden war, um den Weg für die Übergabe des Sudetenlandes an Hitler zu ebnen.

Inzwischen näherte sich der Sommer 1938 seinem Ende. Runciman reiste zwischen dem Sudetenland und Prag hin und her, machte den Sudetendeutschen immer freundlichere Augen und stellte den Tschechen immer höhere Forderungen. Unterdessen waren Hitler, seine Generale und sein Außenminister fieberhaft tätig. Am 23. August, anläßlich der Flottenmanöver, bewirtete Hitler den Reichsverweser Admiral Horthy und die Mitglieder der ungarischen Regierung an Bord des Linienschiffes *Vaterland.* Wenn die Ungarn am tschechischen Schmaus teilhaben wollten, sagte Hitler seinen Gästen, dann müßten sie sich beeilen: »Wer mittafeln will, muß allerdings auch mitkochen[25].« Der italienische Botschafter Attolico war ebenfalls auf dem Schiff zu Gast. Als er in Ribbentrop drang, ihm das Datum »des deutschen Schrittes gegen die Tschechoslowakei« zu nennen, damit Mussolini sich vorbereiten könne, gab Ribbentrop eine ausweichende Antwort. So ganz verließen sich also die Deutschen nicht auf die Diskretion ihres faschistischen Bundesgenossen. Polens hingegen waren sie sich jetzt sicher. Im Lauf des Sommers hatte Botschafter von Moltke in Warschau mehrfach nach Berlin berichtet, Polen denke nicht daran, den Tschechen zu helfen, und es werde auch nicht den Durchmarsch russischer Truppen durch polnisches Gebiet gestatten. Vielmehr richte Oberst Beck, der polnische Außenminister, ein begehrliches Auge auf eine Scheibe des tschechischen Kuchens, nämlich auf das Gebiet von Teschen. Hier zeigte sich bereits bei Beck die in jenem Sommer in Europa weitverbreitete Kurzsichtigkeit, die sich schließlich als weitaus verhängnisvoller erweisen sollte, als Beck es sich vorstellen konnte.
Im OKW und im OKH wurde unermüdlich daran gearbeitet, die für die Bereitstellung der Truppen bis zum 1. Oktober erforderlichen Pläne fertigzustellen. Am 24. August verfaßte Oberst Jodl eine eilige Denkschrift für Hitler, in der er auf den nach der Weisung »Grün« zu provozierenden »Zwischenfall« Bezug nahm: »Die Bestimmung des Zeitpunktes dieses Zwischenfalls nach *Tag und Stunde* [Hervorhebung im Original] ist von größter Bedeutung.« Davon wiederum hinge die Bestimmung des X-Tages ab.

Denn dann dürfen vor dem X minus 1 Tag keine Vorausmaßnahmen ergriffen werden, die sich nicht harmlos erklären lassen, da sonst der Zwischenfall als von uns veranlaßt erscheint ... Sollte man aus technischen Gründen den Zwischenfall in den Abendstunden *wünschen, so kann der nächste Tag nicht [Hervorhebung im Original] der X-Tag sein, sondern erst der übernächste Tag ... Zweck dieser Ausführungen ist es, darauf hinzuweisen, wie stark die Wehrmacht an dem Zwischenfall interessiert ist, und daß sie die Absichten des Führers rechtzeitig erfahren muß – sofern nicht ohnehin die Abw [ehr] Abt. mit der Organisation des Zwischenfalls beauftragt wird*[26].

Für den Überfall auf die Tschechoslowakei waren also die technischen Vorbereitungen bis zum Ende des Sommers sichtlich gut vorangekommen. Wie aber sah es für den Fall, daß die Franzosen ihre Verpflichtungen gegenüber den Tschechen erfüllen und angreifen würden, mit der Verteidigung im Westen aus? Am 26. August begab sich Hitler mit Jodl, Dr. Todt, dem Erbauer des Westwalls, Himmler und verschiedenen hohen Parteifunktionären auf eine Besichtigungsfahrt. Zu dieser Gruppe stieß am 27. August der Kommandeur der Heeresgruppe West, General Adam, ein grober, aber fähiger Bayer, der in den nächsten Tagen erleben sollte, wie sich der Führer an dem triumphalen Empfang durch die Rheinländer berauschte. Adam selbst ließ sich davon nicht beeindrucken; er war vielmehr beunruhigt, und am 29. bat er, in Hitlers Privatwagen sitzend, plötzlich um eine Unterredung unter vier Augen mit dem Führer. Grinsend schickte Hitler, so Adam, Himmler und die anderen Parteileute fort. Adam machte es kurz: Trotz allen Traras über den Westwall wäre es ihm nicht möglich, ihn mit den ihm zur Verfügung stehenden Truppen zu halten. Hitler wurde hysterisch, hielt Adam eine lange Standpauke darüber, daß er Deutschland stärker gemacht habe als England und Frankreich zusammengenommen, und brüllte:
»Ein Hundsfott, wer diese Stellung nicht hält[27]!«
Dennoch entstanden nun auch bei anderen Generalen Zweifel in dieser Hinsicht. Am 8. September suchte General Heinrich von Stülpnagel Oberst Jodl auf und äußerste sich pessimistisch über die Stellung im Westen. Auch Jodl wurde jetzt klar, daß der durch den Fanatismus der Massen auf dem gerade stattfindenden Nürnberger Parteitag aufgeputschte Hitler auf jeden Fall in die Tschechoslowakei einmarschieren werde, ob Frankreich interveniere oder nicht. »Ich muß zugeben«, schrieb der sonst so optimistische Jodl in sein Tagebuch, »daß auch ich nicht ohne Sorge bin.«
Am Tage darauf, dem 9. September, zitierte Hitler Keitel, Brauchitsch und Halder zu einer Besprechung nach Nürnberg. Sie begann um 10 Uhr abends und dauerte bis 4 Uhr morgens, eine stürmische Sitzung, wie Keitel hinterher Jodl anvertraute. Halder befand sich – als Schlüsselfigur der Verschwörung, der er das Zeichen zum Losschlagen zu geben hatte – in der heiklen Lage, den Plan des Generalstabs für den tschechischen Feldzug in allen Einzelheiten erläutern zu müssen. Noch unbehaglicher wurde seine Situation, als er zusehen mußte, wie Hitler den Plan zerfetzte und nicht nur ihn, sondern auch Brauchitsch wegen ihrer Zimperlichkeit und militärischen Unfähigkeit aufs schärfste kritisierte. Keitel, notierte Jodl am 13. September, sei »schwer erschüttert« gewesen über den »Defätismus« an der Spitze des deutschen Heeres.

Man hat schon begonnen [schreibt Jodl weiter], die Anklagen beim Führer wegen Miesmachens auch auf d. OKW auszudehnen ... Grl. Keitel betont, daß er keinen Offz. im OKW dulden wird, der sich in Kritik, Bedenken u. Miesmachen ergeht ... D. Führer weiß ferner, daß der Ob. d. H[eeres] seine kommand. Generale gebeten hat, ihn zu unterstützen, um dem Führer die Augen zu öffnen über das Abenteuer, in das zu stürzen er sich entschlossen hat. Er selber habe leider keinen Einfluß mehr auf den Führer. So herrschte denn in Nürnberg eine kalte u. frostige Atmosphäre, u. es ist tieftraurig, daß der Führer das ganze Volk hinter sich hat, nur nicht die führenden Generale des Heeres.

Über das alles war der ehrgeizige Jodl, der sein Los mit dem Hitlers verbunden hatte, sehr betrübt.

Sie können m. E. nur mehr durch die Tat gutmachen, was sie durch mangelnde Seelenstärke u. durch Mangel an Gehorsam gesündigt haben. Es ist dasselbe Problem wie 1914. Es gibt nur einen Ungehorsam in der Armee, den der Generale, u. er entspringt letzten Endes ihrer Überheblichkeit. Sie können nicht mehr glauben u. nicht mehr gehorchen, weil sie das Genie des Führers nicht anerkennen, in dem sie z. Teil sicher noch den Gefreiten des Weltkrieges sehen, aber nicht den größten Staatsmann seit Bismarck[28].

Die Verschwörer hatten sich inzwischen noch vergewissern wollen, ob ihre Annahme, daß England und Frankreich im Fall eines Angriffs auf die Tschechoslowakei Deutschland den Krieg erklären würden, richtig sei. Zu diesem Zweck hatten sie beschlossen, vertrauenswürdige Leute nach London zu schicken. Diese sollten nicht nur die Absichten der britischen Regierung erkunden, sie sollten ihr auch mitteilen, daß Hitler entschlossen sei, im Herbst in die Tschechoslowakei einzufallen, und damit versuchen, auf die Beschlüsse der britischen Regierung einzuwirken. Sodann sollten sie den Engländern sagen, der Generalstab sei gegen Hitlers Aktion und bereit, sie zu verhindern, wenn England bis zuletzt Hitler gegenüber fest bleibe.
Zum ersten Sendboten der Verschwörer wählte Oberst Oster von der Abwehr Ewald von Kleist, der am 18. August in London eintraf. Henderson, der britische Botschafter in Berlin, der sehr darauf bedacht war, Hitler alles zu geben, was er in der Tschechoslowakei wünschte, riet dem Foreign Office, Kleist »nicht an amtlicher Stelle zu empfangen[29]«. Dennoch wurde Kleist gleich nach seiner Ankunft von Sir Robert Vansittart, einem der Hauptgegner der *Appeasement*-Politik im Foreign Office, und am Tage darauf von dem damals freilich nicht in der Regierung sitzenden Winston Churchill empfangen. Beiden Männern, die von der Sachlichkeit und Redlichkeit ihres Besuchers sehr angetan waren, sagte Kleist, was ihm aufgetragen worden war. Er wies nachdrücklich darauf hin, daß Hitler bereits einen Termin für den Angriff auf die Tschechoslowakei festgesetzt habe und daß die Generale, die größtenteils dagegen seien, einschreiten würden. Jedoch ein weiteres britisches *Appeasement* gegenüber Hitler würde ihnen den Boden unter den Füßen entreißen. Wenn England und Frankreich öffentlich erklärten, sie würden einer Aggression nicht untätig zusehen, und wenn einige prominente englische Staatsmänner Deutschland vor den Folgen einer solchen Aggression feierlich warnen würden, dann würden die Generale ihrerseits gegen Hitler losschlagen.

Churchill gab Kleist einen Brief für seine Kameraden in Deutschland mit:

Ich bin überzeugt, daß ein Überschreiten der tschechoslowakischen Grenze durch deutsche Truppen ... erneut einen Weltkrieg heraufbeschwören wird. Ich bin wie Ende Juli 1914 sicher, daß England mit Frankreich marschieren wird ... Geben Sie sich, ich bitte Sie dringend, hierüber keiner Täuschung hin[30].

Vansittart nahm Kleists Warnung so ernst, daß er darüber unverzüglich einen Bericht machte und ihn Chamberlain und Lord Halifax vorlegte. Chamberlain schrieb zwar an Halifax, er sei geneigt, »eine Menge von dem, was er [Kleist] sagt, abzustreichen«, fügte aber hinzu: »Ich weiß nicht, ob wir nicht doch etwas unternehmen sollten[31].« Und er unternahm auch etwas: er berief, nicht ganz ohne publizistischen Lärm, Henderson für den 28. August »zu Besprechungen« nach London.

Er gab dem Botschafter zwei Instruktionen: erstens, Hitler in aller Sachlichkeit zu warnen, und zweitens, in aller Stille zwischen ihm und Hitler einen »persönlichen Kontakt« herzustellen. Nach Hendersons eigener Darstellung bewog er Chamberlain, die erste Anweisung fallen zu lassen[32]. Die zweite nahm er nur zu gern entgegen.

Dies war der erste Schritt auf dem Weg nach München und Hitlers größter unblutiger Sieg.

Die Verschwörer, die von dieser Wendung nichts ahnten, unternahmen weitere Versuche, die britische Regierung zu warnen. Am 21. August schickte Oberst Oster einen Vertrauensmann zu dem britischen Militärattaché in Berlin mit der Mitteilung, Hitler beabsichtige, Ende September die Tschechoschlowakei anzugreifen. »Wenn Herr Hitler in elfter Stunde durch festes Auftreten des Westens gezwungen würde, seine gegenwärtigen Absichten aufzugeben, so überstünde er diesen Schlag nicht. Ebenso brächte, wenn es zum Kriege kommen sollte, ein sofortiges Eingreifen Englands und Frankreichs das Regime zum Sturz.« Pflichtgemäß gab Henderson diese Warnung nach London weiter, bezeichnete sie aber als »offenbar befangen und zum großen Teil Propaganda«. Die Scheuklappen des arglosen britischen Botschafters schienen um so größer zu werden, je mehr sich die Krise zuspitzte.

Da Halder das Gefühl hatte, daß Kleist mit seiner Botschaft bei den Briten nicht ganz durchgedrungen sei, schickte er am 2. September einen eigenen Vertrauensmann, den pensionierten Oberstleutnant Hans Böhm-Tettelbach, nach London, um dort mit dem Kriegsministerium und dem militärischen Geheimdienst Kontakt aufzunehmen. Wenn der Oberst auch, seinem eigenen Bericht zufolge, eine Reihe wichtiger Persönlichkeiten in London aufsuchte, so scheint er doch auf sie keinen großen Eindruck gemacht zu haben.

Schließlich nahmen die Verschwörer in einer letzten verzweifelten Anstrengung, die Engländer zum Festbleiben zu bewegen, ihre Zuflucht zum Auswärtigen Amt und zu der deutschen Botschaft in London. Botschaftsrat war Theodor Kordt, dessen jüngerer Bruder Erich Ribbentrops Kabinettschef war. Die Brüder Kordt waren Schützlinge des Staatssekretärs von Weizsäcker, der zu jener Zeit, wie aus den erbeuteten deutschen

Akten hervorgeht, aus den gleichen Gründen wie die Generale gegen einen Angriff auf die Tschechoslowakei war. Mit Weizsäckers stillschweigendem Einverständnis und nach Beratung mit Beck, Halder und Goerdeler wurde vereinbart, durch Theodor Kordt der Downing Street eine letzte Warnung zugehen zu lassen. Seine Besuche als Botschaftsrat bei britischen Stellen würden keinen Verdacht erregen.

Die Information, die Kordt am Abend des 5. September Sir Horace Wilson, Chamberlains Vertrauensmann, überbrachte, erschien Wilson so wichtig und dringend, daß er Kordt durch eine Seitentür in die Amtsräume des britischen Außenministers führte. Kordt teilte Lord Halifax ohne Umschweife mit, daß Hitler beabsichtige, für den 16. September allgemeine Mobilmachung anzuordnen, daß als spätester Termin für den Angriff auf die Tschechoslowakei der 1. Oktober angesetzt sei, daß die Generalität Hitler in dem Augenblick festzunehmen gedenke, in dem er den endgültigen Angriffsbefehl gebe, und daß der Handstreich gelingen würde, wenn England und Frankreich festblieben. Kordt machte Halifax auch darauf aufmerksam, daß Hitler am 12. September, zum Abschluß des Reichsparteitages, eine provokative, das Vorgehen gegen die Tschechoslowakei möglicherweise beschleunigende Rede halten würde und daß dann für England der Augenblick gekommen sei, gegen Hitler einzuschreiten[33].

Doch auch Kordt wußte trotz seiner ständigen persönlichen Kontakte mit der Downing Street nicht, wie in London der Wind wehte. Allerdings sollte er zwei Tage später, wie viele andere, eine Ahnung davon bekommen. Am 7. September brachte die *Times* einen berühmt gewordenen Leitartikel, in dem sie vorschlug, die Tschechoslowakei solle, damit sie ein homogenes Staatsgebilde werde, das Sudetenland abtreten, »in dem eine fremde, mit der Nachbarnation durch ihr Volkstum verbundene Bevölkerung wohnt«.

Mit keinem Wort wurde in diesem Leitartikel von der Tatsache gesprochen, daß die Tschechoslowakei durch Abtretung des Sudetenlandes an Deutschland sowohl den natürlichen Schutzwall des Böhmerwaldes wie auch ihre »Maginotlinie« verlieren und damit Deutschland schutzlos preisgegeben sein würde.

Mochte der britische Außenminsiter auch gleich nach Erscheinen des *Times*-Aufsatzes erklären, die hierin vertretenen Ansichten seien nicht die der Regierung, so telegrafierte doch Kordt am nächsten Tage nach Berlin, es sei möglich, daß der Leitartikel auf eine Eingebung aus Chamberlains Umgebung zurückzuführen sei. Möglich war es wahrhaftig!

In unserer krisenreichen Gegenwart ist es schwierig, sich die düstere, fast unerträgliche Spannung ins Gedächtnis zurückzurufen, die in den europäischen Hauptstädten während des am 6. September begonnenen Nürnberger Reichsparteitages herrschte. Hitlers Abschlußrede, die er am 12. September halten wollte, stand bevor, und man erwartete, daß er hinsichtlich der Tschechoslowakei seine endgültige Entscheidung über Krieg oder Frieden bekanntgeben werde. Ich befand mich während dieser Tage im Brennpunkt der Krise, in Prag. Seltsamerweise schien – wenigstens nach außen – die tschechische Hauptstadt die ruhigste von allen Hauptstädten zu sein, trotz der von den Deutschen im Sudetenland geschürten Krawalle, der Drohungen aus Berlin, des Druckes von seiten der englischen und der französischen Regierung und der bangen Sorge, diese könnten die Tschechoslowakei im Stich lassen.

Am 5. September berief Präsident Benesch in der Erkenntnis, daß er zur Rettung des Friedens einen entscheidenden Schritt tun müsse, die sudetendeutschen Führer Kundt und Sebekovsky in den Hradschin und forderte sie auf, ihre gesamten Forderungen schriftlich zu fixieren. Wie immer sie beschaffen sein würden, er sei bereit, sie zu erfüllen. »Mein Gott«, rief am nächsten Tag Henleins Stellvertreter Karl Hermann Frank entsetzt aus, »sie haben uns ja alles zugestanden!« Das aber war das letzte, was die sudetendeutschen Politiker und ihre Berliner Herren wünschten. Auf Anweisung Berlins brach Henlein am 7. September, ein paar angebliche Zwischenfälle in Mährisch-Ostrau zum Vorwand nehmend, die Verhandlungen mit der tschechischen Regierung ab.

Am 10. September hielt Göring in Nürnberg eine kriegslüsterne Rede und erging sich in wüsten Schmähungen gegen die Tschechen. Am selben Tag sprach Benesch im Rundfunk, ohne von Görings Ausfällen Notiz zu nehmen; in ruhiger, würdiger Weise rief er zu gutem Willen und gegenseitigem Vertrauen auf.

Unter der Oberfläche jedoch waren die Tschechen nervös. Ich sah Dr. Benesch beim Verlassen des Rundfunkhauses, und mir fiel auf, wie ernst er war. Er schien sich der furchtbaren Situation vollauf bewußt zu sein. Der Wilson-Bahnhof und der Flughafen waren überfüllt von Juden, die sich verzweifelt bemühten, aus Prag wegzukommen. An die Bevölkerung wurden Gasmasken ausgegeben. Aus Paris hörte man, daß sich in der französischen Regierung Panik ausbreite, und die Meldungen aus London ließen erkennen, daß Chamberlain erwog, Hitlers Forderungen bis zum äußersten nachzugeben – auf Kosten der Tschechen natürlich.

Und so wartete ganz Europa voller Spannung auf Hitlers Schlußrede in Nürnberg. Doch obwohl diese brutal und bombastisch war und von Gehässigkeit gegen die Tschechen und vor allem gegen ihren Präsidenten triefte, enthielt sie keine Kriegserklärung. Hitler verlangte lediglich »Gerechtigkeit« für die Sudetendeutschen und sagte, er behalte sich seine Entscheidung vor. Nun, wie wir aus den erbeuteten deutschen Akten wissen, hatte er für den Überfall auf die Tschechoslowakei bereits den 1. Oktober bestimmt.

Hitlers Rede hatte beträchtliche Rückwirkungen. Im Sudetenland brach ein Aufstand aus, woraufhin die tschechische Regierung den Ausnahmezustand erklärte. Nach zweitägigem Truppeneinsatz war sie wieder Herr der Lage. Henlein schlüpfte über die deutsche Grenze und erließ eine Proklamation: Es gäbe jetzt nur noch eine Lösung: die Abtretung des Sudetenlandes an Deutschland.

Diese Lösung wurde, wie wir sahen, auch von London begünstigt. Allerdings mußte es vorher die Einwilligung Frankreichs erlangen. Am 13. September tagte das französische Kabinett den ganzen Tag über: Man war sich hoffnunglos uneins in der Frage, ob Frankreich im Fall eines deutschen Angriffs seine Verpflichtungen gegenüber der Tschechoslowakei erfüllen solle. Am Abend desselben Tages wurde der britische Bot-

schafter in Paris, Sir Eric Phipps, aus der *Opera Comique* zu einer dringenden Besprechung mit Ministerpräsident Daladier geholt. Daladier ließ über den Botschafter an Chamberlain das dringende Ersuchen ergehen, sich sofort mit Hitler ins Einvernehmen zu setzen und bei ihm zu versuchen, das Bestmögliche zu erreichen.
Eines so dringenden Ersuchens bedurfte es mutmaßlich kaum noch. Chamberlain sandte noch in derselben Nacht eine Botschaft an Hitler:

Im Hinblick auf die zunehmend kritische Lage schlage ich vor, sofort zu Ihnen herüberzukommen, um zu versuchen, eine friedliche Lösung zu finden. Ich schlage vor, auf dem Luftwege zu kommen, und bin morgen zur Abreise bereit.
Teilen Sie mir bitte den frühesten Zeitpunkt mit, zu dem Sie mich empfangen können, und geben Sie mir den Ort der Zusammenkunft an. Ich wäre für eine sehr baldige Antwort dankbar [34].

Zwei Stunden vorher hatte der deutsche Geschäftsträger in London, Theodor Kordt, eine ihm von Chamberlains Pressereferenten gemachte Mitteilung telegrafisch nach Berlin weitergegeben: »Er [Chamberlain] sei auch heute bereit, weitgehende deutsche Vorschläge einschließlich Volksabstimmung zu prüfen, bei Durchführung mitzuwirken und vor Öffentlichkeit zu vertreten[35].«
Der erste Schritt zu der in München ihren Höhepunkt findenden Kapitulation war getan.

CHAMBERLAIN IN BERCHTESGADEN: 15. SEPTEMBER 1938

»Ich bin vom Himmel gefallen« – mit diesen Worten schilderte Hitler später einmal die Gefühle, die ihn nach der Lektüre von Chamberlains Botschaft überkamen[36]. Er war zwar verblüfft, doch hocherfreut und geschmeichelt, daß der 69 Jahre alte Mann, der über die Geschicke des mächtigen britischen Empire waltete, zum erstenmal in seinem Leben ein Flugzeug besteigen wollte, um ihn aufzusuchen. Hitler besaß nicht einmal den Anstand, dem alten Herrn einen Treffpunkt am Rhein vorzuschlagen. Er bat ihn nach Berchtesgaden, in die äußerste Ecke Deutschlands.
Wie aus den deutschen Geheimakten und den folgenden Ereignissen eindeutig hervorgeht, war Chamberlains Schritt für Hitler ein Gottesgeschenk. Von der deutschen Botschaft in London bereits darüber informiert, daß Chamberlain bereit sei, »weitgehende deutsche Vorschläge zu prüfen«, sah Hitler in dem Besuch des britischen Premiers eine weitere Bestätigung für die von ihm von Anfang an vertretene Ansicht, daß England und Frankreich wegen der Tschechoslowakei nicht eingreifen würden. Zur Gewißheit wurde ihm dies, nachdem er eine Stunde lang mit Chamberlain gesprochen hatte.
Der Premier traf am 15. September mittags auf dem Münchner Flugplatz ein, wurde in einem offenen Wagen zum Bahnhof gebracht und bestieg dort einen Sonderzug nach Berchtesgaden. Es entging ihm nicht, daß fast während der ganzen dreistündigen Fahrt

Züge mit Truppen und Geschützen auf dem Nebengleis vorüberrollten. Hitler stand nicht zur Begrüßung auf dem Bahnhof Berchtesgaden. Vielmehr empfing er seinen hohen Besucher auf der obersten Stufe der Freitreppe des Berghofs. Es war inzwischen 16 Uhr geworden. Chamberlain war seit dem Morgengrauen unterwegs.

Nach dem Tee führte Hitler Chamberlain in sein Arbeitszimmer hinauf, in denselben Raum, in dem er sieben Monate vorher Schuschnigg empfangen hatte. Nur Dolmetscher Dr. Schmidt war bei der Unterredung zugegen. Henderson hatte dafür gesorgt, daß Ribbentrop nicht teilnahm – was den eitlen deutschen Außenminister derart wurmte, daß er es am nächsten Tag ablehnte, dem britischen Premierminister Schmidts Protokoll zu geben, eine beispiellose, aber bezeichnende Unhöflichkeit. Chamberlain war daher genötigt, das mit Hitler Besprochene aus der Erinnerung zu rekonstruieren[37].

Zu Beginn des Gesprächs ließ sich Hitler, genau wie bei seinen Reden, erst einmal lang und breit darüber aus, was er alles für das deutsche Volk, für den Frieden und für eine deutsch-englische Annäherung getan habe. Es gäbe jetzt ein Problem, das er »so oder so« zu lösen entschlossen sei: Die drei Millionen Sudetendeutschen müßten ins Reich »zurückkehren«[38].

Er wolle keine Zweifel über seine absolute Entschlossenheit aufkommen lassen [heißt es in Schmidts Protokoll], es nicht länger zu dulden, daß ein kleines, untergeordnetes Land das große tausendjährige Deutsche Reich wie etwas Minderwertiges behandle ... Er sei 49 Jahre alt und wünsche, falls über der tschechoslowakischen Frage Deutschland in einen Weltkrieg verwickelt werden sollte, sein Land in voller Manneskraft durch die Krise zu führen ... Er würde es selbstverständlich bedauern, wenn sich aus diesem Problem ein Weltkrieg entwickeln würde. Diese Gefahr könne ihn jedoch in seinem Entschluß nicht wankend machen ... Er würde jeden Krieg und sogar das Risiko eines Weltkrieges dafür in Kauf nehmen. Es sei hier die Grenze erreicht, wo die übrige Welt tun könne, was sie wolle, er würde keinen Schritt zurückweichen.

Chamberlain, den Hitler kaum hatte zu Wort kommen lassen, war ein ungemein geduldiger Mann. Aber seine Geduld hatte Grenzen. An diesem Punkt unterbrach er: »Wenn Sie entschlossen sind, die Sache mit Gewalt zu regeln, ohne abzuwarten, daß wir darüber überhaupt diskutieren, warum haben Sie mich dann herkommen lassen? Ich habe nur meine Zeit vergeudet.«

Der deutsche Diktator war es nicht gewöhnt, daß man ihn unterbrach, doch Chamberlains scharfer Einwurf verfehlte nicht seine Wirkung auf ihn. Hitler mäßigte sich etwas. Er meinte, man könne sich darüber unterhalten, ob nach allem noch eine friedliche Lösung möglich sei. Und dann rückte er mit seinem Vorschlag heraus:

Wolle England einer Loslösung dieser Gebiete und einer Änderung des jetzigen Status der Tschechoslowakei zustimmen oder nicht? Einer Loslösung der sudetendeutschen Gebiete auf Grund des Selbstbestimmungsrechtes der Völker ...?

Chamberlain war nicht erschüttert. Vielmehr drückte er seine Befriedigung aus, »daß

man nunmehr endlich auf den Kernpunkt der Frage gekommen sei«. Nach Chamberlains aus dem Gedächtnis niedergeschriebenen eigenen Bericht erwiderte er, er könne sich nicht festlegen, ohne vorher sein Kabinett und die Franzosen zu konsultieren. Diesen Satz hat auch Schmidt stenographisch festgehalten, aber dann noch hinzugefügt: »*Persönlich könne er erklären, daß er den Grundsatz der Loslösung der Sudetengebiete anerkenne ... Er wolle unter diesen Umständen nach England zurückkehren, um der Regierung zu berichten und ihre Billigung seiner Stellungnahme einzuholen.*«
Diese Berchtesgadener Kapitulation zog alles andere nach sich.
Sie kam für die Deutschen nicht überraschend. Zur selben Stunde schrieb Henlein kurz bevor er über die Grenze nach Deutschland ging, von Eger aus einen Brief an Hitler mit dem Datum des 15. September:

Mein Führer!
Ich habe gestern der englischen [Runciman-]Delegation mitgeteilt, daß Inhalt von weiteren Verhandlungen ... nur die Durchführung des Anschlusses an das Reich sein könne.
Es ist wahrscheinlich, daß Chamberlain den Anschluß vorschlägt[39].

Am nächsten Tag, dem 16. September, ließ das Auswärtige Amt den Botschaften in Washington und anderen Hauptstädten folgende streng geheime Depesche zugehen:

Führer hat Chamberlain in gestriger Besprechung auf Obersalzberg erklärt, er sei fest entschlossen, unhaltbaren Zuständen im Sudetenland in kürzester Frist so oder so ein Ende zu bereiten. Autonomie für Sudetendeutsche komme nicht mehr in Betracht, sondern nur noch Abtretung des Gebietes an Deutschland ... Chamberlain hat persönlich Verständnis gezeigt. Er fragt jetzt britisches Kabinett und tritt mit Paris in Verbindung. Neues Zusammentreffen Führers mit Chamberlain für sehr nahen Termin geplant[40].

Gegen Ende der Unterredung hatte Chamberlain Hitler das Versprechen abgerungen, keine militärische Aktion zu unternehmen, ehe sie nicht noch einmal zusammengekommen seien. Zu dieser Zeit glaubte Chamberlain noch, Hitler vertrauen zu können; ein paar Tage später äußerte er privatim: »Trotz der Brutalität, die ich in seinem Gesicht zu erkennen glaubte, hatte ich den Eindruck, einen Mann vor mir zu haben, auf dessen Wort man sich verlassen kann[41].«
Während sich der britische Staatsmann diesen tröstlichen Illusionen hingab, trieb Hitler die militärischen und politischen Pläne für den Einmarsch in die Tschechoslowakei voran. Am 17. September wurde Henlein, der jetzt in der Nähe von Bayreuth saß und ein sudetendeutsches Freikorps aufstellte, ein Offizier aus dem OKW zugeteilt. Das Freikorps sollte mit östereichischen Waffen ausgerüstet werden und auf Anweisung des Führers weiterhin »Zusammenstöße« mit den Tschechen provozieren. Oberst Jodl arbeitete zusammen mit dem Propagandaministerium an den, wie er in seinem Tagebuch schreibt, »gemeinsamen Vorbereitungen für die Widerlegung eigener ... Verletzungen

des Völkerrechts«. Dr. Goebbels hatte die Aufgabe, Ausschreitungen der Nationalsozialisten zu rechtfertigen. Die Lügen, die er sich ausdachte, wurden bis in die letzte Einzelheit festgelegt[42].

Am 18. September, an dem Chamberlain sich bemühte, sein Kabinett und die Franzosen für seine Politik zu gewinnen, waren Hitler und seine Generale sehr rührig. An fünf Armeen, die 2., 8., 10., 12. und 14., insgesamt 36 Divisionen, darunter drei Panzerdivisionen, erging der Bereitstellungsbefehl. Hitler bestätigte auch die Befehlshaber für zehn Armeen. General Adam behielt trotz seines jüngsten ungebärdigen Verhaltens das Kommando über die Heeresgruppe West. Überraschenderweise wurden zwei der Verschwörer wieder in Dienst gestellt und zu Armeekommandeuren ernannt: General Beck erhielt die 1., General von Hammerstein die 4. Armee.

Auch die politischen Vorbereitungen gingen weiter. Die erbeuteten Akten des Auswärtigen Amtes sind voll von Beweisen wachsenden deutschen Druckes auf Ungarn und Polen. Selbst die Slowaken wurden bedrängt, »mitzukochen«. Am 20. September legte Henlein ihnen dringend nahe, ihre Autonomieforderungen »schärfer« zu formulieren. Am selben Tag empfing Hitler den ungarischen Ministerpräsidenten Imredy und dessen Außenminister von Kanya. Über die Unterredung liegt eine ausführliche Denkschrift vor:

Der Führer habe zunächst den ungarischen Herren Vorwürfe über die unentschlossene Haltung Ungarns im gegenwärtigen Krisenzeitpunkt gemacht. Er, der Führer, sei entschlossen, die tschechische Frage selbst auf die Gefahr eines Weltkrieges zu lösen ... Es sei jetzt der letzte Moment für Ungarn gekommen, sich einzuschalten, da er sonst nicht in der Lage sein würde, für die ungarischen Interessen einzutreten. Seiner Auffassung nach wäre es das beste, die Tschechoslowakei zu zerschlagen ... Er forderte die ungarischen Herren auf, 1. sofort ihrerseits Abstimmung für die von Ungarn gewünschten Territorien zu verlangen, 2. keinerlei Garantien für etwaige neue Grenzen der Tschechoslowakei zu geben ...[43].

Wie auch immer die Verhandlungen mit Chamberlain ausgehen würden, Hitler hatte nicht die Absicht, auch nur eine Rumpftschechoslowakei bestehen zu lassen, wie er den Ungarn deutlich zu erkennen gab.

Der Führer habe weiter erklärt, daß er die deutschen Forderungen gegenüber Chamberlain brutal vertreten werde. Seiner Auffassung nach sei die einzige befriedigende Lösung ein militärisches Vorgehen. Es bestände aber die Gefahr, daß die Tschechen alles annehmen.

Die Angst vor dieser Gefahr war es denn auch, die den Diktator bei allen folgenden Unterredungen mit dem nichtsahnenden britischen Premierminister verfolgte.

Von Berlin aufgeputscht, verlangte die polnische Regierung am 21. September eine Volksabstimmung in Tschechisch-Teschen, wo es eine starke polnische Minderheit gab, und ließ Truppen im Grenzgebiet aufmarschieren. Am Tage darauf gingen die Ungarn in ähnlicher Weise vor. Am selben Tag besetzte das sudetendeutsche Freikorps mit Hilfe deutscher SS-Verbände die tschechischen Grenzstädte Asch und Eger.

An diesem 22. September herrschte in ganz Europa Hochspannung, denn am Vormittag hatte Chamberlain sich noch einmal auf die Reise nach Deutschland begeben, um mit Hitler zu verhandeln.
Inzwischen war Lord Runciman von Prag nach London zurückgerufen worden. Die Empfehlungen, die er dem britischen Kabinett machte, waren erstaunlich. Er ging in seinem Eifer, die Deutschen zu besänftigen, noch weiter als Hitler und setzte sich wahrhaftig dafür ein, das Sudetenland ohne vorherige Volksabstimmung an Deutschland abzutreten. Seine Empfehlungen scheinen das britische Kabinett tief beeindruckt zu haben.
Am 18. September waren dann Ministerpräsident Daladier und sein Außenminister Georges Bonnet zu Beratungen nach London gekommen. Kein Mensch dachte daran, die Tschechen zu den Beratungen hinzuziehen. Engländer und Franzosen, die um jeden Preis einen Krieg verhüten wollten, einigten sich rasch über das, was die Tschechen zu akzeptieren haben würden. Alle Gebiete, die zu mehr als fünfzig Prozent von Sudetendeutschen bewohnt waren, sollten an Deutschland abgetreten werden, »um den Frieden zu erhalten und die vitalen Interessen der Tschechoslowakei sicherzustellen«. Dafür wollten dann England und Frankreich gemeinsam »die neuen Grenzen gegen unprovozierte Angriffe garantieren«. Eine solche Garantie sollte an die Stelle der zwischen der Tschechoslowakei und Frankreich und Rußland bestehenden Beistandspakte treten. Das war für Frankreich ein bequemer Ausweg aus dem Dilemma, und unter Führung von Bonnet, der, wie sich beim Ablauf der Ereignisse zeigen sollte, entschlossen war, Chamberlain in der *Appeasement*-Politik gegenüber Hitler noch zu übertreffen, zögerten denn auch die Franzosen nicht, ihn zu benutzen.

Sowohl die Französische als auch die Britische Regierung erkennen die Größe des Opfers an, das auf diese Weise von der Tschechoslowakischen Regierung für die Sache des Friedens verlangt wird. Da aber diese Sache sowohl für Europa im allgemeinen als auch für die Tschechoslowakei selbst eine gemeinsame ist, haben sie es für ihre Pflicht gehalten, die zur Aufrechterhaltung des Friedens wesentlichen Bedingungen gemeinsam in freimütiger Weise darzustellen.

Außerdem hatten sie es eilig. Der deutsche Diktator konnte nicht warten:

Der Premierminister muß seine Besprechungen mit Herrn Hitler spätestens am Mittwoch [22. September], oder wenn möglich früher, wiederaufnehmen. Wir bitten Sie daher um eine so frühzeitige Antwort wie möglich[44].

Und so präsentierten der britische und der französische Gesandte in Prag der tschechischen Regierung am 19. September um 12 Uhr mittags gemeinsam die englisch-französischen Vorschläge. Sie wurden am Tage darauf mit einer in würdigem Ton gehaltenen

Note abgelehnt: Ihre Annahme würde früher oder später die Tschechoslowakei unter die völlige Herrschaft Deutschlands bringen. Die Tschechen gemahnten Frankreich an seine vertraglichen Verpflichtungen und auch an die Folgen, die für seine Stellung in Europa entstehen würden, wenn die Tschechoslowakei nachgäbe. Schließlich machten sie sich erbötig, die ganze Sudetenfrage gemäß dem deutsch-tschechischen Vertrag vom 16. Oktober 1925 durch ein Schiedsgericht klären zu lassen[45].

Aber Engländer und Franzosen waren nicht geneigt, sich durch Erinnerung an die Heiligkeit von Verträgen von dem Kurs, den sie einmal eingeschlagen hatten, abbringen zu lassen. Nach Erhalt der tschechischen Note um 5 Uhr nachmittags teilte der britische Gesandte, Sir Basil Newton, dem tschechischen Außenminister Dr. Kamil Krofta mit, England werde kein Interesse mehr am Schicksal seines Landes haben, wenn die tschechische Regierung bei ihrer Ablehnung bleibe. Der französische Gesandte de Lacroix schloß sich dieser Erklärung im Namen Frankreichs an.

Inzwischen war die tschechische Note in London und Paris ungnädig aufgenommen worden. Chamberlain berief eine Kabinettssitzung ein, während deren Dauer man in ständiger telefonischer Verbindung mit Paris blieb. Die beiden Regierungen kamen überein, Prag weiterhin unter Druck zu setzen. Den Tschechen sollte gesagt werden, sie könnten keine Hilfe von Frankreich oder England erhalten, wenn sie festblieben.

Präsident Benesch erkannte unterdessen, daß seine angeblichen Freunde im Begriff waren, ihn im Stich zu lassen. Er unternahm einen letzten Versuch, wenigstens Frankreich davon abzuhalten. Am 20. September, kurz nach 8 Uhr abends, ließ er durch Dr. Krofta an Lacroix die entscheidende Frage stellen: Werde Frankreich im Falle eines deutschen Angriffs auf die Tschechslowakei sein Wort halten oder nicht? Nachts um 2.15 Uhr wurde dann Benesch von Newton und Lacroix aus dem Bett geholt. Sie forderten ihn auf, seine ablehnende Note zurückzuziehen und die englisch-französischen Vorschläge anzunehmen, andernfalls werde die Tschechoslowakei gegen Deutschland allein zu kämpfen haben. Benesch bat den französischen Gesandten, ihm das schriftlich zu geben. Wahrscheinlich hatte er seine Sache schon aufgegeben, aber er dachte wohl an das Urteil, das einmal die Geschichte fällen würde[46].

Übernächtigt, erschöpft und tief deprimiert hielt Benesch den ganzen folgenden Tag über Beratungen mit seinem Kabinett, mit den Parteiführern und dem Armeekommando ab. Bisher waren die Tschechen gegenüber Drohungen des Feindes mutig gewesen, aber jetzt, von ihren Freunden und Verbündeten verlassen, begannen sie wankend zu werden. Wie stand es mit Rußland? Es traf sich, daß der sowjetische Außenminister Litwinow am gleichen Tage in Genf eine Rede hielt, in der er erneut betonte, die Sowjetunion werde ihren Vertrag mit der Tschechoslowakei einhalten. Benesch ließ den russischen Gesandten in Prag zu sich kommen, der sich hinter Litwinows Äußerungen stellte. Doch ach, der Beistand der Russen war nach dem Pakt mit der Sowjetunion an *eine Bedingung* geknüpft: daß auch Frankreich der Tschechoslowakei zu Hilfe kam. Und Frankreich hatte nein gesagt.

Am Spätnachmittag des 21. September kapitulierte die tschechische Regierung und nahm die englisch-französischen Vorschläge an. »Es blieb uns keine andere Wahl, denn man hat uns im Stich gelassen«, hieß es bitter in einer Regierungsverlautbarung. Privatim formulierte es Benesch bündiger: »Wir sind auf gemeine Weise verraten worden.« Am nächsten Tag trat das Kabinett zurück, und General Jan Syrovy, Generalinspekteur der Armee, wurde Chef einer neuen Regierung der nationalen Konzentration.

CHAMBERLAIN IN GODESBERG: 22.–23. SEPTEMBER

Obwohl Chamberlain sich anschickte, Hitler alles zu geben, was dieser bei der Zusammenkunft in Berchtesgaden gefordert hatte, war beiden nicht ganz wohl zumute, als sie sich am 22. September in Godesberg wieder begegneten. Der deutsche Geschäftsträger in London kabelte, nachdem er den Premierminister zum Flughafen gebracht hatte, nach Berlin: »Chamberlain und seine Begleitung sind mit erheblichem Maß von Besorgnis abgeflogen... Ganz ohne Frage ist die Opposition [gegen Chamberlains Politik] im Wachsen begriffen.«

Hitler war äußerst nervös. Am Morgen des 22. September frühstückte ich auf der Terrasse des *Hotels Dreesen*, in dem die Besprechungen stattfinden sollten. Hitler kam dicht an mir vorbei, und mir fielen die tiefen Schatten unter seinen Augen und ein nervöses Zucken seiner rechten Schulter auf.

Chamberlain trug trotz seiner Besorgnis über die wachsende Opposition in England gute Laune zur Schau, als er nach seiner Ankunft in Godesberg durch die nicht nur mit Hakenkreuzfahnen, sondern auch mit dem *Union Jack* geschmückten Straßen zu dem ihm für seinen Aufenthalt reservierten Hotel auf dem *Petersberg* fuhr. Da er alles zu erfüllen gedachte, was Hitler in Berchtesgaden verlangt hatte, blieben nur noch die Einzelheiten auszuarbeiten, und zu diesem Zweck hatte er außer Sir Horace Wilson und dem Ostexperten im Foreign Office, William Strang, den Leiter der Rechtsabteilung im britischen Außenministerium, Sir William Malkin, mitgebracht.

Am späten Nachmittag fuhr Chamberlain mit der Rheinfähre zum *Hotel Dreesen* hinüber, wo er von Hitler erwartet wurde. Ausnahmsweise hatte Chamberlain – wenigstens in der ersten Stunde, soweit aus Dr. Schmidts ausführlichem Protokoll zu ersehen ist[47] – allein das Wort. Nach »mühseligen Verhandlungen«, sagte er, sei es ihm gelungen, nicht nur das britische und das französische Kabinett, sondern auch die tschechische Regierung zur Annahme der Forderungen des Führers zu bewegen; dann ging er in allen Einzelheiten darauf ein, wie sie verwirklicht werden könnten. Auf Runcimans Empfehlungen hin sei er nunmehr bereit, dafür zu sorgen, daß das Sudetenland *ohne* Volksabstimmung an Deutschland abgetreten werde. Hinsichtlich der Gebiete mit gemischter Bevölkerung könne eine aus einem deutschen, einem tschechischen und einem neutralen Mitglied bestehende Kommission gebildet werden, die über deren Zukunft entscheide. Fernerhin würde an die Stelle der Beistandspakte zwischen der Tschechoslowakei und Frankreich und Rußland eine internationale Garantie der neuen deutsch-tschechischen Grenzen treten, und die Tschechoslowakei müsse in Zukunft »völlig neutral« bleiben.

Das alles erschien dem friedliebenden britischen Premier so einfach, so vernünftig, so logisch. Er machte eine Pause und wartete, wie ein Augenzeuge berichtet, mit sichtlicher Selbstzufriedenheit auf Hitlers Reaktion.

»Habe ich Sie recht verstanden, daß die Regierungen Englands, Frankreichs und der Tschechoslowakei mit der Abtretung des Sudetenlandes an Deutschland einverstanden sind?« fragte Hitler[48]. Wie er später Chamberlain sagte, war er erstaunt über die raschen und weitgehenden Zugeständnisse.

»Ja«, erwiderte der Premierminister lächelnd.

»Es tut mir sehr leid, Herr Chamberlain, daß ich auf diese Dinge jetzt nicht mehr eingehen kann. Nach der Entwicklung der letzten Tage geht diese Lösung nicht mehr.«

Chamberlain richtete sich, wie Dr. Schmidt berichtet, mit einem Ruck auf. Sein Gesicht wurde rot vor Ärger und Überraschung. Er sah das Friedensgebäude, das er so »mühselig« auf Kosten der Tschechen errichtet hatte, wie ein Kartenhaus zusammenbrechen. Er sagte zu Hitler,

daß er ... enttäuscht sei und [seine Haltung] nicht recht begreife ..., könne er doch mit Recht feststellen, daß der Führer das von ihm erhalte, was er gefordert habe. Um dies zu erreichen, hätte er [Chamberlain] seine ganze politische Laufbahn aufs Spiel gesetzt ... Jetzt aber werfe man ihm in England in gewissen Kreisen vor, er habe die Tschechoslowakei verkauft und verraten, er habe sich den Diktatoren ergeben und dergleichen, und bei seiner Abreise heute früh sei er tatsächlich in England ausgepfiffen worden.

Doch die persönliche Situation des britischen Premiers rührte Hitler nicht im mindesten. Das Sudetenland, forderte er, müsse von Deutschland sofort *besetzt* werden. »Das Problem [müsse] endgültig bis zum 1. Oktober restlos gelöst sein.« An Hand einer Landkarte erläuterte er, welche Gebiete unverzüglich abzutreten seien.

Chamberlain fuhr, »voll düsterer Vorahnungen«, wie er später im Unterhaus sagte, über den Rhein zurück, »um zu überlegen, was zu tun sei«. Am Abend schien so wenig Hoffnung zu bestehen, daß er nach telefonischer Beratung mit seinen Kabinettskollegen und der französischen Regierung mit diesen übereinkam, am nächsten Tag der tschechischen Regierung die Mobilmachung anzuraten[49].

Um 19.20 Uhr rief General Keitel von Godesberg aus das OKH an: »Termin noch nicht zu übersehen (X-Tag). Vorbereitungen planmäßig fortsetzen. Falls ›Grün‹ stattfindet, nicht vor 30. 9. Wenn früher, dann wahrscheinlich improvisiert[50].«

Denn Adolf Hitler selbst befand sich in einer Klemme. Seine wahre Absicht war, was indes Chamberlain nicht wußte, »die Tschechoslowakei ... durch eine militärische Aktion zu zerschlagen«, wie es in der Weisung vom 21. Mai geheißen hatte. Zwar hätte Hitler mit der Annahme des englisch-französischen Plans, dem sich die Tschechen bereits, wenn auch noch so widerstrebend, gebeugt hatten, nicht nur das Sudetenland erhalten, sondern auch den fortan wehrlosen tschechischen Staat entscheidend geschwächt. Aber es wäre nicht durch eine militärische Aktion geschehen, und Hitler war nicht nur entschlossen, Präsident Benesch und die tschechische Regierung für die ihm im Mai angetane Kränkung zu demütigen, er wollte auch die Westmächte in ihrer Rückgratlosigkeit bloßstellen. Zu diesem Zweck war zumindest eine *militärische Besetzung* notwendig. Sie konnte unblutig verlaufen, wie in Österreich. Aber stattfinden mußte sie.

Weitere Besprechungen wurden am 22. September nicht geführt. Aber nachdem Chamberlain die Sache überschlafen hatte, schrieb er am nächsten Vormittag einen Brief an Hitler: Er wolle die neuen deutschen Forderungen den Tschechen unterbreiten, glaube aber nicht, daß sie angenommen werden würden. Er zweifle sogar nicht daran, daß die Tschechen einer sofortigen Besetzung durch deutsche Truppen Widerstand entgegensetzen würden. Da sich jedoch alle Seiten über die Abtretung des Sudetenlandes an Deutschland einig seien, wolle er Prag vorschlagen, daß die Sudetendeutschen selbst in ihrem Gebiet bis zu dessen Übergabe an das Reich für Ordnung und Gesetz sorgten.

Von einem solchen Kompromiß wollte Hitler nichts wissen. Er ließ Chamberlain fast den ganzen Tag auf eine Antwort warten, die dann schließlich sehr scharf ausfiel. Wieder einmal zählte er auf, was alles die Deutschen von den Tschechen zu leiden hätten, wieder einmal weigerte er sich, von seinem Standpunkt abzugehen, und schloß mit der Bemerkung, daß der Krieg nun offenbar unvermeidbar sei. Chamberlains Antwort war kurz. Er forderte Hitler auf, seine neuen Vorschläge »zusammen mit einer Landkarte« schriftlich niederzulegen, und erbot sich, sie »als Vermittler« Prag zuzuleiten. »Ich sehe nicht«, schloß er, »was ich hier noch ausrichten soll. Ich beabsichtige daher, nach England zurückzukehren.«

Vorher jedoch kam er noch einmal ins *Hotel Dreesen* zu einer letzten Besprechung mit Hitler. Diese begann am 23. September, 22.30 Uhr. Hitler legte seine Forderungen in Form eines Memorandums und dazu eine Landkarte vor. Chamberlain sah sich einem neuen Termin konfrontiert. Die Tschechen sollten am 26. September, 8 Uhr früh – also schon in zwei Tagen – mit der Räumung des abzutretenden Gebietes beginnen und sie am 28. September abgeschlossen haben.

»Das ist ja ein Ultimatum!« rief Chamberlain, und als er sagte, es passe das deutsche Wort *Diktat* darauf, erwiderte Hitler: »Das ist doch kein Diktat. Es steht ja Memorandum darüber und nicht Ultimatum.«

In diesem Augenblick brachte ein Adjutant Hitler eine dringende Meldung herein. Er warf einen Blick darauf und reichte sie Dr. Schmidt hin: »Lesen Sie Herrn Chamberlain diese Meldung vor.« Schmidt übersetzte: »Soeben hat Benesch über den Rundfunk die allgemeine Mobilmachung der tschechoslowakischen Wehrmacht verkünden lassen.«

Im Raum herrschte Totenstille, berichtet Schmidt. Dann sprach Hitler: »Jetzt ist alles klar. Die Tschechen werden nicht im Traum daran denken, irgendein Gebietsstück an Deutschland abzutreten.«

Laut Schmidts Protokoll widersprach Chamberlain. Es kam zu einem zornigen Wortwechsel. Hitler sagte, *daß die Tschechen zuerst mobilisiert hätten. Chamberlain bestritt dies. Deutschland hätte zuerst mobilisiert ... Der Führer bestritt, daß Deutschland zuerst mobilisiert habe.*

Und so ging es bis nach Mitternacht weiter. Schließlich fragte Chamberlain, ob Hitlers Memorandum »sein letztes Wort sei«, worauf Hitler entgegnete: »Allerdings«. Der Premierminister antwortete,

daß unter diesen Umständen eine Fortsetzung der Besprechungen zwecklos sei. Er habe sein Äußerstes getan, seine Bemühungen seien fehlgeschlagen. Er reise schweren Herzens ab, denn die Hoffnungen, mit denen er nach Deutschland gekommen sei, seien vernichtet.

Aber der deutsche Diktator wollte den Fisch, den er an der Angel hatte, nicht wieder schwimmen lassen. Er rückte mit einer »Konzession« heraus.

»Sie sind einer der wenigen Männer«, sagte er keck zu Chamberlain, »denen gegenüber ich das jemals getan habe. Der 1. Oktober soll mir als Räumungstermin recht sein.« Damit nahm er einen Bleistift und korrigierte die Daten mit eigener Hand. Eine Konzession war das natürlich nicht. Denn der X-Tag war schon seit langem der 1. Oktober[51].

Aber auf Chamberlain scheint diese »Konzession« Eindruck gemacht zu haben. Er sei zwar nicht in der Lage, sagte er, Hitlers Vorschläge anzunehmen oder abzulehnen, werde sie aber weiterleiten.

Jedenfalls war das Eis gebrochen, und als sich die beiden Männer um 1,30 Uhr morgens trennten, schienen sie trotz der scharfen Auseinandersetzung einander näher gerückt zu sein. Ich selbst beobachtete sie aus acht Meter Entfernung – ich hatte mein Mikrophon in der Portiersloge aufgestellt – und war von der Herzlichkeit überrascht, mit der sie sich verabschiedeten. Was ich nicht hören konnte, ist von Schmidt notiert worden:

Chamberlain [verabschiedete sich] mit herzlichen Worten vom Führer: Er habe das Gefühl, daß durch die Aussprache der letzten Tage, in deren Verlauf auf beiden Seiten mit großer Offenheit gesprochen worden sei, ohne daß der andere Gesprächspartner daran Anstoß genommen hätte, ein Vertrauensverhältnis zwischen dem Führer und ihm entstanden sei ... Der Führer dankte Chamberlain für seine Worte und erklärte ihm, daß er ähnliche Gefühle hege. Das tschechische Problem sei, wie er bereits mehrfach erklärt habe, die letzte territoriale Forderung, die er in Europa noch zu stellen hätte.

Dieser Verzicht auf weitere Gebietsansprüche scheint Chamberlain ebenfalls beeindruckt zu haben, denn in seinem Bericht vor dem Unterhaus hob er hervor, Hitler habe »in vollem Ernst« den Verzicht ausgesprochen.

Als der Premierminister gegen 2 Uhr in sein Hotel zurückkehrte, wurde er von einem Journalisten gefragt: »Ist die Lage hoffnungslos, Sir?«

»Das möchte ich nicht behaupten«, erwiderte er. »Jetzt hängt es von den Tschechen ab[52].«

Offenbar kam ihm nicht der Gedanke, daß es auch von den Deutschen und ihren übermäßigen Forderungen abhing.

Kaum war Chamberlain denn auch nach London zurückgekehrt, als er genau das tat, was er Hitler gegenüber abgelehnt hatte: Er versuchte, das britische Kabinett zur Annahme der neuen Forderungen Hitlers zu bewegen. Nunmehr aber stieß er auf Widerstand. Entschieden entgegen trat ihm Duff Cooper, Erster Lord der Admiralität. Das tat auch überraschenderweise, wenn auch sehr zögernd, Lord Halifax. Chamberlain gelang es nicht, die Zustimmung des Kabinetts zu erlangen. Auch die französische Regierung lehnte das Godesberger Memorandum ab und ordnete am gleichen Tage, dem 24. September, die Teilmobilmachung an.

Als am Tage darauf die französischen Minister mit Premier Daladier an der Spitze nach London kamen, wurden beide Regierungen von der offiziellen Ablehnung der Godesberger Vorschläge durch die tschechische Regierung in Kenntnis gesetzt[53]. Den Franzosen blieb nun nichts mehr anderes übrig, als zu bekräftigen, daß sie den Beistandspakt mit der Tschechoslowakei einhalten und ihr im Fall eines Angriffes zu Hilfe kommen würden. Aber vorher mußten sie wissen, wie sich die Briten verhalten würden. Chamberlain, offenbar in die Enge getrieben, erklärte sich bereit, Hitler mitzuteilen, daß, wenn Frankreich auf Grund seiner vertraglichen Bindungen gegenüber den Tschechen in den Krieg gegen Deutschland eintrete, England sich verpflichtet sehen würde, Frankreich beizustehen.

Aber zunächst wollte Chamberlain sich noch einmal mit einem letzten Appell an den deutschen Diktator wenden. Hitler beabsichtigte, am 26. September im Berliner Sportpalast eine Rede zu halten. Um ihn zu bewegen, nicht alle Brücken hinter sich zu verbrennen, schrieb Chamberlain ihm noch einmal einen persönlichen Brief und schickte damit am Nachmittag des 26. September seinen getreuen Sir Horace Wilson im Sonderflugzeug nach Berlin.

Sir Horace Wilson, der am gleichen Nachmittag, 17 Uhr, in Begleitung von Botschafter Henderson und Botschaftsrat Kirkpatrick in der Reichskanzlei erschien, traf Hitler in übelster Laune an. Als Dr. Schmidt beim Übersetzen des Briefes von Chamberlain die Stelle vorlas, an der es hieß, die tschechische Regierung betrachte das Godesberger Memorandum »als völlig unannehmbar«, sprang Hitler auf und schrie: »Es hat überhaupt keinen Zweck, noch irgendwie weiter zu verhandeln.« Er rannte zur Tür[54].

Es war eine äußerst peinliche Szene, schreibt Dr. Schmidt. Hitler »tobte los, und zwar so laut, wie ich ihn vorher und nachher in einer diplomatischen Besprechung nie wieder habe reden hören«. Und nach Darstellung der anwesenden Engländer unterbrach Hitler, nachdem er sich wieder gesetzt hatte, das Verlesen des Briefes mit weiteren Zwischenbemerkungen. »Die Deutschen werden wie Nigger behandelt ... Am 1. Oktober habe ich die Tschechoslowakei da, wo ich sie haben will. Wenn England und Frankreich losschlagen wollen, dann sollen sie es ruhig tun ... Das schert mich keinen Pfifferling.«

Chamberlain hatte vorgeschlagen, da die Tschechen bereit seien, Hitler das von ihm gewünschte Sudetenland abzutreten, sofort eine Zusammenkunft von Vertretern Deutschlands und der Tschechoslowakei einzuberufen, »um auf dem Verhandlungswege die Art und Weise der Übergabe des Gebietes zu regeln«. Auch britische Vertreter, fügte er hinzu, könnten an der Zusammenkunft teilnehmen. Hitler erwiderte, er werde nur dann mit den Tschechen über Einzelheiten verhandeln, wenn sie das Godesberger Memorandum von vornherein annähmen (dabei hatten sie es gerade abgelehnt) und der deutschen Besetzung des Sudetenlandes am 1. Oktober zustimmten. Innerhalb von 44 Stunden – bis zum 28. September, 14 Uhr – müsse er eine bejahende Antwort haben.

Am Abend jenes Tages verbrannte dann Hitler die Brücken hinter sich. So jedenfalls sah es für alle aus, die seine wahnsinnigen Ausbrüche im Sportpalast anhörten. In wüsten Beschimpfungen erging er sich gegen »Herrn Benesch«. Ob Krieg oder Frieden, das hinge von dem tschechischen Präsidenten ab: »Herr Benesch mag jetzt wählen!« So oder so, am 1. Oktober werde er das Sudetenland haben. Immerhin war Hitler schlau genug, dem britischen Premierminister einen Brocken hinzuwerfen. Er dankte ihm für seine Friedensbemühungen und wiederholte, daß er keine weiteren Territorialforderungen in Europa stellen werde. »Wir wollen gar keine Tschechen!« stieß er voller Verachtung aus.

Während der ganzen Schimpfkanonade saß ich auf der Galerie, genau über Hitler, und quälte mich damit ab, seine Worte direkt ins Mikrophon zu übertragen. Am Abend schrieb ich in mein Tagebuch:

Zum erstenmal in all den Jahren habe ich ihn beobachten können. Er schien heute abend seine Selbstbeherrschung völlig verloren zu haben. Als er sich hinsetzte, sprang Goebbels auf und rief: »Eines ist gewiß: ein 1918 wird sich niemals wiederholen!« Hitler blickte zu ihm auf, als seien das die Worte, nach denen er den ganzen Abend gesucht hatte. Er sprang auf, beschrieb mit der rechten Hand einen großen Bogen durch die Luft, ließ sie auf den Tisch fallen und schrie, mit einem mir unvergeßlichen Fanatismus in den Augen, aus voller Kraft: »Ja!« Dann sank er erschöpft in seinen Stuhl zurück.

Doch bis zum Mittag des 27. September, als er Sir Horace Wilson zum zweitenmal empfing, hatte er sich wieder erholt. Wilson, ein Mann ohne diplomatische Erfahrung, aber ebenso wie Chamberlain, wenn nicht noch mehr darauf bedacht, dem deutschen Diktator das Sudetenland zu geben, sofern er nur die Güte haben würde, es friedlich entgegenzunehmen, machte Hitler auf eine besondere Erklärung aufmerksam, die Chamberlain kurz nach Mitternacht in Erwiderung auf die Führerrede abgegeben habe. Da der deutsche Kanzler, hatte Chamberlain gesagt, offenbar kein Zutrauen zu tschechischen Versprechungen habe, sehe sich die britische Regierung als »moralisch verpflichtet« an, dafür zu sorgen, daß die tschechischen Zusagen »ehrlich, restlos und möglichst rasch« erfüllt werden würden. Er baue darauf, daß der deutsche Kanzler diesen Vorschlag nicht ablehne.

Aber Hitler war daran nicht interessiert. Er habe Chamberlain, sagte er zu Wilson, nichts mehr zu sagen. Alles hinge jetzt von den Tschechen ab. Sie hätten es in der Hand, seine Forderungen anzunehmen oder abzulehnen. »Im letzteren Falle werde ich die Tschechoslowakei zerschlagen!« rief er wütend. Es bereitete ihm sichtlich Genuß, seine finsteren Drohungen zu wiederholen.

Offenbar war das selbst für den entgegenkommenden Wilson zuviel. Er erhob sich und sagte: »Unter diesen Umständen habe ich mich noch eines weiteren Auftrags des britischen Premierministers zu entledigen: Wenn Frankreich bei der Erfüllung seiner vertraglichen Verpflichtungen aktiv in Feindseligkeiten gegen Deutschland verwickelt werden sollte, so würde sich das Vereinigte Königreich für verpflichtet halten, Frankreich zu unterstützen.«

»Ich kann das nur zur Kenntnis nehmen«, erwiderte Hitler erregt. »Es bedeutet also, daß, wenn es Frankreich für richtig hält, Deutschland anzugreifen, England sich verpflichtet fühlt, Deutschland ebenfalls anzugreifen.«

Als Sir Horace erwiderte, so etwas habe er nicht gesagt, denn es hinge schließlich vom Führer ab, ob es Krieg oder Frieden gäbe, geriet Hitler außer sich und schrie: »Wenn England und Frankreich losschlagen wollen, dann sollen sie es nur tun. Mir ist das vollständig gleichgültig. Ich bin auf alle Eventualitäten vorbereitet. Heute ist Dienstag, nächsten Montag haben wir dann Krieg.«

Schmidts amtlichem Protokoll zufolge hatte Wilson sichtlich den Wunsch, die Unterredung fortzusetzen; doch riet ihm Botschafter Henderson ab. Das hinderte den unerfahrenen Sonderbotschafter indes nicht daran, zum Schluß noch mit Hitler ein Wort unter vier Augen zu reden. »Ich werde versuchen, diese Tschechen zur Vernunft zu bringen«, sagte er zu Hitler, und der erwiderte, er »würde das begrüßen[55]«. Der Führer muß wohl geglaubt haben, er könne Chamberlain bewegen, noch einen Schritt weiter zu gehen, um die Tschechen »zur Vernunft zu bringen«. Jedenfalls diktierte er am Abend jenes Tages einen schlau abgefaßten Brief für den britischen Premierminister.

Es gab gute Gründe dafür, daß Hitler diesen Brief schrieb. In Berlin – und auch anderswo – war im Laufe des 27. September viel geschehen.

Um 1 Uhr mittags, kurz nach Wilsons Fortgang, hatte Hitler an sieben Divisionen den Befehl ergehen lassen, an der tschechischen Grenze aufzumarschieren. »Die Sturmabteilungen«, hieß es in der Weisung, »müssen so einsatzbereit sein, daß die Aktion gegen ›Grün‹ ab 30. 9. möglich ist, nachdem ein Tag vorher bis 12.00 Uhr die Entscheidung gefallen ist.« Ein paar Stunden später ordnete Hitler weitere geheime Mobilmachungsmaßnahmen an, darunter die Einsatzbereitschaft von fünf Divisionen in Westdeutschland[56].

Aber im Laufe des Tages ereigneten sich noch Dinge, die Hitler zum Zögern veranlaßten. Um im Volk die Kriegsstimmung zu schüren, ließ er am Spätnachmittag, zu einer Zeit, in der Hunderttausende von Berlinern von ihren Arbeitsstätten auf die Straße strömten, eine motorisierte Division in feldmarschmäßiger Ausrüstung durch die Hauptstadt rollen. Doch dies sollte – zumindest für Hitler – eine Fehlkalkulation werden. Die guten Berliner wollten einfach nichts vom Krieg wissen. Ich zitiere aus meinem Tagebuch:

Ich ging an die Ecke Wilhelmstraße – Unter den Linden, in der Erwartung, riesige Menschenmengen zu sehen und Szenen zu erleben, wie man sie mir vom Kriegsausbruch 1914 geschildert hatte, mit Jubelgeschrei und Blumen und küssenden Mädchen ... Aber heute verschwanden die Menschen rasch in der Untergrundbahn, und die paar, die stehenblieben, bewahrten tiefes Schweigen ... Es war die auffallendste Kundgebung gegen den Krieg, die ich je erlebte.

Dann ging ich durch die Wilhelmstraße zur Reichskanzlei, wo Hitler auf einem Balkon stand, um den Vorbeimarsch abzunehmen.

Dort standen kaum zweihundert Menschen. Hitler machte eine finstere Miene, wurde sichtlich ärgerlich und verschwand bald nach drinnen, ohne den Vorbeimarsch abzunehmen. Was ich heute abend erlebte, gab mir beinahe etwas Glauben an das deutsche Volk zurück. Es ist entschieden gegen Krieg.

Auch aus dem Ausland trafen in dieser Stunde schlechte Nachrichten ein. Es war ein Telegramm aus Budapest gekommen: Jugoslawien und Rumänien hatten der ungarischen Regierung mitgeteilt, sie würden militärisch gegen Ungarn vorgehen, wenn es die Tschechoslowakei angreife. Das hieß, daß sich der Krieg auf den Balkan ausdehnen würde, was keineswegs nach Hitlers Wunsch war.
Noch schwerwiegender waren die Nachrichten aus Paris. Der deutsche Militärattaché hatte ein dringendes Telegramm geschickt, und zwar nicht nur ans Auswärtige Amt, sondern auch an das OKW und den Generalstab. Er machte darauf aufmerksam, daß die französische Teilmobilmachung einer totalen sehr ähnlich sähe: »Ich rechne mit einer Beendigung des Aufmarsches der ersten 65 Divisionen an der deutschen Grenze für den 6. Mobilmachungstag.« Einer solchen Streitmacht hatten die Deutschen, wie Hitler wohl wußte, kaum ein Dutzend Divisionen entgegenzustellen, von denen dazu noch die Hälfte Reserveverbände von zweifelhaftem Wert waren. Sodann, kabelte der Militärattaché, sei es »nunmehr wahrscheinlich, daß im Fall deutscher Gewaltmaßnahmen Gesamtmobilmachung und sofortiger Angriff erfolgen wird, und zwar dann wohl aus dem unteren Elsaß und aus Lothringen in Richtung Mainz«.
Schließlich informierte dieser Offizier Berlin, daß die Italiener absolut nichts unternähmen, um an ihrer Grenze französische Truppen zu binden[57]. Mussolini, der tapfere Bundesgenosse, schien Hitler in einer entscheidenden Stunde im Stich lassen zu wollen.
Und dann mischten sich auch noch der Präsident der Vereinigten Staaten und der König von Schweden ein. Schon am Tage vorher, dem 26. September, hatte Roosevelt an Hitler appelliert, zur Erhaltung des Friedens beizutragen. Hitler hatte umgehend geantwortet, die Erhaltung des Friedens hinge allein von den Tschechen ab, woraufhin Roosevelt am 27. September erneut telegrafierte. Er schlug die sofortige Einberufung einer

Konferenz aller unmittelbar beteiligten Nationen vor und ließ durchblicken, daß, falls ein Krieg ausbrechen sollte, Hitler vor der Welt der Schuldige sein würde[58].

Der König von Schweden, ein guter Freund Deutschlands – wie er im ersten Weltkrieg bewiesen hatte –, äußerte sich noch unverblümter. Am Nachmittag traf in Berlin ein Telegramm vom deutschen Gesandten in Stockholm ein: Er sei dringend zum König berufen worden, und dieser habe ihm gesagt, daß, wenn Hitler den Termin vom 1. Oktober nicht um zehn Tage hinausschiebe, ein Weltkrieg unvermeidlich sei, Deutschland allein für ihn verantwortlich gemacht werden und ihn »angesichts der gegenwärtigen Mächtekonstellation« ebenso unvermeidlich verlieren werde. In der nüchternen, neutralen Sphäre von Stockholm konnte der kluge König zumindest die militärische Situation objektiver abschätzen als die Regierungschefs in Berlin, London und Paris.

Roosevelt hatte, wohl mit Rücksicht auf die Stimmung in Amerika, seine beiden Friedensappelle insofern etwas abgeschwächt, als er betonte, die Vereinigten Staaten würden im Kriegsfalle nicht intervenieren und auch keinerlei Verpflichtung »im Verlauf der gegenwärtigen Verhandlungen« eingehen. Der deutsche Botschafter in Washington, Hans Dieckhoff, hielt es daher für geraten, im Lauf des Tages ein *Citissime*-Telegramm nach Berlin zu schicken. Falls Hitler, kabelte er, Zuflucht zur Gewalt nähme und damit England gegen sich bringe, so bestehe Grund zu der Annahme, daß »das ganze Schwergewicht der Vereinigten Staaten in die englische Waagschale geworfen werden kann. Ich halte mich für verpflichtet, dies mit allem Nachdruck zu betonen.« Dieckhoff wollte vermeiden, daß Deutschland sich wieder, wie 1914, falschen Vorstellungen in bezug auf Amerika hingebe.

Und Prag? Gab es dort irgendwelche Anzeichen des Schwachwerdens? Am Abend traf im OKW ein Telegramm des deutschen Militärattachés in Prag, Oberst Toussaint, ein: »In Prag Ruhe. Durchführung der letzten Mob-Maßnahmen ... Die Gesamteinberufung umfaßt ... eine Million, Feldarmee 800 000 Mann ...[59].« Soviel ausgebildete Soldaten hatte Deutschland nur für seine beiden Fronten. Tschechen und Franzosen zusammen waren mehr als doppelt so stark wie die Deutschen.

Angesichts dieser Tatsachen und Entwicklungen, eingedenk der letzten Worte Sir Horace Wilsons und Chamberlains Charakter sowie dessen großer Kriegsfurcht setzte Hitler sich am Abend des 27. September hin, um einen Brief an Chamberlain zu diktieren. Dr. Schmidt, der das Schreiben zu übersetzen hatte, gewann den Eindruck, »Hitler scheue doch vor dem Äußersten zurück«. Ob Hitler wußte, daß am gleichen Abend die britische Flotte mobilmachte, ist nicht festzustellen. Admiral Raeder suchte den Führer um 22 Uhr auf; vielleicht hatte die deutsche Marine von der britischen Maßnahme erfahren. Jedenfalls riet der Admiral Hitler von einem Krieg ab.

Was jedoch Hitler in diesem Augenblick wußte, war, daß Prag festblieb, Paris schleunigst mobilisierte, die Haltung Englands sich versteifte, sein eigenes Volk keine Lust zum Kriege hatte, seine Generale entschieden gegen ihn waren und sein Ultimatum auf der Basis der Godesberger Vorschläge am nächsten Tag, 14 Uhr, ablief.

Sein Brief an Chamberlain war geschickt darauf angelegt, dem Premierminister zu gefallen. In versöhnlichem Ton bestritt Hitler, daß seine Vorschläge »die Tschechoslowakei jeder Gewähr für ihre nationale Existenz berauben würden«. Seine Truppen würden selbstverständlich die Demarkationslinie einhalten. Er sei bereit, über Einzelheiten mit den Tschechen zu verhandeln und »für den Restbestand der Tschechoslowakei eine förmliche Garantie zu übernehmen«. Die Tschechen seien nur darum so hartnäckig, weil sie hofften, mit Hilfe Englands und Frankreichs einen europäischen Krieg entfesseln zu können.

Ich muß es Ihrem Ermessen überlassen [schloß er], ob Sie es bei dieser Sachlage für angebracht halten, Ihre Bemühungen ... fortzusetzen, derartige Machinationen zu durchkreuzen und die Regierung in Prag noch rechtzeitig zur Vernunft zu bringen[60].

IN ELFTER STUNDE

Hitlers Brief, telegrafisch nach London weitergegeben, gelangte um 22.30 Uhr, am Ende eines für den Premierminister äußerst anstrengenden Tages, in Chamberlains Hände. Er griff danach wie nach einem Strohholm. Er antwortete Hitler:

Nachdem ich Ihr letztes Schreiben gelesen habe, habe ich das bestimmte Gefühl, daß sich alle Ihre wesentlichen Forderungen ohne Krieg und unverzüglich erfüllen lassen. Ich bin bereit, selbst sofort nach Berlin zu kommen, um alles mit Ihnen und Vertretern der tschechischen Regierung sowie, wenn Sie es wünschen, mit Vertretern Frankreichs und Italiens zu besprechen. Ich bin überzeugt, daß wir in einer Woche zu einem Abkommen gelangen können. Ich kann nicht glauben, daß Sie wegen einer Verzögerung von ein paar Tagen die Verantwortung für einen Weltkrieg auf sich laden wollen, der das Ende der Zivilisation bedeuten kann[61].

Gleichzeitig ging ein Telegramm an Mussolini mit der Bitte, Hitler zur Annahme dieses Vorschlags zu drängen und selbst an der Konferenz teilzunehmen.

Die Einberufung einer solchen Konferenz hatte dem Premierminister schon seit geraumer Zeit vorgeschwebt. Der Gedanke war ihm bereits im Juli von Henderson nahegelegt worden. Henderson hatte vorgeschlagen, die Sudetenfrage zwischen Deutschland, Italien, England und Frankreich zu regeln. Aber das *Foreign Office* hatte sowohl den Botschafter wie den Premier daran erinnert, daß es schwierig sein werde, andere Mächte auszuschließen[62]. Die »anderen Mächte« waren Rußland, das mit Prag einen Beistandspakt hatte, und die Tschechoslowakei. Aus Godesberg war Chamberlain mit der – durchaus zutreffenden – Überzeugung zurückgekehrt, daß Hitler niemals einer Konferenz zustimmen werde, an der auch die Sowjetunion teilnehme. Auch Chamberlain selbst wünschte keine Teilnahme der Russen. Obwohl sich jedermann in England darüber im klaren war, daß im Fall eines Krieges mit Deutschland die Teilnahme der Sowjetunion auf seiten des Westens von ungeheurem Wert sein würde und Churchill den Premier wiederholt darauf hingewiesen hatte, so scheint doch Chamberlain diese Erkenntnis nicht gekommen zu sein. Wie wir sahen, hatte er einen von den Russen nach dem »Anschluß« gemachten Vorschlag, über Mittel und Wege zur Verhinderung weiterer deutscher Aggressionen zu diskutieren, abgelehnt. Trotz Rußlands Pakt mit der Tschechoslowakei und der Tatsache, daß Litwinow bis zu dieser Stunde verkündete, Moskau werde ihn einhalten, hatte Chamberlain nicht die Absicht, die Russen in seinen Entschluß, den Frieden durch Übertragung des Sudetenlandes an Deutschland zu erhalten, hineinreden zu lassen.

Was jedoch die Tschechen anging, so dachte Chamberlain bis zum 28. September noch nicht daran, sie von der Konferenz auszuschließen. Noch in seiner Antwort auf Hitlers Brief, die er in der Nacht des 27. schrieb, hatte er gesagt, es sollten auch »Vertreter der Tschechoslowakei« an der von ihm vorgeschlagenen Konferenz zwischen Deutschland, Italien, Frankreich und Großbritannien teilnehmen.

Als der 28. September, der »Schwarze Mittwoch« anbrach, herrschte in Berlin, Prag, London und Paris tiefer Pessimismus. Ein Krieg schien unvermeidlich zu sein.

Jodl notierte, Göring habe am Vormittag gesagt, »daß großer Krieg kaum mehr zu vermeiden. Er könne 7 Jahre dauern u. wir werden ihn gewinnen[63].«

In London wurden Luftschutzgräben ausgehoben, die Schulkinder evakuiert und Krankenhäuser geräumt. In Paris wurden die aus der Stadt hinausfahrenden, überfüllten Züge gestürmt, während ein Gedränge von Kraftwagen die Ausfallstraßen versperrte. Ähnliches ereignete sich in Westdeutschland. Jodl spricht in seinem Tagebuch von Morgenmeldungen über eine Flucht aus den Grenzgebieten. Um 14 Uhr lief die Frist ab, die Hitler der Tschechoslowakei für die Annahme der Godesberger Vorschläge gestellt hatte. Aus Prag kam nichts, was auf eine Annahme schließen ließ. Dagegen gab es andere Anzeichen: In der Wilhelmstraße gab es ein geschäftiges Kommen und Gehen von Botschaftern. Doch hiervon wußte die Allgemeinheit nichts. Sogar die deutschen Generale wußten nichts.

Einigen der Generale und vor allem dem Chef des Generalstabs, General Halder, schien die Zeit gekommen zu sein, ihre Verschwörung durchzuführen, Hitler zu beseitigen und das Vaterland vor einem europäischen Krieg zu bewahren, den es, wie sie glaubten, verlieren müßte. Den ganzen September über waren die Verschwörer eifrig mit der Ausarbeitung von Plänen beschäftigt gewesen[64].

General Halder stand in enger Fühlung mit Oberst Oster und dem Chef der Abwehr, Admiral Canaris, der sich bemühte, Halder über Hitlers politische Schritte und über Geheiminformationen aus dem Ausland auf dem laufenden zu halten. Die Verschwörer hatten, wie wir sahen, London davon in Kenntnis gesetzt, daß Hitler entschlossen sei, die Tschechoslowakei Ende September anzugreifen, und die britische Regierung beschworen, unzweideutig klarzustellen, daß England und Frankreich einer deutschen Aggression mit Waffengewalt begegnen würden. Seit Monaten hatte General von Witzleben gezögert, der als Kommandeur des Berliner Wehrkreises den größten Teil der für den Staatsstreich erforderlichen Truppen zu stellen gehabt hätte. Er hatte den Verdacht, daß London und Paris insgeheim Hitler freie Hand im Osten gegeben hätten und daher wegen der Tschechoslowakei nicht in einen Krieg eintreten würden – eine Ansicht, die auch von anderen Generalen geteilt wurde. Sollte dies zutreffen, so war nach Meinung von Generalen wie Witzleben und Halder die Verschwörung zur Absetzung Hitlers sinnlos. Denn in dieser Epoche des Dritten Reiches ging es ihnen nur deshalb um die Beseitigung Hitlers, um einen für Deutschland aussichtslosen europäischen Krieg zu vermeiden. Wenn wirklich keine Gefahr eines Großkrieges bestand, wenn Chamberlain auch ohne Krieg Hitler geben wollte, was er von der Tschechoslowakei wünschte, so hatte in ihren Augen eine Revolte keinen Sinn.

Um die Generale zu überzeugen, daß England und Frankreich es ernst meinten, brachten Oberst Oster und Gisevius die Generale Halder und Witzleben mit Schacht zusammen, der immer noch Kabinettsmitglied war und bei der Generalität nicht nur wegen seiner Finanzierung der deutschen Wiederaufrüstung, sondern auch als Kenner Englands Ansehen genoß. Und Schacht versicherte ihnen, die Engländer würden kämpfen, wenn Hitler militärisch gegen die Tschechen vorginge.

Als dann Erich Kordt, einer der Mitverschworenen, in der Nacht vom 13. September im Auswärtigen Amt die Nachricht erhielt, Chamberlain wolle »auf dem Luftwege« Hitler aufsuchen, um eine friedliche Beilegung der Tschechenkrise herbeizuführen, war man im Lager der Verschwörer bestürzt. Sie hatten damit gerechnet, daß Hitler am 14. September vom Nürnberger Reichsparteitag aus nach Berlin zurückkehren würde, und an diesem oder dem folgenden Tag sollte, laut Kordt, der Putsch ausgeführt werden. Aber Hitler war nach München und am 14. weiter nach Berchtesgaden gefahren, wo er für den kommenden Tag Chamberlains Besuch erwartete.

Für die schwere Enttäuschung der Verschwörer gab es einen doppelten Grund. Erstens ließen sich ihre Pläne nur verwirklichen, wenn Hitler in Berlin war. Zweitens nahmen sie – wie auch viele Leute in England – an, Chamberlain fliege nach Berchtesgaden, um Hitler davor zu warnen, den Fehler Wilhelms II. zu wiederholen und wie 1914 Englands Haltung im Fall einer deutschen Aggression falsch einzuschätzen. Aber Kordt wußte besser Bescheid. Er hatte nicht nur Chamberlains Telegramm an Hitler gelesen, worin der Premier den Wunsch ausdrückte, »eine friedliche Lösung zu suchen«, er kannte auch den Inhalt des am gleichen Tage von seinem Bruder Theodor Kordt, dem Botschaftsrat in London, abgesandten Telegramms, aus dem hervorging, daß Chamberlain bereit war, Hitlers Forderungen in bezug auf das Sudetenland sehr weit entgegenzukommen.

»Die Auswirkung auf unsere Pläne mußte verheerend sein«, sagt Kordt. »Es wäre absurd gewesen, einen Putsch gegen Hitler gerade in dem Augenblick zu unternehmen, in dem der britische Premierminister sich anschickte, nach Deutschland zu kommen, um mit Hitler über den ›Weltfrieden‹ zu diskutieren.«

Doch am Abend des 15. September teilte ihm der zu der Verschwörergruppe gehörende Dr. Paul Schmidt, der, wie wir sahen, bei der Hitler-Chamberlain-Unterredung als einziger Dolmetscher – und damit einziger Zeuge – zugegen war, mittels eines vorher vereinbarten Codes mit, Hitler sei nach wie vor entschlossen, die ganze Tschechoslowakei zu erobern und habe Chamberlain unmögliche Forderungen gestellt, »in der Hoffnung, daß sie abgelehnt werden würden«. Diese Information spornte die Verschwörer wieder an. Kordt unterrichtete noch am gleichen Abend Oster, und man beschloß, die Pläne in die Tat umzusetzen, sobald Hitler wieder in Berlin wäre. »Aber erst müssen wir«, sagte Oster, »den Vogel wieder in seinem Berliner Käfig haben.«

Der »Vogel« flog am Nachmittag des 24. September, nach den Godesberger Besprechungen, in seinen »Käfig« zurück. Am 28., dem »Schwarzen Mittwoch«, war Hitler bereits wieder seit vier Tagen in Berlin. Inzwischen hatte er seine Rede im Sportpalast gehalten und Sir Horace Wilson mit leeren Händen nach London zurückgeschickt. Die britische Regierung hatte die Flotte mobilgemacht und Prag den Wink gegeben, mit einem dicht bevorstehenden deutschen Angriff zu rechnen. Und am 27. September hatte Hitler auch den »Sturmabteilungen« befohlen, an der tschechischen Grenze aufzumarschieren und ab 30. September – in drei Tagen also – für eine »Aktion« einsatzbereit zu sein.

Worauf warteten nun noch die Verschwörer? Alle Voraussetzungen, die sie selbst an die Verwirklichung ihrer Pläne geknüpft hatten, waren jetzt gegeben. Hitler befand sich in Berlin. Er hatte den Termin für den Angriff auf die Tschechoslowakei festgesetzt. Entweder mußte der Putsch sofort erfolgen oder es würde zu spät sein, den Diktator zu stürzen und den Krieg zu vermeiden.

Kordt erklärt, die Verschwörer hätten im Laufe des 27. September den 29. September als endgültiges Datum für den Putsch festgesetzt. Gisevius behauptet – sowohl in seiner Nürnberger Aussage wie in seinem Buch – die Generale Halder und Witzleben hätten, nachdem sie eine Abschrift des »beleidigenden Briefes«, den Hitler in der Nacht vorher an Chamberlain geschrieben hatte, an sich gebracht hatten, beschlossen, schon am 28. September loszuschlagen.

Aber der Brief war entweder falsch abgeschrieben worden, oder die Generale hatten ihn mißverstanden, denn er war, wie wir sahen, in versöhnlichem Ton gehalten, so daß Chamberlain, nachdem er ihn gelesen, Hitler sofort eine Konferenz der Großmächte zur Regelung der Einzelheiten vorgeschlagen und gleichzeitig Mussolini um Unterstützung seines Vorschlags gebeten hatte.

Von diesen Friedensbemühungen in elfter Stunde hatten die Generale offenbar keine Kenntnis. Nur General von Brauchitsch, der Oberbefehlshaber des Heeres, scheint eine leise Ahnung gehabt zu haben. Laut Gisevius rief Witzleben von Halders Amtszimmer aus Brauchitsch an, teilte ihm mit, es sei alles bereit, und beschwor ihn, die Führung bei der Revolte zu übernehmen. Aber Brauchitsch legte sich nicht fest. Er erwiderte, er wolle zuvor in die Reichskanzlei gehen, um festzustellen, ob die Generale die Lage auch richtig einschätzten. Wie Gisevius berichtet, eilte Witzleben in seine Dienststelle zurück und sagte aufgeregt zu ihm:

»Doktor, gleich ist es soweit!«

An jenem Vormittag des 28. September, 11 Uhr, nahm Kordt an seinem Schreibtisch im Auswärtigen Amt einen Anruf aus Rom entgegen. Ciano verlangte dringend den deutschen Außenminister zu sprechen. Ribbentrop war nicht zu erreichen, so daß Ciano bat, ihn mit seinem Botschafter Attolico zu verbinden. Die Deutschen hörten das Gespräch mit und zeichneten es auf. Dabei stellte sich heraus, daß es Mussolini selbst war, der das Gespräch führen wollte.

MUSSOLINI: *Hier spricht der Duce. Können Sie mich verstehen?*
ATTOLICO: *Ja, ich verstehe.*
MUSSOLINI: *Bitten Sie den Kanzler sofort um eine Unterredung. Sagen Sie ihm, die britische Regierung habe mich ... gebeten, in der Sudetenfrage zu vermitteln. Die Differenzpunkte sind geringfügig. Sagen Sie dem Kanzler, daß ich und das faschistische Italien hinter ihm stünden. Er müsse zwar selbst entscheiden, aber sagen Sie ihm, daß ich dafür bin, den Vorschlag anzunehmen. Haben Sie verstanden?*
ATTOLICO: *Ja, ich habe verstanden.*
MUSSOLINI: *Beeilen Sie sich*[65].

»Völlig außer Atem, das Gesicht vor Erregung gerötet« (so Dr. Schmidt), kam Botschafter Attolico in die Reichskanzlei und stellte fest, daß bereits der französische Botschafter bei Hitler war. In der Nacht vorher war François-Poncet von dem französischen Außenminister Bonnet, der jetzt Chamberlain noch übertreffen wollte, telefonisch angewiesen worden, Hitler so früh wie möglich aufzusuchen und ihm einen französischen Vorschlag für die Übergabe des Sudetenlandes zu unterbreiten, der noch viel weiter ging als der britische Plan. Während Chamberlain Hitler die Besetzung von Zone I – einer kleinen Enklave – zum 1. Oktober angeboten hatte, schlugen die Franzosen nun zum gleichen Termin die Übergabe von drei großen Zonen vor, die den größten Teil des umstrittenen Gebietes umfaßten.
Es war ein verlockendes Angebot, und doch hatte François-Poncet große Mühe, es an den Mann zu bringen. Schon um 8 Uhr früh hatte er um einen Termin für eine Unterredung mit Hitler gebeten, und da bis 10 Uhr noch kein Bescheid vorlag, hatte er seinen Militärattaché ins OKH geschickt, um die deutschen Generale von dem französischen Angebot zu unterrichten. Er wandte sich dann um Hilfe an den britischen Botschafter. Sir Nevile Henderson, nur zu bereit, sich einen Mann zu verpflichten, der ihm helfen mochte, einen Krieg – um jeden Preis – zu verhindern, rief Göring an, und dieser versprach, die gewünschte Unterredung zustandezubringen. Allerdings bat Henderson auch um einen Termin für sich selbst; er habe Anweisung, dem Führer »eine letzte persönliche Botschaft des Premierministers« zu überbringen – jene Botschaft, die Chamberlain in der vergangenen Nacht verfaßt hatte und in der er Hitler versicherte, alle seine wesentlichen Forderungen ließen sich »ohne Krieg und unverzüglich« erfüllen, und eine Konferenz der Mächte vorschlug[66].
Hitler empfing François-Poncet um 11.15 Uhr. Er war sehr nervös. Der Botschafter zog eine Landkarte hervor, in welche die großen Gebietsstücke, die der Hauptbundes-

genosse der Tschechosloawkei nunmehr auf dem Präsentierteller zu überreichen gedachte, eingezeichnet waren. Er bedrängte den Führer, die französischen Vorschläge anzunehmen und Europa einen Krieg zu ersparen. Trotz Ribbentrops abfälliger Bemerkungen, die der Botschafter, wie er sagt, »scharf« zurückwies, war Hitler beeindruckt – laut Schmidt besonders von der Karte mit den generösen Gebietszuteilungen.

Um 11.40 Uhr wurde die Unterredung plötzlich durch das Eintreten eines Adjutanten unterbrochen: Attolico habe eine dringende Botschaft Mussolinis für den Führer. Hitler verließ mit Dr. Schmidt den Raum, um den noch nach Atem ringenden italienischen Botschafter zu begrüßen.

Schon von weitem rief Attolico mit heiserer Stimme ganz unprotokollarisch: »Ich habe eine dringende Botschaft vom Duce an Sie zu überbringen, Führer!« Nachdem er sie überreicht hatte, fügte er hinzu, Mussolini bitte den Führer, von einer Mobilmachung abzusehen.

In dieser Minute, sagt Schmidt, der einzige überlebende Augenzeuge, fiel die Entscheidung zugunsten des Friedens. Es war kurz vor Mittag, zwei Stunden vor Ablauf des von Hitler den Tschechen gestellten Ultimatums.

»Sagen Sie dem Duce«, erwiderte Hitler, sichtlich erleichtert, »daß ich seinen Vorschlag annehme[67].«

Von da an ließ die Hochspannung nach. Nachdem Attolico und François-Poncet gegangen waren, erschien Botschafter Henderson bei Hitler.

»Auf Wunsch meines großen italienischen Freundes und Bundesgenossen«, sagte Hitler zu Henderson, »habe ich die deutsche Mobilmachung um 24 Stunden verschoben«. (Dabei hatte Hitler, wie wir sahen, bereits alle verfügbaren Truppen mobilisiert.) Hinsichtlich anderer Punkte, wie zum Beispiel der vorgeschlagenen Konferenz, werde er sich erst nach nochmaliger Beratung mit Mussolini entscheiden[68].

Anschließend wurde ständig zwischen Berlin und Rom hin- und hertelefoniert. Wenige Minuten vor Ablauf des Ultimatums ergingen eiligst Einladungen an die Regierungschefs Großbritanniens, Frankreichs und Italiens zu einer Konferenz mit Hitler über die tschechische Frage, die gleich am nächsten Tag, dem 29. September, in München stattfinde. Prag und Moskau erhielten keine Aufforderung ...

In seinen Memoiren räumt Sir Nevile Henderson das Hauptverdienst an der Erhaltung des Friedens in diesem Augenblick Mussolini ein, und hierin sind ihm die meisten Historiker gefolgt[69]. Aber das geht sicher zu weit. Italien war die schwächste der europäischen Großmächte, und ihre Militärmacht wurde, wie aus den deutschen Akten deutlich zu ersehen ist, von der deutschen Generalität nicht ernst genommen. Die einzigen Faktoren, mit denen die Deutschen rechneten, waren Großbritannien und Frankreich. Und von Anfang an war es der britische Premierminister gewesen, der sich bemüht hatte, Hitler zu überzeugen, er könne das Sudetenland auch ohne Krieg bekommen. So war es denn Chamberlain, nicht Mussolini, der die Münchener Konferenz ermöglichte. Der Frieden wurde genau für elf Monate gerettet. Welchen Preis England und seine Verbündeten und Freunde hierfür zu zahlen hatten, soll später erörtert werden.

Und was taten die Verschwörer, von denen General von Witzleben am Mittag jenes schicksalhaften Tages gemeint hatte: »Gleich ist es soweit!«? Lassen wir sie selber sprechen!

Am 25. Februar 1946, als sich der Nürnberger Prozeß seinem Ende näherte, wurde General Halder von Captain Sam Harris, einem jungen New Yorker Anwalt, der zum Stabe des amerikanischen Anklägers gehörte, außerhalb des offiziellen Verfahrens vernommen. Halder sagte:

Es war geplant, die Reichskanzlei und diejenigen Ämter und Ministerien, denen Parteigenossen und enge Anhänger Hitlers vorstanden, unter Vermeidung von Blutvergießen militärisch zu besetzen und die Clique vor ein Volksgericht zu stellen ... Am 28. September kam Witzleben in der Mittagszeit in mein Amtszimmer. Wir besprachen die Dinge. Er bat mich um den Ausführungsbefehl. Wir besprachen noch andere Einzelheiten – wieviel Zeit wir brauchen würden, usw. Noch während wir zusammen waren, traf die Nachricht ein, daß sich Chamberlain und Daladier zu weiteren Unterhandlungen mit Hitler bereiterklärt hatten. Daher widerrief ich den Ausführungsbefehl, denn durch diese Tatsache wurde der Aktion die ganze Grundlage genommen ...

Wir waren fest überzeugt gewesen, daß unser Unternehmen glücken würde. Aber nun kam Mr. Chamberlain, und die Kriegsgefahr war mit einem Schlage abgewendet ... Die entscheidende Stunde zum Losschlagen war verpatzt ... Man konnte nur noch auf eine neue Chance warten ...

»Verstehe ich Sie recht«, fragte Captain Harris, »daß, wenn Chamberlain nicht nach München gekommen wäre, Ihr Plan durchgeführt und Hitler abgesetzt worden wäre?«

»Ich kann nur sagen, wir würden ihn durchgeführt haben«, erwiderte General Halder. »Ob freilich mit Erfolg, kann ich nicht sagen[70].«

Dr. Schacht, der in Nürnberg und in seinen nach dem Kriege erschienenen Büchern seinem Anteil an den Verschwörungen gegen Hitler offenkundig eine übertriebene Bedeutung gibt, macht ebenfalls Chamberlain für die Unterlassung des Putsches verantwortlich:

Aus dem späteren geschichtlichen Verlauf ist ersichtlich, daß dieser erste Versuch eines Staatsstreichs von Witzleben und mir der einzige war, der eine Wendung im Schicksal Deutschlands herbeigeführt haben würde... Konnte man im Herbst 1938 noch mit einer staatsgerichtlichen Behandlung Hitlers rechnen, so mußten alle späteren Versuche, ihn zu beseitigen, immer auf das Attentat, das heißt auf Mord, hinauslaufen ... Die Geschichte hat gegen mich entschieden. Das Dazwischentreten des Auslandes konnte ich nicht in Rechnung stellen[71].

Und Gisevius, der im Zeugenstand von Nürnberg für Schacht am entschiedensten eintrat, fügt hinzu:

Das Unwahrscheinliche ward Ereignis. Chamberlain und Daladier flogen nach München. Aus. Soll ich noch beschreiben, wie ich Narr mir ein paar Stunden weiter einbildete, man könnte putschen, aber durch Witzleben eine ebenso verdiente wie derbe Abfuhr erhielt, was der Truppe gegenüber einem Triumphator zumutbar wäre oder nicht ...? Chamberlain rettete Hitler[72].

Tat er das? Oder diente er den deutschen Verschwörern lediglich als Vorwand zum Nichthandeln?
Halder erklärte bei seiner Vernehmung durch Captain Harris, es gäbe drei Voraussetzungen für eine erfolgreiche »revolutionäre Aktion«:

Die erste ist eine klare und entschlossene Führung. Die zweite ist die Bereitschaft der Volksmasse, der Idee der Revolution zu folgen. Die dritte ist die Wahl des richtigen Zeitpunkts. Nach unserer Ansicht war die erste Voraussetzung, die einer klaren, entschlossenen Führung, gegeben. Wir nahmen dies auch von der zweiten an, denn ... das deutsche Volk wollte keinen Krieg ... Die dritte – Wahl des richtigen Zeitpunkts – war ebenfalls gegeben, denn wir rechneten damit, innerhalb von 48 Stunden den Befehl für eine militärische Aktion [gegen die Tschechoslowakei] zu erhalten. Daher waren wir fest überzeugt, Erfolg zu haben.
Aber nun kam Chamberlain, und die Kriegsgefahr war mit einem Schlage vorüber.

Es läßt sich bezweifeln, ob die erste Voraussetzung, wie Halder behauptete, erfüllt war. Hätten die Generale vier Tage gezögert, wenn eine »klare, entschlossene Führung« dagewesen wäre? Sie verfügten über eine Militärmacht, die Hitler und sein Regime leicht hätte beseitigen können: Witzleben hatte in und um Berlin ein ganzes Armeekorps stehen, Brockdorff-Ahlefeld in Potsdam eine Infanteriedivision, Hoepner im Süden eine Panzerdivision, und die beiden höchsten Polizeioffiziere Berlins, Graf Helldorf und Graf von der Schulenburg, konnten mit einer starken, gut bewaffneten Polizei helfen. Alle diese Offiziere warteten, nach Angabe der Verschwörer selbst, auf ein Wort von Halder, um mit überwältigenden Kräften in Aktion zu treten. Und die Berliner Bevölkerung, zu Tode erschrocken über Hitlers Kriegsvorhaben, hätte – soweit ich es damals beurteilen konnte – den Staatsstreich spontan unterstützt.
Inwieweit der Putsch gut vorbereitet war, inwieweit die Truppen zum Marschieren bereit waren und ob Halder und Witzleben wirklich im Begriff standen, den Befehl zum Losschlagen zu geben, darüber fehlen die notwendigen informativen Unterlagen. Wir können uns nur auf die Äußerungen einer Handvoll Beteiligter stützen, die nach dem Kriege bestrebt waren, ihre Opposition gegen den Nationalsozialismus zu beweisen. Und was sie zu ihrer Verteidigung gesagt und geschrieben haben, ist vielfach voller Widersprüche[73].
Wenn es zutrifft, daß die Verschwörer, wie sie behaupten, im Begriff waren, ihre Pläne zu verwirklichen, dann freilich mußte ihnen die Nachricht von Chamberlains Reise nach München den Boden unter den Füßen entziehen. Als offenkundig wurde, daß Hitler einen wichtigen Gebietszuwachs ohne Krieg einheimsen würde, hätten die Generale ihn kaum noch festsetzen und als Kriegsverbrecher vor Gericht stellen können.

Bei aller Ungewißheit ist eins gewiß – und hierin muß man Dr. Schacht recht geben: Dem deutschen Widerstand bot sich niemals wieder eine so günstige Gelegenheit, Hitler abzusetzen, dem Dritten Reich ein rasches Ende zu bereiten und Deutschland und die Welt vor dem Krieg zu bewahren. Wenn es auch gefährlich sein mag, zu verallgemeinern, so läßt sich doch wohl sagen, daß die Deutschen eine gewisse Neigung haben, für eigenes Versagen die Schuld dem Ausland zu geben. Daß Chamberlain und Halifax, Daladier und Bonnet in überwältigendem Maße für das Münchner Abkommen und alle seine katastrophalen Folgen verantwortlich waren, ist nicht zu bestreiten. Aber bis zu gewissem Grade darf man zu ihrer Entschuldigung anführen, daß sie die Ankündigung einer »Revolte« einer Gruppe deutscher Generale und Zivilisten, von denen die meisten bis dahin Hitler mit ihren Fähigkeiten gedient hatten, nicht sehr ernst nahmen. Jene Staatsmänner in London und Paris, oder zumindest einige ihrer Berater, dürften sich ein paar Tatsachen der jüngsten deutschen Vergangenheit vor Augen gehalten haben: Die Armee war es gewesen, die dem früheren Gefreiten aus Österreich zur Macht verholfen hatte, die hocherfreut gewesen war, daß er ihr die Wiederaufrüstung ermöglichte, die offensichtlich nichts gegen die Vernichtung der persönlichen Freiheit durch den Nationalsozialismus einzuwenden gehabt hatte, die nichts unternommen hatte, als einer der ihrigen, General von Schleicher, kaltblütig ermordet und ihr Oberbefehlshaber, General von Fritsch, durch eine gemeine Intrige gestürzt wurde, die schließlich die Vergewaltigung Österreichs mitgemacht hatte. Welche Schuld man auch immer den *Appeasement*-Politikern beimessen mag (und beträchtlich war die Schuld zweifellos), Tatsache bleibt, daß die deutschen Generale und ihre zivilen Mitverschworenen im gegebenen Augenblick nicht von sich aus handelten.

DIE MÜNCHENER KAPITULATION, 29.–30. SEPTEMBER 1938

In der bayerischen Hauptstadt, wo er einst in den Hinterstuben zweitklassiger Lokale seine politische Laufbahn begonnen und das Fiasko des *Bürgerbräu*-Putsches erlebt hatte, empfing Hitler jetzt, am 29. September, 12.30 Uhr, wie ein Eroberer die Regierungschefs Englands, Frankreichs und Italiens.

Sehr früh am Morgen war er nach Kufstein an der ehemaligen deutsch-österreichischen Grenze gefahren, um Mussolini abzuholen und mit ihm ein gemeinsames Vorgehen auf der Konferenz zu verabreden. Im Zug nach München erklärte der kriegslüsterne Hitler dem Duce an Hand von Landkarten, auf welche Weise er die Tschechoslowakei zu »erledigen« gedenke. Die bevorstehenden Verhandlungen, sagte er, müßten unmittelbare Erfolge bringen, sonst werde er zu den Waffen greifen. »Im übrigen«, fügte er hinzu, wie Ciano berichtet, »wird der Tag kommen, an dem wir uns vereint gegen England und Frankreich werden schlagen müssen.« Mussolini stimmte zu[74].

Chamberlain machte nicht den Versuch, sich vorher mit Daladier über eine gemeinsame Strategie der Westmächte gegenüber den beiden faschistischen Diktatoren zu verständigen. Im Laufe des Tages wurde denn auch vielen von uns, die wir mit der britischen und der französischen Delegation Fühlung hielten, klar, daß Chamberlain mit dem festen Entschluß nach München gekommen war, sich durch niemanden, nicht einmal durch die Franzosen und erst gar nicht durch die Tschechen, beim raschen Zustandebringen eines Abkommens mit Hitler behindern zu lassen[75]. Bei Daladier, der den ganzen Tag wie betäubt umherging, wäre zwar jede Vorsicht überflüssig gewesen, doch der entschlossene Chamberlain wollte keine Gefahr laufen.

Die Besprechungen begannen um 12.45 Uhr im »Führerbau« am Königsplatz. Sie verliefen ruhig und waren kaum mehr als reine Formalität, denn man war ja bereit, Hitler genau das zu geben, was er wollte. Dr. Schmidt, der bei dieser Gelegenheit in drei Sprachen dolmetschen mußte, spricht von einer »Atmosphäre des allseitigen guten Einvernehmens«. Botschafter Henderson schrieb später: »In keinem Stadium wurden die Besprechungen hitzig.« Niemand führte den Vorsitz. Die Unterredungen gingen zwanglos vor sich. Dem deutschen Protokoll zufolge, das nach dem Krieg ans Tageslicht kam[76], überschlugen sich Chamberlain und Daladier förmlich, Hitler zufriedenzustellen, und das trotz seiner einleitenden Bemerkung:

Er habe nun in seiner Rede im Sportpalast erklärt, daß er auf alle Fälle am 1. Oktober einmarschieren werde. Hierauf sei ihm erwidert worden, daß diese Aktion den Charakter eines Gewaltakts haben würde. Es läge also die Aufgabe vor, dieser Aktion diesen Charakter zu nehmen. Es müsse aber sofort gehandelt werden.

Zur Sache selbst kamen die Konferenzteilnehmer, als Mussolini sagte, er habe, »um eine praktische Lösung des Problems herbeizuführen«, einen endgültigen schriftlichen Vorschlag mitgebracht. Woher der Vorschlag in Wirklichkeit kam, ist sehr interessant und Chamberlain, soviel ich weiß, bis zu seinem Lebensende verborgen geblieben. Auch Henderson und François-Poncet wußten es nicht, wie aus ihren Erinnerungen ersichtlich ist. Die Wahrheit kam erst nach dem gewaltsamen Tod der beiden Diktatoren heraus.

Womit der Duce jetzt als angeblich eigenem Kompromißentwurf herausrückte, war ein Text, der am Abend vorher in aller Hast im Berliner Auswärtigen Amt hinter dem Rücken Ribbentrops, dem man nicht recht traute, von Göring, Neurath und Weizsäcker verfaßt worden war. Göring hatte den Entwurf Hitler gezeigt, der sich damit einverstanden erklärte, und ihn von Dr. Schmidt rasch ins Französische übersetzen lassen. Die französische Fassung war dann dem italienischen Botschafter Attolico zugeleitet worden, der den Text Mussolini, kurz bevor er den Zug nach München bestieg, durchtelefonierte. So waren die »italienischen Vorschläge«, die die einzige Diskussionsgrundlage bildeten, auf der sich schließlich das Münchener Abkommen aufbauen sollte, in Wahrheit deutsche Vorschläge, die man in Berlin zusammengebraut hatte[77].

Das hätte eigentlich ziemlich deutlich aus dem Text hervorgehen müssen, denn er hielt sich eng an Hitlers abgelehnte Godesberger Forderungen. Doch die Ähnlichkeit scheint weder Chamberlain und Daladier noch ihren Berliner Botschaftern aufgefallen zu sein. Daladier, heißt es im deutschen Protokoll, »begrüßte besonders den von objektivem und realistischem Geist getragenen Vorschlag des Duce«. Desgleichen Chamberlain, der außerdem noch erklärte, »daß er sich auf der Linie dieses Vorschlags selbst die Lösung gedacht habe«. Auch Botschafter Henderson war der Meinung, wie er später schrieb, Mussolini habe »taktvollerweise eine Kombination der Hitlerschen und der englisch-französischen Vorschläge als seine eigene hingestellt«, während François-Poncet den Eindruck hatte, der Diskussion hätte ein »von Horace Wilson entworfenes« Memorandum zugrunde gelegen. So leicht ließen sich die englischen und französischen Staatsmänner und Diplomaten wegen eines *Appeasement* um jeden Preis täuschen!

Nachdem die »italienischen« Vorschläge von allen Anwesenden so warm begrüßt worden waren, blieben nur noch Einzelheiten auszubügeln. Wie von einem ehemaligen Geschäftsmann und Schatzkanzler nicht anders zu erwarten, wollte Chamberlain wissen, wie die tschechoslowakische Regierung für die mit dem Sudetenland an Deutschland übergehenden regierungseigenen Gebäude und Anlagen entschädigt werden würde. Hitler, der, nach François-Poncet, etwas blaß und besorgt aussah und ärgerlich war, weil er im Gegensatz zu Mussolini den in Englisch und Französisch geführten Gesprächen nicht folgen konnte, erwiderte erregt, eine Entschädigung komme nicht in Frage. Als Chamberlain, auf jene Klausel eingehend, nach der die das Sudetenland verlassenden Tschechen ihren Viehbestand nicht mitnehmen durften, ausrief: »Soll das heißen, daß die ausgewiesenen Bauern ihr Vieh zurückzulassen haben?«, explodierte Hitler.

»Unsere Zeit ist mir zu schade, um mit derartigen Lappalien vertan zu werden!« fuhr er Chamberlain an[78]. Und der Premierminister ließ die Sache fallen.

Hingegen bestand er darauf, einen Vertreter der Tschechoslowakei hinzuziehen. Zumindest müsse sich ein solcher zur »Verfügung halten«, wie Chamberlain sich ausdrückte. Sein Land könne natürlich nicht dafür garantieren, daß das Sudetengebiet, wie Mussolini vorgeschlagen hatte, bis zum 10. Oktober geräumt werde, solange keine Zusicherung seitens der tschechischen Regierung vorliege. Aber Hitler war eisern. Er wollte keine Tschechen dabei haben. Daladier gab schon nach, aber Chamberlain erreichte schließlich ein kleines Zugeständnis. Man vereinbarte, daß sich ein Vertreter der Tschechoslowakei »im Nebenraum« zur Verfügung halten könne.

So erschienen denn im Laufe der Nachmittagssitzung Dr. Voytech Mastny, tschechischer Gesandter in Berlin, und Dr. Hubert Masarik aus dem Prager Außenministerium. Sie wurden kühl in den Nebenraum geführt, wo sie bis zum späten Abend vergeblich warteten.

Um 10 Uhr abends wurden die beiden unglücklichen Tschechen zu Sir Horace Wilson, Chamberlains getreuem Berater, gerufen. Im Namen des Premiers teilte Wilson ihnen die Hauptpunkte des Viermächteabkommens mit und händigte ihnen eine Karte derjenigen Gebiete aus, die von den Tschechen sofort zu räumen seien. Als die beiden Gesandten zu protestieren versuchten, schnitt ihnen Wilson die Rede ab. Er habe nichts weiter zu sagen, erklärte er und verließ den Raum.

Kurz nach 1 Uhr nachts setzten Hitler, Chamberlain, Mussolini und Daladier ihre Unterschriften unter das Münchner Abkommen, nach dem die deutsche Wehrmacht den Einmarsch am 1. Oktober beginnen – genau wie es Hitler stets gewünscht hatte – und die Besetzung des Sudetenlandes bis zum 10. Oktober abschließen sollte[79]. Damit hatte Hitler erhalten, was man ihm in Godesberg verweigert hatte.
Nun verblieb noch die unangenehme Aufgabe, den Tschechen zu sagen, was sie abzutreten hatten, und wie bald schon. Hitler und Mussolini überließen das den Verbündeten der Tschechoslowakei und verließen den Raum. Die dann folgende Szene schilderte Masarik sehr plastisch in seinem amtlichen Bericht an das Prager Außenministerium:

Um 1.30 Uhr wurden wir in den Saal geführt, in dem die Konferenz stattgefunden hatte. Anwesend waren Mr. Chamberlain, M. Daladier, Sir Horace Wilson, M. Leger [Generalsekretär des französischen Außenministeriums], Mr. Ashton-Gwatkin, Dr. Mastny und ich. Die Stimmung war gedrückt; das Urteil sollte verkündet werden... Mr. Chamberlain sprach einleitend lang und breit über das Abkommen und überreichte den Wortlaut Dr. Mastny...

Die Tschechen stellten mehrere Fragen, aber

Mr. Chamberlain gähnte fortgesetzt und bemühte sich auch nicht, sein Gähnen zu verbergen. Ich fragte die Herren Daladier und Leger, ob sie von unserer Regierung eine Erklärung zu dem Abkommen oder eine Antwort erwarteten. M. Daladier war auffallend nervös. M. Leger erwiderte, die vier Staatsmänner hätten nicht viel Zeit. Hastig und wie beiläufig fügte er hinzu, eine Antwort sei nicht erforderlich. Man sehe den Plan als akzeptiert an, und unsere Regierung habe noch heute bis spätestens 3 Uhr nachmittags ihren Vertreter für den internationalen Ausschuß nach Berlin zu schicken. Schließlich habe der zur Festlegung der Einzelheiten für die Räumung der ersten Zone zu entsendende tschechoslowakische Offizier am Sonnabend in Berlin zu sein... Er sprach zu uns in grobem Ton. Das war nun ein Franzose!... Mr. Chamberlain verhehlte nicht seine Ungeduld. Man gab uns eine zweite, etwas korrigierte Landkarte. Dann entließ man uns, und wir konnten gehen.

Doch Chamberlain hatte noch nicht genug mit Hitler über den Weltfrieden gesprochen. Am nächsten Morgen suchte er ihn in seiner Münchner Privatwohnung auf, um weiterhin über die Lage in Europa zu diskutieren und eine kleine Konzession herauszuholen, von der er offensichtlich annahm, daß sie seine politische Position in England verbessern würde.
Laut Dr. Schmidt, der als Dolmetscher und einziger Zeuge bei dieser unvorhergesehenen Unterredung zugegen war, war Hitler bleich und mißgestimmt. »Geistesabwesend hörte er den Ausführungen Chamberlains über das deutsch-englische Verhältnis zu.« Der britische Premier äußerte seine Zuversicht, daß Deutschland bei der Verwirklichung

des Münchner Abkommens eine großzügige Haltung an den Tag legen werde, und gab erneut der Hoffnung Ausdruck, daß die Tschechen nicht »so unvernünftig sein würden, Schwierigkeiten zu machen«. Andernfalls möge Hitler doch davon absehen, Prag zu bombardieren, »was schreckliche Verluste unter der Zivilbevölkerung mit sich bringen würde«. Das war aber erst der Anfang langer und weitschweifiger Ausführungen, die man einem britischen Premierminister nicht zutrauen würde, hätte Dr. Schmidt sie nicht in einem amtlichen Memorandum festgehalten. Selbst heute noch mag man seinen Augen nicht trauen, wenn man dieses erbeutete Dokument liest.

Gegen Ende der Unterredung zog Chamberlain ein Stück Papier aus der Tasche, eine von ihm aufgesetzte Erklärung, von der er hoffte, sie werde von beiden Männern unterzeichnet und zur anschließenden Veröffentlichung freigegeben werden:

Wir, der deutsche Führer und Reichskanzler und der britische Premierminister, ... haben heute eine weitere Besprechung gehabt und sind uns in der Erkenntnis einig, daß die Frage der deutsch-englischen Beziehungen von allererster Bedeutung für beide Länder und für Europa ist. Wir sehen das gestern abend unterzeichnete Abkommen und das deutsch-englische Flottenabkommen als symbolisch für den Wunsch unserer beiden Völker an, niemals wieder gegeneinander Krieg zu führen.

Wir sind entschlossen, auch andere Fragen, die unsere beiden Länder angehen, nach der Methode der Konsultation zu behandeln und uns weiter zu bemühen, etwaige Ursachen von Meinungsverschiedenheiten aus dem Wege zu räumen, um auf diese Weise zur Sicherung des Friedens in Europa beizutragen.

Schmidt übersetzte die Erklärung, und Hitler unterzeichnete sie sofort, zu Chamberlains großer Befriedigung, wie Schmidt in seinem amtlichen Protokoll vermerkte. Persönlich hatte der Dolmetscher das Gefühl, daß Hitler »nicht ohne ein gewisses Zögern« zustimmte, »daß er mit seiner Unterschrift Chamberlain lediglich einen Gefallen tun wollte«. Der Premier habe dem Führer herzlich gedankt und betont, daß er sich von diesem Dokument eine starke psychologische Wirkung verspreche.

Der genarrte Chamberlain wußte natürlich nicht, daß Hitler und Mussolini, wie sehr viel später deutsche und italienische Geheimdokumente enthüllten, sich gerade bei dem Münchner Treffen bereits darüber einig waren, daß sie eines Tages »Schulter an Schulter« gegen Großbritannien würden kämpfen müssen. Er ahnte auch so manches andere nicht, was schon, wie wir bald sehen werden, in Hitlers düsterem Geiste gärte[80].

Im Triumph kehrten Chamberlain nach London und Daladier nach Paris zurück. Die von Hitler und ihm unterschriebene Erklärung schwenkend, stellte sich der frohlockende britische Premier der in der Downing Street sich drängenden großen Menschenmenge. Auf die Rufe »*Good old Neville!*« und den fröhlichen Singsang »*For He's a Jolly Good Fellow*« trat er auf den Balkon, von dem aus Disraeli im Jahre 1878 nach der Rückkehr vom Berliner Kongreß gesprochen hatte, und in Anknüpfung daran sagte er lächelnd:

»Meine guten Freunde, dies ist das zweite Mal in unserer Geschichte, daß aus Deutschland ein ehrenvoller Friede heimgebracht wurde. Ich glaube, der Friede in unserer Zeit ist gerettet.«

Die *Times* schrieb: »Kein Eroberer ist von einem Sieg auf dem Schlachtfeld mit edleren Lorbeeren geschmückt heimgekehrt.« Spontan bildete sich eine Bewegung zur Gründung einer »Nationalen Dankesstiftung« zu Ehren Chamberlains, die er jedoch ausschlug. Nur Duff Cooper, der Erste Lord der Admiralität, trat aus der Regierung aus. Und als Winston Churchill, immer noch Stimme in der Wüste, in der folgenden Unterhausdebatte seine denkwürdige Rede mit den Worten begann: »Wir haben eine totale, eine vollständige Niederlage erlitten«, mußte er, wie er später berichtete, unterbrechen, bis sich der Proteststurm gelegt hatte.

In Prag herrschte natürlich eine ganz andere Stimmung. Am 30. September, 6.20 Uhr früh, hatte der deutsche Geschäftsträger den tschechischen Außenminister Dr. Krofta aus dem Bett geholt und ihm den Text des Münchner Abkommens überreicht. Gleichzeitig übermittelte er ein Ersuchen an die tschechische Regierung, bis 3 Uhr nachmittags zwei Vertreter zu der ersten Sitzung des »Internationalen Ausschusses«, der die Verwirklichung des Abkommens zu überwachen hatte, nach Berlin zu entsenden.
Präsident Benesch, der den ganzen Vormittag über im Hradschin mit den politischen und militärischen Führern konferierte, blieb nichts anderes übrig als sich zu ergeben. England und Frankreich hatten sein Land nicht nur verraten, sie wollten nunmehr auch, falls er die Münchner Bedingungen ablehnte, Hitler für den Einsatz von Truppen freie Hand geben. Um 12.50 Uhr kapitulierte die Tschechoslowakei »unter Protest vor der Weltöffentlichkeit«, wie es in der amtlichen Verlautbarung hieß. »Man hat uns im Stich gelassen, wir stehen allein«, sagte General Sirovy, der neue Ministerpräsident, um 17 Uhr in seiner Rundfunkansprache an das tschechoslowakische Volk.
Bis zur allerletzten Minute hielten England und Frankreich ihren Druck auf das von ihnen verführte und verratene Land aufrecht. Im Laufe des Tages suchten die Gesandten Englands, Frankreichs und Italiens Dr. Krofta auf, um sich zu vergewissern, daß sich die Tschechen nicht noch in letzter Minute gegen die Kapitulation auflehnten. Der deutsche Geschäftsträger Dr. Hencke meldete darüber nach Berlin:

Versuche des französischen Gesandten, bedauernde Worte an Krofta zu richten, schnitt Außenminister kurz mit Bemerken ab: »Man hat uns in diese Situation gebracht, jetzt ist alles vorbei, heute sind wir an der Reihe, morgen andere.« Englischem Gesandten sei es mit Mühe gelungen zu erklären, daß Chamberlain sein Möglichstes getan habe; er erhielt ähnliche Antwort wie der französische Gesandte. Außenminister sei völlig gebrochen gewesen und habe nur einen Wunsch durchfühlen lassen, daß die drei Gesandten sein Zimmer bald verlassen[81].

Präsident Benesch legte am 5. Oktober auf Beharren Berlins sein Amt nieder; als dann

deutlich wurde, daß sein Leben in Gefahr war, flog er nach England ins Exil. An seine Stelle trat als provisorischer Präsident General Sirovy. Am 30. November wurde Dr. Emil Hacha, Präsident des Obersten Gerichtshofs, ein wohlmeinender, aber schwacher und seniler Mann von 66 Jahren, von der Nationalversammlung zum Präsidenten der restlichen, fortan offiziell mit Bindestrich geschriebenen Tschecho-Slowakei gewählt.
Was Chamberlain und Daladier in München Deutschland zu geben versäumt hatten, das erhielt es von dem sogenannten Internationalen Ausschuß. Diesem hastig zusammengezimmerten Organ gehörten die Botschafter Italiens, Englands und Frankreichs und der tschechische Gesandte in Berlin sowie Freiherr von Weizsäcker, Staatssekretär im Auswärtigen Amt, an. Jeder Disput über zusätzliches Gebiet für die Deutschen wurde zu deren Gunsten entschieden, mehr als einmal unter Drohungen Hitlers und des OKW, mit Waffengewalt vorzugehen. Am 30. Oktober schließlich beschloß der Ausschuß, auf die nach dem Münchner Abkommen für umstrittene Gebiete vorgesehenen Volksabstimmungen zu verzichten. Sie waren nicht mehr nötig.
Die Polen und Ungarn stürzten sich nun, nachdem sie die hilflose Nation mit militärischer Aktion bedroht hatten, wie Geier auf die Tschechoslowakei. Polen nahm sich auf Drängen von Außenminister Beck aus dem Gebiet um Teschen 1000 qkm mit einer Bevölkerungszahl von 228 000, davon 133 000 Tschechen. Ungarn erhielt am 2. November auf Grund eines von Ribbentrop und Ciano gefällten Schiedsspruches ein größeres Stück: 12 000 qkm mit 500 000 Magyaren und 272 000 Slowaken.
Darüber hinaus wurde das verstümmelte und nunmehr wehrlose Land von Berlin gezwungen, eine prodeutsche Regierung mit offensichtlich faschistischer Tendenz einzusetzen. Es lag auf der Hand, daß fortan die tschechoslowakische Nation dem Führer des Dritten Reichs auf Gnade und Ungnade ausgeliefert war.

DIE FOLGEN VON MÜNCHEN

Die endgültige Regelung vom 20. November 1938 brachte der Tschechoslowakei einen Verlust von 17 500 qkm Land, das von 2 800 000 Sudetendeutschen und 800 000 Tschechen bewohnt wurde. Innerhalb dieses Gebietes lagen die gewaltigen tschechischen Befestigungsanlagen, die stärksten in Europa, wenn man vielleicht von der französischen Maginotlinie absieht.
Aber das war nicht alles. Das ganze Eisenbahn-, Straßen-, Telefon- und Telegraphennetz der Tschechoslowakei war durchschnitten. Nach deutschen Angaben betrugen die Produktionsverluste des zerstückelten Landes: 66 Prozent Steinkohle, 80 Prozent Braunkohle, 86 Prozent Chemikalien, 80 Prozent Zement, 80 Prozent Textilien, 70 Prozent Eisen und Stahl, 70 Prozent Kraftstrom, 40 Prozent Holz. Ein blühendes Industrieland war über Nacht bankrott.
Kein Wunder, daß Jodl in der Nacht der Münchener Konferenz freudig in sein Tagebuch schreiben konnte:

Das Abkommen von München wird unterzeichnet. Die Tschechoslowakei hat als Machtfaktor ausgespielt ... Das Genie des Führers und seine Entschlossenheit, auch einen Weltkrieg nicht zu scheuen, haben erneut und ohne Gewaltanwendung den Sieg davongetragen. Es bleibt zu hoffen, daß die Ungläubigen, Schwachen und Zweifelnden bekehrt sind und bekehrt bleiben[82].

Viele der Zweifelnden waren in der Tat bekehrt, und die wenigen, die es nicht waren, fielen der Verzweiflung anheim. Wiederum hatte sich erwiesen, daß Generale von der Art Becks, Halders und Witzlebens und die sie beratenden Zivilisten im Irrtum gewesen waren. Hitler hatte bekommen, was er wünschte, hatte ohne jeden Schuß wiederum eine große Eroberung gemacht. Sein Ansehen stieg in steile Höhen. Niemand, der sich, wie der Verfasser dieses Buches, in jenen Tagen in Deutschland befand, wird den Taumel des deutschen Volkes vergessen können. Es war erleichtert, daß der Krieg verhütet worden war; es war von Stolz erfüllt über Hitlers unblutigen Sieg, den er nicht allein über die Tschechoslowakei, sondern auch über England und Frankreich errungen hatte. In der kurzen Zeit von sechs Monaten, so wurde einem vorgehalten, habe Hitler Österreich und das Sudetenland erobert, die Bevölkerung des Dritten Reiches um zehn Millionen Menschen vermehrt und ein strategisch wichtiges Gebiet für die Beherrschung Südosteuropas durch Deutschland gewonnen. Mit einem in der deutschen Geschichte seltenen genialen Instinkt habe er die Schwächen nicht nur der kleinen Staaten Mitteleuropas, sondern auch der beiden großen Westmächte England und Frankreich erspürt und ihnen seinen Willen aufgezwungen. Mit verblüffendem Erfolg habe er eine ganz neue Strategie, nämlich die *politische Kriegführung*, die den wirklichen Krieg unnötig mache, eingeführt und angewandt.

Tatsächlich hatte dieser aus den tiefsten Niederungen aufgestiegene Mann in knapp viereinhalb Jahren ein entwaffnetes, chaotisches, fast bankrottes Deutschland in eine Stellung katapultiert, die ihm das Ansehen der mächtigsten Nation der Alten Welt verlieh, einer Nation, vor der alle anderen, sogar England und Frankreich, zitterten. In keiner Phase dieses steilen Aufstiegs hatten die Siegermächte von Versailles gewagt, Hitler Einhalt zu gebieten, nicht einmal, als sie noch die Macht dazu hatten. Ja, in München, das den größten aller Triumphe bedeutete, hatten England und Frankreich keine Mühe gescheut, Deutschland zu unterstützen. Was Hitler am meisten verblüfft haben dürfte – und sicherlich die Generale Beck und Halder und andere Angehörige des kleinen Widerstandskreises in Erstaunen versetzte –, war die Tatsache, daß keiner der regierenden Männer in England und Frankreich – »Würstchen« nannte Hitler sie verächtlich in privatem Kreise – sich darüber klar war, welche Konsequenzen ihre Unfähigkeit, gegen die aufeinander folgenden aggressiven Schritte des Naziführers gewaltsam vorzugehen, nach sich ziehen mußten.

In England schien es allein Winston Churchill zu begreifen. Niemand hat die Folgen von München treffender vorausgesagt als er in seiner Unterhausrede vom 5. Oktober:

Wir haben eine totale, eine vollständige Niederlage erlitten ... Wir stehen einem

Unheil erster Ordnung gegenüber. Der Weg die Donau hinab, der Weg zum Schwarzen Meer ist frei ... Alle Länder Mitteleuropas und alle Donauländer werden nacheinander in das riesige System der Nazipolitik einbezogen werden ... Und glauben Sie nicht, dies sei das Ende. Es ist erst der Anfang ...

Aber Churchill war nicht in der Regierung, und seine Mahnung wurde nicht beachtet.

War die englisch-französische Kapitulation von München notwendig? Hat Adolf Hitler geblufft?

Paradoxerweise läßt sich auf beide Fragen, wie wir heute wissen, nur mit Nein antworten. Alle Generale, die Hitler nahestanden und den Krieg überlebten, sind sich darin einig, daß Hitler, wenn München nicht gewesen wäre, am 1. Oktober die Tschechoslowakei angegriffen hätte, und sie vermuten, daß letzten Endes, so sehr auch London, Paris und Moskau zunächst gezögert hätten, England, Frankreich und Rußland in den Krieg hineingezogen worden wären.

Andererseits – und das ist hier der wichtigste Punkt – sind die deutschen Generale einhellig der Meinung, daß Deutschland den Krieg in kürzester Frist verloren hätte. Das Argument der Chamberlain- und Daladier-Anhänger – sie bildeten damals die überwiegende Mehrheit –, München habe dem Westen nicht nur einen Krieg, sondern auch eine Niederlage erspart und nebenbei London und Paris vor mörderischen Bombenangriffen der deutschen Luftwaffe bewahrt, ist eindrucksvoll von jenen Männern widerlegt worden, die es am besten wissen müssen: von den deutschen Generalen, insbesondere von solchen, die Hitler am nächsten standen und ihm von Anfang bis Ende am fanatischsten anhingen.

Als Keitel, der Chef des OKW, Hitlers ständiger Begleiter, im Nürnberger Prozeß nach der Reaktion der deutschen Generale auf München befragt wurde, erwiderte er:

Wir waren außerordentlich glücklich, daß es zu einer militärischen Operation nicht gekommen war, weil wir in der Zeit der Vorbereitung niemals von der grundsätzlichen Auffassung heruntergegangen sind, daß unsere militärischen Angriffsmittel gegen die Grenzbefestigung der Tschechoslowakei unzureichend seien, also rein militärisch gesehen ein Angriff, der ein Durchstoßen der Grenzbefestigungen notwendig gemacht hätte, dazu fehlten uns die Angriffsmittel[83].

Alliierte Militärexperten haben immer angenommen, die deutsche Wehrmacht würde die tschechischen Befestigungen durchbrochen haben. Aber zu Keitels Verneinung dieser Möglichkeit muß hinzugefügt werden, was Feldmarschall von Manstein, einer der besten deutschen Truppenkommandeure, in Nürnberg (wo es nicht um seinen Kopf ging, wie bei Keitel und Jodl) über Deutschlands militärische Lage zur Zeit von München sagte:

Und wir hätten, wenn es zu einem Krieg gekommen wäre, weder unsere Westgrenze noch die polnische Grenze wirklich wirksam verteidigen können, und wir wären auch ganz zweifellos, wenn die Tschechoslowakei sich zur Wehr gesetzt hätte, an ihren Befestigungen hängen geblieben, denn wir hatten praktisch nicht die Mittel, sie zu durchbrechen[84].

Jodl formulierte es in Nürnberg folgendermaßen:

Es war ganz ausgeschlossen, mit fünf aktiven Divisionen und sieben Panzerdivisionen in einer Westbefestigung, die nur eine große Baustelle war, hundert französischen Divisionen standzuhalten. Das war militärisch unmöglich[85].

Wenn Hitlers Armee, wie von diesen deutschen Generalen zugegeben, nicht die Mittel hatte, die tschechischen Befestigungen zu durchbrechen, und wenn es Deutschland »militärisch unmöglich« war, im Westen gegen die Übermacht der Franzosen standzuhalten, und wenn fernerhin unter den Generalen eine derartige Mißstimmung herrschte, daß der Chef des Generalstabs bereit war, Hitler zu stürzen, um einen aussichtslosen Krieg zu verhüten – dann muß man sich fragen, warum die französischen und britischen Generalstäbe davon nichts wußten. Oder wußten sie es doch? Und wenn ja, wieso ließen sich dann die Regierungschefs Englands und Frankreichs in München zur Preisgabe so vieler vitaler Interessen ihrer Nationen zwingen? Bei der Suche nach Antworten auf solche Fragen stößt man auf eines der bisher noch nicht geklärten Geheimnisse der Münchner Zeit. Selbst der in militärischen Dingen versierte Churchill berührt es kaum in seinen umfänglichen Memoiren.

Es ist undenkbar, daß die britischen und französischen Generalstäbe und die beiden Regierungen nichts von der Abneigung des deutschen Generalstabs gegen einen europäischen Krieg gewußt hätten. Denn die Berliner Verschwörer hatten im August und September, wie wir sahen, über mindestens vier Kanäle die Engländer unterrichtet, und Chamberlain selbst war darauf aufmerksam gemacht worden. Schon Anfang September müssen Paris und London vom Rücktritt General Becks erfahren haben, sie müssen sich über die Auswirkungen der Opposition des hervorragendsten und begabtesten Militärchefs auf die deutsche Armee im klaren gewesen sein.

Die militärischen Geheimdienste Englands und Frankreichs arbeiteten damals sehr gut, wie in Berlin allgemein zugegeben wurde. Es ist daher kaum zu glauben, daß die Militärchefs in London und Paris von der offenkundigen Schwäche des deutschen Heeres und der deutschen Luftwaffe sowie von deren Unvermögen, an zwei Fronten zu kämpfen, nichts gewußt hätten. Konnte da General Gamelin, der französische Generalstabschef – trotz der ihm eigenen, freilich monumentalen Vorsicht –, noch Zweifel hegen, mit seinen hundert Divisionen die fünf aktiven und sieben Reservedivisionen, die die Deutschen im Westen stehen hatten, zu überwältigen und mit Leichtigkeit tief nach Deutschland einzudringen?

Im großen ganzen zweifelte zwar Gamelin kaum daran, wie er später darstellte[86]. Am 12. September, dem Tage, an dem Hitler auf dem Nürnberger Parteitag seine Drohungen gegen die Tschechoslowakei ausstieß, hatte Gamelin Ministerpräsident Daladier versichert, daß »die demokratischen Nationen den Frieden diktieren würden«, wenn es zum Krieg käme. Wie er sagt, habe er seinen Optimismus in einem Brief auch schriftlich begründet. Am 26. September, auf dem Höhepunkt der dem Godesberger Treffen folgenden Krise, wiederholte Gamelin, der die französischen Staatsmänner nach London begleitet hatte, Chamberlain gegenüber seine Versicherungen, wobei er sich bemühte, nicht nur den britischen Premier, sondern auch den schwankenden französischen Ministerpräsidenten mit einer Analyse der militärischen Situation stark zu machen. Offensichtlich hatte er damit keinen Erfolg. Kurz vor Daladiers Abflug nach München schließlich sagte Gamelin dem Ministerpräsidenten, bis zu welchen Grenzen die territorialen Konzessionen im Sudetenland gehen könnten, ohne die Sicherheit Frankreichs zu gefährden. Die wichtigsten tschechischen Befestigungen, die Haupteisenbahnlinien, gewisse strategische Nebenstrecken und die Rüstungsindustrie dürften nicht an Deutschland abgetreten werden. Vor allem aber sei zu verhüten, daß die Deutschen die Mährische Pforte abriegelten. Das war ein guter Rat, wenn man davon ausging, daß die Tschechoslowakei im Falle eines französisch-deutschen Krieges noch irgendwie nützlich zu sein habe. Aber Daladier war, wie wir sahen, nicht der Mann, danach zu handeln.

Zu jener Zeit war viel die Rede davon, Chamberlains Kapitulation habe die Furcht zugrunde gelegen, daß London von deutschen Bombern zerstört werden würde; auch die Franzosen haben fraglos um ihre schöne Hauptstadt gezittert. Aber nach allem, was man heute von der Stärke der damaligen deutschen Luftwaffe weiß, war die Beunruhigung der Londoner und Pariser grundlos. Wie das deutsche Heer, so war auch die Luftwaffe gegen die Tschechoslowakei konzentriert und daher, wiederum wie das Heer, zu einer ernsthaften Aktion im Westen nicht imstande. Selbst wenn ein paar deutsche Bomber zu Angriffen auf Paris und London hätten abgezweigt werden können, bleibt es sehr fraglich, ob sie ihr Ziel erreicht haben würden. Mochte auch die britische und französische Jagdabwehr damals noch schwach gewesen sein, so hätten doch die Deutschen ihren Bombern keinen Jagdschutz geben können, auch wenn sie die Maschinen dazu gehabt hätten. Ihre Stützpunkte lagen viel zu weit entfernt.

Es ist auch – in erster Linie von den Botschaftern François-Poncet und Henderson – behauptet worden, München habe den beiden Westmächten etwa ein Jahr Zeit gegeben, um den deutschen Rüstungsvorsprung aufzuholen. Dieses Argument wird von den Tatsachen widerlegt. Alle seriösen westlichen Militärhistoriker haben bestätigt, was Churchill schrieb: »Das durch München angeblich ›gewonnene‹ Jahr Atempause brachte England und Frankreich gegenüber Hitler-Deutschland in eine viel ungünstigere [militärische] Lage, als sie zur Zeit der Münchener Krise bestanden hat[87].« Wie wir sehen werden, beweisen dies alle militärischen Berechnungen, die die Deutschen ein Jahr später anstellten. Die späteren Ereignisse beseitigen sowieso jedweden Zweifel.

Rückblickend und in Kenntnis all dessen, was wir heute aus den erbeuteten deutschen Dokumenten und den Aussagen der Deutschen selbst nach dem Kriege erfahren haben, läßt sich heute folgende, zur Zeit Münchens noch unmögliche Zusammenfassung geben: Deutschland war am 1. Oktober 1938 nicht in der Lage, gleichzeitig gegen die Tschechoslowakei *und* Frankreich und England Krieg zu führen, von Rußland ganz zu schweigen. Es wäre leicht und rasch geschlagen worden, und dies wäre das Ende Hitlers und des Dritten Reiches gewesen. Wäre ein europäischer Krieg im letzten Augenblick durch Eingreifen der deutschen Armeeführung vermieden worden, hätten Halder, Witzleben und ihre Mitverschworenen wahrscheinlich ihren Plan, Hitler zu verhaften, sobald er den endgültigen Befehl zum Angriff auf die Tschechoslowakei gäbe, ausgeführt und ihn gestürzt.

Mit seiner Großsprecherei, er werde am 1. Oktober »auf jeden Fall« ins Sudetenland einmarschieren, hatte Hitler sich übernommen. Er befand sich, wie General Beck vorausgesehen hatte, in einer »unhaltbaren Lage«. Zurückzustecken wäre für ihn nach all seinen kategorischen Drohungen und Erklärungen äußerst schwierig, wenn nicht unmöglich gewesen. Hätte er es versucht, so wäre er kaum noch sehr lange Diktator geblieben, denn der Prestigeverlust bei den europäischen Ländern, bei seinem eigenen Volk und vor allem bei seinen Generalen wäre höchstwahrscheinlich verhängnisvoll für ihn gewesen.

Chamberlains stures, fanatisches Beharren, Hitler zu geben, was er begehrte, seine Flüge nach Berchtesgaden und Godesberg und schließlich die schicksalhafte Reise nach München bewahrten Hitler davor, zurückstecken zu müssen, ja sie stärkten seine Position in Europa, in Deutschland und in der deutschen Armee in weit größerem Maße, als man es sich ein paar Wochen vorher hätte vorstellen können. Sie bedeuteten auch eine unermeßliche Stärkung der Macht des Dritten Reiches gegenüber den Westmächten und der Sowjetunion.

Für Frankreich war München eine Katastrophe. Es ist nicht zu fassen, daß man dies in Paris nicht vollauf erkannte. Frankreichs militärische Stellung in Europa wurde zerschlagen. Da es für den Fall einer deutschen Vollmobilmachung auf Grund seiner Bevölkerungszahl niemals eine Armee auf die Beine stellen konnte, die der deutschen annähernd gleich kommen würde, und da seine Rüstungskapazität geringer als die deutsche war, hatte Frankreich in mühseliger Arbeit seine Bündnisse mit den auf der anderen Seite Deutschlands – und Italiens – liegenden kleineren Mächten im Osten ausausgebaut: mit der Tschechoslowakei, Polen, Jugoslawien und Rumänien, die zusammen das militärische Potential einer Großmacht darstellten. Insofern war der Ausfall von 35 gut ausgebildeten, gut ausgerüsteten tschechischen Divisionen, die in ihren starken Gebirgsbefestigungen eine noch größere deutsche Streitmacht hätten binden können, eine Verstümmelung auch der französischen Armee. Aber das war nicht alles. Wie sollten– nach München – die übrigen osteuropäischen Verbündeten Frankreichs seinem schriftlich gegebenen Wort noch irgendwelchen Glauben schenken können? Welchen Wert hatte jetzt noch ein Bündnis mit Frankreich? In Warschau, Bukarest und Belgrad lautete die Antwort: nicht viel. Und so riß man sich in diesen Hauptstädten darum, mit dem deutschen Eroberer das bestmögliche Abkommen auszuhandeln, solange noch Zeit war.

Und in Moskau regte man sich ebenfalls, wenn man sich auch nicht gerade die Beine ausriß. Obwohl die Sowjetunion sowohl mit der Tschechoslowakei wie mit Frankreich verbündet war, hatte die französische Regierung gegen den Ausschluß Rußlands von München keine Einwände erhoben. Dieses Übergangenwerden sollte Stalin nicht vergessen, es sollte die Westmächte in den kommenden Monaten teuer zu stehen kommen. Am 3. Oktober, vier Tage nach München, wies der deutsche Botschaftsrat in Moskau, Werner von Tippelskirch, Berlin auf die »Auswirkungen« des Münchener Abkommens auf die sowjetische Politik hin. Er glaube, »daß Stalin ... Schlußfolgerungen ziehen wird«, und er sei überzeugt, daß die Sowjetunion »ihre Außenpolitik wird überprüfen müssen«. Sie werde ihren Bundesgenossen Frankreich weniger freundlich behandeln und »eine positivere Einstellung« gegenüber Deutschland an den Tag legen. Der deutsche Diplomat glaubte denn auch, »daß die gegenwärtigen Umstände für ein neues, größeres deutsches Wirtschaftsabkommen mit der Sowjetunion günstige Möglichkeiten bieten[88]«. Hier finden wir in den deutschen Geheimarchiven den ersten Hinweis, daß der Wind über Berlin und Moskau umzuschlagen begann. In Jahresfrist sollte er mächtig anschwellen.

Hitler war trotz seines schwindelerregenden Sieges und der Demütigung, die er nicht allein der Tschechoslowakei, sondern auch den Westmächten zugefügt hatte, von den Münchener Ergebnissen enttäuscht. Als er nach Berlin zurückkehrte, hörte Schacht zufällig, wie er seiner SS-Leibwache ärgerlich zurief: »Dieser Kerl [Chamberlain] hat mir meinen Einzug in Prag verdorben[89]!« Das war es, was er in Wirklichkeit während der ganzen Zeit gewollt hatte, was er auch seinen Generalen gegenüber seit der berühmten Besprechung vom 5. November 1937 immer wieder bekannt hatte. Die Einverleibung Österreichs und der Tschechoslowakei, hatte er ihnen erklärt, sei lediglich die Einleitung »der Gewinnung eines größeren Lebensraumes« im Osten und einer militärischen Abrechnung mit Frankreich im Westen. Am 20. September hatte er dem ungarischen Ministerpräsidenten gesagt, »es wäre das beste, die Tschechoslowakei zu zerschlagen«. Das »sei die einzig befriedigende Lösung«. Es bestehe lediglich die »Gefahr«, daß die Tschechen auf alle seine Forderungen eingingen[90].

Doch nun war Chamberlain mit seinem allbekannten Regenschirm nach München gekommen, hatte die Tschechen gezwungen, alle Forderungen Hitlers anzunehmen und ihm damit einen Strich durch seine militärischen Eroberungen gemacht. Daß Hitler im Anschluß an München solchen Gedanken nachhing, geht aus den Akten hervor. Am 23. November 1939 sagte er zu den Oberbefehlshabern: »Vom ersten Augenblick an war mir klar, daß ich mich nicht mit dem sudetendeutschen Gebiet begnügen könnte. Das war nur eine Teillösung[91].«

Schon wenige Tage nach München befaßte sich der deutsche Diktator mit Plänen zur Erreichung der Gesamtlösung.

XIII

Die Tschechoslowakei hört auf zu existieren

Zehn Tage nach Unterzeichnung des Münchner Abkommens – noch vor Abschluß der friedlichen militärischen Besetzung des Sudetenlandes – legte Adolf Hitler dem Chef des OKW, General Keitel, in einer streng geheimen und dringenden Mitteilung folgende Fragen vor:

1. Welche Verstärkungen sind notwendig, um aus jetziger Lage heraus jeden tschechischen Widerstand in Böhmen und Mähren zu brechen?
2. Wieviel Zeit ist für die Umgruppierungen bzw. Heranführen der neuen Kräfte notwendig?
3. Wieviel Zeit ist für denselben Zweck erforderlich, wenn er nach Durchführung der beabsichtigten Demobilmachungs- und Rückführungsmaßnahmen erfolgt?
4. Wieviel Zeit ist notwendig, um im Westen den Bereitschaftszustand vom 1. 10. wiederherzustellen[1]*?*

Keitel gab Hitler am 11. Oktober in einem Telegramm detaillierte Antworten. Weder große Verstärkungen noch viel Zeit seien erforderlich. Im Sudetenland stünden bereits 24 Divisionen, darunter drei Panzer- und vier motorisierte Divisionen. »OKW hält Beginn der Operation bei derzeitigen Schwächeerscheinungen tschechischer Widerstandskraft ohne diese Verstärkungen für durchführbar[2].«
Nachdem er sich auf diese Weise vergewissert hatte, gab Hitler zehn Tage später seine Überlegungen den Oberbefehlshabern bekannt:

Geheime Kommandosache. *Berlin, den 21. 10. 1938*
Die künftigen Aufgaben der Wehrmacht und die sich daraus ergebenden Vorbereitungen für die Kriegsführung werde ich später in einer Weisung niederlegen.
Bis zum Inkrafttreten dieser Weisung muß die Wehrmacht jederzeit auf folgende Fälle vorbereitet sein:
1. Sicherung der Grenzen des deutschen Reiches . . .,
2. Erledigung der Rest-Tschechei,
3. Inbesitznahme des Memellandes.

Den Ostseehafen Memel hatte Deutschland nach dem Versailler Vertrag an Litauen abtreten müssen. Da Litauen ein kleineres und schwächeres Land als Österreich oder die Tschechoslowakei war, bildete die Einnahme des Memellandes kein Problem für die Wehrmacht, so daß Hitler in seinem Geheimbefehl nur von »Inbesitznahme« sprach. Doch hinsichtlich der Tschechoslowakei hieß es:

Es muß möglich sein, die Rest-Tschechei jederzeit zerschlagen zu können, wenn sie etwa eine deutsch-feindliche Politik betreiben würde.
Die hierfür von der Wehrmacht zu treffenden Vorbereitungen werden ihrem Umfang nach erheblich geringer sein als s. Zt. für »Grün«; sie müssen dafür aber, unter Verzicht auf planmäßige Mobilmachungsmaßnahmen, eine ständige und wesentlich höhere Bereitschaft gewährleisten. Organisation, Gliederung und Bereitschaftsgrad der dafür vorgesehenen Verbände sind schon im Frieden derart auf Überfall abzustellen, daß der Tschechei selbst jede Möglichkeit planmäßiger Gegenwehr genommen wird. Das Ziel ist die rasche Besetzung der Tschechei und die Abriegelung gegen die Slowakei[3].

Die Slowakei ließ sich natürlich auch mit Hilfe politischer Mittel »abriegeln«, was den Einsatz deutscher Truppen überflüssig machen würde. Zu diesem Zweck wurde das Auswärtige Amt eingeschaltet. Während der ersten Oktobertage bestürmten Ribbentrop und seine Mitarbeiter die Ungarn, auf ihren Anteil an der Beute in der Slowakei zu drängen. Doch als die Ungarn, deren gieriger Appetit kaum angereizt zu werden brauchte, von der direkten Übernahme der Slowakei sprachen, schob ihnen die Wilhelmstraße einen Riegel vor. Sie hatte mit diesem Lande ewas anderes vor. Unmittelbar nach München hatte die Prager Regierung der Slowakei bereits weitgehende Autonomie gewährt. Das deutsche Auswärtige Amt riet den Slowaken, diese Lösung vorläufig zu »dulden«. Was jedoch die Deutschen für später im Sinne hatten, faßte Dr. Ernst Woermann, Leiter der Politischen Abteilung des Auswärtigen Amtes, in einer Denkschrift vom 7. Oktober zusammen: »Eine selbständige Slowakei würde ein schwaches Staatsgebilde sein und daher dem deutschen Bedürfnis nach Vordringen und Siedlungsraum im Osten am ehesten Vorschub leisten[4].«
Hiermit stand das Dritte Reich vor einem neuen Wendepunkt. Denn zum erstenmal wandte sich nun Hitler der Eroberung nichtgermanischer Länder zu. Während der vergangenen sechs Wochen hatte er Chamberlain privatim und öffentlich immer wieder versichert, das Sudetenland bilde seine letzte Territorialforderung in Europa. Und wenn auch Chamberlains Leichtgläubigkeit in bezug auf Hitlers Worte beinahe unfaßlich war, so hatte er doch einigen Grund anzunehmen, daß der deutsche Diktator haltmachen werde, sobald er die vorher außerhalb der Reichsgrenzen lebenden Deutschen geschluckt hatte. Hatte Hitler nicht wiederholt gesagt, er wolle keine Tschechen im Dritten Reich? Hatte er nicht in *Mein Kampf* und in zahllosen Reden immer wieder die Nazilehre verkündet, daß Deutschland, um stark zu sein, rassisch rein bleiben müsse und daher keine fremden Völker, insbesondere keine Slawen, aufnehmen dürfe? Gewiß, das hatte er gesagt. Aber ebenso hatte er – was man wohl in London vergaß – auf vielen schwülstigen Seiten in *Mein Kampf* gepredigt, Deutschlands Zukunft liege in der Gewinnung von Lebensraum im Osten. Und dort lebten seit Hunderten von Jahren die Slawen.

DIE KRISTALLNACHT

Im Herbst 1938 erreichte Deutschland noch einen anderen Wendepunkt durch die sogenannte Kristallnacht.

Am 7. November hatte ein deutschjüdischer Flüchtling mit Namen Herschel Grynszpan in Paris einen Sekretär der deutschen Botschaft, Ernst vom Rath, niedergeschossen. Der Vater des jungen Mannes war kurz vorher mit 10 000 anderen Juden in Güterwagen nach Polen abgeschoben worden. Um dafür wie überhaupt für die Judenverfolgung in Deutschland Rache zu nehmen, war Grynszpan zur deutschen Botschaft gegangen in der Absicht, den Botschafter Johannes von Welczeck zu töten. Doch er wurde von dem jungen Botschaftssekretär empfangen und schoß ihn nieder. Raths Tod entbehrt nicht der Tragik, denn wegen seiner antinazistischen Einstellung war Rath von der Gestapo beschattet worden; jedenfalls hatte er niemals die antisemitischen Verirrungen der Nationalsozialisten geteilt.

In der Nacht vom 9. zum 10. November, kurz nach Abschluß der alljährlichen Feier zum Gedenken an den *Bürgerbräu*-Putsch, setzte der schlimmste Pogrom ein, der bis dahin im Dritten Reich stattgefunden hatte. Goebbels und die von ihm kontrollierte deutsche Presse nannten es »die spontane Reaktion des deutschen Volkes« auf den Pariser Mord. Doch wie wenig »spontan« die Reaktion war, zeigen Dokumente, die nach dem Krieg ans Licht kamen[5]. Sie gehören zu den aufschlußreichsten – und grausigsten – Geheimakten der Vorkriegszeit im nationalsozialistischen Deutschland.

Laut Geheimbericht von Major Walter Buch, Leiter des Obersten Parteigerichts, gab Dr. Goebbels am Abend des 9. November Anweisung, im Lauf der Nacht »spontane Kundgebungen ... zu organisieren und durchzuführen«. Aber der eigentliche Organisator war Reinhard Heydrich, nach Himmler der zweite Mann in der SS, der Chef des SD und der Gestapo. Seine während des Abends über Fernschreiber gegebenen Befehle befinden sich unter den erbeuteten deutschen Akten.

Nachts um 1.20 Uhr ging ein dringendes Fernschreiben an alle Stellen der Staatspolizei und des Sicherheitsdienstes mit der Anweisung, zusammen mit Partei- und SS-Führern »die Durchführung der Demonstrationen zu besprechen«.

a) Es dürfen nur solche Maßnahmen getroffen werden, die keine Gefährdung deutschen Lebens oder Eigentums mit sich bringen (z. B. Synagogenbrände nur, wenn keine Brandgefahr für die Umgebung vorhanden ist),

b) Geschäfte und Wohnungen von Juden dürfen nur zerstört, nicht geplündert werden ...

d) ... 2) ... sind die stattfindenden Demonstrationen von der Polizei nicht zu verhindern ...

5) ... sind ... so viele Juden – insbesondere wohlhabende – festzunehmen, als in den vorhandenen Hafträumen untergebracht werden können ...

Nach Durchführung der Festnahme ist unverzüglich mit den zuständigen Konzen-

trationslagern wegen schnellster Unterbringung der Juden in den Lagern Verbindung aufzunehmen ...

Es war eine Schreckensnacht in ganz Deutschland. Synagogen, jüdische Wohnungen und Geschäfte gingen in Flammen auf, zahlreiche Juden, Männer, Frauen und Kinder, wurden erschossen oder sonstwie umgebracht, wenn sie versuchten, den tödlichen Flammen zu entkommen. Heydrich erstattete am folgenden Tag, dem 11. November, Göring vorläufigen Bericht:

Der Umfang der Zerstörungen jüdischer Geschäfte und Wohnungen läßt sich bisher ziffernmäßig noch nicht belegen ... 815 zerstörte Geschäfte, ... 171 in Brand gesetzte oder zerstörte Wohnhäuser geben, soweit es sich nicht um Brandlegungen handelt, nur einen Teil der wirklich vorliegenden Zerstörungen wieder ... An Synagogen wurden 191 in Brand gesteckt, weitere 76 vollständig demoliert ... Festgenommen wurden rund 20 000 Juden ... An Todesfällen wurden 36, an Schwerverletzten ebenfalls 36 gemeldet. Die Getöteten bzw. Verletzten sind Juden ...

Die endgültige Zahl der in jener Nacht ermordeten Juden wird um ein Vielfaches höher geschätzt. Heydrich selbst gab am Tage nach seinem vorläufigen Bericht die Zahl der zerstörten jüdischen Geschäfte mit 7500 an. In einigen Fällen kam es auch zu Vergewaltigungen, die das Oberste Parteigericht für schlimmer erachtete als Mord, da sie gegen die Nürnberger Rassengesetze verstießen. Wer lediglich einen Juden ermordet hat, »kann dafür nicht bestraft werden«, heißt es in Major Buchs Bericht, denn er habe ja nur Befehle ausgeführt. In einem Punkte war der Bericht ganz unverblümt: »Die Öffentlichkeit weiß bis auf den letzten Mann, daß politische Aktionen wie die des 9. November von der Partei organisiert und durchgeführt sind, ob dies zugegeben wird oder nicht[6].«

Nicht allein Mord, Brandstiftung und Plünderung hatten die an der Ermordung vom Raths unschuldigen deutschen Juden zu erdulden. Sie mußten auch noch für den ihnen zugefügten materiellen Schaden selber aufkommen. Die ihnen zustehenden Versicherungsgelder wurden vom Staat beschlagnahmt. Außerdem wurde ihnen – für »ihre ruchlosen Verbrechen«, wie Göring sagte – eine kollektive Geldstrafe in Höhe von einer Milliarde Mark auferlegt. Die Festsetzung dieser zusätzlichen Strafen erfolgte in einer grotesken Sitzung, von deren stenographischem Protokoll noch ein Teil erhalten ist. Sie fand am 12. November unter Vorsitz Görings und im Beisein mehrerer Minister und hoher Beamter statt.

Eine Reihe von Versicherungsgesellschaften hätte Konkurs anmelden müssen, wenn sie für die Schäden hätte aufkommen sollen. Allein die zerstörten Schaufenster- und Fensterscheiben machten einen Schaden von etwa fünf Millionen Mark aus, wie Herr Hilgard, Sprecher der Versicherungsgesellschaften, Göring darlegte; und der größte Teil des zu ersetzenden Glases hätte für in Deutschland sehr knappe Devisen aus dem Ausland eingeführt werden müssen.

»So kann das nicht weitergehen«, rief Göring, außer seinen anderen Ämtern Bevollmächtigter für die deutsche Wirtschaft. »Das halten wir gar nicht aus. Unmöglich!« Er wandte sich an Heydrich: »Mir wäre lieber gewesen, ihr hättet 200 Juden erschlagen und hättet nicht solche Werte vernichtet[7]!«

»Fünfunddreißig Tote sind es«, entgegnete Heydrich zu seiner Verteidigung.

In so tödlichem Ernst verlief indes nicht die ganze Besprechung. Göring und Goebbels machten sich einen Spaß daraus, zu überlegen, wie man die Juden noch mehr demütigen könne. Goebbels schlug vor, die Trümmerbeseitigung und Einebnung der Synagogen von den Juden selbst vornehmen zu lassen und die freiwerdenden Grundstücke in Parkplätze zu verwandeln. Er wollte die Juden überall ausschließen, von Schulen, Theatern, Kinos, Kurorten, Strandbädern, Parks und sogar aus deutschen Wäldern. Er empfahl besondere Eisenbahnabteile für Juden.

»Und wenn der Zug überfüllt ist«, fiel Göring ein, »dann wird [der Jude] herausgeschmissen, und wenn er allein auf dem Lokus sitzt während der ganzen Fahrt.«

Als Goebbels allen Ernstes forderte, den Juden das Betreten der Wälder zu verbieten, erwiderte Göring: »Also, wir werden den Juden einen gewissen Waldteil zur Verfügung stellen und ... dafür sorgen, daß die verschiedenen Tiere, die den Juden so verdammt ähnlich sehen – der Elch hat ja so eine gebogene Nase – dahin kommen und sich da einbürgern.«

Aber recht brenzlig war die Frage, wer für den durch den vom Staat angestifteten und organisierten Pogrom verursachten Schaden in Höhe von 25 Millionen Mark zu zahlen hatte. Sie war besonders brenzlig für Göring, der für Deutschlands wirtschaftliches Wohlergehen verantwortlich war. Im Namen der Versicherungsgesellschaften erklärte Hilgard, bei Nichtauszahlung der Versicherungsgelder an die Juden werde das Vertrauen der Menschen im In- und Ausland zu dem deutschen Assekuranzwesen erschüttert werden. Andererseits sehe er nicht, wie die kleineren Gesellschaften, ohne bankrott zu machen, die Beträge auszahlen könnten.

Göring löste dieses Problem im Handumdrehen: Die Versicherungsgesellschaften hätten die Juden voll auszuzahlen, aber die Beträge würden vom Staat beschlagnahmt und ein Teil davon als Entschädigung für Verluste den Gesellschaften zurückerstattet werden. Damit gab sich Hilgard indes nicht zufrieden. Nach dem Sitzungsprotokoll zu schließen, muß er das Gefühl gehabt haben, in eine Schar von Irren geraten zu sein.

GÖRING: *Der Jude muß den Schaden anmelden. Er kriegt die Versicherung, aber die wird beschlagnahmt. Es bleibt also im Endeffekt immerhin doch noch insofern ein Verdienst für die Versicherungsgesellschaften, als sie einige Schäden nicht auszuzahlen brauchen. – Herr Hilgard, Sie können schmunzeln!*

HILGARD: *Ich habe gar keinen Grund [dazu], wenn das ein Verdienst genannt wird, daß wir einen Schaden nicht zu zahlen brauchen.*

Solch eine Sprache war der Feldmarschall nicht gewöhnt, und er brachte den bestürzten Geschäftsmann bald zum Schweigen.

GÖRING: *Erlauben Sie einmal! Wenn Sie juristisch verpflichtet sind, fünf Millionen zu zahlen, und auf einmal kommt Ihnen hier ein Engel in meiner etwas korpulenten Form und sagt Ihnen: Eine Million können Sie behalten, zum Donnerwetter noch einmal, ist das kein Verdienst? Ich müßte direkt Kippe mit euch machen, oder wie nennt man das sonst. – Ich merke es am besten an Ihnen selbst. Ihr ganzer Körper schmunzelt. Sie haben einen großen Rebbes gemacht.*

Der Versicherungsmann begriff das nicht recht.

HILGARD: *Infolgedessen ist sie [die Versicherungsgesellschaft] der endgültig Geschädigte. Das ist so und bleibt so. Das wird mir niemand abstreiten.*

GÖRING: *Dann sorgen Sie gefälligst dafür, daß nicht so viele Fensterscheiben eingeschmissen werden!*

Göring hatte genug von diesem korrekten Geschäftsmann. Hilgard durfte gehen und verschwand in der Rumpelkammer der Geschichte.

Ein Vertreter des Auswärtigen Amtes wagte darauf hinzuweisen, daß man bei weiteren Maßnahmen gegen die Juden auf die öffentliche Meinung Amerikas Rücksicht nehmen müsse[8]. Woraufhin Göring losbrüllte: »Dieser Lumpenstaat... Räuberstaaten!«

Nach längerer Diskussion wurde beschlossen, das Judenproblem auf folgende Art zu lösen: Ausschaltung der Juden aus dem deutschen Wirtschaftsleben; Übertragung aller jüdischen Geschäftsunternehmen und allen jüdischen Besitzes, eingeschlossen Juwelen und Kunstgegenstände, in arische Hände gegen Teilentschädigung in Form von Schuldscheinen, für die die Juden zwar Zinsen erhalten sollten, die sie aber nicht sollten veräußern können. Die Angelegenheit des Ausschlusses von Juden aus Schulen, Kurorten, Parks usw. sowie die Frage, ob man sie nach Beraubung ihres gesamten Besitzes ins Ausland abschieben oder in ein deutsches Ghetto stecken solle, wo sie zur Zwangsarbeit herangezogen werden könnten, wurden einem Ausschuß zur weiteren Behandlung überlassen.

Gegen Schluß der Sitzung meinte Heydrich: »Bei allem Herausnehmen des Juden aus dem Wirtschaftsleben bleibt das Grundproblem letzten Endes doch immer, daß der Jude aus Deutschland herauskommt.« Und Finanzminister Graf Schwerin von Krosigk, ehemals Rhodes-Stipendiat*, der von sich behauptete, er verträte in der NS-Regierung das »traditionelle, anständige Deutschland«, pflichtete bei: »Wir müssen alles versuchen, im Wege eines zusätzlichen Exportes die Juden herauszubringen ins Ausland.« In bezug auf die Ghettos wandte er schüchtern ein: »Ich stelle mir den Zwang zum Ghetto auch nicht gerade als angenehme Aussicht vor.«

Um 14.30 Uhr, nach fast vierstündiger Beratung, hob Göring die Sitzung mit den Worten auf:

Ich werde den Wortlaut wählen, daß die deutschen Juden in ihrer Gesamtheit als

* Anm. d. Übersetzers: Die Rhodes-Stiftung gewährte Stipendien für Studenten aus den britischen Dominien, den USA und Deutschland.

Strafe für die ruchlosen Verbrechen usw. usw. eine Kontribution von einer Milliarde Mark auferlegt bekommen. Das wird hinhauen. Die Schweine werden einen zweiten Mord so schnell nicht machen. Im übrigen muß ich noch einmal feststellen: ich möchte kein Jude in Deutschland sein[9].

Den Juden sollte in gar nicht so langer Zeit noch viel Schlimmeres von diesem Mann und diesem Staat und seinem Führer auferlegt werden. Mit der Kristallnacht vom 9. November 1938 hatte das Dritte Reich einen dunklen Weg eingeschlagen, auf dem es keine Umkehr gab. Zwar waren schon vorher viele Juden mißhandelt und ausgeraubt worden, aber größtenteils von sadistischen oder habgierigen Braunhemden, bei deren Verbrechen die Behörden die Augen zugedrückt hatten. Nun jedoch war es die deutsche Regierung selbst, die einen großen Pogrom organisiert und durchgeführt hatte. Die Morde, die Plünderung, das Anzünden von Gotteshäusern und Wohnungen und Läden in der Nacht vom 9. November waren ebenso ihr Werk wie die im Reichsgesetzblatt veröffentlichten Verordnungen, denen zufolge der Gesamtheit der deutschen Juden eine Kontribution von einer Milliarde Mark auferlegt wurde, die Juden aus dem deutschen Wirtschaftsleben ausgeschlossen, ihres letzten Besitzes beraubt und Schlimmerem als dem Ghetto entgegengetrieben wurden.

Die Welt war entsetzt und empört über solche Barbarei einer Nation, die sich einer jahrhundertealten christlichen und humanistischen Kultur rühmen konnte. Hitler hingegen tobte über die Reaktion der Weltöffentlichkeit und redete sich ein, sie sei lediglich ein Beweis für Macht und Umfang der »jüdischen Weltverschwörung«.

Rückblickend läßt sich leicht erkennen, daß die nach dem 9. November gegen die Juden getroffenen brutalen Maßnahmen Vorzeichen einer verhängnisvollen Schwächung waren, die schließlich den Diktator, sein Regime und sein Volk zum Untergang führen mußte. Viele Seiten dieses Buches sind durchsetzt mit Beweisen für Hitlers Größenwahn. Doch bisher war er in kritischen Phasen seines eigenen und des Aufstiegs seines Volkes gewöhnlich in der Lage gewesen, ihn zu zügeln. In solchen Augenblicken hatte er nicht nur kühn, sondern meist auch nach sorgfältigem Abwägen der Folgen gehandelt und damit einen Erfolg nach dem anderen errungen. Jetzt aber verlor Hitler, wie der 9. November und das Nachher deutlich zeigten, mehr und mehr seine Selbstbeherrschung. Nach und nach gewann sein Größenwahn die Oberhand. Das Protokoll der Göring-Sitzung vom 12. November offenbart, daß letzten Endes Hitler für die Vorgänge jener Novembernacht die Verantwortung trug; er war es, der sie genehmigte, der Göring drängte, die Ausschaltung der Juden aus dem deutschen Leben voranzutreiben. Von nun an sollte der absolute Herrscher des Dritten Reiches nur noch wenig von jener Zurückhaltung zeigen, die ihn vorher so oft gerettet hatte. Mochten auch seine und die Gaben seines Volkes noch weitere verblüffende Erfolge einbringen, so waren doch hier für den Diktator und sein Land die giftigen Samen schließlicher Selbstvernichtung gesät worden.

Von dem Geist des Münchener Treffens war bald nichts mehr zu spüren. In Saarbrücken, Weimar und München hielt Hitler drohende Reden, in denen er sich vor allem gegen die Engländer wandte: Sie sollten sich um ihre eigenen Angelegenheiten kümmern und nicht um »das Schicksal von Deutschen oder von Reichsangehörigen innerhalb der Grenzen des Reichs«. So konnte es nicht lange dauern, bis sogar Neville Chamberlain ein Licht über das wahre Wesen der deutschen Regierung aufging. Als das ereignisreiche Jahr 1938 dem unheilvollen Jahr 1939 wich, bekam Chamberlain allmählich Kenntnis davon, was Hitler, um den er sich im Interesse des europäischen Friedens persönlich so sehr bemüht hatte, hinter den Kulissen trieb [10].

Nicht lange nach der Münchener Konferenz reiste Ribbentrop nach Rom. Sein Sinn stand nach Krieg, wie Ciano am 28. Oktober in sein Tagebuch schrieb.

Der Führer ist überzeugt [sagte der deutsche Außenminister zu Mussolini und Ciano], daß im Laufe einiger Jahre, vielleicht in drei oder vier Jahren, ein Krieg mit den westlichen Demokratien unvermeidlich ist. ... Die Tschechenkrise hat uns gezeigt, wie mächtig wir sind! Wir haben den Vorteil der Initiative und beherrschen die Situation. Wir können nicht angegriffen werden. Die militärische Lage ist ausgezeichnet; ab September (1939) können wir einem Krieg mit den großen Demokratien ruhig ins Auge sehen [11].

Ribbentrop erschien dem jungen italienischen Außenminister als »eitel, frivol und geschwätzig«; er fügte in seiner Schilderung hinzu: »Der Duce sagte, man brauche sich nur seinen Kopf anzusehen, um zu erkennen, daß er ein Spatzengehirn hat.« Der deutsche Außenminister war nach Rom gekommen, um Mussolini zur Unterzeichnung eines Militärbündnisses zwischen Deutschland, Japan und Italien zu bewegen. Einen Entwurf hatte er den Italienern schon in München überreicht, aber Mussolini versuchte Zeit zu gewinnen. Er konnte sich noch nicht entschließen, wie Ciano notierte, vor England und Frankreich die Tür zuzuschlagen.
Hitler selbst spielte in jenem Herbst mit dem Gedanken, einen Versuch zur Loslösung Frankreichs von seinem englischen Verbündeten zu unternehmen. Als er am 18. Oktober hoch oben in seinem Adlerhorst über Berchtesgaden den französischen Botschafter François-Poncet zu einem Abschiedsbesuch empfing, ließ er einen scharfen Angriff auf Großbritannien vom Stapel. Dem Botschafter fiel auf, daß Hitler bleich und überanstrengt aussah, was ihn aber nicht hinderte, das perfide Albion zu schmähen. England halle »von Waffenlärm und Drohungen« wider, es sei selbstsüchtig und spiele den »Überlegenen«. Es seien die Engländer, die den Geist von München zu vernichten im Begriffe seien. Und so fort. Die Franzosen seien anders. Hitler sagte, er wünsche freundschaftlichere und engere Beziehungen mit ihnen. Zu diesem Zweck sei er bereit, unverzüglich einen Freundschaftspakt abzuschließen, durch den die gegenwärtigen Grenzen garantiert (und somit alle Ansprüche Deutschlands auf Elsaß-Lothringen fallengelassen) werden würden. Ferner schlug er vor, alle künftigen Differenzen in gemeinsamer Beratung zu regeln.

Der Pakt wurde denn auch am 6. Dezember 1938 in Paris von den Außenministern Frankreichs und Deutschlands unterzeichnet. Frankreich hatte sich inzwischen von der defätistischen Panikstimmung der Münchener Tage etwas erholt. Ich war zufällig am Tag der Unterzeichnung in Paris. Die frostige Atmosphäre war auffallend. Als Ribbentrop durch die Straßen fuhr, waren sie fast völlig menschenleer. Mehrere Kabinettsmitglieder und andere führende Persönlichkeiten der politischen und literarischen Welt in Frankreich, darunter Senatspräsident Jeanneney und Kammerpräsident Herriot, lehnten ab, an den Empfängen für den Besucher teilzunehmen.

Auf diese Zusammenkunft zwischen Bonnet und Ribbentrop ist ein Mißverständnis zurückzuführen, das später noch eine gewisse Rolle spielen sollte. Ribbentrop behauptete, Bonnet habe ihm versichert, daß Frankreich seit München an Osteuropa nicht mehr interessiert sei, was Ribbentrop so auslegte, daß die Franzosen Deutschland im Osten freie Hand lassen würden, insbesondere für die Rumpftschechoslowakei und für Polen. Doch Bonnet bestritt dies. Nach Dr. Schmidts Protokoll erklärte Bonnet in Beantwortung von Ribbentrops Forderung, Deutschlands Einflußsphäre im Osten müsse anerkannt werden, daß sich die Verhältnisse seit München grundsätzlich geändert hätten[12]. Aus dieser zweideutigen Bemerkung entstand unter Ribbentrops Händen die an Hitler geleitete Erklärung, Bonnet habe sich in Paris an Ostfragen desinteressiert gezeigt. Davon war Hitler seit Frankreichs Kapitulation in München ohnehin überzeugt. Nur stimmte es nicht so ganz.

DIE SLOWAKEI »ERHÄLT« IHRE »UNABHÄNGIGKEIT«

Wie stand es nun mit der deutschen Garantie für die restliche Tschechoslowakei, die Hitler in München feierlich versprochen hatte? Als Robert Coulondre, der neue französische Botschafter in Berlin, Weizsäcker am 21. Dezember 1938 danach fragte, erwiderte ihm der Staatssekretär, das Schicksal der Tschechoslowakei liege in der Hand Deutschlands; eine britisch-französische Garantie sei überflüssig. Hitler selbst hatte bereits am 14. Oktober dem neuen tschechischen Außenminister František Chvalkovsky, als dieser demütig gefragt hatte, ob Deutschland gemeinsam mit England und Frankreich die eingeschrumpften Grenzen seines Landes garantieren werde, höhnisch gesagt, »daß englische und französische Garantien genau ebenso wertlos seien wie der Bündnisvertrag mit Frankreich oder der Pakt mit Rußland und daß die einzig wirkliche Garantie diejenige Deutschlands sei[13]«.

Das Jahr ging zu Ende, und die Garantie war immer noch nicht da. Aus einem ganz einfachen Grund: Hitler dachte nicht daran, sie zu geben. Eine solche Garantie hätte seinen sofort nach München in Angriff genommenen Plänen widersprochen. Bald sollte es keine zu garantierende Tschechoslowakei mehr geben. Und der erste Schritt würde sein, die Slowakei zur Loslösung zu verführen.

Wenige Tage nach der Münchener Konferenz, am 16. oder 17. Oktober, hatte Göring zwei slowakische Politiker, Ferdinand Durcansky und Mach, sowie den Führer der deutschen Minderheit in der Slowakei, Franz Karmasin, empfangen. Durcansky, Stellvertretender Ministerpräsident der neuen autonomen Slowakei, versicherte Göring: »Die Slowaken wollen volle Selbständigkeit unter stärkster politischer, wirtschaftlicher, militärischer Anlehnung an Deutschland.« Eine gleichzeitige undatierte Aufzeichnung des Auswärtigen Amtes vom gleichen Tage enthält den Vermerk, Göring habe geäußert, das Selbständigkeitsbestreben der Slowaken müsse unterstützt werden: »Eine Tschechei ohne Slowakei ist uns noch mehr restlos ausgeliefert. Flughafenbasis in Slowakei für Luftwaffe im Einsatz gegen Osten sehr wichtig[14].«

Wir müssen uns hier bemühen, die miteinander verknüpften Fäden des deutschen Plans – Loslösung der Slowakei von Prag und militärische Besetzung von Böhmen und Mähren als Vorbereitung zur »Erledigung der Rest-Tschechei« – auseinanderzuhalten. Am 21. Oktober 1938 hatte Hitler, wie wir sahen, der Wehrmacht befohlen, sich für diese »Erledigung« bereitzuhalten. Am 17. Dezember erging von General Keitel ein »Nachtrag zur Weisung vom 21. 10. 38«.

Betr. »Erledigung der Resttschechei« hat der Führer noch folgendes befohlen:
Die Bearbeitung des Falles hat unter der Voraussetzung zu erfolgen, daß kein nennenswerter Widerstand zu erwarten ist.
Auch nach außen muß klar in Erscheinung treten, daß es sich nur um Befriedungsaktion und nicht um eine kriegerische Unternehmung handelt.
Deshalb darf die Aktion nur *mit der Friedenswehrmacht ohne Mob.-Verstärkungen durchgeführt werden . . .*[15].

Sosehr sich auch die neue prodeutsche Regierung der Tschechoslowakei bemühen mochte, Hitler zu gefallen, sie mußte doch Anfang des Jahres erkennen, daß für das Land die Schicksalsstunde bereits geschlagen hatte. Kurz vor Weihnachten 1938 hatte das tschechische Kabinett Hitler zuliebe die kommunistische Partei aufgelöst und alle jüdischen Lehrer an deutschen Schulen entlassen. Am 12. Januar 1939 betonte Außenminister Chvalkovsky in einer Botschaft an das deutsche Auswärtige Amt, seine Regierung »werde bestrebt sein, durch weitgehende Erfüllung deutscher Wünsche ihre Loyalität und guten Willen zu beweisen«. Am gleichen Tag machte er den deutschen Geschäftsträger in Prag auf die Gerüchte aufmerksam, »daß Einverleibung Tschechoslowakei in Reich kurz bevorstehe[16]«.

Chvalkovsky setzte schließlich durch, daß er von Hitler am 21. Januar in Berlin empfangen wurde; er wollte feststellen, was noch zu retten sei. Es war eine peinliche Szene. Der tschechische Außenminister kroch förmlich vor dem mächtigen deutschen Diktator, der ihn abkanzelte. Die Tschechoslowakei, sagte Hitler, sei »durch das Maßhalten Deutschlands« vor der Katastrophe bewahrt worden. Dennoch sei er zur »Vernichtung der Tschechoslowakei« entschlossen, wenn die Tschechen nicht einen anderen Geist zeigten. »Jegliche Argumentation über eine geschichtliche Entwicklung sei ein gymnasiastischer Unsinn«; sie hätten zu tun, was die Deutschen verlangten. Vor allem müsse die Tschechoslowakei aus dem Völkerbund austreten, ihre Armee drastisch reduzieren – »da sie doch keine Rolle spiele« –, sich dem Antikominternpakt anschließen, sich in ihrer Außenpolitik von Deutschland lenken lassen, mit Deutschland ein Handelsabkommen auf der Basis der Meistbegünstigung abschließen, Deutschland vor Errichtung neuer Industriewerke um Genehmigung bitten[17], alle dem Reich nicht freundlich gesinnten Beamten und Redakteure entlassen und schließlich die Juden ächten, so wie es Deutschland mit den Nürnberger Gesetzen getan habe. Ribbentrop stellte Chvalkovsky am gleichen Tag weitere Forderungen und drohte mit »katastrophalen Auswirkungen« für den Fall, daß die Tschechen nicht unverzüglich taten, was ihnen befohlen wurde. Ribbentrop, ein »Radfahrer«, nach oben buckelnd, nach unten tretend, gebot Chvalkovsky, Engländern und Franzosen gegenüber nichts von den neuen deutschen Forderungen zu erwähnen, sondern sie schleunigst zu erfüllen[18].

Von irgendeiner deutschen Garantie der tschechischen Grenzen war keine Rede! Offenbar hatte man sich in Paris und London wenig Sorgen in dieser Hinsicht gemacht. Vier Monate waren seit München verstrichen, und immer noch nicht hatte Hitler sein Versprechen eingelöst, die britisch-französische Garantie durch eine deutsche zu ergänzen. Am 8. Februar schließlich wurde in Berlin eine englisch-französische Verbalnote des Inhalts überreicht, die beiden Regierungen »würden sich freuen, nunmehr die Ansichten der deutschen Regierung über die beste Art und Weise kennenzulernen, wie die in München erreichte Verständigung hinsichtlich der Garantie der Tschechoslowakei in die Tat umzusetzen sei[19]«.

Die deutsche Antwort erfolgte erst am 28. Februar, und sie war, wie aus den erbeuteten Akten des Auswärtigen Amtes hervorgeht, von Hitler selbst entworfen. In ihr hieß es, für eine deutsche Garantie sei die Zeit noch nicht gekommen. Deutschland werde »zunächst eine Klärung der innerstaatlichen Entwicklung der Tschecho-Slowakei« abwarten[20].

Hitler war bereits im Begriff, die »innerstaatliche Entwicklung« zu gestalten. Am 12. Februar empfing er in Berlin Dr. Voitech Tuka, den Führer der slowakischen nationalen Partei, der wegen einer langen Gefängnishaft die Tschechen haßte. Indem er Hitler – der deutschen Aufzeichnung zufolge – mit »Mein Führer« anredete, flehte er den deutschen Diktator an, die Slowakei frei und selbständig zu machen. »Ich lege das Schicksal meines Volkes in Ihre Hände, mein Führer, mein Volk erwartet seine völlige Befreiung von Ihnen.«

Hitlers Antwort war etwas ausweichend. Er sagte, er habe leider das slowakische Problem nicht erkannt. Wenn er gewußt hätte, daß die Slowaken selbständig sein wollten, hätte er sich in München danach gerichtet. Es sei »für ihn eine Beruhigung, wenn er wüßte, daß die Slowakei selbständig wäre ... Eine selbständige Slowakei könne er jederzeit garantieren, auch heute noch.« Das war auch eine Beruhigung für Professor Tuka. Nachher sagte er, »daß er ... diesen Tag als den größten seines Lebens bezeichnen möchte[21]«.

Nunmehr konnte der Vorhang vor dem nächsten Akt der tschechoslowakischen Tragödie aufgehen. Die Ironie des Schicksals wollte es, daß die Tschechen selbst das etwas verfrühte Aufziehen des Vorhangs veranlaßten. Anfang März 1939 waren sie in ein schreckliches Dilemma geraten. Die von der deutschen Regierung in der Slowakei und von den Ungarn in Ruthenien geschürte Aktivität der Separatisten hatte derartige Formen angenommen, daß die Tschechoslowakei, wenn diese Bewegungen nicht erstickt wurden, auseinanderfallen mußte. In diesem Falle war es so gut wie sicher, daß Hitler Prag besetzen würde. Wenn hingegen die Separatisten von der Zentralregierung niedergeschlagen wurden, dann war es nicht minder sicher, daß Hitler die sich ergebenden Unruhen ebenfalls als Vorwand zum Einmarsch in Prag benutzen würde.

Nach langem Zögern und nur, weil die Provokation unerträglich wurde, wählte die tschechische Regierung die zweite Alternative. Dr. Hacha, der Präsident der Tschechoslowakei, setzte am 6. März die autonome ruthenische Regierung und in der Nacht vom 9. zum 10. März die autonome slowakische Regierung ab. Am nächsten Tag ordnete er die Verhaftung von Josef Tiso, dem slowakischen Ministerpräsidenten, von Dr. Tuka und Durcansky an und verkündete den Ausnahmezustand für die Slowakei. Der einzige mutige Schritt dieser Berlin gegenüber so servilen Regierung wurde ihr alsbald zum Verhängnis.

Für Berlin kam das schnelle Vorgehen der Prager Regierung überraschend. Göring machte Ferien in San Remo, und Hitler stand im Begriff, zur Feier des ersten Jahrestages des Anschlusses nach Wien zu fahren. Aber nun begab sich der Meister des Improvisierens fieberhaft an die Arbeit. Am 11. März beschloß er, Böhmen und Mähren durch ein Ultimatum zu nehmen. Der Text des Ultimatums wurde auf Hitlers Anweisung noch am gleichen Tag von General Keitel entworfen und dem Auswärtigen Amt zugeleitet. Es forderte die Tschechen auf, einer militärischen Besetzung keinen Widerstand zu leisten[22]. Vorerst jedoch blieb es »Geheime Kommandosache«.

Für Hitler war es nun Zeit, die Slowakei zu »befreien«. Karol Sidor, der in Prag die autonome slowakische Regierung vertreten hatte, wurde von Präsident Hacha anstelle des abgesetzten Josef Tiso zum neuen Ministerpräsidenten ernannt. Am Samstag, dem 12. März, nach Preßburg zurückgekehrt, berief Sidor sein neues Kabinett zu einer Sitzung ein. Um 10 Uhr abends erfuhr die Sitzung eine Unterbrechung durch unerwartete Eindringlinge. Es waren Seyß-Inquart, Josef Bürckel, der Gauleiter von Österreich, und fünf deutsche Generale. Sie forderten die slowakischen Minister auf, unverzüglich die Unabhängigkeit der Slowakei auszurufen. Andernfalls werde Hitler, der entschlossen sei, die slowakische Frage ein für allemal zu lösen, am Schicksal der Slowakei desinteressiert sein[23].

Sidor, der nicht alle Verbindungen zu den Tschechen abbrechen wollte, suchte Zeit zu gewinnen. Doch am nächsten Morgen tauchte unvermutet Präsident Tiso wieder auf und verlangte die Einberufung einer Kabinettssitzung, obwohl er nicht mehr Ministerpräsident war. Sidor kam der Forderung nach, und Tiso teilte ihm in der Sitzung mit, er habe soeben ein Telegramm von Bürckel erhalten: Er, Tiso, solle sofort zum Führer nach Berlin kommen. Falls er der Aufforderung nicht Folge leiste, würden zwei deutsche Divisionen einmarschieren, und die Slowakei würde unter Deutschland und Ungarn aufgeteilt werden. Als Tiso am folgenden Morgen, dem 13. März, in Wien eintraf, wurde er von den Deutschen in ein Flugzeug nach Berlin gesetzt. Hitler hatte keine Zeit mehr zu verlieren.

Am Abend wurden Tiso und Durcansky von Hitler empfangen, der nicht nur Ribbentrop, sondern auch Brauchitsch und Keitel an seiner Seite hatte. Dank der Tatsache, daß das Protokoll dieser geheimen Unterredung nach dem Krieg aufgefunden wurde, ist es möglich zu verfolgen, wie Hitler sein Lügengewebe ausspann und mit gemeinen Drohungen arbeitete. Zweifellos rechnete er nicht damit, daß sie jemals der Öffentlichkeit bekannt werden würden[24].

»Die Tschechoslowakei«, sagte er, »habe nur Deutschland zu verdanken, daß sie nicht weiter verstümmelt worden wäre.« Das Reich habe sich »größter Zurückhaltung« befleißigt. Dennoch hätten dies die Tschechen nicht gewürdigt. »In den letzten Wochen seien die Verhältnisse unerträglich geworden. Der alte Geist Beneschs sei wieder lebendig.«

Auch die Slowaken hätten ihn enttäuscht. Sie hätten sich nach München von seinen Freunden, den Ungarn, »entfremdet«. Er habe geglaubt, die Slowakei wünsche ihre Selbständigkeit.

Er habe nun Minister Tiso herkommen lassen, um in ganz kurzer Frist *[Hervorhebung im Original] über diese Frage Klarheit zu haben ... Die Frage sei die: wolle die Slowakei ihr Eigenleben oder nicht ... Es handele sich nicht um Tage, sondern um Stunden. Er habe damals gesagt, daß, wenn die Slowakei sich selbständig machen wolle, er dieses Bestreben unterstützen, sogar garantieren würde ... Würde sie zögern oder sich nicht von Prag lösen wollen, so überlasse er das Schicksal der Slowakei den Ereignissen, für die er nicht mehr verantwortlich sei.*

In diesem Augenblick legte Ribbentrop, laut Protokoll, »dem Führer eine gerade hereingekommene Meldung vor, welche von ungarischen Truppenbewegungen an der slowakischen Grenze berichtete. Der Führer liest diese Meldung und erwähnt sie Tiso gegenüber und drückt die Hoffnung aus, daß sich die Slowakei bald klar entscheide.«

Tiso gab zur Antwort, man »möge entschuldigen, daß er unter dem Eindruck der Worte des Führers sich im Augenblick nicht klar ausdrücken oder gar eine Entscheidung fällen könne«. Aber die Slowaken »würden zeigen, daß sie der Fürsorge und des Interesses des Führers für ihr Land würdig seien«.

Das taten sie dann in einer Besprechung im Auswärtigen Amt, die bis tief in die Nacht andauerte. Nach der Nürnberger Aussage von Wilhelm Keppler, der in Preßburg, ebenso wie ein Jahr vorher in Wien, Hitlers Agent war, setzten die Deutschen zusammen mit Tiso ein Telegramm auf, das dieser gleich nach seiner Rückkehr nach Preßburg an den Führer abschicken sollte: Es verkündete die Unabhängigkeit der Slowakei und stellte den neuen Staat unter den Schutz Deutschlands. Das »Telegramm« erinnert stark an das ein Jahr zuvor von Göring diktierte, mit dem Seyß-Inquart Hitler um die Entsendung deutscher Truppen nach Österreich bitten sollte. Doch inzwischen hatte sich die »Telegramm«-Technik der Nazis perfektioniert. Das von Tiso getreulich am 16. März abgesandte Telegramm war erheblich kürzer, und Hitler erwiderte unverzüglich, es sei ihm eine Freude, den slowakischen Staat unter seinen Schutz zu nehmen.

In jener Nacht verfaßte Ribbentrop außerdem noch die slowakische »Unabhängigkeitserklärung«. Er ließ sie umgehend ins Slowakische übersetzen, damit Tiso sie nach Preßburg mitnehmen konnte. Dort verlas er sie – mit geringfügigen Abänderungen, wie ein deutscher Agent berichtete – am nächsten Tag, dem 14. März, vor dem Parlament. Die Versuche einiger Abgeordneten, die Proklamation zumindest zu diskutieren, wurden von Karmasin, dem Führer der deutschen Minderheit, im Keim erstickt: Jede Verzögerung der Unabhängigkeitserklärung, drohte er, werde den Einmarsch deutscher Truppen zur Folge haben.

So entstand am 14. März 1939 die »selbständige« Slowakei. Obwohl britische Diplomaten sich beeilten, London über deren Zustandekommen zu informieren, war Chamberlain nicht minder rasch bei der Hand, die »Abtrennung« der Slowakei als Vorwand für England zu benutzen, sich nicht mehr an das Garantieversprechen für die Tschechoslowakei zu halten, nachdem Hitler am Abend jenes 14. März das in München unvollendet Gebliebene vollendete.

Die Lebensuhr der tschechoslowakischen Republik Masaryks und Beneschs war abgelaufen. Und wiederum spielten die geplagten Politiker in Prag Hitler den Ball zu. Bestürzt bat der bejahrte Präsident Hacha um einen Empfang beim Führer[25]. Hitler willigte gnädig ein. Damit erhielt er Gelegenheit, einen der unverfrorensten Auftritte seiner ganzen Laufbahn zu inszenieren.

Man beachte, wie vorzüglich der Diktator schon vor Eintreffen des tschechischen Präsidenten am Nachmittag des 14. März die Bühne vorbereitet hatte. Nach den von ihm so geschickt zuwege gebrachten Unabhängigkeitserklärungen der Slowakei und Rutheniens verblieben Prag nur noch die tschechischen Kernlande Böhmen und Mähren. Damit hatte eigentlich die Tschechoslowakei, deren Grenzen von England und Frankreich garantiert worden waren, schon aufgehört zu existieren. Hitlers Partner von München, Chamberlain und Daladier, waren also praktisch bereits aus dem Spiel. Daß sie es hinnehmen würden, daran zweifelte er nicht – und er hatte recht. Denn sie waren nun der Verpflichtung zur Intervention enthoben. Aber um doppelt sicher zu gehen – und dafür zu sorgen, daß sein nächster Schritt, wenigstens auf dem Papier, den Anschein völkerrechtlicher Legalität habe – wollte er den senilen Hacha, der ja auf eigenes Ersuchen zu ihm kam, zur Annahme genau der Lösung zwingen, die er mit militärischer Gewalt zu erreichen gedacht hatte. Und dabei konnte er – der als einziger in Europa die neue Technik unblutiger Eroberungen beherrschte, wie Österreich und München gezeigt hatten – den Anschein erwecken, daß der Präsident der Tschechoslowakei offiziell um diese Lösung gebeten habe. Die spitzfindige Auslegung der »Legalität«, die er auf dem Weg zur Machtergreifung in Deutschland so vervollkommnet hatte, mußte nun für die Eroberung eines nichtdeutschen Landes herhalten.

Hitler hatte auch Vorkehrungen getroffen, um die Deutschen und andere Gutgläubige in Europa zu täuschen. Tagelang waren deutsche Provokateure bemüht gewesen, in verschiedenen tschechischen Städten, wie Prag, Brünn und Iglau, Unruhe zu stiften. Sie hatten damit zwar keinen großen Erfolg gehabt, denn die tschechische Polizei, so berichtete die deutsche Gesandtschaft in Prag, »hat Weisung, gegen Deutsche auch bei Provokation nicht einzuschreiten[26]«. Doch dieser Fehlschlag hinderte Dr. Goebbels nicht daran, erfundene Gewaltakte von tschechischer Seite in der deutschen Presse hochzuspielen. Wie der französische Botschafter nach Paris berichtete, waren es die gleichen Geschichten mit den gleichen Schlagzeilen, die Goebbels während der Sudetenkrise zusammengebraut hatte – angefangen bei der von tschechischen Bestien niedergeschlagenen schwangeren deutschen Frau bis zu dem allgemeinen »Blutbad«, das tschechische Barbaren unter wehrlosen Deutschen anrichteten.

So war die Lage, als Präsident Hacha und sein Außenminister Chvalkovsky am Abend des 15. März, 22.40 Uhr, mit dem Zug auf dem Anhalter Bahnhof in Berlin eintrafen. Wegen einer Herzschwäche hatte der Präsident nicht fliegen können.

DR. HACHAS OPFERGANG

Das deutsche protokollarische Zeremoniell war einwandfrei. Dem tschechischen Präsidenten wurden alle einem Staatsoberhaupt gebührenden offiziellen Ehren zuteil. Auf dem Bahnhof war eine Ehrenkompanie angetreten, und der deutsche Außenminister selbst empfing den Besucher und überreichte dessen Tochter einen prächtigen Blumenstrauß. In dem repräsentativen *Hotel Adlon*, wo für die Gäste die beste Suite reserviert war, fand Fräulein Hacha eine Bonbonniere vor – ein Geschenk Adolf Hitlers. Und als Hacha und Chvalkovsky die Reichskanzlei betraten, bildete eine SS-Wache Spalier.

Doch erst um 1.15 Uhr nachts ließ Hitler sie zu sich bitten. Hacha muß gewußt haben, was ihm bevorstand. Ehe sein Zug tschechischen Boden verließ, war ihm aus Prag mitgeteilt worden, daß deutsche Truppen bereits Mährisch-Ostrau, eine wichtige tschechische Industriestadt, besetzt hatten und entlang der böhmisch-mährischen Grenze aufmarschiert waren. Und als er jetzt zu später Nachtstunde Hitlers Arbeitszimmer betrat, bemerkte er neben Ribbentrop und Weizsäcker auch den eiligst aus San Remo zurückgerufenen Göring und General Keitel. Was ihm höchstwahrscheinlich entging, als er in die Höhle des Löwen trat, war die Anwesenheit von Hitlers Leibarzt Dr. Morell. Aber der Arzt war da, und zwar aus gutem Grund.

Das deutsche Protokoll von der Zusammenkunft vermittelt das Bild einer vom ersten Augenblick an erbärmlichen Szene. Der unglückliche Dr. Hacha, obwohl ein hochangesehener Richter beim Obersten Gerichtshof, ließ es an aller menschlichen Würde fehlen und kroch förmlich vor dem sich aufspielenden deutschen Diktator. Vielleicht glaubte der Präsident, daß er nur auf diese Weise an Hitlers Großmut appellieren und etwas für sein Volk retten könne. Er sagte zu Hitler, er selbst habe sich nie mit Politik befaßt. Er habe die Gründer der tschechoslowakischen Republik, Masaryk und Benesch, kaum gekannt und sie auch nicht sehr geschätzt. »Im übrigen sei ihm das ganze Regime fremd gewesen, so fremd, daß er sich gleich nach dem Umschwung die Frage gestellt habe, ob es überhaupt für die Tschechoslowakei ein Glück sei, ein selbständiger Staat zu sein.«

Er habe die Überzeugung, daß das Schicksal der Tschechoslowakei in den Händen des Führers läge, und er glaube, daß das Schicksal in den Händen des Führers gut aufgehoben sei ... Nun käme er zu dem, was ihn am meisten bewege, zu dem Schicksal seines Volkes. Er glaube, daß gerade der Führer ihn verstände, wenn er der Ansicht sei, daß die Tschechoslowakei das Recht habe, ein nationales Leben leben zu wollen. ... Es würde der Tschechoslowakei vorgeworfen, daß es dort noch viele Anhänger des Benesch-Systems gäbe ... Die Regierung trachte mit allen Mitteln, sie mundtot zu machen. Dies sei so ziemlich alles, was er vortragen wolle.

Das übrige trug Adolf Hitler vor. Nachdem er alles Unrecht aufgezählt, das die Tschechoslowakei Masaryks und Beneschs angeblich Deutschland und den Deutschen angetan, und wiederholt darauf hingewiesen hatte, daß sich die Tschechen seit München leider nicht geändert hätten, kam er zur Sache.

Heute morgen sei er nach langem Überlegen zu der Überzeugung gekommen, daß diese Reise trotz des hohen Alters des Staatspräsidenten für sein Land von großem Nutzen sein könnte, da es nur noch Stunden seien, bis Deutschland eingreife ... Er [Hitler] stünde keiner Nation mit Feindschaft gegenüber ... Der Restbestand der Tschechoslowakei sei überhaupt nur seiner loyalen Haltung zuzuschreiben. ... Im Herbst hätte er nicht die letzten Konsequenzen ziehen wollen, weil er geglaubt habe, daß ein Zusammenleben möglich sei, aber [er] habe keinen Zweifel gelassen, daß, wenn die Tendenzen Beneschs nicht restlos verschwinden würden, er diesen Staat rücksichtslos zerschlagen würde.

Diese Tendenzen seien indes nicht verschwunden, sagte Hitler und nannte einige »Fälle«.

»So sind bei mir am letzten Sonntag die Würfel gefallen« ... Und er habe den Befehl gegeben zum Einmarsch der deutschen Truppen und der Eingliederung der Tschechoslowakei ins Deutsche Reich. (Hervorhebung im Original.)

»Hacha und Chvalkovsky«, schreibt Dr. Schmidt, »saßen wie versteinert in ihren Sesseln ... Nur an ihren Augen konnte man erkennen, daß es sich um lebende Menschen handelte.« Aber Hitler war noch nicht fertig. Er mußte erst noch seine Gäste demütigen.

Die deutsche Armee [fuhr er fort] sei heute schon ausgerückt und bei einer Kaserne, wo Widerstand geleistet wurde, sei dieser rücksichtslos gebrochen worden.
Morgen um 6 Uhr rücke von allen Seiten her die deutsche Armee in die Tschechei ein, und die deutsche Luftwaffe werde die tschechischen Flughäfen besetzen. Es gäbe zwei

Möglichkeiten. Die erste sei die, daß sich das Einrücken der deutschen Truppen zu einem Kampf entwickelt. Dann wird dieser Widerstand mit allen Mitteln mit Gewalt gebrochen. Die andere ist die, daß sich der Einmarsch der deutschen Truppen in erträglicher Form abspielt, dann würde es dem Führer leicht [sein], bei der Neugestaltung des tschechischen Lebens der Tschechoslowakei ein großzügiges Eigenleben, eine Autonomie und eine gewisse nationale Freiheit zu geben.
Er täte dieses alles auch nicht aus Haß, sondern um Deutschland zu schützen. Wenn im Herbst vorigen Jahres die Tschechoslowakei nicht nachgegeben hätte, so wäre das tschechische Volk ausgerottet worden. Keiner hätte ihn daran gehindert ... Käme es morgen zum Kampf, dann würde die tschechische Armee in zwei Tagen nicht mehr existieren. Es würden natürlich auch Deutsche fallen, und dieses würde einen Haß erzeugen, der ihn aus Selbsterhaltungstrieb zwingen würde, keine Autonomie mehr zu gewähren. Die Welt würde keine Miene verziehen. Er habe Mitleid mit dem tschechischen Volk, wenn er die ausländische Presse läse. Sie mache auf ihn den Eindruck, der sich in einem deutschen Sprichwort zusammenfassen lasse, »der Mohr hat seine Schuldigkeit getan, der Mohr kann gehen«.
Dies sei der Grund, warum er Hacha hierher gebeten habe. Diese Einladung sei der letzte gute Dienst, den er dem tschechischen Volke erweisen könne ... Vielleicht könne der Besuch Hachas das äußerste vermeiden. ... Die Stunden vergingen. Um 6 Uhr würden die Truppen marschieren. Er schäme sich beinahe zu sagen, daß auf jedes tschechische Bataillon eine deutsche Division käme ... Er möchte ihm [Hacha] jetzt raten, sich mit Chvalkovsky zurückzuziehen, um zu besprechen, was zu tun sei.

Was war da noch zu tun? Für den gebrochenen Präsidenten war es überflüssig, sich zur Besprechung mit seinem Außenminister zurückzuziehen. Er konnte Hitler sofort sagen, »daß für ihn die Situation völlig klar und daß hier jeder Widerstand sinnlos sei«. Wie aber, fragte er, könne er in nur vier Stunden – es war inzwischen 2 Uhr geworden – dafür Sorge tragen, daß das tschechische Volk keinen Widerstand leiste? Hitler erwiderte, Hacha solle sich sofort mit Prag in Verbindung setzen. Die deutsche Militärmaschine sei bereits in Bewegung und könne nicht mehr angehalten werden. »Es sei ein großer Entschluß«, fügte Hitler, dem deutschen Protokoll zufolge, noch hinzu, »aber er sehe die Möglichkeit für eine lange Friedensperiode zwischen den beiden Völkern dämmern. Würde der Entschluß anders sein, so sähe er die Vernichtung der Tschechoslowakei.«
Mit diesen Worten entließ er vorerst seine Gäste. Es war 2.15 Uhr. In einem Nebenraum wurden die beiden Opfer von Göring und Ribbentrop weiter auf die Folter gespannt. Laut Bericht des französischen Botschafters nach Paris, der sich bei der Abfassung auf eine, wie er glaubte, authentische Quelle stützte, protestierten Hacha und Chvalkovsky gegen die Vergewaltigung ihrer Nation. Sie weigerten sich, die Kapitulation zu unterzeichnen. Wenn sie es täten, erklärten sie, würden sie von ihrem Volk auf ewig verdammt werden.

Göring und Ribbentrop waren erbarmungslos [hieß es in Coulondres Bericht]. Sie jagten Dr. Hacha und Chvalkovsky buchstäblich um den Tisch herum, auf dem die Dokumente lagen, drückten ihnen Federhalter in die Hand und wiederholten unaufhörlich, daß, wenn sie bei ihrer Weigerung blieben, halb Prag innerhalb von zwei Stunden in Schutt und Asche liegen würde. Und das wäre nur der Anfang. Hunderte von Bombern warteten auf den Startbefehl, der um 6 Uhr früh hinausgehe, wenn die Unterschriften nicht geleistet würden[27].

In diesem Augenblick hörte Dolmetscher Dr. Schmidt Göring laut nach Dr. Morell rufen. »Hacha hat einen Schwächeanfall bekommen«, sagte Göring erregt.
Einige Minuten lang befürchteten die Anwesenden, der entkräftete Hacha könne ihnen unter den Händen wegsterben. »Dann sagt morgen die ganze Welt«, heißt es bei Dr. Schmidt, »er sei hier in der Nacht in der Reichskanzlei umgebracht worden.« Dr. Morell, seine Spezialität waren Injektionen, gab Hacha eine Spritze und brachte ihn wieder zu Bewußtsein. Jedenfalls konnte der Präsident jetzt den Hörer halten, den ihm die Deutschen in die Hand drückten, und mit seiner Regierung in Prag sprechen. Er setzte das tschechische Kabinett über die Vorgänge in Kenntnis und riet zur Kapitulation. Dann, nach einer zweiten Spritze Dr. Morells, wankte er in den Raum Adolf Hitlers zurück, um seine Unterschrift unter das Todesurteil für sein Vaterland zu setzen. Es war fünf Minuten vor 4 Uhr am Morgen des 15. März 1939.
Der Text war, wie Schmidt berichtet, »von Hitler vorher bereitgehalten worden«. Während Hachas Schwächeanfällen hatte Schmidt die gleichfalls »vorher bereitgehaltene« amtliche Verlautbarung ins Reine schreiben lassen, die Hacha und Chvalkovsky ebenfalls unterzeichnen mußten. Sie lautete:

Der Führer und Reichskanzler hat heute in Gegenwart des Reichsministers des Auswärtigen von Ribbentrop den tschechoslowakischen Staatspräsidenten Dr. Hacha und den tschechoslowakischen Außenminister Chvalkovsky auf deren Wunsch in Berlin empfangen. Bei der Zusammenkunft ist die durch die Vorgänge der letzten Wochen auf dem bisherigen tschechoslowakischen Staatsgebiet entstandene ernste Lage in voller Offenheit einer Prüfung unterzogen worden. Auf beiden Seiten ist übereinstimmend die Überzeugung zum Ausdruck gebracht worden, daß das Ziel aller Bemühungen die Sicherung von Ruhe, Ordnung und Frieden in diesem Teile Mitteleuropas sein müsse. Der tschechoslowakische Staatspräsident hat erklärt, daß er, um diesem Ziele zu dienen und um eine endgültige Befriedung zu erreichen, das Schicksal des tschechischen Volkes und Landes vertrauensvoll in die Hände des Führers des Deutschen Reiches legt. Der Führer hat diese Erklärung angenommen und seinem Entschluß Ausdruck gegeben, daß er das tschechische Volk unter den Schutz des Deutschen Reiches nehmen und ihm eine seiner Eigenart gemäße autonome Entwicklung seines Lebens gewährleisten wird.

Das war wohl der Gipfel von Hitlers Rechtsverdrehungen. Wie eine seiner Sekretärinnen berichtet, stürzte er nach der Unterzeichnung in deren Zimmer und forderte alle

anwesenden Damen auf, ihm einen Kuß zu geben. »Kinder«, rief er, »das ist der größte Tag meines Lebens. Ich werde als der größte Deutsche in die Geschichte eingehen!«
Es kam ihm nicht der Gedanke – wie sollte er auch? –, daß das Ende der Tschechoslowakei der Anfang vom Ende Deutschlands sein könnte. Wie wir heute wissen, hatte er in dieser frühen Morgenstunde des 15. März 1939 – die Iden des März – den Weg zu Krieg, Niederlage und Untergang angetreten. Der Weg sollte kurz sein und so gradlinig verlaufen wie nur möglich. Und nachdem er ihn einmal betreten hatte und in Schwung geriet, konnte Hitler, ebenso wie andere Eroberer vor ihm, nicht mehr anhalten[28].

Um 6 Uhr früh am 15. März rückten deutsche Truppen in Böhmen und Mähren ein. Sie stießen nicht auf Widerstand, und am Abend konnte Hitler tun, was ihm, wie er meinte, Chamberlain in München verdorben hatte: als Triumphator in Prag einziehen. Bevor er Berlin verließ, hatte er eine Proklamation an das deutsche Volk erlassen, in der er noch einmal die alten Lügen von »wilden Ausschreitungen« und »unerträglicher Gewaltherrschaft« der Tschechen auftischte und stolz verkündete: »Die Tschechoslowakei hat aufgehört zu existieren!«
Nachdem Hitler die Nacht im Hradschin verbracht hatte, in dem alten Schloß der böhmischen Könige, proklamierte er am nächsten Tag die Errichtung des Protektorats Böhmen und Mähren. Wenn der Erlaß den Tschechen auch Autonomie und Selbstverwaltung zuerkannte, so kamen sie doch völlig unter die deutsche Knute. Alle Macht erhielten der »Reichsprotektor«, sein Staatssekretär und der Chef der Zivilverwaltung, die sämtlich von Hitler zu ernennen waren. Um die öffentliche Meinung in England und Frankreich zu beschwichtigen, holte Hitler den »gemäßigten« Neurath aus der Versenkung hervor und machte ihn zum Reichsprotektor[29]. Die beiden Führer der Sudetendeutschen Partei Konrad Henlein und Karl Hermann Frank wurden Chef der Zivilverwaltung bzw. Staatssekretär. Es sollte nicht lange dauern, bis Himmler, Chef der Deutschen Polizei, das Protektorat in seinen Würgegriff nahm. Die eigentliche Arbeit überließ er Frank, den er zum Chef der Polizei im Protektorat mit dem Rang eines hohen SS-Offiziers ernannte[30].

Ein Jahrtausend lang [hieß es in Hitlers Erlaß über das Protektorat] gehörten zum Lebensraum des deutschen Volkes die böhmisch-mährischen Länder ... [Der tschechoslowakische Staat] hat ... seine innere Lebensunfähigkeit erwiesen und ist deshalb nunmehr auch der tatsächlichen Auflösung verfallen. Das Deutsche Reich kann in diesen ... Gebieten keine andauernden Störungen dulden ... Es entspricht daher dem Gebot der Selbsterhaltung, wenn das Deutsche Reich entschlossen ist, zur Wiederherstellung der Grundlagen einer vernünftigen mitteleuropäischen Ordnung entscheidend einzugreifen und die sich daraus ergebenden Anordnungen zu treffen. Denn es hat in seiner tausendjährigen geschichtlichen Vergangenheit bereits erwiesen, daß es dank sowohl der Größe als auch der Eigenschaften des deutschen Volkes allein berufen ist, diese Aufgabe zu lösen.

Am 16. März nahm Hitler auch die Slowakei auf Grund eines telegrafischen »Ersuchens« von seiten Tisos – es war, wie wir sahen, in Wirklichkeit in Berlin abgefaßt worden – unter seine Schirmherrschaft. Sogleich marschierten deutsche Truppen in die Slowakei ein. Am 18. März war Hitler in Wien, um den »Vertrag über das Schutzverhältnis zwischen dem Deutschen Reich und dem Slowakischen Staat« in Kraft zu setzen. Die endgültige Unterzeichnung erfolgte am 23. März durch Ribbentrop und Dr. Tuka in Berlin. Der Vertrag enthielt eine Geheimklausel, nach der Deutschland das ausschließliche Recht hatte, die slowakische Wirtschaft für sich auszunutzen[31].

Die Unabhängigkeit Rutheniens, wo am 14. März die »Karpato-Ukrainische Republik« ausgerufen worden war, währte keine 24 Stunden. Vergebens appellierten die Ruthenen an Hitler um »Schutz«. Er hatte ihr Gebiet bereits den Ungarn zugesprochen. In den Akten des deutschen Auswärtigen Amtes befindet sich ein interessanter Brief des Reichsverwesers Horthy an Adolf Hitler vom 13. März:

Euer Exzellenz! Herzlichen Dank! Ich kann gar nicht sagen, wie glücklich ich bin, denn dieses Quellgebiet ist für Ungarn – ich gebrauche ungern große Worte – faktisch eine Lebensfrage ... *Die Dispositionen sind bereits getroffen. Am Donnerstag, dem 16. d. M. erfolgt ein Grenzzwischenfall, dem Samstag der große Stoß folgen soll*[32].

Ein »Grenzzwischenfall« war nicht erforderlich. Am 15. März, 6 Uhr früh, rückten die Ungarn, ihren Einmarsch zeitlich mit dem der Deutschen in Böhmen-Mähren abstimmend, in Ruthenien ein, und am Tage darauf wurde das Gebiet von Ungarn formell annektiert.

Weder Frankreich noch England hatten einen Finger gerührt, um die von ihnen in München feierlich garantierte Tschechoslowakei zu retten.

Nicht nur Hitler, auch Mussolini war seit dem Münchener Treffen zu dem Schluß gelangt, die Engländer seien so schwach und infolgedessen ihr Premierminister so nachgiebig geworden, daß man London künftig kaum noch zu beachten brauche. Am 11. Januar waren Chamberlain und Lord Halifax nach Rom gekommen, um eine Verbesserung der englisch-italienischen Beziehungen anzustreben. Über den Besuch der beiden englischen Staatsmänner schrieb Ciano in sein Tagebuch:

11. Jan. 1939: Ankunft von Chamberlain ... Wie weit sind wir von diesen Leuten entfernt! Es ist eine andere Welt. Nach dem Essen sprach ich darüber abseits in einer Ecke des Raumes mit dem Duce: »Diese Männer sind nicht mehr aus dem gleichen Stoff gemacht wie Francis Drake und die anderen prächtigen Abenteurer, die das britische Weltreich geschaffen haben. Dieses sind die müden Söhne einer langen Reihe von reichen Generationen; sie werden das Weltreich verlieren.« ...

12. Jan.: Die Engländer wollen nicht kämpfen. Sie versuchen, so langsam als möglich zurückzuweichen ... Die Gespräche mit den Engländern sind zu Ende. Es kam nichts dabei heraus. Ich telephonierte Ribbentrop, der Besuch sei eine »grande limonata« [zweckloses Getändel] gewesen ...

14. Jan.: Ich begleite bei der Abreise Chamberlains den Duce zum Bahnhof ... Als sich der Zug in Bewegung setzt und seine Landsleute das Lied anstimmen: »For He's a Jolly Good Fellow«, füllen sich Chamberlains Augen mit Tränen. »Was ist das für ein Liedlein?« erkundigt sich der Duce ...[33].

Hatte Hitler während der Sudetenkrise noch Chamberlains Ansichten in Betracht gezogen, so kümmerte er sich, wie aus den erbeuteten deutschen Akten hervorgeht, nicht im geringsten darum, was der Premierminister dachte, als er trotz der britischen Garantie – und vor allem trotz des Münchener Abkommens – die Rest-Tschechoslowakei vernichtete. Am 14. März, dem Tage, an dem Hitler sich anschickte, Hacha zu demütigen, und an dem im britischen Unterhaus zornige Anfragen über die von Deutschland betriebene »Loslösung« der Slowakei und deren Auswirkung auf die für Prag in Aussicht genommene britische Garantie gegen Aggression eingebracht wurden, erwiderte Chamberlain erregt: »Solch eine Aggression hat nicht stattgefunden.«

Aber am Tage darauf, nachdem sie stattgefunden hatte, benutzte der Premierminister die Proklamierung der slowakischen »Selbständigkeit« als Vorwand, das von seinem Land gegebene Wort nicht einzuhalten. »Diese Erklärung«, sagte er, »setzt den Schlußstrich unter die innere Auflösung des Staates, dessen Grenzen zu garantieren wir uns verpflichtet hatten. Seiner Majestät Regierung kann sich daher nicht mehr an diese Verpflichtung gebunden fühlen.«

Hitlers Strategie hatte tadellos funktioniert. Er hatte Chamberlain die Möglichkeit gegeben, aus dem Spiel auszuscheiden, und der Premierminister hatte davon Gebrauch gemacht.

Kein Wunder, daß der am 15. März erfolgende britische Protestschritt, sofern er diese Bezeichnung überhaupt verdient, sehr lahm war und daß die Deutschen ihn – wie auch die anschließenden englisch-französischen Beschwerden – verächtlich abtaten.

Seiner Majestät Regierung hat nicht den Wunsch, sich mehr als nötig in eine Angelegenheit einzumischen, die andere Regierungen direkter betrifft ... Sie ist jedoch, wie die deutsche Regierung sicherlich anerkennen wird, tief besorgt um den Erfolg aller Bemühungen, in Europa das Vertrauen wiederherzustellen und eine Entspannung herbeizuführen. Sie würde jedes Vorgehen in Mitteleuropa bedauern, das einen Rückschlag in der Entwicklung dieses allgemeinen Vertrauens verursachen würde[34].

In der Note, die Botschafter Henderson am 15. März als offizielle Botschaft von Lord Halifax Ribbentrop überreichte, stand kein Wort von den eigentlichen Vorgängen des Tages.

Die Franzosen nannten sie wenigstens beim Namen. Robert Coulondre, der neue französische Botschafter in Berlin, teilte weder Hendersons Illusionen über das Wesen des Nationalsozialismus noch dessen Verachtung für die Tschechen. Am Vormittag des 15. März bat er um eine Unterredung mit Ribbentrop, der aber bereits nach Prag abgereist war. So wurde Coulondre mittags von Staatssekretär Weizsäcker empfangen.

Was Chamberlain und Henderson bisher nicht gesagt hatten, sprach jetzt ohne Umschweife Coulondre aus: Deutschland habe mit der militärischen Besetzung Böhmens und Mährens sowohl gegen das Münchener Abkommen wie gegen die deutsch-französische Erklärung vom 6. Dezember 1938 verstoßen. Freiherr von Weizsäcker, der nach dem Kriege betonte, er sei stets entschiedener Gegner des Regimes gewesen, machte nach der Besprechung folgenden Aktenvermerk:

Ich habe den Botschafter gleich ziemlich scharf angefaßt, ihm erklärt, er möge mir doch nicht von dem Münchener Abkommen reden, das angeblich verletzt sei, und möge uns keine Lehren erteilen ... Ich sagte schließlich, ich sehe zu einer anderen Demarche als einer rein informativen für den französischen Botschafter überhaupt keinen Raum ... Ich sei sicher, daß er, wenn er in seine Botschaft zurückkehre, dort angesichts der vertraglichen Ereignisse von heute nacht neue Instruktionen aus Paris vorfinden werde, die ihn beruhigten[35].

Drei Tage später, als sich schließlich die britische und die französische Regierung mit Rücksicht auf die empörte öffentliche Meinung in ihren Ländern dazu aufrafften, formell bei der Reichsregierung zu protestieren, war Weizsäcker noch anmaßender als sein Herr und Meister Ribbentrop, wie aus seinem eigenen Aktenvermerk hervorgeht:

Ich tat die Note alsbald in ihren Briefumschlag zurück und schob sie dem Botschafter wieder zu mit der Bemerkung, daß ich mich auf das allerentschiedenste weigere, irgendeinen Protest in der tschecho-slowakischen Sache von ihm entgegenzunehmen. Ich würde die Note auch nicht zur Kenntnis nehmen und riete von vornherein, Herr Coulondre möge seiner Regierung nahelegen, ihr Konzept noch einmal zu revidieren[36].

Im Gegensatz zu Henderson ließ Coulondre sich nicht von den Deutschen einschüchtern. Er gab zurück, die Note seiner Regierung sei nach reiflicher Überlegung abgefaßt worden, und er habe nicht die Absicht, um ihre Überprüfung zu bitten. Als Weizsäcker sich immer noch weigerte, die Note entgegenzunehmen, erinnerte Coulondre ihn an die diplomatischen Gepflogenheiten und betonte, daß die französische Regierung vollauf berechtigt sei, ihre Ansichten der deutschen Regierung zur Kenntnis zu geben. Schließlich ließ Weizsäcker – seiner eigenen Darstellung zufolge – das Dokument auf seinem Schreibtisch liegen und bemerkte, er werde es »als durch die Post zugestellt betrachten«. Doch ehe er sich zu dieser Geste entschloß, ließ er sich noch wie folgt vernehmen:

Rechtlich betrachtet liege eine zwischen dem Führer und dem tschechoslowakischen Staatspräsidenten zustandegekommene Erklärung vor. Der tschechische Staatspräsident sei auf seinen eigenen Wunsch nach Berlin gekommen und habe alsbald und vorweg dem Herrn Reichsaußenminister erklärt, das Schicksal seines Landes in die Hand des Führers legen zu wollen. Ich könnte mir nicht denken, daß die französische Regierung katholischer als der Papst sei und sich in Dinge mischen wolle, die zwischen Berlin und Prag ordnungsgemäß abgemacht seien.

Dem versöhnlichen britischen Botschafter gegenüber, der am Spätnachmittag des 18. März die Protestnote seiner Regierung überreichte, verhielt sich Weizsäcker ganz anders. Großbritannien war jetzt der Auffassung, daß es »die Vorgänge der letzten Tage nur als völlige Verwerfung des Münchener Abkommens ansehen« könne und daß die »deutschen Militäraktionen jeder rechtlichen Basis entbehrten«. In seiner Aktennotiz bemerkte Weizsäcker, die britische Note ginge in dieser Hinsicht nicht so weit wie die französische, in der gestanden habe, Frankreich werde »die Legalität der deutschen Besetzung nicht anerkennen«.

Henderson hatte Weizsäcker schon am Tage vorher aufgesucht und ihm mitgeteilt, er sei zur »Berichterstattung« nach London berufen worden. Weizsäcker hatte dabei, wie er notierte, das Gefühl, Henderson habe »bei mir nach Argumenten [gesucht], welche er Chamberlain zur Verwertung gegenüber seiner innerpolitischen Opposition an die Hand geben könnte ... Henderson führte wieder aus, ein unmittelbares englisches Interesse an dem tschechoslowakischen Raum existiere nicht. Seine – Hendersons – Besorgnisse gingen mehr in die Zukunft[37]«.

Offenbar hatte nicht einmal die Zerschlagung der Tschechoslowakei durch Adolf Hitler dem britischen Botschafter die Augen für das wahre Wesen der Regierung geöffnet, bei der er akkreditiert war. Auch schien er nicht zu wissen, was an jenem Tag in der von ihm vertretenen Regierung vor sich ging.

Denn plötzlich und unerwartet gab es am 17. März, zwei Tage nach Hitlers Einmarsch in die Tschechoslowakei, für Neville Chamberlain ein großes Erwachen. Es kam nicht ganz von selbst. Zu seiner großen Überraschung empörten sich die meisten britischen Zeitungen (sogar die *Times*, wenn auch nicht die *Daily Mail*) und das Unterhaus über Hitlers jüngste Aggression. Noch ernster war, daß sich viele Anhänger Chamberlains im Parlament und sein halbes Kabinett gegen jede weitere *Appeasement*-Politik gegenüber Hitler auflehnten. Insbesondere verlangte Lord Halifax von Chamberlain, sich des Geschehenen bewußt zu werden und seinen Kurs sofort zu ändern. Chamberlain ging nun auf, daß seine Stellung als Regierungschef und als Führer der Konservativen Partei gefährdet war.

Sein Meinungsumschwung erfolgte über Nacht. Noch am Abend des 16. März hatte Sir John Simon im Namen der Regierung vor dem Unterhaus so zynisch über die Tschechen und so sehr im »Münchener Geiste« gesprochen, daß er im Parlament, wie die Presse schrieb, »einen selten erlebten Entrüstungssturm« hervorrief. Am nächsten Tag sollte Chamberlain am Vorabend seines 70. Geburtstages in seiner Heimatstadt Birmingham sprechen. Er hatte eine Rede über innenpolitische Fragen unter besonderer Berücksichtigung der Sozialleistungen vorbereitet. Im Zug nach Birmingham rang er sich schließlich zu seiner Entscheidung durch. Er verwarf die konzipierte Rede und machte sich rasch Notizen für eine Rede ganz anderer Art.

Vor ganz England, ja vor einem großen Teil der Weltöffentlichkeit, denn seine Rede ging über den Rundfunk, entschuldigte sich Chamberlain wegen der »sehr zurückhaltenden und vorsichtigen ..., etwas kühlen und objektiven Erklärung«, die er zwei Tage

vorher im Unterhaus abzugeben sich verpflichtet gefühlt habe. »Ich hoffe, diese Erklärung heute abend korrigieren zu können.«
Endlich erkannte Chamberlain, daß er von Hitler hintergangen worden war. Er rekapitulierte Hitlers zu verschiedenen Malen gegebenen Zusicherungen, das Sudetenland sei eine letzte territoriale Forderung in Europa gewesen, und er »wolle keine Tschechen«. Nunmehr habe Hitler seine Versprechen gebrochen: »Er hat das Gesetz in die eigene Hand genommen.«

Jetzt sagt man uns, Unruhen in der Tschechoslowakei hätten diese Besitzergreifung notwendig gemacht ... Wenn es überhaupt Unruhen gegeben hat, sind sie nicht von draußen geschürt worden? ... Ist dies das Ende eines Abenteuers oder der Beginn eines neuen? Ist dies der letzte Angriff auf ein kleines Land oder sollen ihm noch andere folgen? Oder ist dies gar ein Schritt zu dem Versuch, die Welt gewaltsam zu beherrschen? ... Wenn ich auch nicht bereit bin, für unser Land neue, nicht genau festgelegte Verpflichtungen einzugehen, die unter heute noch nicht vorauszusehenden Bedingungen einzuhalten wären, so gäbe es doch keinen größeren Irrtum als anzunehmen, unser Volk habe, weil es den Krieg für sinnlos und grausam hält, so sehr seinen Charakter eingebüßt, daß es nicht jeder solchen Herausforderung, wenn sie erfolgen sollte, äußersten Widerstand entgegensetzen würde.

Das war eine plötzliche und für Chamberlain und England schicksalhafte Wendung. Und schon am nächsten Tag erhielt Hitler von dem aufmerksamen deutschen Botschafter in London die Warnung: »Es wäre falsch, sich irgendwelchen Illusionen hinzugeben, daß sich in der Einstellung Englands zu Deutschland ein grundlegender Wandel vollzogen hat[38].«
Für jeden, der *Mein Kampf* gelesen hatte, der einen Blick auf die Landkarte warf und die von der deutschen Wehrmacht in der Slowakei bezogenen neuen Stellungen sah, der von gewissen deutschen diplomatischen Schritten seit München erfahren und über die Dynamik von Hitlers unblutiger Eroberung Österreichs und der Tschechoslowakei nachgedacht hatte, lag auf der Hand, welches »kleine Land« als nächstes auf Hitlers Liste stand. Auch Chamberlain wußte es ganz genau.
Am 31. März, sechzehn Tage nach Hitlers Einzug in Prag, sagte Chamberlain im Unterhaus:

Im Falle irgendeiner, die Unabhängigkeit Polens eindeutig bedrohenden Aktion, angesichts derer die polnische Regierung es als notwendig erachtet, mit ihren nationalen Streitkräften Widerstand zu leisten, hält sich Seiner Majestät Regierung für verpflichtet, der polnischen Regierung sofort alle in ihrer Macht stehende Unterstützung angedeihen zu lassen. Sie hat der polnischen Regierung eine diesbezügliche Zusicherung gegeben. Ich darf hinzufügen, daß mich die französische Regierung ermächtigt hat, klarzustellen, daß sie in dieser Angelegenheit denselben Standpunkt einnimmt.

An der Reihe war jetzt Polen.

XIV

Polen ist an der Reihe

Am 24. Oktober 1938, kaum vier Wochen nach der Münchener Konferenz, hatte Ribbentrop im *Grand Hotel* zu Berchtesgaden den polnischen Botschafter in Berlin, Josef Lipski, bei einem dreistündigen Mittagessen zu Gast. Polen hatte gerade, mit stillschweigendem Einverständnis Deutschlands, einen Streifen tschechischen Gebietes annektiert. Das Tischgespräch verlief, wie in einem Aktenvermerk des Auswärtigen Amtes hervorgehoben wurde, »in sehr freundschaftlichem Tone[1]«.

Dennoch kam Ribbentrop sehr bald zur Sache. Die Zeit für eine allgemeine Regelung zwischen Polen und Deutschland, sagte er, sei gekommen. »Mit Polen sei hier zunächst über Danzig zu sprechen.« Es müsse zu Deutschland »zurückkehren«. Auch wolle das Reich eine Autobahn und eine zweigleisige Eisenbahn durch den Korridor bauen, um Danzig und Ostpreußen mit dem Reich zu verbinden. Beide Verkehrswege müßten exterritorial sein. Schließlich wünsche Hitler, daß Polen dem Antikominternpakt gegen Rußland beitrete. Als Gegenleistung für alle diese Zugeständnisse biete Deutschland die Verlängerung des deutsch-polnischen Vertrags von zehn auf zwanzig Jahre Dauer und die Garantie der polnischen Grenzen an.

Ribbentrop betonte, er bringe diese Probleme »ganz vertraulich« zur Sprache, und schlug dem Botschafter vor, Außenminister Beck darüber »mündlich« zu berichten, »da sonst die Gefahr des Heraussickerns, besonders an die Presse, zu groß sei«. Lipski sagte zu, Warschau entsprechend zu berichten, wies jedoch Ribbentrop darauf hin, daß er persönlich »keine Möglichkeit« für die Rückkehr Danzigs zum Reich sehe. Ferner erinnerte er den deutschen Außenminister daran, daß Hitler selbst mehrfach – am 5. November 1937 und am 14. Januar 1938 – den Polen zugesichert habe, am Danziger Status nichts ändern zu wollen. Ribbentrop erwiderte, er wünsche keine sofortige Antwort, doch rate er den Polen, »dies alles einmal durchzudenken«.

Die Warschauer Regierung brauchte nicht viel Zeit zum Überlegen. Eine Woche später, am 31. Oktober, depeschierte Außenminister Beck seinem Botschafter in Berlin genaue Instruktionen über die den Deutschen zu erteilende Antwort. Aber erst am 19. November gelang es Lipski, Ribbentrop zu sprechen – die Nazis wollten offenbar, daß sich die Polen ihre Antwort gut überlegten. Diese war negativ. Um seinen Verständigungswillen zu bekunden, erklärte Polen sich zwar bereit, die Völkerbundsgarantie für Danzig durch ein deutsch-polnisches Abkommen über den Status der Freien Stadt zu ersetzen.

Doch »jede andere Lösung«, schrieb Beck in einer Denkschrift, die Lipski Ribbentrop vorlas, »und insbesondere jeder Versuch, die Freie Stadt dem Reich einzugliedern, muß unausweichlich zum Konflikt führen«. Marschall Pilsudski, fügte er hinzu, habe 1934 während der Verhandlungen über einen Nichtangriffspakt die Deutschen darauf aufmerksam gemacht, »die Danzig-Frage sei ein sicheres Kriterium zur Abschätzung der deutschen Absichten gegenüber Polen«.

Eine solche Antwort war nicht nach Ribbentrops Geschmack. »Ich bedaure den Standpunkt von Außenminister Beck«, sagte er und fügte hinzu, daß es für die Polen »der Mühe lohne, die deutschen Vorschläge ... ernsthaft zu überlegen[2]«.

Hitlers Antwort auf Polens abweisende Haltung in bezug auf Danzig war drastischer. Am 24. November, fünf Tage nach der Ribbentrop-Lipski-Unterredung, erging an die Oberbefehlshaber der Wehrmachtteile eine neue Weisung:

Geheime Kommandosache.
Der Führer hat befohlen:
Außer den 3 in der Weisung vom 21. 10. 38 angeführten Fällen sind auch Vorbereitungen zu treffen, daß der Freistaat Danzig überraschend von deutschen Truppen besetzt werden kann.
Für die Vorbereitungen gelten folgende Grundlagen: Voraussetzung ist eine handstreichartige *Besetzung von Danzig in Ausnützung einer politisch günstigen Lage,* nicht ein Krieg gegen Polen[3].
Die hierfür heranzuziehenden Truppen dürfen nicht gleichzeitig für die Inbesitznahme des Memellandes eingeteilt sein, damit beide Unternehmen gegebenenfalls auch gleichzeitig stattfinden können. Die Kriegsmarine *unterstützt das Unternehmen des Heeres durch Eingreifen von See aus ... Die Absichten der Wehrmachtteile sind zum 10. 1. 1939 zu melden.*

Obwohl Beck gerade noch gewarnt hatte, ein Versuch Deutschlands, Danzig zu nehmen, werde »unausweichlich« zu einem Konflikt führen, war Hitler inzwischen zu der Überzeugung gelangt, es ginge auch ohne Krieg. In Danzig hatten die dortigen Nationalsozialisten das Heft in der Hand und erhielten, wie vorher die Sudetendeutschen, ihre Anweisungen aus Berlin. Es konnte nicht schwer sein, Danzig für eine »handstreichartige« Besetzung reif zu machen.

So war denn Hitler, als sich das Jahr 1938, das Jahr der unblutigen Besetzung Österreichs und des Sudetenlandes, seinem Ende näherte, mit weiteren Eroberungsplänen beschäftigt: Rest-Tschechoslowakei, Memel und Danzig. Es war leicht gewesen, Schuschnigg und Benesch zu demütigen. Nunmehr war die Reihe an Josef Beck.

Und doch war Hitler, als er am 5. Januar den polnischen Außenminister in Berchtesgaden empfing, noch nicht so weit, diesen so wie vorher Schuschnigg und einige Monate später Präsident Hacha zu »behandeln«. Zuerst mußte die Rest-Tschechoslowakei »erledigt« werden. Hitler war, wie sowohl aus dem deutschen wie dem polnischen Protokoll deutlich hervorgeht, in konzilianter Stimmung. Er stehe Beck, sagte er, ganz zu

Diensten: Ob er ein »besonderes« Anliegen habe. Beck erwiderte: Danzig. Wie sich zeigte, war dies auch Hitlers Anliegen.

»Danzig war deutsch«, sagte er zu seinem Gast, »wird immer deutsch bleiben und früher oder später wieder zu Deutschland gehören.« Jedoch könne er ihm die Versicherung geben, daß er in Danzig kein *Fait accompli* schaffen werde.

Er wolle Danzig, und er wolle eine Autobahn und eine Eisenbahn durch den Korridor. Wenn Beck mit ihm ausgetretene Pfade verlassen und nach ganz neuen Lösungen suchen würde, dann ließe sich nach seiner Überzeugung eine beiden Ländern gerecht werdende Einigung erzielen.

Beck war davon nicht überzeugt. Allerdings wollte er, wie er am nächsten Tage Ribbentrop anvertraute, dem Führer gegenüber nicht zu unfreundlich sein und gab ihm zur Antwort, »die Danzig-Frage sei sehr schwierig«. Er sehe in Hitlers Vorschlägen keineswegs ein »Äquivalent« für Polens Zugeständnisse. Daraufhin sprach Hitler von dem »großen Vorteil« für Polen, seine Grenze mit Deutschland unter Einschluß des Korridors vertraglich gesichert zu bekommen. Das machte auf Beck offenbar keinen Eindruck, doch erklärte er sich schließlich bereit, noch einmal über das Problem nachzudenken[4]. Am nächsten Tag, nachdem Beck eine Nacht darüber geschlafen hatte, bat er Ribbentrop, dem Führer mitzuteilen, daß ihn alle früheren Besprechungen mit den Deutschen mit Optimismus erfüllt hätten. Doch nach der gestrigen Unterredung mit Hitler »sei er zum ersten Mal pessimistisch gestimmt«. Vor allem in bezug auf Danzig »sehe er keine Möglichkeit der Einigung[5]«.

Oberst Beck hatte, gleich so vielen anderen in diesem Buch auftauchenden Gestalten, einige Zeit gebraucht, bis ihm die Augen aufgingen und er »pessimistisch gestimmt« war. Wie die meisten Polen war er ein ausgesprochener Gegner der Russen. Außerdem mochte er die Franzosen nicht, denen er seit 1923, als er als polnischer Militärattaché in Paris wegen eines angeblichen Verkaufs von Geheimdokumenten über die französische Armee ausgewiesen worden war, grollte. Vielleicht war es für ihn, der 1932 polnischer Außenminister geworden war, ganz natürlich, sich Deutschland zuzuwenden. Denn er hatte von Anfang an mit der NS-Diktatur sympathisiert und war während der vergangenen sechs Jahre bestrebt gewesen, sein Land dem Dritten Reich anzunähern und die traditionellen Bande zu Frankreich zu lockern.

Von allen an Deutschland angrenzenden Ländern hatte Polen auf die Dauer am meisten von ihm zu befürchten. Keine andere Bestimmung des Versailler Vertrags hatte die Deutschen mehr erzürnt als die Errichtung des Korridors, der Polen Zugang zur See gab, aber Ostpreußen vom Reich abschnitt. Gleicherweise empört war die deutsche öffentliche Meinung über die Loslösung der alten Hansestadt Danzig von Deutschland und ihre Umwandlung in einen vom Völkerbund überwachten, aber von Polen wirtschaftlich dominierten Freistaat. Selbst die friedfertige Weimarer Republik hatte sich niemals mit der als Verstümmelung des Reiches empfundenen Abtrennung Danzigs und des Korridors abgefunden. Die Einstellung der deutschen Armee hatte, wie wir sahen, General von Seeckt bereits 1922 zum Ausdruck gebracht: »Polens Existenz ist unerträglich, unvereinbar mit den Lebensbedingungen Deutschlands. Es muß verschwinden und wird verschwinden[6].«

Die Deutschen übersahen oder wollten wohl übersehen, daß der größte Teil des in Versailles den Polen zugesprochenen deutschen Gebietes bei den Teilungen Polens von Preußen annektiert worden war. Es war immer noch weitgehend von Polen bevölkert.

Keiner der nach dem Ersten Weltkrieg entstandenen neuen Staaten hatte eine so bewegte Zeit hinter sich wie Polen. In den ersten turbulenten Jahren nach seiner Wiedergeburt hatte es Angriffskriege geführt gegen Rußland, Litauen, Deutschland und die Tschechoslowakei – im letzteren Fall wegen des kohlenreichen Gebiets von Teschen. Seit 150 Jahren ihrer politischen Freiheit beraubt und daher ohne Erfahrung in neuzeitlicher Selbstverwaltung, waren die Polen nicht imstande gewesen, eine stabile Regierung zu bilden oder an die Lösung ihrer Wirtschafts- und Agrarprobleme zu gehen. 1926 hatte Marschall Pilsudski, der Heros der Revolution von 1918, die Regierung an sich gerissen und allmählich, obwohl alter Sozialist, das chaotische demokratische Regime durch seine eigene Diktatur ersetzt. Er starb 1935. Eine seiner letzten Amtshandlungen war die Unterzeichnung des Nichtangriffspakts mit Hitler. Das war einer der ersten Schritte zur Unterhöhlung des die östlichen Nachbarn Deutschlands umfassenden Bündnissystems Frankreichs und zur Schwächung des Völkerbunds und seiner Konzeption der kollektiven Sicherheit. Nach Pilsudskis Tod wurde Polen weitgehend von einer kleinen Gruppe von »Obersten« regiert, Kommandeuren von Pilsudskis ehemaliger Polnischer Legion, die im Ersten Weltkrieg gegen Rußland gekämpft hatte. An ihrer Spitze stand Marschall Rydz-Smigly, ein tüchtiger Soldat, aber keineswegs ein Staatsmann. Die Außenpolitik geriet ganz in die Hände von Oberst Beck. Von 1934 an wurde sie zunehmend prodeutsch.

Solche Politik war dazu angetan, selbstmörderisch zu sein. Tatsächlich kann man sich, hält man sich Polens Position im Europa nach Versailles vor Augen, kaum der Schlußfolgerung erwehren, daß die Polen in den dreißiger Jahren des 20. Jahrhunderts, wie bisweilen auch in früheren Jahrhunderten, von einem irgendwie schicksalhaften, selbstzerstörerischen Defekt in ihrem Nationalcharakter angetrieben wurden und in diesem Zeitraum, wiederum wie bisweilen in früheren Zeiten, selbst ihre schlimmsten Feinde waren. Solange Danzig und der Korridor in ihrer derzeitigen Form bestanden, konnte es keinen dauerhaften Frieden zwischen Polen und Deutschland geben. Auch war Polen nicht stark genug, um sich den Luxus zu leisten, sich mit seinen beiden großen Nachbarn, Rußland und Deutschland, gleichzeitig anzulegen. Seine Beziehungen zur Sowjetunion waren seit 1920, als Polen das durch Weltkrieg und Bürgerkrieg bereits geschwächte Rußland angegriffen hatte, durchweg schlecht gewesen. Durch diesen Krieg hatte Polen seine Ostgrenze auf Kosten der Sowjetunion um 240 Kilometer über die ethnographische Curzon-Linie hinaus erweitert, wodurch 4,5 Millionen Ukrainer und 1,5 Millionen Weißrussen unter polnische Herrschaft kamen. So waren seine Ostgrenze für die Russen und seine Westgrenze für die Deutschen unannehmbar – eine Tatsache, an die die Westmächte nicht gedacht zu haben scheinen, als es im Sommer 1939 zu einer Annäherung zwischen Berlin und Moskau kam.

Hitler nahm 1934 die Gelegenheit wahr, die Freundschaft eines so entschieden antirussischen Landes zu gewinnen, es gleichzeitig von Genf und Paris zu lösen und damit das Versailler System zu unterhöhlen. Das Zustandebringen des polnisch-deutschen Paktes ging auf seine Initiative zurück. Sein Schritt war in Deutschland nicht populär. Die deutsche Armee, die seit Seeckts Tagen prorussisch und antipolnisch gewesen war, nahm ihn übel auf. Doch der Pakt war für Hitler vorerst von großem Nutzen. Polens verständnisvolle Freundschaft war ihm eine Hilfe bei seinen ersten Vorhaben: Rheinlandbesetzung, Österreich, Tschechoslowakei. All diese Schritte, die Deutschland stärkten, den Westen schwächten und den Osten bedrohten, betrachteten Beck und die anderen Obersten in Warschau mit Wohlwollen: eine unerklärliche Blindheit.

Hatten Hitlers Forderungen den polnischen Außenminister zu Beginn des Jahres 1939 pessimistisch gemacht, wie er selber sagte, so sank seine Stimmung noch tiefer, als das Frühjahr kam. Zwar sprach Hitler in seiner Reichstagsrede vom 30. Januar warmherzig von der »Freundschaft zwischen Deutschland und Polen« und nannte sie einen der Sicherheitsfaktoren im politischen Leben Europas, doch hatte sich Ribbentrop vier Tage vorher bei einem Staatsbesuch in Warschau deutlicher ausgedrückt. Wiederum schnitt er bei Beck Hitlers Forderungen in bezug auf Danzig und die exterritorialen Verbindungswege durch den Korridor an, von denen er behauptete, sie seien »äußerst gemäßigt«. Doch weder auf diese Fragen noch auf sein Drängen, Polen möge dem Antikominternpakt beitreten, erhielt der deutsche Außenminister eine befriedigende Antwort[7]. Oberst Beck war seinen Freunden gegenüber wachsam geworden. Ja, er begann sich zu winden. Am 26. Februar berichtete Moltke, der deutsche Botschafter in Warschau, nach Berlin, Beck habe von sich aus Schritte unternommen, nach London eingeladen zu werden, und möglicherweise werde er sich anschließend nach Paris begeben. Polen, fügte Moltke hinzu, habe den Wunsch, »den Kontakt mit den westlichen Demokratien enger zu gestalten . . ., sicherlich [aus der] Befürchtung, daß es über Danzig zu einem Konflikt mit Deutschland kommen könnte[8]«. Auch Beck fielen, wie so manchen anderen, die Adolf Hitlers Heißhunger zu stillen versucht hatten, allmählich die Schuppen von den Augen.

Seine Illusionen zerrannen vollends und für immer am 15. März, als Hitler Böhmen und Mähren besetzte und seine Truppen in die Slowakei zum Schutze ihrer »Selbständigkeit« einmarschieren ließ. Am Morgen dieses Tages sah Polen sich nicht nur im Norden, in Pommern und Ostpreußen, sondern auch im Süden, in der Slowakei, von der deutschen Wehrmacht flankiert. Über Nacht war seine militärische Position unhaltbar geworden.

Der 21. März 1939 ist ein Markstein am Wege Europas in den Krieg.

An diesem Tage entfaltete sich in Berlin, Warschau und London eine intensive diplomatische Aktivität. Der Präsident der französischen Republik traf in Begleitung von

Außenminister Bonnet zu einem Staatsbesuch in der britischen Hauptstadt ein. Chamberlain legte den Franzosen nahe, mit Polen und der Sowjetunion zusammenzugehen und eine gemeinsame formelle Erklärung des Inhalts abzugeben, daß die vier Länder unverzüglich über Schritte zur Verhinderung einer weiteren Aggression in Europa beraten würden. Drei Tage vorher hatte Litwinow wieder, wie im Jahre zuvor nach dem Anschluß, eine europäische Konferenz zu dem Zweck, Hitler Einhalt zu gebieten, vorgeschlagen, diesmal unter Teilnahme Frankreichs, Englands, Polens, Rußlands, Rumäniens und der Türkei. Aber Chamberlain hatte den Gedanken für »verfrüht« gehalten. Er hegte starkes Mißtrauen gegen Moskau und glaubte, über eine »Erklärung« der vier Mächte unter Einschluß Rußlands nicht hinausgehen zu können.

Sein Vorschlag wurde Beck noch am gleichen Tag, dem 21. März, von dem britischen Botschafter in Warschau unterbreitet, fand jedoch eine etwas kühle Aufnahme, weil die Russen beteiligt sein sollten. Beck mißtraute der Sowjetunion mehr noch als Chamberlain und teilte darüber hinaus die Ansichten des britischen Premiers über die Wertlosigkeit russischer Militärhilfe. An diesen Ansichten sollte er unerschütterlich bis zur Katastrophe festhalten.

Aber am verhängnisvollsten war für Polen, was sich an diesem 21. März in Berlin ereignete. Ribbentrop bat den polnischen Botschafter, ihn in der Mittagszeit aufzusuchen. Zum ersten Mal war er, wie Lipski anschließend berichtete, ihm gegenüber nicht nur kühl, sondern auch aggressiv. »In zunehmendem Maße sei der Führer«, sagte Ribbentrop, »über die polnische Haltung verwundert.« Deutschland wünsche eine befriedigende Antwort auf seine Forderungen in bezug auf Danzig und die Autobahn und Eisenbahnlinie durch den Korridor. Sie sei die Vorbedingung für das Weiterbestehen freundschaftlicher deutsch-polnischer Beziehungen. »Polen müsse sich darüber klar sein, daß es keinen Mittelweg einschlagen könne.« Seine einzige Rettung sei »ein vernünftiges Verhältnis zu Deutschland und seinem Führer«. Dazu gehöre eine gemeinsame »antisowjetische Politik«. Außerdem habe der Führer den Wunsch, daß Beck ihm »demnächst einen Besuch in Berlin abstatten würde«. In der Zwischenzeit möge Lipski nach Warschau reisen und dem polnischen Außenminister persönlich die Sachlage erklären. »Er gab den Rat«, teilte Lipski Beck mit, »die Besprechung [mit Hitler] nicht hinauszuschieben, da der Reichskanzler sonst zu dem Schluß käme, Polen lehne alle seine Angebote ab[9].«

EINE KLEINE AGGRESSION NEBENBEI

Ehe Lipski von Ribbentrop fortging, fragte er ihn, ob er ihm etwas über seine, Ribbentrops, Unterredung mit dem litauischen Außenminister sagen könne. Der deutsche Außenminister erwiderte, sie hätten die Memelfrage besprochen, »die eine Lösung verlange«.

Am Tag vorher hatte Ribbentrop dem litauischen Außenminister Juozas Urbays, der in Rom gewesen war und durch Berlin kam, empfangen und von Litauen die umgehende Zurückgabe des Memellandes an Deutschland gefordert. Andernfalls »würde der Führer blitzartig handeln«. Die Litauer, warnte Ribbentrop, sollten sich über »irgendwelche Hilfe von außen« keinen Täuschungen hingeben[10].

Einige Monate vorher nämlich, am 12. Dezember 1938, hatten der französische Botschafter und der britische Geschäftsträger die deutsche Regierung auf Berichte über einen geplanten Aufstand der deutschen Bevölkerung des Memellandes aufmerksam gemacht und sie gebeten, darauf hinzuwirken, daß der von England und Frankreich garantierte Status des Memellandes respektiert werde. Das Auswärtige Amt hatte in seiner Entgegnung auf die englisch-französische Demarche »Überraschung und Erstaunen« geäußert, und Ribbentrop hatte für den Fall weiterer Schritte Anweisung gegeben, den zwei Botschaften mitzuteilen, »daß man eigentlich erwartet hätte, daß die Franzosen und Engländer endlich ein Haar darin gefunden hätten, sich um deutsche Belange zu kümmern[11]«.

Seit einiger Zeit hatte die deutsche Regierung und hatten insbesondere die Partei- und SS-Führer die Deutschen des Memellandes auf die gleiche Weise organisiert, wie sie uns nun von Österreich und dem Sudetenland her vertraut ist. Auch die deutsche Wehrmacht war zur Mitwirkung herangezogen worden; wie wir sahen, hatte Hitler drei Wochen nach dem Münchener Abkommen seine Oberbefehlshaber angewiesen, neben der Erledigung der Rest-Tschechei die Besetzung des Memellandes vorzubereiten. Da die Kriegsmarine beim Einmarsch in die Binnenländer Österreich und Sudetenland keine Gelegenheit gehabt hatte, sich mit Ruhm zu bedecken, beschloß Hitler, Memel von der See her zu nehmen. Im November wurden Pläne unter dem Decknamen »Transportübung Stettin« aufgestellt. Hitler und Admiral Raeder waren so erpicht auf diese kleine Flottendemonstration, daß sie sich am 22. März, genau eine Woche nach Hitlers triumphalem Einzug in Prag und noch ehe das wehrlose Litauen überhaupt Zeit gehabt hatte, sich einem deutschen Ultimatum zu beugen, in Swinemünde an Bord des Schlachtschiffes *Deutschland* begaben und in See stachen.

Am 21. März gab Weizsäcker der litauischen Regierung bekannt, es sei »durchaus keine Zeit zu verlieren«, und ihre Bevollmächtigten müßten »morgen mit einem Extraflugzeug« nach Berlin kommen, um die Abtretung des Memellandes an Deutschland zu unterzeichnen. Die Litauer trafen zwar prompt am Nachmittag des 22. März ein, brauchten aber einige Zeit, bis sie sich zur Kapitulation entschlossen, trotz des Druckes, den Ribbentrop persönlich auf sie ausübte, der seinerseits wiederum von dem an Bord des Schlachtschiffes seekrank gewordenen Hitler angetrieben wurde. Die erbeuteten deutschen Dokumente offenbaren, daß Hitler zweimal in der Nacht von der *Deutschland* aus durch Funkspruch bei Ribbentrop anfragte, ob die Litauer sich ergeben hätten. Der Diktator und sein Admiral wollten wissen, ob sie sich mit den Schiffsgeschützen die Einfahrt in den Hafen von Memel bahnen müßten. Am 23. März, 1.30 Uhr früh, endlich konnte Ribbentrop seinem Herrn und Meister funken, daß die Litauer unterzeichnet hatten[12].

Am Nachmittag dieses 23. März, 14.30 Uhr, hielt Hitler wiederum einen seiner triumphalen Einzüge und sprach im Memeler Stadttheater vor einer begeisterten deutschen Menge. Eine weitere Klausel des Versailler Vertrags war null und nichtig geworden. Eine weitere unblutige Eroberung war vollzogen. Daß es die letzte unblutige sein sollte, konnte Hitler nicht wissen.

POLEN WIRD EINGEHEIZT

Die Inbesitznahme des Memellandes war für Polen eine »sehr unangenehme Überraschung«, wie der deutsche Botschafter in Warschau, Hans-Adolf von Moltke, am nächsten Tag nach Berlin berichtete. »Der Hauptgrund dafür ist, daß allgemein befürchtet wird, daß nunmehr Danzig und der Korridor an die Reihe kommen[13].« Moltke teilte auch dem Auswärtigen Amt mit, es seien in Polen Reservistenjahrgänge einberufen worden. Am Tag darauf, dem 25. März, meldete Abwehrchef Admiral Canaris, Polen habe drei Jahrgänge mobilisiert, und um Danzig seien Truppenkonzentrationen im Gange. General Keitel glaubte zwar »an keine aggressiven Absichten der Polen«, doch im OKH war »man dagegen geneigt, die Lage etwas ernster anzusehen[14]«.
Hitler kehrte am 24. März aus Memel nach Berlin zurück und hatte am folgenden Tag eine lange Besprechung mit General von Brauchitsch, dem Oberbefehlshaber des Heeres. Aus Brauchitschs Aktennotiz ist ersichtlich, daß Hitler sich noch nicht ganz darüber im klaren war, wie er gegen Polen vorgehen wollte[15]. Tatsächlich scheinen ihm die widersprüchlichsten Gedanken durch den Kopf gegangen zu sein. Obwohl Botschafter Lipski für den nächsten Tag, den 26. März, zurückerwartet wurde, wollte Hitler ihn nicht sprechen.

L[ipski] kommt am Sonntag, d. 26. 3. aus Warschau zurück [notierte Brauchitsch]. Hatte den Auftrag, dort anzufragen, ob Polen zu einem Arrangement bzgl. Danzig bereit sei. Führer hat Bln. am 25. 3. abds. verlassen, will bei Rückkehr L[ipskis] nicht hier sein. R[ibbentrop] soll Verhandlungen zunächst führen. Der Führer will die Danziger Frage jedoch nicht gewaltsam lösen. Möchte Polen dadurch nicht in die Arme Englands treiben.
Eine evtl. mil. Besetzung Danzigs käme nur dann in Betracht, wenn L. durchblicken läßt, daß die poln. Regierung eine freiwillige Abgabe Danzigs ihrem Volk gegenüber nicht vertreten könne und ihr die Lösung durch ein fait accompli *erleichtert würde.*

Diese Zeilen geben einen interessanten Einblick in Hitlers damalige Gedankengänge. Drei Monate vorher hatte er persönlich Beck versichert, es würde in Danzig kein deutsches *Fait accompli* geben. Auch mußte er sich noch daran erinnern, daß Beck betont hatte, das polnische Volk würde niemals die Abtretung Danzigs an Deutschland zulassen. Wenn nun die Deutschen Danzig ganz einfach besetzten, würde es dann wirklich für die polnische Regierung leichter sein, dieses *Fait accompli* zu akzeptieren? Bisher hatte Hitler in genialer Weise die Schwächen seiner ausländischen Gegner abgeschätzt und Vorteil daraus gezogen; hier aber ließ ihn wohl zum ersten Mal sein Urteilsvermögen im Stich. Die in Polen regierenden »Obersten« waren zwar eine mediokre Gesellschaft, aber das Letzte, was sie wünschten oder hinnehmen würden, war ein *Fait accompli* in Danzig.

Freilich hatte Hitler, obwohl Danzig den ersten Platz in seinen Gedanken einnahm, darüber hinaus noch anderes im Sinne, so wie er, als man ihm in München das Sudetenland gab, seine Blicke auf die Tschechoslowakei gerichtet hatte.

Vorläufig [notierte Brauchitsch] beabsichtigt der Führer noch nicht, die polnische Frage zu lösen. Sie soll nun aber bearbeitet werden. Eine in naher Zukunft erfolgende Lösung müßte besonders günstige politische Voraussetzungen haben. Polen soll dann so niedergeschlagen werden, daß es in den nächsten Jahrzehnten als politischer Faktor nicht mehr in Rechnung gestellt zu werden braucht. Der Führer denkt bei dieser Lösung an eine vom Ostrand Ostpreußens bis zur Ostspitze Schlesiens vorgeschobene Grenze.

Wie Brauchitsch sehr wohl wußte, handelte es sich bei dieser Grenze um die durch Versailles beseitigte deutsche Ostgrenze der Vorkriegszeit, als es noch kein Polen gab. Wenn Hitler irgendwelche Zweifel über die Art der polnischen Antwort gehabt haben sollte, so wurden sie zerstreut, als Botschafter Lipski am Sonntag, dem 26. März, nach Berlin zurückkehrte und ein Memorandum seiner Regierung überreichte[16]. Ribbentrop las es sofort durch, verwarf es, wetterte über polnische Mobilmachungsmaßnahmen »und warnte ihn [Lipski] vor möglichen Konsequenzen«. Ferner erklärte er, jede Verletzung Danziger Gebiets durch polnische Truppen werde als Aggression gegen Deutschland angesehen werden.

Polens Memorandum war, wenn auch im Ton konziliant, eine entschiedene Ablehnung der deutschen Forderungen. Die polnische Regierung erklärte sich bereit, über weitere Erleichterungen des Eisenbahn- und Autoverkehrs durch den Korridor zu verhandeln, weigerte sich aber, die Exterritorialität solcher Verkehrswege zu erörtern. In bezug auf Danzig war Polen willens, an die Stelle des Völkerbundstatuts eine deutsch-polnische Garantie treten zu lassen, nicht aber einer Angliederung der Freien Stadt an Deutschland zuzusehen.

Deutschland war es damals nicht mehr gewöhnt, daß kleinere Länder seine Forderungen zurückwiesen, und so bemerkte Ribbentrop zu Lipski, »das erinnere ihn an gewisse gefährliche Maßnahmen eines anderen Staats« – eine deutliche Anspielung auf die Tschechoslowakei. Nicht minder deutlich dürfte Lipski, als er am nächsten Tag wieder zu Ribbentrop bestellt wurde, erkannt haben, daß das Dritte Reich nunmehr gegenüber Polen zu den gleichen Methoden greifen wollte, die es erfolgreich gegen Österreich und die Tschechoslowakei angewandt hatte. Ribbentrop tobte wegen angeblicher Ausschreitungen gegen die deutsche Minderheit in Polen, die »in Deutschland einen katastrophalen Eindruck gemacht hätten«.

Abschließend bemerkte der Herr R. A. M., er könne die Polnische Regierung nicht mehr verstehen . . . Jedenfalls könne der gestern vom polnischen Botschafter überbrachte Vorschlag von Herrn R. A. M. als keine Basis für eine Regelung der Fragen angesehen werden. Die Beziehungen beider Länder entwickelten sich daher stark abschüssig[17].

Warschau war indes nicht so leicht einzuschüchtern wie Wien und Prag. Am Tage darauf, dem 28. März, ließ Beck den deutschen Botschafter zu sich kommen. Ribbentrops Erklärung, sagte er, daß ein polnischer Schritt gegen Danzig den *casus belli* bedeuten würde, zwinge ihn zu der Feststellung, daß jeder Versuch Deutschlands oder des nationalsozialistischen Danziger Senats, den Status der Freien Stadt zu ändern, von Polen als *Casus belli* angesehen werden würde.
»Sie wollen auf der Spitze des Bajonetts verhandeln!« rief der Botschafter.
»Das tun Sie ja!« erwiderte Beck[18].
Der wachsam gewordene polnische Außenminister konnte es sich eher als seinerzeit Benesch leisten, Berlin die Stirn zu bieten. Er wußte, daß die britische Regierung, die im Vorjahr bestrebt gewesen war, Hitlers Forderungen an die Tschechoslowakei zu unterstützen, nunmehr im Begriff war, hinsichtlich Polens den entgegengesetzten Kurs einzuschlagen. Zwar hatte Beck selbst den britischen Vorschlag zu einer Viermächte-Erklärung torpediert und erklärt, Polen lehne jegliche Verbindung mit Rußland ab. Statt dessen hatte er am 22. März dem britischen Botschafter in Warschau den Vorschlag gemacht, unverzüglich ein geheimes englisch-polnisches Abkommen zwecks gegenseitiger Beratung im Fall eines drohenden Angriffs einer dritten Macht abzuschließen. Doch Chamberlain und Halifax, alarmiert durch Nachrichten über deutsche Truppenbewegungen in unmittelbarer Nähe Danzigs und des Korridors und durch Meldungen des britischen Geheimdienstes über deutsche Forderungen an Polen (die der verschmitzte Beck den Engländern verheimlicht hatte), wollten jetzt etwas mehr als nur »Beratungen«.
Am Abend des 30. März überreichte Kennard, der britische Botschafter, Beck einen englisch-französischen Vorschlag zu gegenseitigen Beistandspakten im Fall einer deutschen Aggression. Aber auch dieser Schritt wurde von den Ereignissen überholt. Berichte über die Möglichkeit eines unmittelbar bevorstehenden deutschen Angriffs auf Polen veranlaßten die britische Regierung, noch am gleichen Abend bei Beck nachzufragen, ob er etwas gegen eine einseitige britische Interimsgarantie der polnischen Unabhängigkeit einzuwenden habe. Chamberlain müsse es bis zum nächsten Morgen wissen, da er im Unterhaus eine diesbezügliche Anfrage zu beantworten wünsche. Beck – seine Erleichterung kann man sich vorstellen – hatte keine Einwände. Er sagte zu Kennard, er »stimme ohne Zögern zu[19]«.
Am Tag darauf, dem 31. März, gab Chamberlain seine historische Erklärung im Unterhaus ab: England und Frankreich würden im Falle einer die Unabhängigkeit Polens eindeutig bedrohenden Aktion, gegen die es sich zur Wehr setzen müsse, »der polnischen Regierung alle in ihrer Macht stehende Unterstützung angedeihen lassen«.

Mochte die plötzlich kommende einseitige britische Garantie Polens in den westlichen und östlichen Nachbarländern Deutschlands noch so sehr begrüßt werden, in Berlin war man offenbar fassungslos. Mit sehr geringen Risiken hätten Großbritannien und Frankreich, von Rußland unterstützt, Hitler ein ums andere Mal Halt gebieten können: 1936, als die Deutschen das entmilitarisierte Rheinland besetzten, 1938, als er Österreich nahm und wegen des Sudetenlands Europa in einen Krieg zu stürzen drohte, ja sogar noch vierzehn Tage vorher, als er die Tschechoslowakei an sich riß. Aber der friedliebende Chamberlain war davor zurückgeschreckt. Nicht allein das: Er hatte sich außerordentlich bemüht und sogar, wie er selber sagte, seine politische Karriere aufs Spiel gesetzt, um Adolf Hitler in seinen Ansprüchen entgegenzukommen. Er hatte keinen Finger gerührt, um Österreichs Selbständigkeit zu retten. Er hatte sich dem deutschen Diktator beigesellt, um die Unabhängigkeit der Tschechoslowakei zu zerstören, der einzigen echten Demokratie östlich von Deutschland, der einzigen, die ein Freund des Westens war und dem Völkerbund und dem Gedanken der kollektiven Sicherheit anhing. Er hatte nicht einmal in Betracht gezogen, welchen militärischen Wert die 35 gut ausgebildeten, gut ausgerüsteten Divisionen und die starken Befestigungsanlagen der Tschechoslowakei zu einer Zeit *für den Westen* gehabt haben würden, in der England selbst nur zwei Divisionen nach Frankreich schicken konnte und die deutsche Wehrmacht nicht imstande war, einen Zweifrontenkrieg zu führen oder gar – den deutschen Generalen zufolge – die tschechischen Verteidigungswerke zu durchbrechen.

Nun hatte Chamberlain, verständlicherweise erbittert über Hitlers Liquidierung der Rest-Tschechoslowakei, über Nacht ein einseitiges Garantieversprechen für ein osteuropäisches Land gegeben, das von einer Junta politisch unfähiger »Obersten« regiert wurde, die sich zusammen mit den Deutschen wie Hyänen auf die Tschechoslowakei gestürzt hatten und deren Land gerade durch jene deutschen Eroberungen, die England – und Polen – zugelassen hatten, nunmehr militärisch nicht mehr zu verteidigen war. Und dieses Risiko in elfter Stunde war Chamberlain eingegangen, ohne sich zu bemühen, den Beistand der Russen zu sichern, deren Vorschläge zu einem gemeinsamen Vorgehen gegen weitere Aggressionen Deutschlands er innerhalb eines Jahres zweimal abgelehnt hatte.

Seit mehr als einem Jahr hatte Chamberlain nachdrücklich erklärt, England werde niemals die Entscheidung darüber, ob es in den Krieg eintrete oder nicht, einem anderen Volk überlassen. Genau das hatte er letzten Endes doch getan.

Dennoch stellte Chamberlains – bei aller Verspätung – übereilter Schritt Adolf Hitler vor eine völlig neue Situation. Von nun an war es offensichtlich, daß sich England weiteren Aggressionen in den Weg stellen würde. Er konnte nun nicht mehr seine Taktik anwenden, ein Volk nach dem anderen vorzunehmen, während die westlichen Demokratien debattierend abseits standen. Zudem schien Chamberlain den ersten ernsthaften Schritt zur Bildung einer Mächtekoalition gegen Deutschland unternommen zu haben, die, wurde sie nicht erfolgreich durchkreuzt, zu genau jener Einkreisung führen konnte, die seit der Bismarckzeit Deutschlands Alpdruck gewesen war.

FALL WEISS

Chamberlains Erklärung versetzte den deutschen Diktator in einen der ihm eigentümlichen Wutanfälle. Admiral Canaris, der zufällig bei Hitler war, als die Nachricht eintraf, erzählt, Hitler habe mit den Fäusten auf die Marmortischplatte gehämmert und mit wutverzerrtem Gesicht gebrüllt: »Denen werde ich einen Teufelstrank brauen[20]!« Am nächsten Tag, dem 1. April, sprach er anläßlich des Stapellaufs der *Tirpitz* in Wilhelmshaven und war in so kriegerischer Stimmung, daß er offenbar seiner Selbstbeherrschung nicht ganz traute. Denn im letzten Augenblick ordnete er an, seine Rede nicht direkt zu übertragen, sondern auf Platten aufzunehmen, damit sie gegebenenfalls redigiert werden könne[21]. Doch selbst noch die überarbeitete Sendung wimmelte von Drohungen gegen England und Polen:

Wenn sie [die westlichen Alliierten] aber vom heutigen Deutschland erwarten, daß es Trabantenstaaten, deren einzige Aufgabe es ist, gegen Deutschland angesetzt zu werden, geduldig gewähren läßt bis zu dem Tag, an dem dieser Einsatz sich vollziehen soll, dann verwechselt man das heutige Deutschland mit dem Deutschland der Vorkriegszeit!
Wer sich schon bereit erklärt, für diese Großmächte die Kastanien aus dem Feuer zu holen, muß gewärtig sein, daß er sich dabei die Finger verbrennt . . .
Wenn man in anderen Ländern redet, daß man nun aufrüstet und immer mehr aufrüsten werde, dann kann ich diesen Staatsmännern nur eines sagen: Mich werden sie nicht müde machen! Ich bin entschlossen, diesen Weg weiterzumarschieren.

Allerdings war Hitler, wie sein Verbot der Direktübertragung zeigte, vorsichtig genug, die öffentliche Meinung des Auslands nicht allzu sehr herauszufordern. In Berlin ging an jenem Tag das Gerücht, er wolle auf Chamberlains Erklärung als erstes mit der Aufkündigung des deutsch-englischen Flottenabkommens antworten. Aber in seiner Rede sagte er lediglich, Deutschland werde, falls England nicht länger zu dem Vertrag stehen wolle, »dies sehr ruhig hinnehmen«.
Und wie so oft schloß Hitler mit altbekannten Friedenstönen: »Deutschland denkt nicht daran, andere Völker anzugreifen . . . Und aus dieser Überzeugung heraus habe ich mich auch vor drei Wochen entschlossen, dem kommenden Parteitag den Namen ›Parteitag des Friedens‹ zu geben« – ein Schlagwort, das, je weiter der Sommer 1939 voranschritt, einen immer ironischeren Klang erhielt.
Das alles war für den Publikumsbedarf. Seine wahre Antwort an Chamberlain und Oberst Beck gab Hitler am 3. April unter größter Geheimhaltung: Sie bildet den Inhalt einer Weisung an die Wehrmacht, von der nur fünf Kopien angefertigt wurden und die erstmalig dem »Fall Weiß« galt. Das war ein Deckname, der für den weiteren Verlauf der Weltgeschichte von großer Bedeutung sein sollte.

FALL WEISS

Die gegenwärtige Haltung Polens erfordert es, ... die militärischen Vorbereitungen zu treffen, um nötigenfalls jede Bedrohung von dieser Seite für alle Zukunft auszuschließen.

1. Politische Voraussetzungen und Zielsetzung

... Das Ziel ist ... die polnische Wehrkraft zu zerschlagen und eine den Bedürfnissen der Landesverteidigung entsprechende Lage im Osten zu schaffen. Der Freistaat Danzig wird spätestens mit Beginn des Konfliktes als deutsches Reichsgebiet erklärt.

Die politische Führung sieht es als ihre Aufgabe an, Polen in diesem Fall womöglich zu isolieren, d. h. den Krieg auf Polen zu beschränken.

Die zunehmend krisenhafte innere Entwicklung in Frankreich und eine daraus folgernde Zurückhaltung Englands könnte eine derartige Lage in nicht zu ferner Zeit entstehen lassen.

Ein Eingreifen Rußlands ... wird Polen aller Voraussicht nach nichts nützen ... Die Haltung Italiens ist durch die Achse Berlin-Rom bestimmt.

2. Militärische Folgerungen

Die großen Ziele im Aufbau der deutschen Wehrmacht bleiben weiterhin durch die Gegnerschaft der westlichen Demokratien bestimmt. Der »Fall Weiß« bildet lediglich eine vorsorgliche Ergänzung der Vorbereitungen ...

Die Isolierung Polens wird um so eher auch über den Kriegsausbruch hinaus erhalten bleiben, je mehr es gelingt, den Krieg mit überraschenden, starken Schlägen zu eröffnen und zu schnellen Erfolgen zu führen ...

3. Aufgaben der Wehrmacht

Die Aufgabe der Wehrmacht ist es, die polnische Wehrmacht zu vernichten. Hierzu ist ein überraschender Angriffsbeginn anzustreben und vorzubereiten.

Und in bezug auf Danzig:

Die handstreichartige Besetzung des Freistaates Danzig kann unabhängig vom »Fall Weiß« in Ausnutzung einer politisch günstigen Lage in Frage kommen ... Die Besetzung durch das Heer hat von Ostpreußen aus zu erfolgen. Die Kriegsmarine unterstützt das Unternehmen des Heeres durch Eingreifen von See aus.

Die Weisung für »Fall Weiß« ist ein umfangreiches Dokument mit mehreren »Anlagen« und »Besonderen Anordnungen«, die am 11. April zu einem Ganzen zusammengefaßt und mit der Zeit, je näher der Krieg heranrückte, natürlich ergänzt wurden. Aber schon am 3. April ließ Hitler dem »Fall Weiß« noch folgende Direktiven anhängen:

1. *Die Bearbeitung hat so zu erfolgen, daß die Durchführung ab 1. 9. 39 jederzeit möglich ist.*

(Wie im Fall des Sudetenlandes, für dessen Besetzung Hitler schon lange im voraus den 1. Oktober 1938 vorgesehen hatte, sollte dieser weit bedeutsamere Termin des 1. September 1939 ebenfalls eingehalten werden.)

2. Das OKW ist beauftragt, eine genaue Zeittafel für den »Fall Weiß« aufzustellen und die zeitliche Übereinstimmung zwischen den 3 Wehrmachtteilen durch Besprechungen zu klären.

3. Die Absichten der Wehrmachtteile und Unterlagen für die Zeittafel sind dem OKW zum 1. 5. 39 einzureichen[22].

In der ersten Aprilwoche hielt ich mich in Polen auf, um nach einer Antwort auf die Frage zu suchen, ob sich die Polen wie vorher Österreicher und Tschechen von Hitler so weit zermürben lassen würden, daß sie seinen Forderungen nachkommen, oder ob sie sich einer deutschen Aggression widersetzen würden. Soweit zu erkennen war, wollten die Polen kämpfen, doch befanden sie sich militärisch und politisch in katastrophaler Lage. Ihre Luftwaffe war veraltet, ihre Armee zu schwerfällig und ihre strategische Position – auf drei Seiten von den Deutschen umgeben – fast hoffnungslos. Zudem hatten die Deutschen ihren Westwall verstärkt, was eine englisch-französische Offensive im Falle eines Angriffs auf Polen außerordentlich erschwerte. Schließlich war es offenkundig, daß die starrsinnigen polnischen »Obersten« selbst dann keine russische Hilfe annehmen würden, wenn die Deutschen vor den Toren Warschaus stünden.

Die Dinge kamen nun rasch ins Rollen. Am 6. April unterzeichnete Oberst Beck in London ein Abkommen mit Großbritannien, durch das die einseitige britische Garantie in einen zeitlich begrenzten Beistandspakt auf Gegenseitigkeit umgewandelt wurde. Ein Dauervertrag sollte abgeschlossen werden, sobald die Einzelheiten ausgearbeitet wären.

Am nächsten Tag, dem 7. April, ließ Mussolini seine Truppen in Albanien einmarschieren, wodurch er ein Sprungbrett gegen Griechenland und Jugoslawien erhielt, das in der ohnehin gespannten Atmosphäre in Europa die kleinen Länder, die der Achse zu trotzen wagten, noch nervöser machte. Wie aus den Akten des deutschen Auswärtigen Amtes ersichtlich ist, geschah die Besetzung Albaniens mit vollem Einverständnis Deutschlands, das vorher unterrichtet worden war. Als Gegenmaßnahme garantierten England und Frankreich am 3. April die Unabhängigkeit Griechenlands und Rumäniens. Beide Seiten begannen Stellungen zu beziehen. Mitte April reiste Göring nach Rom und führte am 15. und 16. – zu Ribbentrops großem Ärger – zwei lange Besprechungen mit Mussolini[23]. Sie waren sich zwar darin einig, »daß die Achsenmächte noch zwei bis drei Jahre brauchten«, um für »einen allgemeinen Konflikt« vorbereitet zu sein, doch erklärte Göring, daß die Achse, wenn es früher zum Kriege kommen sollte, »in einer sehr starken Position« sein würde und jeden möglichen Gegner schlagen könnte.

Bei den Unterredungen kam auch ein am 15. April in Rom und Berlin eingetroffener Appell des Präsidenten Roosevelt zur Sprache. Laut Ciano hatte es der Duce zunächst abgelehnt, das Telegramm überhaupt zu lesen, während Göring gesagt habe, es lohne sich nicht, darauf zu antworten. Mussolini sah in dem Appell »eine Folge von Kinderlähmung«; Göring hingegen hatte den Eindruck, Roosevelt stehe »im Anfangsstadium einer Geisteskrankheit«. In seinem Telegramm an Hitler und Mussolini hatte der Präsident der Vereinigten Staaten klipp und klar gefragt:

Sind Sie bereit zu versichern, daß Sie folgende unabhängige Nationen nicht angreifen oder mit Ihren Streitkräften nicht in deren Gebiet einmarschieren werden?

Es folgte eine Aufstellung von 31 Ländern, darunter Polen, die Baltischen Staaten, Rußland, Dänemark, Holland, Belgien, Frankreich und England. Der Präsident sprach die Hoffnung aus, daß eine Nichtangriffsgarantie für »mindestens zehn Jahre« gegeben werden möge. In diesem Falle wolle Amerika an weltweiten »Diskussionen« teilnehmen, um die Welt von der »erdrückenden Rüstungslast« zu befreien und damit den Welthandel zu erweitern.

»Sie haben wiederholt versichert«, mahnte er Hitler, »daß Sie und das deutsche Volk keinen Krieg wünschen. Wenn das wahr ist, braucht es keinen Krieg zu geben.«

Im Lichte des heute Bekannten mag Roosevelts Appell naiv erscheinen. Immerhin hielt Hitler ihn für so unbequem, daß er bekanntgab, er werde ihn beantworten – freilich nicht unmittelbar, sondern mit einer Rede in einer für den 28. April eigens für den Zweck einberufenen Reichstagssitzung.

Unterdessen ließ das deutsche Auswärtige Amt, wie aus den erbeuteten Akten hervorgeht, am 17. April allen von Roosevelt erwähnten Staaten außer Polen, Rußland, England und Frankreich zwei Fragen vorlegen: 1. Ob sie sich in irgendeiner Weise von Deutschland bedroht fühlten. 2. Ob sie Roosevelt zu seinem Vorschlag ermächtigt hätten.

Ribbentrop kabelte den deutschen Missionen in den verschiedenen Ländern: »Wir sind über negative Beantwortung beider Fragen nicht im Zweifel, möchten aber trotzdem aus besonderen Gründen sofortige authentische Feststellung treffen.« Was er unter »besonderen Gründen« verstand, sollte sich herausstellen, als Hitler am 28. April seine Rede hielt.

Bis zum 22. April konnte das Auswärtige Amt dem Führer berichten, daß die meisten Länder, darunter Jugoslawien, Belgien, Norwegen, Holland und Luxemburg, »beide Fragen verneint« hatten. Mit welcher Unschuld die Regierungen dieser Länder das Dritte Reich betrachteten, sollte sich bald zeigen. Aus Rumänien jedoch kam eine schroffe Antwort: »Die Reichsregierung sei selbst in der Lage zu wissen, ob eine Bedrohung eintreten könne.« Das kleine Lettland wollte zunächst nicht verstehen, welche Antwort von ihm erwartet wurde, aber das Auswärtige Amt brachte es rasch zur Raison. Am 18. April rief Weizsäcker den deutschen Gesandten in Riga an,

um ihm zu sagen, daß die Antwort des lettischen Außenministers Munters auf unsere Anfrage wegen des Roosevelt-Telegramms uns unverständlich sei. Während die anderen befragten Regierungen fast durchweg schon geantwortet und selbstverständlich negativ geantwortet hätten, mache Herr Munters aus dieser lächerlichen amerikanischen Propaganda einen Fall, über welchen er sein Kabinett befragen wolle. Wenn Munters uns auf unsere Frage nicht schlankweg mit »Nein« antworte, so müßten wir Lettland denjenigen Ländern zurechnen, welche sich zum willfährigen Helfershelfer von Herrn Roosevelt machten. Ich nähme an, daß ein Wort von Herrn von Kotze [dem deutschen Gesandten] in diesem Sinne bei Herrn Munters genüge, um von ihm die selbstverständliche Antwort zu erhalten[24].

Und es genügte denn auch.

HITLER ENTGEGNET ROOSEVELT

Die Antworten der verschiedenen Länder lieferten Hitler eine Munition, von der er in seiner Rede am 28. April meisterhaft Gebrauch machte. Er sprach mehr als zwei Stunden lang. In mancherlei Hinsicht, insbesondere in der Geschicklichkeit, mit der Hitler an die Deutschen und an die ausländischen Freunde des nationalsozialistischen Deutschlands appellierte, war diese Rede wahrscheinlich die brillanteste, die er je gehalten hat. Denn was reine Beredsamkeit, Schlauheit, Ironie, Sarkasmus und Heuchelei anlangte, bewegte sich Hitler auf einer Höhe, die er niemals wieder erreichte. Und wenn sie auch für deutsche Ohren bestimmt war, so wurde sie doch nicht allein von allen deutschen Sendern übertragen, sondern auch von Hunderten ausländischer Rundfunkstationen übernommen. In Amerika ging sie über die größten Sendenetze. Niemals vorher und niemals nachher hatte Hitler eine so weltweite Hörerschaft[25].

Nach den üblichen stereotypen Erklärungen über den Frevel von Versailles und die durch den Friedensvertrag dem deutschen Volk auferlegten vielen Ungerechtigkeiten und langen Leiden befaßte er sich zunächst mit Großbritannien und Polen in einer Weise, die das beunruhigte Europa erschütterte.

Zwar gab er seiner Bewunderung und seinen freundschaftlichen Gefühlen für England Ausdruck, attackierte es dann aber wegen seines Mißtrauens ihm gegenüber sowie wegen seiner neuen »Einkreisungspolitik« gegen Deutschland und kündigte den deutsch-englischen Flottenvertrag von 1935. Die Voraussetzungen für den Pakt seien nicht mehr gegeben.

Sodann kam er auf Polen zu sprechen und gab seinen (bisher geheim gehaltenen) Vorschlag in bezug auf Danzig und den Korridor bekannt. Er nannte ihn »das gewaltigste Entgegenkommen im Dienste des europäischen Friedens«, nur habe die polnische Regierung »dieses mein Angebot abgelehnt«.

Ich habe diese mir unverständliche Haltung der polnischen Regierung aufrichtig bedauert, ... jedoch das schlimmste ist, daß Polen nunmehr glaubt, unter dem Druck einer verlogenen Welthetze Truppen einberufen zu müssen, obwohl Deutschland seinerseits überhaupt nicht einen einzigen Mann eingezogen hat und nicht daran dachte, irgendwie gegen Polen vorzugehen. Wie gesagt, dies ist an sich sehr bedauerlich, und die Nachwelt wird einmal entscheiden, ob es nun wirklich so richtig war, diesen von mir gemachten Vorschlag abzulehnen ... einen wahrhaft einmaligen Kompromiß.

Angriffsabsichten auf Polen, fuhr Hitler fort, seien Deutschland »von der Weltpresse einfach angedichtet«. (Keiner der vielen Millionen Hörer konnte ahnen, daß er erst drei Wochen vorher der Wehrmacht schwarz auf weiß befohlen hatte, die Vernichtung Polens bis »spätestens« 1. September 1939 vorzubreiten.) Die Erfindungen der Weltpresse hätten Polen dazu geführt, ein Abkommen mit Großbritannien zu treffen, das »Polen unter Umständen zwingen würde, ... gegen Deutschland militärisch Stellung zu nehmen«. Infolgedessen habe Polen den deutsch-polnischen Nichtangriffspakt verletzt. »Ich sehe deshalb das ... seinerzeit geschlossene Abkommen ... als nicht mehr bestehend an.«

Nachdem er selbst zwei Verträge einseitig aufgekündigt hatte, sagte Hitler dem Reichstag, er sei bereit, über neue vertragliche Regelungen zu verhandeln! »Sollte die polnische Regierung Wert darauf legen, ... so werde ich das nur begrüßen. Niemand wäre darüber glücklicher als ich.« Das war ein alter Trick, den er schon oft bei Vertragsbrüchen angewandt hatte, aber er verfing jetzt nicht mehr, was Hitler wahrscheinlich nicht wußte.

Dann wandte Hitler sich Präsident Roosevelt zu und erklomm den Gipfel seiner Redekunst. Freilich, für normale Ohren waren seine Worte Heuchelei und Trug. Doch die von der Parteiführung ausgewählten Mitglieder des Reichstags entzückten sich an diesem Meisterstück von Sarkasmus und Ironie. Die Abgeordneten schüttelten sich vor Lachen, als Hitler mit effektvoller Steigerung den amerikanischen Präsidenten lächerlich machte. Punkt für Punkt nahm er Roosevelts Telegramm vor, machte beinahe heiter nach jedem eine Pause, um dann wie ein Schulmeister mit leiser Stimme zu sagen: *Antwort* – worauf er auf den Punkt einging. (Der Autor sieht Hitler noch vor sich, wie er immer wieder innehielt und dann ganz ruhig das Wort *Antwort* aussprach, während Göring in seinem Präsidentensessel oberhalb der Rednertribüne vergeblich versuchte, sein Gekicher zu ersticken, und die Abgeordneten sich anschickten, sobald die *Antwort* gegeben war, in brüllendes Gelächter auszubrechen.)

Herr Roosevelt erklärt nun ..., daß es für ihn feststeht, daß sich alle internationalen Probleme am Konferenztisch lösen lassen.

Antwort: ... *Ich würde mich also freuen, wenn am Konferenztisch wirklich diese Probleme ihre Lösung finden könnten. Meine Skepsis beruht aber darin, daß es Amerika selbst war, das sein Mißtrauen über die Wirksamkeit von Konferenzen den schärfsten Ausdruck verlieh. Denn die größte Konferenz aller Zeiten war ohne Zweifel der Völkerbund. Dieses nach dem Willen eines amerikanischen Präsidenten geschaffene Gremium aller Völker der Welt sollte die Probleme der Menschheit am Konferenztisch lösen. Der erste Staat aber, der sich von dieser Arbeit zurückhielt, war die amerikanische Union ... Ich selbst erst habe mich dann entschlossen, nach jahrelanger zweckloser Teilnahme das*

Beispiel Amerikas nachzuahmen und die größte Konferenz der Welt ebenfalls zu verlassen.

Deutschland sei früher schon einmal zu einer Konferenz gegangen – nach Versailles –, nur habe man mit ihm nicht diskutiert, sondern ihm diktiert: »Die Vertreter des deutschen Volkes ... wurden entehrender behandelt als dies früher bei Siouxhäuptlingen der Fall sein konnte.«
Schließlich gelangte Hitler zum Kern seiner Antwort auf Roosevelts Ersuchen, zu versichern, daß er keines der 31 Länder angreifen werde.

Antwort: *Durch welches Verfahren hat Herr Roosevelt überhaupt festgestellt, welche Nationen sich durch die deutsche Politik bedroht fühlen oder nicht? Oder ist Herr Roosevelt trotz der doch sicherlich auch auf ihm lastenden ungeheuren Arbeit in seinem eigenen Land in der Lage, von sich aus alle diese inneren Seelen- und Geistesverfassungen anderer Völker und ihrer Regierungen zu erkennen?*
Herr Roosevelt verlangt endlich die Bereitwilligkeit, ihm die Zusicherung zu geben, daß die deutschen Streitkräfte das Staatsgebiet oder die Besitzungen folgender unabhängiger *Nationen nicht angreifen würden, und er nennt als dafür in Frage kommend nun ...*

Hitler las dann langsam den Namen jedes einzelnen Landes vor. Ich erinnere mich, daß mit jedem Namen, den er aufzählte, das Gelächter im Reichstag zunahm. Ich glaube, es hat kein einziger Abgeordneter, auch sonst niemand in Berlin, wobei ich mich nicht ausnehme, bemerkt, daß er bei der Aufzählung Polen schlauerweise ausließ[26].
Jetzt spielte Hitler, wie er geglaubt haben dürfte, seinen Trumpf aus.

Antwort: *Ich habe mir zunächst die Mühe genommen, bei den angeführten Staaten festzustellen, erstens, ob sie sich bedroht fühlen, und zweitens, ob vor allem diese Anfrage Herrn Roosevelts an uns durch eine Anregung ihrerseits oder wenigstens mit ihrem Einverständnis erfolgt sei.*
Die Beantwortung war eine durchaus negative ... Allerdings konnte an einige der angeführten Staaten und Nationen diese Rückfrage von mir nicht zugeleitet werden, weil sie sich – wie zum Beispiel Syrien – zur Zeit nicht im Besitz ihrer Freiheit befinden, sondern von den militärischen Kräften demokratischer Staaten besetzt gehalten und damit rechtlos gemacht sind.
... Abgesehen davon haben aber alle an Deutschland angrenzenden Staaten viel bündigere Zusicherungen ... erhalten, als sie sich Herr Roosevelt in seinem eigenartigen Telegramm von mir erbittet ...

Trotz alledem, sagte Hitler, sei die deutsche Regierung bereit, »jedem dieser genannten einzelnen Staaten, wenn [Roosevelt] es wünschen sollte ... diese Zusicherung zu geben«. Ja mehr noch! Und seine Augen leuchteten auf.

Ich möchte aber diese Gelegenheit nicht vorübergehen lassen, ohne dem Präsidenten

der nordamerikanischen Union vor allem eine Versicherung über die Gebiete abzugeben, die doch wohl in erster Linie für seine Besorgnis in Frage kämen, nämlich die nordamerikanische Union selbst und die übrigen Staaten des amerikanischen Kontinents.
Und hier erkläre ich feierlich, daß alle irgendwie verbreiteten Behauptungen über einen beabsichtigten deutschen Angriff oder Eingriff auf oder in amerikanische Gebiete plumper Schwindel oder grobe Unwahrheit sind. Ganz abgesehen davon, daß solche Behauptungen übrigens auch vom militärischen Standpunkt aus nur einer albernen Phantasie entstammen können.

Die Reichstagsabgeordneten schüttelten sich vor Lachen; Hitler indes verlor kein Lächeln, bewahrte sehr wirkungsvoll seine feierliche Miene.
Und dann gelangte er zum Redeschluß – dem eloquentesten, den deutsche Ohren, wie ich glaube, jemals von ihm zu hören bekamen.

Herr Präsident Roosevelt! Ich verstehe ohne weiteres, daß es die Größe Ihres Reiches und der immense Reichtum Ihres Landes Ihnen erlauben, sich für die Geschichte der ganzen Welt und für die Geschicke aller Völker verantwortlich zu fühlen. Ich, Herr Präsident Roosevelt, bin in einen viel bescheideneren und kleineren Rahmen gestellt ...
Ich übernahm einst einen Staat, der dank seines Vertrauens auf die Zusicherung einer anderen Welt sowie durch das schlechte Regime eigener demokratischer Staatsführung vor dem vollkommenen Ruin stand ... Ich habe das Chaos in Deutschland überwunden, die Ordnung wiederhergestellt, die Produktion auf allen Gebieten unserer nationalen Wirtschaft ungeheuer gehoben, ... das Verkehrsleben entwickelt, gewaltige Straßen in Bau gegeben, ich habe Kanäle graben lassen, riesige neue Fabriken ins Leben gerufen und mich dabei bemüht, ... der Bildung und der Kultur unseres Volkes zu dienen.
Es ist mir gelungen, die uns alle so zu Herzen gehenden sieben Millionen Erwerbslosen restlos wieder in nützliche Produktion einzubauen, ... ich habe das deutsche Volk nicht nur politisch geeint, sondern auch militärisch aufgerüstet, und ich habe weiter versucht, jenen Vertrag Blatt um Blatt zu beseitigen, der in seinen 448 Artikeln die gemeinste Vergewaltigung enthält, die jemals Völkern und Menschen zugemutet worden ist.
Ich habe die uns 1919 geraubten Provinzen dem Reich wieder zurückgegeben, ich habe Millionen von uns weggerissener, tief unglücklicher Deutscher wieder in die Heimat geführt ... und ich habe, Herr Präsident, mich bemüht, dies alles zu tun, ohne Blut zu vergießen und ohne meinem Volk oder anderen daher das Leid des Krieges zuzufügen ...
Sie, Herr Präsident, haben es demgegenüber unendlich leichter. Sie sind, als ich 1933 Reichskanzler wurde, Präsident der amerikanischen Union geworden. Sie sind damit im ersten Augenblick an die Spitze eines der größten und reichsten Staaten der Welt getreten ... Sie können daher Zeit und Muße finden, bestimmt durch Ihre ganzen Ver-

hältnisse, sich mit universalen Problemen zu beschäftigen ... In diesem Sinne können daher Ihre Besorgnisse und Anregungen einen viel größeren und weiteren Raum umspannen als die meinen, denn meine Welt, Herr Präsident Roosevelt, ist die, in die mich die Vorsehung gesetzt hat und für die ich daher zu arbeiten verpflichtet bin. Sie ist leider räumlich viel enger. Allein ich glaube, dadurch noch am ehesten dem zu nützen, was uns allen am Herzen liegt: Der Gerechtigkeit, der Wohlfahrt, dem Fortschritt und dem Frieden der ganzen menschlichen Gemeinschaft.

Für das verblendete deutsche Volk war diese Rede Hitlers ein Meisterstück. Doch wer in den Tagen darauf in Europa umherreiste, konnte leicht erkennen, daß diese Hitlerrede im Gegensatz zu vielen früheren die Menschen und Regierungen im Ausland nicht mehr betörte. Sie waren, anders als die Deutschen, imstande, das Lügengewebe zu durchschauen. Und sie waren sich im klaren darüber, daß der deutsche Führer trotz all seiner Redekunst, und obwohl er Roosevelt verhöhnte, die entscheidenden Fragen des Präsidenten nicht wirklich beantwortet hatte: Machte er mit seinen Aggressionen Schluß? Wollte er Polen angreifen?

Zum letztenmal in seinem Leben hatte Hitler eine große öffentliche Rede in Friedenszeiten gehalten. Was der heimatlose Östereicher mit seiner Rednergabe in dieser Welt erreichen konnte, hatte er erreicht. Von nun an sollte er versuchen, sich in der Geschichte einen Platz als Feldherr zu verschaffen.

Da Hitler sich für den Sommer nach Berchtesgaden zurückzog, erwiderte er nicht öffentlich auf die polnische Entgegnung, die ihm am 5. Mai in Gestalt einer Rede Oberst Becks vor dem Parlament und eines amtlichen Memorandums an die deutsche Regierung vom gleichen Tage erteilt wurde. Das Memorandum sowie Becks Rede bildeten eine würdige, versöhnliche, aber auch entschlossene Antwort. In ihnen hieß es:

Es ist selbstverständlich, daß Verhandlungen, in denen der eine Staat Forderungen aufstellt und der andere sich gezwungen sieht, diese unverändert und vorbehaltlos anzunehmen, keine Verhandlungen ... darstellen ...[27].

ERSTE INTERVENTION RUSSLANDS

In Hitlers Reichstagsrede vom 28. April fehlte der übliche Angriff auf die Sowjetunion. Es fiel kein Wort über Rußland. Oberst Beck sprach in seiner Erwiderung von »verschiedenen anderen Andeutungen von seiten der Vertreter der Reichsregierung, die über die zur Diskussion stehenden Gegenstände hinausgingen. Ich behalte mir das Recht vor, auf diese Angelegenheit erforderlichenfalls zurückzukommen« – eine verschleierte, aber nicht zu übersehende Anspielung auf Deutschlands frühere Bemühungen, Polen zum Eintritt in den Antikomintern-Pakt gegen Rußland zu bewegen. Was Beck nicht wußte, was auch Chamberlain nicht wußte, war, daß man in Berlin im Begriff war, von diesen antirussischen Bemühungen abzulassen. In Berlin und Moskau keimten neue Ideen.

Es ist schwer zu ermitteln, zu welchem genauen Zeitpunkt in den beiden Hauptstädten die ersten Schritte zu jener Verständigung zwischen Deutschland und der Sowjetunion unternommen wurden, die so ungeheure Folgen für die Welt haben sollte. Eines der ersten Anzeichen dafür, daß der Wind sich drehte, bildete, wie bereits erwähnt, die am 3. Oktober 1938, vier Tage nach München, von dem deutschen Botschaftsrat in Moskau nach Berlin gesandte Information: Stalin werde aus der Regelung der Sudetenfrage, von der er ausgeschlossen worden war, gewisse Folgerungen ziehen und möglicherweise »eine positivere Einstellung« gegenüber Deutschland an den Tag legen. Der Diplomat trat für ein »größeres deutsches Wirtschaftsabkommen« mit der Sowjetunion ein und wiederholte eine Woche später seinen Appell in einer zweiten Depesche[28]. Gegen Ende Oktober teilte der deutsche Botschafter in Moskau, Graf Friedrich Werner von der Schulenburg, dem Auswärtigen Amt mit: »Ich beabsichtige, mich in nächster Zeit an den Vorsitzenden des Rats der Volkskommissare, Molotow, zu wenden, um zu versuchen, zu einer Regelung der die deutsch-sowjetischen Beziehungen erschwerenden Fragen zu gelangen[29].« Der Botschafter dürfte in Anbetracht der bisher so äußerst feindseligen Haltung Hitlers gegen Moskau kaum von sich aus auf diesen Gedanken gekommen sein. Er muß aus Berlin einen Wink erhalten haben.

Daß dies tatsächlich der Fall war, geht deutlich aus den erbeuteten Archiven des Auswärtigen Amtes hervor. In deutscher Sicht ging es zunächst darum, die Handelsbeziehungen zwischen beiden Ländern zu verbessern. Eine Denkschrift des Auswärtigen Amtes vom 4. November 1938 enthüllt, »daß von seiten der Dienststellen des Generalfeldmarschalls Göring ... mit Nachdruck die Forderung erhoben wird, wenigstens noch einmal den Versuch zu machen, das Rußlandgeschäft, insbesondere soweit die Einfuhr russischer Rohstoffe in Frage steht, wieder zu beleben[30]«. Das deutsch-russische Wirtschaftsabkommen lief Ende des Jahres ab, und bei den Verhandlungen um seine Erneuerung ging es auf und ab, wie die Akten der Wilhelmstraße zeigen. Beide Seiten waren gegeneinander äußerst mißtrauisch, kamen sich aber dennoch irgendwie näher. Am 22. Dezember fanden in Moskau längere Besprechungen zwischen Beamten des sowjetischen Volkskommissariats für Innen- und Außenhandel und Julius Schnurre, dem Leiter des Referats Osteuropa in der Wirtschaftspolitischen Abteilung des deutschen Auswärtigen Amtes statt.

Kurz nach Neujahr machte der sowjetische Botschafter in Berlin, Alexej Merekalow, einen seiner seltenen Besuche in der Wilhelmstraße, um den Wunsch der Sowjetunion darzulegen, »eine neue Ära in den deutsch-sowjetischen Wirtschaftsbeziehungen zu beginnen[31]«. Ein paar Wochen lang verliefen die Besprechungen verheißungsvoll, aber im Februar 1939 gelangten sie so ziemlich zum Stillstand, angeblich wegen der Frage, ob die Hauptverhandlungen in Moskau oder in Berlin geführt werden sollten. Den wahren Grund jedoch enthüllte eine Denkschrift des Leiters der Wirtschaftspolitischen Abteilung des Auswärtigen Amtes vom 11. März 1939: Obwohl Deutschland begierig

auf russische Rohstoffe war und Göring beständig nach ihnen verlangte, konnte das Reich einfach nicht die im Warenaustausch erforderlichen Güter an die Sowjetunion liefern. Der Leiter der Wirtschaftspolitischen Abteilung meinte, daß der Abbruch der Verhandlungen »bei der deutschen Rohstofflage außerordentlich bedauerlich ist[32]«.
Aber wenn auch der erste Versuch, die Wirtschaftsbeziehungen enger zu knüpfen, gescheitert war, so gab es doch noch andere Wetterfahnen, die den Wind anzeigten. Am 10. März 1939 hielt Stalin auf der ersten Sitzung des 18. Parteikongresses in Moskau eine lange Rede. Darüber gab der wachsame Schulenburg drei Tage später einen langen Bericht nach Berlin. Er hielt es für »bemerkenswert, daß sich die Ironie und Kritik Stalins erheblich schärfer gegen England ... wendete als etwa gegen die sogenannten Angreiferstaaten und insbesondere Deutschland«. Der Botschafter hob Stalins Bemerkung hervor: »Die Schwäche der demokratischen Mächte erkläre sich... in erster Linie daraus, daß sie das Prinzip der kollektiven Sicherheit aufgegeben hätten und zu einer Politik der Nichteinmischung und Neutralität übergegangen seien. Dieser Politik liege der Wunsch zugrunde, die Angreiferstaaten auf andere Opfer abzulenken ... indem man

die Deutschen weiter nach Osten drängte, ihnen eine leichte Beute versprach und sagte: ›Beginnt nur einen Krieg mit den Bolschewiki, das weitere wird sich schon ergeben.‹ Es muß zugegeben werden, daß dies sehr stark einer Ermutigung ähnelt ... Es sieht so aus, daß dieser verdächtige Lärm den Zweck verfolgt hat, die Wut der Sowjetunion gegen Deutschland zu erzeugen ... und ohne sichtbare Gründe einen Konflikt mit Deutschland zu provozieren ...«

Abschließend formulierte Stalin die außenpolitischen Richtlinien:

1. Auch weiterhin die Politik des Friedens und der Festigung der geschäftlichen Verbindungen mit allen Ländern zu führen.
2. ... und unser Land nicht in Konflikte durch Kriegsprovokateure hineinziehen zu lassen, die gewohnt sind, sich von anderen die Kastanien aus dem Feuer holen zu lassen[33].

Dies war ein deutlicher Wink des in Rußland alle letzten Entscheidungen treffenden Mannes, daß die Sowjetunion nicht daran dachte, sich in einen Krieg mit Deutschland manövrieren zu lassen, aus dem England und Frankreich sich heraushalten würden. Und wenn dieser Wink auch in London ignoriert wurde, Berlin nahm ihn zumindest zur Kenntnis.
Doch aus Stalins Rede sowie aus den verschiedenen diplomatischen Verhandlungen kurz danach geht hervor, daß die sowjetische Außenpolitik, wenn auch vorsichtig taktierend, immer noch nicht festgelegt war. Am 15. März, drei Tage nach der Besetzung der Tschechoslowakei durch die Deutschen, schlug die russische Regierung, wie wir sahen, eine Sechsmächtekonferenz zwecks Erörterung von Maßnahmen zur Verhinderung weiterer Aggressionen vor, und am 18. März hatte Chamberlain sie als »verfrüht« verworfen. Zwei Tage später dementierte Moskau mit einer amtlichen Verlautbarung, die

der deutsche Botschafter umgehend nach Berlin kabelte, daß die Sowjetunion Polen und Rumänien »ihre Hilfe für den Fall angeboten habe, daß sie Opfer einer Aggression werden sollten«. Begründung: »Weder Polen noch Rumänien haben sich an die Sowjetregierung um Hilfe gewandt und die Sowjetregierung über irgendeine sie bedrohende Gefahr informiert[34].«

Die einseitige Garantie, welche die britische Regierung am 31. März Polen gegeben hatte, dürfte dazu beigetragen haben, Stalin zu überzeugen, daß Großbritannien ein Bündnis mit Polen einem solchen mit Rußland vorzog und daß Chamberlain, wie schon zur Zeit des Münchener Abkommens, die Sowjetunion aus dem Europäischen Konzert heraushalten wollte.

In diesem Stadium begannen Deutsche und Italiener gewisse Möglichkeiten zu wittern. Göring, der jetzt in außenpolitischen Angelegenheiten einen bedeutenden Einfluß auf Hitler ausübte, suchte am 16. April Mussolini in Rom auf und machte den Duce auf Stalins jüngste Rede aufmerksam. Stalins Erklärung, »daß die Russen sich nicht als Kanonenfutter für die kapitalistischen Mächte benutzen lassen würden«, habe ihn beeindruckt, sagte Göring. »Er wolle den Führer fragen, ob man nicht durch gewisse Mittelsmänner vorsichtig bei Rußland mit dem Ziel einer Annäherung vorfühlen könne.« Dann wies er Mussolini darauf hin, »daß in den letzten Führerreden von Rußland überhaupt nicht mehr die Rede gewesen sei«. Dem geheimen deutschen Protokoll zufolge begrüßte der Duce wärmstens die Idee einer Annäherung der Achsenmächte an die Sowjetunion. Auch Mussolini hatte das Gefühl, daß sich in Moskau ein Wandel vollziehe; er meinte, eine Annäherung könne sich »verhältnismäßig leicht durchführen lassen«.

Das Ziel ... wäre [sagte er], Rußland dadurch zu veranlassen, sich im Sinne der ... Stalin-Rede den Einkreisungsbestrebungen Englands gegenüber kühl und ablehnend zu verhalten ... Im übrigen hätten die Achsenmächte in ihrem weltanschaulichen Kampf gegen die Plutokratie und den Kapitalismus zum Teil dieselben Ziele wie das russische Regime[35].

Das war ein radikaler Umschwung in der Politik der Achse, und wenn Chamberlain davon erfahren hätte, wäre er fraglos überrascht gewesen. Vielleicht wäre auch Litwinow überrascht gewesen.

Am 16. April, genau an dem Tage, an dem jene Unterredung zwischen Göring und Mussolini stattfand, empfing der sowjetische Volkskommissar für Auswärtige Angelegenheiten den britischen Botschafter in Moskau und schlug ihm formell einen gegenseitigen Beistandspakt zwischen Großbritannien, Frankreich und der Sowjetunion vor. Unterbaut werden solle der Pakt durch eine Militärkonvention zwischen den drei Mächten und durch ein Garantieversprechen für alle mittel- und osteuropäischen Staaten, die sich von Deutschland bedroht fühlten, seitens der Unterzeichnermächte, denen sich auch Polen, wenn es wünsche, anschließen könne. Es war Litwinows letztes Angebot für ein Bündnis gegen das Dritte Reich. Der russische Außenminister, der sich mit seiner ganzen Karriere dafür eingesetzt hatte, Hitler durch die Politik der kollektiven Sicherheit Einhalt zu gebieten, muß geglaubt haben, daß es ihm endlich gelingen würde, die westlichen Demokratien und Rußland für diesen Zweck zusammenzubringen. Wie auch Churchill am 4. Mai in einer Rede sagte, in der er darüber Klage führte, daß in London das russische Angebot noch nicht angenommen worden sei: »Ohne den aktiven Beistand Rußlands gibt es keine Möglichkeit, eine Ostfront gegen die Naziaggression aufrechtzuerhalten.« Keine andere Macht in Osteuropa, Polen bestimmt nicht, besaß die militärische Stärke, um dort eine Front zu halten. Dennoch rief der russische Vorschlag in London und Paris Bestürzung hervor.

Doch noch ehe er abgelehnt wurde, tat Stalin den ersten ernsthaften Schritt, um auf die andere Seite der Straße überzuwechseln.

Am 17. April, einen Tag nach Litwinows weitgehendem Angebot an den britischen Botschafter in Moskau, suchte der sowjetische Botschafter in Berlin Staatssekretär Weizsäcker im Auswärtigen Amt auf. Es sei der erste Besuch, vermerkte Weizsäcker in einer Aktennotiz, den ihm Merekalow seit seiner Berufung auf den Berliner Posten vor annähernd einem Jahr abstatte. Nach einleitenden Bemerkungen über die deutsch-russischen Wirtschaftsbeziehungen wandte sich der Botschafter politischen Fragen zu.

Der Russe [notierte Weizsäcker] fragte mich unverblümt, was ich von dem deutsch-russischen Verhältnis hielte ... Der Botschafter erklärte hierauf etwa folgendes:

Die russische Politik sei immer geradlinig gewesen. Ideologische Meinungsverschiedenheiten hätten das russisch-italienische Verhältnis kaum beeinträchtigt und brauchten es auch Deutschland gegenüber nicht zu stören. Sowjetrußland habe die jetzigen Reibereien zwischen Deutschland und den westlichen Demokratien nicht gegen uns ausgenützt und wünsche das auch nicht zu tun. Es bestehe für Rußland kein Grund, warum es nicht mit uns auf einem normalen Fuße leben sollte. Aus normalen Beziehungen könnten auch wachsend bessere werden.

Mit dieser Bemerkung, auf welche der Russe die Unterhaltung hingeführt hatte, beendete Herr Merekalow das Gespräch. Er hat die Absicht, in den nächsten Tagen zu einem Besuch nach Moskau zu reisen[36].

In der russischen Hauptstadt, in die der Sowjetbotschafter zurückkehrte, war nämlich etwas im Gange.

Das stellte sich am 3. Mai heraus. An diesem Tage erschien auf der Titelrückseite der sowjetischen Zeitungen in der Spalte »Neues in Kürze« die kurze, unauffällige Notiz: »Litwinow ist auf eigenen Wunsch vom Amt des Volkskommissars für Auswärtige Angelegenheiten zurückgetreten.« An seine Stelle trat Wjatscheslaw Molotow, Vorsitzender des Rats der Volkskommissare.

Am nächsten Tag berichtete der deutsche Geschäftsträger nach Berlin:

Plötzlicher Wechsel hat hier größte Überraschung hervorgerufen, da Litwinow, der sich mitten in Verhandlungen mit der englischen Delegation befand, noch bei der 1.-Mai-Parade auf der Ehrentribüne in nächster Nähe Stalins erschien ...

Nachdem Litwinow noch am 2. Mai den englischen Botschafter empfangen hatte und noch in gestriger Presse als Ehrengast bei der Parade genannt wurde, scheint seine Entlassung Folge spontanen Entschlusses Stalins zu sein ... Auf letztem Parteikongreß mahnte Stalin zur Vorsicht, damit Sowjetunion nicht in Konflikte hineingezogen werde. Molotow (kein Jude) gilt als »engster Freund und nächster Mitarbeiter« Stalins. Seine Ernennung soll offenbar Gewähr dafür bieten, daß die Außenpolitik streng im Stalinschen Sinn fortgesetzt wird[37].

Die Bedeutung von Litwinows jäher Entlassung lag für alle auf der Hand. Mit ihr wurde eine scharfe, abrupte Wendung in der sowjetischen Außenpolitik vollzogen. Litwinow war der Apostel der kollektiven Sicherheit, der Stärkung des Völkerbunds gewesen und hatte für Rußlands Sicherheit gegenüber Deutschland ein Militärbündnis mit Großbritannien und Frankreich angestrebt. Chamberlains Bedenken gegen solche Allianz waren dem russischen Außenminister zum Verhängnis geworden. Nach Stalins Auffassung – und seine allein zählte in Moskau – war Litwinows Politik gescheitert. Außerdem drohte sie, die Sowjetunion in einen Krieg mit Deutschland zu verwickeln, bei dem die westlichen Demokratien wahrscheinlich bestrebt sein würden, sich herauszuhalten. Es war Zeit, folgerte Stalin, einen neuen Kurs zu versuchen. Wenn Chamberlain mit seiner *Appeasement*-Politik Hitler entgegenkam, warum sollte es der russische Diktator nicht ebenfalls tun können? Die Tatsache, daß der Jude Litwinow durch Molotow ersetzt wurde, der, wie die deutsche Botschaft in ihrer Depesche nach Berlin hervorgehoben hatte, kein Jude war, mochte in hohen NS-Kreisen durchaus eine gewisse Wirkung haben.

Um dafür zu sorgen, daß den Deutschen die Bedeutung des Wechsels nicht entgehe, brachte Georgi Astachow, der sowjetische Geschäftsträger in Berlin, in einer Besprechung mit Dr. Julius Schnurre die Rede darauf.

Astachow kam dann auf die Absetzung Litwinows zu sprechen [berichtete Schnurre] und versuchte ... zu erfahren, ob uns dies Ereignis zu einer veränderten Einstellung der Sowjet-Union gegenüber bringen würde. Er unterstrich sehr die große Bedeutung der Persönlichkeit Molotows, der nichts von einem Spezialisten in der Außenpolitik an sich hätte, aber ein desto größeres Gewicht für die künftige sowjetische Außenpolitik haben würde[38].

Der Geschäftsträger forderte auch die Deutschen auf, die im Februar abgebrochenen Wirtschaftsverhandlungen wiederaufzunehmen.

Erst am 8. Mai beantwortete die britische Regierung die sowjetischen Vorschläge vom 16. April. Die Erwiderung lief auf eine Ablehnung hinaus, was in Moskau den Verdacht stärkte, daß Chamberlain mit Rußland keinen Militärpakt schließen wolle, um Hitler daran zu hindern, Polen zu nehmen.

So kann es nicht überraschen, daß die Russen ihre Annäherungsversuche bei den Deutschen intensivierten. Am 17. Mai suchte Astachow wiederum Schnurre im Auswärtigen Amt auf und wandte sich nach Erörterung von Wirtschaftsfragen größeren Problemen zu.

Astachow ging ausführlich darauf ein [notierte Schnurre], daß keine außenpolitischen Gegensätze zwischen Deutschland und der Sowjet-Union bestünden und daß infolgedessen kein Grund für eine Gegnerschaft der beiden Staaten vorläge. Man habe allerdings in der Sowjet-Union das ausgesprochene Gefühl der Bedrohung durch Deutschland. Es sei gewiß möglich, dieses Gefühl der Bedrohung und das Mißtrauen in Moskau zu zerstreuen ... Auf eine Zwischenfrage von mir äußerte er sich über die englisch-sowjetischen Verhandlungen in dem Sinne, daß nach dem jetzigen Stande wohl kaum das von England gewünschte Ergebnis eintreten würde[39].

Drei Tage später, am 20. Mai, hatte Botschafter von der Schulenburg in Moskau eine lange Unterredung mit Molotow. Der neue Außenminister war »sehr freundlich« und sagte dem deutschen Botschafter, die Wirtschaftsverhandlungen könnten wiederaufgenommen werden, wenn hierfür die *notwendige politische Grundlage* geschaffen worden sei. Das war von seiten des Kreml ein Schritt weiter, doch tat ihn der schlaue Molotow behutsam. Als Schulenburg ihn fragte, was er unter der Schaffung einer »politischen Grundlage« verstehe, erklärte Molotow, darüber »müßten die beiden Regierungen nachdenken.« Alle Bemühungen des Botschafters, den verschmitzten Außenminister auszuforschen, waren vergeblich. »Er ist für diese etwas sture Art bekannt«, berichtete Schulenburg nach Berlin. Ehe er das russische Außenministerium verließ, suchte er den Stellvertretenden Außenminister Wladimir Potemkin auf und sagte ihm, er habe aus dem Gespräch mit Molotow nicht entnehmen können, was dieser in politischer Hinsicht im Auge habe. »Ich habe Herrn Potemkin gebeten«, schrieb Schulenburg, »zu versuchen, ob er mir nicht gelegentlich mitteilen könnte, in welcher Richtung sich die Gedankengänge des Herrn Molotow bewegen[40].«

Die erneuerten Kontakte zwischen Berlin und Moskau entgingen nicht den wachsamen Augen des französischen Botschafters in Berlin. Bereits am 7. Mai, vier Tage nach Litwinows Entlassung, informierte Coulondre das französische Außenministerium, er sei von einem engen Vertrauten Hitlers darüber unterrichtet worden, daß Deutschland nach einer Verständigung mit Rußland strebe, deren Ergebnis unter anderem die vierte Teilung Polens sein würde. Zwei Tage später sandte Coulondre ein weiteres Telegramm nach Paris: In Berlin gingen neue Gerüchte um, Deutschland habe den Russen Vorschläge gemacht, oder sei im Begriff es zu tun, die auf eine Teilung Polens abzielten[41].

DER STAHLPAKT

Obwohl die höchsten deutschen Militärs eine geringe Meinung von der italienischen Militärmacht hatten, drängte Hitler nunmehr auf ein Militärbündnis mit Italien, dessen Abschluß Mussolini hinausgezögert hatte. Im April begannen Stabsbesprechungen zwischen den beiden Oberkommandos. Keitel berichtete dem OKW, er habe den »Eindruck«, daß weder die italienischen Kampftruppen noch die italienische Rüstung in sehr guter Form seien. Im Kriegsfall, meinte er, müsse es rasch zur Entscheidung kommen, oder die Italiener würden ausfallen.

Mitte April war Ciano, wie aus seinen Tagebüchern[42] hervorgeht, beunruhigt über zunehmende Anzeichen eines jeden Augenblick möglichen deutschen Angriffs auf Polen, der einen europäischen Krieg heraufbeschwören werde, auf den Italien nicht vorbereitet war. Als dann Botschafter Attolico am 20. April aus Berlin nach Rom telegrafierte, ein deutsches Vorgehen gegen Polen »stehe bevor«, wies Ciano ihn dringend an, baldigst für ihn, Ciano, ein Treffen mit Ribbentrop zu arrangieren, damit Italien nicht überrumpelt werde.

Die beiden Außenminister trafen sich am 6. Mai in Mailand. Ciano kam mit schriftlichen Instruktionen Mussolinis, worin dieser betonte, daß Italien noch für mindestens drei Jahre einen Krieg zu verhüten wünsche. Zu Cianos Überraschung sagte Ribbentrop, Deutschland habe den Wunsch, ebensolange den Frieden zu erhalten.

Nach dem Essen rief Mussolini an, um zu hören, wie es mit der Besprechung stehe. Als Ciano erwiderte, sie sei gut verlaufen, kam dem Duce ein plötzlicher Einfall. Er bat seinen Schwiegersohn, der Presse mitzuteilen, Deutschland und Italien hätten ein Militärbündnis abgeschlossen. Ribbentrop zögerte zunächst. Schließlich rief er Hitler an, um ihm die Sache vorzutragen, und der Führer stimmte bereitwillig Mussolinis Anregungen zu.

So verband Mussolini auf einen plötzlichen Impuls hin nach mehr als einjährigem Zögern sein Geschick unwiderruflich mit dem Hitlers. Dies war eines der ersten Anzeichen dafür, daß der italienische Diktator, ebenso wie der deutsche, allmählich jene eiserne Selbstkontrolle verlor, die beide bis zu diesem Jahr 1939 befähigt hatte, mit eiskalter Klarheit ihre nationalen Interessen zu verfolgen. Die Folgen waren für Mussolini katastrophal.

Der »Stahlpakt« wurde am 22. Mai mit gebührendem Pomp in der Reichskanzlei in Berlin unterzeichnet. Ciano hatte Ribbentrop den Annunziatenorden überbracht, was nicht nur Görings Wut erregte, wie Ciano bemerkte, sondern ihm auch Tränen in die Augen trieb. Der Feldmarschall beschwerte sich dann auch: Der Orden hätte eigentlich ihm verliehen werden müssen, da er der wahre Initiator des Bündnisses sei.

»Ich versprach von Mackensen [dem deutschen Botschafter in Rom]«, notierte Ciano, »ich wolle auch Göring den Annunziatenorden verschaffen.«

Ciano »fand Hitler gut, sehr heiter, weniger aggressiv«, obwohl er ihm etwas gealtert erschien und sich die Falten um seine Augen vertieft hatten, wahrscheinlich aus Mangel an Schlaf. Der Führer war in bester Laune, als er zusah, wie die beiden Außenminister das Dokument unterzeichneten.

Der Wortlaut des »Stahlpakts« war unverhüllt aggressiv, was noch durch einen Satz in der Präambel unterstrichen wurde, auf dessen Aufnahme Hitler bestanden hatte: »Durch die innere Verwandtschaft ihrer Weltanschauung ... sind das deutsche und italienische Volk entschlossen ..., Seite an Seite und mit vereinten Kräften für die *Sicherung ihres Lebensraums* ... einzutreten.« Das Kernstück des Vertrags war Artikel III:

Wenn es entgegen den Wünschen und Hoffnungen der Vertragschließenden Teile dazu kommen sollte, daß einer von ihnen in kriegerische Verwicklungen mit einer anderen Macht oder mit anderen Mächten gerät, wird ihm der andere Vertragschließende Teil sofort als Bundesgenosse zur Seite treten und ihn mit allen seinen militärischen Kräften zu Lande, zur See und in der Luft unterstützen.

Artikel V sah vor, daß im Falle eines Krieges »Waffenstillstand und Frieden nur in vollem Einvernehmen miteinander abzuschließen« seien[43].

Zu Beginn des Krieges war es Mussolini, der sich nicht an die erste Abmachung hielt, und am Ende war es Italien, das die zweite nicht einhielt.

HITLER VERBRENNT DIE SCHIFFE HINTER SICH: 23. MAI 1939

Am Tage nach der Unterzeichnung des Stahlpakts, am 23. Mai, berief Hitler die militärischen Führer in die Reichskanzlei. In seinem Arbeitszimmer erklärte er ihnen rundheraus, ohne Blutvergießen seien weitere Erfolge nicht zu erzielen. Der Krieg sei daher unvermeidlich.

Diesmal waren die Beteiligten an der Besprechung zahlreicher als an der vom 5. November 1937, als Hitler den Oberbefehlshabern der drei Wehrmachtteile zum ersten Mal seine Kriegsentschlossenheit mitgeteilt hatte. Insgesamt waren vierzehn Offiziere anwesend, darunter Feldmarschall Göring, Großadmiral Raeder, General von Brauchitsch, General Halder, General Keitel und Konteradmiral Schniewindt. Zugegen war auch der Adjutant des Führers, Oberstleutnant Schmundt, der, zum Glück für die Geschichtsschreibung, Aufzeichnungen machte. Sein Protokoll befindet sich unter den erbeuteten deutschen Dokumenten. Offenbar wurde das, was Hitler bei dieser Gelegenheit sagte, als so streng geheim angesehen, daß keine Kopien von dem Besprechungsprotokoll angefertigt wurden. Das einzige vorhandene Exemplar ist von Schmundt mit der Hand geschrieben[44].

Von den Dokumenten, in denen sich Hitlers Weg zum Krieg abzeichnet, ist dieses eines der aufschlußreichsten und wichtigsten. Hier, vor der Handvoll Männer, die in einem bewaffneten Konflikt die Streitkräfte zu führen haben würde, läßt er Propaganda und diplomatische Täuschung fallen und erklärt offen, warum er Polen angreifen und sich notfalls auch gegen Großbritannien und Frankreich wenden wolle. Mit unheimlicher

Genauigkeit sagt er den Verlauf des Krieges – zumindest für das erste Jahr – voraus. Doch bei aller barschen Offenheit verraten seine Ausführungen mehr Unsicherheit und Konfusion als bisher. Vor allem ist er sich nach wie vor unsicher über England und die Engländer; er sollte es bis zu seinem Lebensende bleiben.
Aber über die Herbeiführung des Krieges und über die Ziele, die er damit verfolgt, äußert er sich klar und präzise. Kein General oder Admiral kann am 23. Mai die Reichskanzlei verlassen haben, ohne genau zu wissen, was am Ende des Sommers zu erwarten war. Deutschlands wirtschaftliche Probleme, begann Hitler, könnten nur durch Erweiterung des Lebensraumes in Europa gelöst werden: »Ohne Einbruch in fremde Staaten oder Angreifen fremden Eigentums ist das nicht möglich.«

Weitere Erfolge können ohne Blutvergießen nicht mehr errungen werden ...
Danzig ist nicht das Objekt, um das es geht. Es handelt sich für uns um Arrondierung des Lebensraumes im Osten und Sicherstellung der Ernährung. Aufrollen des Ostsee- und Baltikumproblems ... In Europa ist keine andere Möglichkeit zu sehen ... Zwingt uns das Schicksal zur Auseinandersetzung mit dem Westen, ist es gut, einen größeren Ostraum zu besitzen. Im Kriege werden wir noch weniger wie im Frieden mit Rekordernten rechnen können.

Außerdem, fügt Hitler hinzu, werde die nichtdeutsche Bevölkerung im Osten zur Arbeit herangezogen werden können – eine erste Erwähnung des Zwangsarbeitsprogramms, das er später in die Tat umsetzen sollte.
Wer das erste Opfer sein sollte, war klar.

Es entfällt also die Frage, Polen zu schonen, und es bleibt der Entschluß, bei erster passender Gelegenheit Polen anzugreifen. *[Hervorhebung im Original.]*
An eine Wiederholung der Tschechenaffäre ist nicht zu glauben. Es wird zum Kampf kommen. Aufgabe ist es, Polen zu isolieren. Das Gelingen der Isolierung ist entscheidend.

Also wird es Krieg geben. Mit einem »isolierten« Polen allein? Hierüber ist sich Hitler nicht so im klaren. Er verwickelt sich nämlich in Widersprüche. Er müsse, sagt er, den endgültigen Befehl zum Losschlagen sich selbst vorbehalten.

Es darf nicht zu einer gleichzeitigen Auseinandersetzung mit dem Westen kommen. Ist es nicht sicher, daß im Zuge einer deutsch-polnischen Auseinandersetzung ein Krieg mit dem Westen ausgeschlossen bleibt, dann gilt der Kampf in erster Linie England und Frankreich.
Grundsatz: Auseinandersetzung mit Polen – beginnend mit dem Angriff gegen Polen – ist nur dann von Erfolg, wenn der Westen aus dem Spiel bleibt. Ist das nicht möglich, dann ist es besser, den Westen anzufallen und dabei Polen zugleich zu erledigen.

Angesichts solcher in einem Atemzug geäußerter Widersprüchlichkeiten müßten den

Generalen Bedenken gekommen sein, aber aus Schmundts Aufzeichnung geht nicht hervor, daß irgendeiner von der auserlesenen Zuhörerschaft einen Einwand oder eine Gegenfrage gewagt hätte.

Hitler wandte sich dann dem Thema Rußland zu. »Es ist nicht ausgeschlossen, daß Rußland sich an der Zertrümmerung Polens desinteressiert zeigt.« Wenn sich dagegen die Sowjetunion mit England und Frankreich verbünden sollte, »würde mich [das] veranlassen, mit einigen vernichtenden Schlägen England und Frankreich anzugreifen«. Das hieß, denselben Fehler begehen, den Wilhelm II. im Jahre 1914 beging. Aber wenn Hitler auch in seinen Ausführungen mehrere Lehren aus dem Ersten Weltkrieg zog, in diesem Falle tat er es nicht. Er kam jetzt auf Großbritannien zu sprechen.

Der Führer zweifelt an der Möglichkeit einer friedlichen Auseinandersetzung mit England. Es ist notwendig, sich auf die Auseinandersetzung vorzubereiten. England sieht in unserer Entwicklung die Fundierung einer Hegemonie, die England entkräften würde. England ist daher unser Feind, und die Auseinandersetzung mit England geht auf Leben und Tod.

Wie wird diese Auseinandersetzung aussehen? *[Hervorhebung im Original.]*

England kann Deutschland nicht in wenigen kraftvollen Streichen erledigen und uns niederzwingen. Für England ist es entscheidend, den Krieg möglichst nahe an das Ruhrgebiet heranzutragen. Man wird französisches Blut nicht sparen (Westwall!!). Der Besitz des Ruhrgebietes entscheidet die Dauer unseres Widerstandes.

Mit dem Beschluß, jenen gleichen Fehler zu begehen, den einst der Kaiser machte – nämlich Frankreich und England anzugreifen, wenn sie sich mit Rußland verbündeten –, gab Hitler zu erkennen, daß er dem Kaiser auch in einer anderen Sache folgen wollte, die sich schließlich für Deutschland als verhängnisvoll erwiesen hatte:

Die holländischen und belgischen Luftstützpunkte müssen militärisch besetzt werden. Auf Neutralitäts-Erklärungen kann nichts gegeben werden ... Wir müssen daher, wenn bei polnischem Krieg England eingreifen will, blitzartig Holland angreifen. Erstrebenswert ist es, eine neue Verteidigungslinie auf holländischem Gebiet bis zur Zuider See zu gewinnen. Der Krieg mit England und Frankreich wird ein Krieg auf Leben und Tod. Die Ansicht, sich billig loskaufen zu können, ist gefährlich; diese Möglichkeit gibt es nicht. Die Brücken sind dann abzubrechen, und es handelt sich nicht mehr um Recht oder Unrecht, sondern um Sein oder Nichtsein von 80 Millionen Menschen.

Obwohl er gerade erst verkündet hatte, Deutschland werde Polen »bei erster passender Gelegenheit« angreifen, und obwohl seine Zuhörer wußten, daß Deutschland fast seine ganze Militärmacht auf dieses Ziel konzentrieren müßte, konnte sich Hitler, weiter darauflos redend, nicht von seinem Gedanken an England lösen.

»England«, betonte er, »ist der Motor, der gegen Deutschland treibt.« Und er erging sich über Englands Stärken und Schwächen.

Der Brite selbst ist stolz, tapfer, zäh, widerstandsfähig und organisatorisch begabt.

Weiß jedes neue Ereignis auszuwerten. Er hat das Abenteurertum und den Mut der nordischen Rasse ...
[England] ist eine Weltmacht an sich. Seit 300 Jahren konstant. Vergrößert durch Verbündete. Die Macht ist nicht nur als real, sondern auch als psychologisch weltumspannend zu betrachten. Dazu kommt der unermeßbare Reichtum mit der damit verbundenen Kreditwürdigkeit. Die geopolitische Sicherung und Beschirmung durch eine starke Seemacht und eine tapfere Luftwaffe.

Aber England, sagte Hitler seinen Zuhörern, habe auch Schwächen, und er zählte sie auf.

Wenn wir im Kriege zwei Panzerschiffe und zwei Kreuzer mehr gehabt hätten und die Skagerrak-Schlacht am Morgen begonnen hätten, dann wäre die britische Flotte geschlagen worden und England wäre in die Knie gezwungen worden[45]*. Es hätte das Ende des Weltkrieges bedeutet ... Früher genügte es nicht, die Flotte zu schlagen, man mußte landen, um England zu schlagen. England konnte sich selbst ernähren. Das ist heute nicht mehr möglich.*
Im Augenblick, wo England von seiner Zufuhr abgeschnitten ist, ist es zur Kapitulation gezwungen. Die Lebensmittel- und Betriebsstoff-Zufuhr ist vom Schutz durch die Flotte abhängig.
Der Angriff der Luftwaffe gegen England im Mutterland zwingt England nicht, an einem Tag zu kapitulieren. Wird jedoch die Flotte vernichtet, so ist unmittelbare Kapitulation die Folge. Es besteht kein Zweifel, daß der überraschende Überfall zu einer schnellen Lösung führen kann.

Ein überraschender Überfall? Womit? Admiral Raeder dürfte sich gewundert haben. Nach dem Ende 1938 aufgestellten sogenannten Z-Plan sollte sich die deutsche Flottenstärke erst 1945 derjenigen der britischen nähern. Damals, im Frühjahr 1939, besaß Deuschland nicht die schweren Schiffe, die selbst bei einem Überraschungsangriff notwendig gewesen wären, um die britische Flotte zu versenken.
Vielleicht ließ sich England durch andere Mittel in die Knie zwingen. Hier kam Hitler wieder auf die Erde zurück und umriß einen strategischen Plan, der ein Jahr später mit erstaunlichem Erfolg verwirklicht werden sollte.

Anzustreben bleibt, dem Gegner zu Beginn den vernichtenden Schlag beizubringen. Hierbei spielen Recht oder Unrecht oder Verträge keine Rolle. Dies ist nur möglich, wenn man nicht durch Polen in einen Krieg mit England »hineinschlittert«.
Vorzubereiten *ist der* lange Krieg neben *dem überraschenden* Überfall *unter* Zerschla*gung der englischen Möglichkeiten auf dem Festlande. [Hervorhebungen im Original.]*
Das Heer hat die Positionen in Besitz zu nehmen, die für Flotte und Luftwaffe wichtig sind. Gelingt es, Holland und Belgien zu besetzen u. zu sichern, sowie Frankreich zu schlagen, dann ist die Basis für einen erfolgreichen Krieg gegen England geschaffen. Die Luftwaffe kann dann von Westfrankreich aus die engere Blockade Englands, die Flotte mit den U-Booten die weitere übernehmen.

Noch ein anderer entscheidender strategischer Plan, auf den Hitler am 23. Mai zu sprechen kam, sollte ein Jahr später angewandt werden. Hätte das deutsche Heer, sagte er, zu Beginn des letzten Krieges eine Schwenkung zu den Kanalhäfen hin anstatt auf Paris gemacht, hätte der Krieg ein anderes Ende genommen. Vielleicht hatte er recht. Jedenfalls sollte er es 1940 versuchen.

»Ziel ist immer«, schloß Hitler, wobei er offenbar Polen für den Augenblick ganz ververgaß, »England auf die Knie zu zwingen.«

Es sei noch ein letztes zu bedenken:

Die Geheimhaltung ist die entscheidende Voraussetzung für den Erfolg. Auch Italien oder Japan gegenüber muß die Zielsetzung geheim bleiben.

Hitler traute nicht einmal dem Generalstab des Heeres, dessen Chef, General Halder, anhören mußte, wie der Führer sagte: »Diese Studien dürfen nicht den Generalstäben überlassen werden. Die Geheimhaltung ist dann nicht mehr gewährleistet.« Er ordnete an, für die Ausarbeitung der Pläne einen kleinen Planungsstab im OKW einzusetzen.

So hatte Hitler am 23. Mai 1939 hinter sich die Brücken abgebrochen, wie er selber sagte. Es werde zum Krieg kommen. Deutschland brauche Lebensraum im Osten. Polen sei bei erster passender Gelegenheit anzugreifen. Danzig sei lediglich ein Vorwand. England stehe im Wege, es sei der treibende Motor gegen Deutschland. Nun, man werde sich ebenfalls mit ihm – und mit Frankreich – auseinandersetzen. Es werde ein Kampf auf Leben und Tod sein.

Als Hitler am 5. November 1937 den Oberbefehlshabern zum ersten Mal seine Angriffspläne darlegte, hatten Generalfeldmarschall von Blomberg und General von Fritsch protestiert – zumindest mit der Begründung, Deutschland sei zu schwach, einen europäischen Krieg zu führen. Aus dem gleichen Grund war im Sommer darauf General Beck von seinem Posten als Generalstabschef zurückgetreten. Aber am 23. Mai 1939 erhob, soweit die Aufzeichnung erkennen läßt, kein einziger General oder Admiral seine Stimme, um die Logik der Auffassungen Hitlers in Zweifel zu ziehen.

Sie sahen ihre Aufgabe nicht darin, sie sahen sie in blindem Gehorsam. Sie hatten bereits ihre beträchtlichen Fähigkeiten auf die Ausarbeitung von militärischen Angriffsplänen gewandt. Am 7. Mai hatte Oberst Günther Blumentritt vom OKH, der mit den Generalen von Rundstedt und von Manstein einem kleinen Planungsstab angehörte, eine Lageabschätzung für »Fall Weiß« vorgelegt. Es war in Wirklichkeit ein Plan zur Eroberung Polens, ein phantasiereicher und kühner Plan, der jedoch mit sehr geringfügigen Abweichungen befolgt werden sollte[46]. Admiral Raeder hatte in einer Weisung vom 16. Mai Flottenpläne für »Fall Weiß« niedergelegt. Laut Anweisung des Führers müsse die Kriegsmarine bis zum 1. September für »Weiß« bereit sein, doch drängte Raeder auf Beschleunigung, da »nach den jüngsten politischen Entwicklungen« auch mit einem früheren Einsatz gerechnet werden könnte[47].

Ende Mai waren Deutschlands Kriegsvorbereitungen in vollem Gange. Am 24. Mai, einen Tag nach Hitlers Ausführungen vor den Militärs, hielt General Georg Thomas,

Chef des Wehrwirtschafts- und Rüstungsamtes im OKW, einen vertraulichen Vortrag über das bisher Geleistete vor einem kleinen Kreis im Auswärtigen Amt. Während das kaiserliche Deutschland, sagte Thomas, sechzehn Jahre – von 1898 bis 1914 – gebraucht habe, um die Effektivstärke seiner Armee von 43 auf 50 Divisionen zu bringen, hätte das Dritte Reich in nur vier Jahren sein Heer von 7 auf 51 Divisionen ausgebaut. Darunter befänden sich fünf schwere und vier leichte Panzerdivisionen, eine moderne »Kavallerie«, wie sie keine andere Nation besitze. Die Kriegsmarine habe sozusagen aus dem Nichts eine Flotte von zwei Schlachtschiffen zu je 26000 t[48], zwei Panzerkreuzern, 17 Zerstörern und 47 U-Booten aufgebaut. Sie habe bereits zwei Schlachtschiffe von je 35 000 t, einen Flugzeugträger, fünf Zerstörer und sieben U-Boote vom Stapel gelassen und plane den Bau einer großen Anzahl weiterer Schiffe. Die ganz neu erstandene Luftwaffe habe jetzt eine Stärke von 21 Geschwadern mit einem Personal von 260000 Mann. Die Rüstungsindustrie, fuhr Thomas fort, stelle bereits mehr her als zur Zeit ihrer Höchstproduktion im letzten Kriege, und auf den meisten Gebieten erzeuge sie weitaus mehr als die jedes anderen Landes. Insgesamt, erklärte der General, sei die deutsche Aufrüstung »wahrscheinlich einzigartig in der Welt[49].«

So mächtig nun auch das deutsche Kriegspotential bis zum Frühjahr 1939 geworden war, der Erfolg in dem von Hitler für den Herbstbeginn geplanten Krieg hing davon ab, was für eine Art Krieg es sein würde. Deutschland war immer noch nicht stark genug – und konnte es wahrscheinlich niemals werden –, um neben Polen noch Frankreich, England *und* Rußland zu bekämpfen. So kam zu Beginn des schicksalhaften Sommers alles darauf an, wieweit Hitler imstande war, den Krieg zu begrenzen – und vor allem, Rußland von einem Militärbündnis mit dem Westen abzuhalten, wie es Litwinow kurz vor seiner Entlassung den Engländern vorgeschlagen hatte.

ZWEITE INTERVENTION RUSSLANDS

Am 19. Mai hatte Chamberlain in einer Unterhausdebatte die russischen Vorschläge wiederum kühl, ja verächtlich, wie Churchill meinte, abgewiesen. Mißmutig erklärte er, es bestehe »eine Art Schleier, eine Art Wand zwischen den beiden Regierungen, die schwer zu durchdringen« seien. Churchill dagegen, unterstützt von Lloyd George, behauptete, Moskau habe »ein faires Angebot« gemacht. Er beschwor die britische Regierung, sich »ein paar brutale Wahrheiten vor Augen zu halten. Ohne eine wirksame Ostfront kann der Westen nur ungenügend verteidigt werden, und ohne Rußland kann es keine wirksame Ostfront geben.«

Dem von allen Seiten einsetzenden Sturm der Kritik nachgebend, wies Chamberlain schließlich am 27. Mai den britischen Botschafter in Moskau an, Besprechungen über einen gegenseitigen Beistandspakt, eine Militärkonvention und Garantien für die von Hitler bedrohten Länder in die Wege zu leiten[50]. Botschafter von Dirksen in London teilte dem deutschen Auswärtigen Amt mit, die britische Regierung habe sich zu dem

Schritt »nur sehr schwer entschlossen«. Ferner schrieb von Dirksen, das *Foreign Office* habe Informationen, »die von deutschen Fühlern in Moskau wissen wollen«, was wohl der Hauptgrund für Chamberlains Schritt sei. Im *Foreign Office* befürchte man, »daß es Deutschland gelingen könnte, Sowjetrußland neutral zu halten oder gar zu einer wohlwollenden Neutralität zu bestimmen. Das hätte völligen Zusammenbruch der Einkreisungspolitik bedeutet[51].«

Am letzten Maitag hielt Molotow vor dem Obersten Sowjet seine erste öffentliche Rede als Außenminister. Er tadelte die westlichen Demokratien wegen ihres Zauderns und sagte, wenn es ihnen ernst damit sei, zusammen mit Rußland der Aggression Halt zu gebieten, müßten sie zur Sache kommen und sich mit Rußland über drei Hauptpunkte verständigen: 1. Abschluß eines Dreierpakts gegenseitigen Beistands mit rein defensivem Charakter. 2. Garantierung der Staaten Mittel- und Osteuropas unter Einschluß *aller* an die Sowjetunion angrenzenden europäischen Staaten. 3. Abschluß eines endgültigen Abkommens über Art und Umfang der gegenseitig sowie den kleineren von Aggression bedrohten Staaten unverzüglich und tatsächlich zu leistenden Hilfe.

Ferner erklärte Molotow, die Besprechungen mit dem Westen bedeuteten nicht, daß Rußland auf »sachliche Geschäftsbeziehungen« mit Deutschland und Italien verzichten würde. Es sei »nicht ausgeschlossen«, daß man die Wirtschaftsverhandlungen mit Deutschland wiederaufnehmen könne. In seinem Bericht über die Rede führte Botschafter von der Schulenburg aus, Molotow habe angedeutet, daß Rußland immer noch bereit sei, einen Vertrag mit England und Frankreich abzuschließen, »jedoch unter der Voraussetzung, daß sämtliche Forderungen [Rußlands] angenommen werden«. Aus der Rede werde aber jetzt sichtbar, daß bis zum Zustandekommen irgendeines wirklichen Abkommens noch geraume Zeit vergehen werde. Schulenburg hob hervor, Molotow habe »Ausfälle gegen Deutschland vermieden und Bereitwilligkeit zu erkennen gegeben, die in Berlin und Moskau begonnenen Gespräche fortzusetzen[52]«.

Solche Bereitwilligkeit bestand jetzt plötzlich auch bei Hitler.

Über die dornige Frage, ob man Moskau Avancen machen sollte, um die englisch-russischen Verhandlungen zu durchkreuzen, gingen die Meinungen Hitlers und seiner Berater in den letzten Maitagen hin und her. Man hatte in Berlin das Gefühl, Molotow habe in seiner Besprechung mit Schulenburg am 20. Mai der Annäherung eine kalte Dusche gegeben, und am 21. Mai kabelte Weizsäcker dem Botschafter, »es ist nötig, unsererseits nunmehr ganz stillzuhalten und abzuwarten, ob Sowjetrussen mit der Sprache weiter herauskommen[53]«.

Aber Hitler, der für den Angriff auf Polen den 1. September festgesetzt hatte, konnte sich ein Stillhalten nicht leisten. Um den 25. Mai bestellte Ribbentrop Weizsäcker und Friedrich Gaus, den Leiter der Rechtsabteilung im Auswärtigen Amt, in sein Landhaus in Sonnenburg. Nach der in Nürnberg vorgelegten eidesstattlichen Versicherung von Gaus teilte Ribbentrop ihnen mit, der Führer wünsche »erträglichere Beziehungen zwischen Deutschland und der Sowjetunion herzustellen[54]«. Ribbentrop entwarf dann Instruktionen für Schulenburg mit sehr ins einzelne gehenden Richtlinien für dessen Vorgehen bei Molotow, den er »sobald wie möglich« aufsuchen sollte. Der Entwurf befindet sich unter den erbeuteten deutschen Akten[55].

Er wurde Hitler am 26. Mai gezeigt. Er ist ein aufschlußreiches Dokument und offenbart, daß das Auswärtige Amt zu dieser Zeit überzeugt war, die englisch-russischen Verhandlungen würden zum Erfolg führen, wenn Deutschland nicht entschlossen eingreife. Ribbentrop empfahl daher, Molotow durch Schulenburg sagen zu lassen,

daß ein realer außenpolitischer Interessengegensatz zwischen Deutschland und Sowjetrußland nicht besteht..., daß die Zeit gekommen ist, eine Beruhigung und Normalisierung der deutsch-sowjetrussischen außenpolitischen Beziehungen ins Auge zu fassen... Verhältnis zu Italien. Dieses Bündnis ist... nicht gegen Sowjetrußland gerichtet... Es ist ausschließlich gegen die englisch-französische Kombination gerichtet... Sollte es aber gegen unseren Wunsch zu kriegerischen Verwicklungen mit Polen kommen, so braucht auch das nach unserer festen Überzeugung in keiner Weise zu einem Interessengegensatz mit Sowjetrußland führen. Wir können schon heute soviel sagen, daß wir bei einer Bereinigung der deutsch-polnischen Frage – mag sie in dieser oder jener Weise erfolgen – den russischen Interessen nach Möglichkeit Rechnung tragen würden.

Sodann sollte Schulenburg auf die Gefahr hinweisen, die für Rußland ein Bündnis mit Großbritannien bedeuten würde.

[Wir] vermögen... nicht zu erkennen, was Sowjetrußland eigentlich veranlassen könnte, sich an dem Spiel der englischen Einkreisungspolitik aktiv zu beteiligen... Es [würde] sich hierbei um eine einseitige Belastung Sowjetrußlands ohne wirklich wertvolle englische Gegenleistung handeln... England ist gar nicht in der Lage, wie auch die Verträge formuliert werden mögen, Sowjetrußland eine wirklich wertvolle Gegenleistung zu bieten... In Europa [ist] jede Hilfe durch den Westwall unmöglich... Wir sind deshalb der Überzeugung, daß England wiederum seiner traditionellen Politik treu bleibt, andere Mächte für sich die Kastanien aus dem Feuer holen zu lassen.

Schulenburg sollte auch betonen, daß Deutschland keine «aggressiven Absichten« gegen Rußland hege. Schließlich wurde er angewiesen, Molotow zu sagen, Deutschland sei bereit, nicht nur Wirtschaftsfragen mit der Sowjetunion zu erörtern, sondern auch zu einer »Normalisierung der politischen Beziehungen« zurückzukehren.

Hitler hielt den Entwurf für zu entgegenkommend und ordnete an, ihn zurückzuhalten. Er stand, nach Gaus, unter dem Eindruck der von Chamberlain zwei Tage vorher im Unterhaus abgegebenen optimistischen Erklärung, auf Grund neuer britischer Vorschläge hoffe er bald zu voller Verständigung mit Rußland zu gelangen. Was Hitler fürchtete, war eine Abweisung. Zwar gab er den Gedanken einer Annäherung an Moskau nicht auf, hielt aber für den Augenblick ein behutsameres Vorgehen für das beste. So gingen die Instruktionen für Schulenburg, die Hitler am 26. Mai vorgelegt wurden, niemals ab. Am Abend dieses Tages kabelte Weizsäcker dem Botschafter und empfahl ihm »völlige Zurückhaltung ... Sie persönlich [werden] bis auf weiteres [keinerlei] Schritte zu tun haben ...[56].«

Wie sehr man in Berlin schwankte, geht auch aus einem Brief hervor, den Weizsäcker am 27. Mai an Schulenburg schrieb, aber erst am 30. Mai – nach Hinzufügung eines bedeutsamen Postskriptums – abschickte[57]. Am 27. teilte der Staatssekretär dem Botschafter noch mit, in Berlin sei man der Meinung, daß ein englisch-russisches Abkommen »doch nicht einfach zu vermeiden sein« werde und daß man deutscherseits zögere, dazwischenzutreten, weil man befürchtete, in Moskau »ein Tatarengelächter hervorzurufen«.

Aus irgendwelchen Gründen schickte Weizsäcker seinen Brief nicht sofort ab; vielleicht hatte er das Gefühl, daß Hitler sich noch nicht endgültig entschieden habe. Doch am 30. Mai setzte er eine Nachschrift unter den Brief:

Meinen obigen Zeilen muß ich nachtragen, daß nun doch unter Billigung des Führers eine allerdings entschieden modifizierte Fühlungnahme mit den Russen stattfinden soll, und zwar durch ein Gespräch, das mir für heute mit dem russischen Geschäftsträger aufgetragen ist.

Dieses Gespräch mit Georgi Astachow war nicht sehr ergiebig, doch stellte es für die Deutschen einen neuen Start dar. Weizsäcker sagte, er stimme mit Molotow darin überein, daß politische und wirtschaftliche Fragen nicht völlig getrennt behandelt werden könnten, und bekundete Interesse an der »Normalisierung der Beziehungen zwischen Sowjetrußland und Deutschland«. Astachow versicherte, »daß Herr Molotow [nicht die Absicht habe] weiteren deutsch-russischen Erörterungen einen Riegel vorzuschieben«.

So vorsichtig sich auch beide Männer äußerten, die Deutschen waren ermutigt. Am Abend jenes 30. Mai, 22.40 Uhr, sandte Weizsäcker ein *Citissime*-Telegramm an Schulenburg ab:

Entgegen bisher geplanter Taktik haben wir uns entschlossen, jetzt doch gewisse Fühlung mit der Sowjetunion aufzunehmen[58].

Möglicherweise hat eine lange, geheime Denkschrift Mussolinis, die er am 30. Mai Hitler zugehen ließ, den Führer in seinem Entschluß bestärkt, sich der Sowjetunion, wenn auch vorsichtig, zu nähern. Mit Beginn des Sommers regten sich im Duce Zweifel, ob ein baldiger Konflikt ratsam sei. »Der Krieg zwischen den plutokratischen und deshalb selbstsüchtig konservativen Nationen« und der Achse, schrieb er an Hitler, sei zwar »unvermeidlich«. Doch Italien benötige »eine Vorbereitungsperiode, die sich bis Ende 1942 erstrecken kann ... Erst vom Jahre 1943 an wird eine kriegerische Anstrengung die größten Aussichten auf Erfolg haben.« Nachdem er mehrere Gründe für die von Italien »benötigte Vorbereitungsperiode« aufgezählt hatte, schloß der Duce: »Aus allen diesen Gründen wünscht das faschistische Italien nicht einen europäischen

Krieg zu beschleunigen, obwohl es von der Unvermeidlichkeit eines solchen Krieges überzeugt ist[59].«

Hitler, der seinen guten Freund und Verbündeten nicht in den von ihm für den Angriff auf Polen festgesetzten Termin vom 1. September eingeweiht hatte, erwiderte, er habe die Denkschrift »mit größtem Interesse« gelesen, und schlug vor, in einiger Zeit zu Besprechungen zusammenzutreffen. Inzwischen beschloß Hitler zu versuchen, ob nicht eine Bresche in die Kremlmauer zu schlagen sei. Während des ganzen Juni fanden in Moskau zwischen der deutschen Botschaft und dem russischen Außenhandelskommissar, Anastas Mikojan, Vorbesprechungen für ein neues Handelsabkommen statt.

Die Sowjetregierung war gegen Berlin immer noch äußerst mißtrauisch. »Sie befürchtet«, berichtete Schulenburg am 27. Juni nach Berlin, »daß, sobald wir diese Vorteile erreicht hätten, wir die Verhandlungen wieder versanden lassen würden[60]«.

Am 28. Juni hatte er mit Molotow eine lange Unterredung, die, wie er nach Berlin telegrafierte, »in freundschaftlicher Form« verlief. Nichtsdestoweniger gab der sowjetische Außenminister, als Schulenburg die soeben zwischen Deutschland und den Baltischen Staaten abgeschlossenen Nichtangriffspakte[61] erwähnte, die spitze Antwort: »Die Dauerhaftigkeit solcher Verträge müsse er nach den Erfahrungen, die Polen gemacht habe, bezweifeln.« Das Gespräch zusammenfassend, schloß Schulenburg:

Mein Eindruck geht dahin, daß die Sowjetregierung großes Interesse hat, unsere politische Auffassung kennenzulernen und den Kontakt mit uns aufrechtzuerhalten. Obwohl bei allem, was Molotow äußerte, ein starkes Mißtrauen unverkennbar war, bezeichnete er doch Normalisierung [der] Beziehungen zu Deutschland als erwünscht und möglich[62].

Der Botschafter erbat telegrafische Instruktionen in bezug auf seinen nächsten Schritt. Schulenburg, einer der letzten Befürworter der Rapallo-Politik, war, wie aus seinen Depeschen vom Jahre 1939 deutlich hervorgeht, aufrichtig bestrebt, die engen Beziehungen zur Sowjetunion wiederherzustellen, die während der Weimarer Republik bestanden hatten. Aber wie so viele andere deutsche Diplomaten alter Schule hatte er Hitler wenig verstanden.

Am 29. Juni ordnete Hitler plötzlich von Berchtesgaden aus an, die Besprechungen mit den Russen abzubrechen.

... Der Führer [hat] das folgende entschieden:

Man solle den Russen mitteilen, daß man aus ihrem Verhalten ersähe, daß sie die Fortführung weiterer Gespräche von der Annahme der Grundlage unserer Wirtschaftsbesprechungen, wie sie für Januar festgelegt waren, abhängig machten. Da diese Basis für uns nicht tragbar sei, wären wir an einer Wiederaufnahme der Wirtschaftsbesprechungen mit Rußland z. Zt. nicht interessiert.

Der Führer hat sich damit einverstanden erklärt, daß man diese Antwort um einige Tage verzögert[63].

Dennoch wurde ihr Inhalt im wesentlichen am Tage darauf an die Deutsche Botschaft in Moskau telegrafisch weitergegeben.

Die deutschen Akten geben keinen Aufschluß über Hitlers plötzlichen Sinneswandel. Die Russen hatten ihre Kompromißbereitschaft hinsichtlich ihrer Vorschläge vom Januar und Februar zu erkennen gegeben, und Schnurre hatte am 15. Juni warnend darauf hingewiesen, daß ein Zusammenbruch der Wirtschaftsverhandlungen für Deutschland einen sowohl wirtschaftlichen wie politischen Rückschlag bedeuten würde.

Auch der schleppende Gang der englisch-französisch-russischen Verhandlungen konnte Hitler nicht derart entmutigt haben, daß er eine solche Entscheidung traf. Aus den Berichten der deutschen Botschaft in Moskau wußte er, daß diese Verhandlungen wegen der Garantien für Polen, Rumänien und die baltischen Staaten festgefahren waren. Polen und Rumänien ließen sich zwar gern durch England und Frankreich garantieren, die ihnen im übrigen im Falle einer deutschen Aggression kaum anders helfen konnten als durch das indirekte Mittel der Errichtung einer Westfront, aber sie lehnten eine russische Garantie oder gar die Genehmigung zum Durchmarsch sowjetischer Truppen durch ihr Territorium, um einem deutschen Angriff entgegenzutreten, ab. Auch Lettland, Estland und Finnland weigerten sich, irgendeine russische Garantie zu akzeptieren, und wurden in dieser Haltung, wie aus den Akten des deutschen Auswärtigen Amtes ersichtlich ist, durch Deutschland in Gestalt schwerer Drohungen noch bestärkt.

An diesem toten Punkt der Verhandlungen legte Molotow Anfang Juni der britischen Regierung nahe, ihren Außenminister zur Teilnahme an den Besprechungen nach Moskau zu schicken. Offenbar glaubten die Russen, daß die Entsendung des britischen Außenministers nicht nur dazu beitragen werde, den Engpaß zu überwinden, sondern auch zeigen werde, ob es England ernst sei, mit Rußland zu einem Abkommen zu gelangen. Doch Lord Halifax war nicht geneigt, nach Moskau zu reisen[64]. Anthony Eden, immerhin ein früherer Außenminister, machte sich erbötig, für Halifax einzuspringen, wurde aber von Chamberlain zurückgewiesen. Statt dessen wurde beschlossen, William Strang zu schicken, einen befähigten Diplomaten, der früher einmal an der britischen Botschaft in Moskau gewesen war und Russisch sprach, aber sowohl in seinem eigenen Lande wie im Ausland wenig bekannt war. Die Ernennung eines zweitrangigen Beamten für eine so wichtige Mission und für direkte Verhandlungen mit Molotow und Stalin wurde von den Russen, wie sie später sagten, als Zeichen dafür gedeutet, daß Chamberlain den Aufbau einer Anti-Hitler-Front immer noch nicht sehr ernst nehme.

Strang traf am 14. Juni in Moskau ein. Aber obwohl er an elf englisch-französischen Besprechungen mit Molotow teilnahm, wirkte sich seine Anwesenheit wenig auf den Ablauf der englisch-sowjetischen Verhandlungen aus. Vierzehn Tage später, am 29. Juni, traten Mißtrauen und Gereiztheit der Russen öffentlich zutage. In der *Prawda* erschien ein Artikel von Andrej Shdanow unter dem Titel: »Englische und Französische Regierung wollen keinen Vertrag auf der Grundlage von Gleichberechtigung mit Sowjetunion.« Wenn Shdanow auch angeblich als »Privatmann« und nicht im Namen der Sowjetregierung schrieb, so war er doch nicht allein Mitglied des Politbüros und Vorsitzender des Ausschusses für Auswärtige Angelegenheiten im Obersten Sowjet, sondern auch, wie Schulenburg in seinem Bericht nach Berlin betonte, »einer der Vertrauten Stalins. Artikel zweifellos auf Weisung von oben geschrieben.«

Stalins Mißtrauen gegen England und Frankreich sowie sein Verdacht, die Westmächte könnten, wie ein Jahr vorher in München, zu guter Letzt ein Abkommen mit Hitler schließen, war damit vor aller Welt offenbar geworden. Darauf spielte Schulenburg an, als er in seinem Bericht nach Berlin anklingen ließ, eine der Absichten des Artikels sei, die »Schuld an langer Dauer [der] Verhandlungen und gegebenenfalls an ihrem Scheitern – England und Frankreich zuzuschieben[65]«.

PLÄNE FÜR EINEN TOTALEN KRIEG

Doch Adolf Hitler biß immer noch nicht auf den russischen Köder an. Vielleicht, weil er den ganzen Juni über in Berchtesgaden von der Überprüfung militärischer Pläne für den Einmarsch in Polen Ende des Sommers in Anspruch genommen war.

Am 15. Juni hatte er Generalfeldmarschall von Brauchitschs Plan für die Operationen des Heeres gegen Polen erhalten:

Operationsziel ist die Vernichtung der polnischen Wehrmacht. Die politische Führung fordert, den Krieg mit überraschenden, starken Schlägen zu eröffnen und zu schnellen Erfolgen zu führen. Absicht des Ob. d. H. ist, einer geordneten Mobilmachung und Versammlung des polnischen Heeres durch überraschenden Einbruch in polnisches Hoheitsgebiet zuvorzukommen und die westl. der Weichsel-Narew-Linie zu erwartende Masse des polnischen Heeres durch konzentrischen Angriff aus Schlesien einerseits, aus Pommern-Ostpreußen andererseits zu zerschlagen[66].

Zur Verwirklichung seines Plans stellte Brauchitsch zwei Heeresgruppen auf: die Heeresgruppe Süd, bestehend aus der 8., 10. und 14. Armee, und die Heeresgruppe Nord, bestehend aus der 3. und 4. Armee. Die Heeresgruppe Süd unter Befehl von General von Rundstedt sollte von Schlesien aus »in allgemeiner Richtung Warschau angreifen«; »[sie] zersprengt entgegentretende polnische Kräfte und setzt sich möglichst frühzeitig mit möglichst starken Kräften in den Besitz der Weichsel beiderseits Warschau mit dem Ziel, die im westlichen Polen noch haltenden polnischen Kräfte im Zusammenwirken mit Heeresgruppe Nord zu vernichten«. Die erste Aufgabe der letzteren Heeresgruppe war der Durchmarsch durch den Korridor; »[sie] stellt ... die Verbindung zwischen dem Reich und Ostpreußen her«. Die Einzelziele der verschiedenen Armeen wurden ebenso aufgeführt wie die von Luftwaffe und Flotte. Danzig, hieß es bei Brauchitsch, werde am ersten Tag der Feindseligkeiten zu deutschem Gebiet erklärt und durch örtliche Kräfte unter deutschem Befehl abgesichert werden.

Eine ergänzende Weisung vom gleichen Tage ordnete die Ausführung des Aufmarschbefehls für »Weiß« für den 20. August an. »Auf diese Zeitbindung sind alle Vorbereitungen abzustellen[67].«

Eine Woche später, am 22. Juni, legte General Keitel Hitler »eine ›Vorläufige Zeittafel‹ für den Fall Weiß« vor[68]. Nachdem Hitler sie geprüft hatte, erklärte er sich »im großen einverstanden«, ordnete jedoch noch an: »Um eine Beunruhigung der Bevölkerung durch die über das sonst übliche Maß vorgesehenen Einberufungen von Reservisten ... zu verhindern, ist Zivildienststellen, Arbeitgebern oder sonstigen privaten Fragestellern auf ihre Anfrage mitzuteilen, daß die Einberufung für die Herbstübungen ... erfolgen.« Sodann verfügte er: »Das vom OKH ab Mitte Juli beabsichtigte Freimachen der Krankenhäuser in dem Grenzgebiet soll im Interesse der Tarnung unterbleiben.«

Der von Hitler geplante Krieg sollte ein totaler sein, was nicht nur die militärische Mobilmachung, sondern auch die totale Mobilisierung aller Hilfsquellen der Nation erfordern würde. Zwecks Koordinierung dieser gewaltigen Anstrengung wurde für den nächsten Tag, den 23. Juni, der Reichsverteidigungsrat zu einer Sitzung unter Görings Vorsitz einberufen. Teilnehmer waren etwa 35 hohe Beamte und Militärs, darunter Keitel, Raeder, Halder, Thomas und Milch sowie der Innen-, der Wirtschafts-, der Finanz-, der Verkehrsminister und auch Himmler. Es war erst das zweite Mal, daß der Reichsverteidigungsrat zusammentrat, aber er wurde, wie Göring erklärte, nur dann einberufen, wenn es um wichtigste Entscheidungen ging. Wie aus dem Geheimprotokoll ersichtlich ist, ließ Göring keinen Zweifel darüber, daß man unmittelbar vor dem Krieg stehe und daß hinsichtlich der Beschaffung von Arbeitskräften für Industrie und Landwirtschaft sowie vieler anderer mit einer totalen Mobilmachung zusammenhängender Dinge noch mancherlei zu tun sei[69].

Hitler, führte Göring aus, habe entschieden, etwa sieben Millionen Mann zur Wehrmacht einzuberufen. Um zusätzliche Arbeitskräfte zu beschaffen, sollte Wirtschaftsminister Funk »diejenige Arbeit [festlegen], welche den Kriegsgefangenen, den in Gefängnis, Konzentrationslagern und Zuchthaus verbleibenden Menschen zu übertragen ist«. Himmler pflichtete bei und sagte: »Die Konzentrationslager werden ... im Kriege stärker belegt werden.« Und Göring fügte hinzu, »daß im Kriege aus den Nichtwehrwirtschaftsbetrieben im Protektorat [Böhmen-Mähren] Hunderttausende in Deutschland, in Baracken zusammengefaßt, unter Aufsicht eingesetzt werden sollen, zumal in der Landwirtschaft«.

Reichsinnenminister Dr. Frick »behandelt die Menschenersparnis in der öffentlichen Verwaltung« und belebte die Besprechung mit dem Eingeständnis, daß sich unter dem NS-Regime die Zahl der Bürokraten »um das zwanzig- bis vierzigfache vermehrt hat... eine Unmöglichkeit«. Zur Behebung dieser beklagenswerten Situation wurde ein Ausschuß gebildet.

Pessimistischer war der Bericht von Oberst Gercke, dem Chef der Verkehrsabteilung im OKH: *»Auf dem Gebiet des Verkehrs ist Deutschland z. Zt. noch nicht kriegsbereit.«* Ob die deutschen Verkehrseinrichtungen ihrer Aufgabe gewachsen sein würden, hinge natürlich davon ab, ob der Krieg auf Polen beschränkt bliebe. Wenn man auch gegen Frankreich und England zu kämpfen habe, sei zu befürchten, daß das Verkehrssystem einfach nicht ausreiche.

Im Juli wurde der Reichsverteidigungsrat zweimal einberufen, um Vorkehrungen dafür zu treffen, daß der Westwall bis spätestens 25. August in höchstmöglichem Bereitschaftszustand sei. Die Kruppwerke und die Vereinigten Stahlwerke wurden angehalten, das für die Vollendung des Westwalls erforderliche Metall zusammenzukratzen. Wie die Deutschen wußten, hing es vom Zustand der Westbefestigungen ab, ob die englisch-französischen Armeen geneigt sein würden, Deutschland im Westen ernsthaft anzugreifen, während die Wehrmacht in Polen beschäftigt sei.

Obwohl Hitler am 23. Mai seinen Generalen offen erklärt hatte, Danzig sei keineswegs das Objekt, um das es bei der Auseinandersetzung mit Polen gehe, sah es doch einige Wochen lang so aus, als sei die Freie Stadt das Pulverfaß, das durch seine Explosion den Krieg jeden Tag auslösen konnte. Seit einiger Zeit schmuggelten die Deutschen Waffen und Offiziere nach Danzig[70]. Waffen und Offiziere kamen über die ostpreußische Grenze herein; zwecks strengerer Überwachung der Grenze erhöhten die Polen die Zahl ihrer Zollbeamten und Grenzposten. Die Danziger Behörden, die jetzt ausschließlich Befehlen aus Berlin folgten, konterten damit, daß sie die polnischen Beamten an der Erfüllung ihrer Pflicht zu hindern suchten.

Die Krise spitzte sich zu, als die polnische diplomatische Vertretung in Danzig den Behörden der Freien Stadt mitteilte, die polnischen Zollinspektoren hätten Befehl erhalten, ihren Dienst »mit der Waffe« zu tun und jeden Versuch der Danziger, sie an der Ausübung ihres Dienstes zu hindern, »als einen Gewaltakt« gegen polnische Beamte anzusehen. In solchem Falle »wird die Polnische Regierung unverzüglich Vergeltung gegen die Freie Stadt anwenden[71]«.

Das war für Hitler ein weiteres Zeichen dafür, daß die Polen sich nicht einschüchtern ließen. Und dies war auch die Meinung des deutschen Botschafters in Warschau, der am 6. Juli nach Berlin berichtet hatte: »Es unterliegt wohl kaum einem Zweifel, daß ... eine klare Verletzung der polnischen Rechte in Danzig nicht hingenommen werden würde.« Wie aus einer Randbemerkung Ribbentrops zu erkennen ist, war das Telegramm Hitler vorgelegt worden[72].

Hitler war wütend. Am 7. August ließ er Albert Forster, den Gauleiter von Danzig, nach Berchtesgaden kommen und sagte ihm, er sei jetzt an der Grenze seiner Geduld. Zwischen Berlin und Warschau wurden so scharfe Noten gewechselt, daß keine Seite wagte, sie zu veröffentlichen. Am 9. August wies die Reichsregierung Polen darauf hin, eine Wiederholung seiner ultimativen Forderungen an Danzig werde zu einer Verschärfung der deutsch-polnischen Beziehungen führen, für die die deutsche Regierung die Verantwortung ablehnen müsse. Am nächsten Tag erwiderte die polnische Regierung, sie werde auf jeden Versuch der Danziger Behörden, Polens Rechte in der Freien Stadt zu beeinträchtigen, ebenso wie bisher reagieren und jede Einmischung der Reichsregierung als Aggressionsakt betrachten[73].

Keine der kleineren Nationen, die Hitler im Wege standen, hatte sich jemals solcher Sprache bedient. Am 11. August, als Hitler den Völkerbundkommissar für Danzig, den Schweizer Carl Burckhardt empfing, der sich alle Mühe gegeben hatte, den deutschen Forderungen Rechnung zu tragen, war der Führer in übelster Stimmung. Er sagte zu seinem Besucher, daß er »beim leisesten Versuch der Polen wie der Blitz über sie herfahren würde mit all den ihm zur Verfügung stehenden mächtigen Waffen, von denen die Polen nicht die geringste Ahnung hätten«.

Burckhardt sagte [wie er später berichtete], daß dies zu einem allgemeinen Krieg führen würde. Herr Hitler antwortete, daß er, wenn er einen Krieg führen müßte, ihn lieber heute als morgen beginnen würde. Und er würde ihn nicht wie das Deutschland unter Wilhelm II. führen, das immer Bedenken gehabt habe, seine Waffen voll einzusetzen, sondern daß er unbarmherzig bis zum Äußersten kämpfen werde[74].

Gegen wen? Bestimmt gegen Polen. Notfalls gegen England und Frankreich. Auch gegen Rußland? Was die Sowjetunion anbetraf, so hatte Hitler sich endlich entschieden.

DRITTE INTERVENTION RUSSLANDS

Die Russen hatten erneut die Initiative ergriffen.

Am 18. Juli suchte E. Babarin, Leiter der sowjetischen Handelsvertretung in Berlin, in Begleitung von zwei Mitarbeitern im Auswärtigen Amt Julius Schnurre auf und teilte ihm mit, daß Rußland die deutsch-sowjetische Wirtschaftsbeziehung ausdehnen und intensivieren möchte. Er brachte eine ins einzelne gehende Aufzeichnung für ein Handelsabkommen mit, die einen stark erweiterten Güteraustausch zwischen beiden Ländern vorsah, und erklärte, er sei ermächtigt, nach Bereinigung einiger weniger Differenzen zwischen beiden Seiten einen Handelsvertrag in Berlin zu unterzeichnen. Wie erfreut die Deutschen waren, zeigt Schnurres Aufzeichnung von der Besprechung. »Der Abschluß eines solchen Vertrags«, notierte er, »[würde] in Polen und England jedenfalls seine Wirkung nicht verfehlen[75].« Vier Tage später gab die russische Presse bekannt, daß in Berlin die deutsch-sowjetischen Wirtschaftsverhandlungen wieder aufgenommen worden seien.

Am gleichen Tag erhielt Botschafter Schulenburg ein Telegramm von Weizsäcker mit interessanten neuen Instruktionen:

Auf alle Fälle wird hier im Sinne ausgesprochenen Entgegenkommens vorgegangen werden, da auch Abschluß [der Wirtschaftsverhandlungen], und zwar zu möglichst frühem Zeitpunkt, aus allgemeinen Gründen erwünscht.

Was die rein politische Seite unserer Gespräche mit den Russen angeht, so betrachten wir die Ihnen mit Drahterlaß Nr. 134[76] *vorgeschriebene Wartezeit als abgelaufen. Sie sind daher ermächtigt, ohne irgendwie zu drängen, den Faden dort wieder weiterzuspinnen*[77].

In Berlin wurde er denn auch vier Tage später, am 26. Juli, weitergesponnen. Dr. Schnurre erhielt Anweisung von Ribbentrop, mit Astachow, dem sowjetischen Geschäftsträger, und Babarin in einem eleganten Berliner Restaurant zu soupieren und sie auszuhorchen. Es gehörte nicht viel dazu, die beiden Russen auszuhorchen. Sie »blieben bis etwa halb ein Uhr«, berichtete Schnurre. »Das Gespräch über die uns interessierenden politischen und wirtschaftlichen Probleme wurde von den Russen in lebhafter und interessierter Weise aufgenommen.«

Astachow erklärte, und Babarin pflichtete ihm bei, eine politische Annäherung liege im vitalen Interesse beider Länder. In Moskau habe man nie ganz verstanden, warum das nationalsozialistische Deutschland der Sowjetunion gegenüber so feindselig gewesen sei. Der deutsche Diplomat erwiderte daraufhin, »daß die deutsche Ostpolitik inzwischen ganz andere Wege gegangen sei«.

Von einer Bedrohung der Sowjet-Union könne bei uns keine Rede sein, unsere Ziele gingen in ganz anderer Richtung ... Die deutsche Politik sei gegen England gerichtet ... Ich könnte mir einen weitgehenden Ausgleich der beiderseitigen Interessen vorstellen, unter Berücksichtigung der lebenswichtigen russischen Fragen.

Diese Möglichkeit wäre jedoch in dem Augenblick verschlossen, in dem die Sowjet-Union sich durch eine Paktunterschrift an die Seite Englands gegen Deutschland stellte ...

Was könne England Rußland bieten? Bestenfalls die Beteiligung an einem europäischen Krieg und die Feindschaft Deutschlands ... Was könnten wir dagegen bieten? Neutralität und Herausbleiben aus einem etwaigen europäischen Konflikt und, wenn Moskau wolle, eine deutsch-russische Verständigung über die beiderseitigen Interessen, die sich ebenso wie in früheren Zeiten zum Nutzen beider Länder auswirken würde ... Denn außenpolitische Gegensätzlichkeiten ... bestünden meiner Meinung nach auf der ganzen Linie von der Ostsee bis zum Schwarzen Meer und dem Fernen Osten nicht. Dazu komme bei aller Verschiedenheit der Weltanschauung ein Gemeinsames in der Ideologie Deutschlands, Italiens und der Sowjetunion: Gegnerstellung gegen die kapitalistischen Demokratien des Westens[78].

Astachow freute sich, dies zu hören. Er versprach Schnurre, darüber sofort nach Moskau zu berichten.

In der Wilhelmstraße wartete man ungeduldig auf die Reaktion in der sowjetischen Hauptstadt. Drei Tage später, am 29. Juli, ließ Weizsäcker durch Kurier eine Depesche an Schulenburg gehen:

Es wäre uns wichtig zu wissen, ob die Astachow und Babarin gegenüber gemachten Ausführungen eine Resonanz in Moskau gefunden haben. Wenn Sie die Gelegenheit dazu sehen, eine erneute Besprechung mit Molotow herbeizuführen, bitte ich in diesem Sinne zu sondieren ... Stellt sich dabei heraus, daß Molotow aus der bisher von ihm eingehaltenen Reserve heraustritt, so können Sie in Ihren Darlegungen noch einen Schritt weitergehen ... Das betrifft insbesondere die polnische Frage. Wir wären bereit, bei jeder Entwicklung der polnischen Frage ... alle sowjetischen Interessen zu wahren und uns mit der dortigen Regierung darüber zu verständigen. Auch in der baltischen Frage könnte bei einem positiven Verlauf des Gesprächs der Gedanke vertieft werden, daß wir unsere Haltung gegenüber dem Baltikum so einrichten, daß lebenswichtige sowjetische Ostseeinteressen respektiert werden[79].

Zwei Tage darauf telegrafierte der Staatssekretär an Schulenburg:

Ich bitte Sie, den Zeitpunkt Ihrer nächsten Besprechung mit Molotow zu drahten, sobald er feststeht. An einem schnellen Zustandekommen der Besprechung ist uns ... gelegen[80].

Zum erstenmal wurde der Ton in den Depeschen von Berlin nach Moskau dringlich.

Dafür gab es gute Gründe. Am 23. Juli waren Frankreich und England endlich auf den russischen Vorschlag eingegangen, unverzüglich Militärbesprechungen abzuhalten zwecks Ausarbeitung eines Abkommens, in dem genau festgelegt werden sollte, auf welche Weise die drei Länder Hitlers Armeen entgegenzutreten hätten. Obwohl Chamberlain diese Zustimmung erst am 31. Juli im Unterhaus bekanntgab, hatten die Deutschen schon eher Kenntnis davon erhalten. Am 28. Juli drahtete der deutsche Botschafter in Paris, Welczek, nach Berlin, er habe »aus gewöhnlich gut unterrichteten Kreisen« erfahren, Frankreich und England seien im Begriff, Militärmissionen nach Moskau zu entsenden. Er habe den Eindruck, berichtete er zwei Tage später, Paris und London sähen in der Zustimmung zu Stabsbesprechungen ein letztes Mittel, eine Vertagung der Moskauer Verhandlungen zu verhindern.

Der Eindruck bestand durchaus zu recht. Aus den Geheimakten des britischen *Foreign Office* geht deutlich hervor, daß die Moskauer Besprechungen in der letzten Juliwoche hauptsächlich deswegen ins Stocken gerieten, weil man sich über eine Definition des Begriffs »indirekte Aggression« nicht verständigen konnte. Die Russen legten ihn nach Auffassung der Engländer und Franzosen so allgemein aus, daß er zur Rechtfertigung eines sowjetischen Eingreifens in Finnland und in den baltischen Staaten selbst dann benutzt werden konnte, wenn diese Länder nicht ernstlich von Deutschland bedroht waren. Und damit war zumindest London – die Franzosen waren zu größerem Entgegenkommen bereit – nicht einverstanden.

Auch hatten die Russen am 2. Juni darauf bestanden, gleichzeitig mit dem Beistandspakt ein Militärabkommen in Kraft zu setzen, in dem »Art, Form und Umfang« der von den drei Ländern gegenseitig zu leistenden Hilfe im einzelnen festzulegen seien. Die Westmächte, die von Rußlands militärischer Schlagkraft nicht viel hielten[81], versuchten Molotow abzuspeisen. Sie wollten erst nach Unterzeichnung des politischen Abkommens in die Eröffnung von Stabsbesprechungen einwilligen. Doch die Russen waren steinhart. Als die Briten ihnen am 17. Juli anboten, sofort mit Stabsbesprechungen zu beginnen, wenn die Sowjetunion von ihrer Forderung, das politische und das militärische Abkommen gleichzeitig zu unterzeichnen, abginge und die britische Auslegung des Begriffes »indirekte Aggression« akzeptiere, lehnte Molotow dies brüsk ab. Solange Franzosen und Engländer das politische und das militärische Abkommen nicht als Einheit akzeptierten, habe es keinen Sinn, die Verhandlungen fortzusetzen. Diese Drohung rief in Paris, wo man sich über den Flirt zwischen Sowjets und Nationalsozialisten offenbar deutlicher im klaren war als in London, Bestürzung hervor. Es war denn auch weitgehend dem französischen Druck zuzuschreiben, daß London am 23. Juli, wenn auch widerstrebend und weiterhin abgeneigt, die russische Definition der »indirekten Aggression« anzunehmen, in Verhandlungen über eine Militärkonvention einwilligte[82].

Chamberlain stand der ganzen Sache der Stabsbesprechungen kühl gegenüber[83]. Wie der deutsche Botschafter in London, von Dirksen, am 1. August nach Berlin berichtete, wurden in britischen Regierungskreisen die Militärbesprechungen mit den Russen »skeptisch beurteilt«:

Dafür spricht die Zusammensetzung englischer Militärmission. Der Admiral [Drax] ist praktisch im Ruhestand und war nie im Admiralstab; der General [Heywood] ist ebenfalls reiner Frontoffizier; der Fliegergeneral [Burnett] hervorragend als Flieger und Fluglehrer, aber nicht als Stratege. Dies spricht dafür, daß Militärmission mehr den Auftrag hat, Gefechtswert der Sowjetkräfte festzustellen, als operative Abmachungen zu treffen[84].

Die britische Regierung war in der Tat so skeptisch, daß sie es versäumte, Admiral Drax schriftliche Unterhandlungsvollmacht zu erteilen, ein Versehen – sofern es das war –, über das sich Marschall Woroschilow bei der ersten Zusammenkunft beschwerte. Das Beglaubigungsschreiben für den Admiral traf erst am 21. August ein, als es nicht mehr nötig war.

Im Gegensatz zu den Engländern hatten die Russen ihre Militärmission mit den höchsten Offizieren besetzt: mit Marschall Woroschilow, der Verteidigungsminister war, General Schaposchnikow, dem Generalstabschef der Roten Armee, sowie den Oberbefehlshabern von Marine und Luftwaffe.

Da aber am 2. August die *politischen* Besprechungen vertagt wurden und Molotow klarstellte, daß er ihrer Wiederaufnahme erst dann zustimmen werde, wenn Fortschritte in den *militärischen* Besprechungen erzielt seien, kann man nicht umhin zu folgern, daß die Chamberlain-Regierung durchaus bereit war, sich mit der Festlegung der militärischen Verpflichtungen jedes der drei Länder Zeit zu nehmen. Tatsächlich lassen die Akten des *Foreign Office* kaum Zweifel zu, daß Chamberlain und Halifax Anfang August die Hoffnung auf ein Abkommen mit der Sowjetunion fast aufgegeben hatten. Doch glaubten sie, daß sie, wenn sie die Stabsbesprechungen in Moskau in die Länge zögen, Hitler irgendwie davon abhalten könnten, während der nächsten vier Wochen den verhängnisvollen Schritt zum Krieg zu tun.

Es läßt sich nicht behaupten, daß die englische und die französische Militärmission im Eiltempo nach Moskau gereist sind. Ein Flugzeug hätte sie in einem Tag hingebracht.

Aber man schickte sie mit einem langsamen Frachtdampfer, der am 5. August nach Leningrad in See ging. Erst am 11. August trafen sie in Moskau ein.
Inzwischen war es zu spät. Hitler war ihnen zuvorgekommen.

Während die britischen und französischen Offiziere noch auf die Ausfahrt des Frachters warteten, beeilten sich die Deutschen zu handeln. Ein entscheidender Tag war der 3. August, sowohl in Berlin wie in Moskau.
Um 12.58 Uhr ließ Ribbentrop ein *Citissime*-Telegramm an Schulenburg abgehen:

Hatte gestern längeres Gespräch mit Astachow, worüber Drahterlaß folgt. Ich habe dabei deutschen *Wunsch nach Neugestaltung deutsch-russischer Beziehungen zum Ausdruck gebracht und erklärt, daß von der Ostsee bis zum Schwarzen Meer kein Problem vorliege, das nicht zur beiderseitigen Zufriedenheit gelöst werden kann. Auf Wunsch Astachows nach Konkretisierung Gesprächs auf beide Länder interessierende aktuelle Fragen habe ich mich zu solchem Gespräch bereit erklärt, wenn Sowjetregierung mich durch Astachow wissen ließe, daß es auch ihr Wunsch ist, die deutsch-russischen Beziehungen auf neue und definitive Basis zu stellen*[85].

Im Auswärtigen Amt war bekannt, daß Schulenburg im Verlauf des Tages Molotow sprechen werde. Eine Stunde nach Absendung des Ribbentropschen Telegramms drahtete Weizsäcker:

Nach politischer Lage und im Interesse der Beschleunigung liegt uns, unbeschadet Ihres für heute festgesetzten Gesprächs mit Molotow, daran, Fortsetzung Gesprächs über Konkretisierung deutsch-sowjetischen Interessenausgleichs in Berlin zu führen. Zu diesem Zweck wird Schnurre heute Astachow empfangen und ihm sagen, daß wir zu konkreter Fortsetzung bereit wären[86].

Wenn auch Ribbentrops plötzlicher Wunsch nach »konkreten« Gesprächen über alle Probleme von der Ostsee bis zum Schwarzen Meer die Russen überrascht haben muß, so betonte er doch Schulenburg gegenüber, er habe dem russischen Geschäftsträger gesagt, »wir hätten keine Eile«. (In einem Fall, so teilte Ribbentrop dem Botschafter in seinem nächsten Telegramm um 15.47 Uhr mit, »machte ich [Astachow] eine leichte Andeutung darüber, uns über das Schicksal Polens mit Rußland zu verständigen«.)
Das war ein Bluff, und der scharfsinnige Astachow ließ deutlich merken, daß er ihn durchschaut hatte, als er um 12.45 Uhr Schnurre im Auswärtigen Amt aufsuchte. Da Schnurre Eile an den Tag legte, bemerkte Astachow, der deutsche Außenminister habe gestern »eine solche Dringlichkeit nicht gezeigt«. Schnurre parierte jedoch:

Hinsichtlich der Zeit sagte ich Herrn Astachow, daß gewiß der Herr R.A.M gestern abend eine Dringlichkeit ... nicht betont habe, daß es uns aber doch nützlich erschiene, die nächsten Tage *für die Fortführung der Gespräche auszunutzen, um baldmöglichst eine Grundlage zu schaffen. [Hervorhebung im Original.]*

Den Deutschen ging es also nunmehr darum, die Sache in den nächsten Tagen zu regeln. Astachow bemerkte dann, er habe von Molotow eine »einstweilige Antwort« auf die deutschen Vorschläge erhalten. Sie war recht negativ. Zwar wünschte auch Moskau eine Verbesserung der Beziehung, doch »im übrigen«, sagte Astachow, »habe Molotow erwähnt, daß man bisher noch keine Konkretisierung der deutschen Haltung kenne[87]«.

Was Molotow sich vorstellte, teilte er am Abend jenes Tages Schulenburg direkt mit. In einer langen Depesche, die der Botschafter kurz nach Mitternacht aufgab[88], berichtete er, im Laufe des Gesprächs, das 1¼ Stunden gedauerte habe, »trat Molotow aus seiner sonstigen Reserve heraus und zeigte sich ungewöhnlich aufgeschlossen«. Das war fraglos der Fall. Denn nachdem Schulenburg noch einmal betont hatte, es beständen nach deutscher Ansicht keine Gegensätzlichkeiten zwischen beiden Ländern »von der Ostsee bis zum Schwarzen Meer«, und Deutschland wünsche einen »Interessenausgleich«, zählte der unbeugsame Molotow einige der vom Reich gegenüber der Sowjetunion bekundeten Feindseligkeiten auf: Antikominternpakt, Unterstützung Japans gegen Rußland, Ausschluß der Sowjets vom Münchener Abkommen.

Molotow fragte Schulenburg, so berichtete dieser, »wie meine heutigen Erklärungen mit den von ihm erwähnten drei Punkten in Einklang zu bringen seien. Für eine veränderte Einstellung Deutscher Regierung fehlten vorläufig noch die Beweise.« Diese Äußerungen scheinen Schulenburg etwas entmutigt zu haben:

Mein Gesamteindruck geht dahin, daß Sowjetregierung gegenwärtig entschlossen ist, mit England [und] Frankreich abzuschließen, falls diese sämtliche sowjetischen Wünsche erfüllen ... Ich glaube, daß meine Mitteilungen Molotow beeindruckt haben, trotzdem wird es erheblicher Anstrengungen unsererseits bedürfen, um Umschwung bei Sowjetregierung herbeizuführen.

So sehr auch der erfahrene deutsche Diplomat mit russischen Verhältnissen vertraut war, er überschätzte doch sichtlich den Erfolg der britischen und französischen Unterhändler in Moskau. Auch scheint er sich nicht im klaren darüber gewesen zu sein, wie weitgehend Berlin jetzt zu den »erheblichen Anstrengungen« bereit war, die er für notwendig hielt, um den Umschwung bei der Sowjetregierung herbeizuführen.

In der Wilhelmstraße nahm in dieser Hinsicht die Zuversicht zu. War einmal Rußlands Neutralität sichergestellt, würden England und Frankreich entweder gar nicht für Polen kämpfen oder, falls doch, leicht am Westwall aufgehalten werden können, bis die Polen durch schnelles Vorgehen überwältigt waren und die deutsche Wehrmacht sich mit voller Kraft gegen den Westen wenden konnte.

Der Stimmungswandel in der deutschen Hauptstadt entging nicht dem gescheiten französischen Geschäftsträger in Berlin, Jacques Tarbé de Saint-Hardouin. Am 3. August, jenem Tage, an dem in Moskau und Berlin so große diplomatische Geschäftigkeit herrschte, berichtete er nach Paris: »Im Laufe der letzten Woche ist ein sehr einschneidender Umschwung in der politischen Atmosphäre Berlins beobachtet worden ... Der

Periode der Verlegenheit, des Zögerns, des Hinhaltens oder gar der Verständnisbereitschaft, die deutlich zu beobachten war, ist eine neue Phase gefolgt[89].«

BEDENKEN BEI DEUTSCHLANDS BUNDESGENOSSEN

Anders sah es bei Deutschlands Verbündeten Italien und Ungarn aus. Je mehr der Sommer voranschritt, desto mehr befürchteten die Regierungen in Rom und Budapest, daß ihre Länder an der Seite Deutschlands in Hitlers Krieg gezogen werden könnten. Am 24. Juli richtete der ungarische Ministerpräsident Graf Teleki gleichlautende Briefe an Hitler und Mussolini, worin er ihnen mitteilte, »daß Ungarn im Falle eines allgemeinen Konfliktes seine Politik der Politik der Achse anpassen will«. Doch am gleichen Tag machte er einen Rückzieher und schrieb den beiden Diktatoren einen zweiten Brief: »Um einer jeden eventuellen Mißdeutung meines Briefes vom 24. Juli vorzubeugen, beehre ich mich ... zu wiederholen, daß Ungarn ... aus moralischen Gründen nicht in der Lage sein könnte, eine kriegerische Handlung gegen Polen vorzunehmen[90].«
Der zweite Brief aus Budapest rief bei Hitler einen der üblichen Wutanfälle hervor. Als er am 8. August auf dem Obersalzberg in Anwesenheit Ribbentrops den ungarischen Außenminister Graf Csaky empfing, eröffnete er das Gespräch mit der Bemerkung, der Brief Telekis habe ihn »schockiert«. Laut Protokoll der Besprechung[91] betonte er, er habe niemals mit einer Hilfe Ungarns – oder sonst eines Staates – »bei einer solchen Auseinandersetzung [mit Polen]« gerechnet. Doch Telekis Brief »sei unmöglich«. Und dann erinnerte er seinen Gast daran, daß es schließlich Deutschlands Großzügigkeit zuzuschreiben sei, wenn Ungarn ein so großes tschechisches Gebiet habe einstecken können. Werde Deutschland in einem Krieg besiegt, »würde Ungarn automatisch auch zerschlagen werden«.
Die deutsche Aufzeichnung dieser Unterredung wirft ein enthüllendes Licht auf Hitlers innere Verfassung während jenes schicksalhaften Monats August. Polen, sagte er, sei für Deutschland überhaupt kein militärisches Problem. Allerdings rechne er von vornherein mit einem Zweifrontenkrieg. Doch »keine Macht der Welt«, renommierte er, »könne die deutschen Westbefestigungen durchstoßen. Niemand habe ihm in seinem Leben Furcht einjagen können, ebensowenig könne es England. Auch werde er nicht dem oft vorausgesagten Nervenzusammenbruch erliegen.« In bezug auf Rußland meinte er:

Die Sowjetregierung wolle ... nicht gegen uns kämpfen ... Die Sowjets würden den Fehler des Zaren nicht wiederholen und sich für England verbluten. Dagegen würden sie versuchen, sich evtl. auf Kosten der baltischen Staaten oder Polens zu bereichern, ohne sich selbst militärisch zu engagieren.

Hitlers Wortschwall war so wirkungsvoll, daß Graf Csaky ihn noch am gleichen Tag am Schluß einer zweiten Besprechung bat, »die zwei bewußten, von [Teleki] gezeichneten Briefe als nicht geschrieben zu betrachten«. Er fügte hinzu, er werde sich im gleichen Sinne auch an Mussolini wenden.

Der Duce war seit Wochen von der Sorge verzehrt, Hitler könne Italien mit sich in den Krieg reißen. Von Attolico, seinem Botschafter in Berlin, hatte er immer alarmierendere Meldungen über Hitlers Entschlossenheit erhalten, Polen anzugreifen. Seit Anfang Juni hatte Mussolini auf ein neues Treffen mit Hitler gedrängt. Im Juli schließlich wurde für den 4. August eine Zusammenkunft am Brenner vorgesehen, und am 24. ließ Mussolini durch Attolico Hitler »einige grundsätzliche Punkte« für die Besprechung überreichen. Wenn der Führer den Krieg für »unvermeidlich« halte, werde Italien an Deutschlands Seite stehen. Aber dann mahnte der Duce: Ein Krieg mit Polen könne nicht lokalisiert werden, er werde sich zu einem europäischen Konflikt ausweiten, und für die Achse sei die Zeit noch nicht reif, einen solchen Krieg zu führen. Statt dessen schlug Mussolini eine über mehrere Jahre sich erstreckende »konstruktive Friedenspolitik« vor, wobei Deutschland seine Differenzen mit Polen und Italien die seinigen mit Frankreich auf dem Wege diplomatischer Verhandlungen beilegen könnten. Er ging sogar noch weiter und empfahl eine neue Konferenz der Großmächte[92].
Hitler verhielt sich diesen Vorschlägen gegenüber ablehnend, wie Ciano am 26. Juli in sein Tagebuch schrieb, und so hielt Mussolini es für das beste, das Treffen mit Hitler zu verschieben. Dagegen regte er am 7. August eine sofortige Zusammenkunft der Außenminister beider Länder an. Cianos Tagebuchnotizen aus jenen Tagen spiegeln deutlich das wachsende Unbehagen in Rom wider:

6. August. Wir müssen einen Ausweg finden. Der deutsche Weg führt zum Krieg, wir würden unter den für die Achse und besonders für Italien ungünstigsten Bedingungen in den Krieg gehen. Unsere Goldreserven sind erschöpft, ebenso unsere Metallvorräte ... Besser wäre es, den Krieg zu vermeiden ... Ich schlage dem Duce eine neue Zusammenkunft zwischen Ribbentrop und mir vor ..., und ich würde versuchen, Mussolinis Plan einer Friedenskonferenz wieder aufzunehmen ...
9. August. Ribbentrop billigt den Vorschlag einer Zusammenkunft. Ich beschließe, morgen abend zu reisen, um mich mit ihm in Salzburg zu treffen. Der Duce dringt darauf, daß ich den Deutschen, gestützt auf Dokumente, beweise, daß es ein Wahnsinn wäre, jetzt einen Krieg zu entfesseln ...
10. August. Der Duce ist mehr als je von der Notwendigkeit überzeugt, den Krieg aufzuschieben. Er hat eigenhändig den Entwurf einer Pressemitteilung über die Zusammenkunft von Salzburg abgefaßt, sie schließt mit der Andeutung internationaler Verhandlungen zur Lösung jener Fragen, die das europäische Leben auf so gefährliche Weise stören. Bevor wir uns trennen, empfiehlt er mir noch, den Deutschen deutlich vor Augen zu halten, daß der Krieg mit Polen vermieden werden müsse, weil es unmöglich geworden sei, ihn zu lokalisieren, und ein allgemeiner Krieg für alle verhängnisvoll wäre[93].

Mit solch lobenswerten, doch angesichts der Umstände naiven Gedanken und Empfehlungen gerüstet, machte sich der junge Ciano auf den Weg nach Deutschland, wo ihm an den nächsten drei Tagen – 11., 12. und 13. August – von Ribbentrop und besonders von Hitler die schwerste Erschütterung seines Lebens beigebracht wurde.

CIANO IN SALZBURG UND AUF DEM OBERSALZBERG

Am 11. August konferierte Ciano zehn Stunden lang mit Ribbentrop auf dessen Landsitz in Fuschl bei Salzburg. Er fand die Atmosphäre, wie er später schrieb, eisig und düster[94]. Beim Abendessen im *Weißen Rössl* in St. Wolfgang wurde zwischen beiden kein Wort mehr gewechselt. Es erübrigte sich auch. Ribbentrop hatte seinem Besucher schon früher am Tag gesagt, daß an dem Entschluß, Polen anzugreifen, nicht mehr zu rütteln sei.

»Nun, Ribbentrop«, hatte Ciano gefragt, »was wollt ihr? Den Korridor oder Danzig?«

»Jetzt nicht mehr«, hatte Ribbentrop erwidert und ihn mit kaltem, metallischem Blick angestarrt. »Wir wollen den Krieg!«

Cianos Einwand, daß sich ein Krieg mit Polen nicht lokalisieren lasse, daß vielmehr im Fall eines Angriffs auf Polen die westlichen Demokratien eingreifen würden, wurde von Ribbentrop brüsk zurückgewiesen. Vier Jahre später, am Tage vor Heiligabend 1943, als Ciano in Zelle 27 des Gefängnisses von Verona auf seine von den Deutschen verlangte Hinrichtung wartete, fiel ihm noch einmal jener 11. August in Fuschl und Salzburg ein. In seiner allerletzten Tagebucheintragung vom 23. Dezember 1943 schrieb er, Ribbentrop habe damals »während einer der düsteren Mahlzeiten, die wir im *Österreichischen Hof* in Salzburg einnahmen«, mit ihm gewettet, daß Frankreich und England neutral bleiben würden, und eine Sammlung alter deutscher Waffen gegen ein italienisches Gemälde gesetzt – eine Wettschuld, die Ribbentrop einzulösen versäumte, wie Ciano bitter bemerkte.

Am 12. und 13. August war Ciano auf dem Obersalzberg, wo Hitler im Laufe zweier Unterredungen immer wieder behauptete, Frankreich und England würden nicht kämpfen. Im Gegensatz zu Ribbentrop war Hitler herzlich, aber nicht minder unerbittlich zum Kriege entschlossen. Dies geht nicht allein aus Cianos Berichten, sondern auch aus den deutschen Aufzeichnungen hervor, die sich unter den erbeuteten Dokumenten befinden[95]. Hitler empfing den italienischen Außenminister vor einem langen, mit Generalstabskarten bedeckten Tisch. Er wies zunächst auf die Stärke des deutschen Westwalls hin, der unüberwindlich sei. Im übrigen könne England den Franzosen höchstens drei Divisionen zur Verfügung stellen. Frankreich habe zwar bedeutend mehr, doch da Polen »innerhalb einer kurzen Zeit« niedergeschlagen werden würde, könne Deutschland dann 100 Divisionen am Westwall »versammeln ... für den Kampf auf Leben und Tod, der einsetzen würde«.

Wenige Minuten später sollte sich Hitler, gereizt durch Cianos ersten Einwurf, selbst widersprechen. Dem deutschen Protokoll zufolge wies Ciano »auf die große Überraschung hin, die auf italienischer Seite über den völlig unerwarteten Ernst der Lage bestehe«. Er beschwerte sich, daß Deutschland seinen Bundesgenossen nicht unterrichtet habe. »Im Gegenteil habe der Reichsaußenminister ... weder in den Unterhaltungen von Mailand noch in den Gesprächen anläßlich seines Berliner Besuches ... zu verstehen gegeben, daß ... die Danziger Frage im Laufe der Zeit geregelt werden würde.« Als Ciano dann erklärte, ein Konflikt mit Polen werde sich zu einem europäischen Krieg ausweiten, unterbrach ihn sein Gastgeber.

»Er persönlich«, sagte Hitler, »sei der felsenfesten Überzeugung, daß die westlichen Demokratien letzten Endes doch vor der Entfachung eines allgemeinen Krieges zurückschrecken würden.« Worauf Ciano erwiderte, »er wünschte, der Führer behielte recht, er glaube es aber nicht«. Der italienische Außenminister stellte dann eindringlich Italiens Schwäche heraus, und aus dem Klagelied, das in der deutschen Aufzeichnung wiedergegeben wurde, muß Hitler schließlich die Überzeugung gewonnen haben, daß Italien ihm in dem kommenden Krieg wenig nützlich sein werde[96]. Einer der Gründe, weshalb Mussolini den Krieg hinausschieben wolle, sagte Ciano, sei der, daß »der Duce persönlich großen Wert auf die ordnungsgemäße Durchführung der Weltaustellung im Jahre 1942« lege – eine Bemerkung, die den in militärische Kalkulationen versunkenen Führer erstaunt haben muß. Nicht minder erstaunt dürfte er gewesen sein, als Ciano einen Kommuniqué-Entwurf hervorholte, auf dessen Veröffentlichung er drängte und in dem es hieß, das Treffen der Achsenminister habe »den Friedenswillen Italiens und Deutschlands erneut bekräftigt«, und beide Länder glaubten, daß der Frieden durch diplomatische Verhandlungen erhalten werden könne. Ciano erklärte dazu, der Duce habe ja zunächst eine Friedenskonferenz im Auge gehabt, doch dann »den Bedenken des Führers Rechnung getragen«.

Am ersten Tag war Hitler dem Gedanken an eine Konferenz nicht völlig abgeneigt, sagte aber Ciano, in Zukunft könne Rußland nicht mehr von Besprechungen der Mächte ausgeschlossen werden – die erste, aber keineswegs letzte Erwähnung der Sowjetunion.

Als Ciano schließlich versuchte, aus seinem Gastgeber den Termin für den Angriff auf Polen herauszuholen, erwiderte Hitler, da der im Herbst einsetzende Regen die Straßen im Osten in Morast verwandelte und sie so für motorisierte Kräfte unverwendbar mache, müsse »diese Regelung [mit Polen] bis Ende August so oder so erfolgen«.

Damit hatte Ciano endlich Kenntnis von dem Termin – von dem letztmöglichen Termin, denn kurz darauf wetterte Hitler, »er sei daher entschlossen, die Gelegenheit der nächsten politischen Provokation ... zu benutzen, um innerhalb 48 Stunden Polen anzugreifen«. Infolgedessen sei »mit einem Vorgehen gegen Polen in jedem Augenblick« zu rechnen. Mit diesem Ausbruch endete das Gespräch des ersten Tages; allerdings versprach Hitler noch, sich die italienischen Vorschläge durch den Kopf gehen zu lassen.

Nachdem er 24 Stunden über sie nachgedacht hatte, sagte er Ciano, es sei besser, wenn keinerlei Kommuniqué über ihre Unterredungen herausgegeben werde[97]. Wegen des im Herbst zu erwartenden schlechten Wetters werde er in Polen *schnellstens zugreifen, 1. wenn eine neue Provokation erfolge, 2. wenn Polen nicht klar und deutlich seine politische Stellungnahme zu erkennen gebe.*

Als Ciano fragte, was unter »schnellstens« zu verstehen sei, erwiderte Hitler: »Bis spätestens Ende August.« Wenn auch nur 14 Tage erforderlich seien, um Polen zu schlagen, so würde die »endgültige Liquidierung ... noch weitere 14 Tage bis vier Wochen in Anspruch nehmen« – eine bemerkenswert genaue Zeitschätzung, wie sich herausstellen sollte.

Zum Schluß brachte Hitler noch eine seiner üblichen Schmeicheleien für Mussolini an. »Persönlich sei er glücklich, in einer Zeit zu leben, wo außer ihm selbst noch ein anderer Staatsmann lebe, der groß und einmalig in der Geschichte dastehe.«

Mochten solche Worte auch auf den eitlen Mussolini Eindruck machen, auf seinen Schwiegersohn machten sie es nicht. »Ich kehre nach Rom zurück«, schrieb er am 13. August nach seiner zweiten Unterredung mit Hitler in sein Tagebuch, »angeekelt von Deutschland, von seinen Führern, von seiner Handlungsweise. Sie haben uns betrogen und belogen. Und heute sind sie im Begriff, uns in ein Abenteuer hineinzureißen, das wir nicht gewollt haben und das das Regime und das Land gefährdet.«

Aber Italien war im Augenblick Hitlers geringste Sorge. Seine Gedanken konzentrierten sich auf Rußland. Während der Besprechungen mit Ciano am 12. August wurde dem Führer, wie es in dem deutschen Protokoll heißt, »ein Telegramm aus Moskau überreicht«. Die Unterredung wurde auf kurze Zeit unterbrochen, während welcher Hitler und Ribbentrop das Telegramm durchsahen. Sodann teilten sie den Inhalt Ciano mit.

»Die Russen«, sagte Hitler, »sind mit der Entsendung eines deutschen politischen Unterhändlers nach Moskau einverstanden.«

XV

Der deutsch-sowjetische Pakt

Das »Telegramm aus Moskau«, dessen Inhalt Hitler am Nachmitag des 12. August auf dem Obersalzberg Ciano offenbart hatte, scheint wie gewisse andere frühere »Telegramme«, die in unserer Darstellung eine Rolle gespielt haben, zweifelhaften Ursprungs gewesen zu sein. In den deutschen Archiven ist eine solche Depesche aus der russischen Hauptstadt nicht gefunden worden. Zwar sandte Schulenburg am 12. ein Telegramm nach Berlin, berichtete aber lediglich über die Ankunft der britisch-französischen Militärmission in Moskau und die zwischen den Russen und ihren Gästen gewechselten freundlichen Trinksprüche.

Dennoch entbehrte das »Telegramm«, mit dem Hitler und Ribbentrop so offensichtlich Ciano zu beeindrucken versuchten, nicht einer gewissen Grundlage. Am 12. August ging aus der Wilhelmstraße ein Fernschreiben zum Obersalzberg, worin über die Ergebnisse eines am gleichen Tage erfolgten Besuches des russischen Geschäftsträgers bei Schnurre berichtet wurde. Astachow teilte Schnurre mit, Molotow sei nunmehr zur Erörterung der von den Deutschen angeschnittenen Fragen, darunter auch der polnischen Frage und anderer politischer Angelegenheiten, bereit. Als Verhandlungsort schlug die Sowjetregierung Moskau vor. Allerdings hatte sie, wie Astachow zu erkennen gab, keine Eile. »Eine solche Erörterung«, betonte Schnurre in seinem offenbar umgehend nach dem Obersalzberg weitergeleiteten Bericht, »könne aber nur stufenweise vorgenommen werden oder, wie wir es ausgedrückt hätten, etappenweise[1].«

Aber Adolf Hitler konnte auf »etappenweise« Verhandlungen mit Rußland nicht warten. Wie er gerade dem entsetzten Ciano eröffnet hatte, war als letztmöglicher Termin für den Angriff auf Polen der 1. September angesetzt, und es ging nun schon auf Mitte August zu. Wenn er die englisch-französischen Gespräche mit den Russen erfolgreich sabotieren und selber mit Stalin zu Rande kommen wollte, so mußte das rasch geschehen – nicht stufenweise, sondern mit einem großen Sprung.

Montag, der 14. August, war wiederum ein entscheidender Tag. Während Schulenburg, den Hitler und Ribbentrop offensichtlich noch nicht vollauf eingeweiht hatten, einen Brief an Weizsäcker schrieb, in dem er Molotow einen »merkwürdigen Mann und schwierigen Charakter« nannte und sagte, er sei immer noch der Meinung, »daß jedes stürmische Vorgehen in der Angelegenheit unserer Beziehungen zur Sowjetunion vermieden werden sollte[2]«, ging an ihn ein *Citissime*-Telegramm aus Berlin ab.

Es kam von Ribbentrop (der noch in Fuschl war) und wurde in der Wilhelmstraße am 14. August, 22.53 Uhr, aufgegeben. Schulenburg wurde angewiesen, Molotow aufzusuchen und ihm die in dem Telegramm enthaltene »Instruktion nicht schriftlich zu geben, sondern wörtlich vorzulesen«.

Damit machte Hitler endlich sein großes Angebot. Die deutsch-russischen Beziehungen, führte Ribbentrop aus, seien »an einem geschichtlichen Wendepunkt angelangt... Reale Interessengegensätze zwischen Deutschland und Rußland bestehen nicht... Beiden Ländern ist es früher immer gut gegangen, wenn sie Freunde waren, und schlecht, wenn sie Feinde waren.«

Die durch die englische Politik hervorgerufene Zuspitzung der deutsch-polnischen Beziehung [fuhr Ribbentrop fort] sowie die englische Kriegstreiberei und die damit verbundenen Bündnisbestrebungen machen eine baldige Klärung des deutsch-russischen Verhältnisses erforderlich. Die Dinge könnten sonst... einen Verlauf nehmen, der beiden Regierungen die Möglichkeit abschneidet, die deutsch-russische Freundschaft wieder herzustellen und gegebenenfalls auch territoriale Fragen Osteuropas gemeinsam zu klären. Die Führung in den beiden Ländern sollte daher die Dinge nicht treiben lassen, sondern zur rechten Zeit zupacken. Verhängnisvoll würde es sein, wenn aus gegenseitiger Unkenntnis der Auffassungen und Absichten die beiden Völker endgültig auseinander treiben würden.

Bei der Sowjetregierung bestehe, wie uns mitgeteilt wurde, ebenfalls der Wunsch nach einer Klärung des deutsch-russischen Verhältnisses. Da aber nach den bisherigen Erfahrungen diese Klärung durch den üblichen diplomatischen Kanal nur langsam herbeigeführt werden kann, bin ich bereit, zu einem kurzen Besuch nach Moskau zu kommen, um namens [des] Führers Herrn Stalin die Auffassung des Führers auseinanderzusetzen. Nur durch eine solche unmittelbare Aussprache ist nach meiner Auffassung eine Änderung herbeizuführen, und es sollte nicht unmöglich sein, hierbei das Fundament für eine endgültige Bereinigung der deutsch-russischen Beziehungen zu legen.

Der britische Außenminister war nicht bereit gewesen, nach Moskau zu reisen, doch der deutsche Außenminister war hierzu nicht nur bereit, sondern auch sehr darauf bedacht – ein Kontrast, der, wie man deutscherseits durchaus richtig einschätzte, auf den mißtrauischen Stalin Eindruck machen mußte. Die Deutschen erkannten, wie wichtig es war, daß der russische Diktator selbst Kenntnis von ihrem Telegramm erhielt. Daher fügte Ribbentrop noch einen »Zusatz« an:

Ich lege Wert darauf, daß [diese Instruktion] möglichst genau an Herrn Stalin gelangt, und ermächtige Sie, hiermit gegebenenfalls bei Herrn Molotow in meinem Auftrage eine Audienz bei Herrn Stalin nachzusuchen, damit Sie ihm diese wichtige Mitteilung auch unmittelbar machen können. Neben der Aussprache mit Molotow wäre eine eingehende Unterredung mit Stalin Voraussetzung meines Besuchs[3].

Ribbentrops Vorschlag enthielt einen kaum verhüllten Köder, von dem die Deutschen – nicht zu unrecht – angenommen haben dürften, daß der Kreml auf ihn anbeißen würde. Indem er erneut hervorhob, »daß es zwischen Ostsee und Schwarzem Meer keine Frage gibt, die nicht zur vollen Zufriedenheit beider Länder geregelt werden könnte«, zählte Ribbentrop die Fragen im einzelnen auf: »Ostsee, Baltikum, Polen, Südost ... usw.« Und dann sprach er von der Notwendigkeit, »auch territoriale Fragen Osteuropas gemeinsam zu klären«.

Deutschland war also bereit, sich mit der Sowjetunion in Osteuropa, darunter auch in Polen, zu teilen. Das war ein Angebot, bei dem England und Frankreich nicht mithalten konnten – und offensichtlich auch nicht mitgehalten haben würden, wenn sie es gekonnt hätten. Nachdem Hitler es hatte absenden lassen, rief er, offenbar zuversichtlich, daß es nicht abgelehnt würde, noch am gleichen Tag, dem 14. August, wieder einmal die Oberbefehlshaber der Wehrmacht zu sich, um ihnen die Kriegspläne und -aussichten vorzutragen.

DIE MILITÄRISCHE KONFERENZ AUF DEM OBERSALZBERG 14. AUGUST[4]

»Das ganze große Theater«, sagte Hitler seinen Zuhörern, »nähert sich dem Abschluß.« Da politische und militärische Erfolge nicht errungen werden könnten, ohne daß man Risiken einginge, sei es sicher, daß Großbritannien und Frankreich nicht kämpfen würden. Vor allem England habe »keine Führer von großem Ausmaß. Die Männer, die ich in München kennengelernt habe, machen keinen neuen Weltkrieg«. Wie schon bei früheren Militärbesprechungen konnte Hitler seine Gedanken nicht von England lösen, über dessen Stärke und Schwäche, zumal über die letztere, er sich sehr ausführlich erging.

England [notierte Halder] wird nicht wieder wie 1914 in einen jahrelangen Krieg hineintappen ... Das ist das Schicksal reicher Staaten. ... Das Geld, um einen Weltkrieg durchzufechten, hat heute auch England nicht. Wofür sollte England kämpfen? Für einen Verbündeten stirbt man nicht.
Was können Frankreich-England militärisch tun?
Angriff gegen Westwall unwahrscheinlich. Bei Ausholen nördlich durch Belgien und Holland ist ein rascher Erfolg ausgeschlossen. Den Polen wird also nicht geholfen.
Alles das spricht dafür, daß England und Frankreich nicht in den Krieg eintreten, zumal kein Zwang für sie besteht ... Die Köpfe von München werden das Risiko nicht auf sich nehmen ... Englischer und französischer Generalstab beurteilen Aussichten eines bewaffneten Konflikts sehr nüchtern und raten ab ...
Daher Überzeugung, daß England vielleicht noch sehr laute Töne machen wird, vielleicht Gesandten abberufen, vielleicht Handelsverkehr ganz drosseln, aber nicht bewaffnet in den Konflikt eingreifen wird.

So habe man es wahrscheinlich mit Polen allein zu tun, doch müsse es innerhalb einer oder zwei Wochen geschlagen werden, damit die Welt, von Polens Zusammenbruch überzeugt, keinen Versuch zu seiner Rettung machen würde.

Hitler war noch nicht ganz entschlossen, den Generalen klipp und klar zu sagen, wie weit er gerade an jenem Tag gegangen war, um mit Rußland ins Geschäft zu kommen, obwohl es sie, die überzeugt waren, daß Deutschland keinen Großkrieg an zwei Fronten führen könne, sehr erleichtert hätte.

»Rußland«, sagte er ihnen lediglich, »denkt nicht daran, Kastanien aus dem Feuer zu holen.« Er sei bei den Wirtschaftsverhandlungen mit Moskau in »lose Fühlung« getreten. »Es wird geprüft, ob wir eine Persönlichkeit nach Moskau schicken ... ob prominente Persönlichkeit oder nicht.« Die Sowjetunion, erklärte er, fühle sich nicht dem Westen verpflichtet. »Russen verstehen Zerschlagen Polens«, sie seien interessiert an einer »Zusage der Abgrenzung der Interessen«. Der Führer, notierte Halder noch, »neigt zu Entgegenkommen«.

In Halders umfangreichen Aufzeichnungen über die Konferenz findet sich kein Wort darüber, daß er, der Generalstabschef, oder Generalfeldmarschall von Brauchitsch, der Oberbefehlshaber des Heeres, oder Göring Bedenken geäußert hätten, ob Hitlers Kurs nicht doch zu einem europäischen Konflikt führen könnte – dabei war es trotz Hitlers Zuversicht keineswegs sicher, daß Frankreich und England nicht in den Krieg eintreten würden, noch daß Rußland sich heraushalten würde. Göring hatte sogar genau eine Woche vorher durch seinen schwedischen Freund Birger Dahlerus den warnenden Hinweis erhalten, daß die Engländer im Fall eines deutschen Angriffs auf Polen bestimmt kämpfen würden.

Nur General Thomas, der glänzende Chef des Wehrwirtschafts- und Rüstungsamtes im OKW, wagte es, den Kurs Hitlers in Zweifel zu ziehen. Wenige Tage nach der Konferenz vom 14. August, im Anschluß an eine Besprechung mit den nunmehr weitgehend passiven Verschwörern Goerdeler, Beck und Schacht, verfaßte General Thomas eine Denkschrift, die er General Keitel, dem Chef des OKW, persönlich vorlas. Ein kurzer Krieg und ein baldiger Friedensschluß, führte er aus, seien völlig illusorisch. Ein Angriff auf Polen werde einen Weltkrieg auslösen, und dafür mangele es Deutschland an Rohstoffen und Lebensmittelreserven. Aber Keitel, der nur Gedanken aussprach, die er von Hitler übernahm, tat allein schon die Idee eines Großkrieges spöttisch ab. England sei zu dekadent, Frankreich zu degeneriert und Amerika zu desinteressiert, um wegen Polen Krieg zu führen[5].

Und so beschleunigte die deutsche Wehrmachtführung mit Beginn der zweiten Augusthälfte ihre Vorbereitungen zur Vernichtung Polens und zur Verteidigung im Westen für den Fall, daß die Demokratien, allen Erwartungen zum Trotz, doch eingreifen sollten. Am 15. August wurde der für die erste Septemberwoche vorgesehene Nürnberger Parteitag, dem Hitler am 1. April den Namen »Reichsparteitag des Friedens« gegeben hatte, durch eine geheime Weisung abgesagt. Es wurden 250000 Mann einberufen, den Eisenbahnen im voraus Mobilmachungsbefehle erteilt und Vorbereitungen für die Verlegung des Armeehauptquartiers nach Zossen getroffen. Und am gleichen Tag meldete die Kriegsmarine, daß die Schlachtschiffe *Graf Spee* und *Deutschland* sowie 21 U-Boote zur Ausfahrt in den Atlantik bereitlägen.

In General Halders Tagebuch steht unter dem Datum des 17. August eine merkwürdige Eintragung: »Canaris ... 1. Abt. [Operationsabteilung] Hi-He Obersalzberg [Himmler und Heydrich]. 150 polnische Uniformen mit Zubehör ... Oberschlesien.« Was hatte das zu bedeuten? Es sollte sich erst nach dem Kriege herausstellen. Die Notiz betraf eines der bizarrsten Unternehmen, das die Nationalsozialisten je in Szene setzten. So wie seinerzeit Hitler künstlich einen »Zwischenfall« schaffen wollte, um den Einmarsch in Österreich und in die Tschechoslowakei zu rechtfertigen, wie zum Beispiel die Ermordung des deutschen Gesandten, plante man jetzt die Inszenierung eines »Grenzzwischenfalls«, der vor der Welt, wie man meinte, den Angriff gegen Polen rechtfertigen werde.

Der Deckname war »Unternehmen Himmler«, und die Idee war ganz einfach – und roh. Heydrich, der Chef des SD, betraute mit der Durchführung einen jungen SS-Mann mit Namen Alfred Helmut Naujocks. Später, im Nürnberger Prozeß, machte Naujocks unter Eid folgende Aussage:

Ungefähr am 10. August 1939 befahl mir Heydrich, der Chef der Sipo und des SD, persönlich, einen Anschlag auf die Radiostation bei Gleiwitz in der Nähe der polnischen Grenze vorzutäuschen und es so erscheinen zu lassen, als wären Polen die Angreifer gewesen. Heydrich sagte: »Ein tatsächlicher Beweis für polnische Übergriffe ist für die Auslandspresse und die deutsche Propaganda nötig« ...

Mein Befehl lautete, mich der Radiostation zu bemächtigen und sie solange zu halten, als nötig ist, um einem polnisch sprechenden Deutschen die Möglichkeit zu geben, eine polnische Ansprache über das Radio zu halten. Dieser polnisch sprechende Deutsche wurde mir zur Verfügung gestellt. Heydrich sagte, daß es in der Rede heißen solle, daß die Zeit für eine Auseinandersetzung zwischen Polen und Deutschen gekommen sei ... Heydrich sagte mir damals auch, daß er Deutschlands Angriff auf Polen in wenigen Tagen erwartete.

Ich fuhr nach Gleiwitz und wartete dort 14 Tage ... Zwischen dem 25. und 31. August suchte ich Heinrich Müller, den Chef der Gestapo, auf, der sich damals in der Nähe von Oppeln befand. In meiner Gegenwart erörterte Müller mit einem Mann namens Mehlhorn Pläne für einen Grenzzwischenfall, in dem vorgetäuscht werden sollte, daß polnische Soldaten deutsche Truppen angreifen ... Deutsche in der Anzahl von ungefähr einer Kompanie sollten dazu verwendet werden. Müller sagte, er hätte ungefähr zwölf oder dreizehn verurteilte Verbrecher, denen polnische Uniformen angezogen werden sollten und deren Leichen auf dem Schauplatz der Vorfälle liegen gelassen werden sollten, um zu zeigen, daß sie im Laufe der Anschläge getötet worden seien. Für diesen Zweck war für sie eine tödliche Einspritzung vorgesehen, die von einem

Doktor gemacht werden sollte, der von Heydrich angestellt war; dann sollten ihnen auch Schußwunden zugefügt werden. Nachdem der Anschlag beendet war, sollten Mitglieder der Presse und andere Leute auf den Schauplatz geführt werden . . .
Müller sagte, daß er von Heydrich Befehl hatte, einen dieser Verbrecher mir zur Verfügung zu stellen für meine Tätigkeit in Gleiwitz. Das Kennwort, mit dem er diese Verbrecher nannte, war »Konserven«[6].

Während Himmler, Heydrich und Müller auf Befehl Hitlers Vorkehrungen für die Verwendung von »Konserven« trafen, um für Deutschland einen Vorwand zum Angriff auf Polen zu schaffen, tat Hitler selbst den ersten entscheidenden Schritt zum Einsatz seiner Streitkräfte für einen möglichen Großkrieg. Am 19. August erhielt die Kriegsmarine den Befehl, den 21 U-Booten ihre Positionen nördlich und nordwestlich der britischen Inseln anzuweisen, die *Graf Spee* in die Gewässer vor der brasilianischen Küste und ihr Schwesterschiff, die *Deutschland,* in den Nordatlantik unweit der britischen Seeverbindungen zu entsenden.
Das Datum des Befehls ist insofern bedeutsam, als die Sowjetregierung am 19. August, nach einer hektischen Woche eindringlichster Appelle aus Berlin, Hitler endlich die gewünschte Antwort gab.

DIE DEUTSCH-SOWJETISCHEN BESPRECHUNGEN 15. BIS 21. AUGUST 1939

Am 15. August, 20 Uhr, suchte Botschafter Schulenburg Molotow auf und las ihm, wie ihm aufgetragen war, Ribbentrops Telegramm vor. Wie Schulenburg noch in der Nacht nach Berlin depeschierte, nahm Molotow die Mitteilung »mit größtem Interesse entgegen«; die Sowjetregierung begrüße »deutsche Absichten nach Verbesserung [der] Beziehungen zur Sowjetunion lebhaft«. Allerdings zeigte Molotow keine Eile. Eine Reise nach Moskau, wie Ribbentrop sie vorschlage, bedürfe »einer entsprechenden Vorbereitung, damit [der] Meinungsaustausch zu einem Ergebnis führe«.
Zu welchem Ergebnis? Der verschlagene Russe ließ ein paar Andeutungen fallen. Ob Deutschland bereit sei, fragte er, einen Nichtangriffspakt mit der Sowjetunion abzuschließen? Ob es ferner bereit sei, seinen Einfluß auf Japan zwecks Verbesserung der russisch-japanischen Beziehungen und Einstellung von Grenzzwischenfällen geltend zu machen – eine Anspielung auf den an der mongolisch-mandschurischen Grenze tobenden nicht erklärten Krieg. Schließlich fragte Molotow, wie Deutschland über eine gemeinsame Garantie der baltischen Staaten denke.
Über alle solche Fragen, schloß er, »müsse konkret gesprochen werden, damit es im Falle einer Herreise des Herrn Reichsaußenministers nicht bei einem Meinungsaustausch verbleibt, sondern konkrete Entscheidungen getroffen werden[7]«.
Den ersten Vorschlag zu einem deutsch-sowjetischen Nichtangriffspakt machten also

die Russen – und zwar in genau dem Augenblick, in dem sie mit Frankreich und England darüber verhandelten, notfalls Krieg zu führen, um weiteren deutschen Aggressionen entgegenzutreten[8]. Hitler war mehr als bereit, einen solchen »konkreten« Pakt zu erwägen, denn sein Abschluß würde Rußland aus dem Kriege heraushalten und ihn, Hitler, in die Lage versetzen, Polen anzugreifen, ohne ein sowjetisches Eingreifen befürchten zu müssen. Und er war überzeugt, daß England und Frankreich, wenn Rußland sich von dem Konflikt fernhalte, »kalte Füße« bekommen würden.

Molotows Vorschläge waren genau das, was er erhofft hatte; ja sie waren noch spezieller und gingen weit über alles hinaus, was er selbst vorzuschlagen gewagt hätte. Nur bestand eine Schwierigkeit. Der August näherte sich seinem Ende, und das sowjetische Tempo, wie es in Molotows Hinweis auf »entsprechende Vorbereitungen« für Ribbentrops Moskaureise zum Ausdruck kam, war ihm zu langsam. Schulenburgs Bericht über seine Unterredung mit Molotow wurde Ribbentrop aus der Wilhelmstraße am 16. August um 6.40 Uhr früh telefonisch nach Fuschl durchgegeben, und er eilte zum Obersalzberg, um sich von Hitler weitere Instruktionen geben zu lassen. Am frühen Nachmittag hatten sie eine Antwort an Molotow aufgesetzt, die über Fernschreiber nach Berlin und von dort unverzüglich nach Moskau ging[9].

Hitler ging auf die sowjetischen Vorschläge bedingungslos ein. Schulenburg wurde von Ribbentrop angewiesen, Molotow wiederum aufzusuchen und ihm folgendes mitzuteilen:

Deutschland ist bereit, einen Nichtangriffspakt mit der Sowjetunion abzuschließen und zwar, wenn Sowjetregierung das wünscht, unkündbar auf die Dauer von 25 Jahren. Ferner ist Deutschland bereit dazu, seinen Einfluß für eine Besserung und Konsolidierung der russisch-japanischen Beziehungen einzusetzen.

Jeder Anschein, daß die Reichsregierung es nicht eilig habe, mit Moskau zum Abschluß zu gelangen, wurde fallengelassen:

Der Führer [hieß es in Ribbentrops Telegramm weiter] ist der Auffassung, daß in Anbetracht der gegenwärtigen Lage und der Möglichkeit des jederzeitigen Eintretens ernster Ereignisse (bitte hierzu Herrn Molotow zu erklären, daß Deutschland nicht gewillt ist, die polnischen Provokationen auf die Dauer hinzunehmen) eine grundsätzliche und schnelle Klärung des deutsch-russischen Verhältnisses und der beiderseitigen Einstellung zu den aktuellen Fragen erwünscht ist.

Aus diesem Grunde erkläre ich mich bereit, vom Freitag, dem 18. 8. [an], jederzeit im Flugzeug nach Moskau zu kommen mit der Vollmacht des Führers, über den Gesamtkomplex der deutsch-russischen Fragen zu verhandeln und gegebenenfalls entsprechende Verträge zu unterzeichnen.

Wieder gab Ribbentrop dem Botschafter in einem »Zusatz« persönliche Weisungen:

Ich bitte, diese Instruktionen wiederum wörtlich Herrn Molotow vorzulesen und eine umgehende Stellungnahme der Russischen Regierung bzw. Herrn Stalins zu erbitten. Ganz vertraulich sei für Ihr Vorgehen noch hinzugefügt, daß es für uns von ganz besonderem Interesse wäre, wenn mein Moskauer Besuch Ende dieser oder Anfang nächster Woche stattfinden könnte.

Am nächsten Tage warteten Hitler und Ribbentrop auf ihrer Bergeshöhe ungeduldig auf Antwort aus Moskau. Gegen Mittag sandte Ribbentrop ein dringendes Telegramm an Schulenburg: »Reichsaußenminister bittet um Drahtnachricht über Zeitpunkt, zu dem von Ihnen Empfang durch Molotow nachgesucht, sowie über Zeitpunkt, für den Unterredung vorgesehen[10].« Schulenburg kabelte zurück, er habe die Weisung Ribbentrops am Abend vorher um 23 Uhr erhalten, »daher konnte [sie] erst heute früh ausgeführt werden«. Inzwischen habe er Bescheid erhalten, daß Molotow ihn heute, am 17. August, 20 Uhr, empfangen werde[11].

Die Unterredung sollte für Hitler und Ribbentrop enttäuschend ausfallen. Molotow, der Hitlers ungeduldiges Drängen erkannte und zweifellos auch die Beweggründe durchschaute, hielt die Deutschen hin. Nachdem ihm Schulenburg Ribbentrops Instruktion vorgelesen hatte, zückte er, ohne viel Notiz von ihr zu nehmen, eine schriftliche Erwiderung der Sowjetregierung auf Ribbentrops erste Mitteilung vom 15. August.

Beginnend mit einer scharfen Bemerkung über die bisherige feindselige Haltung der deutschen Regierung gegenüber der Sowjetunion, hieß es in der Antwort, die Sowjetregierung sei »bis zur letzten Zeit davon ausgegangen, daß die Deutsche Regierung einen Anlaß zu Zusammenstößen mit der Sowjetregierung sucht ... Nicht zu reden davon, daß die Deutsche Regierung unter Ausnutzung des sogenannten Antikominternpakts die Einheitsfront einer Reihe von Staaten gegen die Sowjetunion zu schaffen bestrebt war und geschaffen hat«. Aus diesem Grunde sei Rußland im Begriff, sich an der Bildung einer Abwehrfront gegen deutsche Aggressionen zu beteiligen.

Wenn jedoch die Deutsche Regierung jetzt eine Schwenkung von der alten Politik in Richtung auf eine ernsthafte Verbesserung der politischen Beziehungen zur Sowjetunion unternimmt, so kann die Sowjetregierung eine derartige Schwenkung nur begrüßen und ist ihrerseits bereit, ihre Politik im Geiste einer ernsthaften Verbesserung in bezug auf Deutschland umzustellen.

Aber dies müsse durch »ernsthafte praktische Schritte« geschehen – nicht mit einem großen Satz, wie Ribbentrop vorschlug.

Durch welche Schritte?

Erstens: Abschluß eines Handels- und Kreditabkommens. Zweitens: Darauf, »nach kurzer Zeit«, Abschluß eines Nichtangriffspakts. »In beiden Fällen müßte daneben ein Protokoll angeschlossen werden, in dem unter anderem die deutschen Erklärungen vom 15. August ihren Niederschlag finden müßten.« Damit wurde mehr als deutlich darauf angespielt, daß Moskau für die deutsche Auffassung, wegen der Aufteilung Osteuropas zumindest sei eine Verständigung möglich, empfänglich war.

Hinsichtlich der beabsichtigten Reise Ribbentrops erklärte Molotow, daß die Sowjetregierung »diesen Vorschlag sehr hoch schätze, da die Entsendung eines so hervorragenden Politikers und Staatsmannes die Ernsthaftigkeit der Absichten der Deutschen Regierung unterstreiche. Dies stehe in einem beachtlichen Gegensatz zu England, das in der Person Strangs einen zweitrangigen Beamten nach Moskau entsandt hätte. Reise des Reichsaußenministers bedürfe jedoch einer gründlichen Vorbereitung. Sowjetregierung scheue das Aufsehen, das eine solche Reise hervorrufen würde, sie ziehe es vor, ohne viel Aufhebens praktische Arbeit zu leisten[12]«.

Auf Ribbentrops ausdrücklich hervorgehobene Bereitschaft, zum Wochenende nach Moskau zu kommen, ging Molotow mit keinem Wort ein, und Schulenburg, der wohl über den Verlauf der Unterredung etwas bestürzt war, drängte in dieser Sache nicht.

Das tat indes Ribbentrop am nächsten Tag, nach Erhalt von Schulenburgs Bericht, zumal Hitler immer nervöser wurde. Am Abend des 18. August gab Ribbentrop vom Obersalzberg aus ein weiteres *Citissime*-Telegramm an Schulenburg auf. Es traf am 19., 5.45 Uhr früh, in der deutschen Botschaft in Moskau ein und wies Schulenburg an, »nochmals eine sofortige Unterhaltung mit Herrn Molotow herbeizuführen und alle gegebenen Mittel auszunutzen, daß diese Unterhaltung ohne jede Verzögerung stattfindet«. Es war keine Zeit mehr zu verlieren. »Ich bitte«, drahtete Ribbentrop, »mit Herrn Molotow in folgendem Sinne zu sprechen«:

Auch wir würden unter normalen Verhältnissen natürlich bereit sein, Neuregelung deutsch-russischer Beziehungen auf diplomatischem Wege weiter vorzubereiten und in der üblichen Weise durchzuführen. Die ungewöhnliche gegenwärtige Lage mache aber nach Auffassung des Führers notwendig, eine andere Methode anzuwenden, die schnell zum Ziele führe.

Die deutsch-polnischen Beziehungen verschärften sich von Tag zu Tag. Wir müßten damit rechnen, daß jeden Tag Zwischenfälle eintreten könnten, die den Ausbruch eines offenen Konflikts unvermeidlich machten ... Der Führer hält es für notwendig, sich bei Bemühungen um Klärung deutsch-russischen Verhältnisses nicht vom Ausbruch eines deutsch-polnischen Konflikts überraschen zu lassen. Er hält vorherige Klärung schon deshalb für notwendig, um bei diesem Konflikt russischen Interessen Rechnung tragen zu können, was ohne solche Klärung natürlich schwer sei.

Schulenburg solle Molotow sagen, daß die von ihm erwähnte »erste Etappe«, nämlich der Abschluß des Wirtschaftsabkommens, mit dem heutigen Tage (18. August) in Berlin »zurückgelegt sei«, so daß man nun die zweite Etappe »in Angriff nehmen« könne. Daher bitte er, Ribbentrop, um Stellungnahme zu dem Vorschlag »meiner sofortigen Reise nach Moskau. Ich bitte dabei hinzuzufügen, daß ich mit Generalvollmacht des Führers kommen würde, die mich ermächtige, den Gesamtfragenkomplex erschöpfend und abschließend zu regeln«. In Moskau werde er in der Lage sein, »russischen Wünschen Rechnung zu tragen«.

Welchen Wünschen? Die Deutschen hielten nicht länger mehr hinter dem Berg zurück:

Ebenso sei ich in der Lage, ein spezielles Protokoll zu unterzeichnen, das Interessen beider Teile in diesen oder jenen Fragen der auswärtigen Politik regelt, z. B. Regelung Interessensphäre in Ostsee-Gebiet, Frage Baltenstaaten usw. Auch eine solche Regelung, die uns von erheblicher Bedeutung scheine, sei aber nur bei einer mündlichen Aussprache möglich.

Diesmal dürfe sich Schulenburg nicht mit einem russischen »Njet« abspeisen lassen.

In diesem Zusammenhang [schloß Ribbentrop] bitte ich zu unterstreichen, daß die deutsche Außenpolitik heute an einer historischen Wende angelangt ist ... Ich bitte ... auf schnelles Zustandekommen meiner Reise hinzuwirken und etwaigen erneuten russischen Einwendungen entsprechend entgegenzutreten. Sie müssen sich dabei die entscheidende Tatsache vor Augen halten, daß baldiger Ausbruch offenen deutsch-polnischen Konflikts wahrscheinlich ist und daß wir deshalb das größte Interesse daran haben, daß mein Besuch in Moskau sofort zustande kommt[13].

Der entscheidende Tag war der 19. August. Mit dem Befehl zum Auslaufen der U-Boote und Schlachtschiffe wollte man warten, bis Nachricht aus Moskau käme. Doch die großen Kriegsschiffe mußten, wenn sie bis zu dem von Hitler bestimmten Stichtag für den Kriegsbeginn, d. h. zum 1. September, ihre Positionen erreichen wollten, unverzüglich in See gehen. Und die beiden für den Angriff auf Polen vorgesehenen Heeresgruppen mußten sofort aufmarschieren.
Die Spannung in Berlin und vor allem auf dem Obersalzberg, wo Hitler und Ribbentrop äußerst ungeduldig auf Moskaus Stellungnahme warteten, wurde fast unerträglich. Die Depeschen und Denkschriften des Auswärtigen Amtes von jenem Tag enthüllen die Nervosität der Wilhelmstraße. Schnurre berichtete, daß zwar die Wirtschaftsbesprechungen mit den Russen am Abend vorher »mit einem vollen Einverständnis« geendet hätten, daß jedoch die Sowjets die Unterzeichnung hinauszögen. Diese hätte »heute mittag [19. August] stattfinden« sollen, doch »heute mittag um 12 Uhr teilten die Russen telefonisch mit, ... daß sie eine definitive Nachricht aus Moskau noch nicht hätten ... Es ist offensichtlich, daß sie aus politischen Gründen aus Moskau die Weisung erhalten haben, die Frage des Vertragsabschlusses hinhaltend zu behandeln[14]«.
Vom Obersalzberg aus drahtete Ribbentrop *citissime* an Schulenburg, nur ja über jedes Wort Molotows oder über jedes Anzeichen »russischer Absichten« telegrafisch zu berichten. Aber das einzige Telegramm, das er während der Tageszeit von Schulenburg erhielt, war die Wiedergabe eines Dementis der TASS-Agentur in Moskau, daß die Verhandlungen zwischen den Russen und der englisch-französischen Militärdelegation wegen der Fernost-Frage festgefahren seien. Doch hieß es in dem TASS-Dementi weiter, »daß die tatsächlich bestehenden Meinungsverschiedenheiten ganz andere Fragen betreffen«. Das war ein Signal für Hitler, daß noch Zeit war – und Hoffnung bestand.
Und dann – um 19.10 Uhr am 19. August – traf das ängstlich erwartete Telegramm ein:

Geheim!
Citissime!
Sowjetregierung einverstanden, daß der Herr Reichsaußenminister eine Woche nach der Veröffentlichung der Unterzeichnung des Wirtschaftsabkommens nach Moskau kommt. Molotow erklärte, daß, wenn Abschluß Wirtschaftsabkommens morgen veröffentlicht wird, der Herr Reichsaußenminister 26. August oder 27. August in Moskau eintreffen kann.
Molotow übergab mir Entwurf Nichtangriffspakt.
Eingehende Wiedergabe der beiden Unterredungen, die ich heute mit Molotow hatte, sowie Wortlaut sowjetischen Entwurfs folgen sofort drahtlich.

Schulenburg[15]

Die erste Besprechung im Kreml, die am 19. August, 14 Uhr, begann und eine Stunde dauerte, verlief, wie Schulenburg berichtete, nicht sehr gut. Offenbar ließen sich die Russen nicht dazu bewegen, Hitlers Außenminister Hals über Kopf zu empfangen. Molotow, drahtete Schulenburg,

bleibe jedoch dabei, daß es vorläufig nicht möglich sei, auch nur annähernd den Zeitpunkt der Reise zu bestimmen, da sie einer gründlichen Vorbereitung bedürfe ... Auf meine wiederholt und mit großem Nachdruck vorgebrachten Gründe der Eilbedürftigkeit entgegnete Molotow, daß bisher noch nicht einmal der erste Schritt durch den Abschluß des Wirtschaftsabkommens gemacht sei. Zunächst müsse das Wirtschaftsabkommen unterzeichnet und veröffentlicht werden und sich nach außen auswirken. Dann kämen der Nichtangriffspakt und das Protokoll dran.
Von meiner Einwendung blieb Molotow scheinbar unberührt, so daß die erste Unterredung mit der Erklärung Molotows schloß, er habe mir die Auffassung der Sowjetregierung mitgeteilt und nichts mehr hinzuzufügen.

Aber kurz darauf hatte er doch etwas hinzuzufügen!

Nachdem kaum eine halbe Stunde nach der Unterredung vergangen war [berichtete Schulenburg weiter], ließ Molotow mich bitten, ihn um 16.30 Uhr noch einmal im Kreml aufzusuchen. Er entschuldigte sich, daß er mich bemüht habe, und erklärte, er habe [der] Sowjetregierung berichtet.

Daraufhin überreichte Molotow dem überraschten, aber glücklichen Botschafter einen Entwurf für den Nichtangriffspakt und sagte ihm, daß Ribbentrop, wenn das Wirtschaftsabkommen morgen unterzeichnet und veröffentlicht werde, am 26. oder 27. August nach Moskau kommen könne.
»Gründe für seine plötzliche Sinnesänderung gab Molotow nicht an«, meldete Schulenburg in seinem Telegramm. »Ich nehme an, daß Stalin eingegriffen hat[16].«
Diese Annahme war fraglos richtig. Laut Churchill gab Stalin dem Politbüro am Abend des 19. August die Absicht der Sowjets bekannt, einen Pakt mit Deutschland abzuschließen[17]. Einige Stunden vorher – zwischen 15 und 16.30 Uhr, wie aus Schulen-

burgs Telegramm hervorgeht – hatte er seinen schicksalhaften Beschluß Molotow mitgeteilt.

Genau drei Jahre später, im August 1942, spät in der Nacht, wie Churchill später schrieb, gab Stalin dem damals auf einer Mission in Moskau befindlichen britischen Premierminister Aufschluß über einige der Gründe für seinen Schritt[18].

Wir hatten den Eindruck gewonnen [sagte Stalin], daß die britische und die französische Regierung nicht entschlossen waren, wegen Polen Krieg zu führen, sondern hofften, die diplomatische Gruppierung England-Frankreich-Rußland würde Hitler zurückhalten. Wir hingegen waren überzeugt, daß er das nicht tun würde. Stalin habe gefragt: »Wieviel Divisionen wird Frankreich gegen Deutschland mobilmachen?« Die Antwort lautete: »Etwa hundert«. Sodann habe er gefragt: »Wieviel wird England schicken?« Die Antwort lautete: »Zwei, späterhin zwei weitere.« »Aha, zwei und späterhin noch zwei. Und was meinen Sie, wieviel Divisionen wir an der russischen Front aufstellen müssen, wenn wir in den Krieg gegen Deutschland eintreten?« Es entstand eine Pause. »Mehr als dreihundert.«

Seinem Telegramm über das Ergebnis der Unterredung mit Molotow am 19. August hatte Schulenburg noch hinzugefügt, daß sein Versuch, den Außenkommissar zur Festsetzung eines früheren Termins für Ribbentrops Reise nach Moskau zu veranlassen, »leider erfolglos« gewesen sei.

Aber dabei konnten es die Deutschen nicht belassen. Der ganze Zeitplan für den Einmarsch in Polen stand auf dem Spiel. Ja, es hing von einem früheren Termin ab, daß der Angriff überhaupt in der kurzen Zeit bis zu den Herbstregen vonstatten gehen konnte. Wenn Ribbentrop nicht vor dem 26. oder 27. August in Moskau empfangen wurde und die Russen dann noch, wie die Deutschen befürchteten, die Verhandlungen hinauszögerten, konnte der Stichtag des 1. September nicht eingehalten werden.

In dieser kritischen Phase wandte sich Adolf Hitler persönlich an Stalin. Seinen Stolz überwindend, bat er den sowjetischen Diktator, den er so oft und so lange geschmäht hatte, seinen Außenminister unverzüglich in Moskau zu empfangen. Sein Telegramm an Stalin ging am Sonntag, dem 20. August, 18.45 Uhr, genau zwölf Stunden nach Erhalt des Schulenburg-Berichts, nach Moskau ab. Der Führer beauftragte seinen Botschafter, das Telegramm »umgehend« Molotow auszuhändigen.

Herrn Stalin, Moskau.

1. Ich begrüße die Unterzeichnung des neuen deutsch-sowjetischen Handelsabkommens als ersten Schritt zur Neugestaltung des deutsch-sowjetischen Verhältnisses aufrichtig[19].

2. Der Abschluß eines Nichtangriffspaktes mit der Sowjetunion bedeutet für mich eine Festlegung der deutschen Politik auf lange Sicht. Deutschland nimmt damit wieder eine politische Linie auf, die in Jahrhunderten der Vergangenheit für beide Staaten nutzbringend war ...

3. Ich akzeptiere den von Ihrem Außenminister Herrn Molotow übergebenen Entwurf des Nichtangriffspaktes, halte es aber für dringend notwendig, die mit ihm noch zusammenhängenden Fragen auf schnellstem Wege zu klären.

4. Das von der Regierung der Sowjetunion gewünschte Zusatzprotokoll kann nach meiner Überzeugung in kürzester Frist substantiell geklärt werden, wenn ein verantwortlicher deutscher Staatsmann in Moskau hierüber selbst verhandeln kann. Sonst ist sich die Reichsregierung nicht darüber im klaren, wie das Zusatzprotokoll in kurzer Zeit geklärt und festgelegt werden könnte.

5. Die Spannung zwischen Deutschland und Polen ist unerträglich geworden ... Jeden Tag [kann] eine Krise ausbrechen. Deutschland ist jedenfalls entschlossen, diesen Zumutungen gegenüber von jetzt an die Interessen des Reichs mit allen Mitteln wahrzunehmen.

6. Es ist meine Auffassung, daß es bei der Absicht der beiden Reiche, in ein neues Verhältnis zu einander zu treten, zweckmäßig ist, keine Zeit zu verlieren. Ich schlage Ihnen daher noch einmal vor, meinen Außenminister am Dienstag, den 22. August, spätestens aber am Mittwoch, dem 23. August, zu empfangen. Der Reichsaußenminister hat umfassendste Generalvollmacht zur Abfassung und Unterzeichnung des Nichtangriffspaktes sowie des Protokolls. Eine längere Anwesenheit des Reichsaußenministers in Moskau als ein bis höchstens zwei Tage ist mit Rücksicht auf die internationale Situation unmöglich. Ich würde mich freuen, Ihre baldige Antwort zu erhalten.

Adolf Hitler[20]

Während der nächsten 24 Stunden, vom Abgang des Telegramms an Stalin bis zum Abend des folgenden Tages, befand sich Hitler in einem Zustand, der dem Nervenzusammenbruch nahe kam. Er fand keinen Schlaf. Mitten in der Nacht rief er Göring an, um seiner Sorge über Stalins mögliche Reaktion auf sein Telegramm und seinem Ärger über das Hinhalten in Moskau Luft zu machen. Am 21., 3 Uhr früh, traf im Auswärtigen Amt ein *Citissime*-Telegramm von Schulenburg ein: Das ihm von Weizsäcker angekündigte Telegramm Hitlers sei noch nicht da. »Erfahrungsgemäß brauchen Staatstelegramme von Berlin nach Moskau einschließlich zweistündigem Zeitunterschied vier bis fünf Stunden, dazu kommt Zeit für die Entzifferung[21].« Um 10.15 Uhr depeschierte Ribbentrop an Schulenburg: »Bitte mit aller Energie dafür zu sorgen, daß Reise zustandekommt. Termin wie [im] Telegramm[22].« Kurz nach Mittag gab der Botschafter nach Berlin durch: »Ich sehe Molotow heute fünfzehn Uhr[23].«

Um 21.35 Uhr endlich kabelte Schulenburg den Wortlaut der Antwort Stalins:

An den Reichskanzler Deutschlands Herrn A. Hitler.

Ich danke für den Brief.

Ich hoffe, daß deutsch-sowjetischer Nichtangriffspakt eine Wendung zur ernsthaften Besserung der politischen Beziehungen zwischen unseren Ländern schaffen wird.

Die Völker unserer Länder bedürfen friedlicher Beziehungen zu einander; das Einverständnis der Deutschen Regierung mit dem Abschluß eines Nichtangriffspaktes schafft

die Grundlage für die Liquidierung der politischen Spannung und für die Aufrichtung des Friedens und die Zusammenarbeit zwischen unseren Ländern.
Die Sowjetregierung hat mich beauftragt, Ihnen mitzuteilen, daß sie einverstanden ist mit dem Eintreffen des Herrn von Ribbentrop in Moskau am 23. August.

J. Stalin[24]

An unverhülltem Zynismus stand der deutsche Diktator dem Sowjetdespoten nicht nach. Der Weg war nunmehr für sie frei, bei einer der infamsten Handlungen dieser wenig ruhmreichen Epoche gemeinsam das Pünktchen auf das i zu setzen.
Stalins Antwort wurde Hitler um 22.30 Uhr zum Berghof übermittelt. Kurz nach 23 Uhr unterbrach, wie sich der Verfasser noch deutlich erinnert, der deutsche Rundfunk plötzlich sein Musikprogramm, und eine Stimme sagte an: »Die Reichsregierung und die Sowjetregierung sind übereingekommen, einen Nichtangriffspakt abzuschließen. Der Reichsaußenminister wird am Mittwoch, dem 23. August, zum Abschluß der Verhandlungen in Moskau eintreffen.«
Am Tage darauf, dem 22. August 1939, berief Hitler, nachdem Stalin selbst versichert hatte, daß Rußland wohlwollende Neutralität wahren würde, wiederum die höchsten Militärs zum Obersalzberg, hielt ihnen einen Vortrag über seine eigene Größe, sagte ihnen, der Krieg müsse brutal und unbarmherzig geführt werden, und kündigte an, daß er den Beginn des Angriffs auf Polen wahrscheinlich schon für Samstag, den 26. August, befehlen werde – sechs Tage vor dem Stichtag. Ermöglicht hatte dies Stalin, Hitlers Todfeind.

DIE MILITÄRISCHE BESPRECHUNG VOM 22. AUGUST 1939

Die Generale trafen auf einen äußerst anmaßenden, unzugänglichen Hitler[25]. »Ich habe Sie zusammengerufen«, begann er, »um Ihnen ein Bild der politischen Lage zu geben, damit Sie Einblick tun in die einzelnen Elemente, auf die sich mein unwiderruflicher Entschluß zu handeln aufbaut, und um Ihr Vertrauen zu stärken. Danach werden wir militärische Einzelheiten besprechen.«

Zunächst zwei persönliche Bedingungen: Meine eigene Persönlichkeit und die Mussolinis.
Wesentlich hängt es von mir ab, von meinem Dasein, wegen meiner politischen Fähigkeiten. Dann die Tatsache, daß wohl niemand wieder so wie ich das Vertrauen des ganzen deutschen Volkes hat. In der Zukunft wird es wohl niemals wieder einen Mann geben, der mehr Autorität hat als ich. Mein Dasein ist also ein großer Wert-Faktor. Ich kann aber jederzeit von einem Verbrecher, von einem Idioten beseitigt werden.
Der zweite persönliche Faktor ist der Duce. Auch sein Dasein ist entscheidend. Wenn ihm etwas zustößt, wird die Bündnistreue Italiens nicht mehr sicher sein. Die Grundeinstellung des italienischen Hofes ist gegen den Duce.

Auch Franco sei ein »günstiger Faktor«. Er werde für Spaniens »wohlwollende Neutralität« sorgen. »Auf der Gegenseite«, versicherte Hitler, »in England und Frankreich, gibt es keine Persönlichkeit von Format.«
Es dürften mit den weitschweifigen Ausführungen des dämonischen Diktators mehrere Stunden vergangen sein, unterbrochen nur von einem späten Imbiß, und aus keiner der Aufzeichnungen geht hervor, daß irgendeiner der Generale, Admirale oder Luftwaffenkommandeure gewagt hätte, Hitler zu unterbrechen, seine Beurteilung anzuzweifeln oder gar seinen Lügen zu widersprechen. Schon im Frühjahr, sagte er, sei er zu dem Schluß gekommen, daß ein Konflikt mit Polen unvermeidlich wäre, doch habe er geglaubt, sich zuerst gegen den Westen wenden zu müssen. Jedoch sei ihm »klar« geworden, daß in solchem Falle Polen Deutschland angreifen würde. Daher müsse es jetzt liquidiert werden. So oder so sei die Zeit für den Krieg gekommen.

Bei uns ist das Fassen von Entschlüssen leicht. Wir haben nichts zu verlieren, nur zu gewinnen. Unsere wirtschaftliche Lage ist infolge unserer Einschränkungen so, daß wir nur noch wenige Jahre durchhalten können. Göring kann das bestätigen. Uns bleibt nichts anderes übrig, wir müssen handeln ...
Neben den persönlichen Faktoren ist die politische Lage für uns günstig: Im Mittelmeer Rivalitäten zwischen Italien und Frankreich und England, in Ostasien Spannung zwischen Japan und England, im Orient Spannung ...
England wird auf das äußerste bedroht ... Frankreichs Stellung ist ebenfalls schlechter geworden ... Jugoslawien trägt den Todeskeim des Verfalls in sich ... Rumänien ist nicht stärker geworden ... Seit dem Tode Kemals wird die Türkei von kleinen Geistern regiert, haltlosen, schwachen Menschen.
Alle diese glücklichen Umstände bestehen in zwei bis drei Jahren nicht mehr. Niemand weiß, wie lange ich noch lebe. Deshalb Auseinandersetzungen besser jetzt.

Solcherart waren die Gedankengänge des Führers.
Er hielt es für höchstwahrscheinlich, daß der Westen nicht eingreife, aber nichtsdestoweniger müsse man mit dem Risiko rechnen. Habe er nicht bei der Besetzung des Rheinlands, als die Generale die Truppen zurücknehmen wollten, beim Einmarsch in Österreich, ins Sudetenland, in die Rest-Tschechei Risiken auf sich genommen? Hannibal in Cannae, Friedrich der Große in Leuthen, Hindenburg und Ludendorff in Tannenberg hätten alles gewagt. »Wir müssen [ebenfalls] mit rücksichtsloser Entschlossenheit das Wagnis auf uns nehmen.« Man dürfe nicht schwach werden.

Sehr hat es geschadet, daß viele Deutsche, die ablehnend waren, nach der Lösung der tschechischen Frage Engländern gesagt und geschrieben haben: Der Führer hat recht behalten, weil Ihr die Nerven verloren habt, weil Ihr zu früh kapituliert habt.

Halder, Witzleben, Thomas und vielleicht noch ein paar andere Generale, die zur Zeit der Sudetenkrise zu den Verschwörern gehört hatten, müssen zusammengezuckt sein. Hitler wußte offensichtlich mehr, als ihnen klar war.

Jedenfalls, fuhr Hitler fort, sei es jetzt für sie alle an der Zeit, ihre kämpferischen Qualitäten zu zeigen. Er habe Großdeutschland »durch einen Bluff der politischen Leitung« geschaffen. Nunmehr sei »militärischer Waffeneinsatz nötig, bevor letzte große Auseinandersetzung mit dem Westen kommt; Erprobung des Instruments«. Hierfür biete Polen eine Gelegenheit.

Dann kam er auf England und Frankreich zurück:

Der Westen hat nur zwei Möglichkeiten, gegen uns zu kämpfen:
1. Blockade: Sie wird unwirksam sein infolge unserer Autarkie und weil wir die Hilfsquellen im Osten haben.
2. Angriff im Westen aus der Maginot-Linie heraus: Das halte ich für unmöglich.
Es wäre nun noch die Möglichkeit der Verletzung der Neutralität von Holland, Belgien und der Schweiz ... England und Frankreich werden die Neutralität dieser Länder nicht verletzen. England kann also Polen tatsächlich nicht helfen.

Würde es einen langen Krieg geben?

Mit langer Dauer des Krieges rechnet niemand. Wenn mir Herr von Brauchitsch gesagt hätte, ich brauche vier Jahre, um Polen zu erobern, dann hätte ich geantwortet: dann geht's nicht. Unsinn ist es, wenn man sagt, England will einen langen Krieg führen.

Nachdem er, zu seiner eigenen Genugtuung wenigstens, über Polen, England und Frankreich verfügt hatte, spielte Hitler seinen Trumpf aus. Er kam auf Rußland zu sprechen:

Der Gegner hatte noch die Hoffnung, daß Rußland als Gegner auftreten würde nach Eroberung Polens. Die Gegner haben nicht mit meiner Entschlußkraft gerechnet. Unsere Gegner sind kleine Würmchen. Ich sah sie in München.
Ich war überzeugt, daß Stalin nie auf das englische Angebot eingehen würde ... Rußland wird nie so wahnsinnig sein, für Frankreich und England zu kämpfen ... Rußland ist an der Erhaltung Polens nicht interessiert ... Litwinows Ablösung war ausschlaggebend, Zeichen für Abschluß der Interventionspolitik ...
Ich habe die Umstellung gegenüber Rußland allmählich durchgeführt. In Zusammenhang mit dem Handelsvertrag sind wir in das politische Gespräch gekommen. Dann kam ein universeller Vorschlag von Rußland [für einen Nichtangriffspakt]. Vor vier Tagen habe ich einen besonderen Schritt getan, der dazu führte, daß Rußland gestern antwortete, es sei zum Abschluß bereit. Die persönliche Verbindung mit Stalin ist hergestellt. Von Ribbentrop wird übermorgen den Vertrag abschließen. Nun ist Polen in der Lage, in der ich es haben wollte ... Anfang zur Zerstörung der Vormachtstellung Englands ist gemacht. Weg für den Soldaten ist frei, nachdem ich die politischen Vorbereitungen getroffen habe.

Das heißt, der Weg für die Soldaten wäre frei, wenn Chamberlain nicht mit einem zweiten München käme. »Ich habe nur Angst«, sagte Hitler zu seinen Kriegern, »daß mir noch im letzten Moment irgendein Schweinehund einen Vermittlungsplan vorlegt.«

Nach diesen Worten wurde eine Essenspause eingelegt. Doch vorher antwortete Göring noch »mit Dank an den Führer und der Versicherung, daß die Wehrmacht ihre Pflicht tun wird«.

Hitlers Ausführungen am Nachmittag waren in erster Linie darauf angelegt, den Militärs für die vor ihnen liegende Aufgabe den Rücken zu stärken. Die stichwortartigen Notizen aller drei Dokumente stimmen im wesentlichen überein.

Eisernste Entschlossenheit bei uns. Vor nichts zurückweichen. Jeder muß die Ansicht vertreten, daß wir von vornherein auch zum Kampf gegen die Westmächte entschlossen waren. Kampf auf Leben und Tod ... Eine lange Friedenszeit würde uns nicht gut tun ... Mannhafte Haltung ... Bei uns qualitativ der bessere Mensch ... Auf der Gegenseite schwächere Menschen ... 1918 fiel die Nation, weil die seelischen Bedingungen ungenügend waren. Friedrich der Große hatte seinen Enderfolg nur durch Seelenstärke.

Vernichtung Polens im Vordergrund. Beseitigung der lebendigen Kräfte, nicht die Erreichung einer bestimmten Linie. Auch wenn im Westen Krieg ausbricht, bleibt Vernichtung Polens im Vordergrund. Mit Rücksicht auf Jahreszeit schnelle Entscheidung.

Ich werde propagandistischen Anlaß zur Auslösung des Krieges geben, gleichgültig ob glaubhaft oder nicht. Der Sieger wird später nicht danach gefragt, ob er die Wahrheit gesagt hat oder nicht. Bei Beginn und Führung des Krieges kommt es nicht auf das Recht an, sondern auf den Sieg.

Herz verschließen gegen Mitleid. Brutales Vorgehen. Achtzig Millionen Menschen müssen ihr Recht bekommen ... Der Stärkere hat das Recht ... Größte Härte ... Seien Sie hart, seien Sie schonungslos ... Wer über diese Weltordnung nachgedacht hat, weiß, daß sie ihren Sinn durch mit Gewalt errungenen Erfolg der Besten erhält ...

Nachdem Hitler, der sich in einen *Furor Teutonicus* hineingesteigert hatte, solche Ermahnungen à la Nietzsche hinausgedonnert hatte, beruhigte er sich und gab einige Weisungen für den bevorstehenden Feldzug. Entscheidend sei Schnelligkeit. Er habe den »festen Glauben an den deutschen Soldaten«. Krisen seien »nur auf Versagen der Nerven der Führer zurückzuführen«. Das erste Erfordernis sei: »Vordringen bis zur Weichsel und zum Narew.« Was er mit Polen nach seiner Niederlage vorhabe, dürfe die militärischen Operationen nicht beeinträchtigen. In bezug auf seine Absichten mit Polen äußerte er sich unbestimmt. Die neue deutsche Grenze werde »nach gesunden Gesichtspunkten« gezogen werden. Wahrscheinlich werde er aus Polen einen kleinen Pufferstaat zwischen Deutschland und Rußland machen.

Der Befehl für den Beginn der Feindseligkeiten, schloß Hitler, werde später gegeben werden, wahrscheinlich für Samstag, den 26. August, morgens.

Am nächsten Tag, dem 23., notierte General Halder nach einer Besprechung der Abteilungschefs im OKW: »Y[-Tag] = 26. (Sonnabend) endgültig*.«

* Anm. d. Übersetzers: Vgl. ADAP, Bd. VII, S. 470.

ALLIIERTE IN MOSKAU MATT GESETZT

Mitte August waren die in Moskau geführten militärischen Besprechungen zwischen den westlichen Demokratien und der Sowjetunion buchstäblich zum Stillstand gekommen – woran weitgehend die Unnachgiebigkeit der Polen schuld war. Wie erinnerlich, waren die britische und die französische Militärmission nach ihrer langsamen Schiffsreise über Leningrad am 11. August in Moskau eingetroffen, genau eine Woche nach der Abreise des enttäuschten Strang aus der russischen Hauptstadt, der sichtlich erleichtert gewesen war, daß er die schwierige und unangenehme Aufgabe, mit den Russen zu verhandeln, an die Generale und Admirale abtreten konnte[26].

Es ging nunmehr darum, eiligst ein Militärabkommen auszuarbeiten, das im einzelnen festlegen mußte, wie, wo und womit der deutschen Streitmacht entgegenzutreten sei. Aber wie aus den vertraulichen britischen Protokollen der tagtäglichen Militärbesprechungen sowie aus den Berichten der englischen Unterhändler[27] ersichtlich ist, sollte die englisch-französische Mission in Moskau keine Einzelheiten diskutieren, sondern »allgemeine Grundsätze«. Die Russen bestanden jedoch darauf, unverzüglich greifbare, spezifische und – nach alliierter Auffassung – peinliche Tatsachen zu erörtern. Auf die von General Doumenc, dem Leiter der französischen Mission, bei der ersten Zusammenkunft dargelegten Grundsätze der Alliierten entgegnete Woroschilow, sie seien »zu abstrakt und immateriell und verpflichteten niemanden zu irgend etwas ... Wir sind hier nicht zusammen gekommen«, sagte er kühl, »um abstrakte Erklärungen abzugeben, sondern um ein umfassendes Militärabkommen auszuarbeiten.«

Woroschilow stellte einige ganz präzise Fragen: Bestehe irgendein Vertrag, der festlege, auf welche Weise Polen vorgehen werde? Wieviel Truppen könne England bei Ausbruch des Krieges zur Verstärkung der französischen Armee stellen? Was werde Belgien tun? Die Antworten waren für den Sowjetmarschall nicht sehr beruhigend. Doumenc sagte, er kenne die polnischen Pläne nicht. General Heywood erwiderte, die Engländer dächten an »ein erstes Kontingent von sechzehn Divisionen für die ersten Kriegsphasen, dem später ein zweites Kontingent von sechzehn Divisionen folgen werde«. Von Woroschilow gedrängt, genau anzugeben, wie viele Divisionen England unmittelbar bei Ausbruch des Krieges zur Verfügung haben würde, sagte Heywood: »Zur Zeit haben wir in England fünf reguläre Divisionen und eine motorisierte stehen.« Diese kümmerlichen Ziffern waren eine unangenehme Überraschung für die Russen, die, wie sie sagten, in der Lage seien, gleich zu Beginn der Feindseligkeiten 120 Infanteriedivisionen gegen einen Angreifer im Westen aufmarschieren zu lassen.

Auf die Frage hinsichtlich Belgiens antwortete General Doumenc, »französische Truppen könnten erst durchmarschieren, wenn sie dazu aufgefordert würden, aber Frankreich sei bereit, jeder Aufforderung nachzukommen«.

Diese Frage führte zu dem entscheidenden Problem hin, vor dem die militärischen Unterhändler in Moskau standen und das zu umgehen Engländer und Franzosen bestrebt gewesen waren. In der allerersten Sitzung und dann noch einmal in einer kriti-

schen Besprechung am 14. August betonte Marschall Woroschilow, es sei von wesentlicher Bedeutung zu wissen, ob Polen willens sei, sowjetischen Truppen den Durchmarsch durch sein Gebiet zu gestatten. Wie wollten andernfalls die Alliierten die deutsche Wehrmacht daran hindern, Polen schnell zu überrennen? Am 14. spezifizierte er seine Frage: »Glauben der britische und der französische Generalstab, daß die Rote Armee durch Polen marschieren kann, insbesondere über die litauische Seenplatte und durch Galizien, damit sie Fühlung mit dem Feind nehmen kann?«
Das war des Pudels Kern. Wie Seeds nach London drahtete, hatten die Russen nunmehr

das fundamentale Problem angeschnitten, von dem Erfolg oder Scheitern der Militärbesprechungen abhängt und das vom allerersten Tage der politischen Unterredungen an all unseren Schwierigkeiten zugrunde lag, nämlich das Problem, wie man zu einem brauchbaren Abkommen mit der Sowjetunion gelangen soll, solange Rußlands Nachbarn auf einer Art Boykott beharren, von dem sie erst lassen werden ... wenn es zu spät ist.

Admiral Drax hatte von der britischen Regierung Weisungen erhalten für den Fall, daß diese Frage zur Sprache käme – und wie sollte sie es nicht? Die Instruktionen, so wie sie in den britischen Dokumenten wiedergegeben sind, erscheinen in heutiger Sicht unglaublich naiv. Angesichts der Weigerung Polens und Rumäniens, »Pläne für eine mögliche Zusammenarbeit auch nur zu erwägen«, hatte man Drax folgende »Richtlinien« gegeben:

Eine Invasion Polens und Rumäniens würde deren Stellungnahme wesentlich ändern. Außerdem würde es für Rußland sehr nachteilig sein, wenn Deutschland bis unmittelbar an die russische Grenze vorrücken sollte ... Es liegt daher in Rußlands eigenem Interesse, Pläne zum Beistand für Polen und Rumänien vorzubereiten, für den Fall, daß diese Länder überfallen werden sollten.
Wenn die Russen vorschlagen, die englische und die französische Regierung sollten Polen, Rumänien und den Baltischen Staaten die Zusammenarbeit mit der Sowjetregierung oder dem sowjetischen Generalstab empfehlen, soll die Delegation sich nicht festlegen, sondern Rückfrage halten.

Dies tat sie denn auch.
In der Sitzung vom 14. August verlangte Woroschilow eine »eindeutige Antwort« auf seine Frage. »Ohne eine präzise und unzweideutige Antwort«, sagte er, »ist eine Fortsetzung der militärischen Besprechungen zwecklos ... Die sowjetische Militärmission kann ihrer Regierung nicht empfehlen, sich an einem Unternehmen zu beteiligen, das so offensichtlich zum Scheitern verurteilt ist.«
General Gamelin gab von Paris aus General Doumenc den Rat, zu versuchen, die Russen von dem Thema abzubringen. Aber sie ließen sich nicht davon abbringen[28].
Die Besprechung vom 14. August nahm einen dramatischen Verlauf, wie General Dou-

menc später berichtete. Die englisch-französischen Delegierten saßen in der Klemme, und sie wußten es. So gut sie konnten, versuchten sie, das Problem zu umgehen. Drax und Doumenc versicherten, sie seien davon überzeugt, daß Polen und Rumänien, sobald man sie angreife, Rußland um Hilfe bitten würden. Ja, sie würden dann »den Marschall um Beistand anflehen«, meinte Doumenc. Drax hielt es für »undenkbar«, daß sie sich nicht um Hilfe an die Sowjetunion wenden würden. Nicht gerade diplomatisch fügte er hinzu: »Wenn sie im Notfall nicht um Hilfe bitten und sich überrennen lassen, müssen sie damit rechnen, deutsche Provinzen zu werden.« Das war nun das Letzte, was die Russen wünschten, denn es bedeutete die Präsenz deutscher Armeen an der sowjetischen Grenze. Die unglückselige Bemerkung des Admirals war Wasser auf Woroschilows Mühle.

In ihrer Verlegenheit entgegneten schließlich die englisch-französischen Vertreter Woroschilow, er habe politische Fragen angeschnitten, und dafür seien sie nicht zuständig. Da Polen ein souveräner Staat sei, sagte Drax, müsse erst einmal die polnische Regierung den Durchmarsch russischer Truppen genehmigen. Da dies aber eine politische Angelegenheit sei, müsse sie von den Regierungen geregelt werden. Er schlage vor, daß die Sowjetregierung in dieser Frage an die polnische Regierung herantrete. Die russische Delegation gab zwar zu, daß es sich hier um eine politische Angelegenheit handele, beharrte aber darauf, daß die britische und die französische Regierung an die Polen heranträten, sie unter Druck setzten und zur Vernunft brächten.

In Anbetracht der Tatsache, daß die Russen zur gleichen Zeit mit den Deutschen verhandelten, fragt es sich, ob sie bei ihren Besprechungen mit der englisch-französischen Militärmission aufrichtig waren oder ob sie, wie später die Außenministerien Englands und Frankreichs, nicht zuletzt aber Admiral Drax, folgerten, nur deshalb auf dem Durchmarschrecht durch Polen bestanden, weil sie die Gespräche so lange hinhalten wollten, bis sie absehen konnten, ob sie mit Hitler zu Rande kämen[29].

Anfänglich glaubten die westlichen Alliierten, wie aus den britischen und französischen Akten hervorgeht, daß die sowjetische Militärdelegation in voller Aufrichtigkeit verhandele – ja, daß sie ihre Aufgabe viel zu genau nähme. Am 13. August, nach zweitägigen Stabsbesprechungen, drahtete Botschafter Seeds nach London, den russischen Militärchefs scheine wirklich »an der Sache gelegen zu sein«. Daraufhin wurde die Admiral Drax gegebene Instruktion, »sehr langsam vorzugehen«, abgeändert, und am 15. August wies ihn die britische Regierung an, Doumenc dabei zu unterstützen, die Militärbesprechungen »sobald wie möglich« zum Abschluß zu bringen. Die ihm auferlegten Beschränkungen bezüglich der Weitergabe geheimer militärischer Informationen an die Russen wurden teilweise gelockert.

Im Gegensatz zu Drax, dem ursprünglich aufgegeben war, die Verhandlungen hinzuhalten, hatte General Doumenc – von Ministerpräsident Daladier persönlich – Anweisung erhalten, sich zu bemühen, ein Militärabkommen mit Rußland zum frühestmöglichen Zeitpunkt zustandezubringen. Trotz der englischen Besorgnisse, es könne etwas zu den Deutschen durchsickern, hatte Doumenc am zweiten Tag der Besprechungen den Russen so »höchst geheime Zahlenangaben«, wie er es ausdrückte, über die Stärke der französischen Armee gemacht, daß die sowjetischen Delegierten ihm versprachen, sie »zu vergessen«, sobald die Verhandlung abgeschlossen sei.

Erst am 17. August, nachdem er und Drax vier Tage lang vergeblich auf Instruktionen ihrer Regierungen gewartet hatten, wie sie sich in bezug auf die polnische Frage verhalten sollten, telegrafierte General Doumenc nach Paris: »Die UdSSR wünscht Militärpakt... Sie will von uns kein Stück Papier ohne substantielle Verpflichtungen. Marschall Woroschilow hat erklärt, alle Probleme würden ohne Schwierigkeit gelöst werden, sobald die Frage, die er die entscheidende nennt, geregelt sei.« Doumenc drängte Paris, Warschau zur Annahme der russischen Hilfe zu bewegen.

Entgegen der damals nicht nur in Moskau, sondern auch in den westlichen Hauptstädten verbreiteten Auffassung, die Regierungen Englands und Frankreichs hätten nichts unternommen, um die Polen zu veranlassen, den Durchmarsch sowjetischer Truppen zu genehmigen, ist aus den jüngst veröffentlichten Akten deutlich ersichtlich, daß London und Paris in dieser Hinsicht recht weit gingen – aber nicht weit genug. Ebenfalls deutlich ersichtlich ist, daß die Polen darauf mit unglaublicher Dummheit reagierten[30].

Am 18. August, nach dem ersten englisch-französischen Versuch, den Polen die Augen zu öffnen, sagte der polnische Außenminister Beck zu dem französischen Botschafter Léon Noël, die russischen Truppen seien »militärisch nichts wert«, und General Stachiewicz, der Chef des polnischen Generalstabs, erklärte bekräftigend, er sähe »keinen Gewinn darin, Truppen der Roten Armee in Polen operieren zu lassen«.

Am Tage darauf suchten der britische und der französische Botschafter noch einmal Beck auf und bedrängten ihn, den russischen Vorschlag zu akzeptieren. Der polnische Außenminister hielt sie hin, versprach aber eine formelle Antwort für den nächsten Tag. Der englisch-französische Schritt erfolgte auf Grund einer Unterredung, die am 19. zwischen dem französischen Außenminister Bonnet und dem britischen Geschäftsträger in Paris stattfand. Der Brite war einigermaßen überrascht, daß Bonnet, dieser Erz-*Appeaser* Hitlers, jetzt von der Möglichkeit, wegen der polnischen Starrheit Rußland als Verbündeten zu verlieren, sehr alarmiert war.

Es wäre verhängnisvoll [sagte ihm Bonnet], wenn die Verhandlungen in Rußland infolge einer polnischen Ablehnung zusammenbrechen würden... Es sei unhaltbar, daß die Polen für sich in Anspruch nähmen, die einzige wirksame Hilfe, die ihnen im Falle eines deutschen Angriffs geleistet werden könne, abzulehnen. Dadurch würden die Regierungen Englands und Frankreichs in die geradezu unmögliche Situation gebracht, ihre Völker auffordern zu müssen, zur Verteidigung eines Polens in den Krieg einzutreten, das diese Hilfe zurückgewiesen habe.

Wenn es so war – und es besteht kein Zweifel, daß es so war –, warum übten dann in diesem entscheidenden Augenblick die Regierungen Englands und Frankreichs nicht den äußersten Druck auf Warschau aus? Der englisch-polnische Sicherheitspakt war formell noch nicht unterzeichnet. Warum machte man nicht den Paktabschluß davon abhängig, daß Warschau russische Militärhilfe annahm?

Dies wurde von Bonnet in seiner Unterredung mit dem britischen Geschäftsträger in Paris am 19. August dann auch vorgeschlagen. Aber die Londoner Regierung runzelte die Stirn über ein derartiges »Manöver«, wie man in der Downing Street sagte. Soweit wollten Chamberlain und Halifax nicht gehen.

Am Vormittag des 20. August machte der polnische Generalstabschef dem britischen Militärattaché in Warschau die Mitteilung, man werde »in keinem Fall dem Einrücken sowjetischer Truppen in Polen zustimmen«. Und am Abend wies Beck das englisch-französische Ansuchen formell zurück. Noch am gleichen Abend legte Halifax über seinen Botschafter in Warschau dem polnischen Außenminister dringend nahe, den polnischen Standpunkt zu überprüfen, da er die Militärbesprechungen in Moskau »torpediere«. Doch Beck gab nicht nach. Er erklärte dem französischen Botschafter: »Ich werde keinerlei Diskussion über die Benutzung eines Teiles unseres Territoriums durch fremde Truppen zulassen. Wir haben mit der UdSSR kein Militärabkommen. Wir wollen auch keins.«

Verzweifelt über diese blinde Hartnäckigkeit der polnischen Regierung nahm Ministerpräsident Daladier – einer Darstellung zufolge, die er am 18. Juli 1946 der französischen verfassunggebenden Versammlung gab – die Dinge selbst in die Hand. Nachdem er die Polen noch einmal beschworen hatte, realistisch zu denken, erteilte er am Vormittag des 21. August General Doumenc telegrafisch die Ermächtigung, zu den bestmöglichen Bedingungen ein Militärabkommen mit den Russen zu unterzeichnen, jedoch mit dem Vorbehalt, daß es noch von der französischen Regierung gebilligt werden müsse. Gleichzeitig gab Bonnet, seiner späteren Darstellung zufolge, dem französischen Botschafter in Moskau Anweisung, Molotow mitzuteilen, daß Frankreich »im Prinzip« mit dem Durchmarsch sowjetischer Truppen durch Polen im Falle eines deutschen Angriffs einverstanden sei.

Aber es war, da die Polen nicht zugestimmt hatten, eine müßige – und auch, wie wir heute wissen, in Anbetracht des Standes der deutsch-russischen Verhandlungen eine vergebliche Geste. Doumenc erhielt Daladiers Telegramm erst am 21. August abends. Als er es am Abend des nächsten Tages – dem Vorabend von Ribbentrops Abreise nach Moskau – Woroschilow zur Kenntnis brachte, zeigte sich der Sowjetmarschall äußerst skeptisch. Er verlangte eine Vollmacht der französischen Regierung zu sehen, daß Doumenc autorisiert sei, ein Militärabkommen zu unterzeichnen, das den Durchmarsch russischer Truppen durch Polen zulasse. Doumenc konnte sie natürlich nicht vorweisen. Sodann wollte Woroschilow wissen, wie die Engländer dazu stünden und ob Polen seine Zustimmung gegeben habe. Das waren peinliche Fragen, und Doumenc antwortete lediglich, er sei nicht informiert.

Aber weder die Fragen noch die Antworten hatten zu diesem Zeitpunkt noch irgendeinen realen Sinn. Ribbentrop war bereits unterwegs nach Moskau. Seine Reise war in

der Nacht vorher öffentlich angekündigt worden. Und auch ihr Zweck: Abschluß eines Nichtangriffspaktes zwischen Deutschland und der Sowjetunion.
Woroschilow, der zu Doumenc eine echte Zuneigung gefaßt zu haben schien, bemühte sich, dem französischen General auf sanfte Weise beizubringen, daß sich ihre Begegnung dem Ende nähere. Er sagte zu ihm:

Ich befürchte, Franzosen und Engländer haben die politischen und militärischen Diskussionen zu lange verschleppt. Darum ist die Möglichkeit nicht auszuschließen, daß sich zur Zeit gewisse politische Vorgänge abspielen[31].

RIBBENTROP IN MOSKAU
23. AUGUST 1939

Die »gewissen politischen Vorgänge« rollten nunmehr ab.
Ausgerüstet mit schriftlichen Vollmachten Hitlers zum Abschluß eines Nichtangriffspakts sowie »anderer Abkommen« mit der Sowjetunion, die gleich nach Unterzeichnung in Kraft treten sollten, flog Ribbentrop am 22. August nach Moskau ab. In Königsberg unterbrach die umfangreiche deutsche Delegation den Flug, um dort zu übernachten. Laut Dr. Schmidt arbeitete Ribbentrop die ganze Nacht hindurch, telefonierte fortgesetzt mit Berlin und Berchtesgaden und machte sich eine Fülle von Notizen für seine Besprechungen mit Stalin und Molotow[32].
Die beiden großen *Condor*-Maschinen mit der deutschen Delegation trafen am 23. August nachmittags in Moskau ein. Nach einer kurzen Mahlzeit in der deutschen Botschaft eilte Ribbentrop sofort in den Kreml, um sich dem Sowjetdiktator und seinem Außenminister zu stellen. Die erste Besprechung dauerte drei Stunden und verlief, wie Ribbentrop an Hitler telegrafierte, »durchaus positiv in unserem Sinne[33]«. Nach der Depesche des Außenministers zu urteilen, lag der Verständigung über einen Nichtangriffspakt, durch den die Sowjetunion aus Hitlers Krieg herausgehalten werden würde, überhaupt nichts im Wege. Die einzige Schwierigkeit war geringfügiger Art und betraf die Teilung der Beute. Die Russen, drahtete Ribbentrop, forderten Einbeziehung der kleinen lettischen Häfen Libau und Windau in »ihre Interessensphäre«. Da Lettland bei der Teilung der Interessensphären ohnehin auf die sowjetische Seite fallen sollte, stellte diese Forderung kein Problem dar, und Hitler willigte sofort ein. Ribbentrop berichtete nach der ersten Besprechung auch an Hitler: »Vorgesehen ist Unterzeichnung eines geheimen Protokolls über Abgrenzung der beiderseitigen Interessensphären im gesamten Ostgebiet.«
Das ganze Vertragswerk – Nichtangriffspakt und Geheimprotokoll – wurde noch am Abend desselben Tags bei einer zweiten Zusammenkunft im Kreml unterzeichnet. Deutsche und Russen hatten es so leicht, sich zu verständigen, daß bei diesem bis in die frühen Morgenstunden dauernden Beisammensein keineswegs hartnäckig gefeilscht,

sondern größtenteils freundschaftlich über die Weltlage und die einzelnen Länder diskutiert wurde, wobei die bei Galaempfängen im Kreml üblichen endlosen Trinksprüche nicht fehlten. Ein Mitglied der deutschen Delegation hat in einer »ganz geheimen« Aufzeichnung die unwahrscheinliche Szene wiedergegeben[34].

Auf Stalins Fragen über die Absichten der deutschen Verbündeten Japan und Italien gab Ribbentrop muntere, beschwichtigende Antworten. In bezug auf England waren sich Stalin und Ribbentrop sehr schnell einig. Die britische Militärmission, vertraute Stalin seinem Gast an, habe »der Sowjetunion niemals gesagt, was sie eigentlich wolle«. Im Anschluß daran betonte Ribbentrop, daß England sich stets bemüht habe, gute Beziehungen zwischen Deutschland und der Sowjetunion zu unterbinden. »England sei schwach, u[nd] für seinen anmaßenden Anspruch auf Weltherrschaft wolle es andere kämpfen lassen.«

»Stalin stimmte lebhaft zu«, heißt es in der deutschen Aufzeichnung, »und bemerkte folgendes: ... Wenn England trotzdem die Welt beherrsche, so läge das an der Dummheit der anderen Länder, die sich immer wieder bluffen ließen.«

Der Herrscher Sowjetrußlands und Hitlers Außenminister kamen unterdessen so glänzend miteinander aus, daß ihnen die Erwähnung des Antikominternpakts keine Verlegenheit mehr bereitete. Ribbentrop bemerkte, der Pakt habe sich nicht gegen Rußland, sondern gegen die westlichen Demokratien gerichtet. Worauf Stalin einwarf, »der Antikominternpakt habe in der Tat hauptsächlich die Londoner City und die kleinen englischen Kaufleute erschreckt«.

Ribbentrop fühlte sich durch Stalins Leutseligkeit in so gute Laune versetzt, daß er sich jetzt sogar bemühte, einen Scherz zu machen – immerhin bemerkenswert, bedenkt man die Humorlosigkeit dieses Mannes.

Der Herr RAM [fährt die deutsche Aufzeichnung fort] stimmte zu und bemerkte scherzhaft, daß Herr Stalin durch den Antikominternpakt sicher weniger erschreckt worden sei als die Londoner City und die kleinen englischen Kaufleute. Wie das deutsche Volk über diese Frage denke, gehe aus einem von den als witzig und humorbegabt bekannten Berlinern erfundenen Scherzwort hervor, das ... besage: »Stalin werde noch selbst dem Antikominternpakt beitreten.«

Schließlich betonte Ribbentrop, wie lebhaft das deutsche Volk eine Verständigung mit der Sowjetunion begrüße. »Herr Stalin erwiderte, daß er dies gern glaube. Die Deutschen wünschten den Frieden ...«

Noch hohler wurde das Geschwätz bei den Trinksprüchen.

Im Laufe der Unterhaltung brachte Herr Stalin spontan mit folgenden Worten einen Trinkspruch auf den Führer aus:

»Ich weiß, wie sehr das deutsche Volk seinen Führer liebt, ich möchte deshalb auf seine Gesundheit trinken.«

Herr Molotow trank auf das Wohl des Herr RAM ... Wiederholt tranken die Herren

Molotow und Stalin auf den Nichtangriffspakt, die neue Ära der deutsch-russischen Beziehungen und auf das deutsche Volk.
Der Herr RAM brachte seinerseits einen Trinkspruch auf Herrn Stalin, sowie Trinksprüche auf die Sowjetregierung und auf eine glückliche Entwicklung der Beziehungen zwischen Deutschland und der Sowjetunion aus.

Doch trotz solcher glühenden Beteuerungen zwischen Menschen, die bis vor kurzem noch Todfeinde gewesen waren, scheint Stalin im Innersten Bedenken über die Pakttreue der Nationalsozialisten gehabt zu haben. Als Ribbentrop sich verabschiedete, nahm er ihn beiseite und sagte: »Die Sowjetregierung nehme den neuen Pakt sehr ernst, er könne auf sein Ehrenwort versichern, daß die Sowjetunion ihren Partner nicht betrügen würde.«
Was hatten nun diese beiden neuen Partner unterzeichnet?
In dem veröffentlichten Nichtangriffspakt verpflichteten sich die beiden Mächte, sich jedes Angriffs gegeneinander zu enthalten. Falls der eine Teil »Gegenstand kriegerischer Handlungen seitens einer dritten Macht werden sollte, wird der andere ... in keiner Form diese dritte Macht unterstützen«. Auch würden sich weder Deutschland noch Rußland »an irgendeiner Mächtegruppierung beteiligen, die sich mittelbar oder unmittelbar gegen den anderen Teil richtet[35]«.
So erhielt Hitler, was ihm besonders am Herzen gelegen hatte: Die direkte Zusicherung der Sowjetunion, England und Frankreich nicht zur Seite zu stehen, falls diese in Erfüllung ihrer Vertragsverpflichtungen einem angegriffenen Polen zu Hilfe kommen würden[36].
Der Preis, den Hitler dafür zu zahlen hatte, wurde in dem »Geheimen Zusatzprotokoll« festgelegt:

Aus Anlaß der Unterzeichnung des Nichtangriffsvertrages zwischen dem Deutschen Reich und der Union der Sozialistischen Sowjetrepubliken haben die unterzeichneten Bevollmächtigten der beiden Teile in streng vertraulicher Aussprache die Frage der Abgrenzung der beiderseitigen Interessensphären in Osteuropa erörtert. Diese Aussprache hat zu folgendem Ergebnis geführt:
1. Für den Fall einer territorial-politischen Umgestaltung in den zu den baltischen Staaten (Finnland, Estland, Lettland, Litauen) gehörenden Gebieten bildet die nördliche Grenze Litauens zugleich die Grenze der Interessensphäre Deutschlands und der UdSSR ...
2. Für den Fall einer territorial-politischen Umgestaltung der zum polnischen Staate gehörenden Gebiete werden die Interessensphären Deutschlands und der UdSSR ungefähr durch die Linie der Flüsse Narew, Weichsel und San abgegrenzt.
Die Frage, ob die beiderseitigen Interessen die Erhaltung eines unabhängigen polnischen Staates erwünscht erscheinen lassen, und wie dieser Staat abzugrenzen wäre, kann endgültig erst im Laufe der weiteren politischen Entwicklung geklärt werden.
In jedem Falle werden beide Regierungen diese Frage im Wege einer freundschaftlichen Verständigung lösen.

Wieder einmal hatten sich Deutschland und Rußland, so wie einst unter den Monarchen, über Polens Teilung geeinigt. Und Hitler hatte Stalin freie Hand im östlichen Baltikum gegeben.

Hinsichtlich Südosteuropas schließlich betonten die Russen ihr Interesse an Bessarabien, das die Sowjetunion 1919 an Rumänien hatte abtreten müssen, und die Deutschen erklärten ihr Desinteressement an diesem Gebiet – ein Zugeständnis, das Ribbentrop später bereuen sollte.

»Dieses Protokoll«, lautete der letzte Satz, »wird von beiden Seiten streng geheim behandelt werden[37].«

Tatsächlich wurde der Inhalt des Protokolls erst nach dem Krieg bekannt, als die deutschen Geheimarchive erbeutet wurden.

Am nächsten Tag, dem 24. August, während der frohlockende Ribbentrop nach Berlin zurückflog, baten die alliierten Militärdelegierten Woroschilow um eine Unterredung. Admiral Drax hatte schließlich dem Marschall einen Eilbrief mit der Bitte gesandt, zur Frage der Fortsetzung ihrer Besprechungen Stellung zu nehmen.

Woroschilow tat es am 25. August, 13 Uhr. Er sagte den britischen und französischen Delegierten: »In Anbetracht der veränderten politischen Lage ist eine Fortsetzung der Gespräche zwecklos.«

Zwei Jahre später, als deutsche Truppen in Verletzung des Pakts in Rußland einbrachen, suchte Stalin seinen hinter dem Rücken der englisch-französischen Militärmission geschlossenen infamen Vertrag mit Hitler immer noch zu rechtfertigen. »Wir sicherten damit unserem Lande eineinhalb Jahr Frieden«, rühmte er sich in seiner Rundfunkansprache an das russische Volk vom 3. Juli 1941, »wir schufen damit auch die Möglichkeit, unsere Streitkräfte auf die Verteidigung vorzubereiten für den Fall, daß das faschistische Deutschland unter Mißachtung des Paktes unser Land anzugreifen wagen sollte. Das war ein entschiedener Vorteil für unser Land und ein Nachteil für das faschistische Deutschland.«

Aber war es das wirklich? Dies ist seitdem ein strittiger Punkt. Daß das niederträchtige Geheimabkommen Stalin eine Atempause – *peredyschka* – verschaffte, wie sie Zar Alexander I. 1807 in Tilsit von Napoleon und Lenin 1917 in Brest-Litowsk von den Deutschen erreichte, ist nicht zu bestreiten. Auch erhielt dadurch die Sowjetunion binnen kurzem eine vorgeschobene Verteidigungsposition gegen Deutschland jenseits der bestehenden russischen Grenzen mit Stützpunkten in den baltischen Staaten und Finnland – auf Kosten der Polen, Letten, Esten und Finnen. Vor allem aber, und das wurde später in der sowjetamtlichen *Geschichte der Diplomatie* hervorgehoben, ging der Kreml sicher, daß, wenn Rußland später von Deutschland angegriffen werden sollte, die Westmächte bereits unwiderruflich im Kampf gegen das Dritte Reich stehen würden und daß dann die Sowjetunion nicht allein der deutschen Macht gegenüberstehen würde, so wie es Stalin den ganzen Sommer 1939 über gefürchtet hatte.

Das alles trifft zweifellos zu. Aber das Argument hat eine Kehrseite. Zu der Zeit, in der

Hitler zum Überfall auf Rußland ansetzte, waren die Armeen Polens und Frankreichs sowie das britische Expeditionskorps auf dem Kontinent bereits vernichtet, Deutschland konnte über alle Hilfsquellen Europas verfügen, und es gab keine Westfront, die ihm die Hände gebunden hätte. Während der Jahre 1941, 1942 und 1943 sollte Stalin bitter darüber klagen, daß in Europa keine zweite Front gegen Deutschland bestehe und daß Rußland gezwungen sei, die Hauptlast zu tragen und fast die gesamte deutsche Armee zu binden. 1939–40 indes gab es eine Westfront, die die deutschen Streitkräfte absorbierte. Und Polen hätte nicht in vierzehn Tagen überrannt werden können, wenn Rußland Polen, statt ihm in den Rücken zu fallen, unterstützt hätte. Außerdem wäre es vielleicht überhaupt nicht zum Krieg gekommen, wenn Hitler gewußt hätte, daß er ihn nicht nur gegen Polen, England und Frankreich, sondern auch gegen Rußland werde führen müssen. Angesichts einer so gewaltigen Koalition hätten sich wahrscheinlich sogar die Hitler gegenüber politisch so zaghaften deutschen Generale, ihren späteren Aussagen in Nürnberg nach zu urteilen, der Entfesselung des Krieges widersetzt. Dem französischen Botschafter in Berlin zufolge wurde Hitler gegen Ende Mai sowohl von Keitel wie von Brauchitsch gewarnt, Deutschland habe wenig Aussicht, einen Krieg zu gewinnen, an dem Rußland auf der Seite der Gegner teilnehmen würde.

Kein Staatsmann, auch kein Diktator kann den Ablauf von Ereignissen auf lange Sicht voraussagen. Churchills Behauptung, Stalins Schritt zum Pakt mit Hitler, so kaltblütig er auch vollzogen worden sein möge, sei auch »in jenem Augenblick in höchstem Grade realistisch gewesen«, ist anfechtbar[38]. Stalin dachte, wie es jeder andere Regierungschef auch getan haben würde, zunächst und in erster Linie an die Sicherheit seines Volkes. Im Sommer 1939 war er, wie er später Churchill sagte, überzeugt, daß Hitler Krieg machen werde. Er war entschlossen, Rußland nicht in die verhängnisvolle Lage hineinmanövrieren zu lassen, der deutschen Wehrmacht allein gegenüberstehen zu müssen. War ein absolut sicher funktionierendes Bündnis mit dem Westen unmöglich, warum sich dann nicht Hitler zuwenden, der plötzlich an seine Tür klopfte?

Ende Juli 1939 war Stalin offensichtlich zu der Überzeugung gelangt, daß Frankreich und England nicht nur kein sie verpflichtendes Bündnis wünschten, sondern daß die Chamberlain-Regierung auch das Ziel verfolgte, Hitler dahin zu bringen, seine Kriege in Osteuropa zu führen. Er scheint sehr daran gezweifelt zu haben, daß England seine Garantie für Polen in größerem Maße einhalten würde als Frankreich seine Verpflichtungen gegenüber der Tschechoslowakei. Und alles, was seit zwei Jahren im Westen geschehen war, diente dazu, seinen Argwohn zu verstärken: Chamberlains Ablehnung der von den Sowjets nach dem Anschluß Österreichs und der Besetzung der Tschechoslowakei gemachten Vorschläge zu Konferenzen, auf denen über Mittel und Wege zur Verhinderung weiterer deutscher Aggressionen beraten werden sollte; Chamberlains *Appeasement*-Politik gegenüber Hitler beim Münchener Treffen, von dem die Russen ausgeschlossen worden waren; Chamberlains Zaudern und Hinhalten beim Verhandeln über ein Defensivbündnis gegen Deutschland, während Tag um Tag in jenem schicksalhaften Sommer 1939 dahinging.

Eins war sicher – für fast jedermann, außer Chamberlain: Die englisch-französische Diplomatie war nun vollends bankrott[39]. Schritt für Schritt waren die beiden westlichen Demokratien vor Hitler zurückgewichen: Als er 1935 herausfordernd die Wiedereinführung der allgemeinen Wehrpflicht verkündete, als er 1936 das Rheinland besetzte, als er 1938 Österreich schluckte und im gleichen Jahr das Sudetenland forderte und bekam. Und 1939 hatten sie, die Hände im Schoß, zugesehen, wie Hitler die Rest-Tschechoslowakei besetzte. Zusammen mit der Sowjetunion hätten sie möglicherweise den deutschen Diktator von der Entfesselung des Krieges abhalten können oder ihn, wenn dies nicht gelungen wäre, in einem bewaffneten Konflikt ziemlich schnell besiegt. Aber auch diese letzte Gelegenheit hatten sie sich entgehen lassen. Jetzt waren sie im ungünstigsten Augenblick und unter den ungünstigsten Bedingungen verpflichtet, Polen zu Hilfe zu kommen, wenn es angegriffen wurde.

Die in London und Paris gegen Stalin wegen seines Doppelspiels erhobenen Anschuldigungen waren laut und erbittert. Jahrelang habe der sowjetische Despot die »faschistischen Bestien« beschimpft und alle friedliebenden Staaten aufgerufen, sich gegen die Naziaggression zusammenzuschließen. Nunmehr sei er selbst zu deren Helfershelfer geworden. Der Kreml konnte einwenden, und er tat es auch, daß die Sowjetunion nicht anders gehandelt habe als ein Jahr vorher England und Frankreich in München: Sie habe sich auf Kosten eines kleineren Staates den Frieden und Zeit zur Aufrüstung gegen Deutschland erkauft. War es Chamberlain recht und billig erschienen, im September 1938 die Tschechoslowakei zu opfern, um Hitler zu besänftigen, wie sollte es da Stalin ein Jahr später als unrecht und unbillig ansehen, den Führer auf Kosten Polens zu besänftigen, das ohnehin den sowjetischen Beistand zurückgewiesen hatte? Stalins zynische geheime Übereinkunft mit Hitler, Polen zu teilen, die ihm zudem freie Hand gab, sich Lettland, Estland, Finnland und Bessarabien einzuverleiben, blieb zunächst außerhalb Berlins und Moskaus unbekannt. Aber bald sollte sie aus den Handlungen der Sowjets offenbar werden und die Weltöffentlichkeit erschüttern. Mochten die Russen auch noch so sehr darauf hinweisen, daß sie lediglich Gebiete wieder in Besitz nähmen, die ihnen am Ende des Ersten Weltkriegs genommen worden seien, es stand doch fest, daß die Völker dieser Länder Nichtrussen waren und auch nicht den Wunsch hatten, zu Rußland zurückzukehren. Nur Gewalt, die die Sowjets zu Litwinows Zeiten gescheut hatten, konnte diese Rückkehr zuwegebringen.

Seit dem Beitritt zum Völkerbund hatte sich die Sowjetunion als Vorkämpfer des Friedens und Hauptgegner der faschistischen Aggression ein gewisses moralisches Kapital aufgebaut. Das hatte sie jetzt restlos verspielt.

Vor allem aber hatte Stalin durch seinen schäbigen Pakt mit Hitler-Deutschland das Signal zum Beginn eines Krieges gegeben, der sich fast mit Sicherheit zu einem Weltkonflikt ausweiten mußte. Zweifellos war ihm das klar[40]. Wie sich herausstellen sollte, war es der größte Fehler seines Lebens.

XVI

Die letzten Friedenstage

Die britische Regierung hatte der formellen Unterzeichnung des deutsch-sowjetischen Pakts in Moskau nicht müßig entgegengesehen. Die am späten Abend des 21. August in Berlin erfolgte Ankündigung, Ribbentrop werde zum Abschluß eines deutsch-russischen Abkommens nach Moskau fliegen, hatte das britische Kabinett zum Handeln veranlaßt. Es trat am 22. August, 15 Uhr, zusammen und gab ein Kommuniqué heraus, in dem es kategorisch hieß, ein deutsch-sowjetischer Nichtangriffspakt werde »Englands Verpflichtungen Polen gegenüber nicht berühren. Sie [die englische Regierung] hat dies wiederholt festgestellt und ist entschlossen, ihrer Verpflichtung nachzukommen.« Gleichzeitig wurde das Unterhaus für den 24. August zwecks Annahme der Notstandsgesetzesvorlage *(Emergency Powers Bill)* einberufen, und es wurden vorsorglich gewisse Mobilmachungsmaßnahmen getroffen.

Obwohl die Kabinettserklärung klar und eindeutig war, wollte Chamberlain Hitler jeden Zweifel darüber nehmen. Gleich nach Abschluß der Kabinettssitzung schrieb er ihm einen persönlichen Brief:

... Anscheinend [wird] die Ankündigung eines deutsch-sowjetischen Abkommens in einigen Kreisen in Berlin als Anzeichen dafür aufgefaßt, daß eine Intervention seitens Großbritanniens zugunsten Polens nicht mehr eine Eventualität darstellt, mit der zu rechnen notwendig ist. Kein größerer Fehler könnte begangen werden. Welcher Art auch immer das deutsch-sowjetische Abkommen sein wird, so kann es nicht Großbritanniens Verpflichtung gegenüber Polen ändern ...

Es ist behauptet worden, daß, wenn Seiner Majestät Regierung ihren Standpunkt im Jahre 1914 klarer dargelegt hätte, die große Katastrophe vermieden worden wäre. Unabhängig davon, ob dieser Behauptung Bedeutung beizulegen ist oder nicht, ist Seiner Majestät Regierung entschlossen, dafür zu sorgen, daß im vorliegenden Falle kein solch tragisches Mißverständnis entsteht.

Sollte es so weit kommen, so ist Seiner Majestät Regierung entschlossen und bereit, alle ihr zur Verfügung stehenden Kräfte unverzüglich einzusetzen, und es ist unmöglich, das Ende einmal begonnener Feindseligkeiten abzusehen ...[1].

Nachdem er, wie er hinzufügte, den englischen »Standpunkt auf diese Weise vollkommen klar dargelegt« hatte, appellierte Chamberlain noch einmal an Hitler, eine fried-

liche Lösung seiner Differenzen mit Polen anzustreben, und bot wiederum die Mitwirkung der britischen Regierung bei der Herbeiführung einer solchen Lösung an.
Der Brief, mit dem Botschafter Henderson von Berlin nach Berchtesgaden flog, um ihn Hitler am 23. August, 13 Uhr, zu überreichen, versetzte den Diktator in heftigen Zorn. »Hitler war gereizt und unnachgiebig«, drahtete Henderson an Lord Halifax, »er äußerte sich sehr scharf sowohl über England wie Polen[2].« Hendersons Bericht und die deutsche Aufzeichnung von der Unterredung geben Hitlers Tirade im wesentlichen übereinstimmend wieder. England, tobte er, sei für Polens Unnachgiebigkeit ebenso verantwortlich wie für die Unvernunft der Tschechen ein Jahr vorher. In Polen seien Zehntausende von Volksdeutschen Drangsalierungen ausgesetzt. In sechs Fällen sei es sogar zu Kastrierungen gekommen – ein Thema, auf das er immer wieder zu sprechen kam. Er könne dies alles nicht länger mehr dulden. Jede weitere Verfolgung von Deutschen durch Polen würde ein unverzügliches Vorgehen nach sich ziehen.

Ich bestritt jeden Punkt [telegrafierte Henderson an Halifax] und sagte immer wieder, seine Behauptungen träfen nicht zu, was aber jedesmal einen neuen Wortschwall hervorrief.

Schließlich erklärte Hitler sich bereit, auf Chamberlains Brief innerhalb von zwei Stunden eine schriftliche Antwort zu geben, und Henderson zog sich unterdessen nach Salzburg zurück[3]. Später, am Nachmittag, ließ Hitler ihn zu sich kommen und übergab ihm seine Antwort. Anders als bei der ersten Unterredung blieb Hitler diesmal ganz ruhig und hob kein einziges Mal die Stimme, wie Henderson nach London berichtete.

Er sei jetzt 50 Jahre alt [sagte er zu Henderson], und der Krieg wäre ihm lieber jetzt, als wenn er 55 oder 60 wäre.

Der Größenwahn des auf seinem Berggipfel deklamierenden deutschen Diktators tritt noch stärker in der deutschen Aufzeichnung von der Unterredung hervor. Nach seiner Äußerung, der Krieg wäre ihm jetzt, im Alter von fünfzig, lieber als später, fuhr er fort:

England täte gut daran, sich klarzumachen, daß er als Frontsoldat wisse, was ein Krieg bedeute, und daß er jedes ihm verfügbare Mittel einsetzen werde. Jedem sei ja wohl klar, daß man den Weltkrieg [1914–1918] nicht verloren hätte, wenn er damals Reichskanzler gewesen wäre[4].

Hitlers Antwort an Chamberlain war ein *Mixtum compositum* all jener schalen Lügen und Übertreibungen, die er vor dem Ausland und seinem eigenen Volk ausposaunt hatte, seitdem die Polen ihm die Stirn zu bieten wagten. Deutschland, sagte er, suche keinen Konflikt mit England. Es sei bereit gewesen, »die Frage Danzig und die des Korridors durch einen wahrhaft einmalig großzügigen Vorschlag« mit den Polen zu lösen. Aber die von England bedingungslos den Polen gegebene Garantieerklärung »konnte in diesem Lande nur als eine Ermunterung aufgefaßt werden, nunmehr ...

eine Welle furchtbaren Terrors gegen die einundeinhalb Millionen zählende deutsche Bevölkerung, die in Polen lebt, anlaufen zu lassen«. Solche »Greuel«, erklärte er, »sind für die Betroffenen entsetzlich, für das dabei zusehen sollende Deutsche Reich als Großmacht unerträglich«. Deutschland werde sie nicht länger dulden.
Schließlich schrieb er, er nehme Chamberlains Erklärung, Großbritannien werde seine Verpflichtungen gegenüber Polen einhalten, »zur Kenntnis und versichere ..., daß sie keine Änderung in die Entschlossenheit der Reichsregierung bringen kann, die Interessen des Reiches ... wahrzunehmen. Deutschland ist – wenn es von England angegriffen wird – darauf vorbereitet und dazu entschlossen[5].«
Was war mit diesem Briefwechsel erreicht? Hitler hatte nunmehr Chamberlains feierliche Erklärung, daß England im Falle eines deutschen Angriffs auf Polen in den Krieg eintreten werde. Chamberlain hatte Hitlers Wort, daß sich hierdurch nichts an seinem Entschluß ändern werde. Aber wie die Ereignisse der nächsten acht hektischen Tage zeigen sollten, glaubte am 23. August keiner der beiden Männer, er habe von dem anderen das letzte Wort gehört.
Dies traf besonders auf Hitler zu. Gestärkt durch die guten Nachrichten aus Moskau, baute er darauf, daß es sich Großbritannien und mit ihm Frankreich nach dem Abfall Rußlands noch einmal überlegen würden, ob sie ihre Verpflichtungen Polen gegenüber einhalten sollten. Und am Abend des 23. August, während Henderson nach Berlin zurückflog, setzte Hitler den Termin für den Überfall auf Polen fest: Sonnabend, 26. August, 4.30 Uhr.
»Keine Befehle mehr [für Y-Tag und X-Zeit]«, schrieb Halder in sein Tagebuch. *»Alles läuft automatisch.«*
Doch der Chef des Generalstabes irrte sich. Am 25. August traten zwei Ereignise ein, die Adolf Hitler knapp 24 Stunden vor dem für den Einmarsch seiner Truppen in Polen festgesetzten Zeitpunkt vor dem Abgrund zurückschrecken ließen. Das eine ging von London, das andere von Rom aus.
Am Vormittag des 25. August schrieb Hitler, der am Tage vorher nach Berlin zurückgekehrt war, um den aus Moskau heimgekehrten Ribbentrop zu empfangen und sich unmittelbar von ihm berichten zu lassen, einen Brief an Mussolini. Darin gab er eine verspätete Begründung dafür, warum er nicht in der Lage gewesen sei, seinen Achsenpartner über seine Verhandlungen mit der Sowjetunion zu unterrichten. (Er habe »keinen Einblick« in den erreichbaren Umfang der Besprechungen gehabt.) Der deutsch-russische Pakt müsse »als stärkster Gewinn für die Achse ausgelegt werden«.
Der wahre Zweck dieses unter den erbeuteten Dokumenten befindlichen Briefes war jedoch, dem Duce anzukündigen, daß jeden Augenblick mit einem deutschen Angriff auf Polen zu rechnen sei. Allerdings versagte es sich Hitler, seinem Freund und Bundesgenossen den von ihm festgelegten genauen Zeitpunkt anzugeben. »Im Falle unerträglicher polnischer Vorgänge [werde ich] augenblicklich handeln ... Niemand kann unter diesen Umständen voraussagen, was die nächste Stunde bringt.« Hitler bat nicht ausdrücklich um Italiens Beistand. Dieser verstand sich nach den Klauseln des italienisch-

deutschen Bündnisvertrages von selbst. Er beschränkte sich darauf, die Hoffnung zu äußern, Italien werde Verständnis aufbringen[6]. Dennoch lag ihm an einer sofortigen Antwort. Der Brief wurde von Ribbentrop persönlich an den deutschen Botschafter in Rom durchtelefoniert. Der Duce erhielt ihn um 15.20 Uhr.

Inzwischen hatte Hitler Botschafter Henderson für 13.30 Uhr in die Reichskanzlei gebeten. Seine Entschlossenheit, Polen zu vernichten, hatte keineswegs nachgelassen, aber er war jetzt mehr als zwei Tage vorher bei seinem Gespräch mit Henderson in Berchtesgaden darauf bedacht, einen letzten Versuch zu machen, um England aus dem Krieg herauszuhalten[7]. Der Botschafter traf Hitler, wie er nach London berichtete, »völlig ruhig und normal« an; »[er] sprach mit größtem Ernst und augenscheinlicher Aufrichtigkeit«. Trotz allem, was Henderson im verflossenen Jahr erlebt hatte, durchschaute er auch jetzt noch nicht die »Aufrichtigkeit« des deutschen Führers. Denn was Hitler ihm zu sagen hatte, war einfach grotesk. Er »bejahe« das Britische Weltreich und sei bereit, »sich für dessen Bestand persönlich zu verpflichten und die Kraft des Deutschen Reiches dafür einzusetzen ...«. Er wolle

... England gegenüber einen Schritt unternehmen, der genau so entscheidend sei wie der Schritt Rußland gegenüber ... Der Führer ist bereit, dann mit England Abmachungen zu treffen, die, wie schon betont, nicht nur die Existenz des Britischen Weltreichs unter allen Umständen deutscherseits garantieren würden, sondern auch, wenn es nötig wäre, dem Britischen Reich die deutsche Hilfe sicherten, ganz gleich, wo immer eine derartige Hilfe erforderlich sein sollte.

Er würde dann auch bereit sein, »eine vernünftige Begrenzung der Rüstung zu akzeptieren« und die Westgrenze Deutschlands als endgültig zu betrachten. Einmal verfiel Hitler in das für ihn typische sentimentale Gewäsch, das zwar Henderson in seiner Depesche nach London nicht als solches kennzeichnete.

Er sei [erklärte Hitler] Künstler von Natur und nicht Politiker, und wenn einmal die polnische Frage bereinigt sei, würde er sein Leben als Künstler beschließen und nicht als Kriegsmacher.

Aber zum Schluß schlug der Diktator wieder einen anderen Ton an.

Der Führer wiederholt [heißt es in der Aufzeichnung, die die Deutschen für Henderson machten], daß er ein Mann großer und ihn selbst verpflichtender Entschlüsse sei und daß dies sein letzter Vorschlag wäre ... Wenn [die britische Regierung] diese Gedanken ablehnt, wird es Krieg geben.

Im Laufe des Gesprächs wies Hitler mehrfach darauf hin, daß sein »großes umfassendes Angebot« an England, wie er sich ausdrückte, einer Bedingung unterliege: Es werde erst »nach Lösung der deutsch-polnischen Frage« wirksam werden. Als Henderson immer wieder hervorhob, England könne sein Angebot nur dann in Betracht ziehen, wenn es gleichzeitig eine friedliche Regelung mit Polen vorsehe, erwiderte Hitler: »Wenn Sie es für nutzlos halten, dann senden Sie mein Angebot überhaupt nicht ab.«

Doch Henderson war kaum in die wenige Schritte von der Reichskanzlei entfernte britische Botschaft zurückgekehrt, als Dr. Schmidt mit einer – beträchtlich gekürzten – Abschrift der Äußerungen Hitlers erschien. Zugleich ließ der Führer Henderson bitten, der britischen Regierung dringend ans Herz zu legen, »das Angebot sehr ernst zu nehmen«, und er empfahl ihm, selbst nach London zu fliegen, zu welchem Zweck ihm ein deutsches Sonderflugzeug zur Verfügung stehen würde[8].

Wie der Leser, der bis zu diesem Abschnitt gelangt ist, bemerkt haben wird, war es nicht immer leicht, den seltsamen, phantastischen Gedankengängen in Hitlers fieberhaft tätigem Gehirn zu folgen. Sein lächerliches »Angebot« vom 25. August, das Britische Weltreich garantieren zu wollen, war offensichtlich ein verrückter Augenblickseinfall, denn zwei Tage vorher, als er mit Henderson Chamberlains Brief besprach und eine Antwort abfaßte, hatte er nichts davon erwähnt. Selbst wenn man es bei einer Abirrung des Diktators bewenden lassen will, ist es doch schwierig zu glauben, daß er selbst sich so ernst nahm, wie er Henderson gegenüber tat. Davon abgesehen: wie sollte die britische Regierung sein Angebot »sehr ernst« nehmen, wenn Chamberlain kaum Zeit haben würde, es zu lesen, ehe im Morgengrauen des – immer noch geltenden – X-Tages die deutschen Armeen nach Polen einströmten?

Aber dem »Angebot« lag fraglos eine ernsthafte Absicht zugrunde. Offenbar glaubte Hitler, Chamberlain suche – wie Stalin – nach einer Möglichkeit, sein Land aus dem Krieg herauszuhalten[9]. Zwei Tage vorher hatte er sich Stalins wohlwollende Neutralität dadurch erkauft, daß er Rußland freie Hand in Osteuropa »von der Ostsee bis zum Schwarzen Meer« anbot. Vielleicht ließ sich Englands Nichteinmischung durch die Zusicherung gewinnen, daß das Dritte Reich, im Gegensatz zu dem wilhelminischen Deutschland, niemals eine Gefahr für das Britische Weltreich werden würde. Was jedoch Hitler nicht erkannte – und auch Stalin nicht, was ihn teuer zu stehen kommen sollte – war die Tatsache, daß Chamberlain, dem endlich die Augen aufgegangen waren, in einer deutschen Vorherrschaft auf dem euopäischen Kontinent die größte aller Gefahren für das Britische Weltreich sah. Was im übrigen auch für das sowjetische Imperium zutreffen mußte. Die britische Außenpolitik, hatte Hitler einst in *Mein Kampf* geschrieben, sei jahrhundertelang von dem Grundprinzip ausgegangen, die Vorherrschaft einer einzigen Nation auf dem Kontinent zu verhüten.

Um 17.30 Uhr empfing Hitler den französischen Botschafter, hatte ihm jedoch wenig Bedeutsames zu sagen. Er wiederholte lediglich, daß das Reich »die polnischen Herausforderungen« nicht länger hinnehmen könne, daß er Frankreich nicht anzugreifen gedenke, »aber wenn es in den Konflikt eingreift... bis zum Ende gehen« werde. Darauf erhob Hitler sich von seinem Stuhl, um den französischen Botschafter zu verabschieden. Doch Coulondre hatte dem Führer des Dritten Reiches noch etwas mitzuteilen, und er bestand darauf, es zu sagen. Er gab ihm sein »Soldatenehrenwort...,daß ich nicht im geringsten daran zweifle, daß Frankreich Polen, falls es angegriffen würde, mit allen seinen Streitkräften zur Seite stehen würde«.

Hitler erwiderte: »Der Gedanke, daß ich gegen Ihr Land zu kämpfen hätte, bedrückt mich sehr. Aber das hängt nicht von mir ab. Ich bitte Sie, dies Herrn Daladier mitzuteilen[10].«

Es war inzwischen 18 Uhr geworden. Die Spannung in Berlin hatte den ganzen Tag über zugenommen. Am frühen Nachmittag waren auf Anordnung der Wilhelmstraße alle Funk-, Telegrafen- und Telefonverbindungen mit der Außenwelt abgeschnitten worden. In der Nacht zuvor hatten sich die letzten englischen und französischen Korrespondenten sowie nichtbeamtete Zivilpersonen eiligst zur nächsten Grenzstation begeben. Im Laufe des 25. August, es war ein Freitag, wurde bekannt, daß das deutsche Auswärtige Amt die Missionen und Konsulate in Polen, Frankreich und England angewiesen hatte, deutsche Staatsbürger aufzufordern, diese Länder auf dem schnellsten Wege zu verlassen. Meine eigenen Tagebuchnotizen vom 24.–25. August bringen mir die fieberhafte Atmosphäre Berlins ins Gedächtnis zurück. Es waren heiße, gewitterschwüle Tage, und alle Welt war nervös. Allerorts in der ausgedehnten Stadt wurden Flakgeschütze aufgestellt, und fortgesetzt flogen Bomber in Richtung Polen. »Es sieht nach Krieg aus«, notierte ich am Abend des 24.; »der Krieg steht dicht bevor«, vermerkte ich am Tag darauf. Und wie ich mich erinnere, flüsterten an beiden Abenden die Deutschen, die wir in der Wilhelmstraße sprachen, Hitler habe den Soldaten befohlen, im Morgengrauen nach Polen einzumarschieren.

Befohlen war ihnen, wie wir heute wissen, den Angriff am Sonnabend, dem 26. August, 4.30 Uhr früh, zu eröffnen[11]. Und bis um 18 Uhr am 25. August hatte nichts von dem, was sich im Laufe des Tages ereignete, ganz gewiß nicht der ausdrückliche Hinweis Hendersons und Coulondres, daß England und Frankreich ihre Verpflichtung gegenüber Polen einhalten würden, Adolf Hitler von seinem Entschluß abgebracht, die Aggression planmäßig auszulösen. Doch um 18 Uhr oder kurz danach kamen Nachrichten aus London und Rom, die diesen Mann von anscheinend unbeugsamem Willen zum Zögern veranlaßten.

Aus den deutschen Geheimakten und den Aussagen im Nürnberger Wilhelmstraße-Prozeß geht nicht deutlich hervor, zu welchem genauen Zeitpunkt Hitler von der Unterzeichnung des in London abgeschlossenen englisch-polnischen Vertrags erfuhr, der Englands einseitige Garantiezusicherung an Polen in einen gegenseitigen Beistandspakt umwandelte[12].

Einigen Aufschluß darüber, daß die Wilhelmstraße am 25. August mittags Kenntnis von der am gleichen Tag stattfindenden Paktunterzeichnung erhielt, geben Halders Tagebuch und das Tagebuch der deutschen Seekriegsleitung. Der Chef des Generalstabes vermerkte um 12 Uhr eine telefonische Anfrage aus dem OKW, welches die letztmögliche Frist für einen Aufschub des Angriffsbefehls sei, und er erwiderte: 15 Uhr. Auch im Tagebuch der Seekriegsleitung wird davon gesprochen, die Nachricht von dem englisch-polnischen Pakt sowie »eine Mitteilung des Duce« seien mittags eingetroffen[13]. Aber das kann zeitlich nicht stimmen. Mussolinis Schreiben kam nach dem deutschen Eingangsvermerk erst »ca. 18 Uhr«. Und von der Unterzeichnung des englisch-polnischen Vertrags in London kann Hitler auch erst ungefähr zu dieser Zeit gehört haben,

da sie um 17.35 Uhr stattfand – und zwar kaum fünfzehn Minuten nachdem der polnische Botschafter in London, Graf Eduard Raczynski, aus Warschau telefonisch die Genehmigung eingeholt hatte, die Unterschrift zu leisten[14].
Wann immer die Nachricht aus London eingetroffen sein mag – man geht wohl nicht fehl in der Annahme, daß es etwa um 18 Uhr war – sie erregte Hitler. Sie konnte sehr wohl Englands Antwort auf sein »Angebot« sein, das inzwischen in London eingetroffen sein mußte. Und sie bedeutete, daß es ihm mißlungen war, Englands Stillhalten ebenso zu erkaufen wie das der Russen. Dr. Schmidt, der sich in Hitlers Arbeitszimmer befand, als die Meldung einging, schrieb später, Hitler habe nach ihrer Lektüre eine ganze Zeitlang grübelnd am Tisch gesessen[15].

MUSSOLINI BEKOMMT »KALTE FÜSSE«

In seinem Grübeln wurde er kurz darauf durch eine nicht minder schlechte Nachricht aus Rom unterbrochen. Den ganzen Nachmittag über hatte er »mit großer Ungeduld« – so Dr. Schmidt – auf Mussolinis Antwort auf seinen Brief gewartet. Der italienische Botschafter Attolico war schon um 15 Uhr, kurz nach Hendersons Fortgang, in die Reichskanzlei gerufen worden, hatte aber Hitler nur mitteilen können, daß er bisher noch keine Antwort erhalten habe. Inzwischen war Hitler so nervös geworden, daß er Ribbentrop hinausschickte, ein Ferngespräch mit Ciano anzumelden. Aber Ciano war nicht zu erreichen. Daraufhin wurde Attolico, wie Schmidt sagt, »ungnädig« entlassen[16].
Seit Tagen erreichten Hitler geheime Informationen aus Rom, es sei möglich, daß ihn sein Achsenpartner im kritischen Augenblick des Angriffs auf Polen im Stich lassen werde. Die Informationen waren nicht unbegründet. Gleich nach Rückkehr von den ihn enttäuschenden Unterredungen mit Hitler und Ribbentrop vom 11. bis 13. August hatte Ciano sich daran begeben, Mussolini von den Deutschen abzuwenden – ein Bemühen, das der wachsamen deutschen Botschaft in Rom nicht entgangen war. In Cianos Tagebuch läßt sich das Auf und Ab seiner Anstrengungen verfolgen, dem italienischen Diktator die Augen zu öffnen und ihn rechtzeitig von Hitlers Krieg zu distanzieren[17]. Am Abend des 13. August, nach seiner Rückkehr aus Berchtesgaden, hatte Ciano dem Duce seine Gespräche mit Hitler und Ribbentrop geschildert und ihn zu überzeugen versucht, daß die Deutschen »uns betrogen und belogen« haben und »heute im Begriff sind, uns in ein Abenteuer hineinzureißen«.

Die Wirkungen auf den Duce [notierte Ciano in jener Nacht] sind verschieden. Zuerst gibt er mir recht. Dann sagt er, die Ehre verlange, daß er mit Deutschland marschiere. Schließlich versichert er, seinen Anteil an der Beute in Kroatien und Dalmatien bekommen zu wollen.
14. August. Ich finde Mussolini nachdenklich. Ich zögere nicht, seine deutschfeind-

lichen Gefühle mit allen Mitteln anzustacheln. Ich spreche von seinem erschütterten Prestige und von seiner wenig glänzenden, zweitrangigen Stellung. Vor allem überreiche ich ihm Belege, welche die Hinterhältigkeit Deutschlands in der polnischen Frage beweisen. Das Bündnis ist auf Voraussetzungen geschlossen worden, die sie jetzt ableugnen. Sie sind Verräter, und wir brauchen uns keine Gewissensbisse zu machen, wenn wir sie im Stich lassen. Aber Mussolini hat Bedenken, sehr viele sogar.

Am nächsten Tag hatte Ciano mit Mussolini eine sechsstündige Aussprache.

15. August. Der Duce ... ist ... zu der Ansicht gekommen, daß es unmöglich sei, mit verbundenen Augen an Deutschlands Seite zu marschieren. Er macht jedoch einen Vorbehalt: Er will die Trennung von Deutschland vorbereiten, aber behutsam vorgehen ... Aber auch der Duce ist immer mehr überzeugt davon, daß sich die Demokratien schlagen werden ... Diesmal ist es der Krieg. Und wir können ihn nicht machen, weil es uns die Vorbedingungen nicht erlauben.
18. August. Am Vormittag Unterhaltung mit dem Duce mit seiner üblichen Gefühlsschaukel. Er hält es immer noch für möglich, daß die Demokratien nicht marschieren und Deutschland billig zu einem glänzenden Geschäft kommen könnte, von dem er sich nicht ausschließen möchte. Auch fürchtet er Hitlers Zorn. Er meint, eine Kündigung des Paktes oder etwas Derartiges könnte Hitler dazu führen, die polnische Frage aufzugeben, und die Rechnung mit Italien zu bereinigen. Das alles macht ihn nervös und unruhig.
20. August. Der Duce [ist] zurückgewichen. Er will um jeden Preis Deutschland in dem bevorstehenden Krieg unterstützen ... Gespräch zu dritt, Mussolini, ich, Attolico. [Der Botschafter war zu Beratungen nach Rom gekommen.] Der Duce ist entschlossen, er äußert folgende Gründe: Es ist zu spät, um die Deutschen im Stich zu lassen ..., die Presse der ganzen Welt [würde] Italien vorwerfen, es sei feige ... Ich versuche Einwände zu machen, aber es ist heute abend verlorene Mühe. Mussolini hat sich in diesen Gedanken verbohrt ...
21. August. Heute habe ich klar gesprochen ... Als ich in den Raum trat, bestätigte mir Mussolini seinen Entschluß, mit den Deutschen zu marschieren. »Das könnt und dürft Ihr nicht tun, Duce ... Ich ging nach Salzburg, um über eine gemeinsame Linie zu verhandeln, ich fand mich einem Diktat gegenüber. Die Deutschen, nicht wir, haben das Bündnis verraten ... Zerreißt den Pakt, werft ihn Hitler ins Gesicht ...«

Das Ergebnis dieser Besprechung war, daß Ciano für den nächsten Tag um eine Zusammenkunft mit Ribbentrop am Brenner nachsuchen und ihm mitteilen sollte, Italien werde sich aus einem durch einen deutschen Angriff auf Polen provozierten Konflikt heraushalten. Nach mehrstündigem vergeblichem Bemühen gelang es Ciano schließlich um 17.30 Uhr, Ribbentrop telefonisch zu erreichen. Doch der deutsche Außenminister erklärte, er könne ihm keine sofortige Zusage für ein Treffen am Brenner geben, da er auf »eine dringende Botschaft aus Moskau« warte. Er werde später anrufen. Das geschah um 22.30 Uhr.

22. August. Gestern abend um 10.30 Uhr [schrieb Ciano in sein Tagebuch] gab es eine dramatische Wendung. Ribbentrop telefonierte, er möchte mich lieber in Innsbruck sehen statt an der Grenze, da er dann nach Moskau reisen müsse, um einen Staatsvertrag mit den Sowjets zu unterzeichnen.

Das war für Ciano und Mussolini eine höchst sensationelle Neuigkeit. Ein Treffen der beiden Außenminister erschien ihnen nun nicht mehr angebracht. Wieder einmal hatte der deutsche Verbündete ihnen seine Mißachtung gezeigt und sie nicht über sein Geschäft mit Moskau in Kenntnis gesetzt.

Das Zögern des Duce, die deutschfeindlichen Gefühle Cianos und die Möglichkeit, daß Italien sich seiner Verpflichtungen nach Artikel III des »Stahlpakts«, demzufolge der eine vertragschließende Teil dem andern sofort als Bundesgenosse zur Seite zu treten hatte, falls »einer von ihnen in kriegerische Verwicklungen mit einer anderen Macht« geraten sollte, entziehen könnte, waren in Berlin bekannt geworden, ehe Ribbentrop am 22. August nach Moskau abflog.

Am 20. August suchte der italienische Geschäftsträger in Berlin, Graf Massimo Magistrati, den Staatssekretär Weizsäcker auf. »Da das Gespräch«, teilte Weizsäcker in einer Denkschrift Ribbentrop mit, »ein persönliches war, kommt ihm keine amtliche Bedeutung zu. Es enthielt aber einen Gedankengang . . ., den ich aufzeichnen möchte[18].« Da Deutschland, sagte Magistrati, sich nicht an die Bestimmungen des Bündnisses gehalten habe, das »enge Fühlung und Beratung in großen Fragen erheische«, und seinen Konflikt mit Polen als eine ausschließlich deutsche Angelegenheit behandele, »verzichte Deutschland dabei auf Italiens Waffenhilfe«. Wenn sich dagegen herausstellen sollte, »daß die deutsche These falsch sei, und es komme zu einem allgemeinen Krieg, so stehe Italien vor den Schlußfolgerungen unseres Bündnisvertrags, ohne daß die Voraussetzungen für diese gegeben seien.« Kurz, Italien suchte nach einem »Ausweg«.

Zwei Tage später, am 23. August, erhielt Berlin einen weiteren Wink von dem deutschen Botschafter in Rom, Hans Georg von Mackensen. Er schrieb Weizsäcker, was in Rom »hinter den Kulissen« vor sich gegangen war. Nach einer Randbemerkung von Weizsäckers Hand hat der Brief dem Führer vorgelegen. Er muß diesem die Augen geöffnet haben. Wie Mackensen berichtete, nahmen die Italiener nach einer Reihe von Besprechungen zwischen Mussolini, Ciano und Attolico folgenden Standpunkt ein: Wenn Deutschland Polen angreife, verletze es damit den »Stahlpakt«, der auf der Übereinkunft basiere, sich bis 1942 eines Krieges zu enthalten. Sodann halte man es in Rom, im Gegensatz zu der in Berlin vertretenen Auffassung, »für außer jedem Zweifel stehend, daß [Frankreich und England] sofort intervenieren werden, und nach einigen Monaten auch die Vereinigten Staaten«. Während Deutschland im Westen in der Defensive bliebe, würden nach Auffassung des Duce die Franzosen und Engländer sich mit all ihren Streitkräften auf Italien werfen. In solcher Lage würde Italien die Hauptlast des Krieges zu tragen haben, um dem Reich die Möglichkeit zu geben, die Sache im Osten zu bereinigen[19].

Hitler mußte wohl an diese Informationen denken, als er mit so großer Ungeduld auf die Beantwortung seines an Mussolini am Vormittag des 25. August abgesandten Briefes wartete. Am 24. August, kurz nach Mitternacht, hatte Ribbentrop, nachdem er am Abend dem Führer genauen Bericht über seinen Triumph in Moskau gegeben hatte, »auf Anweisung des Führers« bereits Ciano angerufen, um ihn auf den »großen Ernst der Lage« infolge polnischer Herausforderungen hinzuweisen[20]. Wie aus einem Aktenvermerk Weizsäckers ersichtlich ist, hatte der Anruf den Zweck, »zu vermeiden, daß italienischerseits von unerwarteten Wendungen gesprochen werden kann[21]«.

Als daher Botschafter Mackensen am 25. August, um 15.20 Uhr, Hitlers Brief Mussolini aushändigte, wußte der Duce bereits, daß der Angriff gegen Polen unmittelbar bevorstand. Doch im Gegensatz zu Hitler war er überzeugt, daß England und Frankreich sofort in den Krieg eintreten würden, was für Italien, dessen Flotte der britischen Mittelmeerflotte nicht gewachsen und dessen Armee der französischen stark unterlegen war, katastrophale Folgen haben mußte[22]. Mackensen sagt in seinem Drahtbericht, der um 22.25 Uhr nach Berlin abging, Mussolini habe in seiner Gegenwart den Brief zweimal sorgfältig durchgelesen und dann erklärt, er sei mit dem deutsch-sowjetischen Nichtangriffspakt »in jeder Hinsicht einverstanden«. Es sei ihm klar, »daß eine bewaffnete Auseinandersetzung [mit Polen] nicht zu vermeiden ist«. »Jedenfalls – so betonte er nachdrücklich – stehe er unbedingt und mit allem neben uns[23].«

Was aber der Duce dem Führer schrieb, lautete, was Mackensen nicht wußte, etwas anders. Mussolinis Antwort wurde schleunigst von Ciano dem inzwischen nach Berlin zurückgekehrten Attolico telefonisch durchgesagt, und dieser traf »ca. 18 Uhr« in der Reichskanzlei ein, um sie Adolf Hitler persönlich zu überreichen. Sie schlug, laut Schmidt, wie eine Bombe ein. Nachdem Mussolini seine »vollkommene Billigung« des Abkommens mit Rußland und sein »volles Verständnis, was Polen betrifft« ausgesprochen hatte, kam er zur Hauptsache:

Was die praktische *Haltung Italiens im Falle einer militärischen Aktion betrifft, so ist mein Gesichtspunkt dazu folgender:*

Wenn Deutschland Polen angreift und der Konflikt lokalisiert bleibt, wird Italien Deutschland jede Form von politischer und wirtschaftlicher Hilfe, nach der verlangt wird, angedeihen lassen.

Wenn Deutschland Polen angreift und dessen Bundesgenossen einen Gegenangriff gegen Deutschland eröffnen, gebe ich Ihnen im voraus zur Kenntnis, daß es opportun ist, wenn ich nicht die Initiative *von kriegerischen Handlungen ergreife angesichts des* gegenwärtigen *Standes der italienischen Kriegsvorbereitungen, die wir wiederholt und rechtzeitig Ihnen, Führer, und von Ribbentrop mitgeteilt haben.*

Unsere Intervention kann indessen unverzüglich stattfinden, wenn Deutschland uns sofort das Kriegsmaterial und die Rohstoffe liefert, um den Ansturm auszuhalten, den die Franzosen und Engländer vorwiegend gegen uns richten werden.

Bei unseren Begegnungen war der Krieg für nach 1942 vorgesehen, und zu jener Periode wäre ich zu Lande, zur See und in der Luft fertig gewesen gemäß den verabredeten Plänen.
Ich bin außerdem der Meinung, daß die einfachen militärischen Vorbereitungen, die schon getroffen sind, und andere, die noch in Zukunft zu treffen sein werden, in Europa und in Afrika beträchtliche französische und britische Kräfte immobilisieren werden.
Ich halte es für meine unbedingte Pflicht, als loyaler Freund Ihnen die ganze Wahrheit zu sagen und die tatsächliche Lage vorher anzukündigen: Es nicht zu tun, könnte unerfreuliche Konsequenzen für uns alle haben. Dies ist meine Auffassung, und da ich binnen kurzem die höchsten Organe des Regimes zusammentreten lassen muß, bitte ich Sie, mich die Ihrige kennen zu lassen.

Mussolini[24]

So hatte Deutschland zwar Rußlands wohlwollende Neutralität gewonnen, doch verlor es jetzt seinen »Stahlpakt«-Bundesgenossen – und das genau an dem Tage, an dem sich England durch Unterzeichnung eines gegenseitigen Beistandspakts mit Polen gegen eine deutsche Aggression festgelegt zu haben schien. Hitler las Mussolinis Brief, erklärte Attolico, er werde auf das Schreiben sofort antworten, und verabschiedete ihn mit eisigem Gesicht.
»Die Italiener machen es genau wie 1914«, hörte Dr. Schmidt Hitler sagen, nachdem Attolico gegangen war, »und in der nächsten Stunde hallte die Reichskanzlei förmlich wider von abfälligen Bemerkungen über den ›ungetreuen Achsenpartner‹«. Aber mit Worten war es nicht getan. Die Wehrmacht sollte in neun Stunden, um 4.30 Uhr, gegen Polen antreten, und jetzt war es 18.30 Uhr. Angesichts der Nachrichten aus London und Rom mußte Hitler sich sofort entscheiden, ob er den Angriff durchführen oder aufschieben oder ganz absagen sollte.
Als Dr. Schmidt Attolico hinausbegleitete, sah er Keitel schnellen Schritts zu Hitler eilen. Wenige Minuten später stürzte der General aus Hitlers Zimmer und rief seinem Adjutanten aufgeregt zu: »Der Vormarschbefehl muß sofort widerrufen werden.«
Hitler, von Mussolini und Chamberlain in die Enge getrieben, hatte seinen Entschluß schnell gefaßt. »Führer ziemlich zusammengebrochen«, schrieb Halder in sein Tagebuch. Er notierte ferner:

19.30 Uhr: a) Vertrag zwischen Polen und England ratifiziert. b) Keine Eröffnung der Feindseligkeiten. Truppenbewegungen anhalten, wenn nicht anders möglich auch in Grenznähe.
20.35: Keitel bestätigt. Canaris: England und Frankreich freigegeben für Telephon. Im übrigen Bestätigung.

Das Tagebuch der Seekriegsleitung berichtet in gedrängterer Form über den Aufschub und gibt gleichzeitig die Gründe dafür an:

25. August: ... Der bereits angelaufene »Fall Weiß« wird um 20.30 h angehalten, »auf Grund veränderter politischer Lage«. (Enges Bündnisabkommen England/Polen vom 25. 8. mittags und Mitteilung Duce, zwar zu seinem Wort zu stehen, aber notwendig, großen Rohstoffbedarf erbitten zu müssen[25]).

In Nürnberg äußerten sich bei ihrer Vernehmung drei der Hauptangeklagten zu der Verschiebung des Angriffs[26]. Ribbentrop behauptete, daß er, als er von dem englisch-polnischen Pakt sowie von militärischen Schritten gegen Polen »hörte« (als ob er nicht vollauf über den Angriff im Bilde gewesen sei), »sofort« zum Führer gegangen sei und ihn bedrängt habe, den Angriffsbefehl zu widerrufen, was denn auch der Führer umgehend getan habe. Daran ist sicherlich kein Wort wahr.
Ehrlicher scheinen wenigstens Keitels und Görings Aussagen zu sein. Keitel erklärte in Nürnberg: »Ich [wurde] plötzlich zu Hitler gerufen ... in die Reichskanzlei, und er [sagte] mir nur: »Sofort alles anhalten, holen Sie Brauchitsch sofort her, ich brauche Zeit zu Verhandlungen.«
Daß Hitler noch zu dieser späten Stunde glaubte, er könne durch Verhandlungen aus der Sackgasse herauskommen, wurde von Göring in Nürnberg in einem Verhör bestätigt:

Am Tage, an dem England Polen seine offizielle Garantie gab, rief mich der Führer telephonisch an und sagte mir, er hätte die geplante Invasion in Polen aufgehalten. Daraufhin fragte ich ihn, ob dies nur zeitweilig sei oder endgültig. Er sagte: »Nein, ich werde sehen müssen, ob wir Englands Einmischung ausschalten können.«

Wenn auch Mussolinis Abfall in letzter Minute ein schwerer Schlag für Hitler war, so läßt sich doch aus den obigen Aussagen erkennen, daß das britische Vorgehen in stärkerem Maße den deutschen Führer veranlaßte, den Angriff zu verschieben. Dennoch mutet es seltsam an, daß er, nachdem ihn Henderson am gleichen Tag noch einmal warnend darauf hingewiesen hatte, England werde im Falle eines Angriffs auf Polen kämpfen, und nachdem die britische Regierung jetzt feierlich ihr Wort gegeben hatte, immer noch glaubte, »Englands Einmischung ausschalten« zu können. Wahrscheinlich meinte er auf Grund seiner Erfahrung mit Chamberlain in München, der Premierminister werde noch einmal kapitulieren, wenn man ihm nur eine goldene Brücke baue. Doch wiederum mutet es seltsam an, daß der Mann, der bisher soviel außenpolitischen Spürsinn bewiesen hatte, den Sinneswandel Chamberlains und der Engländer nicht wahrnahm. Schließlich hatte er selbst, Hitler, diesen Umschwung herbeigeführt.
Es bedurfte einiger Mühe, die Wehrmacht am Abend des 25. August zum Halten zu bringen, denn viele Einheiten waren bereits auf dem Marsch. Bei dem in Ostpreußen angesetzten 1. Armeekorps General Petzels traf der Widerruf 21.37 Uhr ein, und nur dank größter Anstrengung einiger Offiziere, die eiligst zu den Vorausabteilungen geschickt wurden, gelang es, die Truppen anzuhalten. Im Süden hatten die motorisierten Kolonnen von General Kleists Armeekorps in der Abenddämmerung mit dem Vor-

marsch zur polnischen Grenze begonnen. Dicht vor der Grenze wurden sie von einem Generalstabsoffizier angehalten, der in einer Aufklärungsmaschine dorthin geflogen war. In einigen Abschnitten hatten die Schießereien schon begonnen, als die Befehle eintrafen. Da aber die Deutschen schon seit Tagen entlang der Grenze Zwischenfälle provozierten, schöpfte der polnische Generalstab offenbar keinen Verdacht. Er berichtete am 26. August, zahlreiche »deutsche Banden« hätten die Grenze überschritten, Häuser und Zollgebäude mit Maschinengewehren und Handgranaten beschossen; in einem Falle habe es sich um eine »reguläre Armeeabteilung« gehandelt.

FREUDE UND VERWIRRUNG DER »VERSCHWÖRER«

Die Nachricht, Hitler habe den Angriff auf Polen abgeblasen, löste am Abend des 25. August unter den konspirierenden Angehörigen der Abwehr großen Jubel aus. Oberst Oster teilte Schacht und Gisevius die Neuigkeit mit und rief: »Dieser Führer [hat] aus-geführt!« Noch mehr in den Wolken schwebte am nächsten Morgen Canaris. »Von diesem Schlag«, sagte er, »erholt [Hitler] sich nie wieder. Der Friede ist für zwanzig Jahre gerettet.« Beide Männer glaubten, man brauche sich keine Mühe mehr zu geben, den Diktator zu stürzen, er sei ohnehin erledigt.

In den letzten Wochen waren die Verschwörer wieder rührig gewesen, nur ist schwer zu erkennen, welche genauen Absichten sie verfolgten. Goerdeler, Adam von Trott zu Solz, Helmuth von Moltke, Fabian von Schlabrendorff und Rudolf Pechel waren allesamt nach London gefahren und hatten dort nicht nur Chamberlain und Halifax, sondern auch Churchill und andere führende Persönlichkeiten Englands darüber unterrichtet, daß Hitler Ende August Polen angreifen wolle. Diese deutschen Hitler-Gegner konnten sich dabei aus eigener Anschauung davon überzeugen, daß sich in England bis hinauf zu Chamberlain seit den Münchener Tagen ein Umschwung vollzogen hatte. Die einzige Bedingung, die sie im Jahr vorher für ein Vorgehen gegen Hitler gestellt hatten, nämlich die eindeutige Erklärung Englands und Frankreichs, daß sie jeder weiteren deutschen Aggression mit Waffengewalt begegnen würden, war inzwischen erfüllt. Was wollten sie nun noch? Aus ihren hinterlassenen Aufzeichnungen geht es nicht klar hervor, ja man gewinnt den Eindruck, daß sie selbst sich nicht darüber im klaren waren. Mochten sie auch noch so gute Absichten haben, sie waren verwirrt und gelähmt von dem Gefühl der Vergeblichkeit. Hitlers Macht über Deutschland – über die Wehrmacht, die Polizei, die Regierung, das Volk – war zu vollständig, als daß sie sich durch irgend etwas, das die Verschwörer tun zu können glaubten, hätte lockern oder unterhöhlen lassen.

Am 15. August machte Hassell Dr. Schacht einen Besuch. Der entlassene Wirtschaftsminister war gerade von einem sechsmonatigen Aufenthalt in Indien und Burma heimgekehrt. »Nach Schachts Ansicht«, schrieb Hassell in sein Tagebuch, »kann man nichts tun als aufmerksam abwarten, die Entwicklung gehe ihren eisernen Gang.«

Hassel selbst war ebenfalls dafür, ein direktes Vorgehen vorerst aufzuschieben, wie er, seinem Tagebuch zufolge, am gleichen Tag zu Gisevius sagte. General von Witzleben, der ein Jahr vorher die zum Sturz Hitlers vorgesehenen Truppen hatte führen sollen, befehligte jetzt eine Heeresgruppe im Westen und war daher, selbst wenn er gewollt hätte, nicht in der Lage, in Berlin einzugreifen.

General Halder seinerseits war von den letzten Vorbereitungen für den Überfall auf Polen derart in Anspruch genommen, daß er an die Beseitigung des Regimes keinen Gedanken verwenden konnte. Nach dem Krieg in Nürnberg – am 26. Februar 1946 – darüber befragt, warum er und die anderen Gegner des Regimes nichts unternommen hätten, Hitler in den letzten Augusttagen abzusetzen und damit Deutschland vor dem Krieg zu bewahren, antwortete er äußerst verschwommen. »Es bestand keine Möglichkeit«, sagte er. Warum? Weil General Witzleben nach dem Westen abkommandiert gewesen sei, und ohne Witzleben habe das Heer nicht handeln können.

Und das deutsche Volk? Als Captain Sam Harris, der amerikanische Vernehmungsoffizier, Halder daran erinnerte, er habe doch gesagt, das deutsche Volk sei gegen den Krieg gewesen, und dann fragte: »Wenn Hitler unwiderruflich zum Kriege entschlossen war, hätten Sie dann nicht auf die Unterstützung des Volkes bauen können?«, erwiderte Halder: »Entschuldigen Sie, wenn ich lächle. Wenn ich das Wort ›unwiderruflich‹ im Zusammenhang mit Hitler höre, muß ich sagen, daß nichts unwiderruflich war.« Und daran anschließend erklärte Halder, er selbst habe noch am 22. August, nachdem Hitler den Generalen auf dem Obersalzberg seinen »unwiderruflichen« Entschluß, Polen anzugreifen und notfalls gegen den Westen zu kämpfen, verkündet hatte, nicht daran geglaubt, daß der Führer tun würde, was er sagte[27]. Vergleicht man mit dieser Äußerung Halders Tagebucheintragungen aus derselben Zeit, dann ist sie erstaunlich.

Und General Beck, Halders Vorgänger als Generalstabschef und anerkannter Führer der Verschwörer? Laut Gisevius schrieb Beck einen Brief an General von Brauchitsch, aber der Oberbefehlshaber des Heeres bestätigte nicht einmal seinen Empfang. Daraufhin, schreibt Gisevius, hatte Beck ein langes Gespräch mit Halder, der ihm darin beipflichtete, daß ein großer Krieg zum Untergang Deutschlands führen würde, jedoch glaubte, »Hitler würde es niemals zum Weltkrieg kommen lassen«, so daß ein Versuch, ihn zu stürzen, im Augenblick nicht notwendig sei[28].

Am 14. August war Hassell bei Beck zum Abendessen. Sie waren allein, und Hassell berichtet in seinem Tagebuch über ihre Niedergeschlagenheit:

[Beck ist ein] sehr feiner, anziehender, kluger Mann. Leider hat er eine sehr geringe Meinung von den führenden Leuten der Wehrmacht. Er sieht daher keinen Punkt, an dem man ansetzen könnte. Er ist von der Verwerflichkeit der Politik des Dritten Reiches fest überzeugt[29].

Die Überzeugungen Becks – und seiner Freunde – waren nobel, doch als Hitler sich anschickte, Deutschland in einen Krieg hineinzureißen, unternahm keiner dieser achtenswerten Deutschen etwas, um ihm Einhalt zu gebieten. Das wäre offensichtlich schwierig und in dieser späten Stunde vielleicht unmöglich gewesen. Aber sie machten nicht einmal den Versuch.

Der einzige, der es tat, war vielleicht General Thomas. Nachdem er Keitel Mitte August persönlich seine bereits erwähnte Denkschrift vorgelesen hatte, suchte er ihn am Sonntag, dem 27. August, noch einmal auf und überreichte ihm, seiner eigenen Darstellung zufolge, eine Statistik mit graphischen Erläuterungen, die deutlich die gewaltige kriegswirtschaftliche Überlegenheit der Westmächte demonstrierte. Keitel nahm sich ausnahmsweise den Mut, die Unterlagen Hitler zu zeigen. Dieser aber sagte, er teile General Thomas' Sorge um einen drohenden Weltkrieg nicht, zumal er inzwischen die Sowjetunion auf seiner Seite habe[30].

So endeten die Versuche der »Verschwörer«, Hitler an der Entfesselung des Zweiten Weltkrieges zu hindern, sieht man von den in letzter Minute unternommenen schwachen Bemühungen Dr. Schachts ab, aus denen er bei seiner Verteidigung im Nürnberger Prozeß viel hermachte. Nach seiner Rückkehr aus Indien im August schrieb er Briefe an Hitler, Göring und Ribbentrop – in diesem schicksalhaften Augenblick scheinen die Führer der Opposition über die Abfassung von Briefen und Denkschriften nicht hinausgegangen zu sein –, doch erhielt er, zu seiner »größten Überraschung«, wie er später sagte, keine Antworten. Sodann beschloß er, ins Hauptquartier nach Zossen zu gehen, um bei General Brauchitsch persönlich vorzusprechen. Und was war es, was er ihm sagen wollte? In Nürnberg erklärte Schacht, er habe die Absicht gehabt, dem Oberbefehlshaber des Heeres zu sagen, es wäre gegen die Verfassung, wenn Deutschland ohne Zustimmung des Reichstags in den Krieg eintrete! Es sei daher Pflicht des Oberbefehlshabers, sich an seinen Eid auf die Verfassung zu halten!

Doch Dr. Schacht bekam Brauchitsch nicht zu sehen. Canaris warnte ihn: Wenn er nach Zossen käme, würde der Oberbefehlshaber »uns wahrscheinlich sofort verhaften lassen« – was dem früheren Anhänger Hitlers nicht verlockend zu sein schien[31]. Aber den wahren Grund dafür, weshalb Schacht seinen lächerlichen Gang nach Zossen nicht antrat – es wäre für Hitler ein Kinderspiel gewesen, von seinem Reichstag die Zustimmung für den Krieg zu bekommen, hätte er sich mit einer solchen Formalität überhaupt aufhalten wollen –, nannte Gisevius, als er in Nürnberg als Zeuge für Schacht vernommen wurde. Offenbar wollte Schacht am 25. August nach Zossen fahren, unterließ es aber, als Hitler am Abend den für den nächsten Tag angesetzten Einmarsch in Polen absagte. Nach Gisevius' Aussage beschloß Schacht drei Tage später noch einmal, seine Mission in Zossen auszuführen, doch Canaris habe ihm mitgeteilt, es sei zu spät[32]. Nicht, daß die »Verschwörer« den Bus versäumten; sie kamen nicht einmal bis zur Haltestelle.

Ebenso wirkungslos wie die Versuche der Handvoll deutscher Hitler-Gegner, den Diktator aufzuhalten, waren die verschiedenen Appelle neutraler Staatsmänner und des Papstes. Am 24. August sandte Präsident Roosevelt dringende Telegramme sowohl an Hitler wie an den Staatspräsidenten Polens. Er bedrängte sie, ihre Differenzen beizulegen, ohne zu den Waffen zu greifen. Präsident Moscicki erinnerte in einer würdevollen Antwort Roosevelt daran, daß es nicht Polen sei, das »Forderungen stelle und Konzessionen verlange«; dennoch sei es bereit, seine Streitigkeiten mit Deutschland durch direkte Verhandlungen beizulegen. Hitler gab keine Antwort. Am nächsten Tag sandte Roosevelt ein zweites Telegramm, mit dem er Hitler von Moscickis versöhnlicher Antwort in Kenntnis setzte und ihn beschwor, in die von der polnischen Regierung angebotene friedliche Lösung zu willigen. Auch auf das zweite Telegramm gab Hitler keine Antwort.

Der Papst appellierte am 24. August über den Rundfunk und ließ am 31. August gleichlautende Noten an Deutschland, Polen, Italien und die Westmächte gehen, worin er »im Namen Gottes die deutsche und die polnische Regierung beschwor, jeden Zwischenfall zu verhüten« und die Regierungen Englands, Frankreichs und Italiens bat, seinen Appell zu unterstützen. Ferner hieß es darin:

Der Papst gibt die Hoffnung nicht auf, daß die schwebenden Verhandlungen zu einer gerechten, friedlichen Lösung führen mögen.

Er war sich, wie fast jedermann in der Welt, nicht bewußt, daß die »schwebenden Verhandlungen« nur ein Propagandatrick Hitlers waren. An diesem letzten Friedenstag gab es in Wirklichkeit keine echten Verhandlungen, weder schwebende noch sonstige.

Einige Tage früher, am 23. August, hatte der König der Belgier im Namen der Oslo-Mächte (Belgien, Holland, Luxemburg, Finnland und die drei skandinavischen Staaten) über den Rundfunk zum Frieden aufgerufen. Und am 28. August boten der König der Belgier und die Königin der Niederlande, »in der Hoffnung, den Krieg zu verhüten«, gemeinsam ihre Vermittlung an[33].

Mochten alle diese neutralen Appelle in Form und Inhalt noch so vornehm sein, es haftet ihnen doch, wenn man sie heute liest, etwas Unwirkliches und Pathetisches an. Es war, als lebten der Präsident der Vereinigten Staaten, der Papst und die Herrscher der kleinen nordeuropäischen Demokratien auf einem anderen Stern als das Dritte Reich und als begriffen sie von den Vorgängen in Berlin so wenig wie von etwaigen Geschehnissen auf dem Mars. Ihre Ahnungslosigkeit in bezug auf Mentalität, Charakter und Ziele Adolf Hitlers, ja der Deutschen überhaupt, die, von wenigen Ausnahmen abgesehen, bereit waren, ihm blindlings zu folgen, gleich wohin und auf welchem Wege, ohne Rücksicht auf Moral, Sittlichkeit, Ehre oder christliche Humanitätsbegriffe, ihre Ahnungslosigkeit sollte die von Roosevelt und den Monarchen Belgiens, Hollands, Luxemburgs, Norwegens und Dänemarks geführten Völker in den kommenden Monaten teuer zu stehen kommen.

Wer von uns in jenen letzten spannungsreichen Friedenstagen in Berlin bemüht war, die Welt draußen zu unterrichten, wußte sehr wenig von dem, was in der Wilhelmstraße oder in der Bendlerstraße vor sich ging. So gut wir konnten, beobachteten wir das emsige Kommen und Gehen in der Wilhelmstraße. Wir siebten alltäglich die Unmasse von Gerüchten, Tips und »geheimen Winken«. Wir sondierten die Stimmung des Mannes auf der Straße sowie der uns bekannten Beamten, Parteiführer, Diplomaten und Militärs. Aber was bei Botschafter Hendersons häufigen und manchmal stürmischen Unterredungen mit Hitler und Ribbentrop gesagt wurde, was Hitler und Chamberlain, Hitler und Mussolini, Hitler und Stalin einander schrieben, was zwischen Ribbentrop und Molotow, zwischen Ribbentrop und Ciano besprochen wurde, was in all den geheimen, chiffrierten Depeschen stand, die zwischen den geplagten Diplomaten gewechselt wurden, was die militärischen Führer planten oder taten – über all dies blieben wir und das Gros der Öffentlichkeit damals fast völlig im Dunkeln.

Einiges Wenige wurde uns und der Öffentlichkeit natürlich bekannt. Der Abschluß des deutsch-sowjetischen Paktes wurde von den Deutschen laut hinausposaunt, aber das Bestehen des Geheimprotokolls, durch das Polen und das übrige Osteuropa aufgeteilt wurden, blieb bis nach dem Kriege unbekannt. Wir wußten, daß Henderson vor Unterzeichnung des Paktes nach Berchtesgaden geflogen war, um Hitler nachdrücklich zu warnen, daß der Pakt England nicht daran hindern werde, zu seiner Garantie für Polen zu stehen. Zu Beginn der letzten Augustwoche spürten wir in Berlin, daß der Krieg – sofern es nicht zu einem neuen München käme – unvermeidlich war und in wenigen Tagen ausbrechen würde. Am 25. August reisten die letzten britischen und französischen Zivilisten aus Deutschland ab. Am nächsten Tag wurde die für den 27. August angesetzte Kundgebung am Tannenbergdenkmal, bei der Hitler sprechen sollte, abgesagt; ebenso der alljährlich in Nürnberg in der ersten Septemberwoche stattfindende Reichsparteitag (dem Hitler in diesem Jahr den Namen »Reichsparteitag des Friedens« gegeben hatte). Am 27. August gab die Regierung die am Tage darauf beginnende Rationierung von Lebensmitteln, Seife, Schuhen, Textilien und Kohle bekannt. Diese Verlautbarung klärte, wie ich mich erinnere, mehr als alle anderen das deutsche Volk darüber auf, daß der Krieg bevorstand, und ein Murren war deutlich zu vernehmen. Am Montag, dem 28. August, sahen die Berliner in östliche Richtung Truppentransporte gehen.

Auch das muß den Mann auf der Straße alarmiert haben. Über das Wochenende, an dem es heiß und schwül gewesen war, waren die meisten Berliner trotz der Kriegsgefahr zu den Seen und in die Wälder in der Umgebung der Hauptstadt hinausgefahren. Als sie am Sonntagabend zurückkehrten, erfuhren sie aus dem Rundfunk von einer geheimen Sondersitzung des Reichstags in der Reichskanzlei. In einer DNB-Meldung hieß es, der Führer habe »auf den Ernst der Lage hingewiesen« – womit die deutsche Öffentlichkeit zum erstenmal etwas von Hitler selbst über den Ernst der Stunde hörte. Von der Sitzung wurde keine Einzelheit bekannt, und außer den Reichstagsmitgliedern und Hitlers näherer Umgebung wußte niemand, in welcher Gemütsverfassung der Diktator an jenem Tage gewesen war. Darüber gab – sehr viel später – Halders Tagebuch Aufschluß, das unter dem Datum des 28. August eine Darstellung enthält, die Halder von Oberst Oster aus der Abwehr vermittelt wurde:

Besprechung 17.30 Reichskanzlei. Reichstag und einige Prominente der Partei ... Lage sehr ernst. Entschlossen, Ostfrage so oder so zu lösen. Mindestforderung: Rückgabe Danzigs, Lösung der Korridorfrage. Höchstforderung: »Je nach militärischer Lage.« Wenn nicht Mindestforderung erfüllt, dann Krieg: Brutal! Er selbst in vorderster Linie. Das Verhalten des Duce würde unserem Besten dienen.
Krieg sehr schwer, vielleicht aussichtlos. »So lange ich lebe, wird von Kapitulation nicht gesprochen.« Sowjetpakt von Partei vielfach mißverstanden. Pakt mit Satan, um Teufel auszutreiben ... »Applaus befehlsgemäß, aber dünn.«
Persönlicher Eindruck [vom Führer]: Übernächtigt, verfallen, Stimme brüchig, zerfahren. »Begibt sich nicht mehr aus der Hand seiner SS-Berater.«

In Berlin konnte ein ausländischer Beobachter auch verfolgen, wie die von Goebbels geschickt gelenkte Presse das gutgläubige deutsche Volk beschwindelte. Seit sechs Jahren, seit der »Gleichschaltung« der Tageszeitungen, die die Zerstörung der Pressefreiheit bedeutet hatte, waren die Bürger von dem, was in Wahrheit in der Welt geschah, abgeschnitten. Eine Zeitlang hatte man an den Kiosken in Deutschland noch Schweizer Zeitungen aus Zürich und Basel kaufen können, die objektiv berichteten. Aber in den letzten Jahren war ihr Vertrieb im Reich entweder verboten oder sehr eingeschränkt worden. Wer Englisch oder Französisch las, beschaffte sich gelegentlich eine Londoner oder Pariser Zeitung, doch reichten die wenigen käuflichen Exemplare nur für eine Handvoll Personen.
»In welch völlig isolierter Welt lebt das deutsche Volk!«, schrieb ich am 10. August 1939 in mein Tagebuch. »Man braucht nur die Zeitungen von gestern und heute anzusehen.« Ich war von einem kurzen, in Washington, New York und Paris verbrachten Urlaub nach Deutschland zurückgekehrt und hatte mir, auf der Fahrt von der Schweiz zwei Tage vorher, als Zuglektüre Zeitungen aus Berlin und dem Rheinland gekauft. Diese brachten mich rasch zurück in die verzerrte Welt des Nationalsozialismus, die von der Welt, die ich soeben verlassen hatte, so verschieden war, als befinde sie sich auf einem anderen Planeten. Nach Berlin zurückgekehrt, notierte ich am 10. August ferner:

Während die ganze übrige Welt der Auffassung ist, Deutschland schicke sich an, den Frieden zu brechen, Deutschland bedrohe Polen ..., vermitteln die Zeitungen hier in Deutschland den umgekehrten Eindruck. Was die Nazi-Blätter behaupten, ist dies: Polen sei es, das den Frieden in Europa störe, Polen sei es, das Deutschland mit bewaffneter Invasion bedrohe.
POLEN, GIB ACHT! *heißt die Schlagzeile der* B. Z.*, und darunter:* ANTWORT AN POLEN, DEN AMOKLÄUFER GEGEN FRIEDEN UND RECHT IN EUROPA!
Oder die Schlagzeile in Der Führer*, eine Karlsruher Zeitung, die ich mir im Zug kaufte:* WARSCHAU DROHT MIT BESCHIESSUNG DANZIGS – UNGLAUBLICHE AUSGEBURT POLNISCHEN GRÖSSENWAHNS!

Man fragt sich: Ist es denn möglich, daß die Deutschen solche Lügen glauben? Man spreche nur mit ihnen. So viele glauben es.

Am Samstag, dem 26. August, dem von Hitler ursprünglich für den Angriff auf Polen festgesetzten Tag, erreichte Goebbels' Pressekampagne ihren Höhepunkt. Ich notierte mir einige Schlagzeilen:

B. Z.: VOLLKOMMENES CHAOS IN POLEN – DEUTSCHE FAMILIEN FLÜCHTEN – POLNISCHE SOLDATEN STOSSEN ZUR DEUTSCHEN GRENZE VOR. *12-Uhr-Blatt:* DAS SPIEL MIT DEM FEUER GEHT ZU WEIT! – DREI DEUTSCHE PASSAGIERFLUGZEUGE VON POLEN BESCHOSSEN – IM KORRIDOR VIELE DEUTSCHE BAUERNHÄUSER IN FLAMMEN!

Um Mitternacht, auf dem Wege zum Funkhaus, kaufte ich die Sonntagsausgabe (27. August) des *Völkischen Beobachters.* In riesigen Lettern, quer über die ganze Titelseite, war zu lesen:

GANZ POLEN IM KRIEGSFIEBER! 1,5 MILLIONEN MANN MOBILISIERT! UNUNTERBROCHENER TRUPPENTRANSPORT ZUR GRENZE! CHAOS IN OBERSCHLESIEN!

Von einer deutschen Mobilmachung wurde natürlich kein Wort gesagt, obwohl Deutschland, wie wir sahen, schon vor vierzehn Tagen mobilisiert hatte.

DIE LETZTEN SECHS FRIEDENSTAGE

Inzwischen erholte sich Hitler von der kalten Dusche des Mussolini-Briefes, der ihn zusammen mit der Nachricht von der Unterzeichnung des englisch-polnischen Bündnisses veranlaßt hatte, den Angriff auf Polen zu verschieben. Er schrieb dem Duce einen kurzen Brief mit der Bitte, »mir mitzuteilen, welche kriegerischen Mittel und Rohmaterialien Sie benötigen und innerhalb welcher Zeit«, damit Italien »in einen großen europäischen Konflikt« eintreten könne. Der Brief wurde von Ribbentrop persönlich am 25. August, 19.40 Uhr, dem deutschen Botschafter in Rom telefonisch durchgesagt und Mussolini um 21.30 Uhr ausgehändigt[34].

Am nächsten Vormittag rief Mussolini die Generalstabschefs der italienischen Streitkräfte zu sich, um mit ihnen eine Liste des Mindestbedarfs für einen Krieg von zwölf Monaten aufzustellen. Ciano, der dabei mitwirkte, meinte dazu: »Das reicht, um einen Stier umzulegen – sofern er lesen kann[35].« Auf der Liste standen: 7 Millionen t Mineralöl, ferner 6 Millionen t Kohle, 2 Millionen t Stahl, 1 Million t Holz und viele andere Dinge bis hinab zu 600 t Molybdän, 400 t Titanium und 20 t Zirkonium. Außerdem verlangte Mussolini zum Schutz des norditalienischen Industriegebiets 150 Flakbatterien, da dieses Gebiet nur wenige Flugminuten von französischen Luftstützpunkten entfernt liege. Auf diesen Umstand wies der Duce in einem Brief an Hitler hin, der am 26. August, kurz nach Mittag, von Ciano an Attolico telefoniert und umgehend Hitler überreicht wurde[36].

Der Brief enthielt mehr als eine Liste aufgeblähten Materialbedarfs. Mussolini war jetzt offensichtlich entschlossen, sich aus seinen Bindungen an das Dritte Reich herauszuwinden, woran Hitler nach der Lektüre dieses zweiten Schreibens nicht im geringsten mehr gezweifelt haben kann.

Führer [schrieb der Duce], ich hätte Ihnen diese Liste nicht geschickt, oder sie hätte weniger Posten und sehr viel geringere Ziffern enthalten, wenn ich die vereinbarte Zeit zur Anlage von Vorräten und zur Beschleunigung der Autarkiebestrebungen hätte. Ohne die Zusicherung dieser Lieferungen habe ich die Pflicht, Ihnen zu sagen, daß die Opfer, zu denen ich das italienische Volk aufrufen würde ... nutzlos sein und mit meiner Sache auch die Ihre kompromittieren könnten.

Botschafter Attolico, der gegen den Krieg war, insbesondere gegen Italiens Kriegseintritt an der Seite Deutschlands, fügte, als er Hitler die Botschaft überreichte, aus eigenen Stücken hinzu, »daß alle Stoffe *vor* Beginn der Feindseligkeiten in Italien sein müßten[37]«.

Mussolini hoffte immer noch auf ein neues München. Im letzten Absatz seines Briefes hatte er geschrieben, wenn der Führer glaube, daß es noch »irgendeine Möglichkeit der Lösung auf politischem Gebiet gibt, bin ich bereit, Ihnen – wie schon früher – meine volle Solidarität zu leihen«. Trotz ihres engen persönlichen Verhältnisses und ihres »Stahlpakts« und aller lauten Solidaritätsbekundungen bleibt die Tatsache, daß Hitler selbst in dieser elften Stunde Mussolini über seine wahre Absicht, die Vernichtung Polens, noch nicht ins Vertrauen gezogen hatte und daß der italienische Achsenpartner davon nichts wußte. Erst am Abend des 26. sollte diese Kluft endgültig überbrückt sein.

Auf Mussolinis Brief gab Hitler drei Stunden später eine lange Antwort. Ribbentrop telefonierte sie um 15.08 Uhr an Botschafter Mackensen in Rom, der mit ihr kurz nach 17.00 Uhr zu Mussolini stürzte. Italiens Bedürfnisse, schrieb Hitler, »wären in Kohle und Stahl vollkommen zu befriedigen«, andere dagegen nicht. In jedem Falle jedoch sei die von Attolico geforderte Lieferung des Materials vor Beginn der Feindseligkeiten unmöglich.

Und nun endlich weihte Hitler seinen Freund und Bundesgenossen in sein wahres Vorhaben ein:

Da weder Frankreich noch England im Westen irgendwelche Erfolge erzielen können, im Osten aber nach Niederwerfung Polens Deutschland seine gesamten Kräfte durch das Abkommen mit Rußland frei bekommt, und die Luftüberlegenheit eindeutig auf unserer Seite ist, scheue ich mich nicht, auf die Gefahr einer Verwicklung hin die Frage im Osten zu lösen.

Unter diesen Umständen, Duce, begreife ich Ihre Lage und bitte Sie nur, die mir in Aussicht gestellte Bindung englisch-französischer Kräfte durch eine aktive Propaganda und geeignete militärische Demonstrationen herbeiführen zu wollen[38].

Hier ist in den deutschen Akten das erste Anzeichen dafür, daß Hitler 24 Stunden nach dem Widerruf seines Angriffsbefehls wieder zuversichtlich geworden war und »selbst auf die Gefahr einer Verwicklung im Westen hin« seine Vorbereitungen fortsetzte.
Am gleichen Abend noch machte Mussolini eine Anstrengung, Hitler doch noch von seinem Vorhaben abzubringen. Wiederum schrieb er dem Führer, wiederum telefonierte Ciano den Brief an Attolico durch, der mit ihm kurz vor 19.00 Uhr in der Reichkanzlei erschien.

Führer, ich glaube, daß das Mißverständnis, dem Attolico unfreiwillig zum Opfer gefallen ist, unverzüglich... aufgeklärt werden wird... Aber auch wenn dieses Mißverständnis geklärt ist, ergibt sich, daß es Ihnen materiell unmöglich ist, mir zu helfen, die großen Lücken zu füllen, die die Kriege in Abessinien und Spanien in die italienische Rüstung gerissen haben...
Und es geschieht auch deshalb – nicht etwa auf Grund pazifistischer Überlegungen, die meinem Wesen fremd sind, sondern auf Grund der Interessen unserer beiden Völker und unserer beiden Regime – daß ich mir erlaube, nochmals auf der Zweckmäßigkeit einer politischen Lösung zu bestehen, die ich noch für möglich halte und die Deutschland völlige moralische und materielle Genugtuung gewähren kann[39].

Der italienische Diktator war also, wie jetzt aus den Akten ersichtlich ist, auf Erhaltung des Friedens bedacht, weil er für einen Krieg nicht vorbereitet war. Aber seine Rolle bekümmerte ihn tief. »Ich überlasse es Ihnen«, schrieb er in diesem Brief an Hitler, »meinen Gemütszustand zu verstehen, wenn ich gezwungen bin, durch Kräfte, die stärker sind als mein Wille, Ihnen im Augenblick der Aktion meine positive Solidarität nicht beweisen zu können.« Und Ciano schrieb am Abend dieses geschäftigen 26. August in sein Tagebuch: »Der Duce ist wirklich tief bestürzt. Sein militärischer Instinkt und sein Sinn für Ehre drängen ihn zum Kampf, die Vernunft hat ihm Einhalt geboten. Aber er leidet sehr... Heute mußte er die harte Wirklichkeit erkennen. Das war für den Duce ein schwerer Schlag[40].«
Nach solch lebhaftem Briefwechsel schickte Hitler sich nunmehr darein, daß Mussolini im Begriff war, ihn im Stich zu lassen. Spät in der Nacht ließ er seinem Achsenpartner ein weiteres Schreiben zugehen. Es wurde am 27. August, 0.10 Uhr, telegrafisch übermittelt und erreichte den Duce morgens um 9 Uhr.

Duce! Ich habe die Mitteilung über Ihre endgültige Stellungnahme erhalten. Ich würdige die Gründe und Kräfte, die Sie diesen Entschluß fassen ließen. Unter Umständen kann er sich trotzdem zum Guten auswirken.
Die Voraussetzung hierfür ist allerdings meines Erachtens, daß die Welt wenigstens bis zum Ausbruch des Kampfes keine Kenntnis von der beabsichtigten Haltung Italiens erhält. Ich bitte Sie daher herzlich, durch Ihre Presse oder durch andere Mittel meinen Kampf psychologisch zu unterstützen. Ebenso bitte ich Sie, Duce, wenn es Ihnen möglich ist, durch demonstrative militärische Maßnahmen wenigstens England und Frank-

reich zur Festlegung gewisser Kräfte zu zwingen, oder sie auf alle Fälle in Unsicherheit zu lassen.

Das wichtigste ist aber folgendes, Duce: Sollte es – wie gesagt – zum großen Kriege kommen, dann wird, ehe den beiden Westmächten irgendein Erfolg beschieden sein kann, der Fall im Osten entschieden werden.

Ich werde dann noch in diesem Winter, spätestens im Frühjahr, mit Kräften, die Frankreich und England mindestens ebenbürtig sind, im Westen aufmarschieren ...

Ich habe nun hier eine große Bitte an Sie, Duce. Sie und Ihr Volk könnten mir in diesem schweren Kampf am meisten dadurch helfen, daß Sie mich mit italienischen Arbeitskräften unterstützen, Arbeitskräfte für industrielle sowohl als landwirtschaftliche Zwecke ... Indem ich Ihnen diese Bitte besonders ans Herz lege, danke ich Ihnen für alle die Bemühungen, die Sie für unsere gemeinsame Sache auf sich genommen haben.

Adolf Hitler[41].

Am Spätnachmittag antwortete der Duce ergeben, die Welt werde »nicht erfahren, wie sich Italien vor dem Ausbruch des Kampfes verhalten wird«. Er wolle auch möglichst viele englisch-französische Streitkräfte binden und Hitler die erbetenen italienischen Arbeitskräfte schicken[42].

Obwohl Frankreich bei plötzlichem Kriegsausbruch fast die gesamte alliierte Landstreitmacht im Westen stellen und mit ihr in den ersten Wochen den deutschen Streitkräften weit überlegen sein würde, schien sich Hitler gegen Ende August keine Sorge darüber zu machen, was Frankreich tun würde. Daran gemahnte ihn Premierminister Daladier am 26. August mit einem ergreifenden persönlichen Brief: Frankreich werde kämpfen, wenn Polen angegriffen werden sollte.

Es sei denn, Sie trauen dem französischen Volk [schrieb Daladier] einen weniger hohen Begriff der Ehre zu, als ich selber dem deutschen Volke zuerkenne, so können Sie nicht bezweifeln, daß Frankreich seine Verpflichtungen anderen Mächten gegenüber treu erfüllt, Mächten wie zum Beispiel Polen ...

Nachdem er Hitler angerufen hatte, eine friedliche Lösung der polnischen Krise zu zu suchen, fügte Daladier hinzu:

Wenn das französische und das deutsche Blut von neuem fließen wie vor 25 Jahren, in einem noch längeren und mörderischeren Krieg, dann wird jedes der beiden Völker kämpfen im Vertrauen auf seinen eigenen Sieg. Sieger wird aber zweifellos die Zerstörung und die Barbarei[43].

Bei Überreichung des Briefes beschwor Botschafter Coulondre Hitler noch von sich aus »im Namen der Menschheit, diese letzte Chance nicht vorübergehen zu lassen«. Aber dem Botschafter fiel, wie er sagt, »die traurige Aufgabe« zu, nach Paris berichten zu müssen, daß Daladiers Brief Hitler nicht »rührte«. »Sein Entschluß war bereits gefaßt.«

In seiner Antwort an Daladier vom nächsten Tag nutzte Hitler geschickt das Widerstreben der Franzosen aus, »für Danzig zu sterben«. Nach der Rückgliederung des Saargebiets habe Deutschland keinerlei territoriale Ansprüche an Frankreich mehr; es bestehe daher für beide Länder kein Grund, gegeneinander zu kämpfen. Wenn sie es dennoch täten, wäre es nicht seine Schuld und es würde ihm »sehr schmerzlich« sein. Auf diese beiden Briefe beschränkte sich der ganze diplomatische Austausch zwischen Deutschland und Frankreich in der letzten Friedenswoche. Doch das Land, das zu diesem Zeitpunkt Hitler am meisten beschäftigte, war Großbritannien. Wie er Göring am Abend des 25. August, nach Verschiebung des Einmarsches in Polen, sagte, werde er »sehen müssen, ob wir Englands Einmischung ausschalten können«.

DEUTSCHLAND UND ENGLAND IN DER ELFTEN STUNDE

»Führer ziemlich zusammengebrochen«, hatte Halder am 25. August notiert. Doch schon am nächsten Nachmittag stellte der Generalstabschef einen plötzlichen Wandel bei Hitler fest: »Führer sehr ruhig und klar.« Dafür gab es einen Grund, und Halders Tagebuch gibt ihn an: »Fertigmachen zum 7. M-T [Mobilmachungtag] früh (telefonisch aus Reichskanzlei) ... Angriffstermin 1. 9.« Hitler hatte den Befehl telefonisch dem OKH gegeben.

Hitler würde also seinen Krieg mit Polen haben. Das stand fest. Doch in der Zwischenzeit wollte er alles in seiner Möglichkeit Stehende tun, um England aus dem Krieg herauszuhalten. Halders Tagebuch gibt Aufschluß über die Gedankengänge Hitlers und seiner Umgebung während dieses entscheidenden 26. August.

Weitere Entwicklung: Leise Hoffnung, daß man auf Verhandlungsweg England zur Annahme der Forderung bringt, die Polen ablehnt. Danzig-Korridor. Führer hat Hoffnung, daß er Spalt treibt zwischen England, Franzosen und Polen.

Zweifellos gab Halder genau wieder, was Hitler im Sinne hatte. Er wollte einen *Spalt* zwischen Polen und England treiben und Chamberlain einen Vorwand geben, sich seiner Verpflichtung gegenüber Warschau zu entziehen.

Er fühlte jetzt bei der britischen Regierung über zwei Wege vor, die nicht über die deutsche Botschaft in London gingen; Botschafter Dirksen befand sich in Urlaub und war an den Verhandlungen in elfter Stunde nicht beteiligt. Der eine Weg war offiziell: Botschafter Henderson war mit Hitlers Vorschlägen zur »Garantierung« des britischen Weltreichs am Vormittag des 26. August in einem deutschen Sonderflugzeug nach London geflogen. Die andere Fühlungnahme war inoffiziell: Görings schwedischer Freund Birger Dahlerus war am Tage vorher mit einer Botschaft Görings für die britische Regierung im Flugzeug nach London geschickt worden.

»Zu dieser Zeit«, sagte Göring später in Nürnberg, »stand ich durch besonderen Kurier außerhalb des gewöhnlichen diplomatischen Weges mit Lord Halifax in Verbindung[44].«

Dahlerus war am 24. August von Göring aus Stockholm nach Berlin gerufen worden, und Göring hatte ihm anvertraut, daß Deutschland, ungeachtet des in der Nacht zuvor unterzeichneten deutsch-sowjetischen Pakts, eine »Verständigung« mit Großbritannien wünsche. Dann hatte er dem Schweden ein eigenes Flugzeug zur Verfügung gestellt, damit er rasch nach London fliegen konnte, um Lord Halifax von dieser bemerkenswerten Tatsache in Kenntnis zu setzen. Am 25. August, 18.30 Uhr, drang Dahlerus zum britischen Außenminister vor.

Lord Halifax, der eine Stunde vorher den englisch-polnischen Beistandspakt unterzeichnet hatte, dankte dem Schweden für seine Bemühungen und teilte ihm mit, daß Henderson soeben in Berlin mit Hitler gesprochen habe und mit dessen jüngsten Vorschlägen in London erwartet werde. Da nunmehr der offizielle Kontakt zwischen Berlin und London wiederhergestellt sei, glaube er, Lord Halifax, daß die Vermittlung von Dahlerus nicht mehr vonnöten sei. Aber bald sollte sich ergeben, daß sie doch noch nötig war. Als Dahlerus am Abend mit Göring über seine Unterredung mit Halifax telefonierte, wurde ihm gesagt, die Lage habe sich infolge der Unterzeichnung des englisch-polnischen Vertrags verschlechtert, und der Frieden könne wahrscheinlich nur durch eine Konferenz zwischen Vertretern Englands und Deutschlands gerettet werden. Seiner Aussage in Nürnberg zufolge dachte Göring, ebenso wie Mussolini, an ein neues München.

Noch spät am Abend unterrichtete der unermüdliche Schwede das britische *Foreign Office* über sein Gespräch mit Göring, und am nächsten Morgen wurde er aufgefordert, noch einmal bei Halifax vorzusprechen. Diesmal überredete er den britischen Außenminister, an Göring zu schreiben, von dem er sagte, er sei der einzige Mann in Deutschland, der den Krieg verhindern könnte. Der Brief war kurz, in allgemeinen Ausdrücken gehalten und unverbindlich. Halifax wiederholte lediglich den Wunsch Englands nach einer friedlichen Lösung, für die, wie er betonte, »ein paar Tage Zeit« nötig seien[45].

Dennoch hielt Göring den Brief für »äußerst wichtig«. Er befand sich in seinem Sonderzug auf dem Weg zu seinem Hauptquartier in Oranienburg, als Dahlerus ihm das Schreiben am Abend des 26. August überbrachte. Der Zug wurde auf der nächsten Station angehalten, und die beiden Männer fuhren im Wagen nach Berlin zurück, wo sie um Mitternacht eintrafen. In der Reichskanzlei war alles dunkel, Hitler war schon zu Bett gegangen. Aber Göring bestand darauf, daß er geweckt wurde. Bis zu diesem Augenblick war Dahlerus, wie so viele andere Menschen auch, der Meinung gewesen, Hitler sei ein vernünftiger Mann und werde vielleicht, wie ein Jahr vorher in München, eine friedliche Lösung akzeptieren. Jetzt sollte der Schwede zum erstenmal die sonderbaren Phantasien und die furchtbare Reizbarkeit des begnadeten Diktators kennenlernen. Es war für ihn erschütternd[46].

Von Halifax' Brief, der Göring so wichtig erschienen war, daß er den Führer mitten in der Nacht wecken ließ, nahm Hitler keine Notiz. Statt dessen hielt er dem Schweden einen zwanzig Minuten langen Vortrag über seine Kampfjahre, seine großen Leistungen und alle seine Bemühungen um eine Verständigung mit England. Als dann Dahlerus einwarf, er habe früher einmal in England als Arbeiter gelebt, fragte ihn Hitler über die seltsame Insel und ihr seltsames Volk aus, das zu verstehen er sich vergeblich bemüht hatte. Anschließend erging er sich in langen, etwas theoretischen Ausführungen über Deutschlands Militärmacht. Inzwischen war sich Dahlerus, wie er sagt, darüber klar geworden, daß bei seinem Besuch »nichts herauskommen würde«. Doch gegen Ende fand der Schwede Gelegenheit, etwas von den Engländern zu erzählen, so wie er sie kennengelernt hatte.

Hitler hörte zu, ohne zu unterbrechen ... dann aber sprang er plötzlich auf. Er wurde sehr aufgeregt und nervös, schritt auf und ab und sagte, als spreche er mit sich selbst, Deutschland sei nicht zu schlagen ... Plötzlich hielt er mitten im Zimmer inne, blieb stehen und starrte in die Luft. Seine Stimme war verschleiert, und er benahm sich wie ein völlig anomaler Mensch. Er sprach in abgehackten Sätzen: »Falls ein Krieg kommen sollte, dann werde ich U-Boote bauen, U-Boote bauen, U-Boote, U-Boote, U-Boote.« Seine Stimme wurde immer undeutlicher, und zum Schluß konnte man ihm überhaupt nicht mehr folgen. Dann riß er sich zusammen, erhob seine Stimme, als wenn er vor einem großen Publikum spreche, und schrie und schrie: »Ich werde Flugzeuge bauen, Flugzeuge bauen, Flugzeuge, Flugzeuge, und ich werde meine Feinde vernichten.« Er erschien mir in diesem Agenblick eher wie ein Phantom aus einer Erzählung als ein wirklicher Mensch. Vor Überraschung habe ich ihn angestarrt und drehte mich dann um, um zu sehen, wie Göring darauf reagierte; aber es machte nicht den geringsten Eindruck auf ihn.

Schließlich blieb der aufgeregte Kanzler vor seinem Gast stehen und fragte: »Herr Dahlerus, Sie kennen doch England gut, können Sie mir den Grund sagen, warum ich niemals zu einer Verständigung mit ihm kommen konnte?« Dahlerus gesteht, daß er mit der Antwort »zunächst zögerte«; doch dann erwiderte er, nach seiner Auffassung mangele es den Engländern an Vertrauen zu ihm und seiner Regierung.
»Idioten!« brüllte Hitler, warf seinen rechten Arm hoch und schlug sich mit der Linken auf die Brust: »Habe ich jemals in meinem Leben gelogen?«
Danach beruhigte sich Hitler, und es kam zu einer Diskussion über die von ihm durch Henderson übermittelten Vorschläge. Schließlich kam man überein, daß Dahlerus mit einem weiteren Angebot an die britische Regierung nach London zurückfliegen sollte. Göring war dagegen, dies Angebot schriftlich zu fixieren, und der gutwillige Schwede mußte es auswendig lernen. Es umfaßte sechs Punkte:

1. Deutschland wünsche ein Abkommen oder ein Bündnis mit England.
2. England solle Deutschland helfen, Danzig und den Korridor zu bekommen; Polen aber solle in Danzig einen Freihafen erhalten, Gdingen und einen Korridor dorthin behalten.
3. Deutschland wolle die neuen polnischen Grenzen garantieren.
4. Deutschland müsse seine Kolonien oder ein Äquivalent dafür zurückerhalten.

5. Für die deutschen Minderheiten in Polen seien ausreichende Garantien zu geben.
6. Deutschland werde sich verpflichten, das Britische Weltreich zu verteidigen.

Mit diesen seinem Gedächtnis eingeprägten Vorschlägen flog Dahlerus am Sonntagmorgen, dem 27. August, nach London zurück. Kurz nach Mittag wurde er – der schnüffelnden Reporter wegen – durch eine Hintertür zu Chamberlain, Lord Halifax, Sir Horace Wilson und Sir Alexander Cadogan geführt. Offensichtlich nahm jetzt die britische Regierung den schwedischen »Kurier« durchaus ernst.
Im Flugzeug hatte sich Dahlerus eilig einige Notizen über sein nächtliches Gespräch mit Hitler und Göring gemacht. Nach dieser Aufzeichnung, die jetzt von den beiden führenden Mitgliedern des britischen Kabinetts überflogen wurde, war Hitler bei der Unterredung mit ihm »ruhig und gefaßt« gewesen. Obwohl im Archiv des *Foreign Office* kein Protokoll der außergewöhnlichen Sonntagsitzung gefunden wurde, ist doch ihr Verlauf in der Dokumentenpublikation des *Foreign Office* (Serie 3, Bd. VII) aus Angaben von Lord Halifax und Cadogan sowie der Aufzeichnungen Dahlerus' rekonstruiert worden. Die von Dahlerus in seinem Buch und in Nürnberg gegebene Schilderung weicht etwas von der britischen Version ab, nimmt man jedoch beide zusammen, so gelangt man wohl zu einer annähernd genauen Darstellung.
Chamberlain und Halifax erkannten sofort, daß die von Dahlerus überbrachten Vorschläge Hitlers von denen, die er Henderson gegeben hatte, verschieden waren. Nach dem ersten, von Henderson übermittelten Angebot wollte Hitler nach Regelung der polnischen Frage das britische Weltreich garantieren. In dem zweiten Angebot wurde die Bereitschaft Hitlers angedeutet, über die Engländer wegen der Rückgabe Danzigs und des Korridors zu verhandeln, wonach er Polens neue Grenzen »garantieren« wolle. Für Chamberlain war dies nach den Erfahrungen, die er mit Hitler im Zusammenhang mit der Tschechoslowakei gemacht hatte, eine vertraute Melodie, und so betrachtete er das von Dahlerus überbrachte Angebot des Führers mit Skepsis. Er sagte dem Schweden, er sähe »für eine Regelung auf dieser Grundlage keine Möglichkeit; die Polen würden vielleicht Danzig abtreten, niemals aber den Korridor«.
Schließlich wurde vereinbart, daß Dahlerus mit einer vorläufigen und inoffiziellen Antwort an Hitler sofort nach Berlin zurückkehre und über die Aufnahme, die sie bei Hitler gefunden, nach London berichte. Danach sollte die offizielle Antwort abgefaßt und mit Henderson am folgenden Abend nach Berlin entsandt werden[47].
Und was sollte Dahlerus Hitler von den Engländern ausrichten? Darüber besteht einige Unklarheit. Nach den rasch hingekritzelten Notizen, die sich Halifax über seine mündlichen Anweisungen an Dahlerus machte, nahmen die Engländer lediglich folgenden Standpunkt ein:

I. Ausdrückliche Versicherung des Wunsches nach gutem Einvernehmen zwischen D. und Gr. Br. Kein einziges Mitglied der Reg. denkt anders. II. Gr. B. entschlossen, Verpflichtungen Polen gegenüber einzuhalten. III. Deutsch-polnische Differenzen müssen friedlich beigelegt werden[48].

Nach Dahlerus war die ihm anvertraute britische inoffizielle Antwort umfassender:

Natürlich, Punkt sechs: das Angebot, das Britische Empire zu verteidigen, wurde zurückgewiesen. Gleichfalls wollten sie sich auch über die Kolonien in keine Besprechungen einlassen, bevor Deutschland nicht demobilisiert sei. Mit Bezug auf die polnischen Grenzen wünschten sie, daß diese Grenzen garantiert würden von den fünf Großmächten ...
Was den Korridor betrifft, so machten sie den Vorschlag, sofortige Verhandlungen mit Polen aufzunehmen. Bezüglich des ersten Punktes war England grundsätzlich damit einverstanden, zu einer Einigung mit Deutschland zu kommen[49].

Dahlerus flog am Sonntagabend nach Berlin zurück und sprach Göring kurz vor Mitternacht. Dieser hielt die britische Antwort nicht für »sehr günstig«. Aber nachdem Göring bei Hitler gewesen war, rief er Dahlerus um 1 Uhr nachts in seinem Hotel an und sagte, der Führer würde den »englischen Standpunkt akzeptieren«, wenn die offizielle Antwort, die Henderson am Montagabend bringe, mit Dahlerus' Bericht übereinstimme.
Göring war erfreut, und Dahlerus noch mehr. Um 2 Uhr nachts rief der Schwede den britischen Botschaftsrat Sir George Ogilvie Forbes an, um ihm die frohe Botschaft mitzuteilen. Aber nicht allein deswegen hatte er ihn geweckt. Er riet Forbes, der britischen Regierung zu sagen, in ihrer offiziellen Antwort die Zusicherung zu machen, daß England die Polen veranlassen würde, sofort mit Deutschland in direkte Verhandlungen zu treten[50].
Im Laufe des Tages überhäufte der nun zuversichtlich gewordene Schwede nicht nur Forbes mit Ratschlägen, der sie pflichtgemäß nach London drahtete, er rief auch selber das *Foreign Office* an und ließ Halifax weitere Vorschläge übermitteln.
So war der Amateurdiplomat in diesem entscheidenden Augenblick der Weltgeschichte zum Angelpunkt zwischen Berlin und London geworden. Auf seine Ratschläge hin drahtete Halifax am 28. August, 14 Uhr, dem britischen Botschafter in Warschau, er möge »sofort« Außenminister Beck aufsuchen und ihn bitten, die britische Regierung zu autorisieren, Hitler mitzuteilen, daß »Polen bereit sei, unverzüglich in direkte Verhandlungen mit Deutschland einzutreten«. Halifax hatte es eilig. Er wollte die Ermächtigung in die offizielle Antwort an Hitler aufnehmen und bat den Botschafter in Warschau, Becks Antwort telefonisch zu übermitteln. Am Spätnachmittag gab Beck die geforderte Autorisierung, die dann schnell noch in die britische Note eingefügt wurde[51].
Henderson kehrte am Abend des 28. August nach Berlin zurück. Vor der Reichskanzlei von der SS-Ehrenwache mit präsentiertem Gewehr und Trommelwirbel empfangen, wurde er zu Hitler geführt, dem er um 22.20 Uhr eine deutsche Übersetzung der Note überreichte. Hitler las sie sofort.
Die britische Regierung, hieß es darin, stimme mit Hitler »völlig überein«, daß »erst« die Differenzen zwischen Deutschland und Polen beigelegt werden müßten. Jedoch

»hängt alles davon ab, auf welche Weise die Regelung mit Polen zustande kommt«. Hierüber aber habe sich der Kanzler nicht geäußert. Hitlers Angebot, das Britische Weltreich zu »garantieren«, wurde höflich abgelehnt. Großbritannien »kann nicht irgendwelcher Vorteile willen einer Regelung zustimmen, die die von ihr garantierte Unabhängigkeit eines Staates aufs Spiel setzt«.
Aber wenn auch die britische Regierung zu ihrer Garantie stehen würde, so möge doch der Kanzler nicht glauben, sie sei nicht auf eine gütliche Regelung bedacht.

Hieraus folgt, daß als nächster Schritt direkte Verhandlungen zwischen der Deutschen und der Polnischen Regierung eingeleitet werden sollten, auf einer Grundlage, die die obenerwähnten Grundsätze einschließen würde, nämlich die Sicherstellung der unentbehrlichen Interessen Polens und die Sicherung des Abkommens durch eine internationale Garantie.
Seiner Majestät Regierung hat bereits eine definitive Zusicherung von der Polnischen Regierung erhalten, daß diese bereit ist, auf dieser Grundlage in Besprechungen einzutreten, und Seiner Majestät Regierung hofft, daß die Deutsche Regierung ihrerseits ebenfalls bereit sein würde, einem solchen Verfahren zuzustimmen ...
Eine gerechte Lösung ... kann den Weg zum Weltfrieden öffnen. Das Ausbleiben einer solchen Lösung würde die Hoffnung auf eine bessere Verständigung zwischen Deutschland und Großbritannien zerschlagen, würde die beiden Nationen in Konflikt bringen und könnte sehr wohl die gesamte Welt in den Krieg stürzen. Ein solches Ergebnis wäre eine Katastrophe ohne Beispiel in der Geschichte[52].

Nachdem Hitler zu Ende gelesen hatte, machte Henderson einige zusätzliche Bemerkungen nach Notizen, die er sich in seinen Gesprächen mit Chamberlain und Halifax aufgeschrieben hatte. Die Quintessenz seiner Ausführungen war: England wünsche Freundschaft mit Deutschland, es wünsche Frieden, werde aber im Falle eines Angriffs auf Polen kämpfen. Hierauf verbreitete sich Hitler wiederum über die Untaten der Polen und wies auf seine »großzügigen« Angebote an Polen hin, die »nicht wiederholt werden« könnten. Heute würde ihn nichts anderes mehr zufriedenstellen »als die Rückkehr Danzigs und des ganzen Korridors zusammen mit einer Rektifikation in Schlesien, wo 90 Prozent der Bevölkerung bei dem Nachkriegsplebiszit für Deutschland gestimmt hätten.« Das entsprach ebensowenig der Wahrheit wie die anschließende Behauptung Hitlers, nach 1918 sei aus dem Korridor eine Million Deutsche vertrieben worden. Nach der deutschen Volkszählung von 1910 hatten in diesem Gebiet nur 385000 Deutsche gelebt; aber nunmehr erwartete Hitler, daß jedermann seinen Lügen Glauben schenke.
»Schließlich stellte ich ihm zwei direkte Fragen«, drahtete Henderson um 2.35 Uhr früh nach London[53].

Ob er gewillt sei, mit den Polen direkt zu verhandeln, und ob er bereit sei, die Frage eines Bevölkerungsaustausches zu diskutieren?

Er beantwortete die letztere bejahend (obgleich ich keinen Zweifel habe, daß er gleichzeitig an eine Grenzberichtigung dachte).

Die Beantwortung der ersten Frage, sagte Hitler, erfordere »sorgfältige Aufmerksamkeit« und Erwägung der ganzen britischen Note. In diesem Zusammenhang wandte er sich, wie Henderson berichtet, zu Ribbentrop: »Wir müssen Feldmarschall Göring rufen lassen, um es mit ihm zu besprechen.« Hitler sagte dann eine schriftliche Antwort für den nächsten Tag zu, für Dienstag, den 29. August.
»Das Gespräch«, betonte Henderson in seinem Telegramm an Halifax, »wurde trotz der unbedingten Festigkeit auf beiden Seiten in einer ganz freundlichen Atmosphäre geführt.« Wahrscheinlich war sich Henderson nicht ganz im klaren darüber, weshalb Hitler freundlich gewesen war. Der Führer war immer noch entschlossen, am bevorstehenden Wochenende den Krieg gegen Polen zu beginnen; trotz allem, was die britische Regierung und Henderson gesagt hatten, hoffte er immer noch, England draußen zu halten.
Offenbar konnte Hitler, worin er von dem servilen und unwissenden Ribbentrop bestärkt wurde, nicht glauben, daß die Engländer wirklich meinten, was sie sagten.
Zwar drahtete Henderson am nächsten Tag in Ergänzung seines Telegramms:

Herr Hitler beharrte darauf, daß er keine Komödie spiele (was not bluffing) *und daß man einen großen Fehler begehen würde, wenn man das glaube. Ich erwiderte, daß ich mir dieser Tatsache völlig bewußt sei und daß wir auch keine Komödie spielten. Herr Hitler erklärte, er erkenne durchaus, daß dem so sei*[54].

Aber erkannte er es wirklich? In seiner Antwort vom 29. August versuchte er bewußt, die britische Regierung in einer Weise hinters Licht zu führen, von der er geglaubt haben muß, sie ermögliche ihm, alles zugleich zu bekommen.
Die englische Note und Hitlers erste Reaktion darauf riefen in Berlin Optimismus hervor, insbesondere im Lager Görings. In der Nacht zum 29. August, 1.30 Uhr früh, wurde Dahlerus von einem Adjutanten Görings angerufen. Der Anruf kam aus der Reichskanzlei, in der Hitler, Ribbentrop und Göring die britische Note erörterten. Göring ließ Dahlerus sagen, die englische Antwort sei »höchst befriedigend, und es bestehe alle Hoffnung, daß die Kriegsgefahr vorüber sei«.
Am Morgen gab Dahlerus die gute Nachricht telefonisch an das britische *Foreign Office* weiter. Um 10.50 Uhr suchte er Göring auf, der ihn überschwenglich begrüßte, ihm kräftig die Hand schüttelte und ausrief: »Der Frieden ist gesichert!« Innerlich gestärkt, begab sich der Schwede unverzüglich zur britischen Botschaft, um Henderson, den er persönlich noch nicht kannte, die frohe Botschaft zu überbringen. Die Deutschen, sagte er zu Henderson, seien sehr optimistisch und mit dem »Hauptpunkt« der britischen Note »einverstanden«. Hitler wolle »nur« Danzig und den Korridor – nicht den ganzen Korridor, sondern nur einen Streifen entlang der Eisenbahnlinie nach Danzig. Ja, Hitler sei bereit, »den Polen sehr weit entgegenzukommen[55]«.

Doch Sir Nevile Henderson war davon nicht so überzeugt. Er sagte seinem Besucher, man könne Hitler kein Wort glauben, und das gleiche gelte für Hermann Göring, der ihn »unzählige Male« belogen habe. Hiter triebe nach seiner, Hendersons Ansicht, ein unaufrichtiges, ruchloses Spiel.

Aber der Schwede, der jetzt im Mittelpunkt der Dinge stand, ließ sich nicht beirren – ihm sollte das Licht noch später als Henderson aufgehen. Um zu verhindern, daß der ihm unerklärliche Pessimismus des Botschafters seine eigenen Bemühungen gefährde, rief er um 19.10 Uhr wiederum im *Foreign Office* an und ließ Halifax sagen, die deutsche Antwort werde »keine Schwierigkeiten« bereiten. Doch solle die britische Regierung den Polen anraten, sich vernünftig zu verhalten[56].

Fünf Minuten später, um 19.15 Uhr, erschien Henderson in der Reichskanzlei, um von Hitler Deutschlands wirkliche Antwort entgegenzunehmen. Alsbald zeigte sich, wie unbegründet der Optimismus Görings und seines schwedischen Freundes gewesen war. Die Unterredung war, wie Henderson gleich danach an Halifax drahtete, »stürmischen Charakters, und Herr Hitler war weniger maßvoll als gestern abend«.

Die offizielle deutsche Note gab wieder einmal dem Wunsch der Reichsregierung nach Verständigung und Freundschaft mit Großbritannien Ausdruck, hob jedoch hervor, »daß solche Verständigung nicht erkauft werden könnte mit dem Verzicht auf lebenswichtige deutsche Interessen«. Nach einer langen, zur Genüge bekannten Wiederaufzählung polnischer Untaten, Herausforderungen und »himmelschreiender, barbarischer Mißhandlungen« präsentierte die Note zum ersten Mal offiziell und schriftlich Hitlers Forderungen: Rückkehr von Danzig und dem Korridor, Sicherung des Lebens der deutschen Volksgruppen in Polen. Hier handele es sich nicht mehr um Zustände, »zu deren Beseitigung Tage oder gar Wochen, sondern vielleicht nur Stunden zur Verfügung stehen«.

Deutschland, hieß es weiter, könne die britische Auffassung, »daß diese schwerwiegenden Differenzen auf dem Wege direkter Verhandlungen zu lösen seien..., leider nicht mehr teilen«. Jedoch »ausschließlich« der britischen Regierung zuliebe und im Interesse der deutsch-englischen Freundschaft wolle die Reichsregierung »dennoch den englischen Vorschlag akzeptieren und [in direkte Besprechungen mit Polen] eintreten«. »Im Falle einer Neugestaltung der territorialen Verhältnisse in Polen« sei Deutschland nicht in der Lage, »ohne Hinzuziehung der Sowjetunion sich zu Garantien zu verpflichten«. (Die britische Regierung wußte natürlich nichts von dem Geheimprotokoll des deutsch-sowjetischen Paktes, das die Teilung Polens vorsah.) »Im übrigen hat die Deutsche Reichsregierung bei ihren Vorschlägen nie die Absicht gehabt, lebenswichtige Interessen Polens anzugreifen oder die Existenz eines unabhängigen Polnischen Staates in Frage zu stellen.«

Und dann, ganz zum Schluß, kam die Falle:

Die Deutsche Reichsregierung ist... daher damit einverstanden, die vorgeschlagene Vermittlung der Königlich Britischen Regierung zur Entsendung einer mit allen Voll-

machten versehenen polnischen Persönlichkeit nach Berlin anzunehmen. Sie rechnet mit dem Eintreffen dieser Persönlichkeit für Mittwoch, den 30. August 1939.
Die Reichsregierung wird die Vorschläge einer für sie akzeptablen Lösung sofort ausarbeiten und diese wenn möglich bis zur Ankunft des polnischen Unterhändlers auch der Britischen Regierung zur Verfügung stellen[57].

Henderson las die Note durch, während Hitler und Ribbentrop ihn beobachteten, und sagte nichts, bis er zu der Stelle kam, wo es hieß, die deutsche Regierung rechne mit dem Eintreffen eines mit allen Vollmachten versehenen polnischen Unterhändlers für den kommenden Tag.
»Dieser Satz«, bemerkte Henderson, »[sieht] nach einem Ultimatum aus.« Aber Hitler und Ribbentrop bestritten dies. »Damit [sei] bloß bezweckt, die Dringlichkeit des Augenblicks zu betonen, da zwei mobilisierte Armeen sich Auge in Auge gegenüberstehen.«
Der Botschafter, der fraglos an den Empfang dachte, den Hitler seinerzeit Schuschnigg und Hacha bereitet hatte, fragte daraufhin, »ob, wenn ein solcher Bevollmächtigter wirklich komme, anzunehmen sei, daß er freundlich empfangen und daß die Diskussion auf der Grundlage völliger Gleichberechtigung geführt werde«.
»Natürlich«, entgegnete Hitler.
Dann kam es zu einer erbitterten Diskussion, als Hitler bemerkte, Henderson kümmere sich »einen Dreck darum, ob Deutsche in Polen abgeschlachtet würden oder nicht«. Darauf gab Henderson eine scharfe Antwort[58].
»Ich verließ die Reichskanzlei an jenem Abend mit düstersten Vorahnungen«, schrieb Henderson später in seinen Erinnerungen. »Meine Soldaten«, hatte ihm Hitler gesagt, »fordern von mir ein Ja oder ein Nein.« Sie hätten bereits eine Woche verloren und könnten nicht noch eine weitere verlieren, »sonst käme der Regen in Polen ihren Gegnern zugute«.
Dennoch durchschaute der Botschafter, wie aus seinen amtlichen Berichten und seinem Buch ersichtlich ist, das Wesen der Hitlerschen Falle erst am nächsten Tag völlig, als eine weitere Falle gestellt und Hitlers Trick offenbar wurde. Dabei ist das Spiel des Diktators aus dem Wortlaut seiner formellen Note ziemlich deutlich zu erkennen. Er verlangte am Abend des 29. August für den folgenden Tag die Entsendung eines mit allen Vollmachten ausgestatteten polnischen Unterhändlers. Es kann kein Zweifel darüber bestehen, daß er ihn ebenso zu behandeln gedachte wie seinerzeit, unter nach seiner Meinung gleichen Umständen, den österreichischen Bundeskanzler und den tschechoslowakischen Präsidenten. Er rechnete damit, daß die Polen keinen Emissär nach Berlin schicken würden. Taten sie es dennoch, und lehnte es der Unterhändler ab, Hitlers Bedingungen anzunehmen, dann konnte man Polen die Schuld für das Nichtzustandekommen einer »friedlichen Lösung« zuschieben und England und Frankreich möglicherweise dazu bringen, Polen nicht zu helfen, wenn es angegriffen wurde. Primitiv, aber einfach und klar[59].

Doch Henderson war dies am Abend des 29. August noch nicht so klar. Während er noch an seinen Depeschen für London über seine Zusammenkunft mit Hitler arbeitete, bat er den polnischen Botschafter zu sich. Er unterrichtete ihn über die deutsche Note und seine Besprechung mit Hitler und »wies ihn nachdrücklich auf die Notwendigkeit sofortigen Handelns hin. Ich beschwor ihn, in Polens eigenem Interesse seine Regierung zu bedrängen, unverzüglich einen Vertreter für die vorgeschlagenen Verhandlungen zu benennen[60]«.

Im Londoner *Foreign Office* hatte man einen klareren Kopf. Nach reiflicher Erwägung der deutschen Antwort und des Berichtes von Henderson drahtete Halifax in der Nacht zum 30. August, 2 Uhr, an den Botschafter, die deutsche Note werde sorgfältig geprüft werden; »aber es ist natürlich unvernünftig, von uns zu erwarten, daß wir heute in Berlin einen Vertreter Polens zur Stelle schaffen, und die Deutsche Regierung darf das nicht erwarten[61]«. Die Diplomaten arbeiteten nunmehr Tag und Nacht, und Henderson leitete Halifax' Botschaft um 4.30 Uhr früh der Wilhelmstraße zu.

Im Laufe des Tages gab er noch vier weitere Depeschen aus London weiter. Darunter befand sich eine persönliche Mitteilung Chamberlains an Hitler: Die deutsche Note würde »vordringlich« behandelt und am Nachmittag beantwortet werden; unterdessen möge die deutsche Regierung, was er auch von der polnischen Regierung erbeten habe, Grenzzwischenfälle vermeiden; im übrigen begrüße er den bei den gegenwärtigen Verhandlungen zutage tretenden Wunsch nach einer deutsch-englischen Verständigung[62].

In einem anderen Telegramm äußerte Halifax sich ähnlich. In einem dritten Telegramm sprach der britische Außenminister von deutschen Sabotageakten in Polen und forderte die Deutschen auf, sich solcher Aktivität zu enthalten. Halifax' vierte Depesche, aufgegeben um 18.50 Uhr, reflektiert eine Versteifung sowohl im *Foreign Office* wie bei Henderson in Berlin.

Der britische Botschafter hatte nämlich, nach weiterem Nachdenken, im Verlauf des Tages nach London gedrahtet:

Während ich noch immer empfehle, daß die Polnische Regierung diesen in elfter Stunde gemachten Versuch schlucke, direkt mit Herrn Hitler in Fühlung zu treten (sei es auch bloß, um die Welt zu überzeugen, daß sie bereit ist, ihrerseits ein Opfer zur Erhaltung des Friedens zu bringen), kann man aus der deutschen Antwort nur schließen, daß Herr Hitler entschlossen ist, seine Ziele mit sogenannten friedlichen, gerechten Mitteln zu erreichen, wenn er kann – aber mit Gewalt, wenn er es nicht kann[63].

Inzwischen hatte selbst Henderson keine Neigung mehr zu einem neuen München. Die Polen hatten ein solches – für Polen – niemals in Betracht gezogen. Am Vormittag jenes 30. August, 10 Uhr, hatte der britische Botschafter in Warschau Halifax telegrafiert, er sei überzeugt, »daß es unmöglich wäre, die Polnische Regierung zu veranlassen, Herrn Beck oder irgendeinen anderen Vertreter sofort nach Berlin zu schicken, um eine Regelung auf der von Herrn Hitler vorgeschlagenen Basis zu besprechen. Sie würden zweifellos eher kämpfen und untergehen, als daß sie eine solche Demütigung hinnähmen, besonders nach den Beispielen der Tschechoslowakei, Litauens und Österreichs«. Er schlage vor, Verhandlungen, »sofern sie zwischen Gleichberechtigten stattfinden sollen«, in einem neutralen Lande abzuhalten[64].

Durch die Informationen seiner Botschafter in Berlin und Warschau in der Versteifung seiner Haltung bestärkt, telegrafierte Halifax an Henderson, die britische Regierung könne den Polen »nicht raten«, auf Hitlers Forderung nach Entsendung eines Bevollmächtigten einzugehen.

Könnten Sie [fuhr Halifax fort] der Deutschen Regierung nicht nahelegen, sie möge, wenn ihre Vorschläge bereit sind, das normale Verfahren anwenden und den polnischen Botschafter einladen, vorzusprechen, um ihm die Vorschläge zur Weiterleitung nach Warschau zu übergeben und um Anregungen über die Führung der Verhandlungen zu ersuchen[65].

Die von den Engländern zugesagte Antwort auf Hitlers letzte Note wurde Ribbentrop am 30. August um Mitternacht von Henderson überreicht. »Die nun folgende Besprechung«, schreibt Dr. Schmidt, der als einziger zugegen war, »war die stürmischste, die ich während meiner dreiundzwanzigjährigen Tätigkeit als Dolmetscher mitgemacht habe[66].«

»Ich muß Ihnen sagen«, berichtete der Botschafter gleich hinterher an Halifax, »daß Herrn von Ribbentrops ganzes Benehmen während einer unangenehmen Unterhaltung darin bestand, Herrn Hitler in dessen schlechtester Manier nachzuäffen.« Drei Wochen später, in seinem *Final Report*, schilderte Henderson die heftige Feindseligkeit des deutschen Außenministers. »Er sprang in größter Erregung vom Stuhl auf und fragte, ob ich noch etwas zu sagen habe. Ich bejahte.« Laut Schmidt sprang auch Henderson von seinem Stuhl auf: »Beide Männer maßen sich mit funkelnden Augen.« Schmidt befürchtete fast, die beiden Männer würden »von Worten zu ... Handgreiflichkeiten ... übergehen«.

Aber für die Geschichte ist nicht das Groteske an dieser mitternächtlichen Besprechung von Bedeutung, sondern eine während der stürmischen Unterredung eintretende Entwicklung, die Hitlers letzten betrügerischen Akt offenbarte und nunmehr, da es zu spät war, Sir Nevile Henderson vollends über das Dritte Reich aufklärte.

Ribbentrop warf kaum einen Blick auf die britische Antwort, noch hörte er Hendersons Erläuterungen zu[67]. Als Henderson sich erlaubte, nach den deutschen Vorschlägen zur Regelung der polnischen Frage zu bitten, erwiderte Ribbentrop verächtlich, es sei jetzt zu spät, denn der polnische Bevollmächtigte sei bis Mitternacht nicht eingetroffen. Und doch hatten die Deutschen Vorschläge aufgesetzt. Ribbentrop las sie jetzt vor.

Er las sie, wie Henderson berichtete, »mit höchster Geschwindigkeit, er ratterte sie so schnell er konnte herunter, im Ton äußerster Gereiztheit«.

Das Wesentliche von sechs oder sieben der insgesamt sechzehn Artikel konnte ich erfassen, aber es wäre ganz unmöglich gewesen, auch nur deren genauen Inhalt ohne sorgfältiges Studium des Textes wiederzugeben. Als er geendet hatte, bat ich ihn daher um Einsicht in das Dokument. Ribbentrop lehnte das kategorisch ab, warf das Schriftstück verächtlich auf den Tisch und sagte, es sei inzwischen überholt, da ja der Vertreter Polens nicht bis Mitternacht in Berlin eingetroffen sei[68].

Die deutschen »Vorschläge« mögen freilich überholt gewesen sein, denn die Deutschen hatten es darauf angelegt. Aber wichtig ist, daß sie niemals ernst gemeint waren oder gar ernst genommen wurden. Sie waren in der Tat nur ein Schwindelmanöver. Sie sollten dazu dienen, dem deutschen Volk und wenn möglich auch der Weltöffentlichkeit weiszumachen, Hitler habe bis zur letzten Minute alles versucht, eine vernünftige Regelung mit Polen herbeizuführen. Er selbst gab es zu. Dr. Schmidt hörte ihn später einmal sagen: »Ich brauchte ein Alibi, vor allem dem deutschen Volk gegenüber, um ihm zu zeigen, daß ich alles getan hatte, den Frieden zu erhalten. Deshalb machte ich diesen großzügigen Vorschlag über die Regelung der Danziger und Korridor-Frage[69].« Im Vergleich zu seinen früheren Forderungen war der Vorschlag sogar erstaunlich großzügig. Er verlangte nur die Rückkehr Danzigs. Über die Zukunft des Korridors sollte eine Volksbefragung entscheiden, und zwar erst nach zwölf Monaten, wenn die Gemüter sich beruhigt hätten. Polen sollte den Hafen Gdingen behalten. Das Land, das auf Grund der Volksbefragung den Korridor erhielt, sollte dem anderen exterritoriale Autobahnen und Eisenbahnlinien gewähren – das Gegenteil dessen, was Hitler im Frühjahr »angeboten« hatte. Es sollte auch ein Bevölkerungsaustausch vorgenommen und in jedem Land den Volksangehörigen des anderen Landes volle Rechte zugebilligt werden. Wären diese Vorschläge, so könnte man überlegen, ernsthaft gemacht worden, dann wären sie fraglos zumindest eine Verhandlungsbasis zwischen Deutschland und Polen gewesen und hätten vielleicht der Welt ihren zweiten großen Krieg innerhalb einer Generation erspart. Sie wurden am 31. August, 21 Uhr, achteinhalb Stunden nachdem Hitler endgültig den Angriffsbefehl gegeben hatte, dem deutschen Volk über den Rundfunk bekanntgegeben, und soweit ich es in Berlin beurteilen konnte, erfüllten sie ihren Zweck: Sie täuschten das deutsche Volk. Sie täuschten auch den Verfasser dieses Buches, der von der Vernünftigkeit der Vorschläge tief beeindruckt war und dies auch in seiner Rundfunksendung nach Amerika in jener letzten Nacht des Friedens zum Ausdruck brachte.

Als Henderson in der Nacht vom 30. zum 31. August in die britische Botschaft zurückkehrte, war er, wie er später sagte, überzeugt, »daß die letzte Hoffnung auf Frieden entschwunden« sei. Dennoch bemühte er sich weiter. Um 2 Uhr nachts weckte er den polnischen Botschafter, bat ihn zu sich, gab ihm »eine objektive und absichtlich gemäßigte Darstellung« von seiner Unterredung mit Ribbentrop, nannte ihm als die beiden Hauptpunkte der deutschen Vorschläge die Abtretung Danzigs und die Volksbefragung im Korridor, die nach seiner Meinung »durchaus vernünftig« seien und legte Lipski nahe, seiner Regierung zu empfehlen, sofort eine Zusammenkunft zwischen den Feldmarschällen Rydz-Smigly und Göring vorzuschlagen. »Ich fühlte mich verpflichtet hinzuzufügen«, sagt Henderson, »ich könne mir nicht vorstellen, daß irgendwelche Verhandlungen erfolgreich wären, wenn sie mit Herrn von Ribbentrop geführt würden[70].«

Inzwischen war der unermüdliche Dahlerus nicht untätig gewesen. Am 29. August, 22 Uhr, hatte Göring ihn in seine Wohnung gebeten und über den »unbefriedigenden Verlauf« der soeben beendeten Besprechung zwischen Hitler, Ribbentrop und Henderson unterrichtet. Zunächst erging sich Göring in heftigen Ausbrüchen gegen Polen und Briten. Dann beruhigte er sich und versicherte Dahlerus, der Führer sei bereits dabei, ein »großzügiges« Angebot an Polen auszuarbeiten: Die einzige klare Forderung werde die Rückkehr Danzigs betreffen, während über die Zukunft des Korridors eine Volksbefragung »unter internationaler Kontrolle« bestimmen solle. Als Dahlerus nach dem Umfang des Gebiets fragte, in dem die Volksabstimmung vorzunehmen sei, riß Göring eine Seite aus einem alten Atlas und schraffierte mit Buntstift die »polnischen« und »deutschen« Teile. In die letzteren bezog er nicht nur die vor dem Ersten Weltkrieg zu Preußen gehörigen polnischen Provinzen ein, sondern auch die hundert Kilometer östlich der Grenze von 1914 gelegene Industriestadt Lodz. Dahlerus konnte nicht umhin, sich über die »Schnelligkeit und Bedenkenlosigkeit«, mit der im Dritten Reich wichtige Entscheidungen getroffen wurden, zu wundern. Immerhin erklärte er sich auf Görings Bitte hin bereit, sofort wieder nach London zu fliegen, der britischen Regierung gegenüber zu betonen, Hitler wünsche immer noch Frieden, und anzudeuten, der Beweis dafür wäre, daß der Führer bereits an der Ausarbeitung eines äußerst großzügigen Angebots an Polen sei.

Dahlerus, der offenbar keine Müdigkeit kannte, flog am 30. August, 4 Uhr früh, nach London ab, wechselte auf der Fahrt von Heston zur City mehrfach den Wagen, angeblich um die Reporter abzuschütteln (dabei wußte kein Journalist von seiner Existenz), und erreichte die *Downing Street* um 10.30 Uhr, wo er sogleich von Chamberlain, Halifax, Wilson und Cadogan empfangen wurde.

Aber nunmehr ließen sich die drei britischen Baumeister des Münchner Abkommens (Cadogan, ein Beamter des *Foreign Office*, war ohnehin stets für nationalsozialistische Sirenenklänge unzugänglich gewesen) von Hitler und Göring nicht mehr übers Ohr hauen. Auch Dahlerus' Bemühungen beeindruckten sie nicht sonderlich. Der wohlmeinende Schwede stellte fest, daß sie beiden Naziführern gegenüber »äußerst mißtrauisch« waren und »zu der Annahme neigten, Hitler könne durch nichts von dem Krieg gegen Polen abgehalten werden«. Außerdem wurde Dahlerus klargemacht, daß die britische Regierung auf Hitlers Trick mit der Forderung, innerhalb von 24 Stunden einen polnischen Bevollmächtigten nach Berlin zu entsenden, nicht hereingefallen war.

Doch Dahlerus gab ebensowenig auf wie Henderson in Berlin. Er rief Göring an, empfahl ein Treffen der polnischen und deutschen Vertreter »außerhalb Deutschlands« und erhielt die kurze Antwort, »Hitler sei in Berlin« und die Zusammenkunft habe dortselbst stattzufinden.

So erreichte der schwedische Vermittler nichts durch seinen Flug. Um Mitternacht war er wieder in Berlin, wo er, das muß gesagt werden, eine weitere Gelegenheit wahrnahm, um wenigstens doch noch nützlich zu sein. Göring sagte ihm, der Führer habe Henderson soeben durch Ribbentrop »ein demokratisches, faires und brauchbares Angebot« für Polen zugehen lassen. Dahlerus, den die Gespräche in der *Downing Street* ernüchtert zu haben schienen, rief Forbes in der britischen Botschaft an, um zu hören, ob dies zutreffe. Von Forbes erfuhr er dann, Ribbentrop habe die Vorschläge so schnell heruntergerasselt, daß Henderson sie nicht gänzlich verstehen konnte, und dem Botschafter eine Kopie des Dokuments verweigert. Darauf gab Dahlerus, wie er berichtet, Göring zu bedenken, daß man »den Botschafter eines so großen Landes wie Großbritannien« nicht so behandeln könne. Da Göring einen Durchschlag der sechzehn Punkte hatte, bat Dahlerus ihn um die Erlaubnis, ihren Wortlaut an die britische Botschaft zu telefonieren. Nach einigem Zögern willigte Göring ein[71].

So erhielten die Engländer auf Betreiben eines unbekannten schwedischen Geschäftsmannes hinter dem Rücken Hitlers und Ribbentrops Kenntnis von den deutschen »Vorschlägen« an Polen. Vielleicht hatte inzwischen Göring, der in außenpolitischen Dingen keineswegs unintelligent oder unerfahren war, rascher als Hitler und sein kriecherischer Außenminister erkannt, daß es gewisse Vorteile mit sich bringen konnte, wenn man die Engländer einweihte.

Um sicher zu gehen, daß Henderson auch richtig informiert wurde, schickte Göring Dahlerus mit einer Abschrift der sechzehn Punkte am 31. August, 10 Uhr, in die britische Botschaft. Henderson war immer noch bemüht, den polnischen Botschafter zur Herstellung des »erwünschten Kontakts« mit den Deutschen zu bewegen. Um 8 Uhr hatte er Lipski wieder einmal angerufen und gewarnt: Es werde Krieg geben, wenn Polen bis Mittag nichts unternehme. Als dann Dahlerus mit dem Text der deutschen Vorschläge erschien, sandte Henderson ihn zusammen mit Forbes in die polnische Botschaft. Lipski, der von Dahlerus noch nie etwas gehört hatte und – wie die meisten betroffenen Diplomaten in Berlin – überanstrengt und todmüde war, wurde ungehalten, als der Schwede ihn bedrängte, sofort zu Göring zu gehen und Hitlers Angebot anzunehmen. Während Dahlerus auf seine, Lipskis, Bitte hin in einem Nebenraum die sechzehn Punkte einer Sekretärin diktierte, ließ der polnische Botschafter an Forbes seinen Ärger aus, daß er ihm in einer so ernsten Angelegenheit und zu einem so späten Termin eine »fremde Person« bringe. Vielleicht fühlte sich der geplagte Lipski auch gekränkt, weil Henderson ihn und seine Regierung bedrängte, unverzüglich auf der Grundlage eines Angebots zu verhandeln, das er selbst soeben erst auf inoffiziellem und heimlichem Wege erhielt, von dem aber der britische Botschafter ihm am Abend vorher gesagt hatte, es sei »im großen und ganzen vernünftig[72]«. Lipski ahnte nicht, daß man in der *Downing Street* Hendersons Ansicht nicht teilte. Doch er hatte ohnehin nicht die Absicht, den Rat eines ihm unbekannten Schweden anzunehmen, mochte dieser auch vom britischen Botschafter geschickt worden sein, oder zu Göring zu gehen, um Hitlers »Angebot« anzunehmen, selbst wenn er hierzu ermächtigt gewesen wäre, was nicht der Fall war[73].

DER LETZTE FRIEDENSTAG

Im Glauben, die Zustimmung von Deutschen und Polen zu direkten Verhandlungen erlangt zu haben, hatten die britische und die französische Regierung ihre Bemühungen darauf konzentriert, solche Besprechungen zustandezubringen, obwohl sie in bezug auf Hitler sehr skeptisch waren. Hierbei übernahm England die Führung, von Frankreich in Berlin und insbesondere in Warschau diplomatisch unterstützt. Wenn auch die Engländer den Polen nicht rieten, Hitlers Ultimatum anzunehmen und am 30. August einen mit allen Vollmachten versehenen Unterhändler nach Berlin zu schicken, da sie eine solche Forderung, wie Halifax an Henderson telegrafiert hatte, für »unvernünftig« hielten, so bedrängten sie doch Oberst Beck, sich »unverzüglich« zu Verhandlungen mit Berlin bereitzuerklären. Das war der Kernpunkt eines Telegramms, das Halifax am 30. August spät abends an den britischen Botschafter in Warschau, Sir H. Kennard, abgehen ließ. Kennard sollte Beck den Inhalt der von Henderson Ribbentrop überreichten britischen Antwort an Deutschland mitteilen, ihm versichern, daß England seine Verpflichtungen gegenüber Polen einhalten werde, doch betonen, daß sofortige direkte Unterhandlungen mit Deutschland für Polen wichtig seien.

Vom Standpunkt der inneren Lage in Deutschland sowie der öffentlichen Weltmeinung scheint es uns äußerst wichtig, daß, solange sich die Deutsche Regierung zu Verhandlungen bereit erklärt, ihr keine Gelegenheit geboten werde, die Verantwortung wegen eines Konfliktes auf Polen zu schieben[74].

Kennard sah Beck um Mitternacht, und der polnische Außenminister versprach, sich mit seiner Regierung zu beraten und ihm bis Mittag eine Antwort zukommen zu lassen. Kennards telegrafischer Bericht über diese Unterredung traf um 8 Uhr in London ein und befriedigte Halifax nicht ganz. Um Mittag – es war inzwischen der 31. August – drahtete er Kennard, er solle »gemeinsam« mit seinem französischen Kollegen in Warschau (Botschafter Léon Noël) der polnischen Regierung vorschlagen,

daß sie der Deutschen Regierung jetzt (am besten direkt, oder wenn nicht, durch uns) bekannt machen solle, daß sie Kenntnis von unserer letzten Antwort an die Deutsche Regierung erhalten habe und daß sie die Annahme des Prinzips der direkten Besprechung bestätige.
Die Französische Regierung fürchtet, die Deutsche Regierung könnte sich das Schweigen der Polnischen Regierung zunutze machen[75].

Lord Halifax, der sich seiner polnischen Verbündeten immer noch nicht sicher war, telegrafierte kaum zwei Stunden später, um 13.45 Uhr, noch einmal an Kennard:

Bitte unterrichten Sie die Polnische Regierung sofort und raten Sie ihr (angesichts der Tatsache, daß sie das Prinzip der direkten Besprechungen angenommen hat), sie solle dem Polnischen Botschafter in Berlin unverzüglich die Weisung geben, der Deut-

schen Regierung mitzuteilen, sofern diese irgendwelche Vorschläge habe, sei er bereit, sie seiner Regierung zu übermitteln, so daß sie sie sofort prüfen und Anregungen für baldige Besprechungen machen könne[76].

Doch kurz vor Abgang dieses Telegramms hatte Beck bereits dem britischen Botschafter die zugesagte schriftliche Stellungnahme der polnischen Regierung übergeben. Diese bestätigte darin »ihre Bereitschaft zu einem unmittelbaren Meinungsaustausch mit der Reichsregierung«. Beck hatte mündlich hinzugefügt, er habe Lipski angewiesen, bei Ribbentrop um eine Unterredung nachzusuchen und ihm zu sagen, »daß Polen die britischen Vorschläge annehme«. Als Kennard fragte, was Lipski tun solle, wenn Ribbentrop ihm die deutschen Vorschläge aushändige, erwiderte Beck, Lipski werde dann nicht autorisiert werden, sie anzunehmen, »da [dies] angesichts vergangener Erfahrungen von einer Art Ultimatum begleitet sein könnte«. Das Wichtigste sei, den Kontakt wiederherzustellen und »daß hernach Einzelheiten besprochen würden darüber, wo, mit wem und auf welcher Grundlage die Verhandlungen begonnen werden sollten«. Im Hinblick auf die »vergangenen Erfahrungen«, von denen der einst prodeutsche polnische Außenminister sprach, war dieser Standpunkt durchaus verständlich. Er fügte noch hinzu, »daß er, falls man ihn nach Berlin einlade, natürlich nicht gehen würde, da er nicht die Absicht habe, wie Präsident Hacha behandelt zu werden[77]«.

Becks Instruktion an Lipski lautete jedoch in Wirklichkeit etwas anders. Er wies ihn nicht an, den Deutschen zu sagen, »daß Polen die britischen Vorschläge annehme«, sondern vielmehr, die polnische Regierung prüfe »in günstigem Sinne« die britischen Anregungen, »auf welche eine diesbezügliche förmliche Antwort spätestens in einigen Stunden erteilt werden wird«.

Aber Becks Weisung für Lipski enthielt noch etwas, das den Deutschen bekannt war, denn es war ihnen gelungen, den polnischen Code zu entziffern.

Wie sich bald zeigen wird, lag den Deutschen aus einem ganz einfachen Grund nicht daran, Lipski zu empfangen. Es war zu spät. Um 13 Uhr, wenige Minuten nach Empfang der telegrafischen Instruktionen aus Warschau, suchte Lipski um eine Unterredung mit Ribbentrop nach, um ihm eine Mitteilung seiner Regierung zu übergeben. Nach mehrstündigem Warten rief ihn Weizsäcker im Namen des Reichsaußenministers an und fragte ihn, ob er »in der Eigenschaft eines Sonderbevollmächtigten oder in anderer Eigenschaft« Ribbentrop zu sehen wünsche.

Lipski erwiderte, »daß er in seiner Eigenschaft als Botschafter um die Audienz ansuche und um eine Mitteilung seiner Regierung vorzulegen[78]«.

Wiederum mußte er lange warten. Um 17 Uhr suchte Attolico Ribbentrop auf und »überbrachte dringenden Wunsch des Duce, daß der Führer doch den polnischen Botschafter Lipski empfangen möge, um auf diese Weise wenigstens den Mindestkontakt herzustellen, der zur Vermeidung eines endgültigen Bruches notwendig wäre«. Ribbentrop sagte »die Weiterleitung des Wunsches des Duce an den Führer zu[79]«.

Dies war nicht das erste Mal, daß der italienische Botschafter am letzten Augusttag in die Wilhelmstraße ging, um zu versuchen, den Frieden zu retten. Um 9 Uhr vormittags hatte er nach Rom gemeldet, die Lage sei »verzweifelt«, und wenn nicht eine neue Wendung einträte, würde es in wenigen Stunden Krieg geben. Daraufhin hatte Ciano Halifax angerufen und ihm gesagt, Mussolini könne nur dann intervenieren, wenn er Hitler einen »fetten Brocken: Danzig«, anbieten könne. Aber Halifax biß auf den Köder nicht an, sondern sagte Ciano, zunächst einmal müsse über Lipski eine direkte deutsch-polnische Verbindung hergestellt werden.

So erschien Attolico um 11.30 Uhr bei Weizsäcker. Er teilte ihm mit, Mussolini habe sich mit London in Verbindung gesetzt und als ersten Schritt zu einer deutsch-polnischen Regelung die Rückgabe Danzigs vorgeschlagen. Um für die Erhaltung des Friedens noch mehr zu tun, brauche der Duce »einen gewissen zeitlichen Verhandlungsspielraum«. Ob unterdessen die deutsche Regierung nicht Lipski empfangen könne?

So wurde denn Lipski um 18.15 Uhr, mehr als fünf Stunden nach seiner Bitte um Audienz, von Ribbentrop empfangen. Die Unterredung dauerte nicht lange. Trotz seiner Erschöpfung und seiner angespannten Nerven bewahrte der polnische Botschafter Würde. Er verlas Ribbentrop die Mitteilung seiner Regierung:

In der heutigen Nacht erhielt die Polnische Regierung von der Regierung Großbritanniens die Nachricht über den Meinungsaustausch mit der Deutschen Regierung bezüglich der Möglichkeit einer direkten Aussprache zwischen der Reichsregierung und der Polnischen Regierung.

Die Polnische Regierung erwägt im günstigsten Sinne die Suggestionen der Regierung Großbritanniens, der in den allernächsten Stunden eine formelle Antwort in dieser Angelegenheit erteilt wird[80].

»Ich fügte hinzu«, berichtete Lipski später, »daß ich seit 13 Uhr versucht hätte, ihm diese Erklärung zu überbringen.« Als Ribbentrop ihn fragte, ob er besondere Vollmachten zum Verhandeln habe, erwiderte der Botschafter, er habe »zur Zeit« nur die Anweisung, die soeben verlesene Mitteilung zu überreichen, worauf er sie dem Reichsaußenminister aushändigte. Ribbentrop entgegnete, er habe angenommen, Lipski »sei mit den nötigen Vollmachten zum Verhandeln versehen«. Als der Botschafter noch einmal erklärte, dies sei nicht der Fall, wurde er entlassen. Ribbentrop sagte zum Schluß, er werde den Führer darüber unterrichten[81].

»In die Botschaft zurückgekehrt«, schrieb Lipski später, »sah ich mich außerstande, Verbindung mit Warschau aufzunehmen, da die Deutschen meine Telefonleitung unterbrochen hatten.«

Ribbentrops und Weizsäckers Frage, ob Lipski Verhandlungsvollmacht habe, war reine Formsache und fraglos für die Akten bestimmt, denn seit dem Mittag, als Lipski die Mitteilung seiner Regierung erhalten hatte, wußten die Deutschen, daß er nicht in der Eigenschaft des von ihnen verlangten Bevollmächtigten kommen würde. Sie hatten nämlich das Telegramm aus Warschau dechiffriert. Davon war eine Abschrift Göring zugeleitet worden, der sie Dahlerus zeigte und ihn mit ihr eiligst zu Henderson schickte, damit die britische Regierung, wie Göring später in Nürnberg erklärte, schnellstmöglich von der polnischen Unnachgiebigkeit unterrichtet werde. Vor dem Nürnberger Tribunal verlas Göring die geheime Anweisung an Lipski, sich »unter allen Umständen« offizieller Verhandlungen zu enthalten und zu sagen, er sei »lediglich ermächtigt, die Mitteilung seiner Regierung zu überbringen«. Göring bemühte sich in Nürnberg vergebens, die Richter davon zu überzeugen, Polen habe Hitlers letztes Friedensangebot »sabotiert« und er, Göring, habe den Krieg nicht gewollt und alles getan, um ihn zu verhindern. Aber Görings Wahrheitsliebe war nicht viel größer als die Ribbentrops. Ein Beweis dafür war seine weitere Behauptung in Nürnberg, Hitler habe erst nach Lipskis Besuch in der Wilhelmstraße am 31. August, 18.15 Uhr, beschlossen, »am nächsten Tag einzumarschieren«.

Die Wahrheit war ganz anders. Alles, was die überarbeiteten und erschöpften Diplomaten am Nachmittag und am Abend jenes letzten Augusttages 1939 in elfter Stunde unternahmen, war völlig zwecklos und – von deutscher Seite ein vorsätzlicher Betrug. Denn an jenem Tag, um 12.30 Uhr nachmittags, also ehe noch Lord Halifax die Polen bedrängte, entgegenkommender zu sein, ehe Lipski Ribbentrop um eine Audienz bat, ehe die Deutschen ihre »großzügigen« Vorschläge an Polen öffentlich bekanntgaben und ehe Mussolini zur intervenieren versuchte, hatte Adolf Hitler bereits seine endgültige Entscheidung getroffen und die Weisung erlassen, die unseren Planeten in den blutigsten Krieg stürzen sollte.

Geheime Kommandosache *Berlin, den 31. 8. 1939*

Weisung Nr. 1 für die Kriegführung

1. *Nachdem alle* politischen Möglichkeiten erschöpft sind, *um auf friedlichem Wege eine für Deutschland unerträgliche Lage an seiner Ostgrenze zu beseitigen, habe ich mich zur* gewaltsamen Lösung *entschlossen. [Hervorhebungen im Original.]*

2. *Der* Angriff gegen Polen *ist nach den für den Fall Weiß getroffenen Vorbereitungen zu führen mit den Abänderungen, die sich beim Heer durch den inzwischen fast vollendeten Aufmarsch ergeben.*

Aufgabenverteilung und Operationsziel bleiben unverändert.

Angriffstag: 1. 9. 39.

Angriffszeit: 4.45. [Mit Rotstift eingefügt.]

Diese Zeit gilt auch für das Unternehmen Gdingen-Danziger Bucht und Brücke Dirschau.

3. *Im* Westen *kommt es darauf an, die Verantwortung für die Eröffnung von Feindseligkeiten eindeutig England und Frankreich zu überlassen. Geringfügigen Grenzverletzungen ist zunächst rein örtlich entgegenzutreten.*

Die von uns Holland, Belgien, Luxemburg und der Schweiz zugesicherte Neutralität ist peinlich zu achten.

Die deutsche Westgrenze ist zu Lande *an keiner Stelle ohne meine ausdrückliche Genehmigung zu überschreiten.*
Zur See *gilt das gleiche für alle kriegerischen oder als solche zu deutenden Handlungen.*
Die defensiven Maßnahmen der Luftwaffe *sind* zunächst *auf die unbedingte Abwehr feindl. Luftangriffe an der Reichsgrenze zu beschränken ...*
4. Eröffnen England und Frankreich die Feindseligkeiten *gegen Deutschland, so ist es Aufgabe der im Westen operierenden Teile der Wehrmacht, unter möglichster Schonung der Kräfte die Voraussetzungen für den siegreichen Abschluß der Operationen gegen Polen zu erhalten. Im Rahmen dieser Aufgabe sind die feindl. Streitkräfte und deren wehrwirtschaftl. Kraftquellen nach Kräften zu schädigen. Den Befehl zum Beginn von* Angriffshandlungen *behalte ich mir in jedem Fall vor.*
Das Heer *hält den Westwall und trifft Vorbereitungen, dessen Umfassung im Norden – unter Verletzung belg. oder holländ. Gebietes durch die Westmächte – zu verhindern ...*
Die Kriegsmarine *führt Handelskrieg mit dem Schwerpunkt gegen England ... Die* Luftwaffe *hat in erster Linie den Einsatz der franz. und engl. Luftwaffe gegen das deutsche Heer und den deutschen Lebensraum zu verhindern.*
Bei der Kampfführung gegen England ist der Einsatz der Luftwaffe zur Störung der engl. Seezufuhr, der Rüstungsindustrie, der Truppentransporte nach Frankreich vorzubereiten. Günstige Gelegenheit zu einem wirkungsvollen Angriff gegen massierte engl. Flotteneinheiten, insbes. gegen Schlachtschiffe und Flugzeugträger ist auszunutzen. Angriffe gegen London bleiben meiner Entscheidung vorbehalten.
Die Angriffe gegen das engl. Mutterland sind unter dem Gesichtspunkt vorzubereiten, daß unzureichender Erfolg mit Teilkräften unter allen Umständen zu vermeiden ist.

Adolf Hitler[82]

So hatte also Hitler am 31. August, kurz nach Mittag, förmlich und schriftlich den Befehl erlassen, im Morgengrauen des nächsten Tages den Angriff auf Polen zu beginnen. Wie aus dieser ersten Weisung ersichtlich ist, war er sich noch immer nicht ganz sicher, was England und Frankreich tun würden. Er wollte sie nicht als erster angreifen. Vielleicht glaubte er, wie es Halder in seiner Tagebucheintragung vom 28. August andeutet, die Engländer würden unter Einhaltung ihrer Verpflichtung gegenüber Polen einen »Scheinkrieg« führen, den er dann nicht »übelnehmen« würde.
Wahrscheinlich hatte Hitler seine schicksalhafte Entscheidung schon vor 12.30 Uhr getroffen. Am Tage vorher, 18.40 Uhr, hatte Halder eine Mitteilung von Oberst Siewert, dem Adjutanten Brauchitschs, seinem Tagebuch anvertraut: »Vorbereitungen so treffen, daß 1. 9. 04.30 angegriffen werden kann. Falls Verhandlungen in London Verschiebung nötig machen, dann Verschiebung auf 2. 9. Dann morgen bis 15.00 Uhr Mitteilung an uns ... Führer: Entweder 1. oder 2., nach 2. nicht mehr.« Wegen der Herbstregen mußte der Angriff sofort einsetzen oder ganz abgesagt werden.

Sehr früh am Morgen des 31. August, während Hitler immer noch behauptete, er warte auf den polnischen Bevollmächtigten, erhielt die Wehrmacht ihre Befehle. Um 6.30 Uhr notierte Halder: »Hauser bringt Nachricht, von Reichskanzlei sei der Befehl zum Antreten am 1. 9. gegeben.« Um 11.30 Uhr: »... v. Stülpnagel Bericht über Regelung der Angriffszeit 04.45; Mitwirkung des Westens angeblich nicht zu vermeiden; trotzdem Führerentschluß zum Angriff.« Eine Stunde später erging offiziell die Weisung Nr. 1.

Als am Abend des 31. August die Dunkelheit über Europa herabsank und eineinhalb Millionen deutsche Soldaten an der polnischen Grenze ihre Ausgangsstellung für den Überfall auf Polen bezogen, blieb Hitler nur noch eins zu tun übrig: das deutsche Volk durch einen Propagandatrick auf den Schock eines Angriffskriegs vorzubereiten.

Ich war an jenem Tag durch Berlin gegangen, hatte mit Leuten auf der Straße gesprochen und am Vormittag in mein Tagebuch eingetragen: »Jedermann gegen den Krieg. Die Menschen sprechen ganz offen. Wie kann ein Land in einen großen Krieg eintreten, wenn die Bevölkerung so entschieden dagegen ist?« Trotz aller Erfahrungen im Dritten Reich stellte ich mir eine solche naive Frage! Hitler wußte sehr wohl die Antwort darauf. Hatte er nicht eine Woche vorher auf dem Berghof den Generalen gesagt: »Ich werde propagandistischen Anlaß zur Auslösung des Krieges geben, gleichgültig, ob glaubhaft oder nicht«? »Der Sieger«, hatte er hinzugefügt, »wird später nicht danach gefragt, ob er die Wahrheit gesagt hat oder nicht. Bei Beginn und Führung des Krieges kommt es nicht auf das Recht an, sondern auf den Sieg.«

Um 21 Uhr wurden, wie erwähnt, Hitlers Friedensvorschläge an Polen über alle deutschen Sender übertragen. Die Tatsache, daß Hitler sie niemals den Polen, ja nicht einmal den Engländern – außer in vager und inoffizieller Form, und auch das kaum 24 Stunden vorher – zur Kenntnis gebracht hatte, wurde unterschlagen. Langatmig wurde jetzt dem deutschen Volk auseinandergesetzt, wie seine Regierung jedes diplomatische Mittel erschöpft habe, um den Frieden zu erhalten. Mit dieser Erklärung, bei der ihm Goebbels zweifellos geholfen hatte, bewies Hitler, daß er nach wie vor meisterhaft zu täuschen verstand. Nachdem die britische Regierung, hieß es in der Verlautbarung, am 28. August angeboten habe, zwischen Deutschland und Polen zu vermitteln, habe sich die deutsche Regierung in ihrer Antwortnote vom Tage darauf

trotz ihrer skeptischen Beurteilung des Willens der polnischen Regierung, überhaupt zu einer Verständigung zu kommen, im Interesse des Friedens bereiterklärt, die britische Vermittlung bzw. Anregung anzunehmen ... Sie hat ... es für notwendig erachtet ... daß, wenn überhaupt die Gefahr einer Katastrophe vermieden werden soll, dann schnell und unverzüglich gehandelt werden muß. Sie hat sich in diesem Sinne bereiterklärt, bis zum 30. August 1939 abends einen Beauftragten der polnischen Regierung zu empfangen, unter der Voraussetzung, daß dieser auch wirklich bevollmächtigt sei, nicht nur zu diskutieren, sondern Verhandlungen zu führen und abzuschließen ...

Statt einer Erklärung über das Eintreffen einer autorisierten polnischen Persönlichkeit erhielt die Reichsregierung als Antwort für ihre Verständigungsbereitschaft die Nachricht der polnischen Mobilmachung ...
Es ist der Reichsregierung nicht zuzumuten, ihrerseits fortgesetzt die Bereitwilligkeit zur Inangriffnahme solcher Verhandlungen nicht nur zu betonen, sondern auch dafür bereit zu sitzen, von der polnischen Seite aber nur mit leeren Ausflüchten und nichtssagenden Erklärungen hingehalten zu werden.
Aus einer inzwischen stattgefundenen Demarche des polnischen Botschafters geht erneut hervor, daß auch dieser nicht bevollmächtigt ist, in irgendeine Diskussion einzutreten oder gar zu verhandeln.
Somit haben der Führer und die deutsche Regierung nun zwei Tage vergeblich auf das Eintreffen eines bevollmächtigten polnischen Unterhändlers gewartet.
Unter diesen Umständen sieht die deutsche Regierung auch dieses Mal ihre Vorschläge praktisch als abgelehnt an, obwohl sie der Meinung ist, daß diese in der Form, in der sie auch der englischen Regierung bekanntgegeben worden sind, mehr als loyal, fair und erfüllbar gewesen wären[83].

Gute Propaganda, soll sie wirkungsvoll sein, braucht mehr als Worte, wie Hitler und Goebbels aus Erfahrung wußten. Sie brauchte Taten, mochten diese auch künstlich herbeigeführt werden müssen. Nachdem man das deutsche Volk überzeugt hatte (und es war überzeugt, wie der Verfasser aus persönlicher Beobachtung bestätigen kann), daß die Polen das großzügige Friedensangebot des Führers abgelehnt hatten, war nur noch eine Tat fällig, die »beweisen« mußte, daß nicht Deutschland, sondern Polen zuerst angegriffen habe.
Für dieses dunkle Geschäft waren, wie erinnerlich, auf Hitlers Anweisung hin sorgfältige Vorbereitungen getroffen worden. Seit sechs Tagen wartete Alfred Naujocks in Gleiwitz, um auf den dortigen deutschen Sender einen polnischen Anschlag vorzutäuschen. Der Plan hatte inzwischen eine Änderung erfahren. Jetzt sollten SS-Leute in polnischen Armeeuniformen das Schießen besorgen, und sterbend am Schauplatz liegen sollten narkotisierte KZ-Insassen – Deckwort: »Konserven«. Es waren übrigens mehrere solcher vorgetäuschten »polnischen Angriffe« vorgesehen, aber der wichtigste fand auf den Sender Gleiwitz statt.

Am Mittag des 31. August [erklärte Naujocks in seiner eidesstattlichen Aussage in Nürnberg] bekam ich von Heydrich per Telefon das Schlüsselwort, daß der Anschlag um 8.00 Uhr abends desselben Tages zu erfolgen habe. Heydrich sagte: »Um diesen Anschlag auszuführen, melden Sie sich bei Müller wegen der Konserven.« Ich tat dies und wies Müller an, den Mann in der Nähe der Radiostation an mich abzuliefern. Ich erhielt diesen Mann und ließ ihn am Eingang der Station hinlegen. Er war am Leben, aber nicht bei Bewußtsein. Ich versuchte, seine Augen zu öffnen. Von seinen Augen konnte ich nicht feststellen, daß er am Leben war, nur von seinem Atem. Ich sah keine

Schußwunden, nur eine Menge Blut über sein ganzes Gesicht verschmiert. Er trug Zivilkleider.

Wir nahmen die Radiostation wie befohlen, hielten eine drei oder vier Minuten lange Rede über einen Notsender, schossen einige Pistolenschüsse ab und verließen den Platz[84].

Berlin war an jenem Abend vom Ausland weitgehend abgeschnitten. Hinaus gingen nur noch Presse- und Rundfunkmeldungen über Hitlers »Angebot« an Polen und über angebliche polnische »Überfälle« auf deutsches Gebiet. Ich versuchte, mich mit Warschau, London und Paris telefonisch in Verbindung zu setzen, doch wurde mir gesagt, die Leitungen seien unterbrochen. Berlin selbst machte einen ganz normalen Eindruck. Es waren keine Frauen und Kinder evakuiert worden, wie in London und Paris, noch hatte man Schaufenster mit Sandsäcken abgedeckt. Am 1. September, gegen 4 Uhr früh, nach meiner letzten Sendung, fuhr ich vom Funkhaus zum Hotel *Adlon* zurück. Die Straßen waren leer, die Häuser dunkel. Die Menschen schliefen; wahrscheinlich waren sie in der Hoffnung auf Frieden zu Bett gegangen.

Hitler selbst war den ganzen Tag über in bester Verfassung gewesen. Am 31. August, 18 Uhr, hatte General Halder in sein Tagebuch geschrieben: »Führer ruhig, gut geschlafen ... Aus Ablehnung der Räumung [in Westdeutschland] geht [Erwarten] hervor, daß England und Frankreich nicht marschieren[85].«

In ganz anderer Stimmung befand sich Admiral Canaris, der Abwehrchef im OKW und einer der Hauptverschwörer gegen Hitler. Obgleich Hitler sich anschickte, Deutschland in den Krieg zu stürzen, was zu verhindern der Canaris-Kreis sich angeblich geschworen hatte und zum Anlaß nehmen wollte, den Diktator zu beseitigen, gab es jetzt, da der Augenblick dafür gekommen war, keine Verschwörung.

Am Spätnachmittag war Gisevius von Oberst Oster ins OKW bestellt worden. In diesem Nervenzentrum der deutschen Wehrmacht herrschte fieberhafte Aktivität. Canaris zog Gisevius in einen dunklen Korridor. Mit von Bewegung erstickter Stimme sagte er: »Das ist das Ende Deutschlands[86].«

XVII

Die Entfesselung des Zweiten Weltkrieges

Im Morgengrauen des 1. September 1939, genau an dem Tage, den Hitler schon am 3. April in seiner ersten Weisung für »Fall Weiß« angesetzt hatte, überschritten die deutschen Armeen die polnische Grenze und marschierten von Norden, Süden und Westen auf Warschau zu.

Über ihnen flogen deutsche Kriegsflugzeuge dröhnend ihre Ziele an: polnische Truppenkolonnen und Munitionslager, Brücken, Eisenbahnen und offene Städte. Innerhalb weniger Minuten bekamen die Polen, Soldaten wie Zivilisten, als erste in einem Umfang plötzlichen Tod und plötzliche Vernichtung vom Himmel herab zu spüren, wie man sie bisher auf Erden nicht erlebt hatte. Es war der Anfang eines Schreckens, der während der nächsten sechs Jahre vielen Millionen Männern, Frauen und Kindern in Europa und Asien in entsetzlicher Weise vertraut werden und aus dessen Schatten, nachdem noch die Atombombe hinzukam, für die gesamte Menschheit das drohende Gespenst völliger Auslöschung hervortreten sollte.

Es war ein grauer, etwas schwüler Morgen in Berlin. Über der Stadt hingen niedrige Wolken, die einen gewissen Schutz gegen befürchtete, aber nicht erfolgende feindliche Luftangriffe boten.

Die Menschen auf der Straße waren apathisch, wie ich feststellte, trotz der ungeheuerlichen Meldungen, die sie in der Morgenfrühe aus ihren Rundfunkapparaten und den Sonderausgaben der Morgenzeitungen erfahren hatten[1]. Gegenüber vom Hotel *Adlon*, am Neubau der I. G.-Farben, hatten die Arbeiter zu werken begonnen, als sei nichts geschehen, und als die Zeitungsjungen ihre Extrablätter ausriefen, legte keiner sein Werkzeug nieder, um sie zu kaufen. Vielleicht, dachte ich, war das deutsche Volk, als es am Morgen aufwachte und sich in einem Krieg befand, von dem es sicher geglaubt hatte, der Führer werde ihn irgendwie vermeiden, ganz einfach betäubt. Und jetzt, da der Krieg da war, mochte es noch nicht recht daran glauben.

Man konnte nicht umhin, einen Vergleich mit dem Kriegsausbruch von 1914 zu ziehen. Damals hatte es wilde Begeisterung gegeben. Die Menschen waren in den Straßen zu enthusiastischen Kundgebungen zusammengeströmt, sie hatten den marschierenden Soldaten Blumen zugeworfen und den Kaiser und Obersten Kriegsherrn, Wilhelm II., mit Jubel begrüßt.

Diesmal wurden weder den Truppen noch dem nationalsozialistischen Kriegsherrn solche

Demonstrationen dargebracht. Hitler fuhr durch leere Straßen, als er sich kurz nach 10 Uhr zum Reichstag begab, um der Nation die denkwürdigen Ereignisse mitzuteilen, die er selbst vorsätzlich und bedenkenlos herbeigeführt hatte. Sogar die Reichstagsabgeordneten, größtenteils von Hitler selbst ausgewählte Parteileute, reagierten nicht sonderlich begeistert, als der Diktator ihnen erläuterte, warum Deutschland sich an diesem Morgen im Krieg befinde.

Obwohl seine Auslassungen zeitweise sehr heftig waren, hatten sie doch im großen und ganzen einen seltsam defensiven Charakter. Durch die ganze Rede ging, wie ich beim Zuhören empfand, ein merkwürdiger Ton, so als sei er selbst betäubt und etwas verzweifelt über die Lage, in die er sich gebracht hatte. Nachdem er auf seinem Wege zur Macht und bei deren Konsolidierung so oft gelogen hatte, kam es Hitler in dieser weltgeschichtlichen Stunde nicht darauf an, dem leichtgläubigen deutschen Volk zur Rechtfertigung seines Willkürakts noch ein paar weitere Lügen aufzutischen.

Sie kennen die endlosen Versuche, die ich zu einer friedlichen Verständigung über das Problem Österreich unternahm und später über das Problem Sudetenland, Böhmen und Mähren. Es war alles vergeblich.

Ich habe in Besprechungen mit polnischen Staatsmännern die Gedanken, die Sie von mir hier in meiner letzten Reichstagsrede [28. April 1939] vernommen haben, erörtert, und ich muß es noch einmal wiederholen, daß es etwas Loyaleres und Bescheideneres als diese von mir unterbreiteten Vorschläge nicht gibt. Und ich möchte das jetzt der Welt sagen. Ich allein war überhaupt nur in der Lage, solche Vorschläge zu machen, denn ich weiß ganz genau, daß ich mich damals mit der Auffassung von Millionen von Deutschen im Gegensatz befunden habe. Diese Vorschläge sind abgelehnt worden ... Und ich bin dann mit meiner Regierung zwei volle Tage dagesessen und habe gewartet, ob es der polnischen Regierung paßt, nun endlich einen Bevollmächtigten zu schicken oder nicht ... Meine Friedensliebe und meine endlose Langmut soll man nicht mit Schwäche oder gar Feigheit verwechseln! ... Ich habe mich daher nun entschlossen, mit Polen in der gleichen Sprache zu reden, die Polen seit Monaten uns gegenüber anwendet! ...

Polen hat nun heute nacht zum ersten Male auf unserem eigenen Territorium auch durch reguläre Soldaten geschossen. Seit 5.45 Uhr wird jetzt zurückgeschossen, und von jetzt ab wird Bombe mit Bombe vergolten.

So diente also der vorgetäuschte Angriff auf den Sender Gleiwitz, der unter Naujocks Leitung von SS-Leuten in polnischer Uniform ausgeführt wurde, dem deutschen Reichskanzler als Mittel zur Rechtfertigung seiner kaltblütigen Aggression gegen Polen. Und so sprachen denn auch die ersten Wehrmachtsberichte von einem »Gegenangriff«. Selbst Weizsäcker machte diesen schändlichen Betrug mit. Im Laufe des Tages ließ er als Richtlinie für die deutschen diplomatischen Missionen im Ausland folgendes Rundtelegramm abgehen:

In Abwehr polnischer Angriffe sind die deutschen Truppen heute beim Morgengrauen gegen Polen in Aktion getreten. Diese Aktion ist vorläufig nicht als Krieg zu bezeichnen, sondern lediglich als Kampfhandlungen, die durch polnische Angriffe ausgelöst worden sind[2].

Sogar die deutschen Soldaten, die sich selbst davon überzeugen konnten, wer an der polnischen Grenze angegriffen hatte, wurden mit Hitlers Lüge eingedeckt. In einer grandiosen Proklamation an die Wehrmacht vom 1. September sagte der Führer:

Der polnische Staat hat die von mir erstrebte friedliche Regelung nachbarlicher Beziehungen verweigert, er hat statt dessen an die Waffen appelliert ... Eine Reihe von für eine Großmacht unerträglichen Grenzverletzungen beweist, daß die Polen nicht mehr gewillt sind, die deutsche Reichsgrenze zu achten.
Um diesem wahnwitzigen Treiben ein Ende zu bereiten, bleibt mir kein anderes Mittel, als von jetzt an Gewalt gegen Gewalt zu setzen.

Nur einmal an diesem Tage sprach Hitler wirklich die Wahrheit:

Ich verlange [sagte er im Reichstag] von keinem deutschen Mann etwas anderes, als was ich selber über vier Jahre lang bereit war, jederzeit zu tun! ... Ich will jetzt nichts anderes sein als der erste Soldat des Deutschen Reiches! Ich habe damit wieder jenen Rock angezogen, der mir selbst der heiligste und teuerste war. Ich werde ihn nur ausziehen nach dem Sieg oder – ich werde dieses Ende nicht überleben!

Sollte ihm etwas zustoßen, sagte Hitler noch in seiner Rede, »so ist mein erster Nachfolger Pg. Göring. Sollte Pg. Göring etwas zustoßen, ist sein Nachfoger Pg. Heß. Für den Fall, daß auch Parteigenossen Heß etwas zustoßen sollte, werde ich durch Gesetz nunmehr den Senat berufen, der dann den Würdigsten, d. h. den Tapfersten, aus seiner Mitte wählen soll.« Gesetz? Senat? Es gab weder das eine noch das andere!
Die relative Mäßigung, die Hitler sich im Reichstag auferlegt hatte, wich, sobald er in die Reichskanzlei zurückgekehrt war, einer böseren Stimmung. Dahlerus, der von Göring dorthin gerufen wurde, traf Hitler »nervös und erregt« an.

Er erklärte mir [sagte der Schwede später in Nürnberg], ihm sei schon immer klar gewesen, daß England den Krieg wolle. Ferner sagte er, er werde Polen zerschlagen und das ganze Land annektieren.
Er wurde immer erregter, begann die Arme zu bewegen und schrie, während er direkt neben mir stand: »Wenn England ein Jahr kämpfen will, so werde ich ein Jahr kämpfen; wenn England zwei Jahre kämpfen will, so werde ich zwei Jahre kämpfen ...« Hier machte er eine Pause und schrie dann mit noch gellenderer Stimme und wilderen Gesten: »Wenn England drei Jahre kämpfen will, werde ich drei Jahre kämpfen ...« Nun folgten den Armbewegungen Körperbewegungen, und als er am Schluß laut schrie: »Und wenn es erforderlich ist, will ich zehn Jahre kämpfen«, schwenkte er seine geballte Faust und beugte sich so weit vor, daß diese fast den Boden berührte[3].

Doch trotz all seiner Hysterie war Hitler noch keineswegs überzeugt davon, daß Großbritannien überhaupt kämpfen würde. Es war jetzt um Mittag, die deutschen Panzerkolonnen waren bereits etliche Meilen in Polen eingedrungen und kamen rasch voran, während die meisten polnischen Städte, darunter auch Warschau, mit erheblichen Verlusten unter der Zivilbevölkerung bombardiert worden waren. Dennoch war aus London oder Paris nichts zu hören, was darauf schließen ließ, daß England und Frankreich sich beeilten, ihr Polen gegebenes Wort zu halten.

So konnte sich Hitler am Nachmittag noch der Hoffnung hingeben, daß England, obwohl es die Lage als ernst ansah, nicht in den Krieg eintreten würde. Aber diese Hoffnung sollte bald zunichte gemacht werden.

Um 19.15 Uhr rief ein Mitglied der britischen Botschaft in Berlin das Auswärtige Amt an: Ribbentrop möge Henderson und Coulondre »in einer dringlichen Angelegenheit sobald wie möglich« empfangen. Eine gleiche Bitte wurde wenige Minuten später von der französischen Botschaft geäußert. Ribbentrop lehnte ab, die beiden Botschafter gemeinsam zu empfangen und bestellte Henderson für 21 Uhr, Coulondre eine Stunde später. Der britische Botschafter überreichte ihm eine formelle Note der britischen Regierung:

... Falls die Regierung Seiner Majestät von der deutschen Regierung keine befriedigenden Zusicherungen erhält, daß die deutsche Regierung alle Aggressivhandlungen gegen Polen einstellt und daß sie bereit ist, ihre Truppen aus dem polnischen Gebiet zurückzuziehen, wird die Regierung Seiner Majestät ohne Zögern ihre Verpflichtungen Polen gegenüber erfüllen[4].

Die französische Note hatte den gleichen Wortlaut.

Beiden Botschaftern gab Ribbentrop zur Antwort, er werde ihre Noten an Hitler weiterleiten. Dann erging er sich in längeren Ausführungen, »von einer deutschen Aggression könne keine Rede sein«, es handele sich vielmehr um eine polnische Aggression, wobei er die inzwischen abgestandene Lüge wiederholte, »reguläre« polnische Truppen hätten am Tage vorher deutsches Gebiet angegriffen. Doch die diplomatische Höflichkeit wurde noch gewahrt. Sir Nevile Henderson versäumte in seinem Bericht über die Unterredung nicht, zu bemerken, daß Ribbentrop »artig und höflich« gewesen sei. Ehe der Botschafter sich verabschiedete, kam es noch zu einer Meinungsverschiedenheit darüber, ob Ribbentrop zwei Tage vorher den Wortlaut der deutschen »Vorschläge« an Polen »heruntergehaspelt« habe oder nicht. Während Henderson bei seiner Auffassung blieb, behauptete Ribbentrop, er habe sie »langsam und deutlich vorgelesen und zu den Hauptpunkten sogar mündliche Erklärungen gegeben, so daß er habe annehmen müssen, Henderson habe jedes Wort verstanden.« Es war ein Meinungsstreit, der nie beigelegt werden sollte – aber kam es jetzt noch darauf an?

In der Nacht vom 1. zum 2. September, während die deutschen Armeen immer tiefer in Polen eindrangen und die Luftwaffe Bombe auf Bombe warf, wußte Hitler aus den Noten Englands und Frankreichs, daß er, wenn er seine Armeen nicht anhielt und sie rasch zurückzog – was für ihn unausdenkbar war – einen Weltkrieg auf dem Hals haben würde. Oder hatte er in jener Nacht noch die Hoffnung, sein Glück – sein Münchener Glück – werde ihm hold sein? Nun, sein Freund Mussolini, erschrocken durch die Aussicht auf Krieg und voller Angst, eine überwältigende englisch-französische See- und Landstreitmacht könne gegen Italien losschlagen, bemühte sich verzweifelt, ein neues »München« zustandezubringen.

MUSSOLINIS INTERVENTION IN LETZTER MINUTE

Noch am 26. August hatte der Duce, wie erinnerlich, in dem Bemühen, sich den aus dem Stahlpakt sich ergebenden italienischen Verpflichtungen zu entziehen, Hitler gegenüber betont, es bestehe immer noch die Möglichkeit einer »politischen Lösung«, die »Deutschland völlige moralische und materielle Genugtuung gewähren« könne. Hitler hatte sich nicht dazu bequemt, darauf einzugehen, was seinen Achsenpartner entmutigt hatte. Dennoch hatten Mussolini und Ciano, nachdem sie von ihrem Berliner Botschafter über die verzweifelte Lage unterrichtet worden waren, Hitler bedrängt, zumindest den polnischen Botschafter Lipski zu empfangen, und Hitler mitgeteilt, daß sie bemüht seien, die britische Regierung zu bewegen, sich mit der Rückgabe Danzigs »als einem ersten Schritt« zu friedlichen Verhandlungen einverstanden zu erklären.

Aber es war zu spät, Hitler mit einem solchen kleinen Köder zu locken. Danzig war ja lediglich ein Vorwand, wie er seinen Generalen erklärt hatte. Was er wollte, war die Vernichtung Polens. Aber der Duce wußte das nicht. Am Morgen des 1. September stand er selbst vor der Wahl, entweder sofort Italiens Neutralität zu erklären oder das Risiko eines englisch-französischen Angriffs auf sich zu nehmen. Welch ein Alpdruck auf seinem Schwiegervater nach Aufgabe seines Hochmuts lastete, zeigen Cianos Tagebuchnotizen[5].

In der Morgenfrühe des 1. September rief der unglückliche italienische Diktator persönlich Botschafter Attolico in Berlin an, »um sich«, wie Ciano schreibt, »ein Telegramm von Hitler senden zu lassen, worin ihn dieser von den Bündnisverpflichtungen befreit[6]«. Hitler kam dem Wunsch umgehend und sogar huldvoll nach. Kurz bevor er zum Reichstag fuhr, schickte er seinem Freund ein Telegramm, das zwecks Zeitersparnis an die deutsche Botschaft telephonisch durchgegeben wurde:

Duce! Ich danke Ihnen auf das herzlichste für Ihre diplomatische und politische Unterstützung, die Sie Deutschland und seinem guten Recht in der letzten Zeit zuteil werden ließen. Ich bin der Überzeugung, die uns gestellte Aufgabe mit den militärischen Kräften Deutschlands lösen zu können. Ich glaube deshalb, der militärischen Unterstützung Italiens unter diesen Umständen nicht zu bedürfen. Ich danke Ihnen, Duce, auch für alles, was Sie in Zukunft für die gemeinsame Sache des Faschismus und Nationalsozialismus tun werden.

Adolf Hitler[7].

Um 12.45 Uhr, nach seiner Rede im Reichstag, fühlte sich Hitler bewogen, Mussolini ein zweites Telegramm zu senden. Darin erklärte er, er sei bereit gewesen, die polnische Frage auf dem Verhandlungswege zu lösen und habe zwei Tage vergeblich auf einen polnischen Unterhändler gewartet; doch allein in der vergangenen Nacht hätten sich vierzehn neue Fälle von Grenzverletzungen ereignet, und so habe er beschlossen, Gewalt mit Gewalt zu beantworten. Er danke dem Duce für sein Vermittlungsangebot, doch sei er von Anfang an solchen Bemühungen gegenüber skeptisch gewesen und habe angesichts der polnischen Unnachgiebigkeit den Duce nicht der Gefahr aussetzen wollen, eine Vermittlerrolle zu übernehmen, die aller Wahrscheinlichkeit nach erfolglos geblieben wäre[8].

Aber Mussolini machte auf Veranlassung Cianos einen letzten verzweifelten Versuch, sich den Gefahren eines Vermittlers auszusetzen. Schon am Tage vorher, kurz nach Mittag, hatte Ciano den Botschaftern Englands und Frankreichs in Rom in Aussicht gestellt, Mussolini werde, falls ihre Regierungen einverstanden seien, Deutschland zu einer Konferenz am 5. September zwecks »Überprüfung der Bestimmungen des Versailler Vertrags, der Ursachen der gegenwärtigen Schwierigkeiten« einladen.

Man hätte meinen sollen, die am nächsten Morgen eintreffende Nachricht vom deutschen Einmarsch in Polen habe Mussolinis Vorschlag überflüssig gemacht. Doch zur Überraschung der Italiener rief der französische Außenminister und Hauptbefürworter einer Politik des Nachgebens, Georges Bonnet, am 1. September, 11.45 Uhr, François-Poncet an, der jetzt Botschafter in Rom war, und bat ihn, Ciano mitzuteilen, die französische Regierung begrüße die Einberufung einer Konferenz, vorausgesetzt, daß auf ihr keine Fragen, »die die Interessen von auf ihr nicht vertretenen Mächten berühren, aufgeworfen werden« und daß sie sich darauf beschränke, »vorläufige Teillösungen für begrenzte Probleme zu suchen«. Bonnet machte mit keinem Wort den Rückzug deutscher Truppen oder auch nur deren Stillstand zur Vorbedingung der Konferenz[9].

Wohl aber bestanden die Engländer auf dieser Bedingung, und es gelang ihnen, das stark gespaltene französische Kabinett mitzureißen, so daß am Abend des 1. September die gleichlautenden Noten in Berlin überreicht werden konnten. Da deren Inhalt – England und Frankreich würden in den Krieg eintreten, falls Deutschland nicht seine Truppen aus Polen zurückziehe – noch am gleichen Abend veröffentlicht wurde, ist es interessant, daß Mussolini, der jetzt verzweifelt nach jedem Strohhalm griff – sogar nach Strohhalmen, die nicht vorhanden waren – einen weiteren Appell an Hitler richtete, als ob er, der Duce, die englisch-französische Warnung nicht für bare Münze nähme.

Der 2. September war, wie Henderson in seinem *Final Report* bemerkt, ein Tag banger Erwartung[10]. Er und Coulondre warteten gespannt auf eine Antwort Hitlers auf ihre Noten, aber es kam keine. Kurz nach Mittag erschien Attolico außer Atem in der britischen Botschaft und sagte Henderson, er müsse eines sofort wissen: Ob die britische Note vom Abend vorher ein Ultimatum sei oder nicht.

»Ich sagte ihm«, schrieb Henderson später, »ich sei ermächtigt worden, dem [deutschen]

Außenminister, falls er mich danach frage – was er nicht getan hat – zu erklären, sie sein kein Ultimatum, sondern eine Warnung[11].«
Mit dieser Auskunft eilte der italienische Botschafter in das deutsche Auswärtige Amt. Attolico war nämlich schon einmal, um 10 Uhr, in der Wilhelmstraße vorstellig geworden und hatte, da Ribbentrop angeblich krank war, Weizsäcker eine Mitteilung Mussolinis überreicht:

Zur Information läßt Italien wissen, natürlich jede Entscheidung dem Führer überlassend, daß es noch die Möglichkeit hätte, von Frankreich, England und Polen eine Konferenz auf folgenden Grundlagen annehmen zu lassen:
1. Waffenstillstand, der die Armeen läßt, wo sie jetzt sind;
2. Einberufung der Konferenz in zwei bis drei Tagen;
3. Lösung des polnisch-deutschen Streites, welche, wie die Sachen heute liegen, sicher günstig für Deutschland sein würde.
Für den Gedanken, der ursprünglich vom Duce ausgegangen ist, setzt sich heute besonders Frankreich ein.
Danzig ist bereits deutsch, und Deutschland hat schon Pfänder in seiner Hand, die ihm den größten Teil seiner Forderungen sichern. Außerdem hat Deutschland schon seine »moralische Genugtuung« gehabt. Wenn es den Vorschlag einer Konferenz annehmen würde, würde es alle seine Ziele erreichen und gleichzeitig einen Krieg vermeiden, der schon heute als allgemein und von außerordentlich langer Dauer aussieht.
Der Duce möchte nicht darauf bestehen, aber es liegt ihm ganz besonders daran, daß Obenstehendes sofort zur Kenntnis Herrn von Ribbentrops und des Führers gebracht wird[12].

Kein Wunder, daß der überraschend schnell von seinem Unwohlsein genesene Ribbentrop, als er um 12.30 Uhr Attolico empfing, darauf hinwies, der Vorschlag des Duce lasse sich mit den englisch-französischen Noten, die »ultimativen Charakter« hätten, nicht in »Einklang« bringen.
Der italienische Botschafter, der ebenso wie Mussolini darauf bedacht war, einen Weltkrieg zu verhüten, unterbrach Ribbentrop und sagte, die britisch-französische Note sei durch die jüngste Mitteilung des Duce überholt. Natürlich war Attolico zu einer Erklärung solcher Art nicht ermächtigt, und es traf zudem auch nicht zu, aber wahrscheinlich glaubte er, zu solch später Stunde alle Bedenklichkeit zurückstellen zu können. Als Ribbentrop Zweifel äußerte, blieb Attolico bei seiner Ansicht,

daß die englische und französische Erklärung jetzt nicht mehr in Betracht kämen. Graf Ciano hätte erst heute früh um 8.30 telefoniert, also zu einem Zeitpunkt, an dem die Erklärungen schon durch den Rundfunk, und zwar auch in Italien, veröffentlicht gewesen wären. Daraus ergebe sich, daß die beiden Erklärungen als überholt zu betrachten seien. Ciano erklärte im übrigen, daß vor allen Dingen Frankreich den Vorschlag des Duce sehr befürworte. (Im Augenblick dränge Frankreich, aber England werde folgen[13]*.)*

Ribbentrop blieb skeptisch. Er habe Mussolinis Vorschlag, sagte er, gerade mit Hitler erörtert, und der Führer wolle wissen, ob die Noten Englands und Frankreichs Ultimaten seien oder nicht. Schließlich erbot sich Attolico, sofort zu Henderson und Coulondre zu gehen, um die Frage zu klären, und Ribbentrop war damit einverstanden. Aus diesem Grunde hatte Attolico in der britischen Botschaft vorgesprochen. »Noch heute«, schrieb Schmidt später, »sehe ich den nicht mehr ganz jungen Attolico aus Ribbentrops Zimmer heraus- und die Treppe hinablaufen, um bei Henderson und Coulondre Rückfrage zu halten ... Attolico [kam] schon nach einer halben Stunde genauso atemlos, wie er uns verlassen hatte, wieder angelaufen[14].«

Wieder zu Atem gekommen, berichtete der italienische Botschafter, Henderson habe ihm soeben gesagt, die britische Note sei kein Ultimatum. Ribbentrop entgegnete, wenn auch die deutsche Antwort auf die englisch-französischen Erklärungen nur negativ ausfallen könne, so wolle der Führer doch die Vorschläge des Duce prüfen, wenn Rom bestätige, es handele sich bei den Erklärungen um kein Ultimatum, und in zwei oder drei Tagen dem Duce antworten. Als Attolico auf eine raschere Antwort drängte, sagte Ribbentrop sie schließlich für Sonntagmittag, den 3. September, zu.

Unterdessen wurden in Rom Mussolinis Hoffnungen zunichte gemacht. Um 14 Uhr empfing Ciano die Botschafter Englands und Frankreichs, rief in deren Anwesenheit Halifax und Bonnet an und informierte sie über Attolicos Unterredungen mit Ribbentrop. Bonnet war wie üblich ausweichend und dankte – seiner eigenen Darstellung (im *Französischen Gelbbuch*) zufolge – Ciano wärmstens für seine Friedensbemühungen. Halifax war weniger verbindlich. Zwar bestätigte er, daß die britische Note kein Ultimatum sei – man muß sich schon über solche Haarspalterei unter führenden Staatsmännern wundern, denn die englisch-französischen Erklärungen waren unmißverständlich –, fügte jedoch hinzu, nach seiner Ansicht werde England Mussolinis Konferenzvorschlag nur dann annehmen können, wenn die deutschen Truppen Polen räumten, ein Punkt, über den Bonnet sich wiederum ausgeschwiegen hatte. Er versprach Ciano, ihm die Entscheidung des britischen Kabinetts telefonisch mitzuteilen. Die Entscheidung wurde kurz nach 19 Uhr durchgegeben. England war bereit, Mussolinis Konferenzvorschlag anzunehmen, vorausgesetzt, daß Hitler seine Truppen bis zur deutschen Grenze zurücknähme. Ciano war sich darüber im klaren, daß Hitler sich darauf niemals einlassen würde und daß, wie er notierte, »nichts mehr zu machen ist«.

Es ist nicht meine Aufgabe [fährt er fort], Hitler einen solchen Rat zu geben, er würde den Vorschlag mit Entschlossenheit, vielleicht mit Verachtung zurückweisen. Das sage ich Halifax, den beiden Botschaftern und dem Duce, und schließlich telefoniere ich nach Berlin, daß wir die Unterhandlungen aufgeben, falls nicht die Deutschen einen gegenteiligen Wunsch äußern. Der letzte Hoffnungsschein ist erloschen[15].

Und so begab sich der müde und niedergeschlagene Attolico am 2. September, 20.50 Uhr, noch einmal in die Wilhelmstraße. Diesmal wurde er von Ribbentrop im Beisein Hitlers in der Reichskanzlei empfangen. Er teilte mit, daß die Engländer vor Beginn irgendwelcher Verhandlungen den Abzug aller deutschen Truppen aus Polen und Danzig verlangten. Zum Schluß sagte Attolico, der Duce sehe nunmehr seinen Vermittlungsvorschlag als hinfällig an. Die Mitteilung des italienischen Botschafters wurde kommentarlos zur Kenntnis genommen. Kein Wort des Dankes für alle die Bemühungen des unermüdlichen Attolico! Nur schweigende Verachtung einem Verbündeten gegenüber, der versucht hatte, Deutschland um die polnische Beute bringen!

Die letzte, schwache Möglichkeit zur Verhütung des Zweiten Weltkriegs war nunmehr erschöpft. Das war anscheinend allen Protagonisten des Dramas klar, bis auf den kleinmütigen Bonnet. Er rief um 21 Uhr Ciano an und bestätigte ihm noch einmal, die französische Note habe keinen »ultimativen Charakter«. Er wiederholte, die französische Regierung wolle bis zum Mittag des 3. September auf eine deutsche Antwort warten. Allerdings pflichte die französische Regierung der britischen bei, daß, wenn die Konferenz günstige Ergebnisse erzielen solle, die deutschen Truppen Polen »räumen« müßten. Zum ersten Mal sprach hier Bonnet von dieser Forderung, und auch nur, weil die Engländer auf ihr bestanden. Ciano erwiderte, er glaube nicht, daß die Reichsregierung darauf eingehen werde. Aber Bonnet gab seine Sache nicht auf. Im Laufe der Nacht machte er einen letzten Versuch, um Frankreich aus seinen Verpflichtungen gegenüber dem bedrängten Polen herauszuwinden. Diesen wunderlichen Schritt schildert Ciano im ersten Abschnitt seiner Tagebucheintragung vom 3. September:

Während der Nacht werde ich geweckt, weil Bonnet bei Guariglia [dem italienischen Botschafter in Paris] angefragt hat, ob es nicht möglich wäre, von den Deutschen einen symbolischen Rückzug der Streitkräfte aus Polen zu erreichen ... Ich werfe den Vorschlag in den Papierkorb, ohne den Duce auch nur zu benachrichtigen. Er beweist aber immerhin, daß Frankreich ohne Begeisterung und voll Unsicherheit der großen Prüfung entgegengeht[16].

AUS DEM POLNISCHEN FELDZUG WIRD DER ZWEITE WELTKRIEG

Der 3. September 1939, ein Sonntag, war in Berlin ein schöner Spätsommertag. Die Sonne schien, die Luft war frisch – »ein Tag«, schrieb ich in mein Tagebuch, »wie ihn die Berliner gern in den Wäldern oder an den Seen der Umgebung verbringen«.

Als der Tag anbrach, traf in der britischen Botschaft ein Telegramm von Lord Halifax ein: Sir Nevile Henderson solle um eine Unterredung mit dem deutschen Außenminister für 9 Uhr vormittags ersuchen und ihm eine dem Telegramm angefügte Mitteilung übergeben.

Die Chamberlain-Regierung sah keinen Ausweg mehr. 32 Stunden waren verflossen, seitdem sie Hitler hatte sagen lassen, England werde kämpfen, wenn Deutschland nicht seine Truppen aus Polen zurückziehe. Eine Antwort war nicht erfolgt, und nunmehr war die britische Regierung entschlossen, ihr Wort einzuhalten. Am 2. September war ihr, wie der französische Botschafter in London, Charles Corbin, um 14.30 Uhr dem zögernden Bonnet berichtete, der Verdacht gekommen, Hitler zögere seine Antwort absichtlich hinaus, um soviel polnisches Gebiet wie möglich zu besetzen, und würde möglicherweise, nachdem er Danzig, den Korridor und andere Gebietsteile einmal habe, ein »großzügiges« Friedensangebot auf der Grundlage seiner sechzehn Punkte vom 31. August machen[17].

Um dem zuvorzukommen, hatte Halifax den Franzosen vorgeschlagen, die beiden Westmächte sollten, wenn innerhalb weniger Stunden von der deutschen Regierung keine befriedigende Antwort auf die englisch-französischen Erklärungen vom 1. September komme, Deutschland den Krieg zu erklären. Nach einer am Nachmittag des 2. September abgehaltenen Sitzung des britischen Kabinetts, in der man einen endgültigen Beschluß faßte, legte Halifax den Franzosen nahe, der deutschen Regierung seitens der Alliierten um Mitternacht ein bis zum 3. September, 6 Uhr früh, befristetes Ultimatum zu stellen[18]. Doch Bonnet wollte von einem so beschleunigten Vorgehen nichts wissen. Im französischen Kabinett bestanden nämlich seit einer Woche große Meinungsverschiedenheiten darüber, ob Frankreich seinen Verpflichtungen gegenüber Polen – und nicht zuletzt gegenüber England – nachkommen solle. Am 23. August hatte Bonnet, überwältigt von der Nachricht, daß Ribbentrop in Moskau angekommen sei, um einen deutsch-sowjetischen Nichtangriffspakt abzuschließen, Daladier bewogen, den Nationalen Verteidigungsrat einzuberufen, um zu erwägen, wie sich Frankreich verhalten solle[19]. An der Sitzung nahmen zwölf Personen teil: Daladier, Bonnet, die Minister der drei französischen Wehrmachtsteile, Gamelin, die Stabschefs von Marine und Luftflotte sowie vier weitere Generale. Laut Sitzungsprotokoll stellte Daladier drei Fragen:

1. Kann Frankreich tatenlos dem Verschwinden Polens und Rumäniens oder einer dieser beiden Mächte von der europäischen Landkarte zusehen?
2. Welche Möglichkeiten hat es, um sich dem entgegenzustellen?
3. Welche Maßnahmen müssen gegenwärtig ergriffen werden?

Bonnet seinerseits stellte, nachdem er auf den Ernst der Lage hingewiesen hatte, eine Frage, die ihn bis zuletzt am meisten beschäftigen sollte:

Ist es unter Berücksichtigung dieser Situation besser, unseren Verpflichtungen treu zu sein und sofort in den Krieg einzutreten oder unsere Haltung zu überprüfen und die gewonnene Frist zum Ausbau unserer militärischen Macht zu benutzen . . .? Die Antwort auf die gestellte Frage ist im wesentlichen militärischer Natur.

Damit war der Ball Gamelin und Admiral Darlan zugespielt. Sie

weisen darauf hin, daß die Landstreitmacht und die Marine bereit sind. Zu Beginn eines Konflikts vermögen sie wenig gegen Deutschland, aber sie wären in der Lage, kraftvoll gegen Italien zu kämpfen, falls diese Macht in den Krieg eintreten würde . . . Über die Dauer des Widerstandes, den Polen und Rumänien leisten können, befragt, führt General Gamelin aus, daß er an einen ehrenvollen Widerstand Polens glaubt, der die Masse der deutschen Truppen daran hindern würde, sich vor dem nächsten Frühjahr gegen uns zu wenden; in diesem Zeitpunkt würde England uns zur Seite stehen[20].

Nach langem Hin und Her gelangten die Franzosen schließlich zu einem Beschluß, der im Sitzungsprotokoll niedergelegt ist:

Im Verlauf des unterschiedlichen Meinungsaustausches wird bemerkt, daß, wenn wir in einigen Monaten stärker sind, Deutschland es in noch größerem Umfange ist, weil es über polnische und rumänische Hilfsquellen verfügen wird.
Folglich bleibt Frankreich keine Wahl.
Die einzig in Betracht kommende Lösung ist, unsere Verpflichtungen gegenüber Polen einzuhalten, Verpflichtungen, die vor der Eröffnung von Verhandlungen mit der UdSSR bestanden.

Nach diesem Entschluß begann die französische Regierung zu handeln. Nach der Sitzung des Verteidigungsrats am 23. August wurde »Bereitschaftsalarm« verkündet, so daß alle in Grenznähe liegenden Truppen ihre Stellungen bezogen. Am Tage darauf wurden 360000 Reservisten einberufen. Am 31. August gab das Kabinett ein Kommuniqué des Inhalts heraus, Frankreich werde zu seinen Verpflichtungen stehen. Und am nächsten Tag, dem ersten deutschen Angriffstag, brachte Halifax Bonnet dazu, daß sich Frankreich der britischen Warnung an Berlin anschloß.
Doch am 2. September, als die Engländer drängten, Hitler um Mitternacht ein Ultimatum zu stellen, zögerten General Gamelin und der französische Generalstab. Schließlich seien es ja die Franzosen allein, die zu kämpfen hätten, wenn Deutschland auch den Westen gleich angreifen sollte. Kein einziger britischer Soldat werde zur Stelle sein, um ihnen zu helfen. So bestand der französische Generalstab auf einer weiteren Frist von 48 Stunden zwecks ungehinderter Durchführung der allgemeinen Mobilmachung. Um 18 Uhr rief Halifax den britischen Botschafter in Paris, Sir Eric Phipps, an: »48 Stunden sind für die britische Regierung unmöglich. Die französische Haltung bringt S. M. Regierung in große Verlegenheit.«
Sie tat es sogar in gefährlicher Weise, als einige Stunden später Chamberlain im Unterhaus sprach, dessen Mehrheit über Englands Zögern, seinen Verpflichtungen nachzukommen, ungehalten war. Die Geduld der meisten Mitglieder, ganz gleich welcher Partei, war beinahe erschöpft, nachdem Chamberlain gesprochen hatte. Er teilte dem Unterhaus mit, aus Berlin sei noch keine Antwort gekommen. Wenn sie eintreffe und keine Zusicherung über den Abzug der Truppen aus Polen enthalte, würde sich die Regierung »gezwungen sehen zu handeln«. Falls jedoch die Deutschen in die Räumung einwilligten, würde die britische Regierung »bereit sein, die Lage als die gleiche anzusehen wie vor Überschreiten der polnischen Grenze durch deutsche Truppen«. Unterdessen stehe die Regierung über die Befristung ihrer Warnung an Deutschland mit Frankreich in Unterhandlung.

Nach neununddreißigstündigem Krieg in Polen war das Unterhaus für solche hinhaltende Taktik nicht mehr zu haben. »Sprechen Sie für England!« rief der Konservative Leopold Amery dem Labourführer Arthur Greenwood zu, als dieser aufstand und das Wort ergriff.

»Ich frage mich«, sagte Greenwood, »wie lange wir noch in einem Augenblick, in dem England und alles, wofür es einsteht, ja die menschliche Zivilisation in Gefahr sind, wie lange wir da noch schwanken wollen. ... Wir müssen mit den Franzosen marschieren.«

Hier aber lag die Schwierigkeit. Gerade in diesem Augenblick zeigte sich, daß es nicht so leicht war, mit den Franzosen zu marschieren. Doch Chamberlain war so beunruhigt über die zornige Stimmung im Unterhaus, daß er in die scharfe Debatte eingriff und geltend machte, man benötige Zeit, um telefonisch mit Paris »Gedanken und Aktionen« aufeinander abzustimmen. »Es wäre für mich entsetzlich, wenn das Haus auch nur einen Augenblick annähme, die von mir abgegebene Erklärung verrate ein Weichwerden unserer oder der französischen Regierung.« Er wisse, daß »in diesem selben Augenblick« das französische Kabinett tage und daß von ihm »in den nächsten Stunden« Nachricht zu erwarten sei. Jedenfalls »kann ich voraussagen«, versuchte er die erregten Abgeordneten zu beschwichtigen, »daß es nur eine Antwort gibt, die ich dem Haus morgen zu geben imstande sein werde ... Und ich vertraue darauf, daß das Haus ... mir glauben wird, ich spreche nach bestem Wissen und Gewissen ...«

Wie aus den britischen Geheimakten hervorgeht, wußte Chamberlain sehr wohl, daß eine tiefe Kluft zwischen ihm und seinem Volke bestand und daß in diesem für sein Land kritischen Augenblick seine Regierung in Gefahr war, gestürzt zu werden.

Sobald er das Unterhaus verlassen hatte, rief er Daladier um 21.50 Uhr an. Cadogan hörte mit und machte einen Vermerk für die Akten.

Chamberlain: Die Lage ist hier sehr ernst ... Es hat eine ärgerliche Szene im Unterhaus gegeben ... Wenn Frankreich auf einer achtundvierzigstündigen Frist ab morgen mittag besteht, wird für die Regierung hier die Lage unhaltbar.

Der Premierminister sagte, er sei sich vollauf bewußt, daß Frankreich die Hauptlast eines deutschen Angriffs zu tragen habe. Aber nach seiner Überzeugung müsse noch heute abend ein Schritt unternommen werden. Er schlage einen Kompromiß vor ... Ein Ultimatum morgen früh um 8, befristet bis Mittag ...

Daladier erwiderte, wenn nicht sofort britische Bomber bereitgestellt würden, sei es für Frankreich besser, nach Möglichkeit die Angriffe auf deutsche Armeen um einige Stunden hinauszuschieben.

Kaum eine Stunde später, um 22.30 Uhr, rief Halifax Bonnet an. Er drängte den Franzosen, den britischen Kompromißvorschlag anzunehmen, d. h. in ein Ultimatum an Berlin einzuwilligen, das am nächsten Morgen (3. September) um 8 Uhr überreicht werden und mittags ablaufen solle. Bonnet wollte nicht nur nicht einwilligen, er wandte auch ein, daß solche Eile, auf der die Engländer bestünden, einen »schlechten Eindruck«

hervorriefe. Er verlangte, daß London mit der Überreichung des Ultimatums mindestens bis Mittag warte.

Halifax: So lange zu warten, ist für S. M. Regierung unmöglich ... Es ist sehr fraglich, ob sich die [britische] Regierung hier halten könnte.

Das Unterhaus sollte am Sonntagmittag, dem 3. September, erneut zusammentreten, und nach der erregten Samstagabendsitzung war es Chamberlain und Halifax klar, daß sie, wenn die Regierung im Amt bleiben wollte, dem Parlament dann die geforderte Antwort geben müßten. Daher sagte Halifax am Schluß seines Telefongesprächs mit Bonnet, England beabsichtige, »auf eigene Faust zu handeln«.

Halifax' Telegramm an Henderson traf in Berlin um 4 Uhr früh ein. In der Mitteilung, die Henderson der deutschen Regierung am Sonntagvormittag, 9 Uhr, überreichen sollte, wurde Bezug genommen auf die britische Note vom 1. September, in der England seine Absicht ausgedrückt hatte, seine Verpflichtungen gegenüber Polen zu erfüllen, wenn nicht die deutschen Truppen unverzüglich aus Polen zurückgezogen würden.

... Obwohl diese Mitteilung [hieß es weiter] vor mehr als 24 Stunden erfolgte, ist keine Antwort eingegangen, hingegen wurden die deutschen Angriffe auf Polen fortgesetzt und verstärkt. Ich habe demgemäß die Ehre, Sie davon zu unterrichten, daß, falls nicht bis 11 Uhr vormittags britischer Sommerzeit am heutigen Tage, dem 3. September, eine befriedigende Zusicherung im obenerwähnten Sinne von der Deutschen Regierung erteilt wird und bei Seiner Majestät Regierung in London eintrifft, ein Kriegszustand zwischen den beiden Ländern von dieser Stunde an bestehen wird[21].

Henderson mußte feststellen, daß es schwierig war, so früh am Sonntag Verbindung mit der Wilhelmstraße zu bekommen. Man sagte ihm, Ribbentrop stehe sonntags um 9 Uhr noch nicht »zur Verfügung«, aber er könne seine Mitteilung dem Dolmetscher Dr. Schmidt übergeben.

Ausgerechnet an diesem historischen Tag verschlief Dr. Schmidt, und als er mit Hilfe einer Taxe zum Auswärtigen Amt eilte, sah er gerade noch, wie Henderson die Stufen hinaufging. Schmidt benutzte dann einen Nebeneingang, und gelangte so noch rechtzeitig in Ribbentrops Amtszimmer, um Henderson Punkt neun Uhr zu empfangen. »Er betrat das Zimmer mit einem sehr ernsten Gesicht«, schrieb Schmidt später, »reichte mir die Hand, nahm aber auf meine Aufforderung nicht ... Platz, sondern blieb feierlich mitten im Raum stehen[22].« Er verlas das britische Ultimatum, übergab Schmidt eine Kopie und verabschiedete sich von ihm.

Mit dem Dokument eilte Schmidt in die Reichskanzlei. Im Vorraum von Hitlers Arbeitszimmer waren die meisten Kabinettsmitglieder und prominenten Parteimitglieder versammelt und fragten ihn »ängstlich«, was es Neues gäbe.

[Ich] betrat das danebenliegende Zimmer [fährt Schmidt fort], in dem Hitler an seinem

Arbeitstisch saß, während Ribbentrop etwas rechts von ihm am Fenster stand. Beide blickten gespannt auf, als sie mich sahen. Ich blieb in einiger Entfernung vor Hitlers Tisch stehen und übersetzte ihm dann langsam das Ultimatum der britischen Regierung. Als ich geendet hatte, herrschte völlige Stille...
Wie versteinert saß Hitler da und starrte vor sich hin... Nach einer Weile, die mir wie eine Ewigkeit vorkam, wandte er sich Ribbentrop zu, der wie erstarrt am Fenster stehen geblieben war. »Was nun?« fragte Hitler... mit einem wütenden Blick in den Augen, als wolle er zum Ausdruck bringen, daß ihn Ribbentrop über die Reaktion der Engländer falsch informiert habe.
Ribbentrop erwiderte mit leiser Stimme: »Ich nehme an, daß die Franzosen uns in der nächsten Stunde ein gleichlautendes Ultimatum überreichen werden.«

Nachdem er so seine Aufgabe erledigt hatte, zog Schmidt sich ins Vorzimmer zurück und sagte den dort Wartenden, was geschehen war. Einen Augenblick herrschte auch hier Totenstille. Dann drehte sich

Göring... zu mir um und sagte: »Wenn wir diesen Krieg verlieren, dann möge uns der Himmel gnädig sein!«
Goebbels stand in einer Ecke, niedergeschlagen und in sich gekehrt... Überall sah ich betretene Gesichter.

Unterdessen hatte der unnachahmliche Dahlerus seinen letzten Amateurversuch gemacht, um das Unvermeidliche zu vermeiden. Um 8 Uhr hatte Forbes ihm mitgeteilt, daß eine Stunde später das britische Ultimatum überreicht werden würde. Dahlerus war dann zu Göring in dessen Hauptquartier geeilt und hatte ihn, wie er später in Nürnberg aussagte, beschworen, dafür zu sorgen, daß die deutsche Antwort auf das Ultimatum »vernünftig« ausfalle. Sodann empfahl er Göring, sich vor Ablauf der im Ultimatum gestellten Frist bereit zu erklären, selber zu »Verhandlungen« nach London zu fliegen. In seinem Buch behauptet Dahlerus, Göring habe den Vorschlag angenommen und Hitler angerufen, der ebenfalls damit einverstanden gewesen sei. In den deutschen Akten wird davon nichts erwähnt, und aus Dr. Schmidts Darstellung ist zu erkennen, daß Göring wenige Minuten nach neun gar nicht in seinem Hauptquartier, sondern in Hitlers Vorzimmer in der Reichskanzlei war.
Außer Zweifel steht jedenfalls, daß der Schwede das britische *Foreign Office* anrief – und zwar nicht einmal, sondern zweimal. In seinem ersten Gespräch, um 10.15 Uhr, maßte er sich an, der britischen Regierung zu versichern, die deutsche Antwort auf das Ultimatum sei »unterwegs«, und die Deutschen wären immer noch »sehr darauf bedacht, die britische Regierung zu befriedigen und ihr befriedigende Zusicherungen zu geben, daß die Unabhängigkeit Polens nicht verletzt würde«. (!) Er hoffe, London werde Hitlers Antwort »in günstigstem Sinne« erwägen[23].
Eine halbe Stunde später, um 10.50 Uhr – zehn Minuten vor Ablauf der Frist – rief Dahlerus wiederum in London an. Diesmal kam er mit dem Vorschlag, Göring solle, mit

Billigung Hitlers, sofort nach der britischen Hauptstadt fliegen. Er war noch nicht zu der Einsicht gelangt, daß die Zeit für solche diplomatischen Versuche vorüber war. Doch man machte es ihm bald klar. Halifax gab ihm eine kompromißlose Antwort. Man könne auf seinen Vorschlag nicht eingehen. Man habe der deutschen Regierung eine definitive Frage gestellt, »und vermutlich wird sie eine definitive Antwort erteilen«. Seiner Majestät Regierung habe keine Zeit mehr für Diskussionen mit Göring[24]. Daraufhin legte Dahlerus den Hörer nieder und verschwand in der Rumpelkammer der Geschichte, um erst nach dem Krieg für kurze Zeit wieder aufzutauchen und in Nürnberg – und in seinem Buch – seine bizarren Bemühungen zur Rettung des Weltfriedens zu schildern. Er hatte es gut gemeint, er hatte für den Frieden gekämpft und für einen Augenblick auf der Bühne der Weltgeschichte gestanden. Aber es erging ihm wie fast allen anderen: Die Konfusion war zu groß, als daß er hätte klar sehen können. Wie er in Nürnberg gestand, hatte er während der ganzen Zeit nicht erkannt, wie sehr ihn die Deutschen an der Nase herumführten.

Kurz nach elf Uhr, als das britische Ultimatum abgelaufen war, ließ Ribbentrop den englischen Botschafter, den er zwei Stunden vorher nicht hatte empfangen wollen, zu sich rufen, um ihm Deutschlands Erwiderung auszuhändigen. Die deutsche Regierung, hieß es in der Denkschrift, lehne es ab, »von der Britischen Regierung ultimative Forderungen entgegenzunehmen, anzunehmen oder gar zu erfüllen«. Es folgte eine langatmige propagandistische Tirade, die offensichtlich in den zwei Stunden von Hitler und Ribbentrop hastig abgefaßt worden war. In der Absicht, dem leicht zu täuschenden deutschen Volk etwas vorzumachen, wurden alle uns inzwischen vertrauten Lügen wieder aufgetischt, darunter auch die von polnischen »Angriffen« auf das Reichsgebiet, den Engländern für alles Geschehene die Schuld zugeschoben und die Versuche abgelehnt, »Deutschland zu zwingen, seine zum Schutze des Reiches angetretene Wehrmacht wieder zurückzurufen«. Zu Unrecht wurde behauptet, Deutschland habe Mussolinis Friedensvorschlag in elfter Stunde angenommen, während England ihn zurückgewiesen hätte. Und trotz aller *Appeasement*-Politik Chamberlains wurde den Engländern vorgeworfen, »seit Jahren die Vernichtung und Ausrottung des deutschen Volkes [zu] predigen[25]«.
Henderson las das Dokument (»diese völlig falsche Darstellung der Ereignisse«, wie er es später nannte) und bemerkte: »Es bleibt der Geschichte überlassen, darüber zu urteilen, wo die Schuld in Wirklichkeit liegt.« Ribbentrop entgegnete, die Geschichte sei bereits durch die Tatsachen belegt.

Die Franzosen nahmen sich etwas mehr Zeit. Bis zum letzten Augenblick klammerte Bonnet sich an die Hoffnung, Mussolini könne mit Hitler einen Handel schließen, durch den Frankreich aus dem Krieg herausgehalten würde. Er beschwor sogar den belgischen Botschafter, König Leopold zu bewegen, über Mussolini auf Hitler einzuwirken. Den ganzen 2. September über machte er seinem Kabinett – wie auch den Engländern –

gegenüber geltend, er habe Ciano »versprochen«, bis zum 3. September mittags auf eine deutsche Beantwortung der englisch-französischen Noten vom 1. September zu warten und könne sein Wort nicht brechen. Freilich hatte er dies dem italienischen Außenminister telefonisch zugesagt – aber erst am 2. September, abends 9 Uhr. Doch um diese Zeit war, wie Ciano ihm klarzumachen versucht hatte, Mussolinis Konferenzvorschlag bereits völlig gescheitert. Und in derselben Stunde wurde er von den Briten gedrängt, um Mitternacht ein gemeinsames Ultimatum an Berlin zu stellen.

Kurz vor Mitternacht indes traf die französische Regierung schließlich ihre Entscheidung. Punkt Mitternacht drahtete Bonnet dem französischen Botschafter in Berlin, er werde am Vormittag eine neue, mittags in der Wilhelmstraße zu überreichende Mitteilung erhalten[26].

Dies geschah am Sonntag, dem 3. September, 10.20 Uhr – vierzig Minuten vor Ablauf des britischen Ultimatums. Das französische Ultimatum lautete ähnlich wie das britische, wich nur insofern von diesem ab, als die Franzosen erklärten, sie würden im Falle der Ablehnung ihre Verpflichtungen gegenüber Polen erfüllen, »die der deutschen Regierung bekannt seien« – selbst noch bei diesem allerletzten Schritt sträubte Bonnet sich dagegen, die Kriegserklärung formell auszusprechen.

Der französische Botschafter konnte Ribbentrop um Mittag nicht erreichen. Dieser nahm an einem kleinen Empfang in der Reichskanzlei teil, wo der neue Sowjetbotschafter Alexander Schkwarzew von Hitler herzlich willkommen geheißen wurde – ein Ereignis, das diesem historischen Sonntag in Berlin eine besondere Note verlieh. So wurde denn Coulondre in der Wilhelmstraße von Weizsäcker empfangen. Auf die Frage des Botschafters, ob der Staatssekretär ermächtigt sei, den Franzosen eine »befriedigende« Antwort zu erteilen, erwiderte Weizsäcker, er könne ihm »überhaupt keine Antwort« geben.

In diesem ernsten Augenblick kam es dann zu einer kleinen diplomatischen Komödie. Als Coulondre versuchte, Weizsäckers Entgegnung als die von ihm sowieso erwartete deutsche Ablehnung auszulegen und dem Staatssekretär das französische Ultimatum auszuhändigen, verweigerte dieser die Annahme. Er schlug vielmehr dem Botschafter vor, »er möge sich doch lieber kurz gedulden und bei dem Herrn Reichsaußenminister persönlich vorsprechen«. Derart vor den Kopf gestoßen – und das nicht zum ersten Mal – mußte Coulondre bald eine halbe Stunde warten. Um 12.30 Uhr wurde er in die Reichskanzlei zu Ribbentrop geführt[27].

Obwohl der deutsche Außenminister wußte, in welcher Mission Coulondre zu ihm kam, ließ er sich diese allerletzte Gelegenheit nicht entgehen, den Botschafter Frankreichs mit einer seinen üblichen Geschichtsklitterungen zu traktieren. Er bemerkte, Mussolini habe bei seinem letzten Friedensvorschlag nachdrücklich betont, daß Frankreich ihn gebilligt hätte. Auch »Deutschland habe dem Duce am Vortage mitgeteilt, daß es ebenfalls bereit sei, dem Vorschlag zuzustimmen, darauf habe jedoch später am Tage der Duce mitgeteilt, daß sein Vorschlag an der Intransigenz der englischen Regierung gescheitert sei«.

Aber Coulondre hatte in den vergangenen Monaten genug von Ribbentrops Verfälschungen gehört. Als der Außenminister fortfuhr, er würde es bedauern, wenn Frankreich Großbritannien folgen werde, und Deutschland habe nicht die Absicht, Frankreich anzugreifen, stellte der Botschafter die Frage, wegen der er gekommen war: Ob den Äußerungen des Herrn Reichsaußenministers zu entnehmen sei, daß die deutsche Regierung eine negative Antwort auf die französische Note vom 1. September erteile?

»Ja«, erwiderte Ribbentrop.

Daraufhin überreichte der Botschafter Frankreichs Ultimatum mit der Bemerkung, er müsse »noch einmal auf die schwere Verantwortung hinweisen«, die die Reichsregierung durch Eröffnung der Feindseligkeiten gegen Polen »ohne Kriegserklärung« und durch ihre Ablehnung des englisch-französischen Ersuchens um Abzug der deutschen Truppen auf sich genommen habe.

»Dann wird Frankreich der Angreifer sein«, erklärte Ribbentrop.

»Darüber wird die Geschichte urteilen«, entgegnete Coulondre.

An diesem Sonntag schienen alle Mitwirkenden im Schlußakt des Dramas darauf bedacht zu sein, sich auf das Urteil der Geschichte zu berufen.

Obwohl Frankreich eine Armee mobilisierte, die zu der Zeit den im Westen stehenden deutschen Streitkräften um ein Vielfaches überlegen gewesen wäre, war es doch in Hitlers Vorstellung Großbritannien mit seiner damals noch unbedeutenden Armee, das er als Hauptfeind und als den für die kritische Lage, in der er sich am Abend des 3. September befand, fast allein verantwortlichen Antagonisten ansah. Das ging deutlich aus zwei grandiosen Proklamationen hervor, die Hitler am Nachmittag an das deutsche Volk und an die Armee im Westen ergehen ließ. Aus ihnen brachen sein bitterer Groll und sein hysterischer Zorn über die Engländer hervor.

Seit Jahrhunderten hat England [sagte er in einem Appell in das deutsche Volk] das Ziel verfolgt, die europäischen Völker der britischen Welteroberungspolitik gegenüber wehrlos zu machen ... [und] das Recht in Anspruch [genommen], den ihm jeweils am gefährlichsten erscheinenden europäischen Staat unter fadenscheinigen Vorwänden anzugreifen ...

Wir selber sind Zeugen gewesen des von England betriebenen Einkreisungskampfes gegen das Deutschland der Vorkriegszeit ... Die ... britischen Kriegshetzer ... haben dann das deutsche Volk unter das Versailler Diktat gezwungen ...

Soldaten der Westfront! [erklärte Hitler in einem Aufruf an die Truppen, deren Gegner doch wochenlang nur die Franzosen sein konnten] ... England [hat] die Politik der Einkreisung gegen Deutschland weiter betrieben ... Die britische Regierung, getrieben von den uns noch aus dem Weltkriege bekannten Kriegshetzern, [hat sich] entschlossen, die Maske fallen zu lassen und unter einem fadenscheinigen Vorwand den Kriegszustand zu proklamieren.

Über Frankreich sagte er kein Wort.

Kurz nach Mittag, um 12.06 Uhr, gab Chamberlain im Unterhaus die Erklärung ab, England befinde sich nunmehr im Krieg mit Deutschland. Wer miterlebt hatte, wie er in Godesberg und München seine politische Laufbahn aufs Spiel gesetzt hatte, um Hitler zu beschwichtigen, mußte von seinen Worten erschüttert sein.

Dies ist ein trauriger Tag für uns alle und für keinen trauriger als für mich. Alles, wofür ich gearbeitet habe, alles, woran ich im Laufe meines Lebens für die Öffentlichkeit geglaubt habe, ist in Trümmer gegangen. Nur eines bleibt mir noch zu tun: meine ganze Kraft und Stärke für den Sieg der Sache einzusetzen, für die wir viele Opfer bringen müssen ... Ich baue darauf, den Tag noch zu erleben, an dem der Hitlerismus vernichtet und ein befreites Europa wiederhergestellt sein wird.

Das Schicksal wollte es, daß Chamberlain diesen Tag nicht mehr erlebte. Er starb, ein gebrochener Mann – wenn auch immer noch Kabinettsmitglied –, am 9. November 1940. Nach allem, was in diesem Buch über Chamberlain geschrieben worden ist, geziemt es sich, zu zitieren, was Churchill, den er solange von der Führung der britischen Nation ausgeschlossen hatte und der am 10. Mai 1940 sein Nachfolger als Premierminister wurde, von ihm gesagt hat. In seiner Gedenkrede im Unterhaus am 12. November 1940 erklärte Churchill:

Es war Neville Chamberlains Schicksal, in einer der größten Weltkrisen von den Ereignissen widerlegt, in seinen Hoffnungen enttäuscht und von einem bösen Mann betrogen und getäuscht zu werden. Aber worin bestanden diese enttäuschten Hoffnungen, diese vereitelten Wünsche, dieses mißbrauchte Vertrauen? Sie gehörten sicherlich zu den edelsten und gütigsten Regungen des Menschenherzens – er liebte den Frieden, er schuftete für den Frieden, er kämpfte für den Frieden, er jagte hinter dem Frieden her, selbst unter großer Gefahr und jedenfalls unter äußerstem Verzicht auf Popularität und Ruhm.

Nachdem es ihm mißlungen war, England und Frankreich vom Kriege fernzuhalten, wandte Hitler am Nachmittag des 3. September seine Aufmerksamkeit militärischen Dingen zu. Er erließ seine streng geheime »Weisung Nr. 2 für die Kriegführung«. Trotz der Kriegserklärungen Englands und Frankreichs »[bleibt] das Ziel der deutschen Kriegführung zunächst die schnelle siegreiche Beendigung der Operationen gegen Polen ... Im Westen ist die Eröffnung der Feindseligkeiten dem Gegner zu überlassen ... Gegenüber England: Kriegsmarine. Angriffshandlungen sind freigegeben«. Die Luftwaffe sei nur dann gegen englische Seestreitkräfte einzusetzen, »wenn entsprechende englische Angriffsmaßnahmen zur Luft gegen gleiche Ziele erfolgt sind und besonders günstige Erfolgsaussichten vorliegen«. Darüber hinaus wurde die Umstellung der gesamten Wirtschaft »auf die Kriegswirtschaft« angeordnet[28].

Um 21 Uhr fuhren Hitler und Ribbentrop, jeder in einem eigenen Sonderzug, zum

Großen Hauptquartier im Osten ab. Doch vorher unternahmen sie noch zwei diplomatische Schritte. England und Frankreich befanden sich jetzt zwar im Kriegszustand mit Deutschland. Aber man mußte sich erkenntlich zeigen gegen die beiden anderen europäischen Großmächte, deren Unterstützung Hitlers Wagnis möglich gemacht hatte: Gegen das verbündete, freilich im letzten Augenblick abtrünnig gewordene Italien und gegen Sowjetrußland, das zwar dem deutschen Diktator mißtraute, ihn sich aber insofern verpflichtet hatte, als es ihm seinen Spieleinsatz als lohnenswert erscheinen ließ. Kurz vor Verlassen der Hauptstadt schickte Hitler einen weiteren Brief an Mussolini ab. Obwohl das Schreiben nicht völlig aufrichtig und auch nicht ganz frei von Täuschungen ist, bietet es doch den wahrscheinlich besten Einblick in Hitlers Geistesverfassung zu der Zeit, in der er zum ersten Mal die verdunkelte Hauptstadt des Dritten Reiches verließ, um die Rolle des Obersten Kriegsherrn zu übernehmen.

Duce! Ich danke Ihnen zunächst für ihren letzten Versuch einer Vermittlung. Ich wäre bereit gewesen anzunehmen, allerdings nur unter der Voraussetzung, daß sich eine Möglichkeit hätte finden lassen, mir gewisse Garantien zu geben für einen erfolgreichen Verlauf der Konferenz. Denn seit zwei Tagen sind die deutschen Truppen in einem teilweise außerordentlich schnellen Vormarsch in Polen begriffen. Es wäre unmöglich gewesen, die dabei gebrachten Blutopfer sich durch diplomatische Ränke wieder entwerten zu lassen.
Trotzdem glaube ich, daß ein Weg hätte gefunden werden können, wenn nicht England von vornherein entschlossen gewesen wäre, es unter allen Umständen zum Krieg kommen zu lassen. Ich bin vor der englischen Drohung nicht zurückgewichen, weil ich, Duce, nicht mehr daran glaube, daß der Friede länger als ein halbes oder sagen wir ein ganzes Jahr hätte aufrechterhalten werden können. Unter diesen Umständen hielt ich aber den jetzigen Zeitpunkt eines Widerstandes trotz allem für geeigneter ...
Die polnische Armee [wird] in ganz kurzer Zeit zusammenbrechen. Ob dieser schnelle Erfolg in ein oder zwei Jahren auch noch zu erzielen gewesen wäre, glaube ich bezweifeln zu müssen. England und Frankreich hätten ihren Verbündeten immerhin so weit aufgerüstet, daß die durchschlagende technische Überlegenheit der deutschen Wehrmacht nicht mehr so in Erscheinung hätte treten können. Ich bin mir bewußt, Duce, daß der Kampf, in den ich gehe, ein Kampf auf Leben und Tod ist ... Ich bin mir aber weiter bewußt, daß man einem solchen Kampf auf die Dauer nicht ausweichen kann, und daß man mit eisiger Überlegung den Augenblick des Widerstandes so wählen muß, daß die Wahrscheinlichkeit des Erfolges gewährleistet ist, und an diesen Erfolg, Duce, glaube ich felsenfest.

Dann folgte eine Ermahnung an den Duce.

Sie haben mir freundlicher Weise neulich zugesichert, daß Sie auf manchem Gebiet glauben helfen zu können. Ich nehme dies schon im voraus mit aufrichtigem Dank entgegen. Ich glaube aber weiter, daß – auch wenn wir jetzt getrennte Wege marschie-

ren – das Schicksal uns doch aneinander binden wird. Sollte das nationalsozialistische Deutschland von den westlichen Demokratien zerstört werden, würde auch das faschistische Italien einer schweren Zukunft entgegengehen. Ich war mir persönlich dieser Verbundenheit der Zukunft unserer beiden Regime stets bewußt, und ich weiß, daß Sie, Duce, genau so denken ...

Nach Aufzählung der ersten deutschen Siege in Polen schloß Hitler:

Im Westen werde ich mich defensiv verhalten. Frankreich kann hier zunächst sein Blut opfern. Es wird dann der Augenblick kommen, daß wir mit der ganzen Kraft der Nation uns auch dort dem Gegner stellen werden.
Nehmen Sie nochmals meinen Dank entgegen, Duce, für alle Ihre Unterstützungen, die Sie mir in der Vergangenheit gegeben haben und die ich bitte mir auch in Zukunft nicht versagen zu wollen.

Adolf Hitler[29].

Hitler beherrschte sich in seiner Enttäuschung darüber, daß Italien nicht einmal sein Wort einhielt, nachdem England und Frankreich in Erfüllung ihrer Verpflichtungen den Krieg erklärt hatten. Ein befreundetes, wenn auch nicht kriegführendes Italien konnte ihm immer noch nützlich sein.
Aber noch nützlicher konnte Rußland sein.
Schon am ersten Angriffstag hatte die Sowjetregierung, wie die deutschen Akten später enthüllten, der deutschen Luftwaffe einen außerordentlichen Dienst geleistet. Sehr früh am Morgen hatte der Generalstabschef der Luftwaffe, General Hans Jeschonnek, die deutsche Botschaft in Moskau angerufen und gesagt, er werde es sehr zu schätzen wissen, wenn der russische Rundfunksender in Minsk sich fortgesetzt melden würde, da das seinen Fliegern bei den Luftangriffen auf Polen die Orientierung erleichtern könnte. Am Nachmittag konnte Botschafter Schulenburg Berlin darüber unterrichten, daß die Sowjetregierung diesem Wunsch nachgekommen war. Die Russen erklärten sich damit einverstanden, daß sich der Sender während der Programmzeit sooft wie möglich meldete und sogar damit, die Sendezeit in Minsk um zwei Stunden zu verlängern, um der deutschen Luftwaffe die Nachtflüge zu erleichtern[30].
Aber als Hitler und Ribbentrop sich am Abend des 3. September anschickten, Berlin zu verlassen, hatten sie eine wesentlichere militärische Unterstützung seitens der Russen im Sinne. Um 18.50 Uhr ließ Ribbentrop ein *Citissime*-Telegramm an die Botschaft ins Moskau abgehen. Es begann mit der Bemerkung: »Für Behördenleiter oder dessen Vertreter persönlich. Verschlußsache. Selbst zu entziffern. Strengst geheim.«
Strengst geheim forderten die Deutschen die Sowjetunion auf, am Angriff gegen Polen teilzunehmen:

Erwarten bestimmt, polnische Armee in einigen Wochen entscheidend geschlagen zu haben. Wir würden dann das Gebiet, das in Moskau als deutsche Interessensphäre festgestellt wurde, militärisch besetzt halten. Natürlich müßten wir aber aus militärischen

Gründen auch weiter gegen diejenigen polnischen Streitkräfte vorgehen, die zu dieser Zeit in dem zur russischen Interessensphäre gehörigen polnischen Gebiet stehen.
Bitte dies mit Molotow sofort zu besprechen und dabei feststellen, ob es nicht von der Sowjetunion für geboten gehalten wird, daß russische Streitkräfte sich zur gegebenen Zeit gegen polnische Streitkräfte in russischer Interessensphäre in Bewegung setzen und dieses Gebiet ihrerseits in Besitz nehmen. Nach unserer Auffassung würde das nicht nur Entlastung für uns sein, sondern auch im Sinne Moskauer Abmachungen sowie im sowjetischen Interesse liegen[31].

Daß ein solcher zynischer Schritt der Sowjetunion für Hitler und Ribbentrop eine »Entlastung« sein würde, lag auf der Hand. Durch diesen Schritt ließen sich nicht nur bei der Teilung der Beute Mißverständnisse und Reibungen zwischen Deutschen und Russen umgehen, es ließ sich so auch ein Teil der Verantwortung für die Aggression gegen Polen auf die Sowjetunion abwälzen. Wenn man schon die Beute teilte, warum nicht auch die Schuld?

Der größte Pessimist unter den führenden deutschen Persönlichkeiten war an jenem Sonntagnachmittag nach Bekanntwerden der britischen Kriegserklärung Großadmiral Erich Raeder, Oberbefehlshaber der Kriegsmarine. Für ihn kam der Krieg vier oder fünf Jahre zu früh. Der »Z«-Plan der Kriegsmarine, durch den Deutschland eine der britischen einigermaßen ebenbürtige Flotte erhalten sollte, wäre erst 1944/45 vollendet worden. Aber man schrieb den 3. September 1939, und Raeder wußte, mochte auch Hitler nicht auf ihn hören, daß er weder genügend Überwasserschiffe noch U-Boote hatte, um Großbritannien wirksam zu bekämpfen.
Der Admiral vertraute seinem Tagebuch an:

Heute ist der Krieg mit England und Frankreich ausgebrochen, der Krieg, den wir nach bisherigen Versicherungen des Führers nicht vor 1944 zu erwarten brauchten. Der Führer glaubte bis zur letzten Minute, er könne vermieden werden, auch wenn dies eine Verschiebung der endgültigen Lösung der polnischen Frage bedeutet hätte ...
Was die Kriegsmarine anbelangt, so ist sie offenkundig in keiner Weise für das große Ringen mit Großbritannien ausreichend gerüstet ... Die U-Bootwaffe ist noch viel zu schwach, um sich kriegsentscheidend *auszuwirken. Außerdem sind die Überwasserstreitkräfte an Zahl und Stärke der britischen Flotte derart unterlegen, daß sie nichts anderes tun können als zeigen, daß sie tapfer zu sterben verstehen ...*[32].
Dennoch schlug am 3. September 1939, 21 Uhr, im Augenblick von Hitlers Abreise aus Berlin, die deutsche Kriegsmarine zu. Ohne Warnung torpedierte und versenkte U-30 etwa 300 Kilometer westlich der Hebriden das auf der Fahrt von Liverpool nach Montreal befindliche englische Passagierschiff *Athenia.* Von den 1400 Passagieren kamen 112, darunter 28 Amerikaner, ums Leben.
Der Zweite Weltkrieg hatte begonnen.

VIERTES BUCH

Der Krieg: Frühe Siege und Wendepunkt

XVIII

Polens Zusammenbruch

Am Vormittag des 5. September 1939, 10 Uhr, hatte General Halder eine Besprechung mit General von Brauchitsch, dem Oberbefehlshaber des Heeres, und General von Bock, dem Kommandeur der Heeresgruppe Nord. Nach einem Überblick über die Lage, wie sie sich ihnen zu Beginn des fünften Tages des deutschen Vormarsches in Polen darstellte, kamen sie zu dem Schluß, daß der Gegner, wie Halder sich in seinem Tagebuch ausdrückt, »praktisch geschlagen« sei.

Am Abend vorher hatte die Schlacht um den Korridor mit der Vereinigung der von Pommern aus operierenden 4. Armee General von Kluges mit der von Ostpreußen her vorgestoßenen 3. Armee General von Küchlers ihren Abschluß gefunden. In dieser Schlacht machte zum ersten Mal General Heinz Guderian mit seinen Panzern von sich reden. Voranstürmend nach Osten durch den Korridor, war er auf den Gegenangriff der Pomorska-Kavalleriebrigade gestoßen. Als der Verfasser wenige Tage später den Schauplatz besichtigte, erblickte er die Übelkeit erregenden Überreste der für den kurzen polnischen Feldzug symbolischen Metzelei.

Pferde gegen Panzer! Kavallerielanzen gegen Panzergeschütze! Bei all ihrem Mut, ihrer Tapferkeit und Tollkühnheit waren die Polen von der deutschen Übermacht einfach überwältigt worden. Zum erstenmal erlebten sie – und die Welt – den *Blitzkrieg:* den plötzlichen Überraschungsangriff, die über ihren Köpfen dröhnenden, aufklärenden, angreifenden, Feuer und Schrecken verbreitenden Jagd- und Bombenflugzeuge, die heulend herabstürzenden Stukas, die divisionenweise durchbrechenden und täglich 50 bis 60 km vorstoßenden Panzer, die schweren automatischen Schnellfeuergeschütze, die selbst auf den schlechten polnischen Straßen 50 km in der Stunde zurücklegten, die unglaubliche Schnelligkeit sogar der Infanterie, die riesige mittels eines komplizierten Funk-, Telefon- und Telegrafensystems gelenkte und koordinierte Armee von eineinhalb Millionen Mann. Es war ein monströser, mechanisierter Moloch, wie ihn die Welt noch nicht erlebt hatte.

Innerhalb 48 Stunden war die polnische Luftstreitmacht vernichtet. Ihre 500 Kampfflugzeuge wurden größtenteils schon auf den Flugplätzen am Boden zerstört, ehe sie überhaupt aufsteigen konnten; die Anlagen gingen in Flammen auf, und ein großer Teil des Bodenpersonals wurde getötet oder verwundet. Krakau, Polens zweitgrößte Stadt, fiel am 6. September. In der Nacht darauf floh die polnische Regierung von

Warschau nach Lublin. Am nächsten Tag traf Halder die ersten Vorbereitungen für die Verlegung von Truppen nach dem Westen, obwohl dort keinerlei Kampftätigkeit festzustellen war. Am Nachmittag des 8. September erreichte die 4. Panzerdivision die Vororte der polnischen Hauptstadt, während südlich davon Reichenaus aus Schlesien und der Slowakei heranrollende 10. Armee Kielce eroberte und Lists 14. Armee in Sandomierz, am Zusammenfluß von Weichsel und San, einrückte.

In einer Woche war die polnische Armee bezwungen worden. Der größte Teil ihrer 35 Divisionen – alles, was in der kurzen Zeit hatte mobilisiert werden können – war entweder zerschlagen oder durch die um Warschau sich schließende Umfassungsbewegung eingekesselt. Die Deutschen hatten nun nur noch die »zweite Phase« durchzuführen: die Schlinge um die eingekesselten, betäubten und desorganisierten polnischen Einheiten zusammenzuziehen, eine zweite, größere Umfassungsbewegung 150 km weiter östlich auszuführen und damit die im Westen von Brest-Litowsk und vom Bug verbliebenen polnischen Formationen einzuschließen.

Diese Phase begann am 9. September und endete am 17. September. Bocks Heeresgruppe Nord stieß mit ihrem linken Flügel nach Brest-Litowsk vor, das von Guderians 19. Panzerkorps am 14. erreicht und zwei Tage später genommen wurde. Am 17. September trafen Spähtrupps der Heeresgruppe Nord in Wlodawa, 75 km südlich von Brest-Litowsk, auf Lists 14. Armee, womit der zweite große Ring geschlossen wurde. Wie Guderian später schrieb, hörten die Gegenangriffe am 17. September endgültig auf. Abgesehen von wenigen Einheiten an der russischen Grenze waren alle polnischen Streitkräfte eingekesselt. Polnische Widerstandsnester im Dreieck von Warschau und nahe bei Posen hielten noch tapfer durch, doch war ihr Schicksal besiegelt. Die polnische Regierung – oder was von ihr noch übrig war – erreichte am 15. September, nachdem sie unaufhörlich von der deutschen Luftwaffe bombardiert und beschossen worden war, ein Dorf an der rumänischen Grenze. Für sie und die stolze Nation war alles vorüber – nur nicht für die todesmutigen Einheiten, die immer noch mit unglaublicher Standhaftigkeit weiterkämpften.

Nunmehr war es für die Russen an der Zeit, in das geschlagene Land einzurücken und sich ihren Anteil an der Beute zu nehmen.

RUSSISCHER EINMARSCH IN POLEN

Im Kreml war man – wie in allen anderen Regierungen – überrascht gewesen von der Schnelligkeit, mit der die deutschen Armeen über Polen hinwegfegten. Am 5. September beantwortete Molotow schriftlich den Vorschlag Ribbentrops, Rußland möge Polen vom Osten her angreifen, und erklärte, dies werde »in einem geeigneten Zeitpunkt unbedingt« geschehen, doch sei »dieser Zeitpunkt noch nicht herangereift«. Er war der Ansicht, daß »durch Übereilung« der sowjetischen »Sache« geschadet werden könne, bestand aber auf »genauer« Einhaltung der im Geheimprotokoll des deutsch-sowjetischen

Paktes festgelegten Demarkationslinie [1]. Das Mißtrauen der Russen gegen die Deutschen war bereits offenkundig. Ebenso die im Kreml herrschende Auffassung, die deutsche Eroberung Polens könne einige Zeit in Anspruch nehmen.

Aber am 8. September, kurz nach Mitternacht, als eine deutsche Panzerdivision die Vororte von Warschau erreicht hatte, sandte Ribbentrop ein dringendes, »streng geheimes« Telegramm an Schulenburg in Moskau: »Militärische Operationen schreiten noch über unsere Erwartungen hinaus schnell vorwärts.« Unter diesen Umständen möchte die deutsche Regierung die militärischen Absichten der Sowjetregierung kennenlernen [2]. Am nächsten Tag, 15 Uhr, erwiderte Molotow, »daß die sowjetische militärische Aktion noch in diesen Tagen erfolgen« werde. In der Nacht vorher hatte er die Deutschen offiziell zu dem »Einzug deutscher Truppen in Warschau« beglückwünscht [3].

Am 10. September indes traf Schulenburg auf einen zurückhaltenderen Molotow. Der russische Außenkommissar erklärte, die Sowjetregierung sei »durch unerwartet schnelle deutsche militärische Erfolge völlig überrumpelt worden«. Daher sei die Sowjetunion in eine »schwierige Lage« geraten. Und dann spielte er auf den Vorwand an, den der Kreml für seine eigene Aggression gegen Polen würde angeben müssen. Dieser bestand darin, wie Schulenburg *citissime* und »streng geheim« nach Berlin drahtete,

daß Polen auseinanderfalle und Sowjetunion infolgedessen genötigt sei, den von Deutschland »bedrohten« Ukrainern und Weißrussen zu Hilfe zu kommen. Mit dieser Begründung solle den Massen das Eingreifen der Sowjetunion plausibel gemacht und gleichzeitig vermieden werden, daß Sowjetunion als Angreifer erscheint.

Sodann beschwerte sich Molotow über eine DNB-Meldung, »wonach gemäß Erklärung des Generalobersten Brauchitsch Kriegshandlungen an deutscher Ostgrenze nicht mehr notwendig seien«. Wenn dem so wäre, wenn also der Krieg beendet sei, »könne Sowjetunion nicht einen ›neuen Krieg‹ beginnen«. Molotow war wegen der ganzen Situation sehr ungehalten [4]. Noch verwickelter wurden die Dinge, als man Schulenburg am 14. September im Kreml mitteilte, »daß Bereitschaft Roter Armee schneller erreicht worden sei als erwartet«, und wissen wollte, wann Warschau eingenommen werde. Um ihr Vorgehen zu »untermauern«, müßten die Russen bis zum Fall der polnischen Hauptstadt warten [5].

Die von Molotow gestellten Fragen brachten die Deutschen in einige Verlegenheit. Wann Warschau fallen würde? Und als Motivierung des russischen Eingreifens, daß Deutschland die in Polen lebenden Ukrainer und Weißrussen bedrohe? Am Abend des 15. September drahtete Ribbentrop an Schulenburg, Molotow folgendes auszurichten: Warschau werde »in den allernächsten Tagen« besetzt werden. Deutschland begrüße es, »daß die Sowjetregierung nunmehr militärisch eingreifen wird«. Doch als Grund der sowjetischen Aktionen eine Bedrohung der ukrainischen und weißrussischen Bevölkerung durch Deutschland anzugeben, »wäre in der Tat unmöglich ... Eine derartige Motivierung ... würde sachlich den wahren deutschen Absichten ... widersprechen, würde ferner mit den in Moskau getroffenen Abmachungen unvereinbar sein und würde endlich ... die beiden Staaten vor der Welt als Gegner in Erscheinung treten lassen«. Abschließend bat Ribbentrop die Sowjetregierung, »nunmehr Tag und Stunde« ihres Einmarsches in Polen mitzuteilen[6].

Das geschah am Abend des nächsten Tages. Wie es geschah und wie hinterhältig dabei der Kreml vorging, offenbaren zwei Depeschen Schulenburgs.

Habe heute 18 Uhr Auftrag bei Molotow ausgeführt [drahtete Schulenburg am 16. September]. Molotow erklärte, daß militärisches Eingreifen Sowjetunion unmittelbar bevorstände. Vielleicht sogar schon morgen oder übermorgen. Stalin befände sich zur Zeit in einer Beratung mit den militärischen Führern ...

Molotow fügte hinzu ..., Sowjetregierung beabsichtige ihr Vorgehen wie folgt zu begründen: polnischer Staat sei zerfallen und existiere nicht mehr, damit seien sämtliche mit Polen geschlossenen Verträge hinfällig; dritte Mächte könnten versuchen, aus dem entstandenen Chaos Vorteile herauszuschlagen; Sowjetunion fühle sich verpflichtet, zum Schutze ihrer ukrainischen und weißrussischen Brüder einzugreifen und dieser unglücklichen Bevölkerung Möglichkeit zu ruhiger Arbeit zu verschaffen.

Da nur Deutschland die »dritte Macht« sein konnte, erhob Schulenburg Einwände.

Molotow gab zu, daß die von der Sowjetregierung beabsichtigte Formulierung für das deutsche Empfinden einen kleinen Schatten enthalte, bat aber im Hinblick auf die schwierige Lage der Sowjetregierung, über diesen Strohhalm nicht zu stolpern. Sowjetregierung sehe für eine andere Motivierung leider keine Möglichkeit, da die Sowjetunion sich bisher um die Lage ihrer Minderheiten in Polen nicht bekümmert habe und ihr jetziges Eingreifen nach außen irgendwie begründen müsse[7].

Am 17. September, 5.20 Uhr, gab Schulenburg ein weiteres Telegramm nach Berlin auf:

Stalin empfing mich um 2 Uhr nachts ... und erklärte, daß Rote Armee heute morgen 6 Uhr Sowjetgrenze ... überschreiten würde ... Sowjetische Flugzeuge würden schon heute anfangen, Gegend östlich von Lemberg zu bombardieren.

Stalin vorlas mir Note, die noch in dieser Nacht Polnischem Botschafter übergeben ... und sodann veröffentlicht werden soll ... Mir vorgelesener Entwurf enthielt drei für uns unannehmbare Stellen. Auf meine Einwände änderte Stalin den Wortlaut bereitwilligst ... ab[8].

So geschah es, daß die Sowjetunion unter dem schäbigen Vorwand, der polnische Staat existiere nicht mehr, und infolgedessen sei der polnisch-sowjetische Nichtangriffspakt hinfällig, weshalb sie ihre Interessen und die der ukrainischen und weißrussischen Minderheiten schützen müsse, am Morgen des 17. September ein bereits am Boden liegendes Polen zu überrennen begann. Das Unrecht mit Hohn krönend, teilte man dem polnischen Botschafter in Moskau mit, Rußland werde sich im polnischen Konflikt streng neutral verhalten! Am Tage darauf, dem 18. September, begegneten sich sowjetische und deutsche Truppen in Brest-Litowsk, wo genau 21 Jahre vorher eine frischgebackene bolschewistische Regierung sich über die Bindungen ihres Landes mit dem Westen hinwegsetzte und von der deutschen Armee sehr harte Bedingungen für einen Separatfrieden entgegennahm und akzeptierte.

Und doch waren die Russen, mochten sie auch jetzt, bei der Austilgung des alten Polen von der Landkarte, Hitler-Deutschlands Komplicen sein, ihren neuen Genossen gegenüber sofort mißtrauisch. Im Verlauf seiner Unterredung mit dem deutschen Botschafter am Vorabend der sowjetischen Aggression hatte Stalin Zweifel darüber geäußert, »ob sich deutsches Oberkommando ... an Moskauer Abmachungen halten und auf vereinbarte Linie ... zurückgehen würde«. Offenbar gelang es dem Botschafter nicht ganz, Stalin zu beschwichtigen. Er drahtete nach Berlin: »Mit Rücksicht auf Stalins bekanntes Mißtrauen wäre ich dankbar, wenn ich erneut zu einer Erklärung ermächtigt würde, die geeignet wäre, seine letzten Zweifel zu zerstreuen[9].« Am folgenden Tage ermächtigte Ribbentrop den Botschafter telegrafisch, »Herrn Stalin zu sagen ..., daß die Abmachungen, die ich im Auftrage des Führers in Moskau getroffen hätte, selbstverständlich gehalten und von uns als das Fundament der neuen freundschaftlichen Beziehungen zwischen Deutschland und der Sowjetunion angesehen würden[10]«.

Dennoch blieb eine Spannung zwischen den beiden unnatürlichen Partnern bestehen. Zu einer Meinungsverschiedenheit kam es am 17. September wegen eines gemeinsamen Kommuniqués, das die deutsch-russische Vernichtung Polens »begründen« sollte. Stalin wandte gegen den deutschen Entwurf ein, daß er »den Tatbestand mit allzu großer Offenheit darlege«. Er verfaßte dann einen eigenen Entwurf, eine meisterlich formulierte Scheinmotivierung, die er den Deutschen aufzwang. Es hieß darin, das gemeinsame Ziel Deutschlands und Rußlands sei, »in Polen Ordnung und Ruhe herzustellen, die durch den Zerfall des polnischen Staates zerstört wurden, und der Bevölkerung Polens zu helfen, die Bedingungen seines staatlichen Daseins neu zu regeln«. An Zynismus gab Stalin Hitler nichts nach.

Zunächst scheinen beide Diktatoren zur Beschwichtigung der Weltöffentlichkeit die Errichtung eines polnischen Rumpfstaates nach dem Muster von Napoleons Großherzogtum Warschau erwogen zu haben. Doch am 19. September verriet Molotow, daß die Bolschewisten dabei Hintergedanken hatten. Nachdem er sich bei Schulenburg ärgerlich darüber beschwert hatte, daß die deutschen Generale versuchten, Gebiete zu besetzen, die zur russischen Interessensphäre gehörten, und damit die Moskauer Abmachungen außer acht ließen, kam er auf den Hauptpunkt zu sprechen.

Dabei ließ Molotow durchblicken [telegrafierte Schulenburg nach Berlin], daß bei der Sowjetregierung und bei Stalin persönlich ursprünglich vorhandene Neigung, ein restliches Polen bestehen zu lassen, jetzt der Tendenz gewichen sei, Polen entlang der Linie Pissa-Narew-Weichsel-San aufzuteilen. Die Sowjetregierung wünscht, hierüber sofort in Verhandlungen einzutreten[11].

So waren es die Russen, von denen die Initiative zur vollständigen Teilung Polens und zur Verweigerung jeglicher Form staatlichen Eigenlebens für das polnische Volk ausging. Aber die Deutschen brauchten zu einer Zustimmung nicht gedrängt zu werden. Am 23. September ließ Ribbentrop durch Schulenburg dem russischen Außenminister sagen: »Die russischen Gedankengänge einer Grenzziehung entlang der bekannten Vierflußlinie decken sich im allgemeinen auch mit der Auffassung der Reichsregierung.« Ribbentrop erbot sich, wieder nach Moskau zu fliegen und dort wegen der Einzelheiten dieser Grenzziehung sowie über »die endgültige Gestaltung des polnischen Raumes« zu verhandeln[12].

Stalin nahm jetzt die Verhandlungen persönlich in die Hand, wobei seine deutschen Verbündeten – ebenso wie später seine englischen und amerikanischen – erleben sollten, welch zäher, zynischer, opportunistischer Verhandlungspartner er war. Er ließ Schulenburg am 25. September, 20 Uhr, in den Kreml kommen, und nach der Unterredung machte der Botschafter Berlin auf ein paar rauhe Tatsachen aufmerksam.

Stalin erklärte ..., ihm erscheine die Belassung eines selbständigen Restpolens abwegig. Er mache nunmehr folgenden Vorschlag: Von dem östlich der Demarkationslinie gelegenen Gebiet solle unserem Teil die gesamte Woiwodschaft Lublin und der Teil der Woiwodschaft Warschau bis zum Bug hinzugeschlagen werden. Dafür möchten wir auf Litauen verzichten.

Stalin [fügte hinzu], daß Sowjetunion im Falle unseres Einverständnisses sofort an die Lösung des Problems der baltischen Staaten gemäß [Geheim-]Protokoll vom 23. August herantreten würde und dabei einwandfreie Unterstützung durch die Deutsche Regierung erwarte. Stalin sprach ausdrücklich von Estland, Lettland und Litauen, erwähnte aber nicht Finnland[13].

Das war ein schlauer, brutaler Schachzug. Stalin bot für die baltischen Staaten zwei polnische Provinzen an, die die Deutschen bereits erobert hatten. Den großen Dienst, den er Hitler geleistet hatte, indem er ihm den Angriff auf Polen ermöglichte, nutzte Stalin aus, um für Rußland herauszuholen, was er konnte. Zudem war es die große Masse der polnischen Bevölkerung, die er Deutschland überantworten wollte. Als Russe wußte er auf Grund jahrhundertelanger Erfahrungen, daß die Polen den Verlust ihrer Unabhängigkeit niemals friedlich hinnehmen würden. Mochten sich die Deutschen ihretwegen Kopfschmerzen machen! Unterdessen würde er die baltischen Staaten nehmen, die nach dem Ersten Weltkrieg von Rußland losgelöst worden waren und die dank ihrer geographischen Lage der Sowjetunion starken Schutz gegen einen Überraschungsangriff ihres deutschen Verbündeten boten.

Ribbentrop traf in Moskau am 27. September, 18 Uhr, ein. Ehe er sich in den Kreml begab, hatte er Zeit, zwei Telegramme aus Berlin zu lesen, die ihn über die russischen Absichten unterrichteten. Darin wurden ihm Meldungen des deutschen Gesandten in Reval übermittelt: Soeben habe er von der estnischen Regierung erfahren, daß die Sowjetunion Militär- und Luftstützpunkte in Estland fordere, wodurch »ganze Existenz des [estnischen] Staatswesens auf ernsteste bedroht« sei[14]. Noch spät in der Nacht, nach einer langen Besprechung mit Stalin und Molotow, telegrafierte Ribbentrop an Hitler, man werde »in der gleichen Nacht« einen Pakt abschließen, demzufolge zwei Divisionen der Roten Armee und eine Luftbrigade »auf estnischem Boden vorgehen [werden], ohne jedoch im Augenblick estnisches Regierungssystem abzuschaffen«. Aber der in solchen Dingen erfahrene Führer wußte, wie rasch der Augenblick für Estland vergehen würde. Schon am nächsten Tag wurde Ribbentrop unterrichtet, daß Hitler die Evakuierung von 86000 Volksdeutschen aus Estland *und* Lettland angeordnet habe[15].

Stalin hatte seine Rechnung präsentiert, und Hitler mußte sie, wenigstens zunächst einmal, begleichen. Und gleichzeitig mit Estland gab er auch Lettland auf, die nach dem deutsch-sowjetischen Pakt beide zur russischen Interessensphäre gehörten. Doch ehe der Tag vorüberging, gab er auch noch das an Deutschland angrenzende Litauen auf, das nach den Geheimklauseln des Paktes in der deutschen Interessensphäre lag.

In der Unterredung mit Ribbentrop, die am 27. September, 22 Uhr, begann und um 1 Uhr nachts endete, hatte Stalin die Deutschen vor die Wahl gestellt, sich entweder für die ursprüngliche Demarkationslinie entlang Pissa–Narew–Weichsel–San zu entscheiden, wobei Deutschland Litauen erhalte, oder aber Litauen den Russen zu überlassen und dafür einen größeren polnischen Gebietsteil (die Woiwodschaft Lublin und den östlichen Teil der Woiwodschaft Warschau) zu übernehmen, wobei fast die gesamte polnische Bevölkerung den Deutschen zufiele. Stalin setzte sich sehr für die zweite Lösung ein, und Hitler, dem Ribbentrop um 4 Uhr früh ein langes Telegramm schickte, war mit ihr einverstanden.

Die Aufteilung Osteuropas erforderte eine Menge komplizierter Einzeichnungen in Landkarten, und am Nachmittag des 28. September, nach dreieinhalbstündigem weiterem Verhandeln, dem sich noch ein Staatsbankett im Kreml anschloß, entschuldigten sich Stalin und Molotow, um mit einer nach Moskau beorderten lettischen Delegation zu konferieren. Ribbentrop ging unterdessen in die Oper, um sich einen Akt von »Schwanensee« anzusehen, und kehrte um Mitternacht zu weiteren Beratungen über Landkarten und andere Dinge zurück. Um 5 Uhr früh unterzeichnete er zusammen mit Molotow einen neuen Pakt, den »Deutsch-Sowjetischen Grenz- und Freundschaftsvertrag«, während Stalin wieder einmal »sichtlich befriedigt« strahlte, wie ein deutscher Beamter später berichtete[16]. Stalin hatte denn auch allen Grund dazu[17].

Der Vertrag selbst, der veröffentlicht wurde, legte die Grenze »der beiderseitigen Reichsinteressen im Gebiete des bisherigen Polnischen Staates« fest und stellte als Aufgabe der beiden Regierungen heraus, »in diesen Gebieten die Ruhe und Ordnung wiederherzustellen und den dort lebenden Völkerschaften ein ihrer völkischen Eigenart entsprechendes Dasein zu sichern«.

Aber es gab noch, wie schon in dem vorherigen deutsch-sowjetischen Pakt, »Geheimprotokolle« – und zwar drei, von denen zwei das Kernstück des Abkommens bildeten. In dem einen wurde Litauen der sowjetischen »Interessensphäre« zugeschlagen und die Woiwodschaft Lublin und der Ostteil der Woiwodschaft Warschau wurden der deutschen zugeschlagen. Das andere Protokoll lautete kurz und bündig:

Beide Teile werden auf ihren Gebieten keine polnische Agitation dulden, die auf die Gebiete des anderen Teiles hinüberwirkt. Sie werden alle Ansätze zu einer solchen Agitation auf ihren Gebieten unterbinden und sich gegenseitig über die hierfür zweckmäßigen Maßnahmen unterrichten.

So war Polen, wie vor ihm Österreich und die Tschechoslowakei, von der europäischen Landkarte verschwunden. Aber diesmal wurde Adolf Hitler bei der Auslöschung eines Staates unterstützt und begünstigt von der Union der Sozialistischen Sowjet-Republiken, die sich so lange als Schirmherr der unterdrückten Völker aufgespielt hatte. Es war die vierte Teilung Polens, die bei weitem rücksichtsloseste und unbarmherzigste. In jenem Geheimprotokoll vom 28. September waren Hitler und Stalin übereingekommen, in Polen ein Schreckensregime zur brutalen Unterdrückung der Polen, ihrer Kultur und ihres nationalen Eigenlebens einzuführen.

Hitler kämpfte und gewann den Krieg in Polen, aber der größere Gewinner war Stalin, dessen Truppen kaum einen Schuß abgaben[18]. Die Sowjetunion erhielt fast die Hälfte Polens, und ihrem Würgegriff wurden die baltischen Staaten ausgeliefert. Fester denn je riegelte sie Deutschland von dem ab, was auf lange Sicht Gegenstand seiner Hauptbestrebungen war und was es dringend benötigte, wenn es die britische Blockade überstehen wollte: vom ukrainischen Weizen und rumänischen Öl. Selbst das von Hitler gewünschte polnische Erdölgebiet von Borislav-Drohobycz beanspruchte Stalin, und zwar mit Erfolg, für sich. Gnädig willigte er ein, den Deutschen eine der Jahresproduktion des Gebietes entsprechende Ölmenge zu verkaufen.

Warum zahlte Hitler den Russen einen so hohen Preis? Er hatte freilich im August darin eingewilligt, um die Sowjetunion aus dem alliierten Lager und aus dem Krieg herauszuhalten. Aber er war im Einhalten von Abmachungen nie zimperlich gewesen, und jetzt, nachdem Polen durch unvergleichliche Leistungen der deutschen Waffen erobert worden war, hätte man von ihm erwarten können, daß er den Pakt vom 23. August über Bord werfen würde, wozu ihn auch die Armee drängte. Wenn Stalin dagegen protestierte, konnte Hitler ihn ja mit der mächtigsten Armee der Welt bedrohen, deren Schlagkraft der polnische Feldzug soeben erwiesen hatte. Doch konnte er es wirklich? Nicht, solange im Westen Engländer und Franzosen unter Waffen standen. Wollte er mit ihnen fertig werden, mußte er sich den Rücken frei halten. Das war der Grund – aus seinen späteren Äußerungen geht dies deutlich hervor –, weshalb er zuließ, daß Stalin einen solchen großen Gewinn einsteckte. Aber er vergaß, nunmehr sich der Westfront zuwendend, dem sowjetischen Diktator das rigorose Vorgehen nicht.

XIX

Sitzkrieg im Westen

An der Westfront hatte sich bisher nicht viel ereignet. Es war kaum ein Schuß gefallen. Der Mann auf der Straße begann vom »Sitzkrieg« zu sprechen. In den angelsächsischen Ländern sagte man *phony war*. An der Westfront lag, wie der englische General J. F. C. Fuller es formulierte, »die stärkste Armee der Welt [die französische] nicht mehr als 26 [deutschen] Divisionen gegenüber, hockte still und geschützt hinter Stahl und Beton, während ein bis zur Donquichotterie tapferer Verbündeter vernichtet wurde[1]«.
Waren die Deutschen davon überrascht? Kaum. Halders allererste Tagebucheintragung (14. August) enthält eine ausführliche Einschätzung der Lage im Westen für den Fall eines deutschen Angriffs auf Polen. Eine französische Offensive hielt er für »unwahrscheinlich«. Er war überzeugt, daß die französische Armee nicht durch Belgien marschieren würde, wenn Belgien dies nicht wollte. Er gelangte zu der Schlußfolgerung, daß Frankreich defensiv bleiben würde. Am 7. September, als das Schicksal der polnischen Armee bereits besiegelt war, befaßte sich Halder, wie erwähnt, mit Plänen zur Verlegung deutscher Divisionen nach dem Westen.
Am Abend dieses Tages machte er sich Notizen über das Ergebnis einer am Nachmittag zwischen Brauchitsch und Hitler geführten Besprechung:

Westfall noch nicht klar. Einiges zeichnet sich ab, daß man keinen Krieg will ... Franz. Kabinett hat nichts Heroisches. Auch aus England erste vage Stimmen der Erkenntnis.

Zwei Tage später erließ Hitler die »Weisung Nr. 3 für die Kriegführung«; sie ordnete Vorkehrungen für den Transport von Heeres- und Luftwaffeneinheiten aus Polen nach dem Westen an. Allerdings sollten diese nicht unbedingt kämpfen. »Auch nach der zaghaften Eröffnung der Feindseligkeiten durch England ... [und] Frankreich ... behalte ich mir die Genehmigung vor: a) für jede Überschreitung der deutschen Westgrenze zu Lande, b) für jedes Überfliegen der deutschen Westgrenze ..., c) für Luftangriffe gegen England[2].«
Mit dem französisch-polnischen Militärabkommen vom 19. Mai 1939 hatte Frankreich sich verpflichtet, am dritten Tage nach der allgemeinen Mobilmachung mit Offensivoperationen gegen begrenzte Ziele zu beginnen und, sobald sich die Hauptanstrengung der Deutschen gegen Polen entfalte, am 15. Tage nach der Mobilmachung eine Offensiv-

aktion mit dem Gros der französischen Streitkräfte zu unternehmen. Als der stellvertretende polnische Generalstabschef, Oberst Jaklincz, gefragt hatte, wieviele französische Truppen für diese Großoffensive zur Verfügung stehen würden, hatte General Gamelin von 35 bis 38 Divisionen gesprochen[3].

Aber am 23. August, als der deutsche Angriff gegen Polen unmittelbar bevorstand, hatte, wie wir sahen, der zaghafte französische Generalissimus seiner Regierung gesagt, an eine ernsthafte Offensive sei erst 1941/42 zu denken – wobei er noch, wie er hinzufügte, Unterstützung durch britische Truppen und amerikanische Materiallieferungen zur Voraussetzung machte.

In den ersten Kriegswochen konnten allerdings die Engländer nur erbärmlich wenig Truppen nach Frankreich schicken. Bis zum 11. Oktober, also drei Wochen nach Beendigung der Kämpfe in Polen, hatten sie dort vier Divisionen – 158 000 Mann – stehen. Churchill sprach von einem »symbolischen Beitrag«, und nach Fuller hatten die Briten bis zum 9. Dezember, an dem der erste Soldat, ein Korporal auf Patrouille, fiel, keine Verluste. »Ein so unblutiger Krieg«, bemerkt Fuller, »war seit den Schlachten von Molinella und Zaganora nicht dagewesen[4].«

Im Nürnberger Prozeß erklärten die deutschen Generale einstimmig, die westlichen Alliierten hätten durch ihre Untätigkeit während der Dauer des polnischen Feldzugs eine große Gelegenheit versäumt.

Der Erfolg in Polen [sagte General Halder] war nur durch fast völlige Entblößung unserer Westgrenze möglich. Hätten die Franzosen die Lage richtig eingeschätzt und die Bindung der Wehrmacht in Polen ausgenützt, dann wären sie in der Lage gewesen, den Rhein zu überschreiten, ohne daß wir es hätten verhindern können, und das Ruhrgebiet zu bedrohen, das der entscheidendste Faktor bei der deutschen Kriegführung war[5].

Wenn wir nicht schon im Jahre 1939 zusammenbrachen [sagte General Jodl], so kommt das nur daher, daß die rund 110 französischen und englischen Divisionen im Westen sich während des Polenfeldzuges gegenüber den 23 deutschen Divisionen völlig untätig verhielten[6].

Und General Keitel, Chef des OKW, fügte hinzu,

daß wir Soldaten mit dem Angriff der Westmächte, also Frankreich, während des Polenkrieges selbstverständlich immer gerechnet hatten, und daß wir äußerst überrascht waren, daß eigentlich im Westen ... tatsächlich sich nichts ereignete ... Ein französischer Angriff [wäre] während des Polenkrieges auf einen deutschen militärischen Schleier gestoßen, aber nicht auf Abwehr[7].

Warum unternahm die französische Armee, die den deutschen Streitkräften im Westen so stark überlegen war, nicht die von General Gamelin und der französischen Regierung schriftlich zugesagte Offensive?

Dafür gab es mancherlei Gründe: der Defätismus bei Oberkommando, Regierung und Volk; die Erinnerung an die schweren Verluste im Ersten Weltkrieg und die Ent-

schlossenheit, es wenn möglich nicht wieder zu einem solchen Ausbluten kommen zu lassen; die Mitte September infolge der raschen Zerschlagung der polnischen Armeen sich einstellende Erkenntnis, daß die Deutschen bald imstande sein würden, überlegene Streitkräfte nach dem Westen zu werfen und damit irgendwelche Anfangserfolge der Franzosen wahrscheinlich rückgängig zu machen; die Angst vor deutscher Waffen- und Luftüberlegenheit. Die französische Regierung hatte sogar aus Furcht vor Vergeltungsluftangriffen auf französische Industriewerke von Anfang an darauf bestanden, daß die RAF keine Ziele in Deutschland bombardiere. Dabei würde sich wahrscheinlich eine konzentrische Bombardierung des Ruhrgebiets für Deutschland verhängnisvoll ausgewirkt haben. Sie war in jenem September die einzige große Sorge der deutschen Generale, wie viele von ihnen später zugaben.
Grundsätzlich hat wohl Churchill die beste Antwort auf die Frage gegeben, warum Frankreich Deutschland nicht im September 1939 angriff: »Diese Schlacht«, schrieb er, »war schon Jahre vorher verloren worden[8].« Nämlich 1935, als Hitler entgegen den Versailler Bestimmungen die allgemeine Wehrpflicht wieder einführte, 1936 zur Zeit der Rheinlandbesetzung und 1938 in München. Nunmehr mußte der Preis für das betrübliche Nichthandeln der Alliierten bezahlt werden, wiewohl man in Paris und London geglaubt zu haben scheint, das Bezahlen ließe sich durch Untätigkeit irgendwie umgehen.

Zur See jedoch war man nicht untätig.
Der deutschen Kriegsmarine hatte Hitler, im Gegensatz zu den Armeen im Westen, Angriffshandlungen freigegeben. In der ersten Kriegswoche versenkte sie elf englische Schiffe mit einer Gesamttonnage von 64 595 t. Das war fast die Hälfte der Tonnageverluste, die die deutsche U-Bootkriegführung im April 1917 wöchentlich Großbritannien zugefügt und wodurch sie England an den Rand der Katastrophe gebracht hatte. In den folgenden Wochen ging die Versenkungsziffer rapid zurück: 53 561 t in der zweiten Woche, 12 750 t in der dritten und nur 4 646 t in der vierten. Insgesamt gingen im September 26 Schiffe mit zusammen 135 552 t durch U-Boote und drei Schiffe mit insgesamt 16 488 t durch Minen verloren[9].
Für den starken Rückgang der Versenkungen gab es einen – den Engländern unbekannten – Grund. Am 7. September hatte Admiral Raeder eine lange Besprechung mit Hitler. Hochbeglückt über seine ersten Siege in Polen und die Untätigkeit der Franzosen im Westen, gab Hitler der Kriegsmarine Anweisung, langsamer vorzugehen. Es zeige sich, daß die Franzosen »politisch und militärisch zurückhaltend« seien und die Engländer »zögerten«. In Anbetracht dessen sollten die U-Boote alle Passagierschiffe ohne Ausnahme verschonen und französische Schiffe überhaupt nicht angreifen. Und die Schlachtschiffe *Deutschland* und *Graf Spee* sollten vorerst in ihren Operationsgewässern im Nord- bzw. Südatlantik »abwarten«. Die »allgemeine Politik«, schrieb Raeder in sein Tagebuch, gehe dahin, »Zurückhaltung zu üben, bis die politische Lage im Westen sich geklärt hat, was noch etwa eine Woche dauern wird[10]«.

DIE VERSENKUNG DER »ATHENIA«

In Hitlers Besprechungen mit Raeder am 7. September wurde noch ein anderer Beschluß gefaßt, über den der Admiral vermerkte: »Fall *Athenia* soll erst nach Rückkehr der U-Boote geklärt werden.«

Der Krieg zur See hatte, wie erwähnt, zehn Stunden nach Englands Kriegserklärung mit der Versenkung des britischen Passagierschiffs *Athenia* begonnen. Nach den ersten Berichten aus London erkundigte sich das deutsche Propagandaministerium im OKM, wo ihm gesagt wurde, in der Nähe der Hebriden kreuze kein U-Boot. Prompt dementierte es, daß das Schiff von Deutschen versenkt worden sei. Die Schiffskatastrophe brachte Hitler und das OKM in größte Verlegenheit, und zunächst schenkten sie den britischen Meldungen keinen Glauben. Alle U-Bootkommandanten waren angewiesen worden, sich streng an die Haager Konvention zu halten, nach der kein Schiff ohne vorherige Warnung angegriffen werden durfte. Da sämtliche U-Boote Funkstille zu wahren hatten, bestand keine Möglichkeit, den Vorfall sofort zu untersuchen [11]. Das hinderte aber die gelenkte deutsche Presse nicht daran, nach Ablauf weniger Tage zu behaupten, die Engländer hätten ihr Schiff selber torpediert, um die Vereinigten Staaten in den Krieg hineinzuziehen.

Die Wilhelmstraße machte sich in der Tat Sorge um die amerikanische Reaktion, da bei der Schiffskatastrophe 28 amerikanische Staatsbürger ums Leben gekommen waren. Am Tage nach der Versenkung ließ Weizsäcker den amerikanischen Geschäftsträger, Alexander Kirk, zu sich bitten und bestritt ihm gegenüber, daß ein deutsches U-Boot etwas damit zu tun habe. Am Abend desselben Tages suchte Weizsäcker Raeder auf und erinnerte ihn daran, daß die Versenkung der *Lusitania* im Ersten Weltkrieg zum Kriegseintritt Amerikas beigetragen habe und daß alles getan werden müsse, um eine Herausforderung der Vereinigten Staaten zu vermeiden. Der Admiral versicherte ihm, daß kein deutsches U-Boot in die Angelegenheit verwickelt sein könne [12].

Auf Ribbentrops Drängen bat Admiral Raeder den amerikanischen Marineattaché am 16. September zu sich und erklärte, inzwischen seien Meldungen von allen U-Booten eingegangen, »wonach endgültig feststeht, daß der Dampfer *Athenia* von keinem deutschen U-Boot versenkt worden ist«. Er bat, dies der amerikanischen Regierung mitzuteilen, was der Attaché umgehend tat [13].

Der Großadmiral hatte indessen nicht ganz die Wahrheit gesagt. Von den am 3. September ausgelaufenen U-Booten waren noch nicht alle zurückgekehrt. Darunter U-30 mit seinem Kommandanten Lemp, der erst am 27. September in heimischen Gewässern eintraf. Er wurde von Admiral Dönitz, dem Befehlshaber der U-Boote, am Dock empfangen, und dieser enthüllte in Nürnberg die Wahrheit über die Versenkung der *Athenia:* Er habe Oberleutnant Lemp, der darum bat, ihn privat sprechen zu dürfen, sofort angesehen, daß er etwas auf dem Herzen gehabt habe. Lemp habe dann umunwunden erklärt, er hätte ein Schiff versenkt, das er für einen Hilfskreuzer gehalten und später durch Rundfunkmeldungen als die *Athenia* identifiziert habe.

Ich schickte Lemp sofort im Flugzeug zur Meldung bei der SKL [Seekriegsleitung] nach Berlin ... Noch am gleichen Tag oder am Morgen darauf erhielt ich eine Weisung von Kapitän zur See Fricke:
1. Die Sache sei absolut geheimzuhalten.
2. Das OKM halte ein Kriegsgerichtsverfahren nicht für erforderlich, denn ihm genüge, daß der Kapitän in gutem Glauben gehandelt habe.
3. Politische Erklärungen oblägen dem OKM.
An dem politischen Geschehen, wobei der Führer behauptete, die Athenia *sei nicht von einem U-Boot versenkt worden, hatte ich keinerlei Anteil*[14].

Anteil aber nahm Dönitz – der die Wahrheit längst vermutet haben muß, denn sonst würde er das rückkehrende U-30 nicht am Dock empfangen haben – an der Änderung des Logbuches des U-Bootes und an der Unterdrückung der Wahrheit. Wie er nämlich in Nürnberg eingestand, ordnete er selbst die Entfernung aller Erwähnungen der *Athenia* aus dem U-30-Logbuch an und beseitigte sie auch aus seinem eigenen Tagebuch. Er ließ die Mannschaft schwören, absolutes Stillschweigen zu bewahren[15].
Fraglos gab es während des Krieges bei den militärischen Führungsstäben aller Nationen Unangenehmes zu verbergen, und es war verständlich, wenn nicht gar richtig, daß Hitler, wie Admiral Raeder in Nürnberg aussagte, darauf beharrte, die *Athenia*-Affäre geheimzuhalten, zumal das OKM zunächst im guten Glauben eine deutsche Schuld abgestritten hatte und es in die größte Verlegenheit geraten wäre, dies später zuzugeben.
Aber Hitler ließ es nicht dabei bewenden. Am Sonntag, dem 22. Oktober, abends sprach Goebbels persönlich im Rundfunk und behauptete, Churchill habe die *Athenia* versenkt. Und am folgenden Tag brachte der *Völkische Beobachter* auf der ersten Seite und unter der Schlagzeile CHURCHILL VERSENKTE ATHENIA einen Artikel, wonach Churchill selbst eine Zeitbombe in den Schiffsraum hatte legen lassen. In Nürnberg stellte sich heraus, daß Hitler persönlich die Rundfunksendung und den Artikel bestellt hatte – und auch, daß Raeder, Dönitz und Weizsäcker, obwohl ihnen eine so schamlose Lüge äußerst peinlich war, nichts dagegen zu unternehmen wagten[16].
Diese Rückgratlosigkeit der Admirale und des angeblichen Gegners des Nationalsozialismus im Auswärtigen Amt, die auch den Generalen zu eigen war, wann immer der dämonische Kriegsherr den Bogen überspannte, sollte zu einem der dunkelsten Kapitel in der deutschen Geschichte führen.

HITLER MACHT FRIEDENSVORSCHLÄGE

»Heute abend ist in der Presse offen von Frieden die Rede«, steht in meinem Tagebuch am 20. September. »Alle Deutschen, mit denen ich heute sprach, sind fest überzeugt, daß in einem Monat Frieden ist. Sie sind in gehobener Stimmung.«
Am Tage vorher hatte ich Hitler in dem schönen alten Danziger Rathaus sprechen

hören, zum erstenmal seit seiner Reichstagsrede vom 1. September. Obwohl er zornig war, weil er seine Rede nicht in Warschau halten konnte, dessen Garnison immer noch tapfer durchhielt, und er giftig wurde, sooft er auf Großbritannien zu sprechen kam, spielte er doch auf Frieden an. »Ich habe keine gegen England und Frankreich gerichteten Kriegsziele«, notierte ich mir aus seiner Rede. »Ich sympathisiere mit dem französischen Poilu. Er weiß nicht, wofür er kämpft.« Dann berief er sich auf den Allmächtigen, »der nun unsere Waffen gesegnet hat, um anderen Völkern begreiflich zu machen, wie sinnlos dieser Krieg sein wird ..., und sie zum Nachdenken über die Segnungen des Friedens zu bringen«.

Am 26. September, dem Tage vor Warschaus Fall, eröffneten Presse und Rundfunk in Deutschland eine große Friedensoffensive. Ihr Tenor war, wie ich damals notierte: »Warum wollen Frankreich und England jetzt noch kämpfen? Es gibt nichts, wofür sie kämpfen könnten. Deutschland will im Westen nichts.«

Ein paar Tage später schloß sich Rußland, das sich anschickte, rasch seinen Anteil an der polnischen Beute zu verschlingen, der Friedensoffensive an. Zum Abschluß des deutsch-sowjetischen Grenz- und Freundschaftsvertrags, durch dessen geheime Zusatzprotokolle Osteuropa aufgeteilt wurde, unterzeichneten Molotow und Ribbentrop am 28. September eine tönende Friedenserklärung:

Nachdem die Deutsche Regierung und die Regierung der UdSSR ... die sich aus dem Zerfall des polnischen Staates ergebenden Fragen endgültig geregelt und damit ein sicheres Fundament für einen dauerhaften Frieden in Osteuropa geschaffen haben, geben sie übereinstimmend der Auffassung Ausdruck, daß es den wahren Interessen aller Völker entsprechen würde, dem gegenwärtig zwischen Deutschland einerseits und England und Frankreich andererseits bestehenden Kriegszustand ein Ende zu machen. Die beiden Regierungen werden deshalb ihre gemeinsamen Bemühungen ... darauf richten, dieses Ziel so bald wie möglich zu erreichen.

Sollten jedoch die Bemühungen der beiden Regierungen erfolglos bleiben, so würde damit die Tatsache festgestellt sein, daß England und Frankreich für die Fortsetzung des Krieges verantwortlich sind ...[17].

Wollte Hitler wirklich Frieden? Oder wollte er mit sowjetischer Hilfe den Krieg fortsetzen und die Verantwortung dafür den Westmächten zuschieben? Vielleicht war er selbst sich nicht ganz im klaren darüber.

Am 26. September hatte er ein langes Gespräch mit Dahlerus, der seine Friedensbemühungen keineswegs aufgegeben hatte. Zwei Tage vorher war der unermüdliche Schwede bei seinem alten Freund Ogilvie Forbes in Oslo gewesen, wohin der früher in der britischen Botschaft in Berlin tätige Botschaftsrat versetzt worden war. Dahlerus berichtete Hitler[18], Forbes habe ihm gesagt, die britische Regierung wünsche den Frieden. Nur »käme es auf eins an, nämlich wie die Engländer das Gesicht wahren könnten«.

»Wenn die Engländer tatsächlich Frieden wollen«, erwiderte Hitler, »können sie ihn in vierzehn Tagen bekommen, ohne dabei das Gesicht zu verlieren.«

Sie müßten sich jedoch mit der Tatsache abfinden, daß Polen sich nicht wieder erheben könne. Im übrigen sei er bereit, für das »restliche Europa« den *Status quo* und die »Sicherheit« Englands, Frankreichs, Hollands und Belgiens zu garantieren. Es folgte dann eine Diskussion darüber, wie die Friedensbesprechungen einzuleiten seien. Hitler schlug Mussolini vor. Dahlerus hielt die Königin von Holland für geeigneter, da sie »neutraler« sei. Der ebenfalls anwesende Göring meinte, es sollten sich Vertreter Englands und Deutschlands zunächst einmal heimlich in Holland treffen, und wenn sie dabei Fortschritte erzielten, könne die Königin beide Länder zu Waffenstillstandsbesprechungen auffordern. Hitler, der sich mehrmals über »Englands Friedenswillen« skeptisch äußerte, nahm schließlich das Angebot des Schweden an, »gleich am nächsten Tag nach England zu gehen, um Fühler in der angedeuteten Richtung auszustrecken«. Zum Abschied sagte Hitler zu Dahlerus, »daß die Engländer den Frieden haben könnten, sie müßten sich aber beeilen«.

Das war einer von Hitlers Gedankengängen. Seinen Generalen gegenüber offenbarte er einen anderen. Halder spricht in seiner Tagebucheintragung vom 25. September von der »Absicht des Führers, im Westen anzugreifen«. Am 27. September, einen Tag nachdem er Dahlerus versichert hatte, er wolle mit England Frieden schließen, berief Hitler die Oberbefehlshaber der Wehrmacht in die Reichskanzlei und teilte ihnen seinen Beschluß mit, »sobald wie möglich im Westen anzugreifen, da die britisch-französische Armee noch nicht vorbereitet sei«. Nach Brauchitsch gab er sogar den Angriffstermin an: 12. November[19]. Zweifellos war Hitler an diesem Tage durch die Nachricht von der Kapitulation Warschaus beschwingt. Wahrscheinlich glaubte er, zumindest Frankreich könne ebenso leicht auf die Knie gezwungen werden wie Polen, obwohl Halder, seinem Tagebuch zufolge, zwei Tage später Hitler erklärte, daß die Technik des polnischen Feldzugs im Westen gegen eine gut organisierte Armee nicht anzuwenden sei.

Vielleicht drang Ciano, der am 1. Oktober in Berlin war und sich lange mit dem Reichskanzler unterhielt, am tiefsten in Hitlers Gedankengänge ein. Der junge italienische Außenminister, der inzwischen die Deutschen gründlich verabscheute, jedoch den Schein wahren mußte, traf den Führer in zuversichtlicher Stimmung an. Während Hitler seine Pläne umriß, »trat ein düsterer Glanz in seine Augen«, bemerkt Ciano. Seine Eindrücke zusammenfassend, schrieb der Italiener:

Seinem Volk nach einem großen Ziel heute einen soliden Frieden anzubieten, ist vielleicht ein Ziel, das Hitler immer noch verlockt. Aber wenn er dafür etwas von dem opfern müßte, was er als die rechtmäßigen Früchte seines Sieges ansieht, möge es auch noch so geringfügig sein, dann würde er tausendmal lieber kämpfen[20].

Für mich, der ich am 6. Oktober im Reichstag saß und Hitlers Friedensappell anhörte, klang seine Rede wie eine abgespielte Grammophonplatte. Wie oft hatte ich ihn von diesem Podium aus nach seiner jeweils letzten Eroberung und im gleichen scheinbar ernsten, aufrichtigen Ton Vorschläge machen hören, die – wenn man über sein jüngstes Opfer hinwegsah – den Eindruck eines anständigen, vernünftigen Friedensangebots hervorriefen. Nicht anders war es an diesem sonnigen Herbsttag. Er hielt eine lange Rede voller Eloquenz und Heuchelei – eine der längsten, die er je in der Öffentlichkeit hielt. Aber gegen Ende, nach mehr als einstündiger, typischer Verzerrung geschichtlicher Tatsachen und einer prahlerischen Schilderung der deutschen Waffentaten in Polen – »diesem lächerlichen Staat« – kam er auf seine Friedensvorschläge und die Gründe dafür zu sprechen.

Ich habe es vor allem unternommen, das Verhältnis zu Frankreich zu entgiften und für beide Nationen tragbar zu gestalten ... Deutschland erhebt keine Forderungen mehr gegen Frankreich ... Ich habe es abgelehnt, das Problem Elsaß-Lothringen überhaupt auch nur zur Sprache zu bringen! ... Wohl aber habe ich ... an Frankreich immer nur einen Wunsch gerichtet, die alte Feindschaft für immer zu begraben und die beiden Nationen mit ihrer großen geschichtlichen Vergangenheit den Weg zueinander finden zu lassen ...

Und England?

Nicht geringer waren meine Bemühungen für eine deutsch-englische Verständigung, ja darüber hinaus für eine deutsch-englische Freundschaft ... Ich glaube aber auch heute noch, daß es eine wirkliche Befriedung in Europa und in der Welt nur geben kann, wenn sich Deutschland und England verständigen.

Und der Frieden?

Weshalb soll nun der Krieg im Westen stattfinden? Für die Wiederherstellung Polens? Das Polen des Versailler Vertrags wird niemals wieder erstehen ... Die endgültige Gestaltung dieses Raumes und die Frage der Wiederherstellung eines polnischen Staates sind Probleme, die nicht durch den Krieg im Westen gelöst werden, sondern ausschließlich durch Rußland ... und ... Deutschland ... Es [würde] eine Sinnlosigkeit sein, Millionen von Menschenleben zu vernichten und hunderte Milliarden an Werten zu zerstören, um etwa ein Gebilde wieder aufzurichten, das schon bei der seinerzeitigen Entstehung von allen Nichtpolen als Fehlgeburt bezeichnet worden war.
Was soll also sonst der Grund sein? ...
Soll dieser Krieg aber wirklich nur geführt werden, um Deutschland ein neues Regime zu geben ... dann werden Millionen Menschen zwecklos geopfert ... Nein, dieser Krieg im Westen regelt überhaupt kein Problem.

Probleme gäbe es indes eine ganze Menge zu lösen. Hitler verlas eine ganze Liste: »Herstellung eines polnischen Staates« (dabei hatte er sich bereits mit den Russen geeinigt, daß es keinen mehr geben solle); »Ordnung und Regelung des jüdischen Problems«; »dem Reich gebührende Kolonien«; Wiederbelebung des Welthandels; »Herstellung eines unbedingt garantierten Friedens«; Rüstungsbeschränkung; »Bestimmungen über Luft-, Gas- und U-Bootkriegsführung«; Regelung des Minderheitenproblems in Europa.

»Um dieses große Ziel zu erreichen«, schlug er eine Konferenz der führenden europäischen Nationen nach »gründlichster Vorarbeit« vor.

Es ist aber ... unmöglich [fuhr er fort], daß eine solche Konferenz, die das Schicksal gerade dieses Kontinents auf Jahrzehnte hinaus bestimmen soll, tätig ist unter dem Dröhnen der Kanonen oder auch nur unter dem Druck mobilisierter Armeen.
Wenn aber früher oder später diese Probleme doch gelöst werden müssen, dann wäre es vernünftiger, an diese Lösung heranzugehen, ehe erst noch Millionen an Menschen zwecklos verbluten ... Die Aufrechterhaltung des jetzigen Zustandes im Westen ist undenkbar. Jeder Tag wird steigende Opfer erfordern ... Das europäische Volksvermögen wird in Granaten zerbersten, und die Volkskraft wird auf den Schlachtfeldern verbluten.
...
Nur eins ist sicher: Es hat in der Weltgeschichte noch niemals zwei Sieger gegeben, aber oft nur Besiegte ... Mögen diejenigen Völker und ihre Führer nun das Wort ergreifen, die der gleichen Ansicht sind, und mögen diejenigen meine Hand zurückstoßen, die im Kriege die bessere Lösung sehen zu meinen glauben.

Er dachte dabei an Churchill.

Sollte aber die Auffassung der Herren Churchill und seines Anhangs erfolgreich bleiben, dann wird eben diese Erklärung meine letzte gewesen sein. Wir werden dann kämpfen. Ein November 1918 wird sich in der deutschen Geschichte nicht mehr wiederholen.

Mir erschien es höchst zweifelhaft, wie ich nach meiner Rückkehr vom Reichstag in mein Tagebuch schrieb, ob Engländer und Franzosen diese vagen Vorschläge »auch nur fünf Minuten lang erwägen würden«. Aber die Deutschen waren optimistisch. Aus den deutschen Geheimakten weiß man heute, daß die Wilhelmstraße zudem durch Berichte des spanischen und des italienischen Botschafters in Paris zu dem Glauben veranlaßt wurde, die Franzosen hätten keine Lust zur Fortsetzung des Krieges. Schon am 8. September hatte der spanische Botschafter Berlin den Tip gegeben, daß Bonnet »sich angesichts der großen Unpopularität des Krieges in Frankreich noch jetzt bemühe, [einen] Ausgleich zu finden, sobald Operationen in Polen beendet seien. Anzeichen sprächen dafür, daß er dieserhalb mit Mussolini in Verbindung stehe[21].«
Am 2. Oktober erhielt Weizsäcker von Attolico den neuesten Bericht des italienischen Botschafters in Paris: Die Mehrheit des französischen Kabinetts sei für eine Friedenskonferenz, und es ginge jetzt hauptsächlich darum, wie »England und Frankreich das Gesicht wahren könnten«. Ministerpräsident Daladier allerdings gehöre offenbar nicht zu dieser Mehrheit[22].
Das waren wertvolle Informationen. Am 7. Oktober nahm Daladier Stellung zu Hitlers Friedensangebot. Er erklärte, Frankreich werde die Waffen nicht eher niederlegen, bis »ein wahrer Friede und allgemeine Sicherheit« gewährleistet seien. Aber Hitler war mehr an einer Antwort Chamberlains gelegen. Am 10. Oktober, anläßlich der Eröff-

nung des *Winterhilfswerks*, betonte er in einer kurzen Sportpalastrede erneut seine »Friedensbereitschaft«. Für Deutschland, fügte er hinzu, »besteht kein Grund, gegen die Westmächte Krieg zu führen«.

Chamberlain anwortete am 12. Oktober. In einer Unterhauserklärung, die für das deutsche Volk, wenn nicht gar für Hitler eine kalte Dusche war, nannte Chamberlain Hitlers Vorschläge »vage und unbestimmt«. Sie enthielten »keine Andeutung darüber, wie das der Tschechoslowakei und Polen angetane Unrecht wiedergutgemacht werden soll«. Auf Versprechungen der »gegenwärtigen deutschen Regierung« könne man sich nicht verlassen. Wenn sie Frieden wünsche, müsse sie das durch »Taten, nicht allein durch Worte« zeigen. Er forderte »überzeugende Beweise« für Hitlers Friedenswillen. Der Mann von München ließ sich nicht mehr durch Hitlers Versprechungen täuschen. Am nächsten Tag, dem 13. Oktober, hieß es in einer amtlichen deutschen Verlautbarung, Chamberlain habe mit der Zurückweisung von Hitlers Friedensangebot vorsätzlich den Krieg gewählt. Nunmehr hatte Hitler seinen Vorwand.

Er hatte nämlich, wie wir heute aus den erbeuteten deutschen Akten wissen, mit seinen Vorkehrungen für einen baldigen Angriff im Westen nicht erst auf Chamberlains Antwort gewartet. Am 10. Oktober bestellte er die Oberbefehlshaber zu sich, las ihnen eine lange Denkschrift über Kriegs- und Weltlage vor und überfiel sie mit der »Weisung Nr. 6 für die Kriegführung[32]«.

Ende September hatte Hitlers beharrliche Forderung, sobald wie möglich im Westen anzugreifen, dem OKW Schrecken eingejagt. Brauchitsch, Halder und mehrere andere Generale hatten sich zusammengetan, um dem Führer zu beweisen, daß eine sofortige Offensive unmöglich sei. Es seien Monate erforderlich, sagten sie, um die in Polen eingesetzten Panzer zu überholen. General Thomas wies statistisch nach, daß Deutschland im Monat 600 000 t Stahl zu wenig produziere. General Stülpnagel, der Generalquartiermeister, berichtete, der Munitionsvorrat reiche nur für ein Drittel der Divisionen und für vierzehn Kampftage. Aber Hitler wollte auf seine Militärs nicht hören. General Jodl, nach Keitel der gefügigste Offizier im OKW, gab Halder den Wink, daß wegen des Widerstands der Armee gegen die Westoffensive »eine sehr ernste Krise« im Gange sei und daß der Führer erbittert wäre, weil die Soldaten ihm nicht folgten.

In dieser Situation berief Hitler am 10. Oktober, 11 Uhr, die Generale zu sich. Sie wurden nicht um Rat gefragt. Was sie zu tun hatten, sagte ihnen die am Tage vorher erlassene Weisung Nr. 6:

Sollte in der nächsten Zeit zu erkennen sein, daß England und unter dessen Führung auch Frankreich nicht gewillt sind, den Krieg zu beenden, so bin ich entschlossen, ohne lange Zeit verstreichen zu lassen, aktiv und offensiv zu handeln ...

Für die Weiterführung der militärischen Operationen befehle ich daher folgendes:

a) Am Nordflügel der Westfront ist durch den luxemburgisch-belgischen und holländischen Raum eine Angriffsoperation vorzubereiten. Dieser Angriff muß ... so frühzeitig als möglich geführt werden.

b) Zweck dieser Angriffsoperation ist es, möglichst starke Teile des französischen Operationsheeres, und die an seiner Seite fechtenden Verbündeten zu schlagen, und gleichzeitig möglichst viel holländischen, belgischen und nordfranzösischen Raum als Basis für eine aussichtsreiche Luft- und Seekriegsführung gegen England ... zu gewinnen.

... Die Herren Oberbefehlshaber bitte ich, mir auf Grund dieser Weisung ihre Absichten im einzelnen möglichst bald vorzutragen und mich über das OKW fortlaufend über den Stand der Vorbereitungen unterrichtet zu halten.

Die ebenfalls vom 9. Oktober datierte Denkschrift, die Hitler den Oberbefehlshabern vor Aushändigung der Weisung verlas, ist eine der eindrucksvollsten, die der frühere österreichische Gefreite jemals verfaßt hat. Sie zeigt nicht nur einen bemerkenswerten Sinn für Geschichte – vom deutschen Standpunkt aus betrachtet – und militärische Strategie und Taktik, sondern auch einen prophetischen Blick hinsichtlich der Entwicklung und Ergebnisse des Westfeldzuges. Der Kampf zwischen Deutschland und den Westmächten, der, wie er sagte, seit dem Westfälischen Frieden von 1648 und der Auflösung des Ersten Deutschen Reiches im Gange sei, müsse »so oder so einmal durchgestanden werden«. Allerdings sei nach dem großen Sieg in Polen »gegen eine Beendigung des Krieges nichts einzuwenden«, sofern die in Polen errungenen Erfolge »nicht in Frage gestellt« würden.

Der Zweck dieser Denkschrift ist es nun nicht, die in dieser Richtung liegenden Möglichkeiten zu untersuchen oder überhaupt auch nur zu berücksichtigen. Ich will mich in dieser Abhandlung ausschließlich mit dem anderen Fall beschäftigen, nämlich mit dem der notwendigen Fortführung des Kampfes ... Das deutsche Kriegsziel hat in der endgültigen militärischen Erledigung des Westens zu bestehen, d. h. in der Vernichtung der Kraft und Fähigkeit der Westmächte, noch einmal der staatlichen Konsolidierung und Weiterentwicklung des deutschen Volkes in Europa entgegentreten zu können.
Diese innere Zielsetzung muß allerdings der Welt gegenüber die von Fall zu Fall psychologisch bedingten propagandistischen Korrekturen erfahren ... Am Kriegsziel selbst ändert dies nichts. Es ist und bleibt die Vernichtung unserer westlichen Gegner.

Die Generale hatten sich dagegen gewandt, die Offensive im Westen zu überstürzen. Doch die Zeit, erklärte ihnen Hitler, arbeite für den Gegner. Die Siege in Polen seien möglich gewesen, weil Deutschland praktisch nur an einer Front gekämpft habe. Es habe auch jetzt nur eine Front – aber für wie lange noch?

Durch keinen Vertrag und durch keine Abmachung kann mit Bestimmtheit eine dauernde Neutralität Sowjetrußlands sichergestellt werden. Zur Zeit sprechen alle Gründe gegen ein Verlassen dieser Neutralität. In acht Monaten, in einem Jahr oder gar in mehr Jahren kann dies auch anders sein. Die größte Sicherheit vor irgendeinem russischen Eingreifen liegt ... in der raschen Demonstrierung der deutschen Kraft.

Was Italien angehe, so hinge die »Hoffnung auf eine Unterstützung Deutschlands... durch Italien« weitgehend davon ab, daß Mussolini am Leben bliebe und durch weitere deutsche Erfolge angereizt werde. Auch hier sei die Zeit ein bestimmender Faktor, ebenso bei Belgien und Holland, die durch England und Frankreich zur Aufgabe der Neutralität gezwungen werden könnten – und Deutschland könne es sich nicht leisten, bis dahin zu warten. Selbst in bezug auf die Vereinigten Staaten »ist die Zeit als gegen Deutschland arbeitend anzusehen«.

Ein langer Krieg, gab Hitler zu, berge für Deutschland große Gefahren in sich. Er zählte einige auf. Freundliche und unfreundliche neutrale Mächte (er scheint dabei hauptsächlich an Rußland, Italien und die USA gedacht zu haben) könnten, wie schon im Ersten Weltkrieg, auf die gegnerische Seite gezogen werden. Auch wäre es für Deutschland schwierig, »auf der begrenzten Ernährungs- und Rohstoff-Basis... die Mittel für die Kriegführung zu beschaffen«. Die größte Gefahr aber sei die Verletzlichkeit des Ruhrgebiets. Schläge gegen das Herz der deutschen Industrie müßten »früher oder später zum Zusammenbruch der deutschen Kriegswirtschaft und damit der Verteidigungskraft führen«.

Seitenlang befaßte sich Hitler in seiner Denkschrift mit der in Polen angewandten neuen Taktik des Panzer- und Lufteinsatzes, die, wie er ausführlich darlegte, auch im Westen angewandt werden könne. Die Hauptsache sei, einen Stellungskrieg wie 1914/18 zu vermeiden. Für die entscheidenden Durchbrüche müsse die Panzerwaffe eingesetzt werden.

Sie darf unter keinen Umständen in dem Gewirr der endlosen Häuserzeilen belgischer Städte verloren gehen. Es ist daher auch nicht wichtig, daß sie selbst eine Stadt angreift, sondern... die operative Vorwärtsbewegung des Heeres in Fluß hält bzw. durch das massierte Durchstoßen von als schwach erkannten Stellen eine Erstarrung der Fronten verhindert.

Das war eine unheimlich genaue Voraussage des Kriegsverlaufs im Westen. Wenn man diese Zeilen liest, fragt man sich, warum man auf alliierter Seite nicht zu ähnlichen Einsichten gelangt war.

»Als Angriffsfront« – auch dies gehörte zu Hitlers Strategie – »kommt nur« Luxemburg, Belgien und Holland »in Frage«. Zwei militärische Ziele seien zuerst ins Auge zu fassen: Vernichtung der Armeen Hollands, Belgiens, Frankreichs und Englands sowie Erringung von Stellungen an Kanal und Nordsee, von denen aus »der brutale Einsatz der Luftwaffe« gegen England erfolgen könne.

Vor allem müsse improvisiert werden, sagte er, wieder auf die Taktik zurückkommend:

Die Eigenart dieses Feldzuges kann dazu zwingen, im größten Ausmaß zu Improvisationen zu greifen, Abwehr- oder Angriffskräfte an einzelnen Stellen über das normale Durchschnittsverhältnis hinaus zu massieren (z. B. Panzer oder Panzerabwehr), an anderen sich dafür mit geringeren zu begnügen.

»Der Zeitpunkt des Angriffs«, erklärte Hitler seinen widerstrebenden Generalen, »ist unter allen Umständen – wenn nur irgend möglich – noch in diesen Herbst zu legen.«

Im Gegensatz zu den Generalen brauchten die Admirale nicht von Hitler zur Offensive angestachelt zu werden, obwohl ihre Flotte sich mit der britischen nicht messen konnte. Tatsächlich drängte Raeder während der letzten September- und ersten Oktobertage den Führer, der Kriegsmarine freie Bahn zu geben. Dies geschah schrittweise. Am 17. September torpedierte ein deutsches U-Boot südwestlich von Irland den englischen Flugzeugträger *Courageous.* Am 27. September befahl Raeder den Schlachtschiffen *Deutschland* und *Graf Spee*, mit dem Angriff auf die britische Schiffahrt zu beginnen. Bis Mitte Oktober versenkten sie sieben englische Handelsschiffe und brachten das amerikanische Schiff *City of Flint* als Prise auf.

Am 14. Oktober gelang es U-47 unter seinem Kommandanten Oberleutnant Günther Prien, in den großen britischen Flottenstützpunkt Scapa Flow einzudringen und das Schlachtschiff *Royal Oak* zu versenken, wobei 786 Mann ums Leben kamen. Es war eine beachtliche Leistung, die Goebbels weidlich für seine Propaganda ausschlachtete und die der Flotte erhöhtes Ansehen bei Hitler gab.

Die Generale jedoch blieben für ihn ein Problem. Trotz seiner langen, ausführlichen Denkschrift und der Weisung Nr. 6 zur sofortigen Vorbereitung einer Offensive im Westen machten sie Schwierigkeiten. Nicht, daß ihnen moralische Bedenken wegen der Verletzung der belgischen und holländischen Neutralität kamen; sie zweifelten ganz einfach an einem Erfolg zu *diesem* Zeitpunkt. Nur einer machte eine Ausnahme, soweit aus den Akten ersichtlich ist.

General Wilhelm Ritter von Leeb, Kommandeur der den Franzosen am Rhein und entlang der Maginotlinie gegenüberliegenden Heeresgruppe C, betrachtete nicht allein die Siegesaussichten im Westen mit Skepsis, er war gleichzeitig auch gegen eine Verletzung der belgischen und holländischen Neutralität, wenigstens teilweise aus moralischen Gründen. Am Tag nach Hitlers Besprechung mit den Generalen verfaßte Leeb eine lange Denkschrift, die er Brauchitsch und anderen Generalen zustellte. Die ganze Welt, schrieb er, werde sich gegen Deutschland wenden, wenn es zum zweitenmal innerhalb von 25 Jahren das neutrale Belgien angreife, gegen Deutschland, dessen Regierung noch vor wenigen Wochen feierlich gelobt habe, die Neutralität zu achten. Nachdem er im einzelnen die gegen einen Angriff im Westen sprechenden militärischen Gründe aufgeführt hatte, rief er zum Frieden auf: »Das ganze Volk sehnt sich nach Frieden[24].

Doch Hitler sehnte sich zu der Zeit nach Krieg, nach Kampf, und er hatte genug von der nach seiner Meinung unverzeihlichen Ängstlichkeit der Generale. Am 14. Oktober hielten Brauchitsch und Halder eine längere Beratung ab. Der Oberbefehlshaber des Heeres sah »drei Möglichkeiten: Angriff, abwarten, grundlegende Veränderungen«. Halder trug sie an diesem Tage in sein Tagebuch ein und erklärte nach dem Krieg, »grundlegende Veränderungen« hätten »die Beseitigung Hitlers« bedeutet. Aber Brauchitsch hielt eine solche drastische Maßnahme für »im Grunde negativ und Schwächemomente schaffend«. Sie kamen überein, daß für keine dieser drei Möglichkeiten »durchschlagende Aussichtsmöglichkeiten« vorhanden seien. Es bliebe nichts anderes, als weiter auf Hitler einzuwirken.

Brauchitsch sprach den Führer wieder am 17. Oktober, drang aber mit seinen Argumenten, wie er Halder berichtete, nicht durch. Die Lage sei »hoffnungslos«. Nach Halders Tagebucheintragung hatte Hitler Brauchitsch kurzangebunden gesagt: »Engländer erst nach Schlägen [verhandlungsbereit]. Man muß möglichst schnell hinkommen ... Frühestens zwischen 15. und 20. 11.«

Es gab dann noch mehrere Konferenzen mit dem Kriegsherrn, der am 27. November schließlich das letzte Wort in der Debatte sprach. Nach der feierlichen Verleihung des Ritterkreuzes des Eisernen Kreuzes an vierzehn Generale kam Hitler auf die Westoffensive zu sprechen. Als Brauchitsch einzuwenden versuchte, das Heer werde nicht vor dem 26. November bereitstehen, erwiderte Hitler, der Termin sei »viel zu spät«. Der Angriff habe am 12. November zu beginnen.

DIE ZOSSENER »VERSCHWÖRUNG«

Nunmehr hielten es die Verschwörer für an der Zeit, noch einmal aktiv zu werden. Brauchitsch und Halder standen vor der unerbittlichen Wahl, sich entweder für die dritte der von ihnen am 14. Oktober erwogenen Möglichkeiten – die Beseitigung Hitlers – zu entscheiden, oder eine Offensive im Westen vorzubereiten, von der sie glaubten, daß sie für Deutschland verhängnisvoll sein werde. Die »Verschwörer«, Militärs wie Zivilisten, drängten auf die erste Alternative.

Seit Kriegsbeginn hatten sie bereits eine Enttäuschung erlebt. General von Hammerstein, am Vorabend des Angriffs auf Polen vorübergehend wieder in Dienst gestellt, hatte ein Armeekommando im Westen erhalten. In der ersten Kriegswoche hatte er Hitler bedrängt, seiner Armee einen Besuch abzustatten, angeblich um ihm die Stärke der Westfront zu demonstrieren. In Wirklichkeit wollte Hammerstein, ein unversöhnlicher Gegner Hitlers, den Führer festnehmen. Fabian von Schlabrendorff hatte bereits Ogilvie Forbes am 3. September, an dem England den Krieg erklärte, bei einer kurzen Begegnung im Hotel *Adlon* in Hammersteins Plan eingeweiht. Aber Hitler hatte Verdacht geschöpft, den Besuch bei Hammersteins Armee abgesagt und diesem bald darauf den Laufpaß gegeben[25].

Die Verschwörer blieben weiter mit den Engländern in Verbindung. Nachdem es ihnen nicht gelungen war, Hitler an der Vernichtung Polens zu hindern, konzentrierten sie ihre Bemühungen darauf, die Ausdehnung des Krieges auf den Westen zu unterbinden. Die Zivilisten waren sich bewußt, daß mehr denn je die Armee die einzige Organisation im Reich war, die die Mittel besaß, Hitler zu bremsen. Ihre Macht und ihre Bedeutung waren mit der allgemeinen Mobilmachung und dem Blitzsieg in Polen enorm gewachsen. Aber ihre zahlenmäßige Erweiterung war auch, wie Halder den

Zivilisten klarzumachen versuchte, ein Handicap. Viele der einberufenen Reserveoffiziere waren fanatische Nationalsozialisten, und die Masse der Truppe stand stark unter ihrem Einfluß. Es wäre daher schwierig, erläuterte Halder, eine Formation zu finden, der man ein Vorgehen gegen Hitler anvertrauen könne.

Noch etwas anderes gaben die Generale zu bedenken, was von den Zivilisten vollauf gewürdigt wurde. Wäre es nicht möglich, daß Engländer und Franzosen sich die mit einer Revolte gegen Hitler einhergehende Verwirrung sowohl im Heer wie im Lande zunutze machten, Deutschland besetzten und ihm einen harten Frieden auferlegten – selbst wenn man sich des verbrecherischen Führers entledigt hätte? Es sei daher notwendig, in Kontakt mit den Engländern zu bleiben, um sicherzustellen, daß die Alliierten keinen solchen Vorteil aus einem deutschen Putsch ziehen würden.

Man benutzte mehrere Kanäle. Einen eröffnete Dr. Josef Müller, ein bekannter Münchener Anwalt und gläubiger Katholik, über den Umweg des Vatikans. Müller, ein Mann von großem Körperumfang und enormer Energie und Zähigkeit, trug seit seiner Jugend den Spitznamen »Ochsensepp«. Anfang Oktober war er unter Mitwissen von Oberst Oster von der Abwehr nach Rom gereist und hatte im Vatikan Verbindung zu dem britischen Gesandten am Heiligen Stuhl aufgenommen. Deutschen Quellen zufolge gelang es ihm, nicht nur die gewünschte englische Zusicherung zu erlangen, sondern auch das Einverständnis des Papstes, zwischen einem neuen nichtnationalsozialistischen deutschen Regime und England zu vermitteln[26].

Die andere Verbindung ging über Bern. Weizsäcker hatte den bisherigen deutschen Geschäftsträger in London, Theodor Kordt, an die Gesandtschaft in Bern versetzt, und in der Schweizer Hauptstadt traf Kordt gelegentlich mit dem Engländer Dr. Philip Conwell-Evans zusammen, der eine Professur in Königsberg gehabt hatte, den Nationalsozialismus aus der Nähe kannte und bis zu gewissem Grade von ihm eingenommen war. In der zweiten Oktoberhälfte brachte Conwell-Evans aus London für Kordt etwas mit, das dieser später eine feierliche Verpflichtung Chamberlains nannte, mit einer künftigen nichtnationalsozialistischen deutschen Regierung gerecht und verständnisvoll zu verfahren. In Wirklichkeit hatte der Engländer nur Auszüge aus Chamberlains Unterhausrede vom 12. Oktober mitgebracht, in der er Hitlers Friedensvorschläge zurückwies und erklärte, England habe nicht den Wunsch, »ein Deutschland, das mit anderen Nationen in Freundschaft und Vertrauen leben will, von seinem berechtigten Platz in Europa auszuschließen«. Obwohl diese und andere freundliche Äußerungen gegenüber dem deutschen Volk vom Londoner Rundfunk übertragen und vermutlich von den Verschwörern abgehört worden waren, begrüßten sie die von dem nichtamtlichen englischen Vertreter nach Bern mitgebrachte »Verpflichtung« als etwas höchst Bedeutungsvolles. Mit dieser und der Zusicherung, die sie über den Vatikan erhalten zu haben glaubten, wandten sich die Verschwörer hoffnungsvoll an die Generale. Hoffnungsvoll, aber auch verzweifelt. »Einziger Ausweg: Eingreifen des Militärs«, sagte Weizsäcker am 17. Oktober zu Hassell, »aber wie[27]?«

Es war keine Zeit zu verlieren. Die deutsche Offensive durch Belgien und Holland sollte am 12. November einsetzen. Der Putsch mußte vor diesem Termin durchgeführt werden. Denn wie Hassell den anderen sagte, würde es *nach* einer Verletzung der belgischen Neutralität unmöglich sein, »einen anständigen Frieden« zu erlangen.

Über das, was dann geschah oder vielmehr nicht geschah, weichen die einzelnen Darstellungen der Teilnehmer voneinander ab. General Halder war als Generalstabschef wiederum, wie zur Zeit des Münchner Abkommens, die Schlüsselfigur. Aber er schwankte und zögerte. Bei seiner Vernehmung in Nürnberg erklärte er, das »Feldheer« habe nicht putschen können, weil es einem »vollbewaffneten Feinde gegenübergestanden« habe. Er sagte, er habe sich daher an das »Ersatzheer« gewandt, doch hätte ihm dessen Befehlshaber, General Fritz Fromm, zu verstehen gegeben, »als Soldat« würde er jeden Befehl ausführen, sofern er von Brauchitsch käme[28].

Aber Brauchitsch war noch unschlüssiger als sein Generalstabschef. General Beck sagte zu Halder: »Wenn Brauchitsch nicht genug Charakterstärke hat, um eine Entscheidung zu treffen, dann müssen Sie entscheiden und ihn vor ein *Fait accompli* stellen.« Doch Halder beharrte darauf, daß die letzte Verantwortung bei Brauchitsch als Oberbefehlshaber des Heeres liege. So wurde der »Schwarze Peter« von einem zum anderen gereicht .»Halder«, klagte Hassell Ende Oktober in seinem Tagebuch, »genügt dafür weder als Kaliber noch in seiner Position.« Doch die Verschwörer, vor allem General Thomas und Oberst Oster, bearbeiteten immer noch Halder, der schließlich, wie sie glaubten, einwilligte zu putschen, sobald Hitler den endgültigen Befehl für die Westoffensive gäbe. Halder selbst erklärt, die letzte Entscheidung habe immer noch von Brauchitsch abgehangen. Jedenfalls ließ Halder am 3. November durch einen Vertrauensmann, den Oberst Hans Groscurth vom OKW, zweien von den Hauptverschwörern, General Beck und Goerdeler, mitteilen, sie sollten sich vom 5. November an bereithalten. Mittelpunkt der Verschwörertätigkeit wurde Zossen, das Hauptquartier sowohl von OKH wie Generalstab.

Der 5. November war insofern ein entscheidender Tag, als an ihm die Truppen ihre Ausgangsstellungen gegen Holland, Belgien und Luxemburg beziehen sollten. Für den gleichen Tag hatte sich auch Brauchitsch vorgenommen, Hitler auf Biegen und Brechen seinen Plan auszureden. Er hatte mit Halder am 2. und 3. November die Truppen im Westen besichtigt und sich an der negativen Haltung der Kommandeure gestärkt. »Der vom OKW befohlene Angriff«, vertraute Halder seinem Tagebuch an, »wird von *keiner* hohen Kommandostelle als erfolgversprechend angesehen.« So fuhr Brauchitsch, versehen mit einer, wie Halder sagt, »Gegendenkschrift« gegen Hitlers Memorandum vom 9. November, in der die Bedenken der Kommandeure der Westfront sowie seine eigenen und diejenigen Halders und Thomas' zusammengefaßt waren, am 5. November nach Berlin in die Reichskanzlei, um Hitler zu veranlassen, die Westoffensive abzusagen. Wenn ihm dies mißlingen sollte, wollte er – so jedenfalls verstanden es die anderen – sich der Verschwörung zum Sturz Hitlers anschließen. Die Gruppe war äußerst aufgeregt – und optimistisch. Goerdeler stellte bereits, so Gisevius, eine Ministerliste für die provisorische Regierung auf und mußte von dem nüchterneren Beck gezügelt werden. Skeptisch war allein Schacht. »Denken Sie an meine Worte«, sagte er, »Hitler riecht den Braten und wird morgen überhaupt keine Entscheidung treffen.«

Wie üblich irrten sie sich alle.

Brauchitsch drang, wie zu erwarten gewesen war, weder mit seiner Denkschrift noch mit den Berichten von der Front noch mit seinen eigenen Argumenten durch. Als er die jahreszeitlich bedingten schlechten Wetterverhältnisse im Westen hervorhob, gab Hitler zurück, das Wetter wäre für den Feind ebenso schlecht wie für die Deutschen, außerdem wisse man nicht, ob es im Frühjahr besser sein würde. In seiner Verzweiflung sagte der rückgratlose Brauchitsch schließlich, die Moral der Truppen im Westen sei nicht viel anders als 1917/18.

Als Hitler das hörte, begann er (Halders Tagebuch zufolge, das die Hauptquelle für diese Besprechung bildet) zu »toben«: »[Hitler] will Unterlagen: Bei welchen Truppenteilen Disziplinlosigkeiten, was geschehen? Will morgen hinfliegen.« Der arme Brauchitsch hatte, wie Halder vermerkt, absichtlich übertrieben, um Hitler zurückzuhalten, und nun bekam er den hemmungslosen Zorn des Führers zu spüren. »Was veranlaßt?« brüllte Hitler. »Todesurteile West, Ost? Armee hätte [in Wirklichkeit] nicht kämpfen wollen.«

»Ein Sprechen mit ihm«, fährt Halders Tagebuch fort, »überhaupt nicht möglich.« Und so war Brauchitsch, wie er in Nürnberg aussagte, gegangen. Er kehrte, wie sich andere Personen erinnern, derart erschüttert nach Zossen zurück, daß er zunächst nicht imstande war, über das Vorgefallene zusammenhängend zu berichten.

Das war das Ende der »Zossener Verschwörung«. Sie war ebenso unrühmlich gescheitert wie die »Halder-Verschwörung« zur Zeit des Münchner Treffens. Beide Male waren die Bedingungen, die sich die Verschwörer für ihr Losschlagen gesetzt hatten, erfüllt gewesen. Diesmal hatte Hitler an seinem Beschluß festgehalten, am 12. November anzugreifen. Er hatte sogar seinen Befehl, nachdem der unglückliche Brauchitsch ihn verlassen, in einem Telefongespräch nach Zossen bestätigen lassen. Als Halder um schriftliche Weisung bat, erhielt er sie umgehend. Die Verschwörer hatten es nun schwarz auf weiß, was sie angeblich brauchten, um Hitler zu stürzen – nämlich den Befehl für einen Angriff, von dem sie glaubten, er werde Deutschland zum Verhängnis werden. Aber sie taten nichts mehr, außer daß sie sich der Panik überließen. In größter Hast wurden belastende Dokumente verbrannt und Spuren verwischt. Nur Oberst Oster scheint einen kühlen Kopf bewahrt zu haben. Er ließ der belgischen und der holländischen Legation in Berlin eine Warnung zukommen, daß in der Frühe des 12. November mit einem Angriff zu rechnen sei[29]. Dann begab er sich an die Westfront, um – freilich vergebens – zu versuchen, General Witzleben noch einmal für Hitlers Beseitigung zu gewinnen. Die Generale, auch Witzleben, wußten nur zu gut, wann sie geschlagen waren. Der ehemalige Gefreite hatte wieder einmal mit größter Leichtigkeit den Sieg über sie davongetragen. Wenige Tage später rief Rundstedt, Befehlshaber der Heeresgruppe A, seine Korps- und Divisionskommandeure zusammen, um mit ihnen die Einzelheiten der Offensive zu besprechen. Obwohl er selbst noch an deren Erfolg zweifelte, riet er doch seinen Generalen, ihre Zweifel zu begraben. »Dem Heer«, sagte er, »ist eine Aufgabe gestellt worden, und es wird sie erfüllen!«

Am 6. November, einen Tag nachdem er Brauchitsch an den Rand eines Nervenzusammenbruchs gebracht hatte, verfaßte Hitler Proklamationen an die Bevölkerung Hollands und Belgiens, in denen er seinen Angriff zu begründen versuchte. Halder notierte: »Anlaß: Französischer Einmarsch [in Belgien].«

Doch am folgenden Tag, dem 7. November, verschob Hitler zur Erleichterung der Generale den Angriffstermin:

Geheime Kommandosache

... *Der Führer und Oberste Befehlshaber der Wehrmacht hat am 7. 11. nach Vortrag der Wetter- und Eisenbahntransport-Lage befohlen:*
Der A-Tag wird zunächst um 3 Tage verschoben. Nächste Entscheidung erfolgt am 9. 11. 39 bis 18.00 Uhr. *Keitel*

Das war der erste von vierzehn Aufschubbefehlen, die Hitler im Herbst und Winter erließ. Ihre Kopien wurden nach dem Kriege in den OKW-Akten gefunden[30]. Die Befehle zeigen, daß Hitler keinen Augenblick lang seinen Entschluß, im Westen anzugreifen, aufgab, sondern lediglich den Termin von Woche zu Woche hinausschob. Am 9. November verschob er den Angriff auf den 19. November, am 13. auf den 22. und so fort, stets mit einer Frist von fünf oder sechs Tagen und gewöhnlich unter Berufung auf die Wetterlage. Wahrscheinlich gab Hitler bis zu gewissem Grade den Generalen doch nach. Wahrscheinlich war ihm aufgegangen, daß das Heer nicht genügend vorbereitet war. In jedem Fall waren die strategischen und taktischen Pläne noch nicht völlig durchgearbeitet, denn er bastelte jeden Tag daran.

Vielleicht gab es für Hitlers ersten Aufschub noch andere Gründe. An diesem 7. November wurden die Deutschen durch eine gemeinsame Erklärung des Königs der Belgier und der Königin der Niederlande, die ihre Friedensvermittlung anboten, »ehe der Krieg in Westeuropa mit voller Gewalt einsetzt«, in beträchtliche Verlegenheit versetzt. Unter solchen Umständen wäre es schwierig gewesen, irgendwen davon zu überzeugen – wie es Hitler mit seinen Proklamationen zu versuchen beabsichtigte –, die deutsche Wehrmacht müsse in Holland und Belgien einrücken, weil sie erfahren habe, daß die französische Armee vor dem Einmarsch in Belgien stehe.

Auch mag Hitler aufgegangen sein, daß sein Angriff auf das kleine neutrale Belgien nicht den von ihm beabsichtigten Überraschungseffekt haben würde. Ende Oktober war Goerdeler im geheimen Auftrag Weizsäckers in Brüssel gewesen, um den deutschen Botschafter Bülow-Schwante zu veranlassen, den König privat auf die »äußerst ernste Lage« hinzuweisen. Der Botschafter tat dies, und gleich darauf begab sich König Leopold nach Den Haag, um sich mit der Königin zu beraten und die gemeinsame Erklärung aufzusetzen. Aber die Belgier hatten noch genauere Informationen. Zum Teil stammten sie, wie wir sahen, von Oster. Am 8. November drahtete Bülow-Schwante warnend nach Berlin, König Leopold habe der holländischen Königin mitgeteilt, er sei unterrichtet über einen deutschen Aufmarsch an der belgischen Grenze, der auf eine »in zwei oder drei Tagen« erfolgende deutsche Offensive durch Belgien hindeute[31].

Sodann ereigneten sich am Abend des 8. November und am Nachmittag des folgenden Tages zwei ungewöhnliche Vorfälle – ein Attentat auf Hitler, dem er mit knapper Not entging, und die Entführung von zwei englischen Agenten durch SS-Leute aus Holland –, die den Kriegsherrn vorerst von seinen Angriffsplänen ablenkten und letzten Endes doch sein Ansehen in Deutschland stärkten, während die Zossener Verschwörer erschraken, obwohl sie mit beiden Ereignissen absolut nichts zu tun hatten.

EINE BOMBE IM BÜRGERBRÄUKELLER UND EINE GEWALTSAME ENTFÜHRUNG

Am Abend des 8. November hielt Hitler nach alljährlichem Brauch zum Gedenken des Putsches von 1923 vor den »alten Kämpfern« im Münchner *Bürgerbräukeller* eine Rede, die in diesem Jahr kürzer war als sonst. Zwölf Minuten nachdem er geendet hatte, explodierte unmittelbar hinter dem Rednerpult eine Bombe, die in einer der Säulen eingebaut war, tötete sieben und verwundete 63 Personen. Zu dieser Zeit hatten alle prominenten Parteiführer, darunter Hitler, das Lokal verlassen, während sie in früheren Jahren noch bei einem Glas Bier Erinnerungen mit alten Parteigenossen auszutauschen pflegten.

Am nächsten Morgen brachte als einzige Zeitung der *Völkische Beobachter* eine Darstellung des Attentats auf den Führer. Er machte den »britischen Geheimdienst« und sogar Chamberlain für die Untat verantwortlich. Wie sollte, außer in Goebbels' lebhafter Phantasie, eine Verbindung zwischen dem britischen Geheimdienst und dem Anschlag bestehen? Dennoch versuchte man sofort eine herzustellen.

Ein oder zwei Stunden nach der Bombenexplosion im *Bürgerbräukeller* rief Heinrich Himmler den jungen SS-Obergruppenführer Walter Schellenberg, Chef der Abwehrabteilung der Gestapo, in Düsseldorf an und erteilte ihm den Auftrag, auf Befehl des Führers am nächsten Tag über die Grenze nach Holland zu gehen und zwei englische Geheimdienstagenten zu entführen.

Himmlers Befehl veranlaßte eines der bizarrsten Unternehmen des Krieges. Seit mehr als einem Monat stand Schellenberg, wie Alfred Naujocks, ein akademisch gebildeter intellektueller Gangster, mit zwei Offizieren des britischen *Secret Service*, Hauptmann S. Payne-Best und Major R. H. Stevens, in Verbindung und traf sich mit ihnen in Holland. Er gab sich ihnen als »Hauptmann Schemmel« vom OKW und Gegner des Regimes aus (es gab tatsächlich einen Major dieses Namens) und schilderte ihnen überzeugend, daß die deutschen Generale Hitler stürzen wollten. Nur wünschten sie Zusicherungen seitens der englischen Regierung, sagte er, daß die Engländer das neue, nichtnationalsozialistische Regime fair behandeln würden. Da die Briten, wie wir sahen, bereits aus anderen Quellen von einer deutschen Militärverschwörung gehört hatten, deren Teilnehmer die gleiche Art Zusicherung wünschten, war London daran interessiert, die Kontakte mit »Hauptmann Schemmel« weiter zu pflegen. Best und Stevens rüsteten ihn mit einem kleinen Sende- und Empfangsgerät aus, es gingen Funknachrichten hin und her, und man traf sich ferner in verschiedenen holländischen Städten. Am 7. November, bei einer Zusammenkunft in dem holländischen Venlo nahe der deutschen Grenze, konnten die britischen Agenten »Schemmel« eine recht vage gehaltene Mitteilung aus London für die Führer des deutschen Widerstands übergeben, worin in allgemeinen Ausdrücken die Grundlage für einen gerechten Frieden mit einem nichtnationalsozialistischen Regime umrissen war. Man kam überein, daß »Schemmel« einen der Widerstandsführer, einen deutschen General, zwecks Einleitung von Verhandlungen am nächsten Tag mit nach Venlo bringe. Diese Zusammenkunft wurde indes auf den 9. November verschoben.

Bis zu diesem Zeitpunkt war klar, was beide Seiten beabsichtigten. Die Engländer bemühten sich, in direkte Verbindung mit den deutschen Putschisten zu treten, um sie zu ermutigen und ihnen zu helfen. Himmler versuchte, über die Briten herauszufinden, wer die deutschen Verschwörer waren und welche Beziehungen sie zum feindlichen Geheimdienst unterhielten. Daß Himmler und Hitler einige Generale und auch Leute wie Oster und Canaris bereits verdächtig waren, ist klar. Aber nunmehr, in der Nacht vom 8. zum 9. November, hielten sie es für notwendig, eine neue Absicht zu verfolgen: Best und Stevens zu entführen und sie des Attentats im *Bürgerbräu* zu bezichtigen.

Jetzt betrat eine uns bereits bekannte Gestalt den Schauplatz. Alfred Naujocks, der den »polnischen Angriff« auf den deutschen Sender Gleiwitz inszeniert hatte, tauchte an der Spitze eines Dutzends SS-Leute auf, die Schellenberg bei der Entführung helfen sollten. Die Sache ging glatt vonstatten. Am 9. November, 16 Uhr, während Schellenberg, auf einer Caféterrasse in Venlo auf Best und Stevens wartend, einen Aperitif schlürfte, kamen die beiden britischen Agenten in ihrem Buick angefahren, parkten ihn hinter dem Café und rannten dann in einen Kugelregen, der aus einem mit Naujocks SS-Männern besetzten Wagen kam. Leutnant Klop, ein Offizier des holländischen Nachrichtendienstes, der die Engländer stets zu den Zusammenkünften mit Schellenberg begleitet hatte, sank schwerverwundet zu Boden. Best und Stevens wurden zusammen mit dem verwundeten Klop »wie ein Bündel Heu« – so Schellenberg – in den SS-Wagen geworfen und in schnellstem Tempo über die Grenze geschafft[32].

Und so gab Himmler am 21. November der deutschen Öffentlichkeit bekannt, der Mordanschlag gegen Hitler sei aufgeklärt worden. Er sei auf Anstiftung des britischen *Intelligence Service* erfolgt, und es seien zwei seiner Agenten, Stevens und Best, am Tage nach dem Anschlag »an der deutsch-holländischen Grenze« festgenommen worden. Die Tat selbst habe ein in München lebender Tischler, Georg Elser, ein deutscher Kommunist, ausgeführt.

Das Geheimnis der Bombenlegung ist niemals völlig aufgeklärt worden. Elser war zwar ein Mann von beschränkter Intelligenz, aber durchaus aufrichtig. Er bekannte nicht nur seine Schuld, sondern brüstete sich auch noch damit, die Bombe gelegt zu haben. Er hatte freilich Best und Stevens niemals vorher gesehen, doch lernte er Best während der langen Jahre im KZ Sachsenhausen kennen. Dort erzählte er dem Engländer eine komplizierte, wenn auch nicht immer logische Geschichte.

Im Oktober war er eines Tages im Konzentrationslager Dachau, wo er seit dem Sommer wegen kommunistischer Gesinnung inhaftiert war, in das Büro des Lagerkommandanten gerufen und dort zwei ihm fremden Personen vorgestellt worden. Diese sagten ihm, es sei notwendig, ein paar »verräterische« Parteigenossen zu beseitigen; man denke an eine Bombenexplosion im *Bürgerbräukeller*, und zwar *unmittelbar nachdem* der Führer am 8. November seine übliche Rede gehalten und das Lokal verlassen habe. Die Bombe sei in einer Säule hinter dem Rednerpult anzubringen. Da Elser ein geschickter Tischler, Elektriker und Bastler sei, habe man dabei an ihn gedacht. Wenn er die Sache übernähme, würde man ihm dazu verhelfen, mit einer großen Geldsumme in die Schweiz zu entfliehen. Zum Zeichen, daß sie es ernst meinten, versprachen sie ihm unterdessen bessere Behandlung im Lager, bessere Ernährung, Zivilkleider, eine Menge Zigaretten – Elser war Kettenraucher – und eine Hobelbank und Werkzeug. Dort konstruierte Elser dann eine primitive, aber wirksame Bombe mit einem auf acht Tage eingestellten Zeitmechanismus sowie eine Vorrichtung, durch die der Zünder auch elektrisch in Funktion gesetzt werden konnte. Anfang November wurde Elser in den *Bürgerbräukeller* geführt, wo er seinen Apparat in eine gut ausgewählte Säule einbaute.

Am Abend des 8. November, zu der Zeit, in der die Bombe losgehen sollte, wurde er, wie er erzählte, von seinen Komplicen zur Schweizer Grenze gebracht. Man gab ihm einen Geldbetrag und – interessanterweise! – eine Ansichtspostkarte vom Innern des *Bürgerbräukellers*, auf der die Säule durch ein Kreuz gekennzeichnet war. Aber an der Grenze wurde er mitsamt Geld und Postkarte von der Gestapo in Empfang genommen. Später wurde er von der Gestapo angehalten, in dem kommenden Prozeß Best und Stevens zu belasten[33].

Zu einem Prozeß kam es nie. Wir wissen heute, daß Himmler aus Gründen, die ihm selbst am besten bekannt waren, einen Prozeß nicht wagte. Heute wissen wir auch, daß Elser in Sachsenhausen und Dachau verblieb, wo ihm, offenbar auf ausdrücklichen Befehl Hitlers, der aus dem Bombenattentat soviel persönlichen Gewinn zog, eine unter den gegebenen Umständen verhältnismäßig menschliche Behandlung zuteil wurde. Aber Himmler ließ ihn bis zum letzten Tag nicht aus dem Auge. Es erschien ihm nicht ratsam, daß der Tischler den Krieg überleben und dann seine Geschichte erzählen würde. Kurz vor Kriegsende, am 16. April 1945, gab die Gestapo bekannt, Georg Elser sei am Tage vorher durch einen alliierten Bombenangriff ums Leben gekommen. Wir wissen heute, daß ihn die Gestapo ermordet hat[34].

HITLER NIMMT SICH DIE GENERALE VOR

Nachdem er einem Attentat – oder einem angeblichen – entgangen war und die Widerspenstigkeit unter seinen Generalen erstickt hatte, trieb Hitler die Pläne für die Großoffensive im Westen voran. Am 20. November erließ er die »Weisung Nr. 8 für die Kriegführung«. Damit befahl er Beibehaltung des Bereitschaftszustandes zwecks sofortiger Ausnützung günstiger Wetterverhältnisse und legte seine Pläne für die Vernichtung Hollands und Belgiens dar. Und um den Halbherzigen Mut einzuflößen und sie in die gehobene Stimmung zu bringen, die ihm am Vorabend großer Schlachten notwendig erschien, bestellte er die Oberbefehlshaber und Generalstäbler zum 23. November mittags in die Reichskanzlei.
Von seinen aufschlußreichen Ausführungen machte sich einer der Teilnehmer – man weiß nicht mehr, wer – Notizen, die dank der Tatsache, daß die Alliierten in Flensburg einige OKW-Akten entdeckten, erhalten geblieben sind[35].

Zweck dieser Zusammenkunft ist es [begann Hitler], Ihnen Einblick zu geben in die Gedankenwelt, die mich angesichts der bevorstehenden Ereignisse beherrscht, und Ihnen meine Entschlüsse zu sagen.

Sein Kopf war voll von Vergangenheit, Gegenwart und Zukunft, und in diesem engen Kreise sprach er mit brutaler Offenheit. Er faßte mit großer Beredsamkeit alles zusammen, was in seinem krausen, aber furchtbaren Gehirn vor sich gegangen war, und sagte verblüffend genau voraus, wie sich die Dinge entwickeln würden. Doch man kann sich nur schwer vorstellen, daß irgendeiner seiner Zuhörer noch daran gezweifelt haben soll, in dem Mann, der jetzt in seiner Hand das Schicksal Deutschlands – und der Welt – hielt, einen gefährlichen Größenwahnsinnigen vor sich zu haben.

Ich hatte [sagte er über seine frühen Kampfjahre] die klare Erkenntnis des voraussichtlichen Ablaufs der geschichtlichen Ereignisse und den festen Willen, brutale Entschlüsse zu ziehen ... Als letzten Faktor muß ich in aller Bescheidenheit meine eigene Person nennen: Unersetzbar. Weder eine militärische noch eine zivile Persönlichkeit könnte mich ersetzen. Die Attentatsversuche können sich wiederholen. Ich bin überzeugt von der Kraft meines Gehirns und von meiner Entschlußkraft ... Keiner hat das geschaffen, was ich geschaffen habe ... Ich habe das deutsche Volk zu großer Höhe geführt, wenn man uns auch jetzt in der Welt haßt ... Das Schicksal des Reiches hängt nur von mir ab. Ich werde danach handeln.

Er schalt die Generale wegen ihrer Bedenken gegen seine »schweren Entschlüsse«: Austritt aus dem Völkerbund, Einführung der allgemeinen Wehrpflicht, Rheinlandbesetzung, Westwall und Anschluß Österreichs. »Die Zahl derer, die an mich glaubten, war sehr gering.«

Der nächste Schritt war Böhmen, Mähren und Polen ... Vom ersten Augenblick an war mir klar, daß ich mich nicht mit dem sudetendeutschen Gebiet begnügen könnte.

Das war nur eine Teillösung. Der Entschluß zum Einmarsch in Böhmen war gefaßt. Dann kam die Errichtung des Protektorats, und damit war die Grundlage für die Eroberung Polens gelegt, aber ich war mir zu dem Zeitpunkt noch nicht im klaren, ob ich erst gegen den Osten und dann gegen den Westen oder umgekehrt vorgehen sollte ... Zwangsläufig kam es erst zum Kampf gegen Polen. Man wird mir vorwerfen: Kampf und wieder Kampf. Ich sehe im Kampf das Schicksal aller Wesen. Niemand kann dem Kampf entgehen, falls er nicht unterliegen will.
Die steigende Volkszahl erforderte größeren Lebensraum. Mein Ziel war, ein vernünftiges Verhältnis zwischen Volkszahl und Volksraum herbeizuführen. Hier muß der Kampf einsetzen. Um die Lösung dieser Aufgabe kommt kein Volk herum, oder es muß verzichten und allmählich untergehen ... Keine geklügelte Gescheitheit hilft hier, Lösung nur mit dem Schwert. Ein Volk, das die Kraft nicht aufbringt zum Kampf, muß abtreten ...

Was den deutschen Führern der Vergangenheit, darunter auch Bismarck und Moltke gefehlt habe, sei »genügende Härte«. »Die Lösung war nur möglich durch Angriff gegen einen Staat bei günstiger Gelegenheit.« Mangels Erkenntnis dieser Tatsache »kam es 1914 zum Mehr-Fronten-Krieg. Er brachte nicht die Lösung des Problems.«

Heute wird der zweite Akt dieses Dramas geschrieben [fuhr Hitler fort]. Zum ersten Mal seit 67 Jahren muß festgestellt werden, daß wir keinen Zwei-Fronten-Krieg zu führen haben ... Aber niemand kann wissen, wie lange es so bleibt ... Grundsätzlich habe ich die Wehrmacht nicht aufgestellt, um nicht zu schlagen. Der Entschluß zum Schlagen war immer in mir.
Rußland ist zur Zeit ungefährlich. Es ist heute geschwächt durch viele innere Vorgänge. Außerdem haben wir den Vertrag mit Rußland. Verträge werden aber nur solange gehalten, wie sie zweckmäßig sind. Rußland wird sich nur solange daran halten, als es Rußland selbst für sich für gut hält ... Jetzt hat Rußland noch weitgehende Ziele, vor allen Dingen Stärkung seiner Position in der Ostsee. Wir können Rußland nur entgegentreten, wenn wir im Westen frei sind.

Was Italien angehe, so hinge dort alles von Mussolini ab, »dessen Tod alles ändern kann ... Ebenso wie der Tod Stalins kann der Tod des Duce uns Gefahren bringen. Wie leicht der Tod einen Staatsmann treffen kann, habe ich selbst vor kurzem erlebt.« Amerika hielt Hitler noch nicht für gefährlich – »infolge seiner Neutralitätsgesetze«, auch sei seine Hilfe für die Alliierten noch nicht nennenswert. Doch »die Zeit arbeitet für den Gegner ... Alles geht darauf hinaus, daß jetzt der Moment günstig ist, in sechs Monaten kann es aber vielleicht nicht mehr so sein.« Folglich:

Mein Entschluß ist unabänderlich. Ich werde Frankreich und England angreifen zum günstigsten und schnellsten Zeitpunkt. Die Verletzung der Neutralität Belgiens und Hollands ist bedeutungslos. Kein Mensch fragt danach, wenn wir gesiegt haben. Wir werden die Verletzung der Neutralität nicht so idiotisch begründen wie 1914.

Der Angriff im Westen, erklärte Hitler, bedeute den »Abschluß des Weltkriegs, nicht eine Einzelaktion. Es handelt sich nicht um eine Einzelfrage, sondern um Sein oder Nichtsein der Nation«. Schwungvoll endete er:

Der Geist der großen Männer unserer Geschichte muß uns alle beseelen. Von uns fordert das Schicksal nicht mehr als von den Großen der deutschen Geschichte. Solange ich lebe, werde ich nur an den Sieg meines Volkes denken. Ich werde vor nichts zurückschrecken und jeden vernichten, der gegen mich ist... Ich will den Feind vernichten!...

Der Hieb saß, und soweit bekannt ist, äußerte kein einziger der Anwesenden die von fast allen Befehlshabern geteilten Bedenken über den Erfolg einer Offensive zu diesem Zeitpunkt noch über den moralisch nicht zu rechtfertigenden Angriff auf Belgien und Holland, deren Neutralität und Grenzen die deutsche Regierung feierlich garantiert hatte. Nach Aussage einiger der anwesenden Generale waren Hitlers Bemerkungen über den mangelnden Kampfgeist in der Armeeführung noch viel schärfer, als es in der obigen Aufzeichnung zum Ausdruck kommt.

Nach der Konferenz, um 18 Uhr, ließ Hitler noch einmal Brauchitsch und Halder zu sich kommen. Dem ersten – Halder mußte im Vorzimmer sitzen bleiben wie ein ungezogener Junge – hielt Hitler eine Strafpredigt über den »Geist von Zossen«. Das OKH sei von »Defätismus« durchsetzt, und der Generalstab werde durch seine Halsstarrigkeit daran gehindert, mit dem Führer einer Meinung zu sein. Der geschlagene Brauchitsch bot, wie er später in Nürnberg sagte, seinen Abschied an, den Hitler jedoch nicht annahm. Er erteilte ihm den scharfen Verweis, wie Brauchitsch sich erinnerte, »ich hätte meine Pflicht und Schuldigkeit zu tun wie jeder Soldat«. Am Abend schrieb Halder in sein Tagebuch: »Krisen-Tag[36]!«

Der 23. November 1939 war in vieler Hinsicht bedeutungsvoll. An diesem Tag triumphierte Hitler endgültig über das Heer, das im Ersten Weltkrieg Kaiser Wilhelm II. beiseite geschoben und sowohl die höchste politische wie militärische Macht in Deutschland angetreten hatte. Vom 23. November an hielt der frühere Gefreite nicht nur sein politisches, sondern auch sein militärisches Urteilsvermögen dem der Generale für überlegen, weshalb er sich weigerte, auf ihren Rat zu hören, noch ihnen Kritik erlaubte – mit letztlich verheerenden Folgen für alle.

»Durch diese Vorgänge war ein Riß entstanden«, sagte Brauchitsch in Nürnberg bei der Schilderung der Ereignisse des 23. November, »der verklebt, aber nie geheilt worden ist.«

Abgesehen davon wurden Halders und Brauchitschs ohnehin halbherzige Absichten, den Diktator zu stürzen, durch Hitlers Gardinenpredigt vollends erstickt. Er wollte jeden »vernichten«, der sich ihm in den Weg stelle, hatte Hitler gesagt und – laut Halder – noch besonders hinzugefügt, er werde jede Opposition des Generalstabs »mit brutaler Gewalt« unterdrücken. Halder war, im Augenblick wenigstens, nicht der Mann, solchen furchtbaren Drohungen die Stirn zu bieten. Als ihn vier Tage später, am 27. November, General Thomas auf Veranlassung von Schacht und Popitz drängte, Brauchitsch zuzusetzen, damit er gegen Hitler vorgehe (»Hitler muß weg!« sagte Thomas, wie Halder sich später erinnerte), hielt ihm der Generalstabschef die ganzen »Schwierigkeiten« vor Augen. Er sei sich noch nicht sicher, ob Brauchitsch »an einem Staatsstreich aktiv teilnehmen würde[37]«.

Weniger Tage darauf gab Halder gegenüber Goerdeler die fadenscheinigsten Gründe dafür an, weshalb die Pläne zur Beseitigung des Führers nicht weiter verfolgt werden sollten. Hassell legte sie in seinem Tagebuch nieder. »Wenn man die Nase am Feind habe, könne man nicht rebellieren ... Man müßte Hitler doch diese letzte (sic!) Chance lassen, das deutsche Volk aus der Helotenknechtschaft des englischen Kapitalismus zu erlösen ... Es sei kein großer Mann da ... Die Opposition sei noch nicht herangereift ... Man sei der jungen Offiziere nicht sicher.« Hassell appellierte dann an Admiral Canaris, einen der ersten Verschwörer, zur Tat zu schreiten, aber ohne Erfolg. »Er gibt jede Hoffnung auf Widerstand der Generale auf und meinte, es habe keinen Zweck mehr, etwas in der Richtung zu versuchen.« Eineinhalb Jahre später notierte Hassell: »W. [Halder] und sein Chef Pappenheim [Brauchitsch] sind weiter nichts als technische Handlanger[38].«

TERROR IN POLEN: ERSTES STADIUM

Nicht lange nach dem Angriff auf Polen begann mein Tagebuch anzuschwellen mit Notizen über den deutschen Terror in dem besetzten Land. Später erfuhr man, daß viele andere Tagebücher mit solchen Notizen gefüllt wurden. Hassell hörte am 19. Oktober von »grauenhaften Bestialitäten der SS, vor allem gegen Juden«. Zwei Monate später vertraute er seinem Tagebuch eine Geschichte an, die ihm ein deutscher Gutsbesitzer in Polen erzählte:

Als letztes hatte er erlebt, daß ein betrunkener Kreisleiter mit seinen Kumpanen sich habe das Gefängnis aufschließen lassen, fünf Dirnen erschossen und zwei zu vergewaltigen versucht habe[39].

Am 18. Oktober notierte sich Halder die Hauptpunkte eines Gesprächs mit General Eduard Wagner, dem Generalquartiermeister, der am gleichen Tage mit Hitler über Polens Zukunft gesprochen hatte. Eine grausige Zukunft!

Wir wollen Polen nicht sanieren ... Es soll nicht nach deutschem Begriff zum Musterstaat gestaltet werden. Verhindern, daß polnische Intelligenz sich zu neuer Führerschicht aufwirft. Niederer Lebensstandard soll erhalten bleiben. Billige Sklaven ...
Schaffung einer totalen Desorganisation! Keine Mitwirkung von Reichsstellen! Das Reich soll den Generalgouverneur befähigen, dieses Teufelswerk zu vollenden.

Und dies tat das Reich.

Hier soll kurz auf den beginnenden Terror der Nationalsozialisten in Polen eingegangen werden, wie er aus den erbeuteten deutschen Dokumenten und den Unterlagen der verschiedenen Nürnberger Prozesse zutage tritt. Er war nur ein Vorläufer der finsteren Schreckenstaten, die später allen von den Deutschen unterworfenen Völkern angetan wurden. Aber von Anfang bis Ende war es in Polen schlimmer als irgendwo anders. Hier erreichte die nationalsozialistische Barbarei ein unglaubliches Ausmaß.

Kurz vor dem Einfall in Polen, in der Konferenz auf dem Obersalzberg vom 22. August, hatte Hitler seinen Generalen gesagt, es würden Dinge geschehen, die vielleicht nicht »nach ihrem Geschmack« wären, doch sollten sie sich »in solche Angelegenheiten nicht einmischen, sondern sich auf militärische Aufgaben beschränken«. Er wußte, wovon er sprach. Die Generale sollten es bald erfahren. Am 10. September, als der Vormarsch in Polen in vollem Gange war, verzeichnet Halders Tagebuch einen Vorfall, der in Berlin rasch allgemein bekannt wurde. Angehörige eines SS-Artillerieregiments hatten fünfzig Juden den ganzen Tag über an der Wiederinstandsetzung einer Brücke arbeiten lassen, sie dann in eine Synagoge getrieben und, wie Halder sich ausdrückt, »niedergemetzelt«. Selbst General von Küchler, Befehlshaber der 3. Armee, der später wenig Bedenken haben sollte, lehnte es ab, die vom Kriegsgericht über die Mörder verhängte leichte Strafe – ein Jahr Gefängnis – zu bestätigen, da sie zu milde sei. Aber Brauchitsch hob – allerdings nach Einschreiten Himmlers – das Urteil ganz auf: Die Tat falle unter eine »allgemeine Amnestie«.

Für die deutschen Generale, die sich selbst für aufrechte Christen hielten, war die Situation peinlich. Am 12. September fand im Sonderzug des Führers eine Unterredung zwischen dem dienstbeflissenen Keitel und Admiral Canaris statt, in der dieser gegen die Greueltaten in Polen protestierte. Der OKW-Chef erwiderte kurzangebunden, »daß diese Sache bereits vom Führer entschieden sei ... Wenn die Wehrmacht hiermit nichts zu tun haben wolle, [müsse] sie es auch hinnehmen, daß SS und Gestapo neben ihr in Erscheinung treten« – das heißt, sie habe sich mit SS-Kommissaren in jeder Wehrmachtseinheit abzufinden, die die »Ausrottung« besorgen würden.

Ich machte Generaloberst Keitel darauf aufmerksam [schrieb Canaris in sein Tagebuch, das in Nürnberg vorlag], daß ich davon Kenntnis habe, daß umfangreiche Füsilierungen in Polen geplant seien und daß insbesondere der Adel und die Geistlichkeit ausgerottet werden sollten. Für diese Methoden werde die Welt schließlich doch auch die Wehrmacht verantwortlich machen[40].

Himmler war zu klug, um nicht auch den Generalen einen Teil der Verantwortung zuzuschieben. Am 19. September suchte Heydrich, Himmlers Hauptmitarbeiter, General Wagner im OKH auf und sagte ihm, die SS plane eine »Flurbereinigung [in Polen]: Judentum, Intelligenz, Geistlichkeit, Adel«. Wagner meldete dies Halder, der über die Reaktion im OKH notierte:

Forderungen Heer: Bereinigung nach dem Herausziehen des Heeres und nach Übergabe an stabile Zivilverwaltung. Anfang Dezember.

Diese kurze Eintragung liefert einen Schlüssel zum Verständnis der Moral der deutschen Generale. Sie widersetzten sich nicht ernsthaft der »Flurbereinigung« – d. h. der Ausrottung von Judentum, Intelligenz, Geistlichkeit und Adel in Polen. Sie wollten sie lediglich solange hinausgeschoben wissen, bis das Heer aus Polen heraus war und sich der Verantwortung entziehen konnte. Und natürlich mußte auch an die öffentliche Meinung im Ausland gedacht werden. Nach einer langen Konferenz mit Brauchitsch am nächsten Tag notierte Halder:

Es darf nichts passieren, was dem Ausland die Möglichkeit gibt, auf Grund dieser Vorkommnisse eine Greuelpropaganda durchzuführen. Katholische Geistlichkeit! Z. Zt. noch nicht möglich.

Am 21. September reichte Heydrich beim OKH einen Durchschlag seines ersten »Flurbereinigungs«-Plans ein. Zunächst sollten die Juden (zwecks leichterer Erfassung) in den Städten zusammengepfercht werden. Die Erreichung des »Endziels«, hieß es in Heydrichs Denkschrift, beanspruche eine gewisse Zeit, und es müsse »streng geheim« gehalten werden. Aber kein General, der die Denkschrift las, kann daran gezweifelt haben, daß das »Endziel« Ausrottung bedeutete[41].

Aus dem, was von Polen übriggeblieben war, nachdem die Russen ihren Teil im Osten und die Deutschen ihre früheren polnischen Provinzen und noch einen zusätzlichen Gebietsteil im Westen genommen hatten, wurde auf Grund des Führererlasses vom 12. Oktober das Generalgouvernement Polen. Zum Generalgouverneur wurde Hans Frank, zu seinem Stellvertreter Seyß-Inquart, der Wiener Quisling, ernannt. Frank war ein typischer Vertreter der NS-Intelligenz. Er war 1927, bald nach Abschluß seines Jurastudiums, der Partei beigetreten und hatte sich als juristische Leuchte der Bewegung rasch einen Namen gemacht. Geistig beweglich, energisch, sehr belesen nicht nur auf juristischem Gebiet, Kunst- und vor allem Musikliebhaber, wurde er nach der Machtergreifung ein Faktor im Rechtswesen: erst bayerischer Justizminister, dann Reichsminister ohne Portefeuille, Präsident der *Akademie für Deutsches Recht* und des NS-Rechtswahrerbundes. Ein kräftiger, gewandter, brünetter Mann, Vater von fünf Kindern, glich er zum Teil seinen primitiven Fanatismus durch Intelligenz und Bildung aus, was ihn bis dahin zu einem der am wenigsten abstoßenden Männer um Hitler gemacht hatte. Aber hinter der kultivierten Fassade verbarg sich der kalte Mörder. Sein zweiundvierzigbändiges, Leben und Taten festhaltendes Tagebuch, das in Nürnberg ans Tageslicht kam[42], ist eines der erschreckendsten Dokumente einer finsteren Welt, das Selbstbildnis eines eiskalten, ruchlosen, blutdürstigen Mannes. Offenbar hat er darin keine einzige seiner barbarischen Äußerungen ausgelassen.

»Die Polen«, erklärte er am Tage nach Antritt seines neuen Postens, »sollen die Sklaven des großdeutschen Weltreiches werden.« Als er einmal hörte, Neurath, der »Reichsprotektor« von Böhmen-Mähren, habe die Hinrichtung von sieben tschechischen Studenten durch Zettelanschläge bekanntgegeben, rief Frank vor einem NS-Journalisten aus: »Wenn ich befehlen würde, daß jedesmal wegen sieben erschossener Polen Anschläge angebracht werden, dann gäbe es in ganz Polen nicht genug Wälder, um das Papier für diese Anschläge herzustellen[43].«

Mit der Ausrottung der Juden hatte Hitler Himmler und Heydrich betraut. Franks Aufgabe war – neben dem Herauspressen von Lebensmitteln, Konsumgütern und Arbeitskräften aus Polen –, die Intelligenz zu liquidieren. Diesem Unternehmen gaben die Nationalsozialisten einen schönen Decknamen: Außerordentliche Befriedungsaktion (oder AB-Aktion). Frank brauchte einige Zeit, um sie in Gang zu setzen. Erst im Frühjahr 1940, als die große deutsche Westoffensive die Aufmerksamkeit der Welt von Polen ablenkte, begann die Aktion sich auszuwirken. Am 30. Mai konnte sich Frank, wie sein eigenes Tagebuch anzeigt, vor seinen Polizeioffizieren guter Fortschritte rühmen: »Einige Tausend« polnische Intellektuelle seien erledigt worden oder im Begriff, liquidiert zu werden.

Ich darf Sie bitten, meine Herren [fuhr er fort], uns mit Ihrer ganzen Energie bei der Durchführung dieser Aufgabe zu helfen ... in Ausführung eines Befehls [wie er vertraulich hinzufügte], den mir der Führer erteilt hat. Der Führer hat mir gesagt: »Was wir jetzt an Führerschicht in Polen festgestellt haben, das ist zu liquidieren, was wieder nachwächst, ist ... wieder wegzuschaffen. Daher brauchen wir das Deutsche Reich ... damit nicht zu belasten. Wir brauchen diese Elemente nicht erst in die Konzentrationslager des Reiches abzuschleppen.«

Sie sollten, sagte Frank, gleich in Polen aus dem Wege geräumt werden[44].

Während dieser Sitzung erstattete der Chef der Sicherheitspolizei, wie Frank bemerkt, einen Vollzugsbericht. »Zu Beginn der Außerordentlichen Befriedungsaktion« seien etwa 2000 Männer und mehrere hundert Frauen festgenommen und größtenteils der »summarischen Aburteilung« zugeführt worden – ein beschönigender Ausdruck für Liquidierung. Inzwischen sei ein zweiter Schub zur »summarischen Aburteilung« zusammengetrieben worden, »etwa 3500 Menschen«, die gefährlichsten polnischen Intellektuellen[45].

Frank vergaß auch die Juden nicht, obwohl es der Gestapo oblag, sie auszurotten. Sein Tagebuch ist voll von Gedanken und Taten, die er diesem Gegenstand widmet. Am 7. Oktober 1940 hielt er in einer Parteiversammlung in Polen eine Rede, in dem er das in seinem ersten Amtsjahr Vollbrachte zusammenfaßte:

Meine lieben Parteigenossen! ... In einem Jahr konnte ich nicht alle Läuse und Juden beseitigen. (»Heiterkeit im Publikum«, vermerkt er an dieser Stelle.) Aber im Laufe der Zeit und wenn Sie mir helfen, wird dieses Ziel erreicht werden[46].

Im Jahre darauf, vierzehn Tage vor Weihnachten, schloß Frank eine Sitzung in seinem Amtsgebäude in Krakau mit den Worten ab:

Mit den Juden – das will ich Ihnen auch ganz offen sagen – muß so oder so Schluß gemacht werden ... Meine Herren, ich muß Sie bitten, sich gegen alle Mitleidserwägungen zu wappnen. Wir müssen die Juden vernichten.

Es sei schwierig, wie er zugeben müsse. »Diese 3,5 Millionen Juden [im Generalgouvernement] können wir nicht erschießen, wir können sie nicht vergiften, werden aber doch Eingriffe vornehmen können, die irgendwie zu einem Vernichtungserfolg führen.« Eine richtige Voraussage[47].

Die Vertreibung von Polen und Juden aus den von ihnen und ihren Familien seit Generationen bewohnten Heimen begann gleich nach der Beendigung der Kämpfe in Polen. Am Tage nach Hitlers »Friedensrede« im Reichstag, am 7. Oktober, wurde Himmler von Hitler zum Chef einer neuen Organisation ernannt, des *Reichskommissariats für die Festigung deutschen Volkstums* (RKFDV). Aufgabe dieses Kommissariats war es, zunächst aus den von Deutschland direkt annektierten polnischen Provinzen Polen und Juden zu deportieren, um Platz zu machen für Deutsche und Volksdeutsche. Die letzteren strömten aus dem bedrohten Baltikum und aus verschiedenen außerhalb jener Provinzen liegenden Gebieten Polens herbei. Halder hatte von dem Plan schon vierzehn Tage vorher gehört und in seinem Tagebuch bemerkt, daß für jeden in diese Provinzen einziehenden Deutschen zwei Menschen ausgewiesen werden würden.

Bereits am 9. Oktober ordnete Himmler an, es seien von den in den annektierten polnischen Provinzen lebenden 650 000 Juden 550 000 sowie alle für die »Eindeutschung« ungeeigneten Polen ins Generalgouvernement östlich der Weichsel umzusiedeln. Nach Ablauf eines Jahres waren 1,2 Millionen Polen und 300 000 Juden nach Osten vertrieben, aber nur 497 000 Volksdeutsche an ihrer Stelle angesiedelt. Das war noch günstiger als nach Halders Kalkulation: drei Polen und Juden hatten einem Deutschen Platz gemacht.

Der Winter 1939/40 war ungewöhnlich streng, und die »Umsiedlung« wurde bei scharfer Kälte und oft unter Schneestürmen durchgeführt; dabei kamen mehr Juden und Polen ums Leben als durch die Liquidierungskommandos der Gestapo. Lassen wir Himmler selbst sprechen, der hier als Autorität zu gelten hat. Im Sommer des folgenden Jahres, nach dem Zusammenbruch Frankreichs, verglich er in einer Ansprache an die SS-Leibstandarte die nunmehr von seinen Leuten im Westen einzuleitenden Deportationen mit den im Osten vollzogenen:

Genau dasselbe hat bei 40 Grad Kälte in Polen stattgefunden, wo wir tausende und zehntausende und hunderttausende wegtransportieren mußten, wo wir die Härte haben mußten – Sie sollen das hören und sollen das aber auch gleich wieder vergessen – tausende von führenden Polen zu erschießen . . . Meine Herren, es ist bedeutend leichter in vielen Fällen . . . mit einer Kompanie ins Gefecht zu gehen, wie mit einer Kompanie in irgendeinem Gebiet eine widersetzliche Bevölkerung kulturell tiefstehender Art niederzuhalten, Exekutionen zu machen, Leute herauszutransportieren, heulende und weinende Frauen wegzubringen[48].

Bereits am 21. Februar 1940 hatte SS-Obergruppenführer Richard Gluecks, dem die Aufsicht über die Konzentrationslager oblag, Himmler berichtet, er habe in Auschwitz bei

Krakau ein »geeignetes Gelände« für ein neues »Quarantänelager« gefunden. Auschwitz war eine abseits und in sumpfigem Gebiet gelegene Stadt von 12 000 Einwohnern, in der sich neben einigen Fabriken eine ehemalige österreichische Kavalleriekaserne befand. Man begab sich sofort an die Arbeit, und am 14. Juni wurde in Auschwitz ein Konzentrationslager für polnische politische Gefangene eröffnet, die eine besonders harte Behandlung erfahren sollten. Unterdessen hatten die Direktoren der *I. G.-Farben* entdeckt, daß Auschwitz auch ein »geeigneter« Platz für die synthetische Herstellung von Benzin und Gummi sei. Man hatte dort den Vorteil billiger Zwangsarbeiter nicht allein für den Bau neuer Fabrikanlagen, sondern auch für den Betrieb des neuen Werks.

Zwecks Überwachung des neuen Lagers und Versorgung der *I. G.-Farben* mit Zwangsarbeitern traf im Frühjahr 1940 eine Gruppe ausgewähltester SS-Männer in Auschwitz ein, darunter Josef Kramer, der später der britischen Öffentlichkeit als »Bestie von Belsen« bekannt wurde, und Rudolf Franz Höß, ein mit fünf Jahren Zuchthaus bestrafter Mörder – er verbrachte den größten Teil seines Lebens im Zuchthaus, erst als Sträfling, dann als Wärter –, der sich 1946 in Nürnberg damit brüsten sollte, in Auschwitz die Vernichtung von 2,5 Millionen Menschenleben überwacht zu haben, nicht gezählt eine weitere halbe Million Personen, denen erlaubt worden war, »den Hungertod zu erleiden«.

Denn es war Auschwitz bestimmt, bald das berüchtigste Vernichtungslager zu werden. (Es muß unterschieden werden zwischen Vernichtungslagern und Konzentrationslagern, die einige lebend überstanden.) Für eine Einsicht in die Mentalität der Deutschen unter Hitler, selbst der anständigsten, ist es nicht ohne Bedeutung, daß eine so hervorragende, weltbekannte Firma wie die *I. G.-Farben*, deren Direktoren als führende Wirtschaftler Deutschlands geachtet waren, vorsätzlich dieses Todeslager als geeigneten Platz für einträgliche Unternehmen auswählte.

REIBUNGEN ZWISCHEN DEN TOTALITÄREN STAATEN

In jenem ersten Kriegsherbst begann die Achse zwischen Rom und Berlin zu knarren. Auf den verschiedensten Ebenen kam es zu scharfen Auseinandersetzungen über die verschiedensten Dinge. Die Deutschen hatten die im Juni vereinbarte Evakuierung der Volksdeutschen aus dem italienischen Südtirol nicht durchgeführt; sie hatten ferner Italien nicht mit einer Million Tonnen Kohle monatlich beliefert. Die Italiener hingegen hatten die britische Blockade respektiert und keine Rohstoffe für Deutschland durchgebracht; sie trieben ferner einen blühenden Handel mit England und Frankreich und verkauften ihnen sogar Kriegsmaterial. Schließlich spielten noch Cianos zunehmend antideutschen Gefühle eine Rolle.

Mussolini schwankte wie üblich hin und her, was seinen Niederschlag in Cianos Tagebuch fand. Am 9. November machte es dem Duce Mühe, anläßlich des mißglückten Attentats ein Glückwunschtelegramm an Hitler zu formulieren.

Er wünschte [notierte Ciano] ihm eine gewisse Wärme zu geben, aber nicht zu viel, da nach seiner Meinung kein Italiener eine allzugroße Freude über Hitlers Errettung empfunden hat, am wenigsten von allen der Duce selbst.
20. November ... Für Mussolini ist der Gedanke, daß Hitler den Krieg unternehmen, oder schlimmer, ihn gewinnen könnte, einfach unerträglich.

Einen Tag nach Weihnachten äußerte der Duce die »Hoffnung auf eine deutsche Niederlage« und beauftragte Ciano, Belgien und Holland insgeheim zu informieren, daß ein Angriff gegen sie bevorstehe[49]. Aber schon am Silvesterabend sprach Mussolini wieder davon, an Hitlers Seite in den Krieg einzutreten.
Hauptursache der Spannung zwischen den beiden Achsenmächten war Deutschlands prorussische Politik. Am 30. November 1939 hatte die Rote Armee Finnland angegriffen, wodurch Hitler in eine äußerst demütigende Situation geraten war. Nachdem er schon für den Pakt mit Stalin einen hohen Preis gezahlt, das Baltikum aufgegeben und die dort seit Jahrhunderten ansässigen deutschen Familien schleunigst herausgeholt hatte, mußte er nun noch offiziell den vom Zaun gebrochenen russischen Angriff auf ein kleines Land gelten lassen, das in engen Beziehungen zu Deutschland stand und dessen Unabhängigkeit 1918 hauptsächlich durch das Eingreifen regulärer deutscher Truppen der Sowjetunion abgerungen worden war. Es war eine bittere Pille für ihn, aber er schluckte sie. Die deutschen diplomatischen Missionen im Ausland sowie Presse und Rundfunk in Deutschland wurden ausdrücklich angewiesen, jede Sympathiekundgebung für die Finnen zu vermeiden.
Das ging Mussolini, dem zudem antideutsche Kundgebungen in ganz Italien zu schaffen machten, zu weit. Jedenfalls machte er sich kurz nach Neujahr in einem langen Brief an den Führer Luft. Niemals vorher und sicherlich auch niemals nachher war der Duce so offen und scharf gegen Hitler wie in diesem Brief vom 3. Januar 1940.
Er sei zwar »tief überzeugt, daß es England und Frankreich niemals gelingen wird, Ihr von Italien unterstütztes Deutschland zur Kapitulation zu bringen; aber es ist nicht sicher, ob es gelingen wird, die Franzosen und Engländer auf die Knie zu zwingen ... Das anzunehmen würde eine Täuschung bedeuten. Die Vereinigten Staaten würden eine vollständige Niederlage der Demokratien nicht zulassen.« Verlohne es sich jetzt noch, nachdem Hitler die deutsche Ostgrenze gesichert habe, »alles, einschließlich des Regimes, aufs Spiel zu setzen und die Blüte des deutschen Volkes zu opfern«? Deutschland könne Frieden haben, wenn es ein bescheidenes, entwaffnetes, ausschließlich polnisches Polen bestehen lasse. »Es sei denn, daß Sie unwiderruflich entschlossen sind, den Krieg bis zum Äußersten zu führen, glaube ich, daß die Schaffung eines polnischen Staates ... ein Element zur Beendigung des Krieges und eine genügende Voraussetzung für den Frieden wäre.«
Mussolinis Hauptsorge aber galt Deutschlands Einvernehmen mit Rußland:

Rußland ist, ohne einen Schlag zu tun, in Polen und im Ostseegebiet der große Nutznießer des Krieges gewesen. Aber ich, der ich Revolutionär von Geburt bin und meine

Anschauungen nicht geändert habe, sage Ihnen, daß Sie nicht ständig die Grundsätze Ihrer Revolution zu Gunsten der taktischen Erfordernisse eines bestimmten politischen Augenblicks opfern können ... Ich habe die unbedingte Pflicht hinzuzufügen, daß ein weiterer Schritt vorwärts in Ihren Beziehungen mit Moskau katastrophische Rückwirkungen in Italien auslösen würde ...[50].

Mussolinis Brief gemahnte Hitler indes nicht nur an die Belastung der deutsch-italienischen Beziehungen, er traf bei ihm auch auf einen wunden Punkt: die Flitterwochen mit der Sowjetunion, die beiden Parteien auf die Nerven zu gehen begannen. Sowjetrußland hatte es Hitler ermöglicht, Polen zu zerschlagen. Ja, es hatte ihm auch in anderer Weise geholfen. Zum Beispiel enthüllen die deutschen Akten eines der bestgehüteten Geheimnisse des Krieges: Die Sowjetunion hatte Deutschland die Benutzung von Häfen in der Arktis, am Schwarzen Meer und am Pazifischen Ozean gestattet, so daß es dringend benötigte Rohstoffe trotz britischer Blockade einführen konnte.

Am 10. November 1939 willigte Molotow sogar ein, daß die Frachtkosten für alle auf russischen Eisenbahnen transportierten Güter von der Sowjetregierung gezahlt wurden[51]. Deutsche Schiffe, darunter auch U-Boote, erhielten die Möglichkeit, im Arktishafen Teriberka östlich von Murmansk zu tanken und Reparaturen auszuführen. Molotow hielt Teriberka für geeigneter als Murmansk, da es abgelegener sei und selten von ausländischen Schiffen angelaufen werde[52].

Während der ganzen Herbstmonate von 1939 verhandelten Moskau und Berlin über eine Erweiterung des Handels zwischen beiden Ländern. Bis Ende Oktober erreichten die russischen Rohstoff-, insbesondere Getreide- und Öllieferungen eine beträchtliche Höhe. Aber die Deutschen wünschten noch mehr. Allerdings sollten sie dann erfahren, daß die Sowjets auf wirtschaftlichem Gebiet ebenso schlau und zäh feilschten wie auf politischem. Am 1. November protestierten Göring, Raeder und Keitel, »unabhängig voneinander«, wie Weizsäcker vermerkte, beim Auswärtigen Amt gegen die allzu hohen russischen Forderungen nach deutschen Kriegsmateriallieferungen. Einen Monat später führte Keitel bei Weizsäcker wiederum Klage darüber, daß Rußland in »immer umfangreicherem und unvernünftigem« Maße deutsche Erzeugnisse, vor allem Werkzeugmaschinen für die Munitionsherstellung, anfordere[53].

Aber wenn Deutschland aus Rußland Nahrungsmittel und Öl haben wollte, mußte es dafür Waren liefern, die Moskau benötigte und wünschte. Wegen der britischen Blokkade war das Reich so sehr auf die russischen Erzeugnisse angewiesen, daß Hitler am 30. März 1940 in einem kritischen Augenblick anordnete, die Russen sogar noch vor der deutschen Wehrmacht mit Kriegsmaterial zu beliefern[54]. Einmal bildete der noch unfertige schwere Kreuzer *Lützow* einen Teil der laufenden Zahlungen an Moskau. Ein paar Monate vorher, am 15. Dezember 1939, hatte Admiral Raeder vorgeschlagen, den Russen, sofern sie »einen sehr hohen Preis« zahlten, die Pläne und Konstruktionszeichnungen für die damals in Bau befindliche *Bismarck*, das größte Schlachtschiff der Welt (45 000 t), zu verkaufen.

Ende 1939 nahm Stalin persönlich an den Verhandlungen mit der deutschen Handelsdelegation in Moskau teil. Er feilschte furchtbar, wie die deutschen Wirtschaftler feststellen mußten. In den deutschen Akten befinden sich lange, ausführliche Protokolle von drei denkwürdigen Verhandlungen mit dem Sowjetdiktator, der eine Detailkenntnis hatte, die die Deutschen verblüffte. Stalin ließ sich weder täuschen noch übervorteilen, vielmehr trat er fordernd auf und wurde manchmal, wie Dr. Schnurre nach Berlin berichtete, »ganz aufgeregt«. Die Sowjetunion, sagte er, habe den Deutschen einen sehr großen Dienst erwiesen und sich dadurch Feinde gemacht. Das müsse in Berlin berücksichtigt werden.

Herr Stalin bezeichnete [in einer Besprechung am 31. Dezember 1939 im Kreml] ferner den Globalpreis für die Flugzeuge als ganz undiskutabel. Er stelle das Vielfache der wirklichen Preise dar. Wenn Deutschland die Flugzeuge nicht liefern wolle, hätte er es vorgezogen, wenn man das offen gesagt hätte.
Herr Stalin bat [in einer mitternächtlichen Sitzung im Kreml am 8. Februar], man möchte von deutscher Seite angemessene Preise vorschlagen und sie nicht allzu hoch ansetzen, wie dies bisher geschehen sei. Erwähnt wurden als Beispiele hierbei der Globalpreis von 300 Millionen RM für Flugzeuge und die deutsche Bewertung des Kreuzers »Lützow« mit 150 Millionen RM. Man solle die Gutmütigkeit der Sowjetunion nicht ausnützen[55].

Am 11. Februar 1940 wurde schließlich in Moskau ein kompliziertes Handelsabkommen unterzeichnet, das für die nächsten 18 Monate einen Güteraustausch im Mindestwert von 640 Millionen Reichsmark vorsah. Dazu kam noch der im August 1939 vereinbarte Handelsaustausch im Werte von rund 150 Millionen Reichsmark. Außer dem Kreuzer *Lützow* und den Plänen für die *Bismarck* sollten Rußland schwere Schiffs- und andere schwere Geschütze sowie dreißig der neuesten deutschen Kampfflugzeuge geliefert werden, darunter die Messerschmitt-Jäger Me 109 und Me 110 und die Sturzbomber Junkers Ju 88. Ferner: Maschinen für die sowjetische Öl- und Elektroindustrie, Lokomotiven, Turbinen, Generatoren, Dieselmotoren, Schiffe, Werkzeugmaschinen sowie Modelle deutscher Geschütze, Panzer, Sprengstoffanlagen und so fort[56].
Was die Deutschen im ersten Jahr erhielten, ist in den OKW-Akten aufgezeichnet: 1 Million t Getreide, 1/2 Million t Weizen, 900 000 t Ölderivate, 100 000 t Baumwolle, 500 000 t Phosphate, erhebliche Mengen zahlreicher anderer lebenswichtiger Rohstoffe und den Transittransport von 1 Million t Sojabohnen aus der Mandschurei[57].
Dr. Schnurre, der Wirtschaftsexperte des Auswärtigen Amtes, der für Deutschland die Verhandlungen in Moskau führte, verfaßte nach seiner Rückkehr nach Berlin eine lange Denkschrift über das, was er für das Reich herausgeholt hatte. Die Sowjetunion, schrieb er, werde nicht nur die so dringend benötigten Rohstoffe liefern, sie habe sich auch bereit erklärt, »für uns als Käufer von Metallen und Rohstoffen im dritten Auslande aufzutreten«, und Stalin selbst habe »wiederholt eine großzügige Hilfe in dieser Richtung zugesagt«.

Das Abkommen [schloß Schnurre] bedeutet für uns das weit geöffnete Tor im Osten, ... so wird ... die englische Blockade in ihrer Wirkung in entscheidender Weise abgeschwächt[58].

Das war einer der Gründe, weshalb Hitler seinen Stolz überwand, die in Deutschland sehr unpopuläre russische Aggression gegen Finnland überging und es hinnahm, daß sowjetische Truppen- und Luftwaffenverbände Stützpunkte in den drei baltischen Staaten anlegten (wem anders sollte die Drohung gelten als Deutschland?). Stalin half ihm, die Wirkung der britischen Blockade abzuschwächen. Aber es gab noch etwas Wichtigeres als das: Stalin ermöglichte es ihm außerdem, einen Einfrontkrieg zu führen, seine ganze Militärmacht im Westen für einen entscheidenden Schlag gegen Frankreich und England zu konzentrieren und Belgien und Frankreich zu überrennen. Danach würde er ... nun, er hatte seinen Generalen bereits angedeutet, was er im Sinne hatte. Schon am 17. Oktober 1939, als der Polenfeldzug kaum vorüber war, hatte er Keitel ermahnt:

Es ist Vorsorge zu treffen, daß das Gebiet [Polens] als vorgeschobenes Glacis für uns militärische Bedeutung hat und für einen Aufmarsch ausgenutzt werden kann. Dazu müssen die Bahnen, Straßen und Nachr.-Verbindungen für unsere Zwecke in Ordnung gehalten ... werden[59].

Daß Hitler nicht mit einer dauernden Neutralität Sowjetrußlands rechnete, hatte er der Generalität bereits in seiner Denkschrift vom 9. Oktober dargelegt. In acht Monaten oder in einem Jahr könnten die Dinge schon anders sein. Und in seiner Ansprache am 23. November hatte er betont: »Wir können Rußland nur entgegentreten, wenn wir im Westen frei sind.«

Das denkwürdige Jahr 1939 endete in merkwürdiger, ja unheimlicher Stimmung. Es war Weltkrieg, und doch wurde zu Lande nicht gekämpft, während die Bombenflugzeuge nur Flugblätter, obendrein miserabel geschriebene, abwarfen. Lediglich zur See wurde wirklich Krieg geführt. U-Boote forderten weiterhin im unbarmherzigen, eisigen Nordatlantik ihren Tribut von der englischen und bisweilen auch neutralen Schiffahrt. Im Südatlantik hatte das Schlachtschiff *Graf Spee* innerhalb von drei Monaten neun britische Frachtschiffe mit einer Gesamttonnage von 50000 t versenkt. Vierzehn Tage vor der ersten Kriegsweihnacht, am 14. Dezember 1939, wurde dann das deutsche Volk durch die Sondermeldung von einem großen Seesieg elektrisiert. Die *Graf Spee*, hieß es, habe sich am Tage vorher etwa 600 Kilometer von Montevideo entfernt in ein Seegefecht mit drei englischen Kreuzern eingelassen und sie kampfunfähig gemacht. Doch die freudige Begeisterung wandelte sich bald in ein Rätselraten. Drei Tage später brachte die Presse die Nachricht, daß sich das Schlachtschiff in der La-Plata-Mündung unmittelbar vor Montevideo selbst versenkt habe. Wo war da der Sieg? Am 21. Dezember gab das OKM bekannt, der Kommandant der *Graf Spee*, Kapitän Hans Langsdorff, sei mit seinem Schiff untergegangen und habe die Erwartungen, die Führer, Volk und Kriegsmarine in ihn setzten, als tapferer Held erfüllt.

Was indes dem deutschen Volk nie mitgeteilt wurde, war, daß die *Graf Spee* von den drei britischen Kreuzern schwer angeschlagen worden war[60], daß sie im Hafen von Montevideo hatte Zuflucht nehmen müssen, daß ihr die Regierung von Uruguay im Einklang mit dem Völkerrecht nur für 72 Stunden Aufenthalt genehmigte, was für eine Instandsetzung nicht ausreichte, daß der »Held«, Kapitän Langsdorff, auf seinem versehrten Schiff kein neues Gefecht mit den Engländern riskieren wollte, weshalb er es versenkt hatte, und daß er selbst, statt mit ihm unterzugehen, sich zwei Tage später in einem einsamen Hotelzimmer in Buenos Aires erschoß. Und natürlich wurde dem deutschen Volk auch nichts davon gesagt, daß der Führer, wie es in General Jodls Tagebuch am 18. Dezember heißt, »über die kampflose Versenkung der *Graf Spee* sehr zornig« war, Admiral Raeder kommen ließ und ihn abkanzelte[61].

Am 12. Dezember verschob Hitler wieder einmal den Termin für die Westoffensive, und zwar setzte er den »A-Tag« frühestens für den 1. Januar 1940 an. Er ließ wissen, daß die Wehrmacht Weihnachtsurlaub genehmigen könne. Zu Neujahr wechselten er und Stalin Glückwunschtelegramme.

Hassell benutzte die Feiertage, um sich mit seinen Mitverschworenen Popitz, Goerdeler und General Beck zu beraten, und vertraute am 30. Dezember seinem Tagebuch den neuesten Plan an. Der ging dahin,

daß man einige Divisionen »auf dem Wege vom Westen nach Osten« in Berlin haltmachen lasse. Dann solle Witzleben in Berlin auftreten und die SS ausheben. Beck werde auf Grund dieser Aktion nach Zossen fahren und aus Brauchitschs schwacher Hand den Oberbefehl übernehmen. Hitler solle mit ärztlichem Gutachten für regierungsunfähig erklärt und verwahrt werden. Dann Aufruf an das Volk mit der Parole: Vereitelung weiterer Greuel der SS, Wiederherstellung von Anstand und christlicher Sittlichkeit, Fortführung des Krieges, aber Friedensbereitschaft auf vernünftiger Basis ...

Aber das alles war unrealistisch, lauter Gerede. Ja, die »Verschwörer« waren so konfus, daß Hassell einen langen Abschnitt in seinem Tagebuch der Überlegung widmete, ob man Göring behalten solle oder nicht.

Göring selbst nahm ebenso wie Hitler, Himmler, Goebbels, Ley und andere Parteigrößen den Jahreswechsel zum Anlaß, erhabene Proklamationen zu erlassen. Ley verkündete: »Der Führer hat immer recht! Folgt dem Führer!« Der Führer selbst proklamierte, nicht er habe den Krieg begonnen, sondern »die jüdischen und kapitalistischen Kriegshetzer«. Er fuhr fort:

So treten wir im Innern organisatorisch, wirtschaftlich vorbereitet und militärisch aufs höchste gerüstet in das entscheidendste Jahr der deutschen Geschichte!

Am 27. Dezember hatte er noch einmal den Angriff im Westen »um mindestens vierzehn Tage« verschoben. Am 10. Januar setzte er ihn endgültig für den 17. Januar,

»fünfzehn Minuten vor Sonnenaufgang – 8.16«, fest. Drei Tage vorher sollte die Luftwaffe mit der Bombardierung feindlicher Flugplätze in Frankreich – nicht aber in Belgien und Holland – beginnen. Die beiden kleinen neutralen Länder sollten bis zum letzten Augenblick im unklaren gelassen werden.

Doch am 13. Januar verschob der Kriegsherr plötzlich den Überfall, wiederum »in Anbetracht der Wetterlage«. Dann schweigen die OKW-Akten über den A-Tag im Westen bis zum 7. Mai. Zum Teil mag das Wetter für den Entschluß vom 13. Januar tatsächlich eine Rolle gespielt haben. Aber wir wissen heute, daß er hauptsächlich zwei anderen Ereignissen zuzuschreiben war: Erstens mußte am 10. Januar ein deutsches Militärflugzeug in Belgien notlanden, zweitens tauchten jetzt im Norden neue Möglichkeiten auf.

Am gleichen Tage, an dem Hitler den Offensivbeginn durch Belgien und Holland für den 17. Januar befohlen hatte, nämlich am 10., verirrte sich ein deutsches Militärflugzeug auf dem Flug von Münster nach Köln in den Wolken und mußte bei Mechelen-sur-Meuse notlanden. In ihm befand sich Major Helmut Reinberger, Verbindungsoffizier der Luftflotte 2, der in seiner Aktentasche die deutschen Operationspläne mitsamt Karten bei sich führte. Als belgische Soldaten sich näherten, stürzte der Major in ein nahegelegenes Gebüsch und legte Feuer an den Inhalt seiner Aktentasche. Die Soldaten, durch das auffallende Benehmen erst recht aufmerksam gemacht, traten das Feuer aus und stellten sicher, was von den Flammen verschont geblieben war. Sie führten den Major ins nächste Wachlokal, wo ein belgischer Offizier die angesengten Papiere auf einen Tisch legte. Reinberger, verzweifelt, ergriff sie und warf sie in den Ofen. Doch der belgische Offizier holte sie rasch wieder heraus.

Über die deutsche Botschaft in Brüssel setzte Reinberger sich sofort mit dem Luftfahrtministerium in Berlin in Verbindung und meldete, es sei ihm gelungen, die Dokumente bis zu »unbedeutenden Bruchstücken in Handtellergröße« zu verbrennen. Aber dennoch war man in Berlin bestürzt. Jodl meldete sich sofort bei Hitler: »Dem Führer vorgetragen: Was kann der Feind wissen, was nicht?« Er wußte es selbst nicht. »Wenn die ganzen Akten«, trug er am 12. Januar, nach der Unterredung mit Hitler, in sein Tagebuch ein, »im Besitz d. Feindes, ist die Lage ungeheuerlich.« Noch am gleichen Abend forderte Ribbentrop telegrafisch von der deutschen Botschaft einen umgehenden Bericht über die »Vernichtung Kuriergepäcks«. Am Vormittag des 13. Januar fand – Jodls Tagebuch zufolge – bei Göring eine Konferenz der höchsten Offiziere der Luftwaffe mit dem eiligst nach Berlin herbeigeflogenen Luftattaché in Brüssel statt. Jodl: »Ergebnis: Masse sicher verbrannt.«

So sicher war man sich allerdings nicht, wie Jodls Tagebuch offenbart. Um 13 Uhr notierte er: »Befehl an Grl. Halder (fernmdl.): Alle Bewegungen anhalten.«

Am gleichen Tag, dem 13. Januar, berichtete der deutsche Botschafter in Brüssel in einem dringenden Telegramm über beträchtliche belgische Truppenbewegungen, die »auf alarmierende Nachrichten zurückzuführen sind, die Belgischem Generalstab dieser

Tage zugegangen«. Am Tage darauf traf in Berlin ein weiteres *Citissime*-Telegramm des Botschafters ein: Belgier hätten »Phase D«, d. h. vorletzte Mobilmachungsstufe, angeordnet und zwei neue Jahrgänge einberufen. Diese Maßnahmen »scheinen ... durch Nachrichten über deutsche Truppenverschiebung an belgischer und holländischer Grenze sowie durch Inhalt der bei deutschem Flieger gefundenen zum Teil nicht verbrannten Kurierpost ausgelöst zu sein«.

Am Abend des 15. Januar entstanden bei den Militärs in Berlin Zweifel, ob Major Reinberger, wie er behauptete, die belastenden Papiere wirklich vernichtet habe. »Vermutlich verbrannt«, vermerkte Jodl nach einer weiteren Besprechung in der Angelegenheit. Am 17. Januar jedoch ließ der belgische Außenminister Paul-Henri Spaak den deutschen Botschafter zu sich kommen und erklärte, wie dieser sofort nach Berlin weitergab:

Durch das am 10. Januar notgelandete Flugzeug sei nach Aussage der militärischen Stellen ein Dokument außergewöhnlichster und schwerwiegendster Art in belgische Hand gefallen, das klar den Beweis einer Angriffsabsicht enthält. Es handele sich dabei nicht um einen Operationsplan, sondern um einen in allen Einzelheiten ausgearbeiteten Angriffsbefehl, in dem nur noch [die] Zeit einzusetzen gewesen wäre.

Die Deutschen waren sich niemals ganz sicher, ob Spaak nicht geblufft habe. Auf alliierter Seite – der französische und der britische Generalstab hatten Abschriften des deutschen Plans erhalten – neigte man dazu, die Sache für eine »Finte« zu halten. Churchill sagt, er habe sich heftig dieser Auslegung widersetzt, und er bedauert, daß nach dieser ernsten Warnung nichts geschehen sei. Sicher ist, daß Hitler am 13. Januar, das heißt, einen Tag nachdem er von der Sache gehört hatte, den Angriff verschob und daß bis zu der entscheidenden Zeit im Frühjahr der gesamte strategische Plan von Grund auf abgeändert wurde[62].

Aber die Notlandung in Belgien und das schlechte Wetter waren nicht die alleinigen Gründe für den Aufschub. Inzwischen waren in Berlin Pläne für einen verwegenen deutschen Angriff auf zwei andere, im Norden liegende kleine neutrale Länder herangereift und standen jetzt im Vordergrund. Der Sitzkrieg ging mit erwachendem Frühling – für die Deutschen wenigstens – dem Ende entgegen.

XX

Die Eroberung Dänemarks und Norwegens

Der harmlos klingende Deckname für den jüngsten deutschen Angriffsplan lautete *Weserübung*. Sein Entstehen und seine Entwicklung sind insofern einmalig, als sie vom Entstehen anderer hier dargestellter Angriffspläne völlig abweichen. Der Plan war nicht, wie alle übrigen, ein Einfall Hitlers, sondern ein Einfall eines ehrgeizigen Admirals und eines prominenten Wirrkopfes der NSDAP. Es war die einzige deutsche Angriffshandlung, bei der die entscheidende Rolle die Kriegsmarine übernahm. Es war auch die einzige, für die das OKW die Planung und die Koordinierung der drei Wehrmachtteile übernahm. Ja, das OKH und der Generalstab wurden – zu ihrem größten Ärger – nicht einmal konsultiert, und Göring wurde erst im letzten Augenblick eingeweiht – eine Nichtachtung, über die der korpulente Feldmarschall in Wut geriet.

Die deutsche Kriegsmarine hatte seit langem ihre Blicke auf den Norden gerichtet. Deutschland besaß keinen freien Zugang zum offenen Ozean, eine geographische Tatsache, die sich den Seeoffizieren während des Ersten Weltkrieges tief eingeprägt hatte. Die Engländer hatten von den Shetland-Inseln bis zur norwegischen Küste ein dichtes Blockadenetz mit Minensperren und Patrouillenschiffen gezogen, dadurch die schmale Nordsee für die mächtige kaiserliche Marine abgeriegelt, die Versuche der U-Boote, in den Nordatlantik durchzubrechen, stark gehemmt und die deutsche Handelsmarine vom offenen Meer ferngehalten. Angesichts dieser Erfahrung war in der Zwischenkriegszeit die Leitung der geschrumpften Marine zu dem Schluß gelangt, daß Deutschland in einem künftigen Krieg mit England versuchen müsse, sich Stützpunkte in Norwegen zu sichern, von denen aus sich die durch die Nordsee verlaufende englische Blockadelinie durchbrechen lasse. Damit würde man nicht nur den deutschen Über- und Unterwasserfahrzeugen den Zugang zum Ozean eröffnen, sondern sogar die Möglichkeit haben, den Spieß umzudrehen und die britischen Inseln wirksam zu blockieren.

Es war daher nicht überraschend, daß Admiral Rolf Carls, der dritthöchste Offizier in der deutschen Kriegsmarine und eine kraftvolle Persönlichkeit, von Kriegsausbruch an Admiral Raeder, wie dieser in seinem Tagebuch vermerkte und auch in Nürnberg erklärte, mit Briefen zusetzte, in denen auf die »Bedeutung einer Besetzung der norwegischen Küste durch Deutschland« hingewiesen wurde[1]. Raeder brauchte indes nicht sonderlich gedrängt zu werden. Am 3. Oktober, nach Beendigung des Polenfeldzugs, legte er der Seekriegsleitung einen vertraulichen Fragebogen vor, um sich über »die

Möglichkeit zur Gewinnung von Stützpunkten in Norwegen ... unter dem gemeinsamen Druck durch Rußland und Deutschland« zu unterrichten. Ribbentrop wurde wegen der Einstellung Moskaus zu Rate gezogen und erwiderte, er glaube »weitgehende Unterstützung annehmen zu können[2]«. Raeder beschied daraufhin seinen Stab, Hitler müsse sobald wie möglich über die »Möglichkeiten« in Kenntnis gesetzt werden.

So hielt denn Raeder am 10. Oktober bei Hitler einen langen Vortrag über die Seekriegslage und wies darauf hin, wie wichtig es sei, Stützpunkte in Norwegen, notfalls mit Hilfe Rußlands, zu erlangen. Dies war, soweit aus den Akten ersichtlich, das erste Mal, daß die Marine Hitler unmittelbar auf die Angelegenheit aufmerksam machte. Der Führer, sagte Raeder, »erkannte sofort die Bedeutung des norwegischen Problems«. Er bat um Überlassung der Unterlagen und versprach, über die Frage nachzudenken. Aber zu diesem Zeitpunkt war Hitler von der Vorbereitung der Westoffensive und von dem Bemühen in Anspruch genommen, das Zaudern der Generalität zu brechen[3]. Norwegen entglitt offenbar seinem Gedächtnis[4].

Aber zwei Monate später kam er wieder darauf zurück – aus drei Gründen.

Einer der Gründe war, daß der Winter bevorstand. Deutschlands ganze Existenz hing von der Erzeinfuhr aus Schweden ab. Für das erste Kriegsjahr rechneten die Deutschen, bei einem Gesamtbedarf von 15 Millionen t Erz, mit einer Deckung des Bedarfs bis zu 11 Millionen t aus schwedischen Einfuhren. In der warmen Jahreszeit bot der über den Bottnischen Meerbusen und die Ostsee gehende Erztransport aus Nordschweden keinerlei Problem, da die Ostsee gegen britische U-Boote und Überwasserschiffe wirksam abgeriegelt werden konnte. Aber in der kalten Jahreszeit mußte das schwedische Erz, da die nordschwedischen Gewässer im Winter einfrieren, mit der Eisenbahn nach dem norwegischen Hafen Narvik transportiert und von dort zu Schiff entlang der norwegischen Küste nach Deutschland geschafft werden. Die Erzschiffe konnten fast ihre ganze Fahrt innerhalb norwegischer Hoheitsgewässer zurücklegen, was sie vor der Vernichtung durch britische Kriegsschiffe und Bomber bewahrte.

So war, wie Hitler zunächst auch der Marine zu überlegen gab, ein neutrales Norwegen von Vorteil. Es ermöglichte Deutschland, sich das lebenswichtige Eisenerz ohne ein Dazwischentreten Englands zu beschaffen.

Churchill, damals Erster Lord der Admiralität, erkannte dies sofort und bemühte sich schon in den ersten Kriegswochen beim Londoner Kabinett um die Genehmigung, in norwegischen Hoheitsgewässern Minen legen zu lassen, um den deutschen Erztransport zu unterbinden. Aber Chamberlain und Halifax widerstrebte es sehr, die Neutralität Norwegens zu verletzen, und so wurde Churchills Vorschlag zunächst einmal fallengelassen[5].

Rußlands Angriff auf Finnland Ende November 1939 verursachte eine radikale Änderung der Lage in Skandinavien und erhöhte gewaltig dessen strategische Bedeutung, sowohl für die westlichen Alliierten wie für Deutschland. Um den tapferen Finnen zu Hilfe zu kommen, die allen Voraussagen zum Trotz gegen die Übermacht der Roten Armee zäh standhielten, stellten Frankreich und England in Schottland eine Expeditionsstreitmacht auf. Diese aber konnte Finnland nur über Norwegen und Schweden erreichen. Den Deutschen war sofort klar, daß die Alliierten, wenn sie mit oder ohne Genehmigung der beiden skandinavischen Länder ihr Expeditionskorps über Nordskandinavien nach Finnland schafften, unter dem Vorwand, die Verbindung aufrechtzuerhalten, genügend Truppen in Norwegen und Schweden belassen würden, um Deutschland von seiner schwedischen Erzquelle vollständig abzuschneiden[6]. Außerdem würden die westlichen Alliierten das Reich an der Nordflanke umfassen. Admiral Raeder säumte nicht, Hitler auf diese Gefahr aufmerksam zu machen.

Inzwischen hatte Raeder auch in Norwegen selbst einen wertvollen Verbündeten gefunden, den Major Vidkun Abraham Lauritz Quisling, dessen Name alsbald in fast allen Sprachen zum Synonym für Verräter wurde.

VIDKUN QUISLING BETRITT DIE BILDFLÄCHE

Quislings Laufbahn hatte durchaus ehrenvoll begonnen. 1887 geboren, bäuerlicher Herkunft, war er, nachdem er an der Spitze seiner Klasse die norwegische Militärakademie absolviert hatte, als Militärattaché nach Petrograd geschickt worden. Da er dort nach Abbruch der Beziehungen zwischen Großbritannien und der bolschewistischen Regierung die englischen Interessen wahrgenommen hatte, war ihm der Orden des Britischen Empire verliehen worden. Zu jener Zeit war er sowohl england- wie bolschewikenfreundlich. Er blieb noch eine Weile in Sowjetrußland als Assistent des großen norwegischen Forschers und Menschenfreundes Fridtjof Nansen beim russischen Hilfswerk.

Der Erfolg der Kommunisten in Rußland hatte den jungen Offizier derart beeindruckt, daß er, nach Oslo zurückgekehrt, seine Dienste der norwegischen Arbeiterpartei anbot, die damals der Komintern angehörte. Er schlug die Aufstellung einer »Roten Garde« vor, doch die Partei mißtraute ihm und seinem Projekt und wies ihn ab. Daraufhin verfiel er ins entgegengesetzte Extrem. Im Mai 1933, nachdem er zwei Jahre Verteidigungsminister gewesen war, gründete er eine faschistische Partei mit dem Namen *Nasjonal Samling*, wobei er Ideologie und Taktik von den kürzlich in Deutschland zur Macht gelangten Nationalsozialisten entlehnte. Aber auf dem demokratischen Boden Norwegens gedieh der Nationalsozialismus nicht. Quisling gelang es nicht einmal, in das Parlament gewählt zu werden. Von seinem eigenen Volk derart abgelehnt, wandte er sich dem nationalsozialistischen Deutschland zu.

Dort nahm er Verbindung mit Alfred Rosenberg auf, der nicht nur Chefideologe der NS-Bewegung war, sondern neben der Ausübung anderer Funktionen auch das Außenpolitische Amt der NSDAP leitete. Dieser baltische Wirrkopf, einer der frühesten Mentoren Hitlers, glaubte in dem norwegischen Offizier ein Mittel für die Verwirklichung einer seiner Lieblingsideen zu erkennen, nämlich für die Errichtung eines nordischen Großreiches, von dem Juden und andere »Unreine« ausgeschlossen sein sollten und das schließlich unter Führung der Nationalsozialisten die Welt beherrschen sollte. Von 1933 an blieb er mit Quisling in Kontakt und überschwemmte ihn mit seiner unsinnigen Philosophie und Propaganda.

Im Juni 1939, als sich über Europa Kriegswolken zusammenzogen, nahm Quisling seine Teilnahme an einer Tagung der *Nordischen Gesellschaft* in Lübeck zum Anlaß, von Rosenberg etwas mehr als nur ideologische Unterstützung zu erbitten. Nach Rosenbergs vertraulichen Berichten, die in Nürnberg vorlagen, wies Quisling ihn auf die Gefahr einer im Kriegsfall eintretenden Kontrolle Norwegens durch England und auf die Vorteile einer Besetzung des Landes durch Deutschland hin. Er bat um praktische Unterstützung seiner Partei und seiner Presse. Rosenberg verfaßte drei Denkschriften, worin er groß war, je eine für Hitler, Göring und Ribbentrop, doch scheinen diese drei sie nicht beachtet zu haben – niemand in Deutschland nahm den »parteiamtlichen Philosophen« sehr ernst. Immerhin konnte Rosenberg von sich aus zumindest einen zweiwöchigen Schulungskurs für 25 Mann der Quislingschen SA arrangieren, der im August in Deutschland abgehalten wurde.

In den ersten Kriegsmonaten stand Admiral Raeder weder mit Rosenberg noch mit Quisling in Verbindung, so jedenfalls sagte er in Nürnberg. Den einen kannte er kaum, von dem anderen hatte er nie gehört. Aber gleich nach Beginn des russischen Angriffs auf Finnland erhielt Raeder von seinem Marineattaché in Oslo, Kapitän Richard Schreiber, fortlaufend Meldungen über dicht bevorstehende alliierte Landungen in Norwegen. Raeder erwähnte die Berichte am 8. Dezember Hitler gegenüber und riet ihm, Norwegen zu besetzen[7].

Kurz darauf schrieb Rosenberg eine (undatierte) Denkschrift für Admiral Raeder »betr.: Besuch des Staatsrats Quisling-Norwegen«. Der norwegische Verschwörer war in Berlin eingetroffen, und Rosenberg glaubte, Raeder über Quisling und seine Absichten informieren zu müssen. Quisling, sagte er, habe unter den hohen Offizieren der norwegischen Armee zahlreiche Gesinnungsgenossen. Zum Beweis dafür habe er ihm einen Brief jüngsten Datums von Oberst Konrad Sundlo, dem Garnisonskommandeur von Narvik, gezeigt, worin der norwegische Ministerpräsident »Rindvieh« und ein anderer Minister »Säufer« genannt werde. Sundlo habe sich in dem Brief bereit erklärt, »seine Knochen für die nationale Erhebung zu riskieren«. Als es später um die Verteidigung seines Landes gegen die deutschen Angreifer ging, riskierte Oberst Sundlo seine Knochen nicht.

Zur Zeit denke Quisling an einen Staatsstreich, teilte Rosenberg Raeder mit. Quislings Plan muß in Berlin offene Ohren gefunden haben, denn er war eine genaue Kopie des »Anschlusses«. Eine Anzahl von Quislings SA-Leuten sollte in Deutschland baldigst durch »erfahrene nationalsozialistische Kämpfer, die Übung in derartigen Aktionen besitzen«, ausgebildet werden. Nach Norwegen zurückgebracht, würden die Lehrlinge strategische Punkte in Oslo besetzen,

und zu gleicher Zeit müßte die deutsche Flotte nebst entsprechenden Kontingenten der

deutschen Armee an einer vorgesehenen Bucht vor der Einfahrt von Oslo auf besonderen Ruf der neuen norwegischen Regierung eingesetzt werden.
Quisling zweifelt nicht, daß eine solche Tat – im Augenblick gelungen – ihm sofort die Zustimmung jener Teile der Armee bringen wird, mit denen er jetzt Verbindung hat... Vom König glaubt er, daß er einer solchen vollzogenen Tatsache Rechnung tragen würde.
Die Zahl der notwendigen deutschen Truppen beziffert Quisling in Übereinstimmung mit den deutschen Ausrechnungen[8].

Admiral Raeder empfing Quisling am 11. Dezember. Die Zusammenkunft wurde von einem norwegischen Geschäftsmann mit Namen Viljam Hagelin, der seiner Geschäfte wegen vorwiegend in Deutschland lebte und Quislings Verbindungsmann war, mit Hilfe Rosenbergs zustandegebracht. Hagelin und Quisling nahmen Raeder gegenüber den Mund recht voll, und Raeder ließ ordnungsgemäß zu Protokoll nehmen:

Quisling erklärte, die [britische] Landung sei in der Nähe von Stavanger vorgesehen, und zu einem englischen Stützpunkt würde Christiansand Verwendung finden. Die jetzige norwegische Regierung sowie Storting und die gesamte Außenpolitik würden beherrscht von dem bekannten Juden Hambro [dem Storting-Präsidenten], der ein besonderer Freund von Hore Belisha sei... Die Gefahren, die Deutschland durch ein englisches Norwegen entstünden, wurden eindringlichst geschildert...

Um einem englischen Schritt zuvorzukommen, schlug Quisling vor, »der deutschen Wehrmacht entsprechende Stützpunkte zur Verfügung« zu stellen. »In dem gesamten Küstengebiet seien deshalb bereits Männer in wichtigen Stellungen (Eisenbahn, Post, Nachrichtenwesen) für diese Sache gedungen.« Er und Hagelin seien in Berlin, um »klare Verhältnisse in der deutschen Haltung für die Zukunft zu schaffen... Besprechungen seien erwünscht in Richtung gemeinsamer Aktion, Truppenüberführung nach Oslo pp.[9]«.
Raeder war beeindruckt, wie er später in Nürnberg aussagte, und versprach seinen beiden Besuchern, die Sache dem Führer zu unterbreiten und sie über das Ergebnis zu unterrichten. Er brachte die Angelegenheit gleich am nächsten Tage in einer Besprechung zur Sprache, an der auch Keitel und Jodl teilnahmen. Raeder, dessen Bericht über diese Besprechung sich unter den erbeuteten Dokumenten befindet, sagte Hitler, Quisling habe auf ihn einen »zuverlässigen Eindruck« gemacht. Dann umriß er die Hauptpunkte seines Gesprächs mit den Norwegern. Quisling habe »gute Beziehungen zu Offizieren des n(orwegischen) Heeres... [und sei] bereit, in solchem Falle [eines Staatsstreichs] die Regierung zu übernehmen und Dtschld. zu Hilfe zu rufen.«
Alle Anwesenden waren sich einig, daß man einer englischen Besetzung Norwegens zuvorkommen müsse, allerdings wies der plötzlich vorsichtig gewordene Raeder darauf hin, daß eine deutsche Besetzung »natürlich Anlaß zu energischen englischen Gegenmaßnahmen geben würde... Und die Kriegsmarine ist noch nicht soweit, um es

[mit den Engländern] auch nur für kurze Zeit aufzunehmen. Im Falle einer Besetzung ist das ein schwacher Punkt«. Dagegen schlug Raeder vor,

falls Führer günstigen Eindruck [von Quisling] erhalte, sollte OKW Erlaubnis bekommen, mit Q. Pläne zur Vorbereitung und Durchführung der Besetzung
a) auf friedlichem Wege – d. h. deutsche Wehrmacht von N[orwegen] gerufen – oder
b) auf gewaltsame Weise zu vereinbaren[10].

Hitler war im Augenblick noch nicht ganz bereit, so weit zu gehen. Er »erwog, Q. persönlich zu sprechen, um Eindruck von ihm zu gewinnen«.

Das geschah am Tage darauf, dem 14. Dezember. Raeder selbst begleitete die beiden norwegischen Verräter in die Reichskanzlei. Obwohl von dieser Besprechung kein Protokoll gefunden worden ist, muß Quisling doch auch auf Hitler, wie vorher auf Raeder, einen »zuverlässigen Eindruck« gemacht haben[11], denn noch am selben Abend befahl Hitler dem OKW, sich mit Quisling zu beraten und einen Plan auszuarbeiten. Halder erfuhr, daß der Plan auch eine Aktion gegen Dänemark einbegreifen würde[12].

Trotz seiner Inanspruchnahme wegen der *Graf Spee* empfing Hitler Quisling noch zweimal, am 16. und am 18. Dezember. Das verlorene Seegefecht scheint Hitler vorsichtiger gemacht zu haben, zumal der Erfolg eines skandinavischen Abenteuers in erster Linie von der Flotte abhing. Nach einer Denkschrift Rosenbergs hob der Führer seinem Besucher gegenüber hervor, daß es an sich für Norwegen am besten sei, völlig neutral zu bleiben. Sollten sich jedoch die Engländer anschicken, Norwegen zu besetzen, würden die Deutschen ihnen zuvorkommen müssen. Unterdessen werde Quisling Geldmittel erhalten, um die britische Propaganda zu bekämpfen und um seine eigene prodeutsche Bewegung zu stärken. Für den Anfang solle er 200000 RM im Januar erhalten, und, beginnend am 15. März, drei Monatsraten in Höhe von 10000 Pfund Sterling[13].

Kurz vor Weihnachten schickte Rosenberg Hans-Wilhelm Scheidt als seinen Sonderbeauftragten nach Norwegen zwecks Zusammenarbeit mit Quisling, und während der Feiertage begannen die wenigen eingeweihten Offiziere im OKW mit der Arbeit an der »Studie N.«, wie der Operationsplan zunächst genannt wurde. In der Marine waren indes die Meinungen geteilt. Raeder war überzeugt, die Engländer beabsichtigten, in naher Zukunft nach Norwegen überzusetzen. In der Operationsabteilung des OKM glaubte man hingegen nicht an eine dicht bevorstehende Besetzung Norwegens durch die Engländer, so daß eine deutsche Besetzung zu einem gefährlichen Unternehmen werde. Die günstigste Lösung sei daher, so meinte man dort, die Beibehaltung des *Status quo*, damit die norwegischen Hoheitsgewässer weiterhin für den Erztransport benutzt werden könnten[14].

Hitler mißfielen sowohl das Zaudern der Marine als auch die ihm Mitte Januar vom OKW vorgelegten Ergebnisse der »Studie N.«. Am 27. Januar ließ er durch Keitel die streng geheime Weisung ergehen, die Arbeiten an »Studie N.« würden »unter seinem [Hitlers] persönlichen und unmittelbaren Einfluß« fortgesetzt werden. Keitel erhielt den Auftrag, alle Vorbereitungen zu treffen. Innerhalb des OKW wurde ein kleiner Planungsstab, bestehend aus je einem Vertreter der drei Wehrmachtteile, zusammengestellt und das Unternehmen fortan mit dem Decknamen *Weserübung* getarnt[15].

Mit diesem Schritt gab Hitler sein Zögern im Zusammenhang mit der Besetzung Norwegens auf. Sollte er trotzdem noch Bedenken gehabt haben, so wurden sie durch einen Zwischenfall zerstreut, der sich am 17. Februar in norwegischen Hoheitsgewässern ereignete.

Einem Hilfsschiff der *Graf Spee*, der *Altmark*, war es gelungen, durch die britische Blockade zu schlüpfen. Am 14. Februar wurde das Schiff auf der Fahrt durch norwegische Hoheitsgewässer in Richtung Deutschland von einem britischen Aufklärungsflugzeug entdeckt. Die britische Regierung wußte, daß es 300 englische Seeleute der von der *Graf Spee* versenkten Schiffe an Bord hatte. Sie sollten als Kriegsgefangene nach Deutschland gebracht werden. Norwegische Seeoffiziere hatten eine flüchtige Untersuchung der *Altmark* vorgenommen, dabei festgestellt, daß keine Gefangenen an Bord waren und das Schiff unbewaffnet war, und die Weiterfahrt nach Deutschland freigegeben.

Churchill, der andere Informationen hatte, befahl daraufhin einer englischen Zerstörerflottille, in norwegische Gewässer einzudringen, das deutsche Schiff zu entern und die Gefangenen zu befreien. Der britische Zerstörer *Cossak* unter dem Kommando von Kapitän Philip Vian führte die Aufgabe in der Nacht vom 16. zum 17. Februar im Jösing Fjord durch, in dem die *Altmark* Zuflucht gesucht hatte. Nach einem Scharmützel, bei dem vier Deutsche getötet und fünf verwundet wurden, befreite die englische Entermannschaft 299 Seeleute, die man, um sie vor den Norwegern zu verbergen, in Laderäumen und in einem leeren Öltank eingesperrt hatte.

Die norwegische Regierung legte bei der britischen scharfen Protest gegen die Verletzung ihrer Territorialgewässer ein, aber Chamberlain erwiderte darauf in einer Unterhausrede, Norwegen selbst habe, indem es den Transport englischer Gefangener durch seine Gewässer zuließ, gegen das Völkerrecht verstoßen.

Das war für Hitler unerträglich. Nach diesem Vorfall war er davon überzeugt, daß die Norweger sich einem gewaltsamen Eindringen der Engländer in ihre Hoheitsgewässer nicht ernsthaft widersetzen würden. Er war auch wütend, weil sich die an Bord der *Altmark* befindlichen Angehörigen der *Graf-Spee*-Mannschaft nicht energisch gewehrt hatten. »Kein Widerstand. Keine engl. Verluste«, notierte Jodl, und am 19. Februar heißt es in seinem Tagebuch: »Führer drängt sehr« auf Fertigstellung der Pläne für Fall *Weserübung:* »Dampfer ausstatten. Verbände bereitstellen.« Doch es fehlte noch jemand, der das Unternehmen militärisch leitete, und Jodl gemahnte Hitler, daß es nun Zeit sei, für diesen Zweck einen General zu ernennen und ihm einen Stab beizugeben.

Keitel empfahl einen Offizier, der am Ende des Ersten Weltkriegs in Finnland unter von der Goltz gekämpft hatte und der jetzt ein Armeekorps im Westen befehligte: General Nikolaus von Falkenhorst. Hitler, der eine so geringfügige Angelegenheit wie die Berufung eines Kommandeurs für das nordische Abenteuer übersehen hatte, bestellte Falkenhorst unverzüglich zu sich. Obwohl der General aus einer alten schlesi-

schen Offiziersfamilie stammte (er hieß eigentlich von Jastrzembski und hatte seinen Namen in Falkenhorst umgeändert), kannte Hitler ihn persönlich noch nicht.
Bei seiner Vernehmung in Nürnberg schilderte Falkenhorst seine erste Begegnung mit Hitler am Vormittag des 21. Februar, der es nicht an amüsanten Aspekten fehlte. Von der »Studie N.« hatte Falkenhorst bis dahin nicht das geringste vernommen; auch stand er zum ersten Mal dem Kriegsherrn von Angesicht zu Angesicht gegenüber, der ihm offenbar nicht solche Ehrfurcht einflößte wie den anderen Generalen.

Ich mußte dem Führer [sagte er in Nürnberg] von den Operationen in Finnland im Jahre 1918 erzählen ... Er sagte: »Setzen Sie sich und erzählen Sie mir einfach, wie es war«, und das tat ich.
Dann standen wir auf, und er führte mich an einen mit Karten bedeckten Tisch. Er sagte: »... Der Reichsregierung ist bekannt, daß die Engländer in Norwegen landen wollen ...«

Falkenhorst erklärte in Nürnberg, er habe den Eindruck gehabt, daß der *Altmark*-Zwischenfall Hitler am meisten dazu bewogen habe, »den Plan jetzt auszuführen«. Und dann sah sich der General zu seiner Überraschung im Handumdrehen zum Oberbefehlshaber des Unternehmens ernannt. Das Heer, fügte Hitler hinzu, werde ihm fünf Divisionen stellen. Es ginge darum, die wichtigen norwegischen Häfen einzunehmen.
Mittags wurde Falkenhorst von seinem Obersten Kriegsherrn mit der Weisung entlassen, sich um 17 Uhr mitsamt seinen Operationsplänen für die Besetzung Norwegens wieder einzufinden.

Ich ging hinaus und kaufte mir einen Baedeker, einen Reiseführer [erläuterte Falkenhorst in Nürnberg], um festzustellen, wie Norwegen beschaffen war. Ich hatte keine Ahnung ... Dann ging ich in mein Hotelzimmer und arbeitete an Hand dieses Baedekers. Um 17 Uhr meldete ich mich wieder beim Führer[16].

Wie man sich vorstellen kann, war der von Falkenhorst mit Hilfe eines Baedekers ausgearbeitete Plan – die OKW-Pläne waren ihm überhaupt nicht gezeigt worden – etwas skizzenhaft, aber Hitler war offenbar damit zufrieden. Für die Einnahme der fünf Haupthäfen Norwegens, nämlich Oslo, Stavanger, Bergen, Drondheim und Narvik, sollte je eine Division angesetzt werden. »Sehr viel anders konnte man es nicht machen«, sagte Falkenhorst später, »denn das waren die großen Häfen.« Der General wurde zur Geheimhaltung verpflichtet, zur »Eile« gedrängt und dann wieder entlassen, um sich an die Arbeit zu begeben.
Von all diesen Vorgängen erfuhren Brauchitsch und Halder, die mit der Vorbereitung der Westoffensive befaßt waren, so gut wie nichts, bis Falkenhorst am 26. Februar beim Chef des Generalstabs Truppenverbände, insbesondere Gebirgstruppen, für die Durchführung seiner Operation anforderte. Halder war nicht gerade entgegenkommend, ja, er war entrüstet und verlangte genauere Auskunft. »Führer hat Brauchitsch kein Wort

davon gesagt, das muß man für die Geschichte des Krieges festhalten«, vermerkt Halder in seinem Tagebuch.

Hitler jedoch, von Verachtung für die Generale alter Schule und vor allem für den Generalstab erfüllt, ließ sich nicht von diesem neuen Unternehmen abbringen. Am 29. Februar genehmigte er begeistert Falkenhorsts Pläne, dazu auch die zwei Gebirgsdivisionen, und sagte, es würden noch mehr Truppen erforderlich sein, weil er »starke Kräfte nach Kopenhagen legen« wolle. Somit war auch Dänemark auf die Liste der Opfer Hitlers gekommen: Die Luftwaffe war dort auf Stützpunkte für den Kampf gegen England aus.

Am Tage darauf, dem 1. März, erließ Hitler formell die Weisung für »Fall Weserübung«:

Die Entwicklung der Lage in Skandinavien erfordert es, alle Vorbereitungen dafür zu treffen, um mit Teilkräften der Wehrmacht Dänemark und Norwegen zu besetzen ... Hierdurch soll englischen Übergriffen nach Skandinavien und der Ostsee vorgebeugt, unsere Erzbasis in Schweden gesichert und für Kriegsmarine und Luftwaffe die Ausgangsstellung gegen England erweitert werden ...

Die für »Fall Weserübung« einzusetzenden Kräfte werden im Hinblick auf unsere militärpolitische Stärke gegenüber den nordischen Staaten so schwach als möglich gehalten. Ihre zahlenmäßige Schwäche muß durch kühnes Handeln und überraschende Durchführung ausgeglichen werden.

Grundsätzlich ist anzustreben, der Unternehmung den Charakter einer friedlichen *Besetzung zu geben, die den bewaffneten Schutz der Neutralität der nordischen Staaten zum Ziel hat. Entsprechende Forderungen werden mit Beginn der Besetzung den Regierungen übermittelt werden. Flotten- und Luftdemonstrationen werden erforderlichenfalls den nötigen Nachdruck geben. Trotzdem auftretender Widerstand ist unter Einsatz aller militärischen Mittel zu brechen ... Grenzübertritt gegen Dänemark und Landung in Norwegen haben* gleichzeitig *zu erfolgen ...*

Von größter Bedeutung ist, die nordischen Staaten wie die Westgegner überraschend *zu treffen ... Der Truppe dürfen die wahren Ziele erst nach dem Auslaufen bekannt werden ...*[17].

Am Abend jenes 1. März war man im OKH, wie Jodl berichtet, »wütend« über Hitlers Truppenanforderung für die skandinavische Operation. Am folgenden Tag »tobte« Göring bei Keitel und ging zu Hitler, um sich zu beschweren. Er war zornig, weil man ihn nicht eingeweiht hatte und weil die Luftwaffenverbände für das Unternehmen Falkenhorst unterstellt worden waren. Angesichts der Gefahr eines ernsthaften Kompetenzstreites berief Hitler die Chefs der drei Wehrmachtteile am 5. März in die Reichskanzlei, um die Dinge zu glätten, was aber nicht einfach war.

Feldm. [Göring] tobt sich aus, da bisher nicht befaßt [notierte Jodl]. Reißt Aussprache an sich und will beweisen, daß alle bisherigen Vorarbeiten nichts taugen.

Der Führer besänftigte ihn mit ein paar kleinen Zugeständnissen, und die Pläne wurden vorangetrieben. Noch am 21. Februar hatte Halder, wie aus seinem Tagebuch ersichtlich ist, unter dem Eindruck gestanden, daß der Angriff auf Dänemark und Norwegen erst nach Eröffnung der Westoffensive begonnen und dann »bis zu gewissem Punkt« durchgeführt werden würde. Hitler selbst war noch im Zweifel gewesen, welchem Unternehmen er sich als erstem zuwenden solle, und hatte am 26. Februar Jodl darüber befragt. Jodl hatte ihm geraten, die beiden Operationen völlig getrennt zu behandeln, und Hitler war damit – »sofern möglich« – einverstanden gewesen.

Am 3. März entschloß er sich, »Weserübung vor Gelb [Deckwort für Westoffensive] zu machen«, und sprach sich Jodl gegenüber »sehr scharf über die Notwendigkeit aus, rasch und stark in N[orwegen] aufzutreten«. Zu dieser Zeit erwartete die tapfere, aber an Zahl und Waffen stark unterlegene finnische Armee eine für sie verhängnisvolle, massive russische Offensive, und es lagen wohlbegründete Meldungen vor, nach denen das englisch-französische Expeditionskorps im Begriff stand, in Schottland eingeschifft zu werden, durch Norwegen und Schweden zu marschieren und den Finnen zu Hilfe zu eilen[18]. Diese Gefahr war der Hauptgrund für Hitlers Eile.

Aber am 12. März endete plötzlich der russisch-finnische Krieg: Finnland hatte Rußlands harte Friedensbedingungen angenommen. Wenn auch diese Wendung in Berlin allgemein begrüßt wurde, da sie Deutschland von der unpopulären Parteinahme für die Russen und gegen die Finnen befreite und auch dem sowjetischen Griff nach der Ostsee vorerst einen Riegel vorschob, so war Hitler, was sein eigenes skandinavisches Abenteuer anging, dennoch in Verlegenheit. Wie Jodl seinem Tagebuch anvertraute, war die »Motivierung« für die Besetzung Norwegens und Dänemarks »schwierig«. »Friedensschluß Finnland-Rußland«, notierte er am 12. März, »nimmt England, aber auch uns die politische Grundlage zur Festsetzung in N[orwegen]«.

Es muß Hitler tatsächlich schwer gefallen sein, einen Vorwand zu finden. Am 13. März verzeichnet Jodl: »Er [der Führer] ist noch auf der Suche nach einer Begründung.« Tags darauf: »Führer noch nicht entschlossen, wie Weserübung zu begründen.« Was die Sache noch erschwerte, war, daß Admiral Raeder begann, »kalte Füße« zu bekommen. »Ob. d. M. ist zweifelhaft, ob es jetzt noch wichtig ist, in N[orwegen] das Prävenire zu spielen[19].«

Hitler zögerte zunächst noch. Inzwischen hatten sich zwei andere Probleme ergeben: Erstens, wie sollte man dem amerikanischen Unterstaatssekretär Sumner Welles entgegentreten, der am 1. März im Auftrage Präsident Roosevelts in Berlin eingetroffen war, um zu erkunden, ob es irgendwie möglich sei, den Krieg zu beenden, ehe das Gemetzel im Westen beginne? Zweitens, wie konnte man den vernachlässigten und gekränkten italienischen Bundesgenossen aussöhnen? Hitler hatte sich noch nicht die Mühe gemacht, Mussolinis herausfordernden Brief vom 3. Januar zu beantworten, und die Beziehungen zwischen Berlin und Rom waren entschieden abgekühlt. Jetzt war Sumner Welles in Europa, um zu versuchen, wie die Deutschen nicht zu unrecht glaubten, Italien von der brüchig gewordenen Achse zu lösen und es zu überreden, bei einer

Fortsetzung des Konflikts in keinem Fall auf seiten Deutschlands in den Krieg einzutreten. Berlin hatte aus Rom verschiedene Winke erhalten, daß es an der Zeit sei, etwas zu unternehmen, um den schmollenden Duce bei der Stange zu halten.

HITLERS ZUSAMMENKÜNFTE MIT SUMNER WELLES UND MUSSOLINI

In bezug auf die Vereinigten Staaten war Hitler, ebenso wie Göring und Ribbentrop, von abgrundtiefer Ahnungslosigkeit[20]. Und obwohl sie damals darauf bedacht waren, Amerika aus dem Kriege zu halten, nahmen sie doch ebensowenig wie ihre Vorgänger im Jahre 1914 die Yankee-Nation als potentielle Militärmacht ernst. Schon am 1. Oktober 1939 hatte der deutsche Militärattaché in Washington, General Friedrich von Bötticher, dem OKW geraten, sich keine Sorge über die mögliche Entsendung einer amerikanischen Expeditionsstreitmacht nach Europa zu machen. Am 1. Dezember teilte er sodann dem OKW mit, die amerikanische Rüstung sei einfach unzulänglich für »eine aggressive Kriegspolitik«. Er fügte hinzu, beim amerikanischen Generalstab bestehe, »im Gegensatz zu steriler Haßpolitik des *State Department* und impulsiver, oft von Überschätzung eigener Macht getragener Politik Roosevelts, Verständnis für Deutschland und seine Kriegsführung«. Allerdings warnte er auch das OKW: »Nach wie vor aber werden Vereinigte Staaten in Krieg eintreten, falls man Bedrohung westlicher Hemisphäre für gegeben erachtet[21].«

Hans Thomsen indes, deutscher Geschäftsträger in Washington, tat sein Möglichstes, um den unwissenden Außenminister in Berlin über einige Tatsachen in den Vereinigten Staaten aufzuklären. Am 18. September, als der Polenfeldzug seinem Ende entgegenging, warnte er die Wilhelmstraße: »Die Sympathie der überwältigenden Mehrheit des amerikanischen Volkes gehört unseren Gegnern, und Amerika ist von der deutschen Kriegsschuld überzeugt.« In derselben Depesche wies er auf die ernsten Folgen irgendwelcher Sabotageversuche in Amerika hin und ersuchte darum, von Sabotage »in irgendeiner Form« abzusehen[22].

Sein Ersuchen wurde in Berlin offensichtlich nicht sehr ernst genommen, denn am 25. Januar 1940 drahtete Thomsen wiederum:

Wie ich in Erfahrung bringe, sollen Volksdeutscher von Hausberger und Reichsdeutscher Walter, beide New York, angeblich im Auftrage deutscher Abwehr Sabotageakte gegen amerikanische Rüstungsindustrie planen: von Hausberger soll Sprengkapsel in seiner Wohnung verborgen halten.

Thomsen bat Berlin, dies zu unterbinden, denn:

Um Amerika zum Krieg zu treiben, gibt es keine wirkungsvollere Methode, als erneut zu einem Mittel zu greifen, das schon im Weltkrieg Amerika in die Reihe unserer

Gegner trieb und im übrigen die Rüstungsindustrie der Vereinigten Staaten nicht im geringsten gestört hat.

Außerdem seien »beide Personen ... in jeder Hinsicht ungeeignet, als Vertrauensleute der Abwehr zu wirken[23]«.
Seitdem Roosevelt im November 1938 den amerikanischen Botschafter in Berlin aus Protest gegen den offiziell geförderten Judenpogrom zurückberufen hatte, war keines der beiden Länder in Washington bzw. Berlin durch einen Botschafter vertreten. Der Handelsverkehr war, hauptsächlich infolge amerikanischen Boykotts, auf ein Minimum zusammengeschrumpft und wurde nunmehr durch die englische Blockade vollends lahmgelegt. Am 4. November 1939 war auf Grund von Abstimmungen im Senat und im Kongreß das amerikanische Waffenembargo aufgehoben und damit für die Vereinigten Staaten die Waffenlieferung an die westlichen Alliierten freigegeben worden. So traf Sumner Welles im Zeichen rapid sich verschlechternder Beziehungen am 1. März 1940 in Berlin ein.
Am Tage vorher, dem 29. Februar – es war ein Schaltjahr – hatte Hitler, was ungewöhnlich war, eine geheime »Anweisung für die Unterredungen mit Herrn Sumner Welles« gegeben[24]. Er empfahl »Zurückhaltung« deutscherseits und, »soweit als möglich Herrn Sumner Welles das Wort zu lassen«. Dann stellte er für alle hohen Beamten, mit denen der amerikanische Sonderbotschafter sprechen würde, fünf Richtsätze auf: Nicht Deutschland habe England und Frankreich den Krieg erklärt, sondern umgekehrt; der Führer habe im Oktober ein Friedensangebot gemacht, das von England und Frankreich abgelehnt worden sei; Deutschland habe die Herausforderung angenommen; das Kriegsziel Englands und Frankreichs sei »die Vernichtung des deutschen Staates«, so daß Deutschland keine andere Wahl habe, als den Krieg fortzusetzen.

Eine Diskussion einzelner konkreter politischer Fragen [fuhr Hitler fort], wie z. B. der Frage eines zukünftigen polnischen Staates, ist nach Möglichkeit zu vermeiden. Falls die Gegenseite derartige Themen anschneidet, wäre zu erwidern, daß solche Fragen von mir entschieden werden. Daß das von England und Frankreich immer wieder aufgeworfene Thema Österreich und Protektorat Böhmen und Mähren für Deutschland außer jeder Diskussion steht, ist selbstverständlich ...
Alle Wendungen sind zu vermeiden, die auf der Gegenseite so ausgelegt werden könnten, als ob Deutschland zurzeit an der Erörterung von Friedensmöglichkeiten irgendein Interesse hätte. Ich bitte vielmehr, Herrn Sumner Welles nicht den geringsten Zweifel darüber zu lassen, daß Deutschland entschlossen ist, diesen Krieg siegreich zu beenden ...

Nicht nur Ribbentrop und Göring, auch der Führer selbst folgten der Anweisung buchstabengetreu. Die beiden ersteren empfingen Welles am 1. bzw. 3. März, Hitler sprach ihn am 2. März. Liest man die unter den erbeuteten Dokumenten befindlichen langen Protokolle Dr. Schmidts, dann muß der amerikanische Diplomat, ein etwas wortkarger, ironischer Mann, geglaubt haben, in einem Irrenhaus gelandet zu sein – sofern er seinen Ohren trauen konnte. Jede der drei NS-Größen deckte Welles mit den groteskesten Geschichtsverdrehungen ein; Tatsachen wurden in phantastischer Weise verzerrt und selbst die schlichtesten Worte ihres Sinnes beraubt[25]. Hitler, der am 1. März, einen Tag vor seiner Unterredung mit Welles, die Weisung für »Fall Weserübung« hatte ergehen lassen, blieb dabei, das Kriegsziel der Alliierten sei »Vernichtung«, dasjenige Deutschlands »Frieden«. Er hielt seinem Besucher einen Vortrag darüber, was er alles der Erhaltung des Friedens mit England und Frankreich zuliebe getan habe.

Auf demselben Platz, auf dem der Unterstaatssekretär Sumner Welles jetzt säße, hätte der englische Botschafter kurz vor Ausbruch des Krieges gesessen, als der Führer ihm das größte Angebot seines Lebens machte.

Doch England habe alle seine Angebote zurückgewiesen, und nun wolle es Deutschland zerstören. Daher »gebe es keinen anderen Ausweg als den Kampf auf Leben und Tod«. Kein Wunder, wenn Welles Weizsäcker anvertraute und es auch Göring sagte, daß, wenn Deutschland entschlossen sei, einen militärischen Sieg im Westen zu erringen, seine Reise nach Europa »zwecklos wäre« und er daher nichts mehr zu sagen habe[26].

Obwohl Sumner Welles in seinen Unterredungen mit den Deutschen betont hatte, alles, was er von europäischen Staatsmännern höre, sei lediglich für Roosevelts Ohren bestimmt, hielt er es doch für klug, bei Hitler und Göring durchblicken zu lassen, daß er eine »lange, konstruktive und nützliche« Besprechung mit Mussolini gehabt habe und daß der Duce glaube, »es gäbe immer noch die Möglichkeit, einen soliden, dauerhaften Frieden in Europa zustandezubringen«. Wenn Mussolini dies wirklich glaubte, dann war es, so dachten die Deutschen, höchste Zeit, daß er seine Ansichten revidierte. Frieden ja, aber erst nach einem eklatanten deutschen Sieg im Westen.

Die Nichtbeantwortung des Mussolini-Briefes vom 3. Januar hatte den Duce zunehmend mit Groll erfüllt. Wiederholt hatte Attolico im Laufe des Januar bei Ribbentrop angefragt, wann mit einer Antwort zu rechnen sei, und gleichzeitig darauf angespielt, daß sich Italiens Beziehungen mit England und Frankreich – auch die wirtschaftlichen – ständig verbesserten.

Gerade die wirtschaftlichen Beziehungen, darunter die italienischen Verkäufe an Kriegsmaterial, verärgerten die Deutschen, die fortgesetzt in Rom vorstellig wurden: Es sei unangebracht, den Westmächten auf diese Weise zu helfen. Botschafter Mackensen vertraute seinem Freund Weizsäcker wiederholt seine »Besorgnis« an, und Weizsäcker selbst befürchtete, ein weiteres »Nichtbeachten« seines Briefes werde Mussolini »Handlungsfreiheit« geben, wodurch man ihn und Italien auf immer verlieren könnte[27].

Doch dann, am 1. März, bot sich Hitler eine günstige Gelegenheit. Die Engländer kündigten an, sie würden fortan deutsche Kohlenverschiffungen über Rotterdam nach Italien unterbinden. Das war für die italienische Wirtschaft ein schwerer Schlag. Der Duce war wütend über die Engländer und erwärmte sich wieder für die Deutschen, die ihm unverzüglich zusagten, Mittel und Wege für den Kohlentransport mit der Eisenbahn zu finden. Hitler machte sich diesen Umstand zunutze und schrieb am 8. März einen langen Brief an Mussolini, den Ribbentrop zwei Tage später persönlich in Rom überreichte [28].

Hitler entschuldigte sich nicht für die späte Antwort, schlug aber einen herzlichen Ton an. Es war der bisher längste Brief Hitlers an Mussolini. Sehr ins einzelne gehend, äußerte der Führer seine Gedanken über beinahe jeden nur denkbaren Gegenstand. Er verteidigte das Bündnis mit Rußland und erläuterte, warum er die Finnen im Stich gelassen habe und warum man nicht einmal ein Rumpfpolen bestehen ließ.

Wenn ich die deutschen Truppen nach Abschluß des Krieges aus dem Gouvernement zurückgezogen hätte, wäre damit nicht eine polnische Ruhe gekommen, sondern ein grauenhaftes Chaos. Und nicht die Kirche hätte dort zum Lobe Gottes ihre Funktion ausüben können, sondern den Priestern wären die Köpfe abgeschlagen worden ...

Bei Sumner Welles' Besuch, fuhr Hitler fort, sei nichts herausgekommen. Er, der Führer, sei nach wie vor entschlossen, im Westen offensiv zu werden. Er sei sich bewußt, »daß der bevorstehende Kampf kein leichter Spaziergang werden kann, sondern daß er den schwersten Kampf in der deutschen Geschichte darstellen wird ... einen Kampf um Sein oder Nichtsein.«

Trotzdem aber glaube ich, Duce, kann über eines doch wohl kein Zweifel sein: Der Ausgang dieses Krieges entscheidet auch über die Zukunft Italiens ... Dann werden Ihnen einmal die gleichen Gegner gegenübertreten, die Deutschland heute bekämpfen ... Auch ich sehe das Schicksal unserer beiden Länder, unserer Völker, unserer Regime als unlösbar miteinander verbunden an ...

Darf ich Ihnen endlich versichern, daß ich trotz allem glaube, daß das Schicksal uns früher oder später doch zwingen wird, gemeinsam zu kämpfen, d. h. daß Sie der Auseinandersetzung ebenfalls nicht entgehen werden, ganz gleich, wie im einzelnen die Situation sich heute entwickelt, daß Ihr Platz dann erst recht an unserer Seite sein wird, genau wie der meine an Ihrer Seite sein wird.

Mussolini, durch den Brief geschmeichelt, versicherte Ribbentrop sogleich, sein Platz sei an Hitlers Seite. Ribbentrop versäumte nicht, auch seinerseits dem Duce schön zu tun. Der Führer, sagte er, sei sehr aufgebracht über die jüngsten britischen Blockademaßnahmen gegen deutsche Kohlentransporte nach Italien. Er fragte, wieviel Kohle Italien benötige. Mussolini erwiderte: 500 000 bis 700 000 t im Monat. Deutschland, fuhr Ribbentrop fort, sei jetzt bereit, 1 Million t monatlich zu liefern und den größten Teil der Güterwagen selbst zu stellen.

Zwischen beiden fanden in Anwesenheit Cianos zwei Unterredungen statt, die eine am 11., die andere am 12. März, und aus Dr. Schmidts Protokollen geht hervor, daß Ribbentrop sich mächtig aufspielte [29]. Seine Ignoranz in weltpolitischen Dingen bekundend, schimpfte der arrogante deutsche Außenminister über die Machenschaften der jüdischen Plutokraten-Clique; er sprach eindringlich von dem gemeinsamen Schicksal der beiden faschistischen Völker und hob hervor, daß Hitler bald im Westen angreifen, »das französische Heer im Laufe des Sommers schlagen« und die Engländer »vor Herbst« vom Festland vertreiben werde. Mussolini schwieg während des größten Teils der Zusammenkunft und warf nur gelegentlich eine Bemerkung ein, deren Sarkasmus dem deutschen Minister offenbar entging. Als Ribbentrop zum Beispiel prahlerisch behauptete, »Stalin habe den Gedanken der Weltrevolution aufgegeben«, gab der Duce zurück: »Glauben Sie das wirklich?« Und als Ribbentrop sagte, kein deutscher Soldat zweifle daran, daß der Sieg noch in diesem Jahr errungen werde, unterbrach ihn Mussolini: »Eine äußerst interessante Bemerkung.« Am Abend dieses Tages schrieb Ciano in sein Tagebuch:

Nachdem wir wieder allein sind, meint Mussolini, daß er weder an die deutsche Offensive noch an ihren vollständigen Erfolg glaube.

Der Duce hatte Ribbentrop zugesagt, sich über seine eigenen Ansichten in der Unterredung des nächsten Tages zu äußern, und der deutsche Außenminister, der etwas beunruhigt war, drahtete Hitler, er habe nicht herausbekommen können, was der Duce denke.

Er hätte sich keine Sorgen zu machen brauchen. Am folgenden Tag war Mussolini wie umgewandelt, »plötzlich ganz auf Krieg eingestellt«, wie Schmidt in seinem Buch bemerkt. »Er sei bereit, an der Seite Deutschlands in den Konflikt einzugreifen ... nur den Zeitpunkt müsse er sich noch vorbehalten.« Die Frage des Zeitpunkts sei äußerst delikat, denn um seinem Partner nicht zur Last zu fallen, könne er erst eingreifen, wenn seine Vorbereitungen ganz abgeschlossen seien. In jedem Fall müsse er klarstellen, daß Italien zur Zeit nicht in der Lage sei, sich auf einen langen Krieg einzulassen. Er könne es sich nicht leisten, täglich eine Milliarde Lire auszugeben, wie England und Frankreich.

Diese Bemerkung scheint Ribbentrop im Augenblick verstört zu haben. Er versuchte den Duce auf einen bestimmten Termin für Italiens Kriegseintritt festzulegen, aber Mussolini hütete sich. Der Augenblick werde gekommen sein, sagte er, wenn eine Trübung der Beziehungen Italiens zu Frankreich und England, d. h. ein Bruch einträte. Es wäre leicht, fügte er hinzu, einen solchen Bruch zu »provozieren«. Doch trotz aller Beharrlichkeit Ribbentrops nannte Mussolini keinen bestimmten Zeitpunkt. Es lag auf der Hand, daß Hitler persönlich sich in dieser Hinsicht um eine Klärung bemühen mußte. Daher schlug Ribbentrop für die zweite Hälfte März – nach dem 19. – ein Treffen der beiden Männer am Brenner vor, was Mussolini bereitwillig akzeptierte. Nebenbei bemerkt, hatte Ribbentrop kein Wort über Hitlers skandinavische Pläne verlauten lassen. Es gab eben Geheimnisse, von denen man zu einem Verbündeten nicht sprach, auch wenn man ihn zum Mitmachen drängte.

War es Ribbentrop auch nicht gelungen, Mussolini zur Nennung eines bestimmten Zeitpunkts zu bewegen, so hatte er ihm doch immerhin eine bindende Verpflichtung zum Kriegseintritt abgelockt. »Wenn er die Achse verstärken wollte«, klagte Ciano in seinem Tagebuch, »so ist ihm das gelungen.« Als Sumner Welles, nachdem er in Berlin, Paris und London gewesen war, am 16. März nach Rom zurückkehrte und Mussolini wiedersah, fand er ihn völlig verändert.

Es schien ihm ein Stein vom Herzen gefallen zu sein [schrieb Welles später] ... Seitdem habe ich mich oft gefragt, ob er nicht während der zwei Wochen meiner Abwesenheit den Entschluß gefaßt hat, den Rubikon zu überschreiten, und ob nicht Ribbentrops Besuch ihn dazu bestimmt hat, Italien in den Krieg zu treiben[30].

Welles hätte sich nicht erst zu fragen brauchen.

Sobald Ribbentrop in seinem Sonderzug Rom verlassen hatte, wurde der Duce von Bedenken geplagt. »Er fürchtet«, notierte Ciano am 12. März, »in seinen Verpflichtungen, gegen die Alliierten zu kämpfen, zu weit gegangen zu sein. Er möchte jetzt Hitler von einer Landoffensive abraten ... und das erhofft er sich von der Begegnung am Brenner.« Doch Ciano, mochte er auch seine Grenzen haben, wußte es besser. »Man darf sich nicht verbergen«, fuhr er fort, »daß der Duce von Hitler fasziniert ist. Und diese Faszination geht noch dazu in Richtung seiner eigenen Natur, die auf Handlung drängt. Der Führer wird vom Duce viel mehr erreichen als Ribbentrop.« Das traf im großen ganzen zu, wie wir bald sehen werden.

Kaum nach Berlin zurückgekehrt, rief Ribbentrop – am 13. März – Ciano an und fragte, ob sich das Brenner-Treffen nicht früher als verabredet, nämlich am 18. März, veranstalten lasse. »Diese Deutschen sind unerträglich«, entfuhr es Mussolini, »sie lassen einem keine Zeit zum Atemholen und zum Nachdenken.« Immerhin erklärte er sich mit dem Termin einverstanden.

Aber der Duce bleibt nervös [heißt es an diesem Tage in Cianos Tagebuch]. Bis jetzt lebte er in der Illusion, daß es nicht zu einem wirklichen Krieg kommen würde. Die Aussicht auf einen unmittelbar bevorstehenden Zusammenstoß, bei dem er abseits stehen müßte, macht ihn krank und demütigt ihn – wie er gesteht[31].

Es schneite, als die beiden Züge der Diktatoren am Morgen des 18. März 1940 in der kleinen Grenzstation am Brennerpaß zu Füßen schneebedeckter Alpengipfel einliefen. Die Besprechungen fanden zwar, um Mussolini zu schmeicheln, in dessen Salonwagen statt, doch war es Hitler, der fast ununterbrochen das Wort führte. Ciano schrieb am Abend in sein Tagebuch ein Resümee der Konferenz:

Die Unterredung ... ist eigentlich eher ein Monolog. Hitler spricht unentwegt ... Mussolini hört mit Sympathie und Ergebenheit zu. Er spricht wenig und bestätigt sein Versprechen, mit Deutschland zu marschieren. Er behält sich einzig die Wahl des rechten Momentes vor.

Es sei ihm klar, sagte Mussolini, »daß es unmöglich sei, bis ans Ende des Krieges neutral zu bleiben.« Ein Zusammengehen Italiens mit England und Frankreich sei »undenkbar [und] ausgeschlossen. ›Wir hassen sie.‹«. Um den Duce zu dieser Überzeugung zu bringen, hatte Hitler länger als eine Stunde auf ihn eingeredet: Es sei denn, Italien wolle draußen bleiben und eine »zweitrangige Macht« werden. Doch nachdem Mussolini die Hauptfrage in für Hitler befriedigendem Sinne beantwortet hatte, verlegte er sich sogleich auf Ausflüchte[32].

Das große Problem sei jedoch der Zeitpunkt dieses Kriegseintritts. Eine Bedingung müsse dafür auf jeden Fall erfüllt werden. Italien müsse »sehr vorbereitet« sein ... Italiens finanzielle Lage [erlaube] ihm nicht, einen längeren Krieg zu führen ...
Er frage aber den Führer, ob denn für Deutschland irgendeine Gefahr bestünde, wenn er mit der Offensive warte. Er glaube nicht an eine solche Gefahr, andererseits hätte er [der Duce] in drei bis vier Monaten seine militärischen Vorbereitungen beendet und würde sich dann nicht in der Verlegenheit befinden, den Kameraden kämpfen zu sehen und selbst nur Demonstrationen machen zu können ... Aber er wolle mehr tun und sei jetzt nicht in der Lage dazu.

Der deutsche Kriegsherr dachte jedoch nicht daran, seine Offensive im Westen zu verschieben, und er sagte es. Allerdings habe er »rein theoretisch einige Überlegungen angestellt«, wie sich Mussolinis Schwierigkeiten, im gebirgigen Südfrankreich einen Frontalangriff zu unternehmen, lösen ließen, zumal »dieser Kampf viel Blut kosten« würde. Warum solle nicht, meinte Hitler, eine starke italienische Streitmacht zusammen mit deutschen Truppen entlang der Schweizer Grenze gegen das Rhônetal vorgehen, »um die französisch-italienische Alpenfront von rückwärts aufzurollen«? Natürlich müsse vorher das Gros der deutschen Armeen die Franzosen und Engländer im Norden zurückgeschlagen haben. Hitler war offensichtlich bemüht, den Italienern die Sache zu erleichtern.

Wenn dann der Feind [im Norden] zusammengeschlagen wäre [fuhr Hitler fort], sei der Moment für Italiens Eingreifen gekommen, und zwar nicht an dem schwersten Punkt, nämlich an der Alpenfront, sondern anderswo.
Entschieden würde der Krieg in Frankreich. Wäre Frankreich erledigt, sei Italien Herr des Mittelmeeres, und England müsse Frieden schließen.

Mussolini war, daß muß man schon sagen, rasch bei der Hand, nach der verlockenden Chance zu greifen, einen so großen Gewinn einzuheimsen, nachdem die Deutschen die Hauptlast des Kampfes auf sich genommen haben würden.

Der Duce erwiderte, daß er, sobald erst einmal Deutschland siegreich vorgestoßen sei, sofort eingreifen würde ... daß er keine Zeit verlieren würde ..., wenn durch den deutschen Angriff die Alliierten so erschüttert würden, daß man mit einem zweiten Schlag sie gänzlich in die Knie zwingen könnte.
Wenn dagegen Deutschland langsame Fortschritte mache, sagte der Duce, dann würde er warten.

Dieses feige, primitive Feilschen scheint Hitler nicht sonderlich gestört zu haben. Laut Ciano war Mussolini von Hitler fasziniert, weil es »in Richtung seiner eigenen Natur«

lag. Es ließe sich behaupten, die Faszination wäre aus ähnlich geheimnisvollen Gründen gegenseitig gewesen. So treulos auch Hitler mit seinen engsten Kameraden verfahren war, von denen er einige, wie Röhm und Strasser, hatte umbringen lassen, seinem lächerlichen italienischen Partner gegenüber bewahrte er eine seltsame, ungewöhnliche Treue, die auch nicht nachließ, sondern vielmehr zunahm, als Widrigkeiten und die schließliche Katastrophe den aufgeblasenen römischen »Cäsar« zu Fall brachten. Dies gehört zu den interessantesten Paradoxien in Hitlers Leben.

Jedenfalls war jetzt Italiens Kriegseintritt, welchen Wert er auch immer haben mochte, – wenige Deutsche, außer Hitler, schätzten ihn sehr hoch ein, am wenigsten die Generalität – feierlich zugesichert worden. Der deutsche Kriegsherr konnte nun seine Gedanken auf bevorstehende neue Eroberungen richten. Von der unmittelbar bevorstehenden –im Norden – hatte er seinem Freund und Verbündeten kein einziges Wort gesagt.

VERSCHWÖRER WIEDERUM OHNE GLÜCK

Noch einmal versuchten die verschworenen Gegner des Nationalsozialismus die Generale zur Beseitigung des Führers zu bewegen – diesmal, um ihn an seiner neuen Aggression im Norden, von der sie Kenntnis erhalten hatten, zu hindern. Was die Zivilisten unter ihnen wieder anstrebten, war die Zusicherung der britischen Regierung, mit einer nichtnationalsozialistischen Regierung Frieden zu schließen. Indes beharrten sie darauf, daß bei jeder Regelung die neue Reichsregierung den größten Teil der Hitlerschen Territorialgewinne behalten müsse: Österreich, das Sudetenland und die Grenze gegen Polen, wie sie im Jahre 1914 bestanden hatte, obwohl sie auch in früheren Zeiten nur durch Zerstörung des polnischen Staates zustandegekommen war.

Mit einem solchen Vorschlag reiste Hassell, wozu schon beträchtlicher Mut gehörte, am 21. Februar 1940 in die Schweiz, um in Arosa mit einem britischen Kontaktmann, den er in seinem Tagebuch »Mr. X« nennt und der ein gewisser I. Londale Bryans war, zu konferieren. Unter größter Geheimhaltung trafen sie sich im Laufe des 22. und 23. Februar viermal. Bryans, der in römischen diplomatischen Kreisen eine gewisse Rolle gespielt hatte, war einer jener (in dieser Darstellung mehrfach auftretenden) selbsternannten und etwas dilettantischen Friedensunterhändler. Er hatte Fühlung zur *Downing Street*, und Hassell hatte, als er ihn seinerzeit kennenlernte, einen guten Eindruck von ihm gewonnen. Nach dem Fiasko, das Major Stevens und Hauptmann Best bei ihrem Bemühen, in Holland mit den deutschen Verschwörern in Kontakt zu kommen, erlebt hatten, standen die Engländer der ganzen Sache etwas skeptisch gegenüber, und als Bryans in Hassell drang, ihm zuverlässige Auskunft über seine Hintermänner zu geben, wurde der Deutsche verschlossen.

»Ich bin nicht in der Lage«, sagte er, »Hintermänner zu nennen und kann nur versichern, daß ein H[alifax]-*Statement* an die richtigen Leute kommen würde[33].«

Hassell umriß dann die Auffassungen der deutschen »Opposition«: Man sei sich im klaren, daß Hitler »*vor* großen militärischen Schlägen« gestürzt werden müsse, und dies sei »ganz ausschließlich eine *deutsche* Angelegenheit«, doch brauche man ein »autoritatives englisches *Statement*« zur Behandlung eines neuen nichtnationalsozialistischen Regimes in Berlin: »Jeder Regimeänderung steht als Haupthindernis der Vorgang von 1918 entgegen, das heißt, die deutsche Sorge (vor allem der Generale), es könne ebenso kommen wie damals, als man den Kaiser preisgab.« Hassell und seine Freunde wünschten eine Garantie, daß Deutschland, wenn Hitler beseitigt sei, großzügiger als nach 1918 behandelt werden würde.

Er übergab daraufhin Bryans eine von ihm selbst in Englisch abgefaßte Denkschrift. Sie enthielt ein Gemisch krauser Gedankengänge und edler Empfindungen über die Zukunft der Welt, als deren »Grundsätze« genannt wurden: »christliche Sittlichkeit . . ., Gerechtigkeit und Gesetz . . ., soziale Wohlfahrt . . ., Freiheit der Gedanken, des Gewissens.« Die Fortsetzung »dieses unsinnigen Krieges«, schrieb Hassell, mache »die Gefahr immer größer, daß Europa . . . bolschewisiert wird« – eine Gefahr, die er für größer hielt als das Weiterbestehen des Nationalsozialismus. Und seine Hauptbedingung für den Frieden war, daß dem neuen Deutschland fast alle Eroberungen Hitlers belassen werden müßten.

Bryans pflichtete ihm bei, daß angesichts der bevorstehenden deutschen Westoffensive schleunigst gehandelt werden müsse, und versprach, Hassells Denkschrift Lord Halifax zuzuleiten. Hassell kehrte nach Berlin zurück, um die Mitverschworenen über seinen jüngsten Schritt zu unterrichten. Obwohl diese sich von Hassells »Mr. X« das Beste erhofften, befaßten sie sich doch im Augenblick mehr mit dem sogenannten »X-Bericht«, den Hans von Dohnanyi, der zum Verschwörerkreis in der Abwehr gehörte, verfaßt hatte und der sich auf Dr. Müllers Kontakt mit den Engländern im Vatikan stützte. Darin hieß es, der Papst sei bereit, bei den Engländern für vernünftige Friedensbedingungen gegenüber einem neuen nichtnationalsozialistischen Regime einzutreten. Bezeichnend für die Einstellung dieser Hitler-Gegner war, daß eine der Bedingungen, die sie stellten und von der sie behaupteten, der Heilige Vater werde sie hierin unterstützen, die »Regelung der Ostfrage zugunsten Deutschlands« war. Nachdem der dämonische deutsche Diktator die Regelung im Osten »zugunsten Deutschlands« mit Gewalt zustandegebracht hatte, wollten die deutschen Verschwörer sie aus den Händen der Engländer mit dem Segen des Papstes empfangen!

Während des Winters 1939/40 nahm der »X-Bericht« in den Köpfen der Verschwörer einen großen Raum ein. Ende Oktober hatte General Thomas ihn Brauchitsch mit der Absicht gezeigt, den Oberbefehlshaber des Heeres in dem Bemühen zu ermuntern, Hitler von der Herbstoffensive im Westen abzubringen. Aber Brauchitsch schätzte solche Ermunterung nicht. Er drohte Thomas sogar Arretierung an, wenn er ihm noch einmal mit der Sache komme. Sie sei »glatter Hochverrat«, fuhr er ihn an.

Nunmehr, da eine neue Aggression vor der Tür stand, brachte Thomas den »X-Bericht« zu General Halder in der Hoffnung, diesen zum Handeln zu bewegen. Aber es war eine vergebliche Hoffnung. Halder sagte Goerdeler, einem der aktivsten Männer des Widerstands, der ihn ebenfalls gebeten hatte, die Führung zu übernehmen, weil Brauchitsch es ablehne – in der gegenwärtigen Lage könne er seinen Soldateneid nicht brechen. Überdies hätten England und Frankreich den Krieg erklärt, und man müsse sehen, wie man ihn durchstehe. Ein Kompromißfrieden sei sinnlos. Nur in der größten Not könne man zu der von Goerdeler gewünschten Aktion schreiten.

»Also doch!« leitete Hassell in seiner Tagebucheintragung vom 6. April 1940 die Schilderung ein, die Goerdeler ihm von Halders Gemütsverfassung gab: »Der Eindruck von H., der beim Erörtern seiner Verantwortung angefangen habe zu weinen, sei der eines schwachen, nervlich stark mitgenommenen Mannes gewesen.«

Ob dieser Eindruck zutreffend war, ist zu bezweifeln. Ein Blick in Halders Tagebuch, das in der ersten Aprilwoche mit Hunderten von Notizen über die Vorbereitung der gigantischen, von ihm mitentworfenen Offensive im Westen gefüllt ist, vermittelt eher – für den Autor zumindest – den Eindruck, daß der Generalstabschef im Vollbesitz seiner Schwungkraft war, als er mit den Truppenkommandeuren konferierte und die endgültigen Pläne für die größte und kühnste militärische Operation in der deutschen Geschichte durchging. In seinem Tagebuch findet sich keinerlei Hinweis auf verräterische Gedanken oder Gewissenskonflikte. Zwar hegte er Bedenken gegen die Besetzung Dänemarks und Norwegens, aber aus rein militärischen Gründen. In moralischer Hinsicht scheint er sich jedoch keine Gedanken über die nationalsozialistische Aggression gegen die vier kleinen neutralen Länder gemacht zu haben, deren Grenzen Deutschland feierlich garantiert hatte. Halder wußte, daß Deutschland sich zum Angriff gegen diese Länder anschickte, bei dessen Planung er selbst – zumindest im Falle von Belgien und Holland – ein führende Rolle gespielt hatte.

So endete der neueste Versuch der »guten Deutschen«, Hitler zu beseitigen, ehe es zu spät war. Damit war die letzte Gelegenheit vertan, einen großzügigen Frieden zu erlangen. Die Generale waren, wie Brauchitsch und Halder klargestellt hatten, nicht an einem Verhandlungsfrieden interessiert. Sie dachten jetzt, ebenso wie Hitler, an einen Diktatfrieden – Diktat nach einem deutschen Sieg. Erst als die Aussichten auf Sieg entschwanden, kamen sie auf ihre früheren, zur Zeit Münchens und in Zossen lebhaft erörterten Pläne zurück, den wahnsinnigen Diktator aus dem Wege zu räumen. Diese Geisteshaltung, diese charakterliche Schwäche muß man sich angesichts der späteren Ereignisse und der noch späteren Legendenbildung vor Augen halten.

DER EINFALL IN DÄNEMARK UND NORWEGEN

Hitlers Vorbereitung für die Eroberung Dänemarks und Norwegens ist von vielen Autoren eines der bestgehüteten Kriegsgeheimnisse genannt worden. Doch mir scheint, die beiden skandinavischen Länder und auch die Engländer sind nicht darum überrumpelt worden, weil sie nicht gewarnt worden sind, sondern weil sie, als es noch Zeit war, den Warnungen keinen Glauben schenkten.

Zehn Tage vor dem Unglückstag machte Oberst Oster von der Abwehr seinen guten Freund Oberst J. G. Sas, den holländischen Militärattaché in Berlin, auf die *Weserübung*-Pläne aufmerksam, und Sas unterrichtete unverzüglich den dänischen Marineattaché Kapitän Kjölsen[34]. Aber die selbstgefällige dänische Regierung wollte ihrem Marineattaché nicht glauben, und als der dänische Gesandte in Berlin am 4. April Kjölsen eiligst nach Kopenhagen schickte, damit er seine Warnung persönlich wiederhole, nahm man seine Information immer noch nicht ernst. Selbst noch am Vorabend der Katastrophe, am 8. April, als die Torpedierung eines deutschen Truppentransporters vor der Südküste Norwegens – unmittelbar im Norden Dänemarks – gemeldet wurde, und die Dänen mit eigenen Augen eine große deutsche Armada zwischen ihren Inseln hindurch nach Norden steuern sahen, tat der König von Dänemark eine beim Diner gefallene Bemerkung, das Land sei in Gefahr, lächelnd ab.

»Er glaubte es wirklich nicht«, berichtete später ein anwesender Gardeoffizier. Ja, der König fuhr, diesem Offizier zufolge, nach dem Essen in »zuversichtlicher« Stimmung ins Königliche Theater[35].

Die norwegische Regierung war von ihrer Gesandtschaft in Berlin bereits im März gewarnt worden. Ferner hatten die Schweden sie auf deutsche Truppen- und Flottenkonzentrationen in Nord- und Ostseehäfen aufmerksam gemacht. Und am 5. April erhielt sie aus Berlin eine definitive Geheiminformation über dicht bevorstehende deutsche Landungen an der norwegischen Südküste. Doch auch das Osloer Kabinett nahm diese Nachrichten mit Skepsis entgegen. Nicht einmal am 7. April, als mehrere große deutsche Kriegsschiffe vor der norwegischen Küste *gesichtet* wurden und Meldungen von Angriffen britischer Flugzeuge auf eine deutsche Schlachtflotte am Ausgang des Skagerraks eintrafen, und nicht einmal am 8. April, als die britische Admiralität der norwegischen Gesandschaft in London mitteilte, es sei eine dem Hafen Narvik sich nähernde starke deutsche Seestreitmacht entdeckt worden, und als die Osloer Zeitungen berichteten, von dem vor der norwegischen Küste bei Lillesand durch ein polnisches U-Boot versenkten Truppentransporter *Rio de Janeiro* gerettete deutsche Soldaten hätten erklärt, sie seien unterwegs nach Bergen gewesen, um es gegen die Engländer verteidigen zu helfen – nicht einmal dann hielt es die norwegische Regierung für notwendig, so naheliegende Schritte zu unternehmen wie Mobilmachung der Armee, volle Bemannung der Hafenforts, Blockierung der Flugplätze oder, was am wichtigsten gewesen wäre, die leicht zu bewältigende Verminung der Fjorde und schmalen Hafeneinfahrten. Wäre dies geschehen, hätte die Geschichte möglicherweise einen anderen Verlauf genommen.

In London begannen um den 1. April herum, wie Churchill es ausdrückt, unheilvolle Nachrichten durchzusickern. Am 3. April erörterte man im britischen Kriegskabinett die jüngsten Geheiminformationen, vor allem die aus Stockholm, nach denen in deutschen Häfen starke Truppenverbände zusammengezogen wurden, um nach Skandinavien transportiert zu werden. Aber man scheint die Nachrichten nicht ganz ernst genommen zu haben. Zwei Tage später, am 5. April, als bereits die erste Welle deutscher Nachschubschiffe ausgelaufen war, sagte Chamberlain in einer Rede, Hitler habe durch sein Zögern, im Westen anzugreifen, solange Engländer und Franzosen unvorbereitet gewesen seien, »den Bus verpaßt« – eine Bemerkung, die er sehr bald bereuen sollte[36].

Die britische Regierung neigte, nach Churchill, in diesem Augenblick zu der Auffassung, die Konzentration in den deutschen Häfen geschehe lediglich, um Hitler einen Gegenschlag zu ermöglichen, falls die Engländer durch Verminung norwegischer Gewässer die Erzzufuhren aus Narvik abschnitten oder auch Narvik und andere Häfen in Südnorwegen besetzten.

Tatsache war, daß die britische Regierung eine solche Besetzung erwog. Nach siebenmonatigem vergeblichen Bemühen war es Churchill, dem Ersten Lord der Admiralität, am 8. April gelungen, die Genehmigung des Kriegskabinetts sowie des Obersten Alliierten Kriegsrats zum Minenlegen in norwegischen Gewässern zu erhalten. Das Unternehmen hatte den Decknamen »Wilfred«. Da mit einer heftigen Reaktion der Deutschen auf diesen für sie tödlichen Schlag zu rechnen war, beschloß man, eine kleine englisch-französische Streitmacht nach Narvik und bis nahe an die schwedische Grenze zu entsenden. Andere Kontingente sollten weiter südlich, in Drondheim, Bergen und Stavanger landen, um, wie Churchill erklärte, »diese Stützpunkte dem Feind streitig zu machen«. Dieses Unternehmen hieß »Plan R-4«[37].

So wurden in der ersten Aprilwoche, während verschiedene deutsche Kriegsschiffe Truppen für die Überfahrt nach Norwegen an Bord nahmen, mit der gleichen Bestimmung auch britische Truppen eingeschifft, wenn auch geringer an Zahl.

Am Nachmittag des 2. April gab Hitler nach einer langen Besprechung mit Göring, Raeder und Falkenhorst den offiziellen Befehl, mit *Weserübung* am 9. April, 5.15 Uhr früh, zu beginnen. Gleichzeitig ordnete er mit einer anderen Weisung an, »daß ein Außerlandesgehen der Könige von Dänemark und Norwegen bei der Besetzung auf jeden Fall zu verhindern ist[38]«. Am gleichen Tag weihte das OKW auch das Auswärtige Amt in das Geheimnis ein. Ribbentrop wurde angewiesen, auf diplomatischem Wege Dänemark und Norwegen zu veranlassen, gleich nach Eintreffen deutscher Truppen kampflos zu kapitulieren und für Hitlers Aggression irgendeine Motivierung zu ersinnen[39].

Aber nicht allein das Auswärtige Amt, auch die Kriegsmarine sollte sich trügerischer List bedienen. Am 3. April, als die ersten Schiffe ausliefen, grübelte Jodl noch in seinem Tagebuch über das Problem nach, wie man den Norwegern, falls sie beim Anblick so vieler deutscher Kriegsschiffe vor ihrer Küste Verdacht schöpfen sollten, Sand in die Augen streuen könne. Doch die Marine hatte sich mit dieser Kleinigkeit schon befaßt. Sie hatte ihre Kriegs- und Transportschiffe angewiesen, sich als britische Fahrzeuge auszugeben – auch wenn sie genötigt sein sollten, den Union Jack zu hissen! In den OKM-Akten sind ins einzelne gehende Weisungen für die Tarnung bei der Invasion Norwegens enthalten[40].

Geheime Kommandosache
Verhalten beim Einlaufen
Alle Schiffe abgeblendet ... Die Tarnung als englische Fahrzeuge muß möglichst lange durchgeführt werden. Alle Morseanrufe norwegischer Schiffe werden in englischer Sprache erwidert. Auf Anfragen einen Text etwa folgenden Inhalts wählen:
»Anlaufe Bergen zu kurzem Aufenthalt, keine feindlichen Absichten.« ... Auf Anrufe ist mit englischen Kriegsschiffnamen zu antworten:
»Köln« = HMS »Cairo«.
»Königsberg« = HMS »Calcutta« ... usf.
Vorsorge treffen, daß englische Kriegsflagge beleuchtet werden kann ...
Beim Einlaufen Bergen ... Folgendes gilt als Anhalt und Richtlinie, wenn eine eigene Einheit sich gezwungen sieht, die Anrufe passierender Fahrzeuge zu beantworten:
Auf Anruf (gilt für »Köln«) = HMS »Cairo«.
Auf Aufforderung zum Stoppen: 1.) Please repeat last signal. 2.) Impossible to understand your signal.
Bei Warnungsschuß: Stop firing. British Ship. Good friend.
Bei Frage nach Ziel und Zweck: Going Bergen. Chasing German steamers [41].

Und so überreichten am 9. April 1940, punkt 5.20 Uhr früh (in Dänemark war es 4.20 Uhr), eine Stunde vor Sonnenaufgang, die deutschen Gesandten in Oslo und Kopenhagen, nachdem sie genau 20 Minuten vorher die Außenminister aus den Betten getrieben hatten (Ribbentrop hatte auf strikter zeitlicher Koordinierung mit der Ankunft deutscher Truppen bestanden), der dänischen und der norwegischen Regierung ein Ultimatum mit der Forderung, unverzüglich und ohne Widerstand den »Schutz des Reiches« zu akzeptieren. Das Ultimatum war wohl das schamloseste Dokument, das von Hitler und Ribbentrop, diesen Meistern in diplomatischer Täuschung, bisher verfaßt worden war [42].
Nach der Erklärung, das Reich komme Dänemark und Norwegen zu Hilfe, um sie gegen eine englisch-französische Besetzung zu schützen, hieß es in dem Ultimatum weiter:

Die deutschen Truppen betreten den norwegischen Boden daher nicht in feindseliger Gesinnung. Das deutsche Oberkommando hat nicht die Absicht, die von den deutschen Truppen besetzten Punkte als Operationsbasis zum Kampf gegen England zu benutzen, solange es nicht ... hierzu gezwungen wird. Die deutschen militärischen Operationen verfolgen vielmehr ausschließlich das Ziel der Sicherung des Nordens gegen die beabsichtigte Besetzung norwegischer Stützpunkte durch englisch-französische Streitkräfte ...
In dem Geiste der seit jeher bestehenden guten deutsch-norwegischen Beziehungen erklärt die Reichsregierung der Königlich Norwegischen Regierung, daß Deutschland nicht die Absicht hat, durch ihre Maßnahmen die territoriale Integrität und politische Unabhängigkeit des Königreiches Norwegen jetzt oder in Zukunft anzutasten ...
Die Reichsregierung erwartet daher, daß die Königlich Norwegische Regierung und das

norwegische Volk ... keinerlei Widerstand entgegensetzen. Jeder Widerstand müßte und würde ... mit allen Mittel gebrochen werden und daher nur zu einem völlig nutzlosen Blutvergießen führen.

Was Dänemark betraf, so hatten sich die Deutschen nicht verrechnet, wohl aber in bezug auf Norwegen. Das wurde der Wilhelmstraße klar, als sie von ihren Missionen in den beiden Ländern die ersten Depeschen erhielt. Der Gesandte in Kopenhagen telegrafierte um 8.34 Uhr an Ribbentrop, die Dänen hätten alle Forderungen, wenn auch unter Protest, angenommen. Der Osloer Gesandte Curt Bräuer hatte jedoch etwas ganz anderes zu melden. Um 5.52 Uhr, genau 32 Minuten nach Überreichung des Ultimatums, drahtete er die umgehend erfolgte norwegische Antwort nach Berlin: »Wir ergeben uns nicht freiwillig. Der Kampf ist bereits im Gange[43].«
Der arrogante Ribbentrop war außer sich. Um 10.55 Uhr depeschierte er Bräuer: »Halten Sie der norwegischen Regierung vor Augen, daß Widerstand völlig sinnlos ist.« Doch dies zu tun war dem deutschen Gesandten nicht mehr möglich. Der norwegische König, die Regierung und das Parlament waren aus der Hauptstadt nach Norden ins Gebirge geflohen. Trotz hoffnungsloser Unterlegenheit waren sie zum Widerstand entschlossen. Ja, schon beim Auftauchen deutscher Schiffe aus dem nächtlichen Dunkel hatte an verschiedenen Stellen der Widerstand eingesetzt.
Noch hoffnungsloser war die Lage der Dänen. Ihr schönes Land war zu klein und zu eben, um gegen Hitlers Panzer verteidigt werden zu können. Der König und die Regierung konnten nicht wie die Norweger ins Gebirge flüchten, noch konnten sie auf irgendeine Hilfe Englands rechnen. Für einen Widerstand trat fast allein der Oberbefehlshaber der Armee, General W. W. Pryor, ein, doch wurde er überstimmt von Ministerpräsident Thorvald Stauning, Außenminister Edvard Munch und vom König. Aus unerfindlichen Gründen gaben weder die dänischen Kriegsschiffe noch die Küstenbatterien einen Schuß ab, als vor den Mündungen ihrer Geschütze deutsche Truppentransporter vorüberfuhren und spielend hätten versenkt werden können. Zwar kam es in Jütland zu einigen Scharmützeln, und in der Hauptstadt gab die Königliche Garde rings um das Königsschloß ein paar Schüsse ab. Aber zu der Zeit, als die Dänen ihr kräftiges Frühstück verzehrt hatten, war alles vorüber. Auf Anraten der Regierung, doch gegen den Rat General Pryors, kapitulierte der König und befahl, jeden Widerstand einzustellen.
Wie aus den erbeuteten deutschen Heeresakten hervorgeht, waren die Pläne für die überraschende Besetzung Dänemarks sorgfältig vorbereitet worden. General Kurt Himer, Chef des Stabes der in Dänemark eingesetzten Truppe, war schon am 7. April in Zivilkleidern mit der Eisenbahn in Kopenhagen angekommen. Dort hatte er sich um einen geeigneten Anlegeplatz für den Truppentransporter *Hansestadt Danzig* gekümmert und einen LKW für den Transport der geringfügigen Materialmengen und eines Sendegerätes beschafft. Auch der Bataillonskommandeur – für die Einnahme einer Großstadt hatte man lediglich ein Bataillon für erforderlich gehalten – war einige

Tage vorher in Zivilkleidern nach Kopenhagen gefahren, um sich das Gelände anzusehen. Kein Wunder, daß die Pläne des Generals und des Bataillonskommandeurs reibungslos verwirklicht werden konnten.

Während der deutsche Truppentransporter am Langelinie-Kai unweit der Zitadelle, dem Hauptquartier der dänischen Armee, anlegte, tagte der König im Schloß mit seinen Ministern, während General Pryor flehentlich um die Erlaubnis bat, kämpfen zu dürfen. Aber der König und seine Minister waren, wie gesagt, gegen jeden Widerstand[44]. Die Verzögerung, die durch diese Konferenz entstand, beunruhigte General Himer. Er rief den für die kombinierte Operation zuständigen Stab in Hamburg an – die Dänen hatten nicht einmal daran gedacht, die Telefonleitungen nach Deutschland zu unterbrechen – und forderte, seiner eigenen Darstellung zufolge[45], ein paar Bomber an, die über Kopenhagen kreisen sollten, »um die Dänen zur Annahme zu zwingen«. Die Bomber verfehlten dann auch, nach Himer, ihre Wirkung nicht. Die dänische Regierung nahm die deutschen Forderungen an.

Nachmittags um 2 Uhr suchte General Himer in Begleitung des deutschen Gesandten Cecil von Renthe-Fink den König von Dänemark auf, dem noch nicht klar war, daß er aufgehört hatte, Herrscher zu sein. Von dieser Unterredung liegt ein Bericht Himers vor[46]:

Bei dieser Besprechung machte der siebzig Jahre alte König bei äußerlich tadelloser Haltung und absoluter Würde einen innerlich erschütterten Eindruck. Er flog am ganzen Körper. Er erklärte, daß er und seine Regierung alles tun würden, um Ruhe und Ordnung im Lande zu halten und jede Reibung zwischen der deutschen Truppe und der Bevölkerung auszuschalten. Er wolle seinem Lande weiteres Unglück und Elend ersparen.

General Himer antwortete, daß er persönlich zwar bedauere, in dieser Mission vor dem König zu stehen, daß er aber nur seine Pflicht als Soldat täte ... Wir kämen als Freunde, usw. Als dann der König fragte, ob er seine Leibgarde behalten dürfte, sagte ihm General Himer ..., daß der Führer sie ihm wohl sicher belassen werde. Er hätte darüber keinen Zweifel.

Der König atmete daraufhin sichtlich auf. Im Verlaufe der halbstündigen Audienz beruhigte sich der König und sagte dann zum Abschluß zu General Himer: »Herr General, darf ich nun als alter Soldat etwas zu Ihnen sagen? Als Soldat zum Soldaten? Das habt ihr Deutschen wieder fabelhaft gemacht! Das muß man wirklich sagen: großartig!«

Fast vier Jahre lang, bis zur Wende des Krieges, bereiteten der dänische König und sein gutartiges, unbekümmertes Volk den Deutschen sehr wenig Schwierigkeiten. Dänemark galt als »Musterprotektorat«. Dem König, der Regierung, dem Hof und sogar dem Parlament und der Presse gewährte der Eroberer zunächst erstaunlich viel Freiheit. Nicht einmal die 7000 dänischen Juden wurden – vorerst – belästigt. Aber schließlich gelangten die Dänen, später zwar als die meisten unterworfenen Völker, zu der Erkenntnis, daß eine weitere »loyale Zusammenarbeit«, wie sie es nannten, mit der deutschen Besatzung, deren Brutalität mit den Jahren und schwindendem Kriegsglück zunahm, unmöglich sei, wenn sie sich noch einen Funken Selbstachtung und Ehre bewahren wollten. Auch sie begannen zu erkennen, daß Deutschland den Krieg nicht gewinnen konnte und daß somit das kleine Dänemark nicht unabänderlich, wie anfänglich viele gefürchtet hatten, dazu verurteilt war, ein Vasallenstaat innerhalb Hitlers sagenhafter Neuordnung zu sein. Und dann setzte ihr Widerstand ein.

DIE NORWEGER WEHREN SICH

In Norwegen setzte der Widerstand mit dem ersten Tage ein, wenn auch freilich nicht überall. In Narvik, der Hafenstadt und Endstation der dem Erztransport aus Schweden dienenden Eisenbahnlinie, ergab sich der Garnisonkommandant Oberst Konrad Sundlo, der, wie gesagt, ein Anhänger Quislings war, den Deutschen ohne Schwertstreich. Von ganz anderem Schlag war der Flottenkommandant. Als an der Einfahrt zu dem langen Fjord zehn deutsche Zerstörer erschienen, gab die *Eidsvold*, eines der beiden im Hafen liegenden alten Panzerschiffe, einen Warnschuß ab und forderte die Zerstörer auf, sich zu identifizieren. Konteradmiral Fritz Bonte, Befehlshaber der deutschen Zerstörerflottille, antwortete damit, daß er in einer Barkasse einen Offizier zu dem norwegischen Schiff schickte und es zur Übergabe aufforderte. Was dann folgte, war ein tückischer Akt, mögen deutsche Marineoffiziere ihn später auch mit dem Argument verteidigt haben, gegen Kriegserfordernisse sei vom Rechtsstandpunkt aus nichts einzuwenden. Als der Offizier in der Barkasse dem deutschen Admiral signalisierte, die Norweger hätten gesagt, sie würden Widerstand leisten, wartete Bonte nur ab, bis die Barkasse aus dem Schußbereich war, und torpedierte dann rasch die *Eidsvold*. Daraufhin eröffnete die *Norge*, das andere norwegische Panzerschiff, das Feuer, wurde aber bald erledigt. Dreihundert norwegische Matrosen – fast die gesamte Besatzung der beiden Schiffe – kamen ums Leben. Um 8 Uhr war Narvik in deutscher Hand. Es wurde eingenommen mit Hilfe von zehn Zerstörern, die durch einen starken englischen Flottenverband geschlüpft waren, und besetzt von nur zwei deutschen Bataillonen unter Befehl von Brigadegeneral Eduard Dietl, einem Bayern, der mit Hitler seit dem Bürgerbräu-Putsch gut bekannt war und der sich als findiger und mutiger Kommandeur erweisen sollte, als es – beginnend mit dem folgenden Tag – in Narvik heiß herging.

Trondheim wurde von den Deutschen fast ebenso leicht eingenommen. Als die deutschen Kriegsschiffe, mit dem schweren Kreuzer *Hipper* an der Spitze, in den Fjord einliefen, schwiegen die Hafenbatterien, und die Truppen, die sich an Bord des Kreuzers und an Bord von vier Zerstörern befanden, konnten infolgedessen am Pier der Stadt ungestört ausgeschifft werden. Einige Forts hielten sich ein paar Stunden und der nahegelegene Flugplatz Vaernes noch zwei Tage, aber dieser Widerstand beeinträchtigte nicht die Besetzung eines guten, sowohl für die größten Kriegsschiffe wie für U-Boote geeigneten Hafens sowie einer Eisenbahnlinie nach Schweden, über die die Deutschen

Material heranzuschaffen gedachten, falls die Engländer sie zur See abschneiden würden.

Das etwa 500 km südlich von Trondheim gelegene Bergen, Norwegens zweitgrößte Hafenstadt und mit der Hauptstadt Oslo durch eine Eisenbahn verbunden, leistete einigen Widerstand. Die Hafenbatterien beschädigten stark den Kreuzer *Königsberg* und ein Hilfsschiff, doch die Truppen anderer Schiffe landeten wohlbehalten und besetzten bis Mittag die Stadt. Es war in Bergen, wo die Engländer ihre erste Direkthilfe für die betäubten Norweger einsetzten. Am Nachmittag versenkten fünfzehn britische Marinesturzbomber die *Königsberg*, womit zum erstenmal ein Schiff dieser Größenordnung durch Luftangriff auf den Meeresgrund geschickt wurde. Außerhalb des Hafens kreuzte eine starke englische Flotte von vier Kreuzern und sieben Zerstörern, die die kleinere deutsche Seestreitmacht hätte überwältigen können. Doch als sie sich anschickte, in den Hafen einzufahren, erhielt sie von der Admiralität den Befehl, wegen der Minengefahr und der Luftangriffe von dem Unternehmen abzusehen, eine Entscheidung, die Churchill, der für sie mitverantwortlich war, später bereute. Dies war das erste Zeichen jener Vorsicht und jener halbherzigen Maßnahmen, die den Engländern in den nächsten kritischen Tagen teuer zu stehen kamen.

Der Flugplatz Sola, nahe bei Stavanger an der Südwestküste Norwegens, wurde von deutschen Luftlandetruppen eingenommen, nachdem sie die norwegischen Maschinengewehrnester – eine wirkliche Flugabwehr gab es nicht – zum Schweigen gebracht hatten. Sola, Norwegens größter Flugplatz, war für die deutsche Luftwaffe von höchster strategischer Bedeutung, denn von hier aus konnten ihre Bomber nicht allein gegen die entlang der norwegischen Küste operierenden englischen Flottenverbände, sondern auch gegen die britischen Hauptstützpunkte in Nordengland starten. Seine Einnahme verschaffte den Deutschen sofort die Luftüberlegenheit in Norwegen und verwehrte den Engländern von vornherein, mit größeren Streitkräften zu landen.

In Kristiansand, an der Südküste, trafen die Deutschen auf beträchtlichen Widerstand; hier trieben die Küstenbatterien eine deutsche Flotte mit dem leichten Kreuzer *Karlsruhe* als Flaggschiff zweimal zurück. Doch die Forts wurden bald durch Luftangriffe bezwungen und der Hafen bis zum Nachmittag besetzt. Allerdings wurde die *Karlsruhe*, als sie am Abend wieder auslief, von einem englischen U-Boot torpediert und so schwer beschädigt, daß sie versenkt werden mußte.

So waren zur Mittagszeit oder kurz darauf die fünf Haupthäfen Norwegens und der einzige große Flugplatz, der sich an der 2400 km langen West- und Südküste zwischen der Arktis und dem Skagerrak befand, in deutscher Hand. Sie waren von einer Handvoll Truppen eingenommen worden, die eine der britischen weit unterlegene Flotte herangeschafft hatte. Durch Kühnheit, Täuschung und Überraschung und mit sehr geringen Kosten hatte Hitler einen großen Sieg eingeheimst.

Aber in Oslo, dem Hauptziel, waren seine Militärmacht und seine Diplomaten auf unerwartete Schwierigkeiten gestoßen.

Am Osloer Kai wartete während der ganzen kalten Nacht vom 8. zum 9. April eine fröhliche Gruppe aus der deutschen Gesandtschaft, voran der Marineattaché Kapitän Schreiber, auf die Ankunft deutscher Kriegs- und Transportschiffe. Hin und wieder gesellte sich auch der geschäftige Gesandte Dr. Bräuer hinzu. Ein Hilfsoffizier des Marineattachés fuhr in einem Motorboot kreuz und quer durch die Bucht, um sich als Pilot bereitzuhalten für das erwartete Flottengeschwader unter Führung des »Taschenschlachtschiffs« *Lützow* (der früheren *Deutschland*, die Hitler umgetauft hatte, weil er ein Schiff dieses Namens nicht der Gefahr des Untergangs aussetzen wollte) und des eben in Dienst gestellten schweren Kreuzers *Blücher*, des Flaggschiffes.

Sie wartete indes vergebens. Die großen Schiffe trafen niemals ein. Sie waren an der Einfahrt in den 80 km langen Osloer Fjord von dem norwegischen Minenleger *Olav Trygverson* gestellt worden. Der Minenleger versenkte ein deutsches Torpedoboot und beschädigte den leichten Kreuzer *Emden*. Nachdem das deutsche Geschwader eine kleine Landungstruppe zur Bekämpfung der Küstenbatterien abgesetzt hatte, setzte es seine Fahrt fort. Doch 25 km südlich von Oslo, an einer schmalen Stelle des Fjords, stieß es auf ein neues Hindernis. Hier stand die alte Festung Oskarsborg, deren Verteidiger wachsamer waren als die Deutschen erwarteten. Kurz vor Tagesanbruch eröffnete die Festung mit ihren 28-cm-Kruppgeschützen das Feuer auf die *Lützow* und die *Blücher*, während gleichzeitig von der Küste her Torpedos abgeschossen wurden. Die 10 000 t. große *Blücher*, durch die Explosion ihrer Munition in Flammen gesetzt und auseinandergerissen, ging mit 1600 Mann unter. Unter diesen befanden sich auch mehrere Gestapo- und Verwaltungsbeamte, die den König und die Regierungsmitglieder festnehmen und die Verwaltung der Hauptstadt übernehmen sollten. Die *Lützow* erlitt ebenfalls Havarie, wurde aber nicht völlig gefechtsunfähig. Konteradmiral Oskar Kummetz, Befehlshaber des Geschwaders, und General Erwin Engelbrecht, Kommandeur der 163. Infanteriedivision, gelang es zwar, von der untergehenden *Blücher* aus schwimmend das Land zu erreichen, doch wurden sie von den Norwegern gefangengenommen. Daraufhin zog sich das angeschlagene Geschwader vorerst zurück. Es war ihm mißlungen, die norwegische Hauptstadt, das Hauptziel der Deutschen, einzunehmen. Erst am nächsten Tag erreichte es sie.

Die Katastrophennachrichten aus den anderen Seehäfen und der Geschützdonner vom Oslo-Fjord her hatten die norwegische Königsfamilie, die Regierung und das Parlament veranlaßt, die Hauptstadt um 9.30 Uhr mit einem Sonderzug zu verlassen und sich nach dem 125 km nördlich gelegenen Hamar zu begeben. Zur gleichen Stunde gingen zwanzig Lastwagen, beladen mit dem Gold der norwegischen Staatsbank, und drei weitere mit den Geheimakten des Außenministeriums ab. So hatte die Tapferkeit der Garnison von Oskarsborg einen Strich durch Hitlers Plan gemacht, sich des Königs, der Regierung und des Goldes Norwegens zu bemächtigen.

Aber Oslo wurde völliger Verwirrung überlassen. Zwar standen dort einige norwegische Truppen, aber man setzte sie nicht in Verteidigungszustand. Vor allem wurde nichts unternommen, den in der Nähe liegenden Flughafen Fornebu zu blockieren, was leicht hätte gemacht werden können, wenn man auf der Startbahn und auf dem Flugplatz ein paar alte Automobile abgestellt hätte. In der Nacht vorher hatte sich der deutsche Luftattaché in Oslo, Hauptmann Spiller, zum Flugplatz begeben, um dort die Luftlandetruppen in Empfang zu nehmen, die nach Ankunft des Flottenverbandes im Hafen von Oslo abgesetzt werden sollten. Als jedoch die Schiffe nicht kamen, sandte die deutsche Legation ein dringendes Funktelegramm nach Berlin und berichtete über den unerwarteten Fehlschlag. Berlin reagierte sofort. Bald sprangen über Fornebu Fallschirmjäger und Luftlandetruppen ab. Da sie nur leicht bewaffnet waren, hätten sie von den in der Hauptstadt liegenden norwegischen Truppen unschwer vernichtet werden können. Aber aus Gründen, die niemals geklärt wurden – so groß war die Verwirrung in Oslo – wurden sie nicht alarmiert, und so *marschierte* die gleichsam symbolische deutsche Infanterietruppe hinter einer schmetternden, wenn auch zusammengewürfelten Militärkapelle her in die Hauptstadt ein. So fiel die letzte norwegische Stadt. Aber nicht Norwegen! Noch nicht!

Am Nachmittag des 9. April trat in Hamar das *Storting*, die norwegische Volksvertretung, zusammen. Von den 200 Mitgliedern fehlten nur fünf. Aber um 19.30 Uhr vertagte man die Sitzung, da gemeldet wurde, daß sich deutsche Truppen dem wenige Kilometer östlich gelegenen Elverum näherten. Dr. Bräuer, von Ribbentrop gedrängt, verlangte eine sofortige Audienz beim König, der norwegische Ministerpräsident willigte unter der Bedingung ein, daß die deutschen Truppen bis auf gebührend sichere Entfernung nach Süden zurückgezogen würden. Hiermit wollte sich jedoch der deutsche Gesandte nicht einverstanden erklären.

In diesem Augenblick nämlich war ein neuer tückischer Akt im Gange. Hauptmann Spiller, der Luftattaché, hatte sich mit zwei Kompanien Fallschirmtruppen auf den Weg nach Hamar gemacht, um den widerspenstigen König und seine Regierung festzunehmen. Das Ganze schien für sie lediglich ein Spaß zu sein. Da beim Einmarsch in Oslo von norwegischer Seite kein einziger Schuß gefallen war, erwarteten sie auch in Hamar keinen Widerstand. Tatsächlich verhielten sich die beiden Kompanien, die in requirierten Bussen fuhren, wie auf einer Vergnügungsfahrt. Aber sie hatten nicht mit einem norwegischen Offizier gerechnet, der ganz anders handelte als so viele andere. Oberst Ruge, Generalinspekteur der Infanterie, hatte den König nach Norden begleitet und darauf bestanden, der geflüchteten Regierung einen gewissen Schutz zu geben. Vor Hamar hatte er mit Hilfe von zwei rasch herangeholten Infanteriebataillonen eine Straßensperre angelegt. Die Busse mit den Deutschen wurden angehalten, und es kam zu einem Gefecht, bei dem Spiller tödlich verwundet wurde. Nach weiteren Ausfällen zogen sich die Deutschen bis nach Oslo zurück.

Auf derselben Straße fuhr am nächsten Tage Dr. Bräuer ganz allein nach Hamar, um den König zu sprechen. Als Berufsdiplomat alter Schule war der deutsche Gesandte von seiner Aufgabe keineswegs entzückt, aber Ribbentrop hatte ihm unablässig zugesetzt, er solle den König und die Regierung zur Kapitulation überreden. Bräuers schwierige Mission wurde noch dadurch kompliziert, daß sich soeben in Oslo gewisse politische Vorgänge abgespielt hatten. Am Abend vorher hatte sich schließlich Quisling gerührt.

Kaum war Oslo fest in deutscher Hand, eilte er zum Rundfunk, rief sich selbst zum Chef einer neuen Regierung aus und befahl allen Norwegern, den Widerstand gegen die Deutschen sofort einzustellen. Obwohl Bräuer es noch nicht begriff – und Berlin es niemals, auch später nicht begreifen konnte – brachte gerade dieser Verrat das Bemühen der Deutschen, Norwegen zur Kapitulation zu veranlassen, zum Scheitern. Und paradoxerweise rief Quislings Verrat, mochte er auch im Augenblick für Norwegen eine nationale Schmach sein, die betäubten Norweger zu einem Widerstand auf, der gewaltig und heroisch war.

Dr. Bräuer traf Haakon VII., den einzigen König des 20. Jahrhunderts, der vom Volk gewählt worden war, und den ersten eigenen Monarchen, den Norwegen seit fünf Jahrhunderten hatte[47], am 10. April, 15 Uhr, in einem Schulgebäude in der kleinen Stadt Elverum. Auf Grund eines Gesprächs, das der Verfasser später mit dem König führte, und an Hand der norwegischen Aufzeichnungen wie auch des Berichtes von Bräuer (der sich unter den erbeuteten Akten des Auswärtigen Amtes befindet) ist eine Darstellung der Vorgänge möglich. Nach starkem Widerstreben hatte sich der König schließlich einverstanden erklärt, den deutschen Gesandten in Anwesenheit seines Außenministers Dr. Halvdan Koht zu empfangen. Als Bräuer darauf bestand, zunächst mit dem König allein zu sprechen, willigte Haakon im Einvernehmen mit Koht darin ein.

Der deutsche Gesandte, nach Instruktionen handelnd, versuchte abwechselnd, dem König zu schmeicheln und ihn einzuschüchtern. Deutschland wolle die Dynastie erhalten. Es bitte Haakon lediglich darum, das Gleiche zu tun wie am Tage vorher sein Bruder in Kopenhagen. Der Wehrmacht Widerstand zu leisten, sei Torheit. Es käme nur zu sinnlosem Blutvergießen für die Norweger. Man bitte daher den König, die Quisling-Regierung anzuerkennen und nach Oslo zurückzukehren. Haakon, ein trockener, demokratisch gesinnter Mann, der es selbst in diesem katastrophalen Augenblick mit der konstitutionellen Verfahrensweise sehr genau nahm, versuchte dem deutschen Diplomaten klarzumachen, daß in Norwegen vom König keine politischen Entscheidungen getroffen würden; dies sei ausschließlich Angelegenheit der Regierung, die er jetzt konsultieren wolle. Dann wurde Koht hereingerufen, und man verständigte sich über einen Ort an der Straße nach Oslo, wohin die Antwort der Regierung an Bräuer telefoniert werden sollte.

Für Haakon, der zwar keine politischen Entscheidungen treffen, aber sicherlich Einfluß auf sie nehmen konnte, gab es nur eine einzige Antwort an die Deutschen. In einem bescheidenen Gasthaus im Dorf Nybergsund bei Elverum – wohin er sich zurückzog für den Fall, daß die Deutschen nach Bräuers Fortgang noch einmal versuchen sollten, ihn überraschend festzunehmen – hielt er mit den Regierungsmitgliedern einen Staatsrat ab.

Ich meinerseits [sagte er] kann die deutschen Forderungen nicht annehmen. Es würde allem widersprechen, was ich als König von Norwegen in den 35 Jahren, die ich in diesem Lande verbracht habe, für meine Pflicht angesehen habe ... Ich möchte nicht,

daß sich die Regierung bei ihrer Entscheidung durch meine Erklärung beeinflussen läßt oder sich auf sie stützt... Aber ich kann Quisling, einen Mann, von dem ich weiß, daß unser Volk... noch seine Vertreter im Storting ihm überhaupt kein Vertrauen schenken, nicht zum Ministerpräsidenten ernennen.
Wenn daher die Regierung beschließen sollte, die deutschen Forderungen anzunehmen – und ich habe volles Verständnis für die Gründe, die angesichts der drohenden Gefahr eines Krieges, in dem viele junge Norweger ihr Leben lassen müßten, dafür sprächen – so wird es für mich nur eines geben: Abdankung[48].

Die Regierung, mochte auch bisher manches Mitglied geschwankt haben, konnte nicht weniger mutig als der König sein. Sie stellte sich unverzüglich geschlossen hinter ihn. Inzwischen hatte Bräuer auf der Rückfahrt nach Oslo Eidsvold erreicht, wo ihn Koht anrief und ihm die Antwort der norwegischen Regierung mitteilte. Bräuer gab sie sofort an die Gesandtschaft in Oslo weiter, von wo aus sie schleunigst nach Berlin durchgegeben wurde:

Der König wird keine Regierung Quisling ernennen, und dieser Beschluß ist einstimmig im Rat der Regierung gefaßt. Auf meine besondere Frage antwortete mir Koht: der Widerstand geht weiter, so weit wie möglich[49].

Am Abend jenes Tages bediente sich die norwegische Regierung eines in der Nähe gelegenen kleinen schwachen Rundfunksenders, des einzigen ihr zur Verfügung stehenden Nachrichtenmittels, um dem mächtigen Dritten Reich den Fehdehandschuh hinzuwerfen. Sie verkündete ihre Ablehnung der deutschen Forderungen und rief die Bevölkerung – sie war nur drei Millionen stark – zum Widerstand gegen den Eindringling auf. Der König schloß sich offiziell dem Aufruf an.
Die Eroberer jedoch mochten nicht so ganz glauben, daß die Norweger wirklich meinten, was sie sagten. Man unternahm zwei weitere Versuche, den König von seinem Vorhaben abzubringen. Am Vormittag des 11. April erschien bei ihm ein Abgesandter Quislings, ein Hauptmann Irgens, der dem Monarchen nahelegte, in die Hauptstadt zurückzukehren. Er sicherte ihm Quislings Loyalität zu. Sein Anerbieten wurde mit verächtlichem Schweigen zurückgewiesen.
Am Nachmittag ersuchte Bräuer telegrafisch um eine neue Audienz beim König: Er habe »gewisse Vorschläge« zu unterbreiten. Der hart bedrängte deutsche Gesandte war von Ribbentrop angewiesen worden, dem König mitzuteilen, »daß er den Norwegern noch eine letzte Chance für eine vernünftige Verständigung geben wolle[50]«. Diesmal antwortete Dr. Koht, nach Beratung mit dem König, wenn der deutsche Gesandte »gewisse Vorschläge« zu machen habe, könne er sie dem Außenminister mitteilen.
Die deutsche Reaktion auf diesen abschlägigen Bescheid seitens eines so kleinen und zur Zeit hilflosen Landes war bezeichnend. Nach dem doppelten Fehlschlag, erstens den König und die Regierungsmitglieder gefangenzunehmen und zweitens sie zur Kapitulation zu veranlassen, versuchten die Deutschen nunmehr, den König und die Regie-

rungsmitglieder umzubringen. Am 11. April erhielt die Luftwaffe den Befehl, das Dorf Nybergsund zu bombardieren. Die Flugzeuge zerstörten es mit Spreng- und Brandbomben und nahmen die Menschen, die aus den brennenden Trümmern zu entkommen versuchten, unter MG-Beschuß. Offenbar nahmen die Flieger zunächst an, es sei ihnen gelungen, den König und die Regierungsmitglieder zu töten. In dem später in Nordnorwegen erbeuteten Tagebuch eines der deutschen Flieger steht unter dem 11. April folgende Eintragung: »Nybergsund. Oslo-Regierung. Alles vernichtet.«

Das traf zwar für das Dorf zu, nicht aber für den König und die Regierung. Beim Herannahen der deutschen Bomber waren sie in einen nahen Wald geflüchtet. Bis zu den Knien im Schnee stehend, hatten sie beobachtet, wie die Luftwaffe die bescheidenen Häuser des Dorfes in Schutt und Asche legte. Sie standen jetzt vor der Wahl, entweder über die Grenze in das neutrale Schweden zu gehen und dort um Asyl zu bitten oder nach Norden in die noch tief verschneiten norwegischen Berge auszuweichen. Sie wählten das letztere und beschlossen, durch das zerklüftete Gudbrandstal über Hamar und Lillehammer nach Aandalsnes an der Nordwestküste, 150 km südwestlich von Trondheim, zu fahren. Vielleicht ließen sich unterwegs die zerstreuten norwegischen Streitkräfte zu weiterem Widerstand organisieren. Überdies bestand einige Hoffnung, daß ihnen möglicherweise britische Truppen zu Hilfe kommen würden.

DIE KÄMPFE UM NORWEGEN

Hoch im Norden, in Narvik, hatte die britische Flotte bereits auf die überraschende deutsche Besetzung scharf reagiert. Sie war, wie Churchill zugab, von den Deutschen »völlig überlistet« worden. Nunmehr ging sie, wenigstens im Norden, außer Reichweite der auf ihre Stützpunkte angewiesenen deutschen Bomber, zur Offensive über. Am Morgen des 10. April, 24 Stunden nach der Einnahme Narviks durch zehn deutsche Zerstörer und der Ausschiffung von Dietls Truppen, fuhren fünf britische Zerstörer in den Hafen von Narvik ein, versenkten zwei der im Hafen liegenden fünf deutschen Zerstörer, beschädigten drei weitere und versenkten, bis auf einen, alle deutschen Frachter. Dabei kam der Kommandeur des deutschen Geschwaders, Konteradmiral Bonte, ums Leben. Beim Verlassen des Hafens stießen die britischen Schiffe jedoch auf die übrigen fünf deutschen Zerstörer, die in benachbarten Fjorden gelegen hatten. Die stärker bestückten deutschen Einheiten versenkten einen englischen Zerstörer, zwangen einen anderen, auf Strand zu laufen, wobei der britische Kommandeur, Kapitän Warburton-Lee, tödlich verwundet wurde, und havarierten einen dritten. Drei englischen Zerstörern gelang es, die offene See zu gewinnen, wo sie einen dem Hafen sich nähernden und mit Munition beladenen großen deutschen Frachter in den Grund bohrten.

Am Nachmittag des 13. April kehrte eine englische Zerstörerflottille, diesmal unter Führung des Schlachtschiffes *Warspite*, nach Narvik zurück und schickte die verbliebenen deutschen Kriegsschiffe auf den Meeresgrund. Der Befehlshaber des englischen

Flottenverbandes, Vizeadmiral W. J. Whitworth, gab der Admiralität eine Funkmeldung über sein Unternehmen und drängte darauf, unverzüglich mit der »Hauptlandestreitmacht« Narvik zu besetzen, da die deutschen Truppen dort in Verwirrung und Unordnung geraten seien. Tatsächlich hatte Dietl mit seinen Leuten in den Bergen Zuflucht gesucht. Zum Unglück für die Alliierten war der englische Armeekommandeur, Generalmajor P. J. Mackesey, ein außerordentlich vorsichtiger Mann. Als er am nächsten Tag mit einer Vorausabteilung von drei Infanteriebataillonen vor Narvik eintraf, beschloß er, die Landung nicht dort zu riskieren, sondern seine Truppen in dem in norwegischer Hand befindlichen Harstad, etwa 55 km nördlich von Narvik, auszuschiffen. Ein Fehler, der teuer bezahlt werden mußte.

Bedenkt man die Tatsache, daß die Engländer ein kleines Expeditionskorps für Norwegen aufgestellt hatten, dann muß es einem unerklärlich erscheinen, warum sie ihre Truppen so langsam auf den Weg brachten. Als am Nachmittag des 8. April Meldungen von der Bewegung deutscher Flotteneinheiten entlang der norwegischen Küste einliefen, ließ die britische Marine die bereits für eine mögliche Besetzung Stavangers, Bergens, Trondheims und Narviks eingeschifften Truppen wieder *ausladen*, und zwar mit der Begründung, es würde jetzt jedes Schiff für Flottenaktionen gebraucht. Bis zur Wiedereinschiffung der englischen Landstreitkräfte waren bereits alle norwegischen Hafenstädte in deutscher Hand. Und bei ihrem Eintreffen in Mittelnorwegen hatten die Deutschen bereits die Luftherrschaft.

Am 20. April landeten in Namsos, einem kleinen Hafen 125 km nordöstlich von Trondheim, eine durch drei französische Alpenjägerbataillone verstärkte englische Brigade, und in Aandalsnes, etwa 150 km südwestlich von Trondheim, eine zweite britische Brigade. Man wollte also Trondheim von Norden und Süden aus in die Zange nehmen. Da es aber diesen beiden Verbänden an Feldgeschützen, Flak und Luftunterstützung mangelte und ihre Stellungen Tag und Nacht von deutschen Flugzeugen bombardiert wurden, die zudem den Material- und Truppennachschub behinderten, bildeten die Einheiten der Alliierten keine ernsthafte Gefahr für Trondheim. Die Brigade in Aandalsnes verzichtete dann, nachdem sie sich in Dombas, einem Eisenbahnknotenpunkt 100 km östlich, mit einer norwegischen Einheit vereinigt hatte, auf den in Aussicht genommenen Angriff gegen Trondheim und stieß südostwärts ins Gudbrandstal vor, um den unter der energischen Führung von Oberst Ruge stehenden norwegischen Truppen zu Hilfe zu kommen, die den von Oslo vordringenden Hauptkeil des deutschen Vormarsches aufgehalten hatten.

In Lillehammer, nördlich von Hamar, kam es am 21. April zur ersten Gefechtsberührung zwischen englischen und deutschen Truppen. Aber es war ein ungleicher Kampf. Die britische Brigade, deren Geschütze mit einem Schiff untergegangen waren, trat der mit Artillerie und leichten Panzern ausgerüsteten deutschen Truppe nur mit Gewehren und Maschinengewehren entgegen. Noch schlimmer war, daß die jede Luftunterstützung entbehrende englische Infanterie unaufhörlich von deutschen Flugzeugen bombardiert wurde, die von nahen norwegischen Flugplätzen aus operierten. Nach 24stündigem

Kampf fiel Lillehammer, und Engländer und Norweger traten den Rückzug entlang der Eisenbahn nach dem 225 km entfernten Aandalsnes an, hier und da durch Rückzugsgefechte den deutschen Vormarsch verlangsamend, ohne ihn jedoch aufhalten zu können. In den beiden Nächten vom 30. April und 1. Mai wurde Aandalsnes von den englischen Truppen und am 2. Mai Namsos von dem englisch-französischen Kontingent geräumt, eine an sich beträchtliche Leistung, da beide Hafenstädte infolge fortgesetzter deutscher Luftangriffe nur noch brennende Trümmerhaufen waren. In der Nacht des 29. April begaben sich der König von Norwegen und die Mitglieder seiner Regierung in dem ebenfalls zerstörten Molde, gegenüber von Aandalsnes auf der anderen Seite des Romsdals Fjords, an Bord des britischen Kreuzers *Glasgow*, der sie nach Tromsö brachte. In dieser nördlich von Narvik, weit jenseits des Polarkreises liegenden Stadt richteten sie am 1. Mai ihren Regierungssitz ein.

Inzwischen war Südnorwegen mit sämtlichen größeren Städten unwiderruflich verloren. Aber Nordnorwegen schien noch sicher zu sein. Am 28. Mai vertrieb eine 25 000 Mann starke alliierte Streitmacht, darunter zwei norwegische und eine polnische Brigade sowie zwei Bataillone der französischen Fremdenlegion, die zahlenmäßig stark unterlegenen Deutschen aus Narvik. Es schien nun außer Frage zu stehen, daß Hitler nicht nur kein Eisenerz mehr erhalten, sondern auch sein Ziel, ganz Norwegen zu besetzen und die norwegische Regierung zur Kapitulation zu zwingen, nicht erreichen würde. Aber unterdessen hatte die deutsche Wehrmacht einen verblüffenden Schlag an der Westfront geführt, und jeder alliierte Soldat wurde gebraucht, um in die Bresche zu springen. Narvik wurde aufgegeben, die alliierte Streitmacht schleunigst eingeschifft, und General Dietl, der in einem wilden Gebirgszug nahe der schwedischen Grenze durchgehalten hatte, besetzte den Hafen am 8. Juni aufs neue. Vier Tage später nahm er die Übergabe des tapferen, ausdauernden Oberst Ruge und seiner bestürzten norwegischen Truppen entgegen, die grollten, weil sie sich von den Engländern im Stich gelassen fühlten. König Haakon und seine Regierung wurden am 7. Juni in Tromsö von dem Kreuzer *Devonshire* aufgenommen und nach London gebracht, wo sie fünf bittere Exiljahre verbrachten[51]. In Berlin wurde Dietl zum Generalmajor befördert, mit dem Ritterkreuz ausgezeichnet und von Hitler als Sieger von Narvik gefeiert.

Trotz der erstaunlichen Erfolge hatte Hitler, während der Norwegenfeldzug im Gange war, böse Augenblicke durchgemacht. General Jodls Tagebuch ist voll von stichwortartigen Bemerkungen über die verschiedenen Nervenkrisen des Obersten Kriegsherrn. »Furchtbar aufgeregt«, notierte er am 14. April, nach Eintreffen der Meldung von der Vernichtung der deutschen Schiffe in Narvik. Am 17. April hatte Hitler einen hysterischen Anfall wegen der Aufgabe Narviks; er wollte Dietls Truppen auf dem Luftwege zurückholen – eine Unmöglichkeit. »Jede ungünstige Meldung«, kritzelte Jodl an diesem Tag in sein Tagebuch, »führt zu schlimmsten Befürchtungen.« Und zwei Tage später: »Erneute Krise. Politische Aktion ist gescheitert. Gesandter Bräuer wird abberufen ... Nach Auffassung des Führers muß Gewalt angewendet werden[52].« An jenem 19. April kam es bei der Lagebesprechung in der Reichskanzlei zu so erbitterten Auseinandersetzungen mit den Oberbefehlshabern der drei Wehrmachtteile, die sich gegenseitig die Schuld für die Verzögerungen zuschoben, daß sogar der unterwürfige Keitel den Raum verließ. »Es droht erneut ein Führungschaos«, vermerkte Jodl. Und am 22. April schrieb er: »Führer ist zunehmend beunruhigt über die englischen Landungen.«

Am 23. April verursachte der langsame Vormarsch der deutschen Truppen von Oslo in Richtung Trondheim und Aandalsnes »zunehmende Erregung«, wie Jodl sich ausdrückte. Doch schon am nächsten Tag kamen bessere Nachrichten, und die Stimmung wurde nach und nach rosiger. Am 26. April war Hitler so gut gelaunt, daß er um 3.30 Uhr früh, während einer nächtlichen Sitzung mit seinen militärischen Ratgebern, die Absicht äußerte, »zwischen 1. und 7. Mai mit ›Gelb‹ zu beginnen«. »Gelb« war der Deckname für die Westoffensive über Holland und Belgien. Empfand Hitler am 29. April auch wiederum »Besorgnis um Trondheim«, so war er doch am Tage darauf, als die Meldung kam, eine Kampfgruppe habe Trondheim erreicht, »außer sich vor Freude«. Endlich konnte er sich wieder dem Westen zuwenden. Am 1. Mai befahl er, die Vorbereitungen für den Großangriff bis 5. Mai abzuschließen.

Die Wehrmachtführer – Göring, Brauchitsch, Halder, Keitel, Jodl, Raeder und die anderen – erlebten während des Norwegenfeldzuges zum erstenmal, wie ihr dämonischer Kriegsherr selbst bei geringfügigen Rückschlägen zusammenklappte. Das sollte noch schlimmer werden, als das Kriegsglück nach einer Reihe erstaunlicher militärischer Erfolge umschlug, und diese Schwäche sollte in hohem Maße zu dem schließlichen Untergang des Dritten Reiches beitragen.

Doch wie man die Sache auch betrachtet, die leichte und rasche Eroberung Dänemarks und Norwegens war für Hitler ein bedeutender Sieg und für die Engländer eine entmutigende Niederlage gewesen. Der Sieg sicherte den Deutschen die Erzzufuhren im Winter, schirmte die Ostsee besser ab, erlaubte der kühnen deutschen Flotte, in den Nordatlantik durchzubrechen, und versah sie mit ausgezeichneten Anlegeplätzen für U-Boote und Überwasserschiffe im Seekrieg gegen England. Er brachte Hitlers Luftstützpunkte um Hunderte von Kilometern näher an den Hauptgegner heran. Jedoch das Wichtigste war vielleicht der ungeheure militärische Prestigegewinn für das Dritte Reich mit dem entsprechenden Prestigeverlust für die westlichen Alliierten. Hitlerdeutschland schien unbesiegbar. Österreich, die Tschechoslowakei, Polen und jetzt Dänemark und Norwegen waren Hitlers Gewalt oder Gewaltandrohung so leicht erlegen, und im Falle der beiden letzteren hatte nicht einmal die Hilfe der beiden westlichen Großmächte auch nur im geringsten etwas genützt.

Für die übrigen neutralen Länder war Hitlers jüngste Eroberung auch eine erschreckende Lehre. Neutralität war offensichtlich in einer totalitär beherrschten Welt kein Schutz mehr für kleine demokratische Nationen. Finnland hatte es erleben müssen, und nun auch Norwegen und Dänemark. Die Schuld lag zum großen Teil bei ihnen selbst, weil sie so blind gewesen waren, beizeiten – vor der tatsächlichen Aggression – die Hilfe befreundeter Weltmächte abzulehnen.

Ich baue darauf [sagte Churchill am 11. April im Unterhaus], daß über diese Tatsache andere Völker nachdenken werden, die sich morgen oder in einer Woche oder in einem Monat als Opfer eines ebenso sorgfältig ausgearbeiteten Operationsplans zu ihrer Vernichtung und Versklavung sehen könnten[53].

Er dachte dabei offensichtlich an Holland und Belgien, aber selbst bei diesen setzte solches Nachdenken nicht ein, obwohl ihnen nur noch eine Gnadenfrist von einem Monat gegeben war[54].

Aus Hitlers skandinavischem Blitzfeldzug ließen sich aber auch militärische Lehren ziehen. Die wichtigste war die Bedeutung der Luftwaffe und ihre Überlegenheit über die Seestreitkräfte, sofern sie nahegelegene Stützpunkte für Bomber und Jäger hatte. Nicht minder wichtig war die alte Lehre, daß der Sieg oft dem Kühnen und Einfallsreichen zufällt. Sowohl kühn wie einfallsreich waren Flotte und Luftwaffe der Deutschen gewesen, und Dietl hatte in Narvik eine Findigkeit gezeigt, die den Alliierten fehlte.

Ein bestimmtes militärisches Ergebnis des skandinavischen Abenteuers wurde indes nicht sofort bewertet, wenn auch nur deshalb, weil es unmöglich war, sehr weit in die Zukunft zu blicken. Die Menschenverluste in Norwegen waren auf beiden Seiten gering. Für die Deutschen beliefen sie sich auf 1317 Gefallene, 2375 Vermißte und 1604 Verwundete, insgesamt also auf 5296; für Norweger, Franzosen und Engländer auf weniger als 5000 Mann. Die Briten verloren einen Flugzeugträger, einen Kreuzer und sieben Zerstörer, Polen und Franzosen je einen Zerstörer. Die deutschen Schiffsverluste waren im Vergleich dazu viel schwerer: Von 20 Zerstörern zehn, von acht Kreuzern drei, während die Schlachtschiffe *Scharnhorst* und *Gneisenau* sowie das »Taschenschlachtschiff« *Lützow* so schwer havariert wurden, daß sie mehrere Monate lang aktionsunfähig waren. Für die kommenden Ereignisse des Sommers stand Hitler eine kaum nennenswerte Seestreitmacht zur Verfügung. Dies sollte sich als unüberwindliches Hindernis erweisen, als es darum ging, in England zu landen.

Doch die möglichen Folgen einer Lähmung der deutschen Flotte kamen Hitler nicht in den Sinn, als er Anfang Mai, nachdem er Dänemark und Norwegen der Reihe seiner Eroberungen angefügt hatte, mit seinen eifrigen Generalen – sie hatten ihre Bedenken vom vergangenen Herbst über Bord geworfen – die letzten Vorbereitungen für die, wie sie zuversichtlich glaubten, größte aller Eroberungen traf.

XXI

Sieg im Westen

Am 10. Mai 1940, einem herrlichen Frühlingstag, wurden kurz nach Tagesanbruch die diplomatischen Vertreter Belgiens und Hollands in Berlin in die Wilhelmstraße gerufen, wo ihnen Ribbentrop mitteilte, deutsche Truppen seien im Begriff, in ihre Länder einzumarschieren, um deren Neutralität gegen einen bevorstehenden englisch-französischen Angriff zu schützen – derselbe fadenscheinige Vorwand, der genau einen Monat vorher im Falle Dänemarks und Norwegens benutzt worden war. Durch ein formelles deutsches Ultimatum wurden die beiden Regierungen aufgefordert, dafür zu sorgen, daß jeglicher Widerstand unterbliebe. Andernfalls werde er mit allen Mitteln niedergeschlagen werden und die Verantwortung für das Blutvergießen ausschließlich den beiden Regierungen zufallen.

In Brüssel und Den Haag begaben sich die deutschen Gesandten, wie vorher ihre Kollegen in Kopenhagen und Oslo, mit ähnlichen Botschaften in die jeweiligen Außenministerien. Die Ironie wollte es, daß der Überbringer des Ultimatums in Den Haag, der Gesandte Graf Julius von Zech-Burkersroda, ein Schwiegersohn von Bethmann-Hollweg war, dem Reichskanzler unter Wilhelm II., der 1914 die von Deutschland garantierte und soeben vom Hohenzollern-Reich verletzte belgische Neutralität »einen Fetzen Papier« genannt hatte.

Als der deutsche Botschafter in Brüssel, Bülow-Schwante, das Zimmer des Außenministers Paul-Henri Spaak betrat, dröhnten am Himmel deutsche Bomber, während die Fensterscheiben unter den Einschlägen der auf die Flugplätze der Umgebung fallenden Bomben klirrten. Ehe der Botschafter ein Dokument aus der Tasche zog, gebot ihm Spaak Einhalt:

»Verzeihen Sie, Herr Botschafter, erst werde ich sprechen.«

Die deutsche Wehrmacht [sagte Spaak, ohne mit seiner Entrüstung zurückzuhalten] hat unser Land soeben angegriffen. Dies ist das zweite Mal innerhalb von 25 Jahren, daß Deutschland in verbrecherischer Weise ein neutrales und loyales Belgien überfällt. Was heute geschehen ist, ist vielleicht noch schändlicher als die Aggression von 1914. Bei der belgischen Regierung ist kein Ultimatum, keine Note, kein Protest irgendwelcher Art eingegangen. Erst durch den Angriff selbst hat sie erfahren, daß Deutschland die von ihm gegebenen Verpflichtungen gebrochen hat ... Das Deutsche Reich wird von der Geschichte zur Verantwortung herangezogen werden. Belgien ist entschlossen, sich zu verteidigen.

Der unglückliche deutsche Diplomat begann dann, das formelle deutsche Ultimatum zu verlesen, aber Spaak schnitt ihm das Wort ab: »Übergeben Sie mir das Dokument, ich möchte Ihnen eine so peinliche Aufgabe ersparen[1].«
Die Neutralitätsgarantien, die das Dritte Reich den kleinen Ländern Holland und Belgien gegeben hatte, sind fast nicht zu zählen. Belgiens Unabhängigkeit und Neutralität waren im Jahre 1839 von den fünf europäischen Großmächten »für immer« garantiert worden, ein Vertrag, der 75 Jahre lang eingehalten wurde, bis ihn Deutschland 1914 brach. Die Weimarer Republik hatte versprochen, nie wieder die Waffen gegen Belgien zu erheben, und Hitler hatte nach seiner Machtergreifung diese Politik fortgesetzt bestätigt und auch Holland ähnliche Zusicherungen gegeben. Am 30. Januar 1937, nach Aufkündigung des Locarno-Pakts, verkündete Hitler im Reichstag:

Die Reichsregierung hat ferner Belgien und Holland versichert, daß sie bereit ist, die Unverletzlichkeit und Neutralität dieser Gebiete anzuerkennen und zu garantieren.

Durch Deutschlands Wiederaufrüstung und die Besetzung des Rheinlands im Frühjahr 1936 aufgeschreckt, hatte Belgien, das nach 1918 seine Neutralität klugerweise aufgab, wieder Zuflucht zu ihr genommen. Am 24. April 1937 hatten England und Frankreich Belgien von seinen Locarno-Verpflichtungen entbunden, und am 13. Oktober desselben Jahres hatte Deutschland offiziell und feierlich seine Entschlossenheit bekundet,

unter keinen Umständen die Unverletzlichkeit und Integrität [Belgiens] zu beeinträchtigen [und erklärt, daß es] das belgische Gebiet respektieren wird ... [und] Belgien Beistand zu leisten, wenn es einem Angriff oder einer Invasion ausgesetzt sein sollte ...[2].

Von jenem Tage an stehen Hitlers feierliche öffentliche Zusicherungen an Belgien und Holland in einem uns bereits vertrauten Widerspruch zu dem, was er seinen Generalen in kleinem Kreise sagte. Am 24. August 1938 sprach er im Zusammenhang mit einem der ihm für »Fall Grün« (Tschechoslowakei) vorgelegten Pläne von dem »außerordentlichen Vorteil« einer Besetzung Belgiens und Hollands durch Deutschland und bat die Militärs um ihre Ansicht darüber, unter welchen Umständen und in welcher Zeit die Besetzung durchgeführt werden könne. Am 28. April 1939, in seiner Antwort an Roosevelt, hob Hitler erneut die von ihm unter anderen an Holland und Belgien abgegebenen »bindenden Erklärungen« hervor. Kaum vier Wochen später, am 23. Mai, sagte Hitler, wie bereits erwähnt, zu seinen Generalen: »Die holländischen und belgischen Luftstützpunkte müssen militärisch besetzt werden... Blitzartig angreifen ... Auf Neutralitätserklärungen kann nichts gegeben werden.«
Er hatte seinen Krieg zwar noch nicht begonnen, aber seine Pläne waren fertig. Am 22. August, eine Woche vor dem Überfall auf Polen, besprach er mit der Generalität die »Möglichkeit« der »Verletzung neutraler Staaten«, d. h. Hollands und Belgiens.

»England und Frankreich«, erklärte er, würden »Neutralität nicht verletzen[3].« Vier Tage später, am 26. August, wies er die deutschen Missionen in Brüssel und Den Haag an, den beiden Regierungen mitzuteilen, Deutschland werde bei Ausbruch eines Krieges unter keinen Umständen die Unverletzlichkeit Belgiens und Hollands beeinträchtigen, eine Zusicherung, die er am 6. Oktober, nach Beendigung des Polenfeldzugs, öffentlich wiederholte. Schon am Tage darauf, dem 7. Oktober, empfahl General von Brauchitsch auf Befehl Hitlers den Heeresgruppenkommandeuren,

alle Vorbereitungen zu sofortigem Einrücken in holländisches und belgisches Gebiet zu treffen, falls die politische Lage es erfordert[4].

Wiederum zwei Tage später, am 9. Oktober, befahl Hitler mit seiner Weisung Nr. 6:

Am Nordflügel der Westfront ist durch den luxemburgisch-belgischen und holländischen Raum eine Angriffsoperation vorzubereiten. Dieser Angriff muß so stark und so frühzeitig als möglich geführt werden... Zweck dieser Angriffsoperation ist es, ... möglichst viel holländischen, belgischen und nordfranzösischen Raum als Basis ... zu gewinnen[5].

Natürlich blieben den Belgiern und Holländern Hitlers Geheimbefehle verborgen. Dennoch läßt sich nicht sagen, sie seien nicht gewarnt worden. Wir erwähnten bereits, daß Oberst Oster, einer der Verschwörer gegen Hitler, am 5. November den Militärattachés Hollands und Belgiens den Wink gab, es sei mit einem deutschen Angriff am 12. November, dem damaligen Angriffstermin, zu rechnen. Ferner war Ende Oktober Goerdeler, gleichfalls einer der Verschworenen, auf Anregung Weizsäckers nach Brüssel gefahren, um die Belgier zu warnen. Und kurz nach Neujahr, am 10. Januar 1940, waren Hitlers Pläne für die Westoffensive durch die Notlandung eines deutschen Offiziers den Belgiern in die Hände gefallen.

Zu dieser Zeit wußten die Generalstäbe Hollands und Belgiens von ihren eigenen Grenznachrichtendiensten, daß die Deutschen im Begriff waren, an der Grenze etwa fünfzig Divisionen zu konzentrieren. Überdies kam ihnen noch eine ungewöhnliche Informationsquelle in der deutschen Hauptstadt selbst zustatten. Diese »Quelle« war der holländische Militärattaché in Berlin, Oberst G. J. Sas. Sas war mit Oberst Oster eng befreundet und aß oft in dessen Zehlendorfer Wohnung mit ihm zu Abend. Der Kontakt der beiden Männer wurde durch die seit Kriegsausbruch eingeführte Verdunkelung erleichtert. Überhaupt ermöglichte es die Verdunkelung einer Reihe von Personen in Berlin, Deutschen und Ausländern, ohne Furcht vor Entdeckung verschiedene subversive Missionen auszuführen. Im Januar erhielt Sas von Oster einen neuen Wink. Die Tatsache, daß keiner der von Oster angekündigten Angriffe erfolgte, schwächte Sas' Glaubwürdigkeit in Den Haag und Brüssel ab, wo man natürlich nicht wußte, daß Hitler die Angriffstermine immer wieder hinausschob. Allerdings scheint Sas sein Ansehen in Den Haag wiederhergestellt zu haben, als er auf Grund einer Information Osters zehn Tage vor der Invasion Norwegens und Dänemarks den genauen Termin voraussagte.

Am 3. Mai sagte Oster dem holländischen Militärattaché klipp und klar, daß die deutsche Westoffensive am 10. Mai mit dem Einmarsch in Holland und Belgien beginnen werde, was Sas umgehend seiner Regierung weitergab. Am Tage darauf wurde dies der holländischen Regierung von ihrem Gesandten am Vatikan bestätigt. Die Holländer informierten sofort die Belgier. Der 5. Mai war ein Sonntag, und zu Beginn der Woche wurde uns allen in Berlin klar, daß der Schlag im Westen in wenigen Tagen erfolgen würde. Die Spannung in der Hauptstadt nahm ständig zu. Am 8. Mai kabelte ich meinem New Yorker Büro, einen unserer Korrespondenten in Amsterdam zurückzuhalten, statt ihn nach Norwegen zu schicken, wo der Krieg sowieso beendet sei. Und am Abend dieses Tages ließ mir die Militärzensur bei meiner Sendung die Andeutung durchgehen, daß es im Westen, auch in Holland und Belgien, bald losgehen werde.

Am Abend des 9. Mai aßen Oster und Sas – zum letztenmal, wie sich herausstellen sollte – zusammen zu Abend. Der deutsche Offizier bestätigte, es sei endgültig Befehl gegeben worden, mit der Westoffensive am kommenden Morgen bei Tagesanbruch zu beginnen. Um sich noch einmal zu vergewissern, daß nicht noch in letzter Minute etwas geändert worden sei, sprach Oster in der Bendlerstraße vor. Es hatte sich nichts geändert. »Das Schwein ist zur Westfront«, sagte Oster zu Sas. Das »Schwein« war Hitler. Sas informierte den belgischen Militärattaché, ging dann in seine Gesandtschaft und meldete ein Gespräch nach Den Haag an. Für diesen Fall war ein spezieller Code verabredet, und Sas sprach einige scheinbar harmlose Worte, die aber bedeuteten: »Achtung! Morgen bei Tagesanbruch!«[6].

Seltsamerweise wurden die beiden Großmächte im Westen, England und Frankreich, überrumpelt. Ihre Generalstäbe hatten die alarmierenden Berichte aus Brüssel und Den Haag mit Reserve aufgenommen. London selbst war von einer dreitägigen Kabinettskrise in Anspruch genommen, die erst am Abend des 10. Mai mit der Ablösung Chamberlains durch Churchill endete. Daß der deutsche Angriff begonnen hatte, merkten die französischen und britischen Stäbe erst, als in die friedliche Stille der Frühjahrsmorgendämmerung das Dröhnen deutscher Bomber und das Heulen der Stukas einbrach und kurz darauf, bei Tagesanbruch, von den Regierungen Hollands und Belgiens flehentliche Hilferufe eintrafen, nachdem beide Länder acht Monate lang sich die Alliierten vom Leibe gehalten hatten, statt sich mit ihnen über eine gemeinsame Verteidigung abzustimmen.

Dennoch wurde der Plan der Alliierten, nach dem der deutsche Hauptstoß in Belgien aufgefangen werden sollte, in den ersten Tagen fast reibungslos ausgeführt. Eine große englisch-französische Armee stieß rasch nordöstlich über die belgisch-französische Grenze vor, um die belgische Hauptverteidigungslinie östlich von Brüssel entlang der Dyle und der Maas zu besetzen. Genau das wollte das deutsche Oberkommando. Diese massive Schwenkung der Alliierten spielte ihm unmittelbar in die Hand. Ohne es zu wissen, rannten die englisch-französischen Armeen direkt in eine Falle, die ihnen, als sie zuschnappte, zum Verhängnis wurde.

DIE VERSCHIEDENEN OPERATIONSPLÄNE

Der ursprüngliche deutsche Offensivplan war drastisch abgeändert worden, nachdem er im Januar den Belgiern in die Hände gefallen und, wie die Deutschen vermuteten, auch Franzosen und Engländern mitgeteilt worden war. Unter dem Druck von Hitlers Befehl, die Westoffensive Mitte November zu starten, war *Fall Gelb*, wie die Operation genannt wurde, im Herbst 1939 vom OKH hastig vorbereitet worden. Es ist unter Militärschriftstellern und sogar unter den deutschen Generalen selbst viel darüber gestritten worden, ob der erste Operationsplan eine modifizierte Version des alten Schlieffen-Plans gewesen sei oder nicht. Halder und Guderian behaupten, er sei es gewesen. Nach dem Plan sollte der Hauptstoß auf der rechten Flanke durch Belgien und Nordfrankreich mit den Kanalhäfen als Ziel geführt werden. Er ging also nicht so weit wie der berühmte Schlieffen-Plan, der 1914 um ein Haar gelungen wäre und nicht nur die Einnahme der Kanalhäfen vorsah, sondern auch im weiteren Verlauf eine große Umfassungsbewegung, bei der der rechte deutsche Flügel durch Belgien und Nordfrankreich bis zur unteren Seine vorstoßen und dann, um Paris herum nach Osten schwenkend, die verbliebenen französischen Streitkräfte einschließen und vernichten sollte. Zweck dieses Plans war 1914 die rasche Brechung des französischen Widerstands gewesen, damit Deutschland das Gros seiner Militärmacht gegen Rußland werfen konnte.

Aber 1939/40 brauchte Hitler sich wegen der russischen Front keine Sorgen zu machen. Dennoch steckte er sich ein begrenzteres Ziel. Jedenfalls gedachte er, in der ersten Phase des Feldzugs die französische Armee nicht zu zerschlagen, sondern sie zurückzudrängen und die Kanalküste zu besetzen, um so England von seinem Verbündeten abzuschneiden und sich gleichzeitig Luft- und Flottenstützpunkte zu sichern, von denen aus er die britischen Inseln beunruhigen und blockieren konnte. Aus seinen verschiedenen Äußerungen gegenüber den Generalen zu dieser Zeit ist zu erkennen, daß er glaubte, England und Frankreich würden nach einer solchen Niederlage geneigt sein, Frieden zu schließen, was ihm dann erlaubt hätte, seine Aufmerksamkeit wieder dem Osten zuzuwenden.

Noch ehe der ursprüngliche Plan für *Fall Gelb* in die Hände der Belgier fiel, hatte das Oberste Kommando der Alliierten mit einem solchen deutschen Vorgehen gerechnet. Am 17. November hatte sich der Oberste Kriegsrat in Paris für den »D-Plan« entschieden, der für den Fall eines deutschen Durchmarsches durch Belgien vorsah, daß die 1. und 9. französische Armee sowie das britische Expeditionskorps auf dem schnellsten Wege zu der belgischen Hauptverteidigungsstellung entlang Dyle und Maas auf der Linie Antwerpen–Löwen–Namur–Givet–Mezières vorrückten. Wenige Tage vorher war den französischen und britischen Generalstäben vom belgischen Oberkommando in einer Reihe von Geheimbesprechungen zugesichert worden, daß es auf dieser Linie die Verteidigungsanlagen verstärken und das Gros seiner Streitkräfte aufstellen werde. Aber weiter wollten die Belgier nicht gehen; sie wiegten sich immer noch in Neutralitätsillusionen, die sie in ihrer Hoffnung bestärkten, doch noch vom Krieg verschont zu

werden. Die englischen Stabschefs wandten ein, wenn erst die Deutschen angriffen, bliebe den alliierten Streitkräften nicht genug Zeit, bis zu jener weiten Linie vorzurücken, aber auf Drängen von General Gamelin schlossen sie sich dem »D-Plan« an.
Ende November ergänzten die Alliierten ihren Plan: General Girauds 7. Armee sollte an der Kanalküste vorstoßen, um für den Fall, daß auch die Niederlande angegriffen würden, den Holländern nördlich von Antwerpen zu Hilfe zu kommen. So sollte ein deutscher Versuch, über Belgien – und vielleicht auch Holland – die Maginot-Linie zu umgehen, rechtzeitig von dem britischen Expeditionsheer, dem Gros der französischen Armee, den 22 belgischen und zehn holländischen Divisionen – einer zahlenmäßig der deutschen ebenbürtigen Streitmacht – aufgefangen werden.

Um einen solchen Frontalzusammenstoß zu vermeiden und gleichzeitig die englisch-französischen Streitkräfte, die in Belgien so weit vorrücken würden, in die Zange zu nehmen, schlug General von Manstein, Chef des Stabes von Rundstedts Heeresgruppe A, eine radikale Änderung von *Fall Gelb* vor. Manstein war ein begabter, einfallsreicher Generalstäbler, dem es trotz anfänglichen Widerstands Brauchitschs, Halders und anderer Generale gelang, Hitler im Laufe des Winters seine kühne Idee vorzutragen. Mansteins Vorschlag ging dahin, den Hauptvorstoß in der Mitte, durch die Ardennen, zu führen, und zwar mit einer starken Panzerstreitmacht, die die Maas nördlich von Sedan überschreiten, in die Ebene durchbrechen und zur Kanalküste bei Abbeville rollen sollte.

Hitler, den kühne und sogar leichtsinnige Lösungen stets fesselten, war interessiert. Rundstedt unterstützte Mansteins Idee rückhaltlos, nicht allein, weil er an sie glaubte, sondern auch, weil damit seiner Heeresgruppe A die entscheidende Rolle bei der Offensive zufiel. Manstein wurde zwar Ende Januar, da Halder ihn persönlich nicht mochte und ein paar ranghöhere Generale auf ihn eifersüchtig waren, aus dem Stab der Heeresgruppe in ein Infanteriekorps als Kommandeur versetzt, doch hatte er bei einem Essen, das Hitler am 17. Februar in Berlin einer Reihe neuernannter Korpskommandeure gab, Gelegenheit, seine unorthodoxen Ansichten dem Führer persönlich vorzutragen. Ein Panzerdurchbruch durch die Ardennen, argumentierte er, würde die Alliierten dort treffen, wo sie es am wenigsten erwarteten, denn wahrscheinlich hielten ihre Generale, wie auch die meisten deutschen Generale, das bewaldete Bergland für Panzeroperationen ungeeignet. Ein Scheinangriff des rechten deutschen Flügels werde die englisch-französischen Armeen Hals über Kopf nach Belgien locken. Dann solle man bei Sedan die französische Front durchbrechen, am Nordufer der Somme entlang zum Kanal vorstoßen und das Gros der englisch-französischen Streitkräfte wie auch die belgische Armee in eine Falle treiben.

Mehrere Generale, darunter auch Jodl, wiesen nachdrücklich darauf hin, daß der Plan kühn sei und Gefahren in sich berge. Doch Hitler, der sich für ein militärisches Genie hielt, war nunmehr des Glaubens, er habe ihn selbst ersonnen, und begeisterte sich immer mehr für ihn. Halder, der den Plan zunächst als unsinnige Idee abgetan hatte, begann sich ebenfalls mit ihm zu befreunden und verbesserte ihn mit Hilfe seiner

Generalstäbler wesentlich. Am 24. Februar wurde er in Gestalt einer neuen OKW-Weisung offiziell angenommen, und die Generale erhielten den Befehl, ihre Truppen bis zum 7. März entsprechend umzugruppieren. Nebenher mit einbezogen wurde der Plan für die Eroberung von Holland, der am 29. Oktober bei einer Revision von *Fall Gelb* abgetrennt und am 14. November auf Drängen der Luftwaffe wieder aufgenommen worden war. Die Luftwaffe wünschte nämlich die holländischen Flugplätze für ihren Einsatz gegen England und bot für diese kleine, aber etwas komplizierte Operation eine große Anzahl Luftlandetruppen an. Von solchen Erwägungen hängen bisweilen die Schicksale kleiner Nationen ab[7].

Und so standen an den ersten warmen Maitagen, während der Norwegenfeldzug seinem siegreichen Abschluß entgegenging, die Deutschen im Westen mit der mächtigsten Armee, die die Welt bisher gesehen hatte, zum Losschlagen bereit. Rein zahlenmäßig waren die beiden Gegner etwa gleich stark: 136 deutsche Divisionen gegen 135 Divisionen der Franzosen, Engländer, Belgier und Holländer. Der Vorteil der Verteidiger bestand in riesigen Befestigungsanlagen: im Süden die undurchdringliche Maginot-Linie, in der Mitte das ausgedehnte belgische Festungssystem und im Norden das befestigte holländische Wasserstraßennetz. Auch hatten die Alliierten ebensoviele Panzer wie die Deutschen. Aber sie hatten sie nicht so stark konzentriert wie die Deutschen. Und da Holländer und Belgier im Gedanken an Neutralität abseits gestanden hatten, waren von den Stäben der Verteidiger keine Absprachen darüber getroffen worden, wie sich die jeweiligen Pläne aufeinander abstimmen und die Kräfte am vorteilhaftesten koordinieren ließen. Die Deutschen hatten eine einheitliche Führung, als Angreifer die Initiative, keine moralischen Bedenken gegen Aggression, ein Selbstvertrauen, das sich allen mitteilte, und einen kühnen Plan. Sie hatten in Polen Kampferfahrung gewonnen und dort ihre neue Taktik und ihre neuen Waffen erprobt. Sie kannten den Wert der Sturzbomber und des Einsatzes von Panzern. Und sie wußten, worauf Hitler immer wieder hingewiesen hatte, daß die Franzosen keine Lust zu kämpfen hatten, obwohl sie ihren eigenen Boden zu verteidigen hatten.

Trotz der vorhandenen Zuversicht und Entschlossenheit machte die deutsche Führung – oder zumindest Hitler, der Oberste Befehlshaber – Augenblicke der Panik durch, als die entscheidende Stunde heranrückte. Darüber gibt General Jodls Tagebuch Aufschluß. In den ersten Maitagen verschob Hitler mehrfach den Angriffstermin, teils wohl wegen des Wetters, teils auch, weil das Auswärtige Amt die von Hitler vorgeschlagene Motivierung der Neutralitätsverletzung nicht für ausreichend hielt. Schließlich heißt es in Jodls Tagebuch: »Führer hat Begründung für Fall Gelb fertiggestellt.« Belgien und Holland sollten beschuldigt werden, sich höchst unneutral verhalten zu haben. Jodl fährt fort:

7. Mai. Führerzug sollte 16.38 Uhr in Finkenkrug abgehen. Wetter bleibt aber unsicher, daher wird bisheriger Befehl aufgehoben ... Führer sehr erregt über neue Verschiebung, da Gefahr des Verrats ... Gespräch des belgischen Gesandten beim Vatikan

nach Brüssel, [das] auf den Verrat einer deutschen Persönlichkeit, die am 29. 4. von Berlin nach Rom abgereist ist, schließen läßt ...
8. Mai. Alarmierende Nachrichten aus Holland, Urlaubssperre, Evakuierungen, Sperren, restl. Mob.-Maßnahmen ... Führer will nicht mehr warten. Feldm. [Göring] will Aufschub wenigstens bis 10. ... Führer ist sehr erregt, gibt dann gegen sein Gefühl, wie er sagt, die Genehmigung zur Verschiebung auf 10. 5. Aber keinen Tag mehr länger.
9. Mai. Führer beschließt, endgültig am 10. 5. anzutreten. Abfahrt mit Führerzug 17 Uhr von Finkenkrug. Um 21 Uhr nach Meldung ... daß Wetterlage für 10. günstig wird, Stichwort Danzig gegeben.

Als der 10. Mai anbrach, traf Hitler in Begleitung von Keitel, Jodl und anderen Angehörigen des OKW-Stabes im Hauptquartier bei Münstereifel ein, dem er den Namen *Felsennest* gegeben hatte. Vierzig Kilometer westlich überschritten deutsche Streitkräfte die belgische Grenze. Von der Nordsee bis zur Maginot-Linie, auf einer 280 km langen Front, fielen deutsche Truppen unter brutaler Verletzung des von Deutschland wiederholt und feierlich gegebenen Wortes in drei kleine neutrale Länder – Holland, Belgien und Luxemburg – ein.

DER SECHSWOCHENKRIEG: 10. MAI BIS 25. JUNI 1940

Für die Holländer dauerte der Krieg fünf Tage, und in dieser kurzen Zeitspanne wurde auch das Schicksal Belgiens, Frankreichs und des britischen Expeditionskorps besiegelt Für die Deutschen verlief alles, sowohl strategisch wie taktisch, programmgemäß, ja noch besser. Ihre Erfolge übertrafen Hitlers kühnste Hoffnungen. Die Generale waren verblüfft über die blitzartige Schnelligkeit und das Ausmaß ihrer eigenen Siege. Was die Führer der Alliierten anbetraf, so standen sie bald wie gelähmt vor Entwicklungen, mit denen sie nicht im entferntesten gerechnet hatten und die sie – in der sich ergebenden großen Konfusion – nicht fassen konnten.
Winston Churchill, seit dem ersten Kampftag Premierminister, war sprachlos. Am 15. Mai, 7.30 Uhr, wurde er durch einen Telefonanruf aus Paris geweckt. Ministerpräsident Paul Reynaud sagte aufgeregt: »Wir sind besiegt! Wir sind geschlagen!« Churchill wollte es nicht glauben. Die große französische Armee in einer Woche bezwungen? Unmöglich! »Ich hatte noch nicht erfaßt«, schrieb er später, »welch große Umwälzung seit dem letzten Krieg durch den Masseneinsatz schnellbeweglicher Panzerwagen bewirkt worden war[8].«
Panzer, das war es. Geschafft hatten es die am schwächsten Punkt der westlichen Verteidigungsstellung konzentrierten sieben Panzerdivisionen, sie, die Sturzkampfbomber und die Fallschirm- und Luftlandetruppen, die weit hinter den alliierten Linien abgesetzt wurden oder auf den Dächern ihrer scheinbar uneinnehmbaren Forts landeten und Verheerungen anrichteten.

Und dennoch fragten wir uns in Berlin, warum die deutsche Taktik die alliierten Führer in so erschütternder Weise überraschte. Hatten nicht Hitlers Truppen ihre Leistungsfähigkeit im Polenfeldzug bewiesen? Hier waren doch die großen Durchbrüche, durch die die polnischen Armeen innerhalb einer Woche eingekesselt oder vernichtet wurden, mit Hilfe des Masseneinsatzes von Panzern und nach vorherigen Zermürbungsangriffen der Stukas vollbracht worden. Die Fallschirm- und Luftlandetruppen hatten zwar in Polen nicht einmal in dem ihnen gesteckten sehr begrenzten Rahmen viel ausgerichtet; es war ihnen nicht gelungen, die Hauptbrücken in unversehrtem Zustand zu erobern. Aber in Norwegen, einen Monat vor Beginn der Westoffensive, hatten sie Erstaunliches geleistet, Oslo und alle Flugplätze erobert sowie die von See aus in Stavanger, Bergen, Trondheim und Narvik gelandeten kleinen isolierten Verbände verstärkt und ihnen damit das Durchhalten ermöglicht. Hatten die alliierten Befehlshaber diese Feldzüge nicht studiert und aus ihnen keine Lehren gezogen?

DIE EROBERUNG HOLLANDS

Für Holland konnten die Deutschen nur eine einzige Panzerdivision abzweigen. Die in fünf Tagen bewältigte Eroberung des Landes erfolgte weitgehend mit Hilfe von Fallschirmjägern und von Truppen, die aus der Luft hinter der großen, durch Öffnung der Schleusen überfluteten Verteidigungslinie abgesetzt wurden. Wir in Berlin hatten angenommen, die Deutschen würden durch die Überschwemmungen wochenlang aufgehalten werden. Aber den bestürzten Holländern war es vorbehalten, die erste umfangreiche Luftlandung in der Geschichte der Kriegsführung zu erleben. Zieht man in Betracht, daß sie auf eine solche Prüfung nicht vorbereitet waren und völlig überrumpelt wurden, dann muß man sagen, daß sie sich besser hielten, als es damals erkannt wurde.

Die Deutschen beabsichtigten, als erstes auf den Flugplätzen um Den Haag einen starken Truppenverband aus der Luft landen zu lassen, die Hauptstadt unverzüglich zu besetzen und – wie sie es vor einem Monat in Norwegen versucht hatten – die Königin und die Regierung gefangenzunehmen. Aber in Den Haag scheiterte der Plan ebenso wie in Oslo, obwohl auf Grund verschiedenartiger Umstände. Nachdem sich die holländische Infanterie von ihrer anfänglichen Verwirrung erholt hatte, konnte sie mit Artillerieunterstützung die – zwei Regimenter starken – Deutschen bis zum Abend des 10. Mai von den drei Flugplätzen in der Umgebung von Den Haag vertreiben. Dadurch wurden Hauptstadt und Regierung vorerst gerettet, aber auch die anderswo verzweifelt benötigten holländischen Reserven gebunden.

Das Kernstück des deutschen Plans bestand in der Einnahme der südlich von Rotterdam über die Nieuwe Maas und der südöstlich davon bei Dordrecht und Moerdijk über die beiden Maasmündungen gehenden Brücken durch Luftlandetruppen. Über diese Brücken hoffte General Georg von Küchler mit seiner 18. Armee von der etwa 150 km entfernten deutschen Grenze aus in die Festung Holland einzudringen. Der die Städte Den Haag, Amsterdam, Utrecht, Rotterdam und Leyden umfassende, befestigte und rings von Wasserschranken umgebene Raum konnte auf keine andere Weise leicht und rasch genommen werden.

Die Brücken wurden am Morgen des 10. Mai, ehe noch die überraschten holländischen Wachen sie sprengen konnten, von Luftlandeeinheiten besetzt. Ferner landete eine Kompanie mit veralteten Wasserflugzeugen auf dem Fluß in Rotterdam. Zusammengewürfelte holländische Verbände machten verzweifelte Anstrengungen, die Deutschen zu verjagen, was ihnen beinahe gelungen wäre. Aber die schwachen deutschen Kräfte hielten bis zum Eintreffen der einzigen, Küchlers Armee zugeteilten Panzerdivision am Morgen des 12. Mai stand. Die Panzerdivision hatte die Grebbe-Peel-Linie durchbrochen, die nach Osten hin durch Wasserbarrieren abgeschirmt war und von der die Holländer gehofft hatten, sie mehrere Tage lang halten zu können.

Es hatte zunächst noch die Hoffnung bestanden, mit Hilfe der am Nachmittag des 11. Mai vom Kanal herbeigeeilten und in Tilburg angelangten 7. französischen Armee unter General Giraud die Deutschen kurz vor den Moerdijk-Brücken zum Halten zu bringen. Aber den Franzosen mangelte es ebenso wie den hartbedrängten Holländern an Luftunterstützung, Panzern, Flugabwehr- und Panzerabwehrgeschützen, so daß sie mühelos auf Breda zurückgedrängt wurden. Damit war für die 9. deutsche Panzerdivision der Weg frei über die Brücken bei Dordrecht und Moerdijk. Am Nachmittag des 12. Mai erreichte sie das Südufer der Nieuwe Maas gegenüber von Rotterdam, wo die Luftlandetruppen die Brücken immer noch hielten.

Aber die Panzer konnten nicht über die Rotterdamer Brücken hinüber. Die Holländer hatten inzwischen an der Nordseite Sperren angebracht. So war für die Niederlande am Morgen des 14. Mai die Lage zwar verzweifelt, aber nicht hoffnungslos. Die Festung Holland war nicht aufgebrochen. Die starken deutschen Luftlandekräfte rings um Den Haag waren entweder gefangengenommen oder in nahegelegene Dörfer versprengt worden. Rotterdam hielt stand. Das deutsche Oberkommando war darüber nicht glücklich; es gedachte, die Panzerdivision und andere Truppen aus Holland abzuziehen, um eine neue, soeben im Süden, in Frankreich sich bietende Gelegenheit wahrzunehmen. So erließ Hitler am Vormittag des 14. Mai die Weisung Nr. 11, in der es hieß, politische wie auch militärische Erwägungen erforderten eine *beschleunigte* Brechung des holländischen Widerstands. Und wie? Er befahl, von der Front der in Belgien operierenden 6. Armee Verbände der Luftwaffe zwecks »schneller Eroberung der Festung Holland« abzukommandieren[9].

Genauer gesagt befahlen Hitler und Göring eine schwere Bombardierung Rotterdams. Die Holländer sollten mit Hilfe einer Schreckensdosis, wie man sie im vergangenen Herbst dem belagerten Warschau verabfolgt hatte, zur Kapitulation gebracht werden.

Am Morgen des 14. Mai hatte ein Offizier vom Stabe des deutschen 39. Korps mit einem weißen Wimpel die Rotterdamer Brücke überschritten und die Stadt zur Übergabe aufgefordert: Wenn sie nicht kapituliere, würde sie bombardiert werden. Während noch die Übergabeverhandlungen im Gange waren – ein holländischer Offizier hatte sich zu dem in Brückennähe gelegenen deutschen Stab begeben und war im Begriff, mit den deutschen Bedingungen zu seinem Stab zurückzukehren – erschienen Bombenflugzeuge und vernichteten das Zentrum der großen Stadt. Über 800 Personen, fast ausschließlich Zivilisten, kamen ums Leben, mehrere Tausend wurden verwundet und 78 000 obdachlos [10]. Diesen heimtückischen Überfall, diesen Akt kaltblütig berechneter Grausamkeit sollten die Holländer nicht so bald vergessen. In Nürnberg versuchten Göring und Kesselring ihn damit zu rechtfertigen, daß Rotterdam keine offene Stadt gewesen, sondern von den Holländern zäh verteidigt worden sei. Beide leugneten ab, daß sie, als sie den Angriffsbefehl ergehen ließen, etwas von im Gange befindlichen Übergabeverhandlungen gewußt hätten; aus den deutschen Wehrmachtakten geht indes deutlich das Gegenteil hervor [11]. Das OKW jedenfalls machte am 14. Mai keine Ausflüchte. Mit eigenen Ohren hörte ich am Abend dieses Tages im Rundfunk eine Sondermeldung:

Unter dem gewaltigen Eindruck der Angriffe deutscher Sturzbomber und des bevorstehenden Eingreifens deutscher Panzer hat die Stadt Rotterdam kapituliert und sich damit vor der Zerstörung bewahrt.

Nach der Kapitulation Rotterdams ergaben sich auch die holländischen Truppen. Königin Wilhelmina und die Mitglieder der Regierung waren auf zwei britischen Zerstörern nach London geflohen. Am Abend des 14. Mai befahl H. G. Winkelman, der Oberbefehlshaber der holländischen Streitkräfte, seinen Truppen, die Waffen niederzulegen, und am nächsten Tag, 11 Uhr, unterzeichnete er die offizielle Kapitulation. Alles – das heißt der Kampf – war in fünf Tagen vorüber gewesen. Fünf Jahre dauerte die Nacht finsteren deutschen Terrors, die nun über das vergewaltigte, hochzivilisierte kleine Land hereinbrach.

DER ZUSAMMENBRUCH BELGIENS UND DIE EINKESSELUNG DER ENGLISCH-FRANZÖSISCHEN ARMEEN

Am Tage der holländischen Kapitulation fielen auch die Würfel für Belgien, Frankreich und die britische Expeditionsstreitmacht. Am Abend vorher hatten deutsche Panzer am linken Maasufer mit seinen bewaldeten Steilhängen zwischen Dinant und Sedan vier Brückenköpfe gesichert und Sedan eingenommen. Sie bedrohten die Mitte der alliierten Frontlinie und damit den Schwerpunkt, von dem aus die Elitekräfte der britischen und französischen Armee so rasch nach Belgien eingerückt waren.

Am nächsten Tag, dem 14. Mai, brach die Lawine los. Eine nach Umfang, Konzentration, Beweglichkeit und Schlagkraft in der bisherigen Kriegführung nicht dagewesene Panzerarmee, deren drei Kolonnen, als sie am 10. Mai von der deutschen Grenze aus zur Fahrt durch den Ardennerwald ansetzten, eine Länge von annähernd 150 km hatten, durchbrach die Linien der 9. und 2. französischen Armee und bewegte sich, im Rücken der in Belgien operierenden alliierten Truppen, rasch auf den Kanal zu. Eingeleitet wurde die Operation mit Angriffswellen der Stukas, durch welche die französischen Verteidiger zermürbt wurden, während gleichzeitig Scharen von Pionieren mit Hilfe von Schlauchbooten und Pontonbrücken über Flüsse und Kanäle setzten. Jede Panzerdivision verfügte über eigene motorisierte Artillerie sowie über eine Brigade motorisierter Infanterie. Gleich hinter den Panzerkorps folgten motorisierte Infanteriedivisionen, um die von den Panzern gemachten Einbrüche abzusichern. Die bestürzten Verteidiger hatten keinerlei Mittel, die sie dieser Phalanx von Stahl und Eisen entgegensetzen konnten. Beiderseits Dinant wichen die Franzosen vor General Hermann Hoths 15. Panzerkorps zurück; eine der beiden Panzerdivisionen des Korps stand unter dem Befehl des wagemutigen jungen Generals Erwin Rommel. Genauso war es weiter südlich, bei Monthermé, wo General Reinhardts 41. Panzerkorps operierte.

Aber der größte Schlag erfolgte um Sedan. Hier rollten am Morgen des 14. Mai zwei Panzerdivisionen von General Heinz Guderians 19. Panzerkorps[12] über die in der Nacht eilig gebaute Pontonbrücke über die Maas und stießen nach Westen vor. Zwar bemühten sich französische Panzer und englische Bomber verzweifelt, die Brücke zu zerstören, aber es gelang ihnen nicht. Bei einem einzigen Angriff allein verloren die Engländer 40 von 71 Flugzeugen, die größtenteils von der Flak abgeschossen wurden, während die Franzosen 70 Panzer einbüßten. Am Abend hatte der deutsche Brückenkopf eine Ausdehnung von 50 km Breite und etwa 25 km Tiefe, und die Franzosen waren in dem entscheidenden Mittelabschnitt der alliierten Front zerschmettert. Ihre Truppenteile, die nicht eingeschlossen und gefangengenommen waren, zogen sich in Unordnung zurück. Die französisch-englischen Armeen im Norden wie auch die 22 belgischen Divisionen standen vor der schrecklichen Aussicht, abgeschnitten zu werden.

Obgleich die Belgier im Bereich ihrer Nordostgrenze gut kämpften, hielten sie nicht so lange stand, wie man erwartet hatte, jedenfalls nicht so lange wie 1914. Ebenso wie die Holländer waren sie der neuen, umwälzenden Taktik der deutschen Wehrmacht einfach nicht gewachsen. Hier wie in Holland nahmen die Deutschen die wichtigen Brücken durch den kühnen Einsatz einer Handvoll besonders ausgebildeter Truppen, die vor Tagesanbruch mit lautlosen Gleitflugzeugen abgesetzt wurden. Auf zwei der drei Brücken über den Albert-Kanal hinter Maastricht wurden die Wachen überwältigt, ehe sie die Brücken in die Luft sprengen konnten.

Ein noch größerer Erfolg war die Eroberung des am Zusammenfluß von Maas und Albert-Kanal gelegenen Forts Eben-Emael. Dieses moderne, an einem strategisch wichtigen Punkt angelegte Fort galt bei den Alliierten wie Deutschen als die am schwersten einzunehmende Befestigung in Europa. Man hatte angenommen, daß dieses Fort mit seinen unterirdisch und in mehreren Stockwerken angelegten Stollengängen aus Stahl und Beton, mit seinen durch dicke Panzerplatten abgeschirmten Geschützen und seinen 1200 Mann Besatzung dem schwersten Bomben- und Artilleriebeschuß sehr lange standhalten würde. Es wurde jedoch in dreißig Stunden von achtzig deutschen Soldaten unter dem Kommando eines Feldwebels genommen, die von neun Gleitflugzeugen auf dem Fort abgesetzt wurden und deren Gesamtverlust sich auf sechs Tote und 19 Verwundete belief. Ich erinnere mich, daß das OKW der Operation einen geheimnisvollen Anstrich gab; am Abend des 11. Mai kündigte es in einer Sondermeldung an, Fort Eben-Emael sei mit Hilfe einer »neuen Angriffsmethode« genommen worden. Diese Formulierung rief Gerüchte von einer neuen »Geheimwaffe« hervor, von einem auf die Nerven wirkenden Gas, das die Verteidiger vorübergehend gelähmt habe, Gerüchte, die Dr. Goebbels voller Entzücken nährte.

Die Wahrheit war indes viel prosaischer. Mit der bei ihnen üblichen Gründlichkeit hatten die Deutschen im Winter 1939/40 bei Hildesheim Nachbildungen des Forts und der Albert-Kanal-Brücken errichtet und daran 400 Mann mit Segelflugzeugen üben lassen. Drei Gruppen waren für die Eroberung der drei Brücken, eine vierte für die von Fort Eben-Emael bestimmt. Die letztere landete in Stärke von achtzig Mann auf dem Dach der Festung und brachte an den gepanzerten Geschütztürmen eigens für den Zweck hergestellten Sprengstoff an, der nicht nur die Geschütze außer Tätigkeit setzte, sondern auch in den darunter liegenden Kammern Feuer und Gas verbreitete. Auch wurden Flammenwerfer gegen die Eingänge der Geschütztürme und gegen Beobachtungsluken verwandt. Innerhalb einer Stunde konnten die Deutschen in die oberen Gänge eindringen, die leichten und schweren Geschütze der großen Festung unbrauchbar machen und die Beobachtungsposten ausschalten. Die hinter dem Fort liegende belgische Infanterie bemühte sich vergebens, die winzige Angreifertruppe zu vertreiben; Stukaangriffe und Fallschirmverstärkungen drängten sie zurück. Am Morgen des 11. Mai trafen vor dem Fort die ersten über die beiden unversehrten Brücken gerollten Panzereinheiten ein, umzingelten es, und nach weiteren Stukaangriffen und einem Handgemenge in den unterirdischen Gängen wurde um Mittag eine weiße Fahne gehißt. Die 1200 betäubten Belgier kamen heraus und ergaben sich[13].

Diese Leistung, dazu die Einnahme der Brücken und die Heftigkeit des von General Reichenaus 6. Armee geführten Angriffs, der unterstützt wurde von dem aus zwei Panzer- und einer motorisierten Infanteriedivision bestehenden 16. Panzerkorps unter General Hoepner, bestärkten das alliierte Oberkommando in der Überzeugung, daß ebenso wie 1914 der rechte feindliche Flügel die Hauptlast der Offensive trage und daß man auf alliierter Seite die geeigneten Maßnahmen ergriffen habe, um sie aufzuhalten. Tatsächlich hatten am Abend des 15. Mai die belgischen, britischen und französischen Streitkräfte die Dyle-Linie von Antwerpen bis Namur fest in der Hand.

Genau damit aber hatte das deutsche Oberkommando gerechnet. Jetzt war es ihm möglich, den Manstein-Plan zu verwirklichen und den Mittelabschnitt der alliierten Front aufzuweichen. General Halder, Chef des Generalstabs, erkannte am Abend des 13. Mai die Lage – und ihre Möglichkeiten – sehr deutlich.

Nördlich Namur [schrieb er in sein Tagebuch] müssen wir mit dem Abschluß einer Ansammlung rechnen, die etwa 24 engl.-frz. Divn. und etwa 15 belgische Divn. um-

faßt. Demgegenüber stehen bei unserer 6. Armee 15 Divn. und 6 HGr. Res. = 21... Sollte Feind angreifen, sind wir zur Abwehr stark genug. Nachschieben von Kräften nicht mehr erforderlich... Südlich Namur haben wir unterlegenen Feind gegenüber, Kräfteverhältnis 2:1. Ergebnis des Maas-Angriffs wird entscheiden, ob und wo und wann wir von dieser Überlegenheit Gebrauch machen können. Nennenswerte bewegliche Kräfte hat der Feind hinter dieser Front nicht.

Keine nennenswerten Kräfte *hinter* dieser Front, die am Tage darauf durchbrochen werden sollte?
Um das festzustellen, flog Churchill am 16. Mai nach Paris. Am Nachmittag, als er zum *Quai d'Orsay* fuhr, um Ministerpräsident Reynaud und General Gamelin zu sprechen, rollten die deutschen Panzerspitzen 100 km westlich von Sedan durch offenes, unverteidigtes Land. Zwischen ihnen und Paris oder zwischen ihnen und dem Kanal standen nicht gerade viele Truppen, aber Churchill wußte davon nichts. »Wo ist die strategische Reserve?« fragte er Gamelin und wiederholte in Französisch: »*Où est la masse de manœuvre?*« Der Oberbefehlshaber der alliierten Armeen schüttelte den Kopf und zuckte mit der Schulter: »*Aucune* – Wir haben keine[14].«
»Ich war sprachlos«, berichtete Churchill später. Es war noch nicht dagewesen, daß eine große Armee, die einen Angriff abwehrte, keine Reserve in Bereitschaft hielt. »Das war, wie ich zugeben muß, eine der größten Überraschungen in meinem Leben«, sagt Churchill[15].
Kaum weniger groß war die Überraschung für das deutsche Oberkommando oder, wenn auch nicht für Halder, zum mindesten für Hitler und die Generale im OKW. Zweimal wurde der Führer im Laufe des von ihm selbst geleiteten Westfeldzugs wankend. Das erste Mal am 17. Mai, als er von starker Nervosität befallen wurde. Am Vormittag dieses Tages erhielt Guderian, dessen Panzerkorps bereits ein Drittel des Weges zum Kanal zurückgelegt hatte, Befehl, seine Fahrzeuge anzuhalten. Aufklärer der Luftwaffe hatten gemeldet, daß die Franzosen eine große Gegenoffensive vorbereiteten, um die von Sedan aus westwärts vordringenden dünnen deutschen Panzerkeile abzuschneiden. Hitler zog sofort Brauchitsch und Halder zu Rate. Er war überzeugt, daß sich im Süden eine ernste Gefahr zusammenbraue. Das Gespenst einer zweiten Marneschlacht drängte sich seiner Vorstellung auf. »Ich behalte sie im Auge«, schrieb er am folgenden Tag an Mussolini: »Das Marnewunder 1914 wird sich nicht mehr wiederholen[16]!«

Ein recht unerfreulicher Tag [notierte Halder am Abend des 17. Mai]. Der Führer ist ungeheuer nervös. Er hat Angst vor dem eigenen Erfolg, möchte nichts riskieren und uns daher am liebsten anhalten. Vorwand: Sorge um die linke Flanke! [Er] hat nur Unklarheiten und Zweifel verursacht.

Der deutsche Kriegsherr beruhigte sich auch am nächsten Tag noch nicht, obwohl eine Flut von Meldungen über den französischen Zusammenbruch einlief. Darüber berichtet Halders Tagebucheintragung vom 18.:

Der Führer hat eine unverständliche Angst um die Südflanke. Er tobt und brüllt, man sei auf dem Wege, die ganze Operation zu verderben und sich der Gefahr einer Niederlage auszusetzen. Er will eine Weiterführung der Operation nach W[esten] überhaupt nicht, geschweige denn nach SW und hängt immer noch an dem NW-Gedanken. Das ist der Gegenstand einer höchst unerfreulichen Auseinandersetzung zwischen dem Führer einerseits, dem OB und mir andererseits.

General Jodl im OKW, für den der Führer fast immer recht hatte, vermerkte ebenfalls die Mißstimmung auf höchster Ebene:

Tag starker Spannung [schrieb er am 18.]. OKH hat der Absicht, mit größter Beschleunigung eine Südflanke aufzubauen, nicht entsprochen ... Ob. d. H. [Brauchitsch] und Gen. Halder werden sofort bestellt und ihnen in schärfster Weise befohlen, sofort die nötigen Maßnahmen zu ergreifen[17].

Aber Halder hatte recht: Die Franzosen hatten für einen Gegenangriff von Süden her keine Kräfte. Und wenn auch die Panzerdivisionen, über den Aufenthalt erzürnt, den Befehl erhielten, nur Spähwagen vorzuschicken, so genügte ihnen doch dieser Befehl, zum Kanal hinzudrängen. Am Morgen des 19. Mai stand ein mächtiger Keil von sieben Panzerdivisionen, die nördlich der Somme, vorbei an den Schlachtfeldern des Ersten Weltkriegs, unaufhaltsam vorwärts rollten, nur etwa 75 Kilometer vom Kanal entfernt. Und am Abend des 20. Mai erreichte zur Überraschung des Führerhauptquartiers die 2. Panzerdivision Abbeville an der Sommemündung. Die Belgier, das britische Expeditionskorps und drei französische Armeen saßen in der Falle.

Führer ist außer sich vor Freude [kritzelte Jodl am Abend dieses Tages in sein Tagebuch]. Spricht in Worten höchster Anerkennung vom deutschen Heer und seiner Führung. Befaßt sich mit dem Friedensvertrag, der nun lauten soll, Rückgabe des seit 400 Jahren dem deutschen Volke geraubten Gebietes und sonstiger Werte ...
Über die bewegten Worte des Führers bei der fernmündl. Mitteilung des Ob. d. H. über die Einnahme von Abbeville befindet sich eine besondere Aufzeichnung des Chefs OKW bei den Akten[18].

Für die Alliierten bestand nur eine einzige Hoffnung, der verhängnisvollen Einschließung zu entgehen: Die Armeen in Belgien mußten unverzüglich nach Südwesten abschwenken, sich von der sie dort angreifenden 6. deutschen Armee absetzen, sich einen Weg durch den bis zum Kanal sich erstreckenden deutschen Panzerkeil bahnen und zu von der Somme nach Norden herangeführten frischen französischen Truppen stoßen. Das war denn auch der Inhalt des Befehls, den General Gamelin am Vormittag des 19. Mai erteilte. Aber am Abend dieses Tages wurde Gamelin von General Maxime Weygand abgelöst, der den Befehl sofort widerrief. Weygand, der im Ersten Weltkrieg zu beträchtlichem Ansehen gelangt war, wollte sich vorher erst mit den alliierten Kommandeuren in Belgien ins Einvernehmen setzen. Die Folge war, daß drei kostbare

Tage verloren gingen, nach deren Ablauf Weygand genau den gleichen Befehl gab wie sein Vorgänger. Der Aufschub sollte teuer zu stehen kommen. Zwar gab es im Norden immer noch vierzig kampferprobte französische, englische und belgische Divisionen, denen wahrscheinlich, hätten sie sich am 19. Mai, wie es Gamelin befohlen hatte, nach Süden gewandt, der Durchbruch durch die dünne deutsche Panzerlinie gelungen wäre. Aber inzwischen waren die Verbindungen zwischen den verschiedenen Kommandoführungen so chaotisch geworden, daß mehrere alliierte Armeen, hart bedrängt wie sie waren, gegeneinander zu wirken begannen. Jedenfalls bestand Weygands Plan nur im Kopf des Generals; und von der Somme her wurden niemals französische Truppen herangeführt.

Unterdessen hatte das deutsche Oberkommando mit allen in der Eile heranzuschaffenden Infanterietruppen den Panzereinbruch abgesichert und erweitert. Bis zum 24. Mai waren Guderians Panzer von Abbeville aus am Ärmelkanal entlang bis Gravelines, etwa dreißig Kilometer südlich von Dünkirchen, vorgestoßen, hatten Boulogne erobert und Calais eingeschlossen. In Belgien war die Front, da die Alliierten sich abzusetzen versuchten, nach Südwesten zurückgenommen worden. So waren die englischen, französischen und belgischen Armeen am 24. Mai auf ein verhältnismäßig kleines Dreieck zusammengedrängt, dessen Basis entlang dem Kanal zwischen Gravelines und Terneuzen verlief und das seine Spitze bei Valenciennes, etwa 110 Kilometer landeinwärts, hatte. Es bestand jetzt keine Aussicht mehr, aus der Falle herauszubrechen. Die einzige Hoffnung, und sie schien gering zu sein, lag in einem Rückzug zur See über Dünkirchen.

In diesem entscheidenden Augenblick erhielten die deutschen Panzer, die jetzt dicht vor Dünkirchen standen und sich zwischen Gravelines und St. Omer zum Endstoß aufstellten, den seltsamen – und für die Soldaten unfaßlichen – Befehl, ihren Vormarsch einzustellen. Das war der erste große Fehler, den das deutsche Oberkommando im Zweiten Weltkrieg beging. Die Frage, wer für ihn verantwortlich war und warum der Befehl gegeben wurde, sollte Gegenstand heftiger Kontroversen nicht nur unter den deutschen Generalen selbst, sondern auch unter Militärhistorikern werden. Wir werden auf diese Frage noch zurückkommen und uns mit ihr an Hand des heute zugänglichen umfangreichen Materials befassen. Welches auch immer die Gründe für diesen Befehl gewesen sein mögen, er verschaffte den Alliierten, vor allem den Engländern, eine Gnadenfrist, die das Wunder von Dünkirchen ermöglichte. Belgien jedoch war hierdurch nicht mehr zu retten.

KÖNIG LEOPOLDS KAPITULATION

Leopold III., König der Belgier, ergab sich am frühen Morgen des 28. Mai. Der eigensinnige junge Herrscher, der sein Land um einer törichten Neutralität willen aus dem Bündnis mit Frankreich und England herausgelöst, der sich geweigert hatte, selbst noch in den Monaten, in denen er Kenntnis von massiven deutschen Angriffsvorbereitungen erhielt, jenes Bündnis zu erneuern, der im letzten Augenblick, als Hitler zuschlug, Franzosen und Engländer um militärische Hilfe gebeten und sie erhalten hatte, ließ sie jetzt in der düstersten Stunde im Stich und öffnete den deutschen Divisionen die Schleuse, durch die sie in die Flanke der schwer bedrängten englisch-französischen Truppen einströmen konnten. Überdies handelte er, wie Churchill am 4. Juni im Unterhaus sagte, ganz aus sich selbst, ohne vorherige Beratung mit den Alliierten und ohne auch nur einen Wink zu geben.

Ja, er handelte dem einstimmigen Rat seiner Regierung zuwider, dem er auf Grund seines Eides auf die Verfassung Folge zu leisten hatte. In seinem Hauptquartier hatte es am 25. Mai, um 5 Uhr früh, eine Auseinandersetzung zwischen ihm und drei Kabinettsmitgliedern, darunter dem Ministerpräsidenten und dem Außenminister, gegeben. Sie setzten ihm zum letzten Mal zu, nicht von sich aus zu kapitulieren, da ihn sonst die Deutschen zu der Rolle eines Hacha degradieren würden. Sie hielten ihm auch vor Augen, daß er nicht nur Staatsoberhaupt, sondern auch Oberbefehlshaber sei, und daß er, wenn es zum Schlimmsten käme, sein hohes Amt bis zum Sieg der Alliierten im Exil ausüben könne, wozu sich auch die Königin von Holland und der König von Norwegen entschlossen hätten.

»Ich bin entschlossen zu bleiben«, erwiderte Leopold. »Die Alliierten kämpfen für eine verlorene Sache[19].«

Am 27. Mai, 5 Uhr nachmittags, schickte er mit einem Ersuchen um Waffenstillstand General Derousseau, den stellvertretenden Chef des belgischen Generalstabs, zu den Deutschen. Um 10 Uhr kehrte der General mit den deutschen Bedingungen zurück: »Der Führer verlangt bedingungslose Kapitulation.« Der König nahm diese um 23 Uhr an und schlug für 4 Uhr früh Feuereinstellung vor. Und so geschah es.

Der französische Premierminister Reynaud gab Leopolds Kapitulation mit scharfen, zornigen Worten über den Rundfunk bekannt. Der belgische Ministerpräsident Pierlot sprach von Paris aus ebenfalls im Rundfunk, doch in würdigerem Ton. Er teilte dem belgischen Volk mit, der König habe gegen den einstimmigen Rat der Regierung gehandelt, seine Bande zum Volke zerrissen und sich damit des Regierens begeben. Die belgische Exilregierung werde den Kampf fortsetzen. Churchill enthielt sich zunächst einer Stellungnahme, schloß sich aber am 4. Juni der allgemeinen Verurteilung Leopolds an.

Die Kontroverse tobte noch lange, nachdem der Krieg vorüber war. Leopolds Verteidiger, und deren gab es viele innerhalb und außerhalb Belgiens, waren der Ansicht, er habe richtig und ehrenhaft gehandelt, indem er das Schicksal seiner Soldaten und des belgischen Volkes teilte. Sie unterstrichen die Behauptung des Königs, bei der Übergabe nicht als Staatsoberhaupt, sondern als Oberbefehlshaber der belgischen Armee gehandelt zu haben.

Daß die geschlagenen belgischen Truppen am 27. Mai in verzweifelter Lage waren, steht außer Frage. Tapfer hatten sie ihren Frontabschnitt erweitert, um Engländern und Franzosen zu ermöglichen, sich nach Süden durchzuschlagen. Und diese erweiterte Front brach schnell zusammen, obwohl die Belgier erbittert kämpften. Auch war Leopold nicht darüber unterrichtet worden, daß Lord Gort am 26. Mai aus London den Befehl erhalten hatte, sich auf Dünkirchen zurückzuziehen und von dem britischen Expeditionsheer zu retten, was zu retten war. Doch gegenüber diesem Argument gibt es noch ein anderes. Die belgische Armee unterstand dem Obersten alliierten Kommando, und Leopold schloß einen Separatfrieden, ohne dieses zu konsultieren. Zu seiner Verteidigung ist darauf hingewiesen worden, daß er am 27. Mai, 12.30 Uhr, Gort telegrafierte, er werde bald gezwungen sein, »zu kapitulieren, um einen Zusammenbruch zu vermeiden«. Doch der britische Kommandeur, der äußerst beschäftigt und ständig unterwegs war, hat das Telegramm nicht erhalten. Er bezeugte später, er habe von der Kapitulation zum ersten Mal am 27. Mai, kurz nach 23 Uhr, gehört und damit »plötzlich vor einer dreißig Kilometer langen Lücke zwischen Ypern und der Küste gestanden, durch die feindliche Panzerstreitkräfte bis zum Meer vorstoßen konnten[20]«. General Weygand, der Höchstkommandierende, dem der König unterstand, erfuhr die Nachricht von der Kapitulation kurz nach 18 Uhr durch ein Telegramm des französischen Verbindungsoffiziers im belgischen Hauptquartier, und sie traf ihn, wie er später schrieb, »als ein Blitz aus heiterem Himmel. Es hatte keinerlei Andeutung gegeben ...[21]«. Was auch immer über Leopolds Verhalten gesagt werden mag, die hervorragende Kampfesweise seiner Armee sollte nicht – wie es geschehen ist[22] – in Frage gestellt werden. Die Belgier hielten 18 Tage lang aus, was von gewissen anderen alliierten Truppen nicht gesagt werden kann.

DAS WUNDER VON DÜNKIRCHEN

Schon seit dem 20. Mai, als Guderians Panzer bis Abbeville durchgestoßen waren, war die britische Admiralität auf Churchills persönliches Geheiß dabei, Schiffe für eine mögliche Evakuierung der britischen und anderer alliierter Truppen zusammenzutreiben. Mit der Einschiffung von Hilfspersonal war sofort begonnen worden. Am 24. Mai stand, wie wir sahen, die belgische Nordfront dicht vor dem Zusammenbruch, während im Süden die deutschen Panzer den nur dreißig Kilometer von Dünkirchen entfernten Aa-Kanal erreicht und bereits fünf Brückenköpfe zwischen Gravelines und St. Omer gebildet hatten.

Am Abend des 24. Mai kam dann plötzlich für die Panzerkorps der Befehl, die Kanallinie zu halten und keinen weiteren Vormarsch zu unternehmen. Der Befehl war von Hitler auf Drängen Rundstedts und Görings, aber gegen die heftigen Einwände Brauchitschs und Halders veranlaßt worden. So erhielt Lord Gort, der britische Oberkommandierende, eine unerwartete und entscheidende Atempause, die er, die englische Flotte und die RAF nach besten Kräften ausnutzten, und die, wie Rundstedt später einsah, »einen der großen Wendepunkte des Krieges« herbeiführte.

Wie kam es zu diesem unerklärlichen Befehl? Die Generale, voran Rundstedt und Halder, haben dafür ausschließlich Hitler verantwortlich gemacht. Der großen Kontroverse, die die Frage heraufbeschworen hat, gab Churchill im zweiten Band seiner Kriegserinnerungen noch insofern weitere Nahrung, als er behauptete, der Befehl sei von Rundstedt und nicht von Hitler ausgegangen, wobei er als Beweis die Kriegstagebücher von Rundstedts Stab heranzieht. Aus dem Labyrinth der einander widersprechenden Aussagen die Tatsachen herauszuschälen, ist nicht leicht gewesen. Während der Niederschrift dieses Kapitels hat der Autor sich an General Halder selbst gewandt, um sich größere Klarheit zu verschaffen, und alsbald eine höfliche, ausführliche Antwort erhalten. An Hand dieser und vieler anderer, inzwischen zugänglicher Unterlagen lassen sich gewisse Schlüsse ziehen und die Widersprüche, wenn auch nicht endgültig, so doch zumindest recht überzeugend klären.

Was die Verantwortung für den berühmten Befehl anbelangt, so muß sie zwischen Rundstedt – trotz seiner späteren gegenteiligen Versicherungen – und Hitler geteilt werden. Der Führer besuchte am Morgen des 24. Mai Rundstedt im Hauptquartier der Heeresgruppe A in Charleville. Rundstedt empfahl, die Panzerdivisionen an der Kanallinie vor Dünkirchen solange zurückzuhalten, bis stärkere Infanterieverbände herangeführt werden könnten[23]. Hitler war einverstanden und bemerkte, daß die Panzer für spätere Operationen gegen die Franzosen südlich der Somme aufgespart werden sollten. Außerdem erklärte Hitler, eine weitere Verengung des Kessels, in dem sich die Alliierten befanden, würde die Tätigkeit der Luftwaffe behindern. Wahrscheinlich ließ Rundstedt mit Einwilligung Hitlers den Befehl zum Halten sofort hinausgehen, denn der Stab des britischen Expeditionsheeres fing, wie Churchill vermerkt, um 11.42 Uhr an jenem Tage eine Funkmeldung auf, die in diesem Sinne gehalten war[24]. Es war die Zeit, in der Hitler und Rundstedt zusammen waren.

Jedenfalls ließ Hitler am Abend vom OKW den formellen Befehl ergehen, was sowohl Halder wie Jodl in ihren Tagebüchern festhielten. Halder war sehr unglücklich:

Der schnelle linke Flügel, der keinen Feind vor sich hat, wird ... auf ausdrücklichen Wunsch des Führers angehalten! ... Die Luftwaffe [soll] das Schicksal der eingekesselten Armee vollenden!

Die Verachtung bekundenden Ausrufungszeichen Halders sollten darauf hindeuten, daß Göring bei Hitler interveniert habe, und heute wissen wir, daß dies tatsächlich der Fall war. Er machte sich erbötig, die eingekesselten feindlichen Truppen allein mit seiner Luftwaffe zu vernichten! Die Gründe für diesen ehrgeizigen Vorschlag sind in dem Brief enthalten, den Halder am 19. Juli 1957 dem Verfasser schrieb.

In den folgenden Tagen [d. h. nach dem 24. Mai] wurde bekannt, daß Hitlers Entscheidung wesentlich beeinflußt war durch Göring. Dem Diktator war die schnelle Bewegung des Heeres, deren Risiko und Erfolgsaussichten er bei seiner mangelnden militärischen Schulung nicht richtig gegeneinander abzuwägen verstand, unheimlich ge-

worden. Er war dauernd bedrückt von einem Gefühl der Angst vor einem Rückschlag... Diese Angst machte sich Göring zunutze, der seinen »Führer« sehr genau kannte. Er bot ihm an, den Rest der großen Einkesselungsschlacht allein mit seiner Luftwaffe durchzuschlagen, ohne daß die wertvollen Panzerverbände des Heeres riskiert zu werden brauchten. Er hat dieses Angebot... aus einem Grund gemacht, der für den hemmungslos ehrgeizigen Göring charakteristisch ist. Er wollte nach den bisher überraschend glatt verlaufenen Operationen des Heeres seiner *Luftwaffe den entscheidenden Schlußakt in der großen Schlacht und damit vor der ganzen Welt den Ruhm des Erfolges sichern.*

General Halder spricht dann in seinem Brief von einem Gespräch, das Brauchitsch im Januar 1946 im Nürnberger Gefängnis mit den Luftwaffengeneralen Milch und Kesselring führte, die erklärten,

Göring habe damals [im Mai 1940] Hitler vor Augen geführt, wenn der sich anbahnende große Schlachterfolg von den Generälen des Heeres allein in Anspruch genommen werden könne, dann werde in der deutschen Heimat das militärische »Prestige« des Führers nie wiedergutzumachenden Schaden erleiden. Das könne nur vermieden werden, wenn nicht das Heer, sondern die Luftwaffe den entscheidenden Schlußakt der Schlacht vollziehe.

Es ist also ziemlich klar, daß Hitlers Idee, auf die ihn Rundstedt und Göring gebracht hatten, der sich aber Brauchitsch und Halder lebhaft widersetzten, darin bestand, der Luftwaffe und Bocks Heeresgruppe B, die, ohne eine nennenswerte Panzerwaffe zu haben, langsam Belgier und Engländer zum Kanal zurückdrängte, das Aufräumen in dem Kessel zu überlassen. Rundstedts Heeresgruppe A mit ihren sieben Panzerdivisionen sollte dabei lediglich entlang der Kanäle westlich und südlich Dünkirchens den Gegner in Schach halten. Aber weder die Luftwaffe noch Bocks Heeresgruppe waren imstande, ihre Aufgaben zu erfüllen. Am Morgen des 26. Mai schäumte Halder, wie aus seinem Tagebuch ersichtlich ist: »Die Panzer und mot. Verbände stehen nach allerhöchstem Befehl wie angewurzelt!«

Schließlich, am Abend des 26. Mai, nahm Hitler den Anhaltebefehl zurück: In Anbetracht von Bocks langsamem Vormarsch in Belgien und der englischen Einschiffungen könnten die Panzerkräfte den Vorstoß auf Dünkirchen wiederaufnehmen. Aber nun war es zu spät; der in die Enge getriebene Gegner hatte Zeit gehabt, seine Verteidigungsstellungen auszubauen und in deren Schutz den Rückzug über See einzuleiten.

Wir wissen heute, daß auch politische Gründe Hitler zu dem verhängnisvollen Befehl veranlaßten. Halder notierte am 25. Mai: »Der Tag beginnt wieder mit unerfreulichen Auseinandersetzungen zwischen von Br[auchitsch] und dem Führer über die Weiterführung der Einkreisungsschlacht.«

Nun bildet sich die politische *Führung ein, die letzte Entscheidungsschlacht nicht in das Gebiet der Vlamen legen zu wollen, sondern nach Nordfrankreich.*

Diese Tagebucheintragung stellte mich vor ein Rätsel, und als ich an den früheren Generalstabschef schrieb, fragte ich bei ihm an, ob er mir die *politischen* Gründe für die Verlegung der Entscheidungsschlacht nach Nordfrankreich nennen könne. Halder erinnerte sich ihrer noch sehr gut.

Nach meiner noch recht lebhaften Erinnerung [erwiderte er], stützte sich Hitler in der damaligen Aussprache für die Begründung seines Anhaltebefehls im wesentlichen auf zwei Gedanken:
1. Das Gelände der flandrischen Tiefebene mit seinen zahlreichen Wasserläufen und Kanälen sei für Panzer und mot. Verbände denkbar ungeeignet. Wir würden in diesem Gelände hohe Verluste an Panzern erleiden und damit unsere Schlagkraft bei dem bevorstehenden Angriff auf das restliche Frankreich erheblich schwächen ...
[Dann wich Hitler] auf einen zweiten Grund aus, von dem er wußte, daß wir Soldaten nichts dagegen einwenden konnten, weil dieser Grund nicht auf militärischem, sondern auf politischem Gebiet lag.
2. Dieser zweite Grund bestand in seiner Angabe, daß er aus politischen Gründen die entscheidenden Schlußkämpfe, die unvermeidlich mit schweren Nachteilen für die Bevölkerung verbunden sein müßten, nicht in den von Vlamen bewohnten Bereich legen dürfe. Er habe die Absicht, aus dem Bereich der deutschstämmigen Vlamen einen selbständigen nationalsozialistischen Gau zu machen und dadurch die Vlamen eng an Deutschland zu binden. Seine Gesinnungsgenossen im vlämischen Land seien in dieser Richtung seit langem tätig; er habe ihnen versprochen, den Bereich der Vlamen von den Schädigungen des Krieges freizuhalten. Wenn er jetzt dieses Versprechen nicht halte, würde das Vertrauen der Vlamen zu ihm schwer geschädigt werden. Das bedeute einen politischen Nachteil für Deutschland, den er als der politisch Verantwortliche vermeiden müsse.

Eine absurde Idee? Möglich, daß es sich um einen von Hitlers plötzlichen verrückten Einfällen handelte (Halder schreibt, er und Brauchitsch seien von diesen Gedankengängen nicht überzeugt gewesen), aber es gab noch andere – vernünftigere und bedeutsamere – politische Gründe, und diese vertraute Hitler anderen Generalen an. General Günther Blumentritt, Rundstedts Operationschef, schilderte dem englischen Militärschriftsteller Liddell Hart nach dem Kriege die Besprechung zwischen Hitler und Rundstedt am 24. Mai wie folgt:

Hitler war besonders gut gelaunt ... und teilte uns seine Auffassung mit, der Krieg wäre in sechs Wochen zu Ende. Dann wünschte er einen vernünftigen Frieden mit Frankreich zu schließen, und dann wäre der Weg zu einer Verständigung mit England frei.
Er überraschte uns dann, mit welcher Bewunderung er vom britischen Imperium sprach, von der Notwendigkeit seiner Existenz und von der Zivilisation, die England der Welt gebracht habe ... Er sagte, alles, was er von England wünsche, sei, es sollte Deutsch-

lands Stellung auf dem Kontinent anerkennen. Deutschland seine verlorenen Kolonien wiederzugeben, wäre wünschenswert, aber nicht wesentlich ... Er schloß mit den Worten, sein Ziel sei, mit England auf einer Grundlage Frieden zu schließen, den anzunehmen es mit seiner Ehre vereinbar finden würde[25].

Solche Äußerungen tat Hitler in den folgenden Wochen noch oft, und zwar nicht nur vor seinen Generalen, sondern auch vor Ciano und Mussolini und schließlich in der Öffentlichkeit. Einen Monat später hörte der erstaunte Ciano den deutschen Diktator, der nun auf der Höhe seiner Erfolge stand, davon faseln, wie wichtig es sei, das Britische Empire »als Faktor des Weltgleichgewichts« zu erhalten[26], und Halder schildert am 13. Juli in seinem Tagebuch, wie sehr Hitler sich den Kopf darüber zerbreche, warum England den Frieden nicht annehme. England auf die Knie zu zwingen, sagte er an diesem Tag den Generalen, werde Deutschland keinen Vorteil bringen, nur Japan, Amerika und anderen Mächten.

Es ist also möglich, wenn es auch von manchem bezweifelt wird, daß Hitler seine Panzertruppen vor Dünkirchen zurückhielt, um England eine schwere Demütigung zu ersparen und ihm damit eine Friedensregelung zu erleichtern. Wie in allen Jahren vorher begriff er auch jetzt nicht das Wesen der britischen Nation noch jene Art Welt, für die Englands Regierung und das Volk bis zum Ende zu kämpfen entschlossen waren.

Auch ließen er und seine Generale, die seeunkundig waren – und blieben –, es sich nicht träumen, daß das alte Seefahrervolk imstande war, etwa 340 000 Mann unmittelbar vor ihren Augen aus einem kleinen zerschlagenen Hafen und von einem schutzlos daliegenden Strand zu evakuieren.

Am Abend des 26. Mai, um 18.57 Uhr, kurz nach Rücknahme von Hitlers Anhaltebefehl, gab die britische Admiralität das Zeichen zum Beginn der *Operation Dynamo*, wie der Deckname für die Räumung um Dünkirchen lautete. In derselben Nacht nahmen die deutschen Panzer den Angriff wieder auf, rollten vom Westen und Süden gegen den Hafen vor, stießen aber auf zähen Widerstand. Lord Gort hatte Zeit gehabt, gegen sie drei Infanteriedivisionen mit schwerer Artillerie aufzustellen. Die Panzer kamen nur wenig vorwärts. Unterdessen begann die Einschiffung. Eine Armada von 850 Schiffen aller Größen, aller Formen, aller Antriebsarten, angefangen bei Kreuzern und Zerstörern bis hinab zu kleinen Segel- und Fischerbooten, viele bemannt von Freiwilligen aus englischen Küstenstädten, strömte vor Dünkirchen zusammen. Am ersten Tag, dem 27. Mai, nahmen die Schiffe 7669 Soldaten auf, am zweiten 17 804, am dritten 47 310 und am 30. Mai 53 823, während der ersten vier Tage also insgesamt 126 606. Das übertraf alle Hoffnungen der Admiralität. Zu Beginn der Operation rechnete sie damit, in den zwei Tagen, die sie zur Verfügung zu haben glaubte, nur 45 000 Mann zurücktransportieren zu können.

Erst am vierten Tag der *Operation Dynamo*, dem 30. Mai, wachte das deutsche Oberkommando auf und sah, was geschah. Vier Tage lang hatten die Wehrmachtsberichte wiederholt, die eingeschlossenen feindlichen Armeen gingen ihrer Vernichtung entgegen. So hieß es in einem Bericht vom 29. Mai, den ich in mein Tagebuch eintrug: »Das Schicksal der französischen Armee im Artois ist besiegelt ... Auch die im Raum Dünkirchen zusammengedrängte Armee sieht ihrer Vernichtung durch unseren konzentrischen Angriff entgegen.«

Das war nicht der Fall, sie entwich über See. Freilich ohne schwere Waffen und Ausrüstung, aber mit der Gewißheit, daß die geretteten Soldaten eines Tages wieder kämpfen würden.

Erst am 30. Mai vormittags vertraute Halder seinem Tagebuch an: »Die Auflösung in dem von uns umstellten Feindsack schreitet fort. Teile der Engländer wehren sich zäh und verbissen. Teile fluten nach der Küste zurück und versuchen auf Fahrzeugen aller Art über See zu entkommen. *La Débâcle*«, schloß er, auf Zolas berühmten Roman über den französischen Zusammenbruch im Jahre 1870 anspielend.

Am Nachmittag, nach einer Besprechung mit Brauchitsch, ging dem Generalstabschef auf, was die Schwärme elender kleiner Fahrzeuge, mit denen die Engländer über See entflohen, zu bedeuten hatten:

Er [Brauchitsch] ist verärgert ... Wir haben Zeit verloren, infolgedessen ist der Sack um die Franzosen und Engländer langsamer geschlossen worden als möglich gewesen wäre, er ist vor allem durch das Anhalten der schnellen Verbände nicht an der Küste geschlossen worden, und wir müssen nun zusehen, wie bei dem schlechten Wetter, das die Luftwaffe ausschaltet, der Feind, ungezählte Tausende, vor unserer Nase nach England wegfährt.

Wahrhaftig, sie mußten zusehen. Trotz sofort von allen Seiten einsetzenden vermehrten deutschen Drucks auf den Sack hielten die britischen Linien stand, und die Truppenevakuierung wurde verstärkt. Der nächste Tag, der 31. Mai, brachte die Höchstleistung. Es wurden etwa 68 000 Mann nach England eingeschifft, davon ein Drittel vom Strand aus, der Rest im Dünkirchener Hafen. Insgesamt waren so etwa 194 600 Soldaten heimgeholt worden, viermal soviel als man ursprünglich gehofft hatte.

Wo blieb die berühmte Luftwaffe? Zeitweise war sie zwar, wie Halder vermerkt, wegen schlechten Wetters am Aufsteigen gehindert. Ansonsten aber stieß sie auf den unerwarteten Widerstand der *Royal Air Force*, die, von der englischen Kanalküste aus operierend, ihr zum ersten Mal erfolgreich die Stirn bot[27]. Die neuen englischen *Spitfire*-Jäger waren den Messerschmitt-Jägern auch bei zahlenmäßiger Unterlegenheit durchaus gewachsen, und sie schossen viele der schwerfälligen deutschen Bomber ab. Zwar erschienen Görings Flugzeuge mehrmals über Dünkirchen und richteten im Hafen so großen Schaden an, daß er zeitweise nicht benutzt werden konnte und die Truppen ausschließlich vom Strand aus eingeschifft werden mußten; auch die Versenkung der 243 – von 861 – Fahrzeuge war größtenteils der Luftwaffe zuzuschreiben. Nicht aber erreichte sie, was Göring versprochen hatte: die Vernichtung des britischen Expeditionsheers. Am 1. Juni, als sie ihren schwersten Angriff ausführte (und ihre schwersten Verluste erlitt – 30 Flugzeuge auf jeder Seite) und drei britische Zerstörer sowie eine

Reihe kleinerer Fahrzeuge versenkte, wurden 64429 Mann – die zweithöchste Tagesleistung – abtransportiert. Bis zum Morgengrauen des 2. Juni befanden sich nur noch 4000 englische Soldaten in dem Sack, dessen Verteidigungsstellungen inzwischen von 100000 Franzosen besetzt worden waren.

Da unterdessen Dünkirchen in den Schußbereich mittelschwerer deutscher Artillerie gelangt war, mußte die Evakuierung bei Tage aufgegeben werden. Zu jener Zeit operierte die deutsche Luftwaffe nicht mehr nach Anbruch der Dunkelheit, und so konnten in den Nächten vom 2. und 3. Juni die restlichen Engländer und 60000 französische Soldaten herausgeschafft werden. Dünkirchen, von 40000 Franzosen immer noch zäh verteidigt, hielt sich bis zum Morgen des 4. Juni. Bis zu diesem Tage waren 338226 englische und französische Soldaten den Deutschen entronnen. Sie bildeten freilich keine Armee mehr; in jenem Augenblick waren die meisten begreiflicherweise in einem jämmerlichen Zustand. Aber sie waren kampferfahren; sie wußten, daß sie, ausreichend bewaffnet und mit angemessener Luftunterstützung, den Deutschen standhalten konnten. Das sollten die meisten von ihnen, als einmal die Rüstungsgleichheit hergestellt war, an Meeresküsten beweisen, die nicht weit entfernt lagen von dem Kanalstrand, an dem sie gerettet worden waren.

Für die Engländer war Dünkirchen eine große Leistung. Doch Kriege, hielt Churchill ihnen am 4. Juni im Unterhaus vor Augen, »werden nicht durch Rückzüge gewonnen«. In der Tat befand sich Großbritannien in der mißlichsten, gefährlichsten Lage seit den Normanneneinfällen. Es besaß keine Armee zur Verteidigung der Inseln. Die RAF war in Frankreich sehr geschwächt worden. Nur die Flotte war intakt geblieben, doch im norwegischen Feldzug hatte sich gezeigt, wie verletzlich große Schlachtschiffe bei Angriffen durch von Landstützpunkten aus operierende Flugzeuge waren. Jetzt befanden sich die Stützpunkte der deutschen Luftwaffe nur fünf oder zehn Minuten entfernt jenseits des schmalen Kanals. Frankreich kämpfte freilich südlich der Somme und Aisne weiter. Aber es hatte seine besten Truppen und sein bestes Kriegsmaterial in Belgien und Nordfrankreich eingebüßt, seine kleine, veraltete Luftstreitmacht war zum größten Teil vernichtet und seine beiden berühmtesten Generale, Marschall Pétain und General Weygand, die nunmehr die wacklige Regierung zu beherrschen begannen, waren abgeneigt, gegen einen so überlegenen Gegner weiterzukämpfen.

Diese trüben Tatsachen standen Winston Churchill deutlich vor Augen, als er am 4. Juni 1940, während die letzten Einschiffungen in Dünkirchen vor sich gingen, im Unterhaus das Wort ergriff, entschlossen, wie er später schrieb, nicht nur vor seinem eigenen Volk, sondern auch vor der Welt – vor allem vor Amerika – zu bekunden, »daß unser Entschluß, weiterzukämpfen, ernst gemeint ist«. Er beendete seine Rede mit jenen Worten, an die man sich noch lange erinnern wird und die sicherlich in die größten, jemals in der Geschichte gemachten Aussprüche eingereiht werden:

Auch wenn große Teile Europas und viele altbekannte Staaten in die Fänge der Gestapo und des ganzen grauenhaften Systems der Naziherrschaft geraten sind oder geraten werden, wir werden nicht wanken noch weichen. Wir werden bis zum Ende weitergehen, wir werden kämpfen in Frankreich, wir werden kämpfen zur See und auf den Ozeanen, wir werden kämpfen mit wachsender Zuversicht und wachsender Stärke in der Luft, wir werden unsere Insel verteidigen, welche Opfer es auch immer kosten mag, wir werden kämpfen an den Küsten, wir werden kämpfen an den Landeplätzen, wir werden kämpfen auf den Äckern und in den Straßen, wir werden kämpfen in den Bergen, wir werden niemals kapitulieren, und wenn, woran ich nicht einen Augenblick glaube, unsere Insel oder ein Teil von ihr unterjocht und ausgehungert wird, dann wird unser überseeisches Reich, bewaffnet und beschützt von der britischen Flotte, den Kampf weiterführen, bis die Zeit gekommen ist, in der die Neue Welt mit all ihrer Macht und Kraft zur Errettung und Befreiung der Alten Welt antritt.

FRANKREICHS ZUSAMMENBRUCH

Die Entschlossenheit der Engländer, den Kampf fortzusetzen, scheint Hitler nicht beunruhigt zu haben. Er war überzeugt, sie würden zur Vernunft kommen, wenn er erst Frankreich ausgeschaltet habe. Und daran begab er sich jetzt. Am Morgen nach dem Fall von Dünkirchen, am 5. Juni, eröffneten die Deutschen an der Somme eine Großoffensive, und bald griffen sie mit überwältigender Stärke an der ganzen, 600 Kilometer langen Front von Abbeville bis zum Oberrhein an. Die Franzosen waren von vornherein verloren. Sie konnten den 143 deutschen Divisionen, unter denen sich zehn Panzerdivisionen befanden, nur 65, größtenteils zweitrangige, Divisionen entgegenstellen, denn die besten Einheiten und die meisten Panzer hatten sie in Belgien eingebüßt. Von ihrer ohnehin schwachen Luftwaffe war wenig übriggeblieben. Die Engländer konnten nur eine Infanteriedivision, die an der Saar gestanden hatte, und Teile einer Panzerdivision beisteuern. Und die RAF vermochte nur wenige Flugzeuge für diese Schlacht abzuzweigen, andernfalls wären die britischen Inseln wehrlos gewesen. Schließlich herrschte in dem französischen Oberkommando unter Pétain und Weygand der Defätismus. Dennoch kämpften einige französische Einheiten mit großer Tapferkeit und Zähigkeit; hier und da gelang es ihnen sogar, vorübergehend deutsche Panzer aufzuhalten und ihre eigenen Stellungen trotz des unaufhörlichen Hämmerns der deutschen Luftwaffe zu behaupten.

Aber es war ein ungleicher Kampf. In »siegreichem Durcheinander«, wie Telford Taylor es treffend formuliert, überschwemmten die deutschen Truppen Frankreich wie eine Flutwelle; dieses Durcheinander rührte daher, daß sie bei ihrer Vielzahl und dem schnellen Vorwärtsdrängen oft einander im Wege standen[28]. Am 10. Juni reiste die französische Regierung hastig aus Paris ab, und am 14. Juni wurde die große, unverteidigte Stadt, Frankreichs Stolz, von General Küchlers 18. Armee besetzt. Sogleich wurde die Hakenkreuzfahne auf dem Eiffelturm gehißt. Am 16. Juni trat Ministerpräsident Reynaud, der mit seiner Regierung nach Bordeaux geflüchtet war, zurück.

An seine Stelle trat Pétain, der am Tage darauf durch Vermittlung des spanischen Botschafters die Deutschen um Waffenstillstand ersuchte[29]. Hitler erwiderte am gleichen Tag, er müsse zunächst mit seinem Bundesgenossen Mussolini Rücksprache nehmen. Denn dieser aufgeblasene Krieger war am 10. Juni, nachdem er sich vergewissert hatte, daß Frankreichs Armeen hoffnungslos geschlagen waren, noch rasch in den Krieg eingetreten, um wie ein Schakal etwas von der Beute zu erwischen.

DER DUCE STÖSST FRANKREICH SEINEN KLEINEN DOLCH IN DEN RÜCKEN

Trotz seiner Inanspruchnahme durch die Schlacht im Westen hatte Hitler sich die Zeit genommen, Mussolini zu schreiben und ihn erstaunlich oft über die sich häufenden deutschen Siege zu unterrichten.

Auf den ersten, am 7. Mai geschriebenen Brief, worin er dem Duce mitteilte, er werde Belgien und Holland angreifen, »um deren Neutralität zu sichern«, und seinem Freund versprach, ihn auf dem laufenden zu halten, damit der Duce seine Entscheidungen rechtzeitig treffen könne, folgten weitere Schreiben am 13., 18. und 25. Mai, eines ausführlicher und enthusiastischer als das andere[30]. Obwohl es den Generalen, wie Halders Tagebuch bestätigt, mehr als gleichgültig war, was Italien tat – ob es in den Krieg eintrat oder nicht –, maß doch Hitler aus irgendeinem Grunde dem Eingreifen Italiens Bedeutung bei. Sobald Holland und Belgien kapituliert hatten, die englisch-französischen Nordarmeen zerschlagen waren und die Engländer sich in Dünkirchen einzuschiffen begannen, beschloß Mussolini, in den Krieg hineinzuschlittern. Am 30. Mai teilte er Hitler mit, das Datum seines Kriegseintritts werde der 5. Juni sein. Hitler erwiderte umgehend, er sei »aufs tiefste bewegt«.

Wenn es überhaupt noch etwas geben konnte [schrieb Hitler am 31. Mai], das mich in meinem felsenfesten Glauben an den siegreichen Ausgang dieses Krieges zu bestärken in der Lage wäre, dann war es Ihre Erklärung ... Schon in der Tatsache Ihres Kriegseintritts an sich liegt ein Moment der stärksten Erschütterung der Front unserer Gegner.

Allerdings bat der Führer seinen Verbündeten, den Termin um drei Tage zu verschieben – er wolle erst den Rest der französischen Luftstreitkräfte erledigen, schrieb er –, und Mussolini kam dem Wunsch entgegen, indem er den Termin gleich um fünf Tage verschob, auf den 10. Juni. Mit dem folgenden Tage, sagte er, würden die Feindseligkeiten beginnen.

Was die Italiener zustande brachten, war nicht viel. Bis zum 18. Juni, als Hitler seinen Juniorpartner in München traf, um mit ihm die Waffenstillstandsbedingungen für Frankreich zu besprechen, hatten es etwa 32 italienische Divisionen in einer Woche »Kampf« nicht zuwege gebracht, die kärglichen sechs französischen Divisionen, die über die Alpenfront und auf die Riviera verteilt waren, aus ihren Stellungen zu verdrängen, obwohl die Verteidiger inzwischen auch von durch das Rhônetal heranrückenden Deutschen im Rücken bedroht worden waren[31]. Am 21. Juni schrieb Ciano in sein Tagebuch:

Mussolini fühlt sich durch die Tatsache sehr gedemütigt, daß unsere Truppen keinen Schritt voran gemacht haben; auch heute ist es ihnen nicht gelungen durchzubrechen, und sie haben vor der ersten französischen Verteidigungslinie, die gekämpft hat, halt gemacht[32].

Vom ersten Tage an zeigte sich, auf welch tönernen Füßen die italienische Militärmacht stand, mit der Mussolini sich gebrüstet hatte, und dies versetzte ihn in Mißstimmung, als er am Abend des 17. Juni mit Ciano den Zug bestieg, um mit Hitler zusammenzutreffen.

Ich finde Mussolini unzufrieden [schreibt Ciano]. Dieser unerwartete Friede beunruhigt ihn. Während der Reise sprechen wir lange miteinander, um die Bedingungen festzulegen, unter denen den Franzosen der Waffenstillstand gewährt werden soll. Der Duce ... möchte das ganze französische Territorium besetzen und verlangt die Übergabe der französischen Flotte. Aber er ist sich klar darüber, daß seine Meinung nur den Wert eines Ratschlags hat: Der Krieg ist von Hitler ohne aktive militärische Beteiligung Italiens gewonnen worden, und Hitler wird das Wort haben. Das beunruhigt und bedrückt ihn natürlich.

Des Führers »Wort« enthielt so viel Milde, daß es den Italienern einen Schock versetzte. Die Besprechung fand im Führerbau in München statt; in den gleichen Räumen, in denen Chamberlain und Daladier 1938 den beiden Diktatoren in der tschechischen Frage so weit entgegengekommen waren. Aus dem deutschen Protokoll[33] ist klar ersichtlich, daß es Hitler vor allem darum ging, die französische Flotte nicht den Engländern in die Hände fallen zu lassen.
Auch befürchtete er, die französische Regierung könne nach Nordafrika oder London übersiedeln und den Krieg fortsetzen. Aus diesem Grunde wünschte er gemäßigte Waffenstillstandsbedingungen – etwas anderes seien die endgültigen Friedensbedingungen –, um auf französischem Boden eine funktionierende französische Regierung zu erhalten und die französische Flotte zu neutralisieren. Die von Mussolini geforderte italienische Besetzung des Rhônetals unter Einschluß von Toulon (dem großen französischen Flottenstützpunkt am Mittelmeer, in dem der größte Teil der Flotte konzentriert war) und Marseille sowie die Entwaffnung Korsikas, Tunesiens und Dschibutis lehnte Hitler rundheraus ab.

Selbst der kriegslüsterne Ribbentrop war, wie Ciano feststellte, »gemessen, ruhig, pazifistisch«. Mussolini, notierte sein Schwiegersohn, »ist bemerkenswert betreten«.

Er spürt, daß er nur die zweite Geige spielt ... In Wahrheit fürchtet aber der Duce, daß die Stunde des Friedens naht, und sieht noch einmal den unerfüllbaren Traum seines Lebens vor seinen Augen entschwinden: den Ruhm auf den Schlachtfeldern[34].

Mussolini konnte Hitler nicht einmal dazu bewegen, in gemeinsame Waffenstillstandsverhandlungen mit den Franzosen einzuwilligen. Der Führer dachte nicht daran, seinen Triumph, für den er einen historischen Platz ausgewählt hatte (den er seinem Freund nicht nannte), mit diesem Nachkömmling zu teilen. Doch versprach er ihm, daß der Waffenstillstand zwischen Deutschland und Frankreich erst dann in Kraft treten werde, wenn die Franzosen auch den Waffenstillstand mit Italien unterzeichnet hätten.
Mussolini verließ München verbittert und enttäuscht. Ciano jedoch war von einem Wesenszug Hitlers sehr eingenommen, den er bisher nicht an ihm entdeckt und auch nicht vermutet hatte:

Aus allen seinen Worten [schrieb er, nach Rom zurückgekehrt, in sein Tagebuch] tönt der Wunsch heraus, schnell zu einem Abschluß zu kommen. Hitler ist jetzt wie ein Spieler, der die Bank gesprengt hat. Er will vom Spieltisch aufstehen und nichts mehr riskieren. Er spricht heute mit einer Mäßigung und Klarsicht, die nach einem Sieg wie dem seinen wirklich überraschen. Ich stehe nicht im Verdacht besonders zarter Gefühle für ihn, aber in diesem Augenblick bewundere ich ihn wirklich[35].

ZUM ZWEITEN MAL WAFFENSTILLSTAND IN COMPIÈGNE

In jenem Juni folgte ich der deutschen Wehrmacht nach Paris hinein, und dort wurde mir am 19. Juni zugetragen, an welcher Stelle Hitler die Waffenstillstandsbedingungen übergeben wollte. Es war die gleiche Stelle, an der am 11. November 1918 das deutsche Kaiserreich vor Frankreich und seinen Verbündeten kapituliert hatte: in der kleinen Lichtung im Wald von Compiègne. Dort gedachte der deutsche Kriegsherr Vergeltung zu üben, und mit der Wahl des Ortes wollte er noch die Süße der Rache erhöhen. Der Gedanke war ihm am 20. Mai gekommen, genau zehn Tage nach Beginn der großen Westoffensive, am gleichen Tag, an dem die deutschen Panzer Abbeville erreichten. Jodl hielt in seinem Tagebuch fest: »Führer... befaßt sich mit dem Friedensvertrag... Erste Verhandlungen im Wald von Compiègne.« Am Spätnachmittag des 19. Juni fuhr ich dort hinaus und traf deutsche Pioniere dabei an, wie sie die Mauer der Gedenkstätte einrissen, die man um Marschalls Fochs alten Salonwagen errichtet hatte, in dem 1918 der Waffenstillstand unterzeichnet wurde. Als ich wieder wegfuhr, hatten die Pioniere mit Hilfe von Preßluftbohrern die Mauer niedergelegt und waren im Begriff, den Wagen auf das Gleis in der Mitte der Lichtung zu stellen, genau auf den Platz, wo er, wie sie mir sagten, am 11. November 1918, 5 Uhr früh, gestanden habe, als die deutschen Abgesandten auf Fochs Geheiß ihre Unterschriften unter das Waffenstillstandsabkommen setzten.

Und so kam es, daß ich am Nachmittag des 21. Juni am Rand der Lichtung stand, um Hitler bei dem jüngsten und größten seiner Triumphe zu beobachten, von denen ich im Laufe meiner Arbeit während der vergangenen Jahre so viele miterlebt hatte. Es war ein schöner Sommertag. Eine warme Junisonne schien auf die stattlichen Bäume herab, die die zu der kleinen kreisförmigen Lichtung führenden Alleen angenehm beschatteten. Punkt 15.15 Uhr traf Hitler in seinem großen Mercedes ein, begleitet von Göring, Brauchitsch, Keitel, Raeder, Ribbentrop und Heß, alle in ihren verschiedenen Uniformen, während Göring, der einzige Feldmarschall, seinen Marschallstab schwenkte. Etwa 200 Meter von mir entfernt entstiegen sie ihren Wagen, genau vor dem Elsaß-Lothringen-Denkmal, das mit deutschen Kriegsflaggen behangen war, damit der Führer das lange Schwert nicht sah, das Schwert der siegreichen Alliierten von 1918, das einen – das Hohenzollernreich symbolisierenden – sterbenden Adler durchbohrte. Hitler warf einen Blick auf das Denkmal und schritt weiter.

Ich beobachtete seinen Gesichtsausdruck [schrieb ich in mein Tagebuch]. Er war ernst und feierlich. Es sprach auch aus ihm, ebenso wie aus seinem federnden Schritt, etwas vom Triumph des Eroberers, des Herausforderers der Welt. Und noch etwas anderes sprach aus ihm ... eine Art spöttischer Freude über diese große Schicksalswende – eine Wende, die er selbst herbeigeführt hatte.

Als er zu der kleinen Lichtung gelangte, in deren Mitte die Führerstandarte aufgepflanzt wurde, machte man ihn auf einen etwa achtzig Zentimeter aus dem Boden ragenden Granitblock aufmerksam.

Hitler ging, von den anderen gefolgt, langsam auf ihn zu [ich lasse weiter mein Tagebuch sprechen] und betrachtete die in großen Lettern eingemeißelte (französische) Inschrift:

»HIER ZERBARCH AM 11. NOVEMBER 1918 DER VERBRECHERISCHE STOLZ DES DEUTSCHEN REICHES, BEZWUNGEN VON DEN FREIEN VÖLKERN, DIE ES ZU VERSKLAVEN SUCHTE.«

Hitler liest sie, Göring liest sie. Alle lesen sie. Schweigend stehen sie im Licht der Junisonne. Ich stehe etwa fünfzig Meter entfernt und beobachte sein Gesicht durch meinen Feldstecher. Ich habe dieses Gesicht viele Male in den großen Momenten seines Lebens gesehen. Aber heute! Es spiegelt Spott, Zorn, Haß, Rachsucht, Triumph wider.

Er wendet sich von dem Monument ab, und es gelingt ihm meisterhaft, selbst noch in diese Geste seine Verachtung zu legen. Er blickt noch einmal zurück, verächtlich, zornig – zornig, weil er, man spürt es fast, die schreckliche, provozierende Inschrift nicht mit einem Wisch seines hohen preußischen Stiefels auslöschen kann[36]*. Langsam blickt er in der Lichtung umher ... Plötzlich, als genüge ihm sein Gesicht nicht, seinen Gefühlen vollkommen Ausdruck zu geben, bringt er ruckartig seinen ganzen Körper in Einklang mit seiner Stimmung. Er stemmt hastig seine Hände gegen die Hüften, zieht die Schultern hoch und spreizt die Beine weit auseinander. Eine prachtvolle Geste des*

Trotzes, der glühenden Verachtung für diesen Platz und all das, was er in den 22 Jahren bedeutet hat, seitdem hier das Deutsche Reich gedemütigt wurde.

Hitler betrat dann mit seiner Begleitung den Eisenbahnwagen und nahm auf demselben Stuhl Platz, auf dem Foch 1918 gesessen hatte. Fünf Minuten später traf die von General Charles Huntziger, dem Kommandeur der 2. Armee in Sedan, angeführte französische Delegation ein. Ihr gehörten ferner ein Admiral, ein General der Luftstreitkräfte und ein Zivilist, Léon Noël, an. Dieser, der frühere französische Botschafter in Polen, war zum zweiten Mal Zeuge einer durch deutsche Waffen herbeigeführten Niederlage. Die Franzosen waren erschüttert, bewahrten aber Würde, wie Halder nach einer Schilderung des Augenzeugen Brauchitsch notierte. Es war ihnen nicht gesagt worden, daß sie zu dem Heiligtum französischen Stolzes geführt werden sollten, und solche Demütigung bewirkte bei ihnen den von Hitler zweifellos beabsichtigten Schock. Doch entgegen damaliger Berichte bemühten sie sich, wie wir heute aus den amtlichen deutschen Protokollen wissen[37], Hitlers Bedingungen in ihren härtesten Partien abzumildern und diejenigen, die sie für unvereinbar mit Frankreichs Ehre hielten, zu eliminieren. Aber vergebens.

Nachdem Keitel die Präambel zu den Waffenstillstandsbedingungen verlesen hatte, verließen Hitler und seine Begleiter den Wagen. Nur Keitel blieb zurück, der die Verhandlungen weiterführen sollte, aber von den Bedingungen, die er selbst entworfen hatte, keinen Zollbreit abweichen durfte.

Sobald Huntziger die Bedingungen gelesen hatte, sagte er, sie seien »hart und unbarmherzig«, viel schlimmer als diejenigen, die Frankreich im Jahre 1918 der deutschen Delegation überreicht habe. Wenn zudem ein anderes Land jenseits der Alpen (Huntziger sprach in seiner Verachtung für Italien nicht einmal den Namen des Landes aus), von dem Frankreich nicht geschlagen worden sei, ähnliche Forderungen stelle, werde Frankreich sie unter keinen Umständen annehmen, sondern bis zum bitteren Ende kämpfen. Es sei ihm daher unmöglich, seine Unterschrift unter das Waffenstillstandsabkommen zu setzen.

General Jodl, der vorübergehend die Verhandlungen führte, hatte solche trotzigen Worte von einem hoffnungslos geschlagenen Gegner nicht erwartet. Er erwiderte, er habe zwar »Verständnis« für Huntzigers Äußerungen über die Italiener, gleichwohl stehe es nicht in seiner Macht, etwas an den Bedingungen des Führers zu ändern. Er könne bestenfalls »Erläuterungen geben und unklare Punkte klären«. Die Franzosen müßten das Dokument, so wie es vorliege, unterzeichnen.

Die Deutschen waren ärgerlich, daß die französische Delegation keine Befugnis hatte, ein Waffenstillstandsabkommen ohne ausdrückliche Genehmigung der Regierung in Bordeaux abzuschließen. Dank einer technischen Wunderleistung und wohl auch mit etwas Glück gelang es, eine Telefonverbindung über die Kampflinien hinweg zwischen dem alten Salonwagen und Bordeaux herzustellen. Die französischen Delegierten durften sich dann mit ihrer Regierung über die Waffenstillstandsbedingungen besprechen.

Dolmetscher Dr. Schmidt erhielt den Auftrag, das Gespräch im Nachrichtenwagen abzuhören. Am folgenden Tag gelang es mir, einen Teil der deutschen Bandaufnahme der Unterredung zwischen Huntziger und Weygand zu hören.

Zu Ehren Weygands, der für den französischen Defätismus, die Kapitulation und den Bruch mit England weitgehend verantwortlich ist, muß gesagt werden, daß er zumindest scharfe Einwände gegen viele der deutschen Forderungen erhob. Eine der schändlichsten Bedingungen forderte von den Franzosen die Auslieferung sämtlicher deutschen Emigranten, die in Frankreich oder seinen überseeischen Gebieten lebten. Weygand nannte sie entehrend und wies auf das traditionelle französische Asylrecht hin. Aber als die Frage am nächsten Tag zur Sprache kam, ließ der arrogante Keitel nicht mit sich reden. »Die deutschen Emigranten«, rief er aus, »sind die größten Kriegshetzer, sie haben ihr eigenes Volk verraten.« Sie seien »unter allen Umständen« auszuliefern. Gegen eine andere Klausel protestierten die Franzosen nicht: Sie lautete dahingehend, daß französische Staatsbürger, die auf seiten eines anderen Landes gegen Deutschland kämpften, im Falle der Gefangennahme als »Franktireurs« behandelt, d. h. standrechtlich erschossen werden würden. Dies richtete sich gegen de Gaulle, der sich bereits bemühte, in England eine Streitmacht der Freien Franzosen aufzustellen, und sowohl Weygand wie Keitel waren sich bewußt, daß sie damit in grober Weise gegen die primitivsten Kriegsregeln verstießen. Auch erhoben die Franzosen keinen Einwand gegen eine Klausel, nach der alle französischen Kriegsgefangenen bis zum Friedensschluß in deutschem Gewahrsam bleiben sollten. Weygand war überzeugt, daß England in drei Wochen erobert werden würde und daß dann die französischen Kriegsgefangenen freikämen. So verurteilte er 1,5 Millionen Franzosen zu fünfjähriger Kriegsgefangenschaft.

Der heikelste Punkt war die Verfügung über die französische Flotte. Churchill hatte dem zusammenbrechenden Frankreich angeboten, es von seiner Verpflichtung, keinen Separatfrieden zu schließen, zu entbinden, wenn es seine Flotte in britische Häfen überführe. Hitler war entschlossen, es nicht dahin kommen zu lassen; wie er schon Mussolini am 18. Juni gesagt hatte, war er sich vollauf bewußt, daß sonst England eine unermeßliche Stärkung erfahren würde. Bei dem, was auf dem Spiele stand, mußte er dem geschlagenen Gegner ein Zugeständnis oder zumindest eine Zusicherung machen. So sah denn das Waffenstillstandsabkommen vor, daß die französische Flotte zu demobilisieren und zu entwaffnen sei und daß die Schiffe in ihren Heimathäfen abzutakeln seien. Dafür erklärte

die Deutsche Regierung ... der Französischen Regierung feierlich, daß sie nicht beabsichtigt, die französische Kriegsflotte, die sich in den unter deutscher Kontrolle stehenden Häfen befindet, im Kriege für ihre Zwecke zu verwenden ... Sie erklärt weiterhin feierlich und ausdrücklich, daß sie nicht beabsichtigt, eine Forderung auf die französische Kriegsflotte bei Friedensschluß zu erheben[38].

Wie fast alle Versprechen Hitlers wurde auch dieses bald gebrochen.

Schließlich beließ Hitler den Franzosen eine unbesetzte Zone im Süden und Südosten, in der die französische Regierung angeblich frei walten sollte. Das war ein schlauer Schachzug. Nicht nur würde hierdurch Frankreich geographisch und verwaltungsmäßig geteilt werden, es mußte auch die Bildung einer französischen Exilregierung erschweren, wenn nicht gar vereiteln, und alle Pläne der Politiker in Bordeaux, den Regierungssitz nach Nordafrika zu verlegen, zunichte machen. Diese Absicht bestand nämlich und wäre beinahe verwirklicht worden, doch wurde sie durchkreuzt, und zwar nicht von den Deutschen, sondern von den französischen Defätisten: Pétain, Weygand, Laval und Anhängern. Hitler wußte, daß die Leute, die jetzt die französische Regierung in Bordeaux in die Hand nahmen, Gegner der Demokratie in Frankreich waren und daß sie möglicherweise bei der Errichtung der nationalsozialistischen Neuordnung in Europa mitwirken würden.

Dennoch dehnten die französischen Delegierten in Compiègne die Verhandlungen auch am zweiten Tag in die Länge. Einer der Gründe dafür war, daß Huntziger von Weygand nicht eine Ermächtigung, sondern den Befehl zur Unterschrift verlangte – niemand in Frankreich wollte die Verantwortung übernehmen. Um 18.30 Uhr schließlich stellte Keitel ein Ultimatum: Die Franzosen hätten sich innerhalb einer Stunde zu entscheiden, ob sie die deutschen Bedingungen annähmen oder nicht. Die französische Regierung kapitulierte. Am 22. Juni 1940, 18.50 Uhr, unterzeichneten Huntziger und Keitel das Waffenstillstandsabkommen[39].

Ich hörte die Schlußszene mit an, da sie über die im Salonwagen verborgenen Mikrophone vom Nachrichtenwagen aufgenommen wurde. Kurz vor der Unterzeichnung sagte der französische General mit zitternder Stimme, er möchte noch eine persönliche Erklärung abgeben. Während er sprach, stenographierte ich in Französisch mit:

Ich erkläre hiermit, daß die französische Regierung mir befohlen hat, diese Waffenstillstandsbedingungen zu unterzeichnen ... Durch die Entscheidung der Waffen gezwungen, den Kampf aufzugeben, in den wir uns an der Seite der Alliierten eingelassen haben, ist Frankreich sich bewußt, daß ihm sehr harte Bedingungen auferlegt werden. Frankreich darf mit Recht erwarten, daß Deutschland bei den künftigen Verhandlungen einen Geist zeigen wird, der den beiden großen Nachbarländern erlaubt, in Frieden miteinander zu leben und zu arbeiten.

Zu den Verhandlungen – um einen Friedensvertrag – kam es nie, aber der Geist, in dem das Dritte Reich sie geführt haben würde, wenn sie stattgefunden hätten, offenbarte sich bald in der immer drückender werdenden Besetzung und in dem wachsenden Zwang auf die servile Pétain-Regierung.

Als die französischen Delegierten den Salonwagen verließen und wegfuhren, setzte leichter Regen ein. Auf der Straße, die durch den Wald führte, konnte man einen endlosen Strom von Flüchtlingen sehen, die sich auf müden Beinen, Fahrrädern, Karren oder – wenn sie Glück hatten – auf alten Lastwagen heimwärts bewegten. Eine fröhlich

lärmende Gruppe deutscher Pioniere war bereits dabei, den alten Salonwagen in Gang zu bringen.
»Wohin?« fragte ich.
»Nach Berlin[40]!«

Zwei Tage später wurde in Rom der französisch-italienische Waffenstillstand abgeschlossen. Mussolini wurde nur die Besetzung des von seinen Truppen eroberten, ein paar hundert Meter breiten Streifens französischen Gebiets sowie eine 75 km tiefe entmilitarisierte Zone in Frankreich und Tunesien zugestanden. Die Unterzeichnung fand am 24. Juni, 19.35 Uhr, statt. Sechs Stunden später schwiegen in Frankreich die Geschütze. Vom Nordkap bis Bordeaux, vom Ärmelkanal bis zum Bug standen deutsche Truppen. Adolf Hitler hatte den Zenit erreicht. Das einzige, was ihm und der Errichtung der deutschen Hegemonie in Europa unter seiner Diktatur im Wege stand, waren ein nicht zu erschütternder Engländer, Winston Churchill, und das von ihm geführte Volk, beide entschlossen, sich mit der ihnen ins Gesicht starrenden Niederlage nicht abzufinden. Sie standen jetzt allein da, praktisch unbewaffnet, während ihre Insel von der mächtigsten Kriegsmaschine, die die Welt je gesehen hatte, belagert war.

HITLER MÖCHTE FRIEDEN MACHEN

Zehn Tage nach Beginn der Westoffensive, am Abend jenes Tages, an dem die deutschen Panzer Abbeville erreichten, hatte General Jodl seiner Tagebuchnotiz, daß der Führer »außer sich vor Freude« sei, noch angefügt: »Befaßt sich mit dem Friedensvertrag ... Die Engländer können jederzeit Sonderfrieden haben nach Rückgabe der Kolonien.« Das war am 20. Mai gewesen. In den Wochen danach scheint Hitler nicht daran gezweifelt zu haben, daß England auf Friedensschluß bedacht sein werde, wenn erst Frankreich geschlagen sei. Seine Bedingungen waren – vom deutschen Standpunkt aus betrachtet – äußerst großzügig, zumal in Anbetracht der Schläge, die die Engländer in Norwegen und Frankreich hatten einstecken müssen. Er hatte die Bedingungen am 24. Mai General Rundstedt genannt und dabei seine Bewunderung für das Britische Empire ausgesprochen und betont, wie »notwendig« sein Bestehen sei. Er wolle von London, sagte er, lediglich freie Hand auf dem Kontinent zugesichert haben.
Hitler war so überzeugt davon, daß die Engländer darin einwilligen würden, daß er nicht einmal nach dem Zusammenbruch Frankreichs Vorkehrungen für die Fortsetzung des Krieges gegen England traf, und der Generalstab, der angeblich mit preußischer Gründlichkeit von vornherein jede Möglichkeit mit einplante, gab sich keine Mühe, Pläne auszuarbeiten. In Halders umfangreichen Tagebucheintragungen aus jener Zeit findet sich kein Wort darüber. Mehr Sorge als über die Engländer machte sich der Generalstabschef über die Gefahr, die dem Balkan und dem Ostseeraum von seiten der Russen drohte.

Warum sollte auch Großbritannien allein gegen eine hoffnungslose Übermacht ankämpfen? Zumal wenn es einen Frieden haben konnte, der es, im Gegensatz zu Frankreich, Polen und den anderen besiegten Ländern, unangetastet, unversehrt und im Besitz seiner Freiheit lassen würde? Das war eine Frage, die man sich vielleicht anderswo gestellt hätte, nicht aber in *Downing Street*, wo sie, wie Churchill später schrieb, nicht einmal erörtert wurde, da die Antwort von vornherein feststand[41]. Aber dies wußte der deutsche Diktator nicht, und als Churchill öffentlich erklärte, England werde die Segel nicht streichen, glaubte Hitler offenbar nicht daran. Er glaubte es nicht einmal am 4. Juni, als Churchill nach der Räumung Dünkirchens seine berühmte Rede über die Entschlossenheit Englands, weiterzukämpfen, hielt, ja nicht einmal am 18. Juni, als Churchill, nachdem Pétain um Waffenstillstand ersucht hatte, im Unterhaus wiederholte, England sei bereit, unter allen Umständen weiterzukämpfen, »so daß, wenn das Britische Empire und Commonwealth nach tausend Jahren noch besteht, die Menschen sagen werden: ›Dies war ihre größte Stunde.‹«

Das mochten indes lediglich schwungvolle Worte eines begabten Redners sein. Jedenfalls dürfte es Hitler, der selbst ein glänzender Redner war, angenommen haben. In dieser Auffassung dürfte er auch durch Sondierungen in neutralen Hauptstädten und durch nunmehr von da ausgehende Friedensappelle bestärkt worden sein. Am 28. Juni erhielt er vom Papst eine vertrauliche Botschaft – eine ähnliche ging an Mussolini und Churchill – mit der der Heilige Vater sich als Vermittler für »einen gerechten und ehrenhaften Frieden« anbot, allerdings erklärte, er wolle sich, bevor er diesen Schritt tue, vertraulich vergewissern, wie sein Angebot aufgenommen werden würde[42]. Auch der König von Schweden bot sich London und Berlin zur Friedensvermittlung an.

In den Vereinigen Staaten gab die deutsche Botschaft unter Leitung des Geschäftsträgers Hans Thomsen jeden ihr verfügbaren Dollar dafür aus, die Isolationisten in ihrem Bestreben, Amerika vom Kriege fernzuhalten, zu unterstützen, um England zu entmutigen. Die erbeuteten Akten des deutschen Auswärtigen Amts enthalten zahllose Berichte Thomsens über die Bemühungen der Botschaft, die öffentliche Meinung Amerikas zugunsten Hitlers umzustimmen. In jenem Sommer wurden die Parteikonvente abgehalten, und Thomsen scheute keine Mühe, die Parteien, insbesondere die Republikaner, bei der Aufstellung ihrer außenpolitischen Programme zu beeinflussen.

Churchill war, wie er in seinen Erinnerungen schreibt, etwas beunruhigt über die von Schweden, Amerika und dem Vatikan ausgehenden Friedensfühler, und da er überzeugt war, Hitler werde versuchen, sie nach Kräften propagandistisch auszunutzen, traf er Gegenmaßnahmen. Als er erfuhr, daß der deutsche Geschäftsträger in Washington, Thomsen, sich um eine Unterredung mit dem dortigen britischen Boschafter bemüht habe, kabelte er diesem, er solle unter keinen Umständen in irgendeiner Form auf Annäherungsversuche des deutschen Geschäftsträgers reagieren[43].

Dem König von Schweden, der Großbritannien zur Annahme eines Friedensvorschlags gedrängt hatte, erteilte Churchill eine grimmige Antwort:

Ehe solche Vorschläge oder Ersuchen überhaupt erwogen werden können, wäre es notwendig, daß Deutschland durch Taten, nicht durch Worte wirksame Garantien für die Wiederherstellung der Freiheit und Unabhängigkeit der Tschechoslowakei, Polens, Norwegens, Dänemarks, Hollands, Belgiens und vor allem Frankreichs gäbe ...[44].

Das war der Kernpunkt, darauf kam es Churchill an, und offenkundig dachte auch sonst niemand in London daran, einen Frieden zu schließen, durch den Englands Bestand erhalten, jedoch die von Hitler eroberten Länder für dauernd versklavt werden würden. Aber dies wurde in Berlin nicht begriffen. Dort, besonders in der Wilhelmstraße und der Bendlerstraße, glaubte man zuversichtlich, der Krieg sei so gut wie vorüber.

Während der zweiten Junihälfte und der ersten Julitage wartete Hitler auf ein Zeichen aus London, daß die britische Regierung bereit sei, einzulenken und Frieden zu schließen. Am 1. Juli äußerte er gegenüber dem neuen italienischen Botschafter Dino Alfieri[45], er könne sich nicht vorstellen, daß in England irgendwer noch ernsthaft an den Sieg glaube[46]. Es seien deutscherseits keine Vorbereitungen für die Fortsetzung des Krieges gegen England getroffen worden.

Doch schon am nächsten Tag, dem 2. Juli, erging vom OKW die erste diesbezügliche Weisung: Der Führer habe entschieden, daß eine Landung in England möglich sei, vorausgesetzt, daß die Luftherrschaft erlangt werde und gewisse andere Vorbedingungen erfüllt würden. Ein Angriffstermin wurde noch nicht bestimmt, doch sollte mit den Vorbereitungen unverzüglich begonnen werden. Hitlers Zögern und seine Auffassung, daß die Operation nicht nötig sein werde, geht aus dem Schlußsatz der Weisung hervor, in dem es heißt, bei allen Vorbereitungen sei davon auszugehen, daß die Landung vorerst lediglich ein Plan und noch nicht beschlossene Sache sei[47].

Als Ciano am 7. Juli Hitler in Berlin sah, hatte er den Eindruck, daß der Führer sich nur schwer zu einem Entschluß durchringen konnte.

Er neigt [zwar] dazu, den Kampf fortzusetzen, und will einen Sturm von Feuer und Eisen auf die Engländer loslassen. Aber der Entschluß ist noch nicht endgültig gefaßt worden, und darum verschiebt er die Rede, bei der er nach seinen eigenen Aussagen jedes Wort auf die Goldwaage legen will[48].

Am 11. Juli begann Hitler, die Oberbefehlshaber nach ihrer Meinung über eine Landung in England auszuforschen. An diesem Tage hatte er eine lange Unterredung mit Admiral Raeder, dessen Flotte die Landungsarmee über den Kanal zu befördern gehabt hätte. Doch beide scheuten sich, das Problem ernsthaft anzuschneiden.

Nach Raeders Aufzeichnung über die Besprechung[49] war Hitler etwas gedrückter Stimmung. »Führer beabsichtigt Reichstagsrede, fragt, ob ObdM sich Wirkung verspricht.« Raeder erwiderte, er »glaube an Wirkung«, sofern »starke Luftangriffe auf Hauptzentren« in England vorausgegangen seien. Der Admiral erinnerte Hitler daran, daß die RAF »konzentrierte Angriffe« auf die deutschen Hauptflottenstützpunkte in Wilhelmshaven, Hamburg und Kiel ausführe, und meinte, die deutsche Luftwaffe müsse sofort gegen England tätig werden. Aber zur Frage der Landung äußerte sich der Oberbefehlshaber der Marine ausgesprochen kühl.

ObdM sieht in Landung England nur das letzte *Mittel, um Engld. friedensbereit zu machen. Ist überzeugt, daß Absperrung von Seezufahrt durch U-Bootskrieg und Luftangriffe auf Geleitzüge sowie scharfe Luftangriffe auf englische Zentren Engld. auch ohnedies friedensbereit machen.*
ObdM kann daher Landung in Engld. nicht *wie s. Zt. Landung in Norwegen* von sich aus *propagieren.*

Anschließend erläuterte der Admiral eingehend alle mit einer solchen Landung verbundenen Schwierigkeiten, was Hitler ernüchtert haben dürfte. Ernüchtert – und auch wohl überzeugt. Denn Raeders Protokoll zufolge »sieht auch Führer in Landung nur das letzte Mittel«.
Zwei Tage später, am 13. Juli, trafen auf dem Berghof die Generale zu Besprechungen mit dem Obersten Befehlshaber ein. »Den Führer«, notierte Halder am Abend, »beschäftigt am stärksten die Frage, warum England den Weg zum Frieden noch nicht gehen will.« Doch die Gründe hierfür begannen ihm jetzt zum ersten Mal zu dämmern. Halder fährt fort:

Er sieht ebenso wie wir die Lösung dieser Frage darin, daß England noch eine Hoffnung auf Rußland hat. Er rechnet also damit, England mit Gewalt zum Frieden zwingen zu müssen. Er tut so etwas aber nicht gern. Begründung: Wenn wir England militärisch zerschlagen, zerfällt das britische Weltreich. Davon hat aber Deutschland keinen Nutzen. Wir würden mit deutschem Blut etwas erreichen, dessen Nutznießer nur Japan, Amerika und andere sind.

Am gleichen Tag schrieb Hitler an Mussolini und lehnte dankend das Angebot des Duce ab, italienische Truppen und Flugzeuge für die Landung in England zur Verfügung zu stellen. Aus diesem Brief geht hervor, daß Hitler endlich einen Entschluß zu fassen begann. Die merkwürdigen Engländer wollten einfach keine Vernunft annehmen.

Ich habe England so viele Angebote der Verständigung, ja der Zusammenarbeit, gemacht und bin so schmählich behandelt worden, daß ich auch jetzt überzeugt bin, daß jeder neue Vorschlag zur Vernunft die gleiche Ablehnung erfahren wird. In diesem Lande regiert eben zur Zeit nicht die Vernunft . . .[50].

Drei Tage darauf, am 16. Juli, traf der deutsche Kriegsherr schließlich seine Entscheidung. Er erließ die »Weisung Nr. 16: Vorbereitungen einer Landungsoperation gegen England[51]«.

Geheime Kommandosache *Führerhauptquartier, 16. Juli 1940*
Da England, trotz seiner militärisch aussichtslosen Lage, noch keine Anzeichen einer Verständigungsbereitschaft zu erkennen gibt, habe ich mich entschlossen, eine Landungsoperation gegen England vorzubereiten und, wenn nötig, durchzuführen.

Zweck dieser Operation ist es, das englische Mutterland als Basis für die Fortführung des Krieges gegen Deutschland auszuschalten und, wenn es erforderlich sein sollte, in vollem Umfang zu besetzen.

Das Unternehmen erhielt den Decknamen *Operation Seelöwe.* Die Vorbereitungen seien bis Mitte August abzuschließen.

Wenn es erforderlich sein sollte – hieß es in der Weisung. Obwohl Hitler mehr und mehr spürte, daß eine Landung erforderlich sein würde, war er sich also immer noch nicht ganz sicher. Das »Wenn« schwebte auch über seiner Reichstagsrede vom 19. Juli, mit der er England sein letztes Friedensangebot machte. Es war die letzte seiner großen Reichstagsreden, die ich an Ort und Stelle mithörte. Es war auch eine seiner besten. Am gleichen Abend schrieb ich meine Eindrücke nieder:

Der Hitler, den wir heute abend im Reichstag erlebten, war der Eroberer, der sich seiner Erfolge bewußt ist. Dennoch war er ein so großartiger Schauspieler und in seinem Eingehen auf die deutsche Mentalität so geschickt, daß er in hervorragender Weise das volle Selbstvertrauen des Eroberers mit jener Demut zu vermischen verstand, die der Masse bei dem Mann an der Spitze stets so gut gefällt. Heute sprach er leiser als sonst, nur selten hob er die Stimme, und nicht ein einziges Mal brach er in das hysterische Gebrüll aus, das ich von diesem Rednerpult so oft gehört habe.

Freilich war seine Rede gespickt mit Geschichtsfälschungen und kränkenden Äußerungen gegen Churchill persönlich. Aber im Ton war sie gemäßigt, bedenkt man die für Hitler glänzende Augenblickssituation, und raffiniert darauf angelegt, die Unterstützung nicht nur des eigenen Volkes, sondern auch der Neutralen zu gewinnen und den englischen Massen etwas zum Nachdenken zu geben.

Ich höre nun aus London nur ein Geschrei – es ist nicht das Geschrei der Massen, sondern der Politiker – daß der Kampf erst recht fortgesetzt werden müsse. Ich weiß nicht, ob diese Politiker schon die richtige Vorstellung von der kommenden Fortsetzung dieses Kampfes besitzen. Sie erklären allerdings, daß sie diesen Krieg weiterführen werden und, wenn England daran zugrunde ginge, eben von Kanada aus. Ich glaube kaum, daß dies so zu verstehen ist, daß das englische Volk nach Kanada geht, sondern es werden sich doch wohl nur die Herren Kriegsinteressenten nach Kanada zurückziehen. Das Volk wird, glaube ich, schon in England bleiben müssen. Und es wird den Krieg in London dann sicherlich mit anderen Augen ansehen als seine sogenannten Führer in Kanada.

Glauben Sie mir, meine Abgeordneten, ich empfinde einen inneren Ekel vor dieser Seite gewissenloser parlamentarischer Volks- und Staatenvernichter. So tut mir fast weh, wenn mich das Schicksal dazu ausersehen hat, das zu stoßen, was durch diese Menschen zum Falle gebracht wird . . . Natürlich nicht über Herrn Churchill, denn er wird ja dann sicherlich in Kanada sitzen, dort, wohin man ja das Vermögen und die Kinder der vornehmsten Kriegsinteressenten schon gebracht hat. Aber es wird für Millionen anderer

Menschen ein großes Leid entstehen. Und Herr Churchill sollte mir dieses Mal vielleicht ausnahmsweise glauben, wenn ich als Prophet jetzt folgendes ausspreche: Es wird dadurch ein großes Weltreich zerstört werden. Ein Weltreich, das zu vernichten oder auch nur zur schädigen niemals meine Absicht war ...

Nach diesen Ausfällen gegen den entschlossenen Churchill und nach dem Versuch, einen Keil zwischen ihn und das britische Volk zu treiben, gelangte Hitler zum Kernpunkt seiner langen Rede:

In dieser Stunde fühle ich mich verpflichtet vor meinem Gewissen, noch einmal einen Appell an die Vernunft auch in England zu richten. Ich glaube dies tun zu können, weil ich ja nicht als Besiegter um etwas bitte, sondern als Sieger nur für die Vernunft spreche. Ich sehe keinen Grund, der zur Fortsetzung dieses Kampfes zwingen könnte[52].

Genaueres sagte er nicht. Er machte keinerlei konkrete Friedensvorschläge, noch sprach er davon, was mit den jetzt in den eroberten Ländern unter dem Nazijoch lebenden 100 Millionen Menschen geschehen werde. Aber an jenem Abend gab es im Reichstag nur wenige, wenn überhaupt jemanden, der es für nötig hielt, in diesem Augenblick auf Einzelheiten einzugehen. Nach der Reichstagssitzung sprach ich eine ganze Anzahl Beamte und Offiziere, und keiner von ihnen zweifelte im geringsten daran, daß die Engländer dieses, wie sie im Ernst meinten, faire, ja großzügige Friedensangebot des Führers annehmen würden. Doch bald sollten diesen Leuten die Augen aufgehen.
Ich fuhr vom Reichstag direkt zum Rundfunk, um meinen Bericht über die Rede nach Amerika durchzugeben. Kaum hatte ich das Rundfunkhaus betreten, als ich eine Londoner BBC-Sendung in deutscher Sprache auffing. Es war – bereits eine Stunde später – die englische Antwort auf Hitlers Rede: Ein entschiedenes Nein!
In dem Raum des Funkhauses saßen auch ein paar Offiziere und Ministerialbeamte, die die BBC-Sendung mit Spannung verfolgten. Sie machten lange Gesichter. Sie trauten ihren Ohren nicht. »Begreifen Sie das?« rief einer zu mir herüber. »Jetzt noch den Frieden zurückweisen? Diese Engländer sind verrückt!«
Am gleichen Abend erlebte Ciano[53] die Wirkung der englischen Antwort auf viel höher gestellte Persönlichkeiten in Berlin. »Als am späten Abend«, schrieb er in sein Tagebuch, »die ersten eisigen englischen Reaktionen bekannt werden, verbreitet sich unter den Deutschen das Gefühl einer schlecht verhehlten Enttäuschung.«
Ganz anders dachte Mussolini, wie drei Tage später der nach Rom zurückgekehrte Ciano notierte:

Er ... definiert [Hitlers Rede] als »eine allzu geschickte Rede«. Er fürchtet, daß die Engländer in dieser Rede den Ausgangspunkt für Verhandlungen finden könnten. Das wäre für [Mussolini] ein großer Schmerz, denn er will den Krieg, heute mehr als jemals[54].

Der Duce, bemerkte später Churchill, »hätte sich nicht zu grämen brauchen. Was er an Krieg haben wollte, sollte ihm nicht vorenthalten werden[55].«

»Als wohlberechnetes Manöver, das deutsche Volk für den Kampf gegen England zu sammeln«, schrieb ich am Abend jenes Tages in mein Tagebuch, »war Hitlers Rede ein Meisterstück. Denn das deutsche Volk wird jetzt sagen: ›Hitler bietet England Frieden, ohne Bedingungen daran zu knüpfen. Er sagt, er sehe keinen Grund zur Fortsetzung des Krieges. Wenn er dennoch fortgesetzt wird, dann ist es Englands Schuld.‹« Und war dies – England die Schuld zu geben – der Hauptanlaß zu seiner Rede? Drei Tage vorher hatte er die Weisung Nr. 16 zur Vorbereitung der Landung in England erlassen. Und noch früher hatte er es zwei italienischen Vertrauten gegenüber, Alfieri und Ciano, unumwunden eingestanden. Dem Botschafter hatte er am 1. Juli gesagt:

... So sei es stets eine gute Taktik, dem Gegner vor der öffentlichen Meinung in Deutschland und der des Auslandes die Schuld für die weitere Entwicklung der Dinge zuzuschieben. Dies stärke die eigene und schwäche die feindliche Moral. Eine Unternehmung, wie sie Deutschland plane, würde sehr blutig verlaufen ... Daher müsse man in der öffentlichen Meinung die Überzeugung erwecken, daß vorher alles geschehen sei, um diese Schrecken abzuwenden ...
Der Führer führte weiter aus, daß er sich bei seiner Rede am 6. Oktober [als er nach Beendigung des Polenfeldzugs dem Westen ein Friedensangebot machte] ebenfalls von dem Gedanken habe leiten lassen, die Verantwortung der Gegenseite für alles Kommende festzulegen. Dadurch habe er damals gewissermaßen den Krieg bereits gewonnen gehabt, ehe er noch richtig begonnen hätte. Auch jetzt beabsichtige er aus psychologischen Gründen, die zu unternehmenden Schritte sozusagen moralisch zu untermauern[56].

Eine Woche später, am 8. Juli, vertraute Hitler Ciano an, er würde

noch eine Demonstration machen, um bei Fortführung des Krieges – er glaube, daß dies die einzige in Frage kommende Möglichkeit sei – eine psychologische Wirkung ... beim englischen Volk zu erzielen ... So würde es auch jetzt gelingen, durch einen geschickten Appell an das englische Volk die englische Regierung weiter in England zu isolieren[57].

Es gelang indes nicht. Seine Rede vom 19. Juli wirkte zwar auf das deutsche Volk, nicht aber auf das englische. Am 22. Juli lehnte Lord Halifax in einer Rundfunkrede Hitlers Friedensangebot offiziell ab. Obwohl dies zu erwarten gewesen war, versetzte es der Wilhelmstraße einen Stoß, wie ich an jenem Nachmittag an vielen ärgerlichen Gesichtern feststellen konnte. »Lord Halifax«, erklärte uns der Regierungssprecher, »hat das Friedensangebot des Führers zurückgewiesen. Meine Herren, das bedeutet Krieg!«
Das war nun leichter gesagt als getan. In Wahrheit hatten weder Hitler, noch das OKW, noch die Generalstäbe von Heer, Marine und Luftwaffe jemals ernsthaft darüber nachgedacht, wie ein Krieg gegen Großbritannien zu führen und zu gewinnen sei. Jetzt, im Hochsommer 1940, wußten sie nicht, was sie mit ihrem glänzenden Erfolg anfangen sollten; sie hatten keine Pläne und auch kaum den Willen, die größten militärischen Siege in der Geschichte ihrer kriegerischen Nation auszunutzen. Hierin lag eines der

großen Paradoxa des Dritten Reiches. Genau in dem Augenblick, in dem Hitler auf dem Höhepunkt seiner militärischen Macht stand, als ihm der größte Teil des europäischen Kontinents zu Füßen lag, als seine siegreichen Armeen von den Pyrenäen bis zum Polarkreis, vom Atlantik bis zur Weichsel standen, ausgeruht und zu weiterem Handeln bereit, hatte er keine Vorstellung davon, wie er fortfahren und den Krieg zum siegreichen Abschluß bringen sollte. Auch seine Generale, von denen jetzt zwölf den Marschallstab trugen, hatten sie nicht.

Natürlich gibt es dafür einen Grund, über den wir uns damals nicht im klaren waren. Den Deutschen fehlte, trotz ihrer militärischen Begabung, eine große strategische Konzeption. Ihr Blickfeld war beschränkt – und immer beschränkt gewesen – auf die Landkriegführung gegen die Nachbarvölker auf dem europäischen Kontinent. Ihre Armeen hätten die schwachen Landstreitkräfte in England innerhalb einer Woche zerschlagen können, wenn sie in der Lage gewesen wären, nach England zu gelangen. Aber dazwischen lag die Meerenge von Dover, die in ihrer Vorstellung, als der herrliche Sommer zu Ende ging, sich als ein Hindernis darstellte, das ihnen unüberwindlich schien.

XXII

Unternehmen Seelöwe: Die vereitelte Landung in England

»Der deutsche Endsieg auch über England ist nur mehr eine Frage der Zeit«, schrieb General Jodl, Chef des Wehrmachtführungsstabes am 30. Juni 1940. »Feindliche Angriffsoperationen größeren Stiles sind nicht mehr möglich.«

Der von Hitler hochgeschätzte Stratege war zuversichtlich und selbstzufrieden. Eine Woche vorher hatte Frankreich kapituliert und das scheinbar hilflose England alleingelassen. Am 15. Juni hatte Hitler den Generalen gesagt, er wolle von den 160 Divisionen des Heeres einen Teil demobilisieren – »Umbau auf 120 Divisionen«. Halder schrieb hierzu in sein Tagebuch: »Voraussetzung für diese Weisung ist die Annahme, daß mit dem bevorstehenden Zusammenbruch des Feindes die Aufgabe des Heeres erfüllt ist... Der Kriegsmarine und der Luftwaffe wird dann die Aufgabe zufallen, den Krieg gegen England allein weiterzuführen.«

Die Wahrheit war, daß das Heer wenig Interesse für die Weiterführung des Krieges gegen England zeigte. Auch Hitler selbst machte sich darüber nicht viel Gedanken. Am 17. Juni ließ Oberst Warlimont, Jodls Stellvertreter, die Marine wissen: »Hinsichtlich der Landung in England hat der Führer... bis jetzt keine derartige Absicht geäußert... Daher sind bis zu diesem Zeitpunkt im OKW keinerlei Vorbereitungen getroffen worden[1].«

Vier Tage später, am 21. Juni, genau in dem Augenblick, als Hitler in Compiègne den Salonwagen betrat, um Frankreich zu demütigen, wurde dem Oberkommando der Kriegsmarine mitgeteilt: »Generalstab [des Heeres] befaßt sich nicht mit England-Frage. Hält Durchführung für unmöglich. Kann sich nicht vorstellen, wie Operation vom Südraum aus vor sich gehen soll... Generalstab verwirft Operation[2].«

In keinem der drei Wehrmachtteile konnte sich irgendeiner der talentierten Operationsplaner vorstellen, auf welche Weise man in England landen sollte, obwohl es natürlich die Marine war, die sich als erste darüber Gedanken gemacht hatte. Schon am 15. November 1939, als Hitler sich vergeblich bemühte, die Generale zu einer Offensive im Westen anzuspornen, gab Raeder der Seekriegsleitung Anweisung, »die Möglichkeit einer Landung in England zu prüfen, eine Möglichkeit, die sich ergeben könnte, wenn durch den weiteren Verlauf des Krieges gewisse Voraussetzungen geschaffen sind[3]«. Es war das erste Mal in der deutschen Geschichte, daß ein militärischer Stab aufgefordert wurde, eine solche Aktion auch nur zu erwägen. Wahrscheinlich unternahm Raeder diesen Schritt hauptsächlich deshalb, weil er irgendeinem plötzlichen Einfall des unberechenbaren Führers zuvorkommen wollte. Aus den Akten geht nicht hervor, daß Hitler etwas davon wußte oder darüber befragt wurde. Zu jener Zeit war das Äußerste, womit sich seine Gedanken beschäftigten, die Erlangung von Luft- und Flottenstützpunkten in Holland, Belgien und Frankreich zur Verschärfung der Blockade gegen die britischen Inseln.

Im Dezember 1939 begannen auch die Generalstäbe von Heer und Luftwaffe sich mit der Frage einer Invasion Englands zu befassen. Zwischen den drei Wehrmachtteilen kam es zum Austausch recht verschwommener Ideen, die denn auch nicht sehr weit gediehen. Im Januar 1940 lehnten Marine und Luftwaffe einen Plan des Heeres als unrealistisch ab. Die Marine bemängelte, daß der Plan die Stärke Englands zur See nicht in Rechnung ziehe, die Luftwaffe, daß er die RAF unterschätze. »Daher muß eine kombinierte Operation mit dem Ziel einer Landung in England abgelehnt werden«, hieß es in der Stellungnahme des Generalstabes der Luftwaffe[4]. Später vertraten Göring und seine Mitarbeiter eine gegenteilige Ansicht.

Die erste Erwähnung, daß Hitler mit der Möglichkeit einer Landung in England konfrontiert wurde, taucht in den deutschen Akten am 21. Mai 1940 auf, einen Tag nach dem Panzerdurchbruch bis Abbeville an der Kanalküste. Raeder erörterte mit ihm »privatim« »die Möglichkeit einer späteren Landung in England[5]«. Da die Marine an den ruhmreichen Siegen von Heer und Luftwaffe im Westen keinen Anteil hatte, suchte Raeder verständlicherweise nach Mitteln und Wegen, seinen Wehrmachtteil wieder ins Licht zu rücken. Aber Hitlers Gedanken kreisten um die Kesselschlacht im Norden und um die im Süden sich bildende Somme-Front. Mit Dingen, die über diese beiden unmittelbaren Aufgaben hinausgingen, wollte er die Generale nicht stören.

Doch die wenig beschäftigten Marineoffiziere prüften weiterhin das Landungsproblem, und am 27. Mai trat Konteradmiral Fricke, Chef der Operationsabteilung des OKM, mit einem neuen Plan hervor: *Studie England*. Man begann auch mit Vorarbeiten, sammelte Schiffe an und dachte an den Bau von Landungsfahrzeugen, an denen es der deutschen Marine völlig gebrach. In diesem Zusammenhang tauchte wieder der Wirtschaftsphantast Dr. Gottfried Feder auf, der einst Hitler geholfen hatte, das Parteiprogramm zu entwerfen, und jetzt Staatssekretär im Reichswirtschaftsministerium war, wo man freilich mit seinen verrückten Ideen kurzen Prozeß machte. Er legte den Entwurf für ein Fahrzeug vor, das er »Kriegskrokodil« nannte. Es war eine Art Betonkahn mit Selbstantrieb, der angeblich 200 Mann mit voller Ausrüstung oder mehrere Panzer oder Geschütze aufnehmen, auf jeden Strand hinaufrollen und den zu landenden Truppen und Fahrzeugen Deckung geben konnte. Der Entwurf wurde vom OKM und sogar von Halder, der ihn in seinem Tagebuch erwähnt, ganz ernst genommen und am 20. Juni lang und breit zwischen Hitler und Raeder erwogen. Aber schließlich wurde doch nichts daraus.

In den Augen der Admirale schien gegen Ende Juni auch aus der Landung selbst nichts zu werden. Anschließend an seinen Auftritt in Compiègne am 21. Juni begab sich

Hitler mit einigen alten Gefährten auf eine Rundreise, um sich zunächst kurz die Sehenswürdigkeiten von Paris anzusehen[6] und dann die Schlachtfelder zu besichtigen – die des Ersten Weltkrieges, in dem er Meldegänger gewesen war. In seiner Begleitung befand sich auch sein damaliger Hauptfeldwebel, Max Amann, inzwischen ein millionenschwerer Verleger. Der weitere Verlauf des Krieges – insbesondere die Frage, wie der Kampf gegen England fortzusetzen sei – schien die geringste seiner Sorgen zu sein. Vielleicht glaubte er auch nur, mit dieser kleinen Sache bereits fertig zu sein, da nun die Engländer wohl zur »Vernunft« kommen und Frieden schließen würden.

Erst am 29. Juni kehrte Hitler in sein Hauptquartier zurück, das nunmehr westlich von Freudenstadt im Schwarzwald lag und *Tannenberg* hieß. Am nächsten Tag vertiefte er sich, wieder den Boden der Tatsachen unter den Füßen, in Jodls Denkschrift: *Die Weiterführung des Krieges gegen England*[7]. Wenn Jodl auch in seinem fanatischen Glauben an das Genie des Führers im OKW nur noch von Keitel übertroffen wurde, so war er doch, sich selbst überlassen, ein kluger Stratege. Doch zur Zeit teilte er die allgemeine Auffassung im OKW, daß der Krieg gewonnen und so gut wie vorüber sei. Wenn England dies nicht erkannte, würde man es mit ein bißchen Gewalt zur Einsicht bringen müssen. In seiner Denkschrift nannte Jodl für die »Belagerung« Englands drei Möglichkeiten: »Kampf zur See und aus der Luft gegen jede Ein- und Ausfuhr« sowie »Kampf gegen die englische Luftwaffe und alle wehrwirtschaftlichen Quellen des Landes«; »Terror-Angriffe gegen die englischen Bevölkerungszentren«; »die Landung mit dem Ziel, England zu besetzen«.

»Am Anfang«, erkannte Jodl, »muß der Kampf gegen die englische Luftwaffe stehen.« Aber im großen ganzen, meinte er, ließen sich dieser Kampf – wie auch die anderen Angriffsformen – ohne große Schwierigkeiten bewältigen.

Verbunden mit Propaganda und zeitweiligen Terrorangriffen – als Vergeltung erklärt – wird diese zunehmende Schwächung der englischen Ernährungsbasis den Widerstandswillen des Volkes lähmen und endlich brechen und damit seine Regierung zur Kapitulation zwingen. *(Hervorhebung im Original.)*

Eine Landung in England kann erst ins Auge gefaßt werden, wenn die Luftherrschaft durch die deutsche Luftwaffe erkämpft ist. Eine Landung sollte daher nicht unternommen werden, um England militärisch niederzuwerfen, was praktisch durch Luftwaffe und Kriegsmarine erreicht werden kann, sondern nur zu dem Zweck, einem wehrwirtschaftlich gelähmten und zur Luft kaum mehr aktionsfähigen England den Todesstoß zu geben, falls er noch erforderlich sein sollte[8].

Da England nicht mehr um den Sieg, sondern nur mehr um die Erhaltung seines Besitzes und seiner Stellung in der Welt kämpft und kämpfen kann, wird es aller Voraussicht nach zum Frieden geneigt sein, wenn es erfährt, daß es dieses Ziel relativ billig jetzt noch erreichen kann.

Das glaubte auch Hitler, und er machte sich unverzüglich an die Ausarbeitung seiner Friedensrede für den Reichstag. In der Zwischenzeit ordnete er, wie wir sahen, am

2. Juli Vorplanungen für eine Landung an und erließ am 16. Juli, da London noch kein Zeichen der »Vernunft« von sich gegeben hatte, die Weisung Nr. 16 für *Operation Seelöwe.* Nach mehr als sechswöchigem Zögern wurde endlich beschlossen, in England zu landen, »wenn es erforderlich sein sollte«. Dabei würde es sich, wie Hitler und seine Generale etwas spät einzusehen begannen, um eine große, nicht risikolose militärische Operation handeln, deren Erfolg davon abhing, ob es Luftwaffe und Marine gelingen würde, für die Landstreitkräfte den Weg gegen eine weit überlegene britische Flotte und eine keineswegs gering zu achtende feindliche Luftwaffe zu bahnen.

War *Seelöwe* ein ernsthafter Plan? Und war im Ernst beabsichtigt, ihn auszuführen? Daran wird bis heute von vielen gezweifelt, und sie sind in ihrer Auffassung noch durch die fast einhelligen Nachkriegserklärungen deutscher Generale bestärkt worden. Rundstedt, der die Landungsoperationen befehligen sollte, sagte 1945 zu alliierten Vernehmungsoffizieren:

Die in Aussicht genommene Landung in England war Unsinn, denn wir hatten nicht die Schiffe dazu ... Wir sahen die ganze Sache als eine Art Spiel an, weil eine Landung offensichtlich nicht möglich war, wenn unsere Marine nicht in der Lage war, die Überquerung des Kanals oder den Transport von Verstärkungen zu decken. Auch die deutsche Luftwaffe war nicht imstande, diese Aufgaben im Falle des Versagens der Marine zu übernehmen ... Ich war in der Angelegenheit stets sehr skeptisch ... Ich habe das Gefühl, daß der Führer niemals wirklich daran dachte, in England zu landen. Soviel Mut hatte er nicht ... Er hoffte mit Bestimmtheit, die Engländer würden Frieden schließen ...[9].

Blumentritt, Rundstedts Operationschef, drückte sich nach dem Kriege gegenüber Liddell Hart ähnlich aus: »Unter uns nannten wir [Seelöwe] einen Bluff[10].«

Ich selbst verbrachte Mitte August ein paar Tage an der Kanalküste und spähte zwischen Antwerpen und Boulogne nach einer Landungsarmee aus. Am 15. August sahen wir Schwärme deutscher Bomber und Jäger über den Kanal in Richtung England fliegen, zum ersten Großangriff, wie sich nachher herausstellte. Und trotz des offenkundigen Großeinsatzes der Luftwaffe gewann ich noch den Eindruck, daß die Deutschen *wirklich* bluffften, denn in den Häfen, auf den Kanälen und Flüssen gab es kaum Schiffe, geschweige denn Landungsfahrzeuge zu sehen. So weit ich sehen konnte, hatten die Deutschen einfach nicht die Mittel, um ihre Truppen über den Kanal zu setzen.

Aber ein einzelner Reporter kann vom Krieg sehr wenig sehen, und heute wissen wir, daß die Deutschen mit dem Zusammenziehen von Landungsschiffen erst am 1. September begannen. Was nun die Generale angeht, so lernte jeder, der ihre Vernehmungen las oder die Kreuzverhöre im Nürnberger Prozeß anhörte, ihre Nachkriegsaussagen mit nicht mehr als einem Körnchen Salz aufzunehmen[11]. Auf das menschliche Gedächtnis ist nicht immer Verlaß, und die deutschen Generale machten hierin keine Ausnahme. Außerdem hatten sie bei ihren Aussagen oft eigene Zwecke im Sinn, vor allem den Zweck, Hitlers Eignung als militärischer Führer zu diskreditieren. In der Tat ist das

Leitmotiv all ihrer Memoiren, ihrer Vernehmungen und Zeugenaussagen, daß, wenn man *sie* die Entscheidungen hätte treffen lassen, Hitler niemals das Dritte Reich zum Untergang geführt haben würde.

Zum Unglück für sie, doch zum Glück für die Nachwelt und die Wahrheit lassen die Berge geheimer Wehrmachtsakten keinen Zweifel daran, daß Hitler allen Ernstes plante, im Frühherbst 1940 in England zu landen, und daß er, wenn auch häufig zögernd, ernsthaft beabsichtigte, den Plan zu verwirklichen, sofern nur einigermaßen Aussicht auf Erfolg bestand. Was schließlich den Plan zum Scheitern brachte, war keineswegs Mangel an Entschlossenheit, sondern das Kriegsglück, das sich jetzt zum ersten Mal gegen ihn zu wenden begann.

Am 17. Juli, einen Tag nach Erlaß der Weisung Nr. 16 zur Vorbereitung der Landungsoperation *Seelöwe* und zwei Tage vor Hitlers »Friedensrede« im Reichstag, stellte das OKH die Streitkräfte für die Operation *Seelöwe* bereit und kommandierte dreizehn für die erste Landungswelle ausgewählte Divisionen in die Ausgangsstellungen an der Kanalküste. Am gleichen Tag vollendete das OKH seinen in allen Einzelheiten ausgearbeiteten Plan für eine Landung auf breiter Front an der Südküste Englands.

Den Hauptstoß sollte hier, wie schon in Frankreich, Rundstedts Heeresgruppe A führen. Es war vorgesehen, daß am Pas de Calais sechs Infanteriedivisionen von General Buschs 16. Armee eingeschifft und zwischen Ramsgate und Bexhill an den Strand gesetzt würden. Aus dem Gebiet um Le Havre sollten vier Divisionen von General Strauß' 9. Armee über den Kanal gesetzt und zwischen Brighton und der Isle of Wight landen. Weiter westlich sollten drei Divisionen von Reichenaus 6. Armee (zu Bocks Heeresgruppe B gehörend) von der Cherbourger Halbinsel aus in der Lyme Bay zwischen Weymouth und Lyme Regis an Land setzen. Insgesamt waren für die erste Landungswelle 90000 Mann vorgesehen; bis zum dritten Tag wollte das OKH 260000 Mann landen. Zu deren Unterstützung gedachte man im Gebiet der Lyme Bay und anderswo Luftlandetruppen abzusetzen. Mit der zweiten Landungswelle wollte man sechs Panzerdivisionen und drei motorisierte Divisionen folgen lassen, so daß in wenigen Tagen insgesamt 39 Divisionen plus zwei Luftlandedivisionen gelandet sein sollten.

Die ihnen zugedachten Aufgaben waren folgende: Nach Bildung der Brückenköpfe sollten die Divisionen der Heeresgruppe A im Südwesten bis zum ersten Ziel, einer zwischen Gravesend und Southampton verlaufenden Linie, vordringen. Reichenaus 6. Armee sollte bis nördlich von Bristol vorgehen und damit Devon und Cornwall abschneiden. Das zweite Ziel war eine von der Ostküste nördlich der Themsemündung bis zum Severn gehende und Wales blockierende Linie. Bis zur Erreichung des ersten Ziels rechnete man mit »schweren Kämpfen gegen starke britische Streitkräfte«. Dennoch hoffte man auf einen raschen Erfolg, danach wollte man London einschließen und den Vormarsch in nördlicher Richtung wiederaufnehmen[12]. Brauchitsch sagte Raeder am 17. Juli, die ganze Operation werde in einem Monat abgeschlossen und verhältnismäßig leicht zu bewerkstelligen sein[13].

Aber Raeder und das Oberkommando der Marine waren skeptisch. Eine Operation solchen Umfangs und auf so breiter Front – sie dehnte sich zwischen Ramsgate und Lyme Bay über 320 km weit aus – erforderte Mittel für Transport und Geleitschutz, die einfach über die Kräfte der Deutschen hinausgingen. Raeder teilte dies dem OKW zwei Tage später mit und brachte seine Bedenken am 21. Juli in einer Besprechung in Berlin, zu der ihn Hitler mit Brauchitsch und Jeschonnek (Generalstabschef der Luftwaffe) bestellt hatte, noch einmal zur Sprache. Hitler sah immer noch nicht klar, »was in England vorgeht«. Er erkannte zwar die Schwierigkeiten der Marine an, betonte jedoch, es sei notwendig, den Krieg sobald wie möglich zu beenden. Für die Landung, sagte er, seien 40 Divisionen erforderlich, und die »Hauptoperation« müsse bis 15. September abgeschlossen sein. Im großen ganzen war der Kriegsherr optimistisch, obwohl Churchill gerade erst seinen Friedensappell zurückgewiesen hatte. Halders Tagebuch zufolge erklärte er:

Die Lage Englands ist hoffnungslos. Der Krieg ist von uns gewonnen, Umkehr der Erfolgsaussichten unmöglich[14].

Davon nicht so überzeugt war die Marine, die vor der erschreckenden Aufgabe stand, im Anblick einer weit stärkeren britischen Flotte und einer noch immer recht aktiven RAF eine große Armee über das unruhige Gewässer des Kanals zu transportieren. Am 29. Juli sprach sich die Seekriegsleitung in einer Denkschrift »gegen die Inangriffnahme der Operation in diesem Jahr« aus und empfahl, »sie im Mai 1941 oder später zu erwägen[15]«.

Hitler jedoch bestand darauf, sie am 31. Juli 1940 zu erwägen. An diesem Tag versammelte er auf dem Obersalzberg seine Militärs um sich. Außer Raeder waren Keitel und Jodl vom OKW und Brauchitsch und Halder vom OKH anwesend. Raeder, inzwischen Großadmiral geworden, bestritt den größten Teil der Ausführungen. Er war nicht gerade optimistisch.

Der früheste Termin für *Seelöwe*, sagte er, sei der 15. September, und auch nur, wenn nicht »in bezug auf Wetter- oder Feindlage unvorhergesehene Umstände« einträten. Als Hitler Fragen über das Wetterproblem stellte, hielt Raeder einen Vortrag darüber, der sehr beredt, aber wenig ermutigend war. Mit Ausnahme der ersten Oktoberhälfte, erklärte er, sei das Wetter im Kanal und in der Nordsee »im allgemeinen schlecht«; Mitte Oktober kämen leichte Nebel und gegen Ende des Monats schwere Nebel auf. Das aber sei nur eine Seite des Wetterproblems. »Die beabsichtigte Transportbewegung«, sagte er, »ist nur durchführbar, wenn der Seegang unter Stärke 2 liegt.« Bei starkem Seegang würden die Kähne sinken und selbst die größeren Schiffe hilflos sein, da sie dann nicht entladen könnten. Von Minute zu Minute wurden die Ausführungen des Admirals düsterer.

Aber selbst wenn die Übersetzung des 1. Treffens bei günstiger Wetterlage in vollem Umfange gelingen würde, kann bei der starken zeitlichen Auseinanderziehung der

Nachführung des 2. und 3. Treffens usw. keinesfalls *damit gerechnet werden, daß diese bei ähnlich günstigem Wetter planmäßig erfolgen wird ... Es muß im Gegenteil in Rechnung gestellt werden, daß mehrere Tage überhaupt kein nennenswerter Übersetzungsverkehr stattfinden kann, solange nicht gewisse Häfen ausnutzbar sind.*

Dadurch würde die am Strand ohne Material und Verstärkung abgesetzte Armee in eine mißliche Lage geraten. Raeder kam nun auf die wichtigste Meinungsverschiedenheit zwischen Heer und Marine zu sprechen. Für die vom Heer gewünschte breite Front zwischen der Meerenge von Dover und der Lyme Bay könne die Marine einfach nicht die erforderlichen Schiffe stellen, zumal bei einer solchen Operation mit dem starken Widerstand der englischen Flotte und Luftwaffe zu rechnen sei. Daher trat Raeder energisch für eine kürzere – von Dover bis Eastbourne gehende – Front ein. Zum Schluß rückte er mit einem Trumpf heraus:

»Im Hinblick auf die Gesamtausführung«, sagte er, sei die beste Zeit für die »Durchführung [der]Mai 1941«.

Doch Hitler wollte so lange nicht warten. Er gab die Folgen eines Zeitverlustes zu bedenken. Bis zum Frühjahr werde die deutsche Flotte gegenüber der britischen keineswegs stärker sein. Die englische Armee hingegen sei zur Zeit in jämmerlicher Verfassung. Gebe man ihr aber acht bis zehn Monate Zeit, dann würde sie 30 bis 35 Divisionen haben, die in dem für die Landung vorgesehenen Raum eine beträchtliche Streitmacht darstellten. Daher entschied Hitler:

Möglichkeit von Ablenkungsangriffen in Afrika soll untersucht werden. Aber entscheidendes Ergebnis kann nur durch Angriff gegen England erzielt werden. Daher muß versucht werden, Operation für 15. September 1940 vorzubereiten ... Ob die Operation im September zu erfolgen hat oder bis Mai 1941 zu verschieben ist, wird entschieden werden, wenn Luftwaffe eine Woche lang konzentrierte Angriffe auf Südengland ausgeführt hat. Wenn die Luftangriffe sich so auswirken, daß die feindliche Luftwaffe, Häfen, Seestreitkräfte, usw. schwer geschädigt sind, wird Operation Seelöwe *1940 durchgeführt werden. Andernfalls wird sie bis 1941 verschoben*[16].

Nunmehr hing alles von der Luftwaffe ab.

Infolgedessen erließ Hitler am 1. August zwei OKW-Weisungen, eine von ihm selbst, die andere von Keitel unterschrieben.

Weisung Nr. 17 für die Führung des Luft- und Seekrieges gegen England.
Um die Voraussetzungen für die endgültige Niederringung Englands zu schaffen, beabsichtige ich, den Luft- und Seekrieg gegen das englische Mutterland in schärferer Form als bisher weiterzuführen.
Hierzu befehle ich folgendes:

1. Die deutsche Fliegertruppe hat mit allen zur Verfügung stehenden Kräften die englische Luftwaffe möglichst bald niederzukämpfen ...

2. Nach Erringung einer zeitlichen oder örtlichen Luftüberlegenheit ist der Luftkrieg

gegen die Einrichtungen der Lebensmittelbevorratung ... weiterzuführen. Angriffe gegen die Häfen der Südküste sind mit Rücksicht auf eigene beabsichtigte Operationen in möglichst geringem Maße anzusetzen ...
3. Außerdem muß sie [die Luftwaffe] für das Unternehmen »Seelöwe« kampfkräftig zur Verfügung stehen.
4. Terrorangriffe als Vergeltung behalte ich mir vor.
5. Die Verschärfung des Luftkrieges kann ab 5. 8 beginnen ... Die Kriegsmarine wird die vorgesehene Verschärfung der Seekriegsmaßnahmen gleichzeitig freigeben.
Adolf Hitler[17]

In der zweiten, von Keitel im Namen Hitlers unterzeichneten Weisung hieß es unter anderem:

Nachdem der ObdM am 31. Juli berichtet hat, daß die für »Seelöwe« erforderlichen Vorbereitungen nicht vor dem 15. September abgeschlossen sein können, hat der Führer befohlen:
Die Vorbereitungen für »Seelöwe« sind fortzusetzen und beim Heer und bei der Luftwaffe bis 15. September abzuschließen.
Acht bis vierzehn Tage nach Einsetzen der ab 5. 8. beginnenden Luftoffensive gegen England wird der Führer entscheiden, ob die Landung noch in diesem Jahr stattfindet oder nicht; seine Entscheidung wird weitgehend vom Ergebnis der Luftoffensive abhängen.
Trotz Hinweises der Kriegsmarine, daß sie nur die Verteidigung eines schmalen Küstenstreifens (bis Eastbourne) gewährleisten kann, sind die Vorbereitungen für den Angriff auf breiter Basis, wie ursprünglich geplant, weiterzuführen ...[18].

Der letzte Abschnitt der Weisung konnte nur den Streit zwischen Heer und Kriegsmarine über die Frage, ob lange oder schmale Landungsfront, verschärfen. Vierzehn Tage vorher hatte die Seekriegsleitung geschätzt, daß sie, um den Anforderungen des Heeres für die erste Landungswelle von 100 000 Mann nebst Ausrüstung und Material auf einer 320 km langen Front zu entsprechen, 1722 Kähne, 1161 Motorboote, 471 Schleppkähne und 155 Transportschiffe würde aufbringen müssen. Selbst wenn es möglich wäre, sagte Raeder am 25. Juli zu Hitler, eine solche riesige Menge Fahrzeuge aufzutreiben, so würde doch die Beschlagnahme so vieler Kähne und Schlepper die ganze Binnenschiffahrt lahmlegen, von der in hohem Maße das Wirtschaftsleben des Landes abhinge[19]. Jedenfalls ginge es weit über das Vermögen der deutschen Seestreitkräfte hinaus, eine solche Armada auf so breiter Front gegen die bestimmt zu erwartenden Angriffe der englischen Flotte und Luftwaffe zu schützen. Ein andermal warnte die Seekriegsleitung das OKH, daß die Flotte bei einem Beharren auf der breiten Front *sämtliche* Schiffe verlieren könnte.
Aber das Heer gab nicht nach. Da das OKH die britische Stärke zu Land überschätzte, wandte es ein, daß man bei einer Landung auf schmaler Front mit »überlegenen« eng-

lischen Landstreitkräften zu tun haben würde. Am 7. August kam es zwischen Halder und dem Chef des Stabes der Seekriegsleitung, Admiral Schniewind, zu einer scharfen, dramatischen Auseinandersetzung.

»Ich lehne den Vorschlag der Marine rundweg ab«, schäumte der sonst so ruhige Generalstabschef des Heeres. »Vom Standpunkt des Heeres aus betrachte ich ihn als vollkommenen Selbstmord. Ebensogut könnte ich die zu landenden Truppen durch die Wurstmaschine drehen!«

Nach der Aufzeichnung der Seekriegsleitung[20] erwiderte Schniewind, der vom Heer gewünschte Truppentransport auf so breiter Front wäre »im Hinblick auf die englische Flottenüberlegenheit ebenfalls selbstmörderisch«.

Am 10. August teilte Brauchitsch schließlich dem OKW mit, er könne zwar eine Landung zwischen Folkestone und Eastbourne nicht gutheißen, sei jedoch, wenn auch »sehr widerstrebend«, bereit, auf die Landung in der Lyme Bay zu verzichten, um die Front zu verkürzen und der Marine auf halbem Wege entgegenzukommen.

Dies jedoch genügte den nüchtern denkenden Admiralen nicht, und ihre Vorsicht und Hartnäckigkeit begannen nun, im OKW ihre Wirkung zu tun. Am 13. August verfaßte Jodl eine »Lagebeurteilung«, worin er fünf Vorbedingungen für den Erfolg der Operation *Seelöwe* nannte, die sicherlich Generalen wie Admiralen lächerlich erschienen wären, hätten sie sich nicht in einem so schweren Dilemma befunden. Erstens, sagte Jodl, müsse die britische Flotte von der Südküste vertrieben werden, und zweitens die RAF vom englischen Himmel. Die anderen Vorbedingungen bestanden darin, die Truppenlandung in einem Umfang und mit einer Schnelligkeit vorzunehmen, für die die Kapazität der Marine ganz augenscheinlich nicht ausreichte. Wären diese Vorbedingungen nicht gegeben, sagte Jodl, dann halte er die Landung für einen Verzweiflungsakt, zu dem man sich nur in einer verzweifelten Lage entschließen sollte. Dazu bestehe aber kein Anlaß[21].

So wie sich die Besorgnisse der Seekriegsleitung Jodl mitteilten, so übertrug sich Jodls Zögern auf Hitler. Während des ganzen Krieges hörte der Führer mehr auf Jodl, den Chef des Wehrmachtsführungsstabes, als auf Keitel, den Chef des OKW. Es ist daher nicht überraschend, daß Hitler, als Raeder ihn am 13. August sprach und eine Entscheidung in bezug auf die Frontbreite forderte, zu einer Operation auf schmalerer Basis neigte. Er sagte eine definitive Entscheidung für den nächsten Tag zu, nach Rücksprache mit dem Oberbefehlshaber des Heeres[22]. Nachdem er Brauchitsch angehört hatte, rang Hitler sich endlich zu einem Entschluß durch. In einer von Keitel unterzeichneten OKW-Weisung vom 16. August hieß es, der Führer habe beschlossen, auf die Landung in der Lyme Bay zu verzichten. Die Vorbereitungen für Landungen an der schmaleren Front am 15. September seien fortzusetzen Aber die Weisung verrät auch – zum ersten Mal – Hitlers eigenen Zweifel: »Endgültige Befehle erfolgen erst nach Klärung der Lage.« Allerdings war die Weisung eine Art Kompromiß. Denn am gleichen Tag erging ein weiterer Befehl, die schmalere Front zu erweitern[23].

Am 30. August gab Brauchitsch einen Befehl heraus mit Instruktionen für die Landung, und die Generale, die ihn erhielten, dürften sich gewundert haben, in welcher Weise ihr Oberbefehlshaber an das Unternehmen heranging. Er betitelte seinen Befehl: »Anweisung zur *Vorbereitung* für Operation Seelöwe« – es war reichlich spät, Vorbereitungen für eine Operation anzuordnen, die am 15. September anlaufen sollte. Außerdem fügte er hinzu: »Der Durchführungsbefehl hängt von der politischen Lage ab« – ein Vorbehalt, der die unpolitischen Generale vor ein Rätsel gestellt haben muß[24].

Am 1. September setzte die Bewegung deutscher Schiffe von den Nordseehäfen zu den Einschiffungshäfen am Kanal ein, und zwei Tage darauf erging eine weitere OKW-Weisung:

Als frühester Termin für das Auslaufen der Landungsflotte ist der 20. September und als der für die Landung der 21. September angesetzt worden.
Für den Anbegriffsbeginn werden die Befehle am D minus 10 Tag ergehen, also vermutlich am 11. September.
Endgültige Befehle ergehen spätestens am D minus 3 Tag mittags.
Alle Vorbereitungen sind so zu treffen, daß sie 24 Stunden vor 0.00 Uhr widerrufen werden können. *Keitel*[25]

Das hörte sich ernst an. Aber es hörte sich nur so an. Am 6. September hatte Raeder wieder eine lange Besprechung mit Hitler. »Der Führer«, notierte Raeder am Abend für das Tagebuch der Seekriegsleitung, »ist noch keineswegs entschlossen, in England zu landen, denn er ist fest überzeugt, daß England auch ohne ›Landung‹ geschlagen werden wird.« Tatsächlich erging sich Hitler, wie aus Raeders Aufzeichnungen hervorgeht, lang und breit über alle möglichen Themen, bloß nicht über *Seelöwe:* über Norwegen, Gibraltar, Suezkanal, »das Amerikaproblem«, die Behandlung der französischen Kolonien und über die phantastische Idee der Errichtung einer »Nordgermanischen Union«[26].

Hätten Churchill und seine Militärs auch nur etwas von dieser denkwürdigen Besprechung geahnt, dann wäre am Abend des nächsten Tages, des 7. September, das Losungswort *Cromwell* wahrscheinlich nicht ausgegeben worden. *Cromwell* bedeutete Alarmstufe 1: »Invasion unmittelbar bevorstehend« und verursachte unvorstellbaren Wirrwarr. Die *Home Guard* ließ überall die Kirchenglocken läuten, die Pioniere sprengten mehrere Brücken, und es kamen sinnlos Menschen ums Leben, die über eilends gelegte Minen stolperten.

Doch am Spätnachmittag dieses Tages hatte die deutsche Luftwaffe mit 625 Bombern und 648 Jägern ihren ersten Großangriff auf London unternommen. Es war der bisher größte Luftangriff auf eine Großstadt. Am frühen Abend war das ganze Dockgebiet ein Flammenmeer, und alle nach Süden gehenden und für die Verteidigung gegen eine Invasion lebenswichtigen Eisenbahnstrecken waren unterbrochen. In London glaubten viele, der mörderische Bombenangriff sei die Einleitung deutscher Landungen, und deshalb, mehr als aus anderen Gründen, wurde Alarmstufe 1 gegeben. Wie wir bald sehen werden, bedeutete dieser wilde Luftangriff auf London, wenn er auch verfrühten Alarm auslöste und großen Schaden verursachte, einen entscheidenden Wendepunkt in der Schlacht um England, die sich nun rasch ihrem Höhepunkt näherte.

Näher rückte auch der Zeitpunkt, an dem Hitler sich für oder gegen die Landung entscheiden wollte. Nach der Weisung vom 3. September sollte dies am 11. September geschehen. Aber am 10. beschloß Hitler, die Entscheidung bis zum 14. September zu verschieben. Hierfür scheinen zumindest zwei Gründe vorgelegen zu haben. Der eine war, daß man im OKW glaubte, die Bombardierung Londons habe so große materielle und moralische Schäden bewirkt, daß eine Landung möglicherweise nicht mehr notwendig sei[27].

Der zweite Grund bestand in den Schwierigkeiten, denen die Kriegsmarine nunmehr beim Zusammenziehen der Schiffe begegnete. Abgesehen vom Wetter, das die Marine am 10. September als »völlig anomal« und unbeständig bezeichnete, störten auch die RAF, die Göring zu vernichten versprochen hatte, und die englische Flotte zunehmend die Ansammlung der Invasionsflotte. Am gleichen Tag deutete die Seekriegsleitung auf die »Gefahr« englischer Luft- und Flottenangriffe auf deutsche Transportbewegungen hin, die »zweifellos erfolgreich« gewesen seien. Zwei Tage darauf traf in Berlin eine bedenkliche Meldung vom Marinekommando West ein:

Die durch feindliche Luftstreitkräfte, Ferngeschütze und leichte Flottenverbände verursachten Unterbrechungen haben zum erstenmal größere Bedeutung angenommen. In den Häfen Ostende, Dünkirchen, Calais und Boulogne können Schiffe wegen der Gefahr englischer Bombardierung und Beschießung nachts nicht anlegen. Einheiten der englischen Flotte sind nunmehr in der Lage, im Kanal fast ungehindert zu operieren. Infolge dieser Schwierigkeiten ist mit weiteren Verzögerungen bei der Ansammlung der Landungsflotte zu rechnen.

Am nächsten Tag verschlechterte sich noch die Lage. Leichte britische Flotteneinheiten beschossen die Haupteinschiffungshäfen am Kanal, Ostende, Calais, Boulogne und Cherbourg, während die RAF im Hafen Ostende achtzig Kähne versenkte. In Berlin aß Hitler an jenem Tag mit den Oberbefehlshabern zu Mittag. Er meinte, mit dem Luftkrieg ginge es sehr gut voran, er habe daher nicht die Absicht, das Risiko einer Landung einzugehen[28]. Jodl gewann sogar aus Hitlers Bemerkung den Eindruck, der Führer habe »offenbar beschlossen, ›Seelöwe‹ ganz aufzugeben«, ein für diesen Tag zutreffender Eindruck, wie sich am nächsten Tage herausstellte, als Hitler Jodls Annahme bestätigte, aber gleichzeitig seinen Entschluß wieder änderte.

Von der Führerbesprechung am 14. September liegen Aufzeichnungen sowohl von Raeder wie von Halder vor[29]. Admiral Raeder gelang es, vor Beginn der Besprechung Hitler eine Denkschrift der Marine auszuhändigen, worin es hieß:

Bei der gegenwärtigen Luftlage läßt sich die Operation [Seelöwe] nicht durchführen, da das Risiko noch zu groß ist.

Zu Beginn der Konferenz zeigte sich Hitler irgendwie ablehnend und verwickelte sich in Widersprüche. Er wollte den Befehl zum Landungsbeginn nicht geben, aber auch die Operation nicht abblasen, was er, wie Raeder notierte, »am 13. September offenbar beabsichtigt hatte«.

Welche Gründe bewogen Hitler zu dem neuesten Sinneswandel? Halder hat die Gedankengänge des Führers in seinem Tagebuch festgehalten:

Erfolgreiche Landung mit folgender Besetzung würde Krieg in kürzester Frist beenden. England würde verhungern. Notwendigkeit der Landung nicht in bestimmter Zeit unter allen Umständen gegeben ... [Aber] lange Dauer des Krieges nicht erwünscht. Was für uns praktischen Wert hat, haben wir erreicht.

Die Hoffnungen, die England auf Rußland und Amerika gesetzt habe, hätten sich nicht verwirklicht, sagte Hitler. Rußland denke nicht daran, für England zu bluten. Amerikas Rüstung werde sich erst 1945 in vollem Umfang auswirken. »Schnellster Abschluß wäre [im Augenblick] Landung in England. Die von der Marine zu schaffenden Voraussetzungen sind gegeben. ... Einsatz der Luftwaffe über jedes Lob erhaben. 4–5 Tage gutes Wetter nötig, um zur entscheidenden Wirkung zu kommen ... Chance, den Engländer total niederzuringen, groß.«

Warum zögerte er dann noch mit dem Befehl zur Landung?

Es gäbe eine Schwierigkeit, räumte Hitler ein:

Völlige Beseitigung der feindlichen Jagd[luftwaffe] noch nicht eingetreten. Eigene Erfolgsmeldungen geben kein ganz sicheres Bild. Immerhin ist der Feind schwer geschädigt.

Im ganzen sind aber trotz aller Erfolge die Voraussetzungen für Seelöwe noch nicht gegeben. *[Hervorhebung durch Halder.]*

Ergebnis der Überlegungen:

1. Glückhafte Landung bedeutet den Sieg, diese verlangt völlige Luftherrschaft.

2. Schlechtwetterlage hat völlige Luftherrschaft bisher verhindert.

3. Alle anderen Faktoren sind in Ordnung

Daher Entschluß: Das Unternehmen wird jetzt noch nicht abgesagt.

Die Entscheidung also in der Schwebe lassend, gab sich Hitler dann der Hoffnung hin, die Luftwaffe werde doch noch den Sieg erringen, der ihm so greifbar nahe schien und ihm immer wieder entglitt. »Bisherige [Luft-]Angriffe haben ungeheure Wirkung ausgeübt, wenn vielleicht auch hauptsächlich auf die Nerven«, sagte er. »Auch wenn Lufterfolge erst in zehn bis zwölf Tagen eintreten, können auf englischer Seite noch hysterische Massenerscheinungen auftreten.«

Zu diesem Zweck bat Jeschonnek, Chef des Generalstabs der Luftwaffe, um Genehmigung, Londoner Wohnviertel zu bombardieren, denn solange diese verschont blieben, meinte er, werde sich in London keine »Massenpanik« zeigen. Admiral Raeder befürwortete ebenfalls enthusiastisch Terrorangriffe. Doch Hitler hielt konzentrierte An-

griffe auf militärische Ziele für wichtiger: »Als Letztes [erst] muß die furchtbare Drohung des Bombenwurfs auf die Masse der Bevölkerung bleiben.«
Admiral Raeders Begeisterung für Terrorangriffe war wohl hauptsächlich auf seine mangelnde Begeisterung für die Landungen zurückzuführen. Er hob wiederum die mit ihnen verbundenen »großen Risiken« hervor. Es sei kaum anzunehmen, meinte er, daß sich die Luftlage bis zu dem für die Landung vorgesehenen Termin vom 24. bis 27. September verbessern würde; daher müsse die Operation »bis 8. oder 24. Oktober« verschoben werden.
Das aber bedeutete praktisch die Absage der Landung überhaupt, wie Hitler erkannte. Er werde, sagte er, seine Entscheidung in drei Tagen, also am 17. September, treffen, so daß die Landung noch am 27. September erfolgen könne. Wenn sie dann nicht durchzuführen sei, werde er über die Oktober-Termine nachdenken. Anschließend erging folgende OKW-Weisung:

Geheime Kommandosache *Berlin, 14. September 1940*
... Der Führer hat beschlossen:
Der Beginn der Operation »Seelöwe« ist wieder verschoben. Neuer Befehl ergeht am 17. September. Alle Vorbereitungen sind weiterzuführen.
Die Luftangriffe gegen London sind fortzusetzen. Das Zielgebiet ist zu erweitern auf militärische und andere wichtige Einrichtungen (z. B. Bahnhöfe).
Terrorangriffe gegen reine Wohnbezirke werden als letztes Druckmittel vorbehalten[30].

So hing wieder einmal alles von Görings gerühmter Luftwaffe ab. Und schon am nächsten Tag unternahm sie denn auch ihre größte Anstrengung.
Doch der Glaube der Marine an die Luftwaffe nahm von Stunde zu Stunde weiter ab. Am Abend nach jener Konferenz in Berlin meldete die Seekriegsleitung schwere englische Luftangriffe auf die Einschiffungshäfen zwischen Antwerpen und Boulogne.

... In Antwerpen ... beträchtliche Verluste (fünf Transporter im Hafen schwer beschädigt, ein Kahn versenkt, zwei Kräne zerstört, ein Munitionszug in die Luft gesprengt, mehrere Schuppen in Brand gesetzt ...)

In der nächsten Nacht meldete die Marine »starke feindliche Luftangriffe auf gesamtes Küstengebiet zwischen Le Havre und Antwerpen«. Sie forderte dringend stärkeren Flak-Schutz für die Einschiffungshäfen an. Und am 17. September berichtete die Seekriegsleitung:

Die RAF ist noch keineswegs geschlagen. Im Gegenteil, bei ihren Angriffen auf die Kanalhäfen und bei der häufiger werdenden Störung der Schiffszusammenziehung zeigt sie sich zunehmend aktiv[31].

In jener Nacht war Vollmond, und die britischen Nachtbomber nutzten ihn nach besten Kräften aus. Die deutsche Seekriegsleitung meldete »sehr erhebliche Verluste« unter den jetzt in den Einschiffungshäfen sich drängenden Schiffen. Diese schweren Luftangriffe und der Artilleriebeschuß von jenseits des Kanals her, berichtete die Seekriegsleitung, machten es notwendig, die bereits am Kanal angesammelten Marine- und Transportschiffe zu verteilen und weitere Schiffsbewegungen zu den Kanalhäfen hin abzustoppen.

Sonst werden [hieß es weiter] bei energischer Feindtätigkeit im Laufe der Zeit so große Verluste entstehen, daß die Durchführung der Operation im vorgesehenen Umfang auf jeden Fall problematisch werden wird[32].

Problematisch war sie bereits.

Das Tagebuch der Seekriegsleitung enthält unter dem Datum des 17. September eine lakonische Eintragung:

Die feindliche Luftwaffe ist noch keinesfalls geschlagen. Ihre Tätigkeit nimmt im Gegenteil zu. Die Gesamtwetterlage läßt nicht die Erwartung auf eine Schönwetterperiode zu... Der Führer beschließt daher, »Seelöwe« auf unbestimmte Zeit zu verschieben. *(Hervorhebung im Original.)*[33].

Nach Jahren rauschender Erfolge hatte Adolf Hitler schließlich einen Fehlschlag erlitten. Fast noch einen Monat lang tat man so, als solle die Landung im Herbst stattfinden. Aber man tat eben nur so. Am 19. September ordnete Hitler formell die Unterbindung weiterer Schiffsansammlung sowie die Verstreuung der bereits in den Häfen liegenden Fahrzeuge an, »damit der durch feindliche Luftangriffe verursachte Tonnageverlust auf ein Mindestmaß reduziert werden kann«.
Aber es war unmöglich, für eine auf unbestimmte Zeit verschobene Landung auch eine verstreute Landungsflotte aufrechtzuerhalten und alle die Truppen, Geschütze, Panzer mitsamt Material am Kanal zu belassen. »Der schleichende Dauerzustand ist nicht erträglich«, entrüstete sich Halder in seiner Tagebucheintragung vom 28. September. Als Ciano und Mussolini am 4. Oktober Hitler am Brenner trafen, bemerkte er, daß »man nicht mehr von einer Landung auf den britischen Inseln spricht«. Hitlers Rückschlag versetzte seinen Partner Mussolini in beste Stimmung. »Selten nur«, schreibt Ciano, »habe ich den Duce in so guter Laune... gesehen wie heute am Brenner[34].
Am 12. Oktober schließlich gestand Hitler seinen Fehlschlag offiziell ein und setzte die Landung bis zum Frühjahr aus. An diesem Tage erging aus dem Führerhauptquartier folgende Weisung:

Der Führer hat beschlossen, daß von heute an bis zum Frühjahr die Vorbereitungen für »Seelöwe« lediglich zu dem Zweck fortzusetzen sind, auf England weiterhin politischen und militärischen Druck auszuüben.
Sollte im Frühjahr oder in den ersten Sommermonaten 1941 die Landung wieder erwogen werden, ergehen neue Bereitstellungsbefehle...

Das Heer wurde angewiesen, seine »Seelöwe«-Formationen »für andere Aufgaben oder für den Einsatz an anderen Fronten abzustellen«. Die Marine erhielt Befehl, Maßnahmen zur Freigabe der beschlagnahmten Schiffe zu ergreifen. Aber beide Wehrmachtteile sollten ihre Bewegungen tarnen. »Die Engländer«, ließ Hitler wissen, »müssen ständig im Glauben gehalten werden, daß wir uns zu einem Angriff auf breiter Basis vorbereiten[35].«

Was war es nun, das Hitler schließlich zum Nachgeben bewog?

Zweierlei: Der verhängnisvolle Verlauf der Luftschlacht um England und seine erneute Blickwendung nach Osten hin, nach Rußland.

DIE LUFTSCHLACHT UM ENGLAND

Görings große Luftoffensive gegen England, die sogenannte Operation *Adlerangriff*, war am 15. August mit dem Ziel eröffnet worden, die RAF vom Himmel zu verjagen und damit die entscheidende Voraussetzung für die Landung zu schaffen. Der nunmehrige Reichsmarschall zweifelte nicht am Sieg. Mitte Juli hatte er zuversichtlich geäußert, die englische Jagdabwehr in Südengland könne durch Großangriff innerhalb von vier Tagen zerschmettert werden, so daß dann der Weg für die Invasion frei sein werde. Die Vernichtung der gesamten RAF, sagte Göring dem OKH, werde nur wenig länger dauern: etwa zwei bis vier Wochen[36]. Der ordengeschmückte Luftwaffenchef glaubte sogar, die Luftwaffe könne allein England niederzwingen und damit wahrscheinlich eine Landung von Landstreitkräften überflüssig machen.

Zur Erreichung dieses großen Ziels setzte er drei Luftflotten ein: Die unter Befehl von Feldmarschall Kesselring von den Niederlanden und Nordfrankreich aus operierende Luftflotte 1, die in Nordfrankreich stationierte und von Feldmarschall Sperrle befehligte Luftflotte 3 sowie die in Norwegen und Dänemark liegende Luftflotte 5 unter General Stumpff. Die beiden ersten verfügten über insgesamt 929 Jagdflugzeuge, 875 Bomber und 316 Sturzbomber; Luftflotte 5 war viel kleiner: 123 Bomber und 34 zweimotorige Me-110-Jäger. Dieser riesigen Luftstreitmacht hatte die RAF Anfang August als Luftabwehr nur 700 bis 800 Jäger entgegenzusetzen.

Im Laufe des Juli steigerte die deutsche Luftwaffe allmählich ihre Angriffe auf britische Schiffe im Kanal und auf Häfen an der englischen Südküste. Mit dieser Operation wollte man sondieren. Obwohl erst die enge Wasserstraße von englischen Schiffen gesäubert werden mußte, ehe eine Landung einsetzen konnte, bestand doch das Hauptziel dieser Vorgefechte darin, britische Jäger hervorzulocken. Dieser Versuch schlug fehl. Das RAF-Kommando setzte klug nur einen Bruchteil seiner Jagdwaffe ein. Die Folge war zwar, daß die deutsche Luftwaffe erheblichen Schaden in einigen Häfen anrichtete und vier Zerstörer und achtzehn Handelsschiffe versenkte, aber dabei selbst große Verluste erlitt: 296 Flugzeuge wurden zerstört und 135 beschädigt. Die RAF dagegen verlor nur 148 Jäger.

Am 12. August gab Göring Befehl, mit *Adlerangriff* am nächsten Tag zu beginnen.

Die Einleitung waren schwere Angriffe am 12. August gegen englische Radarstationen, von denen fünf wirklich getroffen und beschädigt und eine außer Betrieb gesetzt wurden. Aber die Deutschen führten diese Angriffe nicht fort; sie hatten damals noch nicht erkannt, wie wichtig die Radaranlagen für die britische Verteidigung waren. Am 13. und 14. August ließen sie mit etwa 1500 Flugzeugen größtenteils Flugplätze der englischen Jagdwaffe angreifen. Sie behaupteten, fünf Flugplätze »völlig zerstört« zu haben; aber in Wirklichkeit war der Schaden geringfügig, und während die Luftwaffe 47 Maschinen einbüßte, verlor die RAF nur 13[37].

Am 15. August fand die erste große Luftschlacht statt. Die Deutschen setzten den größten Teil der drei Luftflotten ein, wobei die von Skandinavien aus operierende Luftflotte 5 die Katastrophe ereilte. Bei einem Massenangriff mit etwa 800 Flugzeugen auf die Südküste hatten die Deutschen geglaubt, die Nordostküste unverteidigt vorzufinden. Aber die 100 Bomber und 34 Jäger der Luftflotte 5 wurden, als sie sich der Tynemündung näherten, überraschend von sieben Hurricane- und Spitfire-Staffeln angegriffen. Dreißig deutsche Maschinen, größtenteils Bomber, wurden abgeschossen, während die Verteidiger keine einzige Maschine verloren. Luftflotte 5 erschien nie wieder in der Schlacht um England.

Im Südteil der Insel hatten die Deutschen an jenem Tag mehr Erfolg. Sie unternahmen vier massierte Angriffe, von denen einer fast bis London vorgetragen wurde. Vier Flugzeugfabriken in Croydon wurden getroffen und fünf Flugplätze der RAF-Jäger beschädigt. Insgesamt büßten die Deutschen 75 Flugzeuge, die Engländer 34 ein. Bei solcher Relation konnten die Deutschen, trotz zahlenmäßiger Überlegenheit, kaum darauf hoffen, die RAF vom Himmel zu verjagen.

Nun beging Göring den ersten von zwei taktischen Fehlern. Der erfolgreiche Einsatz der britischen Jäger gegen den stark überlegenen Angreifer beruhte auf der geschickten Verwendung des Radarsystems. Von dem Augenblick an, in dem deutsche Flugzeuge von ihren Stützpunkten in Westeuropa aufstiegen, wurden sie auf englischen Radarschirmen entdeckt, und der Kurs ihres Fluges wurde so exakt verfolgt und berechnet, daß die Befehlsstellen genau wußten, wo und wann ein Angriff auf sie am günstigsten war. Das war etwas Neues in der Kriegführung und stellte die Deutschen vor Rätsel; sie waren in Entwicklung und Verwendung dieser elektronischen Geräte weit hinter den Engländern zurückgeblieben.

Wir stellten fest [sagte nach dem Krieg Adolf Galland, der berühmte deutsche Jagdflieger aus], daß die Jagdstaffeln der RAF vom Boden aus mit Hilfe eines neuen Verfahrens kontrolliert werden mußten, denn wir hörten die Kommandos, mit denen die Spitfires und Hurricanes geschickt und präzise auf die deutschen Formationen gelenkt wurden ... Ihr Radar- und Jägerleitnetz [schrieb er in seinem Buch] war für uns und die Führung eine ausgesprochene Überraschung, und zwar eine sehr bittere[38].

Dennoch wurden die Angriffe auf britische Radarstationen, die am 12. August soviel Schaden angerichtet hatten, nicht fortgeführt. Am 15. August stellte Göring sie völlig ein mit der Begründung: »Es ist fraglich, ob es Sinn hat, die Angriffe auf Radarstationen fortzusetzen, da bisher keine einzige außer Tätigkeit gesetzt worden ist.«

Ein zweiter entscheidender Grund für die erfolgreiche Luftverteidigung über Südengland war die *Sector Station*, das unterirdische Nervenzentrum, von dem aus die Hurricanes und Spitfires durch Sprechfunk an Hand der letzten Meldungen von Radarstationen, Bodenbeobachtungsposten und Luftaufklärern gelenkt wurden. Wie Galland sagt, konnten die Deutschen mit ihren Funkgeräten das Hin und Her zwischen den *Sector Stations* und den Piloten in der Luft hören, bis sie schließlich begriffen, welche Bedeutung diese Bodenkontrollstellen hatten. Ab 24. August schalteten sie ihre Taktik auf die Zerstörung der *Sector Stations* um, von denen sieben auf den Flugplätzen rings um London lagen und für den Schutz Südenglands und der Hauptstadt selbst von größter Wichtigkeit waren.

Bis zu diesem Tag hatte es so ausgesehen, als nähme die Schlacht für die deutsche Luftwaffe einen ungünstigen Verlauf. Am 17. betrugen ihre Verluste 71 Flugzeuge gegenüber 27 der RAF. Die langsamen Sturzkampfbomber, die in Polen und im Westen mit zu den Siegen des Heeres beigetragen hatten, erwiesen sich für die englischen Jäger als bequeme Zielscheiben. An diesem 17. August zog Göring sie aus dem Kampf zurück und reduzierte damit die deutsche Bomberwaffe um ein Drittel. Zwischen dem 19. und 23. August wurde wegen des schlechten Wetters eine fünftägige Kampfpause eingelegt. Bei einer Lagebesprechung, die Göring am 19. in seinem Landhaus *Karinhall* abhielt, befahl er, daß die Luftwaffe, sobald das Wetter besser würde, ihre Angriffe ausschließlich gegen die RAF zu konzentrieren habe:

Wir sind in die entscheidende Phase des Luftkriegs gegen England eingetreten. Wichtigste Aufgabe ist die Niederringung der feindlichen Luftwaffe, und unser erstes Ziel ist die Vernichtung der feindlichen Jäger[39].

Zur Erreichung dieses Ziels schickten die Deutschen vom 24. August bis 6. September im Durchschnitt tausend Flugzeuge täglich über England. In einem Punkt hatte der Reichsmarschall recht. Die Schlacht um England war in ihr entscheidendes Stadium eingetreten. Obwohl die RAF-Piloten, die seit einem Monat täglich mehrmals aufgestiegen und daher überanstrengt waren, tapfer kämpften, begann sich doch das rein zahlenmäßige Übergewicht der Deutschen geltend zu machen. Fünf vorgeschobene Jagdflugplätze in Südengland erlitten außerordentlich starke Beschädigungen, und es wurden, was noch schlimmer war, sechs der sieben *Sector Stations* so schwer bombardiert, daß das ganze Meldesystem dicht vor dem Zusammenbruch zu stehen schien. England drohte eine Katastrophe.

Am schlimmsten jedoch war, daß sich das gesteigerte Tempo auf die britische Jagdabwehr auszuwirken begann. In den kritischen vierzehn Tagen zwischen dem 23. August und 6. September verloren die Engländer 466 Jäger, die entweder vernichtet oder schwer beschädigt wurden, während die deutsche Luftwaffe, was man damals in England nicht wußte, geringere Ausfälle hatte: 385 Flugzeuge, davon 214 Jäger und

138 Bomber. Außerdem verlor die RAF ein Viertel ihrer Piloten, von denen 103 getötet und 128 schwer verwundet wurden.

»Die Waagschale«, schrieb Churchill später, »war zuungunsten des Jagdkommandos ausgeschlagen ... Man war sehr besorgt.« Noch ein paar Wochen solchen Kampfes, und England wäre ohne organisierte Luftabwehr gewesen. Die deutsche Landung wäre dann so gut wie sicher gelungen.

Doch nun machte Göring seinen zweiten taktischen Fehler, der in den Auswirkungen vergleichbar ist mit Hitlers Befehl vom 24. Mai, den Angriff der Panzer gegen Dünkirchen einzustellen. Görings Fehler rettete die schwer angeschlagene RAF und bedeutete einen großen Wendepunkt im Verlauf der ersten gewaltigen Luftschlacht.

Am 7. September nämlich änderte die deutsche Luftwaffe ihre Taktik und ging zu nächtlichen Luftangriffen auf London über. Damit erhielten die RAF-Jäger eine Atempause.

Was hatte die Deutschen zu dieser Taktikänderung veranlaßt, die sich für die Ambitionen Hitlers und Görings so fatal auswirken sollte? Die Antwort entbehrt nicht der Ironie.

Am Anfang stand ein an sich geringfügiger Navigationsfehler: In der Nacht vom 23. August kam ein Dutzend deutscher Bomber, das in den Außenbezirken Londons Flugzeugfabriken und Öltanks bombardieren sollte, vom Kurs ab und warf seine Bombenlast über dem Zentrum der englischen Hauptstadt ab, wodurch eine Reihe Wohnhäuser zerstört und eine Anzahl Zivilisten getötet wurden. Die Engländer sahen darin eine Absicht und unternahmen in der nächsten Nacht einen Vergeltungsangriff auf Berlin.

Sie erreichten nicht viel damit. Berlin lag in jener Nacht unter einer dichten Wolkendecke, und nur etwa die Hälfte der 81 RAF-Bomber fand das Ziel. Der Materialschaden war nicht nennenswert, doch die Wirkung auf die deutsche Moral ungeheuer. *Zum allerersten Mal waren Bomben auf Berlin gefallen.*

Die Berliner sind wie vor den Kopf geschlagen [notierte ich mir am 26. August]. Sie haben nicht damit gerechnet, daß so etwas je geschehen könne. Zu Beginn des Krieges hat Göring ihnen versichert, es werde nie geschehen ... Sie haben ihm geglaubt. Um so größer ist jetzt ihre Desillusionierung. Man sieht es ihnen am Gesicht an.

Berlin war durch einen doppelten Flak-Gürtel gut verteidigt, und während der drei Stunden, die die englischen Bomber oberhalb der Wolkendeckung dröhnten, ohne von den zahllosen Lichtkegeln der Scheinwerfer erfaßt zu werden, veranstaltete die Flak das stärkste Feuer, das ich bis dahin erlebt hatte. Aber sie holte kein einziges Flugzeug herunter. Neben Bomben warfen die Engländer auch Flugblätter ab, etwa des Inhalts: »Der von Hitler begonnene Krieg wird weitergehen und so lange dauern, wie Hitler da ist.« Das war eine gute Propaganda, aber eine noch bessere waren die dumpfen Aufschläge explodierender Bomben.

In der Nacht vom 28. zum 29. August flog die RAF mit einem stärkeren Geschwader ein, und es kamen, wie ich in meinem Tagebuch festhielt, *»in der Reichshauptstadt zum ersten Mal Deutsche ums Leben«*. Nach den amtlichen Angaben betrugen die Verluste zehn Tote und 29 Verwundete. Goebbels, der nach dem ersten Angriff die Presse angewiesen hatte, nur ein paar Zeilen darüber zu bringen, ordnete nun an, die »Brutalität« der englischen Angriffe auf wehrlose Frauen und Kinder groß herauszustellen. Die meisten Berliner Zeitungen erschienen mit ungefähr gleicher Titelseite: »FEIGER ENGLISCHER ANGRIFF.« Zwei Tage später, nach dem dritten Luftangriff, lauteten die Schlagzeilen: »ENGLISCHE LUFTPIRATEN ÜBER BERLIN!«

Am 1. September, dem Jahrestag des Kriegsausbruchs, schrieb ich in mein Tagebuch:

In diesem Jahr haben die deutschen Waffen Siege errungen, die selbst in der Kriegsgeschichte dieser aggressiven, militaristischen Nation nicht ihresgleichen haben. Und doch ist der Krieg noch nicht vorüber oder gar gewonnen. Und gerade diesem Aspekt gelten heute die Gedanken der Bevölkerung. Sie sehnt sich nach Frieden. Und sie möchte Frieden haben, ehe der Winter kommt.

Deshalb hielt Hitler es wohl für nötig, sich am 4. September anläßlich der Eröffnung des Winterhilfswerks mit einer Rede im Sportpalast an das Volk zu wenden. Sein Erscheinen wurde bis zum letzten Augenblick geheimgehalten, offenbar weil man befürchtete, feindliche Flieger könnten die Versammlung stören, obgleich sie am Nachmittag, eine Stunde vor Anbruch der Dunkelheit, angesetzt war.

Ich habe den Diktator selten so sarkastisch erlebt. Von Churchill sprach er als »diesem berüchtigten Kriegsberichterstatter«. »Für eine Erscheinung wie Duff Cooper«, sagte er, »gibt es in der hochdeutschen Sprache kein passendes Wort. Da muß man schon zur Mundart greifen, und hier ist nur im Bayerischen ein Wort geprägt, das so einen Mann charakterisiert: *Krampfhenne!«*

Diese Schwätzereien des Mr. Churchill oder des Mr. Eden – vom alten Chamberlain zu reden, verbietet einem die Pietät – lassen das deutsche Volk ganz kalt oder bewegen es höchstens zum Lachen.

Und dann bemühte sich Hitler weiter, seine Zuhörer, größtenteils Krankenschwestern und NSV-Helferinnen, zum Lachen – und zu hysterischem Beifall zu bringen. Er hatte auf zwei Fragen zu antworten, die dem deutschen Volk am meisten am Herzen lagen: Wann findet die Landung in England statt? Was wird gegen die Nachtangriffe auf Berlin und andere deutsche Städte unternommen werden? Zur ersten Frage sagte er:

Und wenn man in England heute sehr neugierig ist und fragt: »Ja, warum kommt er denn nicht?« Beruhigt euch, er kommt! Beruhigt euch, er kommt!

Seine Zuhörer fanden das sehr spaßig, aber sie hielten es auch für ein eindeutiges Gelübde. In der Stellungnahme zu den Bombenangriffen begann er mit einer typischen Tatsachenverdrehung:

... Jetzt in dieser Zeit, da uns Herr Churchill seine Erfindung der Nachtflugangriffe vorführt... Er tut es nicht deshalb, weil diese Luftangriffe besonders wirksam wären, sondern weil seine Luftwaffe bei Tage nicht über deutsches Land fliegen kann... Während die deutschen Flugzeuge Tag für Tag über englischem Boden sind... Wo [die Engländer] irgendein Licht erblicken, wird eine Bombe darauf geworfen... wahllos auf zivile Wohnviertel, auf Bauernhöfe und Dörfer.

Und dann folgte eine Drohung:

Ich habe drei Monate lang das nicht beantworten lassen in der Meinung, sie würden diesen Unfug einstellen. Herr Churchill sah darin ein Zeichen unserer Schwäche. Sie werden es verstehen, daß wir jetzt nun Nacht für Nacht die Antwort geben...
Wenn die britische Luftwaffe zwei- oder drei- oder viertausend Kilogramm Bomben wirft, dann werfen wir jetzt in einer Nacht 150000, 180000, 230000, 300000, 400000 und mehr Kilo.

An dieser Stelle mußte Hitler unterbrechen, da ihm seine weiblichen Zuhörer – meiner Tagebuchnotiz zufolge – hysterisch applaudierten.
»Wenn sie erklären«, fuhr er dann fort, »sie werden unsere Städte in großem Ausmaß angreifen – wir werden ihre Städte *ausradieren.*« Hier gerieten die jungen Nationalsozialistinnen außer sich und klatschten frenetisch. Nachdem sie sich beruhigt hatten, fügte er hinzu: »Wir werden diesen Nachtluftpiraten das Handwerk legen, so wahr uns Gott helfe!« Diesmal sprangen sie – ich folge weiter meinem Tagebuch – auf und brachen in Beifallsrufe aus.
»Es wird die Stunde kommen«, schloß Hitler, »da einer von uns beiden zusammenbricht, und das wird nicht das nationalsozialistische Deutschland sein.« Darauf ließen die fanatischen Frauen ihre Jubelrufe in den Sprechchor: »Niemals, niemals!« münden.
Ciano, der einige Stunden später in Rom die Rundfunkübertragung der Rede hörte, war perplex, wie er gesteht. »Hitler muß nervös sein«, folgerte er[40].
Hitlers Nervosität spielte in der Tat eine Rolle bei dem verhängnisvollen Entschluß, von den erfolgreichen Tagesangriffen der Luftwaffe gegen die RAF zu nächtlichen Großangriffen auf London überzugehen. Es war eine sowohl politische wie militärische Entscheidung; zum Teil nämlich wurde sie getroffen, um Vergeltung für die Bombardierung Berlins und anderer deutscher Städte zu üben (die englischen Luftangriffe waren nur Nadelstiche im Vergleich zu deutschen Angriffen auf britische Städte) und um durch *Ausradierung* Londons den Widerstandswillen der Engländer zu brechen. Wenn dies gelang, und Hitler und Göring zweifelten nicht daran, dann war möglicherweise eine Landung überflüssig.
Und so begann am 7. September nachmittags der Großangriff auf London. Wie bereits erwähnt, setzten die Deutschen 625 Bomber und 648 Jäger ein. An diesem Sonnabend, etwa 17 Uhr, flog die erste Welle von 320 Bombern unter starkem Jagdschutz über die Themsemündung ein und belegte das Woolwich-Arsenal, verschiedene Gas-

werke, Kraftstationen, Depots und Dockanlagen mit Bomben. Das ganze Gebiet war bald ein Flammenmeer. Um 20.10 Uhr, nach Anbruch der Dunkelheit, kam die zweite Welle von 250 Bombern. Danach folgte Welle auf Welle bis zum Sonntagmorgen 4.30 Uhr. Am nächsten Abend um 19.30 Uhr wurde der Angriff wiederaufgenommen und die ganze Nacht über fortgesetzt. In den beiden ersten Nächten wurden, dem amtlichen britischen Historiker zufolge, etwa 842 Personen getötet, 2347 verwundet und in der ausgedehnten Stadt riesige Schäden angerichtet[41]. Die Angriffe gingen Nacht für Nacht weiter, eine ganze Woche lang[42].

Und dann, von ihren Erfolgen oder ihrem vermeintlichen Sieg berauscht, beschloß die deutsche Luftwaffe, gegen die stark mitgenommene, brennende englische Hauptstadt einen großen Tagesangriff zu unternehmen. So kam es – am Sonntag, dem 15. September – zu einer der entscheidenden Schlachten des Krieges.

Gegen Mittag erschienen über dem Kanal mit Kurs auf London etwa 200 deutsche Bomber, eskortiert von dreimal soviel Jägern. Das Kommando der britischen Jagdwaffe hatte die einfliegenden Angreifer auf den Radarschirmen geortet und sich vorbereitet. Die Deutschen wurden abgefangen, ehe sie London erreichten, und wenn auch einige Flugzeuge durchkamen, so wurden doch viele abgetrieben oder abgeschossen, bevor sie sich ihrer Bombenlast entledigten. Zwei Stunden später erschien ein noch stärkerer deutscher Verband. Er wurde vom Himmel vertrieben. Angeblich wollten die Engländer 185 deutsche Flugzeuge abgeschossen haben. Wie jedoch nach dem Krieg aus den deutschen Akten bekannt wurde, war die Abschußziffer weit niedriger – nämlich 56, aber davon immerhin 34 Bomber. Die RAF verlor nur 26 Flugzeuge.

Dieser Kampftag hatte bewiesen, daß die deutsche Luftwaffe im Augenblick, zumal sie den englischen Jägern eine Woche Ruhepause gegönnt hatte, keinen großen Tagesangriff auf England mit Erfolg durchführen konnte. Angesichts dieser Tatsache trübte sich die Aussicht auf eine Landung. Daher war der 15. September der Wendepunkt in der Schlacht um England. Mochte auch Göring am nächsten Tag eine Änderung der Taktik anordnen, nach der Bomber bei Tage nicht mehr für den Bombenabwurf, sondern lediglich als Lockmittel für britische Jäger eingesetzt werden sollten, und prahlerisch erklären, »die feindliche Jagd dürfte in vier bis fünf Tagen erledigt sein«[43], Hitler und die Befehlshaber von Heer und Marine hatten eine bessere Einsicht. Zwei Tage nach der entscheidenden Luftschlacht, am 17. September, verschob Hitler, wie bereits erwähnt, die Operation *Seelöwe* auf unbestimmte Zeit.

Obgleich London vom 7. September bis 3. November 57 Nächte hindurch von durchschnittlich 200 Bombern täglich angegriffen wurde und so furchtbare Schläge hinnehmen mußte, daß Churchill meinte, die Stadt werde bald nur noch ein Trümmerhaufen sein, und obgleich die meisten anderen englischen Städte, vor allem Coventry, den ganzen trüben Herbst über schwere Schäden erlitten, brach die englische Moral nicht zusammen, noch sank die Rüstungsproduktion ab, womit Hitler zuversichtlich gerechnet hatte. Genau das Gegenteil war der Fall. Die Flugzeugfabriken in England, eines der vornehmlichen Ziele der Luftwaffe, stellten 1940 9924 Maschinen her, die deutschen

Werke hingegen nur 8070. Die in der Schlacht um England erlittenen deutschen Verluste an Bombern waren so schwer, daß sie nie wieder wettgemacht werden konnten. In der Tat zeigen die deutschen Akten, daß sich die Luftwaffe von diesem Schlag nie ganz erholte.

Die deutsche Kriegsmarine, durch die Verluste im Norwegenfeldzug zusammengeschrumpft, war nicht imstande, die für eine Landung in England erforderliche Flotte zu stellen, wie ihre Chefs immer wieder gesagt hatten. Und ohne solche Flotte und ohne die Luftherrschaft war es für das deutsche Heer aussichtslos, über den Kanal zu gelangen. Zum ersten Mal in diesem Krieg war Hitler Halt geboten worden, zum ersten Mal war ein Eroberungsplan gescheitert, und das in einem Augenblick, in dem er sich des Endsieges sicher gewesen war.

Er hatte noch nicht erkannt – ebensowenig wie jeder andere zu jener Zeit – daß eine Luftschlacht kriegsentscheidend sein konnte. Auch hatte er wohl, als die Dunkelheit des Winters sich über Europa ausbreitete, noch nicht erkannt, daß eine Handvoll britischer Jagdflieger durch Vereitelung seiner Landung England als großen Stützpunkt für die mögliche Wiedereroberung des Kontinents vom Westen aus erhalten hatte. Notgedrungen wandte sich sein Blick in andere Richtung; seine Gedanken hatten es bereits getan, wie wir sehen werden.

England war gerettet. Fast tausend Jahre lang hatte es sich erfolgreich mit Hilfe seiner Seemacht verteidigt. Rechtzeitig hatten seine führenden Männer, sehr wenige freilich, in der Zwischenkriegszeit erkannt, daß in der Mitte des 20. Jahrhunderts die Luftstreitmacht entscheidende Bedeutung erlangt hatte und daß das kleine Jagdflugzeug und sein Pilot Hauptfaktoren der Verteidigung geworden waren. Oder wie Churchill es in einer denkwürdigen Unterhausrede am 20. August ausdrückte, als die Luftschlacht noch in vollem Gange und ihr Ausgang zweifelhaft war: »Niemals hatten im Bereich menschlichen Ringens so Viele so Wenigen so viel zu verdanken.«

POSTSKRIPTUM: DAS KOMPLOTT ZUR ENTFÜHRUNG DES HERZOGS UND DER HERZOGIN VON WINDSOR

Eher belustigend als bedeutungsvoll, aber insofern recht aufschlußreich, als sie ein Licht auf eine beinahe nicht ernst zu nehmende Seite der Herrscher des Dritten Reiches in jenem Sommer ihrer großen Eroberungen wirft, ist die Geschichte eines Komplotts mit der Absicht, den Herzog und die Herzogin von Windsor zu entführen und den ehemaligen König von England zu veranlassen, zusammen mit Hitler einen Friedensschluß mit Großbritannien herbeizuführen. Die Entstehung dieses phantastischen Plans läßt sich an Hand der erbeuteten Akten des deutschen Auswärtigen Amtes im einzelnen verfolgen[44]. Sie wird auch von Walter Schellenberg, dem damals jugendlichen Leiter des Geheimdienstes, der für die Ausführung des Plans ausersehen wurde, in seinen Memoiren behandelt[45].

Die Idee stammte von Hitler, wie Ribbentrop Schellenberg sagte. Ribbentrop griff sie mit jener Begeisterung auf, zu der ihn seine abgrundtiefe Unwissenheit häufig hinriß, und so waren das Auswärtige Amt und seine diplomatischen Vertreter in Spanien und Portugal gezwungen, in dem ereignisreichen Sommer 1940 einen großen Teil ihrer Zeit auf diese Idee zu verschwenden.

Nach dem Zusammenbruch Frankreichs im Juni 1940 war der Herzog, der der britischen Militärmission beim französischen Oberkommando angehört hatte, mit der Herzogin nach Spanien gegangen, um einer Gefangennahme durch die Deutschen zu entgehen. Am 23. Juni telegrafierte der deutsche Botschafter in Madrid, Eberhard von Stohrer, ein Berufsdiplomat, nach Berlin:

Spanischer Außenminister erbittet Anregung für Behandlung Herzogs und Herzogin von Windsor, die heute Madrid eintreffen sollen, um anscheinend über Lissabon nach England zurückzukehren. Außenminister entnimmt gewissen Eindrücken ..., daß wir vielleicht Interesse haben könnten, Herzog von Windsor hierzubehalten und eventuell Fühlung mit ihm zu nehmen. Erbitte Drahtanweisung.

Am nächsten Tag gab Ribbentrop telegrafische Instruktionen. Er fragte an, ob es möglich sei, das Herzogspaar »zunächst einmal auf ein paar Wochen in Spanien zu behalten ... Notwendig wäre allerdings, daß in keiner Weise durchsickert, daß Anregung von Deutschland stammt«. Am Tage darauf, dem 25. Juni, erwiderte Stohrer, der spanische Außenminister habe ihm versprochen, alles ihm Mögliche zu tun, um die Windsors eine Zeitlang in Spanien zurückzuhalten. Der spanische Außenminister, Oberst Beigbeder y Atienza, suchte den Herzog auf und unterrichtete den deutschen Botschafter über seine Unterredung mit dem Duke. Stohrer berichtete dann am 2. Juli nach Berlin, der Herzog werde nur nach England zurückkehren, »wenn man seine Frau als Mitglied Königlicher Familie anerkenne und wenn er einflußreiche Stellung ... zugewiesen erhalte«. Andernfalls werde er sich in Spanien niederlassen, wo ihm die Franco-Regierung ein Schloß als Wohnsitz angeboten habe. Der Botschafter fügte hinzu:

Windsor hat sich Außenminister und auch sonstigen hiesigen Bekannten gegenüber scharf gegen Churchill und gegen diesen Krieg ausgesprochen.

Anfang Juli begaben sich die Windsors nach Lissabon, und der dortige deutsche Gesandte teilte am 11. Juli Ribbentrop mit, daß der Duke zum Gouverneur der Bahama-Inseln ernannt worden sei, jedoch beabsichtige, »in Hoffnung auf baldige, für ihn günstige Änderung Abreise ... soweit wie möglich ... zu verschieben«.

Er ist davon überzeugt [fährt das Telegramm fort], daß bei seinem Verbleiben auf Thron Krieg vermieden worden wäre, und bezeichnet sich als unentwegten Anhänger Friedensausgleichs mit Deutschland. Herzog glaubt mit Bestimmtheit, daß fortgesetzte starke Bombardierungen England friedensbereit machen würden.

Diese Information veranlaßte Ribbentrop, noch am gleichen Abend von seinem Sonderzug in Fuschl aus ein Telegramm mit der Bezeichnung: »Citissime, strengst geheim« an den deutschen Botschafter in Madrid abzusenden. Er wünschte, daß der Herzog an der Abreise nach den Bahama-Inseln gehindert und nach Spanien zurückgebracht werde, am besten mit Hilfe seiner spanischen Freunde. »Nach Rückkehr Spanien müßten Herzog und seine Frau überredet oder gezwungen werden, auf spanischem Boden zu bleiben.« Notfalls könne der Herzog »interniert« werden, da er »als englischer Offizier ... als ... militärischer Flüchtling zu behandeln« sei. Ribbentrop fuhr fort:

Im übrigen müßte dann zur gegebenen Zeit ... dem Herzog mitgeteilt werden, daß Deutschland an sich mit dem englischen Volke Frieden wünscht, daß Churchill-Clique dem im Wege stehe und daß es gut wäre, wenn Herzog sich für die weitere Entwicklung bereithielte. Deutschland ist entschlossen, England mit allen Mitteln der Gewalt zum Frieden zu zwingen und wäre in diesem Falle bereit, jeglichem von seiten des Herzogs geäußerten Wunsch, insbesondere im Hinblick auf Einnahme des englischen Throns durch den Herzog und die Herzogin, Weg zu ebnen. Sollte der Herzog andere Absichten haben, aber bereit sein, an Herstellung guten deutsch-englischen Verhältnisses mitzuarbeiten, wären wir ebenfalls bereit, ihm und seiner Frau eine Existenz zu sichern, die ihm ermöglichen würde ..., eine königliche Lebenshaltung zu führen[46].

Ribbentrop, der in seiner Zeit als deutscher Botschafter in London wenig über das Wesen der Engländer hinzugelernt hatte, fügte noch hinzu, er sei im Besitz einer Information, »wonach englischer Secret Service mit Entsendung Herzogs nach Bahama-Inseln den Zweck verfolgt ..., ihn bei erster Gelegenheit zu beseitigen«.

Am nächsten Tag, dem 12. Juli, suchte der deutsche Botschafter in Madrid den spanischen Innenminister Serrano Suñer, einen Schwager Francos, auf, der ihm versprach, den Caudillo in das Komplott einzuweihen und folgenden Plan auszuführen: Die spanische Regierung werde einen alten Freund des Herzogs, Miguel Primo de Rivera, den Führer der Falange und Sohn des früheren spanischen Diktators, nach Lissabon schikken. Dort werde Rivera den Herzog zu einer Jagd in Spanien einladen und ihn gleichzeitig auffordern, mit der spanischen Regierung über die englisch-spanischen Beziehungen zu konferieren. Suñer wolle dabei den Herzog über die gegen ihn gerichteten Absichten des englischen *Secret Service* aufklären.

Minister wird dann Aufforderung anknüpfen [berichtete Stohrer nach Berlin], Herzogspaar möge spanische Gastfreundschaft, eventuell auch in finanzwirtschaftlicher Hinsicht, annehmen. Unter Umständen könne auch sonstwie Wiederausreise des Herzogs verhindert werden. Bei diesem ganzen Plan bleiben wir vollkommen im Hintergrund.

Nach seinem ersten Besuch bei den Windsors kehrte Rivera, den deutschen Akten zufolge, am 16. Juli von Lissabon nach Madrid zurück Er brachte eine Botschaft an den spanischen Außenminister mit, der sie dem deutschen Botschafter zuleitete, und dieser

wiederum drahtete sie nach Berlin. In Stohrers Telegramm hieß es: »Ernennung zum Gouverneur Bahamas wurde W. durch sehr kühlen und kategorischen Brief Churchills mitgeteilt mit der Weisung, sofort auf alle Fälle den Posten anzutreten.« Churchill habe gedroht, »W. vor ein Kriegsgericht zu stellen, falls er den Posten nicht annehme«. Die spanische Regierung, fügte Stohrer hinzu, stimme darin ein, »Herzog noch einmal dringendst zu warnen, Posten anzutreten«.
Von einer zweiten Reise nach Lissabon kehrte Rivera am 22. Juli zurück, und am Tage darauf gab der deutsche Botschafter Riveras Bericht auf dem Drahtwege an Ribbentrop weiter:

[Ich] hatte zwei lange Besprechungen mit Herzog von Windsor; bei letzterer auch Herzogin anwesend. Herzog sprach sich durchaus offen aus ... Politisch rückte der Herzog immer mehr von König und gegenwärtiger Englischer Regierung ab. Herzog und Herzogin fürchten weniger den König, der reichlich töricht sei, wohl aber kluge Königin, die stark gegen Herzog und insbesondere Herzogin intrigiere.
Herzog trägt sich mit der Absicht, durch öffentliche Erklärung von derzeitiger englischer Politik abzurücken und mit seinem Bruder zu brechen ... Der Herzog und die Herzogin erklärten, sehr gern nach Spanien zurückkehren zu wollen.

Um dies zu erleichtern, habe der deutsche Botschafter, wie er des weiteren ausführte, mit Suñer verabredet, einen neuen Vertrauensmann nach Lissabon zu entsenden. Dieser »soll den Herzog überreden, Lissabon wie zu einem größeren Ausflug im Kraftwagen zu verlassen und dann an einer bestimmten Stelle die Grenze zu überschreiten, wo spanische Geheimpolizei sicheren Grenzübertritt gewährleisten wird«.

Zwei Tage später übersandte der Botschafter Ribbentrop eine weitere »streng vertrauliche« Information Riveras:

Als er [Rivera] Herzog den Rat gab, nicht Bahamas zu gehen, sondern nach Spanien zurückzukehren, da Herzog vielleicht berufen sei, in englischer Politik noch große Rolle zu spielen und eventuell englischen Thron zu besteigen, haben Herzog ebenso wie Herzogin sich erstaunt gezeigt. Beide ... hätten erwidert, daß dies doch gemäß englischer Verfassung nach der Abdankung nicht möglich sei. Als Vertrauensmann dann Vermutung äußerte, daß Verlauf des Krieges auch in englischer Verfassung Änderungen hervorrufen könne, sei insbesondere die Herzogin sehr nachdenklich geworden.

In dieser Depesche erinnerte Stohrer Ribbentrop daran, daß Rivera nichts von »irgendeinem deutschen Interesse an der Angelegenheit« wisse. Offensichtlich war also der junge Spanier des Glaubens, er handele für seine eigene Regierung.
Bis zur letzten Juliwoche hatten die Deutschen ihren Plan, die Windsors zu entführen, fertiggestellt. Walter Schellenberg war von Hitler persönlich mit der Durchführung betraut worden. Er war nach Madrid geflogen, hatte sich dort mit dem deutschen Botschafter beraten und dann in Portugal ans Werk begeben. Am 26. Juli konnte Stohrer

in einem »streng geheimen« Telegramm an Ribbentrop den Entführungsplan umreißen:

... [Es kann] von einer festen Absicht des Herzogspaares, nach Spanien zurückzukehren, ausgegangen werden. Zur Bestärkung dieser Absicht wird heute ... der gestern weisungsgemäß zurückgehaltene zweite Vertrauensmann ... mit einem psychologisch geschickt abgefaßten Brief ... zum Herzog abgesandt, dem als Anlage der genau ausgearbeitete Plan der Durchführung des Grenzübertritts beigefügt ist.
Nach diesem Plan soll der Herzog nebst Frau sich offiziell zu einem Sommeraufenthalt ins Gebirge ... in die Nähe der spanischen Grenze begeben, um zu einem bestimmten Zeitpunkt an einer genau festgelegten Stelle im Rahmen eines Jagdausfluges die Grenze überschreiten. Da der Herzog ohne Pässe, soll der zuständige portugiesische Grenzbeamte ... gewonnen werden.
Zum planmäßig festgesetzten Zeitpunkt soll erster Vertrauensmann des Ministers sich an der Grenze aufhalten, um mit den entsprechend eingesetzten Kräften spanischerseits die Sicherung zu garantieren.
Zum Zeitpunkt des termingemäß genauen Grenzübertritts soll Schellenberg-Gruppe am Grenzübergang von portugiesischer Seite aus Sicherung übernehmen und diese durch unmittelbare, unauffällig sich austauschende Begleitung nach Spanien hinein fortsetzen.
Zur Sicherung des Gesamtplans ist von Minister noch eine weibliche Vertrauensperson vorgesehen, die für Eventualfälle mit dem ... zweiten V-Mann in Lissabon Fühlung aufnehmen kann und auch notfalls in der Lage ist, Schellenberg-Gruppe Nachrichten zukommen zu lassen.
Sollte sich durch englisches I[ntelligence] S[ervice]-Eingreifen Notstand ergeben, wird weitere Möglichkeit, daß Herzogspaar durch Flugzeug nach Spanien gelangen kann, vorbereitet. In diesem Falle ist, wie bei Durchführung des ersten Planes, das Haupterfordernis, durch psychologisch geschickte Beeinflussung der ausgeprägt englischen Mentalität des Herzogs – unter Ausnutzung des Angstmoments vor I. S. und der Aussicht freier politischer Betätigung von spanischem Boden aus – Abreisebereitwilligkeit zu erzielen, ohne daß Eindruck einer Flucht entsteht.
Es ist weiter erwogen, neben vorgesehenen Schutz in Lissabon im äußersten Notfall Abreisebereitwilligkeit durch geeignetes Schreckmanöver à conto des I. S. herbeizuführen.

In diesem plumpen Plan tritt das bekannte Unvermögen der Deutschen zutage, die »englische Mentalität« zu begreifen.

Die »geeigneten Schreckmanöver« unternahm Schellenberg. Eines Nachts ließ er ein Fenster in der Villa der Windsors mit ein paar Steinen einwerfen und dann unter den Hausangestellten das Gerücht verbreiten, es stecke der englische *Secret Service* dahinter. Einige Tage später ließ er im Hause des Herzogs einen Blumenstrauß mit einem verschlossenen Brief abgeben: »Seien Sie vorsichtig vor den Machenschaften des *Secret*

Service – ein portugiesischer Freund, der es gut mit Ihnen meint[47].« Und in einem dienstlichen Bericht nach Berlin meldete er: »Ein für den 30. Juli [geplantes] nächtliches Schußattentat (harmloses Zerschießen des Schlafzimmerfensters) wurde fallengelassen, da Wirkung in psychologischer Hinsicht bei Herzogin Wunsch auf Abreise nur bestärkt hätte.«

Die Zeit wurde knapp. Am 30. Juli meldete Schellenberg die Ankunft von Sir Walter Monckton in Lissabon. Dieser, ein alter Freund des Herzogs und hoher Beamter der britischen Regierung, hatte offensichtlich den Auftrag, die Windsors so schnell wie möglich nach den Bahama-Inseln zu spedieren. Am gleichen Tage drahtete Stohrer an Ribbentrop, ein deutscher Agent in Lissabon habe ihm soeben mitgeteilt, der Herzog und die Herzogin beabsichtigten am 1. August – also in zwei Tagen – abzureisen. Auf Grund dieser Information fragte er bei Ribbentrop an, »ob wir nicht etwas aus unserer Reserve herausgehen sollten«. Einer Mitteilung der deutschen Abwehr zufolge, fuhr der Botschafter fort, habe der Herzog seinem Gastgeber, dem portugiesischen Bankier Ricardo do Espirito Santo Silva, gegenüber »dem Wunsch Ausdruck gegeben, mit Führer in Kontakt zu kommen«. Warum nicht eine Zusammenkunft zwischen Windsor und Hitler arrangieren?

Am folgenden Tag, dem 31. Juli, drahtete der Botschafter wiederum an Ribbentrop: Der soeben von einem Besuch der Windsors zurückgekehrte spanische Vertrauensmann habe berichtet, »Herzogspaar [sei] durch Nachrichten über gegen sie gesponnene englische Intrigen und Gefährdung stark beeindruckt. Fühlen sich nicht mehr sicher«. Dennoch plane es offensichtlich, am 1. August abzureisen, wiewohl Windsor »wirkliches Datum zu verschleiern« suche. Der spanische Innenminister sei im Begriff, einen »letzten Versuch zu machen, das Herzogspaar von Abreise abzuhalten«.

Die Nachricht von der schon so bald möglichen Abreise der Windsors alarmierte Ribbentrop. Noch am Nachmittag des gleichen Tages telegrafierte er »citissime, strengst geheim« dem deutschen Gesandten in Lissabon, er solle dem Herzog über dessen Gastgeber, den portugiesischen Bankier, folgendes sagen lassen:

Deutschland wünsche an sich Frieden mit Englands Volk. Diesem Frieden stände Churchill-Clique im Wege. Deutschland sei nunmehr nach Ablehnung letzten Appells Führers an die Vernunft entschlossen, England mit allen Mitteln der Gewalt zum Frieden zu zwingen. Gut wäre, wenn der Herzog sich für weitere Entwicklung bereithalten könnte. Deutschland wäre in diesem Falle gewillt, mit dem Herzog engstens zusammenzuarbeiten und jeglichem von dem Herzogspaar geäußerten Wunsch den Weg zu ebnen... Sollte Herzogspaar andere Absichten haben, aber bereit sein, an der Herstellung späteren guten deutsch-englischen Verhältnisses mitzuwirken, ist Deutschland ebenfalls bereit, mit Herzog zusammenzuarbeiten und Zukunft Herzogspaares nach seinen Wünschen zu gestalten. Portugiesischer Vertrauensmann, bei dem Herzog wohnt, sollte ernstlichst versuchen, ihn von Abreise morgen abzuhalten, da bei uns zuverlässige Nachrichten vorliegen, daß Churchill beabsichtige, den Herzog auf Bahama-Inseln in seine Gewalt zu bekommen, um ihn dort für immer festzuhalten, und ferner, weil eine Verbindungsaufnahme mit dem Herzog zur gegebenen Zeit auf Bahama-Inseln für uns mit den größten Schwierigkeiten verbunden sei.

Ribbentrops dringendes Telegramm traf in der deutschen Gesandtschaft in Lissabon kurz vor Mitternacht ein. Der Gesandte suchte in der Nacht Senhor Espirito Santo Silva auf und bat ihn, seinem erlauchten Gast Ribbentrops Mitteilung zuzuleiten. Der Bankier tat dies am Vormittag des 1. August, und der Depesche der Legation zufolge war der Herzog tief beeindruckt:

Der Herzog würdigte ... den Friedenswillen des Führers, der mit seinem eigenen Empfinden völlig übereinstimme. Er sei fest davon überzeugt, daß, wenn er König gewesen wäre, es nie zum Kriege gekommen wäre. Dem an ihn ergangenen Appell, zu gegebener Zeit an dem Friedenswerk mitzuarbeiten, entspreche er gern. Allerdings [müsse] ... er im gegenwärtigen Augenblick der dienstlichen Weisung seiner Regierung folgen. Ungehorsam würde seine Absichten vorzeitig aufdecken, einen Skandal hervorrufen und ihm sein Prestige in England rauben. Auch sei er überzeugt, daß der gegenwärtige Augenblick für sein Hervortreten verfrüht sei, da in England noch keinerlei Neigung für eine Annäherung an Deutschland bestehe. Sobald sich aber diese Mentalität ändere, sei er bereit, sofort zurückzukehren ... Entweder, daß England ihn noch rufe, was er durchaus für möglich hält, oder daß Deutschland den Wunsch äußere, mit ihm zu verhandeln. In beiden Fällen sei er zu jedem persönlichen Opfer bereit und werde sich ohne den geringsten eigenen Ehrgeiz ganz zur Verfügung stellen.
Er würde mit seinem bisherigen Gastgeber in dauernder Verbindung bleiben und habe mit ihm das Stichwort vereinbart, auf das er sofort herüberkommen werde.

Zur Bestürzung der Deutschen reiste das Herzogspaar am Abend des 1. August an Bord des amerikanischen Passagierdampers *Excalibur* ab. In einem telegrafischen Abschlußbericht über seine gescheiterte Mission, den er am folgenden Tage an den »Herrn Reichsaußenminister persönlich« richtete, erklärte Schellenberg, er habe bis zum letzten Augenblick alles ihm zu Gebote stehende getan, um die Abreise zu vereiteln. Man habe den spanischen Botschafter in Lissabon, einen Bruder Francos, dazu bewogen, einen letzten Versuch zu machen, die Windsors zurückzuhalten. Der Kraftwagen mit dem herzoglichen Gepäck sei »sabotiert« worden, behauptete Schellenberg, so daß er mit Verspätung am Schiff angekommen sei. Sodann habe er, Schellenberg, das Gerücht lancieren lassen, im Schiffsraum sei eine Zeitbombe angebracht. Portugiesische Polizeibeamte hielten das Schiff so lange zurück, bis sie es – vergeblich – von oben bis unten durchsucht hatten.
Dennoch stachen die Windsors am Abend in See. Das Komplott war fehlgeschlagen. Schellenberg führte das Mißlingen in seinem Schlußbericht an Ribbentrop auf den Einfluß Moncktons, das Versagen des »spanischen Plans« und die »Mentalität des Herzogs« zurück.

Unter den Akten des deutschen Auswärtigen Amtes befindet sich noch ein letztes Dokument über das Komplott. Am 15. August drahtete der deutsche Gesandte in Lissabon nach Berlin: Der Vertrauensmann habe soeben aus Bermuda ein Telegramm des Herzogs erhalten, mit der Bitte, ihn zu benachrichtigen, sobald ein Handeln ratsam erscheine. Der Gesandte fragte an, ob eine Antwort gegeben werden solle.

In den deutschen Akten ist keine Antwort zu finden. Mitte August hatte Hitler beschlossen, Großbritannien mit Waffengewalt zu erobern. Man brauchte nicht mehr nach einem neuen König für England zu suchen. Die Insel würde, wie alle anderen eroberten Gebiete, von Berlin aus regiert werden. So wenigstens glaubte Hitler.

Damit genug von dieser seltsamen, in den deutschen Geheimakten belegten und von Schellenberg in seinen Memoiren ergänzten Geschichte. Schellenberg ist zwar keine zuverlässige Quelle, aber es ist kaum anzunehmen, daß er die Rolle, die er dabei spielte und von der er selber zugibt, daß sie lächerlich war, von Anfang bis Ende erfunden habe.

Nach Veröffentlichung der deutschen Dokumente ließ der Herzog von Windsor am 1. August 1957 durch seine Londoner Anwälte öffentlich erklären, was in dem Telegrammaustausch zwischen Ribbentrop und dem deutschen Botschafter in Madrid bzw. dem deutschen Gesandten in Lissabon über ihn gesagt worden sei, »seien teils freie Erfindungen, teils grobe Entstellungen der Wahrheit«. Während er in Lissabon auf seine Abreise nach den Bahama-Inseln wartete, hätten »gewisse Leute«, bei denen er entdeckte, daß sie mit den Nazis sympathisierten, ihn zu überreden versucht, nach Spanien zurückzukehren und seinen Gouverneursposten nicht anzutreten.

»Man deutete mir sogar an, die Herzogin und ich würden persönlich in Gefahr geraten, wenn wir nach den Bahamas führen«, erklärte Windsor. »Zu keiner Zeit habe ich auch nur im geringsten daran gedacht, auf solche Vorschläge einzugehen. Ich habe sie mit der ihnen gebührenden Verachtung behandelt.«

Das britische *Foreign Office* gab eine offizielle Erklärung heraus, wonach der Herzog während des Krieges niemals in seiner Treue zu Großbritannien geschwankt habe. (S. *The New York Times*, 1. August 1957.)

XXIII

Barbarossa: Rußland ist an der Reihe

Im Sommer 1940, während Hitler mit der Leitung der Eroberung des Westens beschäftigt war, machte Stalin sich die Inanspruchnahme des Führers zunutze, rückte in die Baltischen Staaten ein und griff nach dem Balkan.

Nach außen hin bestand Freundschaft zwischen den beiden großen Diktaturen. Molotow versäumte auf Stalins Geheiß keine Gelegenheit, den Deutschen bei jeder neuen Aggression oder Eroberung zu schmeicheln. Als Deutschland am 9. April 1940 Dänemark und Norwegen besetzte, beeilte sich Molotow noch am gleichen Morgen Botschafter von der Schulenburg mitzuteilen, »daß Sowjetregierung für [die] Deutschland aufgezwungenen Maßnahmen Verständnis habe«. »Wir wünschen Deutschland«, fügte er hinzu, »für seine Verteidigungsmaßnahmen vollen Erfolg [1].«

Einen Monat später, als der deutsche Botschafter Molotow aufsuchte, um ihn offiziell über die deutsche Offensive im Westen zu unterrichten, die, wie er auf Anweisung Ribbentrops erklärte, Deutschland infolge des »bevorstehenden englisch-französischen Vorstoßes auf das Ruhrgebiet über Belgien und Holland aufgezwungen« sei, äußerte sich Molotow wiederum beifällig. »M[olotow] nahm Mitteilung verständnisvoll auf«, drahtete Schulenburg nach Berlin, »und hinzufügte, er begreife, daß Deutschland sich gegen englisch-französischen Angriff schützen müsse. Er zweifele nicht an unserem Erfolge [2].«

Am 17. Juni, dem Tag, an dem Frankreich um Waffenstillstand ersuchte, ließ Molotow Schulenburg zu sich kommen und »aussprach mir wärmste Glückwünsche der Sowjetregierung zu dem glänzenden Erfolg der deutschen Wehrmacht«.

Der Volkskommissar für Auswärtige Angelegenheiten hatte indes dem Botschafter noch etwas anderes mitzuteilen, das deutschen Ohren nicht ganz so angenehm klang. Er unterrichtete Schulenburg, wie dieser citissime nach Berlin drahtete, »über das Vorgehen der Sowjetunion gegen Baltenstaaten«. Molotow fügte hinzu – und man glaubt förmlich das Blinzeln in seinen Augen zu sehen –, »daß es notwendig gewesen sei, allen Intrigen ein Ende zu setzen, mit denen England und Frankreich in den Baltenstaaten versucht hätten, Zwietracht und Mißtrauen zwischen Deutschland und Sowjetunion zu säen [3]«. Daher habe die Sowjetregierung in die drei baltischen Länder »Sonderemissäre entsandt«. Diese waren denn auch drei der erprobtesten Henkersknechte Stalins: Dekanosow für Litauen, Wyschinski für Lettland und Shdanow für Estland.

Sie erfüllten ihre Aufgabe mit einer Gründlichkeit, wie sie von diesem Trio nicht anders zu erwarten war, besonders nicht von Wyschinski und Shdanow. Bereits am 14. Juni, dem Tag, an dem deutsche Truppen in Paris einzogen, hatte die Sowjetregierung Litauen ein auf neun Stunden befristetes Ultimatum gestellt. Sie forderte den Rücktritt der litauischen Regierung, die Verhaftung einiger hoher Beamter und das Recht, beliebig viele Truppen der Roten Armee nach Litauen zu schicken. Obgleich die litauische Regierung das Ultimatum annahm, erachtete Moskau diese Annahme als »unbefriedigend«, und am folgenden Tag, dem 15. Juni, besetzten Sowjettruppen das Land, den einzigen an Deutschland angrenzenden baltischen Staat. Im Laufe der nächsten Tage wurden an Lettland und Estland ähnliche ultimative Forderungen gestellt, woraufhin sie ebenfalls von der Roten Armee überrannt wurden.

Stalin konnte in solchen Dingen ebenso brutal und rücksichtslos wie Hitler sein – und sogar noch zynischer. Nachdem in allen drei Ländern die Presse unterdrückt, die politischen Führer verhaftet und alle Parteien außer der kommunistischen für illegal erklärt worden waren, inszenierten die Russen am 14. Juli »Wahlen«, und nachdem die auf diese Weise »gewählten« Parlamente für die Eingliederung ihrer Länder in die Sowjetunion gestimmt hatten, »gewährte« der Moskauer Oberste Sowjet ihnen die Heimkehr ins Mutterland: Litauen am 3. August, Lettland am 5. August, Estland am 6. August.

Adolf Hitler war gedemütigt. Aber in Anspruch genommen von der Vorbereitung der Landung in England, konnte er nichts dagegen unternehmen. Die Protestschreiben der in Berlin beglaubigten Gesandten der drei baltischen Staaten wurden ihnen auf Anweisung Ribbentrops zurückgesandt. Eine weitere Demütigung für die Deutschen war Molotows brüske Aufforderung vom 11. August, ihre Gesandtschaften in Kaunas, Riga und Reval innerhalb von 14 Tagen »aufzulösen« und ihre Konsulate in den baltischen Staaten bis zum 1. September zu schließen.

Mit der Annexion der baltischen Staaten war indes Stalins Hunger noch nicht gestillt. Der überraschend schnelle Zusammenbruch der englisch-französischen Armeen spornte ihn an, soviel wie möglich an sich zu reißen, solange es noch leicht war. Offensichtlich glaubte er, es sei keine Zeit mehr zu verlieren. Am 23. Juni, einen Tag nach Frankreichs Kapitulation und Unterzeichnung des Waffenstillstands, ließ Molotow wiederum Schulenburg zu sich kommen und sagte ihm: »Lösung Bessarabien-Frage gestatte nunmehr keinen weiteren Aufschub. Sowjetregierung ... sei entschlossen, Gewalt anzuwenden, falls rumänische Regierung friedliche Einigung ablehne.« Die Sowjetregierung, fügte Molotow hinzu, »rechne damit, daß Deutschland die sowjetische Aktion nicht störe«. Sodann: »Sowjetischer Anspruch erstrecke sich auch auf Bukowina[4].« Bessarabien war Rußland nach dem Ersten Weltkrieg von Rumänien entrissen worden, aber die Bukowina hatte nie zu Rußland gehört. Bis 1919, als Rumänien sie an sich riß, hatte sie unter österreichischer Herrschaft gestanden. Bei den Moskauer Verhandlungen vor Abschluß des deutsch-sowjetischen Pakts war Ribbentrop gezwungen gewesen, Bessarabien als zur russischen Interessensphäre gehörend anzuerkennen, hatte aber vorher Rücksprache mit Hitler genommen, woran er ihn jetzt erinnerte. Die Bukowina jedoch hatte er nicht preisgegeben.

In Berlin entstand Beunruhigung, die sich auf das Hauptquartier im Westen ausbreitete. Die Wehrmacht war in starkem Maße abhängig vom rumänischen Öl, und Deutschland erhielt auch aus diesem Balkanland dringend benötigte Nahrungs- und Futtermittel. Diese Lieferungen mußte man abschreiben, wenn die Rote Armee in Rumänien einrückte. Schon einige Zeit vorher, am 23. Mai, auf dem Höhepunkt der Kämpfe in Frankreich, hatte der rumänische Generalstab dem OKW die alarmierende Nachricht von sowjetischer Truppenkonzentration an der Grenze zukommen lassen. Die Reaktion im Führerhauptquartier gab Jodl in seinem Tagebuch wieder: »Lage im Osten wird bedrohlich wegen Zusammenziehung russischer Streitkräfte vor Bessarabien.«

In der Nacht vom 26. Juni stellte Rußland eine ultimative Forderung an Rumänien: Es solle Bessarabien und die nördliche Bukowina abtreten und bis zum nächsten Tag antworten. Ribbentrop, von Panik erfaßt, gab von seinem Sonderzug aus dem deutschen Gesandten in Bukarest telegrafisch Anweisung, der rumänischen Regierung zu raten, dem Ultimatum zu entsprechen, was sie am 27. Juni tat. Am Tage darauf marschierten Sowjettruppen in die neuerworbenen Gebiete ein, und Berlin atmete erleichtert auf, weil Rußland immerhin nicht ganz Rumänien besetzte und damit Deutschland nicht von den reichen Erdöl- und Nahrungsmittelquellen abschnitt.

Obwohl Stalin darauf aus war, in Osteuropa soviel wie möglich an sich zu reißen, solange die Deutschen im Westen gebunden waren, ist doch aus seinem Vorgehen und aus den geheimen deutschen Dokumenten ersichtlich, daß er nicht an einen Bruch mit Hitler dachte und ihn auch nicht wünschte.

Ende Juni hatte Churchill in einem persönlichen Schreiben Stalin vor der Gefahr zu warnen versucht, die die deutschen Eroberungen sowohl für Rußland wie für England darstellten[5]. Der sowjetische Diktator gab sich nicht die Mühe, den Brief zu beantworten; wahrscheinlich glaubte er wie fast alle Welt, England sei erledigt. So verriet er den Deutschen die Erwägungen der britischen Regierung. Anfang Juli wurde Sir Stafford Cripps, ein führender Mann des linken Flügels der Labourpartei, den Churchill in der – wie er später bedauernd zugab, vergeblichen – Hoffnung, damit bei den Bolschewisten Anklang zu finden, als Botschafter nach Moskau geschickt hatte, von Stalin zu einer Unterredung empfangen, die Churchill »förmlich und kühl« nannte. Von diesem vertraulichen Gespräch gab Molotow am 13. Juli auf Geheiß Stalins dem deutschen Botschafter eine Niederschrift.

Sie ist ein aufschlußreiches Dokument. Wie keine andere Aufzeichnung offenbart die Niederschrift, wie eng begrenzt der Blick des sowjetischen Diktators bei seinen kalten Berechnungen in der Außenpolitik war. Schulenburg telegrafierte den Inhalt der Aufzeichnung nach Berlin, der Ribbentrop so wertvoll war, daß er der Sowjetregierung seinen besonderen Dank aussprechen ließ. Cripps hatte Stalin um Stellungnahme zu mehreren Fragen, insbesondere zu folgender gebeten:

Britische Regierung sei überzeugt, daß Deutschland Vorherrschaft über Europa anstrebe ... Dies sei eine Gefahr sowohl für die Sowjetunion als auch für England. Daher sollten sich beide Staaten auf eine gemeinsame Linie des Selbstschutzes gegen Deutschland und zum Zweck der Wiederherstellung des europäischen Gleichgewichts einigen ...

Die Antworten Stalins sind wie folgt aufgezeichnet:

[Er sehe] keine Gefahr der Vorherrschaft irgendeines Landes in Europa und noch weniger die Gefahr des Überschluckens der europäischen Gebiete durch Deutschland. Stalin verfolge die Politik Deutschlands und kenne gut einige führende deutsche Staatsmänner. Er habe bei diesen kein Streben nach Überschlucken europäischer Staaten bemerkt. Stalin sei nicht der Meinung, daß die deutschen militärischen Erfolge die Sowjetunion und ihre freundschaftlichen Beziehungen zu Deutschland bedrohten ...[6].

Angesichts solch verblüffender Sorglosigkeit, solch abgrundtiefer Unwissenheit stockt einem der Atem. Natürlich kannte der russische Tyrann Hitlers geheime Gedankengänge nicht, aber das bisherige Verhalten des Führers, seine allbekannten Ambitionen und seine überraschend schnellen Eroberungen hätten genügen sollen, um Stalin die schreckliche Gefahr vor Augen zu führen, die nunmehr der Sowjetunion drohte. Aber unbegreiflicherweise genügten sie nicht.

Aus den erbeuteten deutschen Akten und den Aussagen vieler Deutscher, die in dem großen, in jenem Jahr in Westeuropa abrollenden Drama führende Rollen spielten, ist klar ersichtlich, daß Hitler genau in dem Augenblick, in dem Stalin diese unglaublich selbstgefällige Äußerung tat, tatsächlich mit dem Gedanken spielte, gegen die Sowjetunion zu marschieren und sie zu vernichten.

Der Gedanke selbst ließ sich bis in eine viel weiter zurückliegende Zeit verfolgen – um mindestens fünfzehn Jahre – bis zur Entstehung von *Mein Kampf*:

Wir [Nationalsozialisten] setzen dort an, wo man vor sechs Jahrhunderten endete. Wir stoppen den ewigen Germanenzug nach dem Süden und Westen Europas und weisen den Blick nach dem Land im Osten ... Wenn wir aber heute in Europa von neuem Grund und Boden reden, können wir in erster Linie nur an Rußland und die ihm untertanen Randstaaten denken. Das Schicksal selbst scheint uns hier einen Fingerzeig zu geben ... Das Riesenreich im Osten ist reif zum Zusammenbruch. Und das Ende der Judenherrschaft in Rußland wird auch das Ende Rußlands als Staat sein[7].

Diese Idee war gleichsam das Fundament von Hitlers Denken. Daran hatte auch sein Pakt mit Stalin nichts geändert. Der Pakt hatte lediglich dazu gedient, das Handeln nach dieser Idee für kurze Zeit hinauszuschieben. Es waren knapp zwei Monate vergangen, nachdem der Vertrag unterzeichnet worden war und seine Dienste zur Vernichtung Polens getan hatte, als Hitler das Heer wissen ließ, das eroberte polnische Gebiet sei als »Aufmarschgebiet für künftige deutsche Operationen« anzusehen. Dies notierte Halder am 18. Oktober 1939.

Fünf Wochen später, am 23. November, als Hitler seinen Generalen die lange Rede über die Westoffensive hielt, hatte er sich Rußland keineswegs aus dem Kopf geschlagen. »*Wir können Rußland nur entgegentreten, wenn wir im Westen frei sind*«, sagte er. Damals stand auch Hitler der Zweifrontenkrieg, seit einem Jahrhundert der Alpdruck der deutschen Generalität, deutlich vor Augen, und er erging sich über diese Gefahr ausführlich. Er werde den Fehler früherer deutscher Regierungen nicht wiederholen, sondern dafür sorgen, daß das Heer jeweils nur an einer Front zu kämpfen habe. Als dann Frankreich geschlagen und die britische Armee vom Kontinent vertrieben waren und es so aussah, als stehe England vor dem Zusammenbruch, wandten Hitlers Gedanken sich natürlich wieder Rußland zu. Denn nunmehr war die von ihm genannte Voraussetzung geschaffen: Er war, so glaubte er, im Westen frei, um Rußland »entgegentreten« zu können. Daß Stalin sich so eilig der baltischen Staaten und zweier rumänischer Provinzen bemächtigt hatte, drängte Hitler um so mehr zum Entschluß.

Es läßt sich heute feststellen, wann er diesen Entschluß faßte. Jodl sagt, Hitler habe ihm »bereits während des Westfeldzugs seinen grundlegenden Entschluß mitgeteilt[8]«. Warlimont* sagte als Zeuge in Nürnberg, Jodl habe am 29. Juli in einer Besprechung des Wehrmachtsführungsstabes angekündigt, Hitler habe vor, »die Sowjetunion im Frühjahr 1941 anzugreifen«. Einige Zeit vorher, berichtete Jodl, habe Hitler zu Keitel gesagt: »Er beabsichtige, den Krieg schon im Herbst 1940 gegen die Sowjetunion zu beginnen.« Aber das war selbst Keitel zu viel, und er hatte Hitler den Termin ausgeredet, wobei er sich nicht allein auf das schlechte Wetter im Herbst, sondern auch auf die nicht zu überwindenden Schwierigkeiten einer Verlegung der Masse des Heeres von Westen nach Osten berief. So war denn – laut Warlimont – etwa zur Zeit jener Konferenz vom 29. Juli, der Angriffstermin auf das Frühjahr 1941 verschoben worden[9].

Noch eine Woche vorher hatte Hitler, wie wir aus Halders Tagebuch[10] wissen, es für möglich gehalten, im Herbst in Rußland einzumarschieren, wenn man nicht in England landen würde. In einer am 21. Juli in Berlin abgehaltenen Konferenz mit den Militärs wies Hitler Brauchitsch an, sich mit den Vorbereitungen für den Rußlandfeldzug zu befassen. Daß der Oberbefehlshaber des Heeres und sein Generalstab über dieses Problem bereits nachgedacht hatten – wenn auch nicht allzu gründlich – geht aus seiner Antwort an Hitler hervor. Brauchitsch meinte, der Feldzug »würde vier bis sechs Wochen dauern«, und das Ziel werde sein, die russische Armee zu zerschlagen oder doch mindestens so weite Teile Rußlands zu besetzen, daß sowjetische Bombenflugzeuge nicht bis Berlin oder zum oberschlesischen Industriegebiet vordringen könnten, während sich die Reichweite der deutschen Luftwaffe auf alle wichtigen Ziele in der Sowjetunion erstrecken würde. Brauchitsch glaubte, es seien 80 bis 100 deutsche Divisionen erforderlich, und taxierte die russische Stärke auf »50 bis 75 gute Divisionen«. Halders Notizen über Brauchitschs Bericht lassen erkennen, daß Hitler sich von Sta-

* Anm. d. Übersetzers: Oberst, später General der Artillerie Walter Warlimont, Chef der Abt. Landesverteidigung im OKW, war nach Dezember 1941 stellv. Chef des Wehrmachtsführungsstabes.

lins raschem Zupacken im Osten tief getroffen fühlte, daß er glaubte, der sowjetische Diktator »kokettiere mit England«, um es zum Durchhalten zu ermutigen, daß er aber keine Anzeichen russischer Vorbereitungen für den Kriegseintritt gegen Deutschland sah.

Die schwindenden Aussichten auf eine Invasion in England veranlaßten dann Hitler, in einer weiteren Führerbesprechung, die am 31. Juli 1940 auf dem *Berghof* stattfand, den Wehrmachtschefs zum ersten Mal seine Absichten in bezug auf Rußland anzukündigen. Halder war diesmal selbst dabei und stenographierte Hitlers Ausführungen mit[11]. Diese offenbaren, daß Hitler nicht nur endgültig entschlossen war, Rußland im kommenden Frühjahr anzugreifen, sondern sich auch schon Gedanken über die hauptsächlichen strategischen Ziele gemacht hatte:

Englands Hoffnung ist Rußland und Amerika. Wenn Hoffnung auf Rußland wegfällt, fällt auch Amerika weg, weil Wegfall Rußlands eine Aufwertung Japans in Ostasien in ungeheurem Maß folgt.

Je mehr er darüber nachdenke, sagte Hitler, um so mehr sei er davon überzeugt, daß England bei seiner hartnäckigen Entschlossenheit, den Krieg fortzusetzen, auf die Sowjetunion zähle.

Irgend etwas ist in London geschehen! [fuhr Hitler fort]. Die Engländer waren schon ganz down, nun sind sie wieder aufgerichtet. Abgehörte Gespräche. Rußland unangenehm berührt von schneller Entwicklung der westeuropäischen Lage.
Rußland braucht England [nichts anderes zu] sagen, als daß es Deutschland nicht groß haben will, dann hofft Engländer wie ein Ertrinkender, daß in sechs bis acht Monaten die Sache ganz anders sein wird.
Ist aber Rußland zerschlagen, dann ist Englands letzte Hoffnung getilgt. *Der Herr Europas und des Balkans ist dann Deutschland.*
Entschluß: Im Zuge dieser Auseinandersetzung muß Rußland erledigt werden Frühjahr 41. Je schneller wir Rußland zerschlagen, um so besser. *(Hervorhebungen durch Halder.)*

Hitler entwickelte dann seine strategischen Pläne, die, wie den Generälen bewußt wurde, trotz seiner starken Inanspruchnahme im Westen schon einige Zeit in ihm gegärt haben mußten. Die Operation, sagte er, habe nur dann Sinn, wenn sie die Sowjetunion mit einem Schlage zerschmettere. Es genüge nicht, einen großen Teil russischen Gebietes zu erobern. Das Ziel sei, Rußland als Staat zu vernichten. Der Anfang müsse mit zwei Vorstößen gemacht werden, mit einem im Süden in Richtung Kiew und Dnjepr und dem anderen im Norden durch die baltischen Staaten in Richtung Moskau. Hier sollten sich die beiden Heeressäulen vereinigen. Eine besondere Operation habe, falls erforderlich, das Erdölgebiet von Baku zu sichern. Hitler erregte allein schon der Gedanke an solche neuen Eroberungen; er malte sich bereits aus, was er mit den gewonnenen Gebieten anfangen würde. Er wolle, sagte er, die Ukraine, Weißrußland und die baltischen Staaten annektieren und das Staatsgebiet Finnlands bis zum Weißen Meer ausdehnen.

Für die ganze Operation nahm er 120 Divisionen in Aussicht, während 60 Divisionen für die Verteidigung des Westens und Skandinaviens zurückgehalten werden sollten. Zu beginnen habe der Angriff: »Mai 1941: fünf Monate Zeit für Durchführung. Am liebsten noch in diesem Jahr. Geht aber nicht, um Operation einheitlich durchzuführen.«
Schon am Tage darauf, dem 1. August, begab sich Halder mit seinem Generalstab an die Ausarbeitung der Pläne, mochte er auch später behaupten, er habe die ganze Idee, Rußland anzugreifen, für Wahnsinn gehalten. Seine Tagebucheintragung von diesem Tag zeigt ihn voller Enthusiasmus, mit dem er sich der faszinierenden neuen Aufgabe zuwandte.

Mit typisch deutscher Gründlichkeit erfolgte die Planung auf drei Ebenen: Generalstab des Heeres, Warlimonts Wehrmachtsführungsstab, General Thomas' Wehrwirtschafts- und Rüstungsamt im OKW. Göring teilte Thomas am 14. August mit, Hitler wünsche Ausführung der russischen Warenbestellungen »nur noch bis zum Frühjahr 1941[12]«. Unterdessen solle das Wehrwirtschaftsamt eine genaue Aufstellung der sowjetischen Industriewerke, der Verkehrseinrichtungen und Erdölquellen machen, die geeignet sei, sowohl als Zielweiser wie als Leitfaden für die Verwaltung Rußlands zu dienen.

Wenige Tage vorher, am 9. August, war von Warlimonts Stab die erste Weisung – mit dem Decknamen *Aufbau Ost* – ergangen, im Aufmarschgebiet Ost Vorbereitungen für die Aufnahme von Truppen zu treffen. Am 26. August befahl Hitler, zehn Infanterie- und zwei Panzerdivisionen vom Westen nach Polen zu verlegen. Die Panzerverbände sollten im südöstlichen Teil Polens stationiert werden, damit sie gegebenenfalls zum Schutz der rumänischen Ölfelder eingreifen könnten[13]. Da der Transport größerer Truppenmassen leicht Stalins Mißtrauen erregt hätte, gab man sich größte Mühe, dafür zu sorgen, daß er nichts davon erfuhr. Allerdings ließen sich gewisse Bewegungen nicht verbergen. So wurde der deutsche Militärattaché in Moskau, General Köstring, angewiesen, dem sowjetischen Generalstab zu sagen, es handele sich dabei lediglich um die Ablösung älterer, in der Industrie benötigter Leute durch jüngere. Am 6. September erließ Jodl eine ausführliche Weisung über die zu ergreifenden Tarnmaßnahmen. »Aus diesen Umgruppierungen«, schrieb er, »darf in Rußland nicht der Eindruck entstehen, daß wir eine Ostoffensive vorbereiten[14].«

Damit die Wehrmacht nach den großen Siegen des Sommers nicht auf ihren Lorbeeren ausruhe, erließ Hitler am 12. November 1940 die streng geheime Führerweisung Nr. 18, in der er die neuen militärischen Aufgaben in ganz Europa und darüber hinaus umriß. Auf einige dieser Aufgaben werden wir noch zurückkommen. Hier wollen wir uns nur mit denen befassen, die die Sowjetunion betreffen:

Politische Besprechungen mit dem Ziel, die Haltung Rußlands für die nächste Zeit zu klären, sind eingeleitet. Gleichgültig, welches Ergebnis diese Besprechungen haben werden, sind alle schon mündlich befohlenen Vorbereitungen für den Osten fortzuführen. Weisungen darüber werden folgen, sobald die Grundzüge des Operationsplanes des Heeres mir vorgetragen und von mir gebilligt sind[15].

An diesem selben 12. November nämlich traf Molotow in Berlin ein, um mit Hitler persönlich jene politischen Besprechungen fortzusetzen.

MOLOTOW IN BERLIN

Die Beziehungen zwischen Berlin und Moskau hatten sich in den letzten Monaten getrübt. Sie waren so lange gut gewesen, als Stalin und Hitler sich darin einig waren, Dritte zu übervorteilen; die Sache bekam ein ganz anderes Gesicht, als sie begannen, sich gegenseitig übers Ohr zu hauen. Hitler hatte nicht verhüten können, daß die Russen das Baltikum, Bessarabien und die nördliche Bukowina an sich rissen, aber seine Ohnmacht hatte seinen wachsenden Groll nur noch verstärkt. Der russische Drang nach Westen mußte gestoppt werden, und zwar in erster Linie in Rumänien, dessen Ölquellen für Deutschland infolge der britischen Blockade lebenswichtig geworden waren. Das Problem wurde für Hitler noch dadurch kompliziert, daß auch Ungarn und Bulgarien rumänische Gebietsteile beanspruchten. Ungarn traf sogar im Hochsommer 1940 Vorbereitungen für einen Krieg, um das nach dem Ersten Weltkrieg von Rumänien annektierte Siebenbürgen zurückzuerobern. Hitler war sich bewußt, daß ein derartiger Krieg Deutschland von seinem Hauptlieferanten für Rohöl abschneiden mußte und wahrscheinlich die Russen veranlassen würde, ganz Rumänien zu besetzen und damit Deutschland für dauernd des rumänischen Öls zu berauben.

Bis zum 28. August war die Lage so bedrohlich geworden, daß Hitler die Bereitstellung von fünf Panzerdivisionen und drei motorisierten Divisionen sowie von Fallschirm- und Luftlandetruppen befahl, um am 1. September die rumänischen Erdölgebiete zu besetzen[16]. Am 28. August konferierte Hitler auf dem *Berghof* mit Ribbentrop und Ciano und sandte sie anschließend nach Wien, wo sie die Außenminister Ungarns und Rumäniens dazu bringen sollten, eine schiedsrichterliche Regelung durch die Achsenmächte anzunehmen. Dies geschah ohne große Schwierigkeiten, nachdem Ribbentrop beide Seiten eingeschüchtert hatte. Am 30. August akzeptierten im Schloß *Belvedere* Ungarn und Rumänien den Schiedsspruch der Achse. Als der rumänische Außenminister Mihai Manoilescu die Karte mit der neuen Grenzziehung sah und gewahrte, daß etwa die Hälfte von Siebenbürgen an Ungarn abzutreten sei, brach er über dem Tisch, auf dem das Abkommen zur Unterschrift lag, ohnmächtig zusammen. Erst nach einer Kampfereinspritzung erlangte er wieder das Bewußtsein[17]. Deutschland und Italien garantierten Rumänien den Besitz des ihm verbliebenen Territoriums (außer der südlichen Dobrudscha, die es an Bulgarien abtreten mußte), angeblich weil es sich vernünftig verhalten habe, in Wirklichkeit aber, um Hitler einen legalen Vorwand für seine weiteren Pläne zu geben.

Welcher Art diese Pläne waren, wurde seiner Umgebung drei Wochen später klar. Mit Geheimbefehl vom 20. September ordnete Hitler die Entsendung von »Militärmissionen« nach Rumänien an:

Vor der Welt wird deren Aufgabe sein, Rumänien bei der Aufstellung und Ausbildung seiner Streitkräfte freundschaftlich zu beraten.
Ihre wirkliche Aufgabe, die weder den Rumänen noch unseren eigenen Truppen zum Bewußtsein kommen darf, wird sein:
a) Das Erdölgebiet ... zu schützen ...
c) den Aufmarsch deutscher und rumänischer Kräfte von rumänischen Stützpunkten aus im Falle eines uns von Sowjetrußland aufgezwungenen Krieges vorzubereiten[18].

Damit wollte er die Südflanke einer neuen Front sichern, die in seinem Geiste Gestalt anzunehmen begann.
Der Wiener Schiedspruch und vor allem die deutsche Garantie für das Rumänien verbliebene Gebiet wurden in Moskau, das man nicht konsultiert hatte, schlecht aufgenommen. Als Schulenburg am 1. September Molotow aufsuchte, um ihm eine Information Ribbentrops zu übergeben, in der dieser die Vorgänge in Wien zu erklären – und zu rechtfertigen – suchte, zeigte Molotow sich, wie Schulenburg berichtete, »im Vergleich zu seiner sonstigen Haltung reserviert«. Allerdings war Molotow nicht so reserviert, um nicht heftig zu protestieren. Er warf der deutschen Regierung die Verletzung von Artikel 3 des deutsch-sowjetischen Pakts vor, der gegenseitige Beratung vorsehe. Statt dessen seien die Sowjets »vor vollzogene Tatsachen gestellt worden«, was im Widerspruch zu den deutschen Zusicherungen »in bezug auf beide Staaten gemeinsam interessierende Fragen« stehe[19]. Wie in solchen Fällen fast unausbleiblich, gerieten sich die Räuber wegen der Beute in die Haare.
In den nächsten Tagen wurden die gegenseitigen Beschuldigungen noch hitziger. Am 3. September depeschierte Ribbentrop eine lange Denkschrift nach Moskau, worin er abstritt, daß Deutschland den Moskauer Pakt verletzt habe, und den Russen vorwarf, sie hätten genau dasselbe getan und die baltischen Staaten sowie zwei rumänische Provinzen annektiert, ohne Berlin zu konsultieren. In seiner Denkschrift benutzte Ribbentrop scharfe Worte, worauf die Russen nicht minder scharf antworteten. Sie beharrten darauf, daß Deutschland den Pakt verletzt habe, machten geltend, daß Rußland nach wie vor viele Interessen in Rumänien habe, und schlossen sarkastisch mit dem Vorschlag, »daß, wenn der Artikel 3 vom Standpunkt der Deutschen Reichsregierung gewisse Unbequemlichkeiten und Beengungen mit sich bringt, die Sowjetregierung bereit ist, über die Frage einer Änderung oder Beseitigung dieses Vertragsartikels zu verhandeln[20]«.
Der Argwohn des Kreml gegen Hitler wurde im September durch zwei Vorgänge noch stärker erregt. Am 16. drahtete Ribbentrop an Schulenburg, er solle Molotow aufsuchen und ihm »beiläufig« mitteilen, daß Deutschland im Begriff sei, über Finnland Verstärkungen nach Nordnorwegen zu schicken. Wenige Tage später, am 26. September, telegrafierte Ribbentrop wiederum an die Moskauer Botschaft, diesmal an den Geschäftsträger, da Schulenburg in Deutschland auf Urlaub war. Diese Information war sehr vertraulich und gekennzeichnet als »Streng Geheim. Ausschließlich für Geschäftsträger«.

Sie begann mit den Worten: »Folgende Instruktion ist erst auszuführen, wenn Ihnen im Laufe des Donnerstags von meinem Ministerbüro telefonisch oder telegrafisch das Wort ›Ausführung‹ durchgegeben wird[21].«

Der Geschäftsträger sollte Molotow sagen, daß »in den nächsten Tagen« voraussichtlich ein Militärbündnis zwischen Japan, Italien und Deutschland unterzeichnet werden würde. Das Bündnis richte sich nicht gegen die Sowjetunion – was in einem besonderen Artikel festgelegt sei.

Dieses Bündnis [erklärte Ribbentrop] ist ... ausschließlich gegen amerikanische Kriegshetzer gerichtet. Das wird zwar in dem Vertrag üblicherweise nicht ausdrücklich gesagt, ist aber aus seiner Fassung völlig eindeutig zu entnehmen ... Sein ausschließlicher Zweck ist ..., die zum Kriegseintritt Amerikas treibenden Elemente zur Vernunft zu bringen, indem ihnen unmißverständlich vor Augen geführt wird, daß sie, wenn sie in den gegenwärtigen Kampf eingreifen, es automatisch zunächst mit den drei Großmächten als Gegner zu tun haben würden.

Der eisige sowjetische Außenkommissar, dessen Mißtrauen gegen die Deutschen sich jetzt immer mehr verstärkte, war äußerst skeptisch, als der Geschäftsträger Werner von Tippelskirch ihm am Abend des 26. September die Neuigkeit überbrachte. Mit jenem pedantischen Eingehen auf Einzelheiten, das allen, die mit Molotow jemals zu verhandeln hatten, ob Freund oder Feind, so sehr auf die Nerven ging, zitierte er sofort Artikel 4 des Moskauer Pakts, demzufolge die Sowjetregierung berechtigt sei, den Vertragstext dieses Dreierpaktes *vor* der Unterzeichnung einzusehen, »einschließlich der geheimen Teile«, wie er hinzufügte.

Molotow wollte auch Näheres über das deutsche Transitabkommen mit Finnland wissen, von dem er in erster Linie durch die Presse erfahren habe, zum Beispiel durch eine über den Rundfunk verbreitete Meldung der Berliner Agentur der United Press. Seit drei Tagen, fügte Molotow hinzu, habe die Sowjetregierung Nachrichten über die Landung deutscher Truppen in wenigstens drei finnischen Häfen, »ohne hierüber von deutscher Seite informiert worden zu sein«.

Die Sowjetregierung [fuhr er fort] wünsche den Text des Abkommens über den Transit deutscher Truppen durch Finnland einschließlich der geheimen Teile zu erhalten ... [und bitte] um Mitteilung, welches Ziel das Abkommen habe, gegen wen es gerichtet sei und welche Absichten damit verfolgt würden.

Die Russen mußten beschwichtigt werden. Das erkannte sogar der stumpfe Ribbentrop. Am 2. Oktober gab er telegrafisch nach Moskau durch, was er den Wortlaut der »Abrede« mit Finnland nannte. Er betonte auch noch einmal, daß der inzwischen unterzeichnete Dreimächtepakt[22] nicht gegen die Sowjetunion gerichtet sei, und erklärte feierlich, »es bestünden weder geheime Protokolle noch sonstige geheime Vereinbarungen[23]«. Nachdem Ribbentrop am 9. Oktober Tippelskirch instruiert hatte, Molotow »beiläufig« über die Entsendung einer deutschen »Militärmission« nach Rumänien zu informieren, und Molotow auch diese neue Nachricht mit Skepsis aufgenommen hatte (er fragte nach der »Zahl der nach Rumänien entsandten deutschen Truppen[24]«), schrieb der deutsche Außenminister am 13. Oktober einen langen Brief an Stalin in dem Bemühen, das Unbehagen der Sowjets zu zerstreuen[25].

Wie nicht anders zu erwarten, war das Schreiben eine einfältige und gleichzeitig arrogante Epistel, voller Lügen und Ausflüchte. Verantwortlich für den Krieg und alle seine bisherigen Folgen sei England. Aber »eines ist sicher: der Krieg als solcher ist von uns so oder so bereits gewonnen. Es ist nur noch eine Frage der Zeit, wann England ... den restlosen Zusammenbruch zugibt«. Die gegen Rußland gerichteten Maßnahmen in Finnland und Rumänien wie auch der Dreimächtepakt wurden so hingestellt, als seien sie in Wirklichkeit für Rußland segensreich. Unterdessen seien die britische Diplomatie und britische Geheimagenten bemüht, die Beziehungen zwischen der Sowjetunion und Deutschland zu stören. Ob nicht, fragte Ribbentrop, Molotow nach Berlin kommen könne, damit der Führer Gelegenheit habe, »seine Gedankengänge Herrn Molotow persönlich über die zukünftige Gestaltung der Beziehungen unserer beiden Länder zu entwickeln«?

Ribbentrop ließ schlau durchblicken, in welcher Richtung sich diese Gedankengänge bewegten: Nichts Geringeres als Aufteilung der Welt unter die vier totalitären Mächte:

»Zusammenfassend möchte ich sagen, daß es auch nach der Auffassung des Führers die historische Aufgabe der vier Mächte, der Sowjetunion, Italiens, Japans und Deutschlands zu sein scheint, ihre Politik auf längste Sicht zu ordnen ... durch Abgrenzung ihrer Interessen nach säkulären Maßstäben ...« *(Hervorhebung des Ganzen durch Ribbentrop.)*

Die deutsche Botschaft in Moskau zögerte einige Tage mit der Aushändigung des Briefes an den Adressaten, was Ribbentrop wütend machte. In einem zornigen Telegramm an Schulenburg verlangte er zu wissen, warum sein Brief erst am 17. Oktober übergeben und warum er »entsprechend der Bedeutung seines Inhalts« nicht an Stalin persönlich übereicht worden sei. Schulenburg hatte ihn nämlich Molotow ausgehändigt[26]. Stalin antwortete am 21. Oktober in auffallend herzlichem Ton. »Herr Molotow«, schrieb er, »gesteht, daß er ... Ihnen einen Gegenbesuch in Berlin [schuldig ist]. Somit nimmt Herr Molotow Ihre Einladung an[27].« Stalins Freundlichkeit dürfte Heuchelei gewesen sein. Nämlich wenige Tage später drahtete Schulenburg nach Berlin, die Russen hätten sich beschwert, »daß wir die von der Sowjetunion gewünschte Lieferung von Kriegsgerät nicht übernehmen wollten, dafür lieferten wir Kriegsgerät an Finnland und andere Staaten«. Schulenburg fügte hinzu: »Es ist dies zum ersten Mal, daß von Sowjetseite unsere Waffenlieferungen an Finnland erwähnt werden[28].«

Ein trüber, regnerischer Tag. Molotow ist angekommen und äußerst steif und formell empfangen worden. Ich sah ihn, als er die Linden entlang zur Sowjetbotschaft fuhr, und er machte auf mich den Eindruck eines Schullehrers aus der Provinz. Aber etwas muß an ihm dran sein, sonst hätte er den mörderischen Machtkampf im Kreml nicht lebend überstanden. Als sei es ganz selbstverständlich, sprechen die Deutschen von der Verwirklichung des alten russischen Traums, Bosporus und Dardanellen, während sie selbst den übrigen Balkan haben wollen: Rumänien, Jugoslawien und Bulgarien ...

Mit diesen Zeilen beginnt meine Tagebucheintragung vom 12. November 1940. Was die Deutschen, die ich damals sprach, als so selbstverständlich hinstellten, traf genau zu. Heute wissen wir auf Grund der erbeuteten Akten des deutschen Auswärtigen Amtes mehr von jenen zweitägigen, merkwürdigen und – wie sich zeigen sollte – schicksalhaften Besprechungen, die bis auf eine sämtlich von Dr. Schmidt protokolliert wurden[29].

In der ersten, am Vormittag des 12. November zwischen den beiden Außenministern stattgefundenen Besprechung zeigte Ribbentrop sich von seiner arrogantesten Seite, doch Molotow durchschaute bald ihn und das deutsche Spiel. »England«, begann Ribbentrop, »sei geschlagen, und es sei nur noch eine Frage der Zeit, wann es seine Niederlage endgültig zugebe ..., nunmehr sei der Anfang vom Ende des britischen Weltreichs gekommen.« Zwar hoffe England auf die Hilfe Amerikas, aber »der Eintritt der Vereinigten Staaten in den Krieg sei für Deutschland völlig belanglos. Deutschland und Italien würden nie wieder einen Angelsachsen auf dem europäischen Kontinent landen lassen ... Es sei überhaupt kein militärisches Problem ... Die Achsenmächte überlegten sich daher nicht etwa, wie sie den Krieg gewönnen, sondern vielmehr, wie sie den bereits gewonnenen Krieg beenden könnten«.

Infolgedessen sei für Rußland, Deutschland, Italien und Japan die Zeit gekommen, ihre »Interessensphären« festzulegen. Der Führer, sagte Ribbentrop, sei zu dem Schluß gekommen, daß die Raumexpansion aller vier Länder »normalerweise ... in südlicher Richtung« verlaufe. Japan habe ebenso wie Italien die Richtung nach Süden bereits eingeschlagen, während Deutschland nach Errichtung der »Neuordnung« in Westeuropa zusätzlichen Lebensraum in Zentralafrika(!) finden würde. Er, Ribbentrop, »frage sich, ob nicht Rußland ... seinen natürlichen und für Rußland so wichtigen Ausgang zum freien Meer auch in südlicher Richtung finden würde«?

»Welches Meer?« unterbrach ihn Molotow eisig.

Das war eine unangenehme, aber entscheidende Frage, wie den Deutschen in den nächsten 36 Stunden der pausenlosen Besprechungen mit dem sturen, prosaischen, präzisen Bolschewisten bewußt werden sollte. Molotows Einwurf brachte Ribbentrop für einen Augenblick aus der Fassung. Er konnte darauf keine Antwort geben. Statt dessen erging er sich über die »nach dem Krieg überall in der Welt [eintretenden] großen Veränderungen«. Wichtig sei, daß »beide Partner des deutsch-russischen Pakts gemeinsam gute Geschäfte gemacht hätten« und »auch in Zukunft weiter gemeinsam gute Geschäfte machen« könnten. Als dann aber Molotow auf der Beantwortung seiner einfachen Frage bestand, meinte Ribbentrop schließlich, »ob nicht in der Richtung auf den Persischen Golf und das Arabische Meer, säkular gesehen, der vorteilhafteste Zugang zum Meer für Rußland gefunden« werden könnte.

Molotow, schreibt Dr. Schmidt in seinem Buch, saß »mit undurchdringlicher Miene« da[30]. Er sprach sehr wenig, bemerkte jedoch zum Schluß, daß bei »Abgrenzung der Interessensphären Präzisierungen notwendig seien«, insbesondere »zwischen Deutschland und Rußland«. Der listige sowjetische Unterhändler sparte sich sein Pulver für den Nachmittag auf, an dem er Hitler sprechen sollte. Und wie sich zeigen sollte, war diese einzigartige Begegnung für den mächtigen Kriegsherrn überraschend, nervenaufreibend und enttäuschend.

Hitler äußerte sich genauso vage wie sein Außenminister, nur gab er sich noch großspuriger. Sobald die atmosphärischen Bedingungen sich besserten, begann er, werde Deutschland zum »Endschlag gegen England ausholen«. Freilich bestünde »das Problem Amerika«. Aber höchstens erst in den Jahren 1970 oder 1980 »würde von dieser angelsächsischen Macht her der Freiheit anderer Nationen ... Gefahr drohen ... Die Vereinigten Staaten hätten weder in Europa, noch in Afrika, noch in Asien etwas zu suchen«. Hier flocht Molotow ein, das sei auch seine Meinung. Mit vielem anderen jedoch, was Hitler sagte, war er nicht einverstanden. Nachdem Hitler sich des längeren in Gemeinplätzen ergangen und betont hatte, es gäbe zwischen den Bestrebungen der beiden Länder und ihrem Bemühen um sichere Zugänge »zum offenen Meer« keine grundsätzlichen Differenzen, erwiderte Molotow, »daß die Erklärungen des Führers allgemeiner Natur gewesen seien«. Was er nunmehr mitteilen werde, sei mit der Ansicht Stalins identisch, der ihm bei der Abreise aus Moskau »genaue Weisungen« erteilt habe. Und dann packte Molotow aus, worauf Hitler, wie aus den Protokollen ersichtlich ist, kaum vorbereitet war.

»Die Fragen hagelten nur so auf Hitler hernieder«, schreibt Schmidt in seinem Buch. »So hatte noch keiner der ausländischen Besucher in meiner Gegenwart mit ihm gesprochen[31].«

Was habe Deutschland in Finnland vor? wollte Molotow wissen. Was habe es mit der Neuordnung in Europa und Asien auf sich, und welche Rolle sei hierbei der UdSSR zugedacht? Welche »Bedeutung« habe der Dreimächtepakt? »Außerdem«, fuhr er fort, »seien Fragen bezüglich der russischen Balkan- und Schwarzmeerinteressen hinsichtlich Bulgariens, Rumäniens und der Türkei zu klären.« Er bitte um Antworten und »Erläuterungen«.

Hitler war so verblüfft, daß er, wohl zum ersten Male in seinem Leben, um Antworten verlegen war. Er schlug vor, die Besprechung »mit Rücksicht auf eventuellen Fliegeralarm« auf den nächsten Tag zu verschieben, und versprach, dann auf Einzelheiten näher einzugehen.

Damit war eine Kraftprobe zwar aufgeschoben, aber nicht aufgehoben. Am nächsten Morgen, als Hitler und Molotow die Besprechungen wieder aufnahmen, war der russische Kommissar unerbittlich. Zunächst war es Finnland, über das die beiden Männer bald in eine scharfe Kontroverse gerieten. Molotow verlangte Abzug der deutschen Truppen aus Finnland. Hitler bestritt, »daß Finnland von deutschen Truppen besetzt sei«. Sie würden lediglich *durch* Finnland nach Norwegen transportiert. Aber nun wollte er wissen, »ob Rußland die Absicht habe, mit Finnland Krieg zu führen«. Nach dem deutschen Protokoll beantwortete Molotow diese Frage »etwas ausweichend«, womit Hitler sich nicht zufrieden gab.

Er erklärte, »daß es in der Ostsee keinen Krieg geben dürfte. Ein Ostseekonflikt würde für die deutsch-russischen Beziehungen ... eine starke Belastung darstellen«, woraus sich »tiefgehende Rückwirkungen« ergeben könnten. Welche Absichten habe die Sowjetunion überhaupt in Finnland? wollte Hitler wissen, und Molotow erwiderte, er denke an eine »Bereinigung in demselben Ausmaß wie in Bessarabien und in den Randstaaten« – was nichts anderes hieß als Annexion. Hitlers Reaktion muß selbst den unerschütterlichen Russen erschüttert haben, denn er beeilte sich, den Führer zu bitten, »dazu Stellung zu nehmen«.

Nun gab Hitler seinerseits eine ausweichende Antwort; er »könne nur wiederholen, daß es keinen Krieg mit Finnland geben dürfe, weil ein solcher Konflikt tiefgehende Rückwirkungen haben könne«.

»Durch diese Stellungnahme«, gab Molotow zurück, »würde ein neues ... Moment in die Erörterung hineingetragen.«

Das Gespräch wurde so hitzig, daß Ribbentrop, dem es inzwischen angst und bange geworden sein muß, einwarf: »Es liege eigentlich keine Veranlassung vor, aus der finnischen Frage überhaupt ein Problem zu machen. Vielleicht handele es sich lediglich um ein Mißverständnis.«

Hitler nahm die Unterbrechung wahr, um schnell das Thema zu wechseln. Möglicherweise ließen sich die Russen mit der beim Zusammenbruch des britischen Weltreichs winkenden unermeßlichen Beute verlocken?

»Wenden wir uns doch lieber wichtigeren Problemen zu«, sagte er und fuhr fort:

Nach der Niederringung Englands würde das Britische Weltreich als eine gigantische Weltkonkursmasse von 40 Millionen qkm zur Verteilung kommen. In dieser Konkursmasse läge für Rußland der Weg zum eisfreien und wirklich offenen Weltmeer. Eine Minderheit von 45 Millionen Engländern habe bisher 600 Millionen Einwohner des Britischen Weltreichs regiert. Er [Hitler] stehe im Begriff, diese Minderheit zusammenzuschlagen ... Unter diesen Umständen eröffneten sich weltweite Perspektiven ... Alle Staaten, die etwa Interessenten an dieser Konkursmasse sein könnten, müßten sämtliche Konflikte untereinander abstoppen und sich lediglich mit der Verteilung des Britischen Weltreichs befassen. Dies gelte für Deutschland, Frankreich, Italien, Rußland und Japan.

Solche glänzenden »weltweiten Perspektiven« schienen auf den kühlen russischen Gast nicht zu wirken. Im Gegensatz zu den Deutschen war er auch nicht davon überzeugt, daß man so bald an die Verteilung des Britischen Weltreichs gehen könne – ein Punkt, auf den er später noch zu sprechen kam. Zunächst wolle er, sagte er, »über ein Europa näher liegendes Problem« sprechen. Die Türkei zum Beispiel, und Bulgarien und Rumänien.

»Die Sowjetregierung«, fuhr er fort, »sei der Ansicht, daß die [deutsche] Garantie [für Rumänien] gegen die Interessen Sowjetrußlands gerichtet sei, ›wenn man sich so grob ausdrücken dürfe‹.« Grob ausgedrückt hatte er sich – zum wachsenden Ärger seiner Gastgeber – schon den ganzen Tag über. Und nun bohrte er weiter. Er verlangte »Aufhebung« dieser Garantie. Hitler lehnte das ab.

Molotow blieb hartnäckig. Was würde wohl Deutschland dazu sagen, fragte er, wenn Rußland mit Rücksicht auf seine Interessen an den Meerengen »Bulgarien ... eine Garantie unter genau den gleichen Bedingungen gäbe, wie sie Deutschland und Italien Rumänien gegeben hätten«?

Man kann sich die Zornesfalten in Hitlers Gesicht vorstellen. Er fragte, ob denn Bulgarien selbst um eine Garantie gebeten habe. »Es sei ihm von einem Ersuchen Bulgariens nichts bekannt«, heißt es im deutschen Protokoll. Im übrigen müsse er sich erst mit Mussolini beraten, ehe er den Russen eine definitivere Antwort geben könne. Und drohend fügte er hinzu, wenn Deutschland »etwa Reibungsflächen mit Rußland suche, so brauche es dazu nicht die Meerengen«.

Aber der sonst so gesprächige Führer hatte keine Lust mehr, mit dem unmöglichen Russen zu reden.

»An diesem Punkt der Unterhaltung«, steht im deutschen Protokoll zu lesen, »machte der Führer auf die vorgerückte Zeit aufmerksam und erklärte, es sei angesichts der Möglichkeit von englischen Luftangriffen besser, die Besprechung jetzt abzubrechen, da die Hauptpunkte wohl genügend erörtert wären.«

Am Abend gab Molotow seinen Gastgebern in der russischen Botschaft Unter den Linden einen Galaempfang. Hitler, sichtlich erschöpft und noch verärgert über die am Nachmittag durchgestandene Prüfung, erschien nicht.

Wohl aber erschienen die Engländer. Kurz nach 21 Uhr ertönten die Sirenen, und bald darauf konnte man das Ballern der Flak und dazwischen das Brummen der Bomber hören[32]. Laut Dr. Schmidt, der an dem Bankett in der russischen Botschaft teilnahm, hatte Molotow gerade einen freundlichen Trinkspruch ausgebracht. Ribbentrop erhob sich, um zu erwidern. Da kam Voralarm, und die Gäste verließen eiligst die Botschaft. Ich sehe noch die Ecke Unter den Linden/Wilhelmstraße vor mir, um die Deutsche und Russen zum Luftschutzbunker des Auswärtigen Amtes stoben. Einige der Beamten, darunter Dr. Schmidt, schlüpften ins Hotel *Adlon*, vor dem ich mit ein paar anderen Korrespondenten auf Beobachtungsposten stand. Sie konnten daher nicht der in Ribbentrops Bunker stattfindenden Stegreifbesprechung der beiden Außenminister beiwohnen. In Abwesenheit von Dr. Schmidt führte Gustav Hilger, deutscher Botschaftsrat in Moskau, der an der Konferenz als einer der Dolmetscher teilnahm, Protokoll.

Während die britischen Bomber am Nachthimmel kreuzten und die Flak vergeblich feuerte, versuchte Ribbentrop noch ein letztes Mal, die Russen hineinzulegen. Er zog den Entwurf eines Abkommens aus der Tasche, das im wesentlichen darauf hinauslief, den Dreimächtepakt durch Hereinnahme Rußlands in einen Viermächtepakt umzuwandeln. Während er ihn vorlas, hörte Molotow geduldig zu.

Das Kernstück war Artikel II: »Deutschland, Italien, Japan und die Sowjetunion verpflichten sich, ihre natürlichen Interessensphären gegenseitig zu respektieren.« Über auftretende Streitigkeiten sollten sich die Partner »freundschaftlich verständigen«. Die beiden faschistischen Länder und Japan »erklären ihrerseits, daß sie den gegenwärtigen Besitzstand der Sowjetunion anerkennen und ... respektieren werden«. Nach Artikel III sollten sich alle vier Länder verpflichten, »keine Mächtegruppierung zu unterstützen, die gegen eine der vier Mächte gerichtet ist«.

Das Abkommen selbst, schlug Ribbentrop vor, würde der Öffentlichkeit bekanntgegeben, natürlich ohne die Geheimprotokolle, die er jetzt zu verlesen begann. Die wichtigsten Geheimklauseln definierten die »territorialen Aspirationen« der vier Staaten. Der Schwerpunkt der russischen Aspirationen »würde vermutlich im Süden des Staatsgebietes der Sowjetunion in Richtung des Indischen Ozeans liegen«.

Molotow biß auf den Köder nicht an. Mit dem vorgeschlagenen Vertrag wurde sichtlich der Versuch gemacht, Rußland abzulenken von seinem traditionellen Drang nach Westen entlang der Ostsee, zum Balkan hin und durch die Meerengen nach dem Mittelmeer, wo seine Aspirationen unausbleiblich mit den gierigen Absichten Deutschlands und Italiens zusammenprallen mußten. Aber die UdSSR war, im Augenblick wenigstens, nicht an dem weit entfernt liegenden Indischen Ozean interessiert. Ihr lag mehr an Europa und den türkischen Meerengen. »Der Sowjetunion«, sagte Molotow, »genügten daher papierne Abmachungen nicht, sondern sie müsse auf tatsächliche Garantien für ihre Sicherheit bestehen.«

Die Fragen, die die Sowjetunion ... interessierten, beträfen nicht nur die Türkei, sondern z. B. Bulgarien ... Aber auch das Schicksal Rumäniens und Ungarns interessiere die Sowjetunion und könne ihr keineswegs gleichgültig sein. Des weiteren würde es die Sowjetregierung interessieren zu erfahren, was die Achse über Jugoslawien, Griechenland denke, desgleichen was Deutschland mit Polen beabsichtige ... Auch an der Frage der schwedischen Neutralität sei die Sowjetregierung interessiert ... Es existiere außerdem die Frage bezüglich der Durchfahrten aus der Ostsee ...

Der unermüdliche, keine Miene verziehende Molotow ließ keinen Punkt aus, und Ribbentrop, der sich unter einer Lawine von Fragen begraben sah – denn Molotow bemerkte jetzt, »er wäre dankbar«, wenn sich sein Gastgeber zu den genannten Fragen äußern würde –, bekannte, daß er sich »überfragt« fühle.

Er könne immer nur wiederholen [erwiderte er matt], daß die entscheidende Frage darin liege, ob die Sowjetunion bereit und in der Lage sei, mit uns an der großen Liquidierung des britischen Imperiums mitzuarbeiten.

Molotow war nur zu einer bissigen Entgegnung bereit. Hilger hielt sie pflichtgemäß im Protokoll fest:

In seiner Erwiderung sagte Molotow, daß die deutsche Seite von dem Gedanken ausginge, der Krieg gegen England sei tatsächlich schon gewonnen. Wenn daher [von

Hitler] davon gesprochen worden sei, daß Deutschland einen Krieg gegen England auf Leben und Tod führe, so könne er das nur so auffassen, daß Deutschland »auf Leben« und England »auf Tod« kämpfe.

Diese sarkastische Bemerkung konnte indes Ribbentrop, einem Mann von großer Beschränktheit, entgehen, aber Molotow wollte ganz sicher sein. Auf Ribbentrops beständige Wiederholung, England sei bereits erledigt, erwiderte Molotow schließlich: »Wenn das so ist, warum sind wir dann in diesem Bunker, und wem gehören die Bomben, die da draußen fallen[33]?«

Aus dem ermüdenden Umgang mit Moskaus zähem Unterhändler und aus einem vierzehn Tage später sichtbar werdenden weiteren Beweis für Stalins wachsende Raubgier zog Hitler seine Schlußfolgerungen.

Es muß hier festgehalten werden, daß Stalin jetzt – entgegen seinen späteren Behauptungen – Hitlers Angebot, sich dem faschistischen Lager zuzugesellen, annahm, allerdings zu einem höheren als dem in Berlin gebotenen Preis. Am 26. November, kaum zwei Wochen nach Molotows Rückkehr aus Deutschland, teilte er dem deutschen Botschafter in Moskau mit, daß Rußland bereit sei, dem skizzierten Viermächtepakt unter nachstehenden Bedingungen beizutreten:

1. Sofern die deutschen Truppen unverzüglich aus Finnland zurückgezogen werden, das ... zur Einflußsphäre der Sowjetunion gehört ...
2. Sofern in den nächsten Monaten Sicherheit der Sowjetunion in den Meerengen durch Abschluß eines gegenseitigen Beistandspaktes zwischen Sowjetunion und ... Bulgarien sowie durch Schaffung einer Basis für Land- und Seestreitkräfte der UdSSR im Gebiet des Bosporus und der Dardanellen auf der Grundlage einer langfristigen Pacht gewährleistet wird.
3. Sofern als Schwerpunkt der Aspirationen der Sowjetunion der Raum südlich Batum und Baku in der allgemeinen Richtung auf den Persischen Golf anerkannt wird.
4. Sofern Japan auf seine Konzessionsrechte betreffs Kohle und Erdöl auf Nord-Sachalin verzichten wird[34].

Sodann verlangte Stalin fünf anstatt zwei Geheimprotokolle, in denen seine neuen Vorschläge festzulegen seien, und um das Maß vollzumachen, forderte er schließlich noch, daß die vier Mächte, falls die Türkei Schwierigkeiten wegen der die Meerengen kontrollierenden russischen Stützpunkte machen sollte, *militärische* Maßnahmen gegen sie ergriffen.

Das war mehr als Hitler auch nur in Betracht zu ziehen bereit war. Er hatte versucht, Rußland aus Europa herauszuhalten, und jetzt verlangte Stalin Finnland, Bulgarien, die Kontrolle der Meerengen und damit in der Tat die der arabischen und persischen Ölgebiete, aus denen in Normalzeiten Europa den größten Teil seines Erdölbedarfs bezog. Den Indischen Ozean, den Hitler der Sowjetunion als Schwerpunkt ihrer »Aspirationen« aufzuschwatzen versucht hatte, erwähnten die Russen nicht einmal.

»Stalin [ist] klug und schlau«, sagte Hitler zu seinen Militärs, wie Halder notierte. »Wird immer mehr fordern. Sieg Deutschlands für russische Ideologie untragbar. Entschluß: Rußland so früh wie möglich zu Boden zwingen.«

Hitler war wütend. Anfang Dezember forderte er Halder auf, ihm den Generalstabsplan für den Angriff auf die Sowjetunion vorzulegen. Das geschah am 5. Dezember, und nach einer vierstündigen Konferenz mit Brauchitsch und Halder billigte er den Plan. Sowohl das erbeutete Kriegstagebuch des Wehrmachtsführungsstabes wie Halders geheimes Tagebuch enthalten Aufzeichnungen über diese entscheidende Besprechung[35]. Feldherr Hitler hob hervor, daß die Rote Armee sowohl nördlich wie südlich der Pripjetsümpfe zu durchbrechen, einzukesseln und zu vernichten sei, »wie in Polen«. Moskau, sagte er zu Halder, sei »nicht wichtig«. Wichtig sei, Rußlands »Lebenskraft« zu vernichten. Rumänien und Finnland sollten an dem Feldzug teilnehmen, Ungarn dagegen nicht. General Dietls Gebirgsdivision sei für einen Angriff auf das sowjetische Arktisgebiet durch Nordschweden nach Finnland zu transportieren[36]. Insgesamt seien für den großen Feldzug etwa »120 bis 130 Divisionen« anzusetzen.

In seinem Vermerk über diese Konferenz wie auch in früheren Aufzeichnungen verwendet General Halder in seinem Tagebuch für den Angriffsplan gegen Rußland den Decknamen *Otto*. Knapp vierzehn Tage später, am 18. Dezember, tritt an die Stelle dieser Bezeichnung der Deckname, unter dem die Operation in die Geschichte eingehen sollte. An jenem Tag überschritt Hitler den Rubikon. Er erließ die Weisung Nr. 21. Deren Überschrift lautete: *Fall Barbarossa*. Die Weisung begann folgendermaßen:

Die deutsche Wehrmacht muß darauf vorbereitet sein, auch vor Beendigung des Krieges gegen England Sowjetrußland in einem schnellen Feldzug *niederzuwerfen. Das* Heer *wird hierzu alle verfügbaren Verbände einzusetzen haben mit der Einschränkung, daß die besetzten Gebiete gegen Überraschungen gesichert sein müssen ... (Hervorhebungen im Original.)*

Vorbereitungen ... sind ... bis zum 15. 5. 41 abzuschließen. Entscheidender Wert ist jedoch darauf zu legen, daß die Absicht eines Angriffes nicht erkennbar wird.

Im kommenden Frühjahr, Mitte Mai, sollte also das Unternehmen beginnen. Als »allgemeine Absicht« nannte Hitler:

Die im westlichen Rußland stehende Masse des russischen Heeres soll in kühnen Operationen unter weitem Vortreiben von Panzerkeilen vernichtet, der Abzug kampfkräftiger Teile in die Weite des russischen Raumes verhindert werden ... Das Endziel der Operationen ist die Abschirmung gegen das asiatische Rußland aus der allgemeinen Linie Wolga–Archangelsk.

Hitlers Weisung ging dann über die Führung der Operationen sehr ins einzelne[37]. Rumänien und Finnland fiel die Aufgabe zu, als Aufmarschgebiete für die Süd- und die Nordflanke des Vormarsches zu dienen wie auch Hilfstruppen an diesen Flügeln zu stellen. Die Aufgabe Finnlands war besonders wichtig. Mehrere finnisch-deutsche Armeen sollten gegen Leningrad und den Ladogasee vorstoßen, die Murmanskbahn abschneiden, das Nickelgrubengebiet von Petsamo sicherstellen und die eisfreien Häfen an der russischen Weißmeerküste besetzen. Wie Hitler zugab, hing für das Gelingen dieser Operation viel von der schwedischen Genehmigung für den Transit deutscher Truppen aus Norwegen ab, aber er sagte richtig voraus, daß die Schweden dazu bereit sein würden.

Der Hauptoperationsraum, erklärte Hitler, werde durch die Pripjetsümpfe in zwei Hälften geteilt werden. Der Schwerpunkt liege nördlich der Sümpfe, wo zwei ganze Heeresgruppen einzusetzen seien. Die eine sollte über die Baltischen Staaten in Richtung Leningrad operieren, die andere weiter südlich durch Weißrußland vorgehen, dann nach Norden schwenken, um sich mit der anderen Heeresgruppe zu vereinigen, so daß die im Baltikum stehenden sowjetischen Streitkräfte umklammert werden würden. Erst dann, bestimmte Hitler, dürfe eine Angriffsoperation gegen Moskau unternommen werden. Die russische Hauptstadt, die Hitler noch vierzehn Tage vorher als »unwichtig« erschienen war, hatte inzwischen für ihn größere Bedeutung angenommen. »Die Einnahme dieser Stadt«, schrieb er in der Weisung, »bedeutet politisch und wirtschaftlich einen entscheidenden Erfolg, darüber hinaus den Ausfall des wichtigsten Eisenbahnknotenpunktes.« Außerdem sei Moskau ein wichtiges Rüstungszentrum.

Eine dritte Heeresgruppe sollte südlich der Pripjetsümpfe durch die Ukraine in Richtung Kiew vorstoßen; ihr Hauptziel sei, westlich des Dnjepr die sowjetischen Kräfte aufzurollen und zu vernichten. Weiter südlich sollten deutsch-rumänische Truppen den Südflügel der Gesamtoperation schützen, in Richtung Odessa und von dort entlang des Schwarzen Meeres vormarschieren. Danach sei das Donezbecken, in dem 60 Prozent der sowjetischen Industrie konzentriert war, einzunehmen.

Das war Hitlers grandioser, kurz vor Weihnachten 1940 abgeschlossener Plan. Er war so gut ausgearbeitet, daß keine wesentlichen Änderungen mehr an ihm vorgenommen wurden. Aus Gründen der Geheimhaltung fertigte man nur neun Kopien an; drei waren für die Wehrmachtteile, die übrigen wurden im OKW bewahrt. Selbst den Oberbefehlshabern wurde in der Weisung lediglich gesagt, »daß es sich um Vorsichtsmaßnahmen handelt für den Fall, daß Rußland seine bisherige Haltung gegen uns ändern sollte«. Und Hitler befahl, die Zahl der einzuweihenden Offiziere »so klein wie möglich zu halten ... Sonst besteht die Gefahr, daß durch ein Bekanntwerden unserer Vorbereitungen ... schwerste politische und militärische Nachteile entstehen«.

Die Würfel waren gefallen. Mochte Hitler es damals auch noch nicht wissen: Mit seiner Entscheidung vom 18. Dezember 1940 besiegelte er sein Schicksal. Erleichtert, sich endlich zu einem Entschluß durchgerungen zu haben, wie er später einmal offenbarte, fuhr er zur Kanalküste, um bei seinen Soldaten und Fliegern Weihnachten zu feiern und – soweit es ihm möglich war – seine Gedanken von Rußland zu lösen. Gelöst hatten sich seine Gedanken auch – soweit dies möglich war – von Karl XII. von Schweden und Napoleon Bonaparte, die nach so vielen glorreichen Eroberungen in den ungeheuren Weiten der russischen Steppe die Katastrophe ereilte. Aber wie sollte noch viel Raum für solche Gedanken in seinem Innern sein? Inzwischen war er dazu gelangt, sich als den größten Feldherrn aller Zeiten anzusehen. Manische Selbstherrlichkeit, dieses Verhängnis für alle Eroberer, nahm ihn immer mehr in Besitz.

SECHS MONATE VERGEBLICHEN BEMÜHENS

Und doch hatte es für den nationalsozialistischen Eroberer trotz all der sich überstürzenden Siege vom Frühjahr und Sommer 1940 sechs enttäuschende Monate gegeben. Es war nicht allein der Endsieg über England ausgeblieben, vertan worden war auch die Gelegenheit, ihm im Mittelmeerraum den Todesstoß zu versetzen.

Zwei Tage nach Weihnachten suchte Großadmiral Raeder Hitler in Berlin auf, konnte ihm aber keine große Weihnachtsfreude bescheren. Die »Bedrohung Ägyptens und damit gesamter Gegnerpositionen im östlichen Mittelmeer – vorderasiatischer und nordafrikanischer Raum –«, sagte Raeder, »[ist] für England mit einem Schlage beseitigt ... Daher erhoffte Kriegsentscheidung im Mittelmeerraum nicht mehr zu erzielen[38]«.

Adolf Hitler, behindert durch die Verschlagenheit Francos, die Unfähigkeit Mussolinis und auch die Senilität Marschall Pétains, hatte im Mittelmeer tatsächlich den Bus versäumt. Der italienische Bundesgenosse war in der ägyptischen Wüste geschlagen worden und stand jetzt, im Dezember, vor einer neuen Katastrophe in den verschneiten Bergen Albaniens. Diese widrigen Ereignisse bildeten ebenfalls Wendepunkte des Krieges und der Geschichte des Dritten Reichs. Sie waren nicht allein infolge der Schwäche von Deutschlands Freunden und Verbündeten eingetreten, sondern zum Teil auch, weil Hitler nicht imstande war, die notwendige Konzeption einer größeren, interkontinentalen Strategie zu erfassen, die Raeder und sogar Göring ihm dringend nahegelegt hatten.

Im September 1940, als der direkte Angriff gegen England nicht mehr in Frage zu kommen schien, versuchte der Großadmiral zweimal, nämlich am 6. und 26., Hitler die Augen für neue Konzeptionen zu öffnen. In der zweiten Konferenz gelang es Raeder, Hitler allein zu sprechen, ohne daß sich die Vertreter von Heer und Luftwaffe in die Unterhaltung einmischten. Er hielt ihm einen langen Vortrag über Seestrategie, wobei er hervorhob, wie wichtig es sei, die Engländer an anderen Stellen als an der Kanalküste zu packen. Er sagte:

Engländer haben stets Mittelmeer als Zentrum ihrer Gesamtstellung betrachtet ... Italien [steht] inmitten des englischen Machtzentrums immer stärker als Hauptangriffspunkt ... Die Italiener sehen die Gefahr noch nicht, wenn sie etwa Hilfe von uns ablehnen. Deutschland aber muß den Kampf gegen E[ngland] mit allen Mitteln führen und zwar ohne Verzug, ehe Amerika wirksam eingreifen kann. Die Mittelmeerfrage muß daher im Winterhalbjahr bereinigt werden.

Und wie bereinigt? Der Admiral konkretisierte:

Gibraltar muß genommen werden. Vorher müssen die Kanaren gesichert werden (Luftwaffe).
Suezkanal muß genommen werden.

Von dem, was der Einnahme des Suezkanals logischerweise folgen würde, entwarf der Admiral ein rosiges Bild:

Vom Suez aus Vorgehen durch Palästina, Syrien bis Türkei nötig. Wenn wir soweit sind, ist Türkei in unserer Gewalt. Rußlandproblem erhält dann anderes Aussehen ... Fraglich, ob dann noch Vorgehen gegen R[ußland] von Norden her nötig sein wird.

Nachdem er im Geiste die Engländer aus dem Mittelmeer vertrieben und die Türkei und Rußland in die Gewalt Deutschlands gebracht hatte, vervollständigte Raeder sein Tableau. Er sagte richtig voraus, daß England eines Tages mit Hilfe Amerikas und der Streitkräfte de Gaulles in Nordwest-Afrika Fuß zu fassen und von dort aus den Krieg gegen die Achsenmächte zu führen versuchen würde. Daher drängte der Admiral darauf, daß Deutschland und Vichy-Frankreich diesem Versuch zuvorkämen und sich selbst dieses strategisch wichtige Gebiet sicherten.
Laut Raeder stimmte Hitler seinen »Gedankengängen grundsätzlich zu«, doch fügte der Führer hinzu, er müsse über die Sache erst mit Mussolini, Franco und Pétain sprechen[39]. Das tat er auch, allerdings erst nachdem viel Zeit verloren war. Er vereinbarte ein Treffen mit dem spanischen Diktator für den 23. Oktober, mit Pétain für den Tag darauf und mit Mussolini mehrere Tage später.
Franco, der seinen Sieg im spanischen Bürgerkrieg der massiven italienischen und deutschen Militärhilfe verdankte, hatte wie alle seine Diktatorkollegen einen unbezähmbaren Hunger nach Beute, zumal wenn sie billig zu haben war. Im Juni, zur Zeit des Zusammenbruchs Frankreichs, hatte er Hitler schleunigst wissen lassen, daß auch Spanien in den Krieg eintreten werde, wenn es dafür den größten Teil des riesigen französischen Kolonialreichs in Afrika unter Einschluß von Marokko und Westalgerien erhalte und von Deutschland reichlich mit Waffen, Benzin und Lebensmitteln beliefert werde[40]. Um Franco Gelegenheit zu geben, sein Versprechen einzulösen, traf Hitler am 23. Oktober mit seinem Sonderzug in Hendaye an der französisch-spanischen Grenze ein. Aber in den inzwischen verflossenen Monaten hatte sich vieles ereignet – zum Beispiel hatte England durchgehalten –, und Hitler erwartete eine unangenehme Überraschung.
Dem schlauen Spanier imponierte Hitlers Prahlerei: »England ist bereits endgültig geschlagen« nicht, noch befriedigte ihn Hitlers Zusage: »Spanien erhält Gebiete aus dem französischen Kolonialbesitz, insoweit Frankreich dafür aus dem englischen Kolonialbesitz ein Ausgleich gegeben werden kann.« Franco wollte den französischen Kolonialbesitz ohne irgendwelche Vorbehalte. Hitler schlug als Termin für Spaniens Kriegseintritt den Januar 1941 vor, aber Franco wies auf die Gefahren einer solch übereilten Aktion hin. Hitler wünschte, daß die Spanier mit Hilfe der gleichen deutschen Spezial-

verbände, die das belgische Fort Eben Emael aus der Luft erobert hatten, am 10. Januar Gibraltar angriffen. Mit typisch spanischem Stolz erwiderte Franco, Gibraltar müsse von den Spaniern »selbst« erobert werden. Und so stritten die beiden Diktatoren weiter – neun Stunden lang. Dr. Schmidt zufolge, der auch hier dabei war, sprach Franco mit »eintöniger, singender« Stimme, während Hitler immer nervöser wurde. Einmal sprang er auf – wie seinerzeit bei Chamberlain – und erklärte, »es habe keinen Zweck, noch weiter zu verhandeln[14]«.

»Ich würde mir lieber drei oder vier Zähne ausziehen lassen, als das noch einmal mitmachen«, sagte Hitler später zu Mussolini, als er ihm die qualvolle Begegnung mit dem Caudillo schilderte[42].

Spät am Abend, nach einem Diner in Hitlers luxuriösem Speisewagen, wurde das neunstündige Gespräch abgebrochen, ohne daß Franco sich definitiv zum Kriegseintritt verpflichtet hätte. Die beiden Diktatoren fuhren ab, während Ribbentrop in der Nacht die Besprechungen mit dem spanischen Außenminister Serrano Suñer fortsetzte und versuchte, die Spanier zur Unterzeichnung irgendeines Abkommens zu bewegen; sie sollten zumindest die Engländer aus Gibraltar vertreiben und das westliche Mittelmeer schließen. Aber es war vergebens. »Dieser undankbare Feigling«, fluchte Ribbentrop am nächsten Morgen, »der uns alles verdankt und nun nicht mitmachen will[43].«

Hitlers Treffen mit Pétain am folgenden Tag in Montoire nahm einen besseren Verlauf. Aber das lag daran, daß der bejahrte, defätistische Marschall, im Ersten Weltkrieg Sieger von Verdun, im Zweiten Vollstrecker der französischen Kapitulation, dem Eroberer Frankreichs Mitwirkung bei der Niederringung Englands, des einstigen Verbündeten, zusagte. Er tätigte sogar diesen schändlichen Handel schriftlich:

Die Achsenmächte und Frankreich sind gleichermaßen daran interessiert, die Niederlage Englands sobald wie möglich vollzogen zu sehen. Daher wird die Französische Regierung im Rahmen des ihr Möglichen die von den Achsenmächten zu diesem Zweck ergriffenen Maßnahmen unterstützen[44].

Als Gegenleistung für diesen verräterischen Akt sollte Frankreich im »Neuen Europa« den »ihm gebührenden Platz« erhalten und in Afrika für Gebiete, die es an andere Mächte abzutreten habe, aus dem englischen Kolonialbesitz entschädigt werden. Beide Parteien kamen überein, das Abkommen »absolut geheim« zu halten.

Trotz dieser wichtigen, aber unehrenhaften Konzessionen Pétains war Hitler noch nicht zufrieden. Nach Dr. Schmidt hatte er mehr gewollt – nämlich nichts Geringeres als Frankreichs aktive Teilnahme am Krieg gegen England. Während der langen Rückfahrt nach München war Hitler, wie Dr. Schmidt feststellte, »nicht gerade rosig« gestimmt. Aber das sollte noch schlimmer werden, als er am 28. Oktober in Florenz ankam, um Mussolini zu sprechen.

Sie hatten sich erst drei Wochen zuvor, am 4. Oktober, am Brenner getroffen. Wie üblich hatte Hitler die Unterhaltung fast ganz allein bestritten und bei seinem Lageüberblick mit keinem Wort die Entsendung deutscher Truppen nach Rumänien erwähnt, nach dem es auch Italien gelüstete. Als der Duce einige Tage später davon erfuhr, war er empört.

Hitler stellt mich immer vor vollendete Tatsachen [tobte er vor Ciano]. Diesmal werde ich ihm in der gleichen Münze heimzahlen: Er wird aus den Zeitungen erfahren, daß ich in Griechenland einmarschiert bin. So wird das Gleichgewicht wiederhergestellt sein[45].

Auf dem Balkan schnitten sich die Ambitionen Mussolinis und Hitlers, so daß die Deutschen schon Mitte August Rom vor irgendwelchen Abenteuern in Jugoslawien und Griechenland gewarnt hatten. »Es ist einfach ein Befehl, Gewehr bei Fuß zu stehen«, notierte Ciano am 17. August. Mussolini verzichtete vorübergehend auf weiteren Kriegsruhm auf dem Balkan und bestätigte dies am 27. August in einem ergebenen Brief an Hitler. Aber die Aussicht auf eine leichte, rasche Eroberung Griechenlands, die ihn bis zu gewissem Grade für die glänzenden Siege seines Partners entschädigen würde, war für den stolzen faschistischen Cäsar eine zu große Verlockung, als daß er ihr hätte widerstehen können. Allerdings erwies sich die Aussicht als trügerisch.

Am 22. Oktober setzte er das Datum für einen italienischen Überraschungsangriff gegen Griechenland auf den 28. Oktober an. Am gleichen Tage schrieb er Hitler einen (auf den 19. Oktober vordatierten) Brief, worin er auf die beabsichtigte Aktion in unbestimmten Ausdrücken und ohne genaue Nennung des Termins anspielte. Er hatte Sorge, wie Ciano seinem Tagebuch anvertraute, der Führer könnte ihm »befehlen«, das Unternehmen zu unterlassen. Hitler und Ribbentrop erhielten Kenntnis von Mussolinis Plänen, als sie auf der Heimfahrt von Frankreich waren. Ribbentrop verließ auf dem ersten deutschen Bahnhof auf Weisung Hitlers seinen Sonderzug, um Ciano anzurufen und ein sofortiges Treffen der beiden Achsenführer zu vereinbaren. Mussolini schlug als Treffpunkt Florenz und als Datum den 28. Oktober vor. Als dann am Morgen dieses Tages sein deutscher Gast aus dem Zug stieg, begrüßte er ihn erhobenen Hauptes und strahlenden Blickes: »Führer, wir marschieren! Heute früh im Morgengrauen haben die siegreichen italienischen Truppen die albanisch-griechische Grenze überschritten[46]!«

Allen Berichten zufolge genoß Mussolini weidlich diese Rache an seinem Freund, der bisher bei keinem Einmarsch in ein fremdes Land seinen italienischen Verbündeten ins Vertrauen gezogen hatte. Hitler war wütend. Dieses übereilte Vorgehen gegen einen zähen Gegner, und dazu in der denkbar ungünstigsten Jahreszeit, drohte seine Anordnungen auf dem Balkan durcheinanderzubringen. Wie er kurz darauf an Mussolini schrieb, sei er in der Hoffnung nach Florenz geeilt, um dies zu verhindern, aber er sei zu spät gekommen. Immerhin brachte Hitler es – nach Dr. Schmidt – fertig, sich in Florenz zu beherrschen.

Noch am gleichen Nachmittag [schrieb Dr. Schmidt später] fuhr Hitler wieder nach Norden zurück ..., mit Bitterkeit im Herzen, nachdem er nun zum dritten Male nach Hendaye und Montoire in Florenz unverrichteter Dinge das Feld räumen mußte. Die enttäuschenden Ereignisse dieser langen und aufregenden Reise bildeten jedenfalls noch »an den langen Winterabenden« der folgenden Jahre ein immer wiederkehrendes Thema bitterer Vorwürfe gegen undankbare und unzuverlässige Freunde, Achsenpartner und »hinterhältige« Franzosen[47].

Gleichwohl mußte nunmehr, da sich die Landung in England als unmöglich erwiesen hatte, etwas zur Fortführung des Krieges gegen Großbritannien unternommen werden. Die Notwendigkeit zu handeln wurde Hitler, kaum war er nach Berlin zurückgekehrt, noch stärker vor Augen geführt durch das Fiasko von Mussolinis Armeen in Griechenland. Im Laufe einer Woche hatte sich der »siegreiche« italienische Angriff in wilde Flucht verwandelt. Am 4. November hielt Hitler in der Reichskanzlei in Berlin Kriegsrat mit Brauchitsch, Halder, Keitel und Jodl ab. Dank Halders Tagebuch und einer erhaltenen Kopie von Jodls Bericht über die Konferenz an das OKM kennen wir heute die Beschlüsse des deutschen Kriegsherrn. Sie wurden von Hitler in der Weisung Nr. 18 vom 12. November nierdergelegt, deren Wortlaut sich unter den Nürnberger Beweisurkunden befindet[48].

Auf Hitlers Strategie machte sich jetzt der Einfluß der Marineleitung ebenso bemerkbar wie die Notwendigkeit, etwas für den strauchelnden italienischen Verbündeten zu tun. Halder spricht in seinem Tagebuch von Hitlers »mangelndem Vertrauen« in die italienische Führung. Daher wurde beschlossen, *keine* deutschen Truppen nach Libyen zu entsenden, ehe Marschall Grazianis Armee, die im September 100 Kilometer tief in Ägypten bis Sidi Barrani eingedrungen war, Marsa Matruch erreicht haben würde, womit vor Weihnachten nicht zu rechnen war, sofern sie überhaupt soweit kam. In der Zwischenzeit sollten ein paar Sturzbomber nach Ägypten geschickt werden, um die britische Flotte in Alexandria anzugreifen und den Suezkanal zu verminen.

Der italienische Angriff auf Griechenland, räumte Hitler vor seinen Generalen ein, sei ein »bedauerlicher Fehler« gewesen und habe leider Deutschlands Stellung auf dem Balkan gefährdet. Mit der Besetzung Kretas und Lemnos' hätten die Engländer Luftstützpunkte erlangt, von denen aus sie leicht die rumänischen Ölfelder bombardieren und durch Entsendung von Truppen zum griechischen Festland die ganze deutsche Position am Balkan erschüttern könnten. Um dieser Gefahr zu begegnen, ordnete Hitler an, daß das Heer unverzüglich Pläne zum Einmarsch in Griechenland über Bulgarien ausarbeite. Hierfür sollten mindestens zehn der ursprünglich für Rumänien vorgesehenen Divisionen eingesetzt werden. »Es ist anzunehmen«, sagte Hitler, »daß Rußland neutral bleibt.«

Aber das Hauptthema der Konferenz vom 4. November und der aus ihr hervorgegangenen Weisung Nr. 18 bildete die Vernichtung der englischen Position im westlichen Mittelmeer. Es soll, hieß es in der Weisung,

a) Gibraltar genommen und die Meerenge geschlossen,

b) verhindert werden, daß sich die Engländer an einer anderen Stelle der Iberischen Halbinsel oder der Atlantischen Inseln festsetzen.

Der Deckname für die Einnahme Gibraltars und die Besetzung der spanischen Kanarischen Inseln sowie der portugiesischen Kapverdischen Inseln lautete: *Operation Felix.* Das OKM sollte auch die Möglichkeit einer Besetzung Madeiras und der Azoren untersuchen. Portugal selbst müsse vielleicht ebenfalls besetzt werden. Deckname: *Operation Isabella.* Zum Zwecke ihrer Durchführung sollten drei deutsche Divisionen an der spanisch-portugiesischen Grenze bereitgestellt werden.

Schließlich wollte man Einheiten der französischen Flotte sowie einige französische Truppenverbände freigeben, damit Frankreich seine Besitzungen in Nordwest-Afrika gegen die Engländer und gegen de Gaulle verteidigen könne. »Aus dieser Aufgabe«, sagte Hitler in seiner Weisung, »kann sich die Teilnahme Frankreichs am Krieg gegen England in vollem Maße entwickeln.«

Bei der Darlegung seiner neuen Pläne am 4. November und auch in seiner Weisung vom 12. November ging Hitler in beträchtlichem Maße auf Einzelheiten ein – insbesondere führte er aus, wie Gibraltar durch einen verwegenen Handstreich zu nehmen sei –, und die Kühnheit der Pläne scheint den Heerführern imponiert zu haben. Aber in Wirklichkeit stellten sie halbe Maßnahmen dar, durch die man unmöglich zum Ziel gelangen konnte. Außerdem führte Hitler bei seinen Ausführungen die Generale etwas hinters Licht. So versicherte er ihnen, notierte Halder, er habe gerade von Franco die erneute Zusicherung erhalten, an Deutschlands Seite in den Krieg einzutreten, was aber nicht ganz stimmte, wie wir sahen. An sich war das Ziel, die Engländer aus dem Mittelmeer zu vertreiben, vernünftig, aber die für diese Aufgabe vorgesehenen Streitkräfte waren völlig ungenügend, zumal in Anbetracht der Schwäche Italiens.

Darauf wies denn auch die Seekriegsleitung in einer sehr eindringlich formulierten Denkschrift hin, die Raeder am 14. November Hitler überreichte[49]. Die italienische Niederlage in Griechenland – Mussolinis Truppen waren inzwischen nach Albanien zurückgeschlagen und befanden sich immer noch auf dem Rückzug – habe nicht nur Englands strategische Position im Mittelmeer außerordentlich gestärkt, sondern auch das britische Prestige in der ganzen Welt vermehrt, führte die Marine aus. Hinsichtlich des italienischen Angriffs auf Ägypten erklärte die Marine rundheraus: »Italien wird die ägyptische Offensive *niemals durchführen.* Die italienische Führung ist erbärmlich. Sie hat die Lage nicht erfaßt. Die italienischen Streitkräfte besitzen *weder* die Führung *noch* die militärische Fähigkeit, die erforderlichen Operationen im Mittelmeerraum mit der notwendigen Schnelligkeit und Entschlossenheit zum erfolgreichen Abschluß zu bringen.« (Hervorhebungen im Original.)

Daher, folgerte die Marine, müsse diese Aufgabe von Deutschland übernommen werden. Der *»Kampf um den afrikanischen Raum«*, sagte sie Hitler, ist »das vordringliche strategische Ziel der deutschen Gesamtkriegführung ... Er ist von *entscheidender Bedeutung für den Ausgang des Krieges«.* (Hervorhebungen im Original.)

Aber Hitler war nicht zu überzeugen. Er hatte im Mittelmeer und in Nordafrika niemals etwas anderes als einen zweitrangigen Operationsschauplatz sehen können. Als Admiral Raeder ihm am 14. November die strategischen Konzeptionen der Marine darlegte, erwiderte Hitler, er neige nach wie vor zu einer Auseinandersetzung mit Rußland[50]. Ja, er war mehr denn je dazu geneigt, denn gerade an jenem Morgen war Molotow, der seinen Zorn so sehr erregt hatte, aus Berlin abgefahren. Als ihn der Admiral wenige Tage nach Weihnachten wieder aufsuchte, um ihm zu sagen, daß der Bus im Mittelmeer versäumt worden sei, war Hitler nicht sonderlich beunruhigt. Raeder stieß bei ihm auf taube Ohren, als er sagte, der englische Sieg über die Italiener in Ägypten[51] und die zunehmende Hilfe, die England durch amerikanische Materiallieferungen erhalte, machten es notwendig, die gesamten deutschen Hilfsquellen auf den Kampf gegen die Briten zu konzentrieren und *Barbarossa* bis zur »Niederringung Englands« zu vertagen.

»In Anbetracht der gegenwärtigen politischen Entwicklung und vor allem der russischen Einmischung am Balkan«, erwiderte Hitler, »muß unter allen Umständen der letzte auf dem Kontinent verbleibende Gegner zerschlagen werden, ehe wir uns mit England anlegen.« An diesem strategischen Grundsatz sollte er von nun an bis zum bitteren Ende fanatisch festhalten.

Um seinen Marinechef zu trösten, versprach Hitler ihm, »noch einmal auf Franco einzuwirken«, damit man Gibraltar nehmen und den Engländern das Mittelmeer abriegeln könne. In Wirklichkeit hatte er die ganze Idee bereits fallen gelassen und schon am 11. Dezember angeordnet: »*Operation Felix* wird nicht ausgeführt, da die politischen Voraussetzungen nicht mehr bestehen.« Von der Marine und auch von den Italienern gedrängt, Franco noch einmal zuzusetzen, machte Hitler, obwohl es ihm peinlich war, eine letzte Anstrengung und schrieb dem spanischen Diktator am 6. Februar 1941 einen langen Brief:

... Über eines, Caudillo, müssen wir uns klar sein: Wir führen einen Kampf auf Leben und Tod und können zur Zeit keine Geschenke machen ... Der von Deutschland und Italien geführte Kampf wird auch für das Schicksal Spaniens bestimmend sein. Nur wenn wir siegen, wird Ihr Regime weiterbestehen[52].

Zum Unglück für die Achse erhielt der Caudillo den Brief gerade an dem Tag, als in der Cyrenaika Grazianis letzte Truppen von den Engländern südlich von Benghasi vernichtet worden waren. Kein Wunder, daß Franco, als er sich drei Wochen später zu einer Antwort entschloß, zwar seine »absolute Loyalität« gegenüber der Achse beteuerte, aber den Führer daran gemahnte, daß ihre Vereinbarungen vom Oktober infolge der jüngsten Entwicklungen »überholt« seien.

Adolf Hitler gab, was nur selten in seinem stürmischen Leben geschah, eine Niederlage zu. »Der langen Rede kurzer Sinn ist«, schrieb er an Mussolini, »daß Spanien nicht in den Krieg eintreten will und nicht eintreten wird. Das ist äußerst unangenehm, denn für den Augenblick entfällt hierdurch die Möglichkeit, England auf die einfachste Weise in seinen Mittelmeerbesitzungen zu schlagen.«

Der Schlüssel zur Besiegung der Engländer im Mittelmeer war indes nicht Spanien, sondern Italien, aber allein war das rissige Imperium des Duce dieser Aufgabe nicht gewachsen, und Hitler war nicht klug genug, ihm dafür wenigstens die Mittel zu geben, über die er verfügte. Wie er jetzt eingestand, »entfiel für den Augenblick« die Möglichkeit, England zu schlagen, sei es direkt durch einen Angriff über den Kanal, sei es indirekt durch einen solchen über das breitere Mittelmeer. Und so enttäuschend diese Erkenntnis sein mochte, sie brachte Hitler doch Erleichterung. Nunmehr konnte er sich Dingen zuwenden, die ihm mehr am Herzen lagen.

Am 8. und 9. Januar hielt er auf dem tiefverschneiten *Berghof* Kriegsrat. In der frischen Bergluft lebte er offenbar auf. Wiederum schweiften seine Gedanken, wie aus den Aufzeichnungen ersichtlich ist[53], in ferne Weiten, als er vor den Militärchefs seine grandiose Strategie entwickelte. Sein Optimismus war wiedergekehrt.

Der Führer [notierte Raeder] ist fest überzeugt, daß Lage in Europa sich nicht mehr ungünstig für Deutschland entwickeln kann, auch wenn wir ganz Nordafrika verlieren sollten ... Die Engländer könnten den Krieg nur gewinnen, wenn sie uns auf dem Kontinent schlagen. Führer hält das für ausgeschlossen.

Zwar räumte er ein: »Eine Landung in England sei nur dann möglich, wenn die volle Luftherrschaft errungen und in England eine gewisse Lähmung eingetreten sei.« Marine und Luftwaffe müßten noch planmäßiger als bisher die britischen Seewege angreifen und damit Englands Rohstoffversorgung unterbinden. Solche Angriffe, meinte er, »könnten schon im Juli oder August den Sieg bringen«. In der Zwischenzeit müsse »Deutschland auf dem Kontinent so stark sein, daß wir weiter gegen England (und Amerika) Krieg führen können«. Die Einklammerung – sie stammt von Halder – ist bedeutsam. Zum erstenmal wird in deutschen Aufzeichnungen erwähnt, daß Hitler – Anfang 1941 – mit der Möglichkeit des Kriegseintritts der Vereinigten Staaten rechnete.

Hitler kam dann auf die verschiedenen strategischen Räume und Probleme zu sprechen und umriß seine diesbezüglichen Absichten.

Führer ist der Meinung [schrieb Raeder], daß für Kriegsausgang entscheidend ist, daß Italien nicht zusammenbricht ... Er ist entschlossen ... zu verhüten, daß Italien Nordafrika verliert ... Es wäre ein großer Prestigeverlust für die Achsenmächte ... [Daher] ist er entschlossen, ihm zu helfen.

Zu helfen sei Italien mit Panzerabwehrverbänden und einigen Flugzeugstaffeln für Libyen. Sodann wolle er, und das sei noch wichtiger, zweieinhalb Divisionen zur Unterstützung der Italiener nach Albanien entsenden – so weit waren sie inzwischen von den Griechen zurückgedrängt worden. Im Zusammenhang damit solle die *Operation Marita*[54] gestartet werden. Der Transport der Truppen von Rumänien nach Bulgarien habe sofort zu beginnen, damit *Marita* am 26. März einsetzen könne. Hitler sprach auch ausführlich von der Notwendigkeit, sich auf die in einer Weisung vom 10. Dezember 1940 umschriebene *Operation Attila* vorzubereiten. Hierbei handelte es sich um den Plan, den restlichen Teil Frankreichs zu besetzen und die französische Flotte in Toulon in

Besitz zu nehmen. Er meinte jetzt, die Operation sei möglicherweise bald in Angriff zu nehmen. »Wenn Frankreich Schwierigkeiten macht«, erklärte er, »wird es völlig zerschlagen.« Das wäre eine grobe Verletzung des Waffenstillstandsabkommens von Compiègne gewesen, aber keiner der Generale oder Admirale erhob dagegen Einwendungen, soweit aus den Aufzeichnungen ersichtlich ist.

Im Laufe dieser Konferenz nannte Hitler Stalin einen »kaltblütigen Erpresser« und sagte den Kommandeuren, Rußland müsse »sobald wie möglich« niedergerungen werden.

Wenn die USA und Rußland [England] helfen würden [fuhr Hitler fort und sprach zum zweiten Mal von der Möglichkeit des Kriegseintritts Amerikas], dann würde für Deutschland eine sehr ernste Lage entstehen. Bisher habe er nach dem Grundsatz gehandelt, immer die wichtigsten feindlichen Positionen zu zerschlagen, um einen Schritt weiterzukommen. Daher müsse nunmehr Rußland zerschlagen werden. Entweder gäben die Engländer dann nach, oder Deutschland würde den Kampf gegen Großbritannien unter günstigsten Umständen weiterführen. Die Zertrümmerung Rußlands würde es auch Japan ermöglichen, sich mit allen Kräften gegen die USA zu wenden. Das würde die letzteren vom Kriegseintritt abhalten.

Das waren zu Beginn des Jahres 1941 Hitlers Vorstellungen von Globalstrategie. Zwei Tage nach dem Kriegsrat, am 11. Januar, legte er sie in der Weisung Nr. 22 nieder. Die Entsendung deutscher Verstärkungen nach Tripolitanien erhielt den Decknamen *Operation Sonnenblume*, die nach Albanien *Operation Alpenveilchen*[55].

»DIE WELT WIRD DEN ATEM ANHALTEN!«

Mussolini seinerseits wurde von Hitler für den 19. und 20. Januar zum *Berghof* bestellt. Tief gedemütigt durch die italienischen Niederlagen in Ägypten und Griechenland, trat er die Reise widerstrebend an. Ciano fand ihn »finster und nervös«, als er seinen Sonderzug bestieg. Mussolini befürchtete, die Deutschen würden herablassend sein.

Zu seiner Überraschung und Erleichterung empfing ihn Hitler jedoch auf dem schneebedeckten Bahnsteig in Puch taktvoll und herzlich und machte ihm wegen des Versagens der italienischen Truppen keine Vorwürfe. Wohl aber war Hitler, wie Ciano notierte, sehr antirussisch gestimmt. Am zweiten Tag hielt er vor den italienischen Gästen und einer Gruppe von Generalen beider Länder einen zweistündigen Vortrag. Aus einer Niederschrift Jodls geht hervor[56], daß Hitlers Gedanken in erster Linie von Rußland beansprucht waren, obwohl er auch darauf bedacht war, den Italienern in Albanien und Libyen zu helfen.

Von Amerika *[erklärte Hitler], auch wenn es in den Krieg eintritt, sehe ich keine große Gefahr. Die größere ist der riesige Block* Rußland. *Wir haben zwar sehr günstige poli-*

tische und wirtschaftliche Verträge mit Rußland, aber ich verlasse mich lieber auf meine Machtmittel.

Obgleich er mit dem Wort »Machtmittel« auf seine Absichten anspielte, verriet er doch seinem Partner gegenüber nichts von seinen Plänen. Dabei waren diese schon so weit gediehen, daß der für ihre Ausarbeitung verantwortliche Generalstabschef sie vierzehn Tage später bei einer Sitzung in Berlin seinem Obersten Befehlshaber vorlegen konnte. Diese Besprechung, an der die Spitzen von OKW und OKH teilnahmen, fand am 3. Februar statt und dauerte von 12 bis 18 Uhr. General Halder, der die Pläne des Heeres erläuterte, berichtet in seinem Buch[57], er und Brauchitsch hätten an ihrer eigenen Bewertung der sowjetischen Kriegsstärke Zweifel gehegt und sich auch sonst gegen das »Abenteuer« *Barbarossa* gewandt. In seinem Tagebuch allerdings und in dem OKW-Protokoll[58] steht davon nichts. Wohl aber geht aus beiden hervor, daß Halder zunächst einmal einen fachmännischen Vergleich der einander gegenüberstehenden Kräfte anstellte; er schätzte die Zahl der feindlichen Divisionen auf etwa 155, was etwa der deutschen Stärke entsprechen würde. Allerdings hielt er die deutschen Divisionen für »qualitativ weit überlegen«. Später, als die Katastrophe hereinbrach, wurden Halder und die anderen Generale sich darüber klar, daß ihre Informationen über die Rote Armee völlig falsch gewesen waren. Doch am 3. Februar 1941 ahnten sie das noch nicht. Halders Bericht über das Kräfteverhältnis und seine Darlegung der zur Vernichtung der Roten Armee anzuwendenden Strategie[59] klangen so überzeugend, daß Hitler zum Schluß nicht nur seine Zufriedenheit ausdrückte, sondern auch ausrief:

»Wenn Barbarossa steigt, wird die Welt den Atem anhalten und sich still verhalten[60]!«

Er konnte es kaum abwarten. Ungeduldig befahl er, ihm »sobald wie möglich« die Operationskarten und den Aufmarschplan zuzustellen.

VORSPIEL AUF DEM BALKAN

Ehe *Barbarossa* im Frühjahr »steigen« konnte, mußte auf dem Balkan die Südflanke aufgebaut und abgesichert werden. Bis zur dritten Februarwoche hatten die Deutschen in Rumänien, entlang der ukrainischen Grenze zwischen Polen und dem Schwarzen Meer, eine gewaltige, 680000 Mann starke Armee bereitgestellt[61]. Aber im Süden mußten sich die Italiener immer noch verzweifelt gegen die Griechen wehren, und Berlin nahm mit Recht an, daß dort bald englische Truppen aus Libyen gelandet werden würden. Hitler befürchtete, wie aus den Protokollen der zahllosen Führerbesprechungen dieser Periode ersichtlich ist, das Entstehen einer alliierten Front um Saloniki, die für Deutschland bedrohlicher sein mußte als die des Ersten Weltkriegs, da die Engländer dann Stützpunkte zur Bombardierung der rumänischen Erdölfelder haben würden. Darüber hinaus mußten sie *Barbarossa* gefährden. Diese Gefahr hatte man freilich schon im Dezember 1940 kommen sehen und deshalb die Weisung für *Marita* erlassen, für jene Operation gegen Griechenland, die mit in Rumänien bereitstehenden Truppen durch Bulgarien hindurch ausgeführt werden sollte.

Bulgarien, das schon im Ersten Weltkrieg auf das falsche Pferd gesetzt und dafür teuer bezahlt hatte, erlag nun einer ähnlichen Fehlkalkulation. Hitlers Versicherungen, er habe den Krieg bereits gewonnen, Glauben schenkend und geblendet von der Aussicht, ein Stück griechischen Gebietes und damit Zugang zum Ägäischen Meer zu erlangen, beteiligte sich die bulgarische Regierung an *Marita* – zumindest insoweit, als sie den Durchmarsch deutscher Truppen genehmigte. Ein diesbezügliches Geheimabkommen wurde am 8. Februar zwischen Generalfeldmarschall List und dem bulgarischen Generalstab getroffen[62]. In der Nacht vom 28. Februar überschritten deutsche Heeresverbände von Rumänien aus die Donau und besetzten strategische Positionen Bulgariens, das am Tage darauf dem Dreimächtepakt beitrat.

Die zäheren Jugoslawen waren nicht ganz so entgegenkommend. Aber ihre Hartnäckigkeit spornte die Deutschen nur noch mehr an, sie auf ihre Seite zu bringen. Am 4. und 5. März erschien Prinzregent Paul, von Hitler bestellt, heimlich auf dem *Berghof*, wo man ihn mit den üblichen Drohungen traktierte und ihm gleichzeitig, als Bestechung, Saloniki versprach. Am 25. März trafen der Ministerpräsident und der Außenminister Jugoslawiens, Dragisha Cvetkovic und Alexander Cincar-Markovic, die in der Nacht vorher in aller Heimlichkeit aus Belgrad abgereist waren, um feindseligen Demonstrationen oder gar der Entführung zu entgehen, in Wien ein und unterzeichneten dort für Jugoslawien den Beitritt zum Dreierpakt. Hitler war hocherfreut und sagte zu Ciano, damit werde der Angriff gegen Griechenland vereinfacht. Ehe die jugoslawischen Staatsmänner Wien verließen, überreichte ihnen Ribbentrop zwei Briefe, in denen die deutsche Regierung ihre »Entschlossenheit« bekundete, »die Souveränität und territoriale Integrität Jugoslawiens für alle Zeit« zu respektieren, und versprach, daß die Achse »in diesem Krieg« von Jugoslawien kein Durchmarschrecht für ihre Truppen verlangen würde[63]. Beide Versprechungen wurden von Hitler in einer selbst für ihn ungewöhnlichen Rekordzeit gebrochen.

Kaum waren die jugoslawischen Minister nach Belgrad zurückgekehrt, da wurden der Prinzregent und die Regierung gestürzt. In der Nacht vom 26. zum 27. März kam es zu einer Volkserhebung unter Führung einiger hoher Fliegeroffiziere, die vom größten Teil der Armee unterstützt wurden. Der jugendliche Thronerbe Peter, der den vom Prinzregenten eingesetzten Überwachern entschlüpft und ein Traufrohr hinabgeglitten war, wurde zum König ausgerufen. Obgleich die neue Regierung des Generals Simovic Deutschland sofort die Unterzeichnung eines Nichtangriffspakts anbot, war man sich doch in Berlin darüber im klaren, daß Jugoslawien sich nicht mit dem ihm vom Führer zugedachten Status eines Vasallenstaates abfinden würde. Die jubelnden Kundgebungen in Belgrad, bei denen die Menge den Wagen des deutschen Gesandten anspuckte, hatten gezeigt, auf welcher Seite die Sympathien der Serben lagen.

Der Belgrader Staatsstreich versetzte Adolf Hitler in einen der ärgsten Wutanfälle seines Lebens. Er faßte ihn als persönlichen Affront auf und traf in seiner Wut plötzliche Entscheidungen, die für die Geschicke des Dritten Reiches äußerst verhängnisvoll waren.

Noch am 27. März beorderte er die militärischen Führer in die Reichskanzlei – die Sitzung wurde so eilig einberufen, daß Brauchitsch, Halder und Ribbentrop zu spät kamen – und schwor, an den Jugoslawen Rache zu nehmen. Der Staatsstreich in Belgrad, sagte er, gefährde nicht nur *Marita*, sondern mehr noch *Barbarossa*. »Führer ist entschlossen«, heißt es im Sitzungsprotokoll, »ohne mögliche Loyalitätserklärungen der neuen Regierung abzuwarten, alle Vorbereitungen zu treffen, um Jugoslawien militärisch und als Staatsgebilde zu zerschlagen. Außenpolitisch werden keine Anfragen oder Ultimaten gestellt werden.« Gegen Jugoslawien sei »mit unerbittlicher Härte« vorzugehen. Dann befahl er Göring, von ungarischen Flugplätzen aus »Belgrad in rollenden Angriffen zu zerstören[64]. Er erließ die Weisung Nr. 25[65] für den sofortigen Einmarsch in Jugoslawien und bedeutete Keitel und Jodl, noch am gleichen Abend die Operationspläne auszuarbeiten. Er wies Ribbentrop an, Ungarn, Bulgarien und Italien mitzuteilen, sie alle würden einen Gebietsteil Jugoslawiens bekommen. Das ganze Land, außer einem kleinen kroatischen Vasallenstaat, werde aufgeteilt werden[66].

Und dann verkündete Hitler seinen schicksalhaftesten Beschluß: »Der Beginn von Operation *Barbarossa* ist um vier Wochen zu verschieben.« (Er war in der ersten *Barbarossa*-Weisung vom 18. Dezember für den 15. Mai angesetzt worden.)

Mit diesem Aufschub des Angriffes gegen Rußland, der lediglich erfolgte, damit der deutsche Kriegsherr seinem Zorn gegen ein kleines Balkanland Luft machen konnte, das ihm zu trotzen gewagt hatte, traf Hitler wahrscheinlich die katastrophalste Einzelentscheidung in seiner Laufbahn. Man behauptet wohl kaum zuviel, wenn man sagt, daß er an jenem Märznachmittag in der Reichskanzlei in einem Augenblick rasender Wut die letzte Chance, den Krieg zu gewinnen, vertat. Daran mußten tief erbittert von Brauchitsch, der Oberbefehlshaber des Heeres, und Halder, der fähige Generalstabschef, später denken, als über sie der kalte russische Winter die drei oder vier Wochen zu früh hereinbrach, die sie noch für den Endsieg zu benötigen glaubten. Von da an führten sie und andere Generale alle folgenden Katastrophen auf die übereilte, unüberlegte Entscheidung eines eitlen, wütenden Mannes zurück.

Die Weisung Nr. 25, die der Oberste Befehlshaber noch vor der Beendigung der Konferenz ausgab, war ein typisches Hitler-Dokument:

Der Militärputsch in Jugoslawien hat die politische Lage auf dem Balkan geändert. Jugoslawien muß auch dann, wenn es zunächst Loyalitätserklärungen abgibt, als Feind betrachtet und daher so rasch als möglich zerschlagen werden.

Meine Absicht ist, ... in Jugoslawien einzubrechen und die jugoslawische Wehrmacht vernichtend zu schlagen ...[67].

Jodl erhielt als Chef des Wehrmachtführungsstabes den Auftrag, die Operationspläne noch in der Nacht auszuarbeiten. »Ich habe ... diese Nacht in der Reichskanzlei durchgearbeitet«, sagte Jodl später vor dem Nürnberger Tribunal. »Ich habe ... am 28. um 4.00 Uhr morgens dem General von Rintelen, dem Verbindungsoffizier zum italienischen Oberkommando, dieses *Aide mémoire* ... in die Hand gedrückt[68].«

Denn Mussolini, dessen erschöpfte Armeen in Albanien Gefahr liefen, von den Jugoslawen im Rücken angegriffen zu werden, mußte über die deutschen Operationspläne unverzüglich unterrichtet und zur Mitwirkung aufgefordert werden. Um sicherzustellen, daß der Duce auch begriff, was von ihm erwartet wurde, sandte ihm Hitler, ohne die Fertigstellung von Jodls *Aide mémoire* abzuwarten, um Mitternacht des 27. einen Brief, der telegrafisch nach Rom übermittelt wurde, damit Mussolini ihn noch in der Nacht erhalte.

Duce, die Ereignisse zwingen mich, Ihnen auf diesem schnellsten Weg meine Auffassung über die Situation und die sich daraus ergebenden Entschlüsse mitzuteilen.

Ich habe von Anfang an als gefährlichsten Faktor in der Auseinandersetzung mit Griechenland Jugoslawien angesehen ... Ich habe aus diesem Grunde alles getan und mich redlich bemüht, Jugoslawien in unsere Interessengemeinschaft hereinzuziehen. Leider blieben diese Bemühungen vergeblich ... Die Meldungen des heutigen Tages lassen keinen Zweifel mehr übrig über die bevorstehende Umstellung der jugoslawischen Außenpolitik.

Ich habe deshalb schon alle Anordnungen getroffen, um einer krisenhaften Entwicklung nunmehr mit den notwendigen militärischen Mitteln entgegentreten zu können ... Ich bitte Sie nunmehr, Duce, herzlichst, für die nächsten Tage keine weiteren Operationen mehr in Albanien vornehmen zu wollen. Ich halte es für notwendig, daß Sie mit allen irgendwie verfügbaren Kräften die wichtigsten Übergänge von Jugoslawien nach Albanien decken und abzuschirmen versuchen ...

Ich halte es weiter für erforderlich, Duce, daß Sie Ihre Kräfte an der italienisch-jugoslawischen Front mit allen Mitteln und in höchster Eile verstärken.

Ich halte es weiter für erforderlich, Duce, daß über alles, was wir nun machen und veranlassen, ein absolutes Stillschweigen bewahrt wird. ... Jedes Bekanntwerden unserer Vorbereitungsmaßnahmen muß zu ihrer vollkommenen Entwertung führen ...

Wenn ... Stillschweigen bewahrt wird, so zweifle ich nicht, daß wir beide einem Erfolg entgegengehen, der nicht geringer ist, als der norwegische vor einem Jahr war. Dies ist meine felsenfeste Überzeugung.

Nehmen Sie meine herzlichsten kameradschaftlichen Grüße entgegen

Ihr

Adolf Hitler[69]

Auf kurze Sicht gesehen, hatte der deutsche Kriegsherr mit seiner Voraussage wieder einmal recht, aber es scheint ihm nicht bewußt gewesen zu sein, wie teuer ihn, auf die Dauer gesehen, die erfolgreiche Rache an Jugoslawien zu stehen kommen würde. Im Morgengrauen des 6. April brachen seine Armeen in gewaltiger Übermacht mitsamt ihren Panzern in Jugoslawien und Griechenland ein und gingen rasch gegen die armselig bewaffneten Verteidiger vor, nachdem diese wie üblich von der Luftwaffe zermürbt worden waren.

Belgrad selbst wurde auf Anordnung Hitlers dem Erdboden gleich gemacht. Drei Tage und drei Nächte hintereinander überflogen Görings Bomber in niedrigster Höhe – die Stadt hatte keine Flugabwehrgeschütze – die kleine Hauptstadt, töteten 17 000 Zivilpersonen, verwundeten eine noch größere Anzahl und verwandelten die Stadt in einen rauchenden Trümmerhaufen. Diesem Luftangriff hatte Hitler den Namen *Operation Bestrafung* gegeben, und er war von dem Ergebnis sichtlich befriedigt. Die Jugoslawen, die keine Zeit gehabt hatten, ihre kleine Armee mobilzumachen, und deren Generalstab den Fehler beging, das ganze Land verteidigen zu wollen, wurden überwältigt. Am 13. April zogen deutsche und ungarische Truppen in das zerstörte Belgrad ein, und am 17. kapitulierten in Sarajewo die Reste der immer noch 28 Divisionen starken jugoslawischen Armee. Der König und der Ministerpräsident entkamen im Flugzeug nach Griechenland.

Die Griechen, die sechs Monate lang den Italienern demütigende Schläge beigebracht hatten, waren den elf Infanterie- und vier Panzerdivisionen von Generalfeldmarschall Lists Armee nicht gewachsen. Zwar hatten die Engländer eilig vier Divisionen – insgesamt 53 000 Mann – aus Libyen nach Griechenland geschafft, aber sie wurden ebenso wie die Griechen von den deutschen Panzern und durch die mörderischen Angriffe der Luftwaffe überwältigt. Die griechische Nordarmee ergab sich am 23. April den Deutschen und – eine bittere Pille – den Italienern. Vier Tage später ratterten deutsche Panzer nach Athen hinein, und auf der Akropolis wurde die Hakenkreuzfahne gehißt. Unterdessen bemühten sich die Engländer verzweifelt, ihre Truppen wieder einmal auf dem Seewege zu evakuieren – ein kleineres und fast ebenso erfolgreiches Dünkirchen. In drei Wochen – bis Ende April – war alles vorüber. Nur Kreta wurde erst Ende Mai durch deutsche Luftlandetruppen den Engländern abgenommen. Wo Mussolini den ganzen Winter über nichts ausgerichtet hatte, war Hitler in wenigen Frühlingstagen der Erfolg beschieden gewesen. Mochte der Duce auch erleichtert sein, daß man ihn aus der Klemme gezogen hatte, es war für ihn demütigend, daß es durch die Deutschen geschehen war. Demütigend war für ihn auch der enttäuschend geringe Anteil an der jugoslawischen Beute, die Hitler nun zu teilen begann[70].

Nicht allein auf dem Balkan zog der Führer seinen pfuschenden Achsenpartner aus der Klemme. Nach der Zerschlagung der italienischen Armeen in Libyen hatte Hitler sich schließlich, wenn auch widerstrebend, herbeigelassen, eine leichte Panzerdivision und einige Luftwaffenverbände nach Nordafrika zu schicken. Allerdings hatte er dafür gesorgt, daß die italienisch-deutschen Kräfte dem einheitlichen Kommando General Erwin Rommels unterstellt wurden. Rommel, ein kühner, einfallsreicher Panzergeneral, der sich im Westfeldzug als Kommandeur einer Panzerdivision ausgezeichnet hatte, war ein Gegner, wie ihn die Engländer bis dahin in der nordafrikanischen Wüste noch nicht kennengelernt hatten und der ihnen in den nächsten zwei Jahren gewaltig zu schaffen machen sollte. Aber Rommel war für sie nicht das einzige Problem. Die Verlegung beträchtlicher Land- und Luftstreitkräfte von Libyen nach Griechenland hatte sie in der Wüste stark geschwächt. Anfänglich waren die Engländer nicht übermäßig besorgt, auch dann noch nicht, als ihr Nachrichtendienst Anfang Februar das Eintreffen deutscher Panzerverbände in Tripolitanien meldete. Dabei hätten sie besorgt sein sollen. In den letzten Märztagen schlug Rommel in der Cyrenaika mit seiner deutschen Panzerdivision und zwei italienischen Divisionen plötzlich los. In zwölf Tagen eroberte er die Provinz zurück, schloß Tobruk ein und erreichte das wenige Kilometer vor der ägyptischen Grenze liegende Barda. Die ganze britische Position in Ägypten und am Suezkanal war wiederum bedroht, ja sogar gefährdet, da nunmehr Deutsche und Italiener in Griechenland standen.

So hatte auch das zweite Kriegsfrühjahr den Deutschen rauschende Siege beschert, während die Lage Englands, das nun allein gegen Hitler stand, dessen Mutterland den Nachtangriffen der deutschen Luftwaffe ausgesetzt war und dessen überseeische Armeen aus Griechenland und der Cyrenaika vertrieben worden waren, düsterer und hoffnungsloser denn je war. Sein Prestige, diese mächtige, vor allem im Hinblick auf Amerika und Rußland so wichtige Propagandawaffe, war auf einen neuen Tiefpunkt abgesunken.

Hitler säumte denn auch nicht, in einer Siegesrede, die er am 4. Mai im Reichstag hielt, daraus Nutzen zu ziehen. Ein großer Teil der Rede bestand aus giftigen, sarkastischen Schmähungen Churchills, den er (zusammen mit den Juden) für den Krieg verantwortlich machte und von dem er sagte, er sei im Begriff, den Krieg zu verlieren.

Dieser blutigste Dilettant der Geschichte aller Zeiten ... Wie ein Wahnsinniger läuft dieser Mann seit bald fünf Jahren durch Europa und sucht etwas, was brennen könnte ... Als Soldat ein miserabler Politiker und als Politiker ein ebenso miserabler Soldat ... im Besitz jener Fähigkeit, die Mr. Churchill als einzigen auszeichnet, nämlich der Fähigkeit, mit gottergebener Miene zu lügen und die Wahrheit so lange zu verdrehen, bis am Ende aus den furchtbarsten Niederlagen sogar noch glorreiche Siege werden ... In einem anderen Land wäre er keine sechs Monate im Amt geblieben ... Der Appell dieses Narren ... kann nur erklärt werden entweder durch eine paralytische Erkrankung oder mit dem Wahn eines Säufers ...

Hinsichtlich des jugoslawischen Staatsstreichs, der ihn in solche Wut versetzt hatte, gab Hitler sich keine Mühe, seine wahren Gefühle zu verbergen:

Zwei Tage erschütterte uns alle die Nachricht von jenem Streich einer Handvoll gedungener Putschisten ... Sie werden ... verstehen, meine Abgeordneten, daß ich nunmehr sofort den Befehl zum Angriff gab. Denn es ist unmöglich, daß man in dieser Weise mit dem Deutschen Reich verfährt ...

Bei allem Stolz über seine Frühjahrssiege, zumal über die gegen England, war Hitler sich doch nicht vollauf im klaren darüber, wie schwer der Schlag für die Engländer und wie verzweifelt die Lage des Weltreichs war. An dem gleichen Tag, an dem Hitler im Reichstag sprach, schrieb Churchill an Präsident Roosevelt. Er wies ihn beschwörend auf die ernsten Folgen eines möglichen Verlustes Ägyptens und des Nahen Ostens hin und legte ihm dringend den Kriegseintritt Amerikas nahe[71]. Zu kaum einer anderen Zeit im Kriege war Churchill so niedergedrückt wie in dieser Stunde.

Die deutsche Kriegsmarine bedrängte Hitler, diese Lage nach Kräften auszunützen. Der Sache der Achse kam in diesem Augenblick noch zugute, daß in diesem Augenblick der neue, deutschfreundliche Ministerpräsident des Irak, Raschid Ali, einen Angriff auf den britischen Luftstützpunkt Habbanija bei Bagdad unternahm und Hitler um Hilfe zur Vertreibung der Engländer aus dem Irak anrief. Das war Anfang Mai. Am 27. Mai wurde Kreta genommen, und am 30. appellierte Admiral Raeder, der für *Barbarossa* nie viel übrig gehabt hatte, an Hitler, eine entscheidende Offensivoperation gegen Ägypten und den Suezkanal vorzubereiten[72]. »Dieser Stoß«, sagte Raeder, »würde für englisches Weltreich tödlicher sein als Einnahme Londons!« Eine Woche darauf übergab er Hitler eine von der Seekriegsleitung verfaßte Denkschrift, in der es hieß, daß *Barbarossa*, wenn es auch »naturgemäß im Vordergrund der operativen Pläne der Wehrmachtführung steht, auf keinen Fall zu einer Aufgabe, Verminderung oder Verzögerung der Kampfführung im östlichen Mittelmeer führen darf[73]«.

Aber Hitlers Entschluß stand bereits fest; er hatte seit Weihnachten nichts an der *Barbarossa*-Weisung geändert und erwiderte dem Admiral, Rußland müsse »zuerst zerschlagen« werden. Ganz befangen in Vorstellungen der Landkriegführung, begriff er einfach die von der Marine befürwortete großräumigere Strategie nicht. Noch ehe ihn Raeder und die Seekriegsleitung Ende Mai noch einmal in diesem Sinne beschworen, hatte er sich mit seiner Weisung Nr. 30 vom 25. Mai festgelegt[74]. Darin hatte er befohlen, die Revolte im Irak durch Entsendung einer Militärmission, einiger Flugzeuge und Waffen zu unterstützen: »Ich habe beschlossen, die Entwicklung im Nahen Osten durch Unterstützung des Irak zu fördern.« Aber er kam über einen so kleinen, unzureichenden Schritt nicht hinaus. Hinsichtlich der von den Admiralen und von Rommel vertretenen strategischen Konzeption erklärte er:

Ob es späterhin möglich sein wird – und mit welchen Mitteln – die Offensive gegen den Suezkanal zu eröffnen und schließlich die Engländer aus ihrer Position zwischen dem Mittelmeer und dem Persischen Golf zu vertreiben, kann nicht eher entschieden werden, bis die Operation Barbarossa *durchgeführt ist.*

Die Vernichtung der Sowjetunion habe Vorrang, mit allem anderen müsse man warten. Das war ein bedenklicher Fehler, wie wir heute wissen. In diesem Augenblick – Ende Mai 1941 – hätte Hitler mit nur einem Bruchteil seiner Streitkräfte dem englischen Weltreich einen verheerenden, vielleicht sogar verhängnisvollen Schlag versetzen können. Niemand erkannte dies besser als der hartbedrängte Churchill. In seiner Botschaft an Präsident Roosevelt vom 4. Mai hatte er offen heraus gesagt, falls Ägypten und der Nahe Osten verlorengingen, würde die Weiterführung des Krieges »eine harte, lange und unerfreuliche Sache« sein, auch wenn die Vereinigten Staaten in den Krieg einträten. Aber Hitler hatte das nicht begriffen. Seine Blindheit ist um so unfaßbarer, als der Balkanfeldzug den Beginn von *Barbarossa* ohnehin um mehrere Wochen verzögerte und dadurch gefährdet hatte. Die Eroberung Rußlands mußte also in kürzerer Zeit als ursprünglich geplant bewerkstelligt werden. Denn es gab einen unausweichlichen Schlußtermin: Der Einbruch des russischen Winters, dem schon Karl XII. und Napoleon I. erlegen waren. So blieben den Deutschen höchstens fünf Monate, um ein ungeheuer weites Land zu überrennen, daß vom Westen her niemals erobert worden war. Schon hatte der Juni begonnen, und es mußte noch die in Jugoslawien und Griechenland eingesetzte Riesenarmee zur sowjetischen Grenze zurückverlegt werden, und das über ungepflasterte Straßen und auf eingleisigen, für einen so großen Transport ungeeigneten Eisenbahnstrecken.

Von Leuten, die Hitler militärische Begabung zuerkennen, ist behauptet worden, der Balkanfeldzug habe keine nennenswerte Terminverschiebung für *Barbarossa* bewirkt; sie sei vielmehr weitgehend darauf zurückzuführen, daß in jenem Jahr das Tauwetter spät eingesetzt habe und die Straßen Osteuropas bis Mitte Juni verschlammt gewesen seien. Dem gegenüber aber stehen die Aussagen deutscher Generale. Feldmarschall Paulus, dessen Name für immer mit Stalingrad verknüpft sein wird und der damals im OKH an führender Stelle mit der operativen Ausarbeitung des Rußlandfeldzuges betraut war, sagte als Zeuge in Nürnberg, auf Grund von Hitlers Entschluß, Jugoslawien zu zerschlagen, habe der Angriffsbeginn von *Barbarossa* »um etwa fünf Wochen verschoben werden« müssen[75]. Im Tagebuch der Seekriegsleitung wird dieselbe Zeitspanne genannt[76]. Feldmarschall von Rundstedt, Befehlshaber der Heeresgruppe Süd, erklärte nach dem Krieg alliierten Vernehmungsoffizieren, wegen des Balkanfeldzugs »fingen wir mindestens vier Wochen zu spät an. Ein Aufschub, der uns teuer zu stehen kam[77]«. Jedenfalls setzte Hitler mit einer geheimen Weisung vom 30. April, nachdem die Eroberung Jugoslawiens und Griechenlands abgeschlossen war, den neuen »Zeitplan *Barbarossa*« fest: »Der Führer hat entschieden: Beginn *Barbarossa* 22. Juni[78].«

TERRORPLANUNG

Der Krieg gegen Rußland sollte hemmungslos geführt werden. Und Hitler legte Wert darauf, daß es bei den Generalen hierüber kein Mißverständnis gab. Anfang März 1941 berief er die Oberbefehlshaber der drei Wehrmachtteile sowie die obersten Truppenkommandeure zu sich und schrieb ihnen vor, wie sie sich zu verhalten hätten. Seine Ausführungen hat Halder in Nürnberg wiedergegeben[79]:

Ein Krieg wie der gegen Rußland könne nicht ritterlich geführt werden. Es handele sich um einen Kampf der Weltanschauungen und rassischen Gegensätze, und er sei daher mit nie dagewesener, erbarmungsloser Härte zu führen. Alle Offiziere würden sich überlebter Anschauungen entledigen müssen. Er wisse, daß die Notwendigkeit solcher Art Kriegführung über die Fassungskraft der Generale hinausgehe, aber er bestehe auf widerspruchsloser Durchführung seiner Befehle. Die Kommissare seien Träger einer dem Nationalsozialismus strikt entgegengesetzten Weltanschauung. Daher seien die Kommissare zu liquidieren. Deutsche Soldaten, die Verstöße gegen das Völkerrecht begingen, seien entschuldbar. Rußland gehöre nicht der Haager Konvention an und könne sich daher nicht auf sie berufen.

So kam es zu dem sogenannten »Kommissarerlaß«. Dieser Befehl spielte eine erhebliche Rolle im Nürnberger Prozeß, als an die deutschen Generale die entscheidende moralische Frage gestellt wurde, ob sie sich nicht veranlaßt gefühlt hätten, ihrem eigenen Gewissen statt den auf Kriegsverbrechen hinauslaufenden Befehlen des Führers zu gehorchen[80].

Halder zufolge waren die Generale über diesen Erlaß empört und protestierten gleich nach der Sitzung bei Brauchitsch, ihrem Oberbefehlshaber. Der weiche Feldmarschall versprach ihnen, »gegen diesen Befehl in der vorliegenden Form anzugehen«. Nach Halder teilte Brauchitsch später dem OKW schriftlich mit, daß die Offiziere des Heeres »solche Befehle niemals ausführen könnten«. Aber schrieb er wirklich?

Bei seiner Vernehmung in Nürnberg gab Brauchitsch zu, daß er keinen solchen Schritt unternommen habe, da Hitler »um keinen Preis der Welt [von seinem Entschluß] abzubringen war«. Allerdings habe er folgenden schriftlichen Befehl herausgegeben: »Die Disziplin im Heere sei mit aller Schärfe in den alten bisher gepflogenen Richtungen und Regeln durchzuführen.«

»Das heißt«, fragte Lordrichter Lawrence, der scharfe Vorsitzende des Nürnberger Tribunals, Brauchitsch, »daß Sie keinen Befehl, der sich direkt auf den Kommissarbefehl bezog, gegeben haben?«

»Nein«, erwiderte er, »ich konnte ja den Befehl nicht direkt aufheben[81].«

Die in der preußischen Tradition aufgewachsenen Offiziere alter Schule gerieten in neue Gewissenskonflikte durch nachfolgende Weisungen, die General Keitel am 13. Mai im Namen des Führers erließ. Die wichtigste beschränkte die Befugnisse deutscher Kriegsgerichte:

Straftaten feindlicher Zivilpersonen [in Rußland] sind der Zuständigkeit der Kriegsgerichte und der Standgerichte bis auf weiteres entzogen ...

Tatverdächtige Elemente [werden] sogleich einem Offizier vorgeführt. Dieser entscheidet, ob sie zu erschießen sind.

Für Handlungen, die Angehörige der Wehrmacht *und des Gefolges* gegen feindliche Zivilpersonen *begehen, besteht* kein Verfolgungszwang, *auch dann nicht, wenn die Tat zugleich ein militärisches Verbrechen oder Vergehen ist. (Hervorhebungen im Original.)*

Das Heer wurde angewiesen, bei der Verfolgung solcher Vergehen in jedem einzelnen Fall in Betracht zu ziehen, was Deutschland seit 1918 von den »Bolschewisten« alles zugefügt worden sei. Kriegsgerichtliche Verfolgung deutscher Soldaten sei nur dann gerechtfertigt, wenn es »die Aufrechterhaltung der Manneszucht oder die Sicherung der Truppe erfordert«. Jedenfalls, so schloß die Weisung, »werden nur diejenigen Urteile bestätigt, die im Einklang mit den politischen Absichten der Wehrmachtführung stehen[82]«. Über der Weisung stand: »Geheime Kommandosache[83]«.

Eine zweite, ebenfalls von Keitel im Namen Hitlers unterzeichnete Weisung gleichen Datums betraute Himmler mit »Sonderaufgaben« zur Vorbereitung der politischen Verwaltung in Rußland, Aufgaben, »die sich aus dem endgültig auszutragenden Kampf zweier entgegengesetzter politischer Systeme ergeben«. Der Reichsführer SS, hieß es, handele unabhängig von der Armee in eigener Verantwortung. Was mit den »Sonderaufgaben« gemeint war, wußten die Generale sehr wohl, obgleich sie es in Nürnberg bestritten. Des weiteren bestimmte die Weisung, daß diejenigen besetzten Gebiete in Rußland, in denen Himmler seine Aufgaben durchführe, abzuriegeln seien. Nicht einmal »höchste Regierungs- und Parteiorgane« sollten dort Zutritt haben, verfügte Hitler. Dieselbe Weisung beauftragte Göring mit der »Ausnutzung des Landes und Sicherung seiner wirtschaftlichen Werte für die Zwecke der deutschen Wirtschaft«. Nebenbei bestimmte Hitler noch in diesem Befehl, daß bald nach Abschluß der militärischen Operationen Rußland »nach besonderen Richtlinien in Staaten mit eigenen Regierungen aufgelöst werden« würde[84].

Diese Richtlinien hatte Alfred Rosenberg, der konfuse Balte und parteiamtliche Philosoph, auszuarbeiten. Am 20. April ernannte Hitler ihn zum »Beauftragten für die zentrale Bearbeitung der Fragen des osteuropäischen Raumes«. Rosenberg, der geradezu eine Begabung hatte, historische Zusammenhänge mißzuverstehen, selbst die Geschichte Rußlands, wo er geboren und aufgewachsen war, begab sich unverzüglich daran, Pläne auszuarbeiten. Die umfangreichen Akten Rosenbergs wurden samt und sonders erbeutet und sind, ebenso wie seine Bücher, eine mühselige Lektüre. Sie sollen diese Darstellung nicht belasten, obwohl sie hin und wieder zitiert werden müssen, weil einige von Hitlers Plänen für Rußland in ihnen offenbar werden.

Bis Anfang Mai hatte Rosenberg seine erste wortreiche Denkschrift für die Eroberung fertiggestellt, die die größte in der deutschen Geschichte zu werden verhieß. Zunächst einmal sollte das europäische Rußland in sogenannte Reichskommissariate aufgeteilt werden: Reichskommissariat Ostland (Estland, Lettland, Litauen und Weißrußland), Reichskommissariat Ukraine (»ein selbständiger Staat im Bündnis mit Deutschland«), Reichskommissariat Kaukasus (regiert von einem deutschen »Bevollmächtigten«), Reichskommissariat Moskau. Das Reichskommissariat Ostland sollte ein deutsches Protektorat und später dem Großdeutschen Reich direkt angeschlossen werden. Als Begründung hierfür führte Rosenberg in einer seiner zahllosen Denkschriften, mit denen er Hitler und die Generalität überschüttete, »geschichtliche und volkliche Gegebenheiten« an. Die rassisch assimilierbaren Balten seien einzudeutschen und »nicht erwünschte Elemente« auszusiedeln. In Lettland und Estland, deutete er vorsichtig an, werde man »eine größere Aussiedlung in Aussicht nehmen müssen«. Die Ausgesiedelten seien durch Deutsche zu ersetzen, vorwiegend durch Kriegsteilnehmer. »Das baltische Meer«, bestimmte er, »muß ein germanischer Binnensee werden[85].«

Zwei Tage vor dem Einmarsch der Truppen hielt Rosenberg vor seinen engsten, für die Verwaltung Rußlands ausersehenen Mitarbeitern eine Ansprache, in der er unter anderem sagte:

Die deutsche Volksernährung steht ... zweifellos an der Spitze der deutschen Forderungen im Osten ... [Es] werden die Südgebiete [Rußlands] einen Ausgleich für die deutsche Volksernährung zu schaffen haben.

Wir sehen durchaus nicht die Verpflichtung ein, aus diesen Überschußgebieten das russische Volk mit zu ernähren. Wir wissen, daß das eine harte Notwendigkeit ist, die außerhalb jeden Gefühls steht ... Dem Russentum werden sicher sehr schwere Jahre bevorstehen[86].

Wahrlich sehr schwere Jahre, denn das NS-Regime wollte planmäßig Millionen Russen dem Hungertod ausliefern!

Noch unverblümter als Rosenberg drückte dies Göring aus, der mit der wirtschaftlichen Ausbeutung der Sowjetunion beauftragt war. In einer ausführlichen Richtlinie bestimmte sein Wirtschaftsstab Ost am 23. Mai 1941, daß die Nahrungsmittelüberschüsse des südrussischen Schwarzerdegebiets nicht für die Ernährung der Bevölkerung der Industriegebiete zu verwenden seien, da die Industriewerke dort ohnehin stillgelegt werden würden. Die Arbeiterfamilien dieser Regionen sollten einfach verhungern oder – wenn möglich – »in die sibirischen Räume abgelenkt« werden. Die große landwirtschaftliche Produktion Rußlands müsse Deutschland zugute kommen. Die deutsche Verwaltung könne zwar danach streben,

die Folgen der zweifellos eintretenden Hungersnot zu mildern und den Naturalisierungsprozeß zu beschleunigen. [Doch] die Hungersnot ist dadurch nicht zu bannen ... Versuche, die Bevölkerung dort vor dem Hungertode dadurch zu retten, daß man aus der Schwarzerdezone Überschüsse heranzieht, können nur auf Kosten der Versorgung Europas gehen. Sie unterbinden die Durchhaltemöglichkeit Deutschlands im Kriege, sie unterbinden die Blockadefestigkeit Deutschlands und Europas. Darüber muß absolute Klarheit herrschen[87].

Wieviel Russen infolge dieser geplanten deutschen Politik sterben würden, war bereits in einer Besprechung vom 2. Mai geschätzt worden. Im Sitzungsprotokoll hieß es: *Hierbei werden zweifellos -zig Millionen Menschen verhungern, wenn von uns das für uns Notwendige aus dem Lande herausgeholt wird*[88]. Und daß das Notwendige herausgeholt werden würde, »darüber muß absolute Klarheit herrschen«, hatten Göring und Rosenberg gesagt.

Aus keinem der Protokolle ist ersichtlich, daß irgend jemand gegen diese Richtlinien zur Ausplünderung Rußlands Einwand erhoben hätte – wie es immerhin beim Kommissarbefehl von seiten einiger Generale geschah. Und diese Pläne blieben nicht die wilden Ausgeburten von Leuten wie Hitler, Göring, Himmler und Rosenberg. Wie aus den Unterlagen hervorgeht, arbeiteten Wochen und Monate hindurch Hunderte von Beamten an ihren Schreibtischen, addierten Zahlen und verfaßten Denkschriften, in denen kaltblütig Kalkulationen für das Massaker von Millionen angestellt wurden. Hier war Aushungerung das Mittel. Im SS-Hauptquartier in Berlin, hinter einem anderen Schreibtisch, saß in jenen Tagen Heinrich Himmler, der bieder aussehende ehemalige Hühnerzüchter, und prüfte, durch seinen Kneifer blickend, Pläne zur rascheren und gewalttätigeren Massakrierung weiterer Millionen.

Sehr zufrieden mit der von seinen rührigen Gefolgsleuten geleisteten Vorarbeit für den Überfall auf die Sowjetunion, deren Vernichtung, deren Ausbeutung und für den Massenmord an ihrer Bevölkerung, setzte Hitler am 30. April den Angriffstermin – 22. Juni – fest, hielt am 4. Mai im Reichstag seine Siegesrede und zog sich dann auf seinen geliebten *Berghof* zurück, wo er im Anblick der noch schneebedeckten prächtigen Alpenkette über seine nächste Eroberung, die größte von allen, nachdachte, über jene Eroberung, bei der, wie er den Generalen gesagt hatte, die Welt den Atem anhalten würde.

Hier erreichte ihn in der Nacht des 10. Mai 1941 eine befremdliche und unerwartete Nachricht, die ihn bis ins Mark erschütterte und zwangsläufig seine Gedanken, wie die fast aller Menschen in der westlichen Welt, vorübergehend vom Krieg ablenkte. Sein engster Vertrauter, sein Stellvertreter, der Mann, den er nach Göring zu seinem Nachfolger bestimmt hatte, der seit 1921 sein fanatisch ergebener und treuer Anhänger gewesen war und der ihm seit Röhms Ermordung besonders nahestand, war aus dem Käfig hinausgeflogen, um auf eigene Faust mit dem Gegner zu verhandeln!

RUDOLF HESS' FLUCHT

Die erste Meldung, daß Rudolf Heß in einem Messerschmitt-Zerstörer Me-110 allein nach Schottland geflogen sei, schlug, wie Dr. Schmidt schreibt, »wie eine Bombe auf dem *Berghof* ein[89]«. General Keitel traf den Führer auf- und abschreitend in seinem großen Arbeitszimmer an, während er sich mit seinem Finger auf die Stirn tippte und murmelte, Heß müsse verrückt geworden sein[90]. »Ich muß sofort mit Göring sprechen«, rief Hitler aus. Am nächsten Morgen gab es ein aufgeregtes Palaver mit Göring und allen Gauleitern, wobei man – um mit Keitel zu sprechen – »herauszufinden« suchte, wie man dieses peinliche Ereignis der deutschen Öffentlichkeit und der Welt beibringen sollte. Die Aufgabe war um so schwieriger, wie Keitel später aussagte, als die Engländer über ihren Besucher Schweigen bewahrten. Eine Zeitlang gaben Hitler und seine Gesprächspartner sich der Hoffnung hin, Heß sei vielleicht wegen Brennstoffmangels in die kalte Nordsee abgestürzt und ertrunken.

Die erste Kunde erhielt Hitler in Form eines etwas wirren Briefes von Heß, der ihm wenige Stunden nach dessen Abflug von Augsburg um 17.45 Uhr durch Kurier überbracht wurde. »Ich erkenne Heß darin nicht wieder«, sagte er zu Keitel. »Da spricht ein ganz anderer Mensch. Irgend etwas muß mit ihm passiert sein, eine Geistesstörung.« Aber Hitler war auch argwöhnisch. Er ordnete an, Messerschmitt sowie viele Leute aus Heß' Stab zu verhaften.

So wie Hitler über Heß' plötzlichen Abflug rätselte, so rätselte Churchill über dessen überraschende Ankunft[91]. Der seltsame Vorfall blieb während des ganzen Krieges ein Rätsel – bis zum Nürnberger Prozeß, in dem Heß einer der Angeklagten war. Die Tatsachen seien hier kurz wiedergegeben.

Heß, von jeher ein Wirrkopf, flog aus eigenen Stücken nach England mit der Vorstellung, er könne eine Friedensregelung zustandebringen. Wenn er sich damit auch einer Täuschung hingab, so gibt es doch keinen Anlaß, an der Aufrichtigkeit seiner Absicht zu zweifeln. Er hatte 1936 während der Olympischen Spiele in Berlin den Duke of Hamilton kennengelernt. Heß war ein tüchtiger Pilot und flog den Wohnsitz des Herzogs in Schottland so genau an, daß er in einer Entfernung von etwa 18 km mit dem Fallschirm sicher auf dem Boden landete. Er bat einen Bauern, ihn zu dem Herzog zu bringen. Zufällig hatte Hamilton, Geschwaderkommodore bei der RAF, an jenem Abend Dienst in einer *Sector Station* und kurz nach 22 Uhr auf dem Radarschirm selbst eine über die Küste landeinwärts fliegende Messerschmitt beobachtet. Eine Stunde später wurde ihm gemeldet, das Flugzeug sei in Flammen aufgegangen, der Pilot mit dem Fallschirm abgesprungen, und dieser, der sich Alfred Horn nenne, wünsche den Duke of Hamilton in einer »Sondermission« zu sprechen. Die britischen Behörden arrangierten eine Zusammenkunft für den folgenden Vormittag.

Heß gab sich zu erkennen und erklärte dem Herzog, »er sei in einer Mission der Menschlichkeit gekommen: Der Führer wünsche nicht, England zu zerstören, und wolle den Kampf beenden«. Er habe vorher schon dreimal versucht, nach England zu fliegen, sei aber jedesmal wegen schlechten Wetters wieder umgekehrt. Dies und die Tatsache, daß er Reichsminister sei, seien ein Beweis für »seine Aufrichtigkeit und Deutschlands Friedensbereitschaft«. In dieser wie auch in späteren Unterredungen mit anderen Personen versäumte Heß nicht, zu versichern, daß Deutschland den Krieg gewinnen und England, wenn er fortgesetzt werde, in eine furchtbare Lage geraten würde. Daher sollten seine Gastgeber aus seiner Anwesenheit Nutzen ziehen und in Friedensverhandlungen eintreten. Der fanatische Nationalsozialist glaubte so zuversichtlich, die Engländer würden sich mit ihm hinsetzen und über den Frieden verhandeln, daß er den Herzog aufforderte, »den König darum zu bitten, ihn, Heß, auf ›Ehrenwort‹ freizulassen, da er unbewaffnet und aus freiem Willen gekommen sei[92]«. Später verlangte er, mit der einem Minister gebührenden Achtung behandelt zu werden.

Die anschließenden Unterredungen wurden britischerseits fast ausschließlich von Ivone Kirkpatrick geführt, dem erfahrenen früheren Botschaftsrat in Berlin, dessen vertrauliche Berichte später in Nürnberg vorlagen[93]. Diesem gebildeten Kenner des nationalsozialistischen Deutschlands eröffnete Heß seine Friedensvorschläge, nach dem er Hitlers Vorwände für sämtliche Aggressionen, angefangen bei Österreich bis zu Belgien und Holland, nachgeplappert und betont hatte, England sei am Kriege schuld und werde ihn bestimmt verlieren, wenn es weiterkämpfe. Die Friedensvorschläge unterschieden sich in nichts von denen, die Hitler schon – ohne Erfolg – Chamberlain am Vorabend seines Einmarsches in Polen hatte aufdrängen wollen: England gibt Deutschland freie Hand in Europa, dafür gibt Deutschland England »vollkommen freie Hand innerhalb des Weltreichs«. Die früheren deutschen Kolonien seien zurückzugeben, und natürlich müsse England auch mit Italien Frieden schließen.

Als wir im Begriff waren, den Raum zu verlassen [berichtete Kirkpatrick], feuerte Heß seinen letzten Schuß ab. Er erklärte, er habe vergessen zu bemerken, daß der Vorschlag an die Bedingung gebunden sei, daß eine andere als die gegenwärtige englische Regierung mit Deutschland verhandle. Churchill und seine Mitarbeiter seien nicht die Persönlichkeiten, mit denen der Führer verhandeln könne.

Jedermann, der Rudolf Heß kannte, konnte bezeugen, daß er für einen Mann, der es im Dschungelkrieg innerhalb der NSDAP und dann innerhalb des Dritten Reiches so weit gebracht hatte, ungewöhnlich naiv war. Wie aus den Unterredungen mit Kirkpatrick hervorgeht, hatte er damit gerechnet, in England als seriöser Unterhändler aufgenommen zu werden – wenn auch nicht von Churchill, so doch von der »Oppositionspartei«, zu deren Führern in seiner Vorstellung der Duke of Hamilton gehörte. Als er dann sah, daß er keinen anderen englischen Beamten als Kirkpatrick sprechen konnte, wurde er aggressiv und begann zu drohen. In einer Besprechung vom 14. Mai schilderte er dem skeptischen Diplomaten die bei der Weiterführung des Krieges für England zu erwartenden furchtbaren Folgen. Die britischen Inseln, sagte er, würden bald vollständig blockiert und damit die Bevölkerung dem Verhungern preisgegeben werden.
Heß drängte darauf, sofort mit den Verhandlungen zu beginnen, zumal er so viel aufs Spiel gesetzt habe, um sie zustandezubringen. Mit seinem Flug, sagte er zu Kirkpatrick, habe er beabsichtigt, England eine Chance zu geben, ohne Prestigeverlust Verhandlungen zu eröffnen. Wenn es diese Gelegenheit ausschlage, sei dies ein Beweis dafür, daß es keine Verständigung mit Deutschland wolle, und dann habe Hitler das Recht, ja die Pflicht, Großbritannien zu vernichten und das englische Volk nach dem Krieg für dauernd zu unterjochen. Heß forderte auch, den Kreis der Unterhändler klein zu halten. Als Reichsminister sei ihm nicht zuzumuten, sich als einzelner dem Kreuzfeuer von Fragen und Bemerkungen vieler Personen auszusetzen.

Mit dieser lächerlichen Äußerung endeten seine Besprechungen mit den Engländern, wenigstens soweit sie von Kirkpatrick geführt wurden. Auf »Einladung« des britischen Kabinetts, wie Churchill bemerkt[94], wurde Heß – überraschend – am 10. Juni noch von Lord Simon interviewt.

Die Beweggründe von Heß liegen auf der Hand. Einerseits wünschte er aufrichtig Frieden mit England. Er zweifelte nicht im geringsten daran, daß Deutschland den Krieg gewinnen und Großbritannien, wenn es nicht sofort Frieden schlösse, vernichten würde. Andererseits hatte der Krieg seine Person in den Schatten gestellt. Als Stellvertreter des Führers im Kriege die NSDAP zu leiten, war eine langweilige und nicht sehr bedeutungsvolle Aufgabe. Im Vordergrund standen jetzt Kriegführung und Außenpolitik. Sie nahmen Hitlers Aufmerksamkeit fast ausschließlich in Anspruch und stellten Göring, Ribbentrop, Himmler, Goebbels und die Generalität in das Scheinwerferlicht. Heß fühlte sich zurückgesetzt und war neidisch. Gab es da etwas Besseres, seine alte Stellung bei dem geliebten Führer und im Volke wiederherzustellen, als durch eine kühne, brillante staatsmännische Tat wie das alleinige Zustandebringen des Friedens zwischen Deutschland und England?

Schließlich hatte der Führerstellvertreter mit den buschigen Augenbrauen sich wie so manche andere NS-Größe – darunter Hitler und Himmler – zunehmend an die Astrologie geklammert. In Nürnberg gestand er dem amerikanischen Gefängnispsychiater Dr. Douglas M. Kelley, Ende 1940 habe ihm einer seiner Astrologen aus den Sternen geweissagt, er sei dazu auserwählt, den Frieden herbeizuführen. Ferner erzählte er, sein alter Mentor, der Münchner Geopolitiker Professor Haushofer, habe ihn im Traum durch die gobelingeschmückten Hallen englischer Schlösser wandeln und Frieden zwischen den beiden großen »nordischen« Nationen herstellen sehen[95]. So etwas mußte auf einen Menschen, der geistig nicht über das Jünglingsalter hinausgewachsen war, berauschend wirken, und es trug fraglos dazu bei, Heß zu seiner seltsamen Englandmission zu veranlassen.

In den Tagen nach Heß' plötzlichem Abflug befand sich Hitler in einer der größten Verlegenheiten seines Lebens. Ihm war bewußt, daß dem Ansehen seines Regimes durch das Abenteuer seines engsten Mitarbeiters schwerster Schaden zugefügt worden war. Wie sollte er es dem deutschen Volk und der übrigen Welt erklären? Die Befragung der verhafteten Adjutanten und Bekannten von Heß überzeugte Hitler, daß es sich nicht um eine Auflehnung gegen ihn und bestimmt nicht um eine Verschwörung handelte, sondern daß sein Stellvertreter einfach verrückt geworden war. Nachdem britische Meldungen Heß' Ankunft in England bestätigt hatten, beschloß man auf dem *Berghof*, vor der Öffentlichkeit den Fall mit einer Geistesstörung zu erklären. Bald berichtete denn auch die deutsche Presse pflichtgemäß, daß dieser einst so große Stern am Nazihimmel, »ein geistig zerrütteter Idealist, infolge von Verletzungen aus dem Weltkrieg Wahnvorstellungen anheim gefallen« sei.

Parteigenosse Heß [hieß es in der amtlichen Verlautbarung] scheint in dem Wahn gelebt zu haben, durch einen persönlichen Schritt ... doch noch eine Verständigung zwischen Deutschland und England herbeiführen zu können ... Dies wird jedoch keinen Einfluß auf den dem deutschen Volk aufgezwungenen Krieg haben.

Intern gab Hitler Befehl, Heß zu erschießen, sobald er zurückkehre[96], und offiziell entkleidete er seinen alten Gefährten aller Ämter. An Heß' Stelle als Stellvertreter des Führers der NSDAP trat Martin Bormann, ein Mann von finstererem und intriganterem Wesen. Hitler hoffte, die Episode werde sobald wie möglich in Vergessenheit geraten. Seine Gedanken wandten sich rasch wieder dem Angriff gegen Rußland zu, der dicht bevorstand.

DER KREML IN DER PATSCHE

Trotz aller sichtbaren Beweise für Hitlers Absichten – Aufmarsch deutscher Truppen in Ostpolen, eine Million deutsche Soldaten auf dem Balkan, Eroberung Jugoslawiens und Griechenlands, Besetzung Rumäniens, Bulgariens und Ungarns – hofften die Männer im Kreml, allen voran Stalin, die den Ruf hatten, durch und durch Realisten zu sein, blindlings, daß Rußland irgendwie noch dem Wüten Hitlers entrinnen würde. Bei ihrem angeborenen Mißtrauen konnten sie natürlich nicht umhin, sich die nackten Tatsachen vor Augen zu halten, noch konnten sie umhin, ihren wachsenden Groll über Hitlers Vorgehen in Südosteuropa zu unterdrücken. Dennoch haftet dem diplomatischen Verkehr zwischen Moskau und Berlin in jenen Frühjahrswochen etwas Unwirkliches, fast Unglaubwürdiges, ja Groteskes an (die deutschen Akten geben darüber erschöpfend Aufschluß), wobei die Deutschen bis zum letzten Augenblick den Kreml in plumper Weise zu täuschen versuchten, während die Sowjetführer offenbar nicht vermochten, die Realität voll zu erfassen und rechtzeitig zu handeln.

Obwohl die Sowjets mehrmals gegen den Einmarsch deutscher Truppen in Rumänien und Bulgarien und dann gegen den Angriff auf Jugoslawien und Griechenland als Verletzung des deutsch-sowjetischen Pakts und Bedrohung russischer »Sicherheitsinteressen« protestierten, gaben sie sich alle erdenkliche Mühe, Berlin zu beschwichtigen, während der Termin für den deutschen Angriff auf Rußland immer näher rückte. Am 13. April 1941, anläßlich der Abreise des japanischen Außenministers Matsuoka aus Moskau, telegrafierte Schulenburg nach Berlin, Stalin sei nicht nur den Japanern, sondern auch den Deutschen gegenüber »betont freundlich« gewesen. Auf dem Bahnhof, drahtete Schulenburg,

> *suchte Stalin offenbar nach mir ..., legte mir den Arm um die Schulter und sagte: »Wir müssen Freunde bleiben und dafür müssen Sie jetzt alles tun!« Etwas später wandte sich Herr Stalin an den stellvertretenden deutschen Militärattaché Oberst Krebs, vergewisserte sich zuerst, ob er Deutscher sei, und sagte ihm dann: »Wir werden mit Euch Freunde bleiben – auf jeden Fall[97]!«*

Drei Tage später berichtete der deutsche Geschäftsträger Tippelskirch nach Berlin, Stalins Freundschaftsbekundung auf dem Bahnhof würde unter ausländischen Diplomaten und Pressevertretern »angesichts der hier hartnäckig umlaufenden Gerüchte über einen bevorstehenden Zusammenstoß zwischen Deutschland und der Sowjetunion als besonders bemerkenswert hingestellt[98]«. Am Tage vorher hatte Tippelskirch nach Berlin gemeldet, daß der Kreml nach monatelangem Hin und Her die deutschen Vorschläge zur Festlegung der deutsch-sowjetischen Grenze zwischen dem Fluß Igorka bis zur Ostsee »bedingungslos« angenommen hätte. »Das Entgegenkommen der Sowjetregierung erscheint sehr bemerkenswert«, fügte er hinzu[99]. Im Hinblick auf das, was sich in Berlin zusammenzog, war es wirklich sehr bemerkenswert.

Ebenso entgegenkommend verhielt sich die Sowjetregierung nach wie vor bei der Belieferung des blockierten Deutschlands mit wichtigen Rohstoffen. Am 5. April 1941 berichtete Schnurre, der in Moskau die Wirtschaftsverhandlungen führte, frohlockend seinen Vorgesetzten in Berlin, daß nach dem Stocken der russischen Lieferungen im Januar und Februar, das »zum Teil wohl auf die Abkühlung der politischen Beziehungen ... zurückzuführen war«, ein Wandel eingetreten sei. »Die Lieferungen im März stiegen insbesondere bei Getreide, Mineralöl, Manganerz, Bunt- und Edelmetallen sprunghaft an.«

Der Transitverkehr durch Sibirien funktioniert nach wie vor gut. Auf unseren Wunsch hat die Sowjetregierung sogar einen Sondergüterzug für Kautschuk an der mandschurischen Grenze bereit gestellt[100].

Sechs Wochen später, am 15. Mai, berichtete Schnurre, die gefälligen Russen hätten mehrere Sondergüterzüge der transsibirischen Eisenbahn für den Transport von 4000 t des so dringend benötigten Kautschuks zur Verfügung gestellt.

Das jetzt vereinbarte Ausmaß an Rohstofflieferungen wird von den Russen trotz der dadurch hervorgerufenen eigenen schweren Belastung pünktlich durchgeführt ... Ich habe den Eindruck, daß wir noch über den Vertrag vom 10. Januar 1941 hinausgehende wirtschaftliche Forderungen in Moskau stellen könnten, Forderungen, die darauf abzielen sollten, den deutschen Rohstoff- und Ernährungsbedarf über das bisher vereinbarte Maß sicherzustellen [101].

Deutschland hingegen, bemerkte Schnurre, sei mit seinen Maschinenlieferungen an Rußland im Rückstand, was ihm zwar keine Sorge zu machen schien, solange sich die Russen keine machten. Indessen beunruhigte ihn eine andere Sache: »Große Schwierigkeiten machen die zahllosen Gerüchte über einen bevorstehenden deutsch-sowjetischen kriegerischen Konflikt«, Gerüchte, für die er amtliche deutsche Stellen verantwortlich machte. Erstaunlicherweise sei es die deutsche Industrie, die »Schwierigkeiten« mache, erläuterte Schnurre. Sie trachte danach, »ihre Engagements mit Rußland zu lösen«.

Hitler tat alles, diesen Gerüchten entgegenzuwirken, wie hier bemerkt werden muß. Gleichzeitig aber war er eifrig bemüht, den Generalen und höchsten Beamten einzureden, daß Deutschland in zunehmendem Maße ein Angriff von Rußland drohe. Obwohl die Generale durch ihre Abwehrorgane darüber besser informiert sein mußten, unterlagen sie doch so stark dem suggestiven Einfluß Hitlers, daß Halder, Brauchitsch, Manstein und andere (außer Paulus) noch nach dem Krieg behaupteten, zu Beginn des Sommers seien die sowjetischen Truppenkonzentrationen an der polnischen Grenze sehr bedrohlich geworden.

Am 28. April wurde der auf kurzem Urlaub in Berlin weilende Botschafter von der

Schulenburg von Hitler empfangen und bemühte sich, diesen von Rußlands friedlichen Absichten zu überzeugen. In Rußland, sagte er, sei man »sehr unruhig über die Gerüchte, die einen deutschen Angriff auf Rußland voraussagen. Ich [kann] nicht glauben, daß Rußland jemals Deutschland angreifen würde ..., und wenn Stalin sich in einer Zeit, als England und Frankreich noch beide stark waren, nicht habe entschließen können, für England und Frankreich zu optieren, so glaube ich, daß er erst recht heute diesen Entschluß nicht fassen werde, wo Frankreich vernichtet und England schwer angeschlagen sei. Ich sei im Gegenteil überzeugt, daß Stalin bereit sei, uns noch weitergehende Konzessionen zu machen«.

Der Führer stellte sich skeptisch und sagte, »daß er durch die Vorgänge in Serbien gewarnt worden sei ...«. Er fragte, »was für ein Teufel die Russen geritten habe, daß sie den Freundschaftspakt mit Jugoslawien abgeschlossen hätten[102]«. Zwar glaube er nicht, »daß man Rußland zum Angriff auf Deutschland kaufen könne«, gleichwohl sei er verpflichtet, »vorsichtig zu sein[103]«. Hitler erzählte indes dem Botschafter nicht, was er mit der Sowjetunion vorhatte, und Schulenburg, ein ehrlicher, anständiger Diplomat alter Schule, blieb darüber bis zum letzten Augenblick in Unkenntnis.

Desgleichen Stalin. Doch gab es immerhin *Anzeichen* für Hitlers Vorhaben. Am 22. April protestierte die Sowjetregierung mit einer Verbalnote gegen 80 Fälle von Grenzverletzung durch deutsche Flugzeuge in der Zeit vom 27. März bis 28. April. Der Note war eine genaue Aufstellung beigefügt. In einem Fall waren in einem am 15. April bei Rowno gelandeten deutschen Flugzeug ein Fotoapparat, einige Rollen belichteter Filme und eine zerrissene topografische Karte der westlichen Bezirke der UdSSR gefunden worden, was, wie es in der Note hieß, »von der Besatzung dieses Flugzeugs verfolgte Ziele bekundet«. Doch selbst der Protest der Sowjetregierung war in konziliantem Ton gehalten. Sie habe Befehl gegeben, stand in der Note, »die auf Sowjetgebiet herüberfliegenden deutschen Flugzeuge nicht unter Feuer zu nehmen, solange derartige Überfliegungen nicht häufig vorkommen[104]«.

Anfang Mai unternahm Stalin weitere versöhnliche Schritte. Um Hitler gefällig zu sein, wies er die diplomatischen Vertreter Belgiens, Norwegens, Griechenlands und sogar Jugoslawiens aus Rußland aus und schloß deren Legationen. Er erkannte die prodeutsche Regierung Raschid Alis im Irak an. Er legte der sowjetischen Presse strengste Zurückhaltung auf, um Deutschland nicht zu provozieren.

Diese Willenskundgebungen [drahtete Schulenburg am 12. Mai nach Berlin] der Stalin-Regierung sind in erster Linie darauf gerichtet, ... das Verhältnis zwischen der Sowjetunion und Deutschland zu entspannen und eine bessere Atmosphäre für die Zukunft zu schaffen. Insbesondere ist davon auszugehen, daß Stalin persönlich stets für ein freundschaftliches Verhältnis zwischen Deutschland und der Sowjetunion eingetreten ist[105].

Mochte Stalin auch schon seit langem absoluter Herrscher in der Sowjetunion sein, so taucht doch jetzt zum ersten Mal in Schulenburgs Telegramm das Wort »Stalin-Regie-

rung« auf. Und zwar aus gutem Grund. Am 6. Mai hatte Stalin selbst den Vorsitz im Rat der Volkskommissare übernommen, d. h. er war an Stelle Molotows, der für die Außenpolitik verantwortlich blieb, Ministerpräsident der Sowjetunion geworden. Damit trat der allmächtige Sekretär der Kommunistischen Partei zum ersten Mal ein Regierungsamt an, woraus in der Weltöffentlichkeit allgemein geschlossen wurde, für die Sowjetunion sei die Lage insbesondere im Hinblick auf ihre Beziehungen zu Hitler-Deutschland so ernst geworden, daß allein Stalin als sowohl nomineller wie tatsächlicher Regierungschef mit ihr fertig werden könne. Diese Interpretation war naheliegend. Aber es gab noch eine andere, die nicht so offenkundig war, auf die aber der scharfsinnige deutsche Botschafter in Moskau Berlin unverzüglich hinwies.
Stalin, berichtete er, sei über die Abkühlung der deutsch-sowjetischen Beziehungen wenig erfreut und mache dafür zum großen Teil Molotows engstirnige Diplomatie verantwortlich.

Meines Erachtens [fuhr Schulenburg fort] läßt sich mit Sicherheit annehmen, daß Stalin sich ein außenpolitisches Ziel von überragender Wichtigkeit ... gesteckt hat, das er mit Einsatz seiner Person zu erreichen hofft. Dieses Ziel besteht, wie ich fest glaube, darin, daß Stalin in einer von ihm ernst gehaltenen internationalen Lage die Sowjetunion vor einem Konflikt mit Deutschland bewahren will[106].

Hatte der schlaue sowjetische Diktator inzwischen – es war Mitte Mai 1941 – nicht erkannt, daß ein solches Ziel außer durch ein Kapitulieren vor Hitler unmöglich war? Er mußte wissen, was Hitlers Einmarsch in Jugoslawien und Griechenland, was die Anwesenheit großer deutscher Truppenmassen in Rumänien und Ungarn, was der Wehrmachtaufmarsch in Ostpolen zu bedeuten hatten. Und sicherlich gelangten ihm auch die in Moskau weiterhin umlaufenden Gerüchte zu Ohren. Am 2. Mai drahtete Schulenburg nach Berlin, die sowjetische Hauptstadt sei so voll von »Gerüchten über eine bevorstehende deutsch-sowjetische kriegerische Auseinandersetzung«, daß er und die leitenden Beamten der Botschaft Mühe hätten, ihnen entgegenzutreten. Er fügte hinzu:

Ich bitte ... zu berücksichtigen, daß die Gegenwirkung gegen diese Gerüchte hier in Moskau völlig wirkungslos bleiben muß, wenn aus Deutschland unaufhörlich derartige Gerüchte hierher dringen und wenn jeder Reisende, der nach Moskau kommt oder durch Moskau reist, nicht nur diese Gerüchte mitbringt, sondern sie auch noch durch Tatsachen zu erhärten weiß[107].

Der Botschafter, ein erfahrener Diplomat, wurde selbst zunehmend argwöhnisch. Er erhielt indes von Berlin Anweisung, die Gerüchte zu entkräften, »wobei in geeigneter Form davon Gebrauch gemacht werden kann, daß laufend deutsche Transporte von Osten nach Westen ... (Zusatz ›nur zur persönlichen Unterrichtung‹: 8 Divisionen) ... durchgeführt werden«[108]. Vielleicht vermehrten diese Instruktionen nur das Unbehagen des Botschafters, denn inzwischen hatte die Weltpresse begonnen, den deutschen Aufmarsch an der sowjetischen Grenze auszuposaunen.

Doch schon lange vorher hatte Stalin konkrete Warnungen erhalten, die er aber offenbar nicht beachtete. Die konkreteste ging ihm von der amerikanischen Regierung zu. Anfang Januar 1941 hatte der amerikanische Handelsattaché in Berlin, Sam E. Woods, dem *State Department* vertraulich berichtet, er habe aus zuverlässigen deutschen Quellen erfahren, daß Hitler Vorbereitungen für einen Angriff auf Rußland im Frühjahr treffe. In seinem langen, detaillierten Bericht gab Woods eine (völlig zutreffende, wie sich später zeigen sollte) Darstellung des vom deutschen Generalstab ausgearbeiteten Angriffsplans sowie von den Vorbereitungen für die in Aussicht genommene wirtschaftliche Ausbeutung der Sowjetunion[109].

Staatssekretär Cordell Hull glaubte zunächst, Woods sei auf eine deutsche »Finte« hereingefallen. Er zog den FBI-Chef J. Edgar Hoover zu Rate, der den Bericht gelesen hatte und die Informationen für authentisch hielt. Woods hatte einige seiner Quellen in den verschiedenen Berliner Ministerien und im deutschen Generalstab namentlich genannt, und nach deren Überprüfung gelangte man in Washington zu der Auffassung, daß die genannten Personen wissen mußten, was im Gange war, und auch genügend anti-nationalsozialistisch eingestellt waren, um zu vertraulichen Informationen bereit zu sein. Trotz der damaligen gespannten Beziehungen zwischen der amerikanischen und der sowjetischen Regierung beschloß Hull, die Russen zu informieren. Er bat Unterstaatssekretär Sumner Welles, dem sowjetischen Botschafter in Washington, Konstantin Umansky, das Wesentliche des Berichts mitzuteilen. Das geschah am 20. März.

Umansky wurde sehr blaß [schrieb Welles später]. Er verstummte für eine Weile und sagte dann lediglich: »Ich bin mir der Tragweite der mir übermittelten Botschaft bewußt. Meine Regierung wird Ihnen für das mir erwiesene Vertrauen dankbar sein, und ich werde sie unverzüglich über unsere Unterredung unterrichten[110].

Sollte die Sowjetregierung wirklich dankbar gewesen sein und sogar dieser frühzeitigen Information Glauben geschenkt haben, so hat sie dies doch niemals der amerikanischen Regierung zu erkennen gegeben. Da die amerikanische Hilfe für England die Lieferung des gesamten von Rußland bestellten Materials unmöglich machte, wurde Moskau, wie Hull in seinen Memoiren berichtet, noch feindseliger und ausfallender. Dennoch ließ laut Hull das *State Department*, als es in der ersten Juniwoche Meldungen seiner Legationen in Bukarest und Stockholm erhielt, denen zufolge die Deutschen innerhalb von vierzehn Tagen in Rußland einmarschieren würden, Abschriften davon an den amerikanischen Botschafter Steinhardt in Moskau gehen, der sie seinerseits Molotow übergab.

Auch Churchill versuchte Stalin zu warnen. Am 3. April bat er den britischen Botschafter in Moskau, Sir Stafford Cripps, dem Diktator eine persönliche Note zu überreichen, in der Churchill auf die für Rußland wichtige deutsche Truppenbewegung in Südpolen hinwies, über die ihn ein britischer Agent unterrichtet habe[111].

Ehe der April zu Ende ging, kannte Cripps auch den für den deutschen Angriff festgesetzten Termin, und daß er es wußte, war den Deutschen bekannt. Am 24. April sandte der deutsche Marineattaché in Moskau dem Oberkommando der Kriegsmarine in Berlin ein kurzes Telegramm:

Englischer Botschafter [sagt] 22. Juni als Tag Kriegsbeginns voraus[112].

Der Inhalt dieses Telegramms, das sich unter den erbeuteten Akten des Auswärtigen Amtes befindet, wurde ins Tagebuch der Seekriegsleitung eingetragen und mit einem Ausrufungszeichen versehen[113]. Die Admirale waren verblüfft, mit welcher Genauigkeit der britische Botschafter den Angriffsbeginn voraussagte. Der arme Marineattaché, der ebensowenig wie der Botschafter in das Geheimnis eingeweiht worden war, hatte sein Telegramm mit den Worten abgeschlossen, die Voraussage sei »offensichtlich unsinnig«.

Das muß auch Molotow geglaubt haben. Einen Monat später, am 22. Mai, empfing er Schulenburg zur Besprechung verschiedener laufender Fragen. »Er war liebenswürdig, sicher und sachlich informiert so gut wie immer«, berichtete Schulenburg nach Berlin, wobei er wiederum betonte, Stalin und Molotow seien »die beiden stärksten Männer der Sowjetunion« und darauf bedacht, »vor allem« einen Konflikt mit Deutschland zu vermeiden[114].

Über eines jedoch hätte der sonst so klarsichtige Botschafter sich nicht stärker irren können. Molotow war zu dieser Zeit *nicht* »sachlich informiert so gut wie immer«. Aber der Botschafter war es auch nicht.

Wie wenig gut Molotow informiert war, kam am 14. Juni, genau eine Woche vor dem deutschen Überfall, öffentlich zum Ausdruck. An diesem Tage überreichte Molotow dem deutschen Botschafter eine TASS-Mitteilung, die noch am gleichen Abend durch den Rundfunk und am nächsten Morgen in der Presse veröffentlicht werden sollte[115]. Für die »allgemein« verbreiteten Gerüchte »über einen nahe bevorstehenden Krieg zwischen der UdSSR und Deutschland« wurde in dieser amtlichen Verlautbarung der Sowjetregierung Cripps persönlich verantwortlich gemacht. Es wurde von »der offensichtlichen Sinnlosigkeit dieser Gerüchte« gesprochen, die »eine plump zusammengebraute Propaganda der gegenüber der Sowjetunion und Deutschland feindlich eingestellten Kräfte ... darstellen«. Ferner hieß es:

Infolgedessen sind nach Ansicht sowjetischer Kreise die Gerüchte über die Absicht Deutschlands, ... einen Angriff gegen die Sowjetunion zu unternehmen, völlig grundlos.

Selbst die jüngste Verlegung deutscher Truppen vom Balkan an die sowjetische Grenze wurde in der Verlautbarung als »in keinem Zusammenhang zu den sowjetisch-deutschen Beziehungen« stehend dargestellt. Die Gerüchte, Rußland bereite sich auf einen Krieg mit den Deutschen vor, seien »erlogen und provokatorisch«.

Wie zur Verhöhnung der im Namen der Sowjetregierung herausgegebenen TASS-Erklärung ließ Ribbentrop am Tage ihrer Veröffentlichung von Venedig aus, wo er mit

Ciano konferierte, der ungarischen Regierung telegrafisch den Rat zugehen, auch ihrerseits Schritte zur Sicherung der ungarischen Grenzen zu unternehmen.

Im Hinblick auf die starke Anhäufung russischer Truppen an der deutschen Ostgrenze werde der Führer voraussichtlich bis spätestens Anfang Juli gezwungen sein, das deutsch-russische Verhältnis eindeutig zu klären und hierbei gewisse Forderungen zu stellen[116].

Diesen Wink gaben die Deutschen zwar den Ungarn, nicht aber ihrem Hauptverbündeten. Als Ciano am Tage darauf während einer Gondelfahrt durch Venedig Ribbentrop fragte, ob Wahres an den Gerüchten über einen deutschen Angriff gegen Rußland sei, erwiderte der deutsche Außenminister:

Lieber Ciano, ich kann noch nichts sagen. Jeder Entscheid ist verschlossen in der undurchdringlichen Brust des Führers. Nur eines ist gewiß: Wenn wir angreifen, wird das Rußland Stalins in acht Wochen von der Landkarte ausgelöscht sein[117].

Genau an dem Tag, an dem der sowjetische Rundfunk der Welt verkündete, die Gerüchte über einen deutschen Angriff gegen Rußland seien »offensichtlich sinnlos«, hielt Adolf Hitler mit den Wehrmachtchefs seine letzte große militärische Besprechung wegen *Barbarossa* ab. Der Zeitplan für die Massierung von Truppen im Osten und für ihren Aufmarsch war schon am 22. Mai in Kraft getreten. Wenige Tage später war eine revidierte Fassung des Zeitplans herausgegeben worden[118]. Dieses lange, ins einzelne gehende Dokument zeigt, daß Anfang Juni nicht nur alle Operationspläne fertiggestellt, sondern auch die riesigen, komplizierten Bewegungen von Truppen, Artillerie, Panzern, Flugzeugen, Schiffen und Nachschubdiensten bereits im Gange waren. Im Tagebuch der Seekriegsleitung steht unter dem Datum des 29. Mai die kurze Eintragung: »Anlaufen der vorbereitenden Kriegsschiffbewegung für ›Barbarossa‹.« Die Besprechungen mit den Generalstäben Rumäniens, Ungarns und Finnlands – Finnland ging es jetzt darum, zurückzugewinnen, was ihm im Winterkrieg von den Russen abgenommen worden war – waren abgeschlossen. Am 9. Juni bestellte Hitler von Berchtesgaden aus die Oberbefehlshaber der drei Wehrmachtteile und die höchsten Truppenkommandeure für den 14. Juni zu einer letzten, ganztägigen Konferenz über *Barbarossa* nach Berlin. Trotz der Ungeheuerlichkeit des Vorhabens war nicht nur Hitler, auch seine Generale in zuversichtlicher Stimmung, als sie die letzten Einzelheiten der gigantischsten militärischen Operation der Geschichte – eines Frontalangriffs an einer vom Eismeer bis zum Schwarzen Meer sich erstreckenden Front von etwa 2400 Kilometer Länge – noch einmal durchgingen. Am Abend vorher war Brauchitsch von einer Inspektion des Aufmarschgebietes im Osten nach Berlin zurückgekehrt. Halder notierte, der Oberbefehlshaber des Heeres sei sehr zufrieden. Offizier und Mann befänden sich in bester Form.

Diese letzte militärische Besprechung vom 14. Juni dauerte von 11 bis 18.30 Uhr[119]. Um 14 Uhr wurde eine Essenspause eingelegt, in der Hitler wieder einmal die Generale mit einer seiner leidenschaftlichen Aufpulverungsreden traktierte. Nach Halder war es »eine umfassende politische Rede«, in der Hitler betonte, er müsse Rußland angreifen, da durch dessen Zusammenbruch England zur »Aufgabe« gezwungen würde. Aber noch mehr scheint der blutdürstige Führer eine andere Sache betont zu haben. Während seiner direkten Vernehmung sagte Keitel:

Es wurde an die Spitze gestellt, daß es sich hier um einen Entscheidungskampf zwischen zwei Weltanschauungen handelte, und daß diese Tatsache es nötig mache ..., daß an die Führung in diesem Kriege, die Methoden, wie wir Soldaten sie kannten und wie wir sie allein für völkerrechtlich richtig hielten, ein völlig anderer Maßstab angelegt werden müsse.

Hitler habe dann, fuhr Keitel fort, verschiedene Befehle für ein nie dagewesenes Vorgehen »mit brutalen Mitteln« gegeben.

Keitels eigener Verteidiger fragte daraufhin: »Haben Sie oder irgendwelche anderen Generale gegen diese ... Befehle Einwendung gemacht?«

»Nein«, erwiderte der General, »ich habe persönlich keine Vorstellungen erhoben.« Auch keiner der anderen Generale, fügte er hinzu[120].

Es ist nahezu unbegreiflich, aber dennoch wahr, daß die Männer im Kreml bei aller Schlauheit, allem Argwohn und aller Nüchternheit, für die sie bekannt waren, und trotz aller greifbaren Beweise und Warnungen bis zum allerletzten Augenblick nicht erkannten, daß Deutschland im Begriff stand, über Rußland herzufallen, und das mit einer Gewalt, die ihren Staat nahezu vernichten sollte.

Neun Stunden vor Eröffnung der deutschen Offensive, am 21. Juni 1941, 21.30 Uhr – es war ein schöner Sommerabend – empfing Molotow den deutschen Botschafter in seinem Amtszimmer im Kreml und ließ seine »letzte Albernheit« vom Stapel (ein Ausdruck von Churchill). Nachdem er neuerliche Grenzverletzungen durch deutsche Flugzeuge mit dem Bemerken erwähnte, er habe den sowjetischen Botschafter in Berlin beauftragt, dieserhalb bei Ribbentrop vorstellig zu werden, wandte Molotow sich anderen Dingen zu. Noch in derselben Nacht telegrafierte Schulenburg darüber an das Auswärtige Amt:

Eine Reihe von Anzeichen [sagte Molotow] erwecken den Eindruck, daß die deutsche Regierung unzufrieden mit der Sowjetregierung sei. Es seien sogar Gerüchte im Umlauf, daß sich ein Krieg zwischen Deutschland und der Sowjetunion vorbereitet ... Die Sowjetregierung könne sich die Unzufriedenheit der deutschen Regierung nicht erklären ... Er wäre dankbar, wenn ich ihm sagen könnte, welche Gründe die gegenwärtige Lage des deutsch-sowjetrussischen Verhältnisses hervorgerufen hätten.

Ich erwiderte, daß ich seine Frage nicht beantworten könne, da mir diesbezügliche Informationen fehlen[121].

Schulenburg sollte die Informationen bald erhalten.

Denn es war bereits ein langes chiffriertes Funktelegramm von Ribbentrop an ihn unterwegs, datiert am 21. Juni 1941 und gekennzeichnet als »Citissime! Für Botschafter persönlich!«. Es begann mit den Sätzen:

Mit Eingang dieses Telegramms ist sofort das gesamte, dort noch vorhandene Chiffriermaterial zu vernichten. Der Funkapparat ist unbrauchbar zu machen.
Ich bitte Sie, sofort Herrn Molotow zu benachrichtigen, daß Sie ihm eine dringliche Mitteilung zu machen hätten ... Gleich [nach Empfang] bitte ich Herrn Molotow folgende Erklärung abzugeben[122].

Es war die übliche, mit fadenscheinigen Lügen und Erdichtungen durchsetzte Erklärung, wie sie Hitler und Ribbentrop zuvor schon so oft zusammengebraut hatten, um eine unprovozierte Aggression zu begründen, und in deren Abfassung sie inzwischen Fachleute geworden waren. Vielleicht setzte diese Erklärung den früheren sogar die Krone auf – wenigstens war dies der Eindruck des Verfassers, als er sie wiederlas. Während Deutschland den deutsch-sowjetischen Pakt treu eingehalten, steht dort zu lesen, habe Rußland wiederholt gegen ihn verstoßen. Die UdSSR habe »Sabotage, Terror und kriegsvorbereitende Spionage« gegen Deutschland betrieben. Sie habe gegen »den deutschen Versuch, eine stabile Ordnung in Europa aufzurichten, gearbeitet«. Sie habe zusammen mit England den »Plan eines Angriffs gegen die deutschen Truppen in Rumänien und Bulgarien« gefaßt. Durch »Konzentrierung der gesamten verfügbaren russischen Streitkräfte auf einer langen Front von der Ostsee bis zum Schwarzen Meer« habe sie das Reich »bedroht«.

Die Nachrichten der letzten Tage [heißt es weiter] beseitigen die letzten Zweifel an der Aggressivität dieses russischen Aufmarsches ... Hinzutreten die aus England kommenden Nachrichten über die Verhandlungen des Botschafters Cripps zwecks noch engerer politischer und militärischer Zusammenarbeit Englands und Sowjetrußlands.
Zusammenfassend erklärt daher die Reichsregierung, daß die Sowjetregierung den von ihr übernommenen Verpflichtungen zuwider
1. ihre gegen Deutschland und Europa gerichteten Zersetzungsversuche nicht nur fortgesetzt, sondern verstärkt hat,
2. ihre Außenpolitik in sich immer steigerndem Maße deutschfeindlich eingestellt hat,
3. mit ihren gesamten Streitkräften an der deutschen Grenze sprungbereit aufmarschiert ist. Damit hat die Sowjetregierung die Verträge mit Deutschland gebrochen und ist im Begriff, Deutschland in seinem Existenzkampf in den Rücken zu fallen. Der Führer hat daher der deutschen Wehrmacht den Befehl erteilt, dieser Bedrohung mit allen zur Verfügung stehenden Machtmitteln entgegenzutreten.

»Auf irgendeine Erörterung dieser Mitteilung«, riet Ribbentrop seinem Botschafter zum Schluß, »bitte ich Sie, sich nicht einzulassen.« Was hätte auch der erschütterte, enttäuschte Schulenburg, der seine besten Jahre der Verbesserung der deutsch-sowjetischen Beziehungen gewidmet hatte und wußte, daß der Angriff auf die Sowjetunion nicht provoziert und nicht gerechtfertigt war, noch sagen sollen? Als er in dieser Nacht zum zweiten Mal in den Kreml ging, es ging schon auf den Morgen zu, beschränkte er sich darauf, die deutsche Erklärung zu verlesen[123]. Molotow hörte ihm bis zum Ende schweigend zu und sagte dann:

»Es ist Krieg. Glauben Sie, daß wir das verdient haben?«

In der gleichen frühen Morgenstunde fand in Berlin in der Wilhelmstraße eine ähnliche Szene statt. Den ganzen Nachmittag des 21. Juni über hatte der sowjetische Botschafter Wladimir Dekanosow im Auswärtigen Amt anrufen lassen und um einen Termin für eine Unterredung mit Ribbentrop gebeten. Er wollte seine Protestnote gegen die neuerlichen Grenzverletzungen durch deutsche Flugzeuge übergeben. Man bedeutete ihm, der Reichsaußenminister sei »nicht in Berlin«. Um 2 Uhr nachts schließlich wurde ihm mitgeteilt, Ribbentrop werde ihn um 4 Uhr früh im Auswärtigen Amt empfangen. Dort erlebte der Botschafter, der Stellvertretender Volkskommissar für Auswärtige Angelegenheiten gewesen war, Stalins Henkersknecht und der ewige Unruhestifter, der die Annexion Litauens vorbereitet hatte, eine ähnliche Erschütterung wie Molotow in Moskau. Dr. Schmidt, der als Dolmetscher zugegen war, hat die Szene geschildert:

Noch nie hatte ich Ribbentrop so aufgeregt gesehen wie während der fünf Minuten vor der Ankunft Dekanosows. Mit großen Schritten lief er wie ein gefangenes Tier in seinem Zimmer auf und ab ...
Genau zur festgesetzten Zeit wurde Dekanosow ins Zimmer geführt. Er reichte, offensichtlich nichtsahnend, Ribbentrop die Hand und schickte sich an, nachdem wir uns am Tisch niedergelassen hatten, ... seinen Auftrag zu erledigen, der darin bestand, im Namen der Sowjetregierung einige Fragen an Ribbentrop zu richten, die der Aufklärung bedurften.
Weiter kam er nicht. Ribbentrop fiel ihm ins Wort. »Darum handelt es sich jetzt nicht«, erklärte er mit steinernem Gesicht.

Darauf erläuterte der Außenminister, worum es sich jetzt handele, übergab dem Botschafter eine Kopie der Erklärung, die Schulenburg zur gleichen Stunde Molotow vorlas, und teilte ihm mit, deutsche Truppen seien im Begriff, an der sowjetischen Grenze »militärische Gegenmaßnahmen zu ergreifen«. Der konsternierte Dekanosow, sagt Schmidt, »hatte sich schnell gefaßt« und »bedauerte außerordentlich«, daß die Entwicklung einen solchen Lauf genommen habe, wofür er den Deutschen die Schuld gab. »Dekanosow erhob sich, machte eine kurze Verbeugung und verließ ... den Raum. Beim Abschied gab er Ribbentrop nicht mehr die Hand[124].«
Die deutsch-sowjetischen Flitterwochen waren vorüber. Sie gingen auf im Rauch von Hitlers Geschützen, die am 22. Juni 1941, 3.30 Uhr früh, eine halbe Stunde vor Erledigung der diplomatischen Formalitäten im Kreml und in der Wilhelmstraße, an einer Hunderte von Kilometern langen Front zu donnern begonnen hatten.

Der Kanonade war noch eine andere diplomatische Formalität vorausgegangen. Am Nachmittag des 21. Juni hatte Hitler im Bunker seines neuen Führerhauptquartiers *Wolfsschanze* bei Rastenburg in Ostpreußen einen langen Brief an Mussolini diktiert. Wie schon bei der Vorbereitung aller bisherigen Aggressionen hatte er zu seinem guten Freund und Hauptbundesgenossen nicht genug Vertrauen gehabt, um ihn früher als im allerletzten Augenblick in sein Geheimnis einzuweihen. Auch jetzt tat er dies in der elften Stunde. Sein Brief gibt wie kein anderes Dokument authentischen Aufschluß über die Beweggründe für seinen verhängnisvollen Schritt, der der übrigen Welt so lange ein Rätsel war und mit dem er den Weg zu seinem eigenen und dem Untergang des Dritten Reiches betrat. Freilich ist der Brief auch wieder voll von jenen Lügen und Ausflüchten, mit denen Hitler sogar seine Freunde irrezuführen versuchte. Aber neben und zwischen ihnen treten die seinen Gedankengängen zugrundeliegenden Erwägungen sowie seine wahre – wenn auch irrige – Einschätzung der Weltlage bei Sommeranfang 1941, dem zweiten des Krieges, zutage.

Duce!
Ich schreibe Ihnen diesen Brief in einem Augenblick, da monatelange sorgenvolle Erwägungen sowohl als ein ewiges nervenbelastendes Abwarten im härtesten Entschluß meines Lebens ihr Ende finden ...
Die Lage: *England hat diesen Krieg verloren. Mit dem Recht des Ertrinkenden greift es nach jedem Strohhalm ... Trotzdem sind bestimmte Gedankengänge der Hoffnung dabei nicht frei von einer Logik ... Die Vernichtung Frankreichs ... [lenkt] natürlich die Blicke der britischen Kriegstreiber immer wieder dorthin, von wo aus sie den Krieg einzuleiten versucht hatten, auf Sowjet-Rußland.*
Beide Staaten, Sowjet-Rußland und England, sind gleichmäßig interessiert an einem ... durch einen langen Krieg ohnmächtig werdenden Europa. Hinter diesen beiden Staaten steht aufputschend und lauernd die Nordamerikanische Union.

Sodann erklärte Hitler, daß er bei einer Fesselung durch eine starke sowjetische Streitmacht in seinem Rücken für einen »Angriff großen Stils« gegen England nicht mehr die erforderlichen Kräfte – »besonders luftmäßig« – aufbringen könne.

Der Aufmarsch der russischen Kräfte ... ist ungeheuer. Es sind eigentlich alle verfügbaren russischen Kräfte an unseren Grenzen ... Wenn mich die Umstände veranlassen würden, die deutsche Luftwaffe gegen England einzusetzen, besteht die Gefahr, daß dann Rußland seinerseits mit Erpressungen im Süden und im Norden beginnt, denen ich einfach aus dem Gefühl der luftmäßigen Unterlegenheit stillschweigend nachgeben müßte. ... England wird erst recht nicht friedensbereit sein, denn es hat immer noch die Hoffnung auf den russischen Partner. Ja, diese Hoffnung muß mit dem Fortschreiten des Fertigwerdens der russischen Wehrmacht naturgemäß eher noch zunehmen. Und dahinter steht die für das Jahr 1942 erhoffte amerikanische Massenlieferung an Kriegsmaterial ...

Ich bin daher nach einem ewigen Grübeln doch zu dem Entschluß gekommen, diese Schlinge lieber vorzeitig zu durchhauen, ehe sie zugezogen werden kann ... Denn mein Gesamturteil ist jetzt so:
1. Frankreich *ist nach wie vor ein unsicherer Kantonist ...*
2. Nordafrika *selbst ist, soweit es sich um Ihre Kolonien, Duce, handelt, bis zum Herbst wohl jeder Gefahr entrückt ...*
3. Spanien *ist zaghaft und wird – leider befürchte ich – erst dann Partei ergreifen, wenn der Krieg als solcher entschieden ist ...*
5. *Ein Angriff auf Ägypten kommt vor Herbst überhaupt nicht in Frage.*
6. *Ob* Amerika *in den Krieg eintritt oder nicht, ist insofern gleichgültig, als es unseren Gegner nach allen Kräften unterstützt, die es zu mobilisieren in der Lage ist.*
7. *Die Lage in England selbst ist schlecht, die Versorgung mit Lebensmitteln und Rohstoffen wird immer schwieriger. Der Kriegswille lebt im Grunde genommen nur auf Hoffnungen. Diese Hoffnungen basieren ausschließlich auf zwei Annahmen: Rußland und Amerika. Amerika zu beseitigen, besitzen wir keine Möglichkeit. Rußland auszuschalten liegt aber in unserer Macht. Die Ausschaltung Rußlands bedeutet gleichzeitig eine ungeheure Entlastung Japans in Ostasien und damit die Möglichkeit einer viel stärkeren Bedrohung des amerikanischen Vorgehens durch eine japanische Intervention. Ich habe mich, wie schon erwähnt, unter diesen Umständen entschlossen, dem heuchlerischen Theater des Kreml ein Ende zu bereiten.*

Italienische Kräfte, sagte Hitler, werde Deutschland für den Rußlandfeldzug nicht benötigen. (Er wollte in Rußland ebensowenig wie seinerzeit in Frankreich den Erobererruhm mit jemandem teilen.) Hingegen könne Italien eine »entscheidende Hilfe« dadurch bieten, daß es seine Kräfte in Nordafrika verstärke und sich darauf vorbereite, »für den Fall eines französischen Vertragsbruchs sofort in Frankreich selbst mit ein[zu]marschieren«. Ein hübscher Köder für den landhungrigen Duce.

Was den Luftkrieg gegen England anbelangt, werden wir uns einige Zeit defensiv verhalten ...
Was den Kampf im Osten anlangt, Duce, so wird er sicherlich hart sein, aber ich zweifle keine Sekunde an einem großen Erfolg. Ich hoffe vor allem, daß es uns dann möglich ist, in der Ukraine auf längere Sicht hin eine gemeinsame Ernährungsbasis zu sichern, die uns jene Zuschüsse liefern wird, die wir vielleicht in der Zukunft benötigen.

Dann entschuldigte er sich dafür, seinen Partner nicht früher eingeweiht zu haben.

Wenn ich Ihnen, Duce, erst in diesem Augenblick diese Mitteilung zugehen lasse, dann geschieht es, weil die endgültige Entscheidung selbst erst heute um 7 Uhr abends fällt ...
Was immer nun auch kommen mag, Duce, unsere Situation kann durch diesen Schritt

nicht schlechter, sie kann nur besser werden ... Sollte England aus den sich bietenden harten Tatsachen trotzdem keine Konsequenzen ziehen, dann werden wir, hinter uns den Rücken frei, mit einer erhöhten Kraft uns der Erledigung dieses Gegners zuwenden können.

Schließlich sagte Hitler, wie sehr er jetzt, nachdem er seinen Entschluß gefaßt habe, erleichtert sei.

... Darf ich Ihnen nun noch eines sagen, Duce. Ich fühle mich, seit ich mich zu diesem Entschluß durchgerungen habe, innerlich wieder frei. Das Zusammengehen mit der Sowjetunion hat mich bei aller Aufrichtigkeit des Bestrebens, eine endgültige Entspannung herbeizuführen, doch oft schwer belastet; denn irgendwie schien es mir doch ein Bruch mit meiner ganzen Herkunft, meinen Auffassungen und meinen früheren Verpflichtungen zu sein. Ich bin glücklich, daß ich diese Seelenqualen nun los bin.
Mit herzlichen und kameradschaftlichen Grüßen

Ihr

Adolf Hitler[125].

Um 3 Uhr nachts an jenem 22. Juni, eine knappe halbe Stunde vor dem Losschlagen der deutschen Wehrmacht, wurde Ciano von dem deutschen Botschafter von Bismarck geweckt, um Hitlers langes Sendschreiben entgegenzunehmen. Ciano gab den Inhalt telefonisch an Mussolini weiter, der in Riccione, seinem Sommersitz, Urlaub machte. Es war nicht das erste Mal, daß der Duce mitten in der Nacht wegen einer Botschaft seines Achsenpartners aus dem Schlaf geholt wurde, und er war darüber wütend. »Ich belästige nicht mal meine Dienstboten in der Nacht«, brummte er Ciano an, »aber die Deutschen jagen mich ohne weiteres jederzeit aus dem Bett heraus[126].« Immerhin gab Mussolini, nachdem er sich den Schlaf aus den Augen gerieben hatte, Ciano Anweisung, der Sowjetunion sofort den Krieg zu erklären. Er war nun vollkommen in der Hand der Deutschen. Er wußte es, und es bedrückte ihn. »Ich hoffe nur eines«, sagte er zu Ciano, »daß die Deutschen bei dem Krieg im Osten viele Federn lassen[127].« Doch er war sich im klaren darüber, daß jetzt seine eigene Zukunft völlig von den deutschen Waffen abhing. Er zweifelte nicht am deutschen Sieg in Rußland, aber er hoffte, daß die Deutschen sich dabei wenigstens eine blutige Nase holen würden.
Weder er noch sonst jemand im Westen, gleichgültig auf welcher Seite, konnte wissen oder ahnen, daß sich die Deutschen in Rußland weit Schlimmeres als eine blutige Nase holen würden. Am Sonntagmorgen, dem 22. Juni, zum gleichen Datum, an dem Napoleon im Jahre 1812 auf seinem Marsch nach Moskau den Njemen überschritt, und genau ein Jahr nach Frankreichs Kapitulation in Compiègne, überschritten Adolf Hitlers gepanzerte, motorisierte und bis dahin unbesiegte Armeen den Njemen und verschiedene andere Flüsse und drangen rasch in Rußland ein. Die Rote Armee wurde trotz aller Warnungen und warnender Anzeichen »anscheinend auf der ganzen Linie taktisch überrascht«, wie General Halder am ersten Tag notierte[128]. Die ersten Brücken fielen

den Deutschen sämtlich unversehrt in die Hand. Ja, an den meisten Grenzstellen waren die Russen – nach Halder – nicht mal aufmarschiert und wurden überrannt, ehe sie sich zu organisiertem Widerstand sammeln konnten. Hunderte von sowjetischen Flugzeugen wurden am Boden zerstört[129]. Nach wenigen Tagen waren ganze Armeen umklammert und Zehntausende von Gefangenen gemacht. Es schien eine Wiederholung des Feldzugs in Polen zu sein.

»Es ist also wohl nicht zuviel gesagt«, notierte der sonst so vorsichtige Halder am 3. Juli nach Durchsicht der neuesten Meldungen an den Generalstab, »wenn ich behaupte, daß der Feldzug gegen Rußland innerhalb vierzehn Tagen gewonnen wurde.« In wenigen Wochen, fügte er hinzu, werde alles vorüber sein.

XXIV

Ein Rückschlag

Als der Herbst 1941 kam, glaubte Hitler, Rußland sei am Ende.
Im Laufe von drei Wochen war die Heeresgruppe Mitte unter Feldmarschall von Bock mit dreißig Infanterie- sowie fünfzehn Panzer- oder motorisierten Divisionen bis nach Smolensk vorgestoßen, etwa 700 Kilometer vom Ausgangspunkt Bialystok entfernt. Bis nach Moskau waren es nur noch 300 Kilometer der Landstraße, über die im Jahre 1812 Napoleon marschiert war. Die Heeresgruppe Nord unter Feldmarschall von Leeb näherte sich mit 21 Infanterie- und sechs Panzerdivisionen in raschem Vordringen durch die Baltischen Staaten der Stadt Leningrad. Die Heeresgruppe Süd unter Feldmarschall von Rundstedt, bestehend aus 25 Infanterie-, vier motorisierten, vier Gebirgs- und fünf Panzerdivisionen, marschierte in Richtung Dnjepr und Kiew, der Hauptstadt der fruchtbaren, von Hitler begehrten Ukraine.
Der deutsche Vormarsch auf der 1500 Kilometer langen Front zwischen Ostsee und Schwarzem Meer verlief, den Wehrmachtberichten zufolge, so »planmäßig«, und Hitler war so sehr davon überzeugt, daß dieses schnelle Tempo beibehalten werden könnte, da ja eine Sowjetarmee nach der anderen eingekesselt oder aufgerieben wurde, daß er am 14. Juli, etwa drei Wochen nach Einmarschbeginn, in einer Weisung niederlegte, es sei der »Umfang des Heeres demnächst wesentlich zu verringern«. Die Rüstungsproduktion solle sich dann auf den Bau von Kriegsschiffen und vor allem von Flugzeugen konzentrieren, und zwar für die Kriegführung gegen den letzten verbleibenden Gegner, England, und – wie er hinzufügte – »eintretendenfalls gegen Amerika[1]«. Bis Ende September solle das Oberkommando die Auflösung von 40 Infanteriedivisionen vorbereiten, damit dieses Menschenmaterial der Industrie zugeführt werden könne[2].

Die beiden größten Städte Rußlands, das von Peter dem Großen erbaute und zur Residenz erhobene Leningrad sowie Moskau, die ursprüngliche und nunmehrige bolschewistische Hauptstadt, standen nach Hitlers Auffassung kurz vor dem Fall. Am 18. September gab er strikte Anweisung, »daß eine Kapitulation von Leningrad oder später von Moskau nicht anzunehmen ist, auch wenn sie von der Gegenseite angeboten würde[3]«. Was mit den beiden Städten zu geschehen habe, machte er seinen Kommandeuren in einer Weisung vom 29. September klar:

Der Führer ist entschlossen, die Stadt Petersburg [Leningrad] vom Erdboden verschwin-

den zu lassen. *Es besteht nach der Niederwerfung Sowjetrußlands keinerlei Interesse an dem Fortbestand dieser Großsiedlung ...*
Es ist beabsichtigt, die Stadt eng einzuschließen und durch Beschuß mit Artillerie aller Kaliber und laufenden Lufteinsatz dem Erdboden gleichzumachen ...
Sich aus der Lage in der Stadt ergebende Bitten um Übergabe werden abgeschlagen werden, da das Problem des Verbleibens und der Ernährung der Bevölkerung von uns nicht gelöst werden kann und soll. *Ein Interesse an der Erhaltung auch nur eines Teiles der Bevölkerung besteht in diesem Existenzkrieg unsererseits nicht. [Hervorhebungen im Original[4].]*

In derselben Woche kehrte Hitler nach Berlin zurück und verkündete am 3. Oktober in einer Rede an das deutsche Volk:

Ich spreche das erst heute aus, weil ich es heute sogar sagen darf, daß dieser Gegner [im Osten] bereits gebrochen [ist] und sich nie mehr erheben wird! ... Und hinter unseren Truppen liegt nun schon ein Raum, der zweimal so groß ist, als das Deutsche Reich war, als ich 1933 die Führung erhielt.

Als am 8. Oktober die Stadt Orel, eine Schlüsselstellung südlich von Moskau, den Deutschen in die Hand fiel, schickte Hitler seinen Pressechef Otto Dietrich im Flugzeug nach Berlin. Dieser empfing am nächsten Tag die Korrespondenten der führenden Weltblätter und sagte ihnen, die letzten noch intakten sowjetischen Armeen seien entweder eingeschlossen oder aufgerieben oder in die Flucht geschlagen. »Militärisch gesehen«, schloß Dietrich, »ist Sowjetrußland erledigt. Der Traum der Engländer vom Zweifrontenkrieg ist ausgeträumt.«
Diese Prahlerei war, gelinde gesagt, verfrüht[5]. In Wirklichkeit hatten die Russen, obwohl sie am 22. Juni überrascht worden waren und obwohl sie schwere Verluste an Menschen und Material erlitten hatten, trotz ihres raschen Rückzugs und der Einschließung einiger ihrer besten Armeen, vom Juli an der deutschen Wehrmacht in wachsendem Maße einen Widerstand entgegengesetzt, dem sie bis dahin nicht begegnet war. In Halders Tagebuch und in die Aufzeichnungen von Frontkommandeuren, wie etwa des Generals Guderian, der im Mittelabschnitt eine große Panzergruppe befehligte, schlichen sich, zunächst vereinzelt, dann in immer stärkerem Maße, Notizen von schweren Kämpfen, von verzweifelter Gegenwehr und Gegenangriffen der Russen und von großen Verlusten auf beiden Seiten.
»Das Verhalten der russischen Truppen«, schrieb General Blumentritt später, »selbst in dieser ersten Schlacht [um Minsk] stand in auffallendem Gegensatz zu dem der polnischen und alliierten Truppen. Auch wo sie eingekesselt waren, hielten die Russen die Stellung und kämpften[6].« Und es zeigte sich, daß sie mehr Soldaten hatten und besser ausgerüstet waren, als Adolf Hitler es sich hatte träumen lassen. Die Sowjets warfen fortgesetzt neue Divisionen in die Schlacht, von denen die deutsche Abwehr keine Ahnung gehabt hatte. Halder notierte am 11. August:

In der gesamten Lage hebt sich immer deutlicher ab, daß der Koloß Rußland ... von uns unterschätzt worden ist. Diese Feststellung bezieht sich ebenso auf die organisatorischen wie auf die wirtschaftlichen Kräfte, vor allem aber auf rein militärische Leistungsfähigkeit. Wir haben bei Kriegsbeginn mit 200 feindlichen Div. gerechnet. Jetzt zählen wir bereits 360 ... Und wenn ein Dutzend davon zerschlagen wird, dann stellt der Russe ein neues Dutzend hin ... So ist unsere auf größte Breite auseinander gezerrte Truppe ohne jede Tiefe immer wieder den Angriffen des Feindes ausgesetzt.

Und Rundstedt sagte nach dem Kriege alliierten Vernehmungsoffizieren klipp und klar: »Ich erkannte bald nach Beginn der Offensive, daß alles Unsinn war, was man über Rußland geschrieben hatte.«

Mehrere Generale, darunter Guderian, Blumentritt und Sepp Dietrich, haben berichtet, welche Überraschung das erste Auftauchen des russischen Panzers T-34 auslöste, von dem man vorher nie etwas gehört hatte. Er hatte so starke Panzerplatten, daß die Geschosse der deutschen Pak wirkungslos an ihnen zerschellten. Mit dem Erscheinen dieses Panzers, sagt Blumentritt, sei zum ersten Mal der »Panzerschreck« aufgetaucht. Auch kam den Deutschen zum ersten Mal im Kriege die überwältigende Luftüberlegenheit zur Unterstützung der Landtruppen nicht zugute. Ungeachtet der schweren Verluste an den ersten Kampftagen tauchten immer wieder neue sowjetische Jagdflugzeuge am Himmel auf, sozusagen aus dem Nichts, wie die neuen Divisionen. Außerdem lagen die Stützpunkte deutscher Jäger infolge des raschen Vormarsches und des Mangels an geeigneten Flugplätzen zu weit hinten, als daß die Flugzeuge an der Front wirksam hätten eingesetzt werden können. General von Kleist sagte nach dem Kriege zu Liddell Hart, seine Panzer seien beim Vormarsch wegen ungenügender Luftunterstützung mehrmals aufgehalten worden[7].

Kleist sprach zu Liddell Hart noch von einer anderen deutschen Fehlkalkulation: Man habe mit einem Umsturz in Rußland gerechnet und gehofft, das russische Volk werde Stalin nach schweren Niederlagen stürzen.

Tatsächlich hatte Hitler zu Jodl gesagt: »Wir brauchen nur die Tür einzutreten, und der ganze morsche Bau bricht zusammen.«

Die Gelegenheit, die Tür einzutreten, schien Hitler Mitte Juli gekommen zu sein. Zu dieser Zeit gab es im deutschen Oberkommando die erste große Kontroverse über die zu verfolgende Strategie, und Hitler traf, über die Einwände der meisten Generale sich hinwegsetzend, eine Entscheidung, von der Halder meint, sie habe sich als der größte strategische Fehler im Ostfeldzug erwiesen. Es handelte sich dabei um eine einfache Frage, die aber von grundsätzlicher Bedeutung war. Sollte Bocks Heeresgruppe Mitte, die stärkste und erfolgreichste der drei Heeresgruppen, von Smolensk aus, das sie am 16. Juli erreicht hatte, auf das 300 Kilometer entfernt liegende Moskau vorstoßen, oder sollten, wie ursprünglich in Hitlers Weisung vom 18. Dezember 1940 vorgesehen, die Heeresgruppen Nord und Süd die Hauptstöße führen? Mit anderen Worten: Sollte Moskau das Hauptziel sein oder Leningrad und die Ukraine?

Das OKH, voran Brauchitsch und Halder, traten entschieden für einen konzentrierten Stoß auf Moskau ein, ebenso Bock, dessen Heeresgruppe Mitte auf der großen Landstraße gegen die sowjetische Hauptstadt vorrückte, und Guderian, dessen Panzerverbände die Spitze bildeten. Zur Begründung führten sie nicht allein die psychologische Wirkung einer Einnahme der feindlichen Hauptstadt an. Moskau, erklärten sie Hitler, sei erstens das lebenswichtige Rüstungszentrum und zweitens, was noch bedeutungsvoller sei, der Mittelpunkt des sowjetischen Verkehrssystems. Wenn man es einnähme, würden die Sowjets nicht nur eines ihrer wichtigsten Waffenarsenale einbüßen, sie würden dann auch nicht mehr in der Lage sein, Truppen und Nachschub zu den entfernten Frontlinien zu schaffen, was zu deren Schwächung und schließlichem Zusammenbruch führen würde.

Aber noch einleuchtender war ein letztes Argument, das die Generale dem früheren Gefreiten, der jetzt ihr Oberster Befehlshaber war, vorhielten. Sämtliche Informationen über die Feindlage deuteten darauf hin, daß die Russen nunmehr ihre Hauptstreitkräfte zur Verteidigung ihrer Hauptstadt vor Moskau zusammenzogen. Gerade im Osten von Smolensk war eine 500 000 Mann starke sowjetische Armee, deren Einheiten der doppelten Einkesselung durch Bocks Heeresgruppe entronnen waren, im Begriff, Stellungen auszubauen, um die Deutschen bei ihrem weiteren Vormarsch auf die Hauptstadt aufzuhalten.

Das Schwergewicht der russischen Kräfte [führte Halder in einem kurz nach dem Krieg für die Alliierten verfaßten Bericht aus] lag daher der Heeresgruppe Mitte gegenüber... Der Generalstab war mit der Idee aufgewachsen, das Ziel einer Operation habe die Niederringung der gegnerischen Militärmacht zu sein. Daher sah er die nächste und vordringlichste Aufgabe darin, durch Zusammenziehung aller verfügbaren Kräfte der Heeresgruppe Mitte Timoschenkos Truppen zu schlagen, auf Moskau vorzustoßen, dieses Nervenzentrum des feindlichen Widerstands einzunehmen und die neuen gegnerischen Formationen zu vernichten. Wegen der vorgeschrittenen Jahreszeit hätte der Aufmarsch für diesen Angriff sobald als möglich beginnen müssen. Die Heeresgruppe Nord sollte währenddessen ihre ursprüngliche Aufgabe durchführen und versuchen, Verbindung mit den Finnen herzustellen. Die Heeresgruppe Süd sollte weiter östlich vordringen und möglichst viele feindliche Streitkräfte binden.

... Nach fruchtlosen mündlichen Besprechungen zwischen Generalstab und OKW legte der Oberbefehlshaber des Heeres [Brauchitsch] Hitler eine Denkschrift des Generalstabs vor[8].

Dies geschah laut Halders Tagebuch am 18. August. Hitler brauste auf. Seine gierigen Augen waren auf die ukrainischen Agrar- und Industriegebiete sowie auf die russischen Ölfelder hinter dem Kaukasus gerichtet. Außerdem hielt er den Zeitpunkt für günstig, die noch standhaltenden Armeen Budjonnys östlich des Dnjepr und östlich von Kiew zu umklammern. Ferner wollte er Leningrad nehmen und sich nördlich davon mit den Finnen vereinigen. Zur Erreichung dieses doppelten Ziels seien mehrere Infanterie- und

Panzerdivisionen der Heeresgruppe Mitte zum Norden und besonders zum Süden abzukommandieren. Moskau könne warten.

Am 21. August warf Hitler seinem aufsässigen Generalstab eine neue Weisung auf den Tisch. Halder trug sie am Tage darauf Wort für Wort in sein Tagebuch ein:

Der Vorschlag des Heeres für die Fortführung der Operation im Osten vom 18. 8. stimmt mit meinen Ansichten nicht überein. Ich befehle folgendes:

Das wichtigste noch vor Einbruch des Winters zu erreichende Ziel ist nicht die Einnahme von Moskau, sondern die Wegnahme der Krim, des Industrie- und Kohlengebietes am Donez und die Abschnürung der russischen Ölzufuhr aus dem Kaukasusraum, im Norden die Abschließung Leningrads und die Vereinigung mit den Finnen.

Im Süden müsse die 5. sowjetische Armee, deren zäher Widerstand Hitler seit Tagen ärgerte, am Dnjepr zerschlagen werden. Ukraine und Krim seien zu besetzen. Und Hitler schloß: »Erst die enge Abschließung Leningrads usw. schafft die Voraussetzungen..., die feindliche Heeresgruppe Timoschenko mit Aussicht auf Erfolg angreifen und schlagen zu können.«

So wurde das Ziel [bemerkt Halder bitter in seinem Bericht für die Alliierten], die russischen Armeen vor Moskau entscheidend zu schlagen, dem Verlangen untergeordnet, wertvolles Industriegebiet in die Hand zu bekommen und in Richtung auf die russischen Ölfelder vorzumarschieren. ... Hitler war jetzt mehr und mehr besessen von der Idee, sowohl Leningrad wie Stalingrad zu erobern, denn er redete sich ein, der Fall dieser beiden »heiligen Städte des Kommunismus« würde Rußlands Zusammenbruch herbeiführen.

Um die Generale und Feldmarschälle, die offenbar sein strategisches Genie nicht würdigten, noch zu verhöhnen, beantwortete Hitler die Denkschrift des Generalstabs vom 18. August mit einer »Gegendenkschrift«, wie Halder sich ausdrückt, die nach der Schilderung des Generalstabschefs »voller Kränkungen« war, und in der es z. B. hieß, daß im OKW lauter »verknöcherte Hirne mit überholten Theorien« säßen.

»Untragbar... unerhört!« vertraute Halder am nächsten Tag seinem Tagebuch an. Den ganzen Nachmittag und Abend über sprach er mit Brauchitsch über Hitlers »unzulässige Eingriffe« in den Arbeitsbereich von OKH und Generalstab und machte schließlich den Vorschlag, daß Brauchitsch und er von ihren Posten zurückträten. »ObdH lehnt ab«, notierte Halder, »weil es praktisch doch nicht zur Niederlegung des Amtes käme, also nichts geändert würde.« Brauchitsch hatte sich bereits, wie in so manchen anderen Fällen, dem einstigen Gefreiten gebeugt.

Als am Tage darauf, dem 23. August, General Guderian in das Führerhauptquartier kam und von Halder gedrängt wurde, Hitler seinen verhängnisvollen Entschluß auszureden, obwohl es bei dem verbissenen Panzerführer keines Zuredens bedurft hätte, trat Brauchitsch dazwischen. Er untersagte Guderian, beim Führer auf Moskau zu sprechen zu kommen. Es sei ohnehin zwecklos.

Aber Guderian störte sich nicht an diesem Befehl. Als er – ohne Brauchitsch und Halder

– zu Hitler vorgelassen wurde, trat er, so entschieden er konnte, für den sofortigen Angriff auf Moskau ein.

Hitler ließ mich ausreden [schrieb Guderian nach dem Krieg[9]], ohne auch nur ein einziges Mal zu unterbrechen. Dann ergriff er das Wort, um in eingehenden Darlegungen auseinanderzusetzen, weshalb er zu einem anderen Entschluß gekommen sei. Er bezeichnete die Rohstoffe und die Ernährungsbasis der Ukraine als lebensnotwendig für die Fortsetzung des Krieges. In diesem Zusammenhang erwähnte er erneut die Wichtigkeit der Krim, die »als Flugzeugträger der Sowjetunion im Kampf gegen die rumänischen Ölfelder« ausgeschaltet werden müßte. Ich vernahm zum ersten Male den Satz: »Meine Generale verstehen nichts von Kriegswirtschaft.« ... Hitlers Ausführungen gipfelten in dem strikten Befehl, zum Angriff auf Kiew als nächstem strategischem Ziel unverzüglich anzutreten. Was ich später noch oft erleben sollte, trat hier für mich zum ersten Male in Erscheinung: Alle Anwesenden [Keitel, Jodl und andere] nickten zu jedem Satz Hitlers, und ich stand mit meiner Ansicht allein.

Kein einziges Mal zustimmend genickt hatte in den früheren Besprechungen Halder. Als Guderian ihm am nächsten Tag berichtete, es sei ihm mißlungen, Hitler zu einem Meinungsumschwung zu bewegen, soll Halder – laut Guderian – einen Nervenzusammenbruch erlitten und ihm ungerechtfertigte Vorwürfe gemacht haben[10].
Das war seit Beginn des Krieges die schwerste Krise im deutschen Oberkommando. Mit nachlassendem Kriegsglück sollten noch schlimmere folgen.
Rundstedts Offensive im Süden, die dadurch ermöglicht wurde, daß die von der Heeresgruppe Mitte abgezogenen Panzertruppen Guderians und Infanteriedivisionen die Heeresgruppe Süd verstärkten, war laut Guderian ein großer taktischer Sieg. Kiew fiel am 19. September – deutsche Einheiten waren an diesem Tage schon 225 Kilometer darüber hinaus durchgestoßen –, und am 26. endete die »Schlacht von Kiew« nach Angaben von deutscher Seite mit der Einschließung und Kapitulation von 665 000 russischen Soldaten. Nach Hitlers Auffassung war sie »die größte Schlacht der Weltgeschichte«; einige seiner Generale freilich waren hinsichtlich ihrer strategischen Bedeutung skeptischer, obwohl sie eine einzigartige Leistung darstellt. Denn die Heeresgruppe Mitte, ihrer Panzerverbände beraubt, war gezwungen gewesen, an der Desna gleich hinter Smolensk zwei Monate lang auf der Stelle zu treten. Immer näher rückte die Zeit der Herbstregen heran, die die russischen Straßen in Morast verwandeln würden. Und danach kam der Winter, danach kamen Kälte und Schnee.

DER GROSSE VORSTOSS AUF MOSKAU

Schließlich gab Hitler dem Drängen Brauchitschs, Halders und Bocks nach und genehmigte die Wiederaufnahme des Vormarsches gegen Moskau. Aber zu spät! Halder sprach ihn am Nachmittag des 5. September, und nun, nachdem er sich endlich entschlossen hatte, war Hitler eilig darauf bedacht, zum Kreml zu gelangen. »Möglichst in acht bis zehn Tagen antreten«, befahl er. (»Unmöglich!« rief Halder – in seinem Tagebuch – aus.) »Einkesseln, schlagen und vernichten«, fügte Hitler hinzu und versprach, die noch in der Ukraine in schwerem Einsatz befindliche Panzergruppe Guderians zur Heeresgruppe Mitte zurückzuholen und sie durch Reinhards Panzerkorps, das vor Leningrad operierte, zu verstärken. Aber die Panzerverbände konnten nicht vor Anfang Oktober zurückgeschafft, überholt und bereitgestellt werden. Am 2. Oktober endlich begann die große Offensive.

Doch auch hier wieder wurde der Diktator Opfer seines Größenwahns. Es genügte ihm nicht, vor Einbruch des Winters die russische Hauptstadt zu nehmen. Er befahl Feldmarschall von Leeb, *zur gleichen Zeit* Leningrad zu erobern, im Norden der Stadt mit den Finnen Verbindung aufzunehmen und die Murmansk-Bahn zu unterbrechen. Rundstedt sollte, ebenfalls zur gleichen Zeit, die Schwarzmeerküste säubern, Rostow einnehmen, das Erdölgebiet von Maikop besetzen, nach Stalingrad an der Wolga durchstoßen und damit Stalin des letzten Verbindungswegs zum Kaukasus berauben. Als Rundstedt Hitler klarzumachen versuchte, daß dies einen Vormarsch von mehr als 600 Kilometern über den Dnjepr hinaus bedeute, durch den sein linker Flügel gefährlich exponiert würde, gab ihm der Oberste Befehlshaber zur Antwort, im Süden seien die Russen nicht mehr zu ernsthaftem Widerstand fähig. Rundstedt, der über solche lächerlichen Befehle »laut gelacht« hat, wie er sagt, sollte bald das Gegenteil feststellen.

Die Deutschen fegten zunächst mit der Gewalt eines Wirbelsturms über die alte Straße dahin, auf der einst Napoleon nach Moskau marschiert war. In der ersten Oktoberhälfte wurden zwischen Wjasma und Brjansk zwei sowjetische Armeen eingekesselt, angeblich 650 000 Gefangene gemacht und 5000 Geschütze sowie 1200 Panzer erbeutet. Am 20. Oktober standen deutsche Panzerspitzen sechzig Kilometer vor Moskau, und die sowjetischen Ministerien und ausländischen Botschafter siedelten eiligst nach Kuibyschew an der Wolga über. Selbst der nüchterne Halder, der sich beim Sturz vom Pferde ein Schlüsselbein gebrochen hatte und zu der Zeit im Lazarett lag, glaubte nunmehr, daß bei kühner Führung und günstigem Wetter Moskau noch vor Einbruch des strengen russischen Winters genommen werden könnte.

Doch nun hatten die Regenfälle eingesetzt. Die *Rasputitza* oder Schlammperiode hatte begonnen. Die große Armee auf Rädern wurde gebremst und oft zum Anhalten gezwungen. Panzer mußten aus dem Kampf herausgenommen werden, um Geschütze und Munitionswagen aus dem Morast zu ziehen. Es fehlte an Ketten und Kupplungen für diesen Zweck, und die Transportflugzeuge, die dringend für andere militärische Aufgaben benötigt wurden, mußten bündelweise Seile abwerfen. »Die nächsten Wochen standen nun ganz im Zeichen der Schlammperiode«, schrieb später Guderian. General Blumentritt, Chef des Stabes der 4. Armee, die mitten im Kampf um Moskau stand, hat die mißliche Lage anschaulich geschildert:

Der Infanterist rutscht bei jedem Schritt aus, und für das Vorwärtsziehen jedes einzel-

nen Geschützes sind mehrere Pferdegespanne nötig. Alle Fahrzeuge versinken bis zur Achse im Schlamm. Selbst Traktoren kommen nur mühsam voran. Ein großer Teil unserer schweren Artillerie blieb bald stecken ... Man kann sich vorstellen, wie anstrengend das alles für unsere bereits erschöpften Leute war [11].

Mehr und mehr treten jetzt in Halders Tagebuch und in den Aufzeichnungen Guderians, Blumentritts und anderer Generale Anzeichen des Zweifels, ja der Verzweiflung auf. »Und nun«, schreibt Blumentritt, »als Moskau fast in Sichtweite war, schlug die Stimmung bei den Kommandeuren wie bei der Truppe um. Der feindliche Widerstand versteifte sich, und die Kämpfe wurden erbitterter ... Viele unserer Kompanien schmolzen auf sechzig oder siebzig Mann zusammen.« Es herrschte Mangel an brauchbaren Geschützen und Panzern. »Der Winter stand vor der Tür«, sagt Blumentritt, »und von Winterkleidung war noch nichts zu sehen ... Weit hinter der Front, in den riesigen Wäldern und Sümpfen, machten sich die ersten Partisanen bemerkbar. Nachschubkolonnen wurden häufig aus dem Hinterhalt angefallen ...«

Die Gespenster der Napoleonischen *Grande Armée* begannen umzugehen. Blumentritt erinnert sich, wie die deutschen Generale Coulaincourts düstere Schilderung des russischen Winters von 1812, von der Katastrophe des französischen Eroberers, hervorholten und noch einmal lasen.

Im Süden, wo es zwar etwas wärmer war, standen die Dinge nicht besser, denn Regen und Schlamm behinderten auch dort den Vormarsch. Am 21. November waren Kleists Panzer in Rostow eingerückt, und Dr. Goebbels posaunte hinaus, damit sei das »Tor zum Kaukasus« aufgestoßen worden. Allerdings nicht für lange. Kleist und Rundstedt sahen ein, daß Rostow nicht gehalten werden konnte. Fünf Tage später wurde es von den Russen zurückerobert, und die an beiden Flanken angegriffenen Deutschen zogen sich Hals über Kopf 80 km bis zum Mius zurück, wo Kleist und Rundstedt sich ursprünglich für den Winter hatten eingraben wollen.

Der Rückzug von Rostow bildet einen weiteren kleinen Wendepunkt in der Geschichte des Dritten Reiches. Hier erlitt die deutsche Wehrmacht ihren ersten großen Rückschlag. »Das Unglück fing mit Rostow an«, schrieb Guderian nach dem Krieg, »es war bereits ein Menetekel.« Und Feldmarschall von Rundstedt verlor darüber sein Kommando. »Während des Rückzugs auf den Mius«, sagte er später alliierten Vernehmungsoffizieren,

erreichte mich plötzlich ein Befehl vom Führer: ›Bleiben Sie, wo Sie sind, kein Rückzug mehr!‹ Ich telegrafierte sofort zurück: ›Es ist Wahnsinn, die Stellung halten zu wollen. Erstens kann die Truppe es nicht und zweitens wird sie vernichtet werden, wenn sie nicht zurückgeht. Ich wiederhole, Sie müssen den Befehl zurücknehmen oder sich einen anderen Kommandeur suchen.‹ In derselben Nacht traf die Antwort des Führers ein: ›Ich gebe Ihrem Ersuchen statt. Legen Sie Ihr Kommando nieder.‹

»Und so ging ich nach Hause«, sagte Rundstedt [12].

Diese Manie Hitlers, aus der Ferne den Truppen das Durchhalten ohne Rücksicht auf Verluste zu befehlen, mag zwar – obwohl es viele Generale bezweifeln – das deutsche

Heer in den kommenden zermürbenden Monaten vor völligem Zusammenbruch bewahrt haben, aber sie führte Stalingrad und andere Katastrophen herbei und trug dazu bei, Hitlers Schicksal zu besiegeln.

Frühzeitig setzten in jenem Winter starke Schneefälle ein, und das Thermometer sank tief unter Null. Den ersten Schnee verzeichnete Guderian in der Nacht vom 6.–7. Oktober, gleich nach Wiederaufnahme des Vormarsches auf Moskau. Er forderte im Hauptquartier erneut Winterkleidung an, vor allem feste Stiefel und dicke Wollsocken. Am 12. Oktober fiel immer noch Schnee. Am 3. November brach die erste Kältewelle ein, und das Thermometer sank weiter ab. Um den 7. November, berichtet Guderian, »traten bei uns die ersten schweren Frostschäden auf«, und »das Fehlen der Winterbekleidung wurde immer fühlbarer«. Die bittere Kälte beeinträchtigte auch das Funktionieren von Geschützen und Maschinen.

Die Glätte machte große Schwierigkeiten [schreibt Guderian], da die Kettenstollen noch nicht eingetroffen waren. Infolge der Kälte beschlugen die Optiken ... Das Anlaufen der Panzermotoren mußte durch Anzünden von Feuern unter den Wannen erleichtert werden. Der Betriebsstoff fror teilweise ein, das Öl wurde dick ... Man möge bei der Beurteilung ihrer [der Truppe] Leistungen berücksichtigen, daß jedes Regiment bereits 400 Mann durch Erfrierungen verloren hatte, daß die Maschinenwaffen infolge der Kälte nicht mehr schossen und daß unsere 3,7-cm-Pak sich gegen den russischen T 34 als unwirksam erwies[13].

»Es kam hier zu einer Panik«, fährt Guderian fort, »die sich bis Bogorodisk auswirkte. Diese erstmals im Rußlandfeldzug auftretende Panik war ein ernstes Warnungszeichen, daß die Kampfkraft unserer Infanterie am Ende war.«
Aber nicht allein die der Infanterie. Am 21. November notierte Halder, Guderian habe ihn angerufen und gesagt, seine Panzertruppen seien »am Ende«. Dieser zähe, angriffslustige Panzerkommandeur gesteht ein, er habe am gleichen Tag beschlossen, von Bock, den Befehlshaber der Heeresgruppe Mitte, aufzusuchen und um Änderung der erteilten Befehle zu bitten, da er »keine Möglichkeit sehe, sie auszuführen«. In tiefer Niedergeschlagenheit schrieb er an diesem Tage einen Brief:

Die eisige Kälte, die elenden Unterkünfte, die mangelhafte Bekleidung, die hohen Verluste an Menschen und Material, der klägliche Brennstoffnachschub machen die Kriegführung zu einer Qual, und ich werde je länger je mehr bedrückt durch die ungeheure Verantwortungslast, die trotz aller schönen Worte niemand mir abnehmen kann[14].

Rückblickend auf jene Tage schrieb Guderian später:

Nur wer die endlosen Weiten der russischen Schneeflächen in diesem Winter unseres Unheils gesehen hat, über welche der eisige Wind strich und jede Unebenheit des Bodens verwehte, nur wer Stunden um Stunden durch Niemandsland gefahren ist, um dann auf dünne, schlecht ernährte Männer zu treffen, wer im Gegensatz hierzu die vor-

züglich für den Winter ausgerüsteten, gut genährten, frischen Sibirier gesehen hat, kann die nun folgenden ernsten Ereignisse richtig beurteilen[15].

Bevor wir auf diese Ereignisse eingehen, möchten wir einen Punkt hervorheben: Der russische Winter war furchtbar und die sowjetischen Truppen waren naturgemäß für den Winter sehr viel besser ausgerüstet als die deutschen, aber ausschlaggebend war nicht das Wetter, sondern ausschlaggebend waren der wilde Kampfgeist der Truppen der Roten Armee und ihr unbeugsamer Wille, durchzuhalten. Halders Tagebuch und die Aufzeichnungen der Truppenkommandeure sind hierfür ein Beweis; immer wieder finden in ihnen das Erstaunen über Ausmaß und Heftigkeit russischer Angriffe und und Gegenangriffe sowie die Verzweiflung über deutsche Rückschläge und Verluste ihren Ausdruck. Die deutschen Generale konnten nicht begreifen, daß die Russen, unter einem tyrannischen Regime und der verheerenden Wirkung der ersten deutschen Schläge stehend, nicht zusammenbrachen, wie es bei weit geringerem Anlaß bei den Franzosen und vielen anderen der Fall gewesen war.

»Erstaunt und enttäuscht«, schrieb Blumentritt, »stellten wir Ende Oktober/Anfang November fest, daß den geschlagenen Russen gar nicht bewußt zu sein schien, daß sie kaum noch eine Militärmacht waren.« Guderian wiederum erzählt von der Begegnung mit einem alten, pensionierten zaristischen General in Orel:

Er sagte: »Wenn Ihr vor zwanzig Jahren gekommen wäret, dann hätten wir Euch mit Begeisterung empfangen. Aber nun ist es zu spät. Wir fingen gerade an wiederaufzuleben, und nun kommt Ihr und werft uns um zwanzig Jahre zurück, so daß wir wieder von vorne anfangen müssen. Jetzt kämpfen wir für Rußland, und darin sind wir uns einig[16].«

Und doch, als der November mit neuen Schneestürmen und weiter absinkenden Temperaturen zu Ende ging, glaubten Hitler und die meisten Generale, Moskau bereits in der Hand zu haben. Im Norden, Süden und Westen der Hauptstadt waren deutsche Armeen an bestimmten Punkten bis auf 30–40 Kilometer an ihr Ziel herangekommen. Hitler, im fernen Ostpreußen über die Landkarte gebeugt, erschien die letzte Strecke überhaupt keine Entfernung mehr. Was waren 30 bis 40 Kilometer gegenüber den 800 Kilometern, die seine Truppen zurückgelegt hatten? »Ein letzter Ansturm«, sagte er Mitte November zu Jodl, »und wir haben es geschafft.« Am 22. November rief Feldmarschall Bock, als er den letzten Ansturm der Heeresgruppe Mitte auf Moskau vorbereitete, Halder an und verglich die Lage mit der Marneschlacht, »wo das letzte in den Kampf geworfene Bataillon die Entscheidung brachte«. Er glaube, sagte er zu dem Generalstabschef, trotz wachsenden feindlichen Widerstands sei noch »alles erreichbar«. Am letzten Novembertag warf er dann buchstäblich sein letztes Bataillon in die Schlacht. Der letzte Frontalangriff auf das Herz der Sowjetunion war für den folgenden Tag, den 1. Dezember 1941, angesetzt.

Er stieß auf stählerne Abwehr. Das deutsche Aufgebot, auf das Hitler seine Hoffnungen setzte, war gewaltig. Es war die größte Panzerstreitmacht, die je an einer Front konzentriert worden war: Vom Norden in südlicher Richtung auf Moskau operierten General Hoepners 3. Panzergruppe und General Hoths 4. Panzergruppe, vom Süden her, ausgehend von Tula, in nördlicher Richtung Guderians 2. Panzerarmee, und in der Mitte kämpfte sich von Kluges große 4. Armee durch die Moskau umgebenden Wälder nach Osten durch. Am 2. Dezember drang ein Aufklärungsbataillon der 258. Infanteriedivision in den Moskauer Vorort Chimki ein, wo es die Kremltürme erblickte, wurde aber schon am nächsten Morgen von ein paar russischen Panzern und von einer eiligst aufgestellten Arbeitermiliz zurückgeschlagen. Näher sind die deutschen Truppen nicht mehr an Moskau herangekommen; es war ihr erster und letzter Blick auf den Kreml.

Schon am Abend des 1. Dezember hatte Bock, der nun an schweren Magenkrämpfen litt, Halder angerufen und gesagt, er könne nicht länger »mit der schwachen Truppe operieren«. Der Generalstabschef hatte ihn aufzumuntern versucht: »Aber man müßte versuchen, den Feind mit dem letzten Kraftaufgebot niederzuringen. Wenn endgültig klar ist, daß das nicht möglich ist, müssen neue Entschlüsse gefaßt werden.« Am Tage darauf notierte Halder: »Abwehr des Feindes hat Höhepunkt erreicht.« Am nächsten Tag, dem 3. Dezember, rief Bock wiederum den Generalstabschef an, der den Inhalt des Gesprächs in seinem Tagebuch wiedergibt:

Angriffsspitze der 4. Armee wieder zurückgenommen, weil Nachbarn nicht auf gleiche Höhe vorzubringen waren ... Die Stunde ist vorauszusehen, wo Kraft der Truppe am Ende ist ...

Als Bock zum erstenmal davon sprach, zur Defensive überzugehen, rief Halder ihm in Erinnerung: »Die Nachteile der Abwehr waren mit ein Grund zum Festhalten am Angriff.«

Das Festhalten am Angriff war leichter gesagt als getan. Tags darauf, am 4. Dezember, meldete Guderian, dessen 2. Panzerarmee beim Versuch, Moskau vom Süden her zu nehmen, steckengeblieben war, eine Temperatur von 31 Grad unter Null. Am nächsten Tag fiel das Thermometer um weitere fünf Grad. Seine Panzer, sagte er, seien »fast unbeweglich«, und seine Armee werde auf beiden Flanken und im Rücken, nördlich von Tula, bedroht.

Der entscheidende Tag war der 5. Dezember. Überall an der 300 Kilometer langen, halbkreisförmigen Front um Moskau steckten die Deutschen fest. Am Abend meldete Guderian dem Feldmarschall von Bock, er stecke nicht nur fest, sondern müsse sich auch zurückziehen; Bock rief Halder an und sagte ihm, er sei mit seiner »Kraft am Ende«; und Brauchitsch teilte Halder in seiner Verzweiflung mit, er werde den Posten des Oberbefehlshabers niederlegen. Es war ein schwarzer Tag für die deutsche Generalität.

Kein Entschluß des Krieges war mir bis dahin so schwer gefallen wie dieser [schrieb Guderian nach dem Krieg] ... Unser Angriff auf Moskau war gescheitert. Alle Opfer und alle Anstrengungen der braven Truppe waren umsonst gebracht. Wir hatten eine böse Niederlage erlitten[17].

Blumentritt, Chef des Stabes der 4. Armee, sah hierin den Wendepunkt des Krieges. Nach dem Kriege schrieb er: »Unsere Hoffnung, Rußland im Jahre 1941 auszuschalten, war in allerletzter Minute vereitelt worden.«

Am folgenden Tag, dem 6. Dezember, schlug General Georgi Shukow zu, der sechs Wochen vorher anstelle Timoschenkos das Kommando an der Mittelfront übernommen hatte. Mit sieben Armeen und zwei Kavalleriekorps, insgesamt hundert Divisionen, die aus frischen oder kampferfahrenen und für den Kampf in Schnee und Kälte ausgerüsteten und ausgebildeten Truppen bestanden, eröffnete er auf der 300 Kilometer langen Front vor Moskau die Offensive. Der Schlag dieses relativ unbekannten Generals mit Hilfe einer gewaltigen, von Hitler nicht im geringsten vermuteten Menge von Infanterie, Artillerie, Panzern, Kavallerie und Flugzeugen erfolgte so plötzlich und bewirkte eine derartige Erschütterung, daß sich die deutsche Wehrmacht und das Dritte Reich davon niemals ganz erholten. Während der restlichen bitterkalten Dezemberwochen und bis in den Januar hinein sah es so aus, als sollten die geschlagenen, zurückweichenden deutschen Armeen, in deren Linien die Sowjets fortgesetzt einbrachen, sich auflösen und im russischen Schnee umkommen wie 130 Jahre vorher Napoleons *Grande Armée*. In mehreren kritischen Augenblicken fehlte nicht viel dazu. Vielleicht waren es Hitlers eiserner Wille und Entschlossenheit, sicher aber Tapferkeit und Kampfmoral des deutschen Soldaten, welche das Dritte Reich vor dem vollständigen Debakel bewahrten.

Doch es war und blieb eine große Niederlage. Die Rote Armee war zwar dezimiert, aber nicht vernichtet worden. Weder Moskau, noch Leningrad, noch Stalingrad, noch die Ölfelder im Kaukasus waren eingenommen worden. Und Rußlands lebenswichtige Verbindungslinien nach England und Amerika waren in Nord und Süd offengeblieben. Nach mehr als zwei Jahren ununterbrochener militärischer Siege befanden sich Hitlers Armeen zum erstenmal auf dem Rückzug vor einer überlegenen Streitmacht.

Das war jedoch nicht alles. Die Niederlage hatte noch eine größere Auswirkung, wie Halder, zumindest später, erkannte. »Die Legende von der Unbesiegbarkeit der deutschen Wehrmacht war zerstört«, schrieb er. Zwar errangen die Deutschen im nächsten Sommer weitere Siege in Rußland, aber die Legende blieb zerstört. So war der 6. Dezember 1941 auch in einem anderen Sinne ein Wendepunkt in der kurzen Geschichte des Dritten Reiches. Hitlers Macht hatte den Zenit überschritten, nunmehr begann ihr Abstieg, beschleunigt durch die zunehmenden Gegenschläge der anderen Völker, gegen die er einen Angriffskrieg vom Zaun gebrochen hatte.

Im deutschen Oberkommando und unter den Truppenkommandeuren wurden nun drastische Umbesetzungen vorgenommen. Während die Armeen auf vereisten Straßen und verschneiten Feldern vor der sowjetischen Gegenoffensive zurückwichen, begannen die Ablösungen deutscher Generale. Rundstedt war, wie wir schon sahen, des Kommandos über die Heeresgruppe Süd enthoben worden, weil er sich zum Rückzug aus Rostow gezwungen gesehen hatte. Feldmarschall von Bocks Magenschmerzen verschlimmerten sich mit den Rückschlägen, und er wurde am 18. Dezember von Feldmarschall von Kluge abgelöst, dessen schwer angeschlagene 4. Armee für immer aus der Nähe Moskaus vertrieben wurde. Selbst der kühne General Guderian, der Erfinder des die moderne Kriegführung revolutionierenden Masseneinsatzes von Panzern, wurde – am Weihnachtstag – seines Kommandos enthoben, weil er ohne Genehmigung von oben den Rückzug befohlen hatte. General Hoepner, ein nicht minder glänzender Panzerkommandeur, dessen 2. Panzergruppe von Norden aus bis in Sichtweite Moskaus vorgedrungen und dann zurückgeschlagen worden war, wurde von Hitler aus dem gleichen Grund kurzerhand entlassen, degradiert und durfte keine Uniform mehr tragen. General Hans Graf von Sponeck, der ein Jahr vorher für die Führung der Luftlandeoperation gegen Den Haag das Ritterkreuz erhalten hatte, wurde noch schwerer bestraft, weil er am 29. Dezember auf der Krim eine Division seines Korps zurückgenommen hatte, nachdem in ihrem Rücken von See her russische Truppen gelandet waren. Er wurde nicht nur degradiert, sondern verhaftet, vor ein Kriegsgericht gestellt und auf Hitlers Verlangen zum Tode verurteilt[18].

Selbst der servile Keitel hatte Schwierigkeiten mit seinem Obersten Befehlshaber. Denn selbst er hatte in den ersten Dezembertagen eingesehen, daß ein allgemeiner Rückzug an der Moskauer Front notwendig war, um eine Katastrophe zu verhüten. Aber als er sich dazu aufraffte, dies offen zu sagen, fiel Hitler über ihn her und nannte ihn einen Dummkopf. Kurz darauf traf Jodl den unglücklichen OKW-Chef bei der Abfassung seines Rücktrittsgesuchs an. Auf dem Schreibtisch lag eine Pistole. Jodl nahm die Waffe fort und redete Keitel zu, auszuhalten und weiterhin die Kränkungen Hitlers hinzunehmen, was dieser dann auch mit erstaunlicher Ausdauer bis zum letzten Tage tat[19].

Die Strapaze, ein Heer zu führen, das auf Verlangen des Obersten Befehlshabers immer siegen sollte, aber nicht immer siegen konnte, hatte bei Feldmarschall von Brauchitsch erneute Herzanfälle hervorgerufen. Nach Beginn von Shukows Gegenoffensive hatte er sich entschlossen, von seinem Posten als Oberbefehlshaber zurückzutreten. Am 15. Dezember, nach der Rückkehr von einer Frontbesichtigung, fand Halder ihn »sehr niedergeschlagen«. Er »sieht keinen Ausweg mehr, um das Heer aus der schwierigen Lage zu retten«. Der Heerführer war am Ende seines Lateins. Schon am 7. Dezember hatte er Hitler seinen Rücktritt angeboten; am 17. wiederholte er sein Gesuch. Diesem wurde zwei Tage später stattgegeben. Was Hitler tatsächlich von dem Mann hielt, den er selbst an die Spitze des Heeres berufen hatte, erklärte er drei Monate später Goebbels, der am 20. März 1942 in sein Tagebuch schrieb:

Der Führer hat für ihn [Brauchitsch] nur Ausdrücke der Verachtung. Ein eitler, feiger Wicht . . . Feigling und Nichtskönner[20].

In Armeekreisen wurden nun Spekulationen über Brauchitschs Nachfolge angestellt, die aber genauso am Ziel vorbeischossen wie vor Jahren die Spekulationen um die Nachfolge Hindenburgs. Am 19. Dezember bestellte Hitler General Halder zu sich und erklärte ihm, er, Hitler, werde nun selbst den Oberbefehl über das Heer übernehmen.

Halder könne, wenn er wolle, Chef des Generalstabs bleiben. Aber fortan werde er, Hitler, persönlich die Armee führen. Er sagte zu Halder:

Das bißchen Operationsführung kann jeder machen. Die Aufgabe des Oberbefehlshabers des Heeres ist es, das Heer nationalsozialistisch zu erziehen. Ich kenne keinen General des Heeres, der diese Aufgabe in meinem Sinne erfüllen könnte. Darum *habe ich mich entschlossen, den Oberbefehl über das Heer selbst zu übernehmen*[21].

Damit war Hitlers Triumph über das preußische Offizierskorps vollständig. Der ehemalige Wiener Vagabund, der frühere Gefreite war jetzt Staatsoberhaupt, Kriegsminister, Oberster Befehlshaber der Wehrmacht und Oberbefehlshaber des Heeres. Die Generale, klagte Halder in seinem Tagebuch, seien nur noch Briefträger für die Weiterleitung von Hitlers Befehlen. Von Befehlen, denen Hitlers einzigartige Auffassung von Strategie zugrundelag.

Bald jedoch sollte der größenwahnsinnige Diktator noch weitergehen und die Macht, die vor ihm kein Mann in der deutschen Geschichte, ob Kaiser, König oder Präsident, innegehabt hatte, sich selber legalisieren. Am 26. April 1942 ließ er von seinen Marionetten im Reichstag ein Gesetz annehmen, das ihm absolute Macht über Leben und Tod jedes Deutschen gab und einfach alle Gesetze, die dabei im Wege stehen konnten, außer Kraft setzte. Man muß den Wortlaut des Gesetzes lesen, um es glauben zu können:

Es kann keinem Zweifel unterliegen, daß der Führer in der gegenwärtigen Zeit des Krieges, in der das deutsche Volk in einem Kampf um Sein oder Nichtsein steht, das von ihm in Anspruch genommene Recht besitzen muß, alles zu tun, was zur Erringung des Sieges dient oder dazu beiträgt. Der Führer muß daher – ohne an bestehende Rechtsvorschriften gebunden zu sein – in seiner Eigenschaft als Führer der Nation, als Oberster Befehlshaber der Wehrmacht, als Regierungschef und oberster Inhaber der vollziehenden Gewalt, als oberster Gerichtsherr und als Führer der Partei jederzeit in der Lage sein, nötigenfalls jeden Deutschen – sei er einfacher Soldat oder Offizier, niedriger oder hoher Beamter oder Richter, leitender oder dienender Funktionär der Partei, Arbeiter oder Angestellter – mit allen ihm geeignet scheinenden Mitteln zur Erfüllung seiner Pflichten anzuhalten und bei Verletzung dieser Pflichten nach gewissenhafter Prüfung ohne Rücksicht auf sogenannte wohlerworbene Rechte mit der ihm gebührenden Sühne zu belegen, ihn im besonderen ohne Einleitung vorgeschriebener Verfahren aus seinem Amte, aus seinem Rang und seiner Stellung zu entfernen[22].

Wahrlich, Adolf Hitler war nicht nur der Führer Deutschlands, er war das Gesetz selbst geworden. Nicht einmal im Mittelalter, ja nicht einmal in der Zeit der Barbarenstämme hatte sich irgendein Deutscher eine solche tyrannische Macht angemaßt, weder nominell und legal noch faktisch.

Aber auch ohne diese vermehrte Macht war Hitler absoluter Herr des Heeres, dessen Führung er nunmehr direkt übernommen hatte. Rücksichtslos und unbarmherzig ging er in jenem strengen Winter vor, um den Rückzug seiner geschlagenen Armeen aufzuhalten und sie vor dem Schicksal der Napoleonischen Truppen zu bewahren. Er untersagte jeden weiteren Rückzug. Unter deutschen Generalen ist lange über die Vor- und Nachteile dieses sturen Standpunkts debattiert worden – ob Hitler damit die Truppen vor der vollständigen Katastrophe bewahrt oder die unvermeidlich hohen Verluste nur noch vermehrt habe. Die meisten Kommandeure waren der Auffassung, sie hätten viele Menschen und viel Material retten, eine neue, bessere Stellung beziehen und sogar zum Gegenangriff übergehen können, wenn man ihnen die Freiheit gelassen hätte, ihre Truppen zurückzunehmen, als deren Stellungen unhaltbar geworden waren. Tatsache ist jedenfalls, daß ganze Divisionen häufig überrannt, eingeschlossen oder zerschlagen wurden, während ein rechtzeitiger Rückzug sie davor bewahrt haben würde. Dennoch haben einige Generale später zögernd eingeräumt, daß Hitlers eiserner Wille, mit dem er die Armeen zum Durchhalten und Kämpfen zwang, insofern seine größte Leistung im Kriege gewesen sei, als er damit wahrscheinlich seine Truppen vor dem Untergang im Schnee bewahrt habe. Diese Ansicht findet bei General Blumentritt ihren besten Ausdruck:

Hitlers fanatischer Befehl, daß die Truppe ohne Rücksicht auf Verluste und unter den unmöglichsten Verhältnissen jede Stellung halten müsse, war zweifellos richtig. Hitler erkannte instinktiv, daß jeder Rückzug durch Schnee und Eis innerhalb weniger Tage zur Auflösung der Front führen mußte und daß dann die Wehrmacht das Schicksal der Grande Armée *ereilen würde ... Der Rückzug konnte nur über offenes Land gehen, da die Straßen und Eisenbahngleise vom Schnee verweht waren. Nach ein paar Nächten wären die Soldaten erschöpft gewesen, hätten sich einfach irgendwo hingelegt und wären dort erfroren. Im rückwärtigen Gebiet gab es weder vorbereitete Stellungen noch irgendeine Frontlinie, auf die sie sich hätten zurückziehen können*[23].

Dem pflichtete General von Tippelskirch, ein Korpskommandeur, bei:

Es war Hitlers einzige große Leistung. In diesem kritischen Zeitpunkt dachte die Truppe daran, was sie vom Rückzug Napoleons aus Moskau gehört hatte, und lebte unter diesem Schatten. Wenn einmal ein Rückzug eingeleitet worden wäre, so hätte sich daraus panische Flucht entwickeln können[24].

Panik, das war die Stimmung in der deutschen Armee, und zwar nicht nur an der Front, sondern auch rückwärts im Hauptquartier. Man kann es in Halders Tagebuch verfolgen. »Sehr schwerer Tag!« beginnt seine Eintragung vom Weihnachtstag 1941, und mit diesen Worten leitet er bis ins neue Jahr hinein mehrmals seine Notizen ein.

29. Dezember. Ein sehr schwerer Tag! ... Dramatische Aussprache zwischen Führer und v. Kluge am Fernsprecher. Das Zurückverlegen der Front des Nordteils der 4. Armee wird vom Führer abgelehnt. Sehr schwere Krisis bei 9. Armee, wo anscheinend die Führung vorübergehend die Nerven verloren hat. Mittags aufgeregter Anruf v. Kluges, 9. Armee wolle hinter Rshew zurück ausweichen ...

2. Januar 1942. Ein Tag wilder Kämpfe! ... Bei 4. Armee und 9. Armee schwere Krisen ... Der Durchbruch [der Russen] nördlich Malojaroslawetz reißt die Front auseinander, ohne daß im Augenblick zu ersehen ist, wie sie wieder geschlossen werden kann ... Diese Lagen führen zur Forderung des Fm. v. Kluge auf Zurücknahme der anschließenden Fronten. Sehr erregte Auseinandersetzungen mit dem Führer, der aber auf seiner Auffassung beharrt. Die Front wird also stehenbleiben, ohne Rücksicht auf die Folgen.

3. Januar. Die Lage bei HGr. Mitte hat sich durch den tiefen Einbruch zwischen Malojaroslawetz und Borowsk sehr erschwert. Darüber große Aufregung bei Kübler[25] *und v. Kluge, der Zurücknehmen der nördlich anschließenden Fronten fordert. Wieder eine dramatische Szene beim Führer, in der er den Mut der Generale bezweifelt, harte Entscheidungen zu treffen. Tatsächlich handelt es sich darum, daß die Truppe bei Kältegraden über 30 Grad einfach nicht mehr hält. Der Führer entscheidet: Erst die Lücke aus den Nachbarbereichen heraus zu schließen, dann kann von Zurücknehmen die Rede sein. Entscheidung will er aber in jedem Fall selbst treffen ...*

Doch inzwischen lag die Entscheidung darüber nicht beim Führer, sondern bei der russischen Armee. Hitler konnte zwar die deutschen Soldaten zwingen, die Stellung zu halten und zu sterben, aber er konnte dem sowjetischen Vormarsch ebensowenig Halt gebieten wie König Knut der hereinbrechenden Flut. In einem Augenblick der Panik meinte ein Offizier im OKH, ob nicht die Lage durch Verwendung von Giftgas gerettet werden könne. »Oberst Ochsner«, notierte Halder am 7. Januar, »will mir den Gaskrieg gegen die Russen aufschwatzen.« Vielleicht war es zu kalt dazu. Jedenfalls wurde nichts daraus.

Der 8. Januar war, nach Halders Tagebuch, ein »sehr ernster Tag. Der Durchbruch bei Suchinitschi [südwestlich von Moskau] beginnt ... nach Kluge unerträglich zu werden. Daher Drängen auf Zurücknahme der Front 4. Armee.« Den ganzen Tag über drängte der Feldmarschall bei Hitler und Halder. Am Abend schließlich gab Hitler widerstrebend nach. Kluge »wird ermächtigt, sich schrittweise abzusetzen, um Kräfte zum Schutz der Rollbahn freizumachen«.

Schrittweise und manchmal auch schneller wurden während dieses grimmigen Winters die deutschen Armeen, die in Moskau hatten Weihnachten feiern wollen, zurückgedrängt oder wegen drohender Einkesselung und russischer Durchbrüche zum Rückzug gezwungen. Ende Februar sahen sie sich von der sowjetischen Hauptstadt 130–300 Kilometer entfernt. Halder notierte, wieviel Menschen bis zum Ende dieses eisigen Monats das verfehlte russische Abenteuer gekostet hatte. Die Gesamtverluste beliefen sich am 28. Februar auf 1 005 636 oder 31 Prozent der Gesamtstärke des Ostheeres. Davon waren 202 251 Mann gefallen, 725 642 verwundet und 46 511 vermißt. (Die Ausfälle durch Erfrierungen betrugen 112 627.) Nicht eingeschlossen waren hierbei die schweren Verluste der Ungarn, Rumänen und Italiener, die in Rußland kämpften.

Mit dem Einsetzen des Tauwetters trat an der ganzen langen Front Ruhe ein, und

Hitler und Halder trafen Vorbereitungen für das Heranschaffen frischer Truppen, neuer Panzer und Geschütze, um die Offensive wieder aufzunehmen – wenigstens an einem Teil der Front. Niemals mehr sollte die deutsche Wehrmacht die Stärke haben, um an der ganzen riesigen Kampflinie angreifen zu können. Diese Hoffnung war durch den Tribut, den der harte Winter gefordert, und vor allem durch Shukows Gegenoffensive zerstört worden.

Aber Hitler hatte, wie wir heute wissen, schon lange vorher erkannt, daß er bei dem Hasardspiel um die Eroberung Rußlands – nicht nur in sechs Monaten, sondern für immer – verloren hatte. In General Halders Tagebuch steht unter dem Datum des 19. November 1941 ein Vermerk über einen langen »Vortrag« Hitlers vor mehreren Offizieren des Oberkommandos. Obwohl damals seine Armeen nur wenige Meilen vor Moskau standen und noch hart um dessen Einnahme kämpften, hatte Hitler die Hoffnung aufgegeben, Rußland bis zum Jahresende niederzuringen. Seine Gedanken hatten sich bereits dem kommenden Jahr zugewandt. Halder zeichnete die Vorstellungen des Führers auf:

Aufgaben des nächsten Jahres. Zunächst Kaukasus. Ziel: russische Südgrenze. Zeit: März bis April. Im Norden je nach Abschlußlage dieses Jahres Wologda oder Gorki, aber erst Ende Mai.

Was dann im nächsten Jahr noch für Ziele gesetzt werden können, muß offenbleiben; sie werden bestimmt durch die Leistung unserer Bahnen. Die Frage eines später zu bauenden »Ostwalles« bleibt offen.

Wenn die Sowjetunion vernichtet werden sollte, brauchte man keinen Ostwall. Darüber scheint Halder nachgegrübelt zu haben, während er den weiteren Ausführungen des Obersten Befehlshabers folgte. Er kam zu dem Schluß:

Im ganzen kommt die Erwartung zum Ausdruck, daß die Erkenntnis, daß die beiden Feindgruppen sich gegenseitig nicht vernichten können, zu einem Verhandlungsfrieden führt.

Diese Erkenntnis muß ein rauhes Erwachen für den nationalsozialistischen Eroberer gewesen sein, der erst sechs Wochen vorher in Berlin prahlerisch verkündet hatte: »Ich spreche das erst heute aus, weil ich es heute sagen darf, daß dieser Gegner bereits gebrochen ist und sich nie mehr erheben wird!« Seine Pläne waren gescheitert, seine Hoffnungen vereitelt. Dies wurde noch deutlicher, als vierzehn Tage später, am 6. Dezember, seine Truppen vor den Toren Moskaus zurückgeschlagen wurden.

Am Tage darauf, dem 7. Dezember, einem Sonntag, trat auf der anderen Seite des Globus ein Ereignis ein, das den von Hitler so leichtfertig vom Zaun gebrochenen europäischen Krieg in einen Weltbrand verwandelte, in dem er und das Dritte Reich untergehen sollten. Japanische Bomber griffen Pearl Harbour an. Am folgenden Tag verließ Hitler sein Hauptquartier *Wolfsschanze* und fuhr in seinem Zug nach Berlin zurück[26]. Er hatte Japan feierlich ein geheimes Versprechen gegeben, und nun war die Zeit gekommen, es zu halten – oder zu brechen.

XXV

Amerika ist an der Reihe

Im Frühjahr 1941, kurz vor dem Überfall auf Rußland, hatte Adolf Hitler im Laufe einer Reihe von in Berlin geführten Besprechungen mit dem achsenfreundlichen japanischen Außenminister Yosuke Matsuoka Japan leichtsinnig ein Versprechen gegeben. Die erbeuteten deutschen Protokolle ermöglichen es uns, hier die Entwicklung einer weiteren großen Fehlkalkulation Hitlers zu verfolgen. Diese Protokolle und andere deutsche Dokumente aus jener Zeit beweisen, daß Hitler zu unwissend, Göring zu arrogant und Ribbentrop zu dumm war, um die potentielle militärische Stärke der Vereinigten Staaten zu erfassen – ein Fehler, der auch im Ersten Weltkrieg von Wilhelm II., Hindenburg und Ludendorff begangen worden war.

Hitlers Politik gegenüber Amerika lag von Anfang an ein Widerspruch zugrunde. Obwohl er sich über dessen militärische Fähigkeiten nur verächtlich äußerte, war er doch in den ersten beiden Kriegsjahren bestrebt, Amerika aus dem Krieg herauszuhalten. Darin bestand die Hauptaufgabe der deutschen Botschaft in Washington, die sich alle erdenkliche Mühe gab, einen Kriegseintritt Amerikas auf Seiten der Gegner Deutschlands zu verhindern, und dabei Mitglieder des Kongresses bestach, Schriftstellern und dem *America First Committee* Beihilfen gab, um auf diese Weise die amerikanischen Isolationisten zu unterstützen.

Daß Amerika, solange Roosevelt Präsident war, Hitlers grandiosen Plänen zur Welteroberung und Aufteilung des Planeten unter die Mitglieder des Dreimächtepaktes im Wege stand, war dem deutschen Diktator vollauf bewußt, wie aus vielen seiner privaten Äußerungen hervorgeht. Eines Tages, so erkannte er, würde man sich auch mit der amerikanischen Republik auseinandersetzen müssen, und zwar »ernsthaft«, wie er sagte. Aber immer eins nach dem anderen! Das war bis dahin das Geheimnis seiner erfolgreichen Strategie gewesen. Auch Amerika würde an die Reihe kommen, aber erst nach Zerschlagung Großbritanniens und der Sowjetunion. Dann wollte er sich, von Japan und Italien unterstützt, mit den amerikanischen Emporkömmlingen befassen, die, isoliert und allein dastehend, der Gewalt der siegreichen Achse leicht unterliegen würden.

Japan war in Hitlers Augen ein entscheidender Faktor in dem Bemühen, Amerika so lange aus dem Krieg herauszuhalten, bis Deutschland zu einer Auseinandersetzung imstande sein würde. Ribbentrop hatte am 11. März 1940 zu Mussolini gesagt, Japan würde die Amerikaner davon abhalten, in Europa wie im Ersten Weltkrieg einzugreifen [1].

Bei den Verhandlungen, die Hitler und Ribbentrop während des Krieges mit den Japanern führten, betonten sie zunächst, es sei wichtig, die Vereinigten Staaten nicht zu provozieren, ihre Neutralität aufzugeben. Anfang 1941 lag ihnen zwar außerordentlich daran, Japan in den Krieg hineinzuziehen, aber nicht gegen Amerika, und auch nicht gegen Rußland, das sie binnen kurzem anzugreifen gedachten, sondern gegen England, das nicht klein beigeben wollte, obgleich es nach ihrer Meinung geschlagen war. Im Laufe der ersten Monate des Jahres 1941 verstärkten die Deutschen ihren Druck auf Japan. Am 23. Februar empfing Ribbentrop auf seinem von ihm gestohlenen Landsitz Fuschl bei Salzburg den hitzigen japanischen Botschafter General Hiroshi Oshima, von dem ich oft den Eindruck hatte, daß er nationalsozialistischer als die Nationalsozialisten war. Obwohl der Krieg bereits gewonnen sei, erklärte Ribbentrop seinem Gast, sollte Japan »aber auch in seinem eigenen Interesse so schnell als möglich selbst eingreifen«. Er fuhr fort:

Ein überraschendes Eingreifen Japans sei geeignet, Amerika aus dem Krieg herauszuhalten. Amerika, das heute noch nicht aufgerüstet sei und seine Flotte westlich Hawaii sowieso nur sehr ungern einem Risiko aussetzen würde, könnte dies dann um so weniger tun. Wenn Japan im übrigen die amerikanischen Interessen respektieren würde, fiele auch noch das Prestigeargument fort, womit Roosevelt eventuell den Amerikanern den Krieg plausibel machen könnte. Amerika dürfte kaum den Krieg erklären, um dann ohnmächtig zusehen zu müssen, wie in einem solchen Falle Japan ihm die Philippinen fortnähme ...

Aber selbst wenn Amerika in den Krieg einträte, meinte Ribbentrop, könne es »den Endsieg der Länder des Dreimächtepaktes nicht mehr in Frage stellen«. Die japanische Flotte würde mit Leichtigkeit die amerikanische Flotte schlagen, und mit der Niederlage sowohl Englands wie Amerikas wäre dann der Krieg rasch zu Ende. Das war Wasser auf die Mühlen des Japaners, und Ribbentrop ließ reichlich nachfließen. Er riet den Japanern, bei den derzeitigen Verhandlungen in Washington festzubleiben und »eine deutliche Sprache zu führen«.

Nur wenn man in USA erkenne, daß man einer eisernen Entschlossenheit gegenüberstünde, würde man sich zurückhalten. Das Volk in USA ... sei ... gegen den Kriegseintritt, um nicht seine Söhne zu opfern. Man fühle im amerikanischen Volk instinktiv, daß man ohne Grund von Roosevelt und den jüdischen Drahtziehern in den Krieg hineingerissen werden solle. Daher müsse man gegenüber USA eine deutliche und starke Politik treiben ...

Ribbentrop malte dann jenes Menetekel an die Wand, das bei Franco nicht verfangen hatte.

Sollte Deutschland je schwach werden, so würde sich Japan binnen kurzem einer Weltkoalition gegenübersehen. Wir säßen in demselben Boot. Das Schicksal beider Völker würde jetzt auf Jahrhunderte hinaus bestimmt ... Eine Niederlage Deutschlands würde auch das Ende des japanischen imperialen Gedankens bedeuten[2].

Um die Spitzen der Wehrmacht und des Auswärtigen Amtes mit seiner neuen Japanpolitik vertraut zu machen, erließ Hitler am 5. März 1941 seine »Weisung Nr. 24 über Zusammenarbeit mit Japan[3]«.

Das Ziel der durch den Drei-Mächte-Pakt begründeten Zusammenarbeit muß es sein, Japan so bald wie möglich zum aktiven Handeln im Fernen Osten zu bringen. *Starke englische Kräfte werden dadurch gebunden, das Schwergewicht der Interessen der Vereinigten Staaten von Amerika wird nach dem Pazifik abgelenkt ...*
Als gemeinsames Ziel *der Kriegführung ist herauszustellen, England rasch niederzuzwingen und USA dadurch aus dem Kriege herauszuhalten ...*
Die Wegnahme von Singapore *als Schlüsselstellung Englands im Fernen Osten würde einen entscheidenden Erfolg für die Gesamtkriegführung der Drei Mächte bedeuten.*
[Hervorhebungen im Original.]

Die Japaner sollten auch andere britische Flottenbasen und sogar amerikanische Stützpunkte »wegnehmen«, »wenn Kriegseintritt USA nicht verhindert werden kann«. Zum Schluß ordnete er in seiner Weisung an: »Über das *Barbarossa*-Unternehmen darf den Japanern gegenüber keinerlei Andeutung gemacht werden.« Wie der italienische, sollte auch der japanische Verbündete für die deutschen Ambitionen zwar eingespannt, aber nicht über Hitlers Absicht, Rußland anzugreifen, ins Vertrauen gezogen werden.
Vierzehn Tage später, am 18. März, forderte Admiral Raeder in einer Konferenz mit Hitler, Keitel und Jodl dringend, Japan zum Angriff auf Singapore zu drängen. Die Gelegenheit werde nie wieder so günstig sein, sagte Raeder und erläuterte: »Bindung der ganzen englischen Flotte; Nichtbereitschaft der USA, gegen Japan Krieg zu führen; Unterlegenheit der USA-Flotte gegenüber der japanischen.« Mit der Einnahme Singapores seien »alle anderen ostasiatischen Fragen gegenüber USA und England ... gelöst« und würde es Japan natürlich ermöglicht, wenn es wolle, einen Krieg mit Amerika zu vermeiden. Die Sache habe nur einen Haken, meinte der Admiral, und seine Bemerkung dürfte ein Stirnrunzeln Hitlers ausgelöst haben. Nach Informationen der Marineabwehr, sagte Raeder, würden die Japaner in Südostasien nur dann gegen die Briten vorgehen, »wenn Deutschland zur Landung in England schreitet«. Was Hitler hierauf erwidert hat, geht aus dem Sitzungsprotokoll nicht hervor. Raeder wußte sicherlich, daß Hitler nicht beabsichtigte, im Jahre 1941 in England zu landen, und sich auch in dieser Hinsicht keinen Hoffnungen hingab. Der Admiral sagte noch etwas anderes, worauf der Führer nicht einging: »ObdM empfiehlt ... die Unterrichtung Matsuokas über die Absichten Rußlands[4].«
Matsuoka, der japanische Außenminister, war über Sibirien und Moskau unterwegs nach Berlin, und während seiner Reise gab er, wie sich Staatssekretär Hull ausdrückte[5], kriegerische Äußerungen zugunsten der Achse von sich. Er traf am 26. März in der

Reichshauptstadt ein, in einem Augenblick, der für Hitler sehr unangenehm war. Denn in jener Nacht wurde die prodeutsche Regierung Jugoslawiens durch den Belgrader Staatsstreich gestürzt, und Hitler war von seinen improvisierten Plänen zur Zerschlagung des widerspenstigen Balkanlandes so stark in Anspruch genommen, daß er den Empfang des japanischen Gastes auf den Nachmittag des 27. verschieben mußte.
Am Vormittag indes empfing ihn Ribbentrop, der die für solche Besucher und solche Gelegenheiten bereitliegende alte Platte auflegte, wobei der behende kleine Matsuoka kaum zu Wort kam. Das ist deutlich aus den von Dr. Schmidt gemachten Aufzeichnungen zu erkennen[6]. »Der Krieg«, verkündete Ribbentrop, »sei für die Achse bereits restlos gewonnen... Es sei nur noch eine Zeitfrage, bis England zugebe, den Krieg verloren zu haben.« Wenige Minuten später hob er jedoch hervor, »daß z. B. ein schneller Angriff auf Singapore ein sehr entscheidender Faktor für eine schnelle Niederwerfung Englands sein würde«. Angesichts eines solchen Widerspruchs zuckte der zierliche Japaner nicht mit der Wimper. »Matsuoka«, schrieb Schmidt später, »saß mit asiatisch undurchdringlichem Gesicht da und ließ in keiner Weise erkennen, was er sich bei diesen seltsamen Anspielungen dachte[7].«

Anschließend [heißt es weiter in dem Protokoll] sprach der RAM über Amerika. Es bestehe kein Zweifel darüber, daß die Engländer den Krieg längst aufgegeben hätten, wenn nicht Roosevelt Churchill immer neue Hoffnung gemacht hätte... Der Dreimächtepakt habe in erster Linie das Ziel verfolgt, Amerika... abzuschrecken... und es aus dem Krieg herauszuhalten... Es müsse mit allen Mitteln verhindert werden, daß Amerika aktiv in den Krieg eintrete oder seine Hilfe an England zu aktiv gestalte... Die Einnahme Singapores [sei] vielleicht am ehesten geeignet, Amerika aus dem Krieg herauszuhalten, weil die Vereinigten Staaten es kaum riskieren dürften, ihre Flotte in die japanischen Gewässer zu entsenden... [Dann] befände sich Roosevelt in einer sehr schwierigen Lage.

Trotz Hitlers Anweisung, Matsuoka nichts von dem bevorstehenden deutschen Angriff gegen Rußland zu sagen – eine notwendige Vorsichtsmaßnahme, um das Durchsickern von Nachrichten zu verhüten, die aber, wie wir noch sehen werden, für Deutschland verheerende Folgen haben sollte –, spielte Ribbentrup mehrmals darauf an. Das Verhältnis zu Rußland, sagte er, sei zwar korrekt, aber nicht sehr freundschaftlich. Sollte die Sowjetunion Deutschland bedrohen, »würde der Führer Rußland zerschlagen«. Der Führer sei überzeugt, fügte Ribbentrop hinzu, »daß es im Falle eines Vorgehens gegen die Sowjetunion nach wenigen Monaten keine Großmacht Rußland mehr geben würde«.
Bei diesen Worten blinzelte Matsuoka, schreibt Schmidt, und machte ein so bedenkliches Gesicht, daß Ribbentrop sich beeilte, ihn zu beruhigen: »Ich glaube aber nicht, daß Stalin eine unkluge Politik verfolgen wird.« In diesem Augenblick wurde Ribbentrop zwecks Erörterung der jugoslawischen Krise zu Hitler gerufen und erschien nicht einmal bei dem offiziellen Essen zu Ehren des Gastes.

Am Nachmittag sprach dann Hitler, der sich inzwischen entschlossen hatte, Jugoslawien zu zerschmettern, mit dem japanischen Außenminister. England, begann er, habe »schon jetzt den Krieg verloren. Es sei nur eine Frage der Einsicht, ob es dies zugeben wolle«. Es klammere sich an zwei Strohhalme: Rußland und Amerika. Hinsichtlich der Sowjetunion äußerte Hitler sich vorsichtiger als Ribbentrop. Er glaube nicht, sagte er, daß die Gefahr eines Krieges mit Rußland auftreten würde. Im übrigen habe Deutschland notfalls 160 bis 180 Divisionen »zu seinem Schutz gegen Rußland zur Verfügung«. In bezug auf Amerika sagte er:

Amerika sehe sich vor drei Alternativen: Es könne selbst aufrüsten, England helfen oder anderswo Krieg führen. Wenn es England helfe, könne es nicht aufrüsten. Wenn es England vernachlässige, würde dieses niedergeschlagen werden, und Amerika würde sich dann allein den Mächten des Dreierpakt gegenüberfinden. Auf keinen Fall aber könne Amerika anderswo Krieg führen.

Daher, folgerte Hitler, »würde es eine bessere Situation« für das Zuschlagen Japans im Pazifik »nach menschlichem Ermessen überhaupt nicht wieder geben ... Ein solcher Augenblick«, fügte er hinzu und trug so dick auf, wie er konnte, »würde nie wiederkehren, er sei einmalig in der Geschichte«. Matsuoka stimmte an sich Hitler zu, wandte jedoch ein: »Leider regiere er nicht Japan ... Im gegenwärtigen Augenblick könne er unter diesen Umständen für sein japanisches Reich keine Verpflichtung zum Handeln eingehen.«

Hitler freilich, der absolute Diktator, konnte eine Verpflichtung eingehen. Das tat er – wie beiläufig und ohne darum gebeten worden zu sein – am 4. April, als Matsuoka nach einem Besuch bei Mussolini wieder nach Berlin zurückgekehrt war[8]. Auf Amerika zu sprechen kommend, sagte Hitler, ein Krieg mit den Vereinigten Staaten sei zwar »unerwünscht«, doch habe er ihn »in seine Rechnung schon einkalkuliert«. Allerdings hielt er nicht viel von der amerikanischen Militärmacht[9].

Deutschland [erklärte er] habe seine Vorbereitungen so getroffen, daß in Europa kein Amerikaner landen könne. Es würde mit seinen U-Booten und seiner Luftwaffe einen energischen Kampf gegen Amerika führen und infolge seiner größeren Erfahrung ... erheblich überlegen sein, ganz abgesehen davon, daß die deutschen Soldaten selbstverständlich hoch über den Amerikanern stünden.

Dieses Renommieren brachte ihn zu einem schicksalhaften Gelübde, das Dr. Schmidt in seinem Protokoll aufgezeichnet hat:

Wenn Japan in einen Konflikt mit den Vereinigten Staaten geriete, [würde] Deutschland seinerseits sofort die Konsequenzen ziehen.

Offenbar erfaßte Matsuoka nicht sogleich die Bedeutung dieser Erklärung, so daß Hitler wiederholte:

Deutschland [würde], wie gesagt, unverzüglich in einem Konfliktsfall Japan-Amerika eingreifen.

Nicht nur für dieses unüberlegte Versprechen sollte Hitler teuer bezahlen, sondern auch für seine Unaufrichtigkeit dem Japaner gegenüber hinsichtlich seiner Angriffsabsicht gegen Rußland. Am 28. März hatte Matsuoka im Laufe einer Besprechung Ribbentrop gefragt, »ob er auf seinem Rückwege etwas länger in Moskau bleiben solle, um über den Nichtangriffspakt oder den Neutralitätsvertrag mit den Russen zu verhandeln«. Der dümmliche deutsche Außenminister hatte selbstzufrieden erwidert, er empfehle, »die vorerwähnten Fragen möglichst nicht in Moskau anzuschneiden, da dies nicht ganz in den Rahmen der gegenwärtigen Lage passen dürfte«. Er hatte nicht ganz begriffen, worum es ging. Aber bis zum nächsten Tag war es in sein Gehirn eingedrungen, und er begann die Besprechung an diesem Tag, indem er daran anknüpfte. Ebenso beiläufig, wie Hitler es am 4. April in bezug auf Amerika tun sollte, garantierte Ribbentrop: »Wenn Rußland jemals Japan angreifen sollte, würde Deutschland sofort losschlagen.« Er wolle, sagte er, »diese feste Zusicherung ... abgeben, so daß Japan ohne Furcht vor etwaigen Komplikationen mit Rußland nach Süden auf Singapore vorstoßen könne«. Als Matsuoka schließlich zugab, er habe auf der Reise nach Berlin den Russen in Moskau einen Nichtangriffspakt vorgeschlagen, was von den Sowjets günstig aufgenommen worden sei, trat in Ribbentrops Denken eine Art Leerlauf ein. Er empfahl Matsuoka lediglich, die Frage »nur leichthin an der Oberfläche« zu behandeln.

Doch als der japanische Außenminister auf seiner Heimreise durch Moskau kam, unterzeichnete er dort sofort mit Stalin einen Neutralitätsvertrag. Schulenburg, der die Folgen voraussah, drahtete nach Berlin, der Vertrag verpflichte jedes der beiden Länder, neutral zu bleiben, falls das andere in einen Krieg verwickelt werde. Japan hielt den Vertrag, der am 13. April abgeschlossen wurde, bis zum allerletzten Tag ein, obwohl es schon bald von den Deutschen gedrängt wurde, ihn nicht zu beachten. Schon bald, denn noch vor Ende des Sommers 1941, flehten die Deutschen die Japaner an, nicht Singapore oder Manila, sondern Wladiwostok anzugreifen.

Zunächst jedoch ging Hitler die Bedeutung des russisch-japanischen Neutralitätspakts nicht auf. Von Admiral Raeder am 20. April über den Vertrag befragt, erklärte Hitler, er sei mit »Deutschlands Zustimmung« abgeschlossen worden, und er selbst begrüße ihn, »weil er Japan jetzt davon abhält, gegen Wladiwostok vorzugehen, und es veranlaßt, statt dessen Singapore anzugreifen[10]«. Zu diesem Zeitpunkt glaubte Hitler zuversichtlich, Deutschland könne Rußland im Laufe des Sommers zerschlagen. So wenig wie er gewünscht hatte, daß Italien an der Eroberung Frankreichs teilnehme, so wenig wünschte er Japan an der neuen großen Ruhmestat zu beteiligen. Und er war auch absolut davon überzeugt, daß er Japans Hilfe nicht brauchen würde.

Aber kaum drei Monate später gelangten Hitler und Ribbentrop sehr plötzlich zu einer radikalen Meinungsänderung. Am 28. Juni 1941, sechs Tage nach Beginn des deutschen

Einmarsches in Rußland, kabelte Ribbentrop dem Botschafter in Tokio, General Eugen Ott, er solle alles in seiner Macht stehende tun, um die Japaner zu einem baldigen Angriff gegen die Sowjetunion zu bewegen. Ott wurde angewiesen, die Beutelust der Japaner anzureizen und des weiteren damit zu argumentieren, daß ein Angriff auf Rußland der beste Weg sei, Amerika neutral zu halten:

Es kann damit gerechnet werden, daß die schnelle Niederringung Sowjetrußlands, zumal wenn sich Japan von Osten her daran beteiligt, das beste Mittel sein wird, um die Vereinigten Staaten von der absoluten Sinnlosigkeit eines Eintritts in den Krieg auf Seiten des dann völlig isolierten und der mächtigsten Kombination der Erde gegenüberstehenden Englands zu überzeugen[11].

Matsuoka selbst befürwortete ein sofortiges Vorgehen gegen Rußland, aber seine Ansicht wurde von der japanischen Regierung nicht geteilt. Wenn die Deutschen, meinte sie, die Russen so schnell niederringen würden, wie sie behaupteten, dann brauchten sie keine japanische Hilfe. Aber in Tokio war man nicht so sehr von einem deutschen Blitzsieg überzeugt, und das war der wahre Grund für die Einstellung der japanischen Regierung.

Ribbentrop gab indes nicht nach. Am 10. Juli, als die deutsche Offensive wirklich ins Rollen kam und selbst Halder glaubte, der Krieg sei bereits gewonnen, sandte der deutsche Außminister von seinem Sonderzug an der Ostfront aus dem Botschafter in Tokio ein neues, energischeres Telegramm:

Da Rußland, wie der japanische Botschafter aus Moskau meldet, tatsächlich vor dem Zusammenbruch steht..., ist es ja schlechterdings unmöglich, daß Japan nicht, sobald es militärisch fertig ist, die Frage Wladiwostok und des sibirischen Raumes löst...
Ich bitte Sie im übrigen, mit allen Ihnen zu Gebote stehenden Mitteln... weiter auf den schnellmöglichsten Kriegseintritt Japans gegen Rußland hinzuwirken, denn je früher dieser Eintritt erfolgt, desto besser ist es. Natürliches Ziel muß weiter bleiben, daß Japan und wir uns vor Eintritt des Winters auf der Transsibirischen Bahn die Hand reichen[12].

Selbst die militaristische japanische Regierung ließ sich durch eine solche schwindelerregende Aussicht nicht den Kopf verdrehen. Vier Tage später kabelte Botschafter Ott, er habe sein Bestes getan, um die Japaner zum schnellstmöglichen Angriff auf Rußland zu bewegen, und Matsuoka sei auch ganz dafür, doch habe er, Ott, mit »großen Hindernissen« im japanischen Kabinett zu kämpfen[13]. Tatsache war, daß Matsuoka bald aus dem Kabinett ausscheiden mußte. Damit verloren die Deutschen vorläufig ihren besten Freund, und obgleich später die Beziehungen Berlin–Tokio wieder enger geknüpft wurden, so waren sie doch niemals eng genug, um Japan davon zu überzeugen, daß es klug sei, Deutschland im Krieg gegen Rußland beizustehen. Wieder einmal war Hitler von einem listigen Verbündeten übervorteilt worden[14].

»ZWISCHENFÄLLE MIT DEN USA SIND ZU VERMEIDEN«

Da Japan sich hartnäckig weigerte, für Hitler die Kastanien aus dem russischen Feuer zu holen – die Japaner rösteten ihre eigenen Kastanien –, wurde es für Deutschland um so wichtiger, Amerika so lange aus dem Krieg herauszuhalten, bis die Sowjetunion erobert sein würde, womit Hitler im Sommer 1941 fest bis zum Einbruch des Winters rechnete.

Die deutsche Kriegsmarine ärgerte sich schon seit langem über die Beschränkungen, die Hitler ihren Bemühungen auferlegt hatte, die amerikanischen Verschiffungen nach England zu unterbinden und der zunehmend feindseligen Haltung amerikanischer Kriegschiffe gegen im Atlantik operierende deutsche U-Boote und Überwasserschiffe zu begegnen. Die Admirale, die einen größeren Weitblick als der ganz auf die Landkriegsführung ausgerichtete Hitler besaßen, hatten von Anfang an Amerikas Kriegseintritt als unvermeidlich angesehen und Hitler bedrängt, sich darauf vorzubereiten. Gleich nach dem Zusammenbruch Frankreichs hatte Admiral Raeder unter Beistand von Göring Hitler dringend nahegelegt, nicht nur Französisch-Nordafrika, sondern auch, was noch wichtiger sei, die Atlantik-Inseln unter Einschluß von Island, den Azoren und den Kanarischen Inseln zu besetzen, um Amerika zuvorzukommen. Hitler hatte sich zwar interessiert gezeigt, wollte aber erst in England landen und Rußland erobern. Wenn dann die amerikanische Position hoffnungslos geworden sei, werde er sich mit den Vereinigten Staaten befassen. Hitlers Ansichten zu Ende des Sommers 1940 offenbart ein Geheimmemorandum des Majors im Generalstab Freiherrn von Falkenstein:

Den Führer beschäftigt im Hinblick auf eine spätere Kriegführung gegen Amerika die Frage der Besetzung der Atlantischen Inseln. Es werden hier diesbezügliche Erwägungen angestellt[15].

Die Frage war also nicht, ob Hitler einen Krieg gegen Amerika beabsichtigte oder nicht, sondern es ging lediglich um den *Zeitpunkt*, den er dafür wählen würde. Im Frühjahr des folgenden Jahres begann Hitler sich über den Termin Gedanken zu machen. Am 22. Mai 1941 sagte ihm Admiral Raeder bei einer Besprechung, die Marine müsse »den Gedanken an eine Besetzung der Azoren aufgeben«. Sie sei dafür einfach zu schwach. Aber inzwischen hatte Hitler sich für das Projekt erwärmt, und seine Antwort wurde von Raeder aufgezeichnet:

Führer ist immer noch dafür, Azoren zu besetzen, um in der Lage zu sein, von dort Langstreckenbomber gegen Amerika einzusetzen. Der Fall könne im Herbst eintreten[16].

Das hieß, nach dem Zusammenbruch der Sowjetunion. Dann sollten die Amerikaner an die Reihe kommen. Zwei Monate später, am 25. Juli, als die Rußlandoffensive in vollem Gange war, sprach Hitler dies Admiral Raeder gegenüber deutlich aus. »Er behält sich vor«, notierte Raeder, »nach dem Ostfeldzug scharfe Maßnahmen gegen die USA zu ergreifen[17].« Aber bis dahin, betonte Hitler in seinem Gespräch mit dem

Admiral, wolle er »vermeiden, daß die USA den Krieg erklären ... mit Rücksicht auf das in schwerem Kampf stehende Heer«.

Raeder gab sich damit nicht zufrieden. Seine täglichen Aufzeichnungen über die Besprechungen mit Hitler zeigen seine wachsende Ungeduld über die Fesseln, die Hitler der Kriegsmarine anlegte. Sooft er ihn sah, versuchte er ihn umzustimmen.

Zu einem früheren Zeitpunkt, am 4. Februar 1941, hatte Raeder Hitler eine Denkschrift vorgelegt, in der die Marine starke Zweifel daran äußerte, daß sich eine weitere Neutralität Amerikas für Deutschland günstig auswirke. Die Admirale behaupteten sogar, Amerikas Kriegseintritt könne für Deutschland vorteilhaft sein, wenn dadurch Japan kriegführende Macht auf seiten der Achse werden würde[18]. Aber dieses Argument machte auf Hitler keinen Eindruck.

Raeder war sehr entmutigt. Die Schlacht im Atlantik war in vollem Gange, und für Deutschland stand sie nicht gut. Nach England strömten amerikanische *Lend-Lease*-Lieferungen. Die *Pan American Neutrality Patrol* machte es für die U-Boote immer schwieriger, wirksam zu operieren. Das alles hielt Raeder Hitler vor Augen, doch ohne viel Erfolg. Am 18. März meldete er ihm, daß nach England gehende amerikanische Geleitzüge bis nach Island von amerikanischen Kriegsschiffen eskortiert würden. Er bat um Genehmigung, sie ohne Warnung anzugreifen. Es müsse zudem etwas getan werden, um ein Fußfassen der USA in Französisch-Westafrika zu verhindern. Hierin liege eine große Gefahr. Hitler hörte ihn an und sagte ihm, er werde diese Dinge mit dem Auswärtigen Amt (!) besprechen, was ihm eine Möglichkeit gab, die Admirale abzuwimmeln[19].

Er wimmelte sie bis in den Sommer hinein ab. Am 20. April wies er Raeders dringende Bitte um Genehmigung »für die Kriegführung gegen amerikanische Handelschiffe gemäß den Prisenbestimmungen« ab[20]. Zehn Tage vorher war der erste Zusammenstoß zwischen amerikanischen und deutschen Kriegsschiffen gemeldet worden; der US-Zerstörer *Niblack* hatte auf ein deutsches U-Boot, das Angriffsabsichten bekundete, Unterwasserbomben abgeworfen. Am 22. Mai erschien Raeder auf dem *Berghof* wieder mit einem langen Memorandum, worin er Gegenmaßnahmen gegen unfreundliche Handlungen der Amerikaner vorschlug, doch konnte er seinen Obersten Befehlshaber damit nicht rühren.

Führer meint [notierte der Admiral], der Präsident der USA sei immer noch unentschieden. Er wünscht unter keinen Umständen Zwischenfälle, die Kriegseintritt Amerikas zur Folge haben würden[21].

Als der Rußlandfeldzug begann, bestand erst recht Anlaß, solche Zwischenfälle zu vermeiden, und das sagte Hitler am 21. Juni auch ausdrücklich zu Raeder. Der Großadmiral hatte ihm in glühenden Farben geschildert, wie U 253 innerhalb der von Deutschland als »Sperrgebiet« erklärten Zone im Nordatlantik das amerikanische Schlachtschiff *Texas* und einen Begleitzerstörer ausgemacht, »gejagt und anzugreifen versucht« habe. Raeder fügte hinzu, den »USA gegenüber [sei] energisches Auftreten stets wirkungsvoller als Anschein des Nachgebens«. Doch Hitler erteilte der Marine wiederum eine Mahnung:

Der Führer erklärt des näheren, daß er bis zur klaren Entwicklung von »Barbarossa« jeden Zwischenfall mit USA vermeiden möchte. Nach einigen Wochen würde die Lage geklärt sein, eine günstige Wirkung auf USA bzw. Japan sei dann zu erwarten, die Neigung der USA, in den Krieg einzutreten, würde dann geringer sein, infolge der dann steigenden Bedrohung seitens Japans. Wenn möglich sollten daher in diesen Wochen alle Angriffe auf Kriegsschiffe im Sperrgebiet unterbleiben.

Als Raeder einzuwenden versuchte, in der Nacht ließen sich neutrale Kriegsschiffe nur schwer von feindlichen unterscheiden, fiel Hitler ihm ins Wort und befahl ihm, zur Vermeidung von Zwischenfällen mit Amerika neue Weisungen zu erlassen. Infolgedessen ließ der Marinechef noch in derselben Nacht den Befehl ergehen, Angriffshandlungen gegen *alle* Kriegsschiffe »innerhalb und außerhalb des Sperrgebiets« zu unterlassen, sofern sie nicht eindeutig als englische zu erkennen seien. An die Luftwaffe wurde ein ähnlich lautender Befehl ausgegeben[22].

Am 9. Juli gab Präsident Roosevelt bekannt, amerikanische Streitkräfte seien im Begriff, die Engländer in der Besetzung Islands abzulösen. In Berlin setzte sofort eine heftige Reaktion ein. Ribbentrop kabelte nach Tokio, »daß die Tatsache des Entsendens amerikanischer Streitkräfte zur militärischen Unterstützung Englands in das von uns speziell bekanntgegebene Operationsgebiet ... an sich bereits eine Aggression gegen Deutschland und Europa bedeutet[23]«.

Raeder eilte ins Führerhauptquartier und erbat »politische Entscheidung, ob die Besetzung von Island als Kriegseintritt der USA zu betrachten oder als Provokation aufzufassen sei, die ignoriert werden solle«. Die Kriegsmarine selbst betrachtete die amerikanische Landung in Island als Kriegshandlung und unterbreitete Hitler ein zweiseitiges Memorandum über alle übrigen »Aggressionsakte« der Roosevelt-Regierung gegen Deutschland. Außerdem ersuchte die Marine um Genehmigung, innerhalb des Sperrgebiets amerikanische Frachter zur versenken und gegebenenfalls US-Kriegsschiffe anzugreifen[24]. Hitler lehnte das ab. In Raeders Niederschrift von der Besprechung heißt es:

Führer führt des längeren aus, daß ihm alles daran liege, den Kriegseintritt der USA noch ein bis zwei Monate hinauszuschieben, da einerseits der Ostfeldzug mit der gesamten Luftwaffe, die ... er auch nicht teilweise abziehen möchte, durchgeführt werden müsse, und da andererseits die Wirkung des siegreichen Ostfeldzuges auf die Gesamtlage, wahrscheinlich auch auf die Haltung der USA, ungeheuer groß sein werde. Daher wolle er die bisherigen Weisungen vorläufig nicht geändert, vielmehr jeden Zwischenfall weiterhin vermieden wissen.

Als Raeder ihm entgegenhielt, man könne die Kommandanten seiner Schiffe nicht zur Verantwortung ziehen, wenn »versehentlich« amerikanische Schiffe getroffen würden, gab Hitler zurück, zumindest bei Kriegschiffen sollten die Kommandanten »eindeutig feststellen«, ob es sich um feindliche Fahrzeuge handele, ehe sie angriffen. Um sicher zu gehen, daß die Admirale ihn auch richtig verstanden, erließ Hitler am 19. Juli einen speziellen Befehl: »Im erweiterten Op. Gebiet dürfen in engl. oder USA-Geleit fahrende und einzeln fahrende USA-Handelsschiffe, die vor Waffengebrauch als solche erkannt sind, nicht angegriffen werden.« Innerhalb des auch von den Vereinigten Staaten anerkannten Sperrgebiets könnten zwar amerikanische Schiffe angegriffen werden, doch verfügte Hitler ausdrücklich, daß von diesem Sperrgebiet »Seeweg USA–Island *nicht* berührt wird«. [Hervorhebung von Hitler[25].]

Aber »Irrtümer«, betonte Raeder, seien nicht zu vermeiden. So habe ein U-Boot am 21. Mai den amerikanischen Frachter *Robin Moor* auf der Fahrt nach Südafrika und mithin außerhalb der deutschen Sperrzone versenkt. Gegen Ende des Sommers wurden dann noch zwei weitere amerikanische Handelsschiffe torpediert. Und am 4. September feuerte ein deutsches U-Boot zwei Torpedos gegen den US-Zerstörer *Greer* ab, die zwar beide ihr Ziel verfehlten. Eine Woche später, am 11. September, entgegnete Roosevelt auf diesen Angriff mit einer Rede, in der er bekanntgab, er habe der US-Navy den Befehl erteilt, »zu schießen, sobald sie deutsche Schiffe sichte«. Kriegsschiffe der Achse, die sich in die Verteidigungszone der USA begäben, täten dies »auf eigene Gefahr«.

Berlin war über diese Rede aufgebracht. In der NS-Presse wurde Roosevelt als »Kriegstreiber Nr. 1« angegriffen. Ribbentrop erinnerte sich später in Nürnberg, Hitler sei »sehr erregt« gewesen. Als jedoch Admiral Raeder am Nachmittag des 17. September im Führerhauptquartier erschien und drastische Vergeltungsmaßnahmen gegen Roosevelts »Schießbefehl« forderte, hatte Hitler sich inzwischen wieder beruhigt. Auf Raeders Drängen, wenigstens die den Angriff auf amerikanische Schiffe beschränkenden Bestimmungen aufzuheben, erwiderte Hitler mit einem entschiedenen Nein.

»Daher«, notierte Raeder betrübt, »ziehen ObdM und Befehlshaber U-Bootflotte [Dönitz] ihre Vorschläge zurück. U-Boote sind über den Grund für vorübergehende Belassung alter Weisungen zu unterrichten[26].« Angesichts der Umstände übte Hitler eine für seine Verhältnisse sicherlich ungewohnte Zurückhaltung. Für die jungen U-Bootkommandanten hingegen, die in den rauhen Gewässern des Nordatlantik operierten und auf immer stärker werdende englische Abwehrmaßnahmen stießen, wobei manchmal US-Kriegsschiffe mitwirkten, war es zugegebenermaßen schwieriger, solche Zurückhaltung zu üben. Hitler hatte indes Raeder im Juli gesagt, er werde niemals einen U-Bootkapitän zur Rechenschaft ziehen, wenn er »versehentlich« ein amerikanisches Schiff versenke. Am 9. November, bei seiner alljährlichen Ansprache an die alten Kämpfer im Münchner *Bürgerbräukeller*, antwortete er dann auf Roosevelts Rede:

Herr Präsident Roosevelt hat seinen Schiffen befohlen zu schießen, sobald sie deutsche Schiffe sehen. Und ich habe den deutschen Schiffen befohlen, wenn sie amerikanische sehen – nicht *darauf zu schießen, aber sich zu wehren, sobald sie angegriffen werden. Einen deutschen Offizier, der sich nicht wehrt, stelle ich vor ein Kriegsgericht.*

Und am 13. November erließ er eine neue Weisung: U-Boote hätten soweit wie möglich Kämpfe mit amerikanischen Kriegsschiffen zu vermeiden, sich jedoch zu verteidigen, wenn sie angegriffen würden[27].

Das hatten sie natürlich schon getan. In der Nacht vom 16. zum 17. Oktober belegte der US-Zerstörer *Kearney*, der einem von deutschen U-Booten angegriffenen Geleitzug zu Hilfe eilte, eines dieser Boote mit Unterwasserbomben, woraufhin das U-Boot den Zerstörer torpedierte. Dabei kamen elf Mann der Besatzung ums Leben. Es waren die ersten amerikanischen Verluste in dem nicht erklärten Krieg mit Deutschland[28]. Weitere sollten in rascher Folge eintreten. Am 31. Oktober wurde der im Geleitdienst eingesetzte US-Zerstörer *Reuben James* torpediert und versenkt, wobei von der 145 Mann starken Besatzung 100, darunter sämtliche Offiziere, ihr Leben verloren. Der Schießkrieg begann also lange vor der offiziellen Kriegserklärung.

JAPAN TREIBT SEIN EIGENES SPIEL

Hitler hatte, wie wir sahen, Japan die Aufgabe zugedacht, die Vereinigten Staaten nicht etwa in den Krieg hineinzuziehen, sondern sie, vorerst wenigstens, herauszuhalten. Ihm war bewußt, daß eine Einnahme Singapores und die Bedrohung Indiens durch die Japaner einen schweren Schlag gegen die Engländer bedeuten und darüber hinaus Amerikas Aufmerksamkeit – und einen Teil seiner Anstrengungen – vom Atlantik ab- und zum Pazifik hinlenken würde. Selbst noch als er den Japanern zusetzte, Wladiwostok anzugreifen, sah er darin nicht nur eine Hilfe zur Niederringung Rußlands, er wollte damit auch die Amerikaner zur weiteren Aufrechterhaltung ihrer Neutralität veranlassen. Seltsamerweise scheint sowohl ihm wie auch anderen Leuten in Deutschland erst spät der Gedanke gekommen zu sein, daß Japan eigene Pläne haben und darauf bedacht sein könnte, sich erst dann auf eine große Offensive gegen Engländer und Holländer in Südostasien oder gar auf einen Angriff gegen Rußland einzulassen, wenn es sich durch Vernichtung der amerikanischen Pazifikflotte den Rücken gedeckt habe. Gewiß, Hitler hatte Matsuoka versprochen, Deutschland werde im Fall eines japanischen Konflikts mit Amerika sofort nachziehen, aber Matsuoka war nicht mehr in der Regierung. Und davon abgesehen, hatte Hitler die Japaner fortgesetzt bedrängt, einen direkten Konflikt mit Amerika zu vermeiden und sich vielmehr auf England und die Sowjetunion zu konzentrieren, deren Widerstand ihn daran hinderte, den Krieg zu gewinnen. Daß Japan einer unmittelbaren Herausforderung Amerikas den Vorrang geben könnte, kam den Deutschen nicht in den Sinn.

Nicht, daß Berlin eine Verständigung zwischen Japanern und Amerikanern gewünscht hätte. Dies wäre gegen das Hauptziel des Dreimächtepakts gewesen, der gerade Amerika vom Kriegseintritt abschrecken sollte. Als Ribbentrop in Nürnberg darüber befragt wurde, gab er wahrscheinlich Hitlers Gedankengänge ausnahmsweise ehrlich und genau wieder:

Er [Hitler] befürchtete, daß, wenn ein Abkommen zwischen den Vereinigten Staaten und Japan zustandekäme, dies bedeutet hätte, daß Amerika sozusagen den Rücken freibekam und die Vereinigten Staaten schneller als erwartet angreifen bzw. in den Krieg eintreten würden ... Er machte sich Sorgen über ein Abkommen, weil es in Japan bestimmte Gruppen gab, die zu einer Verständigung mit Amerika kommen wollten[29].

Einer solchen Gruppe gehörte auch Admiral Kichisaburo Nomura an, der im Februar 1941 zum japanischen Botschafter in Washington ernannt wurde und im März eine Reihe vertraulicher Besprechungen mit Cordell Hull einleitete, die auf eine friedliche Beilegung der zwischen beiden Ländern bestehenden Differenzen abzielten und – zur erheblichen Beunruhigung Berlins – bis zum Kriegsausbruch fortgesetzt wurden[30].
Die Deutschen taten denn auch alles, um die Washingtoner Besprechungen zu sabotieren. Schon am 15. Mai 1941 führte Weizsäcker in einer für Ribbentrop verfaßten Denkschrift aus, daß »jeder politische Vertrag zwischen Japan und den USA zur Zeit unerwünscht ist« und daß Japan, wenn solch ein Vertrag nicht verhindert würde, der Achse verlorengehen könne[31]. General Ott, der deutsche Botschafter in Tokio, sprach häufig im japanischen Außenministerium vor, um gegen die Hull-Nomura-Besprechungen Einspruch zu erheben. Als sie dennoch fortgesetzt wurden, unternahmen die Deutschen ein neues Manöver; sie versuchten die Japaner zu bewegen, die Weiterführung der Gespräche davon abhängig zu machen, daß die USA die Hilfeleistungen für England und ihre feindselige Politik gegenüber Deutschland einstellten[32].
Das war im Mai. Der Sommer brachte einen Wandel. Im Juli ging es Hitler hauptsächlich darum, die Japaner zum Angriff gegen die Sowjetunion zu bringen, während Hull im selben Monat wegen der japanischen Invasion Französisch-Indochinas die Besprechungen mit Nomura abbrach. Sie wurden indes Mitte August wieder aufgenommen, als die japanische Regierung zum Zwecke einer friedlichen Regelung eine Zusammenkunft zwischen Fürst Konoye und Präsident Roosevelt vorschlug. Das lag keineswegs im Sinne Berlins, und der unermüdliche Ott erschien bald im japanischen Außenministerium, um das Mißvergnügen der Reichsregierung zum Ausdruck zu bringen. Man bedeutete ihm jedoch, das in Aussicht genommene Konoye-Roosevelt-Treffen sei ganz im Sinne des Dreimächtepakts, nach dem ja »Amerikas Beteiligung am Krieg verhindert« werden solle[33].
Als im Herbst die Hull-Nomura-Besprechungen weiter fortgesetzt wurden, griff die Wilhelmstraße auf die Taktik des Frühjahrs zurück. Sie bedrängte Tokio, Nomura anzuweisen, die Amerikaner zu warnen: Wenn die USA bei ihren unfreundlichen Handlungen gegen die Achse blieben, müßten Deutschland und Italien ihnen den Krieg erklären, und in diesem Fall müsse nach den Bestimmungen des Dreierpakts auch Japan in den Krieg eintreten. Hitler wollte freilich noch keinen Krieg mit Amerika; es ging ihm vielmehr darum, Washington zu bluffen, damit es sich heraushalte und er gleichzeitig bei der Seekriegführung im Atlantik von den Amerikanern etwas verschont werde.

Staatssekretär Hull erfuhr sofort von dem erneuten deutschen Druck – dank des sogenannten *Magic*-Systems, das der amerikanischen Regierung seit Ende 1940 ermöglichte, aufgefangene japanische Kabel- und Funktelegramme in Tokios geheimsten Codes zu entziffern, und zwar nicht allein die nach und von Washington, sondern auch die nach und von Berlin und anderen Hauptstädten gehenden Depeschen. Die deutsche Forderung wurde Nomura von Toyoda am 16. Oktober 1941 zugleich mit der Anweisung gekabelt, sie Hull in abgeschwächter Form zu präsentieren[34].

Am gleichen Tag wurde die Konoye-Regierung gestürzt, und an ihre Stelle trat ein Militärkabinett unter dem hitzköpfigen, kriegslüsternen General Hideki Toyo. Der nicht minder kriegslüsterne japanische Botschafter in Berlin, Oshima, eilte in die Wilhelmstraße, um der deutschen Regierung klarzumachen, daß dies eine frohe Botschaft sei. Mit Toyo als Ministerpräsident, sagte er, werde Japan sich enger an seine Achsenpartner anschließen. Die Washingtoner Verhandlungen würden nun aufhören. Er unterließ es jedoch, ob mit Absicht oder nicht, seinen Freunden zu sagen, welche Folgen der Abbruch jener Verhandungen haben mußte und daß daher Toyos Ernennung sehr viel mehr zu bedeuten hatte, als sie ahnten: nämlich daß die neue japanische Regierung zum Krieg mit Amerika entschlossen war, sofern die Washingtoner Verhandlungen nicht bald zur Annahme der japanischen Bedingungen durch Präsident Roosevelt führten. Diese Bedingungen lauteten: freie Hand – nicht zum Angriff auf Rußland, sondern zur Besetzung Südostasiens. An einen solchen Verlauf hatten Ribbentrop und Hitler nie gedacht. In ihren Augen war Japan für die deutschen Interessen nur dann nützlich und förderlich, wenn es Sibirien und Singapore angriffe, Washingtons Sorge um den Pazifik vermehre und es damit aus dem Krieg heraushalte. Hitler und selbstverständlich auch sein Außenminister hatten nicht begriffen, daß das von ihnen so sehr gewünschte Scheitern der Nomura-Hull-Besprechungen in Washington gerade zu dem Ergebnis führen würde, das sie, solange die Zeit noch nicht reif war, zu vermeiden trachteten: zu Amerikas Eintritt in den Weltkonflikt.

Nunmehr nahmen die Dinge einen raschen Verlauf.

Am 15. November kam Saburo Kurusu als Sonderbotschafter nach Washington, um Nomura in den Verhandlungen zur Seite zu stehen, aber Staatssekretär Hull spürte bald, daß Kurusu, der seinerzeit in Berlin für Japan den Dreimächtepakt unterzeichnet hatte und ziemlich prodeutsch war, keine neuen Vorschläge mitgebracht hatte. Nach Hulls Auffassung hatte er den Auftrag, Washington zur sofortigen Annahme der japanischen Bedingungen zu überreden oder, falls er dies nicht erreichte, die amerikanische Regierung mit Besprechungen hinzuhalten, bis Japan so weit vorbereitet war, einen schweren Überraschungsschlag zu führen[35]. Am 19. November erhielt Nomura aus Tokio die von Hulls Mitarbeitern sofort entzifferte unheilverkündende »Wind«-Depesche: Wenn der Nachrichtensprecher des Kurzwellensenders Tokio, den die japanische Botschaft in Washington täglich abhörte, bei seiner Ansage die Worte »Ostwind, Regen« einfüge, so bedeute dies, daß die japanische Regierung den Krieg mit Amerika beschlossen habe. Nomura solle dann alle Codes und Geheimakten vernichten.

Unterdessen gingen den Deutschen die Augen auf. Ribbentrop war einigermaßen überrascht, als Deutschland am 18. November, einen Tag vor Absendung der »Wind«-Depesche, von Tokio gebeten wurde, einen Vertrag zu unterzeichnen, mit dem sich beide Länder verpflichten sollten, keinen Separatfrieden mit gemeinsamen Gegnern zu schließen. Welche Gegner die Japaner meinten, war nicht klar, aber Ribbentrop hoffte allem Anschein nach, es sei in erster Linie an Rußland gedacht. Er erklärte sich mit dem Vorschlag »prinzipiell« einverstanden, offenbar in dem tröstlichen Glauben, daß Japan sich endlich anschicke, sich an seine vagen Versprechungen zu halten und die Sowjetunion in Sibirien anzugreifen. Dies erschien ihm begrüßenswert, und es war auch höchste Zeit, denn der auf breiter Front sich entfaltende Widerstand der Roten Armee nahm mehr und mehr an Gewalt zu, und der russische Winter hatte eingesetzt – viel früher als erwartet. Ein Angriff der Japaner auf Wladiwostok und die russischen Provinzen am Pazifik konnte jenes Mehr an Druck bieten, das den sowjetischen Zusammenbruch herbeiführen mußte.

Ribbentrops Illusionen verflüchtigten sich bald. Am 23. November drahtete Botschafter Ott aus Tokio, es deute alles darauf hin, daß die Japaner im Begriff seien, sich nach Süden zu wenden, und die Absicht hätten, Thailand und die holländischen Ölfelder auf Borneo zu besetzen. Die japanische Regierung wolle von Deutschland wissen, ob es, wenn Japan Krieg führe, mit ihm gemeinsame Sache machen würde. Aus Otts Depesche ging klipp und klar hervor, daß Japan nicht die Absicht hatte, gegen Rußland loszuschlagen, sondern an einen Krieg mit Holländern und Engländern im Südpazifik dachte, der es durchaus in einen bewaffneten Konflikt mit Amerika verwickeln konnte. Letzteres aber begriffen Ribbentrop und Ott nicht. Ihr Telegrammwechsel in jenen Tagen beweist, daß sie jetzt zwar enttäuscht waren, weil Japan nicht gegen Rußland vorgehen wollte, daß sie aber meinten, Japans Wendung nach Süden richte sich gegen die holländischen und englischen, nicht jedoch gegen die amerikanischen Besitzungen. Amerika würde also, so wie Hitler es wünschte, so lange abseits gehalten werden, bis es an die Reihe käme[36].

Die deutsche Fehlrechnung war weitgehend darauf zurückzuführen, daß die Japaner zu diesem Zeitpunkt die deutsche Regierung über ihren schicksalhaften Beschluß in bezug auf Amerika nicht ins Vertrauen zogen. Staatssekretär Hull war dank des *Magic*-Systems weit besser informiert. Schon am 5. November wußte er aus einem Telegramm des Außenministers Togo, daß man Nomura für die Unterzeichnung eines Abkommens mit Amerika – zu den japanischen Bedingungen – den 25. November als Frist gesetzt hatte. Die endgültigen japanischen Vorschläge wurden in Washington am 20. November überreicht. Daß sie ultimativ waren, wußten Hull und Roosevelt aus einem dechiffrierten Telegramm Togos an Nomura und Kurusu, worin der Außenminister die Frist bis zum 29. November verlängerte.

Der entscheidende Tag war der 25. November 1941.

Es war der Tag, an dem die japanischen Flugzeugträger nach Pearl Harbour in See stachen. Hull begab sich ins *Weiße Haus*, um den *War Council* auf die dem Lande von seiten Japans drohende Gefahr und die Chefs von Armee und Marine auf die Möglichkeit eines japanischen Überraschungsangriffs hinzuweisen. In Berlin fand am gleichen Tag eine etwas groteske Zeremonie statt, in der die drei Achsenmächte mit Pomp und Feierlichkeit den Antikominternpakt vom Jahre 1936 erneuerten – eine hohle Geste, die, wie einige Deutsche erkannten, absolut nicht dazu beitrug, Japan zum Eintritt in den Krieg gegen Rußland zu veranlassen, Ribbentrop jedoch die Gelegenheit gab, Roosevelt als »Hauptschuldigen an diesem Krieg« anzuprangern und Krokodilstränen über das von einem so verantwortungslosen Staatsmann betrogene »wahrheitsliebende, religiöse ... amerikanische Volk« zu vergießen.

Ribbentrop scheint sich an seinen eigenen Worten berauscht zu haben. Nach einem am 28. November abgehaltenen Kriegsrat unter Vorsitz Hitlers berief er abends Oshima zu sich und erweckte bei diesem den Eindruck, daß sich Deutschlands Haltung gegenüber Amerika »erheblich versteift« habe, wie der Botschafter nach Tokio funkte.

Die Politik Hitlers, Amerika mit allen Mitteln aus dem Krieg herauszuhalten, bis Deutschland in der Lage war, sich mit ihm zu befassen, schien über Bord geworfen zu sein. Ribbentrop drängte nämlich plötzlich die Japaner zum Kriege sowohl gegen die Vereinigten Staaten wie gegen England und sagte Unterstützung durch das Dritte Reich zu. »Wenn Japan zögert«, sagte er zu Oshima, »wird sich die ganze militärische Macht Englands und Amerikas gegen Japan konzentrieren« – eine recht alberne These angesichts der Tatsache, daß der Krieg in Europa noch im Gange war. Ribbentrop fügte hinzu:

Wie der Führer heute sagte, bestehen grundsätzliche Unterschiede im Daseinsrecht zwischen Deutschland und Japan einerseits und den Vereinigten Staaten andererseits. Wir sind darüber unterrichtet, daß praktisch keine Hoffnung auf einen erfolgreichen Abschluß der japanisch-amerikanischen Verhandlungen besteht, da sich die Haltung der USA versteift.

Wenn Japan sich in diesem Falle entschließt, gegen England und die USA zu kämpfen, so glaube ich fest, daß dies nicht nur dem gemeinsamen Interesse Deutschlands und Japans dienlich ist, sondern auch für Japan selbst von Vorteil sein wird.

Der Botschafter war angenehm überrascht. Aber er wollte sich vergewissern, ob er auch richtig verstanden habe. Und so fragte er:

»Wollen Eure Exzellenz damit andeuten, daß zwischen Deutschland und den USA der tatsächliche Kriegszustand herbeigeführt werden soll?«

Ribbentrop zögerte. Vielleicht war er etwas zu weit gegangen. »Roosevelt ist ein Fanatiker«, erwiderte er, »so ist unmöglich vorauszusagen, was er tun wird.«

Diese Antwort erschien Oshima im Hinblick auf Ribbentrops vorherige Ausführungen seltsam und unbefriedigend, und er kam gegen Ende des Gesprächs noch einmal auf den Hauptpunkt zurück. Er fragte, was Deutschland tun würde, wenn der Krieg tatsächlich ausgedehnt werde auf »Länder, die England geholfen hätten«? Ribbentrop erwiderte:

Sollte Japan in einen Krieg mit den Vereinigten Staaten verwickelt werden, so würde Deutschland selbstverständlich unverzüglich ebenfalls den Krieg erklären. Deutschland würde unter solchen Umständen auf keinen Fall einen Separatfrieden mit den USA eingehen. Der Führer ist in dieser Hinsicht fest entschlossen[37].

Das war die eindeutige Garantie, auf welche die japanische Regierung gewartet hatte. Zwar hatte Hitler im Frühjahr Matsuoka eine ähnliche Zusicherung gegeben, aber in der Zwischenzeit war er über Japans Weigerung, in den Krieg gegen Rußland einzutreten, verärgert gewesen, und es hatte den Anschein gehabt, er habe sein Versprechen vergessen. Für die Japaner ging es jetzt nur noch darum, die deutsche Zusage schriftlich zu bekommen. Nachdem Oshima am 29. November seinen frohlockenden Bericht nach Tokio abgesandt hatte, erhielt er tags darauf neue Instruktionen. Die Washingtoner Verhandlungen, wurde ihm mitgeteilt, seien nunmehr abgebrochen:

Wollen Eure Exzellenz daher sofort Reichskanzler Hitler *und Außenminister* Ribbentrop *aufsuchen ... und ihnen vertraulich eine Zusammenfassung der Entwicklung mitteilen. Erklären Sie ihnen, daß sowohl England als auch die Vereinigten Staaten in der letzten Zeit eine herausfordernde Haltung eingenommen haben. Sagen Sie, daß sie den Plan hätten, militärische Kräfte an verschiedene Plätze Ostasiens zu bringen und daß wir dies unvermeidlich gleichfalls mit Truppenbewegungen beantworten müssen. Sagen Sie ihnen im strengsten Vertrauen, daß größte Gefahr bestehe, daß ein Krieg zwischen den angelsächsischen Nationen und Japan plötzlich infolge eines bewaffneten Zusammenstoßes ausbrechen könne, und fügen Sie hinzu, daß der Zeitpunkt für den Ausbruch eines solchen Krieges schneller kommen könne, als irgend jemand es sich träumen lasse*[38].

Die japanische Flugzeugträgerflotte war inzwischen schon vier Tage auf dem Weg nach Pearl Harbor. Tokio hatte es eilig, Deutschlands Unterschrift zu bekommen. An jenem selben 30. November, an dem Oshima seine neuen Instruktionen erhielt, konferierte der japanische Außenminister mit dem deutschen Botschafter in Tokio und betonte ihm gegenüber, die Washingtoner Verhandlungen seien abgebrochen worden, weil Japan die amerikanische Forderung nach Austritt aus dem Dreierpakt abgelehnt habe. Die Japaner hofften, man werde deutscherseits dieses Opfer in einer gemeinsamen Sache zu würdigen wissen.

Togo sagte zu Ott, »daß es sich um schwere Entscheidung handele ... Amerika bereite sich ernsthaft auf einen Konflikt vor ... Japan fürchte einen Abbruch der Verhandlungen nicht, und es hoffe, daß gegebenenfalls Deutschland und Italien gemäß des Dreimächtepakts Japan zur Seite stehen würden«.

Ich erwiderte [funkte Ott nach Berlin], daß über Deutschlands künftige Haltung keine Zweifel bestehen können. Japanischer Außenminister erklärte hierauf, er entnehme aus meinen Worten, daß Deutschland in einem solchen Falle sein Verhältnis zu Japan als

Schicksalsgemeinschaft betrachte. Ich erwiderte, nach meinem Dafürhalten werde Deutschland sicherlich bereit sein, eine gegenseitige Vereinbarung hierüber zu treffen[39].

AM VORABEND VON PEARL HARBOUR

General Oshima war ein großer Verehrer klassischer deutscher und österreichischer Musik, und trotz des Ernstes der Lage war er zu Mozart-Festspielen nach Österreich gefahren. Aber nicht lange durfte er die Werke des großen Komponisten genießen. Am 1. Dezember wurde er dringend in seine Botschaft nach Berlin zurückgerufen. Hier fand er neue Anweisungen vor, sich zu beeilen und Deutschland durch Unterschrift auf die vorgezeichnete Linie zu verpflichten. Es war keine Zeit mehr zu verlieren.

Doch Ribbentrop wich jetzt aus, als er in die Enge getrieben wurde. Offenbar gingen ihm zum ersten Mal vollauf die Folgen seiner vorschnellen Versprechungen an die Japaner auf. Er reagierte zunehmend kühl und ausweichend. Am 1. Dezember abends sagte er Oshima, er könne erst nach Beratung mit dem Führer eine bindende Verpflichtung eingehen. Am 3. Dezember erschien der japanische Botschafter wieder in der Wilhelmstraße, um die Sache voranzutreiben, wurde aber erneut von Ribbentrop vertröstet. Auf Oshimas dringende Vorstellung, daß die Lage äußerst kritisch geworden sei, erwiderte Ribbentrop, er persönlich befürworte zwar ein schriftliches Abkommen, doch müsse die Entscheidung darüber noch ein paar Tage offenbleiben, bis der Führer aus dem Hauptquartier zurückgekehrt sei. In Wirklichkeit war Hitler, wie Ciano nicht ohne Schadenfreude notierte, an den Südabschnitt der Ostfront zu General von Kleist geflogen, »dessen Armeen unter dem Druck einer unerwarteten Offensive weiter zurückweichen«.

Inzwischen nämlich hatten sich die Japaner auch an Mussolini gewandt, der nicht an irgendeiner Front war. Am 3. Dezember suchte der japanische Botschafter in Rom den Duce auf und forderte von Italien, gemäß dem Dreierpakt den Vereinigten Staaten den Krieg zu erklären, sobald der Konflikt mit Amerika ausbreche. Der Botschafter wünschte auch einen den Abschluß eines Separatfriedens ausschließenden Vertrag. Der japanische Dolmetscher »zitterte wie Espenlaub«, heißt es in Cianos Tagebuch. Der Duce war »prinzipiell« einverstanden, »behielt sich aber vor, sich mit Berlin über die Antwort zu einigen«.

In Berlin war man, wie Ciano am nächsten Tag feststellte, äußerst vorsichtig geworden.

Vielleicht werden sie marschieren [begann seine Tagebucheintragung vom 4. Dezember], weil sie nicht anders können. Aber der Gedanke, sich die amerikanische Intervention auf den Hals zu ziehen, gefällt den Deutschen immer weniger. Mussolini dagegen ist glücklich darüber[40].

Die Entscheidung über eine formelle deutsche Garantie an Japan hing allein von Hitler ab, der aber überraschenderweise immer noch auf Ribbentrops Meinung hörte. In der Nacht vom 4. zum 5. Dezember autorisierte er ihn, und Ribbentrop überreichte Oshima um 3 Uhr nachts einen Vertragsentwurf, wonach Deutschland sich verpflichtete, mit Japan gegen die Vereinigten Staaten Krieg zu führen und keinen Separatfrieden zu schließen. Nach diesem schicksalhaften Kopfsprung und Hitlers Abkehr von einer seit zwei Jahren hartnäckig verfolgten Politik beeilte sich Ribbentrop, dafür zu sorgen, daß der italienische Verbündete unverzüglich mitmachte. Am 5. Dezember beginnt Cianos Tagebuchnotiz mit den Worten:

Durch Ribbentrops Rastlosigkeit gestörte Nachtruhe. Nachdem er zwei Tage gewartet hat, kann er plötzlich keine Minute mehr verlieren, um den Japanern zu antworten, und er schickt um 3 Uhr nachts Mackensen zu mir nach Hause, um mir das Projekt eines Dreierpakts über die japanische Intervention und die Verpflichtung, keinen Sonderfrieden abzuschließen, vorzulegen. Ich sollte den Duce wecken, aber ich habe es nicht getan, und er war sehr zufrieden darüber[41].

Die Japaner hatten nun zwar einen sowohl von Hitler wie Mussolini gebilligten Vertragsentwurf, aber es fehlte die Unterschrift darunter, und das beunruhigte sie. Sie vermuteten, Hitler zögere, weil er ein *Quidproquo* wünsche: Japan solle, wenn Deutschland mit ihm zusammen gegen die USA Krieg führe, seinerseits in den Krieg gegen Rußland eintreten. Über die Behandlung dieser heiklen Frage gab der japanische Außenminister am 30. November Oshima telegrafische Instruktionen:

Falls [die Deutschen und Italiener] Sie über unsere Haltung den Sowjets gegenüber befragen, sagen Sie, daß wir unsere Stellungnahme den Russen gegenüber in unserer Erklärung vom letzten Juli klargestellt haben. Sagen Sie, daß wir durch unsere gegenwärtigen Bewegungen in südlicher Richtung nicht beabsichtigen, unseren Druck gegen die Sowjets abzuschwächen, und daß, falls Rußland sich enger mit England und den Vereinigten Staaten verbündet und uns feindseligen Widerstand leistet, daß wir dann bereit sind, uns mit unserer ganzen Macht gegen Rußland zu wenden; es ist jedoch gerade jetzt vorteilhaft für uns, unser Hauptgewicht auf den Süden zu legen, und wir würden gegenwärtig vorziehen, von Operation nach Norden hin Abstand zu nehmen[42].

Dann kam der 6. Dezember. An diesem Tage eröffnete Shukow seine Gegenoffensive vor Moskau, und die deutschen Armeen wichen in Schnee und bitterer Kälte zurück. Damit war für Hitler um so mehr Grund gegeben, ein *Quidproquo* zu fordern. Und im japanischen Außenministerium herrschte entsprechend großes Unbehagen. Die Flugzeugträgerflotte war inzwischen bis zu einer Position gelangt, von der aus ihre Flugzeuge Pearl Harbor anfliegen konnten. Bisher war sie – wie durch ein Wunder – von amerikanischen Schiffen oder Flugzeugen nicht gesichtet worden. Aber das konnte jeden Augenblick eintreten. Tokio sandte an Nomura und Kurusu in Washington ein langes Funktelegramm mit der Anweisung ab, am folgenden Tag, Sonntag, den 7. Dezember, Punkt 13 Uhr, Staatssekretär Hull aufzusuchen, die jüngsten Vorschläge abzulehnen und zu betonen, daß die Verhandlungen »de facto abgebrochen« seien. Gleichzeitig machte Tokio verzweifelte Anstrengungen, von Berlin eine schriftliche Beistandsgarantie zu erlangen. Die Japaner hatten zwar immer noch nicht genügend Vertrauen zu den Deutschen, um sie in den für den nächsten Tag beabsichtigten Schlag gegen die Vereinigten Staaten einzuweihen, aber sie befürchteten mehr denn je, Hitler werde seine Garantie davon abhängig machen, daß Japan nicht allein die USA und England, sondern auch die Sowjetunion angreife. In dieser schwierigen Situation ließ Togo eine lange Depesche an Oshima abgehen, in der er ihm dringend nahelegte, die Deutschen in der Rußlandfrage irgendwie hinzuhalten und nur dann nachzugeben, wenn es absolut nicht anders ginge. Mochten sich auch die japanischen Generale und Admirale über das Vermögen Japans, sich mit Amerika und England anzulegen, Täuschungen hingeben, so hatten sie sich doch genügend gesunden Menschenverstand bewahrt, um zu erkennen, daß sie nicht gleichzeitig – auch nicht mit deutscher Hilfe – Rußland bekämpfen konnten. Die Instruktionen, die Togo an jenem schicksalhaften 6. Dezember Oshima gab und die von Hulls Apparat aufgefangen und dechiffriert wurden, vermitteln einen interessanten Einblick in die von den Japanern in elfter Stunde gegenüber dem Dritten Reich verfolgte Diplomatie:

[Wir würden] es vorziehen, eine Situation zu vermeiden, die eventuell einen bewaffneten Zusammenstoß mit Rußland zur Folge haben könnte, bis die strategische Lage einen solchen erlaubt. Bringen Sie daher die deutsche Regierung dazu, daß sie diese unsere Stellungnahme begreift, und verhandeln Sie mit ihr dahin, daß sie wenigstens derzeit nicht auf den Austausch diplomatischer Noten über diese Frage besteht ...

Erklären Sie recht ausführlich, daß, was an amerikanischem Material nach Sowjet-Rußland ... geht, weder von besonderer Qualität ist, noch die Lieferungen in großen Quantitäten erfolgen, und weiter, daß wir im Falle eines Krieges mit den Vereinigten Staaten alle amerikanischen Schiffe abfangen werden, die nach Sowjet-Rußland gehen. Bitte trachten Sie, zu einer Verständigung auf dieser Basis zu kommen.

Sollte Außenminister Ribbentrop jedoch darauf bestehen, daß wir eine Garantie in dieser Sache übernehmen, so geben Sie, da wir keinen anderen Ausweg haben, eine Erklärung dahin ab, daß wir prinzipiell die Verschiffung von Kriegsmaterial aus den Vereinigten Staaten nach Rußland durch japanische Gewässer verhindern würden. Bringen Sie sie jedoch dazu, daß sie mit einer zusätzlichen Erklärung einverstanden sind, wonach wir das nicht vollkommen durchführen können, solange wir aus strategischen Gründen Rußland verhindern müssen, gegen Japan zu kämpfen (ich meine damit, daß wir nicht in der Lage sind, russische Schiffe abzufangen).

Sollte die deutsche Regierung ihr Einverständnis [zu Obigem] verweigern und ihre Genehmigung zu dieser Lösung der Frage absolut von unserer Teilnahme am Kriege [gegen Rußland] und vom Abschluß eines Vertrages mit der Verpflichtung, keinen Sonderfrieden zu schließen, abhängig machen, so bleibt uns nichts anderes übrig, als den Abschluß eines solchen Vertrages aufzuschieben[43].

Die Japaner hätten sich nicht so viel Sorge zu machen brauchen. Aus Gründen, die den Militaristen in Tokio und auch irgendwem sonst unbekannt waren und die logisch völlig unbegreiflich sind, bestand Hitler *nicht* darauf, daß Japan außer gegen Amerika und England auch gegen Rußland vorgehe. Hätte er es getan, so ließe sich vorstellen, daß der Krieg einen anderen Verlauf genommen haben könnte.

Wie dem auch sei, die Japaner waren am Abend des 6. Dezember ohnehin entschlossen, im Pazifik gegen Amerika loszuschlagen, obwohl niemand in Washington oder Berlin genau wußte, wann und wo. Am Vormittag dieses Tages hatte die britische Admiralität der amerikanischen Regierung das Auftauchen einer im Golf von Siam auf den Isthmus von Kra hin sich bewegenden großen japanischen Landungsflotte gemeldet, was darauf hindeutete, daß die Japaner zunächst in Thailand oder vielleicht in Malaya angreifen wollten. Um 21 Uhr richtete Präsident Roosevelt in einer persönlichen Botschaft an den Kaiser von Japan die beschwörende Bitte, mit ihm zusammen nach »Mitteln und Wegen zur Zerstreuung der dunklen Wolken« zu suchen; gleichzeitig machte er ihn warnend darauf aufmerksam, daß ein Vorstoß japanischer Streitkräfte nach Südostasien eine »unvorstellbare« Lage schaffen würde. Unterdessen wurde im amerikanischen Marineministerium von Nachrichtenoffizieren ein Bericht über die neuesten Positionen der größten japanischen Flotteneinheiten abgefaßt. Diesem Bericht zufolge befanden sich die meisten in ihren Heimathäfen, darunter sogar die Flugzeugträger und andere Kriegsschiffe jener Flotte, die genau zur gleichen Zeit 500 Kilometer vor Pearl Harbor lag und ihre Bomber für den Angriff im Morgengrauen bereitstellte.

An jenem gleichen Samstagabend erhielten Roosevelt und Hull auch von dem Marineministerium die Information, daß die japanische Botschaft im Begriff sei, ihre Codes zu vernichten. Vorher hatte sie noch Togos lange Depesche dechiffrieren müssen, die im Laufe des Nachmittags in vierzehn Teilstücken eingetroffen war. Doch die Marine entzifferte sie ebenfalls, so wie sie hereinkamen, und um 21.30 Uhr brachte ein Marineoffizier die Übersetzungen der ersten dreizehn Teilstücke ins *Weiße Haus*. Roosevelt las sie und sagte zu Harry Hopkins, der bei ihm im Arbeitszimmer war: »Das bedeutet Krieg!« Aber genau wann und wo, das ging aus der Depesche nicht hervor, und der Präsident wußte es nicht. Nicht einmal Admiral Nomura wußte es. Und auch nicht Adolf Hitler im fernen Osteuropa. Er wußte weniger als Roosevelt.

HITLER ERKLÄRT DEN KRIEG

Der japanische Überfall auf die amerikanische Pazifikflotte in Pearl Harbor am 7. Dezember 1941, 7.30 Uhr (Ortszeit), kam für Berlin ebenso überraschend wie für Washington. Obwohl Hitler Matsuoka mündlich zugesichert hatte, daß Deutschland Japan in einem Krieg gegen die USA beistehen würde, und Ribbentrop später Oshima die gleiche Zusage gemacht hatte, war doch bisher nichts unterschrieben worden, und die Japaner ihrerseits hatten den Deutschen gegenüber kein Wort über Pearl Harbor verlauten lassen. Im übrigen war Hitler in diesem Augenblick vollauf davon in Anspruch genommen, seine schwankenden Generale und zurückweichenden Truppen in Rußland dazu zu bringen, standzuhalten.

Es war an jenem Sonntag Nacht geworden, als die Radiostation des Auswärtigen Amts in Berlin die Nachricht von dem hinterhältigen Angriff auf Pearl Harbor auffing. Als ein Beamter der Presseabteilung des Auswärtigen Amts Ribbentrop anrief, war dieser zunächst ungläubig und äußerst ungehalten über die Störung. »Wahrscheinlich handelt es sich wieder um einen Propagandatrick der Gegenseite«, sagte er und ordnete an, ihn bis zum Morgen nicht mehr zu stören[44]. So stimmte es wahrscheinlich, was Ribbentrop im Nürnberger Prozeß aussagte: »Dieser Angriff war für uns eine vollkommene Überraschung. Wir hatten es für möglich gehalten, daß Japan Singapore, das heißt England, angreifen würde, auch Hongkong. Wir hatten es aber niemals als etwas für uns Erstrebenswertes gehalten, daß es die USA angreifen sollte[45].« Doch im Gegensatz zu dieser Aussage steht Cianos Tagebuchnotiz vom 8. Dezember:

Nächtlicher Telephonanruf von Ribbentrop. Er strahlt wegen des japanischen Angriffs gegen Amerika. Er ist so glücklich darüber, daß ich ihn beglückwünsche, obwohl ich über die Vorteile des Geschehens nicht sehr sicher bin ... Auch Mussolini war glücklich. Schon seit langer Zeit war er für eine Klärung der Beziehungen zwischen Amerika und der Achse[46].

Zwecks Klärung der Beziehungen zumindest Deutschlands zu Amerika suchte General Oshima am 8. Dezember, 13 Uhr, Ribbentrop auf. Er verlangte Deutschlands »sofortige« Kriegserklärung an die Vereinigten Staaten.

Ribbentrop erwiderte [funkte Oshima nach Tokio], Hitler halte gerade im Führerhauptquartier eine Besprechung ab, um der Kriegserklärung eine Form zu geben, die geeignet sei, einen guten Eindruck beim deutschen Volk hervorzurufen, und er, Ribbentrop, werde unseren Wunsch sofort an den Führer weiterleiten und nach Kräften alles tun, damit ihm entsprochen wird.

Des weiteren meldete Oshima, der Außenminister habe ihm gesagt, daß Hitler am Vormittag desselben Tages »der deutschen Kriegsmarine Befehl gegeben habe, amerikanische Schiffe anzugreifen, wann immer und wo immer sie auftauchen[47]«. Aber mit der Kriegserklärung hielt der Diktator noch zurück[48].

Noch in der Nacht des 8. Dezember fuhr Hitler eilig nach Berlin, wo er am nächsten Morgen um 11 Uhr eintraf. Ribbentrop behauptete in Nürnberg, er habe den Führer aufmerksam gemacht, daß Deutschland gemäß den Bestimmungen des Dreimächtepakts nicht unbedingt den Krieg zu erklären brauche, da Japan offenkundiger Angreifer sei:

... der Wortlaut des Dreier-Paktes besagte, daß wir Japan nur im Falle eines Angriffs auf Japan selbst beistehen sollten. Ich ging zum Führer, legte ihm die Rechtslage auseinander und habe ihm dabei gesagt, daß natürlich wir diesen neuen Kampfgenossen

gegen England begrüßen, aber daß dadurch auch ein neuer Gegner entstanden sei oder entstehen würde, vielmehr, wenn wir den USA den Krieg auch nunmehr erklären ... Der Führer dachte eine Weile nach und gab mir dann einen ganz klaren Bescheid: »Wenn wir nicht auf Japans Seite treten«, sagte er, »ist der Pakt politisch tot. Aber das ist nicht die Hauptsache. Die Hauptsache ist, daß die USA bereits auf unsere Schiffe schießen ... Sie haben durch Taten bereits den Kriegszustand herbeigeführt.«
Der Führer war in diesem Augenblick der Ansicht, es liege auf der Hand, daß die Vereinigten Staaten nunmehr Deutschland den Krieg erklären würden. Er beauftragte mich dann, ... dem amerikanischen Vertreter seine Pässe auszuhändigen[49].

Mit dieser Entscheidung hatten Roosevelt und Hull zuversichtlich gerechnet. Sie waren bedrängt worden, im Kongreß am 8. Dezember die Kriegserklärung nicht nur gegen Japan, sondern auch gegen Deutschland und Italien zu beantragen. Aber sie hatten beschlossen, damit zu warten[50].

Sie hatten sich Gedanken über Oshimas Depesche vom 29. Oktober nach Tokio gemacht, nach der Ribbentrop dem Japaner den Beistand Deutschlands zugesichert hatte, falls Japan in einen Krieg mit den USA »verwickelt« werden sollte. In dieser Zusage war nicht zur Bedingung gemacht worden, daß Japan der angegriffene Teil sein müsse. Sie war vielmehr ein Blankoscheck, und die Amerikaner zweifelten nicht daran, daß die Japaner nunmehr von Berlin seine Einlösung forderten.

Er wurde denn auch eingelöst, aber erst nach erneutem Zögern Hitlers. Er hatte für den 9. Dezember, den Tag seiner Ankunft in Berlin, den Reichstag einberufen, verschob die Sitzung aber auf den 11. Dezember. Doch hatte er offenbar seinen Entschluß bereits gefaßt, wie Ribbentrop später aussagte. Er war Roosevelts Angriffe auf ihn und den Nationalsozialismus leid geworden, seine Geduld war infolge der kriegsähnlichen Aktionen der US-Marine gegen deutsche U-Boote erschöpft, sein Haß gegen Amerika und die Amerikaner war gewachsen und ebenso, was für ihn auf die Dauer noch schlimmer war, seine Neigung, die potentielle militärische Stärke der Vereinigten Staaten in katastrophaler Weise zu unterschätzen[51].

Gleichzeitig überschätzte er erheblich Japans Militärmacht. Ja, er scheint geglaubt zu haben, daß die Japaner, deren Flotte er für die stärkste der Welt hielt, wenn sie erst einmal Engländer und Amerikaner im Pazifik ausgeschaltet hätten, gegen Rußland vorgehen und ihm damit helfen würden, die große Eroberung im Osten zu vollenden. Jedenfalls äußerte er einige Monate später in kleinem Kreise, nach seiner Ansicht sei Japans Kriegseintritt »von außerordentlichem Wert für uns, allein schon wegen des Zeitpunkts« gewesen:

In der Tat kam er in dem Augenblick, wo die Überraschungen des russischen Winters schwer auf der Moral unseres Volkes lasteten und jedermann in Deutschland von dem Gefühl bedrückt wurde, daß Amerika früher oder später bestimmt in den Krieg eintreten würde. Japans Eingreifen war daher von unserem Gesichtspunkt aus äußerst günstig[52].

Es steht auch außer Frage, daß Japans tückischer Schlag gegen die amerikanische Flotte in Pearl Harbor seine Bewunderung erregte – um so mehr, als es sich um eine »Überraschung« von jener Art handelte, die er selbst oft angewandt hatte und auf die er stolz war. Das brachte er am 14. Dezember zum Ausdruck, als er Botschafter Oshima eine hohe Auszeichnung verlieh:

»Sie haben die richtige Kriegserklärung gegeben!« Diese Methode sei die einzig wahre ... und sie entspräche auch seinem eigenen System, nämlich solange zu verhandeln, wie es irgend geht. Wenn man dann aber sähe, daß der andere es nur darauf abgesehen habe, einen hinzuhalten, zu beschämen und zu demütigen und gar nicht zu einer Einigung kommen will, dann soll man zuschlagen, und zwar so hart, wie es gehe, und nicht erst lange Krieg erklären. Ihm sei das Herz aufgegangen, wie er von den ersten Operationen der Japaner gehört habe. Er selbst habe ja auch manchmal mit einer unendlichen Geduld verhandelt, z. B. mit Polen und auch mit Rußland. Als er dann erkannte, daß der andere gar nicht zu einer Einigung kommen wollte, habe er plötzlich und ohne Formalitäten losgeschlagen. Auch in Zukunft würde er diesen Wege gehen[53].

Es gab indes noch einen anderen Grund, der Hitler bewog, in solcher Hast auch Amerika auf die lange Liste seiner Gegner zu setzen. Darauf deutet Dr. Schmidt hin: »Ich hatte damals ... den Eindruck gewonnen, daß Hitler aus einem eigensinnigen Prestigebedürfnis Roosevelt mit der Kriegserklärung ... zuvorkommen wollte[54].« Dies bestätigte Hitler selbst in seiner Reichstagsrede vom 11. Dezember:
»Wir schlagen immer zuerst los!« rief er den jubelnden Abgeordneten zu. »Wir teilen immer den ersten Schlag aus!«
In Berlin war man am 10. Dezember sogar so besorgt, Amerika könnte mit der Kriegserklärung zuerst kommen, daß Ribbentrop den deutschen Geschäftsträger in Washington ermahnte, keinerlei Indiskretion zu begehen, durch die das State Department erfahren könne, was Hitler sich für den folgenden Tag vorgenommen habe. Er teilte ihm in einem langen Radiogramm den Wortlaut der Erklärung mit, die er selbst am 11. Dezember, Punkt 14.30 Uhr, dem amerikanischen Geschäftsträger in Berlin abgeben werde. Thomsen solle genau eine Stunde später, um 15.30 Uhr (Berliner Zeit), Staatssekretär Hull aufsuchen, ihm eine Abschrift der Erklärung aushändigen, um seine Pässe bitten und mit der Wahrung der deutschen Interessen die diplomatische Vertretung der Schweiz betrauen. Schließlich forderte Ribbentrop Thomsen auf, vor Ablieferung der Note jeglichen Kontakt mit dem State Department zu unterlassen: »Wir möchten unter allen Umständen vermeiden, daß dortige Regierung unserem Schritt zuvorkommt.«
Was immer Hitler zu der Verschiebung der Reichstagssitzung um zwei Tage bewogen haben mag, aus dem Telegrammwechsel zwischen Wilhelmstraße und deutscher Botschaft in Washington sowie aus anderen Akten des Auswärtigen Amts ist deutlich ersichtlich, daß Hitler sich tatsächlich am 9. Dezember, dem Tage seiner Rückkehr von

der Ostfront, zur Kriegserklärung an Amerika entschlossen hatte. Allem Anschein nach benötigte er die zwei Tage, um seine Reichstagsrede sorgfältig vorzubereiten. Er war sich durchaus bewußt, daß dem deutschen Volk Amerikas entscheidende Rolle im Ersten Weltkrieg noch in lebendiger Erinnerung war, und wollte dem entgegenwirken.

Überdies wurde Thomsen in Washington schon am 9. Dezember instruiert, seine Codes und Geheimakten zu verbrennen. »Maßnahmen weisungsgemäß ausgeführt«, funkte er am selben Tag, 11.30 Uhr, nach Berlin. Zum ersten Mal wurde ihm klar, was in Berlin vor sich ging, und am Abend unterrichtete er die Wilhelmstraße, daß die amerikanische Regierung dies anscheinend auch wisse: »Man glaubt hier, daß Deutschland innerhalb 24 Stunden USA Krieg erklären oder zumindest diplomatische Beziehungen abbrechen wird.«

HITLER IM REICHSTAG: 11. DEZEMBER

Hitlers Reichstagsrede vom 11. Dezember, die der Rechtfertigung seiner Kriegserklärung an die Vereinigten Staaten galt, ging hauptsächlich darauf aus, Franklin D. Roosevelt persönlich zu beschimpfen. Er warf dem Präsidenten vor, den Krieg provoziert zu haben, um die Fehlschläge des *New Deal* zu vertuschen, und donnerte los, »dieser Mann allein« sei, unterstützt von Millionären und Juden, »der Hauptschuldige an diesem Kriege«.

Ich verstehe nur zu wohl, daß zwischen der Lebensauffassung und Einstellung des Präsidenten Roosevelt und meiner eigenen ein weltweiter Abstand ist. Roosevelt stammte aus einer steinreichen Familie, gehörte von vornherein zu jener Klasse von Menschen, denen Geburt und Herkunft in den Demokratien den Weg des Lebens ebnen und damit den Aufstieg sichern. Ich selbst war nur das Kind einer kleinen und armen Familie und mußte mir unter unsäglichen Mühen durch Arbeit und Fleiß meinen Weg erkämpfen. Als der Weltkrieg kam, hatte Roosevelt in einer unter dem Schatten Wilsons befindlichen Stellung den Krieg aus der Sphäre des Verdienenden miterlebt. Er kennt daher nur die angenehmen Folgen der Auseinandersetzung von Völkern und Staaten, die sich für den ergeben, der dort Geschäfte macht, wo andere verbluten ...

Der Diktator schien erleichtert zu sein, daß nun endlich der Bruch vollzogen war, und er war sichtlich bestrebt, dieses Gefühl auch auf das deutsche Volk zu übertragen.

Ich glaube, Sie alle werden es als Erlösung empfunden haben, daß nunmehr endlich ein Staat als erster gegen diese in der Geschichte einmalige und unverschämte Mißhandlung der Wahrheit und des Rechtes zu jenem Protest schritt, den dieser Mann ja gewünscht hat ... Daß die japanische Regierung es nach jahrelangem Verhandeln mit diesem Fälscher endlich satt hatte, sich noch weiter in unwürdiger Weise verhöhnen zu

lassen, erfüllt uns alle, das deutsche Volk und ich glaube auch die übrigen anständigen Menschen auf der ganzen Welt mit einer tiefen Genugtuung ...
Der Präsident der Vereinigten Staaten mag das vielleicht selbst nicht begreifen. Dann spricht dies nur für seine geistige Beschränktheit. Wir aber wissen, daß dies das Ziel seines ganzen Kampfes ist: Einen Staat nach dem anderen allein zu vernichten.
Was das deutsche Volk betrifft, so braucht es weder von Herrn Churchill noch von einem Herrn Roosevelt oder Eden Almosen, sondern es will nur sein Recht. Und dieses Recht zum Leben wird es sich sicherstellen, auch wenn tausend Churchills oder Roosevelts sich dagegen verschwören sollten ...
Ich habe daher heute dem amerikanischen Geschäftsträger die Pässe zustellen lassen ...

An dieser Stelle sprangen die Reichstagsabgeordneten jubelnd auf, und Hitlers Worte gingen im Getöse unter.
Kurz darauf, um 14.30 Uhr, empfing Ribbentrop in kühlster Pose den amerikanischen Geschäftsträger Leland Morris, verlas, ohne ihm einen Stuhl anzubieten, Deutschlands Kriegserklärung, überreichte ihm ein Exemplar und entließ ihn eisig. In der Erklärung hieß es:

Die Regierung der Vereinigten Staaten von Amerika ist von anfänglichen Neutralitätsbrüchen endlich zu offenen Kriegshandlungen gegen Deutschland übergegangen ... Unter diesen durch den Präsidenten Roosevelt veranlaßten Umständen ... betrachtet sich Deutschland von heute ab als im Kriegszustand mit den Vereinigten Staaten von Amerika befindlich[55].

Den Schlußakt an jenem dramatischen Tage bildete die Unterzeichnung eines deutsch-italienisch-japanischen Abkommens über die gemeinsame Kriegführung. Es bekundete den »unerschütterlichen Entschluß, die Waffen nicht niederzulegen, bis der gemeinsame Krieg gegen die Vereinigten Staaten von Amerika und England zum erfolgreichen Ende geführt worden ist«, und »ohne volles gegenseitiges Einverständnis [keinen] Waffenstillstand oder Frieden zu schließen«.
Adolf Hitler, der kaum sechs Monate vorher in einem Kriege, den er so gut wie gewonnen glaubte, lediglich einem belagerten England gegenüberstand, hatte nunmehr, bewußt und absichtlich, die drei größten Industriestaaten der Welt gegen sich vereinigt, und das in einem Kampf, bei dem auf die Dauer die militärische Macht in hohem Maße von der Wirtschaftskraft abhing. Außerdem hatte das Menschenpotential dieser drei Staaten ein starkes Übergewicht über das der drei Achsenmächte. Diesen nüchternen Tatsachen scheinen an jenem ereignisreichen Dezembertag 1941 weder Hitler noch seine Generale noch seine Admirale Bedeutung beigemessen zu haben.
General Halder, der kluge Chef des Generalstabes, vermerkt am 11. Dezember 1941 in seinem Tagebuch überhaupt nichts von Deutschlands Kriegserklärung an Amerika. Er erwähnt lediglich, daß er am Abend den Vortrag eines Marineoffiziers über den »Hintergrund des japanisch-amerikanischen Seekriegs« gehört habe. Seine übrigen

Notizen befassen sich verständlicherweise mit den anhaltend schlechten Meldungen von fast allen Abschnitten der hartbedrängten Ostfront. In seinen Gedanken blieb kein Raum für die Erwägung, daß eines Tages die geschwächten Armeen möglicherweise auch frischen Truppen aus der Neuen Welt entgegentreten müßten.

Admiral Raeder hingegen begrüßte tatsächlich Hitlers Schritt. Am 12. Dezember hatte er eine Besprechung mit Hitler. Diesem versicherte er: »Durch das erfolgreiche Eingreifen Japans wird die Lage im Atlantik sich entspannen.« Er fügte hinzu:

Es liegen bereits Nachrichten über die Überführung einiger Schlachtschiffe nach dem Pazifik vor. Sicherlich werden auch leichte Streitkräfte, besonders Zerstörer, in erhöhtem Maße im Pazifik benötigt werden. Sehr groß wird der Bedarf an Transportschiffen sein, so daß mit einer Zurückziehung auch amerikanischer Handelsschiffe aus dem Atlantik zu rechnen sein wird, während die Anspannung des englischen Handelsschiffsraums sich steigern wird.

Hitler kamen nun, nachdem er sich mit tollkühner Bravour in das Abenteuer gestürzt hatte, einige Zweifel. Er stellte dem Großadmiral einige Fragen: »Glaubt ObdM, daß die Gegner in naher Zeit zur Besetzung von Azoren, Kap Verdes, evtl. zum Angriff auf Dakar schreiten werden, um hier Prestigeerfolge zu erzielen gegenüber den Mißerfolgen im Pazifik?« Raeder glaubte das nicht:

USA wird alle Kraft in den nächsten Monaten auf den Pazifik konzentrieren müssen. England wird nach den schweren Verlusten an großen Schiffen kein größeres Risiko laufen wollen[56]*. Transportraum für solche Besetzungen und für den Nachschub steht kaum zur Verfügung.*

Hitler stellte noch eine wichtigere Frage: »Besteht Möglichkeit, daß USA und England zunächst Ostasien aufgeben, um zunächst Deutschland und Italien zu erdrücken?« Auch hierin beruhigte ihn der Großadmiral:

Es ist nicht anzunehmen, daß die Gegner vorübergehend Ostasien aufgeben, denn England würde damit Indien äußerst gefährden, und die USA können ihre Flotte nicht aus dem Pazifik nehmen, solange die japanische Flotte diesen beherrscht.

Zur weiteren Ermunterung des Führers teilte ihm Raeder noch mit, es würden »so rasch wie möglich« sechs »große« U-Boote zur amerikanischen Ostküste abkommandiert[57].

Angesichts der Lage in Rußland, zu schweigen von der in Nordafrika, wo auch Rommel auf dem Rückzug war, wandten sich die Gedanken Hitlers und seiner Militärs bald von dem neuen Gegner ab, der nach ihrer Überzeugung im Pazifik die Hände voll zu tun haben würde. Ihre Gedanken wandten sich ihm erst wieder zu, als ein weiteres Jahr vergangen war, das schicksalhafteste Jahr des Krieges, in dem die große Wende eintrat. Dieses Jahr brachte die unwiderrufliche Entscheidung nicht nur über den Ausgang des Krieges, von dem die Deutschen während des ganzen Jahres 1941 glaubten, er sei beinahe vorüber, beinahe gewonnen, sondern auch über das Schicksal des Dritten Reiches, dessen Anfangserfolge es in so schwindelnde Höhen erhoben hatten, und von dem Hitler ehrlich glaubte – und sagte –, es werde tausend Jahre bestehen.

Um die Jahreswende wurden Halders Tagebuchnotizen zusehends düsterer. »Ein sehr schwerer Tag! . . . Ein Tag wilder Kämpfe!« so beginnen seine Eintragungen vom 30. und 31. Dezember 1941. Der Chef des deutschen Generalstabs hatte eine Vorahnung kommender schrecklicher Dinge.

XXVI

Die große Wende: 1942 - Stalingrad und El Alamein

DIE VERSCHWÖRER RÜHREN SICH WIEDER

Der schwere Rückschlag, den im Winter 1941/42 Hitlers Armeen in Rußland erlitten, und die Absetzung einer Anzahl hoher Generale belebte aufs neue die Hoffnungen der Verschwörer gegen Hitler.

Es war ihnen nicht gelungen, die führenden Kommandeure für einen Aufstand zu gewinnen, solange deren Armeen einen Sieg nach dem anderen errangen und der Ruhm der deutschen Waffen und des Deutschen Reiches in Himmelshöhen stieg. Aber nunmehr wichen die stolzen und bisher unbesiegbaren Truppen in Schnee und eisiger Kälte vor einem Gegner zurück, der sich ihnen gewachsen gezeigt hatte. In sechs Monaten hatten die Verluste die Millionengrenze überschritten, und eine Reihe angesehenster Generale war von dem rücksichtslosen Diktator kurzerhand entlassen worden; einige, wie Hoepner und Sponeck, hatte er in aller Öffentlichkeit degradiert, die meisten anderen gedemütigt und zu Sündenböcken gemacht[1].

Es müsse »gehandelt werden, und zwar bald«, schrieb Hassell am 21. Dezember 1941 in sein Tagebuch. Er und seine Mitverschwörer waren überzeugt, daß das preußische Offizierkorps weder die schmachvolle Behandlung noch den Wahnsinn seines Obersten Befehlshabers, der das Heer im russischen Winter an den Rand des Abgrunds gebracht hatte, hinnehmen würde. Die Verschwörer waren auch, wie wir sahen, seit langem überzeugt, daß allein die Truppenkommandeure die Mittel hätten, den Tyrannen zu stürzen. Jetzt war der günstige Augenblick da, ehe es zu spät war. Den Zeitpunkt richtig zu wählen, war von ausschlaggebender Bedeutung. »Das Handeln ist aber jetzt die Hauptsache«, schrieb Hassell. Sie erkannten, daß nach den Rückschlägen in Rußland und nach dem Kriegseintritt Amerikas der Krieg nicht mehr gewonnen werden konnte. Allerdings hielten sie ihn auch nicht für verloren. Sie glaubten, eine andere Regierung anstelle einer nationalsozialistischen Regierung könne noch Friedensbedingungen aushandeln, durch die Deutschland seine Großmachtstellung und wohl auch mindestens einige der Hitlerschen Gebietsgewinne, wie Österreich, Sudetenland und Westpolen, behalten würde.

Mit solchen Überlegungen hatten sie sich schon im Sommer 1941 viel befaßt, als noch Aussicht auf eine Niederringung der Sowjetunion bestand. Die von Churchill und

Roosevelt am 19. August entworfene *Atlantik-Charta* war für sie ein schwerer Schlag gewesen, insbesondere Punkt 8, wonach Deutschland nach dem Krieg bis zu einem allgemeinen Abrüstungsabkommen entwaffnet bleiben sollte. Hierin glaubten Hassell, Goerdeler, Beck und andere Angehörige ihres Widerstandskreises die Absicht der Alliierten zu erkennen, zwischen Nationalsozialisten und deren Gegnern nicht zu unterscheiden. Es sei ein »Beweis« dafür, meinte Hassell, »daß England-Amerika nicht nur gegen Hitler kämpfen, sondern Deutschland überhaupt niederschlagen und wehrlos machen wollen«. Der aristokratische frühere Botschafter, der jetzt tief in die Verschwörung gegen Hitler verwickelt, aber entschlossen war, für Deutschland soviel wie möglich herauszuholen, glaubte sogar, Punkt 8 zerstöre »jede vernünftige Friedenschance[2]«.

So enttäuscht auch die Verschwörer von der *Atlantik-Charta* waren, sie scheint sie doch zum Handeln angespornt zu haben, wenn auch nur insofern, als sie glaubten, Hitler beseitigen zu müssen, solange ein Antinaziregime noch einen vorteilhaften Frieden für ein Deutschland aushandeln konnte, das noch den größten Teil Europas besetzt hielt. Sie waren nicht abgeneigt, Hitlers Eroberungen auszunutzen, um für ihr Land die günstigsten Bedingungen zu erlangen. Mehrere Besprechungen, die in den letzten Augusttagen zwischen Hassell, Popitz, Oster, Dohnanyi und General Olbricht, dem Chef des Stabes des Ersatzheeres, in Berlin abgehalten wurden, mündeten in dem Ergebnis: »Das nationale Deutschland« – so nannten sich die Verschwörer – »stellt sehr maßvolle Forderungen, kann aber von gewissen Ansprüchen keinesfalls abgehen.« Was für Forderungen und Ansprüche gemeint waren, sagt Hassell in seinem Tagebuch nicht; aber aus anderen Eintragungen geht hervor, daß sie auf die deutschen Grenzen von 1914 plus Österreich und Sudetenland hinausliefen.

Aber die Zeit drängte. Nach einer abschließenden Besprechung mit seinen Gesinnungsfreunden Ende August notierte Hassell: »Einstimmige Überzeugung, daß es nun bald zu spät ist. Wenn unsere Siegeschancen offensichtlich vorbei oder nur noch sehr gering sind, ist nichts mehr zu wollen[3].«

Man hatte sich dann bemüht, einige wichtige Generale an der Ostfront zu bewegen, Hitler im Laufe des russischen Sommerfeldzugs zu verhaften. Und wenn dies auch ein vergebliches Bemühen bleiben mußte, da die hohen Militärs natürlich zu sehr von ihren verblüffenden Anfangserfolgen eingenommen waren, um überhaupt an die Beseitigung des Mannes zu denken, der ihnen die Gelegenheit zur Erringung dieser Siege gegeben hatte, so wurden damit doch einige Saatkörner gelegt, die schließlich aufgehen sollten. Das Widerstandszentrum im Heer befand sich in jenem Sommer im Hauptquartier des Feldmarschalls von Bock, dessen Heeresgruppe Mitte gegen Moskau vorging. Das Haupt dieser Verschwörergruppe war Generalmajor Henning von Tresckow, Bocks erster Generalstabsoffizier, dessen anfängliche Begeisterung für den Nationalsozialismus derart umgeschlagen war, daß er in die Reihen der Verschwörer eintrat. Ihm zur Seite standen sein Adjutant Fabian von Schlabrendorff und zwei Mitschverworene, Graf Hans von Hardenberg und Graf Heinrich von Lehndorff, die man Bock als Adjutanten beigegeben hatte[4], damit sie auf den Feldmarschall einwirkten. Sie sollten ihn dazu überreden, Hitler anläßlich eines Besuches im Hauptquartier der Heeresgruppe festzunehmen. Aber es war schwer, auf Bock einzuwirken. Obwohl er bekannte, der ganze Nationalsozialismus sei ihm zuwider, verdankte er ihm doch seinen Aufstieg und war zu eitel und zu ehrgeizig, um in diesem Stadium irgendwelche Risiken auf sich zu nehmen. Als Tresckow einmal versuchte, ihm klarzumachen, daß Hitler das Land in den Abgrund führe, rief Bock: »Ich dulde nicht, daß der Führer angegriffen wird[5].« Tresckow und sein junger Adjutant waren enttäuscht, aber nicht entmutigt. Sie beschlossen, auf eigene Faust zu handeln. Als Hitler am 4. August 1941 das Oberkommando der Heeresgruppe Mitte in Borissow besuchte, wollten sie ihn auf der Fahrt vom Flugplatz zum Quartier Bocks festnehmen. Aber die Verschwörer waren damals noch Dilettanten und hatten nicht mit Hitlers Sicherheitsvorkehrungen gerechnet. Umgeben von Leuten seiner SS-Leibstandarte, lehnte er es ab, die Wagen der Heeresgruppe zu benutzen – er hatte eine eigene Wagenkolonne vorausgeschickt – und gab den beiden Offizieren keine Gelegenheit, sich ihm zu nähern. Aus diesem Fiasko – es hat deren offenbar mehrere gegeben – zogen die Verschwörer in der Armee einige Lehren. Die erste war, daß es nicht einfach war, Hitler in die Hand zu bekommen; er war stets gut bewacht. Eine andere war, daß seine Festnahme oder Verhaftung das Problem kaum zu lösen vermochte, da die höchsten Generale entweder zu feige waren oder in einem zu verwirrenden Konflikt mit ihrem Treueid standen, um der Opposition dann weiterzuhelfen. Zu jener Zeit etwa, im Herbst 1941, gelangten einige der jungen Offiziere des Heeres, teils Reserveoffiziere wie Schlabrendorff, widerstrebend zu dem Schluß, die einfachste und vielleicht einzige Lösung bestehe darin, Hitler umzubringen. Dann würden wohl die zaghaften, von ihrem persönlichen Eid auf den Führer entbundenen Generale mit dem neuen Regime gehen und ihm die Unterstützung des Heeres gewähren.

Aber die Verschwörer in Berlin wollten noch nicht so weit gehen. Sie dachten sich einen dummen Plan aus, die sogenannte Isolierte Aktion, von der sie aus irgendeinem Grunde glaubten, sie werde das Gewissen der Generale bei einem Bruch des persönlichen Eids auf den Führer beschwichtigen und ihnen, den Verschwörern, gleichzeitig ermöglichen, das Reich von Hitler zu befreien. Es ist auch heute noch schwer, den Gedankengängen zu folgen. Die Idee war folgende: Die Spitzenkommandeure im Osten und im Westen sollten auf ein verabredetes Signal hin Hitler einfach den Gehorsam verweigern. Das wäre natürlich ein Bruch des Treueids gewesen, aber die Sophisten in Berlin sahen die Sache angeblich nicht so an. Sie erklärten jedenfalls, der wirkliche Zweck des Plans bestehe darin, Verwirrung zu schaffen, in welcher dann Beck mit Hilfe der in Berlin liegenden Verbände des Ersatzheeres die Macht ergreifen, Hitler absetzen und den Nationalsozialismus abschaffen würde.

Doch wenn das Wagnis gelingen sollte, mußten einige hohe Generale in Rußland oder in den besetzten Gebieten gewonnen werden. Es lag nahe, daß man dabei auch an einen Offizier dachte, der zur Zeit des Münchener Abkommens an dem Halder-Plan zur Verhaftung Hitlers beteiligt gewesen war: Feldmarschall von Witzleben, der jetzt Oberbefehlshaber im Westen war. Um ihn und ebenso auch General Alexander von Falkenhausen, den Militärbefehlshaber in Belgien, in den neuen Plan einzuweihen, wurde Hassell Mitte Januar 1942 zu ihnen geschickt. Da der frühere Botschafter bereits von der Gestapo überwacht wurde, »tarnte« er seine Fahrt als Vortragsreise und hielt vor deutschen Offizieren und Besatzungsbeamten Vorträge über »Lebensraum und Imperialismus«. Zwischen den Vorträgen besprach er sich privat mit Falkenhausen in Brüssel und mit Witzleben in Paris, wobei er von beiden, insbesondere von dem letzteren, einen günstigen Eindruck gewann.

Witzleben, der sich in Frankreich auf ein Nebengleis abgeschoben fühlte, während die anderen Feldmarschälle in Rußland große Schlachten schlugen, war tatendurstig. Er sagte Hassell, die Idee der »Isolierten Aktion« sei utopisch. Hitler sei nur durch direkte Aktion zu stürzen, und er, Witzleben, sei bereit, eine führende Rolle dabei zu spielen. Die beste Zeit zum Losschlagen werde wahrscheinlich der Sommer 1942 sein, wenn die Offensive im Osten wieder aufgenommen würde. Um bis dahin körperlich in Form zu sein, wolle er sich vorher einer kleinen Operation unterziehen. Als Witzleben jedoch hierfür im Frühjahr einen kurzen Urlaub nahm, benutzte Hitler die Gelegenheit, um den Feldmarschall aus dem aktiven Dienst zu verabschieden und ihn durch Rundstedt zu ersetzen, der keine Neigung hatte, gegen den Führer zu konspirieren, obgleich er von ihm jüngst noch so schändlich behandelt worden war. So sahen sich die Verschwörer in ihrer Haupthoffnung, die sie auf das Heer gesetzt hatten, getäuscht; sie hatten zwar einen Feldmarschall, aber keine Soldaten. Und ohne Soldaten konnte ein neues Regime nicht errichtet werden.

Die Führer des Widerstands waren tief entmutigt. Sie setzten wohl ihre heimlichen Begegnungen fort, konnten aber ihre Mutlosigkeit nicht überwinden. »In Sachen Inge [Hitler] scheint zurzeit nichts zu machen zu sein«, notierte Hassell Ende Februar 1942 nach einer der zahllosen Besprechungen.

Dennoch war eine ganze Menge zu machen: Man mußte sich einig werden über die Regierungsform, die man für Deutschland wünschte, wenn Hitler einmal beseitigt wäre. Man mußte auch die bisher ganz lockere und unwirksame Organisation ausbauen, damit sie, wenn es soweit wäre, die Regierung übernehmen konnte.

Die meisten Widerstandsführer, von Haus aus konservativ und schon bei Jahren, dachten zunächst einmal an die Wiederherstellung der Hohenzollernmonarchie. Nur konnten sie sich lange Zeit nicht darüber einig werden, welchen Hohenzollernprinzen sie auf den Thron erheben wollten. Popitz, einer der führenden Zivilisten in der Verschwörung, wünschte den Kronprinzen, der aber für die meisten anderen Anathema war. Schacht trat für Prinz Wilhelm, den ältesten Sohn des Kronprinzen, ein, Goerdeler hingegen für Prinz Oskar von Preußen, den jüngsten der noch lebenden Söhne Wilhelms II. In einem Punkte waren sie alle einer Meinung: Nicht in Frage kam der vierte Sohn des Kaisers, Prinz August Wilhelm, genannt »Auwi«, da er fanatischer Nationalsozialist und SA-Gruppenführer war.

Bis zum Sommer 1941 indes verständigte man sich mehr oder weniger darüber, daß

Prinz Louis-Ferdinand, der zweite und nach dem Tod von Prinz Wilhelm der älteste Sohn des Kronprinzen, der geeignetste Thronkandidat sei[6]. Louis-Ferdinand war damals 33 Jahre alt, hatte fünf Jahre bei *Ford* in Dearborn gearbeitet, war dann Angestellter der Lufthansa geworden, sympathisierte und stand in Kontakt mit den Widerständlern. Er war ein Kind des 20. Jahrhunderts, demokratisch und intelligent. Außerdem hatte er in Prinzessin Kyra, einer früheren russischen Großfürstin, eine anziehende, verständige und mutige Frau und war – in diesem Stadium des Widerstands ein wichtiger Punkt für die Verschwörer – ein persönlicher Freund Präsident Roosevelts, der das junge Paar auf der Hochzeitsreise in Amerika 1938 ins *Weiße Haus* eingeladen hatte.

Hassell und einige seiner Freunde waren freilich nicht unbedingt davon überzeugt, daß Louis-Ferdinand die ideale Wahl war. Er betrachte sich »offenbar als denjenigen welchen, obwohl ihm sehr viele Eigenschaften fehlen«, bemerkte Hassell trocken in seinem Tagebuch zur Weihnachtszeit 1941. Aber er machte mit den anderen mit.

Hassells Hauptinteresse galt der Form und dem Charakter der künftigen deutschen Regierung, und er hatte schon im Jahr vorher nach Beratung mit General Beck, Goerdeler und Popitz ein Programm für eine Übergangsregierung skizziert, das er Ende 1941 weiter ausarbeitete[7]. Es sah die Wiederherstellung der persönlichen Freiheiten und, bis zur Annahme einer Verfassung, die Einsetzung eines Reichsverwesers vor, der als Staatsoberhaupt eine Regierung und einen Staatsrat zu ernennen haben würde. Das ganze Programm lief so ziemlich auf eine autoritäre Regierungsform hinaus, und Goerdeler sowie die wenigen Gewerkschaftsvertreter im Widerstand hatten nicht viel dafür übrig. Sie schlugen statt dessen eine sofortige Volksabstimmung vor, damit die Zwischenregierung sich die Unterstützung des Volkes sichern und ihren demokratischen Charakter unter Beweis stellen könne. Aber in Ermanglung eines besseren wurde Hassells Plan allgemein wenigstens als Grundsatzerklärung angenommen, bis er 1943 unter dem Druck des von Graf Helmuth von Moltke geführten *Kreisauer Kreises* durch ein liberaleres Programm ersetzt wurde.

Schließlich einigten sich die Widerständler im Frühjahr 1942 auf einen Führer, nämlich auf General Beck, der schon immer von allen nicht nur wegen seiner Intelligenz und seines Charakters, sondern auch wegen seines Ansehens bei der Generalität und seines guten Rufes im In- und Ausland als Oberhaupt anerkannt worden war. Nur hatten sie ihn bisher nicht formell beauftragt. Denn trotz Bewunderung und Respekt für den früheren Generalstabschef bezweifelten einige, darunter auch Hassell, ob er der Richtige sei.

»Bei Geibel [Beck]«, schrieb Hassell kurz vor Weihnachten 1941 in sein Tagebuch, »liegt die Schwierigkeit darin, daß er sehr ein Mann des Studierzimmers ist. Wie G. [Popitz] sagt: Viel Taktik, weniger Wille ...« Dieses Urteil war nicht unbegründet, wie sich zeigen sollte, und Becks erstaunlicher Mangel an Initiative wirkte sich schließlich tragisch und verhängnisvoll aus.

Gleichwohl beschlossen die Verschwörer im März 1942 nach vielen geheimen Bespre-

chungen, Beck müsse »zentral die Fäden halten«, wie Hassell sich ausdrückt. Und Ende des Monats notierte der Diplomat: »Geibel [Beck] als Zentrale konstituiert[8].«
Dennoch blieb der Widerstand nebulos. Verfolgt man die von den Verschwörern hinterlassenen Berichte, dann stößt man auch in diesem Stadium auf jenen Mangel an Wirklichkeitssinn, der bei den endlosen Besprechungen selbst den aktivsten Mitgliedern von Anfang an zu eigen gewesen war. Hitler plante, das wußten sie in jenem Frühjahr, die Wiederaufnahme der Offensive in Rußland, sobald der Boden trocken geworden war. Damit, so glaubten sie, könne Deutschland nur noch näher an den Abgrund gebracht werden. Dennoch unternahmen sie nichts, mochten sie auch noch so viele Besprechungen abhalten. Am 28. März 1942 begann Hassell seine Tagebucheintragung mit den Worten:

In den letzten Tagen in Berlin eingehende Besprechungen bei Nordmann [Jessen][9] mit Geibel [Beck] und Pfaff [Goerdeler]. Wenig Aussichten[10].

Wie sollten Aussichten bestehen, wenn nicht einmal Aktionspläne vorhanden waren? Und das in einem Augenblick, als immer noch Zeit war!
Wer in diesem Frühjahr, dem dritten des Krieges, Pläne hatte, war Adolf Hitler – und dazu den eisernen Willen, sie zu verwirklichen.

DIE LETZTEN GROSSEN DEUTSCHEN OFFENSIVEN DES KRIEGES

Bis zum 20. Februar 1942 hatte die russische Offensive ihren Schwung verloren, und mit der Ende März einsetzenden Schlammperiode trat an der langen, blutigen Front eine Zeit verhältnismäßiger Ruhe ein. Beide Seiten waren erschöpft. Ein OKH-Bericht vom 30. März 1942 enthüllt, welchen furchtbaren Tribut die Winterkämpfe gefordert hatten. Von den insgesamt 162 Kampfdivisionen der Ostfront standen nur noch acht für Offensivaufgaben zur Verfügung. Die sechzehn Panzerdivisionen hatten zusammen nur noch 140 taugliche Panzer – weniger als der Normalbestand einer einzigen Division[11].
Während die Truppen sich erholten und neu ausgerüstet wurden, ja schon lange vorher, noch während ihres Rückzugs im Winter, hatte Hitler, nunmehr auch Oberbefehlshaber des Heeres, sich mit Plänen für die kommende Sommeroffensive befaßt. Sie waren nicht so ehrgeizig wie die des vergangenen Jahres. Er hatte inzwischen eingesehen, daß er die Rote Armee nicht in einem einzigen Feldzug vernichten konnte. Diesmal wollte er das Gros seiner Kräfte im Süden zusammenziehen, die Ölfelder im Kaukasus, das industriereiche Donezbecken und das Weizengebiet am Kuban erobern sowie Stalingrad einnehmen. Damit wollte er gleichzeitig mehrere Ziele erreichen: den Sowjets das Öl und einen großen Teil der von ihnen für die Fortsetzung des Krieges verzweifelt benötigten landwirtschaftlichen und industriellen Erzeugnisse wegnehmen und sich das alles für Deutschland aneignen, das es fast ebenso dringend brauchte.

»Wenn ich das Öl von Maikop und Grosny nicht bekomme«, sagte Hitler kurz vor Beginn der Sommeroffensive zu General Paulus, dem Kommandeur der unglückseligen 6. Armee, »dann muß ich diesen Krieg liquidieren[12].«
Stalin hätte ungefähr dasselbe sagen können. Auch er brauchte das Kaukasusöl. Das war der Grund, warum der Besitz von Stalingrad so wichtig wurde. Wenn die Deutschen die Stadt in die Hand bekommen hätten, so wäre der letzte Transportweg, über den das Öl vom Kaspischen Meer über die Wolga nach Zentralrußland gelangen konnte, abgeriegelt worden.
Neben dem für die Flugzeuge, Panzer und Lastkraftwagen benötigten Treibstoff brauchte Hitler auch Menschen, um seine gelichteten Reihen aufzufüllen. Nach Beendigung der Winterkämpfe betrugen die Gesamtverluste 1 167 835 Mann, die Kranken nicht eingerechnet, und um diese Verluste auszugleichen, stand nicht genug Ersatz zur Verfügung. Daher wandte sich das Oberkommando wegen zusätzlicher Truppen an Deutschlands Verbündete – oder vielmehr Satelliten. Im Laufe des Winters war General Keitel in Budapest und Bukarest gewesen, um für den Sommer ganze Divisionen ungarischer und rumänischer Soldaten aufzutreiben. Göring und auch Hitler selbst appellierten an Mussolini, um italienische Formationen zu bekommen.
Zu diesem Zweck traf Göring Ende Januar 1942 in Rom ein, wo er Mussolini versicherte, 1942 würde die Sowjetunion besiegt werden und 1943 würde England die Waffen niederlegen. Ciano fand den korpulenten, ordengeschmückten Reichsmarschall unerträglich. »Er ist wie gewöhnlich aufgeblasen und überheblich«, notierte er am 2. Februar. Und zwei Tage später:

Göring verläßt Rom. Wir haben zusammen im Hotel Excelsior gegessen, und während der Mahlzeit sprach er ausschließlich von den Juwelen, die er besitzt. In der Tat trug er Ringe von einzigartiger Schönheit an der Hand... Am Bahnhof trug er einen großen Zobelpelz, ein Mittelding zwischen einem Autopelz von 1906 und dem Abendpelz einer Kokotte[13].

Mussolini versprach Göring, im März zwei italienische Divisionen nach Rußland zu schicken, sofern die Deutschen sie mit Geschützen versehen würden. Aber seine Sorge um die Lage an der Ostfront nahm derartige Ausmaße an, daß Hitler ein neues Treffen für gegeben hielt, um dem Duce klarzumachen, wie stark Deutschland noch sei.
Die Unterredung fand am 29. und 30. April in Salzburg statt. Der Duce, Ciano und ihre Begleiter logierten in dem Barockschloß Keßheim, dem früheren Palais des Fürstbischofs, das mit Gobelins, Möbeln und Teppichen aus Frankreich neu ausgestattet worden war. »Sie werden nicht sehr viel dafür bezahlt haben«, meinte Ciano. Er fand, daß Hitler müde aussah: »Die Monate des russischen Winters haben schwer auf ihm gelastet. Zum ersten Mal sehe ich, daß er viele weiße Haare hat[14].«
Dann folgte der übliche deutsche Solovortrag über die allgemeine Lage, wobei Ribbentrop und Hitler ihren italienischen Gästen versicherten, es stünde alles zum besten –

in Rußland, in Nordafrika, im Westen und auf See. Die kommende Ostoffensive, vertrauten sie ihnen an, gelte den kaukasischen Ölfeldern.

Wenn einmal die Ölquellen versiegen [erklärte Ribbentrop], wird Rußland auf die Knie gehen. Dann werden die britischen Konservativen und selbst Churchill ... alles tun, um zu retten, was vom morschen Empire zu retten ist ...
Amerika ist ein großer Bluff ...

Ciano hörte sich dies mehr oder weniger geduldig an, hatte jedoch den Eindruck, daß, was Amerika anging, die Deutschen blufften und daß ihnen, wenn sie an Amerika dachten, in Wirklichkeit »eine Gänsehaut den Rücken hinunter« lief.
Den größten Teil der Unterredung bestritt wie immer Hitler.

Hitler spricht und spricht und spricht [schrieb Ciano in sein Tagebuch]. Mussolini, der gewöhnt ist, selber zu sprechen, und nun eigentlich die ganze Zeit über schweigen muß, leidet. Am zweiten Tage, nach dem Frühstück, als wir uns eigentlich schon alles gesagt hatten, hat Hitler ununterbrochen eine Stunde und vierzig Minuten gesprochen. Er hat auch nichts ausgelassen: Krieg und Frieden, Religion und Philosophie, Kunst und Geschichte. Mussolini schaute mechanisch auf seine Armbanduhr ... Die Deutschen ... die Armen! Sie müssen das jeden Tag schlucken, und ich bin sicher, daß es kein Wort, keine Geste und keine Pause gibt, die sie nicht schon auswendig kennen. Nach einem heroischen Kampf mit dem Schlaf ist General Jodl auf dem Diwan eingeschlafen. Keitel war auch am Einschlafen, aber es gelang ihm, den Kopf oben zu behalten; er saß zu dicht bei Hitler, um sich gehen zu lassen[15].

Trotz dieses Redeschwalls oder vielleicht gerade wegen dieses Redeschwalls erhielt Hitler zusätzliches italienisches Kanonenfutter für die Ostfront zugesagt. Seine und Keitels Bemühungen bei den Satelliten waren so erfolgreich, daß das OKW für die Sommeroffensive mit 52 »verbündeten« Divisionen rechnete: 27 rumänische, dreizehn ungarische, neun italienische, zwei slowakische und eine spanische. Diese zusammen bildeten ein Viertel der Achsenstreitkräfte im Osten. Von den 41 frischen Divisionen, die den Südabschnitt verstärken sollten, wo der Hauptstoß erfolgen sollte, bestand etwa die Hälfte – 21 Divisionen – aus Ungarn (10), Italienern (6) und Rumänen (5). Halder und die meisten anderen Generale sahen es nicht gern, daß man sich bei dem, was auf dem Spiele stand, in so hohem Maße auf »ausländische« Divisionen verließ, deren Kampfwert nach ihrer Meinung, gelinde gesagt, fragwürdig war. Aber wegen des großen Mangels an deutschen Soldaten nahmen sie widerstrebend diese Hilfe an, eine Entscheidung, die mit zu der kommenden Katastrophe beitragen sollte.
Anfänglich war das Glück in diesem Sommer 1942 der Achse hold. Noch vor dem Vorstoß gegen Kaukasus und Stalingrad errang sie einen aufsehenerregenden Sieg in Nordafrika. General Rommel hatte am 27. Mai 1942 seine Wüstenoffensive wieder aufgenommen[16]. Mit seinem berühmten Afrikakorps (zwei Panzerdivisionen und eine motorisierte Infanteriedivision) sowie acht italienischen Divisionen rasch zuschlagend, hatte

er bald die englische Wüstenarmee bis zur ägyptischen Grenze zurückgedrängt. Am 21. Juni eroberte er Tobruk, die Schlüsselstellung der britischen Verteidigung, die 1941 neun Monate lang bis zu ihrer Entsetzung gehalten worden war, und rückte zwei Tage später in Ägypten ein. Ende Juni stand er in El Alamein, 100 Kilometer vor Alexandria und dem Nildelta. So mancher alliierte Staatsmann glaubte, wenn er besorgt die Landkarte betrachtete, daß Rommel durch nichts daran gehindert werden könne, Ägypten zu erobern, damit den Engländern einen verhängnisvollen Schlag zu versetzen, um dann, wenn er Verstärkung erhielt, nach Nordosten zu rollen, zur Besetzung der großen Ölgebiete des Nahen Ostens und weiter bis zum Kaukasus, um dort mit den inzwischen auf dem Vormarsch von Norden her befindlichen deutschen Armeen in Rußland zusammenzutreffen.

Für die Alliierten war es eine der dunkelsten Stunden des Krieges, für die Achse umgekehrt eine der hellsten. Aber Hitler hatte, wie wir sahen, von jeher keine Ahnung von globaler Kriegführung. Er verstand es nicht, Rommels überraschenden Sieg in Afrika auszunutzen. Er verlieh zwar dem kühnen Kommandeur des Afrikakorps den Marschallstab, schickte ihm aber weder Verstärkungen noch Nachschub [17]. Nur widerstrebend und auf Drängen Raeders und Rommels hatte Hitler sich seinerzeit bereitgefunden, das Afrikakorps und eine kleine deutsche Luftstreitmacht nach Libyen zu entsenden. Und er hatte es auch nur getan, um einen Zusammenbruch der Italiener in Nordafrika zu verhüten, nicht weil er die Bedeutung einer Eroberung Ägyptens erkannt hatte.

Der eigentliche Schlüssel zur Eroberung Ägyptens war die zwischen Sizilien und den Achsenstützpunkten in Libyen gelegene Insel Malta. Von hier aus fügten britische Bomber, U-Boote und Kriegsschiffe den deutschen und italienischen Nachschub- und Transportschiffen schwere Verluste zu. Im August 1941 wurden etwa 35 Prozent dieser Schiffe, im Oktober 63 Prozent versenkt. Am 9. November bemerkte Ciano bekümmert:

Seit dem 19. September haben wir nicht mehr versucht, einen Konvoi nach Libyen zu schicken. Jeder Versuch wurde teuer bezahlt ... Heute nacht hat man es von neuem versucht ... Und so ist ein Konvoi von sieben Dampfern abgegangen, gedeckt von gut zehn Zerstörern und zwei Kreuzern von 10000 Tonnen ... Alle, wirklich alle Schiffe sind versenkt worden ... Die Engländer sind heimgekehrt, nachdem sie uns geschlagen hatten [18].

Erst spät zweigten die Deutschen mehrere U-Boote vom Atlantik zum Mittelmeer ab, und Kesselring erhielt zusätzliche Flugzeugstaffeln für die Stützpunkte in Sizilien. Man beschloß, Malta auszuschalten und, wenn möglich, die britische Flotte im östlichen Mittelmeer zu vernichten. Ein Erfolg stellte sich sofort ein. Bis Ende 1941 verloren die Engländer drei Schlachtschiffe, einen Flugzeugträger, zwei Kreuzer, mehrere Zerstörer und U-Boote. Was von ihrer Flotte übrig geblieben war, wurde in ägyptische Häfen abgedrängt. Malta war wochenlang Tag und Nacht von deutschen Bombern behämmert worden. Die Folge war, daß der Nachschub der Achse nunmehr durchkam – im Januar ging keine einzige Tonne Schiffsraum verloren – und daß Rommel seine Streitkräfte für den großen Vorstoß nach Ägypten aufstellen konnte.

Im März wurde Hitler von Admiral Raeder dazu überredet, die Entsendung von Flugzeugen nicht allein für Rommels Offensive gegen den Nil (Unternehmen *Aida)*, sondern auch für die Einnahme Maltas mit Hilfe von Fallschirmtruppen (Unternehmen *Herkules)* zu genehmigen. Es wurde dann vorgesehen, die libysche Offensive für Ende Mai anzusetzen und mit dem Angriff auf Malta Mitte Juli zu beginnen. Aber am 15. Juni, als Rommel im vollen Schwung seiner Anfangserfolge war, verschob Hitler den Angriff auf Malta. Er könne weder Truppen noch Flugzeuge von der Ostfront abziehen, erklärte er Raeder. Ein paar Wochen später verschob er das Unternehmen *Herkules* wiederum: Es habe damit Zeit, bis die Sommeroffensive im Osten gelungen sei und Rommel Ägypten erobert habe[19]. Malta könne unterdessen durch fortgesetzte Luftangriffe in Schach gehalten werden.

Aber es wurde nicht in Schach gehalten, und weil die Deutschen es unterlassen hatten, Malta auszuschalten oder einzunehmen, hatten sie binnen kurzem einen hohen Preis zu zahlen. Am 16. Juni brach ein britischer Geleitzug zu der belagerten Insel durch, und wenn auch mehrere Kriegsschiffe und Frachter verloren gingen, so trat doch Malta wieder in Funktion. Ferner starteten von dem amerikanischen Flugzeugträger *Wasp* aus Spitfire-Jäger zum Schutz der Insel, und die angreifenden deutschen Bomber wurden bald vom Himmel vertrieben. Die Wirkung bekam Rommel zu spüren. Drei Viertel seines Nachschubs wurde versenkt.

Mit gerade noch dreizehn Panzern hatte er El Alamein erreicht[20]. »Unsere Stärke ist dahin«, schrieb er am 3. Juli in sein Tagebuch. Und das in einem Augenblick, in dem die Pyramiden schon beinahe in Sicht waren und hinter ihnen der hohe Preis winkte: Ägypten und Suez! Dies war wiederum eine versäumte Gelegenheit, dabei eine der letzten, die die Vorsehung und das Kriegsglück Hitler gewährten.

DIE DEUTSCHE SOMMEROFFENSIVE IN RUSSLAND 1942

Am Ende des Sommers 1942 schien Adolf Hitler indes wieder einmal Herr über die Geschicke der Welt zu sein. Im Monatsdurchschnitt versenkten deutsche U-Boote im Atlantik 700 000 t englisch-amerikanischen Schiffsraum – mehr als die auf vollen Touren laufenden Werften Amerikas, Kanadas und Schottlands ersetzen konnten. Obwohl Hitler den größten Teil seiner Truppen, Panzer und Flugzeuge vom Westen abgezogen hatte, um mit Rußland fertig zu werden, ließ in jenem Sommer nichts erkennen, daß die Engländer und Amerikaner stark genug wären, auch nur eine kleine Landungsoperation über den Kanal hinüber zu unternehmen. Sie hatten nicht einmal einen Versuch zur Besetzung Französisch-Nordwestafrikas gewagt, obgleich die schwachen, in der Treue gegenüber Vichy schwankenden französischen Streitkräfte kaum die Mittel gehabt hätten, einem solchen Versuch entgegenzutreten, und obgleich die Deutschen dort überhaupt keine Abwehrkräfte hatten, abgesehen von den wenigen in Italien und Tripolis stationierten U-Booten und Flugzeugen.

Die englische Flotte und die RAF hatten nicht verhindern können, daß die deutschen Schlachtschiffe *Scharnhorst* und *Gneisenau* und der schwere Kreuzer *Prinz Eugen* von Brest aus am hellen Tag durch den Kanal nach Norwegen fuhren. Hitler hatte befürchtet, daß Engländer und Amerikaner versuchen würden, Nordnorwegen zu besetzen, und daher die drei großen Kriegsschiffe dorthin beordert. »Norwegen ist die Schicksalszone dieses Krieges«, hatte er Ende Januar 1942 zu Raeder gesagt. Es müsse um jeden Preis verteidigt werden. Das wäre indes, wie sich herausstellen sollte, nicht nötig gewesen. Die Anglo-Amerikaner hatten mit ihren beschränkten Streitkräften im Westen andere Dinge vor.

Auf der Landkarte boten im September 1942 Hitlers Eroberungen ein bedenklich stimmendes Bild. Aus dem Mittelmeer war praktisch ein Binnensee der Achse geworden; die Nordküste des Mittelmeers von Spanien bis zur Türkei und die Südküste von Tunesien bis fast zum Nil waren überwiegend in deutscher und italienischer Hand. Vom Nordkap bis Ägypten, vom Atlantik bis zur Wolga standen deutsche Truppen.

Im Norden von Stalingrad hatten am 23. August Verbände der deutschen 6. Armee die Wolga erreicht. Zwei Tage vorher war auf dem Elbrus, dem höchsten Berg des Kaukasus (5629 m), die Hakenkreuzfahne gehißt worden. Am 8. August waren die Ölfelder von Maikop, die eine Jahresproduktion von zweieinhalb Millionen t erzielten, erobert worden, allerdings fanden die Deutschen die Anlagen fast ganz zerstört vor. Am 25. hatten Kleists Panzertruppen das nur 90 km von dem sowjetischen Haupterdölgebiet um Grosny und etwa 150 km vom Kaspischen Meer entfernt liegende Mosdok besetzt. Am 31. August trieb Hitler den die Truppen im Kaukasus befehlenden Feldmarschall von List an, mit allen verfügbaren Kräften zum Endstoß auf Grosny anzusetzen, damit »wir die Ölquellen in die Hand bekommen«. Am gleichen Tag eröffnete auch Rommel seine Offensive in El Alamein.

Hitler war zwar nie mit der Leistung seiner Generale zufrieden – am 13. Juli hatte er Feldmarschall von Bock, der den Befehl über die ganze Südoffensive führte, den Laufpaß gegeben. Ständig beschimpfte er, wie Halders Tagebuch enthüllt, die anderen Kommandeure wie auch den Generalstab wegen des zu langsamen Vormarsches. Doch glaubte er jetzt, des entscheidenden Sieges so gut wie sicher zu sein. Er befahl der 6. Armee und der 4. Panzerarmee, nach der Einnahme von Stalingrad dem Lauf der Wolga entlang nach Norden zu schwenken, womit er ermöglichen wollte, in einer riesigen Umklammerungsbewegung sowohl vom Osten wie vom Westen her gegen Zentralrußland und Moskau vorzudringen. Er glaubte, die Russen seien am Ende. Laut Halder sprach er in jener Zeit auch von einem Vorstoß mit einem Teil seiner Kräfte durch den Iran zum Persischen Golf[21]. Und alsbald wollte er mit den im Indischen Ozean operierenden Japanern in Verbindung treten. Er zweifelte nicht an der Richtigkeit eines von der deutschen Abwehr am 9. September gelieferten Berichts, wonach die Russen an der ganzen Front ihre gesamten Reserven eingesetzt haben sollten. Ende

August hatten sich seine Gedanken bereits von Rußland abgewandt; er sagte zu Admiral Raeder, er sehe nunmehr in Rußland einen »blockadesicheren Lebensraum«, und England und Amerika würden bald »soweit sein, um über den Frieden zu reden[22]«. Und doch, mochte die Lage noch so rosig aussehen, auch diesmal trog der Schein, wie General Kurt Zeitzler nach dem Kriege bemerkte. Fast alle Generale, ob im Feld oder im Generalstab, sahen Flecken auf dem schönen Bild: Die Deutschen besaßen einfach nicht die Mittel, um die Ziele zu erreichen, die Hitler sich in den Kopf gesetzt hatte; es fehlten ihnen dazu die Menschen, die Geschütze, die Panzer, die Flugzeuge und die Transportmittel. Als Rommel versuchte, dies seinem Kriegsherrn in bezug auf Ägypten klarzumachen, befahl Hitler ihm, Krankheitsurlaub zu nehmen. Als Halder und Feldmarschall List einen ähnlichen Versuch in bezug auf die Ostfront unternahmen, wurden sie entlassen.

Selbst der krasseste Laie konnte erkennen, daß die deutschen Armeen in Südrußland zunehmend gefährdet wurden, als sich der sowjetische Widerstand im Kaukasus und bei Stalingrad versteifte und die Zeit der Herbstregen näher kam. Die lange Nordflanke der 6. Armee, die sich von Stalingrad bis Woronesch am oberen Don entlang über 550 km erstreckte, war in bedenklicher Weise exponiert. Hier hatte Hitler drei Satellitenarmeen eingesetzt: im Süden von Woronesch die 2. ungarische, daran anschließend die 8. italienische und am Donbogen, westlich von Stalingrad, die 3. rumänische. Da zwischen Rumänen und Ungarn bittere Feindschaft herrschte, hatten die Italiener zwischen sie gelegt werden müssen. In den Steppen südlich von Stalingrad stand eine weitere Satellitenarmee, die 4. rumänische. Abgesehen von ihrem zweifelhaften Kampfwert waren alle diese Armeen auch unzureichend ausgerüstet; es mangelte ihnen an Panzern, schwerer Artillerie und Fahrzeugen. Außerdem waren sie sehr weit auseinandergezogen. Die 3. rumänische Armee hatte mit nur 69 Bataillonen eine Frontlänge von 170 km zu halten. Aber Hitler hatte nichts anderes als diese »verbündeten« Armeen. Es gab nicht genügend deutsche Einheiten, um die Lücke zu füllen. Und da er – laut Halder – glaubte, die Russen seien »erledigt«, machte er sich über die lange, entblößte Donflanke keine übermäßigen Sorgen.

Dennoch hing von dieser Donflanke ab, ob die 6. Armee und die 4. Panzerarmee in Stalingrad und die Heeresgruppe A im Kaukasus ihre Stellungen halten würden. Brach die Donflanke zusammen, dann drohte den Truppen bei Stalingrad die Einschließung, während die im Kaukasus abgeschnitten werden konnten. Wieder einmal hatte Hitler Hasard gepielt, und zwar nicht zum ersten Mal im Lauf des Sommerfeldzugs.

Ein anderes Hasardspiel veranstaltete er am 23. Juli, auf dem Höhepunkt der Offensive. Die Russen befanden sich zwischen Don und Donez in vollem Rückzug auf Stalingrad und den unteren Don zu. Es mußte eine Entscheidung getroffen werden. Die Frage war, ob die deutschen Truppen für die Einnahme Stalingrads und die Sperrung der Wolga zu konzentrieren seien oder ob ihr Hauptstoß auf den Kaukasus und das russische Öl abzielen sollte. Schon Anfang des Monats hatte Hitler sich Gedanken über diese entscheidende Frage gemacht, war aber zu keinem Entschluß gekommen. Zunächst lockten ihn am meisten die Ölquellen, und so hatte er am 13. Juli die 4. Panzerarmee von der auf dem Vormarsch in Richtung Donbogen und Stalingrad befindlichen Heeresgruppe B abgezogen und nach Süden beordert, damit sie zusammen mit Kleists 1. Panzerarmee den unteren Don bei Rostow überschreite und in den Kaukasus zu den Ölfeldern vorstoße. Zu diesem Zeitpunkt hätte die 4. Panzerarmee wahrscheinlich bis Stalingrad rollen können, das damals ohne größere Verteidigungskräfte war und leicht hätte eingenommen werden können. Bis Hitler zur Einsicht seines Irrtums kam, war es zu spät, und dann vergrößerte er auch noch seinen Fehler. Als die 4. Panzerarmee vierzehn Tage später in das Gebiet von Stalingrad zurückverlegt wurde, hatten die Russen genügend Kraft gesammelt, um ihr Schach zu bieten, während ihr Abzug von der Kaukasusfront Kleist so sehr schwächte, daß er sein Ziel, das Ölgebiet von Grosny, nicht erreichte[23].

Die Verlegung dieser starken Panzereinheit war eine der Folgen der fatalen Entscheidung, die Hitler am 23. Juli traf. Seine fanatische Entschlossenheit, gleichzeitig Stalingrad *und* den Kaukasus zu nehmen – entgegen dem Rat Halders und der Truppenkommandeure – fand ihren Niederschlag in der Weisung Nr. 45, die in den Annalen des deutschen Heeres berühmt wurde. Dieser Befehl war eine der verhängnisvollsten militärischen Maßnahmen Hitlers, denn er hatte zur Folge, daß weder das eine noch das andere Ziel erreicht wurde, und er führte zu der beschämendsten Niederlage in der Geschichte der deutschen Waffen. Er machte zur Gewißheit, daß der Krieg nie gewonnen werden konnte und die Tage des »tausendjährigen« Dritten Reiches gezählt waren.

Halder war entsetzt. Im Führerhauptquartier *Werwolf* bei Winniza in der Ukraine, wohin Hitler am 16. Juli übergesiedelt war, um der Front näher zu sein, kam es zu einer stürmischen Szene. Halder drängte darauf, das Gros der Kräfte auf die Einnahme Stalingrads zu konzentrieren, und er versuchte Hitler auseinanderzusetzen, daß die Effektivstärke des Heeres einfach nicht groß genug sei, um zwei Offensiven so gewaltigen Umfanges in zwei verschiedenen Richtungen zu bewältigen. Als Hitler darauf erwiderte, die Russen seien »erledigt«, versuchte Halder ihn an Hand von Informationen der deutschen Abwehr vom Gegenteil zu überzeugen. Aber Hitler weigerte sich zuzugeben, daß die Russen noch nicht »erledigt« seien.

Diese Feldherrnentschlüsse [schrieb Halder nach dem Kriege in Erinnerung an diese Szene] haben mit den durch Generationen anerkannten Grundsätzen von Strategie und Operation nichts mehr gemein. Sie sind Ausflüsse einer Augenblickseingebung folgenden Gewaltnatur, die keine Grenzen des Möglichen anerkennt und ihre Wunschträume zum Gesetz des Handelns macht[24].

Für das, was Halder »pathologische Überschätzung der eigenen Kraft und verbrecherische Unterschätzung der des Gegners« nannte, gab er folgendes Beispiel:

Als [Hitler] eine auf einwandfreien Unterlagen aufgebaute Zusammenstellung vorgelegt wurde, nach der Stalin noch im Jahre 1942 im Bereich nördlich Stalingrad west-

lich der Wolga über Neuaufstellungen von 1 bis 1,5 Millionen, im Bereich des östlichen Kaukasus und nördlich desselben von mindestens einer halben Million Mann würde verfügen können, und schließlich der Beweis erbracht wurde, daß der Ausstoß der russischen Produktion an frontfähigen Panzern monatlich mindestens 1200 Stück betrage, da ging Hitler mit Schaum in den Mundwinkeln und mit geballten Fäusten auf den Vortragenden los und verbat sich ein solches idiotisches Geschwätz[25].

Es habe keiner »Prophetengabe« bedurft, schreibt Halder, den Ausgang der Operationen gegen Stalingrad angesichts der russischen Stärke dort vorauszusehen[26]. Er wies Hitler in aller Deutlichkeit darauf hin. Das Ergebnis war seine Entlassung.

Dies geschah am 24. September. Schon am 9. September hatte Halder von Keitel, als dieser ihm die Verabschiedung des Feldmarschalls List mitteilte, erfahren, daß er der nächste sein würde. Der Führer sei zu der Überzeugung gelangt, daß er, Halder, »den seelischen Anforderungen seiner Stellung« nicht mehr gewachsen sei. Hitler selbst machte ihm dies am Tage seiner Entlassung noch deutlicher. Halder notierte am Abend:

Nach dem Tagesvortrag: Verabschiedung durch den Führer (meine Nerven verbraucht, auch seine nicht mehr frisch). Wir müssen uns trennen. Notwendigkeit der Erziehung des Gen. Stabs im fanatischen Glauben an die Idee. (Entschlossenheit, auch im Heer seinen Willen restlos durchzusetzen.)

»So spricht«, bemerkte Halder später, »nicht ein von seiner militärischen Aufgabe und Verantwortung durchdrungener Feldherr, so spricht ein politischer Fanatiker[27].«

Und so schied Franz Halder. Er hatte gewiß seine Fehler, nicht unähnlich denen seines Vorgängers Beck. Auch Halder sah oft die Dinge nicht klar und war in seinem Tatwillen gelähmt. Obwohl er häufig, wenn auch erfolglos, Hitler widersprach, war er ihm doch, ebenso wie alle anderen hohen Offiziere des Heeres, lange Zeit gefolgt. Dennoch hatte Halder sich die Tugenden einer gesitteteren Epoche bewahrt. Er war der letzte Generalstabschef alter Schule, den das Heer des Dritten Reiches hatte. Sein Abgang war ein Verlust, nicht nur für die deutsche Armee, sondern auch für die Historiker, denn sein Tagebuch, das für diese von unschätzbarem Wert ist, endet mit dem 24. September 1942. Er wurde im späteren Verlauf des Krieges verhaftet, kam mit anderen prominenten Gefangenen in das Konzentrationslager Dachau und wurde am 28. April 1945 in Niederdorf, Südtirol, von amerikanischen Truppen befreit[28]. An Halders Stelle trat General Kurt Zeitzler, ein noch jüngerer Offizier anderer Couleur, der im Westen Rundstedts Chef des Stabes gewesen war. Zeitzler hielt auf seinem Posten aus – einst dem höchsten im deutschen Heer, besonders im Ersten Weltkrieg – als eine Art besserer Botenjunge des Führers bis zum Attentatsversuch im Juli 1944[29].

Der Wechsel im Generalstab änderte freilich nichts an der Frontlage. Der doppelte Vorstoß des deutschen Heeres gegen Stalingrad und den Kaukasus war durch den sich versteifenden Widerstand der Russen zum Stehen gebracht worden. Während des ganzen Oktobers wurde in den Straßen von Stalingrad erbittert gekämpft. Die Deutschen machten zwar von Häuserblock zu Häuserblock einige Fortschritte, aber um den Preis furchtbarer Verluste, denn die Russen verteidigten verzweifelt jeden Fußbreit des trümmerbedeckten Bodens. Trotz Halders Vorstellungen und auch trotz der Vorstellungen seines Nachfolgers, daß die Truppen in Stalingrad sich erschöpfen würden, beharrte Hitler auf weiterem Vordringen. Frische Divisionen wurden hineingeworfen und bald in dem Inferno zermalmt.

Stalingrad, statt ein Mittel zum Zweck zu sein – der Zweck war im übrigen schon erreicht worden, als deutsche Formationen nördlich und südlich der Stadt das Westufer der Wolga erreichten und den Verkehr auf dem Strom unterbanden –, war nunmehr Selbstzweck geworden. Die Einnahme der Stadt war jetzt für Hitler eine Angelegenheit persönlichen Prestiges. Als Zeitzler sich den Mut nahm, Hitler zu empfehlen, die 6. Armee angesichts der Gefährdung der Nordflanke aus Stalingrad bis zum Donbogen zurücknehmen, bekam der Führer einen Wutanfall. »Der deutsche Soldat bleibt, wo er seinen Fuß hinsetzt!« donnerte er ihn an.

Trotz der harten Kämpfe und schweren Verluste teilte General von Paulus, der Befehlshaber der 6. Armee, Hitler am 25. Oktober durch Funkspruch mit, er rechne mit der vollständigen Einnahme Stalingrads bis spätestens 10. November. Daraufhin gab Hitler am nächsten Tag den Befehl, daß die 6. Armee und die im Süden der Stadt kämpfende 4. Panzerarmee sich vorbereiten sollten, entlang der Wolga nach Norden und Süden vorzustoßen, sobald Stalingrad gefallen sei.

Nicht, daß Hitler die Gefährdung der Donflanke unbekannt gewesen wäre. Aus den Tagebüchern der Wehrmachtsführung ist deutlich ersichtlich, daß er sich darüber beträchtliche Sorgen machte. Entscheidend jedoch ist, daß er die Gefahr nicht ernst genug nahm und infolgedessen nichts zu ihrer Verhütung tat. Er glaubte sogar so zuversichtlich, Herr der Lage zu sein, daß er am letzten Oktobertag mit dem OKW-Stab und dem Generalstab des Heeres von Winniza wieder in sein Hauptquartier *Wolfsschanze* bei Rastenburg zurückkehrte. Er war überzeugt, daß eine sowjetische Winteroffensive, sofern sie überhaupt kam, am Mittel- und Nordabschnitt erfolgen würde. Und für diesen Fall erschien ihm das ostpreußische Hauptquartier besser.

Kaum war er jedoch dorthin zurückgekehrt, als von einer anderen, entfernteren Front schlechte Nachrichten eintrafen. Das Afrikakorps war in Schwierigkeiten.

DER ERSTE SCHLAG: EL ALAMEIN UND DIE ENGLISCH-AMERIKANISCHEN LANDUNGEN

Der »Wüstenfuchs«, wie Rommel auf beiden Frontseiten genannt wurde, hatte am 31. August seine Offensive in El Alamein mit der Absicht wiederaufgenommen, die englische 8. Armee aufzurollen, um dann auf Alexandria und den Nil vorzumarschieren. An der sechzig Kilometer langen Front zwischen Kattara-Senke und Meer war es in sengender Hitze zu einem heftigen Kampf gekommen, aber Rommel erreichte sein Ziel

nicht ganz, brach am 3. September den Angriff ab und ging in die Defensive über. Endlich hatte die englische Armee in Ägypten große Verstärkungen an Truppen, Geschützen, Panzern und Flugzeugen erhalten, und am 15. August auch zwei neue Kommandeure: den exzentrischen, aber begabten General Montgomery, der die 8. Armee übernahm, und General Alexander, einen geschickten Strategen und glänzenden Administrator, der nunmehr den Posten des Oberbefehlshabers im Nahen Osten antrat.
Rommel, der kurz nach seinem Rückschlag in Urlaub geschickt worden war und wegen Leberschwellung am Semmering eine Kur machte, wurde am Nachmittag des 24. Oktober von Hitler angerufen: »Rommel, die Nachrichten aus Afrika klingen schlecht. Die Lage erscheint mir etwas unklar. Niemand weiß, was mit General Stumme passiert ist[30]. Fühlen Sie sich imstande, nach Afrika zurückzukehren und wieder das Kommando zu übernehmen[31]?« Rommel, obwohl noch nicht genesen, sagte seine sofortige Rückkehr zu.
Als er am Abend darauf in seinem Hauptquartier westlich von El Alamein anlangte, war die von Montgomery am 23. Oktober, 21.40 Uhr, eingeleitete Schlacht bereits verloren. Die Materialüberlegenheit der Engländer war zu groß, und wenn auch die italienisch-deutsche Front noch standhielt und Rommel verzweifelte Anstrengungen machte, seine angeschlagenen Divisionen hin- und herzuschieben, um den Angriffen an verschiedenen Stellen zu begegnen und sogar Gegenangriffe zu unternehmen, so war er sich doch darüber klar, daß die Lage hoffnungslos war. Er hatte keine Reserven. Die RAF beherrschte die Luft und bombardierte erbarmungslos seine Truppen, Panzer und restlichen Munitionslager.
Am 2. November erzielte Montgomery mit seiner Infanterie und seinen Panzern am Südsektor der Front einen Durchbruch und überrannte die dort stehenden italienischen Divisionen. Am Abend telegrafierte Rommel an Hitler, er könne die Frontlinie nicht länger halten und beabsichtige, solange noch die Möglichkeit bestehe, sich auf die sechzig Kilometer weiter westlich gelegene Fuka-Stellung zurückzuziehen.
Er hatte damit bereits begonnen, als am nächsten Tag ein langes Telegramm des Obersten Kriegsherrn eintraf:

An GFM Rommel:
Mit mir verfolgt das deutsche Volk in gläubigem Vertrauen auf Ihre Führerpersönlichkeit und auf die Tapferkeit der Ihnen unterstellten deutsch-italienischen Truppen den heldenhaften Abwehrkampf in Ägypten. In der Lage, in der Sie sich befinden, kann es keinen anderen Gedanken geben als auszuharren, keinen Schritt zu weichen und jede Waffe und jeden Kämpfer ... in die Schlacht zu werfen ... Ihrer Truppe aber können Sie keinen anderen Weg zeigen als den zum Siege oder zum Tode.

Adolf Hitler[32].

Eine Befolgung dieses wahnsinnigen Befehls hieß nichts anderes, als die deutsch-italienischen Armeen der Vernichtung preiszugeben, und zum ersten Mal, sagt Bayerlein, wußte Rommel nicht, was er tun sollte. Nach kurzem Gewissenskampf beschloß er zu gehorchen, trotz der Proteste des Frontbefehlshabers des deutschen Afrikakorps, General Ritter von Thoma, der ihm sagte, er werde sich in jedem Falle zurückziehen[33]. »Ich hatte mich zu diesem Entschluß durchgerungen«, schrieb Rommel später in sein Tagebuch, »weil ich selbst immer wieder unbedingten Gehorsam verlangt hatte und mich infolgedessen auch für meine Person diesem Prinzip unterordnen wollte[34].« Später dachte er anders darüber, wie seine Tagebuchnotizen offenbaren.

Widerstrebend befahl Rommel seiner Truppe, den Rückzug abzustoppen, schickte aber gleichzeitig einen Kurier im Flugzeug in das Führerhauptquartier. Der sollte Hitler klarmachen, daß alles verloren wäre, wenn sein Befehl nicht zurückgenommen werden würde. Aber die Ereignisse hatten dies inzwischen überflüssig gemacht. Am Abend des 4. November beschloß Rommel auf die Gefahr hin, wegen Ungehorsams vor ein Kriegsgericht gestellt zu werden, von seinen Truppen zu retten, was noch zu retten war, und sie auf Fuka zurückzunehmen. Aber zu retten waren nur noch die Reste der Panzer- und motorisierten Verbände. Die Fußtruppen, größtenteils Italiener, mußten zurückgelassen werden; das Gros hatte sich ohnehin schon in Gefangenschaft begeben[35]. Am 5. November traf ein Funkspruch des Führers ein: »Ich genehmige die Zurücknahme Ihrer Armee auf Fuka-Stellung.« Aber diese Stellung war inzwischen von Montgomerys Panzern durchbrochen worden. Im Lauf der nächsten vierzehn Tage wurde Rommel mit den Resten seiner Afrikaarmee – etwa 25000 Italienern, 10000 Deutschen und 60 Panzern – bis hinter Bengasi zurückgeworfen, und nicht einmal hier bestand die Möglichkeit, den Rückzug zum Stehen zu bringen.

Das war der Anfang von Hitlers Ende. Es war die bisher größte von seinen Gegnern gewonnene Entscheidungsschlacht des Krieges. Allerdings stand gerade eine zweite, noch entscheidendere Schlacht in den Steppen Südrußlands bevor. Doch ehe diese begann, erhielt Hitler weitere schlechte Nachrichten aus Nordafrika.

Schon am 3. November, als die ersten Meldungen über Rommels Katastrophe kamen, war nach Berichten, die im Führerhauptquartier eintrafen, vor Gibraltar eine Ansammlung von alliierten Schiffen gesichtet worden. Im OKW konnte sich niemand einen Vers darauf machen. Hitler neigte zu der Auffassung, es handele sich lediglich um einen neuen großen Geleitzug für Malta. Dies ist insofern interessant, als schon am 15. Oktober mehrere Berichte über eine bevorstehende »angelsächsische Landung« in Westafrika erörtert worden waren. Die Informationen stammten anscheinend aus Rom, denn Ciano notierte am 9. Oktober nach einer Besprechung mit dem Chef des militärischen Geheimdienstes: »Die Angelsachsen bereiten die Landung einer Streitmacht in Nordafrika vor.« Ciano war deprimiert; er sah – richtig – voraus, daß eine solche Landung unvermeidlich zu einem direkten alliierten Angriff auf Italien führen würde.

Hitler, voller Sorge über die Fortdauer des furchtbaren Widerstandes der Russen, nahm diese erste Meldung nicht sehr ernst. In einer Lagebesprechung am 15. Oktober machte Jodl den Vorschlag, Vichy-Frankreich die Entsendung von Verstärkungen nach Nordafrika zu erlauben, damit die Franzosen einer englisch-amerikanischen Landung entgegentreten könnten. Laut Tagebuch der Wehrmachtsführung lehnte Hitler den Vorschlag ab, weil sonst die Italiener vor den Kopf gestoßen werden könnten, die jede Maßnahme zur Stärkung Frankreichs mit scheelen Augen betrachteten. Offenbar kam die Sache im Führerhauptquartier bis zum 3. November nicht mehr zur Sprache. An diesem Tag meldeten Agenten der deutschen Abwehr aus Spanien, vor Gibraltar sei eine große englisch-amerikanische Flottenansammlung beobachtet worden. Aber Hitler war zu sehr damit beschäftigt, Rommel in El Alamein zum Durchhalten zu zwingen, um sich um einen vermeintlichen Geleitzug für Malta zu kümmern.

Am 5. November wurde dem OKW gemeldet, ein englischer Flottenverband sei von Gibraltar in Richtung Osten ausgelaufen. Doch erst am Vormittag des 7. November, zwölf Stunden vor Beginn der amerikanisch-englischen Landung in Nordafrika, befaßte sich Hitler mit den jüngsten Meldungen der Abwehr, nach denen in Gibraltar stationierte britische Flotteneinheiten sich mit einer aus dem Atlantik gekommenen riesigen Flotte von Transport- und Kriegsschiffen vereinigt hatten. Gemeinsam fuhren sie nun in das Mittelmeer. Zwischen Hitler und den Generalstäblern kam es zu einer langen Diskussion. Was hatte das alles zu bedeuten? Welches Ziel mochte eine so große Flottenstreitmacht haben? Hitler glaubte jetzt, die westlichen Alliierten würden vielleicht versuchen, vier oder fünf Divisionen in Tripolis oder Bengasi zu landen, um Rommel in den Rücken zu fallen. Admiral Krancke, der Verbindungsoffizier der Marine beim OKW, meinte, es könne sich allenfalls um nicht mehr als zwei feindliche Divisionen handeln. Aber wenn auch! Es mußte etwas geschehen. Hitler fragte, ob die Luftwaffenverbände im Mittelmeer nicht sofort verstärkt werden könnten, erhielt aber die Antwort, das sei »im Augenblick« unmöglich. Dem OKW-Tagebuch zufolge tat dann Hitler an diesem Vormittag nichts anderes, als Rundstedt, den Oberbefehlshaber im Westen, anzuweisen, die Ausführung von *Anton* vorzubereiten. Dies war der Deckname für die Besetzung des noch unbesetzten Teiles von Frankreich.

Ungeachtet dieser unheilvollen Nachricht, ungeachtet der für Rommel bei einer englisch-amerikanischen Landung in seinem Rücken entstehenden verheerenden Lage, ungeachtet der jüngsten Meldung der Abwehr über eine bevorstehende russische Gegenoffensive am Don, im Rücken der in Stalingrad kämpfenden 6. Armee, bestieg der Oberste Befehlshaber an diesem 7. November nach dem Mittagessen den Zug nach München, um dort zur Jahresfeier des Bürgerbräu-Putsches am nächsten Abend vor seinen alten Parteigenossen zu sprechen!

In einem entscheidenden Augenblick des Krieges gewann, wie Halder bemerkte, der Politiker in ihm die Oberhand über den Soldaten. Das Führerhauptquartier in Ostpreußen wurde der Obhut eines Obersten, des Freiherrn Treusch von Buttlar-Brandenfels, überlassen. Die OKW-Chefs Keitel und Jodl fuhren mit zur Bürgerbräufeier nach München. Es hat etwas Befremdliches, daß ein Feldherr, der jetzt darauf bestand, die Kriegführung an weit ausgedehnten Fronten, Tausende von Kilometern von den Schlachtfeldern entfernt, bis auf Divisions-, Regiments- oder gar Bataillonsebene hinab persönlich zu leiten, in dem Augenblick, in dem das Haus einzustürzen begann, einer unwichtigen politischen Aufgabe den Vorzug gab. Es war eine Veränderung in dem Mann vor sich gegangen, es hatte in ihm ein Verfall eingesetzt, ebenso wie bei Göring, der, obwohl seine einst allmächtige Luftwaffe ständig schwächer geworden war, sich mehr und mehr mit seinen Juwelen und Hobbies abgab und immer weniger Zeit für die unangenehmen Realitäten eines sich in die Länge ziehenden, zunehmend erbittert werdenden Krieges aufbrachte.

Am 8. November 1942, 1.30 Uhr nachts, wurden an den Küsten Marokkos und Algeriens englisch-amerikanische Truppen unter dem Befehl von General Eisenhower abgesetzt. Um 5.30 Uhr rief Ribbentrop von München aus Ciano in Rom an, um ihm die Neuigkeit mitzuteilen.

Er war ziemlich nervös [notierte Ciano] und wollte wissen, was wir zu tun gedächten. Ich muß gestehen, daß ich, so unerwartet aus dem Schlaf geweckt, nicht imstande war, eine erschöpfende Antwort zu geben.

Auf der deutschen Botschaft in Rom, so erfuhr Ciano, waren die Beamten »über den Schlag, der außerordentlich hart und vor allem völlig unerwartet ist, völlig durcheinander[36]«.

Hitlers Sonderzug traf erst am Nachmittag dieses Tages, 15.40 Uhr, in München ein, und die ersten Hitler übermittelten Meldungen über die Landung in Nordwestafrika klangen optimistisch[37]. Die Franzosen, hieß es, leisteten überall zähen Widerstand, und in Algier und Oran seien die Landungsversuche vereitelt worden. In Algerien sei Admiral Darlan, ein Freund Deutschlands, im Begriff, mit Genehmigung des Vichy-Regimes die Verteidigung zu organisieren. Hitler reagierte zunächst mit konfusen Befehlen. Er ordnete die sofortige Verstärkung der Garnison in Kreta an, das ganz außerhalb des neuen Kriegsschauplatzes lag, wobei er behauptete, eine solche Maßnahme sei ebenso wichtig wie die Entsendung von Verstärkungen nach Afrika. Er wies die Gestapo an, die Generale Weygand und Giraud[38] nach Vichy zu bringen und sie dort zu überwachen. Er befahl Feldmarschall Rundstedt, Truppen für *Anton* bereitzustellen, aber die Demarkationslinie nicht eher zu überschreiten, bis er weitere Befehle erhalte. Und er bat Ciano[39] und Pierre Laval, Vichys nunmehrigen Ministerpräsidenten, für den nächsten Tag nach München.

Etwa 24 Stunden lang spielte Hitler mit dem Gedanken, Frankreich zum Bundesgenossen zu machen, um es auf diese Weise in den Krieg gegen England und Amerika hineinzubringen und für den Augenblick der Pétain-Regierung in ihrem Widerstand gegen die alliierten Landungen in Nordafrika den Rücken zu stärken. Ermutigt wurde er hierzu wahrscheinlich dadurch, daß Pétain am Vormittag des 8. November die diplomatischen Beziehungen zu den USA abgebrochen und dem amerikanischen Geschäftsträger erklärt hatte, seine Streitkräfte würden sich einer englisch-amerikanischen Invasion widersetzen. Aus dem OKW-Tagebuch geht hervor, daß Hitler sich an jenem Sonntag mit Plänen für »eine weitgehende Zusammenarbeit mit Frankreich« beschäftigte. Am Abend übermittelte der deutsche Vertreter in Vichy, Krug von Nidda, Pétain den Vorschlag über ein enges Bündnis zwischen Deutschland und Frankreich[40].

Am folgenden Tag, nach seiner Rede vor den Alten Kämpfern, in der er verkündete, Stalingrad sei »fest in deutscher Hand«, änderte Hitler seine Absicht. Er sagte zu Ciano, er mache sich keine Illusionen über den Kampfwillen der Franzosen und habe beschlossen, »ganz Frankreich zu besetzen, in Korsika zu landen und in Tunesien einen Brückenkopf zu bilden«. Als Laval am 10. November in München eintraf, wurde er von diesem Vorhaben in Kenntnis gesetzt; allerdings nannte man ihm nicht den Zeitpunkt der Durchführung. Laval versprach, Pétain nahezulegen, den Wünschen des Führers zu entsprechen, empfahl jedoch den Deutschen, bei der Ausführung ihrer Pläne nicht auf die Zustimmung des senilen Marschalls zu warten, was Hitler ohnehin nicht beabsichtigte. Ciano hat eine Schilderung der Besprechungen mit dem nach dem Krieg hingerichteten Vichy-Premier hinterlassen:

Hitler behandelte ihn mit eisiger Liebenswürdigkeit ... Der Ärmste konnte sich nicht vorstellen, vor welche vollzogene Tatsachen ihn die Deutschen stellen wollten! ... Laval hat man kein Wort von der unmittelbar bevorstehenden Aktion gesagt; die Befehle, ganz Frankreich zu besetzen, wurden erteilt, während er im Zimmer nebenan eine Zigarette rauchte und mit diesem und jenem sprach. Ribbentrop hat mir gesagt, daß er Laval erst am nächsten Morgen um 8 Uhr mitteilen werde, daß Nachrichten, die während der Nacht gekommen seien, Hitler zur Besetzung des ganzen Landes veranlaßt hätten[41].

Die Besetzung der freien Zone Frankreichs, eine eindeutige Verletzung des Waffenstillstandsabkommens, wurde von Hitler am 10. November, 20.30 Uhr, befohlen. Am Tag darauf ging sie ohne jeden Zwischenfall – von einem nutzlosen Protest Pétains abgesehen – vonstatten. Die Italiener besetzten Korsika, und die Deutschen begannen Truppen nach dem unter französischer Oberhoheit stehenden Tunesien einzufliegen, ehe Eisenhowers Streitkräfte dorthin gelangen konnten.

So gewann Hitler den Wettlauf nach Tunesien, aber es war ein fragwürdiger Sieg. Auf sein Verlangen hin wurden annähernd 250 000 deutsche und italienische Soldaten in den Brückenkopf geschafft. Hätte er wenige Monate vorher nur ein Fünftel dieser Truppen und Panzer Rommel geschickt, dann hätte der »Wüstenfuchs« inzwischen wahrscheinlich jenseits des Nils gestanden, dann hätte die englisch-amerikanische Landung in Nordwestafrika nicht erfolgen können, und das Mittelmeer wäre nicht unwiderruflich an die Alliierten verloren worden. So aber büßte Hitler bis Ende des Frühjahrs alle nach Tunesien verbrachten Soldaten, Panzer und Geschütze sowie auch die Reste des Afrikakorps ein, und es marschierten in Nordafrika mehr deutsche Soldaten in die Gefangenschaft als in Stalingrad, dem wir uns nunmehr wieder zuwenden[42].

DIE KATASTROPHE VON STALINGRAD

Im Morgengrauen des 19. November, während eines Schneesturms, eröffneten die Russen ihre Gegenoffensive am Don. Als die erste Nachricht eintraf, weilten Hitler und die OKW-Chefs noch in dem schönen Alpenland um Berchtesgaden. Obgleich ein sowjetischer Angriff im Dongebiet erwartet worden war, hatte man die Sache im OKW nicht für so wichtig gehalten, um Hitler, Keitel und Jodl eiligst in das Führerhauptquartier nach Ostpreußen zurückzurufen. So waren sie, die frische Bergluft genießend, auf dem Obersalzberg geblieben.

In ihrer Ruhe wurden sie plötzlich aufgestört durch einen dringenden Telefonanruf des in Rastenburg verbliebenen neuen Generalstabschefs Zeitzler. Der Anlaß waren, laut OKW-Tagebuch, »alarmierende Nachrichten« von der Front. In den ersten Stunden des Angriffs hatte eine überwältigend starke russische Panzerstreitmacht zwischen Serafimowitsch und Kletskaja, nordwestlich von Stalingrad, die Kampflinie der rumänischen 3. Armee durchbrochen. Im Süden der Stadt drückten andere sowjetische Streitkräfte stark gegen die deutsche 4. Panzerarmee und die rumänische 4. Armee und drohten einzubrechen.

Das Ziel der Russen war für jeden, der einen Blick auf die Landkarte tat, deutlich erkennbar, zumal für Zeitzler, der aus Ic-Meldungen* wußte, daß der Gegner zur Erreichung dieses Ziels im Süden dreizehn Armeen mit Tausenden von Tanks massiert hatte. Es war also klar, daß die Russen in großer Stärke von Norden und vom Süden her angriffen, um Stalingrad abzuschneiden und die deutsche 6. Armee zu zwingen, entweder sich schleunigst nach Westen zurückzuziehen oder sich einschließen zu lassen. Zeitzler erklärte nach dem Kriege, er habe, sobald er gesehen habe, was geschehen sei, Hitler nahegelegt, die 6. Armee von Stalingrad auf die Donschleife zurückzunehmen, wo die Fronteinbrüche hätten begradigt werden können. Doch allein schon dieser Vorschlag brachte Hitler in Rage.

»Ich gehe nicht von der Wolga zurück!« brüllte er, und dabei blieb er. Dieser in einem Anfall von Raserei gefaßte Entschluß führte prompt zum Desaster. Hitler selbst befahl der 6. Armee, rings um Stalingrad die Stellung zu halten[43].

Hitler und sein engerer Stab kehrten am 20. November in das Führerhauptquartier zurück. Die Meldungen von der Front waren inzwischen katastrophal: Die von den Sowjets von Norden und Süden her vorgetriebenen Keile waren in Kalatsch, 60 Kilometer westlich von Stalingrad, zusammengestoßen. Am Abend bestätigte ein Funkspruch von General Paulus, dem Kommandeur der 6. Armee, die Einschließung der Truppen. Hitler funkte sofort zurück und befahl Paulus, sein Hauptquartier in die Stadt zu verlegen und eine Igelstellung zu bilden. Die 6. Armee würde bis zu ihrem Entsatz aus der Luft versorgt werden.

* Anm. d. Übersetzers: Die Bezeichnung Ic galt im deutschen Heer für Offiziere, denen die nachrichtendienstliche Erkundung oblag.

Aber das waren leere Versprechungen. In Stalingrad eingeschlossen waren zwanzig deutsche und zwei rumänische Divisionen. Sie benötigten täglich mindestens 750 Tonnen Nachschub, wie Paulus telegrafierte. Und das ging weit über die Kapazität der Luftwaffe hinaus, der die erforderliche Anzahl an Transportflugzeugen fehlte. Doch selbst wenn sie verfügbar gewesen wäre, so hätten nicht alle Transportflugzeuge bei dem stürmischen Wetter und der nunmehrigen Überlegenheit der russischen Jagdwaffe das Ziel erreichen können. Dennoch versicherte Göring, die Luftwaffe könne die Aufgabe übernehmen. Es kam überhaupt nie dazu.

Mehr im Bereich des Möglichen lag hingegen die Entsetzung der 6. Armee. Am 25. November hatte Hitler seinen begabtesten Truppenkommandeur, Feldmarschall von Manstein, von der Leningrad-Front abberufen und ihm das Kommando über die neugeschaffene Heeresgruppe Don gegeben. Manstein erhielt zur Aufgabe, von Südwesten aus nach Stalingrad durchzustoßen und die 6. Armee zu entsetzen.

Nunmehr aber legte Hitler dem neuen Kommandeur unmöglich zu erfüllende Bedingungen auf. Manstein versuchte ihm klarzumachen, daß es nur *eine* Aussicht auf Erfolg gäbe: Ausbruch der 6. Armee aus Stalingrad in westlicher Richtung, während zugleich seine eigenen Truppen, voran die 4. Panzerarmee, in nordöstlicher Richtung gegen die zwischen den beiden deutschen Streitkräften liegenden russischen Armeen Druck ausüben müßten. Aber wiederum wollte Hitler nicht von der Wolga zurück. Die 6. Armee habe in Stalingrad auszuhalten, und Manstein müsse sich dorthin durchkämpfen.

Manstein hielt Hitler entgegen, daß dies nicht zu schaffen sei. Die Russen seien zu stark. Doch er argumentierte vergebens, und am 12. Dezember eröffnete er schweren Herzens den Angriff. Der Deckname des Unternehmens, *Wintergewitter*, war durchaus passend, denn der russische Winter hatte inzwischen mit voller Gewalt eingesetzt; in den südlichen Steppen türmte sich der Schnee, und das Thermometer sank weit unter Null. Anfänglich ging es mit der Offensive gut voran; die 4. Panzerarmee unter General Hoth drang auf beiden Seiten der Eisenbahn Kotelnikowskij-Stalingrad bis auf 120 Kilometer Entfernung von der Stadt vor. Am 19. Dezember stand sie etwa 60 Kilometer, am 21. etwa 45 Kilometer von den südlichen Vororten der Stadt entfernt, und die belagerten Soldaten der 6. Armee konnten nachts über die verschneiten Steppen hinweg die Lichtsignale ihrer Retter sehen.

In diesem Augenblick wäre, den späteren Aussagen deutscher Generale zufolge, ein Ausbruch der 6. Armee in Richtung der vorgeschobenen Linien der 4. Panzerarmee fast mit Sicherheit gelungen. Aber wieder einmal wurde dies von Hitler untersagt. Am 21. Dezember rang Zeitzler mit ihm um den Befehl zum Ausbruch von Paulus' Truppen, aber Hitler wollte ihn nur unter der Voraussetzung genehmigen, daß auch Stalingrad gehalten werde. Dieser Blödsinn brachte den Generalstabschef, wie er sagt, dem Wahnsinn nahe.

»Am Abend des folgenden Tages«, erinnert sich Zeitzler, »flehte ich Hitler an, den Ausbruch zu genehmigen. Ich wies darauf hin, daß es absolut unsere letzte Chance sei, die 200 000 Mann der Paulus-Armee zu retten.«

Hitler wollte nicht nachgeben. Vergebens schilderte ich ihm die Zustände innerhalb der sogenannten Festung: die Verzweiflung der hungernden Soldaten, das schwindende Vertrauen zur obersten Führung, die wegen mangelnder Pflege sterbenden Verwundeten, die Tausende, die den Erfrierungstod erlitten. Solchen Argumenten verschloß er sich ebenso wie anderen, die ich vortrug.

Angesichts des wachsenden russischen Widerstands auf allen Seiten sah General Hoth sich mit den ihm zur Verfügung stehenden Kräften außerstande, die letzten 45 Kilometer bis Stalingrad zu bewältigen. Er glaubte indes, daß er sich mit der 6. Armee, wenn sie ausbräche, immer noch vereinigen und sich mit ihr zusammen auf Kotelnikowskij zurückziehen könne. Auf diese Weise wäre wenigstens ein großer Teil der 200 000 deutschen Soldaten gerettet worden[44]. Das hätte wahrscheinlich noch zwischen dem 21. und 23. Dezember geschehen können, aber danach wurde es unmöglich. Denn die Rote Armee hatte, was Hoth in diesem Augenblick nicht wußte, weiter nördlich den Angriff eröffnet und gefährdete nunmehr die linke Flanke von Mansteins ganzer Heeresgruppe Don. In der Nacht vom 22. Dezember wurde Hoth von Manstein angerufen, er solle sich auf völlig neue Befehle vorbereiten. Diese kamen am folgenden Tag. Hoth erhielt Anweisung, von Stalingrad abzulassen, eine seiner drei Panzerdivisionen zur Donfront im Norden abzustellen und sich, wo er stehe, mit den verbleibenden Kräften so gut wie möglich zu verteidigen.

Der Versuch, die in Stalingrad eingeschlossenen Truppen zu entsetzen, war gescheitert. Mansteins neue drastische Befehle waren die Folge alarmierender Nachrichten, die am 17. Dezember bei ihm eingegangen waren. Am Vormittag dieses Tages hatten die Russen einen Einbruch in den von der italienischen 8. Armee donaufwärts bei Bogutschar gehaltenen Frontabschnitt erzielt, der sich am Abend über eine Tiefe von 45 Kilometer erstreckte. Drei Tage später war der Sack etwa 150 Kilometer breit, die von Panik ergriffenen Italiener befanden sich auf der Flucht, und die südwärts sich anschließende rumänische 3. Armee, die schon bei Offensivbeginn am 19. November schwer mitgenommen worden war, löste sich ebenfalls auf. Kein Wunder, daß Manstein auf einen Teil von Hoths Panzerkräften zurückgreifen mußte, um zu versuchen, das Loch zu stopfen. Nun setzte eine Kettenreaktion ein.

Nicht nur die Donarmeen traten den Rückzug an, sondern auch Hoths Panzertruppen, die so nahe an Stalingrad herangekommen waren. Diese Rückzüge wiederum gefährdeten die Heeresgruppe im Kaukasus: Erreichten die Russen Rostow am Asowschen Meer, dann war sie abgeschnitten. Einen Tag oder zwei Tage nach Weihnachten setzte Zeitzler Hitler auseinander: »Entweder befehlen Sie jetzt den Rückzug aus dem Kaukasus, oder wir haben bald ein zweites Stalingrad.« Widerstrebend erteilte Hitler am 29. Dezember Kleists Heeresgruppe A die erforderlichen Weisungen. Dieser Heeresgruppe, bestehend aus der 17. Armee und der 1. Panzerarmee, war es nicht gelungen, die reichen Ölquellen von Grosny zu erobern. Nachdem sie in Sichtweite ihres Ziels gelangt war, begann auch für sie ein langer Rückzug.

Die Rückschläge der Deutschen in Rußland und der italienisch-deutschen Armeen in Nordafrika gaben Mussolini zu denken. Hitler hatte ihn für Mitte Dezember zu einer Lagebesprechung nach Salzburg eingeladen. Der Duce, der zu dieser Zeit wegen eines Magenleidens strenge Diät einhalten mußte, hatte die Einladung unter der Bedingung angenommen, daß er seine Mahlzeiten allein einnehmen könne, »denn er will nicht«, schreibt Ciano, »eine Masse hungriger Deutscher zusehen lassen, daß er sich einzig von Milchreis nähren darf«.

Mussolini hielt die Zeit für gekommen, Hitler zu raten, den Verlusten im Osten ein Ende zu machen, mit Stalin zu irgendeiner Verständigung zu gelangen und die Kräfte der Achse auf die Verteidigung des restlichen Teiles von Nordafrika, des Balkans und Westeuropas zu konzentrieren. »1943 wird das Jahr des angelsächsischen Angriffs sein«, sagte er zu Ciano. Hitler war indes außerstande, sein Hauptquartier im Osten zu verlassen, um mit Mussolini zusammenzutreffen, und so trat anstelle des Duce Ciano am 18. Dezember die lange Reise nach Rastenburg an. Dort unterbreitete er Hitler Mussolinis Vorschläge. Der Führer tat sie verächtlich ab und versicherte Ciano, er könne, ohne die Ostfront zu schwächen, zusätzliche Kräfte nach Nordafrika schicken, das, wie er sagte, gehalten werden müsse. Trotz Hitlers zuversichtlicher Äußerungen stellte Ciano fest, daß unter den Deutschen im Führerhauptquartier die Stimmung gedrückt war.

Die Atmosphäre ist lastend. Vielleicht tragen zu den schlechten Nachrichten noch der Eindruck dieses feuchten Waldes bei und auch die Unannehmlichkeiten des kollektiven Lebens in den Baracken ... Als ich ankam, hat man weder mir noch meinen Mitarbeitern das Unbehagen über die Nachrichten des Durchbruchs an der russischen Front verhehlt. Man versuchte ganz offen, uns dafür die Schuld zuzuschieben.

Es war genau der Augenblick, in dem die Überlebenden der italienischen 8. Armee am Don um ihr Leben rannten, und als einer von Cianos Begleitern einen OKW-Offizier fragte, ob die Italiener schwere Verluste erlitten hätten, erhielt er zur Antwort: »Nicht die geringsten Verluste, sie [die Armee] läuft davon[45].«

Die deutschen Truppen im Kaukasus und am Don liefen zwar nicht davon, zogen sich aber so schnell wie möglich zurück, um nicht abgeschnitten zu werden. Um die Jahreswende entfernten sie sich mit jedem Tag ein Stück weiter von Stalingrad. Für die Russen war nunmehr die Zeit gekommen, den Kampf um Stalingrad zum Abschluß zu bringen. Aber zunächst gaben sie den dem Untergang preisgegebenen Soldaten der 6. Armee eine Gelegenheit, ihr Leben zu retten.

Am Morgen des 8. Januar 1943 erschienen in der deutschen Frontlinie am Nordrand Stalingrads drei Parlamentäre der Roten Armee und überbrachten General Paulus ein Ultimatum von General Rokossowski, dem Oberbefehlshaber der sowjetischen Don-Truppen. In seinem Schreiben gemahnte der russische Kommandeur Paulus daran, daß seine Armee abgeschnitten sei und weder entsetzt noch aus der Luft versorgt werden könne, und fuhr dann fort:

Die Lage Ihrer eingekesselten Truppen ist schwer. Sie leiden unter Hunger, Krankheiten und Kälte. Der grimmige russische Winter hat kaum erst begonnen. Starke Fröste, kalte Winde und Schneestürme stehen noch bevor. Ihre Soldaten sind aber nicht mit Winterkleidung versorgt und befinden sich in schweren sanitätswidrigen Verhältnissen ... Ihre Lage ist hoffnungslos und weiterer Widerstand sinnlos.
[Angesichts dessen] schlagen wir Ihnen zur Vermeidung unnötigen Blutvergießens vor, folgende Kapitulationsbedingungen anzunehmen ...

Es waren ehrenhafte Bedingungen. Alle Gefangenen sollten »normale Verpflegung« erhalten. Verwundete, Kranke und Frostbeschädigte würden ärztliche Behandlung erfahren. Alle Gefangenen könnten Rangabzeichen und Orden, persönliches Eigentum und Wertsachen behalten. Paulus wurde eine Frist von 24 Stunden gestellt.
Er gab den Wortlaut des Ultimatums durch Funkspruch unverzüglich an Hitler weiter und bat um Handlungsfreiheit. Seine Bitte wurde von dem deutschen Kriegsherrn rundweg abgelehnt. 24 Stunden nach Ablauf der Frist, am Morgen des 10. Januar, eröffneten die Russen die letzte Phase der Schlacht von Stalingrad mit einem Artilleriebeschuß aus 5000 Geschützen.
Die Kämpfe waren erbittert und blutig. Auf dem gefrorenen Trümmerschutt der Stadt fochten beide Seiten mit unglaublicher Tapferkeit und Härte. Allerdings nicht lange. Nach sechs Tagen war der deutsche Kessel auf die Hälfte zusammengeschrumpft; er erstreckte sich über 24 Kilometer Länge und an seiner breitesten Stelle über etwa 15 Kilometer Tiefe. Bis zum 24. Januar war er in zwei Teile zerschnitten; außerdem ging der letzte Streifen für behelfsmäßige Flugzeuglandungen verloren. Die Maschinen, die immerhin noch einige Versorgungsgüter, insbesondere Arzneimittel für die Kranken und Verwundeten herangeschafft und 29 000 Schwerverwundete hinausgeflogen hatten, konnten nun nicht mehr landen.
Wiederum gaben die Russen ihrem tapferen Gegner eine Chance, sich zu ergeben. Am 24. Januar kamen sowjetische Parlamentäre mit einem neuen Angebot zu den deutschen Linien. Und wiederum appellierte Paulus, zwischen der Gehorsamspflicht gegenüber dem wahnwitzigen Führer und seiner Verpflichtung, die noch lebenden Soldaten vor der Vernichtung zu bewahren, hin- und hergerissen, an Hitler:

Truppen ohne Munition und Verpflegung ... Keine einheitliche Befehlsführung mehr möglich ... 18 000 Verwundete ohne Mindesthilfe an Verbandszeug und Medikamenten ... Weitere Verteidigung sinnlos. Zusammenbruch unvermeidbar. Armee erbittet, um noch vorhandene Menschenleben zu retten, sofortige Kapitulationsgenehmigung.

Hitlers Antwort lautete:

Verbiete Kapitulation. Die Armee hält ihre Position bis zum letzten Soldaten und zur letzten Patrone und leistet durch ihr heldenhaftes Aushalten einen unvergeßlichen Beitrag zum Aufbau der Abwehrfront und der Rettung des Abendlandes.

Des Abendlandes! Eine bittere Pille für den Kommandeur der 6. Armee, der vor nicht gar so langer Zeit noch in Frankreich und Flandern gegen das Abendland gekämpft hatte. Weiterer Widerstand war nicht nur sinnlos, sondern unmöglich. Mit dem Monat Januar 1943 näherte sich auch die heroische Schlacht dem Ende; sie erlosch wie die Flamme einer niedergebrannten Kerze, die flackernd stirbt. Am 28. Januar war, was von der einst großen Armee übrig blieb, auf drei kleine, voneinander getrennte Einschließungsräume beschränkt. In dem südlichen befand sich, im Keller des zerstörten *Univermag*-Warenhauses, General Paulus' Stabsquartier. Einem Augenzeugenbericht zufolge saß dort General Paulus, dem Zusammenbruch nahe, in einer dunklen Ecke auf seinem Feldbett.
Weder er noch seine Soldaten waren in der Stimmung, die jetzt einsetzende Flut von Glückwunschfunksprüchen zu würdigen. Göring, der einen großen Teil des Winters im sonnigen Italien verbracht hatte und dort mit seinem großen Zobelpelz und seinen juwelengeschmückten Fingern herumstolziert war, funkte am 28. Januar:

Vom Kampf der 6. Armee wird es einmal stolz heißen: An Todesmut ein Langemarck, an Zähigkeit ein Alkazar, an Tapferkeit ein Narvik, an Opfer ein Stalingrad.

Die Soldaten in Stalingrad wurden auch in ihrer Stimmung nicht aufgeheitert, als sie am 30. Januar 1943, dem zehnten Jahrestag der nationalsozialistischen Machtergreifung, die bombastische Rundfunkrede des korpulenten Reichsmarschalls anhörten:

Noch in tausend Jahren wird jeder Deutsche mit heiligem Schauer von diesem Kampf [um Stalingrad] in Ehrfurcht sprechen und sich erinnern, daß trotz allem Deutschlands Sieg entschieden worden ist... Und so wird es auch in späteren Tagen über den Heldenkampf an der Wolga heißen: Kommst du nach Deutschland, so berichte, du habest uns in Stalingrad liegen sehen, wie das Gesetz der Ehre und Kriegführung es für Deutschland befohlen hat.

Der furchtbare Todeskampf der 6. Armee ging jetzt zu Ende. An demselben 30. Januar funkte Paulus an Hitler: »Zusammenbruch ist keine 24 Stunden mehr aufzuhalten.« Auf dieses Signal hin beeilte sich Hitler, die dem Verhängnis preisgegebenen Offiziere in Stalingrad mit Beförderungen zu überschütten. Offenbar hoffte er mit solchen Ehrungen ihre Entschlußkraft zu stärken, auf verlorenem Posten ruhmreich zu sterben. »Es ist in der Geschichte noch nicht vorgekommen, daß ein deutscher Feldmarschall in Gefangenschaft geht«, sagte er zu Jodl und verlieh daraufhin Paulus auf dem Funkweg den Marschallstab. Weitere 117 Offiziere versetzte er in den nächsthöheren Dienstgrad. Es war eine makabre Geste.
Makaber war auch das Ende. Am Abend des letzten Januartages sandte Paulus seine letzte Botschaft in das Führerhauptquartier:

Die 6. Armee hat getreu ihrem Fahneneid für Deutschland bis zum letzten Mann und bis zur letzten Patrone eingedenk ihres hohen und wichtigsten Auftrages die Position für Führer und Vaterland bis zuletzt gehalten.

Um 19.45 Uhr gab der Funker des Oberkommandos der 6. Armee seinerseits den letzten Funkspruch durch: »Der Russe steht vor dem Bunker, wir zerstören.« Er hatte das Zeichen »CL« hinzugefügt, das in der internationalen Funksprache bedeutet: »Diese Station wird nie wieder senden.«

Ein Trupp russischer Soldaten unter Führung eines jungen Offiziers spähte in die dunkle Kellerhöhle von Paulus' Stabsquartier hinein. Er forderte zur Übergabe auf, und der Chef des Stabes der 6. Armee, General Schmidt, nahm an. Paulus saß zusammengebrochen auf seinem Feldbett. Als Schmidt ihn ansprach und fragte, ob noch etwas zu bemerken sei, erhielt er keine Antwort. Paulus war zu sehr erschöpft.

In einem kleinen Kessel weiter nördlich hielten noch die Überreste von zwei Panzer- und vier Infanteriedivisionen in den Ruinen einer Traktorenfabrik weiter aus. In der Nacht vom 1. Februar traf dort ein Funkspruch aus dem Führerhauptquartier ein:

Das deutsche Volk erwartet von euch, daß ihr eure Pflicht genau so tut wie die Besatzung des Südkessels. Jeder Tag, jede Stunde, die ihr aushaltet, erleichtert den Aufbau einer neuen Front.

Doch am 2. Februar, kurz vor Mittag, kapitulierte auch diese Gruppe, nachdem sie ihrem Obersten Befehlshaber gefunkt hatte: »XI. Korps hat mit seinen Divisionen bis zum letzten Mann gegen vielfache Übermacht gekämpft. Es lebe Deutschland.«

Dann senkte sich Schweigen auf die von Schnee und Blut bedeckten Trümmer des Schlachtfeldes herab. Am 2. Februar, 14.46 Uhr, funkte ein hoch über der Stadt fliegender deutscher Aufklärer: »In Stalingrad keine Kampftätigkeit mehr.«

Unterdessen wankten bei 24 Grad unter Null 91 000 deutsche Soldaten, darunter 24 Generale, halbverhungert, mit erfrorenen Gliedern, viele verwundet, alle betäubt und seelisch gebrochen, mit blutbefleckten Wolldecken ihre Köpfe gegen die Kälte schützend, über Eis und Schnee den trostlosen, kalten Kriegsgefangenenlagern Sibiriens entgegen. Das waren, abgesehen von 20 000 Rumänen und 29 000 Schwerverwundeten, die auf dem Luftwege evakuiert worden waren, die Überreste einer siegreichen Armee, die zwei Monate vorher 285 000 Mann gezählt hatte. Alle übrigen waren umgekommen. Und von diesen 91 000 deutschen Soldaten, die an jenem Wintertag den Elendsmarsch in die Gefangenschaft antraten, sahen nur 5000 ihre Heimat wieder[46].

Unterdessen saß der deutsche Kriegsherr, der mit seiner Sturheit und Dummheit für diese Katastrophe verantwortlich war, im gutgeheizten Bunker seines ostpreußischen Hauptquartiers und beschimpfte noch die Generale von Stalingrad: Sie hätten es nicht verstanden, auf anständige Weise zu sterben. Die Protokolle einer Führerbesprechung vom 1. Februar werfen ein grelles Licht auf die Verhaltensweise des deutschen Diktators in jener Zeit der Prüfungen für ihn, seine Armee und sein Land.

Sie haben kapituliert – formell und bedingungslos. Statt die Reihen zu schließen, eine Igelstellung zu bilden und sich mit der letzten Patrone selbst zu erschießen ... Der Mann [Paulus] hätte sich erschießen sollen, wie die alten Heerführer, die sich in ihre Schwerter stürzten, wenn sie sahen, daß ihre Sache verloren war ... Auch Varus befahl seinem Sklaven: »Töte mich!«

In seinem Zorn darüber, daß Paulus sich entschieden hatte, am Leben zu bleiben, giftete Hitler immer mehr gegen ihn:

Stellen Sie sich vor: jetzt wird er nach Moskau gebracht. Dort wird er alles Mögliche unterschreiben. Er wird Geständnisse machen, Erklärungen abgeben. Sie werden sehen: er wird seinen geistigen Bankrott erklären und sich aufs tiefste erniedrigen ... Sie werden sehen: es wird keine Woche vergehen, und Seydlitz und Schmidt und sogar Paulus sprechen im Rundfunk[47] *... Wie kann jemand so feige sein. Ich verstehe das nicht. Was heißt Leben? Die Nation, das ist Leben. Das Einzelwesen muß sowieso sterben. Die Nation steht über dem Leben des Einzelnen. Aber wie kann sich nur jemand in diesem Augenblick vor dem Tod fürchten, der ihn befreit hätte von diesem Elend, wenn er sich sowieso nicht mehr durch seine Pflicht an dieses Tränental gebunden fühlt. Nein! ...*

So viele Leute müssen sterben, und dann zieht so ein Mann in letzter Minute das Heldentum so vieler anderer in den Schmutz. Er hätte sich von allen Sorgen befreien können, er hätte in die Ewigkeit und in die nationale Unsterblichkeit eingehen können, aber nein, er geht nach Moskau! ...

Was mich persönlich am meisten schmerzt, ist, daß ich ihn noch zum Feldmarschall befördert habe. Ich wollte ihm diese letzte Anerkennung geben. Das ist der letzte Feldmarschall, den ich in diesem Kriege ernannt habe. Man soll seine Hühner nicht zählen, bis man sie im Stall hat[48].

Danach berieten Hitler und Zeitzler kurz, in welcher Weise die Nachricht von der Kapitulation für das deutsche Volk abzuschwächen sei. Und am 3. Februar, drei Tage nach dem Geschehen, meldete ein Wehrmachtsonderbericht:

Der Kampf um Stalingrad ist zu Ende. Ihrem Fahneneid bis zum letzten Atemzug getreu, ist die 6. Armee unter der vorbildlichen Führung des Generalfeldmarschalls von Paulus der Übermacht des Feindes und der Ungunst der Verhältnisse erlegen.

Die Verlesung des Wehrmachtberichts im deutschen Rundfunk wurde eingeleitet mit dumpfem Trommelwirbel und beschlossen mit dem zweiten Satz aus Beethovens 5. Symphonie. Hitler setzte eine viertägige Nationaltrauer an. Alle Theater, Kinos und Vergnügungsstätten blieben für diese Zeit geschlossen.

Stalingrad, schreibt der deutsche Historiker Walter Görlitz in seinem Buch über den Generalstab, »war die größte Niederlage, die bislang je ein deutsches Heer in der Geschichte erlitten hatte, ein neues Jena[49]«!

Aber daneben bildete es, zusammen mit El Alamein und der englisch-amerikanischen Landung in Nordafrika, die große Wende des Zweiten Weltkriegs. Die Flutwelle der deutschen Eroberung, die über den größten Teil Europas bis hin zur Grenze gegen Asien an der Wolga und in Afrika fast bis zum Nil dahingeschwemmt war, begann nun abzuebben. Die Zeit der großen Offensiven, bei denen Tausende von Panzern und Flugzeugen in den Reihen der gegnerischen Armeen Schrecken verbreiteten und sie zermalmten, war zu Ende gegangen. Freilich kam es hier und da noch zu örtlich begrenzten Offensiven – wie im Frühjahr 1943 bei Charkow und zur Weihnachtszeit 1944 in den Ardennen –, doch bildeten sie lediglich Bestandteile eines Abwehrkampfes, den die Deutschen in den nächsten beiden Jahren, den letzten des Krieges, mit großer Zähigkeit und Tapferkeit führen sollten. Die Initiative war Hitlers Händen für immer entglitten. Seine Gegner waren es, die sie jetzt ergriffen und behielten. Und zwar nicht nur zu Lande, auch in der Luft. Bereits in der Nacht vom 30. Mai 1942 hatten die Engländer ihren ersten Tausendbomberangriff auf Köln unternommen, dem weitere im Laufe des ereignisreichen Sommers auf andere Städte folgten. Damit bekam die deutsche Zivilbevölkerung, ebenso wie die Soldaten in Stalingrad und El Alamein, am eigenen Leibe die Schrecken zu spüren, die ihre Wehrmacht bis dahin anderen Völkern bereitet hatte.

Und schließlich verflüchtigte sich im Schnee von Stalingrad und im heißen Sand der nordafrikanischen Wüste ein großer, schrecklicher Traum der Nationalsozialisten. An den katastrophalen Niederlagen Paulus' und Rommels scheiterte nicht nur das Dritte Reich, sondern auch die grausige, groteske sogenannte *Neuordnung*, die Hitler und seine SS-Mordgesellen in den eroberten Ländern zu errichten begonnen hatten. Bevor wir uns dem Schlußkapitel, dem Untergang des Dritten Reiches, zuwenden, dürfte es angebracht sein, sich vor Augen zu halten, wie diese Neuordnung – in Theorie und barbarischer Praxis – beschaffen war, und welchem Schicksal der alte, hochzivilisierte Kontinent Europa nach einem kurzen Alpdruck, einem Vorgeschmack ihrer Schrecken, mit knapper Not entrann. Es ist zwangsläufig das dunkelste Kapitel in dieser Darstellung des Dritten Reiches: Es war das dunkelste auch für die anständigen Europäer, die diesen Alpdruck miterlebten oder hingemordet wurden, ehe er vorüberging.

FÜNFTES BUCH

Der Anfang vom Ende

XXVII

Die Neuordnung

Für die Errichtung der Neuordnung ist niemals ein zusammenhängender Plan aufgestellt worden. Aber aus den erbeuteten Dokumenten und aus den Geschehnissen geht deutlich hervor, daß Hitler sich eine genaue Vorstellung davon machte, wie die Neuordnung auszusehen habe: ein vom Nationalsozialismus beherrschtes Europa, das von Deutschland wirtschaftlich ausgebeutet werden sollte, dessen Einwohner zu Sklaven des deutschen Herrenvolkes gemacht und dessen »unerwünschte Elemente« – vor allem die Juden, aber auch viele osteuropäische Slawen, insbesondere deren Intelligenz – ausgerottet werden sollten.

Juden und Angehörige slawischer Völker galten als »Untermenschen«. In Hitlers Augen hatten sie keine Daseinsberechtigung; eine Ausnahme machte er nur für solche Slawen, die von den deutschen Herren als hörige Knechte und Bergarbeiter gebraucht wurden. Es sollten nicht nur die Großstädte des Ostens, Moskau, Leningrad und Warschau »niedergerissen und unbewohnbar« gemacht werden[1], es sollte auch die Kultur der Russen, Polen und anderer slawischer Völker ausgelöscht und ihnen jede Möglichkeit zu höherer Bildung genommen werden. Ihre Industrien wollte man demontieren und nach Deutschland verbringen, die Bevölkerung auf den Ackerbau beschränken, damit sie für Deutschlands Ernährung sorgen konnte, während sie selbst von ihren Erzeugnissen nur soviel behalten sollte, daß sie gerade noch existieren konnte. Europa müsse, wie die NS-Führer es ausdrückten, »judenfrei« gemacht werden.

»Wie es den Russen geht, wie es den Tschechen geht, ist mir total gleichgültig«, erklärte Heinrich Himmler am 4. Oktober 1943 in einer Ansprache an die SS-Obergruppenführer in Posen. Zu dieser Zeit war Himmler als Reichsführer-SS und Chef des gesamten Polizeiapparats des Dritten Reiches nach Hitler der mächtigste Mann und bestimmte über Leben und Tod nicht nur der achtzig Millionen Deutschen, sondern auch der doppelt so zahlreichen Bevölkerung unterworfener Länder.

Das, was in den Völkern an gutem Blut unserer Art vorhanden ist [fuhr Himmler fort], werden wir uns holen, indem wir ihnen, wenn notwendig, die Kinder rauben und sie bei uns großziehen. Ob die anderen Völker in Wohlstand leben oder ob sie verrecken vor Hunger, das interessiert mich nur soweit, als wir sie als Sklaven für unsere Kultur brauchen, anders interessiert mich das nicht.

Ob bei dem Bau eines Panzergrabens 10 000 russische Weiber vor Entkräftung umfallen oder nicht, interessiert mich nur soweit, als der Panzergraben für Deutschland fertig ist ...[2].

Doch lange vor Himmlers Posener Rede vom Jahre 1943 (auf die wir noch einmal zurückkommen werden, da sie auch andere Aspekte der Neuordnung berührt) hatten die NS-Führer ihre Ideen und Pläne für die Versklavung der östlichen Völker niedergelegt. Am 15. Oktober 1940 hatte Hitler über die Zukunft der Tschechen, des ersten von ihm unterjochten slawischen Volkes, folgendes beschlossen: Zur Hälfte solle es, größtenteils durch Verschickung zur Zwangsarbeit in Deutschland, »assimiliert« werden. Die andere Hälfte, »besonders« die Intellektuellen, sollte – nach dem Wortlaut des Geheimprotokolls – ganz einfach »entmachtet, ausgeschaltet und außer Landes gebracht« werden[3]. Vierzehn Tage vorher, am 2. Oktober, hatte Hitler klargestellt, was er mit dem zweiten von ihm unterworfenen slawischen Volk, den Polen, vorhatte. Über seine Pläne ließ er von seinem getreuen Sekretär, Martin Bormann, eine lange Denkschrift für den Generalgouverneur Hans Frank und andere Beamte abfassen[4]:

Der Führer betonte ..., der Pole sei ... geradezu zu niedriger Arbeit geboren; unserem deutschen Arbeiter müßten wir alle Aufstiegsmöglichkeiten gewähren, für den Polen komme dies keinesfalls in Frage. Das Lebensniveau in Polen müsse sogar niedrig sein bzw. gehalten werden ... Der Pole [sei] von Natur aus faul und müsse zur Arbeit angetrieben werden ... Das Generalgouvernement sei unser Reservoir an Arbeitskräften für niedrige Arbeiten ... [Es sei dafür zu sorgen, daß] von dort aus wirklich alljährlich die notwendigen Arbeiter in das Reich kämen.

Was die Priester anging, so

hätten sie zu predigen, wie wir es wünschten. Wenn ein Pfarrer dagegen handle, sei ihm kurzer Prozeß zu machen. Die Pfarrer müßten die Polen also ruhig, dumm und blöd halten.

Es gab noch zwei andere polnische Schichten, mit denen man sich zu befassen hatte, und der Diktator unterließ es nicht, sie zu erwähnen:

Unbedingt zu beachten sei, daß es keine »polnischen Herren« geben dürfte; wo polnische Herren vorhanden seien, sollten sie, so hart das klingen möge, umgebracht werden.
... für die Polen [dürfte es] nur einen Herrn geben, und das sei der Deutsche; zwei Herren nebeneinander könne es nicht geben und dürfe es nicht geben, daher seien alle Vertreter der polnischen Intelligenz umzubringen. Dies klinge hart, aber es sei nun einmal das Lebensgesetz.

Wie besessen die Nationalsozialisten von der Idee waren, die Deutschen seien das Herrenvolk und die Slawen ihre Knechte, prägte sich besonders scharf in ihrer Einstellung zu den Russen aus. So sagte Erich Koch, der brutale Reichskommissar für die Ukraine, in einer in Kiew am 5. März 1943 gehaltenen Rede:

Wir sind das Herrenvolk und müssen hart, aber gerecht regieren... Ich werde das Letzte aus diesem Land herausholen. Ich bin nicht gekommen, um Segen zu spenden... Die Bevölkerung muß arbeiten, arbeiten und nochmals arbeiten... Wir sind wahrlich nicht hierhergekommen, um Manna zu streuen, wir sind hierhergekommen, um die Voraussetzungen des Sieges zu schaffen.
Wir sind ein Herrenvolk, das bedenken muß, daß der geringste deutsche Arbeiter rassisch und biologisch tausendmal wertvoller ist als die hiesige Bevölkerung[5].

Etwa ein Jahr vorher, am 23. Juli 1942, als die deutschen Armeen sich der Wolga und den Ölgebieten im Kaukasus näherten, schrieb Martin Bormann einen langen Brief an Rosenberg, in dem er Hitlers Ansichten über diesen Gegenstand wiederholte. Der Inhalt des Briefes wurde von einem Beamten des Rosenberg-Ministeriums wie folgt zusammengefaßt:

Die Slawen sollen für uns arbeiten. Soweit wir sie nicht brauchen, mögen sie sterben. Impfzwang und deutsche Gesundheitsfürsorge sind daher überflüssig. Die slawische Fruchtbarkeit ist unerwünscht. Sie mögen Präservative benutzen oder abtreiben, je mehr desto besser. Bildung ist gefährlich. Es genügt, wenn sie bis hundert zählen können... Jeder Gebildete ist ein künftiger Feind. Die Religion lassen wir ihnen als Ablenkungsmittel. An Verpflegung bekommen sie nur das Notwendige. Wir sind die Herren, wir kommen zuerst[6].

Bei ihrem Einmarsch in Rußland wurden die deutschen Truppen vielerorts von der seit langem unter Stalins Schreckensherrschaft schmachtenden Bevölkerung freudig begrüßt. In der Roten Armee kam es anfänglich zu Massendesertionen. Insbesondere in den baltischen Ländern, die erst kurz vorher von den Sowjets besetzt worden waren, und in der Ukraine, wo eine von Anfang an bestehende Unabhängigkeitsbewegung nie ganz hatte unterdrückt werden können, waren viele Menschen glücklich über die Befreiung vom sowjetischen Joch.
In Berlin gab es Leute, die glaubten, das russische Volk könne auf Deutschlands Seite gezogen werden, wenn Hitler klug vorginge, die Bevölkerung rücksichtsvoll behandele, sie von den bolschewistischen Methoden befreie (durch Gewährung religiöser und wirtschaftlicher Freiheit und durch Umgestaltung der Kolchosen in echte Genossenschaften) und Selbstverwaltung verspreche. Man glaubte, daß dann die Bevölkerung der besetzten Gebiete mit den Deutschen zusammenarbeiten und darüber hinaus die der unbesetzten Gebiete sich gegen Stalins Tyrannei auflehnen werde. Wenn dieser Fall eintrete, meinte man, käme es wahrscheinlich zum Zusammenbruch des bolschewistischen Regimes und zur Auflösung der Roten Armee, so wie auch 1917 die Zarenarmee auseinandergefallen sei.
Aber die grausamen Besatzungsmethoden und das offen zutage tretende, häufig in der

Öffentlichkeit proklamierte Ziel des deutschen Eroberers, Rußland auszuplündern, seine Völkerschaften zu versklaven und im Osten Deutsche anzusiedeln, machte bald jede Möglichkeit einer solchen Entwicklung zunichte.

Niemand hat diese verheerende Politik und alle versäumten Gelegenheiten besser zusammengefaßt, als Dr. Otto Bräutigam, Berufsdiplomat und stellvertretender Leiter der Politischen Abteilung des neugeschaffenen Rosenbergschen Ministeriums für die besetzten Ostgebiete. In seiner Erbitterung wagte es Bräutigam, in einer vertraulichen Denkschrift vom 25. Oktober 1942 für seine Vorgesetzten die in Rußland begangenen Fehler festzuhalten:

In der Sowjetunion haben wir nun eine Bevölkerung vorgefunden, die, des Bolschewismus überdrüssig, begierig auf neue Parolen wartete, die ihr eine bessere Zukunft in Aussicht stellen. An Deutschland lag es, solche Parolen zu finden, aber sie blieben aus. Die Bevölkerung der besetzten Ostgebiete hat uns mit Jubel als Befreier begrüßt und sich willig und aufgeschlossen uns mit Leib und Leben zur Verfügung gestellt.

Eine Parole freilich gab es, aber das russische Volk hatte sie rasch durchschaut.

Mit dem den Ostvölkern eigenen Instinkt hat auch der primitive Mann bald herausgefühlt, daß für Deutschland die Parole »Befreiung vom Bolschewismus« nur ein Vorwand war, um die slawischen Ostvölker nach seinen Methoden zu versklaven ... Aber der ... Arbeiter und Bauer empfand sehr bald, daß Deutschland ihn nicht als einen gleichberechtigten Partner ansah, sondern ihn lediglich als Objekt seiner politischen und wirtschaftlichen Ziele betrachtete ... Mit einer Überheblichkeit sondergleichen setzen wir uns über alle politischen Erkenntnisse hinweg und behandeln ... die Völker der besetzten Ostgebiete als Weiße 2. Klasse, denen die Vorsehung angeblich lediglich die Aufgabe gestellt hat, für Deutschland ... Sklavendienste zu tun ...

Noch zwei andere Dinge, sagte Bräutigam, hätten die Russen veranlaßt, sich gegen die Deutschen zu wenden: die barbarische Behandlung sowjetischer Kriegsgefangener und die Zwangsaushebung von männlichen und weiblichen Arbeitskräften.

Es ist bei Freund und Feind kein Geheimnis mehr, daß Hunderttausende von [Kriegsgefangenen] in unseren Lagern buchstäblich verhungert und erfroren sind ... Wir erleben nun das groteske Bild, daß nach dem gewaltigen Hungersterben der Kriegsgefangenen Hals über Kopf Millionen von Arbeitskräften aus den besetzten Ostgebieten angeworben werden mußten ...

In der üblichen grenzenlosen Mißachtung des slawischen Menschen wurden bei der »Werbung« Methoden angewandt, die wohl nur in den schwärzesten Zeiten des Sklavenhandels ihr Vorbild haben. Es setzte eine regelrechte Menschenjagd ein. Ohne Rücksicht auf Gesundheitszustand und Lebensalter wurden die Menschen nach Deutschland verfrachtet ...[7].

Die Folge der deutschen Politik und der angewandten Methoden, betonte Bräutigam, sei »der ungeheure Widerstand der Ostvölker«.

Unsere Politik hat Bolschewiken und nationale Russen in eine Front gegen uns getrieben. Der Russe kämpft heute mit äußerster Tapferkeit und Selbstaufopferung für nichts mehr und nichts weniger als für die Anerkennung seiner Menschenwürde.

Um seine dreizehn Seiten lange Denkschrift mit einer positiven Bemerkung abzuschließen, forderte Dr. Bräutigam einen völligen Wandel in der Politik gegenüber den Russen: »Dem russischen Volk muß etwas Konkretes über seine Zukunft gesagt werden . . .[8]«

Aber das war eine einsame Stimme in der nationalsozialistischen Wüste. Wie wir sahen, hatte Hitler bereits vor dem Angriff auf die Sowjetunion in seinen Weisungen bestimmt, was mit Rußland und den Russen zu geschehen habe, und er war nicht der Mann, der von irgendeinem Deutschen hätte bewogen werden können, auch nur ein Jota daran zu ändern.

Am 16. Juli 1941, nicht ganz einen Monat nach Beginn des Rußlandfeldzuges, doch zu einem Zeitpunkt, in dem die deutschen Anfangserfolge schon erkennen ließen, daß der deutsche Diktator bald einen großen Teil der Sowjetunion im Griff haben würde, bestellte Hitler Göring, Keitel, Rosenberg, Bormann und Lammers (Chef der Reichskanzlei) in das Führerhauptquartier, um ihnen noch einmal vor Augen zu führen, welche Absichten er in den neueroberten Gebieten verfolgte. Endlich rückte das in *Mein Kampf* so unmißverständlich dargelegte Ziel näher, in Rußland einen riesigen deutschen *Lebensraum* zu schaffen, und darüber, was er mit diesem *Lebensraum* zu tun beabsichtigte, sollte bei seinen engsten Mitarbeitern keine Unklarheit bestehen. Dies ist deutlich aus Bormanns Aktenvermerk ersichtlich[9]. Hitler betonte jedoch, daß die »Zielsetzung nicht vor der ganzen Welt bekanntzugeben« sei.

. . . Dies sei auch nicht notwendig, sondern die Hauptsache sei, daß wir selbst wüßten, was wir wollten . . . Es soll also nicht erkennbar sein, daß sich damit eine endgültige Regelung anbahnt! Alle notwendigen Maßnahmen – Erschießen, Aussiedeln etc. – tun wir trotzdem und können wir trotzdem tun.

Grundsätzlich kommt es darauf an, den riesenhaften Kuchen handgerecht zu zerlegen, damit wir ihn
erstens beherrschen,
zweitens verwalten und
drittens ausbeuten können.

Gegen den von den Russen befohlenen Partisanenkrieg hinter der deutschen Front habe er nichts einzuwenden, sagte Hitler, denn »er gibt uns die Möglichkeit, auszurotten, was sich gegen uns stellt«.

Deutschland werde sowieso, fuhr er fort, das ganze Gebiet bis zum Ural beherrschen, und nur Deutsche dürften in diesem riesigen Raum Waffen tragen. Dann beschäftigte sich Hitler im einzelnen mit den verschiedenen Stücken des russischen Kuchens:

Das gesamte Baltenland [muß] Reichsgebiet werden . . . Die Krim muß von allen

Fremden geräumt und deutsch besiedelt [und ebenfalls] Reichsgebiet werden ... Wegen der großen Nickelvorkommen [soll] die Halbinsel Kola zu Deutschland kommen ... Mit aller Vorsicht [muß] die Angliederung Finnlands als Bundesstaat vorbereitet werden ... Der Führer will Leningrad dem Erdboden gleichmachen lassen, um es dann den Finnen zu geben.

Die Baku-Ölfelder sollten Deutschland in »Konzession« gegeben, und das Siedlungsgebiet der Wolgadeutschen sei, ordnete Hitler an, einfach zu annektieren. Zu einer heftigen Auseinandersetzung kam es dann wegen der Besetzung der Verwaltungsposten.

Rosenberg erklärt, er wolle seiner Verdienste wegen auch den Hauptmann v. Petersdorff verwenden; allgemeines Entsetzen, allgemeine Ablehnung. Der Führer und der Reichsmarschall betonen, v. Petersdorff sei zweifellos geisteskrank.

Meinungsverschiedenheiten gab es auch darüber, welches die beste Methode sei, das russische Volk durch Polizeimaßnahmen niederzuhalten. Hitler wollte die deutsche Polizei mit Panzerwagen ausgerüstet wissen. Göring hielt das nicht für notwendig. Seine Flugzeuge, sagte er, »könnten ... bei Aufruhr Bomben schmeißen«. Er fügte hinzu:

Der Riesenraum müsse natürlich so rasch wie möglich befriedet werden; dies geschehe am besten dadurch, daß man jeden, der nur schief schaue, totschieße.

Als Bevollmächtigter des Vierjahresplans erhielt Göring auch zur Aufgabe, Rußland wirtschaftlich auszubeuten[10]. Oder, besser gesagt, »auszuplündern«, wie Göring selbst am 6. August 1942 in einer Rede vor NS-Kommissaren für die besetzten Ostgebiete sagte: »[Früher] nannte man das plündern ... Nun, die Formen sind humaner geworden. Ich gedenke trotzdem zu plündern, und zwar ausgiebig[11].« In dieser Hinsicht wenigstens stand er zu seinem Wort, nicht allein in bezug auf Rußland, sondern in bezug auf alle eroberten Länder. Das war ein Teil der Neuordnung.

DIE AUSPLÜNDERUNG EUROPAS

Der Gesamtumfang der Beute wird sich nie feststellen lassen; ihn genau abzuschätzen, geht über menschliches Vermögen hinaus. Aber es liegen doch einige Angaben darüber vor, davon viele von den Deutschen selbst. Sie lassen erkennen, mit welcher echten deutschen Gründlichkeit die von Göring erteilten Instruktionen befolgt wurden. Er sagte seinen Untergebenen:

Sie müssen geradezu wie ein Schweißhund hinterher sein, wo noch etwas ist, was das deutsche Volk brauchen kann; das müßte blitzartig ... herausgeholt und hierher gebracht werden[12].

Es wurde eine ganze Menge herausgeholt, nicht nur in Gestalt von Gütern und Dienstleistungen, sondern auch Banknoten und Gold. Wann immer Hitler ein Land besetzte, seine Beauftragten beschlagnahmten das Gold und die ausländischen Devisen der jeweiligen Nationalbank. Das war aber nur der Anfang. Sogleich wurden auch ungeheuer hohe »Besatzungskosten« festgesetzt. Ende Februar 1944 schätzte Finanzminister Graf Schwerin von Krosigk die Gesamteinnahmen aus solchen Zahlungen auf 48 Milliarden Mark, zu denen Frankreich, das stärker als irgendein anderes besetztes Land ausgepreßt wurde, mehr als die Hälfte beitrug. Ende des Krieges belief sich die Summe auf schätzungsweise 60 Milliarden Mark.

Frankreich hatte davon 31,5 Milliarden aufbringen müssen, im Jahresdurchschnitt über 7 Milliarden, d. h. viermal soviel als Deutschland nach dem Ersten Weltkrieg auf Grund des Dawes- und Youngplans jährlich an Reparationen zu zahlen gehabt hatte – eine Auflage, die in Hitlers Augen ein so schändliches Verbrechen gewesen war. Darüber hinaus wurde die Bank von Frankreich gezwungen, Deutschland »Kredite« in Höhe von insgesamt 4,5 Milliarden Mark zu gewähren, und die französische Regierung, eine weitere halbe Milliarde »Sühnegelder« zu bezahlen. Aus Belgien und auch aus Holland wurden nach einer in Nürnberg vorgenommenen Schätzung zwei Drittel des Nationaleinkommens als Besatzungskosten und »Kredite« herausgezogen. Insgesamt bezog Deutschland zufolge einer Untersuchung des *US-Strategic-Bombing-Survey* 104 Milliarden Mark an Tributen aus den besetzten Gebieten.

Jeder Schätzung aber entziehen sich die Warengüter, die das Reich nahm und abtransportierte, ohne sich auch nur um die Bezahlung zu kümmern. In Nürnberg gab es eine derartige Flut von Listen und Aufstellungen, daß man ganz erschlagen war. Soweit mir bekannt, war kein Fachmann jemals in der Lage, sie zu sichten und eine Gesamtschätzung vorzunehmen. In Frankreich schätzte man beispielsweise, daß die Deutschen (als sogenannte »Sachlieferungen«) 9 Millionen Tonnen Getreide, 75 Prozent der Gesamtproduktion an Hafer, 80 Prozent des Öls, 74 Prozent des Stahls usw. im Gesamtwert von 184,5 Milliarden Francs abschleppten.

Aus dem durch den Krieg und die barbarischen deutschen Ausschreitungen verwüsteten Rußland ließ sich nicht so viel herausholen. Zwar befinden sich in den deutschen Akten zahlreiche Statistiken über sowjetische »Lieferungen«. Darunter befanden sich z. B. im Jahre 1943 9 Millionen t Getreide, 2 Millionen t Futtermittel, 3 Millionen t Kartoffeln und 662 000 t Fleisch. Nach den Schätzungen des sowjetischen Untersuchungsausschusses sind zu den deutschen Angaben – für die Gesamtdauer der Besatzung – noch hinzuzufügen: 9 Millionen Rinder, 12 Millionen Schweine und 13 Millionen Schafe, um nur das Wichtigste zu nennen. Aber die russischen »Lieferungen« entsprachen nicht den Erwartungen; die Deutschen schätzten ihren Gesamtwert auf 4 Milliarden Mark. Laut Alexander Dallin, der eine erschöpfende Studie über die deutsche Herrschaft in Rußland schrieb[13], hätte Deutschland im normalen Handelsverkehr mit Rußland mehr erhalten können.

Aus Polen preßten die gierigen Eroberer alles heraus, was nur irgend möglich war. »Ich werde versuchen«, sagte Generalgouverneur Frank, »aus dem Reservoir des Gebietes alles herauszuholen, was noch herausgeholt werden kann.« Das erklärte er Ende 1942. Dabei hatte er schon, womit er sich ständig brüstete, während der drei Jahre Besatzungszeit eine ungeheure Menge herausgepreßt, insbesondere Lebensmittel für die hungrigen Deutschen im Reich. Allerdings warnte er auch: »Wenn der neue Ernährungsplan 1943 durchgeführt werden soll, so bedeutet das allein für die Stadt Warschau und ihre nächste Umgebung, daß 500000 Menschen keine Verpflegung mehr bekommen[14].«

Welche Neuordnung in Polen errichtet werden sollte, wurde gleich nach Eroberung des Landes festgelegt. Am 3. Oktober 1939 unterrichtete Frank die Wehrmacht über die »Richtlinien, nach denen [Hitler] zu führen gedenkt«.

Danach kommt nur eine Ausnutzung des Landes durch rücksichtslose Ausschlachtung, Abtransport aller für die deutsche Kriegswirtschaft wichtigen Vorräte, Rohstoffe, Maschinen, Fabrikationseinrichtungen usw., Heranziehung der Arbeitskräfte zum Einsatz im Reich, Drosselung der gesamten Wirtschaft Polens auf das für die notdürftigste Lebenshaltung der Bevölkerung unbedingt notwendige Minimum, Schließung aller Bildungsanstalten, insbesondere der technischen Schulen und Hochschulen, zur Verhütung des Nachwuchses einer polnischen Intelligenzschicht, in Frage. »Polen soll wie eine Kolonie behandelt werden, die Polen werden die Sklaven des Großdeutschen Weltreiches werden[15].«

Rudolf Heß, der Stellvertreter des Führers, fügte ergänzend hinzu, nach Hitlers Beschluß »wird aber Warschau ebensowenig aufgebaut, wie der Führer den Wiederaufbau einer Industrie in dem Gouvernement wünscht[16]«.

Einem Erlaß Dr. Franks zufolge unterlag aller Besitz in Polen, nicht allein jüdischer, sondern auch polnischer, entschädigungsloser »Einziehung«. Hunderttausende von Bauernhöfen wurden den polnischen Besitzern einfach weggenommen und deutschen Siedlern übergeben. Bis zum 31. Mai 1943 wurden in den vier Deutschland angegliederten polnischen Bezirken (Westpreußen, Posen, Zichenau, Oberschlesien) etwa 700000 Höfe mit 15 Millionen Morgen Land »beschlagnahmt« und 9500 Anwesen mit 6,5 Millionen Morgen Land »eingezogen«. Der Unterschied zwischen »Beschlagnahme« und »Einziehung« wird in der sorgfältig ausgearbeiteten Aufstellung des deutschen »Zentralbodenamts[17]« nicht erläutert, doch dürfte er für die enteigneten Polen gleichgültig gewesen sein.

Sogar die Kunstschätze der besetzten Länder wurden beschlagnahmt, und zwar, wie aus den erbeuteten deutschen Dokumenten hervorgeht, auf ausdrücklichen Befehl Hitlers und Görings, die auf diese Weise ihre »privaten« Sammlungen außerordentlich erweiterten. Göring erhöhte hierdurch nach eigener Schätzung den Wert seiner Sammlung auf 50 Millionen Reichsmark. Er war denn auch die treibende Kraft bei dieser besonderen Art der Plünderung. Unmittelbar nach der Eroberung Polens gab er Anweisung, die dortigen Kunstschätze zu beschlagnahmen. Nach sechs Monaten meldete der für diese Aufgabe ernannte Sonderbeauftragte, er habe »fast alle Kunstwerke des Landes« übernommen[18].

Aber der eigentliche Hort der großen europäischen Kunstschätze war Frankreich. Und kaum war dieses Land erobert, als Hitler und Göring die Beschlagnahme der Kunstschätze verfügten. Mit der Verwirklichung dieses speziellen Raubes wurde Rosenberg betraut, der zu dem Zweck den sogenannten *Einsatzstab Rosenberg* zusammenstellte. Er wurde nicht nur von Göring, sondern auch von Keitel unterstützt. Tatsächlich heißt es in einem Befehl Keitels an die Wehrmacht in Frankreich: »Er [Rosenberg] ist ermächtigt, die ihm wertvoll erscheinenden Kulturgüter nach Deutschland abzutransportieren und hier sicherzustellen. Über ihre Verwendung hat der Führer sich die Entscheidung vorbehalten[19].«

Einen Begriff von Hitlers Entscheidung »über ihre Verwendung« vermittelt ein Geheimbefehl Görings vom 5. November 1940, wonach bei der Verteilung der aus dem *Louvre* in Paris entnommenen Kunstgegenstände »in folgender Reihenfolge [zu] verfahren« war:

1. *Diejenigen Kunstgegenstände, über deren weitere Verwendung sich der Führer das Bestimmungsrecht vorbehalten wird,*
2. *diejenigen ..., die zur Vervollständigung der Sammlungen des Reichsmarschalls dienen ...,*
3. *diejenigen ..., die geeignet sind, deutschen Museen zugeleitet zu werden ...*[20].

Die französische Regierung protestierte gegen den Raub der Kunstschätze des Landes, er verstoße gegen die Haager Konvention. Als einer der Kunstexperten vom Einsatzstab Rosenberg, ein Herr Bunjes, die Sache Göring vorzutragen wagte, erhielt er zur Antwort:

Lieber Bunjes, das lassen Sie meine Sorge sein, der höchste Jurist im Staate bin ich. Maßgeblich sind meine Befehle. Sie handeln unmittelbar nach meinen Befehlen.

Und so erstattete Bunjes, dessen Name nur dieses eine Mal in den Akten des Dritten Reiches auftaucht, folgenden Bericht:

Die im Jeu de Paume zusammengetragenen Kunstgegenstände ..., die in den Besitz des Führers übergehen sollen, und diejenigen ..., die der Reichsmarschall für sich beansprucht, werden in zwei Eisenbahnwagen verladen, die dem Sonderzug des Reichsmarschalls angehängt und ... nach Berlin mitgenommen werden[21].

Es sollten noch viele Wagenladungen folgen. Einem amtlichen Geheimbericht zufolge gingen bis Juli 1944 137 Güterwagen mit 4174 Kisten, enthaltend 21 903 Kunstgegenstände, darunter 10 890 Gemälde, nach Deutschland[22]. Zu den Gemälden gehörten u. a. Werke von Rembrandt, Rubens, Hals, Vermeer, Velasquez, Murillo, Goya, Palma Vecchio, Watteau, Fragonard, Reynolds und Gainsborough. Schon im Januar 1941 schätzte Rosenberg den Wert der allein in Frankreich geraubten Kunstgegenstände auf eine Milliarde Mark[23].

Die Fortnahme von Rohstoffen, Fertigwaren und Lebensmitteln ließe sich vielleicht, obgleich sie die unterworfenen Völker dem Elend, dem Hunger und manchmal dem Hungertod preisgab und gegen die Haager Landkriegsordnung verstieß, noch damit entschuldigen oder gar rechtfertigen, daß Deutschland ihrer bei den harten Anforderungen, die der totale Krieg stellte, bedurfte. Aber der Diebstahl von Kunstgegenständen stellte für Hitlers Kriegführung keine Hilfe dar. Es handelte sich dabei lediglich um Habsucht, um die Begehrlichkeit Hitlers und Görings.

Raub und Plünderung hätten die unterworfenen Völker indes noch ertragen können – Kriege und Fremdherrschaft haben stets Entbehrungen im Gefolge. Aber dies war nur ein Aspekt der Neuordnung, und dazu der gelindeste. Was die glücklicherweise kurzlebige Neuordnung nicht so rasch vergessen machen wird, war nicht der Raub an materiellen Gütern, sondern der Menschenraub. Hier sank die Entartung der Nationalsozialisten auf einen in der Menschheitsgeschichte selten erreichten Tiefstand ab. Millionen anständiger, unschuldiger Männer und Frauen wurden in die Zwangsarbeit verschickt, andere Millionen in Konzentrationslagern gefoltert und gequält, weitere Millionen, darunter allein viereinhalb Millionen Juden, kaltblütig massakriert oder bewußt dem Hungertod preisgegeben und ihre sterblichen Überreste – zur Verwischung der Spuren – verbrannt.

Diese ungeheuerliche Schreckensgeschichte müßte unglaubwürdig klingen, wäre sie nicht vollauf dokumentiert und durch die Aussagen der Vollstrecker selbst bezeugt und bestätigt. Die hier folgende Darstellung – lediglich eine Zusammenfassung, die wegen beschränkten Raumes tausende grausiger Einzelheiten auslassen muß – stützt sich auf dieses unwiderlegliche Beweismaterial, hier und da bestätigt durch Augenzeugenberichte der wenigen Überlebenden.

SKLAVENARBEIT UNTER NEUORDNUNG

Ende September 1944 schufteten etwa siebeneinhalb Millionen ausländischer Zivilpersonen für das Dritte Reich. Nahezu alle waren mit Gewalt zusammengetrieben und in Güterwagen, gewöhnlich ohne Nahrung, ohne Wasser, ohne sanitäre Einrichtungen, nach Deutschland zur Arbeit in Industrie, Landwirtschaft und Bergbau deportiert worden. Sie mußten nicht nur arbeiten, sie wurden auch gedemütigt, geschlagen, dem Hunger ausgesetzt und starben vielfach wegen mangelnder Nahrung, Bekleidung und Behausung.

Zwangsarbeit leisten mußten auch zwei Millionen Kriegsgefangene, von denen mindestens eine halbe Million in der Rüstungsindustrie arbeitete, eine flagrante Verletzung der Haager und der Genfer Konvention, nach denen Kriegsgefangene für solche Arbeiten nicht herangezogen werden dürfen. Albert Speer, Minister für Bewaffnung und

Kriegsproduktion, gab in Nürnberg zu, daß im Jahre 1944 etwa vierzig Prozent aller Kriegsgefangenen in der Rüstungs- und Zubringerindustrie beschäftigt waren[24]. Nicht enthalten in diesen Ziffern sind die Hunderttausende von Kriegsgefangenen, die im Frontgebiet zum Bau von Befestigungsanlagen, zum Transport von Munition in die Kampflinie und sogar zur Bedienung von Flugabwehrgeschützen gepreßt wurden – eine weitere Mißachtung der von Deutschland mitunterzeichneten internationalen Konventionen[25].

Bei der Massenverschickung von Zwangsarbeitern in das Reich wurden Frauen ihren Männern, Kinder ihren Eltern entrissen und auf weit auseinanderliegende Gebiete Deutschlands verteilt. Kinder und Halbwüchsige blieben nicht verschont. Selbst hohe Generale der Wehrmacht wirkten bei der Verschleppung von Kindern mit, die aus ihrer Heimat zur Zwangsarbeit abtransportiert wurden. Über dieses Verfahren gibt ein Aktenstück aus dem Rosenberg-Ministerium vom 12. Juni 1944 Aufschluß:

Die Heeresgruppe Mitte hat die Absicht ..., 40–50 000 Jugendliche im Alter von 10–14 Jahren zu erfassen und ins Reich zu bringen. Diese Maßnahme geht auf Anregung der 9. Armee zurück ... Es ist beabsichtigt ..., die Jugendlichen in erster Linie dem deutschen Handwerk als Anlernlinge zuzuführen ... Von seiten des deutschen Handwerks wird diese Aktion äußerst begrüßt, da man hierin eine entscheidende Maßnahme zur Behebung des Mangels an Lehrlingen sieht ...
Es kommt bei dieser Aktion nicht nur auf die Vermeidung der direkten Stärkung der militärischen Kraft des Gegners an, sondern auch auf die Minderung seiner biologischen Kraft auf weitere Sicht.

Die Verschleppung von Kindern hatte den Decknamen *Heuaktion.* Wie es in dem Memorandum ergänzend heißt, wurde sie ausgeführt von Feldmarschall Models Heeresgruppe Ukraine-Nord[26].

Bei dem Zusammentreiben der Opfer bediente man sich in zunehmendem Maße des Terrors. Anfänglich hatte man noch verhältnismäßig sanfte Methoden angewandt. Man ergriff die Menschen, wenn sie aus der Kirche oder dem Kino kamen. In den westlichen Ostgebieten riegelten SS-Einheiten einfach ein Stadtviertel ab und nahmen alle arbeitsfähigen Männer und Frauen mit. Dörfer wurden umstellt und nach Arbeitsfähigen abgesucht. Als es in den östlichen Gebieten zum Widerstand gegen diese Maßnahmen kam, wurden ganze Dörfer niedergebrannt und die Bewohner verschleppt. Die Akten des Ostministeriums sind voll von *deutschen* Berichten über solche Vorgänge. In Polen gab es zumindest einen deutschen Beamten, dem die Dinge zu weit gingen. Er schrieb an den Generalgouverneur Frank:

Wilde rücksichtslose Menschenjagd, wie sie überall in Stadt und Land, auf Straßen, Plätzen, Bahnhöfen, ja sogar in Kirchen sowie nachts in Wohnungen durchgeführt wird, hat das Sicherheitsgefühl der Einwohner erschüttert. Jedermann ist der Gefahr ausgesetzt, irgendwo und irgendwann von den Polizeiorganen plötzlich und unerwartet gefaßt und in ein Sammellager geschleppt zu werden. Niemand von seinen Angehörigen weiß, was mit ihm geschehen ist[27].

Aber das Zusammentreiben der Zwangsarbeiter war erst der Anfang[28]. Die Zustände auf dem Transport nach Deutschland ließen schon viel zu wünschen übrig. Als Beispiel sei eine Schilderung wiedergegeben, die ein gewisser Dr. Gutkelch am 30. September 1942 in einem Bericht an das Rosenberg-Ministerium gab. Bei Brest-Litowsk, schreibt er, hätte ein Zug mit »neu angeworbenen« russischen Arbeitskräften auf dem Gleis neben einem aus Deutschland kommenden und mit ausgemergelten Ostarbeitern vollgepackten Zug gestanden,

was angesichts der Toten in dem Rückkehrerzug zu einer Katastrophe hätte führen können. Wie in diesem Zuge Frauen Kinder geboren haben, die während der Fahrt aus dem Fenster geworfen wurden, während in dem gleichen Wagenraum tuberkulöse und geschlechtskranke Personen mitfuhren, wie hier Sterbende in Güterwagen ohne Stroh lagen und schließlich einer der Toten auf der Bahnböschung landete, so dürfte es auch mit den anderen Rücktransporten bestellt gewesen sein[29].

Das war für die Ostarbeiter eine wenig verheißungsvolle Einführung in das Dritte Reich, aber zumindest konnten sie sich innerlich auf die sie erwartenden Leiden vorbereiten. Was vor ihnen lag, waren Hunger und Schläge, Krankheit und Frieren in ungeheizten Unterkünften und dünnen Kleidern. Was vor ihnen lag, waren lange Arbeitsstunden, die erst dann zu Ende waren, wenn sie sich nicht mehr auf den Beinen halten konnten.

Als Beispiel für eine Arbeitsstätte seien die Krupp-Werke genannt, in denen Kanonen, Panzer und Munition hergestellt wurden. Krupp beschäftigte eine große Zahl von Zwangsarbeitern, darunter auch russische Kriegsgefangene. Einmal wurden aus dem Konzentrationslager Buchenwald 600 jüdische Frauen zur Arbeit in die Krupp-Werke gebracht und in einem ausgebombten Arbeitslager »untergebracht«, in dem vorher italienische Kriegsgefangene gewesen waren. Dr. Wilhelm Jäger, der Kruppsche »Oberlagerarzt«, schilderte in Nürnberg in einer eidesstattlichen Erklärung, welche Zustände er antraf, als er das Lager übernahm:

Bei meinem ersten Besuch in diesem Lager fand ich Personen, die an eiternden offenen Wunden und anderen Krankheiten litten. Ich war der erste Arzt, welchen sie seit vierzehn Tagen gesehen hatten ... Ferner waren keine Arzneien und Verbandsmittel vorhanden. Die Frauen hatten keine Schuhe und liefen barfuß herum. Ihre einzige Bekleidung war ein Sack, in den Löcher für die Arme und für den Kopf geschnitten waren. Ihr Haar war abgeschert. Das Lager war umgeben von Stacheldraht und wurde strengstens von SS-Angehörigen bewacht. Das Essen in diesem Lager war äußerst knapp und besonders schlecht ... Man [konnte] sich nicht in das Lager wagen, ohne von Flöhen ... direkt angefallen zu werden ... [Ich] hatte große Beulen an meinen Armen und an meinem ganzen Körper ...

Dr. Jäger meldete diese Zustände den Krupp-Direktoren und sogar dem Hausarzt von Gustav Krupp von Bohlen und Halbach – doch vergebens. Auch seine Berichte über andere Lager der Krupp-Werke brachten ihren Insassen keine Erleichterung. In einer eidesstattlichen Erklärung erwähnte er einige dieser Berichte über die Zustände in acht mit russischen und polnischen Arbeitern belegten Lagern: Überfüllung, daher Ausbreitung von Krankheiten, völlig ungenügende Ernährung, Mangel an Wasser und sanitären Einrichtungen.

Die Bekleidung der Ostarbeiter war vollkommen unzureichend. Sie schliefen und arbeiteten in derselben Kleidung, mit der sie aus dem Osten gekommen waren. Fast alle von ihnen hatten keine Mäntel und waren daher gezwungen, ihre Decken als Mäntel in kaltem und regnerischem Wetter zu tragen. Die Schuhknappheit zwang viele Arbeiter, auch im Winter barfuß zur Arbeit zu gehen ...
Die sanitären Zustände waren besonders schlecht. Am Krämerplatz [standen] für die 1200 Insassen nur zehn Kinderklosetts zur Verfügung ... Exkremente verseuchten den Fußboden dieser Toiletten ... Die Tataren und Kirgisen litten am meisten ..., brachen wie die Fliegen zusammen. Die Gründe dafür waren die schlechte Unterbringung, die schlechte Qualität und ungenügende Quantität des Essens, Überarbeitung und nicht genügend Ruhe.
Flecktyphus war auch unter diesen Arbeitern verbreitet. Läuse, die Träger dieser Krankheit, zusammen mit unzähligen Flöhen, Wanzen und anderem Ungeziefer, plagten die Insassen dieser Lager ... Es kam vor, daß die Wasserversorgung der Lager für acht bis vierzehn Tage vollkommen unterbrochen war ...

Im großen ganzen erging es den Zwangsarbeitern aus dem Westen besser als denen aus dem Osten, die von den Deutschen lediglich als Abschaum betrachtet wurden. Aber der Unterschied war nur relativ, wie Dr. Jäger in einem mit französischen Kriegsgefangenen belegten Lager der Krupp-Werke in der Nöggerathstraße in Essen feststellte:

Die Insassen wurden für fast ein halbes Jahr in Hundehütten, Pissoirs und alten Backöfen untergebracht. Die Hundehütten waren ein Meter hoch, drei Meter lang und zwei Meter breit. Fünf Mann schliefen in einer jeden Hütte. Die Gefangenen mußten auf allen vieren in diese Hundehütten hineinkriechen ... Im ganzen Lager gab es kein Wasser[30].

Etwa zweieinhalb Millionen Zwangsarbeiter – größtenteils Slawen und Italiener – wurden der deutschen Landwirtschaft zugeteilt. Und obwohl es ihnen dort natürlich besser ging als den in der Stadt Beschäftigten, lassen einen doch die »Bestimmungen über die Behandlung ausländischer Landarbeiter polnischen Volkstums« Vermutungen über ihr Dasein anstellen. Zwar galten diese Bestimmungen für die Polen – sie stammen vom 6. März 1941, ehe russische Arbeitskräfte kamen – doch dienten sie später auch als Richtlinien für die Behandlung von Angehörigen anderer Nationalität.

Ein Beschwerderecht steht den Landarbeitern polnischen Volkstums grundsätzlich nicht mehr zu und dürfen solche auch von keiner Dienststelle entgegengenommen werden ... Der Besuch der Kirchen ... ist streng verboten ... Der Besuch von Theatervorstellungen ist ... streng untersagt.
Der Geschlechtsverkehr mit Frauen und Mädchen ist streng verboten.

Handelte es sich bei diesem Verkehr um deutsche Frauen, so stand – einem Erlaß Himmlers vom Jahre 1942 zufolge – die Todesstrafe darauf[31].
Die Benutzung von »Eisenbahnen, Omnibussen oder sonstigen öffentlichen Verkehrsmitteln« war den Zwangsarbeitern in der Landwirtschaft verboten. Offenbar wollte man damit vermeiden, daß sie von den Höfen, denen sie zugeteilt waren, entwichen.

Ein eigenmächtiger Stellenwechsel ist streng verboten. Die Landarbeiter ... haben so lange täglich zu arbeiten, wie es ... vom Betriebsführer verlangt wird. Eine zeitliche Begrenzung der Arbeitszeit besteht nicht.
Das Züchtigungsrecht steht jedem Betriebsführer für die Landarbeiter ... zu ... Die Landarbeiter ... sollen nach Möglichkeit aus der Hausgemeinschaft entfernt werden und können in Stallungen usw. untergebracht werden. Irgendwelche Hemmungen dürfen dabei nicht hindernd im Wege stehen[32].

Auch den deutschen Haushalten wurden Zwangsarbeiterinnen zugeführt. Bereits 1942 hatte Hitler Sauckel befohlen, eine halbe Million »hauswirtschaftliche Ostarbeiterinnen zur Erleichterung der deutschen Hausfrau« zu beschaffen. Die Arbeitsbedingungen legte Sauckel fest:

Ein Anspruch auf Freizeit besteht nicht. Hauswirtschaftliche Ostarbeiterinnen dürfen sich grundsätzlich außerhalb der Haushalte nur bewegen, um Angelegenheiten der Haushaltungen zu erledigen ... Der Besuch von Gaststätten, Lichtspiel- oder sonstigen Theatern und ähnlichen ... Einrichtungen ist verboten ...[33].

Die Versklavung von Millionen Männern und Frauen aus den eroberten Ländern für die Verrichtung von Schwerarbeit unter elenden Bedingungen war nicht nur als kriegszeitliche Maßnahme gedacht. Aus den hier wiedergegebenen Auslassungen Hitlers, Görings, Himmlers und anderer – es ist eine ganz kleine Auswahl – geht eindeutig hervor, daß die Neuordnung, wäre das Dritte Reich von Dauer gewesen, die Herrschaft des deutschen Herrenvolkes über ein riesiges, vom Atlantik bis zum Ural sich erstreckendes Helotenreich bedeutet haben würde. Und sicherlich wäre es darin den slawischen Völkern am schlechtesten ergangen.
Im Juli 1941, kaum einen Monat nach dem Überfall auf die Sowjetunion, bezeichnete Hitler nachdrücklich seine Besetzungspläne als »endgültige Regelung«. Und ein Jahr später, auf der Höhe seiner militärischen Erfolge in Rußland, sagte er in kleinem Kreise:

Von den lächerlichen hundert Millionen Slawen werden wir die besten in unserem

Sinne ummodeln und die übrigen in ihren Schweineställen lassen. Jeder, der davon spricht, man sollte für den Einheimischen sorgen und ihn kultivieren, wandert geradenwegs ins Konzentrationslager[34]!

DIE KRIEGSGEFANGENEN

Die Beschäftigung von Kriegsgefangenen in der Rüstungsindustrie oder bei Arbeiten, die im Zusammenhang mit den Kämpfen an der Front standen, mochten sie auch ein flagranter Verstoß gegen die Haager und die Genfer Konvention sein, bildeten die geringste Sorge der Millionen vom Dritten Reich gefangengehaltenen Soldaten.

Ihre vordringlichste Sorge war, den Krieg lebend zu überstehen. Und wenn sie Russen waren, standen ihre Chancen sehr schlecht. Aus der Sowjetunion gab es mehr Kriegsgefangene als aus allen anderen Ländern zusammen: 5 754 000. Davon waren im Jahre 1945, als alliierte Truppen die Insassen der Gefangenenlager befreiten, wenig mehr als eine Million am Leben. Etwa eine Million waren im Lauf des Krieges entweder ins Zivilleben entlassen oder als »Hilfswillige« in die mit der deutschen Wehrmacht kollaborierenden Verbände aufgenommen worden. Zwei Millionen Russen starben in der Kriegsgefangenschaft an Hunger, Entbehrungen und Seuchen. Wo die übrige Million verblieben ist, konnte niemals aufgeklärt werden. Nach allem, was in Nürnberg zutage kam, scheint der größte Teil an den obigen Ursachen zugrunde gegangen oder vom SD liquidiert worden zu sein. Den deutschen Akten zufolge wurden 67 000 exekutiert, aber höchstwahrscheinlich ist dies nur eine Teilangabe[35].

Die große Masse der russischen Kriegsgefangenen – etwa 3 800 000 – war im Verlauf der großen Kesselschlachten zwischen dem 21. Juni und 6. Dezember 1941 in die Hände der Deutschen gefallen. Man muß einräumen, daß es mitten im Kampf und bei raschem Vormarsch für ein Heer schwierig ist, eine so große Zahl von Kriegsgefangenen ausreichend zu versorgen. Aber die Deutschen gaben sich auch keine Mühe. Wie bereits erwähnt, zeigen die deutschen Akten, daß man die sowjetischen Gefangenen vorsätzlich hungern und ohne Obdach ließ, so daß ein großer Teil in dem furchtbar kalten, schneereichen Winter 1941/42 einfach umkam.

»Je mehr von ihnen sterben, um so besser für uns«, war, um keine geringere Autorität als Rosenberg zu zitieren, die Devise vieler NS-Beamten.

Der Minister für die besetzten Ostgebiete war keineswegs ein humaner Nationalsozialist, vor allem nicht gegenüber den Russen, unter denen er aufgewachsen war. Aber selbst er sah sich veranlaßt, gegen die Behandlung russischer Kriegsgefangener in einem langen Schreiben an Keitel vom 28. Februar 1942 zu protestieren. Er tat es in dem Augenblick, als die sowjetische Gegenoffensive, durch die die Deutschen vor Moskau und aus Rostow zurückgeschlagen worden waren, einen Höhepunkt erreicht hatte und den Deutschen aufging, daß sie Rußland nicht in einem kurzen Feldzug – wenn überhaupt – zerschlagen könnten. Auch wurde den Deutschen nunmehr klar –

die USA waren auf Seiten Rußlands und Englands in den Krieg eingetreten –, daß die Möglichkeit der Niederlage bestand und daß sie in diesem Fall für ihre Verbrechen zur Rechenschaft gezogen werden könnten.

Das Schicksal der sowjetischen Kriegsgefangenen in Deutschland [schrieb Rosenberg an Keitel] ist ... eine Tragödie größten Ausmaßes. Von den 3,6 Millionen Kriegsgefangenen sind heute nur noch Hunderttausend voll arbeitsfähig. Ein großer Teil von ihnen ist verhungert oder durch die Unbilden der Witterung umgekommen.

Dies hätte vermieden werden können, fuhr Rosenberg fort. In Rußland gäbe es genug Nahrungsmittel, sie zu versorgen.

In der Mehrzahl der Fälle haben jedoch die Lagerkommandanten es der Zivilbevölkerung untersagt, den Kriegsgefangenen Lebensmittel zur Verfügung zu stellen und sie lieber dem Hungertod ausgeliefert. Auch auf dem Marsch in die Lager wurde es der Zivilbevölkerung nicht erlaubt, den Kriegsgefangenen Lebensmittel darzureichen. Ja, in vielen Fällen, in denen Kriegsgefangene auf dem Marsch vor Hunger und Erschöpfung nicht mehr mitkommen konnten, wurden sie vor den Augen der entsetzten Zivilbevölkerung erschossen und die Leichen liegen gelassen. In zahlreichen Lagern wurde für eine Unterkunft der Kriegsgefangenen überhaupt nicht gesorgt. Bei Regen und Schnee lagen sie unter freiem Himmel ... Zu erwähnen wären endlich noch die Erschießungen von Kriegsgefangenen, die zum Teil nach Gesichtspunkten durchgeführt wurden, die jedes politische Verständnis vermissen lassen. So wurden z. B. in verschiedenen Lagern die »Asiaten« erschossen ...[36].

Doch nicht nur Asiaten! Kurz nach Beginn des Rußlandfeldzugs war zwischen dem OKW und dem SS-Sicherheitsdienst (SD) vereinbart worden, daß die Einsatzgruppen des SD russische Kriegsgefangene »durchleuchten« sollten. Welchen Zweck man damit verfolgte, offenbarte Otto Ohlendorf in Nürnberg in einer eidesstattlichen Erklärung. Ohlendorf war einer der größten SD-Mörder und wie so viele Männer um Himmler ein aus der Bahn geratener Intellektueller, der sowohl Jura wie Volkswirtschaft studiert hatte und Professor für Wirtschaftswissenschaft gewesen war.

Alle Juden und kommunistischen Funktionäre [bezeugte Ohlendorf] mußten aus den Kriegsgefangenenlagern entfernt und erschossen werden. Meines Wissens wurde das während des ganzen Ostfeldzuges so gehandhabt[37].

Dabei ergaben sich jedoch Schwierigkeiten. Bisweilen waren die russischen Gefangenen so erschöpft, daß sie nicht einmal mehr zur Hinrichtungsstätte gehen konnten. Dies veranlaßte den Gestapo-Chef Heinrich Müller, der zwar adrett aussah, aber ebenfalls ein kaltblütiger Mörder war, zu einem Protest[38]:

Die Kommandanten der Konzentrationslager führen Klage darüber, daß etwa fünf bis zehn Prozent der zur Exekution bestimmten Sowjetrussen tot oder halbtot in den Lagern ankommen ... Insbesondere ist festgestellt worden, daß bei Fußmärschen, z. B.

vom Bahnhof zum Lager, eine nicht unerhebliche Zahl von Kriegsgefangenen wegen Erschöpfung unterwegs tot oder halbtot zusammenbricht und von einem nachfolgenden Wagen aufgelesen werden muß. Es ist nicht zu verhindern, daß die deutsche Bevölkerung von diesen Vorgängen Notiz nimmt.

Daß russische Gefangene vor Hunger und Entkräftung tot umfielen, kümmerte die Gestapo nicht, nur sollte es die deutsche Bevölkerung nicht sehen. Daher ordnete »Gestapo-Müller« am 9. November 1941

mit sofortiger Wirkung an, daß als endgültig verdächtig ausgesonderte Sowjetrussen, die bereits offensichtlich dem Tode verfallen sind (z. B. bei Hungertyphus) und daher den Anstrengungen, insbesondere eines wenn auch kurzen Fußmarsches, nicht mehr gewachsen sind, in Zukunft grundsätzlich vom Transport in die Konzentrationslager zur Exekution auszuschließen sind[39].

Tote Gefangene konnten natürlich keine Arbeit leisten, nicht einmal Verhungerte oder Erschöpfte. Im Jahre 1942, als die Deutschen merkten, daß der Krieg erheblich länger dauern würde als erwartet und die Lager mit sowjetischen Kriegsgefangenen ein dringend benötigtes Reservoir an Arbeitskräften bilden könnten, gaben sie ihre Ausrottungspolitik auf. Für diesen Wandel gab Himmler 1943 in einer Rede vor SS-Obergruppenführern in Posen eine Erläuterung:

Wir haben damals [1941] die Masse Mensch nicht so gewertet, wie wir sie heute als Rohstoff, als Arbeitskraft werten. Was letzten Endes, wenn ich in Generationen denke, nicht schade ist, was aber heute wegen des Verlustes der Arbeitskräfte bedauerlich ist: die Gefangenen sind nach Zehntausenden und Hunderttausenden an Entkräftung, an Hunger gestorben[40].

Nunmehr sollten sie soviel zu essen bekommen, daß sie arbeiten könnten. Und sie arbeiteten in der Rüstungsindustrie, im Bergbau (dem 200000 zugeteilt wurden) und in der Landwirtschaft. Im Dezember 1944 waren es rund 750 000, darunter viele Offiziere. Sie wurden zwar rauh behandelt, aber sie durften wenigstens leben. Selbst die von Keitel in Aussicht genommene Kennzeichnung russischer Kriegsgefangener durch Brandmal wurde fallengelassen[41].

Die Kriegsgefangenen aus westlichen Ländern, insbesondere Engländer und Amerikaner, wurden im Vergleich zu den Russen von den Deutschen verhältnismäßig milde behandelt. Gelegentlich wurden zwar auch sie getötet oder massakriert, das war aber gewöhnlich auf den exzessiven Sadismus und die Grausamkeit einzelner Kommandeure zurückzuführen. Einen solchen Fall bildet die kaltblütige Abschlachtung von 71 amerikanischen Gefangenen am 17. Dezember 1944 bei Malmedy, während der Ardennenschlacht.

Bei anderen Gelegenheiten war es Hitler selbst, der die Erschießung westlicher Kriegsgefangener anordnete, so im Fall der fünfzig englischen Fliegeroffiziere, die im Frühjahr 1944 nach ihrer Flucht aus dem Lager Sagan wieder eingefangen worden waren. In Nürnberg sagte Göring, er sehe diesen Vorfall als den schwerwiegendsten des ganzen Krieges an, und Jodl nannte ihn einen »reinen Mord«.

In Wirklichkeit gehörte er wohl zu der von den Deutschen ab 1943, nach der Zunahme der englisch-amerikanischen Luftangriffe, bewußt eingeschlagenen Politik, zur Tötung abgestürzter alliierter Flieger zu ermuntern. Zivilpersonen wurden nämlich aufgefordert, solche Flieger zu lynchen, sobald sie mit Fallschirm die Erde erreicht hatten. Eine Reihe dieser Zivilpersonen wurde nach dem Krieg dafür verurteilt. Als sich 1944 die englisch-amerikanischen Luftangriffe ihrem Höhepunkt näherten, forderte Ribbentrop die standrechtliche Erschießung abgestürzter Flieger. Doch Hitler nahm einen etwas milderen Standpunkt ein. Am 21. Mai 1944 ordnete er nach Rücksprache mit Göring an, daß lediglich solche notgelandeten Flieger standrechtlich zu erschießen seien, die Personenzüge oder Zivilpersonen oder deutsche Flugzeuge unter MG-Feuer genommen hätten.

Manchmal wurden abgeschossene Flieger einfach dem SD zur »Sonderbehandlung« übergeben. So wurden im September 1944 47 amerikanische, englische und holländische Fliegeroffiziere im Konzentrationslager Mauthausen viehisch ermordet. Wie dies vor sich ging, ist in Nürnberg von einem Augenzeugen, dem französischen Lagerinsassen Maurice Lampe, geschildert worden:

... die siebenundvierzig Offiziere wurden barfuß zum Steinbruch geführt. ... Am Fuße der Treppe wurden den Unglückseligen Steine auf die Schulter geladen, Steine, die sie bis oben zu schleppen hatten. Der erste Gang geschah mit Steinen von ... 30 Kilogramm. Unter Schlägen wurde der erste Gang beendet ... Beim zweiten Gang waren die Steine schwerer, und je mehr Last die Unglückseligen drückte, desto mehr gab es Fußtritte und Peitschenhiebe ... Am Abend ... lagen 21 Leichen am Weg ..., die 26 übrigen starben am folgenden Morgen[42].

Das war die in Mauthausen übliche Form der »Exekution«, und sie wurde auch bei zahlreichen russischen Kriegsgefangenen angewandt.

Ab 1942, d. h. mit beginnender Kriegswende, befahl Hitler die Tötung von Angehörigen alliierter Kommandoeinheiten, vor allem im Westen. (Gefangene sowjetische Partisanen waren ohnehin schon immer standrechtlich erschossen worden.) Hitlers streng geheimer Befehl vom 18. Oktober 1942 lautet:

Von jetzt ab sind alle bei sogenannten Kommandounternehmungen in Europa und Afrika von deutschen Truppen gestellten Gegner, auch wenn es sich äußerlich um Soldaten in Uniform oder Zerstörertrupps mit und ohne Waffen handelt, im Kampf oder auf der Flucht bis auf den letzten Mann niederzumachen[43].

In einem Anhang zu der Weisung begründete Hitler seine Anordnung. Wegen der erfolgreichen Tätigkeit der alliierten Kommandotruppen habe er sich

... gezwungen gesehen, einen scharfen Befehl zur Vernichtung feindlicher Sabotagetrupps zu erlassen und seine Nichtbefolgung unter schwere Strafe zu stellen ... Dann

muß dem Gegner klargemacht werden, daß jeder Sabotagetrupp ausnahmslos bis zum letzten Mann niedergemacht wird.
Das heißt, daß die Aussicht, hier mit dem Leben davonzukommen, gleich Null ist. Es kann also unter keinen Umständen gestattet werden, daß ein Spreng-, Sabotage- oder Terroristentrupp sich einfach stellt und gefangengenommen wird, um nach den Regeln der Genfer Konvention behandelt zu werden... Sollte sich die Zweckmäßigkeit ergeben, aus Vernehmungsgründen einen oder zwei Mann zunächst noch auszusparen, so sind diese nach ihrer Vernehmung sofort zu erschießen[44].

Dieses spezielle Verbrechen sollte streng geheim gehalten werden. General Jodl fügte Hitlers Weisung Richtlinien an, in denen er folgende Worte unterstrich: »Dieser Befehl ist *nur für die Kommandeure bestimmt und darf unter keinen Umständen in Feindeshand fallen.*« Alle Ausfertigungen seien zu vernichten, sobald man von dem Befehl Kenntnis genommen habe.
Man scheint sich den Befehl gut eingeprägt zu haben, denn er wurde tatsächlich ausgeführt. Von vielen Beispielen, die genannt werden könnten, seien hier nur zwei angeführt.
In der Nacht vom 22. März 1944 wurden zwei Offiziere und 13 Mann des 267. Aufklärungbataillons der US-Armee von einem Marineflugzeug in Italien weit hinter den deutschen Linien abgesetzt, wo sie den Eisenbahntunnel zwischen La Spezia und Genua sprengen sollten. Keiner von ihnen trug Zivilkleidung, sie waren alle in Uniform. Zwei Tage später gerieten sie in Gefangenschaft und wurden am 26. März ohne Kriegsgerichtsverfahren, auf direkten Befehl des Generals Anton Dostler, Befehlshaber des deutschen 75. Armeekorps, von einem Erschießungskommando füsiliert. Kurz nach dem Krieg, vor einem amerikanischen Militärtribunal, rechtfertigte General Dostler seine Handlungsweise damit, er habe lediglich Hitlers Kommando-Befehl befolgt. Hätte er es nicht getan, behauptete er, wäre er von Hitler vor ein Kriegsgericht gestellt worden. Er wurde am 12. Oktober 1945 von dem amerikanischen Militärgericht in Rom zum Tode verurteilt.
Auf Befehl von Dr. Ernst Kaltenbrunner, Heydrichs Nachfolger als Chef des SD, wurden fünfzehn Mitglieder einer englisch-amerikanischen Militärmission, darunter ein Kriegsberichterstatter der *Associated Press*, die im Januar 1945 mit Fallschirmen in der Slowakei gelandet waren, im Konzentrationslager Mauthausen hingerichtet. Kaltenbrunner wurde in Nürnberg in der Nacht vom 15. zum 16. Oktober 1946 gehängt. Hätte nicht ein Augenzeuge der Exekution, ein Lageradjutant, seine Aussage gemacht, wäre dieser Mord wahrscheinlich unbekannt geblieben, denn die meisten Akten über die Massenexekutionen in Mauthausen wurden vernichtet[45].

TERROR IN DEN BESETZTEN GEBIETEN

Am 22. Oktober 1941 brachte die französische Zeitung *Le Phare* folgende Notiz:

Feige Verbrecher, die im Solde Englands und Moskaus stehen, haben am Morgen des 20. Oktober 1941 den Feldkommandanten von Nantes hinterrücks erschossen. Die Täter sind bisher nicht gefaßt.
Zur Sühne für dieses Verbrechen habe ich zunächst die Erschießung von fünfzig Geiseln angeordnet. Falls die Täter nicht bis zum Ablauf des 23. Oktober 1941 ergriffen sind, werden ... weitere fünfzig Geiseln erschossen werden.

Solche Bekanntmachungen, sei es in Zeitungen, sei es auf schwarzumrandeten roten Plakaten, wurden bald zu einer vertrauten Erscheinung in Frankreich, Belgien, Holland, Norwegen, Polen und Rußland.
In alten Zeiten, zum Beispiel bei den Römern, war die Festnahme von Geiseln üblich gewesen. In neueren Zeiten hat man im allgemeinen davon Abstand genommen. Ausnahmen bildeten Geiselverhaftungen, die die Engländer in Indien und im Burenkrieg und die Deutschen im Ersten Weltkrieg vornahmen. Unter Hitler jedoch machte die deutsche Wehrmacht während des Zweiten Weltkriegs in großem Umfang Gebrauch davon. Dutzende von Geheimbefehlen zur Festnahme – und Erschießung – von Geiseln, unterzeichnet von Keitel und anderen Generalen, kamen in Nürnberg zutage. »Wichtig ist dabei«, verfügte Keitel am 1. Oktober 1941, »daß sich unter diesen [Geiseln] prominente Persönlichkeiten oder deren Familienangehörige befinden«, und General von Stülpnagel, Oberbefehlshaber in Frankreich, hob ein Jahr später hervor: »Je bekannter die Geiseln sind, desto größer wird die abschreckende Wirkung auf die Täter sein.«
Insgesamt wurden von den Deutschen während des Krieges 29 660 französische Geiseln erschossen. Nicht enthalten sind in dieser Zahl die 40 000 Personen, die in französischen Gefängnissen »starben«. Für Polen wird eine Zahl von 8000 und für Holland eine Zahl von 2000 genannt. In Dänemark trat an die Stelle der öffentlich bekanntgegebenen Geiselerschießungen das System der sogenannten Ausgleich- oder Clearing-Morde. Auf Hitlers ausdrücklichen Befehl sollte jeder Mord an einem Deutschen stillschweigend »im Verhältnis von mindestens fünf zu eins« »ausgeglichen« werden[46]. So wurde der große dänische Pfarrer, Dichter und Dramatiker Kaj Munk, einer der populärsten Männer in Skandinavien, von den Deutschen brutal ermordet. Man ließ seine Leiche auf der Straße liegen und heftete einen Zettel daran: »Schwein, du hast dennoch für Deutschland gearbeitet.«

In Nürnberg sagte Keitel, er sei sich darüber im klaren, daß von allen Kriegsverbrechen, die er, wie er behauptete, auf Befehl Hitlers beging, die schwersten auf den *Nacht-und-Nebel-Erlaß* zurückzuführen gewesen seien. Dieser groteske Befehl, der sich gegen die unglückseligen Bewohner der besetzten Westgebiete richtete, wurde von Hitler selbst am 7. Dezember 1941 erlassen. Sein Zweck war, wie der seltsame Titel anzeigt, Personen, die »die deutsche Sicherheit gefährden«, aufzugreifen, aber nicht sofort zu erschießen, sondern sie spurlos – bei Nacht und Nebel – in Deutschland verschwinden zu lassen. Über ihren Verbleib und ihr Schicksal sollte keinerlei Auskunft gegeben werden. Am 12. Dezember 1941 erläuterte Keitel in einer Weisung den Führererlaß:

Es ist der lange erwogene Wille des Führers, daß in den besetzten Gebieten bei Angriffen gegen das Reich oder die Besatzungsmacht den Tätern mit anderen Maßnahmen begegnet werden soll als bisher ... Bei solchen Taten werden Freiheitsstrafen, auch lebenslange Zuchthausstrafen, als Zeichen von Schwäche gewertet. Eine wirksame und nachhaltige Abschreckung ist nur durch Todesstrafen oder durch Maßnahmen zu erreichen, die die Angehörigen und die Bevölkerung über das Schicksal des Täters im Ungewissen halten[47].

Im Februar 1942 erweiterte Keitel den Nacht-und-Nebel-Erlaß. In Fällen, in denen die Todesstrafe nicht innerhalb einer Woche nach Verhaftung vollstreckt würde,

sollen künftig die Beschuldigten heimlich nach Deutschland gebracht ... werden. Die abschreckende Wirkung dieser Maßnahmen liegt
a) in dem spurlosen Verschwindenlassen der Beschuldigten,
b) darin, daß über ihren Verbleib und ihr Schicksal keinerlei Auskunft gegeben werden darf[48].

Mit der Verwirklichung dieser makabren Aufgabe wurde der SD betraut, dessen erbeutete Akten voll von Befehlen »Betr. NN« (Abkürzung für Nacht und Nebel) sind. Viele beziehen sich auf Geheimhaltung der Stellen, an denen die Opfer verscharrt wurden. Wieviel Westeuropäer in »Nacht und Nebel« verschwanden, ist in Nürnberg nicht festgestellt worden, aber allem Anschein nach sind aus dieser Nacht und aus diesem Nebel nur sehr wenige lebendig wieder aufgetaucht.

Über eine andere in Rußland durchgeführte Terroraktion hingegen geben die SD-Berichte einen gewissen Aufschluß. Mit dieser Aktion waren die sogenannten *Einsatzgruppen* – im Hinblick auf ihre Tätigkeit besser Vernichtungskommandos genannt – betraut. Wie durch Zufall kam in Nürnberg die erste runde Summe ihrer Leistungen an das Licht.

Einige Zeit vor Beginn des Prozesses verhörte ein junger amerikanischer Marineoffizier, Mitglied des amerikanischen Anklagestabes, Whitney R. Harris, Otto Ohlendorf über seine Tätigkeit während des Krieges. Es war bekannt, daß dieser gutaussehende 38-jährige Intellektuelle Amtschef III in Himmlers Reichssicherheitshauptamt (RSHA) gewesen war, aber den größten Teil der letzten Kriegsjahre als Außenhandelsexperte im Wirtschaftsministerium gearbeitet hatte. Er sagte dem Vernehmungsoffizier, er habe die Kriegszeit – bis auf ein Jahr – als Beamter in Berlin verbracht. Von Harris gefragt, was er während des einen Jahres gemacht habe, erwiderte er: »Ich war Chef der Einsatzgruppe D.«

Harris, von Beruf Jurist und damals im amerikanischen Geheimdienst so etwas wie eine Autorität in deutschen Angelegenheiten, war über die Einsatzgruppen recht gut informiert. So fragte er geradezu:

»Da Sie also in diesem einen Jahr Chef der Einsatzgruppe D waren: Wieviel Männer, Frauen und Kinder sind von Ihrer Gruppe umgebracht worden?«

Ohlendorf, so berichtet Harris, zuckte mit der Schulter und erwiderte, ohne lange zu zögern: »90 000![49].«

Die Einsatzgruppen waren anfänglich von Himmler und Heydrich für Polen aufgestellt worden, wo sie 1939, den deutschen Armeen folgend, die Juden zusammentrieben und in Gettos unterbrachten. Erst etwa zwei Jahre später, zu Beginn des Rußlandfeldzuges, erhielten sie nach Übereinkunft mit der Wehrmacht den Befehl, der kämpfenden Truppe nachzufolgen und mit der ersten Phase der »Endlösung« zu beginnen. Für diesen Zweck wurden vier Einsatzgruppen gebildet: A, B, C, D. Die Einsatzgruppe D, deren Chef von Juni 1941 bis Juni 1942 Ohlendorf war, operierte im südlichsten Teil der Ukraine, im Bereich der 11. Armee. In Nürnberg von dem beigeordneten Ankläger der USA, Oberst John Harlan Amen, darüber befragt, welche Instruktionen er erhalten habe, antwortete Ohlendorf:

»Es war die Weisung erteilt, daß ... die Juden zu liquidieren seien, ebenso wie die politischen Kommissare der Sowjets.«

»Wenn Sie das Wort ›liquidieren‹ verwenden, meinen Sie ›töten‹?«

»Damit meine ich ›töten‹«, sagte Ohlendorf und erklärte, daß sich die Weisung nicht nur auf Männer, sondern auch auf Frauen und Kinder erstreckte.

»Aus welchem Grunde wurden die Kinder abgeschlachtet?« fragte der russische Richter General I. T. Nikitschenko dazwischen.

OHLENDORF: Es war ja der Befehl, daß die jüdische Bevölkerung total ausgerottet werden sollte.

NIKITSCHENKO: Einschließlich der Kinder?

OHLENDORF: Jawohl.

NIKITSCHENKO: Wurden alle jüdischen Kinder ermordet?

OHLENDORF: Jawohl.

Im Verlauf seiner weiteren Befragung durch Amen und in seiner eidesstattlichen Erklärung schilderte Ohlendorf, wie die Tötung im allgemeinen vor sich ging:

Die dazu ausersehene Einheit pflegte in ein Dorf oder in eine Stadt zu kommen und den führenden jüdischen Bewohnern den Befehl zu erteilen, alle Juden zwecks Umsiedlung zusammenzurufen. Sie wurden aufgefordert, ihre Wertgegenstände den Führern der Einheit zu übergeben und kurz vor der Hinrichtung ihre Oberkleidung auszuhändigen. Sie wurden in LKWs an die Hinrichtungsstätte – in der Regel ein Panzer-Abwehrgraben – ... gefahren, und zwar immer nur soviel, wie unmittelbar hingerichtet werden konnten; auf diese Weise wurde versucht, die Zeitspanne so kurz wie möglich zu halten, in der die Opfer von dem ihnen Bevorstehenden Kenntnis bekamen, bis zu dem Zeitpunkt der tatsächlichen Hinrichtung.

Dann wurden sie erschossen, kniend oder stehend, [auf] militärische Liquidationsweise, und die Leichen wurden in den Graben geworfen. Ich habe ... das Erschießen durch Einzelpersonen nie genehmigt, sondern befohlen, daß mehrere Leute gleichzeitig schießen sollten, um direkte, persönliche Verantwortung zu vermeiden. [Manche Gruppenführer] verlangten, daß die Opfer sich flach auf den Boden legten, um dann durch den Nacken geschossen zu werden. Ich billigte diese Methoden nicht.

»Aus welchem Grund?« fragte Amen.

»Weil es sowohl die Opfer als auch die, die zur Tötung befohlen waren, unendlich seelisch belastete.«

Im Frühjahr 1942, berichtete Ohlendorf weiter, ordnete Himmler eine neue Methode zur Tötung der Frauen und Kinder an. Fortan kamen sie in »Gaswagen«, die von zwei Berliner Firmen eigens für diesen Zweck gebaut wurden. Ohlendorf schilderte dem Gericht, wie die Wagen funktionierten:

Dem Gaswagen sah man außen den Verwendungszweck nicht an. Es waren praktisch geschlossene Lastwagen. Sie waren so eingerichtet, daß nach Anlaufen der Motore Gas in den Wagen geleitet wurde und den Tod in etwa zehn bis fünfzehn Minuten herbeiführte.

»Wie veranlaßte man die Opfer dazu, die Wagen zu betreten?« wollte Amen wissen.

»Indem ihnen gesagt wurde, daß sie an einen anderen Platz geführt würden«, erwiderte Ohlendorf[50].

Die Bestattung der Vergasungsopfer, klagte Ohlendorf des weiteren, sei eine »große Belastung« für die Angehörigen der Einsatzgruppen gewesen. Dies wurde in einer dem Nürnberger Gericht vorgelegten Meldung bestätigt. Ihr Verfasser war ein gewisser SS-Arzt, Dr. Becker, den Ohlendorf als den Erfinder der Gaswagen bezeichnete. In dieser Meldung an das SD-Hauptquartier wandte sich Dr. Becker dagegen, daß deutsche SD-Männer das Abladen der Leichen vergaster Frauen und Kinder besorgen müßten. Er gab zu bedenken,

... welche ungeheure seelische und gesundheitliche Schäden diese Arbeit auf die Männer ... bewirken kann ... Die Männer beklagten sich bei mir über Kopfschmerzen, die nach jeder Ausladung auftreten.

Sodann schrieb Dr. Becker seiner vorgesetzten Dienststelle:

Die Vergasung wird durchweg nicht richtig vorgenommen. Um die Aktion möglichst schnell zu beenden, geben die Fahrer durchweg Vollgas. Durch diese Maßnahme erleiden die zu Exekutierenden den Erstickungstod und nicht wie vorgesehen, den Einschläferungstod. Meine Anleitungen haben nun ergeben, daß bei richtiger Einstellung der Hebel der Tod schneller eintritt und die Häftlinge friedlich einschlafen. Verzerrte Gesichter und Ausscheidungen, wie sie seither gesehen wurden, konnten nicht mehr bemerkt werden[51].

Aber die Gaswagen konnten nach Ohlendorfs Aussage nur 15 bis 25 Personen auf einmal aufnehmen, und das war völlig unzureichend für den von Hitler und Himmler befohlenen Umfang des Massakers. Zum Beispiel reichten sie nicht dafür aus, in Kiew eine Arbeit zu vollbringen, die in nur zwei Tagen erledigt werden mußte: Nach einer amtlichen Einsatzgruppen-Meldung wurden dort 33 771 Personen, größtenteils Juden, »exekutiert«[52].

Der Augenzeugenbericht eines Deutschen über eine noch verhältnismäßig kleine Massenexekution in der Ukraine rief im Nürnberger Gerichtssaal entsetztes Schweigen hervor, als der britische Hauptankläger, Sir Harley Shawcross, ihn vorlas. Es war die unter Eid abgegebene Erklärung von Hermann Friedrich Gräbe, der in der Ukraine Geschäftsführer und leitender Ingenieur der Zweigstelle einer deutschen Baufirma gewesen war. Am 5. Oktober 1942 wurde er Zeuge eines Exekutionsvorgangs in Dubno (Ukraine), bei dem die Einsatzkommandos von ukrainischer Miliz unterstützt wurden. Es habe sich, berichtete er, um die Liquidierung der 5000 in der Stadt ansässigen Juden gehandelt.

Mönnikes, mein Polier, und ich gingen direkt zu den Gruben ... Jetzt hörte ich kurz nacheinander Gewehrschüsse hinter einem der Erdhügel ... Die von den Lastwagen abgestiegenen Menschen, Männer, Frauen und Kinder jeden Alters, mußten sich auf Aufforderung eines SS-Mannes, der in der Hand eine Reit- oder Hundepeitsche hielt, ausziehen und ihre Kleider nach Schuhen, Ober- und Unterkleidern getrennt an bestimmten Stellen ablegen. Ich sah einen Schuhhaufen von schätzungsweise 800 bis 1000 Paar Schuhen, große Stapel mit Wäsche und Kleidern.

Ohne Geschrei oder Weinen zogen sich diese Menschen aus, standen in Familiengruppen beisammen, küßten und verabschiedeten sich und warteten auf den Wink eines anderen SS-Mannes, der an der Grube stand und ebenfalls eine Peitsche in der Hand hielt. Ich habe während einer Viertelstunde, als ich bei den Gruben stand, keine Klagen oder Bitten um Schonung gehört ...

Eine alte Frau mit schneeweißem Haar hielt [ein] einjährige[s] Kind auf dem Arm und sang ihm etwas vor und kitzelte es. Das Kind quietschte vor Vergnügen. Das Ehepaar schaute mit Tränen in den Augen zu. Der Vater hielt an der Hand einen Jungen von etwa zehn Jahren, sprach leise auf ihn ein. Der Junge kämpfte mit den Tränen. Der Vater zeigte mit dem Finger zum Himmel, streichelte ihn über den Kopf und schien ihm etwas zu erklären.

Da rief schon der SS-Mann an der Grube seinem Kameraden etwas zu. Dieser teilte ungefähr zwanzig Personen ab und wies sie an, hinter den Erdhügel zu gehen ... Ich entsinne mich noch genau, wie ein Mädchen, schwarzhaarig und schlank, als sie nahe an mir vorbeiging, mit der Hand an sich herunterzeigte und sagte: »23 Jahre!« ...

Ich ging um den Erdhügel herum und stand vor dem riesigen Grab. Dicht aneinandergepreßt lagen die Menschen so aufeinander, daß nur die Köpfe zu sehen waren. Von fast allen Köpfen rann Blut über die Schultern. Ein Teil der Erschossenen bewegte sich

noch. Einige hoben ihre Arme und drehten den Kopf, um zu zeigen, daß sie noch lebten. Die Grube war bereits dreiviertel voll. Nach meiner Schätzung lagen darin bereits ungefähr 1000 Menschen. Ich schaute mich nach dem Schützen um. Dieser, ein SS-Mann, saß am Rand der Schmalseite der Grube auf dem Erdboden, ließ die Beine in die Grube herabhängen, hatte auf seinen Knien eine Maschinenpistole liegen und rauchte eine Zigarette.
Die vollständig nackten Menschen gingen an einer Treppe, die in die Lehmwand der Grube gegraben war, hinab, rutschten über die Köpfe der Liegenden hinweg bis zu der Stelle, die der SS-Mann anwies. Sie legten sich vor die toten oder angeschossenen Menschen, einige streichelten die noch Lebenden und sprachen leise auf sie ein. Dann hörte ich eine Reihe Schüsse. Ich schaute in die Grube und sah, wie die Körper zuckten oder die Köpfe schon still auf den vor ihnen liegenden Körpern lagen. Von den Nacken rann Blut ...
Ich wunderte mich, daß ich nicht fortgewiesen wurde, aber ich sah, wie auch zwei oder drei Postbeamte in Uniform in der Nähe standen. Schon kam die nächste Gruppe heran, stieg in die Grube hinein, reihte sich an die vorherigen Opfer an und wurde erschossen.

Und so ging es weiter, Gruppe für Gruppe. Am nächsten Vormittag, als der deutsche Ingenieur wiederum seine Baustelle besuchte,

sah ich etwa dreißig nackte Menschen in der Nähe der Grube ... liegen. Einige lebten noch ... Zehn Minuten später hörten wir einige Schüsse aus der Nähe der Grube. Man hatte die Leichen durch die noch lebenden Juden in die Grube werfen lassen, sie selbst mußten sich daraufhin in diese legen, um den Genickschuß zu erhalten ... Ich schwöre bei Gott, daß dies die reine Wahrheit ist[53].

Wie hoch ist die Zahl der von den Einsatzgruppen in Rußland abgeschlachteten Juden und sowjetrussischen KP-Funktionäre? In Nürnberg hat sich die Gesamtzahl nicht ermitteln lassen, aber eine ungefähre Vorstellung geben die Himmler-Akten, obwohl sie keine systematischen Zusammenstellungen enthalten.
Ohlendorfs Einsatzgruppe D stand mit ihren 90 000 Opfern hinter anderen Gruppen zurück. Die im Norden operierende Einsatzgruppe A zum Beispiel berichtete am 31. Januar 1942, daß sie im Baltikum und in Weißrußland bisher 229 052 Juden »exekutiert« habe. Ihr Chef, Franz Stahlecker, meldete Himmler, in Weißrußland sei seine Gruppe »auf gewisse Schwierigkeiten« gestoßen, da sie »das Gebiet erst nach Eintritt des starken Frostes übernommen [habe, der] die Massenexekutionen stark erschwerte«. Dennoch habe die Gruppe dort bisher 41 000 Juden »liquidiert«. Stahlecker, der ein Jahr später von sowjetischen Partisanen erschossen wurde, fügte seinem Bericht eine säuberliche Landkarte bei, in der für jedes ihm unterstellte Gebiet die Zahl der Ermordeten – bildlich gekennzeichnet durch Särge – eingetragen war. In Litauen waren es, nach der Landkarte, allein 136 421 Juden; etwa 34 000 waren vorerst verschont geblieben, »da sie als Arbeitskräfte benötigt werden«. Estland, das verhältnismäßig wenig Juden hatte, war der Meldung zufolge »judenfrei«[54].

Von einer kurzen Pause wegen der strengen Winterkälte abgesehen, übten die Einsatzgruppen ihr blutiges Handwerk den ganzen Sommer 1942 über aus. In Weißrußland wurden bis zum 1. Juli weitere 55 000 Juden umgebracht, und im Oktober tötete man an einem einzigen Tag die restlichen 16 200 Bewohner des Minsker Gettos. Himmler konnte im November Hitler melden, daß von August bis Ende Oktober in Rußland 363 211 Juden exekutiert worden seien, wobei zu vermuten ist, daß er dem blutdürstigen Führer zuliebe die Zahl etwas nach oben aufgerundet hat[55]. Am 31. August befahl Himmler dem Einsatzgruppenführer in Minsk, hundert Personen in seiner Gegenwart zu erschießen, damit er es sich einmal ansehen könne. Dem SS-Obergruppenführer von dem Bach-Zelewski zufolge wurde Himmler beim Anblick der ersten zusammenbrechenden Opfer fast ohnmächtig. Wenige Minuten später, als er sah, daß zwei jüdische Frauen nicht sofort tot waren, bekam er einen hysterischen Wutanfall. Dieses Erlebnis war mit ein Grund für Himmlers Befehl, in Zukunft Frauen und Kinder in Gaswagen zu töten[56].

Von den Einsatzgruppen wurden im Osten – laut Adolf Eichmann, dem Leiter des Judenreferats im Reichssicherheitshauptamt – alles in allem zwei Millionen Personen, fast durchweg Juden, liquidiert. Aber diese Zahl ist so gut wie sicher übertrieben. So seltsam es klingen mag, die SS-Führer waren so stolz auf ihre Leistungen, daß sie, um Himmler und Hitler zu gefallen, häufig aufgeblähte Zahlen angaben. Himmlers Statistiker, Dr. Richard Korherr, meldete seinem Chef am 23. März 1943, es seien in Rußland und in den baltischen Staaten insgesamt 633 000 Juden »umgesiedelt« worden – eine beschönigende Bezeichnung für das von den Einsatzgruppen veranstaltete Gemetzel[57]. Überraschenderweise stimmt diese Zahl ziemlich genau mit den Ergebnissen der später von Fachleuten vorgenommenen eingehenden Untersuchungen überein. Nimmt man für die beiden letzten Kriegsjahre noch weitere hunderttausend Ermordete an, dann gelangt man wahrscheinlich zu der genauestmöglichen Zahl.

So hoch sie auch ist, sie ist doch niedrig im Vergleich zu der Zahl der Juden, die in Himmlers Vernichtungslagern im Verlauf der »Endlösung« getötet wurden.

DIE ENDLÖSUNG

An einem herrlichen Junitag des Jahres 1946 vernahmen in Nürnberg drei Mitglieder des amerikanischen Anklagestabes den SS-Obergruppenführer Oswald Pohl, der als Chef des SS-Wirtschaftsverwaltungshauptamtes u. a. mit dem Arbeitseinsatz von Konzentrationslagerinsassen betraut war. Pohl, der vor seinem Eintritt in die SS Marineoffizier gewesen war, hielt sich nach dem deutschen Zusammenbruch verborgen und wurde erst ein Jahr später, im Mai 1946, auf einem Bauernhof gefaßt, wo er als Landarbeiter untergetaucht war. Er wurde von einem amerikanischen Militärtribunal am 3. November 1947 zum Tode verurteilt und am 8. Juni 1951 zusammen mit Ohlendorf und anderen in Landsberg gehängt.

Bei der Beantwortung einer an ihn gerichteten Frage benutzte Pohl einen Ausdruck, der den Anklägern in Nürnberg bei der monatelangen Sichtung der erbeuteten Dokumente bereits vertraut geworden war. Pohl sagte, ein Kollege von ihm, ein gewisser Höß, sei von Himmler »bei der Endlösung der Judenfrage eingesetzt« worden.

»Und was war das?« wurde Pohl gefragt.

»Die Ausrottung des Judentums.«

Das Wort »Endlösung« trat mit dem Fortgang des Krieges immer häufiger im Vokabular und in den Akten führender Nationalsozialisten auf. Bei der Anwendung des scheinbar harmlos klingenden Ausdrucks umgingen offenbar diese Männer die Peinlichkeit, sich gegenseitig daran zu erinnern, was er eigentlich bedeutete. Vielleicht glaubten sie auch, mit dem Wort ließe sich ihre Schuld kaschieren, falls die belastenden Dokumente jemals an das Tageslicht kommen sollten. Tatsächlich leugneten sie in Nürnberg, seine wahre Bedeutung gekannt zu haben. Göring behauptete, er habe den Ausdruck nie benutzt. Aber das wurde bald widerlegt. In dem Verfahren gegen die Hauptkriegsverbrecher wurde eine Weisung herangezogen, die Göring am 31. Juli 1941 dem SD-Chef Heydrich erteilt hatte, zu einer Zeit, in der die Einsatzgruppen bereits in Rußland am Werk waren:

... beauftrage ich Sie hiermit, alle erforderlichen Vorbereitungen ... für eine Gesamtlösung *der Judenfrage im deutschen Einflußgebiet in Europa zu treffen ...*
Ich beauftrage Sie weiter, mir in Bälde einen Gesamtentwurf über die ... Vorausmaßnahmen zur Durchführung der angestrebten Endlösung *der Judenfrage vorzulegen*[58].

Heydrich wußte sehr wohl, was Göring mit dem Wort »Endlösung« meinte, denn er selbst hatte fast ein Jahr vorher, nach dem Zusammenbruch Polens, in einer Geheimbesprechung »die ersten Maßnahmen zur Erreichung des Endziels« umrissen, und diese bestanden darin, alle Juden in den Gettos der größeren Städte zu konzentrieren, von wo sie leicht ihrer endgültigen Bestimmung zuzuführen seien.

Doch die »Endlösung« hatte Adolf Hitler schon lange vorher im Sinn gehabt und sie bereits vor Beginn des Krieges öffentlich angekündigt. In seiner Reichstagsrede vom 30. Januar 1939 hatte er erklärt:

Wenn es dem internationalen Finanzjudentum ... gelingen sollte, die Völker noch einmal in einen Weltkrieg zu stürzen, dann wird das Ergebnis ... die Vernichtung der jüdischen Rasse in Europa [sein].

Diese Prophezeiung, wie er es nannte, wiederholte er später noch fünfmal vor der Öffentlichkeit. Daß nicht das »internationale Finanzjudentum«, sondern er selbst die Völker in einen Weltkrieg stürzte, machte für ihn keinen Unterschied. Worauf es ihm ankam, war die Tatsache, daß jetzt ein Weltkrieg im Gange war, der ihm nach Eroberung jener riesigen Gebiete im Osten, in denen die meisten europäischen Juden lebten, die Gelegenheit bot, ihre »Vernichtung« zu vollziehen. Als der Einmarsch in Rußland begann, hatte er die entsprechenden Befehle bereits erteilt.

Offenbar ist der in hohen NS-Kreisen als »Führerbefehl für die Endlösung« bekannte Plan niemals zu Papier gebracht worden – zumindest ist unter den erbeuteten deutschen Dokumenten bisher keine Ausfertigung aufgetaucht. Allem Anschein nach ist die Weisung Göring, Himmler und Heydrich mündlich erteilt worden, die sie dann im Lauf des Sommers und Herbstes 1941 weitergaben. Eine Reihe von Zeugen sagte in Nürnberg aus, man habe zwar davon »gehört«, aber keiner wollte die Weisung je gesehen haben. So antwortete Hans Lammers, Chef der Reichskanzlei, als man ihn in Nürnberg fragte:

Mir ist nur bekanntgeworden, daß ein Befehl des Führers weitergegeben worden ist von ... Göring an ... Heydrich. Dieser Auftrag wurde bezeichnet mit »Endlösung der Judenfrage«[59].

Aber wie so viele andere behauptete Lammers, er habe bis zu der Enthüllung in Nürnberg wirklich nicht gewußt, was mit der »Endlösung« gemeint gewesen sei. (Lammers wurde im April 1949 in Nürnberg zu zwanzigjähriger Haft verurteilt, hauptsächlich wegen seiner Beteiligung am Zustandekommen der Judenerlasse. Aber wie im Falle der meisten anderen verurteilten Nationalsozialisten, deren Strafmaß von den amerikanischen Behörden stark herabgemindert wurde, kürzte man 1951 auch Lammers' Haftzeit auf zehn Jahre. Schon Ende des gleichen Jahres wurde er entlassen, so daß er, vom Tage seiner ersten Festnahme an, nur sechs Jahre eingesessen hatte. Es sei hier bemerkt, daß die meisten Deutschen, soweit wenigstens ihre Empfindungen im westdeutschen Bundestag zum Ausdruck gekommen sind, nicht einmal die verhältnismäßig milden Strafen für Hitlers Komplicen guthießen. Eine Anzahl dieser Komplicen, die von den Alliierten in deutsches Gewahrsam überstellt wurden, sind nicht einmal – auch wenn sie des Massenmords beschuldigt wurden – vor Gericht gestellt worden, und einige haben sogar bald Beschäftigung in der Bundesregierung gefunden.)

Anfang 1942 war, wie Heydrich sagte, die Zeit gekommen, »Klarheit in grundsätzlichen Fragen ... der Endlösung ... zu schaffen«. Zu diesem Zweck berief er Vertreter verschiedener Ministerien und SS- und SD-Dienststellen für den 20. Januar 1942 zu einer Besprechung in Wannsee bei Berlin zusammen. Das Wannsee-Sitzungsprotokoll spielte in einigen der Nürnberger Prozesse eine wichtige Rolle[60]. Trotz des derzeitigen Rückschlags der Wehrmacht in Rußland hielten die NS-Beamten den Krieg für nahezu gewonnen und glaubten, Deutschland werde binnen kurzem über ganz Europa, unter Einschluß von England und Irland, herrschen. Daher sagte Heydrich zu den versammelten hohen Beamten, von der Endlösung der Judenfrage würden annähernd elf Millionen Juden in Europa betroffen werden. Dann nannte er die Zahlen für jedes einzelne Land. Im Altreichsgebiet, sagte er, seien nur noch 131 800 Juden (1939: 250 000) vorhanden, doch in der Sowjetunion gäbe es fünf Millionen, in der Ukraine drei Millionen, im Generalgouvernement (Polen) zweieinviertel Millionen, in Frankreich 750 000 und in England etwa 330 000. Heydrich machte deutlich klar, daß die elf Millionen Menschen auszurotten seien. Sodann erläuterte er, wie dies zu geschehen habe:

... im Zuge der Endlösung [sollen] die Juden ... im Osten zum Arbeitseinsatz kommen. In großen Arbeitskolonnen, unter Trennung der Geschlechter, werden die arbeitsfähigen Juden straßenbauend in diese Gebiete geführt, wobei zweifellos ein Großteil durch natürliche Verminderung ausfallen wird.
Der allfällig endlich verbleibende Restbestand wird, da es sich bei diesen zweifellos um den widerstandsfähigsten Teil handelt, entsprechend behandelt werden müssen, da dieser, eine natürliche Auslese darstellend, bei Freilassung als Keimzelle eines neuen jüdischen Aufbaues anzusprechen ist.

Mit anderen Worten: Die europäischen Juden sollten zuerst in die eroberten Ostgebiete transportiert werden, sich sodann zu Tode arbeiten, und die wenigen überlebenden Widerstandsfähigen sollten einfach umgebracht werden. Und was sollte mit den Millionen im Osten bereits ansässigen Juden geschehen? Der Vertreter des Generalgouverneurs von Polen, Staatssekretär Dr. Josef Bühler, hatte einen Vorschlag zur Hand. In seinem Gebiet, sagte er, stelle »der Jude als Seuchenträger ... und ... durch fortgesetzten Schleichhandel ... eine eminente Gefahr« dar. Überdies sei die Mehrzahl der etwa zweieinhalb Millionen Juden »arbeitsunfähig«. Sodann spiele hier »das Transportproblem keine übergeordnete Rolle«.

Er hätte nur eine Bitte [schloß Dr. Bühler], die Judenfrage in diesem Gebiet so schnell wie möglich zu lösen.

Der Staatssekretär verriet hier eine Ungeduld, die in hohen NS-Kreisen bis hinauf zu Hitler geteilt wurde. Keiner von diesen Leuten begriff zu dieser Zeit – sie begannen erst 1942 zu begreifen, als es zu spät war – wie wertvoll die Millionen Juden für das Reich als Sklavenarbeiter sein könnten. Zu jener Zeit begriffen diese Leute nur, daß es einige Zeit dauern würde, bis sich Millionen Juden »straßenbauend« in Rußland zu Tode gearbeitet hätten. Infolgedessen beschlossen Hitler und Himmler, rascher wirkende Methoden anzuwenden.
Deren gab es – in erster Linie – zwei. Mit der einen hatte man, wie wir sahen, kurz nach Beginn des Einmarsches in Rußland begonnen. Es war die Methode des Massengemetzels an polnischen und russischen Juden durch ambulante Erschießungskommandos der Einsatzgruppen, auf deren Konto die Tötung von etwa 750000 Menschen kam. An diese Methode zur Erreichung der »Endlösung« dachte Himmler, als er am 4. Oktober 1943 in Posen im Verlauf einer Rede vor SS-Obergruppenführern sagte:

... Ich will hier vor Ihnen in aller Offenheit auch ein ganz schweres Kapitel erwähnen. Unter uns soll es einmal ganz offen ausgesprochen sein, und trotzdem werden wir in der Öffentlichkeit nie darüber reden ...
Ich meine jetzt ... die Ausrottung des jüdischen Volkes ... Von Euch werden die meisten wissen, was es heißt, wenn 100 Leichen zusammenliegen, wenn 500 Leichen daliegen oder wenn 1000 daliegen. Dies durchgehalten zu haben und dabei, abgesehen von Ausnahmen menschlicher Schwächen, anständig geblieben zu sein, das hat uns

hart gemacht. Dies ist ein niemals geschriebenes und niemals zu schreibendes Ruhmesblatt unserer Geschichte ...[61].

Fraglos dürfte der bebrillte Reichsführer-SS, der beinahe in Ohnmacht gefallen war, als man vor seinen Augen hundert Ostjuden, darunter auch Frauen, erschossen hatte, ein noch größeres Ruhmesblatt der deutschen Geschichte in der Leistung gesehen haben, die seine SS-Leute mit Hilfe der Gaskammern in den Vernichtungslagern vollbrachten. Denn in diesen Todeslagern erzielte die »Endlösung« die grausigsten Ergebnisse.

DIE VERNICHTUNGSLAGER

An sich waren sämtliche Konzentrationslager, gleich welcher Art, Todeslager; in ihnen kamen Millionen Menschen durch Quälerei und Hunger elendiglich um. Es wurden zwar Listen geführt – jedes Lager hatte sein amtliches *Totenbuch* –, aber sie waren unvollständig und wurden vielfach bei Herannahen der Alliierten vernichtet. Ein teilweise erhalten gebliebenes Totenbuch des Lagers Mauthausen verzeichnet für die Zeit vom Januar 1939 bis April 1945 35318 Tote. Der Lagerkommandant, Franz Ziereis, hingegen gab eine Gesamtzahl von etwa 65000 an[62]. Ende 1942, als der Bedarf an Zwangsarbeitern brennend zu werden begann, befahl Himmler, die Todesrate in den Konzentrationslagern »herabzusetzen«. Angesichts des Mangels an Arbeitskräften mißfiel ihm ein Bericht, demzufolge in der Zeit zwischen Juni und November 1942 von den 136700 in die Konzentrationslager Eingewiesenen 70610 gestorben und außerdem 9267 exekutiert sowie 27864 »überstellt« – d. h. in die Gaskammern gebracht – worden waren. So waren für den Arbeitseinsatz nicht viele übriggebieben.
Aber der rascheste Fortschritt auf die Endlösung hin wurde in den Vernichtungslagern gemacht. Das größte und bekannteste war Auschwitz, das mit seinen vier großen Gaskammern und Krematorien weitaus leistungsfähiger war als die anderen, wie Treblinka, Belcec, Sobibor und Chelmo, die alle in Polen lagen. Kleinere Vernichtungslager gab es außerdem bei Riga, Wilna, Minsk, Kowno und Lemberg, doch unterschieden sie sich von den größeren insofern, als in ihnen mehr Menschen durch Erschießungen als durch Gas getötet wurden.
Eine Zeitlang stritten sich die SS-Führer geradezu um die Frage, welches Gas am wirksamsten sei, um die Juden schnell zu Tode zu befördern. Die Schnelligkeit war nämlich ein wichtiger Faktor, zumal in Auschwitz, wo gegen Ende neuartige Rekorde aufgestellt wurden. Man vergaste täglich 6000 Opfer. Einer der zeitweiligen Lagerkommandanten war Rudolf Höß, ein Mann, der einmal wegen Mordes im Zuchthaus gesessen hatte[63]. In Nürnberg äußerte er sich über die bessere Qualität des von ihm verwandten Gases.

Die »Endlösung« der jüdischen Frage bedeutete die vollständige Ausrottung aller Juden in Europa. Ich hatte den Befehl, Ausrottungseinrichtungen in Auschwitz im Juni 1941

zu schaffen. Zu jener Zeit bestanden schon drei weitere Vernichtungslager im Generalgouvernement: Belcec, Treblinka und Wolzek. Diese Lager befanden sich unter dem Einsatzkommando der Sicherheitspolizei und des SD.
Ich besuchte Treblinka, um festzustellen, wie die Vernichtungen ausgeführt wurden. Der Lagerkommandant von Treblinka sagte mir, daß er 80000 im Laufe eines halben Jahres liquidiert hätte. Er hatte hauptsächlich mit der Liquidierung aller Juden aus dem Warschauer Ghetto zu tun. Er wandte Monoxyd-Gas an, und nach seiner Ansicht waren seine Methoden nicht sehr wirksam.
Als ich das Vernichtungsgebäude in Auschwitz errichtete, gebrauchte ich also Zyclon B, eine kristallisierte Blausäure, die wir in die Todeskammer durch eine kleine Öffnung einwarfen. Es dauerte drei bis fünfzehn Minuten, je nach den klimatischen Verhältnissen, um die Menschen in der Todeskammer zu töten.
Wir wußten, wann die Menschen tot waren, weil ihr Kreischen aufhörte. Wir warteten gewöhnlich eine halbe Stunde, bevor wir die Türen öffneten und die Leichen entfernten. Nachdem die Leichen fortgebracht waren, nahmen unsere Sonderkommandos die Ringe ab und zogen das Gold aus den Zähnen der Körper.
Eine andere Verbesserung gegenüber Treblinka war, daß wir Gaskammern bauten, die 2000 Menschen auf einmal fassen konnten, während die zehn Gaskammern in Treblinka nur je 200 Menschen faßten.

Höß schilderte dann, wie die Opfer für die Gaskammern »ausgewählt« wurden, denn nicht alle hereinkommenden Gefangenen sollten beseitigt werden – zumindest nicht sofort, weil eine Anzahl in den Auschwitzer Fabriken von I. G.-Farben und Krupp gebraucht wurde, wo sie arbeiten mußten, bis sie erschöpft und für die »Endlösung« reif waren.

Zwei SS-Ärzte waren in Auschwitz tätig, um die einlaufenden Gefangenentransporte zu untersuchen. Die Gefangenen mußten bei einem der Ärzte vorbeigehen, der bei ihrem Vorbeimarsch durch Zeichen die Entscheidung fällte. Diejenigen, die zur Arbeit taugten, wurden ins Lager geschickt. Andere wurden sofort in die Vernichtungsanlagen geschickt. Kinder im zarten Alter wurden unterschiedslos vernichtet, da auf Grund ihrer Jugend sie unfähig waren zu arbeiten.

Höß war stets auf weitere Verbesserungen in der Kunst der Massentötung bedacht:

Noch eine andere Verbesserung, die wir gegenüber Treblinka machten, war diejenige, daß in Treblinka die Opfer fast immer wußten, daß sie vernichtet werden sollten, während in Auschwitz wir uns bemühten, die Opfer zum Narren zu halten, indem sie glaubten, daß sie ein Entlausungsverfahren durchzumachen hätten. Natürlich erkannten sie auch häufig unsere wahren Absichten, und wir hatten deswegen manchmal Aufruhr und Schwierigkeiten. Sehr häufig wollten Frauen ihre Kinder unter den Kleidern verbergen, aber wenn wir sie fanden, wurden die Kinder natürlich zur Vernichtung hineingesandt.

Wir sollten diese Vernichtungen im geheimen ausführen, aber der faule und Übelkeit erregende Gestank, der von der ununterbrochenen Körperverbrennung ausging, durchdrang die ganze Gegend, und alle Leute, die in den umliegenden Gemeinden wohnten, wußten, daß in Auschwitz Vernichtungen im Gange waren.

Mitunter wurden, wie Höß erklärte, »Sondergefangene« – offenbar russische Kriegsgefangene – einfach »durch Benzineinspritzungen« getötet. »Unsere Ärzte hatten Anweisung, gewöhnliche Sterbeurkunden auszustellen, und konnten irgendeine Todesursache ganz nach Belieben angeben[64].«

Höß' unverblümte Schilderung mag hier noch ergänzt werden durch eine kurze Zusammenfassung der von überlebenden Lagerinsassen und Wächtern bezeugten Verfahrensweisen in Auschwitz. Die Entscheidung darüber, welche Juden für die Arbeit und welche für die Gaskammern bestimmt waren, wurde bereits auf einem Nebengleis des Eisenbahngeländes getroffen, sobald die Opfer die Güterwagen verlassen hatten, in denen sie ohne Wasser und Nahrung oft länger als eine Woche – viele kamen aus Frankreich, Holland und Griechenland – eingesperrt gewesen waren. Wiewohl es zu herzzerreißenden Szenen kam, wenn die Frauen von ihren Männern und die Kinder von ihren Eltern getrennt wurden, so war sich doch, wie Höß und überlebende Gefangene übereinstimmend bezeugten, keines der Opfer genau im klaren darüber, was ihm bevorstand. Es wurden manchmal sogar hübsche Ansichtspostkarten mit dem Aufdruck »Waldsee« verteilt, die die Ankömmlinge unterschreiben mußten und die ihren Verwandten daheim zugeschickt wurden. Die Karten waren mit einem vorgedruckten Text versehen:

Es geht uns sehr gut hier. Wir haben Arbeit und werden gut behandelt. Wir erwarten Euch.

Die Gaskammern selbst und die ihnen angeschlossenen Krematorien sahen, aus geringerer Entfernung betrachtet, keineswegs finster aus; welche Bedeutung diese Anlagen hatten, war unmöglich zu erkennen. Sie waren bedeckt mit gut gepflegtem Rasen und Blumenbeeten, und über den Eingängen stand lediglich: Baderäume. Die ahnungslosen Juden glaubten nichts anderes, als daß sie die Baderäume wegen der in allen Lagern üblichen Entlausung betreten müßten. Und sie betraten sie mit Musikbegleitung!

Es war nämlich, wie einer der Überlebenden berichtete, aus den Lagerinsassinnen ein Orchester zusammengestellt worden, »junge hübsche Mädchen, alle in weißen Blusen und marineblauen Röcken«, und während die Opfer für die Gaskammern ausgewählt wurden, spielte dieses einzigartige Orchester heitere Weisen aus der »Lustigen Witwe«, oder die »Barcarole« aus »Hoffmanns Erzählungen«. Keineswegs feierliche, düstere Beethoven-Musik. Die Trauermärsche in Auschwitz waren spritzige, fröhliche Operettenmelodien.

Zu solcher an glücklichere und leichtere Zeiten erinnernden Musik wurden Männer,

Frauen und Kinder in die »Baderäume« geführt, wo ihnen geheißen wurde, sich zum »Duschen« auszuziehen. Bisweilen erhielten sie sogar Handtücher. Befanden sie sich dann im »Duschraum« – wo ihnen vielleicht der erste Verdacht gekommen sein mag, denn sie wurden zu 2000 Menschen hineingepfercht –, wurde die massive Tür geschlossen und hermetisch abgedichtet. Auf der Todeshalle stand neben den vom Rasen und den Blumen fast verdeckten pilzförmigen Klappen Lagerpersonal bereit, um die amethystblauen Zyanwasserstoffkristalle, genannt Zyklon B, in die nach unten führenden Rohre hineinzustreuen. Zyklon B, auf dessen Entdeckung und neue Anwendungsmöglichkeit Höß so stolz war, war ursprünglich als starkes Ungeziefervertilgungsmittel für den Handel hergestellt worden.

Von benachbarten Lagerblocks aus konnten Gefangene, von denen Überlebende später aussagten, beobachten, wie dann ein gewisser SS-Mann namens Moll seinen Leuten das Zeichen zum Hineinschütten der Kristalle gab. »Na, gib ihnen schon zu fressen!« pflegte er lachend zu sagen. Nachdem das Zyklon B in die Öffnungen gegeben war, wurden die Klappen dicht verschlossen.

Durch die Luken mit dickem Glas konnten die Schergen beobachten, was drinnen vor sich ging. Die nackten Gefangenen blickten zu den Brausen auf, aus denen kein Wasser kam, oder hinab auf den Fußboden, der merkwürdigerweise keine Abflußrinnen hatte. Es vergingen einige Minuten, bis das Gas den Brausensieben entströmte. Wenn die Eingeschlossenen merkten, was geschah, brach gewöhnlich eine Panik aus; sie stürzten zu dem großen Eisentor, wo sie sich, wie Reitlinger schreibt, »zu einer einzigen blauen, klebrigen, blutbesudelten Pyramide anhäuften, noch im Tode ineinander verkrallt und verkrampft[65]«.

Zwanzig oder dreißig Minuten später, wenn die Masse nackten Fleisches zu zucken aufgehört hatte, saugten elektrische Pumpen die vergiftete Luft ab, die große Tür öffnete sich, und die Leute des *Sonderkommandos* traten in Aktion. Dies waren männliche jüdische Lagerinsassen, denen man für die Durchführung der abscheulichsten aller Arbeiten das Leben und bessere Ernährung versprochen hatte[66]. Mit Gasmasken, Gummistiefeln und Wasserschläuchen ausgerüstet, begaben sie sich an die Arbeit. Reitlinger hat diese Arbeit beschrieben:

Ihre erste Aufgabe war es, Blut und Exkremente wegzuspülen und die aneinandergekrallten Leichen mit Schlingen und Haken von einander zu zerren – als Vorspiel zu der grauenhaften Suche nach Gold und dem Entfernen von künstlichen Gebissen und Haaren, die von den Deutschen als kriegswichtige Stoffe betrachtet wurden.

Dann brachten Fließbänder oder elektrische Kleinbahnen die Leichen zu den Verbrennungsöfen. Asche und Knochenreste wurden zermahlen und in den Fluß Sola geworfen[67].

Aus den vorhandenen Unterlagen ist ersichtlich, daß deutsche Firmen bei Angeboten zur Lieferung dieser Tötungsanlagen und des Zyanwasserstoffs lebhaft konkurrierten.

Bei der Auftragsvergebung für die Krematorien in Auschwitz trug die Firma I. A. Topf & Söhne, Erfurt, den Sieg davon. Ihre umfangreiche Korrespondenz mit der Lagerleitung wurde unter den Lagerakten gefunden. Aufschlußreich ist ein Brief der Firma vom 12. Februar 1943:

An die Zentralverwaltung der SS und Polizei, Auschwitz.
Betr.: Krematorien für das zweite und dritte Gefangenenlager . . .
Wir bestätigen nochmals den Empfang Ihres Auftrags für fünf dreiteilige Verbrennungsöfen einschließlich zwei elektrischen Aufzügen für die Beförderung von Leichen und einen zweiteiligen Aufzug für Leichen. Eine brauchbare Einrichtung für die Beheizung mit Kohle und eine Vorrichtung für die Entfernung der Asche sind ebenfalls in Auftrag gegeben[68].

Im Nürnberger Prozeß tauchten die Namen von zwei anderen Firmen sowie ein Teil ihrer Korrespondenz auf. So boten die Didier-Werke der Großschlosserei Palitsch in Belgrad auf deren Anfrage mit Schreiben vom 25. August 1943 Betr. Feuerbestattungsanlage für die SS in Belgrad für 600 RM Zeichnungen* für eine Feuerbestattungsanlage an. Der Brief enthält folgenden Passus:

Für das Einführen der Leichen in den Ofen schlagen wir eine auf zwei Rollen laufende einfache Rohrgabel vor.
Die Öfen enthalten je einen Einäscherungsraum von nur 600 mm Breite und 450 mm Höhe, da die Verwendung von Särgen nicht geplant ist. Für den Transport der Leichen vom Aufbewahrungsraum bis vor die Öfen empfehlen wir, auf Rädern laufende leichte Transportgestelle zu verwenden und geben wir Ihnen auch für diese eine Maß-Skizze an Hand[69].

Auch die Firma C. H. Kori G. m. b. H. bemühte sich um das Belgrader Geschäft und hob ihre große Erfahrung in der Branche hervor, denn sie habe bereits vier Öfen für Dachau und fünf für Lublin gebaut, die sich »in der Praxis ausgezeichnet bewährt haben«.

Im Verfolg der mit Ihnen gehabten mündlichen Rücksprache wegen der Beschaffung einer Einäscherungsanlage in einfacher Ausführung bringen wir Ihnen unsere Reform-Einäscherungsöfen mit Kohlenfeuerung in Vorschlag, die sich bisher in der Praxis bestens bewährt haben . . .
Wir bringen für das in Aussicht genommene Bauvorhaben zwei Einäscherungsöfen in

* Anm. d. Verlages: Die Didier-Werke haben dagegen Einspruch erhoben, daß der Name ihrer Firma in dem Kapitel über die Vernichtungslager auftaucht. Prof. Dr. Ing. H. Schwiedeßen von der Technischen Hochschule Aachen und Prof. Dr. Ing. S. Traustel von der Bergakademie Clausthal haben in getrennten Gutachten vom August 1961 über die erwähnten Zeichnungen festgestellt, daß es sich um Standardzeichnungen für einen Krematoriums-Ofentyp nicht sehr moderner Bauart für kleinere Friedhöfe handelt, der für Massenverbrennungen untauglich ist.

Vorschlag, empfehlen aber, durch Rückfrage nochmals festzustellen, ob diese beiden Öfen für den Bedarf ausreichend sind . . .
Ihrer weiteren Nachrichten gern gewärtig, empfehlen wir uns Ihnen bestens mit

Heil Hitler!
H. Kori, G. m. b. H.[70]

Doch selbst das angestrengte Bemühen deutscher Firmen, bestes Material und fehlerlose Arbeit zu liefern, erwies sich schließlich als unzulänglich. Die Leistungsfähigkeit der gut gebauten Krematorien blieb weit hinter den Anforderungen zurück, zumal in Auschwitz, wo 1944 täglich 6000 Leichen verbrannt werden mußten. Höß sprach sogar von 16000. Hier wurden zum Beispiel im Sommer dieses Jahres im Laufe von 46 Tagen allein 250 000 bis 300 000 ungarische Juden getötet. Selbst die Gaskammern reichten nicht aus, und man mußte zu Massenerschießungen im Einsatzkommando-Stil Zuflucht nehmen. Die Leichen wurden einfach in eine Grube geworfen und verbrannt, manche nur teilweise, wonach Raupenschlepper sie mit Erde zuschütteten. Gegen Ende des Krieges klagten Lagerkommandanten darüber, daß die Krematorien nicht nur unzureichend, sondern auch »unwirtschaftlich« gewesen seien.

Das Zyklon-B-Präparat wurde in erster Linie von zwei deutschen Firmen geliefert, die die Patentlizenz von den I. G.-Farben erworben hatten: Tesch & Stabenow in Hamburg und Degesch in Dessau. Die Direktoren beider Unternehmen behaupteten in Nürnberg, sie hätten das Produkt lediglich für Desinfektionszwecke geliefert und von seiner wirklichen Verwendung nichts gewußt. Aber diese Aussage war unhaltbar. Es wurden Briefe der Firma Tesch & Stabenow gefunden, in denen sie nicht allein ihr Präparat, sondern auch Entlüftungs- und Heizanlagen für Gaskammern anbot. Außerdem sagte Höß, nachdem er einmal aus sich herausgegangen war, die Direktoren der Firma Tesch müßten unbedingt von der Verwendungsart ihres Produktes gewußt haben, da sie es in Mengen zur Vernichtung mehrerer Millionen Menschen geliefert hätten. Ein britisches Militärgericht war von der Schuld der beiden Teilhaber, Bruno Tesch und Karl Weinbacher, überzeugt; sie wurden 1946 zum Tode verurteilt und gehängt. Der Direktor der Firma Degesch in Dessau, Dr. Gerhard Peters, kam besser davon. Ein deutsches Gericht verurteilte ihn zu fünf Jahren Haft[71].

Wie viele unglückliche, unschuldige Menschen kamen allein in diesem einen Lager Auschwitz ums Leben? Ihre Zahl – es waren größtenteils Juden, aber auch viele andere, vor allem russische Kriegsgefangene – wird sich niemals genau feststellen lassen. Höß selbst schätzte in seinem Affidavit, »daß mindestens 2 500 000 Opfer dort durch Vergasung und Verbrennen hingerichtet und ausgerottet wurden; mindestens eine weitere halbe Million starben durch Hunger und Krankheit, was eine Gesamtzahl von ungefähr 3 000 000 Toten ausmacht«. Später, in dem Prozeß, den man ihm in Warschau machte, gab er eine niedrigere Zahl an: 1 135 000. Die Sowjetregierung, die das Lager im Januar 1945 untersuchen ließ, nannte eine Zahl von 4 000 000. Reitlinger bezweifelt auf Grund eingehender eigener Untersuchungen, daß die Zahl der in Auschwitz Vergasten

»überhaupt an 750 000 bis 1 000 000 heranreicht«. Er schätzt, daß etwa 600 000 in den Gaskammern umgekommen und weitere 300 000 erschossen worden oder an Hunger und Krankheit gestorben seien. Was auch immer geschätzt werden mag, die Zahl ist ungeheuerlich groß.

Die Leichen wurden verbrannt; was aber blieb, waren die Goldfüllungen in den Zähnen, und die wurden aus der Asche herausgesucht, sofern sie nicht schon von den Sonderkommandos bei der Wegschaffung der Leichen herausgezogen worden waren[72]. Das Gold wurde eingeschmolzen und mit anderen den Juden abgenommenen Wertgegenständen an die Reichsbank weitergeleitet, die es nach einem Geheimabkommen zwischen Himmler und dem Reichsbankpräsidenten Dr. Walter Funk für die SS unter dem »Konto Max Heiliger« deponierte. Neben Zahngold bestand die Beute aus den Vernichtungslagern in goldenen Uhren, Ohrringen, Armbändern, Ringen, Halsketten und sogar Brillengestellen – denn die Juden waren aufgefordert worden, für die ihnen in Aussicht gestellte »Umsiedlung« alle ihre Wertsachen mitzubringen. Es gab auch große Mengen Juwelen, insbesondere Brillanten, und viel Silberzeug. Aber auch große Bündel Banknoten.

Schon 1942 flossen die Gewölbe der Reichsbank von den »Max-Heiliger«-Depositen förmlich über, und ihre Direktoren waren bestrebt, sie durch Hinterlegung bei städtischen Leihhäusern in Bargeld umzusetzen. Ein Brief, den die Reichsbank am 15. September an das Berliner städtische Leihhaus richtete, spricht von einer »zweiten Lieferung« und fährt dann fort: »Wir übergeben Ihnen mit der Bitte um bestmögliche Verwertung nachstehend aufgeführte Wertgegenstände.« Auf der langen Liste standen u. a. 154 goldene Taschenuhren, 1601 goldene Ohrringe, 132 Brillantringe, 784 silberne Taschenuhren und »160 St. verschied. Zahnersatz z. T. Gold«. Anfang 1944 war auch das Berliner Leihhaus überfüllt von diesen geraubten Wertgegenständen und teilte der Reichsbank mit, es könne keine mehr annehmen. Als die Alliierten Deutschland besetzten, fanden sie in verlassenen Salzbergwerken, in denen die Nationalsozialisten einen Teil ihrer Akten und ihrer Beute verborgen hatten, noch so viele Restbestände des »Max-Heiliger«-Kontos, daß sie damit drei große Gewölbe der Reichsbankzweigstelle in Frankfurt füllten[73].

Wußten die Reichsbankdirektoren, woher diese einzigartigen »Depositen« stammten? Der Leiter der Edelmetallabteilung der Reichsbank erklärte in Nürnberg, er und seine Mitarbeiter hätten gemerkt, daß viele der Einlieferungen aus Lublin und Auschwitz gekommen seien:

Wir alle wußten, daß an diesen Plätzen Konzentrationslager waren. Bei der zehnten Ablieferung im November 1943 tauchten Goldzähne auf. Die Menge der Goldzähne wuchs in ungewöhnlicher Weise[74].

Oswald Pohl, der berüchtigte Chef des Wirtschaftsamtes der SS, der für seine Abteilung diese Transaktionen handhabte, betonte in Nürnberg, daß Dr. Funk und die

Direktoren und Beamten der Reichsbank vollauf über die Herkunft der Wertgegenstände im Bilde gewesen seien. Er präzisierte: »Der ... Geschäftsvorgang zwischen Walter Funk und der SS [betraf] die Ablieferung von Wertgegenständen von toten Juden an die Reichsbank.« Er erinnerte sich einer Unterredung mit dem Vizepräsidenten der Reichsbank, Dr. Emil Puhl:

In diesem Gespräch wurde kein Zweifel gelassen, daß es sich bei den einzuliefernden Gegenständen um die Schmuck- und Wertsachen von Insassen von Konzentrationslägern handelte, besonders Juden, die in den Vernichtungslagern getötet worden waren. Es handelte sich um Ringe, Uhren, Augengläser, Goldbarren, Eheringe, Broschen, Nadeln, Brillengestelle, Devisen und andere Wertsachen.

Einmal, nach einer Besichtigung der mit den Wertgegenständen »von toten Juden« gefüllten Reichsbankgewölbe, so erzählte Puhl, lud Dr. Funk die Gesellschaft zum Mittagessen ein, bei dem sich die Gespräche um die Herkunft der Beute drehten[75].

»ES GIBT KEINEN JÜDISCHEN WOHNBEZIRK IN WARSCHAU MEHR.«

Verschiedene Augenzeugen haben die Ergebenheit geschildert, mit der so viele Juden in den Gaskammern und bei den Massenexekutionen in den Tod gingen. Doch nicht alle Juden nahmen ihre Vernichtung so sanftmütig hin. Im Frühjahr 1943 lehnten sich etwa 60000 im Warschauer Getto eingemauerte Juden – der letzte Rest der 400000, die 1940 dort wie Vieh eingepfercht worden waren – gegen ihre Peiniger auf und kämpften.

Es gibt wohl kaum eine grausigere – und kompetentere – Darstellung des Aufstands im Warschauer Getto als die des SS-Führers, der ihn niederschlug: Jürgen Stroop, SS-Brigadeführer und Generalmajor der Polizei. Sein wortreicher, auf 75 Seiten besten Papiers mit der Maschine geschriebener offizieller Bericht, in Leder gebunden und reich illustriert, ist erhalten geblieben. Er hat den Titel: »*Es gibt keinen jüdischen Wohnbezirk in Warschau mehr*[76].« Stroop wurde nach dem Krieg von einem amerikanischen Gerichtshof wegen Geiselerschießungen in Griechenland und von den Polen wegen des Judenmassakers im Warschauer Getto zum Tode verurteilt. Am 8. September 1951 wurde er in Warschau, am Schauplatz seines Verbrechens, gehängt.

Im Spätherbst 1940, ein Jahr nach der Eroberung Polens, hatte die SS etwa 400000 Juden zusammengetrieben, sie in einem rund um das frühere mittelalterliche Getto gelegenen Bezirk von vier Kilometer Länge und eineinhalb Kilometer Breite eingeschlossen und diesen durch eine hohe Mauer von dem übrigen Warschau abgetrennt. Normalerweise wohnten in dem Bezirk 160000 Menschen, so daß er jetzt überfüllt war. Aber das war noch das kleinste Übel. Generalgouverneur Frank lehnte es ab, dem Bezirk auch nur soviel Lebensmittel zuzuteilen, daß sie für ein kärgliches Leben der Hälfte der 400 000 ausgereicht hätten. Da es den Juden bei Todesstrafe verboten war, den Bezirk zu verlassen, hatten sie keine Erwerbsmöglichkeit, außer in ein paar Rüstungsbetrieben, die die Wehrmacht oder einige raubgierige deutsche Unternehmer, die es verstanden, aus der Sklavenarbeit große Gewinne zu ziehen, innerhalb der Ummauerung eingerichtet hatten. Für mindestens 100 000 Juden bestand die Tagesmahlzeit nur aus einer Schüssel Suppe, die oft aus Stroh gekocht war, das sie der Barmherzigkeit anderer verdankten. Es war ein aussichtsloser Kampf um das Leben.

Aber für Himmler starb die Gettobevölkerung nicht rasch genug an Hunger und Krankheit. Im Sommer 1942 ordnete er »aus Sicherheitsgründen« die Entfernung der Juden aus dem Warschauer Getto an. Am 22. Juli setzte eine große »Aussiedlungsaktion« ein. In der Zeit zwischen diesem Tag und dem 3. Oktober wurden laut Stroop insgesamt 310 322 Juden »umgesiedelt«. Das heißt, sie kamen in die Vernichtungslager, hauptsächlich nach Treblinka, wo sie vergast wurden.

Himmler war damit immer noch nicht zufrieden. Als er im Januar 1943 Warschau überraschend besuchte und feststellte, daß noch 60 000 Juden im Getto lebten, befahl er ihre vollständige »Aussiedlung« bis zum 15. Februar. Das war indes nicht so leicht zu schaffen. Der strenge Winter und die Anforderungen der Wehrmacht, die wegen der Stalingrad-Katastrophe und der sich hieraus ergebenden Rückzüge in Südrußland bei der Zuteilung von Transportmitteln den Vorrang hatte, erschwerten es der SS, die für die endgültige »Aussiedlung« erforderlichen Leerzüge zu erhalten. Außerdem widersetzten sich die Juden, wie Stroop berichtete, ihrer endgültigen Liquidierung »auf jede mögliche Weise«. Himmlers Befehl konnte nicht vor dem Frühjahr ausgeführt werden. Man beschloß, durch eine dreitägige »Sonderaktion« das Getto zu räumen. Sie sollte jedoch vier Wochen dauern.

Die Deportation von über 300 000 Juden hatte es den Deutschen ermöglicht, den ummauerten Bezirk zu verengern, so daß er nur noch einen Flächenraum von 1000 × 300 Meter hatte, als SS-Brigadeführer Stroop am Morgen des 19. April 1943 seine Panzer, Geschütze, Flammenwerfer und Sprengkommandos in Stellung brachte. Der Bezirk wurde »planmäßig durchkämmt«, doch hatten sich die verzweifelten Juden in Kanalschächten, Gewölben und Kellern verschanzt. Sie besaßen nur wenige Waffen: ein paar Pistolen und Gewehre, ein oder zwei Dutzend hereingeschmuggelte Maschinengewehre und selbstgefertigte Handgranaten. Aber sie waren an diesem Aprilmorgen entschlossen, von ihren Waffen Gebrauch zu machen – es geschah zum ersten und letzten Mal in der Geschichte des Dritten Reiches, daß die Juden ihren Unterdrückern bewaffnet entgegentraten.

Stroop hatte 2090 Mann, davon die Hälfte von der Wehrmacht oder der Waffen-SS. Den Rest bildete die SS, verstärkt durch 335 litauische Milizsoldaten und einige polnische Polizisten und Feuerwehrleute. Gleich am ersten Tag stießen sie auf unerwarteten Widerstand. Stroop berichtete darüber in dem ersten seiner vielen Fernschreiben:

Sofort nach Antreten der Einheiten starker planmäßiger Feuerüberfall der Juden und

Banditen. Der eingesetzte Panzer und die beiden SPW [Spähwagen] wurden mit Molotow-Cocktails [Brandflaschen] beworfen. Panzer brannte 2mal. [Durch diesen] Feuerüberfall des Gegners wurde zunächst ein Ausweichen der eingesetzten Verbände bewirkt.

Bei Wiederaufnahme des Angriffs stießen die Deutschen

gegen 17.30 Uhr ... auf sehr starken Widerstand einer Häusergruppe, auch MG-Feuer ... Eine besondere Kampfgruppe zwang den Gegner nieder, drang in die Häuser ein, ohne den Gegner selbst zu fassen. Die Juden und Verbrecher setzten sich von Stützpunkt zu Stützpunkt zur Wehr, wichen im letzten Moment durch Flucht über Dachböden oder unterirdische Gänge aus. ... [Unsere] Verluste beim ersten Einsatz 12 Männer ...

Und so ging es an den ersten Tagen weiter. Die armselig bewaffneten Verteidiger wichen zwar vor angreifenden Panzern, vor Flammenwerfern und Artilleriebeschuß zurück, gaben jedoch ihren Widerstand nicht auf. Stroop war es unbegreiflich, daß dieses »Gesindel und Untermenschentum«, wie er die belagerten Juden titulierte, nicht nachgab und sich nicht einfach liquidieren ließ.

Schon nach den ersten Tagen stand fest [meldete er], daß die Juden keinesfalls mehr an eine freiwillige Umsiedlung dachten, sondern gewillt waren, sich mit allen Möglichkeiten und den ihnen zur Verfügung stehenden Waffen zur Wehr zu setzen ... Während es zunächst möglich war, die an sich feigen Juden in größeren Massen einzufangen, gestaltete sich die Erfassung der Banditen und Juden in der zweiten Hälfte der Großaktion immer schwieriger. Es waren immer wieder Kampfgruppen von 20 bis 30 und mehr jüdischen Burschen im Alter von 18 bis 25 Jahren, die jeweils eine entsprechende Anzahl Weiber bei sich hatten.

Die Frauen, bemerkte Stroop, seien Angehörige der Haluzzenbewegung, und »es ist keine Seltenheit, daß diese Weiber aus beiden Händen mit Pistolen feuerten ... Immer wieder kam es vor, daß sie Pistolen und Handgranaten bis zum letzten Moment in ihren Schlüpfern verborgen hielten«.

Am fünften Kampftag befahl der wütende, ungeduldige Himmler Stroop, »die Durchkämmung des Gettos ... mit größter Härte und unnachsichtiger Zähigkeit zu vollziehen«.

Ich entschloß mich deshalb [sagte Stroop in seinem Schlußbericht], nunmehr die totale Vernichtung des jüdischen Wohnblocks durch Abbrennen sämtlicher Wohnblocks ... vorzunehmen ...

Es war nicht selten, daß die Juden in den brennenden Häusern sich solange aufhielten, bis sie wegen der Hitze und aus Angst vor dem Verbrennungstod vorzogen, aus den Stockwerken herauszuspringen ... Mit gebrochenen Knochen versuchten sie dann noch über die Straße in Häuserblocks zu kriechen, die noch nicht oder nur teilweise in

Flammen standen... Immer wieder konnte man beobachten, daß trotz der großen Feuersnot Juden und Banditen es vorzogen, lieber wieder ins Feuer zurückzugehen, als in unsere Hände zu fallen.

Für einen Mann wie Stroop war es unfaßlich, daß Männer und Frauen lieber kämpfend in den Flammen untergingen als in Gaskammern zu sterben. Denn die Gefangenen, die er nicht umbrachte, schickte er nach Treblinka. Am 25. April sandte er ein Fernschreiben an das SS-Hauptquartier mit der Meldung, es seien 27 464 Juden gefangengenommen worden:

Ich werde versuchen, für morgen einen Zug nach T II [Treblinka] zu erhalten, andernfalls die Liquidierung morgen durchgeführt wird.

Das geschah häufig auf der Stelle. Am folgenden Tag meldete Stroop: »1330 Juden aus Bunkern herausgeholt und sofort vernichtet, 362 Juden im Kampf erschossen.« Nur dreißig Gefangene wurden »verlagert«.
Gegen Ende des Aufstands zogen sich die Verteidiger in die Kanalisationsanlagen zurück. Stroop versuchte, die Kanäle unter Wasser zu setzen, doch gelang es den Juden, das flutende Wasser zu stoppen. Eines Tages brachten die Deutschen in den Einsteiglöchern Nebelkerzen an und vermischten das Wasser mit Kreosot, aber »ebenfalls [ohne] den gewünschten Erfolg«, wie Stroop jammerte.
Über den Ausgang des Kampfes hatte nie ein Zweifel bestehen können. Mehr als einen Monat lang kämpften die in die Enge getriebenen Juden mit hervorragendem Mut, Stroop nannte das allerdings »listige Kampfmethoden und Tricks der Juden und Banditen«. Am 26. April meldete er: »Nach Aussagen der gefangenen Juden sollen in den Bunkern [viele] von der Hitze und dem Qualm und von den erfolgten Sprengungen irre geworden sein.«

Im Verlaufe der heutigen Aktion wurden mehrere Häuserblocks niedergebrannt. Dieses ist die einzige und letzte Methode, um dieses Gesindel und Untermenschentum an die Oberfläche zu zwingen.

In der Nacht vom 16. Mai schickte Stroop seinen letzten Kampfbericht:

Es wurden 180 Juden, Banditen und Untermenschen vernichtet. Das ehemalige jüdische Wohnviertel Warschau besteht nicht mehr. Mit der Sprengung der Warschauer Synagoge wurde die Großaktion um 20.15 Uhr beendet... Gesamtzahl der erfaßten und nachweislich vernichteten Juden beträgt insgesamt 56 065[77].

Die deutschen Verluste gab Stroop mit sechzehn Toten und neunzig Verwundeten an. Wahrscheinlich waren die wirklichen Zahlen viel höher, bedenkt man den wilden Kampf von Haus zu Haus, wie ihn der SS-Brigadeführer selber mit finsteren Einzelheiten schilderte. Aber es wurden niedrigere Verluste der Deutschen genannt, um Himmlers Hypersensibilität zu schonen. »Die Männer der Waffen-SS, Polizei und

Wehrmacht«, schloß Stroop seinen Bericht, »die auch hier in treuer Waffenbrüderschaft unermüdlich an die Erfüllung ihrer Aufgaben herangingen, [standen] beispielhaft und vorbildlich ihren Mann.«

Die »Endlösung« wurde bis zum Ende des Krieges fortgesetzt. Die Zahl der ums Leben gekommenen Juden ist umstritten. Zwei SS-Zeugen zufolge, die in Nürnberg vernommen wurden, schätzte Adolf Eichmann, Leiter des Judenreferats im Reichssicherheitshauptamt, der auf Veranlassung Heydrichs die Endlösung durchführte, die Gesamtzahl auf fünf bis sechs Millionen. Kurz vor dem deutschen Zusammenbruch sagte Eichmann zu einem seiner Mordgesellen: »Er würde lachend in die Grube springen, denn das Gefühl, daß er fünf Millionen Menschen auf dem Gewissen hätte, wäre für ihn außerordentlich befriedigend[78].« In der Nürnberger Anklageschrift wurden 5 700 000 genannt, eine Zahl, die sich mit den Schätzungen des jüdischen Weltkongresses deckt. Reitlinger ist nach sorgfältiger Prüfung zu dem Schluß gekommen, daß die Zahl etwas niedriger gewesen sei: zwischen 4 194 200 und 4 581 200[79].

1939 lebten in den später von Hitler besetzten Gebieten etwa zehn Millionen Juden. Allen Schätzungen zufolge ist sicher, daß nahezu die Hälfte von den Deutschen ausgerottet wurde. Es war die erschütternde, aber logische Folge jener Verirrung, die von Hitler, als er noch in Wien in der Gosse lebte, Besitz ergriff und die er so vielen seiner deutschen Anhänger mitteilte – oder mit ihnen teilte.

DIE MEDIZINISCHEN VERSUCHE

Im Lauf der kurzlebigen Neuordnung wandte die SS auch Verfahren an, die eher aus reinem Sadismus als aus Mordlust herrührten. Für einen Psychiater mag vielleicht ein Unterschied zwischen den beiden Gelüsten bestehen, aber im Endergebnis unterscheidet sich das eine vom anderen nur durch die Zahl der Toten.

Ein Beispiel für diesen Sadismus sind die medizinischen Versuche, denn bei der Verwendung von Konzentrationslagerinsassen und Kriegsgefangenen als menschliche Versuchstiere kam für die Wissenschaft, wenn überhaupt etwas, sehr wenig heraus. Obwohl die »Versuche« von weniger als 200 Quacksalbern unternommen wurden, war ihr verbrecherisches Wirken Tausenden führender Ärzte im Reich bekannt, von denen aber, soviel aus den Akten hervorgeht, keiner öffentlichen Protest erhob. Nicht einmal der berühmteste Chirurg Deutschlands, Prof. Sauerbruch, obwohl er schließlich Gegner des Nationalsozialismus und Widerständler wurde[80].

Bei dieser Art von Mord waren die Juden nicht die einzigen Opfer. Die Ärzte benutzten für ihre Versuche auch russische Kriegsgefangene, polnische und auch deutsche Konzentrationslagerinsassen, Männer wie Frauen. Die »Experimente« waren vielgestaltig. Gefangene kamen in Unterdruckkammern und wurden in sauerstoffarmer Luft Höhendruckproben ausgesetzt, bis sie zu atmen aufhörten. Es wurden ihnen Typhus-

und Fleckfieberbazillen in tödlichen Dosen injiziert. Man machte mit ihnen »Unterkühlungsversuche« in eisigem Wasser oder legte sie im Freien nackt in den Schnee, bis sie erfroren. Es wurden an ihnen vergiftete Geschosse und Gelbkreuzgas ausprobiert. Im Frauen-KZ Ravensbrück brachte man Hunderten von Polinnen – die »Hasen«, d.h. Versuchskaninchen, genannt wurden – Gasbrandwunden bei, während man bei anderen »Versuche« mit Knochenverpflanzungen machte. In Dachau und Buchenwald wurde an Zigeunern ausprobiert, wie lange und auf welche Weise ein Mensch von Salzwasser leben kann. Sterilisierungsversuche verschiedenster Art mit Männern wie Frauen wurden in großem Umfang in mehreren Lagern ausgeführt, denn, so schrieb der SS-Arzt Dr. Adolf Pokorny einmal an Himmler, »der Feind« muß nicht nur besiegt, sondern vernichtet werden. Und wenn er schon nicht hingemordet werden konnte – angesichts des Mangels an Arbeitskräften gegen Ende des Krieges war diese Methode, wie wir sahen, fragwürdig geworden –, so ließ sich doch dafür sorgen, daß er sich nicht vermehrte. So schrieb denn Pokorny an Himmler, er habe das richtige pflanzliche Mittel *(Caladium Seguinum)* gefunden, das »dauernde Sterilität erzeugt«.

Allein der Gedanke [fuhr der Arzt fort], daß die 3 Millionen momentan in deutscher Gefangenschaft befindlichen Bolschewisten sterilisiert werden könnten, so daß sie als Arbeiter zur Verfügung stünden, aber von der Fortpflanzung ausgeschlossen wären, eröffnet weitgehendste Perspektiven[81].

»Weitgehendste Perspektiven« erkannte auch Professor August Hirt, Ordinarius für Anatomie an der Universität Straßburg. Er arbeitete auf einem anderen Fachgebiet als die anderen SS-Ärzte und erläuterte dies in einem Brief, den er um Weihnachten 1941 dem SS-Standartenführer und persönlichen Referenten Himmlers, Rudolf Brandt, schrieb:

Nahezu von allen Rassen und Völkern sind umfangreiche Schädelsammlungen vorhanden. Nur von den Juden stehen der Wissenschaft so wenig Schädel zur Verfügung ... Der Krieg im Osten bietet uns jetzt Gelegenheit, diesem Mangel abzuhelfen. In den jüdisch-bolschewistischen Kommissaren, die ein widerliches aber charakteristisches Untermenschentum verkörpern, haben wir die Möglichkeit, ein greifbares wissenschaftliches Dokument zu erwerben, indem wir uns ihre Schädel sichern.

Professor Hirt wollte indes nicht die Schädel von bereits toten »jüdisch-bolschewistischen Kommissaren«. Er schlug vor, durch einen Wehrmachts- oder Polizeiarzt Schädelmessungen vorzunehmen, solange sie noch lebten.

Nach dem danach herbeigeführten Tode des Juden, dessen Kopf nicht verletzt werden darf, trennt er [der Arzt] den Kopf vom Rumpf und sendet ihn, in eine Konservierungsflüssigkeit gebettet, in eigens zu diesem Zweck geschaffenen und gut verschließbaren Blechbehältern zum Bestimmungsort.

Hier werde dann Dr. Hirt die weiteren wissenschaftlichen Messungen vornehmen[82].

Himmler zeigte sich hochinteressiert und gab Anweisung, Prof. Hirt mit allem zu versehen, was er für seine Forschungen benötige.

Er wurde sehr gut versehen. Der Mann, der ihm das Erforderliche beschaffte, war Wolfram Sievers, der im Nürnberger Hauptprozeß ein häufig vernommener Zeuge und im späteren »Ärzte-Prozeß« einer der Angeklagten war. (Er wurde zum Tode verurteilt und gehängt.) Sievers, ehemals Buchhändler, war zum SS-Standartenführer und zum Generalsekretär der Gesellschaft *Ahnenerbe* aufgestiegen, einer der lächerlichen »Kultur«-Organisationen, die Himmler zur Pflege seiner vielen wahnwitzigen Bestrebungen eingerichtet hatte. Die Gesellschaft unterhielt, laut Sievers, fünfzig »Forschungsstellen«, darunter das »Institut für wehrwissenschaftliche Zweckforschung«, das Sievers ebenfalls leitete. Mit seinem verschlagenen Blick und seinem tintenschwarzen Bart sah er mephistophelisch aus und hatte in Nürnberg den Spitznamen »NS-Blaubart«. Wie so viele andere Gestalten des Dritten Reiches führte er peinlich genau Tagebuch, und dieses Tagebuch wie auch seine Korrespondenz, die beide erhalten geblieben sind, trugen dazu bei, daß er am Galgen endete.

Bis Juni 1943 hatte Sievers in Auschwitz die Männer und Frauen ausgewählt, die Professor Hirt für seine »Forschungen« mit den gewünschten Skeletten versehen sollten. »Insgesamt wurden 115 Personen, davon 79 Juden, 2 Polen, 4 Innerasiaten und 30 Jüdinnen bearbeitet«, meldete Sievers und ersuchte das Reichssicherheitshauptamt in Berlin, sie von Auschwitz nach dem Konzentrationslager Natzweiler bei Straßburg zu schaffen. Beim Kreuzverhör in Nürnberg von dem britischen Ankläger nach der Bedeutung des Wortes »bearbeiten« befragt, antwortete Sievers:

»Anthropologische Vermessungen.«

»Bevor sie ermordet wurden, wurden sie anthropologisch vermessen. Das war alles, nicht wahr?«

»Und Abdrücke wurden von den Leuten genommen«, erwiderte Sievers.

Was dann folgte, schilderte Joseph Kramer, Kommandant des Lagers Natzweiler, der sich schon in Auschwitz, Mauthausen, Dachau und anderen Lagern als Exekutor betätigt hatte, als »Bestie von Belsen« zu flüchtigem Ruhm gelangt war und von einem englischen Gerichtshof in Lüneburg zum Tode verurteilt wurde.

[Professor Hirt vom Anatomischen Institut in Straßburg] sagte mir, daß er von einem Insassen-Begleitzug, der von Auschwitz nach Struthof ging, wüßte. Er sagte mir, daß diese Personen in der Gaskammer des Lagers Struthof [Natzweiler] mit tödlichen Gasen getötet und dann ihre Leichname zum Anatomischen Institut gebracht werden sollten, damit er über dieselben verfügen könne. Nach diesem Gespräch gab er mir eine Flasche, die ungefähr 1/4 Liter Salze enthielt, die, ich glaube, Cyanhydratsalze waren. Der Professor sagte mir, welche ungefähre Dosis ich zu nehmen hätte, um die Insassen, die von Auschwitz kommen sollten ... zu vergiften.

Zu Beginn des August 1943 erhielt ich die 80 Insassen, die mit den Gasen getötet werden sollten, die mir von Hirt übergeben worden waren. Eines Abends ging ich zur

Gaskammer mit einem kleinen Wagen, es war ungefähr 9 Uhr, mit ungefähr 15 Frauen das erstemal. Ich sagte zu diesen Frauen, daß sie in den Desinfektionsraum gehen müßten; aber ich sagte ihnen nicht, daß sie vergiftet werden sollten.

Inzwischen hatten die SS-Leute ihre Technik vervollkommnet. Kramer fuhr fort:

Mit Hilfe einiger SS-Leute kleidete ich sie vollständig aus und schob sie in die Gaskammer, als sie vollständig nackt waren.
Als die Tür geschlossen war, fingen sie an zu brüllen. Nachdem die Tür geschlossen war, führte ich durch ein Rohr, das oben rechts vom Guckloch angebracht war, eine gewisse Menge von Salzen ein ... und beobachtete durch das Guckloch, was innerhalb des Raumes vor sich ging. Ich habe gesehen, daß diese Frauen ungefähr noch eine halbe Minute geatmet haben, bevor sie auf den Boden fielen. Nachdem ich die Ventilation... in Bewegung gebracht hatte, öffnete ich die Türen. Ich fand diese Frauen leblos am Boden liegen, und sie waren vollbedeckt mit Ausscheidungen.

Kramer wiederholte nach seiner Aussage diesen Vorgang, bis alle achtzig Insassen getötet waren, und schickte die Leichen, »so wie mich Professor Hirt gebeten hatte«, in das Anatomische Institut. Bei der Vernehmung wurde Kramer gefragt, was er damals dabei empfunden habe, und er gab eine denkwürdige Antwort, die Einblick in ein menschlichem Begreifen so schwer zugängliches Phänomen im Dritten Reich vermittelt:

Ich habe bei der Ausführung dieser Dinge kein Gefühl gehabt, weil ich den Befehl erhalten hatte, diese 80 Insassen auf diese Weise zu töten, wie ich Ihnen bereits gesagt habe.
Übrigens bin ich auf diese Weise erzogen worden[83].

Über den weiteren Ablauf sagte in Nürnberg der Zeuge Henry Herypierre aus, ein Franzose, der bis zur Ankunft der Alliierten in Straßburg im Anatomischen Institut als Professor Hirts Laborant arbeitete:

Die erste Sendung, die wir erhielten, war eine Sendung von 30 Frauen. ... Diese 30 weiblichen Leichen ... sind noch warm angekommen, die Augen waren weit offen und glänzend. Blutunterlaufen und rot traten sie aus den Augenhöhlen. Außerdem waren Spuren von Blut um Nase und Mund ... Es war keine Totenstarre ersichtlich.

Herypierre kam der Verdacht, daß sie getötet worden seien und schrieb sich heimlich ihre auf dem linken Arm eintätowierten Gefangenennummern auf. Es trafen dann, wie er sagte, drei weitere »Sendungen« ein, insgesamt 56 Männer mit genau den gleichen Erscheinungen. Sie wurden unter der fachmännischen Leitung von Dr. Hirt in Spiritus gelegt. Aber der Professor war dabei etwas nervös. »Peter«, sagte er zu Herypierre, »wenn du die Schnauze nicht halten kannst, kommt du auch dazu[84].«
Dennoch begab sich Professor Dr. Hirt an die Arbeit. Wie aus Sievers' Korrespondenz zu entnehmen ist, trennte der Professor die Schädel vom Rumpf und legte »die bisher feh-

lende Skelettsammlung« an. Aber es ergaben sich Schwierigkeiten, die Hirt Sievers beschrieb, und dieser – der selbst keine medizinischen oder anatomischen Kenntnisse hatte – meldete sie am 5. September 1944 Himmler:

Infolge Umfangs der damit verbundenen wissenschaftlichen Arbeit sind Skelettierungsarbeiten noch nicht abgeschlossen. Hirt erbittet im Hinblick auf etwa erforderlichen Zeitaufwand für 80 Stück Weisungen, falls mit Bedrohung Straßburgs zu rechnen ist ...

Es rückten nämlich amerikanische und französische Truppen auf Straßburg vor. Und die Zeit drängte.

Er [Hirt] kann Entfleischung und damit Unkenntlichmachung vornehmen, dann allerdings Gesamtarbeit teilweise umsonst und großer wissenschaftlicher Verlust für diese einzigartige Sammlung, weil danach Hominitabgüsse nicht mehr möglich wären. Skelettsammlung als solche nicht auffällig. Weichteile würden deklariert als bei Übernahme Anatomie durch Franzosen hinterlassene Leichenreste und zur Verbrennung gegeben. Erbitte Entscheidung zu folgenden Vorschlägen: 1. Sammlung kann erhalten bleiben. 2. Sammlung ist teilweise aufzulösen. 3. Sammlung ist im ganzen aufzulösen.

»Warum wollten Sie die Körper entfleischen, Zeuge?« fragte der britische Ankläger in der Stille des Nürnberger Gerichtssaals. »Warum schlugen Sie vor, daß man die Schuld den Franzosen in die Schuhe schieben solle?«
»Weil ich als Laie das gar nicht beurteilen konnte«, antwortete der »NS-Blaubart«. »Ich [habe] hier [lediglich] eine Anfrage von Professor Hirt weitergegeben ... Ich hatte überhaupt nichts [mit der Aktion] zu tun.«
Diese Ausrede wurde in den Nürnberger Prozessen von so manchem Nationalsozialisten benutzt, und hier wie auch in anderen Fällen ließ die Anklage sie nicht durchgehen[85]. Aus den erbeuteten SS-Akten war nämlich ersichtlich, daß Sievers am 26. Oktober 1944 meldete, die Sammlung in Straßburg sei weisungsgemäß vollständig aufgelöst worden. Und am 20. Januar 1945 schrieb er an Hirt: »Seien wir froh, daß wir alle Arbeitsunterlagen rechtzeitig vernichtet haben[86].«
Herypierre schilderte später den – nicht ganz erfolgreichen – Versuch, die belastenden Spuren zu vernichten:

Im Monat September 1944 machten die Alliierten einen Vormarsch auf Belfort, und in diesem Augenblick befahl Herr Professor Hirt Herrn Bong und Herrn Meier, diese Leichen zu zerstückeln und im Krematorium verbrennen zu lassen ... Ich befragte am folgenden Tag Herrn Bong, ob er alle Leichen zerstückelt habe, aber Herr Bong antwortete mir: »Wir haben nicht alle Leichen zerstückeln können, es war zuviel Arbeit. Wir haben einige Leichen auf dem Behälterboden liegen lassen.«

Dort wurden sie einen Monat später, als die 2. französische Panzerdivision und Einheiten der 7. amerikanischen Armee in Straßburg einrückten, von einem alliierten

Trupp entdeckt. Professor Dr. Hirt verschwand. Beim Verlassen Straßburgs rühmte er sich, niemand werde ihn jemals lebend ergreifen. Offenbar hat ihn denn auch niemand – weder lebend noch tot – ergriffen.

Für eine der sadistischsten Versuchsreihen scheint vor allem ein gewisser Dr. Sigmund Rascher verantwortlich zu sein, der direkten Zugang zu Himmler hatte.
Im Frühjahr 1941 kam Dr. Rascher, der zu der Zeit an einem Ärztekursus des Luftgaukommandos VII, München, teilnahm, ein Einfall. Darüber schrieb er am 15. Mai 1941 an Himmler. Er habe mit großem Bedauern festgestellt, daß die Höhenflugforschung nicht weiterkomme, weil »leider noch keinerlei Versuche mit Menschenmaterial bei uns angestellt werden konnten, da die Versuche sehr gefährlich sind und sich freiwillig keiner dazu hergibt«.

Daher stelle ich die ernste Frage: ob zwei oder drei Berufsverbrecher für diese Experimente zur Verfügung gestellt werden können? ... Die Versuche, bei denen selbstverständlich die Versuchspersonen sterben können, würden unter meiner Mitarbeit vor sich gehen[87].

Der Reichsführer-SS ließ ihm antworten, »daß Häftlinge für die Höhenflugforschung selbstverständlich gern zur Verfügung gestellt werden«.
Dies geschah dann auch, und Rascher begab sich ans Werk. Die Ergebnisse sind zu ersehen aus seinen eigenen Berichten und den Berichten anderer, die in Nürnberg vorlagen.
Dr. Raschers Berichte sind in einwandfreiem Medizinerdeutsch abgefaßt. Für die Höhenflugversuche ließ er die Unterdruckkammer des Luftwaffengaus München in das nahegelegene Konzentrationslager Dachau schaffen, wo menschliche Versuchskaninchen reichlich vorhanden waren. Aus der Kammer wurde Luft abgesaugt, so daß der Sauerstoffgehalt und der niedrige Druck den Luftverhältnissen in großen Höhen entsprachen. Rascher legte dann seine Beobachtungen schriftlich nieder, wofür das folgende Beispiel typisch ist:

[Beim dritten Versuch] handelte es sich um einen Dauerversuch ohne Sauerstoff in 12 km Höhe bei einem 37jährigen Juden in gutem Allgemeinzustand. Die Atmung hielt bis 30 Minuten an. Bei 4 Minuten begann VP [Versuchsperson] zu schwitzen und mit dem Kopf zu wackeln.
Bei 5 Minuten traten Krämpfe auf, zwischen 6 und 10 Minuten wurde die Atmung schneller, VP bewußtlos, von 11 Minuten bis 30 Minuten verlangsamte sich die Atmung bis 3 Atemzüge pro Minute, um dann ganz aufzuhören ... Etwa 1/2 Stunde nach Aufhören der Atmung Beginn der Sektion[88].

Ein österreichischer Lagerinsasse, Anton Pacholegg, der in Raschers Büro arbeitete, hat weniger wissenschaftliche Schilderungen der »Experimente« gegeben:

Ich habe persönlich durch das Beobachtungsfenster der Unterdruckkammer zugesehen, in der Häftlinge im Vakuum aushalten mußten, bis ihre Lungen rissen ... Sie wurden wahnsinnig und rissen sich die Haare aus, im Bemühen, sich von dem Druck zu befreien. Sie zerkratzten mit den Fingernägeln Kopf und Gesicht; im Wahnsinn versuchten sie sich zu verstümmeln. Um den Druck von ihrem Trommelfell zu beseitigen, schrien sie und hämmerten mit Fäusten und Kopf gegen die Wand. Diese Fälle endeten gewöhnlich mit dem Tod der Versuchsperson[89].

Etwa 200 Häftlinge wurden diesen Experimenten ausgesetzt, ehe Dr. Rascher seine Versuchsreihe beendete. Von diesen 200 kamen den Aussagen im »Ärzte-Prozeß« zufolge 80 sofort ums Leben, die übrigen wurden einige Zeit später liquidiert, damit sie nicht mehr reden konnten.
Diese besondere Versuchsreihe fand im Mai 1942 ihren Abschluß. Aus diesem Anlaß sprach Feldmarschall Milch von der Luftwaffe Himmler für Raschers Pionierversuche Görings »Dank« aus. Einige Zeit später, am 10. Oktober 1942, übermittelte Doktor Hippke, Generalleutnant und Sanitätsinspekteur der Luftwaffe, Himmler »im Namen der deutschen Luftfahrtmedizin und -forschung« den »gehorsamsten Dank« für »die Dachauer Versuche«. Allerdings hielt er sie nicht für vollständig. Es seien dabei nicht die außergewöhnlichen Kältegrade in Rechnung gezogen worden, denen ein Flieger in großen Höhen ausgesetzt sei. Um das Versäumte nachzuholen, teilte er Himmler mit, sei die Luftwaffe im Begriff, eine Unterdruckkammer mit Abkühlvorrichtung zu bauen. Unterkühlungsversuche verschiedenster Art, fügte er hinzu, seien in Dachau noch im Gange[90].
Das waren sie in der Tat. Und wiederum war Dr. Rascher vorneweg. Aber einige seiner Kollegen hatten Bedenken. War es mit dem Christentum zu vereinbaren, was Dr. Rascher tat? Als Himmler von den Zweifeln dieser Luftwaffenärzte hörte, wurde er wütend und protestierte unverzüglich bei Feldmarschall Milch gegen die von »Kreisen christlicher Mediziner« der Luftwaffe gemachten Schwierigkeiten. Er bat den Stabschef der Luftwaffe, Rascher freizugeben, damit er der SS überstellt werden könne. Er empfahl, einen »nichtchristlichen Arzt, aber geachteten Wissenschaftler« zu suchen, der Raschers wertvolle Arbeit fortführen könne,

weil ich persönlich die Verantwortung übernommen habe, für diese Versuche todeswürdige Asoziale und Verbrecher aus den Konzentrationslagern zur Verfügung zu stellen.

Raschers »Kälteversuche« waren zweierlei Art: Erstens sollte festgestellt werden, welche Kälte ein Mensch äußerstenfalls ertragen kann, und zweitens sollte das beste Mittel ausfindig gemacht werden, um Menschen wiederzuerwärmen, die noch lebten, nachdem sie äußerster Kälte ausgesetzt gewesen waren. Für die Abkühlung wählte Rascher zwei Methoden: Entweder wurde die Versuchsperson in eiskaltes Wasser getaucht, oder man ließ sie völlig nackt eine ganze Winternacht draußen im Schnee. Raschers Berichte an Himmler über seine »Abkühlungs-« und »Wiedererwärmungsversuche« sind sehr umfangreich. Es seien hier nur ein paar Beispiele gegeben. Einer der ersten Versuche wurde am 10. September 1942 unternommen:

Die VPs werden mit voller Fliegeruniform ... und Fliegerhaube bekleidet ins Wasser gebracht. Eine Schwimmweste ... soll das Untergehen verhindern. Die Versuche wurden durchgeführt bei Wassertemperaturen zwischen 2,5 und 12 Grad Wärme. Bei der einen Versuchsreihe war der Hinterkopf sowie Hirnstamm außerhalb des Wassers, während bei der anderen Versuchsreihe der Nacken (Hirnstamm) und Hinterhirn im Wasser lagen. Es wurden Unterkühlungen im Magen von 26,4 Grad, im After von 26,5 Grad elektrisch gemessen. Todesfälle traten nur ein, wenn der Hirnstamm sowie das Hinterhirn mit unterkühlt wurden.
Es fanden sich bei der Sektion derartiger Todesfälle stets innerhalb der Schädelkapsel größere Mengen freien Blutes, bis zu einem halben Liter. Das Herz zeigte regelmäßig schwerste Erweiterungen der rechten Kammer. Sobald die Unterkühlung bei diesen Versuchen 28 Grad erreicht hatte, starb die VP mit Sicherheit trotz aller Versuche zur Rettung. Die Wichtigkeit eines wärmespendenden Kopf- und Nackenschutzes bei der in Ausarbeitung stehenden Schaumbekleidung wurde durch den oben geschilderten Sektionsbefund eindeutig bewiesen[91].

Rascher fügte eine Tabelle von sechs »Todefällen« bei, in der die Wasser- und Körpertemperaturen bei Herausnahme aus dem Wasser, die Körpertemperaturen bei Eintritt des Todes, die Dauer des Aufenthalts im Wasser und die Zeit bis zum Eintritt des Todes angegeben waren. Der Stärkste hielt 100 Minuten, der schwächste 53 Minuten in dem eiskalten Wasser aus.
Walter Neff, ein Lagerhäftling, der Dr. Rascher als Hilfe zugeteilt war, gab als Laie im »Ärzte-Prozeß« eine anschauliche Schilderung eines Eiswasserversuchs:

Es war der schlimmste Versuch, der je gemacht wurde. Es wurden vom Bunker zwei russische Offiziere gebracht. ... Rascher ließ sie entkleiden und sie mußten nackt in das Bassin. Es verrann Stunde um Stunde und während sonst bei spätestens 60 Minuten die Kältenarkose eintrat, in diesem Falle waren die beiden noch nach 2½ Stunden voll ansprechbar. Alles Reden mit Rascher, ihnen eine Injektion als Narkose zu geben, war zwecklos. Ungefähr in der dritten Stunde sagte der eine Russe zum andern: »Kamerad, sag doch dem Offizier, er möge uns erschießen.« Darauf sagte der andere, er erwarte von diesem Faschistenhund kein Erbarmen. Daraufhin reichten sich beide die Hand mit einem »Lebe wohl, Kamerad!« ... Nach diesen Worten, die von einem jungen Polen Rascher übersetzt wurden, ging Rascher in sein Büro. Der junge Pole versuchte sofort mit Chloroform den beiden eine Narkose zu geben. Aber Rascher kam sofort zurück, bedrohte uns mit der Pistole ... Der Versuch dauerte mindestens 5 Stunden, bis der Tod eintrat[92].

Der nominelle »Leiter« der ersten Kaltwasserversuche war ein gewisser Dr. Holzlöhner, Medizinprofessor an der Universität Kiel, dem ein Dr. Finke assistierte. Nachdem sie einige Monate mit Rascher zusammengearbeitet hatten, glaubten sie alle Versuchsmöglichkeiten erschöpft zu haben. Daraufhin verfaßten die drei Ärzte als »Geheime Kommandosache« einen zweiunddreißigseitigen Bericht an die Luftwaffe mit dem Titel »Über Abkühlungsversuche am Menschen«, und der Sanitätsinspekteur der Luftwaffe berief deutsche Ärzte für den 26. und 27. Oktober 1942 zu einer Tagung in Nürnberg ein, wo die Versuchsergebnisse vorgetragen und diskutiert werden sollten. Thema der Tagung war: »Ärztliche Fragen bei Seenot und Winternot«. Nach den Aussagen im »Ärzte-Prozeß« nahmen an dieser Tagung 95 deutsche Mediziner teil, darunter einige der bedeutendsten, und obwohl die drei Ärzte keine Unklarheit darüber ließen, daß bei den Experimenten ein großer Teil der Versuchspersonen umgekommen war, wurden doch in bezug auf diesen Punkt keine Fragen gestellt oder Proteste erhoben.

Professor Holzlöhner (der sich später, nach seiner ersten Vernehmung durch die Engländer, das Leben nahm) und Dr. Finke setzten sich um diese Zeit von den Experimenten ab, aber der ausdauernde Dr. Rascher führte sie dann vom Oktober 1942 bis zum Mai 1943 allein durch. Er wollte nunmehr auch sogenannte »Trockenfrierversuche« machen. Er schrieb an Himmler:

Auschwitz ist für einen derartigen Reihenversuch in jeder Beziehung besser geeignet als Dachau, da es dort kälter ist und durch die Größe des Geländes im Lager selbst weniger Aufsehen erregt wird. (Die Versuchspersonen brüllen, wenn sie frieren.)

Aus irgendeinem Grunde konnte der Ortswechsel nicht stattfinden, so daß Dr. Rascher seine Studien in Dachau fortsetzte und auf richtiges Winterwetter hoffte.

Die Frage ist inzwischen geklärt worden [schrieb er an Himmler], da in Dachau Gottseidank auch nochmal starkes Frostwetter eintrat. Einzelne Leute waren 14 Stunden bei minus 6 Grad im Freien, erreichten eine Innentemperatur von 25 Grad mit peripheren Erfrierungen ...

Auch über die »Trockenfrierversuche« gab der Zeuge Neff im »Ärzte-Prozeß« eine Schilderung:

Es wurde zuerst ein Versuch gemacht, und zwar wurde der Häftling abends nackt auf eine Bahre vor den Block gestellt. Er wurde mit einem Leintuch zugedeckt, jedoch stündlich mit einem Kübel kalten Wassers übergossen. Diese Versuchsperson lag bis gegen morgens unter diesen Umständen im Freien. Die Temperatur wurde ... mit dem Thermometer gemessen.

Später sagte Dr. Rascher, es wäre verkehrt, den Betreffenden mit einem Leintuch zuzudecken und mit Wasser zu überschütten ... In Zukunft dürfe die Versuchsperson nicht mehr zugedeckt werden. Der nächste Versuch war dann ein Reihenversuch an zehn Häftlingen, die der Reihe nach ebenfalls nackt hinausgelegt wurden.

Während die Häftlinge langsam erfroren, pflegte Rascher oder sein Assistent Temperaturen, Herztätigkeit, Atmung und so weiter zu messen. Die Schreie der Gemarterten zerrissen die nächtliche Stille.

Anfänglich [erklärte Neff dem Gerichtshof] hatte Rascher verboten, daß diese Versuche in Narkose gemacht würden. Die Versuchspersonen haben aber dermaßen geschrien, daß es unmöglich war für Rascher, diese Versuche ohne Narkose weiterzuführen.

Die – laut Himmler – todeswürdigen VPs wurden in den Eiswasserbassins oder in kalten Winternächten unbekleidet vor den Baracken in Dachau dem Tode preisgegeben und, falls sie noch lebten, kurz darauf umgebracht. Aber die deutschen Flieger und Seeleute, zu deren Wohl angeblich die Experimente unternommen wurden und die über dem Eismeer abstürzten oder in den Eiswüsten jenseits des Polarkreises, in Norwegen, Finnland oder Nordrußland, vom Erfrierungstod bedroht werden konnten, sollten nach Möglichkeit gerettet werden. Daher ging Dr. Rascher dazu über, mit seinen menschlichen Versuchskaninchen in Dachau sogenannte »Wiedererwärmungsversuche« anzustellen. Er wollte wissen, auf welche Weise unterkühlte Menschen am besten wiedererwärmt und damit möglicherweise vom Tode errettet werden konnten.
Heinrich Himmler, der es sich nie nehmen ließ, seinen eifrigen Wissenschaftlern »praktische« Lösungen vorzuschlagen, empfahl Rascher Wiedererwärmungsversuche durch »animalische Wärme«. Aber Rascher hielt zunächst nicht viel von der Idee. Er schrieb dem Reichsführer-SS: »Die Erwärmung mit animalischer Wärme – d. h. durch tierische oder menschliche Wärme – geht sehr langsam vor sich.« Doch Himmler ließ nicht locker:

Sehr neugierig [teilte er Rascher mit] bin ich auf die Versuche mit animalischer Wärme. Persönlich nehme ich an, daß diese Versuche vielleicht den besten und nachhaltigsten Erfolg bringen werden ...

Rascher, obwohl skeptisch, war keineswegs der Mann, einen Vorschlag des Reichsführers-SS zu ignorieren. Unverzüglich begann er mit den groteskesten aller »Versuchsreihen«, die er für die Nachwelt mit allen makabren Einzelheiten aufzeichnete. Aus dem Frauenkonzentrationslager Ravensbrück schickte man ihm vier Insassinnen nach Dachau. Nach Eintreffen der vier Frauen – sie wurden in den Lagerlisten als Prostituierte geführt – machte jedoch Rascher an einer von ihnen eine beunruhigende Entdeckung, über die er ebenfalls berichtete:

Eine der zugewiesenen Frauen zeigte einwandfrei nordische Rassenmerkmale ... Ich stellte an dieses Mädchen die Frage, wieso es sich ins Bordell gemeldet habe. Ich bekam die Antwort: »Um aus dem KL herauszukommen, denn es wurde versprochen, daß alle diejenigen, die sich für ein halbes Jahr Bordell verpflichteten, dafür aus dem KL entlassen werden.« Auf meine Einwendung, daß es doch eine ungeheure Schmach sei, sich freiwillig als Bordellmädchen zu melden, wurde mir mitgeteilt: »Immer noch besser ein halbes Jahr Bordell als ein halbes Jahr KL ...«

Es widerstrebt meinem rassischen Empfinden, ein Mädchen, das dem Äußeren nach rein nordisch ist ..., als Bordellmädchen rassisch minderwertigen KL-Elementen zu überlassen. Aus diesem Grunde lehne ich die Verwendung dieses Mädchens für meine Versuchszwecke ab[93].

Doch die anderen, deren Haar weniger blond und deren Augen weniger blau waren, verwendete er. Die Ergebnisse seiner Versuche schilderte er in einem »Geheimbericht«, den er am 12. Februar 1942 Himmler übersandte[94].

Die Versuchspersonen wurden in der üblichen Weise – bekleidet oder unbekleidet – in kaltem Wasser verschiedener Temperatur abgekühlt ... Die Herausnahme aus dem Wasser geschah bei 30 Grad Rektal-Temperatur.
In acht Fällen kamen die Versuchspersonen zwischen zwei nackte Frauen in ein breites Bett zu liegen. Die Frauen hatten sich möglichst nahe an den abgekühlten Menschen anzuschmiegen. Dann wurden die drei Personen mit Decken zugedeckt ...
Waren die Versuchspersonen erst einmal bei Bewußtsein, so verloren sie dieses nicht mehr, sondern erfaßten sehr schnell ihre Situation und schmiegten sich eng an die nackten Frauenkörper an. Der Körpertemperaturanstieg erfolgte dann ungefähr in derselben Geschwindigkeit, wie bei den Versuchspersonen, welche durch Einhüllung in Decken erwärmt wurden ... Eine Ausnahme machten vier Versuchspersonen, welche zwischen 30 und 32 Grad den Beischlaf ausübten. Bei diesen Versuchspersonen trat nach dem Koitus ein sehr schneller Temperaturanstieg ein, welcher verglichen werden kann mit der Erwärmung in heißem Bad.

Einigermaßen überrascht stellte Rascher fest, daß eine Frau einen unterkühlten Mann schneller erwärmte als zwei Frauen.

Ich führe dies darauf zurück, daß bei Erwärmung durch eine Frau die persönlichen Hemmungen wegfallen und sich die Frau viel inniger an den Ausgekühlten anschmiegt. Die Wiederkehr des vollen Bewußtseins trat auch hier auffällig schnell ein, lediglich bei einer Versuchsperson kehrte kein Bewußtsein wieder, es war nur eine geringe Erwärmung zu verzeichnen. Unter den Erscheinungen einer Gehirnblutung, wie durch spätere Sektion bestätigt wurde, kam die Versuchsperson ad exitum.

In seiner Zusammenfassung kam der Mordgeselle zu dem Schluß, daß die Erwärmung eines »unterkühlten« Mannes durch Frauen »sehr langsam vor sich geht« und daß ein heißes Vollbad wirksamer sei:

Lediglich solche Versuchspersonen, deren körperlicher Zustand den Koitus erlaubte, erwärmten sich auffallend schnell und zeigten ebenso auffallend schnell eine Wiederkehr des völligen körperlichen Wohlbefindens.

Nach den Zeugenaussagen im »Ärzte-Prozeß« wurden an 300 Personen etwa 400 »Unterkühlungsversuche« vorgenommen. Bei 80 bis 90 stellte sich der Tod sofort ein, die übrigen wurden, bis auf wenige Ausnahmen, nachher erschossen. Einige waren wahnsinnig geworden. Dr. Rascher konnte übrigens in diesem Prozeß nicht selbst aussagen. Er hatte sein blutiges Handwerk an verschiedenen Projekten, die zu zahlreich sind, um genannt zu werden, bis Mai 1944 fortgesetzt. In diesem Monat wurden er und seine Frau von der SS verhaftet – anscheinend nicht wegen seiner mörderischen »Experimente«, sondern weil sie falsche Angaben über die Geburt ihrer Kinder gemacht hatten: Frau Rascher wollte im Alter von über 48 Jahren noch drei Kinder zur Welt gebracht haben, während diese tatsächlich in entsprechenden Zeitabständen aus einem Waisenhaus geholt worden waren. Himmler, der die deutsche Mutter so verehrte, konnte einen solchen Betrug nicht hinnehmen. So kam Dr. Rascher in die politische Baracke des ihm vertrauten Konzentrationslagers Dachau, seine Frau hingegen nach Ravensbrück, von wo der Doktor seine Prostituierten für die »Wiedererwärmungsversuche« erhalten hatte. Beide überlebten die Inhaftierung nicht. Es wird angenommen, daß Himmler selbst in einer seiner letzten Amtshandlungen ihre Erschießung befohlen habe. Sie hätten unangenehme Zeugen sein können.

Indessen blieb eine Reihe unangenehmer Zeugen am Leben, so daß sie vor Gericht gestellt werden konnten. Sieben wurden zum Tode verurteilt und gehängt; bis zuletzt verteidigten sie ihre tödlichen Experimente als patriotische Handlungen im Dienst für das Vaterland. Dr. Herta Oberheuser, die einzige weibliche Angeklagte im »Ärzte-Prozeß«, erhielt zwanzig Jahre Haft. Sie gab selbst zu, »fünf bis sechs« Polinnen tödliche Injektionen »verabreicht« zu haben, doch das waren nur einige wenige unter Hunderten, die von ihr in Ravensbrück der Tortur verschiedenartiger »Experimente« ausgesetzt worden waren. Eine Anzahl Ärzte, darunter der berüchtigte Pokorny, der die Absicht gehabt hatte, Millionen Feinde zu sterilisieren, wurde freigesprochen. Einige zeigten Reue. In einem zweiten Ärzte-Prozeß bat Dr. Edwin Katzenellenbogen, der in Harvard studiert hatte, das Gericht, ihn zum Tode zu verurteilen. Das Gericht verurteilte ihn zu lebenslänglicher Haft[95].

HEYDRICHS TOD UND DAS ENDE VON LIDICE

Nach der ersten Halbzeit des Krieges ereignete sich in einem der eroberten Länder ein Racheakt, dem einer der obersten Gangster der Neuordnung zum Opfer fiel. Reinhard Heydrich, Chef der Sicherheitspolizei und des SD, stellvertretender Chef der Gestapo, Henker Heydrich, wie dieser achtunddreißigjährige, langnasige, eiskalt blickende Erfinder der »Endlösung« in den besetzten Gebieten genannt wurde, fand ein gewaltsames Ende.

Rastlos nach Erweiterung seiner Macht strebend und heimlich gegen seinen Chef Himmler intrigierend, hatte Heydrich sich, unter Beibehaltung seiner anderen Ämter, zum amtierenden Reichsprotektor für Böhmen und Mähren machen lassen. Der nominelle Reichsprotektor, der arme alte Neurath, war im September 1941 von Hitler auf unbestimmte Zeit aus Gesundheitsrücksichten beurlaubt worden. An seiner Stelle war dann Heydrich in das alte Schloß der böhmischen Könige in Prag, in den Hradschin, eingezogen. Aber nicht für lange.

Am Vormittag des 29. Mai 1942, als er von seinem Landsitz in einem offenen Mercedes-Sportwagen zum Hradschin fuhr, wurde ein Bombe englischer Herstellung in den Wagen geworfen. Das Auto ging in Stücke, und Heydrich wurde durch zahlreiche Splitter schwer verletzt. Die Täter waren zwei Tschechen aus der freien tschechischen Armee in England, Jan Kubis und Josef Gabcik, die von einem RAF-Flugzeug mit Fallschirm abgesetzt worden waren. Für ihr Unternehmen gut ausgerüstet, verschwanden sie unter dem Schutz von Rauchbomben. Die Priester der Karl-Borromäus-Kirche in Prag gewährten ihnen Unterschlupf.

Heydrich erlag seinen Wunden am 4. Juni. Die Deutschen nahmen furchtbare Rache. Nach einem Gestapo-Bericht wurden unverzüglich 1331 Tschechen, darunter 201 Frauen, hingerichtet[96]. Die Kirche, in der sich die Täter zusammen mit 120 Angehörigen der tschechischen Widerstandsbewegung verborgen hielten, wurde von der SS belagert, die schließlich alle bis zum letzten Mann tötete[97]. Am meisten hatten jedoch die Juden unter dem Vergeltungsakt für die Auflehnung gegen das Herrenvolk zu leiden. 3000 wurden aus dem »bevorzugten« Konzentrationslager Theresienstadt entfernt und in die Vernichtungslager nach dem Osten geschafft. Am Tage des Attentats hatte Goebbels von den in Berlin verbliebenen Juden 500 verhaften lassen, von denen 152 am Tage von Heydrichs Tod »zur Vergeltung« exekutiert wurden.

Aber von allen Untaten im Gefolge von Heydrichs Tod wird wohl das Schicksal des Dorfes Lidice unweit von Prag am längsten in der Erinnerung der zivilisierten Welt bleiben. Denn lediglich um an einem unterworfenen Volk, das es wagte, einem seiner Inquisitoren das Leben zu nehmen, ein Exempel zu statuieren, wurde in diesem friedlichen Dorf ein barbarisches Gemetzel verübt. Am Morgen des 9. Juni 1942 trafen in Lidice zehn Lastwagen ein, beladen mit Angehörigen der deutschen Sicherheitspolizei unter Befehl des Hauptmanns Max Rostock, der im August 1951 in Prag gehängt wurde. Das Dorf wurde umstellt. Niemand durfte es verlassen. Ein zwölfjähriger Junge, der sich in panischem Schrecken davonzustehlen versuchte, wurde niedergeschossen und getötet. Eine Bäuerin, die nach draußen in die Felder lief, erhielt einen tödlichen Schuß in den Rücken. Die ganze männliche Bevölkerung des Dorfes wurde in den Scheunen, Ställen und Kellern eines Bauern namens Horak, der auch der Bürgermeister war, eingesperrt.

Am nächsten Tag, ab 4 Uhr früh, wurden die Männer in Zehnergruppen in den Garten hinter der Scheune gebracht und von Erschießungskommandos der Sicherheitspolizei füsiliert. Hier wurden insgesamt 172 männliche Personen über 16 Jahre erschossen. Weitere 19 Männer, die während des Massakers in dem benachbarten Bergwerk Kladno arbeiteten, wurden später aufgegriffen und in Prag erschossen.

Auch sieben Frauen, die man in Lidice aufgelesen hatte, fanden in Prag auf diese Weise den Tod. Alle übrigen Frauen des Dorfes, insgesamt 195, kamen nach Deutsch-

land in das Konzentrationslager Ravensbrück, wo sieben von ihnen vergast wurden, drei »verschwanden« und 42 infolge von Mißhandlungen zugrunde gingen. Vier Frauen, die vor der Niederkunft standen, wurden zuerst nach Prag in eine Wöchnerinnenstation gebracht; dann tötete man die Neugeborenen und schaffte die Mütter nach Ravensbrück. Die Deutschen brauchten sich jetzt nur noch um die Kinder von Lidice zu kümmern, deren Väter tot und deren Mütter in Haft waren. Es muß erwähnt werden, daß der SD die Kinder nicht erschoß, nicht einmal die Knaben. Sie wurden in das Konzentrationslager *Gneisenau* gebracht. Es waren insgesamt neunzig Kinder. Sieben von ihnen, die noch kein Jahr alt waren, wurden nach eingehender Untersuchung durch Himmlers »Rassenexperten« nach Deutschland geschickt, um dort als Deutsche und mit deutschen Namen aufzuwachsen. Mit den übrigen machte man es später ähnlich.
»Bisher sind die Spuren der Kinder noch nicht entdeckt worden«, schloß der in Nürnberg vorgelegte amtliche Bericht der tschechoslowakischen Regierung über den Fall Lidice.
Glücklicherweise sind später wenigstens einige gefunden worden. Ich erinnere mich noch der im Herbst 1945 in den damals von den Alliierten kontrollierten deutschen Zeitungen veröffentlichten erschütternden Appelle der überlebenden Mütter von Lidice, die das deutsche Volk baten, ihnen bei der Auffindung ihrer Kinder behilflich zu sein und sie »nach Hause« zu schicken[98].
In Wirklichkeit bestand Lidice nicht mehr. Es war dem Erdboden gleichgemacht worden. Gleich nach der Massakrierung der Männer und dem Abtransport der Frauen und Kinder brannte die Sicherheitspolizei das Dorf nieder, sprengte die Trümmer und ebnete sie ein.
Wenn auch Lidice das bekannteste Beispiel dieser Art nationalsozialistischer Barbarei wurde, so war es doch nicht das einzige Dorf in von Deutschen besetzten Ländern, das ein solches grausiges Ende fand. So gab es in der Tschechoslowakei ein zweites Dorf, Lezhaky, und mehrere andere in Polen, Rußland, Griechenland und Jugoslawien. Auch im Westen, wo die Neuordnung vergleichsweise weniger mörderisch war, verfuhren die Deutschen nach dem Beispiel Lidice, allerdings wurden in den meisten Fällen, wie beispielsweise in Televaag in Norwegen, Männer, Frauen und Kinder in getrennte Konzentrationslager eingeliefert, nachdem die Dörfer dem Erdboden gleichgemacht worden waren.
Aber am 10. Juni 1944, zwei Jahre nach dem Massaker von Lidice, mußte das französische Dorf Oradour-sur-Glane bei Limoges einen schrecklichen Blutzoll entrichten. Eine Abteilung der SS-Division *Das Reich*, die sich bereits in Rußland durch Terror – wenn auch nicht durch Kampftüchtigkeit – einen Ruf erworben hatte, umstellte das Dorf und befahl den Bewohnern, sich auf dem Marktplatz zu versammeln. Dort sagte ihnen der Kommandeur, ihm sei gemeldet worden, daß im Dorf verborgene Explosivstoffe lägen und daß eine Durchsuchung sowie eine Überprüfung der Personalausweise vorgenommen werden würden. Daraufhin wurden die 652 Dorfbewohner eingesperrt, die Männer in Scheunen, die Frauen und Kinder in der Kirche. Dann wurde das ganze

Dorf in Brand gesteckt. Schließlich befaßten sich die SS-Soldaten mit den Menschen. Die Männer in den Scheunen, die nicht verbrannt waren, wurden durch MG-Feuer in den Tod geschickt. Aber die SS richtete ihre Maschinengewehre auch auf die Frauen und Kinder in der Kirche, und wer nicht auf diese Weise getötet wurde, kam in den Flammen um, als die Soldaten die Kirche anzündeten. Drei Tage später fand der Bischof von Limoges hinter dem ausgebrannten Altar, auf einem Haufen liegend, die verkohlten Leichen von fünfzehn Kindern.

Neun Jahre danach, 1953, stellte ein französischer Militärgerichtshof fest, daß bei dem Massaker von Oradour 642 Einwohner – 245 Frauen, 207 Kinder und 190 Männer – umgekommen waren. Zehn Menschen überlebten es. Sie hatten sich dadurch gerettet, daß sie sich, trotz schwerer Verbrennungen, tot stellten. Zwanzig Angehörige der SS-Abteilung wurden von diesem Gerichtshof zum Tode verurteilt. Das Urteil wurde jedoch nur an zweien vollstreckt, während es für die übrigen in Zuchthausstrafen zwischen fünf und zwölf Jahre umgewandelt wurde. Der Kommandeur der SS-Division *Das Reich*, Generalleutnant Heinz Lammerding, wurde *in absentia* zum Tode verurteilt. So weit mir bekannt, ist er niemals aufgefunden worden. Der Abteilungskommandeur, der den Überfall auf Oradour befehligte, Major Otto Dickmann, fiel einige Tage später bei den Kämpfen in der Normandie.

Oradour ist ebensowenig wieder aufgebaut worden wie Lidice. Seine Ruinen bleiben ein Denkmal für Hitlers Neuordnung in Europa. Die ausgebrannte Kirche hebt sich von der friedlichen Landschaft ab und gemahnt an den schönen Junitag kurz vor der Ernte, als das Dorf mitsamt seinen Bewohnern plötzlich zugrunde ging. In einer der Fensterhöhlen hängt eine kleine Tafel: »Durch dieses Fenster entkam Madame Rouffance, die einzige Überlebende, aus der Kirche.« An einem rostigen Eisenkreuz vor der Kirche ist eine kleine Christusfigur befestigt.

Solcher Art waren, in diesem Kapitel kurz umrissen, die Anfänge von Hitlers Neuordnung; solcher Art war der Beginn der nationalsozialistischen Verbrecherherrschaft in Europa. Zum Glück für die Menschheit blieb es bei diesem Anfang – nicht, weil das deutsche Volk sich gegen einen solchen Rückfall in die Barbarei aufgelehnt hätte, sondern infolge der Niederlage der deutschen Waffen und des sich anschließenden Untergangs des Dritten Reiches. Zu berichten ist nun noch über den Untergang.

XXVIII

Mussolinis Sturz

Drei Jahre hindurch waren es die Deutschen gewesen, die, wenn der Sommer kam, die großen Offensiven auf dem europäischen Kontinent einleiteten. Nun, im Jahre 1943, war es umgekehrt.

Nach der Anfang Mai erfolgten Gefangennahme der Achsentruppen in Tunesien – des gesamten Restbestandes einer einst starken Armee in Nordafrika – lag es auf der Hand, daß sich General Eisenhowers englisch-amerikanische Streitkräfte gegen Italien als nächstes Ziel wenden würden. Der Gedanke an einen alliierten Angriff gegen Italien war im September 1939 Mussolinis Alpdruck gewesen und hatte ihn damals veranlaßt, Italiens Kriegseintritt so lange hinauszuschieben, bis Frankreich von den Deutschen erobert sein würde. Jetzt suchte ihn der Alpdruck von neuem heim, nur daß er diesmal schnell reale Gestalt annahm.

Mussolini selbst war krank und desillusioniert; außerdem hatte er Angst. In seinem Volk und in seinen Streitkräften herrschte Defätismus. In den Industriestädten Mailand und Turin hatte es Massenstreiks gegeben, und die hungernden Arbeiter hatten in Demonstrationen »Brot, Frieden und Freiheit« gefordert. Das korrupte, in Mißkredit geratene faschistische Regime näherte sich dem Zusammenbruch. Und als Graf Ciano Anfang des Jahres vom Amt des Außenministers entbunden und als Botschafter in den Vatikan geschickt worden war, war den Deutschen der Verdacht gekommen, er solle dort mit den Alliierten einen Separatfrieden aushandeln, worauf im übrigen bereits auch Antonescu, der rumänische Diktator, drängte.

Seit mehreren Monaten hatte Mussolini Hitler mit Appellen bombardiert, er solle mit Stalin Frieden schließen, damit die deutschen Armeen nach dem Westen verlegt werden und gemeinsam mit den italienischen eine Verteidigungsfront gegen die bedrohlich anwachsenden englisch-amerikanischen Streitkräfte im Mittelmeerraum sowie gegen die in England für eine mutmaßliche Invasion sich sammelnden Truppen bilden könnten. Hitler hielt es wieder einmal für an der Zeit, mit Mussolini zusammenzutreffen, um seinen schlapp werdenden Partner aufzupulvern. So wurde für den 7. April 1943 eine Zusammenkunft in Salzburg vereinbart. Obwohl der Duce mit dem festen Vorsatz kam, sich endlich durchzusetzen – oder zumindest seine Meinung zu sagen –, unterlag er wieder einmal Hitlers Redeschwall. Goebbels notierte über die Zusammenkunft:

Der Führer hat sich alle Mühe gegeben, und unter Aufbietung seiner ganzen Nervenkraft ist es ihm gelungen, Mussolini wieder ganz in die Reihe zu bringen. [Der Duce] hat in diesen vier Tagen eine vollkommene Verwandlung durchgemacht. Als er den Zug verließ, so meint der Führer, sah er aus wie ein gebrochener Greis; als er wieder zurückfuhr, war er ein gehobener, tatenfreudiger Mensch[1].

Aber Hitler überschätzte seinen Erfolg. In Wirklichkeit war Mussolini den nun in rascher Folge abrollenden Ereignissen nicht gewachsen. Im Mai ging Tunesien verloren, und am 10. Juli landeten die Anglo-Amerikaner in Sizilien. Den Italienern stand nicht der Sinn danach, auf dem Heimatboden zu kämpfen. Es trafen bald Meldungen bei Hitler ein, nach denen, wie er seinen Beratern im OKW sagte, die italienische Armee »in Auflösung« begriffen sei. Nur barbarische Maßnahmen, wie sie Stalin 1941 oder die Franzosen 1917 angewandt hätten, könnten Italien retten. Um es von unerwünschten Elementen zu säubern, müsse ein Kriegsgericht in Aktion treten[2].

Wiederum bestellte er Mussolini zu einem Treffen, das am 19. Juli in der norditalienischen Stadt Feltre stattfand. Es war, nebenbei gesagt, die dreizehnte Zusammenkunft der beiden Diktatoren, und sie verlief nicht anders als die jüngst vorangegangenen. Hitler besorgte allein das Reden, und Mussolini hörte zu – drei Stunden lang vor und zwei Stunden lang nach dem Essen. Vergebens bemühte sich der fanatische deutsche Führer, den gebrochenen Mut seines kränkelnden Freundes und Bundesgenossen wiederzubeleben: Man müsse an allen Fronten kämpfen, man könne die Aufgaben nicht »kommenden Generationen« überlassen, man habe der »Stimme der Geschichte« zu gehorchen. Wenn die Italiener kämpften, könnten Sizilien und Italien gehalten werden. Italien würde zudem weitere deutsche Verstärkungen erhalten. Bald werde ein neuartiger U-Boot-Typ eingesetzt werden und den Engländern ein »Stalingrad« bereiten.

Trotz Hitlers Versprechungen und Prahlereien war das Treffen, wie Dr. Schmidt schreibt, »eine der deprimierendsten Begegnungen, an denen ich teilgenommen habe«. Mussolini war so überreizt, daß er den Tiraden seines Freundes nicht mehr folgen konnte und Dr. Schmidt bat, ihm seine Aufzeichnungen zu schicken. Die Verzweiflung des Duce vermehrte sich noch, als während der Sitzung Nachrichten über den ersten schweren Tagesangriff alliierter Bomber auf Rom einliefen[3].

Benito Mussolini, müde und gealtert, obwohl noch nicht sechzig, der Mann, der zwei Jahrzehnte hindurch mit solcher Arroganz auf der europäischen Bühne umherstolziert war, war mit seinem Latein am Ende. Nach Rom zurückgekehrt, sah er sich Schlimmerem gegenüber als den Folgen des ersten schweren Luftangriffs. Er sah sich konfrontiert mit einer Revolte im Großen Faschistischen Rat, an der sogar sein Schwiegersohn Ciano beteiligt war. Und dahinter stand ein weitere Kreise unter Einschluß des Königs umfassendes Komplott zu seinem Sturz.

In der Nacht vom 24. zum 25. Juli trat der Große Faschistische Rat zusammen, und Mussolini mußte zum erstenmal in seiner Diktatorlaufbahn heftige Kritik über sich ergehen lassen. Es wurde ihm vorgeworfen, das Land in die Katastrophe getrieben zu

haben. Mit 19 gegen 8 Stimmen wurde eine Resolution angenommen, die die Wiederherstellung der konstitutionellen Monarchie mit einem demokratischen Parlament forderte. Auch sollte der König wieder den Oberbefehl über die Streitkräfte erhalten.
Die rebellischen Faschisten, wohl mit Ausnahme von Grandi, scheinen nicht die Absicht gehabt zu haben, über diese Maßnahmen hinauszugehen. Aber nunmehr trat der größere Verschwörerkreis, dem gewisse Generale und der König angehörten, in Aktion. Mussolini war nach der Sitzung des Großrats offenbar des Glaubens, er habe den Sturm überstanden, und daher völlig überrascht, als er am Abend des 25. Juli zum König bestellt, kurzerhand abgesetzt und in einem Polizeiwagen abgeführt wurde.
Zu seiner Rettung fiel kein Schuß – nicht einmal seitens der faschistischen Miliz. Zu seiner Verteidigung erhob sich keine Stimme. Niemand nahm Anstoß an der demütigenden Art und Weise seiner Entlassung. Im Gegenteil, über seinen Sturz herrschte allgemeine Freude. Marschall Pietro Badoglio bildete eine parteilose Regierung aus Generalen und Beamten, die faschistische Partei wurde aufgelöst, die Faschisten wurden aus allen Schlüsselstellungen entfernt und die Antifaschisten aus dem Gefängnis befreit.
Die Reaktion in Hitlers Hauptquartier auf die Nachricht von Mussolinis Sturz kann man sich vorstellen. Sie kam einer schweren Erschütterung gleich. Die Quellen beweisen dies zur Genüge[4]. Es lag nahe, sofort Parallelen zu ziehen, und Dr. Goebbels, der am 26. Juli eiligst in das Führerhauptquartier nach Rastenburg berufen wurde, machte sich Gedanken darüber, daß in Rom möglicherweise ein Präzedenzfall geschaffen worden sei. Goebbels' erste Sorge war, wie man Mussolinis Sturz dem deutschen Volk beibringen solle. »Was sollen wir im Augenblick sagen?« fragte er sich in seinem Tagebuch, und es fiel ihm nichts Besseres ein, als bekanntzugeben, der Duce sei »aus gesundheitlichen Gründen« zurückgetreten.

Die Kenntnis von diesen Vorgängen könnte unter Umständen in Deutschland einige subversive Elemente auf den Plan rufen, die vielleicht glauben, bei uns dasselbe fabrizieren zu können, was die Badoglio und Genossen in Rom fabriziert haben. Der Führer gibt Himmler Auftrag, dafür zu sorgen, daß solche eventuell auftauchenden Gefahren mit den schärfsten Mitteln polizeilicher Art beantwortet werden.

Allerdings hielt Hitler, wie Goebbels hinzufügte, solche Gefahren in Deutschland nicht für akut. Und so ließ sich der Propagandaminister überzeugen, daß das deutsche Volk »sich an der Krise in Rom [kein] Beispiel nehmen« würde.
Obwohl Hitler bei der vierzehn Tage vorher stattgefundenen Begegnung mit Mussolini an diesem Zeichen der Schwäche bemerkt hatte, war er doch völlig von den am Nachmittag des 25. Juli aus Rom durchsickernden Nachrichten überrascht. Zunächst hieß es lediglich, der Große Faschistische Rat sei einberufen worden, und Hitler meinte: »Was soll bei einem solchen Gremium denn anderes herauskommen als Schwätzereien?«
Am Abend bestätigte sich seine schlimmste Befürchtung. »Der Duce ist zurückgetreten«,

verkündete er zu Beginn der Lagebesprechung um 21.30 Uhr seinen konsternierten Militärs. »Badoglio hat die Regierung übernommen ... also unser grimmigster Feind.« Es war eines der letzten Male im Krieg, daß Hitler auf die Nachricht mit jener kühlen Gelassenheit reagierte, die er bei Krisen an früheren, erfolgreicheren Tagen bewiesen hatte. Als General Jodl ihm riet, erst weitere Meldungen aus Rom abzuwarten, unterbrach Hitler ihn:

Selbstverständlich, nur müssen wir unsererseits gleich Überlegungen anstellen. Über eins kann es keinen Zweifel geben: die werden natürlich in ihrer Verräterei erklären, daß sie weiter bei der Stange bleiben; das ist ganz klar. Das ist aber eine Verräterei; die bleiben nämlich nicht bei der Stange ... Der Dings [Badoglio] hat allerdings sofort erklärt, der Krieg wird weiter geführt, an dem ändert sich nichts. Das müssen die Leute machen, denn das ist eine Verräterei. Aber von uns wird auch dieses gleiche Spiel weitergespielt, alles vorbereitet, um sich blitzartig in den Besitz dieser ganzen Bagage zu setzen, das ganze Gelichter auszuheben.

Hitlers erster Gedanke war also: Die Leute, die Mussolini gestürzt hatten, festzunehmen und den Duce wieder in die Macht einzusetzen.

Ich werde morgen einen Mann herunterschicken, der dem Kommandeur der 3. Panzer-Gren.-Div. den Befehl gibt, mit einer besonderen Gruppe kurzerhand nach Rom hereinzufahren, die ganze Regierung, den König, die ganze Blase sofort zu verhaften, vor allem den Kronprinzen sofort zu verhaften und sich dieses Gesindels zu bemächtigen, vor allem des Badoglios und der ganzen Bagage. Dann werden Sie sehen, daß die schlapp machen bis in die Knochen, und in 2 bis 3 Tagen gibt es wieder einen Umsturz.

Hitler wandte sich dem Operationschef des OKW zu:

Jodl, arbeiten Sie gleich den Befehl aus ... nach Rom hineinzufahren mit Sturmgeschützen ... und die Regierung, den König und die ganze Gesellschaft zu verhaften ... Vor allem den Kronprinzen muß ich kriegen.

KEITEL: *Der ist wichtiger als der Alte.*

BODENSCHATZ *(von der Luftwaffe): Das muß man organisieren, daß die sofort ins Flugzeug eingepackt und weggebracht werden.*

HITLER: *Ins Flugzeug, gleich weg, augenblicks weg!*

BODENSCHATZ: *Damit der Bambino nicht noch auf dem Flugplatz verloren geht!*

In einer späteren Konferenz, kurz nach Mitternacht, stellte jemand die Frage, was mit dem Vatikan zu geschehen habe. Hitler antwortete:

Ich gehe direkt herein in den Vatikan. Glauben Sie, der Vatikan könnte mich daran hindern? Wir übernehmen ihn gleich mit ... Dieser Pöbel [das diplomatische Korps] steckt darin ... Wir holen die Schweinebande heraus ... Später können wir uns immer noch entschuldigen.

Noch in derselben Nacht gab Hitler auch den Befehl, die Alpenpässe abzusichern. Für diesen Zweck wurden eiligst acht in Frankreich und Süddeutschland liegende Divisionen zur Heeresgruppe B zusammengestellt und dem Kommando des energischen Rommel unterstellt. Wenn nämlich die Italiener, bemerkt Goebbels in seinem Tagebuch, die Alpentunnel und -brücken sprengten, dann wären die deutschen Truppen in Italien, die zum Teil schon gegen Eisenhowers Armeen in Sizilien kämpften, von ihrer Versorgungsbasis abgeschnitten und könnten nicht lange durchhalten.

Aber die Italiener konnten sich nicht von heute auf morgen gegen die Deutschen auflehnen. Badoglio mußte erst Fühlung mit den Alliierten aufnehmen und versuchen, einen Waffenstillstand sowie alliierte Unterstützung gegen die Wehrmachtsdivisionen zu erlangen. Genau das hatte Hitler durchaus richtig vermutet, nur ahnte er nicht, wie lange es dauern sollte. Seine Vermutung beherrschte denn auch die Lagebesprechung vom 27. Juli, an der die Spitzen der Regierung und der Wehrmacht teilnahmen, u. a. Göring, Goebbels, Himmler, Rommel und Admiral Dönitz, der neue Oberbefehlshaber der Marine[5]. Die meisten Generale, allen voran Rommel, mahnten zur Vorsicht; sie wandten ein, daß jedes in Aussicht genommene Vorgehen in Italien sorgfältig durchdacht und vorbereitet werden müsse. Hitler hingegen wollte sofort einschreiten, auch auf die Gefahr hin, Panzerdivisionen von der Ostfront abziehen zu müssen, wo die Russen gerade (15. Juli) ihre erste Sommeroffensive des Krieges eingeleitet hatten. Ausnahmsweise scheinen sich die Generale durchgesetzt zu haben. Hitler setzte einen späteren Termin für ein Vorgehen in Italien an. In der Zwischenzeit sollten möglichst viele deutsche Einheiten zusammengezogen und über die Alpen nach Italien transportiert werden. Goebbels mißfiel das Zögern der Generale. Nach dem Kriegsrat notierte er,

daß sie [die Generale] nicht mit in Betracht ziehen, was der Feind tut. Zweifellos werden die Engländer nicht acht Tage warten, bis wir uns überlegt und vorbereitet haben, was wir zu tun gedenken.

Er und Hitler hätten sich keine Sorge zu machen brauchen. Die Alliierten warteten nicht eine Woche, sie warteten sechs Wochen. Bis dahin hatte Hitler seine Pläne sowie die zu ihrer Verwirklichung erforderlichen Truppen bereit.

Das heißt, die Pläne lagen zur Zeit der Lagebesprechung vom 27. Juli bereits in seinem Kopf fest. Es waren vier: Der erste Plan, Unternehmen *Eiche*, galt der Befreiung Mussolinis, entweder durch die Marine, falls er auf eine Insel verbannt werden würde, oder durch Fallschirmspringer der Luftwaffe, falls man ihn auf dem Festland ausfindig machte; der zweite Plan, Unternehmen *Student*, sah die plötzliche Besetzung Roms und die Wiedererrichtung der Mussolini-Regierung vor; der dritte Plan, Unternehmen *Schwarz*, bezog sich auf die militärische Gesamtbesetzung Italiens; der vierte, Unternehmen *Achse*, richtete sich auf die Inbesitznahme oder Zerstörung der italienischen Flotte. Später wurden die beiden letzteren Operationen unter dem Decknamen *Achse* zusammengefaßt.

Anfang September brachten zwei Ereignisse Hitlers Pläne zur Auslösung. Am 3. September landeten alliierte Truppen in Süditalien, und am 8. September wurde der (am 3. unterzeichnete, aber geheimgehaltene) Waffenstillstand zwischen Italien und den Westmächten öffentlich bekanntgegeben.

Hitler war an diesem Tag nach Saporoschje in der Ukraine geflogen, um die wankende deutsche Front zum Stehen zu bringen, aber am gleichen Abend, »von einem seltsamen Unruhegefühl« getrieben, wie Goebbels schreibt, nach Rastenburg zurückgekehrt, wo ihn die Nachricht vom Abfall seines Hauptverbündeten erwartete. Obwohl er damit gerechnet und sich darauf vorbereitet hatte, kam ihm doch der Zeitpunkt des Abfalls überraschend, und einige Stunden lang herrschte im Hauptquartier Verwirrung. Die erste Nachricht über den italienischen Waffenstillstand erfuhren die Deutschen aus der BBC, und als Jodl Feldmarschall Kesselring in Frascati bei Rom anrief und fragte, ob sie zutreffe, mußte der Befehlshaber der deutschen Truppen in Süditalien gestehen, daß sie für ihn eine Neuigkeit sei. Immerhin konnte Kesselring, dessen Stabsquartier am gleichen Vormittag von alliierten Bombern zerstört worden war und der wegen einer neuen alliierten Landung an der italienischen Westküste alle Hände voll zu tun hatte mit der Zusammenziehung von Truppen, die Parole *Achse* ausgeben. Das hieß: Entwaffnung der italienischen Armee und Besetzung des gesamten Landes.

Einen oder zwei Tage lang war die Lage der deutschen Truppen in Mittel- und Süditalien äußerst kritisch. In der Umgebung von Rom standen zwei deutsche Divisionen fünf italienischen gegenüber. Wäre die starke alliierte Invasionsflotte, die am 8. September vor Neapel erschien, weiter nach Norden gedampft, wären ihre Truppen in der Nähe der Hauptstadt gelandet worden und hätte man die umliegenden Flugplätze durch Fallschirmspringer besetzt, womit Kesselring und sein Stab zunächst rechneten, dann hätte der Krieg in Italien einen anderen Verlauf genommen, und vielleicht wäre für das Dritte Reich die Endkatastrophe ein Jahr früher gekommen. Kesselring behauptete später, Hitler und das OKW hätten am Abend des 8. September seine ganzen acht Divisionen als unwiederbringlich verloren »abgeschrieben«. Zwei Tage später sagte Hitler zu Goebbels, Süditalien sei verloren, und es müsse in den Apenninen, nördlich von Rom, eine neue Frontlinie bezogen werden.

Doch die Alliierten nahmen ihre Vorteile nicht wahr. Sie nutzten weder ihre völlige Beherrschung der See aus, die ihnen erlaubt hätte, an beinahe jeder Stelle der beiden Küsten Italiens zu landen, noch ihre überwältigende Luftüberlegenheit, wie von den Deutschen befürchtet worden war. Auch scheint Eisenhowers Oberkommando sich nicht darum bemüht zu haben, eine Verbindung zwischen den umfangreichen italienischen Streitkräften, vor allem den fünf Divisionen in der Umgebung Roms, und seinen eigenen herzustellen. Hätte Eisenhower dies getan, dann wäre die Lage der Deutschen hoffnungslos geworden. Wenigstens behaupteten das später sowohl Kesselring wie sein Stabschef General Siegfried Westphal. Es wäre einfach über ihre Kraft hinausgegangen, erklärten sie, gleichzeitig Montgomerys aus dem »Stiefelabsatz« heraus vormarschierende Armee aufzuhalten, General Clarks Landungstruppen zurückzuschlagen und mit den starken italienischen Formationen in ihrer Mitte und in ihrem Rücken fertig zu werden[6].

Beide Generale atmeten erleichtert auf, als die 5. amerikanische Armee nicht vor Rom, sondern in Salerno, südlich von Neapel, landete und als über den römischen Flugplätzen keine alliierten Fallschirmtruppen erschienen. Ihre Erleichterung war um so größer, als die italienischen Divisionen sich fast kampflos ergaben und entwaffnen ließen. Das bedeutete nämlich, daß die Deutschen Rom mit Leichtigkeit und vorerst sogar Neapel halten konnten. Und damit hatten sie zwei Drittel der italienischen Halbinsel in der Hand, eingeschlossen das Industriegebiet des Nordens, dessen Fabriken nun in die deutsche Rüstungsproduktion einbezogen wurden. Beinahe wie durch ein Wunder war Hitler eine neue Galgenfrist gewährt worden[7].

Italiens Ausscheiden aus dem Krieg hatte ihn sehr verbittert. Er sprach Goebbels gegenüber von einer »riesigen Schweinerei«. Zudem flößte ihm Mussolinis Sturz Besorgnisse hinsichtlich seiner eigenen Stellung ein. »Der Führer«, schrieb Goebbels am 11. September in sein Tagebuch, »trifft auch bei uns die letzten Maßnahmen, um ähnliche Entwicklungen für alle Zukunft auszuschließen.«

In drohendem Tone sagte denn auch Hitler in seiner an das deutsche Volk gerichteten Rundfunkrede vom 10. September, zu der ihn Goebbels gedrängt hatte, weil das Volk ein Anrecht darauf habe, in dieser schweren Krise vom Führer ein Wort des Trostes und der Ermunterung zu hören:

Die Hoffnung, in ihm [dem Reich] heute Verräter wie in Italien zu finden, fußt auf der vollkommenen Unkenntnis des Wesens des nationalsozialistischen Staates. Ihr Glaube, in Deutschland auch einen 25. Juli herbeiführen zu können, beruht auf dem grundlegenden Irrtum, in dem sie sich sowohl über meine persönliche Stellung befinden als auch über die Haltung meiner politischen Mitkämpfer, meiner Feldmarschälle, Admirale und Generale.

In Wirklichkeit gab es, wie wir noch sehen werden, ein paar Generale und frühere politische Mitkämpfer, die wieder einmal angesichts der sich häufenden militärischen Rückschläge verräterische Gedanken hegten, die im Juli des nächsten Jahres zu einem gewaltsameren, aber weniger erfolgreichen Vorgehen als dem gegen Mussolini führen sollten.

Eine der Maßnahmen Hitlers, die jeden Verrat im Keim ersticken sollten, war die Entlassung aller fürstlichen Persönlichkeiten aus der Wehrmacht. Prinz Philipp von Hessen, der einst den Botenjungen zwischen Hitler und Mussolini abgegeben und sich in der Nähe des Führerhauptquartiers aufgehalten hatte, wurde verhaftet und der Gestapo überantwortet. Seine Frau, Prinzessin Mafalda, Tochter des Königs von Italien, wurde ebenfalls festgenommen und mit ihrem Mann in ein Konzentrationslager eingeliefert. Da der König von Italien – wie vorher die Könige von Norwegen und Griechenland – Hitlers Klauen entronnen war, nahm dieser Rache an der Königstochter.

Wochenlang hatte man in den täglichen Lagebesprechungen im Führerhauptquartier einen großen Teil der Zeit einem Problem gewidmet, das Hitler auf der Seele brannte: der Befreiung Mussolinis. Der Deckname für diesen Plan war, wie erinnerlich, Unternehmen *Eiche*. Doch Mussolini selbst wird in den Konferenzprotokollen stets »das Wertobjekt« genannt. Die meisten Generale und sogar Goebbels zweifelten daran, ob der frühere Duce noch ein Wertobjekt sei, Hitler jedoch war davon noch überzeugt und bestand auf seiner Befreiung.

Er wollte nicht allein seinem alten Freund, für den er immer noch persönliche Zuneigung empfand, einen Gefallen tun. Er hatte auch die Absicht, Mussolini zum Chef der neuen faschistischen Regierung in Norditalien zu machen, die den Deutschen die Verwaltung des Gebietes abnehmen und ihnen helfen sollte, die langen Nachschub- und Verbindungslinien gegen eine unfreundliche Bevölkerung abzusichern. Aus deren Mitte nämlich tauchten jetzt mehr und mehr lästige Partisanen auf.

Auf Grund einer Geheimklausel des Waffenstillstandsabkommens war die Badoglio-Regierung gehalten, Mussolini an die Alliierten auszuliefern. Aber Badoglio hatte damit gezögert und das »Wertobjekt« von einer Insel zur anderen und schließlich in ein Hotel auf der Bergspitze des Gran Sasso, hoch oben in den Abruzzen, gebracht. Das Hotel war nur über eine Drahtseilbahn zu erreichen.

Die Deutschen fanden bald Mussolinis Aufenthaltsort heraus und erkundeten das Gebirgsgelände mit Hilfe von Luftaufklärern. Sie hielten eine Gleitfluglandung für möglich und beschlossen, eine Abteilung Soldaten auf der Bergspitze abzusetzen, die Karabinieri-Wachen zu überwältigen und den Duce in einem Fieseler-Storch mitzunehmen. Dieser verwegene Plan wurde am 12. September von einer SS-Abteilung unter Befehl des Österreichers Otto Skorzeny verwirklicht. Nachdem Skorzeny einen italienischen General buchstäblich entführt und in sein Gleitflugzeug gepackt hatte, landete er mit seiner Abteilung etwa hundert Meter von dem Hotel entfernt und erspähte den Duce, der aus einem Fenster des zweiten Stockwerks hoffnungsvoll Ausschau hielt. Die meisten Karabinieri flohen beim Anblick deutscher Soldaten in die Berge, und die wenigen anderen wurden von Skorzeny und Mussolini vom Gebrauch ihrer Waffen abgehalten. Der SS-Führer schob seinen erbeuteten General vor sich her und rief den Karabinieri zu, sie sollten doch nicht auf einen italienischen General schießen, während der Duce – einem Augenzeugen zufolge – aus seinem Fenster hinausschrie: »Nicht schießen! Kein Blutvergießen!« Und so wurde denn auch kein Tropfen Blut vergossen.

Wenige Minuten später befand sich der überglückliche Faschistenführer in einem Fieseler-Storch. Er hatte geschworen, sich eher das Leben zu nehmen, als sich von den Alliierten fangen und, wie er später schrieb, im *Madison Square Garden* in New York ausstellen zu lassen. Nach gefährlichem Start von einer kleinen, felsübersäten Wiese unterhalb des Hotels aus wurde er nach Rom geflogen und von dort noch am selben Abend in einem Transportflugzeug der Luftwaffe nach Wien gebracht[8].

So dankbar Mussolini für seine Befreiung war und so warmherzig er ein paar Tage später in Rastenburg Hitler umarmte, er war ein gebrochener Mann, in dem das alte

Feuer erloschen war. Zu Hitlers großer Enttäuschung zeigte er wenig Neigung für eine Wiedererrichtung des faschistischen Regimes in dem von Deutschen besetzten Italien. Ende September machte Hitler in einem langen Gespräch mit Goebbels kein Hehl aus seiner Enttäuschung über den alten Freund.

Der Duce [notierte hinterher Goebbels] hat aus der Katastrophe Italiens nicht die moralischen Konsequenzen gezogen, die der Führer sich eigentlich davon erwartet hatte ... Der Führer hatte nun geglaubt, der Duce würde als erstes ein großangelegtes Strafgericht an seinen Verrätern abhalten. Das ist aber in keiner Weise der Fall, und darin zeigt sich eigentlich seine Begrenztheit. Er ist kein Revolutionär etwa im Sinne des Führers oder im Sinne Stalins. Er ist doch in seinem italienischen Volkstum so gebunden, daß ihm der große Zug zum weltweiten Revolutionär und Umwälzer fehlt[9].

Hitler und Goebbels waren auch empört, daß Mussolini sich mit Ciano ausgesöhnt hatte und, wie sie meinten, unter dem Pantoffel seiner Tochter Edda stand. Edda war mit Ciano verheiratet, und sie hatten beide in München Zuflucht gesucht[10]. Hitler und Goebbels meinten, Mussolini hätte Ciano sofort erschießen lassen und Edda eine Tracht Prügel geben sollen, wie Goebbels es ausdrückte. Sie waren entschieden dagegen, daß Ciano – »dieser Giftpilz« nach Goebbels – von Mussolini in die vorderste Reihe der neuen faschistisch-republikanischen Partei gestellt wurde. Der Duce hatte nämlich auf Drängen Hitlers eine solche Partei gegründet und am 15. September die neue italienische Soziale Republik proklamiert.

Aus dieser Republik wurde indes nie etwas, denn Mussolini war nicht mit dem Herzen dabei. Vielleicht hatte er sich noch soviel Wirklichkeitssinn bewahrt, um zu erkennen, daß er fortan nur noch eine Marionette Hitlers war, daß er und seine »faschistisch-republikanische Regierung« gerade nur soviel Macht hatten, wie es im Interesse Deutschlands lag, und daß das italienische Volk ihn und den Faschismus nicht wieder akzeptieren würde.

Er kehrte niemals nach Rom zurück. Er ließ sich an einem abgelegenen Ort im äußersten Norden nieder, in Rocca delle Caminate bei Gargnano am Gardasee, wo er von einer Abteilung der SS-Leibstandarte streng bewacht wurde. Dorthin ließ sich Mussolini auch seine Geliebte Clara Petacci bringen. Das mußte Sepp Dietrich besorgen, der zu diesem Zweck eigens – so etwas war im Dritten Reich möglich – von seinem an der Ostfront in schwerem Kampf stehenden 1. SS-Panzerkorps abkommandiert wurde. Goebbels, der selbst nicht nur eine, sondern viele Geliebte gehabt hatte, tat entrüstet. Die Art, wie der Duce sich mit seiner Freundin aufführe, bemerkte Goebbels am 9. November in seinem Tagebuch, gäbe Anlaß zu schlimmsten Befürchtungen.

Einige Tage vorher hatte Goebbels notiert, Hitler habe den Duce »politisch bereits abgeschrieben«. Zuvor aber hatte der Führer, wie hinzuzufügen ist, Mussolini gezwungen, Triest, Istrien und Südtirol an Deutschland »abzutreten«, wobei sich verstand, daß auch Venedig später dazukommen sollte. Und auch die letzte Demütigung blieb jetzt dem einst so stolzen Tyrannen nicht erspart. Hitler setzte ihn wegen Ciano derart unter Druck, daß Mussolini seinen Schwiegersohn im November festnehmen und ihn am 11. Januar 1944 im Gefängnis zu Verona hinrichten ließ[11].

Zu Beginn des Herbstes 1943 konnte Adolf Hitler durchaus behaupten, er habe die dem Dritten Reich drohenden schlimmsten Gefahren abgewendet. Der Sturz Mussolinis und die bedingungslose Kapitulation der Badoglio-Regierung hätten leicht zu der von Hitler und seinen Generalen ein paar kritische Wochen hindurch befürchteten Entblößung der deutschen Südgrenzen und zu einem direkten – von Norditalien aus vorgetragenen – alliierten Angriff auf den schwach besetzten Balkan und damit in den Rücken der in Südrußland um ihr Leben kämpfenden deutschen Armeen führen können. Die Absetzung des Duce und die sich anschließende Auflösung des Achsenbündnisses hatten Hitlers Prestige im In- und Ausland einen schweren Schlag versetzt. Doch nach wenigen Wochen hatte er durch einen kühnen Handstreich Mussolini wieder eingesetzt – wenigstens vor den Augen der Welt. Die italienischen Besatzungsgebiete auf dem Balkan waren gegen einen alliierten Angriff, mit dem das OKW im Spätsommer jeden Tag rechnete, abgesichert worden; die dort befindlichen italienischen Truppen, mehrere Divisionen stark, hatten sich den Deutschen ergeben und waren in die Kriegsgefangenschaft gegangen. Und Kesselrings Streitkräfte, die Hitler zunächst abgeschrieben hatte und dann nach Norditalien zurücknehmen wollte, hatten zu Hitlers Genugtuung südlich von Rom Stellungen ausgehoben, in denen sie den Vormarsch der englisch-amerikanisch-französischen Truppen mit Leichtigkeit aufhielten. Es stand außer Frage: Im Süden hatte Hitler das Kriegsglück mit Kühnheit und Findigkeit und dank der Tapferkeit seiner Soldaten wieder zu seinen Gunsten gewendet.

Anderswo jedoch ließ ihn sein Kriegsglück immer mehr im Stich.

Am 5. Juli 1943 hatte er gegen die Russen eine große Offensive eröffnet, die seine letzte im Kriege sein sollte. Die Blüte des deutschen Heeres – etwa 500 000 Mann mit nicht weniger als siebzehn, mit den neuen schweren »Tigern« ausgerüsteten Panzerdivisionen – wurde gegen einen Vorsprung der russischen Front im Westen von Kursk angesetzt. Dies war das Unternehmen *Zitadelle.* Hitler glaubte, dabei nicht nur die besten, etwa eine Million Mann zählenden russischen Armeen – die gleichen, die die Deutschen aus Stalingrad vertrieben hatten – einkesseln, sondern auch wieder bis zum Don und vielleicht sogar bis zur Wolga vorstoßen und, nach Nordwesten schwenkend, Moskau erobern zu können.

Die Offensive brachte ihm eine entscheidende Niederlage, denn die Russen waren auf sie vorbereitet. Am 22. Juli wurden die Deutschen, nachdem sie die Hälfte ihrer Panzer eingebüßt hatten, zum Stehen gebracht und zurückgedrängt. Die Russen waren so zuversichtlich, daß sie, ohne den Ausgang der deutschen Offensive abzuwarten, Mitte Juli ihrerseits zur Offensive übergingen. Ihr Angriff richtete sich gegen den deutschen Frontvorsprung bei Orel, nördlich von Kursk, wo sie rasch in die Front einbrachen. Dies war die erste Sommeroffensive der Russen im Lauf des Krieges, und von dieser Zeit an behielt die Rote Armee die Initiative. Am 4. August vertrieb sie die Deutschen aus Orel, das im Dezember 1941 Angelpunkt des deutschen Vormarsches auf Moskau gewesen war.

Nunmehr entfaltete sich die sowjetische Offensive an der ganzen Front. Charkow fiel am 23. August. Einen Monat später Smolensk. Ende September mußten Hitlers schwerbedrängte Armeen im Süden auf den Dnjepr zurückgehen und eine Linie zwischen Saporoschje und dem Asowschen Meer beziehen. Damit ging das industriereiche Donezbecken verloren, und die auf der Krim stehende 17. Armee war in Gefahr, abgeschnitten zu werden.

Hitler baute fest darauf, daß seine Armeen die sogenannte Winterlinie im Süden, das heißt den Dnjepr und die befestigten Stellungen südlich von Saporoschje, halten könnten. Doch die Russen nahmen sich nicht einmal die Zeit, ihre Kräfte umzugruppieren. In der ersten Oktoberwoche überschritten sie den Dnjepr nördlich und südöstlich von Kiew, das sie am 6. November einnahmen. Gegen Ende des Jahres 1943 näherten sich die im Süden operierenden Armeen der polnischen und der rumänischen Grenze, vorbei an den Schlachtfeldern, auf denen Hitlers Soldaten im Sommer 1941 ihre ersten Siege errungen hatten.

Doch das war nicht alles.

Noch zwei andere Rückschläge zeigten die Wende des Hitlerschen Kriegsglücks an: die Niederlage im U-Bootkrieg und die Verstärkung der verheerenden Tag- und Nachtluftangriffe gegen Deutschland.

Im Jahre 1942 hatten deutsche U-Boote 6 250 000 t alliierten Schiffsraums versenkt, größtenteils vor England und im Mittelmeer, ein Tonnageverlust, der über die Produktionskapazität der Werften des Westens weit hinausging. Aber mit Beginn des Jahres 1943 hatten die Alliierten die Oberhand gewonnen, und zwar dank der verbesserten Methoden beim Einsatz von Langstreckenflugzeugen und Flugzeugträgern. Vor allem aber hatten sie ihre Überwasserschiffe mit Radargeräten ausgerüstet, die feindliche U-Boote orteten, ehe sie noch von diesen gesichtet werden konnten. Dönitz, der neue Oberbefehlshaber der Marine, dachte zunächst an Verrat, denn es erschien ihm ungewöhnlich, daß so viele seiner U-Boote angefallen und vernichtet wurden, ehe sie sich den alliierten Geleitzügen überhaupt näherten. Doch bald erfuhr er, daß nicht Verrat, sondern Radar die Ursache der katastrophalen Verluste war. Diese betrugen während der Monate Februar, März und April insgesamt 50 und im Mai sogar 37 U-Boote. Eine solche Verlustrate war für die deutsche Kriegsmarine auf die Dauer nicht tragbar, und so zog Dönitz Ende Mai aus eigenen Stücken sämtliche U-Boote aus dem Nordatlantik zurück.

Im September tauchten sie zwar wieder auf, versenkten aber in den letzten vier Monaten des Jahres nur 67 alliierte Schiffe, wohingegen 64 U-Boote verlorengingen. Damit war der U-Bootkrieg gescheitert, und die Schlacht im Atlantik war endgültig entschieden.

Die im Lauf des Jahres 1943 mißlungene Unterbrechung des nordatlantischen Schiffsverkehrs war verhängnisvoller, als es in Hitlers Hauptquartier erkannt wurde, so niederschmetternd auch die Meldungen waren[12]. Denn während der zwölf Monate dieses entscheidenden Jahres wurden über den Atlantik fast unbehelligt die ungeheuren Waffen- und Materialvorräte gebracht, die im Jahre darauf den Angriff auf die Festung Europa ermöglichten.

Und während des gleichen Zeitraums bekam auch das deutsche Volk die Schrecken moderner Kriegführung zunehmend am eigenen Leibe zu spüren. Vom Scheitern des U-Bootkriegs wußte zwar die Öffentlichkeit wenig. Und mochten auch die Nachrichten von der Ostfront, von der italienischen Front und aus dem Mittelmeerraum immer schlechter werden, so spielten sich doch diese Geschehnisse in weiter Entfernung von der Heimat ab. Aber von den Bomben, die die britischen Flugzeuge in der Nacht und die amerikanischen am Tag abwarfen, wurde der einzelne Deutsche unmittelbar betroffen; sie zerstörten seine Wohnung, sein Büro oder seine Fabrik.

Hitler selbst weigerte sich, auch nur eine der ausgebombten Städte zu besuchen, wie es seine Pflicht gewesen wäre, doch offenbar war sie ihm einfach zu schmerzlich, um sie zu erfüllen. Goebbels war darüber verzweifelt; in seinem Tagebuch klagte er über die Flut der Briefe, durch die bei ihm angefragt wurde, warum der Führer die zerstörten Städte nicht besuche und warum Göring sich nirgendwo blicken lasse. Überhaupt gibt das Tagebuch des Propagandaministers maßgeblichen Aufschluß über die durch Luftangriffe verursachten wachsenden Zerstörungen in deutschen Städten und Industriegebieten:

16. Mai 1943 ... Die Tagesangriffe der amerikanischen Bomber machen uns außerordentlich viel zu schaffen ... In Kiel ... sehr schwere Beschädigung militärischer und technischer Anlagen der Marine ... Wenn das so weiter geht, können wir den Luftkrieg nicht auf beliebige Dauer durchhalten ...

25. Mai ... Der Nachtangriff der Engländer auf Dortmund war außerordentlich verheerend, wahrscheinlich der schwerste, der bisher auf eine deutsche Stadt geflogen wurde. Die Berichte, die aus Dortmund kommen, sind ziemlich grauenerregend ... auch die industriellen und Rüstungsanlagen [sind] schwer getroffen worden ... zwischen 80- und 100 000 Obdachlose ... die Bevölkerung im Westen [fängt] langsam [an], etwas mürbe zu werden. Diese Hölle ist ja auf die Dauer auch nur schwer zu ertragen ...

26. Juli ... In der Nacht hat ein außerordentlich schwerer Angriff auf Hamburg stattgefunden. Er ist von den verheerendsten Folgen sowohl für die Zivilbevölkerung als auch für die Hamburger Rüstungsproduktion ... Hier ist eine wahre Katastrophe eingetreten ...

29. Juli ... In der Nacht hat der bisher schwerste Luftangriff auf Hamburg stattgefunden ... mit achthundert bis tausend Bombenflugzeugen ... [Gauleiter] Kaufmann gibt mir einen ersten Bericht ... Er spricht von einer Katastrophe von vorläufig unvorstellbaren Ausmaßen. Wir haben hier die Zerstörung einer Millionenstadt festzustellen, die bisher in der Geschichte wohl kein Beispiel findet. Es tauchen damit Probleme auf, die fast nicht zu bewältigen sind. Man muß nun die Millionenbevölkerung dieser Stadt verpflegen, ihr eine Unterkunft verschaffen, sie nach Möglichkeit evakuieren, muß ihnen Kleider und Wäsche geben, kurz und gut, man hat hier Aufgaben zu bewältigen, von denen wir uns vor einigen Wochen noch gar keine Vorstellung machen konnten ... Er [Kaufmann] spricht von rund 800 000 Obdachlosen, die auf der Straße herumirren und nicht aus noch ein wissen ...

Trotz erheblicher Zerstörungen in der deutschen Rüstungsindustrie und trotz der ständigen Unterbrechung des Eisenbahn- und Binnenschiffahrtsverkehrs wirkten sich die verschärften englisch-amerikanischen Luftangriffe des Jahres 1943 nicht wesentlich auf die deutsche Gesamtrüstungsproduktion aus. (Es wurden vor allem Werke betroffen, die Jagdflugzeuge, Kugellager, U-Bootteile, Stahl sowie Treibstoff für die neuen Düsenflugzeuge herstellten, und auch die Versuchsanstalt Peenemünde, auf deren Raketenproduktion Hitler so große Hoffnungen gesetzt hatte, da er sie als kriegsentscheidend ansah[13].) Das war zum Teil auf die erhöhte Produktion der nichtbombardierten Industriewerke in den besetzten Gebieten, vor allem in der Tschechoslowakei, in Frankreich, Belgien und Norditalien, zurückzuführen.
Am meisten wirkten sich die englisch-amerikanischen Luftangriffe, wie aus Goebbels' Tagebuch deutlich ersichtlich ist, in den Wohnvierteln und damit auf die Moral des deutschen Volkes aus. In den ersten Kriegsjahren hatte man das Volk durch Meldungen bei Stimmung gehalten, in denen beschrieben wurde, welche Zerstörungen die deutsche Luftwaffe in feindlichen Ländern, insbesondere in England, anrichtete. Und das Volk war zu der Überzeugung gelangt, diese Angriffe würden dazu beitragen, den Krieg bald – und siegreich – zu beenden. Nunmehr aber, im Jahre 1943, bekam es selbst die Wucht der Luftkriegführung in weit verheerenderem Maße zu spüren als sogar die Bevölkerung von London 1940/41. Das deutsche Volk ertrug sie ebenso tapfer und stoisch wie das englische Volk. Doch nach vier Kriegsjahren war die Anspannung um so größer, und so ist es nicht überraschend, daß das deutsche Volk gegen Ende 1943, als es in Rußland, Nordafrika und Italien alle seine Hoffnungen vernichtet und im eigenen Land eine Stadt nach der anderen in Schutt und Asche versinken sah, zu verzweifeln und zu erkennen begann, daß dies der Anfang vom Ende war und nur die Niederlage bedeuten konnte.
»Spätestens gegen Ende 1943«, schrieb später Halder, »war eindeutig klar, daß der Krieg militärisch verloren war[14].«
Jodl ging nicht ganz so weit, als er am 7. November 1943 – am Vorabend der Jahresgedenkfeier des *Bürgerbräu*-Putsches – in München vor Reichs- und Gauleitern eine inoffizielle Rede hielt. Aber das Bild, das er zu Beginn des fünften Kriegsjahres von der Lage entwarf, war düster genug. Unter anderem sagte er:

Was aber zur Zeit am schwersten auf der Heimat und in seiner Rückwirkung damit auch auf der Front lastet, das sind die feindlichen Terrorangriffe aus der Luft gegen unsere Wohnstätten und damit gegen unsere Frauen und Kinder. Hier hat der Krieg

... allein durch die Schuld Englands Formen angenommen, wie man sie seit den Rassen- und Religionskriegen nicht mehr für möglich hielt.
Diese Terrorangriffe sind in ihren psychologischen, moralischen und materiellen Wirkungen doch so, daß sie abgeschwächt, wenn nicht ganz zum Erliegen gebracht werden müssen.

Was Jodl, der bei dieser Gelegenheit anstelle Hitlers sprach, über die Auswirkung der Niederlagen und der Luftangriffe während des Jahres 1943 sagte, muß als Schilderung aus berufenem Munde angesehen werden:

Landauf, landab schreitet der Teufel der Zersetzung. Alle Feigen suchen nach einem Ausweg oder, wie sie ihn nennen, der politischen Lösung. Sie sagen, man muß verhandeln, solange die Substanz noch vorhanden ist[15].

Indes nicht allein die »Feigen« suchten nach einem Ausweg. Auch Dr. Goebbels tat es, dieser treueste – und fanatischste – Anhänger Hitlers. Seinem Tagebuch ist zu entnehmen, daß er sich Ende 1943 den Kopf zerbrach, weniger über Friedensverhandlungen an sich, als darüber, mit wem zu verhandeln sei – ob mit Rußland oder dem Westen. Goebbels sprach nicht, wie gewisse andere Leute, hinter Hitlers Rücken über notwendige Friedensfühler. Er war mutig und offen genug, seine Gedanken darüber dem Führer unmittelbar zu äußern. Am 10. September 1943, während eines Besuches im Führerhauptquartier, wohin er auf die Nachricht von der italienischen Kapitulation hin beordert worden war, spricht Goebbels zum ersten Male in seinem Tagebuch von möglichen Friedensverhandlungen.

Jetzt taucht natürlich allmählich die Frage auf, wohin wir uns zuerst wenden sollen, nach der Moskauer oder nach der anglo-amerikanischen Seite. Irgendwie müssen wir uns wohl darüber klar werden, daß es sehr schwer sein wird, mit beiden Seiten fertig zu werden.

Er stellte in Rastenburg fest, daß Hitler sich »Sorge« über eine mögliche alliierte Invasion im Westen und über die »kritische« Lage an der Ostfront machte.

Vor allem ist es etwas deprimierend, daß man keine Ahnung hat, was eigentlich Stalin noch an Reserven zur Verfügung steht. Ob wir unter diesen Umständen in der Lage sein werden, aus dem Osten Divisionen für die anderen europäischen Kriegsschauplätze freizumachen, möchte ich, wie gesagt, sehr stark bezweifeln.

Einige seiner Ideen – die ihm ein paar Monate vorher noch als verräterisch und defätistisch erschienen wären und die er jetzt seinem Tagebuch anvertraute – brachte er Hitler nahe.

Ich frage den Führer, ob über kurz oder lang etwas mit Stalin zu machen ist. Im Augenblick verneint er diese Frage ... Überhaupt ist der Führer der Meinung, daß man eher etwas mit den Engländern als mit den Sowjets machen könnte. Die Engländer würden, wie der Führer meint, zu einem gewissen Zeitpunkt zur Vernunft kommen ... Ich neige mehr dazu, Stalin für zugänglicher zu halten, denn Stalin ist mehr Realpolitiker als Churchill. Churchill ist ein romantischer Phantast, mit dem man nicht vernünftig sprechen kann.

In dieser für sie dunklen Stunde begannen Hitler und seine Getreuen, sich an einen Strohhalm zu klammern: Sie hofften, England und Amerika würden vor der Aussicht erschrecken, die Rote Armee könne Europa überrennen, und sich deshalb zu guter Letzt mit Deutschland zusammenschließen, um den alten Kontinent vor dem Bolschewismus zu bewahren. Hitler hatte sich über diese Möglichkeit bereits im August, in einem Gespräch mit Dönitz, ausgelassen. Jetzt besprach er sie mit Goebbels. Hitler zitierend, notierte Goebbels,

daß die Engländer unter keinen Umständen ein bolschewistisches Europa wollen ... Wenn ihnen einmal klar wird ..., daß sie nur noch die Wahl haben zwischen dem Bolschewismus oder einer Nachgiebigkeit dem Nationalsozialismus gegenüber, so werden sie zweifellos diese Nachgiebigkeit uns gegenüber bezeigen ... Churchill selbst ist ein alter Antibolschewist, und sein Zusammengehen mit Moskau beruht heute nur auf Zweckmäßigkeitsrücksichten.

Hitler und Goebbels schienen beide vergessen zu haben, wer als erster mit Moskau zusammengegangen war und wer Rußland zum Krieg gezwungen hatte. Sein Gespräch mit Hitler über eine Friedensmöglichkeit zusammenfassend, schloß Goebbels:

Wir werden über kurz oder lang vor der Frage stehen, nach der einen oder anderen Seite zu tendieren. Deutschland ist noch niemals an einem Zweifrontenkrieg glücklich geworden; es wird ihn auch in diesem Falle auf die Dauer nicht verkraften können.

Aber war es nicht zu spät für solche Überlegungen? Am 23. September war Goebbels wiederum im Führerhauptquartier und stellte bei einem Morgenspaziergang mit Hitler fest, daß dieser in bezug auf die Möglichkeit von Friedensverhandlungen mit der einen oder anderen Seite noch pessimistischer geworden war:

Der Führer ist nicht der Meinung, daß man augenblicklich etwas auf dem Verhandlungswege erreichen könnte. England ist noch nicht mürbe und kriegsmüde genug ... Im Osten ist natürlich der gegenwärtige Zeitpunkt denkbar ungeeignet ... Denn Stalin befindet sich augenblicklich im Vorteil.

Am Abend war Goebbels Hitlers alleiniger Tischgast.

Ich frage den Führer, ob er eventuell bereit wäre, mit Churchill zu verhandeln... Allerdings glaubt er, daß ein Verhandeln mit Churchill zu keinem Ergebnis führen würde, da er zu tief in gegenteiligen Anschauungen verstrickt sei und im übrigen auch der Haß und nicht die Vernunft sein Ratgeber sei. Mit Stalin wäre der Führer schon eher zu verhandeln bereit; aber er glaubt nicht, daß das zu einem Ergebnis führen könnte...

Wie nun die Dinge auch liegen mögen, ich stelle dem Führer vor, daß wir mit der einen oder der anderen Seite ins Klare kommen müssen. Ein Zweifrontenkrieg ist vom Reich noch nie gewonnen worden. Wir müssen also sehen, aus dem Zweifrontenkrieg auf irgendeine Weise herauszukommen ...

Diese Aufgabe war weitaus schwieriger, als sie, die Deutschland so leichtfertig in einen Zweifrontenkrieg gestürzt hatten, zu erkennen schienen. Doch an jenem Septemberabend des Jahres 1943 überwand schließlich der deutsche Kriegsherr, für ein paar Augenblicke wenigstens, seine pessimistischen Gedanken und schwärmte davon, wie süß ihm der Frieden schmecken würde.

Er würde sich freuen [schrieb Goebbels], wieder einmal in Künstlerkreisen verkehren zu können, wieder einmal abends ins Theater und zur KddK [Kameradschaft der deutschen Künstler] gehen zu können[16].

Hitler und Goebbels waren nicht die einzigen in Deutschland, die mit Beginn des fünften Kriegsjahres über Mittel und Wege zur Herbeiführung des Friedens nachsannen. Mit diesem Problem beschäftigten sich jetzt, als sie sahen, daß der Krieg verloren war, wenn auch Hitlers Armeen noch auf fremden Boden standen, wiederum die Männer des Widerstandes, deren Zahl inzwischen zwar größer geworden, aber immer noch jämmerlich klein war. Die meisten von ihnen, keineswegs alle, waren widerstrebend und erst nach Überwindung größter Gewissensskrupel zu dem Schluß gelangt, daß sie Hitler umbringen und gleichzeitig den Nationalsozialismus ausrotten mußten, wollten sie für Deutschland einen Frieden erlangen, der dem Vaterland einige Aussicht auf ehrenhaftes Weiterbestehen bieten würde.

Zu Beginn des Jahres 1944 stand fest, daß die englisch-amerikanischen Armeen an der Kanalküste landen würden, ehe noch das Jahr sehr weit fortgeschritten war, daß die Rote Armee sich der Reichsgrenze nähern würde und daß von Deutschlands großen alten Städten bald nichts mehr anderes als Schutthaufen übrig sein würden[17]. In ihrer Verzweiflung rüsteten sich die Verschwörer zu einem letzten Versuch, den Diktator aus dem Wege zu räumen und sein Regime zu stürzen, ehe es Deutschland vollends in den Abgrund hineinriß.

Sie wußten, daß nicht viel Zeit zu verlieren war.

XXIX

Die alliierte Landung in Westeuropa und das Attentat auf Hitler

Im Lauf des Jahres 1943 hatten die Verschwörer mindestens ein halbes Dutzend Versuche gemacht, Hitler durch Mord zu beseitigen. Einer dieser Anschläge war nur deshalb mißlungen, weil eine in Hitlers Flugzeug während eines Fluges hinter die Ostfront angebrachte Zeitbombe nicht explodierte.

Im selben Jahr hatten die Verschwörer endgültig die Feldmarschälle abgeschrieben. Diese waren zu zaghaft – oder zu dickköpfig –, um ihre Stellung und militärische Macht zum Sturz ihres Obersten Kriegsherrn zu benutzen. Im November 1942, bei einer geheimen Zusammenkunft im Wald von Smolensk, hatte Goerdeler, das politische Haupt der Widerstandsbewegung, Feldmarschall von Kluge, den Oberbefehlshaber der Heeresgruppe Mitte, beschworen, aktiv an der Beseitigung Hitlers teilzunehmen. Der unschlüssige General, der gerade erst ein stattliches Geschenk von Hitler angenommen hatte[1], sagte zwar zunächst zu, bekam aber wenige Tage später »kalte Füße« und schrieb General Beck, man solle nicht mit ihm rechnen.

Ein paar Wochen später versuchten die Verschwörer, General Paulus, dessen 6. Armee in Stalingrad eingeschlossen war und der, wie sie meinten, bitter enttäuscht darüber sein müsse, daß Hitler dies zugelassen hatte, zu bewegen, das Heer zum Sturz des Tyrannen aufzurufen, der eine Viertelmillion deutscher Soldaten einem so grausigen Ende anheimgegeben hatte. Ein mitverschworener Luftwaffenoffizier flog in die belagerte Stadt und überbrachte Paulus einen persönlichen Appell General Becks. Paulus hingegen sandte, wie wir sahen, seinem Führer auf dem Funkweg eine Reihe von Ergebenheitstelegrammen. Das Erwachen kam erst, als er als Kriegsgefangener nach Moskau gebracht wurde.

Einige Tage lang setzten die von Paulus enttäuschten Verschwörer ihre Hoffnung auf Kluge und Manstein, die nach der Kapitulation von Stalingrad nach Rastenburg flogen; es wurde angenommen, daß sie Hitler auffordern würden, den Oberbefehl an der Ostfront an sie abzutreten. Wenn dieser Schritt von Erfolg wäre, sollte er das Signal für einen Staatsstreich in Berlin sein. Wieder einmal wurden die Verschwörer Opfer ihres Wunschdenkens. Die beiden Feldmarschälle waren nur in das Führerhauptquartier geflogen, um dem Obersten Befehlshaber erneut ihre Loyalität zu bekunden.

»Wir sind verlassen«, sagte Beck voller Bitterkeit.

Ihm und seinen Freunden war nun klar, daß von den höchsten Frontkommandeuren keine praktische Hilfe zu erwarten war. In ihrer Verzweiflung wandten sie sich dem Ersatzheer zu, das zwar keine Fronttruppe war, aber immerhin bewaffnet war und ausreichen mochte, im Augenblick der Ermordung Hitlers Berlin und andere wichtige Städte zu besetzen.

Aber die Opposition war sich immer noch nicht ganz einig darüber, ob es notwendig – oder gar wünschenswert – sei, Hitler auf diese Weise zu beseitigen.

So widersetzte sich zum Beispiel der Kreisauer Kreis jedem Gewaltakt solcher Art. Den Kreisauer Kreis bildete eine heterogene Gruppe junger Idealisten, die sich um zwei Abkömmlinge angesehener deutscher Adelsgeschlechter geschart hatten, um Graf Helmuth James von Moltke, Großneffe des Feldmarschalls von Moltke, der 1870 die preußische Armee zum Siege geführt hatte, und Graf Peter Yorck von Wartenburg, direkter Nachkomme des berühmten Generals der Napoleonzeit, der die Konvention von Tauroggen unterzeichnet hatte.

Der Kreisauer Kreis, nach Moltkes Besitztum in Schlesien benannt, war nicht eine Verschwörergemeinschaft, sondern eine Diskussionsgruppe. »Wir werden gehenkt«, schrieb Moltke seiner Frau kurz vor seiner Hinrichtung, »weil wir zusammen gedacht haben.« Die Mitglieder der Gruppe stellten einen Querschnitt der deutschen Gesellschaft dar, so wie sie vor der Hitlerzeit bestanden hatte und wie sie, so hofften sie, einmal wieder sein würde, wenn der Alpdruck vorüber war. Dem Kreis gehörten Jesuiten, evangelische Geistliche, Konservative, Liberale, Sozialdemokraten, Gutsbesitzer, ehemalige Gewerkschaftsführer, Professoren und Diplomaten an. Trotz unterschiedlicher Herkunft und Ansichten gelang es ihnen, eine breite gemeinsame Basis zu finden, die es ihnen ermöglichte, dem Widerstand gegen Hitler die geistige, ethische, philosophische und, bis zu einem gewissen Grade, politische Grundlage zu geben. Ihren hinterlassenen Papieren nach zu urteilen – sie wurden fast alle vor Kriegsende hingerichtet – strebten sie eine Art christlichen Sozialismus an: Alle Menschen sollten Brüder sein und die schrecklichen Übel der Moderne – die Entartungen des Menschengeistes – behoben werden. Sie schwebten mit ihren edlen Idealen hoch in den Wolken, und es haftete ihnen etwas vom deutschen Mystizismus an.

Aber diese hochgesinnten jungen Menschen waren unglaublich geduldig. Sie verabscheuten Hitler und die von ihm über Deutschland und Europa gebrachte Erniedrigung. Doch es ging ihnen nicht darum, ihn zu stürzen. Sie glaubten, daß Hitler mit der kommenden deutschen Niederlage von selber stürzen würde. Ihre Aufmerksamkeit galt ausschließlich dem, was nachher kam. »Für uns«, schrieb Moltke damals, »ist das Nachkriegseuropa weniger ein Problem ... als die Frage, wie das Bild des Menschen in den Herzen unserer Mitbürger wieder aufgerichtet werden kann.«

Die bekannte amerikanische Journalistin Dorothy Thompson, die viele Jahre lang in Deutschland tätig gewesen war und es gut kannte, appellierte an den ihr seit langem gut befreundeten Moltke, aus seinen Wolken herabzusteigen. Im Sommer 1942 richtete sie von New York aus eine Reihe von Kurzwellensendungen an seine Adresse – sie nannte ihn »Hans« – und beschwor ihn und seine Freunde, etwas zur Beseitigung des dämonischen Diktators zu unternehmen. »Wir leben nicht in einer Welt von Heiligen, sondern von Menschenwesen«, gemahnte sie ihn.

Als wir zum letztenmal zusammen waren, Hans, und auf der schönen Terrasse vor dem See unseren Tee tranken..., sagte ich zu Ihnen, daß der Tag kommen werde, an dem Ihr durch Taten, kräftige Taten, zu zeigen hättet, wo Ihr steht... Und ich erinnere daran, daß ich Sie fragte, ob denn Sie und Ihre Freunde jemals den Mut haben würden, zu handeln[2].

Es war eine eindringliche Frage, und die Antwort muß man wohl darin suchen, daß Moltke und seine Freunde zwar den Mut zum Diskutieren – wofür sie hingerichtet wurden –, nicht aber zum Handeln hatten.

Dieser Mangel in der Einstellung – nicht in der Gesinnung, denn sie gingen alle mit großer Tapferkeit in ihren grausamen Tod – war die Hauptursache der Meinungsverschiedenheiten zwischen dem Kreisauer Kreis und der Beck-Goerdeler-Hassell-Gruppe, obwohl auch diese über Art und Wesen der Regierung nach Hitler diskutierte.

Am 22. Januar 1943 trafen sich die Führer beider Gruppen zu einer Besprechung in der Wohnung des Grafen Yorck von Wartenburg, der mehrere Einzelbesprechungen folgten. Bei der allgemeinen Besprechung führte General Beck den Vorsitz, der laut Hassell »reichlich weich und zurückhaltend« war[3]. Es kam zu lebhaften Auseinandersetzungen zwischen »Jungen« und »Alten« – um mit Hassell zu sprechen – über die künftige Wirtschafts- und Sozialpolitik. Dabei gerieten Moltke und Goerdeler aneinander. Hassell meinte, Goederler sei »eine Art Reaktionär«, und bezeichnete Moltke als »angelsächsisch und pazifistisch denkend«. Auch die Gestapo nahm Notiz von dieser Zusammenkunft: Als den Teilnehmern später der Prozeß gemacht wurde, kam eine erstaunlich detaillierte Darstellung der Besprechung zum Vorschein.

Himmler war damals schon den Verschwörern mehr auf der Ferse, als irgendeiner von ihnen ahnte. Aber ironischerweise begann der Polizeichef des Dritten Reiches zu dieser Zeit – es war 1943, und die Aussicht auf Sieg schwand dahin – ein persönliches, nicht durchaus unfreundliches Interesse am Widerstand zu nehmen. Mit mehr als einem seiner Mitglieder stand er in freundschaftlicher Verbindung. Und für die Mentalität der Verschwörer ist aufschlußreich, daß einige von ihnen, insbesondere Popitz, allmählich in Himmler einen möglichen Nachfolger Hitlers sahen! Als solcher begann sich auch der anscheinend so fanatisch führertreue SS-Chef selber zu sehen, aber fast bis zum Ende trieb er ein Doppelspiel, in dessen Verlauf er so manchem mutigem Verschwörer das Lebenslicht ausblies.

Der Widerstand operierte nunmehr auf drei Ebenen. Der Kreisauer Kreis blieb bei seinen endlosen Diskussionen über die Herbeiführung des Reiches Gottes auf Erden. Die Beck-Gruppe, die dem Irdischen näher stand, war bestrebt, auf irgendeine Weise Hitler umzubringen und die Macht zu übernehmen. Sodann bemühte sie sich um Kontakte mit dem Westen, um die demokratischen Alliierten über das im Gang Befindliche zu unterrichten und herauszufinden, über was für einen Frieden sie mit einer neuen antinationalsozialistischen Regierung verhandeln würden[4]. Diese Kontaktnahme erfolgte über Schweden und die Schweiz.

In Stockholm besuchte Goerdeler häufig die Bankiers Marcus und Jakob Wallenberg, die ihm seit langem bekannt waren und die in London über gute geschäftliche und persönliche Beziehungen verfügten. Im April 1942 bat Goerdeler Jakob Wallenberg, sich mit Churchill in Verbindung zu setzen und von ihm im voraus die Zusicherung zu erlangen, daß die Alliierten mit Deutschland Frieden schließen würden, falls die Verschwörer Hitler festsetzten und das NS-Regime stürzten. Wallenberg erwiderte, daß nach seiner Kenntnis die britische Regierung solche Zusicherung nicht geben könne.

Einen Monat später traten zwei evangelische Geistliche in Stockholm mit Engländern direkt in Verbindung. Dies waren Dr. Hans Schönfeld vom Büro für auswärtige Beziehungen der deutschen Evangelischen Kirche, und Pastor Dietrich Bonhoeffer, ein hervorragender Geistlicher und aktiver Mann des Widerstandes. Auf die Nachricht hin, daß der anglikanische Bischof von Chichester, Dr. George Bell, in Stockholm zu Besuch weile, waren sie dorthin geeilt, um ihn zu sprechen. Bonhoeffer reiste mit gefälschten Papieren, die ihm Oberst Oster von der Abwehr beschafft hatte.

Beide Geistliche unterrichteten den Bischof über die Pläne der Verschwörer und wollten – wie vor ihnen Goerdeler – wissen, ob die westlichen Alliierten nach einer Beseitigung Hitlers einen ehrenvollen Frieden mit einer nichtnationalsozialistischen Regierung schließen würden. Sie baten um Antwort – entweder auf privatem Wege oder durch eine öffentliche Erklärung. Um dem Bischof vor Augen zu führen, daß es sich bei der Widerstandsbewegung um eine ernsthafte Angelegenheit handele, überreichte Bonhoeffer ihm eine Liste mit den Namen der führenden Persönlichkeiten – eine Unbedachtsamkeit, die ihn das Leben kosten und zur Hinrichtung vieler anderer beitragen sollte.

Im Juni, gleich nach seiner Rückkehr nach London, übergab Bell das ihm ausgehändigte Material dem britischen Außenminister Anthony Eden, womit die Alliierten die neueste und maßgeblichste Information über den deutschen Widerstand und seine Pläne erhielten. Doch Eden war skeptisch. Seit der Zeit des Münchner Abkommens waren der britischen Regierung von angeblichen deutschen Verschwörern Informationen ähnlicher Art zugegangen, und es war nichts dabei herausgekommen. Man erteilte keine Antwort[5].

In der Schweiz liefen die Kontakte der deutschen Widerstandsbewegung zu den Alliierten hauptsächlich über Allen Dulles, der von November 1942 bis zum Ende des Krieges dort Chef des amerikanischen *Office of Strategic Services war.* Sein häufigster Besucher war Hans Gisevius, der oft von Berlin nach Bern fuhr und, wie erinnerlich, ebenfalls aktives Mitglied des Widerstandes war. Gisevius arbeitete für die Abwehr und bekleidete im deutschen Generalkonsulat in Zürich den Posten eines Vizekonsuls. Seine Hauptaufgabe bestand darin, Dulles Nachrichten von Beck und Goerdeler zuzuleiten und ihn über den Fortgang der verschiedenen Komplotte gegen Hitler auf dem laufenden zu halten. Zu den Besuchern gehörten ferner Dr. Schönfeld und Trott zu

Solz. Der letztere, Mitglied sowohl des Kreisauer Kreises wie der Verschwörergruppe, reiste einmal in die Schweiz, um, wie so viele andere auch, Dulles zu »warnen«: Wenn die westlichen Demokratien es ablehnten, einen ehrenvollen Frieden mit einer Antinaziregierung zu erwägen, würden sich die Verschwörer an Sowjetrußland wenden. Dulles sympathisierte zwar persönlich mit dem deutschen Widerstand, war aber nicht in der Lage, irgendwelche Zusicherungen zu geben[6].

Man muß sich wundern, daß die deutschen Widerstandsführer so hartnäckig günstige Friedensbedingungen vom Westen verlangten und so zögerten, Hitler zu beseitigen, ehe sie diese erhielten. Man hätte meinen sollen, daß sie, wenn sie den Nationalsozialismus, wie sie ständig – und fraglos aufrichtig – behaupteten, für ein so monströses Übel hielten, ihre Bemühungen auf einen Umsturz konzentriert haben würden, ganz gleich, wie der Westen sich ihrem neuen Regime gegenüber verhalten mochte. Man hat den Eindruck, daß viele dieser »guten Deutschen« zu leicht in den Fehler verfielen, für ihr eigenes Versagen dem Ausland die Schuld zuzuschieben, so wie einige von ihnen das Ausland schon für Deutschlands Mißgeschicke nach dem ersten verlorenen Krieg und sogar für Hitlers Aufstieg verantwortlich gemacht hatten.

OPERATION INITIALZÜNDUNG

Im Februar 1943 teilte Goerdeler in Stockholm Jakob Wallenberg mit, es bestünden »Pläne für einen Staatsstreich im März«.

Bei diesen Plänen handelte es sich um die Operation *Initialzündung*, so genannt, weil sie – geplant war Hitlers Tod – den Aufstand auslösen sollte. Die Vorbereitungen hierfür waren im Januar und Februar von General Friedrich Olbricht, dem Chef des Allgemeinen Heeresamtes, und General von Tresckow, dem Stabschef von Kluges Heeresgruppe Mitte, getroffen worden. Olbricht, ein tief religiöser Mann, war erst kurz zuvor zum Widerstand gestoßen, doch auf Grund seines neuen Postens rasch zu einer Schlüsselfigur geworden. Als Stellvertreter von General Friedrich Fromm, dem Oberbefehlshaber des Ersatzheeres, war er in der Lage, die Garnisonen in Berlin und anderen Großstädten gegebenenfalls bei einem Aufstand einzusetzen. Fromm selbst war inzwischen, ebenso wie Kluge, vom Führer enttäuscht, wurde aber nicht als vertrauenswürdig genug angesehen, um in die Verschwörung eingeweiht zu werden.

»Wir sind fertig. Die Initialzündung kann in Gang gesetzt werden«, sagte Olbricht Ende Februar zu Fabian von Schlabrendorff, einem Offizier im Stabe Tresckows. Anfang März trafen sich die Verschwörer zu einer letzten Besprechung in Smolensk, im Hauptquartier der Heeresgruppe Mitte. Abwehrchef Admiral Canaris wußte von der Sache, obwohl er nicht aktiv beteiligt war, organisierte das Treffen, indem er nach außen hin eine Zusammenkunft der Nachrichtenoffiziere anberaumte und mit Hans von Dohnanyi und General Erwin Lahousen, Angehörigen seines Stabes, nach Smolensk flog. Lahousen, ein früherer Nachrichtenoffizier der österreichischen Armee und der einzige Verschwörer in der Abwehr, der den Krieg überlebte, brachte ein paar Bomben mit.

Schlabrendorff und Tresckow hatten nach vielen Versuchen herausgefunden, daß deutscher Sprengstoff für ihre Zwecke nicht geeignet war. »Dieser konnte nur mittels einer Zündschnur in Gang gesetzt werden«, erklärte Schlabrendorff später, und »hierdurch entstand ein leises Zischen«, das hätte auffallen können[7]. Die Engländer, stellten sie fest, machten bessere Bomben:

»Während der Zeitdauer der Zündung«, sagt Schlabrendorff, »entfiel jedes Geräusch.« Die RAF hatte eine Anzahl dieser Waffen für Sabotageakte ihrer Agenten über dem besetzten Europa abgeworfen – mit einer Bombe dieser Art war Heydrich umgebracht worden – und die Abwehr hatte mehrere davon gesammelt. Diese übergab sie jetzt den Verschwörern.

Bei dem Treffen in Smolensk faßte man den Plan, Hitler in das Hauptquartier der Heeresgruppe zu locken und ihn dort zu beseitigen. Damit sollte das Signal für das Losschlagen in Berlin gegeben werden.

Hitler, der jetzt den meisten Generalen mißtraute, in die Falle zu locken, war nicht einfach. Aber Tresckow bearbeitete einen alten Bekannten, General Schmundt, jetzt Chefadjutant Hitlers, den Führer zu veranlassen, nach Smolensk zu fliegen, und nach mehreren Absagen willigte Hitler schließlich ein, am 13. März 1943 das Hauptquartier zu besuchen. Schmundt selbst wußte nichts von dem Anschlag.

Inzwischen hatte Tresckow erneut versucht, seinen Chef Kluge zu bewegen, bei der Beseitigung Hitlers die Führung zu übernehmen. Er schlug dem Feldmarschall vor, durch den Oberstleutnant von Boeselager, Kommandeur eines Kavallerieregiments der Heeresgruppe (er wurde später von den Nazis hingerichtet), mit Leuten seiner Einheit Hitler und seine Leibwache beim Eintreffen niedermähen zu lassen. Boeselager war hierzu mehr als bereit. Nur wünschte er einen Befehl vom Feldmarschall. Aber der schwankende Kluge konnte sich dazu nicht entschließen. Daher beschlossen Tresckow und Schlabrendorff, die Sache selbst in die Hand zu nehmen.

Sie wollten einfach eine ihrer Bomben englischer Herkunft vor Hitlers Rückflug in dessen Flugzeug anbringen, »um dadurch das Odium des Attentats zu vermeiden und ein Flugzeugunglück vorzutäuschen«.

Nach Hitlers Ankunft gerieten die beiden Offiziere zweimal in Versuchung, ihren Plan zu ändern und die Bombe schon vorher losgehen zu lassen, das eine Mal während einer Besprechung Hitlers mit Kluge in dessen Zimmer, das andere Mal im Kasino während des Abendessens. Aber dadurch, sagt Schlabrendorff, »wäre der gesamte uns zur Verfügung stehende militärische Befehlsapparat ausgefallen«.

Nun verblieb noch die Aufgabe, die Bombe in Hitlers Flugzeug zu schmuggeln, das gleich nach dem Essen abfliegen sollte. Schlabrendorff hatte, um der Wirkung ganz sicher zu sein, zwei Sprengkörper genommen und aus ihnen ein Paket gemacht, das so aussah, als enthalte es zwei Kognakflaschen. Während des Essens hatte Tresckow einen von Hitlers Begleitern, Oberst Heinz Brandt vom OKH, mit unschuldigem Gesicht gebeten, seinem alten Freund im OKH, General Helmuth Stieff, zwei Kognakflaschen als Geschenk mitzunehmen. Der ahnungslose Brandt hatte sich gern dazu bereiterklärt.

Auf dem Flugplatz betätigte Schlabrendorff durch eine kleine Öffnung der Verpackung die Zündung und überreichte das Paket Brandt in dem Augenblick, als er Hitlers Flugzeug bestieg. Die Bombe war geschickt konstruiert. Sie hatte kein verräterisches Uhrwerk. Der junge Offizier hatte durch einfachen Druck auf den Kopf des Zünders eine kleine Flasche zerbrochen, aus der eine ätzende Flüssigkeit entströmte. Wenn die Flüssigkeit einen Draht, der den Schlagbolzen hielt, zerfraß, mußte der Schlagbolzen nach vorn schnellen und die Sprengladung entzünden.

Nach Berechnung der beiden Offiziere mußte die Explosion in etwa dreißig Minuten, kurz bevor das Flugzeug Minsk erreichte, erfolgen. In fieberhafter Aufregung rief Schlabrendorff in Berlin an und gab den Verschwörern das Stichwort, das die bevorstehende »Initialzündung« ankündigte. Dann warteten er und Tresckow klopfenden Herzens auf die Nachricht von dem Flugzeugunglück. Sie zählten die Minuten, zwanzig, dreißig, vierzig, sechzig ... aber es kam keine Meldung. Erst nach zwei Stunden traf die Nachricht ein, Hitler sei auf dem Flugplatz Rastenburg glatt gelandet.

Wir wußten nicht, worauf dieses Mißlingen zurückzuführen war [schrieb Schlabrendorff später]. Erneut rief ich Gehre [in Berlin] an und gab ihm das Stichwort über das Mißlingen des Attentats. Dann berieten Tresckow und ich, was zu tun sei. Wir befanden uns in einer großen Erregung. War es schon schlimm genug, daß das Attentat selbst mißglückt war, so mußte durch die Entdeckung der Bombe unsere Entlarvung die Folge sein.

Die Bombe wurde indes niemals entdeckt. Noch in der Nacht rief Tresckow Oberst Brandt an, bat ihn, das Paket nicht an General Stieff auszuhändigen, da eine Verwechslung unterlaufen sei, sondern es bis zum nächsten Tag aufzubewahren.

Mit tollkühnem Mut flog Schlabrendorff in das Führerhauptquartier und tauschte dort das Paket mit dem Sprengstoff gegen ein anderes aus, das wirklich zwei Flaschen Kognak enthielt.

Ein eigentümliches Gefühl empfand ich, als mir [Brandt], nicht ahnend, was er in der Hand hatte, lächelnd die Bombe überreichte und dabei das Paket so heftig bewegte, daß man hätte fürchten können, die Bombe werde noch nachträglich explodieren ... Mit gespielter Ruhe nahm ich die Bombe an mich und fuhr unmittelbar darauf mit einem Wagen nach dem benachbarten Eisenbahnknotenpunkt Korschen.

Dort nahm er den Nachtzug nach Berlin, schloß sich im Abteil ein, öffnete das Paket und entschärfte die Bombe. Er stellte rasch fest, was geschehen – oder besser gesagt, warum nichts geschehen war:

Infolge der Betätigung der Zündung war die Flasche mit der ätzenden Flüssigkeit zer-

brochen. Die Flüssigkeit hatte den Draht zersetzt. Der Schlagbolzen war nach vorne geschlagen. Aber das Zündhütchen hatte sich nicht entzündet.

Tief enttäuscht, aber nicht entmutigt, entschlossen sich die Verschwörer in Berlin zu einem neuen Anschlag auf Hitlers Leben. Bald bot sich hierfür eine günstige Gelegenheit. Am 21. März, dem Heldengedenktag, sollte Hitler in Begleitung von Göring, Himmler und Keitel bei der alljährlichen Gefallenenehrung im Zeughaus zugegen sein. Hier würde die Möglichkeit bestehen, nicht nur Hitler, sondern auch seine Hauptmitarbeiter aus dem Wege zu räumen. Oder wie Oberst Freiherr von Gersdorff, Ic in Kluges Stab, später sagte: »Es war eine nie wiederkehrende Gelegenheit.« Gersdorff war von Tresckow für den Anschlag auserwählt worden, eine Aufgabe, die diesmal selbstmörderisch sein mußte. Der Oberst sollte in seinen Manteltaschen zwei Bomben mit sich tragen, den Zünder in Gang setzen, sich während der Feier so dicht wie möglich an Hitler halten und den Führer und seine Umgebung wie auch sich selbst in die Ewigkeit befördern. Mit hervorragender Tapferkeit erbot sich Gersdorff, freiwillig sein Leben zu opfern.

Am Abend des 20. März suchte Schlabrendorff ihn in seinem Zimmer im Hotel *Eden* in Berlin auf und brachte ihm zwei Bomben mit Zehnminutenzündern. Da aber die Temperatur in dem glasbedeckten Hof des Zeughauses nahe dem Gefrierpunkt war, bestand die Möglichkeit, daß die Bomben erst nach fünfzehn bis zwanzig Minuten explodieren würden. In dem Hofraum des Zeughauses hatte Gersdorffs Stab eine Ausstellung von in Rußland erbeuteten Waffen aufgebaut, und es war vorgesehen, daß Hitler nach der Gedenkfeier einen halbstündigen Rundgang durch die Ausstellung vornehmen sollte. Hierbei würde sich dann für den Oberst die einzige Möglichkeit ergeben, so dicht an Hitler heranzukommen, daß er ihn töten konnte.

Was indes wirklich geschah, hat Gersdorff später geschildert[8]:

Ich hatte am nächsten Tag in jeder Manteltasche eine Bombe mit Zehn-Minuten-Zündern. Ich beabsichtigte, mich dicht an Hitler heranzuhalten, so daß die Explosion zum mindesten ihn mit zerreißen mußte. Als Hitler ... die Ausstellungsräume betrat, kam Schmundt zu mir und sagte, es stünden höchstens acht bis zehn Minuten für den Gang durch die Ausstellung zur Verfügung. Damit war die Möglichkeit des Attentats unterbunden, da der Zünder schon bei normaler Zimmertemperatur mindestens zehn Minuten Zeit erfordert hätte. Die Zeitveränderung in letzter Minute, symptomatisch für die raffinierten Sicherheitsmethoden Hitlers, hatte ihm erneut das Leben gerettet.

General von Tresckow, sagt Gersdorff, habe in Smolensk am Rundfunk »mit der Stoppuhr in der Hand« gespannt und erwartungsvoll die Gedenkfeier verfolgt. Als dann der Ansager bekanntgab, Hitler hätte die Veranstaltung schon nach acht Minuten wieder verlassen, wußte der General, daß wiederum ein Anschlag mißlungen war.

Anfang 1943 kam es in Deutschland zu einer spontanen Erhebung, die, mochte sie auch geringfügig sein, dazu beitrug, den sinkenden Mut des bisher mit seinen Versuchen,

Hitler zu beseitigen, gescheiterten Widerstands neu zu beleben. Gleichzeitig war sie auch eine Warnung: sie zeigte, wie rücksichtslos die NS-Behörden schon beim geringsten Anzeichen von Opposition zuschlugen.

Die deutschen Universitätsstudenten gehörten anfangs der dreißiger Jahre, wie wir sahen, zu den fanatischsten Nationalsozialisten. Aber ihre Illusionen waren nach zehnjähriger Hitlerherrschaft dahingeschwunden; ihre Enttäuschung wurde noch vermehrt durch Deutschlands Unvermögen, den Krieg zu gewinnen, und besonders durch die Katastrophe von Stalingrad. München, die Stadt, von der einst der Nationalsozialismus ausgegangen war, gab den Nährboden für eine Studentenrevolte ab. An ihrer Spitze standen der fünfundzwanzigjährige Medizinstudent Hans Scholl und seine einundzwanzigjährige Schwester Sophie, die Biologie studierte. Ihr Mentor war der Philosophieprofessor Kurt Huber. Mit Hilfe von Flugschriften, den »Blättern der weißen Rose«, betrieben sie auch an anderen Universitäten Propaganda gegen die Nazis; außerdem hatten sie Fühlung mit dem Berliner Widerstand.

Am 16. Februar 1943 berief der Gauleiter von Bayern, Paul Giesler, dem die Gestapo ein paar »Blätter der weißen Rose« zugeleitet hatte, eine Studentenversammlung ein. Darin kündigte er an, daß die militärisch Untauglichen – die Tauglichen waren sämtlich zu den Waffen einberufen – für irgendeine nützliche Beschäftigung herangezogen werden würden. An die Studentinnen sich wendend, sagte er, er sähe nicht ein, warum sie nicht in jedem Universitätsjahr ein Zeugnis in Gestalt eines Sohnes vorweisen sollten:

Wenn einige Mädels nicht hübsch genug sind, einen Freund zu finden, werde ich gern jeder einen von meinen Adjutanten zuweisen... und ich kann ihr ein erfreuliches Erlebnis versprechen.

Die Bayern sind zwar für ihren etwas derben Humor bekannt, diese Vulgarität jedoch ging den Studenten zu weit. Sie schrien den Gauleiter nieder und warfen die von ihm mitgebrachten SS-Wachen und Gestapoleute aus dem Saal. Am Nachmittag veranstalteten die Studenten in den Straßen Münchens Antinazikundgebungen, die ersten, die es je im Dritten Reich gegeben hatte. Dann gingen die Studenten unter Führung der Scholls dazu über, offen Flugblätter zu verteilen, die die deutsche Jugend zur Erhebung aufriefen. Am 19. Februar beobachtete ein Aufsichtsbeamter Hans und Sophie Scholl, wie sie vom Balkon der Universität Flugblätter herabwarfen, und zeigte sie bei der Gestapo an.

Ihr junges Leben fand ein rasches, barbarisches Ende. Vor den Volksgerichtshof gestellt, dem Roland Freisler vorsaß, nach Heydrich wohl der finsterste und blutdürstigste Nationalsozialist, wurden sie des Hochverrats für schuldig befunden und zum Tode verurteilt. Sophie Scholl war während ihrer Vernehmung so unmenschlich behandelt worden, daß sie mit gebrochenem Bein vor Gericht erschien. Aber ihr Mut war ungebrochen. Auf Freislers wüste Einschüchterungsversuche antwortete sie ruhig: »Sie wissen genauso gut wie wir, daß der Krieg verloren ist. Warum sind Sie so feige, das nicht zugeben zu wollen?«

An Krücken humpelte sie zum Schafott und starb, ebenso wie ihr Bruder, in hervorragender Haltung. Professor Huber und mehrere andere Studenten wurden ein paar Tage später hingerichtet[9].

Dies gemahnte die Verschwörer in Berlin daran, in welcher Gefahr sie sich befanden, und das zu einer Zeit, in der die Unbedachtsamkeit einiger Widerstandsführer mehr und mehr Anlaß zu ständiger Besorgnis der anderen gab. Goerdeler selbst war viel zu redselig. Und Popitz' Bemühungen, bei Himmler und anderen hohen SS-Offizieren zu sondieren, ob sie sich gegebenenfalls der Verschwörung anschließen würden, waren äußerst riskant. Weizsäcker, der sich nach dem Krieg als standhafter Mann des Widerstandes auszugeben liebte, wurde so ängstlich, daß er alle Verbindungen zu seinem Freund Hassell abbrach. Er warf ihm (und auch Frau von Hassell) vor, »unerhört unvorsichtig« zu sein, und sagte ihm warnend, er werde von der Gestapo beschattet[10]. Die Gestapo beschattete indes noch viele andere, darunter vor allem den vertrauensseligen Goerdeler. Doch der Schlag, den sie dem Widerstand unmittelbar nach den im März mißlungenen beiden Attentaten gegen Hitler versetzte, war ironischerweise weniger auf ihre Überwachungsmethoden als auf die Rivalität zwischen der Wehrmacht-Abwehr und Himmlers Reichssicherheitshauptamt zurückzuführen. Dieser SS-Geheimdienst wollte nämlich Admiral Canaris ausbooten und die Abwehr selbst übernehmen. Im Herbst 1942 war ein Münchner Geschäftsmann mit Namen Schmidthuber wegen Devisenschmuggels in die Schweiz verhaftet worden. In Wirklichkeit war Schmidthuber Abwehragent, aber die Gelder, die er schon seit geraumer Zeit über die Grenze schaffte, waren für eine Gruppe jüdischer Flüchtlinge in der Schweiz bestimmt gewesen. So etwas war für einen Deutschen, mochte er auch Abwehragent sein, ein schweres Verbrechen. Da Schmidthuber von Canaris nicht geschützt wurde, begann er der Gestapo zu erzählen, was er von der Abwehr wußte. Er belastete Hans von Dohnanyi, der mit Oster zur Kernzelle des Widerstands gehörte. Er verriet Himmlers Leuten, daß Dr. Joseph Müller 1940 im Vatikan gewesen war, um über den Papst in Verbindung mit den Engländern zu treten, und ferner, daß Pastor Bonhoeffer 1942 mit einem von der Abwehr beschafften falschen Paß den Bischof von Chichester in Stockholm besucht hatte. Er machte auch Andeutungen über Osters verschiedene Pläne zur Beseitigung Hitlers.

Nach monatelangen Untersuchungen griff die Gestapo zu. Dohnanyi, Müller und Bonhoeffer wurden am 5. April 1943 verhaftet. Oster, dem es unterdessen geglückt war, den größten Teil der ihn belastenden Papiere zu vernichten, wurde im Dezember gezwungen, aus der Abwehr auszuscheiden, und in Leipzig unter Hausarrest gestellt[11]. Das war für den Widerstand ein schwerer Schlag. Oster – »ein Mann nach dem Herzen Gottes, von untadeligem Charakter und großer Klarheit, die ihn auch in gefahrvollen Situationen nicht verließ« (Schlabrendorff) – war seit 1938 eine Schlüsselfigur der Widerstandsbewegung und Dohnanyi, von Beruf Jurist, sein ideenreicher Helfer gewesen. Bonhoeffer, der Protestant, und Müller, der Katholik, waren nicht nur von großer moralischer Bedeutung für den Widerstand gewesen, sondern hatten auch bei Erfüllung ihrer verschiedenen Missionen im Ausland ein Beispiel persönlichen Mutes gegeben – und sollten es auch nach ihrer Verhaftung tun, als sie sich trotz Folterung weigerten, ihre Kameraden zu verraten.

Das verheerendste aber war, daß die Verschwörer mit der Abwehr ihr »Tarnzentrum« und ihre Hauptverbindungsstelle verloren, sei es für den Verkehr untereinander, mit den zögernden Generalen oder mit ihren Freunden im Westen.

Weitere Nachforschungen von Himmlers Spürhunden führten nämlich dazu, daß innerhalb weniger Monate die ganze Abwehr mitsamt ihrem Chef Canaris ausgeschaltet wurde.

Eine seiner Entdeckungen machte der SD im sogenannten Solf-Kreis. Frau Anna Solf, Witwe von Dr. Wilhelm Solf, der unter Wilhelm II. Staatssekretär im Reichskolonialamt und in der Weimarer Republik Botschafter in Japan gewesen war, unterhielt seit langem einen antinationalsozialistischen Salon in Berlin, bekannt als »Frau Solfs Teegesellschaft«. Bei ihr verkehrten u. a. Gräfin Hanna von Bredow, eine Enkelin Bismarcks, Graf Albrecht Bernstorff, ein Neffe des deutschen Botschafters in Amerika während des ersten Weltkriegs, Pater Erxleben, eine bekannter Jesuit, Otto Kiep, ein hoher Beamter des Auswärtigen Amtes, der seinerzeit wegen Teilnahme an einem Essen zu Ehren Professor Einsteins seines Postens als Generalkonsul in New York enthoben, doch inzwischen wieder in den diplomatischen Dienst eingetreten war, und Elisabeth von Thadden, eine geistig interessierte und religiöse Frau, die eine bekannte Mädchenschule in Wieblingen bei Heidelberg leitete.

Am 10. September 1943 führte Fräulein von Thadden in Frau Solfs Teegesellschaft einen gut aussehenden jungen Schweizer Arzt namens Reckzeh ein, der in der Berliner Charité unter Professor Sauerbruch praktizierte. Wie die meisten Schweizer machte Dr. Reckzeh heftige antinazistische Äußerungen, worin ihm die anderen Anwesenden, vor allem Kiep, beipflichteten. Sehr bald machte sich der Arzt erbötig, etwaige Briefe, die Frau Solf oder ihre Gäste an Freunde in der Schweiz – deutsche Emigranten, englische und amerikanische Diplomaten – zu schicken wünschten, sicher zu befördern, ein Angebot, von dem mehr als einer der Anwesenden rasch Gebrauch machte.

Zu ihrem Unglück war Dr. Reckzeh Gestapo-Agent, und er übergab seiner Dienststelle mehrere belastende Briefe, wie auch einen Bericht über die Teegesellschaft.

Helmuth von Moltke erfuhr davon durch einen Freund im Luftfahrtministerium, der einige Telefongespräche zwischen dem Schweizer und der Gestapo abgehört hatte. Moltke warnte seinen Freund Kiep, der daraufhin die übrigen Mitglieder des Solfkreises alarmierte. Aber das Material war nun einmal in Himmlers Hand. Er wartete indes vier Monate, bis er zuschlug; vielleicht hoffte er, einen noch größeren Fang zu tun.

Am 12. Januar wurden sämtliche Teilnehmer der Teegesellschaft verhaftet und dann verurteilt und hingerichtet, mit Ausnahme von Frau Solf und ihrer Tochter, der Gräfin Ballestrem. Die Solfs wurden in das Konzentrationslager Ravensbrück eingeliefert und entgingen wie durch ein Wunder dem Tod[12]. Als Freund Kieps wurde Moltke zu jener Zeit ebenfalls verhaftet. Aber das war nicht die einzige Folge der Festnahme Kieps. Die Rückwirkungen erstreckten sich bis in die Türkei und ebneten den Weg zur endgültigen Liquidierung der Abwehr und der Übernahme ihrer Funktionen durch Himmler.

Zu Kieps engen Freunden und Gesinnungsgenossen gehörten Erich Vermehren und seine schöne Frau, geborene Gräfin Elisabeth von Plettenberg. Sie hatten sich, wie andere Gegner des Regimes, zur Abwehr gesellt und waren von ihr als Agenten nach Istanbul geschickt worden. Als das Verfahren gegen Kiep anlief, wurden beide von der Gestapo nach Berlin bestellt. Da sie wußten, was ihnen bevorstand, nahmen sie mit dem britischen Geheimdienst Anfang Februar 1944 Verbindung auf und wurden über Kairo nach England gebracht.

In Berlin nahm man an, die Vermehrens hätten sich mitsamt den Codebüchern der Abwehr aus dem Staube gemacht, um diese den Engländern auszuliefern. Doch das traf nicht zu, wie sich herausstellen sollte. Bei Hitler indes verstärkte die Flucht der Vermehrens das Mißtrauen gegen Canaris, zumal sie nach der Festnahme Dohnanyis und anderer Abwehrleute erfolgte. Am 18. Februar 1944 verfügte er die Auflösung der Abwehr und die Übergabe ihrer Funktionen an das Reichssicherheitshauptamt. Damit konnte Himmler, dessen Kampf gegen das Offizierskorps bis zu den falschen Anschuldigungen gegen General von Fritsch im Jahre 1938 zurückreichte, einen neuen Vorteil für sich buchen. Seine Macht über die Generalität wurde vermehrt, während die Wehrmacht ihres eigenen Geheimdienstes beraubt wurde. Außerdem war Hitlers Verordnung ein neuer Schlag für die Verschwörer, die nun nicht mehr über eine geheime Informationsquelle verfügten[13].

Sie hatten jedoch ihre Versuche, Hitler umzubringen, nicht aufgegeben. In der Zeit vom September 1943 bis zum Januar 1944 organisierten sie ein weiteres halbes Dutzend Anschläge. Im August 1943 war Jakob Wallenberg nach Berlin gekommen, um Goerdeler zu sprechen, und dieser versicherte ihm, es seien alle Vorbereitungen für einen Staatsstreich im September getroffen, Schlabrendorff werde nach Stockholm reisen, um mit einem Vertreter Churchills über den Frieden zu verhandeln.

»Ich wartete den September über mit großer Spannung«, sagte der schwedische Bankier später zu Dulles. »Er ging vorüber, ohne daß irgend etwas geschah[14].«

Einen Monat später erbot sich General Stieff, dem Tresckow seinerzeit die beiden Flaschen »Kognak« geschickt hatte und den Himmler später als »kleinen Giftzwerg« bezeichnete, im Führerhauptquartier zur Lagebesprechung eine Zeitbombe zu legen. Er hatte für diesen Zweck von der Abwehr englischen Sprengstoff erhalten und ihn unter einem Holzturm verborgen. Dort entzündete sich der Sprengstoff auf ungeklärte Weise. Vor der Entdeckung wurden die Verschwörer lediglich dadurch bewahrt, daß Hitler mit der Untersuchung den Abwehroberst Werner Schrader, ein Mitglied des Widerstands, betraute.

Im November wurde ein neues »Mantel«-Attentat versucht. Es sollte damals eine neue Uniform für das Herr eingeführt werden, und Hitler wollte sie persönlich begutachten.

Ein 24jähriger Infanteriehauptmann, Axel von dem Bussche, wurde von den Verschwörern dazu auserwählt, das neue »Modell« vorzuführen und in den Manteltaschen zwei Bomben unterzubringen. Um Gersdorffs Fehler zu vermeiden, wollte Bussche auf Hitler losspringen und ihn packen, so daß sie zusammen zerrissen werden würden.

Am Tag vor der Vorführung der neuen Uniform vernichtete eine alliierte Bombe die Modellstücke, und Bussche kehrte zu seiner Kompanie an der Ostfront zurück. Im Dezember erschien Bussche mit neuen Modellen im Führerhauptquartier, aber Hitler entschloß sich plötzlich, über Weihnachten nach Berchtesgaden zu fahren. Kurz darauf erlitt Bussche an der Front eine schwere Verwundung. So wählte man an seiner Statt einen anderen jungen Frontoffizier: Heinrich von Kleist, Sohn von Ewald von Kleist, einem der ältesten Angehörigen des Widerstandes. Die Vorführung der neuen Uniform wurde für den 11. Februar 1944 angesetzt, doch aus irgendeinem Grund erschien Hitler nicht – Dulles sagt, wegen eines Luftangriffes[15].

Inzwischen waren die Verschwörer zu der Einsicht gelangt, daß Hitlers Methode, ständig Termine umzuwerfen, eine drastische Änderung ihrer Planungen erforderte[16]. Sie erkannten, daß man mit seinem sicheren Erscheinen bei den zweimal täglich stattfindenden Lagebesprechungen rechnen konnte. Am 26. Dezember 1943 kam zu der Nachmittagskonferenz, in der über die Mannschaftsreserven gesprochen werden sollte, anstelle des erkrankten General Olbricht ein junger Offizier aus dem Allgemeinen Heeresamt: Graf Claus Schenk von Stauffenberg. In seiner Aktentasche befand sich eine Zeitbombe. Doch die Besprechung wurde abgesagt: Hitler war über Weihnachten zum Obersalzberg gereist.

Das war der erste, aber nicht der letzte Attentatsversuch des jungen Obersten. In Stauffenberg hatte der Widerstand endlich den richtigen Mann gefunden. Denn er übernahm nicht nur die Aufgabe, Hitler auf die einzige jetzt noch möglich erscheinende Weise umzubringen, er flößte der Widerstandsbewegung auch neues Leben und Licht und Hoffnung ein und wurde, wenn auch nicht nominell, ihr wirklicher Führer.

STAUFFENBERGS MISSION

Stauffenberg, ein hochbegabter Berufsoffizier, geboren 1907, entstammte einer alten süddeutschen Adelsfamilie. Durch seine Mutter, die Gräfin von Üxküll-Gyllenbrand, hatte er Gneisenau zum Ahnen und war mit den York von Wartenburgs verwandt. Claus' Vater war Oberhofmarschall beim letzten König von Württemberg gewesen. Die Stauffenbergs, im Katholizismus wurzelnd, waren ein nicht minder kultiviertes Geschlecht.

Von angenehmem Äußeren – nach dem Urteil aller, die ihn kannten – entfaltete Claus Stauffenberg glänzende Geistesgaben. Er liebte den Sport, hatte aber auch künstlerische und literarische Neigungen. Als Jüngling stand er unter dem Einfluß des Dichters Stefan George. Eine Zeitlang wollte er Musiker, dann Architekt werden, aber 1926, im

Alter von 19 Jahren, trat er in das 17. Kavallerieregiment in Bamberg – die berühmten Bamberger Reiter – ein.
1936 kam er auf die Kriegsakademie in Berlin, wo sowohl seine Lehrer wie das Oberkommando auf seine glänzende Begabung aufmerksam wurden. Zwei Jahre später wurde er in den Generalstab aufgenommen. Obwohl er, wie die meisten Angehörigen seiner Gesellschaftsschicht, im Herzen Monarchist war, war er zu dieser Zeit noch kein Gegner des Nationalsozialismus. Allem Anschein nach waren es die Judenpogrome des Jahres 1938, die in ihm die ersten Zweifel an Hitler weckten, und diese verstärkten sich, als er im Sommer 1939 erkannte, daß Hitler sich anschickte, Deutschland in einen Krieg zu führen, der von langer Dauer sein, furchtbare Menschenverluste kosten und schließlich doch verloren werden würde.
Dennoch stand er im Krieg mit der ihm eigentümlichen Energie seinen Mann. Im Polen- und im Frankreichfeldzug machte er sich als Stabsoffizier in General Hoepners 6. Panzerdivision einen Namen. In Rußland scheint Stauffenberg dann vollends vom Dritten Reich enttäuscht worden zu sein. Er war Anfang Juni 1940, kurz vor dem Angriff auf Dünkirchen, in das OKH versetzt worden, und er verbrachte die ersten achtzehn Monate des russischen Feldzugs größtenteils auf sowjetischem Gebiet, wo er unter anderem bei der Aufstellung russischer »Freiwilligen«-Verbände aus Kriegsgefangenen mitwirkte. Zu dieser Zeite glaubte Stauffenberg, so sagen seine Freunde, daß diese Verbände, wenn erst die Deutschen Hitler beseitigt hätten, zum Sturz Stalins verwendet werden könnten.
Die Brutalität der SS in Rußland und vor allem Hitlers Kommissarbefehl öffneten Stauffenberg die Augen darüber, was für einem Herrn er diente. Der Zufall wollte es, daß er in Rußland zwei der Hauptverschwörer kennenlernte: Tresckow und Schlabrendorff. Letzterer sagt, sie seien schon nach wenigen Gesprächen überzeugt gewesen, daß Stauffenberg ihr Mann sei. Er wurde aktiver Verschwörer.
Doch im Februar 1943 wurde er an die tunesische Front versetzt und kam als 1. Generalstabsoffizier zur 10. Panzerdivision, die in der Schlacht am Kasserine-Paß eingesetzt war. Am 7. April fuhr sein Wagen auf eine Mine auf – einige Autoren sagen, er sei auch von alliierten Tieffliegern beschossen worden – und Stauffenberg wurde schwer verwundet. Er verlor ein Auge, seine rechte Hand und zwei Finger der linken Hand; außerdem erlitt er Verletzungen am linken Ohr und am Knie. Ein anderer Mann hätte jetzt vielleicht seinen Abschied genommen und sich aus der aktiven Verschwörung zurückgezogen. Aber schon Ende April schrieb er mit drei Fingern seiner verwundeten linken Hand einen Brief an General Olbricht, er hoffe, in einem Vierteljahr wieder Dienst machen zu können. Während seiner langen Rekonvaleszenz hatte er Zeit zum Nachdenken. Er gelangte zu dem Schluß, daß er, mochte er jetzt auch durch seine Verstümmelungen behindert sein, eine heilige Mission zu erfüllen habe.
»Weißt du«, sagte er im Krankenbett zu seiner Frau Nina, der Mutter seiner vier Kinder, »ich habe das Gefühl, daß ich jetzt etwas tun muß, um Deutschland zu retten. Wir sind als Generalstäbler alle mitverantwortlich [17].«

Ende September 1943 war er wieder als Oberstleutnant und Chef des Stabes in dem von General Olbricht geleiteten Allgemeinen Heeresamt in Berlin. Bald übte er sich mit Hilfe einer Zange darin, eine der von der Abwehr gesammelten englischen Bomben mit den drei verbliebenen Fingern der linken Hand zu betätigen.

Er tat noch mehr. Seine dynamische Persönlichkeit, die Klarheit seines Denkens, seine Religiosität und seine Organisationsgabe hauchten der Widerstandsbewegung neues Leben und neue Entschlossenheit ein. Allerdings rief er auch Meinungsverschiedenheiten hervor, denn Stauffenberg war mit dem von Beck, Goerdeler und Hassell nach Überwindung des Nationalsozialismus in Aussicht genommenen konservativen, farblosen Regime nicht einverstanden. Praktischer denkend als seine Freunde im Kreisauer Kreis, wünschte er eine neue, dynamische soziale Demokratie und bestand darauf, daß sein Freund Julius Leber, ein kluger Sozialdemokrat, und Wilhelm Leuschner, ein früherer Gewerkschaftsführer, Mitglieder der geplanten antinationalsozialistischen Regierung sein sollten. Dagegen wurden viele Einwände erhoben, aber Stauffenberg setzte sich bald gegen die politischen Führer des Komplotts durch.

Bei den Militärs war er nicht minder erfolgreich. Er erkannte zwar General Beck als nominellen Führer der Militärs im Widerstand an und bewunderte den früheren Generalstabschef, doch erkannte er nach seiner Rückkehr nach Berlin, daß Beck, der gerade eine Krebsoperation hinter sich hatte, nur noch ein Schatten seines einstigen Selbst war, müde und mutlos, und keine politische Konzeption hatte, vielmehr in dieser Hinsicht unter Goerdelers Einfluß stand. Freilich mußte Becks Ansehen in militärischen Kreisen für die Durchführung des Putsches wertvoll oder gar notwendig sein. Aber für die Bereitstellung und die Führung der erforderlichen Truppen wurden jüngere, aktive Offiziere benötigt. Stauffenberg hatte bald die meisten wichtigen Leute zusammen, die er brauchte.

Dies waren außer seinem Chef Olbricht: General Stieff, Chef der Organisationsabteilung im OKH, General Eduard Wagner, Erster Generalquartiermeister des Heeres, General Erich Fellgiebel, Chef der Nachrichtentruppe, General Fritz Lindemann, Artillerie-Inspekteur im OKH, General Paul von Hase, Stadtkommandant von Berlin (der die Truppen zur Besetzung der Berliner Dienststellen zu stellen haben würde), Oberst Freiherr von Roenne, Leiter der Abteilung Fremde Heere West, und dessen Mitarbeiter Hauptmann Graf von Matuschka.

Anfang Januar 1944 gesellte sich der erste Feldmarschall, dazu ein sehr aktiver und populärer, zu den Verschwörern, wovon Stauffenberg zunächst nichts wußte. Es war Rommel. Sein Eintritt in den Kreis der Hitlergegner war für die Widerstandsführer eine große Überraschung und wurde von den meisten nicht gebilligt. Sie betrachteten den »Wüstenfuchs« als Nazi und Opportunisten, der offen um Hitlers Gunst gebuhlt habe und sich nunmehr von ihm abwende, da er wisse, daß der Krieg verloren sei.

Im Januar 1944 war Rommel Oberbefehlshaber der Heeresgruppe B im Westen geworden, die der erwarteten englisch-amerikanischen Invasion am Kanal entgegentreten sollte. In Frankreich traf er häufig mit zwei alten Freunden zusammen: General Alexander von Falkenhausen, Militärgouverneur von Belgien und Nordfrankreich, und General Karl Heinrich von Stülpnagel, Militärgouverneur von Frankreich. Beide Generale gehörten bereits dem Widerstand an und zogen allmählich Rommel hinzu. Dabei half ihnen ein anderer alter Freund Rommels, Dr. Karl Strölin, Oberbürgermeister von Stuttgart. Dieser wiederum war von Dr. Goerdeler für die Bewegung gewonnen worden. Goerdeler hatte Strölin im August 1943 dazu bewogen, dem – nunmehr Himmler unterstehenden Reichsinnenministerium – eine gemeinsame Denkschrift zu unterbreiten. Darin forderten sie die Einstellung der Juden- und Kirchenverfolgung, die Wiederherstellung der bürgerlichen Rechte und die Wiedererrichtung einer von Partei, SS und Gestapo unabhängigen Justizverwaltung. Strölin hatte die Denkschrift über Frau Rommel dem Feldmarschall zugeleitet, auf den sie einen starken Eindruck gemacht zu haben scheint.

Gegen Ende Februar 1944 trafen sich die beiden Männer in Rommels Haus in Herrlingen bei Ulm und führten ein Gespräch unter vier Augen. Strölin sagte Rommel, einige hohe Offiziere an der Ostfront hätten die Absicht, Hitler festzunehmen und ihn zu zwingen, über den Rundfunk seine Abdankung bekanntzugeben. Rommel billigte die Absicht.

»Sie sind der populärste General«, fuhr Strölin fort, »und Sie sind im Ausland geachteter als irgendein anderer von unseren Truppenführern. Sie sind der einzige, der einen Bürgerkrieg in Deutschland verhindern kann. Sie müssen der Bewegung Ihren Namen leihen[18].

Nach einigem Überlegen faßte Rommel seinen Entschluß. Er sagte zu Strölin: »Ich glaube, es ist meine Pflicht, Deutschland zu Hilfe zu kommen.«

In diesem Gespräch, wie auch in allen folgenden mit den Verschwörern, wandte Rommel sich gegen die Ermordung Hitlers – nicht aus moralischen, sondern aus praktischen Gründen. Auf diese Weise würde man einen Märtyrer schaffen. Er bestand darauf, Hitler von der Armee festsetzen zu lassen und ihn wegen seiner Verbrechen am eigenen Volk und an den Völkern der besetzten Gebiete vor ein deutsches Gericht zu stellen[19].

Um dieselbe Zeit führte das Schicksal Rommel mit General Hans Speidel zusammen, der am 15. April 1944 Rommels Chef des Stabes wurde. Speidel war ebenso wie sein Mitverschwörer Stauffenberg – sie gehörten zwar getrennten Gruppen an – ein ungewöhnlicher Offizier. Er war nicht nur Soldat, sondern auch Philosoph und hatte 1925 in Tübingen seinen Doktor *summa cum laude* gemacht. Er verlor keine Zeit, seinen Chef zu bearbeiten. Am 15. Mai arrangierte er in einem Landhaus bei Paris zwischen Rommel, Stülpnagel und den jeweiligen Stabschefs »eine eingehende Aussprache... über die notwendigen Maßnahmen für eine Beendigung des Krieges im Westen und für den Sturz des nationalsozialistischen Regimes[20]«.

Das war eine große Aufgabe, und Speidel erkannte, daß für ihre Vorbereitung engere Fühlungnahme mit den Widerstandsgruppen in der Heimat, insbesondere mit der

Gruppe Goerdeler-Beck, dringend notwendig war. Der rührige Goerdeler hatte schon seit Wochen auf eine geheime Zusammenkunft zwischen Rommel und – ausgerechnet – Neurath gedrängt, der, nachdem er Hitler erst als Außenminister und dann als Reichsprotektor für Böhmen gedient hatte, angesichts der dem Vaterland drohenden furchtbaren Katastrophe ein rauhes Erwachen erlebt hatte. Man war jedoch der Meinung, daß es für Rommel zu gefährlich sei, mit Neurath und Strölin zusammenzutreffen, und so schickte der Feldmarschall General Speidel zu der Besprechung, die am 27. Mai in Speidels Wohnung in Freudenstadt stattfand. Speidel, Neurath und Strölin kamen überein, daß Hitler sehr bald gestürzt werden und Rommel sich darauf vorbereiten müsse, entweder interimistischer Regierungschef oder Oberster Befehlshaber der Wehrmacht zu werden – wobei freilich gesagt werden muß, daß Rommel keinen der beiden Posten jemals für sich beansprucht hat. Man arbeitete eine Reihe von Einzelheiten aus, darunter auch Pläne für Waffenstillstandsverhandlungen mit den westlichen Alliierten und einen Code für den Nachrichtenverkehr zwischen dem Widerstand in der Heimat und Rommels Hauptquartier.

General Speidel hebt nachdrücklich hervor, daß Rommel seinen unmittelbaren Vorgesetzten im Westen, Feldmarschall von Rundstedt, offen darüber informierte, was im Gange war, und daß Rundstedt damit »völlig einverstanden« war:

Bei einer Besprechung, welche die Formulierung der gemeinsamen Forderungen an Hitler zum Gegenstand hatte, äußerte [Rundstedt] zu Rommel: »Sie sind jung, Sie kennt und liebt das Volk, Sie müssen es machen!« [21]

Nach weiteren Besprechungen in jenem Frühjahr wurde, laut Speidel, folgender Plan aufgestellt: Sofortiger Waffenstillstand mit den Westalliierten, aber keine bedingungslose Kapitulation. Zurücknahme der deutschen Truppen im Westen nach Deutschland. Unverzügliche Einstellung der alliierten Luftangriffe auf Deutschland. Festnahme Hitlers und Aburteilung durch ein deutsches Gericht. Sturz des NS-Regimes. Vorübergehende Übertragung der Exekutivgewalt in Deutschland an Widerstandsmitglieder aller Schichten unter Führung von General Beck, Goerdeler und Leuschner. Keine Militärdiktatur. Herbeiführung eines »konstruktiven Friedens« im Rahmen eines Vereinigten Europa. Im Osten Weiterführung des Krieges. Aufrechterhaltung einer verkürzten Frontlinie von der Donaumündung über Karpaten und Weichsellinie bis Memel [22].

Die Generale scheinen nicht im geringsten daran gezweifelt zu haben, daß Engländer und Amerikaner sich dem Krieg gegen Rußland anschließen würden, um, wie sie sagten, Europa vor der Bolschewisierung zu bewahren.

General Beck in Berlin war mit dem Plan einverstanden, zumindest in bezug auf die Fortsetzung des Krieges im Osten. Anfang Mai leitete er Dulles in der Schweiz über Gisevius eine Denkschrift zu, in der er einen phantastischen Plan umriß. Die deutschen Generale im Westen sollten nach der englisch-amerikanischen Invasion ihre Truppen bis zur deutschen Grenze zurücknehmen. Unterdessen sollten die westlichen Alliierten drei taktische Operationen durchführen: im Berliner Gebiet drei Luftlandedivisionen zur Unterstützung der Verschwörer in der Hauptstadt absetzen; umfangreiche Landungen an der deutschen Küste bei Hamburg und Bremen vornehmen; und eine starke Streitmacht über den Kanal nach Frankreich schaffen. In der Zwischenzeit würden zuverlässige deutsche Truppen, Nichtnationalsozialisten, das Münchner Gebiet besetzen und Hitler auf dem Obersalzberg einschließen. Der Krieg gegen Rußland würde weitergehen. Dulles sagt, er habe nicht versäumt, die Berliner Verschwörer auf den Boden nüchterner Tatsachen herunterzuholen. Er ließ ihnen sagen, an einen Separatfrieden mit dem Westen sei nicht zu denken[23].

Hierüber im klaren waren sich Stauffenberg, seine Freunde im Kreisauer Kreis und Leute wie Schulenburg, der ehemalige Botschafter in Moskau und jetzt ebenfalls Angehöriger des Widerstands. Allerdings waren die meisten von ihnen, darunter auch Stauffenberg, »östlich orientiert«, d. h. prorussisch, wenn auch antibolschewistisch. Eine Zeitlang glaubten sie, ein guter Frieden sei leichter mit den Russen auszuhandeln als mit den Westmächten, die immer nur von »bedingungsloser Kapitulation« sprachen, während Stalin in seiner Rundfunkansprache betont hatte, Rußland kämpft nicht gegen das deutsche Volk, sondern gegen die »Hitleristen«. Aber sie mußten ihr Wunschdenken im Oktober 1943 aufgeben, nachdem die Sowjetregierung auf der Moskauer Konferenz der alliierten Außenminister sich formell der von Churchill und Roosevelt am 24. Januar 1943 in Casablanca formulierten Erklärung über die bedingungslose Kapitulation angeschlossen hatte.

Und als nun der schicksalhafte Sommer des Jahres 1944 herannahte, als die Rote Armee sich den Reichsgrenzen näherte, als die englischen und amerikanischen Armeen sich zu einer großangelegten Invasion über den Kanal hinüber anschickten, als mehr und mehr der deutsche Widerstand gegen Alexanders alliierte Streitkräfte in Italien zusammenbrach, da erkannten sie, daß Hitler und das NS-Regime schnellstens beseitigt werden müßten, wenn überhaupt ein Frieden herbeigeführt werden sollte, der Deutschland vor dem Überranntwerden und der Vernichtung bewahren mochte.

In Berlin waren Stauffenberg und seine Mitarbeiter endlich mit ihren Plänen fertig. Sie faßten sie unter dem Decknamen *Walküre* zusammen. Es entbehrt nicht der Ironie, daß Admiral Canaris noch vor seiner Ausschaltung Hitler unter der Bezeichnung »Walküre« einen Plan angedreht hatte, der vorsah, im Falle eines Aufstands der Millionen Fremdarbeiter in Berlin und anderen Großstädten solle das Ersatzheer die Sicherung dieser Plätze übernehmen. Ein solcher Aufstand war höchst unwahrscheinlich, ja unmöglich, da die ausländischen Arbeiter unbewaffnet und nicht organisiert waren. Aber der mißtrauische Hitler sah in jenen Tagen überall Gefahren lauern, und da fast alle wehrfähigen Männer fern der Heimat, entweder an der Front oder in den weit ausgedehnten besetzten Gebieten, im Einsatz standen, ging er sofort auf Canaris' Plan ein. So wurde der Name »Walküre« eine vollendete Tarnung für die militärischen Verschwörer, die ihnen ermöglichte, ganz offen Pläne zu schmieden für eine Besetzung der Großstädte wie Berlin, Wien, München und Köln durch das Ersatzheer gleich nach Ermordung Hitlers.

Die Hauptschwierigkeit für die Verschwörer lag in Berlin. Dort standen ihnen nur sehr wenige Truppen zur Verfügung, denen die SS-Formationen zahlenmäßig überlegen waren. Außerdem lagen in Berlin und Umgebung starke Flakeinheiten, die, wenn das Heer nicht rasch handelte, Göring gegenüber wahrscheinlich loyal bleiben und unter ihrem Luftwaffenchef selbst nach Hitlers Tod für das NS-Regime kämpfen würden. Ihre Flakgeschütze konnten als Artilleriewaffe gegen die Einheiten des Ersatzheeres verwendet werden. Andererseits konnten die Verschwörer auf die Berliner Polizei zählen, da deren Chef, Graf Helldorf, sich dem Widerstand angeschlossen hatte.

Angesichts der SS- und Flakverbände legte Stauffenberg großen Wert auf den zeitlichen Ablauf der zur Inbesitznahme der Hauptstadt erforderlichen Operation. Die ersten beiden Stunden nach dem Attentat würden die kritischsten sein. In dieser kurzen Zeit mußte man alle Nachrichtenstellen, vor allem die Sendestationen in die Hand bekommen, die Telegraphen- und Telefonämter, die Reichskanzlei, die Ministerien und das SS-Hauptquartier besetzen. Goebbels, der einzige hohe NS-Führer, der Berlin selten verließ, sollte gleichzeitig mit den SS-Offizieren festgenommen werden. Unterdessen mußte, sobald Hitler tot war, sein Hauptquartier in Rastenburg isoliert werden, damit nicht Göring, Himmler oder irgendeiner der nationalsozialistischen Generale wie Keitel und Jodl die Macht an sich rissen und die Polizei oder das Heer hinter sich zu bringen versuchten. Diese Aufgabe hatte der im Führerhauptquartier sitzende Chef der Nachrichtentruppe, General Fellgiebel, übernommen.

Nur wenn alle diese Voraussetzungen innerhalb der ersten Stunden geschaffen wurden, konnte telegraphisch, telefonisch und über den Rundfunk den vollziehenden Gewalten in der Verwaltung, beim Front- und Heimatheer und in den besetzten Gebieten bekanntgegeben werden, daß Hitler tot und in Berlin eine neue Regierung gebildet worden sei. Innerhalb von 24 Stunden mußten die neue Regierung installiert und Ruhe und Ordnung wiederhergestellt sein. Andernfalls bestand die Möglichkeit, daß die schwankenden Generale sich die Sache anders überlegten, daß Göring und Himmler sie auf ihre Seite zogen und daß der Bürgerkrieg die Folge war.

War Hitler erst einmal tot – diese Aufgabe wollte Stauffenberg selbst übernehmen – dann hing aller Erfolg von der Fähigkeit der Verschwörer ab, die in Berlin und Umgebung liegenden Truppen des Ersatzheeres mit äußerster Schnelligkeit und Energie für ihre Ziele einzusetzen. Und hier stellte sich ihnen ein verwickeltes Problem.

Den Ausführungsbefehl für »Walküre« konnte normalerweise nur General Fritz Fromm, Oberbefehlshaber des Ersatzheeres, geben. Und gerade er blieb bis zuletzt ein Fragezeichen. Während des ganzen Jahres 1943 hatten die Verschwörer sich bemüht, auf ihn einzuwirken, und waren schließlich zu dem Schluß gelangt, daß man sich auf diesen unsicheren Kandidaten erst dann verlassen konnte, wenn er erkannte, daß der Aufstand Erfolg hatte. Aber da sich die Verschwörer ihres Erfolges sicher waren, bereiteten sie eine Reihe von Befehlen vor, unter die sie, ohne Fromms Wissen, seinen

Namen setzten. Falls er im entscheidenden Augenblick schwanken sollte, wollte man ihn durch General Hoepner ersetzen, den hervorragenden Panzerkommandeur, der 1941, nach der Schlacht um Moskau, von Hitler entlassen und degradiert worden war.
Ein weiteres Problem bildete der Kommandeur des Wehrkreises III (Berlin und Brandenburg), General von Kortzfleisch, der durch und durch Nationalsozialist war. Man beschloß, ihn festzunehmen und durch General Freiherr von Thüngen zu ersetzen. General Paul von Hase, Stadtkommandant von Berlin, war Mitverschwörer, und man konnte darauf zählen, daß er die in Berlin liegenden Truppen bei der ersten entscheidenden Maßnahme, der Inbesitznahme der Hauptstadt, führen würde.
Außer detaillierten Plänen für die Verwirklichung des Staatsstreichs in Berlin verfaßten Stauffenberg und Tresckow zusammen mit Goerdeler, Beck, Witzleben und anderen Anweisungen für die Wehrkreiskommandeure, in welcher Weise sie die vollziehende Gewalt in ihren Wehrkreisen übernehmen, die SS niederschlagen, die führenden Nationalsozialisten verhaften und die Konzentrationslager besetzen sollten. Ferner wurden Erklärungen entworfen, die im gegebenen Augenblick über Rundfunk und Presse an die Wehrmacht und das deutsche Volk ergehen sollten. Einige waren von Beck als dem neuen Staatsoberhaupt, andere von Feldmarschall von Witzleben als Oberbefehlshaber der Wehrmacht und von Goerdeler als neuem Reichskanzler unterzeichnet. Ausfertigungen der Befehle und Aufrufe wurden in aller Heimlichkeit spät in der Nacht von zwei tapferen Frauen in der Bendlerstraße abgeschrieben: Erika von Tresckow, Gattin des Generals, der so aktiv den Widerstand betrieben hatte, und Margarete von Oven, Tochter eines Generals im Ruhestand und jahrelang treue Sekretärin der früheren Oberbefehlshaber des Heeres Hammerstein und Fritsch. Die Dokumente wurden in General Olbrichts Tresor aufbewahrt.
Die Pläne waren also fertig. Doch die Ereignisse ließen den Verschwörern nicht mehr viel Zeit. Einmal war die Gestapo ihnen auf der Spur. Von Woche zu Woche mehrten sich Verhaftungen und Hinrichtungen von Widerstandsmitgliedern, darunter des Grafen von Moltke und anderer Angehöriger des Kreisauer Kreises. Beck, Goerdeler, Hassell, Witzleben und andere führende Leute des Widerstandes wurden von Himmlers Geheimpolizei derart scharf überwacht, daß es für sie immer schwieriger wurde, sich zu treffen. Himmler selbst hatte den gestürzten Canaris im Frühjahr verwarnt: Er wisse sehr wohl, »daß es namhafte Kreise im Heer gebe, die mit Umsturzplänen spielten... Und er werde Beck und Goerdeler rechtzeitig das Handwerk legen«. Canaris gab die Warnung an Olbricht weiter[24].
Nicht minder unheilvoll war zum anderen die militärische Lage. Im Osten war mit einer Großoffensive der Russen zu rechnen. In Italien stand Rom vor dem Fall (es wurde am 4. Juni von alliierten Truppen eingenommen). Im Westen bereitete sich die englisch-amerikanische Invasion vor. Schon bald – ehe noch das NS-Regime gestürzt werden konnte – konnte Deutschland militärisch geschlagen sein. Ja, unter den Verschwörern gab es immer mehr, die es, wohl unter dem Einfluß des Kreisauer Kreises stehend, für besser hielten, ihre Pläne ganz aufzugeben und die Verantwortung für die

Katastrophe Hitler und den Nationalsozialisten selbst zu überlassen. Sie meinten, deren Sturz könne zu einer neuen »Dolchstoßlegende« führen, ähnlich der, auf die so viele Deutsche nach dem Ersten Weltkrieg hereingefallen waren.

DIE ENGLISCH-AMERIKANISCHE INVASION, 6. JUNI 1944

Stauffenberg selbst glaubte nicht, daß die westlichen Alliierten noch in jenem Sommer einen Landungsversuch in Frankreich unternehmen würden. Er blieb sogar bei dieser Auffassung, nachdem ihm Oberst Georg Hansen, Canaris' Nachfolger nach Übernahme der Abwehr durch Himmler, aber einer der Mitverschworenen, bereits Anfang Mai gesagt hatte, im Juni sei jeden Tag mit der Invasion zu rechnen.

Im deutschen Oberkommando selbst herrschten Zweifel, zumindest über Zeitpunkt und Ort der Landung. Im Mai waren achtzehn Tage lang Wetter, See und Gezeiten für eine Landung günstig gewesen, und den Deutschen fiel auf, daß General Eisenhower die Gelegenheit nicht wahrgenommen hatte. Am 30. Mai schrieb Rundstedt in einer für Hitler bestimmten Lagebeurteilung, es gäbe keine Anzeichen für »ein unmittelbares Bevorstehen der Invasion«. Am 4. Juni meldete der Meteorologe der Luftflotte 4 in Paris, wegen der Schlechtwetterlage sei in den nächsten vierzehn Tagen nicht mit einer alliierten Aktion zu rechnen.

Auf Grund dieser Information und der wenigen anderen Informationen – wegen des schlechten Wetters hatte die Luftwaffe keine Aufklärungsflüge über der englischen Südküste machen können, wo sich in diesem Augenblick Eisenhowers Truppen an Bord begaben, und die Marine ihre Erkundungsfahrzeuge aus dem Kanal zurückzog – gab Rommel am Morgen des 5. Juni Rundstedt eine Lagebeurteilung, worin er zu dem Schluß kam, daß die Invasion nicht unmittelbar bevorstehe. Anschließend reiste er im Wagen nach Herrlingen, um eine Nacht bei seiner Familie zu verbringen und am nächsten Tag zu Hitler nach Berchtesgaden zu fahren.

»Der 5. Juni verlief ruhig«, erinnerte sich später General Speidel, Rommels Chef des Stabes. Es schien also kein Grund vorzuliegen, warum Rommel nicht eine Stippvisite in Deutschland machen sollte. Zwar waren Meldungen deutscher Agenten über die Möglichkeit einer alliierten Landung eingelaufen – diesmal zwischen dem 6. und 16. Juni –, aber es hatte seit April hunderte solcher Meldungen gegeben, und so wurden sie nicht ernst genommen. General Friedrich Dollmann, Befehlshaber der 7. Armee in der Normandie, an deren Küste die Alliierten im Begriff waren zu landen, befahl sogar am 6. Juni eine Lockerung des bestehenden Alarmzustands und berief seine Offiziere zu einem Sandkastenspiel nach dem etwa 200 Kilometer von jener Küste entfernten Rennes.

Die Deutschen waren nicht nur über den Termin der Invasion im unklaren, sie ahnten auch nicht, an welcher Stelle sie stattfinden würde. Rundstedt und Rommel waren überzeugt, sie werde an der schmalsten Stelle des Kanals, im Gebiet des Pas de Calais, vor sich gehen. Dort hatten sie die 15. Armee aufgestellt, deren Stärke im Frühjahr von zehn auf fünfzehn Infanteriedivisionen erhöht worden war. Hitler jedoch, dem seine unheimliche Intuition Ende März eingegeben hatte, daß der Schwerpunkt der alliierten Landung wahrscheinlich an der normannischen Küste liegen würde, hatte in den Wochen darauf die Verstärkung des Abschnitts zwischen Seine und Loire befohlen. »Achten Sie auf die Normandie!« sagte er immer wieder seinen Generalen.

Doch der überwiegende Teil der deutschen Streitkräfte, Infanterie- wie Panzerdivisionen, war im Norden der Seine zwischen Le Havre und Dünkirchen belassen worden. Rundstedt und seine Generale hielten den Blick mehr auf den Pas de Calais als auf die Normandie gerichtet, zumal das englisch-amerikanische Oberkommando im April und Mai zahlreiche Täuschungsmanöver ausführen ließ, die ihre Vermutungen zu bestätigen schienen.

Der 5. Juni verlief also – für die Deutschen – verhältnismäßig ruhig. Die Alliierten unternahmen zwar schwere Luftangriffe auf deutsche Munitionslager, Radarstationen, V-1-Abschußrampen, Verkehrsmittel und Transporte, aber das taten sie schon seit Wochen Tag und Nacht, und die Angriffe schienen nicht schwerer zu sein als die vorherigen.

Kurz nach Einbruch der Dunkelheit lief in Rundstedts Hauptquartier die Meldung ein, daß die Londoner BBC ungewöhnlich zahlreiche verschlüsselte Nachrichten an die französische Résistance gehen ließ, während die deutschen Radarstationen zwischen Cherbourg und Le Havre gestört wurden. Um 22 Uhr fing die 15. Armee eine chiffrierte BBC-Nachricht an den französischen Widerstand auf, aus der hervorzugehen schien, daß die Invasion unmittelbar bevorstehe. Die 15. Armee erhielt Bereitstellungsbefehl, aber Rundstedt hielt es nicht für notwendig, auch die 7. Armee zu alarmieren, die weiter westlich lag und den Küstenabschnitt zwischen Caen und Cherbourg besetzt hielt, dem sich nunmehr – gegen Mitternacht – alliierte Landungsstreitkräfte auf tausend Schiffen näherten.

Erst in der Nacht, am 6. Juni, 1.11 Uhr, wurde man sich bei der 7. Armee, deren Kommandeur von der Übung in Rennes noch nicht zurückgekehrt war, klar darüber, was im Gange war. Mitten in ihrem Abschnitt hatte die Landung von zwei amerikanischen und einer britischen Luftlandedivision begonnen. Um 1.30 Uhr wurde Bereitschaftsalarm gegeben.

Eine dreiviertel Stunde später rief Generalmajor Max Pemsel, Chef des Stabes der 7. Armee, General Speidel in Rommels Hauptquartier an und sagte ihm, die Sache habe den Anschein einer großangelegten Operation. Speidel glaubte nicht recht daran, gab aber die Meldung an Rundstedt weiter, der ebenfalls skeptisch war. Beide Generale nahmen an, die Absetzung von Fallschirmtruppen sei lediglich ein Täuschungsmanöver, mit dem die Alliierten von ihrer Hauptlandung bei Calais ablenken wollten. Um 2.40 Uhr wurde Pemsel mitgeteilt, Rundstedt glaube nicht an »eine größere Operation[25]«. Er glaubte nicht einmal daran, als ihm kurz nach Morgengrauen gemeldet wurde, daß an der normannischen Küste zwischen den Flüssen Vire und Orne eine riesige alliierte Flotte im Begriff sei, unter Deckung mörderischen Feuers aus den schweren Geschützen einer ganzen Armada von Kriegsschiffen starke Truppenverbände zu landen. Der Oberbefehlshaber West hielt diese Landung nicht für den Hauptangriffsstoß der Alliierten. Daß sie es dennoch war, ging den Deutschen, wie Speidel sagt, erst am Nachmittag des 6. Juni auf. Inzwischen hatten die Amerikaner an zwei Stellen der Küste, die Engländer an einer dritten Fuß gefaßt und bereits Brückenköpfe von drei bis zehn Kilometer Tiefe gebildet.

Um 6 Uhr früh hatte Speidel bei Rommel zu Hause angerufen, und der Feldmarschall war im Wagen sofort zurückgeeilt, ohne Hitler gesehen zu haben, traf aber erst am Nachmittag im Hauptquartier B ein. (Wegen der alliierten Luftüberlegenheit im Westen hatte Hitler seinen Befehlshabern untersagt, mit dem Flugzeug zu reisen.) Unterdessen hatten Speidel, Rundstedt und dessen Chef des Stabes, General Blumentritt, das zu der Zeit in Berchtesgaden befindliche OKW angerufen. Auf Grund eines idiotischen Befehls von Hitler konnte nicht einmal der Oberbefehlshaber West seine Panzerdivisionen ohne ausdrückliche Genehmigung des Führers einsetzen. Als die drei Generale am Morgen des 6. Juni flehentlich darum baten, zwei Panzerdivisionen in der Normandie einsetzen zu dürfen, erwiderte Jodl, Hitler wolle erst sehen, wie sich die Dinge weiter entwickelten. Woraufhin der Führer schlafen ging und trotz der verzweifelten Anrufe der Generale im Westen nicht vor 15 Uhr geweckt werden durfte.

Nachdem er ausgeschlafen hatte, veranlaßten die inzwischen eingegangenen schlechten Nachrichten den NS-Kriegsherrn, endlich zu handeln. Er gab – viel zu spät, wie sich zeigen sollte – Genehmigung, in der Normandie die Panzer-Lehrdivision und die 12. SS-Panzerdivision einzusetzen. Er erließ auch einen berühmten Befehl, den das Telefon-Tagebuch der 7. Armee für die Nachwelt erhalten hat:

6. Juni 1944, 16.55 Uhr.
ObWest weist auf Wunsch OKW hin, daß Gegner im Brückenkopf noch 6. 6. abends vernichtet wird, da Befürchtung verstärkter Luftlandungen und Seenachlandungen besteht ... Dortiger Einbruch muß heute noch bereinigt werden.

In den luftigen Höhen des Obersalzbergs, von dem aus Hitler jetzt versuchte, die bisher entscheidendste Schlacht des Krieges zu lenken – er selbst hatte schon vor Monaten gesagt, die Entscheidung werde im Westen fallen –, scheint dieser phantastische Befehl in Übereinstimmung mit Jodl und Keitel allen Ernstes ausgegeben worden zu sein. Selbst Rommel, der ihn kurz nach 17 Uhr, eine Stunde nach seiner Rückkunft, weitergab, scheint ihn ernst genommen zu haben, denn er befahl der 7. Armee, »daß 21. Pz.-Div. ohne Rücksicht auf Eintreffen irgendwelcher Verstärkungen sofort angreifen soll«. Die 21. war die einzige Panzerdivision im Armeebereich.

Die Division hatte, ohne Rommels Befehl abzuwarten, den Angriff bereits begonnen. General Pemsel im Hauptquartier der 7. Armee, mit dem Rommel telefonierte, reagierte auf den Wunsch Hitlers, den alliierten Brückenkopf – es waren in Wirklichkeit drei – bis zum Abend zu »bereinigen« mit einer barschen Antwort:

»Das dürfte unmöglich sein.«
Hitlers vielgepriesener Atlantikwall war in wenigen Stunden durchbrochen worden. Die vielgerühmte Luftwaffe war vom Himmel vertrieben ebenso wie die deutsche Flotte vom Meer, und das Heer war überrascht worden. Die Schlacht war zwar für die Alliierten noch lange nicht gewonnen, aber über ihren Ausgang bestand kein Zweifel. »Das Gesetz des Handelns«, schreibt Speidel, »wurde nunmehr von den Alliierten allein bestimmt.«
Rundstedt und Rommel hielten es für an der Zeit, Hitler dies von Angesicht zu Angesicht zu sagen und ihn aufzufordern, daraus die Konsequenzen zu ziehen. Sie lockten ihn nach Margival nördlich von Soissons zu einer Besprechung in den bombensicheren Bunker, der im Sommer 1940 wegen der beabsichtigten Landung in England zur Aufnahme des Führerhauptquartiers gebaut, aber nie benutzt worden war. Zum ersten Mal erschien jetzt, vier Jahre später, der NS-Kriegsherr in diesem Bunker.

Er sah fahl und übernächtigt aus [schreibt Speidel]. Nervös spielte er mit seiner Brille und mit Bleistiften aller Farben, die er zwischen den Fingern hielt. Er saß als einziger, gebeugt auf einem Hocker, während die Feldmarschälle standen. Seine frühere Suggestivkraft schien geschwunden. Nach kurzer frostiger Begrüßung sprach Hitler mit erhobener und bitterer Stimme sein Mißfallen über die geglückte Landung der Alliierten aus und suchte die Fehler bei den örtlichen Kommandeuren[26].

Aber die Aussicht auf eine neue vernichtende Niederlage machte die Generale kühn, zumindest Rommel, dem Rundstedt das Reden überließ, als Hitler mit seinen Ausfällen einen Augenblick innehielt. »Rommel«, sagt Speidel, »wies in schonungsloser Offenheit auf ... die ... Aussichtslosigkeit des Kampfes gegen die gewaltige Übermacht des Gegners auf der Erde, der See und in der Luft« hin[27]. Nun, ganz aussichtslos wäre der Kampf nicht gewesen, hätte Hitler nur seinen absurden Entschluß aufgegeben, jeden Fußbreit zu halten und die Alliierten in das Meer zurückzuwerfen. Mit Rundstedts Zustimmung schlug Rommel vor, die Truppen aus der Reichweite der mörderischen Schiffsgeschütze des Gegners zurückzunehmen, die Panzerverbände aus der Front herauszuziehen und sie für einen späteren Kampf »außerhalb der Reichweite der feindlichen Schiffsartillerie« neuaufzustellen, bei dem sie eventuell die allierten Linien durchbrechen könnten.
Aber der Oberste Kriegsherr wollte von irgendeinem Rückzug nichts wissen. Der deutsche Soldat hatte zu kämpfen, wo er stand. Da Hitler das Thema offensichtlich unangenehm war, ging er rasch zu einem anderen über. »In einer seltsamen Mischung von Zynismus und falscher Intuition«, schreibt Speidel, versicherte Hitler den Generalen, die neue V-1-Waffe werde »*die* kriegsentscheidende Wirkung ... gegen England« haben und »den Engländer friedenswillig« machen. Als die beiden Feldmarschälle Hitler auf das völlige Versagen der Luftwaffe im Westen hinwiesen, entgegnete er, es würden bald »Massen von Turbojägern« – die Alliierten hatten noch keine Düsen-

flugzeuge, aber die Deutschen hatten auch gerade erst mit der Produktion angefangen – die englischen und amerikanischen Flieger vom Himmel vertreiben. Dann werde England zusammenbrechen. In diesem Augenblick mußte die Besprechung wegen herannahender alliierter Flugzeuge in den Luftschutzbunker verlegt werden.
In dem sicheren unterirdischen Betonbunker setzte man die Unterredung bis 16 Uhr fort. »Sie wurde nur durch ein Eintopfessen im engsten Kreise unterbrochen«, erzählt Speidel, »bei dem Hitler einen vorgekosteten, gehäuften Teller mit Reis und Gemüsen verschlang. Vor seinem Platz waren Pillen und Likörgläser mit verschiedenen Medizinen aufgereiht, die er abwechselnd nahm. Hinter seinem Stuhl wachten zwei SS-Männer.« Rommel brachte jetzt das Gespräch auf die Politik.

Er sagte den Zusammenbruch der Invasionsfront [so Speidel], den nicht zu hemmenden Durchbruch nach Deutschland ... voraus und stellte auch das Halten der Ostfront in Zweifel. Außenpolitisch wies er auf die völlige Isolierung Deutschlands hin ... Er schloß diese ernste Lagebeurteilung mit der dringenden Forderung, zu einer Beendigung des Krieges zu kommen.

Hitler, der Rommel mehrmals unterbrochen hatte, schnitt ihm schließlich das Wort ab: »Kümmern Sie sich nicht um den Weitergang des Krieges, sondern um Ihre Invasionsfront.«
Die beiden Feldmarschälle drangen weder mit ihren militärischen noch mit ihren politischen Argumenten durch. Hitler »schenkte ihren Vorstellungen keinerlei Gehör«, erinnerte sich Jodl später in Nürnberg. Schließlich versuchten die Generale, Hitler zu bewegen, wenigstens einmal das Hauptquartier der Heeresgruppe B aufzusuchen, damit er sich selbst überzeugen könne, wie es in der Normandie stehe. Widerstrebend sagte Hitler seinen Besuch für den übernächsten Tag, den 19. Juni, zu.
Aber er kam nicht. Kurz nachdem Rundstedt und Rommel am Nachmittag des 17. Juni von Margival abgefahren waren, schlug eine von ihrem Londoner Ziel abgeirrte V 1 auf dem Dach des Führerbunkers ein. Es kam dabei zwar niemand zu Schaden, aber Hitler war so bestürzt, daß er sich unverzüglich in sicherere Zonen begab und seine Fahrt nicht unterbrach, bis er Berchtesgaden erreicht hatte.
Dort trafen binnen kurzem weitere schlechte Nachrichten ein. Am 20. Juni setzte die lang erwartete russische Offensive am Mittelabschnitt ein, und zwar mit solcher Gewalt, daß die Heeresgruppe Mitte, der Hitler seine stärksten Formationen zugeteilt hatte, in wenigen Tagen zerschlagen wurde. Die Russen erzielten einen breiten Fronteinbruch, der ihnen den Weg nach Polen öffnete. Am 4. Juli überschritten sie die polnische Ostgrenze von 1939 und rückten gegen Ostpreußen. Das deutsche Oberkommando zog alle verfügbaren Reserven zusammen und setzte sie – zum ersten Mal im Zweiten Weltkrieg – zur Verteidigung des eigenen Landes ein. Ein Beitrag zur Besiegelung des Schicksals der deutschen Armeen im Westen! Denn diese konnten fortan nicht mehr auf nennenswerte Verstärkungen hoffen.

Am 29. Juni appellierten Rundstedt und Rommel noch einmal an Hitler, den Realitäten an der Ost- und Westfront ins Gesicht zu sehen und den Krieg zu beenden, solange noch beträchtliche Teile der deutschen Wehrmacht intakt seien. Diese Unterredung fand auf dem Obersalzberg statt. Hitler war den beiden Generalen gegenüber eisig, tat ihre dringlichen Vorstellungen kurzangebunden ab und erging sich dann in einem monologartigen Vortrag über die neuen »Wunderwaffen«, mit denen der Krieg gewonnen werden würde. »Die Ausführungen«, sagt Speidel, »verloren sich in Hirngespinsten.«
Zwei Tage später wurde Rundstedt durch Feldmarschall von Kluge als Oberbefehlshaber West abgelöst[28]. Am 15. Juli ließ Rommel ein langes Fernschreiben an Hitler abgehen: »Die Truppe kämpft allerorts heldenmütig, jedoch der ungleiche Kampf neigt dem Ende entgegen.« Er fügte eine Nachschrift hinzu:

Ich muß bitten, die politischen [dieses Wort bei der Weitergabe entfallen] Folgerungen aus dieser Lage unverzüglich zu ziehen. Ich fühle mich verpflichtet als Oberbefehlshaber der Heeresgruppe, dies klar auszusprechen.

»Ich habe ihm jetzt die letzte Chance gegeben«, sagte Rommel zu Speidel. »Wenn er keine Konsequenzen zieht, werden wir handeln[29].«
Zwei Tage später, am Nachmittag des 17. Juli, wurde Rommel in seinem Wagen auf der Rückfahrt von der Normandiefront in sein Hauptquartier von alliierten Tieffliegern beschossen und so schwer verwundet, daß man zunächst glaubte, er werde den Tag nicht überleben. Das war eine Katastrophe für die Widerstandsbewegung, denn Rommel hatte sich – laut Speidel – unwiderruflich entschlossen, innerhalb der nächsten Tage mit seiner Person an der Befreiung Deutschlands von Hitlers Herrschaft mitzuwirken (obwohl er immer noch dagegen war, Hitler zu töten). Wie sich zeigen sollte, fehlte ein Mann seines Schneids und seiner Entschlossenheit unter den hohen Offizieren, die sich, als im Juli 1944 der Zusammenbruch der deutschen Armeen im Osten und Westen begann, endlich zu ihrem letzten Versuch aufrafften, Hitler und den Nationalsozialismus zu beseitigen.
»Alle [Verschwörer] aber«, sagte Speidel, »fühlten sich schmerzlich ihrer Mitte beraubt[30].«

DIE VERSCHWÖRUNG IN ELFTER STUNDE

Die erfolgreiche alliierte Landung in der Normandie rief unter den Verschwörern in Berlin große Verwirrung hervor. Stauffenberg war, wie wir sahen, der Auffassung gewesen, die westlichen Alliierten würden im Jahre 1944 keinen Landungsversuch unternehmen, und wenn doch, hatte er gemeint, würden die Chancen fünfzig zu fünfzig stehen. Offenbar wünschte er sich einen Fehlschlag der Invasion, weil dann die Regierungen Amerikas und Englands größere Bereitschaft zeigen würden, mit der neuen deutschen Regierung über einen Friedensschluß im Westen zu verhandeln, wobei diese bessere Bedingungen erlangen könnte.

Als offenkundig wurde, daß die Invasion gelungen war, daß Deutschland eine weitere entscheidende Niederlage erlitten hatte und daß ihm eine weitere im Osten drohte, fragten sich Stauffenberg, Beck und Goerdeler, ob es noch Sinn habe, an ihren Plänen festzuhalten. Gelang ihr Staatsstreich, so würde man ihnen am Ende die Schuld an der nicht zu vermeidenden Katastrophe zuschreiben. Schließlich meinte Beck, ein erfolgreicher Aufstand, möge er auch Deutschland jetzt nicht mehr eine feindliche Besetzung ersparen, könne doch zu einer Beendigung des Krieges führen und weitere Verluste an Menschenleben und Volksvermögen verhindern. Auch würde ein Friedensschluß zu diesem Zeitpunkt verhindern, daß die Bolschewisten Deutschland überrannten. Zudem würde die Welt sehen, daß es noch ein »anderes Deutschland« als das nationalsozialistische gäbe. Und vielleicht würden wenigstens die westlichen Alliierten, trotz der Forderung nach bedingungsloser Kapitulation, mit einem besiegten Deutschland nicht zu hart umgehen. Der gleichen Ansicht war Goerdeler, der sogar noch größere Hoffnungen in die westlichen Demokratien setzte. Er wisse, sagte er, wie sehr Churchill die Gefahr »eines totalen russischen Sieges« fürchte.

Die von Stauffenberg geführten jüngeren Verschwörer waren davon nicht völlig überzeugt. Sie suchten Rat bei Tresckow, der jetzt an der Ostfront Chef des Stabes der 2. Armee war. Seine Antwort brachte die Schwankenden wieder ins Geleise:

Das Attentat muß erfolgen, coûte que coûte. Sollte es nicht gelingen, so muß trotzdem in Berlin gehandelt werden. Denn es kommt nicht mehr auf den praktischen Zweck an, sondern darauf, daß die deutsche Widerstandsbewegung vor der Welt und vor der Geschichte den entscheidenden Wurf gewagt hat. Alles andere ist daneben gleichgültig[31].

Diese mutige Antwort war für die Verschwörer bestimmend, belebte wieder ihre Tatkraft und zerstreute die Zweifel Stauffenbergs und seiner jungen Freunde. Der drohende Zusammenbruch der Fronten in Rußland, Frankreich und Italien zwang ihnen sofortiges Handeln auf. Ein weiteres Ereignis drängte sie zur Eile.

Von Anfang an hatte der Beck-Goerdeler-Hassell-Kreis jedes Zusammenwirken mit der kommunistischen Untergrundbewegung abgelehnt. Umgekehrt hatten auch die Kommunisten keine Neigung zu einer Zusammenarbeit, denn in ihren Augen war der Kreis ebenso reaktionär wie die Nationalsozialisten, und wenn ihm der Staatsstreich gelingen sollte, bestand für die Kommunisten keine Aussicht, ihr Ziel zu verwirklichen: dem nationalsozialistischen Deutschland ein kommunistisches Deutschland folgen zu lassen. Beck und seine Freunde waren sich über das Ziel der Kommunisten im klaren. Auch wußten sie, daß der kommunistische Untergrund von Moskau gelenkt und in erster Linie zur Spionage benutzt wurde. Das war 1942 bei der Aufdeckung der *Roten Kapelle* herausgekommen[32]. Ferner war ihnen bekannt, daß die Gestapo

Agenten in die kommunistische Untergrundbewegung eingeschleust hatte – »V-Männer«, wie Heinrich Müller sie nannte, der Gestapo-Chef, der sich die sowjetische NKWD zum Vorbild genommen hatte und sie bewunderte.

Im Juni nahmen die Verschwörer – gegen den Rat Goerdelers und der älteren Angehörigen des Widerstandskreises – Fühlung mit den Kommunisten auf. Dies geschah auf Vorschlag des linken Flügels, insbesondere des Soziologen Professor Adolf Reichwein, eines ehemaligen Wandervogels, der jetzt Mitarbeiter des Volkskundemuseums in Berlin war. Stauffenberg mißtraute zwar den Kommunisten, doch überzeugten ihn seine sozialdemokratischen Freunde Reichwein und Leber davon, daß ein gewisser Kontakt mit ihnen notwendig sei, um zu erkunden, was sie vorhatten, wie sie sich im Fall eines erfolgreichen Staatsstreichs verhalten würden und ob man sie im letzten Augenblick zu einer Erweiterung der Basis des Widerstands benutzen könne. Zögernd gab Stauffenberg seine Zustimmung zu einer Zusammenkunft zwischen Leber und Reichwein einerseits und den Führern der kommunistischen Untergrundbewegung andererseits. Doch legte er ihnen ans Herz, den Kommunisten so wenig wie möglich zu verraten.

Die Begegnung fand am 22. Juni in Berlin statt. Seitens der Kommunisten nahmen an ihr Franz Jacob und Anton Saefkow teil, die behaupteten – und vielleicht traf es zu –, die Führer der kommunistischen Untergrundbewegung zu sein. In ihrer Begleitung befand sich ein dritter namens Rambow. Es stellte sich heraus, daß die Kommunisten schon eine ganze Menge über das Komplott gegen Hitler wußten und noch mehr wissen wollten. Sie erbaten eine Zusammenkunft mit den militärischen Führern des Widerstands für den 4. Juli. Stauffenberg lehnte für seine Person ab, ermächtigte jedoch Reichwein, ihn bei der zweiten Begegnung zu vertreten. Als dann Reichwein hinging, wurde er zusammen mit Jacob und Saefkow auf der Stelle verhaftet. »Rambow« war Gestapospitzel. Am Tage darauf wurde auch Leber festgenommen, dem Stauffenberg eine dominierende politische Rolle innerhalb der neuen Regierung zugedacht hatte. Leber, Reichwein, Jacob und Saefkow wurden später sämtlich hingerichtet.

Die Verhaftung Lebers erschütterte Stauffenberg aufs tiefste. Er hatte nicht nur mit Leber enge Freundschaft geschlossen, den er als unerläßliches Mitglied der in Aussicht genommenen neuen Regierung betrachtete, er erkannte auch sofort, daß die ganze Widerstandsbewegung in großer Gefahr schwebte, ausgehoben zu werden, nachdem ihr nun Himmlers Spitzel so dicht auf den Fersen waren. Leber und Reichwein waren tapfere Männer, und Stauffenberg glaubte auf ihre Verschwiegenheit selbst unter Folterqualen zählen zu können. Andere waren sich dessen nicht so sicher. Es mochte Grenzen geben, über die hinaus sogar der Tapferste nicht imstande war, Schweigen zu bewahren, wenn sein Körper unerträglichen Torturen ausgesetzt wurde. Die Verhaftung Lebers und Reichweins war ein weiterer Grund für unverzügliches Handeln.

DER STAATSSTREICH VOM 20. JULI 1944

Gegen Ende Juni kam den Verschwörern ein glücklicher Umstand zugute: Stauffenberg wurde Chef des Stabes bei General Fromm, dem Oberbefehlshaber des Ersatzheeres. Sein neuer Posten gab ihm nicht nur die Möglichkeit, in Fromms Namen Befehle an das Heimatheer zu erlassen, er hatte nunmehr auch unmittelbar und häufig Zugang zu Hitler. Denn Hitler begann jetzt, den Oberbefehlshaber des Ersatzheeres oder dessen Stellvertreter zwei- oder dreimal wöchentlich in das Führerhauptquartier zu bestellen, um Ersatz für seine dezimierten Divisionen in Rußland zu fordern. Bei einer dieser Besprechungen gedachte Stauffenberg seine Bombe zu legen.

Damit war Stauffenberg die Schlüsselfigur der Verschwörung geworden. Auf seinen Schultern ruhte ihre einzige Erfolgschance. Er war das einzige Mitglied des Widerstands, das in das scharf bewachte Führerhauptquartier eindringen und Hitler umbringen konnte. Als Chef des Stabes des Ersatzheeres würde es ihm obliegen – denn Fromm war noch nicht ganz gewonnen, und man konnte sich auf ihn nicht völlig verlassen –, nach Beseitigung Hitlers die Truppen zur Inbesitznahme Berlins einzusetzen. Und beides hatte am selben Tage und an zwei Plätzen zu geschehen, die 300 bzw. 500 Kilometer voneinander entfernt lagen: im Führerhauptquartier, sei es auf dem Obersalzberg oder in Rastenburg, und in Berlin. Zwischen beiden Handlungen würde ein Zeitraum von zwei oder drei Stunden liegen, während derer er nach Berlin zurückfliegen und nur hoffen konnte, daß seine Mitverschworenen in Berlin mit Energie die notwendigen Maßnahmen einleiteten. Das war die eine Schwierigkeit.

Aber es gab noch andere. Eine davon scheint eine beinahe überflüssige Komplikation gewesen zu sein: Die jetzt verzweifelten Verschwörer waren zu der Auffassung gelangt, es genüge nicht, Adolf Hitler allein zu töten. Zu gleicher Zeit müßten auch Göring und Himmler umgebracht werden, damit die unter ihrem Befehl stehenden Streitkräfte nicht zur Niederschlagung des Aufstandes verwendet werden könnten. Man glaubte auch, daß sich die höchsten Frontkommandeure rascher zum Mitmachen entschließen würden, wenn die beiden wichtigsten Männer neben Hitler beseitigt seien. Da Göring und Himmler bei den täglichen Lagebesprechungen im Führerhauptquartier anwesend zu sein pflegten, glaubten die Verschwörer, es würde nicht allzu schwierig sein, alle drei NS-Größen mit einer Bombe aus der Welt zu schaffen. Dieser törichte Entschluß war Anlaß dafür, daß Stauffenberg zwei günstige Gelegenheiten nicht wahrnahm.

Am 11. Juli wurde er von Hitler zum Vortrag auf den Obersalzberg bestellt. In seinem Flugzeug nach Berchtesgaden führte er eine der Bomben englischer Herkunft mit. Am Abend vorher waren die Verschwörer bei einer Zusammenkunft in Berlin übereingekommen, daß dies der richtige Augenblick sei, Hitler – gleichzeitig mit Göring und Himmler – umzubringen. Aber Himmler erschien an diesem Tage nicht bei der Lagebesprechung. Stauffenberg stahl sich für einen Augenblick aus dem Raum und rief General Olbricht in Berlin an. Als er ihm sagte, Himmler sei zwar nicht anwesend, aber er könne ja Hitler und Göring hochgehen lassen, riet ihm der General dringend, einen anderen Tag zu wählen, an dem alle drei beisammen sein würden. Nach Berlin zurückgekehrt, traf er mit Beck und Olbricht zusammen und erklärte entschlossen, beim nächsten Mal müsse das Attentat gegen Hitler erfolgen, ganz gleich, ob Göring und Himmler zugegen seien. Die anderen waren einverstanden.

Die nächste Gelegenheit ergab sich bald. Am 14. Juli erhielt Stauffenberg Befehl, am folgenden Tag dem Führer über den Stand des Ersatzheeres zu berichten – jeder verfügbare Rekrut wurde dringend gebraucht, um die Lücken an der Ostfront mit zu füllen, wo die Heeresgruppe Mitte nach Einbuße von 27 Divisionen aufgehört hatte, eine kampffähige Truppe zu sein. An diesem Tag, dem 14., hatte Hitler sein Hauptquartier nach Rastenburg zurückverlegt, um persönlich zu versuchen, am Mittelabschnitt die Front wieder zum Stehen zu bringen. Die Rote Armee war jetzt nur noch 100 Kilometer von Ostpreußen entfernt.

Am Morgen des 15. Juli flog Stauffenberg wieder mit einer Bombe in der Aktentasche in das Führerhauptquartier. Diesmal waren die Verschwörer des Erfolges so sicher, daß sie übereinkamen, das erste Stichwort für »Walküre« – d. h. für das Inmarschsetzen der in Berlin liegenden Einheiten und der Panzertruppen der Panzerschule in Krampnitz – zwei Stunden vor Beginn der auf 13 Uhr angesetzten Lagebesprechung auszugeben.

So gab General Olbricht am 15. Juli, 11 Uhr, den »Walküre«-Alarm für Berlin, und noch vor Mittag rückten die Truppen mit dem Befehl aus, die Wilhelmstraße zu besetzen. Um 13 Uhr erschien Stauffenberg, seine Aktentasche in der Hand, im Besprechungsraum des Führerhauptquartiers, erstattete seinen Bericht und ging dann hinaus, um Olbricht anzurufen und ihm – in vorher verabredeten verschlüsselten Worten – zu sagen, daß Hitler zugegen sei und er, Stauffenberg, nach Rückkehr in den Besprechungsraum die Bombe zur Explosion bringen werde. Olbricht teilte ihm mit, daß in Berlin bereits die Truppen ausgerückt seien. Endlich schien das große Unternehmen zu gelingen. Doch als Stauffenberg in den Konferenzraum zurückkehrte, war Hitler nicht mehr da, und Keitel hatte die Sitzung aufgelöst. Untröstlich stürzte Stauffenberg zum Telefon und sagte Olbricht, was geschehen war. Der General widerrief eiligst den »Walküre«-Alarm, und die Truppen erhielten Befehl, sich so rasch und unauffällig wie möglich wieder in ihre Quartiere zu begeben.

Das neue Mißlingen war ein schwerer Schlag für die Verschwörer, die nach Stauffenbergs Rückkehr in Berlin zusammentrafen, um zu überlegen, was nun zu tun sei. Goerdeler setzte sich für die sogenannte »westliche Lösung« ein. Er schlug Beck vor, mit ihm zusammen nach Paris zu fliegen und sich mit Feldmarschall Kluge zu beraten, ob man nicht einen Waffenstillstand im Westen anstreben solle, bei dem die Westmächte sich verpflichten müßten, nicht weiter als bis zur deutsch-französischen Grenze vorzugehen, damit die im Westen liegenden deutschen Truppen zur Ostfront geworfen werden könnten, um das Reich vor dem Bolschewismus zu bewahren. Beck sah die Dinge klarer. Er wußte, daß die Idee, jetzt einen Separatfrieden mit dem Westen schließen zu können, ein Hirngespinst war. Gleichwohl müsse Hitler beseitigt und das NS-Regime gestürzt werden, meinte Beck, wenn auch nur, um Deutschlands Ehre zu retten. Stauffenberg stimmte ihm zu. Und er schwor, beim nächsten Mal werde es ihm nicht mißlingen. General Olbricht, dem Keitel wegen der Truppenbewegung in Berlin einen Verweis erteilt hatte, erklärte, er könne so etwas nicht noch einmal tun, da sonst die ganze Verschwörung aufgedeckt werden würde. Nur mit Mühe und Not habe er Keitel und Fromm einreden können, es habe sich nur um eine Übung gehandelt. Olbrichts Angst, die Truppen in Marsch zu setzen, ehe Hitlers Tod mit Sicherheit feststand, sollte am entscheidenden Tage, dem 20. Juli, verheerende Folgen haben.

Am Sonntagabend, dem 16. Juli, lud Stauffenberg seine nächsten Freunde und Verwandten in seine Wannseer Wohnung ein: seinen Bruder Berthold, Berater in Völkerrechtsfragen im Oberkommando der Marine, seinen Vetter Oberstleutnant Cäsar von Hofacker, Verbindungsmann zu den Generalen im Westen, den Grafen Fritz von der Schulenburg, ehemals Nationalsozialist und noch stellvertretender Polizeipräsident von Berlin, und Trott zu Solz. Hofacker war gerade aus dem Westen von Besprechungen mit Falkenhausen, Stülpnagel, Speidel, Rommel und Kluge zurückgekehrt. Er berichtete, daß der Zusammenbruch im Westen unmittelbar bevorstehe und, was noch wichtiger war, daß Rommel die Verschwörung unterstützen werde, ganz gleich ob Kluge mitmache oder nicht; allerdings war Rommel immer noch dagegen, Hitler zu töten. Die jungen Verschwörer jedoch waren nach langer Diskussion einhellig der Meinung, daß nunmehr Hitlers Tod der einzige Ausweg sei. Sie gaben sich inzwischen keinen Täuschungen mehr darüber hin, daß ihre verzweifelte Aktion Deutschland die bedingungslose Kapitulation nicht ersparen würde. Sie waren jetzt sogar der Auffassung, daß Deutschland nicht nur vor den westlichen Alliierten, sondern auch vor den Russen bedingungslos werde kapitulieren müssen. Wichtig sei nur eins: daß Deutschland durch Deutsche – und nicht durch die Siegermächte – von Hitlers Tyrannei befreit werde[33].

Dazu war es jetzt furchtbar spät. Die Verschwörer hatten die NS-Despotie elf Jahre lang ertragen. Und nur die Gewißheit, daß der vom NS-Regime entfesselte Krieg, gegen den sie sich nur wenig oder überhaupt nicht aufgelehnt hatten, mit einer entsetzlichen Niederlage endete, trieb sie zur Aktion. Aber besser spät als nie. Allerdings blieb ihnen wenig Zeit. Die Frontgenerale ließen sie wissen, der Zusammenbruch in Ost und West sei wahrscheinlich nur noch eine Frage von Wochen.

Die Zeit zum Handeln schien für die Verschwörer indes nur eine Frage von ein paar Tagen zu sein. Der verfrühte »Walküre«-Alarm hatte im OKW Verdacht erregt. Am Tage des neuerlich mißglückten Attentats, dem 15. Juli, war außerdem die Nachricht gekommen, daß General von Falkenhausen, im Westen einer der Führer des Widerstands, plötzlich seines Postens als Militärgouverneur für Belgien und Nordfrankreich enthoben worden war. Irgendwer, so fürchtete man, mußte die Verschwörer verraten haben. Am 17. Juli erfuhren sie, daß Rommel wegen der Schwere seiner Verwundung für unbestimmte Zeit ausfiel. Am Tage darauf erhielt Goerdeler von einem Freund in der Polizei den Wink, daß Himmler gegen ihn Haftbefehl erlassen habe. Auf Drängen Stauffenbergs suchte der widerstrebende Goerdeler ein Versteck auf. Am selben Tag wurde Stauffenberg von einem persönlichen Freund, dem Korvettenkapitän Alfred Kranzfelder, einem der wenigen Marineoffiziere im Widerstand, mitgeteilt, in Berlin ginge das Gerücht um, daß in den nächsten Tagen das Führerhauptquartier in die Luft gesprengt werden solle. Wiederum schien irgendein Widerstandsmitglied unvorsichtig oder indiskret gewesen zu sein. Alles deutete darauf hin, daß die Gestapo den Ring um den Kern der Verschwörung immer enger zog.

Am Nachmittag des 19. Juli wurde Stauffenberg wieder nach Rastenburg bestellt. Er sollte am nächsten Tag in der Führerkonferenz um 13 Uhr über die Aufstellung der neuen Volksgrenadierdivisionen berichten, die in aller Eile ausgebildet wurden, um an die Ostfront geworfen zu werden[34]. Feldmarschall von Witzleben und General Hoepner, die außerhalb von Berlin wohnten, wurden von Stauffenberg gebeten, sich rechtzeitig in die Stadt zu begeben. General Beck traf seine letzten Vorbereitungen für die Leitung des Staatsstreichs bis zu der Stunde, in der Stauffenberg nach Vollbringung der Tat auf dem Luftweg zurückgekehrt sein konnte. Die wichtigsten Offiziere in den Garnisonen in und um Berlin wurden unterrichtet, daß der 20. Juli *der* Tag sein würde.

Stauffenberg arbeitete in der Bendlerstraße an seinem Bericht für Hitler bis kurz nach 20 Uhr und fuhr dann zu seiner Wohnung in Wannsee. Unterwegs machte er an der katholischen Kirche in Dahlem halt, um zu beten[35]. Er verbrachte den Abend ruhig mit seinem Bruder Berthold und zog sich früh zurück. Alle, die ihn an jenem Nachmittag und Abend sahen, erinnerten sich, daß er freundlich und ruhig war, als ob nichts Ungewöhnliches im Gange sei.

Kurz nach 6 Uhr morgens am 20. Juli, einem schönen Sommertag, fuhr Oberst Stauffenberg in Begleitung seines Adjutanten Oberleutnant Werner von Haeften durch die zerstörten Straßen Berlins zum Flughafen Rangsdorf. In seiner prall gefüllten Aktentasche befanden sich alle Unterlagen über die neuen Volksgrenadierdivisionen, von denen er um 13 Uhr Hitler in der *Wolfsschanze* bei Rastenburg in Ostpreußen berichten sollte. Zwischen den Papieren steckte, in ein Hemd eingehüllt, eine Zeitbombe.

Es war eine Bombe der gleichen Art, wie sie von Tresckow und Schlabrendorff im vergangenen Jahr in Hitlers Flugzeug geschmuggelt worden war, ohne daß sie explodierte. Sie war am Abend vorher von General Stieff beschafft worden.

Im Flughafen fanden die beiden Offiziere das Flugzeug des Ersten Generalquartiermeisters General Eduard Wagner bereitstehen. Wagner war an dem Komplott führend beteiligt und hatte ihnen für diesen hochwichtigen Zweck seine Maschine zur Verfügung gestellt. Um 7 Uhr flogen sie ab, und kurz nach 10 Uhr landeten sie in Rastenburg. Haeften wies den Flugzeugführer an, sich ab 12 Uhr für den Rückflug bereitzuhalten.

Ein Wagen brachte sie zu der in einem dichtbewaldeten Gebiet Ostpreußens gelegenen

Wolfsschanze. Es war weder leicht hineinzukommen noch herauszukommen, wie Stauffenberg zweifellos wußte. Das Führerhauptquartier war in drei Befestigungsgürteln angelegt, alle geschützt durch Minenfelder, MG-Stände und elektrisch geladenen Stacheldraht, und Tag und Nacht von SS-Patrouillen bewacht. Den innersten Bezirk, den Sperrkreis I, in dem Hitler wohnte und arbeitete, konnte selbst der höchste General nur mit einem für einen einzigen Besuch gültigen Sonderausweis betreten, der von dem SS-Oberführer Rattenhuber, dem Chef der SS-Wachen, oder von einem seiner Vertreter ausgestellt war. Da aber Hitler selbst Stauffenberg zum Vortrag befohlen hatte, gelangten die beiden Offiziere ohne Schwierigkeit durch die drei Kontrollstellen, wiewohl sie angehalten und ihre Ausweise geprüft wurden. Nachdem Stauffenberg mit Rittmeister von Möllendorf, dem Adjutanten des Lagerkommandanten, gefrühstückt hatte, begab er sich zu General Fellgiebel, dem Chef des Nachrichtenwesens im OKW. Fellgiebel war eine der Schlüsselfiguren der Verschwörung. Stauffenberg vergewisserte sich, daß der General bereit war, nach erfolgtem Attentat die Nachricht nach Berlin durchzugeben, damit die dortigen Verschwörer unverzüglich in Aktion treten könnten. Dann sollte Fellgiebel alle Telefon-, Draht- und Funkverbindungen abschneiden und damit das Führerhauptquartier isolieren. Niemand war hierzu besser in der Lage als Fellgiebel, der Chef des Nachrichtenwesens im OKW, und der Widerstandskreis schätzte sich glücklich, ihn gewonnen zu haben. Er war geradezu unentbehrlich, sollte der Staatsstreich gelingen.

Nachdem Stauffenberg noch General Buhle, den Vertreter des Heeres im OKW, in dienstlichen Angelegenheiten gesprochen hatte, ging er zu Keitels Quartier hinüber, hing Koppel und Mütze im Vorzimmer auf und betrat Keitels Zimmer. Dort wurde ihm bewußt, daß er rascher handeln müsse als geplant. Es war jetzt kurz nach 12 Uhr. Keitel teilte ihm mit, die Lagebesprechung müsse um eine halbe Stunde vorverlegt werden, da um 14.30 Uhr Mussolini erwartet werde. Stauffenberg solle sich mit seinem Bericht kurz fassen. Hitler wolle die Sitzung bald beenden. Keitel blickte bereits ungeduldig auf seine Uhr.

Kurz vor 12.30 Uhr verließen sie Keitels Quartier und gingen zu der sogenannten Lagebaracke hinüber, in der die Lagebesprechungen stattzufinden pflegten. Aber ehe sie den Sperrkreis I betraten, sagte Stauffenberg, er habe Koppel und Mütze in Keitels Vorzimmer hängen gelassen und lief rasch zurück, ehe Keitel seinen Adjutanten schicken konnte, um sie holen zu lassen.

In dem Vorzimmer allein, öffnete Stauffenberg seine Aktentasche und drückte mit einer kleinen Zange, die er mit den ihm verbliebenen drei Fingern betätigen konnte, den Zünder ein. Wenn nicht wieder ein Mechanismus versagte, mußte die Bombe in zehn Minuten explodieren.

Keitel war ärgerlich über die Verzögerung, schöpfte aber keinen Verdacht. Tatsächlich verspäteten sie sich ein wenig, die Konferenz hatte bereits begonnen. Im Vorraum sagte Stauffenberg zu dem Feldwebel, der Telefondienst hatte, er erwarte ein dringendes Gespräch aus seinem Berliner Amt, von dem er noch eine letzte Information für seinen

Vortrag angefordert habe (das war für Keitels Ohren bestimmt), und man solle ihn sofort holen, wenn der Anruf käme. Auch jetzt schöpfte Keitel keinen Verdacht.

Dann betraten die beiden Männer den Besprechungsraum. Vor vier Minuten hatte Stauffenberg den Zünder eingedrückt. Es blieben noch sechs Minuten. Der Raum war verhältnismäßig klein, etwa 10 m lang und 5 m breit, und er hatte zehn Fenster, die an diesem heißen Tag sämtlich geöffnet waren, was die Wirkung der Bombenexplosion herabmindern mußte. In der Mitte stand ein 6 × 1,2 m breiter Tisch mit einer dicken Eichenplatte, die nicht von Tischbeinen, sondern an beiden Enden von massiven Sockeln getragen wurde. Diese eigentümliche Konstruktion des Tisches war nicht ohne Bedeutung für den Ablauf des Geschehens.

Als Stauffenberg eintrat, saß Hitler in der Mitte der der Tür zugewandten Längsseite des Tisches. Um den Tisch herum stand eine Reihe Offiziere der drei Wehrmachtteile. Göring und Himmler waren nicht anwesend. Keitel nahm seinen Platz zwischen Hitler und Jodl ein. Unmittelbar rechts von Hitler stand General Heusinger und berichtete über die jüngsten Einbrüche der Russen am Mittelabschnitt. Keitel unterbrach Heusingers Vortrag, um Stauffenberg zu melden. Hitler erwiderte kurz den Gruß des einarmigen Obersts mit der schwarzen Klappe auf einem Auge und sagte, erst solle Heusinger zu Ende sprechen, dann werde er Stauffenberg anhören.

Stauffenberg trat an den Tisch heran und stellte sich zwischen General Korten von der Luftwaffe und Oberst Heinz Brandt, Heusingers Chef des Stabes. Er stellte seine Aktentasche auf den Boden und schob sie unter den Tisch, so daß sie an der *Innenseite* des Eichensockels, etwa 1,30 m von Hitlers Beinen entfernt, angelehnt stand. Es war jetzt 12.37 Uhr. Es blieben noch fünf Minuten. Heusinger sprach weiter und erläuterte seine Ausführungen an Hand der auf dem Tisch ausgebreiteten Karte. Hitler und die Offiziere beugten sich über die Karte.

Niemand schien bemerkt zu haben, daß Stauffenberg sich davon stahl, vielleicht außer Oberst Brandt. Als Brandt sich über den Tisch lehnen wollte, um die Karte besser sehen zu können, stand ihm Stauffenbergs dicke Aktentasche im Wege. Er versuchte, sie mit dem Fuß beiseite zu schieben, nahm sie aber dann mit der Hand auf und stellte sie an die Hitler *abgekehrte* Seite des massiven Eichensockels[36]. Diese scheinbar unbedeutende Bewegung, die Hitler wahrscheinlich vor dem Tod bewahrte, kostete Brandt das Leben. Hier waltete ein merkwürdiges Schicksal: Oberst Brandt war der Offizier, dem Tresckow am 13. März 1943 vor Hitlers Rückflug von Smolensk nach Rastenburg die beiden »Kognakflaschen« übergeben hatte, die, ohne daß Brandt es ahnte, eine Bombe waren – eine Bombe der gleichen Art, die er jetzt, ebenso ahnungslos, aus Hitlers Nähe weggerückt hatte.

Da Heusingers Vortrag sich dem Ende näherte, blickte Keitel sich nach Stauffenberg um, der nunmehr an die Reihe kommen sollte. Aber der junge Oberst war nicht da. Keitel erinnerte sich, daß Stauffenberg im Vorraum mit dem Feldwebel des Telefondienstes gesprochen hatte, und verließ den Raum, um den merkwürdigen jungen Offizier hereinzuholen.

Stauffenberg war jedoch nicht im Telefonraum. Der Feldwebel sagte, er habe eilends die Baracke verlassen. Der verdutzte Keitel kehrte in den Konferenzraum zurück. Heusinger beendete gerade seinen Bericht über die katastrophale Lage: »*Der Russe dreht mit starken Kräften westlich der Düna nach Norden ein. Seine Spitzen stehen bereits südwestlich Dünaburg. Wenn jetzt nicht endlich die Heeresgruppe vom Peipussee zurückgenommen wird, dann werden wir eine Katastrophe* ... [37]«

Genau in diesem Augenblick, 12.42 Uhr, platzte die Bombe.

Stauffenberg hatte sich unterdessen in einer Entfernung von etwa 200 m aufgehalten. Er stand mit General Fellgiebel vor dessen Dienstzimmer im Bunker 88 und blickte nervös auf seine Armbanduhr. Dann hörte er eine gewaltige Detonation und sah die Lagebaracke in Rauch und Flammen stehen, so als ob sie, wie er später sagte, von einer 15,5-cm-Granate getroffen worden wäre. Menschliche Körper wurden ins Freie hinausgeschleudert und Trümmer flogen in die Luft. In seiner Aufregung zweifelte Stauffenberg nicht im geringsten daran, daß alle Konferenzteilnehmer tot seien oder im Sterben lägen. Er verabschiedete sich rasch von Fellgiebel, dem es nunmehr oblag, die Verschwörer in Berlin telefonisch zu benachrichtigen, daß das Attentat gelungen sei, und dann die Telefon-, Draht- und Funkverbindungen abzuschneiden, bis die Kameraden in der Hauptstadt die Macht an sich gerissen und die neue Regierung ausgerufen haben würden [38].

Für Stauffenberg ging es jetzt darum, so rasch wie möglich und lebendig aus dem Führerhauptquartier hinauszukommen. Die Wachen an den Kontrollstellen hatten die Explosion gesehen oder gehört und sofort alle Ausgänge geschlossen. An der ersten Schranke, wenige Meter von Fellgiebels Bunker entfernt, wurde Stauffenbergs Wagen angehalten. Er stieg aus und verlangte den diensthabenden Offizier zu sprechen. In dessen Anwesenheit telefonierte er mit jemandem – mit wem, ist nicht bekannt –, sprach kurz, legte den Hörer auf und sagte: »Herr Leutnant, ich darf passieren.«

Stauffenberg hatte einfach geblufft, aber mit Erfolg. Der Leutnant trug in das Wachbuch ein: »12.44 Uhr Oberst Stauffenberg passiert« und gab offenbar zum nächsten Tor Weisung, den Wagen durchzulassen. An der dritten und letzten Schranke ergaben sich jedoch Schwierigkeiten. Hier war man bereits in Alarmzustand, es waren spanische Reiter und Doppelposten aufgestellt worden, und niemand durfte herein oder hinaus. Der Wagen mit Stauffenberg und Haeften stieß hier auf einen sehr hartnäckigen Oberfeldwebel mit Namen Kolbe. Wiederum verlangte Stauffenberg zu telefonieren. Er rief den Lagerkommandanten Rittmeister von Möllendorf an und beschwerte sich, daß die Wachen ihn »wegen der Explosion« nicht passieren lassen wollten. »Ich bin aber in Eile. Auf dem Flugplatz wartet Generaloberst Fromm auf mich.« Auch das war Bluff. Fromm befand sich in Berlin, wie Stauffenberg wohl wußte.

Er legte den Hörer auf und wandte sich an den Oberfeldwebel: »Sie haben gehört, ich darf passieren.« Aber der Oberfeldwebel ließ sich nicht bluffen. Er rief selber Möllendorf an, um sich zu vergewissern, und dieser sagte: »Darf passieren!« [39]

Stauffenberg und Haeften rasten dann im Wagen zum Flugplatz. Unterwegs entschärfte

Haeften eine zweite Bombe, die er in *seiner* Aktentasche mitgebracht hatte, und warf den Sprengstoff zum Wagen hinaus, wo er später am Straßenrand von der Gestapo gefunden wurde. Beim Flugplatzkommandanten war noch keine Alarmmeldung eingelaufen. Das Flugzeug stand startbereit und stieg wenige Minuten später mit den beiden Männern auf.

Es war jetzt kurz nach 13 Uhr. Die nächsten drei Stunden müssen Stauffenberg endlos erschienen sein. Während die langsame Heinkel-Maschine nach Westen flog, konnte er nichts anderes tun als hoffen, daß es Fellgiebel gelungen sei, das entscheidende Stichwort nach Berlin durchzugeben, daß die Mitverschwörer in der Hauptstadt sofort in Aktion getreten seien, in Berlin die Macht ergriffen und an die Kommandeure in Deutschland und im Westen die vorbereiteten Botschaften abgesandt hätten und daß seine Maschine nicht von alarmierten Jägern der Luftwaffe oder einem der in zunehmendem Maße über Ostpreußen operierenden russischen Flugzeuge abgeschossen würde. Mit dem Funkgerät seines eigenen Flugzeugs konnte er Berlin nicht bekommen und so auch nicht die aufregenden Nachrichten abhören, die, wie er meinte, noch vor seiner Landung gesendet werden würden.

Um 15.45 Uhr landete das Flugzeug in Rangsdorf. Stauffenberg stürzte zum nächsten Telefon und rief General Olbricht an, um genau zu erfahren, was in den drei Stunden, von denen alles abhing, getan worden war. Zu seiner größten Bestürzung stellte er fest, daß nichts geschehen war. Fellgiebel hatte zwar kurz nach 13 Uhr das Stichwort telefonisch durchgegeben, aber die Verbindung war schlecht gewesen, und die Verschwörer hatten Fellgiebels Anruf nicht deutlich entnehmen können, ob Hitler tot sei. Daher hatten sie nichts unternommen. Die »Walküre«-Befehle waren zwar aus Olbrichts Tresor herausgeholt, aber nicht ausgegeben worden. In der Bendlerstraße hatten alle müßig herumgestanden und auf Stauffenbergs Rückkehr gewartet. General Beck, das neue Staatsoberhaupt, und Feldmarschall von Witzleben, der neue Oberbefehlshaber der Wehrmacht, von denen Stauffenberg annahm, sie hätten die bereits vorbereiteten »Walküre«-Befehle unverzüglich erlassen und über den Rundfunk sofort den Anbruch einer neuen Epoche in Deutschland verkündet, waren überhaupt noch nicht erschienen.

Als Stauffenberg von Rangsdorf aus bei Olbricht anrief, war er des festen Glaubens, seine Mission erfüllt zu haben. Aber Hitler lebte noch. Oberst Brandt hatte ihm, ohne es zu ahnen, das Leben gerettet. Hitler war tief erschüttert, aber nicht schwer verletzt. Sein Haar war versengt, am rechten Bein hatte er Brandwunden, sein rechter Arm war zeitweise gelähmt, sein Trommelfell war geplatzt, und sein Rücken erlitt Prellungen durch ein herabgestürztes Stück der Decke. Einem Augenzeugen zufolge war er kaum wiederzuerkennen, als er, am Arm Keitels, mit geschwärztem Gesicht, rauchendem Haar und zerfetzter Hose aus dem zerstörten, brennenden Gebäude auftauchte. Keitel war wie durch ein Wunder unversehrt. Aber die Offiziere, die am Ende des Tisches, in der Nähe der explodierenden Bombe gestanden hatten, waren tot oder schwer verletzt[40].

In der ersten Aufregung wurden die verschiedensten Vermutungen über die Ursache der Explosion angestellt. Hitler glaubte zunächst an einen Angriff feindlicher Jagdbomber. Jodl, dem unter anderem ein Kronleuchter auf den Kopf gefallen war, meinte, es hätte irgendeiner der Arbeiter unter dem Fußboden eine Zeitbombe angebracht. Das tiefe Loch, das Stauffenbergs Bombe in den Fußboden gerissen hatte, schien diese Annahme zu bestätigen. Es dauerte einige Zeit, bis der Verdacht auf Stauffenberg fiel. Himmler, der auf den Lärm der Detonation hin herbeigeeilt war, stand vor einem Rätsel, und seine erste Handlung war, daß er – einige Minuten, bevor Fellgiebel die Verbindungen abschnitt – Arthur Nebe, den Chef der Berliner Kriminalpolizei, anrief, er solle mit dem Flugzeug ein paar Detektive zur Untersuchung des Vorfalls schicken.

In der ersten Verwirrung fiel niemandem ein, daß Stauffenberg den Besprechungsraum kurz vor der Explosion verlassen hatte. Anfänglich nahm man an, er sei mit in der Baracke gewesen und befinde sich unter den Verletzten, die man bald in das Lazarett geschafft hatte.

Etwa zwei Stunden nach der Explosion erhielt man die ersten Fingerzeige. Der Feldwebel, der das Telefon in der Lagebaracke bedient hatte, meldete, daß der »einäugige Oberst«, der ihm mitgeteilt habe, er erwarte einen Anruf aus Berlin, nach Verlassen des Konferenzraums aus dem Gebäude gestürzt sei, ohne den Anruf abzuwarten. Einige Konferenzteilnehmer erinnerten sich jetzt, daß Stauffenberg seine Aktentasche unter dem Tisch zurückgelassen hatte. Eine Nachfrage bei den Wachposten ergab, daß Stauffenberg und sein Adjutant die Kontrollstellen unmittelbar nach der Explosion passiert hatten.

Nunmehr erwachte Hitlers Verdacht. Durch einen Anruf beim Flugplatzkommandanten in Rastenburg kam heraus, daß Stauffenberg dort kurz nach 13 Uhr in größter Hast abgeflogen war und als Flugziel Rangsdorf angegeben hatte. Himmler gab unverzüglich Befehl, ihn bei der Landung festzunehmen, aber sein Befehl gelangte wegen Fellgiebels mutiger Tat nicht nach Berlin. Bis zu diesem Augenblick scheint im Führerhauptquartier niemand vermutet zu haben, daß in Berlin etwas Ungewöhnliches im Gange sein könne. Alle glaubten, Stauffenberg habe allein gehandelt. Man hielt es für einfach, ihn festzunehmen, falls er nicht, was einige vermuteten, hinter der russischen Front gelandet war. Doch Hitler, der, den Umständen nach, anscheinend ganz ruhig geblieben war, dachte bereits an etwas anderes. Er mußte Mussolini empfangen, dessen Zug, etwas verspätet, um 16 Uhr eintreffen sollte.

Es liegt etwas Gespenstisches und Groteskes in dieser letzten Zusammenkunft der beiden faschistischen Diktatoren am 20. Juli 1944, bei der sie die Trümmer der Lagebaracke besichtigten und sich gegenseitig vorzumachen versuchten, daß die von ihnen geschmiedete Achse, die den europäischen Kontinent hatte beherrschen sollen, nicht ebenso in Trümmern lag. Der einst so stolze Duce war nun nichts anderes mehr als eine Art Gauleiter der Lombardei, aus der Haft befreit von nationalsozialistischen Draufgängern und gestützt von Hitler und der SS. Doch Hitler hatte in seiner Freundschaft und Verehrung für den gestürzten italienischen Tyrannen nie geschwankt, und er empfing ihn so herzlich, wie ihm sein Zustand erlaubte. Er zeigte ihm die noch rauchenden Trümmer, unter denen sein Leben ein paar Stunden vorher beinahe ein Ende gefunden hätte, und prophezeite dem Duce, ihre gemeinsame Sache werde bald trotz aller Rückschläge triumphieren.

Der als Dolmetscher anwesende Dr. Schmidt hat die Szene beschrieben[41].

... auf Mussolinis Gesicht [stand] deutlich das Entsetzen darüber, daß mitten im Hauptquartier ... ein Attentat verübt werden konnte.

»Hier an diesem Tisch habe ich gestanden«, erklärte Hitler .. »Hier, unmittelbar vor meinen Füßen, ist die Bombe explodiert ... Wenn ich mir alles noch einmal vergegenwärtige, so ergibt sich für mich aus meiner wunderbaren Errettung ..., daß mir eben nichts passieren soll, besonders da es ja nicht das erste Mal ist, daß ich auf wunderbare Weise dem Tode entronnen bin ... Nach meiner heutigen Errettung aus der Todesgefahr bin ich mehr denn je davon überzeugt, daß es mir bestimmt ist, nun auch unsere gemeinsame große Sache zum glücklichen Abschluß zu bringen.«

Lebhaft nickte Mussolini mit dem Kopf. »Nachdem ich das hier gesehen habe«, sagte er mit einer Handbewegung auf die Trümmerstätte, »bin ich absolut Ihrer Meinung. Das war ein Zeichen des Himmels!«

Dann begaben sich die beiden Diktatoren mit ihrem Gefolge zum Nachmittagstee; es war inzwischen 17 Uhr geworden. Und beim Tee kam es zu einer grotesken Szene, die ein aufschlußreiches – wenn auch nicht überraschendes – Bild davon vermittelt, wie beschämend vulgär sich die NS-Häuptlinge in einer der schwersten Krisen des Dritten Reiches benahmen. Mittlerweile waren aus Berlin – die Nachrichtenverbindungen mit der Hauptstadt waren auf Hitlers Anordnung wiederhergestellt worden – die ersten auf einen Militäraufstand hindeutenden Meldungen eingelaufen. Nun entlud sich das lang aufgestaute Mißbehagen in gegenseitigen Vorwürfen der NS-Größen, wobei man sich laut anbrüllte. Hitler saß zunächst schweigend und dumpf vor sich hinbrütend da, während Mussolini vor Verlegenheit errötete.

Admiral Dönitz, der auf die Nachricht von dem Attentat nach Rastenburg geflogen war, zog gegen das verräterische Heer vom Leder. Göring pflichtete ihm namens der Luftwaffe bei. Dann klagte Dönitz die Luftwaffe wegen ihres jämmerlichen Versagens an; Göring verteidigte sich und attackierte nun seinerseits Ribbentrop, auf den er von jeher nicht gut zu sprechen war, wegen des Bankrotts der deutschen Außenpolitik. Einmal war er drauf und dran, auf den arroganten Außenminister mit seinem Marschallstab loszuschlagen. »Sie Sektreisender, halten Sie doch den Mund!« schrie Göring. Aber Ribbentrop brachte es nicht fertig, den Mund zu halten; selbst vom Reichsmarschall verlangte er etwas Respekt: »Ich bin immer noch Außenminister und heiße *von* Ribbentrop!« (Ribbentrop hatte sein »von« im Alter von 32 Jahren dadurch erworben, daß ihn eine Tante adoptierte.)

Im Laufe des Wortwechsels brachte jemand die Rede auf einen früheren »Aufstand«, den Röhm-»Putsch« vom 30. Juni 1934. Die Erwähnung dieser Affäre versetzte Hitler, der bis dahin mürrisch dagesessen und die ihm von seinem Leibarzt Dr. Morell verschriebenen grellbunten Pillen gelutscht hatte, in helle Wut. Augenzeugen zufolge sprang er vom Stuhl auf, Schaum vor den Lippen, und brüllte und tobte. Was er damals mit Röhm und seinen verräterischen Gesellen getan habe, sei nichts im Vergleich zu dem, was er mit den Verrätern von heute tun werde. Er werde sie mitsamt ihrer Brut ausrotten: »Ihre Frauen und Kinder sollen in Konzentrationslager geschafft, und keiner soll verschont werden!« Er sollte seine Worte wahr machen.

Sein wahnsinniger Monolog wurde durch telefonische Meldungen aus Berlin über weitere Einzelheiten des Aufstands unterbrochen, aber seine Wut war noch nicht verklungen. Nachdem er Mussolini zum Zug gebracht hatte – es war ihr endgültiger Abschied –, rief Hitler selbst die SS in Berlin an und schrie den Befehl in die Muschel, jeden zu erschießen, der auch nur im geringsten verdächtig sei. »Wo steckt Himmler? Warum ist er nicht da?« brüllte er, wobei er vergaß, daß er den SS-Chef erst vor einer Stunde nach Berlin geschickt und ihm befohlen hatte, die Rebellion unbarmherzig niederzuschlagen, und daß Himmler noch gar nicht in Berlin angekommen sein konnte[42].

Als Stauffenberg um 15.45 Uhr in Rangsdorf landete, hatte er zu seinem Entsetzen hören müssen, daß der seit langem sorgfältig vorbereitete Aufstand in Berlin noch gar nicht angelaufen war und daß drei kostbare, entscheidende Stunden vertan worden waren.

Ihm war die Sache unbegreiflich – so wie jedem Historiker, der sich bemüht, die Ereignisse dieses Tages zu rekonstruieren. Es war freilich ein heißer, schwüler Tag, und vielleicht wirkte sich das Wetter aus. Obwohl die Hauptpersonen im Komplott wußten, daß Stauffenberg am Morgen »schwer beladen«, wie man General Hoepner gesagt hatte, nach Rastenburg geflogen war, fanden sich nur ein paar von ihnen, und dazu meist rangniedere Offiziere, gegen Mittag allmählich in der Bendlerstraße ein. General Olbricht wollte wohl nicht wieder, wie am 15. Juli, die Truppen zwei Stunden zu früh ausrücken lassen, und hatte keine Befehle ausgegeben. Zwar hatten die Kommandeure in Berlin, Döberitz, Jüterbog, Krampnitz und Wünsdorf am Abend vorher den Wink erhalten, daß wahrscheinlich am nächsten Tag die »Walküre«-Befehle erlassen würden. Aber Olbricht beschloß, damit so lange zu warten, bis von Fellgiebel das Stichwort gekommen war. Um 12.30 Uhr erschien General Hoepner in der Bendlerstraße, mit einem Koffer, in dem sich die Uniform befand, die Hitler ihm zu tragen verboten hatte. Er und Hoepner gingen dann zu Tisch und tranken auf den Erfolg ihres Unternehmens eine halbe Flasche Wein.

Kaum waren sie in Olbrichts Büro zurückgekehrt, als General Fritz Thiele, Nachrichtenchef im OKH, hereinkam. Er habe gerade mit Fellgiebel telefoniert, sagte er aufgeregt, und wenn auch die Verbindung schlecht gewesen sei und Fellgiebel sich sehr vorsichtig geäußert habe, so sei doch Fellgiebels Worten zu entnehmen gewesen, daß die Bombe zwar explodiert, aber Hitler nicht umgekommen sei. Unter diesen Umständen, meinte Thiele, solle man die »Walküre«-Befehle nicht ausgeben. Olbricht und Hoepner stimmten ihm zu.

So hatte man bis 15.45 Uhr, als Stauffenberg in Rangsdorf landete und an das Telefon stürzte, nichts unternommen. Es waren keine Truppen ausgerückt, keine Befehle an die Wehrkreiskommandeure in anderen Städten ergangen, und es hatte, was wohl das seltsamste ist, niemand daran gedacht, die Rundfunkgebäude, Telefon- und Telegrafenämter zu besetzen. Beck und Witzleben, die beiden Hauptführer, waren noch gar nicht erschienen.

Stauffenbergs Ankunft brachte die Verschwörer endlich in Bewegung. Noch von Rangsdorf aus drängte er Olbricht, nicht auf sein Eintreffen in der Bendlerstraße zu warten – die Fahrt vom Flughafen nahm 45 Minuten in Anspruch –, sondern unverzüglich »Walküre« in Gang zu setzen. Endlich hatte jemand einen Befehl erteilt – ohne Befehle schienen deutsche Offiziere, selbst rebellische, selbst in einer so entscheidenden Stunde, verloren zu sein –, und die Verschwörer begannen zu handeln. Oberst Merz von Quirnheim, Olbrichts Stabschef, ein naher Freund Stauffenbergs, holte die »Walküre«-Befehle hervor und gab sie durch Fernschreiber oder telefonisch weiter. Der erste ordnete die Alarmierung der Truppen in und um Berlin an und der zweite, unterzeichnet von Witzleben als »Oberbefehlshaber der Wehrmacht« und gegengezeichnet von Stauffenberg – die Befehle waren schon Monate vorher ausgefertigt worden –, gab bekannt, daß Hitler tot sei und Witzleben die »vollziehende Gewalt« an die Wehrkreiskommandeure und die Oberbefehlshaber der Fronttruppen übertrage. Feldmarschall von Witzleben war überhaupt noch nicht in der Bendlerstraße. Er war nach dem dreißig Kilometer entfernten Zossen gefahren, wo er mit dem Ersten Generalquartiermeister Wagner konferierte. Man mußte ihn, ebenso wie Beck, rufen lassen. Die beiden führenden Militärs der Verschwörung handelten an diesem schicksalhaften Tag äußerst gemächlich.

Nach Ausgabe der ersten Befehle, die zum Teil Fromms Namen trugen, ohne daß er es wußte, ging Olbricht zu ihm und eröffnete ihm, Fellgiebel habe die Nachricht von Hitlers Tod durchgegeben. Er drang in ihn, die Verantwortung für »Walküre« zu übernehmen und für die Staatssicherheit Sorge zu tragen. Fromm, Befehlshaber des Ersatzheeres, war in diesem Augenblick ein sehr wichtiger Mann. Aber er zögerte: ehe er sich entschließe, wolle er einen definitiven Beweis für Hitlers Tod haben.

In diesem Augenblick machte Olbricht einen weiteren verhängnisvollen Fehler. Nach Stauffenbergs Anruf aus Rangsdorf war er freilich überzeugt, daß Hitler tot sei. Auch wußte er, daß es Fellgiebel gelungen war, die Telefonleitungen zu unterbinden. Kühn nahm er den Hörer auf und verlangte ein Blitzgespräch mit Keitel. Zu seiner größten Überraschung – inzwischen war die Verbindung, was Olbricht nicht wußte, wiederhergestellt – meldete sich Keitel fast sofort. Fromm übernahm den Hörer:

FROMM: *Was ist im Hauptquartier los? In Berlin gehen wilde Gerüchte um.*

KEITEL: *Was soll denn los sein? Es ist alles in Ordnung.*
FROMM: *Mir ist eben gemeldet worden, der Führer sei einem Attentat zum Opfer gefallen.*
KEITEL: *Das ist Unsinn. Es hat zwar ein Attentat stattgefunden, es ist aber zum Glück fehlgeschlagen. Der Führer lebt und ist nur unwesentlich verletzt. Wo ist übrigens Ihr Chef des Stabes, der Oberst Stauffenberg?*
FROMM: *Oberst Stauffenberg ist noch nicht wieder bei mir eingetroffen*[43].

Von diesem Augenblick an war Fromm für die Verschwörung nicht mehr zu haben, und die Folgen waren katastrophal. Olbricht verließ wie betäubt das Zimmer. Um diese Zeit traf General Beck in der Bendlerstraße ein, um die Führung zu übernehmen. Er kam in Zivil. Aber der Mann, der, wie jedermann bald merkte, wirklich die Führung hatte, war Oberst Stauffenberg. Um 16.30 Uhr kam er außer Atem und ohne Mütze die Treppe heraufgeeilt. Er berichtete kurz über die Explosion, die er selbst, wie er betonte, aus etwa hundert Meter Entfernung beobachtet hatte. Als Olbricht ihn mit der Bemerkung unterbrach, soeben habe Keitel am Telefon versichert, Hitler sei nur leicht verletzt, erklärte Stauffenberg, Keitel lüge, um Zeit zu gewinnen. Hitler müsse zumindest schwer verletzt sein. Jedenfalls dürfe jetzt keine Minute mehr verloren werden, um das NS-Regime zu stürzen. Beck stimmte zu. Es sei ihm gleichgültig, sagte er, ob der Despot noch lebe oder tot sei. Man müsse weitermachen und sein verruchtes Herrschaftssystem vernichten.
Das Übel war nur, daß die Verschwörer nach dem verhängnisvollen Zeitverlust und in der momentanen Verwirrung trotz aller Pläne nicht wußten, wie sie weitermachen sollten. Nicht einmal als General Thiele mit der Nachricht kam, in Kürze werde der Rundfunk Hitlers Errettung bekanntgeben, scheint es den Verschwörern eingefallen zu sein, als erstes und unverzüglich die Rundfunksender zu besetzen, um diese Durchsage zu verhindern und die Proklamationen der neuen Regierung zu senden. Mochten hierfür auch noch keine Truppen zur Verfügung stehen, so hätte es doch die Berliner Polizei übernehmen können. Denn der mitverschworene Polizeipräsident Graf Helldorf hatte seine Kräfte bereits alarmiert und wartete seit Mittag ungeduldig darauf, in Aktion treten zu können. Aber es kam kein Anruf, und um 16 Uhr fuhr er schließlich in die Bendlerstraße, um zu erkunden, was geschehen sei. Olbricht sagte ihm, die Polizei werde dem Befehl des Heeres unterstellt werden. Aber bis zur Stunde gab es noch kein aufständisches Heer, es gab nur konfus umherirrende Offiziere ohne Soldaten.
Statt dafür zu sorgen, daß die Offiziere Soldaten erhielten, meldete Stauffenberg ein dringendes Gespräch mit seinem Vetter Oberstleutnant Cäsar von Hofacker in General Stülpnagels Hauptquartier in Paris an und drängte die dortigen Verschwörer zum Handeln. Freilich war auch dies äußerst wichtig, denn das Komplott war in Frankreich besser organisiert worden als irgendwo anders, außer in Berlin, und es waren an ihm höchste Offiziere beteiligt. Tatsächlich sollte Stülpnagel mehr Energie beweisen als die Generale im Zentrum des Aufstands. Bis zum Einbruch der Dunkelheit hatte er sämt-

liche SS- und SD-Leute, 1200 an der Zahl, darunter den gefürchteten SS-General Karl Oberg, verhaftet und hinter Schloß und Riegel gebracht. Wäre man in Berlin an jenem Nachmittag mit gleicher Energie und Planmäßigkeit vorgegangen, hätte die Geschichte einen anderen Verlauf nehmen können.

Nachdem Stauffenberg Paris alarmiert hatte, wandte er seine Aufmerksamkeit dem sturen Fromm zu, dessen Chef des Stabes er war und dessen Weigerung, noch mitzumachen, nachdem er mit Keitel telefoniert hatte, den Erfolg des Unternehmens ernsthaft gefährdete. Da Beck es nicht für richtig hielt, schon so früh in Erscheinung zu treten, gingen Stauffenberg und Olbricht zusammen zu Fromm. Olbricht sagte zu Fromm, Stauffenberg könne bestätigen, daß Hitler tot sei.

»Das ist doch unmöglich«, erwiderte Fromm scharf. »Keitel hat mir das Gegenteil versichert.«

»Der Feldmarschall Keitel lügt wie immer«, entgegnete Stauffenberg. »Ich habe selbst gesehen, wie man Hitler tot hinausgetragen hat.«

Diese Äußerung seines Chef des Stabes gab Fromm zu denken; eine Weile schwieg er. Aber als Olbricht Fromms Unentschlossenheit auszunutzen versuchte und bemerkte, es sei jedenfalls bereits das Stichwort für innere Unruhen, das heißt für »Walküre«, ergangen, sprang Fromm auf und rief: »Das ist glatter Ungehorsam. Wer hat den Befehl gegeben?«

»Mein Chef des Stabes, Oberst Merz von Quirnheim«, erwiderte Olbricht. Fromm ließ Merz holen und sagte ihm, er sei verhaftet. Stauffenberg machte nun eine letzte Anstrengung, seinen Chef auf die Seite der Verschwörer zu ziehen. »Herr Generaloberst«, sagte er, »ich habe die Bombe selbst während der Besprechung mit Hitler gezündet. Es hat eine Explosion gegeben, als ob eine 15-cm-Granate eingeschlagen hätte. Niemand in jenem Raum kann mehr leben.«

Aber Fromm ließ sich nicht täuschen. »Graf Stauffenberg«, sagte er, »das Attentat ist mißglückt. Sie müssen sich sofort erschießen.« Stauffenberg lehnte das kühl ab. Kurz darauf erklärte Fromm Stauffenberg, Olbricht und Merz für verhaftet.

»Sie täuschen sich über die wahren Machtverhältnisse«, entgegnete Olbricht. »Wir verhaften Sie.«

Daraufhin kam es zu einem Handgemenge, wobei Fromm – einer der Versionen zufolge – den einarmigen Stauffenberg ins Gesicht geschlagen haben soll. Der General war rasch überwältigt und entwaffnet und wurde im anschließenden Raum seines Adjutanten unter Bewachung gestellt. Vorsichtshalber durchschnitten die Rebellen die Telefonleitung des Raumes.

Als Stauffenberg in sein Zimmer zurückkehrte, fand er dort den SS-Oberführer Pifträder vor, der sich kürzlich bei der Exhumierung und Vernichtung von 221 000 Leichen von Juden hervorgetan hatte, die von den Einsatztruppen im Baltikum vor Einrücken der Russen umgebracht worden waren. Pifträder war mit zwei Kriminalbeamten in Zivil gekommen, um Stauffenberg zu verhaften. Doch dieser schloß alle drei in einem leeren Nebenraum ein. Dann erschien General Kortzfleisch, der Kommandeur des

Wehrkreises III (Berlin-Brandenburg), ein hundertprozentiger Nationalsozialist. Er wollte wissen, was vor sich gehe, und verlangte Fromm zu sprechen. Man verwies ihn an Olbricht, doch lehnte er es ab, diesen zu sprechen. Schließlich empfing ihn Beck, und als Kortzfleisch sich als völlig unzugänglich erwies, wurde auch er eingesperrt. Zu seinem Nachfolger wurde, wie geplant, General von Thüngen ernannt.

Bei Piffräders plötzlichem Auftreten ging Stauffenberg auf, daß man vergessen hatte, das Gebäude in der Bendlerstraße mit Wachen zu umstellen. So wurde denn an den Eingängen eine Abteilung des Wachbataillons *Großdeutschland* postiert, von der man annahm, sie habe Wachdienst, was aber nicht der Fall war. Kurz nach 15 Uhr hatten also die Rebellen wenigstens den Bendlerblock unter Kontrolle, sonst aber nichts in Berlin. Was war mit den Truppen geschehen, die die Hauptstadt für die neue Regierung in Besitz nehmen sollten?

Kurz nach 16 Uhr, als durch Stauffenbergs Rückkehr endlich Leben in den Umsturzversuch gekommen war, hatte der Kommandant von Berlin, General von Hase, den Kommandeur des Wachbataillons *Großdeutschland* in Döberitz angerufen und ihm den Befehl gegeben, seine Truppen in Marschbereitschaft zu setzen und sich selbst sofort in der Kommandantur Unter den Linden zu melden. Der erst kürzlich ernannte Bataillonskommandeur war ein Major Otto Remer, der an diesem Tag eine entscheidende Rolle spielen sollte – eine andere allerdings, als die Verschwörer ihm zugedacht hatten. Da seinem Bataillon eine äußerst wichtige Aufgabe zufiel, hatte man ihn ausgehorcht und dabei festgestellt, daß er ein unpolitischer Offizier war, der die Befehle seiner unmittelbaren Vorgesetzten befolgen würde. Seine Tapferkeit stand außer Frage. Er war achtmal verwundet worden und hatte jüngst aus Hitlers Hand das Ritterkreuz erhalten.

Remer setzte weisungsgemäß sein Bataillon in Marsch und eilte in die Stadt, um Hases Befehle entgegenzunehmen. Der General sagte ihm, Hitler sei einem Attentat zum Opfer gefallen, und die SS plane einen Putsch. Daher solle er das Regierungsviertel unter Einschluß des nahe beim Anhalter Bahnhof liegenden SS-Reichssicherheitshauptamts abriegeln. Bis 17.30 Uhr hatte Remer seinen Auftrag ausgeführt und meldete sich dann in der Kommandantur zur Entgegennahme weiterer Befehle.

Und nun drängte sich ein weiterer Statist, unbedeutender noch als Remer, auf die Bühne und verhalf seinem Major dazu, der Verschwörung zum Verhängnis zu werden. Es war ein Leutnant Dr. Hans Hagen, ein äußerst erregbarer und sehr von sich eingenommener junger Mann, der Remers Wachbataillon als NS-Führungsoffizier zugeteilt worden war. Er war auch für das Propagandaministerium tätig und zur Zeit eigentlich von Dr. Goebbels nach Bayreuth abkommandiert, wo er auf Wunsch Martin Bormanns Material für eine Geschichte der NS-Kultur sammeln sollte. Hagen war ganz zufällig in Berlin. Er wollte eine Rede zum Gedenken irgendeines obskuren, an der Front gefallenen Schriftstellers halten und, da er nun einmal in Berlin war, an jenem Nachmittag vor seinem Bataillon über NS-Führungsfragen sprechen. Er hielt leidenschaftlich gern Reden.

Auf der Fahrt nach Döberitz war er einem Generalstabswagen begegnet, und der erregbare Leutnant glaubte, darin Feldmarschall von Brauchitsch in voller Uniform erkannt zu haben. Sofort kam ihm der Gedanke, die alten Generale müßten irgendeine Verräterei vorhaben. Brauchitsch war zwar überhaupt nicht in Berlin, aber Hagen schwor, er habe ihn gesehen. Als er bei Remer von den Befehlen zur Besetzung der Wilhelmstraße erfuhr, verstärkte sich sein Verdacht. Er teilte ihn Remer mit, bat um ein Motorrad und jagte in das Propagandaministerium, um Goebbels zu benachrichtigen.

Goebbels war gerade von Hitler angerufen worden, der ihm von dem Attentat erzählte und ihn anwies, so bald wie möglich über den Rundfunk bekanntzugeben, daß der Anschlag mißglückt sei. Offenbar erfuhr Goebbels hierbei zum erstenmal von dem Vorfall. Hagen setzte ihn nun über die Vorgänge in Berlin ins Bild. Goebbels war zunächst skeptisch, doch Hagen empfahl ihm, doch einmal zum Fenster hinauszuschauen. Was er dort sah, war für ihn überzeugender als das hysterische Gerede des Leutnants: Soldaten waren im Begriff, das Ministerium zu umstellen. Der geistesgegenwärtige Goebbels befahl Hagen, Remer sofort zu ihm zu schicken.

Während so die Verschwörer in der Bendlerstraße dabei waren, mit Generalen in ganz Europa Verbindung herzustellen und an einen so unbedeutenden Offizier wie Remer keinen Gedanken verschwendeten, schickte Goebbels sich an, Fühlung mit dem Mann aufzunehmen, auf den es im Augenblick am meisten ankam, mochte er auch einen niederen Rang bekleiden.

Doch auch ohne dies wäre es zu einer Fühlungnahme gekommen, denn Remer hatte mittlerweile Befehl erhalten, den Propagandaminister zu verhaften. So hatte der Major doppelten Anlaß, zu Goebbels zu gehen. Remer betrat das Propagandaministerium mit zwanzig Mann, die er anwies, ihn aus dem Ministerbüro herauszuholen, falls er in wenigen Minuten nicht zurückgekehrt sein sollte. Mit entsicherten Pistolen gingen er und sein Adjutant in das Büro, um den wichtigsten der an diesem Tage in Berlin befindlichen NS-Beamten festzunehmen.

Eines der Talente von Joseph Goebbels, die ihm ermöglicht hatten, im Dritten Reich zu seiner führenden Stellung aufzusteigen, war seine Schlagfertigkeit in heiklen Situationen – und die gegenwärtige Situation war die heikelste und gefährlichste in seinem stürmischen Leben. Er gemahnte den jungen Major sofort an seinen Treueid auf den Führer. Worauf Remer prompt erwiderte, Hitler sei tot. Goebbels: Der Führer sei quicklebendig – er habe gerade noch mit ihm telefoniert. Er werde es beweisen, sagte Goebbels, nahm den Hörer auf und ließ sich mit dem Führerhauptquartier verbinden. Wieder einmal rächte es sich, daß die Verschwörer die Besetzung der Telefonämter versäumt hatten. In wenigen Minuten war Hitler am Apparat, der sich bereit erklärte, mit dem Major zu sprechen. Goebbels übergab Remer rasch den Hörer. Ob er seine Stimme erkenne, fragte Hitler den Major. Wer in Deutschland kannte nicht diese Stimme? Der Major schlug die Hacken zusammen, und Hitler befahl ihm, den Aufstand niederzuschlagen und allein den Befehlen von Goebbels, Himmler, den er soeben zum Befehlshaber des Ersatzheeres ernannt habe, sowie von General Reinecke Folge zu leisten, den

er angewiesen habe, das Kommando über alle in Berlin liegenden Truppen zu übernehmen. Außerdem beförderte Hitler den Major zum Obersten.
Das genügte Remer. Er hatte nun einen Befehl von höchster Stelle und begab sich energisch an dessen Ausführung. Er zog sein Bataillon aus dem Regierungsviertel zurück, besetzte die Kommandantur Unter den Linden, sandte Erkundungstruppen aus, um etwa in die Stadt einrückende Truppen aufzuhalten und machte sich selbst auf den Weg, die Lage in der Bendlerstraße zu erkunden, um die Hauptverschwörer festnehmen zu können.
Warum die aufständischen Offiziere Remer eine so entscheidende Rolle anvertraut hatten, warum sie ihn nicht im letzten Augenblick durch einen Mann ersetzten, der mit Leib und Seele zur Verschwörung gehörte, oder nicht wenigstens dem Wachbataillon einen zuverlässigen Offizier zuteilten, der dafür hätte sorgen können, daß Remer ihren Befehlen nachkam – das alles gehört zu den vielen Rätseln des 20. Juli. Und warum nahmen sie nicht sofort Goebbels fest, den wichtigsten und gefährlichsten NS-Führer in Berlin? Eine Handvoll von Graf Helldorfs Polizisten hätte dies in zwei Minuten besorgen können, denn das Propagandaministerium war völlig unbewacht. Und warum besetzten die Verschwörer nicht das Gestapo-Hauptquartier in der Prinz-Albrecht-Straße, um die Geheimpolizei auszuschalten und gleichzeitig die dort inhaftierten Kameraden, wie Leber und andere, zu befreien? Auch das Gestapo-Hauptquartier war buchstäblich unbewacht, und ebenso das Reichssicherheitshauptamt, dieses Nervenzentrum der SS und des SD, das, wie man hätte annehmen sollen, zu allererst hätte besetzt werden müssen. Auf alle diese Fragen gibt es keine Antwort.
Remers rasche Kehrtwendung blieb der Bendlerstraße geraume Zeit verborgen. Offenbar wußte man dort überhaupt sehr wenig über das, was in Berlin vor sich ging, bis es dann zu spät war. Und noch heute ist es schwierig, die Vorgänge zu klären, denn die Augenzeugenberichte sind voll von verwirrenden Widersprüchen. Wo blieben die Panzer, wo die Truppen der außerhalb liegenden Garnisonen?
Nach 18.30 Uhr gab der Deutschlandsender eine Sondermeldung durch: Es sei ein Attentat auf den Führer verübt worden, aber gescheitert. Das war ein schwerer Schlag für die bedrängten Männer in der Bendlerstraße, aber auch ein Zeichen dafür, daß die mit der Besetzung des Rundfunkhauses betraute Truppenabteilung ihren Auftrag nicht erfüllt hatte. Goebbels hatte, noch während er auf Remer wartete, den Text der Sondermeldung telefonisch zum Funkhaus durchgeben können. Um 18.45 Uhr ließ Stauffenberg durch Fernschreiben den Kommandeuren des Heeres mitteilen, die Rundfunkmeldung sei eine bewußte Irreführung, und Hitler sei tot. Aber der mit Goebbels' Sondermeldung angerichtete Schaden war kaum noch wiedergutzumachen. Die Kommandierenden in Prag und Wien, die bereits im Begriff gewesen waren, SS- und Parteiführer zu verhaften, begannen umzuschwenken. Um 20.20 Uhr gelang es dann Keitel, an alle Befehlshaber ein Fernschreiben durchzugeben: »Der Führer hat mit sofortiger Wirkung den Reichsführer SS Himmler zum Befehlshaber des Ersatzheeres ernannt... Es sind Befehle nur vom Reichsführer SS und von mir entgegenzunehmen. Etwaige Be-

fehle von Fromm, von Witzleben oder Hoepner sind ungültig.« Die Sondermeldung des Deutschlandsenders und Keitels Fernschreiben waren, wie wir noch sehen werden, für das Verhalten des Feldmarschalls von Kluge ausschlaggebend, der in Frankreich im Begriff gewesen war, sich auf die Seite der Verschwörer zu schlagen.

Selbst die Panzer, auf deren Eintreffen die aufständischen Offiziere so sehr gezählt hatten, erschienen nicht. Der Kommandeur der Panzertruppenschule II in Krampnitz, Oberst Wolfgang Gläsemer, hatte von den Verschwörern den Befehl erhalten, mit seinen Panzern in die Stadt zu fahren und sich selbst zur Entgegennahme weiterer Instruktionen in der Bendlerstraße zu melden. Aber der Oberst wollte an einem Putsch gegen die Nationalsozialisten nicht teilnehmen, und Olbricht mußte ihn, nachdem er vergeblich in ihn gedrungen war, ebenfalls festnehmen. Jedoch gelang es Gläsemer, seinem Ordonnanzoffizier, der nicht verhaftet wurde, zuzuflüstern, er solle die Generalinspektion der Panzertruppen in Berlin informieren und dafür sorgen, daß nur die Befehle der Generalinspektion befolgt würden.

So kam es, daß die dringend benötigten Panzer, mochten auch einige schon an der Siegessäule stehen, den Aufständischen vorenthalten wurden. Oberst Gläsemer entkam durch eine List: Er sagte dem ihn bewachenden Offizier, er sei nun entschlossen, Olbrichts Befehlen nachzukommen, und wolle selbst das Kommando über seine Panzertruppen übernehmen, woraufhin er aus der Bendlerstraße entschlüpfte. Bald wurden die Panzer aus Berlin zurückgezogen.

Kurz vor 20 Uhr erschien endlich Feldmarschall von Witzleben – in voller Uniform, mit Mütze und Marschallstab – in der Bendlerstraße, um sein Amt als neuer Oberbefehlshaber der Wehrmacht anzutreten. Offenbar erkannte er sofort, daß der Putsch fehlgeschlagen war. Er machte Beck und Stauffenberg eine Szene: sie hätten die ganze Sache verpatzt. Vor dem Volksgerichtshof erklärte er später, als er gehört habe, daß man nicht einmal die Rundfunksender besetzt habe, sei er sich über das Mißlingen des Unternehmens im klaren gewesen. Aber er selbst hatte nichts zum Gelingen beigetragen, während der langen Stunden, in denen er dank seiner Autorität als Feldmarschall mehr Truppenkommandeure in Berlin und anderswo hätte gewinnen können. Nach dreiviertelstündigem Aufenthalt in der Bendlerstraße verließ er wieder das Gebäude – und damit auch die Verschwörung, nun, da ihr Scheitern ihm sicher erschien –, fuhr in seinem Mercedes nach Zossen zurück, wo er sieben entscheidende Stunden vertan hatte, sagte dem Ersten Generalquartiermeister Wagner, der Aufstand sei fehlgeschlagen, und fuhr dann weiter auf seinen fünfzig Kilometer entfernten Landsitz, wo er am Tage darauf von einem General namens Linnertz verhaftet wurde.

Nunmehr hob sich der Vorhang vor dem letzten Akt.

Kurz nach 21 Uhr vernahmen die Verschwörer wie betäubt aus dem Deutschlandsender, daß der Führer im späteren Verlauf des Abends zum deutschen Volk sprechen werde. Wenige Minuten später erfuhren sie, daß General von Hase von dem nunmehrigen Oberst Remer verhaftet worden sei und daß der nationalsozialistische Ge-

neral Reinecke mit Unterstützung der SS den Befehl über alle Berliner Truppen übernommen habe und einen Angriff auf die Bendlerstraße vorbereite.
Die SS hatte sich endlich gesammelt, was hauptsächlich auf das energische Eingreifen des Mussolini-Entführers Otto Skorzeny zurückzuführen war. Ohne zu ahnen, was an diesem Tage vor sich ging, hatte Skorzeny um 18 Uhr den Nachtzug nach Wien bestiegen, war aber in Lichterfelde, wo SS-Brigadeführer Schellenberg, der zweite Mann im SD, den Zug anhalten ließ, wieder herausgeholt worden. Skorzeny fand das SD-Hauptquartier im Zustand äußerster Hysterie vor, aber kaltblütig, wie er war, und als guter Organisator, trieb er rasch seine bewaffneten Kräfte zusammen und ging ans Werk. Er war es, der als erster die Formationen der Panzerschule überredete, Hitler treu zu bleiben.
Die entschlossene Gegenaktion des Führerhauptquartiers, Goebbels' Geistesgegenwart, das Wiedererscheinen von SS-Verbänden in Berlin und die unglaubliche Konfusion und Inaktivität der Aufrührer in der Bendlerstraße waren die Ursache dafür, daß eine ganze Menge Armeeoffiziere, die nahe daran gewesen waren, sich auf die Seite der Verschwörer zu schlagen, oder es schon getan hatten, sich eines anderen besannen. Zu ihnen gehörte auch General Otto Herfurth, Chef des Stabes im Wehrkreiskommando III, der zunächst mitgemacht und sich bemüht hatte, Truppen heranzuschaffen, und dann, als er sah, wie die Dinge liefen, überwechselte und um 21.30 Uhr im Führerhauptquartier anrief, er sei dabei, den Militärputsch niederzuschlagen. (Trotz dieses Verrats wurde er später als Mitwisser hingerichtet.)
Inzwischen rührte sich General Fromm, der wegen seiner Weigerung, sich dem Aufstand anzuschließen, in Ehrenhaft genommen worden war. Um 20 Uhr etwa, nachdem er vier Stunden in seinem Adjutantenzimmer eingesperrt gewesen war, bat er um Erlaubnis, sich in seine im unteren Stockwerk gelegene Dienstwohnung zurückziehen zu dürfen. Er gab sein Ehrenwort, daß er nicht versuchen werde, zu entweichen oder mit der Außenwelt Verbindung aufzunehmen. General Hoepner erteilte die Genehmigung und schickte Fromm auch noch belegte Brote und eine Flasche Wein ins Zimmer. Kurz zuvor waren drei Generale von Fromms Stab erschienen, hatten es abgelehnt, sich an dem Aufstand zu beteiligen, und verlangt, zu ihrem Chef geführt zu werden. Unerklärlicherweise führte man sie in Fromms Dienstwohnung. Zwar wurden auch sie unter Arrest gestellt, aber Fromm beschrieb ihnen, wie sie durch einen wenig benutzten Nebenausgang entweichen könnten. Sein Ehrenwort brechend, befahl er den drei Generalen, Hilfe herbeizuschaffen, das Gebäude zu erstürmen, ihn zu befreien und die Revolte niederzuschlagen. Die Generale entkamen unbemerkt.
Aber schon hatten auch einige Offiziere aus Olbrichts Amt, die zunächst mitgemacht oder abwartend beobachtet hatten, welchen Verlauf die Dinge nehmen würden, zu merken begonnen, daß der Aufstand schief ging. Einer von ihnen, Oberstleutnant Franz Herber, ehemaliger Polizeioffizier und überzeugter Nationalsozialist, hatte aus dem Spandauer Zeughaus Waffen und Munition holen lassen und sie im zweiten Stockwerk versteckt. Um 22.30 Uhr meldeten sich die Offiziere bei Olbricht und verlangten

von ihm genaue Auskunft über seine und seiner Freunde Absichten. Der General gab ihnen die gewünschte Aufklärung, und sie zogen sich wortlos zurück.

Zwanzig Minuten später erschienen sie wieder – es waren sechs oder acht, und ihre Anführer waren Herber und Oberstleutnant Bodo von der Heyde. Diesmal kamen sie mit Waffen und forderten von Olbricht Rechenschaft. Auf den Lärm hin betrat Stauffenberg das Zimmer und wurde festgenommen. In dem Gedränge gelang es ihm, auf den Flur zu entweichen. Doch man folgte ihm, schoß hinter ihm her und traf seinen Arm. Die Konterrebellen begannen nun eine wilde Schießerei, bei der aber offenbar sonst niemand getroffen wurde. Dann stießen sie in den Flügel vor, in dem sich das Hauptquartier der Verschwörung befunden hatte, und führten Beck, Hoepner, Olbricht, Stauffenberg, Haeften und Merz in Fromms Dienstzimmer. Kurz darauf erschien Fromm selbst, mit einer Pistole in der Hand.

»So, meine Herren«, sagte er, »jetzt werde ich mit Ihnen so verfahren wie Sie am Nachmittag mit mir.«

Das aber tat er ganz und gar nicht.

»Legen Sie die Waffen ab!« befahl er und erklärte die Anwesenden für verhaftet.

Beck griff nach seiner Pistole und sagte ruhig: »An mich, Ihren alten Vorgesetzten, werden Sie diese Forderung nicht stellen wollen. Ich werde aus dieser unglücklichen Situation die Konsequenzen selbst ziehen.«

»Richten Sie die Pistole nicht auf mich«, rief Fromm drohend.

Der seltsame Mangel an Tatkraft bei dem kultivierten, hervorragenden ehemaligen Generalstabschef hatte ihn schließlich zu dieser größten Prüfung seines Lebens geführt. Er haftete ihm bis zu seinem Ende an.

»Ich denke in diesem Augenblick an die Zeit von früher . . .«, begann er, aber Fromm unterbrach ihn:

»Die wollen wir jetzt nicht erörtern. Jedenfalls bitte ich, zu handeln.«

Beck tat es. Er drückte auf den Abzug, aber die Kugel streifte nur seinen Kopf. Leicht blutend, sank er in einen Sessel.

»Helfen Sie dem alten Herrn«, befahl Fromm zwei jüngeren Offizieren. Doch als diese versuchten, Beck die Pistole zu nehmen, widersetzte er sich.

Nunmehr wandte Fromm sich den übrigen Anwesenden zu: »Und Sie, meine Herren, wenn Sie noch irgend etwas aufzuschreiben haben, Sie haben noch einen Augenblick Zeit.« Olbricht und Hoepner baten um Papier und schrieben Abschiedsbriefe an ihre Frauen. Stauffenberg, Merz, Haeften und die anderen blieben schweigend stehen. Fromm verließ den Raum.

Er hatte sich rasch entschlossen, diese Männer zu beseitigen, nicht allein, um die Spuren zu verwischen – denn wenn er auch eine aktive Teilnahme an dem Komplott abgelehnt, so hatte er doch seit Monaten davon gewußt und keine Meldung erstattet –, sondern auch, um sich bei Hitler als der Mann in Gunst zu setzen, der die Revolte niedergeschlagen hatte. Hierzu war es zwar zu spät, aber Fromm war sich darüber nicht im klaren.

Nach einigen Minuten kehrte er zurück und verkündete, er habe »im Namen des Führers« ein »Standgericht« einberufen, das soeben gegen vier Offiziere das Todesurteil ausgesprochen habe: »Oberst im Generalstab Merz, General der Infanterie Olbricht, diesen Oberst, dessen Namen ich nicht mehr kenne [Stauffenberg], und diesen Oberleutnant [Haeften].«

Olbricht und Hoepner schrieben noch an ihren Briefen. Beck lag mit blutüberströmtem Gesicht im Sessel ausgestreckt. Die vier zum Tode »verurteilten« Offiziere standen stumm wie Marmorsäulen.

»So, meine Herren«, sagte Fromm nun zu Olbricht und Hoepner, »sind Sie fertig? Bitte, beeilen Sie sich, damit es für die anderen nicht zu schwer wird.«

Hoepner beendete seinen Brief und ließ ihn auf dem Tisch liegen. Olbricht bat um einen Umschlag, steckte seinen Brief hinein und klebte den Umschlag zu. Beck, der wieder zu sich gekommen war, verlangte eine andere Pistole. Stauffenberg, dessen Ärmel mit Blut getränkt war, und seine drei »verurteilten« Gefährten wurden abgeführt. Fromm forderte Hoepner auf, ihm zu folgen.

Unten im Hof, im trüben Licht der wegen Verdunkelung abgeblendeten Scheinwerfer eines Kraftwagens wurden die vier Offiziere von einem Hinrichtungskommando erschossen. »Offenbar wurde die Hinrichtung«, schreibt Zeller, »im Tumult und in der durch Luftgefahr üblich gewordenen Verdunkelung nur wenig beobachtet[44].« Stauffenberg starb mit dem Ruf: »Es lebe unser heiliges Deutschland!«

Unterdessen stellte Fromm den mit ihm befreundeten Hoepner vor die Wahl, sich entweder das Leben zu nehmen oder sich verhaften zu lassen. Hoepner erwiderte, er fühle sich nicht schuldig und könne rechtfertigen, was er getan habe.

Während er abgeführt wurde, hörte er aus dem Nebenzimmer Becks müde Stimme: »Wenn es diesmal nicht klappt, dann helfen Sie mir bitte.« Dann fiel ein Schuß. Auch Becks zweiter Versuch schlug fehl. Fromm schaute hinein und sagte wiederum zu einem Offizier: »Helfen Sie dem alten Herrn!« Der Offizier brachte es nicht fertig, den Gnadenschuß zu geben, und überließ das einem Feldwebel[45].

Mitternacht war inzwischen vorüber. Der einzige ernsthafte Aufstand, der in den elfeinhalb Jahren des Dritten Reiches gegen Hitler versucht wurde, war in elfeinhalb Stunden erstickt worden. Skorzeny traf mit starken SS-Kräften in der Bendlerstraße ein, untersagte weitere Hinrichtungen – als Polizeimann wußte er zur Genüge, daß man Leute, aus denen man mit Hilfe der Folter noch mancherlei über den *Umfang* des Komplotts herauspressen konnte, nicht töten durfte –, legte den übrigen Verschwörern Handschellen an, ließ sie in das Gestapogefängnis in der Prinz-Albrecht-Straße bringen und beauftragte Kriminalbeamte, nach belastenden, nicht rechtzeitig vernichteten Dokumenten zu suchen. Himmler, der ein wenig früher in Berlin angekommen war, schlug vorübergehend in dem jetzt von Remers Wachbataillon geschützten Propagandaministerium sein Hauptquartier auf, rief Hitler an und meldete ihm, die Revolte sei niedergeschlagen.

Kurz vor 1 Uhr nachts ertönte über alle deutschen Sender Adolf Hitlers rauhe Stimme durch die Sommernacht:

Deutsche Volksgenossen!
Wenn ich heute zu Ihnen spreche, dann geschieht es besonders aus zwei Gründen: erstens, damit Sie meine Stimme hören und wissen, daß ich selbst unverletzt und gesund bin, zweitens, damit Sie aber auch das Nähere erfahren über ein Verbrechen, das in der deutschen Geschichte seinesgleichen sucht.
Eine ganz kleine Clique ehrgeiziger, gewissenloser und zugleich verbrecherischer, dummer Offiziere hat ein Komplott geschmiedet, um mich zu beseitigen und zugleich mit mir den Stab der deutschen Wehrmachtsführung auszurotten.
Die Bombe, die von dem Oberst Graf von Stauffenberg gelegt wurde, krepierte zwei Meter an meiner rechten Seite. Sie hat eine Reihe mir treuer Mitarbeiter sehr schwer verletzt, einer ist gestorben. Ich selbst bin völlig unverletzt bis auf ganz kleine Hautabschürfungen, Prellungen oder Verbrennungen. Ich fasse es als eine Bestätigung des Auftrages der Vorsehung auf ...
Der Kreis, den diese Usurpatoren darstellen, ist ein denkbar kleiner. Er hat mit der deutschen Wehrmacht und vor allem auch mit dem deutschen Volk nichts zu tun. Es ist ein ganz kleiner Klüngel verbrecherischer Elemente, die jetzt unbarmherzig ausgerottet werden.
Ich befehle daher in diesem Augenblick: 1. daß keine Militärstelle, kein Führer einer Truppe, kein Soldat irgendeinem Befehl dieser Usurpatoren zu gehorchen hat, daß im Gegenteil jeder verpflichtet ist, den Übermittler oder den Geber eines solchen Befehls entweder sofort zu verhaften oder bei Widerstand augenblicklich niederzumachen ...
Diesmal wird nun so abgerechnet, wie wir das als Nationalsozialisten gewöhnt sind.

BLUTIGE RACHE

Und auch diesmal machte Hitler seine Worte wahr.
Die Barbarei der Nationalsozialisten gegen die eigenen Volksgenossen erreichte den Höhepunkt. Es setzte eine wilde Verhaftungswelle ein, die grausige Folterungen, Schauprozesse und Hinrichtungen im Gefolge hatte. In vielen Fällen wurden die Opfer mittels Klavierdraht an Fleischerhaken gehängt und langsam erdrosselt. Zu Tausenden wurden Verwandte und Freunde von Verdächtigen in Konzentrationslager eingeliefert, wo viele von ihnen umkamen.
Hitler, von titanischer Wut und unstillbarem Rachedurst erfüllt, trieb Himmler und Kaltenbrunner zu immer größeren Bemühungen an, auch der letzten Person habhaft zu werden, die es gewagt hatte, sich gegen ihn zu erheben. Er selbst bestimmte, wie mit den Verfolgten zu verfahren sei.
»Diesmal«, tobte er in einer der ersten Konferenzen nach der Explosion in Rastenburg,

»werde ich kurzen Prozeß machen. Diese Verbrecher sollen nicht vor ein Kriegsgericht ... Die kommen vor den Volksgerichtshof. Sie dürfen gar nicht groß zu Wort kommen. Und innerhalb von zwei Stunden nach der Verkündung des Urteils muß es sofort vollstreckt werden! Die müssen sofort hängen, ohne jedes Erbarmen[46].«
Diese Anweisungen wurden buchstabengetreu befolgt von Roland Freisler, dem Vorsitzenden des Volksgerichtshofes, einem gemeinen Mann, der sich mit Vorliebe in Schmähungen und Beschimpfungen erging. Im Ersten Weltkrieg war er in russischer Gefangenschaft gewesen und ein fanatischer Bolschewist geworden. 1924 wurde er ein ebenso fanatischer Nationalsozialist, blieb jedoch ein Bewunderer sowjetischer Terrormethoden, die er genau studiert hatte. »Der Freisler ist unser Wyschinski«, hatte Hitler in der erwähnten Konferenz ausgerufen.
Im ersten Volksgerichtsverfahren, das am 7. und 8. August in Berlin stattfand, standen von Witzleben, Hoepner, Stieff, von Hase sowie die jüngeren Offiziere von Hagen, Klausing, Bernardis und Graf Yorck von Wartenburg, die eng mit Stauffenberg zusammengearbeitet hatten, unter Anklage. Sie waren bereits stark mitgenommen von der Behandlung in den Gestapo-Kellern, und da Goebbels angeordnet hatte, jede einzelne Phase des Prozesses zu filmen, damit der Streifen der Truppe und der Zivilbevölkerung als warnendes Beispiel gezeigt werden konnte, war alles getan worden, um den Angeklagten ein möglichst schäbiges Aussehen zu geben. In alte Jacken und Pullover gekleidet, unrasiert, ohne Kragen und sogar ohne Hosenträger und Gürtel, wurden sie in den Gerichtssaal geführt. Den traurigsten Anblick bot die einst so stolze Erscheinung des Feldmarschalls von Witzleben. Man hatte ihm das Gebiß fortgenommen, so daß er wie ein zahnloser Greis aussah. Während ihn der giftige Freisler unbarmherzig anpöbelte, mußte er dauernd seine trägerlosen Hosen festhalten, damit sie nicht herunterrutschten.
»Sie schmutziger alter Mann«, schrie ihn Freisler an, »was haben Sie immer an Ihren Hosen herumzufummeln?«
Doch trotz Freislers pausenlosen Beleidigungen und Beschimpfungen zeigten die Angeklagten, die wußten, daß ihr Schicksal bereits besiegelt war, Würde und Mut. Einer der mutigsten war der junge Peter Yorck, ein Vetter Stauffenbergs, der auf die empörendsten Fragen ruhig antwortete und keinerlei Hehl aus seiner Verachtung für den Nationalsozialismus machte.
»Warum waren Sie nicht in der Partei?« fragte Freisler.
»Weil ich kein Nationalsozialist bin und es niemals sein könnte«, erwiderte Yorck.
Als Freisler das näher erklärt haben wollte, begann Yorck: »Herr Präsident, ich habe schon bei meiner Vernehmung erklärt, daß ich die nationalsozialistische Weltanschauung als solche, daß ich ...«
Der Präsident unterbrach ihn: »... daß Sie nicht damit einverstanden waren ... Sie waren nicht mit der nationalsozialistischen Rechtsauffassung einverstanden, zum Beispiel hinsichtlich der Judenausrottung, wie?«
»Worauf es ankommt, was alle diese Fragen auf einen Nenner bringt«, antwortete

Yorck, »ist der totalitäre Anspruch des Staates gegenüber dem Einzelnen, der Zwang, sich seiner moralischen und religiösen Verpflichtungen gegenüber Gott zu begeben.«
»Unsinn!« schrie Freisler und schnitt Yorck das Wort ab. Solche Äußerungen konnten am Ende Goebbels den Film verderben und den Führer erzürnen, der ja bestimmt hatte: »Sie dürfen gar nicht groß zu Wort kommen.«
Die vom Gericht bestellten Verteidiger waren geradezu lächerlich. Ihre Feigheit ist fast nicht zu glauben. Witzlebens Anwalt zum Beispiel, ein gewisser Dr. Weißmann, übertraf selbst den Staatsanwalt und stand Freisler wenig nach. Er stellte seinen Klienten als »Mörder« hin, der die schwerste Strafe verdiene.
Die schwerste Strafe wurde denn auch verhängt, und die Vollstreckung erfolgte gleich nach Beendigung des Prozesses, am 8. August. »Sie sollen gehängt werden wie Schlachtvieh«, hatte Hitler befohlen, und so geschah es. Im Zuchthaus Plötzensee wurden die acht Verurteilten in einen kleinen Raum gebracht, an dessen Decke acht Fleischerhaken hingen. Man entkleidete sie bis zur Hüfte. Einer nach dem anderen wurde, um den Nacken eine Schlinge aus Klavierdraht, der oben an dem Fleischerhaken befestigt war, gehängt. Während die Männer baumelten und sich im Todeskampf wanden, wobei ihre Hosen abfielen, so daß sie völlig nackt waren, surrte eine Filmkamera[47]. Weisungsgemäß wurde der Film sofort entwickelt und zusammen mit den Filmen aus dem Gerichtssaal zu Hitler geschickt, damit er sie noch am selben Abend sehen konnte. Goebbels soll sich mit beiden Händen die Augen zugehalten haben, um nicht in Ohnmacht zu fallen[48].
Den ganzen Sommer, Herbst und Winter hindurch, bis in das Jahr 1945 hinein, führte Freisler seine makabren Schnellprozesse durch und verkündete am laufenden Band Todesurteile, bis schließlich am Vormittag des 3. Februar 1945, als gerade Schlabrendorff in den Gerichtssaal geführt wurde, eine amerikanische Bombe unmittelbar das Gerichtsgebäude traf, Freisler tötete und die Prozeßakten der noch nicht Abgeurteilten größtenteils vernichtete. So kam Schlabrendorff wunderbarerweise mit dem Leben davon – einer der ganz wenigen Verschwörer, denen das Glück hold war. Schließlich wurde er in Tirol von amerikanischen Truppen aus den Klauen der Gestapo befreit.
Und die Schicksale der anderen?
Goerdeler war, nachdem er die Warnung erhalten hatte, die Gestapo habe Haftbefehl gegen ihn erlassen, drei Tage vor dem 20. Juli untergetaucht. Er irrte drei Wochen lang in Berlin, Potsdam und Ostpreußen umher, verbrachte selten mehr als zwei Nächte an derselben Stelle, wurde jedoch stets von Freunden oder Verwandten aufgenommen, die sich damit in Lebensgefahr begaben, denn Hitler hatte inzwischen eine Million Mark auf sein Ergreifen gesetzt. Am Vormittag des 12. August, nach tagelanger Fußwanderung durch Ostpreußen, betrat er erschöpft und hungrig ein kleines Gasthaus in Konradswalde bei Marienwerder. Während er auf sein Frühstück wartete, bemerkte er eine ihn beobachtende Luftwaffenhelferin. Ohne auf sein Essen weiter zu warten, schlüpfte er hinaus und floh in den nahegelegenen Wald. Aber es war zu spät. Die Frau, eine Helene Schwärzel, war eine alte Bekannte der Familie Goerdeler und hatte

ihn sofort erkannt. Prompt machte sie ein paar Leute von der Luftwaffe, die mit ihr am Tisch saßen, auf ihn aufmerksam, und kurz darauf wurde Goerdeler im Wald festgenommen.

Der Volksgerichtshof verurteilte ihn am 8. September 1944 zum Tode, doch wurde er erst am 2. Februar 1945 zusammen mit Popitz hingerichtet[49]. Anscheinend zögerte Himmler die Vollstreckung hinaus, weil er glaubte, die Verbindungen beider Männer, insbesondere Goerdelers, zu den westlichen Alliierten könnten ihm nützlich sein, falls er selbst das Ruder des sinkenden Staatsschiffs übernehmen sollte – ein Gedanke, der sich damals in seinem Kopfe einzunisten begann[50].

Ulrich von Hassell und Graf Friedrich Werner von der Schulenburg, die in der neuen Regierung die Außenpolitik hatten leiten sollen, wurden am 8. September bzw. 10. November hingerichtet. Graf Fritz von der Schulenburg starb am 10. August am Galgen, an dem gleichen Tage wie General Fellgiebel, Nachrichtenchef im OKW, der am 20. Juli in Rastenburg die Telefonverbindung unterbunden hatte.

Die Zahl der Hingerichteten belief sich, einer der Quellen zufolge, auf 4980[51]. Nach dem Gestapo-Bericht sind 7000 Personen verhaftet worden. Von den in unserem Buche erwähnten Widerstandsführern wurden hingerichtet: General Fritz Lindemann, Oberst von Boeselager, Pastor Dietrich Bonhoeffer, Oberst Georg Hansen von der Abwehr, Graf Helldorf, Oberst von Hofacker, Dr. Jens Peter Jessen, Otto Kiep, Dr. Carl Langbehn, Julius Leber, Major von Leonrod, Wilhelm Leuschner, Arthur Nebe (Chef der Kriminalpolizei), Prof. Adolf Reichwein, Graf Berthold von Stauffenberg, Claus' Bruder, General Thiele, Nachrichtenchef im OKH, und General von Thüngen.

Etwa zwanzig der Verurteilten, deren Hinrichtung Himmler offenbar aus den gleichen Gründen wie im Falle Goerdeler und Popitz hinausgeschoben hatte, wurden noch in der Nacht vom 22. zum 23. April, als die Russen bereits gegen die Stadtmitte vordrangen, kurzerhand umgebracht. Man ließ die Gefangenen zu Fuß vom Gefängnis in der Lehrter Straße zum Gestapogefängnis in der Prinz-Albrecht-Straße marschieren, stellte sie gegen eine Mauer und mähte sie nieder. Unter ihnen befanden sich Graf Albrecht Bernstorff, Klaus Bonhoeffer, der Bruder des Pfarrers, und Albrecht Haushofer, Sohn des berühmten Geopolitikers, der sich 1946 das Leben nahm.

Auch General Fromm entging seinem Schicksal nicht. Am 21. Juli wurde er von Himmler, seinem Nachfolger als Befehlshaber des Ersatzheeres, verhaftet, im Februar 1945 vor den Volksgerichtshof gestellt und wegen »Feigheit« zum Tode verurteilt. »Das Urteil traf ihn tief. Er hatte es nicht erwartet«, schreibt Schlabrendorff. Wohl in Anerkennung seines entscheidenden Eingreifens zur Rettung des NS-Regimes starb er nicht am Fleischerhaken wie die Männer, die er in der Nacht des 20. Juli verhaftet hatte, sondern am 19. März 1945 durch die Kugeln eines Erschießungskommandos.

Das Geheimnis, das Admiral Canaris bei Lebzeiten umwitterte, umhüllte auch viele Jahre lang die Umstände seines Todes. Es war zwar bekannt, daß er nach dem 20. Juli verhaftet wurde, obwohl er nicht unmittelbar in die Ereignisse dieses Tages verwickelt war. Aber Keitel verhinderte seine Auslieferung an den Volksgerichtshof – eine der wenigen anständigen Gesten Keitels in seiner Eigenschaft als OKW-Chef. Hitler, über die Verzögerung erbost, ordnete Canaris' Aburteilung durch ein SS-Gericht an. Auch dieser Prozeß wurde hinausgeschoben, aber am 9. April 1945 schließlich, einen Monat vor Kriegsende, verurteilte man ihn im Konzentrationslager Flossenburg zusammen mit Oberst Oster und vier anderen zum Tode. Allerdings wußte man nicht genau, ob das Urteil vollstreckt worden war. Erst zehn Jahre später lüftete sich das Geheimnis. 1955 kam der Mann, der im Canaris-Verfahren als Ankläger der Gestapo aufgetreten war, vor Gericht, und eine große Anzahl von Augenzeugen sagte aus, daß Canaris am 9. April 1945 gehängt worden sei. Einer der Augenzeugen, der dänische Oberst Lunding, berichtete, er habe gesehen, wie man den nackten Canaris aus seiner Zelle zum Galgen schleppte. Oster war am gleichen Tage hingerichtet worden.

Einige der Verhafteten entgingen der Aburteilung und wurden schließlich von alliierten Truppen befreit. Dazu gehörten General Halder und Dr. Schacht, die an dem Aufstand vom 20. Juli nicht beteiligt waren; Schacht behauptete zwar in Nürnberg, er sei »eingeweiht« gewesen. Halder war monatelang in einer stockdunklen Zelle in Einzelhaft. Beide Männer wurden zusammen mit einer Reihe prominenter deutscher und ausländischer Gefangener, darunter Schuschnigg, Léon Blum, Schlabrendorff und General von Falkenhausen, am 4. Mai 1945 von amerikanischen Truppen in Niederdorf, Südtirol, befreit. Falkenhausen, den die Belgier nach vierjähriger Untersuchungshaft am 9. März 1951 als Kriegsverbrecher zu zwölf Jahren Zuchthaus verurteilten, kam nach vierzehn Tagen frei und kehrte nach Deutschland zurück.

Viele der in das Komplott verwickelten Offiziere zogen den Selbstmord einer Verurteilung durch das Volksgericht vor. Am Morgen des 21. Juli nahm General Henning von Tresckow, der die Seele der Verschwörung unter den Offizieren an der Ostfront gewesen war, Abschied von seinem Freunde und Adjutanten Schlabrendorff, der Tresckows letzte Worte festgehalten hat:

Jetzt wird die ganze Welt über uns herfallen und uns beschimpfen. Aber ich bin nach wie vor der felsenfesten Überzeugung, daß wir recht gehandelt haben. Ich halte Hitler nicht nur für den Erzfeind Deutschlands, sondern auch für den Erzfeind der Welt. Wenn ich in wenigen Stunden vor den Richterstuhl Gottes treten werde, um Rechenschaft abzulegen über mein Tun und Unterlassen, so glaube ich mit gutem Gewissen das vertreten zu können, was ich im Kampf gegen Hitler getan habe ...

Wer in unseren Kreis getreten ist, hat damit das Nessushemd angezogen. Der sittliche Wert eines Menschen beginnt erst dort, wo er bereit ist, für seine Überzeugung sein Leben hinzugeben[52].

Am selben Tag fuhr Tresckow zur 28. Jägerdivision, begab sich in das Niemandsland und zog eine Gewehrgranate ab. Sie sprengte ihm den Kopf vom Rumpf.

Fünf Tage später nahm sich auch Eduard Wagner, der Erste Generalquartiermeister des Heeres, das Leben.

Unter den hohen Offizieren im Westen, die Selbstmord begingen, befanden sich zwei Feldmarschälle. In Paris hatte der Aufstand, wie wir sahen, einen guten Anfang genommen: General von Stülpnagel, der Militärgouverneur von Frankreich, verhaftete sämtliche SS- und SD-Leute, Offiziere wie Mannschaften. Nunmehr hing alles vom Verhalten des Feldmarschalls von Kluge ab, dem neuen Oberbefehlshaber im Westen, der an der Ostfront zwei Jahre lang von Tresckow bearbeitet worden war, damit er aktiv an der Verschwörung teilnähme. Nach langem Schwanken hatte Kluge schließlich eingewilligt – wenigstens verstanden ihn die Verschwörer so –, den Aufstand zu unterstützen, sobald Hitler tot sei.

Am Abend des 20. Juli lud Kluge General von Stülpnagel zum Abendessen nach La Roche Guyon in das Hauptquartier der Heeresgruppe B ein, die er nach Rommels Unfall ebenfalls übernommen hatte. Er wollte mit Stülpnagel, mit Blumentritt, seinem Chef des Stabes, General Speidel und Oberst von Hofacker die widersprechenden Meldungen über Hitlers Tod erörtern. Hofacker war am Nachmittag von Stauffenberg telefonisch über das Attentat und den Staatsstreich in Berlin unterrichtet worden. Als man sich zu Tisch setzte, hatten immerhin einige der Offiziere den Eindruck, der vorsichtige Feldmarschall stehe vor dem Entschluß, sich dem Aufstand anzuschließen. Kurz vor dem Essen hatte Beck ihn angerufen und beschworen, mitzumachen – gleichgültig ob Hitler tot sei oder nicht. Dann war der erste von Witzleben unterzeichnete allgemeine Befehl eingetroffen. Kluge war von alledem beeindruckt.

Dennoch wollte er noch Näheres über die Lage in Erfahrung bringen, und zum Unglück für die Widerständler traf jetzt eine Nachricht von Stieff ein. Stieff war am Morgen dieses Tages mit Stauffenberg nach Rastenburg geflogen, hatte ihm alles Gute gewünscht, die Explosion beobachtet und sich überzeugt, daß Hitler nicht tot war. Jetzt, am Abend, bemühte er sich darum, die Spuren zu verwischen. Blumentritt gelang es, mit Stieff in telefonische Verbindung zu treten, und dieser sagte ihm nun die Wahrheit.

»Also schiefgegangen«, sagte Kluge zu Blumentritt. Kluge war sichtlich enttäuscht, denn er fügte hinzu, wenn das Attentat gelungen wäre, hätte er sofort mit Eisenhower Waffenstillstandsverhandlungen aufgenommen.

Bei Tisch – es war eine gespenstische Tafelrunde, »wie in einem Totenhause«, erinnert sich Speidel – hörte sich Kluge Stülpnagels und Hofackers leidenschaftliche Vorstellungen an, der Aufstand müsse fortgeführt werden, auch wenn Hitler noch lebe. Was dann folgte, hat Blumentritt geschildert:

Als er geendet hatte, bemerkte Kluge mit offensichtlicher Enttäuschung: »Gut, meine Herren, das Attentat ist mißglückt. Alles ist zu Ende.« Stülpnagel sprach darauf mit lauter Stimme: »Herr Feldmarschall, ich dachte, Sie seien in den Plan eingeweiht! Irgend etwas muß getan werden[53]*.«*

Kluge bestritt, von irgendwelchen Plänen etwas zu wissen. Nachdem er Stülpnagel befohlen hatte, die in Paris verhafteten SS- und SD-Leute zu entlassen, riet er ihm, »sich Zivil anzuziehen und unterzutauchen«.

Aber das war kein Ausweg für einen stolzen General von Stülpnagels Art. Nach einem wilden Champagner-Gelage im Hotel *Raphael* in Paris fuhr Stülpnagel, zur Berichterstattung nach Berlin befohlen, im Wagen in Richtung Deutschland. Bei Verdun, wo er im Ersten Weltkrieg ein Bataillon befehligt hatte, ließ er halten, um das berühmte Schlachtfeld zu besichtigen, aber auch, um einen persönlichen Entschluß in die Tat umzusetzen. Sein Fahrer und ein Mann des Begleittrupps hörten dann einen Pistolenschuß. Sie fanden Stülpnagel in einem Kanal. Die Kugel war durch ein Auge gegangen und hatte das andere so schwer verletzt, daß es im Lazarett von Verdun herausgenommen werden mußte.

Damit wurde Stülpnagel nicht vor einem grausigen Ende bewahrt. Erblindet und hilflos, brachte man ihn auf Hitlers ausdrücklichen Befehl nach Berlin vor den Volksgerichtshof. Während er auf einer Bahre lag, überschüttete Freisler ihn mit Schmähungen. Am 30. August wurde er im Gefängnis Plötzensee erdrosselt.

Der Entschluß, beim Aufstand nicht mitzumachen, rettete Kluge ebensowenig wie Fromm, der sich in Berlin ähnlich verhalten hatte. »Das Schicksal«, bemerkt Speidel, »machte vor einem Manne nicht halt, dessen Einsicht im Widerspruch zu seiner inneren Bereitschaft, sie zu verwirklichen, zu stehen schien.« Allem Anschein nach hat Oberst von Hofacker unter schrecklichen Folterqualen – er wurde erst am 20. Dezember hingerichtet – als Mitwisser des Komplotts Kluge, Rommel und Speidel genannt. Blumentritt sagt, er habe durch Oberg erfahren, daß Hofacker bei der ersten Vernehmung Kluge »erwähnte« und daß der Feldmarschall, nachdem er selbst von Oberg darüber unterrichtet worden war, »immer bekümmerter aussah[54]«. Zudem waren die Meldungen von der Front nicht dazu angetan, seine Stimmung zu heben.

Am 26. Juli durchbrachen General Bradleys amerikanische Streitkräfte die deutsche Front bei St. Lô. Durch die entstandene Lücke stieß vier Tage später General Pattons neugebildete 3. Armee bis Avranches vor und öffnete damit den Weg in die Bretagne und zur Loire. Dies war die entscheidende Wende, und am 30. Juli meldete Kluge in das Führerhauptquartier: »Die ganze Westfront ist aufgerissen ... Der linke Flügel ist zusammengebrochen.« Bis Mitte August waren alle noch in der Normandie stehenden deutschen Armeen in einen engen Sack um Falaise eingeschlossen, da Hitler jeden weiteren Rückzug untersagt hatte. Der Führer war nun Kluges überdrüssig; er gab ihm die Schuld an den Rückschlägen im Westen und hatte ihn im Verdacht, mit seinen Armeen vor Eisenhower kapitulieren zu wollen.

Am 17. August erschien in La Roche Guyon Feldmarschall Walter Model, um Kluge abzulösen – wobei Kluge gleichzeitig zum erstenmal von seiner Entlassung erfuhr. Ihm wurde auch gesagt, er solle Hitler seinen Aufenthaltsort in Deutschland melden – ein warnender Hinweis, daß er im Zusammenhang mit dem 20. Juli verdächtig geworden war. Am Tage darauf schrieb er einen langen Brief an Hitler und bestieg seinen Wagen in Richtung Deutschland. In der Nähe von Metz nahm er Gift.

Sein Abschiedsbrief an Hitler wurde in den erbeuteten deutschen Heeresarchiven gefunden:

Wenn Sie diese Zeilen ... erhalten, bin ich nicht mehr ... Das Leben hat für mich ... keine Bedeutung mehr ... Wir beide, Rommel und ich, ... sahen die jetzt eingetretene Entwicklung voraus. Wir sind nicht gehört worden ...

Ich weiß es nicht, ob der überall bewährte Feldmarschall Model die Lage noch meistern wird. ... Sollte es aber nicht der Fall sein, und Ihre heißersehnten neuen Kampfmittel ... nicht durchschlagen, dann, mein Führer, entschließen Sie sich, den Krieg zu beenden. Das dt. Volk hat so namenlos gelitten, daß es Zeit ist, dem Greuel ein Ende zu machen ...

Mein Führer, ich habe stets Ihre Größe ... bewundert. Wenn das Schicksal stärker ist als Ihr Wille und Ihr Genie, so ist das Fügung ... Zeigen Sie nun auch die Größe, die notwendig sein wird, wenn es gilt, einen aussichtslos gewordenen Kampf zu beenden ...[55]

Hitler las den Brief schweigend und übergab ihn kommentarlos Jodl, wie dieser in Nürnberg sagte. Einige Tage später, bei der Lagebesprechung vom 31. August, bemerkte Hitler: »Starke Verdachtsgründe sprechen für die Vermutung, daß Kluge, wenn er nicht Selbstmord verübt hätte, ohnehin verhaftet worden wäre[56].«

Als nächster an der Reihe war Feldmarschall Rommel, das Idol der Deutschen.
Als General von Stülpnagel nach seinem mißglückten Selbstmordversuch erblindet und bewußtlos auf dem Operationstisch im Lazarett von Verdun lag, entfuhr ihm der Name Rommel. Etwas später brach Oberst von Hofacker im Gestapo-Keller in der Prinz-Albrecht-Straße unter der Qual der Folter zusammen und verriet eine Äußerung Rommels: »Sagen Sie den Leuten in Berlin, daß sie auf mich rechnen können.« Dieser Satz blieb bei Hitler haften, und er beschloß, daß sein Favorit unter den Generalen, von dem er wußte, daß er in Deutschland der populärste war, sterben müsse.
Rommel, der schwere Kopfverletzungen erlitten hatte und dessen Schädel mit Granatsplittern gespickt war, war zunächst, um ihn vor den anrückenden alliierten Truppen in Sicherheit zu bringen, vom Feldlazarett Bernay nach St. Germain und von dort am 8. August zu seiner Familie nach Herrlingen bei Ulm geschafft worden. Das erste Warnungszeichen für ihn war die Verhaftung von General Speidel, seines früheren Chef des Stabes. Sie erfolgte am 7. September, einen Tag nach Speidels Besuch in Herrlingen. Als Speidel bei seinem Besuch die Rede auf Hitler brachte, rief Rommel aus: »Dieser pathologische Lügner ist nunmehr völlig wahnsinnig geworden, seinen wahren Sadismus hat er gegen die Männer des 20. Juli gerichtet, und wir sind noch nicht am Ende[57]!«
Rommel war inzwischen aufgefallen, daß er vom SD überwacht wurde. Wenn er mit

seinem fünfzehnjährigen Sohn, der von seiner Flakbatterie beurlaubt war, um seinen Vater zu pflegen, im nahen Wald spazierenging, nahmen beide Pistolen mit. Hitler hatte sich unterdessen eine Abschrift der Rommel belastenden Aussagen Hofackers geben lassen. Er hatte seinen Tod beschlossen, war sich aber auch darüber im klaren, wie Keitel später einem Vernehmungsoffizier in Nürnberg erklärte, »daß es in Deutschland einen schrecklichen Skandal geben würde, wenn der allbekannte Feldmarschall, der populärste General, den wir hatten, verhaftet und vor den Volksgerichtshof gestellt werden würde«. So vereinbarte Hitler mit Keitel, daß man Rommel über das gegen ihn vorliegende Beweismaterial unterrichte und ihn vor die Wahl stelle, entweder sich selbst das Leben zu nehmen oder sich auf ein Hochverratsverfahren beim Volksgerichtshof gefaßt zu machen. Wähle er das erste, würde ihm ein Staatsbegräbnis mit allen militärischen Ehren gegeben werden und seine Familie würde unbehelligt bleiben.

So kam es, daß am 14. Oktober 1944 mittags zwei Generale aus dem Führerhauptquartier vor Rommels Haus vorfuhren, das inzwischen von der durch fünf Panzerwagen verstärkten SS umstellt war. Der eine der Generale war Wilhelm Burgdorff, Chef des Heerespersonalamts, ein Mann, dessen gerötete Gesichtsfarbe die Liebe zum Alkohol verriet und der mit Keitel in der Unterwürfigkeit gegenüber Hitler wetteiferte, und der andere sein Assistent Ernst Maisel, ein Mann ähnlichen Charakters. Sie hatten sich bei Rommel angekündigt und ihm sagen lassen, sie kämen im Auftrage Hitlers, um über seinen »nächsten Einsatz« zu sprechen.

»Auf Geheiß des Führers«, erklärte Keitel in Nürnberg, »schickte ich Burgdorff mit einer Abschrift des Materials, das Rommel belastete. Wenn die Aussagen [Hofackers] zuträfen, solle er die Konsequenzen ziehen. Wenn nicht, würde sich das vor Gericht herausstellen.«

»Und haben Sie auch Burgdorff angewiesen, Gift mitzunehmen?« wurde Keitel gefragt.

»Jawohl. Ich habe Burgdorff gesagt, er solle Gift mitnehmen, damit er es erforderlichenfalls Rommel geben könne.«

Nachdem Burgdorff und Maisel Rommels Wohnung betreten hatten, stellte sich bald heraus, daß sie nicht gekommen waren, um über Rommels nächsten Einsatz zu sprechen. Sie baten darum, mit Rommel allein zu sprechen, und die drei Männer zogen sich in sein Arbeitszimmer zurück.

»Wenige Minuten später«, berichtet Manfred Rommel, »hörte ich meinen Vater nach oben kommen und ins Zimmer meiner Mutter gehen.« Und weiter:

Wir gingen in mein Zimmer. »Ich habe soeben deiner Mutter gesagt«, begann er langsam, »daß ich in einer Viertelstunde tot sein werde ... Hitler bezichtigt mich des Hochverrats. Wegen meiner Verdienste in Afrika soll mir Gelegenheit gegeben werden, Gift zu nehmen. Die beiden Generale haben es mitgebracht. Es wirkt in drei Sekunden. Wenn ich annehme, soll keine der üblichen Maßnahmen gegen meine Familie ergriffen werden ... Ich soll ein Staatsbegräbnis erhalten. Es ist alles bis in die letzte Einzelheit vorbereitet. In einer Viertelstunde wird man euch aus dem Wagner-Schale-Krankenhaus in Ulm anrufen und euch mitteilen, daß ich auf dem Wege zu einer Besprechung einem Schlaganfall erlegen bin.

Und so geschah es.

Rommel zog sich die Lederjacke seines alten Afrikakorps an, nahm seinen Marschallstab und bestieg mit den beiden Generalen den Wagen. Man fuhr etwa zwei Kilometer weit hinaus und hielt an einem Wald, wo General Maisel und der SS-Fahrer ausstiegen, während Rommel mit Burgdorff auf dem Rücksitz zurückblieb. Als die beiden anderen eine Minute später zurückkehrten, war Rommel tot. Eine Viertelstunde nach dem Abschied von ihrem Mann wurde Frau Rommel aus dem Krankenhaus angerufen. Der Chefarzt sagte ihr, zwei Generale hätten die Leiche ihres Mannes gebracht, der an einer plötzlichen Gehirnembolie gestorben sei, offenbar eine Folge der schweren Schädelverletzungen. In Wirklichkeit hatte Burgdorff eine Obduktion der Leiche untersagt. »Berühren Sie den Leichnam nicht«, hatte er den Arzt angefahren, »alles ist von Berlin aus bereits geregelt.«

In der Tat war alles geregelt.

Feldmarschall Model erließ einen Tagesbefehl, in dem er bekanntgab, daß Rommel seinen »am 17. Juli erlittenen Verwundungen« erlegen sei, und in dem er den Verlust »eines der größten Kommandeure unseres Volkes« beklagte.

Hitler sandte Frau Rommel ein Beileidstelegramm und ordnete ein Staatsbegräbnis an. Die Trauerrede hielt der dienstälteste Offizier des deutschen Heeres, Generalfeldmarschall von Rundstedt. »Sein Herz«, sagte er vor dem mit der Hakenkreuzfahne bedeckten Leichnam Rommels, »gehörte dem Führer.«

»Der alte Soldat«, schreibt Speidel, »erschien den Anwesenden gebrochen und verstört[58].«

Speidel selbst, der unterdessen in der Prinz-Albrecht-Straße ununterbrochenen Vernehmungen ausgesetzt war, ließ sich weder verstören noch weich machen. Vielleicht kam ihm dabei zustatten, daß er nicht nur Soldat, sondern auch Philosoph war. Schlauer als seine Quälgeister, gab er nichts zu und verriet niemanden. Einmal geriet er in eine böse Situation, als er Oberst von Hofacker gegenübergestellt wurde, der, wie er vermutete, nicht nur gefoltert, sondern auch mit Drogen behandelt worden war. Aber bei dieser Gelegenheit verriet Hofacker ihn nicht und widerrief frühere Aussagen.

Speidel blieb sieben Monate im Gewahrsam der Gestapo. Als sich amerikanische Truppen dem Bodensee näherten, wo er inhaftiert war, entwich er zusammen mit zwanzig anderen mit Hilfe einer List und suchte Zuflucht bei einem katholischen Priester, der die Gruppe bis zur Ankunft der Amerikaner verbarg[59].

Die Demütigung des deutschen Offizierskorps hätte nicht größer sein können. Es hatte erlebt, wie drei seiner illustren Feldmarschälle, Witzleben, Kluge und Rommel, in ein Komplott zum Sturz des Obersten Kriegsherrn verwickelt waren und dafür entweder erdrosselt oder in den Selbstmord getrieben wurden. Es hatte zusehen müssen, wie höchste Generale scharenweise in die Gestapo-Gefängnisse geschleppt und wie an ihnen nach einer Farce von Gerichtsverfahren Justizmorde verübt worden waren. In dieser nie dagewesenen Situation schloß sich das Offizierskorps trotz aller seiner stolzen Traditionen nicht zusammen. Statt dessen versuchte es, seine »Ehre« auf eine Weise zu retten, die ein ausländischer Beobachter nur als Selbstentehrung und Selbstdegradierung betrachten kann. Vor dem Zorn des ehemaligen Gefreiten aus Österreich krochen seine erschrockenen Führer zu Kreuze.

Kein Wunder, daß Feldmarschall von Rundstedt, als er die Leichenrede für Rommel hielt, gebrochen und verstört aussah. Er war tief abgesunken ebenso wie seine Offizierskameraden, die Hitler jetzt zwang, den bitteren Kelch bis zur Neige zu leeren. Rundstedt selbst übernahm den Vorsitz in einem sogenannten Ehrengericht, das Hitler einsetzte, um alle der Mitverschwörung verdächtigen Offiziere aus der Armee auszustoßen und sie statt einem Kriegsgericht dem Volksgerichtshof auszuliefern. Das Ehrengericht durfte keinen angeklagten Offizier in eigener Sache anhören; es hatte lediglich nach dem von der Gestapo gelieferten »Beweismaterial« vorzugehen. Rundstedt protestierte nicht gegen die Einschränkung; ebensowenig General Guderian, ein weiteres Mitglied des Ehrengerichts, der am Tage nach dem Attentat zum neuen Chef des Generalstabs ernannt worden war, wiewohl er in seinen Memoiren bekennt, es sei eine »unangenehme« Aufgabe gewesen, die die größten Gewissenskonflikte heraufbeschworen habe. Das tat sie fraglos, denn Rundstedt, Guderian und ihre Mitrichter – lauter Generale – überantworteten Hunderte ihrer Kameraden, nachdem sie sie degradiert und aus der Armee verstoßen hatten, der sicheren Hinrichtung.

Guderian tat noch mehr. In seiner Eigenschaft als Generalstabschef erließ er zwei überschwengliche Tagesbefehle, um den NS-Kriegsherrn der unverbrüchlichen Treue des Offizierskorps zu versichern. In dem ersten, vom 23. Juli, sprach Guderian von »ein paar teilweise schon pensionierten Offizieren, die den Mut verloren hatten und aus Feigheit und Schwäche von dem für einen ehrlichen Soldaten einzig möglichen Weg der Pflicht und Ehre abgewichen sind und den Weg der Schande vorgezogen haben«. Anschließend gelobte Guderian dem Führer feierlich »die Einigkeit von Offizierskorps und Männern des Heeres«.

Unterdessen ließ der ausgebootete Feldmarschall von Brauchitsch eiligst eine Erklärung in Druck geben, worin er den Putsch verurteilte, dem Führer erneut Treue gelobte und Himmlers Ernennung zum Befehlshaber des Ersatzheeres begrüßte – Himmlers, der die Generale unter Einschluß von Brauchitsch verachtete. Ein anderer Mann, der kaltgestellt war, Großadmiral Raeder, der befürchtete, er könne in den Verdacht geraten, mit den Verschwörern zumindest sympathisiert zu haben, eilte nach Rastenburg, um Hitler persönlich seiner Treue zu versichern. Am 24. Juli wurde in der Wehrmacht anstelle des alten militärischen Grußes der Nazigruß zwangsweise eingeführt »als ein Zeichen unerschütterlicher Treue und engster Verbundenheit zwischen Wehrmacht und Partei«.

Am 29. Juli ermahnte Guderian in einem weiteren Tagesbefehl die Generalstabsoffiziere, sie hätten fortan in ihrer nationalsozialistischen Gesinnung und ihrer Treue zum Führer mit gutem Beispiel voranzugehen.

Jeder Generalstabsoffizier hat ein nationalsozialistischer Führungsoffizier zu sein, nicht nur ... durch beispielhafte Haltung gegenüber politischen Fragen, sondern auch durch aktive Mitwirkung bei der politischen Schulung jüngerer Kommandeure im Einklang mit den Lehren des Führers ...

Bei der Beurteilung und Auswahl von Generalstabsoffizieren haben die Vorgesetzten in erster Linie auf Charakter und Gesinnung zu achten. Ein Schurke mag noch so schlau sein, in der Stunde der Not wird er versagen, eben weil er ein Schurke ist.

Ich erwarte von jedem Generalstabsoffizier die sofortige Erklärung, daß er meine Ansicht teilt oder zu ihr bekehrt ist und dies öffentlich bekanntgibt. Wer das nicht kann, sollte um seine Entlassung aus dem Generalstab nachsuchen[60].

Soweit bekannt, suchte niemand um seine Entlassung nach.
Damit, bemerkt ein deutscher Militärhistoriker, »endete die Geschichte des deutschen Generalstabes als selbständig denkender und reagierender militärischer Institution[61]«. Diese einst von Scharnhorst und Gneisenau gegründete und von Moltke zur tragenden Säule des Staates gemachte Elitegruppe, die Deutschland im Ersten Weltkrieg beherrscht, in der Weimarer Republik dominiert und Hitler sogar gezwungen hatte, die SA zu zerschlagen und deren im Wege stehende Führer zu ermorden, war im Sommer 1944 nur noch eine jämmerliche Schar kriecherischer, ängstlicher Männer. Es kam nicht mehr zu einem Widerstand gegen Hitler, nicht einmal zu einer Kritik an ihm.
Diese Lähmung von Geist und Willen bei ausgewachsenen Männern, die als Christen und, wie anzunehmen ist, mit den alten überlieferten Tugenden groß wurden, die sich ihres Ehrenkodex' rühmten und auf dem Schlachtfeld im Anblick des Todes so tapfer waren, ist erstaunlich. Vielleicht ist sie zu verstehen, wenn man an den in einem früheren Kapitel umrissenen Ablauf der deutschen Geschichte denkt, der dazu führte, daß die höchsten Tugenden des deutschen Mannes im blinden Gehorsam zum jeweiligen Herrscher gesehen wurden. Doch inzwischen war den Generalen das Böse in dem Mann, dem sie gehorchten, bekannt. Wie sich dieser Mann nach dem 20. Juli verhielt, daran erinnerte sich Guderian später:

In [diesem] Zusammenhang ... wurde aus Härte nunmehr Grausamkeit, aus der Neigung zum Bluffen Unwahrhaftigkeit. Er sagte oft die Unwahrheit, ohne es zu bemerken, und setzte von den Menschen voraus, daß sie ihn belogen. Er glaubte niemandem mehr. Die Verhandlungen mit ihm, die schon vorher schwierig genug waren, gestalteten sich nunmehr zu einer Qual, die sich von Monat zu Monat steigerte. Er verlor oft die Selbstbeherrschung und ließ sich in seinen Ausdrücken immer mehr gehen. In seiner engeren Umgebung fand er kaum ein Gegengewicht mehr[62].

Dennoch war es allein dieser Mann, dieser Halbwahnsinnige, dessen Körper und Geist zusehends verfielen, der jetzt, ebenso wie in dem kalten Winter 1941 vor Moskau, die geschlagenen, zurückweichenden Armeen sammelte und der schwer heimgesuchten Nation neuen Mut einflößte. Durch unglaubliche Willensanstrengung brachte er es fertig, fast ganz allein den Todeskampf des deutschen Volkes um beinahe ein Jahr zu verlängern.

Der Aufstand vom 20. Juli 1944 war nicht allein daran gescheitert, daß sich einige der fähigsten Männer des militärischen und zivilen Bereiches auf unerklärliche Weise ungeschickt benahmen, daß Leute wie Fromm und Kluge eine fatale Charakterschwäche offenbarten und daß die Verschwörer vom Mißgeschick verfolgt wurden. Er schlug auch fehl, weil fast alle Leute, die in diesem großen Land an führender Stelle standen – Generale wie Zivilisten – und die Masse des deutschen Volkes auf eine Revolution nicht vorbereitet waren – ja, sie wollten sie auch nicht, trotz allen Elends und trotz der düsteren Aussicht auf Niederlage und Besatzung. Bei aller Erniedrigung, die der Nationalsozialismus Deutschland und Europa gebracht hatte, hingen sie ihm nach wie vor an und sahen in Adolf Hitler immer noch den Retter des Landes.

Damals [schrieb Guderian später] glaubte ein sehr großer Teil des deutschen Volkes noch an Adolf Hitler und wäre zu der Überzeugung gekommen, daß die Attentäter den einzigen Mann beseitigt hätten, der vielleicht noch in der Lage gewesen wäre, den Krieg zu einem glimpflichen Ende zu bringen[63].

Selbst nach Kriegsende war General Blumentritt, der an der Verschwörung nicht beteiligt war, sie jedoch unterstützt hätte, wenn sein Chef Kluge ein anderer Mann gewesen wäre, noch der Meinung: »Die eine Hälfte [der Bevölkerung] war entrüstet, daß die deutschen Generale an dem Attentat zum Sturz Hitlers teilgenommen hatten, und war infolgedessen von bitterer Stimmung gegen sie erfüllt, und das gleiche Gefühl machte sich auch im Heere bemerkbar[64].«

Wie hypnotisiert, unter einer Suggestion stehend, die – wenigstens für einen Nichtdeutschen – unerklärlich ist, bewahrte dieses große Volk Hitler bis zuletzt seine Anhänglichkeit und sein Vertrauen. So war es unausweichlich, daß es ihm blind wie eine Herde, aber auch mit einer rührenden Gläubigkeit und sogar mit Begeisterung, den Abhang hinunter in den Untergang der Nation folgte.

SECHSTES BUCH

Untergang des Dritten Reiches

XXX

Die Eroberung Deutschlands

Der von Deutschland ausgegangene Krieg griff nunmehr auf deutschen Boden über. Hitler hatte sich kaum von dem Schock des 20. Juli erholt, als er mit dem Verlust Frankreichs und Belgiens sowie seiner großen Eroberungen im Osten konfrontiert wurde. In gewaltiger Übermacht näherten sich feindliche Truppen dem Reich.

Bis Mitte August 1944 hatte die Rote Armee, seit dem 10. Juni in immer neuen Wellen angreifend, die Grenze Ostpreußens erreicht, fünfzig deutsche Divisionen im Baltikum eingeschlossen, Viborg in Finnland erobert, die Heeresgruppe Mitte zerschlagen und ihren Vormarsch am Mittelabschnitt, in sechs Wochen 600 Kilometer zurücklegend, bis zur Weichsel gegenüber Warschau vorgetragen. Im Süden eröffnete sie am 20. August eine neue Offensive, die bis Ende des Monats zur Vertreibung der Deutschen aus Rumänien und den rumänischen Ölfeldern führte, das heißt aus dem einzigen Gebiet, das die deutschen Armeen mit natürlichem Treibstoff versorgt hatte. Am 26. August schied Bulgarien formell aus dem Krieg aus, und die Deutschen begannen, das Land eiligst zu räumen. Im September gab Finnland den Kampf auf und kehrte sich gegen die deutschen Truppen, die das finnische Territorium nicht verlassen wollten.

Im Westen ging Frankreich bald verloren. In General Patton, dem Kommandeur der neugebildeten 3. US-Armee, hatten die Amerikaner einen Panzergeneral gefunden, der sich an Kühnheit und Begabung mit Rommel messen konnte. Nach der Einnahme von Avranches am 30. Juli hatte er, die Bretagne liegen lassend, zu einer großen Umfassungsbewegung angesetzt, die zunächst in südöstlicher Richtung auf die Loire bei Orleans verlief und dann nach Osten auf die Seine südlich von Paris umschwenkte. Am 23. August war die Seine südöstlich und nordwestlich der französischen Hauptstadt erreicht, und zwei Tage später wurde die Metropole nach vierjähriger deutscher Besetzung befreit. Als General Leclercs 2. französische Panzerdivision und die 4. US-Infanteriedivision in die Stadt einrückten, stellten sie fest, daß Verbände der französischen Résistance Paris bereits größtenteils in der Hand hatten. Sie stellten auch fest, daß die Seinebrücken unversehrt waren. Am 23. August hatte Hitler befohlen, alle Pariser Brücken und andere wichtige Einrichtungen zu zerstören, »auch wenn Wohnviertel und Kunstdenkmäler dadurch vernichtet werden«, wie Speidel schreibt. Doch Speidel war dem Befehl ebensowenig nachgekommen wie General von Choltitz, der Kommandant von Paris, der sich ergab, nachdem er zu seiner Ehrenrettung ein paar Schüsse abgegeben hatte. Hierfür wurde Choltitz im April 1945 in Abwesenheit des Hochverrats angeklagt, doch Freunden von ihm gelang es, den Prozeß hinauszuschieben, bis der Krieg zu Ende war[1].

Die Reste der deutschen Armeen in Frankreich befanden sich nun in vollem Rückzug. Montgomery, der Rommel in Nordafrika geschlagen hatte und am 1. September zum Feldmarschall befördert worden war, drang von der unteren Seine aus mit der kanadischen 1. Armee und der britischen 2. Armee innerhalb von vier Tagen über 300 km vor und, vorbei an den Schlachtfeldern von 1914/18 und 1940, bis tief nach Belgien hinein. Brüssel fiel am 3. September. Antwerpen am Tage darauf. Der Vormarsch erfolgte so schnell, daß die Deutschen keine Zeit hatten, die Hafenanlagen von Antwerpen zu zerstören. Das war ein Glücksfall für die Alliierten, denn sie hatten Antwerpen zur Hauptversorgungsbasis der englisch-amerikanischen Streitkräfte ausersehen.

Südlich von den britisch-kanadischen Truppen stieß die 1. amerikanische Armee unter General Courtney H. Hodges mit gleicher Schnelligkeit nach dem südöstlichen Belgien vor, erreichte die Maas, von der aus im Mai 1940 der deutsche Durchbruch ausgegangen war, und nahm Namur und Lüttich ein, ohne daß die Deutschen Zeit gehabt hätten, diese beiden Festungen in einen Verteidigungszustand zu bringen. Noch weiter südlich hatte Pattons 3. Armee Verdun genommen, Metz eingeschlossen, die Mosel erreicht und Verbindung mit den Franzosen und der amerikanischen 7. Armee aufgenommen, die am 15. August unter dem Befehl von General Alexander Patch an der Riviera gelandet und anschließend das Rhônetal hinaufmarschiert waren.

Bis Ende August hatten die Deutschen im Westen 500 000 Mann, davon die Hälfte Gefangene, sowie fast sämtliche Panzer, Geschütze und Lastwagen verloren. Es war sehr wenig, was für die Verteidigung des Vaterlandes übrigblieb. Der vielgerühmte Westwall war buchstäblich unbemannt und ohne Geschütze. Die meisten deutschen Generale im Westen waren der Ansicht, das Ende sei gekommen. »Keinerlei nennenswerte deutsche Verbände befanden sich mehr auf der Erde, geschweige denn in der Luft«, sagt Speidel[2]. »Wäre es nach mir gegangen«, erklärte Rundstedt, der am 4. September wieder als Oberbefehlshaber West eingesetzt wurde, nach dem Kriege alliierten Vernehmungsoffizieren, »wäre der Krieg im September beendet worden[3].«

Aber es ging nicht nach Rundstedt, sondern nach Adolf Hitler. Am letzten Augusttag hielt er in seinem Hauptquartier einen Vortrag, wobei er versuchte, seinen Generalen neuen Mut einzuflößen und ihre Hoffnung zu stärken.

Wenn nötig, werden wir am Rhein kämpfen. Das ist mir gleichgültig. Unter allen Umständen werden wir diesen Kampf fortsetzen, bis einer unserer verdammten Feinde es müde wird, wie Friedrich der Große gesagt hat. Wir werden kämpfen, bis wir einen Frieden machen können, der das Leben des deutschen Volkes für die nächsten fünfzig oder hundert Jahre sichert und der vor allem unsere Ehre nicht noch einmal in den Schmutz zieht wie 1918 ... Ich lebe nur für diesen Kampf, weil ich weiß, daß er nicht gewonnen werden kann, wenn nicht ein eiserner Wille dahinter steckt.

Nachdem er den Generalstab wegen seines Mangels an eisernem Willen abgekanzelt hatte, nannte Hitler einige der Gründe für seine ungebrochene Hoffnung:

Aber die Zeit kommt, wo die Spannung zwischen den Alliierten so groß geworden ist, daß sie zum Bruch führt. Alle Koalitionen in der Geschichte haben sich früher oder später aufgelöst. Man muß nur auf den richtigen Augenblick warten, wenn es auch schwer ist[4].

Goebbels wurde beauftragt, die »totale Mobilmachung« zu organisieren, und Himmler, der neue Befehlshaber des Ersatzheeres, begab sich daran, 25 Volksgrenadierdivisionen für die Verteidigung im Westen auszuheben. Mochte auch in NS-Deutschland ständig vom »totalen Krieg« geredet worden sein, so waren doch die Hilfsquellen des Landes keineswegs »total« ausgeschöpft worden. Den ganzen Krieg über war auf Verlangen Hitlers die Produktion von Konsumgütern in überraschend großem Umfang aufrechterhalten worden – offensichtlich zur Stärkung der Moral. Und Hitler hatte sich auch der vor dem Krieg geplanten Heranziehung von Frauen zur Arbeit in den Fabriken widersetzt. Als Speer im März 1943 Frauen für die Industrie verlangte, hatte Hitler gesagt, die teuersten Ideale zu opfern, sei ein zu hoher Preis[5]. Nach nationalsozialistischer Lehre gehörte nämlich die Frau ins Heim und nicht in die Fabrik – und so war sie im Heim geblieben. Während in England in den ersten vier Kriegsjahren 2,25 Millionen Frauen zur Arbeit in der Rüstungsindustrie eingestellt wurden, waren es in Deutschland nur 182 000. Die Zahl der Hausangestellten in Deutschland, die sich im Frieden auf etwa 1,5 Millionen belief, blieb während des Krieges unverändert[6].

Nunmehr, als der Feind vor den Toren stand, rührten sich die NS-Führer. Jünglinge zwischen fünfzehn und achtzehn und Männer zwischen fünfzig und sechzig wurden einberufen. Universitäten, Hochschulen, Ämter und Fabriken wurden nach Wehrfähigen durchkämmt. Im September und Oktober 1944 trieb man etwa 500 000 Mann für die Wehrmacht zusammen. Aber man traf keine Anstalten, sie in Fabriken und Ämtern durch Frauen zu ersetzen, und Albert Speer, Minister für Bewaffnung und Kriegsproduktion, protestierte bei Hitler: Die Einberufung von Facharbeitern wirke sich nachteilig auf die Rüstungsproduktion aus.

Seit der Napoleonzeit hatte kein deutscher Soldat zur Verteidigung des Vaterlandes auf deutschem Boden kämpfen müssen. Seitdem waren alle – preußischen und deutschen – Kriege auf dem Boden anderer Völker geführt worden. Seitdem waren stets andere Länder verwüstet worden. Nun wurden die hartbedrängten Truppen mit Ermahnungen überschüttet. Die 1. amerikanische Armee fing eine Reihe von Befehlen auf:

SOLDATEN DER WESTFRONT

... ich erwarte von euch, daß ihr Deutschlands geheiligten Boden ... bis zum äußersten verteidigt ...

Heil dem Führer!
von Rundstedt
Generalfeldmarschall

SOLDATEN DER HEERESGRUPPE

... Keiner von uns gibt einen Fußbreit deutschen Bodens auf, solange er noch lebt ...
Wer kampflos zurückweicht, ist ein Verräter an seinem Volk ...
Soldaten! Es geht um unsere Heimat, um das Leben unserer Frauen und Kinder!
Unser Führer und unsere Angehörigen haben Vertrauen zu ihren Soldaten! ...
Es lebe Deutschland, es lebe unser geliebter Führer!

Model
Generalfeldmarschall

Dennoch mehrte sich, während das Dach einstürzte, die Zahl der Fahnenflüchtigen, Himmler ergriff drastische Maßnahmen dagegen und ließ am 10. September durch Anschlag verkünden:

Ehrvergessene Elemente scheinen zu glauben, daß der Krieg für sie vorüber ist, wenn sie sich dem Feind ergeben.
... Kein Deserteur ... wird der gerechten Strafe entgehen. Außerdem wird sein schmähliches Verhalten schwerste Folgen für seine Familie nach sich ziehen ... [Deserteure] werden standrechtlich erschossen[7].

Im September trat, so Speidel, »etwas Unerwartetes, eine deutsche Variation des ›Marnewunders‹ der Franzosen von 1914 ein: Das stürmische Nachdrängen der Alliierten ließ plötzlich nach«.

Warum es plötzlich nachließ, ist bis heute unter den alliierten Kommandeuren, angefangen bei General Eisenhower, umstritten. Für die deutschen Generale war es unfaßlich. In der zweiten Septemberwoche hatten amerikanische Verbände die deutsche Grenze bei Aachen und an der Mosel erreicht. Anfang September war Eisenhower von Montgomery bedrängt worden, seine gesamten Einsatzreserven den britisch-kanadischen Kräften und den beiden amerikanischen Armeen in Belgien zuzuteilen und unter seiner, Montgomerys, Führung einen kühnen Vorstoß ins Ruhrgebiet zu unternehmen, um auf diese Weise Deutschland seines Rüstungszentrums zu berauben, den Weg nach Berlin zu öffnen und den Krieg zu beenden. Eisenhower lehnte den Vorschlag ab[8]. Er wollte »auf breiter Front« gegen den Rhein marschieren. Aber sein Nachschub hatte mit den Armeen nicht Schritt halten können. Jede Tonne Benzin oder Munition mußte über den Strand der Normandie oder über Cherbourg, den einzigen Hafen, herangebracht und auf Lastwagen 500 bis 600 Kilometer weit zu der vorrückenden Front geschafft werden. In der zweiten Septemberwoche blieben Eisenhowers Armeen infolge mangelnder Versorgung stecken. Außerdem stießen sie auf unerwarteten deutschen Widerstand. Mitte September gelang es Rundstedt, durch Konzentrierung der ihm zur Verfügung stehenden Truppen an zwei kritischen Stellen, nämlich an der Mosel und bei Aachen, den Rückzug wenigstens vorübergehend aufzufangen.

Auf Montgomerys Drängen willigte dann Eisenhower in den kühnen Plan ein, bei Arnheim am Niederrhein einen Brückenkopf zu bilden und so eine Stellung zu sichern, von der aus der Westwall umgangen werden konnte. Der Angriff begann am 17. September und wurde eingeleitet mit der Absetzung von einer britischen und zwei amerikanischen Luftlandedivisionen. Aber er scheiterte aus mehreren Gründen: Das Wetter war ungünstig, die Fallschirmtruppen landeten inmitten zweier SS-Panzerdivisionen, von deren Vorhandensein man nichts wußte, und es fehlten ausreichende Landstreitkräfte, die von Süden her nachstießen. Nach zehntägigem erbitterten Kampf und starken Verlusten zogen sich die Alliierten aus Arnheim zurück. Mit diesem Rückschlag, meinte Eisenhower, »war es hinreichend erwiesen, daß uns noch viele erbitterte Gefechte bevorstanden[9]«.

Dennoch wird er kaum damit gerechnet haben, daß die Deutschen sich soweit erholen würden, um in der Vorweihnachtszeit an der Westfront zu einem betäubenden Schlag auszuholen.

HITLERS LETZTER VERZWEIFELTER EINSATZ

Am Abend des 12. Dezember 1944 wurden die höheren Truppenkommandeure der Westfront in Rundstedts Hauptquartier gerufen. Hier nahm man ihnen Waffen und Aktentaschen ab, setzte sie in einen Autobus und fuhr sie eine halbe Stunde kreuz und quer durch das verschneite Land, so daß sie die Orientierung verloren. Schließlich hielt der Bus vor dem Eingang eines tiefen unterirdischen Bunkers, und es stellte sich heraus, daß sie sich in Hitlers Hauptquartier in Ziegenberg bei Frankfurt befanden. Hier erfuhren sie zum ersten Mal, was bisher nur ganz wenige hohe Offiziere wußten: Der Führer wollte innerhalb von vier Tagen eine gewaltige Offensive im Westen starten.

Mit dieser Idee trug er sich seit Mitte September, als Eisenhowers Armeen an der deutschen Grenze westlich des Rheins zum Stehen gebracht worden waren. Im Oktober nahmen zwar die 9., 1. und 3. amerikanische Armee die Offensive wieder mit dem Ziel auf, sich bis zum Rhein »durchzuschlagen«, wie Eisenhower es ausdrückte, aber sie kamen nur langsam vorwärts. Am 24. Oktober kapitulierte – als erste deutsche Stadt – die alte Kaiserstadt Aachen, doch gelang es den Amerikanern nicht, bis zum Rhein durchzubrechen. Allerdings hielten sie – wie auch Engländer und Kanadier im Norden – an der ganzen Front die ermatteten Verteidiger in Zermürbungskämpfen nieder. Hitler erkannte, daß, wenn er in der Defensive bliebe, die Stunde der Abrechnung lediglich hinausgeschoben würde. In seinem fieberhaft tätigen Gehirn entwickelte sich ein kühner, einfallsreicher Plan, wie er die Initiative wieder an sich reißen könnte: Er wollte zwischen die 3. und die 1. amerikanische Armee einen Keil treiben, bis Antwerpen vorstoßen, Eisenhower seines Hauptnachschubhafens berauben und die britisch-kanadischen Armeen entlang der belgisch-holländischen Grenze aufrollen. Er glaubte, mit solcher Offensive nicht nur einen vernichtenden Schlag gegen die englisch-amerikanischen Armeen führen und damit die Gefahr von der deutschen Westgrenze abwenden zu können; er meinte auch, er könne sich dann gegen die Russen wenden, die auf dem Balkan zwar noch im Vormarsch, aber seit Oktober an der Weichsel in Polen und in Ostpreußen zum Stehen gebracht worden waren. Die Offensive sollte rasch durch die Ardennen vorgetragen werden, wo auch 1940 der große Durchbruch erfolgt war und wo jetzt, wie der deutsche Nachrichtendienst wußte, nur vier schwache amerikanische Infanteriedivisionen standen.

Es war ein verwegener Plan. Hitler war überzeugt, die Alliierten überraschen und überwältigen zu können, ehe sie zu sich kämen[10]. Aber die Sache hatte einen Haken. Die deutsche Wehrmacht, vor allem die Luftwaffe, war nicht nur schwächer als 1940, sie stand auch einem weit stärkeren und besser ausgerüsteten Gegner gegenüber. Hierauf machten denn auch die deutschen Generale Hitler aufmerksam.

»Ich war erschüttert«, erklärte Rundstedt nach dem Krieg. »Hitler hatte mich nicht ... zu Rate gezogen. Es war mir klar, daß die verfügbaren Kräfte für einen so ungewöhnlich weitreichenden Plan viel zu gering waren[11].« Da Rundstedt und Model die Sinnlosigkeit einer Auseinandersetzung mit Hitler einsahen, beschlossen sie, einen Alternativplan vorzuschlagen, der den Wunsch des Kriegsherrn nach einer Offensive befriedigte, aber sich darauf beschränken würde, den amerikanischen Frontvorsprung bei Aachen durch eine Zangenbewegung abzuschneiden. Allerdings hegte Rundstedt so wenig Hoffnung auf einen Sinneswandel des Führers, daß er zu der Abschlußbesprechung am 2. Dezember seinen Stabschef Blumentritt nach Berlin schickte. Doch Blumentritt, Generalfeldmarschall Model, General Hasso von Manteuffel und SS-General Sepp Dietrich (die beiden letzteren sollten bei dem Durchbruch die zwei großen Panzerarmeen führen) waren nicht imstande, Hitler von seinem Vorhaben abzubringen. Er hatte für dieses letzte verzweifelte Spiel alles zusammengekratzt, was noch in Deutschland vorhanden war. Im November war es ihm geglückt, etwa 1500 neue oder reparierte Panzer und Sturmgeschütze zusammenzubringen, zu denen im Dezember noch weitere 1000 kamen. Er hatte für die Ardennenoffensive etwa 28 Divisionen, darunter neun Panzerdivisionen, und für einen Angriff im Elsaß, der der Hauptoffensive folgen sollte, weitere sechs Divisionen bereitgestellt. Göring versprach 3000 Jagdflugzeuge.

Das war immerhin eine beträchtliche Streitmacht, mochte sie auch weit schwächer sein als die, die Rundstedt 1940 mit seiner Heeresgruppe zur Verfügung hatte. Aber mit ihrer Aufstellung waren auch den deutschen Truppen an der Ostfront die Verstärkungen entzogen worden, die die dortigen Kommandeure für unerläßlich hielten, um die für den Januar erwartete russische Winteroffensive abzuwehren. Als der Chef des Generalstabs, Guderian, bei Hitler protestierte, erhielt er einen scharfen Verweis:

Sie brauchen mich nicht zu belehren! Ich führe seit fünf Jahren die deutschen Heere im Feld und habe in dieser Zeit soviel praktische Erfahrungen gesammelt, wie die Herren vom Generalstabe sie nie sammeln können. Ich habe Clausewitz und Moltke studiert und alle Aufmarschpläne Schlieffens gelesen. Ich bin besser im Bilde als Sie!

Und als Guderian dann einwandte, die Russen stünden im Begriff, mit gewaltiger

Übermacht anzugreifen, und als er Zahlen über die Stärke der aufmarschierten sowjetischen Kräfte vorlegte, rief Hitler:

Das ist der größte Bluff seit Dschingis Khan. Wer hat diesen Blödsinn ausgegraben?[12]

Die Generale, die sich am Abend des 12. Dezember ohne Waffen und Aktentaschen im Führerhauptquartier in Ziegenberg versammelten, sahen, wie Manteuffel sich erinnert, »eine gebeugte Gestalt mit blassem, aufgedunsenem Gesicht, im Stuhl zusammengesunken, mit zitternden Händen, den linken, heftig zuckenden Arm nach Möglichkeit verbergend. Ein kranker Mann ... Wenn er ging, zog er ein Bein nach[13].«
Hitlers Geist jedoch war lebendig wie eh und je. Die Generale hatten Ausführungen über seine militärischen Vorstellungen von der Offensive erwartet. Statt dessen hielt er ihnen einen langen politisch-historischen Vortrag:

Es gab in der Weltgeschichte niemals Koalitionen, die wie die unserer Gegner aus so heterogenen Elementen mit völlig auseinanderstrebender Zielsetzung zusammengesetzt waren ... Ultrakapitalistische Staaten auf der einen Seite und ultramarxistische Staaten auf der anderen Seite; auf der einen Seite ein absterbendes Weltreich, Britannien, auf der anderen Seite eine auf Erbschaft ausgehende Kolonie, die USA ...
Jeder der Partner ist in diese Koalition hineingegangen mit der Hoffnung, damit seine politischen Ziele realisieren zu können ...: Die USA mit dem Versuch, England zu beerben; Rußland mit dem Versuch, den Balkan zu gewinnen ..., England mit dem Versuch, seine Position zu halten, die Mittelmeerposition zu verstärken ... Es sind Staaten, die schon jetzt Tag für Tag aneinandergeraten. Und wer so wie eine Spinne, möchte ich sagen, im Netz sitzend, diese Entwicklung verfolgt, der kann sehen, wie von Stunde zu Stunde diese Gegensätze sich mehr und mehr entwickeln.
Wenn hier noch ein paar ganz schwere Schläge erfolgen, so kann es jeden Augenblick passieren, daß diese künstlich aufrechterhaltene gemeinsame Front plötzlich mit einem riesigen Donnerschlag zusammenfällt ... immer unter der Voraussetzung, daß dieser Kampf unter keinen Umständen zu einem Schwächemoment Deutschlands führt.
Es ist daher wichtig, ... dem Gegner seine Siegeszuversicht zu nehmen ... Entschieden werden die Kriege endgültig durch die Erkenntnis bei dem einen oder anderen, daß der Krieg als solcher nicht mehr zu gewinnen ist ... Ebenso ist es wichtig ..., daß man keinen Augenblick vorübergehen läßt, um dem Gegner klarzumachen, daß, ganz gleich was er auch tut, er nie auf eine Kapitulation rechnen kann, niemals, niemals[14]*.«*

Als die Generale aufbrachen, klang ihnen noch diese Anfeuerungsrede in den Ohren, aber keiner von ihnen glaubte – so wenigstens sagten sie nach dem Krieg –, daß die Ardennenoffensive gelingen würde. Dennoch entschlossen sie sich, den ihnen erteilten Befehlen nach besten Kräften Folge zu leisten.
Es war eine dunkle, eisig kalte Nacht, und es hing dichter Nebel über den verschneiten Bergen der Ardennen, als die Deutschen am 15. Dezember zwischen Monschau und Echternach auf einer 110 Kilometer langen Front ihre Ausgangsstellungen bezogen.

Ihre Meteorologen hatten vorausgesagt, daß solches Wetter mehrere Tage anhalten würde. Und so rechnete man damit, daß die alliierten Flugzeuge nicht aufsteigen könnten und damit den deutschen Nachschubkolonnen das Inferno der Normandie erspart werden würde. Fünf Tage lang hielt Hitlers Wetterglück an, und seine Truppen, die das alliierte Oberkommando völlig überraschten, erzielten nach den ersten Vorstößen am Morgen des 16. Dezember mehrere Durchbrüche.

In der Nacht des 17. Dezember erreichte eine deutsche Panzergruppe Stavelot und stand damit nur zwölf Kilometer von dem Hauptquartier der 1. amerikanischen Armee in Spa entfernt, das schleunigst geräumt wurde. Noch gefährlicher war, daß die Gruppe sich bis auf eineinhalb Kilometer einem riesigen amerikanischen Treibstofflager mit fast fünfzehn Millionen Liter Benzin genähert hatte. Wäre dieses Lager den deutschen Panzerdivisionen, die durch den Treibstoffmangel ständig behindert waren, in die Hände gefallen, hätten sie rascher und viel weiter vordringen können. Am weitesten kam Skorzenys sogenannte Panzerbrigade 150 mit ihren in amerikanischen Uniformen steckenden und mit erbeuteten amerikanischen Panzern, Lastwagen und Jeeps fahrenden Leuten. Etwa vierzig dieser Jeeps schlüpften durch die aufgerissene Front, und einige von ihnen kamen bis zur Maas[15].

Und doch, nachdem die vier schwachen amerikanischen Divisionen in den Ardennen überrollt worden waren, wurde der deutsche Vorstoß durch den improvisierten, aber zähen Widerstand von zerstreuten Einheiten der 1. US-Armee gebremst und durch die Standhaftigkeit der alliierten Truppen bei Monschau im Norden und bei Bastogne im Süden auf eine schmale Zunge zusammengedrängt. Das Schicksal der Hitlerschen Streitkräfte besiegelte dann die amerikanische Abwehr bei Bastogne.

Dieser Knotenpunkt war für die Verteidigung von Ardennen und Maas von entscheidender Bedeutung. Wurde er gehalten, dann konnte er nicht nur Manteuffels 5. Panzerarmee die Hauptstraßen versperren, sondern auch erhebliche nachstoßende deutsche Kräfte binden. Am Morgen des 18. Dezember standen Manteuffels Panzerspitzen nur etwa 22 km von Bastogne entfernt, und die einzigen Amerikaner, die sich in der Stadt befanden, waren Angehörige eines Korpsstabs, die sich zur Räumung anschickten. Doch am Abend des 17. hatte die in Reims liegende 101. amerikanische Luftlandedivision den Befehl erhalten, sich so schnell wie möglich nach Bastogne zu begeben. Auf Lastwagen, die mit aufgeblendeten Scheinwerfern durch die Nacht fuhren, erreichte sie Bastogne in 24 Stunden, mit knappem Vorsprung vor den Deutschen. Es war ein entscheidendes Wettrennen, und die Deutschen hatten es verloren. Wenn sie auch Bastogne einschlossen, so wurde ihnen doch der weitere Vorstoß zur Maas erschwert. Außerdem mußten sie, um das Hindernis nehmen zu können, starke Kräfte zurückhalten.

Am 22. Dezember forderte General Heinrich von Lüttwitz, Befehlshaber des 47. deutschen Panzerkorps, den Kommandeur der 101. amerikanischen Luftlandedivision, Brigadegeneral A. C. McAuliffe, schriftlich zur Übergabe von Bastogne auf. Die berühmt gewordene Antwort bestand aus einem einzigen Wort: »NUTS!« (Etwa: Wohl verrückt geworden!)

Die entscheidende Wende in Hitlers Ardennenspiel trat am Heiligen Abend ein. Am Tage vorher hatte die Vorhut der 2. deutschen Panzerdivision den Höhenrücken vor Dinant erreicht und ungeduldig auf Benzin und Verstärkungen gewartet, um dann die letzten fünf Kilometer zur Maas hinab zu rollen. Doch weder Benzin noch Verstärkungen kamen jemals an. Plötzlich schlug vom Norden her die 2. US-Panzerdivision zu. Und von Süden her waren bereits mehrere Divisionen von Pattons 3. Armee auf dem Wege nach Bastogne, um es zu entsetzen. »Am Abend des 24.«, schrieb Manteuffel später, »war es klar, daß der höchste Pegelstand unserer Operation erreicht worden war. Wir wußten nunmehr, daß wir unser Ziel nie erreichen würden.« Der Druck auf die Nord- und Südflanke des tiefen, schmalen Frontvorsprungs war zu stark geworden. Und zwei Tage vor Weihnachten hatte sich das Wetter gebessert, so daß die englisch-amerikanischen Luftstreitkräfte mit massiven Angriffen auf die deutschen Nachschublinien und auf die über enge, gewundene Gebirgsstraßen sich bewegenden Truppen und Panzer begonnen hatten. Die Deutschen unternahmen zwar am Weihnachtstag mehrere Versuche, Bastogne einzunehmen, aber McAuliffes Leute hielten stand. Am Tage darauf brach Pattons 3. Armee vom Süden her durch und entsetzte die Stadt. Für die Deutschen ging es jetzt darum, ihre Truppen aus dem schmalen Korridor abzuziehen, bevor sie abgeschnitten und vernichtet wurden.

Aber Hitler wollte wieder einmal nichts von Rückzug hören. Am Abend des 28. Dezember hielt er eine Lagebesprechung mit allen wichtigen Befehlshabern ab. Anstatt Rundstedts und Manteuffels Rat zu beherzigen, die deutschen Truppen rechtzeitig aus dem Sack herauszuziehen, befahl er, die Offensive wiederaufzunehmen, Bastogne zu erstürmen und erneut auf die Maas vorzustoßen. Außerdem bestand er auf der sofortigen Eröffnung einer Offensive im Elsaß, da dort die amerikanische Front infolge des Abzugs mehrerer Divisionen nach den Ardennen entblößt sei. Den Vorstellungen der Generale gegenüber, daß es ihnen an ausreichenden Kräften sowohl für die Fortsetzung der Ardennenoffensive wie auch für den Angriff im Elsaß fehle, blieb er taub.

Meine Herren, ich stehe jetzt seit elf Jahren in diesem Geschäft und habe seit elf Jahren noch nie gehört, daß mir jemand gemeldet hat: jetzt sind wir völlig fertig ... Wirklich fertig ist man nie. Das ist doch ganz klar[16].

Er redete und redete, stundenlang. Lange bevor er endete, muß den Generalen klar gewesen sein, daß ihr Oberster Kriegsherr der Realität gegenüber blind geworden war und in den Wolken schwebte.

Die Frage ist ... ob Deutschland den Willen hat, weiterzubestehen, oder ob es vernichtet werden will ... Geht der Krieg verloren, dann wird das deutsche Volk vernichtet werden.

Dann folgte eine lange Abhandlung über die römische Geschichte und den Siebenjährigen Krieg. Schließlich kam er auf die Tagesprobleme zurück. Zwar gab er zu, die Ardennenoffensive habe »leider nicht zu dem durchschlagenden Erfolg geführt, den man hätte erwarten können«, doch behauptete er auch, es sei durch sie »eine Umwandlung der ganzen Situation [erfolgt], wie man sie sicherlich vor vierzehn Tagen überhaupt nicht für möglich gehalten hat.«

Der Gegner mußte seinerseits seine ganzen Angriffspläne aufgeben ... Verbände, die abgekämpft waren, muß er wieder hineinwerfen. Seine operativen Absichten sind völlig über den Haufen geworfen worden. Die Kritik zu Hause ist enorm. Das psychologische Moment spricht gegen ihn. Er muß jetzt schon erklären, es sei nicht daran zu denken, daß der Krieg vor August, vielleicht sogar vor Ende des nächsten Jahres entschieden werden kann ...

Enthielt der letzte Satz das Eingeständnis, daß der Krieg endgültig verloren sei? Hitler beeilte sich, solchen Eindruck nicht aufkommen zu lassen:

Ich möchte gleich einfügen, meine Herren: wenn ich das sage, entnehmen Sie daraus nicht etwa den Entschluß, als wenn ich an den Verlust des Krieges auch nur im leisesten denke. Ich habe den Begriff Kapitulation in meinem Leben nie kennengelernt ... Für mich ist also die Situation, in der wir uns heute befinden, nichts Neues. Die Situation war für mich einst eine ganz andere, viel schlimmere. Ich sage das nur, damit Sie ermessen, warum ich mit einem solchen Fanatismus mein Ziel verfolge und warum mich nichts mürbe machen kann. Ich könnte noch so von Sorgen gequält sein und meinetwegen auch von Sorgen gesundheitlich erschüttert werden, es würde das nicht im geringsten etwas an meinem Entschluß ändern, zu kämpfen, bis am Ende eben doch die Waage sich auf unsere Seite neigt.

Daraufhin appellierte er an die Generale, »mit Ihrem ganzen Feuer, mit Ihrer ganzen Energie« an die neuen Offensiven heranzugehen.

Das Ziel ... ist zunächst, die amerikanischen Teile südlich der Einbruchsstellen völlig zu beseitigen, Stück um Stück zu zerschlagen, Division um Division auszurotten ... Wir werden dann weitersehen ... Den dann antretenden immerhin 45 deutschen Divisionen wird [der Gegner], glaube ich, auf die Dauer nicht Widerstand leisten können. Wir werden das Schicksal dann doch meistern.

Dazu war es zu spät. Deutschland fehlte es an den militärischen Mitteln, um Hitlers Wort wahr zu machen.

Am Neujahrstag traten acht deutsche Divisionen aus dem Saargebiet zum Angriff gegen Süden an, dem Hitler einen Ausbruch aus dem Colmarer Brückenkopf folgen ließ. Hier stand eine Armee unter dem Befehl von Heinrich Himmler – für die deutschen Generale ein schlechter Witz. Mit keiner der beiden Operationen kamen die Deutschen sehr weit. Auch scheiterte der am 3. Januar begonnene Versuch, mit nicht weniger als neun Divisionen Bastogne zu nehmen. Aus dieser Schlacht entwickelten sich die erbittertsten Kämpfe der ganzen Offensive. Doch am 5. Januar gaben die Deutschen die Hoffnung auf, diese wichtige Stadt erstürmen zu können. Zudem drohte ihnen nunmehr die Gefahr, durch eine am 3. Januar eröffnete englisch-amerikanische Gegenoffensive vom Norden her abgeschnitten zu werden. Am 8. Januar schließlich erhielt Model die Genehmigung zum Rückzug seiner Armeen. Und am 16. Januar, genau einen Monat nach Beginn der Offensive, bei der Hitler seine letzten Menschen- und Materialreserven eingesetzt hatte, standen die deutschen Truppen wieder in ihren Ausgangsstellungen. Sie hatten 120000 Tote, Verwundete und Vermißte, 600 Panzer und Sturmgeschütze, 1600 Flugzeuge und 6000 Fahrzeuge eingebüßt. Auch die Amerikaner erlitten schwere Verluste: 8000 Tote, 48000 Verwundete, 21000 Gefangene oder Vermißte, 733 Panzer [17]. Doch die Amerikaner konnten ihre Verluste ausgleichen; die Deutschen konnten es nicht. Sie hatten ihr letztes Pulver verschossen. Es war die letzte Großoffensive der deutschen Wehrmacht im Zweiten Weltkrieg. Ihr Fehlschlag machte nicht nur die Niederlage im Westen unausweichlich, er wurde auch den deutschen Armeen im Osten zum Verhängnis, wo sich die Tatsache, daß Hitler seine letzten Reserven in die Ardennenschlacht geworfen hatte, unverzüglich auswirken sollte.

Am 28. Dezember, in seiner langen Rede vor den Westfront-Generalen, hatte Hitler sich durchaus optimistisch über die Ostfront geäußert. Zwar sei der Balkan verloren, aber an der Weichsel in Polen und in Ostpreußen hielten die deutschen Truppen seit Oktober stand. Er hatte gesagt:

Wenn es jetzt ... in Ungarn nicht gut geht, so müssen Sie wissen, daß wir selbstverständlich nicht überall gleich stark sein können ... Infolge des Verrats unserer lieben Verbündeten sind wir leider gezwungen, uns allmählich ... zurückzuziehen ... Trotz alledem war es möglich, die Ostfront im großen ganzen zu halten.

Aber wie lange noch? Am Heiligen Abend, nach der Einschließung von Budapest durch die Russen, und noch einmal am Neujahrsmorgen flehte Guderian Hitler um Verstärkungen an, damit man den Russen in Ungarn und der für Mitte Januar in Polen erwarteten sowjetischen Offensive entgegentreten könne. Doch vergebens.

Mein Hinweis [schreibt Guderian], daß das Ruhrgebiet durch die Bombenangriffe der Westmächte bereits stillgelegt sei, ... daß hingegen das Oberschlesische Industriegebiet noch voll arbeiten könne, daß der Schwerpunkt der deutschen Rüstung bereits im Osten liege, daß der Verlust Oberschlesiens den Krieg in wenigen Wochen zum Erliegen bringen müsse – alles dies half nichts. Ich wurde abgewiesen und verlebte einen todernsten, traurigen Christabend in dieser höchst unchristlichen Umgebung.

Dennoch suchte Guderian am 9. Januar Hitler zum dritten Male auf, diesmal in Begleitung seines Nachrichtenchefs, General Gehlen, der an Hand von Landkarten und Diagrammen dem Führer die prekäre Lage an der Ostfront angesichts der zu erwartenden neuen russischen Offensive im Norden zu erläutern versuchte.

Hitler [sagt Guderian] geriet in großen Zorn, ... erklärte sie [die Ausarbeitungen

Gehlens] für »völlig idiotisch« und verlangte, daß ich den Bearbeiter sofort in ein Irrenhaus sperren sollte. Da faßte mich doch der Zorn und ich erklärte Hitler: »... Wenn Sie verlangen, daß der General Gehlen in ein Irrenhaus kommt, dann sperren Sie mich auch gleich dazu!«

Als Hitler behauptete: »Die Ostfront hat noch nie so viele Reserven gehabt wie jetzt«, gab Guderian zurück: »Die Ostfront ist ein Kartenhaus. Wird die Front an einer einzigen Stelle durchstoßen, so fällt sie zusammen[18].«

Und so geschah es. Am 12. Januar 1945 brach Konjews Heeresgruppe aus ihrem Brückenkopf bei Baranow an der oberen Weichsel aus und stieß gegen Schlesien vor. Nördlich davon überschritten Shukows Armeen die Weichsel im Norden und Süden von Warschau, das am 17. Januar fiel. Noch weiter nördlich überrannten zwei russische Armeen die Hälfte Ostpreußens und drangen bis zur Danziger Bucht vor.

Es war dies die größte russische Offensive des Krieges. Stalin hatte allein nach Polen und Ostpreußen 180 Divisionen geworfen, von denen überraschend viele Panzertruppen waren. Nichts konnte sie aufhalten. Guderian schreibt:

»Bis zum 27. Januar« – also nur vierzehn Tage nach Beginn der russischen Offensive – »entwickelte sich der Russensturm in rasender Geschwindigkeit zu immer größerer Katastrophe[19].« Inzwischen waren Ost- und Westpreußen vom Reich abgeschnitten. Genau an jenem Tage hatte Shukow die Oder bei Lüben überschritten. Er hatte in vierzehn Tagen 350 km zurückgelegt und stand nur noch 150 km von Berlin entfernt. Die größte Katastrophe aber war, daß die Russen das oberschlesische Industriegebiet eingenommen hatten.

Der Rüstungsminister Albert Speer verfaßte am 30. Januar – dem zwölften Jahrestag der Machtergreifung – eine Denkschrift für Hitler, in der er die Bedeutung des Verlustes von Schlesien hervorhob. »Der Krieg ist verloren« – mit diesen Worten begann das Memorandum. Dann führte Speer in seiner kühlen, objektiven Art die Gründe dafür an. Seit der Beeinträchtigung der Kohlenförderung des Ruhrgebiets durch die starken Luftangriffe hätten die schlesischen Bergwerke sechzig Prozent des deutschen Kohlenbedarfs geliefert. Die der Reichsbahn, den Kraftwerken und Fabriken zur Verfügung stehenden Kohlenvorräte reichten nur noch für zwei Wochen. Nunmehr, nach dem Verlust Schlesiens, könne er, Speer, nur noch ein Viertel der Kohle und ein Sechstel des Stahls liefern, die Deutschland im Jahre 1944 erzeugt hätte[20]. Speer sagte für 1945 die Katastrophe voraus.

Hitler warf einen Blick auf Speers Denkschrift, las die ersten Worte und verschloß sie, wie Guderian berichtet, in seinem Tresor. Er weigerte sich, Speer unter vier Augen zu sprechen, und sagte zu Guderian:

Sie werden verstehen, warum ich niemanden mehr unter vier Augen empfangen will. Wer mich unter vier Augen sprechen will, der hat immer die Absicht, mir etwas Unangenehmes zu sagen. Das kann ich nicht ertragen[21].

Am 25. Januar suchte der verzweifelte Guderian Ribbentrop auf und bedrängte ihn, sich um einen sofortigen Waffenstillstand mit dem Westen zu bemühen, damit die noch verbliebenen deutschen Streitkräfte im Osten gegen die Russen konzentriert werden könnten. Ribbentrop hatte nichts Eiligeres zu tun, als dies dem Führer zu erzählen, der noch am selben Abend Guderian einen scharfen Verweis erteilte und ihn des Hochverrats bezichtigte.

Aber zwei Tage später kam es im Führerhauptquartier, das inzwischen nach Berlin in die Reichskanzlei verlegt worden war, zu einem aufschlußreichen Gespräch. Ganz unter der Wirkung der Katastrophe im Osten stehend, glaubten Hitler, Göring und Jodl, es würde überhaupt nicht nötig sein, die Westmächte um Waffenstillstand zu ersuchen. Sie waren überzeugt, die westlichen Alliierten würden ihnen aus Angst vor den Folgen der bolschewistischen Siege zu Hilfe eilen. Ein erhalten gebliebenes Bruchstück des Protokolls der Lagebesprechung vom 27. Januar gibt einen Teil des Gespräches wieder:

HITLER: *Glauben Sie, daß die Engländer immer noch mit innerer Begeisterung der ganzen russischen Entwicklung zusehen?*

GÖRING: ... *Daß wir da vorn halten und inzwischen die Russen ganz Deutschland erobern lassen, das ist bestimmt nicht in ihrem Sinn ... Es ist doch nicht an dem, daß wir sie keinen Schritt hereinlassen und wir nach der jetzigen Auffassung des Gegners im Westen verrückt halten und der Russe immer mehr in Deutschland eindringt und praktisch ganz Deutschland hat.*

JODL: *Sie haben die [Russen] schon immer mit Mißtrauen betrachtet.*

GÖRING: ... *Wenn das so weiter geht, werden wir in ein paar Tagen ein Telegramm [von den Engländern] kriegen*[22].

Es war ein dünnes Fädchen, an das die Führer des Dritten Reiches ihre verlorenen Hoffnungen knüpften. Zuguterletzt konnten es die Baumeister des gegen den Westen gerichteten deutsch-sowjetischen Pakts nicht begreifen, warum Engländer und Amerikaner sich nicht mit ihnen zusammentaten, um die russischen Eindringlinge zurückzutreiben.

DER ZUSAMMENBRUCH DER DEUTSCHEN WEHRMACHT

Im Frühjahr 1945 brach rasch das Ende über das Dritte Reich herein.

Der Todeskampf begann im März. Im Februar – das Ruhrgebiet lag nahezu ganz in Trümmern, und Oberschlesien war verloren – sank die Kohlenförderung auf ein Fünftel derjenigen vom Februar 1944 ab. Hinzu kam, daß nur sehr wenig Kohle infolge der Unterbindung des Eisenbahn- und Binnenschiffahrtverkehrs durch englisch-amerikanische Luftangriffe transportiert werden konnte. Der Kohlenmangel wurde zum dominierenden Thema der Führer-Lagebesprechungen. Dönitz klagte über das Stilliegen vieler Schiffe aus Mangel an Treibstoff, und Speer erläuterte geduldig, daß sich Kraftwerke und Rüstungsfabriken aus demselben Grunde in ähnlicher Lage befänden. Der Verlust der rumänischen und ungarischen Ölfelder und die Bombardierung der Werke in Deutschland, die synthetischen Treibstoff herstellten, verursachten einen derartigen Benzinmangel, daß ein großer Teil der so dringendst benötigten Jäger nicht aufsteigen konnte und von alliierten Flugzeugen am Boden zerstört wurde. Viele Panzerdivisionen waren wegen Treibstoffmangels zur Unbeweglichkeit verurteilt.

Die Hoffnung auf die zugesagten »Wunderwaffen«, an die sich eine Zeitlang nicht nur die Masse der Bevölkerung und Soldaten, sondern auch so nüchtern denkende Generale wie Guderian geklammert hatten, mußte schließlich aufgegeben werden. Die Abschußrampen für V-1- und V-2-Geschosse waren nahezu alle verloren gegangen. Nur in Holland gab es noch ein paar. Nachdem die britisch-amerikanischen Streitkräfte die deutsche Grenze erreicht hatten, wurden zwar noch etwa 8000 V-Geschosse auf Antwerpen und andere militärische Ziele losgelassen, aber sie richteten nur geringfügigen Schaden an.

Hitler und Göring hatten ferner damit gerechnet, daß die neuen Düsenjäger die alliierten Flugzeuge vom Himmel vertreiben würden, was durchaus möglich gewesen wäre – denn es gelang den Deutschen, davon über tausend herzustellen –, hätten die englisch-amerikanischen Flieger, die solch einen Flugzeugtyp nicht besaßen, keine wirksamen Gegenmaßnahmen ergriffen. Das konventionelle alliierte Jagdflugzeug konnte sich in der *Luft* mit dem deutschen Düsenjäger zwar nicht messen, aber es wurde dafür gesorgt, daß die Düsenflugzeuge überhaupt nicht aufsteigen konnten. Die Raffinerien, die den Spezialtreibstoff für sie herstellten, wurden bombardiert und vernichtet, und die für sie besonders angelegten langen Rollbahnen waren für alliierte Flieger leicht zu erkennen, so daß man die Düsenjäger am Boden zerstörte.

Als Wunderwaffe zur See hatte Großadmiral Dönitz dem Führer die neuen, elektrisch angetriebenen U-Boote gepriesen, die in den Nordatlantik hinausgeschickt wurden und dort noch einmal versuchen sollten, den englisch-amerikanischen Seeverkehr zu unterbinden. Aber bis Mitte Februar 1945 waren von 125 in Auftrag gegebenen neuen U-Booten nur zwei ausgelaufen.

Was das deutsche Atombomben-Projekt angeht, über das sich London und Washington große Sorge gemacht hatten, so hatte es wenig Fortschritte gemacht, und zwar weil Hitler nicht daran interessiert war und Himmler Atomwissenschaftler wegen angeblicher Illoyalität zu verhaften oder sie zu sinnlosen »wissenschaftlichen« Experimenten heranzuziehen pflegte, die er für wichtiger hielt. Gegen Ende 1944 war den Regierungen Englands und Amerikas – zu ihrer großen Erleichterung – bekannt geworden, daß die Deutschen in diesem Krieg keine Atombombe haben würden[23].

Am 8. Februar begannen Eisenhowers Armeen, nunmehr 85 Divisionen stark, ihren Vormarsch zum Rhein. Sie hatten damit gerechnet, daß die Deutschen ihre Kräfte für die Verteidigung des rechten Rheinufers bewahren und auf dem linken nur hinhaltenden Widerstand leisten würden. Rundstedt hatte dies auch angeraten. Aber wie immer wollte Hitler nichts von einem Rückzug hören. So mußten die deutschen Truppen, weil Hitler es verlangte, stehen und kämpfen. Allerdings nicht für lange. Bis Ende des Monats hatten Engländer und Amerikaner den Rhein an mehreren Stellen nördlich von Düsseldorf erreicht, und vierzehn Tage später war das ganze linke Rheinufer bis zur Mosel fest in ihrem Besitz. Die Deutschen hatten weitere 350000 Mann (davon 293000 als Gefangene) sowie den größten Teil ihrer Waffen und Ausrüstung verloren.

Hitler tobte. Am 10. März entließ er Rundstedt – zum letzten Mal – und setzte an seiner Stelle Feldmarschall Kesselring ein, den Mann, der in Italien so hartnäckig und lange die Front gehalten hatte. Schon im Februar hatte Hitler in einem Wutanfall erwogen, aus der Genfer Konvention auszutreten, um, wie er sagte, »dem Gegner damit zu bekunden, daß wir entschlossen sind, mit allen Mitteln bis zum äußersten um unser Dasein zu kämpfen«. Zu diesem Schritt drängte ihn der blutdürstige Nichtkämpfer Goebbels. Der schlug vor, als Vergeltung für die furchtbaren Luftangriffe auf deutsche Städte alle in deutsche Gefangenschaft geratenden alliierten Flieger standrechtlich zu erschießen. Als einige der anwesenden Offiziere rechtliche Bedenken erhoben, erwiderte Hitler zornig:

Zum Teufel damit! ... Wenn ich aber jedem klarmache, daß ich die feindlichen Gefangenen rücksichtslos behandle ohne Rücksicht auf Repressalien, wird sich mancher [Deutsche] überlegen, ob er ohne weiteres überläuft[24].

Damit gab Hitler seinem Gefolge zum ersten Male zu verstehen, daß er entschlossen war, nach gescheiterter Mission als Welteroberer wie Wotan in Walhalla in einem Meer von Blut und Flammen unterzugehen – und nicht nur seine Feinde, sondern auch sein eigenes Volk mit sich zu reißen. Am Ende der Lagebesprechung bat er Dönitz, »das Für und Wider dieses Schrittes zu erwägen und ihm darüber so bald wie möglich zu berichten«.

Dönitz gab die Antwort am Tage darauf, und sie war typisch für ihn:

Die Nachteile würden die Vorteile überwiegen ... Es sei besser, die für notwendig gehaltenen Maßnahmen ohne Ankündigung zu treffen und nach außen hin auf alle Fälle das Gesicht zu wahren[25].

Widerstrebend gab Hitler nach. Zu einem allgemeinen Massaker gefangengenommener Flieger oder anderer Kriegsgefangener (abgesehen von russischen) kam es zwar nicht. Aber einzelne wurden umgebracht, und man forderte die Zivilbevölkerung auf, mit Fallschirm abgesprungene alliierte Flieger zu lynchen. Der in Gefangenschaft geratene französische General Mesny wurde auf Anordnung Hitlers vorsätzlich ermordet, und es kamen viele alliierte Kriegsgefangene dadurch ums Leben, daß man sie beim Heranrücken der alliierten Armeen ohne Wasser und Nahrung ins Innere des Landes marschieren ließ, und zwar auf Straßen, die von englischen, amerikanischen und russischen Fliegern beschossen wurden.

Hitler tat seine Äußerung, daß es sich mancher deutsche Soldat »überlegen werde, ob er ohne weiteres überläuft«, nicht ohne Grund. Die Zahl der Soldaten im Westen, die desertierten oder sich so rasch wie möglich in Feindeshand begaben, war erschütternd hoch. Am 12. Februar erging von Keitel »im Namen des Führers« ein Befehl, in dem es hieß, daß jeder Soldat, der sich auf betrügerische Weise Urlaubsscheine beschaffe oder mit falschen Papieren reise, mit dem Tode bestraft werden würde. Und am 5. März erließ General Blaskowitz, Oberbefehlshaber der Heeresgruppe H im Westen, den Befehl:

Alle Soldaten ... die von ihren Einheiten entfernt angetroffen werden ... und angeben, sie seien auf der Suche nach ihren Einheiten, werden standrechtlich erschossen.

Auch Himmler hielt es für nötig, solche Befehle zu erlassen. Am 12. April drohte er jedem Truppenführer, der eine Stadt oder einen wichtigen Verkehrsmittelpunkt nicht halte, die Todesstrafe an. Im übrigen war schon vor Erlaß dieses Befehls die Todesstrafe an einigen unglückseligen Offizieren vollzogen worden, als den Amerikanern eine der Rheinbrücken in die Hände fiel.

Am frühen Nachmittag des 7. März erreichte die Vorhut der 9. US-Panzerdivision den letzten Höhenzug vor Remagen und sah zu ihrem Erstaunen, daß die Ludendorff-Eisenbahnbrücke noch unversehrt war. Sie fuhr in raschem Tempo zum Flußufer hinunter, Pioniere durchschnitten eiligst jedes Zündkabel, das sie entdecken konnten, und ein Zug Infanterie raste über die Brücke. Als sie am linken Ufer anlangten, ging eine Sprengladung los, kurz darauf eine zweite. Die Brücke bebte, aber sie hielt stand. Die schwachen deutschen Streitkräfte waren bald zurückgeschlagen. Panzer folgten rasch nach, und bis Anbruch der Dunkelheit sicherten die Amerikaner auf dem linken Rheinufer einen starken Brückenkopf. Damit war das letzte große natürliche Hindernis in Westdeutschland überwunden. Hitler ließ die acht Offiziere, die die schwachen Einheiten an der Remagener Brücke befehligt hatten, erschießen. Sie wurden abgeurteilt von dem »Fliegenden Sondergericht West«, das Hitler eingesetzt und dessen Vorsitz ein fanatischer NS-General mit Namen Hübner hatte.

Ein paar Tage später, in der Nacht zum 23. März, überschritt auch Pattons 3. Armee den Rhein, und zwar bei Oppenheim südlich von Mainz, nachdem sie zusammen mit der 7. amerikanischen und der 1. französischen Armee das Dreieck Saar-Pfalz überrannt hatte. Bis zum 25. März hatten die englisch-amerikanischen Truppen das ganze linke Rheinufer in Besitz und dazu zwei starke Brückenköpfe auf dem rechten Ufer. Innerhalb von sechs Wochen hatte Hitler über ein Drittel seiner Streitkräfte im Westen und einen großen Teil der Waffen der übrigen zwei Drittel verloren.

In der Nacht zum 24. März hielt Hitler einen Kriegsrat ab, um zu überlegen, was noch zu unternehmen sei.

HITLER: *Das Schlimmste ist dieser zweite Brückenkopf hier bei Oppenheim ... Läuft von uns irgendeine Panzerbrigade oder irgend etwas noch ab?*

EIN ADJUTANT: *Zur Zeit ist kein Verband bereit ... Es stehen lediglich fünf Jagdtiger im Sennelager, die heute oder morgen fertig werden. Sie könnten in einigen Tagen eingesetzt werden ...*[24]

In einigen Tagen! Dabei hatte Pattons Brückenkopf bei Oppenheim schon eine Tiefe von 10 Kilometern und eine Breite von 11 Kilometern, und seine Panzer rollten auf Frankfurt zu. Wie ungeheuerlich der Zusammenbruch der einst mächtigen deutschen Wehrmacht war, deren Panzerkorps in den ersten Kriegsjahren durch ganz Europa gerast waren, läßt sich daran ermessen, daß ihr Oberster Befehlshaber sich in diesem Augenblick, in dem es galt, den Vormarsch einer mächtigen feindlichen Panzerarmee aufzuhalten, mit fünf reparierten Jagdtiger-Panzern befassen mußte, die erst »in einigen Tagen eingesetzt werden« konnten!

Nachdem die Amerikaner über den Rhein gesetzt waren und als im Norden eine starke britisch-kanadisch-amerikanische Armee unter Montgomery sich anschickte, den Niederrhein zu überschreiten und sich ins Ruhrgebiet und in die norddeutsche Ebene zu ergießen – eine Operation, die in der Nacht zum 24. März einsetzte –, wandte sich Hitlers Rachsucht von dem eindringenden Gegner ab und dem eigenen Volke zu. Jetzt, in der Niederlage, hielt er dieses Volk, das ihn zu den größten Siegen der deutschen Geschichte getragen hatte, seiner Größe nicht mehr für würdig. Schon im August 1944 hatte er zu den Gauleitern gesagt:

Wenn das deutsche Volk in diesem Kampf unterliegt, dann ist es zu schwach gewesen, dann hat es seine Probe vor der Geschichte nicht bestanden und ist daher zu nichts anderem als zum Untergang bestimmt[27].

Sein rascher körperlicher Verfall trug dazu bei, sein Denken zu vergiften. Die mit der Leitung des Krieges verbundenen Anstrengungen, die Schockwirkung der Niederlagen, das ungesunde Leben im unterirdischen Bunker ohne Bewegung und frische Luft, nicht zuletzt die ihm von seinem Arzt Dr. Morell verschriebenen Drogen hatten seine Gesundheit schon vor dem 20. Juli untergraben. Bei der Bombenexplosion waren die Trommelfelle beider Ohren verletzt worden, die Ursache seiner häufigen Schwindelanfälle. Die Ärzte hatten ihm damals geraten, einen längeren Urlaub zu machen. Aber er hatte das abgelehnt. »Wenn ich Ostpreußen verlasse«, sagte er zu Keitel, »wird es fallen. Solange ich hier bin, wird es gehalten.«

Im September brach er zusammen und mußte das Bett hüten, hatte sich jedoch bis November, als er nach Berlin zurückkehrte, wieder erholt. Wovon er sich nie erholte, waren seine furchtbaren Wutanfälle. Diese wurden um so hysterischer, je schlechter die von der Front kommenden Nachrichten waren. Mit seinen Anfällen ging jetzt stets ein Zittern und Zucken von Händen und Füßen einher. General Guderian hat einige dieser Anfälle beschrieben. Ende Januar, als die Russen die Oder erreicht hatten und Guderian verlangte, mehrere im Baltikum abgeschnittene Divisionen auf dem Seewege zu evakuieren, kam es, nach Guderian, zu einem

Wutausbruch Hitlers, der schließlich mit erhobenen Fäusten vor mir stand, so daß mich mein guter Chef Thomale an den Rockschößen von ihm wegzog, um das drohende Handgemenge zu vermeiden.

Einige Tage später, am 13. Februar, gerieten die beiden Männer wegen der Lage an der Ostfront in einen Streit, der laut Guderian zwei Stunden dauerte:

Mit zorngeröteten Wangen, mit erhobenen Fäusten stand der am ganzen Leibe zitternde Mann vor mir, außer sich vor Wut und völlig fassungslos. Nach jedem Zornesausbruch lief Hitler auf der Teppichkante auf und ab, machte dann wieder dicht vor mir halt und schleuderte den nächsten Vorwurf gegen mich. Er überschrie sich dabei, seine Augen quollen aus ihren Höhlen und die Adern an seinen Schläfen schwollen[28].

In solcher Verfassung traf Hitler eine der letzten denkwürdigen Entscheidungen seines Lebens. Am 19. März befahl er, alle militärischen, industriellen, Verkehrs- und Nachrichtenanlagen sowie alle Vorratslager in Deutschland zu zerstören, ehe sie dem Feind in die Hände fielen. Die erforderlichen Maßnahmen seien von der Wehrmacht mit Hilfe der Gauleiter und »Reichsverteidigungskommissare« auszuführen. »Alle gegenteiligen Weisungen sind ungültig«, schloß der Befehl[29].

Deutschland sollte eine einzige große Wüste werden. Es sollte nichts bleiben, womit das deutsche Volk nach seiner Niederlage weiterleben konnte.

Albert Speer, der freimütige Rüstungsminister, hatte diese barbarische Weisung vorausgeahnt und am 15. März eine Denkschrift verfaßt, in der er sich einer solchen verbrecherischen Maßnahme aufs entschiedenste widersetzte und wiederholte, daß der Krieg verloren sei. Er überreichte seine Denkschrift am Abend des 18. März dem Führer persönlich.

Es ist daher in 4–8 Wochen [schrieb Speer] mit dem endgültigen Zusammenbruch der deutschen Wirtschaft mit Sicherheit zu rechnen ... Nach diesem Zusammenbruch kann der Krieg auch militärisch nicht fortgesetzt werden ... Wir müssen alles tun, um dem Volk, wenn auch vielleicht in primitivsten Formen, bis zuletzt seine Lebensbasis zu erhalten ... Wir haben kein Recht dazu, in diesem Stadium des Krieges von uns aus Zerstörungen vorzunehmen, die das Leben des Volkes treffen könnten. Wenn die Gegner dieses Volk, das in einmaliger Tapferkeit gekämpft hat, zerstören wollen, so soll ihnen diese geschichtliche Schande ausschließlich zufallen. Wir haben die Verpflichtung, dem Volk alle Möglichkeiten zu lassen, die ihm in fernerer Zukunft wieder einen neuen Aufbau sichern könnten[30].

Aber Hitler hatte, nun da sein persönliches Schicksal besiegelt war, kein Interesse an dem Fortbestand des deutschen Volkes, für das er angeblich stets eine so grenzenlose Liebe empfunden hatte. Er sagte zu Speer:

Wenn der Krieg verloren geht, wird auch das Volk verloren sein. Dieses Schicksal ist unabwendbar. Es ist nicht notwendig, auf die Grundlagen, die das Volk zu seinem primitivsten Weiterleben braucht, Rücksicht zu nehmen. Im Gegenteil, es ist besser, selbst diese Dinge zu zerstören, uns selbst zu zerstören. Denn das Volk hat sich dann als das schwächere erwiesen, und dem stärkeren Ostvolk gehört ausschließlich die Zukunft. Was nach dem Kampf übrigbleibt, sind ohnehin nur die Minderwertigen, denn die Guten sind gefallen[31].

Daraufhin erließ der Oberste Kriegsherr seine niederträchtige »Verbrannte-Erde«-Weisung. Ihr folgte am 23. März ein nicht minder monströser Befehl Martin Bormanns, der sich maulwurfartig bei Hitler eine Position geschaffen hatte wie kein anderer der NS-Satrapen. Über diesen Befehl sagte Speer in Nürnberg:

Durch den Erlaß Bormanns sollte die Bevölkerung in das Innere des Reiches abtransportiert werden, und zwar sowohl im Westen wie im Osten. Hierzu sollten auch die ausländischen Arbeiter und die Kriegsgefangenen gehören. Diese Millionen von Menschen sollten im Fußmarsch auf die Wanderschaft geschickt werden. Eine Vorsorge zur Sicherung ihrer Existenz war nicht getroffen und konnte bei dieser Lage auch nicht getroffen werden. Die Durchführung dieser Befehle mußte eine unvorstellbare Hungerkatastrophe zur Folge haben[32].

Und wären alle die anderen Befehle Hitlers und Bormanns – es gab deren noch eine ganze Reihe – durchgeführt worden, würden Millionen Deutsche, die bis dahin mit dem Leben davongekommen waren, elend umgekommen sein. Speer gab in Nürnberg eine Zusammenfassung der verschiedenen »Verbrannte-Erde«-Weisungen. Angeordnet war

die Zerstörung aller Industrieanlagen, aller wichtigen Elektrizitäts-, Wasser- und Gaswerke und so weiter, aber auch der Lebensmittel- und Bekleidungslager ... aller Brücken ... der gesamten Bahnanlagen, der Postanlagen, der Nachrichtenanlagen in der Reichsbahn ... der Wasserstraßen, aller Schiffe, aller Waggons und aller Lokomotiven[33].

Daß dem deutschen Volk diese letzte Katastrophe erspart blieb, war – vom Vormarsch der Alliierten abgesehen – den übermenschlichen Anstrengungen Speers und einer Anzahl Wehrmachtoffiziere zu verdanken, die in direkter Nichtbefolgung (endlich!) von Hitlers Befehlen durch das Land fuhren, um sicherzustellen, daß die lebenswichtigen Verkehrsmittel, Werke und Lager nicht von fanatisch gehorsamen Offizieren und Parteibonzen gesprengt wurden.

Mit der deutschen Wehrmacht ging es nunmehr zu Ende.
Während Montgomerys britisch-kanadische Armeen nach Überschreitung des Niederrheins in Richtung Bremen, Hamburg und Lübeck vorstießen, unternahmen die 9. und

die 1. amerikanische Armee eine Umfassungsbewegung um das Ruhrgebiet, die eine im Norden, die andere im Süden vormarschierend. Am 1. April vereinigten sie sich in Lippstadt. Damit war Models aus etwa 21 Divisionen bestehende Heeresgruppe B im Trümmerfeld des größten deutschen Industriegebiets eingeschlossen. Sie kapitulierte am 18. April. Weitere 325 000 deutsche Soldaten, darunter dreißig Generale, wurden gefangengenommen. Nur Model war nicht dabei; er hatte es vorgezogen, sich zu erschießen.

Die Kapitulation von Models Armeen hatte eine große Lücke in die deutsche Westfront gerissen. Für die Amerikaner lag nun der Weg nach Berlin frei, denn zwischen ihnen und der deutschen Hauptstadt gab es nur noch ein paar verstreute, in Auflösung begriffene deutsche Divisionen. Am Abend des 11. April erreichten die Spitzen der 9. Armee die Elbe bei Magdeburg, und tags darauf sicherten sie am jenseitigen Ufer einen Brückenkopf. So standen die Amerikaner nur noch 100 Kilometer vor Berlin.

Eisenhower hatte nun die Absicht, sich an der Elbe zwischen Magdeburg und Dresden mit den Russen zu vereinigen und Deutschland in zwei Hälften zu teilen. Churchill und die britischen Militärs machten ihm heftige Vorwürfe, weil er nicht nach Berlin weitermarschierte, um den Russen dort zuvorzukommen, was er leicht hätte tun können. Aber Eisenhower und sein Stab waren in diesem Augenblick von der Idee besessen, sie müßten sich nach Vereinigung mit den Russen schleunigst nach Südosten wenden, um die sogenannte »Alpenfestung« zu erstürmen, in der, wie sie meinten, Hitler seine restlichen Streitkräfte für einen letzten Widerstand in den fast unzugänglichen bayerischen und österreichischen Alpen sammle.

Doch die »Alpenfestung« war ein Phantom. Sie existierte, außer in Goebbels' Propaganda, nur noch in den Köpfen der vorsichtigen Leute in Eisenhowers Hauptquartier, die auf diese Propaganda hereingefallen waren. Die SHAEF-Nachrichtenabteilung hatte schon am 11. März Eisenhower gewarnt: Die Nationalsozialisten hätten die Absicht, sich im Alpenraum zu verschanzen, und Hitler selbst wolle von Berchtesgaden aus die Verteidigung leiten. Die vereisten Gipfel, hieß es in der Information, seien »praktisch uneinnehmbar«. Und weiter:

Verteidigt von der Natur und den wirksamsten der zuletzt erfundenen Geheimwaffen, werden die Mächte, die Deutschland bisher geleitet haben, überdauern und seine Auferstehung vorbereiten; Waffen und Munition werden in bombensicheren Werken hergestellt, Lebensmittel und Ausrüstung in riesigen unterirdischen Höhlen gestapelt werden, und ein besonders ausgewähltes Korps junger Männer wird im Kleinkrieg ausgebildet werden, so daß eine ganze Untergrundarmee aufgestellt und dazu eingesetzt und geführt werden kann, Deutschland von den Besatzungstruppen zu befreien[34].

Es sieht beinahe so aus, als hätten sich damals Verfasser von Gruselromanen in die Nachrichtenabteilung des alliierten Oberkommandos eingeschlichen. Jedenfalls wurde diese phantastische Geschichte im Hauptquartier ernst genommen, und Eisenhowers Stabschef, General Bedell Smith, versank in Nachbrüten über die trübe Aussicht »eines langen Feldzugs im Alpenraum«, der viele amerikanische Menschenleben kosten und den Krieg auf unbestimmte Zeit verlängern könnte[35].

Dies war indes das letzte Mal, daß es dem einfallsreichen Goebbels gelang, durch einen Propagandatrick auf den strategischen Verlauf des Krieges einzuwirken. Wenn auch Hitler zunächst erwogen hatte, sich in die heimische Gebirgswelt zurückzuziehen, die er liebte und wo er das einzige Heim besaß, das er sein eigen nennen konnte, und dort einen letzten Widerstand zu leisten, so zögerte er doch so lange damit, bis es zu spät war.

Am 16. April, dem Tag, an dem amerikanische Truppen in Nürnberg, der Stadt der Reichsparteitage, eintrafen, brachen Shukows russische Armeen aus ihren Brückenköpfen an der Oder aus und erreichten am 21. April die Berliner Vororte. Wien war bereits am 13. April gefallen. Am Nachmittag des 25. April, 16.40 Uhr, stießen Spähtrupps der 69. US-Infanteriedivision in Torgau an der Elbe, etwa 120 Kilometer von Berlin entfernt, auf Vorhuten der 58. russischen Gardedivision. Adolf Hitler war in Berlin abgeschnitten. Die Tage des Dritten Reiches waren gezählt.

XXXI

Götterdämmerung: Die letzten Tage des Dritten Reichse

An seinem 56. Geburtstag, dem 20. April 1945, hatte Hitler sich von Berlin nach dem Obersalzberg begeben wollen, um von dort aus die letzte Verteidigung des Dritten Reiches zu leiten. Die meisten Ministerien waren bereits auf dem Weg nach Süden, mit Lastwagen voller Akten und nervöser Beamter, die aus Berlin entkommen wollten. Hitler selbst hatte zehn Tage vorher den größten Teil seiner Dienerschaft nach Berchtesgaden geschickt, damit sie den *Berghof* für sein Kommen vorbereiteten.

Es war ihm jedoch nicht beschieden, sein geliebtes Alpenretiro wiederzusehen. Das Ende kam schneller, als er es für möglich gehalten hatte. Amerikaner und Russen rückten rasch vor, um sich an der Elbe zu vereinigen. Die Engländer standen vor den Toren Hamburgs und Bremens und schickten sich an, das besetzte Dänemark von Deutschland abzutrennen. In Italien war Bologna gefallen. Die Russen marschierten nach der Einnahme Wiens die Donau hinauf, und die 3. amerikanische Armee rollte ihnen entgegen, um in Linz, der Heimat Hitlers, mit ihnen zusammenzutreffen. Nürnberg, wo die Arbeiten an dem Reichsparteitaggelände während des ganzen Krieges fortgesetzt worden waren, war eingeschlossen, und Verbände der 7. amerikanischen Armee rückten auf München vor, die Geburtsstätte der NS-Bewegung. In Berlin war der Geschützdonner der russischen schweren Artillerie zu vernehmen.

»Die ganze Woche«, schrieb am 23. April der kindische Finanzminister Graf Schwerin von Krosigk, der bei der ersten Nachricht vom Herannahen der Bolschewisten nach Norden geflohen war, in sein Tagebuch, »war nur eine Kette von Hiobsbotschaften. Unserem Volk scheint ein furchtbares Schicksal bevorzustehen[1].«

Nach dem Fehlschlag der Ardennenoffensive war Hitler am 16. Januar nach Berlin zurückgekehrt. Von dem tief in der Erde liegenden Bunker der Reichskanzlei aus, deren weite Marmorhallen von alliierten Bomben in Trümmer gelegt worden waren, lenkte er seine zerbröckelnden Armeen.

Sein körperlicher Verfall nahm rapide zu. Ein junger Hauptmann, der ihn im Februar zum ersten Male sah, schilderte sein Aussehen:

Er wackelte leicht mit dem Kopf. Sein linker Arm hing schlaff herab, und seine Hand zitterte beträchtlich. In seinen Augen war ein unbeschreibliches Flackern, was beängstigend und völlig unnatürlich wirkte. Sein Gesicht und die Augenpartie machten den Ein-

druck völliger Erschöpfung. Seine ganzen Bewegungen waren die eines senilen Mannes[2].

Seit dem Attentat des 20. Juli war er gegen jedermann mißtrauisch geworden, selbst gegen seine treuesten Parteigenossen. »Von allen Seiten werde ich belogen«, sagte er im März in Gegenwart einer seiner Sekretärinnen:

Ich kann mich wahrhaftig auf keinen Menschen verlassen, alle verraten mich. Das macht mich ganz krank... Wenn mir etwas passiert, ist Deutschland führerlos; denn einen Nachfolger habe ich nicht. Der erste ist wahnsinnig geworden [Heß], der zweite hat sich die Sympathien des Volkes verscherzt [Göring], und der dritte wird von den Parteikreisen abgelehnt [Himmler]... Himmler ist [außerdem] ein vollkommen amusischer Mensch!... Also gut, dann zerbrechen Sie sich mal weiter den Kopf darüber, wer mein Nachfolger werden soll[3].

Man hätte meinen sollen, daß in diesem Stadium die Nachfolgefrage akademischer Natur war – aber in diesem NS-Wolkenkuckucksheim war sie es nicht. Nicht nur Hitler selbst, auch die Kandidaten für die Nachfolge waren von dieser Frage besessen, wie wir bald sehen werden.

Mochte Hitler jetzt auch physisch ein Wrack sein, mochte ihn jetzt auch, da die Russen sich Berlin näherten und die westlichen Alliierten das Reich überrannten, ein schreckliches Ende erwarten, er und ein paar seiner fanatischen Anhänger, voran Goebbels, klammerten sich zäh an die Hoffnung, in letzter Minute doch durch ein Wunder gerettet zu werden.

Eines schönen Abends im April las Goebbels dem Führer aus einem von dessen Lieblingsbüchern vor, aus Carlyles *Geschichte Friedrich des Großen*. Er las aus dem Kapitel vor, das die dunkelsten Tage des Siebenjährigen Krieges schildert, in denen der große König keinen Ausweg mehr sah und zu seinen Ministern sagte, wenn bis zum 15. Februar keine Wendung zum besseren eingetreten sei, dann werde er Gift nehmen.

»Tapferer König«, deklamierte Goebbels Carlyles Worte, »warte noch eine kleine Weile, dann sind die Tage deines Leidens vorbei, schon steht hinter den Wolken die Sonne deines Glücks und wird sich dir bald zeigen.« Am 12. Februar starb die Zarin, das Wunder des Hauses Brandenburg war eingetreten.

Dem Führer seien die Tränen in die Augen getreten, erzählte Goebbels Krosigk, dessen Tagebuch wir die Schilderung dieser rührenden Szene verdanken[4].

Auf diese Weise ermutigt – und dazu noch durch einen Briten – ließen sie zwei Horoskope kommen, die eines von Himmlers zahlreichen »Forschungsämtern« aufbewahrte. Das eine war dem Führer am 30. Januar 1933, dem Tage der Machtergreifung, das andere der Weimarer Republik am 9. November 1918, in ihrer Geburtsstunde, von einem unbekannten Astrologen gestellt worden. Die beiden bemerkenswerten Schriftstücke wurden von Goebbels geprüft, der Krosigk mitteilte, *dabei habe sich die erstaunliche Tatsache herausgestellt, daß beide Horoskope übereinstimmend den Kriegsausbruch 1939, die Siege bis 1941 und dann die Kette der Rückschläge mit den schwersten Schlägen in den ersten Monaten 1945, vor allem in der ersten Hälfte April, dann ein Stagnieren bis zum August, in diesem Monat den Frieden, dann drei Jahre lang eine schwere Zeit für Deutschland, und von 1948 an wieder den Aufstieg vorausgesagt hätten*[5].

Gestärkt durch Carlyle und die »erstaunlichen« astrologischen Voraussetzungen, richtete Goebbels am 6. April einen schwungvollen Appell an die zurückweichenden deutschen Truppen:

Der Führer hat erklärt, daß noch in diesem Jahr eine Schicksalswende eintreten wird. Und sie wird kommen, wenn wir auch Monate darauf warten müssen... Die wahre Eigenschaft des Genies ist sein untrügliches Bewußtsein, seine sichere Kenntnis von einem bevorstehenden Umschwung. Der Führer weiß auf die Stunde genau, wann er eintritt. Das Schicksal hat uns diesen Mann gesandt, damit wir in dieser Zeit der äußeren und inneren Not von dem Wunder Zeugnis ablegen...[6]

Kaum eine Woche später, in der Nacht vom 12. April, war Goebbels selbst davon überzeugt, daß das Wunder »auf die Stunde genau« eingetreten sei. Tagsüber waren wiederum schlechte Nachrichten eingelaufen. Die Amerikaner waren auf der Autobahn Dessau–Berlin aufgetaucht, und das Oberkommando hatte schleunigst die Zerstörung der beiden in der Nähe liegenden letzten Pulverfabriken angeordnet. Goebbels hatte den Tag an der Oderfront im Hauptquartier von General Busse bei Küstrin verbracht. Der General hatte ihm versichert (wie Goebbels am nächsten Tag Krosigk sagte), ein russischer Durchbruch sei unmöglich, und er werde die Front halten, »bis uns die Engländer in den Hintern treten«.

Dann erzählte Goebbels [laut Krosigk], er habe General Busse seine These entwickelt, daß nach geschichtlicher Notwendigkeit und Gerechtigkeit eine Wende kommen müsse, wie das Mirakel des Hauses Brandenburg im Siebenjährigen Krieg.

»Welche Zarin soll denn sterben?« fragte einer der Offiziere.

Goebbels wußte es nicht. Aber das Schicksal, erwiderte er, »habe die verschiedensten Möglichkeiten in der Hand.«

Als der Propagandaminister spät nachts nach Berlin zurückkehrte, war das Stadtzentrum von einem neuen Luftangriff der RAF heimgesucht worden. Die Reste der Reichskanzlei und der Häuserblock der Wilhelmstraße bis zum Hotel *Adlon* brannten. Auf der Treppe des Propagandaministeriums wurde Goebbels von einem Referenten mit einer wichtigen Neuigkeit empfangen: »Herr Reichsminister, Roosevelt ist tot!«

Goebbels Gesicht, im Feuerschein der auf der anderen Seite des Wilhelmsplatzes brennenden Reichskanzlei für alle deutlich erkennbar, leuchtete auf.

»Lassen wir den besten Champagner kommen und rufen den Führer an«, rief er.

Hitler, der tief in seinem Bunker das Ende des Luftangriffs abwartete, ergriff den Hörer.

»Mein Führer«, sagte Goebbels, »ich beglückwünsche Sie! Roosevelt ist tot! In den Sternen steht es geschrieben, daß die zweite Aprilhälfte für uns eine Wendung bringen wird. Heute ist Freitag, der 13. April. Es ist der Wendepunkt!«

Wie Hitler auf diese Nachricht reagierte, wird nicht berichtet. Doch man kann es sich gut vorstellen, denkt man an die Ermutigung, die er aus der Lektüre Carlyles und aus den Sternen empfangen hatte. Bekannt ist nur, wie Goebbels sich verhielt. »Er war in Ekstase«, sagte seine Sekretärin[7].

Das gleiche war bei Schwerin von Krosigk der Fall – jedenfalls seinem Tagebuch zufolge: »Wir fühlten die Flügel des Engels der Geschichte durch das Zimmer rauschen. Sollte das die langersehnte Wendung sein?«

Am 15. April war eine Frau mit Namen Eva Braun in die Reichskanzlei zu Adolf Hitler gekommen. Nur wenige Deutsche wußten von ihrer Existenz und noch wenigere von ihren Beziehungen zu Hitler. Dabei war sie seit über zwölf Jahren seine Freundin. Nun war sie, wie Trevor-Roper sagt, zu ihrer Hochzeit und ihrem zeremoniellen Tod gekommen.

So interessant auch ihre Rolle in diesem letzten Akt ist, als Mensch war sie nicht interessant. Für alle Geschichtsschreiber, sagte Speer zu Trevor-Roper, werde Eva Braun eine Enttäuschung sein, und Trevor-Roper fügte hinzu: für Geschichteleser ebenfalls[8]. Obwohl Hitler sie fraglos sehr gern hatte und sich in ihrer unaufdringlichen Gesellschaft wohlfühlte, hielt er sie doch stets im Hintergrund. Er erlaubte ihr nicht, ihn in seinen verschiedenen Hauptquartieren zu besuchen, und selbst nach Berlin durfte sie nur selten. Sie blieb auf dem Obersalzberg eingeschlossen, verbrachte ihre Zeit mit Schwimmen und Skilaufen, mit Unterhaltungsromanen und Kitschfilmen, mit Tanzen (was Hitler mißbilligte) und endloser Schönheitspflege, voller Sehnsucht nach dem abwesenden Geliebten.

»Sie war die unglücklichste Frau in Deutschland«, sagte Hitlers Fahrer Erich Kempka, »sie verbrachte den größten Teil ihres Lebens damit, auf Hitler zu warten[9].«

Aus einer kleinbürgerlichen bayrischen Familie stammend, die sich anfänglich hartnäckig ihrem Verhältnis mit Hitler widersetzt hatte, war sie in Heinrich Hoffmanns Photoatelier tätig gewesen. Durch Hoffmann hatte sie auch Hitler kennengelernt, etwa ein oder zwei Jahre nach Geli Raubals Selbstmord. Auch Eva Braun scheint von ihm, wenn auch aus anderen Gründen als Geli Raubal, oft zur Verzweiflung getrieben worden zu sein. Obwohl man ihr eine Suite auf dem Berghof eingerichtet hatte, ertrug sie die langen Trennungen nicht und unternahm in den ersten Jahren ihrer Freundschaft zwei Selbstmordversuche. Dann aber schickte sie sich allmählich in ihre entsagungsvolle, zweideutige Rolle – weder als Frau noch als Geliebte anerkannt zu werden – und gab sich damit zufrieden, die einzige Gefährtin des großen Mannes zu sein.

Nunmehr hatte sie beschlossen, mit ihm in den Tod zu gehen. Wie Dr. Goebbels und seine Frau wollte sie nicht in einem Deutschland ohne Adolf Hitler leben. Einem echten Deutschen gezieme es nicht, weiterzuleben, sagte sie kurz vor ihrem Tod zu Hanna Reitsch, der berühmten deutschen Einfliegerin[10]. Mochte Eva Braun auch nicht sehr klug sein, so war dies doch vielleicht einer der Gründe, weshalb Hitler ihre Gesellschaft derjenigen intelligenter Frauen vorzog. Jedenfalls stand sie, wie so viele andere Menschen, völlig unter seinem Einfluß.

HITLERS LETZTE GROSSE ENTSCHEIDUNG

Der 20. April, Hitlers Geburtstag, verlief ziemlich ruhig. Von den Fronten trafen allerdings weitere katastrophale Meldungen ein, wie General Karl Koller, der Stabschef der Luftwaffe, der an der Geburtstagsfeier teilnahm, seinem Tagebuch anvertraute. Die ganze alte NS-Garde war anwesend: Göring, Goebbels, Himmler, Ribbentrop und Bormann, ferner die noch verbliebenen militärischen Führer Dönitz, Keitel, Jodl und Krebs. Krebs war der jüngst ernannte und letzte Generalstabschef. Sie entboten dem Führer ihre Glückwünsche.

Der Oberste Kriegsherr war trotz der Lage nicht allzu niedergeschlagen. Er hoffte noch zuversichtlich, daß sich die Russen, wie er drei Tage vorher den Generalen gesagt hatte, »vor Berlin die blutigste Niederlage holen würden«. Die Generale waren jedoch besser im Bilde. Bei der Lagebesprechung nach dem Geburtstagsempfang legten sie Hitler dringend nahe, Berlin zu verlassen und nach Süddeutschland zu gehen. In ein oder zwei Tagen würden die Russen, erklärten sie, die letzte Lücke, durch die man nach Süden ausweichen könne, schließen. Hitler zögerte; er sagte weder ja noch nein. Offenbar konnte er sich nicht mit der entsetzlichen Tatsache abfinden, daß die Russen, von denen er ein paar Jahre vorher verkündet hatte, sie würden sich nie wieder erheben, im Begriff standen, die Hauptstadt des Dritten Reiches einzunehmen. Das einzige Zugeständnis, das er den Generalen machte, war seine Einwilligung, im Falle einer Vereinigung von Amerikanern und Russen an der Elbe, in den dann voneinander getrennten beiden Gebieten zwei unabhängige Kommandos einzusetzen. Im Norden sollte Admiral Dönitz und im Süden vielleicht Kesselring befehligen. In bezug auf Kesselring war er sich noch nicht ganz schlüssig.

In der folgenden Nacht fand ein allgemeiner Auszug aus Berlin statt. Unter den Abziehenden befanden sich zwei der ältesten und engsten Gefährten Hitlers: Himmler und Göring. Göring verließ die Stadt mit einer Lastwagenkolonne, beladen mit Wertgegenständen aus Karinhall. Jeder dieser beiden alten Nationalsozialisten fuhr in der Überzeugung davon, daß er bald der Nachfolger des geliebten Führers sein werde. Auch Ribbentrop suchte in dieser Nacht eiligst sicherere Orte auf.

Aber Hitler hatte noch nicht aufgegeben. Am Tage nach seinem Geburtstag befahl er dem SS-General Felix Steiner, in den südlichen Vororten Berlins einen umfassenden Gegenangriff gegen die Russen zu unternehmen. Alle im Raume Berlin nur irgendwie verfügbaren Soldaten sollten in den Kampf geworfen werden, auch die Bodentruppen der Luftwaffe.

»Jeder kommandierende Offizier, der Leute zurückhält«, brüllte Hitler General Koller an, »wird sein Leben binnen fünf Stunden verwirkt haben. Sie garantieren mir mit Ihrem Kopf dafür, daß absolut jeder Mann eingesetzt wird[11].«

Den ganzen Tag über und bis weit in den nächsten hinein wartete Hitler ungeduldig auf Meldungen von Steiners Gegenangriff. Aber dies zeigte nur, wie sehr er den Kontakt mit der Wirklichkeit verloren hatte. Es gab überhaupt keinen Steiner-Angriff. Er existierte nur in der fieberhaften Vorstellung des verzweifelten Diktators.

Als er schließlich gezwungen war, dies einzusehen, brach der Sturm los. In der Nachmittagslagebesprechung vom 22. April verlangte Hitler zornig nach Meldungen von Steiner. Weder Keitel noch Jodl noch sonst jemand konnte ihm welche geben. Dafür kamen die Generale mit anderen Meldungen. Der zur Unterstützung Steiners vollzogene Abzug von Truppen aus dem Norden Berlins hatte die Front dort so geschwächt, daß die Russen durchgebrochen waren, ihre Panzerspitzen jetzt innerhalb der Stadt standen.

Das war zuviel für den Obersten Kriegsherrn. Alle überlebenden Konferenzteilnehmer bezeugten, daß er vollends die Selbstbeherrschung verlor. Sein Wutanfall übertraf alle bisherigen. Er kreischte: Das sei das Ende, alle hätten ihn im Stich gelassen, nichts als Verrat, Lüge, Korruption und Feigheit. Da nun alles vorbei sei, werde er in Berlin bleiben und die Verteidigung der Reichshauptstadt selbst übernehmen. Wer wolle, könne die Stadt verlassen. Er werde bleiben und kämpfen bis zum letzten Atemzug.

Die Militärs protestierten. Es bestehe immer noch Hoffnung, sagten sie, wenn der Führer sich nach Süddeutschland absetze: in der Tschechoslowakei operiere Schörners Heeresgruppe, und auch beträchtliche Kräfte von Kesselrings Heeresgruppe seien noch intakt. Dönitz, der nach Nordwestdeutschland gegangen war, um das Kommando über die dortigen Truppen zu übernehmen, und ebenso Himmler, der seine eigenen Pläne hatte, beschworen Hitler telefonisch, nicht in Berlin zu bleiben. Selbst Ribbentrop rief ihn an und sagte etwas von einem »diplomatischen Coup«, den er vorhabe und der die Lage retten würde. Aber Hitler traute keinem mehr. Sein Entschluß stehe fest, sagte er allen. Und um ihn unwiderruflich zu machen, diktierte er eine Verlautbarung, die sofort im Rundfunk verlesen werden sollte. Der Führer, hieß es darin, werde in Berlin bleiben und es bis zum Ende verteidigen.

Dann ließ Hitler Goebbels rufen und forderte ihn auf, mit seiner Frau und seinen Kindern aus der schwerbeschädigten Wohnung im Propagandaministerium in den Führerbunker umzuziehen. Hitler wußte, daß wenigstens dieser fanatische und treue Anhänger mit seiner Familie bis zuletzt bei ihm bleiben würde. Sodann sortierte er seine Akten und übergab diejenigen, die er zu vernichten wünschte, seinem Adjutanten Julius Schaub, der sie im Garten der Reichskanzlei verbrannte.

Am Abend schließlich ließ er Keitel und Jodl zu sich kommen und befahl ihnen, sich nach Süddeutschland zu begeben, um das direkte Kommando über die verbliebenen

Streitkräfte zu übernehmen. Beide Generale, die den ganzen Krieg über nicht von Hitlers Seite gewichen waren, haben ihren Abschied von dem Obersten Kriegsherrn selbst geschildert[12].

Als Keitel einwandte, er werde nicht ohne den Führer aus Berlin fortgehen, erwiderte Hitler: »Sie haben meinen Befehlen zu gehorchen.« Keitel, der stets alle Befehle des Führers befolgt hatte, selbst solche, bei denen es sich um schändlichste Kriegsverbrechen handelte, sagte weiter kein Wort mehr. Anders dagegen Jodl, der sich bei aller fanatischen Ergebenheit Hitler gegenüber einen gewissen Sinn für militärische Tradition bewahrt hatte. In seinen Augen war der Oberste Kriegsherr im Begriff, seine Truppen im Stich zu lassen und sich im Augenblick der Katastrophe der Verantwortung zu entziehen.

»Es ist einfach unmöglich«, sagte Jodl, »daß Sie ... plötzlich Ihren Stab wegschicken und erwarten, daß er sich selber führe!«

Hitler erwiderte, Göring könne ja die Führung übernehmen. Als dann jemand bemerkte, unter dem Reichsmarschall werde kein Soldat kämpfen wollen, fiel Hitler ihm ins Wort: »Was heißt kämpfen? Da ist nicht mehr viel zu kämpfen!« Selbst dem wahnsinnigen Eroberer waren schließlich die Schuppen von den Augen gefallen. Oder die Götter schenkten ihm zumindest einige Augenblicke der Erleuchtung in diesen letzten gespenstischen Tagen seines Lebens.

Hitlers Wutausbruch am 22. April und sein endgültiger Entschluß, in Berlin zu bleiben, hatten eine Reihe von Rückwirkungen. Nachdem Himmler, der sich in Hohenlychen nordwestlich von Berlin befand, von Hermann Fegelein, seinem SS-Verbindungsoffizier zum Führerhauptquartier, telefonisch über die Vorgänge im Führerbunker unterrichtet worden war, sagte er zu seiner Umgebung: »In Berlin sind alle verrückt geworden! ... Was soll ich tun?«

»Gehen Sie direkt nach Berlin«, antwortete Obergruppenführer Gottlob Berger, Chef des SS-Hauptamtes. Berger gehörte zu jenen schlichten Deutschen, die aufrichtig an den Nationalsozialismus glaubten. Er hatte keine Ahnung, daß sein verehrter Reichsführer-SS auf Drängen von Walter Schellenberg bereits mit Graf Folke Bernadotte von Schweden wegen der Kapitulation der deutschen Armeen im Westen Verbindung aufgenommen hatte. »*Ich* gehe nach Berlin«, sagte Berger zu Himmler, »und das ist auch Ihre Pflicht.«

Himmler ging nicht nach Berlin, wohl aber Berger, und zwar noch in der gleichen Nacht. Ihm verdanken wir eine Schilderung jener Nacht, die Hitlers großem Entschluß folgte. Als Berger in der Reichskanzlei eintraf, schlugen bereits ringsum russische Granaten ein. Zu seinem Entsetzen stellte er fest, daß Hitler »erledigt, ein gebrochener Mann« war. Als er sich anerkennend über Hitlers Entschluß, in Berlin zu bleiben, äußerte – »man könne nicht ein Volk im Stich lassen, das so treu und so lange ausgehalten hätte«, will er gesagt haben, lösten gerade diese Worte einen neuen Wutausbruch des Führers aus.

Während der ganzen Zeit, berichtete Berger später, hätte der Führer kein Wort gesprochen; dann plötzlich hätte er gekreischt: »Alle haben mich getäuscht! Niemand hat mir die Wahrheit gesagt! Die Wehrmacht hat mich belogen!« ... Er habe mit dem lauten Geschrei nicht aufgehört. Dann wäre sein Gesicht blaurot angelaufen. »Ich dachte«, fügte Berger hinzu, »er würde jeden Augenblick vom Schlag gerührt werden.«

Nachdem Hitler sich beruhigt hatte, besprach Berger mit ihm das Problem der prominenten ausländischen und deutschen Gefangenen, unter denen sich Leute wie Halder, Schacht und Schuschnigg befanden und die nach Bayern abtransportiert werden sollten, damit sie nicht den Amerikanern in die Hände fielen. Berger wollte deswegen in der Nacht nach Bayern fliegen. Die beiden Männer diskutierten dann auch Meldungen über den Ausbruch separatistischer Bestrebungen in Österreich und Bayern. Der Gedanke an einen Aufstand in seiner Heimat Österreich und seiner Wahlheimat Bayern rief wiederum einen Anfall Hitlers hervor.

Seine Hand zitterte, sein Bein zitterte, sein Kopf zitterte [berichtete Berger]. Und alles, was er immer wieder sagte, war: »Alle erschießen! Alle erschießen[13]*!«*

Ob dies ein Befehl war, entweder die Separatisten oder die prominenten Gefangenen oder alle zu erschießen, war Berger nicht klar, aber allem Anschein nach glaubte der simple Mann, der Befehl beziehe sich auf die beiden Gruppen.

GÖRING UND HIMMLER VERSUCHEN DIE MACHT AN SICH ZU REISSEN

General Koller hatte an der Lagebesprechung vom 22. April im Führerbunker nicht teilgenommen. Er war auf seinem Befehlsstand gewesen; außerdem, sagt er in seinem Tagebuch, habe er sich nicht den ganzen Tag über beschimpfen lassen wollen.
Um 18.15 Uhr hatte ihn dann General Eckard Christian, sein Verbindungsoffizier im Bunker, angerufen und mit erregter Stimme gesagt, es spielten sich dort »Vorgänge von historischer Bedeutung« ab. Wenige Stunden später traf Christian selbst auf dem Befehlsstand der Luftwaffe in Wildpark-Werder bei Berlin ein, um Koller zu berichten. »Der Führer ist zusammengebrochen!« Christian, ein glühender Nationalsozialist und verheiratet mit einer Sekretärin Hitlers, war außer Fassung: Der Führer habe beschlossen, seinem Leben ein Ende zu machen, und sei dabei, seine Akten und Papiere zu verbrennen. Sein Bericht war so zusammenhanglos, daß Koller sich trotz eines gerade einsetzenden schweren Luftangriffes auf die Suche nach Jodl begab, um zu hören, was an diesem Tag im Führerbunker vor sich gegangen sei.
Er fand ihn in Krampnitz, zwischen Berlin und Potsdam, wo inzwischen das führerlose OKW vorübergehend seine Zelte aufgeschlagen hatte. Jodl erzählte nun seinem Freund von der Luftwaffe die ganze traurige Geschichte. Sodann offenbarte er ihm eine Neuigkeit, die in den nächsten Tagen zu einer weiteren Verwicklung führen sollte. Er sagte, Hitler habe Keitel und Jodl erklärt:

»Wenn es zu [Friedens-]Verhandlungen kommt, dann ist Göring besser als ich. Er kann mit der anderen Seite viel besser umgehen.«

Koller hielt es für seine Pflicht, unverzüglich zu seinem Chef Göring zu fliegen. Ihm eine Funkmeldung zu schicken, wäre schwierig und auch – wegen der Überwachung durch den Gegner – gefährlich gewesen. Da der Führer, der Göring vor Jahren zu seinem Nachfolger bestimmt hatte, jetzt solche Äußerung getan habe, meinte Koller, sei keine Zeit mehr zu verlieren. Jodl pflichtete ihm bei. Und so flog Koller am 23. April, 3.30 Uhr früh, mit einem Jagdflugzeug in Richtung München.

Mittags traf er auf dem Obersalzberg ein und überbrachte dem Reichsmarschall die Neuigkeit. Obwohl Göring auf den Tag gewartet hatte, an dem er Hitlers Nachfolge würde antreten können, war er vorsichtiger, als man hätte annehmen mögen. Er sagte, er wolle sich den Machenschaften seines »Todfeindes« Bormann nicht aussetzen, eine durchaus begründete Behutsamkeit, wie sich zeigen sollte. Er befand sich in einem Dilemma. »Wenn ich jetzt handle«, sagte er zu seinen Beratern, »kann ich als Verräter abgestempelt werden; wenn ich nicht handle, wird man mir vorwerfen, ich hätte in der Stunde der Katastrophe nichts unternommen.«

Um sich über die Rechtslage klar zu werden, ließ Göring den Staatssekretär Lammers, Chef der Reichskanzlei, kommen, der sich in Berchtesgaden befand. Auch holte er aus seinem Tresor eine Ausfertigung des Führererlasses vom 29. Juni 1941 hervor. In dem Erlaß war eindeutig festgelegt, daß Göring im Falle von Hitlers Tod sein Nachfolger und im Falle einer Behinderung des Führers sein Stellvertreter sein werde. Alle Berater Görings stimmten darin überein, daß Hitler infolge seines Entschlusses, in Berlin zu bleiben und zu sterben, sowohl von den militärischen Führungsstellen wie von den Regierungsämtern abgeschnitten und daher am Regieren behindert sei und daß Göring dem Erlaß zufolge klar und deutlich die Pflicht habe, die Macht zu übernehmen.

Gleichwohl setzte Göring ein sehr vorsichtiges Telegramm an Hitler auf. Er wollte sicher gehen.

Mein Führer!

Sind Sie einverstanden, daß ich nach Ihrem Entschluß, im Gefechtsstand in der Festung Berlin zu verbleiben, gemäß Ihres Erlasses vom 29. 6. 1941 als Ihr Stellvertreter sofort die Gesamtführung des Reiches übernehme mit voller Handlungsfreiheit nach innen und außen? Falls bis 22.00 keine Antwort erfolgt, nehme ich an, daß Sie Ihrer Handlungsfreiheit beraubt sind. Ich werde dann die Voraussetzung Ihres Erlasses als gegeben ansehen und zum Wohle von Volk und Vaterland handeln. Was ich in diesen schwersten Stunden meines Lebens für Sie empfinde, wissen Sie, und kann ich durch Worte nicht ausdrücken. Gott schütze Sie und lasse Sie trotz allem baldmöglichst hierherkommen.

Ihr getreuer

Hermann Göring

Am Abend genau desselben Tages traf Heinrich Himmler im schwedischen Konsulat zu Lübeck mit Graf Bernadotte zusammen. Der treue Heinrich, wie Hitler ihn oft liebevoll genannt hatte, fragte nicht erst, ob er die Macht übernehmen solle; er war bereits dabei, sie an sich zu reißen.

»Hitler ist wahrscheinlich schon tot«, sagte er zu Bernadotte. Und wenn nicht, so würde er sicherlich innerhalb weniger Tage tot sein. Dann bat Himmler den Grafen, General Eisenhower unverzüglich mitzuteilen, daß Deutschland bereit sei, im Westen zu kapitulieren. Im Osten, fügte Himmler hinzu, werde Deutschland weiterkämpfen, bis die Westmächte selbst gegen die Russen marschierten – so naiv oder dumm oder beides zusammen war der SS-Chef, der jetzt für sich die Diktatur im Dritten Reich beanspruchte. Als Bernadotte um ein schriftliches Kapitulationsangebot bat, schrieb Himmler bei Kerzenlicht – infolge eines Luftangriffes auf Lübeck setzte in dieser Nacht der Strom aus, und die Unterhändler mußten in den Luftschutzkeller gehen – einen Brief an General Eisenhower[14].

Beide, Göring und Himmler, hatten übereilt gehandelt, wie sie bald erkennen sollten. Mochte Hitler auch bis auf eine kümmerliche Funkverbindung von allem abgeschnitten sein – bis zum Abend des 23. April hatten die Russen Berlin fast ganz eingeschlossen –, er sollte jetzt demonstrieren, daß er Deutschland allein durch die Macht seiner Persönlichkeit und seines Ansehens regieren und den »Verrat« selbst seiner prominentesten Paladine lediglich durch einen Funkspruch ersticken konnte.

Albert Speer und Hanna Reitsch, die noch in den letzten Stunden im Führerbunker erschienen, haben Hitlers Reaktion auf Görings Telegramm beschrieben. Speer war in der Nacht des 23. April in einem Fieseler Storch nahe dem Brandenburger Tor auf der Ost-West-Achse gelandet. Er hatte erfahren, daß Hitler beschlossen habe, in Berlin bis zum Ende zu bleiben, und wollte vom Führer Abschied nehmen und ihm gestehen, daß er im »Konflikt zwischen persönlicher Treue und staatsbürgerlicher Pflicht« sich gezwungen gesehen habe, die »Verbrannte-Erde«-Politik des Führers zu sabotieren. Er rechnete damit, verhaftet und erschossen zu werden, was sicherlich geschehen wäre, hätte der Diktator gewußt, daß Speer vor zwei Monaten die Absicht gehabt hatte, ihn und alle anderen, die Stauffenbergs Bombe entronnen waren, umzubringen.

Auch dem hochbegabten Rüstungsminister, der von Beruf Architekt war und immer betont hatte, er sei unpolitisch, waren, wie so manchem anderen Deutschen, die Augen spät – viel zu spät – aufgegangen. Als er schließlich erkannte, daß Hitler mit seinen »Verbrannte-Erde«-Erlassen darauf aus war, das deutsche Volk dem Untergang preiszugeben, faßte er den Plan, den Führer umzubringen. Er wollte während einer Lagebesprechung Giftgas durch die Ventilationsanlage in den Führerbunker einführen. Er beschaffte sich das Giftgas, untersuchte die Lüftungsanlage und stellte dabei fest, daß das in den Garten gehende Abzugsrohr von einem fünf Meter hohen Schornstein ummauert war. Dieser war auf persönliche Anordnung Hitlers zwecks Verhütung von Sabotageakten errichtet worden. So war es für Speer unmöglich, sein Giftgas einzuführen, ohne von den SS-Wachen im Garten entdeckt zu werden, und er gab seinen Plan auf. Wieder einmal war Hitler einem Anschlag auf sein Leben entgangen.

Jetzt, am Abend des 23. April, sagte Speer Hitler ganz offen, er weigere sich, den Befehlen zur Zerstörung der in Deutschland noch vorhandenen Werke und Anlagen nachzukommen. Zu seiner Überraschung nahm Hitler seine Worte weder zornig noch ärgerlich auf. Vielleicht imponierten ihm Mut und Offenheit seines jungen Freundes – Speer war gerade vierzig Jahre alt geworden –, für den er von jeher Zuneigung empfunden hatte und den er als »Künstlerkollegen« betrachtete. Hitler erschien an jenem Abend, wie auch Keitel bemerkte, seltsam heiter, so als habe ihm der Entschluß, bald zu sterben, den inneren Frieden gebracht. Aber es war die Ruhe – nicht nach dem Sturm des gestrigen Tages – sondern vor einem neuen Sturm.

Inzwischen war nämlich Görings Radiogramm in der Reichskanzlei eingetroffen. Bormann, der endlich seine Gelegenheit gekommen sah, hatte es zunächst zurückgehalten. Nun legte es dieser Meisterintrigant dem Führer vor und stellte es als ein »Ultimatum«, als verräterischen Versuch hin, die Macht »an sich zu reißen«.

»Hitler war außerordentlich erregt«, sagt Speer, »und äußerte sich in einer sehr klaren Weise über Göring. Er erklärte, er wüßte seit langem, daß Göring versagt hätte, daß er korrupt sei und daß er ein Morphinist sei« – eine Feststellung, die den jungen Architekten »außerordentlich erschütterte«; er fragte sich, warum Hitler dann einen solchen Mann solange in einer so hohen Stellung geduldet hatte. Speer wunderte sich auch, daß Hitler, nachdem er sich beruhigt hatte, hinzufügte: »Aber die Kapitulationsverhandlungen, die kann er trotzdem machen ... Das ist ja dann sowieso gleichgültig, wer das macht[15].« Aber Hitler änderte rasch seinen Sinn.

Von Bormann gedrängt, diktierte er einen Funkspruch an Göring des Inhalts, er habe »Hochverrat« begangen, worauf Todesstrafe stehe, doch in Anbetracht seiner langjährigen Dienste für Partei und Staat solle ihm das Leben geschenkt werden, wenn er unverzüglich alle seine Ämter niederlege. Seine Antwort solle nur ein einziges Wort enthalten: Ja oder Nein. Damit war Bormann nicht zufrieden. Eigenmächtig ließ er einen Funkspruch an das SS-Hauptquartier in Berchtesgaden abgehen mit dem Befehl, Göring, seinen Stab und Lammers wegen »Hochverrats« festzunehmen. Ehe der nächste Tag anbrach, war der zweite Mann des Dritten Reiches, der arroganteste – und reichste – der NS-Führer, der einzige Reichsmarschall der deutschen Geschichte und Oberbefehlshaber der Luftwaffe ein Gefangener der SS.

Drei Tage später, am Abend des 26. April, äußerte sich Hitler noch unverblümter über Göring, als er es in Gegenwart Speers getan hatte.

DIE BEIDEN LETZTEN BESUCHER DES FÜHRERBUNKERS

Am 24. April wurde der Befehlshaber der Luftflotte 6 in München, General Ritter von Greim, telegrafisch in den Führerbunker nach Berlin befohlen. Er flog zusammen mit der Testpilotin Hanna Reitsch, die von monumentalem Haß gegen Göring erfüllt war. Am 26. April, auf der letzten Flugstrecke, wurde Greims Maschine über dem Berliner Tiergarten von russischer Flak beschossen und ihm selbst der rechte Fuß zerschmettert. Während ein Arzt dem General einen Verband anlegte, kam Hitler in den Operationsraum.

HITLER: *Wissen Sie, warum ich Sie gerufen habe?*
GREIM: *Nein, mein Führer.*
HITLER: *Weil Hermann Göring mich und sein Vaterland verraten hat. Hinter meinem Rücken hat er Verbindung mit dem Gegner aufgenommen. Sein Vorgehen ist ein Zeichen von Feigheit. Entgegen meinen Befehlen ist er nach Berchtesgaden gegangen und hat mir von dort ein respektloses Telegramm geschickt. Es war ...*

In diesem Augenblick, sagt Hanna Reitsch, begannen Hitlers Gesichtsmuskeln zu zucken, und sein Atem ging in kurzen, krampfhaften Stößen. Plötzlich kreischte er:

Ein Ultimatum! Ein krasses Ultimatum! Jetzt bleibt nichts übrig! Nichts bleibt mir erspart! Keine Treue wird gehalten, keine Ehre! Es gibt keine Bitterkeit, keinen Verrat, der nicht auf mich gehäuft worden wäre; und jetzt auch das! Das ist das Ende. Keine Beschimpfung ist mir erlassen worden!

Ich habe Göring sofort als Hochverräter verhaften lassen, ihn aus all seinen Ämtern entlassen ... Daher habe ich Sie gerufen [16].

Und dann ernannte Hitler den verblüfften, auf dem Krankenbett liegenden General auf der Stelle zum Oberbefehlshaber der Luftwaffe – eine Beförderung, die er durch Funkspruch hätte vollziehen können. Dann wäre Greim nicht verwundet worden, sondern in seinem Hauptquartier verblieben, an dem einzigen Platz, von dem aus die noch verbliebenen Luftverbände hätten dirigiert werden können. Drei Tage später erhielt Greim, der inzwischen ebenso wie Hanna Reitsch nichts anderes mehr erwartete und wünschte, als an des Führers Seite zu sterben, von Hitler den Befehl, Berlin zu verlassen und sich mit einem neuen Fall von »Verrat« zu befassen. Denn Hermann Göring war, wie wir sahen, nicht der einzige »Verräter«.

Während dieser drei Tage hatte Hanna Reitsch reichlich Gelegenheit, das Leben in dem unterirdischen Irrenhaus mitanzusehen. Sie hat darüber einen gefühlsbetonten, melodramatischen Bericht gegeben, dennoch ist ihre Schilderung wahrscheinlich zutreffend, denn sie ist mit anderen Augenzeugenberichten verglichen worden, und daher von Bedeutung für unser Schlußkapitel.

In der Nacht nach ihrer Ankunft mit General von Greim – es war der 26. – schlugen in der Reichskanzlei die ersten russischen Granaten ein, und die Detonationen und das dumpfe Poltern einstürzender Mauern erhöhten die Spannung im Bunker. Hitler ließ Hanna Reitsch zu sich kommen und gab ihr Giftampullen für sie selbst und für Greim.

»Hanna«, sagte er, »Sie gehören zu denen, die mit mir sterben wollen ... Ich möchte nicht, daß einer von uns lebend den Russen in die Hände fällt. Sie sollen auch nicht unsere Leichen finden.«

Jedoch fügte er noch hinzu: »Aber ich hoffe immer noch, liebe Hanna. General Wencks Armee rückt aus dem Süden heran. Er wird und muß die Russen weit genug zurückjagen, um unser Volk zu retten. Dann werden wir die Sache wieder in der Hand haben.«

Hanna Reitsch ging mit den Giftampullen zu Greim, und sie beschlossen, »wenn wirklich das Ende kommen sollte«, das Gift zu schlucken und dann, um ganz sicher zu gehen, eine Handgranate zwischen sich zu legen und den Zünder abzuziehen.

Eineinhalb Tage später, am 28., scheint Hitler sich neue Hoffnungen – oder zumindest Illusionen – gemacht zu haben. Er sandte an Keitel einen Funkspruch ab:

»Ich erwarte die Entsetzung Berlins. Was tut Heinricis Armee? Wo ist Wenck? Was ist mit der 9. Armee? Wann trifft Wenck mit der 9. zusammen[17]?«

Aber Wencks »Vormarsch« existierte ebenso wie eine Woche vorher Steiners »Angriff« lediglich in Hitlers Vorstellung. Wencks Armee hatte sich bereits aufgelöst, ebenso die 9. Armee. Und Heinricis Armee befand sich im Norden von Berlin auf eiligem Rückzug nach Westen; sie wollte lieber von den westlichen Alliierten als von den Russen gefangengenommen werden.

Den ganzen 28. April über warteten die Bunkerinsassen verzweifelt auf Meldungen von Gegenangriffen dieser drei Armeen, vor allem von der Armee Wencks. Inzwischen standen die russischen Panzerspitzen nur noch wenige Häuserblocks von der Reichskanzlei entfernt und näherten sich langsam vom Osten, vom Norden und durch den Tiergarten vom Westen her. Als keine Meldungen von Entsatztruppen einliefen, begann Hitler, bestärkt durch Bormann, neuen Verrat zu wittern. Um 20 Uhr funkte Bormann an Dönitz:

Statt mit Befehl und Appell die Truppen, die uns freikämpfen sollten, anzutreiben, Schweigen der maßgeblichen Männer. Die Treue scheint vor der Untreue zu weichen. Wir bleiben hier. Reichskanzlei bereits Trümmerhaufen[18].

Bormann sprach jetzt für sich selbst. Hitler hatte ja beschlossen, seinem Leben in ein oder zwei Tagen ein Ende zu machen, Bormann hingegen wollte weiterleben. Wenn er auch nicht Hitlers Nachfolger werden konnte, so wollte er doch weiter der Drahtzieher hinter den Kulissen bleiben.

Neben Bormann gab es im Bunker noch einen anderen hohen Nationalsozialisten, der am Leben bleiben wollte: Hermann Fegelein, Himmlers Vertreter beim Führer, General der Waffen-SS und verheiratet mit Eva Brauns Schwester Gretl. Alle überlebenden SS-Führer sagen übereinstimmend, Fegelein habe in Verbindung mit Bormann keine Gelegenheit versäumt, seinen Chef Himmler bei Hitler anzuschwärzen. Aber wenn Fegelein auch ein übler Charakter und dazu ungebildet war, so scheint er doch einen sicheren Instinkt dafür gehabt zu haben, wann man ein sinkendes Schiff verlassen muß.

Am 26. April machte er sich stillschweigend aus dem Bunker davon. Erst am nächsten Nachmittag fiel Hitler auf, daß er verschwunden war. Hitler schöpfte Verdacht und schickte eine Gruppe bewaffneter SS-Leute aus, um ihn suchen zu lassen. Man fand ihn in Zivilkleidern in seiner Charlottenburger Wohnung, während schon die Russen anrollten. In die Reichskanzlei zurückgebracht, wurde er seines Ranges als SS-Obergruppenführer entkleidet und inhaftiert. Durch Fegeleins Fluchtversuch fiel Hitlers Verdacht sofort auch auf Himmler. Was trieb der Reichsführer-SS, seitdem er sich von Berlin abgesetzt hatte? Seit Fegelein, sein Vertreter beim Führer, sich davongestohlen hatte, waren keine Nachrichten mehr von ihm gekommen. Doch nunmehr kamen welche.

Am späten Abend des 28. April wurde vom Pressedienst des Propagandaministeriums eine BB-Nachricht aus London aufgefangen. Es handelte sich um die Wiedergabe einer *Reuter*-Meldung aus Stockholm, die so unglaublich, so sensationell war, daß einer der Beamten des Propagandaministeriums, Heinz Lorenz, mit der Nachricht über den von Granaten zerrissenen Platz zum Führerbunker hinüberhetzte.

Die Nachricht, sagen Hanna Reitsch und die anderen Zeugen, rief Entsetzen hervor. Am empörtesten war Hitler. »Er tobte wie ein Verrückter« – so Hanna Reitsch.

Auch Heinrich Himmler, »der treue Heinrich«, hatte das sinkende Schiff verlassen. *Reuter* berichtete von seinen geheimen Verhandlungen mit dem Grafen Bernadotte und von seinem Angebot an Eisenhower, im Westen zu kapitulieren.

Für Hitler, der nie an Himmlers bedingungsloser Treue gezweifelt hatte, war dies der schwerste aller Schläge. »Er wurde purpurrot«, sagt die Reitsch, »und sein Gesicht war fast unkenntlich.« Göring hatte wenigstens den Führer um Erlaubnis gebeten, die Macht anzutreten. Der »treue« Reichsführer-SS hingegen hatte sich nicht einmal diese Mühe gemacht; ohne ein Wort zu sagen, hatte er in verräterischer Weise Verbindung mit dem Feind aufgenommen. Dies sei der schlimmste Verrat, den er je erlebt habe, sagte Hitler, nachdem er sich etwas erholt hatte.

Dieser Schlag – und dazu die wenige Minuten später eintreffende Meldung, daß die Russen sich dem Potsdamer Platz näherten und wahrscheinlich am Morgen des 30. April, d. h. in etwa 30 Stunden, die Reichskanzlei erstürmen würden – war das Signal für das Ende. Er zwang Hitler, unverzüglich die letzten Entscheidungen seines Lebens zu treffen. Als der Morgen graute, war er mit Eva Braun verheiratet, hatte sein Testament und seine letztwillige Verfügung niedergeschrieben, Greim und Hanna Reitsch aus Berlin fortgeschickt, damit sie Flugzeuge zur Bombardierung der der Reichskanzlei sich nähernden Russen auftrieben, und ihnen befohlen, Himmler als Verräter festzunehmen.

»Niemals darf ein Verräter mir als Führer nachfolgen«, schrie er, Hanna Reitsch zufolge, »Sie müssen gehen und dafür sorgen, daß das nicht geschieht.«

Hitler konnte sich an Himmler selbst nicht mehr rächen. Aber er hatte dessen Vertreter Fegelein in der Hand. Dieser wurde nun vorgeführt, einem scharfen Verhör über Himmlers »Verrat« unterzogen, der Mitwisserschaft bezichtigt und auf Befehl des Führers im Garten der Reichskanzlei erschossen. Die Tatsache, daß Fegelein mit Eva Brauns Schwester verheiratet war, nützte ihm nichts. Eva machte auch keinen Versuch, ihren Schwager zu retten.

»Armer, armer Adolf«, jammerte sie der Reitsch vor, »alle haben dich verlassen, alle haben dich verraten. Besser, es sterben zehntausend andere, als daß er Deutschland verloren geht.«

Deutschland ging er verloren, doch dafür bekam ihn Eva Braun. Am 29. April, zwischen 1 und 3 Uhr morgens, erfüllte er den Wunsch seiner Geliebten, ihre Treue bis in den Tod belohnend, und heiratete sie. Goebbels trieb einen Gauamtsleiter seines Stabes namens Walter Wagner auf, der zur Zeit im Volkssturm diente und bei einer ganz in der Nähe kämpfenden Einheit stand. Dieser Beamte vollzog in dem kleinen Konferenzraum des Bunkers die Trauung. Die Heiratsurkunde ist erhalten geblieben. Sie vermittelt eine kleine Vorstellung von der »makabren Hochzeit an der Schwelle des Nichts«, um eine der Sekretärinnen Hitlers zu zitieren. Hitler bat, »angesichts der Kriegslage das Aufgebot mündlich zu verkünden«. Braut und Bräutigam schworen, »rein arischer Abstammung« zu sein und an keinen »die Eheschließung ausschließenden Erbkrankheiten« zu leiden. Im Anblick des Todes bestand der Diktator noch auf Einhaltung der Formalitäten. Nur die Spalten für die Namen der Eltern und deren Heiratstag füllte Hitler nicht aus. Seine Braut setzte schon an, mit ihrem Mädchennamen Braun zu unterzeichnen, strich dann aber das ›B‹ durch und schrieb »Eva Hitler, geborene Braun«. Goebbels und Bormann unterschrieben als Trauzeugen.

An die kurze Zeremonie schloß sich in Hitlers Privatraum ein Hochzeitsimbiß mit Sekt an. Gäste waren Goebbels und Frau, Bormann, die Generale Krebs und Burgdorff, Hitlers Sekretärinnen und seine Diätköchin Manzialy. Man sprach von den guten alten Zeiten und auch von Goebbels' Hochzeit, bei der Hitler Trauzeuge gewesen war. Schließlich zog sich Hitler mit einer seiner Sekretärinnen, Frau Gertrud Junge, in ein Nebenzimmer zurück und diktierte ihr seine Testamente.

DAS POLITISCHE UND DAS PRIVATE TESTAMENT HITLERS

Beide Testamente sind erhalten geblieben, was Hitler denn auch beabsichtigt hatte. Sie bestätigen, daß der Mann, der mit eiserner Hand mehr als zwölf Jahre lang Deutschland und mehr als vier Jahre lang den größten Teil Europas beherrschte, nichts aus

Erfahrungen hinzugelernt hatte. Nicht einmal aus seinen Rückschlägen und aus seinem letzten erschütternden Fehlschlag hatte er irgendeine Lehre gezogen. Ja, in seinen letzten Stunden verwandelte er sich wieder in den jungen Mann, der er in Wien gewesen war, und in den Volksredner der Münchener Zeit, der für alles Übel in der Welt die Juden verantwortlich machte, der sich in halbverdauten Theorien über das Universum erging und der darüber klagte, daß das Schicksal Deutschland wieder einmal um den Sieg gebracht habe.

Sein sogenanntes Politisches Testament besteht aus zwei Teilen. Der erste ist ein Appell an die Nachwelt, der zweite eine Anweisung für die Zukunft.

Seit ich 1914 als Freiwilliger meine bescheidene Kraft im ersten dem Reich aufgezwungenen Weltkrieg einsetzte, sind nunmehr über dreißig Jahre vergangen.

In diesen drei Jahrzehnten haben mich bei all meinem Denken, Handeln und Leben nur die Liebe und Treue zu meinem Volk bewegt ... Es ist unwahr, daß ich oder irgend jemand anderer in Deutschland den Krieg im Jahre 1939 gewollt haben. Er wurde gewollt und angestiftet von jenen internationalen Staatsmännern, die entweder jüdischer Herkunft waren oder für jüdische Interessen arbeiteten.

Ich habe zu viele Angebote zur Rüstungsbeschränkung und Rüstungsbegrenzung gemacht, die die Nachwelt nicht auf alle Ewigkeiten wegzuleugnen vermag, als daß die Verantwortung für den Ausbruch dieses Krieges auf mir lasten könnte. Ich habe weiter nie gewollt, daß nach dem ersten unseligen Weltkrieg ein zweiter gegen England oder gar gegen Amerika entsteht. Es werden Jahrhunderte vergehen, aber aus den Ruinen unserer Städte und Kunstdenkmäler wird sich der Haß gegen das letzten Endes verantwortliche Volk immer wieder erneuern, dem wir alles zu verdanken haben: Dem internationalen Judentum und seinen Helfern!

Hitler wiederholte dann die Lüge, er habe drei Tage vor dem Angriff auf Polen der britischen Regierung ein vernünftiges Angebot zur Lösung der deutsch-polnischen Probleme gemacht.

Es wurde nur verworfen, weil die maßgebenden Kreise der englischen Politik den Krieg wünschten. Teils der erhofften Geschäfte wegen, teils getrieben durch eine vom internationalen Judentum veranstaltete Propaganda.

Sodann gab er die »Alleinschuld« nicht nur für den Tod der Millionen, die auf den Schlachtfeldern und in den zerbombten Städten umgekommen waren, sondern auch für das Judenmassaker – dem Judentum. Er nannte die Gründe für seinen Entschluß, bis zum Ende in Berlin zu bleiben:

Nach einem sechsjährigen Kampf, der einst in die Geschichte trotz aller Rückschläge als ruhmvollste und tapferste Bekundung des Lebenswillens eines Volkes eingehen wird, kann ich mich nicht von der Stadt trennen, die die Hauptstadt dieses Reiches ist ... [Ich] möchte mein Schicksal mit jenem teilen, das Millionen andere auch auf

sich genommen haben, indem ich in dieser Stadt bleibe. Außerdem will ich nicht Feinden in die Hände fallen, die zur Belustigung ihrer verhetzten Massen ein neues, von Juden inszeniertes Schauspiel benötigen.
Ich hatte mich daher entschlossen, in Berlin zu bleiben und dort aus freien Stücken in dem Augenblick den Tod zu wählen, in dem ich glaube, daß der Sitz des Führers und Kanzlers selbst nicht mehr gehalten werden kann ... Ich sterbe mit freudigem Herzen angesichts der mir bewußten unermeßlichen Taten und Leistungen unserer Soldaten an der Front.

Es folgte eine Mahnung an die Deutschen, »den Kampf unter keinen Umständen aufzugeben«. Obwohl er schließlich hatte einsehen müssen, daß der Nationalsozialismus am Ende war, versicherte er noch:

Aus dem Opfer unserer Soldaten und aus meiner Verbundenheit mit ihnen bis in den Tod, wird ... so oder so einmal wieder der Samen aufgehen zur strahlenden Wiedergeburt der nationalsozialistischen Bewegung und damit zur Verwirklichung einer wahren Volksgemeinschaft.

Hitler vermochte jedoch nicht zu sterben, ohne erst noch einmal die Armee und vor allem das Offizierskorps zu schmähen, das in seinen Augen in erster Linie für die Katastrophe verantwortlich war. Gestand er auch ein, daß der Nationalsozialismus zumindest für den Augenblick tot sei, so beschwor er doch die Befehlshaber der drei Wehrmachtteile,

mit äußersten Mitteln den Widerstandsgeist unserer Soldaten im nationalsozialistischen Sinne zu verstärken unter dem besonderen Hinweis darauf, daß auch ich selbst, als der Gründer und Schöpfer dieser Bewegung, den Tod dem feigen Absetzen oder gar einer Kapitulation vorgezogen habe.

Dann kam der Hieb gegen das Offizierskorps:

Möge es dereinst zum Ehrbegriff des deutschen Offiziers gehören – so wie dies in unserer Marine schon der Fall ist –, daß die Übergabe einer Landschaft oder einer Stadt unmöglich ist und daß vor allem die Führer hier mit leuchtendem Beispiel voranzugehen haben in treuester Pflichterfüllung bis in den Tod.

Gerade Hitlers starrsinniges Verlangen, »eine Landschaft oder Stadt bis in den Tod« zu halten, wie etwa Stalingrad, hatte dazu beigetragen, die militärische Katastrophe herbeizuführen. Aber hieraus hatte er ebensowenig die Lehre gezogen wie aus anderen Dingen.
Der zweite Teil des Politischen Testaments befaßt sich mit der Nachfolgefrage. Obwohl das Dritte Reich in Schutt und Asche lag, konnte Hitler es nicht ertragen, aus dem Leben zu scheiden, ohne seinen Nachfolger zu bestimmen und ihm genaue Vorschriften über die Zusammensetzung der Regierung zu machen. Zunächst freilich mußte er die, die sich bereits anschickten, seine Nachfolge anzutreten, ausschalten.

Ich stoße vor meinem Tode den früheren Reichsmarschall Hermann Göring aus der Partei aus und entziehe ihm alle Rechte, die sich aus dem Erlaß vom 29. Juni 1941 ... ergeben könnten. Ich ernenne an Stelle dessen den Großadmiral Dönitz zum Reichspräsidenten und Obersten Befehlshaber der Wehrmacht ...
Ich stoße vor meinem Tode den früheren Reichsführer-SS und Reichsminister des Innern Heinrich Himmler aus der Partei sowie allen Staatsämtern aus.

Die Führer von Heer, Luftwaffe und SS, so glaubte er, hätten ihn verraten und um den Sieg gebracht. So sah er den einzigen möglichen Nachfolger in dem Oberbefehlshaber der Kriegsmarine, die indessen zu unbedeutend gewesen war, um in Hitlers Eroberungskrieg eine größere Rolle zu spielen. Das war ein letzter Hieb gegen das Heer, das schließlich im Kriege die Hauptlast getragen und die größten Menschenverluste erlitten hatte. Zum Abschied verdammte er auch noch einmal die beiden Männer, die neben Goebbels seit den frühen Tagen der Partei seine engsten Gefährten gewesen waren:

Göring und Himmler haben durch geheime Verhandlungen mit dem Feinde, die sie ohne mein Wissen und gegen meinen Willen abhielten, sowie durch den Versuch, entgegen dem Gesetz die Macht im Staate an sich zu reißen, dem Lande und dem gesamten Volk unabsehbaren Schaden zugefügt, gänzlich abgesehen von der Treulosigkeit gegenüber meiner Person.

Sodann wies er seinen Nachfolger Dönitz an, wen er in die neue Regierung aufzunehmen habe. Es müßten »ehrenhafte Männer« sein, die willens seien, »den Krieg mit allen Mitteln weiter fortzusetzen«. Goebbels solle Reichskanzler und Bormann »Parteiminister« werden – ein ganz neuer Posten. Seyß-Inquart, der österreichische Quisling und zuletzt Statthalter in Holland, solle Außenminister, hingegen Ribbentrop wie auch Speer fallengelassen werden. Graf Schwerin von Krosigk, der seit seiner Berufung durch Papen im Jahre 1932 ohne Unterbrechung Finanzminister gewesen war, sollte sein Amt behalten. Man muß schon sagen, daß der Graf die Gabe besessen hatte, zu überdauern. Nachdem Hitler selbst die Regierung seines Nachfolgers zusammengesetzt hatte, gab er noch eine für ihn typische Anweisung:

Vor allem verpflichte ich die Führung der Nation und die Gefolgschaft zur peinlichen Einhaltung der Rassegesetze und zum unbarmherzigen Widerstand gegen den Weltvergifter aller Völker, das internationale Judentum[19].

Damit endete das politische Testament des Obersten Kriegsherrn. Es war Sonntag, der 29. April, 4 Uhr früh. Hitler rief Goebbels, Bormann sowie die Generale Krebs und Burgdorff herein und ließ sie durch ihre Unterschrift seine Unterschrift beglaubigen. Dann diktierte er ein persönliches Testament. Darin erklärte der Mann des Schicksals, warum er noch geheiratet hatte und warum er und seine Frau in den Tod gehen wollten, und traf Verfügung über sein Privatvermögen, von dem er hoffte, es werde ausreichen, um seinen ihn überlebenden Verwandten ein bescheidenes Leben zu ermöglichen.

Da ich in den Jahren des Kampfes glaubte, es nicht verantworten zu können, eine Ehe zu gründen, habe ich mich nunmehr vor Beendigung dieser irdischen Laufbahn entschlossen, jenes Mädchen zur Frau zu nehmen, das nach langen Jahren treuer Freundschaft aus freiem Willen in die schon fast belagerte Stadt hereinkam, um ihr Schicksal mit dem meinen zu teilen.
Sie geht auf ihren Wunsch als meine Gattin mit mir in den Tod. Er wird uns das ersetzen, was meine Arbeit im Dienst meines Volkes uns beiden raubte.
Was ich besitze, gehört – soweit es überhaupt von Wert ist – der Partei. Sollte diese nicht mehr existieren, dem Staat, sollte auch der Staat vernichtet werden, ist eine weitere Entscheidung von mir nicht mehr notwendig. Ich habe meine Gemälde in den von mir im Laufe der Jahre angekauften Sammlungen niemals für private Zwecke, sondern stets nur für den Ausbau einer Galerie in meiner Heimatstadt Linz a. d. Donau gesammelt.

Bormann wurde als Testamentsvollstrecker ermächtigt,

alles das, was persönlichen Erinnerungswert besitzt, oder zur Erhaltung eines kleinen bürgerlichen Lebens notwendig ist, meinen Geschwistern abzutrennen ...
Ich selbst und meine Gattin wählen, um der Schande des Absetzens oder der Kapitulation zu entgehen, den Tod. Es ist unser Wille, sofort an der Stelle verbrannt zu werden, an der ich den größten Teil meiner täglichen Arbeit im Laufe eines zwölfjährigen Dienstes an meinem Volk geleistet habe.

Erschöpft vom Diktat seiner letztwilligen Verfügungen, ging Hitler zu Bett, als in Berlin der letzte Sonntag seines Lebens heraufdämmerte. Rauch hing über der Stadt wie ein Bahrtuch. Brennend stürzten Gebäude ein, während die Russen mit ihrer Artillerie in Kernschußweite feuerten. Sie standen nun nicht mehr weit von der Reichskanzlei entfernt.
Während Hitler schlief, machten sich Goebbels und Bormann eilig an die Arbeit. In seinem Politischen Testament hatte Hitler beiden ausdrücklich befohlen, die Hauptstadt zu verlassen und in die neue Regierung einzutreten. Bormann war mehr als bereit dazu. Bei aller Verehrung für den Führer dachte er nicht daran, mit ihm in den Tod zu gehen, wenn es sich vermeiden ließ. Auch bei Dönitz konnte er möglicherweise die Rolle der grauen Eminenz weiterspielen – sofern nicht Göring die Macht an sich riß, sobald er von Hitlers Tod erführe. Um in dieser Hinsicht sicherzugehen, sandte er der SS in Berchtesgaden einen Funkspruch:

... Wenn Berlin und wir fallen sollten, sind die Verräter des 23. April zu vernichten. Männer, tut Eure Pflicht! Ihr haftet mit Eurem Leben und Eurer Ehre[20].

Das war ein glatter Mordbefehl, da Göring und sein Luftwaffenstab bereits von der SS festgenommen worden waren.
Goebbels hingegen hatte nicht die Absicht, am Leben zu bleiben. Er hatte sein Los mit

dem Hitlers verknüpft, dem allein er seinen sensationellen Aufstieg verdankte. Er ging jetzt in sein eigenes kleines Zimmer im Bunker und schrieb dort in Form eines »Anhangs zum Politischen Testament des Führers« seinen persönlichen Rechenschaftsbericht für kommende Generationen:

Der Führer hat mir den Befehl gegeben, ... Berlin zu verlassen und als führendes Mitglied an einer von ihm ernannten Regierung teilzunehmen.
Zum ersten Mal in meinem Leben muß ich mich kategorisch weigern, einem Befehl des Führers Folge zu leisten. Meine Frau und meine Kinder schließen sich dieser Weigerung an. Im anderen Falle würde ich mir selbst – abgesehen davon, daß wir es aus menschlichen Gründen und solchen der persönlichen Treue niemals über das Herz bringen könnten, den Führer in seiner schwersten Stunde allein zu lassen – für mein ganzes ferneres Leben als ein ehrloser Abtrünnling und gemeiner Schuft vorkommen, der mit der Achtung vor sich selbst auch die Achtung seines Volkes verlöre ...
Aus diesem Grunde bringe ich mit meiner Frau und im Namen meiner Kinder, die zu jung sind, um sich selbst äußern zu können, die sich aber, wenn sie das nötige Alter dazu besäßen, vorbehaltlos dieser Entscheidung anschließen würden, meinen unverrückbaren Entschluß zum Ausdruck, die Reichshauptstadt, auch wenn sie fällt, nicht zu verlassen, und eher an der Seite des Führers ein Leben zu beenden, das für mich persönlich keinen Wert mehr besitzt ...[21]

Goebbels beendete seine Niederschrift um 5.30 Uhr früh. Es blieb freilich im Bunker noch eine Menge zu tun. Zunächst einmal galt es, Hitlers Testamente durch die russischen Linien zu bringen, damit sie sicher zu Dönitz und anderen Personen gelangten und für die Nachwelt erhalten blieben.
Mit der Aufgabe, Ausfertigungen der kostbaren Urkunden hinauszuschaffen, wurden drei Kuriere betraut: Hitlers militärischer Adjutant Major Willi Johannmeier, Bormanns persönlicher Berater SS-Standartenführer Wilhelm Zander und Heinz Lorenz, der Beamte des Propagandaministeriums, der in der Nacht vorher die erschütternde Nachricht von Himmlers Verrat gebracht hatte. Johannmeier, ein kampferprobter Soldat, sollte die Gruppe durch die feindliche Linie geleiten und dann die ihm anvertrauten Ausfertigungen Feldmarschall Ferdinand Schörner überbringen, dessen Heeresgruppe in Böhmen immer noch kämpfte und den Hitler zum neuen Oberbefehlshaber des Heeres ernannt hatte. General Burgdorff gab ihm ein Begleitschreiben für Schörner mit, der Führer habe sein Testament »heute unter der niederschmetternden Nachricht über den Treuebruch des RfSS geschrieben. Es ist sein unabänderlicher Entschluß«. Zander und Lorenz sollten ihre Ausfertigungen zu Dönitz bringen. Zander erhielt dazu noch ein Begleitschreiben von Bormann:

Lieber Großadmiral! Da wegen des Ausbleibens aller Divisionen unsere Lage hoffnungslos erscheint, diktierte der Führer in der vergangenen Nacht das anl. politische Testament. Heil Hitler!

Die drei Kuriere traten ihre gefährliche Mission um die Mittagszeit an, schlugen sich über den Tiergarten und Charlottenburg bis Pichelsdorf am Nordende des Havelsees durch, wo ein Bataillon Hitlerjugend stand, das in Erwartung von Wencks Geisterarmee die Brücke hielt. Sie hatten durch drei russische Einschließungsringe hindurchschlüpfen müssen: an der Siegessäule, am Bahnhof Tiergarten und vor Pichelsdorf. Sie mußten jedoch noch durch so manche andere Linie hindurch, und es standen ihnen noch viele Abenteuer bevor[22].

Wenn es ihnen auch schließlich gelang, heil durchzukommen, so war es doch inzwischen viel zu spät geworden. Dönitz und Schörner bekamen die Dokumente nie zu sehen.

Die drei Kuriere waren nicht die einzigen Personen, die an jenem Tage den Bunker verließen. Am 29. April mittags hielt Hitler, der sich unterdessen wieder beruhigt hatte, die übliche Lagebesprechung ab – so als ob er noch nicht am Ende des Weges angelangt sei. General Krebs berichtete, daß sich die Russen im Laufe der Nacht und den frühen Morgenstunden der Reichskanzlei noch weiter genähert hätten. Die Munitionsvorräte in der Stadt seien knapp geworden, und von Wencks Armee lägen immer noch keine Nachrichten vor. Drei Adjutanten, die der Ansicht waren, es gäbe nun nichts mehr für sie zu tun, und die nicht gedachten, dem Führer in den selbstgewählten Tod zu folgen, baten um Erlaubnis, den Bunker zu verlassen, um nach Wencks Armee Ausschau zu halten. Hitler willigte ein und befahl ihnen, General Wenck zur Eile anzutreiben. Im Laufe des Nachmittags meldeten sich die drei Offiziere ab.

Zu ihnen gesellte sich bald darauf Hitlers Luftwaffen-Adjutant Oberst Nikolaus von Below, der von Kriegsbeginn an zu Hitlers Umgebung gehört hatte. Auch Below hielt nichts von Selbstmord und war der Ansicht, daß er im Führerbunker nicht mehr von Nutzen sei. Er bat um Erlaubnis, gehen zu dürfen, und Hitler, der die Gelegenheit wahrnahm, um General Keitel eine letzte Botschaft zu übermitteln, stimmte zu. Bormann hatte Keitel bereits im Verdacht, Verrat begangen zu haben; so enthielt diese Botschaft Hitlers letzten Hieb gegen das Heer, von dem er glaubte, es sei ihm untreu geworden.

Fraglos wurde Hitlers Erbitterung gegen die Armee noch vermehrt, als in der Lagekonferenz um 10 Uhr abends die Meldungen besprochen wurden. General Weidling, Befehlshaber des tapferen, aber überalterten Volkssturms und der minderjährigen Soldaten der Hitlerjugend, die im eingeschlossenen Berlin geopfert wurden, um Hitlers Leben um ein paar Tage zu verlängern, berichtete, daß die Russen über Saarland- und Wilhelmstraße bis nahe vor das nur einen Steinwurf weit von der Reichskanzlei entfernte Luftfahrtministerium vorgestoßen seien. Bis spätestens 1. Mai, sagte Weidling, also in einem oder zwei Tagen, würden die Russen die Reichskanzlei erreicht haben.

Dies war das Ende. Selbst Hitler, der bis dahin noch immer nicht bestehende Armeen zur Entsetzung der Hauptstadt gelenkt hatte, sah es – endlich – ein. Er diktierte seine letzte Botschaft und bat Below, sie Keitel auszuhändigen. Er teilte dem OKW-Chef mit, Berlin lasse sich nicht länger verteidigen, er selbst ziehe den Selbstmord der Kapitulation vor, Göring und Himmler hätten ihn verraten, und er habe Admiral Dönitz zu seinem Nachfolger bestimmt.

Ein letztes Wort, fuhr er fort, habe er noch über die Wehrmacht zu sagen, die trotz seiner Führung nicht gesiegt habe. Die Kriegsmarine habe sich hervorragend bewährt. Die Luftwaffe habe tapfer gekämpft; wenn sie ihre anfängliche Überlegenheit im Kriege verloren habe, so sei dies lediglich Görings Schuld. Was das Heer angehe, so hätten sich die einfachen Soldaten tapfer geschlagen, die Generale aber hätten sie – und ihn – im Stich gelassen:

Das Volk und die Wehrmacht haben in diesem langen und harten Kampf ihr Bestes hergegeben. Das Opfer ist gewaltig gewesen. Aber mein Vertrauen ist von vielen mißbraucht worden. Treulosigkeit und Verrat haben während des ganzen Krieges den Widerstandswillen unterhöhlt. Deshalb war es mir nicht vergönnt, mein Volk zum Siege zu führen. Der Generalstab des Heeres war nicht mit dem Generalstab des ersten Weltkrieges zu vergleichen. Seine Leistungen stehen weit zurück hinter denen der kämpfenden Front.

Treu geblieben war wenigstens der Oberste Kriegsherr sich selbst. Die großen Siege waren ihm zu verdanken, die Niederlagen und der schließliche Zusammenbruch dagegen den anderen zuzuschreiben – ihrer »Treulosigkeit und ihrem Verrat«.
Und dann die letzten überlieferten Worte dieses Wahnsinnigen:

Die Anstrengungen und Opfer des deutschen Volkes sind so groß gewesen, daß ich nicht glauben kann, daß sie vergebens waren. Es muß das Ziel bleiben, für das deutsche Volk Land im Osten zu erringen[23].

Der letzte Satz ist ein fast wörtliches Zitat aus *Mein Kampf*. Hitler war am Ende seines Lebens wie zu Beginn seiner Laufbahn von dem Gedanken besessen, für das auserwählte Volk müsse »Land im Osten« errungen werden. Alle die Millionen ums Leben gekommenen Deutschen, alle die Millionen bombenzerstörten deutschen Heime, sogar die Vernichtung des Deutschen Reiches hatten ihn nicht davon überzeugen können, daß der Landraub an den slawischen Völkern des Ostens – von der Moral ganz abgesehen – ein müßiger germanischer Traum war.

HITLERS TOD

Eine der letzten Nachrichten, die am Nachmittag des 29. April von der Außenwelt in den Bunker drangen, war die von Mussolinis Ende. Er war mit seiner Geliebten, Clara Petacci, am 26. April von italienischen Partisanen ergriffen worden, als er versuchte, von Como in die Schweiz zu entkommen. In der Nacht vom 28. April wurden sie erschossen und ihre Leichen auf einem Lastwagen nach Mailand gebracht. Am Tage darauf hängte man sie mit den Füßen nach oben an Laternenpfählen auf. Am 1. Mai wurde Benito Mussolini neben seiner Geliebten auf dem Armenfriedhof in Mailand bestattet. Ein makabres Ende für den Duce und den Faschismus!

Es ist nicht bekannt, welche und wieviel Einzelheiten von Mussolinis schmählichem Tod Hitler mitgeteilt wurden. Sollte er Näheres darüber erfahren haben, so dürfte ihn das nur in seinem Entschluß bestärkt haben, dafür zu sorgen, daß er und seine Frau nach ihrem Tode kein »neues, von Juden inszeniertes Schauspiel zur Belustigung verhetzter Massen« abgäben.

Kurz nach Erhalt der Nachricht von Mussolinis Tod traf Hitler die letzten Vorbereitungen für seinen eigenen Tod. Er ließ seine geliebte elsässische Schäferhündin Blondi vergiften und noch zwei andere Hunde erschießen. Dann rief er die beiden verbliebenen Sekretärinnen zu sich und gab ihnen Giftampullen, von denen sie, wenn sie wünschten, vor dem Hereinbrechen der barbarischen Russen Gebrauch machen könnten. Er bedauere, sagte er, ihnen kein schöneres Abschiedsgeschenk machen zu können, und sprach ihnen seinen Dank für lange, treue Dienste aus.

Inzwischen war es Abend geworden. Hitler gab Frau Junge, einer der beiden Sekretärinnen, Anweisung, die letzten Aktenstücke zu verbrennen, und ließ allen im Bunker sagen, es solle bis auf gegenteiligen Bescheid niemand zu Bett gehen. Aber erst lange nach Mitternacht, um 2.30 Uhr, erschien Hitler in dem Gang, der als Speiseraum diente. Hier waren etwa zwanzig Personen versammelt, größtenteils die Frauen seiner Umgebung. Er schritt die Reihe entlang, drückte jedem die Hand und sprach dazu ein paar kaum verständliche Worte. Über seinen Augen lag ein feuchter Schleier, und sein Blick schien, so erinnert sich Frau Junge, »weit in die Ferne gerichtet, über die Bunkerwände hinaus«.

Nachdem Hitler gegangen war, spielte sich eine merkwürdige Szene ab. Plötzlich löste sich die beinahe unerträglich gewordene Spannung im Bunker, und mehrere Personen gingen in die Kantine der Reichskanzlei – zum Tanzen. Die unheimliche Tanzgesellschaft benahm sich bald so laut, daß aus dem Führerbunker um größere Ruhe gebeten wurde. Die Russen mochten in wenigen Stunden da sein und sie alle umbringen, aber bis dahin wollten sie, nunmehr frei von der strengen Kontrolle, die Hitler über ihr Leben ausgeübt hatte, die ihnen verbleibenden kurzen Stunden genießen, wiewohl sich die meisten bereits überlegten, wie sie davonkommen könnten. Das Gefühl der Erleichterung scheint bei diesen Leuten enorm gewesen zu sein. Sie tanzten die ganze Nacht durch.

Einer freilich tanzte nicht: Martin Bormann. Er hatte noch zu tun. Für ihn schien die Aussicht, mit dem Leben davonzukommen, immer geringer zu werden. Am Ende mochte die Zeitspanne zwischen Hitlers Tod und der Ankunft der Russen zu knapp sein, um noch zu entweichen und zu Dönitz zu gelangen. Und wenn es dazu nicht kommen sollte, konnte er immerhin noch, solange der Führer lebte, autoritative Befehle hinaussenden und weiter Rache an den »Verrätern« nehmen. So schickte er Dönitz in dieser letzten Nacht noch einmal ein Telegramm:

Dönitz! Nach unseren immer klareren Eindrücken treten die Divisionen vom Kampfraum Berlin seit vielen Tagen auf der Stelle, statt Führer herauszuhauen. Wir bekom-

men nur Nachrichten, die [von Keitel] kontrolliert, unterdrückt oder gefärbt werden... Führer befiehlt, daß Sie schnellstens und rücksichtslos gegen alle Verräter vorgehen.

Und dann fügte er, obgleich er wußte, daß Hitlers Tod nur noch eine Frage von Stunden war, noch die Nachschrift an: »Der Führer lebt und leitet Abwehr Berlin.« Aber in Berlin war – außer der Reichskanzlei – nichts mehr zu verteidigen. Die Russen hatten bereits die Stadt fast ganz besetzt. Sie standen am Ostende des Tiergartens und am Potsdamer Platz, wie Hitler und Bormann in der Mittagslagebesprechung am 30. April, der letzten überhaupt, erfuhren. Für Adolf Hitler war die Stunde gekommen, mit seinem Entschluß ernst zu machen.

Er aß zu Mittag mit seinen beiden Sekretärinnen und seiner Diätköchin, denn seine Frau, die offenbar keinen Appetit hatte, blieb in ihrem Zimmer. Nach Beendigung des Essens, etwa um 14.30 Uhr, erhielt Hitlers Fahrer Erich Kempka den Auftrag, unverzüglich 200 Liter Benzin in Kanistern in den Garten der Reichskanzlei zu schaffen. Soviel Benzin aufzutreiben, war für Kempka nicht einfach, aber es gelang ihm schließlich, 180 Liter zusammenzubringen und die Kanister mit Hilfe von drei Männern vor den Notausgang des Bunkers zu schaffen[24].

Während das Benzin für seine Verbrennung zusammengetragen wurde, holte Hitler Eva Braun aus ihrem Zimmer und verabschiedete sich mit ihr von seinen engsten Mitarbeitern: Dr. Goebbels, General Krebs, General Burgdorff, sowie von seinen beiden Sekretärinnen und der Diätköchin Manzialy. Frau Goebbels war nicht erschienen. Ihr war zwar der Entschluß, gemeinsam mit ihrem Mann zu sterben, ebensowenig schwer gefallen wie Eva Braun, was jedoch ihr Gemüt schwer belastete, war der Gedanke an den Tod ihrer sechs Kinder, die in diesen letzten Tagen fröhlich im Bunker gespielt hatten, ohne zu ahnen, welches Schicksal ihnen bevorstand[25].

Für Hitler und Eva Braun gab es ein solches Problem nicht. Sie brauchten nur sich selbst das Leben zu nehmen. Nachdem sie sich von den anderen verabschiedet hatten, zogen sie sich in ihre Zimmer zurück. Draußen auf dem Gang warteten Goebbels, Bormann und einige andere Personen. Wenige Minuten später ertönte ein Schuß. Sie warteten auf einen zweiten; doch es blieb still. Nach Ablauf einer gebührenden Frist betraten sie die Führerwohnung. Auf dem blutüberströmten Sofa sahen sie den Leichnam Adolf Hitlers liegen. Er hatte sich in den Mund geschossen. Neben ihm lag Eva Braun, die von ihrer Pistole keinen Gebrauch gemacht hatte. Sie hatte Gift genommen. Es war Montag, der 30. April 1945, 15.30 Uhr, zehn Tage nach Adolf Hitlers 56. Geburtstag, zwölf Jahre und drei Monate nach dem Tag, an dem er Reichskanzler geworden war und das Dritte Reich gegründet hatte. Es sollte ihn nur um eine Woche überdauern.

Nun schritt man zur Verbrennung. Niemand sprach ein Wort. Das einzige Geräusch kam von der Detonation der im Garten der Reichskanzlei und an den eingestürzten Mauern ringsum explodierenden russischen Granaten. Man trug die beiden Leichen in den Garten hinauf, legte sie während einer kurzen Pause des Artilleriebeschusses in einen Bombentrichter, goß Benzin darüber und zündete es an. Die Leidtragenden, voran Goebbels und Bormann, zogen sich zum Notausgang des Bunkers zurück, und als die Flammen aufloderten, nahmen sie stramme Haltung an und erhoben die Arme zum letzten Nazigruß. Es war eine kurze Zeremonie, denn bald setzte wieder das Artilleriefeuer der Russen ein. Die Trauergemeinde suchte Schutz im Bunker und überließ es den Flammen, die sterblichen Überreste Adolf Hitlers und seiner Frau zu vernichten[26].

Nunmehr mußte Admiral Dönitz durch Funkspruch von Hitlers Testament unterrichtet werden, das ihn zum Nachfolger des Führers ernannte, denn die Kuriere konnten in der kurzen Zeit noch nicht bei ihm eingetroffen sein. Aber Bormann, dem nun die Macht entglitt, zögerte selbst jetzt noch. Für jemanden, der sie so genossen hatte wie er, war es schwer, sie kurzerhand abzutreten. Er sandte Dönitz schließlich ein Telegramm:

Großadmiral Dönitz. An Stelle des bisherigen Reichsmarschalls Göring setzt der Führer Sie, Herr Großadmiral, als seinen Nachfolger ein. Schriftliche Vollmacht unterwegs. Ab sofort sollen Sie sämtliche Maßnahmen verfügen, die sich aus der gegenwärtigen Lage ergeben.

In dem Telegramm stand kein Wort davon, daß Hitler tot war.

Der Admiral, der jetzt sämtliche Streitkräfte in Norddeutschland befehligte und sein Hauptquartier im holsteinischen Plön aufgeschlagen hatte, war völlig überrascht. Im Gegensatz zu den Parteiführern hatte er sich nicht danach gesehnt, Hitlers Nachfolger zu werden; solch ein Gedanke war ihm überhaupt nicht gekommen. Noch zwei Tage vorher hatte er im Glauben, Himmler werde die Nachfolge antreten, den Reichsführer-SS aufgesucht und ihm seine Hilfe angeboten. Aber es wäre ihm nie in den Sinn gekommen, einem Befehl des Führers nicht Folge zu leisten, und so ließ er in der Annahme, Hitler lebe noch, folgende Antwort abgehen:

Mein Führer! Meine Treue zu Ihnen wird unabdingbar sein. Ich werde daher weiter alle Versuche unternehmen, um Sie in Berlin zu entsetzen. Wenn das Schicksal mich dennoch zwingt, als der von Ihnen bestimmte Nachfolger das Deutsche Reich zu führen, werde ich diesen Krieg so zu Ende führen, wie es der einmalige Heldenkampf des deutschen Volkes verlangt.

Großadmiral Dönitz

In jener Nacht kamen Bormann und Goebbels auf eine neue Idee. Sie wollten versuchen, mit den Russen zu verhandeln. Sie dachten dabei an General Krebs, der einst Hilfsoffizier des Militärattachés in Moskau gewesen war, Russisch sprach und einmal bei einer denkwürdigen Gelegenheit auf dem Moskauer Bahnhof von Stalin umarmt worden war. Vielleicht konnte er etwas bei den Bolschewisten erreichen – Goebbels und Bormann ging es hauptsächlich um sicheres Geleit für sich selbst, damit sie in der neuen Dönitz-Regierung ihre Posten antreten könnten. Dafür seien sie bereit, Berlin zu übergeben.

General Krebs machte sich kurz nach Mitternacht auf den Weg, um General Tschuikow aufzusuchen, den Befehlshaber der in Berlin kämpfenden Sowjettruppen. Über die Einleitung des Gesprächs hat einer der deutschen Begleitoffiziere berichtet:

KREBS: *Heute ist der 1. Mai, ein großer Feiertag für unsere beiden Länder.*
TSCHUIKOW: *Wir haben heute einen großen Feiertag. Wie es bei Ihnen drüben aussieht, ist schwer zu sagen*[27].

Der russische General verlangte dann die bedingungslose Kapitulation aller Personen im Führerbunker sowie aller in Berlin befindlichen deutschen Truppen.

Krebs brauchte für seine Mission geraume Zeit, und als er bis 11 Uhr vormittags noch nicht zurückgekehrt war, ließ der ungeduldige Bormann einen weiteren Funkspruch an Dönitz abgehen:

Testament in Kraft. Ich werde so rasch als möglich zu Ihnen kommen. Bis dahin meines Erachtens Veröffentlichung zurückstellen.

Das war immer noch zweideutig. Bormann brachte es einfach nicht fertig, offen heraus zu sagen, daß der Führer tot sei. Er wollte aus Berlin hinaus, um als erster Dönitz über Hitlers Tod in Kenntnis zu setzen und sich damit die Gunst des neuen Oberbefehlshabers zu sichern. Doch Goebbels, der entschlossen war, mit Frau und Kindern in den Tod zu gehen, sah keinen Anlaß, dem Admiral die schlichte Wahrheit vorzuenthalten. Um 15.15 Uhr sandte er selbst einen Funkspruch an Dönitz ab – das letzte Telegramm aus dem belagerten Bunker in Berlin.

Großadmiral Dönitz.
Geheime Kommandosache. Chefsache. Nur durch Offizier.
Führer gestern 15.30 verschieden. Testament vom 29. 4. überträgt Ihnen das Amt des Reichspräsidenten ... [Es folgen die Namen der wichtigsten Kabinettsmitglieder.] Das Testament wurde auf Anordnung des Führers an Sie ... herausgebracht. Reichsleiter Bormann versucht noch heute zu Ihnen zu kommen, um Sie über die Lage aufzuklären. Form und Zeitpunkt der Bekanntgabe an Öffentlichkeit und Truppe bleibt Ihnen überlassen. Eingang bestätigen.

Goebbels

Goebbels hielt es nicht für notwendig, den neuen Reichspräsidenten über seine eigenen Absichten zu unterrichten. Am Abend des 1. Mai verwirklichte er sie. Erst ließ er seine Kinder vergiften durch tödlich wirkende Injektion, die offenbar derselbe Arzt vornahm, der am Tage vorher Hitlers Hunde getötet hatte. Dann rief Goebbels seinen Adjutanten, SS-Hauptsturmführer Schwägermann, zu sich und befahl ihm, Benzin zu beschaffen.

Schwägermann [sagte er zu ihm], das ist der schlimmste Verrat von allen: Die Ge-

neräle haben den Führer verraten. Alles ist verloren. Ich werde sterben, zusammen mit meiner Frau und den Kindern.

Er sagte nicht einmal seinem Adjutanten, daß er soeben seine Kinder hatte töten lassen. Er fuhr fort:
»Sie werden meinen Körper verbrennen. Werden Sie das tun?«
Schwägermann versprach es ihm und ließ durch Goebbels' Fahrer und SS-Ordonnanz Benzin holen. Wenige Minuten später, um 20.30 Uhr etwa, als gerade die Dunkelheit einsetzte, gingen Goebbels und seine Frau durch den Bunker, verabschiedeten sich von allen, die sie zufällig auf dem Gang trafen, und stiegen die Treppe zum Garten hinauf. Auf ihre Bitte tötete sie ein SS-Mann durch Schüsse in den Hinterkopf. Dann goß man vier Kanister Benzin über die Leichen aus und zündete sie an. Doch die Verbrennung geschah nur flüchtig[28].
Alle noch Überlebenden im Bunker waren sehr darauf bedacht, sich dem Massenausbruch anzuschließen, der gerade begonnen hatte, und sie wollten keine Zeit damit verlieren, Tote zu verbrennen. Die Russen fanden am nächsten Tag die verkohlten Leichen des Propagandaministers und seiner Frau und identifizierten sie sofort.
Es war 21 Uhr geworden, und man hatte inzwischen Feuer im Führerbunker angelegt. In der Neuen Reichskanzlei befanden sich noch 500 bis 600 Personen, überwiegend Parteibeamte, SS-Leute und weibliche Angestellte Hitlers, die im Luftschutzkeller »wie kopflose Hühner herumliefen« – nach der Schilderung von Hitlers Schneider – und sich zu einem Massenausbruch anschickten. Geplant war, in mehreren Gruppen zu Fuß von der der Reichskanzlei gegenüberliegenden U-Bahnstation Kaiserhof aus durch den Tunnel zum Bahnhof Friedrichstraße zu gehen, dort die Sperre zu überschreiten und sich durch die unmittelbar nördlich gelegenen russischen Linien durchzuschlagen. Einigen gelang es, durchzukommen, anderen nicht. Zu den letzteren gehörte Martin Bormann.
Als General Krebs am Nachmittag schließlich mit General Tschuikows Forderung nach bedingungsloser Kapitulation zurückgekehrt war, hatte Bormann erkannt, daß es für ihn nur noch eine einzige Möglichkeit gab, unter Umständen mit dem Leben davonzukommen: er mußte sich dem Massenausbruch anschließen. Seine Gruppe hatte vom Bahnhof Friedrichstraße aus versucht, hinter einem deutschen Panzer herzugehen. Laut Kempka, der ebenfalls zu dieser Gruppe gehörte, erhielt der Panzer einen Volltreffer, und es sei so gut wie sicher, daß Bormann dabei ums Leben kam. Auch Arthur Axmann, der Reichsjugendführer, der sein Hitlerjugend-Bataillon an der Pichelsdorfer Brücke im Stich gelassen hatte, um seinen eigenen Kopf zu retten, war bei der Bormann-Gruppe. Späterhin sagte er aus, er habe Bormanns Leiche hinter der Brücke liegen sehen, wo die Invalidenstraße die Eisenbahnlinie überquert. Das Gesicht war vom Mondlicht beschienen, und Axmann konnte keinerlei Spuren einer Verwundung feststellen. Er nahm an, Bormann habe Gift genommen, nachdem er erkannte, daß für ihn keine Möglichkeit bestand, durch die russischen Linien zu gelangen.

Die Generale Krebs und Burgdorff schlossen sich nicht dem Massenausbruch an. Es wird angenommen, daß sie sich im Keller der Neuen Reichskanzlei erschossen haben.

DAS ENDE DES DRITTEN REICHES

Am Abend des 1. Mai, 22 Uhr, als sich noch die Insassen des Luftschutzkellers der Neuen Reichskanzlei zur Flucht durch den U-Bahntunnel gruppierten, unterbrach der Hamburger Rundfunk seine Sendung von Bruckners 7. Symphonie. Es ertönte ein Trommelwirbel, und dann sprach ein Ansager:

Aus dem Führerhauptquartier wird gemeldet, daß unser Führer Adolf Hitler heute nachmittag in seinem Befehlsstand in der Reichskanzlei, bis zum letzten Atemzug gegen den Bolschewismus kämpfend, für Deutschland gefallen ist. Am 30. April hat der Führer den Großadmiral Dönitz zu seinem Nachfolger ernannt. Anschließend wird Großadmiral Dönitz zum deutschen Volk sprechen.

Das Dritte Reich, das mit Betrug angefangen hatte, endete auch mit Betrug. Ganz abgesehen von der an sich unwichtigen Tatsache, daß Hitler schon am Nachmittag des vorherigen Tages gestorben war – er war auch nicht »bis zum letzten Atemzug kämpfend« gefallen. Aber diese Verfälschung war notwendig, wenn seine Erben eine dauerhafte Legende schaffen und auch die immer noch Widerstand leistenden Truppen in der Gewalt behalten wollten, die sich, hätten sie die Wahrheit erfahren, sicherlich als verraten empfunden hätten.

Dönitz selbst wiederholte in seiner anschließenden Rundfunkansprache die Lüge vom »Heldentod« des Führers. Allerdings wußte er in diesem Augenblick noch nicht, auf welche Weise Hitler ums Leben gekommen war. Goebbels hatte ihm Tage vorher lediglich telegrafiert, der Führer sei »verschieden«. Aber dies hinderte den Admiral weder bei dieser noch bei anderen Gelegenheiten daran, die verworrenen Vorstellungen des deutschen Volkes in der Stunde seiner katastrophalen Niederlage nur noch mehr zu trüben. Er sagte:

Meine erste Aufgabe ist es, deutsche Menschen vor der Vernichtung durch den vordrängenden bolschewistischen Feind zu retten. Nur für diesen Zweck geht der militärische Kampf weiter. So weit und so lange die Erreichung dieses Zieles durch Briten und Amerikaner behindert wird, werden wir uns gegen sie weiter verteidigen und weiterkämpfen müssen. Die Anglo-Amerikaner setzen dann den Krieg nicht mehr für ihre eigenen Völker, sondern allein für die Ausbreitung des Bolschewismus in Europa fort.

Nach dieser Entstellung der Wahrheit schloß der Admiral, von dem nicht bekannt ist, daß er protestiert hat, als Hitler 1939 den Bolschewismus zum Verbündeten Deutschlands machte, damit es Krieg gegen England und später gegen Amerika führen konnte, seine Rundfunkansprache an das deutsche Volk mit den Worten: »[Es] wird auch der Herrgott nach so viel Leid und Opfern uns nicht verlassen.«

Das waren leere Worte. Dönitz wußte, daß es mit dem Widerstand Deutschlands zu Ende war. Am 29. April, einen Tag vor Hitlers Selbstmord, hatten die deutschen Armeen in Italien bedingungslos kapituliert. Wegen des zusammengebrochenen Nachrichtenwesens erfuhr Hitler nichts mehr davon, sonst würden ihm wahrscheinlich seine letzten Stunden noch unerträglicher gewesen sein. Am 4. Mai ergaben sich Montgomery alle deutschen Streitkräfte in Nordwestdeutschland, Dänemark und Holland. Tags darauf kapitulierte in Süddeutschland Kesselrings Heeresgruppe G.

Am selben Tag, dem 5. Mai, erschien Admiral Hans Georg von Friedeburg, der neue Oberbefehlshaber der deutschen Kriegsmarine, in General Eisenhowers Hauptquartier in Reims, um über die Kapitulation zu verhandeln. Aus den letzten OKW-Akten ist ersichtlich[29], daß die Deutschen darauf abzielten, ein paar Tage Zeit zu gewinnen, damit möglichst viele deutsche Soldaten und Flüchtlinge aus dem Bereich der Russen herauskamen und sich den westlichen Alliierten ergeben konnten. Am nächsten Tag traf General Jodl in Reims ein, um Friedeburg bei der Verschleppung der Verhandlung zur Seite zu stehen. Doch vergebens. Eisenhower durchschaute das Spiel. Er schrieb später:

Ich trug General Smith auf, er solle Jodl sagen, ich würde den Durchgang weiterer deutscher Flüchtlinge durch unsere Linie unter Gewaltanwendung verhindern, wenn sie nicht augenblicklich mit ihrer Vorspiegelungs- und Verzögerungstaktik aufhörten. Ich hatte es satt, mich dauernd hinhalten zu lassen[30].

Am 7. Mai, 1.30 Uhr, ermächtigte Dönitz von seinem neuen Hauptquartier in Flensburg telegrafisch General Jodl, nachdem dieser ihn über Eisenhowers Forderung unterrichtet hatte, zur Unterzeichnung der bedingungslosen Kapitulation.

Und so kapitulierte Deutschland am 7. Mai, 2.41 Uhr früh, in einem kleinen Schulgebäude in Reims, in dem sich Eisenhowers Hauptquartier befand. Die Kapitulationsurkunde wurde seitens der Alliierten von General Walter Bedell Smith sowie als Zeugen von dem russischen General Susloparow und dem französischen General François Sevez unterzeichnet. Die Unterschrift für Deutschland leisteten Admiral Friedeburg und General Jodl.

Jodl bat um Erlaubnis, noch ein Wort sagen zu dürfen, was ihm gewährt wurde:

Mit dieser Unterschrift sind das deutsche Volk und die deutschen Streitkräfte auf Gedeih und Verderb der Hand des Siegers ausgeliefert ... Ich kann in dieser Stunde nur die Hoffnung ausdrücken, daß der Sieger sie mit Großmut behandeln wird.

Von alliierter Seite erfolgte keine Antwort. Vielleicht aber fiel Jodl hier ein Ereignis ein, das fast fünf Jahre vorher stattgefunden hatte und bei dem die Rollen umgekehrt gewesen waren. Damals hatte ein französischer General bei der Unterzeichnung der bedingungslosen Kapitulation Frankreichs in Compiègne eine ähnliche Bitte gestellt – doch vergebens, wie sich später herausstellte.

In der Nacht vom 8. zum 9. Mai 1945 schwiegen in Europa die Geschütze und endeten die Bombenwürfe. Eine ungewohnte, aber willkommene Stille senkte sich auf den Kontinent hinab, zum ersten Mal seit dem 1. September 1939. In den verflossenen fünf Jahren, acht Monaten und sieben Tagen waren auf Hunderten von Schlachtfeldern und in zahllosen zerbombten Städten Millionen Männer, Frauen und Kinder umgekommen, waren andere Millionen in Gaskammern oder von den SS-Einsatzgruppen in Rußland und Polen in den Tod geschickt worden – das Ergebnis von Adolf Hitlers Eroberungsgelüsten. Ein großer Teil der ältesten Städte Europas lag in Ruinen, und aus ihren Trümmern entstieg, als es wärmer wurde, der Leichengeruch zahlloser unbestatteter Toter.

In Deutschland sollten die Straßen nicht mehr vom Marschtritt der SA widerhallen, es sollten nicht mehr die gellenden Rufe der braunbehemdeten Massen erschallen, es sollte nicht mehr aus dem Lautsprecher das Gebrüll des Führers ertönen.

Das Tausendjährige Reich hatte nur zwölf Jahre, vier Monate und acht Tage gedauert. Für alle, bis auf eine gewaltige Anzahl von Deutschen, war es eine Epoche der Finsternis gewesen, die jetzt auch für die Deutschen in eine dunkle Nacht einmündete. Sie hatte, wie wir sahen, diese große Nation, dieses tüchtige, aber leicht irrezuführende Volk zu Höhen der Macht und Eroberung emporgetragen, wie es sie nie zuvor erlebt hatte. Und jetzt fiel das Reich plötzlich und vollständig auseinander. Es gibt in der Geschichte wenige, wenn überhaupt, Parallelen dafür.

Nach der Niederlage von 1918 waren zwar der Kaiser geflohen und die Monarchie zerbrochen, doch die anderen den Staat tragenden überlieferten Einrichtungen waren geblieben, eine vom Volk gewählte Regierung hatte weiter amtiert und es war auch das Kernstück einer deutschen Armee mit dem Generalstab erhalten geblieben. Aber im Frühjahr 1945 hörte das Reich einfach zu existieren auf. Es gab keinerlei weisungsbefugte deutsche Behörde mehr. Die Millionen Soldaten waren in Kriegsgefangenschaft, teils im eigenen Lande. Die Millionen Zivilisten wurden bis in die Dörfer hinab von den Besatzungsmächten regiert, von denen ihr Leben nicht nur in bezug auf die Aufrechterhaltung von Recht und Ordnung, sondern auch während des Sommers und des strengen Winters von 1945 in bezug auf Nahrung und Brennstoff abhing. Dahin hatten sie Adolf Hitlers Torheiten – und auch die eigene Torheit, ihm so blind und begeistert zu folgen – gebracht. Dennoch stieß ich, als ich in jenem Herbst nach Deutschland zurückkehrte, auf wenig Erbitterung gegen ihn.

Ich fand das Volk wieder, und ich fand das Land wieder, das Volk betäubt und leidend und hungernd, in seinen von Bomben zerstörten Behausungen und seinen elenden Kleidern vor Kälte zitternd, als der Winter kam, und das Land als riesiges Trümmerfeld. Das deutsche Volk war nicht vernichtet worden, wie Hitler, der so manches andere Volk zu vernichten versuchte, es am Ende, als der Krieg verloren war, gewünscht hatte.

Aber das Dritte Reich gehörte der Vergangenheit an.

EIN KURZER EPILOG

Im Herbst 1945 kehrte ich in das einst so stolze Land zurück, in dem ich von den wenigen Jahren des Dritten Reiches die meisten zugebracht hatte. Es war kaum wiederzuerkennen. Meine Rückkehr nach Deutschland habe ich an anderer Stelle beschrieben[31]. Hier sei nur noch berichtet, was aus den übrigen Protagonisten dieses Buches geworden ist.

Die Rumpfregierung, die Dönitz in Flensburg zusammengestellt hatte, wurde am 23. Mai 1945 von den Alliierten aufgelöst. Sämtliche Mitglieder wurden in Haft genommen. Heinrich Himmler war am 6. Mai, am Vorabend der Kapitulation, aus allen Ämtern entlassen worden: Dönitz wollte wohl damit die Alliierten günstig stimmen. Der ehemalige Reichsführer-SS, der so lange die Macht über Leben und Tod von Millionen Europäern in Händen und auch oft von ihr Gebrauch gemacht hatte, irrte bis zum 21. Mai in der Umgebung von Flensburg umher. Dann versuchte er zusammen mit elf SS-Offizieren, sich durch die englischen und amerikanischen Linien bis in seine bayerische Heimat durchzuschlagen. Himmler hatte – was ihm sehr gegen den Strich gegangen sein muß – seinen Schnurrbart abrasiert, sein linkes Auge mit einer schwarzen Kappe bedeckt und sich die Uniform eines einfachen Soldaten angelegt. Die Gruppe wurde schon am ersten Tag an einer britischen Kontrollstelle zwischen Hamburg und Bremervörde angehalten. Nach einem Verhör gab Himmler sich einem englischen Hauptmann zu erkennen, der ihn ins Hauptquartier der 2. britischen Armee nach Lüneburg brachte. Hier entkleidete man ihn, nahm eine Leibesvisitation vor und gab ihm eine englische Uniform, um die Möglichkeit auszuschließen, daß er in seinen Kleidern Gift verberge. Aber die Untersuchung wurde nicht gründlich genug vorgenommen. Himmler hatte eine Zyankali-Ampulle in der Mundhöhle verborgen gehalten. Als am 23. Mai aus Montgomerys Hauptquartier ein zweiter Nachrichtenoffizier eintraf und einen Militärarzt anwies, den Mund des Gefangenen zu untersuchen, zermalmte Himmler die Ampulle mit den Zähnen und war trotz größter Bemühungen, ihn mit Hilfe von Brechmitteln und Magenauspumpung am Leben zu halten, in zwölf Minuten tot.

Etwas länger lebten die anderen engen Mitarbeiter Hitlers. Ich sah sie in Nürnberg. In dieser Stadt hatte ich sie oft bei den alljährlichen Reichsparteitagen auf der Höhe ihrer Glorie und Macht beobachtet. Auf der Anklagebank vor dem Internationalen Militärgerichtshof sahen sie anders aus. Sie hatten eine beträchtliche Verwandlung durchgemacht. Auf ihren Sitzen zusammengesunken, nervös hin- und herrutschend, erinnerten sie in ihren unscheinbaren Anzügen nicht mehr an die arroganten Führer von ehedem. Sie wirkten wie eine zusammengewürfelte Schar von Mediokritäten. Man konnte es kaum fassen, daß solche Leute wie sie eine so ungeheure Macht ausgeübt hatten, daß solche Menschen wie sie eine große Nation und den größten Teil Europas hatten erobern können.

Es waren ihrer zwanzig* auf der Anklagebank: Göring, achtzig Pfund leichter als früher, in einer verblichenen Luftwaffen-Uniform ohne Rangabzeichen und sichtlich erfreut, daß man ihm auf der Anklagebank den ersten Platz gegeben hatte – nun, nachdem Hitler tot war, eine Art verspäteter Anerkennung seiner Stellung in der NS-Hierarchie; Rudolf Heß, vor seinem Flug nach England Stellvertreter des Führers, jetzt mit ausgemergeltem Gesicht, aus tiefliegenden Augen ins Leere starrend, simulierte Gedächtnisschwund, ohnehin aber fraglos ein gebrochener Mann; Ribbentrop, dem endlich Arroganz und Großspurigkeit genommen waren, sah bleich und niedergeschlagen aus; Keitel, der seine Forschheit verloren hatte; Rosenberg, der verworrene »Philosoph« der Partei, schien durch die Ereignisse, die ihn auf die Anklagebank gebracht hatten, endlich zur Wirklichkeit erwacht zu sein.

Dort saß auch Julius Streicher, der Judenfresser von Nürnberg. Dieser Sadist und Pornograph, den ich einst die Reitpeitsche schwingend durch die Straßen der alten Stadt hatte schreiten sehen, schien völlig verfallen. Ein kahlköpfiger Mann von greisenhaftem Aussehen, schwitzte er stark, starrte die Richter an und war überzeugt – so sagte mir später ein Wärter –, daß sie alle Juden seien. Da saß mit seinen Schweinsaugen Fritz Sauckel, der Herr der Zwangsarbeiter im Dritten Reich. Er schien nervös zu sein und rutschte hin und her. Neben ihm saß Baldur von Schirach, der erste Reichsjugendführer und spätere Gauleiter von Wien, seiner Abstammung nach halber Amerikaner, und sah aus wie ein zerknirschter Schuljunge, der wegen irgendeiner Dummheit von der Schule gejagt worden ist. Da war Walter Funk, die verschlagen aussehende Null, die Schachts Nachfolger geworden war. Und da war Dr. Schacht selbst, der die letzten Monate des Dritten Reiches als Gefangener seines einst so verehrten Führers im Konzentrationslager verbracht und jeden Tag mit der Hinrichtung gerechnet hatte, jetzt starr vor Entrüstung, daß die Alliierten *ihn* als Kriegsverbrecher vor Gericht gezogen hatten. Da war Franz von Papen, der mehr als irgendeine andere Einzelperson in Deutschland für Hitlers Machtantritt verantwortlich war. Er schien sehr gealtert, aber in seinem runzligen Gesicht kam immer noch etwas von dem alten Fuchs zum Ausdruck, der so vielen Schlingen entschlüpft war.

Neurath, Hitlers erster Außenminister, ein Diplomat alter Schule, erschien völlig gebrochen. Nicht dagegen Speer, der von allen der aufrichtigste war und während des langen Prozesses offen und ehrlich sprach und nicht den Versuch machte, sich seiner Verantwortung und Schuld zu entziehen. Auf der Anklagebank saßen ferner Seyß-Inquart, der österreichische Quisling, Jodl und die beiden Großadmirale Raeder und Dönitz. Sodann Kaltenbrunner, der blutdürstige Nachfolger von »Henker Heydrich«, der alle seine Verbrechen ableugnete; und Hans Frank, der nationalsozialistische Großinquisitor in Polen, der einige seiner Sünden zugab, schließlich bereute und, wie er sagte, zu Gott zurückgefunden habe und ihn um Vergebung bitte; und Dr. Frick, am

* Dr. Robert Ley, Führer der Arbeitsfront, hatte sich schon vor Beginn des Prozesses in seiner Zelle erhängt. Er hatte eine Decke in Streifen gerissen, daraus einen Strick gemacht und diesen am Spülrohr des in der Ecke seiner Zelle befindlichen Wasserklosetts aufgehängt.

Rande des Todes ein ebenso farbloser Mann, wie er es Zeit seines Lebens gewesen war. Und schließlich Hans Fritzsche, der als Rundfunkkommentator Karriere gemacht hatte, weil seine Stimme an die von Goebbels erinnerte, der ihn ins Propagandaministerium geholt hatte. Niemand im Gerichtssaal, auch Fritzsche selbst nicht, schien zu wissen, warum er auf der Anklagebank saß – es sei denn als Goebbels' Schatten. Er war ein zu kleiner Fisch, und so wurde er freigesprochen.

Ebenso Schacht und Papen. Alle drei wurden später bei der Entnazifizierung von deutschen Spruchkammern zu längerer Gefängnishaft verurteilt, von der sie aber nur sehr kurze Zeit absaßen.

Sieben der Nürnberger Angeklagten erhielten Gefängnisstrafen: Heß, Raeder und Funk lebenslänglich, Speer und von Schirach zwanzig Jahre, Neurath fünfzehn, Dönitz zehn. Die übrigen wurden zum Tode verurteilt.

Am 16. Oktober 1946, um 1.11 Uhr nachts, bestieg Ribbentrop den Galgen in der Hinrichtungskammer des Nürnberger Gefängnisses. Ihm folgten in kurzem Abstand Keitel, Kaltenbrunner, Rosenberg, Frank, Frick, Streicher, Seyß-Inquart, Sauckel und Jodl.

Nicht jedoch Hermann Göring. Er kam dem Henker zuvor. Zwei Stunden vorher hatte er Gift genommen, das man in seine Zelle geschmuggelt hatte. Ebenso wie seinem Führer Adolf Hitler und seinem Rivalen Heinrich Himmler war es ihm gelungen, selbst die Art und Weise seines Abgangs von dieser Erde zu bestimmen, auf der sein Wirken ebenso wie das der beiden anderen so blutige Spuren hinterließ.

Anmerkungen

ABKÜRZUNGEN INNERHALB DER ANMERKUNGEN

ADAP – *Akten zur Deutschen Auswärtigen Politik 1918–1945*, Serie D (1937–1945), Bde. I–VII [Baden-Baden 1950/56].

DBrFP – *Documents on British Foreign Policy* [H. M. Stationary Office, London 1947].

DGFP – *Documents on German Foreign Policy, 1918–1945, Serie D* (1937–1945), Bde. VIII–X [Department of State, Washington].

FCNA – *Fuehrer Conferences on Naval Affairs* [The British Admiralty, London 1947, hektographiert].

IMT – *Der Prozeß gegen die Hauptkriegsverbrecher vor dem Internationalen Militärgerichtshof Nürnberg.* Sitzungsprotokolle. Bde. I–XXII.

N. D. – Nürnberger Dokumente.

NCA – *Nazi Conspiracy and Aggression,* 10 Bde. [US Government Printing Office, Washington 1946].

NS-Deutschland und Sowjetunion – *Das nationalsozialistische Deutschland und die Sowjetunion 1939–1941* [Washington 1948].

Britisches Blaubuch – *Blaubuch der Britischen Regierung über die deutsch-polnischen Beziehungen und den Ausbruch der Feindseligkeiten zwischen Großbritannien und Deutschland am 3. September 1939* [Basel 1939].

Französisches Gelbbuch – *Gelbbuch der Französischen Regierung, Diplomatische Urkunden 1938–1939* [Basel 1940].

Polnisches Weißbuch – *Weißbuch der Polnischen Regierung über die polnisch-deutschen und polnisch-sowjetrussischen Beziehungen im Zeitraum von 1933 bis 1939* [Basel 1940].

ERSTES KAPITEL

1 Kunrat Freiherr von Hammerstein, »Schleicher, Hammerstein und die Machtübernahme 1933«, *Frankfurter Hefte*, XI [1956].

2 Joseph Goebbels, *Vom Kaiserhof zur Reichskanzlei* [München 1936] S. 251.

3 Hammerstein, op. cit.

4 Goebbels, op. cit., S. 250.

5 Goebbels, op. cit., S. 252.

6 Goebbels, op. cit., S. 252.

7 André François-Poncet, *Als Botschafter in Berlin 1931–1938*, [Mainz 1947] S. 72.

8 Goebbels, op. cit., S. 251–254.

9 Proklamation vom 5. September 1934 in Nürnberg.

10 Friedrich Meinecke, *Die deutsche Katastrophe, Betrachtungen und Erinnerungen* [Wiesbaden 1946] S. 141.

11 Adolf Hitler, *Mein Kampf* [204.–208. Aufl., München 1936] S. 1.

12 Konrad Heiden, *Adolf Hitler: eine Biographie*, Bd. II [Zürich 1936] S. 38. – Alle, die über das Dritte Reich schreiben, stehen hinsichtlich des Materials über Hitlers Jugend in Heidens Schuld.

13 Ebda., S. 41.

14 Hitler selbst scheint dies empfunden zu haben. Seinem einzigen Jugendfreund vertraute er einmal an, daß er über nichts froher sei als über die Namensänderung seines Vaters. »›Schicklgruber‹ erschien ihm zu derb, zu bäurisch und außerdem zu umständlich. ›Hiedler‹ war ihm zu langweilig, zu weich. Aber ›Hitler‹ hörte sich gut an und ließ sich leicht einprägen.« August Kubizek, *Adolf Hitler, mein Jugendfreund* [Graz und Göttingen 1953] S. 59.

15 Heiden, op. cit., S. 43.

16 Heiden, op. cit., S. 43.

17 *Mein Kampf*, S. 4.

18 Ebda., S. 6.

19 Ebda., S. 7/8.

20 Ebda., S. 8.

21 Zum Teil veröffentlicht in *Hitlers Tischgespräche im Führerhauptquartier 1941–1942*, hrsg. von Henry Picker [Bonn 1951], sowie (englisch) in: *Hitler's Secret Conversations* [New York 1953]; *Hitler's Table Talk* [London 1953].

22 Kubizek, op. cit., S. 71.

23 Ebda., S. 69/70.

24 *Mein Kampf*, S. 12/13.

25 Kubizek, op. cit., S. 72 und *Hitler's Secret Conversations*, S. 567.

26 Kubizek, op. cit., S. 64.

27 *Mein Kampf*, S. 16.

28 »Es waren die glücklichsten Tage, die mir nahezu als ein schöner Traum erschienen ...« *Mein Kampf*, S. 16. Am 4. August 1933, sechs Monate nach Beginn seiner Kanzlerschaft, schrieb Hitler an seinen Jugendfreund Kubizek: »Ich würde sehr gerne ... einmal persönlich die Erinnerung an diese schönsten Jahre meines Lebens wieder wachrufen.« Kubizek, op. cit., S. 325.

29 *Mein Kampf*, S. 20.

30 Kubizek war offenbar der einzige Freund, den Hitler in seiner Jugendzeit hatte. In seinem Buch *Adolf Hitler, mein Jugendfreund* gibt er ein interessantes Bild von seinem Gefährten während der letzten vier Jahre, bevor dieser in Wien zum Vagabunden absank – ein Bild, das, nebenbei gesagt, nicht nur eine Lücke in Hitlers Biographie ausfüllt, sondern auch die bisher herrschende Vorstellung vom Wesen des jungen Hitler in mancherlei Hinsicht korrigiert. Kubizek war von ganz anderer Wesensart als Hitler. Er lebte in Linz in geordneten Familienverhältnissen, erlernte den Beruf seines Vaters, der Polsterer war, arbeitete fleißig und studierte gleichzeitig Musik. Auf dem Wiener Konservatorium bestand er seine Prüfung mit Auszeichnung und setzte zu einer vielversprechenden Laufbahn als Dirigent und Komponist an, die aber durch den Ersten Weltkrieg zunichte gemacht wurde.

31 Kubizek, op. cit., S. 110.

32 Ebda., S. 74/75.

33 Zit. nach Konrad Heiden, *Adolf Hitler* Bd. I [Zürich 1936] S. 30.

34 *Mein Kampf*, S. 19.

35 Ebda., S. 16/17.

36 *Mein Kampf*, S. 20/21.

37 Ebda., S. 35.

38 Wie etwa die von Josef Greiner, *Das Ende des Hitler-Mythos* [Wien 1947] oder von Reinhold Hanisch, den Rudolf Olden, *Hitler the Pawn* [London 1936] zitiert.

39 Konrad Heiden, *Adolf Hitler*, Bd. II, S. 68.

40 *Mein Kampf*, S. 35.

41 Ebda., S. 21.

42 *Mein Kampf*, S. 12 u. S. 36–38. Hervorhebung von Hitler selbst.

43 Ebda., S. 137 u. S. 21.

44 *Mein Kampf*, S. 39/40.

45 Ebda., S. 43.

46 *Mein Kampf*, S. 45/46.

47 Ebda., S. 127.

48 Ebda., S. 128/129.

49 *Mein Kampf*, S. 59, 74, 133.

50 Stefan Zweig, *Die Welt von gestern* [Stockholm 1942] S. 84.

51 *Mein Kampf*, S. 109.

52 *Mein Kampf*, S. 116.

53 Ebda., S. 54/55.

54 Kubizek, op. cit., S. 113.

55 *Mein Kampf*, S. 55/56.

56 Ebda., S. 59.

57 *Mein Kampf*, S. 59, 60, 63, 64.

58 Ebda., S. 67, 69.

59 Seit 1910, d. h. seit seinem 21. Lebensjahr war er militärdienstpflichtig gewesen. Nach Heiden konnten ihn die österreichischen Behörden, solange er in Wien war, nicht finden. Sie stöberten ihn schließlich in München auf und beorderten ihn nach Linz. Josef Greiner *Das Ende des Hitler-Mythos* veröffentlicht einen Teil der zwischen den österreichischen Militärbehörden und Hitler geführten Korrespondenz. In seinen Briefen stritt Hitler ab, daß er nach Deutschland gegangen sei, um sich der Dienstpflicht zu entziehen. Der ihm fehlenden Geldmittel wegen bat er, sich in dem näher an München gelegenen Salzburg melden zu dürfen. Dort wurde er am 5. Februar 1914 gemustert und wegen seines schlechten Gesundheitszustandes – offenbar waren seine Lungen immer noch angegriffen – vom Militärdienst befreit. Sein Versäumnis, sich selbst zu stellen, muß Hitler, als sein Stern in Deutschland aufstieg, unangenehm gewesen sein. Greiner bestätigt ein zu meiner Zeit in Berlin in Kreisen der Opposition gegen Hitler umlaufendes Gerücht, wonach Hitler 1938, als die deutschen Truppen Österreich besetzten, der Gestapo befahl, seine Militärpapiere sicherzustellen. Zu Hitlers Zorn wurden die Papiere in Linz vergebens gesucht. Ein hoher Beamter der österreichischen Landesregierung hatte sie an sich genommen und zeigte sie Greiner nach dem Krieg.

60 *Mein Kampf*, S. 134–136.

61 *Mein Kampf*, S. 177–179.

ZWEITES KAPITEL

1 In der zweiten Auflage von *Mein Kampf* wurde dieser Ausdruck in »Revolution« abgeändert.

2 *Mein Kampf*, S. 223/24.

3 *Mein Kampf*, S. 211/12.

4 Die Dolchstoßlegende einem englischen General zuzuschreiben, ist zumindest ungenau. Wie Wheeler-Bennett in *Wooden Titan* erläutert, hatten – eine Ironie der Geschichte – zwei britische Generale – unabsichtlich – etwas mit der Verbreitung der falschen Legende zu tun. »Der

eine war Generalmajor Sir Frederick Maurice, dessen 1919 erschienenes Buch *The Last Four Months* in der deutschen Presse von Rezensenten in grober Entstellung dahingehend ausgelegt wurde, daß die deutsche Armee von den Sozialisten an der Heimatfront verraten und im Felde nicht besiegt worden sei.« Maurice wehrte sich gegen diese Interpretation, aber ohne Erfolg. Ludendorff benutzte diese Rezensionen, um Hindenburg zu beeinflussen. »Der andere Offizier«, heißt es bei Wheeler-Bennett weiter, »war Generalmajor Malcolm, Chef der britischen Militärmission in Berlin. Ludendorff dinierte eines Abends mit dem General und ließ sich in seiner schwülstigen Art darüber aus, wie sehr der Obersten Heeresleitung stets die Unterstützung der Zivilregierung gefehlt und wie die Revolution die Armee verraten habe. Im Bemühen, den Sinn von Ludendorffs Wortschwall zu einem einzigen Satz zu kristallisieren, fragte Malcolm ihn: ›Meinen Sie damit, General, daß man Ihnen in den Rücken fiel?‹ Ludendorffs Augen leuchteten auf, und er stürzte sich auf den Satz wie ein Hund auf einen Knochen. ›In den Rücken gefallen?‹ wiederholte er. ›Ja, genau das. Man hat uns einen Dolchstoß in den Rücken versetzt.‹« Wheeler-Bennett, *Wooden Titan, Hindenburg.* [New York 1936].

5 Ein paar Generale besaßen den Mut, das auszusprechen. Am 23. August 1924 brachte die *Frankfurter Zeitung* einen Aufsatz von General Freiherrn von Schönaich. Darin analysierte er die Ursachen der deutschen Niederlage und gelangte zu dem »nicht zu widerlegenden Schluß, daß wir unseren Zusammenbruch der Vorherrschaft unserer Militärbehörden über die Zivilbehörden verdanken ... In der Tat, der deutsche Militarismus beging einfach Selbstmord.« Zit. bei Telford Taylor, *Sword and Swastika* [New York 1952], S. 16.

6 *Mein Kampf*, S. 224/25.

7 Ebda., S. 226.

8 Reichstagsrede vom 13. 7. 1934.

9 Ludendorff war bei Kriegsende mit falschem Bart und blauer Brille nach Schweden geflohen. Als er im Februar 1919 nach Deutschland zurückkehrte, schrieb er an seine Frau: »Die größte Dummheit der Revolutionäre war es, daß sie uns alle leben ließen. Na, komme ich einmal wieder zur Macht, dann gibt's kein Pardon. Mit ruhigem Gewissen würde ich Ebert, Scheidemann und Genossen aufknüpfen lassen und baumeln sehen!« Margarethe Ludendorff, *Als ich Ludendorffs Frau war* [München 1929], S. 209. Ebert war der erste Reichspräsident, Scheidemann der erste Reichskanzler der Weimarer Republik. Ludendorff war in den zwei letzten Kriegsjahren, obwohl zweiter Mann in der Obersten Heeresleitung, der eigentliche Diktator Deutschlands gewesen.

10 *Mein Kampf*, S. 235.

11 Ebda., S. 229, 233.

12 *Mein Kampf*, S. 238.

13 *Mein Kampf*, S. 240.

14 Ebda., S. 240/41.

15 *Mein Kampf*, S. 243/44.

16 Konrad Heiden, *Geschichte des Nationalsozialismus* [Berlin 1932], S. 57.

17 Eckart starb im Dezember 1923 nach übermäßigem Alkoholgenuß.

18 *Mein Kampf*, S. 781.

19 *Mein Kampf*, S. 389/90.

20 Harrer war auch gegen Hitlers heftigen Antisemitismus; er meinte, Hitler werde damit die Arbeiter abstoßen. Das war der tiefere Grund seines Rücktritts.

21 *Mein Kampf*, S. 404–406

22 *Völkischer Beobachter*, Nr. 3, 1921.

23 *Mein Kampf*, S. 553, 556/57. Hervorhebungen im Original.

24 Konrad Heiden, *Geschichte des Nationalsozialismus* [Berlin 1932], S. 56 .

25 Er trat 1923 aus der Partei aus, war aber von 1924 bis 1928 noch Vizepräsident des bayeri-

schen Landtags. 1930 söhnte er sich mit Hitler aus, befaßte sich jedoch nie wieder mit aktiver Politik. Er teilte, wie Heiden bemerkt, das Schicksal aller Entdecker.

26 Ernst Hanfstaengl sagt in seinen Erinnerungen [*Unheard Witness*, New York 1957], ein Amerikaner habe ihn zum erstenmal auf Hitler aufmerksam gemacht. Das war Hauptmann Truman Smith, damals Hilfsoffizier des Militärattachés an der amerikanischen Botschaft in Berlin. Im November 1922 wurde Smith von der Botschaft nach München geschickt, um Informationen über einen obskuren politischen Agitator namens Adolf Hitler und seine neugegründete Nationalsozialistische Arbeiterpartei einzuholen. Für einen jungen amerikanischen Armeeoffizier besaß Smith einen erstaunlichen politischen Spürsinn. Sein Bericht über die Reise, der am 25. November 1922 von der Botschaft nach Washington geschickt wurde, sowie seine Tagebuchaufzeichnungen aus diesen Tagen vermitteln eine verblüffend scharfe Einsicht in die damaligen Vorgänge. Smith, der in den ersten Jahren der Herrschaft Hitlers Militärattaché in Berlin war, stellte mir freundlicherweise seine Notizen von jener Reise zur Verfügung. Sie sind mir für die Niederschrift dieses Kapitels eine sehr wertvolle Hilfe gewesen.

Kurz vor seiner Rückkehr nach Berlin traf er Hanfstaengl, erzählte ihm von einer Begegnung mit Hitler und riet ihm, sich diesen Mann einmal anzusehen. Hitler sollte am selben Abend eine Rede halten, und Smith schenkte Hanfstaengl seine Pressekarte. Hanfstaengl war, wie so viele andere, von Hitlers Redegabe überwältigt, suchte ihn nach der Versammlung auf und wurde bald zum Nationalsozialismus bekehrt.

27 Er verbrachte einen Teil des Zweiten Weltkriegs in Washington, nach außen hin als internierter »feindlicher Ausländer«, in Wirklichkeit aber als »Berater« der amerikanischen Regierung in bezug auf das nationalsozialistische Deutschland. Diese letzte Rolle seines Lebens, die den Amerikanern, die ihn und Hitlerdeutschland kannten, so komisch erschien, dürfte auch ihn selbst amüsiert haben.

28 Zit. nach Konrad Heiden, *Adolf Hitler*, Bd. II, S. 192.

29 Konrad Heiden, *Geschichte des Nationalsozialismus*, S. 130.

30 Konrad Heiden, *Adolf Hitler*, Bd. I, S. 109.

DRITTES KAPITEL

1 Wheeler-Bennett, *Wooden Titan – Hindenburg* (New York 1936), S. 207–208. Anm. d. Übers.: s. a. Dorothea Groener-Geyer, *General Groener* (Frankfurt/M 1955); Wilhelm Groener, *Lebenserinnerungen* (Göttingen 1957); Erich Otto Volkmann, *Revolution über Deutschland* (Oldenburg 1930).

2 Ein Jahr später zeigte General Freiherr Walther von Lüttwitz, ein reaktionärer Offizier der alten Schule, wie treu er der Republik im allgemeinen und Noske im besonderen war. Im Kapp-Putsch setzte er Freikorps zur Eroberung von Berlin an. Ebert, Noske und die anderen Regierungsmitglieder mußten am 13. März 1920, 5 Uhr morgens, aus Berlin fliehen. General von Seeckt, Chef der Heeresleitung und Noske, dem Reichswehrminister, unterstellt, unterließ es, die Republik gegen Lüttwitz und Kapp mit der Reichswehr zu verteidigen. »Diese Nacht bedeutet den Bankrott meiner Tätigkeit und meines Vertrauens zum Offizierkorps«, rief Noske aus. »Sie lassen mich alle im Stich.« (Volkmann, op. cit., S. 359.)

3 Freilich gab es dennoch Mängel, die sich schließlich als verhängnisvoll erwiesen. Das Verhältniswahlsystem mag zwar verhütet haben, daß Stimmen verloren gingen, aber es führte auch zu der Häufung von kleinen Splitterparteien, die schließlich eine stabile Reichstagsmehrheit unmöglich machten und häufigen Regierungswechsel verursachten. Bei den Reichstagswahlen 1930 reichten 28 Parteien Kandidatenlisten ein.

Man hätte vielleicht der Republik größere Stabilität verliehen, wenn man den Gedankengängen von Professor Hugo Preuß, des Hauptschöpfers der Verfassung, gefolgt wäre. Er schlug in Weimar vor, das Reich zu zentralisieren und in ihm Preußen und die anderen Länder als Provinzen aufgehen zu lassen. Aber die Nationalversammlung lehnte diesen Entwurf ab. Schließlich wurden mit Artikel 48 dem Reichspräsidenten im Falle eines Staatsnotstandes diktatorische Vollmachten verliehen. Dieser Artikel ermöglichte es unter Reichspräsident Hindenburg den Kanzlern Brüning, von Papen und von Schleicher, ohne Billigung des Reichstags zu regieren und damit schon vor Hitlers Machtantritt dem parlamentarisch-demokratischen Regieren in Deutschland ein Ende zu bereiten.

4 Wheeler-Bennett, op. cit., S. 131.

5 Die deutsche Armee sollte auf ein Berufsheer von 100 000 Mann ohne Flugzeuge und Tanks beschränkt werden. Der Generalstab war aufzulösen. Die Kriegsflotte war durch eine mehr oder weniger symbolische Seemacht zu ersetzen und durfte keine Schiffe über 10 000 t und keine U-Boote bauen.

6 Anm. d. Übers.: Nach Volkmann, op. cit., S. 280.

7 Volkmann, op. cit., S. 302; s. a. Wheeler-Bennett, *Nemesis der Macht* (Düsseldorf 1954), S. 59.

8 Franz L. Neumann, *Behemoth* (New York 1942), S. 23.

9 Zit. nach Konrad Heiden, *Adolf Hitler*, Bd. II, S. 164.

10 Friedrich von Rabenau, *Seeckt, aus seinem Leben*, Bd. II, S. 342.

11 Die »Schwarze Reichswehr« wurde 1923 als zusätzliche Grenzschutzorganisation gegen Polen aufgestellt. Diese illegale Organisation wurde berüchtigt, weil sie die Schrecken mittelalterlicher Femegerichte wiederaufleben ließ. Willkürlich wurden Todesurteile gegen Deutsche ausgesprochen, die der Alliierten Kontrollkommission über die Tätigkeit der »Schwarzen Reichswehr« berichteten. Einige dieser brutalen Morde kamen vor Gericht. Bei einem der Prozesse leugnete Reichswehrminister Otto Geßler, Noskes Nachfolger, irgend etwas von der Organisation zu wissen, und behauptete, sie existiere gar nicht. Als aber ein Interpellant im Reichstag wegen solcher Ahnungslosigkeit protestierte, schrie Geßler: »Wer von der Schwarzen Reichswehr spricht, begeht Hochverrat!«

12 Rede in München, 9. November 1934.

13 Der Verhandlungsverlauf ist wiedergegeben in *Der Hitler-Prozeß* [München 1924].

14 Rede in München, 9. November 1936.

15 Rede in München, 9. November 1935.

16 Ehe Heß eintraf, hatte Hitler schon einen Teil Emil Maurice, dem vorbestraften Uhrmacher und ersten Kommandeur der SA, diktiert.

VIERTES KAPITEL

1 »... es ist zwecklos«, schrieb er am Schluß des zweiten Bandes, »Wunden aufzureißen, die heute kaum vernarbt erscheinen, ... über Schuld zu reden bei Menschen, die vielleicht im tiefsten Grunde ihres Herzens doch alle mit gleicher Liebe an ihrem Volke hingen und die nur den gemeinsamen Weg verfehlten oder sich nicht auf ihn verstanden.« Für einen so rachsüchtigen Mann bewiesen diese Worte der Toleranz gegenüber Leuten, die seinen Aufstand niedergeschlagen und ihn ins Gefängnis gebracht hatten, wie sehr Hitler sich aus taktischen Gründen vorübergehend im Zaume halten konnte.

2 Wie die meisten Schriftsteller hatte Hitler Schwierigkeiten mit dem Finanzamt, wenigstens solange er noch nicht Diktator war, wie wir noch sehen werden.

3 Die Zahlenangaben sind einer Untersuchung der Honorarlisten des Eher-Verlags entnommen,

die Prof. Oron James Hale in *The American Historical Review*, Juli 1955, unter dem Titel: »Adolf Hitler: Taxpaper« veröffentlicht hat.

4 *Mein Kampf*, S. 699, 763, 766.

5 Ebda., S. 147, 152.

6 Ebda., S. 154.

7 *Mein Kampf*, S. 728, 732, 739.

8 Ebda., S. 736.

9 Ebda., S. 767.

10 Ebda., S. 742. Hervorhebung vom Verfasser.

11 *Mein Kampf*, S. 164–168.

12 E. Boepple, *Adolf Hitlers Reden* [München 1934], S. 32.

13 *Mein Kampf*, S. 274/75.

14 *Mein Kampf*, S. 147–149, 312, 316/17.

15 Ebda., S. 317/18.

16 *Mein Kampf*, S. 323/24.

17 Ebda., S. 324.

18 *Mein Kampf*, S. 732.

19 Ebda., S. 421–422.

20 Ebda., S. 434.

21 Ebda., S. 446, 444–445.

22 Ebda., S. 437–438.

23 Ebda., S. 501–502.

24 »Ohne meine Haftzeit«, bemerkte Hitler einmal Jahre später, »wäre *Mein Kampf* nie geschrieben worden. Diese Zeit gab mir Gelegenheit, mir über verschiedene Begriffe klarzuwerden, die ich bis dahin nur instinktiv empfunden hatte... Aus dieser Zeit rührt auch meine Überzeugung her, daß wir die Macht nicht mehr durch Gewalt erringen konnten, was viele meiner Anhänger nie begriffen haben. Der Staat hatte Zeit gehabt, sich in sich selbst zu festigen, und er hatte die Waffen.« *Hitler's Secret Conversations*, op. cit., S. 235. Hitler machte diese Äußerung in der Nacht vom 3. zum 4. Februar 1942 in seinem Hauptquartier im Osten im Kreise alter Parteigenossen.

25 A. J. P. Taylor, *The Course of German History* (New York 1946), S. 24.

26 Wilhelm Röpke, *The Solution of the German Problem* (New York 1946), S. 153; Deutschsprachige Ausgabe: *Die deutsche Frage* (Zürich 1945, 2. Aufl.).

27 In gewissem Sinne hatte sich auch die deutsche Arbeiterklasse kaufen lassen. Um den Sozialismus zu bekämpfen, hatte Bismarck zwischen 1883 und 1889 eine Sozialgesetzgebung durchgesetzt, die weit über alles hinausging, was man in anderen Ländern kannte. Sie umfaßte eine für die Arbeiter obligatorische Alters-, Invaliditäts-, Kranken- und Unfallversicherung, und obwohl diese staatlich organisiert war, wurde sie von Arbeitgebern und Arbeitnehmern finanziert. Es läßt sich nicht sagen, daß sie den Aufstieg von Sozialdemokratie und Gewerkschaften aufhielt, aber sie hatte insofern einen tiefen Einfluß auf die Arbeiterklasse, als diese allmählich die Sicherheit höher bewertete als politische Freiheit und im Staat, mochte er auch konservativ sein, einen Wohltäter und Beschützer sah. Hitler zog, wie wir noch sehen werden, aus solcher Gesinnung große Vorteile. Hierin wie auch in anderen Dingen lernte er viel von Bismarck. In *Mein Kampf* (S. 170) bemerkt er: »Ich studierte die Bismarcksche Ausnahmegesetzgebung in Absicht, Kampf und Erfolg.«

28 *Mein Kampf*, S, 169, 245/246.

29 Hegel, *Vorlesungen über Philosophie der Geschichte* (Leipzig o. J.), S. 111 und 70.

30 Biedermann, *Goethes Gespräche*, Gesamtausgabe, 2. Bd. (Leipzig 1909), S. 214: Gespräch mit Prof. Heinrich Luden am 13. Dezember 1813.

31 Den Frauen wies Nietzsche, der nie verheiratet war, einen inferioren Status zu, was dann auch die Nationalsozialisten taten, die verfügten, der Platz der Frauen sei in der Küche und ihre Hauptaufgabe im Leben sei, den deutschen Kriegern Kinder zu gebären. Nietzsche formulierte es so: »Der Mann soll zum Krieg erzogen werden, das Weib zur Erholung des Kriegers: alles andere ist Torheit [Also sprach Zarathustra]«. Er ging noch weiter: »Du gehst zu Frauen? Vergiß die Peitsche nicht! [Ebda.]« Was Bertrand Russel mit der Stichelei parierte: »Neun von zehn Frauen hätten ihm die Peitsche abgenommen, und das wußte er, darum hielt er sich von Frauen fern ...« (*A History of Western Philosophie,* New York 1945, S. 767.)
32 Meine Erinnerung an eine derartige Äußerung findet Bestätigung durch Otto Tolischus in seinem Buch *They Wanted War* (New York 1940), S. 11.
33 Vgl. Réals Studie über Chamberlain in *The Third Reich,* hrsg. von Baumont, Fried und Vermeil (New York 1955).
34 Zit. nach Konrad Heiden, *Hitler,* Bd. I, S. 132.
35 Die vorangegangene Darstellung, angefangen bei Fichte und Hegel bis zu Chamberlain, stützt sich auf die Werke der einzelnen Autoren selbst sowie auf Zitierungen und Deutungen in Büchern wie: *German Philosophy and Politics* von John Dewey; *Die deutsche Katastrophe* von Friedrich Meinecke; *The Solution of the German Problem* von Wilhelm Röpke; *A History of Western Philosophy* von Bertrand Russel; *Thus Speaks Germany,* hrsg. von W. W. Coole und M. F. Potter; *The Third Reich,* hrsg. von Baumont, Fried und Vermeil; *German Nationalism: The Tragedy of a People* von Louis L. Snyder; German History: *Some New German Views,* hrsg. von Hans Kohn; *The Rise and Fall of Nazi Germany* von T. L. Jarman; *Der Führer* von Konrad Heiden; *The Course of German History* von A. J. P. Taylor; *L'Allemagne contemporaine* von Edmond Vermeil; *History of Germany* von Hermann Pinnow; *Bismarck: Leben und Werk* von Erich Eyck.
Der beschränkte Rahmen eines Buches von der Art des vorliegenden verbietet ein Eingehen auf den starken Einfluß, den andere deutsche Intellektuelle mit ihren in Deutschland populären Schriften auf das Dritte Reich gehabt haben, wie Schlegel, J. Görres, Novalis, Arndt, Jahn, Lagarde, List, Droysen, Ranke, Mommsen, Konstantin Frantz, Stöcker, Bernhardi, Klaus Wagner, Langbehn, Lange und Spengler.
36 *Mein Kampf,* S. 419.
37 Ebda., S. 321.
38 Ebda., S. 321-322.
39 Hegel, *Vorlesungen über Philosophie der Geschichte,* op. cit., S. 66/67. (Zit. nach Alan Bullock, *Hitler,* op. cit., S. 384).
40 Vgl. die Zitate aus *Mein Kampf* auf den Seiten 84–85.

FÜNFTES KAPITEL

1 Kurt Lüdecke, *I Knew Hitler* [London 1938], S. 217/18.
3 Diese vom alliierten Geheimdienst nach dem Krieg zutage geförderten frühen Tagebücher bilden eine reiche Informationsquelle für diesen Abschnitt im Leben Goebbels'.
4 *Das Tagebuch von Joseph Goebbels 1925/26,* hrsg. von Helmut Heiber [Stuttgart 1960], S. 60, 62, 70–72.
5 Später erwarb Hitler das *Haus Wachenfeld,* ließ es, nachdem er Kanzler geworden war, umbauen und vergrößern und nannte es *Berghof.*
6 Autoritäten wie Heiden und Bullock berichten, die Raubals seien 1925 in Haus Wachenfeld eingezogen. Aber Hitler sagte deutlich, er habe das Haus erst 1928 übernommen. Siehe *Hitler's Secret Conversations,* S. 177.

7 Heiden, *Der Führer* [London 1944], S. 384–386.
8 Vgl. die interessante Untersuchung über Hitlers Steuererklärungen von Prof. Oron James Hale in *The American Historical Review*, Juli 1955.
9 Anm. d. Übers.: Die Korrespondenz Hitler/Finanzamt ist rückübersetzt, da dem Übersetzer die Originale nicht zugänglich waren.
10 *Völkischer Beobachter* [Sonderausgabe für die Reichswehr], 26. März 1929.
11 Beide sollten eines Tages am Galgen enden, Sack wegen Beteiligung an der Verschwörung vom 20. Juli 1944, Frank nach dem Kriege wegen seiner Vergehen als Generalgouverneur von Polen.
12 Die obigen Zitate sind der *Frankfurter Zeitung* vom 26. September 1930 entnommen.
13 Lt. Scheringer, der sich von Hitler verraten fühlte, trat während seiner Haftzeit aus der NSDAP aus und wurde ein fanatischer Kommunist. Lt. Ludin blieb begeisterter Nationalsozialist, wurde 1932 in den Reichstag gewählt und später SA-Führer und Gruppenführer der SS. Im Kriege wurde er Gesandter im slowakischen Marionettenstaat und nach der Befreiung von den Tschechoslowaken hingerichtet.
14 *Nürnberger Dokumente* [fortan abgekürzt N. D.], EC-440. Aussage Walter Funk.
15 Otto Dietrich, *Mit Hitler an die Macht* [München 1934], S. 45.
16 Funks Aussage vgl. in N. D., EC-440 und 2328-PS. Thyssens Bemerkungen sind seinem Buch *I Paid Hitler* [New York 1941] entnommen.
17 N. D., 456-EC und 457-EC.

SECHSTES KAPITEL

1 Konrad Heiden, *Hitler*, Bd. I, S. 293.
2 Heiden, *Geschichte des Nationalsozialismus*, S. 151.
3 Josef Goebbels, *Vom Kaiserhof zur Reichskanzlei* [München 1934], S. 20, 19.
4 Goebbels, *Kaiserhof*, S. 80/81.
5 »Zorn und Wut kochen in mir«, schrieb Groener einige Monate später, am 29. November, an Schleicher, »weil ich von Ihnen, meinem alten Freund, Schüler, Wahlsohn, meiner Hoffnung für Volk und Vaterland, enttäuscht worden bin.« Vgl. Dorothea Groener-Geyer, *General Groener, Soldat und Staatsmann* (Frankfurt/Main 1955), S. 330.
6 Wheeler-Bennett, *Nemesis der Macht* [Düsseldorf 1954], S. 243.
7 Die Goebbels-Zitate sind seinem Buch *Vom Kaiserhof zur Reichskanzlei*, S. 88–104, entnommen.
8 François-Poncet, op. cit., S. 43/44.
9 Franz von Papen, *Der Wahrheit eine Gasse* [München 1953], S. 195.
10 In seinen Memoiren erwähnt Papen nichts von der Anwesenheit Schleichers bei dieser Unterredung, aber aus anderen Quellen ist deutlich ersichtlich, daß der General dabei war. Das ist im Hinblick auf die kommenden Ereignisse ein wichtiger Punkt.
11 N. D. 3309–PS.
12 Hermann Rauschning, *The Voice of Destruction* [New York 1940].
13 Diesmal wurde Goebbels nicht wie am 13. August überrumpelt. Er übergab den Briefwechsel Meißner–Hitler sofort der Presse, der am 25. November in den Morgenblättern erschien. Er ist abgedruckt im *Jahrbuch des öffentlichen Rechts*, Bd. 21 [1933/34].
14 Papen, op. cit., S. 243/44.
15 Papen, op. cit., S. 247.
16 Papen, op. cit., S. 249.
17 François-Poncet, op. cit., S. 66. Schleicher irrte sich: es waren nur 57 Tage.

18 *Nazi Conspiracy and Aggression* [fortan abgekürzt NCA], Bd. II, 922–924.
19 Kurt von Schuschnigg, *Dreimal Österreich* [Wien 1937], S. 205/06.
20 Hammerstein-Denkschrift. Wheeler-Bennett, *Nemesis*, S. 301/02.
21 Papen, op. cit., S. 275/76.

SIEBENTES KAPITEL

1 N. D. 351–PS. – Diese Kabinettssitzung fand natürlich hinter verschlossenen Türen statt und erfolgte, wie die meisten anderen zwischen Hitler und seinen politischen und militärischen Mitarbeitern abgehaltenen Konferenzen, unter strengster Geheimhaltung. Was in ihr besprochen und beschlossen wurde, gelangte erst an die Öffentlichkeit, als die erbeuteten deutschen Dokumente während des Nürnberger Prozesses erstmalig geprüft wurden.
Eine große Anzahl dieser – als Staatsgeheimnis angesehenen – höchst vertraulichen Besprechungen und Entscheidungen wird von nun an in diesem Buch, das sich weitgehend auf die jeweiligen Urkunden stützt, zitiert werden. Auch auf die Gefahr eines Zuviels an Fußnoten werden diese Quellen jeweils angegeben werden. Soweit mir bekannt, gibt es für keine geschichtliche Epoche irgendeiner anderen Nation eine so vollständige Dokumentation wie für die des Dritten Reiches. Und den Hinweis auf die Dokumente zu unterlassen, würde nach Ansicht des Autors den Wert dieses Buches als authentischen historischen Bericht, wie klein oder groß er sein mag, stark mindern.
2 Goebbels, *Kaiserhof*, S. 256.
3 N. D. 203–D.
4 Vgl. eidesstattliche Erklärung Georg von Schnitzlers in Nürnberg, 10. November 1945, N. D. EC-439; Vernehmung Schachts, 20. Juli 1945, N. D. 3725–PS; Vernehmung Funks, 26. Juni 1945, N. D. 2828-PS.
5 Goebbels, *Kaiserhof*, S. 270.
6 Dieser These wurde nicht nur von Führern der NSDAP widersprochen, sondern neuerdings auch von Fritz Tobias, einem pensionierten Beamten, der in *Der Spiegel* [21. Oktober 1959 bis 6. Januar 1960] eine Artikelserie veröffentlichte, die in Deutschland, England und Amerika viel Beachtung fand. Tobias spricht die Nationalsozialisten von der Schuld frei und hält Marinus van der Lubbe für den alleinigen Täter. Obwohl Tobias eine Menge interessanter Punkte aufklärt, ist doch seine Hauptbeweisführung – zumindest für den Autor dieses Buches – nicht restlos überzeugend. Er wirft zahlreiche Fragen auf, die eine Reihe deutscher Schriftsteller und früherer Beamter zu lebhaften Entgegnungen veranlaßten. Meine Ansicht stützt sich auf die in Fußnote 8 genannten Quellen. Solange kein neues Beweismaterial zutage gefördert wird, muß der Verfasser bei dem oben Gesagten bleiben, nämlich daß die volle Wahrheit über den Reichstagsbrand sich wahrscheinlich nicht mehr ergründen läßt.
7 Sowohl bei seiner Vernehmung in Nürnberg wie auch im Laufe des Prozesses bestritt Göring bis zuletzt, bei der Inbrandsetzung des Reichstagsgebäudes irgendwie beteiligt gewesen zu sein.
8 Quellen über die Hintergründe des Reichstagsbrands: Aussage Halders, IMT, IX, S. 484, N. D. 3740-PS; Umschrift der Vernehmung von Gisevius, 25. April 1946, IMT, XII, S. 252/53; Diels eidesstattliche Erklärung, Görings Ableugnung, IMT, IX, S. 432–436, N. D. 3593-PS; Willy Frischauer, *The Rise and Fall of Hermann Göring* [Boston 1951], S. 88–95; Douglas Reed, *The Burning of the Reichstag* [New York 1934]; John Gunther, *Inside Europe* [Gunther wohnte dem Leipziger Prozeß bei]. Es gibt viele angebliche Testamente und Bekenntnisse von Leuten, die behaupteten, mit den Nazis den Reichstag angezündet zu haben oder dabei beteiligt gewesen zu sein, aber ihre Stichhaltigkeit ist, soviel mir bekannt, niemals nachgewiesen worden. Als einigermaßen glaubwürdig galten die Denkschriften von Ernst Oberfohren, einem

deutschnationalen Reichstagsabgeordneten, und Karl Ernst, dem Berliner SA-Führer. Beide Männer wurden wenige Monate nach dem Brand von den Nationalsozialisten beseitigt.

9 N. D. 1390-PS.

10 N. D. 1856-PS.

11 N. D. 2962-PS.

12 *Dokumente der deutschen Politik*, 1935, S. 20–24.

13 François-Poncet, op. cit., S. 107.

14 N. D. 2001-PS.

15 Alan Bullock, *Hitler* [Düsseldorf 1953], S. 269.

16 Gesetz vom 31. März 1933 im *Reichsgesetzblatt 1933*, I, S. 153; Gesetz vom 7. April 1933, ebda., S. 175; Gesetz vom 30. Januar 1934, ebda., 1934, I, S. 75.

17 *Reichsgesetzblatt 1933*, I, S. 479.

18 Goebbels, *Kaiserhof*, S. 307. – Ein Dokument, das in Nürnberg ans Tageslicht kam, beweist, daß die Nationalsozialisten schon einige Zeit die Zerschlagung der Gewerkschaften geplant hatten. Ein von Dr. Ley unterzeichneter Geheimbefehl vom 21. April enthält ins einzelne gehende Instruktionen für die am 2. Mai vorzunehmende »Gleichschaltung« der Gewerkschaften. SA und SS sollten die »Besetzung der Gewerkschaftshäuser« vornehmen und alle Gewerkschaftsführer »in Schutzhaft nehmen«. Das Gewerkschaftsvermögen sei zu beschlagnahmen. Die Christlichen [katholischen] Gewerkschaften wurden am 2. Mai nicht behelligt. Für sie kam das Ende am 24. Juni. N. D. 392-PS.

19 N. D. 614-PS.

20 Gesetz vom 19. Mai, *Reichsgesetzblatt 1933*, I, S. 277.

21 Goebbels, *Kaiserhof*, S. 300.

22 *NS-Monatshefte*, Nr. 39, Juni 1933.

23 Wolffs Telegraph. Büro [fortan abgekürzt WTB].

24 NCA, VIII, S. 707.

25 Spengler, *Jahre der Entscheidung*, Ausgabe 1935 [München], S. VIII.

26 Weisung für die Wehrmacht im Falle von Sanktionen, N. D. C-140.

27 Einige Monate früher, am 11. Mai, hatte der britische Kriegsminister, Lord Hailsham, öffentlich erklärt, daß jeder Wiederaufrüstungsversuch Deutschlands als Bruch des Versailler Vertrags angesehen und, im Einklang mit dem Vertrag, durch Sanktionen beantwortet werden würde. Wie aus Blombergs Weisung hervorgeht, glaubten die Deutschen, Sanktionen bedeuteten eine »Besetzung deutschen Landgebiets«.

28 *Der Seeckt-Plan*. Aus unveröffentlichten Dokumenten. In: *Der Monat*, November 1948. Der Seeckt-Nachlaß befindet sich im Militärgeschichtlichen Forschungsamt, Freiburg i. B.

29 Die Quelle für den »Pakt der *Deutschland*« ist das *Weißbuch über die Erschießungen des 30. Juni 1934* [Paris 1935], S. 52/53. Herbert Rosinski bestätigt in *The German Army, S. 222/23*, die Bedingungen des Pakts. Bullock und Wheeler-Bennet haben in ihren Werken die Quelle anerkannt. Unterlage für die Tagung in Bad Nauheim ist Jacques Benoist-Méchins *Histoire de l'armée allemande depuis l'armistice*, II, [Paris 1936/38], S. 553/54.

30 Rede im Reichstag, 13. Juli 1934.

31 *Frankfurter Zeitung*, 10. Juni 1934.

32 *Rede des Vizekanzlers Papen vor dem Universitätsbund in Marburg* am 17. Juni 1934. Germania-Verlag, Berlin.

33 N. D. 2950-PS.

34 Reichstagsrede vom 13. Juli 1934.

35 Im Münchner Prozeß vom Mai 1957 sagten zum erstenmal Augenzeugen und an dem Blutbad vom 30. Juni 1934 Beteiligte öffentlich aus. Während der Dauer des Dritten Reiches wäre dies unmöglich gewesen. Die Erschießungen in der Strafanstalt Stadelheim wurden geleitet von

Sepp Dietrich, dem Befehlshaber von Hitlers SS-Leibstandarte, einem Mann, den der Verfasser dieses Buches als einen der brutalsten des Dritten Reiches in persönlicher Erinnerung hat. Dietrich war später Oberbefehlshaber einer SS-Panzerarmee und wurde nach dem Kriege wegen Mitschuld an der Ermordung amerikanischer Kriegsgefangener während der Ardennenschlacht 1944 zu 25 Jahren Gefängnis verurteilt. Nach zehn Jahren aus der Haft entlassen, wurde er 1957 vor Gericht gestellt und am 14. Mai wegen seiner Teilnahme an den Erschießungen vom 30. Juni 1934 zu 18 Monaten Gefängnis verurteilt. Mit seiner und der Verurteilung Michael Lipperts, eines der beiden SS-Offiziere, die Röhm getötet hatten, fand die Teilnahme an dem Blutbad ihre erste Sühne.

36 Käte Eva Hörlin, die ehemalige Frau von Willi Schmid, gab am 7. Juli 1945 in Binghamton, N. Y., eine eidesstattliche Erklärung über die Ermordung ihres Mannes ab. Sie war 1944 amerikanische Staatsbürgerin geworden. Um die Greueltat zu vertuschen, bot Himmler ihr Geld an, dessen Annahme Frau Schmid verweigerte. Schließlich suchte Rudolf Heß sie auf, entschuldigte sich für das »Versehen« und verschaffte ihr eine Pension. N. D. L-135.

37 Hammerstein und Mackensen setzten ihre Bemühungen um die Rehabilitierung Schleichers und Bredows beharrlich fort, bis sie Hitler dazu brachten, in einer geschlossenen Sitzung der Spitzen von Partei und Reichswehr am 3. Januar 1935 in Berlin einzuräumen, die beiden Generale seien »irrtümlich« erschossen worden; ihre Namen sollten auf die Ehrentafel ihrer Regimenter gesetzt werden. Diese »Rehabilitierung« wurde niemals öffentlich bekannt gegeben, doch das Offizierskorps fand sich in dieser Form mit ihr ab. Vgl. Wheeler-Bennett, *Nemesis*, S. 360.

38 Es ist interessant und wohl aufschlußreich, daß Hitler nunmehr Oskar von Hindenburg vom Obersten zum Generalmajor beförderte.

39 Papen, op. cit., S. 371–374.

ACHTES KAPITEL

1 Von Februar 1933 bis Frühjahr 1937 sank die Zahl der Arbeitslosen von sechs Millionen auf unter eine Million.

2 Der Verfasser dieses Buches wurde von Presse und Rundfunk in Deutschland heftig angegriffen und mit Ausweisung bedroht, weil er berichtet hatte, daß einige dieser antisemitischen Schilder für die Dauer der Olympischen Spiele entfernt wurden.

3 Leo Stein, *I Was in Hell with Niemöller*, [New York], S. 80.

4 Rauschning, *Gespräche mit Hitler* [Zürich 1940], S. 55.

5 An der Spitze der Juroren stand Adolf Ziegler, ein völlig unkünstlerischer Maler und Präsident der Reichskammer der bildenden Künste. Er verdankte seine Stellung dem glücklichen Umstand, daß er einmal Geli Raubal porträtiert hatte.

6 Amanns persönliches Einkommen stieg raketenartig von 108 000 RM im Jahre 1934 auf 3 800 000 RM im Jahre 1942. (Laut Mitteilung von Prof. Oron J. Hale, der die noch vorhandenen Geschäftsbücher des Eher-Verlages durchforscht hat, an den Verfasser.)

7 N. D. 3016-PS.

8 *Mein Kampf*, S. 452.

9 Die meisten ausländischen Korrespondenten in Berlin sammelten solche Blüten. Meine Sammlung ist mir verloren gegangen. Ich zitierte oben aus: Philipp Lenard, *Deutsche Physik* [München-Berlin, 2. Aufl., 1938]; Wallace Deuel, *People under Hitler* [New York 1943]; William Ebenstein, *The Nazi State* [New York 1943].

10 Wilhelm Röpke, *The Solution of the German Problem* [New York 1946], S. 61.

11 Zit. nach Frederic Lilge, *The Abuse of Learning, The Failure of the German University* [New York 1948], S. 170.

12 Über Schirachs amerikanische Abstammung gibt Douglas M. Kelley, der während des Nürnberger Prozesses gegen die Hauptkriegsverbrecher amerikanischer Psychiater im Nürnberger Gefängnis war, in seinem Buch *22 Cells in Nuremberg* [New York 1947], S. 86–87, Aufschluß.
13 *Reichsgesetzblatt 1936*, Teil I, S. 933.
14 N. D. 2353-PS.
15 Bericht des Wirtschaftsministeriums vom 30. September 1934: N. D. EC-128; Schachts Bericht vom 3. Mai 1935: N. D. 1168-PS; Wortlaut des geheimen Reichsverteidigungsgesetzes vom 21. Mai 1935: N. D. 2261-PS.
16 Fritz Thyssen, *I paid Hitler* [New York 1941], S. XV, S. 157.
17 Zit. bei Franz Neumann, *Behemoth* [New York 1942] S. 432.
18 *Deutsches Recht*, 6. Jg. [1936], S. 216.
19 N. D. 788-PS.
20 *The Third Reich*, hrsg. von Baumont, Fried und Vermeil [New York 1955], S. 630.
21 Eugen Kogon, *Der SS-Staat – das System der deutschen Konzentrationslager* [München 1946], S. 23. – Kogon selbst verbrachte sieben Jahre im KZ.
22 N. D. 1852-PS.
23 N. D. 778-PS.
24 N. D. 142-R.
25 Dem Gesetz über den Neubau des Reiches vom 30. Januar 1934 und den drei Nürnberger Judengesetzen vom 15. September 1935.
26 *Völkischer Beobachter*, 20. Mai 1936.

NEUNTES KAPITEL

1 Friedelind Wagner, *Heritage of Fire* [New York 1945], S. 109.
2 Papen, op. cit., S. 380.
3 *Daily Mail*, 6. August 1934.
4 *Le Matin*, 18. November 1934.
5 Wolfgang Förster, *Ein General kämpft gegen den Krieg* [München 1949], S. 22. Förster stützt sich in seiner Darstellung auf Becks schriftlichen Nachlaß.
6 N. D. EC-177.
7 N. D. C-189.
8 N. D. C-190.
9 N. D. C-190.
10 IMT., Bd. XX, S. 657.
11 Einige Stunden vorher hatte Hitler das geheime Reichsverteidigungsgesetz erlassen, auf Grund dessen, wie bereits erwähnt, Dr. Schacht Bevollmächtigter für die Kriegswirtschaft und die ganze Wehrmacht reorganisiert wurde. Aus der Reichswehr wurde die Wehrmacht. Hitler übernahm als Führer und Reichskanzler den Titel Oberster Befehlshaber der Wehrmacht. Blomberg, bisher Verteidigungsminister, wurde Reichskriegsminister und dazu noch Oberbefehlshaber der Wehrmacht. Jeder Wehrmachtteil erhielt seinen eigenen Oberbefehlshaber und seinen eigenen Generalstab. Der Tarnname Truppenamt (für den Generalstab) wurde fallengelassen und die Sache jetzt beim richtigen Namen genannt. Chef des Generalstabs wurde General Beck.
12 *Völkischer Beobachter*, 22. Mai 1935.
13 *The Times*, 23. Mai 1935.
14 »Abend für Abend tue ich mein Äußerstes, um alles aus dem Blatt herauszuhalten, was ihre [der Deutschen] Gefühle verletzen könnte«, schrieb Geoffrey Dawson, der Chefredakteur

der *Times* am 23. Mai 1937 seinem Genfer Korrespondenten H. G. Daniels, der vor Ebbutt in Berlin gewesen war. »Ich kann mir wirklich nicht denken, daß sie an irgend etwas Anstoß nehmen könnten, das wir seit vielen Monaten gebracht haben.« John Evelyn Wrench, *Geoffrey Dawson and Our Times* [London 1955].

15 Pertinax, *The Grave Diggers of France* [New York 1944], S. 381.

16 Shirer, *Berlin Diary* [New York 1941], S. 43.

17 François-Poncet, op. cit., S. 252/53.

18 N. D. C-139.

19 N. D. EC-405.

20 N. D. C-159.

21 Nach Aussage Jodls in Nürnberg überschritten nur drei Bataillone den Rhein in Richtung Aachen, Trier und Saarbrücken, und für die Besetzung des gesamten Rheinlands wurde nur eine einzige Division eingesetzt. Die Schätzungen des alliierten Geheimdienstes lagen beträchtlich höher: 35 000 Mann, also etwa drei Divisionen. Hitler bemerkte später: »Tatsache ist, ich hatte nur vier Brigaden.« IMT, XV, Jodls Aussage; *Hitler's Secret Conversations*, S. 211/12.

22 François-Poncet, op. cit., S. 257.

23 *Berlin Diary*, S. 51–54.

24 François-Poncet, op. cit., S. 255.

25 Trotz François-Poncets frühzeitiger Warnung kam Deutschlands Schritt offenbar völlig überraschend für die Regierungen Englands und Frankreichs und ihre Generalstäbe.

26 François-Poncet, op. cit., S. 259.

27 IMT, XV, S. 387.

28 *Hitler's Secret Conversations*, S. 211/12, 27. Januar 1942.

29 Paul Schmidt, *Statist auf diplomatischer Bühne 1923–45* [Bonn 1949], S. 320.

30 Zit. bei François-Poncet, op. cit., S. 196.

31 Am 7. März hatte er den Reichstag aufgelöst, neue »Wahlen« und eine Volksabstimmung über seinen Schritt angesetzt. Nach den amtlichen Ziffern gingen am 29. März 99 % der 45 453 691 Wahlberechtigten zu den Urnen, von denen 98,8 % mit Ja stimmten. Ausländische Korrespondenten, die Wahllokale besuchten, stellten Unregelmäßigkeiten fest, vor allem, daß nicht überall Vorkehrungen für geheime Stimmabgabe getroffen waren, und fraglos hatten viele Deutsche (mit Recht, wie wir sahen) Angst davor, die Gestapo könne herausfinden, wer mit Nein stimmte. Dr. Hugo Eckener, der am Wahltag auf Goebbels' Befehl mit seinem neuen Zeppelin »Hindenburg« Propagandaflüge über deutschen Städten machte, erzählte mir, an Bord des Luftschiffes hätten sich 40 Personen befunden. Dabei gab Goebbels bekannt, von der Besatzung seien 42 Ja-Stimmen abgegeben worden. Trotz solcher Unregelmäßigkeiten besteht kein Zweifel, daß die überwiegende Mehrheit des deutschen Volkes ihr Ja zu Hitlers Schritt gab. Schließlich hatte es sich um die Besetzung deutschen Gebietes gehandelt, was die meisten Deutschen natürlich begrüßten.

32 N. D. L-150.

33 Kurt von Schuschnigg, *Ein Requiem in Rot-Weiß-Rot* [Zürich 1949], S. 21, 26.

34 N. D. 2248-PS.

35 *Akten zur Deutschen Auswärtigen Politik* [Baden-Baden, 1953 ff.], Serie D, Bd. I, Nr. 152. Fortan abgekürzt: ADAP.

36 Papen, op. cit., S. 419.

37 ADAP, III, Nr. 1.

38 ADAP, III, S. 892–94.

39 Sechzehn Monate später, am 5. November 1937, setzte Hitler in einer vertraulichen Besprechung mit seinen Generalen und dem Außenminister noch einmal seine Spanien-Politik auseinander. »Vom deutschen Standpunkt«, heißt es im Sitzungsprotokoll, »sei ein hundert-

prozentiger Sieg Francos auch nicht erwünscht; wir seien vielmehr an einer Fortdauer des Krieges und der Erhaltung der Spannungen im Mittelmeer interessiert.« ADAP, I, S. 31.
40 ADAP, III, S. 148.
41 Ciano, *Diplomatic Papers* [London 1949], S. 56–60.
42 Milton Shulman, *Defeat in the West* [New York 1948], S. 76. Als Quelle gibt Shulman einen Bericht des *British War Intelligence Office* vom Dezember 1945 an. Offenbar lag dem Bericht eine Vernehmung Görings zugrunde.
43 ADAP, I, Nr. 463 Anm. 1, S. 600.
44 N. D. NI-0051.
45 Beamte in der Wilhelmstraße pflegten scherzhaft zu bemerken, Hitler bringe seine Überraschungen immer Sonnabends heraus, weil man ihm erzählt habe, die englischen Regierungsbeamten verbrächten das Wochenende auf dem Lande.
46 Bei seiner Vernehmung in Nürnberg am 14. März 1946 sprach Göring stolz von den Möglichkeiten, die ihm der spanische Bürgerkrieg für die Erprobung »meiner Luftwaffe« geboten habe. »Ich sandte mit Genehmigung des Führers einen großen Teil meiner Transportflotte und eine Reihe von Erprobungskommandos meiner Jäger, Bomber und Flakgeschütze hinunter und hatte auf diese Weise Gelegenheit, im scharfen Schuß zu erproben, ob das Material zweckentsprechend entwickelt würde. Damit auch das Personal eine gewisse Erfahrung bekam, sorgte ich für einen starken Umlauf, das heißt immer wieder neue hin und die anderen zurück.« IMT, IX, S. 317.
47 ADAP, I, S. 34.
48 ADAP, I, Nr. 31.
49 Chamberlain notierte in seinem Tagebuch: »Der Besuch in Deutschland war nach meiner Ansicht ein großer Erfolg, weil er sein Ziel erreichte, nämlich eine Atmosphäre schuf, die eine Diskussion mit Deutschland über die praktischen Fragen im Zusammenhang mit einer europäischen Regelung ermöglicht.« Keith Feiling, *The Life of Neville Chamberlain* [London 1946], S. 332. Halifax selbst scheint von Hitler eingenommen gewesen zu sein. In seinem Bericht für das Foreign Office schrieb er: »Der deutsche Kanzler und andere erweckten nicht den Eindruck, als seien sie geneigt, sich auf Gewaltabenteuer oder gar auf Krieg einzulassen.« (Nach Charles G. Tansill, *Back Door to War* [New York 1952], 365–366. Deutsche Ausgabe: *Die Hintertür zum Kriege* [Düsseldorf 1955].)
50 N. D. C–175.
51 ADAP, I, Nr. 19

ZEHNTES KAPITEL

1 Eidliche Aussage der Baronin von Ritter, einer Verwandten Neuraths. IMT, XVI, S. 700.
2 IMT, XVI, S. 700.
3 IMT, XVI, S. 701.
4 Der scharfsinnige französische Botschafter François-Poncet, der ihn gut kannte, sagt in seinen Memoiren, Schacht habe sich eine Zeitlang mit der Hoffnung getragen, Nachfolger Hindenburgs und sogar Hitlers zu werden, »wenn es mit dem Führer schief gehen sollte«. Op. cit., S. 221.
5 N. D. 1780-PS.
6 N. D. 1780-PS.
7 N. D. 1780-PS.
8 Telford Taylor, *Sword and Swastika* [New York 1952], S. 149/50. Das Manuskript der Memoiren Blombergs befindet sich im Departmental Records Branch in Alexandria, Virginia.

9 Das kostete Hoßbach zwei Tage später die Stellung, aber nicht das Leben, wie manche fürchteten. Er kehrte ins Oberkommando des Heeres zurück, stieg im Krieg zum General der Infanterie und Oberbefehlshaber der 4. Armee auf, bis er am 28. Januar 1945 von Hitler per Telefon brüsk entlassen wurde, weil er entgegen den Führerbefehlen seine Truppen zurückgenommen hatte.

10 Bullock, op. cit., S. 417, und Wheeler-Bennett, op. cit., S. 392/93.

11 Wolfgang Förster, *Ein General kämpft gegen den Krieg* [München 1949], S. 70–73.

12 *Reichsgesetzblatt 1938*, S. 111.

13 Um die Aufmerksamkeit von der Wehrmachtskrise abzulenken und etwas von Neuraths Prestige im In- und Ausland zu bewahren, schuf Hitler auf Görings Vorschlag hin einen sogenannten Geheimen Kabinettsrat, der einem, ebenfalls am 4. Februar 1934 erlassenen, Dekret zufolge den Führer in außenpolitischen Dingen beraten sollte. Vorsitzender des Rats wurde Neurath, und zu seinen Mitgliedern gehörten Keitel und die Chefs der drei Wehrmachtteile sowie die wichtigsten Angehörigen des normalen Kabinetts und einige Parteigrößen. Goebbels' Propagandaapparat bauschte die Sache auf, so daß man den Eindruck gewinnen mußte, es handele sich um ein Superkabinett und Neurath wäre befördert worden. In Wirklichkeit war der Geheime Kabinettsrat reine Fiktion. Er trat nie in Funktion. Göring erklärte im Nürnberger Prozeß: »Einen solchen Rat gäbe es zwar nicht, aber der Ausdruck wäre sehr schön, und es könne sich jeder darunter irgend etwas vorstellen ... Ich erkläre unter Eid, daß dieser Kabinettsrat nie, zu keinem Zeitpunkt, auch nur für eine Minute zusammengetreten ist.« IMT, IX, S. 326.

14 Als Papen 36 Stunden später nach Berlin zurückkehrte und Hitler in der Reichskanzlei aufsuchte, fand er ihn immer noch »in einem an Hysterie grenzenden Zustand«. Papen, op. cit., S. 428.

ELFTES KAPITEL

1 ADAP, I, Nr. 273, S. 398.

2 Papen, op. cit., S. 456.

3 Papen, op. cit., S. 458.

4 Es war zufällig der 4. Jahrestag des von der Dollfuß-Regierung, deren Mitglied auch Schuschnigg gewesen war, angerichteten Gemetzels unter den österreichischen Sozialdemokraten. Am 12. Februar 1934 hatten 17000 Mann der regulären Truppe und der faschistischen Miliz das Wiener Arbeiterviertel unter Artilleriebeschuß genommen, 1000 Männer, Frauen und Kinder getötet und 3000–4000 weitere verwundet. Die demokratische Freiheit wurde damit ausgelöscht; Dollfuß errichtete eine klerikal-faschistische Diktatur, die von Schuschnigg weiter ausgeübt wurde. Wie diejenigen von uns, die in jenen Tagen in Berlin und Wien arbeiteten, bezeugen können, war diese Diktatur entschieden milder als die nationalsozialistische Spielart. Nichtsdestoweniger beraubte sie das österreichische Volk seiner politischen Freiheit und unterwarf es einem schärferen Druck, als es ihn in den letzten Jahrzehnten der Habsburger Monarche erlebt hatte. Der Verfasser hat dies eingehender in seinem Buch *Midcentury Journey* behandelt.

5 Schuschnigg zeichnete nachher die, wie er sagt, »wichtigen Passagen« der einseitigen Unterredung aus dem Gedächtnis auf. Obwohl diese Niederschrift die Besprechung nicht wörtlich wiedergibt, so klingt sie doch für jeden, der Hitlers zahllose Äußerungen und Redeweise studiert hat, wahrhaftig und wird im wesentlichen nicht nur von den nachfolgenden Ereignissen, sondern auch von den anderen, an jenem Tage auf dem Berghof anwesenden Personen, vor allem von Papen, Jodl und Guido Schmidt verifiziert. Ich bin Schuschniggs eigener Darstellung in *Ein Requiem in Rot-Weiß-Rot*, S. 37–51, und seiner Aussage in Nürnberg, N. D. 2995-PS, gefolgt.

6 ADAP, I, Nr. 294, S. 422.
7 N. D. 2995-PS.
8 Schuschnigg, *Ein Requiem in Rot-Weiß-Rot* [Zürich 1949], S. 47.
9 N. D. 2995-PS.
10 Die Darstellung, die Schuschnigg in seinem Buch von Hitlers Drohungen gibt, weicht ein wenig von seiner eidesstattlichen Erklärung in Nürnberg ab. Ich habe in geraffter Form beide benutzt.
11 Schuschnigg, op. cit., S. 49.
12 Schuschnigg, op. cit., S. 49, und N. D. 2995–PS.
13 Schuschnigg, op. cit., S. 50.
14 Papen gibt eine etwas andere Version, aber diejenige Schuschniggs klingt überzeugender. Papen, op. cit., S. 472.
15 N. D. 1775-PS.
16 Jodls Tagebuch, N. D. 1780-PS.
17 Nach den von mir selbst während der Rundfunkübertragung gemachten Notizen.
18 ADAP, I, Nr. 325, S. 448.
19 Jodls Tagebuch, N. D. 1780-PS.
20 Nach dem Krieg, während eines Prozesses gegen einen österreichischen Nationalsozialisten in Wien, sagte der als Zeuge geladene Präsident Miklas, die Volksabstimmung sei Schuschnigg von Frankreich empfohlen worden. Papen deutet in seinen Memoiren an, der französische Gesandte in Wien, M. Puaux, ein naher persönlicher Freund Schuschniggs, sei »Vater der Volksabstimmungsidee« gewesen. Er räumt indes ein, daß Schuschnigg sie jedenfalls auf eigene Verantwortung annahm. Miklas' Aussage s. in NCA, Supplement A, S. 523.
21 Schuschnigg, op. cit., S. 60.
22 Jodls Tagebuch, N. D. 1780-PS.
23 N. D. 102–C.
24 N. D. 103–C.
25 Die gestrichenen Stellen wurden nach dem Krieg im Archiv des italienischen Außenministeriums gefunden.
26 ADAP, I, Nr. 352, S. 468–470.
27 Gerechterweise muß gesagt werden, daß Schuschniggs Volksabstimmung kaum demokratischer vor sich gegangen wäre als die Hitlerwahlen in Deutschland. Da es in Österreich seit 1933 keine freien Wahlen gegeben hatte, waren die Wahllisten nicht à jour gebracht. Nur Personen über 24 Jahre waren wahlberechtigt. Und für einen Wahlkampf, selbst wenn er den oppositionellen Gruppen, also den Nationalsozialisten und Sozialdemokraten, erlaubt worden wäre, war die Zeit zu kurz. Die Sozialdemokraten würden fraglos mit Ja gestimmt haben, denn Schuschnigg war in ihren Augen ein kleineres Übel als Hitler; außerdem war ihnen die Wiederherstellung der politischen Freiheiten versprochen worden. Mit Hilfe ihrer Stimmen würde Schuschnigg zweifellos den Sieg davongetragen haben.
28 N. D. 2949–PS.
29 Aussage von Wilhelm Miklas vom 30. Januar 1946 im Prozeß gegen Dr. Rudolf Neumayer. Obwohl der frühere Präsident hier den zeitlichen Ablauf der Ereignisse jenes schicksalhaften Tages ein bißchen durcheinanderbringt, ist seine Aussage doch von großem Wert. N. D. 3697–PS.
30 Schuschnigg, op. cit., S. 79.
31 In der erwähnten Zeugenaussage bestritt Miklas, daß er Schuschnigg gebeten habe, so etwas zu sagen. Aber Schuschniggs Rundfunkansprache trug dazu bei, Miklas' Position zu unterhöhlen. Der bejahrte Präsident hielt indes noch mehrere Stunden durch, ehe er kapitulierte.
32 Es war die Weisung Nr. 2, »Unternehmen Otto«, in der es u. a. hieß: »Die Forderungen des deutschen Ultimatums an die österreichische Regierung sind nicht erfüllt worden... Zur

Vermeidung weiteren Blutvergießens in österreichischen Städten wird der Vormarsch der deutschen Wehrmacht nach Österreich am 12. 3. bei Tagesanbruch nach Weisung Nr. 1 angetreten. Ich erwarte, daß die gesteckten Ziele unter Aufbietung aller Kräfte so rasch als möglich erreicht werden. Adolf Hitler.« N. D. 182–C.

33 In Wirklichkeit bemühte sich Seyß-Inquart bis spät nach Mitternacht, Hitler von dem Einmarsch abzuhalten. Aus einem Memorandum des deutschen Auswärtigen Amtes geht hervor, daß General Muff am 12. März, 2.10 Uhr früh, in Berlin anrief und auf Anweisung von Bundeskanzler Seyß-Inquart darum bat, »die Bereitschaften sollten bleiben, aber nicht die Grenze überschreiten.« General Muff, einem anständigen Mann und Offizier der alten Schule, scheint die Rolle, die er in Wien zu spielen hatte, peinlich gewesen zu sein. Als man ihm aus Berlin sagte, Hitler denke nicht daran, seine Truppen zurückzuhalten, erwiderte er, »er bedauere diese Mitteilung«. ADAP, I, Nr. 364, S. 477–478.

34 N. D. 2949–PS.

35 ADAP, I, Nr. 331, S. 454.

36 In Nürnberg sagte Guido Schmidt unter Eid aus, daß sowohl er wie Schuschnigg die Missionen der »Großmächte« über Hitlers Ultimatum »in allen Einzelheiten« informiert hätten. S. TMWC, XVI, S. 153. Außerdem hatten meines Wissens die Wiener Korrespondenten der *Times* und des *Daily Telegraph* ihren Blättern einen ausführlichen und genauen Bericht durchtelefoniert.

37 ADAP, I, Nr. 146, S. 217.

38 ADAP, I, Nr. 150 und 151, S. 227.

39 N. D. 3287-PS. Freiherr v. Weizsäcker vom Auswärtigen Amt ließ am 12. März an alle deutschen Missionen im Ausland zum Zweck der »Informierung und Orientierung« ein Telegramm abgehen, das die gleichen Unwahrheiten enthielt. Die Behauptung Schuschniggs, Deutschland habe ein Ultimatum gestellt, »sei völlig aus der Luft gegriffen. In Wahrheit sei Frage Entsendung militärischer Kräfte aus dem Reich erst durch bekanntes Telegramm neugebildeter österreichischer Regierung aufgeworfen worden. Angesichts drohender Gefahr Bürgerkrieges habe Reichsregierung sich entschlossen, diesem Appell Folge zu geben.« So belog das Auswärtige Amt nicht allein ausländische Diplomaten, sondern auch seine eigenen. In einem dickleibigen Buch, das Weizsäcker nach dem Krieg schrieb, behauptete er wie so viele andere Deutsche, die unter Hitler in Amt und Würden waren, er sei stets ein Gegner der Nationalsozialisten gewesen. [Wortlaut des Telegramms in ADAP, I, Nr. 366, S. 479.]

40 Feldmarschall von Manstein hob in Nürnberg, bei seiner Aussage am 9. August 1946 hervor, »daß damals, wie Hitler uns die Anordnungen über Österreich gab, seine Hauptsorge nicht etwa ein Eingreifen der Westmächte gewesen ist, sondern seine einzige Sorge war die Haltung Italiens, weil Italien immer mit Österreich und auch mit den Habsburgern anscheinend zusammengesteckt hatte.« IMT, XX, S. 659.

41 IMT, XV, S. 687.

42 Memorandum Seyß-Inquarts für den Nürnberger Prozeß, 9. Sept. 1945. N. D. 3245-PS.

43 Dennoch dürfte, von Papen unbemerkt, unter der Ekstase Hitlers eine Flamme der Rachsucht gegen eine Stadt und eine Bevölkerung gelodert haben, die ihn in seiner Jugend nicht gewürdigt hatten. Darauf mag auch zum Teil die Kürze seines Aufenthalts zurückzuführen sein. Zwar sagte Hitler ein paar Wochen später bei einer Wahlkundgebung zum Wiener Bürgermeister: »Seien Sie versichert, in meinen Augen ist diese Stadt ein Kleinod. Ich werde ihm eine Fassung geben, die seiner würdig ist.« Aber wahrscheinlich äußerte sich hierin mehr eine wahlpropagandistische Absicht als sein wahres Gefühl. Dieses Gefühl brach einmal aus ihm hervor, als er 1943 mit Baldur von Schirach, dem Gauleiter von Wien, eine hitzige Besprechung hatte. Schirach sagte bei seiner Vernehmung in Nürnberg:

»Der Führer fing nun an, in einem, ich möchte sagen, maßlosen Haß sich gegen die Wiener

Bevölkerung zu äußern ... Hitler sprach unter anderem gegen 4 Uhr morgens ein Wort aus, das ich aus historischen Gründen hier festhalten will. Er sagte: Wien hätte eigentlich nie in den Verband des Großdeutschen Reiches aufgenommen werden dürfen. Hitler hat Wien niemals geliebt. Er hat die Wiener Bevölkerung gehaßt.«
Was Papen anging, so wurde ihm an diesem Tag die festliche Stimmung verdorben. Er erfuhr, daß Wilhelm von Ketteler, sein enger Freund und Mitarbeiter in der deutschen Gesandtschaft, unter Umständen verschwunden war, die auf dunkle Machenschaften der Gestapo schließen ließen. Kettelers Leiche wurde Ende April aus der Donau gefischt. Wiener Gestapo-Schläger hatten ihn ermordet und seine Leiche in den Fluß geworfen.

44 *Völkischer Beobachter*, 11. April 1938.

45 Wenige Monate später, am 8. Oktober, wurde das Kardinalspalais gegenüber dem Stephansdom von Nazirabauken gestürmt. Zu spät hatte Innitzer den Nationalsozialismus durchschaut, zu spät hatte er in einer Predigt gegen die Kirchenverfolgung gewettert.

46 N. D. 297-EC.

ZWÖLFTES KAPITEL

1 N. D. 396-PS.

2 Das Aktenstück »Fall Grün« wurde auf dem Obersalzberg im Keller aufbewahrt und fiel amerikanischen Truppen unversehrt in die Hände. Schmundts »Zusammenfassung der Besprechung Führer/Gen. Keitel am 21. 4.« bildete das zweite Dokument der Aktensammlung. Das ganze Aktenstück lag dem Tribunal in Nürnberg als Beweisurkunde 388-PS vor.

3 Klammern im Original.

4 Geheime Denkschrift des Auswärtigen Amtes vom 19. August 1938. N. D. 3059-PS.

5 ADAP, II, Nr. 107, S. 158.

6 ADAP, II, Nr. 145, S. 202.

7 ADAP, II, Nr. 155, S. 216.

8 N. D. 388-PS.

9 Ebda.

10 N. D. 388-PS.

11 ADAP, II, Nr. 182, S. 245.

12 ADAP, II, Nr. 191, S. 254.

13 *Völkischer Beobachter*, 31. Januar 1939.

14 N. D. 3037-PS. Fritz Wiedermann, einer der Adjutanten des Führers, der bei der Besprechung zugegen war, sagte in Nürnberg unter Eid aus, er sei von dieser Erklärung »beträchtlich erschüttert gewesen«.

15 Undatierte Tagebucheintragung Jodls. N. D. 1780-PS.

16 N. D. 388-PS.

17 N. D. 1780-PS.

18 Den Wortlaut der Denkschriften gibt Wolfgang Förster wieder in *Ein General kämpft gegen den Krieg* [München 1949], S. 81–119.

19 Jodls Tagebuch. N. D. 1780-PS.

20 N. D. 1780-PS.

21 *Vom anderen Deutschland*, Tagebuch Ulrich v. Hassells [Zürich 1946], S. 19.

22 ADAP, II, Nr. 244, S. 312.

23 Ebda., Nr. 261, S. 336–338.

24 Ebda., Nr. 332, S. 420–422.

25 N. D. 2796-PS.

26 N. D. 388-PS.
27 Jodls Tagebuch, N. D. 1780-PS. Telford Taylor schildert in *Sword and Swastika*, op. cit., an Hand von General Adams unveröffentlichten Memoiren diese Szene ausführlicher.
28 Jodls Tagebuch, N. D. 1780-PS.
29 Die Berichte über Kleists Besuch stehen in *Documents on British Foreign Policy*, 3. Serie, II.
30 Kleist kehrte am 23. August nach Berlin zurück und zeigte den Brief Beck, Halder, Hammerstein, Canaris, Oster und anderen Verschwörern. Wheeler-Bennett, *Nemesis*, S. 436, schreibt auf Grund einer ihm nach dem Krieg von Fabian v. Schlabrendorff gegebenen Information, von dem Brief seien zwei Abschriften angefertigt worden, eine für Beck und eine für Canaris. »Das Original erhielt Kleist zurück. Er verwahrte es in seinem Landhaus in Schmenzin in Pommern. Nach dem 20. Juli 1944 wurde ... der Brief von der Gestapo entdeckt. Das Dokument wurde in seinem Prozeß vor dem Volksgerichtshof von der Anklage gegen ihn verwendet und trug zu dem ... Todesurteil bei.« In Wirklichkeit wurde Churchills Brief den deutschen Behörden viel früher bekannt, als die Verschwörer ahnten. In den Akten des deutschen Auswärtigen Amtes fand ich einen Vermerk, der zwar nicht datiert, an dem aber ersichtlich ist, daß er am 6. September 1938 zur Vorlage kam, mit der Kennzeichnung: »Auszug aus einem Brief Winston Churchills an einen deutschen Vertrauensmann.« S. ADAP, II, Nr. 436, S. 562.
31 *Documents on British Foreign Policy*, 3. Serie, II, 686–687.
32 Henderson, *Failure of a Mission* [London 1940], S. 147, 150.
33 Einen Bericht über die Unterredung gibt Kordts Bruder Erich in seinem Buch *Nicht aus den Akten* [Stuttgart 1950], S. 279–281.
34 ADAP, II, Nr. 469, S. 601.
35 ADAP, II, Nr. 470, S. 602.
36 L. B. Namier, *Diplomatic Prelude* [London 1948], S. 35.
37 Es gibt eine Menge Material über diese Unterredung. Der Wortlaut von Schmidts amtlichem Protokoll steht in ADAP, II, Nr. 487, S. 627–636. Ferner gibt Schmidt in seinem Buch *Statist auf diplomatischer Bühne*, S. 401–406, einen Augenzeugenbericht. Chamberlains Notizen sind zu finden in *Documents on British Foreign Policy*, 3. Serie, S. 338–341; der nach der Zusammenkunft an seine Schwester geschriebene Brief Chamberlains ist wiedergegeben bei Keith Feiling, *Life of Neville Chamberlain* [London 1946], S. 366–368. Vgl. auch Nevile Henderson, *Failure of a Mission*, op. cit., S. 152–154.
38 Sowohl in seiner Unterredung mit Hitler wie in seinem Bericht vor dem Unterhaus übernahm Chamberlain, der offenbar keine große Kenntnis von der deutschen Geschichte hatte, dieses inkorrekte Wort »zurückkehren«. Die Sudetendeutschen hatten zu Österreich, nicht aber zu Deutschland gehört.
39 ADAP, II, Nr. 489, S. 639.
40 ADAP, II, Nr. 500, S. 648.
41 Feiling, op. cit., S. 367.
42 N. D. C-2.
43 ADAP, II, Nr. 554, S. 689.
44 ADAP, II, Nr. 523, S. 665.
45 Bei der Herausgabe der Dokumente, die ihre zum Münchner Abkommen führende Politik rechtfertigen sollten, haben es die britische und die französische Regierung bezeichnenderweise unterlassen, den Wortlaut dieser tschechischen Note zu veröffentlichen.
46 Bonnets verräterisches Verhalten ist eine zu komplizierte Geschichte, um hier im einzelnen dargestellt werden zu können. Vgl. Wheeler-Bennet, *Munich*, op. cit., Herbert Ripka, *Munich, Before and After* [London 1939], Pertinax, *The Grave Diggers of France* [New York 1944].
47 Die wichtigsten Quellen für das Godesberger Treffen sind: Schmidts Protokolle von den beiden Besprechungen, ADAP, II, S. 694–702 und S. 716–724; Schmidts Darstellung in *Statist*

auf diplomatischer Bühne [Bonn 1954], S. 407–414; Briefwechsel zwischen Hitler und Chamberlain am 23. September, ADAP, II, S. 773–775; Kirkpatricks Notizen, *Documents on British Foreign Policy*, II, S. 463–473 und S. 499–508; Henderson, *Failure of a Mission* [New York 1940] S. 156–162.

48 Hitler wußte bereits, daß die Tschechen die englisch-französischen Vorschläge angenommen hatten. In Jodls Tagebuch vom 21. September, 11.30 Uhr, findet sich der Vermerk, der Adjutant des Führers habe soeben angerufen: »Der Führer hat vor 5 Minuten die Mitteilung bekommen, daß Prag bedingungslos angenommen habe.« Um 12.45 Uhr notiert Jodl: »Unterrichtung der Gruppenleiter und Anweisung, die Vorbereitungen für Grün zwar fortzusetzen, aber sich alles zurechtzulegen, was für einen friedensmäßigen Einmarsch in Frage kommt.« Es ist jedoch möglich, daß Hitler die Einzelheiten des englisch-französischen Plans erst von Chamberlain erfuhr. Jodls Tagebuch: N. D. 1780-PS.

49 Die tschechische Mobilmachung begann am 23. September, 22.30 Uhr.

50 Jodls Tagebuch: N. D. 1780-PS.

51 In dem Godesberger Memorandum (ADAP, II, S. 725–726) wurde die Forderung gestellt, daß alle tschechischen bewaffneten Kräfte, auch die Polizei, bis zum 1. Oktober aus großen, auf der Landkarte rot schraffierten Gebieten abzuziehen seien. Über die Zukunft weiterer, grün schraffierter Gebiete sollte eine Volksabstimmung entscheiden. In den zu räumenden Gebieten sollten alle militärischen Einrichtungen sowie Verkehrsmittel, »insbesondere das rollende Material des Eisenbahnnetzes« den Deutschen unversehrt übergeben werden. »Endlich ist jeder Abtransport von Lebensmitteln, Gütern, Vieh, Rohstoffen usw. zu unterlassen.« Viele hunderttausend Tschechen durften also aus dem Sudetenland nicht einmal ihren Hausrat und ihre Kuh mitnehmen.

52 *The Times*, London, 24. September 1938.

53 Die tschechische Antwort ist ein ergreifendes und prophetisches Dokument. Die Godesberger Vorschläge, hieß es darin, »nehmen unserer nationalen Existenz jede Sicherheit«. Text in: *British White Paper*, Cmd. 5847, Nr. 7.

54 Ein Protokoll Dr. Schmidts fehlt in den Akten des Auswärtigen Amtes, doch schildert er die Szene in seinem Buch, S. 414–416. Kirkpatricks Notizen sind enthalten in *Documents on British Foreign Policy*, Serie III, Bd. II, Nr. 1. Henderson gibt eine Darstellung in seinem Buch, S. 163.

55 Wilsons Äußerung wird in Schmidts Protokoll in Englisch wiedergegeben.

56 N. D. 388-PS.

57 ADAP, II, Nr. 647, S. 782.

58 Für den Telegrammwechsel Roosevelt/Hitler vgl. ADAP, II.

59 ADAP, II, Nr. 646, S. 781/82.

60 ADAP, II, Nr. 635, S. 773–775.

61 Der Brief wurde Hitler am nächsten Tage durch Henderson überreicht. Wortlaut in: *British White Paper*, Cmd. 5848, Nr. 1.

62 Henderson, op. cit., S. 144. *Documents on British Foreign Policy*, Serie III, Bd. II, S. 614.

63 N. D. 1780-PS.

64 Quellen erster Hand für die »Halder-Verschwörung«: Halders Vernehmung in Nürnberg durch Captain Sam Harris, einen New Yorker Anwalt. NCA, Suppl. B, S. 1547–71. Ferner Halders Memorandum, das in Nürnberg der Presse gegeben wurde, aber weder in den NCA- noch IMT-Bänden enthalten ist. Hans Gisevius, *Bis zum bitteren Ende*, und seine Aussage in Nürnberg, IMT, XII. Schacht, *Abrechnung mit Hitler*. Die Darstellungen widersprechen einander in gewissen Punkten und sind auch in sich selbst widersprüchlich. Es ist zu bedenken, daß alle drei Männer anfänglich dem NS-Regime gedient hatten und in Nürnberg bestrebt waren, ihre Opposition gegen Hitler und ihre Friedensliebe unter Beweis zu stellen. Einer der Hauptverschwörer war auch Erich Kordt, Chef des »Büro Ribbentrop« im Auswärtigen Amt. In Nürn-

berg verfaßte er eine lange Denkschrift über die Ereignisse vom September 1938, die mir zur Verfügung gestellt wurde.

65 Kordts Denkschrift, die mir zur Verfügung stand. (Rückübersetzt. Anm. d. Übers.).

66 Die Besprechungen am Vormittag des 28. September in der Reichskanzlei sind dargestellt bei Schmidt, op. cit., S. 418–421; Poncet, op. cit., S. 265–268; Henderson, op. cit., S. 166–171.

67 Schmidt, op. cit., S. 420.

68 Henderson, op. cit., S. 168/69; Schmidt, op. cit., S. 421.

69 Bullock, op. cit., S. 469: »Es ist so gut wie sicher, daß es Mussolini war, der durch sein Eingreifen das Blatt wendete.«

70 NCA, Suppl. B., S. 1553–58.

71 Schacht, *Abrechnung mit Hitler* [Berlin-Frankfurt 1949], S. 82.

72 Gisevius, op. cit., Bd. II, S. 75/76.

73 Zum Beispiel sagt General Georg Thomas, Chef des Wehrwirtschafts- und Rüstungsamtes des OKW, der zu den Verschwörern gehörte, das Unternehmen wäre leider dadurch zum Scheitern verurteilt gewesen, weil Witzleben die jüngeren Offiziere für eine politische Aktion dieser Art für unzuverlässig hielt. Vgl. *Gedanken und Ereignisse*, in: *Schweizerische Monatshefte*, Dezember 1945.

74 Galeazzo Ciano, *Tagebücher 1937/38* [Hamburg 1949], S. 240.

75 Am Abend vorher hatte Chamberlain Präsident Benesch telegrafiert, er gehe nach München in der Absicht, sich um einen Vergleich zwischen der deutschen und der tschechischen Regierung zu bemühen. Benesch hatte unverzüglich erwidert: »Ich bitte Sie inständig, in München nichts geschehen zu lassen, ohne daß die Tschechoslowakei angehört wird.« *(Documents on British Foreign Policy*, 3. Serie, II, S. 599 und 604.

76 ADAP, II, 670, 804–808.

77 Über die deutsche Herkunft von Mussolinis Vorschlägen sagte Erich Kordt im Wilhelmstraße-Prozeß in Nürnberg am 4. Juni 1948 aus. Kordt berichtet darüber auch in seinem Buch *Wahn und Wirklichkeit* [Stuttgart 1947], S. 129–131. Dr. Schmidt (op. cit., S. 423, bestätigt im wesentlichen Kordts Darstellung und bemerkt, »die Übersetzung [von Mussolinis Vorschlägen] wurde mir dadurch erleichtert, daß ich [sie] bereits einmal vorher, und zwar in Berlin, aus dem Deutschen ins Französische übersetzt hatte«. Auch Ciano notierte am 29.–30. September, Mussolinis Vorschlag sei in Wirklichkeit am Abend vorher von der italienischen Botschaft mit dem Bemerken nach Rom weitergegeben worden, er bringe die Wünsche der deutschen Regierung zum Ausdruck. Ciano, op. cit., S. 241.

78 Schmidt, op. cit., S. 422.

79 Das Abkommen sah die Besetzung der Gebiete »vorwiegend deutschen Charakters« in vier Etappen zwischen dem 1. und 7. Oktober vor. Das restliche Gebiet »wird unverzüglich von dem obenerwähnten internationalen Ausschuß festgestellt und bis zum 10. Oktober durch deutsche Truppen besetzt werden«. Der genannte Ausschuß sollte aus Vertretern der vier Großmächte und der Tschechoslowakei zusammengesetzt werden. England, Frankreich und Italien »vereinbaren, daß die Räumung des Gebiets bis zum 10. Oktober vollzogen wird, und zwar ohne Zerstörung irgendwelcher bestehender Einrichtungen, und daß die Tschechoslowakische Regierung die Verantwortung dafür trägt, daß die Räumung ohne Beschädigung der bezeichneten Einrichtungen durchgeführt wird«.

Ferner sollte der Ausschuß die Gebiete bestimmen, in denen eine Volksabstimmung stattzufinden habe, die »jedoch nicht später als Ende November« anzusetzen sei. Auch sollte der Ausschuß die endgültige Festlegung der Grenzen vornehmen. In einem Zusatz zu dem Abkommen erklärten die Regierungen Englands und Frankreichs, »daß sie zu dem Angebot... betreffend eine internationale Garantie der neuen Grenze des Tschechoslowakischen Staates gegen einen unprovozierten Angriff stehen. Sobald die Frage der polnischen und ungarischen Minderheiten

in der Tschechoslowakei geregelt ist, werden Deutschland und Italien ihrerseits der Tschechoslowakei eine Garantie geben.«
Volksabstimmungen fanden niemals statt. Weder Deutschland noch Italien gaben jemals die Garantie, auch nicht nachdem die Frage der polnischen und ungarischen Minderheiten geregelt war. Und England und Frankreich weigerten sich, wie wir noch sehen werden, »zu dem Angebot betreffend eine internationale Garantie ... zu stehen«. (Wortlaut des Münchener Abkommens in: *Reichsgesetzblatt*, Jrg. 1938, Teil II, Nr. 49.)
80 Quellen für diese Chamberlain-Hitler-Besprechung: ADAP, II, für den Wortlaut der Erklärung, ADAP, IV, für Schmidts amtliches Memorandum; Schmidts Buch, op. cit., S. 425. *Documents on British Foreign Policy*, 3. Serie, II, Nr. 1228, enthalten eine geringfügig abweichende Version.
81 ADAP, IV, Nr. 3, S. 6.
82 Jodls Tagebuch, N. D. 1780-PS.
83 IMT, X, 572.
84 IMT, XX, 660. Selbst Hitler war davon nach Besichtigung der tschechischen Verteidigungslinie zumindest teilweise überzeugt. In diesem Sinne äußerte er sich später einmal gegenüber Dr. Carl Burckhardt, dem Völkerbundskommissar für Danzig. Pertinax, *The Grave Diggers of France* [New York 1944], S. 5.
85 IMT, XX, 397.
86 Gamelin, *Servir* [Paris 1946], S. 344–346. Ein enttäuschendes Buch! Ferner: Pertinax, *The Grave Diggers of France*, S. 3, der diese Äußerung des Generals bestätigt. Beide Bücher sind auch die Quellen für Gamelins Stellungnahmen am 26. und 28. September.
87 Churchill, *The Gathering Storm*, S. 339.
88 ADAP, Nr. 476, S. 529–530.
89 Aussage Schachts in Nürnberg, IMT, XIII, S. 4.
90 Vgl. S. 366.
91 N. D. 739-PS.

DREIZEHNTES KAPITEL

1 N. D. 388-PS.
2 Ebda.
3 N. D. C-136.
4 ADAP, IV, Nr. 45, S. 46.
5 Heydrichs Befehle an die Polizei zur Veranstaltung des Pogroms, N. D. 3051-PS; Heydrichs Bericht an Göring über den angerichteten Schaden und die Zahl der Toten und Verwundeten, N. D. 3058-PS; Bericht des Obersten Parteigerichts an Hermann Göring, N. D. 3063-PS; stenographisches Protokoll einer Besprechung Görings mit Kabinettsmitgliedern, Beamten und einem Vertreter der Versicherungsgesellschaften am 12. November, N. D. 1816-PS.
6 Major Buchs Bericht vermittelt ein authentisches Bild von der Justiz im Dritten Reich. Darin steht zu lesen: »In den folgenden Fällen der Tötung von Juden wurden die Verfahren eingestellt oder geringfügige Strafen ausgesprochen.« Dann folgt eine lange Reihe solcher »Fälle« mit Angabe der Namen von Mördern und Ermordeten. »Der Pg. *Frühling*, August, wegen Erschießung des jüdischen Ehepaares Goldberg und wegen Erschießung des Juden Sinasohn ... Die Pgg. *Behring*, Willi, und *Heike*, Josef, wegen Erschießung des Juden Rosenbaum und wegen Erschießung der Jüdin Zwienicki ... Die Pgg. *Schmidt*, Heinrich, und *Meckler*, Ernst, wegen Ermordung des Juden Elsoffer durch Ertränken ...«, usw., usw.
7 Als Göring in Nürnberg von Richter Jackson ins Kreuzverhör genommen wurde, sagte er:

»Jawohl, das war eine Äußerung des Unmuts und der momentanen Erregung ... Es war nicht ernstlich gemeint.« IMT, IX, S. 597.

8 Der amerikanische Botschafter in Berlin, Hugh Wilson, wurde am 14. November, zwei Tage nach Görings Konferenz, von Präsident Roosevelt »zur Beratung« nach Washington berufen und kehrte nicht mehr auf seinen Posten zurück. Der deutsche Botschafter in Washington, Hans Dieckhoff, der an diesem Tag nach Berlin berichtete: »Augenblicklich tobt hier ein Orkan«, wurde am 18. November abberufen und kehrte ebenfalls nicht zurück. Am 30. November gab der deutsche Geschäftsträger in Washington, Hans Thomsen, mit einem chiffrierten Telegramm Berlin den Rat: »Mit Rücksicht auf mehrfach berichtete Unsicherheit für Geheimmaterial [in der Botschaft] und gegenwärtige gespannte Verhältnisse erscheint es zweckmäßig, bisher angesammelte politische geheime Akten auf sicherem Wege nach Berlin zu befördern. Ihr Umfang [ist] derart, daß sie gegebenenfalls nicht schnell genug vernichtet werden können.« ADAP, IV, Nr. 501, S. 561.

9 N. D. 1816-PS.

10 Am 28. Januar 1939 gab Lord Halifax Präsident Roosevelt die geheime Warnung: »Schon seit November 1938 gibt es immer deutlicher werdende Anzeichen, daß Hitler für das Frühjahr 1939 ein weiteres ausländisches Abenteuer plant... Berichte lassen darauf schließen, daß Hitler, von Ribbentrop, Himmler und anderen ermutigt, einen Angriff auf die Westmächte als Vorspiel einer späteren Aktion im Osten erwägt.« *Documents on British Foreign Policy*, 3. Serie, IV, Nr. 5.

11 Cianos *Diplomatic Papers* [London 1948], S. 242–246. Eine deutsche Version von Ribbentrops Gespräch mit Ciano vom 28. Oktober in Rom ist in ADAP, IV, Nr. 400, S. 452–456, enthalten. Es handelt sich um eine Aufzeichnung von Dr. Schmidt, die Ribbentrops kriegslüsterne Haltung bestätigt. Darin heißt es, »ein bewaffneter Konflikt mit den westlichen Demokratien« sei »bereits jetzt vorzubereiten«. Ribbentrop sagte auch zu Ciano, München habe die Stärke der Isolationisten in den USA offenbart, »so daß ... von seiten Amerikas ... nichts zu fürchten wäre«.

12 Schmidt, op. cit., S. 431; ADAP, IV, Nr. 370.

13 ADAP, IV, Nr. 61, S. 67.

14 ADAP, IV, Nr. 68, S. 76.

15 N. D. C-138.

16 Telegramm des Geschäftsträgers. ADAP, IV, Nr. 156, S. 166.

17 Hitler verlangte auch, daß die tschechoslowakische Nationalbank einen Teil ihrer Goldreserven – der geforderte Betrag belief sich auf 391,2 Millionen Tschechenkronen – an die Reichsbank transferiere. Am 18. Februar schrieb Göring an das deutsche Auswärtige Amt: »Bei der immer schwieriger werdenden Devisenlage muß ich entscheidenden Wert darauf legen, daß in kürzester Frist die 30–40 Millionen Reichsmark in Gold, um die es sich handelt, in unsere Hand kommen; sie werden für die Ausführung wichtiger Befehle des Führers dringend benötigt.« ADAP, IV, Nr. 170, S. 187.

18 Aufzeichnungen der Besprechungen Chvalkovskys mit Hitler und Ribbentrop in ADAP, IV, Nr. 158 und 170. Chvalkovskys eigener Bericht für das tschechoslowakische Kabinett vom 23. Januar in den tschechischen Archiven, zit. von Wheeler-Bennett in *Munich*, op. cit., S. 316/17. Vgl. a. Französisches Gelbbuch, S. 55/56.

19 Text der Note [in Englisch] in ADAP, IV, Nr. 164, S. 181.

20 Ebda., Nr. 175, S. 190/91.

21 ADAP, IV, Nr. 168, S. 183–185.

22 ADAP, IV, S. 234/35.

23 Nach einem späteren Bericht des britischen Gesandten in Prag. N. D. D-571.

24 Geheimprotokoll der Hitler-Tiso-Besprechung in ADAP, IV, Nr. 202, S. 212–214.

25 Unter den Historikern bestehen über diesen Punkt Meinungsverschiedenheiten. Einige meinen, Hacha sei von den Deutschen gezwungen worden, nach Berlin zu gehen. Wahrscheinlich stützen sie sich hierbei auf eine Depesche des französischen Botschafters in Berlin, der es »aus zuverlässiger Quelle« erfahren haben wollte. (Französisches Gelbbuch, Nr. 77, S. 96.) Aber die nach dem Kriege ans Tageslicht gekommenen Akten des deutschen Auswärtigen Amts lassen keinen Zweifel darüber, daß die Initiative von Hacha ausging.

26 ADAP, IV, Nr. 203, S. 215.

27 Bei seiner Vernehmung in Nürnberg gab Göring zu, Hacha gesagt zu haben, »daß es mir leid täte, wenn ich das schöne Prag bombardieren müßte«. Er habe zwar im Ernst nicht daran gedacht, seine Drohung wahrzumachen, denn »das wäre nicht notwendig gewesen... Aber ein solcher Hinweis, glaubte ich, daß er als Argument mitwirken würde, die Sache zu beschleunigen«. IMT, IX, S. 371.

28 Die Quellen für den obigen Abschnitt »Dr. Hachas Opfergang« sind: Für das Protokoll der Hitler-Hacha-Unterredung: N. D. 2798-PS. Für die Verlautbarung der deutschen und der tschechoslowakischen Regierung vom 15. März 1939: ADAP, IV. Proklamation des Führers an das deutsche Volk vom 15. März: N. D. TC-50. Für Coulondres Bericht: Französisches Gelbbuch, Nr. 77, S. 96. Schmidts Darstellung s. in seinem Buch, op. cit., S. 435–439. Für die Szene mit den Sekretärinnen: A. Zoller, *Hitler Privat* [Düsseldorf 1949], S. 84.

29 In Nürnberg erklärte Neurath, die Ernennung zum Reichsprotektor sei für ihn »ganz überraschend« gekommen, und er habe »Bedenken« gehabt, den Posten anzunehmen. Er habe sich jedoch dazu bereitgefunden, nachdem Hitler ihm erklärte, er wolle mit der Berufung Neuraths England und Frankreich zeigen, »daß er keine tschechenfeindliche Politik treiben wolle«. IMT, XVO, S. 717.

30 Es dürfte von Interesse sein, hier zu vermerken, was aus den Protagonisten der oben geschilderten Tragödie später geworden ist. Frank wurde nach dem Krieg von einem tschechischen Gericht zum Tode verurteilt und am 22. Mai 1946 öffentlich gehängt. Henlein beging nach seiner Verhaftung durch tschechische Widerstandsverbände im Jahre 1945 Selbstmord. Chvalkovsky, der Vertreter des Protektorats in Berlin geworden war, kam 1944 bei einem alliierten Luftangriff ums Leben. Hacha wurde am 14. Mai 1945 von den Tschechen verhaftet, starb aber, ehe man ihm den Prozeß machen konnte.

31 Vertragstext: N. D. 1439-PS; Geheimprotokoll: N. D. 2793-PS.

32 ADAP, IV, Nr. 199, S. 210.

33 Ciano, *Tagebücher* 1937/38 [Hamburg 1949], S. 23–25.

34 ADAP, IV, Nr. 234, S. 339.

35 ADAP, IV, Nr. 233, S. 238.

36 ADAP, VI, Nr. 20, S. 16.

37 ADAP, VI, Nr. 16, S. 13/14, und Nr. 36, S. 33.

38 Bericht von Dirksens, 18. März 1939. ADAP, VI, Nr. 35, S. 33.

VIERZEHNTES KAPITEL

1 ADAP, V, Nr. 81, S. 87–89.

2 Becks Anweisungen an Lipski, 31. Oktober 1938: Polnisches Weißbuch, ADAP, V, Nr. 49. Ribbentrops Aktennotiz über seine Besprechung mit Lipski am 19. November: ADAP, V, Nr. 101, S. 106–108.

3 Die drei Fälle waren: 1. Sicherung der deutschen Grenzen, 2. Erledigung der Rest-Tschechei, 3. Inbesitznahme des Memellandes. IMT, XXXIV, S. 477 ff. Hervorhebungen im Original. Weisung vom 24. November: N. D. C-137.

4 Schmidts Protokoll von der Unterredung: Zweites Deutsches Weißbuch, Nr. 200. Polnisches Protokoll: Polnisches Weißbuch, ADAP, V, Nr. 49.
5 Ribbentrops Aktennotiz, ADAP, V, Nr. 120, S. 132, Anmerkung 2. Becks Darstellung: Polnisches Weißbuch, Nr. 52.
6 Der Seeckt-Plan. Aus unveröffentlichten Dokumenten. In: *Der Monat*, November 1948, S. 46.
7 Ribbentrops Memorandum über seine Unterredung mit Beck am 26. Januar 1939 in Warschau: ADAP, V, S. 138/39; Becks Version: Polnisches Weißbuch, Nr. 52.
8 ADAP, V, Nr. 130, S. 144.
9 Lipskis Bericht nach Warschau: Polnisches Weißbuch, Nr. 61; auch N. D. TC-73, Nr. 61. Ribbentrops Vermerk: ADAP, VI, S. 58–60.
10 ADAP, V, Nr. 399, S. 436.
11 ADAP, V, N. 377, S. 418.
12 Quelle für obigen Abschnitt: ADAP, V, S. 438–440.
13 ADAP, VI, Nr. 79, S. 81.
14 ADAP, VI, Nr. 90, S. 93.
15 N. D. 100-R.
16 ADAP, VI, Nr. 102. Ribbentrops Bericht über die Unterredung, ebda., Nr. 101, S. 101. Polnisches Weißbuch, Nr. 63.
17 ADAP, VI, S. 112/13.
18 Moltkes Bericht: ADAP, VI, S. 125; Polnische Version: Polnisches Weißbuch, Nr. 64.
19 S. *Documents on British Foreign Policy*, IV, Nr. 485, 518, 538 (Wortlaut des englisch-französischen Vorschlags), 561, 563, 566, 571, 573.
20 Zit. von Gisevius, *Bis zum bitteren Ende* [Hamburg 1947], Bd. II, S. 107.
21 So wurde auch die Übertragung auf das amerikanische Rundfunknetz abgeschnitten, allerdings nachdem Hitler schon zu sprechen begonnen hatte. Daraufhin entstand in New York das Gerücht, Hitler sei einem Attentat zum Opfer gefallen. Ich selbst befand mich im Kontrollraum des Kurzwellensenders in Berlin, um die Übertragung auf das *Columbia Broadcasting System* zu überwachen, als plötzlich die Sendung unterbrochen wurde. Auf meine Proteste hin erhielt ich die Auskunft, Hitler selbst habe es angeordnet. 15 Minuten später rief mich CBS aus New York an und wollte wissen, ob die Attentatsgerüchte auf Wahrheit beruhten. Ich konnte die Sache leicht richtig stellen, da ich über eine Telefonverbindung nach Wilhelmshaven Hitler immer noch brüllen hörte. Es wäre an jenem Tag auch schwer gewesen, Hitler zu erschießen, denn er stand hinter kugelsicherem Glas, als er seine Rede hielt.
22 Wortlaut der Weisung »Fall Weiß«: N. D. C-120.
23 Deutsche Memoranda: ADAP, VI, Nr. 211 und 213. Cianos Tagebücher, op. cit., 15. und 16. April.
24 Rundtelegramm vom 17. April: ADAP, VI, Nr. 213; Denkschrift des Ausw. Amtes über die Antworten: ebda., Nr. 250; Weizsäckers Anruf in Riga: ebda., Nr. 228.
25 Hans Thomsen, der deutsche Geschäftsträger in Washington, kabelte am 1. Mai nach Berlin: »Interesse an der Rede übersteigt alles Dagewesene. Ich habe daher veranlaßt, daß hier gedruckter englischer Wortlaut der Rede ... nach abgesprochenem Plan an Zehntausende von Adressaten aller Kreise und Berufe versandt wird. Kostenanforderung vorbehalten.« ADAP, VI, Nr. 301, S. 326.
26 Anm. d. Übersetzers: In der vom *Völkischen Beobachter*, 29. 4. 39, gebrachten Wiedergabe der Rede ist Polen doch mitaufgezählt.
27 Polnisches Weißbuch, Nr. 78.
28 ADAP, IV, S. 530.
29 ADAP, IV, Nr. 478, S. 533.
30 ADAP, IV, Nr. 479, S. 534.

31 ADAP, IV, Nr. 483, S. 543.
32 ADAP, IV, Nr. 495, S. 553.
33 ADAP, VI, Nr. 1, S. 1–3.
34 ADAP, VI, Nr. 75, S. 74.
35 ADAP, VI, Nr. 211, S. 215–219.
36 ADAP, VI, Nr. 215, S. 221/22.
37 ADAP, VI, Nr. 325, S. 346/47.
38 ADAP, VI, Nr. 332, S. 355.
39 ADAP, VI, Nr. 406, S. 444/445.
40 ADAP, VI, Nr. 424.
41 Gelbbuch der Französischen Regierung, Diplomatische Urkunden 1938–1939 [Basel 1940], Dok. Nr. 123 und 125.
42 Graf Galeazzo Ciano, *Tagebücher 1939–1943* [Bern 1946].
43 ADAP, VI, Nr. 426, S. 466–469. Ein ergänzendes geheimes Protokoll enthielt nichts von Bedeutung.
44 N. D. L-79.
45 Hitler hatte offensichtlich eine falsche Vorstellung von der Skagerrak-Schlacht.
46 Einzelheiten des Plans s. in N. D. NOKW-2584.
47 N. D. C-120.
48 Bei der Angabe der Tonnageziffern führte General Thomas sogar das Auswärtige Amt in die Irre. Ein aufschlußreiches Aktenstück aus dem Archiv der Kriegsmarine vom 18. Februar 1938 (N. D. C-23) enthält die Bemerkung, im Zusammenhang mit dem deutsch-englischen Flottenabkommen seien den Engländern falsche Angaben über die Tonnage der Schlachtschiffe gemacht worden. Es heißt darin, die mit 26 000 t deklarierten Schiffe hätten in Wirklichkeit 31 300 t und die 35 000-t-Schiffe 41 700 t. Die größten englischen und amerikanischen Schiffe hatten nur 35 000 t.
49 N. D. EC-28, 24. Mai 1939.
50 Am gleichen Tage überreichten der englische Botschafter und der französische Geschäftsträger in Moskau Molotow einen englisch-französischen Entwurf für den in Aussicht genommenen Pakt. Zur Überraschung der beiden Diplomaten nahm Molotow ihn sehr kühl auf. Text des Entwurfs in *Documents on British Foreign Policy,* V, Nr. 624; Bericht des britischen Botschafters über Molotows Reaktion ebda., Nr. 648, 657.
51 ADAP, VI, Nr. 458, S. 512.
52 ADAP, VI, Nr. 463, S. 520.
53 ADAP, VI, Nr. 414, S. 454.
54 Die eidesstattliche Versicherung wurde vom Nürnberger Tribunal als Beweisurkunde abgelehnt und ist in den Nürnberger Dokumentenbänden nicht veröffentlicht. Darum ist sie nicht weniger authentisch. Das gesamte, die deutsch-sowjetische Zusammenarbeit während dieses Zeitraums betreffende Material wurde vom Gerichtshof, von dessen vier Richtern einer Russe war, behutsam behandelt.
55 ADAP, VI, Nr. 441, S. 490–493.
56 ADAP, VI, Nr. 442, S. 493.
57 ADAP, VI, Nr. 446, S. 497/498.
58 ADAP, VI, Nr. 452, S. 565.
59 ADAP, VI, Nr. 459, S. 513–516.
60 ADAP, VI, Nr. 570, S. 661.
61 Um einer englisch-französisch-russischen Garantie für Lettland und Estland zuvorzukommen, hatte Deutschland am 7. Juni schleunigst Nichtangriffsverträge mit den beiden Baltischen Staaten unterzeichnet.

62 ADAP, VI, Nr. 579, S. 673/674.
63 ADAP, VI, Nr. 583, S. 676/677.
64 Er sagte am 8. Juni zu Maisky, er habe daran gedacht, dem Premierminister vorzuschlagen, ihn nach Moskau zu schicken, doch sei er wirklich unabkömmlich. Am 12. Juni, nachdem Strang abgereist war, legte Maisky Lord Halifax noch einmal nahe, doch nach Moskau zu gehen, »wenn die Dinge sich beruhigt hätten«, aber wiederum erklärte Halifax, er sei »zur Zeit« unabkömmlich. *Documents on British Foreign Policy*, VI, Nr. 5 u. Nr. 38.
65 ADAP, VI, Nr. 582, S. 675/676.
66 N. D. 142-C.
67 N. D. 2327-PS.
68 N. D. 126-C.
69 N. D. 3787-PS.
70 Am 19. Juni teilte das OKH dem Auswärtigen Amt mit, es sei 168 Offizieren des Heeres »die Genehmigung erteilt worden, gelegentlich einer Studienreise der Kriegsakademie in Zivil durch den Freistaat Danzig zu reisen« (ADAP VI, Nr. 547, S. 626). Anfang Juli fragte General Keitel beim Auswärtigen Amt an, »ob es politisch angebracht sei, die in Danzig befindlichen zwölf leichten und vier schweren Geschütze öffentlich zu zeigen und daran Übungen vornehmen zu lassen, oder ob es besser sei, das Vorhandensein dieser Geschütze zu tarnen« (ebda., Nr. 670, S. 773). Wie es den Deutschen gelang, unter den Augen polnischer Inspekteure schwere Geschütze in den Freistaat zu schmuggeln, ist aus den deutschen Akten nicht zu ersehen.
71 ADAP, VII, Nr. 774, S. 900–902.
72 ADAP, VI, Nr. 622, S. 724.
73 Wortlaut der Noten: ADAP, VII, 4–5, 9–10.
74 Burckhardts Bericht an den Völkerbund, 19. März 1940. Abgedruckt in *Documents on International Affairs*, 1939–46, I, S. 346/347.
75 ADAP, VI, Nr. 685, S. 787.
76 Vgl. S. 460.
77 ADAP, VI, Nr. 700, S. 803.
78 ADAP, VI, Nr. 729, S. 846–849.
79 ADAP, VI, Nr. 736, S. 854/855.
80 ADAP, VI, Nr. 744, S. 861.
81 Das britische Oberkommando unterschätzte, ebenso wie später das deutsche, das Kräftepotential der Roten Armee gewaltig.
82 S. *Documents on British Foreign Policy*, VI, Nr. 329, 338, 346, 357, 358, 376, 399.
83 Noch mehr traf dies für den in Moskau mit Molotow verhandelnden Strang zu. »Es ist wahrhaftig außergewöhnlich«, schrieb er am 20. Juli dem *Foreign Office*, »daß man von uns erwartet, mit der Sowjetregierung über militärische Geheimnisse zu sprechen, ehe wir sicher sind, daß die Sowjets unsere Verbündeten sein werden«. (Ebda., Nr. 376.) Die Russen hingegen wollten sich politisch erst dann festlegen, wenn sie wußten, welche militärische Hilfe sie vom Westen erwarten konnten.
84 ADAP, VI, Nr. 752, S. 870.
85 ADAP, VI, Nr. 758, S. 882.
86 ADAP, VI, Nr. 759, S. 883.
87 ADAP, VI, Nr. 761, S. 885.
88 ADAP, VI, Nr. 766, S. 892–894.
89 Französisches Gelbbuch, Nr. 180.
90 ADAP, VI, Nr. 712, S. 818–820.
91 ADAP, VI, Nr. 784, S. 919–925.
92 ADAP, VI, Nr. 711, S. 816/817.

93 Ciano, *Tagebücher 1939–1943* [Bern 1946], S. 120–122.

94 *Tagebücher 1939–1943*, Eintragungen 12. und 13. August sowie 23. Dezember 1943. Cianos Aufzeichnungen von der Unterredung mit Ribbentrop sind enthalten in *I Documenti Diplomatici Italiani*, Serie 8, Bd. XIII, Nr. 1, hier zitiert nach *Ciano's Diplomatic Papers* [London 1948], S. 297/298. Ein deutsches Protokoll von der Besprechung ist nicht gefunden worden.

95 Sie lagen im Nürnberger Prozeß als Beweisurkunden 1871-PS und TC-77 vor. Die letztere ist die vollständigere. Ich zitiere aus der von Dr. Schmidt unterzeichneten Version, enthalten in ADAP, VII, S. 34–39, 44–46. Cianos Aufzeichnungen über seine beiden Unterredungen s. *I Documenti Diplomatici Italiana*, op. cit., Nr. 4 und 21. S. a. seine Tagebucheintragungen vom 12. und 13. August 1943.

96 Einmal rief Ribbentrop, sichtlich erregt, Ciano zu: »Wir brauchen Sie nicht!« Worauf Ciano erwiderte: »Das wird die Zukunft zeigen.« Aus General Halders unveröffentlichtem Tagebuch, Eintragung 14. August. Halder sagt, er habe es von Weizsäcker gehört.

97 Obwohl in der deutschen Aufzeichnung ausdrücklich festgestellt wird, daß Ciano Hitler zustimmte, kein Kommuniqué zu veröffentlichen, brachte das DNB zwei Stunden nach Cianos Abreise und ohne vorherige Abstimmung mit den Italienern eine Verlautbarung des Inhalts, die Besprechungen hätten alle Tagesprobleme – insbesondere die Danzig-Frage – berührt und in »völliger« Übereinstimmung geendet. Attolico war wütend. Er protestierte bei den Deutschen und warf ihnen Wortbruch vor. Er gab Henderson den Wink, daß der Krieg bevorstehe. Und in einer zornigen Depesche nach Rom nannte er das deutsche Kommuniqué »machiavellistisch«; es sei in der Absicht veröffentlicht worden, Italien nach dem Angriff auf Polen an Deutschland zu binden. Er beschwor Mussolini, von Hitler energisch Einhaltung der im Stahlpakt enthaltenen »Beratungs«-Klauseln zu verlangen und auf Grund dieser Klauseln darauf zu bestehen, die Danziger Frage in Monatsfrist auf diplomatischem Wege zu regeln. S. *I Documenti Diplomatici Italiani*, Serie 8, Bd. 28, und DBrFP, VI, Nr. 662.

FÜNFZEHNTES KAPITEL

1 Schnurres Aufzeichnung, entnommen seiner Depesche an die Botschaft in Moskau vom 14. August, ADAP, VII, S. 48/49.

2 Wortlaut des Schulenburg-Briefes in ADAP, VII, S. 55/56.

3 Wortlaut des Ribbentrop-Telegramms in ADAP, VII, Nr. 56, S. 51/52.

4 Die einzige aufgefundene Quelle für diese Besprechung ist das unveröffentlichte Tagebuch des Generalstabchefs Halder. Seine Aufzeichnungen beginnen mit diesem 14. August. Halder machte seine Notizen in Gabelsberger Kurzschrift. Sein Tagebuch ist eine Quelle von außerordentlichem Wert für die vertraulichsten Vorgänge militärischer und politischer Art in der Zeit vom 14. August 1939 bis zu Halders Entlassung am 24. September 1942. Die Eintragung vom 14. August auf dem Obersalzberg besteht aus stenographischen Notizen, die Halder machte, während Hitler redete, und einer am Schluß angefügten Zusammenfassung. Seltsamerweise haben weder amerikanische noch britische Verleger das Halder-Tagebuch veröffentlicht. Der Verfasser hatte Zugang zu der von Halder selbst während der Niederschrift dieses Buches vorgenommenen Version in Maschinenschrift.

5 Georg Thomas, Gedanken und Ereignisse, *Schweizerische Monatshefte*, Dezember 1945.

6 N. D. 2751-PS. Naujocks, der nach dem Krieg in ein Lager für Kriegsverbrecher kam, entwich 1946 unter dramatischen Umständen und entzog sich so seiner Aburteilung. Bis heute ist er nicht wiederergriffen, noch hat man je wieder von ihm gehört. Seine Flucht wird dargestellt bei Schaumburg-Lippe, *Zwischen Krone und Kerker* [Wiesbaden 1952].

7 ADAP, VII, S. 63/64.

8 Die britische Regierung erfuhr bald davon. Am 17. August informierte der amerikanische Unterstaatssekretär Sumner Welles den britischen Botschafter in Washington über die Vorschläge, die Molotow Schulenburg gemacht hatte. Der amerikanische Botschafter in Moskau, Steinhardt, hatte sie am Tage vorher nach Washington gekabelt. *(Documents on British Foreign Policy*, Serie 3, Bd. VII, S. 41/42.) Steinhardt war am 16. August bei Molotow gewesen. S. *US Diplomatic Papers*, 1939, S. 269–296, 334.
9 ADAP, VII, S. 70.
10 ADAP, VII, S. 83.
11 ADAP, VII, S. 85.
12 ADAP, VII, S. 96.
13 ADAP, VII, S. 101/102.
14 ADAP, VII, S. 110.
15 ADAP, VII, S. 111/112.
16 ADAP, VII, S. 124/125.
17 Winston Churchill, *The Second World War* [New York 1948–1953], *The Gathering Storm*, S. 392. Seine Quelle gibt Churchill nicht an.
18 Ebda., S. 391.
19 Das Telegramm war am Sonntag, dem 20. August, 2 Uhr, unterzeichnet worden.
20 ADAP, VII, S. 142.
21 ADAP, VII, S. 135.
22 ADAP, VII, S. 135.
23 ADAP, VII, S. 137.
24 DGFP, Serie D, VIII, Nr. 159.
25 Ein amtliches Sitzungprotokoll über Hitlers Ausführungen ist nicht vorhanden, aber es sind mehrere Aufzeichnungen ans Tageslicht gekommen, darunter zwei von hohen Offizieren, die sich während der Besprechung Notizen machten. Eine davon, aus der Feder des Admirals Hermann Böhm, ist in Admiral Raeders Nürnberger Verteidigungsurkunden, Buch Nr. 2, Dok. 27, enthalten. General Halder machte seine umfangreichen Notizen in Gabelsberger Kurzschrift, enthalten in ADAP, VII, S. 467 ff. Das wichtigste Dokument, in Nürnberg vom Ankläger als Beweisurkunde benutzt, ist ein zweiteiliges, unsigniertes Memorandum aus dem OKW, das von amerikanischen Truppen in Saalfelden, Tirol, erbeutet wurde. Beide Teile befinden sich unter den Nürnberger Dokumenten: N. D. 798-PS und 1014-PS. Sie sind auch in ADAP, VII, abgedruckt. Hierin wirkt Hitlers Sprache etwas lebendiger als bei Admiral Böhm und General Halder. Aber alle drei Versionen sind im Inhalt ähnlich, und an ihrer Echtheit kann kein Zweifel bestehen. Ich habe hier sowohl die Aufzeichnungen von Böhm und Halder wie auch das in Nürnberg als Beweisurkunde vorgelegte nicht signierte Memorandum benutzt.
26 »Es ist demütigend«, berichtete Strang am 20. Juli dem *Foreign Office*. DBrFP, VI, Nr. 376.
27 S. *Documents on British Foreign Policy*, Serie 3, VII, Anhang II, S. 558–614. Die folgende Darstellung fußt weitgehend auf diesen britischen Dokumenten. Leider haben die Russen, soweit mir bekannt ist, ihre Sitzungsprotokolle nicht veröffentlicht. Zwar gibt Nikonow in *Origins of World War II* eine Schilderung der Besprechungen, benutzt aber dabei britische Dokumente. Die sowjetische Version ist auch enthalten in *Histoire de la Diplomatie*, hrsg. von V. Potemkin, 3 Bde., Paris 1946/47. Anm. d. Übersetzers: Die russischen Sitzungsprotokolle sind inzwischen in *International Affairs* [Moskau, Februar und März 1959] veröffentlicht worden: Andreyeva, M., und K. Dmitriyeva, Herausgeber, *Negotiations between the Military Missions of the U. S. S. R., Britain und France in August 1939*. Die deutsche Übersetzung von V. Potemkin, *Geschichte der Diplomatie* erschien 1948 im SWA-Verlag, Ostberlin.
28 Paul Reynaud, *In the Thick of the Fight* [New York 1955], S. 212. Reynaud gibt auf S. 210 bis 233 seines Buches die französische Version von den Verhandlungen in Moskau vom Au-

gust 1939 wieder. Er nennt seine Quellen auf S. 211. Bonnet bringt seine eigene Version in seinem Buch *Fin d'une Europe* [Genf 1948].

29 Der Zeitablauf ist zu beachten. Molotow erhielt Ribbentrops Vorschlag, nach Moskau zu kommen, erst am 15. August abends. Und obwohl er ihn nicht sofort annahm, deutete er doch an, daß Rußland an einem Nichtangriffspakt mit Deutschland interessiert sei, der natürlich Verhandlungen wegen eines Militärbündnisses mit Frankreich und England überflüssig machen mußte. Der Verfasser ist nach allem zu dem Schluß gelangt, daß der Kreml am 14. August, als Woroschilow eine »eindeutige Antwort« auf seine Frage wegen Durchmarschs sowjetischer Truppen durch Polen verlangte, sich noch nicht entschieden hatte, auf welche Seite er sich schlagen sollte. Leider sind die russischen Dokumente, die Klarheit über diese entscheidende Frage bringen könnten, nicht veröffentlicht worden. Jedenfalls scheint sich Stalin nicht vor dem Nachmittag des 19. August endgültig entschieden zu haben.

30 Die Dokumente sind enthalten in *Documents on British Foreign Policy*, VII (s. o.). Interessanterweise ist weder im Britischen Blaubuch noch im Französischen Gelbbuch eine Zeile zu finden über die englisch-französischen diplomatischen Bemühungen in Warschau, noch über den Verlauf der Militärbesprechungen in Moskau.

31 Am Tage vorher, dem 21. August, hatte Woroschilow in der Vormittagssitzung der Militärdelegierten die Vertagung der Besprechungen auf unbestimmte Zeit verlangt, und zwar mit der Begründung, daß er und die anderen russischen Militärs von den Herbstmanövern in Anspruch genommen sein würden. Als die englisch-französische Mission gegen solchen Aufschub protestierte, erwiderte der Marschall: »Die sowjetische Delegation beabsichtigt nach wie vor, zu einer Übereinkunft über die Organisation der militärischen Zusammenarbeit der Streitkräfte der drei Länder zu gelangen ... Da die UdSSR keine gemeinsame Grenze mit Deutschland hat, kann sie Frankreich, England, Polen und Rumänien nur unter der Bedingung Hilfe leisten, daß ihren Truppen das Recht zum Durchmarsch durch polnisches und rumänisches Gebiet gewährt wird ... Die sowjetischen Truppen können nicht mit den Streitkräften Englands und Frankreichs zusammenwirken, wenn ihnen der Zugang zu polnischem und rumänischem Gebiet verwehrt wird ... Für die sowjetische Delegation ist es unverständlich, wie die Regierungen und Generalstäbe Englands und Frankreichs ihre Militärmissionen in die UdSSR schicken konnten, ohne ihnen Weisungen in bezug auf eine solch elementare Frage mitzugeben ... Hieraus läßt sich nur schließen, daß an ihrem Wunsche nach ernsthafter und wirksamer Zusammenarbeit mit der UdSSR zu zweifeln ist.«

Militärisch gesehen, war Woroschilows Argument durchaus logisch, und es sollte sich als verhängnisvoll erweisen, daß die französische und insbesondere die britische Regierung es versäumten, darauf einzugehen. Daß aber der Marschall sein Argument – mit allen übrigen Erklärungen – am 21. August wiederholte, zu einer Zeit, in der ihm fraglos Stalins Entscheidung vom 19. August bekannt sein mußte, war eine absichtliche Täuschung.

32 Paul Schmidt, *Statist auf diplomatischer Bühne*, op. cit., S. 450.

33 ADAP, VII, Nr. 205.

34 ADAP, VII, Nr. 213.

35 In seinen wesentlichen Artikeln ist der Vertrag fast identisch mit dem Wortlaut des sowjetischen Entwurfs, den Molotow am 19. August von der Schulenburg überreichte und mit dem Hitler sich in seinem Telegramm an Stalin einverstanden erklärte. In dem russischen Entwurf war noch ausgeführt, daß der Nichtangriffsvertrag erst Gültigkeit haben werde, wenn gleichzeitig ein »spezielles Protokoll« unterzeichnet werde, das integrierender Teil des Pakts zu sein habe. (Wortlaut des sowjetischen Entwurfs in ADAP, VII, S. 112/113.)

Laut Friedrich Gaus, der an der nächtlichen Besprechung teilnahm, wurde eine von Ribbentrop gewünschte schwülstige Präambel, in der die Herstellung eines freundschaftlichen deutsch-sowjetischen Verhältnisses hervorgehoben werden sollte, auf Stalins Beharren fallengelassen. Der

Sowjetdiktator meinte, »daß die Sowjetregierung, nachdem sie sechs Jahre lang von der nationalsozialistischen Reichsregierung ›mit Kübeln von Jauche‹ überschüttet worden sei, nicht plötzlich mit deutsch-russischen Freundschaftsversicherungen an die Öffentlichkeit treten könne«. (IMT, Bd. X, S. 354.)

36 Artikel VII sah vor, daß der Vertrag sofort mit seiner Unterzeichnung in Kraft trat. Darauf hatte Hitler bestanden. Wenn auch die Ratifikation bei zwei totalitären Staaten eine reine Formalität war, so bedurfte sie doch einiger Tage.

37 *Das nationalsozialistische Deutschland und die Sowjetunion 1939–1941.* Akten aus dem Archiv des Deutschen Auswärtigen Amtes [Berlin 1948], S. 86.

38 Churchill, op. cit., S. 394.

39 Und die polnische ebenfalls. Über Außenministers Beck Reaktion auf die Unterzeichnung des deutsch-sowjetischen Pakts berichtete Botschafter Noël nach Paris: »Beck ist ganz ungerührt und scheint nicht im geringsten besorgt zu sein. Er glaubt, im wesentlichen habe sich sehr wenig geändert.«

40 Jahre vorher hatte Hitler prophetisch in *Mein Kampf* geschrieben (S. 749): »So liegt schon in der Tatsache des Abschlusses eines Bündnisses mit Rußland die Anweisung für den nächsten Krieg. Sein Ausgang wäre das Ende Deutschlands.«

SECHZEHNTES KAPITEL

1 *Blaubuch der Britischen Regierung* [Basel 1939], Dok. Nr. 56.

2 Britisches Blaubuch, Nr. 57.

3 »Kaum hatte sich die Tür hinter dem Botschafter geschlossen«, schrieb Weizsäcker später, der bei der Unterredung zugegen war, »als Hitler sich auf den Oberschenkel schlug, lachte und sagte: ›Chamberlain wird diese Unterredung nicht überleben; heute abend noch wird sein Kabinett stürzen‹.« Weizsäcker, *Erinnerungen* [München 1950], S. 203.

4 ADAP, VII, Nr. 200.

5 ADAP, VII, Nr. 201.

6 ADAP, VII, Nr. 266.

7 Nach Erich Kordt *(Wahn und Wirklichkeit,* op. cit., S. 192) war Hitler infolge seines Triumphes in Moskau so aufgeregt, daß er am Vormittag des 25. August in seinem Pressebüro nachfragte, ob Nachrichten von Kabinettskrisen in Paris und London eingetroffen seien. Er rechnete mit dem Sturz beider Regierungen. Er wurde indes wieder nüchtern, als er von der festen Haltung erfuhr, die in Chamberlains und Halifax' Unterhausreden am Tage vorher zum Ausdruck gekommen war.

8 Deutsche Aufzeichnung in ADAP, VII, Nr. 265; Hendersons Bericht in *Britisches Blaubuch,* Nr. 69; s. a. Henderson, *Failure of a Mission,* op. cit., S. 270.

9 Oder wenn nicht ganz, so doch aus einer ernstlichen Beteiligung am Kriege. Darauf weist eine Tagebucheintragung General Halders vom 28. August hin. Einem Vermerk, daß Hitler am 25., 13.30 Henderson empfangen habe, fügt Halder an: »Führer würde Scheinkrieg Englands nicht übelnehmen.«

10 *Französisches Gelbbuch,* Nr. 242.

11 Einige deutsche Autoren geben an, daß Hitler den speziellen Angriffsbefehl am 25. August, nach 15 Uhr, für den folgenden Morgen erteilte. (S. Weizsäcker, op. cit.; Kordt, op. cit.; und Walter Hofer, *Die Entfesselung des Zweiten Weltkrieges* [Fischer-Bücherei, Frankfurt a. M. 1960]. Hofer sagt, der Befehl sei um 15.02 Uhr gegeben worden und beruft sich auf General von Vormann, der zu dieser Zeit in der Reichskanzlei war (Hofer, op. cit., S. 355). Unter den deutschen Dokumenten ist keine amtliche Aufzeichnung gefunden worden.

12 In einem geheimen Zusatzprotokoll zu diesem Vertrag wurde festgelegt, daß als die in Artikel I genannte »europäische Macht«, deren Angriff den gegenseitigen militärischen Beistand auslösen würde, Deutschland zu verstehen sei. Das Zusatzprotokoll bewahrte die britische Regierung vor dem verhängnisvollen Schritt, der Sowjetunion den Krieg erklären zu müssen, als die Rote Armee nach geheimer Übereinkunft mit den Deutschen in Ostpolen einbrach. (Vgl. Michael Freund (Hrsg.), *Geschichte des Zweiten Weltkrieges in Dokumenten* – Bd. III: *Der Ausbruch des Krieges 1939* [Freiburg 1956] Nr. 101)

13 IMT, XXXIV, S. 678.

14 Deutschland hatte keine Sommerzeit wie Großbritannien. Dadurch entfiel die einstündige Differenz gegenüber der Greenwich-Zeit.

15 Schmidt, op. cit., S. 459.

16 Schmidt, op. cit., S. 459.

17 Ciano, *Tagebücher*, op. cit., S. 123–128.

18 ADAP, VII, S. 134.

19 Mackensens Brief an Weizsäcker in ADAP, VII, S. 202.

20 Man muß sich vor Augen halten, daß die »polnischen Herausforderungen«, auf denen Hitler und Ribbentrop damals in ihren Gesprächen und im diplomatischen Verkehr mit Engländern, Franzosen, Russen und Italienern herumritten, sowie die in der kontrollierten deutschen Presse unter riesigen Schlagzeilen gebrachten Nachrichten fast sämtlich von den Deutschen erfunden waren. Die meisten Provokationen in Polen erfolgten durch Deutsche auf Anweisung von Berlin. Die deutschen Akten bieten hierfür eine Fülle von Unterlagen.

21 ADAP, VII, S. 233.

22 Am Tage vorher hatte Ciano den König in seiner Sommerresidenz in Piemont besucht, und dieser hatte sich negativ über die italienischen Streitkräfte geäußert. »Das Heer befindet sich in einem erbärmlichen Zustand ... Auch die Verteidigung der Grenze ist ungenügend. Er [der König] hat zweiunddreißig Inspektionen durchgeführt und ist überzeugt, daß die Franzosen durchkommen könnten, und zwar mit Leichtigkeit ... Die Offiziere taugen nichts, die Ausrüstung ist alt und ungeeignet.« Ciano, *Tagebücher*, op. cit., S. 130.

23 ADAP, VII, S. 244/45.

24 ADAP, VII, Nr. 271.

25 N. D. 170-C, S. 678.

26 Ribbentrop am 29. August 1945, NCA, VII, S. 535–536; s. a. IMT, X, S. 306, 307, 413, 414; Göring am 29. August 1945, NCA, VII, 534–535; s. a. IMT, III, S. 280; Keitel am 4. April 1946, IMT, X, S. 578.

27 NCA, Suppl. B., S. 1561/63.

28 H. B. Gisevius, *Bis zum bitteren Ende* [Hamburg 1947], Bd. II, S. 126.

29 Ulrich von Hassell, *Vom anderen Deutschland* [Zürich 1947], S. 73.

30 Thomas, *Gedanken und Ereignisse*, op. cit.

31 Aussage Schachts in Nürnberg, 2. Mai 1945, IMT, XII, 545/46.

32 Aussage Gisevius' in Nürnberg, 25. April 1946, IMT, XII, 224/25.

33 Wortlaut sämtlicher Appelle in *Britisches Blaubuch*, op. cit., S. 122–142

34 ADAP, VII, S. 242.

35 Ciano, *Tagebücher*, S. 129.

36 *I Documenti Diplomatici Italiani*, Serie 8, XIII, Nr. 293. Zit. nach Hofer, *Entfesselung*, op. cit., S. 198.

37 Hitler an Mussolini, 26. August, ADAP, VII, Nr. 307. Attolicos Bemerkung erregte zusätzlichen Groll in Berlin und Verwirrung in Rom, was Ciano ausbügeln mußte. Attolico sagte später zu Ciano, er habe die Forderung absichtlich gestellt. Die Lieferung so großer Materialmengen in so wenigen Tagen war natürlich ganz unmöglich, und Mussolini entschuldigte sich

nachher bei Mackensen. »Die Forderung Attolicos ... bezeichnete er als ihm völlig unverständlich, da selbst der liebe Gott nicht in der Lage wäre, in wenigen Tagen derartige Quantitäten hierher zu transportieren. Es sei ihm nie eingefallen, eine solche absurde Forderung zu stellen.« ADAP, VII, S. 271/72.

38 ADAP, VII, Nr. 307.

39 *I Documenti Diplomatici Italiani*, Serie 8, XIII, Nr. 304. Zit. nach Hofer, *Entfesselung*, op. cit., S. 200.

40 Ciano, *Tagebücher*, op. cit., S. 132.

41 ADAP, VII, Nr. 341.

42 *I Documenti Diplomatici Italiani*, op. cit., Nr. 341. Zit. nach Hofer, op. cit., S. 202.

43 *Französisches Gelbbuch*, op. cit., Nr. 253.

44 IMT, III, S. 281. »Herr von Ribbentrop hat von der Entsendung von Dahlerus überhaupt nichts gewußt«, gestand Göring in Nürnberg. »Er wußte also gar nicht, daß [Dahlerus] flog, daß er zwischen mir und der englischen Regierung hin und her ging.« IMT, IX, S. 553. Aber Hitler wurde von Göring auf dem laufenden gehalten.

45 Wortlaut des Briefes in *Documents on British Foreign Policy*, Serie 3, VII, S. 283. Bis zur Herausgabe dieses Bandes (1954) wurde der Brief in keiner britischen Aktenveröffentlichung publiziert, was von englischen Historikern bemängelt worden ist. Dahlerus wird weder im *Britischen Blaubuch* über den Ausbruch des Krieges noch in Hendersons *Final Report* noch in Hendersons Buch *Failure of a Mission* erwähnt. In den inzwischen veröffentlichten Depeschen Hendersons und anderer Mitglieder der britischen Botschaft sowie in verschiedenen Denkschriften des *Foreign Office* spielen Dahlerus' Bemühungen eine recht bedeutende Rolle. Das Unternehmen des schwedischen Geschäftsmannes zur Rettung des Friedens war ein wohlgehütetes Geheimnis. Sowohl die Wilhelmstraße wie die Downing Street gaben sich beträchtliche Mühe, seine Schritte vor den Korrespondenten und neutralen Diplomaten verborgen zu halten, die, soweit ich unterrichtet bin, bis zu Dahlerus' Zeugenaussage in Nürnberg am 19. März 1946 absolut nichts wußten. Das Buch des Schweden, *The Last Attempt*, kam in Schweden 1945, in England aber erst 1948 heraus, und es sollten noch weitere sechs Jahre vergehen, bis durch die oben genannte Dokumentenveröffentlichung seine Vermittlung sozusagen amtlich bestätigt wurde.

46 Die Darstellung fußt auf Dahlerus' Buch, *The Last Attempt* [London 1948], sowie auf seiner Zeugenaussage in Nürnberg (IMT, IX, S. 507 ff.), wo ihm aufging, wie naiv er hinsichtlich seiner deutschen Freunde gewesen war. Er erklärte in Nürnberg, Göring habe »auf Ehrenwort« versichert, er werde alles in seiner Macht stehende tun, um den Krieg zu verhüten.

47 *Documents on British Foreign Policy*, VII, S. 287.

48 Ebda., S. 319, Fußnote.

49 IMT, IX, S. 517.

50 *Documents on British Foreign Policy*, op. cit., S. 321–322. Dahlerus war nicht so deutschfreundlich, wie man nach seinen Berichten annehmen sollte. In jener gleichen Nacht rief er, nachdem er zwei Stunden bei Göring in Oranienburg gewesen war, Forbes an und sagte ihm: »Die deutsche Wehrmacht wird in der Nacht vom Mittwoch zum Donnerstag, 30.–31. August, ihre Ausgangsstellungen zum Angriff auf Polen bezogen haben.« Forbes gab diese Mitteilung so rasch wie möglich nach London weiter.

51 *Britisches Blaubuch*, Nr. 73.

52 *Britisches Blaubuch*, Nr. 74, S. 158–160.

53 Hendersons Telegramm in *Britisches Blaubuch*, Nr. 75, 160–163.

54 *Britisches Blaubuch*, Nr. 76, S. 164.

55 Telegramm Hendersons vom 29. August, *Documents on British Foreign Policy*, VII, S. 360.

56 Ebda., S. 361.

57 ADAP, VII, Nr. 421; auch *Britisches Blaubuch*, Nr. 78.

58 »Ich ging ... dazu über, Herrn Hitler zu überschreien«, drahtete Henderson am nächsten Tag an Halifax. »Ich schrie noch eine ganze Weile mit voller Stimmkraft.« *Documents on British Foreign Policy*, VII, S. 393. (Zit. nach Hofer, op. cit.)

59 General Halder spricht das kurz und bündig in seiner Tagebucheintragung vom 29. August aus: »Führer hat Hoffnung, daß er Spalt treibt zwischen England, Franzosen und Polen ... Grundgedanken: Mit demografischen und demokratischen Forderungen nur so um sich werfen ... 30. 8. Polen in Berlin. 31. 8. Zerplatzen. 1. 9. Gewaltanwendung.«

60 Henderson, *Failure of a Mission*, op. cit., S. 281.

61 *Britisches Blaubuch*, Nr. 81, S. 174.

62 ADAP, VII, S. 441 (Text englisch).

63 *Britisches Blaubuch*, Nr. 82, S. 174/75.

64 *Britisches Blaubuch*, Nr. 84, S. 175.

65 *Britisches Blaubuch*, Nr. 88, S. 177/78.

66 Schmidt, op. cit., S. 466.

67 Die britische Note war zwar konziliant, aber fest. Seiner Majestät Regierung »teile durchaus« den deutschen Wunsch nach einer Verbesserung der Beziehungen, könne jedoch nicht »um dieser Verbesserung willen die Interessen anderer Freunde preisgeben«. Sie habe volles Verständnis dafür, daß die Reichsregierung »Deutschlands Lebensinteressen nicht opfern kann; aber die Polnische Regierung befindet sich in der gleichen Lage«. Die britische Regierung müsse in bezug auf Hitlers Forderungen »einen ausdrücklichen Vorbehalt machen«, und wenn sie auch auf direkte Verhandlungen zwischen Berlin und Warschau dränge, halte sie es doch für »untunlich, diese Fühlungnahme schon heute herzustellen«. (Wortlaut der Note in *Britisches Blaubuch*, Nr. 89, S. 178/79.

68 Ribbentrop, der nach meinem Eindruck in Nürnberg die traurigste Figur abgab, behauptete dort, daß Hitler ihm die 16 Punkte »persönlich diktiert« und ihm »ausdrücklich verboten hatte, diese Vorschläge aus der Hand zu geben«. Warum, sagte er nicht, noch wurde er im Kreuzverhör danach gefragt. Hitler, räumte er ein, »hatte mir vielmehr gesagt, ich dürfte dieselben ausschließlich der Substanz nach, wenn ich es für richtig hielt, dem britischen Botschafter mitteilen. Ich habe etwas mehr getan, indem ich die gesamten Vorschläge von Anfang bis zu Ende dem britischen Botschafter vorgelesen habe.« (IMT, X, S. 311.)

69 Der Wortlaut der sechzehn Vorschläge wurde am 30. August, 21.15 Uhr, vier Stunden bevor Ribbentrop sie vor Henderson »herunterratterte«, telegrafisch dem deutschen Geschäftsträger in London durchgegeben, doch mit der Instruktion, sie »bis auf weitere Weisung streng geheimzuhalten und niemand weiterzugeben«. (ADAP, VII, S. 372). Wie erinnerlich, hatte Hitler in seiner Note vom Tage vorher versprochen, die Vorschläge vor Ankunft des polnischen Unterhändlers in Berlin der britischen Regierung zur Verfügung zu halten.

70 Henderson, *Final Report*, op. cit., S. 17; s. a. sein Buch, S. 287.

71 »Dieses war [ein] tatsächliches Risiko«, erklärte Göring in Nürnberg, »da der Führer die Auslieferung verboten hatte, ... und nur ich dieses Risiko übernehmen konnte.« (IMT, IX, S. 547).

72 An diesem Vormittag des 31. August bemühte sich Henderson, nachdem er sich überzeugt hatte, daß die deutschen Bedingungen ganz vernünftig und sogar gemäßigt waren, verzweifelt um die Erhaltung des Friedens um jeden Preis. Obwohl ihm Ribbentrop in der Nacht vorher gesagt hatte, die deutschen Vorschläge seien »überholt, da ja die Polen keinen Unterhändler geschickt hätten«, und obwohl die polnische Regierung sie noch nicht einmal zu Gesicht bekommen hatte, und obwohl diese Vorschläge ein Scheinangebot darstellten, bedrängte Henderson weiterhin Halifax den ganzen Tag über, Druck auf Polen auszuüben, damit es, Hitlers Verlangen entsprechend, einen Bevollmächtigten schicke. Noch am 1. September, 0.30 Uhr, vier

Stunden vor dem festgesetzten Angriffstermin (von dem Henderson zwar nichts wußte), telegrafierte er an Halifax: »Deutsche Vorschläge ... nicht unvernünftig ... Ich gebe zu bedenken, daß bei Annahme deutschen Angebots Krieg völlig ungerechtfertigt sein würde.« *(Documents on British Foreign Policy*, VII, S. 468/69). Der britische Botschafter in Warschau vertrat eine andere Ansicht. Am 31. August drahtete er an Halifax: »Seiner Majestät Botschafter in Berlin scheint deutsche Bedingungen für vernünftig zu halten. Ich fürchte, ich kann ihm, von Warschau aus gesehen, nicht beipflichten.« [Ebda., S. 618.]

73 Von seinem Besuch bei Lipski kehrte Dahlerus in die britische Botschaft zurück und führte um Mittag von Hendersons Amtszimmer aus ein Telefongespräch mit Sir Horace Wilson im *Foreign Office*. Er sagte Wilson, die deutschen Vorschläge seien »äußerst liberal«, aber der polnische Botschafter habe sie soeben abgelehnt. »Damit ist klar, daß die Polen Verhandlungsmöglichkeiten vereiteln.« In diesem Augenblick hörte Wilson verdächtige Geräusche in der Leitung und versuchte, das Gespräch zu beenden. Aber Dahlerus erging sich weiter über die Unvernunft der Polen. »Noch einmal bat ich Dahlerus, Schluß zu machen«, vermerkte Sir Horace in einem Memorandum, »da er es aber nicht tat, legte ich den Hörer auf.« Wilson meldete die im Amtszimmer des britischen Botschafters in Berlin begangene Indiskretion seinem Vorgesetzten, und kaum eine Stunde später schickte Halifax ein chiffriertes Telegramm an Henderson: »Sie müssen mit der Benutzung Ihres Telefons wirklich vorsichtig sein. Das Gespräch ... war äußerst indiskret und ist bestimmt von den Deutschen mitgehört worden.« *(Documents on British Foreign Policy*, VII S. 441–443.)

74 *Britisches Blaubuch*, Nr. 90, S. 180/81.

75 *Britisches Blaubuch*, Nr. 94, S. 184.

76 *Britisches Blaubuch*, Nr. 95, S. 184.

77 *Britisches Blaubuch*, Nr. 96, S. 185.

78 *Weißbuch der Polnischen Regierung* [Basel 1940], Nr. 111.

79 ADAP, VII, S. 384/85.

80 ADAP, VII, S. 385.

81 Lipskis Darstellung in *Polnisches Weißbuch*, op. cit.; Dr. Schmidts Version in ADAP, VII, S. 385 ff.

82 N. D. 126-C.

83 DNB, 31. 8. 39.

84 N. D. 2751–PS. Die von Heydrich aufgesetzte Rede wurde in polnischer Sprache gehalten, eine Hetzrede gegen Deutschland, in der gesagt wurde, die Polen hätten den Angriff eröffnet. Hitler machte am nächsten Tag in seiner Reichstagsrede von dem »polnischen Angriff« auf Gleiwitz Gebrauch, während Ribbentrop, Weizsäcker und andere Angehörige des Auswärtigen Amtes in ihrer Propaganda den Vorfall zur Rechtfertigung der Aggression auswerteten. Ausländische Blätter wie die *New York Times* brachten in ihrer Ausgabe vom 1. September 1939 Berichte sowohl über diesen wie über andere Vorfälle. Zu sagen bleibt noch, daß nach der Nürnberger Aussage des Generals Lahousen alle Leute, die in polnischer Uniform den vorgetäuschten Angriff durchführten, beseitigt wurden. [IMT, II, 451.]

85 Im Laufe des Tages hatte Hitler Zeit gefunden, dem Herzog von Windsor ein Telegramm nach Antibes zu schicken:

Ich danke Ihnen für Ihr Telegramm vom 27. 8. Sie können überzeugt sein, daß meine Einstellung zu England stets dieselbe und mein Wunsch, einen neuen Krieg zwischen unseren Völkern vermieden zu sehen, unverändert geblieben ist. Es hängt aber von England ab, ob meine Wünsche für die künftige Gestaltung der deutsch-englischen Beziehungen ihre Verwirklichung finden können. (ADAP, VII, S. 393.)

Hier taucht in den erbeuteten deutschen Dokumenten zum ersten, aber keineswegs letzten

Mal der Name des früheren englischen Königs auf. Später sollte der Herzog von Windsor in gewissen Kalkulationen Hitlers und Ribbentrops eine große Rolle spielen.

86 Gisevius, op. cit., Bd. II, S. 139.

SIEBZEHNTES KAPITEL

1 Hitlers Proklamation an die Wehrmacht wurde um 5.40 Uhr vom Rundfunk durchgegeben und kurz darauf durch »Extrablätter« bekanntgemacht.

2 ADAP, VII, S. 409.

3 Aus Dahlerus' Buch, op. cit., S. 119–120, sowie aus seiner Aussage in Nürnberg, IMT, IX, S. 546.

4 Schmidt, op. cit., S. 470/71.

5 Daß Mussolini zur Neutralität entschlossen war, wurde den Engländern bereits in der Nacht vorher bekannt. Am 31. August, 23.15 Uhr, erhielt das *Foreign Office* ein Telegramm von Sir Percy Loraine aus Rom: »Entscheidung der italienischen Regierung ist gefallen. Italien wird nicht gegen England oder Frankreich kämpfen... Diese Mitteilung wurde mir von Ciano um 21.15 Uhr unter dem Siegel der Verschwiegenheit gemacht.« (*Documents on British Foreign Policy*, VII, Nr. 621, S. 459.)
An jenem Abend hatten die Engländer nach 20 Uhr alle Telefonverbindungen mit Rom unterbrochen, was den Italienern Schrecken einjagte. Ciano befürchtete, dies könne das Präludium eines englisch-französischen Angriffs sein.

6 Ciano, *Tagebücher*, op. cit., S. 138.

7 ADAP, VII, S. 402.

8 ADAP, VII, S. 404.

9 *Französisches Gelbbuch*, op. cit., Nr. 327. Am Nachmittag des 1. September wies Bonnet den französischen Botschafter in Warschau zweimal an, Beck zu fragen, ob Polen den italienischen Konferenzvorschlag annehmen würde. Am Abend kam Becks Antwort: »Wir befinden uns infolge eines nicht von uns provozierten Angriffs mitten im Krieg. Es handelt sich nicht mehr um eine Konferenz, sondern um die von den Alliierten gemeinsam durchzuführende Abwehr.«
Die britische Regierung schloß sich Bonnets Bemühungen nicht an. In einem von R. M. Makins unterzeichneten Aktenvermerk des *Foreign Office* heißt es, die britische Regierung sei über diesen Schritt weder befragt noch unterrichtet worden. (*Documents on British Foreign Policy*, VII, S. 530–531.)

10 Am Nachmittag des vorherigen Tages hatte Henderson auf Anweisung von Halifax seine Chiffren und Geheimdokumente verbrannt und den amerikanischen Geschäftsträger gebeten, im Falle eines Krieges Englands Interessen wahrzunehmen. (*Britisches Blaubuch*, 21.)

11 *Final Report*, op. cit., S. 22.

12 ADAP, VII, S. 425.

13 ADAP, VII, S. 427.

14 Schmidt, op. cit., S. 471.

15 Ciano,*Tagebücher*, op. cit., S. 139.

16 Ciano, *Tagebücher*, op. cit., S. 139. De Monzie, ein defätistischer französischer Senator, bestätigt den Vorgang in seinem Buch *Ci-Devant* [Paris 1942], S. 146/47.

17 Corbins Telegramm in *Französisches Gelbbuch*, S. 395.

18 Die folgende Darstellung stützt sich auf *Documents on British Foreign Policy*, VII, 2. bis 3. September. Eine hervorragende, auf den englischen Geheimakten und den spärlichen französischen Quellen beruhende Zusammenfassung bietet *The Eve of the War, 1939*, hrsg. von

Arnold und Veronica M. Toynbee [New York 1958]. Namier, *Diplomatic prelude* ist gleichfalls nützlich. Ich habe absichtlich die zahllosen im DBrFP enthaltenen Dokumente nicht angeführt, um die Seiten nicht mit Fußnoten zu füllen.

19 Das von General Decamp, dem Chef von Daladiers Militärkabinett, geführte Sitzungsprotokoll kam beim Riom-Prozeß zutage. Das Dokument wurde den andern Sitzungsteilnehmern nicht zur Prüfung vorgelegt, und General Gamelin schreibt in seinem Buch *Servir* (3 Bde.), [Paris 1946/47], es sei so stark gekürzt gewesen, daß es irreführen müsse. Immerhin werden seine Hauptzüge von Gamelin bestätigt. Die Übersetzung folgt Georges Bonnet, *La Défense de la Paix* (2 Bde.), [Genf 1946/47]; zit. nach Hofer, *Entfesselung*, op. cit., S. 169 ff.

20 Gamelin gesteht in seinem Buch *Servir*, op. cit., er habe gezögert, auf Frankreichs militärische Schwächen hinzuweisen, da er Bonnet mißtraut habe. Daladier soll, wie er schreibt, später zu ihm gesagt haben: »Sie haben recht getan. Wenn Sie unsere Blößen aufgedeckt hätten, würden sie die Deutschen am nächsten Tag erfahren haben.«

Gamelin behauptet auch in seinem Buch, er habe in dieser Sitzung allerdings auch auf die heikle militärische Lage Frankreichs aufmerksam gemacht und gesagt, daß es, wenn Deutschland »Polen vernichte« und dann seine ganze Macht gegen Frankreich werfe, in einer »schwierigen Lage« sein würde. »In diesem Falle«, sagte er, »würde es für Frankreich nicht mehr möglich sein, sich in den Kampf einzulassen... Im Frühjahr hoffte ich mit britischer Hilfe und amerikanischer Ausrüstung in der Lage zu sein, einen Defensivkampf zu führen (falls notwendig, natürlich). Ich fügte hinzu, daß für uns nur bei einem langen Krieg Hoffnung auf Sieg bestünde. Ich war *stets* der Meinung gewesen, daß wir nicht vor Ablauf von etwa zwei Jahren, d. h. 1941/42, imstande sein würden, die Offensive zu ergreifen.«

Die Zaghaftigkeit des französischen Generalissimus erklärt einen großen Teil der späteren Ereignisse.

21 *Dokumente zur Vorgeschichte des Krieges* [Berlin 1939], Nr. 2, S. 317. In der gleichen Stunde sandte Halifax ein weiteres Telegramm an Henderson: Coulondre werde »eine ähnliche Mitteilung an die Deutsche Regierung erst heute Mittag (Sonntag) überreichen. Er wisse nicht, welche Frist die Franzosen stellen würden, doch werde sie »wahrscheinlich« zwischen sechs und neun Stunden liegen. (*Documents on British Foreign Policy*, VII, Nr. 758, S. 53.)

22 Schmidt, *Statist auf diplomatischer Bühne*, op. cit., S. 472.

23 *Documents on British Foreign Policy*, VII, Nr. 762, S. 537.

24 Ebda.

25 Die rasch zusammengezimmerte Note schloß mit folgendem Satz: »Die im Auftrag der Britischen Regierung von Herrn King-Hall uns mitgeteilte Absicht, das deutsche Volk noch mehr zu vernichten als durch den Versailler Vertrag, nehmen wir zur Kenntnis und werden daher jede Angriffshandlung Englands mit den gleichen Waffen und in der gleichen Form beantworten.« Die britische Regierung hatte natürlich Stephen King-Hall, einen pensionierten Marineoffizier, der einen ganz privaten Informationsdienst herausgab, niemals beauftragt, seine Absichten gegen Deutschland mitzuteilen. Im Gegenteil, Henderson hatte im Foreign Office gegen die Verbreitung der King-Hall-Publikation in Deutschland protestiert, und die britische Regierung hatte King-Hall ersucht, davon Abstand zu nehmen.

26 Aber selbst danach noch machte Bonnet, wie erinnerlich, eine Anstrengung in letzter Minute, Frankreich aus dem Krieg herauszuhalten; in der Nacht bat er die Italiener, Hitler wenigstens zu einem »symbolischen« Rückzug aus Polen zu bewegen.

27 Weizsäckers Aktenvermerk in ADAP, VII, S. 444.

28 Wortlaut der Weisung in ADAP, VII, S. 456/57.

29 DGFP, VII, Nr 565.

30 Diesen Vorgang offenbaren die Akten des Auswärtigen Amtes, ADAP, VII, S. 480.

31 *Das Nationalsozialistische Deutschland und die Sowjetunion 1939–1941*, hrsg. von Dr. Eber

Malcolm Carroll und Dr. Fritz Theodor Epstein [Department of State, 1948], Nr. 61, S. 95. Fortan abgekürzt: *NS-Deutschland und Sowjetunion.*

32 *Führer Conferences on Naval Affairs, 1939,* S. 13–14, hrsg. von der britischen Admiralität (1947) in hektographierter Form. (Rückübersetzt. Anm. d. Übers.)

ACHTZEHNTES KAPITEL

1 DGFP, Serie D, VIII, Nr. 5.
2 DGFP, Serie D, VIII, Nr. 34.
3 DGFP, Serie D, VIII, Nr. 35.
4 DGFP, Serie D, VIII, Nr 46.
5 DGFP, Serie D, VIII, Nr. 63.
6 DGFP, Serie D, VIII, Nr. 70.
7 DGFP, Serie D, VIII, Nr. 78.
8 DGFP, Serie D, VIII, Nr. 80.
9 DGFP, Serie D, VIII, Nr. 90.
10 DGFP, Serie D, VIII, Nr. 101.
11 Ebda., Nr. 104.
12 Ebda., Nr. 124.
13 Ebda., Nr. 131.
14 Ebda., Nr. 142.
15 Ebda., Nr. 153.
16 Es war Andor Hencke, Unterstaatssekretär im Auswärtigen Amt, der lange Jahre an der deutschen Botschaft in Moskau gewesen war. Seine ausführliche und amüsante Darstellung ist enthalten in DGFP, VIII, Anhang 1. Sie war die einzige deutsche Aufzeichnung von den Besprechungen des zweiten Tages.
17 Wortlaut des Vertrages mitsamt den Geheimprotokollen und einer Verlautbarung in *NS-Deutschland und Sowjetunion,* op. cit., S. 117 ff.
18 Die deutschen Verluste in Polen beliefen sich nach amtlichen Angaben auf 10 572 Tote, 30 322 Verwundete und 3400 Vermißte.

NEUNZEHNTES KAPITEL

1 Generalmajor J. F. C. Fuller, *The Second World War* [New York 1949], S. 55.
2 Wortlaut der Weisung Nr. 3 in DGFP, VIII, Nr. 43.
3 L. B. Namier, *Diplomatic Prelude* [London 1948], S. 459/60. Hierin französischer Text des Militärabkommens.
4 Am 4. Oktober fuhr der Verfasser am Ostufer des die deutsch-französische Grenze bildenden Oberrheins entlang. Er schrieb in sein Tagebuch: »Von Krieg nichts zu merken; das Zugpersonal sagte mir, seit Kriegsbeginn sei an dieser Front kein Schuß gefallen ... Wir konnten drüben die französischen Bunker und an vielen Stellen große Matten sehen, hinter denen die Franzosen ihre Stellungen ausbauten. Das gleiche Bild auf deutscher Seite. Die Soldaten ... taten ihr Werk in gegenseitiger Sicht- und Reichweite ... Die Deutschen schafften mit der Eisenbahn Geschütze und Material heran, aber die Franzosen behinderten sie nicht. Welch seltsamer Krieg!« *Berlin Diary,* S. 234.
5 IMT, XII, S. 1086.
6 IMT, XV, S. 385/86.
7 IMT, X, S. 583.

8 Churchill, *Gathering Storm*, op. cit., S. 478.

9 Churchill, damals Erster Lord der Admiralität, gab die Zahlen am 26. September im Unterhaus bekannt. Er sagte dabei auch, es seien sechs bis sieben U-Boote versenkt worden, doch in seinen Erinnerungen schreibt er, in Wirklichkeit seien es nur zwei gewesen, wie man später erfahren habe.

In seiner Rede erzählte Churchill noch eine amüsante Geschichte: Ein U-Bootkommandant habe ihm persönlich die Position eines von ihm soeben versenkten britischen Schiffes signalisiert und ihn aufgefordert, Hilfe zu schicken. »Ich wußte nicht recht«, sagte Churchill, »an welche Adresse ich eine Antwort richten sollte. Aber inzwischen haben wir ihn geschnappt.« Das war jedoch nicht der Fall. Der Verfasser interviewte zwei Tage später in einer Sendung für Amerika den U-Bootkommandanten Kapitän Herbert Schultze. An Hand seines Logbuchs konnte er den Funkspruch an Churchill nachweisen. S. Churchill, op. cit., S. 436/37; *Berlin Diary*, S. 225–227.

10 *Führer Conferences on Naval Affairs*, 1939, op. cit., S. 16/17.

11 Am folgenden Tag, dem 4. September, wurden alle U-Boote auf Befehl des Führers angewiesen, unter keinen Umständen gegen Passagierdampfer zu operieren, auch nicht, wenn sie unter Geleitschutz führen.

12 Weizsäckers Aktenvermerk über seine Unterredung mit Kirk in: DGFP, VIII, S. 3/4. Seine Aussage in Nürnberg über das Gespräch mit Raeder: IMT, XIV, S. 278.

13 N. D. 804-D. Dieses Nürnberger Dokument enthält sowohl Raeders Aktenvermerk über die Unterredung wie auch das Kabel des Marineattachés an Washington. Offenbar war dessen Telegramm nicht chiffriert, denn es tauchte in Nürnberg unter den Akten der deutschen Kriegsmarine auf.

14 Eidesstattliche Erklärung Dönitz' in Nürnberg, NCA, VII, S. 114/15, N. D. 638-D. (Text englisch; rückübersetzt. Anm. d. Übers.)

15 Die Offiziere, darunter auch Lemp, und ein Teil der Mannschaft wurden auf U-110 versetzt und gingen mit diesem U-Boot am 9. Mai 1941 unter. Ein Besatzungsmitglied von U-30 wurde kurze Zeit nach der Versenkung der *Athenia* durch ein Flakgeschoß verwundet. Man setzte ihn, nachdem er sich zu strengstem Schweigen verpflichtet hatte, in Reykjavik, Island, an Land, er kam später in ein Kriegsgefangenenlager in Kanada und unterschrieb nach dem Krieg eine die Tatsachen enthaltende eidesstattliche Versicherung. Die Deutschen scheinen befürchtet zu haben, er würde »ausplaudern«; aber er schwieg bis nach dem Kriege (NCA, VII, S. 156–158).

16 Aussage Raeders in Nürnberg, IMT, XIV, S. 78; Weizsäckers, ebda., S. 277, 279–293; Hans Fritzsches, ebda., XVII, S. 191, 234/35. Aufsatz des *Völkischen Beobachters* in: N. D. 3260-PS. Goebbels' Rundfunkrede s. in *Berlin Diary, S. 238.*

17 *NS-Deutschland und Sowjetunion*, op. cit., S. 119.

18 Nach einer Aufzeichnung von Dr. Schmidt, DGFP, VIII, S. 140–145.

19 Aussage Brauchitschs in Nürnberg, IMT, XX, S. 573. Ein Vermerk im Kriegstagebuch der Wehrmachtführung bestätigt die Angabe.

20 *Ciano's Diplomatic Papers* [London 1948], S. 309–314. Mussolini teilte Hitlers Siegeszuversicht nicht, als Ciano ihm berichtete. Er glaubte, Engländer und Franzosen »würden durchhalten ... und außerdem ist er [Mussolini] – warum soll ich es verheimlichen – über Hitlers mächtigen Aufstieg ein wenig verbittert.« Ciano, *Tagebücher*, op. cit., S. 156.

21 DGFP, VIII, Nr. 25.

22 DGFP, VIII, Nr. 180. Ein paar Wochen später, am 16. November, wurden die Deutschen durch die Italiener aus Paris informiert, Marschall Pétain gelte in Frankreich als Befürworter der Friedenspolitik. Wenn die Frage des Friedens akut würde, werde Pétain eine Rolle spielen. (DGFP, VIII, Nr. 363.) Dies scheint der erste Hinweis für die Deutschen gewesen zu sein, daß Pétain ihnen später einmal nützlich werden könnte.

23 Hitlers Denkschrift: N. D. L-52; Weisung Nr. 6: DGFP, VIII, Nr. 224.
24 N. D. NOKW-3433.
25 Hierüber berichten sowohl Schlabrendorff, *Offiziere gegen Hitler* [Frankfurt 1959], S. 45/46, wie Gisevius, op. cit., S. 431.
26 Die deutschen Quellen nennt Wheeler-Bennett in *Nemesis*, op. cit., S. 514, ferner s. a. Hassell, op. cit. und Thomas, op. cit.
27 Hassell, op. cit., S. 94.
28 Halders Vernehmung in Nürnberg, 26. Februar 1946, NCA, Suppl. B., S. 1564–75.
29 Hans Rothfels, *Die deutsche Opposition gegen Hitler* [Frankfurt 1958], S. 90.
30 N. D. C-72.
31 Bülow-Schwante bestätigte im Wilhelmstraße-Prozeß in Nürnberg Goerdelers Mission und seine Privataudienz bei König Leopold. S. Umschrift, S. 9807–11. Seine Aussage wird auch erwähnt in DGFP, VIII, Nr. 332; ferner Nr. 334 sein Telegramm nach Berlin.
32 Die verschiedenen Darstellungen der Venloer Entführung s. bei S. Payne-Best, *The Venlo Incident* [London 1950]; Walter Schellenberg, *Memoiren* [Köln 1959], S. 79 ff; Wheeler-Bennett, *Nemesis*, op. cit.
Eine amtliche holländische Darstellung ist in der Protestnote der niederländischen Regierung an Deutschland enthalten (DGFP, VIII, Nr. 344). Nach dieser Darstellung, die erst nach dem Krieg zutage kam, wurde der englische Wagen, mit Stevens, Best und Klop darin, von den Deutschen über die nur ein paar Meter entfernt gelegene Grenze abgeschleppt. Beginnend mit dem 10. November, stellte die holländische Regierung insgesamt neunmal das schriftliche Ersuchen, Klop und den holländischen Chauffeur des englischen Wagens auszuliefern sowie eine Untersuchung der Grenzverletzung einzuleiten. Die Antwort kam erst am 10. Mai 1940, als Hitler seinen Angriff auf Holland teilweise damit begründete, daß der Venloer Zwischenfall die Zusammenarbeit der Holländer mit dem britischen *Secret Service* erwiesen habe. Klop erlag einige Tage später seinen Verletzungen. Best und Stevens verbrachten fünf Jahre in Konzentrationslagern. S. a. IMT, X, S. 1206–8.
33 In Dachau erzählte Elser die gleiche Geschichte Pastor Niemöller, der, wie er später feststellte, zu der persönlichen Überzeugung gelangte, Hitler habe das Attentat sanktioniert, um seine Popularität zu vermehren und die Kriegsstimmung im Volke zu heben. Die Gerechtigkeit verlangt, hinzuzufügen, daß Gisevius, ein Erzfeind Hitlers, Himmlers und Schellenbergs, der Meinung ist, Elser habe Hitler wirklich töten wollen und es habe keine Komplicen gegeben.
34 Die verschiedenen Darstellungen über das Attentat s. bei Best, op. cit., Schellenberg, op. cit., Wheeler-Bennett, op. cit., Reitlinger, *The SS – Alibi of a Nation* [New York 1957], *Berlin Diary*, op. cit., Gisevius, op. cit.
35 N. D. 789-PS; ebenfalls in DGFP, VIII, Nr. 384.
36 Halder, Tagebuch, 23. November. Brauchitschs Aussage in Nürnberg, IMT, XX, S. 628.
37 Halders Vernehmung in Nürnberg, NCA, Suppl. B, S. 1569/70. S. a. Thomas, *Gedanken und Ereignisse*, op. cit.
38 Hassell, op. cit., S. 105, 107, 184.
39 Hassell, op. cit., S. 91, 106.
40 Aus Canaris' Tagebuch, N. D. 3047–PS.
41 N. D. 3363-PS.
42 Es wurde im Mai 1945 von Lt. Walter Stein von der amerikanischen 7. Armee in Franks Wohnung im Hotel *Berghof* bei Neuhaus in Bayern gefunden.
43 IMT, I, S. 335.
44 IMT, VII, S. 516/17.
45 N. D. 2233–PS.
46 N. D. 2233-PS-C.

47 N. D. 2233-PS-C.
48 N. D. 1919-PS.
49 Ciano warnte den belgischen Botschafter in Rom am 2. Januar. Laut Weizsäcker fingen die Deutschen zwei Code-Telegramme des Botschafters nach Brüssel ab, die sie entzifferten und somit von der italienischen Warnung erfuhren. (S. DGFP, VIII, 683 Fn.)
50 DGFP, VIII, Nr. 504.
51 DGFP, VIII, Nr. 342.
52 Ebda., Nr. 195.
53 DGFP, VII, Nr. 420.
54 N. D. 2353-PS. Nach der Eroberung Frankreichs und der Niederlande sagte Göring zu General Thomas, dem Chef des Wehrwirtschaft- und Rüstungsamtes im OKW, »daß der Führer nur pünktliche Belieferung der Russen bis zum Frühjahr 1941 wünsche. Später hätten wir an einer vollen Befriedigung der russischen Wünsche kein Interesse mehr.« (Ebda.)
55 DGFP, VIII, Nr. 499, Nr. 600.
56 DGFP, VIII, Nr. 607.
57 N. D. 2353-PS.
58 DGFP,, VIII, Nr. 636.
59 N. D. 864-PS.
60 Am Tage vorher hatte Goebbels der Presse ein fingiertes Telegramm aus Montevideo zugehen lassen, wonach die *Graf Spee* nur leichten Deckschaden erlitten habe. Alle englischen Meldungen über eine schwere Beschädigung seien »reine Lügen«.
61 Langsdorffs ergreifender Brief ist wiedergegeben in *Führer Conferences on Naval Affairs, 1939*, op. cit., S. 62. Dortselbst (S. 59–62) noch anderes deutsches Material über das Seegefecht.
62 Für den obigen Abschnitt benutzte ich an Originaldokumenten: die Berichte des deutschen Botschafters und des Luftattachés in Brüssel, DGFP, VIII, sowie Jodls Tagebuch. Die erhalten gebliebenen Textstellen des deutschen Angriffsplans sind wiedergegeben in: N. D. TC-58-A. Eine Darstellung des Vorfalls gibt Karl Bartz, *Als der Himmel brannte* [Hannover 1955]. Churchills Bemerkungen s. in *The Gathering Storm*, op. cit., S. 556/57.

ZWANZIGSTES KAPITEL

1 N. D. 1546-PS; N. D. 066-C.
2 N. D. 122-C; N. D. 170-C.
3 Es war jener 10. Oktober, an dem Hitler den Oberbefehlshabern seine lange Denkschrift über die Notwendigkeit einer unverzüglichen Westoffensive vorlas und ihnen die Weisung Nr. 6 aushändigte.
4 N. D. 166-C.; *Führer Conferences on Naval Affairs 1939*; op. cit., S. 27. (Fortan abgekürzt: FCNA.) (Von der Übersetzung wurden die im *Institut für Zeitgeschichte*, München, vorhandenen Fotokopien der Originaltexte benutzt.)
5 Churchill, *The Gathering Storm*, op. cit., S. 531–37.
6 Die Annahme war zutreffend. Wir wissen heute, daß der Oberste Alliierte Kriegsrat in seiner Sitzung vom 5. Februar 1940 in Paris beschloß, von dem nach Finnland zu entsendenden und in Narvik zu landenden Expeditionskorps gleichzeitig die schwedischen Erzgebiete besetzen zu lassen. (S. Shirer, *The Challenge of Scandinavia*, S. 115/16 Fn.) Churchill bemerkt, in dieser Sitzung sei beschlossen worden, »nebenher das Erzgebiet von Gällivare in die Hand zu bekommen«. (*The Gathering Storm*, S. 560.)
7 FCNA, S. 51.
8 N. D. 065-C.

9 FCNA, S. 57/58.
10 FCNA, S. 57/58.
11 Keinen Eindruck machte er auf den deutschen Gesandten in Oslo, Dr. Curt Bräuer, der im Dezember Berlin zweimal warnte: Quisling dürfe nicht ernstgenommen werden, sein Einfluß und seine Aussichten seien sehr gering. (DGFP, VIII, Nr. 441 und Nr. 466.) Der Gesandte hatte für seine Offenheit und sein Widerstreben, Hitlers Spiel mitzumachen, bald zu büßen.
12 Halders Tgb., 14. Dezember; Jodls Tgb., 12.–13. Dezember – offensichtlich falsch datiert.
13 Denkschrift Rosenbergs, N. D. 004-PS.
14 DGFP, VIII, Nr. 537. Tagebuch der Seekriegsleitung, Eintr. 13. Januar 1940.
15 Wortlaut der Weisung in N. D. 063-C. S. auch Walther Hubatsch, *»Weserübung« – Die deutsche Besetzung von Dänemark und Norwegen 1940,* 2. Aufl., [Göttingen 1960] (Studien und Dokumente zur Geschichte des Zweiten Weltkrieges, Bd. 7), S. 435.
16 Vernehmung Falkenhorsts in Nürnberg, NCA, Suppl. B., S. 1534–47.
17 Wortlaut der Weisung in IMT, XXXIV, S. 729 f. und DGFP, VIII, Nr. 644.
18 Am 7. März informierte General Ironside, Chef des britischen Generalstabs, Marschall Mannerheim, es stehe eine alliierte Expeditionsstreitmacht von 57 000 Mann einsatzbereit, und die erste Division, etwa 15 000 Mann, könnte Ende März in Finnland sein, wenn Norwegen und Schweden ihren Durchtransport gestatten würden. Doch schon fünf Tage vorher, am 2. März, hatten Norwegen und Schweden, wie Mannerheim wußte, das englisch-französische Transitersuchen abgelehnt. Das hinderte Ministerpräsident Daladier nicht daran, am 8. März den Finnen vorzuwerfen, sie hätten nicht *offiziell* um alliierte Truppen gebeten, und ihnen mitzuteilen, die alliierten Streitkräfte würden ohne Rücksicht auf norwegische und schwedische Proteste entsandt werden. Doch Mannerheim ließ sich nicht täuschen und riet seiner Regierung, um Frieden nachzusuchen, solange die finnische Armee noch intakt und ungeschlagen sei. Am 8. März stimmte er der sofortigen Entsendung einer Friedensdelegation nach Moskau zu. Mannerheim scheint den Eifer der Franzosen, lieber an der finnischen als an der eigenen Front zu kämpfen, mit Skepsis betrachtet zu haben. (S. Gustav Mannerheim, *Erinnerungen,* [Zürich und Freiburg 1952], S. 411–13.
Man kann sich nur ausmalen, welche Verwirrung unter den Kriegführenden entstanden wäre, wenn das englisch-französische Expeditionskorps bis nach Finnland gekommen wäre und die Russen bekämpft hätte. Kaum ein Jahr später lag Deutschland mit Rußland im Krieg, und dann wären die Mächte, die im Westen Feinde waren, im Osten Verbündete gewesen!
19 Jodls Tagebuch, 10–14. März, N. D. 1809-PS.
20 Von Hitlers Ansichten über Amerika sind bereits in früheren Kapiteln Beispiele gegeben worden, doch befindet sich unter den Akten des Auswärtigen Amts ein Dokument, das Aufschluß über seine Vorstellung zur Zeit des Besuches von Sumner Welles gibt. Am 12. März unterhielt Hitler sich lange mit Colin Ross, einem deutschen Amerika-»Experten«, der gerade von einer Vortragsreise durch die Vereinigten Staaten zurückgekehrt war und dort sein Scherflein zur NS-Propaganda beigetragen hatte. Als Ross bemerkte, in Amerika herrsche eine »imperialistische Tendenz« vor, fragte Hitler (nach Dr. Schmidts stenographischem Protokoll), »ob denn imperialistische Tendenz nicht den Wunsch zum Anschluß Kanadas an die Vereinigten Staaten fördere und somit eine anti-englische Haltung erzeuge«.
Es muß freilich eingeräumt werden, daß die Leute, die Hitler über die Vereinigten Staaten berieten, nicht viel dazu beigetragen haben, ihn aufzuklären. In demselben Gespräch sagte Colin Ross, in dem Bemühen, Hitlers Frage zu beantworten, warum man in Amerika so antideutsch sei, unter anderem:
»Hinzu käme die unerhörte Macht des Judentums, welches mit einer geradezu phantastischen Klugheit und Organisationsgabe den Kampf gegen alles Deutsche und gegen alles Nationalsozialistische dirigiere ...

Colin Ross sprach dann über Roosevelt, von welchem er glaubt, daß er aus rein persönlichen Eifersuchtsmotiven heraus und auch aus persönlichem Machthunger ein Feind des Führers sei. Er sei im gleichen Jahr wie der Führer zur Macht gekommen und habe nun sehen müssen, wie der Führer seine großen Pläne verwirklicht habe, während er... nicht zum Ziele gekommen sei. Auch er habe diktatorische Gedanken, die in einigem sehr den nationalsozialistischen Gedankengängen ähnelten. Aber die Erkenntnis eben, daß der Führer sein Ziel erreicht habe und er nicht, hinterließe bei seinem krankhaften Ehrgeiz den Drang, als Rivale des Führers in der Weltgeschichte zu wirken... Nachdem sich Herr Colin Ross verabschiedet hatte, meinte der Führer, daß Colin Ross ein sehr kluger Mensch sei, der sicherlich viele richtige Gedanken habe.« (DGFP, VIII, Nr. 671.)

21 DGFP, VIII, Nr. 172 und Nr. 405.

22 Ebda., Nr. 88.

23 Weizsäcker antwortete, Canaris persönlich habe ihm versichert, daß keine der von Thomsen genannten Personen Abwehr-Agent sei. Aber kein gut funktionierender Geheimdienst wird seine Agenten nennen. Andere Akten des Auswärtigen Amtes enthüllen, daß am 24. Januar ein Mitarbeiter der Abwehr Buenos Aires mit der Weisung verließ, sich »wegen Instruktionen in unserer Sache« an Fritz von Hausberger in Weehawken, N. J., zu melden. Im Dezember war, ebenfalls aus Buenos Aires, ein Agent nach New York geschickt worden, um Erkundigungen über amerikanische Flugzeugwerke und Waffenlieferungen an die Alliierten einzuholen. Thomsen selbst meldete am 20. Februar die Ankunft eines Freiherrn Konstantin von Maydell, eines estnischen Baltendeutschen, der in der deutschen Botschaft in Washington erklärte, er habe für die Abwehr einen Sabotageauftrag durchzuführen.

24 Wortlaut der Anweisung in DGFP, VIII, Nr. 637.

25 »Vor Gott und der Welt«, rief Göring aus, »könne er (der Generalfeldmarschall) erklären, daß Deutschland den Krieg nicht gewollt habe. Er sei ihm aufgezwungen worden... Was aber solle Deutschland tun, wenn die anderen es zerstören wollten?«

26 Dr. Schmidts Protokolle in DGFP, VIII; ebda. Weizsäckers Aufzeichnungen. Sumner Welles sprach auch mit Dr. Schacht, nachdem der an sich in Ungnade gefallene Finanzexperte zu Hitler gerufen worden war und seine Richtlinien erhalten hatte. S. Hassell, op. cit., S. 121. Welles selbst hat seine Besprechungen in Berlin in *The Time for Decision* [New York 1944] dargestellt.

27 DGFP, VIII, Nr. 527 und Nr. 553.

28 Wortlaut des Briefes ebda., Nr. 663.

29 Schmidts Aufzeichnungen in DGFP, VIII, Nr. 665 und Nr. 669; Cianos Version in *Cianos Diplomatic Papers*, op. cit., S. 339–359. S. a. Schmidt, *Statist*, op. cit., S. 487/88; ferner Cianos persönliche Bemerkungen in seinen *Tagebüchern*, op. cit.

30 Welles, *The Time for Decision*, op. cit., S. 138.

31 Ciano, *Tagebücher*, op. cit. S. 208.

32 Dr. Schmidts Protokoll in DGFP, IX, Nr. 1.

33 Hassell, op. cit., S. 128–132. Die obige Darstellung stützt sich weitgehend auf Hassells Buch.

34 Allen Dulles, *Germany's Underground*, [New York 1947], S. 59.

35 Shirer, *The Challenge of Scandinavia* [Boston 1955], S. 223–225.

36 Die ersten drei deutschen Versorgungsschiffe waren am 3.April, 2 Uhr früh, in Richtung Narvik ausgelaufen. Das größte deutsche Tankschiff stach in Richtung Narvik am 6. April von Murmansk aus in See, mit Wissen der Russen, die gefälligerweise die Ölladung geliefert hatten.

37 Churchill, *Gathering Storm*, op. cit., S. 579. Die englischen Pläne für »R-4« s. bei Derry, *The Campaign in Norway* [London 1953].

38 DGFP, IX, Nr. 39 und Nr. 41.

39 Ebda., Nr. 42.

40 N. D. C-115.
41 In Nürnberg nannte Großadmiral Raeder solche Taktik »eine durchaus gebräuchliche Kriegslist, gegen die vom Rechtsstandpunkt aus nichts einzuwenden ist.« IMT, XIV, S. 112.
42 Wortlaut in N. D. TC-55; ferner in DGFP, IX, Nr. 53.
43 DGFP, IX, Nr. 55 und Nr. 56.
44 S. Shirer, *The Challenge of Scandinavia*, op. cit., und *Denmark During the Occupation*, hrsg. von Børge Outze [Kopenhagen 1946].
45 N. D. 3596-PS.
46 N. D. 3596-PS.
47 Norwegen, das vier Jahrhunderte lang ein Teil Dänemarks und ein weiteres Jahrhundert ein Teil Schwedens gewesen war, erlangte erst 1905, als es aus der Union mit Schweden austrat, vollständige Unabhängigkeit. Das Volk wählte den Prinzen Carl von Dänemark zum König von Norwegen, der hierauf den Namen Haakon VII. annahm. Haakon VI. war 1380 gestorben. Haakon VII. war ein Bruder des dänischen Königs Christian X., der sich am 9. April 1940 so rasch den Deutschen ergeben hatte.
48 Aus den norwegischen Staatsarchiven. Zit. bei Shirer, *The Challenge of Scandinavia*, op. cit., S. 38.
49 DGFP, IX, Nr. 83.
50 Ribbentrops Geheiminstruktion offenbart eine weitere heimtückische Absicht. Bräuer sollte versuchen, eine Zusammenkunft »an einem zwischen Oslo und dem jetzigen Aufenthaltsort des Königs gelegenen Punkte« zu vereinbaren. »Er, Bräuer, müsse diesen Schritt ›aus naheliegenden Gründen‹ genau mit General Falkenhorst absprechen und müsse diesen dann auch über den verabredeten Treffpunkt informieren.« Gaus, der Ribbentrops Anweisung durchtelefonierte, machte den Aktenvermerk: »Herr Bräuer hat den Sinn des Auftrags offenbar verstanden.« Man kann nicht umhin anzunehmen, daß der König, wäre er zu dem Treffpunkt gegangen, von Falkenhorsts Truppen festgenommen worden wäre. (DGFP, IX, Nr. 89.)
51 Quislings Versuch, Norwegen zu regieren, war von kurzer Dauer. Am 15. April, sechs Tage nach der Selbstproklamierung zum Ministerpräsidenten, booteten die Deutschen ihn aus und setzten einen Verwaltungsrat von sechs führenden norwegischen Bürgern ein, darunter Bischof Eivind Berggrav, Oberhaupt der lutherischen Kirche, und Paal Berg, Präsident des Obersten Gerichtshofs. Dies geschah größtenteils auf Veranlassung von Berg, einem hervorragenden Juristen, der später der geheime Führer der norwegischen Widerstandsbewegung wurde. Am 24. April ernannte Hitler den noch jungen, derben Gauleiter Josef Terboven zum Reichskommissar für Norwegen, und dieser war es, der während der Besatzungszeit das Land wirklich regierte, und zwar mit zunehmender Brutalität. Bräuer, der von Anfang an gegen Quisling gewesen war, wurde am 17. April abberufen, aus dem diplomatischen Dienst entfernt und als Soldat an die Westfront geschickt. 1942 setzten die Deutschen Quisling wieder als Ministerpräsidenten ein, aber seine Macht war gleich Null, trotz allen Bemühens, seinen deutschen Herren zu dienen, und beim Volk war er verhaßt.
Nach Kriegsende wurde Quisling wegen Hochverrats zum Tode verurteilt und am 24. Oktober 1945 hingerichtet. Terboven zog den Selbstmord der Gefangenschaft vor. Knut Hamsun, der große norwegische Dichter, der mit den Deutschen offen kollaboriert und ihr Lob gesungen hatte, wurde des Hochverrats angeklagt, doch ließ man die Anklage wegen seines hohen Alters fallen. Allerdings wurde er zu etwa 250 000 Mark Geldstrafe verurteilt, weil er »vom NS-Regime profitiert« hatte. Am 19. Februar 1952 starb er im Alter von 93 Jahren. General von Falkenhorst kam als Kriegsverbrecher vor ein englisch-norwegisches Militärtribunal; er stand unter der Anklage, gefangene Angehörige alliierter Kommandotruppen zur Exekution der SS ausgeliefert zu haben. Am 2. August 1946 wurde er zum Tode verurteilt, doch dann zu lebenslänglicher Haft begnadigt.

52 Am 13. April unterzeichnete General von Falkenhorst, fraglos auf Anweisung Hitlers, der über den norwegischen Widerstand wütete, einen Befehl, demzufolge zwanzig der angesehensten Bürger Oslos, darunter Bischof Berggrav und Paal Berg, als Geiseln festgenommen und, nach den Worten Bräuers, »im Falle weiteren Widerstands oder versuchter Sabotage erschossen werden sollten«. (DGFP, IX, Nr. 134.)

53 Churchill, *Gathering Storm*, op. cit., S. 601.

54 Die Schweden, eingekeilt zwischen den Russen in Finnland und den baltischen Staaten sowie den Deutschen in Dänemark und Norwegen, überlegten und kamen zu dem Schluß, daß es für sie keine andere Wahl gäbe, als an ihrer zerbrechlichen Neutralität festzuhalten und im Falle eines Angriffs zu kämpfen. Sie hatten die Sowjetunion versöhnlich gestimmt, indem sie alliierten Truppen die Durchfahrt nach Finnland ablehnten, und nun stimmten sie, stark unter Druck gesetzt, die Deutschen versöhnlich. Schweden verweigerte den angegriffenen Norwegern die Lieferung von Waffen und Benzin, obwohl es beträchtliche Waffenmengen nach Finnland geschickt hatte. Den ganzen April über bat Deutschland die Schweden, einen Truppentransport nach Narvik zum Entsatz Dietls durchzulassen, was sie bis zur Beendigung der Feindseligkeiten ablehnten. Allerdings erlaubten sie einem Sanitätszug die Durchfahrt. Am 19. Juni gaben die Schweden aus Angst vor einem direkten deutschen Angriff Hitlers Druck nach und erlaubten den Transport von Truppen und Kriegsmaterial nach Norwegen auf schwedischen Eisenbahnen, wenn auch unter der Bedingung, daß sich Hin- und Rücktransporte die Waage halten müßten, damit die deutsche Besatzungsstärke in Norwegen hierdurch nicht erhöht würde.
Das war eine gewaltige Hilfe für Deutschland. Mit dem Landtransport von Kriegsmaterial und frischen Truppen über Schweden umging Hitler die Gefahr, daß diese auf See von den Engländern versenkt wurden. In den ersten sechs Monaten wurden auf diese Weise etwa 140 000 deutsche Soldaten in Norwegen ausgetauscht und den dortliegenden Verbänden große Materialmengen zugeführt. Später, kurz vor dem deutschen Angriff auf Rußland, gestatteten die Schweden dem deutschen Oberkommando, eine ganze, voll bewaffnete Division durch Schweden nach Finnland zu transportieren, wo sie gegen die Sowjetunion eingesetzt werden sollte. Was ein Jahr vorher den Alliierten verweigert worden war, wurde jetzt Deutschland gewährt. Einzelheiten über den deutschen Druck auf Schweden sowie Briefwechsel zwischen König Gustav V. und Hitler s. in DGFP, IX. Der Verfasser hat das Thema eingehender behandelt in *The Challenge of Scandinavia*.

EINUNDZWANZIGSTES KAPITEL

1 *Belgium – The Official Account of What Happened 1939/40*, S. 27–29. Hrsg. vom Belgischen Außenministerium, 1941.

2 IMT, XXXIV, S. 68. N. D. 059-TC.

3 Halders Tagebuch, 22. Aug. 1939.

4 N. D. 2329-PS.

5 N. D. C-62.

6 Allen Dulles, op. cit., S. 58–61. Dulles sagt, Oberst Sas persönlich habe ihm nach dem Krieg die Richtigkeit dieser Darstellung bestätigt.

7 Über das Entstehen der deutschen Operationspläne für die Westoffensive steht eine Fülle von Material zur Verfügung. Ich habe benutzt: Die Tagebücher Halders und Jodls; Halders Broschüre: *Hitler als Feldherr* [München 1949]; Auszüge aus dem Tagebuch des Wehrmachtführungsstabes, enthalten in NCA- und IMT-Bänden; die verschiedenen in den Nürnberger Bänden und in DGFP, VIII und IX, veröffentlichten Weisungen Hitlers und des OKW; Manstein,

Verlorene Siege [Bonn 1955]; Görlitz, *Der deutsche Generalstab* [Frankfurt a. M. 1950] und *Der zweite Weltkrieg* [Stuttgart 1951]; Jacobsen, *Dokumente zur Vorgeschichte des Westfeldzuges, 1939/40* [Göttingen 1956]; Guderian, *Erinnerungen eines Soldaten* [Heidelberg 1951]; Blumentritt, *Von Rundstedt* [London 1952]; Lidell Hart, *The German Generals Talk* [New York 1948]; Nürnberger Beweisurkunden der NOKW-Serie. Für die britischen Pläne s. die ersten beiden Bände von Churchills Erinnerungen; Ellis, *The War in France and Flanders* [London 1953]; J. F. C. Fuller, *The Second World War* [New York 1949]; Draper, *The Six Weeks War* [New York 1944]. Die beste, auf alles verfügbare deutsche Material sich stützende Gesamtdarstellung ist enthalten in Telford Taylor, *The March of Conquest* [New York 1958].

8 Churchill, *Their Finest Hour*, op. cit., S. 42/43.

9 DGFP, IX, S. 343/44.

10 Zunächst wurden 25 000 bis 30 000 Tote gemeldet. An dieser angenommenen Zahl hat man lange festgehalten, sie steht auch noch in der Ausgabe der *Encyclopedia Britannica* von 1953. Doch in Nürnberg nannte die holländische Regierung 814 Todesopfer. (IMT, XXXVI, S. 656.)

11 IMT, IX, S. 175–177, 213–228, 338–340. Ein Schuldspruch wegen der Bombardierung Rotterdams wurde in Nürnberg nicht ausgesprochen.

12 Die beiden Panzerkorps von Reinhardt und Guderian bildeten zusammen General Ewald von Kleists Panzergruppe, die aus fünf Panzerdivisionen und drei motorisierten Infanteriedivisionen bestand.

13 Einzelheiten s. bei Walter Melzer, *Albert-Kanal und Eben-Emael* [Heidelberg 1957]; Rudolf Witzig, *Die Einnahme von Eben-Emael*, in *Wehrkunde*, Mai 1954. Leutnant Witzig hatte das Kommando bei der Operation, traf aber wegen eines Schadens an seinem Gleitflugzeug erst zu einem Zeitpunkt ein, als seine Leute unter Feldw. Wenzel ihre Aufgabe nahezu ausgeführt hatten. General van Overstraeten, *Albert I. – Leopold III.* [Brüssel 1946]; *Belgium – the Official Account of What Happened, 1939–1940* [London 1941]; Telford Taylor, *The March of Conquest* [New York 1958]; S. 210–214.

14 Nach dem Krieg erklärte General Gamelin, er habe nicht geantwortet: »Wir haben keine«, sondern: »Wir haben keine mehr.« *(Aurore*, Paris, 21. November 1949.)

15 Churchill, op. cit., S. 46/47.

16 DGFP, IX, Nr. 272.

17 N. D. 1809-PS, S. 430.

18 N. D. 1809-PS, S. 431. Jodls Tagebuch.

19 Entnommen der eigenen Darstellung des Königs und der von Ministerpräsident Pierlot, veröffentlicht in dem amtlichen *Belgian Rapport*, Annexes, S. 69–75, und zitiert von Paul Reynaud in seinem Buch *In the Thick of the Fight* [New York 1955], S. 420–426.

20 *London Gazette*, Supplement, London 1941.

21 Weygand, *Rappellé au service* [Paris 1947], S. 125/26.

22 U. a. seitens Sir Alan Brookes, des späteren Chefs des Britischen Empire-Generalstabes, der damals das britische 2. Korps befehligte. S. Sir Arthur Bryant, *Kriegswende* [Düsseldorf 1957], eine Darstellung, die auf dem Tagebuch von Sir Alan Brooke beruht.

23 Diese aus dem Kriegstagebuch von Rundstedts Stab hervorgehobene Tatsache hinderte den General nicht daran, nach dem Kriege in mehrfachen Erklärungen die ganze Schuld Hitler zu geben. »Wenn es nach mir gegangen wäre«, sagte er Major Milton Shulman, einem kanadischen Nachrichtenoffizier, »würden die Engländer in Dünkirchen nicht so leicht davongekommen sein. Aber mir waren die Hände durch direkte Befehle von Hitler selbst gebunden. Während die Engländer draußen vor der Küste in die Schiffe kletterten, durfte ich mich nicht rühren ... Ich saß außerhalb der Stadt und beobachtete die Flucht der Engländer, während meinen Panzern und meiner Infanterie untersagt war, vorzugehen. Dieser unglaubliche Schnitzer war auf Hitlers eigene Vorstellung von Kriegführung zurückzuführen.« (Shulman, op. cit., S. 42/43.)

Ähnliche Äußerungen tat Rundstedt vor einer Kommission des Internationalen Militärtribunals in Nürnberg am 20. Juni 1946 (hektographierte Umschrift, S. 1490), ferner im Prozeß gegen Leeb (Umschrift, S. 3350–53, 3931–32) sowie gegenüber Liddell Hart (op. cit., S. 112/13).

24 Churchill, op. cit., S. 76.

25 Liddell Hart, *The German Generals Talk*, op. cit., S. 114/15. Zit. nach der deutschen Ausgabe: *Jetzt dürfen sie reden* [Stuttgart, Hamburg 1950], S. 248.

26 Ciano, *Tagebücher*, op. cit., S. 265/66.

27 Darüber waren sich viele der erschöpften Tommies, die am Strand von Dünkirchen schweren Bombenangriffen ausgesetzt waren, nicht im klaren, da die Luftkämpfe vielfach über der Wolkendecke oder in größerer Entfernung ausgetragen wurden. Sie glaubten von der RAF im Stich gelassen zu sein, und als sie in die englischen Häfen zurückkehrten, beschimpften sie ihre Kameraden in der blauen RAF-Uniform. Churchill, hierüber sehr bekümmert, gab sich in seiner Unterhausrede vom 4. Juni alle Mühe, den Fall zu klären. »Die Räumung von Dünkirchen«, sagte er, »ist der Air Force zu verdanken.«

28 Telford Taylor, op. cit., S. 297.

29 An diesem gleichen Tage sandte der in Holland im Exil lebende Kaiser ein Glückwunschtelegramm an Hitler, den er so lange Zeit als Emporkömmling verachtet hatte:

»Unter dem tiefergreifenden Eindruck der Waffenstreckung Frankreichs beglückwünsche ich Sie und die gesamte Deutsche Wehrmacht zu dem von Gott geschenkten gewaltigen Sieg mit den Worten Kaiser Wilhelms des Großen vom Jahre 1870: ›Welche Wendung durch Gottes Führung!‹ In allen deutschen Herzen erklingt der Choral von Leuthen, den die Sieger von Leuthen, des großen Königs Soldaten, anstimmten: ›Nun danket alle Gott!‹«

Hitler, der der Meinung war, der großartige Sieg sei weniger Gott als ihm selbst zu verdanken, entwarf eine reservierte Antwort, doch geht aus den Akten nicht hervor, ob sie jemals abgeschickt wurde. (Wortlaut beider Telegramme in DGFP, IX, S. 598.)

Wenige Wochen vorher war Hitler wütend gewesen, weil eine deutsche Einheit, die Doorn eingenommen hatte, wo der Kaiser lebte, vor seinem Wohnsitz eine Ehrenwache postierte. Hitler befahl Entfernung der Wache und untersagte allen deutschen Soldaten das Betreten des Schlosses. Wilhelm II. starb am 4. Juni 1941 in Doorn, wo er auch begraben wurde. Von seinem Ableben wurde nach Hassell kaum Notiz genommen. Dafür hatten Hitler und Goebbels gesorgt.

30 Briefwechsel Hitler–Mussolini Mai/Juni 1940 in DGFP, IX.

31 Das defätistische französische Oberkommando untersagte jegliche Offensivaktion gegen Italien. Am 14. Juni nahm ein französisches Flottengeschwader Fabriken, Öltanks und Raffinerien bei Genua unter Beschuß, doch Admiral Darlan unterband weitere Aktionen dieser Art. Als die RAF versuchte, von Marseille aus mit Bombern Mailand und Turin anzufliegen, ließen die Franzosen auf dem Flugplatz Lastwagen auffahren, um die Flugzeuge am Aufstieg zu hindern.

32 Ciano, *Tagebücher*, op. cit., S. 250/51.

33 DGFP, IX, S. 608–611.

34 Ciano, *Tagebücher*, op. cit., S. 249/50.

35 Ebda., S. 249.

36 Drei Tage später wurde der Stein auf Hitlers Befehl gesprengt.

37 Obwohl die in den deutschen Archiven gefundenen Protokolle unsigniert sind, hat Dr. Schmidt bezeugt, daß es seine Aufzeichnungen sind. Er war als Dolmetscher zugegen. Die Protokolle sind in DGFP, IX, enthalten. Die Deutschen hatten in dem Salonwagen verborgene Mikrophone angebracht, so daß jedes gesprochene Wort aufgenommen wurde. Ich selbst konnte die Verhandlungen, die von einem im Walde stehenden deutschen Nachrichtenwagen aufgenommen wurden, teilweise dort mithören. Soweit mir bekannt ist, sind sie nie veröffentlicht worden; vielleicht wurden die Bandaufnahmen oder die Umschriften nicht aufgefunden. Meine

eigenen stenographischen Notizen sind, von der dramatischen Schlußszene abgesehen, sehr fragmentarisch.

38 DGFP, IX, S. 671–676.

39 Es war darin festgelegt, daß es gleich nach Unterzeichnung des französisch-italienischen Waffenstillstands in Kraft treten würde und daß sechs Stunden danach die Feindseligkeiten einzustellen seien.

40 Dort langte er am 8. Juli an. Im späteren Verlauf des Krieges wurde er, eine Ironie des Schicksals, bei einem alliierten Luftangriff auf Berlin zerstört.

41 Churchill, *Their finest hour*, op. cit., S. 177.

42 DGFP, X, S. 49/50.

43 Churchill, *Their finest hour*, op. cit., S. 259/60.

44 Ebda., S. 261/62.

45 Attolico war im Mai auf Ansuchen Ribbentrops von Alfieri abgelöst worden.

46 DGFP, X, S. 82.

47 *Führer Conferences on Naval Affairs*, op. cit., S. 61/62. Für die Übersetzung sind die im Institut für Zeitgeschichte, München, vorhandenen Fotokopien der Protokolle von Lagebesprechungen benutzt worden.

48 Ciano, *Tagebücher*, op. cit., S. 257.

49 FCNA, S. 62–66.

50 DGFP, X, S. 209–211.

51 N. D. 442-PS. Ebenso in DGFP, X, Nr. 177.

52 Im Reichstag spielte sich bei dieser Gelegenheit eine glanzvolle, in der deutschen Geschichte nicht dagewesene Szene ab. Mitten in seiner Rede hielt Hitler plötzlich inne, um an zwölf Generale Feldmarschallstäbe auszuteilen. Göring erhielt einen Marschallstab in Übergröße und den neu geschaffenen Rang eines Reichsmarschalls des Großdeutschen Reiches, womit er allen anderen übergeordnet wurde. Außerdem erhielt er das Großkreuz zum Eisernen Kreuz, das einzige, das im Laufe des Krieges verliehen wurde. Halder wurde bei dem Segen von Marschallstäben übergangen und nur vom Generalleutnant zum Generaloberst befördert. Diese Massenernennung von Feldmarschällen – der Kaiser hatte im Verlauf des ganzen Ersten Weltkriegs nur fünf Offiziere und dabei nicht einmal Ludendorff zu Feldmarschällen befördert – trug fraglos dazu bei, unter den Generalen jegliche latente Opposition zu ersticken, die Hitler mindestens dreimal gefährlich geworden war. Indem Hitler durch die Beförderung so vieler Generale den höchsten militärischen Rang abwertete, bekam er – ein schlauer Schachzug – die Generale fest in die Hand. Aus dem Heer wurden neun Generale zu Feldmarschällen ernannt: Brauchitsch, Keitel, Rundstedt, Bock, Leeb, List, Kluge, Witzleben und Reichenau; aus der Luftwaffe drei: Milch, Kesselring und Sperrle.

53 Der italienische Außenminister befand sich zu der Zeit in Berlin. Während der Reichstagssitzung hatte er sich wie ein Clown aufgeführt und war bei jeder Atempause Hitlers aufgesprungen, um den Arm zum Faschistengruß zu erheben. Im Reichstag hatte ich auch Quisling bemerkt; er saß zusammengekauert auf einem Ecksitz des ersten Balkons. Er war nach Berlin gekommen, um Hitler zu bitten, ihn wieder mit der Macht in Oslo zu bekleiden.

54 Ciano, *Tagebücher*, S. 259 und 260.

55 Churchill, *Their finest hour*, op. cit., S. 261.

56 DGFP, X, Nr. 73.

57 Ebda., Nr. 129.

ZWEIUNDZWANZIGSTES KAPITEL

1 Tagebuch der Seekriegsleitung, 18. Juni 1940. Zit. von Ronald Wheatley, *Operation Sea Lion* [London 1958], S. 16. Wheatley hatte als Mitglied der mit der Zusammentragung von Unterlagen für eine amtliche Darstellung der Geschichte des Krieges betrauten englischen Historikergruppe ungehindert Zugang zu den erbeuteten deutschen Archiven des Heeres, der Kriegsmarine, der Luftwaffe und des Auswärtigen Amtes. Dieses Privileg wurde weder von britischen noch amerikanischen Behörden, die die Dokumente gemeinsam in Gewahrsam hielten, bis zur Abfassung dieses Buches einem inoffiziellen amerikanischen Autor eingeräumt. Als Quelle für zurückgehaltene deutsche Akten über *Seelöwe* ist Wheatleys Buch daher von großem Nutzen. Anm. d. Übers.: Die von Wheatley herangezogenen Belegstellen mußten infolgedessen rückübersetzt werden.

2 OKM-Akten. Wheatley, op. cit., S. 26.

3 Tagebuch der Seekriegsleitung, 15. November 1939. Wheatley, op. cit., S. 4–7.

4 Wheatley, op. cit., S. 7–13.

5 FCNA, 21. Mai 1940; Tagebuch der Seekriegsleitung, gleiches Datum. Wheatley, op. cit., S. 15.

6 ... und einen Blick auf Napoleons Grabmal im Invalidendom zu werfen. »Das war der größte und schönste Augenblick meines Lebens«, sagte er zu seinem Fotografen Heinrich Hoffmann.

7 N. D. 1776-PS.

8 Jodl sprach auch von der Möglichkeit einer »Ausweitung des Krieges an der Peripherie«, d. h. des Angriffes auf das Britische Weltreich mit Hilfe nicht nur Italiens, sondern auch Japans, Spaniens und Rußlands.

9 *British War Office Intelligence Review*, November 1945. Zit. von Schulman, op. cit., S. 49/50.

10 Liddell Hart, op. cit., S. 129.

11 Selbst ein so scharfsinniger Militärkritiker wie Liddell Hart hat diesem Umstand nicht immer Rechnung getragen, was seinem Buch *Jetzt dürfen sie reden* Abbruch tut. Sie redeten zwar, aber ihr Erinnerungsvermögen war nicht immer zuverlässig.

12 Aus den OKH-Akten, zit. bei Wheatley, op. cit., S. 40, 152–155, 158. An dem Plan wurde während der nächsten sechs Wochen ständig geändert.

13 Tagebuch der Seekriegsleitung, 17. Juli. Wheatley, op. cit., S. 40. Die deutsche Abwehr schätzte im Juli, August und September die Stärke der englischen Landstreitkräfte um etwa acht Divisionen zu hoch ein, so im Juli auf 15–20 »einsatzfähige« Divisionen. Zu dieser Zeit hatten die Engländer zwar 29 Divisionen, aber davon waren höchstens sechs »einsatzfähig«. Entgegen einer damals weitverbreiteten und noch heute bestehenden Annahme wäre die britische Armee Mitte September jedoch in der Lage gewesen, den für die erste Landungswelle vorgesehenen deutschen Divisionen standzuhalten. Bis zu dieser Zeit hätte sie, um einem Angriff an der Südküste zu begegnen, 16 gut ausgebildete Divisionen, darunter drei Panzerdivisionen, bereitgestellt, dazu vier Divisionen und eine Panzerbrigade zur Abschirmung der Ostküste zwischen Themse und Wash-Busen. Die britische Armee hatte sich also seit der Katastrophe von Dünkirchen, nach der England zu Lande buchstäblich wehrlos gewesen war, erstaunlich erholt.
Die Informationen des britischen *Intelligence Service* über die deutschen Pläne waren äußerst lückenhaft und während der ersten drei Monate der Invasionsdrohung nahezu falsch. Den ganzen Sommer über waren Churchill und seine Militärberater überzeugt, die Deutschen würden versuchen, mit der Hauptstreitkraft an der Ostküste zu landen, und die Engländer hatten bis September dort das Gros ihrer Landtruppen konzentriert.

14 Halder-Tagebuch, 22. Juli; FCNA, 21. Juli, S. 71–73.

15 Tagebuch der Seekriegsleitung, 30. Juli, und Denkschrift vom 29. Juli. Wheatley, op. cit., S. 45/46.

16 FCNA, 1. August 1940. Aufzeichnung Raeders. Halder berichtet in einer langen Tagebucheintragung vom 31. Juli über die Konferenz.
17 DGFP, X, Nr. 270. Ebenfalls in N. D. 443-PS (nicht veröffentlicht).
18 FCNA, 1. August 1940. S. 81/82.
19 Ebda., S. 73–75.
20 Halder gibt in seiner Tagebucheintragung die obige Äußerung nicht wieder. Allerdings sagt er: »Die Besprechungen führen nur zur Feststellung unvereinbarer Gegensätze ... Jede Vorbereitung lehnt [die Marine] ab aus Angst vor der englischen Hochseeflotte. Eine entscheidende Abwehr dieser Gefahren durch die Luftwaffe hält sie aber für unmöglich.« Offensichtlich machte sich die deutsche Kriegsmarine damals wenige Illusionen über die Schlagkraft von Görings Luftwaffe.
21 Aus den OKW-Akten. Wheatley, op. cit., S. 68.
22 FCNA, 13. August, S. 82/83.
23 Beide Weisungen in FCNA, S. 81/82.
24 Aus den OKW-Akten. Wheatley, op. cit., S. 174–182.
25 FCNA, 1940, S. 88.
26 Ebda., S. 91–97.
27 Die Deutschen standen stark unter dem Eindruck von Berichten ihrer Washingtoner Botschaft, die in Washington aus London empfangene Nachrichten weitergab und noch ausschmückte. Der amerikanische Generalstab, hieß es in einem der Berichte, sei der Auffassung, daß die Engländer nicht viel länger durchhalten könnten. Nach Oberstleutnant von Lossberg, *Im Wehrmachtführungsstab* [Hamburg 1949], S. 91, rechnete Hitler allen Ernstes mit einer Revolution in England. Lossberg gehörte als Offizier des Heeres dem OKW an.
28 S. Halders Tagebucheintragung gleichen Datums; Kurt Assmann, *Deutsche Schicksalsjahre* [Wiesbaden 1950], S. 189/90; OKW-Tagebuch, zit. bei Wheatley, op. cit., S. 82.
29 Raeders Notiz in FCNA, 1940, S. 98–101; Halders Tagebucheintragung vom 14. September.
30 FCNA, 1940, S. 100/101.
31 Tagebuch der Seekriegsleitung, 17. September. Wheatley, op. cit., S. 88. Einem maßgeblichen deutschen Autor zufolge überraschten RAF-Bomber eine große Landungsübung und verursachten schwere Verluste unter Menschen und Landungsfahrzeugen. Daraus ergaben sich Gerüchte, die Deutschen hätten tatsächlich einen Landungsversuch unternommen und seien von den Engländern zurückgeschlagen worden. (Georg W. Feuchter, *Geschichte des Luftkriegs* [Bonn 1954], S. 176.) Ich hörte solch ein Gerücht am 16. September in Genf. Zwei Tage später wieder in Berlin, sah ich zwei lange Sanitätszüge, aus denen verwundete Soldaten getragen wurden. Nach den Verbänden konnte man auf Brandverletzungen schließen. Kämpfe zu Lande hatten seit drei Monaten nirgendwo mehr stattgefunden.
32 Tagebuch der Seekriegsleitung, 18. September. Wheatley, op. cit., S. 88.
33 FCNA, 1940, S. 101.
34 Ciano, *Tagebücher*, op. cit., S. 277.
35 FCNA, 1940, S. 103.
36 *Vorstudien zur Luftkriegsgeschichte, Heft 11, Der Luftkrieg gegen England 1940/41*, von Oberstleutnant von Hesler. Görings »Zwei-bis-vier-Wochen«-Schätzung notierte Halder am 11. Juli in seinem Tagebuch.
37 Die deutsche Luftwaffe gab an, 134 englische Flugzeuge abgeschossen und selbst nur 34 verloren zu haben. Von diesem Tage an übertrieben beide Seiten gröblich die dem Gegner zugefügten Verluste.
38 Adolf Galland, *Die Ersten und die Letzten* [Darmstadt 1953], S. 88. Der erste Satz stammt aus einer Vernehmung Gallands, zitiert bei Chester Wilmot, *The Struggle for Europe* [New York 1952], S. 44.

39 Aufzeichnung des Generalstabs der Luftwaffe über die von Göring in dieser Konferenz gegebenen Richtlinien. Wheatley, op. cit., S. 73.
40 Ciano, *Tagebücher*, S. 290.
41 S. T. H. O'Brien, *Civil Defence* [London 1955]. Dieses Werk ist ein Band der amtlichen englischen *History of the Second World War*, hrsg. von Professor J. R. M. Butler (H. M. Stationary Office).
42 Zu dieser Zeit war die Nachtabwehr noch nicht vervollkommnet, so daß die deutschen Verluste gering waren.
43 Aufzeichnung über eine Besprechung Görings mit den Luftwaffenchefs am 16. September. Zit. von Wheatley, op. cit., S. 87.
44 DGFP, X. Anm. d. Übers.: Für die Einsichtnahme dieser wie auch aller übrigen bisher in Deutschland nicht veröffentlichten Dokumente der DGFP-Bände VIII–X sind die Übersetzer dem Auswärtigen Amt, Bonn, zu Dank verpflichtet.
45 Walter Schellenberg, *Memoiren* [Köln 1956], S. 108–118.
46 Ribbentrop sagte Schellenberg, der Führer sei bereit, dem Herzog »im voraus eine Apanage auf zwanzig Jahre bis zu fünfzig Millionen Schweizer Franken auszusetzen«.
47 Schellenberg, op. cit., S. 115.

DREIUNDZWANZIGSTES KAPITEL

1 DGFP, Serie D, IX, Nr. 73.
2 Ebda., Nr. 226.
3 Ebda., Nr. 471.
4 DGFP, Serie D, X, Nr. 4.
5 Churchill, *Their Finest Hour*, op. cit., S. 135/36, mit Text des Briefes an Stalin.
6 DGFP, Serie D, X, Nr. 164.
7 *Mein Kampf*, S. 742.
8 Aus einer Rede Jodls vom 7. November 1943. N. D. 172-L.
9 Warlimonts eidliche Aussage vom 21. November 1945, IMT, VI, S. 237; Warlimonts Zeugenaussage, N. D. 3031-PS und 3032-PS.
10 Eintragung vom 22. Juli. Halder zeichnet darin auf, was ihm Brauchitsch von einer Besprechung mit Hitler am Tage vorher berichtete.
11 Halder-Tagebuch, Eintragung 31. Juli 1940.
12 In einem Bericht hebt Thomas hervor, mit welcher Pünktlichkeit die Sowjets zu dieser Zeit Deutschland belieferten. Die Lieferungen wurden sogar »bis zum Angriffsbeginn planmäßig durchgeführt, ja [es wurden] sogar in den letzten Tagen noch Kautschuktransporte aus dem Fernen Osten mit Eil-Transitzügen zur Durchführung gebracht«, bemerkt Thomas nicht ohne Amüsement. (N. D. 2353-PS.)
13 In Polen waren nur sieben Divisionen belassen worden, von denen zwei während des Frankreichfeldzugs nach dem Westen verlegt worden waren. Die verbliebenen Truppen, spottete Halder, reichten nicht einmal für den Zolldienst aus. Wenn Stalin im Juni 1940 Deutschland angegriffen hätte, wäre die Rote Armee wahrscheinlich vor der Organisierung eines ernsthaften Widerstandes in Berlin gewesen.
14 N. D. 1229-PS. S. a. Warlimonts eidliche Aussage (N. D. 3031, 2-PS) sowie seine Vernehmung. (NCA, Suppl. B., S. 1536.)
15 Weisung Nr. 18 vom 12.November 1940; DGFP, Serie D, XI, Nr. 323.
16 Tagebuch des Wehrmachtsführungsstabes, 28. August. Zit. in DGFP, Serie D, X, Nr. 407, Anm. 2.

17 Ciano, *Tagebücher*, op. cit., S. 289. Der Wiener Schiedsspruch kostete König Carol von Rumänien den Thron. Am 6. September dankte er zugunsten seines achtzehnjährigen Sohnes Michael ab und begab sich mit seiner Geliebten Magda Lupescu über Jugoslawien in die Schweiz. Die zehn Wagen seines Sonderzuges waren mit Gegenständen angefüllt, die man nur als »Beute« bezeichnen kann. General Jon Antonescu, Führer der faschistischen »Eisernen Garde« und ein Freund Hitlers, wurde Diktator.

18 N. D. 53-C.

19 DGFP, Serie D, XI, Nr. 1.

20 DGFP, Serie D, XI, Nr. 81.

21 DGFP, Serie D, XI, Nr. 109.

22 Seine Unterzeichnung am 27. September, die ich in *Berlin Diary*, S. 532–537, beschrieben habe, war die reinste Operettenszene. Laut Artikel 1 »anerkannte und respektierte« Japan »die Führung Deutschlands und Italiens bei der Schaffung einer neuen Ordnung Europas«, wohingegen laut Artikel 2 Deutschland und Italien »anerkannten und respektierten die Führung Japans bei der Schaffung einer neuen Ordnung im großostasiatischen Raum«. Artikel 3 sah gegenseitigen Beistand für den Fall vor, daß einer der drei vertragschließenden Teile von einer Macht angegriffen werden sollte, mit der Amerika gemeint war, obwohl es nicht ausdrücklich genannt wurde. Für mich war das Bedeutsamste an diesem Pakt, was ich an jenem Tag auch in meinem Tagebuch vermerkte, daß Hitler sich nun offenbar mit einem langen Krieg abgefunden hatte. Ciano, der den Pakt für Italien unterzeichnete, gelangte zu der gleichen Schlußfolgerung. (Ciano, *Tagebücher*, S. 296.) Darüber hinaus bedeutete der Pakt eine Warnung an die Sowjetunion, trotz aller Dementis.

23 DGFP, Serie D, XI, Nr. 142.

24 Ebda., Nr. 170.

25 Ebda., Nr. 176.

26 Ebda., Nr. 195.

27 Ebda., Nr. 211.

28 Ebda., Nr. 277.

29 Ebda., Nr. 325, 326, 328, 329. Die Richtigkeit der Protokolle wurde später von Stalin bestätigt, wenn auch unbeabsichtigt. Im August 1942 gab er Churchill eine Darstellung von Molotows Besprechungen in Berlin, die, wie Churchill sagt, »im wesentlichen nicht von den deutschen Aufzeichnungen abweicht, obwohl er sich derber ausdrückte«. (*Their Finest Hour*, S. 585/86.)

30 *Statist auf diplomatischer Bühne*, op. cit., S. 529.

31 Ebda., S. 531.

32 Churchill sagt, der Luftangriff sei geplant gewesen. »Wir wußten im voraus von der Konferenz«, schrieb er später, »und wenn wir auch nicht eingeladen waren, so wollten wir doch nicht ganz ausgeschlossen sein.« (*Their Finest Hour*, op. cit., S. 584.)

33 Diesen letzten Hieb Molotows gab Stalin zum besten, als Churchill 1942 in Moskau war. (Churchill, op. cit., S. 586.)

34 DGFP, Serie D, XI, Nr. 401.

35 Kriegstagebuch des Wehrmachtsführungsstabes teilweise abgedruckt in N. D. 1799-PS. Halders Tagebuch vom 5. Dezember 1940.

36 Schweden, das während des russisch-finnischen Krieges den Transit alliierter Truppen abgelehnt hatte, erlaubte jetzt den Durchtransport dieser vollbewaffneten Division. Ungarn trat natürlich später auch in den Krieg gegen Rußland ein.

37 Viele Historiker haben behauptet, Hitler habe in dieser ersten *Barbarossa*-Weisung wenig Einzelheiten angegeben, ein Mißverständnis, das wahrscheinlich auf die gekürzte englische Wiedergabe in den NCA-Bänden (III, S. 407–409) zurückzuführen ist. Aber der in IMT

(XXVI, S. 47–52, N. D. 446-PS) und in DGFP (Serie D, XI, Nr. 532) enthaltene vollständige Wortlaut der »Führerweisung Nr. 21« offenbart, wie weit schon zu diesem frühen Zeitpunkt die militärische Planung der Deutschen fortgeschritten war.

38 FCNA, 1940, S. 135/36. Anm. d. Übers.: Archiv des Instituts für Zeitgeschichte, München.

39 FCNA, 1940, S. 91–97, 104–108.

40 DGFP, Serie D, IX, Nr. 488.

41 Schmidt, *Statist auf diplomatischer Bühne*, op. cit., S. 511–513. Schmidt gibt eine ziemlich vollständige Darstellung der Unterredungen. Das in DGFP, Serie D, XI, Nr. 220 wiedergegebene deutsche Protokoll ist unvollständig. Eine ausführliche Darstellung ist in der bereits erwähnten unveröffentlichten Denkschrift von Erich Kordt enthalten, der ebenfalls zugegen war.

42 Ciano, *Diplomatic Papers*, op. cit., S. 402.

43 Schmidt, op. cit., S. 514.

44 Der Wortlaut des Montoire-Abkommens befindet sich unter den erbeuteten Akten des deutschen Auswärtigen Amts, doch war er zur Zeit der Niederschrift dieses Buches vom State Department nicht freigegeben. Das State Department gewährte indes William L. Langer Einsicht, der in seinem Buch *Our Vichy Gamble* [New York 1947, S. 94–95] den Text nach den deutschen Akten zitiert.

45 Ciano, *Tagebücher*, op. cit., S. 277.

46 Ribbentrop in Nürnberg und Schmidt in seinem Buch, S. 517.

47 Schmidt, op. cit., S. 517/18.

48 Halders Tagebuch vom 2. November 1940; Jodls Bericht an Admiral Schniewind vom 4. November, FCNA, 1940, S. 112–117; Führer-Weisung Nr. 18, DGFP, Serie D, XI, Nr. 323.

49 FCNA, 1940, S. 125.

50 FCNA, 1940, S. 124.

51 Inzwischen hatte eine schwache britische Wüstentruppe, bestehend aus einer Panzerdivision, einer indischen Infanteriedivision, zwei Infanteriebrigaden und einem Kgl. Panzerregiment – alles in allem 31 000 Mann – eine dreimal so starke italienische Streitmacht aus Ägypten hinausgeschlagen, 38 000 Gefangene gemacht und dabei selbst nur 133 Tote, 387 Verwundete und acht Vermißte eingebüßt. Die englische Gegenoffensive, unter dem Gesamtbefehl von General Sir Archibald Wavell stehend, hatte am 7. Dezember begonnen und Grazianis Armee innerhalb von vier Tagen in die Flucht geschlagen. Die ursprünglich auf fünf Tage angesetzte Gegenoffensive wurde dann bis zum 7. Februar fortgesetzt. Bis zu diesem Zeitpunkt säuberten die Engländer die Cyrenaika in einer Tiefe von 800 km, vernichteten die ganze zehn Divisionen starke italienische Armee in Libyen, machten 130 000 Gefangene, erbeuteten 1240 Geschütze und 500 Panzer, während sie selbst 500 Tote, 1373 Verwundete und 55 Vermißte verloren. Auch der italienischen Flotte wurde ein tödlicher Schlag versetzt. In der Nacht vom 11. zum 12. November griffen englische Bomber des Flugzeugträgers *Illustrious* (den die deutsche Luftwaffe angeblich versenkt hatte) die im Hafen Taranto liegende italienische Flotte an und machten drei Schlachtschiffe und zwei Kreuzer für viele Monate gefechtsunfähig. »Ein schwarzer Tag«, begann Cianos Tagebucheintragung vom 12. November. »Die Engländer haben ohne Warnung den Dreadnought *Cavour* versenkt und die Schlachtschiffe *Littorio* und *Duilio* schwer beschädigt.«

52 *The Spanish Government and the Axis*, op. cit., S. 28–33.

53 Niederschrift Raeders in FCNA, 1941, S. 8–13; Halder berichtet in seinem Tagebuch erst am 16. Januar 1941 über die zweitägige Konferenz; Protokoll des Wehrmachtsführungsstabes, zit. bei Helmuth Greiner, *Die Oberste Wehrmachtführung 1939–1943* [Wiesbaden 1951], S. 340 bis 345.

54 *Marita* (Weisung Nr. 20 vom 13. Dezember) sah die Bereitstellung von 24 Divisionen in Rumänien vor, die nach Eintreten günstiger Witterung über Bulgarien in Griechenland ein-

marschieren sollten. Wortlaut der von Hitler unterzeichneten Weisung: DGFP, Serie D, XI, Nr. 511.

55 Wortlaut der Weisung Nr. 22: DGFP, Serie D, XI, Nr. 642.

56 N. D. 134-C.

57 *Hitler als Feldherr* [München 1949], S. 22–24.

58 N. D. 872-PS.

59 Sie wurde im wesentlichen in Weisung Nr. 21 vom 18. Dezember 1940 festgelegt. Brauchitsch und Halder gegenüber betonte Hitler noch einmal die Notwendigkeit, »die Masse des Gegners zu vernichten«, statt sie zum Rückzug zu zwingen. »Das Hauptziel ist«, sagte er, »das Baltikum und Leningrad in die Hand zu bekommen.« (N. D. 872-PS.)

60 N. D. 872-PS.

61 Nach Angaben des Auswärtigen Amtes vom 21. Februar 1941. *NS-Deutschland und Sowjetunion*, S. 308.

62 N. D. 1746-PS.

63 N. D. 1450-PS.

64 N. D. 1746-PS.

65 N. D. C-127.

66 »Der Krieg gegen Jugoslawien dürfte in Italien, Ungarn und Bulgarien sehr populär sein«, höhnte Hitler. Ungarn sollte das Banat, Bulgarien Mazedonien, und Italien die Adriaküste erhalten.

67 N. D. 127-C.

68 Jodls Aussage: IMT, XV, S. 424; sein »Aide mémoire«: N. D. 1746-PS, Teil V.

69 N. D. 1835-PS.

70 Nach einer geheimen Weisung vom 12. April 1941 teilte Hitler Jugoslawien unter Deutschland, Italien, Ungarn und Bulgarien auf. Aus Kroatien wurde ein autonomer Vasallenstaat gemacht. Der Führer bedachte bei der Teilung in erster Linie Deutschland: es erhielt Gebietsteile, die zum alten Österreich gehört hatten, und besetzte darüber hinaus ganz Serbien und die Kupfer- und Kohlenbergbaugebiete. Italiens Anteil wurde nicht genau definiert, doch war er nicht sehr groß. Wortlaut der Weisung: N. D. 1195-PS.

71 Churchill, *The Grand Alliance*, S. 235/36.

72 Rommel, dem es darum ging, seinen Vormarsch weiterzuführen, sobald er Verstärkungen erhielt, erhob von Nordafrika aus ähnliche Vorstellungen bei Hitler.

73 N. D. C-170.

74 Text der Weisung in FCNA, 1941, S. 50–52.

75 IMT, VII, S. 255/56.

76 N. D. C-170.

77 Zit. bei Shulman, op. cit., S. 65.

78 N. D. 873-PS.

79 Eidliche Aussage Halders, 22. November 1945, NCA, VIII, S. 645/46.

80 »Es war der erste Fall, in dem ich in einen Konflikt zwischen meiner Gehorsamspflicht und meiner soldatischen Auffassung kam«, erklärte Feldmarschall von Manstein in Nürnberg im Zusammenhang mit dem Kommissarbefehl. »An sich hätte ich gehorchen müssen. Ich habe mir aber gesagt, daß ich als Soldat so etwas nicht mitmachen kann und habe ... dem Oberbefehlshaber der Heeresgruppe, der ich unterstand ... gemeldet, daß ich einen derartigen Befehl, der gegen die soldatische Ehre ging, nicht ausführen würde.« (IMT, XX, S. 663.)

81 IMT, XX, S. 635, 647.

82 N. D. 886-PS.

83 Am 27. Juli 1941 ordnete Keitel die Vernichtung aller Kopien dieser die Kriegsgerichte betreffenden Weisung an, fügte aber hinzu: »Die Geltung des Erlasses wird durch die Vernich-

tung nicht berührt.« Selbst das Original »des Führererlasses ist zu vernichten«. Aber es blieben einige Ausfertigungen erhalten und tauchten in Nürnberg auf. (NCA, VI, S. 875/76.) Vier Tage früher, am 23. Juli, erging von Keitel ein weiterer Geheimbefehl:

»Am 22. Juli hat der Führer nach Rücksprache mit dem ObdH [Brauchitsch] folgenden Befehl erlassen:

Die zur Sicherung der eroberten Ostgebiete zur Verfügung stehenden Truppen reichen bei der Weite dieser Räume nur dann aus, wenn alle Widerstände nicht durch die juristische Bestrafung der Schuldigen geahndet werden, sondern wenn die Besatzungsmacht denjenigen Schrecken verbreitet, der allein geeignet ist, der Bevölkerung jede Lust zur Widersetzlichkeit zu nehmen.« (NCA, VI, S. 876.)

84 Wortlaut der Weisung: NCA, III, S. 409–413.

85 NCA, III, S. 690–693.

86 NCA, III, S. 716/17.

87 NCA, VII, S. 300.

88 NCA, V, S. 378.

89 Schmidt, op. cit., S. 549.

90 Vernehmung Keitels in Nürnberg, NCA, Suppl. B, S. 1271–73.

91 Churchill hat anschaulich geschildert, wie er die Nachricht erhielt. Er befand sich an jenem Sonnabend bei Freunden auf dem Lande, und zunächst hielt er die Meldung für zu phantastisch, um glaubwürdig zu sein. (*The Grand Alliance*, S. 50–55.)

92 Hamiltons persönlicher Bericht, NCA, VIII, S. 38–40.

93 NCA, VIII, S. 40–46.

94 Churchill, *The Grand Alliance*, S. 54.

95 Douglas M. Kelley, *22 Cells in Nuremberg* [New York 1947], S. 23.

96 Heß, der in Nürnberg eine traurige, verfallene Gestalt abgab und zeitweise völligen Gedächtnisschwund simulierte, überlebte Hitler. Er wurde vom Internationalen Militärgerichtshof zu lebenslanger Haft verurteilt. In Anbetracht seiner geistigen Unzurechnungsfähigkeit (er litt bestimmt an Geistesstörung) entging er der Todesstrafe. Die Engländer behandelten ihn als Kriegsgefangenen und überwiesen ihn am 10. Oktober 1945 nach Nürnberg.

97 *NS-Deutschland und Sowjetunion*, S. 363.

98 Ebda., S. 366.

99 Ebda., S. 364/65.

100 Ebda., S. 356/57.

101 *NS-Deutschland und Sowjetunion*, S. 382.

102 Am 5. April, einen Tag vor dem deutschen Einmarsch in Jugoslawien, hatte die Sowjetregierung, offensichtlich äußerst bestrebt, Hitler zu hemmen, mit der neuen jugoslawischen Regierung eiligst einen Freundschafts- und Nichtangriffspakt abgeschlossen. Molotow unterrichtete am Abend vorher Schulenburg hierüber. Der Botschafter hatte erwidert, »der Augenblick sei sehr unglücklich gewählt worden«, und sich vergebens bemüht, die Russen zumindest zu einer Verschiebung der Paktunterzeichnung zu bewegen. (*NS-Deutschland und Sowjetunion*, S. 355/56.)

103 *NS-Deutschland und Sowjetunion*, S. 370–372.

104 Ebda., S. 367.

105 *NS-Deutschland und Sowjetunion*, S. 379.

106 Schulenburgs Telegramme vom 7. und 12. Mai: *NS-Deutschland und Sowjetunion*, S. 376 bis 379.

107 Ebda., S. 374.

108 Ebda., S. 375.

109 Sam Woods, ein unbeschwerter, extrovertierter Typus, der von Weltpolitik nicht gerade

viel verstand, erschien uns, die wir ihn kannten und liebten, der Letzte in der amerikanischen Botschaft in Berlin zu sein, der an solch hochwichtige Informationen herankam. Einige seiner Kollegen aus der Botschaft zweifeln immer noch daran. Doch Cordell Hull hat es in seinen Memoiren bestätigt und die Einzelheiten enthüllt. Woods hatte einen deutschen Freund, der ein Gegner des Nationalsozialismus war und in Verbindung mit hohen Persönlichkeiten in Reichsministerien, Reichsbank und NSDAP stand. Schon im August 1940 wurde Woods von diesem Freund über Besprechungen im Führerhauptquartier unterrichtet, in denen man sich mit Vorbereitungen für einen Angriff auf die Sowjetunion befaßt hatte. Fortan hielt der Deutsche den amerikanischen Handelsattaché über alles auf dem laufenden, was vom Generalstab wie auch über die geplante wirtschaftliche Ausbeutung Rußlands durchsickerte. Um nicht aufzufallen, traf Woods sich mit seinem Informanten in verschiedenen Berliner Kinos, wo dieser ihm in der Dunkelheit Notizen zusteckte. (S. *The Memoirs of Cordell Hull*, [New York 1948], Bd. II, S. 967/68.)

Ich verließ Berlin im Dezember 1940. George Kennan, der von den in der Botschaft verbliebenen Diplomaten der hervorragendste war, teilte mir mit, daß die Botschaft aus mehreren Quellen über den bevorstehenden Angriff auf Rußland erfuhr. Zwei oder drei Wochen vor dem Einmarsch, sagt er, habe unser Konsul in Königsberg, Kuykendall, in einem Bericht auf den Tag genau den Angriffsbeginn vorausgesagt.

110 Sumner Welles, *The Time for Decision* [New York 1944], S. 170/71.

111 Churchill, *The Grand Alliance*, op. cit., S. 356–361.

112 *NS-Deutschland und Sowjetunion*, S. 369.

113 NCA, VI, S. 997.

114 *NS-Deutschland und Sowjetunion*, S. 386.

115 Ebda., S. 387/88.

116 *NS-Deutschland und Sowjetunion*, S. 388/89.

117 Diese Sätze sind in Cianos letzter Tagebucheintragung enthalten, die er am 23. Dezember 1943 in Zelle 27 des Gefängnisses von Verona wenige Tage vor seiner Hinrichtung schrieb. Er fügte noch hinzu, die italienische Regierung habe von dem Einmarsch in Rußland erst eine halbe Stunde nach dessen Beginn erfahren. (Ciano, *Tagebücher*, op. cit., Vorbemerkung, S. 15/16.)

118 NCA, VI, S. 852–867.

119 Das Sitzungsprotokoll ist, soweit mir bekannt, nie zum Vorschein gekommen. Aber Halder geht in seiner Tagebucheintragung vom 14. Juni ausführlich auf die Besprechung ein, und Keitel gab in Nürnberg eine Darstellung. (IMT, X, S. 596/97). Auch im Tagebuch der Seekriegsleitung wird sie kurz erwähnt.

120 Dies wird von Hassell bestätigt. Am 16. Juni bemerkt er in seinem Tagebuch: »Brauchitsch und Halder haben sich bereits auf das Hitlersche Manöver eingelassen, das Odium der Mordbrennerei der bisher allein belasteten SS auf das Heer zu übertragen.«

Hassell hatte naiverweise zunächst angenommen, Hitlers Terrorbefehle für Rußland würden die Generalität derart abstoßen, daß sie bei einer Revolte gegen das Regime mitmache. Aber er wurde enttäuscht. Seine Tagebuchnotiz vom 16. Juni beginnt mit den Worten:

»Wiederholte Besprechungen mit Geißler [d. i. Popitz], Pfaff [Goerdeler], Geibel [Beck] und Hase [Oster] über die Frage, ob die nunmehr bei den Armeeführern angelangten, von dort aber noch nicht weitergegebenen Befehle bezüglich eines brutalen, nicht mehr kontrollierten Vorgehens der Truppe gegen Bolschewisten beim Einmarsch in Rußland nicht endlich ausreichten, um der militärischen Führung über den Geist des Regimes, für das sie fechten, die Augen zu öffnen. Man kam zu dem Ergebnis, daß auch diesmal nichts zu erwarten sei ... Sie [die Generale] haben ... sich selbst und andere getäuscht ... Hoffnungslose Feldwebel.« (Hassel, *Vom anderen Deutschland*, op. cit., S. 209.)

121 *NS-Deutschland und Sowjetunion*, S. 399/400.
122 Ebda., S. 389–392.
123 Damit endete Schulenburgs diplomatische Karriere. Nach Deutschland zurückgekehrt und zur Disposition gestellt, trat er dem von General Beck, Goerdeler, Hassell und anderen geführten Widerstandskreis bei und war zeitweise als Außenminister einer Anti-Hitler-Regierung vorgesehen. Hassell berichtet, Schulenburg sei 1943 bereit gewesen, durch die russische Frontlinie zu gehen, um mit Stalin über einen Verständigungsfrieden mit einer nichtnationalsozialistischen deutschen Regierung zu verhandeln. (Hassell, op. cit., S. 321/22.) Schulenburg wurde nach dem 20. Juli 1944 verhaftet und am 10. November von der Gestapo hingerichtet.
124 Schmidts amtliche Aufzeichnung (*NS-Deutschland und Sowjetunion*, S. 400/01) sowie sein Buch, op. cit., S. 551/52.
125 *NS-Deutschland und Sowjetunion*, S. 392–397.
126 Ciano, *Tagebücher*, op. cit., S. 335.
127 Ebda., Eintr. 1. Juli 1941, S. 340.
128 In Halders Tagebuch findet sich für diesen ersten Tag eine merkwürdige Notiz. Er spricht zunächst davon, daß die Russen um die Mittagszeit ihren am Morgen unterbrochenen zwischenstaatlichen und von den Deutschen abgehörten Funkverkehr wieder aufgenommen hätten, und schreibt dann: »Sie haben Japan um Vermittlung der politischen und wirtschaftlichen Beziehungen zwischen Rußland und Deutschland gebeten und stehen in lebhaftem Funkverkehr mit dem deutschen Auswärt. Amt.« Ob Stalin – neun Stunden nach Angriffsbeginn – noch glaubte, der Angriff könne irgendwie abgeblasen werden?
129 General Günther Blumentritt, Chef des Stabes der 4. Armee, schilderte nach dem Krieg, wie am 21. Juni, kurz vor Mitternacht, als die deutschen Geschütze bereits auf ihre Ziele eingestellt waren, der Expreßzug Berlin–Moskau »ohne Zwischenfall« durch die deutschen Linien am Bug hindurch und über die Brücke nach Brest-Litowsk hineinfuhr. Blumentritt sah darin ein »sonderbares Moment«. Fast ebenso sonderbar erschien ihm, daß die russische Artillerie nicht einmal nach Angriffsbeginn zurückschoß. »Die Russen«, schrieb er später, »wurden an unserem Frontabschnitt völlig überrascht.« Im Morgengrauen fingen deutsche Funkstellen eine Funkmeldung der Roten Armee auf: »Man schießt auf uns. Was sollen wir tun?« Die Antwort aus dem Hauptquartier lautete: »Ihr müßt verrückt geworden sein. Und warum funkt Ihr nicht in Chiffre?« (Blumentritt in *The Fatal Decisions*, hrsg. von Seymour Freidin und William Richardson, [New York 1956].)

VIERUNDZWANZIGSTES KAPITEL

1 NCA, VI, S. 905/6; IMT, XXXVI, S. 298–302.
2 Hektographierter Bericht Halders, den er gleich nach dem Krieg für die Alliierten verfaßte [Nürnberg].
3 NCA, VI, S. 929.
4 NCA, VI, S. 931. Einige Wochen später sagte Göring zu Ciano: »In diesem Jahr werden in Rußland zwischen zwanzig und dreißig Millionen Menschen verhungern. Und vielleicht ist das gut so, denn gewisse Völker müssen dezimiert werden. Aber wenn das auch nicht der Fall wäre, kann man nichts dagegen tun. Wenn die Menschheit zum Hungertod verurteilt ist, so werden natürlich unsere beiden Völker die letzten sein, die zugrunde gehen ... In den Gefangenenlagern haben die Russen angefangen, sich gegenseitig aufzufressen.« (*Ciano's Diplomatic Papers*, op. cit., S. 464/65.)
5 Noch verfrühter allerdings war im Juli die vertrauliche Mitteilung des amerikanischen Generalstabs an Washingtoner Korrespondenten und amerikanische Zeitungsleute, der Zusammen-

bruch der Sowjetunion sei eine Frage von nur wenigen Wochen. Es ist daher nicht verwunderlich, daß Hitlers und Dietrichs Erklärungen vom Oktober 1941 sowohl in Amerika und England wie auch in Deutschland und anderswo Glauben geschenkt wurde.

6 *The Fatal Decisions*, op. cit., S. 57.

7 Liddell Hart, *The German Generals Talk*, S. 147.

8 Hektographierter Bericht Halders. Anm. d. Übers.: Rückübersetzt.

9 Heinz Guderian, *Erinnerungen eines Soldaten* [Heidelberg 1951], S. 182.

10 Halder gibt in seinem Tagebuch am 24. August eine ganz andere Darstellung. Er wirft Guderian vor, er habe nach seinem Besuch bei Hitler in »unverantwortlicher« Weise seine Meinung geändert, und knüpft daran Betrachtungen über die Sinnlosigkeit, den Charakter eines Menschen ändern zu wollen. Wenn Halder tatsächlich einen Nervenzusammenbruch erlitten haben soll, wie Guderian behauptet, dann muß er sich, seinen präzisen Notizen vom gleichen Tag nach zu schließen, zumindest sehr rasch erholt haben.

11 *The Fatal Decisions*, op. cit., S. 66.

12 Vernehmung Rundstedts, 1945, zit. bei Shulman, op. cit., S. 68/69. Halder schildert den Vorgang in seinem Tagebuch unter dem Datum des 30. November: »Größte Aufregung beim Führer ... Der ObdH war ... zum Führer bestellt. Es scheint eine mehr wie unerquickliche, einseitige Aussprache gewesen zu sein, in welcher der Führer nur mit Vorwürfen und Schmähungen um sich warf.« Halders Eintragung von jenem Tag begann mit einem Vermerk über die deutschen Verluste bis zum 26. November: »Gesamtverluste des Ostheeres (ohne Kranke) 743 112 = 23,12 Prozent bei durchschnittlicher Stärke des Ostheeres von 3,2 Millionen.« Am 1. Dezember verzeichnete Halder die Ablösung Rundstedts durch Reichenau: »ObdH ist beim Führer, währenddessen ruft von Reichenau an ... Er bittet um Erlaubnis, heute nacht in die Miusstellung zurückgehen zu dürfen. Die Erlaubnis wird erteilt. Wir sind also nun da, wo wir schon gestern abend hätten sein können. Man hat Kraft und Zeit geopfert und v. Rundstedt ist verloren. ... Der Gesundheitszustand des ObdH«, fügt Halder hinzu, »ist unter der Einwirkung der dauernden Aufregungen wieder besorgniserregend.« Am 10. November hatte Halder von einem schweren Herzanfall Brauchitschs berichtet.

13 Guderian, op. cit., S. 223–225.

14 Ebda, S. 228.

15 Ebda., S. 231.

16 Guderian, op. cit., S. 226.

17 Guderian, op. cit., S. 235.

18 Seine Hinrichtung wurde erst nach dem Attentat vom 20. Juli 1944 vollzogen, an dem er nicht im geringsten beteiligt gewesen war.

19 Walter Görlitz, *Der deutsche Generalstab* [Frankfurt a. M. 1950], S. 574.

20 *Goebbels' Tagebücher*, hrsg. von Louis Lochner [Zürich 1948], S. 132.

21 Franz Halder, *Hitler als Feldherr* [München 1949], S. 45.

22 Reichsgesetzblatt 1942, Teil I, Nr. 44; NCA, IV, S. 600.

23 *The Fatal Decisions*, op. cit., S. 78/79.

24 Liddell Hart, op. cit., S. 352.

25 Als Kluge am 26. Dezember die Heeresgruppe Mitte übernahm, war Kübler Kommandeur der 4. Armee geworden. Kübler, ein an sich tüchtiger Soldat, hielt die Strapazen nur drei Wochen aus und wurde dann von General Heinrici abgelöst.

26 Hitlers jeweilige Reisen und Aufenthalte sind in seinem unter den erbeuteten Dokumenten befindlichen Tageskalender vermerkt.

FÜNFUNDZWANZIGSTES KAPITEL

1 DGFP, VIII, Nr. 669.
2 N. D. 1834-PS.
3 N. D. C-075.
4 N. D. C-152.
5 Diese Bemerkung machte Hull am 14. März im Beisein Roosevelts gegenüber dem neuen japanischen Botschafter in Washington, Admiral Nomura. Nomura erwiderte, Matsuoka habe »als ehrgeiziger Politiker für den Hausgebrauch gesprochen«. (*The Memoirs of Cordell Hull*, op. cit., Bd. II, S. 900/01.)
6 *NS-Deutschland und Sowjetunion*, S. 316–324.
7 Schmidt, *Statist auf diplomatischer Bühne*, S. 541.
8 Wie Matsuoka Hitler mitteilte, hatte Mussolini zu ihm gesagt: »Der Feind Nr. 1 sei Amerika, und erst an zweiter Stelle komme Sowjetrußland.«
9 Auch sonst hielt er nicht viel von Amerika. Er glaubte inzwischen selbst an seine eigene Propaganda. Ende August 1941 legte er seine sonderbare Vorstellung von Amerika auch Mussolini dar, als dieser die Ostfront besichtigte. »Der Führer«, heißt es in der italienischen Aufzeichnung, »gab eine eingehende Darstellung über die jüdische Clique in Roosevelts Umgebung, die das amerikanische Volk ausbeute. Um alles in der Welt könne er nicht in einem Lande wie den USA leben, deren Lebensauffassung vom habgierigsten Krämergeist bestimmt werde und wo man die höchsten Äußerungen des menschlichen Geistes, wie zum Beispiel die Musik, nicht liebe.« (*Cianos Diplomatic Papers*, S. 449–452.)
10 FCNA, 1941, S. 47/48. Die Unterzeichnung des sowjetisch-japanischen Neutralitätspakts verursachte erhebliche Beunruhigung in Washington. Roosevelt und Hull neigten zu einer ähnlichen Auffassung wie Hitler, nämlich daß jetzt die für einen möglichen Krieg mit Rußland vorgesehenen japanischen Streitkräfte für Aktionen im Süden, d. h. gegen englische und vielleicht auch amerikanische Besitzungen frei würden. Roosevelt ließ den Plan fallen, mit amerikanischen Kriegsschiffen gegen deutsche U-Boote im Westatlantik aktiv vorzugehen. An die Schiffe erging ein neuer Befehl, sich auf die *Meldung* deutscher Schiffsbewegungen westlich von Island zu beschränken, nicht aber auf sie zu schießen. Man hielt nach Abschluß des neuen sowjetisch-japanischen Neutralitätsvertrags die Lage im Pazifik für zu gefährlich, um im Atlantik allzuviel zu riskieren. (Robert E. Sherwood, *Roosevelt and Hopkins* [New York 1948], S. 291.)
11 N. D. NG-3437.
12 N. D. 2896-PS.
13 N. D. 2897-PS.
14 Noch den ganzen Herbst über und auch im Lauf der nächsten zwei Jahre blieb Ribbentrop bei seinem Bemühen, die Japaner zu veranlassen, Rußland in den Rücken zu fallen, aber er erhielt jedesmal von Tokio die höfliche Antwort: *So sorry, please.*
Hitler selbst gab während des Sommers 1941 seine Hoffnung nicht auf. Am 26. August sagte er zu Raeder, er sei überzeugt, daß Japan Wladiwostok angreifen würde, sobald es die Streitkräfte dafür aufgestellt habe. (FCNA, 1941, S. 104.)
Die japanischen Archive enthüllen, auf welche Weise Tokio den Deutschen in dieser peinlichen Frage auswich. Als Ott z. B. am 19. August den stellvertretenden japanischen Außenminister über ein Eingreifen Japans gegen Rußland befragte, erwiderte dieser: »Für Japan ist eine Angelegenheit wie ein Angriff auf Rußland eine äußerst ernsthafte Frage, die gründlicher Überlegung bedarf.« Und als der inzwischen sehr verärgerte Botschafter am 30. August an Außenminister Admiral Toyoda die Frage richtete: »Besteht eine Möglichkeit, daß Japan an dem deutsch-russischen Krieg teilnimmt?«, erhielt er zur Antwort: »Die japanischen Vorbereitungen

machen Fortschritte, und für ihre Vervollständigung wird noch mehr Zeit benötigt.« (N. D. 3733-PS.)

15 N. D. 376-PS.

16 FCNA, 1941, S. 57. Die Deutschen besaßen keine Langstreckenbomber, die imstande gewesen wären, von den Azoren aus die amerikanische Küste anzufliegen – geschweige denn wieder zurückzukehren. Daß Hitler von nicht existierenden »Langstreckenbombern« sprach, ist ein Zeichen für seine zunehmende Geistesverwirrung.

17 Ebda., S. 566.

18 FCNA, 1941, Anhang I.

19 Ebda., S. 32.

20 Ebda., S. 47.

21 Ebda., S. 47

22 FCNA, 1941, S.88–90.

23 N. D. 2896-PS.

24 Es sei hier erwähnt, daß Admiral Raeder in Nürnberg beharrlich erklärte, er habe alles ihm Mögliche getan, um Amerika nicht zum Kriegseintritt herauszufordern.

25 N. D. C-118.

26 FCNA, 1941, S. 108–110.

27 FCNA, 1941, 13. November.

28 »Wer den ersten Schuß abgab, ist geschichtlich belegt«, erklärte Roosevelt unter Bezugnahme auf diesen Zwischenfall in einer Rede zum Navy-Tag am 27. Oktober. Die Gerechtigkeit verlangt zu sagen, daß allem Anschein nach Amerika mit dem Abwerfen von Unterwasserbomben den ersten Schuß tat. Und nach den Akten der deutschen Kriegsmarine war dies auch nicht der erste Fall. Der offizielle Historiker der US-Marine bestätigt, daß die *Niblack* (s. o.) bereits am 10. April ein deutsches U-Boot mit Unterwasserbomben angriff. (S. Samuel Eliot Morison, *History of the United States Naval Operations in World War II*, Bd. I: *The Battle of the Atlantic, September, 1939 – May, 1943*, S. 57. Boston 1948.)

29 NCA, Suppl. B, S. 1200. Vernehmung Ribbentrops am 10. September 1945.

30 »Nomura gebührt das Verdienst«, schrieb Hull in seinen Memoiren, »sich aufrichtig um die Verhütung des Krieges zwischen seinem und meinem Land bemüht zu haben.« *(The Memoirs of Cordell Hull*, Bd. II, S. 987.)

31 N. D. NG-4422 E, Document Book IX, »Weizsäcker Case«, zit. von H. L. Trefousse, *Germany and American Neutrality, 1939–1941* [New York 1951], S. 102.

32 Ebda. Siehe den Telegrammwechsel zwischen Ribbentrop und Ott im Mai 1941 und Otts Aussage im *Far Eastern Trial* in Tokio, zit. von Trefousse, op. cit., S. 103.

33 Japanische Protokolle in NCA, VI, S. 546–551, N. D. 3733-PS.

34 Hull, op. cit., S. 1034. Wortlaut von Toyodas Telegrammen an Nomura vom 16. Oktober s. in *Pearl Harbor Attack, Hearings Before the Joint Committee on the Investigation of the Pearl Harbor Attack*, XII, S. 71/72 [Washington 1946].

35 Hull, op. cit., S. 1062/63.

36 Dokumente 4070 und 4070 B, *Far Eastern Trial*, zit. von Trefousse, op. cit., S. 140/41.

37 Aufgefangenes Telegramm Oshimas nach Tokio, 29. November 1941. NCA, VII, S. 160 bis 163, N. D. D-656.

38 N. D. 3598-PS. Das Telegramm wurde von Hulls *Magic* entziffert, so daß Washington ebenso unterrichtet war wie Berlin. (Hull, op. cit., S. 1092.)

39 N. D. 2898-PS.

40 Ciano, *Tagebücher*, op. cit., S. 377.

41 Ciano, *Tagebücher*, S. 377/78.

42 N. D. 3598-PS.

43 N. D. 3600-PS.

44 Schmidt, *Statist*, op. cit., S. 553.

45 IMT, X, S. 336.

46 Ciano, *Tagebücher*, S. 378/79.

47 Aufgefangene Depesche Oshimas nach Tokio, 8. Dezember 1941. NCA, VII, S. 163, N. D. D-167.

48 Zur selben Zeit sagte der japanische Außenminister Togo zu Botschafter Ott in Tokio: »Die japanische Regierung erwartet, daß Deutschland nunmehr ebenfalls bald den USA den Krieg erklärt.« (NG-4424, 9. Dezember 1941. Document Book IX, »Weizsäcker Case«.)

49 Ich habe hier Ribbentrops Aussage während des Nürnberger Prozesses (IMT, X, S. 337) und seine Vorvernehmung (NCA, Suppl. B, S. 1199/1200) zusammengefaßt.

50 Ich selbst hatte damals in Washington den Eindruck, daß es für Präsident Roosevelt schwierig sein konnte, den Kongreß zur Kriegserklärung an Deutschland zu bewegen. Sowohl in beiden Häusern wie auch in Armee und Marine schien die Ansicht vorzuherrschen, daß das Land sich auf die Verteidigung gegen Japan konzentrieren solle und nicht gleichzeitig die zusätzliche Bürde eines Kampfes gegen Deutschland auf sich nehmen dürfe.

Hans Thomsen, der deutsche Geschäftsträger in Washington, der wie alle anderen deutschen Diplomaten im Ausland gewöhnlich in Unkenntnis über Hitlers und Ribbentrops Absichten gehalten wurden, berichtete über diese Stimmung nach Berlin. Am 8. Dezember, gleich nach Roosevelts Rede vor dem Kongreß, in dem er diesen zur Kriegserklärung an Japan aufforderte, funkte Thomsen nach Berlin: »Die Tatsache, daß er [Roosevelt] mit keinem Wort Deutschland und Italien erwähnte, zeigt, daß er vorerst eine Zuspitzung der Lage im Atlantik vermeiden will.« Am Abend desselben Tages sandte Thomsen eine weitere Depesche: »Ob Roosevelt Kriegserklärung an Deutschland und Italien fordern wird, ist ungewiß. Vom Standpunkt amerikanischer Militärs wäre es logisch, alles zu vermeiden, was zu Zweifrontenkrieg führen könnte.« In mehreren, kurz vor Pearl Harbor abgesandten Depeschen hatte Thomsen nachdrücklich betont, daß die Vereinigten Staaten für einen Zweifrontenkrieg einfach nicht vorbereitet seien. Am 4. Dezember hatte er die Enthüllungen der *Chicago Tribune* über »die Kriegspläne des amerikanischen Oberkommandos hinsichtlich der Vorbereitungen und der Aussichten einer Niederringung Deutschlands und seiner Verbündeten« nach Berlin weitergegeben: *Bericht bestätigt, daß Kriegsteilnahme Amerikas in vollem Umfang nicht vor Juli 1943 zu erwarten ist. Militärische Maßnahmen gegen Japan sind defensiver Natur.*

In seinem Telegramm vom 8. Dezember abends hob Thomsen hervor, Pearl Harbor werde gewiß für Deutschland eine Entlastung im Atlantik mit sich bringen:

Krieg mit Japan bedeutet Umschaltung aller Energien auf Amerikas eigene Rüstung, eine entsprechende Kürzung der Lend-Lease-Hilfe und eine Verlagerung der gesamten Aktivität nach dem Pazifik.

Für den Einblick in den Telegrammaustausch zwischen Wilhelmstraße und deutscher Botschaft in Washington bin ich dem State Department zu Dank verpflichtet.

51 »Ich sehe keine große Zukunft für die Amerikaner«, sagte er am 7. Januar 1942 in einem seiner mitternächtlichen Monologe im Führerhauptquartier. »Das Land ist verrottet. Und es hat sein Rassenproblem und seine sozialen Gegensätze ... Ich empfinde dem Amerikanismus gegenüber Haß und tiefen Abscheu ... Das ganze Verhalten der amerikanischen Gesellschaft zeigt, daß sie zur Hälfte verjudet, zur Hälfte vernigge rt ist. Wie soll solch ein Staat zusammenhalten, ein Land, das mit dem Dollar steht und fällt!« (*Hitler's Secret Conversations*, op. cit., S. 155.)

52 *Hitler's Secret Conversations*, op. cit., S. 396.

53 N. D. 2932-PS.

54 Schmidt, op. cit., S. 554.

55 N. D. TC-62. Anm. d. Übers.: Wortlaut in TC-62 nur Englisch. Zit. nach Schmidt, op. cit., S. 554.

56 Zwei Tage vorher, am 10. Dezember, hatten japanische Flugzeuge vor der Küste von Malaya die britischen Schlachtschiffe *Prince of Wales* und *Repulse* versenkt. Dieser Schlag gab in Verbindung mit dem in Pearl Harbor verursachten Ausfall amerikanischer Schlachtschiffe der japanischen Flotte das absolute Übergewicht im Pazifik, im Chinesischen Meer und im Indischen Ozean. »Im ganzen Krieg«, schrieb Churchill später über den Verlust der beiden großen Schiffe, »erlitt ich keine stärkere Erschütterung.«

57 FCNA, 1941, S. 128–30. Anm. d. Übers.: Fotokopie im Institut für Zeitgeschichte, München.

SECHSUNDZWANZIGSTES KAPITEL

1 Wie erinnerlich, befanden sich unter den Entlassenen Feldmarschall von Brauchitsch, der Oberbefehlshaber des Heeres, die Feldmarschälle von Rundstedt und von Bock, Kommandeure der Heeresgruppe Süd bzw. Mitte, und General Guderian, der geniale Kopf des Panzerkorps. Es folgte bald Feldmarschall von Leeb, Oberbefehlshaber der Heeresgruppe Nord, der am 18. Januar 1942 seines Postens enthoben wurde. Am Tage vorher erlag Feldmarschall von Reichenau, der Rundstedts Kommando übernommen hatte, einem Herzanfall. Der Luftwaffengeneral Udet erschoß sich am 17. November 1941. Darüber hinaus wurden im Lauf des winterlichen Rückzugs etwa 35 Korps- und Divisionskommandeure abgelöst. Das war natürlich erst der Anfang. Feldmarschall von Manstein zählte in Nürnberg auf, was mit den Generalen geschah, wenn sie eine Schlacht verloren oder endlich den Mut hatten, sich Hitler zu widersetzen: »Von siebzehn Feldmarschällen, die dem Heer angehörten, sind zehn im Kriege nach Hause geschickt worden und drei im Verfolg des 20. Juli ums Leben gekommen. Nur ein einziger Feldmarschall hat den Krieg in seiner Stellung als Feldmarschall des Heeres überdauert. Von 36 Generalobersten sind allein achtzehn nach Hause geschickt worden, und fünf sind im Verfolg des 20. Juli ums Leben gekommen oder in Unehren verabschiedet worden. Nur drei Generaloberste haben den Krieg in ihrer Stellung überdauert.« (IMT, XXX, S. 680.)

2 Hassell, *Vom anderen Deutschland*, op. cit., S. 218/19.

3 Hassell, op. cit., S. 219.

4 Lehndorff wurde am 4. September 1944 von den Nazis hingerichtet.

5 Fabian von Schlabrendorff, *Offiziere gegen Hitler* [Fischer-Bücherei 1959], S. 61.

6 Prinz Wilhelm war im Frankreichfeldzug am 26. Mai 1940 seinen Verwundungen erlegen.

7 Wortlaut des ersten Entwurfs vom Januar/Februar 1940 s. in Hassell, op. cit., S. 381–384; Wortlaut des zweiten Entwurfs von Ende 1941 bei Wheeler-Bennett, *Nemesis der Macht*, op. cit., Anhang A, S. 729–736.

8 Hassell, op. cit., S. 240, 254, 256.

9 Jens Peter Jessen, Professor der Staatswissenschaften an der Universität Berlin, war einer der führenden Köpfe im Widerstand. Er war zwischen 1931 und 1933 begeisterter Nationalsozialist und einer der wenigen echten Intellektuellen in der NSDAP gewesen. Nach 1933 bald ernüchtert, war er ein fanatischer Antinazi geworden. Im Verfolg des Attentats vom 20. Juli 1944 wurde er verhaftet und im November 1944 im Berliner Gefängnis Plötzensee hingerichtet.

10 Hassell, op. cit., S. 256.

11 *The German Campaign in Russia – Planning and Operations* (Department of the Army, Washington 1955), S. 120.

Diese Untersuchung basiert weitgehend auf erbeuteten deutschen Heeresakten und auf Monographien, die von deutschen Generalen für die Historische Abteilung der US-Army verfaßt wurden. Sie stand zur Zeit der Niederschrift dieses Buches Historikern im allgemeinen nicht zur Verfügung. Doch muß ich betonen, daß mir bei der Vorbereitung dieses und späterer Kapitel das *Office of the Chief of Military History, Dept. of the Army*, sehr behilflich gewesen ist und mir Einblick in deutsches Dokumentenmaterial gegeben hat.

12 IMT, VII, S. 290. Paulus' Zeugenaussage in Nürnberg.

13 Ciano, *Tagebücher*, op. cit., S. 400/01.

14 Goebbles, der Hitler einen Monat vorher im Führerhauptquartier aufgesucht hatte, war über sein Aussehen erschüttert gewesen: »Ich bemerkte ..., wie er schon sehr grau geworden ist ... Hin und wieder [hat] er mit stärksten Schwindelanfällen zu kämpfen gehabt ... Der Führer macht diesmal auf mich einen erschütternden Eindruck ...« Es sei zu bedenken, »welch einen rein körperlichen Abscheu er gegen Frost und Schnee hatte ... Daß jetzt immer noch das Land mit Schnee bedeckt ist ..., macht ihm die schwerste Sorge und Pein.« *(Tagebücher*, op. cit., S. 126–133.)

15 Ciano, *Tagebücher*, S. 431/32.

16 Im November und Dezember 1941, im Verlauf wilder Kämpfe, waren Rommels Kräfte durch die ganze Cyrenaika bis zur Agheila-Linie zurückgetrieben worden. Doch im Januar 1942 hatte Rommel mit gewohnter Elastizität zurückgeschlagen, in einem siebzehntägigen Feldzug die Hälfte des verlorenen Bodens bis El Gazala wiedergewonnen. Von El Gazala aus setzte er Ende Mai 1942 zu neuem Vorstoß an.

17 Über Rommels Beförderung zum Feldmarschall am Tage nach der Einnahme von Tobruk war Mussolini laut Ciano »sehr verbittert«, weil sie dazu angetan sei, »den deutschen Charakter des Kampfes zu unterstreichen«. Der Duce begab sich sofort nach Libyen, um auch ein paar Lorbeeren für sich einzuheimsen, und glaubte – nach Ciano – »noch vor vierzehn Tagen« in Alexandria einziehen zu können. Am 2. Juli schnitt er in einem Telegramm an Hitler die Frage »der zukünftigen Organisation Ägyptens« an, schlug Rommel als Militärgouverneur und einen Italiener »für die Zivilangelegenheiten« vor. Hitler erwiderte, er halte die Sache nicht für »eilig«. (Ciano, *Tagebücher*, S. 452/53.)

18 Ciano, *Tagebücher*, S. 367/68.

19 FCNA, 1942, Konferenz auf dem *Berghof*, 15. Juni, S. 47. S. a. S. 42.

20 Laut General Bayerleins Aussage nach dem Krieg. Wahrscheinlich hat er bei der Angabe der Verluste übertrieben. Alliierte Nachrichtenoffiziere schätzten Rommels Panzer auf 125.

21 Halder, *Hitler als Feldherr* [München 1949], S. 50/51.

22 FCNA, 1942, S. 53.

23 Kleist hat dies Liddell-Hart gegenüber bestätigt. (Liddell-Hart, op. cit., S. 169–171.)

24 Halder, op. cit., S. 52.

25 Ebda., S. 50.

26 »Ein Zufall wollte es«, schreibt Halder, »daß ihm in der Ukraine ein Buch über den russischen Bürgerkrieg in die Hand fiel. Darin sei geschildert gewesen, wie Stalin damals General Denikin zwischen Donschleife und Stalingrad besiegte.« Die Lage, sagt Halder, sei der von 1942 sehr ähnlich gewesen, und Stalin habe Denikins schwache Verteidigungsstellungen am Don »meisterhaft« ausgenutzt. »Daher«, fügt Halder hinzu, »die Namensänderung von Zarizyn in Stalingrad.«

27 Halder, op. cit., S. 53.

28 Nach dem Kriege hat Halder an einer Reihe militärgeschichtlicher Studien über den Zweiten Weltkrieg für die US-Army mitgewirkt. Sein großzügiges Entgegenkommen dem Verfasser gegenüber, dem er eine Reihe von Fragen beantwortete und Quellenhinweise gab, ist bereits erwähnt worden.

29 Auch der Hitler fanatisch ergebene General Jodl fiel damals bei dem Diktator in Ungnade. Er hatte der Entlassung Lists und Halders widersprochen und Hitler damit in solche Wut versetzt, daß dieser Jodl monatelang nicht die Hand gab. Ende Januar war Hitler drauf und dran,

Jodl zu entlassen und ihn durch General Paulus zu ersetzen. Aber es war bereits zu spät. Paulus war, wie wir bald sehen werden, nicht mehr verfügbar.

30 Stumme, der in Abwesenheit Rommels das Kommando führte, war in der ersten Nacht der englischen Gegenoffensive einem Herzanfall erlegen, als er vor einem britischen Spähtrupp, der ihn beinahe gefangengenommen hätte, zu Fuß durch die Wüste floh.

31 Zit. von General Bayerlein nach Rommels Papieren in *The Fatal Decisions*, op. cit., S. 110.

32 Erwin Rommel, *Krieg ohne Haß*, hrsg. von Frau Lucie-Maria Rommel und Generalleutnant Fritz Bayerlein [Heidenheim 1950], S. 268.

33 Am nächsten Tag, dem 4. November, legte General von Thoma, nachdem er Bayerlein erklärt hatte: »Hitlers Befehl ist heller Wahnsinn, ich mache das nicht mehr mit«, eine saubere Uniform mit Rangabzeichen und Orden an, blieb neben seinem brennenden Panzer stehen, bis eine britische Einheit kam, ergab sich und dinierte am Abend mit Montgomery in dessen Stabsquartier.

34 Rommel, op. cit., S. 269.

35 Von den in El Alamein eingesetzten 96 000 Mann verlor Rommel 59 000, einschließlich der Toten, Verwundeten und Gefangenen, von denen 34 000 Deutsche waren.

36 Ciano, *Tagebücher*, op. cit., S. 486.

37 S. Helmuth Greiner, *Die Oberste Wehrmachtführung 1939/1943* [Wiesbaden 1951]. Dr. Greiner führte das Tagebuch der Wehrmachtführung bis zum Frühjahr 1943, von da an Dr. Percy Ernst Schramm.

38 General Giraud traf in diesem Augenblick in Algier ein. Er war aus deutscher Kriegsgefangenschaft nach Südfrankreich entwichen, von wo aus ihn ein englisches U-Boot am 5. November nach Gibraltar zu Besprechungen über die Landungen mit General Eisenhower gebracht hatte.

39 »In der Nacht telefoniert Ribbentrop«, heißt es in Cianos Tagebuch am 9. November. »Der Duce oder ich müssen so schnell wie möglich nach München kommen, wo sich auch Laval befinden wird ... Ich wecke den Duce auf. Er ist nicht sehr geneigt zu fahren, um so mehr als er sich noch nicht sehr wohl fühlt. So werde ich nach München gehen.«

40 *Procès du M. Pétain* [Paris 1945], S. 202.

41 Ciano, *Tagebücher*, S. 487/88.

42 Laut General Eisenhower ergaben sich allein während der letzten Woche des Tunesienfeldzugs (5.–12. Mai 1943) 240 000 Soldaten der Achse, darunter etwa 125 000 Deutsche. *(Kreuzzug in Europa*, Amsterdam 1948, S. 194.)

43 S. General Zeitzlers Aufsatz über Stalingrad in *The Fatal Decisions*, op. cit., den ich für diesen Abschnitt benutzt habe. Andere Quellen: Tagebuch der Wehrmachtführung (s. Fn. 37), Halder, *Hitler als Feldherr*, op. cit., sowie Heinz Schröter, *Stalingrad ... »bis zur letzten Patrone«* [Lengerich o. J.]. Schröter, Kriegsberichterstatter bei der 6. Armee, hatte Zugang zu OKW-Akten, Funksprüchen und Fernschreiben der verschiedenen Armeestäbe, zu Operationsbefehlen, Kartenmaterial und privaten Aufzeichnungen vieler Teilnehmer an der Stalingrad-Schlacht. Er kam vor der Kapitulation aus der Stadt heraus und wurde beauftragt, an Hand der OKW-Dokumente die offizielle Geschichte der 6. Armee zu schreiben. Goebbels untersagte die Veröffentlichung. Schröter rettete sein Manuskript über den Krieg hinüber, setzte seine Untersuchungen fort und schrieb eine Neufassung seines Buches.

44 In seinen Nachkriegsmemoiren sagt Feldmarschall von Manstein, er habe am 19. Dezember entgegen Hitlers Befehlen der 6. Armee die Weisung erteilt, mit dem Ausbruch aus Stalingrad in südwestlicher Richtung zu beginnen und sich mit der 4. Panzerarmee zu vereinigen. Er bringt in seinem Buch den Wortlaut der Weisung. Aber diese enthält gewisse Vorbehalte, und Paulus, für den immer noch Hitlers Befehle maßgebend waren, dürfte nicht gewußt haben, woran er sich halten sollte. »Aber es war nun einmal so«, sagt Manstein in seinem Buch, »daß es sich

damals um die einzige und zugleich letzte Chance, die Armee zu retten, gehandelt hat.« (Erich von Manstein, *Verlorene Siege*, Bonn 1955, S. 371, 655, 656.)
45 Ciano, *Tagebücher*, S. 497–501. Ebda., S. 500/01, Mussolinis Vorschläge, die deutscherseits im OKW-Tagebuch unter dem 19. Dezember bestätigt werden.
46 Laut Angabe der Bundesregierung vom Jahre 1958. Viele der Gefangenen starben im Frühjahr 1943 im Laufe einer Typhusepidemie.
47 Bis auf den Zeitpunkt stimmte Hitlers Voraussage. Im Juli sprachen Paulus und Seydlitz, der zum Führer des sogenannten *Nationalkomitees Freies Deutschland* geworden war, tatsächlich im Moskauer Rundfunk und forderten das Heer auf, Hitler zu beseitigen.
48 Felix Gilbert, *Hitler Directs His War* [New York, Oxford 1950], S. 17–22. Dieses Buch enthält stenographische Aufzeichnungen von Hitlers Lagebesprechungen im OKW, die mit Hilfe des Stenographen nach dem Krieg zusammengestellt wurden. Leider ist nur ein Bruchteil der Protokolle aufgefunden worden.
49 Görlitz, *Der deutsche Generalstab* [Frankfurt a. M. 1951], S. 610.

SIEBENUNDZWANZIGSTES KAPITEL

1 Halder-Tagebuch, 8. Juli 1941. Am 18. September 1941 hatte Hitler ausdrücklich befohlen, »Leningrad dem Erdboden gleichzumachen«. Nach hermetischer Einschließung sollte die Stadt durch Luftangriffe und Artilleriebeschuß »ausradiert« und ihre Bevölkerung (drei Millionen) vernichtet werden. (N. D. 221-L.) Der *Völkische Beobachter* schrieb am 16. September 1941: »Leningrad soll vernichtet werden.«
2 N. D. 1919-PS.
3 N. D. 862-PS. Aufzeichnung von General Gotthard Heinrici, Bevollmächtigter der Wehrmacht im Protektorat.
4 IMT, VII, S. 252–254. N. D. UdSSR-172.
5 N. D. 1130-PS.
6 N. D. R-36.
7 Dem Kreml war sowohl das Massensterben von Kriegsgefangenen wie die Zwangsanwerbung von Arbeitskräften bekannt. Bereits im November 1941 reichte Molotow einen formellen diplomatischen Protest gegen die »Ausrottung« russischer Kriegsgefangener ein, dem er im April des nächsten Jahres einen weiteren Protest gegen das deutsche Zwangsarbeiterprogramm folgen ließ.
8 Bräutigams Denkschrift: N. D. 294-PS.
9 N. D. 221-L.
10 Görings Wirtschaftsstab Ost ordnete am 23. Mai 1941 an, die russischen Industriegebiete zu zerstören. »Daraus«, heißt es in der Weisung, »folgt zwangsläufig ein Absterben ... eines großen Teiles der Menschen ... Versuche, die Bevölkerung dort vor dem Hungertode dadurch zu retten, daß man aus der Schwarzerdezone Überschüsse heranzieht«, seien zu unterbinden. (N. D. 126-EC.)
11 IMT, IX, S. 699. N. D. 170-UdSSR.
12 IMT, IX, S. 699. N. D. 170-UdSSR.
13 Alexander Dallin, *Deutsche Herrschaft in Rußland* [Düsseldorf 1958].
14 IMT, VIII, S. 16.
15 N. D. 344-EC.
16 N. D. 411-EC.
17 N. D. 092-R.
18 N. D. 1233-PS.

19 N. D. 138-PS.
20 N. D. 141-PS.
21 N. D. 2523-PS.
22 N. D. 1015 B-PS.
23 N. D. 090-PS.
24 N. D. 1720-PS.
25 Aus einem erbeuteten Aktenstück ist ersichtlich, daß Feldmarschall Milch 1943 zu den bereits bei der Flugabwehr eingesetzten 30 000 russischen Gefangenen weitere 50 000 anforderte. »Das ist eine witzige Sache«, sagte Milch lachend, »daß Russen die Kanonen bedienen müssen.« (N. D. R-124.)
26 N. D. 031-PS.
27 N. D. 1526-PS.
28 Mit der Gesamtverwirklichung des Zwangsarbeiterprogramms war der sogenannte Generalbevollmächtigte für den Arbeitseinsatz, Fritz Sauckel, betraut. Er war ein Mann der zweiten Garnitur und Gauleiter und Reichsstatthalter in Thüringen gewesen. Goebbels nennt ihn in seinem Tagebuch den »Flauesten unter den Flauen«. Als ich Sauckel auf der Anklagebank in Nürnberg sah, fiel mir auf, welche Null er war; in normalen Zeiten wäre ein solcher Mann allenfalls Schlächter in einer Kleinstadt gewesen. In einer seiner ersten Weisungen zur Behandlung der Fremdarbeiter steht der Satz: »Alle diese Menschen müssen so ... behandelt werden, daß sie bei denkbar sparsamsten Einsatz die größtmöglichste Leistung hervorbringen.« Er gab in Nürnberg zu, daß von den Millionen Fremdarbeitern »nicht einmal 200 000 freiwillig« gekommen wären. Dennoch leugnete er alle Schuld an der schlechten Behandlung der Fremdarbeiter. Er wurde zum Tode verurteilt und in der Nacht vom 15.–16. Oktober 1946 gehängt.
29 N. D. 084-PS.
30 N. D. 288-D. Abgesehen davon, daß die Firma Krupp Tausende von Zwangsarbeitern, Zivilisten wie Kriegsgefangene, für ihre Werke in Deutschland erhielt, baute sie auch ein Hüttenwerk im Vernichtungslager Auschwitz, wo Juden bis zur Erschöpfung arbeiten mußten und dann vergast wurden.
Gustav Krupp von Bohlen und Halbach war in Nürnberg (zusammen mit Göring und Genossen) als Hauptkriegsverbrecher angeklagt, wurde aber wegen seines »körperlichen und geistigen Zustandes« (er hatte einen Schlaganfall erlitten und war nicht mehr zurechnungs- und vernehmungsfähig) nicht abgeurteilt. Er starb am 16. Januar 1950. Die Anklage bemühte sich, an seiner Stelle seinen Sohn Alfried vor Gericht zu stellen, der 1943 alleiniger Inhaber der Firma geworden war, doch der Gerichtshof lehnte dies ab. Später kam Alfried Krupp von Bohlen und Halbach zusammen mit neun Direktoren der Krupp-Werke vor ein rein amerikanisches Militärgericht in Nürnberg (Fall USA gegen Alfried Krupp und Genossen). Das am 31. Juli 1948 ausgesprochene Urteil lautete auf zwölf Jahre Haft und Einziehung seines gesamten Besitzes. Auf Grund einer von John J. McCloy, dem amerikanischen Hohen Kommissar in die Wege geleiteten allgemeinen Amnestie wurde Alfried Krupp am 4. Februar 1951 aus dem Landsberger Gefängnis (in dem 1924 auch Hitler seine Strafe abgesessen hatte) entlassen. Man annullierte die Konfiszierung nicht nur seines Firmenbesitzes, sondern auch seines auf vierzig Millionen Mark sich belaufenden Privatvermögens. Die alliierten Regierungen hatten die Entflechtung des riesigen Krupp-Konzerns verfügt, doch Alfried Krupp, der nach Entlassung aus dem Gefängnis wieder die aktive Leitung seines Unternehmens übernahm, umging die Verfügung und gab zur Zeit der Niederschrift dieses Buches (1959) mit Billigung der Bundesregierung bekannt, seine Werke würden nicht nur nicht entflochten werden, sondern auch noch neue Fabrikationszweige aufnehmen.
31 Himmlers Weisung vom 20. Februar 1942 richtete sich insbesondere gegen russische Zwangs-

arbeiter. Er ordnete auch »Sonderbehandlung für Disziplinlosigkeiten« an, »zu denen auch pflichtwidrige Arbeitsverweigerung und lässiges Arbeiten mitgehören«. »In besonders schweren Fällen ist... Sonderbehandlung zu beantragen. Die Sonderbehandlung erfolgt durch Strang. Sie soll nicht in unmittelbarer Umgebung des Lagers stattfinden. Eine gewisse Anzahl [jedoch] soll der Sonderbehandlung beiwohnen.« (N. D. 3040-PS.) Der Ausdruck »Sonderbehandlung« taucht häufig in Himmlers Akten und im NS-Sprachgebrauch während des Krieges auf. Er bedeutete genau das, was in Himmlers Weisung steht.

32 N. D. 68-EC.

33 N. D. 3044-PS.

34 *Hitler's Secret Conversations*, op. cit., S. 501.

35 Die genannten Ziffern sind der eingehenden Untersuchung Alexander Dallins (*Deutsche Herrschaft in Rußland* [Düsseldorf 1958], S. 440) entnommen. Dallin benutzte die vom OKW/AWA (Allgemeines Wehrmachtsamt) aufgestellten *Nachweisungen des Verbleibs der sowjetischen Kr. Gef. nach dem Stand vom 1. Mai 1944*.

36 N. D. 081-PS.

37 N. D. 2622-PS.

38 Müller ist nach dem Krieg niemals gefaßt worden. Er wurde zum letztenmal am 29. April 1945 in Hitlers Berliner Bunker gesehen. Einige seiner noch lebenden Kollegen glauben, er stünde heute im Dienst der von ihm sehr bewunderten sowjetischen Geheimpolizei.

39 N. D. 1165-PS.

40 N. D. 1919-PS.

41 Am 20. Juli 1942 hatte Keitel folgenden Befehl entworfen: 1. Die sowj. Kr.Gef. sind durch ein besonderes und dauerhaftes Merkmal zu kennzeichnen. 2. Das Brandmerkmal besteht in einem nach unten geöffneten spitzen Winkel von etwa 45° und und 1 cm Schenkellänge auf der linken Gesäßhälfte (V), etwa handbreit von der Afterfalte entfernt. (N. D. 343-UdSSR, IMT, XXXIX, 489–490.)

42 IMT, VI, S. 208–209.

43 N. D. 498-PS.

44 N. D. 503-PS.

45 N. D. L-51.

46 IMT, VII, S. 55–59.

47 N. D. 669-PS.

48 N. D. 090-L.

49 Whitney R. Harris, *Tyranny on Trial – The Evidence at Nuremberg* (Dallas 1954), S. 349–350.

50 Ohlendorf stand im Nürnberger Einsatzgruppen-Prozeß mit 21 anderen Angeklagten vor einem amerikanischen Militärgericht. Vierzehn wurden zum Tode verurteilt, doch nur vier, darunter Ohlendorf und drei andere Einsatzgruppenchefs (etwa dreieinhalb Jahre nach ihrer Verurteilung), am 8. Juni 1951, im Landsberger Gefängnis hingerichtet. Bei den übrigen wurde die Todesstrafe in Haftstrafe umgewandelt.

51 N. D. 501-PS.

52 N. D. R-102.

53 N. D. 2992-PS.

54 N. D. 2273-PS.

55 N. D. NO-511. Fall IX der Nürnberger Kriegsverbrecherprozesse: USA gegen Otto Ohlendorf und Genossen, sogenannter Einsatzgruppen-Prozeß.

56 N. D. NO-2653.

57 Zit. bei Gerald Reitlinger, *Die Endlösung*, 3. Aufl. [Berlin 1960] S. 570.

58 N. D. 710-PS. Hervorhebungen durch den Autor. Eine falsche englische Übersetzung des

letzten Satzes, die das deutsche Wort »Endlösung« ins Englische mit »desired solution« (gewünschte Lösung) übertrug, führte dazu, daß Richter Jackson, der kein Deutsch konnte, Görings Behauptung beim Kreuzverhör, er habe den Ausdruck nie benutzt, durchgehen ließ. »Hier in Nürnberg«, rief Göring einmal aus, »habe ich zum ersten Mal von den furchtbaren Exekutionen gehört.«

59 IMT, XI, S. 160.

60 N. D. 2586-G-NG.

61 N. D. 1919-PS.

62 N. D. 3870-PS.

63 Rudolf Höß, 1900 als Sohn eines kleinen Ladenbesitzers in Baden-Baden geboren, wurde von seinem Vater, einem frommen Katholiken, gedrängt, Priester zu werden. Statt dessen trat er 1922 in die NSDAP ein. Im Jahr darauf wurde er in den Mord an einem Lehrer verwickelt, der angeblich Leo Schlageter denunziert haben sollte. Höß wurde zu lebenslänglicher Haft verurteilt.

1928 kam er auf Grund einer allgemeinen Amnestie frei, trat zwei Jahre später der SS bei und wurde 1934 Angehöriger des SS-Totenkopfverbandes, dessen Hauptaufgabe die Bewachung der Konzentrationslager war. In Nürnberg gestand er offen seine Morde ein – und übertrieb sie sogar. An die Polen ausgeliefert, wurde er zum Tode verurteilt und im März 1947 in Auschwitz, auf dem Schauplatz seiner größten Verbrechen, durch den Strang hingerichtet.

64 Höß' eidesstattliche Erklärung, N. D. 3868-PS. Gewöhnlich wurde »Herzschwäche« angegeben. Kogon, der selbst acht Jahre in Buchenwald war, gibt ein Beispiel: »... der Kranke verstarb nach längerer Agonie am ... um ... Uhr ... Minuten. Todesursache: Herzschwäche bei Lungenentzündung.« (Eugen Kogon, *Der SS-Staat*, München 1946.) In Auschwitz wurden mit Beginn der Massentötungen solche Formalitäten unterlassen. Es gab Tage, an denen die Toten nicht einmal gezählt wurden. (Anm. d. Übersetzers: Vgl. a. *Kommandant in Auschwitz. Autobiographische Aufzeichnungen von Rudolf Höß*. Eingeleitet und kommentiert von Martin Broszat [Stuttgart 1958]).

65 Gerald Reitlinger, *Die Endlösung*, op. cit., S. 168.

66 Sie kamen dennoch regelmäßig in die Gaskammern und wurden durch neue Teams ersetzt, denen dann das gleiche Schicksal widerfuhr. Die SS wünschte keine Überlebenden, die einmal darüber reden konnten.

67 Im Nürnberger Prozeß wurde ausgesagt, die Asche sei mitunter als Dünger verkauft worden. Einem Dokument zufolge, das der russische Ankläger einführte, baute eine Danziger Firma einen elektrisch geheizten Kessel zur Seifenherstellung aus Menschenfett. Das »Rezept« hierfür lautete: »5 Kilogramm Menschenfett, 10 Liter Wasser und 500–1000 Gramm Ätznatron [sind] zwei bis drei Stunden lang zusammen zu sieden und dann abkühlen zu lassen.« (IMT, VII, 657, N. D. 196-UdSSR.)

68 N. D. 008-UdSSR.

69 IMT, VII, 642.

70 IMT, VII, 643.

71 *Law Reports of Trials of War Criminals*, I, S. 28 [London 1946].

72 Manchmal »wurden bei den ... Juden die Goldbrücken, Kronen und Plomben ausgezogen bzw. ausgebrochen«, während sie noch lebten. »Dies geschieht jedesmal 1–2 Stunden vor der betreffenden Aktion.« So zu lesen in einem Geheimbericht des deutschen Gefängniswärters in Minsk. (N. D. R-135.)

73 N. D. 3945, 3948, 3951-PS.

74 N. D. 3951-PS.

75 N. D. 4045-PS. Dr. Funk wurde in Nürnberg zu lebenslänglicher Haft verurteilt.

76 John Hersey schrieb nach jüdischen Berichten einen Roman über den Aufstand unter dem Titel *Der Wall.*
77 N. D. 1061-PS.
78 IMT, IV, S. 412.
79 Reitlinger, *Die Endlösung,* op. cit., S. 571–573.
80 Sauerbruch hörte im Mai 1943 in der Berliner Militärärztlichen Akademie einen Vortrag von zweien der berüchtigsten SS-Ärzte, Karl Gebhardt und Fritz Fischer, über das Thema Gasgangrän-Versuche an Gefangenen. Sauerbruchs einziger Einwand war, daß Chirurgie in solchen Fällen besser sei als Sulfonamide-Behandlung. Professor Gebhardt wurde im sogenannten Ärzte-Prozeß zum Tode verurteilt und am 2. Juni 1948 gehängt. Dr. Fischer erhielt lebenslängliche Haft.
81 IMT, XX, S. 599/600.
82 IMT, XX, S. 567.
83 Vernehmung Joseph Kramers, Fall I der Kriegsverbrecherprozesse: *»USA v. Brandt et. al.«,* sogenannter Ärzte-Prozeß, Dokument NO 807.
84 Ebda., NO 807.
85 Aussage Sievers, IMT, XX, S. 574, Dok. NO 88. Vgl. a. Fritz I. Epstein, *War-time Activities of the SS-Ahnenerbe* in: *On the Track of Tyranny* (Max Beloff, ed.), [London 1961], S. 77–95.
86 Ebda. und Dok. NO 975.
87 N. D. 1602-PS.
88 N. D. 1971a-PS.
89 N. D. 2428-PS.
90 Prof. Dr. Hippke an Himmler, 10. Oktober 1942, Fall I.
91 N. D. 1618-PS.
92 Aussage Walter Neffs, Fall I, Prot. S. 675 ff.
93 Himmlers Brief N. D. 1609-PS, Raschers Entgegnung NO 323.
94 N. D. 1616-PS.
95 Eine ausgezeichnete Zusammenfassung des »Ärzte-Prozesses« wird von Alexander Mitscherlich und Fred Mielke in ihrem Buch *Medizin ohne Menschlichkeit* [Heidelberg 1949 sowie Fischer-Bücherei Nr. 332] dargeboten. Dr. Mitscherlich und Fred Mielke gehörten der von der Arbeitsgemeinschaft der Westdeutschen Ärztekammern nach Nürnberg entsandten deutschen Ärztekommision an.
96 *Wiener Library Bulletin,* 1951, V, S. 1/2.
97 Laut Schellenberg, der zugegen war, blieb der Gestapo das Geheimnis, wer die Täter waren, verborgen, da es »auch nicht einen einzigen lebenden Verwundeten gab«. (Schellenberg, *Memoiren,* S 261.)
98 Nach einem UNRRA-Bericht vom 2. April 1947 wurden 17 Kinder aus Lidice in Bayern aufgefunden und ihren Müttern in der Tschechoslowakei wiedergegeben.

ACHTUNDZWANZIGSTES KAPITEL

1 *Goebbels' Tagebücher,* op. cit., S. 319
2 FCNA, 1943, S. 61.
3 Schmidt, op. cit., S. 580. Das italienische Protokoll von der Sitzung in Feltre ist enthalten in *Hitler e Mussolini – Lettere e Documenti* [Mailand 1946], S. 165–190.
4 Aufzeichnungen der Lagebesprechungen vom 25. und 26. Juli (Fotokopie im Institut für Zeitgeschichte, München); *Goebbels' Tagebücher,* Eintragungen für Juli 1943; FCNA, 1943, Eintragungen Juli und August 1943.

5 Dönitz war am 30. Januar 1943 an Raeders Stelle getreten. Am 6. Januar war es in der *Wolfsschanze* zu einer stürmischen Auseinandersetzung zwischen Hitler und Raeder gekommen. Hitler hatte der Kriegsmarine Mangel an Aktivität, Kampf- und Unternehmungsgeist vorgeworfen. Raeder bat daraufhin, von seinem Posten entbunden zu werden; sein Rücktritt war am 30. Januar formell angenommen worden. Dönitz war bisher Befehlshaber der U-Boote gewesen, verstand wenig von Überwasserschiffen und konzentrierte sich daher auf die U-Boot-Kriegführung.

6 S. Albert Kesselring, *Soldat bis zum letzten Tag* [Bonn 1953], und Westphal, *Heer in Fesseln* [Bonn 1950].

7 Der König, Badoglio und die Regierung entkamen – zu Hitlers Ärger – aus Rom und ließen sich in dem von den Alliierten befreiten Süditalien nieder. Der größte Teil der italienischen Flotte entwich nach Malta, trotz der von Admiral Dönitz sorgfältig vorbereiteten Pläne, sie entweder in Besitz zu nehmen oder zu vernichten.

8 Schilderungen der Mussolini-Befreiung aus erster Hand: Otto Skorzeny, *Geheimkommando Skorzeny* [Hamburg 1950]; Mussolini, *Memoirs* 1942–1943 [London 1949]. Im Anhang der Mussolini-Memoiren befindet sich eine von der Hotelleitung des Hotels *Campo Imperatore* gegebene Darstellung.

9 *Goebbels' Tagebücher*, S. 434.

10 Einem Brief zufolge, den Ciano an König Victor Emanuel schrieb, war er von den Deutschen im August nach Deutschland gelockt worden. Man soll ihm mitgeteilt haben, daß seine Kinder in Gefahr seien und daß die deutsche Regierung ihn und seine Familie gern – über Deutschland – nach Spanien bringen wolle. *(The Ciano Diaries*, S. V.)

11 Cianos letzte Tagebucheintragung ist datiert vom 23. Dezember 1943, Zelle 27, Veronaer Gefängnis. Sie ist erschütternd. Auf welche Weise diese letzte Eintragung und ein Brief vom gleichen Tage an den König von Italien aus seiner Todeszelle herausgeschmuggelt wurden, ist unbekannt. Aber Ciano bemerkt darin, er habe den übrigen Teil seines Tagebuches versteckt, ehe er von den Deutschen festgenommen wurde. Cianos Aufzeichnungen wurden von seiner Frau Edda aus dem deutschbesetzten Italien heimlich herausgebracht. Als Bäuerin verkleidet, die Papiere unter ihrem Rock verborgen, gelang es ihr, über die Grenze in die Schweiz zu entkommen. Auch alle anderen faschistischen Führer, die im Großen Rat gegen den Duce gestimmt hatten, wurden, soweit man sie faßte, von einem Sondergericht zum Tode verurteilt und, von einer einzigen Ausnahme abgesehen, mit Ciano zusammen erschosssen. Unter ihnen befand sich auch Marschall Emilio de Bono, einer der vier, die den der Machtergreifung Mussolinis vorausgegangenen Marsch auf Rom angeführt hatten.

12 »Von einem Nachlassen im U-Boot-Krieg kann keine Rede sein«, hatte Hitler getobt, als Dönitz ihm am 31. Mai mitteilte, er habe die U-Boote aus dem Nordatlantik zurückgezogen. »Der Atlantik ist meine vorderste Abwehrfront im Westen.«

Das war leichter gesagt als getan. Am 12. November schrieb Dönitz den verweifelten Satz in sein Tagebuch: »Der Gegner hat alle Trümpfe in der Hand: Weitreichende, dauernd alle Gebiete überdeckende Luftaufklärung unter Anwendung von Ortungsmethoden, gegen die wir noch keine sicheren Warnmittel haben ... Der Feind schaut uns in die Karten und nicht wir ihm.« (Hitler-Zitat aus FCNA, 1943, S. 46; Dönitz' Tagebucheintragung wird zitiert von Chester Wilmot, *Der Kampf um Europa*, Frankfurt 1954, S. 157.)

13 Auf Grund einer Information aus polnischen Widerstandskreisen, daß in Peenemünde unbemannte, ferngesteuerte Düsenflugzeuge (später V 1 genannt) und weittragende Raketengeschosse (V 2) entwickelt würden, hatte die RAF im Mai 1943 ein Aufklärungsflugzeug über Peenemünde geschickt, das die Anlagen fotografierte. Im August unternahmen britische Bomber einen Angriff auf Peenemünde, richteten dort schweren Schaden an und warfen Forschung und Versuche um mehrere Monate zurück. Im November erkundeten englische und ameri-

kanische Flugzeuge entlang des Ärmelkanals 63 Abschußbasen für die V 1, deren Zahl sich bis Dezember auf 96 erhöhte. Zwischen Dezember 1943 und Februar 1944 bombardierten und zerstörten englisch-amerikanische Flugzeuge 73 davon. Die Bezeichnungen V 1 und V2 sind von dem deutschen Wort »Vergeltungswaffen« abgeleitet, ein Wort, von dem die Goebbels-Propaganda im trüben Jahr 1944 viel Gebrauch machte.

14 Halder, *Hitler als Feldherr*, op. cit., S. 57.

15 N. D. L-172. Jodls Vortrag, der betitelt war: »Die strategische Lage am Anfang des 5. Kriegsjahres«, ist wohl die erschöpfendste Darstellung aus erster Hand hinsichtlich der mißlichen Lage Deutschlands gegen Ende 1943, wie sie sich Hitler und seinen Generalen darbot. Jodl zitierte in seiner Rede vor den Reichs- und Gauleitern Dutzende geheimer Denkschriften und Dokumente aus dem Führerhauptquartier, die zusammengenommen ein aufschlußreiches Bild vom Ablauf des Krieges, wie Hitler ihn sah, darstellen. Noch pessimistischer als über die Gegenwart äußerte Jodl sich über die Zukunft. Er sagte richtig voraus, daß die kommende anglo-amerikanische Invasion im Westen »kriegsentscheidend« sein werde und daß zu ihrer Abwehr »die uns zur Verfügung stehenden Kräfte nicht ausreichen« würden.

16 S. *Goebbels' Tagebücher*, op. cit., S. 392, 397/98, 400, 433, 443/44. Hitlers Gespräch mit Dönitz s. in FCNA, 1943, S. 85/86.

17 »Das Werk eines Jahrtausends liegt in Trümmern«, schrieb Goerdeler im Juli 1943, nach einem Besuch der zerstörten westdeutschen Gebiete, an Feldmarschall von Kluge. In seinem Brief beschwor Goerdeler den schwankenden General, sich den Verschwörern zuzugesellen und mit ihnen zusammen Hitler und seinem »Wahnsinn« ein Ende zu bereiten.

NEUNUNDZWANZIGSTES KAPITEL

1 Kluge erhielt zu seinem 60. Geburtstag am 30. Oktober 1942 von Hitler einen Scheck über 250000 RM und die besondere Genehmigung, die Hälfte dieses Betrages zum Ausbau seines Landgutes zu verwenden. Obwohl dieses Geschenk, wie Schlabrendorff sagt, »für die Ehrenauffassung des deutschen Offiziers ein Schlag ins Gesicht« war, nahm Kluge es an. (Schlabrendorff, *Offiziere gegen Hitler*, op. cit., S. 71). Später, als Kluge sich doch gegen Hitler entschied, beklagte sich der Führer vor den Offizieren im Hauptquartier: »Ich habe ihn zweimal persönlich befördert, ihm die höchsten Auszeichnungen verliehen, ihm ein großes Geschenk gemacht ... und ihm einen großen Zuschuß zu seinem Gehalt als Feldmarschall gegeben ...« (Gilbert, *Hitler Direct His War* [New York 1950], S. 102, Lagebesprechungen, Bruchstück 46, 31. August 1931.)

2 Dorothy Thomson, *Listen, Hans* [Boston 1942], S. 137–138, 283.

3 Hassell, *Vom anderen Deutschland*, op. cit., S. 290.

4 Einige der deutschen Memoirenschreiber sprechen davon, daß die Nazis 1942 und 1943 zum Zwecke von Friedensverhandlungen mit den Russen Fühlung aufnahmen und daß Stalin sich bereit erklärt habe, in Separatfriedensverhandlungen einzutreten. Ribbentrop machte in Nürnberg viel aus seinen eigenen Bemühungen her und sagte, er habe tatsächlich mit sowjetischen Agenten in Stockholm in Verbindung gestanden (IMT, X, S. 299). Peter Kleist, der für Ribbentrop in Stockholm tätig war, berichtet darüber in seinem Buch *Zwischen Hitler und Stalin* [Bonn 1950]. Wenn einmal alle deutschen Geheimdokumente gesichtet sein werden, wird vermutlich noch manches über diese Episode an das Tageslicht kommen.

5 George Bell, *The Church and Humanity* [London 1946], S. 165–176. S. a. Wheeler-Bennett, *Nemesis*, op. cit., S. 577–581.

6 Allen Dulles, *Germany's Underground* [New York 1947], S. 125–146. Dulles gibt in seinem Buch eine Denkschrift Jakob Wallenbergs über dessen Besprechungen mit Goerdeler wieder.

7 Die Darstellung fußt hauptsächlich auf Schlabrendorffs Bericht in *Offiziere gegen Hitler*, op cit., S. 88–99.
8 S. Rudolf Pechel, *Deutscher Widerstand* [Zürich 1947], S. 162.
9 Über den Studentenaufstand gibt es zahlreiche Darstellungen: Inge Scholl, *Die weiße Rose* [Frankfurt 1952]; Karl Voßler, *Gedenkrede für die Opfer an der Universität München* [München 1947]; Ricarda Huch, *Die Aktion der Münchner Studenten gegen Hitler*, in *Neue Schweizer Rundschau* [Zürich, September–Oktober 1948]; *Der 18. Februar: Umriß einer deutschen Widerstandsbewegung*, in *Die Gegenwart*, 30. Oktober 1946; Pechel, op. cit., S. 96–104; Wheeler-Bennett, *Nemesis*, op. cit., S. 563–565; Dulles, op. cit., S. 120–122.
10 Hassell schildert die peinliche Szene in seinem Tagebuch: »Er [Weizsäcker] müsse mich ersuchen, ihn bis auf weiteres mit meiner Gegenwart zu verschonen. Als ich aufbegehrte, unterbrach er mich schroff.« (Hassell, op. cit., S. 264). Erst nachdem Weizsäcker sicher im Vatikan als deutscher Botschafter saß, drängte er die Verschwörer zur Aktion. »Vom Vatikan aus ist das leicht«, bemerkte Hassell. Weizsäcker blieb am Leben und schrieb seine etwas dürftigen Memoiren. Hassells Tagebuch wurde nach seiner Hinrichtung veröffentlicht.
11 Bonhoeffer, Dohnanyi und Oster wurden am 9. April 1945, knapp einen Monat vor Deutschlands Kapitulation, von der SS hingerichtet, offenbar ein Racheakt Himmlers. Müller kam von dieser Gruppe als einziger mit dem Leben davon.
12 Das Verfahren gegen Frau Solf und ihre Tochter wurde auf Ersuchen des japanischen Botschafters auf den 8. Februar verschoben. Doch am 3. Februar traf eine amerikanische Bombe das Gebäude des Volksgerichtshofes, tötete Roland Freisler und vernichtete die Solf-Akten. Ein neuer Termin wurde für den 27. April anberaumt, aber bis dahin waren die Russen in Berlin. Außerdem waren die Solfs, offenbar auf Grund eines Irrtums, am 23. April aus dem Gefängnis Moabit entlassen worden. (Wheeler-Bennett, *Nemesis*, op. cit., S. 616 Fn.; Pechel, op. cit., S. 88–93.)
13 Canaris, der »kleine Admiral«, entschwand aus der deutschen Geschichte. Er war eine so undurchsichtige Gestalt, daß die Autoren sich nicht darüber einig sind, was für eine Art Mensch er war und woran er glaubte. Als Zyniker und Fatalist hatte er die Weimarer Republik gehaßt und insgeheim gegen sie gearbeitet, ebenso wie später gegen das Dritte Reich. Seine Tage waren ebenso gezählt wie die aller anderen führenden Leute in der Abwehr, ausgenommen General Lahousen.
14 Dulles, op. cit., S. 144–145.
15 Beide Kleists, Vater und Sohn, wurden später verhaftet, und der Vater wurde am 16. April 1945 hingerichtet. Der Sohn kam mit dem Leben davon.
16 Hitler hat über seine Methode oft mit seinen alten Parteigenossen gesprochen. So ist vom 3. Mai 1942 ein stenographisches Protokoll erhalten geblieben. »Ich verstehe sehr gut«, sagte er, »warum 90 Prozent der Attentate in der Geschichte erfolgreich gewesen sind. Das einzige Vorbeugungsmittel ist ein unregelmäßiges Leben: jeden Tag zu einer anderen Zeit spazierengehen und ausfahren und Reisen unerwartet antreten. Wenn ich irgendwohin mit dem Wagen fahre, tue ich es soweit wie möglich überraschend und ohne Benachrichtigung der Polizei.« (*Hitler's Secret Conversations*, op. cit., S. 366.)
17 Zit. bei Eberhard Zeller, *Geist der Freiheit* [München o. J.], S. 142.
18 Zit. bei Wheeler-Bennett, *Nemesis*, op. cit., S. 627. S. a. Strölins eigenes Buch: *Stuttgart im Endstadium des Krieges* [Stuttgart 1950].
19 S. Hans Speidel, *Invasion 1944* [Tübingen 1952], S. 68, 73.
20 Ebda., S. 83–84.
21 Ebda., S. 90.
22 Ebda., S. 91 ff.
23 Dulles, op. cit., S. 139.

24 Schlabrendorff, op. cit., S. 135.
25 Telefontagebuch der 7. Armee. Dieses aufschlußreiche Dokument fiel den Alliierten im August 1944 unversehrt in die Hände und ist eine Quelle von unschätzbarem Wert.
26 Speidel, op. cit., S. 113–114.
27 Ebda., S. 114. Die obige Darstellung stützt sich weitgehend auf Speidel. Von General Blumentritt liegt ebenfalls eine Schilderung vor; sodann findet sich noch Material in Liddell Hart, *The Rommel Papers* [Brace, N. Y. 1953], S. 479.
Rommel hatte etwa zwei Monate vorher, am 23. April, an General Jodl geschrieben: »Wenn es uns gelingt, trotz der feindlichen Luftüberlegenheit in den ersten Stunden einen großen Teil unserer beweglichen Kräfte in den gefährdeten Küstenabschnitten einzusetzen, dann bin ich überzeugt, daß der gegnerische Angriff auf die Küste schon am ersten Tag zusammenbrechen wird.« *(Rommel Papers,* S. 468.) Hitlers strikte Befehle hatten es unmöglich gemacht, die Panzerdivisionen »in den ersten Stunden« oder auch nur an den ersten Tagen in den Kampf zu werfen. Als man sie schließlich einsetzte, wurden sie zerschlagen.
28 Rundstedts Entlassung mag teilweise auf seine Auseinandersetzung mit Keitel in der Nacht vorher zurückzuführen sein. Keitel hatte ihn angerufen und um eine Lagebeurteilung ersucht. Gerade war ein mit vier SS-Panzerdivisionen unternommener Großangriff gegen die englischen Linien gescheitert, und Rundstedt war pessimistisch.
»Was sollen wir denn tun?« schrie Keitel ihn an. »Frieden schließen, ihr Narren! Was denn sonst?« erwiderte Rundstedt.
Offenbar ist dann Keitel, der »Petzer und Schmeichler«, wie ihn die meisten Truppenkommandeure nannten, spornstreichs damit zu Hitler gelaufen. Hitler hatte in diesem Augenblick gerade eine Besprechung mit Kluge, der sich bei ihm nach einem längeren Krankheitsurlaub zurückmeldete. Kluge wurde sofort anstelle von Rundstedt zum Oberbefehlshaber im Westen ernannt. Das war die Art, in der Hitler mit der Besetzung höchster Kommandoposten umsprang. (Der Vorfall wurde Chester Wilmot, op. cit., S. 364, wie auch Liddell Hart, op. cit., S. 205, von General Blumentritt berichtet.)
29 Speidel, op. cit., S. 155–117.
30 Speidel, op. cit., S. 140. Ernst Jünger, dessen Bücher einst bei den Nationalsozialisten sehr populär gewesen waren, der aber schließlich umschwenkte und sich in Paris dem deutschen Widerstand angeschlossen hatte, schrieb im Vorwort zu *Strahlungen:* »Der Treffer, den [Rommel] am 17. Juli 1944 auf der Straße nach Livarot erhielt, beraubte [unseren] Plan der einzigen Schultern, denen das fürchterliche Doppelgewicht des Krieges und Bürgerkrieges zuzutrauen war.« (Zit. von Speidel, S. 140–141.)
31 Schlabrendorff, op. cit., S. 138.
32 1942 entdeckte die Abwehr ein für die Russen arbeitendes ausgedehntes Spionagenetz, die sogenannte *Rote Kapelle.* Eine große Anzahl deutscher Personen, darunter viele Angehörige altbekannter Familien, betrieb Spionage für die Russen. Zeitweise wurden von über 100 Geheimsendern in Deutschland und den besetzten Westgebieten Nachrichten nach Moskau übermittelt. Führer der *Roten Kapelle* war Harold Schulze-Boysen, ein Großenkel des Großadmirals von Tirpitz, ein bekannter Berliner Bohemien und eine pittoreske Figur der »verlorenen Generation« nach dem Ersten Weltkrieg, der damals mit seinem schwarzen Sweater, seiner langen blonden Mähne und seiner Passion für revolutionäre Dichtung und Politik Aufsehen erregte. Zu jener Zeit lehnte er sowohl Nationalsozialismus wie Kommunismus ab, betrachtete sich aber als einen Mann der Linken. Bei Kriegsausbruch verhalf ihm seine Mutter dazu, Leutnant in der Luftwaffe zu werden, wo er sich in Görings Forschungsamt hineinschlängelte, das, wie wir im Zusammenhang mit dem »Anschluß« sahen, Telefongespräche abhörte. Alsbald organisierte er einen umfangreichen Spionagedienst für Moskau mit vertrauenswürdigen Mitarbeitern in allen Berliner Ministerien und Wehrmachtsämtern. Zu diesen Mitarbeitern gehörte Arvid

Harnack, Neffe eines berühmten Theologen, der im Wirtschaftsministerium tätig war, Rudolf von Scheliha im Auswärtigen Amt, Horst Heilmann im Propagandaministerium und Gräfin Erika von Brockdorff im Arbeitsministerium.
Zwei sowjetische Agenten, die mit dem Fallschirm in Deutschland abgesetzt und später festgenommen worden waren, verrieten die *Rote Kapelle*, und die Folge waren zahlreiche Verhaftungen.
Von 75 Festgenommenen wurden 50 zum Tode verurteilt, darunter Schulze-Boysen und Harnack. Mildred Harnack und Gräfin von Brockdorff kamen mit Haftstrafen davon, wurden aber auf Hitlers Verlangen ebenfalls hingerichtet. Um andere mögliche Verräter abzuschrecken, befahl Hitler Hinrichtung durch den Strang. Aber in Berlin, wo man mit dem Beil hinrichtete, gab es keine Galgen. So entlieh man aus dem Schlachthof Fleischerhaken, schlang den Opfern ein Seil um den Hals, zog sie hoch, wodurch sie langsam erwürgt wurden. Fortan wurde diese besonders grausame Methode bei allen angewandt, die es wagten, dem Führer zu trotzen.
33 Quellenmaterial für diese Besprechungen: Stenographisches Protokoll des Volksgerichtsverfahrens gegen Witzleben, Hoepner, u. a.; Kaltenbrunners Bericht über den Aufstand vom 20. Juli; Eberhard Zeller: *Geist der Freiheit* [München 1954], S. 213–214; Gerhard Ritter, *Carl Goerdeler und die deutsche Widerstandsbewegung* [Stuttgart 1955], S. 401–403.
34 General Adolf Heusinger, Chef der Operationsabteilung im OKH, berichtet, am 19. Juli seien die Meldungen von der ukrainischen Front so schlecht gewesen, daß er im OKW anfragte, ob das Ersatzheer in Polen irgendwelche in Ausbildung befindliche Einheiten habe, die an der Ostfront eingesetzt werden könnten. Keitel habe daraufhin vorgeschlagen, Stauffenberg für den nächsten Tag zum Vortrag kommen zu lassen. (Heusinger, *Befehl im Widerstreit, Schicksalsstunde der deutschen Armee, 1923–1945* [Tübingen 1950], S. 350.)
35 Constantine FitzGibbon (*20 July*, New York 1956, S. 150) sagt: »Man nimmt an, daß Stauffenberg vorher zur Beichte ging, aber natürlich keine Absolution erhielt. »Nach FitzGibbon hat Stauffenberg den Berliner Bischof, Kardinal Graf Preysing, über seine Absicht unterrichtet; der Bischof habe erwidert, er ehre die Beweggründe und halte sich nicht für berechtigt, Stauffenberg aus religiösen Gründen von dem Attentatsversuch abzuhalten. (Ebda., S. 152.)
36 Nach der Darstellung, die der bei der Lagebesprechung anwesende Admiral Kurt Assmann später alliierten Vernehmungsoffizieren gab, hatte Stauffenberg Brandt zugeflüstert: »Ich muß telefonieren gehen. Achten Sie auf meine Brieftasche. Es sind Geheimakten darin.«
37 Heusinger, op. cit., S. 352.
38 Viele Autoren behaupten, Fellgiebel hätte in diesem Augenblick die Nachrichtenzentrale in die Luft sprengen sollen, und es wäre für die Verschwörung verhängnisvoll gewesen, daß er dies unterlassen habe. So sagt z. B. Wheeler-Bennett (*Nemesis*, S. 663): »General Fellgiebel hatte seiner Aufgabe gegenüber kläglich versagt.« Da die Nachrichtenzentralen über mehrere, von SS-Leuten streng bewachte unterirdische Bunker verteilt waren, ist es höchst unwahrscheinlich, daß Stauffenberg jemals verlangt hat, sie in die Luft zu sprengen – was auch für den General unmöglich gewesen wäre. Fellgiebel sollte, nachdem er die Nachricht von der Explosion weitergegeben hatte, das Führerhauptquartier für zwei oder drei Stunden von der Verbindung mit der Außenwelt abschneiden. Und das hat er getan, sieht man von ein oder zwei unvermeidlichen Fehlern ab.
39 Zeller, op. cit., S. 221.
40 Den sofortigen Tod fand der Stenograph Berger; ihren Wunden erlagen Oberst Brandt, General Schmundt und General Korten. Alle übrigen, darunter die Generale Jodl, Bodenschatz, Görings Stabschef, und Heusinger trugen mehr oder weniger schwere Verletzungen davon.
41 Schmidt, op. cit. S. 592–595.
42 Von mehreren Teilnehmern der Teegesellschaft, Italienern wie Deutschen, liegen Augen-

zeugenberichte vor. Eugen Dollmann, SS-Verbindungsoffizier zu Mussolini, gab die ausführlichste Schilderung sowohl in seinem Buch *Roma Nazista* (Mailand 1951) S. 393–400, wie auch bei seinem von Dulles, op. cit., S. 9–11, wiedergegebenen Verhör durch alliierte Vernehmungsoffiziere. S. a. Zeller, op. cit., S. 367, und Wheeler-Bennett, *Nemesis*, S. 666–667.

43 Die Umschrift des Telefongesprächs lag dem Volksgerichtshof vor. Schlabrendorff, op. cit. S. 149.

44 Zeller, op. cit., S. 235. Zeller nennt zwei Augenzeugen der Hinrichtung, einen Fahrer, der von einem Fenster aus zusah, und eine Sekretärin Fromms.

45 Die Darstellung der Vorgänge in der Bendlerstraße beruht weitgehend auf den Aussagen Hoepners, Witzlebens und sechs anderer Offiziere vor dem Volksgerichtshof am 6.–7. August 1944. Die Akten des Volksgerichtshofs wurden am 3. Februar 1945 bei einem amerikanischen Bombenangriff vernichtet. Aber einer der Gerichtsstenographen entwendete – unter Lebensgefahr, wie er sagt – seine Stenogramme vor dem Luftangriff und übergab sie nach dem Krieg dem Nürnberger Tribunal. Sie wurden veröffentlicht in IMT, Bd. XXXIII.

Die beste Rekonstruktion der Vorgänge vom 20. Juli gibt Eberhard Zeller, op. cit.; dort auch ausführliche Quellenangaben. S. a. Gerhard Ritter, *Goerdeler*, op. cit., und Wheeler-Bennett, *Nemesis*, op. cit., der auch Otto Johns unveröffentlichte Denkschrift benutzt. Von unschätzbarem Wert, wenn auch mit Vorsicht zu lesen, sind die von Kaltenbrunner unterzeichneten Vernehmungsprotokolle der Gestapo, die vom 21. Juli bis 15. Dezember 1944 datieren. Mikrofilme befinden sich in *The National Archives*, Washington, Nr. T-84, Serial Nr. 39, Rolls 19–21. Siehe auch Serial Nr. 40, Roll 22.

46 Zeller, op. cit., S. 373.

47 Die Darstellung der Hinrichtungen beruht auf den Berichten zweier Gefängniswärter und des Kameramannes, benutzt u. a. von Wheeler-Bennett, *Nemesis*, op. cit., S. 705–706.

48 Wilfred von Oven, *Mit Goebbels bis zum Ende*, Bd. 2, S. 118 [Buenos Aires 1949].

Der Film von diesem ersten Prozeß wurde von den Alliierten gefunden (und in Nürnberg gezeigt, wo ihn der Autor zum erstenmal sah), nicht aber der Hinrichtungsfilm, der mutmaßlich auf Hitlers Anordnung vernichtet wurde, damit er nicht dem Feind in die Hände falle. Nach Allen Dulles hat Goebbels die beiden Filme, die ursprünglich insgesamt 50 000 m lang waren, auf 1300 m kürzen und zu einem Streifen zusammenkleben lassen, der dann bei der Truppe als warnendes Exempel vorgeführt wurde. Aber die Soldaten weigerten sich, ihn anzusehen (in der Kadettenanstalt Lichterfelde z. B. verließen sie den Raum, als der Film zu laufen begann), und so wurde er bald zurückgezogen. (Dulles, op. cit., S. 83.)

49 Der Jesuitenpater Alfred Delp aus dem Kreisauer Kreis wurde mit Goerdeler und Popitz hingerichtet, Goerdelers Bruder Fritz einige Tage später. Auch Graf von Moltke wurde zum Tode verurteilt, obwohl er an dem Komplott nicht teilgenommen hatte; seine Hinrichtung erfolgte am 23. Januar 1945. Trott zu Solz, ein führender Mann sowohl im Kreisauer Kreis wie in der Verschwörung, wurde am 25. August 1944 gehängt.

50 S. Ritter, *Goerdeler*, op. cit., S. 419–429.

51 Diese Zahl wurde in einer Lagebesprechung genannt (FCNA, 1944, S. 46) und von Zeller, op. cit., S. 283, übernommen. Pechel, der Einblick in die amtlichen Listen nahm, gibt für das Jahr 1944 3427 Hinrichtungen an (*Deutscher Widerstand*, op. cit., S. 327).

52 Schlabrendorff, op. cit., S. 154.

53 General Blumentritt gab diese Darstellung Liddell Hart, s. dessen Buch, op. cit., S. 525.

54 Ebda., S. 526. Über das Ende des Aufstandes in Paris gibt es beträchtliches Quellenmaterial, darunter das hier erwähnte Buch von Speidel, sowie zahlreiche Aufsätze von Augenzeugen, die in deutschen Zeitschriften erschienen. Die beste Gesamtdarstellung ist die von Wilhelm von Schramm, *Der 20. Juli in Paris* [Bad Wörishofen 1953].

55 Originaltext des Briefes in Chester Wilmot, op. cit., S. 779–781.

56 Gilbert, op. cit., S. 101.
57 Speidel, op. cit., S. 176. Meine Darstellung vom Tode Rommels beruht, außer auf Speidel, der Frau Rommel und andere Zeugen befragte, auf folgenden Quellen: Zwei schriftliche Berichte von Manfred Rommel, Sohn des Feldmarschalls; der erste wurde für den Britischen Intelligence Service verfaßt, zit. bei Shulman, op. cit., S. 138–139, der zweite für das Buch *Rommel's Paper* (Liddell Hart, op. cit., S. 495–505); General Keitels Vernehmung durch Oberst John H. Amen am 28. Sept. 1945 in Nürnberg (NCA, Suppl. B., S. 1256–71). Eine ausführliche Darstellung gibt auch Desmond Young (*Rommel – The Desert Fox,* New York 1950), die sich auf Gespräche mit Angehörigen und Freunden Rommels sowie auf das Spruchkammerverfahren gegen General Maisel stützt.
58 Speidel, op. cit., S. 180. Gerechterweise muß gesagt werden, daß Rundstedt die genaueren Umstände von Rommels Tod wahrscheinlich erst in Nürnberg erfuhr. »Diese Gerüchte habe ich nicht gehört«, erklärte er. »Ich hätte mich sonst auch dagegen gewehrt, als Vertreter des Führers bei dem Staatsbegräbnis ... zu fungieren; das wäre eine Niederträchtigkeit erster Klasse gewesen.« Allerdings fiel es der Familie Rommel auf, daß Rundstedt eine Teilnahme an der Feier im Krematorium ablehnte und auch nicht, wie die meisten anderen Generale, nach der Verbrennung in Rommels Haus erschien, um der Witwe sein Beileid auszudrücken.
59 In seinem sehr objektiv und in der dritten Person geschriebenen Buch läßt Speidel dieses Kapitel seines Lebens aus, erzählte die Geschichte aber Desmond Young (op. cit., S. 251–252). Speidel krönte seine ungewöhnliche Laufbahn mit der Übernahme eines wichtigen Postens in der NATO.
60 Guderian, der in seinen Memoiren fortgesetzt betont, wie häufig er Hitler widersprochen habe, und ihn darin scharf kritisiert, erwähnt die beiden Tagesbefehle nicht.
61 Görlitz, op. cit., S. 672.
62 Guderian, op. cit., S. 309.
63 Guderian, op. cit., S. 315.
64 Liddell Hart, op. cit., S. 530.

DREISSIGSTES KAPITEL

1 Laut Speidel befahl Hitler auch, nach dem Fall von Paris die Stadt mit schwerer Artillerie und V-1-Geschossen in Trümmer zu legen, aber auch dieser Befehl wurde nicht befolgt. (Speidel, op. cit., S. 165 ff.)
2 Speidel, op. cit., S. 169–170.
3 Zit. bei Shulman, op. cit., S. 206.
4 Lagebesprechung, 31. August 1944. Gilbert, op. cit., S. 106.
5 Lagebesprechung vom 13. März 1943.
6 *US Strategic Bombing Survey,* »Economic Report«, Anhang, Tabelle 15.
7 *US First Army G-2 Reports,* zit. von Shulman, op. cit., S. 215–229.
8 »Ich bin überzeugt«, schreibt Eisenhower in seinen Kriegserinnerungen *(Kreuzzug in Europa,* Amsterdam 1948), »daß Feldmarschall Montgomery heute auf Grund der späteren Ereignisse zugeben wird, daß diese Ansicht falsch war.« Aber Montgomery ist weit davon entfernt, es zuzugeben, wie jedermann weiß, der seine Memoiren gelesen hat.
9 Ebda., S. 367.
10 In den Plan eingebaut wurde die sogenannte *Operation Greif,* die Hitler selbst sich ausgedacht zu haben scheint. Mit dieser Operation wurde Otto Skorzeny vom Führer betraut, der sich nach der Befreiung Mussolinis und seinem resoluten Vorgehen am Abend des 20. Juli weiterhin auf seinem Spezialgebiet ausgezeichnet hatte: Im Oktober 1944 entführte er den

Reichsverweser Horthy aus Budapest, als dieser versuchte, vor den herannahenden Russen zu kapitulieren. Skorzenys neue Aufgabe bestand darin, aus 2000 englischsprechenden deutschen Soldaten eine Sonderbrigade aufzustellen, sie in amerikanische Uniformen zu stecken und sie in erbeuteten amerikanischen Panzern und Jeeps bis hinter die amerikanischen Linien einsickern zu lassen. Dort sollten sie Telefondrähte durchschneiden, Meldegänger töten, den Verkehr durcheinanderbringen und allgemeine Verwirrung schaffen. Kleine Einheiten sollten auch bis zu den Maasbrücken vordringen und dafür sorgen, daß sie bis zur Ankunft der Masse der deutschen Panzertruppen unversehrt blieben.

11 Liddell-Hart, op. cit., S. 541.

12 Guderian, op. cit., S. 342, 346.

13 Manteuffel in *Fatal Decisions*, op. cit., S. 266.

14 Führerlagebesprechung, 12. Dezember 1944. Bruchstück 28.

15 Durch die Gefangennahme eines deutschen Offiziers, der mehrere Ausfertigungen der Anweisungen für *Unternehmen Greif* bei sich führte, erfuhren die Amerikaner am 16. Dezember von Skorzenys Auftrag. Dennoch gelang es Skorzenys Leuten, die sich als Militärpolizisten an Straßenkreuzungen aufstellten und den amerikanischen Truppenverkehr fehlleiteten, anfänglich einige Verwirrung zu schaffen. Viele in amerikanischer Uniform angetroffene Deutsche wurden standrechtlich erschossen, andere vor ein Kriegsgericht gestellt und hingerichtet. Skorzeny selbst kam 1947 in Dachau vor ein amerikanisches Gericht, wurde aber freigesprochen. Er ging dann nach Spanien und Südamerika, wo er bald einen gutgehenden Zementhandel anfing und seine Memoiren schrieb.

16 Lagebesprechung vom 28. Dezember 1944. Bruchstück 27.

17 Am 17. Dezember wurden bei Malmedy mehrere amerikanische Kriegsgefangene von einer unter Befehl von Oberst Jochen Peiper stehenden Kampfgruppe der 1. SS-Panzerdivision kaltblütig umgebracht. Laut den in Nürnberg vorgelegten Beweisunterlagen handelte es sich um 129 amerikanische Gefangene; bei dem späteren Prozeß gegen die beteiligten SS-Offiziere wurde die Zahl auf 71 berichtigt. Im Frühjahr wurden von einem amerikanischen Militärgericht in Dachau 43 SS-Offiziere, darunter auch Peiper, zum Tode, 23 zu lebenslänglicher Haft und 8 zu geringeren Strafen verurteilt. Sepp Dietrich, Befehlshaber der 6. SS-Panzerarmee, erhielt 25 Jahre, Krämer, Befehlshaber des 1. SS-Panzerkorps, 10 Jahre, und Hermann Prieß, Kommandeur der 1. SS-Panzerdivision, 18 Jahre.

Dann erhob sich im amerikanischen Senat, besonders seitens McCarthys, ein Geschrei, die SS-Offiziere seien brutal behandelt worden, um Geständnisse aus ihnen herauszupressen. Im März 1948 wurden die Todesstrafen für 31 Verurteilte in Haftstrafen umgewandelt, im April reduzierte General Lucius Clay die Todesurteile von 12 auf 6, und im Januar 1951 wurden auf Grund der allgemeinen Amnestie durch John McCloy auch die letzten Todesstrafen in lebenslängliche Haft verwandelt. Zur Zeit der Niederschrift dieses Buches sind alle wieder auf freiem Fuß.

Bei dem ganzen Geschrei wegen der angeblich schlechten Behandlung der SS-Offiziere wurde die unwiderlegliche Tatsache fast vergessen, daß mindestens 71 wehrlose amerikanische Kriegsgefangene auf Befehl – oder Anstiftung – mehrerer SS-Offiziere kaltblütig erschossen wurden.

18 Guderian, op. cit. S. 347, 350, 351.

19 Ebda., S. 368.

20 Speer Denkschrift: IMT, XLI, S. 548.

21 Guderian, op. cit., S. 370.

22 Lagebesprechung 27. Januar 1945, Bruchstück 24.

23 Auf welche Weise sie es erfuhren, ist an sich schon eine faszinierende Geschichte, auf die aber hier nicht eingegangen werden kann. Siehe das Buch *Alos* von Prof. Samuel Goudsmit.

24 Undatierte Lagebesprechung, aber wahrscheinlich vom 19. Februar 1945, da Admiral Dönitz

unter diesem Datum im Tagebuch der Seekriegsleitung über die Konferenz berichtet. Siehe FCNA, 1945, S. 49. Gilbert, op. cit. bringt Hitlers Äußerung auf S. 179.

25 FCNA, 1945, S. 50–51.

26 Lagebesprechung, 23. März 1945, Bruchstück 22. Es ist dies die letzte Lagebesprechung, deren Protokoll einigermaßen unversehrt aus den Flammen gerettet wurde. Die Aufzeichnungen geben ein gutes Bild von Hitlers Geistesverfassung zu dieser Stunde, in der die Mauern einstürzten. Wie besessen befaßte er sich mit trivialen Einzelheiten. Fast eine Stunde lang erörterte er Goebbels' Vorschlag, die Charlottenburger Chaussee im Tiergarten als Flugzeugpiste zu verwenden. Er sprach von dem schlechten deutschen Beton, der den alliierten Bomben nicht standgehalten habe, usw. Ein großer Teil der Konferenz galt dem Zusammenkratzen von Truppen. Man redete bis 3.45 Uhr morgens.

27 IMT, XVI, S. 541. Nach Aussage von Albert Speer.

28 Guderian, op. cit., S. 375, 376.

29 FCNA, 1945, S. 90. Siehe auch N. D., Speer 027, 028, 029.

30 IMT, XVI, S. 546–547.

31 Speers Aussage in Nürnberg, IMT, XVI, S. 548.

32 Ebda., S. 548–549.

33 Ebda.

34 Zit. bei Wilmot, op. cit., S. 746.

35 »Erst nach dem Feldzug«, schrieb General Omar Bradley, »sollten wir erfahren, daß die Alpenfestung lediglich in der Vorstellung einiger fanatischer Nazis existierte. Die Geschichte war so grotesk, daß ich mich wundere, wie wir in aller Unschuld an sie glauben konnten. Aber sie hat ... in den letzten Kriegswochen unsere taktischen Überlegungen beeinflußt.« (*A Soldier's Story*, New York 1951, S. 536).

»Über die Alpenfestung«, schrieb Kesselring nach dem Krieg, »ist sehr viel, meist Falsches, geschrieben worden.« (Kesselring, *Soldat bis zum letzten Tag*, Bonn 1953, S. 40).

EINUNDDREISSIGSTES KAPITEL

1 Aus Graf Schwerin von Krosigks unveröffentlichtem Tagebuch. In meinem Buch *End of a Berlin Diary*, op. cit., S. 190–205, habe ich längere Auszüge daraus wiedergegeben.

Auch Trevor-Roper zitiert in *Hitlers letzte Tage* [Zürich 1948] aus diesem Tagebuch. Der Historiker Trevor-Roper war im Kriege Offizier beim britischen *Intelligence Service* und erhielt die Aufgabe, Einzelheiten über Hitlers Ende zu erforschen. Die Ergebnisse seiner Untersuchungen bilden die Grundlage seines glänzenden Buches, dem alle Autoren, die über das Schlußkapitel des Dritten Reiches schreiben, verpflichtet sind. Ich habe außerdem eine Reihe anderer Quellen benutzt, insbesondere die Augenzeugenberichte von Leuten wie Speer, Keitel, Jodl, General Karl Koller, Dönitz, Krosigk, Hanna Reitsch, Rittmeister Gerhardt Boldt, Hauptmann Joachim Schultz sowie einer der Sekretärinnen Hitlers und seines Fahrers.

2 *Gerhardt Boldt*, Die letzten Tage der Reichskanzlei [Hamburg 1948], Kap. I.

3 A. Zoller, *Hitler privat* [Düsseldorf 1949]. Zoller war (zufolge der Einleitung der französischen Ausgabe des Buches, *Douze Ans Auprès d'Hitler*, Paris 1949), französischer Hauptmann und als Vernehmungsoffizier der 7. amerikanischen Armee beigegeben. In dieser Eigenschaft verhörte er eine der vier Sekretärinnen Hitlers, mit der zusammen er 1947 das Buch verfaßte. Es handelt sich wahrscheinlich um Christa Schröder, die von 1933 bis eine Woche vor Hitlers Tod eine seiner Sekretärinnen war.

4 Krosigks Tagebuch, op. cit.

5 Ebda.

6 Zit. bei Chester Wilmot, op. cit., S. 755.

7 Trevor-Roper, op. cit., S. 98, nach Darstellung von Frau Inge Haberzettel, die in Goebbels' Sekretariat arbeitete.

8 Ebda., S. 91.

9 Michael A. Musmanno, *Ten Days to Die* [New York 1950] S. 92. Richter Musmanno, während des Krieges Nachrichtenoffizier der US-Marine, verhörte persönlich die überlebenden Personen, die während der letzten Tage bei Hitler waren.

10 N. D. 3734-PS. Diese Nürnberger Beweisurkunde ist eine umfangreiche Zusammenfassung eines Verhörs von Hanna Reitsch durch amerikanische Vernehmungsoffiziere über Hitlers letzte Tage im Bunker. Späterhin hat Hanna Reitsch Teile ihrer Aussagen widerrufen, doch wurde von den amerikanischen Armeebehörden festgestellt, daß das, was sie bei ihrer Vernehmung am 8. Oktober 1945 sagte, im wesentlichen zutreffend war. Wenn auch Fräulein Reitsch sehr hysterisch ist oder es in den Monaten nach ihren qualvollen Erlebnissen im Führerbunker geworden war, so ist doch ihr Schilderung, überprüft man sie an Hand der Aussagen anderer, ein wertvoller Bericht über Hitlers letzte Tage.

11 Karl Koller, *Der letzte Monat* [Mannheim 1949], S. 23. Dieses Buch enthält Kollers Tagebuch für die Zeit vom 14. April bis 27. Mai 1945 und ist eine unschätzbare Quelle für die letzten Tage des Dritten Reiches.

12 Keitel bei seiner Vernehmung in Nürnberg, NCA, Suppl. B, S. 1275–1279, Jodl noch in derselben Nacht in einem Gespräch mit General Koller, das dieser in seinem Tagebuch festhielt. Siehe Koller, op. cit., S. 30–32.

13 Trevor-Roper, op. cit., S. 118, 121. Trevor-Roper sagt allerdings, Bergers Darstellung seiner Gespräche mit Himmler und Hitler sei mit Vorsicht aufzunehmen.

14 Graf Folke Bernadotte, *Das Ende* [Zürich 1945], S. 81; Schellenberg, *Memoiren* [Köln 1959], S. 363–364.

15 Speer in Nürnberg, IMT, S. 582.

16 Vernehmung Hanna Reitsch, N. D. 3734-PS.

17 Keitel in Nürnberg, NCA, Suppl. B., S. 1281/82.

18 Zit. von Trevor-Roper, op. cit., S. 153.

19 Wortlaut von Hitlers politischem wie auch von seinem persönlichen Testament in N. D. 3569-PS, IMT Bd. 41. Ferner in: *Dokumente der Deutschen Politik und Geschichte von 1848 bis zur Gegenwart*, hrsg. von J. Hohlfeld, Bd. 5, Nr. 210. (Anm. d. Übers.)

20 Koller, op. cit., S. 79.

21 N. D. 3569-PS.

22 Trevor-Roper, op. cit., S. 176–177, hat ihre Odyssee im einzelnen geschildert. Aber hätte nicht Heinz Lorenz eine Unbedachtsamkeit begangen, wären möglicherweise Hitlers und Goebbels' Abschiedsbotschaften nie bekannt geworden. Major Johannmeier vergrub schließlich seine Exemplare im Garten seines Hauses in Iserlohn. Zander versteckte seine Ausfertigungen in einem Koffer, den er in Tegernsee stehen ließ. Er versuchte unter dem Namen Wilhelm Paustin ein neues Leben zu beginnen. Aber Lorenz, von Beruf Journalist, war zu redselig, um sein Geheimnis zu hüten; eine zufällige Indiskretion führte zur Entdeckung seiner Abschriften und zur Feststellung der beiden anderen Kuriere.

23 Oberst Below vernichtete die Botschaft, als er, auf dem Wege zu den Armeen der Westmächte, von Hitlers Tod erfuhr. Er hat sie aus dem Gedächtnis rekonstruiert. S. Trevor-Roper, op. cit., S. 214.

24 Kempkas eidesstattliche Erklärung in Nürnberg, N. D. 3735-PS.

25 Namen und Alter der Goebbels-Kinder: Helga 12, Hilda 11, Helmut 9, Holde 7, Hedda 5, Heide 3 Jahre.

26 Da von den verbrannten Leichen keine Spuren übrigblieben, kam nach dem Krieg das

Gerücht auf, Hitler sei noch am Leben. Aber die verschiedenen, getrennt vorgenommenen Untersuchungen durch englische und amerikanische Nachrichtenoffiziere lassen keinen Zweifel an der Tatsache von Hitlers Tod zu. Kempka hat wohl die plausibelste Erklärung für das Verschwinden der Knochenreste gegeben. »Durch das ununterbrochene Artilleriefeuer«, sagte er den Vernehmungsoffizieren, »wurden alle Spuren verwischt.« (N. D. 3735-PS.)

27 Jürgen Thorwald, *Das Ende an der Elbe* [Stuttgart 1950], S. 224.

28 Nach Darstellung von Trevor-Roper, op. cit., S. 195–196, der sich weitgehend auf die späteren Aussagen Schwägermanns, Axmanns und Kempkas stützt.

29 Joachim Schultz, *Die letzten Tage* [Stuttgart 1951], S. 81–85.

30 Eisenhower, op. cit., S. 487.

31 *End of a Berlin Diary* [New York 1947].

Dank des Verfassers

Im Laufe der fünf Jahre, die ich an diesem Buche arbeitete, haben mir zahlreiche Personen und Institute in großzügiger Weise ihre Hilfe zuteil werden lassen, wofür ich ihnen zu Dank verpflichtet bin.

Der verstorbene Jack Goodman vom Verlag Simon & Schuster und Joseph Barnes, der in diesem Verlag die Herausgabe meines Buches vorbereitete, ermöglichten mir den Start. Barnes, mit dem ich befreundet bin, seitdem wir beide Korrespondenten in Europa waren, stand mir durch dick und dünn mit konstruktiver Kritik zur Seite. Professor Dr. Fritz T. Epstein von der *Library of Congress*, ein bedeutender Gelehrter und eine Autorität, was die erbeuteten deutschen Dokumente betrifft, war mein Führer durch die Berge deutscher Akten. Dabei leisteten mir auch viele andere wertvolle Hilfe, vor allem Telford Taylor, US-Chefankläger in Nürnberg, der zwei Werke über die Kriegsgeschichte des Dritten Reiches verfaßt hat. Er lieh mir Dokumente und Bücher aus seiner Privatsammlung und gab mir viele gute Ratschläge.

Professor Oron J. Hale von der Universität Virginia, Vorsitzender des *American Committee for the Study of War Documents* in der *American Historical Association*, öffnete mir den Zugang zu vielem wichtigen Material, darunter zu seinen eigenen Forschungsergebnissen. An einem heißen Sommertag des Jahres 1956 erwies er mir einen außerordentlichen Dienst, indem er mich von den Manuskripten in der *Library of Congress* wegriß und mir energisch riet, mich wieder an den Schreibtisch zu setzen, damit ich nicht den Rest meines Lebens mit dem Studium deutscher Akten verbrächte, was einem leicht geschehen kann. Dr. G. Bernard Noble, Leiter der Historischen Abteilung im State Department, und Paul R. Sweet, Beamter im State Department und einer der amerikanischen Herausgeber der *Documents on German Foreign Policy*, waren mir ebenfalls behilflich, mich im Labyrinth der NS-Akten durchzufinden. In der *Hoover Library* der Universität Stanford leisteten mir Mrs. Hildegard Boeninger brieflich und Mrs. Agnes F. Peterson persönlich großzügige Hilfe. Im *Department of the Army* wiesen mir Oberst W. Hoover, Leiter der militärgeschichtlichen Abteilung, und sein Mitarbeiter Detmar Finke den Weg durch deutsche Wehrmachtsakten, von denen dieses Amt eine einzigartige Sammlung besitzt.

Hamilton Fish Armstrong, Redakteur der Zeitschrift *Foreign Affairs*, und ebenso Walter H. Mallory, damals Direktor des *Council on Foreign Relations*, bewiesen mit der Durchsicht meines Manuskriptes persönliche Anteilnahme. Dem *Council on Foreign Relations* sowie Frank Altschul und der *Overbrook Foundation* danke ich für eine großzügige Stiftung, die mir ermöglichte, im letzten Jahr der Niederschrift meine ganze Zeit diesem Buch zu widmen. Ebenfalls zu danken habe ich den Angestellten der ausgezeichneten Bibliothek des *Council,* denen ich mit vielen Fragen zur Last fiel. Das gleiche erlebten die Angestellten der *New York Society Library* und waren trotzdem geduldig und verständnisvoll.

Lewis Galantiere und Herbert Kriedman hatten die Liebenswürdigkeit, den größten Teil des Manuskripts zu lesen und mir viele wertvolle Hinweise zu geben. Oberst Truman Smith, der anfangs der zwanziger Jahre, als Adolf Hitlers politische Laufbahn begann, und auch in der Zeit nach Hitlers Machtergreifung amerikanischer Militärattaché in Berlin war, gab mir Einsicht in seine Notizbücher und Berichte, die Licht auf die Anfänge und gewisse spätere Aspekte des Nationalsozialismus werfen. Sam Harris, US-Ankläger in Nürnberg, heute Rechtsanwalt in New York, stellte mir außer den publizierten Nürnberger Sitzungsprotokollen und Beweisurkunden eine Menge von unveröffentlichtem Material zur Verfügung. General Franz Halder, Generalstabschef des deutschen Heeres in den ersten drei Kriegsjahren, hat in äußerst liebenswürdiger Weise meine an ihn gerichteten Fragen beantwortet und mich darüber hinaus auf deutsche Quellen hingewiesen. Ich habe schon an anderer Stelle erwähnt, wie wertvoll für mich sein unveröffentlichtes Tagebuch gewesen ist, von dem ich während der Abfassung großer Teile dieses Buches eine Kopie ständig an meiner Seite liegen hatte. George Kennan, der anfangs des Krieges an der amerikanischen Botschaft in Berlin war, half meinem Gedächtnis bei gewissen historisch wichtigen Stellen nach. Mehrere alte Freunde und Kollegen aus meiner Zeit in Europa, John Gunther, M. W. Fodor, Kay Boyle, Sigrid Schultz, Dorothy Thompson, Whit Burnett und Newell Rogers, erörterten mit mir – sehr zu meinem Vorteil – die verschiedensten Aspekte dieses Werks. Und Paul R. Reynolds, mein Agent, ermunterte mich jedesmal, wenn ich es dringend brauchte.

Schließlich schulde ich meiner Frau großen Dank. Ihre Sprachkenntnisse, ihre europäische Abkunft und die Tatsache, daß sie Deutschland und Österreich aus eigenem Erleben kennt, waren mir eine große Hilfe bei der Vorbereitung, bei der Abfassung und beim Überprüfen dieses Buches. Unsere beiden Töchter Inga und Linda halfen in ihren Schulferien bei den vielen notwendigen Kleinarbeiten.

Allen obengenannten Personen und noch anderen, die mir auf die eine oder andere Weise geholfen haben, spreche ich meinen Dank aus. Für etwaige Mängel und Irrtümer in diesem Buch trage selbstverständlich ich allein die Verantwortung.

DANK DER ÜBERSETZER

Die Übersetzer danken dem *Politischen Archiv des Auswärtigen Amtes*, Bonn, für die ihnen gewährte großzügige Hilfe, dank derer sie in Deutschland bisher unveröffentlichte Akten im Originaltext wiedergeben konnten. Sie danken ferner dem *Institut für Zeitgeschichte*, München, insbesondere Herrn Dr. Hoch, für die hilfreiche Unterstützung bei der Einsichtnahme in unveröffentlichtes Dokumentenmaterial sowie dem *Militärgeschichtlichen Forschungsamt*, Freiburg, und dem *Historischen Seminar der Universität Freiburg* für Beistand und Erleichterung bei der Beschaffung von Quellenmaterial.

Bibliographie

VORBEMERKUNG DER ÜBERSETZER

Das vom Verfasser gegebene Quellen- und Literaturverzeichnis ist durch Hinweise auf deutsche Ausgaben sowie durch Angabe der von der Übersetzung benutzten deutschen Werke ergänzt worden. Die umfassendste Bibliographie zur Geschichte von Nationalsozialismus und Drittem Reich wurde vom *Institut für Zeitgeschichte* als Sondernummer der *Vierteljahrshefte für Zeitgeschichte* herausgegeben.

Dokumente und Dokumentauszüge sind bis auf ganz wenige, besonders gekennzeichnete Ausnahmen im Originaltext wiedergegeben. Die Einsichtnahme in noch unveröffentlichtes Material, wie Halder-Tagebuch, nichtpublizierte Nürnberger Dokumente, Akten zur Deutschen Auswärtigen Politik bis 1945, wurde den Übersetzern in dankenswerter Weise vom *Politischen Archiv des Auswärtigen Amtes*, Bonn, und dem *Institut für Zeitgeschichte*, München, ermöglicht.

Der Wiedergabe von Hitlers Reden liegen die jeweiligen Ausgaben des *Völkischen Beobachters* und des *Deutschen Nachrichtenbüros* (DNB) zugrunde.

VERÖFFENTLICHTES DOKUMENTENMATERIAL

Akten zur Deutschen Auswärtigen Politik 1918–1945, Serie D, Bde. I–VII. Baden-Baden, 1950/56. (In Anmerkungen abgekürzt: ADAP)

Der Hitler-Prozeß. München, 1924. Bericht über die Verhandlungen des Volksgerichtshofs nach dem Bürgerbräu-Putsch

Der Prozeß gegen die Hauptkriegsverbrecher vor dem Internationalen Militärgerichtshof. Nürnberg, 1947–1949. *Sitzungsprotokolle:* Bde. I–XXII (abgekürzt: IMT), *Beweisurkunden:* Bde. XXIV–XLII (abgekürzt: N. D.)

Documents and Materials relating to the Eve of the Second World War, 1937–1939 Moskau, 1948

Documents concerning German-Polish Relations and the Outbreak of Hostilities between Great Britain and Germany. London, 1939. (Deutsche Ausgabe: *Blaubuch der Britischen Regierung über die deutsch-polnischen Beziehungen und den Ausbruch der Feindseligkeiten zwischen Großbritannien und Deutschland am 3. September 1939*. Basel, 1939. (abgekürzt: *Britisches Blaubuch)*

Documents on British Foreign Policy, 1919–1939. London, 1947. (abgekürzt: DBrFP)

Documents on German Foreign Policy, 1918–1945, Serie D (1937–1945), Bde. VIII–X. (abgekürzt: DGFP.) (Von der Übersetzung aus den unveröffentlichten Akten zitiert.)

Dokumente der Deutschen Politik 1933–1940. Berlin, 1935–1943

Fuehrer Conferences on Naval Affairs (hektographiert). London, 1947. (abgekürzt: FCNA) (Von der Übersetzung, soweit zugänglich, aus den unveröffentlichten Protokollen der »Lagebesprechungen« zitiert.)

Hitler e Mussolini – Lettere e documenti. Mailand, 1946. (Von der Übersetzung zitiert nach Walter Hofer, *Die Entfesselung des zweiten Weltkrieges*, Fischer-Ausgabe.)

I Documenti Diplomatici Italiani, Ottava-Serie, 1935–1939. Rom, 1952–1953

Le Livre Jaune Français, Documents diplomatiques, 1938–1939. Paris, 1939. (Deutsche Ausgabe: *Gelbbuch der Französischen Regierung. Diplomatische Urkunden 1938–1939.* Basel, 1939.) (abgekürzt: *Französisches Gelbbuch*)

Nazi Conspiracy and Aggression. 10 Bde. Washington, 1946. (abgekürzt: NCA)

Nazi-Soviet Relations, 1939–1941. Documents from the Archives of the German Foreign Office. Washington, 1948. (Deutsche Ausgabe: *Das nationalsozialistische Deutschland und die Sowjetunion 1939 bis 1941, Akten aus dem Archiv des deutschen Auswärtigen Amtes.* Hrsg. von Fritz T. Epstein und Malcolm. Washington, 1948.) (abgekürzt: *NS-Deutschland und Sowjetunion)*

Pearl Harbor Attack – Hearings before the Joint Committee on the Investigation of the Pearl Harbor Attack. 39 Bde. Washington, 1946.

Soviet Documents on Foreign Policy. 3 Bde. London, 1951–1953

The Spanish Government and the Axis. Washington, 1946. (Nach den Akten des deutschen Auswärtigen Amtes.)

Trials of War Criminals before the Nuremberg Military Tribunals. 15 Bde. Washington, 1951 bis 1952

Weißbuch der Polnischen Regierung über die polnisch-deutschen und polnisch-sowjetischen Beziehungen im Zeitraum von 1933 bis 1939. Basel, 1940. (abgekürzt: *Polnisches Weißbuch)*

HITLER-REDEN

Adolf Hitlers Reden. Hrsg. von Dr. Ernst Böpple. München, 1934

S. a. Vorbemerkung der Übersetzer

ALLGEMEINE WERKE

Abshagen, K. H., *Canaris.* Stuttgart, 1949

Ambruster, Howard Watson, *Treason's Peace.* New York, 1947

Anders, Wladyslaw, *Hitler's Defeat in Russia*, Chikago, 1953

Anonymus, *De Weimar au Chaos – Journal politique d'un Général de la Reichswehr.* Paris, 1934

Armstrong, Hamilton Fish, *Hitler's Reich.* New York 1933

Aßmann, Kurt, *Deutsche Schicksalsjahre.* Wiesbaden, 1950

Badoglio, Marschall Pietro, *Italy in the Second World War.* London, 1948

Barraclough, S., *The Origins of Modern Germany.* Oxford, 1946

Bartz, Karl, *Als der Himmel brannte.* Hannover, 1955

Baumont/Fried und Vermeil, Herausgeber, *The Third Reich.* New York, 1955

Bayle, François, *Croix gammée ou caducée.* Freiburg, 1950. (Eine dokumentierte Darstellung der medizinischen Versuche der Nationalsozialisten.)

Belgisches Außenministerium, Herausgeber, *Belgium: The Official Account of What Happened, 1939–1940.* New York, 1941

Benesch, Eduard, *Memoirs of Dr. Eduard Beneš. From Munich to New War and New Victory.* London, 1954
Bénoist-Méchin, Jacques, *Histoire de l'Armée allemande depuis l'Armistice.* Paris, 1936–1938
Bernadotte, Graf Folke, *Das Ende.* Zürich, 1945
Best, Hauptmann S. Payne, *The Venlo Incident.* London, 1950
Bewegung, Staat und Volk in ihren Organisationen. Berlin, 1934
Blumentritt, Günther, *Von Rundstedt, the Soldier and the Man.* London, 1952
Boldt, Gerhard, *Die letzten Tage der Reichskanzlei.* Hamburg, 1947
Bonnet, Georges, *Fin d'une Europe.* Genf, 1948
Boothby, Robert, *I fight to Live.* London, 1947. (Deutsche Ausgabe: *Europa vor der Entscheidung.* Düsseldorf, 1951)
Bormann, Martin, *The Bormann Letters: the Private Correspondence between Martin Bormann and his Wife, from Jan. 1943 to April 1945.* London, 1954
Bradley, General Omar N., *A Soldier's Story.* New York, 1951
Brady, Robert K., *The Spirit and Structure of German Fascism.* London, 1937
Bryans, J. Lonsdale, *Blind Victory.* London, 1951
Bryant, Sir Arthur, *The Turn of the Tide – A History of the War Years Based on the Diaries of Field Marshal Lord Alanbrooke, Chief of the Imperial General Staff.* New York, 1957. (Deutsche Ausgabe: *Kriegswende,* Düsseldorf, 1957)
Bullock, Alan, *Hitler – A Study in Tyranny.* New York, 1952. (Deutsche Ausgabe: *Hitler – Eine Studie über Tyrannei.* Düsseldorf, 1953)
Butcher, Harry C., *My Three Years with Eisenhower.* New York, 1946

Carr, Edward Hallett, *German-Soviet Relations between the Two World Wars, 1919–1939.* Baltimore, 1951
Carr, Edward Hallett, *The Soviet Impact on the Western World.* New York, 1947
Churchill, Sir Winston S., *The Second World War.* 6 Bde. New York, 1948–1953. (Deutsche Ausgabe: *Der Zweite Weltkrieg.* 5 Bde. Zürich, 1949–1953)
Ciano, Graf Galeazzo, *Ciano's Diplomatic Papers.* Hrsg. von Malcolm Muggeridge. London, 1948
Ciano, Graf Galeazzo, *Tagebücher 1937/38.* Hamburg, 1949
Ciano, Graf Galeazzo, *Tagebücher 1939–1943.* Bern, 1946
Clausewitz, Carl von, *Hinterlassene Werke über Krieg und Kriegführung.* 3 Bde. Berlin, 1857
Coole, W. W., und M. F. Potter, *Thus Speaks Germany.* New York, 1941
Craig, Gordon A., *The Politics of the Prussian Army, 1940–1945.* New York, 1955. (Deutsche Ausgabe: *Die preußisch-deutsche Armee.* Düsseldorf, 1960)
Croce, Benedetto, *Germany and Europe.* New York, 1944
Czechoslovakia Fights Back. Washington, American Council on Public Affairs, 1943

Dahlerus, Birger, *Der letzte Versuch, London–Berlin Sommer 1939.* München, 1948
Dallin, Alexander, *German Rule in Russia, 1941–1944.* New York, 1957. (Deutsche Ausgabe: *Deutsche Herrschaft in Rußland, 1941–1944,* Düsseldorf, 1948)
Daluces, Jean, *Le Troisième Reich.* Paris, 1950
Davies, Joseph E., *Mission to Moscow.* New York, 1941
Derry, T. K., *The Campaign in Norway.* London, 1952
Deuel, Wallace, *People under Hitler.* New York, 1943
Dewey, John, *German Philosophy and Politics.* New York, 1952
Diels, Rudolf, *Lucifer ante Portas.* Stuttgart, 1950
Dietrich, Otto, *Mit Hitler in die Macht.* München, 1934

Dollmann, Eugen, *Roma Nazista*. Mailand, 1951
Draper, Theodore, *The Six Week's War*. New York, 1944
Dubois, Josiah E. Jr., *The Devil's Chemists*. Boston, 1952
Dulles, Allen, *Germany's Underground*. New York, 1947

Ebenstein, William, *The Nazi State*. New York, 1943
Eisenhower, Dwight D., *Crusade in Europe*. New York, 1948. (Deutsche Ausgabe: *Kreuzzug in Europa*. Amsterdam, 1948)
Ellis, L. F., *The War in France and Flanders, 1939–1940*. London, 1953
Eyck, Erich, *Bismarck: Leben und Werk*. 3 Bde. Zürich, 1941–1944

Feiling, Keith, *The Life of Neville Chamberlain*. London, 1946
Feuchter, Georg W., *Geschichte des Luftkriegs*. Bonn, 1954
Fisher, H. A. L., *A History of Europe*. London, 1936
Fishman, Jack, *The Seven Men of Spandau*. New York, 1954
Fitzgibbon, Constantine, *20. July*. New York, 1956
Fleming, Peter, *Operation Sea Lion*. New York, 1957
Flenley, Ralph, *Modern German History*. New York, 1953
Förster, Wolfgang, *Ein General kämpft gegen den Krieg*. München, 1949
François-Poncet, André, *Souvenirs d'une ambassade à Berlin, septembre 1931 – octobre 1938* Paris, 1946. (Deutsche Ausgabe: *Als Botschafter in Berlin 1931–1938*. Mainz, 1947)
Fraenkel/Manvell, *Goebbels – Eine Biographie*. Köln, 1960
Freidin/Seymour und Richardson, Herausgeber, *The Fatal Decisions*. New York, 1956
Friedman, Filip, *This Was Oswiecim* [Auschwitz]. London, 1946
Frischauer, Willy, *The Rise and Fall of Hermann Göring*. Boston, 1951
Fuller, J. F. C., *The Second World War*. New York, 1949

Galland, Adolf, *Die Ersten und die Letzten*. Darmstadt, 1953
Gamelin, Maurice Gustave, *Servir*. 3 Bde. Paris, 1949
Gay, Jean, *Carnets Secrets de Jean Gay*. Paris, 1940
Germany: A Self-Portrait. Hrsg. von Harland R. Crippen. New York, 1944
Gilbert, Felix, *Hitler Directs His War*. New York, 1950
Gisevius, Bernd, *Bis zum bitteren Ende. 2 Bde*. Zürich, 1946
Glaubenskrise im Dritten Reich. Stuttgart, 1953
Goebbels, Joseph, *Vom Kaiserhof zur Reichskanzlei*. München, 1936
Goebbels, Joseph, *Goebbels' Tagebücher*, hrsg. von Louis Lochner. Zürich, 1948
Goebbels, Joseph, *Das Tagebuch von Joseph Goebbels 1925/26*, hrsg. von Helmut Heiber. Stuttgart, 1961
Görlitz, Walter, *Der deutsche Generalstab*. Frankfurt, 1950
Görlitz, Walter, *Der zweite Weltkrieg, 1939/45*. 2 Bde. Stuttgart, 1951
Goudima, Constantin, *L'Armée Rouge dans la Paix et la Guerre*. Paris, 1947
Greiner, Helmuth, *Die Oberste Wehrmachtführung, 1939–1945*. Wiesbaden, 1951
Greiner, Josef, *Das Ende des Hitler-Mythos*. Wien, 1947
Guderian, Heinz, *Erinnerungen eines Soldaten*. Heidelberg, 1951
Guillaume, A., *La Guerre Germano-Soviétique, 1941*. Paris, 1949

Halder, Franz, *Hitler als Feldherr*. München, 1949
Halifax, Lord, *Fullness of Days*. New York, 1957
Hallgarten, George W. F., *Hitler, Reichswehr und Industrie*. Frankfurt, 1955

Hanfstängl, Ernst, *Unheard Witness*, New York, 1957
Harris, Whitney R., *Tyranny on Trial – The Evidence at Nuremberg.* Dallas, 1954
Hassell, Ulrich von, *Vom anderen Deutschland. Aus den nachgelassenen Tagebüchern von Ulrich von Hassell.* Zürich und Freiburg, 1946
Hegel, G. W. F., *Vorlesungen über Philosophie der Geschichte.* Leipzig (Reclam) o. J.
Heiden, Konrad, *Geschichte des Nationalsozialismus.* Berlin, 1932
Heiden, Konrad, *Adolf Hitler.* 2 Bde. Zürich, 1936
Heiden, Konrad, *Der Fuehrer.* Boston, 1944
Henderson, Nevile, *The Failure of a Mission*, New York, 1940
Herman, Stewart W. Jr., *It's Your Souls We Want.* New York, 1943
Heusinger, Adolf, *Befehl im Widerstreit – Schicksalsstunden der deutschen Armee, 1923–1945.* Tübingen, 1950
Heydecker, Joe J., und Johannes Leeb, *Der Nürnberger Prozeß.* Köln, 1959, 2. Auflage
Hindenburg, Paul von Beneckendorf und, *Aus meinem Leben.* Leipzig, 1934
Hitler, Adolf, *Mein Kampf.* 204.–208.Aufl. München, 1936
Hitler's Secret Conversations, 1941–1944. New York, 1953
Hoettl, Wilhelm (Walter Hagen), *Die geheime Front.* Linz, 1950
Hofer, Walther, *Die Entfesselung des zweiten Weltkrieges.* Von Übersetzung benutzt: Fischer-Bücherei, Frankfurt, 1960
Hofer, Walther, *Der Nationalsozialismus.* Dokumente 1933–1945. Fischer-Bücherei, Frankfurt, 1957
Hoßbach, Friedrich, *Zwischen Wehrmacht und Hitler.* Hannover, 1949
Hubatsch, Walther, *Die deutsche Besetzung von Dänemark und Norwegen, 1940.* 2. Aufl. Göttingen, 1952
Hull, Cordell, *The Memoirs of Cordell Hull.* 2 Bde. New York, 1948

Jacobsen, Hans-Adolf, *Dokumente zur Vorgeschichte des Westfeldzuges 1939/40.* Göttingen, 1956
Jarman, T. L., *The Rise and Fall of Nazi Germany.* London, 1955

Kelley, Douglas M., *22 Cells in Nuremberg.* New York, 1947
Kesselring, Albert, *Soldat bis zum letzten Tag.* Bonn, 1953
Kielmannsegg, Graf Johann Adolf, *Der Fritsch-Prozeß 1938.* Hamburg, 1949
Klee, Karl, *Das Unternehmen Seelöwe.* Göttingen, 1949
Klein, Burton, *Germany's Economic Preparations for War.* Cambridge, 1959
Kleist, Peter, *Zwischen Hitler und Stalin.* Bonn, 1950
Kneller, George Frederick, *The Educational Philosophy of National Socialism.* New Haven, 1941
Kogon, Eugen, *Der SS-Staat und das System der deutschen Konzentrationslager.* München, 1946
Kohn, Hans, Herausgeber, *German History: Some New German Views.* Boston, 1954
Koller, Karl, *Der letzte Monat.* Mannheim, 1949
Kordt, Erich, *Nicht aus den Akten.* Stuttgart, 1950
Kordt, Erich, *Wahn und Wirklichkeit.* Stuttgart, 1947
Kreis, Ernst, und Hans Speier, *German Radio Propaganda.* New York, 1946
Krosigk, Graf Lutz Schwerin von: *Es geschah in Deutschland.* Tübingen, 1951
Kubizek, August, *Adolf Hitler, mein Jugendfreund.* Graz, 1953

Langer, William L., *Our Vichy Gamble.* New York, 1947
Langer und Gleason, *The Undeclared War, 1940–1941.* New York, 1953
Laval, Pierre, *The Diary of Pierre Laval.* New York, 1948

Lenard, Philipp, *Deutsche Physik.* 2. Aufl. München-Berlin, 1938
Les Lettres Sécrètes Échangées par Hitler et Mussolini. Paris, 1946
Lichtenberger, Henri, *L'Allemagne Nouvelle.* Paris, 1936
Liddell Hart, B. H., *The German Generals Talk.* New York, 1948. (Deutsche Ausgabe: *Jetzt dürfen sie reden.* Hitlers Generale berichten. Stuttgart-Hamburg, 1950)
Liddell Hart, B. H., *The Rommel Papers.* New York, 1953. (Deutsche Teilausgabe: *Erwin Rommel, Krieg ohne Haß.* Hrsg. von Frau Lucie-Maria Rommel und Gen.-Lt. Fritz Bayerlein. Heidenheim, 1950)
Lilge, Frederic, *The Abuse of Learning: The Failure of the German University.* New York, 1948
Litvinov, Maxim, *Notes for a Journal.* New York, 1955.
Lorimer, E. O., *What Hitler Wants.* London, 1939.
Loßberg, Bernhard von, *Im Wehrmachtführungsstab.* Hamburg, 1950
Ludecke, Kurt, *I Knew Hitler.* London 1938
Ludendorff, Erich, *Auf dem Weg zur Feldherrnhalle.* München, 1937
Ludendorff, Margarete, *Als ich Ludendorffs Frau war.* München, 1929
Lüdde-Neurath, Walter, *Die letzten Tage des Dritten Reiches.* Göttingen

Manstein, Erich von, *Verlorene Siege.* Bonn, 1955
Martiensein, Anthony K., *Hitler and His Admirals.* New York, 1949
Meinecke, Friedrich, *Die deutsche Katastrophe: Betrachtungen und Erinnerungen.* 3. Aufl. Wiesbaden, 1947
Meißner, Otto, *Staatssekretär unter Ebert-Hindenburg-Hitler.* Hamburg 1950
Melzer, Walter, *Albertkanal und Eben-Emael.* Heidelberg, 1957
Mitscherlich, Alexander, und Fred Mielke, *Medizin ohne Menschlichkeit.* Heidelberg, 1949 Fischer-Bücherei, 1960
Monzie, Anatole de, *Ci-Devant.* Paris, 1942
Morison, Samuel Eliot, *History of the United States Naval Operations in World War II.* Bd. I: *The Battle of the Atlantic, September 1939 – May 1943.* Boston, 1948
Mourin, Maxime, *Les Complots contre Hitler.* Paris, 1948
Musmanno, Michael A., *Ten Days to Die.* New York, 1950
Mussolini, Benito, *Memoirs 1942–1943.* London, 1949

Namier, Sir Lewis B., *In the Nazi Era.* London, 1952
Namier, Sir Lewis B., *Diplomatic Prelude, 1938–1939.* London, 1948
Nathan, Otto, *The Nazi Economic System: Germany's Mobilization for War.* Durham, N. C., 1944
Neumann, Franz L., *Behemoth.* New York, 1942

O'Brien, T. H., *Civil Defence.* London, 1955.
Olden, Rudolf, *Hitler, the Pawn.* London, 1936
Outze Børge, Herausgeber, *Denmark during the Occupation.* Kopenhagen, 1946
Oven, Wilfred von, *Mit Goebbels bis zum Ende.* Buenos Aires, 1949
Overstraeten, General van, *Albert I – Leopold III.* Brüssel, 1946

Papen, Franz von, *Der Wahrheit eine Gasse.* München, 1953
Pechel, Rudolf, *Deutscher Widerstand.* Zürich, 1947
Pertinax, *The Grave Diggers of France. New York,* 1944
Picker, Henry, *Hitlers Tischgespräche im Führerhauptquartier 1941–1942.* Bonn, 1951
Pinnow, Hermann, *History of Germany.* London, 1936

Poliakow, Leo, und Josef Wulf, *Das Dritte Reich und die Juden*. Berlin, 1955
Potemkin, V. V., *Histoire de la Diplomatie*. Paris, 1946–1947

Rabenau, Friedrich von, *Seeckt, aus seinem Leben*. Leipzig, 1940
Rauschning, Hermann, *Time of Delirium*. New York, 1946
Rauschning, Hermann, *The Revolution of Nihilism*. New York, 1939
Rauschning, Hermann, *The Conservative Revolution*. New York, 1941
Rauschning, Hermann, *The Voice of Destruction*. New York, 1940
Reed, Douglas, *The Burning of the Reichstag*. New York, 1934
Reitlinger, Gerald, *The Final Solution – The Attempt to Exterminate the Jews of Europe, 1939 bis 1945*. New York, 1953. (Deutsche Ausgabe: *Die Endlösung*. Berlin, 1956)
Reitlinger, Gerald, *The SS – Alibi of a Nation*. New York, 1957. (Deutsche Ausgabe: *Die SS*. München, 1956)
Reynauld, Paul, *In the Thick of the Fight*. New York, 1957
Ribbentrop, Joachim von, *Zwischen London und Moskau. Erinnerungen und letzte Aufzeichnungen*. Leone am Starnberger See, 1953
Riess, Curt, *Joseph Goebbels*. New York, 1948
Ritter, Gerhard, *Carl Goerdeler und die deutsche Widerstandsbewegung*. Stuttgart, 1955
Rommel, Erwin, *Krieg ohne Haß*. Hrsg. von Frau Lucie-Maria Rommel und Gen.-Lt. Fritz Bayerlein. Heidenheim, 1950
Röpke, Wilhelm, *The Solution of the German Problem*. New York, 1946
Rosinki, Herbert, *The German Army*. Washington, 1944
Rothfels, Hans, *Die deutsche Opposition gegen Hitler*. Krefeld, 1949
Rousset, David, *The Other Kingdom*. New York, 1947
Russell, Bertrand, *A History of Western Philosophy*. New York, 1945

Sasuly, Richard, *I. G. Farben*. New York, 1947
Schacht, Hjalmar, *Abrechnung mit Hitler*. Hamburg, 1948
Schaumburg-Lippe, Prinz Friedrich Christian zu: *Zwischen Krone und Kerker*. Wiesbaden, 1952
Schellenberg, Walter, *Memoiren*. Köln, 1959
Schlabrendorff, Fabian von, *Offiziere gegen Hitler*. Zürich, 1946
Schmidt, Paul, *Statist auf diplomatischer Bühne 1923–1945*. Bonn, 1949
Scholl, Inge, *Die weiße Rose*. Frankfurt, 1952
Schramm, Wilhelm von, *Der 20. Juli in Paris*. Bad Wörishofen, 1953
Schröter, Heinz, *Stalingrad – »bis zur letzten Patrone«*. Lengerich, o. J.
Schuetz, William Wolfgang, *Pens under the Swastika, a Study in Recent German Writing*. London, 1946
Schultz, Joachim, *Die letzten 30 Tage*. Stuttgart, 1951
Schumann, Frederick L., *The Nazi Dictatorship*. New York, 1939
Schumann, Frederick L., *Europe on the Eve*. New York, 1939
Schumann, Frederick L., *Night Over Europe*. New York, 1941
Schuschnigg, Kurt von, *Ein Requiem in Rot-Weiß-Rot*. Zürich, 1949
Schuschnigg, Kurt von, *Dreimal Österreich*. Wien, 1937
Scolezy, Maxine S., *The Structure of the Nazi Economy*. Cambridge, 1941
Seabury, Paul, *The Wilhelmstraße: A Study of German Diplomats under the Nazi Regime*. Berkeley, 1954
Semmler, Rudolf, *Goebbels: The Man Next to Hitler*. London, 1947
Sherwood, Robert E., *Roosevelt and Hopkins*. New York, 1948
Shirer, William L., *Berlin Diary*. New York, 1941

Shirer, William L,. *End of a Berlin Diary.* New York, 1947
Shirer, William L., *The Challenge of Scandinavia.* Boston, 1955
Shulman, Milton, *Defeat in the West.* New York, 1948
Skorzeny, Otto, *Geheimkommando Skorzeny.* Hamburg, 1950
Snyder, Louis L., *The Tragedy of a People.* Harrisburg, 1952
Speidel, Hans, *Invasion 1944.* Tübingen, 1949
Spengler, Oswald, *Jahre der Entscheidung.* München, 1935
Steed, Henry Wickham, *The Habsburg Monarchy.* London, 1919
Stein, Leo, *I Was in Hell with Niemoeller.* New York, 1942
Stipp, John L., *Devil's Diary.* Ohio, 1955
Strölin, Karl, *Stuttgart im Endstadium des Krieges.* Stuttgart, 1950
Suarez, Georges, und Guy Laborde, *Agonie de la Paix.* Paris, 1942

Tansill, Charles C., *Back Door to War.* New York, 1952. (Deutsche Ausgabe: *Die Hintertür zum Kriege.* Düsseldorf, 1955)
Taylor, A. J. P., *The Course of German History.* New York, 1946
Taylor, Telford, *Sword and Swastika.* New York, 1952
Taylor, Telford, *The March of Conquest.* New York, 1958
Thomas, General Georg, *Basis Facis for a History of German War und Armament Economy* (hektographiert). Nürnberg, 1945
Thompson, Dorothy, *Listen, Hans.* Boston, 1942
Thorwald, Jürgen, *Das Ende an der Elbe.* Stuttgart, 1950
Thyssen, Fritz, *I Paid Hitler.* New York, 1941
Tolischus, Otto D., *They Wanted War.* New York, 1940
Toynbee, Arnold, Herausgeber, *Hitler's Europe.* London, 1954
Toynbee, Arnold und Veronica M., Herausgeber, *The Eve of the War.* London, 1958
Trefousse, H. L., *Germany and American Neutrality, 1939–1941.* New York, 1951
Trevor Roper, H. R., *The Last Days of Hitler.* New York, 1947. (Deutsche Ausgabe: *Hitlers letzte Tage.* Zürich, 1948)

Vermeil, Edmond, *L'Allemagne contemporaine, sociale, politique et culturelle, 1890–1950.* 2 Bde. Paris, 1952–1953
Voßler, Karl, *Gedenkrede für die Opfer an der Universität München.* München, 1947
Vowinckel, Kurt, *Die Wehrmacht im Kampf.* Bde. 1, 3, 4, 7, 8, 9, 10, 11. Heidelberg, 1954

Wagner, Friedelind, *Heritage of Fire.* New York, 1945
Weisenborn, Günther, *Der lautlose Aufstand.* Hamburg, 1953
Weizsäcker, Ernst von, *Erinnerungen.* München, 1950
Welles, Sumner, *The Time for Decision.* New York, 1944
Westphal, Siegfried, *Heer in Fesseln.* Bonn, 1950
Weygand, Maxime, *Rappelé au Service.* Paris, 1947
Wheatley, Ronald, *Operation Sea Lion.* London, 1958
Wheeler-Bennett, John W., *Wooden Titan: Hindenburg.* New York, 1936
Wheeler-Bennett, John W., *Munich: Prologue to Tragedy.* New York, 1948
Wheeler-Bennett, John W., *The Nemesis of Power: The German Army in Politics, 1918–1945.* New York, 1953. (Deutsche Ausgabe: *Die Nemesis der Macht: Die deutsche Armee in der Politik 1918–1945.* Düsseldorf, 1954)
Wichert, Erwin, *Dramatische Tage in Hitlers Reich.* Stuttgart, 1952

Wilmot, Chester, *The Struggle for Europe.* New York, 1952. (Deutsche Ausgabe: *Der Kampf um Europa.* Frankfurt, 1954)
Wrench, John Evelyn, *Geoffrey Dawson and Our Times.* London, 1955

Young, Desmond, *Rommel – The Desert Fox.* New York, 1950

Zeller, Eberhard, *Geist der Freiheit,* München, 1954
Ziemer, Gregor, *Education for Death.* New York, 1941
Zoller, A., Herausgeber, *Hitler Privat.* Düsseldorf, 1949
Zweig, Stefan, *Die Welt von gestern.* Stockholm, 1942

AUFSÄTZE

Hale, Oron James, »Adolf Hitler: Taxpayer.« *The American Historical Review,* LX, Nr. 4, Juli 1955
Huch, Ricarda, »Die Aktion der Münchner Studenten gegen Hitler.« *Neue Schweizer Rundschau,* Zürich, September-Oktober 1948
Huch, Ricarda, »Der 18. Februar: Umriß einer deutschen Widerstandsbewegung.« *Die Gegenwart,* 30. Oktober 1946
Kempner, Robert M. W., »Blueprint of the Nazi Underground.« *Research Studies of the State College of Washington,* Juni 1945
Thomas, Georg, »Gedanken und Ereignisse.« *Schweizerische Monatshefte,* Dezember 1945
Witzig, Rudolf, »Die Einnahme von Eben-Emael.« *Wehrkunde,* Mai 1954

[illegible] Europe, New York 1939. (Deutsche Ausgabe: Der Kampf [illegible] 1939.)
[illegible] Broadcasting [illegible], London 1938.

[illegible] The Desert Fox, New York 1950.

Zeitschrift [illegible] 1939.
[illegible] Foundation for Defense [illegible], New York [illegible]
[illegible] 1939.
[illegible] 1952.

[illegible]

[illegible] Adolf Hitler [illegible] The [illegible] Historical Review [illegible]
[illegible]
[illegible] Zürich [illegible] 1948.
[illegible]
[illegible]
[illegible] of the Nazi [illegible] Studies [illegible]
[illegible]
Thomas, [illegible]
[illegible]

Namen- und Sachregister